W9-BCD-881

German
Dictionary
Plus Grammar

HarperResource
An Imprint of HarperCollins*Publishers*

third edition 2004

© HarperCollins Publishers 1997, 1999, 2004

latest reprint 2004

HarperCollins Publishers
Westerhill Road, Bishopbriggs, Glasgow G64 2QT
Great Britain

www.collins.co.uk

Collins® and Bank of English® are registered trademarks of
HarperCollins Publishers Limited

Collins is an imprint of HarperCollins Publishers

ISBN 0-00-712628-X

HarperCollins Publishers, Inc.
10 East 53rd Street, New York, NY 10022

ISBN 0-06-057577-8

Library of Congress Cataloging-in-Publication Data
has been applied for

www.harpercollins.com

First HarperCollins edition published 1998

HarperCollins books may be purchased for educational, business, or sales
promotional use. For information, please write to: Special Markets Department,
HarperCollins Publishers Inc., 10 East 53rd Street, New York, NY 10022

A catalogue record for this book is available from the British Library

Dictionary text typeset by Morton Word Processing Ltd, Scarborough
Grammar text typeset by Carol MacLeod

Printed in Italy by Legoprint S.P.A.

INHALT

CONTENTS

Dagmar Förtsch, Hildegard Pesch, Veronika Schnorr, Gisela Moohan
Ulrike Seeberger, Elspeth Anderson, Val McNulty
Eva Vennebusch, Horst Kopleck, Robin Sawers, Ilse MacLean, Beate Wengel

editorial staff
Vivian Marr, Nicola Cooke, Joyce Littlejohn, Christine Bahr, Maree Airlie,
Carol MacLeod, Anne Lindsay, Megan Thomson, Caitlin McMahon

computing staff
Stewart Russell, André Gautier, Raymund Carrick

series editor
Lorna Sinclair

INTRODUCTION

You may be starting to learn German, or you may wish to extend your knowledge of the language. Perhaps you want to read and study German books, newspapers and magazines, or perhaps simply have a conversation with German speakers. Whatever the reason, whether you're a student, a tourist or want to use German for business, this is the ideal book to help you understand and communicate. This modern, user-friendly dictionary gives priority to everyday vocabulary and the language of current affairs, business and tourism. As in all Collins dictionaries, the emphasis is firmly placed on contemporary language and expressions.

HOW TO USE THE DICTIONARY

You will find below an outline of the way in which information is presented in your dictionary. Our aim is to give you the maximum amount of information whilst still providing a text which is clear and user-friendly.

Entries

A typical entry in your dictionary will be made up of the following elements:

Phonetic transcription

Phonetics appear in square brackets immediately after the headword. They are shown using the International Phonetic Alphabet (IPA), and a complete list of the symbols used in this system can be found on pages x and xi.

Grammatical information

All words belong to one of the following parts of speech: noun, verb, adjective, adverb, pronoun, article, conjunction, preposition, exclamation, abbreviation. Nouns can be singular or plural and, in German, masculine, feminine or neuter. Verbs can be transitive, intransitive, reflexive or impersonal. Parts of speech appear in *italics* immediately after the phonetic spelling of the headword. The gender of the translation appears in *italics* immediately following the key element of the translation.

Often a word can have more than one part of speech. Just as the English word **next** can be an adjective or an adverb, the German word **gut** can be an adjective ("good") or an adverb ("well"). In the same way the verb **to walk** is sometimes transitive, i.e. it takes an object ("to walk the dog") and sometimes intransitive, i.e. it doesn't take an object ("to walk to school"). To help you find the meaning you are looking for quickly and for clarity of presentation, the different part of speech categories are separated by a black lozenge ♦.

Meaning divisions

Most words have more than one meaning. Take, for example, **punch** which can be, amongst other things, a blow with the fist or an object used for making holes. Other words are translated differently depending on the context in which they are used. The intransitive verb **to recede**, for example, can be translated by "zurückgehen" or "verschwinden" depending on *what* is receding. To help you select the most appropriate translation in every context, entries are divided according to meaning. Each different meaning is introduced by an "indicator" in *italics* and in brackets. Thus, the examples given above will be shown as follows:

> **punch** n (*blow*) Schlag m; (*tool*) Locher m
> **recede** vi (*tide*) zurückgehen; (*lights etc*) verschwinden

Likewise, some words can have a different meaning when used to talk about a specific subject area or field. For example, **bishop**, which in a religious context means a high-ranking clergyman, is also the name of a chess piece. To show English speakers which translation to use, we have added "subject field labels" in capitals and in brackets, in this case (*REL*) and (*CHESS*):

bishop *n* (*REL*) Bischof *m*; (*CHESS*) Läufer *m*

Field labels are often shortened to save space. You will find a complete list of abbreviations used in the dictionary on pages vi to viii.

Translations

Most English words have a direct translation in German and vice versa, as shown in the examples given above. Sometimes, however, no exact equivalent exists in the target language. In such cases we have given an approximate equivalent, indicated by the sign ≈. Such is the case of **high school**, the German equivalent of which is "Oberschule *f*". This is not an exact translation since the systems of the two countries in question are quite different:

high school *n* ≈ Oberschule *f*

On occasion it is impossible to find even an approximate equivalent. This may be the case, for example, with the names of culinary specialities like this German cake:

Streuselkuchen *m cake with crumble topping*

Here the translation (which doesn't exist) is replaced by an explanation. For increased clarity the explanation, or "gloss", is shown in *italics*.

Register

In English you instinctively know when to say **I'm broke** *or* **I'm a bit short of cash** and when to say **I don't have any money**. When you are trying to understand someone who is speaking German, however, or when you yourself try to speak German, it is especially important to know what is polite and what is less so. To help you with this, we have added the register labels (*umg*) and (*inf*) to colloquial or offensive expressions. Those expressions which are particularly vulgar are also given an exclamation mark (*umg!*) or (*inf!*), warning you to use them with extreme care. Please note that the register labels (*umg*) and (*inf*) are not repeated in the target language when the register of the translation matches that of the word or phrase being translated.

Keywords

Words labelled in the text as *KEYWORDS*, such as **be** and **do** or their German equivalents **sein** and **machen**, have been given special treatment because they form the basic elements of the language. This extra help will ensure that you know how to use these complex words with confidence.

Cultural information

Entries which appear separated from the main text by a line above and below them explain aspects of culture in German- and English-speaking countries. Subject areas covered include politics, education, media and national festivals, for example **Bundestag**, **Abitur**, **BBC** and **Hallowe'en**.

German Spelling Reform

The German spelling reform has been fully implemented in this dictionary. All headwords on the German-English side which are affected by the spelling changes are marked with ▲, but old spellings which are markedly different from the new ones and have a different alphabetical position are still listed and are cross-referenced to the new spellings. The old spellings are marked with △.

Abkürzung	abk, abbr	abbreviation
Adjektiv	adj	adjective
Verwaltung	ADMIN	administration
Adverb	adv	adverb
Agrarwirtschaft	AGR	agriculture
Akkusativ	akk, acc	accusative
Anatomie	ANAT	anatomy
Architektur	ARCHIT	architecture
Artikel	art	article
Kunst	ART	
Astrologie	ASTROL	astrology
Astronomie	ASTRON	astronomy
attributiv	attrib	attributive
Kraftfahrzeugwesen	AUT	automobiles
Hilfsverb	aux	auxiliary
Luftfahrt	AVIAT	aviation
Bergbau	BERGB	mining
besonders	bes	especially
Biologie	BIOL	biology
Botanik	BOT	botany
britisch	BRIT	British
Kartenspiel	CARDS	
Chemie	CHEM	chemistry
Film	CINE	cinema
Handel	COMM	commerce
Komparativ	comp	comparative
Computerwesen	COMPUT	computers
Konjunktion	conj	conjunction
Bauwesen	CONSTR	building
zusammengesetztes Wort	cpd	compound
Kochen und Backen	CULIN	cooking
Dativ	dat	dative
bestimmt	def	definite
diminutiv	dimin	diminutive
dekliniert	dekl	declined
kirchlich	ECCL	ecclesiastical
Volkswirtschaft	ECON	economics
Eisenbahnwesen	EISENB	railways
Elektrizität	ELEK, ELEC	electricity
besonders	esp	especially
und so weiter	etc	et cetera
etwas	etw	something
Euphemismus	euph	euphemism
Ausruf	excl	exclamation
Femininum	f	feminine
übertragen	fig	figurative
Film	FILM	cinema
Finanzwesen	FIN	finance
formell	form	formal
'phrasal verb', bei dem	fus	fused: phrasal verb where
Partikel und Verb nicht		the particle cannot be
getrennt werden können		separated from the verb
gehoben	geh	elevated
Genitiv	gen	genitive
Geografie	GEOG	geography

ABKÜRZUNGEN

ABBREVIATIONS

Geologie	*GEOL*	geology
Geometrie	*GEOM*	geometry
Grammatik	*GRAM*	grammar
Geschichte	*HIST*	history
scherzhaft	*hum*	humorous
Imperfekt	*imperf*	imperfect
unpersönlich	*impers*	impersonal
unbestimmt	*indef*	indefinite
umgangssprachlich	*inf*	informal
untrennbares Verb	*insep*	inseparable
Interjektion	*interj*	interjection
interrogativ	*interrog*	interrogative
unveränderlich	*inv*	invariable
unregelmäßig	*irreg*	irregular
jemand	*jd*	somebody
jemandem	*jdm*	(to) somebody
jemanden	*jdn*	somebody
jemandes	*jds*	somebody's
Rechtswesen	*JUR*	law
Kartenspiel	*KARTEN*	cards
Kochen und Backen	*KOCH*	cooking
Komparativ	*komp*	comparative
Konjunktion	*konj*	conjunction
Rechtswesen	*LAW*	
Sprachwissenschaft	*LING*	linguistics
wörtlich	*lit*	literal
literarisch	*liter*	literary
Literatur	*LITER*	literature
Maskulinum	*m*	masculine
Mathematik	*MATH*	mathematics
Medizin	*MED*	medicine
Meteorologie	*MET*	meteorology
Militärwesen	*MIL*	military
Bergbau	*MIN*	mining
Musik	*MUS*	music
Substantiv	*n*	noun
nautisch	*NAUT*	nautical
Nominativ	*nom*	nominative
Norddeutschland	*NORDD*	North German
Neutrum	*nt*	neuter
Zahlwort	*num*	numeral
Objekt	*obj*	object
oder	*od*	or
veraltet	*old*	
sich	*o.s.*	oneself
Österreich	*ÖSTERR*	Austria
Parlament	*PARL*	parliament
pejorativ	*pej*	pejorative
Person/persönlich	*pers*	person/personal
Pharmazie	*PHARM*	pharmacy
Fotografie	*PHOT*	photography
Physik	*PHYS*	physics
Physiologie	*PHYSIOL*	physiology
Plural	*pl*	plural
Politik	*POL*	politics

ABKÜRZUNGEN

ABBREVIATIONS

possessiv	**poss**	possessive
Partizip Perfekt	**pp**	past participle
Präfix	**präf, pref**	prefix
Präposition	**präp, prep**	preposition
Präsens	**präs, pres**	present
Pronomen	**pron**	pronoun
Psychologie	PSYCH	psychology
Imperfekt	**pt**	past tense
Radio	RADIO	radio
Eisenbahnwesen	RAIL	railways
Relativ-	**rel**	relative
Religion	REL	religion
Rundfunk	RUNDF	broadcasting
jemand (-en, -em)	**sb**	somebody
Schulwesen	SCH	school
Naturwissenschaft	SCI	science
Schulwesen	SCOL	school
schottisch	SCOT	Scottish
Singular	**sing**	singular
Skisport	SKI	skiing
etwas	**sth**	something
Süddeutschland	SÜDD	South German
Suffix	**suff**	suffix
Superlativ	**superl**	superlative
Technik	TECH	technology
Nachrichtentechnik	TEL	telecommunications
Theater	THEAT	theatre
Fernsehen	TV	television
Typografie	TYP	typography
umgangssprachlich	**umg**	colloquial
Universität	UNIV	university
unpersönlich	**unpers**	impersonal
unregelmäßig	**unreg**	irregular
untrennbar	**untr**	inseparable
unveränderlich	**unver**	invariable
(nord)amerikanisch	US	(North) American
gewöhnlich	**usu**	usually
und so weiter	**usw**	et cetera
Verb	**vb**	verb
intransitives Verb	**vi**	intransitive verb
reflexives Verb	**vr**	reflexive verb
transitives Verb	**vt**	transitive verb
Wirtschaft	WIRTS	economy
Zoologie	ZOOL	zoology
zusammengesetztes Wort	**zW**	compound
zwischen zwei Sprechern	-	change of speaker
ungefähre Entsprechung	≈	cultural equivalent
eingetragenes Warenzeichen	®	registered trademark

GERMAN NOUN ENDINGS

After many noun entries on the German-English side of the dictionary, you will find two pieces of grammatical information, separated by commas, to help you with the declension of the noun, e.g. -, -n or -(e)s, -e.

The first item shows you the genitive singular form, and the second gives the plural form. The hyphen stands for the word itself and the other letters are endings. Sometimes an umlaut is shown over the hyphen, which means an umlaut must be placed on the vowel of the word, e.g.:

dictionary entry	genitive singular	plural
Mann *m* -(e)s, -̈er	**Mannes** *or* **Manns**	**Männer**
Jacht *f* -, -en	**Jacht**	**Jachten**

This information is not given when the noun has one of the regular German noun endings below, and you should refer to this table in such cases.

Similarly, genitive and plural endings are not shown when the German entry is a compound consisting of two or more words which are to be found elsewhere in the dictionary, since the compound form takes the endings of the LAST word of which it is formed, e.g.:

for **Nebenstraße**   *see* **Straße**
for **Schneeball**   *see* **Ball**

Regular German Noun Endings

nom		gen	pl
-ant	*m*	-anten	-anten
-anz	*f*	-anz	-anzen
-ar	*m*	-ar(e)s	-are
-chen	*nt*	-chens	-chen
-ei	*f*	-ei	-eien
-elle	*f*	-elle	-ellen
-ent	*m*	-enten	-enten
-enz	*f*	-enz	-enzen
-ette	*f*	-ette	-etten
-eur	*m*	-eurs	-eure
-euse	*f*	-euse	-eusen
-heit	*f*	-heit	-heiten
-ie	*f*	-ie	-ien
-ik	*f*	-ik	-iken
-in	*f*	-in	-innen
-ine	*f*	-ine	-inen
-ion	*f*	-ion	-ionen
-ist	*m*	-isten	-isten
-ium	*nt*	-iums	-ien
-ius	*m*	-ius	-iusse
-ive	*f*	-ive	-iven
-keit	*f*	-keit	-keiten
-lein	*nt*	-leins	-lein
-ling	*m*	-lings	-linge
-ment	*nt*	-ments	-mente
-mus	*m*	-mus	-men
-schaft	*f*	-schaft	-schaften
-tät	*f*	-tät	-täten
-tor	*m*	-tors	-toren
-ung	*f*	-ung	-ungen
-ur	*f*	-ur	-uren

PHONETIC SYMBOLS LAUTSCHRIFT

NB: All vowels sounds are
approximate only.

NB: Alle Vokallaute sind nur
ungefähre Entsprechungen.

Vowels   Vokale

m**a**tt	[a]	
F**ah**ne	[aː]	
Vat**er**	[ər]	
	[ɑː]	c**al**m, p**ar**t
	[æ]	s**a**t
R**en**dezvous	[ã]	
Ch**an**ce	[aː]	
	[ãː]	cli**en**tele
Etage	[e]	
S**ee**le, M**eh**l	[eː]	
W**ä**sche, B**e**tt	[ɛ]	**e**gg
z**äh**len	[ɛː]	
T**ein**t	[ɛ̃ː]	
mach**e**	[ə]	**a**bove
	[əː]	b**ur**n, **ear**n
K**i**ste	[ɪ]	p**i**t, awfull**y**
V**i**tamin	[i]	
Z**ie**l	[iː]	p**ea**t
Oase	[o]	
oben	[oː]	
Champign**on**	[õ]	
Sal**on**	[õː]	
M**o**st	[ɔ]	c**o**t
	[ɔː]	b**or**n, j**aw**
ökonomisch	[ø]	
bl**ö**d	[øː]	
G**ö**ttin	[œ]	
	[ʌ]	h**u**t
z**u**letzt	[u]	p**u**t
M**u**t	[uː]	p**oo**l
M**u**tter	[ʊ]	
Ph**y**sik	[y]	
K**ü**bel	[yː]	
S**ü**nde	[ʏ]	

Diphthongs — Diphthonge

German	IPA	English
Styling	[ai]	
weit	[aɪ]	buy, die, my
umbauen	[au]	house, now
Haus	[aʊ]	
	[eɪ]	pay, mate
	[ɛə]	pair, mare
	[əu]	no, boat
	[ɪə]	mere, shear
Heu, Häuser	[ɔʏ]	
	[ɔɪ]	boy, coin
	[uə]	tour, poor

Consonants — Konsonanten

German	IPA	English
Ball	[b]	ball
mich	[ç]	
	[tʃ]	child
fern	[f]	field
gern	[g]	good
Hand	[h]	hand
ja	[j]	yet, million
	[dʒ]	just
Kind	[k]	kind, catch
links, Pult	[l]	left, little
matt	[m]	mat
Nest	[n]	nest
lang	[ŋ]	long
Paar	[p]	put
rennen	[r]	run
fast, fassen	[s]	sit
Chef, Stein, Schlag	[ʃ]	shall
Tafel	[t]	tab
	[θ]	thing
	[ð]	this
wer	[v]	very
	[w]	wet
Loch	[x]	loch
fix	[ks]	box
singen	[z]	pods, zip
Zahn	[ts]	
genieren	[ʒ]	measure

Other signs — Andere Zeichen

English	sign	German
glottal stop	|	Knacklaut
main stress	[']	Haupton
long vowel	[:]	Längezeichen

GERMAN IRREGULAR VERBS

Infinitive	Present Indicative 2nd pers sing ♦ 3rd pers sing	Imperfect Indicative	Past Participle
aufschrecken*	schrickst auf ♦ schrickt auf	schrak *od* schreckte auf	aufgeschreckt
ausbedingen	bedingst aus ♦ bedingt aus	bedang *od* bedingte aus	ausbedungen
backen	bäckst ♦ bäckt	backte *od* buk	gebacken
befehlen	befiehlst ♦ befiehlt	befahl	befohlen
beginnen	beginnst ♦ beginnt	begann	begonnen
beißen	beißt ♦ beißt	biß	gebissen
bergen	birgst ♦ birgt	barg	geborgen
bersten*	birst ♦ birst	barst	geborsten
bescheißen	bescheißt ♦ bescheißt	beschiss	beschissen
bewegen	bewegst ♦ bewegt	bewog	bewogen
biegen	biegst ♦ biegt	bog	gebogen
bieten	bietest ♦ bietet	bot	geboten
binden	bindest ♦ bindet	band	gebunden
bitten	bittest ♦ bittet	bat	gebeten
blasen	bläst ♦ bläst	blies	geblasen
bleiben*	bleibst ♦ bleibt	blieb	geblieben
braten	brätst ♦ brät	briet	gebraten
brechen*	brichst ♦ bricht	brach	gebrochen
brennen	brennst ♦ brennt	brannte	gebrannt
bringen	bringst ♦ bringt	brachte	gebracht
denken	denkst ♦ denkt	dachte	gedacht
dreschen	drisch(e)st ♦ drischt	drosch	gedroschen
dringen*	dringst ♦ dringt	drang	gedrungen
dürfen	darfst ♦ darf	durfte	gedurft
empfangen	empfängst ♦ empfängt	empfing	empfangen
empfehlen	empfiehlst ♦ empfiehlt	empfahl	empfohlen
erbleichen*	erbleichst ♦ erbleicht	erbleichte	erblichen
erlöschen*	erlischst ♦ erlischt	erlosch	erloschen
erschrecken*	erschrickst ♦ erschrickt	erschrak	erschrocken
essen	isst ♦ isst	aß	gegessen
fahren*	fährst ♦ fährt	fuhr	gefahren
fallen*	fällst ♦ fällt	fiel	gefallen
fangen	fängst ♦ fängt	fing	gefangen
fechten	fichtst ♦ ficht	focht	gefochten
finden	findest ♦ findet	fand	gefunden
flechten	flichtst ♦ flicht	flocht	geflochten
fliegen*	fliegst ♦ fliegt	flog	geflogen
fliehen*	fliehst ♦ flieht	floh	geflohen
fließen*	fließt ♦ fließt	floss	geflossen
fressen	frisst ♦ frisst	fraß	gefressen
frieren	frierst ♦ friert	fror	gefroren
gären*	gärst ♦ gärt	gor	gegoren
gebären	gebierst ♦ gebiert	gebar	geboren
geben	gibst ♦ gibt	gab	gegeben
gedeihen*	gedeihst ♦ gedeiht	gedieh	gediehen
gehen*	gehst ♦ geht	ging	gegangen
gelingen*	- ♦ gelingt	gelang	gelungen
gelten	giltst ♦ gilt	galt	gegolten
genesen*	gene(se)st ♦ genest	genas	genesen
genießen	genießt ♦ genießt	genoss	genossen
geraten*	gerätst ♦ gerät	geriet	geraten
geschehen*	- ♦ geschieht	geschah	geschehen
gewinnen	gewinnst ♦ gewinnt	gewann	gewonnen
gießen	gießt ♦ gießt	goss	gegossen
gleichen	gleichst ♦ gleicht	glich	geglichen
gleiten*	gleitest ♦ gleitet	glitt	geglitten
glimmen	glimmst ♦ glimmt	glomm	geglommen

Infinitive	Present Indicative 2nd pers sing♦ 3rd pers sing	Imperfect Indicative	Past Participle
graben	gräbst ♦ gräbt	grub	gegraben
greifen	greifst ♦ greift	griff	gegriffen
haben	hast ♦ hat	hatte	gehabt
halten	hältst ♦ hält	hielt	gehalten
hängen	hängst ♦ hängt	hing	gehangen
hauen	haust ♦ haut	hieb	gehauen
heben	hebst ♦ hebt	hob	gehoben
heißen	heißt ♦ heißt	hieß	geheißen
helfen	hilfst ♦ hilft	half	geholfen
kennen	kennst ♦ kennt	kannte	gekannt
klimmen*	klimmst ♦ klimmt	klomm	geklommen
klingen	klingst ♦ klingt	klang	geklungen
kneifen	kneifst ♦ kneift	kniff	gekniffen
kommen*	kommst ♦ kommt	kam	gekommen
können	kannst ♦ kann	konnte	gekonnt
kriechen*	kriechst ♦ kriecht	kroch	gekrochen
laden	lädst ♦ lädt	lud	geladen
lassen	lässt ♦ lässt	ließ	gelassen
laufen*	läufst ♦ läuft	lief	gelaufen
leiden	leidest ♦ leidet	litt	gelitten
leihen	leihst ♦ leiht	lieh	geliehen
lesen	liest ♦ liest	las	gelesen
liegen	liegst ♦ liegt	lag	gelegen
lügen	lügst ♦ lügt	log	gelogen
mahlen	mahlst ♦ mahlt	mahlte	gemahlen
meiden	meidest ♦ meidet	mied	gemieden
melken	milkst ♦ milkt	molk	gemolken
messen	misst ♦ misst	maß	gemessen
misslingen*	- ♦ misslingt	misslang	misslungen
mögen	magst ♦ mag	mochte	gemocht
müssen	musst ♦ muss	musste	gemusst
nehmen	nimmst ♦ nimmt	nahm	genommen
nennen	nennst ♦ nennt	nannte	genannt
pfeifen	pfeifst ♦ pfeift	pfiff	gepfiffen
preisen	preist ♦ preist	pries	gepriesen
quellen*	quillst ♦ quillt	quoll	gequollen
raten	rätst ♦ rät	riet	geraten
reiben	reibst ♦ reibt	rieb	gerieben
reißen*	reißt ♦ reißt	riss	gerissen
reiten*	reitest ♦ reitet	ritt	geritten
rennen*	rennst ♦ rennt	rannte	gerannt
riechen	riechst ♦ riecht	roch	gerochen
ringen	ringst ♦ ringt	rang	gerungen
rinnen*	rinnst ♦ rinnt	rann	geronnen
rufen	rufst ♦ ruft	rief	gerufen
salzen	salzt ♦ salzt	salzte	gesalzen
saufen	säufst ♦ säuft	soff	gesoffen
saugen	saugst ♦ saugt	sog	gesogen od gesaugt
schaffen	schaffst ♦ schafft	schuf	geschaffen
schallen	schallst ♦ schallt	scholl	geschollen
scheiden*	scheidest ♦ scheidet	schied	geschieden
scheinen	scheinst ♦ scheint	schien	geschienen
scheißen	scheißt ♦ scheißt	schiss	geschissen
schelten	schiltst ♦ schilt	schalt	gescholten
scheren	scherst ♦ schert	schor	geschoren
schieben	schiebst ♦ schiebt	schob	geschoben
schießen	schießt ♦ schießt	schoss	geschossen
schinden	schindest ♦ schindet	schindete	geschunden
schlafen	schläfst ♦ schläft	schlief	geschlafen
schlagen	schlägst ♦ schlägt	schlug	geschlagen
schleichen*	schleichst ♦ schleicht	schlich	geschlichen
schleifen	schleifst ♦ schleift	schliff	geschliffen
schließen	schließt ♦ schließt	schloss	geschlossen
schlingen	schlingst ♦ schlingt	schlang	geschlungen
schmeißen	schmeißt ♦ schmeißt	schmiss	geschmissen
schmelzen*	schmilzt ♦ schmilzt	schmolz	geschmolzen

Infinitive	Present Indicative 2nd pers sing ♦ 3rd pers sing	Imperfect Indicative	Past Participle
schneiden	schneidest ♦ schneidet	schnitt	geschnitten
schreiben	schreibst ♦ schreibt	schrieb	geschrieben
schreien	schreist ♦ schreit	schrie	geschrie(e)n
schreiten	schreitest ♦ schreitet	schritt	geschritten
schweigen	schweigst ♦ schweigt	schwieg	geschwiegen
schwellen*	schwillst ♦ schwillt	schwoll	geschwollen
schwimmen*	schwimmst ♦ schwimmt	schwamm	geschwommen
schwinden*	schwindest ♦ schwindet	schwand	geschwunden
schwingen	schwingst ♦ schwingt	schwang	geschwungen
schwören	schwörst ♦ schwört	schwor	geschworen
sehen	siehst ♦ sieht	sah	gesehen
sein*	bist ♦ ist	war	gewesen
senden	sendest ♦ sendet	sandte	gesandt
singen	singst ♦ singt	sang	gesungen
sinken*	sinkst ♦ sinkt	sank	gesunken
sinnen	sinnst ♦ sinnt	sann	gesonnen
sitzen	sitzt ♦ sitzt	saß	gesessen
sollen	sollst ♦ soll	sollte	gesollt
speien	speist ♦ speit	spie	gespie(e)n
spinnen	spinnst ♦ spinnt	spann	gesponnen
sprechen	sprichst ♦ spricht	sprach	gesprochen
sprießen*	sprießt ♦ sprießt	spross	gesprossen
springen*	springst ♦ springt	sprang	gesprungen
stechen	stichst ♦ sticht	stach	gestochen
stecken	steckst ♦ steckt	steckte od stak	gesteckt
stehen	stehst ♦ steht	stand	gestanden
stehlen	stiehlst ♦ stiehlt	stahl	gestohlen
steigen*	steigst ♦ steigt	stieg	gestiegen
sterben*	stirbst ♦ stirbt	starb	gestorben
stinken	stinkst ♦ stinkt	stank	gestunken
stoßen	stößt ♦ stößt	stieß	gestoßen
streichen	streichst ♦ streicht	strich	gestrichen
streiten	streitest ♦ streitet	stritt	gestritten
tragen	trägst ♦ trägt	trug	getragen
treffen	triffst ♦ trifft	traf	getroffen
treiben*	treibst ♦ treibt	trieb	getrieben
treten*	trittst ♦ tritt	trat	getreten
trinken	trinkst ♦ trinkt	trank	getrunken
trügen	trügst ♦ trügt	trog	getrogen
tun	tust ♦ tut	tat	getan
verderben	verdirbst ♦ verdirbt	verdarb	verdorben
verdrießen	verdrießt ♦ verdrießt	verdross	verdrossen
vergessen	vergisst ♦ vergisst	vergaß	vergessen
verlieren	verlierst ♦ verliert	verlor	verloren
verschleißen	verschleißt ♦ verschleisst	verschliss	verschlissen
wachsen*	wächst ♦ wächst	wuchs	gewachsen
wägen	wägst ♦ wägt	wog	gewogen
waschen	wäschst ♦ wäscht	wusch	gewaschen
weben	webst ♦ webt	webte od wob	gewoben
weichen*	weichst ♦ weicht	wich	gewichen
weisen	weist ♦ weist	wies	gewiesen
wenden	wendest ♦ wendet	wendete	gewendet
werben	wirbst ♦ wirbt	warb	geworben
werden*	wirst ♦ wird	wurde	geworden
werfen	wirfst ♦ wirft	warf	geworfen
wiegen	wiegst ♦ wiegt	wog	gewogen
winden	windest ♦ windet	wand	gewunden
wissen	weißt ♦ weiß	wusste	gewusst
wollen	willst ♦ will	wollte	gewollt
wringen	wringst ♦ wringt	wrang	gewrungen
zeihen	zeihst ♦ zeiht	zieh	geziehen
ziehen*	ziehst ♦ zieht	zog	gezogen
zwingen	zwingst ♦ zwingt	zwang	gezwungen

A, a

A¹, a [aː] *nt* A, a; ~ **wie Anton** ≈ A for Andrew, A for Able (*US*); **das ~ und O** the be-all and end-all; (*eines Wissensgebietes*) the basics *pl*; **wer ~ sagt, muss auch B sagen** in for a penny, in for a pound.

A² *f abk* (= *Autobahn*) ≈ M (*BRIT*).

a. *abk* = **am.**

à [aː] *präp* (*bes COMM*) at.

AA *nt abk* (= *Auswärtiges Amt*) F.O. (*BRIT*).

Aachen ['aːxən] (**-s**) *nt* Aachen.

Aal [aːl] (**-(e)s, -e**) *m* eel.

aalen ['aːlən] (*umg*) *vr*: **sich in der Sonne ~** to bask in the sun.

a. a. O. *abk* (= *am angegebenen od angeführten Ort*) loc. cit.

Aas [aːs] (**-es, -e** *od* **Äser**) *nt* carrion; ~**geier** *m* vulture.

═══════════════ *SCHLÜSSELWORT*

ab [ap] *präp +dat* from; ~ **Werk** (*COMM*) ex works; **Kinder ~ 12 Jahren** children from the age of 12; ~ **morgen** from tomorrow; ~ **sofort** as of now.

♦ *adv* **1** off; **links ~** to the left; **der Knopf ist ~** the button has come off; ~ **nach Hause!** off home with you!; ~ **durch die Mitte!** (*umg*) beat it!

2 (*zeitlich*): **von da ~** from then on; **von heute ~** from today, as of today.

3 (*auf Fahrplänen*): **München ~ 12.20** leaving Munich 12.20.

4: ~ **und zu** *od* **an** now and then *od* again.

───────────────────────────

abändern ['ap|ɛndərn] *vt*: ~ (**in** +*akk*) to alter (to); (*Gesetzentwurf*) to amend (to); (*Strafe, Urteil*) to revise (to).

Abänderung *f* alteration; amendment; revision.

Abänderungsantrag *m* (*PARL*) proposed amendment.

abarbeiten ['ap|arbaɪtən] *vr* to slave away.

Abart ['ap|aːrt] *f* (*BIOL*) variety.

abartig *adj* abnormal.

Abb. *abk* (= *Abbildung*) illus.

Abbau ['apbaʊ] (**-(e)s**) *m* (+*gen*) dismantling; (*Verminderung*) reduction (in); (*Verfall*) decline (in); (*MIN*) mining; (*über Tage*) quarrying; (*CHEM*) decomposition.

abbaubar *adj*: **biologisch ~** biodegradable.

abbauen *vt* to dismantle; (*verringern*) to reduce; (*MIN*) to mine; to quarry; (*CHEM*) to break down; **Arbeitsplätze ~** to make job cuts.

Abbaurechte *pl* mineral rights *pl*.

abbeißen ['apbaɪsən] *unreg vt* to bite off.

abbekommen ['apbəkɔmən] *unreg vt*: **etwas ~** to get some (of it); (*beschädigt werden*) to get damaged; (*verletzt werden*) to get hurt.

abberufen ['apbəruːfən] *unreg vt* to recall.

Abberufung *f* recall.

abbestellen ['apbəʃtɛlən] *vt* to cancel.

abbezahlen ['apbətsaːlən] *vt* to pay off.

abbiegen ['apbiːgən] *unreg vi* to turn off; (*Straße*) to bend ♦ *vt* to bend; (*verhindern*) to ward off.

Abbiegespur *f* turning lane.

Abbild ['apbɪlt] *nt* portrayal; (*einer Person*) image, likeness; **a~en** ['apbɪldən] *vt* to portray; ~**ung** *f* illustration; (*Schaubild*) diagram.

abbinden ['apbɪndən] *unreg vt* (*MED*: *Arm, Bein etc*) to ligature.

Abbitte ['apbɪtə] *f*: ~ **leisten** *od* **tun (bei)** to make one's apologies (to).

abblasen ['apblaːzən] *unreg vt* to blow off; (*fig: umg*) to call off.

abblättern ['apblɛtərn] *vi* (*Putz, Farbe*) to flake (off).

abblenden ['apblɛndən] *vt* (*AUT*) to dip (*BRIT*), dim (*US*) ♦ *vi* to dip (*BRIT*) *od* dim (*US*) one's headlights.

Abblendlicht ['apblɛntlɪçt] *nt* dipped (*BRIT*) *od* dimmed (*US*) headlights *pl*.

abblitzen ['apblɪtsən] (*umg*) *vi*: **jdn ~ lassen** to send sb packing.

abbrechen ['apbrɛçən] *unreg vt* to break off; (*Gebäude*) to pull down; (*Zelt*) to take down; (*aufhören*) to stop; (*COMPUT*) to abort ♦ *vi* to break off; to stop; **sich** *dat* **einen** ~ (*umg: sich sehr anstrengen*) to bust a gut.

abbrennen ['apbrɛnən] *unreg vt* to burn off; (*Feuerwerk*) to let off ♦ *vi* (*Hilfsverb sein*) to burn down; **abgebrannt sein** (*umg*) to be broke.

abbringen ['apbrɪŋən] *unreg vt*: **jdn von etw** ~ to dissuade sb from sth; **jdn vom Weg** ~ to divert sb; **ich bringe den Verschluss nicht ab** (*umg*) I can't get the top off.

abbröckeln ['apbrœkəln] *vi* to crumble off *od* away; (*BÖRSE: Preise*) to ease.

Abbruch ['apbrʊx] *m* (*von Verhandlungen etc*) breaking off; (*von Haus*) demolition; (*COMPUT*) abort; **jdm/etw** ~ **tun** to harm sb/sth; ~**arbeiten** *pl* demolition work *sing*; **a**~**reif** *adj* only fit for demolition.

abbrühen ['apbry:ən] *vt* to scald.

abbuchen ['apbu:xən] *vt* to debit; (*durch Dauerauftrag*): ~ (**von**) to pay by standing order (from).

abbürsten ['apbʏrstən] *vt* to brush off.

abbüßen ['apby:sən] *vt* (*Strafe*) to serve.

ABC-Waffen *pl abk* (= *atomare, biologische und chemische Waffen*) ABC weapons (= atomic, biological and chemical weapons).

abdampfen ['apdampfən] *vi* (*fig: umg: losgehen/-fahren*) to hit the road.

abdanken ['apdaŋkən] *vi* to resign; (*König*) to abdicate.

Abdankung *f* resignation; abdication.

abdecken ['apdɛkən] *vt* to uncover; (*Tisch*) to clear; (*Loch*) to cover.

abdichten ['apdɪçtən] *vt* to seal; (*NAUT*) to caulk.

abdrängen ['apdrɛŋən] *vt* to push off.

abdrehen ['apdre:ən] *vt* (*Gas*) to turn off; (*Licht*) to switch off; (*Film*) to shoot ♦ *vi* (*Schiff*) to change course; **jdm den Hals** ~ to wring sb's neck.

abdriften ['apdrɪftən] *vi* to drift (away).

abdrosseln ['apdrɔsəln] *vt* to throttle; (*AUT*) to stall; (*Produktion*) to cut back.

Abdruck ['apdrʊk] *m* (*Nachdrucken*) reprinting; (*Gedrucktes*) reprint; (*Gips*~, *Wachs*~) impression; (*Finger*~) print; **a**~**en** *vt* to print.

abdrücken ['apdrʏkən] *vt* to make an impression of; (*Waffe*) to fire; (*umg: Person*) to hug, squeeze ♦ *vr* to leave imprints; (*abstoßen*) to push o.s. away; **jdm die Luft** ~ to squeeze all the breath out of sb.

abebben ['ap|ɛbən] *vi* to ebb away.

Abend ['a:bənt] (**-s, -e**) *m* evening; **gegen** ~ towards (the) evening; **den ganzen** ~ (**über**) the whole evening; **zu** ~ **essen** to have dinner *od* supper; **heute** ~ this evening; ~**anzug** *m* dinner jacket (*BRIT*), tuxedo (*US*); ~**brot** *nt* supper; ~**essen** *nt* supper; **a**~**füllend** *adj* taking up the whole evening;

~**gymnasium** *nt* night school; ~**kasse** *f* (*THEAT*) box office; ~**kleid** *nt* evening gown; ~**kurs** *m* evening classes *pl*; ~**land** *nt* West; **a**~**lich** *adj* evening; ~**mahl** *nt* Holy Communion; ~**rot** *nt* sunset.

abends *adv* in the evening.

Abend- *zW*: ~**vorstellung** *f* evening performance; ~**zeitung** *f* evening paper.

Abenteuer ['a:bəntɔyər] (**-s, -**) *nt* adventure; (*Liebes*~) affair; **a**~**lich** *adj* adventurous; ~**spielplatz** *m* adventure playground.

Abenteurer (**-s, -**) *m* adventurer; ~**in** *f* adventuress.

aber ['a:bər] *konj* but; (*jedoch*) however ♦ *adv*: **oder** ~ or else; **bist du** ~ **braun!** aren't you brown!; **das ist** ~ **schön** that's really nice; **nun ist** ~ **Schluss!** now that's enough!; **A**~ *nt* but.

Aberglaube ['a:bərglaʊbə] *m* superstition.

abergläubisch ['a:bərglɔybɪʃ] *adj* superstitious.

aberkennen ['ap|ɛrkɛnən] *unreg vt*: **jdm etw** ~ to deprive sb of sth, take sth (away) from sb.

Aberkennung *f* taking away.

abermalig *adj* repeated.

abermals *adv* once again.

Abertausend▲, **abertausend▲** ['a:bərtaʊznt] *indef pron*: **Tausend und** ~, **tausend und a**~ thousands upon thousands.

Abf. *abk* (= *Abfahrt*) dep.

abfahren ['apfa:rən] *unreg vi* to leave, depart ♦ *vt* to take *od* cart away; (*Film*) to start; (*FILM, TV: Kamera*) to roll; (*Strecke*) to drive; (*Reifen*) to wear; (*Fahrkarte*) to use; **der Zug ist abgefahren** (*fig*) the train has left; (*fig*) we've/you've *etc* missed the boat; **der Zug fährt um 8.00 von Bremen ab** the train leaves Bremen at 8 o'clock; **jdn** ~ **lassen** (*umg: abweisen*) to tell sb to get lost; **auf jdn** ~ (*umg*) to really go for sb.

Abfahrt ['apfa:rt] *f* departure; (*Autobahn*~) exit; (*SKI*) descent; (*Piste*) run; **Vorsicht bei der** ~ **des Zuges!** stand clear, the train is about to leave!

Abfahrts- *zW*: ~**lauf** *m* (*SKI*) downhill; ~**tag** *m* day of departure; ~**zeit** *f* departure time.

Abfall ['apfal] *m* waste; (*von Speisen etc*) rubbish (*BRIT*), garbage (*US*); (*Neigung*) slope; (*Verschlechterung*) decline; ~**eimer** *m* rubbish bin (*BRIT*), garbage can (*US*).

abfallen *unreg vi* (*lit, fig*) to fall *od* drop off; (*POL, vom Glauben*) to break away; (*sich neigen*) to fall *od* drop away; **wie viel fällt bei dem Geschäft für mich ab?** (*umg*) how much do I get out of the deal?

abfällig ['apfɛlɪç] *adj* disparaging, deprecatory.

Abfallprodukt *nt* (*lit, fig*) waste product.

abfangen ['apfaŋən] *unreg vt* to intercept;

(*Person*) to catch; (*unter Kontrolle bringen*) to check; (*Aufprall*) to absorb; (*Kunden*) to lure away.

Abfangjäger *m* (*MIL*) interceptor.

abfärben ['apfɛrbən] *vi* (*lit*) to lose its colour; (*Wäsche*) to run; (*fig*) to rub off.

abfassen ['apfasən] *vt* to write, draft.

abfeiern ['apfaiərn] (*umg*) *vt*: **Überstunden** ~ to take time off in lieu of overtime pay.

abfertigen ['apfɛrtɪgən] *vt* to prepare for dispatch, process; (*an der Grenze*) to clear; (*Kundschaft*) to attend to; **jdn kurz** ~ to give sb short shrift.

Abfertigung *f* preparing for dispatch, processing; clearance; (*Bedienung: von Kunden*) service; (: *von Antragstellern*): ~ **von** dealing with.

abfeuern ['apfɔyərn] *vt* to fire.

abfinden ['apfɪndən] *unreg vt* to pay off ♦ *vr* to come to terms; **sich mit jdm** ~/**nicht** ~ to put up with/not to get on with sb; **er konnte sich nie damit** ~, **dass** ... he could never accept the fact that ...

Abfindung *f* (*von Gläubigern*) payment; (*Geld*) sum in settlement.

abflachen ['apflaxən] *vt* to level (off), flatten (out) ♦ *vi* (*fig: sinken*) to decline.

abflauen ['apflauən] *vi* (*Wind, Erregung*) to die away, subside; (*Nachfrage, Geschäft*) to fall od drop off.

abfliegen ['apfliːgən] *unreg vi* to take off ♦ *vt* (*Gebiet*) to fly over.

abfließen ['apfliːsən] *unreg vi* to drain away; **ins Ausland** ~ (*Geld*) to flow out of the country.

Abflug ['apfluːk] *m* departure; (*Start*) take-off; ~**zeit** *f* departure time.

Abfluss▲ ['apflʊs] *m* draining away; (*Öffnung*) outlet; ~**rohr** *nt* drainpipe; (*von sanitären Anlagen*) wastepipe.

abfragen ['apfraːgən] *vt* to test; (*COMPUT*) to call up; **jdn etw** ~ to question sb on sth.

abfrieren ['apfriːrən] *unreg vi*: **ihm sind die Füße abgefroren** his feet got frostbitten, he got frostbite in his feet.

Abfuhr ['apfuːr] (-, -**en**) *f* removal; (*fig*) snub, rebuff; **sich** *dat* **eine** ~ **holen** to meet with a rebuff.

abführen ['apfyːrən] *vt* to lead away; (*Gelder, Steuern*) to pay ♦ *vi* (*MED*) to have a laxative effect.

Abführmittel *nt* laxative, purgative.

Abfüllanlage *f* bottling plant.

abfüllen ['apfʏlən] *vt* to draw off; (*in Flaschen*) to bottle.

Abgabe ['apgaːbə] *f* handing in; (*von Ball*) pass; (*Steuer*) tax; (*einer Erklärung*) giving.

abgabenfrei *adj* tax-free.

abgabenpflichtig *adj* liable to tax.

Abgabetermin *m* closing date; (*für*

Dissertation etc) submission date.

Abgang ['apgaŋ] *m* (*von Schule*) leaving; (*THEAT*) exit; (*MED: Ausscheiden*) passing; (: *Fehlgeburt*) miscarriage; (*Abfahrt*) departure; (*der Post, von Waren*) dispatch.

Abgangszeugnis *nt* leaving certificate.

Abgas ['apgaːs] *nt* waste gas; (*AUT*) exhaust.

ABGB *nt abk* (*ÖSTERR*: = *Allgemeines Bürgerliches Gesetzbuch*) *Civil Code in Austria*.

abgeben ['apgeːbən] *unreg vt* (*Gegenstand*) to hand od give in; (*Ball*) to pass; (*Wärme*) to give off; (*Amt*) to hand over; (*Schuss*) to fire; (*Erklärung, Urteil*) to give; (*darstellen*) to make ♦ *vr*: **sich mit jdm/etw** ~ to associate with sb/bother with sth; „**Kinderwagen abzugeben**" "pram for sale"; **jdm etw** ~ (*überlassen*) to let sb have sth.

abgebrannt ['apgəbrant] (*umg*) *adj* broke.

abgebrüht ['apgəbryːt] (*umg*) *adj* (*skrupellos*) hard-boiled, hardened.

abgedroschen ['apgədrɔʃən] *adj* trite; (*Witz*) corny.

abgefahren ['apgəfaːrən] *pp von* **abfahren**.

abgefeimt ['apgəfaimt] *adj* cunning.

abgegeben ['apgəgeːbən] *pp von* **abgeben**.

abgegriffen ['apgəgrɪfən] *adj* (*Buch*) well-thumbed; (*Redensart*) trite.

abgehackt ['apgəhakt] *adj* clipped.

abgehalftert ['apgəhalftərt] *adj* (*fig: umg*) run-down, dead beat.

abgehangen ['apgəhaŋən] *pp von* **abhängen** ♦ *adj*: (**gut**) ~ (*Fleisch*) well-hung.

abgehärtet ['apgəhɛrtət] *adj* tough, hardy; (*fig*) hardened.

abgehen ['apgeːən] *unreg vi* to go away, leave; (*THEAT*) to exit; (*POST*) to go; (*MED*) to be passed; (*sterben*) to die; (*Knopf etc*) to come off; (*abgezogen werden*) to be taken off; (*Straße*) to branch off; (*abweichen*): **von einer Forderung** ~ to give up a demand ♦ *vt* (*Strecke*) to go od walk along; (*MIL: Gelände*) to patrol; **von seiner Meinung** ~ to change one's opinion; **davon gehen 5% ab** 5% is taken off that; **etw geht jdm ab** (*fehlt*) sb lacks sth.

abgekämpft ['apgəkɛmpft] *adj* exhausted.

abgekartet ['apgəkartət] *adj*: **ein** ~**es Spiel** a rigged job.

abgeklärt ['apgəklɛːrt] *adj* serene, tranquil.

abgelegen ['apgəleːgən] *adj* remote.

abgelten ['apgɛltən] *unreg vt* (*Ansprüche*) to satisfy.

abgemacht ['apgəmaxt] *adj* fixed; ~! done!

abgemagert ['apgəmaːgərt] *adj* (*sehr dünn*) thin; (*ausgemergelt*) emaciated.

abgeneigt ['apgənaikt] *adj* averse.

abgenutzt ['apgənʊtst] *adj* worn, shabby; (*Reifen*) worn; (*fig: Klischees*) well-worn.

Abgeordnete(r) ['apgəɔrdnətə(r)] *f(m)* elected

representative; (*von Parlament*) member of parliament.

Abgesandte(r) ['apgəzantə(r)] *f(m)* delegate; (*POL*) envoy.

abgeschieden ['apgəʃiːdən] *adv* (*einsam*): ~ **leben/wohnen** to live in seclusion.

abgeschlagen ['apgəʃlaːgən] *adj* (*besiegt*) defeated; (*erschöpft*) exhausted, worn-out.

abgeschlossen ['apgəʃlɔsən] *pp von* **abschließen ♦** *adj attrib* (*Wohnung*) self-contained.

abgeschmackt ['apgəʃmakt] *adj* tasteless; **A~heit** *f* lack of taste; (*Bemerkung*) tasteless remark.

abgesehen ['apgəzeːən] *adj*: **es auf jdn/etw ~ haben** to be after sb/sth; ~ **von** ... apart from ...

abgespannt ['apgəʃpant] *adj* tired out.

abgestanden ['apgəʃtandən] *adj* stale; (*Bier*) flat.

abgestorben ['apgəʃtɔrbən] *adj* numb; (*BIOL, MED*) dead.

abgestumpft ['apgəʃtʊmpft] *adj* (*gefühllos*: *Person*) insensitive; (*Gefühle, Gewissen*) dulled.

abgetakelt ['apgətaːkəlt] *adj* (*fig*) decrepit, past it.

abgetan ['apgətaːn] *adj*: **damit ist die Sache ~** that settles the matter.

abgetragen ['apgətraːgən] *adj* worn.

abgewinnen ['apgəvɪnən] *unreg vt*: **jdm Geld ~** to win money from sb; **einer Sache etw/ Geschmack ~** to get sth/pleasure from sth.

abgewogen ['apgəvoːgən] *adj* (*Urteil, Worte*) balanced.

abgewöhnen ['apgəvøːnən] *vt*: **jdm/sich etw ~** to cure sb of sth/give sth up.

abgießen ['apgiːsən] *unreg vt* (*Flüssigkeit*) to pour off.

Abglanz ['apglants] *m* (*auch fig*) reflection.

abgleiten ['apglaɪtən] *unreg vi* to slip, slide.

Abgott ['apgɔt] *m* idol.

abgöttisch ['apgœtɪʃ] *adj*: ~ **lieben** to idolize.

abgrasen ['apgraːzən] *vt* (*Feld*) to graze; (*umg*: *Thema*) to do to death.

abgrenzen ['apgrɛntsən] *vt* (*lit, fig*) to mark off; (*Gelände*) to fence off **♦** *vr*: **sich ~ (gegen)** to dis(as)sociate o.s. (from).

Abgrund ['apgrʊnt] *m* (*lit, fig*) abyss.

abgründig ['apgrʏndɪç] *adj* unfathomable; (*Lächeln*) cryptic.

abgrundtief *adj* (*Hass, Verachtung*) profound.

abgucken ['apgʊkən] *vt, vi* to copy.

Abguss▲ ['apgʊs] *m* (*KUNST, METALLURGIE*: *Vorgang*) casting; (: *Form*) cast.

abhaben ['aphaːbən] *unreg* (*umg*) *vt* (*abbekommen*): **willst du ein Stück ~?** do you want a bit?

abhacken ['aphakən] *vt* to chop off.

abhaken ['aphaːkən] *vt* to tick off (*BRIT*),

check off (*US*).

abhalten ['aphaltən] *unreg vt* (*Versammlung*) to hold; **jdn von etw ~** (*fern halten*) to keep sb away from sth; (*hindern*) to keep sb from sth.

abhandeln ['aphandəln] *vt* (*Thema*) to deal with; **jdm die Waren/10 Euro ~** to do a deal with sb for the goods/beat sb down 10 euros.

abhanden [ap'handən] *adj*: ~ **kommen** to get lost.

Abhandlung ['aphandlʊŋ] *f* treatise, discourse.

Abhang ['aphaŋ] *m* slope.

abhängen ['aphɛŋən] *unreg vt* (*Bild*) to take down; (*Anhänger*) to uncouple; (*Verfolger*) to shake off **♦** *vi* (*Fleisch*) to hang; **von jdm/etw ~** to depend on sb/sth; **das hängt ganz davon ab** it all depends; **er hat abgehängt** (*TEL*: *umg*) he hung up (on me *etc*).

abhängig ['aphɛŋɪç] *adj*: ~ (**von**) dependent (on); **A~keit** *f*: **A~keit** (**von**) dependence (on).

abhärten ['aphɛrtən] *vt* to toughen up **♦** *vr* to toughen (o.s.) up; **sich gegen etw ~** to harden o.s. to sth.

abhauen ['aphauən] *unreg vt* to cut off; (*Baum*) to cut down **♦** *vi* (*umg*) to clear off *od* out; **hau ab!** beat it!

abheben ['apheːbən] *unreg vt* to lift (up); (*Karten*) to cut; (*Masche*) to slip; (*Geld*) to withdraw, take out **♦** *vi* (*Flugzeug*) to take off; (*Rakete*) to lift off; (*KARTEN*) to cut **♦** *vr*: **sich ~ von** to stand out from, contrast with.

abheften ['apheftən] *vt* (*Rechnungen etc*) to file away; (*NÄHEN*) to tack, baste.

abhelfen ['aphɛlfən] *unreg vi +dat* to remedy.

abhetzen ['aphɛtsən] *vr* to wear *od* tire o.s. out.

Abhilfe ['aphɪlfə] *f* remedy; ~ **schaffen** to put things right.

Abholmarkt *m* cash and carry.

abholen ['aphoːlən] *vt* (*Gegenstand*) to fetch, collect; (*Person*) to call for; (*am Bahnhof etc*) to pick up, meet.

abholzen ['aphɔltsən] *vt* (*Wald*) to clear, deforest.

abhorchen ['aphɔrçən] *vt* (*MED*) to listen to, sound.

abhören ['aphøːrən] *vt* (*Vokabeln*) to test; (*Telefongespräch*) to tap; (*Tonband etc*) to listen to; **abgehört werden** (*umg*) to be bugged.

Abhörgerät *nt* bug.

abhungern ['aphʊŋərn] *vr*: **sich** *dat* **10 Kilo ~** to lose 10 kilos by going on a starvation diet.

Abi ['abi] (**-s, -s**) *nt* (*SCH*: *umg*) = **Abitur**.

Abitur [abi'tuːr] (**-s, -e**) *nt* German school-leaving examination, ≈ A-levels *pl* (*BRIT*); (**das**) ~ **machen** to take one's school-leaving exam *od* A-levels.

ABITUR

*The **Abitur** is the German school-leaving examination which is taken at the age of 18 or 19 by pupils at a **Gymnasium**. It is taken in four subjects and is necessary for entry to a university education.*

Abiturient(in) [abituri'ɛnt(ɪn)] *m(f)* candidate for school-leaving certificate.

abkämmen ['apkɛmən] *vt* (*Gegend*) to comb, scour.

abkanzeln ['apkantsəln] (*umg*) *vt*: **jdn** ~ **to** give sb a dressing-down.

abkapseln ['apkapsəln] *vr* to shut *od* cut o.s. off.

abkarten ['apkartən] (*umg*) *vt*: **die Sache war von vornherein abgekartet** the whole thing was a put-up job.

abkaufen ['apkaʊfən] *vt*: **jdm etw** ~ to buy sth from sb.

abkehren ['apkeːrən] *vt* (*Blick*) to avert, turn away ♦ *vr* to turn away.

abklappern ['apklapərn] (*umg*) *vt* (*Kunden*) to call on; (: *Läden, Straße*): ~ (**nach**) to scour (for), comb (for).

abklären ['apklɛːrən] *vt* (*klarstellen*) to clear up, clarify ♦ *vr* (*sich setzen*) to clarify.

Abklatsch ['apklatʃ] (**-es, -e**) *m* (*fig*) (poor) copy.

abklemmen ['apklɛmən] *vt* (*Leitung*) to clamp.

abklingen ['apklɪŋən] *unreg vi* to die away; (*RUNDF*) to fade out.

abknallen ['apknalən] (*umg*) *vt* to shoot down.

abknöpfen ['apknœpfən] *vt* to unbutton; **jdm etw** ~ (*umg*) to get sth off sb.

abkochen ['apkɔxən] *vt* to boil; (*keimfrei machen*) to sterilize (by boiling).

abkommandieren ['apkɔmandiːrən] *vt* (*MIL: zu Einheit*) to post; (*zu bestimmtem Dienst*): ~ **zu** to detail for.

abkommen ['apkɔmən] *unreg vi* to get away; (**vom Thema**) ~ to get off the subject, digress; **von der Straße/einem Plan** ~ to leave the road/give up a plan.

Abkommen (**-s, -**) *nt* agreement.

abkömmlich ['apkœmlɪç] *adj* available, free.

Abkömmling *m* (*Nachkomme*) descendant; (*fig*) adherent.

abkönnen ['apkœnən] *unreg vt* (*umg*) *vt* (*mögen*): **das kann ich nicht ab** I can't stand it.

abkratzen ['apkratsən] *vt* to scrape off ♦ *vi* (*umg*) to kick the bucket.

abkriegen ['apkriːgən] (*umg*) *vt* = **abbekommen**.

abkühlen ['apkyːlən] *vt* to cool down ♦ *vr* (*Mensch*) to cool down *od* off; (*Wetter*) to get cool; (*Zuneigung*) to cool.

Abkunft ['apkʊnft] (**-**) *f* origin, birth.

abkürzen ['apkʏrtsən] *vt* to shorten; (*Wort*) to abbreviate; **den Weg** ~ to take a short cut.

Abkürzung *f* abbreviation; short cut.

abladen ['aplaːdən] *unreg vi* to unload ♦ *vt* to unload; (*fig: umg*): **seinen Ärger (bei jdm)** ~ to vent one's anger (on sb).

Ablage ['aplaːgə] *f* place to keep/put sth; (*Aktenordnung*) filing; (*für Akten*) tray.

ablagern ['aplaːgərn] *vt* to deposit ♦ *vr* to be deposited ♦ *vi* to mature.

Ablagerung *f* (*abgelagerter Stoff*) deposit.

ablassen ['aplasən] *unreg vt* (*Wasser, Dampf*) to let out *od* off; (*vom Preis*) to knock off ♦ *vi*: **von etw** ~ to give sth up, abandon sth.

Ablauf *m* (*Abfluss*) drain; (*von Ereignissen*) course; (*einer Frist, Zeit*) expiry (*BRIT*), expiration (*US*); **nach** ~ **des Jahres/dieser Zeit** at the end of the year/this time.

ablaufen ['aplaʊfən] *unreg vi* (*abfließen*) to drain away; (*Ereignisse*) to happen; (*Frist, Zeit, Pass*) to expire ♦ *vt* (*Sohlen*) to wear (down *od* out); ~ **lassen** (*abspulen, abspielen: Platte, Tonband*) to play; (*Film*) to run; **sich** *dat* **die Beine** *od* **Hacken nach etw** ~ (*umg*) to walk one's legs off looking for sth; **jdm den Rang** ~ to steal a march on sb.

Ableben ['apleːbən] *nt* (*form*) demise (*form*).

ablegen ['apleːgən] *vt* to put *od* lay down; (*Kleider*) to take off; (*Gewohnheit*) to get rid of; (*Prüfung*) to take, sit (*BRIT*); (*Zeugnis*) to give; (*Schriftwechsel*) to file (away); (*nicht mehr tragen: Kleidung*) to discard, cast off; (*Schwur, Eid*) to swear ♦ *vi* (*Schiff*) to cast off.

Ableger (**-s, -**) *m* layer; (*fig*) branch, offshoot.

ablehnen ['apleːnən] *vt* to reject; (*missbilligen*) to disapprove of; (*Einladung*) to decline, refuse ♦ *vi* to decline, refuse.

Ablehnung *f* rejection; refusal; **auf** ~ **stoßen** to meet with disapproval.

ableisten ['aplaɪstən] *vt* (*form: Zeit*) to serve.

ableiten ['aplaɪtən] *vt* (*Wasser*) to divert; (*deduzieren*) to deduce; (*Wort*) to derive.

Ableitung *f* diversion; deduction; derivation; (*Wort*) derivative.

ablenken ['aplɛŋkən] *vt* to turn away, deflect; (*zerstreuen*) to distract ♦ *vi* to change the subject; **das lenkt ab** (*zerstreut*) it takes your mind off things; (*stört*) it's distracting.

Ablenkung *f* deflection; distraction.

Ablenkungsmanöver *nt* diversionary tactic; (*um vom Thema abzulenken*) red herring.

ablesen ['apleːzən] *unreg vt* to read; **jdm jeden Wunsch von den Augen** ~ to anticipate sb's every wish.

ableugnen ['aplɔʏgnən] *vt* to deny.

ablichten ['aplɪçtən] *vt* to photocopy; (*fotografieren*) to photograph.

abliefern ['apliːfərn] *vt* to deliver; **etw bei jdm/einer Dienststelle** ~ to hand sth over to sb/in at an office.

Ablieferung *f* delivery.

abliegen ['apliːgən] *unreg vi* to be some distance away; (*fig*) to be far removed.

ablisten ['aplɪstən] *vt*: **jdm etw** ~ to trick *od* con sb out of sth.

ablösen ['aplØːzən] *vt* (*abtrennen*) to take off, remove; (*in Amt*) to take over from; (*FIN: Schuld, Hypothek*) to pay off, redeem; (*Methode, System*) to supersede ♦ *vr* (*auch:* **einander** ~) to take turns; (*Fahrer, Kollegen, Wachen*) to relieve each other.

Ablösung *f* removal; relieving.

abluchsen ['apluksən] (*umg*) *vt*: **jdm etw** ~ to get *od* wangle sth out of sb.

Abluft *f* (*TECH*) used air.

ABM *pl abk* (= *Arbeitsbeschaffungsmaßnahmen*) job-creation scheme.

abmachen ['apmaxən] *vt* to take off; (*vereinbaren*) to agree; **etw mit sich allein** ~ to sort sth out for o.s.

Abmachung *f* agreement.

abmagern ['apmaːgərn] *vi* to get thinner, become emaciated.

Abmagerungskur *f* diet; **eine** ~ **machen** to go on a diet.

Abmarsch ['apmarʃ] *m* departure; **a~bereit** *adj* ready to start.

abmarschieren ['apmarʃiːrən] *vi* to march off.

abmelden ['apmɛldən] *vt* (*Auto*) to take off the road; (*Telefon*) to have disconnected; (*COMPUT*) to log off ♦ *vr* to give notice of one's departure; (*im Hotel*) to check out; **ein Kind von einer Schule** ~ to take a child away from a school; **er/sie ist bei mir abgemeldet** (*umg*) I don't want anything to do with him/her; **jdn bei der Polizei** ~ to register sb's departure with the police.

abmessen ['apmɛsən] *unreg vt* to measure.

Abmessung *f* measurement; (*Ausmaß*) dimension.

abmontieren ['apmɔntiːrən] *vt* to take off; (*Maschine*) to dismantle.

ABM-Stelle *f* temporary post created as part of a job creation scheme.

abmühen ['apmyːən] *vr* to wear o.s. out.

abnabeln ['apnaːbəln] *vt*: **jdn** ~ (*auch fig*) to cut sb's umbilical cord.

abnagen ['apnaːgən] *vt* to gnaw off; (*Knochen*) to gnaw.

Abnäher ['apnɛːər] (**-s, -**) *m* dart.

Abnahme ['apnaːmə] *f* (*+gen*) removal; (*COMM*) buying; (*Verringerung*) decrease (in).

abnehmen ['apneːmən] *unreg vt* to take off, remove; (*Führerschein*) to take away; (*Prüfung*) to hold; (*Maschen*) to decrease; (*Hörer*) to lift, pick up; (*begutachten: Gebäude, Auto*) to inspect ♦ *vi* to decrease; (*schlanker werden*) to lose weight; **jdm etw** ~ (*Geld*) to get sth out of sb; (*kaufen: auch umg: glauben*) to buy sth from sb; **kann ich dir etwas** ~? (*tragen*) can I take something for

you?; **jdm Arbeit** ~ to take work off sb's shoulders; **jdm ein Versprechen** ~ to make sb promise sth.

Abnehmer (**-s, -**) *m* purchaser, customer; **viele/wenige** ~ **finden** (*COMM*) to sell well/badly.

Abneigung ['apnaɪgʊŋ] *f* aversion, dislike.

abnorm [ap'nɔrm] *adj* abnormal.

abnötigen ['apnØːtɪgən] *vt*: **jdm etw/Respekt** ~ to force sth from sb/gain sb's respect.

abnutzen ['apnʊtsən] *vt* to wear out.

Abnutzung *f* wear (and tear).

Abo ['abo] (**-s, -s**) (*umg*) *nt* = **Abonnement**.

Abonnement [abɔn(ə)'mãː] (**-s, -s** *od* **-e**) *nt* subscription; (*Theater*~) season ticket.

Abonnent(in) [abɔ'nɛnt(ɪn)] *m(f)* subscriber.

abonnieren [abɔ'niːrən] *vt* to subscribe to.

abordnen ['apˌɔrdnən] *vt* to delegate.

Abordnung *f* delegation.

Abort [a'bɔrt] (**-(e)s, -e**) *m* (*veraltet*) lavatory.

abpacken ['apakən] *vt* to pack.

abpassen ['apasən] *vt* (*Person, Gelegenheit*) to wait for; (*warten auf*) to catch; (*jdm auflauern*) to waylay; **etw gut** ~ to time sth well.

abpausen ['apaʊzən] *vt* to make a tracing of.

abpfeifen ['apfaɪfən] *unreg vt, vi* (*SPORT*): (**das Spiel**) ~ to blow the whistle (for the end of the game).

Abpfiff ['apfɪf] *m* final whistle.

abplagen ['aplaːgən] *vr* to struggle (away).

Abprall ['apral] *m* rebound; (*von Kugel*) ricochet.

abprallen ['apralən] *vi* to bounce off; to ricochet; **an jdm** ~ (*fig*) to make no impression on sb.

abputzen ['apʊtsən] *vt* to clean; (*Nase etc*) to wipe.

abquälen ['apkvɛːlən] *vr* to struggle (away).

abrackern ['aprakərn] (*umg*) *vr* to slave away.

abraten ['apraːtən] *unreg vi*: **jdm von etw** ~ to advise sb against sth, warn sb against sth.

abräumen ['aprɔymən] *vt* to clear up *od* away; (*Tisch*) to clear ♦ *vi* to clear up *od* away.

abreagieren ['apreagiːrən] *vt*: **seinen Zorn (an jdm/etw)** ~ to work one's anger off (on sb/sth) ♦ *vr* to calm down; **seinen Ärger an anderen** ~ to take it out on others.

abrechnen ['aprɛçnən] *vt* to deduct, take off ♦ *vi* to settle up; (*fig*) to get even; **darf ich** ~? would you like your bill (*BRIT*) *od* check (*US*) now?

Abrechnung *f* settlement; (*Rechnung*) bill; (*Aufstellung*) statement; (*Bilanz*) balancing; (*fig: Rache*) revenge; **in** ~ **stellen** (*form: Abzug*) to deduct; ~ **über** *+akk* bill/statement for.

Abrechnungszeitraum *m* accounting period.

Abrede ['apreːdə] *f*: **etw in** ~ **stellen** to deny

od dispute sth.

abregen ['apreːgən] (*umg*) *vr* to calm *od* cool down.

abreiben ['apraɪbən] *unreg vt* to rub off; (*säubern*) to wipe; **jdn mit einem Handtuch** ~ to towel sb down.

Abreibung (*umg*) *f* (*Prügel*) hiding, thrashing.

Abreise ['apraɪzə] *f* departure.

abreisen *vi* to leave, set off.

abreißen ['apraɪsən] *unreg vt* (*Haus*) to tear down; (*Blatt*) to tear off ♦ *vi*: **den Kontakt nicht ~ lassen** to stay in touch.

abrichten ['aprɪçtən] *vt* to train.

abriegeln ['apriːgəln] *vt* (*Tür*) to bolt; (*Straße, Gebiet*) to seal off.

abringen ['aprɪŋən] *unreg vt*: **sich** *dat* **ein Lächeln** ~ to force a smile.

Abriss▲ ['aprɪs] (**-es, -e**) *m* (*Übersicht*) outline; (*Abbruch*) demolition.

abrollen ['aprɔlən] *vt* (*abwickeln*) to unwind ♦ *vi* (*vonstatten gehen: Programm*) to run; (: *Veranstaltung*) to go off; (: *Ereignisse*) to unfold.

Abruf ['apruːf] *m*: **auf ~** on call.

abrufen *unreg vt* (*Mensch*) to call away; (*COMM: Ware*) to request delivery of; (*COMPUT*) to recall, retrieve.

abrunden ['aprʊndən] *vt* to round off.

abrüsten ['aprʏstən] *vi* to disarm.

Abrüstung *f* disarmament.

abrutschen ['aprʊtʃən] *vi* to slip; (*AVIAT*) to sideslip.

Abs. *abk* = **Absender**; (= *Absatz*) par., para.

absacken ['apzakən] *vi* (*sinken*) to sink; (*Boden, Gebäude*) to subside.

Absage ['apzaːgə] (**-, -n**) *f* refusal; (*auf Einladung*) negative reply.

absagen *vt* to cancel, call off; (*Einladung*) to turn down ♦ *vi* to cry off; (*ablehnen*) to decline; **jdm ~** to tell sb that one can't come.

absägen ['apzɛːgən] *vt* to saw off.

absahnen ['apzaːnən] *vt* (*lit*) to skim; **das beste für sich ~** (*fig*) to take the cream.

Absatz ['apzats] *m* (*COMM*) sales *pl*; (*JUR*) section; (*Bodensatz*) deposit; (*neuer Abschnitt*) paragraph; (*Treppen~*) landing; (*Schuh~*) heel; ~**flaute** *f* slump in the market; ~**förderung** *f* sales promotion; ~**gebiet** *nt* (*COMM*) market; sales territory; ~**prognose** *f* sales forecast; ~**schwierigkeiten** *pl* sales problems *pl*; ~**ziffern** *pl* sales figures *pl*.

absaufen ['apzaʊfən] *unreg* (*umg*) *vi* (*ertrinken*) to drown; (: *Motor*) to flood; (: *Schiff etc*) to go down.

absaugen ['apzaʊgən] *vt* (*Flüssigkeit*) to suck out *od* off; (*Teppich, Sofa*) to hoover ®, vacuum.

abschaben ['apʃaːbən] *vt* to scrape off;

(*Möhren*) to scrape.

abschaffen ['apʃafən] *vt* to abolish, do away with.

Abschaffung *f* abolition.

abschalten ['apʃaltən] *vt, vi* (*lit: umg*) to switch off.

abschattieren ['apʃatiːrən] *vt* to shade.

abschätzen ['apʃɛtsən] *vt* to estimate; (*Lage*) to assess; (*Person*) to size up.

abschätzig ['apʃɛtsɪç] *adj* disparaging, derogatory.

Abschaum ['apʃaʊm] (**-(e)s**) *m* scum.

Abscheu ['apʃɔʏ] (**-(e)s**) *m* loathing, repugnance; ~ **erregend** repulsive, loathsome; **a~lich** *adj* abominable.

abschicken ['apʃɪkən] *vt* to send off.

abschieben ['apʃiːbən] *unreg vt* to push away; (*Person*) to pack off; (*ausweisen: Ausländer*) to deport; (*fig: Verantwortung, Schuld*): ~ (**auf** +*akk*) to shift (onto).

Abschied ['apʃiːt] (**-(e)s, -e**) *m* parting; (*von Armee*) discharge; (**von jdm**) ~ **nehmen** to say goodbye (to sb), take one's leave (of sb); **seinen ~ nehmen** (*MIL*) to apply for discharge; **zum ~** on parting.

Abschiedsbrief *m* farewell letter.

Abschiedsfeier *f* farewell party.

abschießen ['apʃiːsən] *unreg vt* (*Flugzeug*) to shoot down; (*Geschoss*) to fire; (*umg: Minister*) to get rid of.

abschirmen ['apʃɪrmən] *vt* to screen; (*schützen*) to protect ♦ *vr* (*sich isolieren*): **sich ~ (gegen)** to cut o.s. off (from).

abschlaffen ['apʃlafən] (*umg*) *vi* to flag.

abschlagen ['apʃlaːgən] *unreg vt* (*abhacken, COMM*) to knock off; (*ablehnen*) to refuse; (*MIL*) to repel.

abschlägig ['apʃlɛːgɪç] *adj* negative; **jdn/etw ~ bescheiden** (*form*) to turn sb/sth down.

Abschlagszahlung *f* interim payment.

abschleifen ['apʃlaɪfən] *unreg vt* to grind down; (*Holzboden*) to sand (down) ♦ *vr* to wear off.

Abschleppdienst *m* (*AUT*) breakdown service (*BRIT*), towing company (*US*).

abschleppen ['apʃlɛpən] *vt* to (take in) tow.

Abschleppseil *nt* towrope.

abschließen ['apʃliːsən] *unreg vt* (*Tür*) to lock; (*beenden*) to conclude, finish; (*Vertrag, Handel*) to conclude; (*Versicherung*) to take out; (*Wette*) to place ♦ *vr* (*sich isolieren*) to cut o.s. off; **mit abgeschlossenem Studium** with a degree; **mit der Vergangenheit ~** to break with the past.

abschließend *adj* concluding ♦ *adv* in conclusion, finally.

Abschluss▲ ['apʃlʊs] *m* (*Beendigung*) close, conclusion; (*COMM: Bilanz*) balancing; (*von Vertrag, Handel*) conclusion; **zum ~** in conclusion; ~**feier** *f* (*SCH*) school-leavers' ceremony; ~**prüfer** *m* accountant; ~**prüfung**

abschmecken – abspalten

abschmecken – abspalten

f (SCH) final examination; *(UNIV)* finals pl; **~rechnung** *f* final account; **~zeugnis** *nt (SCH)* leaving certificate, diploma *(US)*.

abschmecken ['apʃmɛkən] *vt (kosten)* to taste; *(würzen)* to season.

abschmieren ['apʃmiːrən] *vt (AUT)* to grease, lubricate.

abschminken ['apʃmɪŋkən] *vt:* **sich ~** to remove one's make-up.

abschmirgeln ['apʃmɪrgəln] *vt* to sand down.

abschnallen ['apʃnalən] *vr* to unfasten one's seat belt ♦ *vi (umg: nicht mehr folgen können)* to give up; (: *fassungslos sein)* to be staggered.

abschneiden ['apʃnaɪdən] *unreg vt* to cut off ♦ *vi* to do, come off; **bei etw gut/schlecht ~** *(umg)* to come off well/badly in sth.

Abschnitt ['apʃnɪt] *m* section; *(MIL)* sector; *(Kontroll~)* counterfoil *(BRIT)*, stub *(US)*; *(MATH)* segment; *(Zeit~)* period.

abschnüren ['apʃnyːrən] *vt* to constrict.

abschöpfen ['apʃœpfən] *vt* to skim off.

abschrauben ['apʃraubən] *vt* to unscrew.

abschrecken ['apʃrɛkən] *vt* to deter, put off; *(mit kaltem Wasser)* to plunge into cold water.

abschreckend *adj* deterrent; **~es Beispiel** warning; **eine ~e Wirkung haben, ~ wirken** to act as a deterrent.

abschreiben ['apʃraɪbən] *unreg vt* to copy; *(verloren geben)* to write off; *(COMM)* to deduct; **er ist bei mir abgeschrieben** I'm finished with him.

Abschreibung *f (COMM)* deduction; *(Wertverminderung)* depreciation.

Abschrift ['apʃrɪft] *f* copy.

abschuften ['apʃuftən] *(umg) vr* to slog one's guts out *(umg)*.

abschürfen ['apʃyrfən] *vt* to graze.

Abschuss▲ ['apʃus] *m (eines Geschützes)* firing; *(Herunterschießen)* shooting down; *(Tötung)* shooting.

abschüssig ['apʃʏsɪç] *adj* steep.

Abschussliste▲ *f:* **er steht auf der ~** *(umg)* his days are numbered.

Abschussrampe▲ *f* launch(ing) pad.

abschütteln ['apʃʏtəln] *vt* to shake off.

abschütten ['apʃʏtən] *vt (Flüssigkeit etc)* to pour off.

abschwächen ['apʃvɛçən] *vt* to lessen; *(Behauptung, Kritik)* to tone down ♦ *vr* to lessen.

abschweifen ['apʃvaɪfən] *vi* to wander; *(Redner)* to digress.

Abschweifung *f* digression.

abschwellen ['apʃvɛlən] *unreg vi (Geschwulst)* to go down; *(Lärm)* to die down.

abschwenken ['apʃvɛŋkən] *vi* to turn away.

abschwören ['apʃvøːrən] *unreg vi +dat* to renounce.

absehbar ['apzeːbaːr] *adj* foreseeable; **in ~er Zeit** in the foreseeable future; **das Ende ist ~** the end is in sight.

absehen *unreg vt (Ende, Folgen)* to foresee ♦ *vi:* **von etw ~** to refrain from sth; *(nicht berücksichtigen)* to leave sth out of consideration; **jdm etw ~** *(erlernen)* to copy sth from sb.

abseilen ['apzaɪlən] *vt* to lower down on a rope ♦ *vr (Bergsteiger)* to abseil (down).

Abseits ['apzaɪts] *nt (SPORT)* offside; **im ~ stehen** to be offside; **im ~ leben** *(fig)* to live in the shadows.

abseits *adv* out of the way ♦ *präp +gen* away from.

absenden ['apzɛndən] *unreg vt* to send off, dispatch.

Absender *m* sender.

Absendung *f* dispatch.

absetzbar ['apzɛtsbaːr] *adj (Beamter)* dismissible; *(Waren)* saleable; *(von Steuer)* deductible.

absetzen ['apzɛtsən] *vt (niederstellen, aussteigen lassen)* to put down; *(abnehmen; auch Theaterstück)* to take off; *(COMM: verkaufen)* to sell; *(FIN: abziehen)* to deduct; *(entlassen)* to dismiss; *(König)* to depose; *(streichen)* to drop; *(Fußballspiel, Termin)* to cancel; *(hervorheben)* to pick out ♦ *vi:* **er trank das Glas aus, ohne abzusetzen** he emptied his glass in one ♦ *vr (sich entfernen)* to clear off; *(sich ablagern)* to be deposited; **das kann man ~** that is tax-deductible.

Absetzung *f (FIN: Abzug)* deduction; *(Entlassung)* dismissal; *(von König)* deposing; *(Streichung)* dropping.

absichern ['apzɪçərn] *vt* to make safe; *(schützen)* to safeguard ♦ *vr* to protect o.s.

Absicht ['apzɪçt] *f* intention; **mit ~** on purpose; **a~lich** *adj* intentional, deliberate.

absichtslos *adj* unintentional.

absinken ['apzɪŋkən] *unreg vi* to sink; *(Temperatur, Geschwindigkeit)* to decrease.

absitzen ['apzɪtsən] *unreg vi* to dismount ♦ *vt (Strafe)* to serve.

absolut [apzoˈluːt] *adj* absolute.

Absolutheitsanspruch *m* claim to absolute right.

Absolutismus [apzoluˈtɪsmʊs] *m* absolutism.

Absolvent(in) *m(f):* **die ~en eines Lehrgangs** the students who have completed a course.

absolvieren [apzɔlˈviːrən] *vt (SCH)* to complete.

absonderlich [apˈzɔndərlɪç] *adj* odd, strange.

absondern *vt* to separate; *(ausscheiden)* to give off, secrete ♦ *vr* to cut o.s. off.

Absonderung *f* separation; *(MED)* secretion.

absorbieren [apzɔrˈbiːrən] *vt (lit, fig)* to absorb.

abspalten ['apʃpaltən] *vt* to split off.

Abspannung ['apʃpanʊŋ] f (Ermüdung) exhaustion.

absparen ['apʃpaːrən] vt: **sich** dat **etw** ~ **to** scrimp and save for sth.

abspecken ['apʃpɛkən] (umg) vt to shed ♦ vi to lose weight.

abspeisen ['apʃpaizən] vt (fig) to fob off.

abspenstig ['apʃpɛnstɪç] adj: **(jdm)** ~ **machen** to lure away (from sb).

absperren ['apʃpɛrən] vt to block od close off; (Tür) to lock.

Absperrung f (Vorgang) blocking od closing off; (Sperre) barricade.

abspielen ['apʃpiːlən] vt (Platte, Tonband) to play; (SPORT: Ball) to pass ♦ vr to happen; **vom Blatt** ~ (MUS) to sight-read.

absplittern ['apʃplɪtərn] vt, vi to chip off.

Absprache ['apʃpraːxə] f arrangement; **ohne vorherige** ~ without prior consultation.

absprechen ['apʃprɛçən] unreg vt (vereinbaren) to arrange ♦ vr: **die beiden hatten sich vorher abgesprochen** they had agreed on what to do/say etc in advance; **jdm etw** ~ to deny sb sth; (in Abrede stellen: Begabung) to dispute sb's sth.

abspringen ['apʃprɪŋən] unreg vi to jump down/off; (Farbe, Lack) to flake off; (AVIAT) to bale out; (sich distanzieren) to back out.

Absprung ['apʃprʊŋ] m jump; **den** ~ **schaffen** (fig) to make the break (umg).

abspulen ['apʃpuːlən] vt (Kabel, Garn) to unwind.

abspülen ['apʃpyːlən] vt to rinse; **Geschirr** ~ to wash up (BRIT), do the dishes.

abstammen ['apʃtamən] vi to be descended; (Wort) to be derived.

Abstammung f descent; derivation; **französischer** ~ of French extraction od descent.

Abstand ['apʃtant] m distance; (zeitlich) interval; **davon** ~ **nehmen, etw zu tun** to refrain from doing sth; ~ **halten** (AUT) to keep one's distance; ~ **von etw gewinnen** (fig) to distance o.s. from sth; **mit großem** ~ **führen** to lead by a wide margin; **mit** ~ **der Beste** by far the best.

Abstandssumme f compensation.

abstatten ['apʃtatən] vt (form: Dank) to give; (: Besuch) to pay.

abstauben ['apʃtaubən] vt, vi to dust; (umg: mitgehen lassen) to help oneself to, pinch; **(den Ball)** ~ (SPORT) to tuck the ball away.

Abstauber(in) ['apʃtaubər(ɪn)] (-s, -) (umg) m(f) (Person) somebody on the make.

abstechen ['apʃtɛçən] unreg vt to cut; (Tier) to cut the throat of ♦ vi: ~ **gegen** od **von** to contrast with.

Abstecher (-s, -) m detour.

abstecken ['apʃtɛkən] vt (Fläche) to mark out; (Saum) to pin.

abstehen ['apʃteːən] unreg vi (Ohren, Haare) to stick out; (entfernt sein) to stand away.

Absteige f cheap hotel.

absteigen ['apʃtaigən] unreg vi (vom Rad etc) to get off, dismount; **in einem Gasthof** ~ to put up at an inn; **(in die zweite Liga)** ~ to be relegated (to the second division); **auf dem** ~**den Ast sein** (umg) to be going downhill, be on the decline.

abstellen ['apʃtɛlən] vt (niederstellen) to put down; (entfernt stellen) to pull out; (hinstellen: Auto) to park; (ausschalten) to turn od switch off; (Missstand, Unsitte) to stop; (abkommandieren) to order off; (ausrichten): ~ **auf** +akk to gear to; **das lässt sich nicht/ lässt sich** ~ nothing/something can be done about that.

Abstellgleis nt siding; **jdn aufs** ~ **schieben** (fig) to cast sb aside.

Abstellraum m storeroom.

abstempeln ['apʃtɛmpəln] vt to stamp; (fig): ~ **zu** od **als** to brand as.

absterben ['apʃtɛrbən] unreg vi to die; (Körperteil) to go numb.

Abstieg ['apʃtiːk] (-(e)s, -e) m descent; (SPORT) relegation; (fig) decline.

abstimmen ['apʃtɪmən] vi to vote ♦ vt: ~ **(auf** +akk) (Instrument) to tune (to); (Interessen) to match (with); (Termine, Ziele) to fit in (with) ♦ vr to agree.

Abstimmung f vote; (geheime ~) ballot.

abstinent [apsti'nɛnt] adj (von Alkohol) teetotal.

Abstinenz [apsti'nɛnts] f teetotalism.

Abstinenzler(in) (-s, -) m(f) teetotaller.

abstoßen ['apʃtoːsən] unreg vt to push off od away; (anekeln) to repel; (COMM: Ware, Aktien) to sell off.

abstoßend adj repulsive.

abstottern ['apʃtɔtərn] (umg) vt to pay off in instalments.

abstrahieren [apstra'hiːrən] vt, vi to abstract.

abstrakt [ap'strakt] adj abstract ♦ adv abstractly, in the abstract.

Abstraktion [apstraktsi'oːn] f abstraction.

Abstraktum [ap'straktʊm] (-s, **Abstrakta**) nt abstract concept; (GRAM) abstract noun.

abstrampeln ['apʃtrampəln] vr (fig: umg) to sweat (away).

abstreifen ['apʃtraifən] vt (abtreten: Schuhe, Füße) to wipe; (abziehen: Schmuck) to take off, slip off.

abstreiten ['apʃtraitən] unreg vt to deny.

Abstrich ['apʃtrɪç] m (Abzug) cut; (MED) smear; ~**e machen** to lower one's sights.

abstufen ['apʃtuːfən] vt (Hang) to terrace; (Farben) to shade; (Gehälter) to grade.

abstumpfen ['apʃtʊmpfən] vt (lit, fig) to dull, blunt ♦ vi to become dulled.

Absturz ['apʃtʊrts] m fall; (AVIAT) crash.

abstürzen ['apʃtʏrtsən] *vi* to fall; *(AVIAT)* to crash.

absuchen ['apzuːxən] *vt* to scour, search.

absurd [ap'zʊrt] *adj* absurd.

Abszess▲ [aps'tsɛs] (**-es, -e**) *m* abscess.

Abt [apt] (**-(e)s, ⁼e**) *m* abbot.

Abt. *abk* (= *Abteilung*) dept.

abtasten ['aptastən] *vt* to feel, probe; *(ELEK)* to scan; *(bei Durchsuchung)*: ~ **(auf** +*akk*) to frisk (for).

abtauen ['aptauən] *vt, vi* to thaw; *(Kühlschrank)* to defrost.

Abtei [ap'taɪ] (**-, -en**) *f* abbey.

Abteil [ap'taɪl] (**-(e)s, -e**) *nt* compartment.

abteilen ['aptaɪlən] *vt* to divide up; *(abtrennen)* to divide off.

Abteilung *f* (*in Firma, Kaufhaus*) department; *(MIL)* unit; (*in Krankenhaus, JUR*) section.

Abteilungsleiter(in) *m(f)* head of department; (*in Kaufhaus*) department manager(ess).

abtelefonieren ['aptelefoniːrən] *(umg)* vi to telephone to say one can't make it.

Äbtissin [ɛp'tɪsɪn] *f* abbess.

abtönen ['aptøːnən] *vt* *(PHOT)* to tone down.

abtöten ['aptøːtən] *vt* (*lit, fig*) to destroy, kill (off); (*Nerv*) to deaden.

abtragen ['aptraːgən] *unreg vt* (*Hügel, Erde*) to level down; (*Essen*) to clear away; (*Kleider*) to wear out; (*Schulden*) to pay off.

abträglich ['aptrɛːklɪç] *adj* (+*dat*) harmful (to).

Abtragung *f* (*GEOL*) erosion.

Abtransport (**-(e)s, -e**) *m* transportation; (*aus Katastrophengebiet*) evacuation.

abtransportieren ['aptranspɔrtiːrən] *vt* to transport; to evacuate.

abtreiben ['aptraɪbən] *unreg vt* (*Boot, Flugzeug*) to drive off course; (*Kind*) to abort ♦ *vi* to be driven off course; (*Frau*) to have an abortion.

Abtreibung *f* abortion.

Abtreibungsparagraf▲ *m* abortion law.

Abtreibungsversuch *m* attempted abortion.

abtrennen ['aptrɛnən] *vt* (*lostrennen*) to detach; (*entfernen*) to take off; (*abteilen*) to separate off.

abtreten ['aptreːtən] *unreg vt* to wear out; (*überlassen*) to hand over, cede; (*Rechte, Ansprüche*) to transfer ♦ *vi* to go off; (*zurücktreten*) to step down; **sich** *dat* **die Füße** ~ to wipe one's feet; **~!** (*MIL*) dismiss!

Abtritt ['aptrɪt] *m* (*Rücktritt*) resignation.

abtrocknen ['aptrɔknən] *vt* to dry ♦ *vi* to do the drying-up.

abtropfen ['aptrɔpfən] *vi*: **etw** ~ **lassen** to let sth drain.

abtrünnig ['aptrʏnɪç] *adj* renegade.

abtun ['aptuːn] *unreg vt* to take off; (*fig*) to dismiss; **etw kurz** ~ to brush sth aside.

aburteilen ['apǀʊrtaɪlən] *vt* to condemn.

abverlangen ['apfɛrlaŋən] *vt*: **jdm etw** ~ to demand sth from sb.

abwägen ['apvɛːgən] *unreg vt* to weigh up.

abwählen ['apvɛːlən] *vt* to vote out (of office); (*SCH: Fach*) to give up.

abwälzen ['apvɛltsən] *vt*: ~ **(auf** +*akk*) (*Schuld, Verantwortung*) to shift (onto); (*Arbeit*) to unload (onto); (*Kosten*) to pass on (to).

abwandeln ['apvandəln] *vt* to adapt.

abwandern ['apvandərn] *vi* to move away.

Abwärme ['apvɛrmə] *f* waste heat.

abwarten ['apvartən] *vt* to wait for ♦ *vi* to wait; **das Gewitter** ~ to wait till the storm is over; ~ **und Tee trinken** (*umg*) to wait and see; **eine** ~**de Haltung einnehmen** to play a waiting game.

abwärts ['apvɛrts] *adv* down; **mit ihm/dem Land geht es** ~ he/the country is going downhill.

Abwasch ['apvaʃ] (**-(e)s**) *m* washing-up; **du kannst das auch machen, das ist (dann) ein** ~ (*umg*) you could do that as well and kill two birds with one stone.

abwaschen *unreg vt* (*Schmutz*) to wash off; (*Geschirr*) to wash (up).

Abwasser ['apvasər] (**-s, -wässer**) *nt* sewage; ~**aufbereitung** *f* sewage treatment; ~**kanal** *m* sewer.

abwechseln ['apvɛksəln] *vi, vr* to alternate; (*Personen*) to take turns.

abwechselnd *adj* alternate.

Abwechslung *f* change; (*Zerstreuung*) diversion; **für** ~ **sorgen** to provide entertainment.

abwechslungsreich *adj* varied.

Abweg ['apveːk] *m*: **auf** ~**e geraten/führen** to go/lead astray.

abwegig ['apveːgɪç] *adj* wrong; (*Verdacht*) groundless.

Abwehr ['apveːr] (**-**) *f* defence; (*Schutz*) protection; (~*dienst*) counter-intelligence (service); **auf** ~ **stoßen** to be repulsed; **a**~**en** *vt* to ward off; (*Ball*) to stop; **a**~**ende Geste** dismissive gesture; ~**reaktion** *f* (*PSYCH*) reaction (*BRIT*) *od* defense (*US*); ~**stoff** *m* antibody.

abweichen ['apvaɪçən] *unreg vi* to deviate; (*Meinung*) to differ; **vom rechten Weg** ~ (*fig*) to wander off the straight and narrow.

abweichend *adj* deviant; differing.

Abweichler (**-s, -**) *m* (*POL*) maverick.

Abweichung *f* (*zeitlich, zahlenmäßig*) allowance; **zulässige** ~ (*TECH*) tolerance.

abweisen ['apvaɪzən] *unreg vt* to turn away; (*Antrag*) to turn down; **er lässt sich nicht** ~ he won't take no for an answer.

abweisend *adj* (*Haltung*) cold.

abwenden ['apvɛndən] *unreg vt* to avert ♦ *vr* to turn away.

abwerben ['apvɛrbən] *unreg vt*: **(jdm)** ~ to woo

away (from sb).

abwerfen ['apvɛrfən] unreg vt to throw off; (Profit) to yield; (aus Flugzeug) to drop; (Spielkarte) to discard.

abwerten ['apvɛrtən] vt (FIN) to devalue.

abwertend adj pejorative.

Abwertung f devaluation.

abwesend ['apveːzənt] adj absent; (zerstreut) far away.

Abwesenheit ['apveːzənhaɪt] f absence; **durch ~ glänzen** (ironisch) to be conspicuous by one's absence.

abwickeln ['apvɪkəln] vt to unwind; (Geschäft) to transact, conclude; (fig: erledigen) to deal with.

Abwicklungskosten ['apvɪklʊŋskɔstən] pl transaction costs pl.

abwiegen ['apviːgən] unreg vt to weigh out.

abwimmeln ['apvɪməln] (umg) vt (Person) to get rid of; (: Auftrag) to get out of.

abwinken ['apvɪŋkən] vi to wave it/him etc aside; (fig: ablehnen) to say no.

abwirtschaften ['apvɪrtʃaftən] vi to go downhill.

abwischen ['apvɪʃən] vt to wipe off od away; (putzen) to wipe.

abwracken ['apvrakən] vt (Schiff) to break (up); **ein abgewrackter Mensch** a wreck (of a person).

Abwurf ['apvʊrf] m throwing off; (von Bomben etc) dropping; (von Reiter, SPORT) throw.

abwürgen ['apvʏrgən] (umg) vt to scotch; (Motor) to stall; **etw von vornherein ~** to nip sth in the bud.

abzahlen ['aptsaːlən] vt to pay off.

abzählen ['aptseːlən] vt to count (up); **abgezähltes Fahrgeld** exact fare.

Abzählreim ['aptseːlraɪm] m counting rhyme (e.g. eeny meeny miney mo).

Abzahlung f repayment; **auf ~ kaufen** to buy on hire purchase (BRIT) od the installment plan (US).

abzapfen ['aptsapfən] vt to draw off; **jdm Blut ~** to take blood from sb.

abzäunen ['aptsɔynən] vt to fence off.

Abzeichen ['aptsaɪçən] nt badge; (Orden) decoration.

abzeichnen ['aptsaɪçnən] vt to draw, copy; (unterschreiben) to initial ♦ vr to stand out; (fig: bevorstehen) to loom.

Abziehbild nt transfer.

abziehen ['aptsiːən] unreg vt to take off; (Tier) to skin; (Bett) to strip; (Truppen) to withdraw; (subtrahieren) to take away, subtract; (kopieren) to run off; (Schlüssel) to take out, remove ♦ vi to go away; (Truppen) to withdraw; (abdrücken) to pull the trigger, fire.

abzielen ['aptsiːlən] vi: **~ auf** +akk to be aimed at.

Abzug ['aptsuːk] m departure; (von Truppen) withdrawal; (Kopie) copy; (Subtraktion) subtraction; (Betrag) deduction; (Rauch~) flue; (von Waffen) trigger; (Rabatt) discount; (Korrekturfahne) proof; (PHOT) print; **jdm freien ~ gewähren** to grant sb safe passage.

abzüglich ['aptsyːklɪç] präp +gen less.

abzweigen ['aptsvaɪgən] vi to branch off ♦ vt to set aside.

Abzweigung f junction.

Accessoires [aksesoˈaːrs] pl accessories pl.

ach [ax] interj oh; **~ so!** I see!; **mit A~ und Krach** by the skin of one's teeth; **~ was** od **wo, das ist doch nicht so schlimm!** come on now, it's not that bad!

Achillesferse [aˈxɪlɛsfɛrzə] f Achilles heel.

Achse ['aksə] (-, -n) f axis; (AUT) axle; **auf ~ sein** (umg) to be on the move.

Achsel ['aksəl] (-, -n) f shoulder; **~höhle** f armpit; **~zucken** nt shrug (of one's shoulders).

Achsenbruch m (AUT) broken axle.

Achsenkreuz nt coordinate system.

Acht¹ [axt] (-, -en) f eight; (beim Eislaufen etc) figure (of) eight.

Acht² (-) f attention; **hab ~** (MIL) attention!; **~ geben (auf** +akk**)** to take care (of); (aufmerksam sein) to pay attention (to); **sich in ~ nehmen (vor** +dat**)** to be careful (of), watch out (for); **etw außer ~ lassen** to disregard sth.

acht num eight; **~ Tage** a week.

achtbar adj worthy.

achte(r, s) adj eighth.

Achteck nt octagon.

Achtel nt eighth; **~note** f quaver, eighth note (US).

achten vt to respect ♦ vi: **~ (auf** +akk**)** to pay attention (to); **darauf ~, dass ...** to be careful that ...

ächten ['ɛçtən] vt to outlaw, ban.

Achterbahn f roller coaster.

Achterdeck nt (NAUT) afterdeck.

achtfach adj eightfold.

achtlos adj careless; **viele gehen ~ daran vorbei** many people just pass by without noticing.

achtmal adv eight times.

achtsam adj attentive.

Achtstundentag m eight-hour day.

Achtung ['axtʊŋ] f attention; (Ehrfurcht) respect ♦ interj look out!; (MIL) attention!; **alle ~!** good for you/him etc!; **~, fertig, los!** ready, steady, go!; „**~ Hochspannung!**" "danger, high voltage"; „**~ Lebensgefahr/ Stufe!**" "danger/mind the step!".

Achtungserfolg m reasonable success.

achtzehn num eighteen.

achtzig num eighty; **A~er(in)** (-s, -) m(f) octogenarian.

ächzen ['ɛçtsən] *vi*: ~ **(vor** +*dat*) to groan
(with).

Acker ['akər] **(-s, ⁼)** *m* field; ~**bau** *m*
agriculture; ~**bau und Viehzucht** farming.

ackern *vi* to plough; (*umg*) to slog away.

a conto [a 'kɔnto] *adv* (*COMM*) on account.

A. D. *abk* (= *Anno Domini*) A.D.

a. D. *abk* = **außer Dienst**.

a. d. *abk* = **an der** (*bei Ortsnamen*).

ad absurdum [at ap'zʊrdʊm] *adv*: ~ **führen**
(*Argument etc*) to reduce to absurdity.

ADAC (-) *m abk* (= *Allgemeiner Deutscher
Automobilclub*) *German motoring
organization*, ≈ AA (*BRIT*), AAA (*US*).

ad acta [at 'akta] *adv*: **etw** ~ **legen** (*fig*) to
consider sth finished; (*Frage, Problem*) to
consider sth closed.

Adam ['aːdam] *m*: **bei** ~ **und Eva anfangen**
(*umg*) to start right from scratch *od* from
square one.

adaptieren [adap'tiːrən] *vt* to adapt.

adäquat [adɛ'kvaːt] *adj* (*Belohnung,
Übersetzung*) adequate; (*Stellung, Verhalten*)
suitable.

addieren [a'diːrən] *vt* to add (up).

Addis Abeba ['adɪs'aːbeba] **(-, -s)** *nt* Addis
Ababa.

Addition [aditsi'oːn] *f* addition.

ade *interj* bye!

Adel ['aːdəl] **(-s)** *m* nobility; ~ **verpflichtet**
noblesse oblige.

adelig *adj* noble.

Adelsstand *m* nobility.

Ader ['aːdər] **(-, -n)** *f* vein; (*fig: Veranlagung*)
bent.

Adhäsionsverschluss▲ [athɛzi'oːnsfɛrʃlʊs] *m*
adhesive seal.

Adjektiv ['atjɛktiːf] **(-s, -e)** *nt* adjective.

Adler ['aːdlər] **(-s, -)** *m* eagle.

adlig *adj* = **adelig**.

Admiral [atmi'raːl] **(-s, -e)** *m* admiral.

Admiralität *f* admiralty.

adoptieren [adɔp'tiːrən] *vt* to adopt.

Adoption [adɔptsi'oːn] *f* adoption.

Adoptiveltern *pl* adoptive parents *pl*.

Adoptivkind *nt* adopted child.

Adr. *abk* (= *Adresse*) add.

Adressant [adrɛ'sant] *m* sender.

Adressat [adrɛ'saːt] **(-en, -en)** *m* addressee.

Adressbuch▲ *nt* directory; (*privat*) address
book.

Adresse [a'drɛsə] **(-, -n)** *f* (*auch COMPUT*)
address; **an den falschen** ~ **sein** (*umg*) to
have gone/come to the wrong person;
absolute ~ absolute address; **relative** ~
relative address.

adressieren [adrɛ'siːrən] *vt*: ~ **(an** +*akk*) to
address (to).

Adria ['aːdria] **(-)** *f* Adriatic Sea.

Adriatisches Meer [adri'aːtɪʃəs meːr] *nt* (*form*)

Adriatic Sea.

Advent [at'vɛnt] **(-(e)s, -e)** *m* Advent; **der
erste/zweite** ~ the first/second Sunday in
Advent.

Advents- *zW*: ~**kalender** *m* Advent calendar;
~**kranz** *m* Advent wreath.

Adverb [at'vɛrp] *nt* adverb.

adverbial [atvɛrbi'aːl] *adj* adverbial.

aero- [aero] *präf* aero-.

Aerobic [ae'roːbik] **(-s)** *nt* aerobics *sing*.

Affäre [a'fɛːrə] **(-, -n)** *f* affair; **sich aus der**
~ **ziehen** (*umg*) to get (o.s.) out of it.

Affe ['afə] **(-n, -n)** *m* monkey; (*umg: Kerl*) berk
(*BRIT*).

Affekt **(-(e)s, -e)** *m*: **im** ~ **handeln** to act in the
heat of the moment.

affektiert [afɛk'tiːrt] *adj* affected.

Affen- *zW*: **a**~**artig** *adj* like a monkey; **mit
a**~**artiger Geschwindigkeit** (*umg*) like a
flash; **a**~**geil** (*umg*) *adj* magic, fantastic;
~**hitze** (*umg*) *f* incredible heat; ~**liebe** *f*:
~**liebe (zu)** blind adoration (of); ~**schande**
(*umg*) *f* crying shame; ~**tempo** (*umg*) *nt*: **in**
od **mit einem** ~**tempo** at breakneck speed;
~**theater** (*umg*) *nt*: **ein** ~**theater aufführen** to
make a fuss.

affig ['afɪç] *adj* affected.

Afghane [af'gaːnə] **(-n, -n)** *m* Afghan.

Afghanin [af'gaːnɪn] *f* Afghan.

afghanisch *adj* Afghan.

Afghanistan [af'gaːnɪstaːn] **(-s)** *nt*
Afghanistan.

Afrika ['aːfrika] **(-s)** *nt* Africa.

Afrikaans [afri'kaːns] **(-)** *nt* Afrikaans.

Afrikaner(in) [afri'kaːnər(ɪn)] **(-s, -)** *m(f)*
African.

afrikanisch *adj* African.

afroamerikanisch ['aːfro|ameri'kaːnɪʃ] *adj*
Afro-American.

After ['aftər] **(-s, -)** *m* anus.

AG (-) *f abk* (= *Aktiengesellschaft*) ≈ plc (*BRIT*),
corp., inc. (*US*).

Ägäis [ɛ'gɛːɪs] **(-)** *f* Aegean (Sea).

Ägäisches Meer *nt* Aegean Sea.

Agent(in) [a'gɛnt(ɪn)] *m(f)* agent.

Agententätigkeit *f* espionage.

Agentur [agɛn'tuːr] *f* agency; ~**bericht** *m*
(news) agency report.

Aggregat [agre'gaːt] **(-(e)s, -e)** *nt* aggregate;
(*TECH*) unit; ~**zustand** *m* (*PHYS*) state.

Aggression [agrɛsi'oːn] *f* aggression.

aggressiv [agrɛ'siːf] *adj* aggressive.

Aggressivität [agrɛsivi'tɛːt] *f* aggressiveness.

Aggressor [a'grɛsɔr] **(-s, -en)** *m* aggressor.

Agitation [agitatsi'oːn] *f* agitation.

Agrarpolitik *f* agricultural policy.

Agrarstaat *m* agrarian state.

AGV *f abk* (= *Arbeitsgemeinschaft der
Verbraucherverbände*) *consumer groups'
association*.

Ägypten [ɛ'ɡʏptən] **(-s)** *nt* Egypt.
Ägypter(in) (-s, -) *m(f)* Egyptian.
ägyptisch *adj* Egyptian.
aha [a'ha:] *interj* aha!
Aha-Erlebnis *nt* sudden insight.
ahd. *abk* (= *althochdeutsch*) OHG.
Ahn [a:n] **(-en, -en)** *m* forebear.
ahnden ['a:ndən] *vt* (*geh: Freveltat, Verbrechen*)
 to avenge; (*Übertretung, Verstoß*) to punish.
ähneln ['ɛ:nəln] *vi +dat* to be like, resemble
 ♦ *vr* to be alike *od* similar.
ahnen ['a:nən] *vt* to suspect; (*Tod, Gefahr*) to
 have a presentiment of; **nichts Böses ~** to
 be unsuspecting; **du ahnst es nicht!** you
 have no idea!; **davon habe ich nichts geahnt**
 I didn't have the slightest inkling of it.
Ahnenforschung *f* genealogy.
ähnlich ['ɛ:nlıç] *adj (+dat)* similar (to); **das sieht
 ihm (ganz) ~!** (*umg*) that's just like him!,
 that's him all over!; **Ä~keit** *f* similarity.
Ahnung ['a:nʊŋ] *f* idea, suspicion; (*Vorgefühl*)
 presentiment.
ahnungslos *adj* unsuspecting.
Ahorn ['a:hɔrn] **(-s, -e)** *m* maple.
Ähre ['ɛ:rə] **(-, -n)** *f* ear.
Aids [e:dz] **(-)** *nt* Aids.
Airbag ['ɛ:bɛ:ɡ] **(-s, -s)** *m* (*AUT*) airbag.
Akademie [akade'mi:] *f* academy.
Akademiker(in) [aka'de:mikər(ın)] **(-s, -)** *m(f)*
 university graduate.
akademisch *adj* academic.
Akazie [a'ka:tsiə] **(-, -n)** *f* acacia.
Akk. *abk* = **Akkusativ**.
akklimatisieren [aklimati'zi:rən] *vr* to become
 acclimatized.
Akkord [a'kɔrt] **(-(e)s, -e)** *m* (*MUS*) chord; **im
 ~ arbeiten** to do piecework; **~arbeit** *f*
 piecework.
Akkordeon [a'kɔrdeɔn] **(-s, -s)** *nt* accordion.
Akkordlohn *m* piece wages *pl*, piece rate.
Akkreditiv [akredi'ti:f] **(-s, -e)** *nt* (*COMM*)
 letter of credit.
Akku ['aku] **(-s, -s)** (*umg*) *m* (*Akkumulator*)
 battery.
akkurat [aku'ra:t] *adj* precise; (*sorgfältig*)
 meticulous.
Akkusativ ['akuzati:f] **(-s, -e)** *m* accusative
 (case); **~objekt** *nt* accusative *od* direct
 object.
Akne ['aknə] **(-, -n)** *f* acne.
Akribie [akri'bi:] *f* (*geh*) meticulousness.
Akrobat(in) [akro'ba:t(ın)] **(-en, -en)** *m(f)*
 acrobat.
Akt [akt] **(-(e)s, -e)** *m* act; (*KUNST*) nude.
Akte ['aktə] **(-, -n)** *f* file; **etw zu den ~n legen**
 (*lit, fig*) to file sth away.
Akten- *zW:* **~deckel** *m* folder; **~koffer** *m*
 attaché case; **~kundig** *adj* on record;
 ~notiz *f* memo(randum); **~ordner** *m* file;
 ~schrank *m* filing cabinet; **~tasche** *f*

 briefcase; **~zeichen** *nt* reference.
Aktie ['aktsiə] **(-, -n)** *f* share; **wie stehen die
 ~n?** (*hum: umg*) how are things?
Aktien- *zW:* **~bank** *f* joint-stock bank;
 ~emission *f* share issue; **~gesellschaft** *f*
 joint-stock company; **~index** *m* share index;
 ~kapital *nt* share capital; **~kurs** *m* share
 price.
Aktion [aktsi'o:n] *f* campaign; (*Polizei~,
 Such~*) action.
Aktionär(in) [aktsio'nɛ:r(ın)] **(-s, -e)** *m(f)*
 shareholder.
Aktionismus [aktsio'nısmʊs] *m* (*POL*)
 actionism.
Aktionsradius [aktsi'o:nzra:diʊs] **(-, -ien)** *m*
 (*AVIAT, NAUT*) range; (*fig: Wirkungsbereich*)
 scope.
aktiv [ak'ti:f] *adj* active; (*MIL*) regular; **A~ (-s)**
 nt (*GRAM*) active (voice).
Aktiva [ak'ti:va] *pl* assets *pl*.
aktivieren [akti'vi:rən] *vt* to activate; (*fig:
 Arbeit, Kampagne*) to step up; (*Mitarbeiter*) to
 get moving.
Aktivität [aktivi'tɛ:t] *f* activity.
Aktivposten *m* (*lit, fig*) asset.
Aktivsaldo *m* (*COMM*) credit balance.
Aktivurlaub *m* activity holiday.
aktualisieren [aktuali'zi:rən] *vt* (*COMPUT*) to
 update.
Aktualität [aktuali'tɛ:t] *f* topicality; (*einer
 Mode*) up-to-dateness.
aktuell [aktu'ɛl] *adj* topical; up-to-date; **eine
 ~e Sendung** (*RUNDF, TV*) a current affairs
 programme.
Akupunktur [akupʊŋk'tu:ər] *f* acupuncture.
Akustik [a'kʊstık] *f* acoustics *pl*.
akustisch [a'kʊstıʃ] *adj* acoustic; **ich habe dich
 rein ~ nicht verstanden** I simply didn't
 catch what you said (properly).
akut [a'ku:t] *adj* acute; (*Frage*) pressing,
 urgent.
AKW *nt abk* = **Atomkraftwerk**.
Akzent [ak'tsɛnt] **(-(e)s, -e)** *m* accent;
 (*Betonung*) stress; **~e setzen** (*fig*) to bring
 out *od* emphasize the main points;
 ~verschiebung *f* (*fig*) shift of emphasis.
Akzept (-(e)s, -e) *nt* (*COMM: Wechsel*)
 acceptance.
akzeptabel [aktsɛp'ta:bl] *adj* acceptable.
akzeptieren [aktsɛp'ti:rən] *vt* to accept.
AL *f abk* (= *Alternative Liste*) *siehe* **alternativ**.
Alarm [a'larm] **(-(e)s, -e)** *m* alarm; (*Zustand*)
 alert; **~ schlagen** to give *od* raise the alarm;
 ~anlage *f* alarm system; **a~bereit** *adj*
 standing by; **~bereitschaft** *f* stand-by.
alarmieren [alar'mi:rən] *vt* to alarm.
Alaska [a'laska] **(-s)** *nt* Alaska.
Albaner(in) [al'ba:nər(ın)] **(-s, -)** *m(f)* Albanian.
Albanien [al'ba:niən] **(-s)** *nt* Albania.
albanisch *adj* Albanian.

albern ['albərn] *adj* silly.
Albtraum▲ ['alptraum] *m* nightmare.
Album ['albʊm] (-s, **Alben**) *nt* album.
Aleuten [ale'u:tən] *pl* Aleutian Islands *pl*.
Alge ['algə] (-, -n) *f* alga.
Algebra ['algebra] (-) *f* algebra.
Algerien [al'ge:riən] (-s) *nt* Algeria.
Algerier(in) (-s, -) *m(f)* Algerian.
algerisch [al'ge:rɪʃ] *adj* Algerian.
Algier ['alʒiːər] (-s) *nt* Algiers.
ALGOL ['algɔl] (-(s)) *nt* (*COMPUT*) ALGOL.
Algorithmus [algo'rɪtmʊs] *m* algorithm.
alias ['a:lias] *adv* alias.
Alibi ['a:libi] (-s, -s) *nt* alibi.
Alimente [ali'mɛntə] *pl* alimony *sing*.
Alkohol ['alkohɔl] (-s, -e) *m* alcohol; **unter**
~ **stehen** to be under the influence (of
alcohol); **a~arm** *adj* low alcohol; **a~frei** *adj*
non-alcoholic; **~gehalt** *m* proof.
Alkoholika [alko'ho:lika] *pl* alcoholic drinks
pl, liquor (*US*).
Alkoholiker(in) [alko'ho:likər(ɪn)] (-s, -) *m(f)*
alcoholic.
alkoholisch *adj* alcoholic.
Alkoholverbot *nt* ban on alcohol.
All [al] (-s) *nt* universe; (*RAUMFAHRT*) space;
(*außerhalb unseres Sternsystems*) outer space.
allabendlich *adj* every evening.
allbekannt *adj* universally known.
alle *adj siehe* **alle(r, s)**.
alledem ['alədeːm] *pron:* **bei/trotz** *etc* ~ with/in
spite of *etc* all that; **zu** ~ moreover.
Allee [a'le:] (-, -n) *f* avenue.
allein [a'laɪn] *adj, adv* alone; (*ohne Hilfe*) on
one's own, by oneself ♦ *konj* (*geh*) but, only;
von ~ by oneself/itself; **nicht** ~ (*nicht nur*)
not only; ~ **schon der Gedanke** the very *od*
mere thought ..., the thought alone ...;
~ **erziehend** single-parent; ~ **stehend**
single; **A~erziehende(r)** *f(m)* single parent;
A~gang *m*: **im A~gang** on one's own;
A~herrscher(in) *m(f)* autocrat;
A~hersteller(in) *m(f)* sole manufacturer.
alleinig [a'laɪnɪç] *adj* sole.
allein- *zW:* **A~sein** *nt* being on one's own;
(*Einsamkeit*) loneliness; **A~unterhalter(in)**
m(f) solo entertainer; **A~vertretung** *f* (*COMM*)
sole agency; **A~vertretungsvertrag** *m*
(*COMM*) exclusive agency agreement.
allemal ['alə'ma:l] *adv* (*jedes Mal*) always;
(*ohne weiteres*) with no bother; *siehe auch* **Mal**.
allenfalls ['alən'fals] *adv* at all events;
(*höchstens*) at most.

—————————— *SCHLÜSSELWORT*

alle(r, s) *adj* **1** (*sämtliche*) all; **wir** ~ all of us;
~ **Kinder waren da** all the children were
there; ~ **Kinder mögen** ... all children like
...; ~ **beide** both of us/them; **sie kamen** ~
they all came; **~s Gute** all the best; **~s in**

~**m** all in all; **vor** ~**m** above all; **das ist** ~**s**
andere als ... that's anything but ...; **es hat**
~**s keinen Sinn mehr** nothing makes sense
any more; **was habt ihr** ~**s gemacht?** what
did you get up to?
2 (*mit Zeit- oder Maßangaben*) every; ~ **vier**
Jahre every four years; ~ **fünf Meter** every
five metres.
♦ *pron* everything; ~**s was er sagt**
everything he says, all that he says; **trotz**
~**m** in spite of everything.
♦ *adv* (*zu Ende, aufgebraucht*) finished; **die**
Milch ist ~ the milk's all gone, there's no
milk left; **etw** ~ **machen** to finish sth up.

—————————————————————

allerbeste(r, s) ['alər'bɛstə(r, s)] *adj* very best.
allerdings ['alər'dɪŋs] *adv* (*zwar*) admittedly;
(*gewiss*) certainly.
Allergie [aler'giː] *f* allergy.
allergisch [a'lɛrgɪʃ] *adj* allergic; **auf etw** *akk*
~ **reagieren** to be allergic to sth.
allerhand (*umg*) *adj inv* all sorts of; **das ist**
doch ~! that's a bit much!; ~! (*lobend*) good
show!
Allerheiligen *nt* All Saints' Day.

┌─────────────────────────────┐
│ **ALLERHEILIGEN**   │
│   │
│ **Allerheiligen** (*All Saints' Day*) *is a public holiday* │
│ *in Germany and in Austria. It is a day in honour of* │
│ *all the saints.* **Allerseelen** (*All Souls' Day*) *is* │
│ *celebrated on November 2nd in the Roman* │
│ *Catholic Church. It is customary to visit cemeteries* │
│ *and place lighted candles on the graves of* │
│ *deceased relatives and friends.* │
└─────────────────────────────┘

aller- *zW:* **~höchste(r, s)** *adj* very highest; **es**
wird ~höchste Zeit, dass ... it's really high
time that ...; **~höchstens** *adv* at the very
most; **~lei** *adj inv* all sorts of; **~letzte(r, s)** *adj*
very last; **der/das ist das A~letzte** (*umg*)
he's/it's the absolute end!; **~neu(e)ste(r, s)**
adj very latest; **~seits** *adv* on all sides; **prost**
~seits! cheers everyone!
Allerseelen (-s) *nt* All Soul's Day; *siehe auch*
Allerheiligen.
Allerwelts- *in zW* (*Durchschnitts-*) common;
(*nichts sagend*) commonplace.
allerwenigste(r, s) *adj* very least; **die ~n**
Menschen wissen das very few people
know that.
Allerwerteste(r) *m* (*hum*) posterior (*hum*).
alles *pron* everything; *siehe auch* **alle(r, s)**.
allesamt *adv* all (of them/us *etc*).
Alleskleber (-s, -) *m* all-purpose adhesive.
Allgäu ['algɔy] *nt part of the alpine region of*
Bavaria.
allgegenwärtig *adj* omnipresent, ubiquitous.
allgemein ['algəmaɪn] *adj* general ♦ *adv*: **es ist**
~ **üblich** it's the general rule; ~ **gültig**

DEUTSCH–ENGLISCH 15 **Allheilmittel – Altweibersommer**

generally accepted; ~ **verständlich**
generally intelligible; **im A~** in general; **im
~en Interesse** in the common interest; **auf
~en Wunsch** by popular request; **A~bildung**
f general *od* all-round education; **A~heit** *f*
(*Menschen*) general public; **Allgemeinheiten**
pl (*Redensarten*) general remarks *pl*;
A~wissen *nt* general knowledge.
Allheilmittel [al'haɪlmɪtəl] *nt* cure-all,
panacea (*bes fig*).
Alliierte(r) [ali'iːrtə(r)] *f(m)* ally.

all- *zW:* ~**jährlich** *adj* annual; ~**mächtig** *adj* all-
powerful, omnipotent; ~**mählich** *adv*
gradually; **es wird ~mählich Zeit** (*umg*) it's
about time; **A~radantrieb** *m* all-wheel drive;
~**seitig** *adj* (*allgemein*) general; (*ausnahmslos*)
universal; **A~tag** *m* everyday life; ~**täglich**
adj daily; (*gewöhnlich*) commonplace; ~**tags**
adv on weekdays.
Allüren [a'lyːrən] *pl* odd behaviour (*BRIT*) *od*
behavior (*US*) *sing*; (*eines Stars etc*) airs and
graces *pl*.
all- *zW:* ~**wissend** *adj* omniscient; ~**zu** *adv* all
too; ~**zu gern** (*mögen*) only too much;
(*bereitwillig*) only too willingly; ~**zu oft** all
too often; ~**zu viel** too much.
Allzweck- ['altsvɛk-] *in zW* all-purpose.
Alm [alm] (-, **-en**) *f* alpine pasture.
Almosen ['almoːzən] (-s, -) *nt* alms *pl*.
Alpen ['alpən] *pl* Alps *pl*; ~**blume** *f* alpine
flower; ~**veilchen** *nt* cyclamen; ~**vorland** *nt*
foothills *pl* of the Alps.
Alphabet [alfa'beːt] (-(e)s, -e) *nt* alphabet.
alphabetisch *adj* alphabetical.
alphanumerisch [alfanu'meːrɪʃ] *adj* (*COMPUT*)
alphanumeric.
Alptraum ['alptraum] *m* = **Albtraum**.

═══════════ *SCHLÜSSELWORT*

als [als] *konj* **1** (*zeitlich*) when; (*gleichzeitig*) as;
damals ~ ... (in the days) when ...; **gerade
~** ... just as ...
2 (*in der Eigenschaft*) than; ~ **Antwort** as an
answer; ~ **Kind** as a child.
3 (*bei Vergleichen*) than; **ich kam später ~ er**
I came later than he (did) *od* later than him;
lieber ... ~ ... rather ... than ...; **alles andere
~** anything but; **nichts ~ Ärger** nothing but
trouble; **so viel/so weit ~ möglich** (*bei
Vergleichen*) as much/far as possible.
4: ~ **ob/wenn** as if.

alsbaldig [als'baldɪç] *konj:* „**zum ~en
Verbrauch bestimmt**" "for immediate use
only".
also ['alzoː] *konj* so; (*folglich*) therefore; ~ **wie
ich schon sagte** well (then), as I said before;
ich komme ~ morgen so I'll come
tomorrow; ~ **gut** *od* **schön!** okay then; ~**, so
was!** well really!; **na ~!** there you are then!

Alt [alt] (-s, -e) *m* (*MUS*) alto.
alt *adj* old; **ich bin nicht mehr der A~e** I am
not the man I was; **alles beim A~en lassen**
to leave everything as it was; **ich werde
heute nicht ~ (werden)** (*umg*) I won't last
long today/tonight *etc*; ~ **aussehen** (*fig: umg*)
to be in a pickle.
Altar [al'taːr] (-(e)s, **-äre**) *m* altar.
alt- *zW:* **A~bau** *m* old building;
A~bauwohnung *f* flat (*BRIT*) *od* apartment
(*US*) in an old building; ~**bekannt** *adj* well-
known; ~**bewährt** *adj* (*Methode etc*) well-
tried; (*Tradition etc*) long-standing; **A~bier** *nt*
top-fermented German dark beer;
~**eingesessen** *adj* old-established; **A~eisen**
nt scrap iron.
Altenheim *nt* old people's home.
Altenteil ['altəntaɪl] *nt:* **sich aufs ~ setzen** *od*
zurückziehen (*fig*) to retire from public life.
Alter ['altər] (-s, -) *nt* age; (*hohes*) old age; **er
ist in deinem ~** he's your age; **im ~ von** at
the age of.
älter ['ɛltər] *adj* (*comp*) older; (*Bruder,
Schwester*) elder; (*nicht mehr jung*) elderly.
altern ['altərn] *vi* to grow old, age.
Alternativ- [altɛrna'tiːf] *in zW* alternative.
alternativ *adj:* **A~e Liste** electoral pact
between the Greens and alternative parties;
~ **leben** to live an alternative way of life.
Alternative [altɛrna'tiːvə] *f* alternative.
Alternativ- *zW:* ~**medizin** *f* alternative
medicine; ~**szene** *f* alternative scene;
~**technologie** *f* alternative technology.
alters ['altərs] *adv* (*geh*): **von** *od* **seit ~ (her)**
from time immemorial.
Alters- *zW:* **a~bedingt** *adj* related to a
particular age; caused by old age; ~**grenze** *f*
age limit; **flexible ~grenze** flexible
retirement age; ~**heim** *nt* old people's home;
~**rente** *f* old age pension; ~**ruhegeld** *nt*
retirement benefit; **a~schwach** *adj* (*Mensch*)
old and infirm; (*Auto, Möbel*) decrepit;
~**versorgung** *f* provision for old age.
Altertum ['altərtuːm] *nt* antiquity.
altertümlich *adj* (*aus dem Altertum*) ancient;
(*veraltet*) antiquated.
alt- *zW:* ~**gedient** *adj* long-serving; **A~glas** *nt*
used glass (*for recycling*), scrap glass;
A~glascontainer *m* bottle bank;
~**hergebracht** *adj* traditional;
A~herrenmannschaft *f* (*SPORT*) team *of*
players over thirty; ~**klug** *adj* precocious;
A~lasten *pl* legacy *sing* of dangerous waste;
A~material *nt* scrap; **A~metall** *nt* scrap
metal; ~**modisch** *adj* old-fashioned;
A~papier *nt* waste paper; **A~stadt** *f* old
town.
Altstimme *f* alto.
Altwarenhändler *m* second-hand dealer.
Altweibersommer *m* Indian summer.

Spelling Reform: ▲ new spelling △ old spelling (to be phased out)

Alu ['aːlu] (*umg*) *abk* = **Arbeitslosen-unterstützung; Aluminium**.
Alufolie ['aːlufoːliə] *f* tinfoil.
Aluminium [alu'miːniʊm] (**-s**) *nt* aluminium, aluminum (*US*); **~folie** *f* tinfoil.
Alzheimerkrankheit ['altshaɪmər'kraŋkhaɪt] *f* Alzheimer's disease.
am [am] = **an dem; ~ Sterben** on the point of dying; **~ 15. März** on March 15th; **~ letzten Sonntag** last Sunday; **~ Morgen/Abend** in the morning/evening; **~ besten/schönsten** best/most beautiful.
Amalgam [amal'gaːm] (**-s, -e**) *nt* amalgam.
Amateur [ama'tøːr] *m* amateur.
Amazonas [ama'tsoːnas] (**-**) *m* Amazon (river).
Ambiente [ambi'ɛntə] (**-**) *nt* ambience.
Ambition [ambitsi'oːn] *f*: **~en auf etw** *akk* **haben** to have ambitions of getting sth.
Amboss▲ ['ambɔs] (**-es, -e**) *m* anvil.
ambulant [ambu'lant] *adj* outpatient.
Ameise ['aːmaɪzə] (**-, -n**) *f* ant.
Ameisenhaufen *m* anthill.
Amerika [a'meːrika] (**-s**) *nt* America.
Amerikaner [ameri'kaːnər] (**-s, -**) *m* American; (*Gebäck*) *flat iced cake;* **~in** *f* American.
amerikanisch *adj* American.
Ami ['ami] (**-s, -s**) (*umg*) *m* Yank; (*Soldat*) GI.
Amme ['amə] (**-, -n**) *f* (*veraltet*) foster mother; (*Nährmutter*) wet nurse.
Ammenmärchen ['amənmɛːrçən] *nt* fairy tale *od* story.
Amok ['aːmɔk] *m*: **~ laufen** to run amok *od* amuck.
Amortisation [amɔrtizatsi'oːn] *f* amortization.
amortisieren [amɔrti'ziːrən] *vr* to pay for itself.
Ampel ['ampəl] (**-, -n**) *f* traffic lights *pl.*
amphibisch [am'fiːbɪʃ] *adj* amphibious.
Ampulle [am'pʊlə] (**-, -n**) *f* (*Behälter*) ampoule.
amputieren [ampu'tiːrən] *vt* to amputate.
Amsel ['amzəl] (**-, -n**) *f* blackbird.
Amsterdam [amstər'dam] *nt* (**-s**) Amsterdam.
Amt [amt] (**-(e)s, ̈-er**) *nt* office; (*Pflicht*) duty; (*TEL*) exchange; **zum zuständigen ~ gehen** to go to the relevant authority; **von ~s wegen** (*auf behördliche Anordnung hin*) officially.
amtieren [am'tiːrən] *vi* to hold office; (*fungieren*): **als ... ~** to act as ...
amtierend *adj* incumbent.
amtlich *adj* official; **~es Kennzeichen** registration (number), license number (*US*).
Amtmann (**-(e)s,** *pl* **-männer** *od* **-leute**) *m* senior civil servant.
Amtmännin *f* senior civil servant.
Amts- *zW*: **~arzt** *m* medical officer; **a~ärztlich** *adj*: **a~ärztlich untersucht werden** to have an official medical examination; **~deutsch(e)** *nt* officialese; **~eid** *m*: **den ~eid ablegen** to be

sworn in, take the oath of office; **~geheimnis** *nt* (*geheime Sache*) official secret; (*Schweigepflicht*) official secrecy; **~gericht** *nt* county (*BRIT*) *od* district (*US*) court; **~missbrauch▲** *m* abuse of one's position; **~periode** *f* term of office; **~person** *f* official; **~richter** *m* district judge; **~schimmel** *m* (*hum*) officialdom; **~sprache** *f* official language; **~stunden** *pl* office hours *pl*; **~träger** *m* office bearer; **~weg** *m*: **auf dem ~weg** through official channels; **~zeit** *f* period of office.
amüsant [amy'zant] *adj* amusing.
Amüsement [amyzə'mãː] *nt* amusement.
amüsieren [amy'ziːrən] *vt* to amuse ♦ *vr* to enjoy o.s.; **sich über etw** *akk* **~** to find sth funny; (*unfreundlich*) to make fun of sth.

═══════════════════ *SCHLÜSSELWORT*

an [an] *präp +dat* **1** (*räumlich: wo?*) at; (*auf, bei*) on; (*nahe bei*) near; **~ diesem Ort** at this place; **~ der Wand** on the wall; **zu nahe ~ etw** too near to sth; **unten am Fluss** down by the river; **Köln liegt am Rhein** Cologne is on the Rhine; **~ der gleichen Stelle** at *od* on the same spot; **jdn ~ der Hand nehmen** to take sb by the hand; **sie wohnen Tür ~ Tür** they live next door to one another; **es ~ der Leber** *etc* **haben** (*umg*) to have liver *etc* trouble.
2 (*zeitlich: wann?*) on; **~ diesem Tag** on this day; **~ Ostern** at Easter.
3: **arm ~ Fett** low in fat; **jung ~ Jahren sein** to be young in years; **~ der ganzen Sache ist nichts** there is nothing in it; **~ etw sterben** to die of sth; **~ (und für) sich** actually.

♦ *präp +akk* **1** (*räumlich: wohin?*) to; **er ging ~s Fenster** he went (over) to the window; **etw ~ die Wand hängen/schreiben** to hang/write sth on the wall; **~ die Arbeit gehen** to get down to work.
2 (*zeitlich: woran?*): **~ etw denken** to think of sth.
3 (*gerichtet an*) to; **ein Gruß/eine Frage ~ dich** greetings/a question to you.

♦ *adv* **1** (*ungefähr*) about; **~ die hundert** *od* **Hundert** about a hundred; **~ die 10 Euro** around 10 euros.
2 (*auf Fahrplänen*): **Frankfurt ~ 18.30** arriving Frankfurt 18.30.
3 (*ab*): **von dort/heute ~** from there/today onwards.
4 (*angeschaltet, angezogen*) on; **~ sein** (*umg*) to be on; **das Licht ist ~** the light is on; **ohne etwas ~** with nothing on; *siehe auch* **am**.

─────────────────────────

analog [ana'loːk] *adj* analogous.
Analogie [analo'giː] *f* analogy.
Analogrechner [ana'loːkrɛçnər] *m* analog

computer.

Analphabet(in) [an|alfa'be:t(ɪn)] (-en, -en) *m(f)* illiterate (person).

Analyse [ana'ly:zə] (-, -n) *f* analysis.

analysieren [analy'zi:rən] *vt* to analyse (*BRIT*), analyze (*US*).

Anämie [anɛ'mi:] (-, -n) *f* anaemia (*BRIT*), anemia (*US*).

Ananas ['ananas] (-, - *od* -se) *f* pineapple.

Anarchie [anar'çi:] *f* anarchy.

anarchisch [a'narçɪʃ] *adj* anarchic.

Anarchist(in) [anar'çɪst(ɪn)] *m(f)* (-en, -en) anarchist.

Anästhesist(in) [an|ɛste'zɪst(ɪn)] (-en, -en) *m(f)* anaesthetist (*BRIT*), anesthesiologist (*US*).

Anatomie [anato'mi:] *f* anatomy.

anbahnen ['anba:nən] *vr* to open up; (*sich andeuten*) to be in the offing; (*Unangenehmes*) to be looming ♦ *vt* to initiate.

Anbahnung *f* initiation.

anbändeln ['anbɛndəln] (*umg*) *vi* to flirt.

Anbau ['anbau] *m* (*AGR*) cultivation; (*Gebäude*) extension.

anbauen *vt* (*AGR*) to cultivate; (*Gebäudeteil*) to build on.

Anbaugebiet *nt*: **ein gutes ~ für etw** a good area for growing sth.

Anbaumöbel *pl* unit furniture *sing*.

anbehalten ['anbəhaltən] *unreg vt* to keep on.

anbei [an'baɪ] *adv* enclosed (*form*); **~ schicken wir Ihnen ...** please find enclosed ...

anbeißen ['anbaɪsən] *unreg vt* to bite into ♦ *vi* (*lit*) to bite; (*fig*) to swallow the bait; **zum A~ aussehen** (*umg*) to look good enough to eat.

anbelangen ['anbəlaŋən] *vt* to concern; **was mich anbelangt** as far as I am concerned.

anberaumen ['anbəraumən] *vt* (*form*) to fix, arrange.

anbeten ['anbe:tən] *vt* to worship.

Anbetracht ['anbətraxt] *m*: **in ~** +*gen* in view of.

Anbetung *f* worship.

anbiedern ['anbi:dərn] (*pej*) *vr*: **sich ~ (bei)** to curry favour (with).

anbieten ['anbi:tən] *unreg vt* to offer ♦ *vr* to volunteer; **das bietet sich als Lösung an** that would provide a solution.

anbinden ['anbɪndən] *unreg vt* to tie up; (*verbinden*) to connect.

Anblick ['anblɪk] *m* sight.

anblicken *vt* to look at.

anbraten ['anbra:tən] *unreg vt* (*Fleisch*) to brown.

anbrechen ['anbrɛçən] *unreg vt* to start; (*Vorräte*) to break into ♦ *vi* to start; (*Tag*) to break; (*Nacht*) to fall.

anbrennen ['anbrɛnən] *unreg vi* to catch fire;

(*KOCH*) to burn.

anbringen ['anbrɪŋən] *unreg vt* to bring; (*Ware*) to sell; (*festmachen*) to fasten; (*Telefon etc*) to install.

Anbruch ['anbrʊx] *m* beginning; **~ des Tages** dawn; **~ der Nacht** nightfall.

anbrüllen ['anbrʏlən] *vt* to roar at.

Andacht ['andaxt] (-, -en) *f* devotion; (*Versenkung*) rapt interest; (*Gottesdienst*) prayers *pl*; (*Ehrfurcht*) reverence.

andächtig ['andɛçtɪç] *adj* devout.

andauern ['andauərn] *vi* to last, go on.

andauernd *adj* continual.

Anden ['andən] *pl*: **die ~** the Andes *pl*.

Andenken ['andɛŋkən] (-s, -) *nt* memory; (*Reise~*) souvenir; (*Erinnerungsstück*): **ein ~ (an** +*akk***)** a memento (of), a keepsake (from).

andere(r, s) *adj* other; (*verschieden*) different; **am ~n Tage** the next day; **ein ~s Mal** another time; **kein ~r** nobody else; **alles ~ als zufrieden** anything but pleased, far from pleased; **von etwas ~m sprechen** to talk about something else; **es blieb mir nichts ~s übrig als selbst hinzugehen** I had no alternative but to go myself; **unter ~m** among other things; **von einem Tag zum ~n** overnight; **sie hat einen ~n** she has someone else.

andererseits *adv* on the other hand.

andermal *adv*: **ein ~** some other time.

ändern ['ɛndərn] *vt* to alter, change ♦ *vr* to change.

andernfalls *adv* otherwise.

andernorts ['andərn'ɔrts] *adv* elsewhere.

anders *adv*: **~ (als)** differently (from); **wer ~?** who else?; **niemand ~** no-one else; **wie nicht ~ zu erwarten** as was to be expected; **wie könnte es ~ sein?** how could it be otherwise?; **ich kann nicht ~** (*kann es nicht lassen*) I can't help it; (*muss leider*) I have no choice; **~ ausgedrückt** to put it another way; **~ Denkende(r)** dissident, dissenter; **~ lautende Berichte** reports to the contrary; **jemand/irgendwo ~** somebody/somewhere else; **~ aussehen/klingen** to look/sound different.

andersartig *adj* different.

Andersdenkende(r) *f(m)* dissident, dissenter.

anderseits ['andər'zaɪts] *adv* = **andererseits**.

anders- *zW*: **~farbig** *adj* of a different colour; **~gläubig** *adj* of a different faith; **~herum** *adv* the other way round; **~wo** *adv* elsewhere; **~woher** *adv* from elsewhere; **~wohin** *adv* elsewhere.

anderthalb ['andərt'halp] *adj* one and a half.

Änderung ['ɛndərʊŋ] *f* alteration, change.

Änderungsantrag ['ɛndərʊŋs|antra:k] *m* (*PARL*) amendment.

anderweitig – Angabe

anderweitig ['andər'vaɪtɪç] *adj* other ♦ *adv* otherwise; (*anderswo*) elsewhere.

andeuten ['andɔʏtən] *vt* to indicate; (*Wink geben*) to hint at.

Andeutung *f* indication; hint.

andeutungsweise *adv* (*als Anspielung, Anzeichen*) by way of a hint; (*als flüchtiger Hinweis*) in passing.

andichten ['andɪçtən] *vt*: jdm etw ~ (*umg*: *Fähigkeiten*) to credit sb with sth.

Andorra [an'dɔra] (**-s**) *nt* Andorra.

Andorraner(in) [andɔ'raːnər(ɪn)] *m(f)* Andorran.

Andrang ['andraŋ] *m* crush.

andrehen ['andreːən] *vt* to turn *od* switch on; jdm etw ~ (*umg*) to unload sth onto sb.

androhen ['androːən] *vt*: jdm etw ~ to threaten sb with sth.

Androhung *f*: unter ~ von Gewalt with the threat of violence.

anecken ['an|ɛkən] (*umg*) *vi*: (bei jdm/allen) ~ to rub (sb/everyone) up the wrong way.

aneignen ['an|aɪɡnən] *vt*: sich *dat* etw ~ to acquire sth; (*widerrechtlich*) to appropriate sth; (*sich mit etw vertraut machen*) to learn sth.

aneinander [an|aɪ'nandər] *adv* at/on/to *etc* one another *od* each other; ~ fügen to put together; ~ geraten to clash; ~ legen to put together.

anekeln ['an|eːkəln] *vt* to disgust.

Anemone [ane'moːnə] (**-**, **-n**) *f* anemone.

anerkannt ['an|ɛrkant] *adj* recognized, acknowledged.

anerkennen ['an|ɛrkɛnən] *unreg vt* to recognize, acknowledge; (*würdigen*) to appreciate; das muss man ~ (*zugeben*) you can't argue with that; (*würdigen*) one has to appreciate that.

anerkennend *adj* appreciative.

anerkennenswert *adj* praiseworthy.

Anerkennung *f* recognition, acknowledgement; appreciation.

anerzogen ['an|ɛrtsoːɡən] *adj* acquired.

anfachen ['anfaxən] *vt* (*lit*) to fan into flame; (*fig*) to kindle.

anfahren ['anfaːrən] *unreg vt* to deliver; (*fahren gegen*) to hit; (*Hafen*) to put into; (*umg*) to bawl at ♦ *vi* to drive up; (*losfahren*) to drive off.

Anfahrt ['anfaːrt] *f* (*~sweg*, *~szeit*) journey; (*Zufahrt*) approach.

Anfall ['anfal] *m* (*MED*) attack; in einem ~ von (*fig*) in a fit of.

anfallen *unreg vt* to attack ♦ *vi* (*Arbeit*) to come up; (*Produkt, Nebenprodukte*) to be obtained; (*Zinsen*) to accrue; (*sich anhäufen*) to accumulate; die ~den Kosten/Reparaturen the costs/repairs incurred.

anfällig ['anfɛlɪç] *adj* delicate; ~ für etw prone to sth.

Anfang ['anfaŋ] (**-(e)s**, **-fänge**) *m* beginning, start; von ~ an right from the beginning; zu ~ at the beginning; ~ fünfzig in one's early fifties; ~ Mai/1994 at the beginning of May/1994.

anfangen ['anfaŋən] *unreg vt* to begin, start; (*machen*) to do ♦ *vi* to begin, start; damit kann ich nichts ~ (*nützt mir nichts*) that's no good to me; (*verstehe ich nicht*) it doesn't mean a thing to me; mit dir ist heute (aber) gar nichts anzufangen! you're no fun at all today!; bei einer Firma ~ to start working for a firm.

Anfänger(in) ['anfɛŋər(ɪn)] (**-s**, **-**) *m(f)* beginner.

anfänglich ['anfɛŋlɪç] *adj* initial.

anfangs *adv* at first; wie ich schon ~ erwähnte as I mentioned at the beginning; A~buchstabe *m* initial *od* first letter; A~gehalt *nt* starting salary; A~stadium *nt* initial stages *pl*.

anfassen ['anfasən] *vt* to handle; (*berühren*) to touch ♦ *vi* to lend a hand ♦ *vr* to feel.

anfechtbar ['anfɛçtbaːr] *adj* contestable.

anfechten ['anfɛçtən] *unreg vt* to dispute; (*Meinung, Aussage*) to challenge; (*Urteil*) to appeal against; (*beunruhigen*) to trouble.

anfeinden ['anfaɪndən] *vt* to treat with hostility.

anfertigen ['anfɛrtɪɡən] *vt* to make.

anfeuchten ['anfɔʏçtən] *vt* to moisten.

anfeuern ['anfɔʏərn] *vt* (*fig*) to spur on.

anflehen ['anfleːən] *vt* to implore.

anfliegen ['anfliːɡən] *unreg vt* to fly to ♦ *vi* to fly up.

Anflug ['anfluːk] *m* (*AVIAT*) approach; (*Spur*) trace.

anfordern ['anfɔrdərn] *vt* to demand; (*COMM*) to requisition.

Anforderung *f* (*+gen*) demand (for); (*COMM*) requisition.

Anfrage ['anfraːɡə] *f* inquiry; (*PARL*) question.

anfragen ['anfraːɡən] *vi* to inquire.

anfreunden ['anfrɔʏndən] *vr* to make friends; sich mit etw ~ (*fig*) to get to like sth.

anfügen ['anfyːɡən] *vt* to add; (*beifügen*) to enclose.

anfühlen ['anfyːlən] *vt, vr* to feel.

anführen ['anfyːrən] *vt* to lead; (*zitieren*) to quote; (*umg*: *betrügen*) to lead up the garden path.

Anführer(in) (**-s**, **-**) *m(f)* leader.

Anführung *f* leadership; (*Zitat*) quotation.

Anführungszeichen *pl* quotation marks *pl*, inverted commas *pl* (*BRIT*).

Angabe ['anɡaːbə] *f* statement; (*TECH*) specification; (*umg*: *Prahlerei*) boasting; (*SPORT*) service; **Angaben** *pl* (*Auskunft*) particulars *pl*; ohne ~ von Gründen without

giving any reasons; **~n zur Person** (*form*)
personal details *od* particulars.
angeben ['angeːbən] *unreg vt* to give; (*anzeigen*)
to inform on; (*bestimmen*) to set ♦ *vi* (*umg*) to
boast; (*SPORT*) to serve.
Angeber(in) (**-s, -**) (*umg*) *m(f)* show-off.
Angeberei [angeːbə'raɪ] (*umg*) *f* showing off.
angeblich ['angeːplɪç] *adj* alleged.
angeboren ['angəboːrən] *adj* (+*dat*) inborn,
innate (in); (*MED, fig*): **~ (bei)** congenital
(to).
Angebot ['angəboːt] *nt* offer; (*COMM*): **~ (an**
+*dat*) supply (of); **im ~** (*umg*) on special
offer.
angeboten ['angəboːtən] *pp von* **anbieten**.
Angebotspreis *m* offer price.
angebracht ['angəbraxt] *adj* appropriate.
angebrannt ['angəbrant] *adv*: **es riecht hier so**
~ there's a smell of burning here.
angebrochen ['angəbrɔxən] *adj* (*Packung,*
Flasche) open(ed); **was machen wir mit dem**
~en Abend? (*umg*) what shall we do with
the rest of the evening?
angebunden ['angəbundən] *adj*: **kurz ~ sein**
(*umg*) to be abrupt *od* curt.
angefangen *pp von* **anfangen**.
angegeben *pp von* **angeben**.
angegossen ['angəgɔsən] *adj*: **wie ~ sitzen** to
fit like a glove.
angegriffen ['angəgrɪfən] *adj*: **er wirkt ~** he
looks as if he's under a lot of strain.
angehalten ['angəhaltən] *pp von* **anhalten** ♦ *adj*:
~ sein, etw zu tun to be required *od* obliged
to do sth.
angehaucht ['angəhauxt] *adj*: **links/rechts**
~ sein to have left-/right-wing tendencies
od leanings.
angeheiratet ['angəhaɪratət] *adj* related by
marriage.
angeheitert ['angəhaɪtərt] *adj* tipsy.
angehen ['angeːən] *unreg vt* to concern;
(*angreifen*) to attack; (*bitten*): **jdn ~ (um)** to
approach sb (for) ♦ *vi* (*Feuer*) to light; (*umg:*
beginnen) to begin; **das geht ihn gar nichts**
an that's none of his business; **gegen jdn ~**
(*entgegentreten*) to fight sb; **gegen etw ~**
(*entgegentreten*) to fight sth; (*Missstände,*
Zustände) to take measures against sth.
angehend *adj* prospective; (*Musiker, Künstler*)
budding.
angehören ['angəhøːrən] *vi* +*dat* to belong to.
Angehörige(r) *f(m)* relative.
Angeklagte(r) ['angəklaːktə(r)] *f(m)* accused,
defendant.
angeknackst ['angəknakst] (*umg*) *adj* (*Mensch*)
uptight; (: *Selbstbewusstsein*) weakened.
angekommen ['angəkɔmən] *pp von*
ankommen.
Angel ['angəl] (**-, -n**) *f* fishing rod; (*Tür~*) hinge;
die Welt aus den ~n heben (*fig*) to turn the

world upside down.
Angelegenheit ['angəleːgənhaɪt] *f* affair,
matter.
angelernt ['angəlɛrnt] *adj* (*Arbeiter*) semi-
skilled.
Angelhaken *m* fish hook.
angeln ['aŋəln] *vt* to catch ♦ *vi* to fish; **A~** (**-s**)
nt angling, fishing.
Angelpunkt *m* crucial *od* central point;
(*Frage*) key *od* central issue.
Angelrute *f* fishing rod.
Angelsachse ['aŋəlzaksə] (**-n, -n**) *m* Anglo-
Saxon.
Angelsächsin ['aŋəlzɛksɪn] *f* Anglo-Saxon.
angelsächsisch ['aŋəlzɛksɪʃ] *adj* Anglo-Saxon.
Angelschein *m* fishing permit.
angemessen ['angəmɛsən] *adj* appropriate,
suitable; **eine der Leistung ~e Bezahlung**
payment commensurate with the work.
angenehm ['angəneːm] *adj* pleasant; **~!** (*bei*
Vorstellung) pleased to meet you; **das A~e**
mit dem Nützlichen verbinden to combine
business with pleasure.
angenommen ['angənɔmən] *pp von* **annehmen**
♦ *adj* assumed; (*Kind*) adopted; **~, wir ...**
assuming we ...
angepasst▲ ['angəpast] *adj* conformist.
angerufen ['angəruːfən] *pp von* **anrufen**.
angesäuselt ['angəzɔyzəlt] *adj* tipsy, merry.
angeschlagen ['angəʃlaːgən] (*umg*) *adj*
(*Mensch, Aussehen, Nerven*) shattered;
(: *Gesundheit*) poor.
angeschlossen ['angəʃlɔsən] *adj* (+*dat*)
affiliated (to *od* with), associated (with).
angeschmiert ['angəʃmiːrt] (*umg*) *adj* in
trouble; **der/die A~e sein** to have been had.
angeschrieben ['angəʃriːbən] (*umg*) *adj*: **bei**
jdm gut/schlecht ~ sein to be in sb's good/
bad books.
angesehen ['angəzeːən] *pp von* **ansehen** ♦ *adj*
respected.
Angesicht ['angəzɪçt] *nt* (*geh*) face.
angesichts ['angəzɪçts] *präp* +*gen* in view of,
considering.
angespannt ['angəʃpant] *adj* (*Aufmerksamkeit*)
close; (*Nerven, Lage*) tense, strained;
(*COMM: Markt*) tight, overstretched; (*Arbeit*)
hard.
Angest. *abk* = **Angestellte(r)**.
angestammt ['angəʃtamt] *adj* (*überkommen*)
traditional; (*ererbt: Rechte*) hereditary;
(: *Besitz*) inherited.
Angestellte(r) ['angəʃtɛltə(r)] *f(m)* employee;
(*Büro~*) white-collar worker.
angestrengt ['angəʃtrɛŋt] *adv* as hard as one
can.
angetan ['angətaːn] *adj*: **von jdm/etw ~ sein**
to be taken with sb/sth; **es jdm ~ haben** to
appeal to sb.
angetrunken ['angətruŋkən] *adj* inebriated.

Spelling Reform: ▲ *new spelling* △ *old spelling (to be phased out)*

angewiesen ['angǝviːzǝn] *adj:* **auf jdn/etw ~ sein** to be dependent on sb/sth; **auf sich selbst ~ sein** to be left to one's own devices.

angewöhnen ['angǝvøːnǝn] *vt:* **jdm/sich etw ~** to accustom sb/become accustomed to sth.

Angewohnheit ['angǝvoːnhaɪt] *f* habit.

angewurzelt ['angǝvʊrtsǝlt] *adj:* **wie ~ dastehen** to be rooted to the spot.

angiften ['angɪftǝn] *(pej: umg) vt* to snap at.

angleichen ['anglaɪçǝn] *unreg vt, vr* to adjust.

Angler ['aŋlǝr] **(-s, -)** *m* angler.

angliedern ['angliːdǝrn] *vt:* **~ (an +akk)** *(Verein, Partei)* to affiliate (to *od* with); *(Land)* to annex (to).

Anglist(in) [aŋ'glɪst(ɪn)] **(-en, -en)** *m(f)* English specialist; *(Student)* English student; *(Professor etc)* English lecturer/professor.

Angola [aŋ'goːla] **(-s)** *nt* Angola.

angolanisch [aŋgo'laːnɪʃ] *adj* Angolan.

angreifen ['angraɪfǝn] *unreg vt* to attack; *(anfassen)* to touch; *(Arbeit)* to tackle; *(beschädigen)* to damage.

Angreifer(in) **(-s, -)** *m(f)* attacker.

angrenzen ['angrɛntsǝn] *vi:* **an etw** *akk* **~** to border on sth, adjoin sth.

Angriff ['angrɪf] *m* attack; **etw in ~ nehmen** to make a start on sth.

Angriffsfläche *f:* **jdm/etw eine ~ bieten** *(lit, fig)* to provide sb/sth with a target.

angriffslustig *adj* aggressive.

Angst [aŋst] **(-, ⁻e)** *f* fear; **~ haben (vor** +*dat)* to be afraid *od* scared (of); **~ um jdn/etw haben** to be worried about sb/sth; **jdm ~ einflößen** *od* **einjagen** to frighten sb; **jdm ~ machen** to scare sb; **nur keine ~!** don't be scared; **a~** *adj:* **jdm ist a~** sb is afraid *od* scared; **a~frei** *adj* free of fear; **~hase** *(umg) m* chicken, scaredy-cat.

ängstigen ['ɛŋstɪgǝn] *vt* to frighten ♦ *vr:* **sich ~ (vor** +*dat od* **um)** to worry (o.s.) (about).

ängstlich *adj* nervous; *(besorgt)* worried; *(schüchtern)* timid; **Ä~keit** *f* nervousness.

Angstschweiß *m:* **mir brach der ~ aus** I broke out in a cold sweat.

angurten ['angʊrtǝn] *vt, vr* = **anschnallen**.

Anh. *abk* (= *Anhang*) app.

anhaben ['anhaːbǝn] *unreg vt* to have on; **er kann mir nichts ~** he can't hurt me.

anhaften ['anhaftǝn] *vi (lit):* **~ (an** +*dat)* to stick (to); *(fig):* **~** +*dat* to stick to, stay with.

anhalten ['anhaltǝn] *unreg vt* to stop ♦ *vi* to stop; *(andauern)* to persist; *(werben):* **um die Hand eines Mädchens ~** to ask for a girl's hand in marriage; **(jdm) etw ~** to hold sth up (against sb); **jdn zur Arbeit/Höflichkeit ~** to get sb to work/teach sb to be polite.

anhaltend *adj* persistent.

Anhalter(in) **(-s, -)** *m(f)* hitch-hiker; **per ~ fahren** to hitch-hike.

Anhaltspunkt *m* clue.

anhand [an'hant] *präp* +*gen* with; **~ eines Beispiels** by means of an example.

Anhang ['anhaŋ] *m* appendix; *(Leute)* family; *(Anhängerschaft)* supporters *pl*.

anhängen ['anhɛŋǝn] *unreg vt* to hang up; *(Wagen)* to couple up; *(Zusatz)* to add (on); *(COMPUT)* to append; **sich an jdn ~** to attach o.s. to sb; **jdm etw ~** *(umg: nachsagen, anlasten)* to blame sb for sth, blame sth on sb; (: *Verdacht, Schuld)* to pin sth on sb.

Anhänger **(-s, -)** *m* supporter; *(AUT)* trailer; *(am Koffer)* tag; *(Schmuck)* pendant; **~schaft** *f* supporters *pl*.

Anhängeschloss▲ *nt* padlock.

anhängig *adj (JUR)* sub judice; **etw ~ machen** to start legal proceedings over sth.

anhänglich *adj* devoted; **A~keit** *f* devotion.

Anhängsel **(-s, -)** *nt* appendage.

anhauen ['anhaʊǝn] *(umg) vt (ansprechen):* **jdn ~ (um)** to accost sb (for).

anhäufen ['anhɔyfǝn] *vt* to accumulate, amass ♦ *vr* to accrue.

Anhäufung ['anhɔyfʊŋ] *f* accumulation.

anheben ['anheːbǝn] *unreg vt* to lift up; *(Preise)* to raise.

anheim [an'haɪm] *adv:* **jdm etw ~ stellen** to leave sth up to sb.

anheimelnd ['anhaɪmǝlnt] *adj* comfortable, cosy.

anheizen ['anhaɪtsǝn] *vt (Ofen)* to light; *(fig: umg: Wirtschaft)* to stimulate; *(verschlimmern: Krise)* to aggravate.

anheuern ['anhɔyǝrn] *vt, vi (NAUT, fig)* to sign on *od* up.

Anhieb ['anhiːb] *m:* **auf ~** straight off, first go; **es klappte auf ~** it was an immediate success.

anhimmeln ['anhɪmǝln] *(umg) vt* to idolize, worship.

Anhöhe ['anhøːǝ] *f* hill.

anhören ['anhøːrǝn] *vt* to listen to; *(anmerken)* to hear ♦ *vr* to sound.

Anhörung *f* hearing.

Animierdame [ani'miːrdaːmǝ] *f* nightclub/bar hostess.

animieren [ani'miːrǝn] *vt* to encourage, urge on.

Anis [a'niːs] **(-es, -e)** *m* aniseed.

Ank. *abk* (= *Ankunft*) arr.

ankämpfen ['ankɛmpfǝn] *vi:* **gegen etw ~** to fight (against) sth; *(gegen Wind, Strömung)* to battle against sth.

Ankara ['aŋkara] **(-s)** *nt* Ankara.

Ankauf ['ankaʊf] *m:* **~ und Verkauf von ...** we buy and sell ...; **a~en** *vt* to purchase, buy.

Anker ['aŋkǝr] **(-s, -)** *m* anchor; **vor ~ gehen** to drop anchor.

ankern *vt, vi* to anchor.

Ankerplatz *m* anchorage.

Anklage ['anklɑːgə] *f* accusation; (*JUR*) charge; **gegen jdn ~ erheben** (*JUR*) to bring *od* prefer charges against sb; ~**bank** *f* dock.

anklagen ['anklɑːgən] *vt* to accuse; **jdn (eines Verbrechens) ~** (*JUR*) to charge sb (with a crime).

Anklagepunkt *m* charge.

Ankläger(in) ['anklɛːgər(ɪn)] (**-s, -**) *m(f)* accuser.

Anklageschrift *f* indictment.

anklammern ['anklamərn] *vt* to clip, staple
♦ *vr*: **sich an etw** *akk od dat* ~ to cling to sth.

Anklang ['anklaŋ] *m*: **bei jdm ~ finden** to meet with sb's approval.

ankleben ['anklɛːbən] *vt*: „**Plakate ~ verboten!**" "stick no bills".

Ankleidekabine *f* changing cubicle.

ankleiden ['anklaɪdən] *vt, vr* to dress.

anklingen ['anklɪŋən] *vi* (*angeschnitten werden*) to be touched (up)on; (*erinnern*): ~ **an** +*akk* to be reminiscent of.

anklopfen ['anklɔpfən] *vi* to knock.

anknipsen ['anknɪpsən] *vt* to switch on; (*Schalter*) to flick.

anknüpfen ['anknʏpfən] *vt* to fasten *od* tie on; (*Beziehungen*) to establish; (*Gespräch*) to start up ♦ *vi* (*anschließen*): ~ **an** +*akk* to refer to.

Anknüpfungspunkt *m* link.

ankommen ['ankɔmən] *unreg vi* to arrive; (*näher kommen*) to approach; (*Anklang finden*): **bei jdm (gut) ~** to go down well with sb ♦ *vi unpers*: **er ließ es auf einen Streit/einen Versuch ~** he was prepared to argue about it/to give it a try; **es kommt darauf an** it depends; (*wichtig sein*) that is what matters; **es kommt auf ihn an** it depends on him; **es darauf ~ lassen** to let things take their course; **gegen jdn/etw ~** to cope with sb/ sth; **damit kommst du bei ihm nicht an!** you won't get anywhere with him like that.

ankreiden ['ankraɪdən] *vt* (*fig*): **jdm etw (dick** *od* **übel) ~** to hold sth against sb.

ankreuzen ['ankrɔʏtsən] *vt* to mark with a cross.

ankündigen ['ankʏndɪgən] *vt* to announce.

Ankündigung *f* announcement.

Ankunft ['ankʊnft] (**-, -künfte**) *f* arrival.

Ankunftszeit *f* time of arrival.

ankurbeln ['ankʊrbəln] *vt* (*AUT*) to crank; (*fig*) to boost.

Anl. *abk* (= *Anlage*) enc(l).

anlachen ['anlaxən] *vt* to smile at; **sich** *dat* **jdn ~** (*umg*) to pick sb up.

Anlage ['anlɑːgə] *f* disposition; (*Begabung*) talent; (*Park*) gardens *pl*; (*Beilage*) enclosure; (*TECH*) plant; (*Einrichtung*: MIL, ELEK) installation(s *pl*); (*Sport~ etc*) facilities *pl*; (*umg*: *Stereo~*) (stereo) system; (*FIN*)

investment; (*Entwurf*) layout; **als ~** *od* **in der ~ erhalten Sie ...** please find enclosed ...;
~**berater(in)** *m(f)* investment consultant;
~**kapital** *nt* fixed capital.

Anlagenabschreibung *f* capital allowance.

Anlagevermögen *nt* capital assets *pl*, fixed assets *pl*.

anlangen ['anlaŋən] *vi* (*ankommen*) to arrive.

Anlass▲ ['anlas] (**-es, -lässe**) *m*: ~ **(zu)** cause (for); (*Ereignis*) occasion; **aus ~** +*gen* on the occasion of; ~ **zu etw geben** to give rise to sth; **beim geringsten/bei jedem ~** for the slightest reason/at every opportunity; **etw zum ~ nehmen** to take the opportunity of sth.

anlassen *unreg vt* to leave on; (*Motor*) to start
♦ *vr* (*umg*) to start off.

Anlasser (**-s, -**) *m* (*AUT*) starter.

anlässlich▲ ['anlɛslɪç] *präp* +*gen* on the occasion of.

anlasten ['anlastən] *vt*: **jdm etw ~** to blame sb for sth.

Anlauf ['anlaʊf] *m* run-up; (*fig*: *Versuch*) attempt, try.

anlaufen *unreg vi* to begin; (*Film*) to be showing; (*SPORT*) to run up; (*Fenster*) to mist up; (*Metall*) to tarnish ♦ *vt* to call at; **rot ~** to turn *od* go red; **gegen etw ~** to run into *od* up against sth; **angelaufen kommen** to come running up.

Anlauf- *zW*: ~**stelle** *f* place to go (with one's problems); ~**zeit** *f* (*fig*) time to get going *od* started.

anläuten ['anlɔʏtən] *vi* to ring.

anlegen ['anlɛːgən] *vt* to put; (*anziehen*) to put on; (*gestalten*) to lay out; (*Kartei, Akte*) to start; (*COMPUT*: *Datei*) to create; (*Geld*) to invest ♦ *vi* to dock; (*NAUT*) to berth; **etw an etw** *akk* ~ to put sth against *od* on sth; **ein Gewehr ~ (auf** +*akk*) to aim a weapon (at); **es auf etw** *akk* ~ to be out for sth/to do sth; **strengere Maßstäbe ~ (bei)** to lay down *od* impose stricter standards (in); **sich mit jdm ~** (*umg*) to quarrel with sb.

Anlegeplatz *m* landing place.

Anleger(in) (**-s, -**) *m(f)* (*FIN*) investor.

Anlegestelle *f* landing place.

anlehnen ['anlɛːnən] *vt* to lean; (*Tür*) to leave ajar; **(sich) an etw** *akk* ~ to lean on *od* against sth.

Anlehnung *f* (*Imitation*): **in ~ an jdn/etw** following sb/sth.

Anlehnungsbedürfnis *nt* need of loving care.

anleiern ['anlaɪərn] (*umg*) *vt* to get going.

Anleihe ['anlaɪə] (**-, -n**) *f* (*FIN*) loan; (*Wertpapier*) bond.

anleiten ['anlaɪtən] *vt* to instruct.

Anleitung *f* instructions *pl*.

anlernen ['anlɛrnən] *vt* to teach, instruct.

anlesen ['anleːzən] *unreg vt* (*aneignen*): **sich** *dat* **etw** ~ to learn sth by reading.

Anliegen ['anliːgən] (**-s, -**) *nt* matter; (*Wunsch*) wish.

anliegen *unreg vi* (*Kleidung*) to cling.

anliegend *adj* adjacent; (*beigefügt*) enclosed.

Anlieger (**-s, -**) *m* resident; ~ **frei** no thoroughfare - residents only.

anlocken ['anlɔkən] *vt* to attract; (*Tiere*) to lure.

anlügen ['anlyːgən] *unreg vt* to lie to.

Anm. *abk* (= *Anmerkung*) n.

anmachen ['anmaxən] *vt* to attach; (*Elektrisches*) to put on; (*Salat*) to dress; **jdn** ~ (*umg*) to try and pick sb up.

anmalen ['anmaːlən] *vt* to paint ♦ *vr* (*pej: schminken*) to paint one's face *od* o.s.

Anmarsch ['anmarʃ] *m*: **im** ~ **sein** to be advancing; (*hum*) to be on the way; **im** ~ **sein auf** +*akk* to be advancing on.

anmaßen ['anmaːsən] *vt*: **sich** *dat* **etw** ~ to lay claim to sth.

anmaßend *adj* arrogant.

Anmaßung *f* presumption.

Anmeldeformular ['anmɛldəfɔrmulaːr] *nt* registration form.

anmelden *vt* to announce; (*geltend machen: Recht, Ansprüche, zu Steuerzwecken*) to declare; (*COMPUT*) to log on ♦ *vr* (*sich ankündigen*) to make an appointment; (*polizeilich, für Kurs etc*) to register; **ein Gespräch nach Deutschland** ~ (*TEL*) to book a call to Germany.

Anmeldung *f* announcement; appointment; registration; **nur nach vorheriger** ~ by appointment only.

anmerken ['anmɛrkən] *vt* to observe; (*anstreichen*) to mark; **jdm seine Verlegenheit** *etc* ~ to notice sb's embarrassment *etc*; **sich** *dat* **nichts** ~ **lassen** not to give anything away.

Anmerkung *f* note.

Anmut ['anmuːt] (**-**) *f* grace.

anmuten *vt* (*geh*): **jdn** ~ to appear *od* seem to sb.

anmutig *adj* charming.

annähen ['annɛːən] *vt* to sew on.

annähern ['annɛːərn] *vr* to get closer.

annähernd *adj* approximate; **nicht** ~ **so viel** not nearly as much.

Annäherung *f* approach.

Annäherungsversuch *m* advances *pl*.

Annahme ['annaːmə] (**-, -n**) *f* acceptance; (*Vermutung*) assumption; **~stelle** *f* counter; (*für Reparaturen*) reception; **~verweigerung** *f* refusal.

annehmbar ['annɛːmbaːr] *adj* acceptable.

annehmen *unreg vt* to accept; (*Namen*) to take; (*Kind*) to adopt; (*vermuten*) to suppose, assume ♦ *vr* (+*gen*) to take care (of); **jdn an**

Kindes statt ~ to adopt sb; **angenommen, das ist so** assuming that is so.

Annehmlichkeit *f* comfort.

annektieren [anɛkˈtiːrən] *vt* to annex.

anno ['ano] *adj*: **von** ~ **dazumal** (*umg*) from the year dot.

Annonce [aˈnõːsə] (**-, -n**) *f* advertisement.

annoncieren [anõˈsiːrən] *vt, vi* to advertise.

annullieren [anuˈliːrən] *vt* to annul.

Anode [aˈnoːdə] (**-, -n**) *f* anode.

anöden ['anˈøːdən] (*umg*) *vt* to bore stiff.

anomal [anoˈmaːl] *adj* (*regelwidrig*) unusual, abnormal; (*nicht normal*) strange, odd.

anonym [anoˈnyːm] *adj* anonymous.

Anorak ['anorak] (**-s, -s**) *m* anorak.

anordnen ['anˈɔrdnən] *vt* to arrange; (*befehlen*) to order.

Anordnung *f* arrangement; order; **~en treffen** to give orders.

anorganisch ['anˈɔrgaˌnɪʃ] *adj* (*CHEM*) inorganic.

anpacken ['anpakən] *vt* to grasp; (*fig*) to tackle; **mit** ~ to lend a hand.

anpassen ['anpasən] *vt* (*Kleidung*) to fit; (*fig*) to adapt ♦ *vr* to adapt.

Anpassung *f* fitting; adaptation.

Anpassungsdruck *m* pressure to conform (*to society*).

anpassungsfähig *adj* adaptable.

anpeilen ['anpaɪlən] *vt* (*mit Radar, Funk etc*) to take a bearing on; **etw** ~ (*fig: umg*) to have one's sights on sth.

Anpfiff ['anpfɪf] *m* (*SPORT*) (starting) whistle; (*Spielbeginn: Fußball etc*) kick-off; **einen** ~ **bekommen** (*umg*) to get a rocket (*BRIT*).

anpöbeln ['anpøːbəln] *vt* to abuse; (*umg*) to pester.

Anprall ['anpral] *m*: ~ **gegen** *od* **an** +*akk* impact on *od* against.

anprangern ['anpraŋərn] *vt* to denounce.

anpreisen ['anpraɪzən] *unreg vt* to extol; **sich** ~ (**als**) to sell o.s. (as); **etw** ~ to extol (the virtues of) sth; **seine Waren** ~ to cry one's wares.

Anprobe ['anproːbə] *f* trying on.

anprobieren ['anprobiːrən] *vt* to try on.

anpumpen ['anpʊmpən] (*umg*) *vt* to borrow from.

anquatschen ['ankvatʃən] (*umg*) *vt* to speak to; (: *Mädchen*) to try to pick up.

Anrainer ['anraɪnər] (**-s, -**) *m* neighbour (*BRIT*), neighbor (*US*).

anranzen ['anrantsən] (*umg*) *vt*: **jdn** ~ to tick sb off.

anraten ['anraːtən] *unreg vt* to recommend; **auf A**~ **des Arztes** *etc* on the doctor's *etc* advice *od* recommendation.

anrechnen ['anrɛçnən] *vt* to charge; (*fig*) to count; **jdm etw hoch** ~ to think highly of sb for sth.

Anrecht ['anrɛçt] *nt*: ~ **auf** *+akk* right (to); **ein** ~ **auf etw haben** to be entitled to sth, have a right to sth.
Anrede ['anre:də] *f* form of address.
anreden *vt* to address.
anregen ['anre:gən] *vt* to stimulate; **angeregte Unterhaltung** lively discussion.
anregend *adj* stimulating.
Anregung *f* stimulation; (*Vorschlag*) suggestion.
anreichern ['anraıçərn] *vt* to enrich.
Anreise ['anraızə] *f* journey there/here.
anreisen *vi* to arrive.
anreißen ['anraısən] *unreg vt* (*kurz zur Sprache bringen*) to touch on.
Anreiz ['anraıts] *m* incentive.
anrempeln ['anrɛmpəln] *vt* (*anstoßen*) to bump into; (*absichtlich*) to jostle.
anrennen ['anrɛnən] *unreg vi*: **gegen etw** ~ (*gegen Wind etc*) to run against sth; (*MIL*) to storm sth.
Anrichte ['anrıçtə] (**-, -n**) *f* sideboard.
anrichten *vt* to serve up; **Unheil** ~ to make mischief; **da hast du aber etwas angerichtet!** (*umg: verursacht*) you've started something there all right!; (: *angestellt*) you've really made a mess there!
anrüchig ['anrʏçıç] *adj* dubious.
anrücken ['anrʏkən] *vi* to approach; (*MIL*) to advance.
Anruf ['anru:f] *m* call; ~**beantworter** *m* (telephone) answering machine, answerphone.
anrufen *unreg vt* to call out to; (*bitten*) to call on; (*TEL*) to ring up, phone, call.
anrühren ['anry:rən] *vt* to touch; (*mischen*) to mix.
ans [ans] = **an das**.
Ansage ['anza:gə] *f* announcement.
ansagen *vt* to announce ♦ *vr* to say one will come.
Ansager(in) (**-s, -**) *m(f)* announcer.
ansammeln ['anzaməln] *vt* to collect ♦ *vr* to accumulate; (*fig: Wut, Druck*) to build up.
Ansammlung *f* collection; (*Leute*) crowd.
ansässig ['anzɛsıç] *adj* resident.
Ansatz ['anzats] *m* start; (*Haar~*) hairline; (*Hals~*) base; (*Verlängerungsstück*) extension; (*Veranschlagung*) estimate; **die ersten Ansätze zu etw** the beginnings of sth; ~**punkt** *m* starting point; ~**stück** *nt* (*TECH*) attachment.
anschaffen ['anʃafən] *vt* to buy, purchase ♦ *vi*: ~ **gehen** (*umg: durch Prostitution*) to be on the game; **sich** *dat* **Kinder** ~ (*umg*) to have children.
Anschaffung *f* purchase.
anschalten ['anʃaltən] *vt* to switch on.
anschauen ['anʃauən] *vt* to look at.
anschaulich *adj* illustrative.

Anschauung *f* (*Meinung*) view; **aus eigener** ~ from one's own experience.
Anschauungsmaterial *nt* illustrative material.
Anschein ['anʃaın] *m* appearance; **allem** ~ **nach** to all appearances; **den** ~ **haben** to seem, appear.
anscheinend *adj* apparent.
anschieben ['anʃi:bən] *unreg vt* (*Fahrzeug*) to push.
Anschiss▲ ['anʃıs] (*umg*) *m*: **einen** ~ **bekommen** to get a telling-off *od* ticking-off (*bes BRIT*).
Anschlag ['anʃla:k] *m* notice; (*Attentat*) attack; (*COMM*) estimate; (*auf Klavier*) touch; (*auf Schreibmaschine*) keystroke; **einem** ~ **zum Opfer fallen** to be assassinated; **ein Gewehr im** ~ **haben** (*MIL*) to have a rifle at the ready; ~**brett** *nt* notice board (*BRIT*), bulletin board (*US*).
anschlagen ['anʃla:gən] *unreg vt* to put up; (*beschädigen*) to chip; (*Akkord*) to strike; (*Kosten*) to estimate ♦ *vi* to hit; (*wirken*) to have an effect; (*Glocke*) to ring; (*Hund*) to bark; **einen anderen Ton** ~ (*fig*) to change one's tune; **an etw** *akk* ~ to hit against sth.
anschlagfrei *adj*: ~**er Drucker** non-impact printer.
Anschlagzettel *m* notice.
anschleppen ['anʃlɛpən] (*umg*) *vt* (*unerwünscht mitbringen*) to bring along.
anschließen ['anʃli:sən] *unreg vt* to connect up; (*Sender*) to link up; (*in Steckdose*) to plug in; (*fig: hinzufügen*) to add ♦ *vi*: **an etw** *akk* ~ (*zeitlich*) to follow sth ♦ *vr*: **sich jdm/etw** ~ to join sb/sth; (*beipflichten*) to agree with sb/sth; **sich an etw** *akk* ~ (*angrenzen*) to adjoin sth.
anschließend *adj* adjacent; (*zeitlich*) subsequent ♦ *adv* afterwards; ~ **an** *+akk* following.
Anschluss▲ ['anʃlʊs] *m* (*ELEK, EISENB, TEL*) connection; (*weiterer Apparat*) extension; (*von Wasser etc*) supply; (*COMPUT*) port; **im** ~ **an** *+akk* following; ~ **finden** to make friends; ~ **bekommen** to get through; **kein** ~ **unter dieser Nummer** number unobtainable; **den** ~ **verpassen** (*EISENB etc*) to miss one's connection; (*fig*) to miss the boat.
anschmiegen ['anʃmi:gən] *vr*: **sich an jdn/etw** ~ (*Kind, Hund*) to snuggle *od* nestle up to *od* against sb/sth.
anschmiegsam ['anʃmi:kza:m] *adj* affectionate.
anschmieren ['anʃmi:rən] *vt* to smear; (*umg*) to take in.
anschnallen ['anʃnalən] *vt* to buckle on ♦ *vr* to fasten one's seat belt.
Anschnallpflicht *f*: **für Kinder besteht** ~

children must wear seat belts.

anschnauzen ['anʃnautsən] (*umg*) *vt* to yell at.

anschneiden ['anʃnaɪdən] *unreg vt* to cut into; (*Thema*) to introduce.

Anschnitt ['anʃnɪt] *m* first slice.

anschreiben ['anʃraɪbən] *unreg vt* to write (up); (*COMM*) to charge up; (*benachrichtigen*) to write to; **bei jdm gut/schlecht angeschrieben sein** to be well/badly thought of by sb, be in sb's good/bad books.

anschreien ['anʃraɪən] *unreg vt* to shout at.

Anschrift ['anʃrɪft] *f* address.

Anschriftenliste *f* mailing list.

Anschuldigung ['anʃʊldɪɡʊŋ] *f* accusation.

anschwärzen ['anʃvɛrtsən] *vt* (*fig*: *umg*): **jdn ~ (bei)** to blacken sb's name (with).

anschwellen ['anʃvɛlən] *unreg vi* to swell (up).

anschwemmen ['anʃvɛmən] *vt* to wash ashore.

anschwindeln ['anʃvɪndəln] (*umg*) *vt* to lie to.

ansehen ['anzeːən] *unreg vt* to look at; **jdm etw ~** to see sth (from sb's face); **jdn/etw als etw ~** to look on sb/sth as sth; **~ für** to consider; (**sich** *dat*) **etw ~** to (have a) look at sth; (*Fernsehsendung*) to watch sth; (*Film, Stück, Sportveranstaltung*) to see sth; **etw (mit) ~** to watch sth, see sth happening.

Ansehen (**-s**) *nt* respect; (*Ruf*) reputation; **ohne ~ der Person** (*JUR*) without respect of person.

ansehnlich ['anzeːnlɪç] *adj* fine-looking; (*beträchtlich*) considerable.

anseilen ['anzaɪlən] *vt*: **jdn/sich ~** to rope sb/o.s. up.

an sein▲ ['anzaɪn] *siehe* **an**.

ansetzen ['anzɛtsən] *vt* (*festlegen*) to fix; (*entwickeln*) to develop; (*Fett*) to put on; (*Blätter*) to grow; (*zubereiten*) to prepare ♦ *vi* (*anfangen*) to start, begin; (*Entwicklung*) to set in; (*dick werden*) to put on weight ♦ *vr* (*Rost etc*) to start to develop; **~ an** +*akk* (*anfügen*) to fit on to; (*anlegen, an Mund etc*) to put to; **zu etw ~** to prepare to do sth; **jdn/etw auf jdn/etw ~** to set sb/sth on sb/ sth.

Ansicht ['anzɪçt] *f* (*Anblick*) sight; (*Meinung*) view, opinion; **zur ~** on approval; **meiner ~ nach** in my opinion.

Ansichtskarte *f* picture postcard.

Ansichtssache *f* matter of opinion.

ansiedeln ['anziːdəln] *vt* to settle; (*Tierart*) to introduce ♦ *vr* to settle; (*Industrie etc*) to get established.

ansonsten [an'zɔnstən] *adv* otherwise.

anspannen ['anʃpanən] *vt* to harness; (*Muskel*) to strain.

Anspannung *f* strain.

Anspiel ['anʃpiːl] *nt* (*SPORT*) start of play.

anspielen *vt* (*SPORT*) to play the ball *etc* to ♦ *vi*: **auf etw** *akk* **~** to refer *od* allude to sth.

Anspielung *f*: **~ (auf** +*akk*) reference (to), allusion (to).

Ansporn ['anʃpɔrn] (**-(e)s**) *m* incentive.

Ansprache ['anʃpraːxə] *f* (*Rede*) address.

ansprechen ['anʃprɛçən] *unreg vt* to speak to; (*bitten, gefallen*) to appeal to; (*Eindruck machen auf*) to make an impression on ♦ *vi*: **~ auf** +*akk* (*Patient*) to respond (to); (*Messgerät*) to react (to); **jdn auf etw** *akk* **(hin) ~** to ask sb about sth.

ansprechend *adj* attractive.

Ansprechpartner *m* contact.

anspringen ['anʃprɪŋən] *unreg vi* (*AUT*) to start ♦ *vt* (*anfallen*) to jump; (*Raubtier*) to pounce (up)on; (*Hund*: *hochspringen*) to jump up at.

Anspruch ['anʃprʊx] (**-s**, **-sprüche**) *m* (*Recht*): **~ (auf** +*akk*) claim (to); **den Ansprüchen gerecht werden** to meet the requirements; **hohe Ansprüche stellen/haben** to demand/ expect a lot; **jdn/etw in ~ nehmen** to occupy sb/take up sth.

anspruchslos *adj* undemanding.

anspruchsvoll *adj* demanding; (*COMM*) upmarket.

anspucken ['anʃpʊkən] *vt* to spit at.

anstacheln ['anʃtaxəln] *vt* to spur on.

Anstalt ['anʃtalt] (**-, -en**) *f* institution; **~en machen, etw zu tun** to prepare to do sth.

Anstand ['anʃtant] *m* decency; (*Manieren*) (good) manners *pl*.

anständig ['anʃtɛndɪç] *adj* decent; (*umg*) proper; (*groß*) considerable; **A~keit** *f* propriety, decency.

anstandshalber ['anʃtantshalbər] *adv* out of politeness.

anstandslos *adv* without any ado.

anstarren ['anʃtarən] *vt* to stare at.

anstatt [an'ʃtat] *präp* +*gen* instead of ♦ *konj*: **~ etw zu tun** instead of doing sth.

anstauen ['anʃtauən] *vr* to accumulate; (*Blut in Adern etc*) to congest; (*fig*: *Gefühle*) to build up.

anstechen ['anʃtɛçən] *unreg vt* to prick; (*Fass*) to tap.

anstecken ['anʃtɛkən] *vt* to pin on; (*Ring*) to put *od* slip on; (*MED*) to infect; (*Pfeife*) to light; (*Haus*) to set fire to ♦ *vr*: **ich habe mich bei ihm angesteckt** I caught it from him ♦ *vi* (*fig*) to be infectious.

ansteckend *adj* infectious.

Ansteckung *f* infection.

anstehen ['anʃteːən] *unreg vi* to queue (up) (*BRIT*), line up (*US*); (*Verhandlungspunkt*) to be on the agenda.

ansteigen ['anʃtaɪɡən] *unreg vi* to rise; (*Straße*) to climb.

anstelle, an Stelle [an'ʃtɛlə] *präp* +*gen* in place of.

anstellen ['anʃtɛlən] *vt* (*einschalten*) to turn on; (*Arbeit geben*) to employ; (*umg*: *Unfug* *treiben*) to get up to; (: *machen*) to do ♦ *vr* to queue (up) (*BRIT*), line up (*US*); (*umg*) to act; (: *sich zieren*) to make a fuss, act up.

Anstellung *f* employment; (*Posten*) post, position; ~ **auf Lebenszeit** tenure.

ansteuern ['anʃtɔyərn] *vt* to make *od* steer *od* head for.

Anstich ['anʃtɪç] *m* (*von Fass*) tapping, broaching.

Anstieg ['anʃtiːk] (-(e)s, -e) *m* climb; (*fig: von Preisen etc*) increase.

anstiften ['anʃtɪftən] *vt* (*Unglück*) to cause; **jdn zu etw** ~ to put sb up to sth.

Anstifter (-s, -) *m* instigator.

Anstiftung *f* (*von Tat*) instigation; (*von Mensch*): ~ (**zu**) incitement (to).

anstimmen ['anʃtɪmən] *vt* (*Lied*) to strike up (with); (*Geschrei*) to set up ♦ *vi* to strike up.

Anstoß ['anʃtoːs] *m* impetus; (*Ärgernis*) offence (*BRIT*), offense (*US*); (*SPORT*) kick-off; **der erste** ~ the initiative; **ein Stein des ~es** (*umstrittene Sache*) a bone of contention; ~ **nehmen an** +*dat* to take offence at.

anstoßen *unreg vt* to push; (*mit Fuß*) to kick ♦ *vi* to knock, bump; (*mit der Zunge*) to lisp; (*mit Gläsern*) to drink a toast; **an etw** *akk* ~ (*angrenzen*) to adjoin sth; ~ **auf** +*akk* to drink (a toast) to.

anstößig ['anʃtøːsɪç] *adj* offensive, indecent; **A~keit** *f* indecency, offensiveness.

anstrahlen ['anʃtraːlən] *vt* to floodlight; (*strahlend ansehen*) to beam at.

anstreben ['anʃtreːbən] *vt* to strive for.

anstreichen ['anʃtraɪçən] *unreg vt* to paint; (*jdm*) **etw als Fehler** ~ to mark sth wrong.

Anstreicher(in) (-s, -) *m(f)* painter.

anstrengen ['anʃtrɛŋən] *vt* to strain; (*strapazieren: jdn*) to tire out; (: *Patienten*) to fatigue; (*JUR*) to bring ♦ *vr* to make an effort; **eine Klage** ~ (**gegen**) (*JUR*) to initiate *od* institute proceedings (against).

anstrengend *adj* tiring.

Anstrengung *f* effort.

Anstrich ['anʃtrɪç] *m* coat of paint.

Ansturm ['anʃtʊrm] *m* rush; (*MIL*) attack.

Ansuchen ['anzuːxən] (-s, -) *nt* request.

ansuchen ['anzuːxən] *vi*: **um etw** ~ to apply for sth.

Antagonismus [antago'nɪsmʊs] *m* antagonism.

antanzen ['antantsən] (*umg*) *vi* to turn *od* show up.

Antarktis [ant'ʔarktɪs] (-) *f* Antarctic.

antarktisch *adj* Antarctic.

antasten ['antastən] *vt* to touch; (*Recht*) to infringe upon; (*Ehre*) to question.

Anteil ['antaɪl] (-s, -e) *m* share; (*Mitgefühl*) sympathy; ~ **nehmen an** +*dat* to share in; (*sich interessieren*) to take an interest in; ~ **an etw** *dat* **haben** (*beitragen*) to contribute

to sth; (*teilnehmen*) to take part in sth.

anteilig *adj* proportionate, proportional.

anteilmäßig *adj* pro rata.

Anteilnahme (-) *f* sympathy.

Antenne [an'tɛnə] (-, -n) *f* aerial; (*ZOOL*) antenna; **eine/keine** ~ **für etw haben** (*fig: umg*) to have a/no feeling for sth.

Anthrazit [antra'tsiːt] (-s, -e) *m* anthracite.

Anthropologie [antropolo'giː] (-) *f* anthropology.

Anti- ['anti] *in zW* anti; **~alkoholiker** *m* teetotaller; **a~autoritär** *adj* anti-authoritarian; **~babypille** *f* (contraceptive) pill; **~biotikum** (-s, -ka) *nt* antibiotic; **~held** *m* antihero.

antik [an'tiːk] *adj* antique.

Antike (-, -n) *f* (*Zeitalter*) ancient world; (*Kunstgegenstand*) antique.

Antikörper *m* antibody.

Antillen [an'tɪlən] *pl* Antilles *pl*.

Antilope [anti'loːpə] (-, -n) *f* antelope.

Antipathie [antipa'tiː] *f* antipathy.

antippen ['antɪpən] *vt* to tap; (*Pedal, Bremse*) to touch; (*fig: Thema*) to touch on.

Antiquariat [antikvari'aːt] (-(e)s, -e) *nt* secondhand bookshop; **modernes** ~ remainder bookshop/department.

antiquiert [anti'kviːrt] (*pej*) *adj* antiquated.

Antiquitäten [antikvi'tɛːtən] *pl* antiques *pl*; **~handel** *m* antique business; **~händler(in)** *m(f)* antique dealer.

Antisemitismus [antizemi'tɪsmʊs] *m* anti-semitism.

antiseptisch [anti'zɛptɪʃ] *adj* antiseptic.

Antlitz ['antlɪts] (-es, -e) *nt* (*liter*) countenance (*liter*), face.

antörnen ['antœrnən] (*umg*) *vt* (*Drogen, Musik*) to turn on ♦ *vi*: ... **törnt an** ... turns you on.

Antrag ['antraːk] (-(e)s, -träge) *m* proposal; (*PARL*) motion; (*Gesuch*) application; **einen** ~ **auf etw** *akk* **stellen** to make an application for sth; (*JUR etc*) to file a petition/claim for sth.

Antragsformular *nt* application form.

Antragsgegner(in) *m(f)* (*JUR*) respondent.

Antragsteller(in) (-s, -) *m(f)* claimant; (*für Kredit etc*) applicant.

antreffen ['antrɛfən] *unreg vt* to meet.

antreiben ['antraɪbən] *unreg vt* to drive on; (*Motor*) to drive; (*anschwemmen*) to wash up ♦ *vi* to be washed up; **jdn zur Eile/Arbeit** ~ to urge sb to hurry up/to work.

Antreiber (-s, -) (*pej*) *m* slave-driver (*pej*).

antreten ['antreːtən] *unreg vt* (*Amt*) to take up; (*Erbschaft*) to come into; (*Beweis*) to offer; (*Reise*) to start, begin ♦ *vi* (*MIL*) to fall in; (*SPORT*) to line up; (*zum Dienst*) to report; **gegen jdn** ~ to play/fight against sb.

Antrieb ['antriːp] *m* (*lit, fig*) drive; **aus eigenem** ~ of one's own accord.

Antriebskraft – Apfeltasche

26 *DEUTSCH–ENGLISCH*

Antriebskraft *f* (*TECH*) power.

antrinken ['antrɪŋkən] *unreg vt* (*Flasche, Glas*) to start to drink from; **sich** *dat* **Mut/einen Rausch** ~ to give o.s. Dutch courage/get drunk; **angetrunken sein** to be tipsy.

Antritt ['antrɪt] *m* beginning, commencement; (*eines Amts*) taking up.

antun ['antuːn] *unreg vt*: **jdm etw** ~ to do sth to sb; **sich** *dat* **Zwang** ~ to force o.s.

anturnen ['antœrnən] (*umg*) *vt* = **antörnen**.

Antwerpen [ant'vɛrpən] (**-s**) *nt* Antwerp.

Antwort ['antvɔrt] (**-**, **-en**) *f* answer, reply; **um** ~ **wird gebeten** RSVP.

antworten *vi* to answer, reply.

anvertrauen ['anfɛrtrauən] *vt*: **jdm etw** ~ to entrust sb with sth; **sich jdm** ~ to confide in sb.

anvisieren ['anviziːrən] *vt* (*fig*) to set one's sights on.

anwachsen ['anvaksən] *unreg vi* to grow; (*Pflanze*) to take root.

Anwalt ['anvalt] (**-(e)s**, **-wälte**) *m* solicitor; lawyer; (*fig: Fürsprecher*) advocate; (: *der Armen etc*) champion.

Anwältin ['anvɛltɪn] *f siehe* **Anwalt**.

Anwalts- *zW*: ~**honorar** *nt* retainer, retaining fee; ~**kammer** *f professional association of lawyers*, ≈ Law Society (*BRIT*); ~**kosten** *pl* legal expenses *pl*.

Anwandlung ['anvandlʊŋ] *f* caprice; **eine** ~ **von etw** a fit of sth.

anwärmen ['anvɛrmən] *vt* to warm up.

Anwärter(in) ['anvɛrtər(ɪn)] *m(f)* candidate.

anweisen ['anvaɪzən] *unreg vt* to instruct; (*zuteilen*) to assign.

Anweisung *f* instruction; (*COMM*) remittance; (*Post~, Zahlungs~*) money order.

anwendbar ['anvɛntbaːr] *adj* practicable, applicable.

anwenden ['anvɛndən] *unreg vt* to use, employ; (*Gesetz, Regel*) to apply.

Anwenderprogramm *nt* (*COMPUT*) application program.

Anwendersoftware *f* application package.

Anwendung *f* use; application.

anwerfen ['anvɛrfən] *unreg vt* (*TECH*) to start up.

anwesend ['anveːzənt] *adj* present; **die A~en** those present.

Anwesenheit *f* presence.

Anwesenheitsliste *f* attendance register.

anwidern ['anviːdərn] *vt* to disgust.

Anwohner(in) ['anvoːnər(ɪn)] (**-s**, **-**) *m(f)* resident.

Anwuchs ['anvuːks] *m* growth.

Anzahl ['antsaːl] *f*: ~ (**an** +*dat*) number (of).

anzahlen *vt* to pay on account.

Anzahlung *f* deposit, payment on account.

anzapfen ['antsapfən] *vt* to tap.

Anzeichen ['antsaɪçən] *nt* sign, indication; **alle** ~ **deuten darauf hin, dass** ... all the signs are that ...

Anzeige ['antsaɪgə] (**-**, **-n**) *f* (*Zeitungs~*) announcement; (*Werbung*) advertisement; (*COMPUT*) display; (*bei Polizei*) report; **gegen jdn** ~ **erstatten** to report sb (to the police).

anzeigen *vt* (*zu erkennen geben*) to show; (*bekannt geben*) to announce; (*bei Polizei*) to report.

Anzeigenteil *m* advertisements *pl*.

anzeigepflichtig *adj* notifiable.

Anzeiger *m* indicator.

anzetteln ['antsɛtəln] (*umg*) *vt* to instigate.

anziehen ['antsiːən] *unreg vt* to attract; (*Kleidung*) to put on; (*Mensch*) to dress; (*Schraube, Seil*) to pull tight; (*Knie*) to draw up; (*Feuchtigkeit*) to absorb ♦ *vr* to get dressed.

anziehend *adj* attractive.

Anziehung *f* (*Reiz*) attraction.

Anziehungskraft *f* power of attraction; (*PHYS*) force of gravitation.

Anzug ['antsuːk] *m* suit; **im** ~ **sein** to be approaching.

anzüglich ['antsyːklɪç] *adj* personal; (*anstößig*) offensive; **A~keit** *f* offensiveness; (*Bemerkung*) personal remark.

anzünden ['antsʏndən] *vt* to light.

Anzünder *m* lighter.

anzweifeln ['antsvaɪfəln] *vt* to doubt.

AOK (**-**) *f abk* (= *Allgemeine Ortskrankenkasse*) *siehe* **Ortskrankenkasse**.

AOK

The **AOK** *(Allgemeine Ortskrankenkasse) forms part of a compulsory medical insurance scheme for people who are not members of a private scheme. In every large town there is an independently run* **AOK** *office. Foreign nationals may also receive help from these offices if they fall ill while in Germany.*

APA *f abk* (= *Austria Presse-Agentur*) Austrian news agency.

apart [a'part] *adj* distinctive.

Apartheid [a'paːrthaɪt] *f* apartheid.

Apartment [a'partmənt] (**-s**, **-s**) *nt* flat (*BRIT*), apartment (*bes US*).

Apathie [apa'tiː] *f* apathy.

apathisch [a'paːtɪʃ] *adj* apathetic.

Apenninen [apɛ'niːnən] *pl* Apennines *pl*.

Apfel ['apfəl] (**-s**, **-̈**) *m* apple; **in den sauren** ~ **beißen** (*fig: umg*) to swallow the bitter pill; **etw für einen** ~ **und ein Ei kaufen** (*umg*) to buy sth dirt cheap *od* for a song; ~**mus** *nt* apple purée; (*als Beilage*) apple sauce; ~**saft** *m* apple juice.

Apfelsine [apfəl'ziːnə] (**-**, **-n**) *f* orange.

Apfeltasche *f* apple turnover.

Rechtschreibreform: ▲ *neue Schreibung* △ *alte Schreibung (auslaufend)*

Apfelwein m strong cider.
apl. abk = außerplanmäßig.
APO, Apo ['aːpo] (-) f abk
(= außerparlamentarische Opposition)
extraparliamentary opposition.

APO

The **APO** was an extraparliamentary opposition group formed in West Germany in the late 1960s by those who felt that their interests were not being sufficiently represented in parliament. It was disbanded in the 1970s. Some of its members then formed the RAF, a terrorist organisation. Some formed the Green Party (**die Grünen**).

---

apolitisch ['apoliːtɪʃ] adj non-political, apolitical.
Apostel [a'pɔstəl] (-s, -) m apostle.
Apostroph [apo'stroːf] (-s, -e) m apostrophe.
Apotheke [apo'teːkə] (-, -n) f chemist's (shop) (BRIT), drugstore (US).

APOTHEKE

The **Apotheke** is a pharmacy where prescribed drugs and other medicines only available on prescription are sold. It also sells toiletries. The pharmacist is qualified to give advice on medicines and treatment.

Apotheker(in) (-s, -) m(f) pharmacist, (dispensing) chemist (BRIT), druggist (US).
Appalachen [apa'laxən] pl Appalachian Mountains pl.
Apparat [apa'raːt] (-(e)s, -e) m piece of apparatus; (Foto~) camera; (Telefon) telephone; (RUNDF, TV) set; (Verwaltungs~, Partei~) machinery, apparatus; **am ~** on the phone; (als Antwort) speaking; **am ~ bleiben** to hold the line.
Apparatur [apara'tuːr] f apparatus.
Appartement [apart(ə)'mãː] (-s, -s) nt flat (BRIT), apartment (bes US).
Appell [a'pɛl] (-s, -e) m (MIL) muster, parade; (fig) appeal; **zum ~ antreten** to line up for roll call.
appellieren [apɛ'liːrən] vi: **~ (an** +akk) to appeal (to).
Appetit [ape'tiːt] (-(e)s, -e) m appetite; **guten ~!** enjoy your meal; **a~lich** adj appetizing; **~losigkeit** f lack of appetite.
Applaus [ap'laʊs] (-es, -e) m applause.
Appretur [apre'tuːr] f finish; (Wasserundurchlässigkeit) waterproofing.
approbiert [apro'biːrt] adj (Arzt) registered, certified.
Apr. abk (= April) Apr.
Aprikose [apri'koːzə] (-, -n) f apricot.
April [a'prɪl] (-(s), -e) (pl selten) m April; **jdn in**

den ~ schicken to make an April fool of sb; siehe auch September; **~wetter** nt April showers pl.
apropos [apro'poː] adv by the way, that reminds me.
Aquaplaning [akva'plaːnɪŋ] (-(s)) nt aquaplaning.
Aquarell [akva'rɛl] (-s, -e) nt watercolour (BRIT), watercolor (US).
Aquarium [a'kvaːrium] nt aquarium.
Äquator [ɛ'kvaːtɔr] (-s) m equator.
Äquivalent [ɛkviva'lɛnt] (-(e)s, -e) nt equivalent.
Ar [aːr] (-s, -e) nt od m (Maß) are (100 m²).
Ära ['ɛːra] (-, Ären) f era.
Araber(in) ['aːrabər(ɪn)] (-s, -) m(f) Arab.
Arabien [a'raːbiən] (-s) nt Arabia.
arabisch adj Arab; (Arabien betreffend) Arabian; (Sprache) Arabic; **A~er Golf** Arabian Gulf; **A~es Meer** Arabian Sea; **A~e Wüste** Arabian Desert.
Arbeit ['arbaɪt] (-, -en) f work no art; (Stelle) job; (Erzeugnis) piece of work; (wissenschaftliche) dissertation; (Klassen~) test; **Tag der ~** Labour (BRIT) od Labor (US) Day; **sich an die ~ machen, an die ~ gehen** to get down to work, start working; **jdm ~ machen** (Mühe) to put sb to trouble; **das war eine ~** that was a hard job.
arbeiten vi to work ♦ vt to make ♦ vr: **sich nach oben/an die Spitze ~** (fig) to work one's way up/to the top.
Arbeiter(in) (-s, -) m(f) worker; (ungelernt) labourer (BRIT), laborer (US).
Arbeiter- zW: **~familie** f working-class family; **~kind** nt child from a working-class family; **~mitbestimmung** f employee participation; **~schaft** f workers pl, labour (BRIT) od labor (US) force; **~selbstkontrolle** f workers' control; **~und-Bauern-Staat** m (DDR) workers' and peasants' state; **~wohlfahrt** f workers' welfare association.
Arbeit- zW: **~geber** (-s, -) m employer; **~nehmer** (-s, -) m employee; **a~sam** adj industrious.
Arbeits- in zW labour (BRIT), labor (US), **~amt** nt employment exchange, Job Centre (BRIT); **~aufwand** m expenditure of energy; (INDUSTRIE) use of labour (BRIT) od labor (US); **~bedingungen** pl working conditions pl; **~beschaffung** f (~platzbeschaffung) job creation; **~erlaubnis** f work permit; **a~fähig** adj fit for work, able-bodied; **~gang** m operation; **~gemeinschaft** f study group; **~gericht** nt industrial tribunal; **a~intensiv** adj labour-intensive (BRIT), labor-intensive (US); **~konflikt** m industrial dispute; **~kraft** f worker; **~kräfte** pl workers pl, labour (BRIT), labor (US); **a~los** adj unemployed, out-of-work; **~losengeld** nt unemployment benefit;

~**losenhilfe** *f* supplementary benefit;
~**losenunterstützung** *f* unemployment
benefit; ~**losenversicherung** *f compulsory
insurance against unemployment*;
~**losigkeit** *f* unemployment; ~**markt** *m* job
market; ~**moral** *f* attitude to work; (*in
Betrieb*) work climate; ~**niederlegung** *f*
walkout; ~**platte** *f* (*Küche*) work-top, work
surface; ~**platz** *m* place of work; (*Stelle*) job;
~**platzrechner** *m* (*COMPUT*) work station;
~**recht** *nt* industrial law; **a**~**scheu** *adj*
workshy; ~**schutz** *m maintenance of health
and safety standards at work*; ~**tag** *m*
work(ing) day; ~**teilung** *f* division of labour
(*BRIT*) *od* labor (*US*); ~**tier** *nt* (*fig: umg*)
glutton for work, workaholic; **a**~**unfähig** *adj*
unfit for work; ~**unfall** *m* industrial
accident; ~**verhältnis** *nt* employee-employer
relationship; ~**vermittlung** *f* (*Amt*)
employment exchange; (*privat*) employment
agency; ~**vertrag** *m* contract of
employment; ~**zeit** *f* working hours *pl*;
~**zeitkonto** *nt* record of hours worked;
~**zeitverkürzung** *f* reduction in working
hours; ~**zimmer** *nt* study.
Archäologe [arçɛoˈloːgə] (**-n, -n**) *m*
arch(a)eologist.
Archäologin [arçɛoˈloːgɪn] *f* arch(a)eologist.
Arche [ˈarçə] (**-, -n**) *f*: **die ~ Noah** Noah's Ark.
Architekt(in) [arçiˈtɛkt(ɪn)] (**-en, -en**) *m(f)*
architect.
architektonisch [arçitɛkˈtoːnɪʃ] *adj*
architectural.
Architektur [arçitɛkˈtuːr] *f* architecture.
Archiv [arˈçiːf] (**-s, -e**) *nt* archive.

ARD

The **ARD** *(Arbeitsgemeinschaft der öffentlich-
rechtlichen Rundfunkanstalten der Bundesrepublik
Deutschland) is the name of the German
broadcasting corporation founded as a result of
several mergers after 1945. It is financed by
licence fees and advertising and transmits the First
Programme nationwide as well as the Third and
other regional programmes. News and
educational programmes make up about a third of
its transmissions.*

Arena [aˈreːna] (**-, Arenen**) *f* (*lit, fig*) arena;
(*Zirkus~, Stierkampf~*) ring.
arg [ark] *adj* bad, awful ♦ *adv* awfully, very; **es
zu ~ treiben** to go too far.
Argentinien [argɛnˈtiːniən] (**-s**) *nt* Argentina,
the Argentine.
Argentinier(in) [argɛnˈtiːniər(ɪn)] (**-s, -**) *m(f)* Argentine,
Argentinian (*BRIT*), Argentinean (*US*).
argentinisch [argɛnˈtiːnɪʃ] *adj* Argentine,
Argentinian (*BRIT*), Argentinean (*US*).
Ärger [ˈɛrgər] (**-s**) *m* (*Wut*) anger;

(*Unannehmlichkeit*) trouble; **jdm ~ machen**
od **bereiten** to cause sb a lot of trouble *od*
bother; **ä**~**lich** *adj* (*zornig*) angry; (*lästig*)
annoying, aggravating.
ärgern *vt* to annoy ♦ *vr* to get annoyed.
Ärgernis (**-ses, -se**) *nt* annoyance; (*Anstoß*)
offence (*BRIT*), offense (*US*), outrage;
öffentliches ~ erregen to be a public
nuisance.
arg- *zW*: ~**listig** *adj* cunning, insidious; ~**listige
Täuschung** fraud; ~**los** *adj* guileless,
innocent; **A**~**losigkeit** *f* guilelessness,
innocence.
Argument [arguˈmɛnt] *nt* argument.
argumentieren [argumɛnˈtiːrən] *vi* to argue.
Argusauge [ˈargʊs|aʊgə] *nt* (*geh*): **mit ~n**
eagle-eyed.
Argwohn *m* suspicion.
argwöhnisch *adj* suspicious.
Arie [ˈaːriə] *f* aria.
Aristokrat(in) [arɪstoˈkraːt(ɪn)] (**-en, -en**) *m(f)*
aristocrat.
Aristokratie [arɪstokraˈtiː] *f* aristocracy.
aristokratisch *adj* aristocratic.
arithmetisch [arɪtˈmeːtɪʃ] *adj* arithmetical;
~**es Mittel** arithmetic mean.
Arkaden [arˈkaːdən] *pl* (*Bogengang*) arcade
sing.
Arktis [ˈarktɪs] (**-**) *f* Arctic.
arktisch *adj* Arctic.
arm [arm] *adj* poor; ~ **dran sein** (*umg*) to have
a hard time of it.
Arm (**-(e)s, -e**) *m* arm; (*Fluss~*) branch; **jdn auf
den ~ nehmen** (*fig: umg*) to pull sb's leg;
jdm unter die ~e greifen (*fig*) to help sb out;
einen langen/den längeren ~ haben (*fig*) to
have a lot of/more pull (*umg*) *od* influence.
Armatur [armaˈtuːr] *f* (*ELEK*) armature.
Armaturenbrett *nt* instrument panel; (*AUT*)
dashboard.
Armband *nt* bracelet; ~**uhr** *f* (wrist) watch.
Arme(r) *f(m)* poor man/woman; **die ~n** the
poor.
Armee [arˈmeː] (**-, -n**) *f* army; ~**korps** *nt* army
corps.
Ärmel [ˈɛrməl] (**-s, -**) *m* sleeve; **etw aus dem
~ schütteln** (*fig*) to produce sth just like
that.
Ärmelkanal *m* (English) Channel.
Armenien [arˈmeːniən] (**-s**) *nt* Armenia.
Armenier(in) [arˈmeːniər(ɪn)] (**-s, -**) *m(f)*
Armenian.
armenisch [arˈmeːnɪʃ] *adj* Armenian.
Armenrecht *nt* (*JUR*) legal aid.
Armer *m siehe* **Arme(r)**.
Armlehne *f* armrest.
Armleuchter (*pej: umg*) *m* (*Dummkopf*) twit
(*BRIT*), fool.
ärmlich [ˈɛrmlɪç] *adj* poor; **aus ~en
Verhältnissen** from a poor family.

armselig *adj* wretched, miserable; (*Mitleid erregend*) pathetic, pitiful.

Armut ['armuːt] (-) *f* poverty.

Armutsgrenze *f* poverty line.

Armutszeugnis *nt* (*fig*): **jdm/sich ein ~ ausstellen** to show sb's/one's shortcomings.

Aroma [a'roːma] (-s, **Aromen**) *nt* aroma; **~therapie** *f* aromatherapy.

aromatisch [aro'maːtɪʃ] *adj* aromatic.

arrangieren [arãˈʒiːrən] *vt* to arrange ♦ *vr* to come to an arrangement.

Arrest [a'rɛst] (-(e)s, -e) *m* detention.

arretieren [are'tiːrən] *vt* (*TECH*) to lock (in place).

arrogant [aro'gant] *adj* arrogant.

Arroganz *f* arrogance.

Arsch [arʃ] (-es, ⁓e) (*umg!*) *m* arse (!); **leck mich am ~**! (*lass mich in Ruhe*) get stuffed! (!), fuck off! (!); **am ~ der Welt** (*umg*) in the back of beyond; **~kriecher** (*umg!*) *m* arse licker (!), crawler; **~loch** (*umg!*) *nt* (*Mensch*) bastard (!).

Arsen [ar'zeːn] (-s) *nt* arsenic.

Art [aːrt] (-, -en) *f* (*Weise*) way; (*Sorte*) kind, sort; (*BIOL*) species; **eine ~ (von) Frucht** a kind of fruit; **Häuser aller ~** houses of all kinds; **einzig in seiner ~ sein** to be the only one of its kind, be unique; **auf diese ~ und Weise** in this way; **das ist doch keine ~!** that's no way to behave!; **es ist nicht seine ~, das zu tun** it's not like him to do that; **ich mache das auf meine ~** I do that my (own) way; **Schnitzel nach ~ des Hauses** chef's special escalope.

arten *vi*: **nach jdm ~** to take after sb; **der Mensch ist so geartet, dass ...** human nature is such that ...

Artenschutz *m* protection of endangered species.

Arterie [ar'teːriə] *f* artery.

Arterienverkalkung *f* arteriosclerosis.

Artgenosse ['aːrtgənɔsə] *m* animal/plant of the same species; (*Mensch*) person of the same type.

Arthritis [ar'triːtɪs] (-, **-ritiden**) *f* arthritis.

artig ['aːrtɪç] *adj* good, well-behaved.

Artikel [ar'tiːkəl] (-s, -) *m* article.

Artillerie [artɪlə'riː] *f* artillery.

Artischocke [arti'ʃɔkə] (-, -n) *f* artichoke.

Artistik [ar'tɪstɪk] (-) *f* artistry; (*Zirkus-/Varieteekunst*) circus/variety performing.

Arznei [aːrts'naɪ] *f* medicine; **~mittel** *nt* medicine, medicament.

Arzt [aːrtst] (-es, ⁓e) *m* doctor; **praktischer ~** general practitioner, GP.

Ärztekammer *f* ≈ General Medical Council (*BRIT*), State Medical Board of Registration (*US*).

Arzthelferin *f* doctor's assistant.

Ärztin ['ɛːrtstɪn] *f* woman doctor; *siehe auch* **Arzt**.

ärztlich ['ɛːrtstlɪç] *adj* medical.

Arztpraxis *f* doctor's practice; (*Räume*) doctor's surgery (*BRIT*) *od* office (*US*).

As [as] (-ses, -se) *nt* (*MUS*) A flat; *siehe auch* **Ass**.

Asbest [as'bɛst] (-(e)s, -e) *m* asbestos.

Asche ['aʃə] (-, -n) *f* ash.

Aschen- *zW*: **~bahn** *f* cinder track; **~becher** *m* ashtray; **~brödel** *nt* (*LITER, fig*) Cinderella; **~puttel** *nt* (*LITER, fig*) Cinderella.

Aschermittwoch *m* Ash Wednesday.

Aserbaidschan [azɛrbaɪ'dʒaːn] (-s) *nt* Azerbaijan.

aserbaidschanisch *adj* Azerbaijani.

Asiat(in) [azi'aːt(ɪn)] (-en, -en) *m(f)* Asian.

asiatisch *adj* Asian, Asiatic.

Asien ['aːziən] (-s) *nt* Asia.

asozial ['azotsiaːl] *adj* antisocial; (*Familie*) asocial.

Asoziale(r) (*pej*) *dekl wie adj f(m)* antisocial person; **Asoziale** *pl* antisocial elements.

Aspekt [as'pɛkt] (-(e)s, -e) *m* aspect.

Asphalt [as'falt] (-(e)s, -e) *m* asphalt.

asphaltieren [asfal'tiːrən] *vt* to asphalt.

Asphaltstraße *f* asphalt road.

Ass ▲ [as] (-es, -e) *nt* ace.

aß *etc* [aːs] *vb siehe* **essen**.

Ass. *abk* = **Assessor**.

Assekurant(in) [aseku'rant(ɪn)] (-en, -en) *m(f)* underwriter.

Assemblersprache [ə'sɛmblərʃpraːxə] *f* (*COMPUT*) assembly language.

Assessor(in) [a'sɛsɔr, -'soːrɪn] (-s, -en) *m(f)* graduate civil servant who has completed his/her traineeship.

Assistent(in) [asɪs'tɛnt(ɪn)] *m(f)* assistant.

Assistenzarzt [asɪs'tɛntsaːrtst] *m* houseman (*BRIT*), intern (*US*).

Assoziation [asotsiatsi'oːn] *f* association.

assoziieren [asotsi'iːrən] *vt* (*geh*) to associate.

Ast [ast] (-(e)s, ⁓e) *m* branch; **sich** *dat* **einen ~ lachen** (*umg*) to double up (with laughter).

AStA ['asta] (-(s), -(s)) *m abk* (= *Allgemeiner Studentenausschuss*) *students' association*.

Aster ['astər] (-, -n) *f* aster.

ästhetisch [ɛs'teːtɪʃ] *adj* aesthetic (*BRIT*), esthetic (*US*).

Asthma ['astma] (-s) *nt* asthma.

Asthmatiker(in) [ast'maːtikər(ɪn)] (-s, -) *m(f)* asthmatic.

astrein ['astraɪn] *adj* (*fig: umg: moralisch einwandfrei*) straight, on the level; (: *echt*) genuine; (*prima*) fantastic.

Astrologe [astro'loːgə] (-n, -n) *m* astrologer.

Astrologie [astrolo'giː] *f* astrology.

Astrologin *f* astrologer.

Astronaut(in) [astro'naʊt(ɪn)] (-en, -en) *m(f)* astronaut.

Astronautik – auf

Astronautik *f* astronautics.
Astronom(in) [astro'no:m(ɪn)] (-en, -en) *m(f)* astronomer.
Astronomie [astrono'mi:] *f* astronomy.
ASU *f abk* (= *Arbeitsgemeinschaft selbstständiger Unternehmer*) association of private traders; (= *Abgassonderuntersuchung*) exhaust emission test.
ASW *f abk* (= *außersinnliche Wahrnehmung*) ESP.
Asyl [a'zy:l] (-s, -e) *nt* asylum; (*Heim*) home; (*Obdachlosen~*) shelter.
Asylant(in) [azy'lant(ɪn)] (-en, -en) *m(f)* person seeking (political) asylum.
Asylrecht *nt* (*POL*) right of (political) asylum.
A.T. *abk* (= *Altes Testament*) O.T.
Atelier [atəli'e:] (-s, -s) *nt* studio.
Atem ['a:təm] (-s) *m* breath; **den ~ anhalten** to hold one's breath; **außer ~** out of breath; **jdn in ~ halten** to keep sb in suspense *od* on tenterhooks; **das verschlug mir den ~** it took my breath away; **einen langen/den längeren ~ haben** to have a lot of staying power; **a~beraubend** *adj* breathtaking; **a~los** *adj* breathless; **~pause** *f* breather; **~wege** *pl* (*ANAT*) respiratory tract; **~zug** *m* breath.
Atheismus [ate'ɪsmus] *m* atheism.
Atheist(in) *m(f)* atheist; **a~isch** *adj* atheistic.
Athen [a'te:n] (-s) *nt* Athens.
Athener(in) (-s, -) *m(f)* Athenian.
Äther ['ɛ:tər] (-s, -) *m* ether.
Äthiopien [eti'o:piən] (-s) *nt* Ethiopia.
Äthiopier(in) (-s, -) *m(f)* Ethiopian.
äthiopisch *adj* Ethiopian.
Athlet(in) [at'le:t(ɪn)] (-en, -en) *m(f)* athlete.
Athletik *f* athletics *sing*.
Atlanten *pl von* **Atlas.**
Atlantik [at'lantɪk] (-s) *m* Atlantic.
atlantisch *adj* Atlantic; **der A~e Ozean** the Atlantic Ocean.
Atlas ['atlas] (- *od* -ses, -se *od* **Atlanten**) *m* atlas; **~gebirge** *nt* Atlas Mountains *pl*.
atmen ['a:tmən] *vt, vi* to breathe.
Atmosphäre [atmo'sfɛ:rə] (-, -n) *f* atmosphere.
atmosphärisch *adj* atmospheric.
Atmung ['a:tmʊŋ] *f* respiration.
Ätna ['ɛ:tna] (-(s)) *m* Etna.
Atom [a'to:m] (-s, -e) *nt* atom.
atomar [ato'ma:r] *adj* atomic, nuclear; (*Drohung*) nuclear.
Atom- *zW*: **~bombe** *f* atom bomb; **~energie** *f* nuclear *od* atomic energy; **~gegner** *m*: **~gegner sein** to be antinuclear; **~kern** *m* atomic nucleus; **~kraft** *f* nuclear power; **~kraftwerk** *nt* nuclear power station; **~krieg** *m* nuclear *od* atomic war; **~lobby** *f* nuclear lobby; **~macht** *f* nuclear *od* atomic power; **~meiler** *m* nuclear reactor; **~müll** *m* nuclear waste; **~physik** *f* nuclear physics *sing*; **~pilz**

m mushroom cloud; **~sperrvertrag** *m* (*POL*) nuclear non-proliferation treaty; **~sprengkopf** *m* nuclear *od* atomic warhead; **~strom** *m* electricity generated by nuclear power; **~test** *m* nuclear test; **~testgelände** *nt* nuclear testing range; **~waffen** *pl* nuclear *od* atomic weapons *pl*; **a~waffenfrei** *adj* (*Zone*) nuclear-free; **~wirtschaft** *f* nuclear industry; **~zeitalter** *nt* atomic age.
Attacke [a'takə] (-, -n) *f* (*Angriff*) attack.
Attentat [atɛn'ta:t] (-(e)s, -e) *nt*: **~ (auf** +*akk*) (attempted) assassination (of).
Attentäter(in) [atɛn'tɛ:tər(ɪn)] (-s, -) *m(f)* (would-be) assassin.
Attest [a'tɛst] (-(e)s, -e) *nt* certificate.
Attraktion [atraktsi'o:n] *f* attraction.
attraktiv [atrak'ti:f] *adj* attractive.
Attrappe [a'trapə] (-, -n) *f* dummy; **bei ihr ist alles ~** everything about her is false.
Attribut [atri'bu:t] (-(e)s, -e) *nt* (*GRAM*) attribute.
ätzen ['ɛtsən] *vi* to be caustic.
ätzend *adj* (*lit: Säure*) corrosive; (*Geruch*) pungent; (*fig: umg: furchtbar*) dreadful, horrible; (: *toll*) magic.

============= *SCHLÜSSELWORT*

auch [aʊx] *adv* **1** (*ebenfalls*) also, too, as well; **das ist ~ schön** that's nice too *od* as well; **er kommt - ich ~** he's coming - so am I, me too; **~ nicht** not ... either; **ich ~ nicht** nor I, me neither; **oder ~** or; **~ das noch!** not that as well!; **nicht nur ..., sondern ~ ...** not only ... but also ...
2 (*selbst, sogar*) even; **~ wenn das Wetter schlecht ist** even if the weather is bad; **ohne ~ nur zu fragen** without even asking.
3 (*wirklich*) really; **du siehst müde aus - bin ich ~** you look tired - (so) I am; **so sieht es ~ aus** (and) that's what it looks like.
4 (**~** *immer*): **wer ~** whoever; **was ~** whatever; **wozu ~?** (*emphatisch*) whatever for?; **wie dem ~ sei** be that as it may; **wie sehr er sich ~ bemühte** however much he tried.

Audienz [aʊdi'ɛnts] (-, -en) *f* (*bei Papst, König etc*) audience.
Audimax [aʊdi'maks] *nt* (*UNIV: umg*) main lecture hall.
audiovisuell [aʊdiovizu'ɛl] *adj* audiovisual.
Auditorium [aʊdi'to:riʊm] *nt* (*Hörsaal*) lecture hall; (*geh: Zuhörerschaft*) audience.

============= *SCHLÜSSELWORT*

auf [aʊf] *präp* +*dat* (*wo?*) on; **~ dem Tisch** on the table; **~ der Reise** on the way; **~ der Post/dem Fest** at the post office/party; **~ der Straße** on the road; **~ dem Land/der ganzen Welt** in the country/the whole world; **was**

hat es damit ~ sich? what does it mean?
♦ *präp +akk* **1** (*wohin?*) on(to); ~ **den Tisch**
on(to) the table; ~ **die Post gehen** to go to
the post office; ~ **das Land** into the country;
etw ~ **einen Zettel schreiben** to write sth on
a piece of paper; ~ **eine Tasse Kaffee/eine**
Zigarette(n)länge for a cup of coffee/a
smoke; **die Nacht (von Montag)** ~ **Dienstag**
Monday night; ~ **einen Polizisten kommen**
1.000 Bürger there is one policeman to
every 1,000 citizens.
2: ~ **Deutsch** in German; ~ **Lebenszeit** for
my/his lifetime; **bis** ~ **ihn** except for him;
~ **einmal** at once; ~ **seinen Vorschlag (hin)**
at his suggestion.
♦ *adv* **1** (*offen*) open; ~ **sein** to be open; **das**
Fenster ist ~ the window is open.
2 (*hinauf*) up; ~ **und ab** up and down; ~ **und**
davon up and away; ~**!** (*los!*) come on!; **von**
klein ~ from childhood onwards.
3 (*aufgestanden*) up; ~ **sein** (*Person*) to be up;
ist er schon ~**?** is he up yet?
♦ *konj:* ~ **dass** (so) that.

aufarbeiten ['aʊf|arbaɪtən] *vt* (*erledigen*:
Korrespondenz etc) to catch up with.
aufatmen ['aʊf|aːtmən] *vi* to heave a sigh of
relief.
aufbahren ['aʊfbaːrən] *vt* to lay out.
Aufbau ['aʊfbaʊ] *m* (*Bauen*) building,
construction; (*Struktur*) structure;
(*aufgebautes Teil*) superstructure.
aufbauen ['aʊfbaʊən] *vt* to erect, build (up);
(*Existenz*) to make; (*gestalten*) to construct;
(*gründen*): ~ (**auf** +*dat*) to found (on), base
(on) ♦ *vr:* **sich vor jdm** ~ to draw o.s. up to
one's full height in front of sb.
aufbäumen ['aʊfbɔʏmən] *vr* to rear; (*fig*) to
revolt, rebel.
aufbauschen ['aʊfbaʊʃən] *vt* to puff out; (*fig*)
to exaggerate.
aufbegehren ['aʊfbəgeːrən] *vi* (*geh*) to rebel.
aufbehalten ['aʊfbəhaltən] *unreg vt* to keep on.
aufbekommen ['aʊfbəkɔmən] *unreg* (*umg*) *vt*
(*öffnen*) to get open; (: *Hausaufgaben*) to be
given.
aufbereiten ['aʊfbəraɪtən] *vt* to process;
(*Trinkwasser*) to purify; (*Text etc*) to work up.
Aufbereitungsanlage *f* processing plant.
aufbessern ['aʊfbɛsərn] *vt* (*Gehalt*) to
increase.
aufbewahren ['aʊfbəvaːrən] *vt* to keep;
(*Gepäck*) to put in the left-luggage office.
Aufbewahrung *f* (safe)keeping; (*Gepäck~*)
left-luggage office (*BRIT*), baggage check
(*US*); **jdm etw zur** ~ **geben** to give sb sth for
safekeeping.
Aufbewahrungsort *m* storage place.
aufbieten ['aʊfbiːtən] *unreg vt* (*Kraft*) to
summon (up); (*Armee, Polizei*) to mobilize.

Aufbietung *f:* **unter** ~ **aller Kräfte** ...
summoning (up) all his/her *etc* strength ...
aufbinden ['aʊfbɪndən] *unreg vt:* **lass dir doch**
so etwas nicht ~ (*fig*) don't fall for that.
aufblähen ['aʊfblɛːən] *vr* to blow out; (*Segel*)
to billow out; (*MED*) to become swollen; (*fig:*
pej) to puff o.s. up.
aufblasen ['aʊfblaːzən] *unreg vt* to blow up,
inflate ♦ *vr* (*umg*) to become big-headed.
aufbleiben ['aʊfblaɪbən] *unreg vi* (*Laden*) to
remain open; (*Person*) to stay up.
aufblenden ['aʊfblɛndən] *vt* (*Scheinwerfer*) to
turn on full beam.
aufblicken ['aʊfblɪkən] *vi* to look up; ~ **zu** (*lit*)
to look up at; (*fig*) to look up to.
aufblühen ['aʊfblyːən] *vi* to blossom; (*fig*) to
blossom, flourish.
aufblühend *adj* (*COMM*) booming.
aufbocken ['aʊfbɔkən] *vt* (*Auto*) to jack up.
aufbrauchen ['aʊfbraʊxən] *vt* to use up.
aufbrausen ['aʊfbraʊzən] *vi* (*fig*) to flare up.
aufbrausend *adj* hot-tempered.
aufbrechen ['aʊfbrɛçən] *unreg vt* to break
open, to prise (*BRIT*) *od* pry (*US*) open ♦ *vi* to
burst open; (*gehen*) to start, set off.
aufbringen ['aʊfbrɪŋən] *unreg vt* (*öffnen*) to
open; (*in Mode*) to bring into fashion;
(*beschaffen*) to procure; (*FIN*) to raise;
(*ärgern*) to irritate; **Verständnis für etw** ~ to
be able to understand sth.
Aufbruch ['aʊfbrʊx] *m* departure.
aufbrühen ['aʊfbryːən] *vt* (*Tee*) to make.
aufbrummen ['aʊfbrʊmən] (*umg*) *vt:* **jdm die**
Kosten ~ to land sb with the costs.
aufbürden ['aʊfbʏrdən] *vt:* **jdm etw** ~ to
burden sb with sth.
aufdecken ['aʊfdɛkən] *vt* to uncover;
(*Spielkarten*) to show.
aufdrängen ['aʊfdrɛŋən] *vt:* **jdm etw** ~ to
force sth on sb ♦ *vr:* **sich jdm** ~ to intrude on
sb.
aufdrehen ['aʊfdreːən] *vt* (*Wasserhahn etc*) to
turn on; (*Ventil*) to open; (*Schraubverschluss*)
to unscrew; (*Radio etc*) to turn up; (*Haar*) to
put in rollers.
aufdringlich ['aʊfdrɪŋlɪç] *adj* pushy;
(*Benehmen*) obtrusive; (*Parfüm*) powerful.
aufeinander [aʊf|aɪˈnandər] *adv* on top of one
another; (*schießen*) at each other; (*warten*)
for one another; (*vertrauen*) each other;
~ **folgen** to follow one another; ~ **folgend**
consecutive; ~ **legen** to lay on top of one
another; ~ **prallen** (*Autos etc*) to collide;
(*Truppen, Meinungen*) to clash; **A~folge** *f*
succession, series.
Aufenthalt [aʊfˈɛnthalt] *m* stay; (*Verzögerung*)
delay; (*EISENB: Halten*) stop; (*Ort*) haunt.
Aufenthalts- *zW:* ~**erlaubnis** *f,*
~**genehmigung** *f* residence permit; ~**raum**
m day room; (*in Betrieb*) recreation room.

auferlegen ['aʊf|ɛrleːɡən] *vt*: **(jdm)** ~ to impose (upon sb).

auferstehen ['aʊf|ɛrʃteːən] *unreg vi untr* to rise from the dead.

Auferstehung *f* resurrection.

aufessen ['aʊf|ɛsən] *unreg vt* to eat up.

auffahren ['aʊffaːrən] *unreg vi* (*herankommen*) to draw up; (*hochfahren*) to jump up; (*wütend werden*) to flare up; (*in den Himmel*) to ascend ♦ *vt* (*Kanonen, Geschütz*) to bring up; ~ **auf** +*akk* (*Auto*) to run od crash into.

auffahrend *adj* hot-tempered.

Auffahrt *f* (*Haus*~) drive; (*Autobahn*~) slip road (*BRIT*), entrance ramp (*US*).

Auffahrunfall *m* pile-up.

auffallen ['aʊffalən] *unreg vi* to be noticeable; **angenehm/unangenehm** ~ to make a good/bad impression; **jdm** ~ (*bemerkt werden*) to strike sb.

auffallend *adj* striking.

auffällig ['aʊffɛlɪç] *adj* conspicuous, striking.

auffangen ['aʊffaŋən] *unreg vt* to catch; (*Funkspruch*) to intercept; (*Preise*) to peg; (*abfangen*: *Aufprall etc*) to cushion, absorb.

Auffanglager *nt* reception camp.

auffassen ['aʊffasən] *vt* to understand, comprehend; (*auslegen*) to see, view.

Auffassung *f* (*Meinung*) opinion; (*Auslegung*) view, conception; (*auch*: ~**sgabe**) grasp.

auffindbar ['aʊffɪntbaːr] *adj* to be found.

aufflammen ['aʊfflamən] *vi* (*lit, fig: Feuer, Unruhen etc*) to flare up.

auffliegen ['aʊffliːɡən] *unreg vi* to fly up; (*umg: Rauschgiftring etc*) to be busted.

auffordern ['aʊffɔrdərn] *vt* to challenge; (*befehlen*) to call upon, order; (*bitten*) to ask.

Aufforderung *f* (*Befehl*) order; (*Einladung*) invitation.

aufforsten ['aʊffɔrstən] *vt* (*Gebiet*) to reafforest; (*Wald*) to restock.

auffrischen ['aʊffrɪʃən] *vt* to freshen up; (*Kenntnisse*) to brush up; (*Erinnerungen*) to reawaken ♦ *vi* (*Wind*) to freshen.

aufführen ['aʊffyːrən] *vt* (*THEAT*) to perform; (*in einem Verzeichnis*) to list, specify ♦ *vr* (*sich benehmen*) to behave; **einzeln** ~ to itemize.

Aufführung *f* (*THEAT*) performance; (*Liste*) specification.

auffüllen ['aʊffʏlən] *vt* to fill up; (*Vorräte*) to replenish; (*Öl*) to top up.

Aufgabe ['aʊfgaːbə] (-, -n) *f* task; (*SCH*) exercise; (*Haus*~) homework; (*Verzicht*) giving up; (*von Gepäck*) registration; (*von Post*) posting; (*von Inserat*) insertion; **sich** *dat* **etw zur** ~ **machen** to make sth one's job *od* business.

aufgabeln ['aʊfgaːbəln] *vt* (*fig: umg: jdn*) to pick up; (: *Sache*) to get hold of.

Aufgabenbereich *m* area of responsibility.

Aufgang ['aʊfgaŋ] *m* ascent; (*Sonnen*~) rise;

(*Treppe*) staircase.

aufgeben ['aʊfgeːbən] *unreg vt* (*verzichten auf*) to give up; (*Paket*) to send, post; (*Gepäck*) to register; (*Bestellung*) to give; (*Inserat*) to insert; (*Rätsel, Problem*) to set ♦ *vi* to give up.

aufgeblasen ['aʊfgəblaːzən] *adj* (*fig*) puffed up, self-important.

Aufgebot ['aʊfgəboːt] *nt* supply; (*von Kräften*) utilization; (*Ehe*~) banns *pl*.

aufgedonnert ['aʊfgədɔnərt] (*pej: umg*) *adj* tarted up.

aufgedreht ['aʊfgədreːt] (*umg*) *adj* excited.

aufgedunsen ['aʊfgedʊnzən] *adj* swollen, puffed up.

aufgegeben ['aʊfgəgeːbən] *pp von* **aufgeben**.

aufgehen ['aʊfgeːən] *unreg vi* (*Sonne, Teig*) to rise; (*sich öffnen*) to open; (*THEAT: Vorhang*) to go up; (*Knopf, Knoten etc*) to come undone; (*klar werden*) to become clear; (*MATH*) to come out exactly; ~ (**in** +*dat*) (*sich widmen*) to be absorbed (in); **in Rauch/Flammen** ~ to go up in smoke/flames.

aufgeilen ['aʊfgaɪlən] (*umg*) *vt* to turn on ♦ *vr* to be turned on.

aufgeklärt ['aʊfgəklɛːrt] *adj* enlightened; (*sexuell*) knowing the facts of life.

aufgekratzt ['aʊfgəkratst] (*umg*) *adj* in high spirits, full of beans.

aufgelaufen ['aʊfgəlaʊfən] *adj*: ~**e Zinsen** ♦ *pl* accrued interest *sing*.

Aufgeld *nt* premium.

aufgelegt ['aʊfgəleːkt] *adj*: **gut/schlecht** ~ **sein** to be in a good/bad mood; **zu etw** ~ **sein** to be in the mood for sth.

aufgenommen ['aʊfgənɔmən] *pp von* **aufnehmen**.

aufgeregt ['aʊfgəreːkt] *adj* excited.

aufgeschlossen ['aʊfgəʃlɔsən] *adj* open, open-minded.

aufgeschmissen ['aʊfgəʃmɪsən] (*umg*) *adj* in a fix, stuck.

aufgeschrieben ['aʊfgəʃriːbən] *pp von* **aufschreiben**.

aufgestanden ['aʊfgəʃtandən] *pp von* **aufstehen**.

aufgetakelt ['aʊfgətaːkəlt] *adj* (*fig: umg*) dressed up to the nines.

aufgeweckt ['aʊfgəvɛkt] *adj* bright, intelligent.

aufgießen ['aʊfgiːsən] *unreg vt* (*Wasser*) to pour over; (*Tee*) to infuse.

aufgliedern ['aʊfgliːdərn] *vr*: **sich** ~ (**in** +*akk*) to (sub)divide (into), break down (into).

aufgreifen ['aʊfgraɪfən] *unreg vt* (*Thema*) to take up; (*Verdächtige*) to pick up, seize.

aufgrund, auf Grund [aʊf'grʊnt] *präp* +*gen*: ~ **von** on the basis of; (*wegen*) because of.

Aufgussbeutel▲ ['aʊfgʊsbɔʏtəl] *m* sachet (containing coffee/herbs *etc*) for brewing; (*Teebeutel*) tea bag.

aufhaben ['aʊfhaːbən] *unreg vt* (*Hut etc*) to have on; (*Arbeit*) to have to do.

aufhalsen ['aʊfhalzən] (*umg*) *vt*: **jdm etw ~ to** saddle *od* lumber sb with sth.

aufhalten ['aʊfhaltən] *unreg vt* (*Person*) to detain; (*Entwicklung*) to check; (*Tür, Hand*) to hold open; (*Augen*) to keep open ♦ *vr* (*wohnen*) to live; (*bleiben*) to stay; **jdn** (**bei etw**) **~** (*abhalten, stören*) to hold *od* keep sb back (from sth); **sich über etw/jdn ~** to go on about sth/sb; **sich mit etw ~** to waste time over sth; **sich bei etw ~** (*sich befassen*) to dwell on sth.

aufhängen ['aʊfhɛŋən] *unreg vt* (*Wäsche*) to hang up; (*Menschen*) to hang ♦ *vr* to hang o.s.

Aufhänger (**-s, -**) *m* (*am Mantel*) hook; (*fig*) peg.

Aufhängung *f* (*TECH*) suspension.

aufheben ['aʊfheːbən] *unreg vt* (*hochheben*) to raise, lift; (*Sitzung*) to wind up; (*Urteil*) to annul; (*Gesetz*) to repeal, abolish; (*aufbewahren*) to keep; (*ausgleichen*) to offset, make up for ♦ *vr* to cancel itself out; **viel A~(s) machen (von)** to make a fuss (about); **bei jdm gut aufgehoben sein** to be well looked after at sb's.

aufheitern ['aʊfhaɪtərn] *vt, vr* (*Himmel, Miene*) to brighten; (*Mensch*) to cheer up.

Aufheiterungen *pl* (*MET*) bright periods *pl*.

aufheizen ['aʊfhaɪtsən] *vt*: **die Stimmung ~ to** stir up feelings.

aufhelfen ['aʊfhɛlfən] *unreg vi* (*lit: beim Aufstehen*): **jdm ~ to** help sb up.

aufhellen ['aʊfhɛlən] *vt, vr* to clear up; (*Farbe, Haare*) to lighten.

aufhetzen ['aʊfhɛtsən] *vt* to stir up.

aufheulen ['aʊfhɔʏlən] *vi* to howl; (*Sirene*) to (start to) wail; (*Motor*) to (give a) roar.

aufholen ['aʊfhoːlən] *vt* to make up ♦ *vi* to catch up.

aufhorchen ['aʊfhɔrçən] *vi* to prick up one's ears.

aufhören ['aʊfhøːrən] *vi* to stop; **~, etw zu tun** to stop doing sth.

aufkaufen ['aʊfkaʊfən] *vt* to buy up.

aufklappen ['aʊfklapən] *vt* to open; (*Verdeck*) to fold back.

aufklären ['aʊfklɛːrən] *vt* (*Geheimnis etc*) to clear up; (*Person*) to enlighten; (*sexuell*) to tell the facts of life to; (*MIL*) to reconnoitre ♦ *vr* to clear up.

Aufklärung *f* (*von Geheimnis*) clearing up; (*Unterrichtung, Zeitalter*) enlightenment; (*sexuell*) sex education; (*MIL, AVIAT*) reconnaissance.

Aufklärungsarbeit *f* educational work.

aufkleben ['aʊfkleːbən] *vt* to stick on.

Aufkleber (**-s, -**) *m* sticker.

aufknöpfen ['aʊfknœpfən] *vt* to unbutton.

aufkochen ['aʊfkɔxən] *vt* to bring to the boil.

aufkommen ['aʊfkɔmən] *unreg vi* (*Wind*) to come up; (*Zweifel, Gefühl*) to arise; (*Mode*) to start; **für jdn/etw ~** to be liable *od* responsible for sb/sth; **für den Schaden ~ to** pay for the damage; **endlich kam Stimmung auf** at last things livened up.

aufkreuzen ['aʊfkrɔʏtsən] (*umg*) *vi* (*erscheinen*) to turn *od* show up.

aufkündigen ['aʊfkʏndɪgən] *vt* (*Vertrag etc*) to terminate.

aufladen ['aʊflaːdən] *unreg vt* to load ♦ *vr* (*Batterie etc*) to be charged; (*neu ~*) to be recharged; **jdm/sich etw ~** (*fig*) to saddle sb/o.s. with sth.

Auflage ['aʊflaːgə] *f* edition; (*Zeitung*) circulation; (*Bedingung*) condition; **jdm etw zur ~ machen** to make sth a condition for sb.

Auflage(n)höhe *f* (*von Buch*) number of copies published; (*von Zeitung*) circulation.

auflassen ['aʊflasən] *unreg* (*umg*) *vt* (*offen*) to leave open; (: *aufgesetzt*) to leave on; **die Kinder länger ~** to let the children stay up (longer).

auflauern ['aʊflaʊərn] *vi*: **jdn ~ to** lie in wait for sb.

Auflauf ['aʊflaʊf] *m* (*KOCH*) pudding; (*Menschen~*) crowd.

auflaufen *unreg vi* (*auf Grund laufen: Schiff*) to run aground; **jdn ~ lassen** (*umg*) to drop sb in it.

Auflaufform *f* (*KOCH*) ovenproof dish.

aufleben ['aʊfleːbən] *vi* to revive.

auflegen ['aʊfleːgən] *vt* to put on; (*Hörer*) to put down; (*TYP*) to print ♦ *vi* (*TEL*) to hang up.

auflehnen ['aʊfleːnən] *vt* to lean on ♦ *vr* to rebel.

Auflehnung *f* rebellion.

auflesen ['aʊfleːzən] *unreg vt* to pick up.

aufleuchten ['aʊflɔʏçtən] *vi* to light up.

aufliegen ['aʊfliːgən] *unreg vi* to lie on; (*COMM*) to be available.

auflisten ['aʊflɪstən] *vt* (*auch COMPUT*) to list.

auflockern ['aʊflɔkərn] *vt* to loosen; (*fig: Eintönigkeit etc*) to liven up; (*entspannen, zwangloser machen*) to make relaxed; (*Atmosphäre*) to make more relaxed, ease.

auflösen ['aʊfløːzən] *vt* to dissolve; (*Missverständnis*) to sort out; (*Konto*) to close; (*Firma*) to wind up; (*Haushalt*) to break up; **in Tränen aufgelöst sein** to be in tears.

Auflösung *f* dissolving; (*fig*) solution; (*Bildschirm*) resolution.

aufmachen ['aʊfmaxən] *vt* to open; (*Kleidung*) to undo; (*zurechtmachen*) to do up ♦ *vr* to set out.

Aufmacher *m* (*PRESSE*) lead.

Aufmachung *f* (*Kleidung*) outfit, get-up; (*Gestaltung*) format.

aufmerksam ['aʊfmɛrkzaːm] *adj* attentive; **auf etw** *akk* ~ **werden** to become aware of sth; **jdn auf etw** *akk* ~ **machen** to point sth out to sb; **(das ist) sehr** ~ **von Ihnen** (*zuvorkommend*) (that's) most kind of you; **A**~**keit** *f* attention, attentiveness; (*Geschenk*) token (gift).

aufmöbeln ['aʊfmøːbəln] (*umg*) *vt* (*Gegenstand*) to do up; (: *beleben*) to buck up, pep up.

aufmucken ['aʊfmʊkən] (*umg*) *vi*: ~ **gegen** to protest at *od* against.

aufmuntern ['aʊfmʊntərn] *vt* (*ermutigen*) to encourage; (*erheitern*) to cheer up.

aufmüpfig ['aʊfmʏpfɪç] (*umg*) *adj* rebellious.

Aufnahme ['aʊfnaːmə] (-, -n) *f* reception; (*Beginn*) beginning; (*in Verein etc*) admission; (*in Liste etc*) inclusion; (*Notieren*) taking down; (*PHOT*) shot; (*auf Tonband etc*) recording; ~**antrag** *m* application for membership *od* admission; **a**~**fähig** *adj* receptive; ~**leiter** *m* (*FILM*) production manager; (*RUNDF, TV*) producer; ~**prüfung** *f* entrance test; ~**stopp** *m* (*für Flüchtlinge etc*) freeze on immigration.

aufnehmen ['aʊfneːmən] *unreg vt* to receive; (*hochheben*) to pick up; (*beginnen*) to take up; (*in Verein etc*) to admit; (*in Liste etc*) to include; (*fassen*) to hold; (*begreifen*) to take in, grasp; (*beim Stricken: Maschen*) to increase, make; (*notieren*) to take down; (*fotografieren*) to photograph; (*auf Tonband, Platte*) to record; (*FIN: leihen*) to take out; **es mit jdm** ~ **können** to be able to compete with sb.

aufnötigen ['aʊfnøːtɪgən] *vt*: **jdm etw** ~ to force sth on sb.

aufoktroyieren ['aʊfʔɔktroajiːrən] *vt*: **jdm etw** ~ (*geh*) to impose *od* force sth on sb.

aufopfern ['aʊfʔɔpfərn] *vt* to sacrifice ♦ *vr* to sacrifice o.s.

aufopfernd *adj* selfless.

aufpassen ['aʊfpasən] *vi* (*aufmerksam sein*) to pay attention; **auf jdn/etw** ~ to look after *od* watch sb/sth; **aufgepasst!** look out!

Aufpasser(in) (-s, -) (*pej*) *m(f)* (*Aufseher, Spitzel*) spy, watchdog; (*Beobachter*) supervisor; (*Wächter*) guard.

aufpflanzen ['aʊfpflantsən] *vr*: **sich vor jdm** ~ to plant o.s. in front of sb.

aufplatzen ['aʊfplatsən] *vi* to burst open.

aufplustern ['aʊfpluːstərn] *vr* (*Vogel*) to ruffle (up) its feathers; (*Mensch*) to puff o.s. up.

aufprägen ['aʊfprɛːgən] *vt*: **jdm/etw seinen Stempel** ~ (*fig*) to leave one's mark on sb/sth.

Aufprall ['aʊfpral] (-(e)s, -e) *m* impact.

aufprallen *vi* to hit, strike.

Aufpreis ['aʊfpraɪs] *m* extra charge.

aufpumpen ['aʊfpʊmpən] *vt* to pump up.

aufputschen ['aʊfpʊtʃən] *vt* (*aufhetzen*) to inflame; (*erregen*) to stimulate.

Aufputschmittel *nt* stimulant.

aufraffen ['aʊfrafən] *vr* to rouse o.s.

aufräumen ['aʊfrɔʏmən] *vt, vi* (*Dinge*) to clear away; (*Zimmer*) to tidy up.

Aufräumungsarbeiten *pl* clearing-up operations *pl*.

aufrecht ['aʊfrɛçt] *adj* (*lit, fig*) upright.

aufrechterhalten *unreg vt* to maintain.

aufregen ['aʊfreːgən] *vt* to excite; (*ärgerlich machen*) to irritate, annoy; (*nervös machen*) to make nervous; (*beunruhigen*) to disturb ♦ *vr* to get excited.

aufregend *adj* exciting.

Aufregung *f* excitement.

aufreiben ['aʊfraɪbən] *unreg vt* (*Haut*) to rub raw; (*erschöpfen*) to exhaust; (*MIL: völlig vernichten*) to wipe out, annihilate.

aufreibend *adj* strenuous.

aufreihen ['aʊfraɪən] *vt* (*in Linie*) to line up; (*Perlen*) to string.

aufreißen ['aʊfraɪsən] *unreg vt* (*Umschlag*) to tear open; (*Augen*) to open wide; (*Tür*) to throw open; (*Straße*) to take up; (*umg: Mädchen*) to pick up.

Aufreißer (-s, -) *m* (*Person*) smooth operator.

aufreizen ['aʊfraɪtsən] *vt* to incite, stir up.

aufreizend *adj* exciting, stimulating.

aufrichten ['aʊfrɪçtən] *vt* to put up, erect; (*moralisch*) to console ♦ *vr* to rise; (*moralisch*): **sich** ~ (**an** +*dat*) to take heart (from); **sich im Bett** ~ to sit up in bed.

aufrichtig ['aʊfrɪçtɪç] *adj* sincere; honest; **A**~**keit** *f* sincerity.

aufrollen ['aʊfrɔlən] *vt* (*zusammenrollen*) to roll up; (*Kabel*) to coil *od* wind up; **einen Fall/Prozess wieder** ~ to reopen a case/trial.

aufrücken ['aʊfrʏkən] *vi* to move up; (*beruflich*) to be promoted.

Aufruf ['aʊfruːf] *m* summons; (*zur Hilfe*) call; (*des Namens*) calling out.

aufrufen *unreg vt* (*Namen*) to call out; (*auffordern*): **jdn** ~ (**zu**) to call upon sb (for); **einen Schüler** ~ to ask a pupil (to answer) a question.

Aufruhr ['aʊfruːr] (-(e)s, -e) *m* uprising, revolt; **in** ~ **sein** to be in uproar.

Aufrührer(in) (-s, -) *m(f)* rabble-rouser.

aufrührerisch ['aʊfryːrərɪʃ] *adj* rebellious.

aufrunden ['aʊfrʊndən] *vt* (*Summe*) to round up.

aufrüsten ['aʊfrʏstən] *vt, vi* to arm.

Aufrüstung *f* rearmament.

aufrütteln ['aʊfrʏtəln] *vt* (*lit, fig*) to shake up.

aufs [aʊfs] = **auf das**.

aufsagen ['aʊfzaːgən] *vt* (*Gedicht*) to recite; (*geh: Freundschaft*) to put an end to.

aufsammeln ['aʊfzaməln] *vt* to gather up.

aufsässig ['aʊfzɛsɪç] *adj* rebellious.

Aufsatz ['aʊfzats] *m* (*Geschriebenes*) essay, composition; (*auf Schrank etc*) top.
aufsaugen ['aʊfzaʊgən] *unreg vt* to soak up.
aufschauen ['aʊfʃaʊən] *vi* to look up.
aufscheuchen ['aʊfʃɔʏçən] *vt* to scare, startle.
aufschichten ['aʊfʃɪçtən] *vt* to stack, pile up.
aufschieben ['aʊfʃiːbən] *unreg vt* to push open; (*verzögern*) to put off, postpone.
Aufschlag ['aʊfʃlaːk] *m* (*Ärmel~*) cuff; (*Jacken~*) lapel; (*Hosen~*) turn-up (*BRIT*), cuff (*US*); (*Aufprall*) impact; (*Preis~*) surcharge; (*TENNIS*) service.
aufschlagen ['aʊfʃlaːgən] *unreg vt* (*öffnen*) to open; (*verwunden*) to cut; (*hochschlagen*) to turn up; (*aufbauen: Zelt, Lager*) to pitch, erect; (*Wohnsitz*) to take up ♦ *vi* (*aufprallen*) to hit; (*teurer werden*) to go up; (*TENNIS*) to serve; **schlagt Seite 111 auf** open your books at page 111.
aufschließen ['aʊfʃliːsən] *unreg vt* to open up, unlock ♦ *vi* (*aufrücken*) to close up.
Aufschluss▲ ['aʊfʃlʊs] *m* information.
aufschlüsseln ['aʊfʃlʏsəln] *vt*: ~ **(nach)** to break down (into); (*klassifizieren*) to classify (according to).
aufschlussreich▲ *adj* informative, illuminating.
aufschnappen ['aʊfʃnapən] *vt* (*umg*) to pick up ♦ *vi* to fly open.
aufschneiden ['aʊfʃnaɪdən] *unreg vt* to cut open; (*Brot*) to cut up; (*MED: Geschwür*) to lance ♦ *vi* (*umg*) to brag.
Aufschneider (*-s, -*) *m* boaster, braggart.
Aufschnitt ['aʊfʃnɪt] *m* (slices of) cold meat.
aufschnüren ['aʊfʃnyːrən] *vt* to unlace; (*Paket*) to untie.
aufschrauben ['aʊfʃraʊbən] *vt* (*fest~*) to screw on; (*lösen*) to unscrew.
aufschrecken ['aʊfʃrɛkən] *vt* to startle ♦ *vi* (*unreg*) to start up.
Aufschrei ['aʊfʃraɪ] *m* cry.
aufschreiben ['aʊfʃraɪbən] *unreg vt* to write down.
aufschreien *unreg vi* to cry out.
Aufschrift ['aʊfʃrɪft] *f* (*Inschrift*) inscription; (*Etikett*) label.
Aufschub ['aʊfʃuːp] (*-(e)s, -schübe*) *m* delay, postponement; **jdm ~ gewähren** to grant sb an extension.
aufschürfen ['aʊfʃʏrfən] *vt*: **sich** *dat* **die Haut/ das Knie ~** to graze *od* scrape o.s./one's knee.
aufschütten ['aʊfʃʏtən] *vt* (*Flüssigkeit*) to pour on; (*Kohle*) to put on (the fire); (*Damm, Deich*) to throw up; **Kaffee ~** to make coffee.
aufschwatzen ['aʊfʃvatsən] (*umg*) *vt*: **jdm etw ~** to talk sb into (getting/having *etc*) sth.
Aufschwung ['aʊfʃvʊŋ] *m* (*Elan*) boost; (*wirtschaftlich*) upturn, boom; (*SPORT: an*

Gerät) mount.
aufsehen ['aʊfzeːən] *unreg vi* to look up; ~ **zu** (*lit*) to look up at; (*fig*) to look up to; **A~ (-s)** *nt* sensation, stir; **A~ erregend** sensational.
Aufseher(in) (*-s, -*) *m(f)* guard; (*im Betrieb*) supervisor; (*Museums~*) attendant; (*Park~*) keeper.
auf sein▲ ['aʊfzaɪn] *siehe* **auf**.
aufseiten▲, **auf Seiten**▲ [aʊf'zaɪtn] *präp +gen*: ~ **von** on the part of.
aufsetzen ['aʊfzɛtsən] *vt* to put on; (*Flugzeug*) to put down; (*Dokument*) to draw up ♦ *vr* to sit upright ♦ *vi* (*Flugzeug*) to touch down.
Aufsicht ['aʊfzɪçt] *f* supervision; **die ~ haben** to be in charge; **bei einer Prüfung ~ führen** to invigilate (*BRIT*) *od* supervise an exam.
Aufsichtsrat *m* board (of directors).
aufsitzen ['aʊfzɪtsən] *unreg vi* (*aufgerichtet sitzen*) to sit up; (*aufs Pferd, Motorrad*) to mount, get on; (*Schiff*) to run aground; **jdn ~ lassen** (*umg*) to stand sb up; **jdm ~** (*umg*) to be taken in by sb.
aufspalten ['aʊfʃpaltən] *vt* to split.
aufspannen ['aʊfʃpanən] *vt* (*Netz, Sprungtuch*) to stretch *od* spread out; (*Schirm*) to put up, open.
aufsparen ['aʊfʃpaːrən] *vt* to save (up).
aufsperren ['aʊfʃpɛrən] *vt* to unlock; (*Mund*) to open wide; **die Ohren ~** (*umg*) to prick up one's ears.
aufspielen ['aʊfʃpiːlən] *vr* to show off; **sich als etw ~** to try to come on as sth.
aufspießen ['aʊfʃpiːsən] *vt* to spear.
aufspringen ['aʊfʃprɪŋən] *unreg vi* (*hochspringen*) to jump up; (*sich öffnen*) to spring open; (*Hände, Lippen*) to become chapped; ~ **auf** *+akk* to jump onto.
aufspüren ['aʊfʃpyːrən] *vt* to track down, trace.
aufstacheln ['aʊfʃtaxəln] *vt* to incite.
aufstampfen ['aʊfʃtampfən] *vi*: **mit dem Fuß ~** to stamp one's foot.
Aufstand ['aʊfʃtant] *m* insurrection, rebellion.
aufständisch ['aʊfʃtɛndɪʃ] *adj* rebellious, mutinous.
aufstauen ['aʊfʃtaʊən] *vr* to collect; (*fig: Ärger*) to be bottled up.
aufstechen ['aʊfʃtɛçən] *unreg vt* to prick open, puncture.
aufstecken ['aʊfʃtɛkən] *vt* to stick on; (*mit Nadeln*) to pin up; (*umg*) to give up.
aufstehen ['aʊfʃteːən] *unreg vi* to get up; (*Tür*) to be open; **da musst du früher** *od* **eher ~!** (*fig: umg*) you'll have to do better than that!
aufsteigen ['aʊfʃtaɪgən] *unreg vi* (*hochsteigen*) to climb; (*Rauch*) to rise; ~ **auf** *+akk* to get onto; **in jdm ~** (*Hass, Verdacht, Erinnerung etc*) to well up in sb.
Aufsteiger (*-s, -*) *m* (*SPORT*) promoted team;

(*sozialer*) ~ social climber.

aufstellen ['aʊfʃtɛlən] *vt* (*aufrecht stellen*) to put up; (*Maschine*) to install; (*aufreihen*) to line up; (*Kandidaten*) to nominate; (*Forderung, Behauptung*) to put forward; (*formulieren: Programm etc*) to draw up; (*leisten: Rekord*) to set up.

Aufstellung *f* (*SPORT*) line-up; (*Liste*) list.

Aufstieg ['aʊfʃtiːk] (*-(e)s, -e*) *m* (*auf Berg*) ascent; (*Fortschritt*) rise; (*beruflich, SPORT*) promotion.

Aufstiegschance *f* prospect of promotion.

aufstöbern ['aʊfʃtøːbərn] *vt* (*Wild*) to start, flush; (*umg: entdecken*) to run to earth.

aufstocken ['aʊfʃtɔkən] *vt* (*Vorräte*) to build up.

aufstoßen ['aʊfʃtoːsən] *unreg vt* to push open ♦ *vi* to belch.

aufstrebend ['aʊfʃtreːbənd] *adj* ambitious; (*Land*) striving for progress.

Aufstrich ['aʊfʃtrɪç] *m* spread.

aufstülpen ['aʊfʃtʏlpən] *vt* (*Ärmel*) to turn up; (*Hut*) to put on.

aufstützen ['aʊfʃtʏtsən] *vt* (*Körperteil*) to prop, lean; (*Person*) to prop up ♦ *vr*: **sich ~ auf** *+akk* to lean on.

aufsuchen ['aʊfzuːxən] *vt* (*besuchen*) to visit; (*konsultieren*) to consult.

auftakeln ['aʊftaːkəln] *vt* (*NAUT*) to rig (out) ♦ *vr* (*pej: umg*) to deck o.s. out.

Auftakt ['aʊftakt] *m* (*MUS*) upbeat; (*fig*) prelude.

auftanken ['aʊftaŋkən] *vi* to get petrol (*BRIT*) *od* gas (*US*) ♦ *vt* to refuel.

auftauchen ['aʊftaʊxən] *vi* to appear; (*gefunden werden, kommen*) to turn up; (*aus Wasser etc*) to emerge; (*U-Boot*) to surface; (*Zweifel*) to arise.

auftauen ['aʊftaʊən] *vt* to thaw ♦ *vi* to thaw; (*fig*) to relax.

aufteilen ['aʊftaɪlən] *vt* to divide up; (*Raum*) to partition.

Aufteilung *f* division; partition.

auftischen ['aʊftɪʃən] *vt* to serve (up); (*fig*) to tell.

Auftr. *abk* = **Auftrag**.

Auftrag ['aʊftraːk] (*-(e)s, -träge*) *m* order; (*Anweisung*) commission; (*Aufgabe*) mission; **etw in ~ geben (bei)** to order/commission sth (from); **im ~ von** on behalf of; **im ~ od i. A. J. Burnett** pp J. Burnett.

auftragen ['aʊftraːgən] *unreg vt* (*Essen*) to serve; (*Farbe*) to put on; (*Kleidung*) to wear out ♦ *vi* (*dick machen*): **die Jacke trägt auf** the jacket makes one look fat; **jdm etw ~** to tell sb sth; **dick ~** (*umg*) to exaggerate.

Auftraggeber(in) (*-s, -*) *m(f)* client; (*COMM*) customer.

Auftragsbestätigung *f* confirmation of order.

auftreiben ['aʊftraɪbən] *unreg* (*umg*) *vt* (*beschaffen*) to raise.

auftrennen ['aʊftrɛnən] *vt* to undo.

auftreten ['aʊftreːtən] *unreg vt* to kick open ♦ *vi* to appear; (*mit Füßen*) to tread; (*sich verhalten*) to behave; (*fig: eintreten*) to occur; (*Schwierigkeiten etc*) to arise; **als Vermittler etc ~** to act as intermediary *etc*; **geschlossen ~** to put up a united front.

Auftreten (*-s*) *nt* (*Vorkommen*) appearance; (*Benehmen*) behaviour (*BRIT*), behavior (*US*).

Auftrieb ['aʊftriːp] *m* (*PHYS*) buoyancy, lift; (*fig*) impetus.

Auftritt ['aʊftrɪt] *m* (*des Schauspielers*) entrance; (*lit, fig: Szene*) scene.

auftrumpfen ['aʊftrʊmpfən] *vi* to show how good one is; (*mit Bemerkung*) to crow.

auftun ['aʊftuːn] *unreg vt* to open ♦ *vr* to open up.

auftürmen ['aʊftʏrmən] *vr* (*Gebirge etc*) to tower up; (*Schwierigkeiten*) to pile *od* mount up.

aufwachen ['aʊfvaxən] *vi* to wake up.

aufwachsen ['aʊfvaksən] *unreg vi* to grow up.

Aufwand ['aʊfvant] (*-(e)s*) *m* expenditure; (*Kosten*) expense; (*Luxus*) show; **bitte, keinen ~!** please don't go out of your way.

aufwändig▲ ['aʊfvɛndɪç] *adj, adv* costly.

Aufwandsentschädigung *f* expense allowance.

aufwärmen ['aʊfvɛrmən] *vt* to warm up; (*alte Geschichten*) to rake up.

aufwarten ['aʊfvartən] *vi* (*zu bieten haben*): **mit etw ~** to offer sth.

aufwärts ['aʊfvɛrts] *adv* upwards; **~ gehen** to look up; **A~entwicklung** *f* upward trend.

aufwecken ['aʊfvɛkən] *vt* to wake(n) up.

aufweichen ['aʊfvaɪçən] *vt* to soften; (*Brot*) to soak.

aufweisen ['aʊfvaɪzən] *unreg vt* to show.

aufwenden ['aʊfvɛndən] *unreg vt* to expend; (*Geld*) to spend; (*Sorgfalt*) to devote.

aufwendig *adj* = **aufwändig**.

aufwerfen ['aʊfvɛrfən] *unreg vt* (*Fenster etc*) to throw open; (*Probleme*) to throw up, raise ♦ *vr*: **sich zu etw ~** to make o.s. out to be sth.

aufwerten ['aʊfvɛrtən] *vt* (*FIN*) to revalue; (*fig*) to raise in value.

Aufwertung *f* revaluation.

aufwickeln ['aʊfvɪkəln] *vt* (*aufrollen*) to roll up; (*umg: Haar*) to put in curlers; (*lösen*) to untie.

aufwiegeln ['aʊfviːgəln] *vt* to stir up, incite.

aufwiegen ['aʊfviːgən] *unreg vt* to make up for.

Aufwind ['aʊfvɪnt] *m* up-current; **neuen ~ bekommen** (*fig*) to get new impetus.

aufwirbeln ['aʊfvɪrbəln] *vt* to whirl up; **Staub ~** (*fig*) to create a stir.

aufwischen ['aʊfvɪʃən] *vt* to wipe up.

aufwühlen ['aʊfvyːlən] *vt* (*lit: Erde, Meer*) to

churn (up); (*Gefühle*) to stir.

aufzählen ['aʊftsɛːlən] *vt* to count out.

aufzeichnen ['aʊftsaɪçnən] *vt* to sketch; (*schriftlich*) to jot down; (*auf Band*) to record.

Aufzeichnung *f* (*schriftlich*) note; (*Tonband~, Film~*) recording.

aufzeigen ['aʊftsaɪgən] *vt* to show, demonstrate.

aufziehen ['aʊftsiːən] *unreg vt* (*hochziehen*) to raise, draw up; (*öffnen*) to pull open; (: *Reißverschluss*) to undo; (*Gardinen*) to draw (back); (*Uhr*) to wind; (*großziehen: Kinder*) to raise, bring up; (*Tiere*) to rear; (*umg: necken*) to tease; (: *veranstalten*) to set up; (: *Fest*) to arrange ♦ *vi* (*Gewitter, Wolken*) to gather.

Aufzucht ['aʊftsʊxt] *f* (*das Großziehen*) rearing, raising.

Aufzug ['aʊftsuːk] *m* (*Fahrstuhl*) lift (*BRIT*), elevator (*US*); (*Aufmarsch*) procession, parade; (*Kleidung*) get-up; (*THEAT*) act.

aufzwingen ['aʊftsvɪŋən] *unreg vt*: **jdm etw ~** to force sth upon sb.

Aug. *abk* (= *August*) Aug.

Augapfel ['aʊk|apfəl] *m* eyeball; (*fig*) apple of one's eye.

Auge ['aʊgə] (**-s, -n**) *nt* eye; (*Fett~*) globule of fat; **unter vier ~n** in private; **vor aller ~n** in front of everybody, for all to see; **jdn/etw mit anderen ~n (an)sehen** to see sb/sth in a different light; **ich habe kein ~ zugetan** I didn't sleep a wink; **ein ~/beide ~n zudrücken** (*umg*) to turn a blind eye; **jdn/ etw aus den ~n verlieren** to lose sight of sb/ sth; (*fig*) to lose touch with sb/sth; **etw ins ~ fassen** to contemplate sth; **das kann leicht ins ~ gehen** (*fig: umg*) it might easily go wrong.

Augenarzt *m* eye specialist, ophthalmologist.

Augenblick *m* moment; **im ~** at the moment; **im ersten ~** for a moment; **a~lich** *adj* (*sofort*) instantaneous; (*gegenwärtig*) present.

Augen- *zW*: **~braue** *f* eyebrow; **~höhe** *f*: **in ~höhe** at eye level; **~merk** *nt* (*Aufmerksamkeit*) attention; **~schein** *m*: **jdn/ etw in ~schein nehmen** to have a close look at sb/sth; **a~scheinlich** *adj* obvious; **~weide** *f* sight for sore eyes; **~wischerei** *f* (*fig*) eyewash; **~zeuge** *m* eye witness; **~zeugin** *f* eye witness.

August [aʊˈgʊst] (**-(e)s** *od* **-, -e**) (*pl selten*) *m* August; *siehe auch* **September**.

Auktion [aʊktsiˈoːn] *f* auction.

Auktionator [aʊktsioˈnaːtɔr] *m* auctioneer.

Aula ['aʊla] (**-, Aulen** *od* **-s**) *f* assembly hall.

Aus [aʊs] (**-**) *nt* (*SPORT*) outfield; **ins ~ gehen** to go out.

aus [aʊs] *präp +dat* **1** (*räumlich*) out of; (*von ... her*) from; **er ist ~ Berlin** he's from Berlin; **~ dem Fenster** out of the window.
2 (*gemacht/hergestellt ~*) made of; **ein Herz ~ Stein** a heart of stone.
3 (*auf Ursache deutend*) out of; **~ Mitleid** out of sympathy; **~ Erfahrung** from experience; **~ Spaß** for fun.
4: ~ ihr wird nie etwas she'll never get anywhere.
♦ *adv* **1** (*zu Ende*) finished, over; **~ sein** to be over; **es ist ~ mit ihm** he is finished, he has had it; **~ und vorbei** over and done with.
2 (*ausgeschaltet, ausgezogen*) off; **~ sein** to be out; **Licht ~!** lights out!
3 (*in Verbindung mit von*): **von Rom ~** from Rome; **vom Fenster ~** out of the window; **von sich ~** (*selbständig*) of one's own accord; **von mir ~** as far as I'm concerned.
4 ~ und ein gehen to come and go; (*bei jdm*) to visit frequently; **weder ~ noch ein wissen** to be at one's wits' end; **auf etw** *akk* **~ sein** to be after sth.

ausarbeiten ['aʊs|arbaɪtən] *vt* to work out.

ausarten ['aʊs|artən] *vi* to degenerate; (*Kind*) to become overexcited.

ausatmen ['aʊs|aːtmən] *vi* to breathe out.

ausbaden ['aʊsbaːdən] (*umg*) *vt*: **etw ~ müssen** to carry the can for sth.

Ausbau ['aʊsbaʊ] *m* extension, expansion; removal.

ausbauen *vt* to extend, expand; (*herausnehmen*) to take out, remove.

ausbaufähig *adj* (*fig*) worth developing.

ausbedingen ['aʊsbədɪŋən] *unreg vt*: **sich** *dat* **etw ~** to insist on sth.

ausbeißen ['aʊsbaɪsən] *unreg vr*: **sich** *dat* **an etw** *dat* **die Zähne ~** (*fig*) to have a tough time of it with sth.

ausbessern ['aʊsbɛsərn] *vt* to mend, repair.

Ausbesserungsarbeiten *pl* repair work *sing*.

ausbeulen ['aʊsbɔʏlən] *vt* to beat out.

Ausbeute ['aʊsbɔʏtə] *f* yield; (*Gewinn*) profit, gain; (*Fische*) catch.

ausbeuten *vt* to exploit; (*MIN*) to work.

ausbezahlen ['aʊsbətsaːlən] *vt* (*Geld*) to pay out.

ausbilden ['aʊsbɪldən] *vt* to educate; (*Lehrling, Soldat*) to instruct, train; (*Fähigkeiten*) to develop; (*Geschmack*) to cultivate.

Ausbilder(in) (**-s, -**) *m(f)* instructor, instructress.

Ausbildung *f* education; training, instruction; development; cultivation; **er ist noch in der ~** he's still a trainee; he hasn't finished his education.

Ausbildungs- *zW*: **~förderung** *f* (provision of)

grants for students and trainees; (*Stipendium*) grant; ~**platz** *m* (*Stelle*) training vacancy.

ausbitten ['aʊsbɪtən] *unreg vt*: **sich** *dat* **etw** ~ (*geh: erbitten*) to ask for sth; (*verlangen*) to insist on sth.

ausblasen ['aʊsblaːzən] *unreg vt* to blow out; (*Ei*) to blow.

ausbleiben ['aʊsblaɪbən] *unreg vi* (*Personen*) to stay away, not come; (*Ereignisse*) to fail to happen, not happen; **es konnte nicht** ~, **dass** ... it was inevitable that ...

ausblenden ['aʊsblɛndən] *vt, vi* (*TV etc*) to fade out.

Ausblick ['aʊsblɪk] *m* (*lit, fig*) prospect, outlook, view.

ausbomben ['aʊsbɔmbən] *vt* to bomb out.

ausbooten ['aʊsboːtən] (*umg*) *vt* (*jdn*) to kick *od* boot out.

ausbrechen ['aʊsbrɛçən] *unreg vi* to break out ♦ *vt* to break off; **in Tränen/Gelächter** ~ to burst into tears/out laughing.

Ausbrecher(in) (**-s, -**) (*umg*) *m(f)* (*Gefangener*) escaped prisoner, escapee.

ausbreiten ['aʊsbraɪtən] *vt* to spread (out); (*Arme*) to stretch out ♦ *vr* to spread; **sich über ein Thema** ~ to expand *od* enlarge on a topic.

ausbrennen ['aʊsbrɛnən] *unreg vt* to scorch; (*Wunde*) to cauterize ♦ *vi* to burn out.

ausbringen ['aʊsbrɪŋən] *unreg vt* (*ein Hoch*) to propose.

Ausbruch ['aʊsbrʊx] *m* outbreak; (*von Vulkan*) eruption; (*Gefühls~*) outburst; (*von Gefangenen*) escape.

ausbrüten ['aʊsbryːtən] *vt* (*lit, fig*) to hatch.

Ausbuchtung ['aʊsbʊxtʊŋ] *f* bulge; (*Küste*) cove.

ausbügeln ['aʊsbyːgəln] *vt* to iron out; (*umg: Fehler, Verlust*) to make good.

ausbuhen ['aʊsbuːən] *vt* to boo.

Ausbund ['aʊsbʊnt] *m*: **ein** ~ **an** *od* **von Tugend/Sparsamkeit** a paragon of virtue/a model of thrift.

ausbürgern ['aʊsbyrgərn] *vt* to expatriate.

ausbürsten ['aʊsbyrstən] *vt* to brush out.

Ausdauer ['aʊsdaʊər] *f* stamina; (*Beharrlichkeit*) perseverance.

ausdauernd *adj* persevering.

ausdehnen ['aʊsdeːnən] *vt, vr* (*räumlich*) to expand; (*zeitlich, auch Gummi*) to stretch; (*Nebel, fig: Macht*) to extend.

ausdenken ['aʊsdɛŋkən] *unreg vt* (*zu Ende denken*) to think through; **sich** *dat* **etw** ~ to think sth up; **das ist nicht auszudenken** (*unvorstellbar*) it's inconceivable.

ausdiskutieren ['aʊsdɪskutiːrən] *vt* to talk out.

ausdrehen ['aʊsdreːən] *vt* to turn *od* switch off.

Ausdruck ['aʊsdrʊk] (**-s, -drücke**) *m*

expression, phrase; (*Kundgabe, Gesichts~*) expression; (*Fach~*) term; (*COMPUT*) hard copy; **mit dem** ~ **des Bedauerns** (*form*) expressing regret.

ausdrucken *vt* (*Text*) to print out.

ausdrücken ['aʊsdrykən] *vt* (*auch vr: formulieren, zeigen*) to express; (*Zigarette*) to put out; (*Zitrone*) to squeeze.

ausdrücklich *adj* express, explicit.

Ausdrucks- *zW*: ~**fähigkeit** *f* expressiveness; (*Gewandtheit*) articulateness; **a~los** *adj* expressionless, blank; **a~voll** *adj* expressive; ~**weise** *f* mode of expression.

Ausdünstung ['aʊsdynstʊŋ] *f* (*Dampf*) vapour (*BRIT*), vapor (*US*); (*Geruch*) smell.

auseinander [aʊsʔaɪˈnandər] *adv* (*getrennt*) apart; **weit** ~ far apart; ~ **bringen** to separate; ~ **fallen** to fall apart; ~ **gehen** (*Menschen*) to separate; (*Meinungen*) to differ; (*Gegenstand*) to fall apart; (*umg: dick werden*) to put on weight; ~ **halten** to tell apart; ~ **klaffen** to gape open; (*fig: Meinungen*) to be far apart, diverge (wildly); ~ **laufen** (*umg: sich trennen*) to break up; (*Menge*) to disperse; **sich** ~ **leben** to drift apart; ~ **nehmen** to take to pieces, dismantle; ~ **schreiben** to write as separate words; ~ **setzen** (*erklären*) to set forth, explain; **sich** ~ **setzen** (*sich verständigen*) to come to terms, settle; (*sich befassen*) to concern o.s.; **sich mit jdm** ~ **setzen** to talk with sb; (*sich streiten*) to argue with sb; **A~setzung** *f* argument.

auserkoren ['aʊsʔɛrkoːrən] *adj* (*liter*) chosen, selected.

auserlesen ['aʊsʔɛrleːzən] *adj* select, choice.

ausersehen ['aʊsʔɛrzeːən] *unreg vt* (*geh*): **dazu** ~ **sein, etw zu tun** to be chosen to do sth.

ausfahrbar *adj* extendable; (*Antenne, Fahrgestell*) retractable.

ausfahren ['aʊsfaːrən] *unreg vi* to drive out; (*NAUT*) to put out (to sea) ♦ *vt* to take out; (*AUT*) to drive flat out; (*ausliefern: Waren*) to deliver; **ausgefahrene Wege** rutted roads.

Ausfahrt *f* (*des Zuges etc*) leaving, departure; (*Autobahn~, Garagen~*) exit, way out; (*Spazierfahrt*) drive, excursion.

Ausfall ['aʊsfal] *m* loss; (*Nichtstattfinden*) cancellation; (*das Versagen: TECH, MED*) failure; (*von Motor*) breakdown; (*Produktionsstörung*) stoppage; (*MIL*) sortie; (*Fechten*) lunge; (*radioaktiv*) fallout.

ausfallen ['aʊsfalən] *unreg vi* (*Zähne, Haare*) to fall *od* come out; (*nicht stattfinden*) to be cancelled; (*wegbleiben*) to be omitted; (*Person*) to drop out; (*Lohn*) to be stopped; (*nicht funktionieren*) to break down; (*Resultat haben*) to turn out; **wie ist das Spiel ausgefallen?** what was the result of the game?; **die Schule fällt morgen aus** there's no school tomorrow.

ausfallend *adj* impertinent.

Ausfallstraße *f* arterial road.

Ausfallzeit *f* (*Maschine*) downtime.

ausfegen ['aʊsfeːgən] *vt* to sweep out.

ausfeilen ['aʊsfaɪlən] *vt* to file out; (*Stil*) to polish up.

ausfertigen ['aʊsfɛrtɪgən] *vt* (*form*) to draw up; (*Rechnung*) to make out; **doppelt** ~ to duplicate.

Ausfertigung *f* (*form*) drawing up; making out; (*Exemplar*) copy; **in doppelter/dreifacher** ~ in duplicate/triplicate.

ausfindig ['aʊsfɪndɪç] *adj*: ~ **machen** to discover.

ausfliegen ['aʊsfliːgən] *unreg vi* to fly away ♦ *vt* to fly out; **sie sind ausgeflogen** (*umg*) they're out.

ausfließen ['aʊsfliːsən] *unreg vi*: ~ **(aus)** (*herausfließen*) to flow out (of); (*auslaufen*: *Öl etc*) to leak (out of); (*Eiter etc*) to be discharged (from).

ausflippen ['aʊsflɪpən] (*umg*) *vi* to freak out.

Ausflucht ['aʊsflʊxt] **(-, -flüchte)** *f* excuse.

Ausflug ['aʊsfluːk] *m* excursion, outing.

Ausflügler(in) ['aʊsflyːklər(ɪn)] **(-s, -)** *m(f)* tripper (*BRIT*), excursionist (*US*).

Ausfluss▲ ['aʊsflʊs] *m* outlet; (*MED*) discharge.

ausfragen ['aʊsfraːgən] *vt* to interrogate, question.

ausfransen ['aʊsfranzən] *vi* to fray.

ausfressen ['aʊsfrɛsən] *unreg* (*umg*) *vt* (*anstellen*) to be up to.

Ausfuhr ['aʊsfuːr] **(-, -en)** *f* export, exportation; (*Ware*) export ♦ *in zW* export.

ausführbar ['aʊsfyːrbaːr] *adj* feasible; (*COMM*) exportable.

ausführen ['aʊsfyːrən] *vt* (*verwirklichen*) to carry out; (*Person*) to take out; (*Hund*) to take for a walk; (*COMM*) to export; (*erklären*) to give details of; **die ~de Gewalt** (*POL*) the executive.

Ausfuhrgenehmigung *f* export licence.

ausführlich *adj* detailed ♦ *adv* in detail; **A~keit** *f* detail.

Ausführung *f* execution, performance; (*von Waren*) design; (*von Thema*) exposition; (*Durchführung*) completion; (*Herstellungsart*) version; (*Erklärung*) explanation.

Ausfuhrzoll *m* export duty.

ausfüllen ['aʊsfʏlən] *vt* to fill up; (*Fragebogen etc*) to fill in; (*Beruf*) to be fulfilling for; **jdn (ganz)** ~ (*Zeit in Anspruch nehmen*) to take (all) sb's time.

Ausg. *abk* (= *Ausgabe*) ed.

Ausgabe ['aʊsgaːbə] *f* (*Geld*) expenditure, outlay; (*Aushändigung*) giving out; (*Schalter*) counter; (*Ausführung*) version; (*Buch*) edition; (*Nummer*) issue.

Ausgang ['aʊsgaŋ] *m* way out, exit; (*Ende*) end; (~*punkt*) starting point; (*Ergebnis*) result; (*Ausgehtag*) free time, time off; **ein Unfall mit tödlichem** ~ a fatal accident; **kein** ~ no exit.

Ausgangs- *zW*: ~**basis** *f* starting point; ~**punkt** *m* starting point; ~**sperre** *f* curfew.

ausgeben ['aʊsgeːbən] *unreg vt* (*Geld*) to spend; (*austeilen*) to issue, distribute; (*COMPUT*) to output ♦ *vr*: **sich für etw/jdn** ~ to pass o.s. off as sth/sb; **ich gebe heute Abend einen aus** (*umg*) it's my treat this evening.

ausgebeult ['aʊsgəbɔʏlt] *adj* (*Kleidung*) baggy; (*Hut*) battered.

ausgebucht ['aʊsgəbuːxt] *adj* fully booked.

Ausgeburt ['aʊsgəbuːrt] (*pej*) *f* (*der Fantasie etc*) monstrous product *od* invention.

ausgedehnt ['aʊsgədeːnt] *adj* (*breit, groß, fig*: *weitreichend*) extensive; (*Spaziergang*) long; (*zeitlich*) lengthy.

ausgedient ['aʊsgədiːnt] *adj* (*Soldat*) discharged; (*verbraucht*) no longer in use; ~ **haben** to have come to the end of its useful life.

ausgefallen ['aʊsgəfalən] *adj* (*ungewöhnlich*) exceptional.

ausgefuchst ['aʊsgəfʊkst] (*umg*) *adj* clever; (: *listig*) crafty.

ausgegangen ['aʊsgəgaŋən] *pp von* **ausgehen**.

ausgeglichen ['aʊsgəglɪçən] *adj* (well-)balanced; **A~heit** *f* balance; (*von Mensch*) even-temperedness.

Ausgehanzug *m* good suit.

ausgehen ['aʊsgeːən] *unreg vi* (*auch Feuer, Ofen, Licht*) to go out; (*zu Ende gehen*) to come to an end; (*Benzin*) to run out; (*Haare, Zähne*) to fall *od* come out; (*Strom*) to go off; (*Resultat haben*) to turn out; (*spazieren gehen*) to go (out) for a walk; (*abgeschickt werden*: *Post*) to be sent off; **mir ging das Benzin aus** I ran out of petrol (*BRIT*) *od* gas (*US*); **auf etw** *akk* ~ to aim at sth; **von etw** ~ (*wegführen*) to lead away from sth; (*herrühren*) to come from sth; (*zugrunde legen*) to proceed from sth; **wir können davon** ~, **dass ...** we can proceed from the assumption that ..., we can take as our starting point that ...; **leer** ~ to get nothing; **schlecht** ~ to turn out badly.

ausgehungert ['aʊsgəhʊŋərt] *adj* starved; (*abgezehrt*: *Mensch etc*) emaciated.

Ausgehverbot *nt* curfew.

ausgeklügelt ['aʊsgəklyːgəlt] *adj* ingenious.

ausgekocht ['aʊsgəkɔxt] (*pej*: *umg*) *adj* (*durchtrieben*) cunning; (*fig*) out-and-out.

ausgelassen ['aʊsgəlasən] *adj* boisterous, high-spirited, exuberant; **A~heit** *f* boisterousness, high spirits *pl*, exuberance.

ausgelastet ['aʊsgəlastət] *adj* fully occupied.

ausgeleiert ['aʊsgəlaɪərt] *adj* worn; (*Gummiband*) stretched.

ausgelernt ['aʊsɡəlɛrnt] *adj* trained, qualified.

ausgemacht ['aʊsɡəmaxt] *adj* settled; (*umg*: *Dummkopf etc*) out-and-out, downright; **es gilt als ~, dass ...** it is settled that ...; **es war eine ~e Sache, dass ...** it was a foregone conclusion that ...

ausgemergelt ['aʊsɡəmɛrɡəlt] *adj* (*Gesicht*) emaciated, gaunt.

ausgenommen ['aʊsɡənɔmən] *konj* except; **Anwesende sind ~** present company excepted.

ausgepowert ['aʊsɡəpoːvərt] *adj*: **~ sein** (*umg*) to be tired, be exhausted.

ausgeprägt ['aʊsɡəprɛːkt] *adj* prominent; (*Eigenschaft*) distinct.

ausgerechnet ['aʊsɡərɛçnət] *adv* just, precisely; **~ du** you of all people; **~ heute** today of all days.

ausgeschlossen ['aʊsɡəʃlɔsən] *pp von* **ausschließen** ♦ *adj* (*unmöglich*) impossible, out of the question; **es ist nicht ~, dass ...** it cannot be ruled out that ...

ausgeschnitten ['aʊsɡəʃnɪtən] *adj* (*Kleid*) low-necked.

ausgesehen ['aʊsɡəzeːən] *pp von* **aussehen**.

ausgesprochen ['aʊsɡəʃprɔxən] *adj* (*Faulheit, Lüge etc*) out-and-out; (*unverkennbar*) marked ♦ *adv* decidedly.

ausgestorben ['aʊsɡəʃtɔrbən] *adj* (*Tierart*) extinct; (*fig*) deserted.

ausgewogen ['aʊsɡəvoːɡən] *adj* balanced; (*Maß*) equal.

ausgezeichnet ['aʊsɡətsaɪçnət] *adj* excellent.

ausgiebig ['aʊsɡiːbɪç] *adj* (*Gebrauch*) full, good; (*Essen*) generous, lavish; **~ schlafen** to have a good sleep.

ausgießen ['aʊsɡiːsən] *unreg vt* (*aus einem Behälter*) to pour out; (*Behälter*) to empty; (*weggießen*) to pour away.

Ausgleich ['aʊsɡlaɪç] (**-(e)s, -e**) *m* balance; (*von Fehler, Mangel*) compensation; (*SPORT*): **den ~ erzielen** to equalize; **zum ~ +gen** in order to offset sth; **das ist ein guter ~** (*entspannend*) that's very relaxing.

ausgleichen ['aʊsɡlaɪçən] *unreg vt* to balance (out); (*Konflikte*) to reconcile; (*Höhe*) to even up ♦ *vi* (*SPORT*) to equalize; **~de Gerechtigkeit** poetic justice.

Ausgleichssport *m* keep-fit activity.

Ausgleichstor *nt* equalizer.

ausgraben ['aʊsɡraːbən] *unreg vt* to dig up; (*Leichen*) to exhume; (*fig*) to unearth.

Ausgrabung *f* excavation.

ausgrenzen ['aʊsɡrɛntsən] *vt* to shut out, separate.

Ausgrenzung *f* shut-out, separation.

Ausguck ['aʊsɡʊk] *m* look-out.

Ausguss▲ ['aʊsɡʊs] *m* (*Spüle*) sink; (*Abfluss*) outlet; (*Tülle*) spout.

aushaben ['aʊshaːbən] *unreg* (*umg*) *vt* (*Kleidung*) to have taken off; (*Buch*) to have finished.

aushalten ['aʊshaltən] *unreg vt* to bear, stand; (*umg*: *Geliebte*) to keep ♦ *vi* to hold out; **das ist nicht zum A~** that is unbearable; **sich von jdm ~ lassen** to be kept by sb.

aushandeln ['aʊshandəln] *vt* to negotiate.

aushändigen ['aʊshɛndɪɡən] *vt*: **jdm etw ~** to hand sth over to sb.

Aushang ['aʊshaŋ] *m* notice.

aushängen ['aʊshɛŋən] *unreg vt* (*Meldung*) to put up; (*Fenster*) to take off its hinges ♦ *vi* to be displayed ♦ *vr* to hang out.

Aushängeschild *nt* (shop) sign; (*fig*): **als ~ für etw dienen** to promote sth.

ausharren ['aʊsharən] *vi* to hold out.

aushäusig ['aʊshɔyzɪç] *adj* gallivanting around, on the tiles.

ausheben ['aʊsheːbən] *unreg vt* (*Erde*) to lift out; (*Grube*) to hollow out; (*Tür*) to take off its hinges; (*Diebesnest*) to clear out; (*MIL*) to enlist.

aushecken ['aʊshɛkən] (*umg*) *vt* to concoct, think up.

aushelfen ['aʊshɛlfən] *unreg vi*: **jdm ~** to help sb out.

Aushilfe ['aʊshɪlfə] *f* help, assistance; (*Person*) (temporary) worker.

Aushilfs- *zW*: **~kraft** *f* temporary worker; **~lehrer(in)** *m(f)* supply teacher; **a~weise** *adv* temporarily, as a stopgap.

aushöhlen ['aʊshøːlən] *vt* to hollow out; (*fig*: *untergraben*) to undermine.

ausholen ['aʊshoːlən] *vi* to swing one's arm back; (*zur Ohrfeige*) to raise one's hand; (*beim Gehen*) to take long strides; **zum Gegenschlag ~** (*lit, fig*) to prepare for a counter-attack.

aushorchen ['aʊshɔrçən] *vt* to sound out, pump.

aushungern ['aʊshʊŋərn] *vt* to starve out.

auskennen ['aʊskɛnən] *unreg vr* to know a lot; (*an einem Ort*) to know one's way about; (*in Fragen etc*) to be knowledgeable; **man kennt sich bei ihm nie aus** you never know where you are with him.

auskippen ['aʊskɪpən] *vt* to empty.

ausklammern ['aʊsklamərn] *vt* (*Thema*) to exclude, leave out.

Ausklang ['aʊsklaŋ] *m* (*geh*) end.

ausklappbar ['aʊsklapbaːr] *adj*: **dieser Tisch ist ~** this table can be opened out.

auskleiden ['aʊsklaɪdən] *vr* (*geh*) to undress ♦ *vt* (*Wand*) to line.

ausklingen ['aʊsklɪŋən] *unreg vi* to end; (*Ton, Lied*) to die away; (*Fest*) to come to an end.

ausklinken ['aʊsklɪŋkən] *vt* (*Bomben*) to release ♦ *vi* (*umg*) to flip one's lid.

ausklopfen ['aʊsklɔpfən] *vt* (*Teppich*) to beat; (*Pfeife*) to knock out.

auskochen ['aʊskɔxən] vt to boil; (MED) to sterilize.

auskommen ['aʊskɔmən] unreg vi: **mit jdm ~** to get on with sb; **mit etw ~** to get by with sth; **A~ (-s)** nt: **sein A~ haben** to get by; **mit ihr ist kein A~** she's impossible to get on with.

auskosten ['aʊskɔstən] vt to enjoy to the full.

auskramen ['aʊskra:mən] (umg) vt to dig out, unearth; (fig: alte Geschichten etc) to bring up.

auskratzen ['aʊskratsən] vt (auch MED) to scrape out.

auskugeln ['aʊsku:gəln] vr: **sich** dat **den Arm ~** to dislocate one's arm.

auskundschaften ['aʊskʊntʃaftən] vt to spy out; (Gebiet) to reconnoitre (BRIT), reconnoiter (US).

Auskunft ['aʊskʊnft] (-, -künfte) f information; (nähere) details pl, particulars pl; (Stelle) information office; (TEL) inquiries; **jdm ~ erteilen** to give sb information.

auskuppeln ['aʊskʊpəln] vi to disengage the clutch.

auskurieren ['aʊskuri:rən] (umg) vt to cure.

auslachen ['aʊslaxən] vt to laugh at, mock.

ausladen ['aʊsla:dən] unreg vt to unload; (umg: Gäste) to cancel an invitation to ♦ vi (Äste) to spread.

ausladend adj (Gebärden, Bewegung) sweeping.

Auslage ['aʊsla:gə] f shop window (display).

Auslagen pl outlay sing, expenditure sing.

Ausland ['aʊslant] nt foreign countries pl; **im ~** abroad; **ins ~** abroad.

Ausländer(in) ['aʊslɛndər(ɪn)] (-s, -) m(f) foreigner.

Ausländerfeindlichkeit f hostility to foreigners, xenophobia.

ausländisch adj foreign.

Auslands- zW: **~aufenthalt** m stay abroad; **~gespräch** nt international call; **~korrespondent(in)** m(f) foreign correspondent; **~reise** f trip abroad; **~schutzbrief** m international travel cover; **~vertretung** f agency abroad; (von Firma) foreign branch.

auslassen ['aʊslasən] unreg vt to leave out; (Wort etc) to omit; (Fett) to melt; (Kleidungsstück) to let out ♦ vr: **sich über etw** akk **~** to speak one's mind about sth; **seine Wut** etc **an jdm ~** to vent one's rage etc on sb.

Auslassung f omission.

Auslassungszeichen nt apostrophe.

auslasten ['aʊslastən] vt (Fahrzeug) to make full use of; (Maschine) to use to capacity; (jdn) to occupy fully.

Auslauf ['aʊslaʊf] m (für Tiere) run; (Ausfluss) outflow, outlet.

auslaufen unreg vi to run out; (Behälter) to leak; (NAUT) to put out (to sea); (langsam aufhören) to run down.

Ausläufer ['aʊslɔyfər] m (von Gebirge) spur; (Pflanze) runner; (MET: von Hoch) ridge; (: von Tief) trough.

ausleeren ['aʊsle:rən] vt to empty.

auslegen ['aʊsle:gən] vt (Waren) to lay out; (Köder) to put down; (Geld) to lend; (bedecken) to cover; (Text etc) to interpret.

Ausleger (-s, -) m (von Kran etc) jib, boom.

Auslegung f interpretation.

Ausleihe ['aʊslaɪə] (-, -n) f issuing; (Stelle) issue desk.

ausleihen ['aʊslaɪən] unreg vt (verleihen) to lend; **sich** dat **etw ~** to borrow sth.

auslernen ['aʊslɛrnən] vi (Lehrling) to finish one's apprenticeship; **man lernt nie aus** (Sprichwort) you live and learn.

Auslese ['aʊsle:zə] (-, -n) f selection; (Elite) elite; (Wein) choice wine.

auslesen ['aʊsle:zən] unreg vt to select; (umg: zu Ende lesen) to finish.

ausliefern ['aʊsli:fərn] vt to hand over; (COMM) to deliver ♦ vr: **sich jdm ~** to give o.s. up to sb; **~ (an** +akk**)** to deliver (up) (to), hand over (to); (an anderen Staat) to extradite (to); **jdm/etw ausgeliefert sein** to be at the mercy of sb/sth.

Auslieferungsabkommen nt extradition treaty.

ausliegen ['aʊsli:gən] unreg vi (zur Ansicht) to be displayed; (Zeitschriften etc) to be available (to the public); (Liste) to be up.

auslöschen ['aʊslœʃən] vt to extinguish; (fig) to wipe out, obliterate.

auslosen ['aʊslo:zən] vt to draw lots for.

auslösen ['aʊslø:zən] vt (Explosion, Schuss) to set off; (hervorrufen) to cause, produce; (Gefangene) to ransom; (Pfand) to redeem.

Auslöser (-s, -) m trigger; (PHOT) release; (Anlass) cause.

ausloten ['aʊslo:tən] vt (NAUT: Tiefe) to sound; (fig geh) to plumb.

ausmachen ['aʊsmaxən] vt (Licht, Radio) to turn off; (Feuer) to put out; (entdecken) to make out; (vereinbaren) to agree; (beilegen) to settle; (Anteil darstellen, betragen) to represent; (bedeuten) to matter; **das macht ihm nichts aus** it doesn't matter to him; **macht es Ihnen etwas aus, wenn ...?** would you mind if ...?

ausmalen ['aʊsma:lən] vt to paint; (fig) to describe; **sich** dat **etw ~** to imagine sth.

Ausmaß ['aʊsma:s] nt dimension; (fig) scale.

ausmerzen ['aʊsmɛrtsən] vt to eliminate.

ausmessen ['aʊsmɛsən] unreg vt to measure.

ausmisten ['aʊsmɪstən] vt (Stall) to muck out; (fig: umg: Schrank etc) to tidy out; (: Zimmer) to clean out.

ausmustern ['aʊsmʊstərn] *vt* (*Maschine, Fahrzeug etc*) to take out of service; (*MIL: entlassen*) to invalid out.

Ausnahme ['aʊsnaːmə] (**-**, **-n**) *f* exception; **eine ~ machen** to make an exception; **~erscheinung** *f* exception, one-off example; **~fall** *m* exceptional case; **~zustand** *m* state of emergency.

ausnahmslos *adv* without exception.

ausnahmsweise *adv* by way of exception, for once.

ausnehmen ['aʊsneːmən] *unreg vt* to take out, remove; (*Tier*) to gut; (*Nest*) to rob; (*umg: Geld abnehmen*) to clean out; (*ausschließen*) to make an exception of ♦ *vr* to look, appear.

ausnehmend *adj* exceptional.

ausnüchtern ['aʊsnʏçtərn] *vt*, *vi* to sober up.

Ausnüchterungszelle *f* drying-out cell.

ausnutzen ['aʊsnʊtsən] *vt* (*Zeit, Gelegenheit*) to use, turn to good account; (*Einfluss*) to use; (*Mensch, Gutmütigkeit*) to exploit.

auspacken ['aʊspakən] *vt* to unpack ♦ *vi* (*umg: alles sagen*) to talk.

auspfeifen ['aʊspfaɪfən] *unreg vt* to hiss/boo at.

ausplaudern ['aʊsplaʊdərn] *vt* (*Geheimnis*) to blab.

ausposaunen ['aʊspozaʊnən] (*umg*) *vt* to tell the world about.

ausprägen ['aʊsprɛːgən] *vr* (*Begabung, Charaktereigenschaft*) to reveal *od* show itself.

auspressen ['aʊspresən] *vt* (*Saft, Schwamm etc*) to squeeze out; (*Zitrone etc*) to squeeze.

ausprobieren ['aʊsprobiːrən] *vt* to try (out).

Auspuff ['aʊspʊf] (**-(e)s**, **-e**) *m* (*TECH*) exhaust; **~rohr** *nt* exhaust (pipe); **~topf** *m* (*AUT*) silencer (*BRIT*), muffler (*US*).

ausquartieren ['aʊskvartiːrən] *vt* to move out.

ausquetschen ['aʊskvɛtʃən] *vt* (*Zitrone etc*) to squeeze; (*umg: ausfragen*) to grill; (: *aus Neugier*) to pump.

ausradieren ['aʊsradiːrən] *vt* to erase, rub out.

ausrangieren ['aʊsrãʒiːrən] (*umg*) *vt* to chuck out; (*Maschine, Auto*) to scrap.

ausrauben ['aʊsraʊbən] *vt* to rob.

ausräumen ['aʊsrɔymən] *vt* (*Dinge*) to clear away; (*Schrank, Zimmer*) to empty; (*Bedenken*) to put aside.

ausrechnen ['aʊsrɛçnən] *vt* to calculate, reckon.

Ausrechnung *f* calculation, reckoning.

Ausrede ['aʊsreːdə] *f* excuse.

ausreden ['aʊsreːdən] *vi* to have one's say ♦ *vt*: **jdm etw ~** to talk sb out of sth; **er hat mich nicht mal ~ lassen** he didn't even let me finish (speaking).

ausreichen ['aʊsraɪçən] *vi* to suffice, be enough.

ausreichend *adj* sufficient, adequate; (*SCH*) adequate.

Ausreise ['aʊsraɪzə] *f* departure; **bei der ~** when leaving the country; **~erlaubnis** *f* exit visa.

ausreisen ['aʊsraɪzən] *vi* to leave the country.

ausreißen ['aʊsraɪsən] *unreg vt* to tear *od* pull out ♦ *vi* (*Riss bekommen*) to tear; (*umg*) to make off, scram; **er hat sich** *dat* **kein Bein ausgerissen** (*umg*) he didn't exactly overstrain himself.

ausrenken ['aʊsrɛŋkən] *vt* to dislocate.

ausrichten ['aʊsrɪçtən] *vt* (*Botschaft*) to deliver; (*Gruß*) to pass on; (*Hochzeit etc*) to arrange; (*in gerade Linie bringen*) to get in a straight line; (*angleichen*) to bring into line; (*TYP etc*) to justify; **etwas/nichts bei jdm ~** to get somewhere/nowhere with sb; **jdm etw ~** to take a message for sb; **ich werde es ihm ~** I'll tell him.

ausrotten ['aʊsrɔtən] *vt* to stamp out, exterminate.

ausrücken ['aʊsrʏkən] *vi* (*MIL*) to move off; (*Feuerwehr, Polizei*) to be called out; (*umg: weglaufen*) to run away.

Ausruf ['aʊsruːf] *m* (*Schrei*) cry, exclamation; (*Verkünden*) proclamation.

ausrufen *unreg vt* to cry out, exclaim; to call out; **jdn ~ (lassen)** (*über Lautsprecher etc*) to page sb.

Ausrufezeichen *nt* exclamation mark.

ausruhen ['aʊsruːən] *vt*, *vi*, *vr* to rest.

ausrüsten ['aʊsrʏstən] *vt* to equip, fit out.

Ausrüstung *f* equipment.

ausrutschen ['aʊsrʊtʃən] *vi* to slip.

Ausrutscher (**-s**, **-**) (*umg*) *m* (*lit*, *fig*) slip.

Aussage ['aʊszaːgə] (**-**, **-n**) *f* (*JUR*) statement; **der Angeklagte/Zeuge verweigerte die ~** the accused/witness refused to give evidence.

aussagekräftig *adj* expressive, full of expression.

aussagen ['aʊszaːgən] *vt* to say, state ♦ *vi* (*JUR*) to give evidence.

Aussatz ['aʊszats] (**-es**) *m* (*MED*) leprosy.

aussaugen ['aʊszaʊgən] *vt* (*Saft etc*) to suck out; (*Wunde*) to suck the poison out of; (*fig: ausbeuten*) to drain dry.

ausschalten ['aʊsʃaltən] *vt* to switch off; (*fig*) to eliminate.

Ausschank ['aʊsʃaŋk] (**-(e)s**, **-schänke**) *m* dispensing, giving out; (*COMM*) selling; (*Theke*) bar.

Ausschankerlaubnis *f* licence (*BRIT*), license (*US*).

Ausschau ['aʊsʃaʊ] *f*: **~ halten (nach)** to look out (for), watch (for).

ausschauen *vi*: **~ (nach)** to look out (for), be on the look-out (for).

ausscheiden ['aʊsʃaɪdən] *unreg vt* (*aussondern*) to take out; (*MED*) to excrete ♦ *vi*: **~ (aus)** to leave; (*aus einem Amt*) to retire (from);

(*SPORT*) to be eliminated (from), be knocked out (of); **er scheidet für den Posten aus** he can't be considered for the job.

Ausscheidung *f* (*Aussondern*) removal; (*MED*) excretion; (*SPORT*) elimination.

ausschenken ['aʊsʃɛŋkən] *vt* to pour out; (*am Ausschank*) to serve.

ausscheren ['aʊsʃeːrən] *vi* (*Fahrzeug*) to leave the line *od* convoy; (*zum Überholen*) to pull out.

ausschildern ['aʊsʃɪldərn] *vt* to signpost.

ausschimpfen ['aʊsʃɪmpfən] *vt* to scold, tell off.

ausschlachten ['aʊsʃlaxtən] *vt* (*Auto*) to cannibalize; (*fig*) to make a meal of.

ausschlafen ['aʊsʃlaːfən] *unreg vi, vr* to sleep late ♦ *vt* to sleep off; **ich bin nicht ausgeschlafen** I didn't have *od* get enough sleep.

Ausschlag ['aʊsʃlaːk] *m* (*MED*) rash; (*Pendel~*) swing; (*von Nadel*) deflection; **den ~ geben** (*fig*) to tip the balance.

ausschlagen ['aʊsʃlaːgən] *unreg vt* to knock out; (*auskleiden*) to deck out; (*verweigern*) to decline ♦ *vi* (*Pferd*) to kick out; (*BOT*) to sprout; (*Zeiger*) to be deflected.

ausschlaggebend *adj* decisive.

ausschließen ['aʊsʃliːsən] *unreg vt* to shut *od* lock out; (*SPORT*) to disqualify; (*Fehler, Möglichkeit etc*) to rule out; (*fig*) to exclude; **ich will mich nicht ~** myself not excepted.

ausschließlich *adj* exclusive ♦ *adv* exclusively ♦ *präp +gen* excluding, exclusive of.

ausschlüpfen ['aʊsʃlʏpfən] *vi* to slip out; (*aus Ei, Puppe*) to hatch out.

Ausschluss▲ ['aʊsʃlʊs] *m* exclusion; **unter ~ der Öffentlichkeit stattfinden** to be closed to the public; (*JUR*) to be held in camera.

ausschmücken ['aʊsʃmʏkən] *vt* to decorate; (*fig*) to embellish.

ausschneiden ['aʊsʃnaɪdən] *unreg vt* to cut out; (*Büsche*) to trim.

Ausschnitt ['aʊsʃnɪt] *m* (*Teil*) section; (*von Kleid*) neckline; (*Zeitungs~*) cutting (*BRIT*), clipping (*US*); (*aus Film etc*) excerpt.

ausschöpfen ['aʊsʃœpfən] *vt* to ladle out; (*fig*) to exhaust; **Wasser etc aus etw ~** to ladle water *etc* out of sth.

ausschreiben ['aʊsʃraɪbən] *unreg vt* (*ganz schreiben*) to write out (in full); (*Scheck, Rechnung etc*) to write (out); (*Stelle, Wettbewerb etc*) to announce, advertise.

Ausschreibung *f* (*Bekanntmachung: von Wahlen*) calling; (: *von Stelle*) advertising.

Ausschreitung ['aʊsʃraɪtʊŋ] *f* excess.

Ausschuss▲ ['aʊsʃʊs] *m* committee, board; (*Abfall*) waste, scraps *pl*; (*COMM: auch:* **~ware**) reject.

ausschütten ['aʊsʃʏtən] *vt* to pour out; (*Eimer*)

to empty; (*Geld*) to pay ♦ *vr* to shake (with laughter).

Ausschüttung *f* (*FIN*) distribution.

ausschwärmen ['aʊsʃvɛrmən] *vi* (*Bienen, Menschen*) to swarm out; (*MIL*) to fan out.

ausschweifend ['aʊsʃvaɪfənt] *adj* (*Leben*) dissipated, debauched; (*Fantasie*) extravagant.

Ausschweifung *f* excess.

ausschweigen ['aʊsʃvaɪgən] *unreg vr* to keep silent.

ausschwitzen ['aʊsʃvɪtsən] *vt* to sweat out.

aussehen ['aʊszeːən] *unreg vi* to look; **gut ~ to** look good/well; **wie siehts aus?** (*umg: wie stehts?*) how's things?; **das sieht nach nichts aus** that doesn't look anything special; **es sieht nach Regen aus** it looks like rain; **es sieht schlecht aus** things look bad; **A~ (-s)** *nt* appearance.

aus sein▲ ['aʊssaɪn] *siehe* **aus**.

außen ['aʊsən] *adv* outside; (*nach ~*) outwards; **~ ist es rot** it's red (on the) outside.

Außen- *zW:* **~antenne** *f* outside aerial; **~arbeiten** *pl* work *sing* on the exterior; **~aufnahme** *f* outdoor shot; **~bezirk** *m* outlying district; **~bordmotor** *m* outboard motor.

aussenden ['aʊszɛndən] *unreg vt* to send out, emit.

Außen- *zW:* **~dienst** *m* outside *od* field service; (*von Diplomat*) foreign service; **~handel** *m* foreign trade; **~minister** *m* foreign minister; **~ministerium** *nt* foreign office; **~politik** *f* foreign policy; **~seite** *f* outside; **~seiter(in) (-s, -)** *m(f)* outsider; **~spiegel** *m* (*AUT*) outside mirror; **~stände** *pl* (*bes COMM*) outstanding debts *pl*, arrears *pl*; **~stehende(r)** *f(m)* outsider; **~stelle** *f* branch; **~welt** *f* outside world.

außer ['aʊsər] *präp +dat* (*räumlich*) out of; (*abgesehen von*) except ♦ *konj* (*ausgenommen*) except; **~ Gefahr sein** to be out of danger; **~ Zweifel** beyond any doubt; **~ Betrieb** out of order; **~ sich dat sein/ geraten** to be beside o.s.; **~ Dienst** retired; **~ Landes** abroad; **~ wenn** unless; **~ dass** except; **~amtlich** *adj* unofficial, private.

außerdem *konj* besides, in addition ♦ *adv* anyway.

außerdienstlich *adj* private.

äußere(r, s) ['ɔysərə(r,s)] *adj* outer, external; **Ä~(s)** *nt* exterior; (*fig: Aussehen*) outward appearance.

außer- *zW:* **~ehelich** *adj* extramarital; **~gewöhnlich** *adj* unusual; **~halb** *präp +gen* outside ♦ *adv* outside; **~irdisch** *adj* extraterrestrial; **A~kraftsetzung** *f* repeal.

äußerlich *adj* external; **rein ~ betrachtet** on the face of it; **Ä~keit** *f* (*fig*) triviality; (*Oberflächlichkeit*) superficiality; (*Formalität*) formality.

äußern vt to utter, express; (zeigen) to show ♦ vr to give one's opinion; (sich zeigen) to show itself.

außer- zW: **~ordentlich** adj extraordinary; **~planmäßig** adj unscheduled; **~sinnlich** adj: **~sinnliche Wahrnehmung** extrasensory perception.

äußerst ['ɔysərst] adv extremely, most.

außerstande, außer Stande▲ [ausər'ʃtandə] adv (nicht in der Lage) not in a position; (nicht fähig) unable.

Äußerste(s) nt: **bis zum ~n gehen** to go to extremes.

äußerste(r, s) adj utmost; (räumlich) farthest; (Termin) last possible; (Preis) highest; **mein ~s Angebot** my final offer.

äußerstenfalls adv if the worst comes to the worst.

Äußerung f (Bemerkung) remark, comment; (Behauptung) statement; (Zeichen) expression.

aussetzen ['auszɛtsən] vt (Kind, Tier) to abandon; (Boote) to lower; (Belohnung) to offer; (Urteil, Verfahren) to postpone ♦ vi (aufhören) to stop; (Pause machen) to have a break; **jdn/sich einer Sache** dat **~** to lay sb/o.s. open to sth; **jdm/etw ausgesetzt sein** to be exposed to sb/sth; **was haben Sie daran auszusetzen?** what's your objection to it?; **an jdm/etw etwas ~** to find fault with sb/sth.

Aussicht ['auszɪçt] f view; (in Zukunft) prospect; **in ~ sein** to be in view; **etw in ~ haben** to have sth in view; **jdm etw in ~ stellen** to promise sb sth.

Aussichts- zW: **a~los** adj hopeless; **~punkt** m viewpoint; **a~reich** adj promising; **~turm** m observation tower.

Aussiedler(in) ['auszi:dlər(ɪn)] (**-s, -**) m(f) (Auswanderer) emigrant.

AUSSIEDLER

Aussiedler are people of German origin from East and South-East Europe who have resettled in Germany. Many come from the former Soviet Union. They are given free German language tuition and receive financial help. The number of **Aussiedler** increased dramatically in the early 1990s.

---

aussöhnen ['auszø:nən] vt to reconcile ♦ vr (einander) to become reconciled; **sich mit jdm/etw ~** to reconcile o.s. with sb/to sth.

Aussöhnung f reconciliation.

aussondern ['auszɔndərn] vt to separate off, select.

aussorgen ['auszɔrgən] vi: **ausgesorgt haben** to have no more money worries.

aussortieren ['auszɔrti:rən] vt to sort out.

ausspannen ['ausʃpanən] vt to spread od stretch out; (Pferd) to unharness; (umg: Mädchen): **jdm jdn ~** to steal sb from sb ♦ vi to relax.

aussparen ['ausʃpa:rən] vt to leave open.

aussperren ['ausʃpɛrən] vt to lock out.

Aussperrung f (INDUSTRIE) lock-out.

ausspielen ['ausʃpi:lən] vt (Karte) to lead; (Geldprämie) to offer as a prize ♦ vi (KARTEN) to lead; **ausgespielt haben** to be finished; **jdn gegen jdn ~** to play sb off against sb.

Ausspielung f (im Lotto) draw.

ausspionieren ['ausʃpioni:rən] vt (Pläne etc) to spy out; (Person) to spy on.

Aussprache ['ausʃpra:xə] f pronunciation; (Unterredung) (frank) discussion.

aussprechen ['ausʃprɛçən] unreg vt to pronounce; (zu Ende sprechen) to speak; (äußern) to say, express ♦ vr (sich äußern): **sich ~ (über** +akk) to speak (about); (sich anvertrauen) to unburden o.s. (about od on); (diskutieren) to discuss ♦ vi (zu Ende sprechen) to finish speaking; **der Regierung das Vertrauen ~** to pass a vote of confidence in the government.

Ausspruch ['ausʃprʊx] m remark; (geflügeltes Wort) saying.

ausspucken ['ausʃpʊkən] vt to spit out ♦ vi to spit.

ausspülen ['ausʃpy:lən] vt to wash out; (Mund) to rinse.

ausstaffieren ['ausʃtafi:rən] vt to equip, kit out; (Zimmer) to furnish.

Ausstand ['ausʃtant] m strike; **in den ~ treten** to go on strike; **seinen ~ geben** to hold a leaving party.

ausstatten ['ausʃtatən] vt (Zimmer etc) to furnish; **jdn mit etw ~** to equip sb od kit sb out with sth.

Ausstattung f (Ausstatten) provision; (Kleidung) outfit; (Aussteuer) dowry; (Aufmachung) make-up; (Einrichtung) furnishing.

ausstechen ['ausʃtɛçən] unreg vt (Torf, Kekse) to cut out; (Augen) to gouge out; (übertreffen) to outshine.

ausstehen ['ausʃte:ən] unreg vt to stand, endure ♦ vi (noch nicht da sein) to be outstanding.

aussteigen ['ausʃtaɪgən] unreg vi to get out, alight; **alles ~!** (von Schaffner) all change!; **aus der Gesellschaft ~** to drop out (of society).

Aussteiger(in) (umg) m(f) dropout.

ausstellen ['ausʃtɛlən] vt to exhibit, display; (umg: ausschalten) to switch off; (Rechnung etc) to make out; (Pass, Zeugnis) to issue.

Aussteller(in) m(f) (auf Messe) exhibitor; (von Scheck) drawer.

Ausstellung *f* exhibition; (*FIN*) drawing up; (*einer Rechnung*) making out; (*eines Passes etc*) issuing.

Ausstellungsdatum *nt* date of issue.

Ausstellungsstück *nt* (*in Ausstellung*) exhibit; (*in Schaufenster etc*) display item.

aussterben ['aʊsʃtɛrbən] *unreg vi* to die out; **A~** *nt* extinction.

Aussteuer ['aʊsʃtɔʏər] *f* dowry.

aussteuern ['aʊsʃtɔʏərn] *vt* (*Verstärker*) to adjust.

Ausstieg ['aʊsʃtiːk] (-(e)s, -e) *m* (*Ausgang*) exit; **~ aus der Atomenergie** abandonment of nuclear energy.

ausstopfen ['aʊsʃtɔpfən] *vt* to stuff.

ausstoßen ['aʊsʃtoːsən] *unreg vt* (*Luft, Rauch*) to give off, emit; (*aus Verein etc*) to expel, exclude; (*herstellen: Teile, Stückzahl*) to turn out, produce.

ausstrahlen ['aʊsʃtraːlən] *vt, vi* to radiate; (*RUNDF*) to broadcast.

Ausstrahlung *f* radiation; (*fig*) charisma.

ausstrecken ['aʊsʃtrɛkən] *vt, vr* to stretch out.

ausstreichen ['aʊsʃtraɪçən] *unreg vt* to cross out; (*glätten*) to smooth out.

ausstreuen ['aʊsʃtrɔʏən] *vt* to scatter; (*fig: Gerücht*) to spread.

ausströmen ['aʊsʃtrøːmən] *vi* (*Gas*) to pour out, escape ♦ *vt* to give off; (*fig*) to radiate.

aussuchen ['aʊszuːxən] *vt* to select, pick out.

Austausch ['aʊstaʊʃ] *m* exchange; **a~bar** *adj* exchangeable.

austauschen *vt* to exchange, swop.

Austauschmotor *m* replacement engine; (*gebraucht*) factory-reconditioned engine.

Austauschstudent(in) *m(f)* exchange student.

austeilen ['aʊstaɪlən] *vt* to distribute, give out.

Auster ['aʊstər] (-, -n) *f* oyster.

austoben ['aʊstoːbən] *vr* (*Kind*) to run wild; (*Erwachsene*) to let off steam; (*sich müde machen*) to tire o.s. out.

austragen ['aʊstraːgən] *unreg vt* (*Post*) to deliver; (*Streit etc*) to decide; (*Wettkämpfe*) to hold; **ein Kind ~** (*nicht abtreiben*) to have a child.

Austräger ['aʊstrɛːgər] *m* delivery boy; (*Zeitungs~*) newspaper boy.

Austragungsort *m* (*SPORT*) venue.

Australien [aʊs'traːliən] (-s) *nt* Australia.

Australier(in) (-s, -) *m(f)* Australian.

australisch *adj* Australian.

austreiben ['aʊstraɪbən] *unreg vt* to drive out, expel; (*Teufel etc*) to exorcize; **jdm etw ~** to cure sb of sth; (*bes durch Schläge*) to knock sth out of sb.

austreten ['aʊstreːtən] *unreg vi* (*zur Toilette*) to be excused ♦ *vt* (*Feuer*) to tread out, trample; (*Schuhe*) to wear out; (*Treppe*) to wear down; **aus etw ~** to leave sth.

austricksen ['aʊstrɪksən] (*umg*) *vt* (*SPORT, fig*) to trick.

austrinken ['aʊstrɪŋkən] *unreg vt* (*Glas*) to drain; (*Getränk*) to drink up ♦ *vi* to finish one's drink, drink up.

Austritt ['aʊstrɪt] *m* emission; (*aus Verein, Partei etc*) retirement, withdrawal.

austrocknen ['aʊstrɔknən] *vt, vi* to dry up.

austüfteln ['aʊstʏftəln] (*umg*) *vt* to work out; (*ersinnen*) to think up.

ausüben ['aʊsǀyːbən] *vt* (*Beruf*) to practise (*BRIT*), practice (*US*), carry out; (*innehaben: Amt*) to hold; (*Funktion*) to perform; (*Einfluss*) to exert; **einen Reiz auf jdn ~** to hold an attraction for sb; **eine Wirkung auf jdn ~** to have an effect on sb.

Ausübung *f* practice, exercise; **in ~ seines Dienstes/seiner Pflicht** (*form*) in the execution of his duty.

ausufern ['aʊsǀuːfərn] *vi* (*fig*) to get out of hand; (*Konflikt etc*): **~ (zu)** to escalate (into).

Ausverkauf ['aʊsfɛrkaʊf] *m* sale; (*fig: Verrat*) sell-out.

ausverkaufen *vt* to sell out; (*Geschäft*) to sell up.

ausverkauft *adj* (*Karten, Artikel*) sold out; (*THEAT: Haus*) full.

auswachsen ['aʊsvaksən] *unreg vi*: **das ist (ja) zum A~** (*umg*) it's enough to drive you mad.

Auswahl ['aʊsvaːl] *f*: **eine ~ (an +dat)** a selection (of), a choice (of).

auswählen ['aʊsvɛːlən] *vt* to select, choose.

Auswahlmöglichkeit *f* choice.

Auswanderer ['aʊsvandərər] (-s, -) *m* emigrant.

Auswanderin ['aʊsvandərɪn] *f* emigrant.

auswandern *vi* to emigrate.

Auswanderung *f* emigration.

auswärtig ['aʊsvɛrtɪç] *adj* (*nicht am/vom Ort*) out-of-town; (*ausländisch*) foreign; **das A~e Amt** the Foreign Office (*BRIT*), the State Department (*US*).

auswärts ['aʊsvɛrts] *adv* outside; (*nach außen*) outwards; **~ essen** to eat out; **A~spiel** *nt* away game.

auswaschen ['aʊsvaʃən] *unreg vt* to wash out; (*spülen*) to rinse (out).

auswechseln ['aʊsvɛksəln] *vt* to change, substitute.

Ausweg ['aʊsveːk] *m* way out; **der letzte ~** the last resort; **a~los** *adj* hopeless.

ausweichen ['aʊsvaɪçən] *unreg vi*: **jdm/etw ~** (*lit*) to move aside *od* make way for sb/sth; (*fig*) to sidestep sb/sth; **jdm/einer Begegnung ~** to avoid sb/a meeting.

ausweichend *adj* evasive.

Ausweichmanöver *nt* evasive action.

ausweinen ['aʊsvaɪnən] *vr* to have a (good) cry.

Ausweis ['aosvaɪs] **(-es, -e)** *m* identity card; passport; (*Mitglieds~, Bibliotheks~ etc*) card; ~, **bitte** your papers, please.

ausweisen ['aosvaɪzən] *unreg vt* to expel, banish ♦ *vr* to prove one's identity.

Ausweis- *zW:* ~**karte** *f* identity papers *pl*; ~**kontrolle** *f* identity check; ~**papiere** *pl* identity papers *pl*.

Ausweisung *f* expulsion.

ausweiten ['aosvaɪtən] *vt* to stretch.

auswendig ['aosvɛndɪç] *adv* by heart; ~ **lernen** to learn by heart.

auswerfen ['aosvɛrfən] *unreg vt* (*Anker, Netz*) to cast.

auswerten ['aosvɛrtən] *vt* to evaluate.

Auswertung *f* evaluation, analysis; (*Nutzung*) utilization.

auswickeln ['aosvɪkəln] *vt* (*Paket, Bonbon etc*) to unwrap.

auswirken ['aosvɪrkən] *vr* to have an effect.

Auswirkung *f* effect.

auswischen ['aosvɪʃən] *vt* to wipe out; **jdm eins** ~ (*umg*) to put one over on sb.

Auswuchs ['aosvuːks] *m* (out)growth; (*fig*) product; (*Missstand, Übersteigerung*) excess.

auswuchten ['aosvuxtən] *vt* (*AUT*) to balance.

auszacken ['aostsakən] *vt* (*Stoff etc*) to pink.

auszahlen ['aostsaːlən] *vt* (*Lohn, Summe*) to pay out; (*Arbeiter*) to pay off; (*Miterben*) to buy out ♦ *vr* (*sich lohnen*) to pay.

auszählen ['aostsɛːlən] *vt* (*Stimmen*) to count; (*BOXEN*) to count out.

auszeichnen ['aostsaɪçnən] *vt* to honour (*BRIT*), honor (*US*); (*MIL*) to decorate; (*COMM*) to price ♦ *vr* to distinguish o.s.; **der Wagen zeichnet sich durch ... aus** one of the car's main features is ...

Auszeichnung *f* distinction; (*COMM*) pricing; (*Ehrung*) awarding of decoration; (*Ehre*) honour (*BRIT*), honor (*US*); (*Orden*) decoration; **mit** ~ with distinction.

ausziehen ['aostsiːən] *unreg vt* (*Kleidung*) to take off; (*Haare, Zähne, Tisch etc*) to pull out ♦ *vr* to undress ♦ *vi* (*aufbrechen*) to leave; (*aus Wohnung*) to move out.

Auszubildende(r) ['aostsubɪldəndə(r)] *f(m)* trainee; (*als Handwerker*) apprentice.

Auszug ['aostsuːk] *m* (*aus Wohnung*) removal; (*aus Buch etc*) extract; (*Konto~*) statement; (*Ausmarsch*) departure.

autark [ao'tark] *adj* self-sufficient (*auch fig*); (*COMM*) autarkical.

Auto ['aoto] **(-s, -s)** *nt* (motor-)car, automobile (*US*); **mit dem** ~ **fahren** to go by car; ~ **fahren** to drive.

Autoatlas *m* road atlas.

Autobahn *f* motorway (*BRIT*), expressway (*US*).

AUTOBAHN

Autobahn *is the German for a motorway. In the former West Germany there is an widespread network but in the former DDR the motorways are somewhat less extensive. There is no overall speed limit but a limit of 130 km per hour is recommended and there are lower mandatory limits on certain stretches of road. As yet there are no tolls payable on German* **Autobahns**.

Autobahndreieck *nt* motorway (*BRIT*) *od* expressway (*US*) junction.

Autobahnkreuz *nt* motorway (*BRIT*) *od* expressway (*US*) intersection.

Autobahnzubringer *m* motorway feeder *od* access road.

Autobiografie▲ [aotobiogra'fiː] *f* autobiography.

Auto- *zW:* ~**bombe** *f* car bomb; ~**bus** *m* bus; (*Reisebus*) coach (*BRIT*), bus (*US*); ~**fähre** *f* car ferry; ~**fahrer(in)** *m(f)* motorist, driver; ~**fahrt** *f* drive; ~**friedhof** (*umg*) *m* car dump.

autogen [aoto'geːn] *adj* autogenous; ~**es Training** (*PSYCH*) relaxation through self-hypnosis.

Autogramm [aoto'gram] *nt* autograph.

Automat **(-en, -en)** *m* machine.

Automatik [aoto'maːtɪk] *f* automatic mechanism (*auch fig*); (*Gesamtanlage*) automatic system; (*AUT*) automatic transmission.

automatisch *adj* automatic.

Automatisierung [aotomati'ziːruŋ] *f* automation.

Automobilausstellung [aotomo'biːlaosʃtɛluŋ] *f* motor show.

autonom [aoto'noːm] *adj* autonomous.

Autopsie [aoto'psiː] *f* post-mortem, autopsy.

Autor ['aotor] **(-s, -en)** *m* author.

Auto- *zW:* ~**radio** *nt* car radio; ~**reifen** *m* car tyre (*BRIT*) *od* tire (*US*); ~**reisezug** *m* motorail train; ~**rennen** *nt* motor race; (*Sportart*) motor racing.

Autorin [ao'toːrɪn] *f* authoress.

autoritär [aotori'tɛːr] *adj* authoritarian.

Autorität *f* authority.

Auto- *zW:* ~**schalter** *m* drive-in bank (counter); ~**telefon** *nt* car phone; ~**unfall** *m* car *od* motor accident; ~**verleih** *m*, ~**vermietung** *f* car hire (*BRIT*) *od* rental (*US*).

AvD **(-)** *m abk* (= *Automobilclub von Deutschland*) *German motoring organization*, ≈ AA (*BRIT*), AAA (*US*).

Axt [akst] **(-, -̈e)** *f* axe (*BRIT*), ax (*US*).

AZ, Az. *abk* (= *Aktenzeichen*) ref.

Azoren [a'tsoːrən] *pl* (*GEOG*) Azores *pl*.

Azteke [ats'teːkə] **(-n, -n)** *m* Aztec.

Rechtschreibreform: ▲ *neue Schreibung* △ *alte Schreibung (auslaufend)*

Azubi [a'tsuːbi] (**-s, -s**) (*umg*) *f(m) abk*
= **Auszubildende(r)**.

B, b

B¹, b [beː] *nt* (*letter*) B, b; ~ **wie Bertha** ≈ B
for Benjamin, B for Baker (*US*); **B-Dur/b-
Moll** (the key of) B flat major/minor.
B² [beː] *f abk* = **Bundesstraße**.
Baby ['beːbi] (**-s, -s**) *nt* baby; ~**ausstattung** *f*
layette; ~**klappe** *f anonymous drop-off point
for unwanted babies*; ~**raum** *m* (*Flughafen
etc*) nursing room; **b**~**sitten** *vi* to babysit;
~**sitter** ['beːbɪsɪtər] (**-s, -**) *m* baby-sitter;
~**speck** (*umg*) *m* puppy fat.
Bach [bax] (**-(e)s, ⁻e**) *m* stream, brook.
Backblech *nt* baking tray.
Backbord (**-(e)s, -e**) *nt* (*NAUT*) port.
Backe (**-, -n**) *f* cheek.
backen ['bakən] *unreg vt, vi* to bake; **frisch/
knusprig gebackenes Brot** fresh/crusty
bread.
Backenbart *m* sideboards *pl*.
Backenzahn *m* molar.
Bäcker(in) ['bɛkər(ɪn)] (**-s, -**) *m(f)* baker.
Bäckerei [bɛkə'raɪ] *f* bakery; (*Bäckerladen*)
baker's (shop).
Bäckerjunge *m* (*Lehrling*) baker's apprentice.
Back- *zW*: ~**fisch** *m* fried fish; (*veraltet*)
teenager; ~**form** *f* baking tin (*BRIT*) *od* pan
(*US*); ~**hähnchen** *nt* fried chicken in
breadcrumbs; ~**obst** *nt* dried fruit; ~**ofen** *m*
oven; ~**pflaume** *f* prune; ~**pulver** *nt* baking
powder; ~**stein** *m* brick.
bäckt [bɛkt] *vb siehe* **backen**.
Bad [baːt] (**-(e)s, ⁻er**) *nt* bath; (*Schwimmen*)
bathing; (*Ort*) spa.
Bade- *zW*: ~**anstalt** *f* swimming pool; ~**anzug**
m bathing suit; ~**hose** *f* bathing *od*
swimming trunks *pl*; ~**kappe** *f* bathing cap;
~**mantel** *m* bath(ing) robe; ~**meister** *m*
swimming pool attendant.
baden ['baːdən] *vi* to bathe, have a bath ♦ *vt* to
bath; ~ **gehen** (*fig: umg*) to come a cropper.
Baden-Württemberg ['baːdən'vʏrtəmbɛrk] *nt*
Baden-Württemberg.
Bade- *zW*: ~**ort** *m* spa; ~**sachen** *pl* swimming
things *pl*; ~**tuch** *nt* bath towel; ~**wanne** *f*
bath(tub); ~**zimmer** *nt* bathroom.
baff [baf] *adj*: ~ **sein** (*umg*) to be
flabbergasted.
BAföG, Bafög [ba'føk] *nt abk*
(= *Bundesausbildungsförderungsgesetz*).

BAFÖG

Bafög *is the system which awards grants for
living expenses to students at universities and
certain training colleges. The amount is based on
parental income. Part of the grant must be paid
back a few years after graduating.*

BAG (**-**) *nt abk* (= *Bundesarbeitsgericht*) German
industrial tribunal.
Bagatelle [baga'tɛlə] (**-, -n**) *f* trifle.
Bagdad ['bakdat] (**-s**) *nt* Baghdad.
Bagger ['bagər] (**-s, -**) *m* excavator; (*NAUT*)
dredger.
baggern *vt, vi* to excavate; (*NAUT*) to dredge.
Baggersee *m* (flooded) gravel pit.
Bahamas [ba'haːmas] *pl*: **die** ~ the Bahamas
pl.
Bahn [baːn] (**-, -en**) *f* railway (*BRIT*), railroad
(*US*); (*Weg*) road, way; (*Spur*) lane; (*Renn*~)
track; (*ASTRON*) orbit; (*Stoff*~) length; **mit
der** ~ by train *od* rail/tram; **frei** ~ (*COMM*)
carriage free to station of destination;
jdm/etw die ~ **ebnen** (*fig*) to clear the way
for sb/sth; **von der rechten** ~ **abkommen** to
stray from the straight and narrow; **jdn aus
der** ~ **werfen** (*fig*) to shatter sb; ~**beamte(r)**
m railway (*BRIT*) *od* railroad (*US*) official;
b~**brechend** *adj* pioneering; ~**brecher(in)** (**-s,
-**) *m(f)* pioneer; ~**damm** *m* railway
embankment.
bahnen *vt*: **sich einen Weg** ~ to clear a way.
Bahnfahrt *f* railway (*BRIT*) *od* railroad (*US*)
journey.
Bahnhof *m* station; **auf dem** ~ at the station;
ich verstehe nur ~ (*hum: umg*) it's all Greek
to me.
Bahnhofshalle *f* station concourse.
Bahnhofsmission *f charitable organization
for helping rail travellers*.

BAHNHOFSMISSION

The **Bahnhofsmission** *is a charitable
organization set up by and run jointly by various
churches. They have an office at railway stations
in most big cities to which people in need of
advice and help can go.*

Bahnhofswirtschaft *f* station restaurant.
Bahn- *zW*: **b**~**lagernd** *adj* (*COMM*) to be
collected from the station; ~**linie** *f* (railway
(*BRIT*) *od* railroad (*US*)) line; ~**schranke** *f*
level (*BRIT*) *od* grade (*US*) crossing barrier;
~**steig** *m* platform; ~**steigkarte** *f* platform
ticket; ~**strecke** *f* railway (*BRIT*) *od* railroad
(*US*) line; ~**übergang** *m* level (*BRIT*) *od* grade
(*US*) crossing; **beschrankter** ~**übergang**
crossing with gates; **unbeschrankter**

~**übergang** unguarded crossing; ~**wärter** *m*
signalman.

Bahrain [ba'raɪn] (**-s**) *nt* Bahrain.

Bahre ['baːrə] (**-, -n**) *f* stretcher.

Baiser [bɛ'zeː] (**-s, -s**) *nt* meringue.

Baisse ['bɛːsə] (**-, -n**) *f* (*Börse*) fall; (*plötzlich*)
slump.

Bajonett [bajo'nɛt] (**-(e)s, -e**) *nt* bayonet.

Bakelit ® [bake'liːt] (**-s**) *nt* Bakelite ®.

Bakterien [bak'teːriən] *pl* bacteria *pl*.

Balance [ba'lãːsə] (**-, -n**) *f* balance,
equilibrium.

balancieren *vt, vi* to balance.

bald [balt] *adv* (*zeitlich*) soon; (*beinahe*) almost;
~ ... ~ ... now ... now ...; ~ **darauf** soon
afterwards; **bis** ~! see you soon.

baldig ['baldɪç] *adj* early, speedy.

baldmöglichst *adv* as soon as possible.

Baldrian ['baldriaːn] (**-s, -e**) *m* valerian.

Balearen [bale'aːrən] *pl*: **die** ~ the Balearics
pl.

Balg [balk] (**-(e)s, ̈-er**) (*pej: umg*) *m od nt* (*Kind*)
brat.

balgen ['balgən] *vr*: **sich** ~ (**um**) to scrap
(over).

Balkan ['balkaːn] *m*: **der** ~ the Balkans *pl*.

Balken ['balkən] (**-s, -**) *m* beam; (*Trag~*)
girder; (*Stütz~*) prop.

Balkon [bal'kõː] (**-s, -s** *od* **-e**) *m* balcony;
(*THEAT*) (dress) circle.

Ball [bal] (**-(e)s, ̈-e**) *m* ball; (*Tanz*) dance, ball.

Ballade [ba'laːdə] (**-, -n**) *f* ballad.

Ballast ['balast] (**-(e)s, -e**) *nt* ballast; (*fig*)
weight, burden; ~**stoffe** *pl* (*MED*) roughage
sing.

Ballen ['balən] (**-s, -**) *m* bale; (*ANAT*) ball.

ballen *vt* (*formen*) to make into a ball; (*Faust*)
to clench ♦ *vr* to build up; (*Menschen*) to
gather.

ballern ['balərn] (*umg*) *vi* to shoot, fire.

Ballett [ba'lɛt] (**-(e)s, -e**) *nt* ballet;
~**tänzer(in)**▲ *m(f)* ballet dancer.

Ballistik [ba'lɪstɪk] *f* ballistics *sing*.

Balljunge *m* ball boy.

Ballkleid *nt* evening dress.

Ballon [ba'lõː] (**-s, -s** *od* **-e**) *m* balloon.

Ballspiel *nt* ball game.

Ballung ['baluŋ] *f* concentration; (*von Energie*)
build-up.

Ballungs- *zW*: ~**gebiet** *nt*, ~**raum** *m*
conurbation; ~**zentrum** *nt* centre (*BRIT*) *od*
center (*US*) (*of population, industry etc*).

Balsam ['balzaːm] (**-s, -e**) *m* balsam; (*fig*) balm.

Balte ['baltə] (**-n, -n**) *m* Balt; **er ist** ~ he comes
from the Baltic.

Baltikum ['baltikʊm] (**-s**) *nt*: **das** ~ the Baltic
States *pl*.

Baltin ['baltɪn] *f siehe* **Balte**.

baltisch *adj* Baltic *attrib*.

Balz [balts] (**-, -en**) *f* (*Paarungsspiel*) courtship

display; (*Paarungszeit*) mating season.

Bambus ['bambʊs] (**-ses, -se**) *m* bamboo;
~**rohr** *nt* bamboo cane.

Bammel ['baməl] (**-s**) (*umg*) *m*: (**einen**) ~ **vor**
jdm/etw haben to be scared of sb/sth.

banal [ba'naːl] *adj* banal.

Banalität [banali'tɛːt] *f* banality.

Banane [ba'naːnə] (**-, -n**) *f* banana.

Bananenschale *f* banana skin.

Bananenstecker *m* jack plug.

Banause [ba'naʊzə] (**-n, -n**) *m* philistine.

Band¹ [bant] (**-(e)s, ̈-e**) *m* (*Buchband*) volume;
das spricht Bände that speaks volumes.

Band² (**-(e)s, ̈-er**) *nt* (*Stoff~*) ribbon, tape;
(*Fließ~*) production line; (*Fass~*) hoop;
(*Ziel~, Ton~*) tape; (*ANAT*) ligament; **etw auf**
~ **aufnehmen** to tape sth; **am laufenden** ~
(*umg*) non-stop.

Band³ (**-(e)s, -e**) *nt* (*Freundschafts~ etc*) bond.

Band⁴ [bɛnt] (**-, -s**) *f* band, group.

band *etc* [bant] *vb siehe* **binden**.

Bandage [ban'daːʒə] (**-, -n**) *f* bandage.

bandagieren *vt* to bandage.

Bandbreite *f* (*von Meinungen etc*) range.

Bande ['bandə] (**-, -n**) *f* band; (*Straßen~*) gang.

bändigen ['bɛndɪgən] *vt* (*Tier*) to tame; (*Trieb,*
Leidenschaft) to control, restrain.

Bandit [ban'diːt] (**-en, -en**) *m* bandit.

Band- *zW*: ~**maß** *nt* tape measure; ~**nudeln** *pl*
tagliatelle *pl*; ~**säge** *f* band saw; ~**scheibe** *f*
(*ANAT*) disc; ~**scheibenschaden** *m* slipped
disc; ~**wurm** *m* tapeworm.

bange ['baŋə] *adj* scared; (*besorgt*) anxious;
jdm wird es ~ sb is becoming scared; **jdm**
B~ machen to scare sb; **B~macher** (**-s, -**) *m*
scaremonger.

bangen *vi*: **um jdn/etw** ~ to be anxious *od*
worried about sb/sth.

Bangkok ['baŋkɔk] (**-s**) *nt* Bangkok.

Bangladesch [baŋgla'dɛʃ] (**-s**) *nt* Bangladesh.

Banjo ['banjo, 'bɛndʒo] (**-s, -s**) *nt* banjo.

Bank¹ [baŋk] (**-, ̈-e**) *f* (*Sitz~*) bench;
(*Sand~ etc*) (sand)bank, (sand)bar; **etw auf**
die lange ~ **schieben** (*umg*) to put sth off.

Bank² (**-, -en**) *f* (*Geld~*) bank; **bei der** ~ at
the bank; **Geld auf der** ~ **haben** to have
money in the bank; ~**anweisung** *f* banker's
order; ~**automat** *m* cash dispenser;
~**beamte(r)** *m* bank clerk; ~**einlage** *f* (bank)
deposit.

Bankett [baŋ'kɛt] (**-(e)s, -e**) *nt* (*Essen*) banquet;
(*Straßenrand*) verge (*BRIT*), shoulder (*US*).

Bank- *zW*: ~**fach** *nt* (*Schließfach*) safe-deposit
box; ~**gebühr** *f* bank charge; ~**geheimnis** *nt*
confidentiality in banking.

Bankier [baŋki'eː] (**-s, -s**) *m* banker.

Bank- *zW*: ~**konto** *nt* bank account; ~**leitzahl** *f*
bank code number; ~**note** *f* banknote; ~**raub**
m bank robbery.

bankrott [baŋ'krɔt] *adj* bankrupt; **B~** (**-(e)s, -e**) *m* bankruptcy; **B~ machen** to go bankrupt; **den B~ anmelden** *od* **erklären** to declare o.s. bankrupt; **B~erklärung** *f* (*lit*) declaration of bankruptcy; (*fig: umg*) declaration of failure.

Banküberfall *m* bank raid.

Bann [ban] (-(e)s, -e) *m* (*HIST*) ban; (*Kirchen~*) excommunication; (*fig: Zauber*) spell; **b~en** *vt* (*Geister*) to exorcize; (*Gefahr*) to avert; (*bezaubern*) to enchant; (*HIST*) to banish.

Banner (-s, -) *nt* banner, flag.

Bar [baːr] (-, -s) *f* bar.

bar *adj* (+*gen*) (*unbedeckt*) bare; (*frei von*) lacking (in); (*offenkundig*) utter, sheer; **~e(s) Geld** cash; **etw (in) ~ bezahlen** to pay sth (in) cash; **etw für ~e Münze nehmen** (*fig*) to take sth at face value; **~ aller Hoffnung** (*liter*) devoid of hope, completely without hope.

Bär [bɛːr] (-en, -en) *m* bear; **jdm einen ~en aufbinden** (*umg*) to have sb on.

Baracke [ba'rakə] (-, -n) *f* hut.

barbarisch [bar'baːrɪʃ] *adj* barbaric, barbarous.

Barbestand *m* money in hand.

Bardame *f* barmaid.

Bärenhunger (*umg*) *m*: **einen ~ haben** to be famished.

bärenstark (*umg*) *adj* strapping, strong as an ox; (*fig*) terrific.

barfuß *adj* barefoot.

barg *etc* [bark] *vb siehe* **bergen**.

Bargeld *nt* cash, ready money.

bargeldlos *adj* non-cash; **~er Zahlungsverkehr** non-cash *od* credit transactions *pl*.

barhäuptig *adj* bareheaded.

Barhocker *m* bar stool.

Bariton ['baːritɔn] *m* baritone.

Barkauf *m* cash purchase.

Barkeeper ['baːrkiːpər] (-s, -) *m* barman, bartender.

Barkredit *m* cash loan.

Barmann (-(e)s, *pl* **-männer**) *m* barman.

barmherzig [barm'hɛrtsɪç] *adj* merciful, compassionate; **B~keit** *f* mercy, compassion.

Barock [ba'rɔk] (-s *od* -) *nt od m* baroque.

Barometer [baro'meːtər] (-s, -) *nt* barometer; **das ~ steht auf Sturm** (*fig*) there's a storm brewing.

Baron [ba'roːn] (-s, -e) *m* baron.

Baronesse [baro'nɛsə] (-, -n) *f* baroness.

Baronin *f* baroness.

Barren ['barən] (-s, -) *m* parallel bars *pl*; (*Gold~*) ingot.

Barriere [bari'ɛːrə] (-, -n) *f* barrier.

Barrikade [bari'kaːdə] (-, -n) *f* barricade.

Barsch [barʃ] (-(e)s, -e) *m* perch.

barsch [barʃ] *adj* brusque, gruff; **jdn**

~ anfahren to snap at sb.

Barschaft *f* ready money.

Barscheck *m* open *od* uncrossed cheque (*BRIT*), open check (*US*).

barst *etc* [barst] *vb siehe* **bersten**.

Bart [baːrt] (-(e)s, ⁓e) *m* beard; (*Schlüssel~*) bit.

bärtig ['bɛːrtɪç] *adj* bearded.

Barvermögen *nt* liquid assets *pl*.

Barzahlung *f* cash payment.

Basar [ba'zaːr] (-s, -e) *m* bazaar.

Base ['baːzə] (-, -n) *f* (*CHEM*) base; (*Kusine*) cousin.

Basel ['baːzəl] (-s) *nt* Basle.

Basen *pl von* **Base, Basis**.

basieren [ba'ziːrən] *vt* to base ♦ *vi* to be based.

Basilikum [ba'ziːlikʊm] (-s) *nt* basil.

Basis ['baːzɪs] (-, *pl* **Basen**) *f* basis; (*ARCHIT, MIL, MATH*) base; **~ und Überbau** (*POL, SOZIOLOGIE*) foundation and superstructure; **die ~** (*umg*) the grass roots.

basisch ['baːzɪʃ] *adj* (*CHEM*) alkaline.

Basisgruppe *f* action group.

Baske ['baskə] (-n, -n) *m* Basque.

Baskenland *nt* Basque region.

Baskenmütze *f* beret.

Baskin *f* Basque.

Bass▲ [bas] (-es, ⁓e) *m* bass.

Bassin [ba'sɛ̃ː] (-s, -s) *nt* pool.

Bassist [ba'sɪst] *m* bass.

Bassschlüssel▲ *m* bass clef.

Bassstimme▲ *f* bass voice.

Bast [bast] (-(e)s, -e) *m* raffia.

basta ['basta] *interj*: **(und damit) ~! (and)** that's that!

basteln ['bastəln] *vt* to make ♦ *vi* to do handicrafts; **an etw** *dat* **~** (*an etw herum~*) to tinker with sth.

Bastler ['bastlər] (-s, -) *m* do-it-yourselfer; (*handwerklich*) handicrafts enthusiast.

BAT *m abk* (= *Bundesangestelltentarif*) *German salary scale for employees*.

bat *etc* [baːt] *vb siehe* **bitten**.

Bataillon [batal'joːn] (-s, -e) *nt* battalion.

Batist [ba'tɪst] (-(e)s, -e) *m* batiste.

Batterie [batə'riː] *f* battery.

Bau [baʊ] (-(e)s) *m* (~**en**) building, construction; (*Auf~*) structure; (*Körper~*) frame; (~*stelle*) building site; (*pl ~e: Tier~*) hole, burrow; (: *MIN*) working(s); (*pl ~ten: Gebäude*) building; **sich im ~ befinden** to be under construction; (~*arbeiten pl (Straßen~*) roadworks *pl* (*BRIT*), roadwork *sing* (*US*); building *od* construction work *sing*; **~arbeiter** *m* building worker.

Bauch [baʊx] (-(e)s, **Bäuche**) *m* belly; (*ANAT*) stomach, abdomen; **sich** *dat* **(vor Lachen) den ~ halten** (*umg*) to split one's sides (laughing); **mit etw auf den ~ fallen** (*umg*) to come a cropper with sth; **~ansatz** *m*

beginning of a paunch; ~**fell** *nt* peritoneum.
bauchig *adj* bulging.
Bauch- *zW:* ~**landung** *f:* **eine** ~**landung
machen** (*fig*) to experience a failure, to flop;
~**muskel** *m* abdominal muscle; ~**nabel** *m*
navel, belly-button (*umg*); ~**redner** *m*
ventriloquist; ~**schmerzen** *pl* stomachache
sing; ~**speicheldrüse** *f* pancreas; ~**tanz** *m*
belly dance; belly dancing; ~**weh** *nt*
stomachache.
Baudrate [baʊtˈraːtə] *f* (*COMPUT*) baud rate.
bauen [ˈbaʊən] *vt* to build; (*TECH*) to
construct; (*umg: verursachen: Unfall*) to
cause ♦ *vi* to build; **auf jdn/etw** ~ to depend
od count upon sb/sth; **da hast du Mist
gebaut** (*umg*) you really messed that up.
Bauer¹ [ˈbaʊər] (**-n** *od* **-s, -n**) *m* farmer;
(*SCHACH*) pawn.
Bauer² (**-s, -**) *nt od m* (*Vogel~*) cage.
Bäuerchen [ˈbɔʏərçən] *nt* (*Kindersprache*) burp.
Bäuerin [ˈbɔʏərɪn] *f* farmer; (*Frau des Bauern*)
farmer's wife.
bäuerlich *adj* rustic.
Bauern- *zW:* ~**brot** *nt* black bread; ~**fängerei** *f*
deception, confidence trick(s); ~**frühstück**
nt bacon and potato omelette (*BRIT*) *od*
omelet (*US*); ~**haus** *nt* farmhouse; ~**hof** *m*
farm; ~**schaft** *f* farming community;
~**schläue** *f* native cunning, craftiness,
shrewdness.
Bau- *zW:* **b**~**fällig** *adj* dilapidated; ~**fälligkeit** *f*
dilapidation; ~**firma** *f* construction firm;
~**führer** *m* site foreman; ~**gelände** *nt*
building site; ~**genehmigung** *f* building
permit; ~**gerüst** *nt* scaffolding; ~**herr** *m*
client (*of construction firm*); ~**ingenieur** *m* civil
engineer.
Bauj. *abk* = **Baujahr**.
Bau- *zW:* ~**jahr** *nt* year of construction; (*von
Auto*) year of manufacture; ~**kasten** *m* box
of bricks; ~**klötzchen** *nt* (building) block;
~**kosten** *pl* construction costs *pl*; ~**land** *nt*
building land; ~**leute** *pl* building workers *pl*;
b~**lich** *adj* structural; ~**löwe** *m* building
speculator; ~**lücke** *f* undeveloped building
plot.
Baum [baʊm] (**-(e)s,** *pl* **Bäume**) *m* tree; **heute
könnte ich Bäume ausreißen** I feel full of
energy today.
Baumarkt *m* DIY superstore.
baumeln [ˈbaʊməln] *vi* to dangle.
bäumen [ˈbɔʏmən] *vr* to rear (up).
Baum- *zW:* ~**grenze** *f* tree line; ~**schule** *f*
nursery; ~**stamm** *m* tree trunk; ~**stumpf** *m*
tree stump; ~**wolle** *f* cotton.
Bau- *zW:* ~**plan** *m* architect's plan; ~**platz** *m*
building site; ~**sachverständige(r)** *f(m)*
quantity surveyor; ~**satz** *m* construction
kit.
Bausch [baʊʃ] (**-(e)s,** *pl* **Bäusche**) *m* (*Watte~*)

ball, wad; **in** ~ **und Bogen** (*fig*) lock, stock,
and barrel.
bauschen *vt, vi, vr* to puff out.
bauschig *adj* baggy, wide.
Bau- *zW:* **b**~**sparen** *vi untr* to save with a
building society (*BRIT*) *od* a building and
loan association (*US*); ~**sparkasse** *f* building
society (*BRIT*), building and loan association
(*US*); ~**sparvertrag** *m* savings contract with
a building society (*BRIT*) *od* building and
loan association (*US*); ~**stein** *m* building
stone, freestone; ~**stelle** *f* building site;
~**stil** *m* architectural style; **b**~**technisch** *adj*
in accordance with building *od* construction
methods; ~**teil** *nt* prefabricated part (of
building); ~**ten** *pl von* **Bau;** ~**unternehmer** *m*
contractor, builder; ~**weise** *f* (method of)
construction; ~**werk** *nt* building; ~**zaun** *m*
hoarding.
b. a. w. *abk* (= *bis auf weiteres*) until further
notice.
Bayer(in) [ˈbaɪər(ɪn)] (**-n, -n**) *m(f)* Bavarian.
bay(e)risch *adj* Bavarian.
Bayern *nt* Bavaria.
Bazillus [baˈtsɪlʊs] (**-,** *pl* **Bazillen**) *m* bacillus.
Bd. *abk* (= *Band*) vol.
Bde. *abk* (= *Bände*) vols.
beabsichtigen [bəˈʔapzɪçtɪɡən] *vt* to intend.
beachten [bəˈʔaxtən] *vt* to take note of;
(*Vorschrift*) to obey; (*Vorfahrt*) to observe.
beachtenswert *adj* noteworthy.
beachtlich *adj* considerable.
Beachtung *f* notice, attention, observation;
jdm keine ~ **schenken** to take no notice of
sb.
Beamte(r) [bəˈʔamtə(r)] (**-n, -n**) *m* official;
(*Staats~*) civil servant; (*Bank~ etc*)
employee.
Beamtenlaufbahn *f:* **die** ~ **einschlagen** to
enter the civil service.
Beamtenverhältnis *nt:* **im** ~ **stehen** to be a
civil servant.
beamtet *adj* (*form*) appointed on a permanent
basis (*by the state*).
Beamtin *f siehe* **Beamte(r)**.
beängstigend [bəˈʔɛŋstɪɡənt] *adj* alarming.
beanspruchen [bəˈʔanʃpruxən] *vt* to claim;
(*Zeit, Platz*) to take up, occupy; **jdn** ~ to take
up sb's time; **etw stark** ~ to put sth under a
lot of stress.
beanstanden [bəˈʔanʃtandən] *vt* to complain
about, object to; (*Rechnung*) to query.
Beanstandung *f* complaint.
beantragen [bəˈʔantraːɡən] *vt* to apply for, ask
for.
beantworten [bəˈʔantvɔrtən] *vt* to answer.
Beantwortung *f* reply.
bearbeiten [bəˈʔarbaɪtən] *vt* to work; (*Material*)
to process; (*Thema*) to deal with; (*Land*) to
cultivate; (*CHEM*) to treat; (*Buch*) to revise;

(*umg: beeinflussen wollen*) to work on.

Bearbeitung *f* processing; cultivation; treatment; revision; **die ~ meines Antrags hat lange gedauert** it took a long time to deal with my claim.

Bearbeitungsgebühr *f* handling charge.

beatmen [bə'|aːtmən] *vt*: **jdn künstlich ~ to** give sb artificial respiration.

Beatmung [bə'|aːtmʊŋ] *f* respiration.

beaufsichtigen [bə'|aʊfzɪçtɪgən] *vt* to supervise.

Beaufsichtigung *f* supervision.

beauftragen [bə'|aʊftraːgən] *vt* to instruct; **jdn mit etw ~** to entrust sb with sth.

Beauftragte(r) *f(m)* representative.

bebauen [bə'baʊən] *vt* to build on; (*AGR*) to cultivate.

beben ['beːbən] *vi* to tremble, shake; **B~ (-s -)** *nt* earthquake.

bebildern [bə'bɪldərn] *vt* to illustrate.

Becher ['bɛçər] (**-s, -**) *m* mug; (*ohne Henkel*) tumbler.

bechern ['bɛçərn] (*umg*) *vi* (*trinken*) to have a few (drinks).

Becken ['bɛkən] (**-s, -**) *nt* basin; (*MUS*) cymbal; (*ANAT*) pelvis.

Bedacht [bə'daxt] *m*: **mit ~** (*vorsichtig*) prudently, carefully; (*absichtlich*) deliberately.

bedacht *adj* thoughtful, careful; **auf etw** *akk* **~ sein** to be concerned about sth.

bedächtig [bə'dɛçtɪç] *adj* (*umsichtig*) thoughtful, reflective; (*langsam*) slow, deliberate.

bedanken [bə'daŋkən] *vr*: **sich (bei jdm) ~** to say thank you (to sb); **ich bedanke mich herzlich** thank you very much.

Bedarf [bə'darf] (**-(e)s**) *m* need; (*~smenge*) requirements *pl*; (*COMM*) demand; supply; **alles für den häuslichen ~** all household requirements; **je nach ~** according to demand; **bei ~** if necessary; **~ an etw** *dat* **haben** to be in need of sth.

Bedarfs- *zW*: **~artikel** *m* requisite; **~deckung** *f* satisfaction of sb's needs; **~fall** *m* case of need; **~haltestelle** *f* request stop.

bedauerlich [bə'daʊərlɪç] *adj* regrettable.

bedauern [bə'daʊərn] *vt* to be sorry for; (*bemitleiden*) to pity; **wir ~, Ihnen mitteilen zu müssen, ...** we regret to have to inform you ...; **B~ (-s)** *nt* regret.

bedauernswert *adj* (*Zustände*) regrettable; (*Mensch*) pitiable, unfortunate.

bedecken [bə'dɛkən] *vt* to cover.

bedeckt *adj* covered; (*Himmel*) overcast.

bedenken [bə'dɛŋkən] *unreg vt* to think over, consider; **ich gebe zu ~, dass ...** (*geh*) I would ask you to consider that ...; **B~ (-s, -)** *nt* (*Überlegen*) consideration; (*Zweifel*) doubt; (*Skrupel*) scruple; **mir kommen B~** I am

having second thoughts.

bedenklich *adj* doubtful; (*bedrohlich*) dangerous, risky.

Bedenkzeit *f* time to consider; **zwei Tage ~** two days to think about it.

bedeuten [bə'dɔʏtən] *vt* to mean; to signify; (*wichtig sein*) to be of importance; **das bedeutet nichts Gutes** that means trouble.

bedeutend *adj* important; (*beträchtlich*) considerable.

bedeutsam *adj* significant; (*viel sagend*) meaningful.

Bedeutung *f* meaning; significance; (*Wichtigkeit*) importance.

bedeutungslos *adj* insignificant, unimportant.

bedeutungsvoll *adj* momentous, significant.

bedienen [bə'diːnən] *vt* to serve; (*Maschine*) to work, operate ♦ *vr* (*beim Essen*) to help o.s.; (*gebrauchen*): **sich jds/einer Sache ~** to make use of sb/sth; **werden Sie schon bedient?** are you being served?; **damit sind Sie sehr gut bedient** that should serve you very well; **ich bin bedient!** (*umg*) I've had enough.

Bedienung *f* service; (*Kellner etc*) waiter/ waitress; (*Zuschlag*) service (charge); (*von Maschinen*) operation.

Bedienungsanleitung *f* operating instructions *pl*.

bedingen [bə'dɪŋən] *vt* (*voraussetzen*) to demand, involve; (*verursachen*) to cause, occasion.

bedingt *adj* limited; (*Straferlass*) conditional; (*Reflex*) conditioned; **(nur) ~ gelten** to be (only) partially valid; **~ geeignet** suitable up to a point.

Bedingung *f* condition; (*Voraussetzung*) stipulation; **mit** *od* **unter der ~, dass ...** on condition that ...; **zu günstigen ~en** (*COMM*) on favourable (*BRIT*) *od* favorable (*US*) terms.

Bedingungsform *f* (*GRAM*) conditional.

bedingungslos *adj* unconditional.

bedrängen [bə'drɛŋən] *vt* to pester, harass.

Bedrängnis [bə'drɛŋnɪs] *f* (*seelisch*) distress, torment.

Bedrängung *f* trouble.

bedrohen [bə'droːən] *vt* to threaten.

bedrohlich *adj* ominous, threatening.

Bedrohung *f* threat, menace.

bedrucken [bə'drʊkən] *vt* to print on.

bedrücken [bədrʏkən] *vt* to oppress, trouble.

bedürfen [bə'dʏrfən] *unreg vi* +gen (*geh*) to need, require; **ohne dass es eines Hinweises bedurft hätte, ...** without having to be asked ...

Bedürfnis [bə'dʏrfnɪs] (**-ses, -se**) *nt* need; **das ~ nach etw haben** to need sth; **~anstalt** *f* (*form*) public convenience (*BRIT*), comfort station (*US*); **b~los** *adj* frugal, modest.

bedürftig *adj* in need, poor, needy.
Beefsteak ['biːfsteːk] (-s, -s) *nt* steak; **deutsches** ~ hamburger.
beehren [bə'|eːrən] *vt* (*geh*) to honour (*BRIT*), honor (*US*); **wir** ~ **uns** ... we have pleasure in ...
beeilen [bə'|aɪlən] *vr* to hurry.
beeindrucken [bə'|aɪndrʊkən] *vt* to impress, make an impression on.
beeinflussen [bə'|aɪnflʊsən] *vt* to influence.
Beeinflussung *f* influence.
beeinträchtigen [bə'|aɪntrɛçtɪgən] *vt* to affect adversely; (*Sehvermögen*) to impair; (*Freiheit*) to infringe upon.
beend(ig)en [bə'|ɛnd(ɪg)ən] *vt* to end, finish, terminate.
Beend(ig)ung *f* end(ing), finish(ing).
beengen [bə'|ɛŋən] *vt* to cramp; (*fig*) to hamper, inhibit; ~**de Kleidung** restricting clothing.
beengt *adj* cramped; (*fig*) stifled.
beerben [bə'|ɛrbən] *vt* to inherit from.
beerdigen [bə'|eːrdɪgən] *vt* to bury.
Beerdigung *f* funeral, burial.
Beerdigungsunternehmer *m* undertaker.
Beere ['beːrə] (-, -n) *f* berry; (*Trauben*~) grape.
Beerenauslese *f* wine made from specially selected grapes.
Beet [beːt] (-(e)s, -e) *nt* (*Blumen*~) bed.
befähigen [bə'fɛːɪgən] *vt* to enable.
befähigt *adj* (*begabt*) talented; (*fähig*) ~ **(für)** capable (of).
Befähigung *f* capability; (*Begabung*) talent, aptitude; **die** ~ **zum Richteramt** the qualifications to become a judge.
befahl *etc* [bə'faːl] *vb siehe* **befehlen**.
befahrbar [bə'faːrbaːr] *adj* passable; (*NAUT*) navigable; **nicht** ~ **sein** (*Straße, Weg*) to be closed (to traffic); (*wegen Schnee etc*) to be impassable.
befahren [bə'faːrən] *unreg vt* to use, drive over; (*NAUT*) to navigate ♦ *adj* used.
befallen [bə'falən] *unreg vt* to come over.
befangen [bə'faŋən] *adj* (*schüchtern*) shy, self-conscious; (*voreingenommen*) bias(s)ed; **B~heit** *f* shyness; bias.
befassen [bə'fasən] *vr* to concern o.s.
Befehl [bə'feːl] (-(e)s, -e) *m* command, order; (*COMPUT*) command; **auf** ~ **handeln** to act under orders; **zu** ~**, Herr Hauptmann!** (*MIL*) yes, sir; **den** ~ **haben** *od* **führen (über** +*akk*) to be in command (of).
befehlen *unreg vt* to order ♦ *vi* to give orders; **jdm etw** ~ to order sb to do sth; **du hast mir gar nichts zu** ~ I won't take orders from you.
befehligen *vt* to be in command of.
Befehls- *zW:* ~**empfänger** *m* subordinate; ~**form** *f* (*GRAM*) imperative; ~**haber** (-s, -) *m* commanding officer; ~**notstand** *m* (*JUR*)

obligation to obey orders; ~**verweigerung** *f* insubordination.
befestigen [bə'fɛstɪgən] *vt* to fasten; (*stärken*) to strengthen; (*MIL*) to fortify; ~ **an** +*dat* to fasten to.
Befestigung *f* fastening; strengthening; (*MIL*) fortification.
Befestigungsanlage *f* fortification.
befeuchten [bə'fɔʏçtən] *vt* to damp(en), moisten.
befinden [bə'fɪndən] *unreg vr* to be; (*sich fühlen*) to feel ♦ *vt:* **jdn/etw für** *od* **als etw** ~ to deem sb/sth to be sth ♦ *vi:* ~ **(über** +*akk*) to decide (on), adjudicate (on).
Befinden (-s) *nt* health, condition; (*Meinung*) view, opinion.
beflecken [bə'flɛkən] *vt* (*lit*) to stain; (*fig geh: Ruf, Ehre*) to besmirch.
befliegen [bə'fliːgən] *unreg vt* (*Strecke*) to fly.
beflügeln [bə'flyːgəln] *vt* (*geh*) to inspire.
befohlen [bə'foːlən] *pp von* **befehlen**.
befolgen [bə'fɔlgən] *vt* to comply with, follow.
befördern [bə'fœrdərn] *vt* (*senden*) to transport, send; (*beruflich*) to promote; **etw mit der Post/per Bahn** ~ to send sth by post/by rail.
Beförderung *f* transport; promotion.
Beförderungskosten *pl* transport costs *pl*.
befragen [bə'fraːgən] *vt* to question; (*um Stellungnahme bitten*): ~ **(über** +*akk*) to consult (about).
Befragung *f* poll.
befreien [bə'fraɪən] *vt* to set free; (*erlassen*) to exempt.
Befreier(in) (-s, -) *m(f)* liberator.
befreit *adj* (*erleichtert*) relieved.
Befreiung *f* liberation, release; (*Erlassen*) exemption.
Befreiungs- *zW:* ~**bewegung** *f* liberation movement; ~**kampf** *m* struggle for liberation; ~**versuch** *m* escape attempt.
befremden [bə'frɛmdən] *vt* to surprise; (*unangenehm*) to disturb; **B~** (-s) *nt* surprise, astonishment.
befreunden [bə'frɔʏndən] *vr* to make friends; (*mit Idee etc*) to acquaint o.s.
befreundet *adj* friendly; **wir sind schon lange (miteinander)** ~ we have been friends for a long time.
befriedigen [bə'friːdɪgən] *vt* to satisfy.
befriedigend *adj* satisfactory.
Befriedigung *f* satisfaction, gratification.
befristet [bə'frɪstət] *adj* limited; (*Arbeitsverhältnis, Anstellung*) temporary.
befruchten [bə'frʊxtən] *vt* to fertilize; (*fig*) to stimulate.
Befruchtung *f:* **künstliche** ~ artificial insemination.
Befugnis [bə'fuːknɪs] (-, -se) *f* authorization, powers *pl*.

befugt *adj* authorized, entitled.

befühlen [bə'fy:lən] *vt* to feel, touch.

Befund [bə'fʊnt] (-(e)s, -e) *m* findings *pl*; (*MED*) diagnosis; **ohne ~** (*MED*) (results) negative.

befürchten [bə'fʏrçtən] *vt* to fear.

Befürchtung *f* fear, apprehension.

befürworten [bə'fy:rvɔrtən] *vt* to support, speak in favour (*BRIT*) *od* favor (*US*) of.

Befürworter(in) (-s, -) *m(f)* supporter, advocate.

Befürwortung *f* support(ing), favouring (*BRIT*), favoring (*US*).

begabt [bə'ga:pt] *adj* gifted.

Begabung [bə'ga:bʊŋ] *f* talent, gift.

begann *etc* [bə'gan] *vb siehe* **beginnen.**

begatten [bə'gatən] *vr* to mate ♦ *vt* to mate *od* pair (with).

begeben [bə'ge:bən] *unreg vr* (*gehen*) to proceed; (*geschehen*) to occur; **sich ~ nach** *od* **zu** to proceed to(wards); **sich in ärztliche Behandlung ~** to undergo medical treatment; **sich in Gefahr ~** to expose o.s. to danger; **B~heit** *f* occurrence.

begegnen [bə'ge:gnən] *vi:* **jdm ~** to meet sb; (*behandeln*) to treat; **Blicke ~ sich** eyes meet.

Begegnung *f* meeting; (*SPORT*) match.

begehen [bə'ge:ən] *unreg vt* (*Straftat*) to commit; (*Weg etc*) to use, negotiate; (*geh: feiern*) to celebrate.

begehren [bə'ge:rən] *vt* to desire.

begehrenswert *adj* desirable.

begehrt *adj* in demand; (*Junggeselle*) eligible.

begeistern [bə'gaɪstərn] *vt* to fill with enthusiasm; (*inspirieren*) to inspire ♦ *vr:* **sich für etw ~** to get enthusiastic about sth; **er ist für nichts zu ~** he's not interested in doing anything.

begeistert *adj* enthusiastic.

Begeisterung *f* enthusiasm.

Begierde [bə'gi:rdə] (-, -n) *f* desire, passion.

begierig [bə'gi:rɪç] *adj* eager, keen; (*voll Verlangen*) hungry, greedy.

begießen [bə'gi:sən] *unreg vt* to water; (*mit Fett: Braten etc*) to baste; (*mit Alkohol*) to drink to.

Beginn [bə'gɪn] (-(e)s) *m* beginning; **zu ~** at the beginning.

beginnen *unreg vt, vi* to start, begin.

beglaubigen [bə'glaʊbɪgən] *vt* to countersign; (*Abschrift*) to authenticate; (*Echtheit, Übersetzung*) to certify.

Beglaubigung *f* countersignature.

Beglaubigungsschreiben *nt* credentials *pl.*

begleichen [bə'glaɪçən] *unreg vt* to settle, pay; **mit Ihnen habe ich noch eine Rechnung zu ~** (*fig*) I've a score to settle with you.

begleiten [bə'glaɪtən] *vt* to accompany; (*MIL*) to escort.

Begleiter(in) (-s, -) *m(f)* companion; (*zum*

Schutz) escort; (*MUS*) accompanist.

Begleit- *zW:* **~erscheinung** *f* side effect; **~musik** *f* accompaniment; **~papiere** *pl* (*COMM*) accompanying documents *pl*; **~schiff** *nt* escort vessel; **~schreiben** *nt* covering letter; **~umstände** *pl* attendant circumstances.

Begleitung *f* company; (*MIL*) escort; (*MUS*) accompaniment.

beglücken [bə'glʏkən] *vt* to make happy, delight.

beglückwünschen [bə'glʏkvʏnʃən] *vt:* **~ (zu)** to congratulate (on).

begnadet [bə'gna:dət] *adj* gifted.

begnadigen [bə'gna:dɪgən] *vt* to pardon.

Begnadigung *f* pardon.

begnügen [bə'gny:gən] *vr:* **sich ~ mit** to be satisfied with, content o.s. with.

Begonie [bə'go:niə] *f* begonia.

begonnen [bə'gɔnən] *pp von* **beginnen.**

begossen [bə'gɔsən] *pp von* **begießen** ♦ *adj:* **er stand da wie ein ~er Pudel** (*umg*) he looked so sheepish.

begraben [bə'gra:bən] *unreg vt* to bury; (*aufgeben: Hoffnung*) to abandon; (*beenden: Streit etc*) to end; **dort möchte ich nicht ~ sein** (*umg*) I wouldn't like to be stuck in that hole.

Begräbnis [bə'grɛ:pnɪs] (-ses, -se) *nt* burial, funeral.

begradigen [bə'gra:dɪgən] *vt* to straighten (out).

begreifen [bə'graɪfən] *unreg vt* to understand, comprehend.

begreiflich [bə'graɪflɪç] *adj* understandable; **ich kann mich ihm nicht ~ machen** I can't make myself clear to him.

begrenzen [bə'grɛntsən] *vt* (*beschränken*): **~ (auf +akk)** to restrict (to), limit (to).

Begrenztheit [bə'grɛntsthaɪt] *f* limitation, restriction; (*fig*) narrowness.

Begriff [bə'grɪf] (-(e)s, -e) *m* concept, idea; **im ~ sein, etw zu tun** to be about to do sth; **sein Name ist mir ein/kein ~** his name means something/doesn't mean anything to me; **du machst dir keinen ~ (davon)** you've no idea; **für meine ~e** in my opinion; **schwer von ~** (*umg*) slow on the uptake.

Begriffsbestimmung *f* definition.

begriffsstutzig *adj* slow-witted, dense.

begrub *etc* [bə'gru:p] *vb siehe* **begraben.**

begründen [bə'grʏndən] *vt* (*Gründe geben*) to justify; **etw näher ~** to give specific reasons for sth.

Begründer(in) (-s, -) *m(f)* founder.

begründet *adj* well-founded, justified; **sachlich ~** founded on fact.

Begründung *f* justification, reason.

begrünen [bə'gry:nən] *vt* to plant with greenery.

begrüßen [bə'gryːsən] *vt* to greet, welcome.
begrüßenswert *adj* welcome.
Begrüßung *f* greeting, welcome.
begünstigen [bə'gynstɪgən] *vt* (*Person*) to favour (*BRIT*), favor (*US*); (*Sache*) to further, promote.
Begünstigte(r) *f(m)* beneficiary.
begutachten [bə'guːt|axtən] *vt* to assess; (*umg: ansehen*) to have a look at.
begütert [bə'gyːtərt] *adj* wealthy, well-to-do.
begütigend *adj* (*Worte etc*) soothing; **~ auf jdn einreden** to calm sb down.
behaart [bə'haːrt] *adj* hairy.
behäbig [bə'hɛːbɪç] *adj* (*dick*) portly, stout; (*geruhsam*) comfortable.
behaftet [bə'haftət] *adj*: **mit etw ~ sein** to be afflicted by sth.
behagen [bə'haːgən] *vi*: **das behagt ihm nicht** he does not like it; **B~ (-s)** *nt* comfort, ease; **mit B~ essen** to eat with relish.
behaglich [bə'haːklɪç] *adj* comfortable, cosy; **B~keit** *f* comfort, cosiness.
behält [bə'hɛlt] *vb siehe* **behalten**.
behalten [bə'haltən] *unreg vt* to keep, retain; (*im Gedächtnis*) to remember; **~ Sie (doch) Platz!** please don't get up!
Behälter [bə'hɛltər] **(-s, -)** *m* container, receptacle.
behämmert [bə'hɛmərt] (*umg*) *adj* screwy, crazy.
behandeln [bə'handəln] *vt* to treat; (*Thema*) to deal with; (*Maschine*) to handle; **der ~de Arzt** the doctor in attendance.
Behändigkeit▲ [bə'hɛndɪçkaɪt] *f* agility, quickness.
Behandlung *f* treatment; (*von Maschine*) handling.
behängen [bə'hɛŋən] *vt* to decorate.
beharren [bə'harən] *vi*: **auf etw** *dat* **~** to stick *od* keep to sth.
beharrlich [bə'harlɪç] *adj* (*ausdauernd*) steadfast, unwavering; (*hartnäckig*) tenacious, dogged; **B~keit** *f* steadfastness; tenacity.
behaupten [bə'hauptən] *vt* to claim, assert, maintain; (*sein Recht*) to defend ♦ *vr* to assert o.s.; **von jdm ~, dass ...** to say (of sb) that ...; **sich auf dem Markt ~** to establish itself on the market.
Behauptung *f* claim, assertion.
Behausung [bə'hauzʊŋ] *f* dwelling, abode; (*armselig*) hovel.
beheben [bə'heːbən] *unreg vt* (*beseitigen*) to remove; (*Missstände*) to remedy; (*Schaden*) to repair; (*Störung*) to clear.
beheimatet [bə'haɪmaːtət] *adj*: **~ (in** +*dat*) domiciled (at/in); (*Tier, Pflanze*) native (to).
beheizen [bə'haɪtsən] *vt* to heat.
Behelf [bə'hɛlf] **(-(e)s, -e)** *m* expedient, makeshift; **b~en** *unreg vr*: **sich mit etw b~en**

to make do with sth.
behelfsmäßig *adj* improvised, makeshift; (*vorübergehend*) temporary.
behelligen [bə'hɛlɪgən] *vt* to trouble, bother.
Behendigkeit△ [bə'hɛndɪçkaɪt] *f siehe* **Behändigkeit**.
beherbergen [bə'hɛrbɛrgən] *vt* (*lit, fig*) to house.
beherrschen [bə'hɛrʃən] *vt* (*Volk*) to rule, govern; (*Situation*) to control; (*Sprache, Gefühle*) to master ♦ *vr* to control o.s.
beherrscht *adj* controlled; **B~heit** *f* self-control.
Beherrschung *f* rule; control; mastery; **die ~ verlieren** to lose one's temper.
beherzigen [bə'hɛrtsɪgən] *vt* to take to heart.
beherzt *adj* spirited, brave.
behielt *etc* [bə'hiːlt] *vb siehe* **behalten**.
behilflich [bə'hɪlflɪç] *adj* helpful; **jdm ~ sein (bei)** to help sb (with).
behindern [bə'hɪndərn] *vt* to hinder, impede.
Behinderte(r) *f(m)* disabled person.
Behinderung *f* hindrance; (*Körperbehinderung*) handicap.
Behörde [bə'høːrdə] **(-, -n)** *f* authorities *pl*; (*Amtsgebäude*) office(s *pl*).
behördlich [bə'høːrtlɪç] *adj* official.
behüten [bə'hyːtən] *vt* to guard; **jdn vor etw** *dat* **~** to preserve sb from sth.
behütet *adj* (*Jugend etc*) sheltered.
behutsam [bə'huːtzaːm] *adj* cautious, careful; **man muss es ihr ~ beibringen** it will have to be broken to her gently; **B~keit** *f* caution, carefulness.

═══════════════ *SCHLÜSSELWORT*

bei [baɪ] *präp* +*dat* **1** (*nahe ~*) near; (*zum Aufenthalt*) at, with; (*unter, zwischen*) among; **~ München** near Munich; **~ uns** at our place; **~m Friseur** at the hairdresser's; **~ seinen Eltern wohnen** to live with one's parents; **~ einer Firma arbeiten** to work for a firm; **etw ~ sich haben** to have sth on one; **jdn ~ sich haben** to have sb with one; **~ Goethe** in Goethe; **~m Militär** in the army.
2 (*zeitlich*) at, on; (*während*) during; (*Zustand, Umstand*) in; **~ Nacht** at night; **~ Nebel** in fog; **~ Regen** if it rains; **~ solcher Hitze** in such heat; **~ meiner Ankunft** on my arrival; **~ der Arbeit** when I'm *etc* working; **~m Fahren** while driving; **~ offenem Fenster schlafen** to sleep with the window open; **~ Feuer Scheibe einschlagen** in case of fire break glass; **~ seinem Talent** with his talent.

beibehalten ['baɪbəhaltən] *unreg vt* to keep, retain.
Beibehaltung *f* keeping, retaining.

Beiblatt ['baɪblat] *nt* supplement.
beibringen ['baɪbrɪŋən] *unreg vt* (*Beweis, Zeugen*) to bring forward; (*Gründe*) to adduce; **jdm etw** ~ (*zufügen*) to inflict sth on sb; (*zu verstehen geben*) to make sb understand sth; (*lehren*) to teach sb sth.
Beichte ['baɪçtə] *f* confession.
beichten *vt* to confess ♦ *vi* to go to confession.
Beichtgeheimnis *nt* secret of the confessional.
Beichtstuhl *m* confessional.
beide ['baɪdə] *pron, adj* both; **meine ~n Brüder** my two brothers, both my brothers; **die ersten ~n** the first two; **wir** ~ we two; **einer von** ~**n** one of the two; **alles** ~**s** both (of them); ~ **Mal** both times.
beider- *zW*: ~**lei** *adj inv* of both; ~**seitig** *adj* mutual, reciprocal; ~**seits** *adv* mutually ♦ *präp +gen* on both sides of.
beidhändig ['baɪthɛndɪç] *adj* ambidextrous.
beidrehen ['baɪdreːən] *vi* to heave to.
beidseitig ['baɪtzaɪtɪç] *adj* (*auf beiden Seiten*) on both sides.
beieinander [baɪʔaɪˈnandər] *adv* together; **gut** ~ **sein** (*umg: gesundheitlich*) to be in good shape; (: *geistig*) to be all there.
Beifahrer(in) ['baɪfaːrər(ɪn)] (**-s, -**) *m(f)* passenger; ~**airbag** *m* (*AUT*) passenger airbag; ~**sitz** *m* passenger seat.
Beifall ['baɪfal] (**-(e)s**) *m* applause; (*Zustimmung*) approval; ~ **heischend** fishing for applause/approval.
beifällig ['baɪfɛlɪç] *adj* approving; (*Kommentar*) favourable (*BRIT*), favorable (*US*).
Beifilm ['baɪfɪlm] *m* supporting film.
beifügen ['baɪfyːɡən] *vt* to enclose.
Beigabe ['baɪɡaːbə] *f* addition.
beige ['beːʒ] *adj* beige.
beigeben ['baɪɡeːbən] *unreg vt* (*zufügen*) to add; (*mitgeben*) to give ♦ *vi*: **klein** ~ (*nachgeben*) to climb down.
Beigeschmack ['baɪɡəʃmak] *m* aftertaste.
Beihilfe ['baɪhɪlfə] *f* aid, assistance; (*Studienbeihilfe*) grant; (*JUR*) aiding and abetting; **wegen** ~ **zum Mord** (*JUR*) because of being an accessory to the murder.
beikommen ['baɪkɔmən] *unreg vi +dat* to get at; (*einem Problem*) to deal with.
Beil [baɪl] (**-(e)s, -e**) *nt* axe (*BRIT*), ax (*US*), hatchet.
Beilage ['baɪlaːɡə] *f* (*Buch~ etc*) supplement; (*KOCH*) accompanying vegetables; (*getrennt serviert*) side dish.
beiläufig ['baɪlɔyfɪç] *adj* casual, incidental ♦ *adv* casually, by the way.
beilegen ['baɪleːɡən] *vt* (*hinzufügen*) to enclose, add; (*beimessen*) to attribute, ascribe; (*Streit*) to settle.
beileibe [baɪˈlaɪbə] *adv*: ~ **nicht** by no means.

Beileid ['baɪlaɪt] *nt* condolence, sympathy; **herzliches** ~ deepest sympathy.
beiliegend ['baɪliːɡənt] *adj* (*COMM*) enclosed.
beim [baɪm] = **bei dem**.
beimessen ['baɪmɛsən] *unreg vt* to attribute, ascribe.
Bein [baɪn] (**-(e)s, -e**) *nt* leg; **jdm ein** ~ **stellen** (*lit, fig*) to trip sb up; **wir sollten uns auf die** ~**e machen** (*umg*) we ought to be making tracks; **jdm** ~**e machen** (*umg: antreiben*) to make sb get a move on; **die** ~**e in die Hand nehmen** (*umg*) to take to one's heels; **sich** *dat* **die** ~**e in den Bauch stehen** (*umg*) to stand about until one is fit to drop; **etw auf die** ~**e stellen** (*fig*) to get sth off the ground.
beinah(e) [baɪˈnaː(ə)] *adv* almost, nearly.
Beinbruch *m* fracture of the leg; **das ist kein** ~ (*fig: umg*) it could be worse.
beinhalten [bəˈʔɪnhaltən] *vt* to contain.
beipflichten ['baɪpflɪçtən] *vi*: **jdm/etw** ~ to agree with sb/sth.
Beiprogramm ['baɪproɡram] *nt* supporting programme (*BRIT*) *od* program (*US*).
Beirat ['baɪraːt] *m* advisory council; (*Eltern~*) parents' council.
beirren [bəˈʔɪrən] *vt* to confuse, muddle; **sich nicht** ~ **lassen** not to let o.s. be confused.
Beirut [baɪˈruːt] (**-s**) *nt* Beirut.
beisammen [baɪˈzamən] *adv* together; ~**haben** *unreg vt*: **er hat (sie) nicht alle** ~ (*umg*) he's not all there; **B~sein** (**-s**) *nt* get-together.
Beischlaf ['baɪʃlaːf] *m* (*JUR*) sexual intercourse.
Beisein ['baɪzaɪn] (**-s**) *nt* presence.
beiseite [baɪˈzaɪtə] *adv* to one side, aside; (*stehen*) on one side, aside; **Spaß** ~! joking apart!; **etw** ~ **legen** (*sparen*) to put sth by; **jdn/etw** ~ **schaffen** to get rid of sb/sth.
beisetzen ['baɪzɛtsən] *vt* to bury.
Beisetzung *f* funeral.
Beisitzer(in) ['baɪzɪtsər(ɪn)] (**-s, -**) *m(f)* (*JUR*) assessor; (*bei Prüfung*) observer.
Beispiel ['baɪʃpiːl] (**-(e)s, -e**) *nt* example; **mit gutem** ~ **vorangehen** to set a good example; **sich** *dat* **an jdm ein** ~ **nehmen** to take sb as an example; **zum** ~ for example; **b~haft** *adj* exemplary; **b~los** *adj* unprecedented.
beispielsweise *adv* for instance, for example.
beispringen ['baɪʃprɪŋən] *unreg vi +dat* to come to the aid of.
beißen ['baɪsən] *unreg vt, vi* to bite; (*stechen: Rauch, Säure*) to burn ♦ *vr* (*Farben*) to clash.
beißend *adj* biting, caustic; (*Geruch*) pungent, sharp; (*fig*) sarcastic.
Beißzange ['baɪstsaŋə] *f* pliers *pl*.
Beistand ['baɪʃtant] (**-(e)s, -̈e**) *m* support, help; (*JUR*) adviser; **jdm** ~ **leisten** to give sb assistance/one's support.
beistehen ['baɪʃteːən] *unreg vi*: **jdm** ~ to stand

by sb.

Beistelltisch ['baɪʃtɛltɪʃ] *m* occasional table.

beisteuern ['baɪʃtɔʏərn] *vt* to contribute.

beistimmen ['baɪʃtɪmən] *vi +dat* to agree with.

Beistrich ['baɪʃtrɪç] *m* comma.

Beitrag ['baɪtraːk] (-(e)s, ̈-e) *m* contribution; (*Zahlung*) fee, subscription; (*Versicherungs~*) premium; **einen ~ zu etw leisten** to make a contribution to sth.

beitragen ['baɪtraːgən] *unreg vt, vi:* **~ (zu)** to contribute (to); (*mithelfen*) to help (with).

Beitrags- *zW:* **b~frei** *adj* non-contributory; **b~pflichtig** *adj* contributory; **b~pflichtig sein** (*Mensch*) to have to pay contributions; **~zahlende(r)** *f(m)* fee-paying member.

beitreten ['baɪtreːtən] *unreg vi +dat* to join.

Beitritt ['baɪtrɪt] *m* joining; membership.

Beitrittserklärung *f* declaration of membership.

Beiwagen ['baɪvaːgən] *m* (*Motorrad~*) sidecar; (*Straßenbahn~*) extra carriage.

beiwohnen ['baɪvoːnən] *vi* (*geh*): **einer Sache** *dat* **~** to attend *od* be present at sth.

Beiwort ['baɪvɔrt] *nt* adjective.

Beize ['baɪtsə] (-, -n) *f* (*Holz~*) stain; (*KOCH*) marinade.

beizeiten [baɪ'tsaɪtən] *adv* in time.

bejahen [bə'jaːən] *vt* (*Frage*) to say yes to, answer in the affirmative; (*gutheißen*) to agree with.

bejahrt [bə'jaːrt] *adj* elderly, advanced in years.

bejammern [bə'jamərn] *vt* to lament, bewail.

bejammernswert *adj* lamentable.

bekakeln [bə'kaːkəln] (*umg*) *vt* to discuss.

bekam *etc* [bə'kam] *vb siehe* **bekommen**.

bekämpfen [bə'kɛmpfən] *vt* (*Gegner*) to fight; (*Seuche*) to combat ♦ *vr* to fight.

Bekämpfung *f:* **~** (*+gen*) fight (against), struggle (against).

bekannt [bə'kant] *adj* (well-)known; (*nicht fremd*) familiar; **~ geben** to announce publicly; **mit jdm ~ sein** to know sb; **~ machen** to announce; **jdn mit jdm ~ machen** to introduce sb to sb; **sich mit etw ~ machen** to familiarize o.s. with sth; **das ist mir ~** I know that; **es/sie kommt mir ~ vor** it/she seems familiar; **durch etw ~ werden** to become famous because of sth.

Bekannte(r) *f(m)* friend, acquaintance.

Bekanntenkreis *m* circle of friends.

bekanntermaßen *adv* as is known.

bekannt- *zW:* **B~gabe** *f* announcement; **B~heitsgrad** *m* degree of fame; **~lich** *adv* as is well known, as you know; **B~machung** *f* publication; (*Anschlag etc*) announcement; **B~schaft** *f* acquaintance.

bekehren [bə'keːrən] *vt* to convert ♦ *vr* to be *od* become converted.

Bekehrung *f* conversion.

bekennen [bə'kɛnən] *unreg vt* to confess; (*Glauben*) to profess ♦ *vr:* **sich zu jdm/etw ~** to declare one's support for sb/sth; **Farbe ~** (*umg*) to show where one stands.

Bekenntnis [bə'kɛntnɪs] (-ses, -se) *nt* admission, confession; (*Religion*) confession, denomination; **ein ~ zur Demokratie ablegen** to declare one's belief in democracy; **~schule** *f* denominational school.

beklagen [bə'klaːgən] *vt* to deplore, lament ♦ *vr* to complain.

beklagenswert *adj* lamentable, pathetic; (*Mensch*) pitiful; (*Zustand*) deplorable; (*Unfall*) terrible.

beklatschen [bə'klatʃən] *vt* to applaud, clap.

bekleben [bə'kleːbən] *vt:* **etw mit Bildern ~** to stick pictures onto sth.

bekleckern [bə'klɛkərn] (*umg*) *vt* to stain.

bekleiden [bə'klaɪdən] *vt* to clothe; (*Amt*) to occupy, fill.

Bekleidung *f* clothing; (*form: eines Amtes*) tenure.

Bekleidungsindustrie *f* clothing industry, rag trade (*umg*).

beklemmen [bə'klɛmən] *vt* to oppress.

Beklemmung *f* oppressiveness; (*Gefühl der Angst*) feeling of apprehension.

beklommen [bə'klɔmən] *adj* anxious, uneasy; **B~heit** *f* anxiety, uneasiness.

bekloppt [bə'klɔpt] (*umg*) *adj* (*Mensch*) crazy; (: *Sache*) lousy.

beknackt [bə'knakt] (*umg*) *adj* = **bekloppt**.

beknien [bə'kniːən] (*umg*) *vt* (*jdn*) to beg.

bekommen [bə'kɔmən] *unreg vt* to get, receive; (*Kind*) to have; (*Zug*) to catch, get ♦ *vi:* **jdm ~** to agree with sb; **es mit jdm zu tun ~** to get into trouble with sb; **wohl bekomms!** your health!

bekömmlich [bə'kœmlɪç] *adj* easily digestible.

beköstigen [bə'kœstɪgən] *vt* to cater for.

bekräftigen [bə'krɛftɪgən] *vt* to confirm, corroborate.

Bekräftigung *f* corroboration.

bekreuzigen [bə'krɔʏtsɪgən] *vr* to cross o.s.

bekritteln [bə'krɪtəln] *vt* to criticize, pick holes in.

bekümmern [bə'kymərn] *vt* to worry, trouble.

bekunden [bə'kʊndən] *vt* (*sagen*) to state; (*zeigen*) to show.

belächeln [bə'lɛçəln] *vt* to laugh at.

beladen [bə'laːdən] *unreg vt* to load.

Belag [bə'laːk] (-(e)s, ̈-e) *m* covering, coating; (*Brot~*) spread; (*auf Pizza, Brot*) topping; (*auf Tortenboden, zwischen Brotscheiben*) filling; (*Zahn~*) tartar; (*auf Zunge*) fur; (*Brems~*) lining.

belagern [bə'laːgərn] *vt* to besiege.

Belagerung *f* siege.

Belagerungszustand *m* state of siege.
belämmert▲ [bəˈlɛmt] (*umg*) *adj* sheepish.
Belang [bəˈlaŋ] (-(e)s) *m* importance.
Belange *pl* interests *pl*, concerns *pl*.
belangen *vt* (*JUR*) to take to court.
belanglos *adj* trivial, unimportant.
Belanglosigkeit *f* triviality.
belassen [bəˈlasən] *unreg vt* (*in Zustand, Glauben*) to leave; (*in Stellung*) to retain; **es dabei ~** to leave it at that.
Belastbarkeit *f* (*von Brücke, Aufzug*) load-bearing capacity; (*von Menschen, Nerven*) ability to take stress.
belasten [bəˈlastən] *vt* (*lit*) to burden; (*fig: bedrücken*) to trouble, worry; (*COMM: Konto*) to debit; (*JUR*) to incriminate ♦ *vr* to weigh o.s. down; (*JUR*) to incriminate o.s.; **etw (mit einer Hypothek) ~** to mortgage sth.
belastend *adj* (*JUR*) incriminating.
belästigen [bəˈlɛstɪɡən] *vt* to annoy, pester.
Belästigung *f* annoyance, pestering; (*körperlich*) molesting.
Belastung [bəˈlastʊŋ] *f* (*lit*) load; (*fig: Sorge etc*) weight; (*COMM*) charge, debit(ing); (*mit Hypothek*): **~** (+*gen*) mortgage (on); (*JUR*) incriminating evidence.
Belastungs- *zW:* **~material** *nt* (*JUR*) incriminating evidence; **~probe** *f* capacity test; (*fig*) test; **~zeuge** *m* witness for the prosecution.
belaubt [bəˈlaʊpt] *adj:* **dicht ~ sein** to have thick foliage.
belaufen [bəˈlaʊfən] *unreg vr:* **sich ~ auf** +*akk* to amount to.
belauschen [bəˈlaʊʃən] *vt* to eavesdrop on.
beleben [bəˈleːbən] *vt* (*anregen*) to liven up; (*Konjunktur, jds Hoffnungen*) to stimulate.
belebt [bəˈleːpt] *adj* (*Straße*) crowded.
Beleg [bəˈleːk] (-(e)s, -e) *m* (*COMM*) receipt; (*Beweis*) documentary evidence, proof; (*Beispiel*) example.
belegen [bəˈleːɡən] *vt* to cover; (*Kuchen, Brot*) to spread; (*Platz*) to reserve, book; (*Kurs, Vorlesung*) to register for; (*beweisen*) to verify, prove.
Belegschaft *f* personnel, staff.
belegt *adj* (*Zunge*) furred; (*Stimme*) hoarse; (*Zimmer*) occupied; **~e Brote** open sandwiches.
belehren [bəˈleːrən] *vt* to instruct, teach; **jdn eines Besseren ~** to teach sb better; **er ist nicht zu ~** he won't be told.
Belehrung *f* instruction.
beleibt [bəˈlaɪpt] *adj* stout, corpulent.
beleidigen [bəˈlaɪdɪɡən] *vt* to insult; to offend.
beleidigt *adj* insulted; (*gekränkt*) offended; **die ~e Leberwurst spielen** (*umg*) to be in a huff.
Beleidigung *f* insult; (*JUR*) slander; (*: schriftlich*) libel.
beleihen [bəˈlaɪən] *unreg vt* (*COMM*) to lend

money on.
belemmert△ [bəˈlɛmərt] (*umg*) *adj siehe* **belämmert.**
belesen [bəˈleːzən] *adj* well-read.
beleuchten [bəˈlɔʏçtən] *vt* to light, illuminate; (*fig*) to throw light on.
Beleuchter(in) (-s, -) *m(f)* lighting technician.
Beleuchtung *f* lighting, illumination.
beleumdet [bəˈlɔʏmdət] *adj:* **gut/schlecht ~ sein** to have a good/bad reputation.
beleumundet [bəˈlɔʏmʊndət] *adj* = **beleumdet.**
Belgien [ˈbɛlɡiən] (-s) *nt* Belgium.
Belgier(in) (-s, -) *m(f)* Belgian.
belgisch *adj* Belgian.
Belgrad [ˈbɛlɡraːt] (-s) *nt* Belgrade.
belichten [bəˈlɪçtən] *vt* to expose.
Belichtung *f* exposure.
Belichtungsmesser *m* exposure meter.
Belieben [bəˈliːbən] *nt:* **(ganz) nach ~** (just) as you wish.
belieben *vi unpers* (*geh*): **wie es Ihnen beliebt** as you wish.
beliebig [bəˈliːbɪç] *adj* any you like, as you like; **~ viel** as much as you like; **in ~er Reihenfolge** in any order whatever; **ein ~es Thema** any subject you like *od* want.
beliebt [bəˈliːpt] *adj* popular; **sich bei jdm ~ machen** to make o.s. popular with sb; **B~heit** *f* popularity.
beliefern [bəˈliːfərn] *vt* to supply.
Belize [beˈliːz] (-s) *nt* Belize.
bellen [ˈbɛlən] *vi* to bark.
Belletristik [bɛleˈtrɪstɪk] *f* fiction and poetry.
belohnen [bəˈloːnən] *vt* to reward.
Belohnung *f* reward.
Belüftung [bəˈlʏftʊŋ] *f* ventilation.
belügen [bəˈlyːɡən] *unreg vt* to lie to, deceive.
belustigen [bəˈlʊstɪɡən] *vt* to amuse.
Belustigung *f* amusement.
bemächtigen [bəˈmɛçtɪɡən] *vr:* **sich einer Sache** *gen* **~** to take possession of sth, seize sth.
bemalen [bəˈmaːlən] *vt* to paint ♦ *vr* (*pej: schminken*) to put on one's war paint (*umg*).
bemängeln [bəˈmɛŋəln] *vt* to criticize.
bemannen [bəˈmanən] *vt* to man.
Bemannung *f* manning; (*NAUT, AVIAT etc*) crew.
bemänteln [bəˈmɛntəln] *vt* to cloak, hide.
bemerkbar *adj* perceptible, noticeable; **sich ~ machen** (*Person*) to make *od* get o.s. noticed; (*Unruhe*) to become noticeable.
bemerken [bəˈmɛrkən] *vt* (*wahrnehmen*) to notice, observe; (*sagen*) to say, mention; **nebenbei bemerkt** by the way.
bemerkenswert *adj* remarkable, noteworthy.
Bemerkung *f* remark, comment; (*schriftlich*) comment, note.
bemitleiden [bəˈmɪtlaɪdən] *vt* to pity.

bemittelt [bə'mɪtəlt] *adj* well-to-do, well-off.
bemühen [bə'my:ən] *vr* to take trouble; **sich um eine Stelle** ~ to try to get a job.
bemüht *adj*: **(darum)** ~ **sein, etw zu tun** endeavour (*BRIT*) *od* endeavor (*US*) *od* be at pains to do sth.
Bemühung *f* trouble, pains *pl*, effort.
bemüßigt [bə'my:sɪçt] *adj*: **sich** ~ **fühlen/sehen** (*geh*) to feel called upon.
bemuttern [bə'mʊtərn] *vt* to mother.
benachbart [bə'naxba:rt] *adj* neighbouring (*BRIT*), neighboring (*US*).
benachrichtigen [bə'na:xrɪçtɪgən] *vt* to inform.
Benachrichtigung *f* notification.
benachteiligen [bə'na:xtaɪlɪgən] *vt* to (put at a) disadvantage, victimize.
benehmen [bə'ne:mən] *unreg vr* to behave; **B~** (**-s**) *nt* behaviour (*BRIT*), behavior (*US*); **kein B~ haben** not to know how to behave.
beneiden [bə'naɪdən] *vt* to envy.
beneidenswert *adj* enviable.
Beneluxländer ['be:nelʊkslɛndər] *pl* Benelux (countries *pl*).
Beneluxstaaten *pl* Benelux (countries *pl*).
benennen [bə'nɛnən] *unreg vt* to name.
Bengel ['bɛŋəl] (**-s, -**) *m* (little) rascal *od* rogue.
Benimm [bə'nɪm] (**-s**) (*umg*) *m* manners *pl*.
Benin [be'ni:n] (**-s**) *nt* Benin.
benommen [bə'nɔmən] *adj* dazed.
benoten [bə'no:tən] *vt* to mark.
benötigen [bə'nø:tɪgən] *vt* to need.
benutzen [bə'nʊtsən] *vt* to use.
benützen [bə'nʏtsən] *vt* to use.
Benutzer(in) (**-s, -**) *m(f)* user; **b~freundlich** *adj* user-friendly.
benutzerdefiniert *adj* (*COMPUT*) user-defined.
Benutzung *f* utilization, use; **jdm etw zur** ~ **überlassen** to put sth at sb's disposal.
Benzin [bɛnt'si:n] (**-s, -e**) *nt* (*AUT*) petrol (*BRIT*), gas(oline) (*US*); ~**einspritzanlage** *f* (*AUT*) fuel injection system; ~**kanister** *m* petrol (*BRIT*) *od* gas (*US*) can; ~**tank** *m* petrol (*BRIT*) *od* gas (*US*) tank; ~**uhr** *f* petrol (*BRIT*) *od* gas (*US*) gauge.
beobachten [bə'|o:baxtən] *vt* to observe.
Beobachter(in) (**-s, -**) *m(f)* observer; (*eines Unfalls*) witness; (*PRESSE, TV*) correspondent.
Beobachtung *f* observation.
beordern [bə'|ɔrdərn] *vt*: **jdn zu sich** ~ to send for sb.
bepacken [bə'pakən] *vt* to load, pack.
bepflanzen [bə'pflantsən] *vt* to plant.
bequatschen [bə'kvatʃən] (*umg*) *vt* (*überreden*) to persuade; **etw** ~ to talk sth over.
bequem [bə'kve:m] *adj* comfortable; (*Ausrede*) convenient; (*Person*) lazy, indolent.

bequemen [bə'kve:mən] *vr*: **sich** ~, **etw zu tun** to condescend to do sth.
Bequemlichkeit *f* convenience, comfort; (*Faulheit*) laziness, indolence.
Ber. *abk* = **Bericht; Beruf.**
berät [bə'rɛ:t] *vb siehe* **beraten.**
beraten [bə'ra:tən] *unreg vt* to advise; (*besprechen*) to discuss, debate ♦ *vr* to consult; **gut/schlecht** ~ **sein** to be well/ill advised; **sich** ~ **lassen** to get advice.
beratend *adj* consultative; **jdm** ~ **zur Seite stehen** to act in an advisory capacity to sb.
Berater(in) (**-s, -**) *m(f)* adviser; ~**vertrag** *m* consultancy contract.
beratschlagen [bə'ra:tʃla:gən] *vi* to deliberate, confer ♦ *vt* to deliberate on, confer about.
Beratung *f* advice; (*Besprechung*) consultation.
Beratungsstelle *f* advice centre (*BRIT*) *od* center (*US*).
berauben [bə'raʊbən] *vt* to rob.
berauschen [bə'raʊʃən] *vt* (*lit, fig*) to intoxicate.
berauschend *adj*: **das war nicht sehr** ~ (*ironisch*) that wasn't very exciting.
berechenbar [bə'rɛçənba:r] *adj* calculable; (*Verhalten*) predictable.
berechnen [bə'rɛçnən] *vt* to calculate; (*COMM: anrechnen*) to charge.
berechnend *adj* (*Mensch*) calculating, scheming.
Berechnung *f* calculation; (*COMM*) charge.
berechtigen [bə'rɛçtɪgən] *vt* to entitle; (*bevollmächtigen*) to authorize; (*fig*) to justify.
berechtigt [bə'rɛçtɪçt] *adj* justifiable, justified.
Berechtigung *f* authorization; (*fig*) justification.
bereden [bə're:dən] *vt* (*besprechen*) to discuss; (*überreden*) to persuade ♦ *vr* to discuss.
beredt [bə're:t] *adj* eloquent.
Bereich [bə'raɪç] (**-(e)s, -e**) *m* (*Bezirk*) area; (*Ressort, Gebiet*) sphere; **im** ~ **des Möglichen liegen** to be within the bounds of possibility.
bereichern [bə'raɪçərn] *vt* to enrich ♦ *vr* to get rich; **sich auf Kosten anderer** ~ to feather one's nest at the expense of other people.
Bereifung [bə'raɪfʊŋ] *f* (set of) tyres (*BRIT*) *od* tires (*US*) *pl*; (*Vorgang*) fitting with tyres (*BRIT*) *od* tires (*US*).
bereinigen [bə'raɪnɪgən] *vt* to settle.
bereisen [bə'raɪzən] *vt* to travel through; (*COMM: Gebiet*) to travel, cover.
bereit [bə'raɪt] *adj* ready, prepared; **zu etw** ~ **sein** to be ready for sth; **sich** ~ **erklären** to declare o.s. willing.
bereiten *vt* to prepare, make ready; (*Kummer, Freude*) to cause; **einer Sache** *dat* **ein Ende** ~

to put an end to sth.

bereit- *zW:* **~halten** *unreg vt* to keep in readiness; **~legen** *vt* to lay out; **~machen** *vt, vr* to prepare, get ready.

bereits *adv* already.

bereit- *zW:* **B~schaft** *f* readiness; (*Polizei*) alert; **in B~schaft sein** to be on the alert *od* on stand-by; **B~schaftsarzt** *m* doctor on call; (*im Krankenhaus*) duty doctor; **B~schaftsdienst** *m* emergency service; **~stehen** *unreg vi* (*Person*) to be ready; (*Ding*) to be ready; **~stellen** *vt* (*Kisten, Pakete etc*) to put ready; (*Geld etc*) to make available; (*Truppen, Maschinen*) to put at the ready.

Bereitung *f* preparation.

bereitwillig *adj* willing, ready; **B~keit** *f* willingness, readiness.

bereuen [bəˈrɔyən] *vt* to regret.

Berg [bɛrk] (**-(e)s, -e**) *m* mountain; (*kleiner*) hill; **mit etw hinterm ~ halten** (*fig*) to keep quiet about sth; **über alle ~e sein** to be miles away; **da stehen einem ja die Haare zu ~e** it's enough to make your hair stand on end; **b~ab** *adv* downhill; **b~an** *adv* uphill; **~arbeiter** *m* miner; **b~auf** *adv* uphill; **~bahn** *f* mountain railway (*BRIT*) *od* railroad (*US*); **~bau** *m* mining.

bergen [ˈbɛrgən] *unreg vt* (*retten*) to rescue; (*Ladung*) to salvage; (*enthalten*) to contain.

Bergführer *m* mountain guide.

Berggipfel *m* mountain top, peak, summit.

bergig [ˈbɛrgɪç] *adj* mountainous, hilly.

Berg- *zW:* **~kamm** *m* crest, ridge; **~kette** *f* mountain range; **~kristall** *m* rock crystal; **~mann** (**-(e)s**, *pl* **~leute**) *m* miner; **~not** *f:* **in ~not sein/geraten** to be in/get into difficulties while climbing; **~predigt** *f* (*REL*) Sermon on the Mount; **~rettungsdienst** *m* mountain rescue service; **~rutsch** *m* landslide; **~schuh** *m* walking boot; **~steigen** *nt* mountaineering; **~steiger(in)** *m(f)* mountaineer, climber; **~-und-Tal-Bahn** *f* big dipper, roller-coaster.

Bergung [ˈbɛrgʊŋ] *f* (*von Menschen*) rescue; (*von Material*) recovery; (*NAUT*) salvage.

Bergwacht *f* mountain rescue service.

Bergwerk *nt* mine.

Bericht [bəˈrɪçt] (**-(e)s, -e**) *m* report, account; **b~en** *vt, vi* to report; **~erstatter** (**-s, -**) *m* reporter, (newspaper) correspondent; **~erstattung** *f* reporting.

berichtigen [bəˈrɪçtɪgən] *vt* to correct.

Berichtigung *f* correction.

berieseln [bəˈriːzəln] *vt* to spray with water.

Berieselung *f* watering; **die dauernde ~ mit Musik ...** (*fig*) the constant stream of music ...

Berieselungsanlage *f* sprinkler (system).

Beringmeer [ˈbeːrɪŋmeːr] *nt* Bering Sea.

beritten [bəˈrɪtən] *adj* mounted.

Berlin [bɛrˈliːn] (**-s**) *nt* Berlin.

Berliner[1] *adj attrib* Berlin.

Berliner[2] (**-s, -**) *m* (*Person*) Berliner; (*KOCH*) jam doughnut.

Berlinerin *f* Berliner.

berlinerisch (*umg*) *adj* (*Dialekt*) Berlin *attr*.

Bermudas [bɛrˈmuːdas] *pl:* **auf den ~ in Bermuda.**

Bern [bɛrn] (**-s**) *nt* Berne.

Bernhardiner [bɛrnharˈdiːnər] (**-s, -**) *m* Saint Bernard (dog).

Bernstein [ˈbɛrnʃtaɪn] *m* amber.

bersten [ˈbɛrstən] *unreg vi* to burst, split.

berüchtigt [bəˈrʏçtɪçt] *adj* notorious, infamous.

berücksichtigen [bəˈrʏkzɪçtɪgən] *vt* to consider, bear in mind.

Berücksichtigung *f* consideration; **in** *od* **unter ~ der Tatsache, dass ...** in view of the fact that ...

Beruf [bəˈruːf] (**-(e)s, -e**) *m* occupation, profession; (*Gewerbe*) trade; **was sind Sie von ~?** what is your occupation *etc*?, what do you do for a living?; **seinen ~ verfehlt haben** to have missed one's vocation.

berufen *unreg vt* (*in Amt*): **jdn in etw** *akk* **~** to appoint sb to sth ♦ *vr:* **sich auf jdn/etw ~** to refer *od* appeal to sb/sth ♦ *adj* competent, qualified; (*ausersehen*): **zu etw ~ sein** to have a vocation for sth.

beruflich *adj* professional; **er ist ~ viel unterwegs** he is away a lot on business.

Berufs- *zW:* **~ausbildung** *f* vocational *od* professional training; **b~bedingt** *adj* occupational; **~berater** *m* careers adviser; **~beratung** *f* vocational guidance; **~bezeichnung** *f* job description; **~erfahrung** *f* (professional) experience; **~feuerwehr** *f* fire service; **~geheimnis** *nt* professional secret; **~krankheit** *f* occupational disease; **~kriminalität** *f* professional crime; **~leben** *nt* professional life; **im ~leben stehen** to be working *od* in employment; **b~mäßig** *adj* professional; **~risiko** *nt* occupational hazard; **~schule** *f* vocational *od* trade school; **~soldat** *m* professional soldier, regular; **~sportler** *m* professional (sportsman); **b~tätig** *adj* employed; **b~unfähig** *adj* unable to work (at one's profession); **~unfall** *m* occupational accident; **~verbot** *nt:* **jdm ~verbot erteilen** to ban sb from his/her profession; (*einem Arzt, Anwalt*) to strike sb off; **~verkehr** *m* commuter traffic; **~wahl** *f* choice of a job.

Berufung *f* vocation, calling; (*Ernennung*) appointment; (*JUR*) appeal; **~ einlegen** to appeal; **unter ~ auf etw** *akk* (*form*) with reference to sth.

Berufungsgericht *nt* appeal court, court of

appeal.

beruhen [bə'ru:ən] *vi*: **auf etw** *dat* ~ to be based on sth; **etw auf sich** ~ **lassen** to leave sth at that; **das beruht auf Gegenseitigkeit** the feeling is mutual.

beruhigen [bə'ru:ɪgən] *vt* to calm, pacify, soothe ♦ *vr* (*Mensch*) to calm (o.s.) down; (*Situation*) to calm down.

beruhigend *adj* (*Gefühl, Wissen*) reassuring; (*Worte*) comforting; (*Mittel*) tranquillizing.

Beruhigung *f* reassurance; (*der Nerven*) calming; **zu jds** ~ to reassure sb.

Beruhigungsmittel *nt* sedative.

Beruhigungspille *f* tranquillizer.

berühmt [bə'ry:mt] *adj* famous; **das war nicht** ~ (*umg*) it was nothing to write home about; ~**-berüchtigt** *adj* infamous, notorious; **B~heit** *f* (*Ruf*) fame; (*Mensch*) celebrity.

berühren [bə'ry:rən] *vt* to touch; (*gefühlsmäßig bewegen*) to affect; (*flüchtig erwähnen*) to mention, touch on ♦ *vr* to meet, touch; **von etw peinlich berührt sein** to be embarrassed by sth.

Berührung *f* contact.

Berührungspunkt *m* point of contact.

bes. *abk* (= *besonders*) esp.

besagen [bə'za:gən] *vt* to mean.

besagt *adj* (*form*: *Tag etc*) in question.

besaiten [bə'zaɪtən] *vt*: **neu** ~ (*Instrument*) to restring.

besänftigen [bə'zɛnftɪgən] *vt* to soothe, calm.

besänftigend *adj* soothing.

Besänftigung *f* soothing, calming.

besaß *etc* [bə'za:s] *vb siehe* **besitzen**.

besät [bə'zɛ:t] *adj* covered; (*mit Blättern etc*) strewn.

Besatz [bə'zats] (*-es, ⁼e*) *m* trimming, edging.

Besatzung *f* garrison; (*NAUT, AVIAT*) crew.

Besatzungsmacht *f* occupying power.

Besatzungszone *f* occupied zone.

besaufen [bə'zaʊfən] *unreg* (*umg*) *vr* to get drunk *od* stoned.

beschädigen [bə'ʃɛ:dɪgən] *vt* to damage.

Beschädigung *f* damage; (*Stelle*) damaged spot.

beschaffen [bə'ʃafən] *vt* to get, acquire ♦ *adj* constituted; **so** ~ **sein wie ...** to be the same as ...; **B~heit** *f* constitution, nature; **je nach B~heit der Lage** according to the situation.

Beschaffung *f* acquisition.

beschäftigen [bə'ʃɛftɪgən] *vt* to occupy; (*beruflich*) to employ; (*innerlich*): **jdn** ~ to be on sb's mind ♦ *vr* to occupy *od* concern o.s.

beschäftigt *adj* busy, occupied; (*angestellt*): **(bei einer Firma)** ~ employed (by a firm).

Beschäftigung *f* (*Beruf*) employment; (*Tätigkeit*) occupation; (*geistige* ~) preoccupation; **einer** ~ **nachgehen** (*form*) to be employed.

Beschäftigungsprogramm *nt* employment scheme.

Beschäftigungstherapie *f* occupational therapy.

beschämen [bə'ʃɛ:mən] *vt* to put to shame.

beschämend *adj* shameful; (*Hilfsbereitschaft*) shaming.

beschämt *adj* ashamed.

beschatten [bə'ʃatən] *vt* to shade; (*Verdächtige*) to shadow.

beschaulich [bə'ʃaʊlɪç] *adj* contemplative; (*Leben, Abend*) quiet, tranquil.

Bescheid [bə'ʃaɪt] (*-(e)s, -e*) *m* information; (*Weisung*) directions *pl*; ~ **wissen (über** +*akk*) to be well-informed (about); **ich weiß** ~ I know; **jdm** ~ **geben** *od* **sagen** to let sb know; **jdm ordentlich** ~ **sagen** (*umg*) to tell sb where to go.

bescheiden [bə'ʃaɪdən] *unreg vr* to content o.s. ♦ *vt*: **etw abschlägig** ~ (*form*) to turn sth down ♦ *adj* modest; **B~heit** *f* modesty.

bescheinen [bə'ʃaɪnən] *unreg vt* to shine on.

bescheinigen [bə'ʃaɪnɪgən] *vt* to certify; (*bestätigen*) to acknowledge; **hiermit wird bescheinigt, dass ...** this is to certify that ...

Bescheinigung *f* certificate; (*Quittung*) receipt.

bescheißen [bə'ʃaɪsən] *unreg* (*umg!*) *vt* to cheat.

beschenken [bə'ʃɛŋkən] *vt* to give presents to.

bescheren [bə'ʃe:rən] *vt*: **jdm etw** ~ to give sb sth as a present; **jdn** ~ to give presents to sb.

Bescherung *f* giving of presents; (*umg*) mess; **da haben wir die** ~! (*umg*) what did I tell you!

bescheuert [bə'ʃɔʏɐt] (*umg*) *adj* stupid.

beschichten [bə'ʃɪçtən] *vt* (*TECH*) to coat, cover.

beschießen [bə'ʃi:sən] *unreg vt* to shoot *od* fire at.

beschildern [bə'ʃɪldɐn] *vt* to signpost.

beschimpfen [bə'ʃɪmpfən] *vt* to abuse.

Beschimpfung *f* abuse, insult.

beschirmen [bə'ʃɪrmən] *vt* (*geh: beschützen*) to shield.

Beschiss▲ [bə'ʃɪs] (*-es*) (*umg*) *m*: **das ist** ~ that is a cheat.

beschiss *etc*▲ *vb siehe* **bescheißen**.

beschissen *pp von* **bescheißen** ♦ *adj* (*umg!*) bloody awful, lousy.

Beschlag [bə'ʃla:k] (*-(e)s, ⁼e*) *m* (*Metallband*) fitting; (*auf Fenster*) condensation; (*auf Metall*) tarnish; finish; (*Hufeisen*) horseshoe; **jdn/etw in** ~ **nehmen** *od* **mit** ~ **belegen** to monopolize sb/sth.

beschlagen [bə'ʃla:gən] *unreg vt* to cover; (*Pferd*) to shoe; (*Fenster, Metall*) to cover ♦ *vi*, *vr* (*Fenster etc*) to mist over; ~ **sein (in** *od* **auf** +*dat*) to be well versed (in).

beschlagnahmen vt to seize, confiscate.
Beschlagnahmung f confiscation.
beschleunigen [bə'ʃlɔynɪgən] vt to accelerate, speed up ♦ vi (AUT) to accelerate.
Beschleunigung f acceleration.
beschließen [bə'ʃliːsən] unreg vt to decide on; (beenden) to end, close.
beschlossen [bə'ʃlɔsən] pp von **beschließen**
♦ adj (entschieden) decided, agreed; **das ist ~e Sache** that's been settled.
Beschluss▲ [bə'ʃlʊs] (-es, ̈-e) m decision, conclusion; (Ende) close, end; **einen ~ fassen** to pass a resolution.
beschlussfähig▲ adj: ~ **sein** to have a quorum.
beschmieren [bə'ʃmiːrən] vt (Wand) to bedaub.
beschmutzen [bə'ʃmʊtsən] vt to dirty, soil.
beschneiden [bə'ʃnaɪdən] unreg vt to cut; (stutzen) to trim; (: Strauch) to prune; (REL) to circumcise.
beschnuppern [bə'ʃnʊpərn] vr (Hunde) to sniff each other; (fig: umg) to size each other up.
beschönigen [bə'ʃøːnɪgən] vt to gloss over; **~der Ausdruck** euphemism.
beschränken [bə'ʃrɛŋkən] vt, vr: **(sich) ~ (auf +akk)** to limit od restrict (to).
beschrankt [bə'ʃraŋkt] adj (Bahnübergang) with barrier.
beschränkt [bə'ʃrɛŋkt] adj confined, narrow; (Mensch) limited, narrow-minded; (pej: geistig) dim; **Gesellschaft mit ~er Haftung** limited company (BRIT), corporation (US); **B~heit** f narrowness.
Beschränkung f limitation.
beschreiben [bə'ʃraɪbən] unreg vt to describe; (Papier) to write on.
Beschreibung f description.
beschrieb etc [bə'ʃriːp] vb siehe **beschreiben**.
beschrieben [bə'ʃriːbən] pp von **beschreiben**.
beschriften [bə'ʃrɪftən] vt to mark, label.
Beschriftung f lettering.
beschuldigen [bə'ʃʊldɪgən] vt to accuse.
Beschuldigung f accusation.
beschummeln [bə'ʃʊməln] (umg) vt, vi to cheat.
Beschuss▲ [bə'ʃʊs] m: **jdn/etw unter ~ nehmen** (MIL) to (start to) bombard od shell sb/sth; (fig) to attack sb/sth; **unter ~ geraten** (lit, fig) to come into the firing line.
beschützen [bə'ʃʏtsən] vt: **~ (vor +dat)** to protect (from).
Beschützer(in) (-s, -) m(f) protector.
Beschützung f protection.
beschwatzen [bə'ʃvatsən] (umg) vt (überreden) to talk over.
Beschwerde [bə'ʃveːrdə] (-, -n) f complaint; (Mühe) hardship; (INDUSTRIE) grievance;

Beschwerden pl (Leiden) trouble; **~ einlegen** (form) to lodge a complaint; **b~frei** adj fit and healthy; **~frist** f (JUR) period of time during which an appeal may be lodged.
beschweren [bə'ʃveːrən] vt to weight down; (fig) to burden ♦ vr to complain.
beschwerlich adj tiring, exhausting.
beschwichtigen [bə'ʃvɪçtɪgən] vt to soothe, pacify.
Beschwichtigung f soothing, calming.
beschwindeln [bə'ʃvɪndəln] vt (betrügen) to cheat; (belügen) to fib to.
beschwingt [bə'ʃvɪŋt] adj cheery, in high spirits.
beschwipst [bə'ʃvɪpst] adj tipsy.
beschwören [bə'ʃvøːrən] unreg vt (Aussage) to swear to; (anflehen) to implore; (Geister) to conjure up.
beseelen [bə'zeːlən] vt to inspire.
besehen [bə'zeːən] unreg vt to look at; **genau ~** to examine closely.
beseitigen [bə'zaɪtɪgən] vt to remove.
Beseitigung f removal.
Besen ['beːzən] (-s, -) m broom; (pej: umg: Frau) old bag; **ich fresse einen ~, wenn das stimmt** (umg) if that's right, I'll eat my hat; **~stiel** m broomstick.
besessen [bə'zɛsən] adj possessed; (von einer Idee etc): **~ (von)** obsessed (with).
besetzen [bə'zɛtsən] vt (Haus, Land) to occupy; (Platz) to take, fill; (Posten) to fill; (Rolle) to cast; (mit Edelsteinen) to set.
besetzt adj full; (TEL) engaged, busy; (Platz) taken; (WC) engaged; **B~zeichen** nt engaged tone (BRIT), busy signal (US).
Besetzung f occupation; (von Stelle) filling; (von Rolle) casting; (die Schauspieler) cast; **zweite ~** (THEAT) understudy.
besichtigen [bə'zɪçtɪgən] vt to visit, look at.
Besichtigung f visit.
besiedeln vt: **dicht/dünn besiedelt** densely/thinly populated.
Besied(e)lung [bə'ziːd(ə)lʊŋ] f population.
besiegeln [bə'ziːgəln] vt to seal.
besiegen [bə'ziːgən] vt to defeat, overcome.
Besiegte(r) [bə'ziːktə(r)] f(m) loser.
besinnen [bə'zɪnən] unreg vr (nachdenken) to think, reflect; (erinnern) to remember; **sich anders ~** to change one's mind.
besinnlich adj contemplative.
Besinnung f consciousness; **bei/ohne ~ sein** to be conscious/unconscious; **zur ~ kommen** to recover consciousness; (fig) to come to one's senses.
besinnungslos adj unconscious; (fig) blind.
Besitz [bə'zɪts] (-es) m possession; (Eigentum) property; **~anspruch** m claim of ownership; (JUR) title; **b~anzeigend** adj (GRAM) possessive.
besitzen unreg vt to possess, own; (Eigenschaft)

to have.

Besitzer(in) (**-s, -**) *m(f)* owner, proprietor.

Besitz- *zW:* **~ergreifung** *f* seizure; **~nahme** *f* seizure; **~tum** *nt* (*Grundbesitz*) estate(s *pl*), property; **~urkunde** *f* title deeds *pl*.

besoffen [bə'zɔfən] (*umg*) *adj* sozzled.

besohlen [bə'zoːlən] *vt* to sole.

Besoldung [bə'zɔldʊŋ] *f* salary, pay.

besondere(r, s) [bə'zɔndərə(r, s)] *adj* special; (*eigen*) particular; (*gesondert*) separate; (*eigentümlich*) peculiar.

Besonderheit *f* peculiarity.

besonders *adv* especially, particularly; (*getrennt*) separately; **das Essen/der Film war nicht ~** the food/film was nothing special *od* out of the ordinary; **wie gehts dir? - nicht ~** how are you? - not too hot.

besonnen [bə'zɔnən] *adj* sensible, level-headed; **B~heit** *f* level-headedness.

besorgen [bə'zɔrgən] *vt* (*beschaffen*) to acquire; (*kaufen*) to purchase; (*erledigen*: *Geschäfte*) to deal with; (*sich kümmern um*) to take care of; **es jdm ~** (*umg*) to sort sb out.

Besorgnis (**-, -se**) *f* anxiety, concern; **~ erregend** alarming, worrying.

besorgt [bə'zɔrkt] *adj* anxious, worried; **B~heit** *f* anxiety, worry.

Besorgung *f* acquisition; (*Kauf*) purchase; (*Einkauf*): **~en machen** to do some shopping.

bespannen [bə'ʃpanən] *vt* (*mit Saiten, Fäden*) to string.

bespielbar *adj* (*Rasen etc*) playable.

bespielen [bə'ʃpiːlən] *vt* (*Tonband, Kassette*) to make a recording on.

bespitzeln [bə'ʃpɪtsəln] *vt* to spy on.

besprechen [bə'ʃprɛçən] *unreg vt* to discuss; (*Tonband etc*) to record, speak onto; (*Buch*) to review ♦ *vr* to discuss, consult.

Besprechung *f* meeting, discussion; (*von Buch*) review.

bespringen [bə'ʃprɪŋən] *unreg vt* (*Tier*) to mount, cover.

bespritzen [bə'ʃprɪtsən] *vt* to spray; (*beschmutzen*) to spatter.

besser ['bɛsər] *adj* better; **nur ein ~er ...** just a glorified ...; **~e Leute** a better class of people; **es geht ihm ~** he feels better; **~ stehen** (*umg*) to be better off.

bessern *vt* to make better, improve ♦ *vr* to improve; (*Mensch*) to reform.

Besserung *f* improvement; **auf dem Weg(e) der ~ sein** to be getting better, be improving; **gute ~!** get well soon!

Besserwisser(in) (**-s, -**) *m(f)* know-all (*BRIT*), know-it-all (*US*).

Bestand [bə'ʃtant] (**-(e)s, ̈-e**) *m* (*Fortbestehen*) duration, continuance; (*Kassenbestand*) amount, balance; (*Vorrat*) stock; **eiserner ~** iron rations *pl*; **~ haben, von ~ sein** to last long, endure.

bestand *etc vb siehe* **bestehen**.

bestanden *pp von* **bestehen** ♦ *adj*: **nach ~er Prüfung** after passing the exam.

beständig [bə'ʃtɛndɪç] *adj* (*ausdauernd*) constant (*auch fig*); (*Wetter*) settled; (*Stoffe*) resistant; (*Klagen etc*) continual.

Bestandsaufnahme *f* stocktaking.

Bestandsüberwachung *f* stock control, inventory control.

Bestandteil *m* part, component; (*Zutat*) ingredient; **sich in seine ~e auflösen** to fall to pieces.

bestärken [bə'ʃtɛrkən] *vt*: **jdn in etw** *dat* **~** to strengthen *od* confirm sb in sth.

bestätigen [bə'ʃtɛːtɪgən] *vt* to confirm; (*anerkennen, COMM*) to acknowledge; **jdn (im Amt) ~** to confirm sb's appointment.

Bestätigung *f* confirmation; acknowledgement.

bestatten [bə'ʃtatən] *vt* to bury.

Bestatter (**-s, -**) *m* undertaker.

Bestattung *f* funeral.

Bestattungsinstitut *nt* undertaker's (*BRIT*), mortician's (*US*).

bestäuben [bə'ʃtɔʏbən] *vt* to powder, dust; (*Pflanze*) to pollinate.

beste(r, s) ['bɛstə(r, s)] *adj* best; **sie singt am ~n** she sings best; **so ist es am ~n** it's best that way; **am ~n gehst du gleich** you'd better go at once; **jdn zum B~n haben** to pull sb's leg; **einen Witz** *etc* **zum B~n geben** to tell a joke *etc*; **aufs ~** *od* **B~** in the best possible way; **zu jds B~n** for the benefit of sb; **es steht nicht zum B~n** it does not look too promising.

bestechen [bə'ʃtɛçən] *unreg vt* to bribe ♦ *vi* (*Eindruck machen*): (**durch etw**) **~** to be impressive (because of sth).

bestechend *adj* (*Schönheit, Eindruck*) captivating; (*Angebot*) tempting.

bestechlich *adj* corruptible; **B~keit** *f* corruptibility.

Bestechung *f* bribery, corruption.

Bestechungsgelder *pl* bribe *sing*.

Bestechungsversuch *m* attempted bribery.

Besteck [bə'ʃtɛk] (**-(e)s, -e**) *nt* knife, fork and spoon, cutlery; (*MED*) set of instruments; **~kasten** *m* cutlery canteen.

bestehen [bə'ʃteːən] *unreg vi* to exist; (*andauern*) to last ♦ *vt* (*Probe, Prüfung*) to pass; (*Kampf*) to win; **~ bleiben** to last, endure; (*Frage, Hoffnung*) to remain; **die Schwierigkeit/das Problem besteht darin, dass ...** the difficulty/problem lies in the fact that ..., the difficulty/problem is that ...; **~ auf** *+dat* to insist on; **~ aus** to consist of; **B~** *nt*: **seit B~ der Firma** ever since the firm came into existence *od* has existed.

bestehlen [bə'ʃteːlən] *unreg vt* to rob.

besteigen [bə'ʃtaɪgən] *unreg vt* to climb,

ascend; (*Pferd*) to mount; (*Thron*) to ascend.
Bestellbuch *nt* order book.
bestellen [bə'ʃtɛlən] *vt* to order; (*kommen lassen*) to arrange to see; (*nominieren*) to name; (*Acker*) to cultivate; (*Grüße, Auftrag*) to pass on; **wie bestellt und nicht abgeholt** (*hum: umg*) like orphan Annie; **er hat nicht viel/nichts zu** ~ he doesn't have much/any say here; **ich bin für 10 Uhr bestellt** I have an appointment for *od* at 10 o'clock; **es ist schlecht um ihn bestellt** (*fig*) he is in a bad way.
Bestell- *zW:* ~**formular** *nt* purchase order; ~**nummer** *f* order number; ~**schein** *m* order coupon.
Bestellung *f* (*COMM*) order; (*Bestellen*) ordering; (*Ernennung*) nomination, appointment.
bestenfalls ['bɛstən'fals] *adv* at best.
bestens ['bɛstəns] *adv* very well.
besteuern [bə'ʃtɔʏərn] *vt* to tax.
bestialisch [bɛsti'aːlɪʃ] (*umg*) *adj* awful, beastly.
besticken [bə'ʃtɪkən] *vt* to embroider.
Bestie ['bɛstiə] *f* (*lit, fig*) beast.
bestimmen [bə'ʃtɪmən] *vt* (*Regeln*) to lay down; (*Tag, Ort*) to fix; (*prägen*) to characterize; (*ausersehen*) to mean; (*ernennen*) to appoint; (*definieren*) to define; (*veranlassen*) to induce ♦ *vi:* **du hast hier nicht zu** ~ you don't make the decisions here; **er kann über sein Geld allein** ~ it is up to him what he does with his money.
bestimmend *adj* (*Faktor, Einfluss*) determining, decisive.
bestimmt *adj* (*entschlossen*) firm; (*gewiss*) certain, definite; (*Artikel*) definite ♦ *adv* (*gewiss*) definitely, for sure; **suchen Sie etwas B~es?** are you looking for anything in particular?; **B~heit** *f* certainty; **in** *od* **mit aller B~heit** quite categorically.
Bestimmung *f* (*Verordnung*) regulation; (*Festsetzen*) determining; (*Verwendungszweck*) purpose; (*Schicksal*) fate; (*Definition*) definition.
Bestimmungs- *zW:* ~**bahnhof** *m* (*EISENB*) destination; **b~gemäß** *adj* as agreed; ~**hafen** *m* (port of) destination; ~**ort** *m* destination.
Bestleistung *f* best performance.
bestmöglich *adj* best possible.
Best.-Nr. *abk* = **Bestellnummer**.
bestrafen [bə'ʃtraːfən] *vt* to punish.
Bestrafung *f* punishment.
bestrahlen [bə'ʃtraːlən] *vt* to shine on; (*MED*) to treat with X-rays.
Bestrahlung *f* (*MED*) X-ray treatment, radiotherapy.
Bestreben [bə'ʃtreːbən] (*-s*) *nt* endeavour (*BRIT*), endeavor (*US*), effort.

bestrebt [bə'ʃtreːpt] *adj:* ~ **sein, etw zu tun** to endeavour (*BRIT*) *od* endeavor (*US*) to do sth.
Bestrebung [bə'ʃtreːbʊŋ] *f* = **Bestreben**.
bestreichen [bə'ʃtraɪçən] *unreg vt* (*Brot*) to spread.
bestreiken [bə'ʃtraɪkən] *vt* (*INDUSTRIE*) to black; **die Fabrik wird zur Zeit bestreikt** there's a strike on in the factory at the moment.
bestreiten [bə'ʃtraɪtən] *unreg vt* (*abstreiten*) to dispute; (*finanzieren*) to pay for, finance; **er hat das ganze Gespräch allein bestritten** he did all the talking.
bestreuen [bə'ʃtrɔʏən] *vt* to sprinkle, dust; (*Straße*) to (spread with) grit.
Bestseller ['bɛstsɛlər] (*-s, -*) *m* best-seller.
bestürmen [bə'ʃtʏrmən] *vt* (*mit Fragen, Bitten etc*) to overwhelm, swamp.
bestürzen [bə'ʃtʏrtsən] *vt* to dismay.
bestürzt *adj* dismayed.
Bestürzung *f* consternation.
Bestzeit *f* (*bes SPORT*) best time.
Besuch [bə'zuːx] (*-(e)s, -e*) *m* visit; (*Person*) visitor; **einen** ~ **bei jdm machen** to pay sb a visit *od* call; ~ **haben** to have visitors; **bei jdm auf** *od* **zu** ~ **sein** to be visiting sb.
besuchen *vt* to visit; (*SCH etc*) to attend; **gut besucht** well-attended.
Besucher(in) (*-s, -*) *m(f)* visitor, guest.
Besuchserlaubnis *f* permission to visit.
Besuchszeit *f* visiting hours *pl*.
besudeln [bə'zuːdəln] *vt* (*Wände*) to smear; (*fig: Namen, Ehre*) to sully.
betagt [bə'taːkt] *adj* aged.
betasten [bə'tastən] *vt* to touch, feel.
betätigen [bə'tɛːtɪgən] *vt* (*bedienen*) to work, operate ♦ *vr* to involve o.s.; **sich politisch** ~ to be involved in politics; **sich als etw** ~ to work as sth.
Betätigung *f* activity; (*beruflich*) occupation; (*TECH*) operation.
betäuben [bə'tɔʏbən] *vt* to stun; (*fig: Gewissen*) to still; (*MED*) to anaesthetize (*BRIT*), anesthetize (*US*); **ein** ~**der Duft** an overpowering smell.
Betäubung *f* (*Narkose*): **örtliche** ~ local anaesthetic (*BRIT*) *od* anesthetic (*US*).
Betäubungsmittel *nt* anaesthetic (*BRIT*), anesthetic (*US*).
Bete ['beːtə] (*-, -n*) *f:* **Rote** ~ beetroot (*BRIT*), beet (*US*).
beteiligen [bə'taɪlɪgən] *vr:* **sich (an etw** *dat*) ~ to take part (in sth), participate (in sth); (*an Geschäft: finanziell*) to have a share (in sth) ♦ *vt:* **jdn (an etw** *dat*) ~ to give sb a share *od* interest (in sth); **sich an den Unkosten** ~ to contribute to the expenses.
Beteiligung *f* participation; (*Anteil*) share, interest; (*Besucherzahl*) attendance.
Beteiligungsgesellschaft *f* associated

company.

beten ['be:tən] *vi* to pray ♦ *vt* (*Rosenkranz*) to say.

beteuern [bə'tɔyərn] *vt* to assert; (*Unschuld*) to protest; **jdm etw** ~ to assure sb of sth.

Beteuerung *f* assertion; protestation; assurance.

Beton [be'tõ:] (**-s, -s**) *m* concrete.

betonen [bə'to:nən] *vt* to stress.

betonieren [beto'ni:rən] *vt* to concrete.

Betonmischmaschine *f* concrete mixer.

betont [bə'to:nt] *adj* (*Höflichkeit*) emphatic, deliberate; (*Kühle, Sachlichkeit*) pointed.

Betonung *f* stress, emphasis.

betören [bə'tø:rən] *vt* to beguile.

Betr. *abk* = **Betreff**.

betr. *abk* (= *betreffend, betreffs*) re.

Betracht [bə'traxt] *m*: **in ~ kommen** to be concerned *od* relevant; **nicht in ~ kommen** to be out of the question; **etw in ~ ziehen** to consider sth; **außer ~ bleiben** not to be considered.

betrachten *vt* to look at; (*fig*) to consider, look at.

Betrachter(in) (**-s, -**) *m(f)* onlooker.

beträchtlich [bə'trɛçtlɪç] *adj* considerable.

Betrachtung *f* (*Ansehen*) examination; (*Erwägung*) consideration; **über etw** *akk* ~**en anstellen** to reflect on *od* contemplate sth.

betraf *etc* [bə'tra:f] *vb siehe* **betreffen**.

Betrag [bə'tra:k] (**-(e)s, ⁻e**) *m* amount, sum; ~ **erhalten** (*COMM*) sum received.

betragen [bə'tra:gən] *unreg vt* to amount to ♦ *vr* to behave.

Betragen (**-s**) *nt* behaviour (*BRIT*), behavior (*US*); (*bes in Zeugnis*) conduct.

beträgt [bə'trɛːkt] *vb siehe* **betragen**.

betrat *etc* [bə'tra:t] *vb siehe* **betreten**.

betrauen [bə'trauən] *vt*: **jdn mit etw** ~ to entrust sb with sth.

betrauern [bə'trauərn] *vt* to mourn.

beträufeln [bə'trɔyfəln] *vt*: **den Fisch mit Zitrone** ~ to sprinkle lemon juice on the fish.

Betreff *m*: ~: **Ihr Schreiben vom ...** re *od* reference your letter of ...

betreffen [bə'trɛfən] *unreg vt* to concern, affect; **was mich betrifft** as for me.

betreffend *adj* relevant, in question.

betreffs [bə'trɛfs] *präp +gen* concerning, regarding.

betreiben [bə'traɪbən] *unreg vt* (*ausüben*) to practise (*BRIT*), practice (*US*); (*Politik*) to follow; (*Studien*) to pursue; (*vorantreiben*) to push ahead; (*TECH: antreiben*) to drive; **auf jds B**~ *akk* **hin** (*form*) at sb's instigation.

betreten [bə'tre:tən] *unreg vt* to enter; (*Bühne etc*) to step onto ♦ *adj* embarrassed; „**B**~ **verboten**" "keep off/out".

betreuen [bə'trɔyən] *vt* to look after.

Betreuer(in) (**-s, -**) *m(f)* carer; (*Kinderbetreuer*) child-minder.

Betreuung *f*: **er wurde mit der ~ der Gruppe beauftragt** he was put in charge of the group.

Betrieb (**-(e)s, -e**) *m* (*Firma*) firm, concern; (*Anlage*) plant; (*Tätigkeit*) operation; (*Treiben*) bustle; (*Verkehr*) traffic; **außer ~ sein** to be out of order; **in ~ sein** to be in operation; **eine Maschine in/außer ~ setzen** to start a machine up/stop a machine; **eine Maschine/ Fabrik in ~ nehmen** to put a machine/ factory into operation; **in den Geschäften herrscht großer ~** the shops are very busy; **er hält den ganzen ~ auf** (*umg*) he's holding everything up.

betrieb *etc* [bə'tri:p] *vb siehe* **betreiben**.

betrieben [bə'tri:bən] *pp von* **betreiben**.

betrieblich *adj* company *attr* ♦ *adv* (*regeln*) within the company.

Betriebs- *zW*: ~**anleitung** *f* operating instructions *pl*; ~**ausflug** *m* firm's outing; ~**ausgaben** *pl* revenue expenditure *sing*; **b**~**eigen** *adj* company *attr*; ~**erlaubnis** *f* operating permission/licence (*BRIT*) *od* license (*US*); **b**~**fähig** *adj* in working order; ~**ferien** *pl* company holidays *pl* (*BRIT*) *od* vacation *sing* (*US*); ~**führung** *f* management; ~**geheimnis** *nt* trade secret; ~**kapital** *nt* capital employed; ~**klima** *nt* (working) atmosphere; ~**kosten** *pl* running costs; ~**leitung** *f* management; ~**rat** *m* workers' council; ~**rente** *f* company pension; **b**~**sicher** *adj* safe, reliable; ~**stoff** *m* fuel; ~**störung** *f* breakdown; ~**system** *nt* (*COMPUT*) operating system; ~**unfall** *m* industrial accident; ~**wirt** *m* management expert; ~**wirtschaft** *f* business management.

betrifft [bə'trɪft] *vb siehe* **betreffen**.

betrinken [bə'trɪŋkən] *unreg vr* to get drunk.

betritt [bə'trɪt] *vb siehe* **betreten**.

betroffen [bə'trɔfən] *pp von* **betreffen** ♦ *adj* (*bestürzt*) amazed, perplexed; **von etw** ~ **werden** *od* **sein** to be affected by sth.

betrüben [bə'try:bən] *vt* to grieve.

betrübt [bə'try:pt] *adj* sorrowful, grieved.

Betrug (**-(e)s**) *m* deception; (*JUR*) fraud.

betrug *etc* [bə'tru:k] *vb siehe* **betragen**.

betrügen [bə'try:gən] *unreg vt* to cheat; (*JUR*) to defraud; (*Ehepartner*) to be unfaithful to ♦ *vr* to deceive o.s.

Betrüger(in) (**-s, -**) *m(f)* cheat, deceiver.

betrügerisch *adj* deceitful; (*JUR*) fraudulent; **in ~er Absicht** with intent to defraud.

betrunken [bə'trʊŋkən] *adj* drunk.

Betrunkene(r) *f(m)* drunk.

Bett [bɛt] (**-(e)s, -en**) *nt* bed; **im ~** in bed; **ins** *od* **zu ~ gehen** to go to bed; ~**bezug** *m* duvet cover; ~**decke** *f* blanket; (*Daunenbettdecke*) quilt; (*Überwurf*) bedspread.

bettelarm ['bɛtəl|arm] *adj* very poor, destitute.
Bettelei [bɛtə'laɪ] *f* begging.
Bettelmönch *m* mendicant *od* begging monk.
betteln *vi* to beg.
betten *vt* to make a bed for.
Bett- *zW:* ~**hupferl** (*SÜDD*) *nt* bedtime sweet; **b**~**lägerig** *adj* bedridden; ~**laken** *nt* sheet; ~**lektüre** *f* bedtime reading.
Bettler(in) ['bɛtlər(ɪn)] (**-s, -**) *m(f)* beggar.
Bett- *zW:* ~**nässer** (**-s, -**) *m* bedwetter; ~**schwere** (*umg*) *f:* **die nötige** ~**schwere haben/bekommen** to be/get tired enough to sleep; ~**tuch**▲ *nt* sheet; ~**vorleger** *m* bedside rug; ~**wäsche** *f* bedclothes *pl*, bedding; ~**zeug** *nt* = **Bettwäsche**.
betucht [bə'tuːxt] (*umg*) *adj* well-to-do.
betulich [bə'tuːlɪç] *adj* (*übertrieben besorgt*) fussing *attr*; (*Redeweise*) twee.
betupfen [bə'tʊpfən] *vt* to dab; (*MED*) to swab.
Beugehaft ['bɔʏgəhaft] *f* (*JUR*) coercive detention.
beugen ['bɔʏgən] *vt* to bend; (*GRAM*) to inflect ♦ *vr (+dat)* (*sich fügen*) to bow (to).
Beule ['bɔʏlə] (**-, -n**) *f* bump.
beunruhigen [bə'|ʊnruːɪgən] *vt* to disturb, alarm ♦ *vr* to become worried.
Beunruhigung *f* worry, alarm.
beurkunden [bə'|uːrkʊndən] *vt* to attest, verify.
beurlauben [bə'|uːrlaʊbən] *vt* to give leave *od* holiday to (*BRIT*), grant vacation to (*US*); **beurlaubt sein** to have leave of absence; (*suspendiert sein*) to have been relieved of one's duties.
beurteilen [bə'|ʊrtaɪlən] *vt* to judge; (*Buch etc*) to review.
Beurteilung *f* judgement; (*von Buch etc*) review; (*Note*) mark.
Beute ['bɔʏtə] (**-**) *f* booty, loot; (*von Raubtieren etc*) prey.
Beutel (**-s, -**) *m* bag; (*Geld~*) purse; (*Tabaks~*) pouch.
bevölkern [bə'fœlkərn] *vt* to populate.
Bevölkerung *f* population.
Bevölkerungs- *zW:* ~**explosion** *f* population explosion; ~**schicht** *f* social stratum; ~**statistik** *f* vital statistics *pl*.
bevollmächtigen [bə'fɔlmɛçtɪgən] *vt* to authorize.
Bevollmächtigte(r) *f(m)* authorized agent.
Bevollmächtigung *f* authorization.
bevor [bə'foːr] *konj* before; ~**munden** *vt untr* to dominate; ~**stehen** *unreg vi:* (**jdm**) ~**stehen** to be in store (for sb); ~**stehend** *adj* imminent, approaching; ~**zugen** *vt untr* to prefer; ~**zugt** [bə'foːrtsuːkt] *adv:* **etw** ~**zugt abfertigen** *etc* to give sth priority; **B**~**zugung** *f* preference.
bewachen [bə'vaxən] *vt* to watch, guard.

bewachsen [bə'vaksən] *adj* overgrown.
Bewachung *f* (*Bewachen*) guarding; (*Leute*) guard, watch.
bewaffnen [bə'vafnən] *vt* to arm.
Bewaffnung *f* (*Vorgang*) arming; (*Ausrüstung*) armament, arms *pl*.
bewahren [bə'vaːrən] *vt* to keep; **jdn vor jdm/etw** ~ to save sb from sb/sth; (*Gott*) **bewahre!** (*umg*) heaven *od* God forbid!
bewähren [bə'vɛːrən] *vr* to prove o.s.; (*Maschine*) to prove its worth.
bewahrheiten [bə'vaːrhaɪtən] *vr* to come true.
bewährt *adj* reliable.
Bewährung *f* (*JUR*) probation; **ein Jahr Gefängnis mit** ~ a suspended sentence of one year with probation.
Bewährungs- *zW:* ~**frist** *f* (period of) probation; ~**helfer** *m* probation officer; ~**probe** *f:* **etw einer** ~**probe** *dat* **unterziehen** to put sth to the test.
bewaldet [bə'valdət] *adj* wooded.
bewältigen [bə'vɛltɪgən] *vt* to overcome; (*Arbeit*) to finish; (*Portion*) to manage; (*Schwierigkeiten*) to cope with.
bewandert [bə'vandərt] *adj* expert, knowledgeable.
Bewandtnis [bə'vantnɪs] *f:* **damit hat es folgende** ~ the fact of the matter is this.
bewarb *etc* [bə'varp] *vb siehe* **bewerben**.
bewässern [bə'vɛsərn] *vt* to irrigate.
Bewässerung *f* irrigation.
bewegen [bə've:gən] *vt, vr* to move; **der Preis bewegt sich um die 50 Euro** the price is about 50 euros; **jdn zu etw** ~ to induce sb to do sth.
Beweggrund *m* motive.
beweglich *adj* movable, mobile; (*flink*) quick.
bewegt [bə've:kt] *adj* (*Leben*) eventful; (*Meer*) rough; (*ergriffen*) touched.
Bewegung *f* movement, motion; (*innere*) emotion; (*körperlich*) exercise; **sich** *dat* ~ **machen** to take exercise.
Bewegungsfreiheit *f* freedom of movement; (*fig*) freedom of action.
bewegungslos *adj* motionless.
Beweis [bə'vaɪs] (**-es, -e**) *m* proof; (*Zeichen*) sign; ~**aufnahme** *f* (*JUR*) taking *od* hearing of evidence; **b**~**bar** *adj* provable.
beweisen *unreg vt* to prove; (*zeigen*) to show; **was zu** ~ **war** QED.
Beweis- *zW:* ~**führung** *f* reasoning; (*JUR*) presentation of one's case; ~**kraft** *f* weight, conclusiveness; **b**~**kräftig** *adj* convincing, conclusive; ~**last** *f* (*JUR*) onus, burden of proof; ~**mittel** *nt* evidence; ~**not** *f* (*JUR*) lack of evidence; ~**stück** *nt* exhibit.
bewenden [bə'vɛndən] *vi:* **etw dabei** ~ **lassen** to leave sth at that.
bewerben [bə'vɛrbən] *unreg vr:* **sich** ~ (**um**) to apply (for).

Bewerber(in) (**-s**, **-**) *m(f)* applicant.
Bewerbung *f* application.
Bewerbungsunterlagen *pl* application documents.
bewerkstelligen [bə'vɛrkʃtɛlɪgən] *vt* to manage, accomplish.
bewerten [bə'veːrtən] *vt* to assess.
bewies *etc* [bə'viːs] *vb siehe* **beweisen**.
bewiesen [bə'viːzən] *pp von* **beweisen**.
bewilligen [bə'vɪlɪgən] *vt* to grant, allow.
Bewilligung *f* granting.
bewirbt [bə'vɪrpt] *vb siehe* **bewerben**.
bewirken [bə'vɪrkən] *vt* to cause, bring about.
bewirten [bə'vɪrtən] *vt* to entertain.
bewirtschaften [bə'vɪrtʃaftən] *vt* to manage.
Bewirtung *f* hospitality; **die** ~ **so vieler Gäste** catering for so many guests.
bewog *etc* [bə'voːk] *vb siehe* **bewegen**.
bewogen [bə'voːgən] *pp von* **bewegen**.
bewohnbar *adj* inhabitable.
bewohnen [bə'voːnən] *vt* to inhabit, live in.
Bewohner(in) (**-s**, **-**) *m(f)* inhabitant; (*von Haus*) resident.
bewölkt [bə'vœlkt] *adj* cloudy, overcast.
Bewölkung *f* clouds *pl*.
Bewölkungsauflockerung *f* break-up of the cloud.
beworben [bə'vɔrbən] *pp von* **bewerben**.
Bewunderer(in) (**-s**, **-**) *m(f)* admirer.
bewundern [bə'vundərn] *vt* to admire.
bewundernswert *adj* admirable, wonderful.
Bewunderung *f* admiration.
bewusst▲ [bə'vust] *adj* conscious; (*absichtlich*) deliberate; **jdm etw** ~ **machen** to make sb conscious of sth; **sich** *dat* **etw** ~ **machen** to realize sth; **sich** *dat* **einer Sache** *gen* ~ **sein** to be aware of sth; **~los** *adj* unconscious; **B~losigkeit** *f* unconsciousness; **bis zur B~losigkeit** (*umg*) ad nauseam; **B~sein** *nt* consciousness; **bei B~sein** conscious; **im B~sein, dass** ... in the knowledge that ...
Bewusstseins-▲ *zW:* **~bildung** *f* (*POL*) shaping of political ideas; **b~erweiternd** *adj*: **b~erweiternde Drogen** mind-expanding drugs; **~erweiterung** *f* consciousness raising.
Bez. *abk* = **Bezirk**.
bez. *abk* (= *bezüglich*) re.
bezahlen [bə'tsaːlən] *vt* to pay (for); **es macht sich bezahlt** it will pay.
Bezahlfernsehen *nt* pay TV.
Bezahlung *f* payment; **ohne/gegen** *od* **für** ~ without/for payment.
bezaubern [bə'tsaubərn] *vt* to enchant, charm.
bezeichnen [bə'tsaɪçnən] *vt* (*kennzeichnen*) to mark; (*nennen*) to call; (*beschreiben*) to describe; (*zeigen*) to show, indicate.
bezeichnend *adj*: ~ (**für**) characteristic (of), typical (of).
Bezeichnung *f* (*Zeichen*) mark, sign;

(*Beschreibung*) description; (*Ausdruck*) expression, term.
bezeugen [bə'tsɔʏgən] *vt* to testify to.
bezichtigen [bə'tsɪçtɪgən] *vt* (*+gen*) to accuse (of).
Bezichtigung *f* accusation.
beziehen [bə'tsiːən] *unreg vt* (*mit Überzug*) to cover; (*Haus, Position*) to move into; (*Standpunkt*) to take up; (*erhalten*) to receive; (*Zeitung*) to subscribe to, take ♦ *vr* (*Himmel*) to cloud over; **die Betten frisch** ~ to change the beds; **etw auf jdn/etw** ~ to relate sth to sb/sth; **sich** ~ **auf** *+akk* to refer to.
Beziehung *f* (*Verbindung*) connection; (*Zusammenhang*) relation; (*Verhältnis*) relationship; (*Hinsicht*) respect; **diplomatische ~en** diplomatic relations; **seine ~en spielen lassen** to pull strings; **in jeder** ~ in every respect; **~en haben** (*vorteilhaft*) to have connections *od* contacts.
Beziehungskiste (*umg*) *f* relationship.
beziehungsweise *adv* or; (*genauer gesagt*) that is, or rather; (*im anderen Fall*) and ... respectively.
beziffern [bə'tsɪfərn] *vt* (*angeben*): ~ **auf** *+akk od* **mit** to estimate at.
Bezirk [bə'tsɪrk] (**-(e)s**, **-e**) *m* district.
bezirzen [bə'tsɪrtsən] (*umg*) *vt* to bewitch.
bezogen [bə'tsoːgən] *pp von* **beziehen**.
Bezogene(r) [bə'tsoːgənə(r)] *f(m)* (*von Scheck etc*) drawee.
Bezug [bə'tsuːk] (**-(e)s**, **-̈e**) *m* (*Hülle*) covering; (*COMM*) ordering; (*Gehalt*) income, salary; (*Beziehung*): ~ (**zu**) relationship (to); **in** ~ **auf** *+akk* with reference to; **mit** *od* **unter** ~ **auf** *+akk* regarding; (*form*) with reference to; ~ **nehmen auf** *+akk* to refer to.
bezüglich [bə'tsyːklɪç] *präp +gen* concerning, referring to ♦ *adj* concerning; (*GRAM*) relative.
Bezugnahme *f*: ~ (**auf** *+akk*) reference (to).
Bezugs- *zW:* **~person** *f*: **die wichtigste ~person des Kleinkindes** the person to whom the small child relates most closely; **~preis** *m* retail price; **~quelle** *f* source of supply.
bezuschussen [bə'tsuːʃusən] *vt* to subsidize.
bezwecken [bə'tsvɛkən] *vt* to aim at.
bezweifeln [bə'tsvaɪfəln] *vt* to doubt.
bezwingen [bə'tsvɪŋən] *unreg vt* to conquer; (*Feind*) to defeat, overcome.
bezwungen [bə'tsvuŋən] *pp von* **bezwingen**.
Bf. *abk* = **Bahnhof**; **Brief**.
BfA (**-**) *f abk* (= *Bundesversicherungsanstalt für Angestellte*) *Federal insurance company for employees.*
BfV (**-**) *nt abk* (= *Bundesamt für Verfassungsschutz*) *Federal Office for Protection of the Constitution.*
BG (**-**) *f abk* (= *Berufsgenossenschaft*) *professional association.*

BGB (-) *nt abk* (= *Bürgerliches Gesetzbuch*) *siehe* **bürgerlich**.

BGH (-) *m abk* (= *Bundesgerichtshof*) *Federal Supreme Court*.

BGS (-) *m abk* = **Bundesgrenzschutz**.

BH (-s, -(s)) *m abk* (= *Büstenhalter*) bra.

Bhf. *abk* = **Bahnhof**.

BI *f abk* = **Bürgerinitiative**.

Biathlon ['biːatlɔn] (-s, -s) *nt* biathlon.

bibbern ['bɪbərn] (*umg*) *vi* (*vor Kälte*) to shiver.

Bibel ['biːbəl] (-, -n) *f* Bible.

bibelfest *adj* well versed in the Bible.

Biber ['biːbər] (-s, -) *m* beaver.

Biberbetttuch▲ *nt* flannelette sheet.

Bibliografie▲ [bibliogra'fiː] *f* bibliography.

Bibliothek [biblio'teːk] (-, -en) *f* (*auch COMPUT*) library.

Bibliothekar(in) [bibliote'kaːr(ɪn)] (-s, -e) *m(f)* librarian.

biblisch ['biːblɪʃ] *adj* biblical.

bieder ['biːdər] *adj* upright, worthy; (*pej*) conventional; (*Kleid etc*) plain.

Biedermann (-(e)s, *pl* -männer) (*pej*) *m* (*geh*) petty bourgeois.

biegbar ['biːkbaːr] *adj* flexible.

Biege *f*: **die ~ machen** (*umg*) to buzz off, split.

biegen ['biːgən] *unreg vt, vr* to bend ♦ *vi* to turn; **sich vor Lachen ~** (*fig*) to double up with laughter; **auf B~ oder Brechen** (*umg*) by hook or by crook.

biegsam ['biːkzaːm] *adj* supple.

Biegung *f* bend, curve.

Biene ['biːnə] (-, -n) *f* bee; (*veraltet: umg: Mädchen*) bird (*BRIT*), chick (*bes US*).

Bienen- *zW*: **~honig** *m* honey; **~korb** *m* beehive; **~stich** (*KOCH*) sugar-and-almond coated cake filled with custard or cream; **~stock** *m* beehive; **~wachs** *nt* beeswax.

Bier [biːr] (-(e)s, -e) *nt* beer; **zwei ~, bitte!** two beers, please.

Bier- *zW*: **~bauch** (*umg*) *m* beer belly; **~brauer** *m* brewer; **~deckel** *m* beer mat; **~filz** *m* beer mat; **~krug** *m* beer mug; **~schinken** *m* ham sausage; **~seidel** *nt* beer mug; **~wurst** *f* ham sausage.

Biest [biːst] (-(e)s, -er) (*pej: umg*) *nt* (*Mensch*) (little) wretch; (*Frau*) bitch (!).

biestig *adj* beastly.

bieten ['biːtən] *unreg vt* to offer; (*bei Versteigerung*) to bid ♦ *vr* (*Gelegenheit*): **sich jdm ~** to present itself to sb; **sich dat etw ~ lassen** to put up with sth.

Bigamie [biga'miː] *f* bigamy.

Bikini [bi'kiːni] (-s, -s) *m* bikini.

Bilanz [bi'lants] *f* balance; (*fig*) outcome; **eine ~ aufstellen** to draw up a balance sheet; **~ ziehen (aus)** to take stock (of); **~prüfer** *m* auditor.

bilateral ['biːlateraːl] *adj* bilateral; **~er Handel** bilateral trade; **~es Abkommen** bilateral agreement.

Bild [bɪlt] (-(e)s, -er) *nt* (*lit, fig*) picture; photo; (*Spiegel~*) reflection; (*fig: Vorstellung*) image, picture; **ein ~ machen** to take a photo *od* picture; **im ~e sein (über** +*akk*) to be in the picture (about); **~auflösung** *f* (*TV, COMPUT*) resolution; **~band** *m* illustrated book; **~bericht** *m* pictorial report; **~beschreibung** *f* (*SCH*) description of a picture.

bilden ['bɪldən] *vt* to form; (*erziehen*) to educate; (*ausmachen*) to constitute ♦ *vr* to arise; (*durch Lesen etc*) to improve one's mind; (*erziehen*) to educate o.s.

bildend *adj*: **die ~e Kunst** art.

Bilderbuch *nt* picture book.

Bilderrahmen *m* picture frame.

Bild- *zW*: **~fläche** *f* screen; (*fig*) scene; **von der ~fläche verschwinden** (*fig: umg*) to disappear (from the scene); **b~haft** *adj* (*Sprache*) vivid; **~hauer** *m* sculptor; **b~hübsch** *adj* lovely, pretty as a picture; **b~lich** *adj* figurative; pictorial; **sich dat etw b~lich vorstellen** to picture sth in one's mind's eye.

Bildnis ['bɪltnɪs] *nt* (*liter*) portrait.

Bild- *zW*: **~platte** *f* videodisc; **~röhre** *f* (*TV*) cathode ray tube; **~schirm** *m* (*TV, COMPUT*) screen; **~schirmgerät** *nt* (*COMPUT*) visual display unit, VDU; **~schirmschoner** (-s, -) *m* (*COMPUT*) screen saver; **~schirmtext** *m* teletext; ≈ Ceefax ®, Oracle ®; **b~schön** *adj* lovely.

Bildtelefon *nt* videophone.

Bildung ['bɪldʊŋ] *f* formation; (*Wissen, Benehmen*) education.

Bildungs- *zW*: **~gang** *m* school (and university/college) career; **~gut** *nt* cultural heritage; **~lücke** *f* gap in one's education; **~politik** *f* educational policy; **~roman** *m* (*LITER*) Bildungsroman, *novel relating hero's intellectual/spiritual development*; **~urlaub** *m* educational holiday; **~weg** *m*: **auf dem zweiten ~weg** through night school/ the Open University *etc*; **~wesen** *nt* education system.

Bildweite *f* (*PHOT*) distance.

Bildzuschrift *f* reply enclosing photograph.

Billard ['bɪljart] (-s, -e) *nt* billiards; **~ball** *m* billiard ball; **~kugel** *f* billiard ball.

billig ['bɪlɪç] *adj* cheap; (*gerecht*) fair, reasonable; **~e Handelsflagge** flag of convenience; **~es Geld** cheap/easy money.

billigen ['bɪlɪgən] *vt* to approve of; **etw stillschweigend ~** to condone sth.

billigerweise *adv* (*veraltet*) in all fairness, reasonably.

Billigladen *m* discount store.

Billigpreis *m* low price.

Billigung *f* approval.

Billion – bitten

Billion [bɪli'oːn] f billion (BRIT), trillion (US).

bimmeln ['bɪməln] vi to tinkle.

Bimsstein ['bɪmsʃtaɪn] m pumice stone.

bin [bɪn] vb siehe **sein**.

binär [bi'nɛːr] adj binary; **B~zahl** f binary number.

Binde ['bɪndə] (-, -n) f bandage; (Armbinde) band; (MED) sanitary towel (BRIT) od napkin (US); **sich** dat **einen hinter die ~ gießen** od **kippen** (umg) to put a few drinks away.

Binde- zW: **~glied** nt connecting link; **~hautentzündung** f conjunctivitis; **~mittel** nt binder.

binden unreg vt to bind, tie ♦ vr (sich verpflichten): **sich ~ (an** +akk) to commit o.s. (to).

bindend adj binding; (Zusage) definite; **~ für** binding on.

Bindestrich m hyphen.

Bindewort nt conjunction.

Bindfaden m string; **es regnet Bindfäden** (umg) it's sheeting down.

Bindung f bond, tie; (SKI) binding.

binnen ['bɪnən] präp (+dat od gen) within; **B~hafen** m inland harbour (BRIT) od harbor (US); **B~handel** m internal trade; **B~markt** m home market; **Europäischer B~markt** single European market.

Binse ['bɪnzə] (-, -n) f rush, reed; **in die ~n gehen** (fig: umg) to be a wash-out.

Binsenwahrheit f truism.

Biografie▲ [biogra'fiː] f biography.

Bioladen ['biolaːdən] m health food shop (BRIT) od store (US).

BIOLADEN

A **Bioladen** is a shop which specializes in selling environmentally-friendly products such as phosphate-free washing powders, recycled paper and organically-grown vegetables.

Biologe [bio'loːgə] (-n, -n) m biologist.

Biologie [biolo'giː] f biology.

Biologin f biologist.

biologisch [bio'loːgɪʃ] adj biological; **~e Vielfalt** biodiversity; **~e Uhr** biological clock.

Bio- [bio-] zW: **~sphäre** f biosphere; **~technik** [bio'tɛçnɪk] f biotechnology; **~terrorismus** m bioterrorism; **~treibstoff** ['biːotraɪpʃtɔf] m biofuel.

birgt [bɪrkt] vb siehe **bergen**.

Birke ['bɪrkə] (-, -n) f birch.

Birma ['bɪrma] (-s) nt Burma.

Birnbaum m pear tree.

Birne ['bɪrnə] (-, -n) f pear; (ELEK) (light) bulb.

birst [bɪrst] vb siehe **bersten**.

bis [bɪs] präp +akk ♦ adv **1** (zeitlich) till, until; (~ spätestens) by; **Sie haben ~ Dienstag Zeit** you have until od till Tuesday; **~ zum Wochenende** up to od until the weekend; (spätestens) by the weekend; **~ Dienstag muss es fertig sein** it must be ready by Tuesday; **~ wann ist das fertig?** when will that be finished?; **~ auf weiteres** until further notice; **~ in die Nacht** into the night; **~ bald!/gleich!** see you later/soon.
2 (räumlich) (up) to; **ich fahre ~ Köln** I'm going as far as Cologne; **~ an unser Grundstück** (right up od up) to our plot; **~ hierher** this far; **~ zur Straße kommen** to get as far as the road.
3 (bei Zahlen, Angaben) up to; **~ zu** up to; **Gefängnis ~ zu 8 Jahren** a maximum of 8 years' imprisonment.
4 **~ auf etw** akk (außer) except sth; (einschließlich) including sth.
♦ konj **1** (mit Zahlen) to; **10 ~ 20** 10 to 20.
2 (zeitlich) till, until; **~ es dunkel wird** till od until it gets dark; **von ... ~ ...** from ... to ...

Bisamratte ['biːzamratə] f muskrat (beaver).

Bischof ['bɪʃɔf] (-s, ̈-e) m bishop.

bischöflich ['bɪʃøːflɪç] adj episcopal.

bisexuell [bizɛksu'ɛl] adj bisexual.

bisher [bɪs'heːr] adv till now, hitherto.

bisherig [bɪs'heːrɪç] adj till now.

Biskaya [bɪs'kaːya] f: **Golf von ~** Bay of Biscay.

Biskuit [bɪs'kviːt] (-(e)s, -s od -e) m od nt biscuit; **~gebäck** nt sponge cake(s); **~teig** m sponge mixture.

bislang [bɪs'laŋ] adv hitherto.

Biss▲ (-es, -e) m bite.

biss etc▲ [bɪs] vb siehe **beißen**.

bisschen▲ ['bɪsçən] adj, adv bit.

Bissen ['bɪsən] (-s, -) m bite, morsel; **sich** dat **jeden ~ vom** od **am Munde absparen** to watch every penny one spends.

bissig ['bɪsɪç] adj (Hund) snappy; vicious; (Bemerkung) cutting, biting; **„Vorsicht, ~er Hund"** "beware of the dog".

bist [bɪst] vb siehe **sein**.

Bistum ['bɪstuːm] nt bishopric.

bisweilen [bɪs'vaɪlən] adv at times, occasionally.

Bit [bɪt] (-(s), -(s)) nt (COMPUT) bit.

Bittbrief m petition.

Bitte ['bɪtə] (-, -n) f request; **auf seine ~ hin** at his request; **b~** interj please; (als Antwort auf Dank) you're welcome; **wie b~?** (I beg your) pardon?; **b~ schön!** it was a pleasure; **b~ schön?** (in Geschäft) can I help you?; **na b~!** there you are!

bitten unreg vt to ask ♦ vi (einladen): **ich lasse ~**

would you ask him/her *etc* to come in now?;
~ **um** to ask for; **aber ich bitte dich!** not at
all; **ich bitte darum** (*form*) if you wouldn't
mind; **ich muss doch (sehr)** ~! well I must
say!

bittend *adj* pleading, imploring.

bitter ['bɪtər] *adj* bitter; (*Schokolade*) plain;
etw ~ **nötig haben** to be in dire need of sth;
~**böse** *adj* very angry; ~**ernst** *adj*: **damit ist
es mir** ~**ernst** I am deadly serious *od* in
deadly earnest; **B**~**keit** *f* bitterness; ~**lich** *adj*
bitter ◆ *adv* bitterly.

Bittsteller(in) (**-s, -**) *m(f)* petitioner.

Biwak ['biːvak] (**-s, -s** *od* **-e**) *nt* bivouac.

Bj. *abk* = Baujahr.

Blabla [blaː'blaː] (**-s**) (*umg*) *nt* waffle.

blähen ['blɛːən] *vt, vr* to swell, blow out ◆ *vi*
(*Speisen*) to cause flatulence *od* wind.

Blähungen *pl* (*MED*) wind *sing.*

blamabel [bla'maːbəl] *adj* disgraceful.

Blamage [bla'maːʒə] (**-, -n**) *f* disgrace.

blamieren [bla'miːrən] *vr* to make a fool of
o.s., disgrace o.s. ◆ *vt* to let down, disgrace.

blank [blaŋk] *adj* bright; (*unbedeckt*) bare;
(*sauber*) clean, polished; (*umg: ohne Geld*)
broke; (*offensichtlich*) blatant.

blanko ['blaŋko] *adv* blank; **B**~**scheck** *m* blank
cheque (*BRIT*) *od* check (*US*); **B**~**vollmacht** *f*
carte blanche.

Bläschen ['blɛːsçən] *nt* bubble; (*MED*) small
blister.

Blase ['blaːzə] (**-, -n**) *f* bubble; (*MED*) blister;
(*ANAT*) bladder.

Blasebalg *m* bellows *pl.*

blasen *unreg vt, vi* to blow; **zum Aufbruch** ~
(*fig*) to say it's time to go.

Blasenentzündung *f* cystitis.

Bläser(in) ['blɛːzər(ɪn)] (**-s, -**) *m(f)* (*MUS*) wind
player; **die** ~ the wind (section).

blasiert [bla'ziːrt] *adj* (*pej*) *adj* (*geh*) blasé.

Blas- *zW*: ~**instrument** *nt* wind instrument;
~**kapelle** *f* brass band; ~**musik** *f* brass band
music.

blass ▲ [blas] *adj* pale; (*Ausdruck*) weak,
insipid; (*fig: Ahnung, Vorstellung*) faint,
vague; ~ **vor Neid werden** to go green with
envy.

Blässe ['blɛsə] (**-**) *f* paleness, pallor.

Blatt [blat] (**-(e)s, ⁻er**) *nt* leaf; (*von Papier*)
sheet; (*Zeitung*) newspaper; (*KARTEN*) hand;
vom ~ **singen/spielen** to sight-read; **kein**
~ **vor den Mund nehmen** not to mince one's
words.

blättern ['blɛtərn] *vi*: **in etw** *dat* ~ to leaf
through sth.

Blätterteig *m* flaky *od* puff pastry.

Blattlaus *f* greenfly, aphid.

blau [blaʊ] *adj* blue; (*umg*) drunk, stoned;
(*KOCH*) boiled; (*Auge*) black; ~**er Fleck**
bruise; **mit einem** ~**en Auge davonkommen**

(*fig*) to get off lightly; ~**er Brief** (*SCH*) *letter
telling parents a child may have to repeat a
year*; **er wird sein** ~**es Wunder erleben**
(*umg*) he won't know what's hit him; ~**äugig**
adj blue-eyed; **B**~**beere** *f* bilberry.

Blaue *nt*: **Fahrt ins** ~ mystery tour; **das**
~ **vom Himmel (herunter) lügen** (*umg*) to tell
a pack of lies.

blau- *zW*: **B**~**helm** (*umg*) *m* UN Soldier;
B~**kraut** *nt* red cabbage; **B**~**licht** *nt* flashing
blue light; ~**machen** (*umg*) *vi* to skive off
work; **B**~**pause** *f* blueprint; **B**~**säure** *f*
prussic acid; **B**~**strumpf** *m* (*fig*)
bluestocking.

Blech [blɛç] (**-(e)s, -e**) *nt* tin, sheet metal;
(*Back*~) baking tray; ~ **reden** (*umg*) to talk
rubbish *od* nonsense; ~**bläser** *pl* the brass
(section); ~**büchse** *f* tin, can; ~**dose** *f* tin,
can.

blechen (*umg*) *vt, vi* to pay.

Blechschaden *m* (*AUT*) damage to bodywork.

Blechtrommel *f* tin drum.

blecken ['blɛkən] *vt*: **die Zähne** ~ to bare *od*
show one's teeth.

Blei [blaɪ] (**-(e)s, -e**) *nt* lead.

Bleibe (**-, -n**) *f* roof over one's head.

bleiben *unreg vi* to stay, remain; **bitte,** ~ **Sie
doch sitzen** please don't get up; **wo bleibst
du so lange?** (*umg*) what's keeping you?;
das bleibt unter uns (*fig*) that's (just)
between ourselves; ~ **lassen** (*aufgeben*) to
give up; **etw** ~ **lassen** (*unterlassen*) to give
sth a miss.

bleich [blaɪç] *adj* faded, pale; ~**en** *vt* to bleach;
B~**gesicht** (*umg*) *nt* (*blasser Mensch*) pasty-
face.

bleiern *adj* leaden.

Blei- *zW*: **b**~**frei** *adj* lead-free; ~**gießen** *nt* New
Year's Eve fortune-telling using lead
shapes; **b**~**haltig** *adj*: **b**~**haltig sein** to
contain lead; ~**stift** *m* pencil; ~**stiftabsatz** *m*
stiletto heel (*BRIT*), spike heel (*US*);
~**stiftspitzer** *m* pencil sharpener;
~**vergiftung** *f* lead poisoning.

Blende ['blɛndə] (**-, -n**) *f* (*PHOT*) aperture;
(: *Einstellungsposition*) f-stop.

blenden *vt* to blind, dazzle; (*fig*) to hoodwink.

blendend (*umg*) *adj* grand; ~ **aussehen** to
look smashing.

Blender (**-s, -**) *m* con-man.

blendfrei ['blɛntfraɪ] *adj* (*Glas*) non-reflective.

Blick [blɪk] (**-(e)s, -e**) *m* (*kurz*) glance, glimpse;
(*Anschauen*) look, gaze; (*Aussicht*) view;
Liebe auf den ersten ~ love at first sight;
den ~ **senken** to look down; **den bösen**
~ **haben** to have the evil eye; **einen (guten)**
~ **für etw haben** to have an eye for sth; **mit
einem** ~ at a glance.

blicken *vi* to look; **das lässt tief** ~ that's very
revealing; **sich** ~ **lassen** to put in an

appearance.

Blick- *zW:* **~fang** *m* eye-catcher; **~feld** *nt* range of vision (*auch fig*); **~kontakt** *m* visual contact; **~punkt** *m:* **im ~punkt der Öffentlichkeit stehen** to be in the public eye.

blieb *etc* [bliːp] *vb siehe* **bleiben.**

blies *etc* [bliːs] *vb siehe* **blasen.**

blind [blɪnt] *adj* blind; (*Glas etc*) dull; (*Alarm*) false; **~er Passagier** stowaway; **~ schreiben** to touch type.

Blinddarm *m* appendix; **~entzündung** *f* appendicitis.

Blindekuh ['blɪndəkuː] *f:* **~ spielen** to play blind man's buff.

Blindenhund *m* guide dog.

Blindenschrift *f* braille.

Blind- *zW:* **~gänger** *m* (*MIL, fig*) dud; **~heit** *f* blindness; **mit ~heit geschlagen sein** (*fig*) to be blind; **b~lings** *adv* blindly; **~schleiche** *f* slow worm.

blinken ['blɪŋkən] *vi* to twinkle, sparkle; (*Licht*) to flash, signal; (*AUT*) to indicate ♦ *vt* to flash, signal.

Blinker (**-s, -**) *m* (*AUT*) indicator.

Blinklicht *nt* (*AUT*) indicator.

blinzeln ['blɪntsəln] *vi* to blink, wink.

Blitz [blɪts] (**-es, -e**) *m* (flash of) lightning; **wie ein ~ aus heiterem Himmel** (*fig*) like a bolt from the blue; **~ableiter** *m* lightning conductor; (*fig*) vent *od* safety valve for feelings; **b~en** *vi* (*aufleuchten*) to glint, shine; **es b~t** (*MET*) there's a flash of lightning; **~gerät** *nt* (*PHOT*) flash(gun); **~licht** *nt* flashlight; **b~sauber** *adj* spick and span; **b~schnell** *adj, adv* as quick as a flash; **~würfel** *m* (*PHOT*) flashcube.

Block [blɔk] (**-(e)s, ̈-e**) *m* (*lit, fig*) block; (*von Papier*) pad; (*POL: Staaten~*) bloc; (*Fraktion*) faction.

Blockade [blɔ'kaːdə] (**-, -n**) *f* blockade.

Block- *zW:* **~buchstabe** *m* block letter *od* capital; **~flöte** *f* recorder; **b~frei** *adj* (*POL*) non-aligned; **~haus** *nt* log cabin; **~hütte** *f* log cabin.

blockieren [blɔ'kiːrən] *vt* to block ♦ *vi* (*Räder*) to jam.

Block- *zW:* **~schokolade** *f* cooking chocolate; **~schrift** *f* block letters *pl*; **~stunde** *f* double period.

blöd [bløːt] *adj* silly, stupid.

blödeln ['bløːdəln] (*umg*) *vi* to fool around.

Blödheit *f* stupidity.

Blödian ['bløːdian] (**-(e)s, -e**) (*umg*) *m* idiot.

blöd- *zW:* **B~mann** (**-(e)s, *pl* -männer**) (*umg*) *m* idiot; **B~sinn** *m* nonsense; **~sinnig** *adj* silly, idiotic.

blöken ['bløːkən] *vi* (*Schaf*) to bleat.

blond [blɔnt] *adj* blond(e), fair-haired.

Blondine [blɔn'diːnə] *f* blonde.

---

bloß [bloːs] *adj* **1** (*unbedeckt*) bare; (*nackt*) naked; **mit der ~en Hand** with one's bare hand; **mit ~em Auge** with the naked eye. **2** (*alleinig: nur*) mere; **der ~e Gedanke** the very thought; **~er Neid** sheer envy.

♦ *adv* only, merely; **lass das ~!** just don't do that!; **wie ist das ~ passiert?** how on earth did that happen?

Blöße ['bløːsə] (**-, -n**) *f* bareness; nakedness; (*fig*) weakness; **sich** *dat* **eine ~ geben** (*fig*) to lay o.s. open to attack.

bloßlegen *vt* to expose.

bloßstellen *vt* to show up.

blühen ['blyːən] *vi* (*lit*) to bloom, be in bloom; (*fig*) to flourish; (*umg: bevorstehen*): **(jdm) ~** to be in store (for sb).

blühend *adj:* **wie das ~e Leben aussehen** to look the very picture of health.

Blume ['bluːmə] (**-, -n**) *f* flower; (*von Wein*) bouquet; **jdm etw durch die ~ sagen** to say sth in a roundabout way to sb.

Blumen- *zW:* **~geschäft** *nt* flower shop, florist's; **~kasten** *m* window box; **~kohl** *m* cauliflower; **~strauß** *m* bouquet, bunch of flowers; **~topf** *m* flowerpot; **~zwiebel** *f* bulb.

Bluse ['bluːzə] (**-, -n**) *f* blouse.

Blut [bluːt] (**-(e)s**) *nt* (*lit, fig*) blood; **(nur) ruhig ~** keep your shirt on (*umg*); **jdn/sich bis aufs ~ bekämpfen** to fight sb/fight bitterly; **b~arm** *adj* anaemic (*BRIT*), anemic (*US*); (*fig*) penniless; **~bahn** *f* bloodstream; **~bank** *f* blood bank; **b~befleckt** *adj* bloodstained; **~bild** *nt* blood count; **~buche** *f* copper beech; **~druck** *m* blood pressure.

Blüte ['blyːtə] (**-, -n**) *f* blossom; (*fig*) prime.

Blutegel ['bluːteːɡəl] *m* leech.

bluten *vi* to bleed.

Blütenstaub *m* pollen.

Bluter (**-s, -**) *m* (*MED*) haemophiliac (*BRIT*), hemophiliac (*US*).

Bluterguss▲ *m* haemorrhage (*BRIT*), hemorrhage (*US*); (*auf Haut*) bruise.

Blütezeit *f* flowering period; (*fig*) prime.

Blutgerinnsel *nt* blood clot.

Blutgruppe *f* blood group.

blutig *adj* bloody; (*umg: Anfänger*) absolute; (*: Ernst*) deadly.

Blut- *zW:* **b~jung** *adj* very young; **~konserve** *f* unit *od* pint of stored blood; **~körperchen** *nt* blood corpuscle; **~probe** *f* blood test; **b~rünstig** *adj* bloodthirsty; **~schande** *f* incest; **~senkung** *f* (*MED*): **eine ~senkung machen** to test the sedimentation rate of the blood; **~spender** *m* blood donor; **b~stillend** *adj* styptic; **~sturz** *m* haemorrhage (*BRIT*), hemorrhage (*US*).

blutsverwandt *adj* related by blood.

Blutübertragung f blood transfusion.
Blutung f bleeding, haemorrhage (*BRIT*), hemorrhage (*US*).
Blut- zW: **b~unterlaufen** adj suffused with blood; (*Augen*) bloodshot; **~vergießen** nt bloodshed; **~vergiftung** f blood poisoning; **~wurst** f black pudding; **~zuckerspiegel** m blood sugar level.
BLZ abk = **Bankleitzahl**.
BMX-Rad nt BMX.
BND (**-s**, **-**) m abk = **Bundesnachrichtendienst**.
Bö (**-**, **-en**) f squall.
Boccia ['bɔtʃa] nt od f bowls sing.
Bock [bɔk] (**-(e)s**, **⁻e**) m buck, ram; (*Gestell*) trestle, support; (*SPORT*) buck; **alter ~** (*umg*) old goat; **den ~ zum Gärtner machen** (*fig*) to choose the worst possible person for the job; **einen ~ schießen** (*fig: umg*) to (make a) boob; **~ haben, etw zu tun** (*umg: Lust*) to fancy doing sth.
Bockbier nt bock (beer) (*type of strong beer*).
bocken ['bɔkən] (*umg*) vi (*Auto, Mensch*) to play up.
Bocksbeutel m wide, rounded (*dumpy*) bottle containing Franconian wine.
Bockshorn nt: **sich von jdm ins ~ jagen lassen** to let sb upset one.
Bocksprung m leapfrog; (*SPORT*) vault.
Bockwurst f bockwurst (*large frankfurter*).
Boden ['boːdən] (**-s**, **⁻**) m ground; (*Fuß~*) floor; (*Meeres~*, *Fass~*) bottom; (*Speicher*) attic; **den ~ unter den Füßen verlieren** (*lit*) to lose one's footing; (*fig: in Diskussion*) to get out of one's depth; **ich hätte (vor Scham) im ~ versinken können** (*fig*) I was so ashamed, I wished the ground would swallow me up; **am ~ zerstört sein** (*umg*) to be shattered; **etw aus dem ~ stampfen** (*fig*) to conjure sth up out of nothing; (*Häuser*) to build overnight; **auf dem ~ der Tatsachen bleiben** (*fig: Grundlage*) to stick to the facts; **zu ~ fallen** to fall to the ground; **festen ~ unter den Füßen haben** to be on firm ground, be on terra firma; **~kontrolle** f (*RAUMFAHRT*) ground control; **b~los** adj bottomless; (*umg*) incredible; **~personal** nt (*AVIAT*) ground personnel pl, ground staff; **~satz** m dregs pl, sediment; **~schätze** pl mineral wealth sing.
Bodensee ['boːdənzeː] m: **der ~** Lake Constance.
Bodenturnen nt floor exercises pl.
Böe (**-**, **-n**) f squall.
bog etc [boːk] vb siehe **biegen**.
Bogen ['boːgən] (**-s**, **-**) m (*Biegung*) curve; (*ARCHIT*) arch; (*Waffe, MUS*) bow; (*Papier*) sheet; **den ~ heraushaben** (*umg*) to have got the hang of it; **einen großen ~ um jdn/etw machen** (*meiden*) to give sb/sth a wide berth; **jdn in hohem ~ hinauswerfen** (*umg*) to fling sb out; **~gang** m arcade; **~schütze** m archer.
Bohle ['boːlə] (**-**, **-n**) f plank.
Böhme ['bøːmə] (**-n**, **-n**) m Bohemian.
Böhmen (**-s**) nt Bohemia.
Böhmin f Bohemian woman.
böhmisch ['bøːmɪʃ] adj Bohemian; **das sind für mich ~e Dörfer** (*umg*) that's all Greek to me.
Bohne ['boːnə] (**-**, **-n**) f bean; **blaue ~** (*umg*) bullet; **nicht die ~** not one little bit.
Bohnen- zW: **~kaffee** m real coffee; **~stange** f (*fig: umg*) beanpole; **~stroh** nt: **dumm wie ~stroh** (*umg*) (as) thick as two (short) planks.
bohnern vt to wax, polish.
Bohnerwachs nt floor polish.
bohren ['boːrən] vt to bore; (*Loch*) to drill ♦ vi to drill; (*fig: drängen*) to keep on; (*peinigen: Schmerz, Zweifel etc*) to gnaw; **nach Öl/ Wasser ~** drill for oil/water; **in der Nase ~** to pick one's nose.
Bohrer (**-s**, **-**) m drill.
Bohr- zW: **~insel** f oil rig; **~maschine** f drill; **~turm** m derrick.
Boiler ['bɔylər] (**-s**, **-**) m water heater.
Boje ['boːjə] (**-**, **-n**) f buoy.
Bolivianer(in) [bolivi'aːnər(ɪn)] (**-s**, **-**) m(f) Bolivian.
Bolivien [bo'liːviən] nt Bolivia.
bolivisch [bo'liːvɪʃ] adj Bolivian.
Bollwerk ['bɔlvɛrk] nt (*lit, fig*) bulwark.
Bolschewismus [bɔlʃe'vɪsmʊs] (**-**) m Bolshevism.
Bolzen ['bɔltsən] (**-s**, **-**) m bolt.
bombardieren [bɔmbar'diːrən] vt to bombard; (*aus der Luft*) to bomb.
Bombe ['bɔmbə] (**-**, **-n**) f bomb; **wie eine ~ einschlagen** to come as a (real) bombshell.
Bomben- zW: **~alarm** m bomb scare; **~angriff** m bombing raid; **~anschlag** m bomb attack; **~erfolg** (*umg*) m huge success; **~geschäft** (*umg*) nt: **ein ~geschäft machen** to do a roaring trade; **b~sicher** (*umg*) adj dead certain.
bombig (*umg*) adj great, super.
Bon [bɔŋ] (**-s**, **-s**) m voucher; (*Kassenzettel*) receipt.
Bonbon [bõ'bõː] (**-s**, **-s**) nt od m sweet.
Bonn [bɔn] (**-s**) nt Bonn.
Bonze ['bɔntsə] (**-n**, **-n**) m big shot (*umg*).
Bonzenviertel (*umg*) nt posh quarter (*of town*).
Boot [boːt] (**-(e)s**, **-e**) nt boat.
Bord [bɔrt] (**-(e)s**, **-e**) m (*AVIAT, NAUT*) board ♦ nt (*Brett*) shelf; **über ~ gehen** to go overboard; (*fig*) to go by the board; **an ~** on board.
Bordell [bɔr'dɛl] (**-s**, **-e**) nt brothel.
Bordfunkanlage f radio.
Bordstein m kerb(stone) (*BRIT*), curb(-

stone) (*US*).

borgen ['bɔrgən] *vt* to borrow; **jdm etw** ~ **to** lend sb sth.

Borneo ['bɔrneo] (**-s**) *nt* Borneo.

borniert [bɔr'niːrt] *adj* narrow-minded.

Börse ['bœːrzə] (**-, -n**) *f* stock exchange; (*Geld~*) purse.

Börsen- *zW:* ~**makler** *m* stockbroker; **b~notiert** *adj:* **b~notierte Firma** listed company; ~**notierung** *f* quotation (on the stock exchange).

Borste ['bɔrstə] (**-, -n**) *f* bristle.

Borte ['bɔrtə] (**-, -n**) *f* edging; (*Band*) trimming.

bös [bøːs] *adj* = **böse**; ~**artig** *adj* malicious; (*MED*) malignant.

Böschung ['bœʃʊŋ] *f* slope; (*Ufer~ etc*) embankment.

böse ['bøːzə] *adj* bad, evil; (*zornig*) angry; **das war nicht** ~ **gemeint** I/he *etc* didn't mean it nastily.

Bösewicht (*umg*) *m* baddy.

boshaft ['boːshaft] *adj* malicious, spiteful.

Bosheit *f* malice, spite.

Bosnien ['bɔsniən] (**-s**) *nt* Bosnia.

Bosnien-Herzegowina ['bɔsniənhertsə'goːviːna] (**-s**) *nt* Bosnia-Herzegovina.

Bosnier(in) (**-s, -**) *m(f)* Bosnian.

bosnisch *adj* Bosnian.

Boss▲ [bɔs] (**-es, -e**) (*umg*) *m* boss.

böswillig ['bøːsvɪlɪç] *adj* malicious.

bot *etc* [boːt] *vb siehe* **bieten**.

Botanik [bo'taːnɪk] *f* botany.

botanisch [bo'taːnɪʃ] *adj* botanical.

Bote ['boːtə] (**-n, -n**) *m* messenger.

Botengang *m* errand.

Botenjunge *m* errand boy.

Botin ['boːtɪn] *f* messenger.

Botschaft *f* message, news; (*POL*) embassy; **die Frohe** ~ the Gospel; ~**er** (**-s, -**) *m* ambassador.

Botswana [bɔ'tsvaːna] (**-s**) *nt* Botswana.

Bottich ['bɔtɪç] (**-(e)s, -e**) *m* vat, tub.

Bouillon [bʊ'ljõː] (**-, -s**) *f* consommé.

Boulevard- [bulə'vaːr] *zW:* ~**blatt** (*umg*) *nt* tabloid; ~**presse** *f* tabloid press; ~**stück** *nt* light play/comedy.

Boutique [bu'tiːk] (**-, -n**) *f* boutique.

Bowle ['boːlə] (**-, -n**) *f* punch.

Bowlingbahn ['boːlɪŋbaːn] *f* bowling alley.

Box [bɔks] *f* (*Lautsprecher~*) speaker.

boxen *vi* to box.

Boxer (**-s, -**) *m* boxer.

Boxhandschuh *m* boxing glove.

Boxkampf *m* boxing match.

Boykott [bɔy'kɔt] (**-(e)s, -s**) *m* boycott.

boykottieren [bɔykɔ'tiːrən] *vt* to boycott.

BR *abk* (= *Bayerischer Rundfunk*) German radio station.

brach *etc* [braːx] *vb siehe* **brechen**.

brachial [braxi'aːl] *adj:* **mit** ~**er Gewalt** by brute force.

brachliegen ['braːxliːgən] *unreg vi* (*lit, fig*) to lie fallow.

brachte *etc* ['braxtə] *vb siehe* **bringen**.

Branche ['brãːʃə] (**-, -n**) *f* line of business.

Branchenführer(in) *m(f)* market leader.

Branchenverzeichnis *nt* trade directory.

Brand [brant] (**-(e)s, ̈-e**) *m* fire; (*MED*) gangrene.

Brandanschlag *m* arson attack.

branden ['brandən] *vi* to surge; (*Meer*) to break.

Brandenburg ['brandənbʊrk] (**-s**) *nt* Brandenburg.

Brandherd *m* source of the fire.

brandmarken *vt* to brand; (*fig*) to stigmatize.

brandneu (*umg*) *adj* brand-new.

Brand- *zW:* ~**salbe** *f* ointment for burns; ~**satz** *m* incendiary device; ~**stifter** *m* arsonist, fire-raiser; ~**stiftung** *f* arson.

Brandung *f* surf.

Brandwunde *f* burn.

brannte *etc* ['brantə] *vb siehe* **brennen**.

Branntwein ['brantvain] *m* brandy; ~**steuer** *f* tax on spirits.

Brasilianer(in) [brazili'aːnər(in)] (**-s, -**) *m(f)* Brazilian.

brasilianisch *adj* Brazilian.

Brasilien [bra'ziːliən] *nt* Brazil.

brät [brɛt] *vb siehe* **braten**.

Bratapfel *m* baked apple.

braten ['braːtən] *unreg vt* to roast; (*in Pfanne*) to fry; **B~** (**-s, -**) *m* roast, joint; **den B~ riechen** (*umg*) to smell a rat, suss something.

Brat- *zW:* ~**hähnchen** *nt* (*SÜDD, ÖSTERR*) roast chicken; ~**hendl** *nt* roast chicken; ~**huhn** *nt* roast chicken; ~**kartoffeln** *pl* fried/roast potatoes *pl*; ~**pfanne** *f* frying pan; ~**rost** *m* grill.

Bratsche ['braːtʃə] (**-, -n**) *f* viola.

Bratspieß *m* spit.

Bratwurst *f* grilled sausage.

Brauch [braʊx] (**-(e)s**, *pl* **Bräuche**) *m* custom.

brauchbar *adj* usable, serviceable; (*Person*) capable.

brauchen *vt* (*bedürfen*) to need; (*müssen*) to have to; (*verwenden*) to use; **wie lange braucht man, um ...?** how long does it take to ...?

Brauchtum *nt* customs *pl*, traditions *pl*.

Braue ['braʊə] (**-, -n**) *f* brow.

brauen ['braʊən] *vt* to brew.

Brauerei [braʊə'rai] *f* brewery.

braun [braʊn] *adj* brown; (*von Sonne*) tanned; ~ **gebrannt** tanned; (*pej*) Nazi.

Bräune ['brɔynə] (**-, -n**) *f* brownness; (*Sonnen~*) tan.

bräunen *vt* to make brown; (*Sonne*) to tan.

Braunkohle f brown coal.
Braunschweig ['braʊnʃvaɪk] (-s) nt Brunswick.
Brause ['braʊzə] (-, -n) f shower; (von Gießkanne) rose; (Getränk) lemonade.
brausen vi to roar; (auch vr: duschen) to take a shower.
Brausepulver nt lemonade powder.
Brausetablette f lemonade tablet.
Braut [braʊt] (-, pl **Bräute**) f bride; (Verlobte) fiancée.
Bräutigam ['brɔʏtɪgam] (-s, -e) m bridegroom; (Verlobter) fiancé.
Braut- zW: ~**jungfer** f bridesmaid; ~**kleid** nt wedding dress; ~**paar** nt bride and bridegroom, bridal pair.
brav [braːf] adj (artig) good; (ehrenhaft) worthy, honest; (bieder: Frisur, Kleid) plain; **sei schön** ~! be a good boy/girl.
BRD (-) f abk (= Bundesrepublik Deutschland) FRG; **die alte** ~ former West Germany.

> **BRD**
>
> *The **BRD** (Bundesrepublik Deutschland) is the official name for the Federal Republic of Germany. It comprises 16 **Länder** (see **Land**). It was the name given to the former West Germany as opposed to East Germany (the **DDR**). The two Germanies were reunited on 3rd October 1990.*

Brechbohne f French bean.
Brecheisen nt crowbar.
brechen unreg vt, vi to break; (Licht) to refract; (speien) to vomit; **die Ehe** ~ to commit adultery; **mir bricht das Herz** it breaks my heart; ~**d voll sein** to be full to bursting.
Brechmittel nt: **er/das ist das reinste** ~ (umg) he/it makes me feel ill.
Brechreiz m nausea.
Brechung f (des Lichts) refraction.
Brei [braɪ] (-(e)s, -e) m (Masse) pulp; (KOCH) gruel; (Hafer~) porridge (BRIT), oatmeal (US); (für Kinder, Kranke) mash; **um den heißen** ~ **herumreden** (umg) to beat about the bush.
breit [braɪt] adj broad; (bei Maßangabe) wide; **die** ~**e Masse** the masses pl ♦ adv: **ein** ~ **gefächertes Angebot** a wide range; **sich** ~ **machen** to spread o.s. out; ~ **treten** (umg) to go on about; ~**beinig** adj with one's legs apart.
Breite (-, -n) f breadth; (bei Maßangabe) width; (GEOG) latitude.
breiten vt: **etw über etw** akk ~ to spread sth over sth.
Breitengrad m degree of latitude.
Breitensport m popular sport.
breit- zW: ~**schlagen** unreg (umg) vt: **sich** ~**schlagen lassen** to let o.s. be talked round;

~**schult(e)rig** adj broad-shouldered; **B**~**wandfilm** m wide-screen film.
Bremen ['breːmən] (-s) nt Bremen.
Bremsbelag m brake lining.
Bremse ['brɛmzə] (-, -n) f brake; (ZOOL) horsefly.
bremsen vi to brake, apply the brakes ♦ vt (Auto) to brake; (fig) to slow down ♦ vr: **ich kann mich** ~ (umg) not likely!
Brems- zW: ~**flüssigkeit** f brake fluid; ~**licht** nt brake light; ~**pedal** nt brake pedal; ~**schuh** m brake shoe; ~**spur** f tyre (BRIT) od tire (US) marks pl; ~**weg** m braking distance.
brennbar adj inflammable; **leicht** ~ highly inflammable.
Brennelement nt fuel element.
brennen ['brɛnən] unreg vi to burn, be on fire; (Licht, Kerze etc) to burn ♦ vt (Ziegel, Ton etc) to burn; (Ziegel, Ton) to fire; (Kaffee) to roast; (Branntwein) to distil; **wo brennts denn?** (fig: umg) what's the panic?; **darauf** ~, **etw zu tun** to be dying to do sth.
Brenn- zW: ~**material** nt fuel; ~**nessel** ▲ f nettle; ~**ofen** m kiln; ~**punkt** m (MATH, OPTIK) focus; ~**spiritus** m methylated spirits pl; ~**stoff** m liquid fuel.
brenzlig ['brɛntslɪç] adj smelling of burning, burnt; (fig) precarious.
Bresche ['brɛʃə] (-, -n) f: **in die** ~ **springen** (fig) to step into the breach.
Bretagne [bre'tanjə] f: **die** ~ Brittany.
Bretone [bre'toːnə] (-n, -n) m Breton.
Bretonin [bre'toːnɪn] f Breton.
Brett [brɛt] (-(e)s, -er) nt board, plank; (Bord) shelf; (Spiel~) board; **Bretter** pl (SKI) skis pl; (THEAT) boards pl; **schwarzes** ~ notice board; **er hat ein** ~ **vor dem Kopf** (umg) he's really thick.
brettern (umg) vi to speed.
Bretterzaun m wooden fence.
Brezel ['breːtsəl] (-, -n) f pretzel.
bricht [brɪçt] vb siehe **brechen**.
Brief [briːf] (-(e)s, -e) m letter; ~**beschwerer** (-s, -) m paperweight; ~**drucksache** f circular; ~**freund(in)** m(f) pen friend, pen-pal; ~**kasten** m letter box; (COMPUT) mailbox; ~**kopf** m letterhead; **b**~**lich** adj, adv by letter; ~**marke** f postage stamp; ~**öffner** m letter opener; ~**papier** nt notepaper; ~**qualität** f (COMPUT) letter quality; ~**tasche** f wallet; ~**taube** f carrier pigeon; ~**träger** m postman; ~**umschlag** m envelope; ~**wahl** f postal vote; ~**wechsel** m correspondence.
briet etc [briːt] vb siehe **braten**.
Brigade [bri'gaːdə] (-, -n) f (MIL) brigade; (DDR) (work) team od group.
Brikett [bri'kɛt] (-s, -s) nt briquette.
brillant [brɪl'jant] adj (fig) sparkling, brilliant; **B**~ (-en, -en) m brilliant, diamond.
Brille ['brɪlə] (-, -n) f spectacles pl; (Schutz~)

goggles *pl*; (*Toiletten~*) (toilet) seat.
Brillenschlange *f* (*hum*) four-eyes.
Brillenträger(in) *m(f)*: **er ist ~** he wears glasses.

bringen ['brɪŋən] *unreg vt* to bring; (*mitnehmen, begleiten*) to take; (*einbringen: Profit*) to bring in; (*veröffentlichen*) to publish; (*THEAT, FILM*) to show; (*RUNDF, TV*) to broadcast; (*in einen Zustand versetzen*) to get; (*umg: tun können*) to manage; **jdn dazu ~, etw zu tun** to make sb do sth; **jdn zum Lachen/Weinen ~** to make sb laugh/cry; **es weit ~** to do very well, get far; **jdn nach Hause ~** to take sb home; **jdn um etw ~** to make sb lose sth; **jdn auf eine Idee ~** to give sb an idea.

brisant [bri'zant] *adj* (*fig*) controversial.
Brisanz [bri'zants] *f* (*fig*) controversial nature.
Brise ['bri:zə] (*-, -n*) *f* breeze.
Brite ['bri:tə] (*-n, -n*) *m* Briton, Britisher (*US*); **die ~n** the British.
Britin *f* Briton, Britisher (*US*).
britisch ['bri:tɪʃ] *adj* British; **die B~en Inseln** the British Isles.
bröckelig ['brœkəlɪç] *adj* crumbly.
Brocken ['brɔkən] (*-s, -*) *m* piece, bit; (*Felsbrocken*) lump of rock; **ein paar ~ Spanisch** a smattering of Spanish; **ein harter ~** (*umg*) a tough nut to crack.
brodeln ['bro:dəln] *vi* to bubble.
Brokat [bro'ka:t] (*-(e)s, -e*) *m* brocade.
Brokkoli ['brɔkoli] *pl* broccoli.
Brombeere ['brɔmbe:rə] *f* blackberry, bramble (*BRIT*).
bronchial [brɔnçi'a:l] *adj* bronchial.
Bronchien ['brɔnçiən] *pl* bronchial tubes *pl*.
Bronchitis [brɔn'çi:tɪs] (*-, -tiden*) *f* bronchitis.
Bronze ['brõ:sə] (*-, -n*) *f* bronze.
Brosame ['bro:za:mə] (*-, -n*) *f* crumb.
Brosche ['brɔʃə] (*-, -n*) *f* brooch.
Broschüre [brɔ'ʃy:rə] (*-, -n*) *f* pamphlet.
Brot [bro:t] (*-(e)s, -e*) *nt* bread; (*~laib*) loaf; **das ist ein hartes ~** (*fig*) that's a hard way to earn one's living.
Brötchen ['brø:tçən] *nt* roll; **kleine ~ backen** (*fig*) to set one's sights lower; **~geber** *m* (*hum*) employer, provider (*hum*).
brotlos ['bro:tlo:s] *adj* (*Person*) unemployed; (*Arbeit etc*) unprofitable.
Brotzeit (*SÜDD*) *f* (*Pause*) ≈ tea break.
browsen ['brauzən] *vi* (*COMPUT*) to browse.
BRT *abk* (= *Bruttoregistertonne*) GRT.
Bruch [brʊx] (*-(e)s, -̈e*) *m* breakage; (*zerbrochene Stelle*) break; (*fig*) split, breach; (*MED: Eingeweide~*) rupture, hernia; (*Bein~ etc*) fracture; (*MATH*) fraction; **zu ~ gehen** to get broken; **sich einen ~ heben** to rupture o.s.; **~bude** (*umg*) *f* shack.
brüchig ['brʏçɪç] *adj* brittle, fragile.
Bruch- *zW*: **~landung** *f* crash landing; **~schaden** *m* breakage; **~stelle** *f* break; (*von*

Knochen) fracture; **~strich** *m* (*MATH*) line; **~stück** *nt* fragment; **~teil** *m* fraction.
Brücke ['brʏkə] (*-, -n*) *f* bridge; (*Teppich*) rug; (*Turnen*) crab.
Bruder ['bru:dər] (*-s, -̈*) *m* brother; **unter Brüdern** (*umg*) between friends.
brüderlich *adj* brotherly; **B~keit** *f* fraternity.
Brudermord *m* fratricide.
Brüderschaft *f* brotherhood, fellowship; **~ trinken** to agree to use the familiar "du" (*over a drink*).
Brühe ['bry:ə] (*-, -n*) *f* broth, stock; (*pej*) muck.
brühwarm ['bry:'varm] (*umg*) *adj*: **er hat das sofort ~ weitererzählt** he promptly spread it around.
Brühwürfel *m* stock cube (*BRIT*), bouillon cube (*US*).
brüllen ['brʏlən] *vi* to bellow, roar.
Brummbär *m* grumbler.
brummeln ['brʊməln] *vt, vi* to mumble.
brummen *vi* (*Bär, Mensch etc*) to growl; (*Insekt, Radio*) to buzz; (*Motor*) to roar; (*murren*) to grumble ♦ *vt* to growl; **jdm brummt der Kopf** sb's head is buzzing.
Brummer ['brʊmər] (*-s, -*) (*umg*) *m* (*Lastwagen*) juggernaut.
brummig (*umg*) *adj* grumpy.
Brummschädel (*umg*) *m* thick head.
brünett [brʏ'nɛt] *adj* brunette, brown-haired.
Brunnen ['brʊnən] (*-s, -*) *m* fountain; (*tief*) well; (*natürlich*) spring; **~kresse** *f* watercress.
Brunst [brʊnst] *f* (*von männlichen Tieren*) rut; (*von weiblichen Tieren*) heat; **~zeit** *f* rutting season.
brüsk [brʏsk] *adj* abrupt, brusque.
brüskieren [brʏs'ki:rən] *vt* to snub.
Brüssel ['brʏsəl] (*-s*) *nt* Brussels.
Brust [brʊst] (*-, -̈e*) *f* breast; (*Männer~*) chest; **einem Kind die ~ geben** to breast-feed (*BRIT*) *od* nurse (*US*) a baby.
brüsten ['brʏstən] *vr* to boast.
Brust- *zW*: **~fellentzündung** *f* pleurisy; **~kasten** *m* chest; **~korb** *m* (*ANAT*) thorax; **~schwimmen** *nt* breast-stroke; **~ton** *m*: **im ~ton der Überzeugung** in a tone of utter conviction.
Brüstung ['brʏstʊŋ] *f* parapet.
Brustwarze *f* nipple.
Brut [bru:t] (*-, -en*) *f* brood; (*Brüten*) hatching.
brutal [bru'ta:l] *adj* brutal; **B~ität** *f* brutality.
Brutapparat *m* incubator.
brüten ['bry:tən] *vi* (*auch fig*) to brood; **~de Hitze** oppressive *od* stifling heat.
Brüter (*-s, -*) *m* (*TECH*): **schneller ~** fast-breeder (reactor).
Brutkasten *m* incubator.
Brutstätte *f* (*+gen*) (*lit, fig*) breeding ground (for).
brutto ['brʊto] *adv* gross; **B~einkommen** *nt*

gross salary; **B~gehalt** nt gross salary; **B~gewicht** nt gross weight; **B~gewinn** m gross profit; **B~inlandsprodukt** nt gross domestic product; **B~lohn** m gross wages pl; **B~sozialprodukt** nt gross national product.

brutzeln ['brʊtsəln] (umg) vi to sizzle away ♦ vt to fry (up).

Btx abk = **Bildschirmtext**.

Bub [buːp] (-en, -en) m boy, lad.

Bube ['buːbə] (-n, -n) m (Schurke) rogue; (KARTEN) jack.

Bubikopf m bobbed hair.

Buch [buːx] (-(e)s, ⁻er) nt book; (COMM) account book; **er redet wie ein ~** (umg) he never stops talking; **ein ~ mit sieben Siegeln** (fig) a closed book; **über etw** akk **~ führen** to keep a record of sth; **zu ~(e) schlagen** to make a significant difference, tip the balance; **~binder** m bookbinder; **~drucker** m printer.

Buche (-, -n) f beech tree.

buchen vt to book; (Betrag) to enter; **etw als Erfolg ~** to put sth down as a success.

Bücherbord ['byːçɔr-] nt bookshelf.

Bücherbrett nt bookshelf.

Bücherei [byːçə'raɪ] f library.

Bücherregal nt bookshelves pl, bookcase.

Bücherschrank m bookcase.

Bücherwurm (umg) m bookworm.

Buchfink ['buːxfɪŋk] m chaffinch.

Buch- zW: **~führung** f book-keeping, accounting; **~halter(in)** (-s, -) m(f) book-keeper; **~handel** m book trade; **im ~handel erhältlich** available in bookshops; **~händler(in)** m(f) bookseller; **~handlung** f bookshop; **~prüfung** f audit; **~rücken** m spine.

Büchse ['byksə] (-, -n) f tin, can; (Holz~) box; (Gewehr) rifle.

Büchsenfleisch nt tinned meat.

Büchsenöffner m tin od can opener.

Buchstabe (-ns, -n) m letter (of the alphabet).

buchstabieren [buːxʃta'biːrən] vt to spell.

buchstäblich ['buːxʃtɛːplɪç] adj literal.

Buchstütze f book end.

Bucht ['bʊxt] (-, -en) f bay.

Buchung ['buːxʊŋ] f booking; (COMM) entry.

Buchweizen m buckwheat.

Buchwert m book value.

Buckel ['bʊkəl] (-s, -) m hump; **er kann mir den ~ runterrutschen** (umg) he can (go and) take a running jump.

buckeln (pej) vi to bow and scrape.

bücken ['bykən] vr to bend; **sich nach etw ~** to bend down od stoop to pick sth up.

Bückling ['byklɪŋ] m (Fisch) kipper; (Verbeugung) bow.

Budapest ['buːdapɛst] (-s) nt Budapest.

buddeln ['bʊdəln] (umg) vi to dig.

Bude ['buːdə] (-, -n) f booth, stall; (umg) digs pl (BRIT) od place (US); **jdm die ~ einrennen** (umg) to pester sb; **Leben in die ~ bringen** to liven up the place.

Budget [by'dʒeː] (-s, -s) nt budget.

Büfett [by'fɛt] (-s, -s) nt (Anrichte) sideboard; (Geschirrschrank) dresser; **kaltes ~** cold buffet.

Büffel ['byfəl] (-s, -) m buffalo.

büffeln ['byfəln] (umg) vi to swot, cram ♦ vt (Lernstoff) to swot up.

Bug [buːk] (-(e)s, -e) m (NAUT) bow; (AVIAT) nose.

Bügel ['byːgəl] (-s, -) m (Kleider~) hanger; (Steig~) stirrup; (Brillen~) arm; **~brett** nt ironing board; **~eisen** nt iron; **~falte** f crease; **b~frei** adj non-iron; (Hemd) drip-dry.

bügeln vt, vi to iron.

Buhmann ['buːman] (umg) m bogeyman.

Bühne ['byːnə] (-, -n) f stage.

Bühnenbild nt set, scenery.

Buhruf ['buːruːf] m boo.

buk etc [buːk] vb (veraltet) siehe **backen**.

Bukarest ['buːkarɛst] (-s) nt Bucharest.

Bulette [bu'lɛtə] f meatball.

Bulgare [bʊl'gaːrə] (-n, -n) m Bulgarian.

Bulgarien (-s) nt Bulgaria.

Bulgarin f Bulgarian.

bulgarisch adj Bulgarian.

Bulimie [buli'miː] f (MED) bulimia.

Bull- zW: **~auge** nt (NAUT) porthole; **~dogge** f bulldog; **~dozer** ['bʊldoːzər] (-s, -) m bulldozer.

Bulle (-n, -n) m bull; **die ~n** (pej: umg) the fuzz sing, the cops.

Bullenhitze (umg) f sweltering heat.

Bummel ['bʊməl] (-s, -) m stroll; (Schaufenster~) window-shopping (expedition).

Bummelant [bʊmə'lant] m slowcoach.

Bummelei [bʊmə'laɪ] f wandering; dawdling; skiving.

bummeln vi to wander, stroll; (trödeln) to dawdle; (faulenzen) to skive (BRIT), loaf around.

Bummelstreik m go-slow (BRIT), slowdown (US).

Bummelzug m slow train.

Bummler(in) ['bʊmlər(ɪn)] (-s, -) m(f) (langsamer Mensch) dawdler (BRIT); slowpoke (US); (Faulenzer) idler, loafer.

bumsen ['bʊmzən] vi (schlagen) to thump; (prallen, stoßen) to bump, bang; (umg: koitieren) to bonk, have it off (BRIT).

Bund¹ [bʊnt] (-(e)s, ⁻e) m (Freundschafts~ etc) bond; (Organisation) union; (POL) confederacy; (Hosen~, Rock~) waistband; **den ~ fürs Leben schließen** to take the

marriage vows.
Bund² [bʊnt] *(-(e)s, -e)* nt bunch; *(Stroh~)*
bundle.
Bündchen ['bʏntçən] nt ribbing; *(Ärmel~)*
cuff.
Bündel *(-s, -)* nt bundle, bale.
bündeln vt to bundle.
Bundes- ['bʊndəs] *in zW* Federal; **~bahn** f: **die**
Deutsche ~bahn German Federal Railways
pl; **~bank** f Federal Bank, Bundesbank;
~bürger m German citizen; *(vor 1990)* West
German citizen; **~gebiet** nt Federal
territory; **~gerichtshof** m Federal Supreme
Court; **~grenzschutz** m Federal Border
Guard; **~hauptstadt** f Federal capital;
~haushalt m *(POL)* National Budget;
~kanzler m Federal Chancellor.

BUNDESKANZLER

*The **Bundeskanzler**, head of the German*
government, is elected for 4 years and determines
government guidelines. He is formally proposed
*by the **Bundespräsident** but needs a majority in*
parliament to be elected to office.

Bundes- *zW:* **~land** nt state, Land; **~liga** f
(SPORT) national league; **~ministerium** nt
Federal Ministry; **~nachrichtendienst** m
Federal Intelligence Service; **~post** f
(früher): **die (Deutsche) ~post** the (German)
Federal Post (Office).

BUNDESPRÄSIDENT

*The **Bundespräsident** is the head of state of the*
Federal Republic of Germany who is elected every
*5 years by the members of the **Bundestag** and*
by delegates of the Landtage (regional
parliaments). His role is that of a figurehead who
represents Germany at home and abroad. He can
only be elected twice.

BUNDESRAT

*The **Bundesrat** is the Upper House of the*
German Parliament whose 68 members are not
elected but determined by the parliaments of the
*individual **Länder**. Its most important function is*
the approval of federal laws which concern
jurisdiction of the Länder. It can raise objections to
all other laws but can be outvoted by the
***Bundestag**.*

Bundes- *zw:* **~rechnungshof** m Federal Audit
Office; **~regierung** f Federal Government;
~republik f Federal Republic (of Germany);
~staat m Federal state; **~straße** f Federal
Highway, main road.

BUNDESTAG

*The **Bundestag** is the Lower House of the*
German Parliament, elected by the people. There
are 646 MP's, half of them elected directly from
*the first vote (**Erststimme**), and half from the*
regional list of parliamentary candidates resulting
*from the second vote (**Zweitstimme**), and giving*
proportional representation to the parties. The
***Bundestag** exercises parliamentary control over*
the government.

Bundes- *zW:* **~tagsabgeordnete(r)** f(m)
member of the German Parliament;
~tagswahl f (Federal) parliamentary
elections pl; **~verfassungsgericht** nt Federal
Constitutional Court; **~wehr** f German *od*
(vor 1990) West German Armed Forces pl.

BUNDESWEHR

*The **Bundeswehr** is the name for the German*
armed forces. It is established in 1955, first of all
for volunteers, but since 1956 there has been
compulsory military service for all able-bodied
*young men of 18 (see **Wehrdienst**). In peacetime*
the Defence Minister is the head of the
*Bundeswehr, but in wartime, the **Bundeskanzler***
takes over. The Bundeswehr comes under the
jurisdiction of NATO.

Bundfaltenhose f pleated trousers pl.
Bundhose f knee breeches pl.
bündig ['bʏndɪç] adj *(kurz)* concise.
Bündnis ['bʏntnɪs] *(-ses, -se)* nt alliance.
Bunker ['bʊŋkər] *(-s, -)* m bunker;
(Luftschutzbunker) air-raid shelter.
bunt [bʊnt] adj coloured *(BRIT)*, colored
(US); *(gemischt)* mixed; **jdm wird es zu ~**
it's getting too much for sb; **B~stift** m
coloured *(BRIT)* od colored *(US)* pencil,
crayon.
Bürde ['bʏrdə] *(-, -n)* f *(lit, fig)* burden.
Burg [bʊrk] *(-, -en)* f castle, fort.
Bürge ['bʏrgə] *(-n, -n)* m guarantor.
bürgen vi to vouch; **für jdn ~** *(fig)* to vouch
for sb; *(FIN)* to stand surety for sb.
Bürger(in) *(-s, -)* m(f) citizen; member of the
middle class; **~initiative** f citizen's
initiative; **~krieg** m civil war; **b~lich** adj
(Rechte) civil; *(Klasse)* middle-class; *(pej)*
bourgeois; **b~liches Gesetzbuch** Civil Code;
~meister m mayor; **~recht** nt civil rights pl;
~rechtler(in) m(f) civil rights campaigner;
~schaft f population, citizens pl; **~schreck** m
bogey of the middle classes; **~steig** m
pavement *(BRIT)*, sidewalk *(US)*; **~tum** nt
citizens pl; **~wehr** f vigilantes pl.
Burgfriede(n) m *(fig)* truce.

Bürgin *f* guarantor.
Bürgschaft *f* surety; ~ **leisten** to give security.
Burgund [bur'gʊnt] (-(s)) *nt* Burgundy.
Burgunder (-s, -) *m* (*Wein*) burgundy.
Büro [by'roː] (-s, -s) *nt* office; ~**angestellte(r)** *f(m)* office worker; ~**klammer** *f* paper clip; ~**kraft** *f* (office) clerk.
Bürokrat [byro'kraːt] (-en, -en) *m* bureaucrat.
Bürokratie [byrokra'tiː] *f* bureaucracy.
bürokratisch *adj* bureaucratic.
Bürokratismus *m* red tape.
Büroschluss▲ *m* office closing time.
Bursch ['bʊrʃ(ə)] (-en, -en) *m* = **Bursche**.
Bursche (-n, -n) *m* lad, fellow; (*Diener*) servant.
Burschenschaft *f* student fraternity.
burschikos [bʊrʃi'koːs] *adj* (*jungenhaft*) (tom)boyish; (*unbekümmert*) casual.
Bürste ['byrstə] (-, -n) *f* brush.
bürsten *vt* to brush.
Bus [bʊs] (-ses, -se) *m* bus.
Busch [bʊʃ] (-(e)s, ̈-e) *m* bush, shrub; **bei jdm auf den ~ klopfen** (*umg*) to sound sb out.
Büschel ['byʃəl] (-s, -) *nt* tuft.
buschig *adj* bushy.
Busen ['buːzən] (-s, -) *m* bosom; (*Meer~*) inlet, bay; ~**freund(in)** *m(f)* bosom friend.
Bushaltestelle *f* bus stop.
Bussard ['busart] (-s, -e) *m* buzzard.
Buße ['buːsə] (-, -n) *f* atonement, penance; (*Geld*) fine.
büßen ['byːsən] *vi* to do penance, atone ♦ *vt* to atone for.
Bußgeld *nt* fine.
Buß- und Bettag *m* day of prayer and repentance.
Büste ['bystə] (-, -n) *f* bust.
Büstenhalter *m* bra.
Butan [bu'taːn] (-s) *nt* butane.
Büttenrede ['bytənreːdə] *f* carnival speech.
Butter ['bʊtər] (-) *f* butter; **alles (ist) in ~** (*umg*) everything is fine *od* hunky-dory; ~**berg** (*umg*) *m* butter mountain; ~**blume** *f* buttercup; ~**brot** *nt* (piece of) bread and butter; ~**brotpapier** *nt* greaseproof paper; ~**cremetorte** *f* gateau with buttercream filling; ~**dose** *f* butter dish; ~**keks** *m* ≈ Rich Tea ® biscuit; ~**milch** *f* buttermilk; **b~weich** *adj* soft as butter; (*fig: umg*) soft.
Butzen ['butsən] (-s, -) *m* core.
BVG *nt abk* (= *Betriebsverfassungsgesetz*) ≈ Industrial Relations Act; = **Bundesverfassungsgericht**.
b. w. *abk* (= *bitte wenden*) p.t.o.
Byte [bait] (-s, -s) *nt* (COMPUT) byte.
Bz. *abk* = **Bezirk**.
bzgl. *abk* (= *bezüglich*) re.
bzw. *abk* = **beziehungsweise**.

C, c

C¹, c [tseː] *nt* C, c; ~ **wie Cäsar** ≈ C for Charlie.
C² [tseː] *abk* (= *Celsius*) C.
ca. [ka] *abk* (= *circa*) approx.
Cabriolet [kabrio'leː] (-s, -s) *nt* (AUT) convertible.
Café [ka'feː] (-s, -s) *nt* café.
Cafeteria [kafete'riːa] (-, -s) *f* cafeteria.
cal *abk* (= *Kalorie*) cal.
Calais [ka'leː] (-') *nt*: **die Straße von ~** the Straits of Dover.
Callcenter ['kɔːlsɛntər] *nt* call centre (*BRIT*) *or* center (*US*).
Camcorder (-s, -) *m* camcorder.
campen ['kɛmpən] *vi* to camp.
Camper(in) (-s, -) *m(f)* camper.
Camping ['kɛmpɪŋ] (-s) *nt* camping; ~**bus** *m* camper; ~**platz** *m* camp(ing) site.
Caravan ['karavan] (-s, -s) *m* caravan.
Cäsium ['tseːzɪʊm] *nt* = **Zäsium**.
ccm *abk* (= *Kubikzentimeter*) cm³.
CD *f abk* (= *Compact Disc*) CD; ~**-Brenner** *m* CD burner; ~**-ROM** (-, -s) *f* CD-ROM; ~**-Spieler** *m* CD player.
CDU [tseːdeː'uː] (-) *f abk* (= *Christlich-Demokratische Union (Deutschlands)*) Christian Democratic Union.

CDU

The **CDU** *(Christlich-Demokratische Union) is a Christian and conservative political party founded in 1945. It operates in all the* **Länder** *apart from Bavaria where its sister party the* **CSU** *is active. In the* **Bundestag** *the two parties form a coalition. It is the second largest party in Germany after the* **SPD**, *the Social Democratic Party.*

Celli *pl von* **Cello**.
Cellist(in) [tʃɛ'lɪst(ɪn)] *m(f)* cellist.
Cello ['tʃɛlo] (-s, -s *od* **Celli**) *nt* cello.
Celsius ['tsɛlzɪʊs] *m* Celsius.
Cent [(t)sɛnt] (-s, -s) *m* cent.
Ces [tsɛs] (-, -) *nt* (MUS) C flat.
ces [tsɛs] (-, -) *nt* (MUS) C flat.
Ceylon ['tsailɔn] (-s) *nt* Ceylon.
Chamäleon [ka'mɛːleɔn] (-s, -s) *nt* chameleon.
Champagner [ʃam'panjər] (-s, -) *m* champagne.
Champignon ['ʃampinjõ] (-s, -s) *m* button

mushroom.

Chance ['∫ã:s(ə)] (-, -n) f chance, opportunity.
Chancengleichheit f equality of opportunity.
Chaos ['ka:ɔs] (-) nt chaos.
Chaot(in) [ka'o:t(ɪn)] (-en, -en) m(f) (POL: pej) anarchist (pej).
chaotisch [ka'o:tɪ∫] adj chaotic.
Charakter [ka'raktər] (-s, -e) m character; **c~fest** adj of firm character.
charakterisieren [karakteri'zi:rən] vt to characterize.
Charakteristik [karakte'rɪstɪk] f characterization.
charakteristisch [karakte'rɪstɪ∫] adj: **~ (für)** characteristic (of), typical (of).
Charakter- zW: **c~los** adj unprincipled; **~losigkeit** f lack of principle; **~schwäche** f weakness of character; **~stärke** f strength of character; **~zug** m characteristic, trait.
charmant [∫ar'mant] adj charming.
Charme [∫arm] (-s) m charm.
Charta ['karta] (-, -s) f charter.
Charterflug ['t∫artərflu:k] m charter flight.
Chartermaschine ['t∫artərma∫i:nə] f charter plane.
chartern ['t∫artərn] vt to charter.
Chassis [∫a'si:] (-, -) nt chassis.
Chauffeur [∫o'fø:r] m chauffeur.
Chaussee [∫o'se:] (-, -n) f (veraltet) high road.
Chauvi ['∫ovi] (-s, -s) (umg) m male chauvinist.
Chauvinismus [∫ovi'nɪsmus] m chauvinism.
Chauvinist [∫ovi'nɪst] m chauvinist.
checken ['t∫ɛkən] vt (überprüfen) to check; (umg: verstehen) to get.
Chef(in) [∫ɛf(ɪn)] (-s, -s) m(f) head; (umg) boss; **~arzt** m senior consultant; **~etage** f executive floor; **~redakteur** m editor-in-chief; **~sekretärin** f personal assistant/ secretary; **~visite** f (MED) consultant's round.
Chemie [çe'mi:] (-) f chemistry; **~faser** f man-made fibre (BRIT) od fiber (US).
Chemikalie [çemi'ka:liə] f chemical.
Chemiker(in) ['çe:mikər(ɪn)] (-s, -) m(f) (industrial) chemist.
chemisch ['çe:mɪ∫] adj chemical; **~e Reinigung** dry cleaning.
Chemotherapie [çemotera'pi:] f chemotherapy.
Chicorée [∫iko're:] (-s) f od m chicory.
Chiffre ['∫ɪfrə] (-, -n) f (Geheimzeichen) cipher; (in Zeitung) box number.
Chiffriermaschine [∫ɪ'fri:rma∫i:nə] f cipher machine.
Chile ['t∫i:le] (-s) nt Chile.
Chilene [t∫i'le:nə] (-n, -n) m Chilean.
Chilenin [t∫i'le:nɪn] f Chilean.
chilenisch adj Chilean.

China ['çi:na] (-s) nt China.
Chinakohl m Chinese leaves pl.
Chinese [çi'ne:zə] (-n, -n) m Chinaman, Chinese.
Chinesin f Chinese woman.
chinesisch adj Chinese.
Chinin [çi'ni:n] (-s) nt quinine.
Chipkarte ['t∫ɪpkartə] f smart card.
Chips [t∫ɪps] pl crisps pl (BRIT), chips pl (US).
Chirurg(in) [çi'rʊrg(ɪn)] (-en, -en) m(f) surgeon.
Chirurgie [çirʊr'gi:] f surgery.
chirurgisch adj surgical; **ein ~er Eingriff** surgery.
Chlor [klo:r] (-s) nt chlorine.
Chloroform [kloro'fɔrm] (-s) nt chloroform.
chloroformieren [klorofor'mi:rən] vt to chloroform.
Chlorophyll [kloro'fyl] (-s) nt chlorophyll.
Cholera ['ko:lera] (-) f cholera.
Choleriker(in) [ko'le:rikər(ɪn)] (-s, -) m(f) hot-tempered person.
cholerisch [ko'le:rɪ∫] adj choleric.
Cholesterin [kolɛste'ri:n] (-s) nt cholesterol; **~spiegel** [kolɛste'ri:n∫pi:gəl] m cholesterol level.
Chor [ko:r] (-(e)s, ̈-e) m choir; (Musikstück, THEAT) chorus.
Choral [ko'ra:l] (-s, -äle) m chorale.
Choreograf(in)▲ [koreo'gra:f(ɪn)] (-en, -en) m(f) choreographer.
Choreografie▲ [koreogra'fi:] f choreography.
Chorgestühl nt choir stalls pl.
Chorknabe m choirboy.
Chose ['∫o:zə] (-, -n) (umg) f (Angelegenheit) thing.
Chr. abk = Christus, Chronik.
Christ [krɪst] (-en, -en) m Christian; **~baum** m Christmas tree.
Christenheit f Christendom.
Christentum (-s) nt Christianity.
Christin f Christian.
Christkind nt ≈ Father Christmas; (Jesus) baby Jesus.
christlich adj Christian; **C~er Verein Junger Männer** Young Men's Christian Association.
Christus (Christi) m Christ; **Christi Himmelfahrt** Ascension Day.
Chrom [kro:m] (-s) nt (CHEM) chromium; chrome.
Chromosom [kromo'zo:m] (-s, -en) nt (BIOL) chromosome.
Chronik ['kro:nɪk] f chronicle.
chronisch adj chronic.
Chronologie [kronolo'gi:] f chronology.
chronologisch adj chronological.
Chrysantheme [kryzan'te:mə] (-, -n) f chrysanthemum.
CIA ['si:aɪ'eɪ] (-) f od m abk (= Central Intelligence Agency) CIA.
circa ['tsɪrka] adv (round) about.

Cis [tsɪs] (-, -) nt (MUS) C sharp.
cis [tsɪs] (-, -) nt (MUS) C sharp.
City ['sɪti] (-, -s) f city centre (BRIT); **in der ~** in
   the city centre (BRIT), downtown (US); **die
   ~ von Berlin** the (city) centre of Berlin
   (BRIT), downtown Berlin (US).
clean [kliːn] adj (DROGEN: umg) off drugs.
clever ['klɛvər] adj clever; (gerissen) crafty.
Clique ['klɪkə] (-, -n) f set, crowd.
Clou [kluː] (-s, -s) m (von Geschichte) (whole)
   point; (von Show) highlight, high spot.
Clown [klaʊn] (-s, -s) m clown.
cm abk (= Zentimeter) cm.
Cockpit ['kɔkpɪt] (-s, -s) nt cockpit.
Cocktail ['kɔkteːl] (-s, -s) m cocktail.
Cola ['koːla] (-(s), -s) nt od f Coke ®.
Comicheft ['kɔmɪkhɛft] nt comic.
Computer [kɔm'pjuːtər] (-s, -) m computer;
   c~gesteuert adj computer-controlled;
   c~gestützt adj computer-based;
   c~gestütztes Design computer-aided
   design; **~kriminalität** f computer crime;
   ~spiel nt computer game; **~technik** f
   computer technology.
Conférencier [kõferãsi'eː] (-s, -s) m compère.
Container [kɔn'teːnər] (-s, -) m container;
   ~schiff nt container ship.
Contergankind [kɔntɐ'gankɪnt] (umg) nt
   thalidomide child.
cool [kuːl] (umg) adj (gefasst) cool.
Cord [kɔrt] (-(e)s, -e od -s) m = **Kord**.
Cornichon [kɔrni'ʃõː] (-s, -s) nt gherkin.
Couch [kaʊtʃ] (-, -es od -en) f couch; **~garnitur**
   ['kaʊtʃgarniˈtuːr] f three-piece suite.
Couleur [ku'løːr] (-s, -s) f (geh) kind, sort.
Coupé [ku'peː] (-s, -s) nt (AUT) coupé, sports
   version.
Coupon [ku'põː] (-s, -s) m = **Kupon**.
Courage [ku'raːʒə] (-) f courage.
Cousin [ku'zɛ̃ː] (-s, -s) m cousin.
Cousine [ku'ziːnə] (-, -n) f cousin.
Crack [krɛk] (-) nt (Droge) crack.
Creme [kreːm] (-, -s) f (lit, fig) cream; (Schuh~)
   polish; (KOCH) mousse; **c~farben** adj
   cream(-coloured (BRIT) od -colored (US)).
cremig ['kreːmɪç] adj creamy.
Crux [kruks] (-) f (Schwierigkeit) trouble,
   problem.
CSU [tseː|ɛs'uː] (-) f abk (= Christlich-Soziale
   Union) Christian Social Union.

CSU

*The **CSU** (Christlich-Soziale Union) is a party
founded in 1945 in Bavaria. Like its sister party the
CDU it is a Christian, right-wing party.*

CT-Scanner [tseː'teːskɛnər] m CT scanner.
Curriculum [kʊ'riːkulʊm] (-s, -cula) nt (geh)
   curriculum.

Curry ['kari] (-s) m od nt curry powder;
   ~pulver ['kariˈpʊlfər] nt curry powder;
   ~wurst f curried sausage.
Cursor ['kɔːrsər] (-s) m (COMPUT) cursor;
   ~taste f cursor key.
Cutter(in) ['katər(ɪn)] (-s, -) m(f) (FILM) editor.
CVJM [tseːfaʊjɔt'ɛm] (-) m abk (= Christlicher
   Verein Junger Männer) YMCA.

D, d

D, d [deː] nt D, d; **~ wie Dora** ≈ D for David,
   D for Dog (US).
D. abk = **Doktor** (der evangelischen Theologie).

SCHLÜSSELWORT

da [daː] adv **1** (örtlich) there; (hier) here;
   ~ draußen out there; **~ sein** to be there; **ein
   Arzt, der immer für seine Patienten ~ ist** a
   doctor who always has time for his
   patients; **~ bin ich** here I am; **~ hast du dein
   Geld** (there you are,) there's your money;
   ~, wo where; **ist noch Milch ~?** is there any
   milk left?
   2 (zeitlich) then; (folglich) so; **es war niemand
   im Zimmer, ~ habe ich ...** there was nobody
   in the room, so I ...
   3: ~ haben wir Glück gehabt we were lucky
   there; **was gibts denn ~ zu lachen?** what's
   so funny about that?; **~ kann man nichts
   machen** there's nothing one can do (in a
   case like that).
   ♦ konj (weil) as, since.

d. Ä. abk (= der Ältere) Sen., sen.
DAAD (-) m abk (= Deutscher Akademischer
   Austauschdienst) German Academic
   Exchange Service.
dabehalten unreg vt to keep.
dabei [da'baɪ] adv (räumlich) close to it; (noch
   dazu) besides; (zusammen mit) with them/it
   etc; (zeitlich) during this; (obwohl doch) but,
   however; **~ sein** (anwesend) to be present;
   (beteiligt) to be involved; **ich bin ~!** count
   me in!; **was ist schon ~?** what of it?; **es ist
   doch nichts ~, wenn ...** it doesn't matter if
   ...; **bleiben wir ~** let's leave it at that; **es soll
   nicht ~ bleiben** this isn't the end of it; **es
   bleibt ~** that's settled; **das Dumme/
   Schwierige ~** the stupid/difficult part of it;
   er war gerade ~ zu gehen he was just
   leaving; **hast du ~ etwas gelernt?** did you
   learn anything from it?; **~ darf man nicht**

vergessen, dass ... it shouldn't be forgotten that ...; die ~ entstehenden Kosten the expenses arising from this; es kommt doch nichts ~ heraus nothing will come of it; ich finde gar nichts ~ I don't see any harm in it; ~stehen *unreg vi* to stand around.

Dach [dax] (-(e)s, ¨er) *nt* roof; unter ~ und Fach sein (*abgeschlossen*) to be in the bag (*umg*); (*Vertrag, Geschäft*) to be signed and sealed; (*in Sicherheit*) to be safe; jdm eins aufs ~ geben (*umg: ausschimpfen*) to give sb a (good) talking to; ~boden *m* attic, loft; ~decker (-s, -) *m* slater, tiler; ~fenster *nt* skylight; (*ausgestellt*) dormer window; ~first *m* ridge of the roof; ~gepäckträger *m* (AUT) roof rack; ~geschoss▲ *nt* attic storey (BRIT) *od* story (US); (*oberster Stock*) top floor *od* storey (BRIT) *od* story (US); ~luke *f* skylight; ~pappe *f* roofing felt; ~rinne *f* gutter.

Dachs [daks] (-es, -e) *m* badger.

Dachschaden (*umg*) *m*: einen ~ haben to have a screw loose.

dachte *etc* ['daxtə] *vb siehe* **denken**.

Dach- *zW*: ~terrasse *f* roof terrace; ~verband *m* umbrella organization; ~ziegel *m* roof tile.

Dackel ['dakəl] (-s, -) *m* dachshund.

dadurch [da'durç] *adv* (*räumlich*) through it; (*durch diesen Umstand*) thereby, in that way; (*deshalb*) because of that, for that reason ♦ *konj*: ~, dass because.

dafür [da'fy:r] *adv* for it; (*anstatt*) instead; (*zum Ausgleich*): in Latein ist er schlecht, ~ kann er gut Fußball spielen he's bad at Latin but he makes up for it at football; er ist bekannt ~ he is well-known for that; was bekomme ich ~? what will I get for it?; ~ ist er immer zu haben he never says no to that; ~ bin ich ja hier that's what I'm here for; er kann nichts ~ (, dass ...) he can't help it (that ...); D~halten (-s) *nt* (*geh*): nach meinem D~halten in my opinion.

DAG *f abk* (= Deutsche Angestellten-Gewerkschaft) Clerical and Administrative Workers' Union.

dagegen [da'ge:gən] *adv* against it; (*im Vergleich damit*) in comparison with it; (*bei Tausch*) for it ♦ *konj* however; haben Sie etwas ~, wenn ich rauche? do you mind if I smoke?; ich habe nichts ~ I don't mind; ich war ~ I was against it; ich hätte nichts ~ (einzuwenden) that's okay by me; ~ kann man nichts tun one can't do anything about it; ~halten *unreg vt* (*vergleichen*) to compare with it; (*entgegnen*) to put forward as an objection.

daheim [da'haɪm] *adv* at home; bei uns ~ back home; D~ (-s) *nt* home.

daher [da'he:r] *adv* (*räumlich*) from there; (*Ursache*) from that ♦ *konj* (*deshalb*) that's why; das kommt ~, dass ... that is because

...; ~ kommt er auch that's where he comes from too; ~ die Schwierigkeiten that's what is causing the difficulties; ~gelaufen *adj*: jeder ~gelaufene Kerl any Tom, Dick or Harry; ~reden *vi* to talk away ♦ *vt* to say without thinking.

dahin [da'hɪn] *adv* (*räumlich*) there; (*zeitlich*) then; (*vergangen*) gone; ist es noch weit bis ~? is there still far to go?; ~ gehend on this matter; das tendiert ~ it is tending towards that; er bringt es noch ~, dass ich ... he'll make me ...; ~gegen *konj* on the other hand; ~gehen *unreg vi* (*Zeit*) to pass; ~gestellt *adv*: ~gestellt bleiben to remain to be seen; etw ~gestellt sein lassen to leave sth open *od* undecided; ~schleppen *vr* (*lit: sich fortbewegen*) to drag o.s. along; (*fig: Verhandlungen, Zeit*) to drag on; ~schmelzen *vi* to be enthralled.

dahinten [da'hɪntən] *adv* over there.

dahinter [da'hɪntər] *adv* behind it; sich ~ klemmen *od* knien (*umg*) to put one's back into it; ~ kommen (*umg*) to find out.

dahinvegetieren [da'hɪnvege'ti:rən] *vi* to vegetate.

Dahlie ['da:liə] (-, -n) *f* dahlia.

DAK (-) *f abk* (= Deutsche Angestellten-Krankenkasse) health insurance company for employees.

Dakar ['dakar] (-s) *nt* Dakar.

dalassen ['da:lasən] *unreg vt* to leave (behind).

dalli ['dali] (*umg*) *adv*: ~, ~! on (BRIT) *od* at (US) the double!

damalig ['da:ma:lɪç] *adj* of that time, then.

damals ['da:ma:ls] *adv* at that time, then.

Damaskus [da'maskus] *nt* Damascus.

Damast [da'mast] (-(e)s, -e) *m* damask.

Dame ['da:mə] (-, -n) *f* lady; (SCHACH, KARTEN) queen; (*Spiel*) draughts (BRIT), checkers (US).

Damen- *zW*: ~besuch *m* lady visitor *od* visitors; ~binde *f* sanitary towel (BRIT) *od* napkin (US); d~haft *adj* ladylike; ~sattel *m*: im ~sattel reiten to ride side-saddle; ~wahl *f* ladies' excuse-me.

Damespiel *nt* draughts (BRIT), checkers (US).

damit [da'mɪt] *adv* with it; (*begründend*) by that ♦ *konj* in order that *od* to; was meint er ~? what does he mean by that?; was soll ich ~? what am I meant to do with that?; muss er denn immer wieder ~ ankommen? must he keep on about it?; was ist ~? what about it?; genug ~! that's enough!; ~ basta! and that's that!; ~ eilt es nicht there's no hurry.

dämlich ['dɛ:mlɪç] (*umg*) *adj* silly, stupid.

Damm [dam] (-(e)s, ¨e) *m* dyke (BRIT), dike (US); (*Stau~*) dam; (*Hafen~*) mole; (*Bahn~, Straßen~*) embankment.

dämmen ['dɛmən] *vt* (*Wasser*) to dam up; (*Schmerzen*) to keep back.

dämmerig *adj* dim, faint.

Dämmerlicht *nt* twilight; (*abends*) dusk; (*Halbdunkel*) half-light.

dämmern ['dɛmərn] *vi* (*Tag*) to dawn; (*Abend*) to fall; **es dämmerte ihm, dass ...** (*umg*) it dawned on him that ...

Dämmerung *f* twilight; (*Morgen~*) dawn; (*Abend~*) dusk.

Dämmerzustand *m* (*Halbschlaf*) dozy state; (*Bewusstseinstrübung*) semi-conscious state.

Dämmung *f* insulation.

Dämon ['dɛːmɔn] (**-s, -en**) *m* demon.

dämonisch [dɛ'moːnɪʃ] *adj* demonic.

Dampf [dampf] (**-(e)s, ᵇe**) *m* steam; (*Dunst*) vapour (*BRIT*), vapor (*US*); **jdm ~ machen** (*umg*) to make sb get a move on; **~ ablassen** (*lit, fig*) to let off steam; **d~en** *vi* to steam.

dämpfen ['dɛmpfən] *vt* (*KOCH*) to steam; (*bügeln*) to iron with a damp cloth; (*mit Dampfbügeleisen*) to steam iron; (*fig*) to dampen, subdue.

Dampfer ['dampfər] (**-s, -**) *m* steamer; **auf dem falschen ~ sein** (*fig*) to have got the wrong idea.

Dämpfer (**-s, -**) *m* (*MUS: bei Klavier*) damper; (*bei Geige, Trompete*) mute; **er hat einen ~ bekommen** (*fig*) it dampened his spirits.

Dampf- *zW:* **~kochtopf** *m* pressure cooker; **~maschine** *f* steam engine; **~schiff** *nt* steamship; **~walze** *f* steamroller.

Damwild ['damvɪlt] *nt* fallow deer.

danach [da'naːx] *adv* after that; (*zeitlich*) afterwards; (*gemäß*) accordingly; (*laut diesem*) according to which *od* that; **mir war nicht ~** (*zumute od zu Mute*) I didn't feel like it; **er griff schnell ~** he grabbed at it; **~ kann man nicht gehen** you can't go by that; **er sieht ~ aus** he looks it.

Däne ['dɛːnə] (**-n, -n**) *m* Dane, Danish man/ boy.

daneben [da'neːbən] *adv* beside it; (*im Vergleich*) in comparison; **~ sein** (*umg: verwirrt sein*) to be completely confused; **~benehmen** *unreg vr* to misbehave; **~gehen** *unreg vi* to miss; (*Plan*) to fail; **~greifen** *unreg vi* to miss; (*fig: mit Schätzung etc*) to be wide of the mark.

Dänemark ['dɛːnəmark] (**-s**) *nt* Denmark.

Dänin ['dɛːnɪn] *f* Dane, Danish woman *od* girl.

dänisch *adj* Danish.

Dank [daŋk] (**-(e)s**) *m* thanks *pl*; **vielen** *od* **schönen ~** many thanks; **jdm ~ sagen** to thank sb; **mit (bestem) ~ zurück!** many thanks for the loan; **d~** *präp* (*+dat od gen*) thanks to; **d~bar** *adj* grateful; (*Aufgabe*) rewarding; (*haltbar*) hard-wearing; **~barkeit** *f* gratitude.

danke *interj* thank you, thanks.

danken *vi +dat* to thank; **nichts zu ~!** don't mention it; **~d erhalten/ablehnen** to

receive/decline with thanks.

dankenswert *adj* (*Arbeit*) worthwhile; (*Bemühung*) kind.

Dank- *zW:* **~gottesdienst** *m* service of thanksgiving; **d~sagen** *vi* to express one's thanks; **~schreiben** *nt* letter of thanks.

dann [dan] *adv* then; **~ und wann** now and then; **~ eben nicht** well, in that case (there's no more to be said); **erst ~, wenn ...** only when ...; **~ erst recht nicht!** in that case no way (*umg*).

dannen ['danən] *adv:* **von ~** (*liter: weg*) away.

daran [da'ran] *adv* on it; (*stoßen*) against it; **es liegt ~, dass ...** the cause of it is that ...; **gut/schlecht ~ sein** to be well/badly off; **das Beste/Dümmste ~** the best/stupidest thing about it; **ich war nahe ~, zu ...** I was on the point of ...; **im Anschluss ~** (*zeitlich: danach anschließend*) following that *od* this; **wir können nichts ~ machen** we can't do anything about it; **es ist nichts ~** (*ist nicht fundiert*) there's nothing in it; (*ist nichts Besonderes*) it's nothing special; **er ist ~ gestorben** he died from *od* of it; **~gehen** *unreg vi* to start; **~machen** (*umg*) *vr:* **sich ~machen, etw zu tun** to set about doing sth; **~setzen** *vr* to stake; **er hat alles ~gesetzt, von Glasgow wegzukommen** he has done his utmost to get away from Glasgow.

darauf [da'rauf] *adv* (*räumlich*) on it; (*zielgerichtet*) towards it; (*danach*) afterwards; **~ legen** to lay *od* put on top; **es kommt ganz ~ an, ob ...** it depends whether ...; **seine Behauptungen stützen sich ~, dass ...** his claims are based on the supposition that ...; **wie kommst du ~?** what makes you think that?; **die Tage ~** the days following *od* thereafter; **am Tag ~** the next day; **~ folgend** (*Tag, Jahr*) next, following; **~hin** *adv* (*im Hinblick ~*) in this respect; (*aus diesem Grund*) as a result; **wir müssen es ~hin prüfen, ob ...** we must test it to see whether ...

daraus [da'raus] *adv* from it; **was ist ~ geworden?** what became of it?; **~ geht hervor, dass ...** this means that ...

darbieten ['daːrbiːtən] *vt* (*vortragen: Lehrstoff*) to present ♦ *vr* to present itself.

Darbietung *f* performance.

Dardanellen [darda'nɛlən] *pl* Dardanelles *pl*.

darein- *präf* = **drein-**.

Daressalam [daresa'laːm] *nt* Dar-es-Salaam.

darf [darf] *vb siehe* **dürfen**.

darin [da'rɪn] *adv* in (there), in it; **der Unterschied liegt ~, dass ...** the difference is that ...

darlegen ['daːrleːgən] *vt* to explain, expound, set forth.

Darlegung *f* explanation.

Darleh(e)n (**-s, -**) *nt* loan.

Darm [darm] (-(e)s, ̈-e) *m* intestine; (*Wurst~*) skin; ~**ausgang** *m* anus; ~**grippe** *f* gastric influenza; ~**saite** *f* gut string.

darstellen ['daːrʃtɛlən] *vt* (*abbilden, bedeuten*) to represent; (*THEAT*) to act; (*beschreiben*) to describe ♦ *vr* to appear to be.

Darsteller(in) (-s, -) *m(f)* actor, actress.

darstellerisch *adj*: **eine** ~**e Höchstleistung** a magnificent piece of acting.

Darstellung *f* portrayal, depiction.

darüber [da'ryːbər] *adv* (*räumlich*) over/above it; (*fahren*) over it; (*mehr*) more; (*währenddessen*) meanwhile; (*sprechen, streiten*) about it; ~ **hinweg sein** (*fig*) to have got over it; ~ **hinaus** over and above that; ~ **geht nichts** there's nothing like it; **seine Gedanken** ~ his thoughts about *od* on it; ~ **liegen** (*fig*) to be higher.

darum [da'rʊm] *adv* (*räumlich*) round it ♦ *konj* that's why; ~ **herum** round about (it); **er bittet** ~ he is pleading for it; **es geht** ~, **dass** ... the thing is that ...; ~ **geht es mir/geht es mir nicht** that's my point/that's not the point for me; **er würde viel** ~ **geben, wenn** ... he would give a lot to ...; *siehe auch* **drum**.

darunter [da'rʊntər] *adv* (*räumlich*) under it; (*dazwischen*) among them; (*weniger*) less; **ein Stockwerk** ~ one floor below (it); **was verstehen Sie** ~? what do you understand by that?; ~ **kann ich mir nichts vorstellen** that doesn't mean anything to me; ~ **fallen** to be included; ~ **mischen** (*Mehl*) to mix in; **sich** ~ **mischen** to mingle; ~ **setzen** (*Unterschrift*) to put to it.

das [das] *pron* *art* ♦ *def art* the; *siehe auch* **der**; ~ **heißt** that is; ~ **und** ~ such and such.

Dasein ['daːzaın] (-s) *nt* (*Leben*) life; (*Anwesenheit*) presence; (*Bestehen*) existence.

da sein ▲ *unreg vi siehe* **da**.

Daseinsberechtigung *f* right to exist.

Daseinskampf *m* struggle for survival.

dass ▲ [das] *konj* that.

dasselbe [das'zɛlbə] *nt pron* the same.

dastehen ['daːʃteːən] *unreg vi* to stand there; (*fig*): **gut/schlecht** ~ to be in a good/bad position; **allein** ~ to be on one's own.

Dat. *abk* = **Dativ**.

Datei [da'taı] *f* (*COMPUT*) file; ~**manager** *m* file manager; ~**name** *m* file name; ~**verwaltung** *f* file management.

Daten ['daːtən] *pl* (*COMPUT*) data; (*Angaben*) data *pl*, particulars; *siehe auch* **Datum**; ~**autobahn** *f* information (super)highway; ~**bank** *f* data base; ~**erfassung** *f* data capture; ~**müll** *m* (*aus dem Internet*) Internet buildup; (*auf Festplatte*) hard disk clutter; ~**netz** *nt* data network; ~**satz** *m* record; ~**schutz** *m* data protection; ~**sichtgerät** *nt* visual display unit, VDU; ~**träger** *m* data carrier; ~**übertragung** *f* data transmission; ~**verarbeitung** *f* data processing; ~**verarbeitungsanlage** *f* data processing equipment, DP equipment.

datieren [da'tiːrən] *vt* to date.

Dativ ['daːtiːf] (-s, -e) *m* dative; ~**objekt** *nt* (*GRAM*) indirect object.

dato ['daːto] *adv*: **bis** ~ (*COMM: umg*) to date.

Dattel ['datəl] (-, -n) *f* date.

Datum ['daːtʊm] (-s, **Daten**) *nt* date; **das heutige** ~ today's date.

Datumsgrenze *f* (*GEOG*) (international) date line.

Dauer ['dauər] (-, -n) *f* duration; (*gewisse Zeitspanne*) length; (*Bestand, Fortbestehen*) permanence; **es war nur von kurzer** ~ it didn't last long; **auf die** ~ in the long run; (*auf längere Zeit*) standing order; **d~haft** *adj* lasting, durable; ~**haftigkeit** *f* durability; ~**karte** *f* season ticket; ~**lauf** *m* long-distance run.

dauern *vi* to last; **es hat sehr lang gedauert, bis er** ... it took him a long time to ...

dauernd *adj* constant.

Dauer- *zW*: ~**obst** *nt* fruit suitable for storing; ~**redner** (*pej*) *m* long-winded speaker; ~**regen** *m* continuous rain; ~**schlaf** *m* prolonged sleep; ~**stellung** *f* permanent position; ~**welle** *f* perm, permanent wave; ~**wurst** *f* German salami; ~**zustand** *m* permanent condition.

Daumen ['daumən] (-s, -) *m* thumb; **jdm die** ~ **drücken** *od* **halten** to keep one's fingers crossed for sb; **über den** ~ **peilen** to guess roughly; ~**lutscher** *m* thumb-sucker.

Daune ['daunə] (-, -n) *f* down.

Daunendecke *f* down duvet.

davon [da'fɔn] *adv* of it; (*räumlich*) away; (*weg von*) away from it; (*Grund*) because of it; (*mit Passiv*) by it; **das kommt** ~! that's what you get; ~ **abgesehen** apart from that; **wenn wir einmal** ~ **absehen, dass** ... if for once we overlook the fact that ...; ~ **sprechen/wissen** to talk/know of *od* about it; **was habe ich** ~? what's the point?; ~ **betroffen werden** to be affected by it; ~**gehen** *unreg vi* to leave, go away; ~**kommen** *unreg vi* to escape; ~**lassen** *unreg vt*: **die Finger** ~**lassen** (*umg*) to keep one's hands *od* fingers off (it); ~**laufen** *unreg vi* to run away; ~**machen** *vr* to make off; ~**tragen** *unreg vt* to carry off; (*Verletzung*) to receive.

davor [da'foːr] *adv* (*räumlich*) in front of it; (*zeitlich*) before (that); ~ **warnen** to warn about it.

dazu [da'tsuː] *adv* (*legen, stellen*) by it; (*essen*) with it; **und** ~ **noch** and in addition; **ein Beispiel/seine Gedanken** ~ one example for/his thoughts on this; **wie komme ich denn** ~? why should I?; ... **aber ich bin nicht**

~ **gekommen** ... but I didn't get around to it; **das Recht** ~ the right to do it; ~ **bereit sein, etw zu tun** to be prepared to do sth; ~ **fähig sein** to be capable of it; **sich** ~ **äußern** to say something on it; ~**gehören** vi to belong to it; **das gehört** ~ (versteht sich von selbst) it's all part of it; **es gehört schon einiges** ~, **das zu tun** it takes a lot to do that; ~**gehörig** adj appropriate; ~**kommen** unreg vi (Ereignisse) to happen too; (an einen Ort) to come along; **kommt noch etwas** ~? will there be anything else?; ~**lernen** vt: **schon wieder was** ~**gelernt!** you learn something (new) every day!; ~**mal** ['daːtsumaːl] adv in those days; ~**tun** unreg vt to add; **er hat es ohne dein D~tun geschafft** he managed it without your doing etc anything.

dazwischen [daˈtsvɪʃən] adv in between; (zusammen mit) among them; **der Unterschied** ~ the difference between them; ~**fahren** unreg vi (eingreifen) to intervene; ~**funken** (umg) vi (eingreifen) to put one's oar in; ~**kommen** unreg vi (hineingeraten) to get caught in it; **es ist etwas** ~**gekommen** something (has) cropped up; ~**reden** vi (unterbrechen) to interrupt; (sich einmischen) to interfere; ~**treten** unreg vi to intervene.

DB f abk (= Deutsche Bahn) German railways.

DBP f abk (früher) = **Deutsche Bundespost**.

DDR (-) f abk (früher = Deutsche Demokratische Republik) GDR.

DDR

The **DDR** (Deutsche Demokratische Republik) was the name by which the former Communist German Democratic Republic was known. It was founded in 1949 from the Soviet-occupied zone. After the building of the Berlin Wall in 1961 it was virtually sealed off from the West until mass demonstrations and demands for reform forced the opening of the borders in 1989. It then merged in 1990 with the **BRD**.

DDT ® nt abk DDT.

Dealer(in) ['diːlər(ɪn)] (-s, -) (umg) m(f) pusher.

Debatte [deˈbatə] (-, -n) f debate; **das steht hier nicht zur** ~ that's not the issue.

debattieren [debaˈtiːrən] vt to debate.

Debet ['deːbɛt] (-s, -s) nt (FIN) debits pl.

Debüt [deˈbyː] (-s, -s) nt debut.

dechiffrieren [deʃɪˈfriːrən] vt to decode; (Text) to decipher.

Deck [dɛk] (-(e)s, -s od -e) nt deck; **an** ~ **gehen** to go on deck.

Deckbett nt feather quilt.

Deckblatt nt (Schutzblatt) cover.

Decke (-, -n) f cover; (Bett~) blanket; (Tisch~) tablecloth; (Zimmer~) ceiling; **unter einer**

~ **stecken** to be hand in glove; **an die** ~ **gehen** to hit the roof; **mir fällt die** ~ **auf den Kopf** (fig) I feel really claustrophobic.

Deckel (-s, -) m lid; **du kriegst gleich eins auf den** ~ (umg) you're going to catch it.

decken vt to cover ♦ vr to coincide ♦ vi to lay the table; **mein Bedarf ist gedeckt** I have all I need; (fig) I've had enough; **sich an einen gedeckten Tisch setzen** (fig) to be handed everything on a plate.

Deckmantel m: **unter dem** ~ **von** under the guise of.

Deckname m assumed name.

Deckung f (das Schützen) covering; (Schutz) cover; (SPORT) defence (BRIT), defense (US); (Übereinstimmen) agreement; **zur** ~ **seiner Schulden** to meet his debts.

deckungsgleich adj congruent.

Decoder m (TV) decoder.

de facto [deː ˈfakto] adv de facto.

Defekt [deˈfɛkt] (-(e)s, -e) m fault, defect; **d~** adj faulty.

defensiv [defɛnˈziːf] adj defensive.

Defensive f: **jdn in die** ~ **drängen** to force sb onto the defensive.

definieren [defiˈniːrən] vt to define.

Definition [definitsiˈoːn] f definition.

definitiv [definiˈtiːf] adj definite.

Defizit ['deːfitsɪt] (-s, -e) nt deficit.

defizitär [defitsiˈtɛːr] adj: **eine** ~**e Haushaltspolitik führen** to follow an economic policy which can only lead to deficit.

Deflation [deflatsiˈoːn] f (ECON) deflation.

deflationär [deflatsioˈnɛːr] adj deflationary.

deftig ['dɛftɪç] adj (Essen) large; (Witz) coarse.

Degen ['deːɡən] (-s, -) m sword.

degenerieren [degeneˈriːrən] vi to degenerate.

degradieren [degraˈdiːrən] vt to degrade.

dehnbar [ˈdeːnbaːr] adj elastic; (fig: Begriff) loose; **D~keit** f elasticity; looseness.

dehnen vt, vr to stretch.

Dehnung f stretching.

Deich [daɪç] (-(e)s, -e) m dyke (BRIT), dike (US).

Deichsel ['daɪksəl] (-, -n) f shaft.

deichseln vt (fig: umg) to wangle.

dein [daɪn] pron your; (adjektivisch): **herzliche Grüße,** ~**e Elke** with best wishes, yours od (herzlicher) love, Elke.

deine(r, s) poss pron yours.

deiner gen von **du** pron of you.

deinerseits adv on your part.

deinesgleichen pron people like you.

deinetwegen ['daɪnətˈveːɡən] adv (für dich) for your sake; (wegen dir) on your account.

deinetwillen ['daɪnətˈvɪlən] adv: **um** ~ = **deinetwegen**.

deinige pron: **der/die/das** ~ od **D~** yours.

dekadent [dekaˈdɛnt] adj decadent.

Dekadenz f decadence.

Dekan [deˈkaːn] (-s, -e) m dean.

deklassieren [dekla'siːrən] vt (SOZIOLOGIE: herabsetzen) to downgrade; (SPORT: übertreffen) to outclass.

Deklination [deklinatsi'oːn] f declension.

deklinieren [dekli'niːrən] vt to decline.

Dekolleteé▲, Dekolleté [dekɔl'teː] (-s, -s) nt low neckline.

dekomprimieren vt (COMPUT) to decompress.

Dekor [de'koːr] (-s, -s od -e) m od nt decoration.

Dekorateur(in) [dekora'tøːr(ɪn)] m(f) window dresser.

Dekoration [dekoratsi'oːn] f decoration; (in Laden) window dressing.

dekorativ [dekora'tiːf] adj decorative.

dekorieren [deko'riːrən] vt to decorate; (Schaufenster) to dress.

Dekostoff ['deːkoʃtɔf] m (TEXTIL) furnishing fabric.

Dekret [de'kreːt] (-(e)s, -e) nt decree.

Delegation [delegatsi'oːn] f delegation.

delegieren [dele'giːrən] vt: ~ (an +akk) to delegate (to).

Delegierte(r) f(m) delegate.

Delfin▲ [dɛl'fiːn] (-s, -e) m dolphin.

Delfinschwimmen▲ nt butterfly (stroke).

Delhi ['deːlɪ] (-s) nt Delhi.

delikat [deli'kaːt] adj (zart, heikel) delicate; (köstlich) delicious.

Delikatesse [delika'tɛsə] (-, -n) f delicacy.

Delikatessengeschäft nt delicatessen (shop).

Delikt [de'lɪkt] (-(e)s, -e) nt (JUR) offence (BRIT), offense (US).

Delinquent [delɪŋ'kvɛnt] m (geh) offender.

Delirium [de'liːriʊm] nt: im ~ sein to be delirious; (umg: betrunken) to be paralytic.

Delle ['dɛlə] (-, -n) (umg) f dent.

Delphin etc [dɛl'fiːn] (-s, -e) m = **Delfin** etc.

Delta ['dɛlta] (-s, -s) nt delta.

dem [de(ː)m] art dat von **der, das**; **wie ~ auch sei** be that as it may.

Demagoge [dema'goːgə] (-n, -n) m demagogue.

Demarkationslinie [demarkatsi'oːnzliːniə] f demarcation line.

Dementi [de'mɛnti] (-s, -s) nt denial.

dementieren [demɛn'tiːrən] vt to deny.

dem- zW: **~entsprechend** adj appropriate ♦ adv correspondingly; (demnach) accordingly; **~gemäß** adv accordingly; **~nach** adv accordingly; **~nächst** adv shortly.

Demo ['deːmo] (-s, -s) (umg) f demo.

Demografie▲ [demogra'fiː] f demography.

Demokrat(in) [demo'kraːt(ɪn)] (-en, -en) m(f) democrat.

Demokratie [demokra'tiː] f democracy; **~verständnis** nt understanding of (the meaning of) democracy.

demokratisch adj democratic.

demokratisieren [demokrati'tsiːrən] vt to democratize.

demolieren [demo'liːrən] vt to demolish.

Demonstrant(in) [demɔn'strant(ɪn)] m(f) demonstrator.

Demonstration [demɔnstratsi'oːn] f demonstration.

demonstrativ [demɔnstra'tiːf] adj demonstrative; (Protest) pointed.

demonstrieren [demɔn'striːrən] vt, vi to demonstrate.

Demontage [demɔn'taːʒə] (-, -n) f (lit, fig) dismantling.

demontieren [demɔn'tiːrən] vt (lit, fig) to dismantle; (Räder) to take off.

demoralisieren [demorali'ziːrən] vt to demoralize.

Demoskopie [demosko'piː] f public opinion research.

demselben dat von **derselbe, dasselbe**.

Demut ['deːmuːt] (-) f humility.

demütig ['deːmyːtɪç] adj humble.

demütigen ['deːmyːtɪgən] vt to humiliate.

Demütigung f humiliation.

demzufolge ['deːmtsu'fɔlgə] adv accordingly.

den [de(ː)n] art akk von **der**.

denen ['deːnən] pron dat pl von **der, die, das**.

Denk- zW: **~anstoß** m: **jdm ~anstöße geben** to give sb food for thought; **~art** f mentality; **d~bar** adj conceivable.

denken ['dɛŋkən] unreg vi to think ♦ vt: **für jdn/ etw gedacht sein** to be intended od meant for sb/sth ♦ vr (vorstellen): **das kann ich mir ~** I can imagine; (beabsichtigen): **sich** dat **etw bei etw ~** to mean sth by sth; **wo ~ Sie hin!** what an idea!; **ich denke schon** I think so; **an jdn/etw ~** to think of sb/sth; **daran ist gar nicht zu ~** that's (quite) out of the question; **ich denke nicht daran, das zu tun** there's no way I'm going to do that (umg).

Denken (-s) nt thinking.

Denker(in) (-s, -) m(f) thinker; **das Volk der Dichter und ~** the nation of poets and philosophers.

Denk- zW: **~fähigkeit** f intelligence; **d~faul** adj mentally lazy; **~fehler** m logical error; **~horizont** m mental horizon.

Denkmal (-s, ̈-er) nt monument; **~schutz** m: **etw unter ~schutz stellen** to classify sth as a historical monument.

Denk- zW: **~pause** f: **eine ~pause einlegen** to have a break to think things over; **~schrift** f memorandum; **~vermögen** nt intellectual capacity; **d~würdig** adj memorable; **~zettel** m: **jdm einen ~zettel verpassen** to teach sb a lesson.

denn [dɛn] konj for; (konzessiv): **es sei ~, (dass)** unless ♦ adv then; (nach Komparativ) than.

dennoch ['dɛnnɔx] konj nevertheless ♦ adv: **und ~, ...** and yet ...

denselben *akk von* **derselbe** ♦ *dat von* **dieselben**.
Denunziant(in) [dɛnuntsi'ant(ɪn)] *m(f)* informer.
denunzieren [dɛnun'tsiːrən] *vt* to inform against.
Deospray ['deːoʃpreɪ] *nt od m* deodorant spray.
Depesche [de'pɛʃə] (-, -n) *f* dispatch.
deplatziert▲ [depla'tsiːrt] *adj* out of place.
Deponent(in) [depo'nɛnt(ɪn)] *m(f)* depositor.
Deponie *f* dump, disposal site.
deponieren [depo'niːrən] *vt* (COMM) to deposit.
deportieren [depɔr'tiːrən] *vt* to deport.
Depot [de'poː] (-s, -s) *nt* warehouse; (Bus~, EISENB) depot; (Bank~) strongroom (BRIT), safe (US).
Depp [dɛp] (-en, -en) *m* (Dialekt: pej) twit.
Depression [deprɛsi'oːn] *f* depression.
depressiv *adj* depressive; (FIN) depressed.
deprimieren [depri'miːrən] *vt* to depress.

===================== *SCHLÜSSELWORT*

der [deː)r] (f **die**, *nt* **das**) (gen **des, der, des,** dat **dem, der, dem**) (akk **den**) def art the; ~ **Rhein** the Rhine; ~ **Klaus** (umg) Klaus; **die Frau** (im allgemeinen) women; ~ **Tod/das Leben** death/life; ~ **Fuß des Berges** the foot of the hill; **gib es** ~ **Frau** give it to the woman; **er hat sich** dat **die Hand verletzt** he has hurt his hand.
♦ rel pron (bei Menschen) who, that; (bei Tieren, Sachen) which, that; ~ **Mann, den ich gesehen habe** the man who od whom od that I saw.
♦ demon pron he/she/it; (jener, dieser) that; (pl) those; ~**/die war es** it was him/her; ~ **mit** ~ **Brille** the one with the glasses; **ich will den (da)** I want that one.

derart ['deːr'aːrt] *adv* (Art und Weise) in such a way; (Ausmaß: vor adj) so; (: vor vb) so much.
derartig *adj* such, this sort of.
derb [dɛrp] *adj* sturdy; (Kost) solid; (grob) coarse; **D~heit** *f* sturdiness; solidity; coarseness.
deren ['deːrən] rel pron (gen sing von die) whose; (von Sachen) of which; (gen pl von der, die, das) their; whose; of whom.
derentwillen ['deːrənt'vɪlən] *adv*: **um** ~ (rel) for whose sake; (von Sachen) for the sake of which.
dergestalt *adv* (geh): ~, **dass** ... in such a way that ...
der- zW: ~**gleichen** pron such; (substantivisch): **er tat nichts** ~**gleichen** he did nothing of the kind; **und** ~**gleichen (mehr)** and suchlike; ~**jenige** pron he; she; it; (rel) the one (who); that (which); ~**maßen** adv to such an extent, so; ~**selbe** m pron the same; ~**weil(en)** adv in the meantime; ~**zeit** adv (jetzt) at present, at

the moment; ~**zeitig** adj present, current; (damalig) then.
des [dɛs] art gen von **der**.
Des [dɛs] (-) *nt* (MUS: auch: **d~**) D flat.
Deserteur [dezɛr'tøːr] *m* deserter.
desertieren [dezɛr'tiːrən] *vi* to desert.
desgl. abk = **desgleichen**.
desgleichen ['dɛs'glaɪçən] pron the same.
deshalb ['dɛs'halp] adv, konj therefore, that's why.
Design [di'zaɪn] (-s, -s) *nt* design.
designiert [dezi'gniːrt] adj attrib: **der** ~**e Vorsitzende/Nachfolger** the chairman designate/prospective successor.
Desinfektion [dɛzɪnfɛktsi'oːn] *f* disinfection.
Desinfektionsmittel *nt* disinfectant.
desinfizieren [dɛzɪnfi'tsiːrən] *vt* to disinfect.
Desinteresse [dɛs|ɪntə'rɛsə] (-s) *nt*: ~ **(an** +dat) lack of interest (in).
desinteressiert [dɛs|ɪntərɛ'siːrt] adj uninterested.
desselben gen von **derselbe, dasselbe**.
dessen ['dɛsən] pron gen von **der, das;** ~ **ungeachtet** nevertheless, regardless.
Dessert [dɛ'sɛːr] (-s, -s) *nt* dessert.
Dessin [dɛ'sɛ̃ː] (-s, -s) *nt* pattern, design.
Destillation [dɛstɪlatsi'oːn] *f* distillation.
destillieren [dɛstɪ'liːrən] *vt* to distil.
desto ['dɛsto] adv all od so much the; ~ **besser** all the better.
destruktiv [destrʊk'tiːf] adj destructive.
deswegen ['dɛs've:gən] konj therefore, hence.
Detail [de'taɪ] (-s, -s) *nt* detail.
detaillieren [deta'jiːrən] *vt* to specify, give details of.
Detektiv [detɛk'tiːf] (-s, -e) *m* detective.
Detektor [de'tɛktɔr] *m* (TECH) detector.
Detonation [detonatsi'oːn] *f* explosion, blast.
Deut *m*: **(um) keinen** ~ not one iota od jot.
deuten ['dɔytən] *vt* to interpret; (Zukunft) to read ♦ *vi*: ~ **(auf** +akk) to point (to od at).
deutlich adj clear; (Unterschied) distinct; **jdm etw** ~ **zu verstehen geben** to make sth perfectly clear od plain to sb; **D~keit** *f* clarity; distinctness.
deutsch [dɔytʃ] adj German; ~**e Schrift** Gothic script; **auf D~** in German; **auf gut D~** (gesagt) (fig: umg) ≈ in plain English; **D~e Demokratische Republik** (HIST) German Democratic Republic.
Deutsche(r) *f(m)*: **er ist** ~**r** he is (a) German.
Deutschland *nt* Germany; ~**lied** *nt* German national anthem; ~**politik** *f* home od domestic policy; (von fremdem Staat) policy towards Germany.
deutschsprachig adj (Bevölkerung, Gebiete) German-speaking; (Zeitung, Ausgabe) German-language; (Literatur) German.
deutschstämmig adj of German origin.
Deutung *f* interpretation.

Devise [de'vi:zə] (-, -n) *f* motto, device; **Devisen** *pl* (*FIN*) foreign currency *od* exchange.

Devisenausgleich *m* foreign exchange offset.

Devisenkontrolle *f* exchange control.

Dez. *abk* (= *Dezember*) Dec.

Dezember [de'tsɛmbər] (-(s), -) *m* December; *siehe auch* **September.**

dezent [de'tsɛnt] *adj* discreet.

Dezentralisation [detsɛntralizatsi'o:n] *f* decentralization.

Dezernat [detser'na:t] (-(e)s, -e) *nt* (*VERWALTUNG*) department.

Dezibel [detsi'bɛl] (-s, -) *nt* decibel.

dezidiert [detsi'di:rt] *adj* firm, determined.

dezimal [detsi'ma:l] *adj* decimal; **D~bruch** *m* decimal (fraction); **D~system** *nt* decimal system.

dezimieren [detsi'mi:rən] *vt* (*fig*) to decimate ♦ *vr* to be decimated.

DFB *m abk* (= *Deutscher Fußball-Bund*) German Football Association.

DFG *f abk* (= *Deutsche Forschungsgemeinschaft*) German Research Council.

DGB *m abk* (= *Deutscher Gewerkschaftsbund*) ≈ TUC.

dgl. *abk* = **dergleichen.**

d. h. *abk* (= *das heißt*) i.e.

Di. *abk* = **Dienstag.**

Dia ['di:a] (-s, -s) *nt* = **Diapositiv.**

Diabetes [dia'be:tɛs] (-, -) *m* (*MED*) diabetes.

Diabetiker(in) [dia'be:tikər(ın)] (-s, -) *m(f)* diabetic.

Diagnose [dia'gno:zə] (-, -n) *f* diagnosis.

diagnostizieren [diagnɔsti'tsi:rən] *vt*, *vi* (*MED*, *fig*) to diagnose.

diagonal [diago'na:l] *adj* diagonal.

Diagonale (-, -n) *f* diagonal.

Diagramm [dia'gram] *nt* diagram.

Diakonie [diako'ni:] *f* (*REL*) social welfare work.

Dialekt [dia'lɛkt] (-(e)s, -e) *m* dialect; **~ausdruck** *m* dialect expression *od* word; **d~frei** *adj* without an accent.

dialektisch *adj* dialectal; (*Logik*) dialectical.

Dialog [dia'lo:k] (-(e)s, -e) *m* dialogue.

Diamant [dia'mant] *m* diamond.

Diapositiv [diapozi'ti:f] (-s, -e) *nt* (*PHOT*) slide, transparency.

Diaprojektor *m* slide projector.

Diät [di'ɛ:t] (-) *f* diet; **Diäten** *pl* (*POL*) allowance *sing*; **~ essen** to eat according to a diet; **(nach einer) ~ leben** to be on a special diet.

dich [dıç] *akk von* **du** ♦ *pron* you ♦ *refl pron* yourself.

dicht [dıçt] *adj* dense; (*Nebel*) thick; (*Gewebe*) close; (*undurchlässig*) (water)tight; (*fig*) concise; (*umg: zu*) shut, closed ♦ *adv*: **~ an/ bei** close to; **er ist nicht ganz ~** (*umg*) he's

crackers; **~ machen** to make watertight/ airtight; **~ hintereinander** right behind one another; **~ bevölkert** densely *od* heavily populated.

Dichte (-, -n) *f* density; thickness; closeness; (water)tightness; (*fig*) conciseness.

dichten *vt* (*dicht machen*) to make watertight; to seal; (*NAUT*) to caulk; (*LITER*) to compose, write ♦ *vi* (*LITER*) to compose, write.

Dichter(in) (-s, -) *m(f)* poet; (*Autor*) writer; **d~isch** *adj* poetical; **d~ische Freiheit** poetic licence (*BRIT*) *od* license (*US*).

dichthalten *unreg* (*umg*) *vi* to keep one's mouth shut.

dichtmachen (*umg*) *vt* (*Geschäft*) to wind up ♦ *vi* (*Person*) to close one's mind.

Dichtung *f* (*TECH*) washer; (*AUT*) gasket; (*Gedichte*) poetry; (*Prosa*) (piece of) writing; **~ und Wahrheit** (*fig*) fact and fantasy.

dick [dık] *adj* thick; (*fett*) fat; **durch ~ und dünn** through thick and thin; **D~darm** *m* (*ANAT*) colon.

Dicke (-, -n) *f* thickness; fatness.

dickfellig *adj* thick-skinned.

dickflüssig *adj* viscous.

Dickicht (-s, -e) *nt* thicket.

dick- *zW*: **D~kopf** *m* mule; **D~milch** *f* soured milk; **D~schädel** *m* = **Dickkopf.**

die [di:] *def art* the; *siehe auch* **der.**

Dieb(in) [di:p, 'di:bın] (-(e)s, -e) *m(f)* thief; **haltet den ~!** stop thief!; **d~isch** *adj* thieving; (*umg*) immense; **~stahl** *m* theft; **d~stahlsicher** *adj* theft-proof.

diejenige ['di:je:nıgə] *pron siehe* **derjenige.**

Diele ['di:lə] (-, -n) *f* (*Brett*) board; (*Flur*) hall, lobby; (*Eis~*) ice-cream parlour (*BRIT*) *od* parlor (*US*).

dienen ['di:nən] *vi*: **(jdm) ~** to serve (sb); **womit kann ich Ihnen ~?** what can I do for you?; (*in Geschäft*) can I help you?

Diener (-s, -) *m* servant; (*umg: Verbeugung*) bow; **~in** *f* (maid)servant.

dienern *vi* (*fig*): **~ (vor +*dat*)** to bow and scrape (to).

Dienerschaft *f* servants *pl*.

dienlich *adj* useful, helpful.

Dienst [di:nst] (-(e)s, -e) *m* service; (*Arbeit, Arbeitszeit*) work; **~ am Kunden** customer service; **jdm zu ~en stehen** to be at sb's disposal; **außer ~** retired; **~ haben** to be on duty; **~ habend** (*Arzt, Offizier*) on duty; **~ tuend** on duty; **der öffentliche ~** the civil service.

Dienstag *m* Tuesday; **am ~** on Tuesday; **~ in acht Tagen** *od* **in einer Woche** a week on Tuesday, Tuesday week; **~ vor einer Woche** *od* **acht Tagen** a week (ago) last Tuesday.

dienstags *adv* on Tuesdays.

Dienst- *zW*: **~alter** *nt* length of service; **d~beflissen** *adj* zealous; **~bote** *m* servant;

~**boteneingang** *m* tradesmen's *od* service entrance; **d~eifrig** *adj* zealous; **d~frei** *adj* off duty; ~**gebrauch** *m* (*MIL, VERWALTUNG*): **nur für den ~gebrauch** for official use only; ~**geheimnis** *nt* professional secret; ~**gespräch** *nt* business call; ~**grad** *m* rank; ~**leistung** *f* service; ~**leistungsbetrieb** *m* service industry business; ~**leistungsgewerbe** *nt* service industries *pl*; **d~lich** *adj* official; (*Angelegenheiten*) business *attrib*; ~**mädchen** *nt* domestic servant; ~**plan** *m* duty rota; ~**reise** *f* business trip; ~**stelle** *f* office; ~**vorschrift** *f* service regulations *pl*; ~**wagen** *m* (*von Beamten*) official car; ~**weg** *m* official channels *pl*; (*MIL*) ~**zeit** *f* office hours *pl*; period of service.

diesbezüglich *adj* (*Frage*) on this matter.
diese(r, s) *pron* this (one) ♦ *adj* this; ~ **Nacht** tonight.
Diesel ['diːzəl] (**-s**) *m* (*Kraftstoff*) diesel fuel; ~**öl** ['diːzəløːl] *nt* diesel oil.
dieselbe [diːˈzɛlbə] *f pron* the same.
dieselben [diːˈzɛlbən] *pl pron* the same.
diesig *adj* drizzly.
dies- *zW*: ~**jährig** *adj* this year's; ~**mal** *adv* this time; **D~seits** (**-**) *nt* this life; ~**seits** *präp +gen* on this side.
Dietrich ['diːtrɪç] (**-s, -e**) *m* picklock.
Diffamierungskampagne [dɪfaˈmiːruŋskampanjə] *f* smear campaign.
differential *etc* [dɪferɛntsiˈaːl] *adj* = **differenzial** *etc.*
Differenz [dɪfeˈrɛnts] *f* difference; ~**betrag** *m* difference, balance.
differenzial▲ [dɪferɛntsiˈaːl] *adj* differential; **D~getriebe** *nt* differential gear; **D~rechnung** *f* differential calculus.
differenzieren [dɪferɛnˈtsiːrən] *vt* to make distinctions in ♦ *vi*: ~ (**bei**) to make distinctions (in).
differenziert *adj* complex.
diffus [dɪˈfuːs] *adj* (*Gedanken etc*) confused.
Digital- [digiˈtaːl-] *zW*: ~**anzeige** *f* digital display; ~**fernsehen** *nt* digital TV; ~**rechner** *m* digital computer; ~**uhr** *f* digital watch.
Diktafon▲, **Diktaphon** [dɪktaˈfoːn] *nt* dictaphone ®.
Diktat [dɪkˈtaːt] (**-(e)s, -e**) *nt* dictation; (*fig: Gebot*) dictate; (*POL*) diktat, dictate.
Diktator [dɪkˈtaːtɔr] *m* dictator; **d~isch** [-aˈtoːrɪʃ] *adj* dictatorial.
Diktatur [dɪktaˈtuːr] *f* dictatorship.
diktieren [dɪkˈtiːrən] *vt* to dictate.
Diktion [dɪktsiˈoːn] *f* style.
Dilemma [diˈlɛma] (**-s, -s** *od* **-ta**) *nt* dilemma.
Dilettant [dileˈtant] *m* dilettante, amateur; **d~isch** *adj* dilettante.
Dimension [dimɛnziˈoːn] *f* dimension.
DIN *f abk* (= *Deutsche Industrie-Norm*) German

Industrial Standard; ~ **A4** A4.
Ding [dɪŋ] (**-(e)s, -e**) *nt* thing; object; **das ist ein ~ der Unmöglichkeit** that is totally impossible; **guter ~e sein** to be in good spirits; **so wie die ~e liegen, nach Lage der ~e** as things are; **es müsste nicht mit rechten ~en zugehen, wenn ...** it would be more than a little strange if ...; **ein krummes ~ drehen** to commit a crime; to do something wrong; **d~fest** *adj*: **jdn d~fest machen** to arrest sb; **d~lich** *adj* real, concrete.
Dings (**-**) (*umg*) *nt* thingummyjig (*BRIT*).
Dingsbums ['dɪŋsbʊms] (**-**) (*umg*) *nt* thingummybob (*BRIT*).
Dingsda (**-**) (*umg*) *nt* thingummyjig (*BRIT*).
Dinosaurier [dinoˈzaʊriər] *m* dinosaur.
Diözese [diøˈtseːzə] (**-, -n**) *f* diocese.
Diphtherie [dɪfteˈriː] *f* diphtheria.
Dipl.-Ing. *abk* = **Diplomingenieur**.
Diplom [diˈploːm] (**-(e)s, -e**) *nt* diploma; (*Hochschulabschluss*) degree; ~**arbeit** *f* dissertation.
Diplomat [diploˈmaːt] (**-en, -en**) *m* diplomat.
Diplomatie [diplomaˈtiː] *f* diplomacy.
diplomatisch [diploˈmaːtɪʃ] *adj* diplomatic.
Diplomingenieur *m* academically qualified engineer.
dir [diːr] *dat von* **du** ♦ *pron* (to) you.
direkt [diˈrɛkt] *adj* direct; ~ **fragen** to ask outright *od* straight out.
Direktion [dirɛktsiˈoːn] *f* management; (*Büro*) manager's office.
Direktmandat *nt* (*POL*) direct mandate.
Direktor(in) *m(f)* director; (*von Hochschule*) principal; (*von Schule*) principal, head (teacher) (*BRIT*).
Direktorium [dirɛkˈtoːrium] *nt* board of directors.
Direktübertragung *f* live broadcast.
Direktverkauf *m* direct selling.
Dirigent(in) [diriˈgɛnt(ɪn)] *m(f)* conductor.
dirigieren [diriˈgiːrən] *vt* to direct; (*MUS*) to conduct.
Dirne ['dɪrnə] (**-, -n**) *f* prostitute.
Dis [dɪs] (**-, -**) *nt* (*MUS*) D sharp.
dis [dɪs] (**-, -**) *nt* (*MUS*) D sharp.
Disharmonie [dɪsharmoˈniː] *f* (*lit, fig*) discord.
Diskette [dɪsˈkɛtə] *f* disk, diskette.
Diskettenlaufwerk *nt* disk drive.
Disko ['dɪsko] (**-, -s**) *f* disco.
Diskont [dɪsˈkɔnt] (**-s, -e**) *m* discount; ~**satz** *m* rate of discount.
Diskothek [dɪskoˈteːk] (**-, -en**) *f* disco(theque).
diskreditieren [dɪskrediˈtiːrən] *vt* (*geh*) to discredit.
Diskrepanz [dɪskreˈpants] *f* discrepancy.
diskret [dɪsˈkreːt] *adj* discreet.
Diskretion [dɪskretsiˈoːn] *f* discretion; **strengste ~ wahren** to preserve the

strictest confidence.

diskriminieren [dɪskrimi'niːrən] *vt* to discriminate against.

Diskriminierung *f:* ~ **(von)** discrimination (against).

Diskussion [dɪskʊsi'oːn] *f* discussion; **zur** ~ **stehen** to be under discussion.

Diskussionsbeitrag *m* contribution to the discussion.

Diskuswerfen ['dɪskʊsverfən] *nt* throwing the discus.

diskutabel [dɪsku'taːbəl] *adj* debatable.

diskutieren [dɪsku'tiːrən] *vt, vi* to discuss; **darüber lässt sich** ~ that sounds like something we could talk about.

disponieren [dɪspo'niːrən] *vi* (*geh: planen*) to make arrangements.

Disposition [dɪspozitsi'oːn] *f* (*geh: Verfügung*): **jdm zur** *od* **zu jds** ~ **stehen** to be at sb's disposal.

disqualifizieren [dɪskvalifi'tsiːrən] *vt* to disqualify.

dissen ['dɪsən] (*umg*) *vt* to slag off (*BRIT*) to diss (*esp US*).

Dissertation [dɪsertatsi'oːn] *f* dissertation; doctoral thesis.

Dissident(in) [dɪsi'dɛnt(ɪn)] *m(f)* dissident.

Distanz [dɪs'tants] *f* distance; (*fig: Abstand, Entfernung*) detachment; (*Zurückhaltung*) reserve.

distanzieren [dɪstan'tsiːrən] *vr:* **sich von jdm/ etw** ~ to dissociate o.s. from sb/sth.

distanziert *adj* (*Verhalten*) distant.

Distel ['dɪstəl] (-, -n) *f* thistle.

Disziplin [dɪstsi'pliːn] (-, -en) *f* discipline.

Disziplinarverfahren [dɪstsipli'narferfaːrən] *nt* disciplinary proceedings *pl*.

dito ['diːto] *adv* (*COMM, hum*) ditto.

Diva ['diːva] (-, -s) *f* star; (*FILM*) screen goddess.

divers [di'vɛrs] *adj* various.

Diverses *pl* sundries *pl*; „~“ "miscellaneous".

Dividende [divi'dɛndə] (-, -n) *f* dividend.

dividieren [divi'diːrən] *vt:* ~ **(durch)** to divide (by).

d. J. *abk* (= *der Jüngere*) jun.

Djakarta [dʒa'karta] *nt* Jakarta.

DJH *nt abk* (= *Deutsches Jugendherbergswerk*) *German Youth Hostel Association.*

DKP *f abk* (= *Deutsche Kommunistische Partei*) *German Communist Party.*

DLV *m abk* (= *Deutscher Leichtathletik-Verband*) *German track and field associaton.*

DM *f abk* (*HIST* = *Deutsche Mark*) DM.

d. M. *abk* (= *dieses Monats*) inst.

D-Mark ['deːmark] (-, -) *f* (*HIST*) deutschmark.

DNS *f abk* (= *Desoxyribo(se)nukleinsäure*) DNA.

Do. *abk* = *Donnerstag.*

doch [dɔx] *adv* **1** (*dennoch*) after all; (*sowieso*) anyway; **er kam** ~ **noch** he came after all; **du weißt es ja** ~ **besser** you know more about it (than I do) anyway; **es war** ~ **ganz interessant** it was actually quite interesting; **und** ~, ... and yet ...

2 (*als bejahende Antwort*) yes I do/it does *etc*; **das ist nicht wahr -** ~**!** that's not true - yes it is!

3 (*auffordernd*): **komm** ~ do come; **lass ihn** ~ just leave him; **nicht** ~**!** oh no!

4: sie ist ~ **noch so jung** but she's still so young; **Sie wissen** ~, **wie das ist** you know how it is(, don't you?); **wenn** ~ if only.

♦ *konj* (*aber*) but; (*trotzdem*) all the same; **und** ~ **hat er es getan** but still he did it.

Docht [dɔxt] (-(e)s, -e) *m* wick.

Dock [dɔk] (-s, -s *od* -e) *nt* dock; ~**gebühren** *pl* dock dues *pl*.

Dogge ['dɔgə] (-, -n) *f* bulldog; **Deutsche** ~ Great Dane.

Dogma ['dɔgma] (-s, -men) *nt* dogma.

dogmatisch [dɔ'gmaːtɪʃ] *adj* dogmatic.

Dohle ['doːlə] (-, -n) *f* jackdaw.

Doktor ['dɔktɔr] (-s, -en) *m* doctor; **den** ~ **machen** (*umg*) to do a doctorate *od* Ph.D.

Doktorand(in) [dɔkto'rant (-dɪn)] (-en, -en) *m(f)* Ph.D. student.

Doktor- *zW:* ~**arbeit** *f* doctoral thesis; ~**titel** *m* doctorate; ~**vater** *m* supervisor.

doktrinär [dɔktri'nɛːr] *adj* doctrinal; (*stur*) doctrinaire.

Dokument [doku'mɛnt] *nt* document.

Dokumentar- *zW:* ~**bericht** *m* documentary; ~**film** *m* documentary (film); **d~isch** *adj* documentary; ~**spiel** *nt* docudrama.

dokumentieren [dokumɛn'tiːrən] *vt* to document; (*fig: zu erkennen geben*) to reveal, show.

Dolch [dɔlç] (-(e)s, -e) *m* dagger; ~**stoß** *m* (*bes fig*) stab.

dolmetschen ['dɔlmɛtʃən] *vt, vi* to interpret.

Dolmetscher(in) (-s, -) *m(f)* interpreter.

Dolomiten [dolo'miːtən] *pl* (*GEOG*): **die** ~ the Dolomites *pl*.

Dom [doːm] (-(e)s, -e) *m* cathedral.

Domäne [do'mɛːnə] (-, -n) *f* (*fig*) domain, province.

dominieren [domi'niːrən] *vt* to dominate ♦ *vi* to predominate.

Dominikanische Republik [domini'kaːnɪʃərepu'bliːk] *f* Dominican Republic.

Dompfaff ['doːmpfaf] (-en, -en) *m* bullfinch.

Dompteur [dɔmp'tøːr] *m* (*Zirkus*) trainer.

Dompteuse [dɔmp'tøːzə] *f* (*Zirkus*) trainer.

Donau ['doːnaʊ] *f:* **die** ~ the Danube.

Donner ['dɔnər] (**-s, -**) m thunder; **wie vom ~ gerührt** (fig) thunderstruck.

donnern vi unpers to thunder ♦ vt (umg) to slam, crash.

Donnerschlag m thunderclap.

Donnerstag m Thursday; siehe auch **Dienstag**.

Donnerwetter nt thunderstorm; (fig) dressing-down ♦ interj good heavens!; (anerkennend) my word!

doof [doːf] (umg) adj daft, stupid.

Dopingkontrolle ['dɔpɪŋkɔntrɔlə] f (SPORT) dope check.

Doppel ['dɔpəl] (**-s, -**) nt duplicate; (SPORT) doubles; **~band** m (von doppeltem Umfang) double-sized volume; (zwei Bände) two volumes pl; **~bett** nt double bed; **d~bödig** adj (fig) ambiguous; **d~deutig** adj ambiguous; **~fenster** nt double glazing; **~gänger(in)** (**-s, -**) m(f) double; **~korn** m type of schnapps; **~punkt** m colon; **d~seitig** adj (auch COMPUT: Diskette) double-sided; (Lungenentzündung) double; **d~seitige Anzeige** double-page advertisement; **d~sinnig** adj ambiguous; **~stecker** m two-way adaptor; **~stunde** f (SCH) double period.

doppelt adj double; (COMM: Buchführung) double-entry; (Staatsbürgerschaft) dual ♦ adv: **die Karte habe ich ~** I have two of these cards; **~ gemoppelt** (umg) saying the same thing twice over; **in ~er Ausführung** in duplicate.

Doppel- zW: **~verdiener** pl two-income family; **~zentner** m 100 kilograms; **~zimmer** nt double room.

Dorf [dɔrf] (**-(e)s, ⁻er**) nt village; **~bewohner** m villager.

dörflich ['dœrflɪç] adj village attrib.

Dorn¹ [dɔrn] (**-(e)s, -en**) m (BOT) thorn; **das ist mir ein ~ im Auge** (fig) it's a thorn in my flesh.

Dorn² [dɔrn] (**-(e)s, -e**) m (Schnallen~) tongue, pin.

dornig adj thorny.

Dornröschen nt Sleeping Beauty.

dörren ['dœrən] vt to dry.

Dörrobst ['dœroːpst] nt dried fruit.

dort [dɔrt] adv there; **~ drüben** over there; **~her** adv from there; **~hin** adv (to) there.

dortig adj of that place; in that town.

Dose ['doːzə] (**-, -n**) f box; (Blech~) tin, can; **in ~n** (Konserven) canned, tinned (BRIT).

Dosen pl von **Dose, Dosis**.

dösen ['døːzən] (umg) vi to doze.

Dosenmilch f evaporated milk.

Dosenöffner m tin (BRIT) od can opener.

Dosenpfand nt deposit on drink cans; (allgemein: Einwegpfand) deposit on drink cans and disposable bottles.

dosieren [do'ziːrən] vt (lit, fig) to measure out.

Dosis ['doːzɪs] (**-, Dosen**) f dose.

Dotierung [do'tiːrʊŋ] f endowment; (von Posten) remuneration.

Dotter ['dɔtər] (**-s, -**) m egg yolk.

Double ['duːbəl] (**-s, -s**) nt (FILM etc) stand-in.

downloaden ['daunloːdən] vti (COMPUT) to download.

Down-Syndrom nt no pl (MED) Down's Syndrome.

Doz. abk = **Dozent(in)**.

Dozent(in) [do'tsɛnt(ɪn)] (**-en, -en**) m(f): **~ (für)** lecturer (in), professor (of) (US).

dpa (-) f abk (= Deutsche Presse-Agentur) German Press Agency.

Dr. abk = **Doktor**.

Drache ['draxə] (**-n, -n**) m (Tier) dragon.

Drachen (**-s, -**) m kite; **einen ~ steigen lassen** to fly a kite; **d~fliegen** vi to hang-glide; **~fliegen** nt (SPORT) hang-gliding.

Dragee, Dragée [dra'ʒeː] (**-s, -s**) nt (PHARM) dragee, sugar-coated pill.

Draht [draːt] (**-(e)s, ⁻e**) m wire; **auf ~ sein** to be on the ball; **~esel** m (hum) trusty bicycle; **~gitter** nt wire grating; **d~los** adj cordless; (Telefon) mobile; **~seil** nt cable; **Nerven wie ~seile** (umg) nerves of steel; **~seilbahn** f cable railway; **~zange** f pliers pl; **~zieher(in)** m(f) (fig) wire-puller.

Drall m (fig: Hang) tendency; **einen ~ nach links haben** (AUT) to pull to the left.

drall [dral] adj strapping; (Frau) buxom.

Drama ['draːma] (**-s, Dramen**) nt drama.

Dramatiker(in) [dra'maːtikər(ɪn)] (**-s, -**) m(f) dramatist.

dramatisch [dra'maːtɪʃ] adj dramatic.

Dramaturg(in) [drama'tʊrk (-gɪn)] (**-en, -en**) m(f) artistic director; (TV) drama producer.

dran [dran] (umg) adv (an der Reihe): **jetzt bist du ~** it's your turn now; **früh/spät ~ sein** to be early/late; **ich weiß nicht, wie ich (bei ihm) ~ bin** I don't know where I stand (with him); siehe auch **daran**; **~bleiben** unreg (umg) vi to stay close; (am Apparat) to hang on.

Drang (**-(e)s, ⁻e**) m (Trieb) urge, yearning; (Druck) pressure; **~ nach** urge od yearning for.

drang etc [draŋ] vb siehe **dringen**.

drängeln ['drɛŋəln] vt, vi to push, jostle.

drängen ['drɛŋən] vt (schieben) to push, press; (antreiben) to urge ♦ vi (eilig sein) to be urgent; (Zeit) to press; **auf etw akk ~** to press for sth.

drangsalieren [draŋza'liːrən] vt to pester, plague.

dranhalten (umg) vr to get a move on.

drankommen (umg) unreg vi (an die Reihe kommen) to have one's turn; (SCH: beim Melden) to be called; (Frage, Aufgabe etc) to come up.

drannehmen (umg) unreg vt (Schüler) to ask.

drastisch ['drastɪʃ] adj drastic.

drauf [drauf] (umg) adv: **~ und dran sein, etw zu tun** to be on the point of doing sth; siehe

auch **darauf; D~gänger** (**-s, -**) *m* daredevil;
~gehen *unreg vi* (*verbraucht werden*) to be
used up; (*kaputtgehen*) to be smashed up;
~haben (*umg*) *unreg vt*: **etw ~haben** (*können*)
to be able to do sth just like that;
(*Kenntnisse*) to be well up on sth; **~zahlen** *vi*
(*fig: Einbußen erleiden*) to pay the price.
draußen ['draʊsən] *adv* outside, out-of-doors.
Drechsler(in) ['drɛkslər(ɪn)] (**-s, -**) *m(f)* (wood)
turner.
Dreck [drɛk] (**-(e)s**) *m* mud, dirt; **~ am**
Stecken haben (*fig*) to have a skeleton in the
cupboard; **das geht ihn einen ~ an** (*umg*)
that's none of his business.
dreckig *adj* dirty, filthy; **es geht mir ~** (*umg*)
I'm in a bad way.
Dreckskerl (*umg!*) *m* dirty swine (*!*).
Dreh [dreː] *m*: **den ~ raushaben** *od* **weghaben**
(*umg*) to have got the hang of it.
Dreh- *zW*: **~achse** *f* axis of rotation; **~arbeiten**
pl (*FILM*) shooting *sing*; **~bank** *f* lathe; **d~bar**
adj revolving; **~buch** *nt* (*FILM*) script.
drehen *vt* to turn, rotate; (*Zigaretten*) to roll;
(*Film*) to shoot ♦ *vi* to turn, rotate ♦ *vr* to
turn; (*handeln von*): **sich um etw ~** to be
about sth; **ein Ding ~** (*umg*) to play a prank.
Dreher(in) (**-s, -**) *m(f)* lathe operator.
Dreh- *zW*: **~orgel** *f* barrel organ; **~ort** *m* (*FILM*)
location; **~scheibe** *f* (*EISENB*) turntable; **~tür**
f revolving door.
Drehung *f* (*Rotation*) rotation; (*Um~,*
Wendung) turn.
Dreh- *zW*: **~wurm** (*umg*) *m*: **einen ~wurm**
haben/bekommen to be/become dizzy;
~zahl *f* rate of revolution; **~zahlmesser** *m*
rev(olution) counter.
drei [draɪ] *num* three; **~ viertel** three quarters;
aller guten Dinge sind ~! (*Sprichwort*) all
good things come in threes!; (*nach zwei*
missglückten Versuchen) third time lucky!;
D~eck *nt* triangle; **~eckig** *adj* triangular;
D~ecksverhältnis *nt* eternal triangle;
~einhalb *num* three and a half; **D~einigkeit**
[-'|aɪnɪçkaɪt] *f* Trinity.
dreierlei *adj inv* of three kinds.
drei- *zW*: **~fach** *adj* triple, treble ♦ *adv* three
times; **die ~fache Menge** three times the
amount; **D~faltigkeit** *f* trinity; **D~fuß** *m*
tripod; (*Schemel*) three-legged stool;
D~gangschaltung *f* three-speed gear;
~hundert *num* three hundred; **D~käsehoch**
(*umg*) *m* tiny tot; **D~königsfest** *nt* Epiphany;
~mal *adv* three times, thrice; **~malig** *adj*
three times.
dreinblicken ['draɪnblɪkən] *vi*: **traurig** *etc* **~** to
look sad *etc*.
dreinreden ['draɪnreːdən] *vi*: **jdm ~**
(*dazwischenreden*) to interrupt sb; (*sich*
einmischen) to interfere with sb.
Dreirad *nt* tricycle.

Dreisprung *m* triple jump.
dreißig ['draɪsɪç] *num* thirty.
dreist [draɪst] *adj* bold, audacious.
Dreistigkeit *f* boldness, audacity.
drei- *zW*: **~viertelstunde** *f* three-quarters of an
hour; **D~vierteltakt** *m*: **im D~vierteltakt** in
three-four time; **~zehn** *num* thirteen; **jetzt**
schlägts ~zehn! (*umg*) that's a bit much.
dreschen ['drɛʃən] *unreg vt* to thresh; **Skat ~**
(*umg*) to play skat.
Dresden ['dreːsdən] (**-s**) *nt* Dresden.
dressieren [drɛ'siːrən] *vt* to train.
Dressur [drɛ'suːr] *f* training; (*für ~reiten*)
dressage.
Dr. h. c. *abk* (= *Doktor honoris causa*) honorary
doctor.
driften ['drɪftən] *vi* (*NAUT, fig*) to drift.
Drillbohrer *m* light drill.
drillen ['drɪlən] *vt* (*bohren*) to drill, bore; (*MIL*)
to drill; (*fig*) to train; **auf etw** *akk* **gedrillt sein**
(*fig: umg*) to be practised (*BRIT*) *od* practiced
(*US*) at doing sth.
Drilling *m* triplet.
drin [drɪn] (*umg*) *adv*: **bis jetzt ist noch alles ~**
everything is still quite open; *siehe auch*
darin.
dringen ['drɪŋən] *unreg vi* (*Wasser, Licht, Kälte*):
~ (durch/in +*akk***)** to penetrate (through/
into); **auf etw** *akk* **~** to insist on sth; **in jdn ~**
(*geh*) to entreat sb.
dringend ['drɪŋənt] *adj* urgent; **~ empfehlen**
to recommend strongly.
dringlich ['drɪŋlɪç] *adj* = **dringend**.
Dringlichkeit *f* urgency.
Dringlichkeitsstufe *f* priority; **~ 1** top
priority.
drinnen ['drɪnən] *adv* inside, indoors.
drinstecken ['drɪnʃtɛkən] (*umg*) *vi*: **da steckt**
eine Menge Arbeit drin a lot of work has
gone into it.
drischt [drɪʃt] *vb siehe* **dreschen**.
dritt *adv*: **wir kommen zu ~** three of us are
coming together.
dritte(r, s) *adj* third; **D~ Welt** Third World;
im Beisein D~r in the presence of a third
party.
Drittel (**-s, -**) *nt* third.
drittens *adv* thirdly.
drittklassig *adj* third-rate, third-class.
Dr. jur. *abk* (= *Doktor der Rechtswissenschaften*)
≈ L.L.D.
DRK (**-**) *nt abk* (= *Deutsches Rotes Kreuz*) ≈ R.C.
Dr. med. *abk* (= *Doktor der Medizin*) ≈ M.D.
droben ['droːbən] *adv* above, up there.
Droge ['droːgə] (**-, -n**) *f* drug.
dröge ['drøːgə] (*NORDD*) *adj* boring.
Drogen- *zW*: **d~abhängig** *adj* addicted to
drugs; **~händler(in)** *m(f)* peddler, pusher;
d~süchtig *adj* addicted to drugs.
Drogerie [drogə'riː] *f* chemist's shop (*BRIT*),

drugstore (*US*).

Drogist(in) [dro'ɡɪst(ɪn)] *m(f)* pharmacist, chemist (*BRIT*).
Drohbrief *m* threatening letter.
drohen ['droːən] *vi:* (**jdm**) ~ to threaten (sb).
Drohgebärde *f* (*lit, fig*) threatening gesture.
Drohne ['droːnə] (*-, -n*) *f* drone.
dröhnen ['drøːnən] *vi* (*Motor*) to roar; (*Stimme, Musik*) to ring, resound.
Drohung ['droːʊŋ] *f* threat.
drollig ['drɔlɪç] *adj* droll.
Drops [drɔps] (*-, -*) *m od nt* fruit drop.
drosch *etc* [drɔʃ] *vb siehe* **dreschen**.
Droschke ['drɔʃkə] (*-, -n*) *f* cab.
Droschkenkutscher *m* cabman.
Drossel ['drɔsəl] (*-, -n*) *f* thrush.
drosseln ['drɔsəln] *vt* (*Motor etc*) to throttle; (*Heizung*) to turn down; (*Strom, Tempo, Produktion etc*) to cut down.
Dr. phil. *abk* (= *Doktor der Geisteswissenschaften*) ≈ Ph.D.
Dr. theol. *abk* (= *Doktor der Theologie*) ≈ D.D.
drüben ['dryːbən] *adv* over there, on the other side.
drüber ['dryːbər] (*umg*) *adv* = **darüber**.
Druck [drʊk] (*-(e)s, -e*) *m* (*PHYS, Zwang*) pressure; (*TYP: Vorgang*) printing; (*: Produkt*) print; (*fig: Belastung*) burden, weight; ~ **hinter etw** *akk* **machen** to put some pressure on sth; ~**buchstabe** *m* block letter; **in** ~**buchstaben schreiben** to print.
Drückeberger ['drʏkəbɛrɡər] (*-s, -*) *m* shirker, dodger.
drucken ['drʊkən] *vt, vi* (*TYP, COMPUT*) to print.
drücken ['drʏkən] *vt* (*Knopf, Hand*) to press; (*zu eng sein*) to pinch; (*fig: Preise*) to keep down; (*: belasten*) to oppress, weigh down ♦ *vi* to press; to pinch ♦ *vr:* **sich vor etw** *dat* ~ to get out of (doing) sth; **jdm etw in die Hand** ~ to press sth into sb's hand.
drückend *adj* oppressive; (*Last, Steuern*) heavy; (*Armut*) grinding; (*Wetter, Hitze*) oppressive, close.
Drucker (*-s, -*) *m* printer.
Drücker (*-s, -*) *m* button; (*Tür~*) handle; (*Gewehr~*) trigger; **am** ~ **sein** *od* **sitzen** (*fig: umg*) to be the key person; **auf den letzten** ~ (*fig: umg*) at the last minute.
Druckerei [drʊkə'raɪ] *f* printing works, press.
Druckerschwärze *f* printer's ink.
Druck- *zW:* ~**fahne** *f* galley(-proof); ~**fehler** *m*

misprint; ~**knopf** *m* press stud (*BRIT*), snap fastener; ~**kopf** *m* printhead; ~**luft** *f* compressed air; ~**mittel** *nt* leverage; **d~reif** *adj* ready for printing, passed for press; (*fig*) polished; ~**sache** *f* printed matter; ~**schrift** *f* printing; (*gedrucktes Werk*) pamphlet; ~**taste** *f* push button; ~**welle** *f* shock wave.
drum [drʊm] (*umg*) *adv* around; **mit allem D~ und Dran** with all the bits and pieces *pl*; (*Mahlzeit*) with all the trimmings *pl*.
Drumherum *nt* trappings *pl*.
drunten ['drʊntən] *adv* below, down there.
Drüse ['dryːzə] (*-, -n*) *f* gland.
DSB (*-*) *m abk* (= *Deutscher Sportbund*) German Sports Association.
Dschungel ['dʒʊŋəl] (*-s, -*) *m* jungle.
DSD *nt abk* (= *Duales System Deutschland*) German waste collection and recycling service.

dt. *abk* = **deutsch**.
DTC (*-*) *m abk* (= *Deutscher Touring-Automobil-Club*) German motoring organization.
DTP (*-*) *nt abk* (= *Desktop publishing*) DTP.
Dtzd. *abk* (= *Dutzend*) doz.
du [duː] *pron* you; **mit jdm per** ~ **sein** to be on familiar terms with sb; **D~** *nt:* **jdm das D~ anbieten** to suggest that sb uses "du", suggest that sb uses the familiar form of address.
Dübel ['dyːbəl] (*-s, -*) *m* plug; (*Holz~*) dowel.
dübeln ['dyːbəln] *vt, vi* to plug.
Dublin ['dablɪn] *nt* Dublin.
ducken ['dʊkən] *vt* (*Kopf*) to duck; (*fig*) to take down a peg or two ♦ *vr* to duck.
Duckmäuser ['dʊkmɔyzər] (*-s, -*) *m* yes-man.
Dudelsack ['duːdəlzak] *m* bagpipes *pl*.
Duell [du'ɛl] (*-s, -e*) *nt* duel.
Duett [du'ɛt] (*-(e)s, -e*) *nt* duet.
Duft [dʊft] (*-(e)s, ⁻e*) *m* scent, odour (*BRIT*), odor (*US*); **d~en** *vi* to smell, be fragrant.
duftig *adj* (*Stoff, Kleid*) delicate, diaphanous; (*Muster*) fine.
Duftnote *f* (*von Parfüm*) scent.
dulden ['dʊldən] *vt* to suffer; (*zulassen*) to tolerate ♦ *vi* to suffer.
duldsam *adj* tolerant.
dumm [dʊm] *adj* stupid; **das wird mir zu** ~ that's just too much; **der D~e sein** to be the

loser; **der** ~**e August** (*umg*) the clown; **du willst mich wohl für** ~ **verkaufen** you must think I'm stupid; **sich** ~ **und dämlich reden** (*umg*) to talk till one is blue in the face; **so etwas D**~**es** how stupid; what a nuisance; ~**dreist** *adj* impudent.

dummerweise *adv* stupidly.

Dummheit *f* stupidity; (*Tat*) blunder, stupid mistake.

Dummkopf *m* blockhead.

dumpf [dʊmpf] *adj* (*Ton*) hollow, dull; (*Luft*) close; (*Erinnerung, Schmerz*) vague; **D**~**heit** *f* hollowness, dullness; closeness; vagueness.

dumpfig *adj* musty.

Dumpingpreis ['dampɪŋpraɪs] *m* give-away price.

Düne ['dyːnə] (-, -n) *f* dune.

Dung [dʊŋ] (-(e)s) *m* manure.

düngen ['dyŋən] *vt* to fertilize.

Dünger (-s, -) *m* fertilizer; (*Dung*) manure.

dunkel ['dʊŋkəl] *adj* dark; (*Stimme*) deep; (*Ahnung*) vague; (*rätselhaft*) obscure; (*verdächtig*) dubious, shady; **im D**~**n tappen** (*fig*) to grope in the dark.

Dünkel ['dynkəl] (-s) *m* self-conceit; **d**~**haft** *adj* conceited.

Dunkelheit *f* darkness; (*fig*) obscurity; **bei Einbruch der** ~ at nightfall.

Dunkelkammer *f* (*PHOT*) dark room.

dunkeln *vi unpers* to grow dark.

Dunkelziffer *f* estimated number of unnotified cases.

dünn [dyn] *adj* thin ♦ *adv*: ~ **gesät** scarce; **D**~**darm** *m* small intestine; ~**flüssig** *adj* watery, thin; **D**~**heit** *f* thinness; **D**~**schiss**▲ (*umg*) m the runs.

Dunst [dʊnst] (-es, ⁻e) *m* vapour (*BRIT*), vapor (*US*); (*Wetter*) haze; ~**abzugshaube** *f* extractor hood.

dünsten ['dynstən] *vt* to steam.

Dunstglocke *f* haze; (*Smog*) pall of smog.

dunstig ['dʊnstɪç] *adj* vaporous; (*Wetter*) hazy, misty.

düpieren [dy'piːrən] *vt* to dupe.

Duplikat [dupli'kaːt] (-(e)s, -e) *nt* duplicate.

Dur [duːr] (-, -) *nt* (*MUS*) major.

══════════════ *SCHLÜSSELWORT*

durch [dʊrç] *präp +akk* **1** (*hindurch*) through; ~ **den Urwald** through the jungle; ~ **die ganze Welt reisen** to travel all over the world.

2 (*mittels*) through, by (means of); (*aufgrund*) due to, owing to; **Tod** ~ **Herzschlag/den Strang** death from a heart attack/by hanging; ~ **die Post** by post; ~ **seine Bemühungen** through his efforts.

♦ *adj* **1** (*hin*~) through; **die ganze Nacht** ~ all through the night; **den Sommer** ~ during the summer; **8 Uhr** ~ past 8 o'clock; ~ **und**

~ completely; **das geht mir** ~ **und** ~ that goes right through me.

2 (*KOCH: umg: durchgebraten*) done; (**gut**) ~ well-done.

durcharbeiten *vt, vi* to work through ♦ *vr*: **sich durch etw** ~ to work one's way through sth.

durchatmen *vi* to breathe deeply.

durchaus [dʊrç'aʊs] *adv* completely; (*unbedingt*) definitely; ~ **nicht** (*in verneinten Sätzen: als Verstärkung*) by no means; (: *als Antwort*) not at all; **das lässt sich** ~ **machen** that sounds feasible; **ich bin** ~ **Ihrer Meinung** I quite *od* absolutely agree with you.

durchbeißen *unreg vt* to bite through ♦ *vr* (*fig*) to battle on.

durchblättern *vt* to leaf through.

Durchblick ['dʊrçblɪk] *m* view; (*fig*) comprehension; **den** ~ **haben** (*fig: umg*) to know what's what.

durchblicken *vi* to look through; (*umg: verstehen*): (**bei etw**) ~ to understand (sth); **etw** ~ **lassen** (*fig*) to hint at sth.

Durchblutung [dʊrç'bluːtʊŋ] *f* circulation (of blood).

durchbohren *vt untr* to bore through, pierce.

durchboxen ['dʊrçbɔksən] *vr* (*fig: umg*): **sich (durch etw)** ~ to fight one's way through (sth).

durchbrechen¹ ['dʊrçbrɛçən] *unreg vt, vi* to break.

durchbrechen² [dʊrç'brɛçən] *unreg vt untr* (*Schranken*) to break through.

durchbrennen *unreg vi* (*Draht, Sicherung*) to burn through; (*umg*) to run away.

durchbringen *unreg vt* to get through; (*Geld*) to squander ♦ *vr* to make a living.

Durchbruch ['dʊrçbrʊx] *m* (*Öffnung*) opening; (*MIL*) breach; (*von Gefühlen etc*) eruption; (*der Zähne*) cutting; (*fig*) breakthrough; **zum** ~ **kommen** to break through.

durchdacht [dʊrç'daxt] *adj* well thought-out.

durchdenken *unreg vt untr* to think out.

durch- *zW*: ~**diskutieren** *vt* to talk over, discuss; ~**drängen** *vr* to force one's way through; ~**drehen** *vt* (*Fleisch*) to mince ♦ *vi* (*umg*) to crack up.

durchdringen¹ ['dʊrçdrɪŋən] *unreg vi* to penetrate, get through.

durchdringen² [dʊrç'drɪŋən] *unreg vt untr* to penetrate.

durchdringend *adj* piercing; (*Kälte, Wind*) biting; (*Geruch*) pungent.

durchdrücken ['dʊrçdrykən] *vt* (*durch Presse*) to press through; (*Creme, Teig*) to pipe; (*fig: Gesetz, Reformen etc*) to push through; (*seinen Willen*) to get; (*Knie, Kreuz etc*) to straighten.

durcheinander [dʊrçˌaɪ'nandər] *adv* in a mess, in confusion; (*verwirrt*) confused; ~ **trinken** to mix one's drinks; ~ **bringen** to mess up; (*verwirren*) to confuse; ~ **reden** to talk at the same time; ~ **werfen** to muddle up; **D~** (**-s**) *nt* (*Verwirrung*) confusion; (*Unordnung*) mess.

durch- *zW*: ~**fahren** *unreg vi*: **er ist bei Rot** ~**gefahren** he jumped the lights ♦ *vt*: **die Nacht** ~**fahren** to travel through the night; **D~fahrt** *f* transit; (*Verkehr*) thoroughfare; **D~fahrt bitte freihalten!** please keep access free; **D~fahrt verboten!** no through road; **D~fall** *m* (*MED*) diarrhoea (*BRIT*), diarrhea (*US*); ~**fallen** *unreg vi* to fall through; (*in Prüfung*) to fail; ~**finden** *unreg vr* to find one's way through; ~**fliegen** *unreg* (*umg*) *vi* (*in Prüfung*): (**durch etw** *od* **in etw** *dat*) ~**fliegen** to fail (sth); **D~flug** *m*: **Passagiere auf dem D~flug** transit passengers.

durchforschen *vt untr* to explore.

durchforsten [dʊrç'fɔrstən] *vt untr* (*fig: Akten etc*) to go through.

durchfragen *vr* to find one's way by asking.

durchfressen *unreg vr* to eat one's way through.

durchführbar *adj* feasible, practicable.

durchführen ['dʊrçfyːrən] *vt* to carry out; (*Gesetz*) to implement; (*Kursus*) to run.

Durchführung *f* execution, performance.

Durchgang ['dʊrçɡaŋ] *m* passage(way); (*bei Produktion, Versuch*) run; (*SPORT*) round; (*bei Wahl*) ballot; ~ **verboten** no thoroughfare.

durchgängig ['dʊrçɡɛŋɪç] *adj* universal, general.

Durchgangs- *zW*: ~**handel** *m* transit trade; ~**lager** *nt* transit camp; ~**stadium** *nt* transitory stage; ~**verkehr** *m* through traffic.

durchgeben ['dʊrçɡeːbən] *unreg vt* (*RUNDF, TV: Hinweis, Wetter*) to give; (*Lottozahlen*) to announce.

durchgefroren ['dʊrçɡəfroːrən] *adj* (*See*) completely frozen; (*Mensch*) frozen stiff.

durchgehen ['dʊrçɡeːən] *unreg vt* (*behandeln*) to go over *od* through ♦ *vi* to go through; (*ausreißen: Pferd*) to break loose; (*Mensch*) to run away; **mein Temperament ging mit mir durch** my temper got the better of me; **jdm etw** ~ **lassen** to let sb get away with sth.

durchgehend *adj* (*Zug*) through; (*Öffnungszeiten*) continuous.

durchgeschwitzt ['dʊrçɡəʃvɪtst] *adj* soaked in sweat.

durch- *zW*: ~**greifen** *unreg vi* to take strong action; ~**halten** *unreg vi* to last out ♦ *vt* to keep up; **D~haltevermögen** *nt* staying power; ~**hängen** *vi* (*lit, fig*) to sag; ~**hecheln** (*umg*) *vt* to gossip about; ~**kommen** *unreg vi* to get through; (*überleben*) to pull through.

durchkreuzen *vt untr* to thwart, frustrate.

durchlassen *unreg vt* (*Person*) to let through; (*Wasser*) to let in.

durchlässig *adj* leaky.

Durchlaucht ['dʊrçlaʊxt] (**-, -en**) *f*: (**Euer**) ~ Your Highness.

Durchlauf ['dʊrçlaʊf] *m* (*COMPUT*) run.

durchlaufen *unreg vt untr* (*Schule, Phase*) to go through.

Durchlauferhitzer (**-s, -**) *m* continuous-flow water heater.

Durchlaufzeit *f* (*COMPUT*) length of the run.

durch- *zW*: ~**leben** *vt untr* (*Zeit*) to live *od* go through; (*Jugend, Gefühl*) to experience; ~**lesen** *unreg vt* to read through; ~**leuchten** *vt untr* to X-ray; ~**löchern** *vt untr* to perforate; (*mit Löchern*) to punch holes in; (*mit Kugeln*) to riddle; ~**machen** *vt* to go through; **die Nacht** ~**machen** to make a night of it.

Durchmarsch *m* march through.

Durchmesser (**-s, -**) *m* diameter.

durchnässen *vt untr* to soak (through).

durch- *zW*: ~**nehmen** *unreg vt* to go over; ~**nummerieren**▲ *vt* to number consecutively; ~**organisieren** *vt* to organize down to the last detail; ~**pausen** *vt* to trace; ~**peitschen** *vt* (*lit*) to whip soundly; (*fig: Gesetzentwurf, Reform*) to force through.

durchqueren [dʊrç'kveːrən] *vt untr* to cross.

durch- *zW*: ~**rechnen** *vt* to calculate; ~**regnen** *vi unpers*: **es regnet durchs Dach** ~ the rain is coming through the roof; **D~reiche** (**-, -n**) *f* (serving) hatch, pass-through (*US*); **D~reise** *f* transit; **auf der D~reise** passing through; (*Güter*) in transit; **D~reisevisum** *nt* transit visa; ~**ringen** *unreg vr* to make up one's mind finally; ~**rosten** *vi* to rust through; ~**rutschen** *vi*: (**durch etw**) ~**rutschen** (*lit*) to slip through (sth); (*bei Prüfung*) to scrape through (sth).

durchs [dʊrçs] = **durch das**.

Durchsage ['dʊrçzaːɡə] *f* intercom *od* radio announcement.

Durchsatz ['dʊrçzats] *m* (*COMPUT, Produktion*) throughput.

durchschauen[1] ['dʊrçʃaʊən] *vt, vi* (*lit*) to look *od* see through.

durchschauen[2] [dʊrç'ʃaʊən] *vt untr* (*Person, Lüge*) to see through.

durchscheinen ['dʊrçʃaɪnən] *unreg vi* to shine through.

durchscheinend *adj* translucent.

durchschlafen ['dʊrçʃlaːfən] *unreg vi* to sleep through.

Durchschlag ['dʊrçʃlaːk] *m* (*Doppel*) carbon copy; (*Sieb*) strainer.

durchschlagen *unreg vt* (*entzweischlagen*) to split (in two); (*sieben*) to sieve ♦ *vi* (*zum Vorschein kommen*) to emerge, come out ♦ *vr* to get by.

durchschlagend – Dutzend

durchschlagend *adj* resounding; **(eine) ~e Wirkung haben** to be totally effective.
Durchschlagpapier *nt* flimsy; (*Kohlepapier*) carbon paper.
Durchschlagskraft *f* (*von Geschoss*) penetration; (*fig: von Argument*) decisiveness.
durch- *zW:* **~schlängeln** *vr* (*durch etw: Mensch*) to thread one's way through; **~schlüpfen** *vi* to slip through; **~schneiden** *unreg vt* to cut through.
Durchschnitt ['dʊrçʃnɪt] *m* (*Mittelwert*) average; **über/unter dem ~** above/below average; **im ~** on average; **d~lich** *adj* average ♦ *adv* on average; **d~lich begabt/ groß** *etc* of average ability/height *etc*.
Durchschnitts- *zW:* **~geschwindigkeit** *f* average speed; **~mensch** *m* average man, man in the street; **~wert** *m* average.
durch- *zW:* **D~schrift** *f* copy; **D~schuss▲** *m* (*Loch*) bullet hole; **~schwimmen** *unreg vt untr* to swim across; **~segeln** (*umg*) *vi* (*nicht bestehen*): **durch** *od* **bei etw ~segeln** to fail *od* flunk (*umg*) (sth); **~sehen** *unreg vt* to look through.
durchsetzen¹ ['dʊrçzɛtsən] *vt* to enforce ♦ *vr* (*Erfolg haben*) to succeed; (*sich behaupten*) to get one's way; **seinen Kopf ~** to get one's own way.
durchsetzen² [dʊrç'zɛtsən] *vt untr* to mix.
Durchsicht ['dʊrçzɪçt] *f* looking through, checking.
durchsichtig *adj* transparent; **D~keit** *f* transparency.
durch- *zW:* **~sickern** *vi* to seep through; (*fig*) to leak out; **~sieben** *vt* to sieve; **~sitzen** *unreg vt* (*Sessel etc*) to wear out (the seat of); **~spielen** *vt* to go *od* run through; **~sprechen** *unreg vt* to talk over; **~stehen** *unreg vt* to live through; **D~stehvermögen** *nt* endurance, staying power; **~stellen** *vt* (*TEL*) to put through; **~stöbern** [-'ʃtøːbərn] *vt untr* to ransack, search through; **~stoßen** *unreg vt, vi* to break through (*auch MIL*); **~streichen** *unreg vt* to cross out; **~stylen** *vt* to ponce up (*umg*); **~suchen** *vt untr* to search; **D~suchung** *f* search; **D~suchungsbefehl** *m* search warrant; **~trainieren** *vt* (*Sportler, Körper*): **gut ~trainiert** in superb condition; **~tränken** *vt untr* to soak; **~treten** *unreg vt* (*Pedal*) to step on; (*Starter*) to kick; **~trieben** *adj* cunning, wily; **~wachsen** *adj* (*lit: Speck*) streaky; (*fig: mittelmäßig*) so-so.
Durchwahl ['dʊrçvaːl] *f* (*TEL*) direct dialling; (*bei Firma*) extension.
durch- *zW:* **~weg** *adv* throughout, completely; **~wursteln** (*umg*) *vr* to muddle through; **~zählen** *vt* to count ♦ *vi* to count *od* number off; **~zechen** *vt untr:* **eine ~zechte Nacht** a night of drinking; **~ziehen** *unreg vt* (*Faden*) to

draw through ♦ *vi* to pass through; **eine Sache ~ziehen** to finish off sth; **~zucken** *vt untr* to shoot *od* flash through; **D~zug** *m* (*Luft*) draught (*BRIT*), draft (*US*); (*von Truppen, Vögeln*) passage; **~zwängen** *vt, vr* to squeeze *od* force through.

═══════════ *SCHLÜSSELWORT*

dürfen ['dʏrfən] *unreg vi* **1** (*Erlaubnis haben*) to be allowed to; **ich darf das** I'm allowed to (do that); **darf ich?** may I?; **darf ich ins Kino?** can *od* may I go to the cinema?; **es darf geraucht werden** you may smoke.
2 (*in Verneinungen*): **er darf das nicht** he's not allowed to (do that); **das darf nicht geschehen** that must not happen; **da darf sie sich nicht wundern** that shouldn't surprise her; **das darf doch nicht wahr sein!** that can't be true!
3 (*in Höflichkeitsformeln*): **darf ich Sie bitten, das zu tun?** may *od* could I ask you to do that?; **wir freuen uns, Ihnen mitteilen zu ~** we are pleased to be able to tell you; **was darf es sein?** what can I get for you?
4 (*können*): **das ~ Sie mir glauben** you can believe me.
5 (*Möglichkeit*): **das dürfte genug sein** that should be enough; **es dürfte Ihnen bekannt sein, dass ...** as you will probably know ...

durfte *etc* ['dʊrftə] *vb siehe* **dürfen**.
dürftig ['dʏrftɪç] *adj* (*ärmlich*) needy, poor; (*unzulänglich*) inadequate.
dürr [dʏr] *adj* dried-up; (*Land*) arid; (*mager*) skinny.
Dürre [-, -n] *f* aridity; (*Zeit*) drought.
Durst [dʊrst] [(-e)s] *m* thirst; **~ haben** to be thirsty; **einen über den ~ getrunken haben** (*umg*) to have had one too many.
durstig *adj* thirsty.
Durststrecke *f* hard times *pl*.
Dusche ['dʊʃə] [-, -n] *f* shower; **das war eine kalte ~** (*fig*) that really brought him/her *etc* down with a bump.
duschen *vi, vr* to have a shower.
Duschgelegenheit *f* shower facilities *pl*.
Düse ['dyːzə] [-, -n] *f* nozzle; (*Flugzeug~*) jet.
Dusel ['duːzəl] (*umg*) *m*: **da hat er (einen) ~ gehabt** he was lucky.
Düsen- *zW:* **~antrieb** *m* jet propulsion; **~flugzeug** *nt* jet (plane); **~jäger** *m* jet fighter.
Dussel ['dʊsəl] [-s, -] (*umg*) *m* twit, berk.
Düsseldorf ['dʏsəldɔrf] *nt* Dusseldorf.
dusselig ['dʊsəlɪç], **dusslig▲** ['dʊslɪç] (*umg*) *adj* stupid.
düster ['dyːstər] *adj* dark; (*Gedanken, Zukunft*) gloomy; **D~keit** *f* darkness, gloom; gloominess.
Dutzend ['dʊtsənt] [-s, -e] *nt* dozen; **~(e) od**

d~(e) Mal a dozen times; ~ware (*pej*) *f* (cheap) mass-produced item; d~weise *adv* by the dozen.

duzen ['duːtsən] *vt* to address with the familiar "du" form ♦ *vr* to address each other with the familiar "du" form; *siehe auch* **siezen**

DUZEN/SIEZEN

There are two different forms of address in German: du and Sie. **Duzen** *means addressing someone as 'du' and* **siezen** *means addressing someone as 'Sie'. 'Du' is used to address children, family and close friends. Students almost always use 'du' to each other. Sie is used for all grown-ups and older teenagers.*

Duzfreund *m* good friend.
DVD (-, -s) *f abk* (= *Digital Versatile Disk*) DVD.
Dynamik [dy'naːmɪk] *f* (*PHYS*) dynamics; (*fig:* Schwung) momentum; (*von Mensch*) dynamism.
dynamisch [dy'naːmɪʃ] *adj* (*lit, fig*) dynamic; (*renten~*) index-linked.
Dynamit [dyna'miːt] (-s) *nt* dynamite.
Dynamo [dy'naːmo] (-s, -s) *m* dynamo.
dz *abk* = **Doppelzentner**.
D-Zug ['deːtsuːk] *m* through train; **ein alter Mann ist doch kein** ~ (*umg*) I am going as fast as I can.

E, e

E¹, e [eː] *nt* E, e; ~ **wie Emil** ≈ E for Edward, E for Easy (*US*).
E² [eː] *abk* = **Eilzug; Europastraße**.
Ebbe ['ɛbə] (-, -n) *f* low tide; ~ **und Flut** ebb and flow.
eben ['eːbən] *adj* level; (*glatt*) smooth ♦ *adv* just; (*bestätigend*) exactly; **das ist** ~ **so** that's just the way it is; **mein Bleistift war doch** ~ **noch da** my pencil was there (just) a minute ago; ~ **deswegen** just because of that.
Ebenbild *nt*: **das genaue** ~ **seines Vaters** the spitting image of his father.
ebenbürtig *adj*: **jdm** ~ **sein** to be sb's peer.
Ebene (-, -n) *f* plain; (*MATH, PHYS*) plane; (*fig*) level.
eben- *zW*: ~**erdig** *adj* at ground level; ~**falls** *adv* likewise; **E~heit** *f* levelness; (*Glätte*)

smoothness; **E~holz** *nt* ebony; ~**so** *adv* just as; ~**so gut** just as well; ~**so oft** just as often; ~**so viel** just as much; ~**so weit** just as far; ~**so wenig** just as little.
Eber ['eːbər] (-s, -) *m* boar.
Ebersche *f* mountain ash, rowan.
ebnen ['eːbnən] *vt* to level; **jdm den Weg** ~ (*fig*) to smooth the way for sb.
Echo ['ɛço] (-s, -s) *nt* echo; (**bei jdm**) **ein lebhaftes** ~ **finden** (*fig*) to meet with a lively response (from sb).
Echolot ['ɛçoloːt] *nt* (*NAUT*) echo-sounder, sonar.
Echse ['ɛksə] (-, -n) *f* (*ZOOL*) lizard.
echt [ɛçt] *adj* genuine; (*typisch*) typical; **ich hab** ~ **keine Zeit** (*umg*) I really don't have any time; **E~heit** *f* genuineness.
Eckball ['ɛkbal] *m* corner (kick).
Ecke ['ɛkə] (-, -n) *f* corner; (*MATH*) angle; **gleich um die** ~ just around the corner; **an allen** ~**n und Enden sparen** (*umg*) to pinch and scrape; **jdn um die** ~ **bringen** (*umg*) to bump sb off; **mit jdm um ein paar** ~**n herum verwandt sein** (*umg*) to be distantly related to sb, be sb's second cousin twice removed (*hum*).
eckig *adj* angular.
Eckzahn *m* eye tooth.
Eckzins *m* (*FIN*) minimum lending rate.
Ecstasy ['ɛkstəsɪ] *nt* (*Droge*) ecstasy.
Ecuador [ekua'doːr] (-s) *nt* Ecuador.
edel ['eːdəl] *adj* noble; **E~ganove** *m* gentleman criminal; **E~gas** *nt* rare gas; **E~metall** *nt* rare metal; **E~stein** *m* precious stone.
Edinburg(h) ['eːdɪnburk] *nt* Edinburgh.
EDV (-) *f abk* (= *elektronische Datenverarbeitung*) EDP.
EEG (-) *nt abk* (= *Elektroenzephalogramm*) EEG.
Efeu ['eːfɔy] (-s) *m* ivy.
Effeff [ɛf'ɛf] (-) (*umg*) *nt*: **etw aus dem** ~ **können** to be able to do sth standing on one's head.
Effekt [ɛ'fɛkt] (-(e)s, -e) *m* effect.
Effekten [ɛ'fɛktən] *pl* stocks *pl*; ~**börse** *f* Stock Exchange.
Effekthascherei [ɛfɛkthaʃə'raɪ] *f* sensationalism.
effektiv [ɛfɛk'tiːf] *adj* effective, actual.
Effet [ɛ'feː] (-s) *m* spin.
EG (-) *f abk* (= *Europäische Gemeinschaft*) EC.
egal [e'gaːl] *adj* all the same; **das ist mir ganz** ~ it's all the same to me.
egalitär [egali'tɛːr] *adj* (*geh*) egalitarian.
Egge ['ɛgə] (-, -n) *f* (*AGR*) harrow.
Egoismus [ego'ɪsmʊs] *m* selfishness, egoism.
Egoist(in) [ego'ɪst] *m(f)* egoist; **e~isch** *adj* selfish, egoistic.
egozentrisch [ego'tsɛntrɪʃ] *adj* egocentric, self-centred (*BRIT*), self-centered (*US*).

eh [eː] *adv*: **seit ~ und je** for ages, since the year dot (*umg*); **ich komme ~ nicht dazu** I won't get around to it anyway.

e. h. *abk* = **ehrenhalber**.

Ehe ['eːə] (-, -n) *f* marriage; **die ~ eingehen** (*form*) to enter into matrimony; **sie leben in wilder ~** (*veraltet*) they are living in sin.

ehe *konj* before.

Ehe- *zW*: **~brecher** (-s, -) *m* adulterer; **~brecherin** *f* adulteress; **~bruch** *m* adultery; **~frau** *f* wife; **~leute** *pl* married couple *pl*; **e~lich** *adj* matrimonial; (*Kind*) legitimate.

ehemalig *adj* former.

ehemals *adv* formerly.

Ehe- *zW*: **~mann** *m* married man; (*Partner*) husband; **~paar** *nt* married couple; **~partner** *m* husband; **~partnerin** *f* wife.

eher ['eːər] *adv* (*früher*) sooner; (*lieber*) rather, sooner; (*mehr*) more; **nicht ~ als** not before; **umso ~, als** the more so because.

Ehe- *zW*: **~ring** *m* wedding ring; **~scheidung** *f* divorce; **~schließung** *f* marriage; **~stand** *m*: **in den ~stand treten** (*form*) to enter into matrimony.

eheste(r, s) ['eːəstə(r, s)] *adj* (*früheste*) first, earliest; **am ~n** (*am liebsten*) soonest; (*meist*) most; (*am wahrscheinlichsten*) most probably.

Ehevermittlung *f* (*Büro*) marriage bureau.

Eheversprechen *nt* (*JUR*) promise to marry.

ehrbar ['eːrbaːr] *adj* honourable (*BRIT*), honorable (*US*), respectable.

Ehre (-, -n) *f* honour (*BRIT*), honor (*US*); **etw in ~n halten** to treasure *od* cherish sth.

ehren *vt* to honour (*BRIT*), honor (*US*).

Ehren- *zW*: **e~amtlich** *adj* honorary; **~bürgerrecht** *nt*: **die Stadt verlieh ihr das ~bürgerrecht** she was given the freedom of the city; **~gast** *m* guest of honour (*BRIT*) *od* honor (*US*); **e~haft** *adj* honourable (*BRIT*), honorable (*US*); **e~halber** *adv*: **er wurde e~halber zum Vorsitzenden auf Lebenszeit ernannt** he was made honorary president for life; **~mann** *m* man of honour (*BRIT*) *od* honor (*US*); **~mitglied** *nt* honorary member; **~platz** *m* place of honour (*BRIT*) *od* honor (*US*); **~rechte** *pl* civic rights *pl*; **e~rührig** *adj* defamatory; **~runde** *f* lap of honour (*BRIT*) *od* honor (*US*); **~sache** *f* point of honour (*BRIT*) *od* honor (*US*); **~sache!** (*umg*) you can count on me; **~tag** *m* (*Geburtstag*) birthday; (*großer Tag*) big day; **e~voll** *adj* honourable (*BRIT*), honorable (*US*); **~wort** *nt* word of honour (*BRIT*) *od* honor (*US*); **Urlaub auf ~wort** parole.

Ehr- *zW*: **e~erbietig** *adj* respectful; **~furcht** *f* awe, deep respect; **~furcht gebietend** awesome; (*Stimme*) authoritative; **~gefühl** *nt* sense of honour (*BRIT*) *od* honor (*US*); **~geiz** *m* ambition; **e~geizig** *adj* ambitious; **e~lich** *adj* honest; **e~lich verdientes Geld** hard-earned money; **e~lich gesagt** ... quite frankly *od* honestly ...; **~lichkeit** *f* honesty; **e~los** *adj* dishonourable (*BRIT*), dishonorable (*US*).

Ehrung *f* honour(ing) (*BRIT*), honor(ing) (*US*).

ehrwürdig *adj* venerable.

Ei [aɪ] (-(e)s, -er) *nt* egg; **Eier** *pl* (*umg!*: *Hoden*) balls *pl* (!); **jdn wie ein rohes ~ behandeln** (*fig*) to handle sb with kid gloves; **wie aus dem ~ gepellt aussehen** (*umg*) to look spruce.

ei *interj* well, well; (*beschwichtigend*) now, now.

Eibe ['aɪbə] (-, -n) *f* (*BOT*) yew.

Eichamt ['aɪç|amt] *nt* Office of Weights and Measures.

Eiche (-, -n) *f* oak (tree).

Eichel (-, -n) *f* acorn; (*KARTEN*) club; (*ANAT*) glans.

eichen *vt* to calibrate.

Eichhörnchen *nt* squirrel.

Eichmaß *nt* standard.

Eichung *f* standardization.

Eid [aɪt] (-(e)s, -e) *m* oath; **eine Erklärung an ~es statt abgeben** (*JUR*) to make a solemn declaration.

Eidechse ['aɪdɛksə] (-, -n) *f* lizard.

eidesstattlich *adj*: **~e Erklärung** affidavit.

Eid- *zW*: **~genosse** *m* Swiss; **~genossenschaft** *f*: **Schweizerische ~genossenschaft** Swiss Confederation; **e~lich** *adj* (sworn) upon oath.

Eidotter *nt* egg yolk.

Eier- *zW*: **~becher** *m* egg cup; **~kuchen** *m* pancake; (*Omelett*) omelette (*BRIT*), omelet (*US*); **~likör** *m* advocaat.

eiern ['aɪərn] (*umg*) *vi* to wobble.

Eier- *zW*: **~schale** *f* eggshell; **~stock** *m* ovary; **~uhr** *f* egg timer.

Eifel ['aɪfəl] (-) *f* Eifel (Mountains).

Eifer ['aɪfər] (-s) *m* zeal, enthusiasm; **mit großem ~ bei der Sache sein** to put one's heart into it; **im ~ des Gefechts** (*fig*) in the heat of the moment; **~sucht** *f* jealousy; **e~süchtig** *adj*: **e~süchtig (auf +akk)** jealous (of).

eifrig ['aɪfrɪç] *adj* zealous, enthusiastic.

Eigelb ['aɪgɛlp] (-(e)s, -e *od* -) *nt* egg yolk.

eigen ['aɪgən] *adj* own; (*~artig*) peculiar; (*ordentlich*) particular; (*übergenau*) fussy; **ich möchte kurz in ~er Sache sprechen** I would like to say something on my own account; **mit dem ihm ~en Lächeln** with that smile peculiar to him; **sich** *dat* **etw zu E~ machen** to make sth one's own; **E~art** *f* (*Besonderheit*) peculiarity; (*Eigenschaft*) characteristic; **~artig** *adj* peculiar; **E~bau** *m*: **er fährt ein Fahrrad Marke E~bau** (*hum*: *umg*) he rides a home-made bike; **E~bedarf** *m* one's own requirements *pl*; **E~brötler(in)** (-s, -) *m(f)* loner, lone wolf; (*komischer Kauz*) oddball (*umg*); **E~gewicht** *nt* dead weight; **~händig**

adj with one's own hand; **E~heim** *nt* owner-occupied house; **E~heit** *f* peculiarity; **E~initiative** *f* initiative of one's own; **E~kapital** *nt* personal capital; (*von Firma*) company capital; **E~lob** *nt* self-praise; **~mächtig** *adj* high-handed; (*~verantwortlich*) taken/done *etc* on one's own authority; (*unbefugt*) unauthorized; **E~name** *m* proper name; **E~nutz** *m* self-interest.

eigens *adv* expressly, on purpose.

eigen- *zW*: **E~schaft** *f* quality, property, attribute; **E~schaftswort** *nt* adjective; **E~sinn** *m* obstinacy; **~sinnig** *adj* obstinate; **~ständig** *adj* independent; **E~ständigkeit** *f* independence.

eigentlich *adj* actual, real ♦ *adv* actually, really; **was willst du ~ hier?** what do you want here anyway?

eigen- *zW*: **E~tor** *nt* own goal; **E~tum** *nt* property; **E~tümer(in) (-s, -)** *m(f)* owner, proprietor; **~tümlich** *adj* peculiar; **E~tümlichkeit** *f* peculiarity.

Eigentumsdelikt *nt* (*JUR: Diebstahl*) theft.

Eigentumswohnung *f* freehold flat.

eigenwillig *adj* with a mind of one's own.

eignen ['aɪgnən] *vr* to be suited.

Eignung *f* suitability.

Eignungsprüfung *f* aptitude test.

Eignungstest (-(e)s, -s *od* **-e)** *m* aptitude test.

Eilbote *m* courier; **per** *od* **durch ~n** express.

Eilbrief *m* express letter.

Eile (-) *f* haste; **es hat keine ~** there's no hurry.

Eileiter ['aɪlaɪtər] *m* (*ANAT*) Fallopian tube.

eilen *vi* (*Mensch*) to hurry; (*dringend sein*) to be urgent.

eilends *adv* hastily.

Eilgut *nt* express goods *pl*, fast freight (*US*).

eilig *adj* hasty, hurried; (*dringlich*) urgent; **es ~ haben** to be in a hurry.

Eil- *zW*: **~tempo** *nt*: **etw im ~tempo machen** to do sth in a rush; **~zug** *m* fast stopping train; **~zustellung** *f* special delivery.

Eimer ['aɪmər] **(-s, -)** *m* bucket, pail; **im ~ sein** (*umg*) to be up the spout.

ein(e) ['aɪn(ə)] *num* one ♦ *indef art* a, an ♦ *adv*: **nicht ~ noch aus wissen** not to know what to do; **E~/Aus** (*an Geräten*) on/off; **er ist ihr E~ und Alles** he means everything to her; **er geht bei uns ~ und aus** he is always round at our place.

einander [aɪ'nandər] *pron* one another, each other.

einarbeiten ['aɪnʔarbaɪtən] *vr*: **sich (in etw** *akk*) **~** to familiarize o.s. (with sth).

Einarbeitungszeit *f* training period.

einarmig ['aɪnʔarmɪç] *adj* one-armed.

einäschern ['aɪnʔɛʃərn] *vt* (*Leichnam*) to cremate; (*Stadt etc*) to reduce to ashes.

einatmen ['aɪnʔaːtmən] *vt, vi* to inhale, breathe in.

einäugig ['aɪnʔɔʏgɪç] *adj* one-eyed.

Einbahnstraße ['aɪnbaːnʃtrasə] *f* one-way street.

Einband ['aɪnbant] *m* binding, cover.

einbändig ['aɪnbɛndɪç] *adj* one-volume.

einbauen ['aɪnbauən] *vt* to build in; (*Motor*) to install, fit.

Einbau- *zW*: **~küche** *f* (fully-)fitted kitchen; **~möbel** *pl* built-in furniture *sing*; **~schrank** *m* fitted cupboard.

einbegriffen ['aɪnbəgrɪfən] *adj* included, inclusive.

einbehalten ['aɪnbəhaltən] *unreg vt* to keep back.

einberufen *unreg vt* to convene; (*MIL*) to call up (*BRIT*), draft (*US*).

Einberufung *f* convocation; call-up (*BRIT*), draft (*US*).

Einberufungsbefehl *m*, **Einberufungsbescheid** *m* (*MIL*) call-up (*BRIT*) *od* draft (*US*) papers *pl*.

einbetten ['aɪnbɛtən] *vt* to embed.

Einbettzimmer *nt* single room.

einbeziehen ['aɪnbətsiːən] *unreg vt* to include.

einbiegen ['aɪnbiːgən] *unreg vi* to turn.

einbilden ['aɪnbɪldən] *vr*: **sich** *dat* **etw ~** to imagine sth; **sich** *dat* **viel auf etw** *akk* **~** (*stolz sein*) to be conceited about sth.

Einbildung *f* imagination; (*Dünkel*) conceit.

Einbildungskraft *f* imagination.

einbinden ['aɪnbɪndən] *unreg vt* to bind (up).

einbläuen▲ ['aɪnblɔʏən] (*umg*) *vt*: **jdm etw ~** to hammer sth into sb.

einblenden ['aɪnblɛndən] *vt* to fade in.

Einblick ['aɪnblɪk] *m* insight; **~ in die Akten nehmen** to examine the files; **jdm ~ in etw** *akk* **gewähren** to allow sb to look at sth.

einbrechen ['aɪnbrɛçən] *unreg vi* (*einstürzen*) to fall in; (*Einbruch verüben*) to break in; **bei ~der Dunkelheit** at nightfall.

Einbrecher (-s, -) *m* burglar.

einbringen ['aɪnbrɪŋən] *unreg vt* to bring in; (*Geld, Vorteil*) to yield; (*mitbringen*) to contribute; **das bringt nichts ein** (*fig*) it's not worth it.

einbrocken ['aɪnbrɔkən] (*umg*) *vt*: **jdm/sich etwas ~** to land sb/o.s. in it.

Einbruch ['aɪnbrʊx] *m* (*Haus~*) break-in, burglary; (*des Winters*) onset; (*Einsturz, FIN*) collapse; (*MIL: in Front*) breakthrough; **bei ~ der Nacht** at nightfall.

einbruchssicher *adj* burglar-proof.

Einbuchtung ['aɪnbʊxtʊŋ] *f* indentation; (*Bucht*) inlet, bay.

einbürgern ['aɪnbʏrgərn] *vt* to naturalize ♦ *vr* to become adopted; **das hat sich so eingebürgert** that's become a custom.

Einbürgerung *f* naturalization.

Einbuße ['aɪnbuːsə] *f* loss, forfeiture.

einbüßen ['aɪnbyːsən] vt to lose, forfeit.
einchecken ['aɪntʃɛkən] vt, vi to check in.
eincremen ['aɪnkreːmən] vt to put cream on.
eindämmen ['aɪndɛmən] vt (Fluss) to dam; (fig) to check, contain.
eindecken ['aɪndɛkən] vr: **sich ~ (mit)** to lay in stocks (of) ♦ vt (umg: überhäufen): **mit Arbeit eingedeckt sein** to be inundated with work.
eindeutig ['aɪndɔytɪç] adj unequivocal.
eindeutschen ['aɪndɔytʃən] vt (Fremdwort) to Germanize.
eindösen ['aɪndøːzən] (umg) vi to doze off.
eindringen ['aɪndrɪŋən] unreg vi: **~ (in +akk)** to force one's way in(to); (in Haus) to break in(to); (in Land) to invade; (Gas, Wasser) to penetrate; **auf jdn ~** (mit Bitten) to pester sb.
eindringlich adj forcible, urgent; **ich habe ihn ~ gebeten** ... I urged him ...
Eindringling m intruder.
Eindruck ['aɪndrʊk] m impression.
eindrücken ['aɪndrykən] vt to press in.
eindrucksfähig adj impressionable.
eindrucksvoll adj impressive.
eine(r, s) pron one; (jemand) someone; **wie kann ~r nur so dumm sein!** how could anybody be so stupid!; **es kam ~s zum anderen** it was (just) one thing after another; **sich** dat **~n genehmigen** (umg) to have a quick one.
einebnen ['aɪnˌeːbnən] vt (lit) to level (off); (fig) to level out.
Einehe ['aɪnˌeːə] f monogamy.
eineiig ['aɪnˌaɪɪç] adj (Zwillinge) identical.
eineinhalb ['aɪnaɪnˈhalp] num one and a half.
einengen ['aɪnɛŋən] vt to confine, restrict.
Einer ['aɪnər] (-) m (MATH) unit; (Ruderboot) single scull.
Einerlei ['aɪnərˈlaɪ] (-s) nt monotony; **e~** adj (gleichartig) the same kind of; **es ist mir e~** it is all the same to me.
einerseits adv on the one hand.
einfach ['aɪnfax] adj simple; (nicht mehrfach) single ♦ adv simply; **E~heit** f simplicity.
einfädeln ['aɪnfɛːdəln] vt (Nadel) to thread; (fig) to contrive.
einfahren ['aɪnfaːrən] unreg vt to bring in; (Barriere) to knock down; (Auto) to run in ♦ vi to drive in; (Zug) to pull in; (MIN) to go down.
Einfahrt f (Vorgang) driving in; pulling in; (MIN) descent; (Ort) entrance; (von Autobahn) slip road (BRIT), entrance ramp (US).
Einfall ['aɪnfal] m (Idee) idea, notion; (Licht~) incidence; (MIL) raid.
einfallen unreg vi (einstürzen) to fall in, collapse; (Licht) to fall; (MIL) to raid; (einstimmen): **~ (in +akk)** to join in (with); **etw fällt jdm ein** sth occurs to sb; **das fällt mir gar nicht ein!** I wouldn't dream of it;

sich dat **etwas ~ lassen** to have a good idea; **dabei fällt mir mein Onkel ein, der ...** that reminds me of my uncle who ...; **es fällt mir jetzt nicht ein** I can't think of it od it won't come to me at the moment.
einfallslos adj unimaginative.
einfallsreich adj imaginative.
einfältig ['aɪnfɛltɪç] adj simple(-minded).
Einfaltspinsel ['aɪnfaltspɪnzəl] (umg) m simpleton.
Einfamilienhaus [aɪnfaˈmiːliənhaus] nt detached house.
einfangen ['aɪnfaŋən] unreg vt to catch.
einfarbig ['aɪnfarbɪç] adj all one colour (BRIT) od color (US); (Stoff etc) self-coloured (BRIT), self-colored (US).
einfassen ['aɪnfasən] vt (Edelstein) to set; (Beet, Stoff) to edge.
Einfassung f setting; border.
einfetten ['aɪnfɛtən] vt to grease.
einfinden ['aɪnfɪndən] unreg vr to come, turn up.
einfliegen ['aɪnfliːgən] unreg vt to fly in.
einfließen ['aɪnfliːsən] unreg vi to flow in.
einflößen ['aɪnfløːsən] vt: **jdm etw ~** (lit) to give sb sth; (fig) to instil sth into sb.
Einfluss▲ ['aɪnflʊs] m influence; **~ nehmen** to bring an influence to bear; **~bereich** m sphere of influence; **e~reich** adj influential.
einflüstern ['aɪnflʏstərn] vt: **jdm etw ~** to whisper sth to sb; (fig) to insinuate sth to sb.
einförmig ['aɪnfœrmɪç] adj uniform; (eintönig) monotonous; **E~keit** f uniformity; monotony.
einfrieren ['aɪnfriːrən] unreg vi to freeze (in) ♦ vt to freeze; (POL: Beziehungen) to suspend.
einfügen ['aɪnfyːgən] vt to fit in; (zusätzlich) to add; (COMPUT) to insert.
einfühlen ['aɪnfyːlən] vr: **sich in jdn ~** to empathize with sb.
einfühlsam ['aɪnfyːlzaːm] adj sensitive.
Einfühlungsvermögen nt empathy; **mit großem ~** with a great deal of sensitivity.
Einfuhr ['aɪnfuːr] (-) f import; **~artikel** m imported article.
einführen ['aɪnfyːrən] vt to bring in; (Mensch, Sitten) to introduce; (Ware) to import; **jdn in sein Amt ~** to install sb (in office).
Einfuhr- zW: **~genehmigung** f import permit; **~kontingent** nt import quota; **~sperre** f ban on imports; **~stopp** m ban on imports.
Einführung f introduction.
Einführungspreis m introductory price.
Einfuhrzoll m import duty.
einfüllen ['aɪnfʏlən] vt to pour in.
Eingabe ['aɪngaːbə] f petition; (Daten~) input; **~/Ausgabe** (COMPUT) input/output.
Eingang ['aɪngaŋ] m entrance; (COMM: Ankunft) arrival; (Sendung) post; **wir bestätigen den ~ Ihres Schreibens vom ...**

we acknowledge receipt of your letter of the …

eingängig ['aɪngɛŋɪç] *adj* catchy.

eingangs *adv* at the outset ♦ *präp +gen* at the outset of.

Eingangs- *zW:* ~**bestätigung** *f* acknowledgement of receipt; ~**halle** *f* entrance hall; ~**stempel** *m* (*COMM*) receipt stamp.

eingeben ['aɪngeːbən] *unreg vt* (*Arznei*) to give; (*Daten etc*) to enter; (*Gedanken*) to inspire.

eingebettet ['aɪngəbɛtət] *adj*: **in** *od* **zwischen Hügeln** ~ nestling among the hills.

eingebildet ['aɪngəbɪldət] *adj* imaginary; (*eitel*) conceited; ~**er Kranker** hypochondriac.

Eingeborene(r) ['aɪngəboːrənə(r)] *f(m)* native.

Eingebung *f* inspiration.

eingedenk ['aɪngədɛŋk] *präp +gen* bearing in mind.

eingefahren ['aɪngəfaːrən] *adj* (*Verhaltensweise*) well-worn.

eingefallen ['aɪngəfalən] *adj* (*Gesicht*) gaunt.

eingefleischt ['aɪngəflaɪʃt] *adj* inveterate; ~**er Junggeselle** confirmed bachelor.

eingefroren ['aɪngəfroːrən] *adj* frozen.

eingehen ['aɪngeːən] *unreg vi* (*Aufnahme finden*) to come in; (*Sendung, Geld*) to be received; (*Tier, Pflanze*) to die; (*Firma*) to fold; (*schrumpfen*) to shrink ♦ *vt* (*abmachen*) to enter into; (*Wette*) to make; **auf etw** *akk* ~ to go into sth; **auf jdn** ~ to respond to sb; **jdm** ~ (*verständlich sein*) to be comprehensible to sb; **auf einen Vorschlag/Plan** ~ (*zustimmen*) to go along with a suggestion/plan; **bei dieser Hitze/Kälte geht man ja ein!** (*umg*) this heat/cold is just too much.

eingehend *adj* in-depth, thorough.

eingekeilt ['aɪngəkaɪlt] *adj* hemmed in; (*fig*) trapped.

eingekesselt ['aɪngəkɛsəlt] *adj*: ~ **sein** to be encircled *od* surrounded.

Eingemachte(s) ['aɪngəmaːxtə(s)] *nt* preserves *pl*.

eingemeinden ['aɪngəmaɪndən] *vt* to incorporate.

eingenommen ['aɪngənɔmən] *adj*: ~ (**von**) fond (of), partial (to); ~ (**gegen**) prejudiced (against).

eingeschnappt ['aɪngəʃnapt] (*umg*) *adj* cross; ~ **sein** to be in a huff.

eingeschrieben ['aɪngəʃriːbən] *adj* registered.

eingeschworen ['aɪngəʃvoːrən] *adj* confirmed; (*Gemeinschaft*) close.

eingesessen ['aɪngəzɛsən] *adj* old-established.

eingespannt ['aɪngəʃpant] *adj* busy.

eingespielt ['aɪngəʃpiːlt] *adj*: **aufeinander** ~ **sein** to be in tune with each other.

Eingeständnis ['aɪngəʃtɛntnɪs] *nt* admission, confession.

eingestehen ['aɪngəʃteːən] *unreg vt* to confess.

eingestellt ['aɪngəʃtɛlt] *adj*: **ich bin im Moment nicht auf Besuch** ~ I'm not prepared for visitors.

eingetragen ['aɪngətraːgən] *adj* (*COMM*) registered; ~**er Gesellschaftssitz** registered office; ~**es Warenzeichen** registered trademark.

Eingeweide ['aɪngəvaɪdə] (**-s, -**) *nt* innards *pl*, intestines *pl*.

Eingeweihte(r) ['aɪngəvaɪtə(r)] *f(m)* initiate.

eingewöhnen ['aɪngəvøːnən] *vr*: **sich** ~ (**in** *+dat*) to settle down (in).

eingezahlt ['aɪngətsaːlt] *adj*: ~**es Kapital** paid-up capital.

eingießen ['aɪngiːsən] *unreg vt* to pour (out).

eingleisig ['aɪnglaɪzɪç] *adj* single-track; **er denkt sehr** ~ (*fig*) he's completely single-minded.

eingliedern ['aɪngliːdərn] *vt*: ~ (**in** *+akk*) to integrate (into) ♦ *vr*: **sich** ~ (**in** *+akk*) to integrate o.s. (into).

eingraben ['aɪngraːbən] *unreg vt* to dig in ♦ *vr* to dig o.s. in; **dieses Erlebnis hat sich seinem Gedächtnis eingegraben** this experience has engraved itself on his memory.

eingreifen ['aɪngraɪfən] *unreg vi* to intervene, interfere; (*Zahnrad*) to mesh.

Eingreiftruppe *f* (*MIL*) strike force.

eingrenzen ['aɪngrɛntsən] *vt* to enclose; (*fig: Problem*) to delimit.

Eingriff ['aɪngrɪf] *m* intervention, interference; (*Operation*) operation.

einhaken ['aɪnhaːkən] *vt* to hook in ♦ *vr*: **sich bei jdm** ~ to link arms with sb ♦ *vi* (*sich einmischen*) to intervene.

Einhalt ['aɪnhalt] *m*: ~ **gebieten** *+dat* to put a stop to.

einhalten *unreg vt* (*Regel*) to keep ♦ *vi* to stop.

einhämmern ['aɪnhɛmərn] *vt*: **jdm etw** ~ (*fig*) to hammer sth into sb.

einhandeln ['aɪnhandəln] *vt*: **etw gegen** *od* **für etw** ~ to trade sth for sth.

einhändig ['aɪnhɛndɪç] *adj* one-handed.

einhändigen ['aɪnhɛndɪgən] *vt* to hand in.

einhängen ['aɪnhɛŋən] *vt* to hang; (*Telefon: auch vi*) to hang up; **sich bei jdm** ~ to link arms with sb.

einheimisch ['aɪnhaɪmɪʃ] *adj* native.

Einheimische(r) *f(m)* local.

einheimsen (*umg*) *vt* to bring home.

einheiraten ['aɪnhaɪraːtən] *vi*: **in einen Betrieb** ~ to marry into a business.

Einheit ['aɪnhaɪt] *f* unity; (*Maß, MIL*) unit; **eine geschlossene** ~ **bilden** to form an integrated whole; **e~lich** *adj* uniform.

Einheits- *zW:* ~**front** *f* (*POL*) united front; ~**liste** *f* (*POL*) single *od* unified list of candidates; ~**preis** *m* uniform price.

einheizen ['aɪnhaɪtsən] *vi*: **jdm** (**tüchtig**) ~

(*umg*: *die Meinung sagen*) to make things hot for sb.

einhellig ['aınhɛlıç] *adj* unanimous ♦ *adv* unanimously.

einholen ['aınhoːlən] *vt* (*Tau*) to haul in; (*Fahne, Segel*) to lower; (*Vorsprung aufholen*) to catch up with; (*Verspätung*) to make up; (*Rat, Erlaubnis*) to ask ♦ *vi* (*einkaufen*) to buy, shop.

Einhorn ['aınhɔrn] *nt* unicorn.

einhüllen ['aınhʏlən] *vt* to wrap up.

einhundert ['aın'hʊndərt] *num* one hundred.

einig ['aınıç] *adj* (*vereint*) united; **sich** *dat* ~ **sein** to be in agreement; ~ **gehen** to agree; ~ **werden** to agree.

einige(r, s) *adj, pron* some ♦ *pl* some; (*mehrere*) several; **mit Ausnahme ~r weniger** with a few exceptions; **vor ~n Tagen** the other day, a few days ago; **dazu ist noch ~s zu sagen** there are still one or two things to say about that; ~ **Mal** a few times.

einigen *vt* to unite ♦ *vr*: **sich (auf etw** *akk***)** ~ **to** agree (on sth).

einigermaßen *adv* somewhat; (*leidlich*) reasonably.

einiges *pron siehe* **einige(r, s)**.

Einigkeit *f* unity; (*Übereinstimmung*) agreement.

Einigung *f* agreement; (*Ver~*) unification.

einimpfen ['aın|ımpfən] *vt*: **jdm etw** ~ **to** inoculate sb with sth; (*fig*) to impress sth upon sb.

einjagen ['aınjaːgən] *vt*: **jdm Furcht/einen Schrecken** ~ **to** give sb a fright.

einjährig ['aınjɛːrıç] *adj* of *od* for one year; (*Alter*) one-year-old; (*Pflanze*) annual.

einkalkulieren ['aınkalkuliːrən] *vt* to take into account, allow for.

einkassieren ['aınkasiːrən] *vt* (*Geld, Schulden*) to collect.

Einkauf ['aınkaʊf] *m* purchase; (*COMM: Abteilung*) purchasing (department).

einkaufen *vt* to buy ♦ *vi* to shop; ~ **gehen** to go shopping.

Einkäufer(in) ['aınkɔyfər(ın)] *m(f)* (*COMM*) buyer.

Einkaufs- *zW:* ~**bummel** *m*: **einen ~bummel machen** to go on a shopping spree; ~**korb** *m* shopping basket; ~**leiter(in)** *m(f)* (*COMM*) chief buyer; ~**netz** *nt* string bag; ~**preis** *m* cost price, wholesale price; ~**wagen** *m* trolley (*BRIT*), cart (*US*); ~**zentrum** *nt* shopping centre.

einkehren ['aınkeːrən] *vi* (*geh: Ruhe, Frühling*) to come in; **in einem Gasthof** ~ **to** (make a) stop at an inn.

einkerben ['aınkɛrbən] *vt* to notch.

einklagen ['aınklaːgən] *vt* (*Schulden*) to sue for (the recovery of).

einklammern ['aınklamərn] *vt* to put in

brackets, bracket.

Einklang ['aınklaŋ] *m* harmony.

einkleiden ['aınklaıdən] *vt* to clothe; (*fig*) to express.

einklemmen ['aınklɛmən] *vt* to jam.

einknicken ['aınknıkən] *vt* to bend in; (*Papier*) to fold ♦ *vi* (*Knie*) to give way.

einkochen ['aınkɔxən] *vt* to boil down; (*Obst*) to preserve, bottle.

Einkommen ['aınkɔmən] (**-s, -**) *nt* income.

einkommensschwach *adj* low-income *attrib*.

einkommensstark *adj* high-income *attrib*.

Einkommen(s)steuer *f* income tax; ~**erklärung** *f* income tax return.

Einkommensverhältnisse *pl* (level of) income *sing*.

einkreisen ['aınkraızən] *vt* to encircle.

einkriegen ['aınkriːgən] (*umg*) *vr*: **sie konnte sich gar nicht mehr darüber ~, dass ...** she couldn't get over the fact that ...

Einkünfte ['aınkʏnftə] *pl* income *sing*, revenue *sing*.

einladen ['aınlaːdən] *unreg vt* (*Person*) to invite; (*Gegenstände*) to load; **jdn ins Kino** ~ **to** take sb to the cinema.

Einladung *f* invitation.

Einlage ['aınlaːgə] *f* (*Programm~*) interlude; (*Spar~*) deposit; (*FIN: Kapital~*) investment; (*Schuh~*) insole; (*Fußstütze*) support; (*Zahn~*) temporary filling; (*KOCH*) noodles, *vegetables etc* (*in clear soup*).

einlagern ['aınlaːgərn] *vt* to store.

Einlass▲ ['aınlas] (**-es, ⸚e**) *m* admission; **jdm** ~ **gewähren** to admit sb.

einlassen *unreg vt* to let in; (*einsetzen*) to set in ♦ *vr*: **sich mit jdm/auf etw** *akk* ~ **to** get involved with sb/sth; **sich auf einen Kompromiss** ~ **to** agree to a compromise; **ich lasse mich auf keine Diskussion ein** I'm not having any discussion about it.

Einlauf ['aınlaʊf] *m* arrival; (*von Pferden*) finish; (*MED*) enema.

einlaufen *unreg vi* to arrive, come in; (*SPORT*) to finish; (*Wasser*) to run in; (*Stoff*) to shrink ♦ *vt* (*Schuhe*) to break in ♦ *vr* (*SPORT*) to warm up; (*Motor, Maschine*) to run in; **jdm das Haus** ~ **to** invade sb's house; **in den Hafen** ~ **to** enter the harbour.

einläuten ['aınlɔytən] *vt* (*neues Jahr*) to ring in; (*SPORT: Runde*) to sound the bell for.

einleben ['aınleːbən] *vr* to settle down.

Einlegearbeit *f* inlay.

einlegen ['aınleːgən] *vt* (*einfügen: Blatt, Sohle*) to insert; (*KOCH*) to pickle; (*in Holz etc*) to inlay; (*Geld*) to deposit; (*Pause*) to have; (*Protest*) to make; (*Veto*) to use; (*Berufung*) to lodge; **ein gutes Wort bei jdm** ~ **to** put in a good word with sb.

Einlegesohle *f* insole.

einleiten ['aınlaıtən] *vt* to introduce, start;

(*Geburt*) to induce.

Einleitung *f* introduction; induction.

einlenken ['aɪnlɛŋkən] *vi* (*fig*) to yield, give way.

einlesen ['aɪnleːzən] *unreg vr*: **sich in ein Gebiet** ~ to get into a subject ♦ *vt*: **etw in etw** +*akk* ~ (*Daten*) to feed sth into sth.

einleuchten ['aɪnlɔɪçtən] *vi*: (**jdm**) ~ to be clear *od* evident (to sb).

einleuchtend *adj* clear.

einliefern ['aɪnliːfərn] *vt*: ~ (**in** +*akk*) to take (into); **jdn ins Krankenhaus** ~ to admit sb to hospital.

Einlieferungsschein *m* certificate of posting.

einlochen ['aɪnlɔxən] (*umg*) *vt* (*einsperren*) to lock up.

einlösen ['aɪnløːzən] *vt* (*Scheck*) to cash; (*Schuldschein, Pfand*) to redeem; (*Versprechen*) to keep.

einmachen ['aɪnmaxən] *vt* to preserve.

Einmachglas *nt* bottling jar.

einmal ['aɪnmaːl] *adv* once; (*erstens*) first of all, firstly; (*später*) one day; **nehmen wir** ~ **an** just let's suppose; **noch** ~ once more; **nicht** ~ not even; **auf** ~ all at once; **es war** ~ once upon a time there was/were; ~ **ist keinmal** (*Sprichwort*) once doesn't count; **waren Sie schon** ~ **in Rom?** have you ever been to Rome?

Einmaleins *nt* multiplication tables *pl*; (*fig*) ABC, basics *pl*.

einmalig *adj* unique; (*einmal geschehend*) single; (*prima*) fantastic.

Einmannbetrieb *m* one-man business.

Einmannbus *m* one-man-operated bus.

Einmarsch ['aɪnmarʃ] *m* entry; (*MIL*) invasion.

einmarschieren *vi* to march in.

einmengen ['aɪnmɛŋən] *vr*: **sich (in etw** +*akk*) ~ to interfere (with sth).

einmieten ['aɪnmiːtən] *vr*: **sich bei jdm** ~ to take lodgings with sb.

einmischen ['aɪnmɪʃən] *vr*: **sich (in etw** +*akk*) ~ to interfere (with sth).

einmotten ['aɪnmɔtən] *vt* (*Kleider etc*) to put in mothballs.

einmünden ['aɪnmʏndən] *vi*: ~ **in** +*akk* (*subj*: *Fluss*) to flow *od* run into, join; (: *Straße*: *in Platz*) to run into; (: : *in andere Straße*) to run into, join.

einmütig ['aɪnmyːtɪç] *adj* unanimous.

einnähen ['aɪnnɛːən] *vt* (*enger machen*) to take in.

Einnahme ['aɪnnaːmə] (-, -n) *f* (*Geld*) takings *pl*, revenue; (*von Medizin*) taking; (*MIL*) capture, taking; ~**n und Ausgaben** income and expenditure; ~**quelle** *f* source of income.

einnehmen ['aɪnneːmən] *unreg vt* to take; (*Stellung, Raum*) to take up; ~ **für/gegen** to persuade in favour of/against.

einnehmend *adj* charming.

einnicken ['aɪnnɪkən] *vi* to nod off.

einnisten ['aɪnnɪstən] *vr* to nest; (*fig*) to settle o.s.

Einöde ['aɪnʔøːdə] (-, -n) *f* desert, wilderness.

einordnen ['aɪnʔɔrdnən] *vt* to arrange, fit in ♦ *vr* to adapt; (*AUT*) to get in(to) lane.

einpacken ['aɪnpakən] *vt* to pack (up).

einparken ['aɪnparkən] *vt*, *vi* to park.

einpauken ['aɪnpaʊkən] (*umg*) *vt*: **jdm etw** ~ to drum sth into sb.

einpendeln ['aɪnpɛndəln] *vr* to even out.

einpennen ['aɪnpɛnən] (*umg*) *vi* to drop off.

einpferchen ['aɪnpfɛrçən] *vt* to pen in; (*fig*) to coop up.

einpflanzen ['aɪnpflantsən] *vt* to plant; (*MED*) to implant.

einplanen ['aɪnplaːnən] *vt* to plan for.

einprägen ['aɪnprɛːɡən] *vt* to impress, imprint; (*beibringen*): **jdm etw** ~ to impress sth on sb; **sich** *dat* **etw** ~ to memorize sth.

einprägsam ['aɪnprɛːkzaːm] *adj* easy to remember; (*Melodie*) catchy.

einprogrammieren ['aɪnproɡramiːrən] *vt* (*COMPUT*) to feed in.

einprügeln ['aɪnpryːɡəln] (*umg*) *vt*: **jdm etw** ~ to din sth into sb.

einquartieren ['aɪnkvartiːrən] *vt* (*MIL*) to billet; **Gäste bei Freunden** ~ to put visitors up with friends.

einrahmen ['aɪnraːmən] *vt* to frame.

einrasten ['aɪnrastən] *vi* to engage.

einräumen ['aɪnrɔɪmən] *vt* (*ordnend*) to put away; (*überlassen*: *Platz*) to give up; (*zugestehen*) to admit, concede.

einrechnen ['aɪnrɛçnən] *vt* to include; (*berücksichtigen*) to take into account.

einreden ['aɪnreːdən] *vt*: **jdm/sich etw** ~ to talk sb/o.s. into believing sth ♦ *vi*: **auf jdn** ~ to keep on and on at sb.

Einreibemittel *nt* liniment.

einreiben ['aɪnraɪbən] *unreg vt* to rub in.

einreichen ['aɪnraɪçən] *vt* to hand in; (*Antrag*) to submit.

einreihen ['aɪnraɪən] *vt* (*einordnen, einfügen*) to put in; (*klassifizieren*) to classify ♦ *vr* (*Auto*) to get in lane; **etw in etw** *akk* ~ to put sth into sth.

Einreise ['aɪnraɪzə] *f* entry; ~**bestimmungen** *pl* entry regulations *pl*; ~**erlaubnis** *f* entry permit; ~**genehmigung** *f* entry permit.

einreisen ['aɪnraɪzən] *vi*: **in ein Land** ~ to enter a country.

Einreiseverbot *nt* refusal of entry.

Einreisevisum *nt* entry visa.

einreißen ['aɪnraɪsən] *unreg vt* (*Papier*) to tear; (*Gebäude*) to pull down ♦ *vi* to tear; (*Gewohnheit werden*) to catch on.

einrenken ['aɪnrɛŋkən] *vt* (*Gelenk, Knie*) to put

back in place; (*fig: umg*) to sort out ♦ *vr* (*fig: umg*) to sort itself out.

einrichten ['aɪnrɪçtən] *vt* (*Haus*) to furnish; (*schaffen*) to establish, set up; (*arrangieren*) to arrange; (*möglich machen*) to manage ♦ *vr* (*in Haus*) to furnish one's house; **sich ~ (auf** *+akk*) (*sich vorbereiten*) to prepare o.s. (for); (*sich anpassen*) to adapt (to).

Einrichtung *f* (*Wohnungs~*) furnishings *pl*; (*öffentliche Anstalt*) organization; (*Dienste*) service; (*Labor~ etc*) equipment; (*Gewohnheit*): **zur ständigen ~ werden** to become an institution.

Einrichtungsgegenstand *m* item of furniture.

einrosten ['aɪnrɔstən] *vi* to get rusty.

einrücken ['aɪnrʏkən] *vi* (*MIL: Soldat*) to join up; (: *in Land*) to move in ♦ *vt* (*Anzeige*) to insert; (*Zeile, Text*) to indent.

Eins [aɪns] (-, -en) *f* one; **e~** *num* one; **es ist mir alles e~** it's all one to me; **e~ zu e~** (*SPORT*) one all; **e~ a** (*umg*) first-rate.

einsalzen ['aɪnzaltsən] *vt* to salt.

einsam ['aɪnzaːm] *adj* lonely, solitary; **~e Klasse/Spitze** (*umg: hervorragend*) absolutely fantastic; **E~keit** *f* loneliness, solitude.

einsammeln ['aɪnzaməln] *vt* to collect.

Einsatz ['aɪnzats] *m* (*Teil*) insert; (*an Kleid*) insertion; (*Tisch~*) leaf; (*Verwendung*) use, employment; (*Spiel~*) stake; (*Risiko*) risk; (*MIL*) operation; (*MUS*) entry; **im ~** in action; **etw unter ~ seines Lebens tun** to risk one's life to do sth; **~befehl** *m* order to go into action; **e~bereit** *adj* ready for action; **~kommando** *nt* (*MIL*) task force.

einschalten ['aɪnʃaltən] *vt* (*ELEK*) to switch on; (*einfügen*) to insert; (*Pause*) to make; (*AUT: Gang*) to engage; (*Anwalt*) to bring in ♦ *vr* (*dazwischentreten*) to intervene.

Einschaltquote *f* (*TV*) viewing figures *pl*.

einschärfen ['aɪnʃɛrfən] *vt*: **jdm etw ~** to impress sth on sb.

einschätzen ['aɪnʃɛtsən] *vt* to estimate, assess ♦ *vr* to rate o.s.

einschenken ['aɪnʃɛŋkən] *vt* to pour out.

einscheren ['aɪnʃeːrən] *vi* to get back (into lane).

einschicken ['aɪnʃɪkən] *vt* to send in.

einschieben ['aɪnʃiːbən] *unreg vt* to push in; (*zusätzlich*) to insert; **eine Pause ~** to have a break.

einschiffen ['aɪnʃɪfən] *vt* to ship ♦ *vr* to embark, go on board.

einschl. *abk* (= *einschließlich*) inc.

einschlafen ['aɪnʃlaːfən] *unreg vi* to fall asleep, go to sleep; (*fig: Freundschaft*) to peter out.

einschläfern ['aɪnʃlɛːfərn] *vt* (*schläfrig machen*) to make sleepy; (*Gewissen*) to soothe; (*narkotisieren*) to give a soporific to; (*töten: Tier*) to put to sleep.

einschläfernd *adj* (*MED*) soporific; (*langweilig*) boring; (*Stimme*) lulling.

Einschlag ['aɪnʃlaːk] *m* impact; (*AUT*) lock; (*fig: Beimischung*) touch, hint.

einschlagen ['aɪnʃlaːgən] *unreg vt* to knock in; (*Fenster*) to smash, break; (*Zähne, Schädel*) to smash in; (*Steuer*) to turn; (*kürzer machen*) to take up; (*Ware*) to pack, wrap up; (*Weg, Richtung*) to take ♦ *vi* to hit; (*sich einigen*) to agree; (*Anklang finden*) to work, succeed; **es muss irgendwo eingeschlagen haben** something must have been struck by lightning; **gut ~** (*umg*) to go down well, be a big hit; **auf jdn ~** to hit sb.

einschlägig ['aɪnʃlɛːgɪç] *adj* relevant; **er ist ~ vorbestraft** (*JUR*) he has a previous conviction for a similar offence.

einschleichen ['aɪnʃlaɪçən] *unreg vr* (*in Haus, fig: Fehler*) to creep in, steal in; (*in Vertrauen*) to worm one's way in.

einschleppen ['aɪnʃlɛpən] *vt* (*fig: Krankheit etc*) to bring in.

einschleusen ['aɪnʃlɔyzən] *vt*: **~ (in** *+akk*) to smuggle in(to).

einschließen ['aɪnʃliːsən] *unreg vt* (*Kind*) to lock in; (*Häftling*) to lock up; (*Gegenstand*) to lock away; (*Bergleute*) to cut off; (*umgeben*) to surround; (*MIL*) to encircle; (*fig*) to include, comprise ♦ *vr* to lock o.s. in.

einschließlich *adv* inclusive ♦ *präp +gen* inclusive of, including.

einschmeicheln ['aɪnʃmaɪçəln] *vr*: **sich (bei jdm) ~** to ingratiate o.s. (with sb).

einschmuggeln ['aɪnʃmʊgəln] *vt*: **~ (in** *+akk*) to smuggle in(to).

einschnappen ['aɪnʃnapən] *vi* (*Tür*) to click to; (*fig*) to be touchy; **eingeschnappt sein** to be in a huff.

einschneidend ['aɪnʃnaɪdənt] *adj* incisive.

einschneien ['aɪnʃnaɪən] *vi*: **eingeschneit sein** to be snowed in.

Einschnitt ['aɪnʃnɪt] *m* (*MED*) incision; (*im Tal, Gebirge*) cleft; (*im Leben*) decisive point.

einschnüren ['aɪnʃnyːrən] *vt* (*einengen*) to cut into; **dieser Kragen schnürt mir den Hals ein** this collar is strangling me.

einschränken ['aɪnʃrɛŋkən] *vt* to limit, restrict; (*Kosten*) to cut down, reduce ♦ *vr* to cut down (on expenditure); **~d möchte ich sagen, dass ...** I'd like to qualify that by saying ...

einschränkend *adj* restrictive.

Einschränkung *f* restriction, limitation; reduction; (*von Behauptung*) qualification.

Einschreib(e)brief *m* registered (*BRIT*) *od* certified (*US*) letter.

einschreiben ['aɪnʃraɪbən] *unreg vt* to write in; (*POST*) to send by registered (*BRIT*) *od* certified (*US*) mail ♦ *vr* to register; (*UNIV*) to enrol; **E~** *nt* registered (*BRIT*) *od* certified

(US) letter.

einschreiten ['aɪnʃraɪtən] *unreg vi* to step in, intervene; ~ **gegen** to take action against.

Einschub ['aɪnʃuːp] (**-(e)s, ⁼e**) *m* insertion.

einschüchtern ['aɪnʃʏçtərn] *vt* to intimidate.

Einschüchterung ['aɪnʃʏçtərʊŋ] *f* intimidation.

einschulen ['aɪnʃuːlən] *vt*: **eingeschult werden** *(Kind)* to start school.

einschweißen ['aɪnʃvaɪsən] *vt (in Plastik)* to shrink-wrap; *(TECH)*: **etw in etw** *akk* ~ to weld sth into sth.

einschwenken ['aɪnʃvɛŋkən] *vi*: ~ **(in** +*akk)* to turn *od* swing in(to).

einsehen ['aɪnzeːən] *unreg vt (prüfen)* to inspect; *(Fehler etc)* to recognize; *(verstehen)* to see; **das sehe ich nicht ein** I don't see why; **E~ (-s)** *nt* understanding; **ein E~ haben** to show understanding.

einseifen ['aɪnzaɪfən] *vt* to soap, lather; *(fig: umg)* to take in, con.

einseitig ['aɪnzaɪtɪç] *adj* one-sided; *(POL)* unilateral; *(Ernährung)* unbalanced; *(Diskette)* single-sided; **E~keit** *f* one-sidedness.

einsenden ['aɪnzɛndən] *unreg vt* to send in.

Einsender(in) (**-s, -**) *m(f)* sender, contributor.

Einsendeschluss▲ *m* closing date (for entries).

Einsendung *f* sending in.

einsetzen ['aɪnzɛtsən] *vt* to put (in); *(in Amt)* to appoint, install; *(Geld)* to stake; *(verwenden)* to use; *(MIL)* to employ ♦ *vi (beginnen)* to set in; *(MUS)* to enter, come in ♦ *vr* to work hard; **sich für jdn/etw** ~ to support sb/sth; **ich werde mich dafür ~, dass** ... I will do what I can to see that ...

Einsicht ['aɪnzɪçt] *f* insight; *(in Akten)* look, inspection; **zu der** ~ **kommen, dass** ... to come to the conclusion that ...

einsichtig *adj (Mensch)* judicious; **jdm etw** ~ **machen** to make sb understand *od* see sth.

Einsichtnahme (**-, -n**) *f (form)* perusal, „**zur** ~" "for attention".

einsichtslos *adj* unreasonable.

einsichtsvoll *adj* understanding.

Einsiedler ['aɪnziːdlər] (**-s, -**) *m* hermit.

einsilbig ['aɪnzɪlbɪç] *adj (lit, fig)* monosyllabic; **E~keit** *f (fig)* taciturnity.

einsinken ['aɪnzɪŋkən] *unreg vi* to sink in.

Einsitzer ['aɪnzɪtsər] (**-s, -**) *m* single-seater.

einspannen ['aɪnʃpanən] *vt (Werkstück, Papier)* to put (in), insert; *(Pferde)* to harness; *(umg: Person)* to rope in; **jdn für seine Zwecke** ~ to use sb for one's own ends.

einsparen ['aɪnʃpaːrən] *vt* to save, economize on; *(Kosten)* to cut down on; *(Posten)* to eliminate.

Einsparung *f* saving.

einspeichern ['aɪnʃpaɪçərn] *vt*: **etw (in etw** +*akk*) ~ *(COMPUT)* to feed sth in(to sth).

einsperren ['aɪnʃpɛrən] *vt* to lock up.

einspielen ['aɪnʃpiːlən] *vr (SPORT)* to warm up ♦ *vt (Film: Geld)* to bring in; *(Instrument)* to play in; **sich aufeinander** ~ to become attuned to each other; **gut eingespielt** running smoothly.

einsprachig ['aɪnʃpraːxɪç] *adj* monolingual.

einspringen ['aɪnʃprɪŋən] *unreg vi (aushelfen)* to stand in; *(mit Geld)* to help out.

einspritzen ['aɪnʃprɪtsən] *vt* to inject.

Einspritzmotor *m (AUT)* injection engine.

Einspruch ['aɪnʃprʊx] *m* protest, objection; ~ **einlegen** *(JUR)* to file an objection.

Einspruchsfrist *f (JUR)* period for filing an objection.

Einspruchsrecht *nt* veto.

einspurig ['aɪnʃpuːrɪç] *adj* single-lane; *(EISENB)* single-track.

einst [aɪnst] *adv* once; *(zukünftig)* one *od* some day.

Einstand ['aɪnʃtant] *m (TENNIS)* deuce; *(Antritt)* entrance (to office); **er hat gestern seinen** ~ **gegeben** yesterday he celebrated starting his new job.

einstechen ['aɪnʃtɛçən] *unreg vt* to pierce.

einstecken ['aɪnʃtɛkən] *vt* to stick in, insert; *(Brief)* to post, mail *(US)*; *(ELEK: Stecker)* to plug in; *(Geld)* to pocket; *(mitnehmen)* to take; *(überlegen sein)* to put in the shade; *(hinnehmen)* to swallow.

einstehen ['aɪnʃteːən] *unreg vi*: **für jdn** ~ to vouch for sb; **für etw** ~ to guarantee sth, vouch for sth; *(Ersatz leisten)* to make good sth.

einsteigen ['aɪnʃtaɪgən] *unreg vi* to get in *od* on; *(in Schiff)* to go on board; *(sich beteiligen)* to come in; *(hineinklettern)* to climb in; ~**!** *(EISENB etc)* all aboard!

Einsteiger (**-s, -**) *(umg) m* beginner.

einstellbar *adj* adjustable.

einstellen ['aɪnʃtɛlən] *vt (in Firma)* to employ, take on; *(aufhören)* to stop; *(Geräte)* to adjust; *(Kamera etc)* to focus; *(Sender, Radio)* to tune in to; *(unterstellen)* to put ♦ *vi* to take on staff/workers ♦ *vr (anfangen)* to set in; *(kommen)* to arrive; **Zahlungen** ~ to suspend payment; **etw auf etw** *akk* ~ to adjust sth to sth; to focus sth on sth; **sich auf jdn/etw** ~ to adapt to sb/prepare o.s. for sth.

einstellig *adj (Zahl)* single-digit.

Einstellplatz *m (auf Hof)* carport; *(in Großgarage)* (covered) parking space.

Einstellung *f (Aufhören)* suspension, cessation; *(von Gerät)* adjustment; *(von Kamera etc)* focusing; *(von Arbeiter etc)* appointment; *(Haltung)* attitude.

Einstellungsgespräch *nt* interview.

Einstellungsstopp *m* halt in recruitment.

Einstieg ['aɪnʃtiːk] (-(e)s, -e) m entry; (*fig*) approach; (*von Bus, Bahn*) door; **kein** ~ exit only.

einstig ['aɪnstɪç] adj former.

einstimmen ['aɪnʃtɪmən] vi to join in ♦ vt (*MUS*) to tune; (*in Stimmung bringen*) to put in the mood.

einstimmig adj unanimous; (*MUS*) for one voice; **E~keit** f unanimity.

einstmalig adj former.

einstmals adv once, formerly.

einstöckig ['aɪnʃtœkɪç] adj two-storeyed (*BRIT*), two-storied (*US*).

einstöpseln ['aɪnʃtœpsəln] vt: **etw (in etw** +akk) ~ (*ELEK*) to plug sth in(to sth).

einstudieren ['aɪnʃtudiːrən] vt to study, rehearse.

einstufen ['aɪnʃtuːfən] vt to classify.

Einstufung f: **nach seiner** ~ **in eine höhere Gehaltsklasse** after he was put on a higher salary grade.

einstündig ['aɪnʃtyndɪç] adj one-hour attrib.

einstürmen ['aɪnʃtʏrmən] vi: **auf jdn** ~ to rush at sb; (*Eindrücke*) to overwhelm sb.

Einsturz ['aɪnʃtʊrts] m collapse.

einstürzen ['aɪnʃtʏrtsən] vi to fall in, collapse; **auf jdn** ~ (*fig*) to overwhelm sb.

Einsturzgefahr f danger of collapse.

einstweilen adv meanwhile; (*vorläufig*) temporarily, for the time being.

einstweilig adj temporary; **~e Verfügung** (*JUR*) temporary *od* interim injunction.

eintägig ['aɪntɛːgɪç] adj one-day.

Eintagsfliege ['aɪntaːksfliːgə] f (*ZOOL*) mayfly; (*fig*) nine-day wonder.

eintauchen ['aɪntaʊxən] vt to immerse, dip in ♦ vi to dive.

eintauschen ['aɪntaʊʃən] vt to exchange.

eintausend ['aɪntaʊzənt] num one thousand.

einteilen ['aɪntaɪlən] vt (*in Teile*) to divide (up); (*Menschen*) to assign.

einteilig adj one-piece.

eintönig ['aɪntøːnɪç] adj monotonous; **E~keit** f monotony.

Eintopf ['aɪntɔpf] m stew.

Eintopfgericht ['aɪntɔpfgərɪçt] nt stew.

Eintracht ['aɪntraxt] (-) f concord, harmony.

einträchtig ['aɪntrɛçtɪç] adj harmonious.

Eintrag ['aɪntraːk] (-(e)s, ⁻e) m entry; **amtlicher** ~ entry in the register.

eintragen ['aɪntraːgən] unreg vt (*in Buch*) to enter; (*Profit*) to yield ♦ vr to put one's name down; **jdm etw** ~ to bring sb sth.

einträglich ['aɪntrɛːklɪç] adj profitable.

Eintragung f: ~ **(in** +akk) entry (in).

eintreffen ['aɪntrɛfən] unreg vi to happen; (*ankommen*) to arrive; (*fig: wahr werden*) to come true.

eintreiben ['aɪntraɪbən] unreg vt (*Geldbeträge*) to collect.

eintreten ['aɪntreːtən] unreg vi (*hineingehen*) to enter; (*sich ereignen*) to occur ♦ vt (*Tür*) to kick open; **in etw** akk ~ to enter sth; (*in Klub, Partei*) to join sth; **für jdn/etw** ~ to stand up for sb/sth.

eintrichtern ['aɪntrɪçtərn] (*umg*) vt: **jdm etw** ~ to drum sth into sb.

Eintritt ['aɪntrɪt] m (*Betreten*) entrance; (*in Klub etc*) joining; ~ **frei** admission free; „~ **verboten"** "no admittance"; **bei** ~ **der Dunkelheit** at nightfall.

Eintritts- zW: **~geld** nt admission charge; **~karte** f (admission) ticket; **~preis** m admission charge.

eintrocknen ['aɪntrɔknən] vi to dry up.

eintrudeln ['aɪntruːdəln] (*umg*) vi to drift in.

eintunken ['aɪntʊŋkən] vt (*Brot*): **etw in etw** akk ~ to dunk sth in sth.

einüben ['aɪnyːbən] vt to practise (*BRIT*), practice (*US*), drill.

einverleiben ['aɪnfɛrlaɪbən] vt to incorporate; (*Gebiet*) to annex; **sich** dat **etw** ~ (*fig: geistig*) to assimilate sth.

Einvernehmen ['aɪnfɛrneːmən] (-s, -) nt agreement, understanding.

einverstanden ['aɪnfɛrʃtandən] interj agreed ♦ adj: ~ **sein** to agree, be agreed; **sich mit etw** ~ **erklären** to give one's agreement to sth.

Einverständnis ['aɪnfɛrʃtɛntnɪs] (-ses) nt understanding; (*gleiche Meinung*) agreement; **im** ~ **mit jdm handeln** to act with sb's consent.

Einwand ['aɪnvant] (-(e)s, ⁻e) m objection; **einen** ~ **erheben** to raise an objection.

Einwanderer ['aɪnvandərər] m immigrant.

Einwanderin f immigrant.

einwandern vi to immigrate.

Einwanderung f immigration.

einwandfrei adj perfect; **etw** ~ **beweisen** to prove sth beyond doubt.

einwärts ['aɪnvɛrts] adv inwards.

Einwegflasche ['aɪnveːgflaʃə] f non-returnable bottle.

Einwegpfand nt deposit on drink cans and disposable bottles.

Einwegspritze f disposable (hypodermic) syringe.

einweichen ['aɪnvaɪçən] vt to soak.

einweihen ['aɪnvaɪən] vt (*Kirche*) to consecrate; (*Brücke*) to open; (*Gebäude*) to inaugurate; (*Person*): **in etw** akk ~ to initiate in sth; **er ist eingeweiht** (*fig*) he knows all about it.

Einweihung f consecration; opening; inauguration; initiation.

einweisen ['aɪnvaɪzən] unreg vt (*in Amt*) to install; (*in Arbeit*) to introduce; (*in Anstalt*) to send; (*in Krankenhaus*): ~ **(in** +akk) to admit (to).

Einweisung f installation; introduction;

sending.
einwenden ['aɪnvɛndən] *unreg vt:* **etwas** ~ **gegen** to object to, oppose.
einwerfen ['aɪnvɛrfən] *unreg vt* to throw in; (*Brief*) to post; (*Geld*) to put in, insert; (*Fenster*) to smash; (*äußern*) to interpose.
einwickeln ['aɪnvɪkəln] *vt* to wrap up; (*fig: umg*) to outsmart.
einwilligen ['aɪnvɪlɪgən] *vi:* (**in etw** *akk*) ~ to consent (to sth), agree (to sth).
Einwilligung *f* consent.
einwirken ['aɪnvɪrkən] *vi:* **auf jdn/etw** ~ to influence sb/sth.
Einwirkung *f* influence.
Einwohner(in) ['aɪnvoːnər(ɪn)] (**-s, -**) *m(f)* inhabitant; ~**meldeamt** *nt* registration office; **sich beim** ~**meldeamt (an)melden** ≈ to register with the police; ~**schaft** *f* population, inhabitants *pl.*
Einwurf ['aɪnvʊrf] *m* (*Öffnung*) slot; (*Einwand*) objection; (*SPORT*) throw-in.
Einzahl ['aɪntsaːl] *f* singular.
einzahlen *vt* to pay in.
Einzahlung *f* payment; (*auf Sparkonto*) deposit.
einzäunen ['aɪntsɔʏnən] *vt* to fence in.
einzeichnen ['aɪntsaɪçnən] *vt* to draw in.
Einzel ['aɪntsəl] (**-s, -**) *nt* (*TENNIS*) singles *pl.*
Einzel- *zW:* ~**aufstellung** *f* (*COMM*) itemized list; ~**bett** *nt* single bed; ~**blattzuführung** *f* sheet feed; ~**fall** *m* single instance, individual case; ~**gänger(in)** *m(f)* loner; ~**haft** *f* solitary confinement; ~**handel** *m* retail trade; **im** ~**handel erhältlich** available retail; ~**handelsgeschäft** *nt* retail outlet; ~**handelspreis** *m* retail price; ~**händler** *m* retailer; ~**heit** *f* particular, detail; ~**kind** *nt* only child.
Einzeller ['aɪntsɛlər] (**-s, -**) *m* (*BIOL*) single-celled organism.
einzeln *adj* single; (*von Paar*) odd ♦ *adv* singly; ~ **angeben** to specify; ~**e** some (people), a few (people); **der/die E**~**e** the individual; **das E**~**e** the particular; **ins E**~**e gehen** to go into detail(s); **etw im E**~**en besprechen** to discuss sth in detail; ~ **aufführen** to list separately *od* individually; **bitte** ~ **eintreten** please come in one (person) at a time.
Einzelteil *nt* individual part; (*Ersatzteil*) spare part; **etw in seine** ~**e zerlegen** to take sth to pieces, dismantle sth.
Einzelzimmer *nt* single room.
einziehen ['aɪntsiːən] *unreg vt* to draw in, take in; (*Kopf*) to duck; (*Fühler, Antenne, Fahrgestell*) to retract; (*Steuern, Erkundigungen*) to collect; (*MIL*) to call up, draft (*US*); (*aus dem Verkehr ziehen*) to withdraw; (*konfiszieren*) to confiscate ♦ *vi* to move in; (*Friede, Ruhe*) to come; (*Flüssigkeit*): ~ (**in** +*akk*) to soak in(to).

einzig ['aɪntsɪç] *adj* only; (*ohnegleichen*) unique ♦ *adv:* ~ **und allein** solely; **das E**~**e** the only thing; **der/die E**~**e** the only one; **kein** ~**es Mal** not once, not one single time; **kein E**~**er** nobody, not a single person; ~**artig** *adj* unique.
Einzug ['aɪntsuːk] *m* entry, moving in.
Einzugsauftrag *m* (*FIN*) direct debit.
Einzugsbereich *m* catchment area.
Einzugsverfahren *nt* (*FIN*) direct debit.
Eis [aɪs] (**-es, -**) *nt* ice; (*Speise*~) ice cream; ~ **am Stiel** ice lolly (*BRIT*), popsicle ® (*US*); ~**bahn** *f* ice *od* skating rink; ~**bär** *m* polar bear; ~**becher** *m* sundae; ~**bein** *nt* pig's trotters *pl;* ~**berg** *m* iceberg; ~**beutel** *m* ice pack; ~**café** *nt* = **Eisdiele.**
Eischnee ['aɪʃneː] *m* (*KOCH*) beaten white of egg.
Eisdecke *f* sheet of ice.
Eisdiele *f* ice-cream parlour (*BRIT*) *od* parlor (*US*).
Eisen ['aɪzən] (**-s, -**) *nt* iron; **zum alten** ~ **gehören** (*fig*) to be on the scrap heap.
Eisenbahn *f* railway, railroad (*US*); **es ist (aller)höchste** ~ (*umg*) it's high time; ~**er** (**-s, -**) *m* railwayman, railway employee, railroader (*US*); ~**netz** *nt* rail network; ~**schaffner** *m* railway guard, (railroad) conductor (*US*); ~**überführung** *f* footbridge; ~**übergang** *m* level crossing, grade crossing (*US*); ~**wagen** *m* railway *od* railroad (*US*) carriage; ~**waggon, ~wagon**▲ *m* (*Güterwagen*) goods wagon.
Eisen- *zW:* ~**erz** *nt* iron ore; **e**~**haltig** *adj* containing iron; ~**mangel** *m* iron deficiency; ~**warenhandlung** *f* ironmonger's (*BRIT*), hardware store (*US*).
eisern ['aɪzərn] *adj* iron; (*Gesundheit*) robust; (*Energie*) unrelenting; (*Reserve*) emergency; **der E**~**e Vorhang** the Iron Curtain; **in etw** *dat* ~ **sein** to be adamant about sth; **er ist** ~ **bei seinem Entschluss geblieben** he stuck firmly to his decision.
Eis- *zW:* ~**fach** *nt* freezer compartment, icebox; **e**~**frei** *adj* clear of ice; **e**~**gekühlt** *adj* chilled; ~**hockey** *nt* ice hockey.
eisig ['aɪzɪç] *adj* icy.
Eis- *zW:* ~**kaffee** *m* iced coffee; **e**~**kalt** *adj* icy cold; ~**kunstlauf** *m* figure skating; ~**laufen** *nt* ice-skating; ~**läufer** *m* ice-skater; ~**meer** *nt:* **Nördliches/Südliches** ~**meer** Arctic/Antarctic Ocean; ~**pickel** *m* ice-axe (*BRIT*), ice-ax (*US*).
Eisprung ['aɪʃprʊŋ] *m* ovulation.
Eis- *zW:* ~**schießen** *nt* ≈ curling; ~**scholle** *f* ice floe; ~**schrank** *m* fridge, icebox (*US*); ~**stadion** *nt* ice *od* skating rink; ~**würfel** *m* ice cube; ~**zapfen** *m* icicle; ~**zeit** *f* Ice Age.
eitel ['aɪtəl] *adj* vain; **E**~**keit** *f* vanity.
Eiter ['aɪtər] (**-s**) *m* pus.

eiterig *adj* suppurating.

eitern *vi* to suppurate.

Ei- *zW:* ~**weiß** (**-es, -e**) *nt* white of an egg; (*CHEM*) protein; ~**weißgehalt** *m* protein content; ~**zelle** *f* ovum.

EKD *f abk* (= *Evangelische Kirche in Deutschland*) German Protestant Church.

Ekel[1] ['eːkəl] (**-s**) *m* nausea, disgust; **vor jdm/ etw einen** ~ **haben** to loathe sb/sth; ~ **erregend** nauseating, disgusting.

Ekel[2] ['eːkəl] (**-s, -**) (*umg*) *nt* (*Mensch*) nauseating person.

ekelhaft *adj*, **ekelig** *adj* nauseating, disgusting.

ekeln *vt* to disgust ♦ *vr:* **sich vor etw** *dat* ~ to be disgusted at sth; **es ekelt ihn** he is disgusted.

EKG (**-**) *nt abk* (= *Elektrokardiogramm*) ECG.

Eklat [e'klaː] (**-s**) *m* (*geh: Aufsehen*) sensation.

eklig *adj* nauseating, disgusting.

Ekstase [ɛk'staːzə] (**-, -n**) *f* ecstasy; **jdn in** ~ **versetzen** to send sb into ecstasies.

Ekzem [ɛk'tseːm] (**-s, -e**) *nt* (*MED*) eczema.

Elan [e'lãː] (**-s**) *m* élan.

elastisch [e'lastɪʃ] *adj* elastic.

Elastizität [elastitsi'tɛːt] *f* elasticity.

Elbe ['ɛlbə] *f* (*Fluss*) Elbe.

Elch [ɛlç] (**-(e)s, -e**) *m* elk.

Elefant [ele'fant] *m* elephant; **wie ein** ~ **im Porzellanladen** (*umg*) like a bull in a china shop.

elegant [ele'gant] *adj* elegant.

Eleganz [ele'gants] *f* elegance.

Elektrifizierung [elɛktrifi'tsiːrʊŋ] *f* electrification.

Elektriker [e'lɛktrikər] (**-s, -**) *m* electrician.

elektrisch [e'lɛktrɪʃ] *adj* electric.

elektrisieren [elɛktri'ziːrən] *vt* (*lit, fig*) to electrify; (*Mensch*) to give an electric shock to ♦ *vr* to get an electric shock.

Elektrizität [elɛktritsi'tɛːt] *f* electricity.

Elektrizitätswerk *nt* electric power station.

Elektroartikel [e'lɛktro|artɪkəl] *m* electrical appliance.

Elektrode [elɛk'troːdə] (**-, -n**) *f* electrode.

Elektro- *zW:* ~**gerät** *nt* electrical appliance; ~**herd** *m* electric cooker; ~**kardiogramm** *nt* (*MED*) electrocardiogram.

Elektrolyse [elɛktro'lyːzə] (**-, -n**) *f* electrolysis.

Elektromotor *m* electric motor.

Elektron [e'lɛktrɔn] (**-s, -en**) *nt* electron.

Elektronen(ge)hirn *nt* electronic brain.

Elektronenrechner *m* computer.

Elektronik [elɛk'troːnɪk] *f* electronics *sing*; (*Teile*) electronics *pl*.

elektronisch *adj* electronic; ~**e Post** electronic mail.

Elektro- *zW:* ~**rasierer** (**-s, -**) *m* electric razor; ~**schock** *m* (*MED*) electric shock, electroshock; ~**techniker** *m* electrician; (*Ingenieur*) electrical engineer.

Element [ele'mɛnt] (**-s, -e**) *nt* element; (*ELEK*) cell, battery.

elementar [elemɛn'taːr] *adj* elementary; (*naturhaft*) elemental; **E~teilchen** *nt* (*PHYS*) elementary particle.

Elend ['eːlɛnt] (**-(e)s**) *nt* misery; **da kann man das heulende** ~ **kriegen** (*umg*) it's enough to make you scream; **e**~ *adj* miserable; **mir ist ganz e**~ I feel really awful.

elendiglich ['eːlɛndɪklɪç] *adv* miserably; ~ **zugrunde** *od* **zu Grunde gehen** to come to a wretched end.

Elendsviertel *nt* slum.

elf [ɛlf] *num* eleven; **E**~ (**-, en**) *f* (*SPORT*) eleven.

Elfe (**-, -n**) *f* elf.

Elfenbein *nt* ivory; ~**küste** *f* Ivory Coast.

Elfmeter *m* (*SPORT*) penalty (kick).

Elfmeterschießen *nt* (*SPORT*) penalty shoot-out.

eliminieren [elimi'niːrən] *vt* to eliminate.

elitär [eli'tɛːr] *adj* elitist ♦ *adv* in an elitist fashion.

Elite [e'liːtə] (**-, -n**) *f* elite.

Elixier [elɪ'ksiːr] (**-s, -e**) *nt* elixir.

Ellbogen *m* = **Ellenbogen**.

Elle ['ɛlə] (**-, -n**) *f* ell; (*Maß*) ≈ yard.

Ellenbogen *m* elbow; **die** ~ **gebrauchen** (*umg*) to be pushy; ~**freiheit** *f* (*fig*) elbow room; ~**gesellschaft** *f* dog-eat-dog society.

Ellipse [ɛ'lɪpsə] (**-, -n**) *f* ellipse.

E-Lok ['eːlɔk] (**-**) *f abk* (= *elektrische Lokomotive*) electric locomotive *od* engine.

Elsass▲ ['ɛlzas] *nt:* **das** ~ Alsace.

Elsässer ['ɛlzɛsər] *adj* Alsatian.

Elsässer(in) (**-s, -**) *m(f)* Alsatian, inhabitant of Alsace.

elsässisch *adj* Alsatian.

Elster ['ɛlstər] (**-, -n**) *f* magpie.

elterlich *adj* parental.

Eltern ['ɛltərn] *pl* parents *pl*; **nicht von schlechten** ~ **sein** (*umg*) to be quite something; ~**abend** *m* (*SCH*) parents' evening; ~**haus** *nt* home; **e**~**los** *adj* orphaned; ~**sprechtag** *m* open day (for parents); ~**teil** *m* parent.

Email [e'maːj] (**-s, -s**) *nt* enamel.

E-Mail ['iːmeːl] (**-, -s**) *f* E-mail, e-mail; ~**-Adresse** *f* E-mail address.

e-mailen [iːmeːlən] *vt* to e-mail.

emaillieren [ema'jiːrən] *vt* to enamel.

Emanze (**-, -n**) (*pej*) *f* women's libber (*umg*).

Emanzipation [emantsipatsi'oːn] *f* emancipation.

emanzipieren [emantsi'piːrən] *vt* to emancipate.

Embargo [ɛm'bargo] (**-s, -s**) *nt* embargo.

Embryo ['ɛmbryo] (**-s, -s** *od* **-nen**) *m* embryo.

Embryonenforschung *f* embryo research.

Emigrant(in) [emi'grant(ɪn)] *m(f)* emigrant.

Emigration [emigratsi'o:n] *f* emigration.
emigrieren [emi'gri:rən] *vi* to emigrate.
Emissionen *npl* emissions *pl*.
Emissionskurs [emɪsi'o:nskʊrs] *m* (*Aktien*) issued price.
EMNID *m abk* (= *Erforschung, Meinung, Nachrichten, Informationsdienst*) *opinion poll organization.*
emotional [emotsio'na:l] *adj* emotional; (*Ausdrucksweise*) emotive.
emotionsgeladen [emotsi'o:nsgəla:dən] *adj* emotionally-charged.
Empf. *abk* = **Empfänger.**
empfahl *etc* [ɛm'pfa:l] *vb siehe* **empfehlen.**
empfand *etc* [ɛm'pfant] *vb siehe* **empfinden.**
Empfang [ɛm'pfaŋ] (**-(e)s, ¨-e**) *m* reception; (*Erhalten*) receipt; **in ~ nehmen** to receive; (**zahlbar**) **nach** *od* **bei ~** +*gen* (payable) on receipt (of).
empfangen *unreg vt* to receive ♦ *vi* (*schwanger werden*) to conceive.
Empfänger(in) [ɛm'pfɛŋər(ɪn)] (**-s, -**) *m(f)* receiver; (*COMM*) addressee, consignee; **~ unbekannt** (*auf Briefen*) not known at this address.
empfänglich *adj* receptive, susceptible.
Empfängnis (**-, -se**) *f* conception; **e~verhütend** *adj*: **e~verhütende Mittel** contraceptives *pl*; **~verhütung** *f* contraception.
Empfangs- *zW*: **~bestätigung** *f* (acknowledgement of) receipt; **~chef** *m* (*von Hotel*) head porter; **~dame** *f* receptionist; **~schein** *m* receipt; **~störung** *f* (*RUNDF, TV*) interference; **~zimmer** *nt* reception room.
empfehlen [ɛm'pfe:lən] *unreg vt* to recommend ♦ *vr* to take one's leave.
empfehlenswert *adj* recommendable.
Empfehlung *f* recommendation; **auf ~ von** on the recommendation of.
Empfehlungsschreiben *nt* letter of recommendation.
empfiehlt [ɛm'pfi:lt] *vb siehe* **empfehlen.**
empfinden [ɛm'pfɪndən] *unreg vt* to feel; **etw als Beleidigung ~** to find sth insulting; **E~** (**-s**) *nt*: **meinem E~ nach** to my mind.
empfindlich *adj* sensitive; (*Stelle*) sore; (*reizbar*) touchy; **deine Kritik hat ihn ~ getroffen** your criticism cut him to the quick; **E~keit** *f* sensitiveness; (*Reizbarkeit*) touchiness.
empfindsam *adj* sentimental; (*Mensch*) sensitive.
Empfindung *f* feeling, sentiment.
empfindungslos *adj* unfeeling, insensitive.
empfing *etc* [ɛm'pfɪŋ] *vb siehe* **empfangen.**
empfohlen [ɛm'pfo:lən] *pp von* **empfehlen** ♦ *adj*: **~er Einzelhandelspreis** recommended retail price.
empfunden [ɛm'pfʊndən] *pp von* **empfinden.**

empor [ɛm'po:r] *adv* up, upwards.
emporarbeiten *vr* (*geh*) to work one's way up.
Empore [ɛm'po:rə] (**-, -n**) *f* (*ARCHIT*) gallery.
empören [ɛm'pœ:rən] *vt* to make indignant; to shock ♦ *vr* to become indignant.
empörend *adj* outrageous.
emporkommen *unreg vi* to rise; (*vorankommen*) to succeed.
Emporkömmling *m* upstart, parvenu.
empört *adj*: **~** (**über** +*akk*) indignant (at), outraged (at).
Empörung *f* indignation.
emsig ['ɛmzɪç] *adj* diligent, busy.
End- ['ɛnt] *in zW* final; **~auswertung** *f* final analysis; **~bahnhof** *m* terminus; **~betrag** *m* final amount.
Ende ['ɛndə] (**-s, -n**) *nt* end; **am ~** at the end; (*schließlich*) in the end; **am ~ sein** to be at the end of one's tether; **~ Dezember** at the end of December; **zu ~ sein** to be finished; **zu ~ gehen** to come to an end; **zu ~ führen** to finish (off); **letzten ~s** in the end, at the end of the day; **ein böses ~ nehmen** to come to a bad end; **ich bin mit meiner Weisheit am ~** I'm at my wits' end; **er wohnt am ~ der Welt** (*umg*) he lives at the back of beyond.
Endeffekt *m*: **im ~** (*umg*) when it comes down to it.
enden *vi* to end.
Endergebnis *nt* final result.
endgültig *adj* final, definite.
Endivie [ɛn'di:viə] *f* endive.
End- *zW*: **~lager** *nt* permanent waste disposal site; **~lagerung** *f* permanent disposal; **e~lich** *adj* final; (*MATH*) finite ♦ *adv* finally; **e~lich!** at last!; **hör e~lich damit auf!** will you stop that!; **e~los** *adj* endless; **~lospapier** *nt* continuous paper; **~produkt** *nt* end *od* final product; **~spiel** *nt* final(s); **~spurt** *m* (*SPORT*) final spurt; **~station** *f* terminus.
Endung *f* ending.
Endverbraucher *m* consumer, end-user.
Energie [enɛr'gi:] *f* energy; **~aufwand** *m* energy expenditure; **~bedarf** *m* energy requirement; **~einsparung** *f* energy saving; **~gewinnung** *f* generation of energy; **e~los** *adj* lacking in energy, weak; **~quelle** *f* source of energy; **~versorgung** *f* supply of energy; **~wirtschaft** *f* energy industry.
energisch [e'nɛrgɪʃ] *adj* energetic; **~ durchgreifen** to take vigorous *od* firm action.
eng [ɛŋ] *adj* narrow; (*Kleidung*) tight; (*fig: Horizont*) narrow, limited; (*Freundschaft, Verhältnis*) close; **~ an etw** *dat* close to sth; **in die ~ere Wahl kommen** to be short-listed (*BRIT*).
Engadin ['ɛŋgadi:n] (**-s**) *nt*: **das ~** the Engadine.

Engagement [ãɡaʒə'mãː] (-s, -s) *nt* engagement; (*Verpflichtung*) commitment.

engagieren [ãɡa'ʒiːrən] *vt* to engage ♦ *vr* to commit o.s.; **ein engagierter Schriftsteller** a committed writer.

Enge ['ɛŋə] (-, -n) *f* (*lit, fig*) narrowness; (*Land~*) defile; (*Meer~*) straits *pl*; **jdn in die ~ treiben** to drive sb into a corner.

Engel ['ɛŋəl] (-s, -) *m* angel; **e~haft** *adj* angelic; **~macher(in)** (-s, -) (*umg*) *m(f)* backstreet abortionist.

Engelsgeduld *f*: **sie hat eine ~** she has the patience of a saint.

Engelszungen *pl*: **(wie) mit ~ reden** to use all one's own powers of persuasion.

engherzig *adj* petty.

engl. *abk* = **englisch**.

England ['ɛŋlant] *nt* England.

Engländer ['ɛŋlɛndər] (-s, -) *m* Englishman; English boy; **die Engländer** *pl* the English, the Britishers (*US*); **~in** *f* Englishwoman; English girl.

englisch ['ɛŋlɪʃ] *adj* English.

engmaschig ['ɛŋmaʃɪç] *adj* close-meshed.

Engpass▲ *m* defile, pass; (*fig: Verkehr*) bottleneck.

en gros [ã'ɡro] *adv* wholesale.

engstirnig ['ɛŋʃtɪrnɪç] *adj* narrow-minded.

Enkel ['ɛŋkəl] (-s, -) *m* grandson; **~in** *f* granddaughter; **~kind** *nt* grandchild.

en masse [ã'mas] *adv* en masse.

enorm [e'nɔrm] *adj* enormous; (*umg: herrlich, kolossal*) tremendous.

en passant [ãpa'sã] *adv* en passant, in passing.

Ensemble [ã'sãbəl] (-s, -s) *nt* ensemble.

entarten [ɛnt'|aːrtən] *vi* to degenerate.

entbehren [ɛnt'beːrən] *vt* to do without, dispense with.

entbehrlich *adj* superfluous.

Entbehrung *f* privation; **~en auf sich** *akk* **nehmen** to make sacrifices.

entbinden [ɛnt'bɪndən] *unreg vt* (+*gen*) to release (from); (*MED*) to deliver ♦ *vi* (*MED*) to give birth.

Entbindung *f* release; (*MED*) delivery, birth.

Entbindungsheim *nt* maternity hospital.

Entbindungsstation *f* maternity ward.

entblößen [ɛnt'bløːsən] *vt* to denude, uncover; (*berauben*): **einer Sache** *gen* **entblößt** deprived of sth.

entbrennen [ɛnt'brɛnən] *unreg vi* (*liter: Kampf, Streit*) to flare up; (: *Liebe*) to be aroused.

entdecken [ɛnt'dɛkən] *vt* to discover; **jdm etw ~** to disclose sth to sb.

Entdecker(in) (-s, -) *m(f)* discoverer.

Entdeckung *f* discovery.

Ente ['ɛntə] (-, -n) *f* duck; (*fig*) canard, false report; (*AUT*) Citroën 2CV, deux-chevaux.

entehren [ɛnt'|eːrən] *vt* to dishonour (*BRIT*), dishonor (*US*), disgrace.

enteignen [ɛnt'|aɪɡnən] *vt* to expropriate; (*Besitzer*) to dispossess.

enteisen [ɛnt'|aɪzən] *vt* to de-ice; (*Kühlschrank*) to defrost.

enterben [ɛnt'|ɛrbən] *vt* to disinherit.

Enterhaken ['ɛntərhaːkən] *m* grappling iron *od* hook.

entfachen [ɛnt'faxən] *vt* to kindle.

entfallen [ɛnt'falən] *unreg vi* to drop, fall; (*wegfallen*) to be dropped; **jdm ~** (*vergessen*) to slip sb's memory; **auf jdn ~** to be allotted to sb.

entfalten [ɛnt'faltən] *vt* to unfold; (*Talente*) to develop ♦ *vr* to open; (*Mensch*) to develop one's potential.

Entfaltung *f* unfolding; (*von Talenten*) development.

entfernen [ɛnt'fɛrnən] *vt* to remove; (*hinauswerfen*) to expel ♦ *vr* to go away, retire, withdraw.

entfernt *adj* distant ♦ *adv*: **nicht im E~esten!** not in the slightest!; **weit davon ~ sein, etw zu tun** to be far from doing sth.

Entfernung *f* distance; (*Wegschaffen*) removal; **unerlaubte ~ von der Truppe** absence without leave.

Entfernungsmesser *m* (*PHOT*) rangefinder.

entfesseln [ɛnt'fɛsəln] *vt* (*fig*) to arouse.

entfetten [ɛnt'fɛtən] *vt* to take the fat from.

entflammen [ɛnt'flamən] *vt* (*fig*) to (a)rouse ♦ *vi* to burst into flames; (*fig: Streit*) to flare up; (: *Leidenschaft*) to be (a)roused *od* inflamed.

entfremden [ɛnt'frɛmdən] *vt* to estrange, alienate.

Entfremdung *f* estrangement, alienation.

entfrosten [ɛnt'frɔstən] *vt* to defrost.

Entfroster (-s, -) *m* (*AUT*) defroster.

entführen [ɛnt'fyːrən] *vt* to abduct, kidnap; (*Flugzeug*) to hijack.

Entführer (-s, -) *m* kidnapper (*BRIT*), kidnaper (*US*); hijacker.

Entführung *f* abduction, kidnapping (*BRIT*), kidnaping (*US*); hijacking.

entgegen [ɛnt'ɡeːɡən] *präp* +*dat* contrary to, against ♦ *adv* towards; **~bringen** *unreg vt* to bring; (*fig*): **jdm etw ~bringen** to show sb sth; **~gehen** *unreg vi* +*dat* to go to meet, go towards; **Schwierigkeiten ~gehen** to be heading for difficulties; **~gesetzt** *adj* opposite; (*widersprechend*) opposed; **~halten** *unreg vt* (*fig*): **einer Sache** *dat* **~halten, dass ...** to object to sth that ...; **E~kommen** *nt* obligingness; **~kommen** *unreg vi* +*dat* to come towards, approach; (*fig*): **jdm ~kommen** to accommodate sb; **das kommt unseren Plänen sehr ~** that fits in very well with our plans; **~kommend** *adj* obliging; **~laufen** *unreg vi* +*dat* to run towards *od* to meet; (*fig*) to run

counter to; **E~nahme** f (form: Empfang)
receipt; (Annahme) acceptance; **~nehmen**
unreg vt to receive, accept; **~sehen** unreg vi
+dat to await; **~setzen** vt to oppose; **dem
habe ich ~zusetzen, dass ...** against that I'd
like to say that ...; **jdm/etw Widerstand
~setzen** to put up resistance to sb/sth;
~stehen unreg vi: **dem steht nichts ~** there's
no objection to that; **~treten** unreg vi +dat (lit)
to step up to; (fig) to oppose, counter;
~wirken vi +dat to counteract.

entgegnen [ɛnt'ge:gnən] vt to reply, retort.

Entgegnung f reply, retort.

entgehen [ɛnt'ge:ən] unreg vi (fig): **jdm ~** to
escape sb's notice; **sich** dat **etw ~ lassen** to
miss sth.

entgeistert [ɛnt'gaɪstərt] adj thunderstruck.

Entgelt [ɛnt'gɛlt] (-(e)s, -e) nt remuneration.

entgelten unreg vt: **jdm etw ~** to repay sb for
sth.

entgleisen [ɛnt'glaɪzən] vi (EISENB) to be
derailed; (fig: Person) to misbehave;
~ lassen to derail.

Entgleisung f derailment; (fig) faux pas,
gaffe.

entgleiten [ɛnt'glaɪtən] unreg vi: **jdm ~** to slip
from sb's hand.

entgräten [ɛnt'grɛ:tən] vt to fillet, bone.

Enthaarungsmittel [ɛnt'ha:rʊŋsmɪtəl] nt
depilatory.

enthält [ɛnt'hɛlt] vb siehe **enthalten**.

enthalten [ɛnt'haltən] unreg vt to contain ♦ vr
+gen to abstain from, refrain from; **sich (der
Stimme) ~** to abstain.

enthaltsam [ɛnt'haltza:m] adj abstinent,
abstemious; **E~keit** f abstinence.

enthärten [ɛnt'hɛrtən] vt (Wasser) to soften;
(Metall) to anneal.

enthaupten [ɛnt'haʊptən] vt to decapitate;
(als Hinrichtung) to behead.

enthäuten [ɛnt'hɔʏtən] vt to skin.

entheben [ɛnt'he:bən] unreg vt: **jdn einer Sache**
gen **~** to relieve sb of sth.

enthemmen [ɛnt'hɛmən] vt: **jdn ~** to free sb
from his/her inhibitions.

enthielt etc [ɛnt'hi:lt] vb siehe **enthalten**.

enthüllen [ɛnt'hʏlən] vt to reveal, unveil.

Enthüllung f revelation; (von Skandal)
exposure.

Enthusiasmus [ɛntuzi'asmʊs] m enthusiasm.

entjungfern [ɛnt'jʊŋfərn] vt to deflower.

entkalken [ɛnt'kalkən] vt to decalcify.

entkernen [ɛnt'kɛrnən] vt (Kernobst) to core;
(Steinobst) to stone.

entkleiden [ɛnt'klaɪdən] vt, vr (geh) to undress.

entkommen [ɛnt'kɔmən] unreg vi to get away,
escape; **jdm/etw od aus etw ~** to get away
od escape from sb/sth.

entkorken [ɛnt'kɔrkən] vt to uncork.

entkräften [ɛnt'krɛftən] vt to weaken,

exhaust; (Argument) to refute.

entkrampfen [ɛnt'krampfən] vt (fig) to relax,
ease.

entladen [ɛnt'la:dən] unreg vt to unload; (ELEK)
to discharge ♦ vr (ELEK, Gewehr) to
discharge; (Ärger etc) to vent itself.

entlang [ɛnt'laŋ] präp (+akk od dat) along ♦ adv
along; **~ dem Fluss, den Fluss ~** along the
river; **hier ~** this way; **~gehen** unreg vi to
walk along.

entlarven [ɛnt'larfən] vt to unmask, expose.

entlassen [ɛnt'lasən] unreg vt to discharge;
(Arbeiter) to dismiss; (nach Stellenabbau) to
make redundant.

entlässt [ɛnt'lɛst] vb siehe **entlassen**.

Entlassung f discharge; dismissal; **es gab 20
~en** there were 20 redundancies.

Entlassungszeugnis nt (SCH) school-leaving
certificate.

entlasten [ɛnt'lastən] vt to relieve; (Arbeit
abnehmen) to take some of the load off;
(Angeklagte) to exonerate; (Konto) to clear.

Entlastung f relief; (COMM) crediting.

Entlastungszeuge m defence (BRIT) od
defense (US) witness.

Entlastungszug m relief train.

entledigen [ɛnt'le:dɪgən] vr: **sich jds/einer
Sache ~** to rid o.s. of sb/sth.

entleeren [ɛnt'le:rən] vt to empty; (Darm) to
evacuate.

entlegen [ɛnt'le:gən] adj remote.

entließ etc [ɛnt'li:s] vb siehe **entlassen**.

entlocken [ɛnt'lɔkən] vt: **jdm etw ~** to elicit
sth from sb.

entlohnen vt to pay; (fig) to reward.

entlüften [ɛnt'lʏftən] vt to ventilate.

entmachten [ɛnt'maxtən] vt to deprive of
power.

entmenscht [ɛnt'mɛnʃt] adj inhuman, bestial.

entmilitarisiert [ɛntmilitari'zi:rt] adj
demilitarized.

entmündigen [ɛnt'mʏndɪgən] vt to certify;
(JUR) to (legally) incapacitate, declare
incapable of managing one's own affairs.

entmutigen [ɛnt'mu:tɪgən] vt to discourage.

Entnahme [ɛnt'na:mə] (-, -n) f removal,
withdrawal.

Entnazifizierung [ɛntnatsifi'tsi:rʊŋ] f
denazification.

entnehmen [ɛnt'ne:mən] unreg vt +dat to take
out of, take from; (folgern) to infer from;
wie ich Ihren Worten entnehme, ... I gather
from what you say that ...

entpuppen [ɛnt'pʊpən] vr (fig) to reveal o.s.,
turn out; **sich als etw ~** to turn out to be sth.

entrahmen [ɛnt'ra:mən] vt to skim.

entreißen [ɛnt'raɪsən] unreg vt: **jdm etw ~** to
snatch sth (away) from sb.

entrichten [ɛnt'rɪçtən] vt (form) to pay.

entrosten [ɛnt'rɔstən] vt to derust.

entrüsten [ɛnt'rʏstən] *vt* to incense, outrage ♦ *vr* to be filled with indignation.
entrüstet *adj* indignant, outraged.
Entrüstung *f* indignation.
Entsafter [ɛnt'zaftər] (**-s, -**) *m* juice extractor.
entsagen [ɛnt'za:gən] *vi +dat* to renounce.
entschädigen [ɛnt'ʃɛ:dɪgən] *vt* to compensate.
Entschädigung *f* compensation.
entschärfen [ɛnt'ʃɛrfən] *vt* to defuse; (*Kritik*) to tone down.
Entscheid [ɛnt'ʃaɪt] (**-(e)s, -e**) *m* (*form*) decision.
entscheiden *unreg vt, vi, vr* to decide; **darüber habe ich nicht zu ~** that is not for me to decide; **sich für jdn/etw ~** to decide in favour of sb/sth; to decide on sb/sth.
entscheidend *adj* decisive; (*Stimme*) casting; **das E~e** the decisive *od* deciding factor.
Entscheidung *f* decision; **wie ist die ~ ausgefallen?** which way did the decision go?
Entscheidungs- *zW:* **~befugnis** *f* decision-making powers *pl*; **e~fähig** *adj* capable of deciding; **~spiel** *nt* play-off; **~träger** *m* decision-maker.
entschied *etc* [ɛnt'ʃiːt] *vb siehe* **entscheiden**.
entschieden [ɛnt'ʃiːdən] *pp von* **entscheiden** ♦ *adj* decided; (*entschlossen*) resolute; **das geht ~ zu weit** that's definitely going too far; **E~heit** *f* firmness, determination.
entschlacken [ɛnt'ʃlakən] *vt* (*MED: Körper*) to purify.
entschließen [ɛnt'ʃliːsən] *unreg vr* to decide; **sich zu nichts ~ können** to be unable to make up one's mind; **kurz entschlossen** straight away.
Entschließungsantrag *m* (*POL*) resolution proposal.
entschloss *etc*▲ [ɛnt'ʃlɔs] *vb siehe* **entschließen**.
entschlossen [ɛnt'ʃlɔsən] *pp von* **entschließen** ♦ *adj* determined, resolute; **E~heit** *f* determination.
entschlüpfen [ɛnt'ʃlʏpfən] *vi* to escape, slip away; (*fig: Wort etc*) to slip out.
Entschluss▲ [ɛnt'ʃlʊs] *m* decision; **aus eigenem ~ handeln** to act on one's own initiative; **es ist mein fester ~** it is my firm intention.
entschlüsseln [ɛnt'ʃlʏsəln] *vt* to decipher; (*Funkspruch*) to decode.
entschlussfreudig▲ *adj* decisive.
Entschlusskraft▲ *f* determination, decisiveness.
entschuldbar [ɛnt'ʃʊltbaːr] *adj* excusable.
entschuldigen [ɛnt'ʃʊldɪgən] *vt* to excuse ♦ *vr* to apologize ♦ *vi:* **~ Sie (bitte)!** excuse me; (*Verzeihung*) sorry; **jdn bei jdm ~** to make sb's excuses *od* apologies to sb; **sich**

~ lassen to send one's apologies.
entschuldigend *adj* apologetic.
Entschuldigung *f* apology; (*Grund*) excuse; **jdn um ~ bitten** to apologize to sb; **~!** excuse me; (*Verzeihung*) sorry.
entschwefeln [ɛnt'ʃveːfəln] *vt* to desulphurize.
Entschwefelungsanlage *f* desulphurization plant.
entschwinden [ɛnt'ʃvɪndən] *unreg vi* to disappear.
entsetzen [ɛnt'zɛtsən] *vt* to horrify ♦ *vr* to be horrified *od* appalled; **E~** (**-s**) *nt* horror, dismay.
entsetzlich *adj* dreadful, appalling.
entsetzt *adj* horrified.
entsichern [ɛnt'zɪçərn] *vt* to release the safety catch of.
entsinnen [ɛnt'zɪnən] *unreg vr +gen* to remember.
entsorgen [ɛnt'zɔrgən] *vt:* **eine Stadt ~** to dispose of a town's refuse and sewage.
Entsorgung *f* waste disposal; (*von Chemikalien*) disposal.
entspannen [ɛnt'ʃpanən] *vt, vr* (*Körper*) to relax; (*POL: Lage*) to ease.
Entspannung *f* relaxation, rest; (*POL*) détente.
Entspannungspolitik *f* policy of détente.
Entspannungsübungen *pl* relaxation exercises *pl*.
entspr. *abk* = **entsprechend**.
entsprach *etc* [ɛnt'ʃprax] *vb siehe* **entsprechen**.
entsprechen [ɛnt'ʃprɛçən] *unreg vi +dat* to correspond to; (*Anforderungen, Wünschen*) to meet, comply with.
entsprechend *adj* appropriate ♦ *adv* accordingly ♦ *präp +dat:* **er wird seiner Leistung ~ bezahlt** he is paid according to output.
entspricht [ɛnt'ʃprɪçt] *vb siehe* **entsprechen**.
entspringen [ɛnt'ʃprɪŋən] *unreg vi (+dat)* to spring (from).
entsprochen [ɛnt'ʃprɔxən] *pp von* **entsprechen**.
entstaatlichen [ɛnt'ʃtaːtlɪçən] *vt* to denationalize.
entstammen [ɛnt'ʃtamən] *vi +dat* to stem *od* come from.
entstand *etc* [ɛnt'ʃtant] *vb siehe* **entstehen**.
entstanden [ɛnt'ʃtandən] *pp von* **entstehen**.
entstehen [ɛnt'ʃteːən] *unreg vi:* **~ (aus od durch)** to arise (from), result (from); **wir wollen nicht den Eindruck ~ lassen, ...** we don't want to give rise to the impression that ...; **für ~den** *od* **entstandenen Schaden** for damages incurred.
Entstehung *f* genesis, origin.
entstellen [ɛnt'ʃtɛlən] *vt* to disfigure; (*Wahrheit*) to distort.
Entstellung *f* distortion; disfigurement.

entstören [ɛnt'ʃtøːrən] *vt* (*RUNDF*) to eliminate interference from; (*AUT*) to suppress.

enttäuschen [ɛnt'tɔʏʃən] *vt* to disappoint.

Enttäuschung *f* disappointment.

entwachsen [ɛnt'vaksən] *unreg vi +dat* to outgrow, grow out of; (*geh: herauswachsen aus*) to spring from.

entwaffnen [ɛnt'vafnən] *vt* (*lit, fig*) to disarm.

entwaffnend *adj* disarming.

Entwarnung [ɛnt'varnʊŋ] *f* all clear (signal).

entwässern [ɛnt'vɛsərn] *vt* to drain.

Entwässerung *f* drainage.

entweder [ɛnt'veːdər] *konj* either; ~ ... **oder** ... either ... or ...

entweichen [ɛnt'vaɪçən] *unreg vi* to escape.

entweihen [ɛnt'vaɪən] *unreg vt* to desecrate.

entwenden [ɛnt'vɛndən] *unreg vt* to purloin, steal.

entwerfen [ɛnt'vɛrfən] *unreg vt* (*Zeichnung*) to sketch; (*Modell*) to design; (*Vortrag, Gesetz etc*) to draft.

entwerten [ɛnt'veːrtən] *vt* to devalue; (*stempeln*) to cancel.

Entwerter (**-s, -**) *m* (ticket-)cancelling (*BRIT*) *od* canceling (*US*) machine.

entwickeln [ɛnt'vɪkəln] *vt* to develop (*auch PHOT*); (*Mut, Energie*) to show, display ♦ *vr* to develop.

Entwickler (**-s, -**) *m* developer.

Entwicklung [ɛnt'vɪklʊŋ] *f* development; (*PHOT*) developing; **in der** ~ at the development stage; (*Jugendliche etc*) still developing.

Entwicklungs- *zW:* ~**abschnitt** *m* stage of development; ~**helfer(in)** *m(f)* VSO worker (*BRIT*), Peace Corps worker (*US*); ~**hilfe** *f* aid for developing countries; ~**jahre** *pl* adolescence *sing*; ~**land** *nt* developing country; ~**zeit** *f* period of development; (*PHOT*) developing time.

entwirren [ɛnt'vɪrən] *vt* to disentangle.

entwischen [ɛnt'vɪʃən] *vi* to escape.

entwöhnen [ɛnt'vøːnən] *vt* to wean; (*Süchtige*): (**einer Sache** *dat od* **von etw**) ~ to cure of sth.

Entwöhnung *f* weaning; cure, curing.

entwürdigend [ɛnt'vʏrdɪgənt] *adj* degrading.

Entwurf [ɛnt'vʊrf] *m* outline, design; (*Vertrags~, Konzept*) draft.

entwurzeln [ɛnt'vʊrtsəln] *vt* to uproot.

entziehen [ɛnt'tsiːən] *unreg vt* (**+dat**) to withdraw (from), take away (from); (*Flüssigkeit*) to draw (from), extract (from) ♦ *vr* (**+dat**) to escape (from); (*jds Kenntnis*) to be outside *od* beyond; (*der Pflicht*) to shirk (from); **sich jds Blicken** ~ to be hidden from sight.

Entziehung *f* withdrawal.

Entziehungsanstalt *f* drug addiction/

alcoholism treatment centre (*BRIT*) *od* center (*US*).

Entziehungskur *f* treatment for drug addiction/alcoholism.

entziffern [ɛnt'tsɪfərn] *vt* to decipher; (*Funkspruch*) to decode.

entzücken [ɛnt'tsʏkən] *vt* to delight; **E~** (**-s**) *nt* delight.

entzückend *adj* delightful, charming.

Entzug [ɛnt'tsuːk] (**-(e)s**) *m* (*einer Lizenz etc, MED*) withdrawal.

Entzugserscheinung *f* withdrawal symptom.

entzündbar *adj:* **leicht** ~ highly inflammable; (*fig*) easily roused.

entzünden [ɛnt'tsʏndən] *vt* to light, set light to; (*fig, MED*) to inflame; (*Streit*) to spark off ♦ *vr* (*lit, fig*) to catch fire; (*Streit*) to start; (*MED*) to become inflamed.

Entzündung *f* (*MED*) inflammation.

entzwei [ɛnt'tsvaɪ] *adv* in two; broken; ~**brechen** *unreg vt, vi* to break in two.

entzweien *vt* to set at odds ♦ *vr* to fall out.

entzweigehen *unreg vi* to break (in two).

Enzian ['ɛntsiaːn] (**-s, -e**) *m* gentian.

Enzyklika [ɛn'tsyːklika] (**-, -liken**) *f* (*REL*) encyclical.

Enzyklopädie [ɛntsyklope'diː] *f* encyclop(a)edia.

Enzym [ɛn'tsyːm] (**-s, -e**) *nt* enzyme.

Epen *pl von* **Epos**.

Epidemie [epide'miː] *f* epidemic.

Epilepsie [epile'psiː] *f* epilepsy.

episch ['eːpɪʃ] *adj* epic.

Episode [epi'zoːdə] (**-, -n**) *f* episode.

Epoche [e'pɔxə] (**-, -n**) *f* epoch; ~ **machend** epoch-making.

Epos ['eːpɔs] (**-, Epen**) *nt* epic (poem).

Equipe [e'kɪp] (**-, -n**) *f* team.

er [eːr] *pron* he; it.

erachten [ɛr'|axtən] *vt* (*geh*): ~ **für** *od* **als** to consider (to be); **meines E~s** in my opinion.

erarbeiten [ɛr'|arbaɪtən] *vt* to work for, acquire; (*Theorie*) to work out.

Erbanlage ['ɛrp|anlaːgə] *f* hereditary factor(s *pl*).

erbarmen [ɛr'barmən] *vr* (**+gen**) to have pity *od* mercy (on) ♦ *vt:* **er sieht zum E~ aus** he's a pitiful sight; **Herr, erbarme dich (unser)!** Lord, have mercy (upon us)!; **E~** (**-s**) *nt* pity.

erbärmlich [ɛr'bɛrmlɪç] *adj* wretched, pitiful; **E~keit** *f* wretchedness.

Erbarmungs- *zW:* **e~los** *adj* pitiless, merciless; **e~voll** *adj* compassionate; **e~würdig** *adj* pitiable, wretched.

erbauen [ɛr'baʊən] *vt* to build, erect; (*fig*) to edify; **er ist von meinem Plan nicht besonders erbaut** (*umg*) he isn't particularly enthusiastic about my plan.

Erbauer (**-s, -**) *m* builder.

erbaulich *adj* edifying.

Erbauung *f* construction; (*fig*) edification.

erbberechtigt *adj* entitled to inherit.

erbbiologisch *adj*: ~es Gutachten (*JUR*) blood test (*to establish paternity*).

Erbe¹ ['ɛrbə] (**-n, -n**) *m* heir; **jdn zum** *od* **als** ~**n einsetzen** to make sb one's/sb's heir.

Erbe² ['ɛrbə] (**-s**) *nt* inheritance; (*fig*) heritage.

erben *vt* to inherit; (*umg: geschenkt bekommen*) to get, be given.

erbeuten [ɛr'bɔʏtən] *vt* to carry off; (*MIL*) to capture.

Erb- *zW*: ~**faktor** *m* gene; ~**fehler** *m* hereditary defect; ~**feind** *m* traditional *od* arch enemy; ~**folge** *f* (line of) succession.

Erbin *f* heiress.

erbitten [ɛr'bɪtən] *unreg vt* to ask for, request.

erbittern [ɛr'bɪtərn] *vt* to embitter; (*erzürnen*) to incense.

erbittert [ɛr'bɪtərt] *adj* (*Kampf*) fierce, bitter.

erblassen [ɛr'blasən] *vi* to (turn) pale.

Erblasser(in) ['ɛrblasər(ɪn)] (**-s, -**) *m(f)* (*JUR*) person who leaves an inheritance.

erbleichen [ɛr'blaɪçən] *unreg vi* to (turn) pale.

erblich ['ɛrplɪç] *adj* hereditary; **er/sie ist** ~ (**vor)belastet** it runs in the family.

erblichen *pp von* **erbleichen**.

erblicken [ɛr'blɪkən] *vt* to see; (*erspähen*) to catch sight of.

erblinden [ɛr'blɪndən] *vi* to go blind.

Erbmasse ['ɛrpmasə] *f* estate; (*BIOL*) genotype.

erbosen [ɛr'boːzən] *vt* (*geh*) to anger ♦ *vr* to grow angry.

erbrechen [ɛr'brɛçən] *unreg vt, vr* to vomit.

Erbrecht *nt* hereditary right; (*Gesetze*) law of inheritance.

Erbschaft *f* inheritance, legacy.

Erbschaftssteuer *od* death duties *pl*.

Erbschleicher(in) ['ɛrpʃlaɪçər(ɪn)] (**-s, -**) *m(f)* legacy-hunter.

Erbse ['ɛrpsə] (**-, -n**) *f* pea.

Erb- *zW*: ~**stück** *nt* heirloom; ~**sünde** *f* (*REL*) original sin; ~**teil** *nt* inherited trait; (*JUR*) (portion of) inheritance.

Erd- *zW*: ~**achse** *f* earth's axis; ~**apfel** (*ÖSTERR*) *m* potato; ~**atmosphäre** *f* earth's atmosphere; ~**bahn** *f* orbit of the earth; ~**beben** *nt* earthquake; ~**beere** *f* strawberry; ~**boden** *m* ground; **etw dem** ~**boden gleichmachen** to level sth, raze sth to the ground.

Erde (**-, -n**) *f* earth; **zu ebener** ~ at ground level; **auf der ganzen** ~ all over the world; **du wirst mich noch unter die** ~ **bringen** (*umg*) you'll be the death of me yet.

erden *vt* (*ELEK*) to earth.

erdenkbar [ɛr'dɛŋkbaːr] *adj* conceivable; **sich** *dat* **alle** ~**e Mühe geben** to take the greatest (possible) pains.

erdenklich [ɛr'dɛŋklɪç] *adj* = **erdenkbar**.

Erdg. *abk* = **Erdgeschoss**.

Erd- *zW*: ~**gas** *nt* natural gas; ~**geschoss**▲ *nt* ground floor (*BRIT*), first floor (*US*); ~**kunde** *f* geography; ~**nuss**▲ *f* peanut; ~**oberfläche** *f* surface of the earth; ~**öl** *nt* (mineral) oil; ~**ölfeld** *nt* oilfield; ~**ölindustrie** *f* oil industry; ~**reich** *nt* soil, earth.

erdreisten [ɛr'draɪstən] *vr* to dare, have the audacity (*to do sth*).

erdrosseln [ɛr'drɔsəln] *vt* to strangle, throttle.

erdrücken [ɛr'drʏkən] *vt* to crush; ~**de Übermacht/**~**des Beweismaterial** overwhelming superiority/evidence.

Erd- *zW*: ~**rutsch** *m* landslide; ~**stoß** *m* (seismic) shock; ~**teil** *m* continent.

erdulden [ɛr'dʊldən] *vt* to endure, suffer.

ereifern [ɛr'|aɪfərn] *vr* to get excited.

ereignen [ɛr'|aɪɡnən] *vr* to happen.

Ereignis [ɛr'|aɪɡnɪs] (**-ses, -se**) *nt* event; **e**~**los** *adj* uneventful; **e**~**reich** *adj* eventful.

Eremit [ere'miːt] (**-en, -en**) *m* hermit.

erfahren [ɛr'faːrən] *unreg vt* to learn, find out; (*erleben*) to experience ♦ *adj* experienced.

Erfahrung *f* experience; ~**en sammeln** to gain experience; **etw in** ~ **bringen** to learn *od* find out sth.

Erfahrungsaustausch *m* exchange of experiences.

erfahrungsgemäß *adv* according to experience.

erfand *etc* [ɛr'fant] *vb siehe* **erfinden**.

erfassen [ɛr'fasən] *vt* to seize; (*fig: einbeziehen*) to include, register; (*verstehen*) to grasp.

erfinden [ɛr'fɪndən] *unreg vt* to invent; **frei erfunden** completely fictitious.

Erfinder(in) (**-s, -**) *m(f)* inventor; **e**~**isch** *adj* inventive.

Erfindung *f* invention.

Erfindungsgabe *f* inventiveness.

Erfolg [ɛr'fɔlk] (**-(e)s, -e**) *m* success; (*Folge*) result; ~ **versprechend** promising; **viel** ~**!** good luck!

erfolgen [ɛr'fɔlɡən] *vi* to follow; (*sich ergeben*) to result; (*stattfinden*) to take place; (*Zahlung*) to be effected; **nach erfolgter Zahlung** when payment has been made.

Erfolg- *zW*: **e**~**los** *adj* unsuccessful; ~**losigkeit** *f* lack of success; **e**~**reich** *adj* successful.

Erfolgserlebnis *nt* feeling of success, sense of achievement.

erforderlich *adj* requisite, necessary.

erfordern [ɛr'fɔrdərn] *vt* to require, demand.

Erfordernis (**-ses, -se**) *nt* requirement, prerequisite.

erforschen [ɛr'fɔrʃən] *vt* (*Land*) to explore; (*Problem*) to investigate; (*Gewissen*) to search.

Erforscher(in) (**-s, -**) *m(f)* explorer;

investigator.

Erforschung *f* exploration; investigation; searching.

erfragen [ɛr'fraːgən] *vt* to inquire, ascertain.

erfreuen [ɛr'frɔyən] *vr*: **sich ~ an** +*dat* to enjoy ♦ *vt* to delight; **sich einer Sache** *gen* ~ (*geh*) to enjoy sth; **sehr erfreut!** (*form: bei Vorstellung*) pleased to meet you!

erfreulich [ɛr'frɔylɪç] *adj* pleasing, gratifying.

erfreulicherweise *adv* happily, luckily.

erfrieren [ɛr'friːrən] *unreg vi* to freeze (to death); (*Glieder*) to get frostbitten; (*Pflanzen*) to be killed by frost.

erfrischen [ɛr'frɪʃən] *vt* to refresh.

Erfrischung *f* refreshment.

Erfrischungsraum *m* snack bar, cafeteria.

erfüllen [ɛr'fylən] *vt* (*Raum etc*) to fill; (*fig: Bitte etc*) to fulfil (*BRIT*), fulfill (*US*) ♦ *vr* to come true; **ein erfülltes Leben** a full life.

Erfüllung *f*: **in ~ gehen** to be fulfilled.

erfunden [ɛr'fundən] *pp von* **erfinden**.

ergab *etc* [ɛr'gaːp] *vb siehe* **ergeben**.

ergänzen [ɛr'gɛntsən] *vt* to supplement, complete ♦ *vr* to complement one another.

Ergänzung *f* completion; (*Zusatz*) supplement.

ergattern [ɛr'gatərn] (*umg*) *vt* to get hold of, hunt up.

ergaunern [ɛr'gaunərn] (*umg*) *vt*: **sich** *dat* **etw ~** to get hold of sth by underhand methods.

ergeben [ɛr'geːbən] *unreg vt* to yield, produce ♦ *vr* to surrender; (*folgen*) to result ♦ *adj* devoted; (*demütig*) humble; **sich einer Sache** *dat* ~ (*sich hingeben*) to give o.s. up to sth, yield to sth; **es ergab sich, dass unsere Befürchtungen ...** it turned out that our fears ...; **dem Trunk ~** addicted to drink; **E~heit** *f* devotion; humility.

Ergebnis [ɛr'geːpnɪs] (-ses, -se) *nt* result; **zu einem ~ kommen** to come to *od* reach a conclusion; **e~los** *adj* without result, fruitless; **e~los bleiben** *od* **verlaufen** to come to nothing.

ergehen [ɛr'geːən] *unreg vi* (*form*) to be issued, go out ♦ *vi unpers*: **es ergeht ihm gut/schlecht** he's faring *od* getting on well/badly ♦ *vr*: **sich in etw** *dat* ~ to indulge in sth; **etw über sich** *akk* ~ **lassen** to put up with sth; **sich (in langen Reden) über ein Thema ~** (*fig*) to hold forth at length on sth.

ergiebig [ɛr'giːbɪç] *adj* productive.

ergo ['ɛrgo] *konj* therefore, ergo (*liter, hum*).

Ergonomie [ɛrgono'miː] *f* ergonomics *pl*.

ergötzen [ɛr'gœtsən] *vt* to amuse, delight.

ergrauen [ɛr'grauən] *vi* to turn *od* go grey (*BRIT*) *od* gray (*US*).

ergreifen [ɛr'graifən] *unreg vt* (*lit, fig*) to seize; (*Beruf*) to take up; (*Maßnahmen*) to resort to; (*rühren*) to move; **er ergriff das Wort** he began to speak.

ergreifend *adj* moving, affecting.

ergriff *etc* [ɛr'grɪf] *vb siehe* **ergreifen**.

ergriffen *pp von* **ergreifen** ♦ *adj* deeply moved.

Ergriffenheit *f* emotion.

ergründen [ɛr'gryndən] *vt* (*Sinn etc*) to fathom; (*Ursache, Motive*) to discover.

Erguss▲ [ɛr'gus] (-es, ⁻e) *m* discharge; (*fig*) outpouring, effusion.

erhaben [ɛr'haːbən] *adj* (*lit*) raised, embossed; (*fig*) exalted, lofty; **über etw** *akk* ~ **sein** to be above sth.

Erhalt *m*: **bei** *od* **nach ~** on receipt.

erhält [ɛr'hɛlt] *vb siehe* **erhalten**.

erhalten [ɛr'haltən] *unreg vt* to receive; (*bewahren*) to preserve, maintain; **das Wort ~** to receive permission to speak; **jdn am Leben ~** to keep sb alive; **gut ~** in good condition.

erhältlich [ɛr'hɛltlɪç] *adj* obtainable, available.

Erhaltung *f* maintenance, preservation.

erhängen [ɛr'hɛŋən] *vt, vr* to hang.

erhärten [ɛr'hɛrtən] *vt* to harden; (*These*) to substantiate, corroborate.

erhaschen [ɛr'haʃən] *vt* to catch.

erheben [ɛr'heːbən] *unreg vt* to raise; (*Protest, Forderungen*) to make; (*Fakten*) to ascertain ♦ *vr* to rise (up); **sich über etw** *akk* ~ to rise above sth.

erheblich [ɛr'heːplɪç] *adj* considerable.

erheitern [ɛr'haitərn] *vt* to amuse, cheer (up).

Erheiterung *f* exhilaration; **zur allgemeinen ~** to everybody's amusement.

erhellen [ɛr'hɛlən] *vt* (*lit, fig*) to illuminate; (*Geheimnis*) to shed light on ♦ *vr* (*Fenster*) to light up; (*Himmel, Miene*) to brighten (up); (*Gesicht*) to brighten up.

erhielt *etc* [ɛr'hiːlt] *vb siehe* **erhalten**.

erhitzen [ɛr'hɪtsən] *vt* to heat ♦ *vr* to heat up; (*fig*) to become heated *od* aroused.

erhoffen [ɛr'hɔfən] *vt* to hope for; **was erhoffst du dir davon?** what do you hope to gain from it?

erhöhen [ɛr'høːən] *vt* to raise; (*verstärken*) to increase; **erhöhte Temperatur haben** to have a temperature.

Erhöhung *f* (*Gehalt*) increment.

erholen [ɛr'hoːlən] *vr* to recover; (*entspannen*) to have a rest; (*fig: Preise, Aktien*) to rally, pick up.

erholsam *adj* restful.

Erholung *f* recovery; relaxation, rest.

erholungsbedürftig *adj* in need of a rest, run-down.

Erholungsgebiet *nt* holiday (*BRIT*) *od* vacation (*US*) area.

Erholungsheim *nt* convalescent home.

erhören [ɛr'høːrən] *vt* (*Gebet etc*) to hear; (*Bitte etc*) to yield to.

Erika ['eːrika] (-, **Eriken**) *f* heather.

erinnern [ɛr'|ɪnərn] *vt*: ~ **(an** +*akk*) to remind

(of) ♦ *vr*: **sich (an etw** *akk*) ~ to remember (sth).

Erinnerung *f* memory; (*Andenken*) reminder; **Erinnerungen** *pl* (*Lebens~*) reminiscences *pl*; (*LITER*) memoirs *pl*; **jdn/etw in guter** ~ **behalten** to have pleasant memories of sb/sth.

Erinnerungsschreiben *nt* (*COMM*) reminder.

Erinnerungstafel *f* commemorative plaque.

Eritrea [eri'treːa] (**-s**) *nt* Eritrea.

erkalten [ɛr'kaltən] *vi* to go cold, cool (down).

erkälten [ɛr'kɛltən] *vr* to catch cold; **sich** *dat* **die Blase** ~ to catch a chill in one's bladder.

erkältet *adj* with a cold; ~ **sein** to have a cold.

Erkältung *f* cold.

erkämpfen [ɛr'kɛmpfən] *vt* to win, secure.

erkannt [ɛr'kant] *pp von* **erkennen**.

erkannte *etc vb siehe* **erkennen**.

erkennbar *adj* recognizable.

erkennen [ɛr'kɛnən] *unreg vt* to recognize; (*sehen, verstehen*) to see; **jdm zu** ~ **geben, dass ...** to give sb to understand that ...

erkenntlich *adj*: **sich** ~ **zeigen** to show one's appreciation; **E~keit** *f* gratitude; (*Geschenk*) token of one's gratitude.

Erkenntnis (**-, -se**) *f* knowledge; (*das Erkennen*) recognition; (*Einsicht*) insight; **zur** ~ **kommen** to realize.

Erkennung *f* recognition.

Erkennungsdienst *m* police records department.

Erkennungsmarke *f* identity disc.

Erker ['ɛrkər] (**-s, -**) *m* bay; **~fenster** *nt* bay window.

erklärbar *adj* explicable.

erklären [ɛr'klɛːrən] *vt* to explain; (*Rücktritt*) to announce; (*Politiker, Pressesprecher etc*) to say; **ich kann mir nicht** ~, **warum ...** I can't understand why ...

erklärlich *adj* explicable; (*verständlich*) understandable.

erklärt *adj attrib* (*Gegner etc*) professed, avowed; (*Favorit, Liebling*) acknowledged.

Erklärung *f* explanation; (*Aussage*) declaration.

erklecklich [ɛr'klɛklɪç] *adj* considerable.

erklimmen [ɛr'klɪmən] *unreg vt* to climb to.

erklingen [ɛr'klɪŋən] *unreg vi* to resound, ring out.

erklomm *etc* [ɛr'klɔm] *vb siehe* **erklimmen**.

erklommen *pp von* **erklimmen**.

erkranken [ɛr'kraŋkən] *vi*: ~ **(an** +*dat*) to be taken ill (with); (*Organ, Pflanze, Tier*) to become diseased (with).

Erkrankung *f* illness.

erkunden [ɛr'kʊndən] *vt* to find out, ascertain; (*bes MIL*) to reconnoitre (*BRIT*), reconnoiter (*US*).

erkundigen *vr*: **sich** ~ **(nach)** to inquire (about); **ich werde mich** ~ I'll find out.

Erkundigung *f* inquiry; **~en einholen** to make inquiries.

Erkundung *f* (*MIL*) reconnaissance, scouting.

erlahmen [ɛr'laːmən] *vi* to tire; (*nachlassen*) to flag, wane.

erlangen [ɛr'laŋən] *vt* to attain, achieve.

Erlass▲ [ɛr'las] (**-es, -e**) *m* decree; (*Aufhebung*) remission.

erlassen *unreg vt* (*Verfügung*) to issue; (*Gesetz*) to enact; (*Strafe*) to remit; **jdm etw** ~ to release sb from sth.

erlauben [ɛr'laʊbən] *vt* to allow, permit ♦ *vr*: **sich** *dat* **etw** ~ (*Zigarette, Pause*) to permit o.s. sth; (*Bemerkung, Verschlag*) to venture sth; (*sich leisten*) to afford sth; **jdm etw** ~ to allow *od* permit sb (to do) sth; ~ **Sie?** may I?; ~ **Sie mal!** do you mind!; **was** ~ **Sie sich (eigentlich)!** how dare you!

Erlaubnis [ɛr'laʊpnɪs] (**-, -se**) *f* permission.

erläutern [ɛr'lɔʏtərn] *vt* to explain.

Erläuterung *f* explanation; **zur** ~ in explanation.

Erle ['ɛrlə] (**-, -n**) *f* alder.

erleben [ɛr'leːbən] *vt* to experience; (*Zeit*) to live through; (*mit~*) to witness; (*noch mit~*) to live to see; **so wütend habe ich ihn noch nie erlebt** I've never seen *od* known him so furious.

Erlebnis [ɛr'leːpnɪs] (**-ses, -se**) *nt* experience.

erledigen [ɛr'leːdɪɡən] *vt* to take care of, deal with; (*Antrag etc*) to process; (*umg: erschöpfen*) to wear out; (*ruinieren*) to finish; (*umbringen*) to do in ♦ *vr*: **das hat sich erledigt** that's all settled; **das ist erledigt** that's taken care of, that's been done; **ich habe noch einiges in der Stadt zu** ~ I've still got a few things to do in town.

erledigt (*umg*) *adj* (*erschöpft*) shattered, done in; (: *ruiniert*) finished, ruined.

erlegen [ɛr'leːɡən] *vt* to kill.

erleichtern [ɛr'laɪçtərn] *vt* to make easier; (*fig: Last*) to lighten; (*lindern, beruhigen*) to relieve.

erleichtert *adj* relieved; ~ **aufatmen** to breathe a sigh of relief.

Erleichterung *f* facilitation; lightening; relief.

erleiden [ɛr'laɪdən] *unreg vt* to suffer, endure.

erlernbar *adj* learnable.

erlernen [ɛr'lɛrnən] *vt* to learn, acquire.

erlesen [ɛr'leːzən] *adj* select, choice.

erleuchten [ɛr'lɔʏçtən] *vt* to illuminate; (*fig*) to inspire.

Erleuchtung *f* (*Einfall*) inspiration.

erliegen [ɛr'liːɡən] *unreg vi* +*dat* (*lit, fig*) to succumb to; (*einem Irrtum*) to be the victim of; **zum E~ kommen** to come to a standstill.

erlischt [ɛr'lɪʃt] *vb siehe* **erlöschen**.

erlogen [ɛr'loːɡən] *adj* untrue, made-up.

Erlös [ɛr'løːs] (**-es, -e**) *m* proceeds *pl*.

erlosch etc [ɛr'lɔʃ] vb siehe **erlöschen**.
erlöschen [ɛr'lœʃən] unreg vi (Feuer) to go out; (Interesse) to cease, die; (Vertrag, Recht) to expire; **ein erloschener Vulkan** an extinct volcano.
erlösen [ɛr'løːzən] vt to redeem, save.
Erlöser (-s, -) m (REL) Redeemer; (Befreier) saviour (BRIT), savior (US).
Erlösung f release; (REL) redemption.
ermächtigen [ɛr'mɛçtɪgən] vt to authorize, empower.
Ermächtigung f authorization.
ermahnen [ɛr'maːnən] vt to admonish, exhort.
Ermahnung f admonition, exhortation.
Ermang(e)lung [ɛr'maŋəluŋ] f: **in** ~ +gen because of the lack of.
ermäßigen [ɛr'mɛsɪgən] vt to reduce.
Ermäßigung f reduction.
ermessen [ɛr'mɛsən] unreg vt to estimate, gauge; **E~** (-s) nt estimation; discretion; **in jds E~** dat **liegen** to lie within sb's discretion; **nach meinem E~** in my judgement.
Ermessensfrage f matter of discretion.
ermitteln [ɛr'mɪtəln] vt to determine; (Täter) to trace ♦ vi: **gegen jdn** ~ to investigate sb.
Ermittlung [ɛr'mɪtluŋ] f determination; (Polizei~) investigation; **~en anstellen (über** +akk) to make inquiries (about).
Ermittlungsverfahren nt (JUR) preliminary proceedings pl.
ermöglichen [ɛr'møːklɪçən] vt (+dat) to make possible (for).
ermorden [ɛr'mɔrdən] vt to murder.
Ermordung f murder.
ermüden [ɛr'myːdən] vt to tire; (TECH) to fatigue ♦ vi to tire.
ermüdend adj tiring; (fig) wearisome.
Ermüdung f fatigue.
Ermüdungserscheinung f sign of fatigue.
ermuntern [ɛr'muntərn] vt to rouse; (ermutigen) to encourage; (beleben) to liven up; (aufmuntern) to cheer up.
ermutigen [ɛr'muːtɪgən] vt to encourage.
ernähren [ɛr'nɛːrən] vt to feed, nourish; (Familie) to support ♦ vr to support o.s., earn a living; **sich** ~ **von** to live on.
Ernährer(in) (-s, -) m(f) breadwinner.
Ernährung f nourishment; (MED) nutrition; (Unterhalt) maintenance.
ernennen [ɛr'nɛnən] unreg vt to appoint.
Ernennung f appointment.
erneuern [ɛr'nɔyərn] vt to renew; (restaurieren) to restore; (renovieren) to renovate.
Erneuerung f renewal; restoration; renovation.
erneut adj renewed, fresh ♦ adv once more.
erniedrigen [ɛr'niːdrɪgən] vt to humiliate, degrade.
Ernst [ɛrnst] (-es) m seriousness; **das ist mein**

~ I'm quite serious; **im** ~ in earnest; ~ **machen mit etw** to put sth into practice; **e~** adj serious ♦ adv: **es steht e~ um ihn** things don't look too good for him; **e~ gemeint** meant in earnest, serious; ~**fall** m emergency; **e~haft** adj serious; ~**haftigkeit** f seriousness; **e~lich** adj serious.
Ernte ['ɛrntə] (-, -n) f harvest; ~**dankfest** nt harvest festival.
ernten vt to harvest; (Lob etc) to earn.
ernüchtern [ɛr'nyçtərn] vt to sober up; (fig) to bring down to earth.
Ernüchterung f sobering up; (fig) disillusionment.
Eroberer [ɛr'|obərər] (-s, -) m conqueror.
erobern vt to conquer.
Eroberung f conquest.
eröffnen [ɛr'|œfnən] vt to open ♦ vr to present itself; **jdm etw** ~ (geh) to disclose sth to sb.
Eröffnung f opening.
Eröffnungsansprache f inaugural od opening address.
Eröffnungsfeier f opening ceremony.
erogen [ɛro'geːn] adj erogenous.
erörtern [ɛr'|ɛrtərn] vt to discuss (in detail).
Erörterung f discussion.
Erotik [e'roːtɪk] f eroticism.
erotisch adj erotic.
Erpel ['ɛrpəl] (-, -) m drake.
erpicht [ɛr'pɪçt] adj: ~ **(auf** +akk) keen (on).
erpressen [ɛr'prɛsən] vt (Geld etc) to extort; (jdn) to blackmail.
Erpresser (-s, -) m blackmailer.
Erpressung f blackmail; extortion.
erproben [ɛr'proːbən] vt to test; **erprobt** tried and tested.
erraten [ɛr'raːtən] unreg vt to guess.
errechnen [ɛr'rɛçnən] vt to calculate, work out.
erregbar [ɛr're:kbaːr] adj excitable; (reizbar) irritable; **E~keit** f excitability; irritability.
erregen [ɛr're:gən] vt to excite; (sexuell) to arouse; (ärgern) to infuriate; (hervorrufen) to arouse, provoke ♦ vr to get excited od worked up.
Erreger (-s, -) m causative agent.
Erregtheit f excitement; (Beunruhigung) agitation.
Erregung f excitement; (sexuell) arousal.
erreichbar adj accessible, within reach.
erreichen [ɛr'raɪçən] vt to reach; (Zweck) to achieve; (Zug) to catch; **wann kann ich Sie morgen** ~? when can I get in touch with you tomorrow?; **vom Bahnhof leicht zu** ~ within easy reach of the station.
errichten [ɛr'rɪçtən] vt to erect, put up; (gründen) to establish, set up.
erringen [ɛr'rɪŋən] unreg vt to gain, win.
erröten [ɛr'røːtən] vi to blush, flush.
Errungenschaft [ɛr'ruŋənʃaft] f achievement;

Spelling Reform: ▲ *new spelling* △ *old spelling (to be phased out)*

(*umg: Anschaffung*) acquisition.

Ersatz [ɛrˈzats] (**-es**) *m* substitute; replacement; (*Schaden~*) compensation; (*MIL*) reinforcements *pl*; **als ~ für jdn einspringen** to stand in for sb; **~befriedigung** *f* vicarious satisfaction; **~dienst** *m* (*MIL*) alternative service; **~kasse** *f* private health insurance; **~mann** *m* replacement; (*SPORT*) substitute; **~mutter** *f* substitute mother; **e~pflichtig** *adj* liable to pay compensation; **~reifen** *m* (*AUT*) spare tyre (*BRIT*) *od* tire (*US*); **~teil** *nt* spare (part); **e~weise** *adv* as an alternative.

ersaufen [ɛrˈzaʊfən] *unreg* (*umg*) *vi* to drown.

ersäufen [ɛrˈzɔyfən] *vt* to drown.

erschaffen [ɛrˈʃafən] *unreg vt* to create.

erscheinen [ɛrˈʃaɪnən] *unreg vi* to appear.

Erscheinung *f* appearance; (*Geist*) apparition; (*Gegebenheit*) phenomenon; (*Gestalt*) figure; **in ~ treten** (*Merkmale*) to appear; (*Gefühle*) to show themselves.

Erscheinungsform *f* manifestation.

Erscheinungsjahr *nt* (*von Buch*) year of publication.

erschien *etc* [ɛrˈʃiːn] *vb siehe* **erscheinen**.

erschienen *pp von* **erscheinen**.

erschießen [ɛrˈʃiːsən] *unreg vt* to shoot (dead).

erschlaffen [ɛrˈʃlafən] *vi* to go limp; (*Mensch*) to become exhausted.

erschlagen [ɛrˈʃlaːgən] *unreg vt* to strike dead ♦ *adj* (*umg: todmüde*) worn out, dead beat (*umg*).

erschleichen [ɛrˈʃlaɪçən] *unreg vt* to obtain by stealth *od* dubious methods.

erschließen [ɛrˈʃliːsən] *unreg vt* (*Gebiet, Absatzmarkt*) to develop, open up; (*Bodenschätze*) to tap.

erschlossen [ɛrˈʃlɔsən] *adj* (*Gebiet*) developed.

erschöpfen [ɛrˈʃœpfən] *vt* to exhaust.

erschöpfend *adj* exhaustive, thorough.

erschöpft *adj* exhausted.

Erschöpfung *f* exhaustion.

erschossen [ɛrˈʃɔsən] (*umg*) *adj*: (**völlig**) **~ sein** to be whacked, be dead (beat).

erschrak *etc* [ɛrˈʃraːk] *vb siehe* **erschrecken²**.

erschrecken¹ [ɛrˈʃrɛkən] *vt* to startle, frighten.

erschrecken² [ɛrˈʃrɛkən] *unreg vi* to be frightened *od* startled.

erschreckend *adj* alarming, frightening.

erschrickt [ɛrˈʃrɪkt] *vb siehe* **erschrecken²**.

erschrocken [ɛrˈʃrɔkən] *pp von* **erschrecken²** ♦ *adj* frightened, startled.

erschüttern [ɛrˈʃytərn] *vt* to shake; (*ergreifen*) to move deeply; **ihn kann nichts ~** he always keeps his cool (*umg*).

erschütternd *adj* shattering.

Erschütterung *f* (*des Bodens*) tremor; (*tiefe Ergriffenheit*) shock.

erschweren [ɛrˈʃveːrən] *vt* to complicate; **~de**

Umstände (*JUR*) aggravating circumstances; **es kommt noch ~d hinzu, dass** ... to compound matters ...

erschwindeln [ɛrˈʃvɪndəln] *vt* to obtain by fraud.

erschwinglich *adj* affordable.

ersehen [ɛrˈzeːən] *unreg vt*: **aus etw ~, dass** ... to gather from sth that ...

ersehnt [ɛrˈzeːnt] *adj* longed-for.

ersetzbar *adj* replaceable.

ersetzen [ɛrˈzɛtsən] *vt* to replace; **jdm Unkosten** *etc* **~** to pay sb's expenses *etc*.

ersichtlich [ɛrˈzɪçtlɪç] *adj* evident, obvious.

ersparen [ɛrˈʃpaːrən] *vt* (*Ärger etc*) to spare; (*Geld*) to save; **ihr blieb auch nichts erspart** she was spared nothing.

Ersparnis (**-**, **-se**) *f* saving.

ersprießlich [ɛrˈʃpriːslɪç] *adj* profitable, useful; (*angenehm*) pleasant.

═══════════════════════════ *SCHLÜSSELWORT*

erst [eːrst] *adv* **1** first; **mach ~ (ein)mal die Arbeit fertig** finish your work first; **wenn du das ~ (ein)mal hinter dir hast** once you've got that behind you.

2 (*nicht früher als, nur*) only; (*nicht bis*) not till; **~ gestern** only yesterday; **~ morgen** not until tomorrow; **~ als** only when, not until; **wir fahren ~ später** we're not going until later; **er ist (gerade) ~ angekommen** he's only just arrived.

3: **wäre er doch ~ zurück!** if only he were back!; **da fange ich ~ gar nicht an** I simply won't bother to begin; **jetzt ~ recht!** that just makes me all the more determined; **da gings ~ richtig los** then things really got going.

erstarren [ɛrˈʃtarən] *vi* to stiffen; (*vor Furcht*) to grow rigid; (*Materie*) to solidify.

erstatten [ɛrˈʃtatən] *vt* (*Unkosten*) to refund; **Anzeige gegen jdn ~** to report sb; **Bericht ~** to make a report.

Erstattung *f* (*von Unkosten*) reimbursement.

Erstaufführung [ˈeːrstˌʔaʊffyːrʊŋ] *f* first performance.

erstaunen [ɛrˈʃtaʊnən] *vt* to astonish ♦ *vi* to be astonished; **E~** (**-s**) *nt* astonishment.

erstaunlich *adj* astonishing.

Erstausgabe *f* first edition.

erstbeste(r, s) *adj* first that comes along.

erste(r, s) *adj* first; **als E~s** first of all; **in ~r Linie** first and foremost; **fürs E~** for the time being; **~ Hilfe** first aid; **das ~ Mal** the first time.

erstechen [ɛrˈʃtɛçən] *unreg vt* to stab (to death).

erstehen [ɛrˈʃteːən] *unreg vt* to buy ♦ *vi* to (a)rise.

ersteigen [ɛrˈʃtaɪgən] *unreg vt* to climb,

ascend.

ersteigern [ɛr'ʃtaɪɡərn] *vt* to buy at an auction.

erstellen [ɛr'ʃtɛlən] *vt* to erect, build.

erstens *adv* firstly, in the first place.

erstere(r, s) *pron* (the) former; **der/die/das E~** the former.

ersticken [ɛr'ʃtɪkən] *vt* (*lit, fig*) to stifle; (*Mensch*) to suffocate; (*Flammen*) to smother ♦ *vi* (*Mensch*) to suffocate; (*Feuer*) to be smothered; **mit erstickter Stimme** in a choked voice; **in Arbeit ~** to be snowed under with work.

Erstickung *f* suffocation.

erst- *zW:* **~klassig** *adj* first-class; **E~kommunion** *f* first communion; **~malig** *adj* first; **~mals** *adv* for the first time; **~rangig** *adj* first-rate.

erstrebenswert [ɛr'ʃtreːbənsveːrt] *adj* desirable, worthwhile.

erstrecken [ɛr'ʃtrɛkən] *vr* to extend, stretch.

Erststimme *f* first vote.

ERSTSTIMME/ZWEITSTIMME

*The **Erststimme** and **Zweitstimme** (first and second vote) system is used to elect MPs to the **Bundestag**. Each elector is given two votes. The first is to choose a candidate in his constituency; the candidate with the most votes is elected MP. The second is to choose a party. All the second votes in each **Land** are counted and a proportionate number of MPs from each party is sent to the **Bundestag**.*

Ersttagsbrief *m* first-day cover.

Ersttagsstempel *m* first-day (date) stamp.

erstunken [ɛr'ʃtʊŋkən] *adj:* **das ist ~ und erlogen** (*umg*) that's a pack of lies.

Erstwähler (-s, -) *m* first-time voter.

ersuchen [ɛr'zuːxən] *vt* to request.

ertappen [ɛr'tapən] *vt* to catch, detect.

erteilen [ɛr'taɪlən] *vt* to give.

ertönen [ɛr'tøːnən] *vi* to sound, ring out.

Ertrag [ɛr'traːk] **(-(e)s, ¨e)** *m* yield; (*Gewinn*) proceeds *pl.*

ertragen *unreg vt* to bear, stand.

erträglich [ɛr'trɛːklɪç] *adj* tolerable, bearable.

ertragreich *adj* (*Geschäft*) profitable, lucrative.

ertrank *etc* [ɛr'traŋk] *vb siehe* **ertrinken**.

ertränken [ɛr'trɛŋkən] *vt* to drown.

erträumen [ɛr'trɔʏmən] *vt:* **sich** *dat* **etw ~** to dream of sth, imagine sth.

ertrinken [ɛr'trɪŋkən] *unreg vi* to drown; **E~ (-s)** *nt* drowning.

ertrunken [ɛr'trʊŋkən] *pp von* **ertrinken**.

erübrigen [ɛr'|yːbrɪɡən] *vt* to spare ♦ *vr* to be unnecessary.

erwachen [ɛr'vaxən] *vi* to awake; **ein böses E~** (*fig*) a rude awakening.

erwachsen [ɛr'vaksən] *adj* grown-up; *unreg* ♦ *vi:* **daraus erwuchsen ihm Unannehmlichkeiten** that caused him some trouble.

Erwachsene(r) *f(m)* adult.

Erwachsenenbildung *f* adult education.

erwägen [ɛr'vɛːɡən] *unreg vt* to consider.

Erwägung *f* consideration; **etw in ~ ziehen** to take sth into consideration.

erwähnen [ɛr'vɛːnən] *vt* to mention.

erwähnenswert *adj* worth mentioning.

Erwähnung *f* mention.

erwarb *etc* [ɛr'varp] *vb siehe* **erwerben**.

erwärmen [ɛr'vɛrmən] *vt* to warm, heat ♦ *vr* to get warm, warm up; **sich ~ für** to warm to.

erwarten [ɛr'vartən] *vt* to expect; (*warten auf*) to wait for; **etw kaum ~ können** to hardly be able to wait for sth.

Erwartung *f* expectation; **in ~ Ihrer baldigen Antwort** (*form*) in anticipation of your early reply.

erwartungsgemäß *adv* as expected.

erwartungsvoll *adj* expectant.

erwecken [ɛr'vɛkən] *vt* to rouse, awake; **den Anschein ~** to give the impression; **etw zu neuem Leben ~** to resurrect sth.

erwehren [ɛr'veːrən] *vr +gen* (*geh*) to fend off, ward off; (*des Lachens etc*) to refrain from.

erweichen [ɛr'vaɪçən] *vt* to soften; **sich nicht ~ lassen** to be unmoved.

erweisen [ɛr'vaɪzən] *unreg vt* to prove ♦ *vr:* **sich ~ als** to prove to be; **jdm einen Gefallen/ Dienst ~** to do sb a favour/service; **sich jdm gegenüber dankbar ~** to show one's gratitude to sb.

erweitern [ɛr'vaɪtərn] *vt, vr* to widen, enlarge; (*Geschäft*) to expand; (*MED*) to dilate; (*fig: Kenntnisse*) to broaden; (*Macht*) to extend.

Erweiterung *f* expansion.

Erwerb [ɛr'vɛrp] **(-(e)s, -e)** *m* acquisition; (*Beruf*) trade.

erwerben [ɛr'vɛrbən] *unreg vt* to acquire; **er hat sich** *dat* **große Verdienste um die Firma erworben** he has done great service for the firm.

Erwerbs- *zW:* **e~fähig** *adj* (*form*) capable of gainful employment; **~gesellschaft** *f* acquisitive society; **e~los** *adj* unemployed; **~quelle** *f* source of income; **e~tätig** *adj* (gainfully) employed; **e~unfähig** *adj* unable to work.

erwidern [ɛr'viːdərn] *vt* to reply; (*vergelten*) to return.

Erwiderung *f:* **in ~ Ihres Schreibens vom ...** (*form*) in reply to your letter of the ...

erwiesen [ɛr'viːzən] *adj* proven.

erwirbt [ɛr'vɪrpt] *vb siehe* **erwerben**.

erwirtschaften [ɛr'vɪrtʃaftən] *vt* (*Gewinn etc*) to make by good management.

erwischen [ɛr'vɪʃən] (*umg*) *vt* to catch, get;

ihn hats erwischt! (*umg: verliebt*) he's got it bad; (: *krank*) he's got it; kalt ~ (*umg*) to catch off-balance.

erworben [ɛr'vɔrbən] *pp von* **erwerben**.

erwünscht [ɛr'vynʃt] *adj* desired.

erwürgen [ɛr'vyrgən] *vt* to strangle.

Erz [eːrts] (-es, -e) *nt* ore.

erzählen [ɛr'tsɛːlən] *vt, vi* to tell; **dem werd ich was ~!** (*umg*) I'll have something to say to him; **~de Dichtung** narrative fiction.

Erzähler(in) (-s, -) *m(f)* narrator.

Erzählung *f* story, tale.

Erzbischof *m* archbishop.

Erzengel *m* archangel.

erzeugen [er'tsɔʏgən] *vt* to produce; (*Strom*) to generate.

Erzeuger (-s, -) *m* producer; **~preis** *m* manufacturer's price.

Erzeugnis (-ses, -se) *nt* product, produce.

Erzeugung *f* production; generation.

Erzfeind *m* arch enemy.

erziehbar *adj*: **ein Heim für schwer ~e Kinder** a home for difficult children.

erziehen [ɛr'tsiːən] *unreg vt* to bring up; (*bilden*) to educate, train.

Erzieher(in) (-s, -) *m(f)* educator; (*in Kindergarten*) nursery school teacher.

Erziehung *f* bringing up; (*Bildung*) education.

Erziehungs- *zW:* **~berechtigte(r)** *f(m)* parent, legal guardian; **~geld** *nt* payment for new parents; **~heim** *nt* community home; **~urlaub** *m* leave for a new parent.

erzielen [ɛr'tsiːlən] *vt* to achieve, obtain; (*Tor*) to score.

erzkonservativ ['ɛrtskɔnzɛrva'tiːf] *adj* ultraconservative.

erzog *etc* [ɛr'tsoːk] *vb siehe* **erziehen**.

erzogen [er'tsoːgən] *pp von* **erziehen**.

erzürnen [ɛr'tsʏrnən] *vt* (*geh*) to anger, incense.

erzwingen [ɛr'tsvɪŋən] *unreg vt* to force, obtain by force.

Es [ɛs] (-) *nt* (*MUS: Dur*) E flat.

es [ɛs] *nom, akk pron* it.

Esche ['ɛʃə] (-, -n) *f* ash.

Esel ['eːzəl] (-s, -) *m* donkey, ass; **ich ~!** (*umg*) silly me!

Eselsbrücke *f* (*Gedächtnishilfe*) mnemonic, aide-mémoire.

Eselsohr *nt* dog-ear.

Eskalation [ɛskalatsi'oːn] *f* escalation.

eskalieren [ɛska'liːrən] *vt, vi* to escalate.

Eskimo ['ɛskimo] (-s, -s) *m* eskimo.

Eskorte [ɛs'kɔrtə] (-, -n) *f* (*MIL*) escort.

eskortieren [ɛskɔr'tiːrən] *vt* (*geh*) to escort.

Espenlaub ['ɛspənlaup] *nt*: **zittern wie ~** to shake like a leaf.

essbar▲ ['ɛsbaːr] *adj* eatable, edible.

Essecke▲ *f* dining area.

essen ['ɛsən] *unreg vt, vi* to eat; ~ **gehen**

(*auswärts*) to eat out; ~ **Sie gern Äpfel?** do you like apples?; **E~** (-s, -) *nt* (*Mahlzeit*) meal; (*Nahrung*) food; **E~ auf Rädern** meals on wheels.

Essens- *zW:* **~ausgabe** *f* serving of meals; (*Stelle*) serving counter; **~marke** *f* meal voucher; **~zeit** *f* mealtime.

Essgeschirr▲ *nt* dinner service.

Essig ['ɛsɪç] (-s, -e) *m* vinegar; **damit ist es ~** (*umg*) it's all off; **~gurke** *f* gherkin.

Esskastanie▲ *f* sweet chestnut.

Essl.▲ *abk* (= *Esslöffel*) tbsp.

Ess-▲ *zW:* **~löffel** *m* tablespoon; **~tisch** *m* dining table; **~waren** *pl* foodstuffs *pl*; **~zimmer** *nt* dining room.

Establishment [ɪs'tæblɪʃmənt] (-s, -s) *nt* establishment.

Este ['eːstə] (-n, -n) *m*, **Estin** *f* Estonian.

Estland ['eːstlant] *nt* Estonia.

estnisch ['eːstnɪʃ] *adj* Estonian.

Estragon ['ɛstragɔn] (-s) *m* tarragon.

Estrich ['ɛstrɪç] (-s, -e) *m* stone/clay *etc* floor.

etablieren [eta'bliːrən] *vr* to establish o.s.; (*COMM*) to set up.

Etage [e'taːʒə] (-, -n) *f* floor, storey (*BRIT*), story (*US*).

Etagenbetten *pl* bunk beds *pl*.

Etagenwohnung *f* flat (*BRIT*), apartment (*US*).

Etappe [e'tapə] (-, -n) *f* stage.

etappenweise *adv* step by step, stage by stage.

Etat [e'taː] (-s, -s) *m* budget; **~jahr** *nt* financial year; **~posten** *m* budget item.

etc *abk* (= *et cetera*) etc.

etepetete [eːtəpe'teːtə] (*umg*) *adj* fussy.

Ethik ['eːtɪk] *f* ethics *sing*.

ethisch ['eːtɪʃ] *adj* ethical.

ethnisch ['ɛtnɪʃ] *adj* ethnic; **~e Säuberung** ethnic cleansing.

Etikett [eti'kɛt] (-(e)s, -e) *nt* (*lit, fig*) label.

Etikette *f* etiquette, manners *pl*.

Etikettenschwindel *m* (*POL*): **es ist reinster ~, wenn ...** it is just playing *od* juggling with names if ...

etikettieren [etikɛ'tiːrən] *vt* to label.

etliche(r, s) ['ɛtlɪçə(r, s)] *adj* quite a lot of ♦ *pron pl* some, quite a few; **~s** quite a lot.

Etüde [e'tyːdə] (-, -n) *f* (*MUS*) étude.

Etui [ɛt'viː] (-s, -s) *nt* case.

etwa ['ɛtva] *adv* (*ungefähr*) about; (*vielleicht*) perhaps; (*beispielsweise*) for instance; (*entrüstet, erstaunt*): **hast du ~ schon wieder kein Geld dabei?** don't tell me you haven't got any money again! ♦ *adv* (*zur Bestätigung*): **Sie kommen doch, oder ~ nicht?** you are coming, aren't you?; **nicht ~** by no means; **willst du ~ schon gehen?** (surely) you don't want to go already?

etwaig ['ɛtvaɪç] *adj* possible.

etwas *pron* something; (*fragend, verneinend*) anything; (*ein wenig*) a little ◊ *adv* a little; **er kann ~** he's good; **E~** *nt*: **das gewisse E~** that certain something.

Etymologie [etymolo'giː] *f* etymology.

EU (-) *f abk* (= *Europäische Union*) EU.

euch [ɔʏç] *pron* (*akk von ihr*) you; yourselves; (*dat von ihr*) (to/for) you ◊ *refl pron* yourselves.

euer ['ɔʏər] *pron gen von* **ihr** of you ◊ *adj* your.

EU-Erweiterung [eː'luː-] *f* enlargement of the EU.

Eule ['ɔʏlə] (-, -n) *f* owl.

Euphemismus [ɔʏfe'mɪsmʊs] *m* euphemism.

Eurasien [ɔʏ'raːziən] *nt* Eurasia.

Euratom [ɔʏra'toːm] *f abk* (= *Europäische Atomgemeinschaft*) Euratom.

eure(r, s) ['ɔʏrə(r, s)] *pron* yours.

eurerseits *adv* on your part.

euresgleichen *pron* people like you.

euretwegen ['ɔʏrət've gən] *adv* (*für euch*) for your sakes; (*wegen euch*) on your account.

euretwillen ['ɔʏrət'vɪlən] *adv*: **um ~ =** **euretwegen**.

eurige *pron*: **der/die/das ~** *od* **E~** (*geh*) yours.

Euro ['ɔʏro] (-, -s) *m* (*FIN*) euro.

Eurokrat [ɔʏro'kraːt] (-en, -en) *m* eurocrat.

Europa [ɔʏ'roːpa] (-s) *nt* Europe.

Europäer(in) [ɔʏro'pɛːər(ɪn)] (-s, -) *m(f)* European.

europäisch *adj* European; **das E~e Parlament** the European Parliament; **E~e Union** European Union; **E~e (Wirtschafts)gemeinschaft** European (Economic) Community, Common Market.

Europa- *zW*: **~meister** *m* European champion; **~rat** *m* Council of Europe; **~straße** *f* Euroroute.

Euroscheck [ɔʏro'ʃɛk] *m* Eurocheque.

Euter ['ɔʏtər] (-s, -) *nt* udder.

Euthanasie [ɔʏtana'ziː] *f* euthanasia.

E. V., e. V. *abk* (= *eingetragener Verein*) registered association.

ev. *abk* = **evangelisch**.

evakuieren [evaku'iːrən] *vt* to evacuate.

evangelisch [evaŋ'geːlɪʃ] *adj* Protestant.

Evangelium [evaŋ'geːliʊm] *nt* Gospel.

Evaskostüm *nt*: **im ~** in her birthday suit.

eventuell [evɛntu'ɛl] *adj* possible ◊ *adv* possibly, perhaps.

Evolution [evolutsi'oːn] *f* evolution.

Evolutionstheorie *f* theory of evolution.

evtl. *abk* = **eventuell**.

EWG [eːveː'geː] (-) *f abk* (*früher:* = *Europäische Wirtschaftsgemeinschaft*) EEC.

ewig ['eːvɪç] *adj* eternal ◊ *adv*: **auf ~** forever; **ich habe Sie ~ lange nicht gesehen** (*umg*) I haven't seen you for ages; **E~keit** *f* eternity; **bis in alle E~keit** forever.

EWS (-) *nt abk* (= *Europäisches Währungssystem*) EMS.

EWU (-) *f abk* (= *Europäische Währungsunion*) EMU.

ex [ɛks] (*umg*) *adv*: **etw ~ trinken** to drink sth down in one.

exakt [ɛ'ksakt] *adj* exact.

exaltiert [ɛksal'tiːrt] *adj* exaggerated, effusive.

Examen [ɛ'ksaːmən] (-s, - *od* **Examina**) *nt* examination.

Examensarbeit *f* dissertation.

Exekutionskommando [ɛksekutsi'oːnskɔmando] *nt* firing squad.

Exekutive [ɛkseku'tiːvə] *f* executive.

Exempel [ɛ'ksɛmpəl] (-s, -) *nt* example; **die Probe aufs ~ machen** to put it to the test.

Exemplar [ɛksɛm'plaːr] (-s, -e) *nt* specimen; (*Buch~*) copy; **e~isch** *adj* exemplary.

exerzieren [ɛksɛr'tsiːrən] *vi* to drill.

Exhibitionist [ɛkshibitsio'nɪst] *m* exhibitionist.

Exil [ɛ'ksiːl] (-s, -e) *nt* exile.

existentiell [ɛksɪstɛntsi'ɛl] *adj* = **existenziell**.

Existenz [ɛksɪs'tɛnts] *f* existence; (*Unterhalt*) livelihood, living; (*pej: Mensch*) character; **~berechtigung** *f* right to exist; **~grundlage** *f* basis of one's livelihood.

existenziell ▲ [ɛksɪstɛntsi'ɛl] *adj*: **von ~er Bedeutung** of vital significance.

Existenzkampf *m* struggle for existence.

Existenzminimum (-s, -ma) *nt* subsistence level.

existieren [ɛksɪs'tiːrən] *vi* to exist.

exkl. *abk* = **exklusive**.

exklusiv [ɛksklu'ziːf] *adj* exclusive; **E~bericht** *m* (*PRESSE*) exclusive report.

exklusive [ɛksklu'ziːvə] *präp +gen* exclusive of, not including ◊ *adv* exclusive of, excluding.

Exkursion [ɛkskʊrzi'oːn] *f* (study) trip.

Exmatrikulation [ɛksmatrikulatsi'oːn] *f* (*UNIV*): **bei seiner ~** when he left university.

exorzieren [ɛksɔr'tsiːrən] *vt* to exorcize.

exotisch [ɛ'ksoːtɪʃ] *adj* exotic.

expandieren [ɛkspan'diːrən] *vi* (*ECON*) to expand.

Expansion [ɛkspanzi'oːn] *f* expansion.

expansiv [ɛkspan'ziːf] *adj* expansionist; (*Wirtschaftszweige*) expanding.

Expedition [ɛkspeditsi'oːn] *f* expedition; (*COMM*) forwarding department.

Experiment [ɛksperi'mɛnt] *nt* experiment.

experimentell [ɛksperimɛn'tɛl] *adj* experimental.

experimentieren [ɛksperimɛn'tiːrən] *vi* to experiment.

Experte [ɛks'pɛrtə] (-n, -n) *m* expert, specialist.

Expertin [ɛks'pɛrtɪn] *f* expert, specialist.

explodieren [ɛksplo'diːrən] *vi* to explode.

Explosion [ɛksplozi'oːn] *f* explosion.

explosiv [ɛksplo'zi:f] *adj* explosive.
Exponent [ɛkspo'nɛnt] *m* exponent.
exponieren [ɛkspo'ni:rən] *vt*: **an exponierter Stelle stehen** to be in an exposed position.
Export [ɛks'pɔrt] **(-(e)s, -e)** *m* export.
Exportartikel *m* export.
Exporteur [ɛkspɔr'tøːr] *m* exporter.
Exporthandel *m* export trade.
Exporthaus *nt* export house.
exportieren [ɛkspɔr'ti:rən] *vt* to export.
Exportkaufmann *m* exporter.
Exportland *nt* exporting country.
Exportvertreter *m* export agent.
Expressgut▲ [ɛks'prɛsgut] *nt* express goods *pl od* freight.
Expressionismus [ɛksprɛsio'nɪsmʊs] *m* expressionism.
Expresszug▲ *m* express (train).
extra ['ɛkstra] *adj inv* (*umg*: *gesondert*) separate; (*besondere*) extra ♦ *adv* (*gesondert*) separately; (*speziell*) specially; (*absichtlich*) on purpose; (*vor Adjektiven, zusätzlich*) extra; **E~ (-s, -s)** *nt* extra; **E~ausgabe** *f* special edition; **E~blatt** *nt* special edition.
Extrakt [ɛks'trakt] **(-(e)s, -e)** *m* extract.
Extratour *f* (*fig*: *umg*): **sich** *dat* **~en leisten** to do one's own thing.
extravagant [ɛkstrava'gant] *adj* extravagant; (*Kleidung*) flamboyant.
Extrawurst (*umg*) *f* (*Sonderwunsch*): **er will immer eine ~ (gebraten haben)** he always wants something different.
Extrem [ɛks'tre:m] **(-s, -e)** *nt* extreme; **e~** *adj* extreme; **~fall** *m* extreme (case).
Extremist(in) *m(f)* extremist.
Extremistenerlass▲ [ɛkstre'mɪstən|ɛrlas] *m law(s) governing extremism.*
extremistisch [ɛkstre'mɪstɪʃ] *adj* (*POL*) extremist.
Extremitäten [ɛkstremi'tɛːtən] *pl* extremities *pl.*
extrovertiert [ɛkstrover'ti:rt] *adj* extrovert.
Exzellenz [ɛkstsɛ'lɛnts] *f* excellency.
exzentrisch [ɛks'tsɛntrɪʃ] *adj* eccentric.
Exzess▲ [ɛks'tsɛs] **(-es, -e)** *m* excess.

F, f

F, f¹ [ɛf] **(-, -)** *nt* F, f; **~ wie Friedrich** ≈ F for Frederick, F for Fox (*US*); **nach Schema F** (*umg*) in the usual old way.
f² *abk* (= *feminin*) fem.
Fa. *abk* (= *Firma*) co.
Fabel ['fa:bəl] **(-, -n)** *f* fable; **f~haft** *adj* fabulous, marvellous (*BRIT*), marvelous (*US*).
Fabrik [fa'bri:k] *f* factory; **~anlage** *f* plant; (*Gelände*) factory premises *pl.*
Fabrikant [fabri:'kant] *m* (*Hersteller*) manufacturer; (*Besitzer*) industrialist.
Fabrikarbeiter(in) *m(f)* factory worker.
Fabrikat [fabri:'ka:t] **(-(e)s, -e)** *nt* product; (*Marke*) make.
Fabrikation [fabri:katsi'o:n] *f* manufacture, production.
Fabrikbesitzer *m* factory owner.
Fabrikgelände *nt* factory site.
fabrizieren [fabri'tsi:rən] *vt* (*geistiges Produkt*) to produce; (*Geschichte*) to concoct, fabricate.
Fach [fax] **(-(e)s, ¨er)** *nt* compartment; (*in Schrank, Regal etc*) shelf; (*Sachgebiet*) subject; **ein Mann/eine Frau vom ~** an expert; **~arbeiter** *m* skilled worker; **~arzt** *m* (medical) specialist; **~ausdruck** *m* technical term; **~bereich** *m* (special) field; (*UNIV*) school, faculty; **~buch** *nt* reference book.
Fächer ['fɛçər] **(-s, -)** *m* fan.
Fach- *zW*: **~frau** *f* expert; **~gebiet** *nt* (special) field; **~geschäft** *nt* specialist shop (*BRIT*) *od* store (*US*); **~händler** *m* stockist; **~hochschule** *f* college; **~idiot** (*umg*) *m* narrow-minded specialist; **~kraft** *f* qualified employee; **~kreise** *pl*: **in ~kreisen** among experts; **f~kundig** *adj* expert, specialist; **~lehrer** *m* specialist subject teacher; **f~lich** *adj* technical; (*beruflich*) professional; **~mann** **(-(e)s,** *pl* **~leute)** *m* expert; **f~männisch** *adj* professional; **~richtung** *f* subject area; **~schule** *f* technical college; **f~simpeln** *vi* to talk shop; **f~spezifisch** *adj* technical; **~verband** *m* trade association; **~welt** *f* profession; **~werk** *nt* timber frame; **~werkhaus** *nt* half-timbered house.
Fackel ['fakəl] **(-, -n)** *f* torch.
fackeln (*umg*) *vi* to dither.
Fackelzug *m* torchlight procession.
fad(e) *adj* insipid; (*langweilig*) dull; (*Essen*)

tasteless.

Faden ['faːdən] **(-s, ÷)** *m* thread; **der rote ~** (*fig*) the central theme; **alle Fäden laufen hier zusammen** this is the nerve centre (*BRIT*) *od* center (*US*) of the whole thing; ~**nudeln** *pl* vermicelli *sing*; **f~scheinig** *adj* (*lit, fig*) threadbare.

Fagott [fa'gɔt] **(-(e)s, -e)** *nt* bassoon.

fähig ['fɛːɪç] *adj*: ~ (**zu** *od* +*gen*) capable (of); able (to); **zu allem ~ sein** to be capable of anything; **F~keit** *f* ability.

Fähnchen ['fɛːnçən] *nt* pennon, streamer.

fahnden ['faːndən] *vi*: ~ **nach** to search for.

Fahndung *f* search.

Fahndungsliste *f* list of wanted criminals, wanted list.

Fahne ['faːnə] **(-, -n)** *f* flag; standard; **mit fliegenden ~n zu jdm/etw überlaufen** to go over to sb/sth; **eine ~ haben** (*umg*) to smell of drink.

Fahnenflucht *f* desertion.

Fahrausweis *m* (*form*) ticket.

Fahrbahn *f* carriageway (*BRIT*), roadway.

fahrbar *adj*: ~**er Untersatz** (*hum*) wheels *pl*.

Fähre ['fɛːrə] **(-, -n)** *f* ferry.

fahren ['faːrən] *unreg vt* to drive; (*Rad*) to ride; (*befördern*) to drive, take; (*Rennen*) to drive in ♦ *vi* (*sich bewegen*) to go; (*Schiff*) to sail; (*ab~*) to leave; **mit dem Auto/Zug ~** to go *od* travel by car/train; **mit dem Aufzug ~** to take the lift, ride the elevator (*US*); **links/ rechts ~** to drive on the left/right; **gegen einen Baum ~** to drive *od* go into a tree; **die U-Bahn fährt alle fünf Minuten** the underground goes *od* runs every five minutes; **mit der Hand ~ über** +*akk* to pass one's hand over; **(bei etw) gut/schlecht ~** (*zurechtkommen*) to do well/badly (with sth); **was ist (denn) in dich gefahren?** what's got (*BRIT*) *od* gotten (*US*) into you?; **einen ~ lassen** (*umg*) to fart (*!*).

fahrend *adj*: ~**es Volk** travelling people.

Fahrer(in) ['faːrər(ɪn)] **(-s, -)** *m(f)* driver; ~**flucht** *f* hit-and-run driving.

Fahr- *zW*: ~**gast** *m* passenger; ~**geld** *nt* fare; ~**gelegenheit** *f* transport; ~**gestell** *nt* chassis; (*AVIAT*) undercarriage.

fahrig ['faːrɪç] *adj* nervous; (*unkonzentriert*) distracted.

Fahr- *zW*: ~**karte** *f* ticket; ~**kartenausgabe** *f* ticket office; ~**kartenautomat** *m* ticket machine; ~**kartenschalter** *m* ticket office.

fahrlässig *adj* negligent; ~**e Tötung** manslaughter; **F~keit** *f* negligence.

Fahr- *zW*: ~**lehrer** *m* driving instructor; ~**plan** *m* timetable; **f~planmäßig** *adj* (*EISENB*) scheduled; ~**praxis** *f* driving experience; ~**preis** *m* fare; ~**prüfung** *f* driving test; ~**rad** *nt* bicycle; ~**radweg** *m* cycle path; ~**rinne** *f* (*NAUT*) shipping channel, fairway; ~**schein**

m ticket; ~**schule** *f* driving school; ~**schüler** *m* learner (driver); ~**spur** *f* lane; ~**stuhl** *m* lift (*BRIT*), elevator (*US*); ~**stunde** *f* driving lesson.

Fahrt [faːrt] **(-, -en)** *f* journey; (*kurz*) trip; (*AUT*) drive; (*Geschwindigkeit*) speed; **gute ~!** safe journey!; **volle ~ voraus!** (*NAUT*) full speed ahead!

fährt [fɛːrt] *vb siehe* **fahren.**

fahrtauglich ['faːrtaʊklɪç] *adj* fit to drive.

Fährte ['fɛːrtə] **(-, -n)** *f* track, trail; **jdn auf eine falsche ~ locken** (*fig*) to put sb off the scent.

Fahrtenschreiber *m* tachograph.

Fahrtkosten *pl* travelling expenses *pl*.

Fahrtrichtung *f* course, direction.

Fahr- *zW*: **f~tüchtig** ['faːrtʏçtɪç] *adj* fit to drive; ~**verhalten** *nt* (*von Fahrer*) behaviour (*BRIT*) *od* behavior (*US*) behind the wheel; (*von Wagen*) road performance; ~**zeug** *nt* vehicle; ~**zeughalter** **(-s, -)** *m* owner of a vehicle; ~**zeugpapiere** *pl* vehicle documents *pl*.

Faible ['fɛːbl] **(-s, -s)** *nt* (*geh*) liking; (*Schwäche*) weakness; (*Vorliebe*) penchant.

fair [fɛːr] *adj* fair.

Fäkalien [fɛ'kaːliən] *pl* faeces *pl*.

Faksimile [fak'ziːmile] **(-s, -s)** *nt* facsimile.

faktisch ['faktɪʃ] *adj* actual.

Faktor *m* factor.

Faktum (-s, -ten) *nt* fact.

fakturieren [faktu'riːrən] *vt* (*COMM*) to invoice.

Fakultät [fakʊl'tɛːt] *f* faculty.

Falke ['falkə] **(-n, -n)** *m* falcon.

Falklandinseln ['falklant'ɪnzəln] *pl* Falkland Islands, Falklands.

Fall [fal] **(-(e)s, ÷e)** *m* (*Sturz*) fall; (*Sachverhalt, JUR, GRAM*) case; **auf jeden ~, auf alle Fälle** in any case; (*bestimmt*) definitely; **gesetzt den ~** assuming (that); **jds ~ sein** (*umg*) to be sb's cup of tea; **klarer ~!** (*umg*) sure thing!, you bet!; **das mache ich auf keinen ~** there's no way I'm going to do that.

Falle (-, -n) *f* trap; (*umg: Bett*) bed; **jdm eine ~ stellen** to set a trap for sb.

fallen *unreg vi* to fall; (*im Krieg*) to fall, be killed; **etw ~ lassen** to drop sth; (*Bemerkung*) to make sth; (*Plan*) to abandon sth, to drop sth.

fällen ['fɛlən] *vt* (*Baum*) to fell; (*Urteil*) to pass.

fällig ['fɛlɪç] *adj* due; (*Wechsel*) mature(d); **längst ~** long overdue; **F~keit** *f* (*COMM*) maturity.

Fallobst *nt* fallen fruit, windfall.

falls *adv* in case, if.

Fall- *zW*: ~**schirm** *m* parachute; ~**schirmjäger** *m* paratrooper; ~**schirmspringer(in)** *m(f)* parachutist; ~**schirmtruppe** *f* paratroops *pl*; ~**strick** *m* (*fig*) trap, snare; ~**studie** *f* case study.

fällt [fɛlt] *vb siehe* **fallen.**

Falltür *f* trap door.

fallweise *adj* from case to case.

falsch [falʃ] *adj* false; (*unrichtig*) wrong;
~ **liegen (bei** *od* **in** +*dat*) (*umg*) to be wrong
(about); ~ **liegen mit** to be wrong in; **ein** ~**es
Spiel (mit jdm) treiben** to play (sb) false;
etw ~ **verstehen** to misunderstand sth, get
sth wrong.

fälschen ['fɛlʃən] *vt* to forge.

Fälscher(in) (-s, -) *m(f)* forger.

Falschgeld *nt* counterfeit money.

Falschheit *f* falsity, falseness; (*Unrichtigkeit*)
wrongness.

fälschlich *adj* false.

fälschlicherweise *adv* mistakenly.

Falschmeldung *f* (*PRESSE*) false report.

Fälschung *f* forgery.

fälschungssicher *adj* forgery-proof.

Faltblatt *nt* leaflet; (*in Zeitschrift etc*) insert.

Fältchen ['fɛltçən] *nt* crease, wrinkle.

Falte ['faltə] (-, -n) *f* (*Knick*) fold, crease;
(*Haut*~) wrinkle; (*Rock*~) pleat.

falten *vt* to fold; (*Stirn*) to wrinkle.

faltenlos *adj* without folds; without wrinkles.

Faltenrock *m* pleated skirt.

Falter ['faltər] (-s, -) *m* (*Tag*~) butterfly;
(*Nacht*~) moth.

faltig ['faltɪç] *adj* (*Haut*) wrinkled; (*Rock usw*)
creased.

falzen ['faltsən] *vt* (*Papierbogen*) to fold.

Fam. *abk* = **Familie**.

familiär [famiˈlɛːr] *adj* familiar.

Familie [faˈmiːliə] *f* family; ~ **Otto Francke**
(*als Anschrift*) Mr. & Mrs. Otto Francke and
family; **zur** ~ **gehören** to be one of the
family.

Familien- *zW*: ~**anschluss**▲ *m*: **Unterkunft mit**
~**anschluss** *accommodation where one is
treated as one of the family*; ~**kreis** *m*
family circle; ~**mitglied** *nt* member of the
family; ~**name** *m* surname; ~**packung** *f*
family(-size) pack; ~**planung** *f* family
planning; ~**stand** *m* marital status; ~**vater** *m*
head of the family; ~**verhältnisse** *pl* family
circumstances *pl*.

Fanatiker(in) [faˈnaːtikər(ɪn)] (-s, -) *m(f)*
fanatic.

fanatisch *adj* fanatical.

Fanatismus [fanaˈtɪsmʊs] *m* fanaticism.

fand *etc* [fant] *vb siehe* **finden**.

Fang [faŋ] (-(e)s, ⁻e) *m* catch; (*Jagen*) hunting;
(*Kralle*) talon, claw.

fangen *unreg vt* to catch ♦ *vr* to get caught;
(*Flugzeug*) to level out; (*Mensch: nicht fallen*)
to steady o.s.; (*fig*) to compose o.s.; (*in
Leistung*) to get back on form.

Fangfrage *f* catch *od* trick question.

Fanggründe *pl* fishing grounds *pl*.

fängt [fɛŋkt] *vb siehe* **fangen**.

Fantasie▲ [fantaˈziː] *f* imagination; **in seiner**

~ **in his mind**; ~**gebilde** *nt* (*Einbildung*)
figment of the imagination; **f**~**los** *adj*
unimaginative.

fantasieren▲ [fantaˈziːren] *vi* to fantasize;
(*MED*) to be delirious.

fantasievoll▲ *adj* imaginative.

Fantast▲ [fanˈtast] (-en, -en) *m* dreamer.

fantastisch▲ *adj* fantastic.

Farb- *zW*: ~**abzug** *m* coloured (*BRIT*) *od*
colored (*US*) print; ~**aufnahme** *f* colour
(*BRIT*) *od* color (*US*) photograph; ~**band** *nt*
typewriter ribbon.

Farbe ['farbə] (-, -n) *f* colour (*BRIT*), color
(*US*); (*zum Malen etc*) paint; (*Stoff*~) dye;
(*KARTEN*) suit.

farbecht ['farpˌʔɛçt] *adj* colourfast (*BRIT*),
colorfast (*US*).

färben ['fɛrbən] *vt* to colour (*BRIT*), color (*US*);
(*Stoff, Haar*) to dye.

farben- *zW*: ~**blind** *adj* colour-blind (*BRIT*),
color-blind (*US*); ~**froh** *adj* colourful (*BRIT*),
colorful (*US*); ~**prächtig** *adj* colourful (*BRIT*),
colorful (*US*).

Farbfernsehen *nt* colour (*BRIT*) *od* color (*US*)
television.

Farbfilm *m* colour (*BRIT*) *od* color (*US*) film.

Farbfoto *nt* colour (*BRIT*) *od* color (*US*) photo.

farbig *adj* coloured (*BRIT*), colored (*US*).

Farbige(r) *f(m)* coloured (*BRIT*) *od* colored (*US*)
person.

Farb- *zW*: ~**kasten** *m* paintbox; **f**~**los** *adj*
colourless (*BRIT*), colorless (*US*); ~**stift** *m*
coloured (*BRIT*) *od* colored (*US*) pencil;
~**stoff** *m* dye; (*Lebensmittel*~) (artificial)
colouring (*BRIT*) *od* coloring (*US*); ~**ton** *m*
hue, tone.

Färbung ['fɛrbʊŋ] *f* colouring (*BRIT*), coloring
(*US*); (*Tendenz*) bias.

Farn [farn] (-(e)s, -e) *m* fern; (*Adler*~) bracken.

Farnkraut [farn] *nt* = **Farn**.

Färöer [fɛˈrøːər] *pl* Faeroe Islands *pl*.

Fasan [faˈzaːn] (-(e)s, -e(n)) *m* pheasant.

Fasching ['faʃɪŋ] (-s, -e *od* -s) *m* carnival.

Faschismus [faˈʃɪsmʊs] *m* fascism.

Faschist(in) *m(f)* fascist.

faschistisch [faˈʃɪstɪʃ] *adj* fascist.

faseln ['faːzəln] *vi* to talk nonsense, drivel.

Faser ['faːzər] (-, -n) *f* fibre.

Fass▲ [fas] (-es, ⁻er) *nt* vat, barrel; (*für Öl*)
drum; **Bier vom** ~ draught beer; **ein** ~ **ohne
Boden** (*fig*) a bottomless pit.

Fassade [faˈsaːdə] *f* (*lit, fig*) façade.

fassbar▲ *adj* comprehensible.

Fassbier▲ *nt* draught beer.

fassen ['fasən] *vt* (*ergreifen*) to grasp, take;
(*inhaltlich*) to hold; (*Entschluss etc*) to take;
(*verstehen*) to understand; (*Ring etc*) to set;
(*formulieren*) to formulate, phrase ♦ *vr* to
calm down; **nicht zu** ~ unbelievable; **sich
kurz** ~ to be brief.

fasslich ['faslıç] adj comprehensible.
Fasson [fa'sõ:] (-, -s) f style; (Art und Weise) way; **aus der ~ geraten** (lit) to lose its shape.
Fassung ['fasʊŋ] f (Umrahmung) mounting; (Lampen~) socket; (Wortlaut) version; (Beherrschung) composure; **jdn aus der ~ bringen** to upset sb; **völlig außer ~ geraten** to lose all self-control.
fassungslos adj speechless.
Fassungsvermögen nt capacity; (Verständnis) comprehension.
fast [fast] adv almost, nearly; **~ nie** hardly ever.
fasten ['fastən] vi to fast; **F~** (-s) nt fasting; **F~zeit** f Lent.
Fastnacht f Shrovetide carnival.
faszinieren [fastsi'ni:rən] vt to fascinate.
fatal [fa'ta:l] adj fatal; (peinlich) embarrassing.
fauchen ['fauxən] vt, vi to hiss.
faul [faul] adj rotten; (Person) lazy; (Ausreden) lame; **daran ist etwas ~** there's something fishy about it.
faulen vi to rot.
faulenzen ['faulɛntsən] vi to idle.
Faulenzer(in) (-s, -) m(f) idler, loafer.
Faulheit f laziness.
faulig adj putrid.
Fäulnis ['fɔylnɪs] (-) f decay, putrefaction.
Faulpelz (umg) m lazybones sing.
Faust ['faust] (-, Fäuste) f fist; **das passt wie die ~ aufs Auge** (passt nicht) it's all wrong; **auf eigene ~** (fig) on one's own initiative.
Fäustchen ['fɔystçən] nt: **sich** dat **ins ~ lachen** to laugh up one's sleeve.
faustdick (umg) adj: **er hat es ~ hinter den Ohren** he's a crafty one.
Fausthandschuh m mitten.
Faustregel f rule of thumb.
Favorit(in) [favo'ri:t(ın)] (-en, -en) m(f) favourite (BRIT), favorite (US).
Fax [faks] (-, -e) nt fax; **f~en** vt to fax.
Faxen ['faksən] pl: **~ machen** to fool around.
Fazit ['fa:tsɪt] (-s, -s od -e) nt: **wenn wir aus diesen vier Jahren das ~ ziehen** if we take stock of these four years.
FCKW (-s, -s) m abk (= Fluorchlorkohlenwasserstoff) CFC.
FdH (umg) abk (= Friss die Hälfte) eat less.
FDP, F.D.P. f abk (= Freie Demokratische Partei) Free Democratic Party.

FDP

*The **FDP** (Freie Demokratische Partei) was founded in 1948 and is Germany's centre party. It is a liberal party which has formed governing coalitions with both the **SPD** and the **CDU/CSU** at times, both in the regions and in the **Bundestag**.*

Feb. abk (= Februar) Feb.
Februar ['fe:brua:r] (-(s), -e) (pl selten) m February; siehe auch **September**.
fechten ['fɛçtən] unreg vi to fence.
Feder ['fe:dər] (-, -n) f feather; (Schreib~) pen nib; (TECH) spring; **in den ~n liegen** (umg) to be/stay in bed; **~ball** m shuttlecock; **~ballspiel** nt badminton; **~bett** nt continental quilt; **f~führend** adj (Behörde): **f~führend (für)** in overall charge (of); **~halter** m pen; **f~leicht** adj light as a feather; **~lesen** nt: **nicht viel ~lesens mit jdm/etw machen** to make short work of sb/sth.
federn vi (nachgeben) to be springy; (sich bewegen) to bounce ♦ vt to spring.
Federung f suspension.
Federvieh nt poultry.
Federweiße(r) m new wine.
Federzeichnung f pen-and-ink drawing.
Fee [fe:] (-, -n) f fairy.
feenhaft ['fe:ənhaft] adj (liter) fairylike.
Fegefeuer ['fe:gəfɔyər] nt purgatory.
fegen ['fe:gən] vt to sweep.
fehl [fe:l] adj: **~ am Platz** od **Ort** out of place; **F~anzeige** (umg) f dead loss.
fehlen vi to be wanting od missing; (abwesend sein) to be absent ♦ vi unpers: **es fehlte nicht viel und ich hätte ihn verprügelt** I almost hit him; **etw fehlt jdm** sb lacks sth; **du fehlst mir** I miss you; **was fehlt ihm?** what's wrong with him?; **der/das hat mir gerade noch gefehlt!** (ironisch) he/that was all I needed; **weit gefehlt!** (fig) you're way out! (umg); (ganz im Gegenteil) far from it!; **mir ~ die Worte** words fail me; **wo fehlt es?** what's the trouble?, what's up? (umg).
Fehlentscheidung f wrong decision.
Fehlentwicklung f mistake.
Fehler (-s, -) m mistake, error; (Mangel, Schwäche) fault; **ihr ist ein ~ unterlaufen** she's made a mistake; **~beseitigung** f (COMPUT) debugging; **f~frei** adj faultless; without any mistakes; **f~haft** adj incorrect; faulty; **f~los** adj = fehlerfrei; **~meldung** f (COMPUT) error message; **~suchprogramm** nt (COMPUT) debugger.
fehl- zW: **F~geburt** f miscarriage; **~gehen** unreg vi to go astray; **F~griff** m blunder; **F~konstruktion** f: **eine F~konstruktion sein** to be badly designed; **F~leistung** f: **freudsche F~leistung** Freudian slip; **F~schlag** m failure; **~schlagen** unreg vi to fail; **F~schluss** ▲ m wrong conclusion; **F~start** m (SPORT) false start; **F~tritt** m false move; (fig) blunder, slip; (: Affäre) indiscretion; **F~urteil** nt miscarriage of justice; **F~zündung** f (AUT) misfire, backfire.
Feier ['faıər] (-, -n) f celebration; **~abend** m

time to stop work; **~abend machen** to stop, knock off; **was machst du am ~abend?** what are you doing after work?; **jetzt ist ~abend!** that's enough!

feierlich *adj* solemn; **das ist ja nicht mehr ~** (*umg*) that's beyond a joke; **F~keit** *f* solemnity; **Feierlichkeiten** *pl* festivities *pl*.

feiern *vt, vi* to celebrate.

Feiertag *m* holiday.

feig *adj* cowardly.

Feige ['faɪɡə] (-, -n) *f* fig.

feige *adj* cowardly.

Feigheit *f* cowardice.

Feigling *m* coward.

Feile ['faɪlə] (-, -n) *f* file.

feilen *vt, vi* to file.

feilschen ['faɪlʃən] *vi* to haggle.

fein [faɪn] *adj* fine; (*vornehm*) refined; (*Gehör etc*) keen; **~!** great!; **er ist ~ raus** (*umg*) he's sitting pretty; **sich ~ machen** to get all dressed up.

Feind(in) [faɪnt, 'faɪndɪn] (-(e)s, -e) *m(f)* enemy; **~bild** *nt* concept of an/the enemy; **f~lich** *adj* hostile; **~schaft** *f* enmity; **f~selig** *adj* hostile; **~seligkeit** *f* hostility.

Fein- *zW:* **f~fühlend** *adj* sensitive; **f~fühlig** *adj* sensitive; **~gefühl** *nt* delicacy, tact; **~heit** *f* fineness; refinement; keenness; **~kostgeschäft** *nt* delicatessen (shop), deli; **~schmecker** (-s, -) *m* gourmet; **~waschmittel** *nt* mild(-action) detergent.

feist [faɪst] *adj* fat.

feixen ['faɪksən] (*umg*) *vi* to smirk.

Feld [fɛlt] (-(e)s, -er) *nt* field; (*SCHACH*) square; (*SPORT*) pitch; **Argumente ins ~ führen** to bring arguments to bear; **das ~ räumen** (*fig*) to bow out; **~arbeit** *f* (*AGR*) work in the fields; (*GEOG etc*) fieldwork; **~blume** *f* wild flower; **~herr** *m* commander; **~jäger** *pl* (*MIL*) the military police; **~lazarett** *nt* (*MIL*) field hospital; **~salat** *m* lamb's lettuce; **~stecher** *m* (pair of) binoculars *pl od* field glasses *pl*.

Feld-Wald-und-Wiesen- (*umg*) *in zW* common-or-garden.

Feld- *zW:* **~webel** (-s, -) *m* sergeant; **~weg** *m* path; **~zug** *m* (*lit, fig*) campaign.

Felge ['fɛlɡə] (-, -n) *f* (wheel) rim.

Felgenbremse *f* caliper brake.

Fell [fɛl] (-(e)s, -e) *nt* fur; coat; (*von Schaf*) fleece; (*von toten Tieren*) skin; **ein dickes ~ haben** to be thick-skinned, have a thick skin; **ihm sind die ~e weggeschwommen** (*fig*) all his hopes were dashed.

Fels [fɛls] (-en, -en) *m* = **Felsen.**

Felsen ['fɛlzən] (-s, -) *m* rock; (*Klippe*) cliff; **f~fest** *adj* firm.

felsig *adj* rocky.

Felsspalte *f* crevice.

Felsvorsprung *m* ledge.

feminin [femi'niːn] *adj* feminine; (*pej*)

effeminate.

Feministin [femi'nɪstɪn] *f* feminist.

Fenchel ['fɛnçəl] (-s) *m* fennel.

Fenster ['fɛnstər] (-s, -) *nt* window; **weg vom ~** (*umg*) out of the game, finished; **~brett** *nt* windowsill; **~laden** *m* shutter; **~leder** *nt* chamois, shammy (leather); **~platz** *m* window seat; **~putzer** (-s, -) *m* window cleaner; **~scheibe** *f* windowpane; **~sims** *m* windowsill.

Ferien ['feːriən] *pl* holidays *pl*, vacation (*US*); **die großen ~** the summer holidays (*BRIT*), the long vacation (*US UNIV*); **~ haben** to be on holiday; **~kurs** *m* holiday course; **~reise** *f* holiday; **~wohnung** *f* holiday flat (*BRIT*), vacation apartment (*US*); **~zeit** *f* holiday period.

Ferkel ['fɛrkəl] (-s, -) *nt* piglet.

fern [fɛrn] *adj, adv* far-off, distant; **~ von hier** a long way (away) from here; **~ halten** to keep away; **jdm ~ liegen** to be far from sb's mind; **F~amt** *nt* (*TEL*) exchange; **F~bedienung** *f* remote control; **~bleiben** *unreg vi:* **~bleiben (von** *od +dat*) to stay away (from).

Ferne (-, -n) *f* distance.

ferner *adj, adv* further; (*weiterhin*) in future; **unter „~ liefen" rangieren** (*umg*) to be an also-ran.

fern- *zW:* **F~fahrer** *m* long-distance lorry (*BRIT*) *od* truck driver; **F~flug** *m* long-distance flight; **F~gespräch** *nt* long-distance call (*BRIT*), toll call (*US*); **~gesteuert** *adj* remote-controlled; (*Rakete*) guided; **F~glas** *nt* binoculars *pl*; **F~kopie** *f* fax; **F~kopierer** *m* fax machine; **F~kurs(us)** *m* correspondence course; **F~lenkung** *f* remote control; **F~licht** *nt* **mit F~licht fahren** to drive on full beam.

Fernmelde- *in zW* telecommunications; (*MIL*) signals.

fern- *zW:* **F~ost: aus/in F~ost** from/in the Far East; **~östlich** *adj* Far Eastern *attrib*; **F~rohr** *nt* telescope; **F~schreiben** *nt* telex; **F~schreiber** *m* teleprinter; **~schriftlich** *adj* by telex.

Fernsehapparat *m* television (set).

fernsehen ['fɛrnzeːən] *unreg vi* to watch television; **F~ (-s)** *nt* television; **im F~** on television.

Fernseher (-s, -) *m* television (set).

Fernseh- *zW:* **~gebühr** *f* television licence (*BRIT*) *od* license (*US*) fee; **~gerät** *nt* television set; **~programm** *nt* (*Kanal*) channel, station (*US*); (*Sendung*) programme (*BRIT*), program (*US*); (**~zeitschrift**) (television) programme (*BRIT*) *od* program (*US*) guide; **~sendung** *f* television programme (*BRIT*) *od* program (*US*); **~überwachungsanlage** *f* closed-circuit television; **~zuschauer** *m* (television) viewer.

Fern- zW: **~sprecher** m telephone; **~sprechzelle** f telephone box (BRIT) od booth (US); **~steuerung** f remote control.

Fernstudium nt multimedia course, ≈ Open University course (BRIT).

FERNSTUDIUM

Fernstudium is a distance-learning degree course where students do not go to university but receive their tuition by letter, television or radio programmes. There is no personal contact between student and lecturer. The first **Fernstudium** was founded in 1974. Students are free to practise their career or to bring up a family at the same time as studying.

Fernverkehr m long-distance traffic.
Fernweh nt wanderlust.
Ferse ['fɛrzə] (-, -n) f heel.
Fersengeld nt: **~ geben** to take to one's heels.
fertig ['fɛrtɪç] adj (bereit) ready; (beendet) finished; (gebrauchs~) ready-made; **~ ausgebildet** fully qualified; **mit jdm/etw ~ werden** to cope with sb/sth; **mit den Nerven ~ sein** to be at the end of one's tether; **~ bringen** (fähig sein) to manage, be capable of; (beenden) to finish; **~ essen/ lesen** to finish eating/reading; **~ machen** (beenden) to finish; (umg: Person) to finish; (: körperlich) to exhaust; (: moralisch) to get down; **sich ~ machen** to get ready; **~ stellen** to complete; **F~bau** m prefab(ricated house).
fertigen ['fɛrtɪɡən] vt to manufacture.
Fertig- zW: **~gericht** nt ready-to-serve meal; **~haus** nt prefab(ricated house); **~keit** f skill.
Fertigung f production.
Fertigungs- in zW production; **~straße** f production line.
Fertigware f finished product.
fesch [fɛʃ] (umg) adj (modisch) smart; (: hübsch) attractive.
Fessel ['fɛsəl] (-, -n) f fetter.
fesseln vt to bind; (mit F~) to fetter; (fig) to grip; **ans Bett gefesselt** (fig) confined to bed.
fesselnd adj gripping.
Fest [fɛst] (-(e)s, -e) nt (Feier) celebration; (Party) party; **man soll die ~e feiern wie sie fallen** (Sprichwort) make hay while the sun shines.
fest adj firm; (Nahrung) solid; (Gehalt) regular; (Gewebe, Schuhe) strong, sturdy; (Freund(in)) steady ♦ adv (schlafen) soundly; **~ angestellt** employed on a permanent basis; **~ entschlossen sein** to be absolutely determined; **~ umrissen** clearcut; **~e Kosten** (COMM) fixed costs pl.

Festbeleuchtung f illumination.
festbinden unreg vt to tie, fasten.
festbleiben unreg vi to stand firm.
Festessen nt banquet.
festfahren unreg vr to get stuck.
festhalten unreg vt to seize, hold fast; (Ereignis) to record ♦ vr: **sich ~ (an** +dat) to hold on (to).
festigen vt to strengthen.
Festigkeit f strength.
fest- zW: **~klammern** vr: **sich ~klammern (an** +dat) to cling on (to); **~klemmen** vt to wedge fast; **F~komma** nt (COMPUT) fixed point; **F~land** nt mainland; **~legen** vt to fix ♦ vr to commit o.s.; **jdn auf etw** akk **~legen** (~nageln) to tie sb (down) to sth; (verpflichten) to commit sb to sth.
festlich adj festive.
fest- zW: **~liegen** unreg vi (FIN: Geld) to be tied up; **~machen** vt to fasten; (Termin etc) to fix; **~nageln** vt: **jdn ~nageln (auf** +akk) (fig: umg) to pin sb down (to); **F~nahme** (-, -n) f capture; **~nehmen** unreg vt to capture, arrest; **F~platte** f (COMPUT) hard disk; **F~preis** m (COMM) fixed price.
Festrede f speech, address.
festschnallen vt to strap down ♦ vr to fasten one's seat belt.
festsetzen vt to fix, settle.
Festspiel nt festival.
fest- zW: **~stehen** unreg vi to be certain; **~stellbar** adj (herauszufinden) ascertainable; **~stellen** vt to establish; (sagen) to remark; (TECH) to lock (fast); **F~stellung** f: **die F~stellung machen, dass ...** to realize that ...; (bemerken) to remark od observe that ...; **F~tag** m holiday.
Festung f fortress.
festverzinslich adj fixed-interest attrib.
Festwertspeicher m (COMPUT) read-only memory.
Festzelt nt marquee.
Fête ['fɛːtə] (-, -n) f party.
Fett [fɛt] (-(e)s, -e) nt fat, grease; **f~** adj fat; (Essen etc) greasy; **f~ gedruckt** bold-type; **f~arm** adj low fat; **f~en** vt to grease; **~fleck** m grease spot od stain; **f~frei** adj fat-free; **~gehalt** m fat content; **f~ig** adj greasy, fatty; **~näpfchen** nt: **ins ~näpfchen treten** to put one's foot in it; **~polster** nt (hum: umg): **~polster haben** to be well-padded.
Fetzen ['fɛtsən] (-s, -) m scrap; **..., dass die ~ fliegen** (umg) ... like mad.
feucht [fɔʏçt] adj damp; (Luft) humid; **~fröhlich** adj (hum) boozy.
Feuchtigkeit f dampness; humidity.
Feuchtigkeitscreme f moisturizer.
feudal [fɔʏˈdaːl] adj (POL, HIST) feudal; (umg) plush.
Feuer ['fɔʏər] (-s, -) nt fire; (zum Rauchen) a

light; (*fig: Schwung*) spirit; **für jdn durchs ~ gehen** to go through fire and water for sb; **~ und Flamme (für etw) sein** (*umg*) to be dead keen (on sth); **~ für etw/jdn fangen** (*fig*) to develop a great interest in sth/sb; **~alarm** *m* fire alarm; **~eifer** *m* zeal; **f~fest** *adj* fireproof; **~gefahr** *f* danger of fire; **bei ~gefahr** in the event of fire; **f~gefährlich** *adj* inflammable; **~leiter** *f* fire escape ladder; **~löscher** (**-s, -**) *m* fire extinguisher; **~melder** (**-s, -**) *m* fire alarm.

feuern *vt, vi* (*lit, fig*) to fire.

Feuer- *zW:* **f~polizeilich** *adj* (*Bestimmungen*) laid down by the fire authorities; **~probe** *f* acid test; **f~rot** *adj* fiery red.

Feuersbrunst *f* (*geh*) conflagration.

Feuer- *zW:* **~schlucker** *m* fire-eater; **~schutz** *m* (*Vorbeugung*) fire prevention; (*MIL: Deckung*) covering fire; **f~sicher** *adj* fireproof; **~stein** *m* flint; **~stelle** *f* fireplace; **~treppe** *f* fire escape; **~versicherung** *f* fire insurance; **~waffe** *f* firearm; **~wehr** *f* fire brigade; **~wehrauto** *nt* fire engine; **~werk** *nt* fireworks *pl*; **~werkskörper** *m* firework; **~zangenbowle** *f* red wine punch containing rum which has been flamed off; **~zeug** *nt* (cigarette) lighter.

Feuilleton [fœjə'tõː] (**-s, -s**) *nt* (*PRESSE*) feature section; (*Artikel*) feature (article).

feurig ['fɔyrɪç] *adj* fiery.

Fiche [fiːʃ] (**-s, -s**) *m od nt* (micro)fiche.

ficht [fɪçt] *vb siehe* **fechten**.

Fichte ['fɪçtə] (**-, -n**) *f* spruce.

ficken ['fɪkən] (*umg!*) *vt, vi* to fuck (!).

fick(e)rig ['fɪk(ə)rɪç] (*umg*) *adj* fidgety.

fidel [fi'deːl] (*umg*) *adj* jolly.

Fidschiinseln ['fɪdʒiˌɪnzəln] *pl* Fiji Islands.

Fieber ['fiːbər] (**-s, -**) *nt* fever, temperature; (*Krankheit*) fever; **~ haben** to have a temperature; **f~haft** *adj* feverish; **~messer** *m* thermometer; **~thermometer** *nt* thermometer.

fiel *etc* [fiːl] *vb siehe* **fallen**.

fies [fiːs] (*umg*) *adj* nasty.

Figur [fi'guːr] (**-, -en**) *f* figure; (*Schach~*) chessman, chess piece; **eine gute/ schlechte/traurige ~ abgeben** to cut a good/ poor/sorry figure.

fiktiv [fɪk'tiːf] *adj* fictitious.

Filet [fi'leː] (**-s, -s**) *nt* (*KOCH*) fillet; (*Rinder~*) fillet steak; (*zum Braten*) piece of sirloin *od* tenderloin (*US*).

Filiale [fili'aːlə] (**-, -n**) *f* (*COMM*) branch.

Filipino [fili'piːno] (**-s, -s**) *m* Filipino.

Film [fɪlm] (**-(e)s, -e**) *m* film, movie (*bes US*); **da ist bei mir der ~ gerissen** (*umg*) I had a mental blackout; **~aufnahme** *f* shooting.

Filmemacher(in) *m(f)* film-maker.

filmen *vt, vi* to film.

Film- *zW:* **~festspiele** *pl* film festival *sing*;

~kamera *f* cine-camera; **~riss▲** (*umg*) *m* mental blackout; **~schauspieler(in)** *m(f)* film *od* movie (*bes US*) actor, film *od* movie actress; **~verleih** *m* film distributors *pl*; **~vorführgerät** *nt* cine-projector.

Filter ['fɪltər] (**-s, -**) *m* filter; **~kaffee** *m* filter *od* drip (*US*) coffee; **~mundstück** *nt* filter tip.

filtern *vt* to filter.

Filterpapier *nt* filter paper.

Filterzigarette *f* tipped cigarette.

Filz [fɪlts] (**-es, -e**) *m* felt.

filzen *vt* (*umg*) to frisk ♦ *vi* (*Wolle*) to mat.

Filzstift *m* felt-tip (pen).

Fimmel ['fɪməl] (**-s, -**) (*umg*) *m:* **du hast wohl einen ~!** you're crazy!

Finale [fi'naːlə] (**-s, -(s)**) *nt* finale; (*SPORT*) final(s *pl*).

Finanz [fi'nants] *f* finance; **Finanzen** *pl* finances *pl*; **das übersteigt meine ~en** that's beyond my means; **~amt** *nt* ≈ Inland Revenue Office (*BRIT*), Internal Revenue Office (*US*); **~beamte(r)** *f(m)* revenue officer.

finanziell [finantsi'ɛl] *adj* financial.

finanzieren [finan'tsiːrən] *vt* to finance, to fund.

Finanzierung *f* financing, funding.

Finanz- *zW:* **~minister** *m* ≈ Chancellor of the Exchequer (*BRIT*), Minister of Finance; **f~schwach** *adj* financially weak; **~wesen** *nt* financial system; **~wirtschaft** *f* public finances *pl*.

finden ['fɪndən] *unreg vt* to find; (*meinen*) to think ♦ *vr* to be (found); (*sich fassen*) to compose o.s. ♦ *vi:* **ich finde schon allein hinaus** I can see myself out; **ich finde nichts dabei, wenn ...** I don't see what's wrong if ...; **das wird sich ~** things will work out.

Finder(in) (**-s, -**) *m(f)* finder; **~lohn** *m* reward (for the finder).

findig *adj* resourceful.

fing *etc* [fɪŋ] *vb siehe* **fangen**.

Finger ['fɪŋər] (**-s, -**) *m* finger; **mit ~n auf jdn zeigen** (*fig*) to look askance at sb; **das kann sich jeder an den (fünf) ~n abzählen** (*umg*) it sticks out a mile; **sich** *dat* **etw aus den ~n saugen** to conjure sth up; **lange ~ machen** (*umg*) to be light-fingered; **~abdruck** *m* fingerprint; **~handschuh** *m* glove; **~hut** *m* thimble; (*BOT*) foxglove; **~nagel** *m* fingernail; **~ring** *m* ring; **~spitze** *f* fingertip; **~spitzengefühl** *nt* sensitivity; **~zeig** (**-(e)s, -e**) *m* hint, pointer.

fingieren [fɪŋ'giːrən] *vt* to feign.

fingiert *adj* made-up, fictitious.

Fink ['fɪŋk] (**-en, -en**) *m* finch.

Finne ['fɪnə] (**-n, -n**) *m* Finn.

Finnin ['fɪnɪn] *f* Finn.

finnisch *adj* Finnish.

Finnland *nt* Finland.

finster ['fɪnstər] *adj* dark, gloomy; (*verdächtig*)

dubious; (*verdrossen*) grim; (*Gedanke*) dark;
jdn ~ ansehen to give sb a black look; **F~nis**
(-) *f* darkness, gloom.

Finte ['fɪntə] (-, -n) *f* feint, trick.

Firlefanz ['fɪrləfants] (*umg*) *m* (*Kram*) frippery;
(*Albernheit*): **mach keinen ~** don't clown
around.

firm [fɪrm] *adj* well-up.

Firma (-, -men) *f* firm; **die ~ dankt** (*hum*)
much obliged (to you).

Firmen- *zW*: **~inhaber** *m* proprietor (*of firm*);
~register *nt* register of companies; **~schild**
nt (shop) sign; **~übernahme** *f* takeover;
~wagen *m* company car; **~zeichen** *nt*
trademark.

Firmung *f* (*REL*) confirmation.

Firnis ['fɪrnɪs] (-ses, -se) *m* varnish.

Fis [fɪs] (-, -) *nt* (*MUS*) F sharp.

Fisch [fɪʃ] (-(e)s, -e) *m* fish; **Fische** *pl* (*ASTROL*)
Pisces *sing*; **das sind kleine ~e** (*fig: umg*)
that's child's play.

fischen *vt, vi* to fish.

Fischer (-s, -) *m* fisherman.

Fischerei [fɪʃə'raɪ] *f* fishing, fishery.

Fisch- *zW*: **~fang** *m* fishing; **~geschäft** *nt*
fishmonger's (shop); **~gräte** *f* fishbone;
~gründe *pl* fishing grounds *pl*, fisheries *pl*;
~stäbchen *nt* fish finger (*BRIT*), fish stick
(*US*); **~zucht** *f* fish-farming; **~zug** *m* catch of
fish.

Fisimatenten [fizima'tɛntən] (*umg*) *pl*
(*Ausflüchte*) excuses *pl*; (*Umstände*) fuss *sing*.

Fiskus ['fɪskʊs] *m* (*fig: Staatskasse*) Treasury.

fit [fɪt] *adj* fit.

Fitness [fɪtnəs] *nt* fitness.

Fittich ['fɪtɪç] (-(e)s, -e) *m* (*liter*): **jdn unter
seine ~e nehmen** (*hum*) to take sb under
one's wing.

fix [fɪks] *adj* (*flink*) quick; (*Person*) alert, smart;
~e Idee obsession, idée fixe; **~ und fertig**
finished; (*erschöpft*) done in; **jdn ~ und fertig
machen** (*nervös machen*) to drive sb mad.

fixen (*umg*) *vi* (*Drogen spritzen*) to fix.

Fixer(in) ['fɪksər(ɪn)] (*umg*) *m(f)* junkie (*inf*);
~stube (*umg*) *f* junkies' centre (*inf*).

fixieren [fɪ'ksiːrən] *vt* to fix; (*anstarren*) to stare
at; **er ist zu stark auf seine Mutter fixiert**
(*PSYCH*) he has a mother fixation.

Fixkosten *pl* (*COMM*) fixed costs *pl*.

FKK *abk* = **Freikörperkultur.**

flach [flax] *adj* flat; (*Gefäß*) shallow; **auf dem
~en Land** in the middle of the country.

Fläche ['flɛçə] (-, -n) *f* area; (*Ober~*) surface.

Flächeninhalt *m* surface area.

Flach- *zW*: **f~fallen** *unreg* (*umg*) *vi* to fall
through; **~heit** *f* flatness; shallowness;
~land *nt* lowland; **f~liegen** *unreg* (*umg*) *vi* to
be laid up; **~mann** (-(e)s, *pl* **-männer**) (*umg*)
m hip flask.

flachsen ['flaksən] (*umg*) *vi* to kid around.

flackern ['flakərn] *vi* to flare, flicker.

Fladen ['flaːdən] (-s, -) *m* (*KOCH*) round flat
dough-cake; (*umg: Kuh~*) cowpat.

Flagge ['flagə] (-, -n) *f* flag; **~ zeigen** (*fig*) to
nail one's colours to the mast.

flaggen *vi* to fly flags *od* a flag.

flagrant [fla'grant] *adj* flagrant; **in ~i** red-
handed.

Flak [flak] (-s, -) *f* (= *Flug(zeug)abwehrkanone*)
anti-aircraft gun; (*Einheit*) anti-aircraft unit.

flambieren [flam'biːrən] *vt* (*KOCH*) to flambé.

Flame ['flaːmə] (-n, -n) *m* Fleming.

Flämin ['flɛːmɪn] *f* Fleming.

flämisch ['flɛːmɪʃ] *adj* Flemish.

Flamme ['flamə] (-, -n) *f* flame; **in ~n stehen/
aufgehen** to be in/go up in flames.

Flandern ['flandərn] *nt* Flanders *sing*.

Flanell [fla'nɛl] (-s, -e) *m* flannel.

Flanke ['flaŋkə] (-, -n) *f* flank; (*SPORT: Seite*)
wing.

Flasche ['flaʃə] (-, -n) *f* bottle; (*umg: Versager*)
wash-out; **zur ~ greifen** (*fig*) to hit the bottle.

Flaschen- *zW*: **~bier** *nt* bottled beer; **~öffner** *m*
bottle opener; **~wein** *m* bottled wine; **~zug**
m pulley.

flatterhaft *adj* flighty, fickle.

flattern ['flatərn] *vi* to flutter.

flau [flau] *adj* (*Brise, COMM*) slack; **jdm ist
~ (im Magen)** sb feels queasy.

Flaum [flaum] (-(e)s) *m* (*Feder*) down.

flauschig ['flauʃɪç] *adj* fluffy.

Flausen ['flauzən] *pl* silly ideas *pl*; (*Ausflüchte*)
weak excuses *pl*.

Flaute ['flautə] (-, -n) *f* calm; (*COMM*)
recession.

Flechte ['flɛçtə] (-, -n) *f* (*MED*) dry scab; (*BOT*)
lichen.

flechten *unreg vt* to plait; (*Kranz*) to twine.

Fleck [flɛk] (-(e)s, -e) *m* (*Schmutz~*) stain;
(*Farb~*) patch; (*Stelle*) spot; **nicht vom
~ kommen** (*lit, fig*) not to get any further;
sich nicht vom ~ rühren not to budge; **vom
~ weg** straight away.

Fleckchen *nt*: **ein schönes ~ (Erde)** a lovely
little spot.

Flecken (-s, -) *m* = **Fleck**; **f~los** *adj* spotless;
~mittel *nt* stain remover; **~wasser** *nt* stain
remover.

fleckig *adj* marked; (*schmutzig*) stained.

Fledermaus ['fleːdərmaus] *f* bat.

Flegel ['fleːgəl] (-s, -) *m* flail; (*Person*) lout;
f~haft *adj* loutish, unmannerly; **~jahre** *pl*
adolescence *sing*.

flegeln *vr* to loll, sprawl.

flehen ['fleːən] *vi* (*geh*) to implore.

flehentlich *adj* imploring.

Fleisch [flaɪʃ] (-(e)s) *nt* flesh; (*Essen*) meat;
sich *dat od akk* **ins eigene ~ schneiden** to cut
off one's nose to spite one's face (*Sprichwort*);
es ist mir in ~ und Blut übergegangen it has

become second nature to me; **~brühe** *f* meat stock.

Fleischer (-s, -) *m* butcher.

Fleischerei [flaɪʃəˈraɪ] *f* butcher's (shop).

fleischig *adj* fleshy.

Fleisch- *zW:* **~käse** *m* meat loaf; **f~lich** *adj* carnal; **~pastete** *f* meat pie; **~salat** *m* diced meat salad with mayonnaise; **~vergiftung** *f* food poisoning (*from meat*); **~wolf** *m* mincer; **~wunde** *f* flesh wound; **~wurst** *f* pork sausage.

Fleiß [ˈflaɪs] **(-es)** *m* diligence, industry; **ohne ~ kein Preis** (*Sprichwort*) success never comes easily.

fleißig *adj* diligent, industrious; **~ studieren/ arbeiten** to study/work hard.

flektieren [flɛkˈtiːrən] *vt* to inflect.

flennen [ˈflɛnən] (*umg*) *vi* to cry, blubber.

fletschen [ˈflɛtʃən] *vt* (*Zähne*) to show.

Fleurop ® [ˈfløːrɔp] *f* ≈ Interflora ®.

flexibel [flɛˈksiːbəl] *adj* flexible.

Flexibilität [flɛksibiliˈtɛːt] *f* flexibility.

flicht [flɪçt] *vb siehe* **flechten.**

Flicken [ˈflɪkən] **(-s, -)** *m* patch.

flicken *vt* to mend.

Flickschusterei [ˈflɪkʃuːstəraɪ] *f:* **das ist ~** that's a patch-up job.

Flieder [ˈfliːdər] **(-s, -)** *m* lilac.

Fliege [ˈfliːgə] **(-, -n)** *f* fly; (*Schlips*) bow tie; **zwei ~n mit einer Klappe schlagen** (*Sprichwort*) to kill two birds with one stone; **ihn stört die ~ an der Wand** every little thing irritates him.

fliegen *unreg vt, vi* to fly; **auf jdn/etw ~** (*umg*) to be mad about sb/sth; **aus der Kurve ~** to skid off the bend; **aus der Firma ~** (*umg*) to get the sack.

fliegend *adj attrib* flying; **~e Hitze** hot flushes *pl*.

Fliegengewicht *nt* (*SPORT, fig*) flyweight.

Fliegenklatsche [ˈfliːgənklatʃə] *f* fly-swat.

Fliegenpilz *m* fly agaric.

Flieger (-s, -) *m* flier, airman; **~alarm** *m* air-raid warning.

fliehen [ˈfliːən] *unreg vi* to flee.

Fliehkraft [ˈfliːkraft] *f* centrifugal force.

Fliese [ˈfliːzə] **(-, -n)** *f* tile.

Fließband [ˈfliːsbant] *nt* assembly *od* production line; **am ~ arbeiten** to work on the assembly *od* production line; **~arbeit** *f* production-line work; **~produktion** *f* assembly-line production.

fließen *unreg vi* to flow.

fließend *adj* flowing; (*Rede, Deutsch*) fluent; (*Übergang*) smooth.

Fließ- *zW:* **~heck** *nt* fastback; **~komma** *nt* (*COMPUT*) ≈ floating point; **~papier** *nt* blotting paper (*BRIT*), fleece paper (*US*).

Flimmerkasten (*umg*) *m* (*Fernsehen*) box.

Flimmerkiste (*umg*) *f* (*Fernsehen*) box.

flimmern [ˈflɪmərn] *vi* to glimmer; **es flimmert mir vor den Augen** my head's swimming.

flink [flɪŋk] *adj* nimble, lively; **mit etw ~ bei der Hand sein** to be quick (off the mark) with sth; **F~heit** *f* nimbleness, liveliness.

Flinte [ˈflɪntə] **(-, -n)** *f* shotgun; **die ~ ins Korn werfen** to throw in the sponge.

Flirt [flœrt] **(-s, -s)** *m* flirtation; **einen ~ (mit jdm) haben** flirt (with sb).

flirten [ˈflɪrtən] *vi* to flirt.

Flittchen (*pej: umg*) *nt* floozy.

Flitter (-s, -) *m* (**~schmuck**) sequins *pl*.

Flitterwochen *pl* honeymoon *sing*.

flitzen [ˈflɪtsən] *vi* to flit.

Flitzer (-s, -) (*umg*) *m* (*Auto*) sporty car.

floaten [ˈfloːtən] *vt, vi* (*FIN*) to float.

flocht *etc* [flɔxt] *vb siehe* **flechten.**

Flocke [ˈflɔkə] **(-, -n)** *f* flake.

flockig *adj* flaky.

flog *etc* [floːk] *vb siehe* **fliegen.**

Floh [floː] **(-(e)s, ¨e)** *m* flea; **jdm einen ~ ins Ohr setzen** (*umg*) to put an idea into sb's head.

floh *etc vb siehe* **fliehen.**

Flohmarkt *m* flea market.

Flora [ˈfloːra] **(-, -ren)** *f* flora.

Florenz [floˈrɛnts] *nt* Florence.

florieren [floˈriːrən] *vi* to flourish.

Florist(in) *m(f)* florist.

Floskel [ˈflɔskəl] **(-, -n)** *f* set phrase; **f~haft** *adj* cliché-ridden, stereotyped.

Floß [floːs] **(-es, ¨e)** *nt* raft.

floss *etc* ▲ [flɔs] *vb siehe* **fließen.**

Flosse [ˈflɔsə] **(-, -n)** *f* fin; (*Taucher~*) flipper; (*umg: Hand*) paw.

Flöte [ˈfløːtə] **(-, -n)** *f* flute; (*Block~*) recorder.

flöten gehen ▲ [ˈfløːtəngeːən] (*umg*) *unreg vi* to go for a burton.

Flötist(in) [fløˈtɪst(ɪn)] *m(f)* flautist, flutist (*bes US*).

flott [flɔt] *adj* lively; (*elegant*) smart; (*NAUT*) afloat.

Flotte (-, -n) *f* fleet.

Flottenstützpunkt *m* naval base.

flottmachen *vt* (*Schiff*) to float off; (*Auto, Fahrrad etc*) to put back on the road.

Flöz [fløːts] **(-es, -e)** *nt* layer, seam.

Fluch [fluːx] **(-(e)s, ¨e)** *m* curse; **f~en** *vi* to curse, swear.

Flucht [fluxt] **(-, -en)** *f* flight; (*Fenster~*) row; (*Reihe*) range; (*Zimmer~*) suite; (*geglückt*) flight, escape; **jdn/etw in die ~ schlagen** to put sb/sth to flight.

fluchtartig *adj* hasty.

flüchten [ˈflyçtən] *vi* to flee ♦ *vr* to take refuge.

Fluchthilfe *f:* **~ leisten** to aid an escape.

flüchtig *adj* fugitive; (*CHEM*) volatile; (*oberflächlich*) cursory; (*eilig*) fleeting; **~er Speicher** (*COMPUT*) volatile memory; **jdn ~ kennen** to have met sb briefly; **F~keit** *f*

transitoriness; volatility; cursoriness;
F~keitsfehler m careless slip.
Flüchtling m refugee.
Flüchtlingslager nt refugee camp.
Flucht- zW: **~versuch** m escape attempt;
~weg m escape route.
Flug [flu:k] (-(e)s, ⁻e) m flight; **im ~** airborne,
in flight; **wie im ~(e)** (fig) in a flash;
~abwehr f anti-aircraft defence; **~bahn** f
flight path; (Kreisbahn) orbit; **~begleiter(in)**
m(f) (AVIAT) flight attendant; **~blatt** nt
pamphlet.
Flügel ['fly:gəl] (-s, -) m wing; (MUS) grand
piano; **~tür** f double door.
flugfähig adj able to fly; (Flugzeug: in Ordnung)
airworthy.
Fluggast m airline passenger.
flügge ['flygə] adj (fully-)fledged; **~ werden**
(lit) to be able to fly; (fig) to leave the nest.
Flug- zW: **~geschwindigkeit** f flying od air
speed; **~gesellschaft** f airline (company);
~hafen m airport; **~höhe** f altitude (of
flight); **~lotse** m air traffic od flight
controller; **~plan** m flight schedule; **~platz**
m airport; (klein) airfield; **~reise** f flight.
flugs [fluks] adv speedily.
Flug- zW: **~sand** m drifting sand; **~schein** m
pilot's licence (BRIT) od license (US);
~schreiber m flight recorder; **~schrift** f
pamphlet; **~steig** m gate; **~strecke** f air
route; **~verkehr** m air traffic; **~wesen** nt
aviation.
Flugzeug (-(e)s, -e) nt plane, aeroplane (BRIT),
airplane (US); **~entführung** f hijacking of a
plane; **~halle** f hangar; **~träger** m aircraft
carrier.
fluktuieren [fluktu'i:rən] vi to fluctuate.
Flunder ['flundər] (-, -n) f flounder.
flunkern ['fluŋkərn] vi to fib, tell stories.
Fluor ['flu:ɔr] (-s) nt fluorine.
Flur¹ [flu:r] (-(e)s, -e) m hall; (Treppen~)
staircase.
Flur² [flu:r] (-, -en) f (geh) open fields pl; **allein
auf weiter ~ stehen** (fig) to be out on a limb.
Fluss▲ [flus] (-es, ⁻e) m river; (Fließen) flow;
im ~ sein (fig) to be in a state of flux; **etw in
~** akk **bringen** to get sth moving;
f~ab(wärts) adv downstream; **f~auf(wärts)**
adv upstream; **~diagramm** nt flow chart.
flüssig ['flysɪç] adj liquid; (Stil) flowing; **~es
Vermögen** (COMM) liquid assets pl;
~ machen (Geld) to make available; **F~keit** f
liquid; (Zustand) liquidity.
Flussmündung▲ f estuary.
Flusspferd▲ nt hippopotamus.
flüstern ['flystərn] vt, vi to whisper.
Flüsterpropaganda▲ f whispering campaign.
Flut [flu:t] (-, -en) f (lit, fig) flood; (Gezeiten)
high tide; **f~en** vi to flood; **~licht** nt
floodlight.

flutschen ['flutʃən] (umg) vi (rutschen) to
slide; (: funktionieren) to go well.
Flutwelle f tidal wave.
fl. W. abk (= fließendes Wasser) running water.
focht etc [fɔxt] vb siehe **fechten**.
föderativ [fødera'ti:f] adj federal.
Fohlen ['fo:lən] (-s, -) nt foal.
Föhn [fø:n] (-(e)s, -e) m foehn, warm dry
alpine wind; (Haartrockner) hairdryer.
föhnen▲ vt to blow-dry.
Föhre ['fø:rə] (-, -n) f Scots pine.
Folge ['fɔlgə] (-, -n) f series, sequence;
(Fortsetzung) instalment (BRIT), installment
(US); (TV, RUNDF) episode; (Auswirkung)
result; **in rascher ~** in quick succession; **etw
zur ~ haben** to result in sth; **~n haben** to
have consequences; **einer Sache** dat
~ leisten to comply with sth; **~erscheinung** f
result, consequence.
folgen vi +dat to follow ♦ vi (gehorchen) to
obey; **jdm ~ können** (fig) to follow od
understand sb; **daraus folgt, dass ...** it
follows from this that ...
folgend adj following; **im F~en** in the
following; (schriftlich) below.
folgendermaßen ['fɔlgəndər'ma:sən] adv as
follows, in the following way.
folgenreich adj momentous.
folgenschwer adj momentous.
folgerichtig adj logical.
folgern vt: **~ (aus)** to conclude (from).
Folgerung f conclusion.
folgewidrig adj illogical.
folglich ['fɔlklɪç] adv consequently.
folgsam ['fɔlkza:m] adj obedient.
Folie ['fo:liə] (-, -n) f foil.
Folienschweißgerät nt shrink-wrap
machine.
Folklore ['fɔlklo:ər] (-) f folklore.
Folter ['fɔltər] (-, -n) f torture; (Gerät) rack;
jdn auf die ~ spannen (fig) to keep sb on
tenterhooks.
foltern vt to torture.
Fön ® [fø:n] (-(e)s, -e) m hairdryer.
Fonds [fõ:] (-, -) m (lit, fig) fund; (FIN:
Schuldverschreibung) government bond.
fönen△ vt siehe **föhnen**.
Fono-▲, fono-▲ in zW = **Phono-, phono-**.
Fontäne [fɔn'tɛ:nə] (-, -n) f fountain.
foppen ['fɔpən] vt to tease.
forcieren [fɔr'si:rən] vt to push; (Tempo) to
force; (Konsum, Produktion) to push od force
up.
Förderband ['fœrdərbant] nt conveyor belt.
Förderer (-s, -) m patron.
Fördergebiet nt development area.
Förderin f patroness.
Förderkorb m pit cage.
Förderleistung f (MIN) output.
förderlich adj beneficial.

fordern ['fɔrdərn] *vt* to demand; (*fig: kosten: Opfer*) to claim; (: *heraus~*) to challenge.

fördern ['fœrdərn] *vt* to promote; (*unterstützen*) to help; (*Kohle*) to extract; (*finanziell: Projekt*) to sponsor; (*jds Talent, Neigung*) to encourage, foster.

Förderplattform *f* production platform.

Förderstufe *f* (*SCH*) *first stage of secondary school where abilities are judged.*

Förderturm *m* (*MIN*) winding tower; (*auf Bohrstelle*) derrick.

Forderung ['fɔrdərʊŋ] *f* demand.

Förderung ['fœrdərʊŋ] *f* promotion; help; extraction.

Forelle [fo'rɛlə] *f* trout.

Form [fɔrm] (*-, -en*) *f* shape; (*Gestaltung*) form; (*Guss~*) mould; (*Back~*) baking tin; **in ~ von** in the shape of; **in ~ sein** to be in good form *od* shape; **die ~ wahren** to observe the proprieties; **in aller ~** formally.

formal [fɔr'maːl] *adj* formal; (*Besitzer, Grund*) technical.

formalisieren [fɔrmali'ziːrən] *vt* to formalize.

Formalität [fɔrmalɪ'tɛːt] *f* formality; **alle ~en erledigen** to go through all the formalities.

Format [fɔr'maːt] (*-(e)s, -e*) *nt* format; (*fig*) quality.

formatieren [fɔrma'tiːrən] *vt* (*Text, Diskette*) to format.

Formation [fɔrmatsi'oːn] *f* formation.

formbar *adj* malleable.

Formblatt *nt* form.

Formel (*-, -n*) *f* formula; (*von Eid etc*) wording; (*Floskel*) set phrase; **f~haft** *adj* (*Sprache, Stil*) stereotyped.

formell [fɔr'mɛl] *adj* formal.

formen *vt* to form, shape.

Formfehler *m* faux pas, gaffe; (*JUR*) irregularity.

formieren [fɔr'miːrən] *vt* to form ♦ *vr* to form up.

förmlich ['fœrmlɪç] *adj* formal; (*umg*) real; **F~keit** *f* formality.

formlos *adj* shapeless; (*Benehmen etc*) informal; (*Antrag*) unaccompanied by a form *od* any forms.

Formsache *f* formality.

Formular [fɔrmu'laːr] (*-s, -e*) *nt* form.

formulieren [fɔrmu'liːrən] *vt* to formulate.

Formulierung *f* wording.

formvollendet *adj* perfect; (*Vase etc*) perfectly formed.

forsch [fɔrʃ] *adj* energetic, vigorous.

forschen [fɔrʃən] *vi* to search; (*wissenschaftlich*) to (do) research; **~ nach** to search for.

forschend *adj* searching.

Forscher (*-s, -*) *m* research scientist; (*Natur~*) explorer.

Forschung ['fɔrʃʊŋ] *f* research; **~ und Lehre** research and teaching; **~ und Entwicklung** research and development.

Forschungsreise *f* scientific expedition.

Forst [fɔrst] (*-(e)s, -e*) *m* forest; **~arbeiter** *m* forestry worker.

Förster ['fœrstər] (*-s, -*) *m* forester; (*für Wild*) gamekeeper.

Forstwesen *nt* forestry.

Forstwirtschaft *f* forestry.

fort [fɔrt] *adv* away; (*verschwunden*) gone; (*vorwärts*) on; **und so ~** and so on; **in einem ~** incessantly; **~bestehen** *unreg vi* to continue to exist; **~bewegen** *vt, vr* to move away; **~bilden** *vr* to continue one's education; **F~bildung** *f* further education; **~bleiben** *unreg vi* to stay away; **~bringen** *unreg vt* to take away; **F~dauer** *f* continuance; **~dauernd** *adj* continuing; (*in der Vergangenheit*) continued ♦ *adv* constantly, continuously; **~fahren** *unreg vi* to depart; (*~setzen*) to go on, continue; **~führen** *vt* to continue, carry on; **F~gang** *m* (*Verlauf*) progress; (*Weggang*): **F~gang (aus)** departure (from); **~gehen** *unreg vi* to go away; **~geschritten** *adj* advanced; **~kommen** *unreg vi* to get on; (*wegkommen*) to get away; **~können** *unreg vi* to be able to get away; **~lassen** *vt* (*auslassen*) to leave out, omit; (*weggehen lassen*): **jdn ~lassen** to let sb go; **~laufend** *adj*: **~laufend nummeriert** consecutively numbered; **~müssen** *unreg vi* to have to go; **~pflanzen** *vr* to reproduce; **F~pflanzung** *f* reproduction.

FORTRAN ['fɔrtran] *nt* FORTRAN.

Forts. *abk* = **Fortsetzung**.

fortschaffen *vt* to remove.

fortschreiten *unreg vi* to advance.

Fortschritt ['fɔrtʃrɪt] *m* advance; **~e machen** to make progress; **dem ~ dienen** to further progress; **f~lich** *adj* progressive.

fortschrittsgläubig *adj* believing in progress.

fort- *zW*: **~setzen** *vt* to continue; **F~setzung** *f* continuation; (*folgender Teil*) instalment (*BRIT*), installment (*US*); **F~setzung folgt** to be continued; **F~setzungsroman** *m* serialized novel; **~während** *adj* incessant, continual; **~wirken** *vi* to continue to have an effect; **~ziehen** *unreg vt* to pull away ♦ *vi* to move on; (*umziehen*) to move away.

Foto ['foːto] (*-s, -s*) *nt* photo(graph); **ein ~ machen** to take a photo(graph); **~album** *nt* photograph album; **~apparat** *m* camera; **~graf(in)** (*-en, -en*) *m(f)* photographer; **~grafie** *f* photography; (*Bild*) photograph; **f~grafieren** *vt* to photograph ♦ *vi* to take photographs; **~kopie** *f* photocopy; **f~kopieren** *vt* to photocopy; **~kopierer** *m* photocopier; **~kopiergerät** *nt* photocopier.

Foul [faʊl] (*-s, -s*) *nt* foul.

Foyer [foaˈjeː] (**-s, -s**) nt foyer; (in Hotel) lobby, foyer.

FPÖ (-) f abk (= Freiheitliche Partei Österreichs) Austrian Freedom Party.

Fr. abk (= Frau) Mrs, Ms.

Fracht [fraxt] (-, **-en**) f freight; (NAUT) cargo; (Preis) carriage; ~ **zahlt Empfänger** (COMM) carriage forward; ~**brief** m consignment note, waybill.

Frachter (**-s, -**) m freighter.

Fracht- zW: **f~frei** adj (COMM) carriage paid od free; ~**gut** nt freight; ~**kosten** pl (COMM) freight charges pl.

Frack [frak] (**-(e)s, ⁻e**) m tails pl, tail coat.

Frage [ˈfraːgə] (-, **-n**) f question; **jdm eine** ~ **stellen** to ask sb a question, put a question to sb; **das ist gar keine** ~, **das steht außer** ~ there's no question about it; siehe auch **infrage**; ~**bogen** m questionnaire.

fragen vt, vi to ask ♦ vr to wonder; **nach Arbeit/Post** ~ to ask whether there is/was any work/mail; **da fragst du mich zu viel** (umg) I really couldn't say; **nach** od **wegen** (umg) **jdm** ~ to ask for sb; (nach jds Befinden) to ask after sb; **ohne lange zu** ~ without asking a lot of questions.

Fragerei [fraːgəˈraɪ] f questions pl.

Fragestunde f (PARL) question time.

Fragezeichen nt question mark.

fraglich adj questionable, doubtful; (betreffend) in question.

fraglos adv unquestionably.

Fragment [fraˈgmɛnt] nt fragment.

fragmentarisch [fragmɛnˈtaːrɪʃ] adj fragmentary.

fragwürdig [ˈfraːkvʏrdɪç] adj questionable, dubious.

Fraktion [fraktsiˈoːn] f parliamentary party.

Fraktionsvorsitzende(r) f(m) (POL) party whip.

Fraktionszwang m requirement to obey the party whip.

frank [fraŋk] adj frank, candid.

Franken[1] [ˈfraŋkən] nt Franconia.

Franken[2] [ˈfraŋkən] (-, **-**) m: **(Schweizer)** ~ (Swiss) Franc.

Frankfurt [ˈfraŋkfʊrt] (**-s**) nt Frankfurt.

Frankfurter(in) m(f) native of Frankfurt ♦ adj Frankfurt; ~ **Würstchen** pl frankfurters.

frankieren [fraŋˈkiːrən] vt to stamp, frank.

Frankiermaschine f franking machine.

fränkisch [ˈfraŋkɪʃ] adj Franconian.

franko adv carriage paid; (POST) post-paid.

Frankreich [ˈfraŋkraɪç] (**-s**) nt France.

Franse [ˈfranzə] (-, **-n**) f fringe.

fransen vi to fray.

franz. abk = **französisch**.

Franzbranntwein m alcoholic liniment.

Franzose [franˈtsoːzə] (**-n, -n**) m Frenchman; French boy.

Französin [franˈtsøːzɪn] f Frenchwoman; French girl.

französisch adj French; ~**es Bett** double bed.

Fräse [ˈfrɛːzə] (-, **-n**) f (Werkzeug) milling cutter; (für Holz) moulding cutter.

Fraß (**-es, -e**) (pej: umg) m (Essen) muck.

fraß etc [fraːs] vb siehe **fressen**.

Fratze [ˈfratsə] (-, **-n**) f grimace; **eine** ~ **schneiden** to pull od make a face.

Frau [frau] (-, **-en**) f woman; (Ehe~) wife; (Anrede) Mrs, Ms; ~ **Doktor** Doctor.

Frauen- zW: ~**arzt** m gynaecologist (BRIT), gynecologist (US); ~**bewegung** f feminist movement; **f~feindlich** adj anti-women, misogynous; ~**haus** nt women's refuge; ~**quote** f recommended proportion of women (employed); ~**rechtlerin** f feminist; ~**zentrum** nt women's advice centre; ~**zimmer** (pej) nt female, broad (US).

Fräulein [ˈfrɔylaɪn] nt young lady; (Anrede) Miss; (Verkäuferin) assistant (BRIT), sales clerk (US); (Kellnerin) waitress.

fraulich [ˈfraulɪç] adj womanly.

frech [frɛç] adj cheeky, impudent; ~ **wie Oskar sein** (umg) to be a little monkey; **F~dachs** m cheeky monkey; **F~heit** f cheek, impudence; **sich** dat **(einige) F~heiten erlauben** to be a bit cheeky (bes BRIT) od fresh (bes US).

Fregatte [freˈgatə] (-, **-n**) f frigate.

frei [fraɪ] adj free; (Stelle) vacant; (Mitarbeiter) freelance; (Geld) available; (unbekleidet) bare; **aus** ~**en Stücken** od ~**em Willen** of one's own free will; ~ **nach** ... based on ...; **für etw** ~**e Fahrt geben** (fig) to give sth the go-ahead; **der Film ist** ~ **ab 16 (Jahren)** the film may be seen by people of 16 years (of age) and over; **unter** ~**em Himmel** in the open (air); **morgen/Mittwoch ist** ~ tomorrow/Wednesday is a holiday; „**Zimmer** ~" "vacancies"; **auf** ~**er Strecke** (EISENB) between stations; (AUT) on the road; ~**er Wettbewerb** fair/open competition; ~ **Haus** (COMM) carriage paid; ~ **Schiff** (COMM) free on board; ~**e Marktwirtschaft** free market economy; **von etw** ~ **sein** to be free of sth; **im F~en** in the open air; ~ **sprechen** to talk without notes; **F~bad** nt open-air swimming pool; ~**bekommen** unreg vt: **jdn/einen Tag** ~**bekommen** to get sb freed/get a day off; ~**beruflich** adj self-employed; **F~betrag** m tax allowance.

Freier (**-s, -**) m suitor.

Frei- zW: ~**exemplar** nt free copy; **f~geben** unreg vt: **etw zum Verkauf f~geben** to allow sth to be sold on the open market; **f~gebig** adj generous; ~**gebigkeit** f generosity; ~**hafen** m free port; **f~halten** unreg vt to keep free; (bezahlen) to pay for; ~**handel** m free trade; ~**handelszone** f free trade area;

f~händig *adv* (*fahren*) with no hands.

Freiheit *f* freedom; **sich** *dat* **die ~ nehmen, etw zu tun** to take the liberty of doing sth; **f~lich** *adj* liberal; (*Verfassung*) based on the principle of liberty; (*Demokratie*) free.

Freiheits- *zW*: **~beraubung** *f* (*JUR*) wrongful deprivation of personal liberty; **~drang** *m* urge/desire for freedom; **~kampf** *m* fight for freedom; **~kämpfer(in)** *m(f)* freedom fighter; **~rechte** *pl* civil liberties *pl*; **~strafe** *f* prison sentence.

frei- *zW*: **~heraus** *adv* frankly; **F~karte** *f* free ticket; **~kaufen** *vt*: **jdn/sich ~kaufen** to buy sb's/one's freedom; **~kommen** *unreg vi* to get free; **F~körperkultur** *f* nudism; **~lassen** *unreg vt* to (set) free; **F~lauf** *m* freewheeling; **~laufend** *adj* (*Hühner*) free-range; **~legen** *vt* to expose; **~lich** *adv* certainly, admittedly; **ja ~lich!** yes of course; **F~lichtbühne** *f* open-air theatre; **~machen** *vt* (*POST*) to frank ♦ *vr* to arrange to be free; **Tage ~machen** to take days off; **sich ~machen** (*beim Arzt*) to take one's clothes off, strip; **F~maurer** *m* Mason, Freemason.

freimütig ['fraImy:tIç] *adj* frank, honest.

Frei- *zW*: **f~nehmen▲** *vt*: **sich** *dat* **einen Tag f~nehmen** to take a day off; **~raum** *m*: **~raum (zu)** (*fig*) freedom (for); **f~schaffend** *adj attrib* freelance; **~schärler (-s, -)** *m* guerrilla; **f~schwimmen** *vr* (*fig*) to learn to stand on one's own two feet; **f~setzen** *vt* (*Energien*) to release; **f~sinnig** *adj* liberal; **f~sprechanlage** *f* hands-free (headset); (*im Auto*) hands-free (car kit); **f~sprechen** *unreg vt*: **f~sprechen (von)** to acquit (of); **~spruch** *m* acquittal; **f~stehen** *unreg vi*: **es steht dir f~, das zu tun** you are free to do so; **das steht Ihnen völlig f~** that is completely up to you; **f~stellen** *vt*: **jdm etw f~stellen** to leave sth (up) to sb; **~stoß** *m* free kick; **~stunde** *f* free hour; (*SCH*) free period.

Freitag *m* Friday; *siehe auch* **Dienstag**.

freitags *adv* on Fridays.

Frei- *zW*: **~tod** *m* suicide; **~übungen** *pl* (physical) exercises *pl*; **~umschlag** *m* reply-paid envelope; **~wild** *nt* (*fig*) fair game; **f~willig** *adj* voluntary; **~willige(r)** *f(m)* volunteer; **~zeichen** *nt* (*TEL*) ringing tone; **~zeit** *f* spare *od* free time; **~zeitgestaltung** *f* organization of one's leisure time; **f~zügig** *adj* liberal, broad-minded; (*mit Geld*) generous.

fremd [frɛmt] *adj* (*unvertraut*) strange; (*ausländisch*) foreign; (*nicht eigen*) someone else's; **etw ist jdm ~** sth is foreign to sb; **ich bin hier ~** I'm a stranger here; **sich ~ fühlen** to feel like a stranger; **~artig** *adj* strange.

Fremde (-) *f* (*liter*): **die ~** foreign parts *pl*.

Fremde(r) *f(m)* stranger; (*Ausländer*) foreigner.

Fremden- *zW*: **~führer** *m* (tourist) guide; (*Buch*) guide (book); **~legion** *f* foreign legion; **~verkehr** *m* tourism; **~zimmer** *nt* guest room.

fremd- *zW*: **~gehen** *unreg* (*umg*) *vi* to be unfaithful; **F~kapital** *nt* loan capital; **F~körper** *m* foreign body; **~ländisch** *adj* foreign; **F~ling** *m* stranger; **F~sprache** *f* foreign language; **F~sprachenkorrespondentin** *f* bilingual secretary; **~sprachig** *adj attrib* foreign-language; **F~wort** *nt* foreign word.

frenetisch [fre'ne:tIʃ] *adj* frenetic.

Frequenz [fre'kvɛnts] *f* (*RUNDF*) frequency.

Fresse (-, -n) (*umg!*) *f* (*Mund*) gob; (*Gesicht*) mug.

fressen ['frɛsən] *unreg vt, vi* to eat ♦ *vr*: **sich voll** *od* **satt ~** to gorge o.s.; **einen Narren an jdm/etw gefressen haben** to dote on sb/sth.

Freude ['frɔydə] (-, -n) *f* joy, delight; **~ an etw** *dat* **haben** to get *od* derive pleasure from sth; **jdm eine ~ machen** *od* **bereiten** to make sb happy.

Freudenhaus *nt* (*veraltet*) house of ill repute.

Freudentanz *m*: **einen ~ aufführen** to dance with joy.

freudestrahlend *adj* beaming with delight.

freudig *adj* joyful, happy.

freudlos *adj* joyless.

freuen ['frɔyən] *vt unpers* to make happy *od* pleased ♦ *vr* to be glad *od* happy; **sich auf etw** *akk* **~** to look forward to sth; **sich über etw** *akk* **~** to be pleased about sth; **sich zu früh ~** to get one's hopes up too soon.

Freund [frɔynt] (-(e)s, -e) *m* friend; (*Liebhaber*) boyfriend; **ich bin kein ~ von so etwas** I'm not one for that sort of thing; **~in** *f* friend; (*Liebhaberin*) girlfriend; **f~lich** *adj* kind, friendly; **bitte recht f~lich!** smile please!; **würden Sie bitte so f~lich sein und das tun?** would you be so kind as to do that?; **f~licherweise** *adv* kindly; **~lichkeit** *f* friendliness, kindness; **~schaft** *f* friendship; **f~schaftlich** *adj* friendly.

Frevel ['fre:fəl] (-s, -) *m*: **~ (an** +*dat*) crime *od* offence (against); **f~haft** *adj* wicked.

Frieden ['fri:dən] (-s, -) *m* peace; **im ~** in peacetime; **~ schließen** to make one's peace; (*POL*) to make peace; **um des lieben ~s willen** (*umg*) for the sake of peace and quiet; **ich traue dem ~ nicht** (*umg*) something (fishy) is going on.

Friedens- *zW*: **~bewegung** *f* peace movement; **~richter** *m* justice of the peace; **~schluss▲** *m* peace agreement; **~truppe** *f* peace-keeping force; **~verhandlungen** *pl* peace negotiations *pl*; **~vertrag** *m* peace treaty; **~zeit** *f* peacetime.

fried- *zW*: **~fertig** *adj* peaceable; **F~hof** *m* cemetery; **~lich** *adj* peaceful; **etw auf**

~lichem Wege lösen to solve sth by peaceful means.

frieren ['fri:rən] unreg vi to freeze ♦ vt unpers to freeze ♦ vi unpers: heute Nacht hat es gefroren it was below freezing last night; ich friere, es friert mich I am freezing, I'm cold; wie ein Schneider ~ (umg) to be od get frozen to the marrow.

Fries [fri:s] (-es, -e) m (ARCHIT) frieze.

Friese ['fri:zə] (-n, -n) m Fri(e)sian.

Friesin ['fri:zɪn] f Fri(e)sian.

frigid(e) adj frigid.

Frikadelle [frika'dɛlə] f meatball.

frisch [frɪʃ] adj fresh; (lebhaft) lively; ~ gestrichen! wet paint!; sich ~ machen to freshen (o.s.) up; jdn auf ~er Tat ertappen to catch sb red-handed od in the act.

Frische (-) f freshness; liveliness; in alter ~ (umg) as always.

Frischhaltebeutel m airtight bag.

Frischhaltefolie f clingfilm.

frischweg adv (munter) straight out.

Friseur [fri'zø:r] m hairdresser.

Friseuse [fri'zø:zə] f hairdresser.

frisieren [fri'zi:rən] vt (Haar) to do; (fig: Abrechnung) to fiddle, doctor ♦ vr to do one's hair; jdn ~, jdm das Haar ~ to do sb's hair.

Frisiersalon m hairdressing salon.

Frisiertisch m dressing table.

Frisör [fri'zø:r] (-s, -e) m hairdresser.

frisst▲ [frɪst] vb siehe fressen.

Frist [frɪst] (-, -en) f period; (Termin) deadline; eine ~ einhalten/verstreichen lassen to meet a deadline/let a deadline pass; (bei Rechnung) to pay/not to pay within the period stipulated; jdm eine ~ von vier Tagen geben to give sb four days' grace.

fristen vt (Dasein) to lead; (kümmerlich) to eke out.

Fristenlösung f abortion law (permitting abortion in the first three months).

fristgerecht adj within the period stipulated.

fristlos adj (Entlassung) instant.

Frisur [fri'zu:r] f hairdo, hairstyle.

Fritteuse▲ [fri'tø:zə] (-, -n) f chip pan (BRIT), deep fat fryer.

frittieren▲ [fri'ti:rən] vt to deep fry.

frivol [fri'vo:l] adj frivolous.

Frl. abk (= Fräulein) Miss.

froh [fro:] adj happy, cheerful; ich bin ~, dass ... I'm glad that ...

fröhlich ['frø:lɪç] adj merry, happy; F~keit f merriment, gaiety.

frohlocken vi (geh) to rejoice; (pej) to gloat.

Frohsinn m cheerfulness.

fromm [frɔm] adj pious, good; (Wunsch) idle.

Frömmelei [frœmə'laɪ] f false piety.

Frömmigkeit f piety.

frönen ['frø:nən] vi +dat to indulge in.

Fronleichnam [fro:n'laɪçna:m] (-(e)s) m Corpus Christi.

Front [frɔnt] (-, -en) f front; klare ~en schaffen (fig) to clarify the position.

frontal [frɔn'ta:l] adj frontal; F~angriff m frontal attack.

fror etc [fro:r] vb siehe frieren.

Frosch [frɔʃ] (-(e)s, -̈e) m frog; (Feuerwerk) squib; sei kein ~! (umg) be a sport!; ~mann m frogman; ~perspektive f: etw aus der ~perspektive sehen to get a worm's-eye view of sth; ~schenkel m frog's leg.

Frost [frɔst] (-(e)s, -̈e) m frost; f~beständig adj frost-resistant; ~beule f chilblain.

frösteln ['frœstəln] vi to shiver.

frostig adj frosty.

Frostschutzmittel nt anti-freeze.

Frottee [frɔ'te:] (-(s), -s) nt od m towelling.

frottieren [frɔ'ti:rən] vt to rub, towel.

Frottierhandtuch nt towel.

Frottiertuch nt towel.

frotzeln ['frɔtsəln] (umg) vt, vi to tease.

Frucht [frʊxt] (-, -̈e) f (lit, fig) fruit; (Getreide) corn; (Embryo) foetus; f~bar adj fruitful, fertile; ~barkeit f fertility; ~becher m fruit sundae.

Früchtchen ['frʏçtçən] (umg) nt (Tunichtgut) good-for-nothing.

fruchten vi to be of use.

fruchtlos adj fruitless.

Fruchtsaft m fruit juice.

früh [fry:] adj, adv early; heute ~ this morning; von ~ auf from an early age; F~aufsteher (-s, -) m early riser; F~dienst m: F~dienst haben to be on early shift.

Frühe (-) f early morning; in aller ~ at the crack of dawn.

früher adj earlier; (ehemalig) former ♦ adv formerly; ~ war das anders that used to be different; ~ oder später sooner or later.

frühestens adv at the earliest.

Frühgeburt f premature birth; (Kind) premature baby.

Frühjahr nt spring.

Frühjahrsmüdigkeit f springtime lethargy.

Frühjahrsputz m spring-cleaning.

Frühling m spring; im ~ in spring.

früh- zW: ~reif adj precocious; F~rentner m person who has retired early; F~schicht f early shift; F~schoppen m morning/lunchtime drink; F~sport m early morning exercise; F~stück nt breakfast; ~stücken vi to (have) breakfast; F~warnsystem nt early warning system; ~zeitig adj early; (vorzeitig) premature.

Frust (-(e)s) (umg) m frustration.

frustrieren [frʊs'tri:rən] vt to frustrate.

frz. abk = französisch.

FSV abk (= Fußball-Sportverein) F.C.

FU (-) f abk (= Freie Universität Berlin) Berlin University.

Fuchs [fʊks] (**-es, ̈-e**) *m* fox.
fuchsen (*umg*) *vt* to rile, annoy ♦ *vr* to be annoyed.
Füchsin ['fʏksɪn] *f* vixen.
fuchsteufelswild *adj* hopping mad.
Fuchtel ['fʊxtl] (**-, -n**) *f* (*fig: umg*): **unter jds ~** under sb's control *od* thumb.
fuchteln ['fʊxtəln] *vi* to gesticulate wildly.
Fuge ['fuːɡə] (**-, -n**) *f* joint; (*MUS*) fugue.
fügen ['fyːɡən] *vt* to place, join ♦ *vr unpers* to happen ♦ *vr*: **sich ~ (in** +*akk*) to be obedient (to); (*anpassen*) to adapt o.s. (to).
fügsam ['fyːkzaːm] *adj* obedient.
fühlbar *adj* perceptible, noticeable.
fühlen ['fyːlən] *vt, vi, vr* to feel.
Fühler (**-s, -**) *m* feeler.
Fühlung *f*: **mit jdm in ~ bleiben/stehen** to stay/be in contact *od* touch with sb.
fuhr *etc* [fuːr] *vb siehe* **fahren**.
Fuhre (**-, -n**) *f* (*Ladung*) load.
führen ['fyːrən] *vt* to lead; (*Geschäft*) to run; (*Name*) to bear; (*Buch*) to keep; (*im Angebot haben*) to stock ♦ *vi* to lead ♦ *vr* to behave; **was führt Sie zu mir?** (*form*) what brings you to me?; **Geld/seine Papiere bei sich ~** (*form*) to carry money/one's papers on one's person; **das führt zu nichts** that will come to nothing.
Führer(in) ['fyːrər(ɪn)] (**-s, -**) *m(f)* leader; (*Fremden~*) guide; **~haus** *nt* cab; **~schein** *m* driving licence (*BRIT*), driver's license (*US*); **den ~schein machen** (*AUT*) to learn to drive; (*die Prüfung ablegen*) to take one's (driving) test; **~scheinentzug** *m* disqualification from driving.
Fuhrmann ['fuːrman] (**-(e)s,** *pl* **-leute**) *m* carter.
Führung ['fyːrʊŋ] *f* leadership; (*eines Unternehmens*) management; (*MIL*) command; (*Benehmen*) conduct; (*Museums~*) conducted tour.
Führungs- *zW*: **~kraft** *f* executive; **~stab** *m* (*MIL*) command; (*COMM*) top management; **~stil** *m* management style; **~zeugnis** *nt* certificate of good conduct.
Fuhrunternehmen *nt* haulage business.
Fuhrwerk *nt* cart.
Fülle ['fʏlə] (**-**) *f* wealth, abundance.
Füllen (**-s, -**) *nt* foal.
füllen *vt* to fill; (*KOCH*) to stuff ♦ *vr* to fill (up).
Füller (**-s, -**) *m* fountain pen.
Füllfederhalter *m* fountain pen.
Füllgewicht *nt* (*COMM*) weight at time of packing; (*auf Dosen*) net weight.
füllig ['fʏlɪç] *adj* (*Mensch*) corpulent, portly; (*Figur*) ample.
Füllung *f* filling; (*Holz~*) panel.
fummeln ['fʊməln] (*umg*) *vi* to fumble.
Fund [fʊnt] (**-(e)s, -e**) *m* find.
Fundament [fʊndaˈmɛnt] *nt* foundation.

fundamental *adj* fundamental.
Fundamentalismus *m* fundamentalism.
Fundbüro *nt* lost property office, lost and found (*US*).
Fundgrube *f* (*fig*) treasure trove.
fundieren [fʊnˈdiːrən] *vt* to back up.
fundiert *adj* sound.
fündig ['fʏndɪç] *adj* (*MIN*) rich; **~ werden** to make a strike; (*fig*) to strike it lucky.
Fundsachen *pl* lost property *sing*.
fünf [fʏnf] *num* five; **seine ~ Sinne beisammen haben** to have all one's wits about one; **~(e) gerade sein lassen** (*umg*) to turn a blind eye; **~hundert** *num* five hundred; **~jährig** *adj* (*Frist, Plan*) five-year; (*Kind*) five-year-old; **F~kampf** *m* pentathlon.
Fünfprozentklausel *f* (*PARL*) *clause debarring parties with less than 5% of the vote from Parliament.*

FÜNFPROZENTKLAUSEL

*The **Fünfprozentklausel** is a rule in German Federal elections whereby only those parties who collect at least 5% of the second vote (**Zweitstimme**) receive a parliamentary seat. This is to avoid the parliament being made up of a large number of very small parties which, in the Weimar Republic, led to political instability.*

Fünftagewoche *f* five-day week.
fünfte(r, s) *adj* fifth.
Fünftel (**-s, -**) *nt* fifth.
fünfzehn *num* fifteen.
fünfzig *num* fifty.
fungieren [fʊŋˈɡiːrən] *vi* to function; (*Person*) to act.
Funk [fʊŋk] (**-s**) *m* radio, wireless (*BRIT old*); **~ausstellung** *f* radio and television exhibition.
Funke (**-ns, -n**) *m* (*lit, fig*) spark.
funkeln *vi* to sparkle.
funkelnagelneu (*umg*) *adj* brand-new.
Funken (**-s, -**) *m* = **Funke**.
funken *vt* to radio.
Funker (**-s, -**) *m* radio operator.
Funk- *zW*: **~gerät** *nt* radio set; **~haus** *nt* broadcasting centre; **~kolleg** *nt* educational radio broadcasts *pl*; **~rufempfänger** *m* (*TELEC*) pager, paging device; **~spot** *m* advertisement on the radio; **~sprechgerät** *nt* radio telephone; **~spruch** *m* radio signal; **~station** *f* radio station; **~stille** *f* (*fig*) ominous silence; **~streife** *f* police radio patrol; **~taxi** *nt* radio taxi; **~telefon** *nt* cell phone; **~telefonnetz** *nt* radio telephone network.
Funktion [fʊŋktsiˈoːn] *f* function; **in ~ treten/sein** to come into/be in operation.
Funktionär(in) [fʊŋktsioˈnɛːr(ɪn)] (**-s, -e**) *m(f)*

functionary, official.

funktionieren [fuŋktsio'niːrən] *vi* to work, function.

Funktions- *zW*: **f~fähig** *adj* working; **~taste** *f* (*COMPUT*) function key; **f~tüchtig** *adj* in working order.

Funzel [funtsəl] (-, -n) (*umg*) *f* dim lamp.

für [fyːr] *präp +akk* for; **was ~** what kind *od* sort of; **~s Erste** for the moment; **was Sie da sagen, hat etwas ~ sich** there's something in what you're saying; **Tag ~ Tag** day after day; **Schritt ~ Schritt** step by step; **das F~ und Wider** the pros and cons *pl*; **F~bitte** *f* intercession.

Furche ['furçə] (-, -n) *f* furrow.

furchen *vt* to furrow.

Furcht [furçt] (-) *f* fear; **f~bar** *adj* terrible, awful.

fürchten ['fyrçtən] *vt* to be afraid of, fear ♦ *vr*: **sich ~ (vor +dat)** to be afraid (of).

fürchterlich *adj* awful.

furchtlos *adj* fearless.

furchtsam *adj* timorous.

füreinander [fyːr|ai'nandər] *adv* for each other.

Furie ['fuːriə] (-, -n) *f* (*MYTHOLOGIE*) fury; (*fig*) hellcat.

Furnier [fur'niːr] (-s, -e) *nt* veneer.

Furore [fu'roːrə] *f od nt*: **~ machen** (*umg*) to cause a sensation.

fürs [fyːrs] = **für das**.

Fürsorge ['fyːrzɔrgə] *f* care; (*Sozial~*) welfare; **von der ~ leben** to live on social security (*BRIT*) *od* welfare (*US*); **~amt** *nt* welfare office.

Fürsorger(in) (-s, -) *m(f)* welfare worker.

Fürsorgeunterstützung *f* social security (*BRIT*), welfare benefit (*US*).

fürsorglich *adj* caring.

Fürsprache *f* recommendation; (*um Gnade*) intercession.

Fürsprecher *m* advocate.

Fürst [fyrst] (-en, -en) *m* prince.

Fürstentum *nt* principality.

Fürstin *f* princess.

fürstlich *adj* princely.

Furt [furt] (-, -en) *f* ford.

Furunkel [fu'ruŋkəl] (-s, -) *nt od m* boil.

Fürwort ['fyːrvɔrt] *nt* pronoun.

furzen ['furtsən] (*umg!*) *vi* to fart (!).

Fusion [fuzi'oːn] *f* amalgamation; (*von Unternehmen*) merger; (*von Atomkernen, Zellen*) fusion.

fusionieren [fuzio'niːrən] *vt* to amalgamate.

Fuß [fuːs] (-es, -̈e) *m* foot; (*von Glas, Säule etc*) base; (*von Möbel*) leg; **zu ~** on foot; **bei ~!** heel!; **jdm etw vor die Füße werfen** (*lit*) to throw sth at sb; (*fig*) to tell sb to keep sth; (**festen**) **~ fassen** (*lit, fig*) to gain a foothold; (*sich niederlassen*) to settle down; **mit jdm**

auf gutem ~ stehen to be on good terms with sb; **auf großem ~ leben** to live the high life.

Fußball *m* football; **~platz** *m* football pitch; **~spiel** *nt* football match; **~spieler** *m* footballer (*BRIT*), football player (*US*); **~toto** *m od nt* football pools *pl*.

Fußboden *m* floor; **~heizung** *f* underfloor heating.

Fußbremse *f* (*AUT*) foot brake.

fusselig ['fusəliç] *adj*: **sich** *dat* **den Mund ~ reden** (*umg*) to talk till one is blue in the face.

fusseln ['fusəln] *vi* (*Stoff, Kleid etc*) to go bobbly (*umg*).

fußen *vi*: **~ auf** +*dat* to rest on, be based on.

Fuß- *zW*: **~ende** *nt* foot; **~gänger(in)** (-s, -) *m(f)* pedestrian; **~gängerüberführung** *f* pedestrian bridge; **~gängerzone** *f* pedestrian precinct; **~leiste** *f* skirting board (*BRIT*), baseboard (*US*); **~nagel** *m* toenail; **~note** *f* footnote; **~pfleger** *m* chiropodist; **~pilz** *m* (*MED*) athlete's foot; **~spur** *f* footprint; **~stapfen** (-s, -) *m*: **in jds ~stapfen treten** (*fig*) to follow in sb's footsteps; **~tritt** *m* kick; (*Spur*) footstep; **~volk** *nt* (*fig*): **das ~volk** the rank and file; **~weg** *m* footpath.

futsch [futʃ] (*umg*) *adj* (*weg*) gone, vanished.

Futter ['futər] (-s, -) *nt* fodder, feed; (*Stoff*) lining.

Futteral [futə'raːl] (-s, -e) *nt* case.

futtern ['futərn] *vi* (*hum: umg*) to stuff o.s. ♦ *vt* to scoff.

füttern ['fytərn] *vt* to feed; (*Kleidung*) to line; „**F~ verboten**" "do not feed the animals".

Futur [fu'tuːr] (-s, -e) *nt* future.

G, g

G, g¹ [geː] *nt* G, g; **~ wie Gustav** ≈ G for George.

g² *abk* (*ÖSTERR*) = **Groschen**; (= *Gramm*) g.

gab *etc* [gaːp] *vb siehe* **geben**.

Gabe ['gaːbə] (-, -n) *f* gift.

Gabel ['gaːbəl] (-, -n) *f* fork; (*TEL*) rest, cradle; **~frühstück** *nt* mid-morning light lunch; **~stapler** (-s, -) *m* fork-lift truck.

gabeln *vr* to fork.

Gabelung *f* fork.

Gabentisch ['gaːbəntiʃ] *m table for Christmas or birthday presents.*

Gabun [ga'buːn] *nt* Gabon.

gackern ['gakərn] *vi* to cackle.

gaffen ['gafən] *vi* to gape.
Gag [gɛk] (**-s, -s**) *m* (*Film~*) gag; (*Werbe~*) gimmick.
Gage ['ga:ʒə] (**-, -n**) *f* fee.
gähnen ['gɛ:nən] *vi* to yawn; **~de Leere** total emptiness.
GAL (**-**) *f abk* (= *Grün-Alternative Liste*) electoral pact of Greens and alternative parties.
Gala ['gala] (**-**) *f* formal dress.
galant [ga'lant] *adj* gallant, courteous.
Galavorstellung *f* (*THEAT*) gala performance.
Galerie [galə'ri:] *f* gallery.
Galgen ['galgən] (**-s, -**) *m* gallows *pl*; **~frist** *f* respite; **~humor** *m* macabre humour (*BRIT*) *od* humor (*US*); **~strick** (*umg*) *m*, **~vogel** (*umg*) *m* gallows bird.
Galionsfigur [gali'o:nsfigu:r] *f* figurehead.
gälisch ['gɛ:lɪʃ] *adj* Gaelic.
Galle ['galə] (**-, -n**) *f* gall; (*Organ*) gall bladder; **jdm kommt die ~ hoch** sb's blood begins to boil.
Galopp [ga'lɔp] (**-s, -s** *od* **-e**) *m* gallop; **im ~** (*lit*) at a gallop; (*fig*) at top speed.
galoppieren [galɔ'pi:rən] *vi* to gallop.
galt *etc* [galt] *vb siehe* **gelten**.
galvanisieren [galvani'zi:rən] *vt* to galvanize.
Gamasche [ga'maʃə] (**-, -n**) *f* gaiter; (*kurz*) spat.
Gameboy ® ['ge:mbɔy] *m* (*COMPUT*) games console.
Gammastrahlen ['gamaʃtra:lən] *pl* gamma rays *pl*.
gamm(e)lig ['gam(ə)lɪç] (*umg*) *adj* (*Kleidung*) tatty.
gammeln ['gaməln] (*umg*) *vi* to loaf about.
Gammler(in) ['gamlər(ɪn)] (**-s, -**) *m(f)* dropout.
Gämse▲ ['gɛmzə] (**-, -n**) *f* chamois.
Gang¹ [gaŋ] (**-(e)s, ⁻e**) *m* walk; (*Boten~*) errand; (*~art*) gait; (*Abschnitt eines Vorgangs*) operation; (*Essens~, Ablauf*) course; (*Flur etc*) corridor; (*Durch~*) passage; (*AUT, TECH*) gear; (*THEAT, AVIAT, in Kirche*) aisle; **den ersten ~ einlegen** to engage first (gear); **einen ~ machen/tun** to go on an errand/for a walk; **den ~ nach Canossa antreten** (*fig*) to eat humble pie; **seinen gewohnten ~ gehen** (*fig*) to run its usual course; **in ~ bringen** to start up; (*fig*) to get off the ground; **in ~ sein** to be in operation; (*fig*) to be under way.
Gang² [gɛŋ] (**-, -s**) *f* gang.
gang *adj*: **~ und gäbe** usual, normal.
Gangart *f* way of walking, walk, gait; (*von Pferd*) gait; **eine härtere ~ einschlagen** (*fig*) to apply harder tactics.
gangbar *adj* passable; (*Methode*) practicable.
Gängelband ['gɛŋəlbant] *nt*: **jdn am ~ halten** (*fig*) to spoon-feed sb.
gängeln *vt* to spoonfeed; **jdn ~** to treat sb

like a child.
gängig ['gɛŋɪç] *adj* common, current; (*Ware*) in demand, selling well.
Gangschaltung *f* gears *pl*.
Gangway ['gæŋweɪ] *f* (*NAUT*) gangway; (*AVIAT*) steps *pl*.
Ganove [ga'no:və] (**-n, -n**) (*umg*) *m* crook.
Gans [gans] (**-, ⁻e**) *f* goose.
Gänse- *zW*: **~blümchen** *nt* daisy; **~braten** *m* roast goose; **~füßchen** (*umg*) *pl* inverted commas *pl* (*BRIT*), quotes *pl*; **~haut** *f* goose pimples *pl*; **~marsch** *m*: **im ~marsch** in single file.
Gänserich (**-s, -e**) *m* gander.
ganz [gants] *adj* whole; (*vollständig*) complete ♦ *adv* quite; (*völlig*) completely; (*sehr*) really; (*genau*) exactly; **~ Europa** all Europe; **im (Großen und) G~en genommen** on the whole, all in all; **etw wieder ~ machen** to mend sth; **sein ~es Geld** all his money; **~ gewiss!** absolutely; **ein ~ klein wenig** just a tiny bit; **das mag ich ~ besonders gern(e)** I'm particularly fond of that; **sie ist ~ die Mutter** she's just *od* exactly like her mother; **~ und gar nicht** not at all.
Ganze(s) *nt*: **es geht ums ~** everything's at stake; **aufs ~ gehen** to go for the lot.
Ganzheitsmethode ['gantshaɪtsmeto:də] *f* (*SCH*) look-and-say method.
gänzlich ['gɛntslɪç] *adj* complete, entire ♦ *adv* completely, entirely.
ganztägig ['gantstɛ:gɪç] *adj* all-day *attrib*.
ganztags *adv* (*arbeiten*) full time.
gar [ga:r] *adj* cooked, done ♦ *adv* quite; **~ nicht/nichts/keiner** not/nothing/nobody at all; **~ nicht schlecht** not bad at all; **~ kein Grund** no reason whatsoever *od* at all; **er wäre ~ zu gern noch länger geblieben** he would really have liked to stay longer.
Garage [ga'ra:ʒə] (**-, -n**) *f* garage.
Garantie [garan'ti:] *f* guarantee; **das fällt noch unter die ~** that's covered by the guarantee.
garantieren *vt* to guarantee.
garantiert *adv* guaranteed; (*umg*) I bet.
Garantieschein *m* guarantee.
Garaus ['ga:raus] (*umg*) *m*: **jdm den ~ machen** to do sb in.
Garbe ['garbə] (**-, -n**) *f* sheaf; (*MIL*) burst of fire.
Garde ['gardə] (**-, -n**) *f* guard(s); **die alte ~** the old guard.
Garderobe [gardə'ro:bə] (**-, -n**) *f* wardrobe; (*Abgabe*) cloakroom (*BRIT*), checkroom (*US*); (*Kleiderablage*) hall stand; (*THEAT: Umkleideraum*) dressing room.
Garderobenfrau *f* cloakroom attendant.
Garderobenständer *m* hall stand.
Gardine [gar'di:nə] (**-, -n**) *f* curtain.
Gardinenpredigt (*umg*) *f*: **jdm eine ~ halten** to give sb a talking-to.

Gardinenstange f curtain rail; (zum Ziehen) curtain rod.

garen ['gaːrən] vt, vi (KOCH) to cook.

gären ['gɛːrən] unreg vi to ferment.

Garn [garn] (-(e)s, -e) nt thread; (Häkel~, fig) yarn.

Garnele [gar'neːlə] (-, -n) f shrimp, prawn.

garnieren [gar'niːrən] vt to decorate; (Speisen) to garnish.

Garnison [garni'zoːn] (-, -en) f garrison.

Garnitur [garni'tuːr] f (Satz) set; (Unterwäsche) set of (matching) underwear; **erste** ~ (fig) top rank; **zweite** ~ second rate.

garstig ['garstɪç] adj nasty, horrid.

Garten ['gartən] (-s, ⁻) m garden; ~**arbeit** f gardening; ~**bau** m horticulture; ~**fest** nt garden party; ~**gerät** nt gardening tool; ~**haus** nt summerhouse; ~**kresse** f cress; ~**laube** f (~häuschen) summerhouse; ~**lokal** nt beer garden; ~**schere** f pruning shears pl; ~**tür** f garden gate; ~**zaun** m garden fence; ~**zwerg** m garden gnome; (pej: umg) squirt.

Gärtner(in) ['gɛrtnər(ɪn)] (-s, -) m(f) gardener.

Gärtnerei [gɛrtnə'rai] f nursery; (Gemüse~) market garden (BRIT), truck farm (US).

gärtnern vi to garden.

Gärung ['gɛːrʊŋ] f fermentation.

Gas [gaːs] (-es, -e) nt gas; ~ **geben** (AUT) to accelerate, step on the gas.

Gascogne [gas'kɔnjə] f Gascony.

Gas- zW: ~**flasche** f bottle of gas, gas canister; **g~förmig** adj gaseous; ~**hahn** m gas tap; ~**herd** m gas cooker; ~**kocher** m gas cooker; ~**leitung** f gas pipeline; ~**maske** f gas mask; ~**pedal** nt accelerator, gas pedal (US); ~**pistole** f gas pistol.

Gasse ['gasə] (-, -n) f lane, alley.

Gassenhauer (-s, -) (veraltet: umg) m popular melody.

Gassenjunge m street urchin.

Gast [gast] (-es, ⁻e) m guest; **bei jdm zu** ~ **sein** to be sb's guest(s); ~**arbeiter** m foreign worker.

Gäste- zW: ~**bett** nt spare bed; ~**buch** nt visitors' book; ~**zimmer** nt guest room.

Gast- zW: **g~freundlich** adj hospitable; ~**freundlichkeit** f hospitality; ~**freundschaft** f hospitality; ~**geber(in)** (-s, -) m(f) host(ess); ~**haus** nt hotel, inn; ~**hof** m hotel, inn; ~**hörer(in)** m(f) (UNIV) observer, auditor (US).

gastieren [gas'tiːrən] vi (THEAT) to (appear as a) guest.

Gast- zW: ~**land** nt host country; **g~lich** adj hospitable; ~**lichkeit** f hospitality; ~**rolle** f (THEAT) guest role; **eine ~rolle spielen** to make a guest appearance.

Gastronomie [gastrono'miː] f (form: Gaststättengewerbe) catering trade.

gastronomisch [gastro'noːmɪʃ] adj gastronomic(al).

Gast- zW: ~**spiel** nt (SPORT) away game; **ein ~spiel geben** (THEAT) to give a guest performance; (fig) to put in a brief appearance; ~**stätte** f restaurant; (Trinklokal) pub; ~**wirt** m innkeeper; ~**wirtschaft** f hotel, inn; ~**zimmer** nt guest room.

Gas- zW: ~**vergiftung** f gas poisoning; ~**versorgung** f (System) gas supply; ~**werk** nt gasworks sing od pl; ~**zähler** m gas meter.

Gatte ['gatə] (-n, -n) m (form) husband, spouse; **die ~n** husband and wife.

Gatter ['gatər] (-s, -) nt grating; (Tür) gate.

Gattin f (form) wife, spouse.

Gattung ['gatʊŋ] f (BIOL) genus; (Sorte) kind.

GAU [gau] m abk (= größter anzunehmender Unfall) MCA, maximum credible accident.

Gaudi ['gaudi] (SÜDD, ÖSTERR: umg) nt od f fun.

Gaukler ['gauklər] (-s, -) m (liter) travelling entertainer; (Zauberkünstler) conjurer, magician.

Gaul [gaul] (-(e)s, Gäule) (pej) m nag.

Gaumen ['gaumən] (-s, -) m palate.

Gauner ['gaunər] (-s, -) m rogue.

Gaunerei [gaunə'rai] f swindle.

Gaunersprache f underworld jargon.

Gaze ['gaːzə] (-, -n) f gauze.

Geäst [gə'ɛst] nt branches pl.

geb. abk = **geboren**.

Gebäck [gə'bɛk] (-(e)s, -e) nt (Kekse) biscuits pl (BRIT), cookies pl (US); (Teilchen) pastries pl.

gebacken [gə'bakən] pp von **backen**.

Gebälk [gə'bɛlk] (-(e)s) nt timberwork.

gebannt [gə'bant] adj spellbound.

gebar etc [gə'baːr] vb siehe **gebären**.

Gebärde [gə'bɛːrdə] (-, -n) f gesture.

gebärden vr to behave.

Gebaren [gə'baːrən] (-s) nt behaviour (BRIT), behavior (US); (Geschäfts~) conduct.

gebären [gə'bɛːrən] unreg vt to give birth to.

Gebärmutter f uterus, womb.

Gebäude [gə'bɔydə] (-s, -) nt building; ~**komplex** m (building) complex; ~**reinigung** f (das Reinigen) commercial cleaning; (Firma) cleaning contractors pl.

Gebein [gə'bain] (-(e)s, -e) nt bones pl.

Gebell [gə'bɛl] (-(e)s) nt barking.

geben ['geːbən] unreg vt, vi to give; (Karten) to deal ♦ vt unpers: **es gibt** there is/are; there will be ♦ vr (sich verhalten) to behave, act; (aufhören) to abate; **jdm etw** ~ to give sb sth od sth to sb; **in die Post** ~ to post; **das gibt keinen Sinn** that doesn't make sense; **er gibt Englisch** he teaches English; **viel/nicht viel auf etw** akk ~ to set great store/not much store by sth; **etw von sich** ~ (Laute etc) to utter; **ein Wort gab das andere** one angry word led to another; **ein gutes Beispiel** ~ to set a good example; ~ **Sie mir bitte Herrn Braun** (*TEL*) can I speak to Mr Braun please?; **ein Auto in Reparatur** ~ to have a car repaired; **was gibts?** what's the matter?, what's up?; **was gibts zum Mittagessen?** what's for lunch?; **das gibts doch nicht!** that's impossible!; **sich geschlagen** ~ to admit defeat; **das wird sich schon** ~ that'll soon sort itself out.

Gebet [gə'be:t] (-(e)s, -e) *nt* prayer; **jdn ins** ~ **nehmen** (*fig*) to take sb to task.

gebeten [gə'be:tən] *pp von* **bitten**.

gebeugt [gə'bɔykt] *adj* (*Haltung*) stooped; (*Kopf*) bowed; (*Schultern*) sloping.

gebiert [gə'bi:rt] *vb siehe* **gebären**.

Gebiet [gə'bi:t] (-(e)s, -e) *nt* area; (*Hoheits~*) territory; (*fig*) field.

gebieten *unreg vt* to command, demand.

Gebieter (-s, -) *m* master; (*Herrscher*) ruler; ~**in** *f* mistress; **g~isch** *adj* imperious.

Gebietshoheit *f* territorial sovereignty.

Gebilde [gə'bɪldə] (-s, -) *nt* object, structure.

gebildet *adj* cultured, educated.

Gebimmel [gə'bɪməl] (-s) *nt* (*continual*) ringing.

Gebirge [gə'bɪrgə] (-s, -) *nt* mountains *pl*.

gebirgig *adj* mountainous.

Gebirgs- *zW:* ~**bahn** *f railway crossing a mountain range;* ~**kette** *f*, ~**zug** *m* mountain range.

Gebiss▲ [gə'bɪs] (-es, -e) *nt* teeth *pl*; (*künstlich*) dentures *pl*.

gebissen *pp von* **beißen**.

Gebläse [gə'blɛːzə] (-s, -) *nt* fan, blower.

geblasen [gə'blaːzən] *pp von* **blasen**.

geblichen [gə'blɪçən] *pp von* **bleichen**.

geblieben [gə'bliːbən] *pp von* **bleiben**.

geblümt [gə'blyːmt] *adj* flowered; (*Stil*) flowery.

Geblüt [gə'blyːt] (-(e)s) *nt* blood, race.

gebogen [gə'boːgən] *pp von* **biegen**.

geboren [gə'boːrən] *pp von* **gebären** ♦ *adj* born; (*Frau*) née; **wo sind Sie** ~? where were you born?

geborgen [gə'bɔrgən] *pp von* **bergen** ♦ *adj* secure, safe.

geborsten [gə'bɔrstən] *pp von* **bersten**.

Gebot (-(e)s, -e) *nt* (*Gesetz*) law; (*REL*) commandment; (*bei Auktion*) bid; **das** ~ **der Stunde** the needs of the moment.

gebot *etc* [gə'boːt] *vb siehe* **gebieten**.

geboten [gə'boːtən] *pp von* **bieten, gebieten** ♦ *adj* (*geh: ratsam*) advisable; (: *notwendig*) necessary; (: *dringend* ~) imperative.

Gebr. *abk* (= *Gebrüder*) Bros., bros.

gebracht [gə'braxt] *pp von* **bringen**.

gebrannt [gə'brant] *pp von* **brennen** ♦ *adj*: **ein** ~**es Kind scheut das Feuer** (*Sprichwort*) once bitten twice shy (*Sprichwort*).

gebraten [gə'braːtən] *pp von* **braten**.

Gebräu [gə'brɔy] (-(e)s, -e) *nt* brew, concoction.

Gebrauch [gə'braux] (-(e)s, Gebräuche) *m* use; (*Sitte*) custom; **zum äußerlichen/innerlichen** ~ for external use/to be taken internally.

gebrauchen *vt* to use; **er/das ist zu nichts zu** ~ he's/that's (of) no use to anybody.

gebräuchlich [gə'brɔyçlɪç] *adj* usual, customary.

Gebrauchs- *zW:* ~**anweisung** *f* directions *pl* for use; ~**artikel** *m* article of everyday use; **g~fertig** *adj* ready for use; ~**gegenstand** *m* commodity.

gebraucht [gə'brauxt] *adj* used; **G~wagen** *m* second-hand *od* used car.

gebrechlich [gə'brɛçlɪç] *adj* frail; **G~keit** *f* frailty.

gebrochen [gə'brɔxən] *pp von* **brechen**.

Gebrüder [gə'bryːdər] *pl* brothers *pl*.

Gebrüll [gə'bryl] (-(e)s) *nt* (*von Mensch*) yelling; (*von Löwe*) roar.

gebückt [gə'bʏkt] *adj*: **eine** ~**e Haltung** a stoop.

Gebühr [gə'byːr] (-, -en) *f* charge; (*Post~*) postage *no pl*; (*Honorar*) fee; **zu ermäßigter** ~ at a reduced rate; ~ **(be)zahlt Empfänger** postage to be paid by addressee; **nach** ~ suitably; **über** ~ excessively.

gebühren *vi* (*geh*): **jdm** ~ to be sb's due *od* due to sb ♦ *vr* to be fitting.

gebührend *adj* (*verdient*) due; (*angemessen*) suitable.

Gebühren- *zW:* ~**einheit** *f* (*TEL*) tariff unit; ~**erlass**▲ *m* remission of fees; ~**ermäßigung** *f* reduction of fees; **g~frei** *adj* free of charge; **g~pflichtig** *adj* subject to charges; **g~pflichtige Verwarnung** (*JUR*) fine.

gebunden [gə'bʊndən] *pp von* **binden** ♦ *adj*: **vertraglich** ~ **sein** to be bound by contract.

Geburt [gə'buːrt] (-, -en) *f* birth; **das war eine schwere** ~! (*fig: umg*) that took some doing.

Geburten- *zW:* ~**kontrolle** *f* birth control; ~**regelung** *f* birth control; ~**rückgang** *m* drop in the birth rate; **g~schwach** *adj* (*Jahrgang*) with a low birth rate; ~**ziffer** *f* birth rate.

gebürtig [gə'bʏrtɪç] *adj* born in, native of; ~**e Schweizerin** native of Switzerland, Swiss-born woman.

Geburts- *zW:* ~**anzeige** *f* birth notice; ~**datum** *nt* date of birth; ~**fehler** *m* congenital defect; ~**helfer** *m* (*Arzt*) obstetrician; ~**helferin** *f* (*Ärztin*) obstetrician; (*Hebamme*) midwife; ~**hilfe** *f* (*als Fach*) obstetrics *sing*; (*von Hebamme*) midwifery; ~**jahr** *nt* year of birth; ~**ort** *m* birthplace; ~**tag** *m* birthday; **herzlichen Glückwunsch zum** ~**tag!** happy birthday!, many happy returns (of the day)!; ~**urkunde** *f* birth certificate.

Gebüsch [gə'byʃ] (-(e)s, -e) *nt* bushes *pl*.

gedacht [gə'daxt] *pp von* **denken, gedenken**.

gedachte *etc vb siehe* **gedenken**.

Gedächtnis [gə'dɛçtnɪs] **(-ses, -se)** *nt* memory; **wenn mich mein ~ nicht trügt** if my memory serves me right; **~feier** *f* commemoration; **~hilfe** *f* memory aid, mnemonic; **~schwund** *m* loss of memory; **~verlust** *m* amnesia.

gedämpft [gə'dɛmpft] *adj* (*Geräusch*) muffled; (*Farben, Instrument, Stimmung*) muted; (*Licht, Freude*) subdued.

Gedanke [gə'daŋkə] **(-ns, -n)** *m* thought; (*Idee, Plan, Einfall*) idea; (*Konzept*) concept; **sich über etw** *akk* **~n machen** to think about sth; **jdn auf andere ~n bringen** to make sb think about other things; **etw ganz in ~n** *dat* **tun** to do sth without thinking; **auf einen ~n kommen** to have *od* get an idea.

Gedanken- *zW:* **~austausch** *m* exchange of ideas; **~freiheit** *f* freedom of thought; **g~los** *adj* thoughtless; **~losigkeit** *f* thoughtlessness; **~sprung** *m* mental leap; **~strich** *m* dash; **~übertragung** *f* thought transference, telepathy; **g~verloren** *adj* lost in thought; **g~voll** *adj* thoughtful.

Gedärme [gə'dɛrmə] *pl* intestines *pl*.

Gedeck [gə'dɛk] **(-(e)s, -e)** *nt* cover(ing); (*Menü*) set meal; **ein ~ auflegen** to lay a place.

gedeckt *adj* (*Farbe*) muted.

Gedeih *m:* **auf ~ und Verderb** for better or for worse.

gedeihen [gə'daɪən] *unreg vi* to thrive, prosper; **die Sache ist so weit gediehen, dass ...** the matter has reached the point *od* stage where ...

gedenken [gə'dɛŋkən] *unreg vi +gen* (*geh: denken an*) to remember; (*beabsichtigen*) to intend; **G~** *nt:* **zum G~ an jdn** in memory *od* remembrance of sb.

Gedenk- *zW:* **~feier** *f* commemoration; **~minute** *f* minute's silence; **~stätte** *f* memorial; **~tag** *m* remembrance day.

Gedicht [gə'dɪçt] **(-(e)s, -e)** *nt* poem.

gediegen [gə'di:gən] *adj* (good) quality; (*Mensch*) reliable; (*rechtschaffen*) honest; **G~heit** *f* quality; reliability; honesty.

gedieh *etc* [gə'di:] *vb siehe* **gedeihen**.

gediehen *pp von* **gedeihen**.

gedr. *abk* = **gedruckt**.

Gedränge [gə'drɛŋə] **(-s)** *nt* crush, crowd; **ins ~ kommen** (*fig*) to get into difficulties.

gedrängt *adj* compressed; **~ voll** packed.

gedroschen [gə'drɔʃən] *pp von* **dreschen**.

gedruckt [gə'drʊkt] *adj* printed; **lügen wie ~** (*umg*) to lie left, right and centre.

gedrungen [gə'drʊŋən] *pp von* **dringen** ♦ *adj* thickset, stocky.

Geduld [gə'dʊlt] **(-)** *f* patience; **mir reißt die ~, ich verliere die ~** my patience is wearing thin, I'm losing my patience.

gedulden [gə'dʊldən] *vr* to be patient.

geduldig *adj* patient.

Geduldsprobe *f* trial of (one's) patience.

gedungen [gə'dʊŋən] (*pej*) *adj* (*geh: Mörder*) hired.

gedunsen [gə'dʊnzən] *adj* bloated.

gedurft [gə'dʊrft] *pp von* **dürfen**.

geehrt [gə'|e:rt] *adj:* **Sehr ~e Damen und Herren!** Ladies and Gentlemen!; (*in Briefen*) Dear Sir or Madam.

geeignet [gə'|aɪgnət] *adj* suitable; **im ~en Augenblick** at the right moment.

Gefahr [gə'fa:r] **(-, -en)** *f* danger; **~ laufen, etw zu tun** to run the risk of doing sth; **auf eigene ~** at one's own risk; **außer ~** (*nicht gefährdet*) not in danger; (*nicht mehr gefährdet*) out of danger; (*Patienten*) off the danger list.

gefährden [gə'fɛːrdən] *vt* to endanger.

gefahren [gə'fa:rən] *pp von* **fahren**.

Gefahren- *zW:* **~quelle** *f* source of danger; **~schwelle** *f* threshold of danger; **~stelle** *f* danger spot; **~zulage** *f* danger money.

gefährlich [gə'fɛːrlɪç] *adj* dangerous.

Gefährte [gə'fɛːrtə] **(-n, -n)** *m* companion.

Gefährtin [gə'fɛːrtɪn] *f* companion.

Gefälle [gə'fɛlə] **(-s, -)** *nt* (*von Land, Straße*) slope; (*Neigungsgrad*) gradient; **starkes ~!** steep hill.

Gefallen¹ [gə'falən] **(-s, -)** *m* favour; **jdm etw zu ~ tun** to do sth to please sb.

Gefallen² [gə'falən] **(-s)** *nt* pleasure; **an etw** *dat* **finden** to derive pleasure from sth; **an jdm ~ finden** to take to sb.

gefallen *pp von* **fallen, gefallen** ♦ *vi* (*unreg*): **jdm ~** to please sb; **er/es gefällt mir** I like him/it; **das gefällt mir an ihm** that's one thing I like about him; **sich** *dat* **etw ~ lassen** to put up with sth.

Gefallene(r) *m* soldier killed in action.

gefällig [gə'fɛlɪç] *adj* (*hilfsbereit*) obliging; (*erfreulich*) pleasant; **sonst noch etwas ~?** (*veraltet, ironisch*) will there be anything else?; **G~keit** *f* favour (*BRIT*), favor (*US*); helpfulness; **etw aus G~keit tun** to do sth as a favour (*BRIT*) *od* favor (*US*).

gefälligst (*umg*) *adv* kindly; **sei ~ still!** will you kindly keep your mouth shut!

gefällt [gə'fɛlt] *vb siehe* **gefallen**.

gefangen [gə'faŋən] *pp von* **fangen** ♦ *adj* captured; (*fig*) captivated; **~ halten** to keep prisoner; **~ nehmen** to capture.

Gefangene(r) *f(m)* prisoner, captive.

Gefangenenlager *nt* prisoner-of-war camp.

Gefangen- *zW:* **~nahme (-, -n)** *f* capture; **~schaft** *f* captivity.

Gefängnis [gə'fɛŋnɪs] **(-ses, -se)** *nt* prison; **zwei Jahre ~ bekommen** to get two years' imprisonment; **~strafe** *f* prison sentence; **~wärter** *m* prison warder (*BRIT*) *od* guard.

gefärbt [gəˈfɛrpt] *adj* (*fig: Bericht*) biased; (*Lebensmittel*) coloured (*BRIT*), colored (*US*).

Gefasel [gəˈfaːzəl] (**-s**) *nt* twaddle, drivel.

Gefäß [gəˈfɛːs] (**-es, -e**) *nt* vessel (*auch ANAT*), container.

gefasst▲ [gəˈfast] *adj* composed, calm; **auf etw** *akk* ~ **sein** to be prepared *od* ready for sth; **er kann sich auf etwas** ~ **machen** (*umg*) I'll give him something to think about.

Gefecht [gəˈfɛçt] (**-(e)s, -e**) *nt* fight; (*MIL*) engagement; **jdn/etw außer** ~ **setzen** (*lit, fig*) to put sb/sth out of action.

gefedert [gəˈfeːdərt] *adj* (*Matratze*) sprung.

gefeiert [gəˈfaɪərt] *adj* celebrated.

gefeit [gəˈfaɪt] *adj*: **gegen etw** ~ **sein** to be immune to sth.

gefestigt [gəˈfɛstɪçt] *adj* (*Charakter*) steadfast.

Gefieder [gəˈfiːdər] (**-s, -**) *nt* plumage, feathers *pl*.

gefiedert *adj* feathered.

gefiel *etc* [gəˈfiːl] *vb siehe* **gefallen**.

Geflecht [gəˈflɛçt] (**-(e)s, -e**) *nt* (*lit, fig*) network.

gefleckt [gəˈflɛkt] *adj* spotted; (*Blume, Vogel*) speckled.

Geflimmer [gəˈflɪmər] (**-s**) *nt* shimmering; (*FILM, TV*) flicker(ing).

geflissentlich [gəˈflɪsəntlɪç] *adj* intentional ♦ *adv* intentionally.

geflochten [gəˈflɔxtən] *pp von* **flechten**.

geflogen [gəˈfloːgən] *pp von* **fliegen**.

geflohen [gəˈfloːən] *pp von* **fliehen**.

geflossen [gəˈflɔsən] *pp von* **fließen**.

Geflügel [gəˈflyːgəl] (**-s**) *nt* poultry.

geflügelt *adj*: ~**e Worte** familiar quotations.

Geflüster [gəˈflʏstər] (**-s**) *nt* whispering.

gefochten [gəˈfɔxtən] *pp von* **fechten**.

Gefolge [gəˈfɔlgə] (**-s, -**) *nt* retinue.

Gefolgschaft [gəˈfɔlkʃaft] *f* following.

Gefolgsmann (**-(e)s**, *pl* **-leute**) *m* follower.

gefragt [gəˈfraːkt] *adj* in demand.

gefräßig [gəˈfrɛːsɪç] *adj* voracious.

Gefreite(r) [gəˈfraɪtə(r)] *m* (*MIL*) lance corporal (*BRIT*), private first class (*US*); (*NAUT*) able seaman (*BRIT*), seaman apprentice (*US*); (*AVIAT*) aircraftman (*BRIT*), airman first class (*US*).

gefressen [gəˈfrɛsən] *pp von* **fressen** ♦ *adj*: **den hab(e) ich** ~ (*umg*) I'm sick of him.

gefrieren [gəˈfriːrən] *unreg vi* to freeze.

Gefrier- *zW*: ~**fach** *nt* freezer compartment; ~**fleisch** *nt* frozen meat; **g**~**getrocknet** *adj* freeze-dried; ~**punkt** *m* freezing point; ~**schutzmittel** *nt* antifreeze; ~**truhe** *f* deep-freeze.

gefror *etc* [gəˈfroːr] *vb siehe* **gefrieren**.

gefroren *pp von* **frieren, gefrieren**.

Gefüge [gəˈfyːgə] (**-s, -**) *nt* structure.

gefügig *adj* submissive; (*gehorsam*) obedient.

Gefühl [gəˈfyːl] (**-(e)s, -e**) *nt* feeling; **etw im**

~ **haben** to have a feel for sth; **g**~**los** *adj* unfeeling; (*Glieder*) numb.

Gefühls- *zW*: **g**~**betont** *adj* emotional; ~**duselei** [-duːzəˈlaɪ] (*pej*) *f* mawkishness; ~**leben** *nt* emotional life; **g**~**mäßig** *adj* instinctive; ~**mensch** *m* emotional person.

gefühlvoll *adj* (*empfindsam*) sensitive; (*ausdrucksvoll*) expressive; (*liebevoll*) loving.

gefüllt [gəˈfʏlt] *adj* (*KOCH*) stuffed; (*Pralinen*) with soft centres.

gefunden [gəˈfundən] *pp von* **finden** ♦ *adj*: **das war ein** ~**es Fressen für ihn** that was handing it to him on a plate.

gegangen [gəˈgaŋən] *pp von* **gehen**.

gegeben [gəˈgeːbən] *pp von* **geben** ♦ *adj* given; **zu** ~**er Zeit** in due course.

gegebenenfalls [gəˈgeːbənənfals] *adv* if need be.

══════════════════ *SCHLÜSSELWORT*

gegen [ˈgeːgən] *präp* +*akk* **1** against; **nichts** ~ **jdn haben** to have nothing against sb; **X** ~ **Y** (*SPORT, JUR*) X versus Y; **ein Mittel** ~ **Schnupfen** something for colds.

2 (*in Richtung auf*) towards; ~ **Osten** to(wards) the east; ~ **Abend** towards evening; ~ **einen Baum fahren** to drive into a tree.

3 (*ungefähr*) round about; ~ **3 Uhr** around 3 o'clock.

4 (*gegenüber*) towards; (*ungefähr*) around; **gerecht** ~ **alle** fair to all.

5 (*im Austausch für*) for; ~ **bar** for cash; ~ **Quittung** against a receipt.

6 (*verglichen mit*) compared with.

Gegen- *zW*: ~**angriff** *m* counter-attack; ~**besuch** *m* return visit; ~**beweis** *m* counter-evidence.

Gegend [ˈgeːgənt] (**-, -en**) *f* area, district.

Gegen- *zW*: ~**darstellung** *f* (*PRESSE*) reply; **g**~**einander** *adv* against one another; ~**fahrbahn** *f* opposite carriageway; ~**frage** *f* counterquestion; ~**gewicht** *nt* counterbalance; ~**gift** *nt* antidote; ~**kandidat** *m* rival candidate; **g**~**läufig** *adj* contrary; ~**leistung** *f* service in return; ~**lichtaufnahme** *f* back lit photograph; ~**liebe** *f* requited love; (*fig: Zustimmung*) approval; ~**maßnahme** *f* countermeasure; ~**mittel** *nt*: ~**mittel (gegen)** (*MED*) antidote (to); ~**probe** *f* cross-check.

Gegensatz (**-es, -̈e**) *m* contrast; **Gegensätze überbrücken** to overcome differences.

gegensätzlich *adj* contrary, opposite; (*widersprüchlich*) contradictory.

Gegen- *zW*: ~**schlag** *m* counter-attack; ~**seite** *f* opposite side; (*Rückseite*) reverse; **g**~**seitig** *adj* mutual, reciprocal; **sich g**~**seitig helfen** to help each other; **in g**~**seitigem**

Einverständnis by mutual agreement; **~seitigkeit** *f* reciprocity; **~spieler** *m* opponent; **~sprechanlage** *f* (two-way) intercom; **~stand** *m* object; **g~ständlich** *adj* objective, concrete; (*KUNST*) representational; **g~standslos** *adj* (*überflüssig*) irrelevant; (*grundlos*) groundless; **~stimme** *f* vote against; **~stoß** *m* counterblow; **~stück** *nt* counterpart; **~teil** *nt* opposite; **im ~teil** on the contrary; **das ~teil bewirken** to have the opposite effect; (*Mensch*) to achieve the exact opposite; **ganz im ~teil** quite the reverse; **ins ~teil umschlagen** to swing to the other extreme; **g~teilig** *adj* opposite, contrary; **ich habe nichts ~teiliges gehört** I've heard nothing to the contrary.

gegenüber [ge:gən'yːbər] *präp +dat* opposite; (*zu*) to(wards); (*in Bezug auf*) with regard to; (*im Vergleich zu*) in comparison with; (*angesichts*) in the face of ♦ *adv* opposite; **mir ~ hat er das nicht geäußert** he didn't say that to me; **G~** (-s, -) *nt* person opposite; (*bei Kampf*) opponent; (*bei Diskussion*) opposite number; **~liegen** *unreg vr* to face each other; **~stehen** *unreg vr* to be opposed (to each other); **~stellen** *vt* to confront; (*fig*) to contrast; **G~stellung** *f* confrontation; (*fig*) contrast; (: *Vergleich*) comparison; **~treten** *unreg vi +dat* to face.

Gegen- *zW:* **~veranstaltung** *f* counter-meeting; **~verkehr** *m* oncoming traffic; **~vorschlag** *m* counterproposal.

Gegenwart ['geːgənvart] *f* present; **in ~ von** in the presence of.

gegenwärtig *adj* present ♦ *adv* at present; **das ist mir nicht mehr ~** that has slipped my mind.

gegenwartsbezogen *adj* (*Roman etc*) relevant to present times.

Gegen- *zW:* **~wert** *m* equivalent; **~wind** *m* headwind; **~wirkung** *f* reaction; **g~zeichnen** *vt* to countersign; **~zug** *m* countermove; (*EISENB*) corresponding train in the other direction.

gegessen [gə'gɛsən] *pp von* **essen**.

geglichen [gə'glɪçən] *pp von* **gleichen**.

gegliedert [gə'gliːdərt] *adj* jointed; (*fig*) structured.

geglitten [gə'glɪtən] *pp von* **gleiten**.

geglommen [gə'glɔmən] *pp von* **glimmen**.

geglückt [gə'glʏkt] *adj* (*Feier*) successful; (*Überraschung*) real.

Gegner(in) ['geːgnər(ɪn)] (-s, -) *m(f)* opponent; **g~isch** *adj* opposing; **~schaft** *f* opposition.

gegolten [gə'gɔltən] *pp von* **gelten**.

gegoren [gə'goːrən] *pp von* **gären**.

gegossen [gə'gɔsən] *pp von* **gießen**.

gegr. *abk* (= *gegründet*) estab.

gegraben [gə'graːbən] *pp von* **graben**.

gegriffen [gə'grɪfən] *pp von* **greifen**.

Gehabe [gə'haːbə] (-s) (*umg*) *nt* affected behaviour (*BRIT*) od behavior (*US*).

gehabt [gə'haːpt] *pp von* **haben**.

Gehackte(s) [gə'haktə(s)] *nt* mince(d meat) (*BRIT*), ground meat (*US*).

Gehalt¹ [gə'halt] (-(e)s, -e) *m* content.

Gehalt² [gə'halt] (-(e)s, ⁻er) *nt* salary.

gehalten [gə'haltən] *pp von* **halten** ♦ *adj:* **~ sein, etw zu tun** (*form*) to be required to do sth.

Gehalts- *zW:* **~abrechnung** *f* salary statement; **~empfänger** *m* salary earner; **~erhöhung** *f* salary increase; **~klasse** *f* salary bracket; **~konto** *nt* current account (*BRIT*), checking account (*US*); **~zulage** *f* salary increment.

gehaltvoll [gə'haltfɔl] *adj* (*Speise, Buch*) substantial.

gehandikapt [gə'hɛndikɛpt] *adj* handicapped.

gehangen [gə'haŋən] *pp von* **hängen**.

geharnischt [gə'harnɪʃt] *adj* (*fig*) forceful, sharp.

gehässig [gə'hɛsɪç] *adj* spiteful, nasty; **G~keit** *f* spite(fulness).

gehäuft [gə'hɔʏft] *adj* (*Löffel*) heaped.

Gehäuse [gə'hɔʏzə] (-s, -) *nt* case; (*Radio~, Uhr~*) casing; (*von Apfel etc*) core.

gehbehindert ['geːbəhɪndərt] *adj* disabled.

Gehege [gə'heːgə] (-s, -) *nt* enclosure, preserve; **jdm ins ~ kommen** (*fig*) to poach on sb's preserve.

geheim [gə'haɪm] *adj* secret; (*Dokumente*) classified; **streng ~** top secret; **~ halten** to keep secret; **G~dienst** *m* secret service, intelligence service; **G~fach** *nt* secret compartment.

Geheimnis (-ses, -se) *nt* secret; (*rätselhaftes ~*) mystery; **~krämer** *m* mystery-monger; **g~voll** *adj* mysterious.

Geheim- *zW:* **~nummer** *f* (*TEL*) secret number; **~polizei** *f* secret police; **~rat** *m* privy councillor; **~ratsecken** *pl:* **er hat ~ratsecken** he is going bald at the temples; **~schrift** *f* code, secret writing; **~tipp**▲ *m* (personal) tip.

Geheiß [gə'haɪs] (-es) *nt* (*geh*) command; **auf jds ~ akk** at sb's bidding.

geheißen [gə'haɪsən] *pp von* **heißen**.

gehemmt [gə'hɛmt] *adj* inhibited.

gehen ['geːən] *unreg vi* (*auch Auto, Uhr*) to go; (*zu Fuß ~*) to walk; (*funktionieren*) to work; (*Teig*) to rise ♦ *vt* to go; to walk ♦ *vi unpers:* **wie geht es dir?** how are you od things?; **~ nach** (*Fenster*) to face; **in sich akk ~** to think things over; **nach etw ~** (*urteilen*) to go by sth; **sich ~ lassen** to lose one's self-control; (*nachlässig sein*) to let o.s. go; **wie viele Leute ~ in deinen Wagen?** how many people can you get in your car?; **nichts geht über +akk …** there's nothing to beat …, there's nothing better than ...; **schwimmen/ schlafen** ~ to go swimming/to bed; **in die tausende** *od* **Tausende** ~ to run into (the) thousands; **mir/ihm geht es gut** I'm/he's (doing) fine; **geht das?** is that possible?; **gehts noch?** can you manage?; **es geht** not too bad, O.K.; **das geht nicht** that's not on; **es geht um etw** it concerns sth, it's about sth; **lass es dir gut** ~ look after yourself, take care of yourself; **so geht das, das geht so** that/this is how it's done; **darum geht es (mir) nicht** that's not the point; (*spielt keine Rolle*) that's not important to me; **morgen geht es nicht** tomorrow's no good; **wenn es nach mir ginge** ... if it were *od* was up to me ...

gehetzt [gəˈhɛtst] *adj* harassed.

geheuer [gəˈhɔyər] *adj*: **nicht** ~ eerie; (*fragwürdig*) dubious.

Geheul [gəˈhɔyl] (-(e)s) *nt* howling.

Gehilfe [gəˈhɪlfə] (-n, -n) *m* assistant.

Gehilfin [gəˈhɪlfɪn] *f* assistant.

Gehirn [gəˈhɪrn] (-(e)s, -e) *nt* brain; ~**erschütterung** *f* concussion; ~**schlag** *m* stroke; ~**wäsche** *f* brainwashing.

gehoben [gəˈhoːbən] *pp von* **heben** ♦ *adj*: ~**er Dienst** *professional and executive levels of the civil service.*

geholfen [gəˈhɔlfən] *pp von* **helfen**.

Gehör [gəˈhøːr] (-(e)s) *nt* hearing; **musikalisches** ~ ear; **absolutes** ~ perfect pitch; ~ **finden** to gain a hearing; **jdm** ~ **schenken** to give sb a hearing.

gehorchen [gəˈhɔrçən] *vi* +*dat* to obey.

gehören [gəˈhøːrən] *vi* to belong ♦ *vr unpers* to be right *od* proper; **das gehört nicht zur Sache** that's irrelevant; **dazu gehört (schon) einiges** *od* **etwas** that takes some doing (*umg*); **er gehört ins Bett** he should be in bed.

gehörig *adj* proper; ~ **zu** *od* +*dat* (*geh*) belonging to.

gehörlos *adj* (*form*) deaf.

gehorsam [gəˈhoːrzaːm] *adj* obedient; **G~** (-s) *m* obedience.

Gehörsinn *m* sense of hearing.

Gehsteig [ˈgeːʃtaɪk] *m*, **Gehweg** [ˈgeːvɛk] *m* pavement (*BRIT*), sidewalk (*US*).

Geier [ˈgaɪər] (-s, -) *m* vulture; **weiß der** ~! (*umg*) God knows.

geifern [ˈgaɪfərn] *vi* to slaver; (*fig*) to be bursting with venom.

Geige [ˈgaɪgə] (-, -n) *f* violin; **die erste/zweite** ~ **spielen** (*lit*) to play first/second violin; (*fig*) to call the tune/play second fiddle.

Geiger(in) (-s, -) *m(f)* violinist.

Geigerzähler *m* geiger counter.

geil [gaɪl] *adj* randy (*BRIT*), horny (*US*); (*pej*: *lüstern*) lecherous; (*umg*: *gut*) fantastic.

Geisel [ˈgaɪzəl] (-, -n) *f* hostage; ~**nahme** (-) *f* taking of hostages.

Geißel [ˈgaɪsəl] (-, -n) *f* scourge, whip.

geißeln *vt* to scourge.

Geist [gaɪst] (-(e)s, -er) *m* spirit; (*Gespenst*) ghost; (*Verstand*) mind; **von allen guten** ~**ern verlassen sein** (*umg*) to have taken leave of one's senses; **hier scheiden sich die** ~**er** this is the parting of the ways; **den** *od* **seinen** ~ **aufgeben** to give up the ghost.

Geister- *zW*: ~**fahrer** (*umg*) *m* ghost-driver (*US*), *person driving in the wrong direction*; **g~haft** *adj* ghostly; ~**hand** *f*: **wie von** ~**hand** as if by magic.

Geistes- *zW*: **g~abwesend** *adj* absent-minded; ~**akrobat** *m* mental acrobat; ~**blitz** *m* brain wave; ~**gegenwart** *f* presence of mind; **g~gegenwärtig** *adj* quick-witted; **g~gestört** *adj* mentally disturbed; (*stärker*) (mentally) deranged; ~**haltung** *f* mental attitude; **g~krank** *adj* mentally ill; ~**kranke(r)** *f(m)* mentally ill person; ~**krankheit** *f* mental illness; ~**störung** *f* mental disturbance; ~**verfassung** *f* frame of mind; ~**wissenschaften** *pl* arts (subjects) *pl*; ~**zustand** *m* state of mind; **jdn auf seinen** ~**zustand untersuchen** to give sb a psychiatric examination.

geistig *adj* intellectual; (*PSYCH*) mental; (*Getränke*) alcoholic; ~ **behindert** mentally handicapped; ~**-seelisch** mental and spiritual.

geistlich *adj* spiritual; (*religiös*) religious; **G~e(r)** *m* clergyman; **G~keit** *f* clergy.

geist- *zW*: ~**los** *adj* uninspired, dull; ~**reich** *adj* intelligent; (*witzig*) witty; ~**tötend** *adj* soul-destroying; ~**voll** *adj* intellectual; (*weise*) wise.

Geiz [gaɪts] (-es) *m* miserliness, meanness; **g~en** *vi* to be miserly; ~**hals** *m* miser.

geizig *adj* miserly, mean.

Geizkragen *m* miser.

gekannt [gəˈkant] *pp von* **kennen**.

Gekicher [gəˈkɪçər] (-s) *nt* giggling.

Geklapper [gəˈklapər] (-s) *nt* rattling.

Geklimper [gəˈklɪmpər] (-s) (*umg*) *nt* (*Klavier~*) tinkling; (: *stümperhaft*) plonking; (*von Geld*) jingling.

geklungen [gəˈklʊŋən] *pp von* **klingen**.

geknickt [gəˈknɪkt] *adj* (*fig*) dejected.

gekniffen [gəˈknɪfən] *pp von* **kneifen**.

gekommen [gəˈkɔmən] *pp von* **kommen**.

gekonnt [gəˈkɔnt] *pp von* **können** ♦ *adj* skilful (*BRIT*), skillful (*US*).

Gekritzel [gəˈkrɪtsəl] (-s) *nt* scrawl, scribble.

gekrochen [gəˈkrɔxən] *pp von* **kriechen**.

gekünstelt [gəˈkʏnstəlt] *adj* artificial; (*Sprache, Benehmen*) affected.

Gel [geːl] (-s, -e) *nt* gel.

Gelaber(e) [gəˈlaːbər(ə)] (-s) (*umg*) *nt* prattle.

Gelächter [gəˈlɛçtər] (-s, -) *nt* laughter; **in** ~ **ausbrechen** to burst out laughing.

gelackmeiert [gəˈlakmaɪərt] (*umg*) *adj* conned.
geladen [geˈlaːdən] *pp von* **laden** ♦ *adj* loaded;
  (*ELEK*) live; (*fig*) furious.
Gelage [gəˈlaːgə] (**-s, -**) *nt* feast, banquet.
gelagert [gəˈlaːgərt] *adj*: **in anders/ähnlich**
  ~en Fällen in different/similar cases.
gelähmt [gəˈlɛːmt] *adj* paralysed.
Gelände [gəˈlɛndə] (**-s, -**) *nt* land, terrain; (*von
  Fabrik, Sport~*) grounds *pl*; (*Bau~*) site;
  ~fahrzeug *nt* cross-country vehicle;
  g~gängig *adj* able to go cross-country; **~lauf**
  m cross-country race.
Geländer [gəˈlɛndər] (**-s, -**) *nt* railing;
  (*Treppen~*) banister(s).
gelang *etc vb siehe* **gelingen**.
gelangen [gəˈlaŋən] *vi*: **~ an** +*akk od* **zu** to
  reach; (*erwerben*) to attain; **in jds Besitz** *akk*
  ~ to come into sb's possession; **in die
  richtigen/falschen Hände ~** to fall into the
  right/wrong hands.
gelangweilt *adj* bored.
gelassen [gəˈlasən] *pp von* **lassen** ♦ *adj* calm;
  (*gefasst*) composed; **G~heit** *f* calmness;
  composure.
Gelatine [ʒelaˈtiːnə] *f* gelatine.
gelaufen [gəˈlaʊfən] *pp von* **laufen**.
geläufig [gəˈlɔʏfɪç] *adj* (*üblich*) common; **das
  ist mir nicht ~** I'm not familiar with that;
  G~keit *f* commonness; familiarity.
gelaunt [gəˈlaʊnt] *adj*: **schlecht/gut ~** in a
  bad/good mood; **wie ist er ~?** what sort of
  mood is he in?
Geläut [gəˈlɔʏt] (**-(e)s**) *nt* ringing; (*Läutwerk*)
  chime.
Geläute (**-s**) *nt* ringing.
gelb [gɛlp] *adj* yellow; (*Ampellicht*) amber
  (*BRIT*), yellow (*US*); **g~e Seiten** Yellow
  Pages; **~lich** *adj* yellowish.
Gelbsucht *f* jaundice.
Geld [gɛlt] (**-(e)s, -er**) *nt* money; **etw zu
  ~ machen** to sell sth off; **er hat ~ wie Heu**
  (*umg*) he's stinking rich; **am ~ hängen** *od*
  kleben to be tight with money; **staatliche/
  öffentliche ~er** state/public funds *pl od*
  money; **~adel** *m*: **der ~adel** the moneyed
  aristocracy; (*hum: die Reichen*) the rich;
  ~anlage *f* investment; **~automat** *m* cash
  dispenser; **~automatenkarte** *f* cash card;
  ~beutel *m* purse; **~börse** *f* purse; **~einwurf**
  m slot; **~geber** (**-s, -**) *m* financial backer;
  g~gierig *adj* avaricious; **~institut** *nt* financial
  institution; **~mittel** *pl* capital *sing*, means *pl*;
  ~quelle *f* source of income; **~schein** *m*
  banknote; **~schrank** *m* safe, strongbox;
  ~strafe *f* fine; **~stück** *nt* coin; **~verlegenheit**
  f: **in ~verlegenheit sein/kommen** to be/run
  short of money; **~verleiher** *m* moneylender;
  ~wäsche *f* money-laundering; **~wechsel** *m*
  exchange (of money); **„e~wechsel"**
  "bureau de change"; **~wert** *m* cash value;

(*FIN: Kaufkraft*) currency value.
geleckt [gəˈlɛkt] *adj*: **wie ~ aussehen** to be
  neat and tidy.
Gelee [ʒeˈleː] (**-s, -s**) *nt od m* jelly.
gelegen [gəˈleːgən] *pp von* **liegen** ♦ *adj* situated;
  (*passend*) convenient, opportune; **etw
  kommt jdm ~** sth is convenient for sb; **mir
  ist viel/nichts daran ~** (*wichtig*) it matters a
  great deal/doesn't matter to me.
Gelegenheit [gəˈleːgənhaɪt] *f* opportunity;
  (*Anlass*) occasion; **bei ~** some time (or
  other); **bei jeder ~** at every opportunity.
Gelegenheits- *zW*: **~arbeit** *f* casual work;
  ~arbeiter *m* casual worker; **~kauf** *m*
  bargain.
gelegentlich [gəˈleːgəntlɪç] *adj* occasional
  ♦ *adv* occasionally; (*bei Gelegenheit*) some
  time (or other) ♦ *präp* +*gen* on the occasion
  of.
gelehrig [gəˈleːrɪç] *adj* quick to learn.
gelehrt *adj* learned; **G~e(r)** *f(m)* scholar;
  G~heit *f* scholarliness.
Geleise [gəˈlaɪzə] (**-s, -**) *nt* = **Gleis**.
Geleit [gəˈlaɪt] (**-(e)s, -e**) *nt* escort; **freies
  sicheres ~** safe conduct; **g~en** *vt* to escort;
  ~schutz *m* escort.
Gelenk [gəˈlɛŋk] (**-(e)s, -e**) *nt* joint.
gelenkig *adj* supple.
gelernt [gəˈlɛrnt] *adj* skilled.
gelesen [gəˈleːzən] *pp von* **lesen**.
Geliebte *f* sweetheart; (*Liebhaberin*) mistress.
Geliebte(r) *m* sweetheart; (*Liebhaber*) lover.
geliefert [gəˈliːfərt] *adj*: **ich bin ~** (*umg*) I've
  had it.
geliehen [gəˈliːən] *pp von* **leihen**.
gelind [gəˈlɪnt] *adj* = **gelinde**.
gelinde [gəˈlɪndə] *adj* (*geh*) mild; **~ gesagt** to
  put it mildly.
gelingen [gəˈlɪŋən] *unreg vi* to succeed; **die
  Arbeit gelingt mir nicht** I'm not doing very
  well with this work; **es ist mir gelungen, etw
  zu tun** I succeeded in doing sth; **G~** *nt* (*geh:
  Glück*) success; (: *erfolgreiches Ergebnis*)
  successful outcome.
gelitten [gəˈlɪtən] *pp von* **leiden**.
gellen [ˈɡɛlən] *vi* to shrill.
gellend *adj* shrill, piercing.
geloben [gəˈloːbən] *vt, vi* to vow, swear; **das
  Gelobte Land** (*REL*) the Promised Land.
gelogen [gəˈloːgən] *pp von* **lügen**.
gelten [ˈɡɛltən] *unreg vt* (*wert sein*) to be worth
  ♦ *vi* (*gültig sein*) to be valid; (*erlaubt sein*) to
  be allowed ♦ *vb unpers* (*geh*): **es gilt, etw zu
  tun** it is necessary to do sth; **was gilt die
  Wette?** do you want a bet?; **das gilt nicht!**
  that doesn't count!; (*nicht erlaubt*) that's not
  allowed; **etw gilt bei jdm viel/wenig** sb
  values sth highly/doesn't value sth very
  highly; **jdm viel/wenig ~** to mean a lot/not
  mean much to sb; **jdm ~** (*gemünzt sein auf*)

to be meant for *od* aimed at sb; **etw ~ lassen** to accept sth; **für diesmal lasse ichs ~** I'll let it go this time; **als *od* für etw ~** to be considered to be sth; **jdm *od* für jdn ~** (*betreffen*) to apply to sb.

geltend *adj* (*Preise*) current; (*Gesetz*) in force; (*Meinung*) prevailing; **etw ~ machen** to assert sth; **sich ~ machen** to make itself/o.s. felt; **einen Einwand ~ machen** to raise an objection.

Geltung ['gɛltʊŋ] *f*: **~ haben** to have validity; **sich/etw ~ *dat* ~ verschaffen** to establish o.s./sth; **etw zur ~ bringen** to show sth to its best advantage; **zur ~ kommen** to be seen/heard *etc* to its best advantage.

Geltungsbedürfnis *nt* desire for admiration.

geltungssüchtig *adj* craving admiration.

Gelübde [gə'lʏpdə] (**-s, -**) *nt* vow.

gelungen [gə'lʊŋən] *pp von* **gelingen** ♦ *adj* successful.

Gem. *abk* = **Gemeinde**.

gemächlich [gə'mɛːçlɪç] *adj* leisurely.

gemacht [gə'maːxt] *adj* (*gewollt, gekünstelt*) false, contrived; **ein ~er Mann sein** to be made.

Gemahl [gə'maːl] (**-(e)s, -e**) *m* (*geh, form*) spouse, husband.

gemahlen [gə'maːlən] *pp von* **mahlen**.

Gemahlin *f* (*geh, form*) spouse, wife.

Gemälde [gə'mɛːldə] (**-s, -**) *nt* picture, painting.

gemasert [gə'maːzərt] *adj* (*Holz*) grained.

gemäß [gə'mɛːs] *präp +dat* in accordance with ♦ *adj +dat* appropriate to.

gemäßigt *adj* moderate; (*Klima*) temperate.

Gemauschel [gə'maʊʃəl] (**-s**) (*umg*) *nt* scheming.

Gemecker [gə'mɛkər] (**-s**) *nt* (*von Ziegen*) bleating; (*umg: Nörgelei*) moaning.

gemein [gə'maɪn] *adj* common; (*niederträchtig*) mean; **etw ~ haben (mit)** to have sth in common (with).

Gemeinde [gə'maɪndə] (**-, -n**) *f* district; (*Bewohner*) community; (*Pfarr~*) parish; (*Kirchen~*) congregation; **~abgaben** *pl* rates and local taxes *pl*; **~ordnung** *f* by(e) laws *pl*, ordinances *pl* (*US*); **~rat** *m* district council; (*Mitglied*) district councillor; **~schwester** *f* district nurse (*BRIT*); **~steuer** *f* local rates *pl*; **~verwaltung** *f* local administration; **~vorstand** *m* local council; **~wahl** *f* local election.

Gemein- *zW*: **~eigentum** *nt* common property; **g~gefährlich** *adj* dangerous to the public; **~gut** *nt* public property; **~heit** *f* (*Niedertracht*) meanness; **das war eine ~heit** that was a mean thing to do/to say; **g~hin** *adv* generally; **~kosten** *pl* overheads *pl*; **~nutz** *m* public good; **g~nützig** *adj* of benefit to the public; (*wohltätig*) charitable; **~platz**

m commonplace, platitude; **g~sam** *adj* joint, common (*auch* MATH) ♦ *adv* together; **g~same Sache mit jdm machen** to be in cahoots with sb; **der ~same Markt** the Common Market; **g~sames Konto** joint account; **etw g~sam haben** to have sth in common; **~samkeit** *f* common ground; **~schaft** *f* community; **in ~schaft mit** jointly *od* together with; **eheliche ~schaft** (*JUR*) matrimony; **~schaft Unabhängiger Staaten** Commonwealth of Independent States; **g~schaftlich** *adj* = **gemeinsam**; **~schaftsantenne** *f* party aerial (*BRIT*) *od* antenna (*US*); **~schaftsarbeit** *f* teamwork; **~schaftsbesitz** *m* collective ownership; **~schaftserziehung** *f* coeducation; **~schaftskunde** *f* social studies *pl*; **~schaftsraum** *m* common room; **~sinn** *m* public spirit; **g~verständlich** *adj* generally comprehensible; **~wesen** *nt* community; **~wohl** *nt* common good.

Gemenge [gə'mɛŋə] (**-s, -**) *nt* mixture; (*Hand~*) scuffle.

gemessen [gə'mɛsən] *pp von* **messen** ♦ *adj* measured.

Gemetzel [gə'mɛtsəl] (**-s, -**) *nt* slaughter, carnage.

gemieden [gə'miːdən] *pp von* **meiden**.

Gemisch [gə'mɪʃ] (**-es, -e**) *nt* mixture.

gemischt *adj* mixed.

gemocht [gə'mɔxt] *pp von* **mögen**.

gemolken [gə'mɔlkən] *pp von* **melken**.

Gemse△ ['gɛmzə] (**-, -n**) *f siehe* **Gämse**.

Gemunkel [gə'mʊŋkəl] (**-s**) *nt* gossip.

Gemurmel [gə'mʊrməl] (**-s**) *nt* murmur(ing).

Gemüse [gə'myːzə] (**-s, -**) *nt* vegetables *pl*; **~garten** *m* vegetable garden; **~händler** *m* greengrocer (*BRIT*), vegetable dealer (*US*); **~platte** *f* (*KOCH*): **eine ~platte** assorted vegetables.

gemusst▲ [gə'mʊst] *pp von* **müssen**.

gemustert [gə'mʊstərt] *adj* patterned.

Gemüt [gə'myːt] (**-(e)s, -er**) *nt* disposition, nature; (*fig: Mensch*) person; **sich *dat* etw zu ~e führen** (*umg*) to indulge in sth; **die ~er erregen** to arouse strong feelings; **wir müssen warten, bis sich die ~er beruhigt haben** we must wait until feelings have cooled down.

gemütlich *adj* comfortable, cosy; (*Person*) good-natured; **wir verbrachten einen ~en Abend** we spent a very pleasant evening; **G~keit** *f* comfortableness, cosiness; amiability.

Gemüts- *zW*: **~bewegung** *f* emotion; **g~krank** *adj* emotionally disturbed; **~mensch** *m* sentimental person; **~ruhe** *f* composure; **in aller ~ruhe** (*umg*) (as) cool as a cucumber; (*gemächlich*) at a leisurely pace; **~zustand** *m* state of mind.

gemütvoll *adj* warm, tender.

Gen [geːn] (**-s, -e**) *nt* gene.

Gen. *abk* = **Genossenschaft**; (= *Genitiv*) gen.

gen. *abk* (= *genannt*) named, called.

genannt [gə'nant] *pp von* **nennen**.

genas *etc* [gə'naːs] *vb siehe* **genesen**.

genau [gə'nau] *adj* exact, precise ♦ *adv* exactly, precisely; **etw ~ nehmen** to take sth seriously; **~ genommen** strictly speaking; **G~eres** further details *pl*; **etw ~ wissen** to know sth for certain; **~ auf die Minute, auf die Minute ~** exactly on time.

Genauigkeit *f* exactness, accuracy.

genauso [gə'nauzoː] *adv* (*vor Adjektiv*) just as; (*allein stehend*) just *od* exactly the same.

genehm [gə'neːm] *adj* agreeable, acceptable.

genehmigen *vt* to approve, authorize; **sich** *dat* **etw ~** to indulge in sth.

Genehmigung *f* approval, authorization.

geneigt [gə'naıkt] *adj* (*geh*) well-disposed, willing; **~ sein, etw zu tun** to be inclined to do sth.

Genera *pl von* **Genus**.

General [gene'raːl] (**-s, -e** *od* **⁻e**) *m* general; **~direktor** *m* chairman (*BRIT*), president (*US*); **~konsulat** *nt* consulate general; **~probe** *f* dress rehearsal; **~sekretär** *m* secretary-general; **~stabskarte** *f* ordnance survey map; **~streik** *m* general strike; **g~überholen** *vt* to overhaul thoroughly; **~vertretung** *f* sole agency.

Generation [generatsi'oːn] *f* generation.

Generationskonflikt *m* generation gap.

Generator [gene'raːtɔr] *m* generator, dynamo.

generell [genə'rel] *adj* general.

genesen [ge'neːzən] *unreg vi* (*geh*) to convalesce, recover.

Genesende(r) *f(m)* convalescent.

Genesung *f* recovery, convalescence.

Genetik [ge'neːtɪk] *f* genetics.

genetisch [ge'neːtɪʃ] *adj* genetic.

Genf [gɛnf] (**-s**) *nt* Geneva.

Genfer *adj attrib*: **der ~ See** Lake Geneva; **die ~ Konvention** the Geneva Convention.

genial [geni'aːl] *adj* brilliant.

Genialität [geniali'tɛːt] *f* brilliance, genius.

Genick [gə'nɪk] (**-(e)s, -e**) *nt* (back of the) neck; **jdm/etw das ~ brechen** (*fig*) to finish sb/sth; **~starre** *f* stiff neck.

Genie [ʒe'niː] (**-s, -s**) *nt* genius.

genieren [ʒe'niːrən] *vr* to be embarrassed ♦ *vt* to bother; **geniert es Sie, wenn ...?** do you mind if ...?

genießbar *adj* edible; (*trinkbar*) drinkable.

genießen [gə'niːsən] *unreg vt* to enjoy; (*essen*) to eat; (*trinken*) to drink; **er ist heute nicht zu ~** (*umg*) he is unbearable today.

Genießer(in) (**-s, -**) *m(f)* connoisseur; (*des Lebens*) pleasure-lover; **g~isch** *adj* appreciative ♦ *adv* with relish.

Genitalien [geni'taːliən] *pl* genitals *pl*.

Genitiv ['geːnitiːf] *m* genitive.

Genmais *m* GM maize.

genmanipuliert *adj* genetically modified.

genommen [gə'nɔmən] *pp von* **nehmen**.

genoss *etc*▲ [gə'nɔs] *vb siehe* **genießen**.

Genosse [gə'nɔsə] (**-n, -n**) *m* comrade (*bes POL*), companion.

genossen *pp von* **genießen**.

Genossenschaft *f* cooperative (association).

Genossin [gə'nɔsɪn] *f* comrade (*bes POL*), companion.

genötigt [gə'nøːtɪçt] *adj*: **sich ~ sehen, etw zu tun** to feel obliged to do sth.

Genre [ʒãːrə] (**-s, -s**) *nt* genre.

Gent [gɛnt] (**-s**) *nt* Ghent.

Gentechnik *f*, **Gentechnologie** *f* gene technology.

Genua ['geːnua] (**-s**) *nt* Genoa.

genug [gə'nuːk] *adv* enough; **jetzt ist(s) aber ~!** that's enough!

Genüge [gə'nyːgə] *f*: **jdm/etw ~ tun** *od* **leisten** to satisfy sb/sth; **etw zur ~ kennen** to know sth well enough; (*abwertender*) to know sth only too well.

genügen *vi* to be enough; (*den Anforderungen etc*) to satisfy; **jdm ~** to be enough for sb.

genügend *adj* enough, sufficient; (*befriedigend*) satisfactory.

genügsam [gə'nyːkzaːm] *adj* modest, easily satisfied; **G~keit** *f* moderation.

Genugtuung [gə'nuːktuːʊŋ] *f* satisfaction.

Genus ['geːnus] (**-, Genera**) *nt* (*GRAM*) gender.

Genuss▲ [gə'nus] (**-es, ⁻e**) *m* pleasure; (*Zusichnehmen*) consumption; **etw mit ~ essen** to eat sth with relish; **in den ~ von etw kommen** to receive the benefit of sth.

genüsslich▲ [gə'nʏslıç] *adv* with relish.

Genussmittel▲ *pl* (semi-)luxury items *pl*.

geöffnet [gə'œfnət] *adj* open.

Geograf▲ [geo'graːf] (**-en, -en**) *m* geographer.

Geografie▲ [geogra'fiː] *f* geography.

Geografin▲ *f* geographer.

geografisch▲ *adj* geographical.

Geologe [geo'loːgə] (**-n, -n**) *m* geologist.

Geologie [geolo'giː] *f* geology.

Geologin *f* geologist.

Geometrie [geome'triː] *f* geometry.

geordnet [gə'ɔrdnət] *adj*: **in ~en Verhältnissen leben** to live a well-ordered life.

Georgien [ge'ɔrgiən] (**-s**) *nt* Georgia.

Gepäck [gə'pɛk] (**-(e)s**) *nt* luggage, baggage; **mit leichtem ~ reisen** to travel light; **~abfertigung** *f* luggage desk/office; **~annahme** *f* (*Bahnhof*) baggage office; (*Flughafen*) baggage check-in; **~aufbewahrung** *f* left-luggage office (*BRIT*), baggage check (*US*); **~ausgabe** *f* (*Bahnhof*) baggage office; (*Flughafen*) baggage reclaim; **~netz** *nt* luggage rack; **~schein** *m* luggage *od* baggage ticket; **~stück** *nt* piece of baggage; ~**träger** *m* porter; (*Fahrrad*) carrier; ~**wagen** *m* luggage van (*BRIT*), baggage car (*US*).

Gepard ['ge:part] (**-(e)s, -e**) *m* cheetah.

gepfeffert [gə'pfɛfərt] (*umg*) *adj* (*Preise*) steep; (*Fragen, Prüfung*) tough; (*Kritik*) biting.

gepfiffen [gə'pfɪfən] *pp von* **pfeifen**.

gepflegt [gə'pfle:kt] *adj* well-groomed; (*Park etc*) well looked after; (*Atmosphäre*) sophisticated; (*Ausdrucksweise, Sprache*) cultured.

Gepflogenheit [gə'pflo:gənhaɪt] *f* (*geh*) custom.

Geplapper [gə'plapər] (**-s**) *nt* chatter.

Geplauder [gə'plaʊdər] (**-s**) *nt* chat(ting).

Gepolter [gə'pɔltər] (**-s**) *nt* din.

gepr. *abk* (= *geprüft*) tested.

gepriesen [gə'pri:zən] *pp von* **preisen**.

gequält [gə'kvɛːlt] *adj* (*Lächeln*) forced; (*Miene, Ausdruck*) pained; (*Gesang, Stimme*) strained.

Gequatsche [gə'kvatʃə] (**-s**) (*pej: umg*) *nt* gabbing; (*Blödsinn*) twaddle.

gequollen [gə'kvɔlən] *pp von* **quellen**.

Gerade [gə'ra:də] (**-n, -n**) *f* straight line.

═══════════════════ *SCHLÜSSELWORT*

gerade [gə'ra:də] *adj* straight; (*aufrecht*) upright; **eine ~ Zahl** an even number.
♦ *adv* **1** (*genau*) just, exactly; (*speziell*) especially; ~ **deshalb** that's just of exactly why; **das ist es ja ~!** that's just it; ~ **du** you especially; **warum ~ ich?** why me (of all people)?; **jetzt ~ nicht!** not now!; ~ **neben** right next to; **nicht ~ schön** not exactly beautiful; ~ **biegen** to straighten out; ~ **stehen** (*aufrecht*) to stand up straight.
2 (*eben, soeben*) just; **er wollte ~ aufstehen** he was just about to get up; **da wir ~ von Geld sprechen ...** talking of money ...; ~ **erst** only just; ~ **noch** (only) just.

gerade- *zW:* ~**aus** *adv* straight ahead; ~**biegen** *unreg vt* (*fig*) to straighten out; ~**heraus** *adv* straight out, bluntly.

gerädert [gə'rɛːdərt] *adj:* **wie ~ sein, sich wie ~ fühlen** to be *od* feel (absolutely) whacked (*umg*).

geradeso *adv* just so; ~ **dumm** *etc* just as stupid *etc*; ~ **wie** just as.

geradestehen *unreg vi:* **für jdn/etw ~** (*fig*) to answer *od* be answerable for sb/sth.

geradezu *adv* (*beinahe*) virtually, almost.

geradlinig *adj* straight.

gerammelt [gə'ramərt] *adv:* ~ **voll** (*umg*) (jam-)packed.

Geranie [ge'ra:niə] *f* geranium.

gerannt [gə'rant] *pp von* **rennen**.

Gerät [gə'rɛːt] (**-(e)s, -e**) *nt* device; (*Apparat*) gadget; (*elektrisches ~*) appliance;

(*Werkzeug*) tool; (*SPORT*) apparatus; (*Zubehör*) equipment *no pl*.

gerät [gə'rɛːt] *vb siehe* **geraten**.

geraten [gə'ra:tən] *unreg pp von* **raten, geraten**
♦ *vi* (*gedeihen*) to thrive; (*gelingen*): (**jdm**) ~ to turn out well (for sb); (*zufällig gelangen*): ~ **in** +*akk* to get into; **gut/schlecht** ~ to turn out well/badly; **an jdn ~** to come across sb; **an den Richtigen/Falschen ~** to come to the right/wrong person; **in Angst ~** to get frightened; **nach jdm ~** to take after sb.

Geräteturnen *nt* apparatus gymnastics.

Geratewohl [gəra:tə'vo:l] *nt:* **aufs ~** on the off chance; (*bei Wahl*) at random.

geraum [gə'raʊm] *adj:* **seit ~er Zeit** for some considerable time.

geräumig [gə'rɔʏmɪç] *adj* roomy.

Geräusch [gə'rɔʏʃ] (**-(e)s, -e**) *nt* sound; (*unangenehm*) noise; **g~arm** *adj* quiet; ~**kulisse** *f* background noise; (*FILM, RUNDF, TV*) sound effects *pl*; **g~los** *adj* silent; ~**pegel** *m* sound level; **g~voll** *adj* noisy.

gerben ['gɛrbən] *vt* to tan.

Gerber (**-s, -**) *m* tanner.

Gerberei [gɛrbə'raɪ] *f* tannery.

gerecht [gə'rɛçt] *adj* just, fair; **jdm/etw ~ werden** to do justice to sb/sth; ~**fertigt** *adj* justified.

Gerechtigkeit *f* justice, fairness.

Gerechtigkeits- *zW:* ~**fanatiker** *m* justice fanatic; ~**gefühl** *nt* sense of justice; ~**sinn** *m* sense of justice.

Gerede [gə're:də] (**-s**) *nt* talk; (*Klatsch*) gossip.

geregelt [gə're:gəlt] *adj* (*Arbeit, Mahlzeiten*) regular; (*Leben*) well-ordered.

gereizt [gə'raɪtst] *adj* irritable; **G~heit** *f* irritation.

Gericht [gə'rɪçt] (**-(e)s, -e**) *nt* court; (*Essen*) dish; **jdn/einen Fall vor ~ bringen** to take sb/a case to court; **mit jdm ins ~ gehen** (*fig*) to judge sb harshly; **über jdn zu ~ sitzen** to sit in judgement on sb; **das Jüngste ~** the Last Judgement; **g~lich** *adj* judicial, legal
♦ *adv* judicially, legally; **ein g~liches Nachspiel haben** to finish up in court; **g~lich gegen jdn vorgehen** to take legal proceedings against sb.

Gerichts- *zW:* ~**akten** *pl* court records *pl*; ~**barkeit** *f* jurisdiction; ~**hof** *m* court (of law); ~**kosten** *pl* (legal) costs *pl*; **g~medizinisch** *adj* forensic medical *attrib*; ~**saal** *m* courtroom; ~**stand** *m* court of jurisdiction; ~**verfahren** *nt* legal proceedings *pl*; ~**verhandlung** *f* court proceedings *pl*; ~**vollzieher** *m* bailiff.

gerieben [gə'ri:bən] *pp von* **reiben** ♦ *adj* grated; (*umg: schlau*) smart, wily.

geriet *etc* [gə'ri:t] *vb siehe* **geraten**.

gering [gə'rɪŋ] *adj* slight, small; (*niedrig*) low; (*Zeit*) short ♦ *adv:* ~ **achten** to think little of;

~**fügig** *adj* slight, trivial; ~ **Beschäftigte** ≈ part-time workers *pl*; ~**schätzig** *adj* disparaging; **G~schätzung** *f* disdain.
geringste(r, s) *adj* slightest, least; **nicht im G~n** not in the least *od* slightest.
gerinnen [gə'rɪnən] *unreg vi* to congeal; (*Blut*) to clot; (*Milch*) to curdle.
Gerinnsel [gə'rɪnzəl] (**-s, -**) *nt* clot.
Gerippe [gə'rɪpə] (**-s, -**) *nt* skeleton.
gerissen [gə'rɪsən] *pp von* **reißen** ♦ *adj* wily, smart.
geritten [gə'rɪtən] *pp von* **reiten**.
geritzt [gə'rɪtst] (*umg*) *adj*: **die Sache ist ~** everything's fixed up *od* settled.
Germanist(in) [gɛrma'nɪst(ɪn)] *m(f)* Germanist, German specialist; (*Student*) German student.
Germanistik *f* German (studies *pl*).
gern [gɛrn] *adv* willingly, gladly; **(aber) ~!** of course!; **~ haben, ~ mögen** to like; **etw ~ tun** to like doing sth; **~ geschehen!** you're welcome!, not at all!; **ein ~ gesehener Gast** a welcome visitor; **ich hätte** *od* **möchte ~** ... I would like ...; **du kannst mich mal ~ haben!** (*umg*) (you can) go to hell!
gerne ['gɛrnə] *adv* = **gern**.
Gernegroß (**-, -e**) *m* show-off.
gerochen [gə'rɔxən] *pp von* **riechen**.
Geröll [gə'rœl] (**-(e)s, -e**) *nt* scree.
geronnen [gə'rɔnən] *pp von* **rinnen, gerinnen**.
Gerste ['gɛrstə] (**-, -n**) *f* barley.
Gerstenkorn *nt* (*im Auge*) stye.
Gerte ['gɛrtə] (**-, -n**) *f* switch, rod.
gertenschlank *adj* willowy.
Geruch [gə'rʊx] (**-(e)s, ⸚e**) *m* smell, odour (*BRIT*), odor (*US*); **g~los** *adj* odourless (*BRIT*), odorless (*US*).
Geruchssinn *m* sense of smell.
Gerücht [gə'rʏçt] (**-(e)s, -e**) *nt* rumour (*BRIT*), rumor (*US*).
geruchtilgend *adj* deodorant.
gerufen [gə'ruːfən] *pp von* **rufen**.
geruhen [gə'ruːən] *vi* to deign.
geruhsam [gə'ruːzaːm] *adj* peaceful; (*Spaziergang etc*) leisurely.
Gerümpel [gə'rʏmpəl] (**-s**) *nt* junk.
gerungen [gə'rʊŋən] *pp von* **ringen**.
Gerüst [gə'rʏst] (**-(e)s, -e**) *nt* (*Bau~*) scaffold(ing); (*fig*) framework.
Ges. *abk* (= *Gesellschaft*) Co., co.
gesalzen [gə'zaltsən] *pp von* **salzen** ♦ *adj* (*fig: umg: Preis, Rechnung*) steep, stiff.
gesamt [gə'zamt] *adj* whole, entire; (*Kosten*) total; (*Werke*) complete; **im G~en** all in all; **G~auflage** *f* gross circulation; **G~ausgabe** *f* complete edition; **G~betrag** *m* total (amount); ~**deutsch** *adj* all-German; **G~eindruck** *m* general impression; **G~heit** *f* totality, whole.

Gesamthochschule *f* polytechnic (*BRIT*).

GESAMTHOCHSCHULE

A **Gesamthochschule** *is an institution combining several different kinds of higher education organizations eg. a university, teacher training college and institute of applied science. Students can study for various degrees within the same subject area and it is easier to change course than it is in an individual institution.*

Gesamt- *zW*: ~**masse** *f* (*COMM*) total assets *pl*; ~**nachfrage** *f* (*COMM*) composite demand; ~**schaden** *m* total damage.
Gesamtschule *f* ≈ comprehensive school.

GESAMTSCHULE

The **Gesamtschule** *is a comprehensive school teaching pupils who have different aims. Traditionally pupils would go to one of three different schools, the* **Gymnasium, Realschule** *or* **Hauptschule,** *depending on ability. The* **Gesamtschule** *seeks to avoid the elitist element prevalent in many Gymnasien, but in Germany these schools are still very controversial. Many parents still prefer the traditional system.*

Gesamtwertung *f* (*SPORT*) overall placings *pl*.
gesandt *pp von* **senden**.
Gesandte(r) [gə'zantə(r)] *f(m)* envoy.
Gesandtschaft [gə'zantʃaft] *f* legation.
Gesang [gə'zaŋ] (**-(e)s, ⸚e**) *m* song; (*Singen*) singing; ~**buch** *nt* (*REL*) hymn book.
Gesäß [gə'zɛːs] (**-es, -e**) *nt* seat, bottom.
gesättigt [gə'zɛtɪçt] *adj* (*CHEM*) saturated.
gesch. *abk* (= *geschieden*) div.
Geschädigte(r) [gə'ʃɛːdɪçtə(r)] *f(m)* victim.
geschaffen [gə'ʃafən] *pp von* **schaffen**.
Geschäft [gə'ʃɛft] (**-(e)s, -e**) *nt* business; (*Laden*) shop; (*~sabschluss*) deal; **mit jdm ins ~ kommen** to do business with sb; **dabei hat er ein ~ gemacht** he made a profit by it; **im ~** at work; (*im Laden*) in the shop; **sein ~ verrichten** to do one's business (*euph*).
Geschäftemacher *m* wheeler-dealer.
geschäftig *adj* active, busy; (*pej*) officious.
geschäftlich *adj* commercial ♦ *adv* on business; **~ unterwegs** away on business.
Geschäfts- *zW*: ~**abschluss**▲ *m* business deal *od* transaction; ~**aufgabe** *f* closure of a/the business; ~**auflösung** *f* closure of a/the business; ~**bedingungen** *pl* terms of business; ~**bereich** *m* (*PARL*) responsibilities *pl*; **Minister ohne ~bereich** minister without portfolio; ~**bericht** *m* financial report;

~**computer** m business computer; ~**essen** nt business lunch; ~**führer** m manager; (*Klub*) secretary; ~**geheimnis** nt trade secret; ~**inhaber** m owner; ~**jahr** nt financial year; ~**lage** f business conditions pl; ~**leitung** f management; ~**mann** (-(e)s, pl -**leute**) m businessman; g~**mäßig** adj businesslike; ~**ordnung** f standing orders pl; **eine Frage zur** ~**ordnung** a question on a point of order; ~**partner** m partner; ~**reise** f business trip; ~**schluss**▲ m closing time; ~**sinn** m business sense; ~**stelle** f office(s pl), place of business; g~**tüchtig** adj business-minded; ~**viertel** nt shopping centre (*BRIT*) od center (*US*); (*Banken etc*) business quarter, commercial district; ~**wagen** m company car; ~**wesen** nt business; ~**zeit** f business hours pl; ~**zweig** m branch (of a business).

geschah etc [gə'ʃaː] vb siehe **geschehen**.

geschehen [gə'ʃeːən] unreg vi to happen; **das geschieht ihm (ganz) recht** it serves him (jolly well (*umg*)) right; **was soll mit ihm/ damit ~?** what is to be done with him/it?; **es war um ihn ~** that was the end of him.

gescheit [gə'ʃaɪt] adj clever; (*vernünftig*) sensible.

Geschenk [gə'ʃɛŋk] (-(e)s, -e) nt present, gift; ~**artikel** m gift; ~**gutschein** m gift voucher; ~**packung** f gift pack; ~**sendung** f gift parcel.

Geschichte [gə'ʃɪçtə] (-, -n) f story; (*Sache*) affair; (*Historie*) history.

Geschichtenerzähler m storyteller.

geschichtlich adj historical; (*bedeutungsvoll*) historic.

Geschichtsfälschung f falsification of history.

Geschichtsschreiber m historian.

Geschick [gə'ʃɪk] (-(e)s, -e) nt skill; (*geh: Schicksal*) fate.

Geschicklichkeit f skill, dexterity.

Geschicklichkeitsspiel nt game of skill.

geschickt adj skilful (*BRIT*), skillful (*US*); (*taktisch*) clever; (*beweglich*) agile.

geschieden [gə'ʃiːdən] pp von **scheiden** ♦ adj divorced.

geschieht [gə'ʃiːt] vb siehe **geschehen**.

geschienen [gə'ʃiːnən] pp von **scheinen**.

Geschirr [gə'ʃɪr] (-(e)s, -e) nt crockery; (*Küchen~*) pots and pans pl; (*Pferde~*) harness; ~**spülmaschine** f dishwasher; ~**tuch** nt tea towel (*BRIT*), dishtowel (*US*).

geschissen [gə'ʃɪsən] pp von **scheißen**.

geschlafen [gə'ʃlaːfən] pp von **schlafen**.

geschlagen [gə'ʃlaːgən] pp von **schlagen**.

geschlaucht [gə'ʃlaʊxt] adv: ~ **sein** (*umg*) to be exhausted od knackered.

Geschlecht [gə'ʃlɛçt] (-(e)s, -er) nt sex; (*GRAM*) gender; (*Gattung*) race; (*Abstammung*) lineage; g~**lich** adj sexual.

Geschlechts- zW: ~**krankheit** f sexually-transmitted disease; g~**reif** adj sexually mature; g~**spezifisch** adj (*SOZIOLOGIE*) sex-specific; ~**teil** nt od m genitals pl; ~**verkehr** m sexual intercourse; ~**wort** nt (*GRAM*) article.

geschlichen [gə'ʃlɪçən] pp von **schleichen**.

geschliffen [gə'ʃlɪfən] pp von **schleifen**.

geschlossen [gə'ʃlɔsən] pp von **schließen** ♦ adj: ~**e Gesellschaft** (*Fest*) private party ♦ adv: ~ **hinter jdm stehen** to stand solidly behind sb; ~**e Ortschaft** built-up area.

geschlungen [gə'ʃluŋən] pp von **schlingen**.

Geschmack [gə'ʃmak] (-(e)s, ¨-e) m taste; **nach ~ jds** ~ to sb's taste; ~ **an etw** dat **finden** to (come to) like sth; **je nach** ~ to one's own taste; **er hat einen guten** ~ (*fig*) he has good taste; g~**los** adj tasteless; (*fig*) in bad taste.

Geschmacks- zW: ~**sache** f matter of taste; ~**sinn** m sense of taste; ~**verirrung** f: **unter** ~**verirrung leiden** (*ironisch*) to have no taste.

geschmackvoll adj tasteful.

Geschmeide [gə'ʃmaɪdə] (-s, -) nt jewellery (*BRIT*), jewelry (*US*).

geschmeidig adj supple; (*formbar*) malleable.

Geschmeiß nt vermin pl.

Geschmiere [gə'ʃmiːrə] (-s) nt scrawl; (*Bild*) daub.

geschmissen [gə'ʃmɪsən] pp von **schmeißen**.

geschmolzen [gə'ʃmɔltsən] pp von **schmelzen**.

Geschnetzelte(s) [gə'ʃnɛtsəltə(s)] nt (*KOCH*) meat cut into strips and stewed to produce a thick sauce.

geschnitten [gə'ʃnɪtən] pp von **schneiden**.

geschoben [gə'ʃoːbən] pp von **schieben**.

geschollen [gə'ʃɔlən] pp von **schallen**.

gescholten [gə'ʃɔltən] pp von **schelten**.

Geschöpf [gə'ʃœpf] (-(e)s, -e) nt creature.

geschoren▲ [gə'ʃoːrən] pp von **scheren**.

Geschoss▲ [gə'ʃɔs] (-es, -e) nt, **Geschoß** [gə'ʃoːs] (-sses, -sse) nt (*ÖSTERR*) nt (*MIL*) projectile; (*Rakete*) missile; (*Stockwerk*) floor.

geschossen [gə'ʃɔsən] pp von **schießen**.

geschraubt [gə'ʃraʊpt] adj stilted, artificial.

Geschrei [gə'ʃraɪ] (-s) nt cries pl, shouting; (*fig: Aufheben*) noise, fuss.

geschrieben [gə'ʃriːbən] pp von **schreiben**.

geschrie(e)n [gə'ʃriː(ə)n] pp von **schreien**.

geschritten [gə'ʃrɪtən] pp von **schreiten**.

geschunden [gə'ʃʊndən] pp von **schinden**.

Geschütz [gə'ʃʏts] (-es, -e) nt gun, piece of artillery; **ein schweres** ~ **auffahren** (*fig*) to bring out the big guns; ~**feuer** nt artillery fire, gunfire.

geschützt adj protected; (*Winkel, Ecke*) sheltered.

Geschw. abk = **Geschwister**.

Geschwader [gə'ʃvaːdər] (-s, -) nt (*NAUT*) squadron; (*AVIAT*) group.

Geschwafel [gə'ʃvaːfəl] **(-s)** *nt* silly talk.

Geschwätz [gə'ʃvɛts] **(-es)** *nt* chatter; (*Klatsch*) gossip.

geschwätzig *adj* talkative; **G~keit** *f* talkativeness.

geschweige [gə'ʃvaigə] *adv:* ~ **(denn)** let alone, not to mention.

geschwiegen [gə'ʃviːgən] *pp von* **schweigen**.

geschwind [gə'ʃvɪnt] *adj* quick, swift.

Geschwindigkeit [gə'ʃvɪndiçkait] *f* speed, velocity.

Geschwindigkeits- *zW:* ~**begrenzung** *f*, ~**beschränkung** *f* speed limit; ~**messer** *m* (*AUT*) speedometer; ~**überschreitung** *f* speeding.

Geschwister [gə'ʃvɪstər] *pl* brothers and sisters *pl*.

geschwollen [gə'ʃvɔlən] *pp von* **schwellen** ♦ *adj* pompous.

geschwommen [gə'ʃvɔmən] *pp von* **schwimmen**.

geschworen [gə'ʃvoːrən] *pp von* **schwören**.

Geschworene(r) *f(m)* juror; **die Geschworenen** *pl* the jury.

Geschwulst [gə'ʃvʊlst] **(-, ⁻e)** *f* growth, tumour.

geschwunden [gə'ʃvʊndən] *pp von* **schwinden**.

geschwungen [gə'ʃvʊŋən] *pp von* **schwingen** ♦ *adj* curved.

Geschwür [gə'ʃvyːr] **(-(e)s, -e)** *nt* ulcer; (*Furunkel*) boil.

gesehen [gə'zeːən] *pp von* **sehen**.

Geselle [gə'zɛlə] **(-n, -n)** *m* fellow; (*Handwerks~*) journeyman.

gesellen *vr:* **sich zu jdm** ~ to join sb.

Gesellenbrief *m* articles *pl*.

Gesellenprüfung *f* examination to become a journeyman.

gesellig *adj* sociable; ~**es Beisammensein** get-together; **G~keit** *f* sociability.

Gesellschaft *f* society; (*Begleitung, COMM*) company; (*Abend~ etc*) party; (*pej*) crowd (*umg*); (*Kreis von Menschen*) group of people; **in schlechte** ~ **geraten** to get into bad company; **geschlossene** ~ private party; **jdm** ~ **leisten** to keep sb company.

Gesellschafter(in) **(-s, -)** *m(f)* shareholder; (*Partner*) partner.

gesellschaftlich *adj* social.

Gesellschafts- *zW:* ~**anzug** *m* evening dress; **g~fähig** *adj* socially acceptable; ~**ordnung** *f* social structure; ~**reise** *f* group tour; ~**schicht** *f* social stratum; ~**system** *nt* social system.

gesessen [gə'zɛsən] *pp von* **sitzen**.

Gesetz [gə'zɛts] **(-es, -e)** *nt* law; (*PARL*) act; (*Satzung, Regel*) rule; **vor dem** ~ in (the eyes of the) law; **nach dem** ~ under the law; **das oberste** ~ **(der Wirtschaft** *etc*) the golden rule (of industry *etc*); ~**blatt** *nt* law gazette;

~**buch** *nt* statute book; ~**entwurf** *m* bill.

Gesetzeshüter *m* (*ironisch*) guardian of the law.

Gesetzesvorlage *f* bill.

Gesetz- *zW:* **g~gebend** *adj* legislative; ~**geber** **(-s, -)** *m* legislator; ~**gebung** *f* legislation; **g~lich** *adj* legal, lawful; ~**lichkeit** *f* legality, lawfulness; **g~los** *adj* lawless; **g~mäßig** *adj* lawful.

gesetzt *adj* (*Mensch*) sedate ♦ *konj:* ~ **den Fall** ... assuming (that) ...

gesetzwidrig *adj* illegal; (*unrechtmäßig*) unlawful.

ges. gesch. *abk* (= *gesetzlich geschützt*) reg.

Gesicht [gə'zɪçt] **(-(e)s, -er)** *nt* face; **das zweite** ~ second sight; **das ist mir nie zu** ~ **gekommen** I've never laid eyes on that; **jdn zu** ~ **bekommen** to clap eyes on sb; **jdm etw ins** ~ **sagen** to tell sb sth to his face; **sein wahres** ~ **zeigen** to show (o.s. in) one's true colours; **jdm wie aus dem** ~ **geschnitten sein** to be the spitting image of sb.

Gesichts- *zW:* ~**ausdruck** *m* (facial) expression; ~**farbe** *f* complexion; ~**packung** *f* face pack; ~**punkt** *m* point of view; ~**wasser** *nt* face lotion; ~**züge** *pl* features *pl*.

Gesindel [gə'zɪndəl] **(-s)** *nt* rabble.

gesinnt [gə'zɪnt] *adj* disposed, minded.

Gesinnung [gə'zɪnʊŋ] *f* disposition; (*Ansicht*) views *pl*.

Gesinnungs- *zW:* ~**genosse** *m* like-minded person; ~**losigkeit** *f* lack of conviction; ~**schnüffelei** (*pej*) *f:* ~**schnüffelei betreiben** to pry into people's political convictions; ~**wandel** *m* change of opinion.

gesittet [gə'zɪtət] *adj* well-mannered.

gesoffen [gə'zɔfən] *pp von* **saufen**.

gesogen [gə'zoːgən] *pp von* **saugen**.

gesollt [gə'zɔlt] *pp von* **sollen**.

gesondert [gə'zɔndərt] *adj* separate.

gesonnen [gə'zɔnən] *pp von* **sinnen**.

gespalten [gə'ʃpaltən] *adj* (*Bewusstsein*) split; (*Lippe*) cleft.

Gespann [gə'ʃpan] **(-(e)s, -e)** *nt* team; (*umg*) couple.

gespannt *adj* tense, strained; (*neugierig*) curious; (*begierig*) eager; **ich bin** ~, **ob** I wonder if *od* whether; **auf etw/jdn** ~ **sein** to look forward to sth/to meeting sb; **ich bin** ~ **wie ein Flitzebogen** (*hum: umg*) I'm on tenterhooks.

Gespenst [gə'ʃpɛnst] **(-(e)s, -er)** *nt* ghost; (*fig: Gefahr*) spectre (*BRIT*), specter (*US*); ~**er sehen** (*fig: umg*) to imagine things.

gespensterhaft, gespenstisch *adj* ghostly.

gespie(e)n [gə'ʃpiː(ə)n] *pp von* **speien**.

gespielt [gə'ʃpiːlt] *adj* feigned.

gesponnen [gə'ʃpɔnən] *pp von* **spinnen**.

Gespött [gə'ʃpœt] **(-(e)s)** *nt* mockery; **zum**

~ **werden** to become a laughing stock.
Gespräch [gə'ʃprɛːç] (-(e)s, -e) *nt*
conversation; (*Diskussion*) discussion;
(*Anruf*) call; **zum ~ werden** to become a
topic of conversation; **ein ~ unter vier**
Augen a confidential *od* private talk; **mit**
jdm ins ~ kommen to get into conversation
with sb; (*fig*) to establish a dialogue with sb.
gesprächig *adj* talkative; **G~keit** *f*
talkativeness.
Gesprächs- *zW:* **~einheit** *f* (*TEL*) unit;
~gegenstand *m* topic; **~partner** *m:* **mein**
~partner bei den Verhandlungen my
opposite number at the talks; **~stoff** *m*
topics *pl*; **~thema** *nt* subject *od* topic (of
conversation).
gesprochen [gə'ʃprɔxən] *pp von* **sprechen.**
gesprossen [gə'ʃprɔsən] *pp von* **sprießen.**
gesprungen [gə'ʃprʊŋən] *pp von* **springen.**
Gespür [gə'ʃpyːr] (-s) *nt* feeling.
gest. *abk* (= *gestorben*) dec.
Gestalt [gə'ʃtalt] (-, -en) *f* form, shape;
(*Person*) figure; (*LITER: pej: Mensch*)
character; **in ~ von** in the form of;
~ annehmen to take shape.
gestalten *vt* (*formen*) to shape, form;
(*organisieren*) to arrange, organize ♦ *vr:* **sich**
~ (zu) to turn out (to be); **etw interessanter**
etc **~** to make sth more interesting *etc*.
Gestaltung *f* formation; organization.
gestanden [gəʃtandən] *pp von* **stehen,**
gestehen.
geständig [gə'ʃtɛndɪç] *adj:* **~ sein** to have
confessed.
Geständnis [gə'ʃtɛntnɪs] (-ses, -se) *nt*
confession.
Gestank [gə'ʃtaŋk] (-(e)s) *m* stench.
gestatten [gə'ʃtatən] *vt* to permit, allow;
~ Sie? may I?; **sich** *dat* **~, etw zu tun** to take
the liberty of doing sth.
Geste ['gɛstə] (-, -n) *f* gesture.
Gesteck [gə'ʃtɛk] (-(e)s, -e) *nt* flower
arrangement.
gestehen [gə'ʃteːən] *unreg vt* to confess; **offen**
gestanden quite frankly.
Gestein [gə'ʃtain] (-(e)s, -e) *nt* rock.
Gestell [gə'ʃtɛl] (-(e)s, -e) *nt* stand; (*Regal*)
shelf; (*Bett~, Brillen~*) frame.
gestellt *adj* (*unecht*) posed.
gestern ['gɛstərn] *adv* yesterday; **~ Abend/**
Morgen yesterday evening/morning; **er ist**
nicht von ~ (*umg*) he wasn't born
yesterday.
gestiefelt [gə'ʃtiːfəlt] *adj:* **der G~e Kater**
Puss-in-Boots.
gestiegen [gə'ʃtiːgən] *pp von* **steigen.**
Gestik (-) *f* gestures *pl*.
gestikulieren [gɛstiku'liːrən] *vi* to gesticulate.
Gestirn [gə'ʃtɪrn] (-(e)s, -e) *nt* star.
gestoben [gə'ʃtoːbən] *pp von* **stieben.**

Gestöber [gə'ʃtøːbər] (-s, -) *nt* flurry; (*länger*)
blizzard.
gestochen [gə'ʃtɔxən] *pp von* **stechen** ♦ *adj*
(*Handschrift*) clear, neat.
gestohlen [gə'ʃtoːlən] *pp von* **stehlen** ♦ *adj:*
der/das kann mir ~ bleiben (*umg*) he/it can
go hang.
gestorben [gə'ʃtɔrbən] *pp von* **sterben.**
gestört [gə'ʃtøːrt] *adj* disturbed;
(*Rundfunkempfang*) poor, with a lot of
interference.
gestoßen [gə'ʃtoːsən] *pp von* **stoßen.**
Gestotter [gə'ʃtɔtər] (-s) *nt* stuttering,
stammering.
Gesträuch [gə'ʃtrɔyç] (-(e)s, -e) *nt* shrubbery,
bushes *pl*.
gestreift [gə'ʃtraift] *adj* striped.
gestrichen [gə'ʃtrɪçən] *pp von* **streichen** ♦ *adj:*
~ voll (*genau voll*) level; (*sehr voll*) full to the
brim; **ein ~er Teelöffel voll** a level
teaspoon(ful).
gestrig ['gɛstrɪç] *adj* yesterday's.
gestritten [gə'ʃtrɪtən] *pp von* **streiten.**
Gestrüpp [gə'ʃtrʏp] (-(e)s, -e) *nt* undergrowth.
gestunken [gə'ʃtʊŋkən] *pp von* **stinken.**
Gestüt [gə'ʃtyːt] (-(e)s, -e) *nt* stud farm.
Gesuch [gə'zuːx] (-(e)s, -e) *nt* petition; (*Antrag*)
application.
gesucht *adj* (*begehrt*) sought after.
gesund [gə'zʊnt] *adj* healthy; **wieder**
~ werden to get better; **~ und munter** hale
and hearty; **G~heit** *f* health; (*Sportlichkeit,*
fig) healthiness; **G~heit!** bless you!; **bei**
guter G~heit in good health; **~heitlich** *adj*
health *attrib*, physical ♦ *adv* physically; **wie**
geht es Ihnen ~heitlich? how's your health?
Gesundheits- *zW:* **~amt** *nt* public health
department; **~apostel** *m* (*ironisch*) health
freak (*umg*); **~farm** *f* health farm; **~fürsorge**
f health care; **~reform** *f* health service
reforms *pl*; **~risiko** *nt* health hazard;
g~schädlich *adj* unhealthy; **~wesen** *nt* health
service; **~zeugnis** *nt* health certificate;
~zustand *m* state of health.
gesundschreiben▲ *unreg vt:* **jdn ~** to certify
sb (as) fit.
gesungen [gə'zʊŋən] *pp von* **singen.**
gesunken [gə'zʊŋkən] *pp von* **sinken.**
getan [gə'taːn] *pp von* **tun** ♦ *adj:* **nach ~er**
Arbeit when the day's work is done.
Getier [gə'tiːər] (-(e)s, -e) *nt* (*Tiere, bes*
Insekten) creatures *pl*; (*einzelnes*) creature.
Getöse [gə'tøːzə] (-s) *nt* din, racket.
getragen [gə'traːgən] *pp von* **tragen.**
Getränk [gə'trɛŋk] (-(e)s, -e) *nt* drink.
Getränkeautomat *m* drinks machine *od*
dispenser.
Getränkekarte *f* (*in Café*) list of beverages;
(*in Restaurant*) wine list.
getrauen [gə'trauən] *vr* to dare.

Getreide [gə'traɪdə] (-s, -) nt cereal, grain; ~**speicher** m granary.

getrennt [gə'trɛnt] adj separate; ~ **leben** to be separated, live apart.

getreten [gə'treːtən] pp von **treten**.

getreu [gə'trɔʏ] adj faithful.

Getriebe [gə'triːbə] (-s, -) nt (Leute) bustle; (AUT) gearbox.

getrieben pp von **treiben**.

Getriebeöl nt transmission oil.

getroffen [gə'trɔfən] pp von **treffen**.

getrogen [gə'troːgən] pp von **trügen**.

getrost [gə'troːst] adv confidently; ~ **sterben** to die in peace; **du kannst dich ~ auf ihn verlassen** you need have no fears about relying on him.

getrunken [gə'trʊŋkən] pp von **trinken**.

Getto ['gɛto] (-s, -s) nt ghetto.

Getue [gə'tuːə] (-s) nt fuss.

Getümmel [gə'tʏməl] (-s) nt turmoil.

geübt [gə'yːpt] adj experienced.

GEW (-) f abk (= Gewerkschaft Erziehung und Wissenschaft) union of employees in education and science.

Gew. abk = **Gewerkschaft**.

Gewächs [gə'vɛks] (-es, -e) nt growth; (Pflanze) plant.

gewachsen [gə'vaksən] pp von **wachsen** ♦ adj: **jdm/etw ~ sein** to be sb's equal/equal to sth.

Gewächshaus nt greenhouse.

gewagt [gə'vaːkt] adj daring, risky.

gewählt [gə'vɛːlt] adj (Sprache) refined, elegant.

gewahr [gə'vaːr] adj: **eine** od **einer Sache** gen ~ **werden** to become aware of sth.

Gewähr [gə'vɛːr] (-) f guarantee; **keine ~ übernehmen für** to accept no responsibility for; **die Angabe erfolgt ohne ~** this information is supplied without liability.

gewähren vt to grant; (geben) to provide; **jdn ~ lassen** not to stop sb.

gewährleisten vt to guarantee.

Gewahrsam [gə'vaːrzaːm] (-s, -e) m safekeeping; (Polizei~) custody.

Gewährsmann m informant, source.

Gewährung f granting.

Gewalt [gə'valt] (-, -en) f power; (große Kraft) force; (~taten) violence; **mit aller ~** with all one's might; **die ausübende/gesetzgebende/richterliche ~** the executive/legislature/judiciary; **elterliche ~** parental authority; **höhere ~** acts/an act of God; ~**anwendung** f use of force.

Gewaltenteilung f separation of powers.

Gewaltherrschaft f tyranny.

gewaltig adj tremendous; (Irrtum) huge; **sich ~ irren** to be very much mistaken.

Gewalt- zW: **g~los** adj non-violent ♦ adv

without force/violence; ~**marsch** m forced march; ~**monopol** nt monopoly on the use of force; **g~sam** adj forcible; **g~tätig** adj violent; ~**verbrechen** nt crime of violence; ~**verzicht** m non-aggression.

Gewand [gə'vant] (-(e)s, ̈er) nt garment.

gewandt [gə'vant] pp von **wenden** ♦ adj deft, skilful (BRIT), skillful (US); (erfahren) experienced; **G~heit** f dexterity, skill.

gewann etc [gə'van] vb siehe **gewinnen**.

gewaschen [gə'vaʃən] pp von **waschen**.

Gewässer [gə'vɛsər] (-s, -) nt waters pl.

Gewebe [gə'veːbə] (-s, -) nt (Stoff) fabric; (BIOL) tissue.

Gewehr [gə'veːr] (-(e)s, -e) nt (Flinte) rifle; (Schrotbüchse) shotgun; ~**lauf** m rifle barrel; barrel of a shotgun.

Geweih [gə'vaɪ] (-(e)s, -e) nt antlers pl.

Gewerbe [gə'vɛrbə] (-s, -) nt trade, occupation; **Handel und** ~ trade and industry; ~ **treibend** carrying on a trade; **fahrendes** ~ mobile trade; ~**aufsichtsamt** nt ≈ factory inspectorate; ~**schein** m trading licence; ~**schule** f technical school.

gewerblich adj industrial.

gewerbsmäßig adj professional.

Gewerbszweig m line of trade.

Gewerkschaft [gə'vɛrkʃaft] f trade od labor (US) union.

Gewerkschaft(l)er(in) m(f) trade od labor (US) unionist.

gewerkschaftlich adj: **wir haben uns ~ organisiert** we organized ourselves into a union.

Gewerkschaftsbund m federation of trade od labor (US) unions, ≈ Trades Union Congress (BRIT), Federation of Labor (US).

gewesen [gə'veːzən] pp von **sein**.

gewichen [gə'vɪçən] pp von **weichen**.

Gewicht [gə'vɪçt] (-(e)s, -e) nt weight; (fig) importance.

gewichten vt to evaluate.

Gewichtheben (-s) nt (SPORT) weight-lifting.

gewichtig adj weighty.

Gewichtsklasse f (SPORT) weight (category).

gewieft [gə'viːft] (umg) adj shrewd, cunning.

gewiesen [gə'viːzən] pp von **weisen**.

gewillt [gə'vɪlt] adj willing, prepared.

Gewimmel [gə'vɪməl] (-s) nt swarm; (Menge) crush.

Gewinde [gə'vɪndə] (-s, -) nt (Kranz) wreath; (von Schraube) thread.

Gewinn [gə'vɪn] (-(e)s, -e) m profit; (bei Spiel) winnings pl; ~ **bringend** profitable; **etw mit ~ verkaufen** to sell sth at a profit; **aus etw ~ schlagen** (umg) to make a profit out of sth; ~**anteil** m (COMM) dividend; ~**ausschüttung** f prize draw; ~**beteiligung** f profit-sharing; **g~bringend** adj profitable;

~chancen *pl* (*beim Wetten*) odds *pl*.

gewinnen *unreg vt* to win; (*erwerben*) to gain; (*Kohle, Öl*) to extract ♦ *vi* to win; (*profitieren*) to gain; **jdn (für etw)** ~ to win sb over (to sth); **an etw** *dat* ~ to gain in sth.

gewinnend *adj* winning, attractive.

Gewinner(in) (-s, -) *m(f)* winner.

Gewinn- *zW:* ~**nummer**▲ *f* winning number; ~**spanne** *f* profit margin; ~**sucht** *f* love of gain; ~**- und Verlustrechnung** *f* profit and loss account.

Gewinnung *f* (*von Kohle etc*) mining; (*von Zucker etc*) extraction.

Gewinnwarnung *f* (*COMM*) profit warning.

Gewirr [gə'vɪr] (-(e)s, -e) *nt* tangle; (*von Straßen*) maze.

gewiss▲ [gə'vɪs] *adj* certain ♦ *adv* certainly; **in gewissem Maße** to a certain extent.

Gewissen [gə'vɪsən] (-s, -) *nt* conscience; **jdm ins** ~ **reden** to have a serious talk with sb; **g~haft** *adj* conscientious; ~**haftigkeit** *f* conscientiousness; **g~los** *adj* unscrupulous.

Gewissens- *zW:* ~**bisse** *pl* pangs of conscience *pl*, qualms *pl*; ~**frage** *f* matter of conscience; ~**freiheit** *f* freedom of conscience; ~**konflikt** *m* moral conflict.

gewissermaßen [gəvɪsər'ma:sən] *adv* more or less, in a way.

Gewissheit▲ *f* certainty; **sich** *dat* ~ **verschaffen** to find out for certain.

gewisslich▲ *adv* surely.

Gewitter [gə'vɪtər] (-s, -) *nt* thunderstorm.

gewittern *vi unpers:* **es gewittert** there's a thunderstorm.

gewitterschwül *adj* sultry and thundery.

Gewitterwolke *f* thundercloud; (*fig: umg*) storm cloud.

gewitzt [gə'vɪtst] *adj* shrewd, cunning.

gewoben [gə'vo:bən] *pp von* **weben**.

gewogen [gə'vo:gən] *pp von* **wiegen** ♦ *adj (+dat)* well-disposed (towards).

gewöhnen [gə'vø:nən] *vt:* **jdn an etw** *akk* ~ to accustom sb to sth; (*erziehen zu*) to teach sb sth ♦ *vr:* **sich an etw** *akk* ~ to get used *od* accustomed to sth.

Gewohnheit [gə'vo:nhaɪt] *f* habit; (*Brauch*) custom; **aus** ~ from habit; **zur** ~ **werden** to become a habit; **sich** *dat* **etw zur** ~ **machen** to make a habit of sth.

Gewohnheits- *in zW* habitual; ~**mensch** *m* creature of habit; ~**recht** *nt* common law; ~**tier** (*umg*) *nt* creature of habit.

gewöhnlich [gə'vø:nlɪç] *adj* usual; (*durchschnittlich*) ordinary; (*pej*) common; **wie** ~ as usual.

gewohnt [gə'vo:nt] *adj* usual; **etw** ~ **sein** to be used to sth.

Gewöhnung *f:* ~ (**an** +*akk*) getting accustomed (to); (*das Angewöhnen*) training (in).

Gewölbe [gə'vœlbə] (-s, -) *nt* vault.

gewollt [gə'vɔlt] *pp von* **wollen** ♦ *adj* forced, artificial.

gewonnen [gə'vɔnən] *pp von* **gewinnen**.

geworben [gə'vɔrbən] *pp von* **werben**.

geworden [gə'vɔrdən] *pp von* **werden**.

geworfen [gə'vɔrfən] *pp von* **werfen**.

gewrungen [gə'vrʊŋən] *pp von* **wringen**.

Gewühl [gə'vy:l] (-(e)s) *nt* throng.

gewunden [gə'vʊndən] *pp von* **winden**.

gewunken [gə'vʊŋkən] *pp von* **winken**.

Gewürz [gə'vʏrts] (-es, -e) *nt* spice; (*Pfeffer, Salz*) seasoning; ~**gurke** *f* pickled gherkin; ~**nelke** *f* clove.

gewusst▲ [gə'vʊst] *pp von* **wissen**.

gez. *abk* (= *gezeichnet*) signed.

gezackt [gə'tsakt] *adj* (*Fels*) jagged; (*Blatt*) serrated.

gezähnt [gə'tsɛ:nt] *adj* serrated, toothed.

gezeichnet [gə'tsaɪçnət] *adj* marked.

Gezeiten [gə'tsaɪtən] *pl* tides *pl*.

Gezeter [gə'tse:tər] (-s) *nt* nagging.

gezielt [gə'tsi:lt] *adj* (*Frage, Maßnahme*) specific; (*Hilfe*) well-directed; (*Kritik*) pointed.

geziemen [gə'tsi:mən] *vr unpers* to be fitting.

geziemend *adj* proper.

geziert [gə'tsi:rt] *adj* affected; **G~heit** *f* affectation.

gezogen [gə'tso:gən] *pp von* **ziehen**.

Gezwitscher [gə'tsvɪtʃər] (-s) *nt* twitter(ing), chirping.

gezwungen [gə'tsvʊŋən] *pp von* **zwingen** ♦ *adj* forced; (*Atmosphäre*) strained.

gezwungenermaßen *adv* of necessity; **etw** ~ **tun** to be forced to do sth, do sth of necessity.

GG *abk* = **Grundgesetz**.

ggf. *abk* = **gegebenenfalls**.

Ghetto ['gɛto] (-s, -s) *nt* ghetto.

Ghettoblaster ['gɛtobla:stər] (-s, -s) *m* ghettoblaster.

Gibraltar [gi'braltar] (-s) *nt* Gibraltar.

gibst [gi:pst] *vb siehe* **geben**.

gibt *vb siehe* **geben**.

Gicht [gɪçt] (-) *f* gout; **g~isch** *adj* gouty.

Giebel ['gi:bəl] (-s, -) *m* gable; ~**dach** *nt* gable(d) roof; ~**fenster** *nt* gable window.

Gier [gi:r] (-) *f* greed.

gierig *adj* greedy.

Gießbach *m* torrent.

gießen ['gi:sən] *unreg vt* to pour; (*Blumen*) to water; (*Metall*) to cast; (*Wachs*) to mould ♦ *vi unpers:* **es gießt in Strömen** it's pouring down.

Gießerei [gi:sə'raɪ] *f* foundry.

Gießkanne *f* watering can.

Gift [gɪft] (-(e)s, -e) *nt* poison; **das ist** ~ **für ihn** (*umg*) that is very bad for him; **darauf kannst du** ~ **nehmen** (*umg*) you can bet

your life on it; **g~grün** *adj* bilious green.
giftig *adj* poisonous; (*fig: boshaft*) venomous.
Gift- *zW:* **~müll** *m* toxic waste; **~pilz** *m*
  poisonous toadstool; **~stoff** *m* toxic
  substance; **~wolke** *f* poisonous cloud; **~zahn**
  m fang; (*umg*) *m* spiteful little devil.
Gigabyte ['gɪgabaɪt] *nt* (*COMPUT*) gigabyte.
Gilde ['gɪldə] (**-, -n**) *f* guild.
gilt [gɪlt] *vb siehe* **gelten.**
ging *etc* [gɪŋ] *vb siehe* **gehen.**
Ginseng ['gɪnzɛŋ] (**-s, -s**) *m* ginseng.
Ginster ['gɪnstər] (**-s, -**) *m* broom.
Gipfel ['gɪpfəl] (**-s, -**) *m* summit, peak; (*fig*)
  height; **das ist der ~!** (*umg*) that's the limit!;
  ~konferenz *f* (*POL*) summit conference.
gipfeln *vi* to culminate.
Gipfeltreffen *nt* summit (meeting).
Gips [gɪps] (**-es, -e**) *m* plaster; (*MED*) plaster
  (of Paris); **~abdruck** *m* plaster cast; **~bein**
  (*umg*) *nt* leg in plaster; **g~en** *vt* to plaster;
  ~figur *f* plaster figure; **~verband** *m* plaster
  (cast).
Giraffe [gi'rafə] (**-, -n**) *f* giraffe.
Girlande [gɪr'landə] (**-, -n**) *f* garland.
Giro ['ʒiro] (**-s, -s**) *nt* giro; **~konto** *nt* current
  account (*BRIT*), checking account (*US*).
girren ['gɪrən] *vi* to coo.
Gis [gɪs] (**-, -**) *nt* (*MUS*) G sharp.
Gischt [gɪʃt] (**-(e)s, -e**) *m od f* spray, foam.
Gitarre [gi'tarə] (**-, -n**) *f* guitar.
Gitter ['gɪtər] (**-s, -**) *nt* grating, bars *pl*; (*für
  Pflanzen*) trellis; (*Zaun*) railing(s); **~bett** *nt*
  cot (*BRIT*), crib (*US*); **~fenster** *nt* barred
  window; **~zaun** *m* railing(s).
Glacéhandschuh, Glaceehandschuh▲
  [gla'se:hantʃu:] *m* kid glove.
Gladiole [gladi'o:lə] (**-, -n**) *f* gladiolus.
Glanz [glants] (**-es**) *m* shine, lustre (*BRIT*),
  luster (*US*); (*fig*) splendour (*BRIT*), splendor
  (*US*); **~abzug** *m* (*PHOT*) glossy *od* gloss print.
glänzen ['glɛntsən] *vi* to shine (*also fig*), gleam.
glänzend *adj* shining; (*fig*) brilliant; **wir
  haben uns ~ amüsiert** we had a marvellous
  od great time.
Glanz- *zW:* **~lack** *m* gloss (paint); **~leistung** *f*
  brilliant achievement; **g~los** *adj* dull;
  ~stück *nt* pièce de résistance; **~zeit** *f*
  heyday.
Glas [glaːs] (**-es, ⸚er**) *nt* glass; (*Brillen~*) lens
  sing; **zwei ~ Wein** two glasses of wine;
  ~bläser *m* glass blower; **~er** (**-s, -**) *m* glazier;
  ~faser *f* fibreglass (*BRIT*), fiberglass (*US*);
  ~faserkabel *nt* optical fibre (*BRIT*) *od* fiber
  (*US*) cable.
Glasgow ['glaːsgoʊ] *nt* Glasgow.
glasieren [gla'ziːrən] *vt* to glaze.
glasig *adj* glassy; (*Zwiebeln*) transparent.
glasklar *adj* crystal clear.
Glasscheibe *f* pane.
Glasur [gla'zuːr] *f* glaze; (*KOCH*) icing,

frosting (*bes US*).
glatt [glat] *adj* smooth; (*rutschig*) slippery;
  (*Absage*) flat; (*Lüge*) downright; (*Haar*)
  straight; (*MED: Bruch*) clean; (*pej: allzu
  gewandt*) smooth, slick ♦ *adv:* **~ gehen** to go
  smoothly; **~ rasiert** (*Mann, Kinn*) clean-
  shaven; **~ streichen** to smooth out.
Glätte ['glɛtə] (**-, -n**) *f* smoothness;
  slipperiness.
Glatteis *nt* (black) ice; **„Vorsicht ~!"**
  "danger, black ice!"; **jdn aufs ~ führen** (*fig*)
  to take sb for a ride.
glätten *vt* to smooth out.
Glatze ['glatsə] (**-, -n**) *f* bald head; **eine
  ~ bekommen** to go bald.
glatzköpfig *adj* bald.
Glaube ['glaʊbə] (**-ns, -n**) *m:* **~ (an** +*akk*) faith
  (in); (*Überzeugung*) belief (in); **den ~n an
  jdn/etw verlieren** to lose faith in sb/sth.
glauben *vt, vi* to believe; (*meinen*) to think;
  jdm ~ to believe sb; **~ an** +*akk* to believe in;
  jdm (etw) aufs Wort ~ to take sb's word (for
  sth); **wers glaubt, wird selig** (*ironisch*) a
  likely story.
Glaubens- *zW:* **~bekenntnis** *nt* creed;
  ~freiheit *f* religious freedom;
  ~gemeinschaft *f* religious sect; (*christliche*)
  denomination.
glaubhaft ['glaʊbhaft] *adj* credible; **jdm etw
  ~ machen** to satisfy sb of sth.
Glaubhaftigkeit *f* credibility.
gläubig ['glɔʏbɪç] *adj* (*REL*) devout;
  (*vertrauensvoll*) trustful; **G~e(r)** *f(m)* believer;
  die Gläubigen *pl* the faithful.
Gläubiger(in) (**-s, -**) *m(f)* creditor.
glaubwürdig ['glaʊbvʏrdɪç] *adj* credible;
  (*Mensch*) trustworthy; **G~keit** *f* credibility;
  trustworthiness.
gleich [glaɪç] *adj* equal; (*identisch*) (the) same,
  identical ♦ *adv* equally; (*sofort*) straight
  away; (*bald*) in a minute; (*räumlich*): **~ hinter
  dem Haus** just behind the house; (*zeitlich*):
  ~ am Anfang at the very beginning; **es ist
  mir ~** it's all the same to me; **zu ~en Teilen**
  in equal parts; **das ~e, aber nicht dasselbe
  Auto** a similar car, but not the same one;
  ganz ~ wer/was *etc* no matter who/what *etc*;
  2 mal 2 ~ 4 2 times 2 is *od* equals 4; **bis ~!**
  see you soon!; **wie war doch ~ Ihr Name?**
  what was your name again?; **es ist ~ drei
  Uhr** it's very nearly three o'clock;
  ~ bleibend constant; **bei ~ bleibendem
  Gehalt** when one's salary stays the same;
  ~ gesinnt like-minded; **~ lautend** identical;
  sie sind ~ groß they are the same size;
  ~ nach/an right after/at; **~altrig** *adj* of the
  same age; **~artig** *adj* similar; **~bedeutend** *adj*
  synonymous; **~berechtigt** *adj* with equal
  rights; **G~berechtigung** *f* equal rights *pl.*
gleichen *unreg vi:* **jdm/etw ~** to be like sb/sth

♦ *vr* to be alike.

gleichermaßen *adv* equally.

gleich- *zW*: ~**falls** *adv* likewise; **danke ~falls!** the same to you; **G~förmigkeit** *f* uniformity; ~**gestellt** *adj*: **rechtlich ~gestellt** equal in law; **G~gewicht** *nt* equilibrium, balance; **jdm aus dem G~gewicht bringen** to throw sb off balance; ~**gültig** *adj* indifferent; (*unbedeutend*) unimportant; **G~gültigkeit** *f* indifference; **G~heit** *f* equality; (*Identität*) identity; (*INDUSTRIE*) parity; **G~heitsprinzip** *nt* principle of equality; **G~heitszeichen** *nt* (*MATH*) equals sign; ~**kommen** *unreg vi +dat* to be equal to; **G~macherei** *f* egalitarianism, levelling down (*pej*); ~**mäßig** *adj* even, equal; **G~mut** *m* equanimity.

Gleichnis (-ses, -se) *nt* parable.

gleich- *zW*: ~**rangig** *adj* (*Probleme etc*) equally important; ~**rangig (mit)** (*Beamte etc*) equal in rank (to), at the same level (as); ~**sam** *adv* as it were; ~**schalten** (*pej*) *vt* to bring into line; **G~schritt** *m*: **im G~schritt, marsch!** forward march!; ~**sehen** *unreg vi*: **jdm ~sehen** to be *od* look like sb; ~**stellen** *vt* (*rechtlich etc*) to treat as equal; **G~strom** *m* (*ELEK*) direct current; ~**tun** *unreg vi*: **es jdm ~tun** to match sb.

Gleichung *f* equation.

gleich- *zW*: ~**viel** *adv* no matter; ~**wertig** *adj* of the same value; (*Leistung, Qualität*) equal; (*Gegner*) evenly matched; ~**wohl** *adv* (*geh*) nevertheless; ~**zeitig** *adj* simultaneous.

Gleis [ɡlaɪs] (-es, -e) *nt* track, rails *pl*; (*am Bahnhof*) platform (*BRIT*), track (*US*).

gleißend [ˈɡlaɪsənt] *adj* glistening, gleaming.

gleiten *unreg vi* to glide; (*rutschen*) to slide.

gleitend [ˈɡlaɪtənt] *adj*: ~**e Arbeitszeit** flexible working hours *pl*, flex(i)time.

Gleit- *zW*: ~**flug** *m* glide; ~**klausel** *f* (*COMM*) escalator clause; ~**komma** *nt* floating point; ~**zeit** *f* flex(i)time.

Gletscher [ˈɡlɛtʃər] (-s, -) *m* glacier; ~**spalte** *f* crevasse.

glich *etc* [ɡlɪç] *vb siehe* **gleichen**.

Glied [ɡliːt] (-(e)s, -er) *nt* member; (*Arm, Bein*) limb; (*Penis*) penis; (*von Kette*) link; (*MIL*) rank(s); **der Schreck steckt ihr noch in den ~ern** she is still shaking with the shock.

gliedern *vt* to organize, structure.

Gliederreißen *nt* rheumatic pains *pl*.

Gliederschmerz *m* rheumatic pains *pl*.

Gliederung *f* structure, organization.

Gliedmaßen *pl* limbs *pl*.

glimmen [ˈɡlɪmən] *unreg vi* to glow.

Glimmer (-s, -) *m* (*MINERAL*) mica.

Glimmstengel (*umg*) *m* fag (*BRIT*), butt (*US*).

glimpflich [ˈɡlɪmpflɪç] *adj* mild, lenient; ~ **davonkommen** to get off lightly.

glitschig [ˈɡlɪtʃɪç] (*umg*) *adj* slippery, slippy.

glitt *etc* [ɡlɪt] *vb siehe* **gleiten**.

glitzern [ˈɡlɪtsərn] *vi* to glitter; (*Stern*) to twinkle.

global [ɡloˈbaːl] *adj* (*weltweit*) global, worldwide; (*ungefähr, pauschal*) general.

Globus [ˈɡloːbʊs] (- *od* -ses, Globen *od* -se) *m* globe.

Glöckchen [ˈɡlœkçən] *nt* (little) bell.

Glocke [ˈɡlɔkə] (-, -n) *f* bell; **etw an die große ~ hängen** (*fig*) to shout sth from the rooftops.

Glocken- *zW*: ~**geläut** *nt* peal of bells; ~**schlag** *m* stroke (of the bell); (*von Uhr*) chime; ~**spiel** *nt* chime(s); (*MUS*) glockenspiel; ~**turm** *m* belfry, bell-tower.

glomm *etc* [ɡlɔm] *vb siehe* **glimmen**.

Glorie [ˈɡloːriə] *f* glory; (*von Heiligen*) halo.

glorreich [ˈɡloːrraɪç] *adj* glorious.

Glossar [ɡlɔˈsaːr] (-s, -e) *nt* glossary.

Glosse [ˈɡlɔsə] (-, -n) *f* comment.

Glotze (-, -n) (*umg*) *f* gogglebox (*BRIT*), TV set.

glotzen [ˈɡlɔtsən] (*umg*) *vi* to stare.

Glück [ɡlʏk] (-(e)s) *nt* luck, fortune; (*Freude*) happiness; ~ **haben** to be lucky; **viel ~** good luck; **zum ~** fortunately; **ein ~!** how lucky!, what a stroke of luck!; **auf gut ~** (*aufs Geratewohl*) on the off-chance; (*unvorbereitet*) trusting to luck; (*wahllos*) at random; **sie weiß noch nichts von ihrem ~** (*ironisch*) she doesn't know anything about it yet; **er kann von ~ sagen, dass ...** he can count himself lucky that ...; ~**auf** *nt*: „**~auf**" (*Bergleute*) (cry of) "good luck".

Glucke (-, -n) *f* (*Bruthenne*) broody hen; (*mit Jungen*) mother hen.

glücken *vi* to succeed; **es glückte ihm, es zu bekommen** he succeeded in getting it.

gluckern [ˈɡlʊkərn] *vi* to glug.

glücklich *adj* fortunate; (*froh*) happy ♦ *adv* happily; (*umg: endlich, zu guter Letzt*) finally, eventually.

glücklicherweise *adv* fortunately.

glücklos *adj* luckless.

Glücksbringer (-s, -) *m* lucky charm.

glückselig [ɡlʏkˈzeːlɪç] *adj* blissful.

Glücks- *zW*: ~**fall** *m* stroke of luck; ~**kind** *nt* lucky person; ~**pilz** *m* lucky beggar (*umg*); ~**sache** *f* matter of luck; ~**spiel** *nt* game of chance; ~**stern** *m* lucky star; ~**strähne** *f* lucky streak.

glückstrahlend *adj* radiant (with happiness).

Glückszahl *f* lucky number.

Glückwunsch *m*: ~ **(zu)** congratulations *pl* (on), best wishes *pl* (on).

Glühbirne *f* light bulb.

glühen [ˈɡlyːən] *vi* to glow.

glühend *adj* glowing; (*heiß ~: Metall*) red-hot; (*Hitze*) blazing; (*fig: leidenschaftlich*) ardent; (*: Hass*) burning; (*Wangen*) flushed, burning.

Glüh- *zW*: ~**faden** *m* (*ELEK*) filament; ~**wein** *m* mulled wine; ~**würmchen** *nt* glow-worm.

Glut [gluːt] (-, -en) *f* (*Röte*) glow; (*Feuers~*) fire; (*Hitze*) heat; (*fig*) ardour (*BRIT*), ardor (*US*).

GmbH (-, -s) *f abk* (= *Gesellschaft mit beschränkter Haftung*) ≈ Ltd. (*BRIT*), plc (*BRIT*), Inc. (*US*).

Gnade ['gnaːdə] (-, -n) *f* (*Gunst*) favour (*BRIT*), favor (*US*); (*Erbarmen*) mercy; (*Milde*) clemency; ~ **vor Recht ergehen lassen** to temper justice with mercy.

gnaden *vi*: (**dann) gnade dir Gott!** (then) God help you *od* heaven have mercy on you!

Gnaden- *zW*: ~**brot** *nt*: **jdm/einem Tier das** ~**brot geben** to keep sb/an animal in his/her/its old age; ~**frist** *f* reprieve; ~**gesuch** *nt* petition for clemency; **g~los** *adj* merciless; ~**stoß** *m* coup de grâce.

gnädig ['gnɛːdɪç] *adj* gracious; (*voll Erbarmen*) merciful; ~**e Frau** (*form*) madam, ma'am.

Gockel ['gɔkəl] (-s, -) *m* (*bes SÜDD*) cock.

Gold [gɔlt] (-(e)s) *nt* gold; **nicht mit** ~ **zu bezahlen** *od* **aufzuwiegen sein** to be worth one's weight in gold; **g~en** *adj* golden; **g~ene Worte** words of wisdom; **der Tanz ums** ~**ene Kalb** (*fig*) the worship of Mammon; ~**fisch** *m* goldfish; ~**grube** *f* gold mine; ~**hamster** *m* (golden) hamster.

goldig ['gɔldɪç] *adj* (*fig*: *umg*) sweet, cute.

Gold- *zW*: ~**regen** *m* laburnum; (*fig*) riches *pl*; **g~richtig** (*umg*) *adj* dead right; ~**schmied** *m* goldsmith; ~**schnitt** *m* gilt edging; ~**standard** *m* gold standard; ~**stück** *nt* piece of gold; (*fig*: *umg*) treasure; ~**waage** *f*: **jedes Wort auf die** ~**waage legen** (*fig*) to weigh one's words; ~**währung** *f* gold standard.

Golf[1] [gɔlf] (-(e)s, -e) *m* gulf; **der (Persische)** ~ the Gulf.

Golf[2] [gɔlf] (-s) *nt* golf; ~**platz** *m* golf course; ~**schläger** *m* golf club; ~**spieler** *m* golfer.

Golfstaaten *pl*: **die** ~ the Gulf States *pl*.

Golfstrom *m* (*GEOG*) Gulf Stream.

Gondel ['gɔndəl] (-, -n) *f* gondola; (*von Seilbahn*) cable car.

gondeln (*umg*) *vi*: **durch die Welt** ~ to go globetrotting.

Gong [gɔŋ] (-s, -s) *m* gong; (*bei Boxkampf etc*) bell.

gönnen ['gœnən] *vt*: **jdm etw** ~ not to begrudge sb sth; **sich** *dat* **etw** ~ to allow o.s. sth.

Gönner (-s, -) *m* patron; **g~haft** *adj* patronizing; ~**in** *f* patroness; ~**miene** *f* patronizing air.

gor *etc* [goːr] *vb siehe* **gären**.

Gorilla [go'rɪla] (-s, -s) *m* gorilla; (*umg*: *Leibwächter*) heavy.

goss *etc*▲ [gɔs] *vb siehe* **gießen**.

Gosse ['gɔsə] (-, -n) *f* gutter.

Gote ['goːtə] (-n, -n) *m* Goth.

Gotik ['goːtɪk] *f* (*KUNST*) Gothic (style); (*Epoche*) Gothic period.

Gotin ['goːtɪn] *f* Goth.

Gott [gɔt] (-es, ̈-er) *m* god; (*als Name*) God; **um** ~**es Willen!** for heaven's sake!; ~ **sei Dank!** thank God!; **grüß** ~! (*bes SÜDD, ÖSTERR*) hello, good morning/afternoon/evening; **den lieben** ~ **einen guten Mann sein lassen** (*umg*) to take things as they come; **ein Bild für die Götter** (*hum*: *umg*) a sight for sore eyes; **das wissen die Götter** (*umg*) God (only) knows; **über** ~ **und die Welt reden** (*fig*) to talk about everything under the sun; **wie** ~ **in Frankreich leben** (*umg*) to be in clover.

Götterspeise *f* (*KOCH*) jelly (*BRIT*), jello (*US*).

Gottes- *zW*: ~**dienst** *m* service; **g~fürchtig** *adj* god-fearing; ~**haus** *nt* place of worship; ~**krieger(in)** *m(f)* religious terrorist; ~**lästerung** *f* blasphemy.

Gottheit *f* deity.

Göttin ['gœtɪn] *f* goddess.

göttlich *adj* divine.

Gott- *zW*: **g~lob** *interj* thank heavens!; **g~los** *adj* godless; **g~verdammt** *adj* goddamn(ed); **g~verlassen** *adj* godforsaken; ~**vertrauen** *nt* trust in God.

Götze ['gœtsə] (-n, -n) *m* idol.

Grab [graːp] (-(e)s, ̈-er) *nt* grave.

grabbeln ['grabəln] (*NORDD*: *umg*) *vt* to rummage.

Graben ['graːbən] (-s, ̈-) *m* ditch; (*MIL*) trench.

graben *unreg vt* to dig.

Grabesstille *f* (*liter*) deathly hush.

Grab- *zW*: ~**mal** *nt* monument; (~*stein*) gravestone; ~**rede** *f* funeral oration; ~**stein** *m* gravestone.

gräbt *vb siehe* **graben**.

Gracht [graxt] (-, -en) *f* canal.

Grad [graːt] (-(e)s, -e) *m* degree; **im höchsten** ~**(e)** extremely; **Verbrennungen ersten** ~**es** (*MED*) first-degree burns; ~**einteilung** *f* graduation; **g~linig** *adj* straight; **g~weise** *adv* gradually.

Graf [graːf] (-en, -en) *m* count, earl (*BRIT*).

Grafik ['graːfɪk] (-, -en) *f* (*COMPUT, TECH*) graphics; (*ART*) graphic arts *pl*.

Grafiker(in) ['graːfɪkər(ɪn)] (-s, -) *m(f)* graphic artist; (*Illustrator*) illustrator.

Gräfin ['grɛːfɪn] *f* countess.

grafisch *adj* ['graːfɪʃ] ♦ *adj* graphic; ~**e Darstellung** graph.

Grafschaft *f* county.

Grahambrot ['graːhambroːt] *nt* type of wholemeal (*BRIT*) *od* whole-wheat (*US*) bread.

Gralshüter ['graːlzhyːtər] (-s, -) *m* (*fig*) guardian.

Gram [graːm] (-(e)s) *m* (*geh*) grief, sorrow.

grämen ['grɛːmən] *vr* to grieve; **sich zu Tode**

Gramm – Griff

~ to die of grief *od* sorrow.

Gramm [gram] **(-s, -e)** *nt* gram(me).

Grammatik [gra'matɪk] *f* grammar.

grammatisch *adj* grammatical.

Grammofon▲, Grammophon [gramo'foːn] **(-s, -e)** *nt* gramophone.

Granat [gra'naːt] **(-(e)s, -e)** *m* (*Stein*) garnet; **~apfel** *m* pomegranate.

Granate **(-, -n)** *f* (*MIL*) shell; (*Hand~*) grenade.

grandios [gran'dioːs] *adj* magnificent, superb.

Granit [gra'niːt] **(-s, -e)** *m* granite; **auf ~ beißen (bei ...)** to bang one's head against a brick wall (with ...).

grantig ['grantɪç] (*umg*) *adj* grumpy.

Graphik *etc* ['gra:fɪk] = **Grafik** *etc*.

grapschen ['grapʃən] (*umg*) *vt, vi* to grab; **(sich** *dat*) **etw ~** to grab sth.

Gras [graːs] **(-es, ⁻er)** *nt* grass; (*auch umg: Marihuana*) grass; **über etw** *akk* **~ wachsen lassen** (*fig*) to let the dust settle on sth; **g~en** *vi* to graze; **~halm** *m* blade of grass.

grasig *adj* grassy.

Grasnarbe *f* turf.

grassieren [gra'siːrən] *vi* to be rampant, rage.

grässlich▲ ['grɛslɪç] *adj* horrible.

Grat [graːt] **(-(e)s, -e)** *m* ridge.

Gräte ['grɛːtə] **(-, -n)** *f* fish-bone.

Gratifikation [gratifikatsi'oːn] *f* bonus.

gratis ['graːtɪs] *adj, adv* free (of charge); **G~probe** *f* free sample.

Grätsche ['grɛːtʃə] **(-, -n)** *f* (*SPORT*) straddle.

Gratulant(in) [gratu'lant(ɪn)] *m(f)* well-wisher.

Gratulation [gratulatsi'oːn] *f* congratulation(s).

gratulieren [gratu'liːrən] *vi*: **jdm (zu etw) ~** to congratulate sb (on sth); **(ich) gratuliere!** congratulations!

Gratwanderung *f* (*fig*) tightrope walk.

grau [grau] *adj* grey (*BRIT*), gray (*US*); **der ~e Alltag** drab reality; **~ meliert** grey-flecked (*BRIT*), gray-flecked (*US*); **G~brot** *nt* = **Mischbrot**.

Gräuel▲ ['grɔyəl] **(-s, -)** *m* horror; (*~tat*) atrocity; **etw ist jdm ein ~** sb loathes sth; **~propaganda** *f* atrocity propaganda; **~tat** *f* atrocity.

Grauen **(-s)** *nt* horror.

grauen *vi* (*Tag*) to dawn ♦ *vi unpers*: **es graut jdm vor etw** sb dreads sth, sb is afraid of sth ♦ *vr*: **sich ~ vor** to dread.

grauenhaft, grauenvoll *adj* horrible.

grauhaarig *adj* grey-haired (*BRIT*), gray-haired (*US*).

gräulich▲ ['grɔylɪç] *adj* horrible.

Graupelregen ['graupəlreːgən] *m* sleet.

Graupelschauer *m* sleet.

Graupen ['graupən] *pl* pearl barley *sing*.

grausam ['grauzaːm] *adj* cruel; **G~keit** *f* cruelty.

Grausen ['grauzən] **(-s)** *nt* horror; **da kann**

man das kalte ~ kriegen (*umg*) it's enough to give you the creeps.

grausen *vb* = **grauen**.

Grauzone *f* (*fig*) grey (*BRIT*) *od* gray (*US*) area.

gravieren [gra'viːrən] *vt* to engrave.

gravierend *adj* grave.

Grazie ['graːtsiə] *f* grace.

graziös [gratsi'øːs] *adj* graceful.

Greencard ['griːnkaːɐd] **(-, -s)** *f* green card.

greifbar *adj* tangible, concrete; **in ~er Nähe** within reach.

greifen ['graifən] *unreg vt* (*nehmen*) to grasp; (*grapschen*) to seize, grab ♦ *vi* (*nicht rutschen, einrasten*) to grip; **nach etw ~** to reach for sth; **um sich ~** (*fig*) to spread; **zu etw ~** (*fig*) to turn to sth; **diese Zahl ist zu niedrig gegriffen** (*fig*) this figure is too low; **aus dem Leben gegriffen** taken from life.

Greifer **(-s, -)** *m* (*TECH*) grab.

Greifvogel *m* bird of prey.

Greis [grais] **(-es, -e)** *m* old man.

Greisenalter *nt* old age.

greisenhaft *adj* very old.

Greisin ['graizɪn] *f* old woman.

grell [grɛl] *adj* harsh.

Gremium ['greːmiʊm] *nt* body; (*Ausschuss*) committee.

Grenadier [grena'diːɐ] **(-s, -e)** *m* (*MIL: Infanterist*) infantryman.

Grenzbeamte(r) *m* frontier official.

Grenze **(-, -n)** *f* border; (*zwischen Grundstücken, fig*) boundary; (*Staats~*) frontier; (*Schranke*) limit; **über die ~ gehen/fahren** to cross the border; **hart an der ~ des Erlaubten** bordering on the limits of what is permitted.

grenzen *vi*: **~ an** +*akk* to border on.

grenzenlos *adj* boundless.

Grenz- *zW*: **~fall** *m* borderline case; **~gänger** *m* (*Arbeiter*) international commuter (*across a local border*); **~gebiet** *nt* (*lit, fig*) border area; **~kosten** *pl* marginal cost *sing*; **~linie** *f* boundary; **~übergang** *m* frontier crossing; **~wert** *m* limit; **~zwischenfall** *m* border incident.

Gretchenfrage ['greːtçənfraːgə] *f* (*fig*) crunch question, sixty-four-thousand-dollar question (*umg*).

Greuel *etc* △ ['grɔyəl] *siehe* **Gräuel**.

greulich △ ['grɔylɪç] *siehe* **gräulich**.

Grieche ['griːçə] **(-n, -n)** *m* Greek.

Griechenland *nt* Greece.

Griechin ['griːçɪn] *f* Greek.

griechisch *adj* Greek.

griesgrämig ['griːsgrɛːmɪç] *adj* grumpy.

Grieß [griːs] **(-es, -e)** *m* (*KOCH*) semolina; **~brei** *m* cooked semolina.

Griff [grɪf] **(-(e)s, -e)** *m* grip; (*Vorrichtung*) handle; (*das Greifen*): **der ~ nach etw**

reaching for sth; **jdn/etw in den ~ bekommen** (*fig*) to gain control of sb/sth; **etw in den ~ bekommen** (*geistig*) to get a grasp of sth.

griff *etc vb siehe* **greifen.**

griffbereit *adj* handy.

Griffel ['grɪfəl] (**-s, -**) *m* slate pencil; (*BOT*) style.

griffig ['grɪfɪç] *adj* (*Fahrbahn etc*) that has a good grip; (*fig: Ausdruck*) useful, handy.

Grill [grɪl] (**-s, -s**) *m* grill; (*AUT*) grille.

Grille ['grɪlə] (**-, -n**) *f* cricket; (*fig*) whim.

grillen *vt* to grill.

Grimasse [gri'masə] (**-, -n**) *f* grimace; **~n schneiden** to make faces.

grimmig *adj* furious; (*heftig*) fierce, severe.

grinsen ['grɪnzən] *vi* to grin; (*höhnisch*) to smirk.

Grippe ['grɪpə] (**-, -n**) *f* influenza, flu.

Grips [grɪps] (**-es, -e**) (*umg*) *m* sense.

grob [groːp] *adj* coarse, gross; (*Fehler, Verstoß*) gross; (*brutal, derb*) rough; (*unhöflich*) ill-mannered; **~ geschätzt** at a rough estimate; **G~heit** *f* coarseness; (*Beschimpfung*) coarse expression.

Grobian ['groːbiaːn] (**-s, -e**) *m* ruffian.

grobknochig *adj* large-boned.

groggy ['grɔgɪ] *adj* (*BOXEN*) groggy; (*umg: erschöpft*) bushed.

grölen ['grøːlən] (*pej*) *vt, vi* to bawl.

Groll [grɔl] (**-(e)s**) *m* resentment; **g~en** *vi* (*Donner*) to rumble; **g~en (mit** *od* **+dat)** to bear ill will (towards).

Grönland ['grøːnlant] (**-s**) *nt* Greenland.

Grönländer(in) (**-s, -**) *m(f)* Greenlander.

Groschen ['grɔʃən] (**-s, -**) (*umg*) *m* 10-pfennig piece; (*ÖSTERR*) groschen; (*fig*) penny, cent (*US*); **~roman** (*pej*) *m* cheap *od* dime (*US*) novel.

groß [groːs] *adj* big, large; (*hoch*) tall; (*Freude, Werk*) great ♦ *adv* greatly; **im G~en und Ganzen** on the whole; **wie ~ bist du?** how tall are you?; **die G~en** (*Erwachsene*) the grown-ups; **mit etw ~ geworden sein** to have grown up with sth; **die G~en Seen** the Great Lakes *pl*; **~en Hunger haben** to be very hungry; **~e Mode sein** to be all the fashion; **~ angelegt** large-scale, on a large scale; **~ und breit** (*fig: umg*) at great *od* enormous length; **~ geschrieben werden** (*umg*) to be stressed; **G~abnehmer** *m* (*COMM*) bulk buyer; **G~alarm** *m* red alert; **~artig** *adj* great, splendid; **G~aufnahme** *f* (*FILM*) close-up; **G~britannien** (**-s**) *nt* (Great) Britain; **G~buchstabe** *m* capital (letter).

Größe ['grøːsə] (**-, -n**) *f* size; (*Länge*) height; (*fig*) greatness; **eine unbekannte ~** (*lit, fig*) an unknown quantity.

Groß- *zW:* **~einkauf** *m* bulk purchase; **~einsatz** *m:* **~einsatz der Polizei** *etc* large-scale operation by the police *etc*; **~eltern** *pl* grandparents *pl.*

Größenordnung *f* scale; (*Größe*) magnitude; (*MATH*) order (of magnitude).

großenteils *adv* for the most part.

Größen- *zW:* **~unterschied** *m* difference in size; **~wahn** *m*, **~wahnsinn** *m* megalomania, delusions *pl* of grandeur.

Groß- *zW:* **~format** *nt* large size; **~handel** *m* wholesale trade; **~handelspreisindex** *m* wholesale-price index; **~händler** *m* wholesaler; **g~herzig** *adj* generous; **~hirn** *nt* cerebrum; **~industrielle(r)** *f(m)* major industrialist; **g~kotzig** (*umg*) *adj* show-offish, bragging; **~kundgebung** *f* mass rally; **~macht** *f* great power; **~maul** *m* braggart; **~mut** (**-**) *f* magnanimity; **g~mütig** *adj* magnanimous; **~mutter** *f* grandmother; **~raum** *m:* **der ~raum München** the Munich area *od* conurbation, Greater Munich; **~raumbüro** *nt* open-plan office; **~rechner** *m* mainframe; **~reinemachen** *nt* thorough cleaning, ≈ spring cleaning; **g~schreiben** *unreg vt:* **ein Wort g~schreiben** to write a word with a capital; **~schreibung** *f* capitalization; **g~spurig** *adj* pompous; **~stadt** *f* city.

größte(r, s) [grøːstə(r, s)] *adj superl von* **groß.**

größtenteils *adv* for the most part.

Groß- *zW:* **~tuer** (**-s, -**) *m* boaster; **g~tun** *unreg vi* to boast; **~vater** *m* grandfather; **~verbraucher** *m* (*COMM*) heavy user; **~verdiener** *m* big earner; **~wild** *nt* big game; **g~ziehen** *unreg vt* to raise; **g~zügig** *adj* generous; (*Planung*) on a large scale.

grotesk [gro'tɛsk] *adj* grotesque.

Grotte ['grɔtə] (**-, -n**) *f* grotto.

grub *etc* [gruːp] *vb siehe* **graben.**

Grübchen ['gryːpçən] *nt* dimple.

Grube ['gruːbə] (**-, -n**) *f* pit; (*Bergwerk*) mine.

grübeln ['gryːbəln] *vi* to brood.

Grubenarbeiter *m* miner.

Grubengas *nt* firedamp.

Grübler ['gryːblər] (**-s, -**) *m* brooder; **g~isch** *adj* brooding, pensive.

Gruft [gruft] (**-, ̈-e**) *f* tomb, vault.

grün [gryːn] *adj* green; (*ökologisch*) green; (*POL*): **die G~en** the Greens; **~e Minna** (*umg*) Black Maria (*BRIT*), paddy wagon (*US*); **~e Welle** phased traffic lights; **~e Versicherungskarte** (*AUT*) green card; **sich ~ und blau** *od* **gelb ärgern** (*umg*) to be furious; **auf keinen ~en Zweig kommen** (*fig: umg*) to get nowhere; **jdm ~es Licht geben** to give sb the green light; **G~anlage** *f* park.

Grund [grunt] (**-(e)s, ̈-e**) *m* ground; (*von See, Gefäß*) bottom; (*fig*) reason; **von ~ auf** entirely, completely; **aus gesundheitlichen** *etc* **Gründen** for health *etc* reasons; **im ~e genommen** basically; **ich habe ~ zu der**

gründen – gucken

Annahme, dass ... I have reason to believe that ...; **einer Sache** *dat* **auf den** ~ **gehen** (*fig*) to get to the bottom of sth; **in** ~ **und Boden** (*fig*) utterly, thoroughly; *siehe auch* **aufgrund, zugrunde**; ~**ausbildung** *f* basic training; ~**bedeutung** *f* basic meaning; ~**bedingung** *f* fundamental condition; ~**begriff** *m* basic concept; ~**besitz** *m* land(ed property), real estate; ~**buch** *nt* land register; **g**~**ehrlich** *adj* thoroughly honest.

gründen [ɡrʏndən] *vt* to found ♦ *vr*: **sich** ~ **auf** +*akk* to be based on; ~ **auf** +*akk* to base on.

Gründer(in) (**-s, -**) *m(f)* founder.

Grund- *zW*: **g**~**falsch** *adj* utterly wrong; ~**gebühr** *f* basic charge; ~**gedanke** *m* basic idea; ~**gesetz** *nt* constitution.

Grundierung [ɡrʊnˈdiːrʊŋ] *f* (*Farbe*) primer.

Grund- [z.l.]: ~**kapital** *nt* nominal capital; ~**kurs** *m* basic course; ~**lage** *f* foundation; **jeder** ~**lage** *gen* **entbehren** to be completely unfounded; **g**~**legend** *adj* fundamental.

gründlich *adj* thorough; **jdm** ~ **die Meinung sagen** to give sb a piece of one's mind.

Grund- *zW*: **g**~**los** *adj* (*fig*) groundless; ~**mauer** *f* foundation wall; ~**nahrungsmittel** *nt* basic food(stuff).

Gründonnerstag *m* Maundy Thursday.

Grund- *zW*: ~**ordnung** *f*: **die freiheitlich-demokratische** ~**ordnung** (*BRD POL*) *the German constitution based on democratic liberty*; ~**rechenart** *f* basic arithmetical operation; ~**recht** *nt* basic *od* constitutional right; ~**regel** *f* basic *od* ground rule; ~**riss**▲ *m* plan; (*fig*) outline; ~**satz** *m* principle; **g**~**sätzlich** *adj* fundamental; (*Frage*) of principle ♦ *adv* fundamentally; (*prinzipiell*) on principle; **das ist g**~**sätzlich verboten** it is absolutely forbidden; ~**satzurteil** *nt* *judgement that establishes a principle*.

Grundschule *f* primary (*BRIT*) *od* elementary school.

GRUNDSCHULE

The **Grundschule** *is a primary school which children attend for 4 years from the age of 6 to 10. There are no formal examinations in the* **Grundschule** *but parents receive a report on their child's progress twice a year. Many children attend a* **Kindergarten** *from 3-6 years before going to the* **Grundschule***, but no formal instruction takes place in the Kindergarten.*

Grund- *zW*: ~**stein** *m* foundation stone; ~**steuer** *f* rates *pl*; ~**stück** *nt* plot (of land); (*Anwesen*) estate; ~**stücksmakler** *m* estate agent (*BRIT*), realtor (*US*); ~**stufe** *f* first stage; (*SCH*) ≈ junior (*BRIT*) *od* grade (*US*) school.

Gründung *f* foundation.

Gründungsurkunde *f* (*COMM*) certificate of incorporation.

Gründungsversammlung *f* (*Aktiengesellschaft*) statutory meeting.

Grund- *zW*: **g**~**verschieden** *adj* utterly different; ~**wasser** *nt* ground water; ~**wasserspiegel** *m* water table, groundwater level; ~**zug** *m* characteristic; **etw in seinen** ~**zügen darstellen** to outline (the essentials of) sth.

Grüne (**-n**) *nt*: **im** ~**n** in the open air; **ins** ~ **fahren** to go to the country.

Grüne(r) *f(m)* (*POL*) Ecologist, Green; **die Grünen** *pl* (*als Partei*) the Greens.

DIE GRÜNEN

Die **Grünen** *is the name given to the Green or ecological party in Germany which was founded in 1980. Since 1993 they have been allied with the originally East German party, Bündnis 90.*

GRÜNER PUNKT

The **grüner Punkt** *is the green spot symbol which appears on packaging, indicating that the packaging should not be thrown into the normal household refuse but kept separate to be recycled through the* **DSD** *system. The recycling is financed by licences bought by the manufacturer from the DSD and the cost of this is often passed on to the consumer.*

Grün- *zW*: ~**kohl** *m* kale; ~**schnabel** *m* greenhorn; ~**span** *m* verdigris; ~**streifen** *m* central reservation.

grunzen [ˈɡrʊntsən] *vi* to grunt.

Gruppe [ˈɡrʊpə] (**-, -n**) *f* group.

Gruppen- *zW*: ~**arbeit** *f* teamwork; ~**dynamik** *f* group dynamics *pl*; ~**therapie** *f* group therapy; **g**~**weise** *adv* in groups.

gruppieren [ɡrʊˈpiːrən] *vt, vr* to group.

gruselig *adj* creepy.

gruseln [ˈɡruːzəln] *vi unpers*: **es gruselt jdm vor etw** sth gives sb the creeps ♦ *vr* to have the creeps.

Gruß [ɡruːs] (**-es, ̈e**) *m* greeting; (*MIL*) salute; **viele Grüße** best wishes; **Grüße an** +*akk* regards to; **einen (schönen)** ~ **an Ihre Frau!** (*geh*) my regards to your wife; **mit freundlichen Grüßen** (*als Briefformel*) Yours sincerely.

grüßen [ˈɡryːsən] *vt* to greet; (*MIL*) to salute; **jdn von jdm** ~ to give sb sb's regards; **jdn** ~ **lassen** to send sb one's regards.

Grütze [ˈɡrʏtsə] (**-, -n**) *f* (*Brei*) gruel; **rote** ~ (type of) red fruit jelly.

Guatemala [ɡuateˈmaːla] (**-s**) *nt* Guatemala.

Guayana [ɡuaˈjaːna] (**-s**) *nt* Guyana.

gucken [ˈɡʊkən] *vi* to look.

Rechtschreibreform: ▲ *neue Schreibung* △ *alte Schreibung (auslaufend)*

Guckloch *nt* peephole.
Guinea [gi'neːa] (**-s**) *nt* Guinea.
Gulasch ['guːlaʃ] (**-(e)s, -e**) *nt* goulash;
~**kanone** *f* (*MIL: umg*) field kitchen.
gültig ['gʏltɪç] *adj* valid; ~ **werden** to become
valid; (*Gesetz, Vertrag*) to come into effect;
(*Münze*) to become legal tender; **G~keit** *f*
validity; **G~keitsdauer** *f* period of validity.
Gummi ['gʊmi] (**-s, -s**) *nt od m* rubber; (~*harze*)
gum; (*umg: Kondom*) rubber, Durex ®;
(~*band*) rubber *od* elastic band; (*Hosen*~)
elastic; ~**band** *nt* rubber *od* elastic band;
~**bärchen** *nt* jelly baby; ~**geschoss▲** *nt*
rubber bullet; ~**knüppel** *m* rubber
truncheon; ~**paragraf▲** *m* ambiguous *od*
meaningless law *od* statute; ~**stiefel** *m*
rubber boot, wellington (boot) (*BRIT*);
~**strumpf** *m* elastic stocking; ~**zelle** *f* padded
cell.
Gunst [gʊnst] (**-**) *f* favour (*BRIT*), favor (*US*);
siehe auch **zugunsten.**
günstig ['gʏnstɪç] *adj* favourable (*BRIT*),
favorable (*US*); (*Angebot, Preis etc*)
reasonable, good; **bei ~er Witterung**
weather permitting; **im ~sten Fall(e)** with
luck.
Gurgel ['gʊrgəl] (**-, -n**) *f* throat.
gurgeln *vi* to gurgle; (*im Rachen*) to gargle.
Gurke ['gʊrkə] (**-, -n**) *f* cucumber; **saure ~**
pickled cucumber, gherkin.
Gurt [gʊrt] (**-(e)s, -e**) *m* belt.
Gurtanlegepflicht *f* (*form*) obligation to
wear a safety belt in vehicles.
Gürtel ['gʏrtəl] (**-s, -**) *m* belt; (*GEOG*) zone;
~**reifen** *m* radial tyre; ~**rose** *f* shingles *sing od
pl.*
GUS [geː|uːˈɛs] *f abk* (= *Gemeinschaft
Unabhängiger Staaten*) CIS.
Guss▲ [gʊs] (**-es, ⁼e**) *m* casting; (*Regen*~)
downpour; (*KOCH*) glazing; ~**eisen** *nt* cast
iron.
Gut [guːt] (**-(e)s, ⁼er**) *nt* (*Besitz*) possession;
(*Landgut*) estate; **Güter** *pl* (*Waren*) goods *pl.*

===================== *SCHLÜSSELWORT*

gut *adj* good; **das ist ~ gegen** *od* **für** *(umg)*
Husten it's good for coughs; **sei so ~ (und)
gib mir das** would you mind giving me that;
dafür ist er sich zu ~ he wouldn't stoop to
that sort of thing; **das ist ja alles ~ und
schön, aber ...** that's all very well but ...; **du
bist ~!** (*umg*) you're a fine one!; **alles G~e**
all the best; **also ~** all right then.
◆ *adv* well; ~ **gehen** to work, come off; **es
geht jdm ~** sb's doing fine; **das ist noch
einmal ~ gegangen** it turned out all right; **~
gehend** thriving; ~ **gelaunt** cheerful, in a
good mood; ~ **gemeint** well meant; **du hast
es ~!** you've got it made!; ~ **situiert** well-
off; **jdm ~ tun** to do sb good; ~ **unterrichtet**

well-informed; **~, aber ...** OK, but ...; **(na) ~,
ich komme** all right, I'll come; ~ **drei
Stunden** a good three hours; **das kann
~ sein** that may well be; ~ **und gern** easily;
lass es ~ sein that'll do.

Gut- *zW*: ~**achten** (**-s, -**) *nt* report; ~**achter** (**-s,
-**) *m* expert; ~**achterkommission** *f* quango;
g~artig *adj* good-natured; (*MED*) benign;
g~bürgerlich *adj* (*Küche*) (good) plain;
~**dünken** *nt*: **nach ~dünken** at one's
discretion.
Güte ['gyːtə] (**-**) *f* goodness, kindness; (*Qualität*)
quality; **ach du liebe** *od* **meine ~!** (*umg*)
goodness me!; ~**klasse** *f* (*COMM*) grade;
~**klasseneinteilung** *f* (*COMM*) grading.
Güter- *zW*: ~**abfertigung** *f* (*EISENB*) goods
office; ~**bahnhof** *m* goods station;
~**trennung** *f* (*JUR*) separation of property;
~**verkehr** *m* freight traffic; ~**wagen** *m* goods
waggon (*BRIT*), freight car (*US*); ~**zug** *m*
goods train (*BRIT*), freight train (*US*).
Gütesiegel *nt* (*COMM*) stamp of quality.
gut- *zW*: ~**gläubig** *adj* trusting; **G~haben** (**-s**)
nt credit; ~**haben** *unreg vt*: **20 Mark (bei jdm)
~haben** to be in credit (with sb) to the tune
of 20 marks; ~**heißen** *unreg vt* to approve
(of); ~**herzig** *adj* kind(-hearted).
gütig ['gyːtɪç] *adj* kind.
gütlich ['gyːtlɪç] *adj* amicable.
gut- *zW*: ~**machen** *vt* (*in Ordnung bringen:
Fehler*) to put right, correct; (*Schaden*) to
make good; ~**mütig** *adj* good-natured;
G~mütigkeit *f* good nature.
Gutsbesitzer(in) *m(f)* landowner.
Gut- *zW*: ~**schein** *m* voucher; **g~schreiben**
unreg vt to credit; ~**schrift** *f* credit.
Gutsherr *m* squire.
Gutshof *m* estate.
gutwillig *adj* willing.
Gymnasiallehrer(in) [gʏmnaziˈaːlleːrər(ɪn)]
m(f) ≈ grammar school teacher (*BRIT*), high
school teacher (*US*).
Gymnasium [gʏmˈnaːziʊm] *nt* ≈ grammar
school (*BRIT*), high school (*US*).

GYMNASIUM

The **Gymnasium** *is a selective secondary school.
There are nine years of study at a* **Gymnasium**
leading to the **Abitur** *which gives access to
higher education. Pupils who successfully
complete six years automatically gain the*
mittlere Reife.

Gymnastik [gʏmˈnastɪk] *f* exercises *pl*, keep-
fit; ~ **machen** to do keep-fit (exercises)/
gymnastics.
Gynäkologe [gʏnɛkoˈloːgə] (**-n, -n**) *m*
gynaecologist (*BRIT*), gynecologist (*US*).

Gynäkologin [gynɛko'loːgɪn] *f* gynaecologist (*BRIT*), gynecologist (*US*).

H, h

H, h [haː] *nt* H, h; ~ **wie Heinrich** ≈ H for Harry, H for How (*US*); (*MUS*) B.
ha *abk* = **Hektar.**
Haag [haːk] (**-s**) *m*: **Den** ~ The Hague.
Haar [haːr] (**-(e)s, -e**) *nt* hair; **um ein** ~ nearly; ~**e auf den Zähnen haben** to be a tough customer; **sich die** ~**e raufen** (*umg*) to tear one's hair; **sich** *dat* **in die** ~**e kriegen** (*umg*) to quarrel; **das ist an den** ~**en herbeigezogen** that's rather far-fetched; ~**ansatz** *m* hairline; ~**bürste** *f* hairbrush.
haaren *vi, vr* to lose hair.
Haaresbreite *f*: **um** ~ by a hair's-breadth.
Haarfestiger (**-s, -**) *m* setting lotion.
haargenau *adv* precisely.
haarig *adj* hairy; (*fig*) nasty.
Haar- *zW*: ~**klammer** *f*, ~**klemme** *f* hair grip (*BRIT*), barrette (*US*); **h~klein** *adv* in minute detail; **h~los** *adj* hairless; ~**nadel** *f* hairpin; **h~scharf** *adv* (*beobachten*) very sharply; (*verfehlen*) by a hair's breadth; ~**schnitt** *m* haircut; ~**schopf** *m* head of hair; ~**sieb** *nt* fine sieve; ~**spalterei** *f* hair-splitting; ~**spange** *f* hair slide; **h~sträubend** *adj* hair-raising; ~**teil** *nt* hairpiece; ~**waschmittel** *nt* shampoo; ~**wasser** *nt* hair lotion.
Hab [haːp] *nt*: ~ **und Gut** possessions *pl*, belongings *pl*, worldly goods *pl*.
Habe ['haːbə] (**-**) *f* property.
haben ['haːbən] *unreg vt, Hilfsverb* to have ♦ *vr unpers*: **und damit hat es sich** (*umg*) and that's that; **Hunger/Angst** ~ to be hungry/afraid; **da hast du 10 Mark** there's 10 Marks; **die** ~**s (ja)** (*umg*) they can afford it; **Ferien** ~ to be on holiday; **es am Herzen** ~ (*umg*) to have heart trouble; **sie ist noch zu** ~ (*umg*: *nicht verheiratet*) she's still single; **für etw zu** ~ **sein** to be keen on sth; **sie werden schon merken, was sie an ihm** ~ they'll see how valuable he is; **haste was, biste was** (*Sprichwort*) money brings status; **wie gehabt!** some things don't change; **das hast du jetzt davon** now see what's happened; **woher hast du das?** where did you get that from?; **was hast du denn?** what's the matter (with you)?; **ich habe zu tun** I'm busy.
Haben (**-s, -**) *nt* (*COMM*) credit.
Habenseite *f* (*COMM*) credit side.

Habgier *f* avarice.
habgierig *adj* avaricious.
habhaft *adj*: **jds/einer Sache** ~ **werden** (*geh*) to get hold of sb/sth.
Habicht ['haːbɪçt] (**-(e)s, -e**) *m* hawk.
Habilitation [habilitatsi'oːn] *f* (*Lehrberechtigung*) postdoctoral lecturing qualification.
Habseligkeiten ['haːpzeːlɪçkaɪtən] *pl* belongings *pl*.
Habsucht ['haːpzʊxt] *f* greed.
Hachse ['haksə] (**-, -n**) *f* (*KOCH*) knuckle.
Hackbraten *m* meat loaf.
Hackbrett *nt* chopping board; (*MUS*) dulcimer.
Hacke ['hakə] (**-, -n**) *f* hoe; (*Ferse*) heel.
hacken *vt* to hack, chop; (*Erde*) to hoe.
Hacker ['hakər] (**-s, -**) *m* (*COMPUT*) hacker.
Hackfleisch *nt* mince, minced meat, ground meat (*US*).
Hackordnung *f* (*lit, fig*) pecking order.
Häcksel ['hɛksəl] (**-s**) *m od nt* chopped straw, chaff.
hadern ['haːdərn] *vi* (*geh*): ~ **mit** to quarrel with; (*unzufrieden sein*) to be at odds with.
Hafen ['haːfən] (**-s, ⁼**) *m* harbour, harbor (*US*), port; (*fig*) haven; ~**anlagen** *pl* docks *pl*; ~**arbeiter** *m* docker; ~**damm** *m* jetty, mole; ~**gebühren** *pl* harbo(u)r dues *pl*; ~**stadt** *f* port.
Hafer ['haːfər] (**-s, -**) *m* oats *pl*; **ihn sticht der** ~ (*umg*) he is feeling his oats; ~**brei** *m* porridge (*BRIT*), oatmeal (*US*); ~**flocken** *pl* rolled oats *pl* (*BRIT*), oatmeal (*US*); ~**schleim** *m* gruel.
Haff [haf] (**-s, -s od -e**) *nt* lagoon.
Haft [haft] (**-**) *f* custody; ~**anstalt** *f* detention centre (*BRIT*) *od* center (*US*); **h~bar** *adj* liable, responsible; ~**befehl** *m* warrant (for arrest); **einen** ~**befehl gegen jdn ausstellen** to issue a warrant for sb's arrest.
haften *vi* to stick, cling; ~ **für** to be liable *od* responsible for; **für Garderobe kann nicht gehaftet werden** all articles are left at owner's risk; ~ **bleiben (an** +*dat*) to stick (to).
Häftling ['hɛftlɪŋ] *m* prisoner.
Haft- *zW*: ~**pflicht** *f* liability; ~**pflichtversicherung** *f* third party insurance; ~**richter** *m* magistrate.
Haftschalen *pl* contact lenses *pl*.
Haftung *f* liability.
Hagebutte ['haːgəbʊtə] (**-, -n**) *f* rose hip.
Hagedorn *m* hawthorn.
Hagel ['haːgəl] (**-s**) *m* hail; ~**korn** *nt* hailstone; (*MED*) eye cyst.
hageln *vi unpers* to hail.
Hagelschauer *m* (short) hailstorm.
hager ['haːgər] *adj* gaunt.
Häher ['hɛːər] (**-s, -**) *m* jay.

Hahn [haːn] (-(e)s, ⁻e) m cock; (Wasser~) tap, faucet (US); (Abzug) trigger; ~ **danach kräht kein ~ mehr** (umg) no one cares two hoots about that any more.

Hähnchen ['hɛːnçən] nt cockerel; (KOCH) chicken.

Hai(fisch) ['haɪ(fɪʃ)] (-(e)s, -e) m shark.

Haiti [ha'iːti] (-s) nt Haiti.

Häkchen ['hɛːkçən] nt small hook.

Häkelarbeit f crochet work.

häkeln ['hɛːkəln] vt to crochet.

Häkelnadel f crochet hook.

Haken ['haːkən] (-s, -) m hook; (fig) catch; **einen ~ schlagen** to dart sideways; ~**kreuz** nt swastika; ~**nase** f hooked nose.

halb [halp] adj half ♦ adv (beinahe) almost; ~ **eins** half past twelve; ~ **offen** half-open; **ein ~es Dutzend** half a dozen; **nichts H~es und nichts Ganzes** neither one thing nor the other; **(noch) ein ~es Kind sein** to be scarcely more than a child; **das ist ~ so schlimm** it's not as bad as all that; **mit jdm ~e-~e machen** (umg) to go halves with sb.

halb- zW: **H~blut** nt (Tier) crossbreed; **H~bruder** m half-brother; **H~dunkel** nt semi-darkness.

halber ['halbər] präp +gen (wegen) on account of; (für) for the sake of.

Halb- zW: **h~fett** adj medium fat; ~**finale** nt semi-final; ~**heit** f half-measure; **h~herzig** adj half-hearted.

halbieren [hal'biːrən] vt to halve.

Halb- zW: ~**insel** f peninsula; **h~jährlich** adj half-yearly; ~**kreis** m semicircle; ~**kugel** f hemisphere; **h~lang** adj: **nun mach mal h~lang!** (umg) now wait a minute!; **h~laut** adv in an undertone; ~**leiter** m (PHYS) semiconductor; **h~mast** adv at half-mast; ~**mond** m half-moon; (fig) crescent; ~**pension** f half-board (BRIT), European plan (US); ~**schuh** m shoe; ~**schwester** f half-sister; **h~seiden** adj (lit) fifty per cent silk; (fig: Dame) fast; (: homosexuell) gay; **h~seitig** adj (Anzeige) half-page; ~**starke(r)** f(m) hooligan, rowdy; **h~tags** adv: **h~tags arbeiten** to work part-time; ~**tagsarbeit** f part-time work; ~**tagskraft** f part-time worker; ~**ton** m half-tone; (MUS) semitone; **h~trocken** adj medium-dry; ~**waise** f child/ person who has lost one parent; **h~wegs** adv half-way; **h~wegs besser** more or less better; ~**welt** f demimonde; ~**wertzeit** f half-life; ~**wüchsige(r)** f(m) adolescent; ~**zeit** f (SPORT) half; (Pause) half-time.

Halde ['haldə] f tip; (Schlacken~) slag heap.

half etc [half] vb siehe **helfen**.

Hälfte ['hɛlftə] (-, -n) f half; **um die ~ steigen** to increase by half.

Halfter¹ ['halftər] (-s, -) m od nt (für Tiere) halter.

Halfter² ['halftər] (-, -n od -s, -) f od nt (Pistolen~) holster.

Hall [hal] (-(e)s, -e) m sound.

Halle ['halə] (-, -n) f hall; (AVIAT) hangar.

hallen vi to echo, resound.

Hallen- in zW indoor; ~**bad** nt indoor swimming pool.

hallo [ha'loː] interj hallo.

Halluzination [halutsinatsi'oːn] f hallucination.

Halm ['halm] (-(e)s, -e) m blade, stalk.

Hals [hals] (-es, ⁻e) m neck; (Kehle) throat; **sich dat nach jdm/etw den ~ verrenken** (umg) to crane one's neck to see sb/sth; **jdm um den ~ fallen** to fling one's arms around sb's neck; **aus vollem ~(e)** at the top of one's voice; ~ **über Kopf** in a rush; **jdn auf dem od am ~ haben** (umg) to be lumbered od saddled with sb; **das hängt mir zum ~ raus** (umg) I'm sick and tired of it; **sie hat es in den falschen ~ bekommen** (falsch verstehen) she took it wrongly; ~**abschneider** (pej: umg) m shark; ~**band** nt (Hundehalsband) collar; **h~brecherisch** adj (Tempo) breakneck; (Fahrt) hair-raising; ~**kette** f necklace; ~**krause** f ruff; ~-**Nasen-Ohren-Arzt** m ear, nose and throat specialist; ~**schlagader** f carotid artery; ~**schmerzen** pl sore throat sing; **h~starrig** adj stubborn, obstinate; ~**tuch** nt scarf; ~- **und Beinbruch** interj good luck!; ~**weh** nt sore throat; ~**wirbel** m cervical vertebra.

Halt [halt] (-(e)s, -e) m stop; (fester ~) hold; (innerer ~) stability; ~!, **h~!** stop!, halt!; ~ **machen** to stop.

hält [hɛlt] vb siehe **halten**.

Halt- zW: **h~bar** adj durable; (Lebensmittel) non-perishable; (MIL, fig) tenable; **h~bar bis 6.11.** use by 6 Nov.; ~**barkeit** f durability; (non-)perishability; tenability; (von Lebensmitteln) shelf life; ~**barkeitsdatum** nt best-before date.

halten ['haltən] unreg vt to keep; (fest~) to hold ♦ vi to hold; (frisch bleiben) to keep; (stoppen) to stop ♦ vr (frisch bleiben) to keep; (sich behaupten) to hold out; **den Mund ~** (umg) to keep one's mouth shut; ~ **für** to regard as; ~ **von** to think of; **das kannst du ~ wie du willst** that's completely up to you; **der Film hält nicht, was er verspricht** the film doesn't live up to expectations; **davon halt(e) ich nichts** I don't think much of it; **zu jdm ~** to stand od stick by sb; **an sich** akk ~ to restrain o.s.; **auf sich** akk ~ (auf Äußeres achten) to take a pride in o.s.; **er hat sich gut gehalten** (umg) he's well-preserved; **sich an ein Versprechen ~** to keep a promise; **sich rechts/links ~** to keep to the right/left.

Halter ['haltər] (-s, -) m (Halterung) holder.

Haltestelle *f* stop.
Halteverbot *nt*: **absolutes** ~ no stopping; **eingeschränktes** ~ no waiting; **hier ist** ~ **you cannot stop here.**
haltlos *adj* unstable.
Haltlosigkeit *f* instability.
Haltung *f* posture; *(fig)* attitude; *(Selbstbeherrschung)* composure; ~ **bewahren** to keep one's composure.
Halunke [ha'luŋkə] **(-n, -n)** *m* rascal.
Hamburg ['hamburk] **(-s)** *nt* Hamburg.
Hamburger **(-s, -)** *m (KOCH)* burger, hamburger.
Hamburger(in) **(-s, -)** *m(f)* native of Hamburg.
Hameln ['ha:məln] *nt* Hamelin.
hämisch ['hɛːmɪʃ] *adj* malicious.
Hammel ['haməl] **(-s, ◌ *od* -)** *m* wether; ~**fleisch** *nt* mutton; ~**keule** *f* leg of mutton.
Hammelsprung *m (PARL)* division.
Hammer ['hamər] **(-s, ◌)** *m* hammer; **das ist ein** ~**!** *(umg: unerhört)* that's absurd!
hämmern ['hɛmərn] *vt, vi* to hammer.
Hammondorgel ['hæmənd|ɔrgəl] *f* electric organ.
Hämorrhoiden [hɛmɔro'i:dən], **Hämorriden▲** [hɛmɔ'ri:dən] *pl* piles *pl*, haemorrhoids *pl (BRIT)*, hemorrhoids *pl (US)*.
Hampelmann ['hampəlman] *m (lit, fig)* puppet.
Hamster ['hamstər] **(-s, -)** *m* hamster.
Hamsterei [hamstə'raɪ] *f* hoarding.
Hamsterer **(-s, -)** *m* hoarder.
hamstern *vi* to hoard.
Hand [hant] **(-, ◌e)** *f* hand; **etw zur** ~ **haben** to have sth to hand; *(Ausrede, Erklärung)* to have sth ready; **jdm zur** ~ **gehen** to lend sb a helping hand; **zu Händen von jdm** for the attention of sb; **in festen Händen sein** to be spoken for; **die** ~ **für jdn ins Feuer legen** to vouch for sb; **hinter vorgehaltener** ~ on the quiet; ~ **aufs Herz** cross your heart; **jdn auf Händen tragen** to cherish sb; **bei etw die** *od* **seine** ~ **im Spiel haben** to have a hand in sth; **eine** ~ **wäscht die andere** *(Sprichwort)* if you scratch my back I'll scratch yours; **das hat weder** ~ **noch Fuß** that doesn't make sense; **das liegt auf der** ~ *(umg)* that's obvious; **unter der** ~ secretly; *(verkaufen)* privately; *siehe auch* **anhand**; ~**arbeit** *f* manual work; *(Nadelarbeit)* needlework; ~**arbeiter** *m* manual worker; ~**ball** *m* handball; ~**besen** *m* brush; ~**betrieb** *m*: **mit** ~**betrieb** hand-operated; ~**bewegung** *f* gesture; ~**bibliothek** *f (in Bibliothek)* reference section; *(auf Schreibtisch)* reference books *pl*; ~**bremse** *f* handbrake; ~**buch** *nt* handbook, manual.
Händedruck *m* handshake.
Händeklatschen *nt* clapping, applause.
Handel¹ ['handəl] **(-s)** *m* trade; *(Geschäft)* transaction; **im** ~ **sein** to be on the market; **(mit jdm)** ~ **treiben** to trade (with sb); **etw in den** ~ **bringen/aus dem** ~ **ziehen** to put sth on/take sth off the market.
Handel² **(-s, ◌)** *m* quarrel.
handeln ['handəln] *vi* to trade; *(tätig werden)* to act ◆ *vr unpers*: **sich** ~ **um** to be a question of, be about; ~ **von** to be about; **ich lasse mit mir** ~ I'm open to persuasion; *(in Bezug auf Preis)* I'm open to offers.
Handeln **(-s)** *nt* action.
handelnd *adj*: **die** ~**en Personen in einem Drama** the characters in a drama.
Handels- *zW*: ~**bank** *f* merchant bank *(BRIT)*, commercial bank; ~**bilanz** *f* balance of trade; **aktive/passive** ~**bilanz** balance of trade surplus/deficit; ~**delegation** *f* trade mission; **h**~**einig** *adj*: **mit jdm h**~**einig werden** to conclude a deal with sb; ~**gesellschaft** *f* commercial company; ~**kammer** *f* chamber of commerce; ~**klasse** *f* grade; ~**marine** *f* merchant navy; ~**marke** *f* trade name; ~**name** *m* trade name; ~**recht** *nt* commercial law; ~**register** *nt* register of companies; ~**reisende(r)** *f(m)* = **Handlungsreisende(r)** commercial traveller; ~**sanktionen** *pl* trade sanctions *pl*; ~**schule** *f* business school; ~**spanne** *f* gross margin, mark-up; ~**sperre** *f* trade embargo; **h**~**üblich** *adj* customary; ~**vertreter** *m* sales representative; ~**vertretung** *f* trade mission; ~**ware** *f* commodity.
händeringend ['hɛndərɪŋənd] *adv* wringing one's hands; *(fig)* imploringly.
Hand- *zW*: ~**feger** **(-s, -)** *m* brush; ~**fertigkeit** *f* dexterity; **h**~**fest** *adj* hefty; ~**fläche** *f* palm *od* flat (of one's hand); **h**~**gearbeitet** *adj* handmade; ~**gelenk** *nt* wrist; **aus dem** ~**gelenk** *(umg: ohne Mühe)* effortlessly; (: *improvisiert*) off the cuff; ~**gemenge** *nt* scuffle; ~**gepäck** *nt* hand baggage *od* luggage; **h**~**geschrieben** *adj* handwritten; ~**granate** *f* hand grenade; **h**~**greiflich** *adj* palpable; **h**~**greiflich werden** to become violent; ~**griff** *m* flick of the wrist; ~**habe** *f*: **ich habe gegen ihn keine** ~**habe** *(fig)* I have no hold on him; **h**~**haben** *unreg vt untr* to handle; ~**karren** *m* handcart; ~**käse** *m* strong-smelling, round German cheese; ~**kuss▲** *m* kiss on the hand; ~**langer** **(-s, -)** *m* odd-job man, handyman; *(fig: Untergeordneter)* dogsbody.
Händler ['hɛndlər] **(-s, -)** *m* trader, dealer.
handlich ['hantlɪç] *adj* handy.
Handlung ['handluŋ] *f* action; *(Tat)* act; *(in Buch)* plot; *(Geschäft)* shop.
Handlungs- *zW*: ~**ablauf** *m* plot; ~**bevollmächtigte(r)** *f(m)* authorized agent; **h**~**fähig** *adj (Regierung)* able to act; *(JUR)* empowered to act; ~**freiheit** *f* freedom of

action; **h~orientiert** adj action-orientated; **~reisende(r)** f(m) commercial traveller (BRIT), traveling salesman (US); **~vollmacht** f proxy; **~weise** f manner of dealing.

Hand- zW: **~pflege** f manicure; **~schelle** f handcuff; **~schlag** m handshake; **keinen ~schlag tun** not to do a stroke (of work); **~schrift** f handwriting; (Text) manuscript; **h~schriftlich** adj handwritten ♦ adv (korrigieren, einfügen) by hand; **~schuh** m glove; **~schuhfach** nt (AUT) glove compartment; **~tasche** f handbag (BRIT), pocket book (US), purse (US); **~tuch** nt towel; **~umdrehen** nt: **im ~umdrehen** (fig) in the twinkling of an eye.

Handwerk nt trade, craft; **jdm das ~ legen** (fig) to put a stop to sb's game.

Handwerker (-s, -) m craftsman, artisan; **wir haben seit Wochen die ~ im Haus** we've had workmen in the house for weeks.

Handwerkskammer f trade corporation.

Handwerkszeug nt tools pl.

Handwörterbuch nt concise dictionary.

Handy ['hɛndi] (-s, -s) nt (TEL) mobile (phone).

Handzeichen nt signal; (Geste) sign; (bei Abstimmung) show of hands.

Handzettel m leaflet, handbill.

Hanf [hanf] (-(e)s) m hemp.

Hang [haŋ] (-(e)s, ¨e) m inclination; (Ab~) slope.

Hänge- ['hɛŋə] in zW hanging; **~brücke** f suspension bridge; **~matte** f hammock.

Hängen ['hɛŋən] nt: **mit ~ und Würgen** (umg) by the skin of one's teeth.

hängen unreg vi to hang ♦ vt: **~ (an +akk)** to hang (on(to)); **an jdm ~** (fig) to be attached to sb; **~ bleiben** to be caught; (fig) to remain, stick; **~ bleiben an** +dat to catch od get caught on; **es bleibt ja doch alles an mir ~** (fig: umg) in the end it's all down to me anyhow; **~ lassen** (vergessen) to leave behind; **sich ~ lassen** to let o.s. go; **den Kopf ~ lassen** (fig) to be downcast; **die ganze Sache hängt an ihm** it all depends on him; **sich ~ an** +akk to hang on to, cling to.

hängend adj: **mit ~er Zunge kam er angelaufen** (fig) he came running up panting.

Hängeschloss▲ nt padlock.

Hanglage f: **in ~** situated on a slope.

Hannover [ha'noːfər] (-s) nt Hanover.

Hannoveraner(in) [hanovəˈraːnər(ɪn)] (-s, -) m(f) Hanoverian.

hänseln ['hɛnzəln] vt to tease.

Hansestadt ['hanzəʃtat] f Hanseatic od Hanse town.

Hanswurst [hans'vʊrst] (-(e)s, -e od -würste) m clown.

Hantel ['hantəl] (-, -n) f (SPORT) dumb-bell.

hantieren [han'tiːrən] vi to work, be busy; **mit etw ~** to handle sth.

hapern ['haːpərn] vi unpers: **es hapert an etw** dat there is a lack of sth.

Happen ['hapən] (-s, -) m mouthful.

happig ['hapɪç] (umg) adj steep.

Hardware ['haːdwɛə] (-, -s) f hardware.

Harfe ['harfə] (-, -n) f harp.

Harke ['harkə] (-, -n) f rake.

harken vt, vi to rake.

harmlos ['harmloːs] adj harmless.

Harmlosigkeit f harmlessness.

Harmonie [harmo'niː] f harmony.

harmonieren vi to harmonize.

Harmonika [har'moːnika] (-, -s) f (Zieh~) concertina.

harmonisch [har'moːnɪʃ] adj harmonious.

Harmonium [har'moːniʊm] (-s, -nien od -s) nt harmonium.

Harn ['harn] (-(e)s, -e) m urine; **~blase** f bladder.

Harnisch ['harnɪʃ] (-(e)s, -e) m armour, armor (US); **jdn in ~ bringen** to infuriate sb; **in ~ geraten** to become angry.

Harpune [har'puːnə] (-, -n) f harpoon.

harren ['harən] vi: **~ auf** +akk to wait for.

Harsch [harʃ] (-(e)s) m frozen snow.

harschig adj (Schnee) frozen.

hart [hart] adj hard; (fig) harsh ♦ adv: **das ist ~ an der Grenze** that's almost going too far; **~e Währung** hard currency; **~ bleiben** to stand firm; **~ gekocht** hard-boiled; **~ gesotten** (Ei) hard-boiled; **es geht ~ auf ~** it's a tough fight.

Härte ['hɛrtə] (-, -n) f hardness; (fig) harshness; **soziale ~n** social hardships; **~fall** m case of hardship; (umg: Mensch) hardship case; **~klausel** f hardship clause.

härten vt, vr to harden.

hart- zW: **H~faserplatte** f hardboard, fiberboard (US); **~gesotten** adj (Kerl) tough, hard-boiled; **~herzig** adj hard-hearted; **~näckig** adj stubborn; **H~näckigkeit** f stubbornness.

Harz¹ [haːrts] (-es, -e) nt resin.

Harz² (-es) m (GEOG) Harz Mountains pl.

Haschee [ha'ʃeː] (-s, -s) nt hash.

haschen ['haʃən] vt to catch, snatch ♦ vi (umg) to smoke hash.

Haschisch ['haʃɪʃ] (-) nt hashish.

Hase ['haːzə] (-n, -n) m hare; **falscher ~** (KOCH) meat loaf; **wissen, wie der ~ läuft** (fig: umg) to know which way the wind blows; **mein Name ist ~(, ich weiß von nichts)** I don't know anything about anything.

Haselnuss▲ ['haːzəlnʊs] f hazelnut.

Hasenfuß m coward.

Hasenscharte f harelip.

Haspel (-, -n) f reel, bobbin; (Winde) winch.

Hass▲ [has] (-es) m hate, hatred; **einen ~ (auf**

jdn) haben (*umg: Wut*) to be really mad (with sb).

hassen ['hasən] *vt* to hate; **etw ~ wie die Pest** (*umg*) to detest sth.

hassenswert *adj* hateful.

hässlich▲ ['hɛslɪç] *adj* ugly; (*gemein*) nasty; **H~keit** *f* ugliness; nastiness.

Hassliebe▲ *f* love-hate relationship.

Hast [hast] (-) *f* haste.

hast *vb siehe* **haben**.

hasten *vi, vr* to rush.

hastig *adj* hasty.

hat [hat] *vb siehe* **haben**.

hätscheln ['hɛtʃəln] *vt* to pamper; (*zärtlich*) to cuddle.

hatte *etc* ['hatə] *vb siehe* **haben**.

hätte *etc* ['hɛtə] *vb siehe* **haben**.

Haube ['haubə] (-, -n) *f* hood; (*Mütze*) cap; (*AUT*) bonnet (*BRIT*), hood (*US*); **unter die ~ sein/unter die ~ kommen** (*hum*) to be/get married.

Hauch [haux] (-(e)s, -e) *m* breath; (*Luft~*) breeze; (*fig*) trace; **h~dünn** *adj* wafer-thin; (*Scheiben*) wafer-thin; (*fig: Mehrheit*) extremely narrow; **h~en** *vi* to breathe; **h~fein** *adj* very fine.

Haue ['hauə] (-, -n) *f* hoe; (*Pickel*) pick; (*umg*) hiding.

hauen *unreg vt* to hew, cut; (*umg*) to thrash.

Hauer ['hauər] (-s, -) *m* (*MIN*) face-worker.

Häufchen ['hɔyfçən] *nt:* **ein ~ Unglück** *od* **Elend** a picture of misery.

Haufen ['haufən] (-s, -) *m* heap; (*Leute*) crowd; **ein ~ (Bücher)** (*umg*) loads *od* a lot (of books); **auf einem ~** in one heap; **etw über den ~ werfen** (*umg: verwerfen*) to chuck sth out; **jdn über den ~ rennen** *od* **fahren** *etc* (*umg*) to knock sb down.

häufen ['hɔyfən] *vt* to pile up ♦ *vr* to accumulate.

haufenweise *adv* in heaps; in droves; **etw ~ haben** to have piles of sth.

häufig ['hɔyfɪç] *adj* frequent ♦ *adv* frequently; **H~keit** *f* frequency.

Haupt [haupt] (-(e)s, Häupter) *nt* head; (*Ober~*) chief ♦ *in zW* main; **~akteur** *m* (*lit, fig*) leading light; (*pej*) main figure; **~aktionär** *m* major shareholder; **~bahnhof** *m* central station; **h~beruflich** *adv* as one's main occupation; **~buch** *nt* (*COMM*) ledger; **~darsteller(in)** *m(f)* leading actor, leading actress; **~eingang** *m* main entrance; **~fach** *nt* (*SCH, UNIV*) main subject, major (*US*); **etw im ~fach studieren** to study sth as one's main subject, major in sth (*US*); **~film** *m* main film; **~gericht** *nt* main course; **~geschäftsstelle** *f* head office; **~geschäftszeit** *f* peak (shopping) period; **~gewinn** *m* first prize; **einer der ~gewinne** one of the main prizes; **~leitung** *f* mains *pl*.

Häuptling ['hɔyptlɪŋ] *m* chief(tain).

Haupt- *zW:* **~mahlzeit** *f* main meal; **~mann** (-(e)s, *pl* **-leute**) *m* (*MIL*) captain; **~nahrungsmittel** *nt* staple food; **~person** *f* (*im Roman usw*) main character; (*fig*) central figure; **~postamt** *nt* main post office; **~quartier** *nt* headquarters *pl*; **~rolle** *f* leading part; **~sache** *f* main thing; **in der ~sache** in the main, mainly; **h~sächlich** *adj* chief ♦ *adv* chiefly; **~saison** *f* peak *od* high season; **~satz** *m* main clause; **~schlagader** *f* aorta; **~schlüssel** *m* master key.

Hauptschule *f* ≈ secondary modern (school) (*BRIT*), junior high (school) (*US*).

HAUPTSCHULE

The **Hauptschule** is a non-selective school which pupils attend after the **Grundschule**. They complete five years of study and most go on to do some training in a practical subject or trade.

Haupt- *zW:* **~sendezeit** *f* (*TV*) prime time; **~stadt** *f* capital; **~straße** *f* main street; **~verkehrsstraße** *f* (*in Stadt*) main street; (*Durchgangsstraße*) main thoroughfare; (*zwischen Städten*) main highway, trunk road (*BRIT*); **~verkehrszeit** *f* rush hour; **~versammlung** *f* general meeting; **~wohnsitz** *m* main place of residence; **~wort** *nt* noun.

hau ruck ['hau 'ruk] *interj* heave-ho.

Haus [haus] (-es, Häuser) *nt* house; **nach ~e** home; **zu ~e** at home; **fühl dich wie zu ~e!** make yourself at home!; **ein Freund des ~es** a friend of the family; **~ halten** (*sparen*) to economize; **wir liefern frei ~** (*COMM*) we offer free delivery; **das erste ~ am Platze** (*Hotel*) the best hotel in town; *siehe auch* **nachhause, zuhause; ~angestellte** *f* domestic servant; **~arbeit** *f* housework; (*SCH*) homework; **~arrest** *m* (*im Internat*) detention; (*JUR*) house arrest; **~arzt** *m* family doctor; **~aufgabe** *f* (*SCH*) homework; **~besetzung** *f* squat; **~besitzer** *m* house-owner; **~besuch** *m* home visit; (*von Arzt*) house call.

Häuschen ['hɔysçən] *nt:* **ganz aus dem ~ sein** (*fig: umg*) to be out of one's mind (with excitement/fear *etc*).

Hauseigentümer *m* house-owner.

hausen ['hauzən] *vi* to live (in poverty); (*pej*) to wreak havoc.

Häuser- *zW:* **~block** *m* block (of houses); **~makler** *m* estate agent (*BRIT*), real estate agent (*US*); **~reihe** *f*, **~zeile** *f* row of houses; (*aneinander gebaut*) terrace (*BRIT*).

Haus- *zW:* **~frau** *f* housewife; **~freund** *m* family friend; (*umg*) lover; **~friedensbruch** *m* (*JUR*) trespass (*in sb's house*); **~gebrauch** *m:* **für den ~gebrauch** (*Gerät*) for domestic *od* household use; **h~gemacht** *adj* home-made; **~gemeinschaft** *f* household (community); **~halt** *m* household; (*POL*) budget; **h~halten** *unreg vi* (*old*) to keep house; (*sparen*) to economize; **~hälterin** *f* housekeeper.

Haushalts- *zW:* **~auflösung** *f* dissolution of the household; **~buch** *nt* housekeeping book; **~debatte** *f* (*PARL*) budget debate; **~geld** *nt* housekeeping (money); **~gerät** *nt* domestic appliance; **~hilfe** *f* domestic *od* home help; **~jahr** *nt* (*POL, WIRTS*) financial *od* fiscal year; **~periode** *f* budget period; **~plan** *m* budget.

Haus- *zW:* **~haltung** *f* housekeeping; **~herr** *m* host; (*Vermieter*) landlord; **h~hoch** *adv:* **h~hoch verlieren** to lose by a mile.

hausieren [hau'zi:rən] *vi* to peddle.

Hausierer (**-s, -**) *m* pedlar (*BRIT*), peddler (*US*).

hausintern ['haus|ɪntɛrn] *adj* internal company *attrib*.

häuslich ['hɔyslɪç] *adj* domestic; **sich irgendwo ~ einrichten** *od* **niederlassen** to settle in somewhere; **H~keit** *f* domesticity.

Hausmacherart ['hausmaxər|aːrt] *f:* **Wurst** *etc* **nach ~** home-made-style sausage *etc.*

Haus- *zW:* **~mann** (**-(e)s,** *pl* **-männer**) *m* (*den Haushalt versorgender Mann*) househusband; **~marke** *f* (*eigene Marke*) own brand; (*bevorzugte Marke*) favourite (*BRIT*) *od* favorite (*US*) brand; **~meister** *m* caretaker, janitor; **~mittel** *nt* household remedy; **~nummer** *f* house number; **~ordnung** *f* house rules *pl*; **~putz** *m* house cleaning; **~ratversicherung** *f* (household) contents insurance; **~schlüssel** *m* front-door key; **~schuh** *m* slipper; **~schwamm** *m* dry rot.

Hausse ['hoːsə] (**-, -n**) *f* (*WIRTS*) boom; (*BÖRSE*) bull market; **~ an** +*dat* boom in.

Haus- *zW:* **~segen** *m:* **bei ihnen hängt der ~segen schief** (*hum*) they're a bit short on domestic bliss; **~stand** *m:* **einen ~stand gründen** to set up house *od* home; **~(durch)suchung** *f* police raid; **~(durch)suchungsbefehl** *m* search warrant; **~tier** *nt* domestic animal; **~tür** *f* front door; **~verbot** *nt:* **jdm ~verbot erteilen** to ban sb from the house; **~verwalter** *m* property manager; **~verwaltung** *f* property management; **~wirt** *m* landlord; **~wirtschaft** *f* domestic science; **~-zu-~-Verkauf** *m* door-to-door selling.

Haut [haut] (**-, Häute**) *f* skin; (*Tier~*) hide; **mit ~ und Haar(en)** (*umg*) completely; **aus der ~ fahren** (*umg*) to go through the roof; **~arzt** *m* skin specialist, dermatologist.

häuten ['hɔytən] *vt* to skin ♦ *vr* to shed one's skin.

hauteng *adj* skintight.

Hautfarbe *f* complexion.

Hautkrebs *m* (*MED*) skin cancer.

Havanna [ha'vana] (**-s**) *nt* Havana.

Havel ['haːfəl] (**-**) *f* (*Fluss*) Havel.

Haxe ['haksə] (**-, -n**) *f* = **Hachse**.

Hbf. *abk* = **Hauptbahnhof**.

H-Bombe ['haːbɔmbə] *f abk* H-bomb.

Hebamme ['heːp|amə] *f* midwife.

Hebel ['heːbəl] (**-s, -**) *m* lever; **alle ~ in Bewegung setzen** (*umg*) to move heaven and earth; **am längeren ~ sitzen** (*umg*) to have the whip hand.

heben ['heːbən] *unreg vt* to raise, lift; (*steigern*) to increase; **einen ~ gehen** (*umg*) to go for a drink.

Hebräer(in) [he'brɛːər(ɪn)] (**-s, -**) *m(f)* Hebrew.

hebräisch [he'brɛːɪʃ] *adj* Hebrew.

Hebriden [he'briːdən] *pl:* **die ~** the Hebrides *pl.*

hecheln ['hɛçəln] *vi* (*Hund*) to pant.

Hecht [hɛçt] (**-(e)s, -e**) *m* pike; **~sprung** *m* (*beim Schwimmen*) racing dive; (*beim Turnen*) forward dive; (*FUSSBALL: umg*) dive.

Heck [hɛk] (**-(e)s, -e**) *nt* stern; (*von Auto*) rear.

Hecke ['hɛkə] (**-, -n**) *f* hedge.

Heckenrose *f* dog rose.

Heckenschütze *m* sniper.

Heck- *zW:* **~fenster** *nt* (*AUT*) rear window; **~klappe** *f* tailgate; **~motor** *m* rear engine.

heda ['heːda] *interj* hey there.

Heer [heːr] (**-(e)s, -e**) *nt* army.

Hefe ['heːfə] (**-, -n**) *f* yeast.

Heft ['hɛft] (**-(e)s, -e**) *nt* exercise book; (*Zeitschrift*) number; (*von Messer*) haft; **jdm das ~ aus der Hand nehmen** (*fig*) to seize control *od* power from sb.

Heftchen *nt* (*Fahrkarten~*) book of tickets; (*Briefmarken~*) book of stamps.

heften *vt:* **~ (an** +*akk*) to fasten (to); (*nähen*) to tack (on to)); (*mit Heftmaschine*) to staple *od* fasten (to) ♦ *vr:* **sich an jds Fersen** *od* **Sohlen ~** (*fig*) to dog sb's heels.

Hefter (**-s, -**) *m* folder.

heftig *adj* fierce, violent; **H~keit** *f* fierceness, violence.

Heft- *zW:* **~klammer** *f* staple; **~maschine** *f* stapling machine; **~pflaster** *nt* sticking plaster; **~zwecke** *f* drawing pin (*BRIT*), thumb tack (*US*).

hegen ['heːɡən] *vt* to nurse; (*fig*) to harbour (*BRIT*), harbor (*US*), foster.

Hehl [heːl] *m od nt:* **kein(en) ~ aus etw machen** to make no secret of sth.

Hehler (**-s, -**) *m* receiver (of stolen goods), fence.

Heide¹ ['haidə] (**-, -n**) *f* heath, moor; (*~kraut*) heather.

Heide² ['haidə] (**-n, -n**) *m* heathen, pagan.

Heidekraut *nt* heather.

Heidelbeere *f* bilberry.

Heiden- *zW:* **~angst** (*umg*) *f:* **eine ~angst vor**

etw/jdm **haben** to be scared stiff of sth/sb; ~**arbeit** (*umg*) *f* real slog; **h~mäßig** (*umg*) *adj* terrific; ~**tum** *nt* paganism.

Heidin *f* heathen, pagan.

heidnisch ['haɪdnɪʃ] *adj* heathen, pagan.

heikel ['haɪkəl] *adj* awkward, thorny; (*wählerisch*) fussy.

Heil [haɪl] (**-(e)s**) *nt* well-being; (*Seelen~*) salvation ♦ *interj* hail; **Ski/Petri** ~! good skiing/fishing!

heil *adj* in one piece, intact; **mit ~er Haut davonkommen** to escape unscathed; **die ~e Welt** an ideal world (*without problems etc*).

Heiland (**-(e)s, -e**) *m* saviour (*BRIT*), savior (*US*).

Heil- *zW:* ~**anstalt** *f* nursing home; (*für Sucht- oder Geisteskranke*) home; ~**bad** *nt* (*Bad*) medicinal bath; (*Ort*) spa; **h~bar** *adj* curable.

Heilbutt ['haɪlbʊt] (**-s, -e**) *m* halibut.

heilen *vt* to cure ♦ *vi* to heal; **als geheilt entlassen werden** to be discharged with a clean bill of health.

heilfroh *adj* very relieved.

Heilgymnastin *f* physiotherapist.

heilig ['haɪlɪç] *adj* holy; **jdm ~ sein** (*lit, fig*) to be sacred to sb; **jdn ~ sprechen** to canonize; **die H~e Schrift** the Holy Scriptures *pl*; **es ist mein ~er Ernst** I am deadly serious; **H~abend** *m* Christmas Eve.

Heilige(r) *f(m)* saint.

heiligen *vt* to sanctify, hallow; **der Zweck heiligt die Mittel** the end justifies the means.

Heiligenschein *m* halo.

Heiligkeit *f* holiness.

Heiligtum *nt* shrine; (*Gegenstand*) relic.

Heilkunde *f* medicine.

heillos *adj* unholy; (*Schreck*) terrible.

Heil- *zW:* ~**mittel** *nt* remedy; ~**praktiker(in)** (**-s, -**) *m(f)* non-medical practitioner; **h~sam** *adj* (*fig*) salutary.

Heilsarmee *f* Salvation Army.

Heilung *f* cure.

heim [haɪm] *adv* home.

Heim (**-(e)s, -e**) *nt* home; (*Wohn~*) hostel.

Heimarbeit *f* (*INDUSTRIE*) homework, outwork.

Heimat ['haɪmaːt] (**-, -en**) *f* home (town/ country *etc*); ~**film** *m* sentimental film in idealized regional setting; ~**kunde** *f* (*SCH*) local history; ~**land** *nt* homeland; **h~lich** *adj* native, home *attrib*; (*Gefühle*) nostalgic; **h~los** *adj* homeless; ~**museum** *nt* local history museum; ~**ort** *m* home town *od* area; ~**vertriebene(r)** *f(m)* displaced person.

heimbegleiten *vt* to accompany home.

Heimchen *nt:* ~ (**am Herd**) (*pej: Frau*) housewife.

Heimcomputer *m* home computer.

heimelig ['haɪməlɪç] *adj* homely.

Heim- *zW:* **h~fahren** *unreg vi* to drive *od* go

home; ~**fahrt** *f* journey home; ~**gang** *m* return home; (*Tod*) decease; **h~gehen** *unreg vi* to go home; (*sterben*) to pass away; **h~isch** *adj* (*gebürtig*) native; **sich h~isch fühlen** to feel at home; ~**kehr** (**-, -en**) *f* homecoming; **h~kehren** *vi* to return home; ~**kind** *nt* child brought up in a home; **h~kommen** *unreg vi* to come home; ~**leiter** *m* warden of a home/ hostel.

heimlich *adj* secret ♦ *adv:* ~, **still und leise** (*umg*) quietly, on the quiet; **H~keit** *f* secrecy; **H~tuerei** *f* secrecy.

Heim- *zW:* ~**reise** *f* journey home; ~**spiel** *nt* home game; **h~suchen** *vt* to afflict; (*Geist*) to haunt; **h~tückisch** *adj* malicious; **h~wärts** *adv* homewards; ~**weg** *m* way home; ~**weh** *nt* homesickness; ~**weh haben** to be homesick; ~**werker** *m* handyman; **h~zahlen** *vt:* **jdm etw h~zahlen** to pay back sb for sth.

Heini ['haɪni] (**-s, -s**) *m:* **blöder ~** (*umg*) silly idiot.

Heirat ['haɪraːt] (**-, -en**) *f* marriage; **h~en** *vt, vi* to marry.

Heirats- *zW:* ~**antrag** *m* proposal (of marriage); ~**anzeige** *f* (*Annonce*) advertisement for a marriage partner; ~**schwindler** *m* person who makes a marriage proposal under false pretences; ~**urkunde** *f* marriage certificate.

heiser ['haɪzər] *adj* hoarse; **H~keit** *f* hoarseness.

heiß [haɪs] *adj* hot; (*Thema*) hotly disputed; (*Diskussion, Kampf*) heated, fierce; (*Begierde, Liebe, Wunsch*) burning; **es wird nichts so ~ gegessen, wie es gekocht wird** (*Sprichwort*) things are never as bad as they seem; ~**er Draht** hot line; ~**es Eisen** (*fig: umg*) hot potato; ~**es Geld** hot money; ~ **ersehnt** longed for; ~ **umstritten** hotly debated; **jdn/etw ~ und innig lieben** to love sb/sth madly; ~**blütig** *adj* hot-blooded.

heißen ['haɪsən] *unreg vi* to be called; (*bedeuten*) to mean ♦ *vt* to command; (*nennen*) to name ♦ *vi unpers:* **es heißt hier …** it says here …; **es heißt, dass …** they say that …; **wie ~ Sie?** what's your name?; … **und wie sie alle ~ …** and the rest of them; **das will schon etwas ~** that's quite something; **jdn willkommen ~** to bid sb welcome; **das heißt** that is; (*mit anderen Worten*) that is to say.

Heiß- *zW:* ~**hunger** *m* ravenous hunger; **h~laufen** *unreg vi, vr* to overheat; ~**luft** *f* hot air; ~**wasserbereiter** *m* water heater.

heiter ['haɪtər] *adj* cheerful; (*Wetter*) bright; **aus ~em Himmel** (*fig*) out of the blue; **H~keit** *f* cheerfulness; (*Belustigung*) amusement.

heizbar *adj* heated; (*Raum*) with heating; **leicht ~** easily heated.

Heizdecke *f* electric blanket.
heizen *vt* to heat.
Heizer (**-s, -**) *m* stoker.
Heiz- *zW:* ~**gerät** *nt* heater; ~**körper** *m*
radiator; ~**öl** *nt* fuel oil; ~**sonne** *f* electric
fire.
Heizung *f* heating.
Heizungsanlage *f* heating system.
Hektar [hɛk'taːr] (**-s, -e**) *nt od m* hectare.
Hektik [['hɛktɪk]] *f* hectic rush; (*von Leben etc*)
hectic pace.
hektisch ['hɛktɪʃ] *adj* hectic.
Hektoliter [hɛkto'liːtər] *m od nt* hectolitre
(*BRIT*), hectoliter (*US*).
Held [hɛlt] (**-en, -en**) *m* hero; **h~enhaft**
['hɛldənhaft] *adj* heroic; ~**in** *f* heroine.
helfen ['hɛlfən] *unreg vi* to help; (*nützen*) to be
of use ◊ *vb unpers:* **es hilft nichts, du musst** ...
it's no use, you'll have to ...; **jdm (bei etw)** ~
to help sb (with sth); **sich** *dat* **zu** ~ **wissen** to
be resourceful; **er weiß sich** *dat* **nicht mehr**
zu ~ he's at his wits' end.
Helfer(in) (**-s, -**) *m(f)* helper, assistant.
Helfershelfer *m* accomplice.
Helgoland ['hɛlgolant] (**-s**) *nt* Heligoland.
hell [hɛl] *adj* clear; (*Licht, Himmel*) bright;
(*Farbe*) light; ~**es Bier** ≈ lager; **von etw**
~ **begeistert sein** to be very enthusiastic
about sth; **es wird** ~ it's getting light; ~**blau**
adj light blue; ~**blond** *adj* ash-blond.
Helle (**-**) *f* clearness; brightness.
Heller (**-s, -**) *m* farthing; **auf** ~ **und Pfennig**
(down) to the last penny.
hellhörig *adj* keen of hearing; (*Wand*) poorly
soundproofed.
hellicht△ ['hɛllɪçt] *adj siehe* **helllicht**.
Helligkeit *f* clearness; brightness; lightness.
helllicht▲ ['hɛllɪçt] *adj:* **am** ~**en Tage** in broad
daylight.
hell- *zW:* ~**sehen** *vi:* ~**sehen können** to be
clairvoyant; **H~seher(in)** *m(f)* clairvoyant;
~**wach** *adj* wide-awake.
Helm ['hɛlm] (**-(e)s, -e**) *m* helmet.
Helsinki ['hɛlzɪŋki] (**-s**) *nt* Helsinki.
Hemd [hɛmt] (**-(e)s, -en**) *nt* shirt; (*Unter~*)
vest; ~**bluse** *f* blouse.
Hemdenknopf *m* shirt button.
hemdsärmelig *adj* shirt-sleeved; (*fig: umg:*
salopp) pally; (*Ausdrucksweise*) casual.
Hemisphäre [hemi'sfɛːrə] *f* hemisphere.
hemmen ['hɛmən] *vt* to check, hold up;
gehemmt sein to be inhibited.
Hemmschuh *m* (*fig*) impediment.
Hemmung *f* check; (*PSYCH*) inhibition;
(*Bedenken*) scruple.
hemmungslos *adj* unrestrained, without
restraint.
Hengst [hɛŋst] (**-es, -e**) *m* stallion.
Henkel ['hɛŋkəl] (**-s, -**) *m* handle; ~**krug** *m* jug;
~**mann** (*umg*) *m* (*Gefäß*) canteen.

henken ['hɛŋkən] *vt* to hang.
Henker (**-s, -**) *m* hangman.
Henne ['hɛnə] (**-, -n**) *f* hen.
Hepatitis [hepa'tiːtɪs] *f* (**-, Hepatitiden**)
hepatitis.

═══════════════ *SCHLÜSSELWORT*

her [heːr] *adv* **1** (*Richtung*): **komm** ~ **zu mir**
come here (to me); **von England** ~ from
England; **von weit** ~ from a long way away;
~ **damit!** hand it over!; **wo bist du** ~? where
do you come from?; **wo hat er das** ~? where
did he get that from?; **hinter jdm/etw** ~ **sein**
to be after sb/sth.
2 (*Blickpunkt*): **von der Form** ~ as far as the
form is concerned.
3 (*zeitlich*): **das ist 5 Jahre** ~ that was 5
years ago; **ich kenne ihn von früher** ~ I
know him from before.

herab [hɛ'rap] *adv* down, downward(s);
~**hängen** *unreg vi* to hang down; ~**lassen** *unreg*
vt to let down ◊ *vr* to condescend; ~**lassend**
adj condescending; **H~lassung** *f*
condescension; ~**sehen** *unreg vi:* ~**sehen (auf**
+*akk*) to look down (on); ~**setzen** *vt* to lower,
reduce; (*fig*) to belittle, disparage; **zu stark**
~**gesetzten Preisen** at greatly reduced
prices; **H~setzung** *f* reduction;
disparagement; ~**stürzen** *vi* to fall off;
(*Felsbrocken*) to fall down; **von etw** ~**stürzen**
to fall off sth; to fall down from sth;
~**würdigen** *vt* to belittle, disparage.
heran [hɛ'ran] *adv:* **näher** ~! come closer!;
~ **zu mir!** come up to me!; ~**bilden** *vt* to
train; ~**bringen** *unreg vt:* ~**bringen (an** +*akk*) to
bring up (to); ~**fahren** *unreg vi:* ~**fahren (an**
+*akk*) to drive up (to); ~**gehen** *unreg vi:* **an etw**
akk ~**gehen** (*an Problem, Aufgabe*) to tackle
sth; ~**kommen** *unreg vi:* (**an jdm/etw)**
~**kommen** to approach (sb/sth), come near
((to) sb/sth); **er lässt alle Probleme an sich**
~**kommen** he always adopts a wait-and-see
attitude; ~**machen** *vr:* **sich an jdn** ~**machen**
to make up to sb; (*umg*) to approach sb;
~**wachsen** *unreg vi* to grow up;
H~wachsende(r) *f(m)* adolescent; ~**winken** *vt*
to beckon over; (*Taxi*) to hail; ~**ziehen** *unreg*
vt to pull nearer; (*aufziehen*) to raise;
(*ausbilden*) to train; (*zu Hilfe holen*) to call in;
(*Literatur*) to consult; **etw zum Vergleich**
~**ziehen** to use sth by way of comparison;
jdn zu etw ~**ziehen** to call upon sb to help in
sth.
herauf [hɛ'rauf] *adv* up, upward(s), up here;
~**beschwören** *unreg vt* to conjure up, evoke;
~**bringen** *unreg vt* to bring up; ~**setzen** *vt* to
increase; ~**ziehen** *unreg vt* to draw *od* pull up
◊ *vi* to approach; (*Sturm*) to gather.
heraus [hɛ'raus] *adv* out; **nach vorn** ~ **wohnen**

to live at the front (of the house); **aus dem Gröbsten ~ sein** to be over the worst; **~ mit der Sprache! out with it!;** **~arbeiten** *vt* to work out; **~bekommen** *unreg vt* to get out; (*fig*) to find *od* figure out; (*Wechselgeld*) to get back; **~bringen** *unreg vt* to bring out; (*Geheimnis*) to elicit; **jdn/etw ganz groß ~bringen** (*umg*) to give sb/sth a big build-up; **aus ihm war kein Wort ~zubringen** they couldn't get a single word out of him; **~finden** *unreg vt* to find out; **~fordern** *vt* to challenge; (*provozieren*) to provoke; **H~forderung** *f* challenge; provocation; **~geben** *unreg vt* to give up, surrender; (*Geld*) to give back; (*Buch*) to edit; (*veröffentlichen*) to publish ♦ *vi* (*Wechselgeld geben*): **können Sie (mir) ~geben?** can you give me change?; **H~geber (-s, -)** *m* editor; (*Verleger*) publisher; **~gehen** *unreg vi*: **aus sich ~gehen** to come out of one's shell; **~halten** *unreg vr*: **sich aus etw ~halten** to keep out of sth; **~hängen** *unreg vt*, *vi* to hang out; **~holen** *vt*: **~holen (aus)** to get out (of); **~hören** *vt* (*wahrnehmen*) to hear; **~hören (aus)** (*fühlen*) to detect (in); **~kehren** *vt* (*fig*): **den Vorgesetzten ~kehren** to act the boss; **~kommen** *unreg vi* to come out; **dabei kommt nichts ~** nothing will come of it; **er kam aus dem Staunen nicht ~** he couldn't get over his astonishment; **es kommt auf dasselbe ~** it comes (down) to the same thing; **~nehmen** *unreg vt* to take out; **sich dat Freiheiten ~nehmen** to take liberties; **Sie nehmen sich zu viel ~** you're going too far; **~putzen** *vt*: **sich ~putzen** to get dressed up; **~reden** *vr* to talk one's way out of it (*umg*); **~reißen** *unreg vt* to tear out; (*Zahn, Baum*) to pull out; **~rücken** *vt* (*Geld*) to fork out, hand over; **mit etw ~rücken** (*fig*) to come out with sth; **~rutschen** *vi* to slip out; **~schlagen** *unreg vt* to knock out; (*fig*) to obtain; **~stellen** *vr*: **sich ~stellen (als)** to turn out (to be); **das muss sich erst ~stellen** that remains to be seen; **~strecken** *vt* to stick out; **~suchen** *vt*: **sich dat jdn/etw ~suchen** to pick out sb/sth; **~treten** *unreg vi*: **~treten (aus)** to come out (of); **~wachsen** *unreg vi*: **~wachsen aus** to grow out of; **~winden** *unreg vr* (*fig*): **sich aus etw ~winden** to wriggle out of sth; **~wollen** *vi*: **nicht mit etw ~wollen** (*umg*: *sagen wollen*) to not want to come out with sth; **~ziehen** *unreg vt* to pull out, extract.

herb [hɛrp] *adj* (slightly) bitter, acid; (*Wein*) dry; (*fig*: *schmerzlich*) bitter; (: *streng*) stern, austere.

herbei [hɛr'baɪ] *adv* (over) here; **~führen** *vt* to bring about; **~schaffen** *vt* to procure; **~sehnen** *vt* to long for.

herbemühen ['heːrbəmyːən] *vr* to take the trouble to come.

Herberge ['hɛrbɛrgə] **(-, -n)** *f* (*Jugend~ etc*) hostel.

Herbergsmutter *f* warden.

Herbergsvater *m* warden.

herbitten *unreg vt* to ask to come (here).

herbringen *unreg vt* to bring here.

Herbst [hɛrpst] **(-(e)s, -e)** *m* autumn, fall (*US*); **im ~** in autumn, in the fall (*US*); **h~lich** *adj* autumnal.

Herd [heːrt] **(-(e)s, -e)** *m* cooker; (*fig, MED*) focus, centre (*BRIT*), center (*US*).

Herde ['heːrdə] **(-, -n)** *f* herd; (*Schaf~*) flock.

Herdentrieb *m* (*lit, fig*: *pej*) herd instinct.

Herdplatte *f* (*von Elektroherd*) hotplate.

herein [hɛ'raɪn] *adv* in (here), here; **~!** come in!; **~bitten** *unreg vt* to ask in; **~brechen** *unreg vi* to set in; **~bringen** *unreg vt* to bring in; **~dürfen** *unreg vi* to have permission to enter; **H~fall** *m* letdown; **~fallen** *unreg vi* to be caught, be taken in; **~fallen auf** *+akk* to fall for; **~kommen** *unreg vi* to come in; **~lassen** *unreg vt* to admit; **~legen** *vt*: **jdn ~legen** to take sb in; **~platzen** *vi* to burst in; **~schneien** (*umg*) *vi* to drop in; **~spazieren** *vi*: **~spaziert!** come right in!

her- *zW*: **H~fahrt** *f* journey here; **~fallen** *unreg vi*: **~fallen über** *+akk* to fall upon; **H~gang** *m* course of events, circumstances *pl*; **~geben** *unreg vt* to give, hand (over); **sich zu etw ~geben** to lend one's name to sth; **das Thema gibt viel/nichts ~** there's a lot/nothing to this topic; **~gebracht** *adj*: **in ~gebrachter Weise** in the traditional way; **~gehen** *unreg vi*: **hinter jdm ~gehen** to follow sb; **es geht hoch ~** there are a lot of goings-on; **~haben** *unreg* (*umg*) *vt*: **wo hat er das ~?** where did he get that from?; **~halten** *unreg vt* to hold out; **~halten müssen** (*umg*) to have to suffer; **~hören** *vi* to listen; **hör mal ~!** listen here!

Hering ['heːrɪŋ] **(-s, -e)** *m* herring; (*Zeltpflock*) (tent) peg.

herkommen *unreg vi* to come; **komm mal her!** come here!

herkömmlich *adj* traditional.

Herkunft (-, -künfte) *f* origin.

Herkunftsland *nt* (*COMM*) country of origin.

her- *zW*: **~laufen** *unreg vi*: **~laufen hinter** *+dat* to run after; **~leiten** *vr* to derive; **~machen** *vr*: **sich ~machen über** *+akk* to set about *od* upon ♦ *vt* (*umg*): **viel ~machen** to look impressive.

Hermelin [hɛrmə'liːn] **(-s, -e)** *m od nt* ermine.

hermetisch [hɛr'meːtɪʃ] *adj* hermetic; **~ abgeriegelt** completely sealed off.

her- *zW*: **~nach** *adv* afterwards; **~nehmen** *unreg vt*: **wo soll ich das ~nehmen?** where am I supposed to get that from?; **~nieder** *adv* down.

Heroin [hero'iːn] **(-s)** *nt* heroin; **h~süchtig** *adj* addicted to heroin; **~süchtige(r)** *f(m)* heroin

addict.
heroisch [he'ro:ɪʃ] *adj* heroic.
Herold ['he:rɔlt] (-(e)s, -e) *m* herald.
Herpes [['herpɛs]] *m* (-) (*MED*) herpes.
Herr [her] (-(e)n, -en) *m* master; (*Mann*) gentleman; (*adliger, REL*) Lord; (*vor Namen*) Mr.; **mein** ~! sir!; **meine** ~**en!** gentlemen!; **Lieber** ~ **A, Sehr geehrter** ~ **A** (*in Brief*) Dear Mr. A; „~**en"** (*Toilette*) "gentlemen" (*BRIT*), "men's room" (*US*); **die** ~**en der Schöpfung** (*hum: Männer*) the gentlemen.
Herrchen (*umg*) *nt* (*von Hund*) master.
Herren- *zW:* ~**bekanntschaft** *f* gentleman friend; ~**bekleidung** *f* menswear; ~**besuch** *m* gentleman visitor *od* visitors; ~**doppel** *nt* men's doubles; ~**einzel** *nt* men's singles; ~**haus** *nt* mansion; **h~los** *adj* ownerless; ~**magazin** *nt* men's magazine.
Herrgott *m:* ~ **noch mal!** (*umg*) damn it all!
Herrgottsfrühe *f:* **in aller** ~ (*umg*) at the crack of dawn.
herrichten ['he:rrɪçtən] *vt* to prepare.
Herrin *f* mistress.
herrisch *adj* domineering.
herrje [her'je:] *interj* goodness gracious!
herrjemine [her'je:mine] *interj* goodness gracious!
herrlich *adj* marvellous (*BRIT*), marvelous (*US*), splendid; **H~keit** *f* splendour (*BRIT*), splendor (*US*), magnificence.
Herrschaft *f* power, rule; (*Herr und Herrin*) master and mistress; **meine** ~**en!** ladies and gentlemen!
herrschen ['herʃən] *vi* to rule; (*bestehen*) to prevail, be; **hier** ~ **ja Zustände!** things are in a pretty state round here!
Herrscher(in) (-s, -) *m(f)* ruler.
Herrschsucht *f* domineeringness.
her- *zW:* ~**rühren** *vi* to arise, originate; ~**sagen** *vt* to recite; ~**sehen** *unreg vi:* **hinter jdm/etw** ~**sehen** to follow sb/sth with one's eyes; ~ **sein▲** *siehe* **her.**
her- *zW:* ~**stammen** *vi* to descend *od* come from; ~**stellen** *vt* to make, manufacture; (*zustande bringen*) to establish; **H~steller** (-s, -) *m* manufacturer; **H~stellung** *f* manufacture; **H~stellungskosten** *pl* manufacturing costs *pl*; ~**tragen** *unreg vt:* **etw hinter jdm** ~**tragen** to carry sth behind sb.
herüber [he'ry:bər] *adv* over (here), across.
herum [he'rom] *adv* about, (a)round; **um etw** ~ around sth; ~**ärgern** *vr:* **sich** ~**ärgern (mit)** to get annoyed (with); ~**blättern** *vi:* ~**blättern in** +*dat* to browse *od* flick through; ~**doktern** (*umg*) *vi* to fiddle *od* tinker about; ~**drehen** *vt:* **jdm das Wort im Mund** ~**drehen** to twist sb's words; ~**drücken** *vr* (*vermeiden*): **sich um etw** ~**drücken** to dodge sth; ~**fahren** *unreg vi* to travel around; (*mit Auto*) to drive around; (*sich rasch umdrehen*) to spin

(a)round; ~**führen** *vt* to show around; ~**gammeln** (*umg*) *vi* to bum around; ~**gehen** *unreg vi* (~*spazieren*) to walk about; **um etw** ~**gehen** to walk *od* go round sth; **etw** ~**gehen lassen** to circulate sth; ~**hacken** *vi* (*fig: umg*): **auf jdm** ~**hacken** to pick on sb; ~**irren** *vi* to wander about; ~**kommen** *unreg* (*umg*) *vi:* **um etw** ~**kommen** to get out of sth; **er ist viel** ~**gekommen** he has been around a lot; ~**kriegen** *vt* to bring *od* talk round; ~**lungern** *vi* to lounge about; (*umg*) to hang around; ~**quälen** *vr:* **sich mit Rheuma** ~**quälen** to be plagued by rheumatism; ~**reißen** *unreg vt* to swing around (hard); ~**schlagen** *unreg vr:* **sich mit etw** ~**schlagen** (*umg*) to tussle with sth; ~**schleppen** *vt:* **etw mit sich** ~**schleppen** (*Sorge, Problem*) to be troubled by sth; (*Krankheit*) to have sth; ~**sprechen** *unreg vr* to get around, be spread; ~**stochern** (*umg*) *vi:* **im Essen** ~**stochern** to pick at one's food; ~**treiben** *unreg vi, vr* to drift about; **H~treiber(in)** (-s, -) (*pej*) *m(f)* tramp; ~**ziehen** *unreg vi, vr* to wander about.
herunter [he'rontər] *adv* downward(s), down (there); **mit den Nerven/der Gesundheit** ~ **sein** (*umg*) to be at the end of one's tether/be run-down; ~**fahren** *unreg vti* (*COMPUT, TECH*) to shut down; ~**gekommen** *adj* run-down; ~**handeln** (*umg*) *vt* (*Preis*) to beat down; ~**hängen** *unreg vi* to hang down; ~**holen** *vt* to bring down; ~**kommen** *unreg vi* to come down; (*fig*) to come down in the world; ~**leiern** (*umg*) *vt* to reel off; ~**machen** *vt* to take down; (*schlecht machen*) to run down, knock; ~**putzen** (*umg*) *vt:* **jdn** ~**putzen** to tear sb off a strip; ~**spielen** *vt* to play down; ~**wirtschaften** (*umg*) *vt* to bring to the brink of ruin.
hervor [her'fo:r] *adv* out, forth; ~**brechen** *unreg vi* to burst forth, break out; ~**bringen** *unreg vt* to produce; (*Wort*) to utter; ~**gehen** *unreg vi* to emerge, result; **daraus geht** ~, **dass** ... from this it follows that ...; ~**heben** *unreg vt* to stress; (*als Kontrast*) to set off; ~**ragend** *adj* excellent; (*lit*) projecting; ~**rufen** *unreg vt* to cause, give rise to; ~**stechen** *unreg vi* (*lit, fig*) to stand out; ~**stoßen** *unreg vt* (*Worte*) to gasp (out); ~**treten** *unreg vi* to come out; ~**tun** *unreg vr* to distinguish o.s.; (*umg: sich wichtig tun*) to show off; **sich mit etw** ~**tun** to show off sth.
Herz [herts] (-ens, -en) *nt* heart; (*KARTEN: Farbe*) hearts *pl*; **mit ganzem** ~**en** wholeheartedly; **etw auf dem** ~**en haben** to have sth on one's mind; **sich** *dat* **etw zu** ~**en nehmen** to take sth to heart; **du sprichst mir aus dem** ~**en** that's just what I feel; **es liegt mir am** ~**en** I am very concerned about it; **seinem** ~**en Luft machen** to give vent to one's feelings; **sein** ~ **an jdn/etw hängen** to commit o.s. heart and soul to sb/sth; **ein**

~ **und eine Seele sein** to be the best of friends; **jdn/etw auf ~ und Nieren prüfen** to examine sb/sth very thoroughly; ~**anfall** *m* heart attack; ~**beschwerden** *pl* heart trouble *sing*.

herzen *vt* to caress, embrace.

Herzenslust *f*: **nach ~** to one's heart's content.

Herz- *zW*: **h~ergreifend** *adj* heart-rending; **h~erweichend** *adj* heartrending; ~**fehler** *m* heart defect; **h~haft** *adj* hearty.

herziehen ['hɛːrtsiːən] *vi*: **über jdn/etw ~** (*umg*) to pull sb/sth to pieces (*fig*).

Herz- *zW*: ~**infarkt** *m* heart attack; ~**klappe** *f* (heart) valve; ~**klopfen** *nt* palpitation; **h~krank** *adj* suffering from a heart condition.

herzlich *adj* cordial ♦ *adv* (*sehr*): ~ **gern!** with the greatest of pleasure!; ~**en Glückwunsch** congratulations *pl*; ~**e Grüße** best wishes; **H~keit** *f* cordiality.

herzlos *adj* heartless; **H~igkeit** *f* heartlessness.

Herzog ['hɛrtsoːk] (**-(e)s, ¨e**) *m* duke; ~**in** *f* duchess; **h~lich** *adj* ducal; ~**tum** *nt* duchy.

Herz- *zW*: ~**schlag** *m* heartbeat; (*MED*) heart attack; ~**schrittmacher** *m* pacemaker; **h~zerreißend** *adj* heartrending.

Hesse ['hɛsə] (**-n, -n**) *m* Hessian.

Hessen ['hɛsən] (**-s**) *nt* Hesse.

Hessin *f* Hessian.

hessisch *adj* Hessian.

heterogen [hetero'geːn] *adj* heterogeneous.

heterosexuell [heterozɛksu'ɛl] *adj* heterosexual.

Hetze ['hɛtsə] *f* (*Eile*) rush.

hetzen *vt* to hunt; (*verfolgen*) to chase ♦ *vi* (*eilen*) to rush; **jdn/etw auf jdn/etw ~** to set sb/sth on sb/sth; ~ **gegen** to stir up feeling against; ~ **zu** to agitate for.

Hetzerei [hɛtsə'raɪ] *f* agitation; (*Eile*) rush.

Hetzkampagne ['hɛtskampanjə] *f* smear campaign.

Heu [hɔʏ] (**-(e)s**) *nt* hay; ~**boden** *m* hayloft.

Heuchelei [hɔʏçə'laɪ] *f* hypocrisy.

heucheln ['hɔʏçəln] *vt* to pretend, feign ♦ *vi* to be hypocritical.

Heuchler(in) [hɔʏçlər(ɪn)] (**-s, -**) *m(f)* hypocrite; **h~isch** *adj* hypocritical.

Heuer ['hɔʏər] (**-, -n**) *f* (*NAUT*) pay.

heuer *adv* this year.

heuern ['hɔʏərn] *vt* to sign on, hire.

Heugabel *f* pitchfork.

Heuhaufen *m* haystack.

heulen ['hɔʏlən] *vi* to howl; (*weinen*) to cry; **das ~de Elend bekommen** to get the blues.

heurig ['hɔʏrɪç] *adj* this year's.

Heuschnupfen *m* hay fever.

Heuschrecke *f* grasshopper; (*in heißen Ländern*) locust.

heute ['hɔʏtə] *adv* today; ~ **Abend/früh** this evening/morning; ~ **Morgen** this morning; ~ **in einer Woche** a week today, today week; **von ~ auf morgen** (*fig: plötzlich*) overnight, from one day to the next; **das H~** today.

heutig ['hɔʏtɪç] *adj* today's; **unser ~es Schreiben** (*COMM*) our letter of today('s date).

heutzutage ['hɔʏttsuːtaːɡə] *adv* nowadays.

Hexe ['hɛksə] (**-, -n**) *f* witch.

hexen *vi* to practise witchcraft; **ich kann doch nicht ~** I can't work miracles.

Hexen- *zW*: ~**häuschen** *nt* gingerbread house; ~**kessel** *m* (*lit, fig*) cauldron; ~**meister** *m* wizard; ~**schuss▲** *m* lumbago.

Hexerei [hɛksə'raɪ] *f* witchcraft.

HG *f abk* = **Handelsgesellschaft**.

Hg. *abk* (= *Herausgeber*) ed.

hg. *abk* (= *herausgegeben*) ed.

HGB (**-**) *nt abk* (= *Handelsgesetzbuch*) *statutes of commercial law*.

Hieb (**-(e)s, -e**) *m* blow; (*Wunde*) cut, gash; (*Stichelei*) cutting remark; ~**e bekommen** to get a thrashing.

hieb *etc* [hiːp] *vb* (*veraltet*) *siehe* **hauen**.

hieb- und stichfest *adj* (*fig*) watertight.

hielt *etc* [hiːlt] *vb siehe* **halten**.

hier [hiːr] *adv* here; ~ **behalten** to keep here; ~ **bleiben** to stay here; ~ **lassen** to leave here; ~ **spricht Dr. Müller** (*TEL*) this is Dr Müller (speaking); **er ist von ~** he's a local (man).

Hierarchie [hierar'çiː] *f* hierarchy.

hier- *zW*: ~**auf** *adv* thereupon; (*danach*) after that; ~**aus** *adv*: ~**aus folgt, dass ...** from this it follows that ...; ~**bei** *adv* (*bei dieser Gelegenheit*) on this occasion; ~**durch** *adv* by this means; (*örtlich*) through here; ~**her** *adv* this way, here; ~**her gehören** to belong here; (*fig: relevant sein*) to be relevant; ~**mit** *adv* hereby; ~**mit erkläre ich ...** (*form*) I hereby declare ...; ~**nach** *adv* hereafter; ~**von** *adv* about this, hereof; ~**von abgesehen** apart from this; ~**zu** *adv* (*dafür*) for this; (*dazu*) with this; (*außerdem*) in addition to this, moreover; (*zu diesem Punkt*) about this; ~**zulande, ~ zu Lande** *adv* in this country.

hiesig ['hiːzɪç] *adj* of this place, local.

hieß *etc* [hiːs] *vb siehe* **heißen**.

Hi-Fi-Anlage ['haɪfiaːnlaːɡə] *f* hi-fi set *od* system.

Hightechindustrie▲ ['haɪtɛkɪndʊs'triː] *f* high tech *od* hi-tech industry.

Hilfe ['hɪlfə] (**-, -n**) *f* help; (*für Notleidende*) aid; **erste ~** first aid; **jdm ~ leisten** to help sb; ~**!** help!; ~**leistung** *f*: **unterlassene ~leistung** (*JUR*) denial of assistance; ~**stellung** *f* (*SPORT, fig*) support.

Hilf- *zW*: **h~los** *adj* helpless; ~**losigkeit** *f*

helplessness; **h~reich** adj helpful.
Hilfs- zW: **~aktion** f relief action, relief
measures pl; **~arbeiter** m labourer (BRIT),
laborer (US); **h~bedürftig** adj needy;
h~bereit adj ready to help; **~kraft** f assistant,
helper; **~mittel** nt aid; **~schule** f school for
backward children; **~zeitwort** nt auxiliary
verb.
hilft [hɪlft] vb siehe **helfen**.
Himalaja [hi'maːlaja] (**-s**) m: **der ~** the
Himalayas pl.
Himbeere ['hɪmbeːrə] (**-, -n**) f raspberry.
Himmel ['hɪməl] (**-s, -**) m sky; (REL, liter)
heaven; **um ~s willen** (umg) for Heaven's
sake; **zwischen ~ und Erde** in midair;
h~angst adj: **es ist mir h~angst** I'm scared
to death; **~bett** nt four-poster bed; **h~blau**
adj sky-blue.
Himmelfahrt f Ascension.
Himmelfahrtskommando nt (MIL: umg)
suicide squad; (Unternehmen) suicide
mission.
Himmelreich nt (REL) Kingdom of Heaven.
himmelschreiend adj outrageous.
Himmelsrichtung f direction; **die vier ~en**
the four points of the compass.
himmelweit adj: **ein ~er Unterschied** a world
of difference.
himmlisch ['hɪmlɪʃ] adj heavenly.

═══════════════ SCHLÜSSELWORT

hin [hɪn] adv **1** (Richtung): **~ und zurück** there
and back; **einmal London ~ und zurück** a
return to London (BRIT), a roundtrip ticket
to London (US); **~ und her** to and fro; **etw
~ und her überlegen** to turn sth over and
over in one's mind; **bis zur Mauer ~** up to
the wall; **wo ist er ~?** where has he gone?;
nichts wie ~! (umg) let's go then!; **nach
außen ~** (fig) outwardly; **Geld ~, Geld her**
money or no money.
2 (auf ... ~): **auf meine Bitte ~** at my request;
auf seinen Rat ~ on the basis of his advice;
auf meinen Brief ~ on the strength of my
letter.
3: **~ sein** (umg: kaputt sein) to have had it;
(Ruhe) to be gone; **mein Glück ist ~** my
happiness has gone; **~ und wieder** (every)
now and again.

hinab [hɪ'nap] adv down; **~gehen** unreg vi to go
down; **~sehen** unreg vi to look down.
hinarbeiten ['hɪnarbaɪtən] vi: **auf etw** akk **~**
(auf Ziel) to work towards sth.
hinauf [hɪ'nauf] adv up; **~arbeiten** vr to work
one's way up; **~steigen** unreg vi to climb.
hinaus [hɪ'naus] adv out; **hinten/vorn ~** at the
back/front; **darüber ~** over and above this;
auf Jahre ~ for years to come; **~befördern**
vt to kick od throw out; **~fliegen** unreg (umg)

vi to be kicked out; **~führen** vi: **über etw** akk
~führen (lit, fig) to go beyond sth; **~gehen**
unreg vi to go out; **~gehen über** +akk to
exceed; **~laufen** unreg vi to run out; **~laufen
auf** +akk to come to, amount to; **~schieben**
unreg vt to put off, postpone; **~schießen** unreg
vi: **über das Ziel ~schießen** (fig) to overshoot
the mark; **~wachsen** unreg vi: **er wuchs über
sich selbst ~** he surpassed himself;
~werfen unreg vt to throw out; **~wollen** vi to
want to go out; **hoch ~wollen** to aim high;
~wollen auf +akk to drive at, get at; **~ziehen**
unreg vt to draw out ♦ vr to be protracted;
~zögern vt to delay, put off ♦ vr to be
delayed, be put off.
hinbekommen unreg (umg) vt: **das hast du
gut ~** you've made a good job of it.
hinblättern (umg) vt (Geld) to fork out.
Hinblick ['hɪnblɪk] m: **in** od **im ~ auf** +akk in
view of.
hinderlich ['hɪndərlɪç] adj awkward; **jds
Karriere** dat **~ sein** to be a hindrance to sb's
career.
hindern vt to hinder, hamper; **jdn an etw** dat
~ to prevent sb from doing sth.
Hindernis (**-ses, -se**) nt obstacle; **~lauf** m,
~rennen nt steeplechase.
Hinderungsgrund m obstacle.
hindeuten ['hɪndɔytən] vi: **~ auf** +akk to point
to.
Hinduismus [hɪndu'ɪsmʊs] m Hinduism.
hindurch [hɪn'dʊrç] adv through; across;
(zeitlich) over.
hindürfen [hɪn'dʏrfən] unreg vi: **~ (zu)** to be
allowed to go (to).
hinein [hɪ'naɪn] adv in; **bis tief in die Nacht ~**
well into the night; **~fallen** unreg vi to fall in;
~fallen in +akk to fall into; **~finden** unreg vr
(fig: sich vertraut machen) to find one's feet;
(sich abfinden) to come to terms with it;
~gehen unreg vi to go in; **~gehen in** +akk to go
into, enter; **~geraten** unreg vi: **~geraten in**
+akk to get into; **~knien** vr (fig: umg): **sich in
etw** akk **~knien** to get into sth; **~lesen** unreg
vt: **etw in etw** akk **~lesen** to read sth into sth;
~passen vi to fit in; **~passen in** +akk to fit
into; **~prügeln** vt: **etw in jdn ~prügeln** to
cudgel sth into sb; **~reden** vi: **jdm ~reden** to
interfere in sb's affairs; **~stecken** vt: **Geld/
Arbeit in etw** akk **~stecken** to put money/
some work into sth; **~steigern** vr to get
worked up; **~versetzen** vr: **sich in jdn
~versetzen** to put o.s. in sb's position;
~ziehen unreg vt: **~ziehen (in** +akk**)** to pull in
(to); **jdn in etw ~ziehen** (in Konflikt,
Gespräch) to draw sb into sth.
hin- zW: **~fahren** unreg vi to go; to drive ♦ vt to
take; to drive; **H~fahrt** f journey there;
~fallen unreg vi to fall down; **~fällig** adj frail,
decrepit; (Regel etc) unnecessary; **~fliegen**

unreg vi to fly there; (*umg:* ~*fallen*) to fall over; **H~flug** *m* outward flight.

hing *etc* [hɪŋ] *vb siehe* **hängen**.

hin- *zW:* **H~gabe** *f* devotion; **mit H~gabe tanzen/singen** *etc* (*fig*) to dance/sing *etc* with abandon; ~**geben** *unreg vr +dat* to give o.s. up to, devote o.s. to; ~**gebungsvoll** ['hɪngəːbʊŋsfɔl] *adv* (*begeistert*) with abandon; (*lauschen*) raptly.

hingegen [hɪn'geːgən] *konj* however.

hin- *zW:* ~**gehen** *unreg vi* to go; (*Zeit*) to pass; **gehst du auch ~?** are you going too?; ~**gerissen** *adj:* ~**gerissen sein** to be enraptured; ~**- und hergerissen sein** (*fig*) to be torn; **ich bin ganz ~- und hergerissen** (*ironisch*) that's absolutely great; ~**halten** *unreg vt* to hold out; (*warten lassen*) to put off, stall; **H~haltetaktik** *f* stalling *od* delaying tactics *pl*.

hinhauen ['hɪnhaʊən] *unreg* (*umg*) *vi* (*klappen*) to work; (*ausreichen*) to do.

hinhören ['hɪnhøːrən] *vi* to listen.

hinken ['hɪŋkən] *vi* to limp; (*Vergleich*) to be unconvincing.

hin- *zW:* ~**kommen** *unreg* (*umg*) *vi* (*auskommen*) to manage; (: *ausreichen, stimmen*) to be right; ~**länglich** *adj* adequate ♦ *adv* adequately; ~**legen** *vt* to put down ♦ *vr* to lie down; **sich der Länge nach ~legen** (*umg*) to fall flat; ~**nehmen** *unreg vt* (*fig*) to put up with, take; ~**reichen** *vi* to be adequate ♦ *vt:* **jdm etw ~reichen** to hand sb sth; ~**reichend** *adj* adequate; (*genug*) sufficient; **H~reise** *f* journey out; ~**reißen** *unreg vt* to carry away, enrapture; **sich ~reißen lassen, etw zu tun** to get carried away and do sth; ~**reißend** *adj* (*Landschaft, Anblick*) enchanting; (*Schönheit, Mensch*) captivating; ~**richten** *vt* to execute; **H~richtung** *f* execution; ~**sehen** *unreg vi:* **bei genauerem H~sehen** on closer inspection.

hin sein▲ ['hɪnzaɪn] *siehe* **hin**.

hin- *zW:* ~**setzen** *vr* to sit down; **H~sicht** *f:* **in mancher** *od* **gewisser H~sicht** in some respects *od* ways; ~**sichtlich** *präp +gen* with regard to; ~**sollen** (*umg*) *vi:* **wo soll ich/das Buch ~?** where do I/does the book go?; **H~spiel** *nt* (*SPORT*) first leg; ~**stellen** *vt* to put (down) ♦ *vr* to place o.s.

hintanstellen [hɪnt'|anʃtɛlən] *vt* (*fig*) to ignore.

hinten ['hɪntən] *adv* behind; (*rückwärtig*) at the back; ~ **und vorn** (*fig: betrügen*) left, right and centre; **das reicht ~ und vorn nicht** that's nowhere near enough; ~**dran** (*umg*) *adv* at the back; ~**herum** *adv* round the back; (*fig*) secretly.

hinter ['hɪntər] *präp* (*+dat od akk*) behind; (: *nach*) after; **jdm her sein** to be after sb; ~ **die Wahrheit kommen** to get to the truth; **sich ~ jdn stellen** (*fig*) to support sb; **etw ~ sich** *dat* **haben** (*zurückgelegt haben*) to have

got through sth; **sie hat viel ~ sich** she has been through a lot; **H~achse** *f* rear axle; **H~bänkler (-s, -)** *m* (*POL: pej*) backbencher; **H~bein** *nt* hind leg; **sich auf die H~beine stellen** to get tough; **H~bliebene(r)** *f(m)* surviving relative; ~**drein** *adv* afterwards.

hintere(r, s) *adj* rear, back.

hinter- *zW:* ~**einander** *adv* one after the other; **zwei Tage ~einander** two days running; ~**fotzig** (*umg*) *adj* underhanded; ~**fragen** *vt untr* to analyse; **H~gedanke** *m* ulterior motive; ~**gehen** *unreg vt untr* to deceive; **H~grund** *m* background; ~**gründig** *adj* cryptic, enigmatic; **H~grundprogramm** *nt* (*COMPUT*) background program; **H~halt** *m* ambush; **etw im H~halt haben** to have sth in reserve; ~**hältig** *adj* underhand, sneaky; ~**her** *adv* afterwards, after; **er ist ~her, dass ...** (*fig*) he sees to it that ...; **H~hof** *m* back yard; **H~kopf** *m* back of one's head; **H~land** *nt* hinterland; ~**lassen** *unreg vt untr* to leave; **H~lassenschaft** *f* (*testator's*) estate; ~**legen** *vt untr* to deposit; **H~legungsstelle** *f* depository; **H~list** *f* cunning, trickery; (*Handlung*) trick, dodge; ~**listig** *adj* cunning, crafty; **H~mann (-(e)s,** *pl* -**männer**) *m* person behind; **die H~männer des Skandals** the men behind the scandal.

Hintern ['hɪntərn] (**-s, -**) (*umg*) *m* bottom, backside; **jdm den ~ versohlen** to smack sb's bottom.

hinter- *zW:* **H~rad** *nt* back wheel; **H~radantrieb** *m* (*AUT*) rear-wheel drive; ~**rücks** *adv* from behind; **H~teil** *nt* behind; **H~treffen** *nt:* **ins H~treffen kommen** to lose ground; ~**treiben** *unreg vt untr* to prevent, frustrate; **H~treppe** *f* back stairs *pl*; **H~tür** *f* back door; (*fig: Ausweg*) escape, loophole; **H~wäldler (-s, -)** (*umg*) *m* backwoodsman, hillbilly (*bes US*); ~**ziehen** *unreg vt untr* (*Steuern*) to evade (paying).

hintun ['hɪntuːn] *unreg* (*umg*) *vt:* **ich weiß nicht, wo ich ihn ~ soll** (*fig*) I can't (quite) place him.

hinüber [hɪ'nyːbər] *adv* across, over; ~**gehen** *unreg vi* to go over *od* across.

hinunter [hɪ'nʊntər] *adv* down; ~**bringen** *unreg vt* to take down; ~**schlucken** *vt* (*lit, fig*) to swallow; ~**spülen** *vt* to flush away; (*Essen, Tablette*) to wash down; (*fig: Ärger*) to soothe; ~**steigen** *unreg vi* to descend.

Hinweg ['hɪnveːk] *m* journey out.

hinweg- [hɪn'vɛk] *zW:* ~**gehen** *unreg vi:* **über etw** *akk* ~**gehen** (*fig*) to pass over sth; ~**helfen** *unreg vi:* **jdm über etw** *akk* ~**helfen** to help sb to get over sth; ~**kommen** *unreg vi* (*fig*): **über etw** *akk* ~**kommen** to get over sth; ~**sehen** *unreg vi:* **darüber ~sehen, dass ...** to overlook the fact that ...; ~**setzen** *vr:* **sich ~setzen über** *+akk* to disregard.

Hinweis ['hɪnvaɪs] (**-es, -e**) *m* (*Andeutung*) hint; (*Anweisung*) instruction; (*Verweis*) reference; **sachdienliche ~e** relevant information.

hinweisen *unreg vi:* **~ auf** +*akk* to point to; (*verweisen*) to refer to; **darauf ~, dass ...** to point out that ...; (*anzeigen*) to indicate that ...

Hinweisschild *nt* sign.

Hinweistafel *f* sign.

hinwerfen *unreg vt* to throw down; **eine hingeworfene Bemerkung** a casual remark.

hinwirken *vi:* **auf etw** *akk* **~** to work towards sth.

Hinz [hɪnts] *m:* **~ und Kunz** (*umg*) every Tom, Dick and Harry.

hinziehen *unreg vr* (*fig*) to drag on.

hinzielen *vi:* **~ auf** +*akk* to aim at.

hinzu [hɪn'tsuː] *adv* in addition; **~fügen** *vt* to add; **H~fügung** *f:* **unter H~fügung von etw** (*form*) by adding sth; **~kommen** *unreg vi:* **es kommt noch ~, dass ...** there is also the fact that ...; **~ziehen** *unreg vt* to consult.

Hiobsbotschaft ['hiːɔpsbɔtʃaft] *f* bad news.

Hirn [hɪrn] (**-(e)s, -e**) *nt* brain(s); **~gespinst** (**-(e)s, -e**) *nt* fantasy; **~hautentzündung** *f* (*MED*) meningitis; **h~tot** *adj* braindead; **h~verbrannt** *adj* (*umg*) harebrained.

Hirsch [hɪrʃ] (**-(e)s, -e**) *m* stag.

Hirse ['hɪrzə] (**-, -n**) *f* millet.

Hirt ['hɪrt] (**-en, -en**) *m*, **Hirte** (**-n, -n**) *m* herdsman; (*Schaf~, fig*) shepherd.

Hirtin *f* herdswoman; (*Schaf~*) shepherdess.

hissen ['hɪsən] *vt* to hoist.

Historiker [hɪs'toːrikər] (**-s, -**) *m* historian.

historisch [hɪs'toːrɪʃ] *adj* historical.

Hit [hɪt] (**-s, -s**) *m* (*MUS, fig: umg*) hit; **~parade** *f* hit parade.

Hitze ['hɪtsə] (**-**) *f* heat; **h~beständig** *adj* heat-resistant; **h~frei** *adj:* **h~frei haben** *to have time off school/work because of excessive heat;* **~welle** *f* heat wave.

hitzig *adj* hot-tempered; (*Debatte*) heated.

Hitz- *zW:* **~kopf** *m* hothead; **h~köpfig** *adj* fiery, hot-headed; **~schlag** *m* heatstroke.

HIV-negativ *adj* HIV-negative.

HIV-positiv *adj* HIV-positive.

hl. *abk* = **heilig.**

H-Milch ['haːmɪlç] *f* long-life milk, UHT milk.

HNO-Arzt *m* ENT specialist.

hob *etc* [hoːp] *vb siehe* **heben.**

Hobby ['hɔbi] (**-s, -s**) *nt* hobby.

Hobel ['hoːbəl] (**-s, -**) *m* plane; **~bank** *f* carpenter's bench.

hobeln *vt, vi* to plane.

Hobelspäne *pl* wood shavings *pl*.

hoch [hoːx] (*attrib* **hohe(r, s)**) *adj* high ♦ *adv:* **~ achten** to respect; **~ begabt** extremely gifted; **~ dotiert** highly paid; **~ empfindlich** highly sensitive; (*Film*) high-speed;

~ entwickelt (*Kultur, Land*) highly developed; (*Geräte, Methoden*) sophisticated; **~ gestellt** (*fig: Persönlichkeit*) high-ranking; **wenn es ~ kommt** (*umg*) at (the) most, at the outside; **das ist mir zu ~** (*umg*) that's above my head; **ein hohes Tier** (*umg*) a big fish; **es ging ~ her** (*umg*) we/they *etc* had a whale of a time; **~ und heilig versprechen** to promise faithfully.

Hoch (**-s, -s**) *nt* (*Ruf*) cheer; (*MET, fig*) high.

hoch- *zW:* **H~achtung** *f* respect, esteem; **mit vorzüglicher H~achtung** (*form: Briefschluss*) yours faithfully; **~achtungsvoll** *adv* yours faithfully; **~aktuell** *adj* highly topical; **H~amt** *nt* high mass; **~arbeiten** *vr* to work one's way up; **~betagt** *adj* very old, aged; **H~betrieb** *m* intense activity; (*COMM*) peak time; **H~betrieb haben** to be at one's *od* its busiest; **~bringen** *unreg vt* to bring up; **H~burg** *f* stronghold; **H~deutsch** *nt* High German; **H~druck** *m* high pressure; **H~ebene** *f* plateau; **~erfreut** *adj* highly delighted; **~fahren** *unreg vi* (*erschreckt*) to jump ♦ *vt* (*COMPUT, TECH*) to start up; **~fliegend** *adj* ambitious; (*fig*) high-flown; **H~form** *f* top form; **H~gebirge** *nt* high mountains *pl*; **H~gefühl** *nt* elation; **~gehen** *unreg* (*umg*) *vi* (*explodieren*) to blow up; (*Bombe*) to go off; **H~genuss▲** *m* great *od* special treat; (*großes Vergnügen*) great pleasure; **~geschlossen** *adj* (*Kleid etc*) high-necked; **H~glanz** *m* high polish; (*PHOT*) gloss; **~gradig** *adj* intense, extreme; **~halten** *unreg vt* to hold up; (*fig*) to uphold, cherish; **H~haus** *nt* multi-storey building; **~heben** *unreg vt* to lift (up); **~kant** *adv:* **jdn ~kant hinauswerfen** (*fig: umg*) to chuck sb out on his/her ear; **~kommen** *unreg vi* (*nach oben*) to come up; (*fig: gesund werden*) to get back on one's feet; (*beruflich, gesellschaftlich*) to come up in the world; **H~konjunktur** *f* boom; **~krempeln** *vt* to roll up; **H~land** *nt* highlands *pl*; **~leben** *vi:* **jdn ~leben lassen** to give sb three cheers; **H~leistungssport** *m* competitive sport; **~modern** *adj* very modern, ultra-modern; **H~mut** *m* pride; **~mütig** *adj* proud, haughty; **~näsig** *adj* stuck-up, snooty; **~nehmen** *unreg vt* to pick up; **jdn ~nehmen** (*umg: verspotten*) to pull sb's leg; **H~ofen** *m* blast furnace; **~prozentig** *adj* (*Alkohol*) strong; **H~rechnung** *f* projected result; **H~saison** *f* high season; **H~schätzung** *f* high esteem.

Hochschulabschluss▲ *m* degree.

Hochschulbildung *f* higher education.

Hochschule *f* college; (*Universität*) university.

Hochschulreife *f:* **er hat (die) ~** ≈ he's got his A-levels (*BRIT*), he's graduated from high school (*US*).

hoch- *zW:* **~schwanger** *adj* heavily pregnant,

well advanced in pregnancy; **H~seefischerei**
f deep-sea fishing; **H~sitz** *m* (*Jagd*) (raised)
hide; **H~sommer** *m* middle of summer;
H~spannung *f* high tension; **~spielen** *vt* (*fig*)
to blow up; **H~sprache** *f* standard language;
~springen *unreg vi* to jump up; **H~sprung** *m*
high jump.
höchst [hø:çst] *adv* highly, extremely.
Hochstapler ['ho:xsta:plər] (**-s, -**) *m* swindler.
höchste(r, s) *adj* highest; (*äußerste*) extreme;
die ~ Instanz (*JUR*) the supreme court of
appeal.
höchstens *adv* at the most.
Höchstgeschwindigkeit *f* maximum speed.
Höchstgrenze *f* upper limit.
Hochstimmung *f* high spirits *pl*.
Höchst- *zW:* **~leistung** *f* best performance;
(*bei Produktion*) maximum output;
h~persönlich *adv* personally, in person;
~preis *m* maximum price; **~stand** *m* peak;
h~wahrscheinlich *adv* most probably.
Hoch- *zW:* **~technologie** *f* high technology;
h~technologisch *adj* high-tech;
~temperaturreaktor *m* high-temperature
reactor; **~tour** *f:* **auf ~touren laufen** *od*
arbeiten to be working flat out; **h~trabend**
adj pompous; **~- und Tiefbau** *m* structural
and civil engineering; **~verrat** *m* high
treason; **~wasser** *nt* high water;
(*Überschwemmung*) floods *pl*; **h~wertig** *adj*
high-class, first-rate; **~würden** *m* Reverend;
~zahl *f* (*MATH*) exponent.
Hochzeit ['hɔxtsaıt] (**-, -en**) *f* wedding; **man
kann nicht auf zwei ~en tanzen** (*Sprichwort*)
you can't have your cake and eat it.
Hochzeitsreise *f* honeymoon.
Hochzeitstag *m* wedding day; (*Jahrestag*)
wedding anniversary.
hochziehen *unreg vt* (*Rollladen, Hose*) to pull
up; (*Brauen*) to raise.
Hocke ['hɔkə] (**-, -n**) *f* squatting position;
(*beim Turnen*) squat vault; (*beim Skilaufen*)
crouch.
hocken ['hɔkən] *vi, vr* to squat, crouch.
Hocker (**-s, -**) *m* stool.
Höcker ['hœkər] (**-s, -**) *m* hump.
Hockey ['hɔki] (**-s**) *nt* hockey.
Hoden [['ho:dən]] (**-s, -**) *m* testicle.
Hodensack *m* scrotum.
Hof [ho:f] (**-(e)s, ⁻e**) *m* (*Hinter~*) yard;
(*Bauern~*) farm; (*Königs~*) court; **einem
Mädchen den ~ machen** (*veraltet*) to court a
girl.
hoffen ['hɔfən] *vi:* **~ (auf** +*akk*) to hope (for).
hoffentlich *adv* I hope, hopefully.
Hoffnung ['hɔfnʊŋ] *f* hope; **jdm ~en machen**
to raise sb's hopes; **sich** *dat* **~en machen to**
have hopes; **sich** *dat* **keine ~en machen** not
to hold out any hope(s).
Hoffnungs- *zW:* **h~los** *adj* hopeless; **~losigkeit**

f hopelessness; **~schimmer** *m* glimmer of
hope; **h~voll** *adj* hopeful.
höflich ['hø:flıç] *adj* courteous, polite; **H~keit** *f*
courtesy, politeness.
hohe(r, s) ['ho:ə(r, s)] *adj siehe* **hoch.**
Höhe ['hø:ə] (**-, -n**) *f* height; (*An~*) hill; **nicht
auf der ~ sein** (*fig: umg*) to feel below par;
ein Scheck in ~ von ... a cheque (*BRIT*) *od*
check (*US*) for the amount of ...; **das ist doch
die ~** (*fig: umg*) that's the limit; **er geht
immer gleich in die ~** (*umg*) he always flares
up; **auf der ~ der Zeit sein** to be up-to-date.
Hoheit ['ho:haıt] *f* (*POL*) sovereignty; (*Titel*)
Highness.
Hoheits- *zW:* **~gebiet** *nt* sovereign territory;
~gewalt *f* (national) jurisdiction;
~gewässer *nt* territorial waters *pl*; **~zeichen**
nt national emblem.
Höhen- *zW:* **~angabe** *f* altitude reading; (*auf
Karte*) height marking; **~flug** *m:* **geistiger
~flug** intellectual flight; **~lage** *f* altitude;
~luft *f* mountain air; **~messer** *m* altimeter;
~sonne *f* sun lamp; **~unterschied** *m*
difference in altitude; **~zug** *m* mountain
chain.
Höhepunkt *m* climax; (*des Lebens*) high
point.
höher *adj, adv* higher.
hohl [ho:l] *adj* hollow; (*umg: dumm*)
hollow(-headed).
Höhle ['hø:lə] (**-, -n**) *f* cave; hole; (*Mund~*)
cavity; (*fig, ZOOL*) den.
Hohl- *zW:* **~heit** *f* hollowness; **~kreuz** *nt* (*MED*)
hollow back; **~maß** *nt* measure of volume;
~raum *m* hollow space; (*Gebäude*) cavity;
~saum *m* hemstitch; **~spiegel** *m* concave
mirror.
Hohn [ho:n] (**-(e)s**) *m* scorn; **das ist der reinste
~** it's sheer mockery.
höhnen ['hø:nən] *vt* to taunt, scoff at.
höhnisch *adj* scornful, taunting.
Hokuspokus [ho:kʊs'po:kʊs] (**-**) *m*
(*Zauberformel*) hey presto; (*fig: Täuschung*)
hocus-pocus.
hold [hɔlt] *adj* charming, sweet.
holen ['ho:lən] *vt* to get, fetch; (*Atem*) to take;
jdn/etw ~ lassen to send for sb/sth; **sich** *dat*
eine Erkältung ~ to catch a cold.
Holland ['hɔlant] (**-s**) *nt* Holland.
Holländer ['hɔlɛndər] (**-s, -**) *m* Dutchman.
Holländerin *f* Dutchwoman, Dutch girl.
holländisch *adj* Dutch.
Hölle ['hœlə] (**-, -n**) *f* hell; **ich werde ihm die
~ heiß machen** (*umg*) I'll give him hell.
Höllenangst *f:* **eine ~ haben** to be scared to
death.
Höllenlärm *m* infernal noise (*umg*).
höllisch ['hœlıʃ] *adj* hellish, infernal.
Hologramm [holo'gram] (**-s, -e**) *nt* hologram.
holperig ['hɔlpərıç] *adj* rough, bumpy.

holpern ['hɔlpərn] *vi* to jolt.

Holunder [ho'lundər] (-s, -) *m* elder.

Holz [hɔlts] (-es, ⁻er) *nt* wood; **aus ~ made of wood, wooden; aus einem anderen/ demselben ~ geschnitzt sein** (*fig*) to be cast in a different/the same mould; **gut ~!** (*Kegeln*) have a good game!; **~bläser** *m* woodwind player.

hölzern ['hœltsərn] *adj* (*lit, fig*) wooden.

Holz- *zW*: **~fäller** (-s, -) *m* lumberjack, woodcutter; **~faserplatte** *f* (wood) fibreboard (*BRIT*) *od* fiberboard (*US*); **h~frei** *adj* (*Papier*) wood-free.

holzig *adj* woody.

Holz- *zW*: **~klotz** *m* wooden block; **~kohle** *f* charcoal; **~kopf** *m* (*fig: umg*) blockhead, numbskull; **~scheit** *nt* log; **~schuh** *m* clog; **~weg** *m* (*fig*) wrong track; **~wolle** *f* fine wood shavings *pl*; **~wurm** *m* woodworm.

Homecomputer ['hoʊmkɔm'pjuːtər] (-s, -) *m* home computer.

Homepage ['hoʊm'paːgə] *nt* (*COMPUT*) home page.

Homoehe ['hoːmo|eːə] *f* (*umg*) gay marriage.

homogen [homo'geːn] *adj* homogenous.

Homöopath [homøo'paːt] (-en, -en) *m* homeopath.

Homöopathie [homøopa'tiː] *f* homeopathy, homeopathic medicine.

homosexuell [homozɛksu'ɛl] *adj* homosexual.

Honduras [hɔn'duːras] (-) *nt* Honduras.

Hongkong [hɔŋ'kɔŋ] (-s) *nt* Hong Kong.

Honig ['hoːnɪç] (-s, -e) *m* honey; **~lecken** *nt* (*fig*): **das ist kein ~lecken** it's no picnic; **~melone** *f* honeydew melon; **~wabe** *f* honeycomb.

Honorar [hono'raːr] (-s, -e) *nt* fee.

Honoratioren [honoratsi'oːrən] *pl* dignitaries.

honorieren [hono'riːrən] *vt* to remunerate; (*Scheck*) to honour (*BRIT*), honor (*US*).

Hopfen ['hɔpfən] (-s, -) *m* hops *pl*; **bei ihm ist ~ und Malz verloren** (*umg*) he's a dead loss.

hoppla ['hɔpla] *interj* whoops.

hopsen ['hɔpsən] *vi* to hop.

hörbar *adj* audible.

horch [hɔrç] *interj* listen.

horchen *vi* to listen; (*pej*) to eavesdrop.

Horcher (-s, -) *m* listener; eavesdropper.

Horde ['hɔrdə] (-, -n) *f* horde.

hören ['høːrən] *vt, vi* to hear; **auf jdn/etw ~** to listen to sb/sth; **ich lasse von mir ~** I'll be in touch; **etwas/nichts von sich ~ lassen** to get/not to get in touch; **H~** *nt*: **es verging ihm H~ und Sehen** (*umg*) he didn't know whether he was coming or going.

Hörensagen *nt*: **vom ~** from hearsay.

Hörer (-s, -) *m* (*RUNDF*) listener; (*UNIV*) student; (*Telefon~*) receiver.

Hörfunk *m* radio.

Hörgerät *nt* hearing aid.

hörig ['høːrɪç] *adj*: **sie ist ihm (sexuell) ~** he has (sexual) power over her.

Horizont [hori'tsɔnt] (-(e)s, -e) *m* horizon; **das geht über meinen ~** (*fig*) that is beyond me.

horizontal [horitsoʹtaːl] *adj* horizontal.

Hormon [hɔr'moːn] (-s, -e) *nt* hormone.

Hörmuschel *f* (*TEL*) earpiece.

Horn [hɔrn] (-(e)s, ⁻er) *nt* horn; **ins gleiche** *od* **in jds ~ blasen** to chime in; **sich** *dat* **die Hörner abstoßen** (*umg*) to sow one's wild oats; **~brille** *f* horn-rimmed spectacles *pl*.

Hörnchen ['hœrnçən] *nt* (*Gebäck*) croissant.

Hornhaut *f* horny skin; (*des Auges*) cornea.

Hornisse [hɔr'nɪsə] (-, -n) *f* hornet.

Hornochs(e) *m* (*fig: umg*) blockhead, idiot.

Horoskop [horo'skoːp] (-s, -e) *nt* horoscope.

Hör- *zW*: **~rohr** *nt* ear trumpet; (*MED*) stethoscope; **~saal** *m* lecture room; **~spiel** *nt* radio play.

Hort [hɔrt] (-(e)s, -e) *m* hoard; (*SCH*) nursery school; **h~en** *vt* to hoard.

Hörweite *f*: **in/außer ~** within/out of hearing *od* earshot.

Hose ['hoːze] (-, -n) *f* trousers *pl*, pants *pl* (*US*); **in die ~ gehen** (*umg*) to be a complete flop.

Hosen- *zW*: **~anzug** *m* trouser suit, pantsuit (*US*); **~boden** *m*: **sich auf den ~boden setzen** (*umg*) to get stuck in; **~rock** *m* culottes *pl*; **~tasche** *f* trouser pocket; **~träger** *pl* braces *pl* (*BRIT*), suspenders *pl* (*US*).

Hostie ['hɔstiə] *f* (*REL*) host.

Hotel [ho'tɛl] (-s, -s) *nt* hotel; **~fach** *nt* hotel management; **~ garni** *nt* bed and breakfast hotel.

Hotelier [hoteli'eː] (-s, -s) *m* hotelier.

Hr. *abk* (= *Herr*) Mr.

Hrsg. *abk* (= *Herausgeber*) ed.

hrsg. *abk* (= *herausgegeben*) ed.

HTML *abk* (= *Hyper Text Markup Language*) HTML.

Hub [huːp] (-(e)s, ⁻e) *m* lift; (*TECH*) stroke.

hüben ['hyːbən] *adv* on this side, over here; **~ und drüben** on both sides.

Hubraum *m* (*AUT*) cubic capacity.

hübsch [hypʃ] *adj* pretty, nice; **immer ~ langsam!** (*umg*) nice and easy.

Hubschrauber (-s, -) *m* helicopter.

Hucke ['hʊkə] (-, -n) *f*: **jdm die ~ voll hauen** (*umg*) to give sb a good hiding.

huckepack ['hʊkəpak] *adv* piggy-back, pick-a-back.

hudeln ['huːdəln] *vi* to be sloppy.

Huf ['huːf] (-(e)s, -e) *m* hoof; **~eisen** *nt* horseshoe; **~nagel** *m* horseshoe nail.

Hüfte ['hyftə] (-, -n) *f* hip.

Hüftgürtel *m* girdle.

Hüfthalter *m* girdle.

Huftier *nt* hoofed animal, ungulate.

Hügel ['hyːgəl] (-s, -) *m* hill.

hüg(e)lig *adj* hilly.

Huhn [huːn] (-(e)s, ⸚er) *nt* hen; (*KOCH*) chicken; **da lachen ja die Hühner** (*umg*) it's enough to make a cat laugh; **er sah aus wie ein gerupftes ~** (*umg*) he looked as if he'd been dragged through a hedge backwards.

Hühnchen ['hyːnçən] *nt* young chicken; **mit jdm ein ~ zu rupfen haben** (*umg*) to have a bone to pick with sb.

Hühner- *zW:* **~auge** *nt* corn; **~brühe** *f* chicken broth; **~klein** *nt* (*KOCH*) chicken trimmings *pl*.

Huld [hult] (-) *f* favour (*BRIT*), favor (*US*).

huldigen ['huldɪgən] *vi:* **jdm ~** to pay homage to sb.

Huldigung *f* homage.

Hülle ['hylə] (-, -n) *f* cover(ing); (*Zellophan~*) wrapping; **in ~ und Fülle** galore; **die ~n fallen lassen** (*fig*) to strip off.

hüllen *vt:* **~ (in** +*akk*) to cover (with); to wrap (in).

Hülse ['hylzə] (-, -n) *f* husk, shell.

Hülsenfrucht *f* pulse.

human [hu'maːn] *adj* humane.

humanistisch [huma'nɪstɪʃ] *adj:* **~es Gymnasium** *secondary school with bias on Latin and Greek*.

humanitär [humani'tɛːr] *adj* humanitarian.

Humanität *f* humanity.

Humanmedizin *f* (human) medicine.

Hummel ['huməl] (-, -n) *f* bumblebee.

Hummer ['humər] (-s, -) *m* lobster.

Humor [hu'moːr] (-s, -e) *m* humour (*BRIT*), humor (*US*); **~ haben** to have a sense of humo(u)r; **~ist(in)** *m(f)* humorist; **h~istisch** *adj* humorous; **h~voll** *adj* humorous.

humpeln ['humpəln] *vi* to hobble.

Humpen ['humpən] (-s, -) *m* tankard.

Humus ['huːmus] (-) *m* humus.

Hund [hunt] (-(e)s, -e) *m* dog; **auf den ~ kommen, vor die ~e gehen** (*fig: umg*) to go to the dogs; **~e, die bellen, beißen nicht** (*Sprichwort*) empty vessels make most noise (*Sprichwort*); **er ist bekannt wie ein bunter ~** (*umg*) everybody knows him.

Hunde- *zW:* **h~elend** (*umg*) *adj:* **mir ist h~elend** I feel lousy; **~hütte** *f* (dog) kennel; **~kuchen** *m* dog biscuit; **~marke** *f* dog licence disc, dog tag (*US*); **h~müde** (*umg*) *adj* dog-tired.

hundert ['hundərt] *num* hundred; **H~** (-s, -e) *nt* hundred; **~e** *od* **H~e von Menschen** hundreds of people.

Hunderter (-s, -) *m* hundred; (*umg: Geldschein*) hundred (euro/pound/dollar *etc* note).

hundert- *zW:* **H~jahrfeier** *f* centenary; **H~meterlauf** *m* (*SPORT*): **der/ein H~meterlauf** the/a hundred metres (*BRIT*) *od* meters (*US*) *sing*; **~prozentig** *adj, adv* one hundred per cent.

hundertste(r, s) *adj* hundredth; **von H~n ins**

Tausendste kommen (*fig*) to get carried away.

Hundesteuer *f* dog licence (*BRIT*) *od* license (*US*) fee.

Hundewetter (*umg*) *nt* filthy weather.

Hündin ['hyndɪn] *f* bitch.

Hüne ['hyːnə] (-n, -n) *m:* **ein ~ von Mensch** a giant of a man.

Hünengrab *nt* megalithic tomb.

Hunger ['huŋər] (-s) *m* hunger; **~ haben** to be hungry; **ich sterbe vor ~** (*umg*) I'm starving; **~lohn** *m* starvation wages *pl*.

hungern *vi* to starve.

Hungersnot *f* famine.

Hungerstreik *m* hunger strike.

Hungertuch *nt:* **am ~ nagen** (*fig*) to be starving.

hungrig ['huŋrɪç] *adj* hungry.

Hunsrück ['hunsrYk] *m* Hunsruck (Mountains *pl*).

Hupe ['huːpə] (-, -n) *f* horn.

hupen *vi* to hoot, sound one's horn.

hupfen ['huːpfən] *vi* to hop, jump; **das ist gehupft wie gesprungen** (*umg*) it's six of one and half a dozen of the other.

hüpfen ['hypfən] *vi* = **hupfen**.

Hupkonzert (*umg*) *nt* hooting (of car horns).

Hürde ['hyrdə] (-, -n) *f* hurdle; (*für Schafe*) pen.

Hürdenlauf *m* hurdling.

Hure ['huːrə] (-, -n) *f* whore.

Hurensohn (*pej: umg!*) *m* bastard (!), son of a bitch (!).

hurra [hu'raː] *interj* hurray, hurrah.

hurtig ['hurtɪç] *adj* brisk, quick ♦ *adv* briskly, quickly.

huschen ['huʃən] *vi* to flit, scurry.

Husten ['huːstən] (-s) *m* cough; **h~** *vi* to cough; **auf etw** *akk* **h~** (*umg*) not to give a damn for sth; **~anfall** *m* coughing fit; **~bonbon** *m od nt* cough drop; **~saft** *m* cough mixture.

Hut¹ [huːt] (-(e)s, ⸚e) *m* hat; **unter einen ~ bringen** (*umg*) to reconcile; (*Termine etc*) to fit in.

Hut² [huːt] (-) *f* care; **auf der ~ sein** to be on one's guard.

hüten ['hyːtən] *vt* to guard ♦ *vr* to watch out; **das Bett/Haus ~** to stay in bed/indoors; **sich ~ zu** to take care not to; **sich ~ vor** +*dat* to beware of; **ich werde mich ~!** not likely!

Hutschnur *f:* **das geht mir über die ~** (*umg*) that's going too far.

Hütte ['hytə] (-, -n) *f* hut; (*Holz~, Block~*) cabin; (*Eisen~*) forge; (*umg: Wohnung*) pad; (*TECH: Hüttenwerk*) iron and steel works.

Hüttenindustrie *f* iron and steel industry.

Hüttenkäse *m* cottage cheese.

Hüttenwerk *nt* iron and steel works.

hutzelig ['hutsəlɪç] *adj* shrivelled.

Hyäne [hy'ɛːnə] (-, -n) *f* hyena.

Hyazinthe [hya'tsɪntə] (-, -n) *f* hyacinth.

Hyazinthe [hya'tsɪntə] (-, -n) f hyacinth.
Hydrant [hy'drant] m hydrant.
hydraulisch [hy'draʊlɪʃ] adj hydraulic.
Hydrierung [hy'driːrʊŋ] f hydrogenation.
Hygiene [hygi'eːnə] (-) f hygiene.
hygienisch [hygi'eːnɪʃ] adj hygienic.
Hymne ['hʏmnə] (-, -n) f hymn, anthem.
hyper- ['hypɐr] präf hyper-.
Hypnose [hʏp'noːzə] (-, -n) f hypnosis.
hypnotisch adj hypnotic.
Hypnotiseur [hʏpnoti'zøːr] m hypnotist.
hypnotisieren [hʏpnoti'ziːrən] vt to hypnotize.
Hypotenuse [hypote'nuːzə] (-, -n) f
    hypotenuse.
Hypothek [hypo'teːk] (-, -en) f mortgage; **eine
    ~ aufnehmen** to raise a mortgage; **etw mit
    einer ~ belasten** to mortgage sth.
Hypothese [hypo'teːzə] (-, -n) f hypothesis.
hypothetisch [hypo'teːtɪʃ] adj hypothetical.
Hysterie [hyste'riː] f hysteria.
hysterisch [hʏs'teːrɪʃ] adj hysterical; **einen
    ~en Anfall bekommen** (fig) to have
    hysterics.

I, i

I, i [iː] nt I, i; **~ wie Ida** ≈ I for Isaac, I for
    Item (US); **das Tüpfelchen auf dem i** (fig) the
    final touch.
i. abk = **in; im.**
i. A. abk (= im Auftrag) p.p.
iberisch [i'beːrɪʃ] adj Iberian; **die I~e Halbinsel**
    the Iberian Peninsula.
IC (-) m abk = **Intercity-Zug.**
ICE m abk (= Intercity-Expresszug) inter-city
    train.
ich [ɪç] pron I; **~ bins!** it's me!; **I~ (-(s), -(s))** nt
    self; (PSYCH) ego; **I~form** f first person;
    I~roman▲ m novel in the first person.
Ideal [ide'aːl] (-s, -e) nt ideal; **i~** adj ideal; **~fall**
    m: **im ~fall** ideally.
Idealismus [idea'lɪsmʊs] m idealism.
Idealist(in) m(f) idealist.
idealistisch adj idealistic.
Idealvorstellung f ideal.
Idee [i'deː] (-, -n) f idea; (ein wenig) shade,
    trifle; **jdn auf die ~ bringen, etw zu tun** to
    give sb the idea of doing sth.
ideell [ide'ɛl] adj ideal.
identifizieren [identifi'tsiːrən] vt to identify.
identisch [i'dɛntɪʃ] adj identical.
Identität [identi'tɛːt] f identity.
Ideologe [ideo'loːgə] (-n, -n) m ideologist.

Ideologie [ideolo'giː] f ideology.
Ideologin [ideo'loːgɪn] f ideologist.
ideologisch [ideo'loːgɪʃ] adj ideological.
idiomatisch [idio'maːtɪʃ] adj idiomatic.
Idiot [idi'oːt] (-en, -en) m idiot.
Idiotenhügel m (hum: umg) beginners' od
    nursery slope.
idiotensicher (umg) adj foolproof.
Idiotin f idiot.
idiotisch adj idiotic.
Idol [i'doːl] nt (-s, -e) idol.
idyllisch [i'dʏlɪʃ] adj idyllic.
IG abk (= Industriegewerkschaft) industrial
    trade union.
IGB (-) m abk (= Internationaler
    Gewerkschaftsbund) International Trades
    Union Congress.
Igel ['iːgəl] (-s, -) m hedgehog.
igitt(igitt) [i'gɪt(i'gɪt)] interj ugh!
Iglu ['iːglu] (-s, -s) m od nt igloo.
Ignorant [ɪgno'rant] (-en, -en) m ignoramus.
ignorieren [ɪgno'riːrən] vt to ignore.
IHK f abk = **Industrie- und Handelskammer.**
ihm [iːm] dat von er, es pers pron (to) him, (to) it;
    es ist ~ nicht gut he doesn't feel well.
ihn [iːn] akk von er pers pron him; (bei Tieren,
    Dingen) it.
ihnen ['iːnən] dat pl von sie pers pron (to) them;
    (nach Präpositionen) them.
Ihnen dat von Sie pers pron (to) you; (nach
    Präpositionen) you.

════════════════════ *SCHLÜSSELWORT*

ihr [iːr] pron **1** (nom pl) you; **~ seid es** it's you.
    2 (dat von sie) (to) her; (bei Tieren, Dingen)
    (to) it; **gib es ~** give it to her; **er steht neben
    ~** he is standing beside her.
    ♦ poss pron **1** (sing) her; (: bei Tieren, Dingen)
    its; **~ Mann** her husband.
    2 (pl) their; **die Bäume und ~e Blätter** the
    trees and their leaves.

Ihr poss pron your.
Ihre(r, s) poss pron yours; **tun Sie das ~** (geh)
    you do your bit.
ihre(r, s) poss pron hers; (eines Tieres) its; (von
    mehreren) theirs; **sie taten das ~ od I~** (geh)
    they did their bit.
ihrer ['iːrər] gen von sie pers pron (sing) of her; (pl)
    of them.
Ihrer gen von Sie pers pron of you.
Ihrerseits adv for your part.
ihrerseits adv for her/their part.
ihresgleichen pron people like her/them; (von
    Dingen) others like it; **eine Frechheit, die
    ~ sucht!** an incredible cheek!
ihretwegen adv (für sie) for her/its/their
    sake; (wegen ihr, ihnen) on her/its/their
    account; **sie sagte, ~ könnten wir gehen** she
    said that, as far as she was concerned, we

could go.

ihretwillen *adv*: **um ~** for her/its/their sake.

ihrige ['iːrɪgə] *pron*: **der/die/das ~** *od* **l~** hers; its; theirs.

i. J. *abk* (= *im Jahre*) in (the year).

Ikone [i'koːnə] (-, -n) *f* icon.

IKRK *nt abk* (= *Internationales Komitee vom Roten Kreuz*) ICRC.

illegal ['ɪlegaːl] *adj* illegal.

illegitim ['ɪlegitiːm] *adj* illegitimate.

Illusion [ɪluzi'oːn] *f* illusion; **sich** *dat* **~en machen** to delude o.s.

illusorisch [ɪlu'zoːrɪʃ] *adj* illusory.

Illustration [ɪlʊstratsi'oːn] *f* illustration.

illustrieren [ɪlʊs'triːrən] *vt* to illustrate.

Illustrierte (-n, -n) *f* picture magazine.

Iltis ['ɪltɪs] (-ses, -se) *m* polecat.

im [ɪm] = **in dem** *präp*: **etw ~ Liegen/Stehen tun** do sth lying down/standing up.

Image ['ɪmɪtʃ] (-(s), -s) *nt* image; **~pflege** ['ɪmɪtʃpfleːgə] (*umg*) *f* image-building.

imaginär [imagi'nɛːr] *adj* imaginary.

Imbiss▲ ['ɪmbɪs] (-es, -e) *m* snack; **~halle** *f* snack bar; **~stube** *f* snack bar.

imitieren [imi'tiːrən] *vt* to imitate.

Imker ['ɪmkər] (-s, -) *m* beekeeper.

immanent [ima'nɛnt] *adj* inherent, intrinsic.

Immatrikulation [ɪmatrikulatsi'oːn] *f* (*UNIV*) registration.

immatrikulieren [ɪmatriku'liːrən] *vi, vr* to register.

immer ['ɪmər] *adv* always; **~ wieder** again and again; **etw ~ wieder tun** to keep on doing sth; **~ noch** still; **~ noch nicht** still not; **für ~** forever; **~ wenn ich ...** every time I ...; **~ schöner** more and more beautiful; **~ trauriger** sadder and sadder; **was/wer (auch) ~** whatever/whoever; **~hin** *adv* all the same; **~zu** *adv* all the time.

Immigrant(in) [ɪmi'grant(ɪn)] *m(f)* immigrant.

Immobilien [ɪmo'biːliən] *pl* real property (*BRIT*), real estate (*US*); (*in Zeitungsannoncen*) property *sing*; **~händler**, **~makler** *m* estate agent (*BRIT*), realtor (*US*).

immun [ɪ'muːn] *adj* immune.

immunisieren [ɪmuni'ziːrən] *vt* to immunize.

Immunität [ɪmuni'tɛːt] *f* immunity.

Immunschwäche *f* immunodeficiency.

Immunsystem *nt* immune system.

imperativ ['ɪmperatiːf] *adj*: **~es Mandat** imperative mandate.

Imperativ (-s, -e) *m* imperative.

Imperfekt ['ɪmperfɛkt] (-s, -e) *nt* imperfect (tense).

Imperialismus [ɪmperia'lɪsmʊs] *m* imperialism.

Imperialist [ɪmperia'lɪst] *m* imperialist; **i~isch** *adj* imperialistic.

impfen ['ɪmpfən] *vt* to vaccinate.

Impf- *zW*: **~pass▲** *m* vaccination card;

~schutz *m* protection given by vaccination; **~stoff** *m* vaccine; **~ung** *f* vaccination; **~zwang** *m* compulsory vaccination.

implizieren [ɪmpli'tsiːrən] *vt* to imply.

imponieren [ɪmpo'niːrən] *vi* +*dat* to impress.

Import [ɪm'pɔrt] (-(e)s, -e) *m* import.

Importeur [ɪmpɔr'tøːr] (-s, -e) *m* importer.

importieren [ɪmpɔr'tiːrən] *vt* to import.

imposant [ɪmpo'zant] *adj* imposing.

impotent ['ɪmpotɛnt] *adj* impotent.

Impotenz ['ɪmpotɛnts] *f* impotence.

imprägnieren [ɪmprɛ'gniːrən] *vt* to (water)proof.

Impressionismus [ɪmpresio'nɪsmʊs] *m* impressionism.

Impressum [ɪm'prɛsʊm] (-s, -ssen) *nt* imprint; (*von Zeitung*) masthead.

Improvisation [ɪmprovizatsi'oːn] *f* improvisation.

improvisieren [ɪmprovi'ziːrən] *vt, vi* to improvise.

Impuls [ɪm'pʊls] (-es, -e) *m* impulse; **etw aus einem ~ heraus tun** to do sth on impulse.

impulsiv [ɪmpʊl'ziːf] *adj* impulsive.

imstande, im Stande▲ [ɪm'ʃtandə] *adj*: **~ sein** to be in a position; (*fähig*) to be able; **er ist zu allem ~** he's capable of anything.

=================================== *SCHLÜSSELWORT*

in [ɪn] *präp* +*akk* **1** (*räumlich: wohin*) in, into; **~ die Stadt** into town; **~ die Schule gehen** to go to school; **~ die hunderte** *od* **Hunderte gehen** to run into (the) hundreds.
2 (*zeitlich*): **bis ~s 20. Jahrhundert** into *od* up to the 20th century.
♦ *präp* +*dat* **1** (*räumlich: wo*) in; **~ der Stadt** in town; **~ der Schule sein** to be at school; **es ~ sich haben** (*umg*: *Text*) to be tough; (: *Drink*) to have quite a kick.
2 (*zeitlich: wann*): **~ diesem Jahr** this year; (*in jenem Jahr*) in that year; **heute ~ zwei Wochen** two weeks today.

inaktiv ['ɪnʔaktiːf] *adj* inactive; (*Mitglied*) non-active.

Inangriffnahme [ɪn'ʔangrɪfnaːmə] (-, -n) *f* (*form*) commencement.

Inanspruchnahme [ɪn'ʔanʃprʊxnaːmə] (-, -n) *f*: **~** (+*gen*) demands *pl* (on); **im Falle einer ~ der Arbeitslosenunterstützung** (*form*) where unemployment benefit has been sought.

Inbegriff ['ɪnbəgrɪf] *m* embodiment, personification.

inbegriffen *adv* included.

Inbetriebnahme [ɪnbə'triːpnaːmə] (-, -n) *f* (*form*) commissioning; (*von Gebäude, U-Bahn etc*) inauguration.

inbrünstig ['ɪnbrʏnstɪç] *adj* ardent.

indem [ɪn'deːm] *konj* while; **~ man etw macht**

(*dadurch*) by doing sth.

Inder(in) ['ɪndər(ɪn)] (**-s, -**) *m(f)* Indian.

indes(sen) [ɪn'dɛs(ən)] *adv* meanwhile ♦ *konj* while.

Index ['ɪndɛks] (**-(es), -e** *od* **Indizes**) *m*: **auf dem ~ stehen** (*fig*) to be banned; **~zahl** *f* index number.

Indianer(in) [ɪndi'a:nər(ɪn)] (**-s, -**) *m(f)* (Red *od* American) Indian.

indianisch *adj* (Red *od* American) Indian.

Indien ['ɪndiən] (**-s**) *nt* India.

indigniert [ɪndɪ'gni:rt] *adj* indignant.

Indikation [ɪndikatsi'o:n] *f*: **medizinische/ soziale ~** medical/social grounds *pl* for the termination of pregnancy.

Indikativ ['ɪndikati:f] (**-s, -e**) *m* indicative.

indirekt ['ɪndirɛkt] *adj* indirect; **~e Steuer** indirect tax.

indisch ['ɪndɪʃ] *adj* Indian; **I~er Ozean** Indian Ocean.

indiskret ['ɪndɪskre:t] *adj* indiscreet.

Indiskretion [ɪndɪskretsi'o:n] *f* indiscretion.

indiskutabel ['ɪndɪskuta:bəl] *adj* out of the question.

indisponiert ['ɪndɪsponi:rt] *adj* (*geh*) indisposed.

Individualist [ɪndividua'lɪst] *m* individualist.

Individualität [ɪndividuali'tɛt] *f* individuality.

individuell [ɪndividu'ɛl] *adj* individual; **etw ~ gestalten** to give sth a personal note.

Individuum [ɪndi'vi:duʊm] (**-s, -duen**) *nt* individual.

Indiz [ɪn'di:ts] (**-es, -ien**) *nt* (*JUR*) clue; **~ (für)** sign (of).

Indizes ['ɪndi:tse:z] *pl von* **Index**.

Indizienbeweis *m* circumstantial evidence.

indizieren [ɪndi'tsi:rən] *vt, vi* (*COMPUT*) to index.

Indochina ['ɪndo'çi:na] (**-s**) *nt* Indochina.

indogermanisch ['ɪndogɛr'ma:nɪʃ] *adj* Indo-Germanic, Indo-European.

indoktrinieren [ɪndɔktri'ni:rən] *vt* to indoctrinate.

Indonesien [ɪndo'ne:ziən] (**-s**) *nt* Indonesia.

Indonesier(in) (**-s, -**) *m(f)* Indonesian.

indonesisch [ɪndo'ne:zɪʃ] *adj* Indonesian.

Indossament [ɪndɔsa'mɛnt] *nt* (*COMM*) endorsement.

Indossant [ɪndɔ'sant] *m* endorser.

Indossat [ɪndɔ'sa:t] (**-en, -en**) *m* endorsee.

indossieren *vt* to endorse.

industrialisieren [ɪndʊstriali'zi:rən] *vt* to industrialize.

Industrialisierung *f* industrialization.

Industrie [ɪndʊs'tri:] *f* industry; **in der ~ arbeiten** to be in industry; **~gebiet** *nt* industrial area; **~gelände** *nt* industrial *od* trading estate; **~kaufmann** *m* industrial manager.

industriell [ɪndʊstri'ɛl] *adj* industrial; **~e**

Revolution industrial revolution.

Industrielle(r) *f(m)* industrialist.

Industrie- ** *zW*: **~staat *m* industrial nation; **~- und Handelskammer** *f* chamber of industry and commerce; **~zweig** *m* branch of industry.

ineinander [ɪn|aɪ'nandər] *adv* in(to) one another *od* each other; **~ übergehen** to merge (into each other); **~ greifen** (*lit*) to interlock; (*Zahnräder*) to mesh; (*fig: Ereignisse etc*) to overlap.

Infanterie [ɪnfantə'ri:] *f* infantry.

Infarkt [ɪn'farkt] (**-(e)s, -e**) *m* coronary (thrombosis).

Infektion [ɪnfɛktsi'o:n] *f* infection.

Infektionsherd *m* focus of infection.

Infektionskrankheit *f* infectious disease.

Infinitiv ['ɪnfiniti:f] (**-s, -e**) *m* infinitive.

infizieren [ɪnfi'tsi:rən] *vt* to infect ♦ *vr*: **sich (bei jdm) ~** to be infected (by sb).

in flagranti [ɪn fla'granti] *adv* in the act, red-handed.

Inflation [ɪnflatsi'o:n] *f* inflation.

inflationär [ɪnflatsio'nɛ:r] *adj* inflationary.

Inflationsrate *f* rate of inflation.

inflatorisch [ɪnfla'to:rɪʃ] *adj* inflationary.

Info ['ɪnfo] (**-s, -s**) (*umg*) *nt* (information) leaflet.

infolge [ɪn'fɔlgə] *präp +gen* as a result of, owing to; **~dessen** *adv* consequently.

Informatik [ɪnfɔr'ma:tɪk] *f* information studies *pl*.

Informatiker(in) (**-s, -**) *m(f)* computer scientist.

Information [ɪnfɔrmatsi'o:n] *f* information *no pl*; **Informationen** *pl* (*COMPUT*) data; **zu Ihrer ~** for your information.

Informationsabruf *m* (*COMPUT*) information retrieval.

Informationstechnik *f* information technology.

informativ [ɪnfɔrma'ti:f] *adj* informative.

informieren [ɪnfɔr'mi:rən] *vt*: **~ (über +akk)** to inform (about) ♦ *vr*: **sich ~ (über +akk)** to find out (about).

Infotelefon *nt* information line.

infrage▲, in Frage [ɪn'fra:gə] *adv*: **etw ~ stellen** to question sth; **~ kommend** possible; (*Bewerber*) worth considering; **nicht ~ kommen** to be out of the question.

Infrastruktur ['ɪnfraʃtruktu:r] *f* infrastructure.

Infusion [ɪnfuzi'o:n] *f* infusion.

Ing. *abk* = **Ingenieur**.

Ingenieur [ɪnʒeni'ø:r] *m* engineer; **~schule** *f* school of engineering.

Ingwer ['ɪŋvər] (**-s**) *m* ginger.

Inh. *abk* (= *Inhaber(in)*) prop.; (= *Inhalt*) cont.

Inhaber(in) ['ɪnha:bər(ɪn)] (**-s, -**) *m(f)* owner; (*COMM*) proprietor; (*Haus~*) occupier;

inhaftieren – inspizieren

(*Lizenz~*) licensee, holder; (*FIN*) bearer.
inhaftieren [ɪnhafˈtiːrən] *vt* to take into custody.
inhalieren [ɪnhaˈliːrən] *vt, vi* to inhale.
Inhalt [ˈɪnhalt] (**-(e)s, -e**) *m* contents *pl*; (*eines Buchs etc*) content; (*MATH: Flächen*) area; (: *Raum~*) volume; **i~lich** *adj* as regards content.
Inhalts- *zW:* **~angabe** *f* summary; **~los** *adj* empty; **~reich** *adj* full; **~verzeichnis** *nt* table of contents; (*COMPUT*) directory.
inhuman [ˈɪnhumaːn] *adj* inhuman.
initialisieren [initsiaːliˈziːrən] *vt* (*COMPUT*) to initialize.
Initialisierung *f* (*COMPUT*) initialization.
Initiative [initsiaˈtiːvə] *f* initiative; **die ~ ergreifen** to take the initiative.
Initiator(in) [initsiˈaːtɔr, -ˈtoːrɪn] *m(f)* (*geh*) initiator.
Injektion [ɪnjɛktsiˈoːn] *f* injection.
injizieren [ɪnjiˈtsiːrən] *vt* to inject; **jdm etw ~** to inject sb with sth.
Inka [ˈɪŋka] (**-(s), -s**) *f(m)* Inca.
Inkaufnahme [ɪnˈkaufnaːmə] *f* (*form*): **unter ~ finanzieller Verluste** accepting the inevitable financial losses.
inkl. *abk* (= *inklusive*) inc.
inklusive [ɪnkluˈziːvə] *präp +gen* inclusive of ♦ *adv* inclusive.
Inklusivpreis *m* all-in rate.
inkognito [ɪnˈkɔgnito] *adv* incognito.
inkonsequent [ˈɪnkɔnzekvɛnt] *adj* inconsistent.
inkorrekt [ˈɪnkɔrɛkt] *adj* incorrect.
In-Kraft-Treten▲ [ɪnˈkrafttreːtən] (**-s**) *nt* coming into force.
Inkubationszeit [ɪnkubatsiˈoːnstsaɪt] *f* (*MED*) incubation period.
Inland [ˈɪnlant] (**-(e)s**) *nt* (*GEOG*) inland; (*POL, COMM*) home (country); **im ~ und Ausland** at home and abroad; **~flug** *m* domestic flight.
Inlandsporto *nt* inland postage.
inmitten [ɪnˈmɪtən] *präp +gen* in the middle of; **~ von** amongst.
innehaben [ˈɪnəhaːbən] *unreg vt* to hold.
innehalten [ˈɪnəhaltən] *unreg vi* to pause, stop.
innen [ˈɪnən] *adv* inside; **nach ~** inwards; **von ~** from the inside; **I~architekt** *m* interior designer; **I~aufnahme** *f* indoor photograph; **I~bahn** *f* (*SPORT*) inside lane; **I~dienst** *m*: **im I~dienst sein** to work in the office; **I~einrichtung** *f* (interior) furnishings *pl*; **I~leben** *nt* (*seelisch*) emotional life; (*umg: körperlich*) insides *pl*; **I~minister** *m* minister of the interior, Home Secretary (*BRIT*); **I~politik** *f* domestic policy; **~politisch** *adj* relating to domestic policy, domestic; **I~stadt** *f* town *od* city centre (*BRIT*) *od* center (*US*).

innerbetrieblich *adj* in-house; **etw ~ regeln** to settle sth within the company.
innerdeutsch *adj*: **~e(r) Handel** domestic trade in Germany.
Innere(s) *nt* inside; (*Mitte*) centre (*BRIT*), center (*US*); (*fig*) heart.
innere(r, s) *adj* inner; (*im Körper, inländisch*) internal.
Innereien [ɪnəˈraɪən] *pl* innards *pl*.
inner- *zW:* **~halb** *adv* within; (*räumlich*) inside ♦ *prep +dat* within; inside; **~lich** *adj* internal; (*geistig*) inward; **I~lichkeit** *f* (*LITER*) inwardness; **~parteilich** *adj*: **~parteiliche Demokratie** democracy (with)in the party structure.
Innerste(s) *nt* heart; **bis ins ~ getroffen** hurt to the quick.
innerste(r, s) *adj* innermost.
innewohnen [ˈɪnəvoːnən] *vi +dat* (*geh*) to be inherent in.
innig [ˈɪnɪç] *adj* profound; (*Freundschaft*) intimate; **mein ~ster Wunsch** my dearest wish.
Innung [ˈɪnʊŋ] *f* (trade) guild; **du blamierst die ganze ~** (*hum: umg*) you are letting the whole side down.
inoffiziell [ˈɪnʔofitsiɛl] *adj* unofficial.
ins [ɪns] = **in das.**
Insasse [ˈɪnzasə] (**-n, -n**) *m*, **Insassin** *f* (*einer Anstalt*) inmate; (*AUT*) passenger.
insbesondere [ɪnsbəˈzɔndərə] *adv* (e)specially.
Inschrift [ˈɪnʃrɪft] *f* inscription.
Insekt [ɪnˈzɛkt] (**-(e)s, -en**) *nt* insect.
Insektenvertilgungsmittel *nt* insecticide.
Insel [ˈɪnzəl] (**-, -n**) *f* island.
Inserat [ɪnzeˈraːt] (**-(e)s, -e**) *nt* advertisement.
Inserent [ɪnzeˈrɛnt] *m* advertiser.
inserieren [ɪnzeˈriːrən] *vt, vi* to advertise.
insgeheim [ɪnsgəˈhaɪm] *adv* secretly.
insgesamt [ɪnsgəˈzamt] *adv* altogether, all in all.
Insiderhandel *m* insider dealing *od* trading.
insofern [ɪnzoˈfɛrn] *adv* in this respect ♦ *konj* if; (*deshalb*) (and) so; **~ als** in so far as.
insolvent [ˈɪnzɔlvɛnt] *adj* bankrupt, insolvent.
Insolvenz *f* (*COMM*) insolvency.
insoweit *adv, konj* = **insofern.**
in spe [ɪnˈʃpeː] (*umg*) *adj*: **unser Schwiegersohn ~** our son-in-law to be, our future son-in-law.
Inspektion [ɪnspɛktsiˈoːn] *f* inspection; (*AUT*) service.
Inspektor(in) [ɪnˈspɛktɔr, -ˈtoːrɪn] (**-s, -en**) *m(f)* inspector.
Inspiration [ɪnspiratsiˈoːn] *f* inspiration.
inspirieren [ɪnspiˈriːrən] *vt* to inspire; **sich von etw ~ lassen** to get one's inspiration from sth.
inspizieren [ɪnspiˈtsiːrən] *vt* to inspect.

Installateur [ɪnstalaˈtøːr] *m* plumber; (*Elektro~*) electrician.

installieren [ɪnstaˈliːrən] *vt* to install (*auch fig, COMPUT*).

Instandhaltung [ɪnˈʃtanthaltʊŋ] *f* maintenance.

inständig [ɪnˈʃtɛndɪç] *adj* urgent; ~ **bitten** to beg.

Instandsetzung *f* overhaul; (*eines Gebäudes*) restoration.

Instanz [ɪnˈstants] *f* authority; (*JUR*) court; **Verhandlung in erster/zweiter** ~ first/second court case.

Instanzenweg *m* official channels *pl*.

Instinkt [ɪnˈstɪŋkt] (-(e)s, -e) *m* instinct.

instinktiv [ɪnstɪŋkˈtiːf] *adj* instinctive.

Institut [ɪnstiˈtuːt] (-(e)s, -e) *nt* institute.

Institution [ɪnstitutsiˈoːn] *f* institution.

Instrument [ɪnstruˈmɛnt] *nt* instrument.

Insulin [ɪnzuˈliːn] (-s) *nt* insulin.

inszenieren [ɪnstseˈniːrən] *vt* to direct; (*fig*) to stage-manage.

Inszenierung *f* production.

intakt [ɪnˈtakt] *adj* intact.

Integralrechnung [ɪnteˈgraːlrɛçnʊŋ] *f* integral calculus.

Integration [ɪntegratsiˈoːn] *f* integration.

integrieren [ɪnteˈgriːrən] *vt* to integrate; **integrierte Gesamtschule** comprehensive school (*BRIT*).

Integrität [ɪntegriˈtɛːt] *f* integrity.

Intellekt [ɪntɛˈlɛkt] (-(e)s) *m* intellect.

intellektuell [ɪntɛlɛktuˈɛl] *adj* intellectual.

Intellektuelle(r) *f(m)* intellectual.

intelligent [ɪntɛliˈgɛnt] *adj* intelligent.

Intelligenz [ɪntɛliˈgɛnts] *f* intelligence; (*Leute*) intelligentsia *pl*; ~**quotient** *m* IQ, intelligence quotient.

Intendant [ɪntɛnˈdant] *m* director.

Intensität [ɪntɛnziˈtɛːt] *f* intensity.

intensiv [ɪntɛnˈziːf] *adj* intensive.

intensivieren [ɪntɛnziˈviːrən] *vt* to intensify.

Intensivkurs *m* intensive course.

Intensivstation *f* intensive care unit.

interaktiv *adj* (*COMPUT*) interactive.

Intercityzug [ɪntərˈsɪtitsuːk] *m* inter-city train.

interessant [ɪntɛrɛˈsant] *adj* interesting; **sich** ~ **machen** to attract attention.

interessanterweise *adv* interestingly enough.

Interesse [ɪntɛˈrɛsə] (-s, -n) *nt* interest; ~ **haben an** +*dat* to be interested in.

Interessengebiet *nt* field of interest.

Interessengegensatz *m* clash of interests.

Interessent(in) [ɪntɛrɛˈsɛnt(ɪn)] *m(f)* interested party; **es haben sich mehrere** ~**en gemeldet** several people have shown interest.

Interessenvertretung *f* representation of

interests; (*Personen*) group representing (one's) interests.

interessieren [ɪntɛrɛˈsiːrən] *vt*: **jdn (für etw** *od* **an etw** *dat*) ~ to interest sb (in sth) ♦ *vr*: **sich** ~ **für** to be interested in.

interessiert *adj*: **politisch** ~ interested in politics.

Interkontinentalrakete [ɪntərkɔntinɛnˈtaːlrakeːtə] *f* intercontinental missile.

intern [ɪnˈtɛrn] *adj* internal.

Internat [ɪntɛrˈnaːt] (-(e)s, -e) *nt* boarding school.

international [ɪntɛrnatsioˈnaːl] *adj* international.

Internatsschüler(in) *m(f)* boarder.

Internet [ˈɪntɛrnɛt] (-s) *nt*: **das** ~ the Internet; ~-**Café** *nt* Internet café.

internieren [ɪntɛrˈniːrən] *vt* to intern.

Internierungslager *nt* internment camp.

Internist(in) *m(f)* internist.

Interpol [ˈɪntərpoːl] (-) *f abk* (= *Internationale Polizei*) Interpol.

Interpret [ɪntərˈpreːt] (-en, -en) *m*: **Lieder verschiedener** ~**en** songs by various singers.

Interpretation [ɪntərpretatsiˈoːn] *f* interpretation.

interpretieren [ɪntɛrpreˈtiːrən] *vt* to interpret.

Interpretin *f siehe* **Interpret**.

Interpunktion [ɪntɛrpʊŋktsiˈoːn] *f* punctuation.

Intervall [ɪntɛrˈval] (-s, -e) *nt* interval.

intervenieren [ɪntɛrveˈniːrən] *vi* to intervene.

Interview [ɪntərˈvjuː] (-s, -s) *nt* interview; **i~en** [-ˈvjuːən] *vt* to interview.

intim [ɪnˈtiːm] *adj* intimate; **I~bereich** *m* (*ANAT*) genital area.

Intimität [ɪntimiˈtɛːt] *f* intimacy.

Intimsphäre *f*: **jds** ~ **verletzen** to invade sb's privacy.

intolerant [ˈɪntolerant] *adj* intolerant.

intransitiv [ˈɪntranzitiːf] *adj* (*GRAM*) intransitive.

Intrige [ɪnˈtriːgə] (-, -n) *f* intrigue, plot.

intrinsisch [ɪnˈtrɪnzɪʃ] *adj*: ~**er Wert** intrinsic value.

introvertiert [ɪntrovɛrˈtiːrt] *adj*: ~ **sein** to be an introvert.

intuitiv [ɪntuiˈtiːf] *adj* intuitive.

intus [ˈɪntʊs] *adj*: **etw** ~ **haben** (*umg: Wissen*) to have got sth into one's head; (*Essen, Trinken*) to have got sth down one (*umg*).

Invalide [ɪnvaˈliːdə] (-n, -n) *m* disabled person, invalid.

Invalidenrente *f* disability pension.

Invasion [ɪnvaziˈoːn] *f* invasion.

Inventar [ɪnvɛnˈtaːr] (-s, -e) *nt* inventory; (*COMM*) assets and liabilities *pl*.

Inventur [ɪnvɛnˈtuːr] *f* stocktaking; ~ **machen**

to stocktake.
investieren [ɪnvɛs'tiːrən] *vt* to invest.
investiert *adj*: **~es Kapital** capital employed.
Investition [ɪnvɛstitsi'oːn] *f* investment.
Investitionszulage *f* investment grant.
Investmentgesellschaft [ɪn'vɛstməntɡəzɛlʃaft] *f* unit trust.
inwiefern [ɪnviˈfɛrn] *adv* how far, to what extent.
inwieweit [ɪnviˈvaɪt] *adv* how far, to what extent.
Inzest [ɪn'tsɛst] (-(e)s, -e) *m* incest *no pl*.
inzwischen [ɪn'tsvɪʃən] *adv* meanwhile.
IOK *nt abk* (= *Internationales Olympisches Komitee*) IOC.
Ion [i'oːn] (-s, -en) *nt* ion.
ionisch [i'oːnɪʃ] *adj* Ionian; **I~es Meer** Ionian Sea.
IP *abk* (*COMPUT*: = *Internet Protocol*) IP.
IQ *m abk* (= *Intelligenzquotient*) IQ.
i. R. *abk* (= *im Ruhestand*) retd.
IRA *f abk* (= *Irisch-Republikanische Armee*) IRA.
Irak [i'raːk] (-s) *m*: **(der) ~** Iraq.
Iraker(in) (-s, -) *m(f)* Iraqi.
irakisch *adj* Iraqi.
Iran [i'raːn] (-s) *m*: **(der) ~** Iran.
Iraner(in) (-s, -) *m(f)* Iranian.
iranisch *adj* Iranian.
irdisch ['ɪrdɪʃ] *adj* earthly; **den Weg alles Irdischen gehen** to go the way of all flesh.
Ire ['iːrə] (-n, -n) *m* Irishman; **die ~n** the Irish.
irgend ['ɪrɡənt] *adv* at all; **wann/was/wer ~** whenever/whatever/whoever; **~ein(e, s)** *adj* some, any; **haben Sie (sonst) noch ~einen Wunsch?** is there anything else you would like?; **~eine(r, s)** *pron* (*Person*) somebody; (*Ding*) something; (*fragend, verneinend*) anybody/anything; **ich will nicht bloß ~ein(e)s** I don't want any old one; **~einmal** *adv* sometime or other; (*fragend*) ever; **~etwas**▲ *pron* something; (*fragend, verneinend*) anything; **~jemand**▲ *pron* somebody; (*fragend, verneinend*) anybody; **~wann** *adv* sometime; **~wer** (*umg*) *pron* somebody; (*fragend, verneinend*) anybody; **~wie** *adv* somehow; **~wo** *adv* somewhere (*BRIT*), someplace (*US*); (*fragend, verneinend, bedingend*) anywhere (*BRIT*), any place (*US*); **~wohin** *adv* somewhere (*BRIT*), someplace (*US*); (*fragend, verneinend, bedingend*) anywhere (*BRIT*), any place (*US*).
Irin ['iːrɪn] *f* Irishwoman; Irish girl.
Iris ['iːrɪs] (-, -) *f* iris.
irisch *adj* Irish; **Irische See** Irish Sea.
IRK *nt abk* (= *Internationales Rotes Kreuz*) IRC.
Irland ['ɪrlant] (-s) *nt* Ireland; (*Republik ~*) Eire.
Irländer(in) ['ɪrlɛndər(ɪn)] (-s, -) *m* = **Ire**; **~in** *f* = **Irin**.
Ironie [iro'niː] *f* irony.

ironisch [i'roːnɪʃ] *adj* ironic(al).
irre ['ɪrə] *adj* crazy, mad; **~ gut** (*umg*) way out (*umg*); **I~(r)** *f(m)* lunatic; **~führen** *vt* to mislead; **I~führung** *f* fraud.
irrelevant ['ɪrelevant] *adj*: **~ (für** *od* **zu)** irrelevant (for *od* to).
irremachen *vt* to confuse.
irren *vi* to be mistaken; (*umher~*) to wander, stray ♦ *vr* to be mistaken; **jeder kann sich mal ~** anyone can make a mistake; **I~anstalt** *f* (*veraltet*) lunatic asylum; **I~haus** *nt*: **hier geht es zu wie im I~haus** (*umg*) this place is an absolute madhouse.
Irrfahrt ['ɪrfaːrt] *f* wandering.
irrig ['ɪrɪç] *adj* incorrect, wrong.
irritieren [ɪri'tiːrən] *vt* (*verwirren*) to confuse, muddle; (*ärgern*) to irritate.
Irr- *zW*: **~licht** *nt* will-o'-the-wisp; **~sinn** *m* madness; **so ein ~sinn, das zu tun** what a crazy thing to do!; **i~sinnig** *adj* mad, crazy; (*umg*) terrific; **i~sinnig komisch** incredibly funny; **~tum** (-s, -tümer) *m* mistake, error; **im ~tum sein** to be wrong *od* mistaken; **~tum!** wrong!; **i~tümlich** *adj* mistaken.
ISBN *f abk* (= *Internationale Standardbuchnummer*) ISBN.
Ischias ['ɪʃias] (-) *m od nt* sciatica.
Islam ['ɪslam] (-s) *m* Islam.
islamisch [ɪs'laːmɪʃ] *adj* Islamic.
Island ['iːslant] (-s) *nt* Iceland.
Isländer(in) ['iːslɛndər(ɪn)] (-s, -) *m(f)* Icelander.
isländisch *adj* Icelandic.
Isolation [izolatsi'oːn] *f* isolation; (*ELEK*) insulation; (*von Häftlingen*) solitary confinement.
Isolator [izo'laːtɔr] *m* insulator.
Isolierband *nt* insulating tape.
isolieren [izo'liːrən] *vt* to isolate; (*ELEK*) to insulate.
Isolierstation *f* (*MED*) isolation ward.
Isolierung *f* isolation; (*ELEK*) insulation.
Israel ['ɪsrael] (-s) *nt* Israel.
Israeli¹ [ɪsra'eːli] (-(s), -s) *m* Israeli.
Israeli² [ɪsra'eːli] (-, -(s)) *f* Israeli.
israelisch *adj* Israeli.
isst▲ [ɪst] *vb siehe* **essen**.
ist [ɪst] *vb siehe* **sein**.
Istanbul ['ɪstambuːl] (-s) *nt* Istanbul.
Istbestand▲ *m* (*Geld*) cash in hand; (*Waren*) actual stock.
Italien [i'taːliən] (-s) *nt* Italy.
Italiener(in) [itali'eːnər(ɪn)] (-s, -) *m(f)* Italian.
italienisch *adj* Italian; **die ~e Schweiz** Italian-speaking Switzerland.
i. V., I. V. *abk* (= *in Vertretung*) on behalf of; (= *in Vollmacht*) by proxy.
IWF *m abk* (= *Internationaler Währungsfonds*) IMF.

J, j

J, j [jɔt] nt J, j; ~ **wie Julius** ≈ J for Jack, J for Jig (US).

════════════════════════════ SCHLÜSSELWORT

ja [ja:] adv **1** yes; **haben Sie das gesehen?** - ~ did you see it? - yes(, I did); **ich glaube** ~ (yes) I think so; **zu allem J~ und Amen** od ~ **und amen sagen** (umg) to accept everything without question.
2 (fragend) really; **ich habe gekündigt** - ~? I've quit - have you?; **du kommst,** ~? you're coming, aren't you?
3: sei ~ **vorsichtig** do be careful; **Sie wissen** ~, **dass** ... as you know, ...; **tu das** ~ **nicht!** don't do that!; **sie ist** ~ **erst fünf** (after all) she's only five; **Sie wissen** ~, **wie das so ist** you know how it is; **ich habe es** ~ **gewusst** I just knew it; ~, **also** ... well you see ...

Jacht [jaxt] (-, -en) f yacht.
Jacke ['jakə] (-, -n) f jacket; (Woll~) cardigan.
Jacketkrone ['dʒɛ'kɪtkro:nə] f (Zahnkrone) jacket crown.
Jackett [ʒa'kɛt] (-s, -s od -e) nt jacket.
Jagd [ja:kt] (-, -en) f hunt; (Jagen) hunting; ~**beute** f kill; ~**flugzeug** nt fighter; ~**gewehr** nt sporting gun; ~**hund** m hunting dog; ~**schein** m hunting licence (BRIT) od license (US); ~**wurst** f smoked sausage.
jagen ['ja:gən] vi to hunt; (eilen) to race ♦ vt to hunt; (weg~) to drive (off); (verfolgen) to chase; **mit diesem Essen kannst du mich** ~ (umg) I wouldn't touch that food with a barge pole (BRIT) od ten-foot pole (US).
Jäger ['jɛ:gər] (-s, -) m hunter; ~**in** f huntress, huntswoman; ~**latein** (umg) nt hunters' tales pl; ~**schnitzel** nt (KOCH) cutlet served with mushroom sauce.
jäh [jɛ:] adj abrupt, sudden; (steil) steep, precipitous; ~**lings** adv abruptly.
Jahr [ja:r] (-(e)s, -e) nt year; **im** ~(e) 1066 in (the year) 1066; **die sechziger** ~e the sixties pl; **mit dreißig** ~en at the age of thirty; **in den besten** ~en **sein** to be in the prime of (one's) life; **nach** ~ **und Tag** after (many) years; **zwischen den** ~en (umg) between Christmas and New Year; **j~aus** adv: **j~aus, j~ein** year in, year out; ~**buch** nt annual, year book.
jahrelang adv for years.

Jahres- zW: ~**abonnement** nt annual subscription; ~**abschluss**▲ m end of the year; (COMM) annual statement of account; ~**beitrag** m annual subscription; ~**bericht** m annual report; ~**hauptversammlung** f (COMM) annual general meeting, AGM; ~**karte** f annual season ticket; ~**tag** m anniversary; ~**umsatz** m (COMM) yearly turnover; ~**wechsel** m turn of the year; ~**zahl** f date, year; ~**zeit** f season.
Jahr- zW: ~**gang** m age group; (von Wein) vintage; **er ist** ~**gang 1950** he was born in 1950; ~**hundert** nt century; ~**hundertfeier** f centenary; ~**hundertwende** f turn of the century.
jährlich ['jɛ:rlɪç] adj, adv yearly; **zweimal** ~ twice a year.
Jahr- zW: ~**markt** m fair; ~**tausend** nt millennium; ~**zehnt** nt decade.
Jähzorn ['jɛ:tsɔrn] m hot temper.
jähzornig adj hot-tempered.
Jalousie [ʒalu'zi:] f venetian blind.
Jamaika [ja'maɪka] (-s) nt Jamaica.
Jammer ['jamər] (-s) m misery; **es ist ein** ~, **dass** ... it is a crying shame that ...
jämmerlich ['jɛmərlɪç] adj wretched, pathetic; **J~keit** f wretchedness.
jammern vi to wail ♦ vt unpers: **es jammert mich** it makes me feel sorry.
jammerschade adj: **es ist** ~ it is a crying shame.
Jan. abk (= Januar) Jan.
Januar ['janua:r] (-s, -e) (pl selten) m January; siehe auch **September**.
Japan ['ja:pan] (-s) nt Japan.
Japaner(in) [ja'pa:nər(ɪn)] (-s, -) m(f) Japanese.
japanisch adj Japanese.
Jargon [ʒar'gõ:] (-s, -s) m jargon.
Jasager ['ja:za:gər] (-s, -) (pej) m yes man.
Jastimme f vote in favour (BRIT) od favor (US) (of).
jäten ['jɛ:tən] vt, vi to weed.
Jauche ['jauxə] f liquid manure; ~**grube** f cesspool, cesspit.
jauchzen ['jauxtsən] vi to rejoice, shout (with joy).
Jauchzer (-s, -) m shout of joy.
jaulen ['jaulən] vi to howl.
Jause ['jauzə] (ÖSTERR) f snack.
jawohl adv yes (of course).
Jawort nt consent; **jdm das** ~ **geben** to consent to marry sb; (bei Trauung) to say "I do".
Jazz [dʒæz] (-) m jazz; ~**keller** m jazz club.

════════════════════════════ SCHLÜSSELWORT

je [je:] adv **1** (jemals) ever; **hast du so was** ~ **gesehen?** did you ever see anything like it?

2 (*jeweils*) every, each; **sie zahlten ~ 15 Euro** they paid 15 euros each.

♦ *konj* **1:** **~ nach** depending on; **~ nachdem** it depends; **~ nachdem, ob** ... depending on whether ...

2: **~ eher, desto** *od* **umso besser** the sooner the better; **~ länger, ~ lieber** the longer the better.

Jeans [dʒiːnz] *pl* jeans *pl*; **~anzug** *m* denim suit.

jede(r, s) [ˈjeːdə(r, s)] *adj* (*einzeln*) each; (*von zweien*) either; (**~ von allen**) every ♦ *indef pron* (*einzeln*) each (one); (**~ von allen**) everyone, everybody; **ohne ~ Anstrengung** without any effort; **~r Zweite** every other (one); **~s Mal** every time, each time.

jedenfalls *adv* in any case.

jedermann *pron* everyone; **das ist nicht ~s Sache** it's not everyone's cup of tea.

jederzeit *adv* at any time.

jedoch [jeˈdɔx] *adv* however.

jeher [ˈjeːheːr] *adv*: **von ~** all along.

jein [jaɪn] *adv* (*hum*) yes no.

jemals [ˈjeːmaːls] *adv* ever.

jemand [ˈjeːmant] *indef pron* someone, somebody; (*bei Fragen, bedingenden Sätzen, Negation*) anyone, anybody.

Jemen [ˈjeːmən] (**-s**) *m* Yemen.

Jemenit(in) [jemeˈniːt(ɪn)] (**-en, -en**) *m(f)* Yemeni.

jemenitisch *adj* Yemeni.

Jenaer Glas ® [ˈjeːnaːrglaːs] *nt* heatproof glass, ≈ Pyrex ®.

jene(r, s) [ˈjeːnə(r, s)] *adj* that; (*pl*) those ♦ *pron* that one; (*pl*) those; (*der Vorherige, die Vorherigen*) the former.

jenseits [ˈjeːnzaɪts] *adv* on the other side ♦ *präp +gen* on the other side of, beyond; **J~** *nt*: **das J~** the hereafter, the beyond; **jdn ins J~ befördern** (*umg*) to send sb to kingdom come.

Jesus [ˈjeːzʊs] (**Jesu**) *m* Jesus; **~ Christus** Jesus Christ.

jetten [ˈdʒɛtən] (*umg*) *vi* to jet (*inf*).

jetzig [ˈjɛtsɪç] *adj* present.

jetzt [jɛtst] *adv* now; **~ gleich** right now.

jeweilig *adj* respective; **die ~e Regierung** the government of the day.

jeweils *adv*: **~ zwei zusammen** two at a time; **zu ~ 10 Euro** at 10 euros each; **~ das Erste** the first each time; **~ am Monatsletzten** on the last day of each month.

Jg. *abk* = **Jahrgang**.

Jh. *abk* (= *Jahrhundert*) cent.

jiddisch [ˈjɪdɪʃ] *adj* Yiddish.

Job [dʒɔp] (**-s, -s**) (*umg*) *m* job.

jobben [ˈdʒɔbən] (*umg*) *vi* to work, have a job.

Joch [jɔx] (**-(e)s, -e**) *nt* yoke.

Jochbein *nt* cheekbone.

Jockei, Jockey [ˈdʒɔke] (**-s, -s**) *m* jockey.

Jod [joːt] (**-(e)s**) *nt* iodine.

jodeln [ˈjoːdəln] *vi* to yodel.

joggen [ˈdʒɔgən] *vi* to jog.

Joghurt, Jogurt▲ [ˈjoːgʊrt] (**-s, -s**) *m od nt* yog(h)urt.

Johannisbeere [joˈhanɪsbeːrə] *f*: **rote ~** redcurrant; **schwarze ~** blackcurrant.

johlen [ˈjoːlən] *vi* to yell.

Joint [dʒɔɪnt] (**-s, -s**) (*umg*) *m* joint.

Jointventure▲, Joint Venture▲ [ˈdʒɔɪntventʃəʳ] (**-, -s**) *nt* joint venture.

Jolle [ˈjɔlə] (**-, -n**) *f* dinghy.

Jongleur [ʒõˈgløːr] (**-s, -e**) *m* juggler.

jonglieren [ʒõˈgliːrən] *vi* to juggle.

Joppe [ˈjɔpə] (**-, -n**) *f* jacket.

Jordanien [jɔrˈdaːniən] (**-s**) *nt* Jordan.

Jordanier(in) (**-s, -**) *m(f)* Jordanian.

jordanisch *adj* Jordanian.

Journalismus [ʒʊrnaˈlɪsmʊs] *m* journalism.

Journalist(in) [ʒʊrnaˈlɪst(ɪn)] *m(f)* journalist; **j~isch** *adj* journalistic.

Jubel [ˈjuːbəl] (**-s**) *m* rejoicing; **~, Trubel, Heiterkeit** laughter and merriment; **~jahr** *nt*: **alle ~jahre (einmal)** (*umg*) once in a blue moon; **j~n** *vi* to rejoice.

Jubilar(in) [jubiˈlaːr(ɪn)] (**-s, -e**) *m(f)* person celebrating an anniversary.

Jubiläum [jubiˈlɛʊm] (**-s, Jubiläen**) *nt* jubilee; (*Jahrestag*) anniversary.

jucken [ˈjʊkən] *vi* to itch ♦ *vt*: **es juckt mich am Arm** my arm is itching; **das juckt mich** that's itchy; **das juckt mich doch nicht** (*umg*) I don't care.

Juckpulver *nt* itching powder.

Juckreiz *m* itch.

Judaslohn [ˈjuːdasloːn] *m* (*liter*) blood money.

Jude [ˈjuːdə] (**-n, -n**) *m* Jew.

Juden- *zW*: **~stern** *m* star of David; **~tum** (**-s**) *nt* (*die Juden*) Jewry; **~verfolgung** *f* persecution of the Jews.

Jüdin [ˈjyːdɪn] *f* Jewess.

jüdisch *adj* Jewish.

Judo [ˈjuːdo] (**-(s)**) *nt* judo.

Jugend [ˈjuːgənt] (**-**) *f* youth; **~amt** *nt* youth welfare department; **j~frei** *adj* suitable for young people; (*FILM*) U(-certificate), G (*US*); **~herberge** *f* youth hostel; **~hilfe** *f* youth welfare scheme; **~kriminalität** *f* juvenile crime; **j~lich** *adj* youthful; **~liche(r)** *f(m)* teenager, young person; **~liebe** *f* (*Geliebte(r)*) love of one's youth; **~richter** *m* juvenile court judge; **~schutz** *m* protection of children and young people; **~stil** *m* (*KUNST*) Art Nouveau; **~strafanstalt** *f* youth custody centre (*BRIT*); **~sünde** *f* youthful misdeed; **~zentrum** *nt* youth centre (*BRIT*) *od* center (*US*).

Jugoslawe [jugoˈslaːvə] (**-n, -n**) *m* Yugoslav.

Jugoslawien [jugoˈslaːviən] (**-s**) *nt*

Yugoslavia.
Jugoslawin [jugo'sla:vɪn] *f* Yugoslav.
jugoslawisch *adj* Yugoslav(ian).
Juli ['ju:li] (-(s), -s) (*pl selten*) *m* July; *siehe auch*
  September.
jun. *abk* (= *junior*) jun.
jung [jʊŋ] *adj* young.
Junge (-n, -n) *m* boy, lad ♦ *nt* young animal;
  (*pl*) young *pl*.
Jünger ['jʏŋər] (-s, -) *m* disciple.
jünger *adj* younger.
Jungfer (-, -n) *f*: **alte** ~ old maid.
Jungfernfahrt *f* maiden voyage.
Jung- *zW*: ~**frau** *f* virgin; (*ASTROL*) Virgo;
  ~**geselle** *m* bachelor; ~**gesellin** *f* bachelor
  girl; (*älter*) single woman.
Jüngling ['jʏŋlɪŋ] *m* youth.
Jungsozialist *m* (*BRD POL*) Young Socialist.
jüngst [jʏŋst] *adv* lately, recently.
jüngste(r, s) *adj* youngest; (*neueste*) latest;
  das J~ Gericht the Last Judgement; **der
  J~ Tag** Doomsday, the Day of Judgement.
Jungwähler(in) *m(f)* young voter.
Juni ['ju:ni] (-(s), -s) (*pl selten*) *m* June; *siehe
  auch* **September**.
Junior ['ju:niɔr] (-s, -en) *m* junior.
Junta ['xʊnta] (-, -ten) *f* (*POL*) junta.
jur. *abk* = **juristisch**.
Jura ['ju:ra] *no art* (*UNIV*) law.
Jurist(in) [ju'rɪst(ɪn)] *m(f)* jurist, lawyer;
  (*Student*) law student; **j~isch** *adj* legal.
Juso ['ju:zo] (-s, -s) *m abk* = **Jungsozialist**.
just [jʊst] *adv* just.
Justiz [jʊs'ti:ts] (-) *f* justice; ~**beamte(r)** *m*
  judicial officer; ~**irrtum** *m* miscarriage of
  justice; ~**minister** *m* minister of justice;
  ~**mord** *m* judicial murder.
Juwel [ju've:l] (-s, -en) *m od nt* jewel.
Juwelier [juve'li:r] (-s, -e) *m* jeweller (*BRIT*),
  jeweler (*US*); ~**geschäft** *nt* jeweller's (*BRIT*)
  od jeweler's (*US*) (shop).
Jux [jʊks] (-es, -e) *m* joke, lark; **etw aus
  ~ tun/sagen** (*umg*) to do/say sth in fun.
jwd [jɔtve:'de:] *adv* (*hum*) in the back of
  beyond.

K, k

K, k [ka:] *nt* K, k; ~ **wie Kaufmann** ≈ K for
  King.
Kabarett [kaba'rɛt] (-s, -e *od* -s) *nt* cabaret;
  ~**ist(in)** [kabarɛ'tɪst(ɪn)] *m(f)* cabaret artiste.
Kabel ['ka:bəl] (-s, -) *nt* (*ELEK*) wire; (*stark*)
  cable; ~**anschluss▲** *m*: ~**anschluss haben** to
  have cable television; ~**fernsehen** *nt* cable
  television.
Kabeljau ['ka:bəljau] (-s, -e *od* -s) *m* cod.
kabeln *vt, vi* to cable.
Kabelsalat (*umg*) *m* tangle of cable.
Kabine [ka'bi:nə] *f* cabin; (*Zelle*) cubicle.
Kabinett [kabi'nɛt] (-s, -e) *nt* (*POL*) cabinet;
  (*kleines Zimmer*) small room ♦ *m* high-quality
  German white wine.
Kabriolett [kabrio'lɛt] (-s, -s) *nt* (*AUT*)
  convertible.
Kachel ['kaxəl] (-, -n) *f* tile.
kacheln *vt* to tile.
Kachelofen *m* tiled stove.
Kacke ['kakə] (-, -n) (*umg!*) *f* crap (!).
Kadaver [ka'da:vər] (-s, -) *m* carcass.
Kader ['ka:dər] (-s, -) *m* (*MIL, POL*) cadre;
  (*SPORT*) squad; (*DDR, SCHWEIZ: Fachleute*)
  group of specialists; ~**schmiede** *f* (*POL:
  umg*) institution for the training of cadre
  personnel.
Kadett [ka'dɛt] (-en, -en) *m* cadet.
Käfer ['kɛ:fər] (-s, -) *m* beetle.
Kaff [kaf] (-s, -s) (*umg*) *nt* dump, hole.
Kaffee ['kafe] (-s, -s) *m* coffee; **zwei ~, bitte!**
  two coffees, please; **das ist kalter ~** (*umg*)
  that's old hat; ~**kanne** *f* coffeepot; ~**klatsch**
  m, ~**kränzchen** *nt* coffee circle; ~**löffel** *m*
  coffee spoon; ~**maschine** *f* coffee maker;
  ~**mühle** *f* coffee grinder; ~**satz** *m* coffee
  grounds *pl*; ~**tante** *f* (*hum*) coffee addict; (*in
  Café*) old biddy; ~**wärmer** *m* cosy (*for
  coffeepot*).
Käfig ['kɛ:fɪç] (-s, -e) *m* cage.
kahl [ka:l] *adj* bald; ~ **fressen** to strip bare;
  ~ **geschoren** shaven, shorn; **K~heit** *f*
  baldness; ~**köpfig** *adj* bald-headed; **K~schlag**
  m (*in Wald*) clearing.
Kahn [ka:n] (-(e)s, ¨-e) *m* boat, barge.
Kai [kaɪ] (-s, -e *od* -s) *m* quay.
Kairo ['kaɪro] (-s) *nt* Cairo.
Kaiser ['kaɪzər] (-s, -) *m* emperor; ~**in** *f*
  empress; **k~lich** *adj* imperial; ~**reich** *nt*
  empire; ~**schmarren** ['kaɪzərʃmarən] *m*

(KOCH) sugared, cut-up pancake with raisins; ~**schnitt** m *(MED)* Caesarean *(BRIT)* od Cesarean *(US)* (section).
Kajak ['ka:jak] (-s, -s) m or nt kayak.
Kajüte [ka'jy:tə] (-, -n) f cabin.
Kakao [ka'ka:o] (-s, -s) m cocoa; **jdn durch den ~ ziehen** *(umg: verabern)* to make fun of sb; *(: boshaft reden)* to run sb down.
Kakerlak ['ka:kərlak] (-en, -en) m cockroach.
Kaktee [kak'te:ə] (-, -n) f cactus.
Kaktus ['kaktʊs] (-, -se) m cactus.
Kalabrien [ka'la:briən] (-s) nt Calabria.
Kalauer ['ka:lauər] (-s, -) m corny joke; *(Wortspiel)* corny pun.
Kalb [kalp] (-(e)s, ̈-er) nt calf; **k~en** ['kalbən] vi to calve; ~**fleisch** nt veal.
Kalbsleder nt calf(skin).
Kalender [ka'lɛndər] (-s, -) m calendar; *(Taschen~)* diary.
Kali ['ka:li] (-s, -s) nt potash.
Kaliber [ka'li:bər] (-s, -) nt *(lit, fig)* calibre *(BRIT)*, caliber *(US)*.
Kalifornien [kali'fɔrniən] (-s) nt California.
Kalk [kalk] (-(e)s, -e) m lime; *(BIOL)* calcium; ~**stein** m limestone.
Kalkül [kal'ky:l] (-s, -e) m od nt *(geh)* calculation.
Kalkulation [kalkulatsi'o:n] f calculation.
Kalkulator [kalku'la:tɔr] m cost accountant.
kalkulieren [kalku'li:rən] vt to calculate.
kalkuliert adj: ~**es Risiko** calculated risk.
Kalkutta [kal'kʊta] (-s) nt Calcutta.
Kalorie [kalo'ri:] (-, -n) f calorie.
kalorienarm adj low-calorie.
kalt [kalt] adj cold; **mir ist (es) ~** I am cold; ~**e Platte** cold meat; **der K~e Krieg** the Cold War; **etw ~ stellen** to chill, to put sth to chill; **die Wohnung kostet ~ 980 DM** the flat costs 980 DM without heating; ~ **bleiben** to be unmoved; ~ **lächelnd** *(ironisch)* cool as you please; ~**blütig** adj cold-blooded; *(ruhig)* cool; **K~blütigkeit** f cold-bloodedness; coolness.
Kälte ['kɛltə] (-) f coldness; *(Wetter)* cold; ~**einbruch** m cold spell; ~**grad** m degree of frost od below zero; ~**welle** f cold spell.
kalt- zW: ~**herzig** adj cold-hearted; ~**machen** *(umg)* vt to do in; **K~miete** f rent exclusive of heating; **K~schale** f *(KOCH) cold sweet soup*; ~**schnäuzig** adj cold, unfeeling; ~**stellen** vt *(fig)* to leave out in the cold.
Kalzium ['kaltsium] (-s) nt calcium.
kam etc [ka:m] vb siehe **kommen**.
Kambodscha [kam'bɔdʒa] nt Cambodia.
Kamel [ka'me:l] (-(e)s, -e) nt camel.
Kamera ['kamera] (-, -s) f camera; ~**rekorder** m camcorder.
Kamerad(in) [kamə'ra:t,-'ra:din] (-en, -en) m(f) comrade, friend; ~**schaft** f comradeship; **k~schaftlich** adj comradely.

Kameraführung f camera work.
Kameramann (-(e)s, pl -**männer**) m cameraman.
Kamerun ['kaməru:n] (-s) nt Cameroon.
Kamille [ka'mɪlə] (-, -n) f camomile.
Kamillentee m camomile tea.
Kamin [ka'mi:n] (-s, -e) m *(außen)* chimney; *(innen)* fireside; *(Feuerstelle)* fireplace; ~**feger** (-s, -) m chimney sweep; ~**kehrer** (-s, -) m chimney sweep.
Kamm [kam] (-(e)s, ̈-e) m comb; *(Berg~)* ridge; *(Hahnen~)* crest; **alle/alles über einen ~ scheren** *(fig)* to lump everyone/everything together.
kämmen ['kɛmən] vt to comb.
Kammer ['kamər] (-, -n) f chamber; *(Zimmer)* small bedroom; ~**diener** m valet; ~**jäger** m *(Schädlingsbekämpfer)* pest controller; ~**musik** f chamber music; ~**zofe** f chambermaid.
Kammstück nt *(KOCH)* shoulder.
Kampagne [kam'panjə] (-, -n) f campaign.
Kampf [kampf] (-(e)s, ̈-e) m fight, battle; *(Wettbewerb)* contest; *(fig: Anstrengung)* struggle; **jdm/etw den ~ ansagen** *(fig)* to declare war on sb/sth; **k~bereit** adj ready for action.
kämpfen ['kɛmpfən] vi to fight; **ich habe lange mit mir ~ müssen, ehe ...** I had a long battle with myself before ...
Kampfer ['kampfər] (-s) m camphor.
Kämpfer(in) (-s, -) m(f) fighter, combatant.
Kampf- zW: ~**flugzeug** nt fighter (aircraft); ~**geist** m fighting spirit; ~**handlung** f action; ~**kunst** f martial arts pl; **k~los** adj without a fight; **k~lustig** adj pugnacious; ~**platz** m battlefield; *(SPORT)* arena, stadium; ~**richter** m *(SPORT)* referee; ~**sport** m martial art.
Kampuchea [kampu'tʃe:a] (-s) nt Kampuchea.
Kanada ['kanada] (-s) nt Canada.
Kanadier(in) [ka'na:diər(ɪn)] (-s, -) m(f) Canadian.
kanadisch [ka'na:dɪʃ] adj Canadian.
Kanal [ka'na:l] (-s, **Kanäle**) m *(Fluss)* canal; *(Rinne)* channel; *(für Abfluss)* drain; **der ~** *(auch:* **der Ärmelkanal)** the (English) Channel.
Kanalinseln pl Channel Islands pl.
Kanalisation [kanalizatsi'o:n] f sewage system.
kanalisieren [kanali'zi:rən] vt to provide with a sewage system; *(fig: Energie etc)* to channel.
Kanaltunnel m Channel Tunnel.
Kanarienvogel [ka'na:riənfo:gəl] m canary.
Kanarische Inseln [ka'na:rɪʃə'ɪnzəln] pl Canary Islands pl, Canaries pl.
Kandare [kan'da:rə] (-, -n) f: **jdn an die ~ nehmen** *(fig)* to take sb in hand.
Kandidat(in) [kandi'da:t(ɪn)] (-en, -en) m(f)

candidate; **jdn als ~en aufstellen** to nominate sb.

Kandidatur [kandida'tuːr] *f* candidature, candidacy.

kandidieren [kandi'diːrən] *vi* (*POL*) to stand, run.

kandiert [kan'diːrt] *adj* (*Frucht*) candied.

Kandis(zucker) ['kandıs(tsʊkər)] (-) *m* rock candy.

Känguru▲ ['kɛŋguru] (-s, -s) *nt* kangaroo.

Kaninchen [ka'niːnçən] *nt* rabbit.

Kanister [ka'nıstər] (-s, -) *m* can, canister.

kann [kan] *vb siehe* **können**.

Kännchen ['kɛnçən] *nt* pot; (*für Milch*) jug.

Kanne ['kanə] (-, -n) *f* (*Krug*) jug; (*Kaffee~*) pot; (*Milch~*) churn; (*Gieß~*) watering can.

Kannibale [kani'baːlə] (-n, -n) *m* cannibal.

kannte *etc* ['kantə] *vb siehe* **kennen**.

Kanon ['kaːnɔn] (-s, -s) *m* canon.

Kanone [ka'noːnə] (-, -n) *f* gun; (*HIST*) cannon; (*fig: Mensch*) ace; **das ist unter aller ~** (*umg*) that defies description.

Kanonenfutter (*umg*) *nt* cannon fodder.

Kant. *abk* = **Kanton**.

Kantate [kan'taːtə] (-, -n) *f* cantata.

Kante ['kantə] (-, -n) *f* edge; **Geld auf die hohe ~ legen** (*umg*) to put money by.

kantig ['kantıç] *adj* (*Holz*) edged; (*Gesicht*) angular.

Kantine [kan'tiːnə] *f* canteen.

Kanton [kan'toːn] (-s, -e) *m* canton.

Kantor ['kantɔr] *m* choirmaster.

Kanu ['kaːnu] (-s, -s) *nt* canoe.

Kanzel ['kantsəl] (-, -n) *f* pulpit; (*AVIAT*) cockpit.

Kanzlei [kants'laɪ] *f* chancery; (*Büro*) chambers *pl*.

Kanzler ['kantslər] (-s, -) *m* chancellor.

Kap [kap] (-s, -s) *nt* cape; **das ~ der guten Hoffnung** the Cape of Good Hope.

Kapazität [kapatsi'tɛːt] *f* capacity; (*Fachmann*) authority.

Kapelle [ka'pɛlə] *f* (*Gebäude*) chapel; (*MUS*) band.

Kapellmeister(in) *m(f)* director of music; (*MIL, von Tanzkapelle etc*) bandmaster, bandleader.

Kaper ['kaːpər] (-, -n) *f* caper.

kapern *vt* to capture.

kapieren [ka'piːrən] (*umg*) *vt, vi* to understand.

Kapital [kapi'taːl] (-s, -e *od* -ien) *nt* capital; **aus etw ~ schlagen** (*pej: lit, fig*) to make capital out of sth; **~anlage** *f* investment; **~aufwand** *m* capital expenditure; **~ertrag** *m* capital gains *pl*; **~ertragssteuer** *f* capital gains tax; **~flucht** *f* flight of capital; **~gesellschaft** *f* (*COMM*) joint-stock company; **~güter** *pl* capital goods *pl*; **k~intensiv** *adj* capital-intensive.

Kapitalismus [kapita'lısmʊs] *m* capitalism.

Kapitalist [kapita'lıst] *m* capitalist.

kapitalistisch *adj* capitalist.

Kapital- *zW*: **k~kräftig** *adj* wealthy; **~markt** *m* money market; **k~schwach** *adj* financially weak; **k~stark** *adj* financially strong; **~verbrechen** *nt* serious crime; (*mit Todesstrafe*) capital crime.

Kapitän [kapi'tɛːn] (-s, -e) *m* captain.

Kapitel [ka'pıtəl] (-s, -) *nt* chapter; **ein trauriges ~** (*Angelegenheit*) a sad story.

Kapitulation [kapitulatsi'oːn] *f* capitulation.

kapitulieren [kapitu'liːrən] *vi* to capitulate.

Kaplan [ka'plaːn] (-s, **Kapläne**) *m* chaplain.

Kappe ['kapə] (-, -n) *f* cap; (*Kapuze*) hood; **das nehme ich auf meine ~** (*fig: umg*) I'll take the responsibility for that.

kappen *vt* to cut.

Kapsel ['kapsəl] (-, -n) *f* capsule.

Kapstadt ['kapʃtat] *nt* Cape Town.

kaputt [ka'pʊt] (*umg*) *adj* smashed, broken; (*Person*) exhausted, knackered; **der Fernseher ist ~** the TV's not working; **ein ~er Typ** a bum; **~gehen** *unreg vi* to break; (*Schuhe*) to fall apart; (*Firma*) to go bust; (*Stoff*) to wear out; (*sterben*) to cop it (*umg*); **~lachen** *vr* to laugh o.s. silly; **~machen** *vt* to break; (*Mensch*) to exhaust, wear out; **~schlagen** *unreg vt* to smash.

Kapuze [ka'puːtsə] (-, -n) *f* hood.

Karabiner [kara'biːnər] (-s, -) *m* (*Gewehr*) carbine.

Karacho [ka'raxo] (-s) *nt*: **mit ~** (*umg*) hell for leather.

Karaffe [ka'rafə] (-, -n) *f* carafe; (*geschliffen*) decanter.

Karambolage [karambo'laːʒə] (-, -n) *f* (*Zusammenstoß*) crash.

Karamell▲ [kara'mɛl] (-s) *m* caramel; **~bonbon** *m od nt* toffee.

Karat [ka'raːt] (-(e)s, -e) *nt* carat.

Karate (-s) *nt* karate.

Karawane [kara'vaːnə] (-, -n) *f* caravan.

Kardinal [kardi'naːl] (-s, **Kardinäle**) *m* cardinal; **~fehler** *m* cardinal error; **~zahl** *f* cardinal number.

Karenzzeit [ka'rɛntstsaɪt] *f* waiting period.

Karfreitag [kaːr'fraɪtaːk] *m* Good Friday.

karg [kark] *adj* scanty, poor; (*Mahlzeit*) meagre (*BRIT*), meager (*US*); **etw ~ bemessen** to be mean with sth; **K~heit** *f* poverty, scantiness, meagreness (*BRIT*), meagerness (*US*).

kärglich ['kɛrklıç] *adj* poor, scanty.

Kargo ['kargo] (-s, -s) *m* (*COMM*) cargo.

Karibik [ka'riːbık] (-) *f*: **die ~** the Caribbean.

karibisch *adj* Caribbean; **das K~e Meer** the Caribbean Sea.

kariert [ka'riːrt] *adj* (*Stoff*) checked (*BRIT*), checkered (*US*); (*Papier*) squared; **~ reden** (*umg*) to talk rubbish *od* nonsense.

Karies ['kaːriɛs] (-) *f* caries.

Karikatur [karika'tu:r] *f* caricature; ~**ist(in)** [karikatu:'rɪst(ɪn)] *m(f)* cartoonist.
karikieren [kari'ki:rən] *vt* to caricature.
karitativ [karita'ti:f] *adj* charitable.
Karneval ['karnəval] (**-s, -e** *od* **-s**) *m* carnival.

KARNEVAL

Karneval *is the name given to the days immediately before Lent when people gather to sing, dance, eat, drink and generally make merry before the fasting begins.* **Rosenmontag,** *the day before Shrove Tuesday, is the most important day of* **Karneval** *on the Rhine. Most firms take a day's holiday on that day to enjoy the parades and revelry. In South Germany* **Karneval** *is called "Fasching".*

Karnickel [kar'nɪkəl] (**-s, -**) (*umg*) *nt* rabbit.
Kärnten ['kɛrntən] (**-s**) *nt* Carinthia.
Karo ['ka:ro] (**-s, -s**) *nt* square; (*KARTEN*) diamonds; ~**-As** *nt* ace of diamonds.
Karosse [ka'rɔsə] (**-, -n**) *f* coach, carriage.
Karosserie [karɔsə'ri:] *f* (*AUT*) body(work).
Karotte [ka'rɔtə] (**-, -n**) *f* carrot.
Karpaten [kar'pa:tən] *pl* Carpathians *pl*.
Karpfen ['karpfən] (**-s, -**) *m* carp.
Karre ['karə] (**-, -n**) *f* = **Karren**.
Karree [ka'reː] (**-s, -s**) *nt*: **einmal ums ~ gehen** (*umg*) to walk around the block.
karren ['karən] *vt* to cart, transport; **K~** (**-s, -**) *m* cart, barrow; **den K~ aus dem Dreck ziehen** (*umg*) to get things sorted out.
Karriere [kari'ɛːrə] (**-, -n**) *f* career; ~ **machen** to get on, get to the top; ~**macher(in)** *m(f)* careerist.
Karsamstag [ka:r'zamsta:k] *m* Easter Saturday.
Karst [karst] (**-s, -e**) *m* (*GEOG, GEOL*) karst, *barren landscape*.
Karte ['kartə] (**-, -n**) *f* card; (*Land~*) map; (*Speise~*) menu; (*Eintritts~, Fahr~*) ticket; **mit offenen ~n spielen** (*fig*) to put one's cards on the table; **alles auf eine ~ setzen** to put all one's eggs in one basket.
Kartei [kar'tai] *f* card index; ~**karte** *f* index card; ~**leiche** (*umg*) *f* sleeping *od* non-active member; ~**schrank** *m* filing cabinet.
Kartell [kar'tɛl] (**-s, -e**) *nt* cartel; ~**amt** *nt* monopolies commission; ~**gesetzgebung** *f* anti-trust legislation.
Karten- *zW*: ~**haus** *nt* (*lit, fig*) house of cards; ~**legen** *nt* fortune-telling (*using cards*); ~**spiel** *nt* card game; (*Karten*) pack (*BRIT*) *od* deck (*US*) of cards; ~**telefon** *nt* cardphone; ~**vorverkauf** *m* advance sale of tickets.
Kartoffel [kar'tɔfəl] (**-, -n**) *f* potato; ~**brei** *m* mashed potatoes *pl*; ~**chips** *pl* potato crisps *pl* (*BRIT*), potato chips *pl* (*US*); ~**püree** *nt* mashed potatoes *pl*; ~**salat** *m* potato salad.
Karton [kar'tõ:] (**-s, -s**) *m* cardboard;

(*Schachtel*) cardboard box.
kartoniert [karto'ni:rt] *adj* hardback.
Karussell [karʊ'sɛl] (**-s, -s**) *nt* roundabout (*BRIT*), merry-go-round.
Karwoche ['ka:rvɔxə] *f* Holy Week.
Karzinom [kartsi'no:m] (**-s, -e**) *nt* (*MED*) carcinoma.
Kasachstan [kazaxs'ta:n] (**-s**) *nt* (*GEOG*) Kazakhstan.
Kaschemme [ka'ʃɛmə] (**-, -n**) *f* dive.
kaschieren [ka'ʃi:rən] *vt* to conceal, cover up.
Kaschmir ['kaʃmi:r] (**-s**) *nt* (*GEOG*) Kashmir.
Käse ['kɛːzə] (**-s, -**) *m* cheese; (*umg: Unsinn*) rubbish, twaddle; ~**blatt** (*umg*) *nt* (local) rag; ~**glocke** *f* cheese cover; ~**kuchen** *m* cheesecake.
Kaserne [ka'zɛrnə] (**-, -n**) *f* barracks *pl*.
Kasernenhof *m* parade ground.
käsig ['kɛːzɪç] *adj* (*fig: umg: Gesicht, Haut*) pasty, pale; (*vor Schreck*) white; (*lit*) cheesy.
Kasino [ka'zi:no] (**-s, -s**) *nt* club; (*MIL*) officers' mess; (*Spiel~*) casino.
Kaskoversicherung ['kaskofɛrzɪçərʊŋ] *f* (*AUT*: *Teil~*) ≈ third party, fire and theft insurance; (: *Voll~*) fully comprehensive insurance.
Kasper ['kaspər] (**-s, -**) *m* Punch; (*fig*) clown.
Kasperl(e)theater ['kaspərl(ə)tea:tər] *nt* Punch and Judy (show).
Kaspisches Meer ['kaspɪʃəs'me:r] *nt* Caspian Sea.
Kasse ['kasə] (**-, -n**) *f* (*Geldkasten*) cashbox; (*in Geschäft*) till, cash register; (*Kino~, Theater~ etc*) box office; (*Kranken~*) health insurance; (*Spar~*) savings bank; **die ~ führen** to be in charge of the money; **jdn zur ~ bitten** to ask sb to pay up; ~ **machen** to count the money; **getrennte ~ führen** to pay separately; **an der ~** (*in Geschäft*) at the (cash) desk; **gut bei ~ sein** to be in the money.
Kasseler ['kasələr] (**-s, -**) *nt lightly smoked pork loin*.
Kassen- *zW*: ~**arzt** *m* ≈ National Health doctor (*BRIT*), panel doctor (*US*); ~**bestand** *m* cash balance; ~**führer** *m* (*COMM*) cashier; ~**patient** *m* ≈ National Health patient (*BRIT*); ~**prüfung** *f* audit; ~**schlager** (*umg*) *m* (*THEAT etc*) box-office hit; (: *Ware*) big seller; ~**sturz** *m*: ~**sturz machen** to check one's money; ~**wart** *m* (*von Klub etc*) treasurer; ~**zettel** *m* sales slip.
Kasserolle [kasə'rɔlə] (**-, -n**) *f* casserole.
Kassette [ka'sɛtə] *f* small box; (*Tonband, PHOT*) cassette; (*COMPUT*) cartridge, cassette; (*Bücher~*) case.
Kassettenrekorder (**-s, -**) *m* cassette recorder.
Kassiber [ka'si:bər] (**-s, -**) *m* (*in Gefängnis*) secret message.

---

kassieren [ka'si:rən] vt (*Gelder etc*) to collect; (*umg: wegnehmen*) to take (away) ♦ vi: **darf ich ~?** would you like to pay now?

Kassierer(in) [ka'si:rər(ɪn)] (-s, -) m(f) cashier; (*von Klub*) treasurer.

Kastanie [kas'ta:niə] f chestnut.

Kastanienbaum m chestnut tree.

Kästchen ['kɛstçən] nt small box, casket.

Kaste ['kastə] (-, -n) f caste.

Kasten ['kastən] (-s, -̈) m box (*auch SPORT*), case; (*Truhe*) chest; **er hat was auf dem ~** (*umg*) he's brainy; **~form** f (*KOCH*) (square) baking tin (*BRIT*) *od* pan (*US*); **~wagen** m van.

kastrieren [kas'tri:rən] vt to castrate.

Kat (-, -s) m abk (*AUT*) = **Katalysator**.

katalanisch [kata'la:nɪʃ] adj Catalan.

Katalog [kata'lo:k] (-(e)s, -e) m catalogue (*BRIT*), catalog (*US*).

katalogisieren [katalogi'zi:rən] vt to catalogue (*BRIT*), catalog (*US*).

Katalysator [kataly'za:tɔr] m (*lit, fig*) catalyst; (*AUT*) catalytic converter; **~-Auto** vehicle fitted with a catalytic converter.

Katapult [kata'pʊlt] (-(e)s, -e) nt *or* m catapult.

katapultieren [katapʊl'ti:rən] vt to catapult ♦ vr to catapult o.s.; (*Pilot*) to eject.

Katar ['ka:tar] nt Qatar.

Katarr▲, **Katarrh** [ka'tar] (-s, -e) m catarrh.

Katasteramt [ka'tastəramt] nt land registry.

katastrophal [katastro'fa:l] adj catastrophic.

Katastrophe [kata'stro:fə] (-, -n) f catastrophe, disaster.

Katastrophen- zW: **~alarm** m emergency alert; **~gebiet** nt disaster area; **~medizin** f medical treatment in disasters; **~schutz** m disaster control.

Katechismus [katɛ'çɪsmʊs] m catechism.

Kategorie [katego'ri:] f category.

kategorisch [kate'go:rɪʃ] adj categorical.

kategorisieren [kategori'zi:rən] vt to categorize.

Kater ['ka:tər] (-s, -) m tomcat; (*umg*) hangover; **~frühstück** nt breakfast (*of pickled herring etc*) to cure a hangover.

kath. abk = **katholisch**.

Katheder [ka'te:dər] (-s, -) nt (*SCH*) teacher's desk; (*UNIV*) lectern.

Kathedrale [kate'dra:lə] (-, -n) f cathedral.

Katheter [ka'te:tər] (-s, -) m (*MED*) catheter.

Kat(h)ode [ka'to:də] (-, -n) f cathode.

Katholik(in) [kato'li:k(ɪn)] (-en, -en) m(f) Catholic.

katholisch [ka'to:lɪʃ] adj Catholic.

Katholizismus [katoli'tsɪsmʊs] m Catholicism.

katzbuckeln ['katsbʊkəln] (*pej: umg*) vi to bow and scrape.

Kätzchen ['kɛtsçən] nt kitten.

Katze ['katsə] (-, -n) f cat; **die ~ im Sack kaufen** to buy a pig in a poke; **für die Katz** (*umg*) in vain, for nothing.

Katzen- zW: **~auge** nt cat's-eye (*BRIT*); (*am Fahrrad*) rear light; **~jammer** (*umg*) m hangover; **~musik** f (*fig*) caterwauling; **~sprung** (*umg*) m stone's throw, short distance; **~tür** f cat flap; **~wäsche** f a lick and a promise.

Kauderwelsch ['kaʊdərvɛlʃ] (-(s)) nt jargon; (*umg*) double Dutch (*BRIT*).

kauen ['kaʊən] vt, vi to chew.

kauern ['kaʊərn] vi to crouch.

Kauf [kaʊf] (-(e)s, **Käufe**) m purchase, buy; (**~en**) buying; **ein guter ~** a bargain; **etw in ~ nehmen** to put up with sth.

kaufen vt to buy; **dafür kann ich mir nichts ~** (*ironisch*) what use is that to me!

Käufer(in) ['kɔyfər(ɪn)] (-s, -) m(f) buyer.

Kauf- zW: **~frau** f businesswoman; (*Einzelhandelskauffrau*) shopkeeper; **~haus** nt department store; **~kraft** f purchasing power; **~laden** m shop, store.

käuflich ['kɔyflɪç] adj purchasable, for sale; (*pej*) venal ♦ adv: **~ erwerben** to purchase.

Kauf- zW: **~lust** f desire to buy things; (*BÖRSE*) buying; **k~lustig** adj interested in buying; **~mann** (-(e)s, pl **-leute**) m businessman; (*Einzelhandelskaufmann*) shopkeeper; **k~männisch** adj commercial; **k~männischer Angestellter** clerk; **~preis** m purchase price; ♦ adj: **k~süchtig sein** to be a shopaholic (*inf*); **~vertrag** m bill of sale; **~willige(r)** f(m) potential buyer; **~zwang** m: **kein/ohne ~zwang** no/without obligation.

Kaugummi ['kaʊɡʊmi] m chewing gum.

Kaukasus ['kaʊkazʊs] m: **der ~** the Caucasus.

Kaulquappe ['kaʊlkvapə] (-, -n) f tadpole.

kaum [kaʊm] adv hardly, scarcely; **wohl ~, ich glaube ~** I hardly think so.

Kausalzusammenhang [kaʊ'za:ltsuzamənhaŋ] m causal connection.

Kaution [kaʊtsi'o:n] f deposit; (*JUR*) bail.

Kautschuk ['kaʊtʃʊk] (-s, -e) m India rubber.

Kauz [kaʊts] (-es, **Käuze**) m owl; (*fig*) queer fellow.

Kavalier [kava'li:r] (-s, -e) m gentleman.

Kavaliersdelikt nt peccadillo.

Kavallerie [kavalə'ri:] f cavalry.

Kavallerist [kavalə'rɪst] m cavalryman.

Kaviar ['ka:viar] m caviar.

KB nt abk (= *Kilobyte*) KB, kbyte.

Kcal abk (= *Kilokalorie*) kcal.

keck [kɛk] adj daring, bold; **K~heit** f daring, boldness.

Kegel ['ke:gəl] (-s, -) m skittle; (*MATH*) cone; **~bahn** f skittle alley, bowling alley; **k~förmig** adj conical.

kegeln vi to play skittles.

Kehle ['ke:lə] (-, -n) f throat; **er hat das in die falsche ~ bekommen** (*lit*) it went down the wrong way; (*fig*) he took it the wrong way;

aus voller ~ at the top of one's voice.
Kehl- *zW:* **~kopf** *m* larynx; **~kopfkrebs** *m*
cancer of the throat; **~laut** *m* guttural.
Kehre ['keːrə] (-, -n) *f* turn(ing), bend.
kehren *vt, vi (wenden)* to turn; *(mit Besen)* to
sweep; **sich an etw** *dat* **nicht** ~ not to heed
sth; **in sich** *akk* **gekehrt** *(versunken)* pensive;
(verschlossen) introspective, introverted.
Kehricht (-s) *m* sweepings *pl.*
Kehr- *zW:* **~maschine** *f* sweeper; **~reim** *m*
refrain; **~seite** *f* reverse, other side;
(ungünstig) wrong *od* bad side; **die ~seite**
der Medaille the other side of the coin.
kehrtmachen *vi* to turn about, about-turn.
Kehrtwendung *f* about-turn.
keifen ['kaɪfən] *vi* to scold, nag.
Keil [kaɪl] (-(e)s, -e) *m* wedge; *(MIL)*
arrowhead; **k~en** *vt* to wedge ♦ *vr* to fight.
Keilerei [kaɪlə'raɪ] *(umg) f* punch-up.
Keilriemen *m (AUT)* fan belt.
Keim [kaɪm] (-(e)s, -e) *m* bud; *(MED, fig)* germ;
etw im ~ **ersticken** to nip sth in the bud.
keimen *vi* to germinate.
Keim- *zW:* **k~frei** *adj* sterile; **k~tötend** *adj*
antiseptic, germicidal; **~zelle** *f (fig)* nucleus.
kein(e) ['kaɪn(ə)] *pron* none ♦ *adj* no, not any;
~ **schlechte Idee** not a bad idea; ~ **Stunde/**
drei Monate *(nicht einmal)* less than an
hour/three months.
keine(r, s) *indef pron* no one, nobody; *(von*
Gegenstand) none.
keinerlei ['kaɪnər'laɪ] *adj attrib* no ... whatever.
keinesfalls *adv* on no account.
keineswegs *adv* by no means.
keinmal *adv* not once.
Keks [keːks] (-es, -e) *m od nt* biscuit *(BRIT)*,
cookie *(US)*.
Kelch [kɛlç] (-(e)s, -e) *m* cup, goblet, chalice.
Kelle ['kɛlə] (-, -n) *f* ladle; *(Maurer~)* trowel.
Keller ['kɛlər] (-s, -) *m* cellar; **~assel** (-, -n) *f*
woodlouse.
Kellerei [kɛlə'raɪ] *f* wine cellars *pl*; *(Firma)*
wine producer.
Kellergeschoss▲ *nt* basement.
Kellerwohnung *f* basement flat *(BRIT) od*
apartment *(US)*.
Kellner(in) ['kɛlnər(ɪn)] (-s, -) *m(f)* waiter,
waitress.
kellnern *(umg) vi* to work as a waiter/
waitress *(BRIT)*, wait on tables *(US)*.
Kelte ['kɛltə] (-n, -n) *m* Celt.
Kelter (-, -n) *f* winepress; *(Obst~)* press.
keltern ['kɛltərn] *vt* to press.
Keltin ['kɛltɪn] *f (female)* Celt.
keltisch *adj* Celtic.
Kenia ['keːnia] (-s) *nt* Kenya.
kennen ['kɛnən] *unreg vt* to know; ~ **Sie sich**
schon? do you know each other (already)?;
kennst du mich noch? do you remember
me?; ~ **lernen** to get to know; **sich** ~ **lernen**

to get to know each other; *(zum ersten Mal)*
to meet.
Kenner(in) (-s, -) *m(f):* ~ **(von** *od +gen)*
connoisseur (of); expert (on).
Kennkarte *f* identity card.
kenntlich *adj* distinguishable, discernible;
etw ~ **machen** to mark sth.
Kenntnis (-, -se) *f* knowledge *no pl*; **etw zur**
~ **nehmen** to note sth; **von etw** ~ **nehmen** to
take notice of sth; **jdn in** ~ **setzen** to inform
sb; **über** ~**se von etw verfügen** to be
knowledgeable about sth.
Kenn- *zW:* **~wort** *nt (Chiffre)* code name;
(Losungswort) password, code word;
~zeichen *nt* mark, characteristic;
(amtliches/polizeiliches) ~zeichen *(AUT)*
number plate *(BRIT)*, license plate *(US)*;
k~zeichnen *vt untr* to characterize;
k~zeichnenderweise *adv* characteristically;
~ziffer *f (code)* number; *(COMM)* reference
number.
kentern ['kɛntərn] *vi* to capsize.
Keramik [ke'raːmɪk] (-, -en) *f* ceramics *pl*,
pottery; *(Gegenstand)* piece of ceramic
work *od* pottery.
Kerbe ['kɛrbə] (-, -n) *f* notch, groove.
Kerbel (-s, -) *m* chervil.
kerben *vt* to notch.
Kerbholz *nt:* **etw auf dem** ~ **haben** to have
done sth wrong.
Kerker ['kɛrkər] (-s, -) *m* prison.
Kerl [kɛrl] (-s, -e) *(umg) m* chap, bloke *(BRIT)*,
guy; **du gemeiner** ~! you swine!
Kern [kɛrn] (-(e)s, -e) *m (Obst~)* pip, stone;
(Nuss~) kernel; *(Atom~)* nucleus; *(fig)* heart,
core; **~energie** *f* nuclear energy; **~fach** *nt*
(SCH) core subject; **~familie** *f* nuclear
family; **~forschung** *f* nuclear research;
~frage *f* central issue; **~fusion** *f* nuclear
fusion; **~gehäuse** *nt* core; **k~gesund** *adj*
thoroughly healthy, fit as a fiddle.
kernig *adj* robust; *(Ausspruch)* pithy.
Kern- *zW:* **~kraftwerk** *nt* nuclear power
station; **k~los** *adj* seedless, pipless; **~physik**
f nuclear physics *sing*; **~reaktion** *f* nuclear
reaction; **~reaktor** *m* nuclear reactor;
~schmelze *f* meltdown; **~seife** *f* washing
soap; **~spaltung** *f* nuclear fission; **~stück** *nt*
(fig) main item; *(von Theorie etc)* central
part, core; **~waffen** *pl* nuclear weapons *pl*;
k~waffenfrei *adj* nuclear-free; **~zeit** *f* core
time.
Kerze ['kɛrtsə] (-, -n) *f* candle; *(Zünd~)* plug.
Kerzen- *zW:* **k~gerade** *adj* straight as a die;
~halter *m* candlestick; **~ständer** *m*
candleholder.
kess▲ [kɛs] *adj* saucy.
Kessel ['kɛsəl] (-s, -) *m* kettle; *(von Lokomotive*
etc) boiler; *(Mulde)* basin; *(GEOG)*
depression; *(MIL)* encirclement; **~stein** *m*

scale, fur (BRIT); ~**treiben** nt (fig) witch-hunt.
Kette ['kɛtə] (-, -n) f chain; **jdn an die ~ legen**
(fig) to tie sb down.
ketten vt to chain.
Ketten- zW: ~**fahrzeug** nt tracked vehicle;
~**hund** m watchdog; ~**karussell** nt merry-go-
round (with gondolas on chains); ~**laden** m chain
store; ~**rauchen** nt chain smoking;
~**reaktion** f chain reaction.
Ketzer(in) ['kɛtsər(ɪn)] (-s, -) m(f) heretic; ~**ei**
[kɛtsə'raɪ] f heresy; **k~isch** adj heretical.
keuchen ['kɔʏçən] vi to pant, gasp.
Keuchhusten m whooping cough.
Keule ['kɔʏlə] (-, -n) f club; (KOCH) leg.
keusch [kɔʏʃ] adj chaste; **K~heit** f chastity.
Kfm. abk = **Kaufmann.**
kfm. abk = **kaufmännisch.**
Kfz (-(s), -(s)) f abk = **Kraftfahrzeug.**
KG (-, -s) f abk = **Kommanditgesellschaft.**
kg abk (= Kilogramm) kg.
kHz abk (= Kilohertz) kHz.
Kibbuz [kɪ'buːts] (-, **Kibbuzim** od -e) m
kibbutz.
kichern ['kɪçərn] vi to giggle.
kicken ['kɪkən] vt, vi (Fußball) to kick.
kidnappen ['kɪtnɛpən] vt to kidnap.
Kidnapper(in) (-s, -) m(f) kidnapper.
Kiebitz ['kiːbɪts] (-es, -e) m peewit.
Kiefer¹ ['kiːfər] (-s, -) m jaw.
Kiefer² ['kiːfər] (-, -n) f pine.
Kiefernholz nt pine(wood).
Kiefernzapfen m pine cone.
Kieferorthopäde m orthodontist.
Kieker ['kiːkər] (-s, -) m: **jdn auf dem ~ haben**
(umg) to have it in for sb.
Kiel [kiːl] (-(e)s, -e) m (Feder~) quill; (NAUT)
keel; ~**wasser** nt wake.
Kieme ['kiːmə] (-, -n) f gill.
Kies [kiːs] (-es, -e) m gravel; (umg: Geld)
money, dough.
Kiesel ['kiːzəl] (-s, -) m pebble; ~**stein** m
pebble.
Kiesgrube f gravel pit.
Kiesweg m gravel path.
Kiew ['kiːɛf] (-s) nt Kiev.
kiffen ['kɪfən] (umg) vt to smoke pot od grass.
Kilimandscharo [kiliman'dʒaːro] (-s) m
Kilimanjaro.
Killer ['kɪlər(ɪn)] (-s, -) (umg) m killer,
murderer; (gedungener) hit man; ~**in** (umg) f
killer, female murderer, murderess.
Kilo ['kiːlo] (-s, -(s)) nt kilo; ~**byte** [kilo'baɪt] nt
(COMPUT) kilobyte; ~**gramm** [kilo'gram] nt
kilogram.
Kilometer [kilo'meːtər] m kilometre (BRIT),
kilometer (US); ~**fresser** (umg) m long-haul
driver; ~**geld** nt ≈ mileage (allowance);
~**stand** m ≈ mileage; ~**stein** m ≈ milestone;
~**zähler** m ≈ mileometer.
Kilowatt [kilo'vat] nt kilowatt.

Kimme ['kɪmə] (-, -n) f notch; (Gewehr) back
sight.
Kind [kɪnt] (-(e)s, -er) nt child; **sich freuen wie
ein ~** to be as pleased as Punch; **mit ~ und
Kegel** (hum: umg) with the whole family;
von ~ auf from childhood.
Kinderarzt m paediatrician (BRIT),
pediatrician (US).
Kinderbett nt cot (BRIT), crib (US).
Kinderei [kɪndə'raɪ] f childishness.
Kindererziehung f bringing up of children;
(durch Schule) education of children.
kinderfeindlich adj anti-children; (Architektur,
Planung) not catering for children.
Kinderfreibetrag m child allowance.
Kindergarten m nursery school.

KINDERGARTEN

A **Kindergarten** is a nursery school for children
aged between 3 and 6 years. The children sing, play
and do handicrafts. They are not taught the three Rs
at this stage. Most **Kindergärten** are financed by
the town or the church and not by the state. Parents
pay a monthly contribution towards the cost.

Kinder- zW: ~**gärtner(in)** m(f) nursery-school
teacher; ~**geld** nt child benefit (BRIT); ~**heim**
nt children's home; ~**krankheit** f childhood
illness; ~**laden** m (alternative) playgroup;
~**lähmung** f polio(myelitis); **k~leicht** adj
childishly easy; **k~lieb** adj fond of children;
~**lied** nt nursery rhyme; **k~los** adj childless;
~**mädchen** nt nursemaid; ~**pflegerin** f child
minder; **k~reich** adj with a lot of children;
~**schuh** m: **es steckt noch in den ~schuhen**
(fig) it's still in its infancy; ~**spiel** nt child's
play; **ein ~spiel sein** to be a doddle; ~**stube**
f: **eine gute ~stube haben** to be well-
mannered; ~**tagesstätte** f day-nursery;
~**teller** m children's dish; ~**wagen** m pram
(BRIT), baby carriage (US); ~**zimmer** nt
child's/children's room; (für Kleinkinder)
nursery.
Kindes- zW: ~**alter** nt infancy; ~**beine** pl: **von
~beinen an** from early childhood;
~**misshandlung**▲ f child abuse.
Kind- zW: **k~gemäß** adj suitable for a child od
children; ~**heit** f childhood; **k~isch** adj
childish; **k~lich** adj childlike.
kindsköpfig adj childish.
Kinkerlitzchen ['kɪŋkərlɪtsçən] (umg) pl
knick-knacks pl.
Kinn [kɪn] (-(e)s, -e) nt chin; ~**haken** m
(BOXEN) uppercut; ~**lade** f jaw.
Kino ['kiːno] (-s, -s) nt cinema (BRIT), movies
(US); ~**besucher** m, ~**gänger** m cinema-goer
(BRIT), movie-goer (US); ~**programm** nt film
programme (BRIT), movie program (US).
Kiosk [ki'ɔsk] (-(e)s, -e) m kiosk.

Kippe ['kɪpə] (-, -n) f (umg) cigarette end; **auf der ~ stehen** (fig) to be touch and go.

kippen vi to topple over, overturn ♦ vt to tilt.

Kipper ['kɪpər] (-s, -) m (AUT) tipper, dump(er) truck.

Kippschalter m rocker switch.

Kirche ['kɪrçə] (-, -n) f church.

Kirchen- zW: ~**chor** m church choir; ~**diener** m churchwarden; ~**fest** nt church festival; ~**lied** nt hymn; ~**schiff** nt (Längsschiff) nave; (Querschiff) transept; ~**steuer** f church tax; ~**tag** m church congress.

Kirch- zW: ~**gänger(in)** (-s, -) m(f) churchgoer; ~**hof** m churchyard; **k~lich** adj ecclesiastical; ~**turm** m church tower, steeple; ~**weih** f fair, kermis (US).

Kirgistan ['kɪrgistaːn] (-s) nt (GEOG) Kirghizia.

Kirmes ['kɪrmɛs] (-, -sen) f (Dialekt) fair, kermis (US).

Kirschbaum ['kɪrʃbaʊm] m cherry tree; (Holz) cherry (wood).

Kirsche ['kɪrʃə] (-, -n) f cherry; **mit ihm ist nicht gut ~n essen** (fig) it's best not to tangle with him.

Kirschtorte f: **Schwarzwälder ~** Black Forest Gateau.

Kirschwasser nt kirsch.

Kissen ['kɪsən] (-s, -) nt cushion; (Kopf~) pillow; ~**bezug** m pillow case.

Kiste ['kɪstə] (-, -n) f box; (Truhe) chest; (umg: Bett) sack; (: Fernsehen) box (BRIT), tube (US).

Kita ['kɪta] f abk = **Kindertagesstätte**.

Kitsch [kɪtʃ] (-(e)s) m trash.

kitschig adj trashy.

Kitt [kɪt] (-(e)s, -e) m putty.

Kittchen (umg) nt clink.

Kittel (-s, -) m overall; (von Arzt, Laborant etc) (white) coat.

kitten vt to putty; (fig) to patch up.

Kitz [kɪts] (-es, -e) nt kid; (Reh~) fawn.

kitzelig ['kɪtsəlɪç] adj (lit, fig) ticklish.

kitzeln vt, vi to tickle.

Kiwi ['kiːvi] (-, -s) f kiwi fruit.

KKW (-, -s) nt abk = **Kernkraftwerk**.

Kl. abk (= Klasse) cl.

Klacks [klaks] (-es, -e) (umg) m (von Kartoffelbrei, Sahne) dollop; (von Senf, Farbe etc) blob.

Kladde ['kladə] (-, -n) f rough book; (Block) scribbling pad.

klaffen ['klafən] vi to gape.

kläffen ['klɛfən] vi to yelp.

Klage ['klaːgə] (-, -n) f complaint; (JUR) action; **eine ~ gegen jdn einreichen** od **erheben** to institute proceedings against sb; ~**lied** nt: **ein ~lied über jdn/etw anstimmen** (fig) to complain about sb/sth; ~**mauer** f: **die ~mauer** the Wailing Wall.

klagen vi (weh~) to lament, wail; (sich beschweren) to complain; (JUR) to take legal action; **jdm sein Leid/seine Not ~** to pour out one's sorrow/distress to sb.

Kläger(in) ['klɛːgər(ɪn)] (-s, -) m(f) (JUR: im Zivilrecht) plaintiff; (: im Strafrecht) prosecuting party; (: in Scheidung) petitioner.

Klageschrift f (JUR) charge; (bei Scheidung) petition.

kläglich ['klɛːklɪç] adj wretched.

Klamauk [kla'maʊk] (-s) (umg) m (Alberei) tomfoolery; (im Theater) slapstick.

Klamm [klam] (-, -en) f ravine.

klamm adj (Finger) numb; (feucht) damp.

Klammer ['klamər] (-, -n) f clamp; (in Text) bracket; (Büro~) clip; (Wäsche~) peg (BRIT), pin (US); (Zahn~) brace; ~ **auf/zu** open/close brackets.

klammern vr: **sich ~ an** +akk to cling to.

klammheimlich [klam'haɪmlɪç] (umg) adj secret ♦ adv on the quiet.

Klamotte [kla'mɔtə] (-, -n) f (pej: Film etc) rubbishy old film etc; **Klamotten** pl (umg: Kleider) clothes pl; (: Zeug) stuff.

Klampfe ['klampfə] (-, -n) (umg) f guitar.

klang etc [klaŋ] vb siehe **klingen**.

Klang (-(e)s, ⁻e) m sound.

klangvoll adj sonorous.

Klappbett nt folding bed.

Klappe ['klapə] (-, -n) f valve; (an Oboe etc) key; (FILM) clapperboard; (Ofen~) damper; (umg: Mund) trap; **die ~ halten** to shut one's trap.

klappen vi (Geräusch) to click; (Sitz etc) to tip ♦ vt to tip ♦ vi unpers to work; **hat es mit den Karten/dem Job geklappt?** did you get the tickets/job O.K.?

Klappentext m blurb.

Klapper ['klapər] (-, -n) f rattle.

klapperig adj run-down, worn-out.

klappern vi to clatter, rattle.

Klapperschlange f rattlesnake.

Klapperstorch m stork; **er glaubt noch an den ~** he still thinks babies are found under the gooseberry bush.

Klapp- zW: ~**messer** nt jackknife; ~**rad** nt collapsible od folding bicycle; ~**stuhl** m folding chair; ~**tisch** m folding table.

Klaps [klaps] (-es, -e) m slap; **einen ~ haben** (umg) to have a screw loose; **k~en** vt to slap.

klar [klaːr] adj clear; (NAUT) ready to sail; (MIL) ready for action; **bei ~em Verstand sein** to be in full possession of one's faculties; **sich** dat **im K~en sein über** +akk to be clear about; **ins K~e kommen** to get clear; ~ **sehen** to see clearly; **sich** dat **über etw** akk ~ **werden** to get sth clear in one's mind.

Kläranlage f sewage plant; (von Fabrik)

purification plant.

Klare(r) (*umg*) *m* schnapps.

klären *vt* (*Flüssigkeit*) to purify; (*Probleme*) to clarify ♦ *vr* to clear (itself) up.

Klarheit *f* clarity; **sich** *dat* **~ über etw** *akk* **verschaffen** to get sth straight.

Klarinette [klari'nɛtə] *f* clarinet.

klar- *zW*: **~kommen** *unreg* (*umg*) *vi*: **mit jdm/ etw ~kommen** to be able to cope with sb/ sth; **~legen** *vt* to clear up, explain; **~machen** *vt* (*Schiff*) to get ready for sea; **jdm etw ~machen** to make sth clear to sb; **K~sichtfolie** *f* transparent film; **~stellen** *vt* to clarify; **K~text** *m*: **im K~text** in clear; (*fig: umg*) ≈ in plain English.

Klärung ['klɛːrʊŋ] *f* purification; clarification.

Klasse ['klasə] (-, -n) *f* class; (*SCH*) class, form; (*auch*: **Steuer~**) bracket; (*Güter~*) grade.

klasse (*umg*) *adj* smashing.

Klassen- *zW*: **~arbeit** *f* test; **~bewusstsein**▲ *nt* class-consciousness; **~buch** *nt* (*SCH*) (class) register; **~gesellschaft** *f* class society; **~kamerad(in)** *m(f)* classmate; **~kampf** *m* class conflict; **~lehrer(in)** *m(f)* class teacher; **k~los** *adj* classless; **~sprecher(in)** *m(f)* class spokesperson; **~ziel** *nt*: **das ~ziel nicht erreichen** (*SCH*) not to reach the required standard (for the year); (*fig*) not to make the grade; **~zimmer** *nt* classroom.

klassifizieren [klasifi'tsiːrən] *vt* to classify.

Klassifizierung *f* classification.

Klassik ['klasɪk] *f* (*Zeit*) classical period; (*Stil*) classicism; **~er** (-s, -) *m* classic.

klassisch *adj* (*lit, fig*) classical.

Klassizismus [klasi'tsɪsmʊs] *m* classicism.

Klatsch [klatʃ] (-(e)s, -e) *m* smack, crack; (*Gerede*) gossip; **~base** *f* gossip(monger).

klatschen *vi* (*tratschen*) to gossip; (*Beifall spenden*) to applaud, to clap ♦ *vt*: **(jdm) Beifall ~** to applaud *od* clap (sb).

Klatsch- *zW*: **~mohn** *m* (corn) poppy; **k~nass**▲ *adj* soaking wet; **~spalte** *f* gossip column; **~tante** (*pej: umg*) *f* gossip(monger).

klauben ['klaʊbən] *vt* to pick.

Klaue ['klaʊə] (-, -n) *f* claw; (*umg: Schrift*) scrawl.

klauen *vt* to claw; (*umg*) to pinch.

Klause ['klaʊzə] (-, -n) *f* cell; (*von Mönch*) hermitage.

Klausel ['klaʊzəl] (-, -n) *f* clause; (*Vorbehalt*) proviso.

Klausur [klaʊ'zuːr] *f* seclusion; **~arbeit** *f* examination paper.

Klaviatur [klavia'tuːr] *f* keyboard.

Klavier [kla'viːr] (-s, -e) *nt* piano; **~auszug** *m* piano score.

Klebeband *nt* adhesive tape.

Klebemittel *nt* glue.

kleben ['kleːbən] *vt, vi*: **~ (an** +*akk*) to stick (to);

jdm eine ~ (*umg*) to belt sb one.

Klebezettel *m* gummed label.

klebrig *adj* sticky.

Klebstoff *m* glue.

Klebstreifen *m* adhesive tape.

kleckern ['klɛkərn] *vi* to slobber.

Klecks [klɛks] (-es, -e) *m* blot, stain; **k~en** *vi* to blot; (*pej*) to daub.

Klee [kleː] (-s) *m* clover; **jdn/etw über den grünen ~ loben** (*fig*) to praise sb/sth to the skies; **~blatt** *nt* cloverleaf; (*fig*) trio.

Kleid [klaɪt] (-(e)s, -er) *nt* garment; (*Frauen~*) dress; **Kleider** *pl* clothes *pl*.

kleiden ['klaɪdən] *vt* to clothe, dress ♦ *vr* to dress; **jdn ~** to suit sb.

Kleider- *zW*: **~bügel** *m* coat hanger; **~bürste** *f* clothes brush; **~schrank** *m* wardrobe; **~ständer** *m* coat-stand.

kleidsam *adj* becoming.

Kleidung *f* clothing.

Kleidungsstück *nt* garment.

Kleie ['klaɪə] (-, -n) *f* bran.

klein [klaɪn] *adj* little, small; **haben Sie es nicht ~er?** haven't you got anything smaller?; **ein ~es Bier ein K~es** (*umg*) ≈ half a pint, a half; **von ~ an** *od* **auf** (*von Kindheit an*) from childhood; (*von Anfang an*) from the very beginning; **das ~ere Übel** the lesser evil; **sein Vater war (ein) ~er Beamter** his father was a minor civil servant; **~ anfangen** to start off in a small way; **~ geschrieben werden** (*umg*) to count for (very) little; **K~anzeige** *f* small ad (*BRIT*), want ad (*US*); **Kleinanzeigen** *pl* classified advertising *sing*; **K~arbeit** *f*: **in zäher/ mühseliger K~arbeit** with rigorous/ painstaking attention to detail; **K~asien** *nt* Asia Minor; **K~bürgertum** *nt* petite bourgeoisie; **K~bus** *m* minibus.

Kleine(r) *f(m)* little one.

klein- *zW*: **K~familie** *f* small family, nuclear family (*SOZIOLOGIE*); **K~format** *nt* small size; **im K~format** small-scale; **K~gedruckte(s)** *nt* small print; **K~geld** *nt* small change; **das nötige K~geld haben** (*fig*) to have the wherewithal (*umg*); **~gläubig** *adj* of little faith; **~hacken** *vt* to chop up; **K~holz** *nt* firewood; **K~holz aus jdm machen** to make mincemeat of sb.

Kleinigkeit *f* trifle; **wegen** *od* **bei jeder ~** for the slightest reason; **eine ~ essen** to have a bite to eat.

klein- *zW*: **~kariert** *adj*: **~kariert denken** to think small; **K~kind** *nt* infant; **K~kram** *m* details *pl*; **K~kredit** *m* personal loan; **~kriegen** (*umg*) *vt* (*gefügig machen*) to bring into line; (*unterkriegen*) to get down; (*körperlich*) to tire out; **~laut** *adj* dejected, quiet; **~lich** *adj* petty, paltry; **K~lichkeit** *f* pettiness, paltriness; **~mütig** *adj* fainthearted.

Kleinod ['klaɪnoːt] (-s, -odien) *nt* gem.

klein- *zW:* **K~rechner** *m* minicomputer; **~schneiden** *unreg vt* to chop up; **~schreiben** *unreg vt:* **ein Wort ~schreiben** to write a word with a small initial letter; **K~schreibung** *f* use of small initial letters; **K~stadt** *f* small town; **~städtisch** *adj* provincial.

kleinstmöglich *adj* smallest possible.

Kleinwagen *m* small car.

Kleister ['klaɪstər] (-s, -) *m* paste.

kleistern *vt* to paste.

Klemme ['klɛmə] (-, -n) *f* clip; (*MED*) clamp; (*fig*) jam; **in der ~ sitzen** *od* **sein** (*fig: umg*) to be in a fix.

klemmen *vt* (*festhalten*) to jam; (*quetschen*) to pinch, nip ♦ *vr* to catch o.s.; (*sich hineinzwängen*) to squeeze o.s. ♦ *vi* (*Tür*) to stick, jam; **sich hinter jdn/etw ~** to get on to sb/get down to sth.

Klempner ['klɛmpnər] (-s, -) *m* plumber.

Kleptomanie [klɛptomaˈniː] *f* kleptomania.

Kleriker ['kleːrikər] (-s, -) *m* cleric.

Klerus ['kleːrʊs] (-) *m* clergy.

Klette ['klɛtə] (-, -n) *f* burr; **sich wie eine ~ an jdn hängen** to cling to sb like a limpet.

Kletterer ['klɛtərər] (-s, -) *m* climber.

Klettergerüst *nt* climbing frame.

klettern *vi* to climb.

Kletterpflanze *f* creeper.

Kletterseil *nt* climbing rope.

Klettverschluss ▲ *m* Velcro ® fastener.

klicken ['klɪkən] *vi* to click.

Klient(in) [kliˈɛnt(ɪn)] *m(f)* client.

Klima ['kliːma] (-s, -s *od* -te) *nt* climate; **~anlage** *f* air conditioning.

Klimaschutz *m* climate protection.

Klimaschutzabkommen *nt* agreement on climate control.

klimatisieren [klimatiˈziːrən] *vt* to air-condition.

klimatisiert *adj* air-conditioned.

Klimawechsel *m* change of air.

Klimbim [klɪmˈbɪm] (-s) (*umg*) *m* odds and ends *pl*.

klimpern ['klɪmpərn] *vi* to tinkle; (*auf Gitarre*) to strum.

Klinge ['klɪŋə] (-, -n) *f* blade, sword; **jdn über die ~ springen lassen** (*fig: umg*) to allow sb to run into trouble.

Klingel ['klɪŋəl] (-, -n) *f* bell; **~beutel** *m* collection bag; **~knopf** *m* bell push.

klingeln *vi* to ring; **es hat geklingelt** (*an Tür*) somebody just rang the doorbell, the doorbell just rang.

klingen ['klɪŋən] *unreg vi* to sound; (*Gläser*) to clink.

Klinik ['kliːnɪk] *f* clinic.

klinisch ['kliːnɪʃ] *adj* clinical.

Klinke ['klɪŋkə] (-, -n) *f* handle.

Klinker ['klɪŋkər] (-s, -) *m* clinker.

Klippe ['klɪpə] (-, -n) *f* cliff; (*im Meer*) reef; (*fig*) hurdle.

klippenreich *adj* rocky.

klipp und klar ['klɪp|ʊntklaːr] *adj* clear and concise.

Klips [klɪps] (-es, -e) *m* clip; (*Ohr~*) earring.

klirren ['klɪrən] *vi* to clank, jangle; (*Gläser*) to clink; **~de Kälte** biting cold.

Klischee [klɪˈʃeː] (-s, -s) *nt* (*Druckplatte*) plate, block; (*fig*) cliché; **~vorstellung** *f* stereotyped idea.

Klitoris ['kliːtɔrɪs] (-, -) *f* clitoris.

Klo [kloː] (-s, -s) (*umg*) *nt* loo (*BRIT*), john (*US*).

Kloake [kloˈaːkə] (-, -n) *f* sewer.

klobig ['kloːbɪç] *adj* clumsy.

Klon [kloːn] (-s, -e) *m* clone.

Klopapier (*umg*) *nt* toilet paper.

klopfen ['klɔpfən] *vi* to knock; (*Herz*) to thump ♦ *vt* to beat; **es klopft** somebody's knocking; **jdm auf die Finger ~** (*lit, fig*) to give sb a rap on the knuckles; **jdm auf die Schulter ~** to tap sb on the shoulder.

Klopfer (-s, -) *m* (*Teppich~*) beater; (*Tür~*) knocker.

Klöppel ['klœpəl] (-s, -) *m* (*von Glocke*) clapper.

klöppeln *vi* to make lace.

Klops [klɔps] (-es, -e) *m* meatball.

Klosett [kloˈzɛt] (-s, -e *od* -s) *nt* lavatory, toilet; **~brille** *f* toilet seat; **~papier** *nt* toilet paper.

Kloß [kloːs] (-es, ̈-e) *m* (*Erd~*) clod; (*im Hals*) lump; (*KOCH*) dumpling.

Kloster ['kloːstər] (-s, ̈-) *nt* (*Männer~*) monastery; (*Frauen~*) convent; **ins ~ gehen** to become a monk/nun.

klösterlich ['kløːstərlɪç] *adj* monastic; convent.

Klotz [klɔts] (-es, ̈-e) *m* log; (*Hack~*) block; **jdm ein ~ am Bein sein** (*fig*) to be a millstone round sb's neck.

Klub [kluːp] (-s, -s) *m* club; **~jacke** *f* blazer; **~sessel** *m* easy chair.

Kluft [kluft] (-, ̈-e) *f* cleft, gap; (*GEOG*) chasm; (*Uniform*) uniform; (*umg: Kleidung*) gear.

klug [kluːk] *adj* clever, intelligent; **ich werde daraus nicht ~** I can't make head or tail of it; **K~heit** *f* cleverness, intelligence; **K~scheißer** (*umg*) *m* smart-ass.

Klümpchen ['klʏmpçən] *nt* clot, blob.

klumpen ['klʊmpən] *vi* to go lumpy, clot.

Klumpen (-s, -) *m* (*KOCH*) lump; (*Erd~*) clod; (*Blut~*) clot; (*Gold~*) nugget.

Klumpfuß ['klʊmpfuːs] *m* club foot.

Klüngel ['klʏŋəl] (-s, -) (*umg*) *m* (*Clique*) clique.

Klunker ['klʊŋkər] (-s, -) (*umg*) *m* (*Schmuck*) rock(s *pl*).

km *abk* (= *Kilometer*) km.

km/h *abk* (= *Kilometer pro Stunde*) km/h.

knabbern ['knabərn] *vt, vi* to nibble; **an etw** *dat* **~** (*fig: umg*) to puzzle over sth.

Knabe ['knaːbə] (-n, -n) *m* boy.

knabenhaft *adj* boyish.

Knäckebrot ['knɛkəbroːt] *nt* crispbread.

knacken ['knakən] *vi (lit, fig)* to crack ♦ *vt (umg: Auto)* to break into.

knackfrisch *(umg) adj* oven-fresh, crispy-fresh.

knackig *adj* crisp.

Knacks [knaks] (**-es, -e**) *m*: **einen ~ weghaben** *(umg)* to be uptight about sth.

Knackwurst *f* type of frankfurter.

Knall [knal] (**-(e)s, -e**) *m* bang; *(Peitschen~)* crack; **~ auf Fall** *(umg)* just like that; **einen ~ haben** *(umg)* to be crazy *od* crackers; **~bonbon** *nt* cracker; **~effekt** *m* surprise effect, spectacular effect; **k~en** *vi* to bang; to crack ♦ *vt*: **jdm eine k~en** *(umg)* to clout sb; **~frosch** *m* jumping jack; **k~hart** *(umg) adj* really hard; *(: Worte)* hard-hitting; *(: Film)* brutal; *(: Porno)* hard-core; **~kopf** *(umg) m* dickhead; **k~rot** *adj* bright red.

knapp [knap] *adj* tight; *(Geld)* scarce; *(kurz)* short; *(Mehrheit, Sieg)* narrow; *(Sprache)* concise; **meine Zeit ist ~ bemessen** I am short of time; **mit ~er Not** only just; **jdn ~ halten (mit)** to keep sb short (of).

Knappe (**-n, -n**) *m (Edelmann)* young knight.

Knappheit *f* tightness; scarcity; conciseness.

Knarre ['knarə] (**-, -n**) *(umg) f (Gewehr)* shooter.

knarren *vi* to creak.

Knast [knast] (**-(e)s**) *(umg) m* clink, can *(US)*.

Knatsch [knaːtʃ] (**-es**) *(umg) m* trouble.

knattern ['knatərn] *vi* to rattle; *(Maschinengewehr)* to chatter.

Knäuel ['knɔyəl] (**-s, -**) *m od nt (Woll~)* ball; *(Menschen~)* knot.

Knauf [knauf] (**-(e)s, Knäufe**) *m* knob; *(Schwert~)* pommel.

Knauser ['knauzər] (**-s, -**) *m* miser.

knauserig *adj* miserly.

knausern *vi* to be mean.

knautschen ['knautʃən] *vt, vi* to crumple.

Knebel ['kneːbəl] (**-s, -**) *m* gag.

knebeln *vt* to gag; *(NAUT)* to fasten.

Knecht [knɛçt] (**-(e)s, -e**) *m* servant; *(auf Bauernhof)* farm labourer *(BRIT) od* laborer *(US)*.

knechten *vt* to enslave.

Knechtschaft *f* servitude.

kneifen ['knaifən] *unreg vt* to pinch ♦ *vi* to pinch; *(sich drücken)* to back out; **vor etw** *dat* **~** to dodge sth.

Kneifzange *f* pliers *pl*; *(kleine)* pincers *pl*.

Kneipe ['knaipə] (**-, -n**) *(umg) f* pub *(BRIT)*, bar, saloon *(US)*.

Kneippkur ['knaipkuːr] *f* Kneipp cure, *type of hydropathic treatment combined with diet, rest etc*.

Knete ['kneːtə] *(umg) f (Geld)* dough.

kneten *vt* to knead; *(Wachs)* to mould *(BRIT)*, mold *(US)*.

Knetgummi *m od nt* Plasticine ®.

Knetmasse *f* Plasticine ®.

Knick [knɪk] (**-(e)s, -e**) *m (Sprung)* crack; *(Kurve)* bend; *(Falte)* fold.

knicken *vt, vi (springen)* to crack; *(brechen)* to break; *(Papier)* to fold; **„nicht ~!"** "do not bend"; **geknickt sein** to be downcast.

Knicks [knɪks] (**-es, -e**) *m* curts(e)y; **k~en** *vi* to curts(e)y.

Knie [kniː] (**-s, -**) *nt* knee; **in die ~ gehen** to kneel; *(fig)* to be brought to one's knees; **~beuge** (**-, -n**) *f* knee bend; **~fall** *m* genuflection; **~gelenk** *nt* knee joint; **~kehle** *f* back of the knee.

knien *vi* to kneel ♦ *vr*: **sich in die Arbeit ~** *(fig)* to get down to (one's) work.

Kniescheibe *f* kneecap.

Kniestrumpf *m* knee-length sock.

kniff *etc* [knɪf] *vb siehe* **kneifen**.

Kniff (**-(e)s, -e**) *m (Zwicken)* pinch; *(Falte)* fold; *(fig)* trick, knack.

kniffelig *adj* tricky.

knipsen ['knɪpsən] *vt (Fahrkarte)* to punch; *(PHOT)* to take a snap of, snap ♦ *vi (PHOT)* to take snaps/a snap.

Knirps [knɪrps] (**-es, -e**) *m* little chap; (®: *Schirm)* telescopic umbrella.

knirschen ['knɪrʃən] *vi* to crunch; **mit den Zähnen ~** to grind one's teeth.

knistern ['knɪstərn] *vi* to crackle; *(Papier, Seide)* to rustle.

Knitterfalte *f* crease.

knitterfrei *adj* non-crease.

knittern *vi* to crease.

knobeln ['knoːbəln] *vi (würfeln)* to play dice; *(um eine Entscheidung)* to toss for it.

Knoblauch ['knoːblaux] (**-(e)s**) *m* garlic.

Knöchel ['knœçəl] (**-s, -**) *m* knuckle; *(Fuß~)* ankle.

Knochen ['knɔxən] (**-s, -**) *m* bone; **~arbeit** *(umg) f* hard work; **~bau** *m* bone structure; **~bruch** *m* fracture; **~gerüst** *nt* skeleton; **~mark** *nt* bone marrow.

knöchern ['knœçərn] *adj* bone.

knochig ['knɔxɪç] *adj* bony.

Knödel ['knøːdəl] (**-s, -**) *m* dumpling.

Knolle ['knɔlə] (**-, -n**) *f* bulb.

Knopf [knɔpf] (**-(e)s, ̈e**) *m* button; **~druck** *m* touch of a button.

knöpfen ['knœpfən] *vt* to button.

Knopfloch *nt* buttonhole.

Knorpel ['knɔrpəl] (**-s, -**) *m* cartilage, gristle.

knorpelig *adj* gristly.

knorrig ['knɔrɪç] *adj* gnarled, knotted.

Knospe ['knɔspə] (**-, -n**) *f* bud.

knospen *vi* to bud.

knoten ['knoːtən] *vt* to knot; **K~** (**-s, -**) *m* knot; *(Haar)* bun; *(BOT)* node; *(MED)* lump.

Knotenpunkt *m* junction.

knuffen ['knʊfən] (*umg*) *vt* to cuff.

Knüller ['knʏlər] (**-s**, **-**) (*umg*) *m* hit; (*Reportage*) scoop.

knüpfen ['knʏpfən] *vt* to tie; (*Teppich*) to knot; (*Freundschaft*) to form.

Knüppel ['knʏpəl] (**-s**, **-**) *m* cudgel; (*Polizei~*) baton, truncheon; (*AVIAT*) (joy)stick; **jdm ~ zwischen die Beine werfen** (*fig*) to put a spoke in sb's wheel; **k~dick** (*umg*) *adj* very thick; (*fig*) thick and fast; **~schaltung** *f* (*AUT*) floor-mounted gear change.

knurren ['knʊrən] *vi* (*Hund*) to snarl, growl; (*Magen*) to rumble; (*Mensch*) to mutter.

knusp(e)rig ['knʊsp(ə)rɪç] *adj* crisp; (*Keks*) crunchy.

knutschen ['knuːtʃən] (*umg*) *vt* to snog with ♦ *vi*, *vr* to snog.

k. o. *adj* (*SPORT*) knocked out; (*fig: umg*) whacked.

Koalition [koalitsi'oːn] *f* coalition.

Kobalt ['koːbalt] (**-s**) *nt* cobalt.

Kobold ['koːbɔlt] (**-(e)s**, **-e**) *m* imp.

Kobra ['koːbra] (**-**, **-s**) *f* cobra.

Koch [kɔx] (**-(e)s**, **⁻e**) *m* cook; **~buch** *nt* cookery book, cookbook; **k~echt** *adj* (*Farbe*) fast.

kochen *vi* to cook; (*Wasser*) to boil ♦ *vt* (*Essen*) to cook; **er kochte vor Wut** (*umg*) he was seething; **etw auf kleiner Flamme ~** to simmer sth over a low heat.

Kocher (**-s**, **-**) *m* stove, cooker.

Köcher ['kœçər] (**-s**, **-**) *m* quiver.

Kochgelegenheit *f* cooking facilities *pl*.

Köchin ['kœçɪn] *f* cook.

Koch- *zW*: **~kunst** *f* cooking; **~löffel** *m* kitchen spoon; **~nische** *f* kitchenette; **~platte** *f* hotplate; **~salz** *nt* cooking salt; **~topf** *m* saucepan, pot; **~wäsche** *f* washing that can be boiled.

Kode [koːt] (**-s**, **-s**) *m* code.

Köder ['køːdər] (**-s**, **-**) *m* bait, lure.

ködern *vt* to lure, entice.

Koexistenz [koɛksɪs'tɛnts] *f* coexistence.

Koffein [kɔfe'iːn] (**-s**) *nt* caffeine; **k~frei** *adj* decaffeinated.

Koffer ['kɔfər] (**-s**, **-**) *m* suitcase; (*Schrank~*) trunk; **die ~ packen** (*lit*, *fig*) to pack one's bags; **~kuli** *m* (luggage) trolley (*BRIT*), cart (*US*); **~radio** *nt* portable radio; **~raum** *m* (*AUT*) boot (*BRIT*), trunk (*US*).

Kognak ['kɔnjak] (**-s**, **-s**) *m* brandy, cognac.

Kohl [koːl] (**-(e)s**, **-e**) *m* cabbage.

Kohldampf (*umg*) *m*: **~ haben** to be famished.

Kohle ['koːlə] (**-**, **-n**) *f* coal; (*Holz~*) charcoal; (*CHEM*) carbon; (*umg*: *Geld*): **die ~n stimmen** the money's right; **~hydrat** (**-(e)s**, **-e**) *nt* carbohydrate; **~kraftwerk** *nt* coal-fired power station.

kohlen ['koːlən] (*umg*) *vi* to tell white lies.

Kohlen- *zW*: **~bergwerk** *nt* coal mine, pit, colliery (*BRIT*); **~dioxid** (**-(e)s**, **-e**) *nt* carbon dioxide; **~grube** *f* coal mine, pit; **~händler** *m* coal merchant, coalman; **~säure** *f* carbon dioxide; **ein Getränk ohne ~säure** a non-fizzy *od* still drink; **~stoff** *m* carbon.

Kohlepapier *nt* carbon paper.

Köhler ['køːlər] (**-s**, **-**) *m* charcoal burner.

Kohlestift *m* charcoal pencil.

Kohlezeichnung *f* charcoal drawing.

Kohl- *zW*: **k~(pech)rabenschwarz** *adj* (*Haar*) jet-black; (*Nacht*) pitch-black; **~rübe** *f* turnip; **k~schwarz** *adj* coal-black.

Koitus ['koːitʊs] (**-**, **-** *od* **-se**) *m* coitus.

Koje ['koːjə] (**-**, **-n**) *f* cabin; (*Bett*) bunk.

Kokain [koka'iːn] (**-s**) *nt* cocaine.

kokett [ko'kɛt] *adj* coquettish, flirtatious.

kokettieren [koke'tiːrən] *vi* to flirt.

Kokosnuss▲ ['koːkɔsnʊs] *f* coconut.

Koks [koːks] (**-es**, **-e**) *m* coke.

Kolben ['kɔlbən] (**-s**, **-**) *m* (*Gewehr~*) butt; (*Keule*) club; (*CHEM*) flask; (*TECH*) piston; (*Mais~*) cob.

Kolchose [kɔl'çoːzə] (**-**, **-n**) *f* collective farm.

Kolik ['koːlɪk] *f* colic, gripe.

Kollaborateur(in) [kɔlabora'tøːr(ɪn)] *m(f)* (*POL*) collaborator.

Kollaps [kɔ'laps] (**-es**, **-e**) *m* collapse.

Kolleg [kɔl'eːk] (**-s**, **-s** *od* **-ien**) *nt* lecture course.

Kollege [kɔ'leːgə] (**-n**, **-n**) *m* colleague.

kollegial [kɔlegi'aːl] *adj* cooperative.

Kollegin [kɔ'leːgɪn] *f* colleague.

Kollegium *nt* board; (*SCH*) staff.

Kollekte [kɔ'lɛktə] (**-**, **-n**) *f* (*REL*) collection.

Kollektion [kɔlɛktsi'oːn] *f* collection; (*Sortiment*) range.

kollektiv [kɔlɛk'tiːf] *adj* collective.

Koller ['kɔlər] (**-s**, **-**) (*umg*) *m* (*Anfall*) funny mood; (*Wutanfall*) rage; (*Tropen~*, *Gefängnis~*) madness.

kollidieren [kɔli'diːrən] *vi* to collide; (*zeitlich*) to clash.

Kollier [kɔli'eː] (**-s**, **-s**) *nt* necklet, necklace.

Kollision [kɔlizi'oːn] *f* collision; (*zeitlich*) clash.

Kollisionskurs *m*: **auf ~ gehen** (*fig*) to be heading for trouble.

Köln [kœln] (**-s**) *nt* Cologne.

Kölnischwasser *nt* eau de Cologne.

kolonial [koloni'aːl] *adj* colonial; **K~macht** *f* colonial power; **K~warenhändler** *m* grocer.

Kolonie [kolo'niː] *f* colony.

kolonisieren [koloni'ziːrən] *vt* to colonize.

Kolonist(in) [kolo'nɪst(ɪn)] *m(f)* colonist.

Kolonne [ko'lɔnə] (**-**, **-n**) *f* column; (*von Fahrzeugen*) convoy.

Koloss▲ [ko'lɔs] (**-es**, **-e**) *m* colossus.

kolossal [kolo'saːl] *adj* colossal.

Kolumbianer(in) [kolumbi'aːnər(ɪn)] *m(f)* Columbian.

kolumbianisch *adj* Columbian.

Kolumbien [koˈlumbiən] (**-s**) *nt* Columbia.

Koma [ˈkoːma] (**-s, -s** *od* **-ta**) *nt* (*MED*) coma.

Kombi [ˈkɔmbi] (**-s, -s**) *m* (*AUT*) estate (car) (*BRIT*), station wagon (*US*).

Kombination [kɔmbinatsiˈoːn] *f* combination; (*Vermutung*) conjecture; (*Hemdhose*) combinations *pl*; (*AVIAT*) flying suit.

Kombinationsschloss▲ *nt* combination lock.

kombinieren [kɔmbiˈniːrən] *vt* to combine ♦ *vi* to deduce, work out; (*vermuten*) to guess.

Kombiwagen *m* (*AUT*) estate (car) (*BRIT*), station wagon (*US*).

Kombizange *f* (pair of) pliers.

Komet [koˈmeːt] (**-en, -en**) *m* comet.

kometenhaft *adj* (*fig: Aufstieg*) meteoric.

Komfort [kɔmˈfoːr] (**-s**) *m* luxury; (*von Möbel etc*) comfort; (*von Wohnung*) amenities *pl*; (*von Auto*) luxury features *pl*; (*von Gerät*) extras *pl*.

komfortabel [kɔmfɔrˈtaːbəl] *adj* comfortable.

Komik [ˈkoːmɪk] *f* humour (*BRIT*), humor (*US*), comedy; **~er** (**-s, -**) *m* comedian.

komisch [ˈkoːmɪʃ] *adj* funny; **mir ist so ~** (*umg*) I feel funny *od* strange *od* odd; **~erweise** [ˈkoːmɪʃərˈvaɪzə] *adv* funnily enough.

Komitee [komiˈteː] (**-s, -s**) *nt* committee.

Komm. *abk* (= *Kommission*) comm.

Komma [ˈkɔma] (**-s, -s** *od* **-ta**) *nt* comma; (*MATH*) decimal point; **fünf ~ drei** five point three.

Kommandant [kɔmanˈdant] *m* commander, commanding officer.

Kommandeur [kɔmanˈdøːr] *m* commanding officer.

kommandieren [kɔmanˈdiːrən] *vt* to command ♦ *vi* to command; (*Befehle geben*) to give orders.

Kommanditgesellschaft [kɔmanˈdiːtgəzelʃaft] *f* limited partnership.

Kommando [kɔˈmando] (**-s, -s**) *nt* command, order; (*Truppe*) detachment, squad; **auf ~** to order; **~brücke** *f* (*NAUT*) bridge; **~wirtschaft** *f* command economy.

kommen [ˈkɔmən] *unreg vi* to come; (*näher ~*) to approach; (*passieren*) to happen; (*gelangen, geraten*) to get; (*Blumen, Zähne, Tränen etc*) to appear; (*in die Schule, ins Gefängnis etc*) to go; **was kommt diese Woche im Kino?** what's on at the cinema this week? ♦ *vi unpers*: **es kam eins zum anderen** one thing led to another; **~ lassen** to send for; **in Bewegung ~** to start moving; **jdn besuchen ~** to come and visit sb; **das kommt davon!** see what happens?; **du kommst mir gerade recht** (*ironisch*) you're just what I need; **das kommt in den Schrank** that goes in the cupboard; **an etw** *akk* **~**

(*berühren*) to touch sth; (*sich verschaffen*) to get hold of sth; **auf etw** *akk* **~** (*sich erinnern*) to think of sth; (*sprechen über*) to get onto sth; **das kommt auf die Rechnung** that goes onto the bill; **hinter etw** *akk* **~** (*herausfinden*) to find sth out; **zu sich ~** to come round *od* to; **zu etw ~** to acquire sth; **um etw ~** to lose sth; **nichts auf jdn/etw ~ lassen** to have nothing said against sb/sth; **jdm frech ~** to get cheeky with sb; **auf jeden vierten kommt ein Platz** there's one place to every fourth person; **mit einem Anliegen ~** to have a request (to make); **wer kommt zuerst?** who's first?; **wer zuerst kommt, mahlt zuerst** (*Sprichwort*) first come first served; **unter ein Auto ~** to be run over by a car; **das kommt zusammen auf 20 DM** that comes to 20 marks altogether; **und so kam es, dass ...** and that is how it happened that ...; **daher kommt es, dass ...** that's why ...

Kommen (**-s**) *nt* coming.

kommend *adj* (*Jahr, Woche, Generation*) coming; (*Ereignisse, Mode*) future; (*Trend*) upcoming; (**am**) **~en Montag** next Monday.

Kommentar [kɔmɛnˈtaːr] *m* commentary; **kein ~** no comment; **k~los** *adj* without comment.

Kommentator [kɔmɛnˈtaːtɔr] *m* (*TV*) commentator.

kommentieren [kɔmɛnˈtiːrən] *vt* to comment on; **kommentierte Ausgabe** annotated edition.

kommerziell [kɔmɛrtsiˈɛl] *adj* commercial.

Kommilitone [kɔmiliˈtoːnə] (**-n, -n**) *m*, **Kommilitonin** *f* fellow student.

Kommiss▲ [kɔˈmɪs] (**-es**) *m* (life in the) army.

Kommissar [kɔmɪˈsaːr] *m* police inspector.

Kommissbrot▲ *nt* army bread.

Kommission [kɔmɪsiˈoːn] *f* (*COMM*) commission; (*Ausschuss*) committee; **in ~ geben** to give (to a dealer) for sale on commission.

Kommode [kɔˈmoːdə] (**-, -n**) *f* (chest of) drawers.

kommunal [kɔmuˈnaːl] *adj* local; (*von Stadt*) municipal; **K~abgaben** *pl* local rates and taxes *pl*; **K~politik** *f* local government politics; **K~verwaltung** *f* local government; **K~wahlen** *pl* local (government) elections *pl*.

Kommune [kɔˈmuːnə] (**-, -n**) *f* commune.

Kommunikation [kɔmunɪkatsiˈoːn] *f* communication.

Kommunikee▲ [kɔmyniˈkeː] (**-s, -s**) *nt* = **Kommuniqué**.

Kommunion [kɔmuniˈoːn] *f* communion.

Kommuniqué [kɔmyniˈkeː] (**-s, -s**) *nt* communiqué.

Kommunismus [kɔmuˈnɪsmʊs] *m* communism.

Kommunist(in) [kɔmu'nɪst(ɪn)] *m(f)* communist; **k~isch** *adj* communist.
kommunizieren [kɔmuni'tsiːrən] *vi* to communicate; (*ECCL*) to receive communion.
Komödiant [komødi'ant] *m* comedian; **~in** *f* comedienne.
Komödie [ko'møːdiə] *f* comedy; **~ spielen** (*fig*) to put on an act.
Kompagnon [kɔmpan'jõː] (**-s, -s**) *m* (*COMM*) partner.
kompakt [kɔm'pakt] *adj* compact.
Kompaktanlage *f* (*RUNDF*) audio system.
Kompanie [kɔmpa'niː] *f* company.
Komparativ ['kɔmparatiːf] (**-s, -e**) *m* comparative.
Kompass▲ ['kɔmpas] (**-es, -e**) *m* compass.
kompatibel [kɔmpa'tiːbəl] *adj* (*auch COMPUT*) compatible.
Kompatibilität [kɔmpatibili'tɛːt] *f* (*auch COMPUT*) compatibility.
kompensieren [kɔmpen'ziːrən] *vt* to compensate for, offset.
kompetent [kɔmpe'tɛnt] *adj* competent.
Kompetenz *f* competence, authority; **~streitigkeiten** *pl* dispute over respective areas of responsibility.
komplett [kɔm'plɛt] *adj* complete.
komplex [kɔm'plɛks] *adj* complex; **K~** (**-es, -e**) *m* complex.
Komplikation [kɔmplikatsi'oːn] *f* complication.
Kompliment [kɔmpli'mɛnt] *nt* compliment.
Komplize [kɔm'pliːtsə] (**-n, -n**) *m* accomplice.
komplizieren [kɔmpli'tsiːrən] *vt* to complicate.
kompliziert *adj* complicated; (*MED: Bruch*) compound.
Komplizin [kɔm'pliːtsɪn] *f* accomplice.
Komplott [kɔm'plɔt] (**-(e)s, -e**) *nt* plot.
komponieren [kɔmpo'niːrən] *vt* to compose.
Komponist(in) [kɔmpo'nɪst(ɪn)] *m(f)* composer.
Komposition [kɔmpozitsi'oːn] *f* composition.
Kompost [kɔm'pɔst] (**-(e)s, -e**) *m* compost; **~haufen** *m* compost heap.
Kompott [kɔm'pɔt] (**-(e)s, -e**) *nt* stewed fruit.
Kompresse [kɔm'prɛsə] (**-, -n**) *f* compress.
Kompressor [kɔm'prɛsɔr] *m* compressor.
Kompromiss▲ [kɔmpro'mɪs] (**-es, -e**) *m* compromise; **einen ~ schließen** to compromise; **k~bereit** *adj* willing to compromise; **~lösung** *f* compromise solution.
kompromittieren [kɔmprɔmɪ'tiːrən] *vt* to compromise.
Kondensation [kɔndɛnzatsi'oːn] *f* condensation.
Kondensator [kɔndɛn'zaːtɔr] *m* condenser.
kondensieren [kɔndɛn'ziːrən] *vt* to condense.

Kondensmilch *f* condensed milk.
Kondensstreifen *m* vapour (*BRIT*) *od* vapor (*US*) trail.
Kondition [kɔnditsi'oːn] *f* condition, shape; (*Durchhaltevermögen*) stamina.
Konditionalsatz [kɔnditsio'naːlzats] *m* conditional clause.
Konditionstraining *nt* fitness training.
Konditor [kɔn'diːtɔr] *m* pastry-cook.
Konditorei [kɔndito'raɪ] *f* cake shop; (*mit Café*) café.
kondolieren [kɔndo'liːrən] *vi:* **jdm ~** to condole with sb, offer sb one's condolences.
Kondom [kɔn'doːm] (**-s, -e**) *m or nt* condom.
Konfektion [kɔnfɛktsi'oːn] *f* (production of) ready-to-wear *od* off-the-peg clothing.
Konfektionsgröße *f* clothes size.
Konfektionskleidung *f* ready-to-wear *od* off-the-peg clothing.
Konferenz [kɔnfe'rɛnts] *f* conference; (*Besprechung*) meeting; **~schaltung** *f* (*TEL*) conference circuit; (*RUNDF, TV*) television *od* radio link-up.
konferieren [kɔnfe'riːrən] *vi* to confer; to have a meeting.
Konfession [kɔnfɛsi'oːn] *f* religion; (*christlich*) denomination; **k~ell** [-'nɛl] *adj* denominational.
Konfessions- *zW:* **k~gebunden** *adj* denominational; **k~los** *adj* non-denominational; **~schule** *f* denominational school.
Konfetti [kɔn'fɛti] (**-(s)**) *nt* confetti.
Konfiguration [kɔnfiguratsi'oːn] *f* (*COMPUT*) configuration.
Konfirmand(in) [kɔnfɪr'mant, -'mandɪn] *m(f)* candidate for confirmation.
Konfirmation [kɔnfɪrmatsi'oːn] *f* (*ECCL*) confirmation.
konfirmieren [kɔnfɪr'miːrən] *vt* to confirm.
konfiszieren [kɔnfɪs'tsiːrən] *vt* to confiscate.
Konfitüre [kɔnfi'tyːrə] (**-, -n**) *f* jam.
Konflikt [kɔn'flɪkt] (**-(e)s, -e**) *m* conflict; **~herd** *m* (*POL*) centre (*BRIT*) *od* center (*US*) of conflict; **~stoff** *m* cause of conflict.
konform [kɔn'fɔrm] *adj* concurring; **~ gehen** to be in agreement.
Konfrontation [kɔnfrɔntatsi'oːn] *f* confrontation.
konfrontieren [kɔnfrɔn'tiːrən] *vt* to confront.
konfus [kɔn'fuːs] *adj* confused.
Kongo ['kɔŋgo] (**-(s)**) *m* Congo.
Kongress▲ [kɔn'grɛs] (**-es, -e**) *m* congress.
Kongruenz [kɔngru'ɛnts] *f* agreement, congruence.
König ['køːnɪç] (**-(e)s, -e**) *m* king.
Königin [køːnɪgɪn] *f* queen.
königlich *adj* royal ♦ *adv:* **sich ~ amüsieren** (*umg*) to have the time of one's life.
Königreich *nt* kingdom.

Königtum ['køːnɪçtuːm] (-(e)s, -tümer) *nt* kingship; (*Reich*) kingdom.
konisch ['koːnɪʃ] *adj* conical.
Konj. *abk* (= *Konjunktiv*) conj.
Konjugation [kɔnjugatsi'oːn] *f* conjugation.
konjugieren [kɔnju'giːrən] *vt* to conjugate.
Konjunktion [kɔnjʊŋktsi'oːn] *f* conjunction.
Konjunktiv ['kɔnjʊŋktiːf] (-s, -e) *m* subjunctive.
Konjunktur [kɔnjʊŋk'tuːr] *f* economic situation; (*Hoch~*) boom; **steigende/fallende** ~ upward/downward economic trend; **~barometer** *nt* economic indicators *pl*; **~loch** *nt* temporary economic dip; **~politik** *f* policies aimed at preventing economic fluctuations.
konkav [kɔn'kaːf] *adj* concave.
konkret [kɔn'kreːt] *adj* concrete.
Konkurrent(in) [kɔnkʊ'rɛnt(ɪn)] *m(f)* competitor.
Konkurrenz [kɔnkʊ'rɛnts] *f* competition; **jdm** ~ **machen** (*COMM, fig*) to compete with sb; **k~fähig** *adj* competitive; **~kampf** *m* competition; (*umg*) rat race.
konkurrieren [kɔnkʊ'riːrən] *vi* to compete.
Konkurs [kɔn'kʊrs] (-es, -e) *m* bankruptcy; **in** ~ **gehen** to go into receivership; ~ **machen** (*umg*) to go bankrupt; **~verfahren** *nt* bankruptcy proceedings *pl*; **~verwalter** *m* receiver; (*von Gläubigern bevollmächtigt*) trustee.

==================== *SCHLÜSSELWORT*

können ['kœnən] (*pt* **konnte**, *pp* **gekonnt** *od (als Hilfsverb)* **können**) *vt, vi* **1** to be able to; **ich kann es machen** I can do it, I am able to do it; **ich kann es nicht machen** I can't do it, I'm not able to do it; **ich kann nicht** ... I can't ..., I cannot ...; **was** ~ **Sie?** what can you do?; **ich kann nicht mehr** I can't go on; **ich kann nichts dafür** I can't help it; **du kannst mich (mal)!** (*umg*) get lost!
2 (*wissen, beherrschen*) to know; ~ **Sie Deutsch?** can you speak German?; **er kann gut Englisch** he speaks English well; **sie kann keine Mathematik** she can't do mathematics.
3 (*dürfen*) to be allowed to; **kann ich gehen?** can I go?; **könnte ich ...?** could I ...?; **kann ich mit?** (*umg*) can I come with you?
4 (*möglich sein*): **Sie könnten Recht haben** you may be right; **das kann sein** that's possible; **kann sein** maybe.

Können (-s) *nt* ability.
Könner (-s, -) *m* expert.
Konnossement [kɔnɔsə'mɛnt] *nt* (*Export*) bill of lading.
konnte *etc* ['kɔntə] *vb siehe* **können**.
konsequent [kɔnze'kvɛnt] *adj* consistent; **ein**

Ziel ~ **verfolgen** to pursue an objective single-mindedly.
Konsequenz [kɔnze'kvɛnts] *f* consistency; (*Folgerung*) conclusion; **die ~en tragen** to take the consequences; (**aus etw**) **die ~en ziehen** to take the appropriate steps.
konservativ [kɔnzɛrva'tiːf] *adj* conservative.
Konservatorium [kɔnzɛrva'toːriʊm] *nt* academy of music, conservatory.
Konserve [kɔn'zɛrvə] (-, -n) *f* tinned (*BRIT*) *od* canned food.
Konservenbüchse *f*, **Konservendose** *f* tin (*BRIT*), can.
konservieren [kɔnzɛr'viːrən] *vt* to preserve.
Konservierung *f* preservation.
Konservierungsstoff *m* preservative.
Konsole [kɔnzo'lə] *f* games console.
konsolidiert [kɔnzoli'diːrt] *adj* consolidated.
Konsolidierung *f* consolidation.
Konsonant [kɔnzo'nant] *m* consonant.
Konsortium [kɔn'zɔrtsiʊm] *nt* consortium, syndicate.
konspirativ [kɔnspira'tiːf] *adj*: **~e Wohnung** conspirators' hideaway.
konstant [kɔn'stant] *adj* constant.
Konstellation [kɔnstɛlatsi'oːn] *f* constellation; (*fig*) line-up; (*von Faktoren etc*) combination.
Konstitution [kɔnstitutsi'oːn] *f* constitution.
konstitutionell [kɔnstitutsio'nɛl] *adj* constitutional.
konstruieren [kɔnstru'iːrən] *vt* to construct.
Konstrukteur(in) [kɔnstrʊk'tøːr(ɪn)] *m(f)* designer.
Konstruktion [kɔnstrʊktsi'oːn] *f* construction.
Konstruktionsfehler *m* (*im Entwurf*) design fault; (*im Aufbau*) structural defect.
konstruktiv [kɔnstrʊk'tiːf] *adj* constructive.
Konsul ['kɔnzʊl] (-s, -n) *m* consul.
Konsulat [kɔnzʊ'laːt] (-(e)s, -e) *nt* consulate.
konsultieren [kɔnzʊl'tiːrən] *vt* to consult.
Konsum¹ [kɔn'zuːm] (-s) *m* consumption.
Konsum² ['kɔnzuːm] (-s, -s) *m* (*Genossenschaft*) cooperative society; (*Laden*) cooperative store, co-op (*umg*).
Konsumartikel *m* consumer article.
Konsument [kɔnzu'mɛnt] *m* consumer.
Konsumgesellschaft *f* consumer society.
konsumieren [kɔnzu'miːrən] *vt* to consume.
Konsumterror *m* pressures *pl* of a materialistic society.
Konsumzwang *m* compulsion to buy.
Kontakt [kɔn'takt] (-(e)s, -e) *m* contact; **mit jdm** ~ **aufnehmen** to get in touch with sb; **~anzeige** *f* lonely hearts ad; **k~arm** *adj* unsocial; **k~freudig** *adj* sociable.
kontaktieren [kɔntak'tiːrən] *vt* to contact.
Kontakt- *zW*: **~linsen** *f* contact lenses *pl*; **~mann** (-(e)s, *pl* -männer) *m* (*Agent*) contact; **~sperre** *f* ban on visits and letters (*to a prisoner*).

Spelling Reform: ▲ *new spelling* △ *old spelling (to be phased out)*

Konterfei ['kɔntərfaɪ] (-s, -s) *nt* likeness, portrait.

kontern ['kɔntərn] *vt, vi* to counter.

Konterrevolution ['kɔntərrevolutsioːn] *f* counter-revolution.

Kontinent [kɔnti'nɛnt] *m* continent.

Kontingent [kɔntɪŋ'gɛnt] (-(e)s, -e) *nt* quota; (*Truppen~*) contingent.

kontinuierlich [kɔntinu'iːrlɪç] *adj* continuous.

Kontinuität [kɔntinui'tɛːt] *f* continuity.

Konto ['kɔnto] (-s, **Konten**) *nt* account; **das geht auf mein ~** (*umg: ich bin schuldig*) I am to blame for this; (*ich zahle*) this is on me (*umg*); **~auszug** *m* statement (of account); **~inhaber(in)** *m(f)* account holder.

Kontor [kɔn'toːr] (-s, -e) *nt* office.

Kontorist(in) [kɔnto'rɪst(ɪn)] *m(f)* clerk, office worker.

Kontostand *m* bank balance.

kontra ['kɔntra] *präp +akk* against; (*JUR*) versus.

Kontra (-s, -s) *nt* (*KARTEN*) double; **jdm ~ geben** (*fig*) to contradict sb.

Kontrabass▲ *m* double bass.

Kontrahent [-'hɛnt] *m* contracting party; (*Gegner*) opponent.

Kontrapunkt *m* counterpoint.

Kontrast [kɔn'trast] (-(e)s, -e) *m* contrast.

Kontrollabschnitt *m* (*COMM*) counterfoil, stub.

Kontrollampe△ [kɔn'trɔllampə] *f siehe* **Kontrolllampe**.

Kontrolle [kɔn'trɔlə] (-, -n) *f* control, supervision; (*Pass~*) passport control.

Kontrolleur [kɔntrɔ'løːr] *m* inspector.

kontrollieren [kɔntrɔ'liːrən] *vt* to control, supervise; (*nachprüfen*) to check.

Kontrolllampe▲ [kɔn'trɔllampə] *f* pilot lamp; (*AUT: für Ölstand etc*) warning light.

Kontrollturm *m* control tower.

Kontroverse [kɔntro'vɛrzə] (-, -n) *f* controversy.

Kontur [kɔn'tuːr] *f* contour.

Konvention [kɔnvɛntsi'oːn] *f* convention.

Konventionalstrafe [kɔnvɛntsio'naːlʃtraːfə] *f* penalty *od* fine (*for breach of contract*).

konventionell [kɔnvɛntsio'nɛl] *adj* conventional.

Konversation [kɔnvɛrzatsi'oːn] *f* conversation.

Konversationslexikon *nt* encyclopaedia.

konvex [kɔn'vɛks] *adj* convex.

Konvoi ['kɔnvɔy] (-s, -s) *m* convoy.

Konzentrat [kɔntsɛn'traːt] (-s, -e) *nt* concentrate.

Konzentration [kɔntsɛntratsi'oːn] *f* concentration.

Konzentrationsfähigkeit *f* power of concentration.

Konzentrationslager *nt* concentration camp.

konzentrieren [kɔntsɛn'triːrən] *vt, vr* to concentrate.

konzentriert *adj* concentrated ♦ *adv* (*zuhören, arbeiten*) intently.

Konzept [kɔn'tsɛpt] (-(e)s, -e) *nt* rough draft; (*Plan, Programm*) plan; (*Begriff, Vorstellung*) concept; **jdn aus dem ~ bringen** to confuse sb; **~papier** *nt* rough paper.

Konzern [kɔn'tsɛrn] (-s, -e) *m* combine.

Konzert [kɔn'tsɛrt] (-(e)s, -e) *nt* concert; (*Stück*) concerto; **~saal** *m* concert hall.

Konzession [kɔntsɛsi'oːn] *f* licence (*BRIT*), license (*US*); (*Zugeständnis*) concession; **die ~ entziehen** +*dat* (*COMM*) to disenfranchise.

Konzessionär [kɔntsɛsio'nɛːr] (-s, -e) *m* concessionaire.

konzessionieren [kɔntsɛsio'niːrən] *vt* to license.

Konzil [kɔn'tsiːl] (-s, -e *od* -ien) *nt* council.

konzipieren [kɔntsi'piːrən] *vt* to conceive; (*entwerfen*) to design.

kooperativ [ko|opera'tiːf] *adj* cooperative.

kooperieren [ko|ope'riːrən] *vi* to cooperate.

koordinieren [ko|ɔrdi'niːrən] *vt* to coordinate.

Kopenhagen [koːpən'haːgən] (-s) *nt* Copenhagen.

Kopf [kɔpf] (-(e)s, ̈-e) *m* head; **~ hoch!** chin up!; **~ an ~** shoulder to shoulder; (*SPORT*) neck and neck; **pro ~** per person *od* head; **~ oder Zahl?** heads or tails?; **jdm den ~ waschen** (*fig: umg*) to give sb a piece of one's mind; **jdm über den ~ wachsen** (*lit*) to outgrow sb; (*fig: Sorgen etc*) to be more than sb can cope with; **jdn vor den ~ stoßen** to antagonize sb; **sich** *dat* **an den ~ fassen** (*fig*) to be speechless; **sich** *dat* **über etw** *akk* **den ~ zerbrechen** to rack one's brains over sth; **sich** *dat* **etw durch den ~ gehen lassen** to think about sth; **sich** *dat* **etw aus dem ~ schlagen** to put sth out of one's mind; ... **und wenn du dich auf den ~ stellst!** (*umg*) ... no matter what you say/do!; **er ist nicht auf den ~ gefallen** he's no fool; **~bahnhof** *m* terminus station; **~bedeckung** *f* headgear.

Köpfchen ['kœpfçən] *nt*: **~ haben** to be brainy.

köpfen ['kœpfən] *vt* to behead; (*Baum*) to lop; (*Ei*) to take the top off; (*Ball*) to head.

Kopf- *zW*: **~ende** *nt* head; **~haut** *f* scalp; **~hörer** *m* headphone; **~kissen** *nt* pillow; **k~lastig** *adj* (*fig*) completely rational; **k~los** *adj* panic-stricken; **~losigkeit** *f* panic; **k~rechnen** *vi* to do mental arithmetic; **~salat** *m* lettuce; **k~scheu** *adj*: **jdn k~scheu machen** to intimidate sb; **~schmerzen** *pl* headache *sing*; **~sprung** *m* header, dive; **~stand** *m* headstand; **~steinpflaster** *nt*: **eine Straße mit ~steinpflaster** a cobbled street; **~stütze** *f* headrest; (*im Auto*) head restraint;

~**tuch** *nt* headscarf; **k~über** *adv* head-first;
~**weh** *nt* headache; ~**zerbrechen** *nt*: **jdm**
~**zerbrechen machen** to give sb a lot of
headaches.
Kopie [ko'pi:] *f* copy.
kopieren [ko'pi:rən] *vt* to copy.
Kopierer (**-s, -**) *m* (photo)copier.
Kopilot(in) ['ko:pilo:t(in)] *m(f)* co-pilot.
Koppel[1] ['kɔpəl] (**-, -n**) *f* (*Weide*) enclosure.
Koppel[2] ['kɔpəl] (**-s, -**) *nt* (*Gürtel*) belt.
koppeln *vt* to couple.
Koppelung *f* coupling.
Koppelungsmanöver *nt* docking manoeuvre
(*BRIT*) *od* maneuver (*US*).
Koralle [ko'ralə] (**-, -n**) *f* coral.
Korallenkette *f* coral necklace.
Korallenriff *nt* coral reef.
Korb [kɔrp] (**-(e)s, ⁻e**) *m* basket; **jdm einen**
~ **geben** (*fig*) to turn sb down; ~**ball** *m*
basketball.
Körbchen ['kœrpçən] *nt* (*von Büstenhalter*) cup.
Korbstuhl *m* wicker chair.
Kord [kɔrt] (**-(e)s, -e**) *m* corduroy.
Kordel ['kɔrdəl] (**-, -n**) *f* cord, string.
Korea [ko'reːa] (**-s**) *nt* Korea.
Koreaner(in) (**-s, -**) *m(f)* Korean.
Korfu ['kɔrfu] (**-s**) *nt* Corfu.
Korinthe [ko'rɪntə] (**-, -n**) *f* currant.
Korinthenkacker [ko'rɪntənkakər] (**-s, -**)
(*umg*) *m* fusspot, hair-splitter.
Kork [kɔrk] (**-(e)s, -e**) *m* cork.
Korken (**-s, -**) *m* stopper, cork; ~**zieher** (**-s, -**)
m corkscrew.
Korn[1] [kɔrn] (**-(e)s, ⁻er**) *nt* corn, grain.
Korn[2] [kɔrn] (**-(e)s, -e**) *nt* (*Gewehr*) sight; **etw**
aufs ~ **nehmen** (*fig*: *umg*) to hit out at sth.
Korn[3] [kɔrn] (**-, -s**) *m* (*Kornbranntwein*) corn
schnapps.
Kornblume *f* cornflower.
Körnchen ['kœrnçən] *nt* grain, granule.
körnig ['kœrniç] *adj* granular, grainy.
Kornkammer *f* granary.
Körnung ['kœrnʊŋ] *f* (*TECH*) grain size; (*PHOT*)
granularity.
Körper ['kœrpər] (**-s, -**) *m* body; ~**bau** *m* build;
k~behindert *adj* disabled; ~**geruch** *m* body
odour (*BRIT*) *od* odor (*US*); ~**gewicht** *nt*
weight; ~**größe** *f* height; ~**haltung** *f*
carriage, deportment; **k~lich** *adj* physical;
k~liche Arbeit manual work; ~**pflege** *f*
personal hygiene; ~**schaft** *f* corporation;
~**schaft des öffentlichen Rechts** public
corporation *od* body; ~**schaftssteuer** *f*
corporation tax; ~**sprache** *f* body language;
~**teil** *m* part of the body; ~**verletzung** *f*
(*JUR*): **schwere ~verletzung** grievous bodily
harm.
Korps [koːr] (**-, -**) *nt* (*MIL*) corps; (*UNIV*)
students' club.
korpulent [kɔrpu'lɛnt] *adj* corpulent.

korrekt [kɔ'rɛkt] *adj* correct; **K~heit** *f*
correctness.
Korrektor(in) [kɔ'rɛktɔr, -'toːrɪn] (**-s, -**) *m(f)*
proofreader.
Korrektur [kɔrɛk'tuːr] *f* (*eines Textes*)
proofreading; (*Text*) proof; (*SCH*) marking,
correction; (**bei etw**) ~ **lesen** to proofread
(sth); ~**fahne** *f* (*TYP*) proof.
Korrespondent(in) [kɔrɛspɔn'dɛnt(ɪn)] *m(f)*
correspondent.
Korrespondenz [kɔrɛspɔn'dɛnts] *f*
correspondence; ~**qualität** *f* (*Drucker*) letter
quality.
korrespondieren [kɔrɛspɔn'diːrən] *vi* to
correspond.
Korridor ['kɔridoːr] (**-s, -e**) *m* corridor.
korrigieren [kɔri'giːrən] *vt* to correct;
(*Meinung, Einstellung*) to change.
Korrosion [kɔrozi'oːn] *f* corrosion.
Korrosionsschutz *m* corrosion protection.
korrumpieren [kɔrʊm'piːrən] *vt* (*auch*
COMPUT) to corrupt.
korrupt [kɔ'rʊpt] *adj* corrupt.
Korruption [kɔrʊptsi'oːn] *f* corruption.
Korsett [kɔr'zɛt] (**-(e)s, -e**) *nt* corset.
Korsika ['kɔrzika] (**-s**) *nt* Corsica.
Koseform ['koːzəfɔrm] *f* pet form.
kosen *vt* to caress ♦ *vi* to bill and coo.
Kosename *m* pet name.
Kosewort *nt* term of endearment.
Kosmetik [kɔs'meːtɪk] *f* cosmetics *pl*.
Kosmetikerin *f* beautician.
kosmetisch *adj* cosmetic; (*Chirurgie*) plastic.
kosmisch ['kɔsmɪʃ] *adj* cosmic.
Kosmonaut [kɔsmo'naʊt] (**-en, -en**) *m*
cosmonaut.
Kosmopolit [kɔsmopo'liːt] (**-en, -en**) *m*
cosmopolitan; **k~isch** [-po'liːtɪʃ] *adj*
cosmopolitan.
Kosmos ['kɔsmɔs] (**-**) *m* cosmos.
Kost [kɔst] (**-**) *f* (*Nahrung*) food; (*Verpflegung*)
board; ~ **und Logis** board and lodging.
kostbar *adj* precious; (*teuer*) costly,
expensive; **K~keit** *f* preciousness;
costliness, expensiveness; (*Wertstück*)
treasure.
Kosten *pl* cost(s); (*Ausgaben*) expenses *pl*; **auf**
~ **von** at the expense of; **auf seine**
~ **kommen** (*fig*) to get one's money's worth.
kosten *vt* to cost; (*versuchen*) to taste ♦ *vi* to
taste; **koste es, was es wolle** whatever the
cost.
Kosten- *zW*: ~**anschlag** *m* estimate;
k~deckend *adj* cost-effective; ~**erstattung** *f*
reimbursement of expenses; ~**kontrolle** *f*
cost control; **k~los** *adj* free (of charge); ~**-**
Nutzen-Analyse *f* cost-benefit analysis;
k~pflichtig *adj*: **ein Auto k~pflichtig**
abschleppen to tow away a car at the
owner's expense; ~**stelle** *f* (*COMM*) cost

centre (*BRIT*) *od* center (*US*); ~**voranschlag** *m* (costs) estimate.

Kostgeld *nt* board.

köstlich ['kœstlıç] *adj* precious; (*Einfall*) delightful; (*Essen*) delicious; **sich ~ amüsieren** to have a marvellous time.

Kostprobe *f* taste; (*fig*) sample.

kostspielig *adj* expensive.

Kostüm [kɔs'tyːm] (**-s, -e**) *nt* costume; (*Damen~*) suit; ~**fest** *nt* fancy-dress party.

kostümieren [kɔsty'miːrən] *vt, vr* to dress up.

Kostümprobe *f* (*THEAT*) dress rehearsal.

Kostümverleih *m* costume agency.

Kot [koːt] (**-(e)s**) *m* excrement.

Kotelett [kotə'lɛt] (**-(e)s, -e** *od* **-s**) *nt* cutlet, chop.

Koteletten *pl* sideboards *pl* (*BRIT*), sideburns *pl* (*US*).

Köter ['køːtər] (**-s, -**) *m* cur.

Kotflügel *m* (*AUT*) wing.

kotzen ['kɔtsən] (*umg!*) *vi* to puke (*!*), throw up; **das ist zum K~** it makes you sick.

KP (**-, -s**) *f abk* (= *Kommunistische Partei*) C.P.

KPÖ (**-**) *f abk* (= *Kommunistische Partei Österreichs*) Austrian Communist Party.

Kr. *abk* = *Kreis*.

Krabbe ['krabə] (**-, -n**) *f* shrimp.

krabbeln *vi* to crawl.

Krach [krax] (**-(e)s, -s** *od* **-e**) *m* crash; (*andauernd*) noise; (*umg: Streit*) quarrel, argument; ~ **schlagen** to make a fuss; **k~en** *vi* to crash; (*beim Brechen*) to crack ♦ *vr* (*umg*) to argue, quarrel.

krächzen ['krɛçtsən] *vi* to croak.

Kräcker ['krɛkər] (**-s, -**) *m* (*KOCH*) cracker.

kraft [kraft] *präp +gen* by virtue of.

Kraft (**-, ̈-e**) *f* strength; (*von Stimme, fig*) power, force; (*Arbeits~*) worker; **mit vereinten Kräften werden wir ...** if we combine our efforts we will ...; **nach (besten) Kräften** to the best of one's abilities; **außer ~ sein** (*JUR: Geltung*) to be no longer in force; **in ~ treten** to come into effect.

Kraft- *zW:* ~**aufwand** *m* effort; ~**ausdruck** *m* swearword; ~**brühe** *f* beef tea.

Kräfteverhältnis ['krɛftəferhɛltnɪs] *nt* (*POL*) balance of power; (*von Mannschaften etc*) relative strength.

Kraftfahrer *m* motor driver.

Kraftfahrzeug *nt* motor vehicle; ~**brief** *m* (*AUT*) logbook (*BRIT*), motor-vehicle registration certificate (*US*); ~**schein** *m* (*AUT*) car licence (*BRIT*) *od* license (*US*); ~**steuer** *f* ≈ road tax.

kräftig ['krɛftıç] *adj* strong; (*Suppe, Essen*) nourishing; ~**en** ['krɛftıgən] *vt* to strengthen.

Kraft- *zW:* ~**los** *adj* weak; powerless; (*JUR*) invalid; ~**meierei** (*umg*) *f* showing off of physical strength; ~**probe** *f* trial of

strength; ~**rad** *nt* motorcycle; ~**stoff** *m* fuel; ~**training** *nt* weight training; **k~voll** *adj* vigorous; ~**wagen** *m* motor vehicle; ~**werk** *nt* power station; ~**werker** *m* power station worker.

Kragen ['kraːgən] (**-s, -**) *m* collar; **da ist mir der ~ geplatzt** (*umg*) I blew my top; **es geht ihm an den ~** (*umg*) he's in for it; ~**weite** *f* collar size; **das ist nicht meine ~weite** (*fig: umg*) that's not my cup of tea.

Krähe ['krɛːə] (**-, -n**) *f* crow.

krähen *vi* to crow.

krakeelen [kra'keːlən] (*umg*) *vi* to make a din.

krakelig ['kraːkəlıç] (*umg*) *adj* (*Schrift*) scrawly, spidery.

Kralle ['kralə] (**-, -n**) *f* claw; (*Vogel~*) talon.

krallen *vt* to clutch; (*krampfhaft*) to claw.

Kram [kraːm] (**-(e)s**) *m* stuff, rubbish; **den ~ hinschmeißen** (*umg*) to chuck the whole thing; **k~en** *vi* to rummage; ~**laden** (*pej*) *m* small shop.

Krampf [krampf] (**-(e)s, ̈-e**) *m* cramp; (*zuckend*) spasm; (*Unsinn*) rubbish; ~**ader** *f* varicose vein; **k~haft** *adj* convulsive; (*fig: Versuche*) desperate.

Kran [kraːn] (**-(e)s, ̈-e**) *m* crane; (*Wasser~*) tap (*BRIT*), faucet (*US*).

Kranich ['kraːnıç] (**-s, -e**) *m* (*ZOOL*) crane.

krank [kraŋk] *adj* ill, sick; **das macht mich ~!** (*umg*) it gets on my nerves!, it drives me round the bend!; **sich ~ stellen** to pretend to be ill, malinger.

Kranke(r) *f(m)* sick person, invalid; (*Patient*) patient.

kränkeln ['krɛŋkəln] *vi* to be in bad health.

kranken ['kraŋkən] *vi*: **an etw** *dat* ~ (*fig*) to suffer from sth.

kränken ['krɛŋkən] *vt* to hurt.

Kranken- *zW:* ~**bericht** *m* medical report; ~**besuch** *m* visit to a sick person; ~**geld** *nt* sick pay; ~**geschichte** *f* medical history; ~**gymnastik** *f* physiotherapy; ~**haus** *nt* hospital; ~**kasse** *f* health insurance; ~**pfleger** *m* orderly; (*mit Schwesternausbildung*) male nurse; ~**pflegerin** *f* nurse; ~**schein** *m* medical insurance certificate; ~**schwester** *f* nurse; ~**versicherung** *f* health insurance; ~**wagen** *m* ambulance.

krankfeiern (*umg*) *vi* to be off sick; (*vortäuschend*) to skive (*BRIT*).

krankhaft *adj* diseased; (*Angst etc*) morbid; **sein Geiz ist schon ~** his meanness is almost pathological.

Krankheit *f* illness; disease; **nach langer schwerer ~** after a long serious illness.

Krankheitserreger *m* disease-causing agent.

kränklich ['krɛŋklıç] *adj* sickly.

krankmelden▲ *vr* to let one's boss *etc* know that one is ill; (*telefonisch*) to phone in sick;

(bes MIL) to report sick.
krankschreiben▲ unreg vt to give sb a medical certificate; (bes MIL) to put sb on the sick list.
Kränkung f insult, offence (BRIT), offense (US).
Kranz [krants] (-es, ⁻e) m wreath, garland.
Kränzchen ['krɛntsçən] nt small wreath; (fig: Kaffee~) coffee circle.
Krapfen ['krapfən] (-s, -) m fritter; (Berliner) doughnut (BRIT), donut (US).
krass▲ [kras] adj crass; (Unterschied) extreme.
Krater ['kra:tər] (-s, -) m crater.
Kratzbürste ['kratsbʏrstə] f (fig) crosspatch.
Krätze ['krɛtsə] f (MED) scabies sing.
kratzen ['kratsən] vt, vi to scratch; (ab~): etw von etw ~ to scrape sth off sth.
Kratzer (-s, -) m scratch; (Werkzeug) scraper.
Kraul [kraʊl] (-s) nt (auch: ~schwimmen) crawl; **k~en** vi (schwimmen) to do the crawl ♦ vt (streicheln) to tickle.
kraus [kraʊs] adj crinkly; (Haar) frizzy; (Stirn) wrinkled.
Krause ['kraʊzə] (-, -n) f frill, ruffle.
kräuseln ['krɔʏzəln] vt (Haar) to make frizzy; (Stoff) to gather; (Stirn) to wrinkle ♦ vr (Haar) to go frizzy; (Stirn) to wrinkle; (Wasser) to ripple.
Kraut [kraʊt] (-(e)s, Kräuter) nt plant; (Gewürz) herb; (Gemüse) cabbage; **dagegen ist kein ~ gewachsen** (fig) there's nothing anyone can do about that; **ins ~ schießen** (lit) to run to seed; (fig) to get out of control; **wie ~ und Rüben** (umg) extremely untidy.
Kräutertee ['krɔʏtərte:] m herb tea.
Krawall [kra'val] (-s, -e) m row, uproar.
Krawatte [kra'vatə] (-, -n) f tie.
kreativ [krea'ti:f] adj creative.
Kreativität [kreativi'tɛ:t] f creativity.
Kreatur [krea'tu:r] f creature.
Krebs [kre:ps] (-es, -e) m crab; (MED) cancer; (ASTROL) Cancer; **~ erregend** carcinogenic; **k~krank** adj suffering from cancer; **k~krank sein** to have cancer; **~kranke(r)** f(m) cancer victim; (Patient) cancer patient; **k~rot** adj red as a lobster.
Kredit [kre'di:t] (-(e)s, -e) m credit; (Darlehen) loan; (fig) standing; **~drosselung** f credit squeeze; **k~fähig** adj creditworthy; **~grenze** f credit limit; **~hai** (umg) m loan-shark; **~karte** f credit card; **~konto** nt credit account; **~politik** f lending policy; **k~würdig** adj creditworthy; **~würdigkeit** f creditworthiness, credit status.
Kreide ['kraɪdə] (-, -n) f chalk; **bei jdm (tief) in der ~ stehen** to be (deep) in debt to sb; **k~bleich** adj as white as a sheet.
Kreis [kraɪs] (-es, -e) m circle; (Stadt~ etc) district; **im ~ gehen** (lit, fig) to go round in circles; **(weite) ~e ziehen** (fig) to have

(wide) repercussions; **weite ~e der Bevölkerung** wide sections of the population; **eine Feier im kleinen ~e** a celebration for a few close friends and relatives.
kreischen ['kraɪʃən] vi to shriek, screech.
Kreisel ['kraɪzəl] (-s, -) m top; (Verkehrs~) roundabout (BRIT), traffic circle (US).
kreisen ['kraɪzən] vi to spin; (fig: Gedanken, Gespräch): **~ um** to revolve around.
Kreis- zW: **k~förmig** adj circular; **~lauf** m (MED) circulation; (fig: der Natur etc) cycle; **~laufkollaps** m circulatory collapse; **~laufstörungen** pl circulation trouble sing; **~säge** f circular saw.
Kreißsaal ['kraɪsza:l] m delivery room.
Kreisstadt f ≈ county town.
Kreisverkehr m roundabout (BRIT), traffic circle (US).
Krematorium [krema'to:riʊm] nt crematorium.
Kreml ['kre:ml] (-s) m: **der ~** the Kremlin.
Krempe ['krɛmpə] (-, -n) f brim.
Krempel (-s) (umg) m rubbish.
krepieren [kre'pi:rən] (umg) vi (sterben) to die, kick the bucket.
Krepp [krɛp] (-s, -s od -e) m crêpe.
Krepppapier▲ nt crêpe paper.
Kreppsohle f crêpe sole.
Kresse ['krɛsə] (-, -n) f cress.
Kreta ['kre:ta] (-s) nt Crete.
Kreter(in) [kre:tər(ɪn)] (-s, -) m(f) Cretan.
kretisch adj Cretan.
kreuz [krɔʏts] adj: **~ und quer** all over.
Kreuz (-es, -e) nt cross; (ANAT) small of the back; (KARTEN) clubs; (MUS) sharp; (Autobahn~) intersection; **zu ~e kriechen** (fig) to eat humble pie, eat crow (US); **jdn aufs ~ legen** to throw sb on his back; (fig: umg) to take sb for a ride.
kreuzen vt to cross ♦ vr to cross; (Meinungen etc) to clash ♦ vi (NAUT) to cruise; **die Arme ~** to fold one's arms.
Kreuzer (-s, -) m (Schiff) cruiser.
Kreuz- zW: **~fahrt** f cruise; **~feuer** nt (fig): **im ~feuer stehen** to be caught in the crossfire; **~gang** m cloisters pl.
kreuzigen vt to crucify.
Kreuzigung f crucifixion.
Kreuzotter f adder.
Kreuzschmerzen pl backache sing.
Kreuzung f (Verkehrs~) crossing, junction; (Züchtung) cross.
Kreuz- zW: **k~unglücklich** adj absolutely miserable; **~verhör** nt cross-examination; **ins ~verhör nehmen** to cross-examine; **~weg** m crossroads; (REL) Way of the Cross; **~worträtsel** nt crossword puzzle; **~zeichen** nt sign of the cross; **~zug** m crusade.
kribb(e)lig ['krɪb(ə)lɪç] (umg) adj fidgety;

(*kribbelnd*) tingly.

kribbeln ['krɪbəln] *vi* (*jucken*) to itch; (*prickeln*) to tingle.

kriechen ['kriːçən] *unreg vi* to crawl, creep; (*pej*) to grovel, crawl.

Kriecher (-s, -) *m* crawler.

kriecherisch *adj* grovelling (*BRIT*), groveling (*US*).

Kriechspur *f* crawler lane (*BRIT*).

Kriechtier *nt* reptile.

Krieg [kriːk] (-(e)s, -e) *m* war; ~ **führen (mit** *od* **gegen)** to wage war (on).

kriegen ['kriːɡən] (*umg*) *vt* to get.

Krieger (-s, -) *m* warrior; ~**denkmal** *nt* war memorial; **k~isch** *adj* warlike.

Kriegführung *f* warfare.

Kriegs- *zW:* ~**beil** *nt:* **das ~beil begraben** (*fig*) to bury the hatchet; ~**bemalung** *f* war paint; ~**dienstverweigerer** *m* conscientious objector; ~**erklärung** *f* declaration of war; ~**fuß** *m:* **mit jdm/etw auf ~fuß stehen** to be at loggerheads with sb/not to get on with sth; ~**gefangene(r)** *f(m)* prisoner of war; ~**gefangenschaft** *f* captivity; ~**gericht** *nt* court-martial; ~**rat** *m* council of war; ~**recht** *nt* (*MIL*) martial law; ~**schauplatz** *m* theatre (*BRIT*) *od* theater (*US*) of war; ~**schiff** *nt* warship; ~**schuld** *f* war guilt; ~**verbrecher** *m* war criminal; ~**versehrte(r)** *f(m)* person disabled in the war; ~**zustand** *m* state of war.

Krim [krɪm] *f:* **die ~** the Crimea.

Krimi ['kriːmi] (-s, -s) (*umg*) *m* thriller.

kriminal [krimi'naːl] *adj* criminal; **K~beamte(r)** *m* detective; **K~film** *m* crime thriller *od* movie (*bes US*).

Kriminalität [kriminali'tɛːt] *f* criminality.

Kriminalpolizei *f* ≈ Criminal Investigation Department (*BRIT*), Federal Bureau of Investigation (*US*).

Kriminalroman *m* detective story.

kriminell [krimi'nɛl] *adj* criminal.

Kriminelle(r) *f(m)* criminal.

Krimskrams ['krɪmskrams] (-es) (*umg*) *m* odds and ends *pl.*

Kringel ['krɪŋəl] (-s, -) *m* (*der Schrift*) squiggle; (*KOCH*) ring.

kringelig *adj:* **sich ~ lachen** (*umg*) to kill o.s. laughing.

Kripo ['kriːpo] (-, -s) *f abk* (= *Kriminalpolizei*) ≈ CID (*BRIT*), FBI (*US*).

Krippe ['krɪpə] (-, -n) *f* manger, crib; (*Kinder~*) crèche.

Krippenspiel *nt* nativity play.

Krippentod *m* cot death.

Krise ['kriːzə] (-, -n) *f* crisis.

kriseln *vi:* **es kriselt** there's a crisis looming, there is trouble brewing.

Krisen- *zW:* **k~fest** *adj* stable; ~**herd** *m* flash point; trouble spot; ~**stab** *m* action *od* crisis committee.

Kristall[1] [krɪs'tal] (-s, -e) *m* crystal.

Kristall[2] (-s) *nt* (*Glas*) crystal; ~**zucker** *m* refined sugar crystals *pl.*

Kriterium [kri'teːriʊm] *nt* criterion.

Kritik [kri'tiːk] *f* criticism; (*Zeitungs~*) review, write-up; **an jdm/etw ~ üben** to criticize sb/sth; **unter aller ~ sein** (*umg*) to be beneath contempt.

Kritiker(in) ['kriːtikər(ɪn)] (-s, -) *m(f)* critic.

kritiklos *adj* uncritical.

kritisch ['kriːtɪʃ] *adj* critical.

kritisieren [kriti'ziːrən] *vt, vi* to criticize.

kritteln ['krɪtəln] *vi* to find fault, carp.

kritzeln ['krɪtsəln] *vt, vi* to scribble, scrawl.

Kroate [kro'aːtə] (-n, -n) *m* Croat.

Kroatien [kro'aːtsiən] (-s) *nt* Croatia.

Kroatin *f* Croat.

kroatisch *adj* Croatian.

kroch *etc* [krɔx] *vb siehe* **kriechen.**

Krokodil [kroko'diːl] (-s, -e) *nt* crocodile.

Krokodilstränen *pl* crocodile tears *pl.*

Krokus ['kroːkʊs] (-, - *od* -se) *m* crocus.

Krone ['kroːnə] (-, -n) *f* crown; (*Baum~*) top; **einen in der ~ haben** (*umg*) to be tipsy.

krönen ['krøːnən] *vt* to crown.

Kron- *zW:* ~**korken** *m* bottle top; ~**leuchter** *m* chandelier; ~**prinz** *m* crown prince.

Krönung ['krøːnʊŋ] *f* coronation.

Kronzeuge *m* (*JUR*) person who turns Queen's/King's (*BRIT*) *od* State's (*US*) evidence; (*Hauptzeuge*) principal witness.

Kropf [krɔpf] (-(e)s, ⁻e) *m* (*MED*) goitre (*BRIT*), goiter (*US*); (*von Vogel*) crop.

Krösus ['krøːzʊs] (-ses, -se) *m:* **ich bin doch kein ~** (*umg*) I'm not made of money.

Kröte ['krøːtə] (-, -n) *f* toad; **Kröten** *pl* (*umg: Geld*) pennies *pl.*

Krs. *abk* = **Kreis.**

Krücke ['krʏkə] (-, -n) *f* crutch.

Krug [kruːk] (-(e)s, ⁻e) *m* jug; (*Bier~*) mug.

Krümel ['kryːməl] (-s, -) *m* crumb.

krümeln *vt, vi* to crumble.

krumm [krʊm] *adj* (*lit, fig*) crooked; (*kurvig*) curved; **jdm etw ~ nehmen** (*umg*) to take sth amiss; **keinen Finger ~ machen** (*umg*) not to lift a finger; **ein ~es Ding drehen** (*umg*) to do something crooked; ~**beinig** *adj* bandy-legged.

krümmen ['krʏmən] *vt* to bend ♦ *vr* to bend, curve.

krummlachen (*umg*) *vr* to laugh o.s. silly; **sich krumm- und schieflachen** to fall about laughing.

Krümmung *f* bend, curve.

Krüppel ['krʏpəl] (-s, -) *m* cripple.

Kruste ['krʊstə] (-, -n) *f* crust.

Kruzifix [krutsi'fɪks] (-es, -e) *nt* crucifix.

Kt. *abk* = **Kanton.**

Kto. *abk* (= *Konto*) a/c.

Kuba [ˈkuːba] (-s) *nt* Cuba.
Kubaner(in) [kuˈbaːnər(ɪn)] (-s, -) *m(f)* Cuban.
kubanisch [kuˈbaːnɪʃ] *adj* Cuban.
Kübel [ˈkyːbəl] (-s, -) *m* tub; (*Eimer*) pail.
Kubik- [kuˈbiːk] *in zW* cubic; ~**meter** *m* cubic metre (*BRIT*) *od* meter (*US*).
Küche [ˈkʏçə] (-, -n) *f* kitchen; (*Kochen*) cooking, cuisine.
Kuchen [ˈkuːxən] (-s, -) *m* cake; ~**blech** *nt* baking tray; ~**form** *f* baking tin (*BRIT*) *od* pan (*US*); ~**gabel** *f* pastry fork.
Küchen- *zW*: ~**gerät** *nt* kitchen utensil; (*elektrisch*) kitchen appliance; ~**herd** *m* cooker, stove; ~**maschine** *f* food processor; ~**messer** *nt* kitchen knife; ~**schabe** *f* cockroach; ~**schrank** *m* kitchen cabinet.
Kuchenteig *m* cake mixture.
Kuckuck [ˈkʊkʊk] (-s, -e) *m* cuckoo; (*umg*: Siegel des Gerichtsvollziehers) bailiff's seal (*for distraint of goods*); **das weiß der** ~ heaven (only) knows.
Kuckucksuhr *f* cuckoo clock.
Kuddelmuddel [ˈkʊdəlmʊdəl] (-s) (*umg*) *m od nt* mess.
Kufe [ˈkuːfə] (-, -n) *f* (*Fass~*) vat; (*Schlitten~*) runner; (*AVIAT*) skid.
Kugel [ˈkuːɡəl] (-, -n) *f* ball; (*MATH*) sphere; (*MIL*) bullet; (*Erd~*) globe; (*SPORT*) shot; **eine ruhige** ~ **schieben** (*umg*) to have a cushy number; **k~förmig** *adj* spherical; ~**kopf** *m* (*Schreibmaschine*) golf ball; ~**kopfschreibmaschine** *f* golf-ball typewriter; ~**lager** *nt* ball bearing.
kugeln *vt* to roll; (*SPORT*) to bowl ♦ *vr* (*vor Lachen*) to double up.
Kugel- *zW*: **k~rund** *adj* (*Gegenstand*) round; (*umg*: Person) tubby; ~**schreiber** *m* ball-point (pen), Biro ®; **k~sicher** *adj* bulletproof; ~**stoßen** (-s) *nt* shot put.
Kuh [kuː] (-, ̈e) *f* cow; ~**dorf** (*pej*: *umg*) *nt* one-horse town; ~**handel** (*pej*: *umg*) *m* horse-trading; ~**haut** *f*: **das geht auf keine ~haut** (*fig*: *umg*) that's absolutely incredible.
kühl [kyːl] *adj* (*lit, fig*) cool; **K~anlage** *f* refrigeration plant.
Kühle (-) *f* coolness.
kühlen *vt* to cool.
Kühler (-s, -) *m* (*AUT*) radiator; ~**haube** *f* (*AUT*) bonnet (*BRIT*), hood (*US*).
Kühl- *zW*: ~**flüssigkeit** *f* coolant; ~**haus** *nt* cold-storage depot; ~**raum** *m* cold-storage chamber; ~**schrank** *m* refrigerator; ~**tasche** *f* cool bag; ~**truhe** *f* freezer.
Kühlung *f* cooling.
Kühlwagen *m* (*EISENB*, *Lastwagen*) refrigerator van.
Kühlwasser *nt* coolant.
kühn [kyːn] *adj* bold, daring; **K~heit** *f* boldness.
Kuhstall *m* cow-shed.

k. u. k. *abk* (= *kaiserlich und königlich*) imperial and royal.
Küken [ˈkyːkən] (-s, -) *nt* chicken; (*umg*: Nesthäkchen*) baby of the family.
kulant [kuˈlant] *adj* obliging.
Kulanz [kuˈlants] *f* accommodating attitude, generousness.
Kuli [ˈkuːli] (-s, -s) *m* coolie; (*umg*: Kugelschreiber*) Biro ®.
kulinarisch [kuliˈnaːrɪʃ] *adj* culinary.
Kulisse [kuˈlɪsə] (-, -n) *f* scene.
Kulissenschieber(in) *m(f)* stagehand.
Kulleraugen [ˈkʊləraʊɡən] (*umg*) *pl* wide eyes *pl*.
kullern [ˈkʊlərn] *vi* to roll.
Kult [kʊlt] (-(e)s, -e) *m* worship, cult; **mit etw** ~ **treiben** to make a cult out of sth.
kultivieren [kʊltiˈviːrən] *vt* to cultivate.
kultiviert *adj* cultivated, refined.
Kultstätte *f* place of worship.
Kultur [kʊlˈtuːr] *f* culture; (*Lebensform*) civilization; (*des Bodens*) cultivation; ~**banause** (*umg*) *m* philistine, low-brow; ~**betrieb** *m* culture industry; ~**beutel** *m* toilet bag (*BRIT*), washbag.
kulturell [kʊltuˈrɛl] *adj* cultural.
Kulturfilm *m* documentary film.
Kulturhauptstadt *f*: **Europäische** ~ European City of Culture.
Kulturteil *m* (*von Zeitung*) arts section.
Kultusminister [ˈkʊltʊsmɪnɪstər] *m* minister of education and the arts.
Kümmel [ˈkʏməl] (-s, -) *m* caraway seed; (*Branntwein*) kümmel.
Kummer [ˈkʊmər] (-s) *m* grief, sorrow.
kümmerlich [ˈkʏmərlɪç] *adj* miserable, wretched.
kümmern *vr*: **sich um jdn** ~ to look after sb ♦ *vt* to concern; **sich um etw** ~ to see to sth; **das kümmert mich nicht** that doesn't worry me.
Kumpan(in) [kʊmˈpaːn(ɪn)] (-s, -e) *m(f)* mate; (*pej*) accomplice.
Kumpel [ˈkʊmpəl] (-s, -) (*umg*) *m* mate.
kündbar [ˈkʏntbaːr] *adj* redeemable, recallable; (*Vertrag*) terminable.
Kunde[1] [ˈkʊndə] (-n, -n) *m* customer.
Kunde[2] [ˈkʊndə] (-, -n) *f* (*Botschaft*) news.
Kunden- *zW*: ~**beratung** *f* customer advisory service; ~**dienst** *m* after-sales service; ~**fang** (*pej*) *m*: **auf ~fang sein** to be touting for customers; ~**fänger** *m* tout (*umg*); ~**konto** *nt* charge account; ~**kreis** *m* customers *pl*, clientele; ~**werbung** *f* publicity (*aimed at attracting custom or customers*).
Kund- *zW*: ~**gabe** *f* announcement; **k~geben** *unreg vt* to announce; ~**gebung** *f* announcement; (*Versammlung*) rally.
kundig *adj* expert, experienced.
kündigen [ˈkʏndɪɡən] *vi* to give in one's notice

◆ *vt* to cancel; **jdm** ~ to give sb his notice; **zum 1. April** ~ to give one's notice for April 1st; (*Mieter*) to give notice for April 1st; (*bei Mitgliedschaft*) to cancel one's membership as of April 1st; **(jdm) die Stellung** ~ to give (sb) notice; **sie hat ihm die Freundschaft gekündigt** she has broken off their friendship.

Kündigung *f* notice.

Kündigungsfrist *f* period of notice.

Kündigungsschutz *m* protection against wrongful dismissal.

Kundin *f* customer.

Kundschaft *f* customers *pl*, clientele.

Kundschafter (**-s, -**) *m* spy; (*MIL*) scout.

künftig [ˈkʏnftɪç] *adj* future ◆ *adv* in future.

Kunst [kʊnst] (**-, ⁻e**) *f* (*auch SCH*) art; (*Können*) skill; **das ist doch keine** ~ it's easy; **mit seiner** ~ **am Ende sein** to be at one's wits' end; **das ist eine brotlose** ~ there's no money in that; ~**akademie** *f* academy of art; ~**druck** *m* art print; ~**dünger** *m* artificial manure; ~**erziehung** *f* (*SCH*) art; ~**faser** *f* synthetic fibre (*BRIT*) *od* fiber (*US*); ~**fehler** *m* professional error; (*weniger ernst*) slip; ~**fertigkeit** *f* skilfulness (*BRIT*), skillfulness (*US*); ~**flieger** *m* stunt flyer; **k**~**gerecht** *adj* skilful (*BRIT*), skillful (*US*); ~**geschichte** *f* history of art; ~**gewerbe** *nt* arts and crafts *pl*; ~**griff** *m* trick, knack; ~**händler** *m* art dealer; ~**harz** *nt* artificial resin; ~**leder** *nt* artificial leather.

Künstler(in) [ˈkʏnstlər(ɪn)] (**-s, -**) *m(f)* artist; **k**~**isch** *adj* artistic; ~**name** *m* pseudonym; (*von Schauspieler*) stage name; ~**pech** (*umg*) *nt* hard luck.

künstlich [ˈkʏnstlɪç] *adj* artificial; ~**e Intelligenz** (*COMPUT*) artificial intelligence; **sich** ~ **aufregen** (*umg*) to get all worked up about nothing.

Kunst- *zW:* ~**sammler** *m* art collector; ~**seide** *f* artificial silk; ~**stoff** *m* synthetic material; ~**stopfen** (**-s**) *nt* invisible mending; ~**stück** *nt* trick; **das ist kein** ~**stück** (*fig*) there's nothing to it; ~**turnen** *nt* gymnastics *sing*; **k**~**voll** *adj* artistic; ~**werk** *nt* work of art.

kunterbunt [ˈkʊntərbʊnt] *adj* higgledy-piggledy.

Kupee [kuˈpeː] (**-s, -s**) *nt* = **Coupé**.

Kupfer [ˈkʊpfər] (**-s, -**) *nt* copper; ~**geld** *nt* coppers *pl*.

kupfern *adj* copper ◆ *vt* (*fig: umg*) to plagiarize, copy, imitate.

Kupferstich *m* copperplate engraving.

Kupon [kuˈpõ:, kuˈpɔŋ] (**-s, -s**) *m* coupon, voucher; (*Stoff*~) length of cloth.

Kuppe [ˈkʊpə] (**-, -n**) *f* (*Berg*~) top; (*Finger*~) tip.

Kuppel (**-, -n**) *f* cupola, dome.

Kuppelei [kʊpəˈlaɪ] *f* (*JUR*) procuring.

kuppeln *vi* (*JUR*) to procure; (*AUT*) to operate *od* use the clutch ◆ *vt* to join.

Kuppler [ˈkʊplər] (**-s, -**) *m* procurer; ~**in** *f* procuress.

Kupplung *f* (*auch TECH*) coupling; (*AUT etc*) clutch; **die** ~ (**durch)treten** to disengage the clutch.

Kur [kuːr] (**-, -en**) *f* (*im Kurort*) (health) cure, (course of) treatment; (*Schlankheitskur*) diet; **eine** ~ **machen** to take a cure (in a health resort).

Kür [kyːr] (**-, -en**) *f* (*SPORT*) free exercises *pl*.

Kuratorium [kuraˈtoːriʊm] *nt* (*Vereinigung*) committee.

Kurbel [ˈkʊrbəl] (**-, -n**) *f* crank, winder; (*AUT*) starting handle; ~**welle** *f* crankshaft.

Kürbis [ˈkʏrbɪs] (**-ses, -se**) *m* pumpkin; (*exotisch*) gourd.

Kurde [ˈkʊrdə] (**-n, -n**) *m*, **Kurdin** *f* Kurd.

Kurfürst [ˈkuːrfʏrst] *m* Elector, electoral prince.

Kurgast *m* visitor (to a health resort).

Kurier [kuˈriːr] (**-s, -e**) *m* courier, messenger.

kurieren [kuˈriːrən] *vt* to cure.

kurios [kuriˈoːs] *adj* curious, odd.

Kuriosität [kurioziˈtɛːt] *f* curiosity.

Kur- *zW:* ~**konzert** *nt* concert (*at a health resort*); ~**ort** *m* health resort; ~**pfuscher** *m* quack.

Kurs [kʊrs] (**-es, -e**) *m* course; (*FIN*) rate; **hoch im** ~ **stehen** (*fig*) to be highly thought of; **einen** ~ **besuchen** *od* **mitmachen** to attend a class; **harter/weicher** ~ (*POL*) hard/soft line; ~**änderung** *f* (*lit, fig*) change of course; ~**buch** *nt* timetable.

Kürschner(in) [ˈkʏrʃnər(ɪn)] (**-s, -**) *m(f)* furrier.

kursieren [kʊrˈziːrən] *vi* to circulate.

kursiv *adv* in italics.

Kursnotierung *f* quotation.

Kursus [ˈkʊrzʊs] (**-, Kurse**) *m* course.

Kurswagen *m* (*EISENB*) through carriage.

Kurswert *m* (*FIN*) market value.

Kurtaxe *f* spa tax (*paid by visitors*).

Kurve [ˈkʊrvə] (**-, -n**) *f* curve; (*Straßen*~) bend; (*statistisch, Fieber* etc) graph; **die** ~ **nicht kriegen** (*umg*) not to get around to it.

kurvenreich *adj:* „~**e Strecke**" "bends".

kurvig *adj* (*Straße*) bendy.

kurz [kʊrts] *adj* short ◆ *adv:* ~ **und bündig** concisely; **zu** ~ **kommen** to come off badly; **den Kürzeren ziehen** to get the worst of it; ~ **und gut** in short; **über** ~ **oder lang** sooner or later; **eine Sache** ~ **abtun** to dismiss sth out of hand; **sich** ~ **fassen** to be brief; ~ **gefasst** concise; ~ **halten** to keep short; ~ **treten** (*fig: umg*) to go easy; **darf ich mal** ~ **stören?** could I just interrupt for a moment?

Kurzarbeit *f* short-time work.

KURZARBEIT

Kurzarbeit *is the term used to describe a shorter working week made necessary by a lack of work. It has been introduced in recent years as a preferable alternative to redundancy. It has to be approved by the Arbeitsamt, the job centre, which pays some compensation to the worker for loss of pay.*

---

kurzärm(e)lig *adj* short-sleeved.

kurzatmig *adj* (*fig*) feeble, lame; (*MED*) short-winded.

Kürze ['kʏrtsə] (-, -n) *f* shortness, brevity.

kürzen *vt* to cut short; (*in der Länge*) to shorten; (*Gehalt*) to reduce.

kurzerhand ['kʊrtsər'hant] *adv* without further ado; (*entlassen*) on the spot.

kurz- *zW*: **K~fassung** *f* shortened version; **~fristig** *adj* short-term; **~fristige Verbindlichkeiten** current liabilities *pl*; **K~geschichte** *f* short story; **~lebig** *adj* short-lived.

kürzlich ['kʏrtslɪç] *adv* lately, recently.

Kurz- *zW*: **~meldung** *f* news flash; **~parker** *m* short-stay parker; **~schluss▲** *m* (*ELEK*) short circuit; **~schlusshandlung▲** *f* (*fig*) rash action; **~schrift** *f* shorthand; **k~sichtig** *adj* short-sighted; **~strecken-** *in zW* short-range; **~streckenläufer(in)** *m(f)* sprinter; **k~um** *adv* in a word.

Kürzung *f* cutback.

Kurz- *zW*: **~waren** *pl* haberdashery (*BRIT*), notions *pl* (*US*); **~welle** *f* short wave

kuschelig *adj* cuddly.

kuscheln ['kʊʃəln] *vr* to snuggle up.

kuschen ['kʊʃən] *vi*, *vr* (*Hund etc*) to get down; (*fig*) to knuckle under.

Kusine [ku'zi:nə] *f* cousin.

Kuss▲ [kʊs] (-es, ⁻e) *m* kiss.

küssen ['kʏsən] *vt*, *vr* to kiss.

Küste ['kʏstə] (-, -n) *f* coast, shore.

Küsten- *zW*: **~gewässer** *pl* coastal waters *pl*; **~schiff** *nt* coaster; **~wache** *f* coastguard (station).

Küster ['kʏstər] (-s, -) *m* sexton, verger.

Kutsche ['kʊtʃə] (-, -n) *f* coach, carriage.

Kutscher (-s, -) *m* coachman.

kutschieren [kʊ'tʃi:rən] *vi*: **durch die Gegend ~** (*umg*) to drive around.

Kutte ['kʊtə] (-, -n) *f* cowl.

Kuvert [ku'vɛrt] (-s, -e *od* -s) *nt* envelope; (*Gedeck*) cover.

KV *abk* (*MUS*: = *Köchelverzeichnis*): **~ 280** K. (number) 280.

KW *abk* (= *Kurzwelle*) SW.

kW *abk* (= *Kilowatt*) kW.

Kybernetik [kybɛr'ne:tɪk] *f* cybernetics *sing*.

kybernetisch [kybɛr'ne:tɪʃ] *adj* cybernetic.

KZ (-s, -s) *nt abk* = **Konzentrationslager**.

$$L, l$$

L, l¹ [ɛl] *nt* L, l; **~ wie Ludwig** ≈ L for Lucy, L for Love (*US*).

l² [ɛl] *abk* (= *Liter*) l.

laben ['la:bən] *vt* to refresh ♦ *vr* to refresh o.s.; (*fig*): **sich an etw** *dat* **~** to relish sth.

labern ['la:bərn] (*umg*) *vi* to prattle (on) ♦ *vt* to talk.

labil [la'bi:l] *adj* (*physisch*: *Gesundheit*) delicate; (: *Kreislauf*) poor; (*psychisch*) unstable.

Labor [la'bo:r] (-s, -e *od* -s) *nt* lab(oratory).

Laborant(in) [labo'rant(ɪn)] *m(f)* lab(oratory) assistant.

Laboratorium [labora'to:rium] *nt* lab(oratory).

Labyrinth [laby'rɪnt] (-s, -e) *nt* labyrinth.

Lache ['laxə] (-, -n) *f* (*Wasser*) pool, puddle; (*umg*: *Gelächter*) laugh.

lächeln ['lɛçəln] *vi* to smile; **L~** (-s) *nt* smile.

lachen ['laxən] *vi* to laugh; **mir ist nicht zum L~** (**zumute** *od* **zu Mute**) I'm in no laughing mood; **dass ich nicht lache!** (*umg*) don't make me laugh!; **das wäre doch gelacht** it would be ridiculous; **L~** *nt*: **dir wird das L~ schon noch vergehen!** you'll soon be laughing on the other side of your face.

Lacher (-s, -) *m*: **die ~ auf seiner Seite haben** to have the last laugh.

lächerlich ['lɛçərlɪç] *adj* ridiculous; **L~keit** *f* absurdity.

Lach- *zW*: **~gas** *nt* laughing gas; **l~haft** *adj* laughable; **~krampf** *m*: **einen ~krampf bekommen** to go into fits of laughter.

Lachs [laks] (-es, -e) *m* salmon.

Lachsalve ['laxzalvə] *f* burst *od* roar of laughter.

Lachsschinken *m smoked, rolled fillet of ham.*

Lack [lak] (-(e)s, -e) *m* lacquer, varnish; (*von Auto*) paint.

lackieren [la'ki:rən] *vt* to varnish; (*Auto*) to spray.

Lackierer [la'ki:rər] (-s, -) *m* varnisher.

Lackleder *nt* patent leather.

Lackmus ['lakmʊs] (-) *m od nt* litmus.

Lade ['la:də] (-, -n) *f* box, chest; **~baum** *m* derrick; **~fähigkeit** *f* load capacity; **~fläche** *f* load area; **~gewicht** *nt* tonnage; **~hemmung** *f*: **das Gewehr hat ~hemmung** the gun is jammed.

Laden ['la:dən] (-s, ⁻) *m* shop; (*Fenster~*)

---

shutter; (*umg: Betrieb*) outfit; **der ~ läuft** (*umg*) business is good.

laden ['laːdən] *unreg vt* (*Lasten, COMPUT*) to load; (*JUR*) to summon; (*ein~*) to invite; **eine schwere Schuld auf sich** *akk* ~ to place o.s. under a heavy burden of guilt.

Laden- *zW:* ~**aufsicht** *f* shopwalker (*BRIT*), floorwalker (*US*); ~**besitzer** *m* shopkeeper; ~**dieb** *m* shoplifter; ~**diebstahl** *m* shoplifting; ~**hüter** (**-s, -**) *m* unsaleable item; ~**preis** *m* retail price; ~**schluss▲** *m*, ~**schlusszeit▲** *f* closing time; ~**tisch** *m* counter.

Laderampe *f* loading ramp.

Laderaum *m* (*NAUT*) hold.

lädieren [lɛˈdiːrən] *vt* to damage.

lädt [lɛːt] *vb siehe* **laden**.

Ladung ['laːduŋ] *f* (*Last*) cargo, load; (*Beladen*) loading; (*JUR*) summons; (*Ein~*) invitation; (*Spreng~*) charge.

lag *etc* [laːk] *vb siehe* **liegen**.

Lage ['laːgə] (**-, -n**) *f* position, situation; (*Schicht*) layer; **in der ~ sein** to be in a position; **eine gute/ruhige ~ haben** to be in a good/peaceful location; **Herr der ~ sein** to be in control of the situation; ~**bericht** *m* report; (*MIL*) situation report; ~**beurteilung** *f* situation assessment.

lagenweise *adv* in layers.

Lager ['laːgər] (**-s, -**) *nt* camp; (*COMM*) warehouse; (*Schlaf~*) bed; (*von Tier*) lair; (*TECH*) bearing; **etw auf ~ haben** to have sth in stock; ~**arbeiter** *m* storehand; ~**bestand** *m* stocks *pl*; ~**feuer** *nt* camp fire; ~**geld** *nt* storage (charges *pl*); ~**haus** *nt* warehouse, store.

Lagerist(in) [laːgəˈrɪst(ɪn)] *m(f)* storeman, storewoman.

lagern ['laːgərn] *vi* (*Dinge*) to be stored; (*Menschen*) to camp; (*auch vr: rasten*) to lie down ♦ *vt* to store; (*betten*) to lay down; (*Maschine*) to bed.

Lager- *zW:* ~**raum** *m* storeroom; (*in Geschäft*) stockroom; ~**schuppen** *m* store shed; ~**stätte** *f* resting place.

Lagerung *f* storage.

Lagune [laˈguːnə] (**-, -n**) *f* lagoon.

lahm [laːm] *adj* lame; (*umg: langsam, langweilig*) dreary, dull; (*Geschäftsgang*) slow, sluggish; **eine ~e Ente sein** (*umg*) to have no zip; ~ **legen** to paralyse (*BRIT*), paralyze (*US*); ~**arschig** ['laːm|arʃɪç] (*umg*) *adj* bloody *od* damn (*!*) slow.

lahmen *vi* to be lame, limp.

lähmen ['lɛːmən] *vt* to paralyse (*BRIT*), paralyze (*US*).

Lähmung *f* paralysis.

Lahn [laːn] (**-**) *f* (*Fluss*) Lahn.

Laib [laɪp] (**-s, -e**) *m* loaf.

Laich [laɪç] (**-(e)s, -e**) *m* spawn; **l~en** *vi* to

spawn.

Laie ['laɪə] (**-n, -n**) *m* layman; (*fig, THEAT*) amateur.

laienhaft *adj* amateurish.

Lakai [laˈkaɪ] (**-en, -en**) *m* lackey.

Laken ['laːkən] (**-s, -**) *nt* sheet.

Lakritze [laˈkrɪtsə] (**-, -n**) *f* liquorice.

lala ['lala] (*umg*) *adv:* **so ~** so-so, not too bad.

lallen ['lalən] *vt, vi* to slur; (*Baby*) to babble.

Lama ['laːma] (**-s, -s**) *nt* llama.

Lamelle [laˈmɛlə] *f* lamella; (*ELEK*) lamina; (*TECH*) plate.

lamentieren [lamɛnˈtiːrən] *vi* to lament.

Lametta [laˈmɛta] (**-s**) *nt* tinsel.

Lamm [lam] (**-(e)s, ¨er**) *nt* lamb; ~**fell** *nt* lambskin; **l~fromm** *adj* like a lamb; ~**wolle** *f* lambswool.

Lampe ['lampə] (**-, -n**) *f* lamp.

Lampenfieber *nt* stage fright.

Lampenschirm *m* lampshade.

Lampion [lampiˈõː] (**-s, -s**) *m* Chinese lantern.

Land [lant] (**-(e)s, ¨er**) *nt* land; (*Nation, nicht Stadt*) country; (*Bundes~*) state; **auf dem ~(e)** in the country; **an ~ gehen** to go ashore; **endlich sehe ich ~** (*fig*) at last I can see the light at the end of the tunnel; **einen Auftrag an ~ ziehen** (*umg*) to land an order; **aus aller Herren Länder** from all over the world; *siehe auch* **hierzulande**.

LAND

A **Land** *(plural* **Länder***) is a member state of the* **BRD***. There are 16* **Länder***, namely Baden-Württemberg, Bayern, Berlin, Brandenburg, Bremen, Hamburg, Hessen, Mecklenburg-Vorpommern, Niedersachsen, Nordrhein-Westfalen, Rheinland-Pfalz, Saarland, Sachsen, Sachsen-Anhalt, Schleswig-Holstein and Thüringen. Each* **Land** *has its own parliament and constitution.*

Landarbeiter *m* farm *od* agricultural worker.

Landbesitz *m* landed property.

Landbesitzer *m* landowner.

Landebahn *f* runway.

Landeerlaubnis *f* permission to land.

landeinwärts [lant'|aɪnvɛrts] *adv* inland.

landen ['landən] *vt, vi* to land; **mit deinen Komplimenten kannst du bei mir nicht ~** your compliments won't get you anywhere with me.

Ländereien [lɛndəˈraɪən] *pl* estates *pl*.

Länderspiel *nt* international (match).

Landes- *zW:* ~**farben** *pl* national colours *pl* (*BRIT*) *od* colors *pl* (*US*); ~**grenze** *f* (national) frontier; (*von Bundesland*) state boundary; ~**innere(s)** *nt* inland region; ~**kind** *nt* native of a German state; ~**kunde** *f* regional studies *pl*; ~**tracht** *f* national costume;

l~**üblich** *adj* customary; ~**verrat** *m* high treason; ~**verweisung** *f* banishment; ~**währung** *f* national currency; l~**weit** *adj* countrywide.

Landeverbot *nt* refusal of permission to land.

Land- *zW:* ~**flucht** *f* emigration to the cities; ~**gut** *nt* estate; ~**haus** *nt* country house; ~**karte** *f* map; ~**kreis** *m* administrative region; l~**läufig** *adj* customary.

ländlich ['lɛntlɪç] *adj* rural.

Land- *zW:* ~**rat** *m* head of administration of a *Landkreis;* ~**schaft** *f* countryside; (*KUNST*) landscape; **die politische** ~**schaft** the political scene; l~**schaftlich** *adj* scenic; (*Besonderheiten*) regional.

Landsmann (-(e)s, *pl* -**leute**) *m* compatriot, fellow countryman.

Landsmännin *f* compatriot, fellow countrywoman.

Land- *zW:* ~**straße** *f* country road; ~**streicher** (-s, -) *m* tramp; ~**strich** *m* region; ~**tag** *m* (*POL*) regional parliament.

Landung ['landʊŋ] *f* landing.

Landungs- *zW:* ~**boot** *nt* landing craft; ~**brücke** *f* jetty, pier; ~**stelle** *f* landing place.

Landurlaub *m* shore leave.

Landvermesser *m* surveyor.

landw. *abk* (= *landwirtschaftlich*) agricultural.

Land- *zW:* ~**wirt** *m* farmer; ~**wirtschaft** *f* agriculture; ~**wirtschaft betreiben** to farm; ~**zunge** *f* spit.

lang [laŋ] *adj* long; (*umg: Mensch*) tall ♦ *adv:* ~ **anhaltender Beifall** prolonged applause; ~ **ersehnt** longed-for; **hier wird mir die Zeit nicht** ~ I won't get bored here; **er machte ein** ~**es Gesicht** his face fell; ~ **und breit** at great length; ~**atmig** *adj* long-winded.

lange *adv* for a long time; (*dauern, brauchen*) a long time; ~ **nicht so ...** not nearly as ...; **wenn der das schafft, kannst du das schon** ~ if he can do it, you can do it easily.

Länge ['lɛŋə] (-, -n) *f* length; (*GEOG*) longitude; **etw der** ~ **nach falten** to fold sth lengthways; **etw in die** ~ **ziehen** to drag sth out (*umg*); **der** ~ **nach hinfallen** to fall flat (on one's face).

langen ['laŋən] *vi* (*ausreichen*) to do, suffice; (*fassen*): ~ **nach** to reach for; **es langt mir** I've had enough; **jdm eine** ~ (*umg*) to give sb a clip on the ear.

Längengrad *m* longitude.

Längenmaß *nt* linear measure.

Langeweile *f* boredom.

lang- *zW:* ~**fristig** *adj* long-term ♦ *adv* in the long term; (*planen*) for the long term; ~**fristige Verbindlichkeiten** long-term liabilities *pl;* ~**jährig** *adj* (*Freundschaft, Gewohnheit*) long-standing; (*Erfahrung, Verhandlungen*) many years of; (*Mitarbeiter*)

of many years' standing; **L**~**lauf** *m* (*SKI*) cross-country skiing; ~**lebig** *adj* long-lived; ~**lebige Gebrauchsgüter** consumer durables *pl.*

länglich *adj* longish.

Langmut *f* forbearance, patience.

langmütig *adj* forbearing.

längs [lɛŋs] *präp* (+*gen od dat*) along ♦ *adv* lengthways.

langsam *adj* slow; **immer schön** ~! (*umg*) easy does it!; **ich muss jetzt** ~ **gehen** I must be getting on my way; ~ (**aber sicher**) **reicht es mir** I've just about had enough; **L**~**keit** *f* slowness.

Langschläfer *m* late riser.

Langspielplatte *f* long-playing record.

längsseit(s) *adv* alongside ♦ *präp* +*gen* alongside.

längst [lɛŋst] *adv:* **das ist** ~ **fertig** that was finished a long time ago, that has been finished for a long time.

längste(r, s) *adj* longest.

Langstrecken- *in zW* long-distance; ~**flugzeug** *nt* long-range aircraft.

Languste [laŋ'gʊstə] (-, -n) *f* crayfish, crawfish (*US*).

lang- *zW:* ~**weilen** *vt untr* to bore ♦ *vr untr* to be *od* get bored; **L**~**weiler** (-**s**, -) *m* bore; ~**weilig** *adj* boring, tedious; **L**~**welle** *f* long wave; ~**wierig** *adj* lengthy, long-drawn-out.

Lanze ['lantsə] (-, -n) *f* lance.

Lanzette [lan'tsɛtə] *f* lancet.

Laos ['la:ɔs] (-) *nt* Laos.

Laote [la'o:tə] (-n, -n,) *m,* **Laotin** *f* Laotian.

laotisch [la'o:tɪʃ] *adj* Laotian.

lapidar [lapi'da:r] *adj* terse, pithy.

Lappalie [la'pa:liə] *f* trifle.

Lappe ['lapə] (-n, -n) *m* Lapp, Laplander.

Lappen (-**s**, -) *m* cloth, rag; (*ANAT*) lobe; **jdm durch die** ~ **gehen** (*umg*) to slip through sb's fingers.

läppern ['lɛpərn] (*umg*) *vr unpers:* **es läppert sich zusammen** it (all) mounts up.

Lappin ['lapɪn] *f* Lapp, Laplander.

läppisch ['lɛpɪʃ] *adj* foolish.

Lappland ['laplant] (-**s**) *nt* Lapland.

Lappländer(in) ['laplɛndər(ɪn)] (-**s**, -) *m(f)* Lapp, Laplander.

lappländisch *adj* Lapp.

Lapsus ['lapsʊs] (-, -) *m* slip.

Laptop ['lɛptɔp] (-**s**, -**s**) *m* laptop.

Lärche ['lɛrçə] (-, -n) *f* larch.

Lärm [lɛrm] (-(e)s) *m* noise; ~**belästigung** *f* noise nuisance; l~**en** *vi* to be noisy, make a noise.

Larve ['larfə] (-, -n) *f* mask; (*BIOL*) larva.

las *etc* [la:s] *vb siehe* **lesen.**

Lasagne [la'zanjə] *pl* lasagne *sing.*

lasch [laʃ] *adj* slack; (*Geschmack*) tasteless.

Lasche ['laʃə] (-, -n) *f* (*Schuh*~) tongue;

(*EISENB*) fishplate.
Laser ['leːzər] (**-s**, **-**) *m* laser; ~**drucker** *m* laser printer.

━━━━━ *SCHLÜSSELWORT*

lassen ['lasən] (*pt* **ließ**, *pp* **gelassen** *od (als Hilfsverb)* **lassen**) *vt* **1** (*unter~*) to stop; (*momentan*) to leave; **lass das (sein)!** don't (do it)!; (*hör auf*) stop it!; **lass mich!** leave me alone!; ~ **wir das!** let's leave it; **er kann das Trinken nicht** ~ he can't stop drinking; **tu, was du nicht** ~ **kannst!** if you must, you must!

2 (*zurück~*) to leave; **etw ~, wie es ist** to leave sth (just) as it is.

3 (*erlauben*) to let, allow; **lass ihn doch** let him; **jdn ins Haus** ~ to let sb into the house; **das muss man ihr** ~ (*zugestehen*) you've got to grant her that.

♦ *vi*: **lass mal, ich mache das schon** leave it, I'll do it.

♦ *Hilfsverb* **1** (*veran~*): **etw machen** ~ to have *od* get sth done; **jdn etw machen** ~ to get sb to do sth; (*durch Befehl usw*) to make sb do sth; **er ließ mich warten** he kept me waiting; **mein Vater wollte mich studieren** ~ my father wanted me to study; **sich** *dat* **etw schicken** ~ to have sth sent (to one).

2 (*zu~*): **jdn etw wissen** ~ to let sb know sth; **das Licht brennen** ~ to leave the light on; **einen Bart wachsen** ~ to grow a beard; **lass es dir gut gehen!** take care of yourself!

3: **lass uns gehen** let's go.

♦ *vr*: **das lässt sich machen** that can be done; **es lässt sich schwer sagen** it's difficult to say.

━━━━━

lässig ['lɛsɪç] *adj* casual; **L~keit** *f* casualness.
lässlich▲ ['lɛslɪç] *adj* pardonable, venial.
lässt▲ [lɛst] *vb siehe* **lassen**.
Last [last] (**-**, **-en**) *f* load; (*Trag~*) burden; (*NAUT, AVIAT*) cargo; (*meist pl: Gebühr*) charge; **jdm zur** ~ **fallen** to be a burden to sb; ~**auto** *nt* lorry (*BRIT*), truck.
lasten *vi*: ~ **auf** +*dat* to weigh on.
Lastenaufzug *m* hoist, goods lift (*BRIT*) *od* elevator (*US*).
Lastenausgleichsgesetz *nt* law on financial compensation for losses suffered in WWII.
Laster ['lastər] (**-s**, **-**) *nt* vice ♦ *m* (*umg*) lorry (*BRIT*), truck.
Lästerer ['lɛstərər] (**-s**, **-**) *m* mocker; (*Gottes~*) blasphemer.
lasterhaft *adj* immoral.
lästerlich *adj* scandalous.
lästern ['lɛstərn] *vt, vi* (*Gott*) to blaspheme; (*schlecht sprechen*) to mock.
Lästerung *f* jibe; (*Gottes~*) blasphemy.
lästig ['lɛstɪç] *adj* troublesome, tiresome; (**jdm**) ~ **werden** to become a nuisance (to

sb); (*zum Ärgernis werden*) to get annoying (to sb).
Last- *zW*: ~**kahn** *m* barge; ~**kraftwagen** *m* heavy goods vehicle; ~**schrift** *f* debiting; (*Eintrag*) debit item; ~**tier** *nt* beast of burden; ~**träger** *m* porter; ~**wagen** *m* lorry (*BRIT*), truck; ~**zug** *m* truck and trailer.
Latein [la'taɪn] (**-s**) *nt* Latin; **mit seinem** ~ **am Ende sein** (*fig*) to be stumped (*umg*); ~**amerika** *nt* Latin America; **l~amerikanisch** *adj* Latin-American; **l~isch** *adj* Latin.
latent [la'tɛnt] *adj* latent.
Laterne [la'tɛrnə] (**-**, **-n**) *f* lantern; (*Straßen~*) lamp, light.
Laternenpfahl *m* lamppost.
Latinum [la'tiːnʊm] (**-s**) *nt*: **kleines/großes** ~ ≈ Latin O-/A-level exams (*BRIT*).
Latrine [la'triːnə] *f* latrine.
Latsche ['latʃə] (**-**, **-n**) *f* dwarf pine.
Latschen ['laːtʃən] (*umg*) *m* (*Hausschuh*) slipper; (*pej: Schuh*) worn-out shoe.
latschen (*umg*) *vi* (*gehen*) to wander, go; (*lässig*) to slouch.
Latte ['latə] (**-**, **-n**) *f* lath; (*SPORT*) goalpost; (*quer*) crossbar.
Lattenzaun *m* lattice fence.
Latz [lats] (**-es**, **-̈e**) *m* bib; (*Hosen~*) front flap.
Lätzchen ['lɛtsçən] *nt* bib.
Latzhose *f* dungarees *pl*.
lau [lau] *adj* (*Nacht*) balmy; (*Wasser*) lukewarm; (*fig: Haltung*) half-hearted.
Laub [laup] (**-(e)s**) *nt* foliage; ~**baum** *m* deciduous tree.
Laube ['laubə] (**-**, **-n**) *f* arbour (*BRIT*), arbor (*US*); (*Gartenhäuschen*) summerhouse.
Laub- *zW*: ~**frosch** *m* tree frog; ~**säge** *f* fretsaw; ~**wald** *m* deciduous forest.
Lauch [laux] (**-(e)s**, **-e**) *m* leek.
Lauer ['lauər] *f*: **auf der** ~ **sein** *od* **liegen** to lie in wait.
lauern *vi* to lie in wait; (*Gefahr*) to lurk.
Lauf [lauf] (**-(e)s**, **Läufe**) *m* run; (*Wett~*) race; (*Entwicklung, ASTRON*) course; (*Gewehr~*) barrel; **im ~e des Gesprächs** during the conversation; **sie ließ ihren Gefühlen freien** ~ she gave way to her feelings; **einer Sache** *dat* **ihren** ~ **lassen** to let sth take its course; ~**bahn** *f* career; **eine ~bahn einschlagen** to embark on a career; ~**bursche** *m* errand boy.
laufen ['laufən] *unreg vi* to run; (*umg: gehen*) to walk; (*Uhr*) to go; (*funktionieren*) to work; (*Elektrogerät: eingeschaltet sein*) to be on; (*gezeigt werden: Film, Stück*) to be on; (*Bewerbung, Antrag*) to be under consideration ♦ *vt* to run; **es lief mir eiskalt über den Rücken** a chill ran up my spine; **ihm läuft die Nase** he's got a runny nose; ~ **lassen** (*Person*) to let go; **die Dinge** ~ **lassen** to let things slide; **die Sache ist gelaufen** (*umg*) it's in the bag; **das Auto läuft**

auf meinen Namen the car is in my name; **Ski/Schlittschuh/Rollschuh** etc ~ to ski/skate/rollerskate etc.

laufend adj running; (Monat, Ausgabe) current; **auf dem L~en sein/halten** to be/keep up to date; **am ~en Band** (fig) continuously; **~e Nummer** serial number; (von Konto) number; **~e Kosten** running costs pl.

Läufer ['lɔyfər] (-s, -) m (Teppich, SPORT) runner; (Fußball) half-back; (Schach) bishop.

Lauferei [laufə'rai] (umg) f running about.

Läuferin f (SPORT) runner.

Lauf- zW: **l~fähig** adj (COMPUT): **das Programm ist unter Windows l~fähig** the program can be run under Windows; **~feuer** nt: **sich wie ein ~feuer verbreiten** to spread like wildfire; **~kundschaft** f passing trade; **~masche** f run, ladder (BRIT); **~pass▲** m: **jdm den ~pass geben** (umg) to give sb his/her marching orders; **~schritt** m: **im ~schritt** at a run; **~stall** m playpen; **~steg** m catwalk.

läuft [lɔyft] vb siehe **laufen**.

Lauf- zW: **~werk** nt running gear; (COMPUT) drive; **~zeit** f (von Wechsel, Vertrag) period of validity; (von Maschine) life; **~zettel** m circular.

Lauge ['laugə] (-, -n) f soapy water; (CHEM) alkaline solution.

Laune ['launə] (-, -n) f mood, humour (BRIT), humor (US); (Einfall) caprice; (schlechte ~) temper.

launenhaft adj capricious, changeable.

launisch adj moody.

Laus [laus] (-, **Läuse**) f louse; **ihm ist (wohl) eine ~ über die Leber gelaufen** (umg) something's biting him; **~bub** m rascal, imp.

Lauschangriff m: ~ **(gegen)** bugging operation (on).

lauschen ['lauʃən] vi to eavesdrop, listen in.

Lauscher(in) (-s, -) m(f) eavesdropper.

lauschig ['lauʃɪç] adj snug.

Lausejunge (umg) m little devil; (wohlwollend) rascal.

lausen ['lauzən] vt to delouse.

lausig ['lauzɪç] (umg) adj lousy; (Kälte) perishing ♦ adv awfully.

laut [laut] adj loud ♦ adv loudly; (lesen) aloud ♦ präp (+gen od dat) according to.

Laut (-(e)s, -e) m sound.

Laute ['lautə] (-, -n) f lute.

lauten ['lautən] vi to say; (Urteil) to be.

läuten ['lɔytən] vt, vi to ring, sound; **er hat davon (etwas) ~ hören** (umg) he has heard something about it.

lauter ['lautər] adj (Wasser) clear, pure; (Wahrheit, Charakter) honest ♦ adj inv (Freude, Dummheit etc) sheer ♦ adv (nur) nothing but, only; **L~keit** f purity; honesty, integrity.

läutern ['lɔytərn] vt to purify.

laut- zW: **~hals** adv at the top of one's voice; **~los** adj noiseless, silent; **~malend** adj onomatopoeic; **L~schrift** f phonetics pl; **L~sprecher** m loudspeaker; **L~sprecheranlage** f: **öffentliche L~sprecheranlage** public-address od PA system; **L~sprecherwagen** m loudspeaker van; **~stark** adj vociferous; **L~stärke** f (RUNDF) volume.

lauwarm ['lauvarm] adj (lit, fig) lukewarm.

Lava ['la:va] (-, **Laven**) f lava.

Lavendel [la'vɛndəl] (-s, -) m lavender.

Lawine [la'vi:nə] f avalanche.

Lawinengefahr f danger of avalanches.

lax [laks] adj lax.

Lay-out▲, Layout ['le:|aut] (-s, -s) nt layout.

Lazarett [latsa'rɛt] (-(e)s, -e) nt (MIL) hospital, infirmary.

Ldkrs. abk = **Landkreis**.

leasen ['li:zən] vt to lease.

Leasing ['li:zɪŋ] (-s, -s) nt (COMM) leasing.

Lebehoch nt three cheers pl.

Lebemann (-(e)s, pl **-männer**) m man about town.

Leben ['le:bən] (-s, -) nt life; **am ~ sein/bleiben** to be/stay alive; **ums ~ kommen** to die; **etw ins ~ rufen** to bring sth into being; **seines ~s nicht mehr sicher sein** to fear for one's life; **etw für sein ~ gern tun** to love doing sth.

leben vt, vi to live.

lebend adj living; **~es Inventar** livestock.

lebendig [le'bɛndɪç] adj living, alive; (lebhaft) lively; **L~keit** f liveliness.

Lebens- zW: **~abend** m old age; **~alter** nt age; **~anschauung** f philosophy of life; **~art** f way of life; **l~bejahend** adj positive; **~dauer** f life (span); (von Maschine) life; **~erfahrung** f experience of life; **~erwartung** f life expectancy; **l~fähig** adj able to live; **l~froh** adj full of the joys of life; **~gefahr** f: **~gefahr!** danger!; **in ~gefahr** critically od dangerously ill; **l~gefährlich** adj dangerous; (Krankheit, Verletzung) critical; **~gefährte** m: **ihr ~gefährte** the man she lives with; **~gefährtin** f: **seine ~gefährtin** the woman he lives with; **~größe** f: **in ~größe** life-size(d); **~haltungskosten** pl cost of living sing; **~inhalt** m purpose in life; **~jahr** nt year of life; **~künstler** m master in the art of living; **~lage** f situation in life; **l~länglich** adj (Strafe) for life; **~lauf** m curriculum vitae, CV; **l~lustig** adj cheerful, lively; **~mittel** pl food sing; **~mittelgeschäft** nt grocer's; **~mittelvergiftung** f food poisoning; **l~müde** adj tired of life; **~partnerschaft** f long-term relationship; **eingetragene ~partnerschaft** registered partnership; **~qualität** f quality of life; **~raum** m (POL) Lebensraum; (BIOL) biosphere; **~retter** m lifesaver; **~standard** m standard of living; **~stellung** f permanent post; **~stil** m life style; **~unterhalt** m livelihood; **~versicherung** f life insurance; **~wandel** m way of life; **~weise** f way of life, habits pl; **~weisheit** f maxim; (*~erfahrung*) wisdom; **~wichtig** adj vital; **~zeichen** nt sign of life; **~zeit** f lifetime; **Beamter auf ~zeit** permanent civil servant.

Leber ['le:bər] (-, -n) f liver; **frei** od **frisch von der ~ weg reden** (*umg*) to speak out frankly; **~fleck** m mole; **~käse** m ≈ meat loaf; **~tran** m cod-liver oil; **~wurst** f liver sausage.

Lebewesen nt creature.

Lebewohl nt farewell, goodbye.

leb- zW: **~haft** adj lively, vivacious; **L~haftigkeit** f liveliness, vivacity; **L~kuchen** m gingerbread; **~los** adj lifeless; **L~tag** m (*fig*): **das werde ich mein L~tag nicht vergessen** I'll never forget that as long as I live; **L~zeiten** pl: **zu jds L~zeiten** (*Leben*) in sb's lifetime.

lechzen ['lɛçtsən] vi: **nach etw ~** to long for sth.

leck [lɛk] adj leaky, leaking; **L~** (-(e)s, -e) nt leak.

lecken¹ vi (*Loch haben*) to leak.

lecken² vt, vi (*schlecken*) to lick.

lecker ['lɛkər] adj delicious, tasty; **L~bissen** m dainty morsel; **L~maul** nt: **ein L~maul sein** to enjoy one's food.

led. abk = **ledig**.

Leder ['le:dər] (-s, -) nt leather; (*umg: Fußball*) ball; **~hose** f leather trousers pl; (*von Tracht*) leather shorts pl.

ledern adj leather.

Lederwaren pl leather goods pl.

ledig ['le:dɪç] adj single; **einer Sache** gen **~ sein** to be free of sth; **~lich** adv merely, solely.

leer [le:r] adj empty; (*Blick*) vacant; **~ gefegt** (*Straße*) deserted; **~ stehend** empty.

Leere (-) f emptiness; (**eine**) **gähnende ~ a** gaping void.

leeren vt to empty ♦ vr to (become) empty.

Leer- zW: **~gewicht** nt unladen weight; **~gut** nt empties pl; **~lauf** m (*AUT*) neutral; **~taste** f (*Schreibmaschine*) space-bar.

Leerung f emptying; (*POST*) collection.

legal [le'ga:l] adj legal, lawful.

legalisieren [legali'zi:rən] vt to legalize.

Legalität [legali'tɛ:t] f legality; (**etwas**) **außerhalb der ~** (*euph*) (slightly) outside the law.

Legasthenie [legaste'ni:] f dyslexia.

Legastheniker(in) [legas'te:nikər(ɪn)] (-s, -) m(f) dyslexic.

Legebatterie f laying battery.

legen ['le:gən] vt to lay, put, place; (*Ei*) to lay ♦ vr to lie down; (*fig*) to subside; **sich ins Bett ~** to go to bed.

Legende [le'gɛndə] (-, -n) f legend.

leger [le'ʒɛːr] adj casual.

legieren [le'gi:rən] vt to alloy.

Legierung f alloy.

Legislative [legɪsla'ti:və] f legislature.

Legislaturperiode [legɪsla'tuːrperioːdə] f parliamentary (*BRIT*) od congressional (*US*) term.

legitim [legi'ti:m] adj legitimate.

Legitimation [legitiːmatsi'oːn] f legitimation.

legitimieren [legiti'miːrən] vt to legitimate ♦ vr to prove one's identity.

Legitimität [legitimi'tɛːt] f legitimacy.

Lehm [le:m] (-(e)s, -e) m loam.

lehmig adj loamy.

Lehne ['le:nə] (-, -n) f arm; (*Rücken~*) back.

lehnen vt, vr to lean.

Lehnstuhl m armchair.

Lehr- zW: **~amt** nt teaching profession; **~befähigung** f teaching qualification; **~brief** m indentures pl; **~buch** nt textbook.

Lehre ['le:rə] (-, -n) f teaching, doctrine; (*beruflich*) apprenticeship; (*moralisch*) lesson; (*TECH*) gauge; **bei jdm in die ~ gehen** to serve one's apprenticeship with sb.

lehren vt to teach.

Lehrer(in) (-s, -) m(f) teacher; **~ausbildung** f teacher training; **~kollegium** nt teaching staff; **~zimmer** nt staff room.

Lehr- zW: **~gang** m course; **~geld** nt: **~geld für etw zahlen müssen** (*fig*) to pay dearly for sth; **~jahre** pl apprenticeship sing; **~kraft** f (*form*) teacher; **~ling** m apprentice; trainee; **~mittel** nt teaching aid; **~plan** m syllabus; **~probe** f demonstration lesson, crit (*umg*); **l~reich** adj instructive; **~satz** m proposition; **~stelle** f apprenticeship; **~stuhl** m chair; **~zeit** f apprenticeship.

Leib [laip] (-(e)s, -er) m body; **halt ihn mir vom ~!** keep him away from me!; **etw am eigenen ~(e) spüren** to experience sth for o.s.

leiben ['laibən] vi: **wie er leibt und lebt** to a T (*umg*).

Leibes- zW: **~erziehung** f physical education; **~kräfte** pl: **aus ~kräften schreien** etc to shout etc with all one's might; **~übung** f physical exercise; **~visitation** f body search.

Leibgericht nt favourite (*BRIT*) od favorite (*US*) meal.

Leib- zW: **l~haftig** adj personified; (*Teufel*) incarnate; **l~lich** adj bodily; (*Vater etc*) natural; **~rente** f life annuity; **~wache** f bodyguard.

Leiche ['laiçə] (-, -n) f corpse; **er geht über ~n** (*umg*) he'd stick at nothing.

Leichen- zW: **~beschauer** (-s, -) m doctor conducting a post-mortem; **~halle** f mortuary; **~hemd** nt shroud; **~träger** m bearer; **~wagen** m hearse.

Leichnam ['laıçna:m] (-(e)s, -e) *m* corpse.

leicht [laıçt] *adj* light; (*einfach*) easy ♦ *adv*: ~ **zerbrechlich** very fragile; **jdm** ~ **fallen** to be easy for sb; **es sich** *dat* ~ **machen** to make things easy for o.s.; (*nicht gewissenhaft sein*) to take the easy way out; ~ **nehmen** to take lightly; ~ **verletzt** slightly injured; **nichts** ~**er als das!** nothing (could be) simpler!; **L~athletik** *f* athletics *sing*; ~**fertig** *adj* thoughtless; ~**gläubig** *adj* gullible, credulous; **L~gläubigkeit** *f* gullibility, credulity; ~**hin** *adv* lightly.

Leichtigkeit *f* easiness; **mit** ~ with ease.

leicht- *zW:* ~**lebig** *adj* easy-going; **L~matrose** *m* ordinary seaman; **L~metall** *nt* light alloy; **L~sinn** *m* carelessness; **sträflicher L~sinn** criminal negligence; ~**sinnig** *adj* careless.

Leid [laıt] (-(e)s) *nt* grief, sorrow; **jdm sein** ~ **klagen** to tell sb one's troubles; **es tut mir/ihm** ~ I am/he is sorry; **er/das tut mir** ~ I am sorry for him/about it; **sie kann einem** ~ **tun** you can't help feeling sorry for her.

leid *adj:* **etw** ~ **haben** *od* **sein** to be tired of sth.

leiden ['laıdən] *unreg vt* to suffer; (*erlauben*) to permit ♦ *vi* to suffer; **jdn/etw nicht** ~ **können** not to be able to stand sb/sth; **L~** (-s, -) *nt* suffering; (*Krankheit*) complaint.

Leidenschaft *f* passion; **l~lich** *adj* passionate.

Leidens- *zW:* ~**genosse** *m*, ~**genossin** *f* fellow sufferer; ~**geschichte** *f:* **die** ~**geschichte (Christi)** (*REL*) Christ's Passion.

leider ['laıdər] *adv* unfortunately; **ja,** ~ yes, I'm afraid so; ~ **nicht** I'm afraid not.

leidig ['laıdıç] *adj* miserable, tiresome.

leidlich [laıtlıç] *adj* tolerable ♦ *adv* tolerably.

Leidtragende(r) *f(m)* bereaved; (*Benachteiligter*) one who suffers.

Leidwesen *nt:* **zu jds** ~ to sb's dismay.

Leier ['laıər] (-, -n) *f* lyre; (*fig*) old story.

Leierkasten *m* barrel organ.

leiern *vt* (*Kurbel*) to turn; (*umg: Gedicht*) to rattle off ♦ *vi* (*drehen*): ~ **an** +*dat* to crank.

Leiharbeit *f* subcontracted labour; ~**arbeiter(in)** *m(f)* subcontracted worker; ~**bibliothek** *f*, ~**bücherei** *f* lending library.

leihen ['laıən] *unreg vt* to lend; **sich** *dat* **etw** ~ to borrow sth.

Leih- *zW:* ~**gabe** *f* loan; ~**gebühr** *f* hire charge; ~**haus** *nt* pawnshop; ~**mutter** *f* surrogate mother; ~**schein** *m* pawn ticket; (*in der Bibliothek*) borrowing slip; ~**unternehmen** *nt* hire service; (*Arbeitsmarkt*) temp service; ~**wagen** *m* hired car (*BRIT*), rental car (*US*); **l~weise** *adv* on loan.

Leim [laım] (-(e)s, -e) *m* glue; **jdm auf den** ~ **gehen** to be taken in by sb; **l~en** *vt* to glue.

Leine ['laınə] (-, -n) *f* line, cord; (*Hunde~*) leash, lead; ~ **ziehen** (*umg*) to clear out.

Leinen (-s, -) *nt* linen; (*grob, segeltuchartig*) canvas; (*als Bucheinband*) cloth.

leinen *adj* linen.

Lein- *zW:* ~**samen** *m* linseed; ~**tuch** *nt* linen cloth; (*Bettuch*) sheet; ~**wand** *f* (*KUNST*) canvas; (*FILM*) screen.

leise ['laızə] *adj* quiet; (*sanft*) soft, gentle; **mit** ~**r Stimme** in a low voice; **nicht die** ~**ste Ahnung haben** not to have the slightest (idea).

Leisetreter (*pej: umg*) *m* pussyfoot(er).

Leiste ['laıstə] (-, -n) *f* ledge; (*Zier~*) strip; (*ANAT*) groin.

leisten ['laıstən] *vt* (*Arbeit*) to do; (*Gesellschaft*) to keep; (*Ersatz*) to supply; (*vollbringen*) to achieve; **sich** *dat* **etw** ~ to allow o.s. sth; (*sich gönnen*) to treat o.s. to sth; **sich** *dat* **etw** ~ **können** to be able to afford sth.

Leistenbruch *m* (*MED*) hernia, rupture.

Leistung *f* performance; (*gute*) achievement; (*eines Motors*) power; (*von Krankenkasse etc*) benefit; (*Zahlung*) payment.

Leistungs- *zW:* ~**abfall** *m* (*in Bezug auf Qualität*) drop in performance; (*in Bezug auf Quantität*) drop in productivity; ~**beurteilung** *f* performance appraisal; ~**druck** *m* pressure; **l~fähig** *adj* efficient; ~**fähigkeit** *f* efficiency; ~**gesellschaft** *f* meritocracy; ~**kurs** *m* (*SCH*) set; **l~orientiert** *adj* performance-orientated; ~**prinzip** *nt* achievement principle; ~**sport** *m* competitive sport; ~**zulage** *f* productivity bonus.

Leitartikel *m* leader.

Leitbild *nt* model.

leiten ['laıtən] *vt* to lead; (*Firma*) to manage; (*in eine Richtung*) to direct; (*ELEK*) to conduct; **sich von jdm/etw** ~ **lassen** (*lit, fig*) to (let o.s.) be guided by sb/sth.

leitend *adj* leading; (*Gedanke, Idee*) dominant; (*Stellung, Position*) managerial; (*Ingenieur, Beamter*) in charge; (*PHYS*) conductive; ~**er Angestellter** executive.

Leiter[1] ['laıtər] (-s, -) *m* leader, head; (*ELEK*) conductor.

Leiter[2] ['laıtər] (-, -n) *f* ladder.

Leiterin *f* leader, head.

Leiterplatte *f* (*COMPUT*) circuit board.

Leit- *zW:* ~**faden** *m* guide; ~**fähigkeit** *f* conductivity; ~**gedanke** *m* central idea; ~**motiv** *nt* leitmotiv; ~**planke** *f* crash barrier; ~**spruch** *m* motto.

Leitung *f* (*Führung*) direction; (*FILM, THEAT etc*) production; (*von Firma*) management; directors *pl*; (*Wasser~*) pipe; (*Kabel*) cable; **eine lange** ~ **haben** to be slow on the uptake; **da ist jemand in der** ~ (*umg*) there's somebody else on the line.

Leitungs- *zW:* ~**draht** *m* wire; ~**mast** *m* telegraph pole; ~**rohr** *nt* pipe; ~**wasser** *nt* tap water.

Leitwerk *nt* (*AVIAT*) tail unit.
Leitzins *m* (*FIN*) base rate.
Lektion [lɛktsiˈoːn] *f* lesson; **jdm eine ~ erteilen** (*fig*) to teach sb a lesson.
Lektor(in) [ˈlɛktɔr, lɛkˈtoːrɪn] *m(f)* (*UNIV*) lector; (*Verlag*) editor.
Lektüre [lɛkˈtyːrə] (**-, -n**) *f* (*Lesen*) reading; (*Lesestoff*) reading matter.
Lende [ˈlɛndə] (**-, -n**) *f* loin.
Lendenbraten *m* roast sirloin.
Lendenstück *nt* fillet.
lenkbar [ˈlɛŋkbaːr] *adj* (*Fahrzeug*) steerable; (*Kind*) manageable.
lenken *vt* to steer; (*Kind*) to guide; (*Gespräch*) to lead; **~ auf** *+akk* (*Blick, Aufmerksamkeit*) to direct at; (*Verdacht*) to throw on(to); (*: auf sich*) to draw onto.
Lenkrad *nt* steering wheel.
Lenkstange *f* handlebars *pl*.
Lenkung *f* steering; (*Führung*) direction.
Lenz [lɛnts] (**-es, -e**) *m* (*liter*) spring; **sich** *dat* **einen (faulen) ~ machen** (*umg*) to laze about, swing the lead.
Leopard [leoˈpart] (**-en, -en**) *m* leopard.
Lepra [ˈleːpra] (**-**) *f* leprosy; **~kranke(r)** *f(m)* leper.
Lerche [ˈlɛrçə] (**-, -n**) *f* lark.
lernbegierig *adj* eager to learn.
lernbehindert *adj* educationally handicapped (*BRIT*) *od* handicaped (*US*).
lernen *vt* to learn ♦ *vi*: **er lernt bei der Firma Braun** he's training at Braun's.
Lernhilfe *f* educational aid.
lesbar [ˈleːsbaːr] *adj* legible.
Lesbierin [ˈlɛsbiərɪn] *f* lesbian.
lesbisch *adj* lesbian.
Lese [ˈleːzə] (**-, -n**) *f* (*Wein~*) harvest.
Lesebuch *nt* reading book, reader.
lesen *unreg vt* to read; (*ernten*) to gather, pick ♦ *vi* to read; **~/schreiben** (*COMPUT*) to read/write.
Leser(in) (**-s, -**) *m(f)* reader.
Leseratte [ˈleːzəratə] (*umg*) *f* bookworm.
Leser- *zW*: **~brief** *m* reader's letter; **„~briefe"** "letters to the editor"; **~kreis** *m* readership; **l~lich** *adj* legible.
Lese- *zW*: **~saal** *m* reading room; **~stoff** *m* reading material; **~zeichen** *nt* bookmark; **~zirkel** *m* magazine club.
Lesotho [leˈzoːto] (**-s**) *nt* Lesotho.
Lesung [ˈleːzʊŋ] *f* (*PARL*) reading; (*ECCL*) lesson.
lethargisch [leˈtargɪʃ] *adj* (*MED, fig*) lethargic.
Lette [ˈlɛtə] (**-n, -n**) *m*, **Lettin** *f* Latvian.
lettisch *adj* Latvian.
Lettland [ˈlɛtlant] (**-s**) *nt* Latvia.
Letzt *f*: **zu guter ~** finally, in the end.
letzte(r, s) [ˈlɛtstə(r, s)] *adj* last; (*neueste*) latest; **der ~ Wille** the last will and testament; **bis zum L~n** to the utmost; **zum ~n Mal** for the last time; **in ~r Zeit** recently.
Letzte(s) *nt*: **das ist ja das ~!** (*umg*) that really is the limit!
letztens *adv* lately.
letztere(r, s) *adj* the latter.
letztlich *adv* in the end.
Leuchte [ˈlɔʏçtə] (**-, -n**) *f* lamp, light; (*umg*: *Mensch*) genius.
leuchten *vi* to shine, gleam.
Leuchter (**-s, -**) *m* candlestick.
Leucht- *zW*: **~farbe** *f* fluorescent colour (*BRIT*) *od* color (*US*); **~feuer** *nt* beacon; **~käfer** *m* glow-worm; **~kugel** *f* flare; **~pistole** *f* flare pistol; **~rakete** *f* flare; **~reklame** *f* neon sign; **~röhre** *f* strip light; **~turm** *m* lighthouse; **~zifferblatt** *nt* luminous dial.
leugnen [ˈlɔʏgnən] *vt, vi* to deny.
Leugnung *f* denial.
Leukämie [lɔʏkɛˈmiː] *f* leukaemia (*BRIT*), leukemia (*US*).
Leukoplast ® [lɔʏkoˈplast] (**-(e)s, -e**) *nt* Elastoplast ®.
Leumund [ˈlɔʏmʊnt] (**-(e)s, -e**) *m* reputation.
Leumundszeugnis *nt* character reference.
Leute [ˈlɔʏtə] *pl* people *pl*; **kleine ~** (*fig*) ordinary people; **etw unter die ~ bringen** (*umg*: *Gerücht etc*) to spread sth around.
Leutnant [ˈlɔʏtnant] (**-s, -s** *od* **-e**) *m* lieutenant.
leutselig [ˈlɔʏtzeːlɪç] *adj* affable; **L~keit** *f* affability.
Leviten [leˈviːtən] *pl*: **jdm die ~ lesen** (*umg*) to haul sb over the coals.
lexikalisch [lɛksiˈkaːlɪʃ] *adj* lexical.
Lexikografie▲ [lɛksikograˈfiː] *f* lexicography.
Lexikon [ˈlɛksikɔn] (**-s, Lexiken** *od* **Lexika**) *nt* encyclopedia.
lfd. *abk* = **laufend**.
Libanese [libaˈneːzə] (**-n, -n**) *m*, **Libanesin** *f* Lebanese.
libanesisch *adj* Lebanese.
Libanon [ˈliːbanɔn] (**-s**) *m*: **der ~** the Lebanon.
Libelle [liˈbɛlə] (**-, -n**) *f* dragonfly; (*TECH*) spirit level.
liberal [libeˈraːl] *adj* liberal.
Liberale(r) *f(m)* (*POL*) Liberal.
Liberalisierung [liberaliˈziːrʊŋ] *f* liberalization.
Liberalismus [liberaˈlɪsmʊs] *m* liberalism.
Liberia [liˈbeːria] (**-s**) *nt* Liberia.
Liberianer(in) [liberiˈaːnər(ɪn)] (**-s, -**) *m(f)* Liberian.
liberianisch *adj* Liberian.
Libero [ˈliːbero] (**-s, -s**) *m* (*FUSSBALL*) sweeper.
Libyen [ˈliːbyən] (**-s**) *nt* Libya.
Libyer(in) (**-s, -**) *m(f)* Libyan.
libysch *adj* Libyan.
Licht [lɪçt] (**-(e)s, -er**) *nt* light; **~ machen** (*anschalten*) to turn on a light; (*anzünden*) to light a candle *etc*; **mir geht ein ~ auf** it's

dawned on me; **jdn hinters ~ führen** (*fig*) to lead sb up the garden path.

licht *adj* light, bright.

Licht- *zW:* **~bild** *nt* photograph; (*Dia*) slide; **~blick** *m* cheering prospect; **l~empfindlich** *adj* sensitive to light.

lichten ['lɪçtən] *vt* to clear; (*Anker*) to weigh ♦ *vr* (*Nebel*) to clear; (*Haar*) to thin.

lichterloh ['lɪçtər'loː] *adv:* **~ brennen** to blaze.

Licht- *zW:* **~geschwindigkeit** *f* speed of light; **~griffel** *m* (*COMPUT*) light pen; **~hupe** *f* flashing of headlights; **~jahr** *nt* light year; **~maschine** *f* dynamo; **~mess▲** (-) *f* Candlemas; **~pause** *f* photocopy; (*bei Blaupausverfahren*) blueprint; **~schalter** *m* light switch; **l~scheu** *adj* averse to light; (*fig: Gesindel*) shady.

Lichtung *f* clearing, glade.

Lid [liːt] (-(e)s, -er) *nt* eyelid; **~schatten** *m* eyeshadow.

lieb [liːp] *adj* dear; **(viele) ~e Grüße, deine Silvia** love, Silvia; **L~e Anna, ~er Klaus! ... Dear Anna and Klaus, ...; am ~sten lese ich Kriminalromane** best of all I like detective novels; **den ~en langen Tag** (*umg*) all the livelong day; **sich bei jdm ~ Kind machen** (*pej*) to suck up to sb (*umg*); **~ gewinnen** to get fond of; **~ haben** to love; (*weniger stark*) to be (very) fond of.

liebäugeln ['liːpˌɔygəln] *vi untr:* **mit dem Gedanken ~, etw zu tun** to toy with the idea of doing sth.

Liebe ['liːbə] (-, -n) *f* love; **l~bedürftig** *adj:* **l~bedürftig sein** to need love.

Liebelei *f* flirtation.

lieben ['liːbən] *vt* to love; (*weniger stark*) to like; **etw ~d gern tun** to love to do sth.

liebens- *zW:* **~wert** *adj* loveable; **~würdig** *adj* kind; **~würdigerweise** *adv* kindly; **L~würdigkeit** *f* kindness.

lieber ['liːbər] *adv* rather, preferably; **ich gehe ~ nicht** I'd rather not go; **ich trinke ~ Wein als Bier** I prefer wine to beer; **bleib ~ im Bett** you'd better stay in bed.

Liebes- *zW:* **~brief** *m* love letter; **~dienst** *m* good turn; **~kummer** *m:* **~kummer haben** to be lovesick; **~paar** *nt* courting couple, lovers *pl*; **~roman** *m* romantic novel.

liebevoll *adj* loving.

lieb- *zW:* **L~haber(in)** (-s, -) *m(f)* lover; (*Sammler*) collector; **L~haberei** *f* hobby; **~kosen** *vt untr* to caress; **~lich** *adj* lovely, charming; (*Duft, Wein*) sweet.

Liebling *m* darling.

Lieblings- *in zW* favourite (*BRIT*), favorite (*US*).

lieblos *adj* unloving.

Liebschaft *f* love affair.

Liechtenstein ['lɪçtənʃtaɪn] (-s) *nt* Liechtenstein.

Lied [liːt] (-(e)s, -er) *nt* song; (*ECCL*) hymn; **davon kann ich ein ~ singen** (*fig*) I could tell you a thing or two about that (*umg*).

Liederbuch *nt* songbook; (*REL*) hymn book.

liederlich ['liːdərlɪç] *adj* slovenly; (*Lebenswandel*) loose, immoral; **L~keit** *f* slovenliness; immorality.

lief *etc* [liːf] *vb siehe* **laufen.**

Lieferant [liːfəˈrant] *m* supplier.

Lieferanteneingang *m* tradesmen's entrance; (*von Warenhaus etc*) goods entrance.

lieferbar *adj* (*vorrätig*) available.

Lieferbedingungen *pl* terms of delivery.

Lieferfrist *f* delivery period.

liefern ['liːfərn] *vt* to deliver; (*versorgen mit*) to supply; (*Beweis*) to produce.

Lieferschein *m* delivery note.

Liefertermin *m* delivery date.

Lieferung *f* delivery; (*Versorgung*) supply.

Lieferwagen *m* (delivery) van, panel truck (*US*).

Lieferzeit *f* delivery period; **~ 6 Monate** delivery six months.

Liege ['liːgə] (-, -n) *f* bed; (*Camping~*) camp bed (*BRIT*), cot (*US*); **~geld** *nt* (*Hafen, Flughafen*) demurrage.

liegen ['liːgən] *unreg vi* to lie; (*sich befinden*) to be (situated); **mir liegt nichts/viel daran** it doesn't matter to me/it matters a lot to me; **es liegt bei Ihnen, ob ...** it rests with you whether ...; **Sprachen ~ mir nicht** languages are not my line; **woran liegt es?** what's the cause?; **so, wie die Dinge jetzt ~** as things stand at the moment; **an mir soll es nicht ~, wenn die Sache schief geht** it won't be my fault if things go wrong; **~ bleiben** (*Person*) to stay in bed; (*nicht aufstehen*) to stay lying down; (*Ding*) to be left (behind); (*nicht ausgeführt werden*) to be left (undone); **~ lassen** (*vergessen*) to leave behind; **L~schaft** *f* real estate.

Liege- *zW:* **~platz** *m* (*auf Schiff, in Zug etc*) berth; (*Ankerplatz*) moorings *pl*; **~sitz** *m* (*AUT*) reclining seat; **~stuhl** *m* deck chair; **~stütz** *m* (*SPORT*) press-up (*BRIT*), push-up (*US*); **~wagen** *m* (*EISENB*) couchette car; **~wiese** *f* lawn (*for sunbathing*).

lieh *etc* [liː] *vb siehe* **leihen.**

ließ *etc* [liːs] *vb siehe* **lassen.**

liest [liːst] *vb siehe* **lesen.**

Lift [lɪft] (-(e)s, -e *od* -s) *m* lift.

Liga ['liːga] (-, Ligen) *f* (*SPORT*) league.

liieren [liˈiːrən] *vt:* **liiert sein** (*Firmen etc*) to be working together; (*ein Verhältnis haben*) to have a relationship.

Likör [liˈkøːr] (-s, -e) *m* liqueur.

lila ['liːla] *adj inv* purple; **L~** (-s, -s) *nt* (*Farbe*) purple.

Lilie ['liːliə] *f* lily.

Liliputaner(in) [lilipu'ta:nər(ın)] **(-s, -)** *m(f)* midget.

Limit ['lımıt] **(-s, -s** *od* **-e)** *nt* limit; (*FIN*) ceiling.

Limonade [limo'na:də] **(-, -n)** *f* lemonade.

lind [lınt] *adj* gentle, mild.

Linde ['lındə] **(-, -n)** *f* lime tree, linden.

lindern ['lındərn] *vt* to alleviate, soothe.

Linderung *f* alleviation.

lindgrün *adj* lime green.

Lineal [line'a:l] **(-s, -e)** *nt* ruler.

linear [line'a:r] *adj* linear.

Linguist(in) [lıŋgu'ıst(ın)] *m(f)* linguist.

Linguistik *f* linguistics *sing.*

Linie ['li:niə] *f* line; **in erster ~** first and foremost; **auf die ~ achten** to watch one's figure; **fahren Sie mit der ~ 2** take the number 2 (bus *etc*).

Linien- *zW:* **~blatt** *nt* ruled sheet; **~bus** *m* service bus; **~flug** *m* scheduled flight; **~richter** *m* (*SPORT*) linesman; **l~treu** *adj* loyal to the (party) line.

linieren [li'ni:rən], **liniieren** [lini'i:rən] *vt* to line.

Link [lıŋk] **(-s, -s)** *m* (*COMPUT*) link.

Linke ['lıŋkə] **(-, -n)** *f* left side; left hand; (*POL*) left.

Linke(r) *f(m)* (*POL*) left-winger, leftie (*pej*).

linke(r, s) *adj* left; **~ Masche** purl.

linkisch *adj* awkward, gauche.

links *adv* left; **to** *od* **on the left; ~ von mir on** *od* to my left; **~ von der Mitte** left of centre; **jdn ~ liegen lassen** (*fig: umg*) to ignore sb; **das mache ich mit ~** (*umg*) I can do that with my eyes shut; **L~abbieger** *m* motorist/vehicle turning left; **L~außen (-s, -)** *m* (*SPORT*) outside left; **L~händer(in) (-s, -)** *m(f)* left-handed person; **L~kurve** *f* left-hand bend; **~lastig** *adj*: **~lastig sein** to list *od* lean to the left; **~radikal** *adj* (*POL*) radically left-wing; **L~rutsch** *m* (*POL*) swing to the left; **L~steuerung** *f* (*AUT*) left-hand drive; **L~verkehr** *m* driving on the left.

Linse ['lınzə] **(-, -n)** *f* lentil; (*optisch*) lens.

linsen (*umg*) *vi* to peek.

Lippe ['lıpə] **(-, -n)** *f* lip.

Lippenbekenntnis *nt* lip service.

Lippenstift *m* lipstick.

Liquidation [likvidatsi'o:n] *f* liquidation.

Liquidationswert *m* break-up value.

Liquidator [likvi'da:tɔr] *m* liquidator.

liquid(e) [lik'vi:t, lik'vi:də] *adj* (*Firma*) solvent.

liquidieren [likvi'di:rən] *vt* to liquidate.

Liquidität [likvidi'tɛ:t] *f* liquidity.

lispeln ['lıspəln] *vi* to lisp.

Lissabon ['lısabɔn] *nt* Lisbon.

List [lıst] **(-, -en)** *f* cunning; (*Plan*) trick, ruse; **mit ~ und Tücke** (*umg*) with a lot of coaxing.

Liste ['lıstə] **(-, -n)** *f* list.

Listenplatz *m* (*POL*) place on the party list.

Listenpreis *m* list price.

listig *adj* cunning, sly.

Litanei [lita'naı] *f* litany.

Litauen ['li:tauən] **(-s)** *nt* Lithuania.

Litauer(in) (-s, -) *m(f)* Lithuanian.

litauisch *adj* Lithuanian.

Liter ['li:tər] **(-s, -)** *m od nt* litre (*BRIT*), liter (*US*).

literarisch [lıte'ra:rıʃ] *adj* literary.

Literatur [lıtera'tu:r] *f* literature; **~preis** *m* award *od* prize for literature; **~wissenschaft** *f* literary studies *pl.*

literweise ['li:tərvaızə] *adv* (*lit*) by the litre (*BRIT*) *od* liter (*US*); (*fig*) by the gallon.

Litfaßsäule ['lıtfaszɔylə] *f* advertising (*BRIT*) *od* advertizing (*US*) pillar.

Lithografie▲ [litogra'fi:] *f* lithography.

litt *etc* [lıt] *vb siehe* **leiden**.

Liturgie [litur'gi:] *f* liturgy.

liturgisch [li'tʊrgıʃ] *adj* liturgical.

Litze ['lıtsə] **(-, -n)** *f* braid; (*ELEK*) flex.

live [laıf] *adj, adv* (*RUNDF, TV*) live.

Livree [li'vre:] **(-, -n)** *f* livery.

Lizenz [li'tsɛnts] *f* licence (*BRIT*), license (*US*); **~ausgabe** *f* licensed edition; **~gebühr** *f* licence fee; (*im Verlagswesen*) royalty.

LKW, Lkw (-(s), -(s)) *m abk* = **Lastkraftwagen**.

l. M. *abk* (= *laufenden Monats*) inst.

Lob [lo:p] **(-(e)s)** *nt* praise.

Lobby ['lɔbi] **(-, -s)** *f* lobby.

loben ['lo:bən] *vt* to praise; **das lob ich mir** that's what I like (to see/hear *etc*).

lobenswert *adj* praiseworthy.

löblich ['lø:plıç] *adj* praiseworthy, laudable.

Loblied *nt*: **ein ~ auf jdn/etw singen** to sing sb's/sth's praises.

Lobrede *f* eulogy.

Loch [lɔx] **(-(e)s, ̈-er)** *nt* hole; **l~en** *vt* to punch holes in; **~er (-s, -)** *m* punch.

löcherig ['lœçərıç] *adj* full of holes.

löchern (*umg*) *vt*: **jdn ~** to pester sb with questions.

Loch- *zW:* **~karte** *f* punch card; **~streifen** *m* punch tape; **~zange** *f* punch.

Locke ['lɔkə] **(-, -n)** *f* lock, curl.

locken *vt* to entice; (*Haare*) to curl.

lockend *adj* tempting.

Lockenwickler (-s, -) *m* curler.

locker ['lɔkər] *adj* loose; (*Kuchen, Schaum*) light; (*umg*) cool; **~lassen** *unreg vi*: **nicht ~lassen** not to let up.

lockern *vt* to loosen ♦ *vr* (*Atmosphäre*) to get more relaxed.

Lockerungsübung *f* loosening-up exercise; (*zum Warmwerden*) limbering-up exercise.

lockig ['lɔkıç] *adj* curly.

Lockmittel *nt* lure.

Lockruf *m* call.

Lockung *f* enticement.

Lockvogel *m* decoy, bait; ~**angebot** *nt* (*COMM*) loss leader.
Lodenmantel ['loːdənmantəl] *m* thick woollen coat.
lodern ['loːdərn] *vi* to blaze.
Löffel ['lœfəl] (**-s, -**) *m* spoon.
löffeln *vt* to spoon.
löffelweise *adv* by the spoonful.
log *etc* [loːk] *vb siehe* **lügen**.
Logarithmentafel [loga'rɪtməntaːfəl] *f* log(arithm) tables *pl*.
Logarithmus [loga'rɪtmʊs] *m* logarithm.
Loge ['loːʒə] (**-, -n**) *f* (*THEAT*) box; (*Freimaurer~*) (masonic) lodge; (*Pförtner~*) office.
logieren [lo'ʒiːrən] *vi* to lodge, stay.
Logik ['loːgɪk] *f* logic.
Logis [lo'ʒiː] (**-, -**) *nt*: **Kost und** ~ board and lodging.
logisch ['loːgɪʃ] *adj* logical; (*umg*: *selbstverständlich*): **gehst du auch hin? -** ~ are you going too? - of course.
logo ['logo] (*umg*) *interj* obvious!
Logopäde [logo'pɛːdə] (**-n, -n**) *m* speech therapist.
Logopädin [logo'pɛːdɪn] *f* speech therapist.
Lohn [loːn] (**-(e)s, ̈e**) *m* reward; (*Arbeits~*) pay, wages *pl*; ~**abrechnung** *f* wages slip; ~**ausfall** *m* loss of earnings; ~**büro** *nt* wages office; ~**diktat** *nt* wage dictate; ~**empfänger** *m* wage earner.
lohnen ['loːnən] *vt* (*liter*): **jdm etw** ~ to reward sb for sth ♦ *vr unpers* to be worth it.
lohnend *adj* worthwhile.
Lohn- *zW*: ~**erhöhung** *f* wage increase, pay rise; ~**forderung** *f* wage claim; ~**fortzahlung** *f* continued payment of wages; ~**fortzahlungsgesetz** *nt* law on continued payment of wages; ~**gefälle** *nt* wage differential; ~**kosten** *pl* labour (*BRIT*) *od* labor (*US*) costs; ~**politik** *f* wages policy; ~**runde** *f* pay round; ~**steuer** *f* income tax; ~**steuerjahresausgleich** *m* income tax return; ~**steuerkarte** *f* (income) tax card; ~**stopp** *m* pay freeze; ~**streifen** *m* pay slip; ~**tüte** *f* pay packet.
Lok [lɔk] (**-, -s**) *f abk* (= *Lokomotive*) loco (*umg*).
lokal [lo'kaːl] *adj* local.
Lokal (**-(e)s, -e**) *nt* pub(lic house) (*BRIT*).
Lokalblatt (*umg*) *nt* local paper.
lokalisieren [lokaːli'ziːrən] *vt* to localize.
Lokalisierung *f* localization.
Lokalität [lokali'tɛːt] *f* locality; (*Raum*) premises *pl*.
Lokal- *zW*: ~**presse** *f* local press; ~**teil** *m* (*Zeitung*) local section; ~**termin** *m* (*JUR*) visit to the scene of the crime.
Lokomotive [lokomo'tiːvə] (**-, -n**) *f* locomotive.
Lokomotivführer *m* engine driver (*BRIT*),

engineer (*US*).
Lombardei [lɔmbar'daɪ] *f* Lombardy.
London ['lɔndɔn] (**-s**) *nt* London.
Londoner *adj attrib* London.
Londoner(in) (**-s, -**) *m(f)* Londoner.
Lorbeer ['lɔrbeːr] (**-s, -en**) *m* (*lit, fig*) laurel; ~**blatt** *nt* (*KOCH*) bay leaf.
Lore ['loːrə] (**-, -n**) *f* (*MIN*) truck.
Los [loːs] (**-es, -e**) *nt* (*Schicksal*) lot, fate; (*in der Lotterie*) lottery ticket; **das große** ~ **ziehen** (*lit, fig*) to hit the jackpot; **etw durch das** ~ **entscheiden** to decide sth by drawing lots.
los *adj* loose ♦ *adv*: ~! go on!; **etw** ~ **sein** to be rid of sth; **was ist** ~**?** what's the matter?; **dort ist nichts/viel** ~ there's nothing/a lot going on there; **ich bin mein ganzes Geld** ~ (*umg*) I'm cleaned out; **irgendwas ist mit ihm** ~ there's something wrong with him; **wir wollen früh** ~ we want to be off early; **nichts wie** ~**!** let's get going; ~**binden** *unreg vt* to untie; ~**brechen** *unreg vi* (*Sturm, Gewitter*) to break.
losch *etc* [lɔʃ] *vb siehe* **löschen**.
Löschblatt ['lœʃblat] *nt* sheet of blotting paper.
löschen ['lœʃən] *vt* (*Feuer, Licht*) to put out, extinguish; (*Durst*) to quench; (*COMM*) to cancel; (*Tonband*) to erase; (*Fracht*) to unload; (*COMPUT*) to delete; (*Tinte*) to blot ♦ *vi* (*Feuerwehr*) to put out a fire; (*Papier*) to blot.
Lösch- *zW*: ~**fahrzeug** *nt* fire engine; ~**gerät** *nt* fire extinguisher; ~**papier** *nt* blotting paper; ~**taste** *f* (*COMPUT*) delete key.
Löschung *f* extinguishing; (*COMM*) cancellation; (*Fracht*) unloading.
lose ['loːzə] *adj* loose.
Lösegeld *nt* ransom.
losen ['loːzən] *vi* to draw lots.
lösen ['løːzən] *vt* to loosen; (*Handbremse*) to release; (*Husten, Krampf*) to ease; (*Rätsel etc*) to solve; (*Verlobung*) to call off; (*CHEM*) to dissolve; (*Partnerschaft*) to break up; (*Fahrkarte*) to buy ♦ *vr* (*aufgehen*) to come loose; (*Schuss*) to go off; (*Zucker etc*) to dissolve; (*Problem, Schwierigkeit*) to (re)solve itself.
los- *zW*: ~**fahren** *unreg vi* to leave; ~**gehen** *unreg vi* to set out; (*anfangen*) to start; (*Bombe*) to go off; **jetzt gehts** ~**!** here we go!; **nach hinten** ~**gehen** (*umg*) to backfire; **auf jdn** ~**gehen** to go for sb; ~**kaufen** *vt* (*Gefangene, Geiseln*) to pay ransom for; ~**kommen** *unreg vi* (*sich befreien*) to free o.s.; **von etw** ~**kommen** to get away from sth; ~**lassen** *unreg vt* (*Seil etc*) to let go of; **der Gedanke lässt mich nicht mehr** ~ the thought haunts me; ~**laufen** *unreg vi* to run off; ~**legen** (*umg*) *vi*: **nun leg mal** ~ **und erzähl(e) ...** now come

on and tell me/us ...

löslich ['lœslɪç] *adj* soluble; **L~keit** *f* solubility.

loslösen *vt* to free ♦ *vr*: **sich (von etw)** ~ to detach o.s. (from sth).

losmachen *vt* to loosen; (*Boot*) to unmoor ♦ *vr* to get free.

Losnummer *f* ticket number.

los- *zW*: **~sagen** *vr*: **sich von jdm/etw ~sagen** to renounce sb/sth; **~schießen** *unreg vi*: **schieß ~!** (*fig*: *umg*) fire away!; **~schrauben** *vt* to unscrew; **~sprechen** *unreg vt* to absolve; **~stürzen** *vi*: **auf jdn/etw ~stürzen** to pounce on sb/sth.

Losung ['lo:zʊŋ] *f* watchword, slogan.

Lösung ['lø:zʊŋ] *f* (*Lockermachen*) loosening; (*eines Rätsels, CHEM*) solution.

Lösungsmittel *nt* solvent.

loswerden *unreg vt* to get rid of.

losziehen *unreg vi* (*sich aufmachen*) to set out; **gegen jdn ~** (*fig*) to run sb down.

Lot [lo:t] (**-(e)s, -e**) *nt* plumbline; (*MATH*) perpendicular; **im ~** vertical; (*fig*) on an even keel; **die Sache ist wieder im ~** things have been straightened out; **l~en** *vt* to plumb, sound.

löten ['lø:tən] *vt* to solder.

Lothringen ['lo:trɪŋən] (**-s**) *nt* Lorraine.

Lötkolben *m* soldering iron.

Lotse ['lo:tsə] (**-n, -n**) *m* pilot; (*AVIAT*) air traffic controller.

lotsen *vt* to pilot; (*umg*) to lure.

Lotterie [lɔtə'ri:] *f* lottery.

Lotterleben ['lɔtərle:bən] (*umg*) *nt* dissolute life.

Lotto ['lɔto] (**-s, -s**) *nt* ≈ National Lottery.

Lottozahlen *pl* winning Lotto numbers *pl*.

Löwe ['lø:və] (**-n, -n**) *m* lion; (*ASTROL*) Leo.

Löwen- *zW*: **~anteil** *m* lion's share; **~maul** *nt*, **~mäulchen** *nt* antirrhinum, snapdragon; **~zahn** *m* dandelion.

Löwin ['lø:vɪn] *f* lioness.

loyal [loa'ja:l] *adj* loyal.

Loyalität [loajali'tɛ:t] *f* loyalty.

LP (**-, -s**) *f abk* (= *Langspielplatte*) LP.

LSD (**-(s)**) *nt abk* (= *Lysergsäurediäthylamid*) LSD.

lt. *abk* = **laut.**

Luchs [lʊks] (**-es, -e**) *m* lynx.

Lücke ['lʏkə] (**-, -n**) *f* gap; (*Gesetzes~*) loophole; (*in Versorgung*) break.

Lücken- *zW*: **~büßer** (**-s, -**) *m* stopgap; **l~haft** *adj* full of gaps; (*Versorgung*) deficient; **l~los** *adj* complete.

lud *etc* [lu:t] *vb siehe* **laden.**

Luder ['lu:dər] (**-s, -**) (*pej*) *nt* (*Frau*) hussy; (*bedauernswert*) poor wretch.

Luft [lʊft] (**-, -̈e**) *f* (*Atem*) breath; **die ~ anhalten** (*lit*) to hold one's breath; **seinem Herzen ~ machen** to get everything off one's chest; **in der ~ liegen** to be in the air;

dicke ~ (*umg*) a bad atmosphere; **(frische) ~ schnappen** (*umg*) to get some fresh air; **in die ~ fliegen** (*umg*) to explode; **diese Behauptung ist aus der ~ gegriffen** this statement is (a) pure invention; **die ~ ist rein** (*umg*) the coast is clear; **jdn an die (frische) ~ setzen** (*umg*) to show sb the door; **er ist ~ für mich** I'm not speaking to him; **jdn wie ~ behandeln** to ignore sb; **~angriff** *m* air raid; **~aufnahme** *f* aerial photo; **~ballon** *m* balloon; **~blase** *f* air bubble; **~brücke** *f* airlift; **l~dicht** *adj* airtight; **~druck** *m* atmospheric pressure; **l~durchlässig** *adj* pervious to air.

lüften ['lʏftən] *vt* to air; (*Hut*) to lift, raise ♦ *vi* to let some air in.

Luft- *zW*: **~fahrt** *f* aviation; **~feuchtigkeit** *f* humidity; **~fracht** *f* air cargo; **l~gekühlt** *adj* air-cooled; **~gewehr** *nt* air rifle.

luftig *adj* (*Ort*) breezy; (*Raum*) airy; (*Kleider*) summery.

Luft- *zW*: **~kissenfahrzeug** *nt* hovercraft; **~krieg** *m* war in the air, aerial warfare; **~kurort** *m* health resort; **l~leer** *adj*: **l~leerer Raum** vacuum; **~linie** *f*: **in der ~linie** as the crow flies; **~loch** *nt* air hole; (*AVIAT*) air pocket; **~matratze** *f* Lilo ® (*BRIT*), air mattress; **~pirat** *m* hijacker; **~post** *f* airmail; **~pumpe** *f* (*für Fahrrad*) (bicycle) pump; **~raum** *m* air space; **~röhre** *f* (*ANAT*) windpipe; **~schlange** *f* streamer; **~schloss▲** *nt* (*fig*) castle in the air; **~schutz** *m* anti-aircraft defence (*BRIT*) *od* defense (*US*); **~schutzbunker** *m*, **~schutzkeller** *m* air-raid shelter; **~sprung** *m* (*fig*): **einen ~sprung machen** to jump for joy.

Lüftung ['lʏftʊŋ] *f* ventilation.

Luft- *zW*: **~veränderung** *f* change of air; **~verkehr** *m* air traffic; **~verschmutzung** *f* air pollution; **~waffe** *f* air force; **~weg** *m*: **etw auf dem ~weg befördern** to transport sth by air; **~zufuhr** *f* air supply; **~zug** *m* draught (*BRIT*), draft (*US*).

Lüge ['ly:gə] (**-, -n**) *f* lie; **jdn/etw ~n strafen** to give the lie to sb/sth.

lügen ['ly:gən] *unreg vi* to lie; **wie gedruckt ~** (*umg*) to lie like mad.

Lügendetektor ['ly:gəndetɛktɔr] *m* lie detector.

Lügner(in) (**-s, -**) *m(f)* liar.

Luke ['lu:kə] (**-, -n**) *f* hatch; (*Dach~*) skylight.

lukrativ [lukra'ti:f] *adj* lucrative.

Lümmel ['lʏməl] (**-s, -**) *m* lout.

lümmeln *vr* to lounge (about).

Lump [lʊmp] (**-en, -en**) *m* scamp, rascal.

lumpen ['lʊmpən] *vt*: **sich nicht ~ lassen** not to be mean.

Lumpen (**-s, -**) *m* rag.

Lumpensammler *m* rag and bone man.

lumpig ['lʊmpɪç] *adj* shabby; **~e 10 Euro** (*umg*)

10 measly euros.

Lüneburger Heide ['ly:nəbʊrgər 'haɪdə] *f* Lüneburg Heath.

Lunge ['lʊŋə] (-, -n) *f* lung.

Lungen- *zW:* ~**entzündung** *f* pneumonia; **l~krank** *adj* suffering from a lung disease; ~**krankheit** *f* lung disease.

lungern ['lʊŋərn] *vi* to hang about.

Lunte ['lʊntə] (-, -n) *f* fuse; ~ **riechen** to smell a rat.

Lupe ['lu:pə] (-, -n) *f* magnifying glass; **unter die** ~ **nehmen** (*fig*) to scrutinize.

lupenrein *adj* (*lit: Edelstein*) flawless.

Lupine [lu'pi:nə] *f* lupin.

Lurch [lʊrç] (-(e)s, -e) *m* amphibian.

Lust [lʊst] (-, ̈-e) *f* joy, delight; (*Neigung*) desire; (*sexuell*) lust (*pej*); ~ **haben zu** *od* **auf etw** *akk*/**etw zu tun** to feel like sth/doing sth; **hast du** ~? how about it?; **er hat die** ~ **daran verloren** he has lost all interest in it; **je nach** ~ **und Laune** just depending on how I *od* you *etc* feel; **l~betont** *adj* pleasure-orientated.

lüstern ['lystərn] *adj* lustful, lecherous.

Lustgefühl *nt* pleasurable feeling.

Lustgewinn *m* pleasure.

lustig ['lʊstɪç] *adj* (*komisch*) amusing, funny; (*fröhlich*) cheerful; **sich über jdn/etw** ~ **machen** to make fun of sb/sth.

Lüstling *m* lecher.

Lust- *zW:* **l~los** *adj* unenthusiastic; ~**mord** *m* sex(ual) murder; ~**prinzip** *nt* (*PSYCH*) pleasure principle; ~**spiel** *nt* comedy; **l~wandeln** *vi* to stroll about.

luth. *abk* = **lutherisch**.

Lutheraner(in) [lʊtə'ra:nər(ɪn)] *m(f)* Lutheran.

lutherisch ['lʊtərɪʃ] *adj* Lutheran.

lutschen ['lʊtʃən] *vt, vi* to suck; **am Daumen** ~ to suck one's thumb.

Lutscher (-s, -) *m* lollipop.

Luxemburg ['lʊksəmbʊrk] (-s) *nt* Luxembourg.

Luxemburger(in) ['lʊksəmbʊrgər(ɪn)] (-s, -) *m(f)* citizen of Luxembourg, Luxembourger.

luxemburgisch *adj* Luxembourgian.

luxuriös [lʊksuri'øːs] *adj* luxurious.

Luxus ['lʊksʊs] (-) *m* luxury; ~**artikel** *pl* luxury goods *pl*; ~**ausführung** *f* de luxe model; ~**dampfer** *m* luxury cruise ship; ~**hotel** *nt* luxury hotel; ~**steuer** *f* tax on luxuries.

LVA (-) *f abk* (= *Landesversicherungsanstalt*) *county insurance company.*

LW *abk* (= *Langwelle*) LW.

Lycra ['ly:kra] (-(s)) *no pl nt* Lycra ®.

Lymphe ['lymfə] (-, -n) *f* lymph.

Lymphknoten *m* lymph(atic) gland.

lynchen ['lynçən] *vt* to lynch.

Lynchjustiz *f* lynch law.

Lyrik ['ly:rɪk] *f* lyric poetry; ~**er(in)** (-s, -) *m(f)* lyric poet.

M, m

M, m¹ [ɛm] *nt* M, m; ~ **wie Martha** ≈ M for Mary, M for Mike (*US*).

m² *abk* (= *Meter*) m; (= *männlich*) m.

M. *abk* = **Monat**.

MA. *abk* = **Mittelalter**.

Maat [ma:t] (-s, -e *od* -en) *m* (*NAUT*) (ship's) mate.

Machart *f* make.

machbar *adj* feasible.

Mache (-) (*umg*) *f* show, sham; **jdn in der** ~ **haben** to be having a go at sb.

machen ['maxən] *vt* **1** to do; **was machst du da?** what are you doing there?; **das ist nicht zu** ~ that can't be done; **was** ~ **Sie (beruflich)?** what do you do for a living?; **mach, dass du hier verschwindest!** (you just) get out of here!; **mit mir kann mans ja** ~! (*umg*) the things I put up with!; **das lässt er nicht mit sich** ~ he won't stand for that; **eine Prüfung** ~ to take an exam.

2 (*herstellen*) to make; **das Radio leiser** ~ to turn the radio down; **aus Holz gemacht** made of wood; **das Essen** ~ to get the meal; **Schluss** ~ to finish (off).

3 (*verursachen, bewirken*) to make; **jdm Angst** ~ to make sb afraid; **das macht die Kälte** it's the cold that does that.

4 (*aus~*) to matter; **das macht nichts** that doesn't matter; **die Kälte macht mir nichts** I don't mind the cold.

5 (*kosten: ergeben*) to be; **3 und 5 macht 8** 3 and 5 is *od* are 8; **was** *od* **wie viel macht das?** how much does that come to?

6: was macht die Arbeit? how's the work going?; **was macht dein Bruder?** how is your brother doing?; **das Auto** ~ **lassen** to have the car done; **machs gut!** take care!; (*viel Glück*) good luck!

♦ *vi:* **mach schnell!** hurry up!; **mach schon!** come on!; **jetzt macht sie auf große Dame** (*umg*) she's playing the lady now; **lass mich mal** ~ (*umg*) let me do it; (*ich bringe das in Ordnung*) I'll deal with it; **groß/klein** ~ (*umg: Notdurft*) to do a big/little job; **sich** *dat* **in die Hose** ~ to wet o.s.; **ins Bett** ~ to wet one's bed; **das macht müde** it makes you tired; **in etw** *dat* ~ to be *od* deal in sth.

♦ *vr* to come along (nicely); **sich an etw** *akk*

~ to set about sth; **sich verständlich** ~ to make o.s. understood; **sich** *dat* **viel aus jdm/ etw** ~ to like sb/sth; **mach dir nichts daraus** don't let it bother you; **sich auf den Weg** ~ to get going; **sich an etw** *akk* ~ to set about sth.

Machenschaften *pl* wheelings and dealings *pl*.
Macher (-s, -) (*umg*) *m* man of action.
Macho ['matʃo] (*umg*) *adj* macho.
Macho (-s, -s) (*umg*) *m* macho type.
Macht [maxt] (-, ⁻e) *f* power; **mit aller** ~ with all one's might; **an der** ~ **sein** to be in power; **alles in unserer** ~ **Stehende** everything in our power; **~ergreifung** *f* seizure of power; **~haber** (-s, -) *m* ruler.
mächtig ['mɛçtɪç] *adj* powerful, mighty; (*umg*: *ungeheuer*) enormous.
Macht- *zW*: **m~los** *adj* powerless; **~probe** *f* trial of strength; **~stellung** *f* position of power; **~wort** *nt*: **ein ~wort sprechen** to lay down the law.
Machwerk *nt* work; (*schlechte Arbeit*) botched job.
Macke ['makə] (-, -n) (*umg*) *f* (*Tick, Knall*) quirk; (*Fehler*) fault.
Macker (-s, -) (*umg*) *m* fellow, guy.
MAD (-) *m abk* (= *Militärischer Abschirmdienst*) ≈ MI5 (*BRIT*), CIA (*US*).
Madagaskar [mada'gaskar] (-s) *nt* Madagascar.
Mädchen ['mɛːtçən] *nt* girl; **ein** ~ **für alles** (*umg*) a dogsbody; (*im Büro etc*) a girl Friday; **m~haft** *adj* girlish; **~name** *m* maiden name.
Made ['maːdə] (-, -n) *f* maggot.
Madeira[1] [ma'deːra] (-s) *nt* (*GEOG*) Madeira.
Madeira[2] (-s, -s) *m* (*Wein*) Madeira.
Mädel ['mɛːdl] (-s, -(s)) *nt* (*Dialekt*) lass, girl.
madig ['maːdɪç] *adj* maggoty; **jdm etw** ~ **machen** to spoil sth for sb.
Madrid [ma'drɪt] (-s) *nt* Madrid.
mag [maːk] *vb siehe* **mögen**.
Mag. *abk* = **Magister**.
Magazin [maga'tsiːn] (-s, -e) *nt* (*Zeitschrift, am Gewehr*) magazine; (*Lager*) storeroom; (*Bibliotheks~*) stockroom.
Magd [maːkt] (-, ⁻e) *f* maid(servant).
Magen ['maːgən] (-s, - *od* ⁻) *m* stomach; **jdm auf den** ~ **schlagen** (*umg*) to upset sb's stomach; (*fig*) to upset sb; **sich** *dat* **den** ~ **verderben** to upset one's stomach; **~bitter** *m* bitters *pl*; **~geschwür** *nt* stomach ulcer; **~schmerzen** *pl* stomach-ache *sing*; **~verstimmung** *f* stomach upset.
mager ['maːgər] *adj* lean; (*dünn*) thin; **M~keit** *f* leanness; thinness; **M~milch** *f* skimmed milk; **M~quark** *m* low-fat soft cheese; **M~sucht** *f* (*MED*) anorexia; **~süchtig** *adj* anorexic.

Magie [ma'giː] *f* magic.
Magier ['maːgiər] (-s, -) *m* magician.
magisch ['maːgɪʃ] *adj* magical.
Magister [ma'gɪstər] (-s, -) *m* (*UNIV*) M.A., Master of Arts.
Magistrat [magɪs'traːt] (-(e)s, -e) *m* municipal authorities *pl*.
Magnat [ma'gnaːt] (-en, -en) *m* magnate.
Magnet [ma'gneːt] (-s *od* -en, -en) *m* magnet; **~bahn** *f* magnetic railway; **~band** *nt* (*COMPUT*) magnetic tape; **m~isch** *adj* magnetic.
magnetisieren [magneti'ziːrən] *vt* to magnetize.
Magnetnadel *f* magnetic needle.
Magnettafel *f* magnetic board.
Mahagoni [maha'goːni] (-s) *nt* mahogany.
Mähdrescher (-s, -) *m* combine (harvester).
mähen ['mɛːən] *vt, vi* to mow.
Mahl [maːl] (-(e)s, -e) *nt* meal.
mahlen *unreg vt* to grind.
Mahlstein *m* grindstone.
Mahlzeit *f* meal ♦ *interj* enjoy your meal!
Mahnbrief *m* reminder.
Mähne ['mɛːnə] (-, -n) *f* mane.
mahnen ['maːnən] *vt* to remind; (*warnend*) to warn; (*wegen Schuld*) to demand payment from; **jdn zur Eile/Geduld** etc ~ (*auffordern*) to urge sb to hurry/be patient etc.
Mahn- *zW*: **~gebühr** *f* reminder fee; **~mal** *nt* memorial; **~schreiben** *nt* reminder.
Mahnung *f* admonition, warning; (*Mahnbrief*) reminder.
Mähre ['mɛːrə] (-, -n) *f* mare.
Mähren ['mɛːrən] (-s) *nt* Moravia.
Mai [maɪ] (-(e)s, -e) (*pl selten*) *m* May; *siehe auch* **September**; **~baum** *m* maypole; **~bowle** *f* white wine punch (*flavoured with woodruff*); **~glöckchen** *nt* lily of the valley; **~käfer** *m* cockchafer.
Mail [meːl] (-, -s) *f* (*COMPUT*) e-mail.
Mailand ['maɪlant] (-s) *nt* Milan.
Main [maɪn] (-(e)s) *m* (*Fluss*) Main.
Mais [maɪs] (-es, -e) *m* maize, corn (*US*); **~kolben** *m* corncob.
Majestät [majɛs'tɛːt] *f* majesty.
majestätisch *adj* majestic.
Majestätsbeleidigung *f* lese-majesty.
Majonäse [majo'nɛːzə] (-, -n) *f* mayonnaise.
Major [ma'joːr] (-s, -e) *m* (*MIL*) major; (*AVIAT*) squadron leader.
Majoran [majo'raːn] (-s, -e) *m* marjoram.
makaber [ma'kaːbər] *adj* macabre.
Makedonien [make'doːniən] (-s) *nt* Macedonia.
makedonisch *adj* Macedonian.
Makel ['maːkəl] (-s, -) *m* blemish; (*moralisch*) stain; **ohne** ~ flawless; **m~los** *adj* immaculate, spotless.
mäkeln ['mɛːkəln] *vi* to find fault.

Make-up [meːkˈʔap] **(-s, -s)** *nt* make-up; (*flüssig*) foundation.

Makkaroni [makaˈroːni] *pl* macaroni *sing*.

Makler [ˈmaːklər] **(-s, -)** *m* broker; (*Grundstücks~*) estate agent (*BRIT*), realtor (*US*); **~gebühr** *f* broker's commission, brokerage.

Makrele [maˈkreːlə] **(-, -n)** *f* mackerel.

Makro- *in zW* macro-.

Makrone [maˈkroːnə] **(-, -n)** *f* macaroon.

Makroökonomie *f* macroeconomics *sing*.

Mal [maːl] **(-(e)s, -e)** *nt* mark, sign; (*Zeitpunkt*) time; **ein für alle ~** once and for all; **mit einem ~(e)** all of a sudden; **das erste ~** the first time; **jedes ~** every time, each time; **zum letzten ~** for the last time; **ein paar ~** a few times.

mal *adv* times.

-mal *suff* -times.

Malaie [maˈlaɪə] **(-n, -n)** *m*, **Malaiin** *f* Malay.

malaiisch *adj* Malayan.

Malawi [maˈlaːvi] **(-s)** *nt* Malawi.

Malaysia [maˈlaɪzia] **(-s)** *nt* Malaysia.

Malaysier(in) **(-s, -)** *m(f)* Malaysian.

malaysisch *adj* Malaysian.

Malediven [maleˈdiːvən] *pl*: **die ~** the Maldive Islands.

malen *vt, vi* to paint.

Maler **(-s, -)** *m* painter.

Malerei [maːləˈraɪ] *f* painting.

malerisch *adj* picturesque.

Malkasten *m* paintbox.

Mallorca [maˈjɔrka, maˈlɔrka] **(-s)** *nt* Majorca.

Mallorquiner(in) [majɔrˈkiːnər(ɪn), malɔrˈkiːnər(ɪn)] **(-s, -)** *m(f)* Majorcan.

mallorquinisch *adj* Majorcan.

malnehmen *unreg vt, vi* to multiply.

Malta [ˈmalta] **(-s)** *nt* Malta.

Malteser(in) [malˈteːzər(ɪn)] **(-s, -)** *m(f)* Maltese.

Malteser-Hilfsdienst *m* ≈ St. John's Ambulance Brigade (*BRIT*).

maltesisch *adj* Maltese.

malträtieren [maltrɛˈtiːrən] *vt* to ill-treat, maltreat.

Malz [malts] **(-es)** *nt* malt; **~bonbon** *nt or m* cough drop; **~kaffee** *m coffee substitute made from malt barley*.

Mama [ˈmamaː] **(-, -s)** (*umg*) *f* mum(my) (*BRIT*), mom(my) (*US*).

Mami [ˈmami] **(-, -s)** *f* = **Mama**.

Mammografie▲ [mamɔɡraˈfiː] *f* (*MED*) mammography.

Mammut [ˈmamʊt] **(-s, -e** *od* **-s)** *nt* mammoth ♦ *in zW* mammoth, giant; **~anlagen** *pl* (*INDUSTRIE*) mammoth plants.

mampfen [ˈmampfən] (*umg*) *vt, vi* to munch, chomp.

man [man] *pron* one, you, people *pl*; **~ hat mir gesagt ...** I was told ...

managen [ˈmɛnɪdʒən] *vt* to manage; **ich manage das schon!** (*umg*) I'll fix it somehow!

Manager(in) **(-s, -)** *m(f)* manager.

manch [manç] *pron*: **~ ein(e) ...** many a ...; **~ eine(r)** many a person.

manche(r, s) *adj* many a; (*pl*) a number of ♦ *pron* some.

mancherlei [mançərˈlaɪ] *adj inv* various ♦ *pron* a variety of things.

manchmal *adv* sometimes.

Mandant(in) [manˈdant(ɪn)] *m(f)* (*JUR*) client.

Mandarine [mandaˈriːnə] *f* mandarin, tangerine.

Mandat [manˈdaːt] **(-(e)s, -e)** *nt* mandate; **sein ~ niederlegen** (*PARL*) to resign one's seat.

Mandel [ˈmandəl] **(-, -n)** *f* almond; (*ANAT*) tonsil; **~entzündung** *f* tonsillitis.

Mandschurei **(-)** [mandʒuˈraɪ] *f*: **die ~** Manchuria.

Manege [maˈneːʒə] **(-, -n)** *f* ring, arena.

Mangel¹ [ˈmaŋəl] **(-, -n)** *f* mangle; **durch die ~ drehen** (*fig: umg*) to put through it; (*Prüfling etc*) to put through the mill.

Mangel² [ˈmaŋəl] **(-s, ⁻)** *m* lack; (*Knappheit*) shortage; (*Fehler*) defect, fault; **~ an** +*dat* shortage of.

Mängelbericht [ˈmɛŋəlbərɪçt] *m* list of faults.

Mangelerscheinung *f* deficiency symptom.

mangelhaft *adj* poor; (*fehlerhaft*) defective, faulty; (*Schulnote*) unsatisfactory.

mangeln *vi unpers*: **es mangelt jdm an etw** *dat* sb lacks sth ♦ *vt* (*Wäsche*) to mangle.

mangels *präp* +*gen* for lack of.

Mangelware *f* scarce commodity.

Manie [maˈniː] *f* mania.

Manier [maˈniːr] **(-)** *f* manner; (*Stil*) style; (*pej*) mannerism.

Manieren *pl* manners *pl*; (*pej*) mannerisms *pl*.

manieriert [maniˈriːrt] *adj* mannered, affected.

manierlich *adj* well-mannered.

Manifest [maniˈfɛst] **(-es, -e)** *nt* manifesto.

Maniküre [maniˈkyːrə] **(-, -n)** *f* manicure.

maniküren *vt* to manicure.

Manipulation [manipulatsiˈoːn] *f* manipulation; (*Trick*) manoeuvre (*BRIT*), maneuver (*US*).

manipulieren [manipuˈliːrən] *vt* to manipulate.

Manko [ˈmaŋko] **(-s, -s)** *nt* deficiency; (*COMM*) deficit.

Mann [man] **(-(e)s, ⁻er** *od* (*NAUT*) **Leute)** *m* man; (*Ehe~*) husband; (*NAUT*) hand; **pro ~** per head; **mit ~ und Maus untergehen** to go down with all hands; (*Passagierschiff*) to go down with no survivors; **seinen ~ stehen** to hold one's own; **etw an den ~ bringen** (*umg*) to get rid of sth; **einen kleinen ~ im Ohr haben** (*hum: umg*) to be crazy.

Männchen [ˈmɛnçən] *nt* little man; (*Tier*)

male; ~ **machen** (*Hund*) to (sit up and) beg.

Mannequin [manə'kɛ̃:] (-**s**, -**s**) *nt* fashion model.

Männersache ['mɛnərzaxə] *f* (*Angelegenheit*) man's business; (*Arbeit*) man's job.

mannigfaltig ['manɪçfaltɪç] *adj* various, varied; **M~keit** *f* variety.

männlich ['mɛnlɪç] *adj* (*BIOL*) male; (*fig, GRAM*) masculine.

Mannsbild *nt* (*veraltet: pej*) fellow.

Mannschaft *f* (*SPORT, fig*) team; (*NAUT, AVIAT*) crew; (*MIL*) other ranks *pl*.

Mannschaftsgeist *m* team spirit.

Mannsleute (*umg*) *pl* menfolk *pl*.

Mannweib (*pej*) *nt* mannish woman.

Manometer [mano'me:tər] *nt* (*TECH*) pressure gauge; ~! (*umg*) wow!

Manöver [ma'nø:vər] (-**s**, -) *nt* manoeuvre (*BRIT*), maneuver (*US*).

manövrieren [manø'vri:rən] *vt, vi* to manoeuvre (*BRIT*), maneuver (*US*).

Mansarde [man'zardə] (-, -**n**) *f* attic.

Manschette [man'ʃɛtə] *f* cuff; (*Papier~*) paper frill; (*TECH*) sleeve.

Manschettenknopf *m* cufflink.

Mantel ['mantəl] (-**s**, -̈) *m* coat; (*TECH*) casing, jacket; ~**tarif** *m* general terms of employment; ~**tarifvertrag** *m* general agreement on conditions of employment.

Manuskript [manu'skrɪpt] (-(e)**s**, -**e**) *nt* manuscript.

Mappe ['mapə] (-, -**n**) *f* briefcase; (*Akten~*) folder.

Marathonlauf ['ma:ratɔnlaʊf] *m* marathon.

Märchen ['mɛːrçən] *nt* fairy tale; **m~haft** *adj* fabulous; ~**prinz** *m* prince charming.

Marder ['mardər] (-**s**, -) *m* marten.

Margarine [marga'ri:nə] *f* margarine.

Marge ['marʒə] (-, -**n**) *f* (*COMM*) margin.

Maria [ma'ri:a] (-) *f* Mary.

Marienbild *nt* picture of the Virgin Mary.

Marienkäfer *m* ladybird.

Marihuana [marihu'a:na] (-**s**) *nt* marijuana.

Marinade [mari'na:də] (-, -**n**) *f* (*KOCH*) marinade; (*Soße*) mayonnaise-based sauce.

Marine [ma'ri:nə] *f* navy; **m~blau** *adj* navy-blue.

marinieren [mari'ni:rən] *vt* to marinate.

Marionette [mario'nɛtə] *f* puppet.

Mark¹ [mark] (-, -) *f* (*HIST: Geld*) mark.

Mark² [mark] (-(e)**s**) *nt* (*Knochen~*) marrow; **jdn bis ins ~ treffen** (*fig*) to cut sb to the quick; **jdm durch ~ und Bein gehen** to go right through sb.

markant [mar'kant] *adj* striking.

Marke ['markə] (-, -**n**) *f* mark; (*Warensorte*) brand; (*Fabrikat*) make; (*Rabatt~, Brief~*) stamp; (*Essen(s)~*) luncheon voucher; (*aus Metall etc*) token, disc.

Marken- *zW:* ~**artikel** *m* proprietary article;

~**butter** *f* best quality butter; ~**kleidung** *f* designer clothes; ~**zeichen** *nt* trademark.

Marketing ['markətɪŋ] (-**s**) *nt* marketing.

markieren [mar'ki:rən] *vt* to mark; (*umg*) to act ♦ *vi* (*umg*) to act it.

Markierung *f* marking.

markig ['markɪç] *adj* (*fig*) pithy.

Markise [mar'ki:zə] (-, -**n**) *f* awning.

Markstück *nt* one-mark piece.

Markt [markt] (-(e)**s**, -̈**e**) *m* market; ~**analyse** *f* market analysis; ~**anteil** *m* market share; **m~fähig** *adj* marketable; ~**forschung** *f* market research; **m~gängig** *adj* marketable; **m~gerecht** *adj* geared to market requirements; ~**lücke** *f* gap in the market; ~**platz** *m* market place; ~**preis** *m* market price; ~**wert** *m* market value; ~**wirtschaft** *f* market economy; **m~wirtschaftlich** *adj* free enterprise.

Marmelade [marmə'la:də] (-, -**n**) *f* jam.

Marmor ['marmɔr] (-**s**, -**e**) *m* marble.

marmorieren [marmo'ri:rən] *vt* to marble.

Marmorkuchen *m* marble cake.

marmorn *adj* marble.

Marokkaner(in) [marɔ'ka:nər(ɪn)] (-**s**, -) *m(f)* Moroccan.

marokkanisch *adj* Moroccan.

Marokko [ma'rɔko] (-**s**) *nt* Morocco.

Marone [ma'ro:nə] (-, -**n**) *f* chestnut.

Marotte [ma'rɔtə] (-, -**n**) *f* fad, quirk.

Marsch¹ [marʃ] (-, -**en**) *f* marsh.

Marsch² (-(e)**s**, -̈**e**) *m* march; **jdm den ~ blasen** (*umg*) to give sb a rocket; **m~ interj** march; **m~ ins Bett!** off to bed with you!

Marschbefehl *m* marching orders *pl*.

marschbereit *adj* ready to move.

marschieren [mar'ʃi:rən] *vi* to march.

Marschverpflegung *f* rations *pl*; (*MIL*) field rations *pl*.

Marseille [mar'sɛːj] (-**s**) *nt* Marseilles.

Marsmensch ['marsmɛnʃ] *m* Martian.

Marter ['martər] (-, -**n**) *f* torment.

martern *vt* to torture.

Martinshorn ['marti:nshɔrn] *nt* siren (*of police etc*).

Märtyrer(in) ['mɛrtyrər(ɪn)] (-**s**, -) *m(f)* martyr.

Martyrium [mar'ty:rium] *nt* (*fig*) ordeal.

Marxismus [mar'ksɪsmʊs] *m* Marxism.

März [mɛrts] (-(e)**s**, -**e**) (*pl selten*) *m* March; *siehe auch* **September**.

Marzipan [martsi'pa:n] (-**s**, -**e**) *nt* marzipan.

Masche ['maʃə] (-, -**n**) *f* mesh; (*Strick~*) stitch; **das ist die neueste ~** that's the latest dodge; **durch die ~n schlüpfen** to slip through the net.

Maschendraht *m* wire mesh.

maschenfest *adj* runproof.

Maschine [ma'ʃi:nə] *f* machine; (*Motor*) engine; ~ **schreiben** to type.

maschinell [maʃi'nɛl] *adj* machine(-),

mechanical.

Maschinen- *zW:* ~**ausfallzeit** *f* machine downtime; ~**bauer** *m* mechanical engineer; ~**führer** *m* machinist; **m**~**geschrieben** *adj* typewritten; ~**gewehr** *nt* machine gun; **m**~**lesbar** *adj* (*COMPUT*) machine-readable; ~**pistole** *f* submachine gun; ~**raum** *m* plant room; (*NAUT*) engine room; ~**saal** *m* machine shop; ~**schaden** *m* mechanical fault; ~**schlosser** *m* fitter; ~**schrift** *f* typescript; ~**sprache** *f* (*COMPUT*) machine language.

Maschinerie [maʃinəˈriː] *f* (*fig*) machinery.
Maschinist(in) [maʃiˈnɪst(ɪn)] *m(f)* engineer.
Maser [ˈmaːzər] (*-, -n*) *f* grain.
Masern *pl* (*MED*) measles *sing.*
Maserung *f* grain(ing).
Maske [ˈmaskə] (*-, -n*) *f* mask.
Maskenball *m* fancy-dress ball.
Maskenbildner(in) *m(f)* make-up artist.
Maskerade [maskəˈraːdə] *f* masquerade.
maskieren [masˈkiːrən] *vt* to mask; (*verkleiden*) to dress up ♦ *vr* to disguise o.s., dress up.
Maskottchen [masˈkɔtçən] *nt* (lucky) mascot.
Maskulinum [maskuˈliːnʊm] (*-s, Maskulina*) *nt* (*GRAM*) masculine noun.
Masochist [mazoˈxɪst] (*-en, -en*) *m* masochist.
Maß¹ [maːs] (*-es, -e*) *nt* measure; (*Mäßigung*) moderation; (*Grad*) degree, extent; **über alle** ~**en** (*liter*) extremely, beyond measure; ~ **halten** to exercise moderation; **mit zweierlei** ~ **messen** (*fig*) to operate a double standard; **sich** *dat* **etw nach** ~ **anfertigen lassen** to have sth made to measure *od* order (*US*); **in besonderem** ~**e** especially; **das** ~ **ist voll** (*fig*) that's enough (of that).
Maß² (*-, -(e)*) *f* litre (*BRIT*) *od* liter (*US*) of beer.
maß *etc vb siehe* **messen.**
Massage [maˈsaːʒə] (*-, -n*) *f* massage.
Massaker [maˈsaːkər] (*-s, -*) *nt* massacre.
Maßanzug *m* made-to-measure suit.
Maßarbeit *f* (*fig*) neat piece of work.
Masse [ˈmasə] (*-, -n*) *f* mass; **eine ganze** ~ (*umg*) a great deal.
Maßeinheit *f* unit of measurement.
Massen- *zW:* ~**artikel** *m* mass-produced article; ~**blatt** *nt* tabloid; ~**grab** *nt* mass grave; **m**~**haft** *adj* masses of; ~**medien** *pl* mass media *pl*; ~**produktion** *f* mass production; ~**veranstaltung** *f* mass meeting; ~**vernichtungswaffen** *pl* weapons of mass destruction *od* extermination; ~**ware** *f* mass-produced article; **m**~**weise** *adv* in huge numbers.
Masseur [maˈsøːr] *m* masseur.
Masseuse [maˈsøːzə] *f* masseuse.
Maß- *zW:* **m**~**gebend** *adj* authoritative; **m**~**gebende Kreise** influential circles; **m**~**geblich** *adj* definitive; **m**~**geschneidert**

adj (*Anzug*) made-to-measure, made-to-order (*US*), custom *attrib* (*US*).
massieren [maˈsiːrən] *vt* to massage; (*MIL*) to mass.
massig [ˈmasɪç] *adj* massive; (*umg*) a massive amount of.
mäßig [ˈmɛːsɪç] *adj* moderate; ~**en** [ˈmɛːsɪɡən] *vt* to restrain, moderate; **sein Tempo** ~**en** to slacken one's pace; **M**~**keit** *f* moderation.
massiv [maˈsiːf] *adj* solid; (*fig*) heavy, rough; ~ **werden** (*umg*) to turn nasty; **M**~ (*-s, -e*) *nt* massif.
Maß- *zW:* ~**krug** *m* tankard; **m**~**los** *adj* (*Verschwendung, Essen, Trinken*) excessive, immoderate; (*Enttäuschung, Ärger etc*) extreme; ~**nahme** (*-, -n*) *f* measure, step; **m**~**regeln** *vt untr* to reprimand.
Maßstab *m* rule, measure; (*fig*) standard; (*GEOG*) scale; **als** ~ **dienen** to serve as a model.
maßstab(s)getreu *adj* (true) to scale.
maßvoll *adj* moderate.
Mast [mast] (*-(e)s, -e(n)*) *m* mast; (*ELEK*) pylon.
Mastdarm *m* rectum.
mästen [ˈmɛstən] *vt* to fatten.
masturbieren [mastʊrˈbiːrən] *vi* to masturbate.
Material [materiˈaːl] (*-s, -ien*) *nt* material(s); ~**fehler** *m* material defect.
Materialismus [materiaˈlɪsmus] *m* materialism.
Materialist(in) *m(f)* materialist; **m**~**isch** *adj* materialistic.
Materialkosten *pl* cost *sing* of materials.
Materialprüfung *f* material(s) control.
Materie [maˈteːriə] *f* matter, substance.
materiell [materiˈɛl] *adj* material.
Mathe [ˈmatə] (*-*) *f* (*SCH: umg*) maths (*BRIT*), math (*US*).
Mathematik [matemaˈtiːk] *f* mathematics *sing*; ~**er(in)** [mateˈmaːtɪkər(ɪn)] (*-s, -*) *m(f)* mathematician.
mathematisch [mateˈmaːtɪʃ] *adj* mathematical.
Matjeshering [ˈmatjəsheːrɪŋ] (*umg*) *m* salted young herring.
Matratze [maˈtratsə] (*-, -n*) *f* mattress.
Matrixdrucker *m* dot-matrix printer.
Matrixzeichen *nt* matrix character.
Matrize [maˈtriːtsə] (*-, -n*) *f* matrix; (*zum Abziehen*) stencil.
Matrose [maˈtroːzə] (*-n, -n*) *m* sailor.
Matsch [matʃ] (*-(e)s*) *m* mud; (*Schnee*~) slush.
matschig *adj* muddy; slushy.
matt [mat] *adj* weak; (*glanzlos*) dull; (*PHOT*) matt; (*SCHACH*) mate; **jdn** ~ **setzen** (*auch fig*) to checkmate sb; **M**~ (*-s, -s*) *nt* (*SCHACH*) checkmate.
Matte [ˈmatə] (*-, -n*) *f* mat; **auf der** ~ **stehen** (*am Arbeitsplatz etc*) to be in.

Mattigkeit *f* weakness; dullness.
Mattscheibe *f* (*TV*) screen; ~ **haben** (*umg*) to be not quite with it.
Matura [ma'tu:ra] (-) (*ÖSTERR, SCHWEIZ*) *f* = **Abitur**.
Mätzchen ['mɛtsçən] (*umg*) *nt* antics *pl*; ~ **machen** to fool around.
mau [mau] (*umg*) *adj* poor, bad.
Mauer ['mauər] (-, -n) *f* wall; ~**blümchen** (*umg*) *nt* (*fig*) wallflower.
mauern *vi* to build, lay bricks ♦ *vt* to build.
Mauer- *zW*: ~**schwalbe** *f* swift; ~**segler** *m* swift; ~**werk** *nt* brickwork; (*Stein*) masonry.
Maul [maul] (-(e)s, Mäuler) *nt* mouth; **ein loses** *od* **lockeres** ~ **haben** (*umg: frech sein*) to be an impudent so-and-so; (: *indiskret sein*) to be a blabbermouth; **halts** ~! (*umg*) shut your face (!); **darüber werden sich die Leute das** ~ **zerreißen** (*umg*) that will start people's tongues wagging; **dem Volk** *od* **den Leuten aufs** ~ **schauen** (*umg*) to listen to what ordinary people say; **m**~**en** (*umg*) *vi* to grumble; ~**esel** *m* mule; ~**korb** *m* muzzle; ~**sperre** *f* lockjaw; ~**tier** *nt* mule; ~**- und Klauenseuche** *f* (*Tiere*) foot-and-mouth disease.
Maulwurf *m* mole.
Maulwurfshaufen *m* molehill.
Maurer ['maurər] (-s, -) *m* bricklayer; **pünktlich wie die** ~ (*hum*) super-punctual.
Mauretanien [maurə'ta:niən] (-s) *nt* Mauritania.
Maus [maus] (-, Mäuse) *f* (*auch COMPUT*) mouse; **Mäuse** *pl* (*umg: Geld*) bread *sing*, dough *sing*.
mauscheln ['mauʃəln] (*umg*) *vt, vi* (*manipulieren*) to fiddle.
mäuschenstill ['mɔysçən'ʃtɪl] *adj* very quiet.
Mausefalle *f* mousetrap.
mausen *vt* (*umg*) to pinch ♦ *vi* to catch mice.
mausern *vr* to moult (*BRIT*), molt (*US*).
mausetot *adj* stone dead.
mausgesteuert *adj* (*COMPUT*) mouse-driven.
Mausklick [mausklɪk] *nt* (*COMPUT*) (mouse) click.
Maut [maut] (-, -en) *f* toll.
max. *abk* (= *maximal*) max.
maximal [maksi'ma:l] *adj* maximum.
Maxime [ma'ksi:mə] (-, -n) *f* maxim.
maximieren [maksi'mi:rən] *vt* to maximize.
Maximierung *f* (*WIRTS*) maximization.
Maximum ['maksimum] (-s, Maxima) *nt* maximum.
Mayonnaise [majɔ'nɛ:zə] (-, -n) *f* mayonnaise.
Mazedonien [matse'do:niən] (-s) *nt* Macedonia.
Mäzen [mɛ'tse:n] (-s, -e) *m* (*gen*) patron, sponsor.
MdB *nt abk* (= *Mitglied des Bundestages*) *member of the Bundestag*, ≈ MP.

MdL *nt abk* (= *Mitglied des Landtages*) *member of the Landtag*.
m. E. *abk* (= *meines Erachtens*) in my opinion.
Mechanik [me'ça:nɪk] *f* mechanics *sing*; (*Getriebe*) mechanics *pl*; ~**er** (-s, -) *m* mechanic, engineer.
mechanisch *adj* mechanical.
Mechanisierung *f* mechanization.
Mechanismus [meça'nɪsmus] *m* mechanism.
meckern ['mɛkərn] *vi* to bleat; (*umg*) to moan.
Mecklenburg ['me:klənburk] (-s) *nt* Mecklenburg.
Mecklenburg-Vorpommern (-s) *nt* (state of) Mecklenburg-Vorpommern.
Medaille [me'daljə] (-, -n) *f* medal.
Medaillon [medal'jõː] (-s, -s) *nt* (*Schmuck*) locket.
Medien ['me:diən] *pl* media *pl*; ~**forschung** *f* media research; ~**gesellschaft** *f* media society.
Medikament [medika'mɛnt] *nt* medicine.
Meditation [meditatsi'o:n] *f* meditation.
meditieren [medi'ti:rən] *vi* to meditate.
Medium ['me:diom] *nt* medium.
Medizin [medi'tsi:n] (-, -en) *f* medicine.
Mediziner(in) (-s, -) *m(f)* doctor; (*UNIV*) medic (*umg*).
medizinisch *adj* medical; ~**-technische Assistentin** medical assistant.
Meer [me:r] (-(e)s, -e) *nt* sea; **am** ~(**e**) by the sea; **ans** ~ **fahren** to go to the sea(side); ~**busen** *m* bay, gulf; ~**enge** *f* straits *pl*.
Meeres- *zW*: ~**früchte** *pl* seafood; ~**klima** *nt* maritime climate; ~**spiegel** *m* sea level.
Meer- *zW*: ~**jungfrau** *f* mermaid; ~**rettich** *m* horseradish; ~**schweinchen** *nt* guinea pig; ~**wasser** *nt* sea water.
Mega-, mega- [mega-] *in zW* mega-; ~**byte** [mega'bait] *nt* megabyte; ~**fon** ▲, ~**phon** [mega'fo:n] (-s, -e) *nt* megaphone; ~**watt** [mega'vat] *nt* megawatt.
Mehl [m'e:l] (-(e)s, -e) *nt* flour.
mehlig *adj* floury.
Mehlschwitze *f* (*KOCH*) roux.
mehr [me:r] *adv* more; **nie** ~ never again, nevermore (*liter*); **es war niemand** ~ **da** there was no one left; **nicht** ~ **lange** not much longer; **M**~**aufwand** *m* additional expenditure; **M**~**belastung** *f* excess load; (*fig*) additional burden; ~**deutig** *adj* ambiguous.
mehrere *indef pron* several; (*verschiedene*) various; ~**s** several things.
mehrfach *adj* multiple; (*wiederholt*) repeated.
Mehrheit *f* majority.
Mehrheitsprinzip *nt* principle of majority rule.
Mehrheitswahlrecht *nt* first-past-the-post voting system.
mehr- *zW*: ~**jährig** *adj attrib* of several years;

M~kosten pl additional costs pl; **~malig** adj repeated; **~mals** adv repeatedly; **M~parteiensystem** nt multi-party system; **M~platzsystem** nt (COMPUT) multi-user system; **M~programmbetrieb** m (COMPUT) multiprogramming; **~sprachig** adj multilingual; **~stimmig** adj for several voices; **~stimmig singen** to harmonize; **M~wegflasche** f returnable bottle; **M~wertsteuer** f value added tax, VAT; **M~zahl** f majority; (GRAM) plural.

Mehrzweck- in zW multipurpose.

meiden ['maɪdən] unreg vt to avoid.

Meile ['maɪlə] (-, -n) f mile; **das riecht man drei ~n gegen den Wind** (umg) you can smell that a mile off.

Meilenstein m milestone.

meilenweit adj for miles.

mein [maɪn] pron my.

meine(r, s) poss pron mine.

Meineid ['maɪnʔaɪt] m perjury.

meinen ['maɪnən] vt to think; (sagen) to say; (sagen wollen) to mean ♦ vi to think; **wie Sie ~!** as you wish; **damit bin ich gemeint** that refers to me; **das will ich ~** I should think so.

meiner gen von ich ♦ pron of me.

meinerseits adv for my part.

meinesgleichen ['maɪnəs'glaɪçən] pron people like me.

meinetwegen ['maɪnət've:gən] adv (für mich) for my sake; (wegen mir) on my account; (von mir aus) as far as I'm concerned; (ich habe nichts dagegen) I don't care od mind.

meinetwillen ['maɪnət'vɪlən] adv: **um ~ =** **meinetwegen.**

meinige pron: **der/die/das ~** od **M~** mine.

meins [maɪns] pron mine.

Meinung ['maɪnʊŋ] f opinion; **meiner ~ nach** in my opinion; **einer ~ sein** to think the same; **jdm die ~ sagen** to give sb a piece of one's mind.

Meinungs- zW: **~austausch** m exchange of views; **~forscher(in)** m(f) pollster; **~forschungsinstitut** nt opinion research institute; **~freiheit** f freedom of speech; **~umfrage** f opinion poll; **~verschiedenheit** f difference of opinion.

Meise ['maɪzə] (-, -n) f tit(mouse); **eine ~ haben** (umg) to be crackers.

Meißel ['maɪsəl] (-s, -) m chisel.

meißeln vt to chisel.

meist [maɪst] adj most ♦ adv mostly; **M~begünstigungsklausel** f (COMM) most-favoured-nation clause; **~bietend** adj: **~bietend versteigern** to sell to the highest bidder.

meiste(r, s) superl von **viel.**

meistens adv mostly.

Meister ['maɪstər] (-s, -) m master; (SPORT) champion; **seinen ~ machen** to take one's master craftsman's diploma; **es ist noch kein ~ vom Himmel gefallen** (Sprichwort) no one is born an expert; **~brief** m master craftsman's diploma; **m~haft** adj masterly.

Meisterin f (auf einem Gebiet) master, expert; (SPORT) (woman) champion.

meistern vt to master; **sein Leben ~** to come to grips with one's life.

Meister- zW: **~schaft** f mastery; (SPORT) championship; **~stück** nt masterpiece; **~werk** nt masterpiece.

meistgekauft adj attrib best-selling.

Mekka ['mɛka] (-s, -s) nt (GEOG, fig) Mecca.

Melancholie [melaŋko'li:] f melancholy.

melancholisch [melaŋ'ko:lɪʃ] adj melancholy.

Meldebehörde f registration authorities pl.

Meldefrist f registration period.

melden vt to report; (registrieren) to register ♦ vr to report; to register; (SCH) to put one's hand up; (freiwillig) to volunteer; (auf etw, am Telefon) to answer; **nichts zu ~ haben** (umg) to have no say; **wen darf ich ~?** who shall I say (is here)?; **sich ~ bei** to report to; to register with; **sich auf eine Anzeige ~** to answer an advertisement; **es meldet sich niemand** there's no answer; **sich zu Wort ~** to ask to speak.

Meldepflicht f obligation to register with the police.

Meldestelle f registration office.

Meldung ['mɛldʊŋ] f announcement; (Bericht) report.

meliert [me'li:rt] adj mottled, speckled.

melken ['mɛlkən] unreg vt to milk.

Melodie [melo'di:] f melody, tune.

melodisch [me'lo:dɪʃ] adj melodious, tuneful.

melodramatisch [melodra'ma:tɪʃ] adj (auch fig) melodramatic.

Melone [me'lo:nə] (-, -n) f melon; (Hut) bowler (hat).

Membran [mɛm'bra:n] (-, -en) f (TECH) diaphragm; (ANAT) membrane.

Memme ['mɛmə] (-, -n) (umg) f cissy, yellow-belly.

Memoiren [memo'a:rən] pl memoirs pl.

Menge ['mɛŋə] (-, -n) f quantity; (Menschen~) crowd; (große Anzahl) lot (of); **jede ~** (umg) masses pl, loads pl.

mengen vt to mix ♦ vr: **sich ~ in** +akk to meddle with.

Mengen- zW: **~einkauf** m bulk buying; **~lehre** f (MATH) set theory; **~rabatt** m bulk discount.

Menorca [me'nɔrka] (-s) nt Menorca.

Mensa ['mɛnza] (-, -s od **Mensen**) f (UNIV) refectory (BRIT), commons (US).

Mensch [mɛnʃ] (-en, -en) m human being, man; (Person) person; **kein ~** nobody; **ich bin auch nur ein ~!** I'm only human; **~ ärgere**

dich nicht *nt* (*Spiel*) ludo.

Menschen- *zW:* **~alter** *nt* generation; **~feind**
m misanthrope; **m~freundlich** *adj*
philanthropical; **~gedenken** *nt:* **der kälteste
Winter seit ~gedenken** the coldest winter in
living memory; **~handel** *m* slave trade;
(*JUR*) trafficking in human beings; **~kenner**
m judge of human nature; **~kenntnis** *f*
knowledge of human nature; **m~leer** *adj*
deserted; **~liebe** *f* philanthropy; **~masse** *f*
crowd (of people); **~menge** *f* crowd (of
people); **m~möglich** *adj* humanly possible;
~rechte *pl* human rights *pl;* **m~scheu** *adj*
shy; **~schlag** (*umg*) *m* kind of people; **~seele**
f: **keine ~seele** (*fig*) not a soul.

Menschenskind *interj* good heavens!

Menschen- *zW:* **m~unwürdig** *adj* degrading;
~verachtung *f* contempt for human beings
od of mankind; **~verstand** *m:* **gesunder
~verstand** common sense; **~würde** *f* human
dignity; **m~würdig** *adj* (*Behandlung*)
humane; (*Unterkunft*) fit for human
habitation.

Mensch- *zW:* **~heit** *f* humanity, mankind;
m~lich *adj* human; (*human*) humane;
~lichkeit *f* humanity.

Menstruation [mɛnstruatsi'oːn] *f*
menstruation.

Mentalität [mɛntali'tɛːt] *f* mentality.

Menü [me'nyː] (**-s, -s**) *nt* (*auch COMPUT*) menu;
m~gesteuert *adj* (*COMPUT*) menu-driven.

Merkblatt *nt* instruction sheet *od* leaflet.

merken ['mɛrkən] *vt* to notice; **sich** *dat* **etw ~**
to remember sth; **sich** *dat* **eine Autonummer
~** to make a (mental) note of a licence
(*BRIT*) *od* license (*US*) number.

merklich *adj* noticeable.

Merkmal *nt* sign, characteristic.

merkwürdig *adj* odd.

meschugge [me'ʃʊgə] (*umg*) *adj* nuts,
meshuga (*US*).

Mess-▲ *zW:* **~band** *nt* tape measure; **m~bar**
adj measurable; **~becher** *m* measuring cup.

Messbuch▲ *nt* missal.

Messdiener▲ *m* (*REL*) server, acolyte (*form*).

Messe ['mɛsə] (**-, -n**) *f* fair; (*ECCL*) mass; (*MIL*)
mess; **auf der ~** at the fair; **~gelände** *nt*
exhibition centre (*BRIT*) *od* center (*US*).

messen *unreg vt* to measure ♦ *vr* to compete.

Messer (**-s, -**) *nt* knife; **auf des ~s Schneide
stehen** (*fig*) to hang in the balance; **jdm ins
offene ~ laufen** (*fig*) to walk into a trap;
m~scharf *adj* (*fig*): **m~scharf schließen** to
conclude with incredible logic (*ironisch*);
~spitze *f* knife point; (*in Rezept*) pinch;
~stecherei *f* knife fight.

Messestadt *f* (town with an) exhibition
centre (*BRIT*) *od* center (*US*).

Messestand *m* exhibition stand.

Messgerät▲ *nt* measuring device, gauge.

Messgewand▲ *nt* chasuble.

Messing ['mɛsɪŋ] (**-s**) *nt* brass.

Messstab▲ *m* (*AUT: Öl~ etc*) dipstick.

Messung *f* (*das Messen*) measuring; (*von
Blutdruck*) taking; (*Messergebnis*)
measurement.

Messwert▲ *m* measurement;
(*Ableseergebnis*) reading.

Metall [me'tal] (**-s, -e**) *nt* metal; **die
~ verarbeitende Industrie** the metal-
processing industry; **m~en** *adj* metallic;
m~isch *adj* metallic.

Metallurgie [metalʊr'giː] *f* metallurgy.

Metapher [me'tafər] (**-, -n**) *f* metaphor.

metaphorisch [meta'foːrɪʃ] *adj* metaphorical.

Metaphysik [metafy'ziːk] *f* metaphysics *sing*.

Metastase [meta'staːzə] (**-, -n**) *f* (*MED*)
secondary growth.

Meteor [mete'oːr] (**-s, -e**) *m* meteor.

Meteorologe [meteoro'loːgə] (**-n, -n**) *m*
meteorologist.

Meter ['meːtər] (**-s, -**) *m od nt* metre (*BRIT*),
meter (*US*); **in 500 ~ Höhe** at a height of 500
metres; **~maß** *nt* tape measure; **~ware** *f*
(*TEXTIL*) piece goods.

Methode [me'toːdə] (**-, -n**) *f* method.

Methodik [me'toːdɪk] *f* methodology.

methodisch [me'toːdɪʃ] *adj* methodical.

Metier [meti'eː] (**-s, -s**) *nt* (*hum*) job, profession.

metrisch ['meːtrɪʃ] *adj* metric, metrical.

Metropole [metro'poːlə] (**-, -n**) *f* metropolis.

Mettwurst ['mɛtvʊrst] *f* (smoked) sausage.

Metzger ['mɛtsgər] (**-s, -**) *m* butcher.

Metzgerei [mɛtsgə'raɪ] *f* butcher's (shop).

Meuchelmord ['mɔʏçəlmɔrt] *m* assassination.

Meute ['mɔʏtə] (**-, -n**) *f* pack.

Meuterei [mɔʏtə'raɪ] *f* mutiny.

meutern *vi* to mutiny.

Mexikaner(in) [mɛksi'kaːnər(ɪn)] (**-s, -**) *m(f)*
Mexican.

mexikanisch *adj* Mexican.

Mexiko ['mɛksiko] (**-s**) *nt* Mexico.

MEZ *abk* (= *mitteleuropäische Zeit*) C.E.T.

MFG *abk* = **Mitfahrgelegenheit**.

MfG *abk* (= *Mit freundlichen Grüßen*) (with)
best wishes.

MG (**-(s), -(s)**) *nt abk* = **Maschinengewehr**.

mg *abk* (= *Milligramm*) mg.

mhd. *abk* (= *mittelhochdeutsch*) MHG.

MHz *abk* (= *Megahertz*) MHz.

Mi. *abk* = **Mittwoch**.

miauen [mi'aʊən] *vi* to miaow.

mich [mɪç] *akk von* **ich** ♦ *pron* me; (*reflexiv*)
myself.

mick(e)rig ['mɪk(ə)rɪç] (*umg*) *adj* pathetic;
(*altes Männchen*) puny.

mied *etc* [miːt] *vb siehe* **meiden**.

Miederwaren ['miːdərvaːrən] *pl* corsetry *sing*.

Mief [miːf] (**-s**) (*umg*) *m* fug; (*muffig*) stale air;
(*Gestank*) stink, pong (*BRIT*).

miefig (*umg*) *adj* smelly, pongy (*BRIT*).
Miene ['miːnə] (*-*, **-n**) *f* look, expression; **gute**
   ~ zum bösen Spiel machen to grin and bear
   it.
Mienenspiel *nt* facial expressions *pl*.
mies [miːs] (*umg*) *adj* lousy.
Miese ['miːzə] (*umg*) *pl*: **in den ~n sein** to be
   in the red.
Miesmacher(in) (*umg*) *m(f)* killjoy.
Mietauto *nt* hired car (*BRIT*), rental car (*US*).
Miete ['miːtə] (*-*, **-n**) *f* rent; **zur ~ wohnen** to
   live in rented accommodation *od*
   accommodations (*US*).
mieten *vt* to rent; (*Auto*) to hire (*BRIT*), rent.
Mieter(in) (**-s**, *-*) *m(f)* tenant; **~schutz** *m* rent
   control.
Mietshaus *nt* tenement, block of flats (*BRIT*)
   od apartments (*US*).
Miet- *zW*: **~verhältnis** *nt* tenancy; **~vertrag** *m*
   tenancy agreement; **~wagen** *m* = **~auto**;
   ~wucher *m* the charging of exorbitant
   rent(s).
Mieze ['miːtsə] (*-*, **-n**) (*umg*) *f* (*Katze*) pussy;
   (*Mädchen*) chick, bird (*BRIT*).
Migräne [mi'grɛːnə] (*-*, **-n**) *f* migraine.
Mikado [mi'kaːdo] (**-s**) *nt* (*Spiel*) pick-a-stick.
Mikro- ['miːkro] *in zW* micro-.
Mikrobe [mi'kroːbə] (*-*, **-n**) *f* microbe.
Mikro- *zW*: **~chip** *m* microchip; **~computer** *m*
   microcomputer; **~fiche** *m od nt* microfiche;
   ~film *m* microfilm.
Mikrofon [mikro'foːn] (**-s**, **-e**) *nt* microphone.
Mikroökonomie *f* microeconomics *pl*.
Mikrophon [mikro'foːn] (**-s**, **-e**) *nt*
   microphone.
Mikroprozessor (**-s**, **-oren**) *m*
   microprocessor.
Mikroskop [mikro'skoːp] (**-s**, **-e**) *nt*
   microscope; **m~isch** *adj* microscopic.
Mikrowelle ['miːkrovɛlə] *f* microwave.
Mikrowellenherd *m* microwave (oven).
Milbe ['mɪlbə] (*-*, **-n**) *f* mite.
Milch [mɪlç] (*-*) *f* milk; (*Fisch~*) milt, roe;
   ~drüse *f* mammary gland; **~glas** *nt* frosted
   glass.
milchig *adj* milky.
Milch- *zW*: **~kaffee** *m* white coffee;
   ~mixgetränk *nt* milk shake; **~pulver** *nt*
   powdered milk; **~straße** *f* Milky Way; **~tüte**
   f milk carton; **~zahn** *m* milk tooth.
mild [mɪlt] *adj* mild; (*Richter*) lenient;
   (*freundlich*) kind, charitable.
Milde ['mɪldə] (*-*, **-n**) *f* mildness; leniency.
mildern *vt* to mitigate, soften; (*Schmerz*) to
   alleviate; **~de Umstände** extenuating
   circumstances.
Milieu [mili'øː] (**-s**, **-s**) *nt* background,
   environment; **m~geschädigt** *adj*
   maladjusted.
militant [mili'tant] *adj* militant.

Militär [mili'tɛːr] (**-s**) *nt* military, army;
   ~dienst *m* military service; **~gericht** *nt*
   military court; **m~isch** *adj* military.
Militarismus [milita'rɪsmʊs] *m* militarism.
militaristisch *adj* militaristic.
Militärpflicht *f* (compulsory) military
   service.
Mill. *abk* (= *Million(en)*) m.
Milli- *in zW* milli-.
Milliardär(in) [mɪliar'dɛːr(ɪn)] (**-s**, **-e**) *m(f)*
   multimillionaire.
Milliarde [mɪli'ardə] (*-*, **-n**) *f* milliard, billion
   (*bes US*).
Millimeter *m* millimetre (*BRIT*), millimeter
   (*US*); **~papier** *nt* graph paper.
Million [mɪli'oːn] (*-*, **-en**) *f* million.
Millionär(in) [mɪlio'nɛːr(ɪn)] (**-s**, **-e**) *m(f)*
   millionaire.
millionenschwer (*umg*) *adj* worth a few
   million.
Milz [mɪlts] (*-*, **-en**) *f* spleen.
Mimik ['miːmɪk] *f* mime.
Mimose [mi'moːzə] (*-*, **-n**) *f* mimosa; (*fig*)
   sensitive person.
minder ['mɪndər] *adj* inferior ♦ *adv* less;
   ~begabt *adj* less able; **~bemittelt** *adj*: **geistig**
   ~bemittelt (*ironisch*) intellectually
   challenged.
Minderheit *f* minority.
Minderheitsbeteiligung *f* (*Aktien*) minority
   interest.
Minderheitsregierung *f* minority
   government.
minderjährig *adj* minor; **M~jährige(r)** *f(m)*
   minor; **M~keit** *f* minority.
mindern *vt*, *vr* to decrease, diminish.
Minderung *f* decrease.
minder- *zW*: **~wertig** *adj* inferior;
   M~wertigkeitsgefühl *nt* inferiority complex;
   M~wertigkeitskomplex (**-es**, **-e**) *m*
   inferiority complex.
Mindestalter *nt* minimum age.
Mindestbetrag *m* minimum amount.
mindeste(r, s) *adj* least.
mindestens *adv* at least.
Mindest- *zW*: **~lohn** *m* minimum wage; **~maß**
   nt minimum; **~stand** *m* (*COMM*) minimum
   stock; **~umtausch** *m* minimum obligatory
   exchange.
Mine ['miːnə] (*-*, **-n**) *f* mine; (*Bleistift~*) lead;
   (*Kugelschreiber~*) refill.
Minenfeld *nt* minefield.
Minensuchboot *nt* minesweeper.
Mineral [mine'raːl] (**-s**, **-e** *od* **-ien**) *nt* mineral;
   m~isch *adj* mineral; **~ölsteuer** *f* tax on oil
   and petrol (*BRIT*) *od* gasoline (*US*); **~wasser**
   nt mineral water.
Miniatur [minia'tuːr] *f* miniature.
Minigolf ['mɪnigɔlf] *nt* miniature golf.
minimal [mini'maːl] *adj* minimal.

Minimum ['mi:nimʊm] **(-s, Minima)** *nt* minimum.

Minirock ['mɪnɪrɔk] *m* miniskirt.

Minister(in) [mi'nɪstər(ɪn)] **(-s, -)** *m(f)* (*POL*) minister.

ministeriell [mɪnɪsteri'ɛl] *adj* ministerial.

Ministerium [mɪnɪs'te:rɪʊm] *nt* ministry.

Ministerpräsident(in) *m(f)* prime minister.

Minna ['mɪna] *f*: **jdn zur ~ machen** (*umg*) to give sb a piece of one's mind.

minus ['mi:nʊs] *adv* minus; **M~ (-, -)** *nt* deficit; **M~pol** *m* negative pole; **M~zeichen** *nt* minus sign.

Minute [mi'nu:tə] **(-, -n)** *f* minute; **auf die ~ (genau** *od* **pünktlich)** (right) on the dot.

Minutenzeiger *m* minute hand.

Mio. *abk* (= **Million(en)**) m.

mir [mi:r] *dat von* **ich** ♦ *pron* (to) me; **von ~ aus!** I don't mind; **wie du ~, so ich dir** (*Sprichwort*) tit for tat (*umg*); (*als Drohung*) I'll get my own back; **~ nichts, dir nichts** just like that.

Mirabelle [mira'bɛlə] *f* mirabelle, *small yellow plum*.

Misch- *zW*: **~batterie** *f* mixer tap; **~brot** *nt* *bread made from more than one kind of flour*; **~ehe** *f* mixed marriage.

mischen *vt* to mix; (*COMPUT: Datei, Text*) to merge; (*Karten*) to shuffle ♦ *vi* (*Karten*) to shuffle.

Misch- *zW*: **~konzern** *m* conglomerate; **~ling** *m* half-caste; **~masch** (*umg*) *m* hotchpotch; (*Essen*) concoction; **~pult** *nt* (*RUNDF, TV*) mixing panel.

Mischung *f* mixture.

Mischwald *m* mixed (deciduous and coniferous) woodland.

miserabel [mizə'ra:bəl] (*umg*) *adj* lousy; (*Gesundheit*) wretched; (*Benehmen*) dreadful.

Misere [mi'ze:rə] **(-, -n)** *f* (*von Leuten, Wirtschaft etc*) plight; (*von Hunger, Krieg etc*) misery, miseries *pl*.

Miss-▲ *zW*: **m~achten** *vt untr* to disregard; **~achtung** *f* disregard; **~behagen** *nt* uneasiness; (*~fallen*) discontent; **~bildung** *f* deformity; **m~billigen** *vt untr* to disapprove of; **~billigung** *f* disapproval; **~brauch** *m* abuse; (*falscher Gebrauch*) misuse; **m~brauchen** *vt untr* to abuse; to misuse; (*vergewaltigen*) to assault; **jdn zu** *od* **für etw m~brauchen** to use sb for *od* to do sth; **m~deuten** *vt untr* to misinterpret.

missen *vt* to do without; (*Erfahrung*) to miss.

Misserfolg▲ *m* failure.

Missernte▲ *f* crop failure.

Missetat ['mɪsəta:t] *f* misdeed.

Missetäter *m* criminal; (*umg*) scoundrel.

Miss-▲ *zW*: **m~fallen** *unreg vi untr*: **jdm m~fallen** to displease sb; **~fallen (-s)** *nt*

displeasure; **~geburt** *f* freak; (*fig*) failure; **~geschick** *nt* misfortune; **m~glücken** *vi untr* to fail; **jdm m~glückt etw** sb does not succeed with sth; **m~gönnen** *vt untr*: **jdm etw m~gönnen** to (be)grudge sb sth; **~griff** *m* mistake; **~gunst** *f* envy; **m~günstig** *adj* envious; **m~handeln** *vt untr* to ill-treat; **~handlung** *f* ill-treatment; **~helligkeit** *f*: **~helligkeiten haben** to be at variance.

Mission [mɪsi'o:n] *f* mission.

Missionar(in) [mɪsio'na:r(ɪn)] *m(f)* missionary.

Missklang▲ *m* discord.

Misskredit▲ *m* discredit.

misslang *etc▲* [mɪs'laŋ] *vb siehe* **misslingen**.

missliebig▲ *adj* unpopular.

misslingen▲ [mɪs'lɪŋən] *unreg vi untr* to fail; **M~ (-s)** *nt* failure.

misslungen▲ [mɪs'lʊŋən] *pp von* **misslingen**.

Miss-▲ *zW*: **~mut** *m* bad temper; **m~mutig** *adj* cross; **m~raten** *unreg vi untr* to turn out badly ♦ *adj* ill-bred; **~stand** *m* deplorable state of affairs; **~stimmung** *f* discord; (*~mut*) ill feeling.

misst *vb siehe* **messen**.

Miss-▲ *zW*: **m~trauen** *vi untr* to mistrust; **~trauen (-s)** *nt*: **~trauen (gegenüber)** distrust (of), suspicion (of); **~trauensantrag** *m* (*POL*) motion of no confidence; **~trauensvotum** *nt* (*POL*) vote of no confidence; **m~trauisch** *adj* distrustful, suspicious; **~verhältnis** *nt* disproportion; **m~verständlich** *adj* unclear; **~verständnis** *nt* misunderstanding; **m~verstehen** *unreg vt untr* to misunderstand.

Misswahl ['mɪsva:l] *f* beauty contest.

Misswirtschaft▲ *f* mismanagement.

Mist [mɪst] **(-(e)s)** *m* dung; (*umg*) rubbish; **~!** (*umg*) blast!; **das ist nicht auf seinem ~ gewachsen** (*umg*) he didn't think that up himself.

Mistel (-, -n) *f* mistletoe.

Mist- *zW*: **~gabel** *f* pitchfork (*used for shifting manure*); **~haufen** *m* dungheap; **~stück** (*umg!*) *nt*, **~vieh** (*umg!*) *nt* (*Mann*) bastard (!); (*Frau*) bitch (!).

mit [mɪt] *präp +dat* with; (*mittels*) by ♦ *adv* along, too; **~ der Bahn** by train; **~ dem nächsten Flugzeug/Bus kommen** to come on the next plane/bus; **~ Bleistift schreiben** to write in pencil; **~ Verlust** at a loss; **er ist ~ der Beste in der Gruppe** he is among the best in the group; **wie wärs ~ einem Bier?** (*umg*) how about a beer?; **~ 10 Jahren** at the age of 10; **wollen Sie ~?** do you want to come along?

Mitarbeit ['mɪtʔarbaɪt] *f* cooperation; **m~en** *vi*: **m~en (an** *+dat*) to cooperate (on), collaborate (on).

Mitarbeiter(in) *m(f)* (*an Projekt*) collaborator; (*Kollege*) colleague; (*Angestellter*) member of staff ♦ *pl* staff; ~**stab** *m* staff.

mit- *zW*: ~**bekommen** *unreg vt* to get *od* be given; (*umg: verstehen*) to get; ~**bestimmen** *vi*: (**bei etw**) ~**bestimmen** to have a say (in sth) ♦ *vt* to have an influence on; **M~bestimmung** *f* participation in decision-making; (*POL*) determination; ~**bringen** *unreg vt* to bring along; **M~bringsel** ['mɪtbrɪŋzəl] (**-s, -**) *nt* (*Geschenk*) small present; (*Andenken*) souvenir; **M~bürger(in)** *m(f)* fellow citizen; ~**denken** *unreg vi* to follow; **du hast ja ~gedacht!** good thinking!; ~**dürfen** *unreg vi*: **wir durften nicht ~** we weren't allowed to go along; **M~eigentümer** *m* joint owner.

miteinander [mɪtaɪ'nandər] *adv* together, with one another.

miterleben *vt* to see, witness.

Mitesser ['mɪtɛsər] (**-s, -**) *m* blackhead.

mit- *zW*: ~**fahren** *unreg vi*: (**mit jdm**) ~**fahren** to go (with sb); (*auf Reise auch*) to go *od* travel (with sb); **M~fahrerzentrale** *f* agency for arranging lifts; **M~fahrgelegenheit** *f* lift; ~**fühlen** *vi*: ~ **jdm/etw** ~**fühlen** to sympathize with sb/sth; ~**fühlend** *adj* sympathetic; ~**führen** *vt* (*Papiere, Ware etc*) to carry (with one); (*Fluss*) to carry along; ~**geben** *unreg vt* to give; **M~gefühl** *nt* sympathy; ~**gehen** *unreg vi* to go *od* come along; **etw ~gehen lassen** (*umg*) to pinch sth; ~**genommen** *adj* done in, in a bad way; **M~gift** *f* dowry.

Mitglied ['mɪtgliːt] *nt* member.

Mitgliedsbeitrag *m* membership fee, subscription.

Mitgliedschaft *f* membership.

mit- *zW*: ~**haben** *unreg vt*: **etw ~haben** to have sth (with one); ~**halten** *unreg vi* to keep up; ~**helfen** *vi unreg* to help, lend a hand; **bei etw** ~**helfen** to help with sth; **M~hilfe** *f* help, assistance; ~**hören** *vt* to listen in to; ~**kommen** *unreg vi* to come along; (*verstehen*) to keep up, follow; **M~läufer** *m* hanger-on; (*POL*) fellow traveller.

Mitleid *nt* sympathy; (*Erbarmen*) compassion.

Mitleidenschaft *f*: **in ~ ziehen** to affect.

mitleidig *adj* sympathetic.

mitleidslos *adj* pitiless, merciless.

mit- *zW*: ~**machen** *vt* to join in, take part in; (*umg: einverstanden sein*): **da macht mein Chef nicht ~** my boss won't go along with that; **M~mensch** *m* fellow man; ~**mischen** (*umg*) *vi* (*sich beteiligen*): ~**mischen (in** +*dat od* **bei)** to be involved (in); (*sich einmischen*) to interfere (in); ~**nehmen** *unreg vt* to take along *od* away; (*anstrengen*) to wear out, exhaust; ~**genommen aussehen** to look the worse for wear; ~**reden** *vi* (*Meinung äußern*): (**bei etw**) ~**reden** to join in (sth); (~*bestimmen*) to have a say (in sth) ♦ *vt*: **Sie**

haben hier nichts ~**zureden** this is none of your concern; ~**reißen** *vt unreg* to sweep away; (*fig: begeistern*) to carry away; ~**reißend** *adj* (*Rhythmus*) infectious; (*Reden*) rousing; (*Film, Fußballspiel*) thrilling, exciting.

mitsamt [mɪt'zamt] *präp* +*dat* together with.

mitschneiden *vt unreg* to record.

Mitschnitt ['mɪtʃnɪt] (**-(e)s, -e**) *m* recording.

mitschreiben *unreg vt* to write *od* take down ♦ *vi* to take notes.

Mitschuld *f* complicity.

mitschuldig *adj*: ~ (**an** +*dat*) implicated (in); (*an Unfall*) partly responsible (for).

Mitschuldige(r) *f(m)* accomplice.

mit- *zW*: **M~schüler(in)** *m(f)* schoolmate; ~**spielen** *vi* to join in, take part; **er hat ihr übel** *od* **hart ~gespielt** (*Schaden zufügen*) he has treated her badly; **M~spieler(in)** *m(f)* partner; **M~spracherecht** *nt* voice, say.

Mittag ['mɪtaːk] (**-(e)s, -e**) *m* midday, noon, lunchtime; **morgen ~** tomorrow at lunchtime *od* noon; ~ **machen** to take one's lunch hour; (**zu**) ~ **essen** to have lunch; ~**essen** *nt* lunch, dinner.

mittags *adv* at lunchtime *od* noon.

Mittags- *zW*: ~**pause** *f* lunch break; ~**ruhe** *f* period of quiet (after lunch); (*in Geschäft*) midday closing; ~**schlaf** *m* early afternoon nap, siesta; ~**zeit** *f*: **während** *od* **in der ~zeit** at lunchtime.

Mittäter(in) ['mɪttɛːtər(ɪn)] *m(f)* accomplice.

Mitte ['mɪtə] (**-, -n**) *f* middle; **aus unserer ~** from our midst.

mitteilen ['mɪttaɪlən] *vt*: **jdm etw ~** to inform sb of sth, communicate sth to sb ♦ *vr*: **sich (jdm) ~** to communicate (with sb).

mitteilsam *adj* communicative.

Mitteilung *f* communication; **jdm (eine) ~ von etw machen** (*form*) to inform sb of sth; (*bekannt geben*) to announce sth to sb.

Mitteilungsbedürfnis *nt* need to talk to other people.

Mittel ['mɪtəl] (**-s, -**) *nt* means; (*Methode*) method; (*MATH*) average; (*MED*) medicine; **kein ~ unversucht lassen** to try everything; **als letztes ~** as a last resort; **ein ~ zum Zweck** a means to an end; ~**alter** *nt* Middle Ages *pl*; **m~alterlich** *adj* medieval; ~**amerika** *nt* Central America (and the Caribbean); **m~amerikanisch** *adj* Central American; **m~bar** *adj* indirect; ~**ding** *nt* (*Mischung*) cross; ~**europa** *nt* Central Europe; ~**europäer(in)** *m(f)* Central European; **m~europäisch** *adj* Central European; **m~fristig** *adj* (*Finanzplanung, Kredite*) medium-term; ~**gebirge** *nt* low mountain range; **m~groß** *adj* medium-sized; **m~los** *adj* without means; ~**maß** *nt*: **das (gesunde) ~maß** the happy medium; **m~mäßig** *adj*

mediocre, middling; ~**mäßigkeit** *f* mediocrity; ~**meer** *nt* Mediterranean (Sea); **m**~**prächtig** *adj* not bad; ~**punkt** *m* centre (*BRIT*), center (*US*); **im** ~**punkt stehen** to be centre-stage.

mittels *präp +gen* by means of.

Mittelschicht *f* middle class.

Mittelsmann (-(e)s, *pl* **Mittelsmänner** *od* **Mittelsleute**) *m* intermediary.

Mittel- *zW:* ~**stand** *m* middle class; ~**streckenrakete** *f* medium-range missile; ~**streifen** *m* central reservation (*BRIT*), median strip (*US*); ~**stufe** *f* (*SCH*) middle school (*BRIT*), junior high (*US*); ~**stürmer** *m* centre forward; ~**weg** *m* middle course; ~**welle** *f* (*RUNDF*) medium wave; ~**wert** *m* average value, mean.

mitten ['mɪtən] *adv* in the middle; ~ **auf der Straße/in der Nacht** in the middle of the street/night; ~**drin** *adv* (right) in the middle of it; ~**durch** *adv* (right) through the middle.

Mitternacht ['mɪtərnaxt] *f* midnight.

mittlere(r, s) ['mɪtlərə(r, s)] *adj* middle; (*durchschnittlich*) medium, average; **der Mittlere Osten** the Middle East; **mittleres Management** middle management.

MITTLERE REIFE

The **mittlere Reife** *is the standard certificate achieved at a* **Realschule** *on successful completion of 6 years' education there. If a pupil at a* **Realschule** *attains good results in several subjects he or she is allowed to enter the the 11th class of a* **Gymnasium** *to study for the* **Abitur**.

---

mittlerweile ['mɪtlər'vaɪlə] *adv* meanwhile.

Mittwoch ['mɪtvɔx] (-(e)s, -e) *m* Wednesday; *siehe auch* **Dienstag**.

mittwochs *adv* on Wednesdays.

mitunter [mɪt|'untər] *adv* occasionally, sometimes.

mit- *zW:* ~**verantwortlich** *adj* also responsible; ~**verdienen** *vi* to (go out to) work as well; **M**~**verfasser** *m* co-author; **M**~**verschulden** *nt* contributory negligence; ~**wirken** *vi:* (**bei etw**) ~**wirken** to contribute (to sth); (*THEAT*) to take part (in sth); **M**~**wirkende(r)** *f(m):* **die M**~**wirkenden** (*THEAT*) the cast; **M**~**wirkung** *f* contribution; participation; **unter M**~**wirkung von** with the help of; **M**~**wisser** (-s, -) *m:* **M**~**wisser (einer Sache** *gen*) **sein** to be in the know (about sth); **jdn zum M**~**wisser machen** to tell sb (all) about it.

Mixer ['mɪksər] (-s, -) *m* (*Bar*~) cocktail waiter; (*Küchen*~) blender; (*Rührmaschine, RUNDF, TV*) mixer.

ml *abk* (= *Milliliter*) ml.

mm *abk* (= *Millimeter*) mm.

Mnemonik [mne'mo:nɪk] *f* mnemonic.

Mo. *abk* = **Montag**.

mobben ['mɔbən] *vt* to bully (at work).

Mobbing ['mɔbɪŋ] (-s) *nt* workplace bullying.

Möbel ['mø:bəl] (-s, -) *nt* (piece of) furniture; ~**packer** *m* removal man (*BRIT*), (furniture) mover (*US*); ~**wagen** *m* furniture *od* removal van (*BRIT*), moving van (*US*).

mobil [mo'bi:l] *adj* mobile; (*MIL*) mobilized.

Mobilfunk *m* cellular telephone service.

Mobiliar [mobili'a:r] (-s, -e) *nt* movable assets *pl*.

mobilisieren [mobili'zi:rən] *vt* (*MIL*) to mobilize.

Mobilmachung *f* mobilization.

Mobiltelefon *nt* (*TELEC*) mobile phone.

möbl. *abk* = **möbliert**.

möblieren [mø'bli:rən] *vt* to furnish; **möbliert wohnen** to live in furnished accommodation.

mochte *etc* ['mɔxtə] *vb siehe* **mögen**.

Möchtegern- ['mœçtəgɛrn] *in zW* (*ironisch*) would-be.

Modalität [modali'tɛ:t] *f* (*von Plan, Vertrag etc*) arrangement.

Mode ['mo:də] (-, -n) *f* fashion; ~**farbe** *f* in colour (*BRIT*) *od* color (*US*); ~**heft** *nt* fashion magazine; ~**journal** *nt* fashion magazine.

Modell [mo'dɛl] (-s, -e) *nt* model; ~**eisenbahn** *f* model railway; (*als Spielzeug*) train set; ~**fall** *m* textbook case.

modellieren [mode'li:rən] *vt* to model.

Modellversuch *m* (*bes SCH*) pilot scheme.

Modem ['mo:dɛm] (-s, -s) *nt* (*COMPUT*) modem.

Modenschau *f* fashion show.

Modepapst *m* high priest of fashion.

Moder ['mo:dər] (-s) *m* mustiness; (*Schimmel*) mildew.

moderat [mode'ra:t] *adj* moderate.

Moderator(in) [mode'ra:tɔr, -a'to:rɪn] *m(f)* presenter.

moderieren [mode'ri:rən] *vt, vi* (*RUNDF, TV*) to present.

modern [mo'dɛrn] *adj* modern; (*modisch*) fashionable.

modernisieren [modɛrni'zi:rən] *vt* to modernize.

Mode- *zW:* ~**schmuck** *m* fashion jewellery (*BRIT*) *od* jewelry (*US*); ~**schöpfer(in)** *m(f)* fashion designer; ~**wort** *nt* fashionable word.

modifizieren [modifi'tsi:rən] *vt* to modify.

modisch ['mo:dɪʃ] *adj* fashionable.

Modul ['mo:dʊl] (-s, -n) *nt* (*COMPUT*) module.

Modus ['mo:dʊs] (-, **Modi**) *m* way; (*GRAM*) mood; (*COMPUT*) mode.

Mofa ['mo:fa] (-s, -s) *nt* (= *Motorfahrrad*) small moped.

Mogadischu (-s) [moga'dɪʃu] *nt* Mogadishu.

mogeln ['mo:gəln] (*umg*) *vi* to cheat.

═══════════ SCHLÜSSELWORT

mögen ['møːgən] (*pt* **mochte,** *pp* **gemocht** *od*
(als Hilfsverb) **mögen**) *vt, vi* to like; **magst du/**
mögen Sie ihn? do you like him?; **ich**
möchte ... I would like ..., I'd like ...; **er**
möchte in die Stadt he'd like to go into
town; **ich möchte nicht, dass du ...** I wouldn't
like you to ...; **ich mag nicht mehr** I've had
enough; *(bin am Ende)* I can't take any more;
man möchte meinen, dass ... you would
think that ...

♦ *Hilfsverb* to like to; *(wollen)* to want;
möchtest du etwas essen? would you like
something to eat?; **sie mag nicht bleiben** she
doesn't want to stay; **das mag wohl sein** that
may very well be; **was mag das heißen?**
what might that mean?; **Sie möchten zu**
Hause anrufen could you please call home?

möglich ['møːklɪç] *adj* possible; **er tat sein**
M~stes he did his utmost.
möglicherweise *adv* possibly.
Möglichkeit *f* possibility; **nach ~** if possible.
möglichst *adv* as ... as possible.
Mohammedaner(in) [mohame'daːnər(ɪn)] (**-s,**
-) *m(f)* Mohammedan, Muslim.
Mohikaner [mohi'kaːnər] (**-s, -**) *m:* **der letzte ~**
(hum: umg) the very last one.
Mohn [moːn] (**-(e)s, -e**) *m* (*~blume*) poppy;
(*~samen*) poppy seed.
Möhre ['møːrə] (**-, -n**) *f* carrot.
Mohrenkopf ['moːrənkɔpf] *m* *chocolate-*
covered marshmallow.
Mohrrübe *f* carrot.
mokieren [mo'kiːrən] *vr:* **sich über etw** *akk* **~**
to make fun of sth.
Mokka ['mɔka] (**-s**) *m* mocha, *strong coffee.*
Moldau ['mɔldaʊ] *f:* **die ~** the Vltava.
Moldawien [mɔl'daːviən] (**-s**) *nt* Moldavia.
moldawisch *adj* Moldavian.
Mole ['moːlə] (**-, -n**) *f* (*NAUT*) mole.
Molekül [mole'kyːl] (**-s, -e**) *nt* molecule.
molk *etc* [mɔlk] *vb siehe* **melken.**
Molkerei [mɔlkə'raɪ] *f* dairy; **~butter** *f* blended
butter.
Moll [mɔl] (**-, -**) *nt* (*MUS*) minor (key).
mollig *adj* cosy; *(dicklich)* plump.
Molotowcocktail ['moːlotɔfkɔktɛːl] *m*
Molotov cocktail.
Moment [mo'mɛnt] (**-(e)s, -e**) *m* moment ♦ *nt*
factor, element; **im ~** at the moment;
~ mal! just a minute!; **im ersten ~** for a
moment.
momentan [momɛn'taːn] *adj* momentary ♦ *adv*
at the moment.
Monaco [mo'nako, 'moːnako] (**-s**) *nt* Monaco.
Monarch [mo'narç] (**-en, -en**) *m* monarch.
Monarchie [monar'çiː] *f* monarchy.
Monat [mo'naːt] (**-(e)s, -e**) *m* month; **sie ist im**

sechsten ~ (schwanger) she's five months
pregnant; **was verdient er im ~?** how much
does he earn a month?
monatelang *adv* for months.
monatlich *adj* monthly.
Monats- *zW:* **~blutung** *f* menstrual period;
~karte *f* monthly ticket; **~rate** *f* monthly
instalment (*BRIT*) *od* installment (*US*).
Mönch [mœnç] (**-(e)s, -e**) *m* monk.
Mond [moːnt] (**-(e)s, -e**) *m* moon; **auf** *od* **hinter**
dem ~ leben (*umg*) to be behind the times;
~fähre *f* lunar (excursion) module;
~finsternis *f* eclipse of the moon; **m~hell** *adj*
moonlit; **~landung** *f* moon landing; **~schein**
m moonlight; **~sonde** *f* moon probe.
Monegasse [mone'gasə] (**-n, -n**) *m*
Monegasque.
Monegassin [mone'gasɪn] *f* Monegasque.
monegassisch *adj* Monegasque.
Monetarismus [moneta'rɪsmʊs] *m* (*ECON*)
monetarism.
Monetarist *m* monetarist.
Moneten [mo'neːtən] (*umg*) *pl* (*Geld*) bread
sing, dough *sing.*
Mongole [mɔŋ'goːlə] (**-n, -n**) *m* Mongolian,
Mongol.
Mongolei [mɔŋgo'laɪ] *f:* **die ~** Mongolia.
Mongolin *f* Mongolian, Mongol.
mongolisch [mɔŋ'goːlɪʃ] *adj* Mongolian.
mongoloid [mɔŋgolo'iːt] *adj* (*MED*) mongoloid.
monieren [mo'niːrən] *vt* to complain about
♦ *vi* to complain.
Monitor ['moːnitɔr] *m* (*Bildschirm*) monitor.
Mono- [mono] *in zW* mono.
monogam [mono'gaːm] *adj* monogamous.
Monogamie [monoga'miː] *f* monogamy.
Monolog [mono'loːk] (**-s, -e**) *m* monologue.
Monopol (**-s, -e**) *nt* monopoly.
monopolisieren [monopoli'ziːrən] *vt* to
monopolize.
Monopolstellung *f* monopoly.
monoton [mono'toːn] *adj* monotonous.
Monotonie [monoto'niː] *f* monotony.
Monstrum ['mɔnstrʊm] (**-s, Monstren**) *nt* (*lit,*
fig) monster; **ein ~ von einem/einer ...** a
hulking great ...
Monsun [mɔn'zuːn] (**-s, -e**) *m* monsoon.
Montag ['moːntaːk] (**-(e)s, -e**) *m* Monday; *siehe*
auch **Dienstag.**
Montage [mɔn'taːʒə] (**-, -n**) *f* (*PHOT etc*)
montage; (*TECH*) assembly; (*Einbauen*)
fitting.
montags *adv* on Mondays.
Montanindustrie [mɔn'taːnɪndʊstriː] *f* coal
and steel industry.
Montblanc [mõ'blãː] *m* Mont Blanc.
Monte Carlo ['mɔntə 'karlo] (**-s**) *nt* Monte
Carlo.
Montenegro [mɔnte'neːgro] (**-s**) *nt*
Montenegro.

Monteur [mɔn'tøːr] *m* fitter, assembly man.
montieren [mɔn'tiːrən] *vt* to assemble, set up.
Montur [mɔn'tuːr] (*umg*) *f* (*Spezialkleidung*) gear, rig-out.
Monument [monu'mɛnt] *nt* monument.
monumental [monumɛn'taːl] *adj* monumental.
Moor [moːr] (-(e)s, -e) *nt* moor; ~**bad** *nt* mud bath.
Moos [moːs] (-es, -e) *nt* moss.
Moped ['moːpɛt] (-s, -s) *nt* moped.
Mops [mɔps] (-es, ⁻e) *m* (*Hund*) pug.
Moral [mo'raːl] (-, -en) *f* morality; (*einer Geschichte*) moral; (*Disziplin: von Volk, Soldaten*) morale; ~**apostel** *m* upholder of moral standards; **m~isch** *adj* moral; **einen** *od* **den m~ischen haben** (*umg*) to have (a fit of) the blues.
Moräne [mo'rɛːnə] (-, -n) *f* moraine.
Morast [mo'rast] (-(e)s, -e) *m* morass, mire.
morastig *adj* boggy.
Mord [mɔrt] (-(e)s, -e) *m* murder; **dann gibt es ~ und Totschlag** (*umg*) there'll be hell to pay; ~**anschlag** *m* murder attempt.
Mörder ['mœrdər] (-s, -) *m* murderer; ~**in** *f* murderess.
mörderisch *adj* (*fig: schrecklich*) dreadful, terrible; (*Preise*) exorbitant; (*Konkurrenzkampf*) cut-throat ♦ *adv* (*umg: entsetzlich*) dreadfully, terribly.
Mordkommission *f* murder squad.
Mords- *zW:* ~**ding** (*umg*) *nt* whopper; ~**glück** (*umg*) *nt* amazing luck; ~**kerl** (*umg*) *m* (*verwegen*) hell of a guy; **m~mäßig** (*umg*) *adj* terrific, enormous; ~**schreck** (*umg*) *m* terrible fright.
Mord- *zW:* ~**verdacht** *m* suspicion of murder; ~**versuch** *m* murder attempt; ~**waffe** *f* murder weapon.
morgen ['mɔrgən] *adv* tomorrow; **bis ~!** see you tomorrow!; **~ in acht Tagen** a week (from) tomorrow; **~ um diese Zeit** this time tomorrow; **~ früh** tomorrow morning; **M~** (-s, -) *m* morning; (*Maß*) ≈ acre; **am M~** in the morning; **guten M~!** good morning!
Morgen- *zW:* ~**grauen** *nt* dawn, daybreak; ~**mantel** *m* dressing gown; ~**rock** *m* dressing gown; ~**rot** *nt*, ~**röte** *f* dawn.
morgens *adv* in the morning; **von ~ bis abends** from morning to night.
Morgenstunde *f:* **Morgenstund(e) hat Gold im Mund(e)** (*Sprichwort*) the early bird catches the worm (*Sprichwort*).
morgig ['mɔrgɪç] *adj* tomorrow's; **der ~e Tag** tomorrow.
Morphium ['mɔrfiʊm] *nt* morphine.
morsch [mɔrʃ] *adj* rotten.
Morsealphabet ['mɔrzəʔalfabeːt] *nt* Morse code.
morsen *vi* to send a message by Morse code.
Mörser ['mœrzər] (-s, -) *m* mortar (*auch MIL*).

Mörtel ['mœrtəl] (-s, -) *m* mortar.
Mosaik [moza'iːk] (-s, -en *od* -e) *nt* mosaic.
Mosambik [mosam'biːk] (-s) *nt* Mozambique.
Moschee [mɔ'ʃeː] (-, -n) *f* mosque.
Mosel¹ ['moːzəl] *f* (*GEOG*) Moselle.
Mosel² (-s, -) *m* (*auch:* ~**wein**) Moselle (wine).
mosern ['moːzərn] (*umg*) *vi* to gripe, bellyache.
Moskau ['mɔskau] (-s) *nt* Moscow.
Moskauer *adj* Moscow *attrib*.
Moskauer(in) (-s, -) *m(f)* Muscovite.
Moskito [mɔs'kiːto] (-s, -s) *m* mosquito.
Moslem ['mɔslɛm] (-s, -s) *m* Muslim.
moslemisch [mɔs'leːmɪʃ] *adj* Muslim.
Most [mɔst] (-(e)s, -e) *m* (unfermented) fruit juice; (*Apfelwein*) cider.
Motel [mo'tɛl] (-s, -s) *nt* motel.
Motiv [mo'tiːf] (-s, -e) *nt* motive; (*MUS*) theme.
Motivation [motivatsi'oːn] *f* motivation.
motivieren [moti'viːrən] *vt* to motivate.
Motivierung *f* motivation.
Motor ['moːtɔr] (-s, -en) *m* engine; (*bes ELEK*) motor; ~**boot** *nt* motorboat.
Motorenöl *nt* engine oil.
Motorhaube *f* (*AUT*) bonnet (*BRIT*), hood (*US*).
motorisch *adj* (*PHYSIOLOGIE*) motor *attrib*.
motorisieren [motori'ziːrən] *vt* to motorize.
Motor- *zW:* ~**rad** *nt* motorcycle; ~**radfahrer** *m* motorcyclist; ~**roller** *m* motor scooter; ~**schaden** *m* engine trouble *od* failure; ~**sport** *m* motor sport.
Motte ['mɔtə] (-, -n) *f* moth.
Motten- *zW:* **m~fest** *adj* mothproof; ~**kiste** *f:* **etw aus der ~kiste hervorholen** (*fig*) to dig sth out; ~**kugel** *f* mothball.
Motto ['mɔto] (-s, -s) *nt* motto.
motzen ['mɔtsən] (*umg*) *vi* to grouse, beef.
Mountainbike *nt* mountain bike.
Möwe ['møːvə] (-, -n) *f* seagull.
MP (-) *f abk* = **Maschinenpistole**.
MP3 *abk* (*COMPUT*) MP3.
Mrd. *abk* = **Milliarde(n)**.
MS *abk* (= *Motorschiff*) motor vessel, MV; (= *multiple Sklerose*) MS.
MTA (-, -s) *f abk* (= *medizinisch-technische Assistentin*) medical assistant.
mtl. *abk* = **monatlich**.
Mucke ['mʊkə] (-, -n) *f* (*meist pl*) caprice; (*von Ding*) snag, bug; **seine ~n haben** to be temperamental.
Mücke ['mʏkə] (-, -n) *f* midge, gnat; **aus einer ~ einen Elefanten machen** (*umg*) to make a mountain out of a molehill.
Muckefuck ['mʊkəfʊk] (-s) (*umg*) *m* coffee substitute.
mucken *vi:* **ohne zu ~** without a murmur.
Mückenstich *m* midge *od* gnat bite.
Mucks [mʊks] (-es, e) *m:* **keinen ~ sagen** not to make a sound; (*nicht widersprechen*) not to say a word.

mucksen (*umg*) *vr* to budge; (*Laut geben*) to open one's mouth.

mucksmäuschenstill ['mʊksˈmɔʏsçənʃtɪl] (*umg*) *adj* (as) quiet as a mouse.

müde ['myːdə] *adj* tired; **nicht ~ werden, etw zu tun** never to tire of doing something.

Müdigkeit ['myːdɪçkaɪt] *f* tiredness; **nur keine ~ vorschützen!** (*umg*) don't (you) tell me you're tired.

Muff [mʊf] (**-(e)s, -e**) *m* (*Handwärmer*) muff.

Muffel (**-s, -**) (*umg*) *m* killjoy, sourpuss.

muffig *adj* (*Luft*) musty.

Mühe ['myːə] (**-, -n**) *f* trouble, pains *pl*; **mit Müh(e) und Not** with great difficulty; **sich** *dat* **~ geben** to go to a lot of trouble; **m~los** *adj* effortless, easy.

muhen ['muːən] *vi* to low, moo.

mühevoll *adj* laborious, arduous.

Mühle ['myːlə] (**-, -n**) *f* mill; (*Kaffee~*) grinder; (*~spiel*) nine men's morris.

Mühlrad *nt* millwheel.

Mühlstein *m* millstone.

Mühsal (**-, -e**) *f* tribulation.

mühsam *adj* arduous, troublesome ♦ *adv* with difficulty.

mühselig *adj* arduous, laborious.

Mulatte [muˈlatə] (**-, -n**) *m* mulatto.

Mulattin *f* mulatto.

Mulde ['mʊldə] (**-, -n**) *f* hollow, depression.

Mull [mʊl] (**-(e)s, -e**) *m* thin muslin.

Müll [mʏl] (**-(e)s**) *m* refuse, rubbish, garbage (*US*); **~abfuhr** *f* refuse *od* garbage (*US*) collection; (*Leute*) dustmen *pl* (*BRIT*), garbage collectors *pl* (*US*); **~abladeplatz** *m* rubbish dump; **~beutel** *m* bin liner (*BRIT*), trashcan liner (*US*).

Mullbinde *f* gauze bandage.

Mülldeponie *f* waste disposal site, rubbish tip.

Mülleimer *m* rubbish bin (*BRIT*), garbage can (*US*).

Müller (**-s, -**) *m* miller.

Müll- *zW:* **~halde** *f*, **~haufen** *m* rubbish *od* garbage (*US*) heap; **~mann** (**-(e)s**, *pl* **~männer**) (*umg*) *m* dustman (*BRIT*), garbage collector (*US*); **~sack** *m* rubbish *od* garbage (*US*) bag; **~schlucker** *m* waste (*BRIT*) *od* garbage (*US*) disposal unit; **~tonne** *f* dustbin (*BRIT*), trashcan (*US*); **~verbrennung** *f* rubbish *od* garbage (*US*) incineration; **~verbrennungsanlage** *f* incinerator, incinerating plant; **~wagen** *m* dustcart (*BRIT*), garbage truck (*US*).

mulmig ['mʊlmɪç] *adj* rotten; (*umg*) uncomfortable; **jdm ist ~** sb feels funny.

Multi ['mʊlti] (**-s, -s**) (*umg*) *m* multinational (organization).

multi- *in zW* multi; **~lateral** *adj:* **~lateraler Handel** multilateral trade; **~national** *adj* multinational; **~nationaler Konzern** multinational organization.

multiple Sklerose [mʊlˈtiːplə skleˈroːzə] *f* multiple sclerosis.

multiplizieren [mʊltipliˈtsiːrən] *vt* to multiply.

Mumie ['muːmiə] *f* (*Leiche*) mummy.

Mumm [mʊm] (**-s**) (*umg*) *m* gumption, nerve.

Mumps [mʊmps] (**-**) *m od f* mumps *sing*.

München ['mʏnçən] *nt* Munich.

Münch(e)ner(in) (**-s, -**) *m(f)* person from Munich.

Mund [mʊnt] (**-(e)s, "-er**) *m* mouth; **den ~ aufmachen** (*fig: seine Meinung sagen*) to speak up; **sie ist nicht auf den ~ gefallen** (*umg*) she's never at a loss for words; **~art** *f* dialect.

Mündel ['mʏndəl] (**-s, -**) *nt* (*JUR*) ward.

münden ['mʏndən] *vi:* **in etw** *akk* **~** to flow into sth.

Mund- *zW:* **m~faul** *adj* uncommunicative; **m~gerecht** *adj* bite-sized; **~geruch** *m* bad breath; **~harmonika** *f* mouth organ.

mündig ['mʏndɪç] *adj* of age; **M~keit** *f* majority.

mündlich ['mʏntlɪç] *adj* oral; **~e Prüfung** oral (exam); **~e Verhandlung** (*JUR*) hearing; **alles Weitere ~!** let's talk about it more when I see you.

Mund- *zW:* **~raub** *m* (*JUR*) theft of food for personal consumption; **~stück** *nt* mouthpiece; (*von Zigarette*) tip; **m~tot** *adj:* **jdn m~tot machen** to muzzle sb.

Mündung ['mʏndʊŋ] *f* estuary; (*von Fluss, Rohr etc*) mouth; (*Gewehr~*) muzzle.

Mund- *zW:* **~wasser** *nt* mouthwash; **~werk** *nt:* **ein großes ~werk haben** to have a big mouth; **~winkel** *m* corner of the mouth; **~-zu-~-Beatmung** *f* mouth-to-mouth resuscitation.

Munition [munitsiˈoːn] *f* ammunition.

Munitionslager *nt* ammunition dump.

munkeln ['mʊŋkəln] *vi* to whisper, mutter; **man munkelt, dass ...** there's a rumour (*BRIT*) *od* rumor (*US*) that ...

Münster ['mʏnstər] (**-s, -**) *nt* minster.

munter ['mʊntər] *adj* lively; (*wach*) awake; (*aufgestanden*) up and about; **M~keit** *f* liveliness.

Münzanstalt *f* mint.

Münzautomat *m* slot machine.

Münze ['mʏntsə] (**-, -n**) *f* coin.

münzen *vt* to coin, mint; **auf jdn gemünzt sein** to be aimed at sb.

Münzfernsprecher ['mʏntsfɛrnʃprɛçər] *m* callbox (*BRIT*), pay phone (*US*).

Münzwechsler *m* change machine.

mürb(e) ['mʏrb(ə)] *adj* (*Gestein*) crumbly; (*Holz*) rotten; (*Gebäck*) crisp; **jdn ~ machen** to wear sb down.

Mürb(e)teig *m* shortcrust pastry.

Murmel ['mʊrməl] (**-, -n**) *f* marble.

murmeln *vt, vi* to murmur, mutter.
Murmeltier ['mʊrməltiːr] *nt* marmot; **schlafen wie ein ~** to sleep like a log.
murren ['mʊrən] *vi* to grumble, grouse.
mürrisch ['mʏrɪʃ] *adj* sullen.
Mus [muːs] (**-es, -e**) *nt* purée.
Muschel ['mʊʃəl] (**-, -n**) *f* mussel; (*~schale*) shell; (*Telefon~*) receiver.
Muse ['muːzə] (**-, -n**) *f* muse.
Museum [mu'zeːʊm] (**-s, Museen**) *nt* museum.
museumsreif *adj*: **~ sein** to be almost a museum piece.
Musik [mu'ziːk] *f* music; (*Kapelle*) band.
musikalisch [muzi'kaːlɪʃ] *adj* musical.
Musikbox *f* jukebox.
Musiker(in) ['muːzikər(ɪn)] (**-s, -**) *m(f)* musician.
Musik- *zW*: **~hochschule** *f* music school; **~instrument** *nt* musical instrument; **~kapelle** *f* band; **~stück** *nt* piece of music; **~stunde** *f* music lesson.
musisch ['muːzɪʃ] *adj* artistic.
musizieren [muzi'tsiːrən] *vi* to make music.
Muskat [mʊs'kaːt] (**-(e)s, -e**) *m* nutmeg.
Muskel ['mʊskəl] (**-s, -n**) *m* muscle; **~dystrophie** *f* muscular dystrophy; **~kater** *m*: **einen ~kater haben** to be stiff; **~paket** (*umg*) *nt* muscleman; **~zerrung** (*umg*) *f* pulled muscle.
Muskulatur [mʊskula'tuːr] *f* muscular system.
muskulös [mʊsku'løːs] *adj* muscular.
Müsli ['myːsli] (**-s, -**) *nt* muesli.
Muss▲ [mʊs] (**-**) *nt* necessity, must.
muss▲ *vb siehe* **müssen**.
Muße ['muːsə] (**-**) *f* leisure.

════════════ *SCHLÜSSELWORT*

müssen ['mʏsən] (*pt* **musste**, *pp* **gemusst** *od* (*als Hilfsverb*) **müssen**) *vi* **1** (*Zwang*) must (*nur im Präsens*), to have to; **ich muss es tun** I must do it, I have to do it; **ich musste es tun** I had to do it; **er muss es nicht tun** he doesn't have to do it; **muss ich?** must I?, do I have to?; **wann müsst ihr zur Schule?** when do you have to go to school?; **der Brief muss heute noch zur Post** the letter must be posted (*BRIT*) *od* mailed (*US*) today; **er hat gehen ~** he (has) had to go; **muss das sein?** is that really necessary?; **wenn es (unbedingt) sein muss** if it's absolutely necessary; **ich muss mal** (*umg*) I need to go to the loo (*BRIT*) *od* bathroom (*US*).

2 (*sollen*): **das musst du nicht tun!** you oughtn't to *od* shouldn't do that; **das müsstest du eigentlich wissen** you ought to *od* you should know that; **Sie hätten ihn fragen ~** you should have asked him.

3: **es muss geregnet haben** it must have rained; **es muss nicht wahr sein** it needn't be true.
─────────────────

Mussheirat▲ (*umg*) *f* shotgun wedding.
müßig ['myːsɪç] *adj* idle; **M~gang** *m* idleness.
musst▲ [*most*] *vb siehe* **müssen**.
musste *etc*▲ ['mʊstə] *vb siehe* **müssen**.
Muster ['mʊstər] (**-s, -**) *nt* model; (*Dessin*) pattern; (*Probe*) sample; **~ ohne Wert** free sample; **~beispiel** *nt* classic example; **m~gültig** *adj* exemplary; **m~haft** *adj* exemplary.
mustern *vt* (*betrachten, MIL*) to examine; (*Truppen*) to inspect.
Musterprozess▲ *m* test case.
Musterschüler *m* model pupil.
Musterung *f* (*von Stoff*) pattern; (*MIL*) inspection.
Mut [muːt] *m* courage; **nur ~!** cheer up!; **jdm ~ machen** to encourage sb; **~ fassen** to pluck up courage.
mutig *adj* courageous.
mutlos *adj* discouraged, despondent.
mutmaßen *vt untr* to conjecture ♦ *vi untr* to conjecture.
mutmaßlich ['muːtmaːslɪç] *adj* presumed ♦ *adv* probably.
Mutprobe *f* test of courage.
Mutter¹ ['mʊtər] (**-, -n**) *f* (*Schrauben~*) nut.
Mutter² ['mʊtər] (**-, ¨**) *f* mother; **~freuden** *pl* the joys *pl* of motherhood; **~gesellschaft** *f* (*COMM*) parent company; **~kuchen** *m* (*ANAT*) placenta; **~land** *nt* mother country; **~leib** *m* womb.
mütterlich ['mʏtərlɪç] *adj* motherly.
mütterlicherseits *adv* on the mother's side.
Mutter- *zW*: **~liebe** *f* motherly love; **~mal** *nt* birthmark; **~milch** *f* mother's milk.
Mutterschaft *f* motherhood.
Mutterschaftsgeld *nt* maternity benefit.
Mutterschaftsurlaub *m* maternity leave.
Mutter- *zW*: **~schutz** *m* maternity regulations *pl*; **~seelenallein** *adj* all alone; **~sprache** *f* native language; **~tag** *m* Mother's Day.
Mutti (**-, -s**) (*umg*) *f* mum(my) (*BRIT*), mom(my) (*US*).
mutwillig ['muːtvɪlɪç] *adj* deliberate.
Mütze ['mʏtsə] (**-, -n**) *f* cap.
MV *f abk* (= *Mitgliederversammlung*) general meeting.
MW *abk* (= *Mittelwelle*) MW.
MwSt, Mw.-St. *abk* (= *Mehrwertsteuer*) VAT.
mysteriös [mysteri'øːs] *adj* mysterious.
Mystik ['mʏstɪk] *f* mysticism.
Mystiker(in) (**-s, -**) *m(f)* mystic.
mystisch ['mʏstɪʃ] *adj* mystical; (*rätselhaft*) mysterious.
Mythologie [mytolo'giː] *f* mythology.
Mythos ['myːtɔs] (**-, Mythen**) *m* myth.

N, n

N¹, n [ɛn] *nt* N, n; ~ **wie Nordpol** ≈ N for Nellie, N for Nan (*US*).

N² [ɛn] *abk* (= *Norden*) N.

na [na] *interj* well; ~ **gut** (*umg*) all right, OK; ~ **also!** (well,) there you are (then)!; ~ **so was!** well, I never!; ~ **und?** so what?

Nabel ['naːbəl] (**-s, -**) *m* navel; **der ~ der Welt** (*fig*) the hub of the universe; **~schnur** *f* umbilical cord.

─────────── *SCHLÜSSELWORT*

nach [naːx] *präp +dat* **1** (*örtlich*) to; ~ **Berlin** to Berlin; ~ **links/rechts** (to the) left/right; ~ **oben/hinten** up/back; **er ist schon ~ London abgefahren** he has already left for London.

2 (*zeitlich*) after; **einer ~ dem anderen** one after the other; ~ **Ihnen!** after you!; **zehn (Minuten) ~ drei** ten (minutes) past *od* after (*US*) three.

3 (*gemäß*) according to; ~ **dem Gesetz** according to the law; **die Uhr ~ dem Radio stellen** to put a clock right by the radio; **ihrer Sprache ~ (zu urteilen)** judging by her language; **dem Namen ~** judging by his/her name; ~ **allem, was ich weiß** as far as I know.

♦ *adv*: **ihm ~!** after him!; ~ **und ~** gradually, little by little; ~ **wie vor** still.

─────────────────

nachäffen ['naːxɛfən] *vt* to ape.

nachahmen ['naːxaːmən] *vt* to imitate.

nachahmenswert *adj* exemplary.

Nachahmung *f* imitation; **etw zur ~ empfehlen** to recommend sth as an example.

Nachbar(in) ['naxbaːr(ɪn)] (**-s, -n**) *m(f)* neighbour (*BRIT*), neighbor (*US*); **~haus** *nt*: **im ~haus** next door; **n~lich** *adj* neighbourly (*BRIT*), neighborly (*US*); **~schaft** *f* neighbourhood (*BRIT*), neighborhood (*US*); **~staat** *m* neighbouring (*BRIT*) *od* neighboring (*US*) state.

nach- *zW*: **N~behandlung** *f* (*MED*) follow-up treatment; **~bestellen** *vt* to order again; **N~bestellung** *f* (*COMM*) repeat order; **~beten** (*pej: umg*) *vt* to repeat parrot-fashion; **~bezahlen** *vt* to pay; (*später*) to pay later; **~bilden** *vt* to copy; **N~bildung** *f* imitation, copy; **~blicken** *vi* to look *od* gaze after; **~datieren** *vt* to postdate.

nachdem [naːx'deːm] *konj* after; (*weil*) since; **je ~ (ob)** it depends (whether).

nach- *zW*: **~denken** *unreg vi*: **über etw** *akk* **~denken** to think about sth; **darüber darf man gar nicht ~denken** it doesn't bear thinking about; **N~denken** *nt* reflection, meditation; **~denklich** *adj* thoughtful, pensive; **~denklich gestimmt sein** to be in a thoughtful mood.

Nachdruck ['naːxdrʊk] *m* emphasis; (*TYP*) reprint, reproduction; **besonderen ~ darauf legen, dass ...** to stress *od* emphasize particularly that ...

nachdrücklich ['naːxdrʏklɪç] *adj* emphatic; ~ **auf etw** *dat* **bestehen** to insist firmly (up)on sth.

nacheifern ['naːxaɪfərn] *vi*: **jdm ~** to emulate sb.

nacheinander [naːxaɪ'nandər] *adv* one after the other; **kurz ~** shortly after each other; **drei Tage ~** three days running, three days on the trot (*umg*).

nachempfinden ['naːxɛmpfɪndən] *unreg vt*: **jdm etw ~** to feel sth with sb.

nacherzählen ['naːxɛrtseːlən] *vt* to retell.

Nacherzählung *f* reproduction (of a story).

Nachf. *abk* = **Nachfolger**.

Nachfahr ['naːxfaːr] (**-en, -en**) *m* descendant.

Nachfolge ['naːxfɔlgə] *f* succession; **die/jds ~ antreten** to succeed/succeed sb.

nachfolgen *vi* (*lit*): **jdm/etw ~** to follow sb/sth.

nachfolgend *adj* following.

Nachfolger(in) (**-s, -**) *m(f)* successor.

nachforschen *vt, vi* to investigate.

Nachforschung *f* investigation; **~en anstellen** to make enquiries.

Nachfrage ['naːxfraːgə] *f* inquiry; (*COMM*) demand; **es besteht eine rege ~** (*COMM*) there is a great demand; **danke der ~** (*form*) thank you for your concern; (*umg*) nice of you to ask; **n~mäßig** *adj* according to demand.

nachfragen *vi* to inquire.

nach- *zW*: **~fühlen** *vt* = **nachempfinden**; **~füllen** *vt* to refill; **~geben** *unreg vi* to give way, yield.

Nachgebühr *f* surcharge; (*POST*) excess postage.

Nachgeburt *f* afterbirth.

nachgehen ['naːxgeːən] *unreg vi* (+*dat*) to follow; (*erforschen*) to inquire (into); (*Uhr*) to be slow; **einer geregelten Arbeit ~** to have a steady job.

Nachgeschmack ['naːxgəʃmak] *m* aftertaste.

nachgiebig ['naːxgiːbɪç] *adj* soft, accommodating; **N~keit** *f* softness.

nachgrübeln ['naːxgryːbəln] *vi*: **über etw** *akk* **~** to think about sth; (*sich Gedanken machen*) to ponder on sth.

nachgucken ['naːxɡʊkən] *vt, vi* = **nachsehen**.
nachhaken ['naːxhaːkən] (*umg*) *vi* to dig deeper.
Nachhall ['naːxhal] *m* resonance.
nachhallen *vi* to resound.
nachhaltig ['naːxhaltɪç] *adj* lasting; (*Widerstand*) persistent.
nachhängen ['naːxhɛŋən] *unreg vi*: **seinen Erinnerungen** ~ to lose o.s. in one's memories.
nachhause▲ *adv* (*ÖSTERR, SCHWEIZ*) home.
Nachhauseweg [naːxˈhaʊzəveːk] *m* way home.
nachhelfen ['naːxhɛlfən] *unreg vi*: **jdm** ~ to help *od* assist sb; **er hat dem Glück ein bisschen nachgeholfen** he engineered himself a little luck.
nachher [naːxˈheːr] *adv* afterwards; **bis** ~ see you later!
Nachhilfe ['naːxhɪlfə] *f* (*auch*: ~**unterricht**) extra (private) tuition.
Nachhinein▲ ['naːxhɪnaɪn] *adv*: **im** ~ afterwards; (*rückblickend*) in retrospect.
Nachholbedarf *m*: **einen** ~ **an etw** *dat* **haben** to have a lot of sth to catch up on.
nachholen ['naːxhoːlən] *vt* to catch up with; (*Versäumtes*) to make up for.
Nachkomme ['naːxkɔmə] (**-n, -n**) *m* descendant.
nachkommen *unreg vi* to follow; (*einer Verpflichtung*) to fulfil; **Sie können Ihr Gepäck** ~ **lassen** you can have your luggage sent on (after).
Nachkommenschaft *f* descendants *pl*.
Nachkriegs- ['naːxkriːks] *in zW* postwar; ~**zeit** *f* postwar period.
Nach- *zW*: ~**lass**▲ (**-es, -lässe**) *m* (*COMM*) discount, rebate; (*Erbe*) estate; **n**~**lassen** *unreg vt* (*Strafe*) to remit; (*Summe*) to take off; (*Schulden*) to cancel ♦ *vi* to decrease, ease off; (*Sturm*) to die down; (*schlechter werden*) to deteriorate; **er hat n**~**gelassen** he has got worse; **n**~**lässig** *adj* negligent, careless; ~**lässigkeit** *f* negligence, carelessness; ~**lasssteuer**▲ *f* death duty; ~**lassverwalter**▲ *m* executor.
nachlaufen ['naːxlaʊfən] *unreg vi*: **jdm** ~ to run after *od* chase sb.
nachliefern ['naːxliːfərn] *vt* (*später liefern*) to deliver at a later date; (*zuzüglich liefern*) to make a further delivery of.
nachlösen ['naːxløːzən] *vi* to pay on the train/when one gets off; (*zur Weiterfahrt*) to pay the extra.
nachm. *abk* (= *nachmittags*) p.m.
nachmachen ['naːxmaxən] *vt* to imitate, copy; (*fälschen*) to counterfeit; **jdm etw** ~ to copy sth from sb; **das soll erst mal einer** ~! I'd like to see anyone else do that!
Nachmieter(in) ['naːxmiːtər(ɪn)] *m(f)*: **wir**

müssen einen ~ **finden** we have to find someone to take over the flat *etc*.
Nachmittag ['naːxmɪtaːk] *m* afternoon; **am** ~ in the afternoon; **gestern/heute** ~ yesterday/this afternoon.
nachmittags *adv* in the afternoon.
Nachmittagsvorstellung *f* matinée (performance).
Nachn. *abk* = **Nachnahme**.
Nachnahme (**-, -n**) *f* cash on delivery (*BRIT*), collect on delivery (*US*); **per** ~ C.O.D.
Nachname *m* surname.
Nachporto *nt* excess postage.
nachprüfbar ['naːxpryːfbaːr] *adj* verifiable.
nachprüfen ['naːxpryːfən] *vt* to check, verify.
nachrechnen ['naːxrɛçnən] *vt* to check.
Nachrede ['naːxreːdə] *f*: **üble** ~ (*JUR*) defamation of character.
nachreichen ['naːxraɪçən] *vt* to hand in later.
Nachricht ['naːxrɪçt] (**-, -en**) *f* (piece of) news *sing*; (*Mitteilung*) message.
Nachrichten *pl* news *sing*; ~**agentur** *f* news agency; ~**dienst** *m* (*MIL*) intelligence service; ~**satellit** *m* (tele)communications satellite; ~**sperre** *f* news blackout; ~**sprecher(in)** *m(f)* newsreader; ~**technik** *f* telecommunications *sing*.
nachrücken ['naːxrʏkən] *vi* to move up.
Nachruf ['naːxruːf] *m* obituary (notice).
nachrüsten ['naːxrʏstən] *vt* (*Kraftwerk etc*) to modernize; (*Auto etc*) to refit; (*Waffen*) to keep up to date ♦ *vi* (*MIL*) to deploy new arms.
nachsagen ['naːxzaːɡən] *vt* to repeat; **jdm etw** ~ to say sth of sb; **das lasse ich mir nicht** ~! I'm not having that said of me!
Nachsaison ['naːxzɛzõː] *f* off season.
nachschenken ['naːxʃɛŋkən] *vt, vi*: **darf ich Ihnen noch (etwas)** ~? may I top up your glass?
nachschicken ['naːxʃɪkən] *vt* to forward.
nachschlagen ['naːxʃlaːɡən] *unreg vt* to look up ♦ *vi*: **jdm** ~ to take after sb.
Nachschlagewerk *nt* reference book.
Nachschlüssel *m* master key.
nachschmeißen ['naːxʃmaɪsən] *unreg* (*umg*) *vt*: **das ist ja nachgeschmissen!** it's a real bargain!
Nachschrift ['naːxʃrɪft] *f* postscript.
Nachschub ['naːxʃuːp] *m* supplies *pl*; (*Truppen*) reinforcements *pl*.
nachsehen ['naːxzeːən] *unreg vt* (*prüfen*) to check ♦ *vi* (*erforschen*) to look and see; **jdm etw** ~ to forgive sb sth; **jdm** ~ to gaze after sb.
Nachsehen *nt*: **das** ~ **haben** to be left empty-handed.
nachsenden ['naːxzɛndən] *unreg vt* to send on, forward.
Nachsicht ['naːxzɪçt] (**-**) *f* indulgence,

leniency.
nachsichtig *adj* indulgent, lenient.
Nachsilbe ['naːxzɪlbə] *f* suffix.
nachsitzen ['naːxzɪtsən] *unreg vi (SCH)* to be kept in.
Nachsorge ['naːxzɔrgə] *f (MED)* aftercare.
Nachspann ['naːxʃpan] *m* credits *pl*.
Nachspeise ['naːxʃpaizə] *f* dessert, sweet (*BRIT*).
Nachspiel ['naːxʃpiːl] *nt* epilogue; (*fig*) sequel.
nachspionieren ['naːxʃpioniːrən] (*umg*) *vi*: **jdm** ~ to spy on sb.
nachsprechen ['naːxʃprɛçən] *unreg vt*: **(jdm)** ~ to repeat (after sb).
nächst [nɛːçst] *präp +dat (räumlich)* next to; (*außer*) apart from; ~**beste(r, s)** *adj* first that comes along; (*zweitbeste*) next-best.
Nächste(r, s) *f(m)* neighbour (*BRIT*), neighbor (*US*).
nächste(r, s) *adj* next; (*nächstgelegen*) nearest; **aus ~r Nähe** from close by; (*betrachten*) at close quarters; **Ende ~n Monats** at the end of next month; **am ~n Tag** (the) next day; **bei ~r Gelegenheit** at the earliest opportunity; **in ~r Zeit** some time soon; **der ~ Angehörige** the next of kin.
nachstehen ['naːxʃteːən] *unreg vi*: **jdm in nichts** ~ to be sb's equal in every way.
nachstehend *adj attrib* following.
nachstellen ['naːxʃtɛlən] *vi*: **jdm** ~ to follow sb; (*aufdringlich umwerben*) to pester sb.
Nächstenliebe *f* love for one's fellow men.
nächstens *adv* shortly, soon.
nächstliegend *adj (lit)* nearest; (*fig*) obvious.
nächstmöglich *adj* next possible.
nachsuchen ['naːxzuːxən] *vi*: **um etw** ~ *od* apply for sth.
Nacht [naxt] (-, -̈e) *f* night; **gute ~!** good night!; **heute** ~ tonight; **in der** ~ at night; **in der** ~ **auf Dienstag** during Monday night; **in der** ~ **vom 12. zum 13. April** during the night of April 12th to 13th; **über** ~ (*auch fig*) overnight; **bei** ~ **und Nebel** (*umg*) at dead of night; **sich** *dat* **die** ~ **um die Ohren schlagen** (*umg*) to stay up all night; (*mit Feiern, arbeiten*) to make a night of it.
Nachtdienst *m* night duty.
Nachteil ['naːxtail] *m* disadvantage; **im** ~ **sein** to be at a disadvantage.
nachteilig *adj* disadvantageous.
Nachtfalter *m* moth.
Nachthemd *nt (Herren~)* nightshirt; nightdress (*BRIT*), nightgown.
Nachtigall ['naxtɪgal] (-, -en) *f* nightingale.
Nachtisch ['naːxtɪʃ] *m* = **Nachspeise**.
Nachtleben *nt* night life.
nächtlich ['nɛçtlɪç] *adj* nightly.
Nacht- *zW*: ~**lokal** *nt* night club; ~**mensch** ['naxtmɛnʃ] *m* night person; ~**portier** *m* night porter.

nach- *zW*: **N~trag** ['naːxtraːk] (-(e)s, -träge) *m* supplement; ~**tragen** *unreg vt* (*zufügen*) to add; **jdm etw** ~**tragen** to carry sth after sb; (*fig*) to hold sth against sb; ~**tragend** *adj* resentful; ~**träglich** *adj* later, subsequent; (*zusätzlich*) additional ♦ *adv* later, subsequently; (*zusätzlich*) additionally; ~**trauern** *vi*: **jdm/etw** ~**trauern** to mourn the loss of sb/sth.
Nachtruhe ['naxtruːə] *f* sleep.
nachts *adv* by night.
Nachtschicht *f* night shift.
Nachtschwester *f* night nurse.
nachtsüber *adv* during the night.
Nacht- *zW*: ~**tarif** *m* off-peak tariff; ~**tisch** *m* bedside table; ~**topf** *m* chamber pot; ~**wache** *f* night watch; (*im Krankenhaus*) night duty; ~**wächter** *m* night watchman.
Nach- *zW*: ~**untersuchung** *f* checkup; **n~vollziehen** *unreg vt* to understand, comprehend; **n~wachsen** *unreg vi* to grow again; ~**wahl** *f* ≈ by-election (*bes BRIT*); ~**wehen** *pl* afterpains *pl*; (*fig*) aftereffects *pl*; **n~weinen** *vi +dat* to mourn ♦ *vt*: **dieser Sache** *dat* **weine ich keine Träne n~** I won't shed any tears over that.
Nachweis ['naːxvais] (-es, -e) *m* proof; **den** ~ **für etw erbringen** *od* **liefern** to furnish proof of sth; **n~bar** *adj* provable, demonstrable; **n~en** ['naːxvaizən] *unreg vt* to prove; **jdm etw n~en** to point sth out to sb; **n~lich** *adj* evident, demonstrable.
nach- *zW*: **N~welt** *f*: **die N~welt** posterity; ~**winken** *vi*: **jdm** ~**winken** to wave after sb; ~**wirken** *vi* to have aftereffects; **N~wirkung** *f* aftereffect; **N~wort** *nt* appendix; **N~wuchs** *m* offspring; (*beruflich etc*) new recruits *pl*; ~**zahlen** *vt, vi* to pay extra; ~**zählen** *vt* to count again; **N~zahlung** *f* additional payment; (*zurückdatiert*) back pay.
nachziehen ['naːxtsiːən] *unreg vt (Linie)* to go over; (*Lippen*) to paint; (*Augenbrauen*) to pencil in; (*hinterherziehen*): **etw** ~ to drag sth behind one.
Nachzügler (-s, -) *m* straggler.
Nackedei ['nakədai] (-(e)s, -e *od* -s) *m* (*hum: umg: Kind*) little bare monkey.
Nacken ['nakən] (-s, -) *m* nape of the neck; **jdm im** ~ **sitzen** (*umg*) to breathe down sb's neck.
nackt [nakt] *adj* naked; (*Tatsachen*) plain, bare; **N~heit** *f* nakedness; **N~kultur** *f* nudism.
Nadel ['naːdəl] (-, -n) *f* needle; (*Steck~*) pin; ~**baum** *m* conifer; ~**kissen** *nt* pincushion; ~**öhr** *nt* eye of a needle; ~**wald** *m* coniferous forest.
Nagel ['naːgəl] (-s, -̈) *m* nail; **sich** *dat* **etw unter den** ~ **reißen** (*umg*) to pinch sth; **etw an den** ~ **hängen** (*fig*) to chuck sth in (*umg*); **Nägel**

mit Köpfen machen (*umg*) to do the job properly; ~**bürste** *f* nailbrush; ~**feile** *f* nailfile; ~**haut** *f* cuticle; ~**lack** *m* nail varnish (*BRIT*) *od* polish; ~**lackentferner** (-s, -) *m* nail polish remover.

nageln *vt, vi* to nail.

nagelneu *adj* brand-new.

Nagelschere *f* nail scissors *pl.*

nagen ['naːgən] *vt, vi* to gnaw.

Nagetier ['naːgətiːr] *nt* rodent.

nah *adj* = **nahe.**

Nahaufnahme *f* close-up.

Nahe *f* (*Fluss*) Nahe.

nahe *adj* (*räumlich*) near(by); (*Verwandte*) near, close; (*Freunde*) close; (*zeitlich*) near, close ♦ *adv*: **von nah und fern** from near and far ♦ *präp +dat* near (to), close to; **von** ~**m** at close quarters; **der N**~ **Osten** the Middle East; **jdm etw** ~ **bringen** (*fig*) to bring sth home to sb; **jdm** ~ **gehen** to grieve sb; **jdm** ~ **kommen** to get close to sb; **jdm etw** ~ **legen** to suggest sth to sb; ~ **liegen** to be obvious; **der Verdacht liegt** ~, **dass** ... it seems reasonable to suspect that ...; ~ **liegend** obvious; **jdm** ~ **stehen** to be close to sb; **einer Sache** ~ **stehen** to sympathize with sth; ~ **stehend** close; **jdm zu** ~ **treten** (*fig*) to offend sb; **mit jdm** ~ **verwandt sein** to be closely related to sb.

Nähe ['nɛːə] (-) *f* nearness, proximity; (*Umgebung*) vicinity; **in der** ~ close by; at hand; **aus der** ~ from close to.

nahebei *adv* nearby.

nahen *vi, vr* to approach, draw near.

nähen ['nɛːən] *vt, vi* to sew.

näher *adj* nearer; (*Erklärung, Erkundigung*) more detailed ♦ *adv* nearer; in greater detail; ~ **kommen** to get closer; **ich kenne ihn nicht** ~ I don't know him well.

Nähere(s) *nt* details *pl*, particulars *pl.*

Näherei [nɛːəˈraɪ] *f* sewing, needlework.

Naherholungsgebiet *nt* recreational area (*close to a centre of population*).

Näherin *f* seamstress.

nähern *vr* to approach.

Näherungswert *m* approximate value.

nahezu *adv* nearly.

Nähgarn *nt* thread.

Nahkampf *m* hand-to-hand fighting.

Nähkasten *m* workbox, sewing basket.

nahm *etc* [naːm] *vb siehe* **nehmen.**

Nähmaschine *f* sewing machine.

Nähnadel *f* (sewing) needle.

Nahost [naːˈɔst] *m*: **aus** ~ from the Middle East.

Nährboden *m* (*lit*) fertile soil; (*fig*) breeding ground.

nähren ['nɛːrən] *vt* to feed ♦ *vr* (*Person*) to feed o.s.; (*Tier*) to feed; **er sieht gut genährt aus** he looks well fed.

Nährgehalt ['nɛːrgəhalt] *m* nutritional value.

nahrhaft ['naːrhaft] *adj* (*Essen*) nourishing.

Nährstoffe *pl* nutrients *pl.*

Nahrung ['naːrʊŋ] *f* food; (*fig*) sustenance.

Nahrungs- *zW*: ~**aufnahme** *f*: **die** ~**aufnahme verweigern** to refuse food; ~**kette** *f* food chain; ~**mittel** *nt* food(stuff); ~**mittelindustrie** *f* food industry; ~**suche** *f* search for food.

Nährwert *m* nutritional value.

Naht [naːt] (-, -̈e) *f* seam; (*MED*) suture; (*TECH*) join; **aus allen Nähten platzen** (*umg*) to be bursting at the seams; **n**~**los** *adj* seamless; **n**~**los ineinander übergehen** to follow without a gap.

Nahverkehr *m* local traffic.

Nahverkehrszug *m* local train.

Nähzeug *nt* sewing kit, sewing things *pl.*

Nahziel *nt* immediate objective.

naiv [naˈiːf] *adj* naïve.

Naivität [naiviˈtɛːt] *f* naïveté, naïvety.

Name ['naːmə] (-ns, -n) *m* name; **im** ~**n von** on behalf of; **dem** ~**n nach müsste sie Deutsche sein** judging by her name she must be German; **die Dinge beim** ~**n nennen** (*fig*) to call a spade a spade; **ich kenne das Stück nur dem** ~**n nach** I've heard of the play but that's all.

namens *adv* by the name of.

Namensänderung *f* change of name.

Namenstag *m* name day, saint's day.

NAMENSTAG

In Catholic areas of Germany the **Namenstag** *is often a more important celebration than a birthday. It is the day dedicated to the saint after whom a person is called, and on that day the person receives presents and invites relatives and friends round to celebrate.*

---

namentlich ['naːməntlɪç] *adj* by name ♦ *adv* particularly, especially.

namhaft ['naːmhaft] *adj* (*berühmt*) famed, renowned; (*beträchtlich*) considerable; ~ **machen** to name, identify.

Namibia [naˈmiːbia] (-s) *nt* Namibia.

nämlich ['nɛːmlɪç] *adv* that is to say, namely; (*denn*) since; **der/die/das N**~**e** the same.

nannte *etc* ['nantə] *vb siehe* **nennen.**

nanu [naˈnuː] *interj* well I never!

Napalm ['naːpalm] (-s) *nt* napalm.

Napf [napf] (-(e)s, -̈e) *m* bowl, dish; ~**kuchen** *m* ≈ ring-shaped pound cake.

Narbe ['narbə] (-, -n) *f* scar.

narbig ['narbɪç] *adj* scarred.

Narkose [narˈkoːzə] (-, -n) *f* anaesthetic (*BRIT*), anesthetic (*US*).

Narr [nar] (-en, -en) *m* fool; **jdn zum** ~**en halten** to make a fool of sb; **n**~**en** *vt* to fool.

Narrenfreiheit *f*: **sie hat bei ihm ~** he gives her (a) free rein.

narrensicher *adj* foolproof.

Narrheit *f* foolishness.

Närrin ['nɛrɪn] *f* fool.

närrisch *adj* foolish, crazy; **die ~en Tage** *Fasching and the period leading up to it.*

Narzisse [nar'tsɪsə] (**-, -n**) *f* narcissus.

narzisstisch▲ [nar'tsɪstɪʃ] *adj* narcissistic.

NASA ['naːza] (**-**) *f abk* (= *National Aeronautics and Space Administration*) NASA.

naschen ['naʃən] *vt* to nibble; (*heimlich*) to eat secretly ♦ *vi* to nibble sweet things; **~ von** *od* **an** +*dat* to nibble at.

naschhaft *adj* sweet-toothed.

Nase ['naːzə] (**-, -n**) *f* nose; **sich** *dat* **die ~ putzen** to wipe one's nose; (*sich schnäuzen*) to blow one's nose; **jdm auf der ~ herumtanzen** (*umg*) to play sb up; **jdm etw vor der ~ wegschnappen** (*umg*) to just beat sb to sth; **die ~ voll haben** (*umg*) to have had enough; **jdm etw auf die ~ binden** (*umg*) to tell sb all about sth; (**immer**) **der ~ nachgehen** (*umg*) to follow one's nose; **jdn an der ~ herumführen** (*als Täuschung*) to lead sb by the nose; (*als Scherz*) to pull sb's leg.

Nasen- *zW*: **~bluten** (**-s**) *nt* nosebleed; **~loch** *nt* nostril; **~rücken** *m* bridge of the nose; **~tropfen** *pl* nose drops *pl.*

naseweis *adj* pert, cheeky; (*neugierig*) nosey.

Nashorn ['naːshɔrn] *nt* rhinoceros.

nass▲ [nas] *adj* wet.

Nassauer ['nasaʊər] (**-s, -**) (*umg*) *m* scrounger.

Nässe ['nɛsə] (**-**) *f* wetness.

nässen *vt* to wet.

nasskalt▲ *adj* wet and cold.

Nassrasur▲ *f* wet shave.

Nation [natsi'oːn] *f* nation.

national [natsio'naːl] *adj* national; **N~elf** *f* international (football) team; **N~feiertag** *m* national holiday; **N~hymne** *f* national anthem.

nationalisieren [natsionali'ziːrən] *vt* to nationalize.

Nationalisierung *f* nationalization.

Nationalismus [natsiona'lɪsmʊs] *m* nationalism.

nationalistisch [natsiona'lɪstɪʃ] *adj* nationalistic.

Nationalität [natsionali'tɛːt] *f* nationality.

National- *zW*: **~mannschaft** *f* international team; **~sozialismus** *m* National Socialism; **~sozialist** *m* National Socialist.

NATO, Nato ['naːto] (**-**) *f abk*: **die ~** NATO.

Natrium ['naːtriʊm] (**-s**) *nt* sodium.

Natron ['naːtrɔn] (**-s**) *nt* soda.

Natter ['natər] (**-, -n**) *f* adder.

Natur [na'tuːr] *f* nature; (*körperlich*) constitution; (*freies Land*) countryside; **das**

geht gegen meine ~ it goes against the grain.

Naturalien [natu'raːliən] *pl* natural produce *sing*; **in ~** in kind.

Naturalismus [natura'lɪsmʊs] *m* naturalism.

Naturell [natu'rɛl] (**-s, -e**) *nt* temperament, disposition.

Natur- *zW*: **~erscheinung** *f* natural phenomenon *od* event; **n~farben** *adj* natural-coloured (*BRIT*) *od* -colored (*US*); **~forscher** *m* natural scientist; **~freak** (**-s, -s**) (*umg*) *m* back-to-nature freak; **n~gemäß** *adj* natural; **~geschichte** *f* natural history; **~gesetz** *nt* law of nature; **n~getreu** *adj* true to life; **~heilverfahren** *nt* natural cure; **~katastrophe** *f* natural disaster; **~kostladen** *m* health food shop; **~kunde** *f* natural history; **~lehrpfad** *m* nature trail.

natürlich [na'tyːrlɪç] *adj* natural ♦ *adv* naturally; **eines ~en Todes sterben** to die of natural causes.

natürlicherweise [na'tyːrlɪçər'vaɪzə] *adv* naturally, of course.

Natürlichkeit *f* naturalness.

Natur- *zW*: **~produkt** *nt* natural product; **n~rein** *adj* natural, pure; **~schutz** *m*: **unter ~schutz stehen** to be legally protected; **~schutzgebiet** *nt* nature reserve (*BRIT*), national park (*US*); **~talent** *nt* natural prodigy; **n~verbunden** *adj* nature-loving; **~wissenschaft** *f* natural science; **~wissenschaftler** *m* scientist; **~zustand** *m* natural state.

Nautik ['naʊtɪk] *f* nautical science, navigation.

nautisch ['naʊtɪʃ] *adj* nautical.

Navelorange ['naːvəlorãːʒə] *f* navel orange.

Navigation [navigatsi'oːn] *f* navigation.

Navigationsfehler *m* navigational error.

Navigationsinstrumente *pl* navigation instruments *pl.*

Nazi ['naːtsi] (**-s, -s**) *m* Nazi.

NB *abk* (= *nota bene*) NB.

n. Br. *abk* (= *nördlicher Breite*) northern latitude.

NC *m abk* (= *numerus clausus*) *siehe* **Numerus.**

Nchf. *abk* = **Nachfolger.**

n. Chr. *abk* (= *nach Christus*) A.D.

NDR (**-**) *m abk* (= *Norddeutscher Rundfunk*) North German Radio.

Neapel [ne'aːpəl] (**-s**) *nt* Naples.

Neapolitaner(in) [neapoli'taːnər(ɪn)] (**-s, -**) *m(f)* Neapolitan.

neapolitanisch [neapoli'taːnɪʃ] *adj* Neapolitan.

Nebel ['neːbəl] (**-s, -**) *m* fog, mist.

nebelig *adj* foggy, misty.

Nebel- *zW*: **~leuchte** *f* (*AUT*) rear fog-light; **~scheinwerfer** *m* fog-lamp; **~schlussleuchte**▲ *f* (*AUT*) rear fog-light.

neben ['neːbən] *präp* +*akk* next to ♦ *präp* +*dat*

next to; (*außer*) apart from, besides; ~**an** [neːbənˈʔan] *adv* next door; **N~anschluss**▲ *m* (*TEL*) extension; **N~ausgaben** *pl* incidental expenses *pl*; ~**bei** [neːbənˈbaɪ] *adv* at the same time; (*außerdem*) additionally; (*beiläufig*) incidentally; ~**bei bemerkt** *od* **gesagt** by the way, incidentally; **N~beruf** *m* second occupation; **er ist im N~beruf ...** he has a second job as a ...; **N~beschäftigung** *f* sideline; (*Zweitberuf*) extra job; **N~buhler(in)** (**-s, -**) *m(f)* rival; ~**einander** [neːbənaɪˈnandər] *adv* side by side; ~**einander legen** to put next to each other; **N~eingang** *m* side entrance; **N~einkünfte** *pl*, **N~einnahmen** *pl* supplementary income *sing*; **N~erscheinung** *f* side effect; **N~fach** *nt* subsidiary subject; **N~fluss**▲ *m* tributary; **N~geräusch** *nt* (*RUNDF*) atmospherics *pl*, interference; **N~handlung** *f* (*LITER*) subplot; ~**her** [neːbənˈheːr] *adv* (*zusätzlich*) besides; (*gleichzeitig*) at the same time; (*daneben*) alongside; ~**herfahren** *unreg vi* to drive alongside; **N~kläger** *m* (*JUR*) joint plaintiff; **N~kosten** *pl* extra charges *pl*, extras *pl*; **N~mann** (**-(e)s,** *pl* **-männer**) *m*: **Ihr N~mann** the person next to you; **N~produkt** *nt* by-product; **N~rolle** *f* minor part; **N~sache** *f* trifle, side issue; ~**sächlich** *adj* minor, peripheral; **N~saison** *f* low season; **N~satz** *m* (*GRAM*) subordinate clause; ~**stehend** *adj*: ~**stehende Abbildung** illustration opposite; **N~straße** *f* side street; **N~strecke** *f* (*EISENB*) branch *od* local line; **N~verdienst** *m* secondary income; **N~zimmer** *nt* adjoining room.

neblig [ˈneːblɪç] *adj* = **nebelig**.

nebst [neːpst] *präp +dat* together with.

Necessaire [nesɛˈsɛːr] (**-s, -s**) *nt* (*Näh~*) needlework box; (*Nagel~*) manicure case.

Neckar [ˈnɛkar] (**-s**) *m* (*Fluss*) Neckar.

necken [ˈnɛkən] *vt* to tease.

Neckerei [nɛkəˈraɪ] *f* teasing.

neckisch *adj* coy; (*Einfall, Lied*) amusing.

nee [neː] (*umg*) *adv* no, nope.

Neffe [ˈnɛfə] (**-n, -n**) *m* nephew.

negativ [ˈneːgatiːf] *adj* negative; **N~** (**-s, -e**) *nt* (*PHOT*) negative.

Neger [ˈneːgər] (**-s, -**) *m* negro; ~**in** *f* negress; ~**kuss**▲ *m* chocolate-covered marshmallow.

negieren [neˈgiːrən] *vt* (*bestreiten*) to deny; (*verneinen*) to negate.

nehmen [ˈneːmən] *unreg vt, vi* to take; **etw zu sich ~** to take sth, partake of sth (*liter*); **jdm etw ~** to take sth (away) from sb; **sich ernst ~** to take o.s. seriously; ~ **Sie sich doch bitte** help yourself; **man nehme ...** (*KOCH*) take ...; **wie mans nimmt** depending on your point of view; **die Mauer nimmt einem die ganze Sicht** the wall blocks the whole view; **er ließ es sich** *dat* **nicht ~, es persönlich zu**

tun he insisted on doing it himself.

Nehrung [ˈneːruŋ] *f* (*GEOG*) spit (of land).

Neid [naɪt] (**-(e)s**) *m* envy.

Neider [ˈnaɪdər] (**-s, -**) *m* envier.

Neidhammel (*umg*) *m* envious person.

neidisch *adj* envious, jealous.

Neige (**-, -n**) *f* (*geh: Ende*): **die Vorräte gehen zur ~** the provisions are fast becoming exhausted.

neigen [ˈnaɪgən] *vt* to incline, lean; (*Kopf*) to bow ♦ *vi*: **zu etw ~** to tend to sth.

Neigung *f* (*des Geländes*) slope; (*Tendenz*) tendency, inclination; (*Vorliebe*) liking; (*Zuneigung*) affection.

Neigungswinkel *m* angle of inclination.

nein [naɪn] *adv* no.

Nelke [ˈnɛlkə] (**-, -n**) *f* carnation, pink; (*Gewürz~*) clove.

nennen [ˈnɛnən] *unreg vt* to name; (*mit Namen*) to call; **das nenne ich Mut!** that's what I call courage!

nennenswert *adj* worth mentioning.

Nenner (**-s, -**) *m* denominator; **etw auf einen ~ bringen** (*lit, fig*) to reduce sth to a common denominator.

Nennung *f* naming.

Nennwert *m* nominal value; (*COMM*) par.

Neon [ˈneːɔn] (**-s**) *nt* neon.

Neonazi [neoˈnaːtsi] *m* Neonazi.

Neon- *zW*: ~**licht** *nt* neon light; ~**reklame** *f* neon sign; ~**röhre** *f* neon tube.

Nepal [ˈneːpal] (**-s**) *nt* Nepal.

Nepp [nɛp] (**-s**) (*umg*) *m*: **der reinste ~** daylight robbery, a rip-off.

Nerv [nɛrf] (**-s, -en**) *m* nerve; **die ~en sind mit ihm durchgegangen** he lost control, he snapped (*umg*); **jdm auf die ~en gehen** to get on sb's nerves.

nerven (*umg*) *vt*: **jdn ~** to get on sb's nerves.

Nerven- *zW*: ~**aufreibend** *adj* nerve-racking; ~**bündel** *nt* bundle of nerves; ~**gas** *nt* (*MIL*) nerve gas; ~**heilanstalt** *f* mental hospital; ~**klinik** *f* psychiatric clinic; **n~krank** *adj* mentally ill; ~**säge** (*umg*) *f* pain (in the neck); ~**schwäche** *f* neurasthenia; ~**system** *nt* nervous system; ~**zusammenbruch** *m* nervous breakdown.

nervig [ˈnɛrvɪç] (*umg*) *adj* exasperating, annoying.

nervös [nɛrˈvøːs] *adj* nervous.

Nervosität [nɛrvoziˈtɛːt] *f* nervousness.

nervtötend *adj* nerve-racking; (*Arbeit*) soul-destroying.

Nerz [nɛrts] (**-es, -e**) *m* mink.

Nessel [ˈnɛsəl] (**-, -n**) *f* nettle; **sich in die ~n setzen** (*fig: umg*) to put o.s. in a spot.

Nessessär▲ [nɛsɛˈsɛːr] (**-s, -s**) *nt* = **Necessaire**.

Nest [nɛst] (**-(e)s, -er**) *nt* nest; (*umg: Ort*) dump; (*fig: Bett*) bed; (: *Schlupfwinkel*) hide-out, lair; **da hat er sich ins warme ~ gesetzt**

(*umg*) he's got it made; **~beschmutzung** (*pej*) *f* running-down (*umg*) *od* denigration (of one's family/country).

nesteln *vi:* **an etw** +*dat* **~** to fumble *od* fiddle about with sth.

Nesthäkchen ['nɛsthɛːkçən] *nt* baby of the family.

nett [nɛt] *adj* nice; **sei so ~ und räum auf!** would you mind clearing up?

netterweise ['nɛtər'vaɪzə] *adv* kindly.

netto *adv* net; **N~einkommen** *nt* net income; **N~gewicht** *nt* net weight; **N~gewinn** *m* net profit; **N~gewinnspanne** *f* net margin; **N~lohn** *m* take-home pay.

Netz [nɛts] (**-es, -e**) *nt* net; (*Gepäck~*) rack; (*Einkaufs~*) string bag; (*Spinnen~*) web; (*System, auch COMPUT*) network; (*Strom~*) mains *sing od pl;* **das soziale ~** the social security network; **jdm ins ~ gehen** (*fig*) to fall into sb's trap; **~anbieter** *m* (*COMPUT*) Internet provider; **~anschluss▲** *m* mains connection; **~betreiber** *m* (*COMPUT*) Internet provider; **~computer** *m* network computer; **~haut** *f* retina; **~karte** *f* (*EISENB*) runabout ticket (*BRIT*); **~plantechnik** *f* network analysis; **~spannung** *f* mains voltage; **~zugang** *m* (*COMPUT*) network access.

neu [nɔy] *adj* new; (*Sprache, Geschichte*) modern; **der/die N~e** the new person, the newcomer; **seit ~estem** (*since*) recently; **~ schreiben** to rewrite, write again; **auf ein N~es!** (*Aufmunterung*) let's try again; **was gibts N~es?** (*umg*) what's the latest?; **von ~em** (*von vorn*) from the beginning; (*wieder*) again; **sich ~ einkleiden** to buy o.s. a new set of clothes; **~ eröffnet** newly-opened; (*wieder geöffnet*) reopened; **N~ankömmling** *m* newcomer; **N~anschaffung** *f* new purchase *od* acquisition; **~artig** *adj* new kind of; **N~auflage** *f* new edition; **N~ausgabe** *f* new edition; **N~bau** (**-(e)s, -ten**) *m* new building; **N~bauwohnung** *f* newly-built flat; **N~bearbeitung** *f* revised edition; (*das Neubearbeiten*) revision, reworking; **N~druck** *m* reprint; **N~emission** *f* (*Aktien*) new issue.

neuerdings *adv* (*kürzlich*) (since) recently; (*von neuem*) again.

Neuerscheinung *f* (*Buch*) new publication; (*Schallplatte*) new release.

Neuerung *f* innovation, new departure.

Neufassung *f* revised version.

Neufundland [nɔy'fʊntlant] *nt* Newfoundland; **Neufundländer(in)** (**-s, -**) *m(f)* Newfoundlander; **neufundländisch** *adj* Newfoundland *attrib*.

neugeboren *adj* newborn; **sich wie ~ fühlen** to feel (like) a new man/woman.

Neugier *f* curiosity.

Neugierde (**-**) *f*: **aus ~** out of curiosity.

neugierig *adj* curious.

Neuguinea [nɔygi'neːa] (**-s**) *nt* New Guinea.

Neuheit *f* novelty; (*neuartige Ware*) new thing.

Neuigkeit *f* news *sing*.

neu- *zW:* **~jahr** *nt* New Year; **N~land** *nt* virgin land; (*fig*) new ground; **~lich** *adv* recently, the other day; **N~ling** *m* novice; **~modisch** *adj* fashionable; (*pej*) newfangled; **N~mond** *m* new moon.

neun [nɔyn] *num* nine; **N~** (**-, -en**) *f* nine; **ach du grüne N~e!** (*umg*) well I'm blowed!

neunmalklug *adj* (*ironisch*) smart-aleck *attrib*.

neunzehn *num* nineteen.

neunzig *num* ninety.

Neureg(e)lung *f* adjustment.

neureich *adj* nouveau riche; **N~e(r)** *f(m)* nouveau riche.

Neurologie [nɔyrolo'giː] *f* neurology.

neurologisch [nɔyro'loːgɪʃ] *adj* neurological.

Neurose [nɔy'roːzə] (**-, -n**) *f* neurosis.

Neurotiker(in) [nɔy'roːtikər(ɪn)] (**-s, -**) *m(f)* neurotic.

neurotisch *adj* neurotic.

Neu- *zW:* **~schnee** *m* fresh snow; **~seeland** [nɔy'zeːlant] *nt* New Zealand; **~seeländer(in)** (**-s, -**) *m(f)* New Zealander; **~seeländisch** *adj* New Zealand *attrib*; **n~sprachlich** *adj*: **n~sprachliches Gymnasium** grammar school (*BRIT*) *od* high school (*bes US*) stressing modern languages.

neutral [nɔy'traːl] *adj* neutral.

neutralisieren [nɔytrali'ziːrən] *vt* to neutralize.

Neutralität [nɔytrali'tɛːt] *f* neutrality.

Neutron ['nɔytron] (**-s, -en**) *nt* neutron.

Neutrum ['nɔytrʊm] (**-s, Neutra** *od* **Neutren**) *nt* neuter.

Neu- *zW:* **~wert** *m* purchase price; **n~wertig** *adj* as new; **~zeit** *f* modern age; **n~zeitlich** *adj* modern, recent.

N. H. *abk* (= *Normalhöhenpunkt*) normal peak (level).

nhd. *abk* (= *neuhochdeutsch*) NHG.

Nicaragua [nika'raːgua] (**-s**) *nt* Nicaragua; **~ner(in)** [nikaragu'aːnər(ɪn)] (**-s, -**) *m(f)* Nicaraguan; **n~nisch** [nikaragu'aːnɪʃ] *adj* Nicaraguan.

═══════════════════ *SCHLÜSSELWORT*

nicht [nɪçt] *adv* **1** (*Verneinung*) not; **er ist es ~** it's not him, it isn't him; **~ rostend** stainless; **er raucht ~** (*gerade*) he isn't smoking; (*gewöhnlich*) he doesn't smoke; **ich kann das ~ - ich auch ~** I can't do it - neither *od* nor can I; **es regnet ~ mehr** it's not raining any more; **~ mehr als** no more than.

2 (*Bitte, Verbot*): **~!** don't!, no!; **~ berühren!** do not touch!; **~ doch!** don't!

3 (*rhetorisch*): **du bist müde, ~ (wahr)?** you're tired, aren't you?; **das ist schön, ~ (wahr)?** it's nice, isn't it?
4: was du ~ sagst! the things you say!
♦ *präf* non-.

Nicht- *zW:* **~achtung** *f* disregard; **~anerkennung** *f* repudiation; **~angriffspakt** *m* non-aggression pact.

Nichte ['nɪçtə] (-, -n) *f* niece.

Nicht- *zW:* **~einhaltung** *f* (+gen) noncompliance (with); **~einmischung** *f* (POL) nonintervention; **~gefallen** *nt:* **bei ~gefallen (zurück)** if not satisfied (return).

nichtig ['nɪçtɪç] *adj* (*ungültig*) null, void; (*wertlos*) futile; **N~keit** *f* nullity, invalidity; (*Sinnlosigkeit*) futility.

Nichtraucher *m* nonsmoker; **ich bin ~** I don't smoke.

nichts [nɪçts] *pron* nothing; **~ ahnend** unsuspecting; **~ sagend** meaningless; **~ als** nothing but; **~ da!** (*ausgeschlossen*) nothing doing (*umg*); **~ wie raus/hin** *etc* (*umg*) let's get out/over there *etc* (on the double); **für ~ und wieder ~** for nothing at all; **N~** (-es) *nt* nothingness; (*pej: Person*) nonentity.

Nichtschwimmer (-s, -) *m* nonswimmer.

nichts- *zW:* **~destotrotz** *adv* notwithstanding (*form*), nonetheless; **~destoweniger** *adv* nevertheless; **N~nutz** (-es, -e) *m* good-for-nothing; **~nutzig** *adj* worthless, useless; **N~tun** (-s) *nt* idleness.

Nichtzutreffende(s) *nt:* **~s** *od* **nicht Zutreffendes (bitte) streichen** (please) delete as applicable.

Nickel ['nɪkəl] (-s) *nt* nickel; **~brille** *f* metal-rimmed glasses *pl*.

nicken ['nɪkən] *vi* to nod.

Nickerchen ['nɪkərçən] *nt* nap; **ein ~ machen** (*umg*) to have forty winks.

Nicki ['nɪki] (-s, -s) *m* velours pullover.

nie [niː] *adv* never; **~ wieder** *od* **mehr** never again; **~ und nimmer** never ever; **fast ~** hardly ever.

nieder ['niːdər] *adj* low; (*gering*) inferior ♦ *adv* down; **~deutsch** *adj* (LING) Low-German; **N~gang** *m* decline; **~gedrückt** *adj* depressed; **~gehen** *unreg vi* to descend; (AVIAT) to come down; (*Regen*) to fall; (*Boxer*) to go down; **~geschlagen** *adj* depressed, dejected; **N~geschlagenheit** *f* depression, dejection; **N~kunft** *f* (*veraltet*) delivery, giving birth; **N~lage** *f* defeat.

Niederlande ['niːdərlandə] *pl:* **die ~** the Netherlands *pl*.

Niederländer(in) ['niːdərlɛndər(ɪn)] (-s, -) *m(f)* Dutchman, Dutchwoman.

niederländisch *adj* Dutch, Netherlands *attrib*.

nieder- *zW:* **~lassen** *unreg vr* (*sich setzen*) to sit down; (*an Ort*) to settle (down); (*Arzt,*

Rechtsanwalt) to set up in practice; **N~lassung** *f* settlement; (COMM) branch; **~legen** *vt* to lay down; (*Arbeit*) to stop; (*Amt*) to resign; **~machen** *vt* to mow down; **N~österreich** *nt* Lower Austria; **N~rhein** *m* Lower Rhine; **~rheinisch** *adj* Lower Rhine *attrib*; **N~sachsen** *nt* Lower Saxony; **N~schlag** *m* (CHEM) precipitate; (*Bodensatz*) sediment; (MET) precipitation (*form*), rainfall; (BOXEN) knockdown; **radioaktiver N~schlag** (radioactive) fallout; **~schlagen** *unreg vt* (*Gegner*) to beat down; (*Gegenstand*) to knock down; (*Augen*) to lower; (JUR: *Prozess*) to dismiss; (*Aufstand*) to put down ♦ *vr* (CHEM) to precipitate; **sich in etw** *dat* **~schlagen** (*Erfahrungen etc*) to find expression in sth; **~schlagsfrei** ['niːdərʃlaːksfraɪ] *adj* dry, without precipitation (*form*); **~schmetternd** *adj* (*Nachricht, Ergebnis*) shattering; **~schreiben** *unreg vt* to write down; **N~schrift** *f* transcription; **~tourig** *adj* (*Motor*) low-revving; **~trächtig** *adj* base, mean; **N~trächtigkeit** *f* despicable *od* malicious behaviour.

Niederung *f* (GEOG) depression.

niederwalzen ['niːdərvaltsən] *vt:* **jdn/etw ~** (*umg*) to mow sb/sth down.

niederwerfen ['niːdərverfən] *unreg vt* to throw down; (*fig*) to overcome; (*Aufstand*) to suppress.

niedlich ['niːtlɪç] *adj* sweet, nice, cute.

niedrig ['niːdrɪç] *adj* low; (*Stand*) lowly, humble; (*Gesinnung*) mean.

niemals ['niːmaːls] *adv* never.

niemand ['niːmant] *pron* nobody, no-one.

Niemandsland ['niːmantslant] *nt* no-man's-land.

Niere ['niːrə] (-, -n) *f* kidney; **künstliche ~** kidney machine.

Nierenentzündung *f* kidney infection.

nieseln ['niːzəln] *vi* to drizzle.

Nieselregen *m* drizzle.

niesen ['niːzən] *vi* to sneeze.

Niespulver *nt* sneezing powder.

Niet [niːt] (-(e)s, -e) *m* (TECH) rivet.

Niete ['niːtə] (-, -n) *f* (TECH) rivet; (*Los*) blank; (*Reinfall*) flop; (*Mensch*) failure.

nieten *vt* to rivet.

Nietenhose *f* (pair of) studded jeans *pl*.

niet- und nagelfest (*umg*) *adj* nailed down.

Niger¹ ['niːɡər] (-s) *nt* (*Staat*) Niger.

Niger² ['niːɡər] (-s) *m* (*Fluss*) Niger.

Nigeria [niˈɡeːria] (-s) *nt* Nigeria; **~ner(in)** [niɡeriˈaːnər(ɪn)] *m(f)* Nigerian; **n~nisch** [niɡeˈriːaːnɪʃ] *adj* Nigerian.

Nihilismus [nihiˈlɪsmʊs] *m* nihilism.

Nihilist [nihiˈlɪst] *m* nihilist; **n~isch** *adj* nihilistic.

Nikolaus ['niːkolaʊs] (-, -e *od* (hum: *umg*)

-läuse) *m* ≈ Santa Claus, Father Christmas.
Nikosia [niko'ziːa] (**-s**) *nt* Nicosia.
Nikotin [niko'tiːn] (**-s**) *nt* nicotine; **n~arm** *adj*
low-nicotine.
Nil [niːl] (**-s**) *m* Nile; **~pferd** *nt* hippopotamus.
Nimbus ['nɪmbʊs] (**-, -se**) *m* (*Heiligenschein*)
halo; (*fig*) aura.
nimmersatt ['nɪmɐzat] *adj* insatiable; **N~**
(**-(e)s, -e**) *m* glutton.
Nimmerwiedersehen (*umg*) *nt*: **auf ~!** I
never want to see you again.
nimmt [nɪmt] *vb siehe* **nehmen**.
nippen ['nɪpən] *vt, vi* to sip.
Nippes ['nɪpəs] *pl* knick-knacks *pl*, bric-a-brac
sing.
Nippsachen ['nɪpzaxən] *pl* knick-knacks *pl*.
nirgends ['nɪrgənts] *adv* nowhere; **überall und**
~ here, there and everywhere.
nirgendwo ['nɪrgəntvoː] *adv* = **nirgends**.
nirgendwohin *adv* nowhere.
Nische ['niːʃə] (**-, -n**) *f* niche.
nisten ['nɪstən] *vi* to nest.
Nitrat [ni'traːt] (**-(e)s, -e**) *nt* nitrate.
Niveau [ni'voː] (**-s, -s**) *nt* level; **diese Schule**
hat ein hohes ~ this school has high
standards; **unter meinem ~** beneath me.
Nivellierung [nivɛ'liːrʊŋ] *f* (*Ausgleichung*)
levelling out.
nix [nɪks] (*umg*) *pron* = **nichts**.
Nixe ['nɪksə] (**-, -n**) *f* water nymph.
Nizza ['nɪtsa] (**-s**) *nt* Nice.
n. J. *abk* (= *nächsten Jahres*) next year.
n. M. *abk* (= *nächsten Monats*) next month.
NN *abk* (= *Normalnull*) m.s.l.
N. N. *abk* = **NN**.
NO *abk* (= *Nordost*) NE.
no. *abk* (= *netto*) net.
nobel ['noːbəl] *adj* (*großzügig*) generous;
(*elegant*) posh (*umg*).
Nobelpreis [no'bɛlpraɪs] *m* Nobel prize;
~träger(in) *m(f)* Nobel prize winner.

══════════ *SCHLÜSSELWORT*

noch [nɔx] *adv* **1** (*weiterhin*) still; **~ nicht** not
yet; **~ nie** never (yet); **~ immer** *od* **immer ~**
still; **bleiben Sie doch ~** stay a bit longer;
ich gehe kaum ~ aus I hardly go out any
more.
2 (*in Zukunft*) still, yet; (*irgendwann einmal*)
one day; **das kann ~ passieren** that might
still happen; **er wird ~ kommen** he'll come
(yet); **das wirst du ~ bereuen** you'll come to
regret it (one day).
3 (*nicht später als*): **~ vor einer Woche** only a
week ago; **~ am selben Tag** the very same
day; **~ im 19. Jahrhundert** as late as the
19th century; **~ heute** today.
4 (*zusätzlich*): **wer war ~ da?** who else was
there?; **~ einmal** once more, again;
~ dreimal three more times; **~ einer**

another one; **und es regnete auch ~** and on
top of that it was raining.
5 (*bei Vergleichen*): **~ größer** even bigger;
das ist ~ besser that's better still; **und wenn**
es ~ so schwer ist however hard it is.
6: Geld ~ und ~ heaps (and heaps) of
money; **sie hat ~ und ~ versucht, ...** she
tried again and again to ...
♦ *konj*: **weder A ~ B** neither A nor B.

nochmal(s) *adv* again, once more.
nochmalig *adj* repeated.
Nockenwelle ['nɔkənvɛlə] *f* camshaft.
NOK *nt abk* (= *Nationales Olympisches Komitee*)
National Olympic Committee.
Nom. *abk* = **Nominativ**.
Nominalwert [nomi'naːlveːrt] *m* (*FIN*) nominal
od par value.
Nominativ ['noːminatiːf] (**-s, -e**) *m*
nominative.
nominell [nomi'nɛl] *adj* nominal.
nominieren [nomi'niːrən] *vt* to nominate.
Nonne ['nɔnə] (**-, -n**) *f* nun.
Nonnenkloster *nt* convent.
Nonplusultra [nɔnplʊs'|ʊltra] (**-s**) *nt* ultimate.
Nord [nɔrt] (**-s**) *m* north; **~afrika** ['nɔrt'|aːfrika]
nt North Africa; **~amerika** *nt* North
America; **n~amerikanisch** ['nɔrt|ameri'kaːnɪʃ]
adj North American.
nordd. *abk* = **norddeutsch**.
norddeutsch *adj* North German.
Norddeutschland *nt* North(ern) Germany.
Norden ['nɔrdən] *m* north.
Nord- *zW*: **~england** *nt* the North of England;
~irland *nt* Northern Ireland, Ulster; **n~isch**
adj northern; **n~ische Kombination** (*SKI*)
nordic combination; **~kap** *nt* North Cape;
~korea ['nɔrtko'reːa] *nt* North Korea.
nördlich ['nœrtlɪç] *adj* northerly, northern
♦ *präp +gen* (to the) north of; **der ~e**
Polarkreis the Arctic Circle; **N~es Eismeer**
Arctic Ocean; **~ von** north of.
Nord- *zW*: **~licht** *nt* northern lights *pl*, aurora
borealis; **~-Ostsee-Kanal** *m* Kiel Canal; **~pol**
m North Pole; **~polargebiet** *nt* Arctic (Zone).
Nordrhein-Westfalen ['nɔrtraɪnvɛst'faːlən]
(**-s**) *nt* North Rhine-Westphalia.
Nordsee *f* North Sea.
nordwärts *adv* northwards.
Nörgelei [nœrgə'laɪ] *f* grumbling.
nörgeln *vi* to grumble.
Nörgler(in) (**-s, -**) *m(f)* grumbler.
Norm [nɔrm] (**-, -en**) *f* norm; (*Leistungssoll*)
quota; (*Größenvorschrift*) standard
(specification).
normal [nɔr'maːl] *adj* normal; **bist du noch ~?**
(*umg*) have you gone mad?; **N~benzin** *nt*
two-star petrol (*BRIT veraltet*), regular gas
(*US*).
normalerweise *adv* normally.

Normalfall *m*: im ~ normally.
Normalgewicht *nt* normal weight; (*genormt*) standard weight.
normalisieren [nɔrmali'ziːrən] *vt* to normalize ♦ *vr* to return to normal.
Normalzeit *f* (*GEOG*) standard time.
Normandie [nɔrman'diː] *f* Normandy.
normen *vt* to standardize.
Norwegen ['nɔrveːgən] (**-s**) *nt* Norway.
Norweger(in) (**-s, -**) *m(f)* Norwegian.
norwegisch *adj* Norwegian.
Nostalgie [nɔstal'giː] *f* nostalgia.
Not [noːt] (**-, ⁼e**) *f* need; (*Mangel*) want; (*Mühe*) trouble; (*Zwang*) necessity; ~ **leidend** needy; **zur** ~ if necessary; (*gerade noch*) just about; **wenn** ~ **am Mann ist** if you/they *etc* are short (*umg*); (*im Notfall*) in an emergency; **er hat seine liebe** ~ **mit ihr/ damit** he really has problems with her/it; **in seiner** ~ in his hour of need.
Notar(in) [no'taːr(ɪn)] (**-s, -e**) *m(f)* notary; **n~iell** *adj* notarial; **n~iell beglaubigt** attested by a notary.
Not- *zW*: ~**arzt** *m* doctor on emergency call; ~**ausgang** *m* emergency exit; ~**behelf** *m* stopgap; ~**bremse** *f* emergency brake; ~**dienst** *m*: ~**dienst haben** (*Apotheke*) to be open 24 hours; (*Arzt*) to be on call; **n~dürftig** *adj* scanty; (*behelfsmäßig*) makeshift; **sich n~dürftig verständigen können** to be able to communicate to some extent.
Note ['noːtə] (**-, -n**) *f* note; (*SCH*) mark (*BRIT*), grade (*US*); **Noten** *pl* (*MUS*) music *sing*; **eine persönliche** ~ a personal touch.
Noten- *zW*: ~**bank** *f* issuing bank; ~**blatt** *nt* sheet of music; ~**schlüssel** *m* clef; ~**ständer** *m* music stand.
Not- *zW*: ~**fall** *m* (case of) emergency; **n~falls** *adv* if need be; **n~gedrungen** *adj* necessary, unavoidable; **etw n~gedrungen machen** to be forced to do sth; ~**groschen** ['noːtɡrɔʃən] *m* nest egg.
notieren [no'tiːrən] *vt* to note; (*COMM*) to quote.
Notierung *f* (*COMM*) quotation.
nötig ['nøːtɪç] *adj* necessary ♦ *adv* (*dringend*): **etw** ~ **brauchen** to need sth urgently; **etw** ~ **haben** to need sth; **das habe ich nicht** ~**!** I can do without that!
nötigen *vt* to compel, force; ~**falls** *adv* if necessary.
Nötigung *f* compulsion, coercion (*JUR*).
Notiz [no'tiːts] (**-, -en**) *f* note; (*Zeitungs~*) item; ~ **nehmen** to take notice; ~**block** *m* notepad; ~**buch** *nt* notebook; ~**zettel** *m* piece of paper.
Not- *zW*: ~**lage** *f* crisis, emergency; **n~landen** *vi* to make a forced *od* emergency landing; ~**landung** *f* forced *od* emergency landing; ~**lösung** *f* temporary solution; ~**lüge** *f* white lie.
notorisch [no'toːrɪʃ] *adj* notorious.
Not- *zW*: ~**ruf** *m* emergency call; ~**rufsäule** *f* emergency telephone; **n~schlachten** *vt* (*Tiere*) to destroy; ~**stand** *m* state of emergency; ~**standsgebiet** *nt* (*wirtschaftlich*) depressed area; (*bei Katastrophen*) disaster area; ~**standsgesetz** *nt* emergency law; ~**unterkunft** *f* emergency accommodation; ~**verband** *m* emergency dressing; ~**wehr** (**-**) *f* self-defence; **n~wendig** *adj* necessary; ~**wendigkeit** *f* necessity; ~**zucht** *f* rape.
Nov. *abk* (= *November*) Nov.
Novelle [no'vɛlə] (**-, -n**) *f* novella; (*JUR*) amendment.
November [no'vɛmbər] (**-(s), -**) *m* November; *siehe auch* **September**.
Novum ['noːvʊm] (**-s, Nova**) *nt* novelty.
NPD (**-**) *f abk* (= *Nationaldemokratische Partei Deutschlands*) National Democratic Party.
Nr. *abk* (= *Nummer*) no.
NRW *abk* = *Nordrhein-Westfalen*.
NS *abk* = *Nachschrift*; *Nationalsozialismus*.
NS- *in zW* Nazi.
N. T. *abk* (= *Neues Testament*) N.T.
Nu [nuː] *m*: **im** ~ in an instant.
Nuance [ny'ãːsə] (**-, -n**) *f* nuance; (*Kleinigkeit*) shade.
nüchtern ['nʏçtərn] *adj* sober; (*Magen*) empty; (*Urteil*) prudent; **N~heit** *f* sobriety.
Nudel ['nuːdəl] (**-, -n**) *f* noodle; (*umg*: *Mensch*: *dick*) dumpling; (: : *komisch*) character; ~**holz** *nt* rolling pin.
Nugat ['nuːɡat] (**-s, -s**) *m od nt* nougat.
nuklear [nukle'aːr] *adj attrib* nuclear.
null [nʊl] *num* zero; (*Fehler*) no; ~ **Uhr** midnight; **in** ~ **Komma nichts** (*umg*) in less than no time; **die Stunde** ~ the new starting point; **gleich** ~ **sein** to be absolutely nil; ~ **und nichtig** null and void; **N~** (**-, -en**) *f* nought, zero; (*pej*: *Mensch*) dead loss; ~**achtfünfzehn** (*umg*) *adj* run-of-the-mill; **N~diät** *f* starvation diet; **N~lösung** *f* (*POL*) zero option; **N~punkt** *m* zero; **auf dem N~punkt** at zero; **N~tarif** *m* (*für Verkehrsmittel*) free travel; **zum N~tarif** free of charge.
numerieren△ [nume'riːrən] *vt siehe* **nummerieren**.
numerisch [nu'meːrɪʃ] *adj* numerical; ~**es Tastenfeld** (*COMPUT*) numeric pad.
Numerus ['nuːmerʊs] (**-, Numeri**) *m* (*GRAM*) number; ~ **clausus** (*UNIV*) restricted entry.
Nummer ['nʊmər] (**-, -n**) *f* number; **auf** ~ **sicher** *od* **Sicher gehen** (*umg*) to play (it) safe.
nummerieren▲ [nume'riːrən] *vt* to number.
Nummern- *zW*: ~**konto** *nt* numbered bank account; ~**scheibe** *f* telephone dial; ~**schild** *nt* (*AUT*) number *od* license (*US*) plate.

nun [nuːn] *adv* now ♦ *interj* well.
nur [nuːr] *adv* just, only; **nicht ~ ..., sondern auch ...** not only ... but also ...; **alle, ~ ich nicht** everyone but me; **ich hab das ~ so gesagt** I was just talking.
Nürnberg ['nʏrnbɛrk] (**-s**) *nt* Nuremberg.
nuscheln ['nʊʃəln] (*umg*) *vt, vi* to mutter, mumble.
Nuss▲ [nʊs] (**-,** **ᵁe**) *f* nut; **eine doofe ~** (*umg*) a stupid twit; **eine harte ~** a hard nut (to crack); **~baum** *m* walnut tree; **~knacker** (**-s, -**) *m* nutcracker.
Nüster ['nyːstər] (**-, -n**) *f* nostril.
Nutte ['nʊtə] (**-, -n**) *f* tart (*BRIT*), hooker (*US*).
nutz [nʊts] *adj* = **nütze**; **~bar** *adj*: **~bar machen** to utilize; **N~barmachung** *f* utilization; **~bringend** *adj* profitable; **etw ~bringend anwenden** to use sth to good effect, put sth to good use.
nütze ['nʏtsə] *adj*: **zu nichts ~ sein** to be useless.
nutzen *vi* to be of use ♦ *vt*: (**zu etw**) **~** to use (for sth); **was nutzt es?** what's the use?, what use is it?; **N~** (**-s**) *m* usefulness; (*Gewinn*) profit; **von N~** useful.
nützen *vt, vi* = **nutzen**.
Nutz- *zW*: **~fahrzeug** *nt* farm *od* military vehicle etc; (*COMM*) commercial vehicle; **~fläche** *f* us(e)able floor space; (*AGR*) productive land; **~last** *f* maximum load, payload.
nützlich ['nʏtslɪç] *adj* useful; **N~keit** *f* usefulness.
Nutz- *zW*: **n~los** *adj* useless; (*unnötig*) needless; **~losigkeit** *f* uselessness; **~nießer** (**-s, -**) *m* beneficiary.
Nutzung *f* (*Gebrauch*) use; (*das Ausnutzen*) exploitation.
NW *abk* (= *Nordwest*) NW.
Nylon ['naɪlɔn] (**-s**) *nt* nylon.
Nymphe ['nʏmfə] (**-, -n**) *f* nymph.

O, o

O¹, o [oː] *nt* O, o; **~ wie Otto** ≈ O for Olive, O for Oboe (*US*).
O² [oː] *abk* (= *Osten*) E.
o. Ä. *abk* (= *oder Ähnliche(s)*) or similar.
Oase [o'aːzə] (**-, -n**) *f* oasis.
OB (**-s, -s**) *m abk* = **Oberbürgermeister**.
ob [ɔp] *konj* if, whether; **~ das wohl wahr ist?** can that be true?; **~ ich (nicht) lieber gehe?** maybe I'd better go; (**so**) **tun als ~** (*umg*) to

pretend; **und ~!** you bet!
Obacht ['oːbaxt] *f*: **~ geben** to pay attention.
Obdach ['ɔpdax] (**-(e)s**) *nt* shelter, lodging; **o~los** *adj* homeless; **~losenasyl** *nt* hostel *od* shelter for the homeless; **~losenheim** *nt* = **Obdachlosenasyl**; **~lose(r)** *f(m)* homeless person.
Obduktion [ɔpdʊktsi'oːn] *f* postmortem.
obduzieren [ɔpdu'tsiːrən] *vt* to do a postmortem on.
O-Beine ['oːbaɪnə] *pl* bow *od* bandy legs *pl*.
oben ['oːbən] *adv* above; (*in Haus*) upstairs; (*am oberen Ende*) at the top; **~ erwähnt, ~ genannt** above-mentioned; **nach ~** up; **von ~** down; **siehe ~** see above; **ganz ~** right at the top; **~ ohne** topless; **die Abbildung ~ links** *od* **links ~** the illustration in the top left-hand corner; **jdn von ~ herab behandeln** to treat sb condescendingly; **jdn von ~ bis unten ansehen** to look sb up and down; **Befehl von ~** orders from above; **die da ~** (*umg*: *die Vorgesetzten*) the powers that be; **~adv** at the top; **~'auf** *adv* up above, on the top ♦ *adj* (*munter*) in form; **~'drein** *adv* into the bargain; **~'hin** *adv* cursorily, superficially.
Ober ['oːbər] (**-s, -**) *m* waiter.
Ober- *zW*: **~arm** *m* upper arm; **~arzt** *m* senior physician; **~aufsicht** *f* supervision; **~bayern** *nt* Upper Bavaria; **~befehl** *m* supreme command; **~befehlshaber** *m* commander-in-chief; **~begriff** *m* generic term; **~bekleidung** *f* outer clothing; **~bett** *nt* quilt; **~bürgermeister** *m* lord mayor; **~deck** *nt* upper *od* top deck.
obere(r, s) *adj* upper; **die O~n** the bosses; (*ECCL*) the superiors; **die ~n zehntausend** (*umg*) high society.
Ober- *zW*: **~fläche** *f* surface; **o~flächlich** *adj* superficial; **bei o~flächlicher Betrachtung** at a quick glance; **jdn (nur) o~flächlich kennen** to know sb (only) slightly; **~geschoss▲** *nt* upper storey *od* story (*US*); **im zweiten ~geschoss** on the second floor (*BRIT*), on the third floor (*US*); **o~halb** *adv* above ♦ *präp +gen* above; **~hand** *f* (*fig*): **die ~hand gewinnen** (**über** +*akk*) to get the upper hand (over); **~haupt** *nt* head, chief; **~haus** *nt* (*BRIT POL*) upper house, House of Lords; **~hemd** *nt* shirt; **~herrschaft** *f* supremacy, sovereignty.
Oberin *f* matron; (*ECCL*) Mother Superior.
Ober- *zW*: **o~irdisch** *adj* above ground; (*Leitung*) overhead; **~italien** *nt* Northern Italy; **~kellner** *m* head waiter; **~kiefer** *m* upper jaw; **~kommando** *nt* supreme command; **~körper** *m* upper part of body; **~lauf** *m*: **am ~lauf des Rheins** in the upper reaches of the Rhine; **~leitung** *f* (*ELEK*) overhead cable; **~licht** *nt* skylight; **~lippe** *f* upper lip; **~österreich** *nt* Upper Austria;

~**prima** *f* (*früher*) *final year of German secondary school*; ~**schenkel** *m* thigh; ~**schicht** *f* upper classes *pl*; ~**schule** *f* grammar school (*BRIT*), high school (*US*); ~**schwester** *f* (*MED*) matron; ~**seite** *f* top (side); ~**sekunda** *f* (*früher*) *seventh year of German secondary school*.

Oberst ['oːbɛrst] (**-en** *od* **-s, -en** *od* **-e**) *m* colonel.

oberste(r, s) *adj* very top, topmost.

Ober- *zW:* ~**stübchen** (*umg*) *nt:* **er ist nicht ganz richtig im ~stübchen** he's not quite right up top; ~**stufe** *f* upper school; ~**teil** *nt* upper part; ~**tertia** *f* (*früher*) *fifth year of German secondary school*; ~**wasser** *nt:* ~**wasser haben/bekommen** to be/get on top (of things); ~**weite** *f* bust *od* chest measurement.

obgleich [ɔp'ɡlaɪç] *konj* although.

Obhut ['ɔphuːt] (**-**) *f* care, protection; **in jds ~ *dat* sein** to be in sb's care.

obig ['oːbɪç] *adj* above.

Objekt [ɔp'jɛkt] (**-(e)s, -e**) *nt* object.

objektiv [ɔpjɛk'tiːf] *adj* objective.

Objektiv (**-s, -e**) *nt* lens *sing*.

Objektivität [ɔpjɛktivi'tɛːt] *f* objectivity.

Oblate [o'blaːtə] (**-, -n**) *f* (*Gebäck*) wafer; (*ECCL*) host.

obligatorisch [obliga'toːrɪʃ] *adj* compulsory, obligatory.

Oboe [o'boːə] (**-, -n**) *f* oboe.

Obrigkeit ['oːbrɪçkaɪt] *f* (*Behörden*) authorities *pl*, administration; (*Regierung*) government.

Obrigkeitsdenken *nt* acceptance of authority.

obschon [ɔp'ʃoːn] *konj* although.

Observatorium [ɔpzɛrva'toːrium] *nt* observatory.

obskur [ɔps'kuːr] *adj* obscure; (*verdächtig*) dubious.

Obst [oːpst] (**-(e)s**) *nt* fruit; ~**bau** *m* fruit-growing; ~**baum** *m* fruit tree; ~**garten** *m* orchard; ~**händler** *m* fruiterer (*BRIT*), fruit merchant; ~**kuchen** *m* fruit tart; ~**saft** *m* fruit juice; ~**salat** *m* fruit salad.

obszön [ɔps'tsøːn] *adj* obscene.

Obszönität [ɔpstøni'tɛːt] *f* obscenity.

Obus ['oːbus] (**-ses, -se**) (*umg*) *m* trolleybus.

obwohl [ɔp'voːl] *konj* although.

Ochse ['ɔksə] (**-n, -n**) *m* ox; (*umg: Dummkopf*) twit; **er stand da wie der ~ vorm Berg** (*umg*) he stood there utterly bewildered.

ochsen (*umg*) *vt, vi* to cram, swot (*BRIT*).

Ochsenschwanzsuppe *f* oxtail soup.

Ochsenzunge *f* ox tongue.

Ocker ['ɔkər] (**-s, -**) *m od nt* ochre (*BRIT*), ocher (*US*).

öd [øːt(ə)] *adj* = **öde**.

öde *adj* (*Land*) waste, barren; (*fig*) dull; ~ **und leer** dreary and desolate.

Öde (**-, -n**) *f* desert, waste(land); (*fig*) tedium.

oder ['oːdər] *konj* or; **entweder ... ~** either ... or; **du kommst doch, ~?** you're coming, aren't you?

Ofen ['oːfən] (**-s, ̈**) *m* oven; (*Heiz~*) fire, heater; (*Kohle~*) stove; (*Hoch~*) furnace; (*Herd*) cooker, stove; **jetzt ist der ~ aus** (*umg*) that does it!; ~**rohr** *nt* stovepipe.

offen ['ɔfən] *adj* open; (*aufrichtig*) frank; (*Stelle*) vacant; (*Bein*) ulcerated; (*Haare*) loose; ~**er Wein** wine by the carafe *od* glass; **auf ~er Strecke** (*Straße*) on the open road; (*EISENB*) between stations; **Tag der ~en Tür** open day (*BRIT*), open house (*US*); ~**e Handelsgesellschaft** (*COMM*) general *od* ordinary (*US*) partnership; ~ **bleiben** (*Fenster*) to stay open; (*Frage, Entscheidung*) to remain open; ~ **halten** to keep open; ~ **lassen** to leave open; ~ **stehen** to be open; (*Rechnung*) to be unpaid; **es steht Ihnen ~, es zu tun** you are at liberty to do it; **die (ganze) Welt steht ihm ~** he has the (whole) world at his feet; **seine Meinung ~ sagen** to speak one's mind; **ein ~es Wort mit jdm reden** to have a frank talk with sb; ~ **gesagt** to be honest.

offenbar *adj* obvious; (*vermutlich*) apparently.

offenbaren [ɔfən'baːrən] *vt* to reveal, manifest.

Offenbarung *f* (*REL*) revelation.

Offenbarungseid *m* (*JUR*) oath of disclosure.

Offen- *zW:* ~**heit** *f* candour (*BRIT*), candor (*US*), frankness; **o~herzig** *adj* candid, frank; (*hum: Kleid*) revealing; ~**herzigkeit** *f* frankness; **o~kundig** *adj* well-known; (*klar*) evident; **o~sichtlich** *adj* evident, obvious.

offensiv [ɔfɛn'ziːf] *adj* offensive.

Offensive (**-, -n**) *f* offensive.

öffentlich ['œfəntlɪç] *adj* public; **die ~e Hand** (central/local) government; **Anstalt des ~en Rechts** public institution; **Ausgaben der ~en Hand** public spending *sing*.

Öffentlichkeit *f* (*Leute*) public; (*einer Versammlung etc*) public nature; **in aller ~** in public; **an die ~ dringen** to reach the public ear; **unter Ausschluss der ~** in secret; (*JUR*) in camera.

Öffentlichkeitsarbeit *f* public relations work.

öffentlich-rechtlich *adj attrib* (under) public law.

offerieren [ɔfe'riːrən] *vt* to offer.

Offerte [ɔ'fɛrtə] (**-, -n**) *f* offer.

offiziell [ɔfitsi'ɛl] *adj* official.

Offizier [ɔfi'tsiːr] (**-s, -e**) *m* officer.

Offizierskasino *nt* officers' mess.

öffnen ['œfnən] *vt, vr* to open; **jdm die Tür ~** to open the door for sb.

Öffner ['œfnər] (**-s, -**) *m* opener.

Öffnung ['œfnʊŋ] *f* opening.

Öffnungszeiten *pl* opening times *pl*.

Offsetdruck ['ɔfsɛtdrʊk] *m* offset (printing).

oft [ɔft] *adv* often.

öfter ['œftər] *adv* more often *od* frequently; **des Ö~en** quite frequently; **~ mal was Neues** (*umg*) variety is the spice of life (*Sprichwort*).

öfters *adv* often, frequently.

oftmals *adv* often, frequently.

o. G. *abk* (= *ohne Gewähr*) without liability.

OHG *f abk* (= *offene Handelsgesellschaft*) *siehe* **offen**.

ohne ['oːnə] *präp +akk, konj* without; **das Darlehen ist ~ weiteres bewilligt worden** the loan was granted without any problem; **das kann man nicht ~ weiteres voraussetzen** you can't just assume that automatically; **das ist nicht ~** (*umg*) it's not bad; **~ weiteres** without a second thought; (*sofort*) immediately; **~dies** *adv* anyway; **~einander** [oːnəˈaɪˈnandər] *adv* without each other; **~gleichen** *adj* unsurpassed, without equal; **~hin** *adv* anyway, in any case; **es ist ~hin schon spät** it's late enough already.

Ohnmacht ['oːnmaxt] *f* faint; (*fig*) impotence; **in ~ fallen** to faint.

ohnmächtig ['oːnmɛçtɪç] *adj* in a faint, unconscious; (*fig*) weak, impotent; **sie ist ~** she has fainted; **~e Wut, ~er Zorn** helpless rage; **einer Sache** *dat* **~ gegenüberstehen** to be helpless in the face of sth.

Ohr [oːr] (**-(e)s, -en**) *nt* ear; (*Gehör*) hearing; **sich aufs ~ legen** *od* **hauen** (*umg*) to kip down; **jdm die ~en lang ziehen** (*umg*) to tweak sb's ear(s); **jdm in den ~en liegen** to keep on at sb; **jdn übers ~ hauen** (*umg*) to pull a fast one on sb; **auf dem ~ bin ich taub** (*fig*) nothing doing (*umg*); **schreib es dir hinter die ~en** (*umg*) will you (finally) get that into your (thick) head!; **bis über die** *od* **beide ~en verliebt sein** to be head over heels in love; **viel um die ~en haben** (*umg*) to have a lot on (one's plate); **halt die ~en steif!** keep a stiff upper lip!

Öhr [øːr] (**-(e)s, -e**) *nt* eye.

Ohren- *zW:* **~arzt** *m* ear specialist; **o~betäubend** *adj* deafening; **~sausen** *nt* (*MED*) buzzing in one's ears; **~schmalz** *nt* earwax; **~schmerzen** *pl* earache *sing*; **~schützer** (**-s, -**) *m* earmuff.

Ohr- *zW:* **~feige** *f* slap on the face; (*als Strafe*) box on the ears; **o~feigen** *vt untr:* **jdn o~feigen** to slap sb's face; to box sb's ears; **ich könnte mich selbst o~feigen, dass ich das gemacht habe** I could kick myself for doing that; **~läppchen** *nt* ear lobe; **~ringe** *pl* earrings *pl*; **~wurm** *m* earwig; (*MUS*) catchy tune.

o. J. *abk* (= *ohne Jahr*) no year given.

okkupieren [ɔkuˈpiːrən] *vt* to occupy.

Öko- ['øko-] *in zW* eco-, ecological; **~laden** ['øːkolaːdən] *m* wholefood shop.

Ökologie [økoloˈgiː] *f* ecology.

ökologisch [økoˈloːgɪʃ] *adj* ecological, environmental.

Ökonometrie [økonomeˈtriː] *f* econometrics *pl*.

Ökonomie [økonoˈmiː] *f* economy; (*als Wissenschaft*) economics *sing*.

ökonomisch [økoˈnoːmɪʃ] *adj* economical.

Ökopax [økoˈpaks] (**-en, -e**) (*umg*) *m* environmentalist.

Ökosystem ['øːkozystɛːm] *nt* ecosystem.

Okt. *abk* (= *Oktober*) Oct.

Oktan [ɔkˈtaːn] (**-s, -e**) *nt* octane; **~zahl** *f* octane rating.

Oktave [ɔkˈtaːvə] (**-, -n**) *f* octave.

Oktober [ɔkˈtoːbər] (**-(s), -**) *m* October; *siehe auch* **September**.

ökumenisch [økuˈmeːnɪʃ] *adj* ecumenical.

Öl [øːl] (**-(e)s, -e**) *nt* oil; **auf ~ stoßen** to strike oil.

Öl- *zW:* **~baum** *m* olive tree; **ö~en** *vt* to oil; (*TECH*) to lubricate; **wie ein geölter Blitz** (*umg*) like greased lightning; **~farbe** *f* oil paint; **~feld** *nt* oilfield; **~film** *m* film of oil; **~heizung** *f* oil-fired central heating.

ölig *adj* oily.

Oligopol [oligoˈpoːl] (**-s, -e**) *nt* oligopoly.

oliv [oˈliːf] *adj* olive-green.

Olive [oˈliːvə] (**-, -n**) *f* olive.

Olivenöl *nt* olive oil.

Öljacke *f* oilskin jacket.

oll [ɔl] (*umg*) *adj* old; **das sind ~e Kamellen** that's old hat.

Öl- *zW:* **~messstab▲** *m* dipstick; **~pest** *f* oil pollution; **~plattform** *f* oil rig; **~sardine** *f* sardine; **~scheich** *m* oil sheik; **~stand** *m* oil level; **~standanzeiger** *m* (*AUT*) oil level indicator; **~tanker** *m* oil tanker; **~teppich** *m* oil slick.

Ölung *f* oiling; (*ECCL*) anointment; **die Letzte ~** Extreme Unction.

Ölwanne *f* (*AUT*) sump (*BRIT*), oil pan (*US*).

Ölwechsel *m* oil change.

Olymp [oˈlʏmp] (**-s**) *m* (*Berg*) Mount Olympus.

Olympiade [olʏmpiˈaːdə] (**-, -n**) *f* Olympic Games *pl*.

Olympiasieger(in) [oˈlʏmpiaziːgər(ɪn)] *m(f)*

Olympic champion.

olympisch [oˈlɪmpɪʃ] *adj* Olympic.

Ölzeug *nt* oilskins *pl*.

Oma [ˈoːma] (-, -s) (*umg*) *f* granny.

Oman [oˈmaːn] (-s) *nt* Oman.

Omelett [ɔm(ə)ˈlɛt] (-(e)s, -s) *nt* omelette (*BRIT*), omelet (*US*).

Omelette [ɔm(ə)ˈlɛt] *f* = **Omelett**.

Omen [ˈoːmɛn] (-s, - *od* Omina) *nt* omen.

Omnibus [ˈɔmnibus] *m* (omni)bus.

Onanie [onaˈniː] *f* masturbation.

onanieren *vi* to masturbate.

ondulieren [ɔnduˈliːrən] *vt*, *vi* to crimp.

Onkel [ˈɔŋkəl] (-s, -) *m* uncle.

online [ˈɔnlaɪn] *adj* (*COMPUT*) on-line.

Onlinedienst *m* (*COMPUT*) on-line service.

OP *m abk* = **Operationssaal**.

Opa [ˈoːpa] (-s, -s) (*umg*) *m* grandpa.

Opal [oˈpaːl] (-s, -e) *m* opal.

Oper [ˈoːpər] (-, -n) *f* opera; (*Opernhaus*) opera house.

Operation [operatsiˈoːn] *f* operation.

Operationssaal *m* operating theatre (*BRIT*) *od* theater (*US*).

operativ [operaˈtiːf] *adv* (*MED*): **eine Geschwulst ~ entfernen** to remove a growth by surgery.

Operette [opeˈrɛtə] *f* operetta.

operieren [opeˈriːrən] *vt*, *vi* to operate; **sich ~ lassen** to have an operation.

Opern- *zW*: **~glas** *nt* opera glasses *pl*; **~haus** *nt* opera house; **~sänger(in)** *m(f)* opera singer.

Opfer [ˈɔpfər] (-s, -) *nt* sacrifice; (*Mensch*) victim; **~bereitschaft** *f* readiness to make sacrifices.

opfern *vt* to sacrifice.

Opferstock *m* (*ECCL*) offertory box.

Opferung *f* sacrifice; (*ECCL*) offertory.

Opium [ˈoːpium] (-s) *nt* opium.

opponieren [ɔpoˈniːrən] *vi*: **gegen jdn/etw ~** to oppose sb/sth.

opportun [ɔpɔrˈtuːn] *adj* opportune; **O~ismus** [-ˈnɪsmus] *m* opportunism; **O~ist(in)** [-ˈnɪst(ɪn)] *m(f)* opportunist.

Opposition [ɔpozitsiˈoːn] *f* opposition.

oppositionell [ɔpozitsioˈnɛl] *adj* opposing.

Oppositionsführer *m* leader of the opposition.

optieren [ɔpˈtiːrən] *vi* (*POL: form*): **~ für** to opt for.

Optik [ˈɔptɪk] *f* optics *sing*.

Optiker(in) (-s, -) *m(f)* optician.

optimal [ɔptiˈmaːl] *adj* optimal, optimum.

Optimismus [ɔptiˈmɪsmus] *m* optimism.

Optimist(in) [ɔptiˈmɪst(ɪn)] *m(f)* optimist; **o~isch** *adj* optimistic.

optisch [ˈɔptɪʃ] *adj* optical; **~e Täuschung** optical illusion.

Orakel [oˈraːkəl] (-s, -) *nt* oracle.

Orange [oˈrãːʒə] (-, -n) *f* orange; **o~** *adj*

orange.

Orangeade [orãˈʒaːdə] (-, -n) *f* orangeade.

Orangeat [orãˈʒaːt] (-s, -e) *nt* candied peel.

Orangen- *zW*: **~marmelade** *f* marmalade; **~saft** *m* orange juice; **~schale** *f* orange peel.

Oratorium [oraˈtoːrium] *nt* (*MUS*) oratorio.

Orchester [ɔrˈkɛstər] (-s, -) *nt* orchestra.

Orchidee [ɔrçiˈdeːə] (-, -n) *f* orchid.

Orden [ˈɔrdən] (-s, -) *m* (*ECCL*) order; (*MIL*) decoration.

Ordensgemeinschaft *f* religious order.

Ordensschwester *f* nun.

ordentlich [ˈɔrdəntlɪç] *adj* (*anständig*) decent, respectable; (*geordnet*) tidy, neat; (*umg: annehmbar*) not bad; (*: tüchtig*) real, proper; (*Leistung*) reasonable; **~es Mitglied** full member; **~er Professor** (full) professor; **eine ~e Tracht Prügel** a proper hiding; **~ arbeiten** to be a thorough and precise worker; **O~keit** *f* respectability; tidiness.

Order (-, -s *od* -n) *f* (*COMM: Auftrag*) order.

ordern *vt* (*COMM*) to order.

Ordinalzahl [ɔrdiˈnaːltsaːl] *f* ordinal number.

ordinär [ɔrdiˈnɛːr] *adj* common, vulgar.

Ordinarius [ɔrdiˈnaːrius] (-, Ordinarien) *m* (*UNIV*): **~ (für)** professor (of).

ordnen [ˈɔrdnən] *vt* to order, put in order.

Ordner (-s, -) *m* steward; (*COMM*) file.

Ordnung *f* order; (*Ordnen*) ordering; (*Geordnetsein*) tidiness; **geht in ~** (*umg*) that's all right *od* OK (*umg*); **~ schaffen, für ~ sorgen** to put things in order, tidy things up; **jdn zur ~ rufen** to call sb to order; **bei ihm muss alles seine ~ haben** (*räumlich*) he has to have everything in its proper place; (*zeitlich*) he has to do everything according to a fixed schedule; **das Kind braucht seine ~** the child needs a routine.

Ordnungs- *zW*: **~amt** *nt* ≈ town clerk's office; **o~gemäß** *adj* proper, according to the rules; **o~halber** *adv* as a matter of form; **~liebe** *f* tidiness, orderliness; **~strafe** *f* fine; **o~widrig** *adj* contrary to the rules, irregular; **~widrigkeit** *f* infringement (*of law or rule*); **~zahl** *f* ordinal number.

ORF (-) *m abk* = **Österreichischer Rundfunk**.

Organ [ɔrˈgaːn] (-s, -e) *nt* organ; (*Stimme*) voice.

Organisation [ɔrganizatsiˈoːn] *f* organization.

Organisationstalent *nt* organizing ability; (*Person*) good organizer.

Organisator [ɔrganiˈzaːtɔr] *m* organizer.

organisch [ɔrˈgaːnɪʃ] *adj* organic; (*Erkrankung, Leiden*) physical.

organisieren [ɔrganiˈziːrən] *vt* to organize, arrange; (*umg: beschaffen*) to acquire ♦ *vr* to organize.

Organismus [ɔrgaˈnɪsmus] *m* organism.

Organist [ɔrgaˈnɪst] *m* organist.

Organspender *m* donor (of an organ).

Organspenderausweis *m* donor card.
Organverpflanzung *f* transplantation (of an organ).
Orgasmus [ɔrˈgasmʊs] *m* orgasm.
Orgel [ˈɔrgəl] (-, -n) *f* organ; ~**pfeife** *f* organ pipe; **wie die ~pfeifen stehen** to stand in order of height.
Orgie [ˈɔrgiə] *f* orgy.
Orient [ˈoːriɛnt] (-s) *m* Orient, east; **der Vordere ~** the Near East.
Orientale [oːriɛnˈtaːlə] (-n, -n) *m* Oriental.
Orientalin [oːriɛnˈtaːlɪn] *f* Oriental.
orientalisch *adj* oriental.
orientieren [oːriɛnˈtiːrən] *vt* (*örtlich*) to locate; (*fig*) to inform ♦ *vr* to find one's way *od* bearings; (*fig*) to inform o.s.
Orientierung [oːriɛnˈtiːrʊŋ] *f* orientation; (*fig*) information; **die ~ verlieren** to lose one's bearings.
Orientierungssinn *m* sense of direction.

ORIENTIERUNGSSTUFE

The **Orientierungsstufe** *is the name given to the first two years spent in a* **Realschule** *or* **Gymnasium**, *during which a child is assessed as to his or her suitability for the school. At the end of the two years it may be decided to transfer the child to a school more suited to his or her ability.*

---

original [origiˈnaːl] *adj* original; ~ **Meißener Porzellan** genuine Meissen porcelain; **O~** (-s, -e) *nt* original; (*Mensch*) character; **O~ausgabe** *f* first edition; **O~fassung** *f* original version.
Originalität [originaliˈtɛːt] *f* originality.
Originalübertragung *f* live broadcast.
originell [origiˈnɛl] *adj* original.
Orkan [ɔrˈkaːn] (-(e)s, -e) *m* hurricane; **o~artig** *adj* (*Wind*) gale-force; (*Beifall*) thunderous.
Orkneyinseln [ˈɔːknɪˌɪnzəln] *pl* Orkney Islands *pl*, Orkneys *pl*.
Ornament [ɔrnaˈmɛnt] *nt* decoration, ornament.
ornamental [ɔrnamɛnˈtaːl] *adj* decorative, ornamental.
Ornithologe [ɔrnitoˈloːgə] (-n, -n) *m* ornithologist.
Ornithologin [ɔrnitoˈloːgɪn] *f* ornithologist.
Ort¹ [ɔrt] (-(e)s, -e) *m* place; **an ~ und Stelle** on the spot; **am ~** in the place; **am angegebenen ~** in the place quoted, loc. cit.; **~ der Handlung** (*THEAT*) scene of the action; **das ist höheren ~(e)s entschieden worden** (*hum: form*) the decision came from above.
Ort² [ɔrt] (-(e)s, ̈-er) *m*: **vor ~** at the (coal) face; (*auch fig*) on the spot.
Örtchen [ˈœrtçən] (*umg*) *nt* loo (*BRIT*), john (*US*).

orten *vt* to locate.
orthodox [ɔrtoˈdɔks] *adj* orthodox.
Orthografie▲ [ɔrtograˈfiː] *f* spelling, orthography.
orthografisch▲ [ɔrtoˈgraːfɪʃ] *adj* orthographic.
Orthopäde [ɔrtoˈpɛːdə] (-n, -n) *m* orthopaedic (*BRIT*) *od* orthopedic (*US*) specialist, orthopaedist (*BRIT*), orthopedist (*US*).
Orthopädie [ɔrtopɛˈdiː] *f* orthopaedics *sing* (*BRIT*), orthopedics *sing* (*US*).
orthopädisch *adj* orthopaedic (*BRIT*), orthopedic (*US*).
örtlich [ˈœrtlɪç] *adj* local; **jdn ~ betäuben** to give sb a local anaesthetic (*BRIT*) *od* anesthetic (*US*); **Ö~keit** *f* locality; **sich mit den Ö~keiten vertraut machen** to get to know the place.
Ortsangabe *f* (name of the) town; **ohne ~** (*Buch*) no place of publication indicated.
ortsansässig *adj* local.
Ortschaft *f* village, small town; **geschlossene ~** built-up area.
Orts- *zW*: **o~fremd** *adj* nonlocal; ~**fremde(r)** *f(m)* stranger; ~**gespräch** *nt* local (phone) call; ~**gruppe** *f* local branch *od* group; ~**kenntnis** *f*: **(gute) ~kenntnisse haben** to know one's way around (well); ~**krankenkasse** *f*: **Allgemeine ~krankenkasse** *compulsory medical insurance scheme*; **o~kundig** *adj* familiar with the place; **o~kundig sein** to know one's way around; ~**name** *m* place name; ~**netz** *nt* (*TEL*) local telephone exchange area; ~**netzkennzahl** *f* (*TEL*) dialling (*BRIT*) *od* area (*US*) code; ~**schild** *nt* place name sign; ~**sinn** *m* sense of direction; ~**tarif** *m* (*TEL*) charge for local calls; ~**vorschriften** *pl* by(e)-laws *pl*; ~**zeit** *f* local time; ~**zuschlag** *m* (local) weighting allowance.
Ortung *f* locating.
öS. *abk* = **österreichischer Schilling**.
Öse [ˈøːzə] (-, -n) *f* loop; (*an Kleidung*) eye.
Oslo [ˈɔslo] (-s) *nt* Oslo.
Ossi [ˈɔsi] (-s, -s) (*umg*) *m* East German.

OSSI

Ossi *is a colloquial and rather derogatory word used to describe a German from the former* **DDR**.

öst. *abk* (= österreichisch) Aust.
Ost- *zW*: ~**afrika** *nt* East Africa; **o~deutsch** *adj* East German; ~**deutsche(r)** *f(m)* East German; ~**deutschland** *nt* (*POL: früher*) East Germany; (*GEOG*) Eastern Germany.
Osten (-s) *m* east; **der Ferne ~** the Far East; **der Nahe ~** the Middle East, the Near East.
ostentativ [ɔstɛntaˈtiːf] *adj* pointed, ostentatious.

Spelling Reform: ▲ new spelling △ old spelling (to be phased out)

Oster- *zW:* ~**ei** *nt* Easter egg; ~**fest** *nt* Easter; ~**glocke** *f* daffodil; ~**hase** *m* Easter bunny; ~**insel** *f* Easter Island; ~**marsch** *m* Easter demonstration; ~**montag** *m* Easter Monday.

Ostern (-s, -) *nt* Easter; **frohe** *od* **fröhliche** ~! Happy Easter!; **zu** ~ at Easter.

Österreich ['ø:stəraiç] (-s) *nt* Austria.

Österreicher(in) (-s, -) *m(f)* Austrian.

österreichisch *adj* Austrian.

Ostersonntag *m* Easter Day *od* Sunday.

Osteuropa *nt* East(ern) Europe.

osteuropäisch *adj* East European.

östlich ['œstliç] *adj* eastern, easterly.

Östrogen [œstro'ge:n] (-s, -e) *nt* oestrogen (*BRIT*), estrogen (*US*).

Ost- *zW:* ~**see** *f* Baltic Sea; **o~wärts** *adv* eastwards; ~**wind** *m* east wind.

oszillieren [ɔstsɪ'liːrən] *vi* to oscillate.

Otter¹ ['ɔtər] (-s, -) *m* otter.

Otter² ['ɔtər] (-, -n) *f* (*Schlange*) adder.

ÖTV (-) *f abk* (= *Gewerkschaft öffentliche Dienste, Transport und Verkehr*) ≈ Transport and General Workers' Union.

Ouvertüre [uvɛr'tyːrə] (-, -n) *f* overture.

oval [o'va:l] *adj* oval.

Ovation [ovatsi'o:n] *f* ovation.

Overall ['ouvərɔːl] (-s, -s) *m* (*Schutzanzug*) overalls *pl*.

ÖVP (-) *f abk* (= *Österreichische Volkspartei*) Austrian People's Party.

Ovulation [ovulatsi'o:n] *f* ovulation.

Oxid, Oxyd [ɔ'ksy:t] (-(e)s, -e) *nt* oxide.

oxidieren, oxydieren [ɔksy'di:rən] *vt, vi* to oxidize.

Oxidierung, Oxydierung *f* oxidization.

Ozean ['o:tsea:n] (-s, -e) *m* ocean; ~**dampfer** *m* (ocean-going) liner.

Ozeanien [otse'a:niən] (-s) *nt* Oceania.

ozeanisch [otse'a:nɪʃ] *adj* oceanic; (*Sprachen*) Oceanic.

Ozeanriese (*umg*) *m* ocean liner.

Ozon [o'tso:n] (-s) *nt* ozone; ~**loch** *nt* hole in the ozone layer; ~**schicht** *f* ozone layer.

P, p

P, p [pe:] *nt* P, p; ~ **wie Peter** ≈ P for Peter.

P. *abk* = **Pastor; Pater.**

Paar [pa:r] (-(e)s, -e) *nt* pair; (*Liebes~*) couple.

paar *adj inv:* **ein** ~ a few; (*zwei oder drei*) a couple of; **ein** ~ **Mal** a few times.

paaren *vt, vr* (*Tiere*) to mate, pair.

Paar- *zW:* ~**hufer** *pl* (*ZOOL*) cloven-hoofed

animals *pl*; ~**lauf** *m* pair skating.

Paarung *f* combination; (*von Tieren*) mating.

paarweise *adv* in pairs; in couples.

Pacht [paxt] (-, -en) *f* lease; (*Entgelt*) rent; **p~en** *vt* to lease; **du hast das Sofa doch nicht für dich gepachtet** (*umg*) don't hog the sofa.

Pächter(in) ['pɛçtər(ɪn)] (-s, -) *m(f)* leaseholder; tenant.

Pachtvertrag *m* lease.

Pack¹ [pak] (-(e)s, -e *od* ⁻e) *m* bundle, pack.

Pack² [pak] (-(e)s) (*pej*) *nt* mob, rabble.

Päckchen ['pɛkçən] *nt* small package; (*Zigaretten*) packet; (*Post~*) small parcel.

Packeis *nt* pack ice.

Packen (-s, -) *m* bundle; (*fig: Menge*) heaps (of); **p~** *vt, vi* (*auch COMPUT*) to pack; (*fassen*) to grasp, seize; (*umg: schaffen*) to manage; (*fig: fesseln*) to grip; **p~ wirs!** (*umg: gehen*) let's go.

Packer(in) (-s, -) *m(f)* packer.

Packesel *m* pack mule; (*fig*) packhorse.

Packpapier *nt* brown paper, wrapping paper.

Packung *f* packet; (*Pralinen~*) box; (*MED*) compress.

Packzettel *m* (*COMM*) packing slip.

Pädagoge [pɛda'go:gə] (-n, -n) *m* educationalist.

Pädagogik *f* education.

Pädagogin [pɛda'go:gɪn] *f* educationalist.

pädagogisch *adj* educational, pedagogical; ~**e Hochschule** college of education.

Paddel ['padəl] (-s, -) *nt* paddle; ~**boot** *nt* canoe.

paddeln *vi* to paddle.

pädophil [pɛdo'fi:l] *adj* paedophile (*BRIT*), pedophile (*US*).

Pädophilie [pɛdofɪ'li:] *f* paedophilia (*BRIT*), pedophilia (*US*).

paffen ['pafən] *vt, vi* to puff.

Page ['pa:ʒə] (-n, -n) *m* page(boy).

Pagenkopf *m* pageboy cut.

paginieren [pagi'ni:rən] *vt* to paginate.

Paginierung *f* pagination.

Paillette [paɪ'jɛtə] *f* sequin.

Paket [pa'ke:t] (-(e)s, -e) *nt* packet; (*Post~*) parcel; ~**annahme** *f* parcels office; ~**ausgabe** *f* parcels office; ~**karte** *f* dispatch note; ~**post** *f* parcel post; ~**schalter** *m* parcels counter.

Pakistan ['pa:kɪsta:n] (-s) *nt* Pakistan.

Pakistaner(in) [pakɪs'ta:nər(ɪn)] (-s, -) *m(f)* Pakistani.

Pakistani [pakɪs'ta:ni] (-(s), -(s)) *m* Pakistani.

pakistanisch *adj* Pakistani.

Pakt [pakt] (-(e)s, -e) *m* pact.

Paläontologie [palɛɔntolo'gi:] *f* palaeontology (*BRIT*), paleontology (*US*).

Palast [pa'last] (-es, **Paläste**) *m* palace.

Palästina [palɛ'sti:na] (-s) *nt* Palestine.

Palästinenser(in) [palɛsti'nɛnzər(ɪn)] (-s, -)

m(f) Palestinian.

palästinensisch *adj* Palestinian.

Palaver [pa'laːvər] **(-s, -)** *nt* (*auch fig: umg*) palaver.

Palette [pa'lɛtə] *f* palette; (*fig*) range; (*Lade~*) pallet.

Palme ['palmə] **(-, -n)** *f* palm (tree); **jdn auf die ~ bringen** (*umg*) to make sb see red.

Palmsonntag *m* Palm Sunday.

Pampelmuse ['pampəlmuːzə] **(-, -n)** *f* grapefruit.

pampig ['pampɪç] (*umg*) *adj* (*frech*) fresh.

Panama ['panama] **(-s)** *nt* Panama; **~kanal** *m* Panama Canal.

Panflöte ['paːnfløːtə] *f* panpipes *pl*, Pan's pipes *pl*.

panieren [pa'niːrən] *vt* (*KOCH*) to coat with egg and breadcrumbs.

Paniermehl [pa'niːrmeːl] *nt* breadcrumbs *pl*.

Panik ['paːnɪk] *f* panic; **nur keine ~!** don't panic!; **in ~ ausbrechen** to panic.

Panikkäufe *pl* panic buying *sing*; **~mache** (*umg*) *f* panicmongering.

panisch ['paːnɪʃ] *adj* panic-stricken.

Panne ['panə] **(-, -n)** *f* (*AUT etc*) breakdown; (*Missgeschick*) slip; **uns ist eine ~ passiert** we've boobed (*BRIT*) (*umg*) *od* goofed (*US*) (*umg*).

Pannendienst *m* breakdown service.

Pannenhilfe *f* breakdown service.

Panorama [pano'raːma] **(-s, -men)** *nt* panorama.

panschen ['panʃən] *vi* to splash about ♦ *vt* to water down.

Panter▲, Panther ['pantər] **(-s, -)** *m* panther.

Pantoffel [pan'tɔfəl] **(-s, -n)** *m* slipper; **~held** (*umg*) *m* henpecked husband.

Pantomime [panto'miːmə] **(-, -n)** *f* mime.

Panzer ['pantsər] **(-s, -)** *m* armour (*BRIT*), armor (*US*); (*fig*) shield; (*Platte*) armo(u)r plate; (*Fahrzeug*) tank; **~faust** *f* bazooka; **~glas** *nt* bulletproof glass; **~grenadier** *m* armoured (*BRIT*) *od* armored (*US*) infantryman.

panzern *vt* to armour (*BRIT*) *od* armor (*US*) plate ♦ *vr* (*fig*) to arm o.s.

Panzerschrank *m* strongbox.

Panzerwagen *m* armoured (*BRIT*) *od* armored (*US*) car.

Papa [pa'paː] **(-s, -s)** (*umg*) *m* dad(dy), pa.

Papagei [papa'gaɪ] **(-s, -en)** *m* parrot.

Papier [pa'piːr] **(-s, -e)** *nt* paper; (*Wert~*) share; **Papiere** *pl* (*identity*) papers *pl*; (*Urkunden*) documents *pl*; **seine ~e bekommen** (*entlassen werden*) to get one's cards; **~fabrik** *f* paper mill; **~geld** *nt* paper money; **~korb** *m* wastepaper basket; **~kram** (*umg*) *m* bumf (*BRIT*) (*umg*); **~krieg** *m* red tape; **~tüte** *f* paper bag; **~vorschub** *m* (*Drucker*) paper advance.

Pappbecher *m* paper cup.

Pappdeckel **(-, -n)** *m* cardboard.

Pappe ['papə] *f* cardboard; **das ist nicht von ~** (*umg*) that is really something.

Pappeinband *m* pasteboard.

Pappel **(-, -n)** *f* poplar.

pappen (*umg*) *vt, vi* to stick.

Pappenheimer *pl*: **ich kenne meine ~** (*umg*) I know you that lot (inside out).

Pappenstiel (*umg*) *m*: **keinen ~ wert sein** not to be worth a thing; **für einen ~ bekommen** to get for a song.

papperlapapp [papərla'pap] *interj* rubbish!

pappig *adj* sticky.

Pappmaché, Pappmaschee▲ [papma'ʃeː] **(-s, -s)** *nt* papier-mâché.

Pappteller *m* paper plate.

Paprika ['paprika] **(-s, -s)** *m* (*Gewürz*) paprika; (*~schote*) pepper; **~schote** *f* pepper; **gefüllte ~schoten** stuffed peppers.

Papst [paːpst] **(-(e)s, ̈-e)** *m* pope.

päpstlich ['pɛːpstlɪç] *adj* papal; **~er als der Papst sein** to be more Catholic than the Pope.

Parabel [pa'raːbəl] **(-, -n)** *f* parable; (*MATH*) parabola.

Parabolantenne [para'boːl|antɛnə] *f* (*TV*) satellite dish.

Parade [pa'raːdə] **(-, -n)** *f* (*MIL*) parade, review; (*SPORT*) parry; **~beispiel** *nt* prime example; **~marsch** *m* march past; **~schritt** *m* goose step.

Paradies [para'diːs] **(-es, -e)** *nt* paradise; **p~isch** *adj* heavenly.

Paradox [para'dɔks] **(-es, -e)** *nt* paradox; **p~** *adj* paradoxical.

Paraffin [para'fiːn] **(-s, -e)** *nt* (*CHEM*: *~öl*) paraffin (*BRIT*), kerosene (*US*); (*~wachs*) paraffin wax.

Paragraf▲ [para'graːf] **(-en, -en)** *m* paragraph; (*JUR*) section.

Paragrafenreiter▲ (*umg*) *m* pedant.

Paraguay [paragu'aːi] **(-s)** *nt* Paraguay.

Paraguayer(in) [para'guaːjər(ɪn)] **(-s, -)** *m(f)* Paraguayan.

paraguayisch *adj* Paraguayan.

parallel [para'leːl] *adj* parallel; **~ schalten** (*ELEK*) to connect in parallel.

Parallele **(-, -n)** *f* parallel.

Parameter [pa'raːmetər] *m* parameter.

paramilitärisch [paramili'tɛːrɪʃ] *adj* paramilitary.

Paranuss▲ ['paːranʊs] *f* Brazil nut.

paraphieren [para'fiːrən] *vt* (*Vertrag*) to initial.

Parasit [para'ziːt] **(-en, -en)** *m* (*lit, fig*) parasite.

parat [pa'raːt] *adj* ready.

Pärchen ['pɛːrçən] *nt* couple.

Parcours [par'kuːr] **(-, -)** *m* showjumping course; (*Sportart*) showjumping.

Pardon [par'dõː] **(-s)** (*umg*) *m od nt*: **~!**

(*Verzeihung*) sorry!; **kein ~ kennen** to be ruthless.

Parfüm [par'fy:m] (**-s, -s** *od* **-e**) *nt* perfume.

Parfümerie [parfymə'ri:] *f* perfumery.

Parfümflasche *f* scent bottle.

parfümieren [parfy'mi:rən] *vt* to scent, perfume.

parieren [pa'ri:rən] *vt* to parry ♦ *vi* (*umg*) to obey.

Paris [pa'ri:s] (**-**) *nt* Paris.

Pariser [pa'ri:zər] (**-s, -**) *m* Parisian; (*umg*: *Kondom*) rubber ♦ *adj attrib* Parisian, Paris *attrib*.

Pariserin *f* Parisian.

Parität [pari'tɛ:t] *f* parity; **p~isch** *adj*: **p~ische Mitbestimmung** equal representation.

Pariwert ['pa:rive:rt] *m* par value, parity.

Park [park] (**-s, -s**) *m* park.

Parka ['parka] (**-(s), -s**) *m* parka.

Parkanlage *f* park; (*um Gebäude*) grounds *pl*.

Parkbucht *f* parking bay.

parken *vt, vi* to park; „**P~ verboten!**" "No Parking".

Parkett [par'kɛt] (**-(e)s, -e**) *nt* parquet (floor); (*THEAT*) stalls *pl* (*BRIT*), orchestra (*US*).

Park- *zW*: **~haus** *nt* multistorey car park; **~lücke** *f* parking space; **~platz** *m* car park, parking lot (*US*); parking place; **~scheibe** *f* parking disc; **~uhr** *f* parking meter; **~verbot** *nt* parking ban.

Parlament [parla'mɛnt] *nt* parliament.

Parlamentarier [parlamɛn'ta:riər] (**-s, -**) *m* parliamentarian.

parlamentarisch *adj* parliamentary.

Parlaments- *zW*: **~ausschuss**▲ *m* parliamentary committee; **~beschluss**▲ *m* vote of parliament; **~ferien** *pl* recess *sing*; **~mitglied** *nt* Member of Parliament (*BRIT*), Congressman (*US*); **~sitzung** *f* sitting (of parliament).

Parodie [paro'di:] *f* parody.

parodieren *vt* to parody.

Parodontose [parodɔn'to:zə] (**-, -n**) *f* shrinking gums *pl*.

Parole [pa'ro:lə] (**-, -n**) *f* password; (*Wahlspruch*) motto.

Partei [par'taɪ] *f* party; (*im Mietshaus*) tenant, party (*form*); **für jdn ~ ergreifen** to take sb's side; **~buch** *nt* party membership book; **~führung** *f* party leadership; **~genosse** *m* party member; **p~isch** *adj* partial, bias(s)ed; **p~lich** *adj* party *attrib*; **~linie** *f* party line; **p~los** *adj* neutral; **~nahme** (**-, -n**) *f* partisanship; **p~politisch** *adj* party political; **~programm** *nt* (party) manifesto; **~tag** *m* party conference; **~vorsitzende(r)** *f(m)* party leader.

Parterre [par'tɛr] (**-s, -s**) *nt* ground floor; (*THEAT*) stalls *pl* (*BRIT*), orchestra (*US*).

Partie [par'ti:] *f* part; (*Spiel*) game; (*Ausflug*)

outing; (*Mann, Frau*) catch; (*COMM*) lot; **mit von der ~ sein** to join in.

partiell [partsi'ɛl] *adj* partial.

Partikel [par'ti:kəl] (**-, -n**) *f* particle.

Partisan(in) [parti'za:n(ɪn)] (**-s** *od* **-en, -en**) *m(f)* partisan.

Partitur [parti'tu:r] *f* (*MUS*) score.

Partizip [parti'tsi:p] (**-s, -ien**) *nt* participle; **~ Präsens/Perfekt** (*GRAM*) present/past participle.

Partner(in) ['partnər(ɪn)] (**-s, -**) *m(f)* partner; **~schaft** *f* partnership; (*Städtepartnerschaft*) twinning; **p~schaftlich** *adj* as partners; **~stadt** *f* twin town (*BRIT*).

partout [par'tu:] *adv*: **er will ~ ins Kino gehen** he insists on going to the cinema.

Party ['pa:rti] (**-, -s**) *f* party.

Parzelle [par'tsɛlə] *f* plot, lot.

Pascha ['paʃa] (**-s, -s**) *m*: **wie ein ~** like Lord Muck (*BRIT*) (*umg*).

Pass▲ [pas] (**-es, ⁻e**) *m* pass; (*Ausweis*) passport.

passabel [pa'sa:bəl] *adj* passable, reasonable.

Passage [pa'sa:ʒə] (**-, -n**) *f* passage; (*Ladenstraße*) arcade.

Passagier [pasa'ʒi:r] (**-s, -e**) *m* passenger; **~dampfer** *m* passenger steamer; **~flugzeug** *nt* airliner.

Passah(fest) ['pasa(fɛst)] *nt* (Feast of the) Passover.

Passamt▲ *nt* passport office.

Passant(in) [pa'sant(ɪn)] *m(f)* passer-by.

Passbild▲ *nt* passport photo(graph).

passé, passee▲ [pa'se:] *adj*: **diese Mode ist längst ~** this fashion went out long ago.

passen ['pasən] *vi* to fit; (*auf Frage, KARTEN*) to pass; **~ zu** (*Farbe etc*) to go with; **Sonntag passt uns nicht** Sunday is no good for us; **die Schuhe ~ (mir) gut** the shoes are a good fit (for me); **zu jdm ~** (*Mensch*) to suit sb; **das passt mir nicht** that doesn't suit me; **er passt nicht zu dir** he's not right for you; **das könnte dir so ~!** (*umg*) you'd like that, wouldn't you?

passend *adj* suitable; (*zusammen~*) matching; (*angebracht*) fitting; (*Zeit*) convenient; **haben Sie es ~?** (*Geld*) have you got the right money?

Passfoto▲ *nt* passport photo(graph).

passierbar [pa'si:rba:r] *adj* passable; (*Fluss, Kanal*) negotiable.

passieren *vt* to pass; (*durch Sieb*) to strain ♦ *vi* (*Hilfsverb sein*) to happen; **es ist ein Unfall passiert** there has been an accident.

Passierschein *m* pass, permit.

Passion [pasi'o:n] *f* passion.

passioniert [pasio'ni:rt] *adj* enthusiastic, passionate.

Passionsfrucht *f* passion fruit.

Passionsspiel *nt* Passion Play.

Passionszeit *f* Passiontide.

passiv ['pasiːf] *adj* passive; ~**es Rauchen** passive smoking; **P~** (**-s, -e**) *nt* passive.

Passiva [pa'siːva] *pl* (*COMM*) liabilities *pl*.

Passivität [pasivi'tɛːt] *f* passiveness.

Passivposten *m* (*COMM*) debit entry.

Pass-▲ *zW:* ~**kontrolle** *f* passport control; ~**stelle** *f* passport office; ~**straße** *f* (mountain) pass; ~**zwang** *m* requirement to carry a passport.

Paste ['pastə] (**-, -n**) *f* paste.

Pastell [pas'tɛl] (**-(e)s, -e**) *nt* pastel; ~**farbe** *f* pastel colour (*BRIT*) *od* color (*US*); **p~farben** *adj* pastel-colo(u)red.

Pastete [pas'teːtə] (**-, -n**) *f* pie; (*Pastetchen*) vol-au-vent; (: *ungefüllt*) vol-au-vent case.

pasteurisieren [pastøri'ziːrən] *vt* to pasteurize.

Pastor ['pastɔr] *m* vicar; pastor, minister.

Pate ['paːtə] (**-n, -n**) *m* godfather; **bei etw** ~ **gestanden haben** (*fig*) to be the force behind sth.

Patenkind *nt* godchild.

Patenstadt *f* twin town (*BRIT*).

patent [pa'tɛnt] *adj* clever.

Patent (**-(e)s, -e**) *nt* patent; (*MIL*) commission; **etw als** *od* **zum** ~ **anmelden** to apply for a patent on sth.

Patentamt *nt* patent office.

patentieren [patɛn'tiːrən] *vt* to patent.

Patent- *zW:* ~**inhaber** *m* patentee; ~**lösung** *f* (*fig*) patent remedy; ~**schutz** *m* patent right; ~**urkunde** *f* letters patent *pl*.

Pater ['paːtər] (**-s, -** *od* **Patres**) *m* Father.

Paternoster [patər'nɔstər] (**-s, -**) *m* (*Aufzug*) paternoster.

pathetisch [pa'teːtiʃ] *adj* emotional.

Pathologe [pato'loːgə] (**-n, -n**) *m* pathologist.

Pathologin [pato'loːgɪn] *f* pathologist.

pathologisch *adj* pathological.

Pathos ['paːtɔs] (**-**) *nt* pathos.

Patience [pasi'ãːs] (**-, -n**) *f*: ~**n legen** to play patience.

Patient(in) [patsi'ɛnt(ɪn)] *m(f)* patient.

Patin ['paːtɪn] *f* godmother.

Patriarch [patri'arç] (**-en, -en**) *m* patriarch.

patriarchalisch [patriar'çaːlɪʃ] *adj* patriarchal.

Patriot(in) [patri'oːt(ɪn)] (**-en, -en**) *m(f)* patriot; **p~isch** *adj* patriotic.

Patriotismus [patrioː'tɪsmʊs] *m* patriotism.

Patron [pa'troːn] (**-s, -e**) *m* patron; (*ECCL*) patron saint.

Patrone (**-, -n**) *f* cartridge.

Patronenhülse *f* cartridge case.

Patronin *f* patroness; (*ECCL*) patron saint.

Patrouille [pa'trʊljə] (**-, -n**) *f* patrol.

patrouillieren [patrʊl'jiːrən] *vi* to patrol.

patsch [patʃ] *interj* splash!

Patsche (**-, -n**) (*umg*) *f* (*Händchen*) paw; (*Fliegen~*) swat; (*Feuer~*) beater;

(*Bedrängnis*) mess, jam.

patschen *vi* to smack, slap; (*im Wasser*) to splash.

patschnass▲ *adj* soaking wet.

Patt [pat] (**-s, -s**) *nt* (*lit, fig*) stalemate.

patzen ['patsən] (*umg*) *vi* to boob (*BRIT*), goof (*US*).

patzig ['patsɪç] (*umg*) *adj* cheeky, saucy.

Pauke ['paʊkə] (**-, -n**) *f* kettledrum; **auf die** ~ **hauen** to live it up; **mit** ~**n und Trompeten durchfallen** (*umg*) to fail dismally.

pauken *vt, vi* (*SCH*) to swot (*BRIT*), cram.

Pauker (**-s, -**) (*umg*) *m* teacher.

pausbäckig ['paʊsbɛkɪç] *adj* chubby-cheeked.

pauschal [paʊ'ʃaːl] *adj* (*Kosten*) inclusive; (*einheitlich*) flat-rate *attrib*; (*Urteil*) sweeping; **die Werkstatt berechnet** ~ **pro Inspektion 250 DM** the garage has a flat rate of 250 marks per service.

Pauschale (**-, -n**) *f* flat rate; (*vorläufig geschätzter Betrag*) estimated amount.

Pauschal- *zW:* ~**gebühr** *f* flat rate; ~**preis** *m* all-in price; ~**reise** *f* package tour; ~**summe** *f* lump sum; ~**versicherung** *f* comprehensive insurance.

Pause ['paʊzə] (**-, -n**) *f* break; (*THEAT*) interval; (*das Innehalten*) pause; (*MUS*) rest; (*Kopie*) tracing.

pausen *vt* to trace.

Pausen- *zW:* ~**brot** *nt* sandwich (*to eat at break*); ~**hof** *m* playground, schoolyard (*US*); **p~los** *adj* nonstop; ~**zeichen** *nt* (*RUNDF*) call sign; (*MUS*) rest.

pausieren [paʊ'ziːrən] *vi* to make a break.

Pauspapier ['paʊspapiːr] *nt* tracing paper.

Pavian ['paːviaːn] (**-s, -e**) *m* baboon.

Pay-per-Click ['peːpərklɪk] (**-s**) *nt* pay-per-click.

Pazifik [pa'tsiːfɪk] (**-s**) *m* Pacific.

pazifisch *adj* Pacific; **der P~e Ozean** the Pacific (Ocean).

Pazifist(in) [patsi'fɪst(ɪn)] *m(f)* pacifist; **p~isch** *adj* pacifist.

PC *m abk* (= *Personalcomputer*) PC.

PDA *m abk* (*COMPUT*: = *personal digital assistant*) PDA.

PDS *f abk* (= *Partei des Demokratischen Sozialismus*) *German Socialist Party*.

PDS

*The **PDS** (Partei des Demokratischen Sozialismus) was founded in 1989 as the successor of the SED, the former East German Communist Party. Its aims are the establishment of a democratic socialist society and to hold a position in the German political scene left of the **SPD**.*

Pech [pɛç] (**-s, -e**) *nt* pitch; (*fig*) bad luck; ~ **haben** to be unlucky; **die beiden halten**

Pedal – Persiflage

Pedal – Persiflage   254   *DEUTSCH–ENGLISCH*

zusammen wie ~ und Schwefel (*umg*) the two are inseparable; ~ gehabt! tough! (*umg*); p~schwarz *adj* pitch-black; ~strähne (*umg*) *f* unlucky patch; ~vogel (*umg*) *m* unlucky person.

Pedal [pe'daːl] (-s, -e) *nt* pedal; in die ~e treten to pedal (hard).

Pedant [pe'dant] *m* pedant.

Pedanterie [pedantə'riː] *f* pedantry.

pedantisch *adj* pedantic.

Peddigrohr ['pɛdiçroːr] *nt* cane.

Pediküre [pedi'kyːrə] (-, -n) *f* (*Fußpflege*) pedicure; (*Fußpflegerin*) chiropodist.

Pegel ['peːgəl] (-s, -) *m* water gauge; (*Geräusch~*) noise level; ~stand *m* water level.

peilen ['pailən] *vt* to get a fix on; die Lage ~ (*umg*) to see how the land lies.

Pein [pain] (-) *f* agony, suffering.

peinigen *vt* to torture; (*plagen*) to torment.

peinlich *adj* (*unangenehm*) embarrassing, awkward, painful; (*genau*) painstaking; in seinem Zimmer herrschte ~e Ordnung his room was meticulously tidy; er vermied es ~st, davon zu sprechen he was at pains not to talk about it; P~keit *f* painfulness, awkwardness; (*Genauigkeit*) scrupulousness.

Peitsche ['paitʃə] (-, -n) *f* whip.

peitschen *vt* to whip; (*Regen*) to lash.

Peitschenhieb *m* lash.

Pekinese [peki'neːzə] (-n, -n) *m* Pekinese, peke (*umg*).

Peking ['peːkiŋ] (-s) *nt* Peking.

Pelikan ['peːlikaːn] (-s, -e) *m* pelican.

Pelle ['pɛlə] (-, -n) *f* skin; der Chef sitzt mir auf der ~ (*umg*) I've got the boss on my back.

pellen *vt* to skin, peel.

Pellkartoffeln *pl* jacket potatoes *pl*.

Pelz [pɛlts] (-es, -e) *m* fur.

Pendel ['pɛndəl] (-s, -) *nt* pendulum.

pendeln *vi* (*schwingen*) to swing (to and fro); (*Zug, Fähre etc*) to shuttle; (*Mensch*) to commute; (*fig*) to fluctuate.

Pendelverkehr *m* shuttle service; (*Berufsverkehr*) commuter traffic.

Pendler(in) ['pɛndlər(ın)] (-s, -) *m(f)* commuter.

penetrant [pene'trant] *adj* sharp; (*Person*) pushing; das schmeckt/riecht ~ nach Knoblauch it has a very strong taste/smell of garlic.

penibel [pe'niːbəl] *adj* pernickety (*BRIT*) (*umg*), persnickety (*US*) (*umg*), precise.

Penis ['peːnis] (-, -se) *m* penis.

Pennbruder ['pɛnbruːdər] (*umg*) *m* tramp (*BRIT*), hobo (*US*).

Penne (-, -n) (*umg*) *f* (*SCH*) school.

pennen (*umg*) *vi* to kip.

Penner (-s, -) (*pej: umg*) *m* tramp (*BRIT*), hobo (*US*).

Pension [pɛnzi'oːn] *f* (*Geld*) pension;

(*Ruhestand*) retirement; (*für Gäste*) boarding house, guesthouse; halbe/volle ~ half/full board; in ~ gehen to retire.

Pensionär(in) [pɛnzio'nɛːr(ın)] (-s, -e) *m(f)* pensioner.

Pensionat (-(e)s, -e) *nt* boarding school.

pensionieren [pɛnzio'niːrən] *vt* to pension (off); sich ~ lassen to retire.

pensioniert *adj* retired.

Pensionierung *f* retirement.

Pensions- *zW*: p~berechtigt *adj* entitled to a pension; ~gast *m* boarder, paying guest; p~reif (*umg*) *adj* ready for retirement.

Pensum ['pɛnzum] (-s, Pensen) *nt* quota; (*SCH*) curriculum.

Peperoni [pepe'roːni] *pl* chillies *pl*.

per [pɛr] *präp +akk* by, per; (*pro*) per; (*bis*) by; ~ Adresse (*COMM*) care of, c/o; mit jdm ~ du sein (*umg*) to be on first-name terms with sb.

Perfekt ['pɛrfɛkt] (-(e)s, -e) *nt* perfect.

perfekt [pɛr'fɛkt] *adj* perfect; (*abgemacht*) settled; die Sache ~ machen to clinch the deal; der Vertrag ist ~ the contract is all settled.

perfektionieren [pɛrfɛktsio'niːrən] *vt* to perfect.

Perfektionismus [pɛrfɛktsio'nismus] *m* perfectionism.

perforieren [pɛrfo'riːrən] *vt* to perforate.

Pergament [pɛrga'mɛnt] *nt* parchment; ~papier *nt* greaseproof paper (*BRIT*), wax(ed) paper (*US*).

Pergola ['pɛrgola] (-, Pergolen) *f* pergola, arbour (*BRIT*), arbor (*US*).

Periode [peri'oːdə] (-, -n) *f* period; 0,33 ~ 0.33 recurring.

periodisch [peri'oːdıʃ] *adj* periodic; (*dezimal*) recurring.

Peripherie [perife'riː] *f* periphery; (*um Stadt*) outskirts *pl*; (*MATH*) circumference; ~gerät *nt* (*COMPUT*) peripheral.

Perle ['pɛrlə] (-, -n) *f* (*lit, fig*) pearl; (*Glas~, Holz~, Tropfen*) bead; (*veraltet: umg: Hausgehilfin*) maid.

perlen *vi* to sparkle; (*Tropfen*) to trickle.

Perlenkette *f* pearl necklace.

Perlhuhn *nt* guinea fowl.

Perlmutt ['pɛrlmut] (-s) *nt* mother-of-pearl.

Perlon ® ['pɛrlɔn] (-s) *nt* ≈ nylon.

Perlwein *m* sparkling wine.

perplex [pɛr'plɛks] *adj* dumbfounded.

Perser ['pɛrzər] (-s, -) *m* (*Person*) Persian; (*umg: Teppich*) Persian carpet.

Perserin *f* Persian.

Persianer [pɛrzi'aːnər] (-s, -) *m* Persian lamb (coat).

Persien [pɛrziən] (-s) *nt* Persia.

Persiflage [pɛrzi'flaːʒə] (-, -n) *f*: ~ (*+gen od auf +akk*) pastiche (of), satire (on).

persisch adj Persian; **P~er Golf** Persian Gulf.

Person [pɛr'zoːn] (-, -en) f person; (pej: Frau) female; **sie ist Köchin und Haushälterin in einer ~** she is cook and housekeeper rolled into one; **ich für meine ~** personally I.

Personal [pɛrzo'naːl] (-s) nt personnel; (Bedienung) servants pl; **~abbau** m staff cuts pl; **~akte** f personal file; **~angaben** pl particulars pl; **~ausweis** m identity card; **~bogen** m personal record; **~büro** nt personnel (department); **~chef** m personnel manager; **~computer** m personal computer.

Personalien [pɛrzo'naːliən] pl particulars pl.

Personalität [pɛrzonali'tɛːt] f personality.

Personal- zW: **~kosten** pl staff costs; **~mangel** m staff shortage; **~pronomen** nt personal pronoun; **~reduzierung** f staff reduction.

personell [pɛrzo'nɛl] adj staff attrib; **~e Veränderungen** changes in personnel.

Personen- zW: **~aufzug** m lift, elevator (US); **~beschreibung** f (personal) description; **~gedächtnis** nt memory for faces; **~gesellschaft** f partnership; **~kraftwagen** m private motorcar, automobile (US); **~kreis** m group of people; **~kult** m personality cult; **~nahverkehr** m: **öffentlicher ~nahverkehr** local public transport; **~schaden** m injury to persons; **~verkehr** m passenger services pl; **~waage** f scales pl; **~zug** m stopping train; passenger train.

personifizieren [pɛrzonifi'tsiːrən] vt to personify.

persönlich [pɛr'zøːnlɪç] adj personal ♦ adv in person; personally; (auf Briefen) private (and confidential); **~ haften** (COMM) to be personally liable; **P~keit** f personality; **P~keiten des öffentlichen Lebens** public figures.

Perspektive [pɛrspɛk'tiːvə] f perspective; **das eröffnet ganz neue ~n für uns** that opens new horizons for us.

Pers. Ref. abk (= Persönlicher Referent) personal representative.

Peru [pe'ruː] (-s) nt Peru.

Peruaner(in) [peru'aːnər(ɪn)] (-s, -) m(f) Peruvian.

peruanisch adj Peruvian.

Perücke [pe'rʏkə] (-, -n) f wig.

pervers [pɛr'vɛrs] adj perverse.

Perversität [pɛrvɛrzi'tɛːt] f perversity.

Pessar [pɛ'saːr] (-s, -e) nt pessary; (zur Empfängnisverhütung) cap, diaphragm.

Pessimismus [pɛsi'mɪsmʊs] m pessimism.

Pessimist(in) [pɛsi'mɪst(ɪn)] m(f) pessimist; **p~isch** adj pessimistic.

Pest [pɛst] (-) f plague; **jdn/etw wie die ~ hassen** (umg) to loathe (and detest) sb/sth.

Petersilie [petər'ziːliə] f parsley.

Petrochemie [petro:çe'miː] f petrochemistry.

Petrodollar [petro'dɔlar] m petrodollar.

Petroleum [pe'troːleʊm] (-s) nt paraffin (BRIT), kerosene (US).

petzen ['pɛtsən] (umg) vi to tell tales; **er petzt immer** he always tells.

Pf. abk = Pfennig.

Pfad [pfaːt] (-(e)s, -e) m path; **~finder** m Boy Scout; **er ist bei den ~findern** he's in the (Boy) Scouts; **~finderin** f Girl Guide.

Pfaffe ['pfafə] (-n, -n) (pej) m cleric, parson.

Pfahl [pfaːl] (-(e)s, ⁻e) m post, stake; **~bau** m pile dwelling.

Pfalz [pfalts] (-, -en) f (GEOG) Palatinate.

Pfälzer(in) ['pfɛltsər(ɪn)] (-s, -) m(f) person from the Palatinate.

pfälzisch adj Palatine, of the (Rhineland) Palatinate.

Pfand [pfant] (-(e)s, ⁻er) nt pledge, security; (Flaschen~) deposit; (im Spiel) forfeit; (fig: der Liebe etc) pledge; **~brief** m bond.

pfänden ['pfɛndən] vt to seize, impound.

Pfänderspiel nt game of forfeits.

Pfand- zW: **~haus** nt pawnshop; **~leiher** (-s, -) m pawnbroker; **~recht** nt lien; **~schein** m pawn ticket.

Pfändung ['pfɛndʊŋ] f seizure, distraint (form).

Pfanne ['pfanə] (-, -n) f (frying) pan; **jdn in die ~ hauen** (umg) to tear a strip off sb.

Pfannkuchen m pancake; (Berliner) doughnut (BRIT), donut (US).

Pfarrei [pfar'raɪ] f parish.

Pfarrer (-s, -) m priest; (evangelisch) vicar; (von Freikirchen) minister.

Pfarrhaus nt vicarage.

Pfau [pfaʊ] (-(e)s, -en) m peacock.

Pfauenauge nt peacock butterfly.

Pfd. abk (= Pfund) ≈ lb.

Pfeffer ['pfɛfər] (-s, -) m pepper; **er soll bleiben, wo der ~ wächst!** (umg) he can take a running jump; **~korn** nt peppercorn; **~kuchen** m gingerbread; **~minz** (-es, -e) nt peppermint; **~minze** f peppermint (plant); **~mühle** f pepper mill.

pfeffern vt to pepper; (umg: werfen) to fling; **gepfefferte Preise/Witze** steep prices/spicy jokes.

Pfeife ['pfaɪfə] (-, -n) f whistle; (Tabak~, Orgel~) pipe; **nach jds ~ tanzen** to dance to sb's tune.

pfeifen unreg vt, vi to whistle; **auf dem letzten Loch ~** (umg: erschöpft sein) to be on one's last legs; (: finanziell) to be on one's beam ends; **ich pfeif(e) drauf!** (umg) I don't give a damn!; **P~stopfer** m tamper.

Pfeifer (-s, -) m piper.

Pfeifkonzert nt catcalls pl.

Pfeil [pfaɪl] (-(e)s, -e) m arrow.

Pfeiler ['pfaɪlər] (-s, -) m pillar, prop;

(*Brücken~*) pier.
Pfennig ['pfɛnɪç] (-(e)s, -e) m pfennig
(*hundredth part of a mark*); **~absatz** m stiletto
heel; **~fuchser** (-s, -) (*umg*) m skinflint.
pferchen ['pfɛrçən] vt to cram, pack.
Pferd [pfe:rt] (-(e)s, -e) nt horse; **wie ein
~ arbeiten** (*umg*) to work like a Trojan; **mit
ihm kann man ~e stehlen** (*umg*) he's a great
sport; **auf das falsche/richtige ~ setzen** (*lit,
fig*) to back the wrong/right horse.
Pferde- *zW:* **~äpfel** pl horse droppings pl *od*
dung *sing*; **~fuß** m: **die Sache hat aber einen
~fuß** there's just one snag; **~rennen** nt
horse-race; (*Sportart*) horse-racing;
~schwanz m (*Frisur*) ponytail; **~stall** m
stable; **~stärke** f horsepower.
Pfiff (-(e)s, -e) m whistle; (*Kniff*) trick.
pfiff *etc* [pfɪf] vb *siehe* **pfeifen**.
Pfifferling ['pfɪfərlɪŋ] m yellow chanterelle;
keinen ~ wert not worth a thing.
pfiffig adj smart.
Pfingsten ['pfɪŋstən] (-, -) nt Whitsun.
Pfingstrose f peony.
Pfingstsonntag m Whit Sunday, Pentecost
(*REL*).
Pfirsich ['pfɪrzɪç] (-s, -e) m peach.
Pflanze ['pflantsə] (-, -n) f plant.
pflanzen vt to plant ♦ vr (*umg*) to plonk o.s.
Pflanzenfett nt vegetable fat.
Pflanzenschutzmittel nt pesticide.
pflanzlich adj vegetable.
Pflanzung f plantation.
Pflaster ['pflastər] (-s, -) nt plaster; (*Straßen~*)
pavement (*BRIT*), sidewalk (*US*); **ein teures ~**
(*umg*) a pricey place; **ein heißes ~** a
dangerous *od* unsafe place; **p~müde** adj
dead on one's feet.
pflastern vt to pave.
Pflasterstein m paving stone.
Pflaume ['pflaumə] (-, -n) f plum; (*umg:
Mensch*) twit (*BRIT*).
Pflaumenmus nt plum jam.
Pflege ['pfle:gə] (-, -n) f care; (*von Idee*)
cultivation; (*Kranken~*) nursing; **jdn/etw in
~ nehmen** to look after sb/sth; **in ~ sein**
(*Kind*) to be fostered out; **p~bedürftig** adj
needing care; **~eltern** pl foster parents pl;
~fall m case for nursing; **~geld** nt (*für
~kinder*) boarding-out allowance; (*für
Kranke*) attendance allowance; **~heim** nt
nursing home; **~kind** nt foster child;
p~leicht adj easy-care; **~mutter** f foster
mother.
pflegen vt to look after; (*Kranke*) to nurse;
(*Beziehungen*) to foster ♦ vi (*gewöhnlich tun*):
sie pflegte zu sagen she used to say.
Pfleger (-s, -) m (*im Krankenhaus*) orderly;
(*vollqualifiziert*) male nurse; **~in** f nurse.
Pflegesatz m hospital and nursing charges
pl.

Pflegevater m foster father.
Pflegeversicherung f geriatric care
insurance.
Pflicht [pflɪçt] (-, -en) f duty; (*SPORT*)
compulsory section; **Rechte und ~en** rights
and responsibilities; **p~bewusst**▲ adj
conscientious; **~bewusstsein**▲ nt sense of
duty; **~fach** nt (*SCH*) compulsory subject;
~gefühl nt sense of duty; **p~gemäß** adj
dutiful; **p~vergessen** adj irresponsible;
~versicherung f compulsory insurance.
Pflock [pflɔk] (-(e)s, ⁻e) m peg; (*für Tiere*)
stake.
pflog *etc* [pflo:k] vb (*veraltet*) *siehe* **pflegen**.
pflücken ['pflʏkən] vt to pick.
Pflug [pflu:k] (-(e)s, ⁻e) m plough (*BRIT*), plow
(*US*).
pflügen ['pfly:gən] vt to plough (*BRIT*), plow
(*US*).
Pflugschar f ploughshare (*BRIT*), plowshare
(*US*).
Pforte ['pfɔrtə] (-, -n) f (*Tor*) gate.
Pförtner ['pfœrtnər] (-s, -) m porter,
doorkeeper, doorman.
Pförtnerin f doorkeeper, porter.
Pfosten ['pfɔstən] (-s, -) m post; (*senkrechter
Balken*) upright.
Pfote ['pfo:tə] (-, -n) f paw; (*umg: Schrift*)
scrawl.
Pfropf [pfrɔpf] (-(e)s, -e) m (*Flaschen~*)
stopper; (*Blut~*) clot.
Pfropfen (-s, -) m = **Pfropf**.
pfropfen vt (*stopfen*) to cram; (*Baum*) to graft;
gepfropft voll crammed full.
pfui [pfʊɪ] interj ugh!; (*na na*) tut tut!; (*Buhruf*)
boo!; **~ Teufel!** (*umg*) ugh!, yuck!
Pfund [pfʊnt] (-(e)s, -e) nt (*Gewicht, FIN*)
pound; **das ~ sinkt** sterling *od* the pound is
falling.
pfundig (*umg*) adj great.
Pfundskerl ['pfʊntskɛrl] (*umg*) m great guy.
pfundweise adv by the pound.
pfuschen ['pfʊʃən] vi to bungle; (*einen Fehler
machen*) to slip up.
Pfuscher(in) ['pfʊʃər(ɪn)] (-s, -) (*umg*) m(f)
sloppy worker; (*Kur~*) quack.
Pfuscherei [pfʊʃəˈraɪ] (*umg*) f sloppy work;
(*Kur~*) quackery.
Pfütze ['pfʏtsə] (-, -n) f puddle.
PH (-, -s) f abk = **pädagogische Hochschule**.
Phänomen [fɛnoˈmeːn] (-s, -e) nt
phenomenon; **p~al** [-ˈnaːl] adj phenomenal.
Phantasie *etc* [fantaˈziː] = **Fantasie** *etc*.
phantasieren [fantaˈziːrən] vi = **fantasieren**.
phantasievoll adj = **fantasievoll**.
Phantast [fanˈtast] (-en, -en) m = **Fantast**.
phantastisch adj = **fantastisch**.
Phantom [fanˈtoːm] (-s, -e) nt (*Trugbild*)
phantom; **einem ~ nachjagen** (*fig*) to tilt at
windmills; **~bild** nt Identikit ® picture.

Pharisäer [fari'zɛːər] (-s, -) m (lit, fig) pharisee.

Pharmazeut(in) [farma'tsɔyt(ɪn)] (-en, -en) m(f) pharmacist.

pharmazeutisch adj pharmaceutical.

Pharmazie f pharmacy, pharmaceutics sing.

Phase ['faːzə] (-, -n) f phase.

Philanthrop [filan'troːp] (-en, -en) m philanthropist; **p~isch** adj philanthropic.

Philharmoniker [fɪlhar'moːnikər] (-s, -) m: **die** ~ the philharmonic (orchestra) sing.

Philatelist(in) [filate'lɪst(ɪn)] (-en, -en) m(f) philatelist.

Philippine [fɪlɪ'piːnə] (-n, -n) m Filipino.

Philippinen pl Philippines pl, Philippine Islands pl.

Philippinin f Filipino.

philippinisch adj Filipino.

Philologe [filo'loːgə] (-n, -n) m philologist.

Philologie [filolo'giː] f philology.

Philologin f philologist.

Philosoph(in) [filo'zoːf(ɪn)] (-en, -en) m(f) philosopher.

Philosophie [filozo'fiː] f philosophy.

philosophieren [filozo'fiːrən] vi: ~ (**über** +akk) to philosophize (about).

philosophisch adj philosophical.

Phlegma ['flɛgma] (-s) nt lethargy.

phlegmatisch [flɛ'gmaːtɪʃ] adj lethargic.

Phobie [fo'biː] f: ~ (**vor** +dat) phobia (about).

Phonetik [fo'neːtɪk] f phonetics sing.

phonetisch adj phonetic.

Phonotypistin [fonoty'pɪstɪn] f audiotypist.

Phosphat [fɔs'faːt] (-(e)s, -e) nt phosphate.

Phosphor ['fɔsfɔr] (-s) m phosphorus.

phosphoreszieren [fɔsforɛs'tsiːrən] vt to phosphoresce.

Photo etc ['foːto] = **Foto** etc.

Phrase ['fraːzə] (-, -n) f phrase; (pej) hollow phrase; **~n dreschen** (umg) to churn out one cliché after another.

pH-Wert [peː'haːvɛrt] m pH value.

Physik [fy'ziːk] f physics sing.

physikalisch [fyzi'kaːlɪʃ] adj of physics.

Physiker(in) ['fyːzikər(ɪn)] (-s, -) m(f) physicist.

Physikum ['fyːzikʊm] (-s) nt (UNIV) preliminary examination in medicine.

Physiologe [fyzio'loːgə] (-n, -n) m physiologist.

Physiologie [fyziolo'giː] f physiology.

Physiologin f physiologist.

physisch ['fyːzɪʃ] adj physical.

Pianist(in) [pia'nɪst(ɪn)] m(f) pianist.

picheln ['pɪçəln] (umg) vi to booze.

Pickel ['pɪkəl] (-s, -) m pimple; (Werkzeug) pickaxe; (Berg~) ice axe.

pick(e)lig adj pimply.

picken ['pɪkən] vt to peck ♦ vi: ~ (**nach**) to peck (at).

Picknick ['pɪknɪk] (-s, -e od -s) nt picnic; ~ **machen** to have a picnic.

piekfein ['piːk'faɪn] (umg) adj posh.

Piemont [pie'mɔnt] (-s) nt Piedmont.

piepen ['piːpən] vi to chirp; (Funkgerät etc) to bleep; **bei dir piepts wohl!** (umg) are you off your head?; **es war zum P~!** (umg) it was a scream!

piepsen ['piːpsən] vi = **piepen**.

Piepser (umg) m pager, paging device.

Piepsstimme f squeaky voice.

Piepton m bleep.

Pier [piːər] (-s, -s od -e) m jetty, pier.

piesacken ['piːzakən] (umg) vt to torment.

Pietät [pie'tɛːt] f piety; reverence; **p~los** adj impious, irreverent.

Pigment [pɪg'mɛnt] (-(e)s, -e) nt pigment.

Pik [piːk] (-s, -s) nt (KARTEN) spades; **einen** ~ **auf jdn haben** (umg) to have it in for sb.

pikant [pi'kant] adj spicy, piquant; (anzüglich) suggestive.

Pike (-, -n) f: **etw von der** ~ **auf lernen** (fig) to learn sth from the bottom up.

pikiert [pi'kiːrt] adj offended.

Pikkolo ['pɪkolo] (-s, -s) m trainee waiter; (auch: **~flasche**) quarter bottle of champagne; (MUS: auch: **~flöte**) piccolo.

Piktogramm [pɪkto'gram] nt pictogram.

Pilger(in) ['pɪlgər(ɪn)] (-s, -) m(f) pilgrim; **~fahrt** f pilgrimage.

pilgern vi to make a pilgrimage; (umg: gehen) to wend one's way.

Pille ['pɪlə] (-, -n) f pill.

Pilot(in) [pi'loːt(ɪn)] (-en, -en) m(f) pilot; **~enschein** m pilot's licence (BRIT) od license (US).

Pils [pɪls] (-, -) nt Pilsner (lager).

Pils(e)ner [pɪlz(ə)nər] (-s, -) nt Pilsner (lager).

Pilz [pɪlts] (-es, -e) m fungus; (essbar) mushroom; (giftig) toadstool; **wie ~e aus dem Boden schießen** (fig) to mushroom; **~krankheit** f fungal disease.

Pimmel ['pɪməl] (-s, -) (umg) m (Penis) willie.

pingelig ['pɪŋəlɪç] (umg) adj fussy.

Pinguin ['pɪŋguiːn] (-s, -e) m penguin.

Pinie ['piːniə] f pine.

Pinkel (-s, -) (umg) m: **ein feiner** od **vornehmer** ~ a swell, Lord Muck (BRIT) (umg).

pinkeln ['pɪŋkəln] (umg) vi to pee.

Pinnwand ['pɪnvant] f pinboard.

Pinsel ['pɪnzəl] (-s, -) m paintbrush.

pinseln (umg) vt, vi to paint; (pej: malen) to daub.

Pinte ['pɪntə] (-, -n) (umg) f (Lokal) boozer (BRIT).

Pinzette [pɪn'tsetə] f tweezers pl.

Pionier [pio'niːr] (-s, -e) m pioneer; (MIL) sapper, engineer; **~arbeit** f pioneering work; **~unternehmen** nt pioneer company.

Pipi [pi'piː] (-s, -s) nt od m (Kindersprache) wee(-wee).

Pirat [pi'raːt] (**-en, -en**) *m* pirate.
Piratensender *m* pirate radio station.
Pirsch [pɪrʃ] (**-**) *f* stalking.
pissen ['pɪsən] (*umg!*) *vi* to (have a) piss (!);
  (*regnen*) to piss down (!).
Pistazie [pɪs'taːtsiə] (**-, -n**) *f* pistachio.
Piste ['pɪstə] (**-, -n**) *f* (*SKI*) run, piste; (*AVIAT*)
  runway.
Pistole [pɪs'toːlə] (**-, -n**) *f* pistol; **wie aus der**
  ~ geschossen (*fig*) like a shot; **jdm die ~ auf**
  die Brust setzen (*fig*) to hold a pistol to sb's
  head.
pitsch(e)nass▲ ['pɪtʃ(ə)'nas] (*umg*) *adj*
  soaking (wet).
Pizza ['pɪtsa] (**-, -s**) *f* pizza.
PKW, Pkw (**-(s), -(s)**) *m abk*
  = **Personenkraftwagen.**
Pl. *abk* (= *Plural*) pl.; (= *Platz*) Sq.
Plackerei [plakə'raɪ] *f* drudgery.
plädieren [plɛ'diːrən] *vi* to plead.
Plädoyer [plɛdoa'jeː] (**-s, -s**) *nt* speech for the
  defence; (*fig*) plea.
Plage ['plaːgə] (**-, -n**) *f* plague; (*Mühe*)
  nuisance; **~geist** *m* pest, nuisance.
plagen *vt* to torment ♦ *vr* to toil, slave.
Plagiat [plagi'aːt] (**-(e)s, -e**) *nt* plagiarism.
Plakat [pla'kaːt] (**-(e)s, -e**) *nt* poster; (*aus*
  Pappe) placard.
plakativ [plaka'tiːf] *adj* striking, bold.
Plakatwand *f* hoarding, billboard (*US*).
Plakette [pla'kɛtə] (**-, -n**) *f* (*Abzeichen*) badge;
  (*Münze*) commemorative coin; (*an Wänden*)
  plaque.
Plan [plaːn] (**-(e)s, ¨e**) *m* plan; (*Karte*) map;
  Pläne schmieden to make plans; **nach**
  ~ verlaufen to go according to plan; **jdn auf**
  den ~ rufen (*fig*) to bring sb into the arena.
Plane (**-, -n**) *f* tarpaulin.
planen *vt* to plan; (*Mord etc*) to plot.
Planer(in) (**-s, -**) *m(f)* planner.
Planet [pla'neːt] (**-en, -en**) *m* planet.
Planetenbahn *f* orbit (of a planet).
planieren [pla'niːrən] *vt* to level off.
Planierraupe *f* bulldozer.
Planke ['plaŋkə] (**-, -n**) *f* plank.
Plänkelei [plɛŋkə'laɪ] *f* skirmish(ing).
plänkeln ['plɛŋkəln] *vi* to skirmish.
Plankton ['plaŋktɔn] (**-s**) *nt* plankton.
planlos *adj* (*Vorgehen*) unsystematic;
  (*Umherlaufen*) aimless.
planmäßig *adj* according to plan;
  (*methodisch*) systematic; (*EISENB*)
  scheduled.
Planschbecken, Plantschbecken▲
  ['planʃbɛkən] *nt* paddling pool.
planschen, plantschen▲ *vi* to splash.
Plansoll *nt* output target.
Planstelle *f* post.
Plantage [plan'taːʒə] (**-, -n**) *f* plantation.
Planung *f* planning.

Planwagen *m* covered wagon.
Planwirtschaft *f* planned economy.
Plappermaul (*umg*) *nt* (*Kind*) chatterbox.
plappern ['plapərn] *vi* to chatter.
plärren ['plɛrən] *vi* (*Mensch*) to cry, whine;
  (*Radio*) to blare.
Plasma ['plasma] (**-, Plasmen**) *nt* plasma.
Plastik¹ ['plastɪk] *f* sculpture.
Plastik² ['plastɪk] (**-s**) *nt* (*Kunststoff*) plastic;
  ~folie *f* plastic film; **~geschoss▲** *nt* plastic
  bullet; **~tüte** *f* plastic bag.
Plastilin [plasti'liːn] (**-s**) *nt* Plasticine ®.
plastisch ['plastɪʃ] *adj* plastic; **stell dir das**
  ~ vor! just picture it!
Platane [pla'taːnə] (**-, -n**) *f* plane (tree).
Platin ['plaːtiːn] (**-s**) *nt* platinum.
Platitüde△ [plati'tyːdə] (**-, -n**) *f siehe* **Plattitüde.**
platonisch [pla'toːnɪʃ] *adj* platonic.
platsch [platʃ] *interj* splash!
platschen *vi* to splash.
plätschern ['plɛtʃərn] *vi* to babble.
platschnass▲ *adj* drenched.
platt [plat] *adj* flat; (*umg: überrascht*)
  flabbergasted; (*fig: geistlos*) flat, boring;
  einen P~en haben to have a flat (*umg*), have
  a flat tyre (*BRIT*) *od* tire (*US*).
plattdeutsch *adj* Low German.
Platte (**-, -n**) *f* (*Speisen~, PHOT, TECH*) plate;
  (*Stein~*) flag; (*Kachel*) tile; (*Schall~*) record;
  kalte ~ cold dish; **die ~ kenne ich schon**
  (*umg*) I've heard all that before.
Plätteisen *nt* iron.
plätten *vt, vi* to iron.
Platten- *zW:* **~leger** (**-s, -**) *m* paver; **~spieler** *m*
  record player; **~teller** *m* turntable.
Plattform *f* platform; (*fig: Grundlage*) basis.
Plattfuß *m* flat foot; (*Reifen*) flat tyre (*BRIT*) *od*
  tire (*US*).
Plattitüde▲ [plati'tyːdə] (**-, -n**) *f* platitude.
Platz [plats] (**-es, ¨e**) *m* place; (*Sitz~*) seat;
  (*Raum*) space, room; (*in Stadt*) square;
  (*Sport~*) playing field; **~ machen** to get out
  of the way; **~ nehmen** to take a seat; **jdm**
  ~ machen to make room for sb; **~ sparend**
  space-saving; **auf ~ zwei** in second place;
  fehl am ~e sein to be out of place; **seinen**
  ~ behaupten to stand one's ground; **das**
  erste Hotel am ~ the best hotel in town; **auf**
  die Plätze, fertig, los! (*beim Sport*) on your
  marks, get set, go!; **einen Spieler vom**
  ~ stellen *od* **verweisen** (*SPORT*) to send a
  player off; **~angst** *f* (*MED*) agoraphobia;
  (*umg*) claustrophobia; **~angst haben/**
  bekommen (*umg*) to feel/get
  claustrophobic; **~anweiser(in)** (**-s, -**) *m(f)*
  usher(ette).
Plätzchen ['plɛtsçən] *nt* spot; (*Gebäck*) biscuit.
platzen *vi* (*Hilfsverb sein*) to burst; (*Bombe*) to
  explode; (*Naht, Hose, Haut*) to split; (*umg:*
  scheitern: Geschäft) to fall through;

(: *Freundschaft*) to break up; (: *Theorie, Verschwörung*) to collapse; (: *Wechsel*) to bounce; **vor Wut** ~ (*umg*) to be bursting with anger.

platzieren▲ [pla'tsiːrən] *vt* to place ♦ *vr* (*SPORT*) to be placed; (*TENNIS*) to be seeded; (*umg: sich setzen, stellen*) to plant o.s.

Platz- *zW:* ~**karte** *f* seat reservation; ~**konzert** *nt* open-air concert; ~**mangel** *m* lack of space; ~**patrone** *f* blank cartridge; ~**regen** *m* downpour; ~**verweis** *m* sending-off; ~**wart** *m* (*SPORT*) groundsman (*BRIT*), groundskeeper (*US*); ~**wunde** *f* cut.

Plauderei [plaʊdə'raɪ] *f* chat, conversation.

plaudern ['plaʊdərn] *vi* to chat, talk.

Plausch [plaʊʃ] (-(e)s, -e) (*umg*) *m* chat.

plausibel [plaʊ'ziːbəl] *adj* plausible.

Play-back▲, **Playback** ['pleɪbæk] (-s, -s) *nt* (*Verfahren: Schallplatte*) double-tracking; (*TV*) miming.

plazieren△ [pla'tsiːrən] *vt siehe* **platzieren**.

Plebejer(in) [ple'beːjər(ɪn)] (-s, -) *m(f)* plebeian.

plebejisch [ple'beːjɪʃ] *adj* plebeian.

pleite ['plaɪtə] (*umg*) *adj* broke; **P~** (-, -n) *f* bankruptcy; (*umg: Reinfall*) flop; **P~ machen** to go bust.

Pleitegeier (*umg*) *m* (*drohende Pleite*) vulture; (*Bankrotteur*) bankrupt.

plemplem [plɛm'plɛm] (*umg*) *adj* nuts.

Plenarsitzung [ple'naːrzɪtsʊŋ] *f* plenary session.

Plenum ['pleːnʊm] (-s, Plenen) *nt* plenum.

Pleuelstange ['plɔʏəlʃtaŋə] *f* connecting rod.

Plissee [plɪ'seː] (-s, -s) *nt* pleat.

Plombe ['plɔmbə] (-, -n) *f* lead seal; (*Zahn~*) filling.

plombieren [plɔm'biːrən] *vt* to seal; (*Zahn*) to fill.

Plotter ['plɔtər] (-s, -s) *m* (*COMPUT*) plotter.

plötzlich ['plœtslɪç] *adj* sudden ♦ *adv* suddenly; ~**er Kindstod** SIDS= sudden infant death syndrome.

Pluderhose ['pluːdərhoːzə] *f* harem trousers *pl.*

plump [plʊmp] *adj* clumsy; (*Hände*) coarse; (*Körper*) shapeless; ~**e Annäherungsversuche** very obvious advances.

plumpsen (*umg*) *vi* to plump down, fall.

Plumpsklo(sett) (*umg*) *nt* earth closet.

Plunder ['plʊndər] (-s) *m* junk, rubbish.

Plundergebäck *nt* flaky pastry.

plündern ['plʏndərn] *vt* to plunder; (*Stadt*) to sack ♦ *vi* to plunder.

Plünderung ['plʏndərʊŋ] *f* plundering, sack, pillage.

Plural ['pluːraːl] (-s, -e) *m* plural; **im** ~ **stehen** to be (in the) plural.

pluralistisch [plura'lɪstɪʃ] *adj* pluralistic.

plus [plʊs] *adv* plus; **mit** ~ **minus null**

abschließen (*COMM*) to break even; **P~** (-, -) *nt* plus; (*FIN*) profit; (*Vorteil*) advantage.

Plüsch [plyːʃ] (-(e)s, -e) *m* plush; ~**tier** *nt* ≈ soft toy.

Plus- *zW:* ~**pol** *m* (*ELEK*) positive pole; ~**punkt** *m* (*SPORT*) point; (*fig*) point in sb's favour; ~**quamperfekt** *nt* pluperfect.

Plutonium [plu'toːniʊm] (-s) *nt* plutonium.

PLZ *abk* = **Postleitzahl**.

Pneu [pnɔʏ] (-s, -s) *m abk* (= *Pneumatik*) tyre (*BRIT*), tire (*US*).

Po [poː] (-s, -s) (*umg*) *m* bum (*BRIT*), fanny (*US*).

Pöbel ['pøːbəl] (-s) *m* mob, rabble.

Pöbelei [pøːbə'laɪ] *f* vulgarity.

pöbelhaft *adj* low, vulgar.

pochen ['pɔxən] *vi* to knock; (*Herz*) to pound; **auf etw** *akk* ~ (*fig*) to insist on sth.

Pocken ['pɔkən] *pl* smallpox *sing.*

Pocken(schutz)impfung *f* smallpox vaccination.

Podest [po'dɛst] (-(e)s, -e) *nt od m* (*Sockel, fig*) pedestal; (*Podium*) platform.

Podium ['poːdiʊm] *nt* podium.

Podiumsdiskussion *f* panel discussion.

Poesie [poe'ziː] *f* poetry.

Poet [po'eːt] (-en, -en) *m* poet; **p~isch** *adj* poetic.

pofen ['poːfən] (*umg*) *vi* to kip (*BRIT*), doss.

Pointe [po'ɛ̃tə] (-, -n) *f* point; (*eines Witzes*) punch line.

pointiert [poɛ̃'tiːrt] *adj* trenchant, pithy.

Pokal [po'kaːl] (-s, -e) *m* goblet; (*SPORT*) cup; ~**spiel** *nt* cup tie.

Pökelfleisch ['pøːkəlflaɪʃ] *nt* salt meat.

pökeln *vt* (*Fleisch, Fisch*) to pickle, salt.

Poker ['poːkər] (-s) *nt* poker.

pokern ['poːkərn] *vi* to play poker.

Pol [poːl] (-s, -e) *m* pole; **der ruhende** ~ (*fig*) the calming influence.

pol. *abk* = **politisch; polizeilich**.

polar [po'laːr] *adj* polar.

polarisieren [polari'ziːrən] *vt, vr* to polarize.

Polarkreis *m* polar circle; **nördlicher/ südlicher** ~ Arctic/Antarctic Circle.

Polarstern *m* Pole Star.

Pole ['poːlə] (-n, -n) *m* Pole.

Polemik [po'leːmɪk] *f* polemics *sing.*

polemisch *adj* polemical.

polemisieren [polemi'ziːrən] *vi* to polemicize.

Polen ['poːlən] (-s) *nt* Poland.

Polente (-) (*veraltet: umg*) *f* cops *pl.*

Police [po'liːs(ə)] (-, -n) *f* insurance policy.

Polier [po'liːr] (-s, -e) *m* foreman.

polieren *vt* to polish.

Poliklinik [poli'kliːnɪk] *f* outpatients (department) *sing.*

Polin *f* Pole, Polish woman.

Politesse [poli'tɛsə] (-, -n) *f* (*Frau*) ≈ traffic warden (*BRIT*).

Politik [poli'ti:k] *f* politics *sing*; (*eine bestimmte*) policy; **in die ~ gehen** to go into politics; **eine ~ verfolgen** to pursue a policy.

Politiker(in) [po'li:tikər(ın)] (**-s, -**) *m(f)* politician.

politisch [po'li:tıʃ] *adj* political.

politisieren [politi'zi:rən] *vi* to talk politics ♦ *vt* to politicize; **jdn ~** to make sb politically aware.

Politur [poli'tu:r] *f* polish.

Polizei [poli'tsaı] *f* police; **~aufsicht** *f*: **unter ~aufsicht stehen** to have to report regularly to the police; **~beamte(r)** *m* police officer; **p~lich** *adj* police *attrib*; **sich p~lich melden** to register with the police; **p~liches Führungszeugnis** *certificate of "no criminal record" issued by the police*; **~präsidium** *nt* police headquarters *pl*; **~revier** *nt* police station; **~spitzel** *m* police spy, informer; **~staat** *m* police state; **~streife** *f* police patrol; **~stunde** *f* closing time; **~wache** *f* police station; **p~widrig** *adj* illegal.

Polizist(in) [poli'tsıst(ın)] (**-en, -en**) *m(f)* policeman/-woman.

Pollen ['pɔlən] (**-s, -**) *m* pollen.

poln. *abk* = **polnisch**.

polnisch ['pɔlnıʃ] *adj* Polish.

Polohemd ['po:lohɛmt] *nt* polo shirt.

Polster ['pɔlstər] (**-s, -**) *nt* cushion; (*~ung*) upholstery; (*in Kleidung*) padding; (*fig: Geld*) reserves *pl*; **~er** (**-s, -**) *m* upholsterer; **~garnitur** *f* three-piece suite; **~möbel** *pl* upholstered furniture *sing*.

polstern *vt* to upholster; (*Kleidung*) to pad; **sie ist gut gepolstert** (*umg*) she's well padded; (: *finanziell*) she's not short of the odd penny.

Polsterung *f* upholstery.

Polterabend ['pɔltərabənt] *m party on the eve of a wedding*.

poltern *vi* (*Krach machen*) to crash; (*schimpfen*) to rant.

Polygamie [polyga'mi:] *f* polygamy.

Polynesien [poly'ne:ziən] (**-s**) *nt* Polynesia.

Polynesier(in) [poly'ne:ziər(ın)] (**-s, -**) *m(f)* Polynesian.

polynesisch *adj* Polynesian.

Polyp [po'ly:p] (**-en, -en**) *m* polyp; (*umg*) cop; **Polypen** *pl* (*MED*) adenoids *pl*.

Polytechnikum [poly'tɛçnikum] (**-s, Polytechnika**) *nt* polytechnic, poly (*umg*).

Pomade [po'ma:də] *f* pomade.

Pommern ['pɔmərn] (**-s**) *nt* Pomerania.

Pommes frites [pɔm'frıt] *pl* chips *pl* (*BRIT*), French fried potatoes *pl* (*BRIT*), French fries *pl* (*US*).

Pomp [pɔmp] (**-(e)s**) *m* pomp.

pompös [pɔm'pø:s] *adj* grandiose.

Pontius ['pɔntsius] *m*: **von ~ zu Pilatus** from pillar to post.

Pony ['pɔni] (**-s, -s**) *m* (*Frisur*) fringe (*BRIT*),

bangs *pl* (*US*) ♦ *nt* (*Pferd*) pony.

Pop [pɔp] (**-s**) *m* (*MUS*) pop; (*KUNST*) pop art.

Popelin [popə'li:n] (**-s, -e**) *m* poplin.

Popeline (**-, -n**) *f* poplin.

Popkonzert *nt* pop concert.

Popmusik *f* pop music.

Popo [po'po:] (**-s, -s**) (*umg*) *m* bottom, bum (*BRIT*).

populär [popu'le:r] *adj* popular.

Popularität [populari'tɛ:t] *f* popularity.

populärwissenschaftlich *adj* popular science.

Pore ['po:rə] (**-, -n**) *f* pore.

Porno ['pɔrno] (**-s**) *no pl* (*umg*) *m* porn.

Pornografie▲ [pɔrnogra'fi:] *f* pornography.

pornografisch▲ [pɔrno'gra:fıʃ] *adj* pornographic.

porös [po'rø:s] *adj* porous.

Porree ['pɔre] (**-s, -s**) *m* leek.

Portal [pɔr'ta:l] (**-s, -e**) *nt* portal.

Portefeuille [pɔrt(ə)'fø:j] (**-s, -s**) *nt* (*POL, FIN*) portfolio.

Portemonnaie [pɔrtmɔ'nɛ:] (**-s, -s**) *nt* purse.

Portier [pɔrti'e:] (**-s, -s**) *m* porter; (*Pförtner*) porter, doorkeeper, doorman.

Portion [pɔrtsi'o:n] *f* portion, helping; (*umg: Anteil*) amount; **eine halbe ~** (*fig: umg: Person*) a half-pint; **eine ~ Kaffee** a pot of coffee.

Portmonee▲ [pɔrtmɔ'nɛ:] (**-s, -s**) *nt* = **Portemonnaie**.

Porto ['pɔrto] (**-s, -s od Porti**) *nt* postage; **~ zahlt Empfänger** postage paid; **p~frei** *adj* post-free, (postage) prepaid.

Porträt [pɔr'trɛ:] (**-s, -s**) *nt* portrait.

porträtieren [pɔrtrɛ'ti:rən] *vt* to paint (a portrait of); (*fig*) to portray.

Portugal ['pɔrtugal] (**-s**) *nt* Portugal.

Portugiese [pɔrtu'gi:zə] (**-n, -n**) *m* Portuguese.

Portugiesin *f* Portuguese.

portugiesisch *adj* Portuguese.

Portwein ['pɔrtvaın] *m* port.

Porzellan [pɔrtsɛ'la:n] (**-s, -e**) *nt* china, porcelain; (*Geschirr*) china.

Posaune [po'zaʊnə] (**-, -n**) *f* trombone.

Pose ['po:zə] (**-, -n**) *f* pose.

posieren [po'zi:rən] *vi* to pose.

Position [pozitsi'o:n] *f* position; (*COMM: auf Liste*) item.

Positionslichter *pl* navigation lights *pl*.

positiv ['po:ziti:f] *adj* positive; **~ zu etw stehen** to be in favour (*BRIT*) *od* favor (*US*) of sth; **P~** (**-s, -e**) *nt* (*PHOT*) positive.

Positur [pozi'tu:r] *f* posture, attitude; **sich in ~ setzen** *od* **stellen** to adopt a posture.

Posse ['pɔsə] (**-, -n**) *f* farce.

possessiv ['pɔsɛsi:f] *adj* possessive; **P~** (**-s, -e**) *nt* possessive pronoun; **P~pronomen** (**-s, -e**) *nt* possessive pronoun.

possierlich [pɔ'si:rlıç] *adj* funny.

Post – Präsidium

Post [pɔst] (-, **-en**) f post (office); (*Briefe*) post, mail; **ist ~ für mich da?** are there any letters for me?; **mit getrennter ~** under separate cover; **etw auf die ~ geben** to post (*BRIT*) *od* mail sth; **auf die** *od* **zur ~ gehen** to go to the post office; **~amt** *nt* post office; **~anweisung** f postal order (*BRIT*), money order; **~bote** *m* postman (*BRIT*), mailman (*US*).

Posten (**-s, -**) *m* post, position; (*COMM*) item; (: *Warenmenge*) quantity, lot; (*auf Liste*) entry; (*MIL*) sentry; (*Streik~*) picket; **~ beziehen** to take up one's post; **nicht ganz auf dem ~ sein** (*nicht gesund sein*) to be off-colour (*BRIT*) *od* off-color (*US*).

Poster ['pɔstər] (**-s, -(s)**) *nt* poster.

Postf. *abk* (= *Postfach*) PO Box.

Post- *zW*: **~fach** *nt* post office box; **~karte** f postcard; **p~lagernd** *adv* poste restante; **~leitzahl** f postal code.

postmodern [pɔstmo'dɛrn] *adj* postmodern.

Post- *zW*: **~scheckkonto** *nt* Post Office Giro account (*BRIT*); **~sparbuch** *nt* post office savings book (*Brit*); **~sparkasse** f post office savings bank; **~stempel** *m* postmark; **p~wendend** *adv* by return (of post); **~wertzeichen** *nt* (*form*) postage stamp; **~wurfsendung** f direct mail advertising.

potent [po'tɛnt] *adj* potent; (*fig*) high-powered.

Potential [potɛntsi'aːl] (**-s, -e**) *nt* = **Potenzial**.

potentiell [potɛntsi'ɛl] *adj* = **potenziell**.

Potenz [po'tɛnts] f power; (*eines Mannes*) potency.

Potenzial▲ [potɛntsi'aːl] (**-s, -e**) *nt* potential.

potenziell▲ [potɛntsi'ɛl] *adj* potential.

potenzieren [potɛn'tsiːrən] *vt* (*MATH*) to raise to the power of.

Potpourri ['pɔtpuri] (**-s, -s**) *nt*: **~ (aus)** (*MUS*) medley (of); (*fig*) assortment (of).

Pott [pɔt] (**-(e)s, ~e**) (*umg*) *m* pot; **p~hässlich▲** (*umg*) *adj* ugly as sin.

pp., ppa. *abk* (= *per procura*) p.p.

Präambel [prɛ'|ambəl] (**-, -n**) f (+*gen*) preamble (to).

Pracht [praxt] (-) f splendour (*BRIT*), splendor (*US*), magnificence; **es ist eine wahre ~** it's (really) marvellous; **~exemplar** *nt* beauty (*umg*); (*fig: Mensch*) fine specimen.

prächtig ['prɛçtɪç] *adj* splendid.

Prachtstück *nt* showpiece.

prachtvoll *adj* splendid, magnificent.

prädestinieren [prɛdɛsti'niːrən] *vt* to predestine.

Prädikat [prɛdi'kaːt] (**-(e)s, -e**) *nt* title; (*GRAM*) predicate; (*Zensur*) distinction; **Wein mit ~** special quality wine.

Prag [praːk] (**-s**) *nt* Prague.

prägen ['prɛːgən] *vt* to stamp; (*Münze*) to mint; (*Ausdruck*) to coin; (*Charakter*) to form;

(*kennzeichnen: Stadtbild*) to characterize; **das Erlebnis prägte ihn** the experience left its mark on him.

prägend *adj* having a forming *od* shaping influence.

pragmatisch [pra'gmaːtɪʃ] *adj* pragmatic.

prägnant [prɛ'gnant] *adj* concise, terse.

Prägnanz f conciseness, terseness.

Prägung ['prɛːgʊŋ] f minting; forming; (*Eigenart*) character, stamp.

prahlen ['praːlən] *vi* to boast, brag.

Prahlerei [praːlə'raɪ] f boasting.

prahlerisch *adj* boastful.

Praktik ['praktɪk] f practice.

praktikabel [praktɪ'kaːbəl] *adj* practicable.

Praktikant(in) [praktɪ'kant(ɪn)] *m(f)* trainee.

Praktikum (**-s, Praktika** *od* **Praktiken**) *nt* practical training.

praktisch ['praktɪʃ] *adj* practical, handy; **~er Arzt** general practitioner; **~es Beispiel** concrete example.

praktizieren [praktɪ'tsiːrən] *vt, vi* to practise (*BRIT*), practice (*US*).

Praline [pra'liːnə] f chocolate.

prall [pral] *adj* firmly rounded; (*Segel*) taut; (*Arme*) plump; (*Sonne*) blazing.

prallen *vi* to bounce, rebound; (*Sonne*) to blaze.

prallvoll *adj* full to bursting; (*Brieftasche*) bulging.

Prämie ['prɛːmiə] f premium; (*Belohnung*) award, prize.

prämienbegünstigt *adj* with benefit of premiums.

prämiensparen *vi* to save in a bonus scheme.

prämieren [prɛ'miːrən] *vt* to give an award to.

Pranger ['praŋər] (**-s, -**) *m* (*HIST*) pillory; **jdn an den ~ stellen** (*fig*) to pillory sb.

Pranke ['praŋkə] (**-, -n**) f (*Tier~*: *umg*: *Hand*) paw.

Präparat [prɛpa'raːt] (**-(e)s, -e**) *nt* (*BIOL*) preparation; (*MED*) medicine.

präparieren *vt* (*konservieren*) to preserve; (*MED*: *zerlegen*) to dissect.

Präposition [prɛpozitsi'oːn] f preposition.

Prärie [prɛ'riː] f prairie.

Präs. *abk* = **Präsens; Präsident**.

Präsens ['prɛːzɛns] (-) *nt* present tense.

präsent *adj*: **etw ~ haben** to have sth at hand.

präsentieren [prɛzɛn'tiːrən] *vt* to present.

Präsenzbibliothek f reference library.

Präservativ [prɛzɛrva'tiːf] (**-s, -e**) *nt* condom, sheath.

Präsident(in) [prɛzi'dɛnt(ɪn)] *m(f)* president; **~schaft** f presidency; **~schaftskandidat** *m* presidential candidate.

Präsidium [prɛ'ziːdiʊm] *nt* presidency, chairmanship; (*Polizei~*) police headquarters *pl*.

prasseln ['prasəln] *vi* (*Feuer*) to crackle; (*Hagel*) to drum; (*Wörter*) to rain down.
prassen ['prasən] *vi* to live it up.
Präteritum [prɛ'teːritʊm] (**-s, Präterita**) *nt* preterite.
Pratze ['pratsə] (**-, -n**) *f* paw.
Präventiv- [prɛvɛn'tiːf] *in zW* preventive.
Praxis ['praksɪs] (**-, Praxen**) *f* practice; (*Erfahrung*) experience; (*Behandlungsraum*) surgery; (*von Anwalt*) office; **die ~ sieht anders aus** the reality is different; **ein Beispiel aus der ~** an example from real life.
Präzedenzfall [prɛtse:'dɛntsfal] *m* precedent.
präzis [prɛ'tsiːs] *adj* precise.
Präzision [prɛtsizi'oːn] *f* precision.
PR-Chef *m* PR officer.
predigen ['preːdɪgən] *vt, vi* to preach.
Prediger (**-s, -**) *m* preacher.
Predigt ['preːdɪçt] (**-, -en**) *f* sermon.
Preis [praɪs] (**-es, -e**) *m* price; (*Sieges~*) prize; (*Auszeichnung*) award; **um keinen ~** not at any price; **um jeden ~** at all costs; **~angebot** *nt* quotation; **~ausschreiben** *nt* competition; **~bindung** *f* price-fixing; **~brecher** *m* (*Firma*) undercutter.
Preiselbeere *f* cranberry.
preisempfindlich *adj* price-sensitive.
preisen [praɪzən] *unreg vt* to praise; **sich glücklich ~** (*geh*) to count o.s. lucky.
Preis- *zW*: **~entwicklung** *f* price trend; **~erhöhung** *f* price increase; **~frage** *f* question of price; (*Wettbewerb*) prize question.
preisgeben *unreg vt* to abandon; (*opfern*) to sacrifice; (*zeigen*) to expose.
Preis- *zW*: **~gefälle** *nt* price gap; **p~gekrönt** *adj* prizewinning; **~gericht** *nt* jury; **p~günstig** *adj* inexpensive; **~index** *m* price index; **~krieg** *m* price war; **~lage** *f* price range; **p~lich** *adj* price *attr*, in price; **~liste** *f* price list, tariff; **~nachlass▲** *m* discount; **~schild** *nt* price tag; **~spanne** *f* price range; **~sturz** *m* slump; **~träger** *m* prizewinner; **p~wert** *adj* inexpensive.
prekär [pre'kɛːr] *adj* precarious.
Prellbock [prɛlbɔk] *m* buffers *pl*.
prellen *vt* to bruise; (*fig*) to cheat, swindle.
Prellung *f* bruise.
Premiere [prəmi'ɛːrə] (**-, -n**) *f* premiere.
Premierminister(in) [prəmi'eːmɪnɪstər(ɪn)] *m(f)* prime minister, premier.
Presse ['prɛsə] (**-, -n**) *f* press; **~agentur** *f* press *od* news agency; **~ausweis** *m* press pass; **~erklärung** *f* press release; **~freiheit** *f* freedom of the press; **~konferenz** *f* press conference; **~meldung** *f* press report.
pressen *vt* to press.
Presse- *zW*: **~sprecher(in)** *m(f)* spokesperson, press officer; **~stelle** *f* press office;

~verlautbarung *f* press release.
pressieren [prɛ'siːrən] *vi* to be in a hurry; **es pressiert** it's urgent.
Pressluft▲ ['prɛslʊft] *f* compressed air; **~bohrer** *m* pneumatic drill.
Prestige [prɛs'tiːʒə] (**-s**) *nt* prestige; **~verlust** *m* loss of prestige.
Preuße ['prɔysə] (**-n, -n**) *m* Prussian.
Preußen (**-s**) *nt* Prussia.
Preußin *f* Prussian.
preußisch *adj* Prussian.
prickeln ['prɪkəln] *vi* to tingle; (*kitzeln*) to tickle; (*Bläschen bilden*) to sparkle, bubble ♦ *vt* to tickle.
pries *etc* ['priːs] *vb siehe* **preisen**.
Priester ['priːstər] (**-s, -**) *m* priest.
Priesterin *f* priestess.
Priesterweihe *f* ordination (to the priesthood).
Prima ['priːma] (**-, Primen**) *f* (*früher*) *eighth and ninth year of German secondary school.*
prima *adj inv* first-class, excellent.
primär [pri'mɛːr] *adj* primary; **P~daten** *pl* primary data *pl*.
Primel ['priːməl] (**-, -n**) *f* primrose.
primitiv [primi'tiːf] *adj* primitive.
Primzahl ['priːmtsaːl] *f* prime (number).
Prinz [prɪnts] (**-en, -en**) *m* prince.
Prinzessin [prɪn'tsɛsɪn] *f* princess.
Prinzip [prɪn'tsiːp] (**-s, -ien**) *nt* principle; **aus ~** on principle; **im ~** in principle.
prinzipiell [prɪntsi'pi̯ɛl] *adj* on principle.
prinzipienlos *adj* unprincipled.
Priorität [priori'tɛːt] *f* priority; **Prioritäten** *pl* (*COMM*) preference shares *pl*, preferred stock *sing* (*US*); **~en setzen** to establish one's priorities.
Prise ['priːzə] (**-, -n**) *f* pinch.
Prisma ['prɪsma] (**-s, Prismen**) *nt* prism.
privat [pri'vaːt] *adj* private; **jdn ~ sprechen** to speak to sb in private; **P~besitz** *m* private property; **P~dozent** *m* outside lecturer; **P~fernsehen** *nt* commercial television; **P~gespräch** *nt* private conversation; (*am Telefon*) private call.
privatisieren [privati'ziːrən] *vt* to privatize.
Privatschule *f* private school.
Privatwirtschaft *f* private sector.
Privileg [privi'leːk] (**-(e)s, -ien**) *nt* privilege.
Pro [proː] (**-**) *nt* pro.
pro *präp +akk* per; **~ Stück** each, apiece.
Probe ['proːbə] (**-, -n**) *f* test; (*Teststück*) sample; (*THEAT*) rehearsal; **jdn auf die ~ stellen** to put sb to the test; **er ist auf ~ angestellt** he's employed for a probationary period; **zur ~** to try out; **~bohrung** *f* (*Öl*) exploration well; **~exemplar** *nt* specimen copy; **~fahrt** *f* test drive; **~lauf** *m* trial run.
proben *vt* to try; (*THEAT*) to rehearse.

Probe- zW: ~**stück** nt specimen; **p~weise** adv on approval; ~**zeit** f probation period.

probieren [pro'biːrən] vt to try; (Wein, Speise) to taste, sample ♦ vi to try; to taste.

Problem [pro'bleːm] (**-s, -e**) nt problem; **vor einem ~ stehen** to be faced with a problem.

Problematik [proble'maːtɪk] f problem.

problematisch [proble'maːtɪʃ] adj problematic.

problemlos adj problem-free.

Problemstellung f way of looking at a problem.

Produkt [pro'dʊkt] (**-(e)s, -e**) nt product; (AGR) produce no pl.

Produktion [prodʊktsi'oːn] f production.

Produktionsleiter m production manager.

Produktionsstätte f (Halle) shop floor.

produktiv [prodʊk'tiːf] adj productive.

Produktivität [prodʊktivi'tɛːt] f productivity.

Produzent [produ'tsɛnt] m manufacturer; (FILM) producer.

produzieren [produ'tsiːrən] vt to produce ♦ vr to show off.

Prof. [prof] abk (= Professor) Prof.

profan [pro'faːn] adj (weltlich) secular, profane; (gewöhnlich) mundane.

professionell [profɛsio'nɛl] adj professional.

Professor(in) [pro'fɛsɔr, profɛ'soːrɪn] m(f) professor; (ÖSTERR: Gymnasiallehrer) grammar school teacher (BRIT), high school teacher (US).

Professur [profɛ'suːr] f: ~ **(für)** chair (of).

Profi ['proːfi] (**-s, -s**) m abk (= Professional) pro.

Profil [pro'fiːl] (**-s, -e**) nt profile; (fig) image; (Querschnitt) cross section; (Längsschnitt) vertical section; (von Reifen, Schuhsohle) tread.

profilieren [profi'liːrən] vr to create an image for o.s.

Profilsohle f sole with a tread.

Profit [pro'fiːt] (**-(e)s, -e**) m profit.

profitieren [profi'tiːrən] vi: ~ **(von)** to profit (from).

Profitmacherei (umg) f profiteering.

pro forma adv as a matter of form.

Pro-forma-Rechnung f pro forma invoice.

Prognose [pro'gnoːzə] (**-, -n**) f prediction, prognosis.

Programm [pro'gram] (**-s, -e**) nt programme (BRIT), program (US); (COMPUT) program; (TV: Sender) channel; (Kollektion) range; **nach ~** as planned; **p~gemäß** adj according to plan; ~**fehler** m (COMPUT) bug; ~**hinweis** m (RUNDF, TV) programme (BRIT) od program (US) announcement.

programmieren [progra'miːrən] vt to programme (BRIT), program (US); (COMPUT) to program; **auf etw** akk **programmiert sein** (fig) to be geared to sth.

Programmierer(in) (**-s, -**) m(f) programmer.

Programmiersprache f (COMPUT) programming language.

Programmierung f (COMPUT) programming.

Programmvorschau f preview; (FILM) trailer.

progressiv [progrɛ'siːf] adj progressive.

Projekt [pro'jɛkt] (**-(e)s, -e**) nt project.

Projektleiter(in) m(f) project manager(ess).

Projektor [pro'jɛktɔr] m projector.

projizieren [proji'tsiːrən] vt to project.

proklamieren [prokla'miːrən] vt to proclaim.

Pro-Kopf-Einkommen nt per capita income.

Prokura [pro'kuːra] (**-, Prokuren**) f (form) power of attorney.

Prokurist(in) [proku'rɪst(ɪn)] m(f) attorney.

Prolet [pro'leːt] (**-en, -en**) m prole, pleb.

Proletariat [proletari'aːt] (**-(e)s, -e**) nt proletariat.

Proletarier [prole'taːriər] (**-s, -**) m proletarian.

Prolog [pro'loːk] (**-(e)s, -e**) m prologue.

Promenade [promə'naːdə] (**-, -n**) f promenade.

Promenadenmischung f (hum) mongrel.

Promille [pro'mɪlə] (**-(s), -**) (umg) nt alcohol level; ~**grenze** f legal (alcohol) limit.

prominent [promi'nɛnt] adj prominent.

Prominenz [promi'nɛnts] f VIPs pl.

Promoter [pro'moːtər] (**-s, -**) m promoter.

Promotion [promotsi'oːn] f doctorate, Ph.D.

promovieren [promo'viːrən] vi to receive a doctorate etc.

prompt [prɔmpt] adj prompt.

Pronomen [pro'noːmɛn] (**-s, -**) nt pronoun.

Propaganda [propa'ganda] (**-**) f propaganda.

propagieren [propa'giːrən] vt to propagate.

Propangas [pro'paːngaːs] nt propane gas.

Propeller [pro'pɛlər] (**-s, -**) m propeller.

proper ['prɔpər] (umg) adj neat, tidy.

Prophet(in) [pro'feːt(ɪn)] (**-en, -en**) m(f) prophet(ess).

prophezeien [profe'tsaɪən] vt to prophesy.

Prophezeiung f prophecy.

prophylaktisch [profy'laktɪʃ] adj prophylactic (form), preventive.

Proportion [proportsi'oːn] f proportion.

proportional [proportsio'naːl] adj proportional; **P~schrift** f (COMPUT) proportional printing.

proportioniert [proportsio'niːrt] adj: **gut/ schlecht ~** well/badly proportioned.

Proporz [pro'pɔrts] (**-es, -e**) m proportional representation.

Prosa ['proːza] (**-**) f prose.

prosaisch [pro'zaːɪʃ] adj prosaic.

prosit ['proːzɪt] interj cheers!; ~ **Neujahr!** happy New Year!

Prospekt [pro'spɛkt] (**-(e)s, -e**) m leaflet, brochure.

prost [proːst] interj cheers!

Prostata ['prɔstata] (**-**) f prostate gland.

Prostituierte [prostitu'iːrtə] (**-n, -n**) f

prostitute.
Prostitution [prostitutsi'o:n] *f* prostitution.
prot. [prot] *abk* = **protestantisch**.
Protektionismus [protɛktsio'nɪsmʊs] *m* protectionism.
Protektorat [protɛkto'ra:t] (**-(e)s, -e**) *nt* (*Schirmherrschaft*) patronage; (*Schutzgebiet*) protectorate.
Protest [pro'tɛst] (**-(e)s, -e**) *m* protest.
Protestant(in) [protɛs'tant(ɪn)] *m(f)* Protestant; **p~isch** *adj* Protestant.
Protestbewegung *f* protest movement.
protestieren [protɛs'ti:rən] *vi* to protest.
Protestkundgebung *f* (protest) rally.
Prothese [pro'te:zə] (**-, -n**) *f* artificial limb; (*Zahn~*) dentures *pl*.
Protokoll [proto'kɔl] (**-s, -e**) *nt* register; (*Niederschrift*) record; (*von Sitzung*) minutes *pl*; (*diplomatisch*) protocol; (*Polizei~*) statement; (*Strafzettel*) ticket; (**das**) ~ **führen** (*bei Sitzung*) to take the minutes; (*bei Gericht*) to make a transcript of the proceedings; **etw zu ~ geben** to have sth put on record; (*bei Polizei*) to say sth in one's statement; **~führer** *m* secretary; (*JUR*) clerk (of the court).
protokollieren [protokɔ'li:rən] *vt* to take down; (*Bemerkung*) to enter in the minutes.
Proton ['pro:tɔn] (**-s, -en**) *nt* proton.
Prototyp *m* prototype.
Protz ['prɔts] (**-es, -e**) *m* swank; **p~en** *vi* to show off.
protzig *adj* ostentatious.
Proviant [provi'ant] (**-s, -e**) *m* provisions *pl*, supplies *pl*.
Provinz [pro'vɪnts] (**-, -en**) *f* province; **das ist finsterste ~** (*pej*) it's a cultural backwater.
provinziell [provɪn'tsiɛl] *adj* provincial.
Provision [provizi'o:n] *f* (*COMM*) commission.
provisorisch [provi'zo:rɪʃ] *adj* provisional.
Provisorium [provi'zo:riʊm] (**-s, -ien**) *nt* provisional arrangement.
Provokation [provokatsi'o:n] *f* provocation.
provokativ [provoka'ti:f] *adj* provocative, provoking.
provokatorisch [provoka'to:rɪʃ] *adj* provocative, provoking.
provozieren [provo'tsi:rən] *vt* to provoke.
Proz. *abk* (= *Prozent*) pc.
Prozedur [protse'du:r] *f* procedure; (*pej*) carry-on; **die ~ beim Zahnarzt** the ordeal at the dentist's.
Prozent [pro'tsɛnt] (**-(e)s, -e**) *nt* per cent, percentage; **~rechnung** *f* percentage calculation; **~satz** *m* percentage.
prozentual [protsɛntu'a:l] *adj* percentage *attrib*.
Prozess▲ [pro'tsɛs] (**-es, -e**) *m* trial, case; (*Vorgang*) process; **es zum ~ kommen lassen** to go to court; **mit jdm/etw kurzen**

~ **machen** (*fig*: *umg*) to make short work of sb/sth; **~anwalt** *m* barrister, counsel; **~führung** *f* handling of a case.
prozessieren [protsɛ'si:rən] *vi*: ~ (**mit**) to bring an action (against), go to law (with *od* against).
Prozession [protsɛsi'o:n] *f* procession.
Prozesskosten▲ *pl* (legal) costs *pl*.
prüde ['pry:də] *adj* prudish.
Prüderie [pry:də'ri:] *f* prudery.
prüfen ['pry:fən] *vt* to examine, test; (*nach~*) to check; (*erwägen*) to consider; (*Geschäftsbücher*) to audit; (*mustern*) to scrutinize.
Prüfer(in) (**-s, -**) *m(f)* examiner.
Prüfling *m* examinee.
Prüfstein *m* touchstone.
Prüfung *f* (*SCH, UNIV*) examination, exam; (*Über~*) checking; **eine ~ machen** to take *od* sit (*BRIT*) an exam(ination); **durch eine ~ fallen** to fail an exam(ination).
Prüfungs- *zW*: **~ausschuss**▲ *m* examining board; **~kommission** *f* examining board; **~ordnung** *f* exam(ination) regulations *pl*.
Prügel ['pry:gəl] (**-s, -**) *m* cudgel ♦ *pl* beating *sing*.
Prügelei [pry:gə'laɪ] *f* fight.
Prügelknabe *m* scapegoat.
prügeln *vt* to beat ♦ *vr* to fight.
Prügelstrafe *f* corporal punishment.
Prunk [prʊŋk] (**-(e)s**) *m* pomp, show; **p~voll** *adj* splendid, magnificent.
prusten ['pru:stən] (*umg*) *vi* to snort.
PS *abk* (= *Pferdestärke*) hp; (= *Postskript(um)*) PS.
Psalm [psalm] (**-s, -en**) *m* psalm.
pseudo- [psɔydo] *in zW* pseudo-.
Psychiater [psy'çia:tər] (**-s, -**) *m* psychiatrist.
Psychiatrie [psyçia'tri:] *f* psychiatry.
psychiatrisch [psy'çia:trɪʃ] *adj* psychiatric; **~e Klinik** mental *od* psychiatric hospital.
psychisch ['psy:çɪʃ] *adj* psychological; **~ gestört** emotionally *od* psychologically disturbed.
Psychoanalyse [psyçoana'ly:zə] *f* psychoanalysis.
Psychologe [psyço'lo:gə] (**-n, -n**) *m* psychologist.
Psychologie *f* psychology.
Psychologin *f* psychologist.
psychologisch *adj* psychological.
Psychotherapie *f* psychotherapy.
PTT (*SCHWEIZ*) *abk* (= *Post, Telefon, Telegraf*) *postal and telecommunication services*.
Pubertät [puber'tɛ:t] *f* puberty.
publik [pu'bli:k] *adj*: ~ **werden** to become public knowledge.
Publikum ['pu:blikʊm] (**-s**) *nt* audience; (*SPORT*) crowd; **das ~ in dieser Bar ist sehr gemischt** you get a very mixed group of

people using this bar.
Publikumserfolg *m* popular success.
Publikumsverkehr *m*: „heute kein ~"
"closed today for public business".
publizieren [publi'tsi:rən] *vt* to publish.
Pudding ['pʊdɪŋ] (-s, -e *od* -s) *m* blancmange;
~**pulver** *nt* custard powder.
Pudel ['pu:dəl] (-s, -) *m* poodle; **das also ist des**
~**s Kern** (*fig*) that's what it's really all about.
pudelwohl (*umg*) *adj*: **sich ~ fühlen** to feel on
top of the world.
Puder ['pu:dər] (-s, -) *m* powder; ~**dose** *f*
powder compact.
pudern *vt* to powder.
Puderzucker *m* icing sugar (*BRIT*),
confectioner's sugar (*US*).
Puertoricaner(in) [pʊɛrtori'ka:nər(ɪn)] (-s, -)
m(f) Puerto Rican.
puertoricanisch *adj* Puerto Rican.
Puerto Rico [pu'ɛrto'ri:ko] (-s) *nt* Puerto Rico.
Puff¹ [pʊf] (-(e)s, -e) *m* (*Wäsche~*) linen
basket; (*Sitz~*) pouf.
Puff² (-(e)s, ⁻e) (*umg*) *m* (*Stoß*) push.
Puff³ (-s, -s) (*umg*) *m od nt* (*Bordell*) brothel.
Puffer (-s, -) *m* (*auch COMPUT*) buffer;
~**speicher** *m* (*COMPUT*) cache; ~**staat** *m*
buffer state; ~**zone** *f* buffer zone.
Puffreis *m* puffed rice.
Pulle ['pʊlə] (-, -n) (*umg*) *f* bottle; **volle**
~ **fahren** (*umg*) to drive flat out.
Pulli ['pʊli] (-s, -s) (*umg*) *m* sweater, jumper
(*BRIT*).
Pullover [pʊ'lo:vər] (-s, -) *m* sweater, jumper
(*BRIT*).
Pullunder [pʊ'lʊndər] (-s, -) *m* slipover.
Puls [pʊls] (-es, -e) *m* pulse; ~**ader** *f* artery;
sich *dat* **die** ~**ader(n) aufschneiden** to slash
one's wrists.
pulsieren [pʊl'zi:rən] *vi* to throb, pulsate.
Pult [pʊlt] (-(e)s, -e) *nt* desk.
Pulver ['pʊlfər] (-s, -) *nt* powder; ~**fass**▲ *nt*
powder keg; **(wie) auf einem** ~**fass sitzen**
(*fig*) to be sitting on (top of) a volcano.
pulverig *adj* powdery.
pulverisieren [pʊlveri'zi:rən] *vt* to pulverize.
Pulverkaffee *m* instant coffee.
Pulverschnee *m* powdery snow.
pummelig ['pʊməlɪç] *adj* chubby.
Pump (-(e)s) (*umg*) *m*: **auf** ~ **kaufen** to buy on
tick (*BRIT*) *od* credit.
Pumpe ['pʊmpə] (-, -n) *f* pump; (*umg: Herz*)
ticker.
pumpen *vt* to pump; (*umg*) to lend;
(: *entleihen*) to borrow.
Pumphose *f* knickerbockers *pl*.
puncto ['pʊŋkto] *präp +gen*: **in** ~ **X** where X is
concerned.
Punkt [pʊŋkt] (-(e)s, -e) *m* point; (*bei Muster*)
dot; (*Satzzeichen*) full stop, period (*bes US*);
~ **12 Uhr** at 12 o'clock on the dot; **nun mach**

aber mal einen ~! (*umg*) come off it!;
p~gleich *adj* (*SPORT*) level.
punktieren [pʊŋk'ti:rən] *vt* to dot; (*MED*) to
aspirate.
pünktlich ['pʏŋktlɪç] *adj* punctual; **P~keit** *f*
punctuality.
Punkt- *zW*: ~**matrix** *f* dot matrix; ~**richter** *m*
(*SPORT*) judge; ~**sieg** *m* victory on points;
~**wertung** *f* points system; ~**zahl** *f* score.
Punsch [pʊnʃ] (-(e)s, -e) *m* (hot) punch.
Pupille [pu'pɪlə] (-, -n) *f* (*im Auge*) pupil.
Puppe ['pʊpə] (-, -n) *f* doll; (*Marionette*)
puppet; (*Insekten~*) pupa, chrysalis;
(*Schaufenster~, MIL: Übungs~*) dummy;
(*umg: Mädchen*) doll, bird (*bes BRIT*).
Puppen- *zW*: ~**haus** *nt* doll's house, dollhouse
(*US*); ~**spieler** *m* puppeteer; ~**stube** *f*
(single-room) doll's house *od* dollhouse
(*US*); ~**theater** *nt* puppet theatre (*BRIT*) *od*
theater (*US*); ~**wagen** *m* doll's pram.
pupsen ['pu:psən] (*umg*) *vi* to make a rude
noise/smell.
pur [pu:r] *adj* pure; (*völlig*) sheer; (*Whisky*)
neat.
Püree [py're:] (-s, -s) *nt* purée; (*Kartoffel~*)
mashed potatoes *pl*.
Purpur ['pʊrpʊr] (-s) *m* crimson.
Purzelbaum ['pʊrtsəlbaum] *m* somersault.
purzeln *vi* to tumble.
Puste ['pu:stə] (-) (*umg*) *f* puff; (*fig*) steam.
Pusteblume (*umg*) *f* dandelion.
Pustel ['pʊstəl] (-, -n) *f* pustule.
pusten ['pu:stən] (*umg*) *vi* to puff, blow.
Pute ['pu:tə] (-, -n) *f* turkey hen.
Puter (-s, -) *m* turkey cock; **p~rot** *adj*
scarlet.
Putsch [pʊtʃ] (-(e)s, -e) *m* revolt, putsch;
p~en *vi* to revolt; ~**ist** *m* rebel; ~**versuch** *m*
attempted coup (d'état).
Putte ['pʊtə] (-, -n) *f* (*KUNST*) cherub.
Putz [pʊts] (-es) *m* (*Mörtel*) plaster, roughcast;
eine Mauer mit ~ **verkleiden** to roughcast a
wall.
putzen *vt* to clean; (*Nase*) to wipe, blow ♦ *vr* to
clean o.s.; (*veraltet: sich schmücken*) to dress
o.s. up.
Putzfrau *f* cleaning lady, charwoman (*BRIT*).
putzig *adj* quaint, funny.
Putzlappen *m* cloth.
putzmunter (*umg*) *adj* full of beans.
Putz- *zW*: ~**tag** *m* cleaning day; ~**teufel** (*umg*)
m maniac for housework; ~**zeug** *nt* cleaning
things *pl*.
Puzzle ['pasəl] (-s, -s) *nt* jigsaw (puzzle).
PVC [pe:fau'tse:] (-(s)) *nt abk* PVC.
Pygmäe [pʏ'gmɛ:ə] (-n, -n) *m* Pygmy.
Pyjama [pi'dʒa:ma] (-s, -s) *m* pyjamas *pl* (*BRIT*),
pajamas *pl* (*US*).
Pyramide [pyra'mi:də] (-, -n) *f* pyramid.
Pyrenäen [pyre'nɛ:ən] *pl*: **die** ~ the Pyrenees

pl.
Python ['py:tɔn] (**-s, -s**) *m* python; ~**schlange** *f* python.

Q, q

Q, q [ku:] *nt* Q, q; ~ **wie Quelle** ≈ Q for Queen.
qcm *abk* (= *Quadratzentimeter*) cm².
qkm *abk* (= *Quadratkilometer*) km².
qm *abk* (= *Quadratmeter*) m².
quabb(e)lig ['kvab(ə)lıç] *adj* wobbly; (*Frosch*) slimy.
Quacksalber ['kvakzalbər] (**-s, -**) *m* quack (doctor).
Quader ['kva:dər] (**-s, -**) *m* square stone block; (*MATH*) cuboid.
Quadrat [kva'dra:t] (**-(e)s, -e**) *nt* square; **q~isch** *adj* square; ~**latschen** *pl* (*hum: umg: Schuhe*) clodhoppers *pl*; ~**meter** *m* square metre (*BRIT*) *od* meter (*US*).
quadrieren [kva'dri:rən] *vt* to square.
quaken ['kva:kən] *vi* to croak; (*Ente*) to quack.
quäken ['kvɛ:kən] *vi* to screech.
quäkend *adj* screeching.
Quäker(in) (**-s, -**) *m(f)* Quaker.
Qual [kva:l] (**-, -en**) *f* pain, agony; (*seelisch*) anguish; **er machte ihr das Leben zur** ~ he made her life a misery.
quälen ['kvɛ:lən] *vt* to torment ♦ *vr* (*sich abmühen*) to struggle; (*geistig*) to torment o.s.; ~**de Ungewissheit** agonizing uncertainty.
Quälerei [kvɛ:lə'raɪ] *f* torture, torment.
Quälgeist (*umg*) *m* pest.
Qualifikation [kvalifikatsi'o:n] *f* qualification.
qualifizieren [kvalifi'tsi:rən] *vt* to qualify; (*einstufen*) to label ♦ *vr* to qualify.
qualifiziert *adj* (*Arbeiter, Nachwuchs*) qualified; (*Arbeit*) professional; (*POL: Mehrheit*) requisite.
Qualität [kvali'tɛ:t] *f* quality; **von ausgezeichneter** ~ (of) top quality.
qualitativ [kvalita'ti:f] *adj* qualitative.
Qualitätskontrolle *f* quality control.
Qualitätsware *f* article of high quality.
Qualle ['kvalə] (**-, -n**) *f* jellyfish.
Qualm [kvalm] (**-(e)s**) *m* thick smoke.
qualmen *vt, vi* to smoke.
qualvoll ['kva:lfɔl] *adj* painful; (*Schmerzen*) excruciating, agonizing.
Quantensprung *m* quantum leap.
Quantentheorie ['kvantənteori:] *f* quantum theory.

Quantität [kvanti'tɛ:t] *f* quantity.
quantitativ [kvantita'ti:f] *adj* quantitative.
Quantum ['kvantʊm] (**-s, Quanten**) *nt* quantity, amount.
Quarantäne [karan'tɛ:nə] (**-, -n**) *f* quarantine.
Quark¹ [kvark] (**-s**) *m* curd cheese, quark; (*umg*) rubbish.
Quark² [kvark] (**-s, -s**) *nt* (*PHYS*) quark.
Quarta ['kvarta] (**-, Quarten**) *f* (*früher*) third year of German secondary school.
Quartal [kvar'ta:l] (**-s, -e**) *nt* quarter (year); **Kündigung zum** ~ quarterly notice date.
Quartett [kvar'tɛt] (**-(e)s, -e**) *nt* (*MUS*) quartet; (*KARTEN*) set of four cards; (: *Spiel*) ≈ happy families.
Quartier [kvar'ti:r] (**-s, -e**) *nt* accommodation (*BRIT*), accommodations *pl* (*US*); (*MIL*) quarters *pl*; (*Stadt~*) district.
Quarz [kva:rts] (**-es, -e**) *m* quartz.
quasi ['kva:zi] *adv* virtually ♦ *präf* quasi.
quasseln ['kvasəln] (*umg*) *vi* to natter.
Quaste ['kvastə] (**-, -n**) *f* (*Troddel*) tassel; (*von Pinsel*) bristles *pl*.
Quästur [kvɛs'tu:r] *f* (*UNIV*) bursary.
Quatsch [kvatʃ] (**-es**) (*umg*) *m* rubbish, hogwash; **hört doch endlich auf mit dem** ~! stop being so stupid!; ~ **machen** to mess about.
quatschen *vi* to chat, natter.
Quatschkopf (*umg*) *m* (*pej: Schwätzer*) windbag; (*Dummkopf*) twit (*BRIT*).
Quecksilber ['kvɛkzɪlbər] *nt* mercury.
Quelle ['kvɛlə] (**-, -n**) *f* spring; (*eines Flusses, COMPUT*) source; **an der** ~ **sitzen** (*fig*) to be well placed; **aus zuverlässiger** ~ from a reliable source.
quellen *vi* (*hervor~*) to pour *od* gush forth; (*schwellen*) to swell.
Quellenangabe *f* reference.
Quellsprache *f* source language.
Quengelei [kvɛŋə'laɪ] (*umg*) *f* whining.
quengelig (*umg*) *adj* whining.
quengeln (*umg*) *vi* to whine.
quer [kve:r] *adv* crossways, diagonally; (*rechtwinklig*) at right angles; ~ **gestreift** horizontally striped; **sich** ~ **legen** (*fig: umg*) to be awkward; ~ **auf dem Bett** across the bed; **Q~balken** *m* crossbeam; **Q~denker** *m* maverick.
Quere ['kve:rə] (**-**) *f*: **jdm in die** ~ **kommen** to cross sb's path.
quer- *zW*: ~**feldein** *adv* across country; **Q~feldeinrennen** *nt* cross-country; (*mit Motorrädern*) motocross; (*Radrennen*) cyclo-cross; **Q~flöte** *f* flute; **Q~format** *nt* oblong format; **Q~kopf** *m* awkward customer; **Q~schiff** *nt* transept; **Q~schläger** (*umg*) *m* ricochet; **Q~schnitt** *m* cross section; ~**schnittsgelähmt** *adj* paraplegic, paralysed below the waist; **Q~schnittslähmung** *f*

paraplegia; **Q~straße** *f* intersecting road;
Q~strich *m* (horizontal) stroke *od* line;
Q~summe *f* (*MATH*) sum of digits of a
number; **Q~treiber** (**-s, -**) *m* obstructionist.
Querulant(in) [kveru'lant(ɪn)] (**-en, -en**) *m(f)*
grumbler.
Querverbindung *f* connection, link.
Querverweis *m* cross-reference.
quetschen ['kvɛtʃən] *vt* to squash, crush;
    (*MED*) to bruise ♦ *vr* (*sich klemmen*) to be
    caught; (*sich zwängen*) to squeeze (o.s.).
Quetschung *f* bruise, contusion (*form*).
Queue [køː] (**-s, -s**) *nt* (*BILLIARD*) cue.
quicklebendig ['kvɪkle'bɛndɪç] (*umg*) *adj*
    (*Kind*) lively, active; (*ältere Person*) spry.
quieken ['kviːkən] *vi* to squeak.
quietschen ['kviːtʃən] *vi* to squeak.
quietschvergnügt ['kviːtʃfɛrgnyːkt] (*umg*) *adj*
    happy as a sandboy.
quillt [kvɪlt] *vb siehe* **quellen**.
Quinta ['kvɪnta] (**-, Quinten**) *f* (*früher*) second
    year in German secondary school.
Quintessenz ['kvɪntɛsɛnts] *f* quintessence.
Quintett [kvɪn'tɛt] (**-(e)s, -e**) *nt* quintet.
Quirl [kvɪrl] (**-(e)s, -e**) *m* whisk.
quirlig ['kvɪrlɪç] *adj* lively, frisky.
quitt [kvɪt] *adj* quits, even.
Quitte (**-, -n**) *f* quince.
quittieren [kvɪ'tiːrən] *vt* to give a receipt for;
    (*Dienst*) to leave.
Quittung *f* receipt; **er hat seine ~ bekommen**
    he's paid the penalty *od* price.
Quiz [kvɪs] (**-, -**) *nt* quiz.
quoll *etc* [kvɔl] *vb siehe* **quellen**.
Quote ['kvoːtə] (**-, -n**) *f* proportion; (*Rate*) rate.
Quotenregelung *f* quota system (*for ensuring
    adequate representation of women*).
Quotierung [kvo'tiːruŋ] *f* (*COMM*) quotation.

R, r

R¹, r *nt* R, r; **~ wie Richard** ≈ R for Robert, R
    for Roger (*US*).
R², r *abk* (= *Radius*) r.
r. *abk* (= *rechts*) r.
Rabatt [ra'bat] (**-(e)s, -e**) *m* discount.
Rabatte (**-, -n**) *f* flower bed, border.
Rabattmarke *f* trading stamp.
Rabatz [ra'bats] (**-es**) (*umg*) *m* row, din.
Rabe ['raːbə] (**-n, -n**) *m* raven.
Rabenmutter *f* bad mother.
rabenschwarz *adj* pitch-black.
rabiat [rabi'aːt] *adj* furious.

Rache ['raxə] (**-**) *f* revenge, vengeance.
Rachen (**-s, -**) *m* throat.
rächen ['rɛçən] *vt* to avenge, revenge ♦ *vr* to
    take (one's) revenge; **das wird sich ~** you'll
    pay for that.
Rachitis [ra'xiːtɪs] (**-**) *f* rickets *sing*.
Rachsucht *f* vindictiveness.
rachsüchtig *adj* vindictive.
Racker ['rakər] (**-s, -**) *m* rascal, scamp.
Rad [raːt] (**-(e)s, ⁻er**) *nt* wheel; (*Fahr~*) bike;
    ~ fahren to cycle; **unter die Räder kommen**
    (*umg*) to fall into bad ways; **das fünfte ~ am
    Wagen sein** (*umg*) to be in the way.
Radar ['raːdaːr] (**-s**) *m od nt* radar; **~falle** *f*
    speed trap; **~kontrolle** *f* radar-controlled
    speed check.
Radau [ra'dau] (**-s**) (*umg*) *m* row; **~ machen** to
    kick up a row; (*Unruhe stiften*) to cause
    trouble.
Raddampfer *m* paddle steamer.
radebrechen ['raːdəbrɛçən] *vi untr*: **Deutsch** *etc*
    ~ to speak broken German *etc.*
radeln *vi* (*Hilfsverb sein*) to cycle.
Rädelsführer ['rɛːdəlsfyːrər] (**-s, -**) *m*
    ringleader.
Rad- *zW*: **~fahrer** *m* cyclist; (*pej: umg*) crawler;
    ~fahrweg *m* cycle track *od* path.
radieren [ra'diːrən] *vt* to rub out, erase; (*ART*)
    to etch.
Radiergummi *m* rubber (*BRIT*), eraser (*bes
    US*).
Radierung *f* etching.
Radieschen [ra'diːsçən] *nt* radish.
radikal [radi'kaːl] *adj* radical; **~ gegen etw
    vorgehen** to take radical steps against sth.
Radikale(r) *f(m)* radical.
Radikalisierung [radikali'ziːruŋ] *f*
    radicalization.
Radikalkur (*umg*) *f* drastic remedy.
Radio ['raːdio] (**-s, -s**) *nt* radio, wireless (*bes
    BRIT*); **im ~** on the radio; **r~aktiv** *adj*
    radioactive; **r~aktiver Niederschlag**
    (radioactive) fallout; **~aktivität** *f*
    radioactivity; **~apparat** *m* radio (set);
    ~rekorder *m* radio-cassette recorder.
Radium ['raːdiʊm] (**-s**) *nt* radium.
Radius ['raːdiʊs] (**-, Radien**) *m* radius.
Radkappe *f* (*AUT*) hub cap.
Radler(in) (**-s, -**) *m(f)* cyclist.
Rad- *zW*: **~rennbahn** *f* cycling (race)track;
    ~rennen *nt* cycle race; (*Sportart*) cycle
    racing; **~sport** *m* cycling.
RAF (**-**) *f abk* (= *Rote Armee Fraktion*) Red Army
    Faction.
raffen ['rafən] *vt* to snatch, pick up; (*Stoff*) to
    gather (up); (*Geld*) to pile up, rake in; (*umg*:
    verstehen) to catch on to.
Raffgier *f* greed, avarice.
Raffinade [rafi'naːdə] *f* refined sugar.
Raffinesse [rafi'nɛsə] (**-**) *f* (*Feinheit*)

refinement; (*Schlauheit*) cunning.
raffinieren [rafi'niːrən] *vt* to refine.
raffiniert *adj* crafty, cunning; (*Zucker*) refined.
Rage ['raːʒə] (-) *f* (*Wut*) rage, fury.
ragen ['raːɡən] *vi* to tower, rise.
Rahm [raːm] (-s) *m* cream.
Rahmen (-s, -) *m* frame(work); **aus dem**
~ **fallen** to go too far; **im ~ des Möglichen**
within the bounds of possibility; **r~** *vt* to
frame; ~**handlung** *f* (*LITER*) background
story; ~**plan** *m* outline plan; ~**richtlinien** *pl*
guidelines *pl*.
rahmig *adj* creamy.
räkeln ['rɛːkln] *vr* = **rekeln**.
Rakete [ra'keːtə] (-, -n) *f* rocket; **ferngelenkte**
~ guided missile.
Raketenstützpunkt *m* missile base.
Rallye ['rali] (-, -s) *f* rally.
rammdösig ['ramdøːzɪç] (*umg*) *adj* giddy,
dizzy.
rammen ['ramən] *vt* to ram.
Rampe ['rampə] (-, -n) *f* ramp.
Rampenlicht *nt* (*THEAT*) footlights *pl*; **sie**
möchte immer im ~ stehen (*fig*) she always
wants to be in the limelight.
ramponieren [rampo'niːrən] (*umg*) *vt* to
damage.
Ramsch [ramʃ] (-(e)s, -e) *m* junk.
ran [ran] (*umg*) *adv* = **heran**.
Rand [rant] (-(e)s, ̈er) *m* edge; (*von Brille,*
Tasse etc) rim; (*Hut~*) brim; (*auf Papier*)
margin; (*Schmutz~, unter Augen*) ring; (*fig*)
verge, brink; **außer ~ und Band** wild; **am**
~**e bemerkt** mentioned in passing; **am ~e**
der Stadt on the outskirts of the town; **etw**
am ~e miterleben to experience sth from
the sidelines.
randalieren [randa'liːrən] *vi* to (go on the)
rampage.
Rand- *zW*: ~**bemerkung** *f* marginal note; (*fig*)
odd comment; ~**erscheinung** *f* unimportant
side effect, marginal phenomenon; ~**figur** *f*
minor figure; ~**gebiet** *nt* (*GEOG*) fringe;
(*POL*) border territory; (*fig*) subsidiary;
~**streifen** *m* (*der Straße*) verge (*BRIT*), berm
(*US*); (*der Autobahn*) hard shoulder (*BRIT*),
shoulder (*US*); **r~voll** *adj* full to the brim.
rang *etc* [raŋ] *vb siehe* **ringen**.
Rang (-(e)s, ̈e) *m* rank; (*Stand*) standing;
(*Wert*) quality; (*THEAT*) circle; **ein Mann**
ohne ~ und Namen a man without any
standing; **erster/zweiter ~** dress/upper
circle.
Rangabzeichen *nt* badge of rank.
Rangälteste(r) *m* senior officer.
rangeln ['raŋəln] (*umg*) *vi* to scrap; (*um*
Posten): ~ **(um)** to wrangle (for).
Rangfolge *f* order of rank (*bes MIL*).
Rangierbahnhof [rãˈʒiːrbanhoːf] *m*
marshalling yard.

rangieren *vt* (*EISENB*) to shunt, switch (*US*)
♦ *vi* to rank, be classed.
Rangiergleis *nt* siding.
Rangliste *f* (*SPORT*) ranking list, rankings *pl*.
Rangordnung *f* hierarchy; (*MIL*) rank.
Rangunterschied *m* social distinction; (*MIL*)
difference in rank.
rank [raŋk] *adj*: ~ **und schlank** (*liter*) slender
and supple.
Ranke ['raŋkə] (-, -n) *f* tendril, shoot.
Ränke ['rɛŋkə] *pl* intrigues *pl*; ~**schmied** *m*
(*liter*) intriguer.
ranken ['raŋkən] *vr* to trail, grow; **sich um etw**
~ to twine around sth.
ränkevoll *adj* scheming.
ranklotzen ['ranklɔtsən] (*umg*) *vi* to put one's
nose to the grindstone.
ranlassen *unreg* (*umg*) *vt*: **jdn** ~ to let sb have
a go.
rann *etc* [ran] *vb siehe* **rinnen**.
rannte *etc* ['rantə] *vb siehe* **rennen**.
Ranzen ['rantsən] (-s, -) *m* satchel; (*umg:*
Bauch) belly, gut.
ranzig ['rantsɪç] *adj* rancid.
Rappe ['rapə] (-n, -n) *m* black horse.
Rappel ['rapəl] (-s, -) (*umg*) *m* (*Fimmel*) craze;
(*Wutanfall*): **einen ~ kriegen** to throw a fit.
Rappen ['rapən] (-s, -) (*SCHWEIZ*) *m* (*Geld*)
centime, rappen.
Raps [raps] (-es, -e) *m* (*BOT*) rape; ~**öl** *nt*
rapeseed oil.
rar [raːr] *adj* rare; **sich ~ machen** (*umg*) to stay
away.
Rarität [rari'tɛːt] *f* rarity; (*Sammelobjekt*)
curio.
rasant [ra'zant] *adj* quick, rapid.
rasch [raʃ] *adj* quick.
rascheln *vi* to rustle.
rasen ['raːzən] *vi* to rave; (*sich schnell*
bewegen) to race.
Rasen (-s, -) *m* grass; (*gepflegt*) lawn.
rasend *adj* furious; ~**e Kopfschmerzen** a
splitting headache.
Rasen- *zW*: ~**mäher** (-s, -) *m* lawnmower;
~**mähmaschine** *f* lawnmower; ~**platz** *m*
lawn; ~**sprenger** *m* (lawn) sprinkler.
Raserei [raːzə'raɪ] *f* raving, ranting; (*Schnelle*)
reckless speeding.
Rasier- *zW*: ~**apparat** *m* shaver; ~**creme** *f*
shaving cream; **r~en** *vt, vr* to shave; ~**klinge**
f razor blade; ~**messer** *nt* razor; ~**pinsel** *m*
shaving brush; ~**seife** *f* shaving soap *od*
stick; ~**wasser** *nt* aftershave.
raspeln ['raspəln] *vt* to grate; (*Holz*) to rasp.
Rasse ['rasə] (-, -n) *f* race; (*Tier~*) breed;
~**hund** *m* thoroughbred dog.
Rassel (-, -n) *f* rattle.
rasseln *vi* to rattle, clatter.
Rassenhass▲ *m* race *od* racial hatred.
Rassentrennung *f* racial segregation.

rassig ['rasıç] *adj* (*Pferd, Auto*) sleek; (*Frau*) vivacious; (*Wein*) spirited, lively.

Rassismus [ra'sısmʊs] (-) *m* racialism, racism.

rassistisch [ra'sıstıʃ] *adj* racialist, racist.

Rast [rast] (-, -en) *f* rest; **r~en** *vi* to rest.

Raster ['rastər] (-s, -) *m* (*ARCHIT*) grid; (*PHOT: Gitter*) screen; (*TV*) raster; (*fig*) framework.

Rast- *zW:* ~**haus** *nt* (*AUT*) service area, services *pl*; ~**hof** *m* (motorway) motel; (*mit Tankstelle*) service area (*with a motel*); **r~los** *adj* tireless; (*unruhig*) restless; ~**platz** *m* (*AUT*) lay-by (*BRIT*); ~**stätte** *f* service area, services *pl*.

Rasur [ra'zuːr] *f* shave; (*das Rasieren*) shaving.

Rat [raːt] (-(e)s, -schläge) *m* (piece of) advice; **jdm mit ~ und Tat zur Seite stehen** to support sb in (both) word and deed; **sich ~ suchend an jdn wenden** to turn to sb for advice; (**sich** *dat*) **keinen ~ wissen** not to know what to do; *siehe auch* **zurate**.

rät [rɛːt] *vb siehe* **raten**.

Rate (-, -n) *f* instalment (*BRIT*), installment (*US*); **auf ~n kaufen** to buy on hire purchase (*BRIT*) *od* on the installment plan (*US*); **in ~n zahlen** to pay in instalments (*BRIT*) *od* installments (*US*).

raten *unreg vt, vi* to guess; (*empfehlen*): **jdm ~** to advise sb; **dreimal darfst du ~** I'll give you three guesses (*auch ironisch*).

ratenweise *adv* by instalments (*BRIT*) *od* installments (*US*).

Ratenzahlung *f* hire purchase (*BRIT*), installment plan (*US*).

Ratespiel *nt* guessing game; (*TV*) quiz; (: *Beruferaten etc*) panel game.

Ratgeber (-s, -) *m* adviser.

Rathaus *nt* town hall; (*einer Großstadt*) city hall (*bes US*).

ratifizieren [ratifi'tsiːrən] *vt* to ratify.

Ratifizierung *f* ratification.

Ration [ratsi'oːn] *f* ration.

rational [ratsio'naːl] *adj* rational.

rationalisieren [ratsionali'ziːrən] *vt* to rationalize.

rationell [ratsio'nɛl] *adj* efficient.

rationieren [ratsio'niːrən] *vt* to ration.

ratlos *adj* at a loss, helpless.

Ratlosigkeit *f* helplessness.

rätoromanisch [rɛtoro'maːnıʃ] *adj* Rhaetian.

ratsam *adj* advisable.

Ratschlag *m* (piece of) advice.

Rätsel ['rɛːtsəl] (-s, -) *nt* puzzle; (*Wort~*) riddle; **vor einem ~ stehen** to be baffled; **r~haft** *adj* mysterious; **es ist mir r~haft** it's a mystery to me; **r~n** *vi* to puzzle; ~**raten** *nt* guessing game.

Ratsherr *m* councillor (*BRIT*), councilor (*US*).

Ratskeller *m* town-hall restaurant.

Ratte ['ratə] (-, -n) *f* rat.

Rattenfänger (-s, -) *m* rat-catcher.

rattern ['ratərn] *vi* to rattle, clatter.

rau▲ [raʊ] *adj* rough, coarse; (*Wetter*) harsh; **in ~en Mengen** (*umg*) by the ton, galore.

Raub [raʊp] (-(e)s) *m* robbery; (*Beute*) loot, booty; ~**bau** *m* overexploitation; ~**druck** *m* pirate(d) edition.

raubeinig▲ *adj* rough-and-ready.

rauben ['raʊbən] *vt* to rob; (*jdn*) to kidnap, abduct.

Räuber ['rɔybər] (-s, -) *m* robber; **r~isch** *adj* thieving.

Raub- *zW:* ~**fisch** *m* predatory fish; **r~gierig** *adj* rapacious; ~**kassette** *f* pirate cassette; ~**mord** *m* robbery with murder; ~**tier** *nt* predator; ~**überfall** *m* robbery with violence; ~**vogel** *m* bird of prey.

Rauch [raʊx] (-(e)s) *m* smoke; ~**abzug** *m* smoke outlet.

rauchen *vt, vi* to smoke; **mir raucht der Kopf** (*fig*) my head's spinning; „**R~ verboten**" "no smoking".

Raucher(in) (-s, -) *m(f)* smoker; ~**abteil** *nt* (*EISENB*) smoker.

räuchern ['rɔyçərn] *vt* to smoke, cure.

Räucherspeck *m* ≈ smoked bacon.

Räucherstäbchen *nt* joss stick.

Rauch- *zW:* ~**fahne** *f* smoke trail; ~**fang** *m* chimney hood; ~**fleisch** *nt* smoked meat.

rauchig *adj* smoky.

Rauchschwaden *pl* drifts of smoke *pl*.

räudig ['rɔydıç] *adj* mangy.

rauf [raʊf] (*umg*) *adv* = **herauf**; **hinauf**.

Raufasertapete▲ *f* woodchip paper.

Raufbold (-(e)s, -e) *m* thug, hooligan.

raufen *vt* (*Haare*) to pull out ♦ *vi, vr* to fight.

Rauferei [raʊfə'raɪ] *f* brawl, fight.

rauflustig *adj* ready for a fight, pugnacious.

rauh *etc*△ *siehe* **rau** *etc*.

rauhaarig▲ *adj* wire-haired; **R~reif** *m* hoarfrost.

Raum [raʊm] (-(e)s, Räume) *m* space; (*Zimmer, Platz*) room; (*Gebiet*) area; ~ **sparend** space-saving; **eine Frage im ~ stehen lassen** to leave a question unresolved; ~**ausstatter(in)** *m(f)* interior decorator.

räumen ['rɔymən] *vt* to clear; (*Wohnung, Platz*) to vacate, move out of; (*verlassen: Gebäude, Gebiet*) to evacuate; (*wegbringen*) to shift, move; (*in Schrank etc*) to put away.

Raum- *zW:* ~**fähre** *f* space shuttle; ~**fahrer** *m* astronaut; (*sowjetisch*) cosmonaut; ~**fahrt** *f* space travel.

Räumfahrzeug ['rɔymfaːrtsɔyk] *nt* bulldozer; (*für Schnee*) snow-clearer.

Rauminhalt *m* cubic capacity, volume.

Raumkapsel *f* space capsule.

räumlich ['rɔymlıç] *adj* spatial; **R~keiten** *pl* premises *pl*.

Raum- *zW:* ~**mangel** *m* lack of space; ~**maß**

nt unit of volume; cubic measurement;
~**meter** *m* cubic metre (*BRIT*) *od* meter (*US*);
~**not** *f* shortage of space; ~**ordnung** *f*
environmental planning; ~**pflegerin** *f*
cleaner; ~**schiff** *nt* spaceship; ~**schifffahrt**▲ *f*
space travel; ~**station** *f* space station;
~**transporter** *m* space shuttle.

Räumung ['rɔymuŋ] *f* clearing (away); (*von
Haus etc*) vacating; (*wegen Gefahr*)
evacuation; (*unter Zwang*) eviction.

Räumungs- *zW*: ~**befehl** *m* eviction order;
~**klage** *f* action for eviction; ~**verkauf** *m*
clearance sale.

raunen ['raunən] *vt, vi* to whisper.

Raupe ['raupə] (-, -n) *f* caterpillar;
(*Raupenkette*) (caterpillar) track.

Raupenschlepper *m* caterpillar tractor.

Raureif▲ ['rauraif] *m* hoarfrost.

raus [raus] (*umg*) *adv* = **heraus; hinaus.**

Rausch [rauʃ] (-(e), *pl* **Räusche**) *m* intoxication;
einen ~ **haben** to be drunk.

rauschen *vi* (*Wasser*) to rush; (*Baum*) to rustle;
(*Radio etc*) to hiss; (*Mensch*) to sweep, sail.

rauschend *adj* (*Beifall*) thunderous; (*Fest*)
sumptuous.

Rauschgift *nt* drug; ~**handel** *m* drug traffic;
~**händler(in)** *m(f)* drug trafflickes;
~**süchtige(r)** *f(m)* drug addict.

rausfliegen *unreg* (*umg*) *vi* to be chucked
out.

räuspern ['rɔyspərn] *vr* to clear one's throat.

Rausschmeißer ['rausʃmaisər] (-s, -) (*umg*) *m*
bouncer.

Raute ['rautə] (-, -n) *f* diamond; rhombus.

rautenförmig *adj* rhombic.

Razzia ['ratsia] (-, **Razzien**) *f* raid.

Reagenzglas [rea'gɛntsglaːs] *nt* test tube.

reagieren [rea'giːrən] *vi*: ~ (**auf** +*akk*) to react
(to).

Reaktion [reaktsi'oːn] *f* reaction.

reaktionär [reaktsio'nɛːr] *adj* reactionary.

Reaktionsfähigkeit *f* reactions *pl.*

Reaktionsgeschwindigkeit *f* speed of
reaction.

Reaktor [re'aktɔr] *m* reactor; ~**kern** *m*
reactor core; ~**unglück** *nt* nuclear
accident.

real [re'aːl] *adj* real, material; **R~einkommen**
nt real income.

realisierbar [reali'ziːrbaːr] *adj* practicable,
feasible.

Realismus [rea'lısmʊs] *m* realism.

Realist(in) [rea'lıst(ın)] *m(f)* realist; **r~isch** *adj*
realistic.

Realität [reali'tɛːt] *f* reality; **Realitäten** *pl*
(*Gegebenheiten*) facts *pl.*

realitätsfremd *adj* out of touch with reality.

Realpolitik *f* political realism.

Realschule *f* ≈ middle school (*BRIT*), junior
high school (*US*).

Realzeit *f* real time.

Rebe ['reːbə] (-, -n) *f* vine.

Rebell(in) [re'bɛl(ın)] (-en, -en) *m(f)* rebel.

rebellieren [rebɛ'liːrən] *vi* to rebel.

Rebellion [rebɛli'oːn] *f* rebellion.

rebellisch [re'bɛlıʃ] *adj* rebellious.

Rebensaft *m* wine.

Reb- [rɛp] *zW*: ~**huhn** *nt* partridge; ~**laus** *f* vine
pest; ~**stock** *m* vine.

Rechen ['rɛçən] (-s, -) *m* rake; **r~** *vt, vi* to rake.

Rechen- *zW*: ~**aufgabe** *f* sum, mathematical
problem; ~**fehler** *m* miscalculation;
~**maschine** *f* adding machine.

Rechenschaft *f* account; **jdm über etw** *akk* ~
ablegen to account to sb for sth; **jdn zur** ~
ziehen (für) to call sb to account (for *od* over);
jdm ~ **schulden** to be accountable to sb.

Rechenschaftsbericht *m* report.

Rechenschieber *m* slide rule.

Rechenzentrum *nt* computer centre (*BRIT*)
od center (*US*).

recherchieren [reʃɛr'ʃiːrən] *vt, vi* to
investigate.

rechnen ['rɛçnən] *vt, vi* to calculate;
(*veranschlagen*) to estimate, reckon; **jdn/etw
zu etw** ~ to count sb/sth among sth; ~ **mit**
to reckon with; ~ **auf** +*akk* to count on.

Rechnen *nt* arithmetic; (*bes SCH*) sums *pl.*

Rechner (-s, -) *m* calculator; (*COMPUT*)
computer; **r~fern** *adj* (*COMPUT*) remote;
r~isch *adj* arithmetical.

Rechnung *f* calculation(s); (*COMM*) bill
(*BRIT*), check (*US*); **auf eigene** ~ on one's
own account; (**jdm) etw in** ~ **stellen** to
charge (sb) for sth; **jdm/etw** ~ **tragen** to
take sb/sth into account.

Rechnungs- *zW*: ~**buch** *nt* account book; ~**hof**
m ≈ Auditor-General's office (*BRIT*), audit
division (*US*); ~**jahr** *nt* financial year;
~**prüfer** *m* auditor; ~**prüfung** *f* audit(ing).

recht [rɛçt] *adj* right ♦ *adv* (*vor Adjektiv*) really,
quite; **das ist mir** ~ that suits me; **jetzt erst**
~ now more than ever; **alles, was** ~ **ist**
(*empört*) fair's fair; (*anerkennend*) you can't
deny it; **nach dem R~en sehen** to see that
everything's O.K.; **R~ haben** to be right;
jdm R~ ~ **geben** to agree with sb, admit that
sb is right; **du kommst gerade** ~, **um ...**
you're just in time to ...; **gehe ich** ~ **in der**

Annahme, dass ...? am I correct in assuming that ...?; ~ herzlichen Dank thank you very much indeed.

Recht (-(e)s, -e) nt right; (JUR) law; ~ sprechen to administer justice; mit od zu ~ rightly, justly; von ~s wegen by rights; zu seinem ~ kommen (lit) to gain one's rights; (fig) to come into one's own; gleiches ~ für alle! equal rights for all!

Rechte f right (hand); (POL) Right.

Rechte(r, s) f(m) (POL) right-winger ♦ nt right thing; etwas/nichts ~s something/nothing proper.

rechte(r, s) adj right; (POL) right-wing.

recht- zW: **R~eck** (-(e)s, -e) nt rectangle; ~eckig adj rectangular; ~fertigen vt untr to justify ♦ vr untr to justify o.s.; **R~fertigung** f justification; ~haberisch adj dogmatic; ~lich adj legal, lawful; ~lich nicht zulässig not permissible in law, illegal; ~mäßig adj legal, lawful.

rechts [rɛçts] adv on od to the right; ~ stehen od sein (POL) to be right-wing; ~ stricken to knit (plain); **R~abbieger** (-s, -) m: die Spur für **R~abbieger** the right-hand turn-off lane; **R~anspruch** m: einen **R~anspruch** auf etw akk haben to be legally entitled to sth; **R~anwalt** m, **R~anwältin** f lawyer, barrister; **R~außen** (-, -) m (SPORT) outside right; **R~beistand** m legal adviser.

rechtschaffen adj upright.

Rechtschreibung f spelling.

Rechts- zW: ~drehung f clockwise rotation; ~extremismus m right-wing extremism; ~extremist m right-wing extremist; ~fall m (law) case; ~frage f legal question; r~gültig adj legally valid; ~händer(in) (-s, -) m(f) right-handed person; r~kräftig adj valid, legal; ~kurve f right-hand bend; ~lage f legal position; r~lastig adj listing to the right; (fig) leaning to the right; ~pflege f administration of justice; ~pfleger m official with certain judicial powers.

Rechtsprechung ['rɛçtʃprɛçʊŋ] f (Gerichtsbarkeit) jurisdiction; (richterliche Tätigkeit) dispensation of justice.

Rechts- zW: r~radikal adj (POL) extreme right-wing; ~schutz m legal protection; ~spruch m verdict; ~staat m state under the rule of law; ~streit m lawsuit; ~titel m title; r~verbindlich adj legally binding; ~verkehr m driving on the right; ~weg m: der ~weg ist ausgeschlossen ≈ the judges' decision is final; r~widrig adj illegal; ~wissenschaft f jurisprudence.

rechtwinklig adj right-angled.

rechtzeitig adj timely ♦ adv in time.

Reck [rɛk] (-(e)s, -e) nt horizontal bar.

recken vt, vr to stretch.

recyceln [riː'saɪkəln] vt to recycle.

Recycling [ri'saɪklɪŋ] (-s) nt recycling.

Red. abk = Redaktion; (= Redakteur(in)) ed.

Redakteur(in) [redak'tøːr(ɪn)] m(f) editor.

Redaktion [redaktsi'oːn] f editing; (Leute) editorial staff; (Büro) editorial office(s pl).

Redaktionsschluss▲ m time of going to press; (Einsendeschluss) copy deadline.

Rede ['reːdə] (-, -n) f speech; (Gespräch) talk; jdn zur ~ stellen to take sb to task; eine ~ halten to make a speech; das ist nicht der ~ wert it's not worth mentioning; davon kann keine ~ sein it's out of the question; ~freiheit f freedom of speech; r~gewandt adj eloquent.

Reden (-s) nt talking, speech.

reden vi to talk, speak ♦ vt to say; (Unsinn etc) to talk; (viel) von sich ~ machen to become (very much) a talking point; darüber lässt sich ~ that's a possibility; (über Preis, Bedingungen) I think we could discuss that; er lässt mit sich ~ he could be persuaded; (in Bezug auf Preis) he's open to offers; (gesprächsbereit) he's open to discussion.

Redensart f set phrase.

Redeschwall m torrent of words.

Redewendung f expression, idiom.

redlich ['reːtlɪç] adj honest; **R~keit** f honesty.

Redner(in) (-s, -) m(f) speaker, orator.

redselig ['reːtzeːlɪç] adj talkative, loquacious; **R~keit** f talkativeness, loquacity.

redundant [redʊn'dant] adj redundant.

Redundanz [redʊn'dants] (-) f redundancy.

reduzieren [redu'tsiːrən] vt to reduce.

Reduzierung f reduction.

Reede ['reːdə] (-, -n) f protected anchorage.

Reeder (-s, -) m shipowner.

Reederei [reːdə'raɪ] f shipping line od firm.

reell [re'ɛl] adj fair, honest; (Preis) fair; (COMM: Geschäft) sound; (MATH) real.

Reetdach ['reːtdax] nt thatched roof.

Ref. abk = Referendar(in); Referent(in).

Referat [refe'raːt] (-(e)s, -e) nt report; (Vortrag) paper; (Gebiet) section; (VERWALTUNG: Ressort) department; ein ~ halten to present a seminar paper.

Referendar(in) [referen'daːr(ɪn)] m(f) trainee (in civil service); (Studien~) trainee teacher; (Gerichts~) articled clerk.

Referendum [refe'rɛndʊm] (-s, Referenden) nt referendum.

Referent(in) [refe'rɛnt(ɪn)] m(f) speaker; (Berichterstatter) reporter; (Sachbearbeiter) expert.

Referenz [refe'rɛnts] f reference.

referieren [refe'riːrən] vi: ~ über +akk to speak od talk on.

reflektieren [reflɛk'tiːrən] vt, vi to reflect; ~ auf +akk to be interested in.

Reflex [re'flɛks] (-es, -e) m reflex; ~bewegung f reflex action.

272

reflexiv [reflɛ'ksi:f] *adj* (*GRAM*) reflexive.
Reform [re'fɔrm] (-, **-en**) *f* reform.
Reformation [refɔrmatsi'o:n] *f* reformation.
Reformator [refɔr'ma:tɔr] *m* reformer; **r~isch** *adj* reformatory, reforming.
reform- *zW:* **~bedürftig** *adj* in need of reform; **~freudig** *adj* avid for reform; **R~haus** *nt* health food shop.
reformieren [refɔr'mi:rən] *vt* to reform.
Refrain [rə'frɛ:] (-s, -s) *m* refrain, chorus.
Reg. *abk* (= *Regierungs-*) gov.; (= *Register*) reg.
Regal [re'ga:l] (-s, -e) *nt* (book)shelves *pl*, bookcase; (*TYP*) stand, rack.
Regatta [re'gata] (-, **Regatten**) *f* regatta.
Reg.-Bez. *abk* = **Regierungsbezirk.**
rege ['re:gə] *adj* lively, active; (*Geschäft*) brisk.
Regel ['re:gəl] (-, **-n**) *f* rule; (*MED*) period; **in der ~** as a rule; **nach allen ~n der Kunst** (*fig*) thoroughly; **sich** *dat* **etw zur ~ machen** to make a habit of sth; **r~los** *adj* irregular, unsystematic; **r~mäßig** *adj* regular; **~mäßigkeit** *f* regularity.
regeln *vt* to regulate, control; (*Angelegenheit*) to settle ♦ *vr:* **sich von selbst ~** to take care of itself; **gesetzlich geregelt sein** to be laid down by law.
regelrecht *adj* proper, thorough.
Regelung *f* regulation; settlement.
regelwidrig *adj* irregular, against the rules.
regen ['re:gən] *vt* to move ♦ *vr* to move, stir.
Regen (-s, -) *m* rain; **vom ~ in die Traufe kommen** (*Sprichwort*) to jump out of the frying pan into the fire (*Sprichwort*).
Regenbogen *m* rainbow; **~haut** *f* (*ANAT*) iris; **~presse** *f* trashy magazines *pl*.
regenerieren [regene'ri:rən] *vr* (*BIOL*) to regenerate; (*fig*) to revitalize *od* regenerate o.s. *od* itself; (*nach Anstrengung, Schock etc*) to recover.
Regen- *zW:* **~guss▲** *m* downpour; **~mantel** *m* raincoat, mac(kintosh); **~menge** *f* rainfall; **~schauer** *m* shower (of rain); **~schirm** *m* umbrella.
Regent(in) [re'gɛnt(ɪn)] *m(f)* regent.
Regentag *m* rainy day.
Regentropfen *m* raindrop.
Regentschaft *f* regency.
Regen- *zW:* **~wald** *m* (*GEOG*) rain forest; **~wetter** *nt:* **er macht ein Gesicht wie drei** *od* **sieben Tage ~wetter** (*umg*) he's got a face as long as a month of Sundays; **~wurm** *m* earthworm; **~zeit** *f* rainy season, rains *pl*.
Regie [re'ʒi:] *f* (*FILM etc*) direction; (*THEAT*) production; **unter der ~ von** directed *od* produced by; **~anweisung** *f* (stage) direction.
regieren [re'gi:rən] *vt, vi* to govern, rule.
Regierung *f* government; (*Monarchie*) reign; **an die ~ kommen** to come to power.

Regierungs- *zW:* **~bezirk** *m* ≈ county (*BRIT*, *US*), region (*SCOT*); **~erklärung** *f* inaugural speech; (*in Großbritannien*) Queen's/King's Speech; **~sprecher** *m* government spokesman; **~vorlage** *f* government bill; **~wechsel** *m* change of government; **~zeit** *f* period in government; (*von König*) reign.
Regiment [regi'mɛnt] (-s, **-er**) *nt* regiment.
Region [regi'o:n] *f* region.
Regionalplanung [regio'na:lpla:nʊŋ] *f* regional planning.
Regionalprogramm *nt* (*RUNDF, TV*) regional programme (*BRIT*) *od* program (*US*).
Regisseur(in) [reʒɪ'sø:r(ɪn)] *m(f)* director; (*THEAT*) (stage) producer.
Register [re'gɪstər] (-s, -) *nt* register; (*in Buch*) table of contents, index; **alle ~ ziehen** (*fig*) to pull out all the stops; **~führer** *m* registrar.
Registratur [regɪstra'tu:r] *f* registry, records office.
registrieren [regɪs'tri:rən] *vt* to register; (*umg: zur Kenntnis nehmen*) to note.
Registrierkasse *f* cash register.
Regler ['re:glər] (-s, -) *m* regulator, governor.
reglos ['re:klo:s] *adj* motionless.
regnen ['re:gnən] *vi unpers* to rain ♦ *vt unpers:* **es regnet Glückwünsche** congratulations are pouring in; **es regnet in Strömen** it's pouring (with rain).
regnerisch *adj* rainy.
Regress▲ [re'grɛs] (-es, -e) *m* (*JUR*) recourse, redress; **~anspruch** *m* (*JUR*) claim for compensation.
regsam ['re:kza:m] *adj* active.
regulär [regu'lɛ:r] *adj* regular.
regulieren [regu'li:rən] *vt* to regulate; (*COMM*) to settle; **sich von selbst ~** to be self-regulating.
Regung ['re:gʊŋ] *f* motion; (*Gefühl*) feeling, impulse.
regungslos *adj* motionless.
Reh [re:] (-(e)s, -e) *nt* deer; (*weiblich*) roe deer.
rehabilitieren [rehabili'ti:rən] *vt* to rehabilitate; (*Ruf, Ehre*) to vindicate ♦ *vr* to rehabilitate (*form*) *od* vindicate o.s.
Rehabilitierung *f* rehabilitation.
Reh- *zW:* **~bock** *m* roebuck; **~braten** *m* roast venison; **~kalb** *nt* fawn; **~kitz** *nt* fawn.
Reibach ['raɪbax] (-s) *m:* **einen ~ machen** (*umg*) to make a killing.
Reibe ['raɪbə] (-, **-n**) *f* grater.
Reibeisen ['raɪp|aɪzən] *nt* grater.
Reibekuchen *m* (*KOCH*) ≈ potato waffle.
reiben *unreg vt* to rub; (*KOCH*) to grate.
Reiberei [raɪbə'raɪ] *f* friction *no pl*.
Reibfläche *f* rough surface.
Reibung *f* friction.
reibungslos *adj* smooth; **~ verlaufen** to go off smoothly.
Reich [raɪç] (-(e)s, -e) *nt* empire, kingdom; (*fig*)

realm; **das Dritte** ~ the Third Reich.

reich *adj* rich ♦ *adv*: **eine** ~ **ausgestattete Bibliothek** a well-stocked library.

reichen *vi* to reach; (*genügen*) to be enough *od* sufficient ♦ *vt* to hold out; (*geben*) to pass, hand; (*anbieten*) to offer; **so weit das Auge reicht** as far as the eye can see; **jdm** ~ (*genügen*) to be enough *od* sufficient for sb; **mir reichts!** I've had enough!

reich- *zW*: ~**haltig** *adj* ample, rich; ~**lich** *adj* ample, plenty of; **R~tum** (**-s, -tümer**) *m* wealth; **R~weite** *f* range; **jd ist in R~weite** sb is nearby.

reif [raɪf] *adj* ripe; (*Mensch, Urteil*) mature; **für etw** ~ **sein** (*umg*) to be ready for sth.

Reif¹ (**-(e)s**) *m* hoarfrost.

Reif² (**-(e)s, -e**) *m* (*Ring*) ring, hoop.

Reife (**-**) *f* ripeness; maturity; **mittlere** ~ (*SCH*) *first public examination in secondary school*, ≈ O-Levels *pl* (*BRIT*).

Reifen (**-s, -**) *m* ring, hoop; (*Fahrzeug~*) tyre (*BRIT*), tire (*US*).

reifen *vi* to mature; (*Obst*) to ripen.

Reifen- *zW*: ~**druck** *m* tyre (*BRIT*) *od* tire (*US*) pressure; ~**panne** *f* puncture, flat; ~**profil** *nt* tyre (*BRIT*) *od* tire (*US*) tread; ~**schaden** *m* puncture, flat.

Reifeprüfung *f* school-leaving exam.

Reifezeugnis *nt* school-leaving certificate.

reiflich ['raɪflɪç] *adj* thorough, careful.

Reihe ['raɪə] (**-, -n**) *f* row; (*von Tagen etc*: *umg*: *Anzahl*) series *sing*; **eine ganze** ~ (**von**) (*unbestimmte Anzahl*) a whole lot (of); **der** ~ **nach** in turn; **er ist an der** ~ it's his turn; **an die** ~ **kommen** to have one's turn; **außer der** ~ out of turn; (*ausnahmsweise*) out of the usual way of things; **aus der** ~ **tanzen** (*fig*: *umg*) to be different; (*gegen Konventionen verstoßen*) to step out of line; **ich kriege heute nichts auf die** ~ I can't get my act together today.

reihen *vt* to set in a row; to arrange in series; (*Perlen*) to string.

Reihen- *zW*: ~**folge** *f* sequence; **alphabetische** ~**folge** alphabetical order; ~**haus** *nt* terraced (*BRIT*) *od* row (*US*) house; ~**untersuchung** *f* mass screening; **r~weise** *adv* (*in Reihen*) in rows; (*fig*: *in großer Anzahl*) by the dozen.

Reiher (**-s, -**) *m* heron.

reihum [raɪ'ʊm] *adv*: **etw** ~ **gehen lassen** to pass sth around.

Reim [raɪm] (**-(e)s, -e**) *m* rhyme; **sich** *dat* **einen** ~ **auf etw** *akk* **machen** (*umg*) to make sense of sth; **r~en** *vt* to rhyme.

rein¹ [raɪn] (*umg*) *adv* = **herein, hinein**.

rein² [raɪn] *adj* pure; (*sauber*) clean ♦ *adv* purely; ~ **waschen** to clear o.s.; **das ist die** ~**ste Freude/der** ~**ste Hohn** *etc* it's pure *od* sheer joy/mockery *etc*; **etw ins R~e**

schreiben to make a fair copy of sth; **etw ins R~e bringen** to clear sth up; ~**en Tisch machen** (*fig*) to get things straight; ~ **unmöglich** (*umg*: *ganz, völlig*) absolutely impossible.

Rein- *in zW* (*COMM*) net(t).

Rein(e)machefrau *f* cleaning lady, charwoman (*BRIT*).

rein(e)weg (*umg*) *adv* completely, absolutely.

rein- *zW*: **R~fall** (*umg*) *m* let-down; (*Misserfolg*) flop; ~**fallen** *vi*: **auf jdn/etw** ~**fallen** to be taken in by sb/sth; **R~gewinn** *m* net profit; **R~heit** *f* purity; cleanness.

reinigen ['raɪnɪgən] *vt* to clean; (*Wasser*) to purify.

Reiniger (**-s, -**) *m* cleaner.

Reinigung *f* cleaning; purification; (*Geschäft*) cleaner's; **chemische** ~ dry-cleaning; (*Geschäft*) dry-cleaner's.

Reinigungsmittel *nt* cleansing agent.

rein- *zW*: ~**lich** *adj* clean; **R~lichkeit** *f* cleanliness; ~**rassig** *adj* pedigree; ~**reiten** *unreg vt*: **jdn** ~**reiten** to get sb into a mess; **R~schrift** *f* fair copy; **R~vermögen** *nt* net assets *pl*.

Reis¹ [raɪs] (**-es, -e**) *m* rice.

Reis² [raɪs] (**-es, -er**) *nt* twig, sprig.

Reise ['raɪzə] (**-, -n**) *f* journey; (*Schiffs~*) voyage; **Reisen** *pl* travels *pl*; **gute** ~! bon voyage!, have a good journey!; **auf** ~**n sein** to be away (travelling (*BRIT*) *od* traveling (*US*)); **er ist viel auf** ~**n** he does a lot of travelling (*BRIT*) *od* traveling (*US*); ~**andenken** *nt* souvenir; ~**apotheke** *f* first-aid kit; ~**bericht** *m* account of one's journey; (*Buch*) travel story; (*Film*) travelogue (*BRIT*), travelog (*US*); ~**büro** *nt* travel agency; ~**diplomatie** *f* shuttle diplomacy; ~**erleichterungen** *pl* easing *sing* of travel restrictions; **r~fertig** *adj* ready to start; ~**fieber** *nt* (*fig*) travel nerves *pl*; ~**führer** *m* guide(book); (*Mensch*) (travel) guide; ~**gepäck** *nt* luggage; ~**gesellschaft** *f* party of travellers (*BRIT*) *od* travelers (*US*); ~**kosten** *pl* travelling (*BRIT*) *od* traveling (*US*) expenses *pl*; ~**leiter** *m* courier; ~**lektüre** *f* reading for the journey; ~**lust** *f* wanderlust.

reisen *vi* to travel; ~ **nach** to go to.

Reisende(r) *f(m)* traveller (*BRIT*), traveler (*US*).

Reise- *zW*: ~**pass**▲ *m* passport; ~**pläne** *pl* plans *pl* for a *od* the journey; ~**proviant** *m* provisions *pl* for the journey; ~**route** *f* itinerary; ~**scheck** *m* traveller's cheque (*BRIT*), traveler's check (*US*); ~**schreibmaschine** *f* portable typewriter; ~**tasche** *f* travelling (*BRIT*) *od* traveling (*US*) bag *od* case; ~**veranstalter** *m* tour operator; ~**verkehr** *m* tourist *od* holiday traffic; ~**wetter** *nt* holiday weather; ~**ziel** *nt* destination.

Reisig ['raɪzɪç] (-s) *nt* brushwood.

Reißaus *m*: ~ **nehmen** to run away, flee.

Reißbrett *nt* drawing board; ~**stift** *m* drawing pin (*BRIT*), thumbtack (*US*).

reißen ['raɪsən] *unreg vt* to tear; (*ziehen*) to pull, drag; (*Witz*) to crack ♦ *vi* to tear; to pull, drag; **etw an sich** ~ to snatch sth up; (*fig*) to take sth over; **sich um etw** ~ to scramble for sth; **wenn alle Stricke** ~ (*fig: umg*) if the worst comes to the worst; *siehe auch* **hingerissen**.

Reißen *nt* (*Gewichtheben: Disziplin*) snatch; (*umg: Glieder~*) ache.

reißend *adj* (*Fluss*) torrential; (*COMM*) rapid; ~**en Absatz finden** to sell like hot cakes (*umg*).

Reißer (-s, -) (*umg*) *m* thriller; **r~isch** *adj* sensational.

Reiß- *zW*: ~**leine** *f* (*AVIAT*) ripcord; ~**nagel** *m* drawing pin (*BRIT*), thumbtack (*US*); ~**schiene** *f* T-square; ~**verschluss**▲ *m* zip (fastener) (*BRIT*), zipper (*US*); ~**wolf** *m* shredder; **durch den** ~**wolf geben** (*Dokumente*) to shred; ~**zeug** *nt* geometry set; ~**zwecke** *f* = **Reißnagel**.

reiten ['raɪtən] *unreg vt, vi* to ride.

Reiter (-s, -) *m* rider; (*MIL*) cavalryman, trooper.

Reiterei [raɪtə'raɪ] *f* cavalry.

Reiterin *f* rider.

Reit- *zW*: ~**hose** *f* riding breeches *pl*; ~**pferd** *nt* saddle horse; ~**schule** *f* riding school; ~**stiefel** *m* riding boot; ~**turnier** *nt* horse show; ~**weg** *m* bridle path; ~**zeug** *nt* riding outfit.

Reiz [raɪts] (-es, -e) *m* stimulus; (*angenehm*) charm; (*Verlockung*) attraction.

reizbar *adj* irritable; **R~keit** *f* irritability.

reizen *vt* to stimulate; (*unangenehm*) to irritate; (*verlocken*) to appeal to, attract; (*KARTEN*) to bid ♦ *vi*: **zum Widerspruch** ~ to invite contradiction.

reizend *adj* charming.

Reiz- *zW*: ~**gas** *nt* tear gas, CS gas; ~**husten** *m* chesty cough; **r~los** *adj* unattractive; **r~voll** *adj* attractive; ~**wäsche** *f* sexy underwear; ~**wort** *nt* emotive word.

rekapitulieren [rekapitu'liːrən] *vt* to recapitulate.

rekeln ['reːkəln] *vr* to stretch out; (*lümmeln*) to lounge *od* loll about.

Reklamation [reklamatsi'oːn] *f* complaint.

Reklame [re'klaːmə] (-, -n) *f* advertising; (*Anzeige*) advertisement; **mit etw** ~ **machen** (*pej*) to show off about sth; **für etw** ~ **machen** to advertise sth; ~**trommel** *f*: **die** ~**trommel für jdn/etw rühren** (*umg*) to beat the (big) drum for sb/sth; ~**wand** *f* notice (*BRIT*) *od* bulletin (*US*) board.

reklamieren [rekla'miːrən] *vi* to complain ♦ *vt* to complain about; (*zurückfordern*) to reclaim.

rekonstruieren [rekɔnstru'iːrən] *vt* to reconstruct.

Rekonvaleszenz [rekɔnvalɛs'tsɛnts] *f* convalescence.

Rekord [re'kɔrt] (-(e)s, -e) *m* record; ~**leistung** *f* record performance.

Rekrut [re'kruːt] (-en, -en) *m* recruit.

rekrutieren [rekru'tiːrən] *vt* to recruit ♦ *vr* to be recruited.

Rektor ['rɛktɔr] *m* (*UNIV*) rector, vice-chancellor; (*SCH*) head teacher (*BRIT*), principal (*US*).

Rektorat [rɛktɔ'raːt] (-(e)s, -e) *nt* rectorate, vice-chancellorship; headship (*BRIT*), principalship (*US*); (*Zimmer*) rector's *etc* office.

Rektorin [rɛk'toːrɪn] *f* (*SCH*) head teacher (*BRIT*), principal (*US*).

Rel. *abk* (= *Religion*) rel.

Relais [rə'lɛː] (-, -) *nt* relay.

Relation [relatsi'oːn] *f* relation.

relativ [rela'tiːf] *adj* relative.

Relativität [relativi'tɛːt] *f* relativity.

Relativpronomen *nt* (*GRAM*) relative pronoun.

relevant [rele'vant] *adj* relevant.

Relevanz *f* relevance.

Relief [reli'ɛf] (-s, -s) *nt* relief.

Religion [religi'oːn] *f* religion.

Religions- *zW*: ~**freiheit** *f* freedom of worship; ~**lehre** *f* religious education; ~**unterricht** *m* religious education.

religiös [religi'øːs] *adj* religious.

Relikt [re'lɪkt] (-(e)s, -e) *nt* relic.

Reling ['reːlɪŋ] (-, -s) *f* (*NAUT*) rail.

Reliquie [re'liːkviə] *f* relic.

Reminiszenz [reminɪs'tsɛnts] *f* reminiscence, recollection.

Remis [rə'miː] (-, - *od* -en) *nt* (*SCHACH, SPORT*) draw.

Remittende [remɪ'tɛndə] (-, -n) *f* (*COMM*) return.

Remittent *m* (*FIN*) payee.

remittieren *vt* (*COMM: Waren*) to return; (*Geld*) to remit.

Remmidemmi ['rɛmɪdɛmɪ] (-s) (*umg*) *nt* (*Krach*) row, rumpus; (*Trubel*) rave-up.

Remoulade [remu'laːdə] (-, -n) *f* remoulade.

rempeln ['rɛmpəln] (*umg*) *vt* to jostle, elbow; (*SPORT*) to barge into; (*foulen*) to push.

Ren [reːn, rɛn] (-s, -s *od* -e) *nt* reindeer.

Renaissance [rənɛ'sãːs] (-, -n) *f* (*HIST*) renaissance; (*fig*) revival, rebirth.

Rendezvous [rãde'vuː] (-, -) *nt* rendezvous.

Rendite [rɛn'diːtə] (-, -n) *f* (*FIN*) yield, return on capital.

Rennbahn *f* racecourse; (*AUT*) circuit,

racetrack.

rennen ['rɛnən] *unreg vt, vi* to run, race; **um die Wette** ~ to have a race; **R~** (**-s, -**) *nt* running; (*Wettbewerb*) race; **das R~ machen** (*lit, fig*) to win (the race).

Renner (**-s, -**) (*umg*) *m* winner, worldbeater.

Renn- *zW*: ~**fahrer** *m* racing driver (*BRIT*), race car driver (*US*); ~**pferd** *nt* racehorse; ~**platz** *m* racecourse; ~**rad** *nt* racing cycle; ~**sport** *m* racing; ~**wagen** *m* racing car (*BRIT*), race car (*US*).

renommiert [rɛnɔ'miːrt] *adj*: ~ (**wegen**) renowned (for), famous (for).

renovieren [reno'viːrən] *vt* to renovate.

Renovierung *f* renovation.

rentabel [rɛn'taːbəl] *adj* profitable, lucrative.

Rentabilität [rɛntabili'tɛːt] *f* profitability.

Rente ['rɛntə] (**-, -n**) *f* pension.

Renten- *zW*: ~**basis** *f* annuity basis; ~**empfänger** *m* pensioner; ~**papier** *nt* (*FIN*) fixed-interest security; ~**versicherung** *f* pension scheme.

Rentier ['rɛntiːr] *nt* reindeer.

rentieren [rɛn'tiːrən] *vi, vr* to pay, be profitable; **das rentiert (sich) nicht** it's not worth it.

Rentner(in) ['rɛntnər(ın)] (**-s, -**) *m(f)* pensioner.

Reparation [reparatsi'oːn] *f* reparation.

Reparatur [repara'tuːr] *f* repairing; repair; **etw in** ~ **geben** to have sth repaired; **r~bedürftig** *adj* in need of repair; ~**werkstatt** *f* repair shop; (*AUT*) garage.

reparieren [repa'riːrən] *vt* to repair.

Repertoire [repɛrto'aːr] (**-s, -s**) *nt* repertoire.

Reportage [repɔr'taːʒə] (**-, -n**) *f* report.

Reporter(in) [re'pɔrtər(ın)] (**-s, -**) *m(f)* reporter, commentator.

Repräsentant(in) [reprɛzɛn'tant(ın)] *m(f)* representative.

repräsentativ [reprɛzɛnta'tiːf] *adj* representative; (*Geschenk etc*) prestigious; **die** ~**en Pflichten eines Botschafters** the social duties of an ambassador.

repräsentieren [reprɛzɛn'tiːrən] *vt* to represent ♦ *vi* to perform official duties.

Repressalien [reprɛ'saːliən] *pl* reprisals *pl*.

reprivatisieren [reprivati'ziːrən] *vt* to denationalize.

Reprivatisierung *f* denationalization.

Reproduktion [reproduktsi'oːn] *f* reproduction.

reproduzieren [reprodu'tsiːrən] *vt* to reproduce.

Reptil [rɛp'tiːl] (**-s, -ien**) *nt* reptile.

Republik [repu'bliːk] *f* republic.

Republikaner [republi'kaːnər] (**-s, -**) *m* republican.

republikanisch *adj* republican.

Requisiten *pl* (*THEAT*) props *pl*, properties *pl* (*form*).

Reservat [rezɛr'vaːt] (**-(e)s, -e**) *nt* reservation.

Reserve [re'zɛrvə] (**-, -n**) *f* reserve; **jdn aus der** ~ **locken** to bring sb out of his/her shell; ~**rad** *nt* (*AUT*) spare wheel; ~**spieler** *m* reserve; ~**tank** *m* reserve tank.

reservieren [rezɛr'viːrən] *vt* to reserve.

reserviert *adj* (*Platz, Mensch*) reserved.

Reservist [rezɛr'vɪst] *m* reservist.

Reservoir [rezɛrvo'aːr] (**-s, -e**) *nt* reservoir.

Residenz [rezi'dɛnts] *f* residence, seat.

residieren [rezi'diːrən] *vi* to reside.

Resignation [rezıgnatsi'oːn] *f* resignation.

resignieren [rezı'gniːrən] *vi* to resign.

resolut [rezo'luːt] *adj* resolute.

Resolution [rezolutsi'oːn] *f* resolution; (*Bittschrift*) petition.

Resonanz [rezo'nants] *f* (*lit, fig*) resonance; ~**boden** *m* sounding board; ~**kasten** *m* soundbox.

Resopal ® [rezo'paːl] (**-s**) *nt* Formica ®.

resozialisieren [rezotsiali'ziːrən] *vt* to rehabilitate.

Resozialisierung *f* rehabilitation.

Respekt [rɛ'spɛkt] (**-(e)s**) *m* respect; (*Angst*) fear; **bei allem** ~ (**vor jdm/etw**) with all due respect (to sb/for sth).

respektabel [rɛspɛk'taːbəl] *adj* respectable.

respektieren [rɛspɛk'tiːrən] *vt* to respect.

respektlos *adj* disrespectful.

Respektsperson *f* person commanding respect.

respektvoll *adj* respectful.

Ressentiment [rɛsãti'mãː] (**-s, -s**) *nt* resentment.

Ressort [rɛ'soːr] (**-s, -s**) *nt* department; **in das** ~ **von jdm fallen** (*lit, fig*) to be sb's department.

Ressourcen [rɛ'sʊrsən] *pl* resources *pl*.

Rest [rɛst] (**-(e)s, -e**) *m* remainder, rest; (*Über~*) remains *pl*; **Reste** *pl* (*COMM*) remnants *pl*; **das hat mir den** ~ **gegeben** (*umg*) that finished me off.

Restaurant [rɛsto'rãː] (**-s, -s**) *nt* restaurant.

Restauration [rɛstauratsi'oːn] *f* restoration.

restaurieren [rɛstau'riːrən] *vt* to restore.

Restaurierung *f* restoration.

Rest- *zW*: ~**betrag** *m* remainder, outstanding sum; **r~lich** *adj* remaining; **r~los** *adj* complete; ~**posten** *m* (*COMM*) remaining stock.

Resultat [rezul'taːt] (**-(e)s, -e**) *nt* result.

Retorte [re'tɔrtə] (**-, -n**) *f* retort; **aus der** ~ (*umg*) synthetic.

Retortenbaby *nt* test-tube baby.

retour [re'tuːr] *adv* (*veraltet*) back.

Retouren *pl* (*Waren*) returns *pl*.

retten ['rɛtən] *vt* to save, rescue ♦ *vr* to escape; **bist du noch zu** ~? (*umg*) are you out of your mind?; **sich vor etw** *dat* **nicht mehr** ~ **können** (*fig*) to be swamped with sth.

Retter(in) (-s, -) *m(f)* rescuer, saviour (*BRIT*), savior (*US*).

Rettich ['rɛtɪç] (-s, -e) *m* radish.

Rettung *f* rescue; (*Hilfe*) help; **seine letzte ~** his last hope.

Rettungs- *zW*: **~aktion** *f* rescue operation; **~boot** *nt* lifeboat; **~dienst** *m* rescue service; **~gürtel** *m* lifebelt, life preserver (*US*); **r~los** *adj* hopeless; **~ring** *m* = **Rettungsgürtel**; **~schwimmer** *m* lifesaver; (*am Strand*) lifeguard; **~wagen** *m* ambulance.

Return-Taste [ri'tøːrntastə] *f* (*COMPUT*) return key.

retuschieren [retu'ʃiːrən] *vt* (*PHOT*) to retouch.

Reue ['rɔyə] (-) *f* remorse; (*Bedauern*) regret.

reuen *vt*: **es reut ihn** he regrets it, he is sorry about it.

reuig ['rɔyç] *adj* penitent.

reumütig *adj* remorseful; (*Sünder*) contrite.

Reuse ['rɔyzə] (-, -n) *f* fish trap.

Revanche [re'vãːʃə] (-, -n) *f* revenge; (*SPORT*) return match.

revanchieren [revã'ʃiːrən] *vr* (*sich rächen*) to get one's own back, have one's revenge; (*erwidern*) to reciprocate, return the compliment.

Revers [re'vɛːr] (-, -) *nt* or *m* lapel.

revidieren [revi'diːrən] *vt* to revise; (*COMM*) to audit.

Revier [re'viːr] (-s, -e) *nt* district; (*MIN*: *Kohlen~*) (coal)mine; (*Jagd~*) preserve; (*Polizei~*) police station, station house (*US*); (*Dienstbereich*) beat (*BRIT*), precinct (*US*); (*MIL*) sick bay.

Revision [revizi'oːn] *f* revision; (*COMM*) auditing; (*JUR*) appeal.

Revisionsverhandlung *f* appeal hearing.

Revisor [re'viːzɔr] (-s, -en) *m* (*COMM*) auditor.

Revolte [re'vɔltə] (-, -n) *f* revolt.

Revolution [revolutsi'oːn] *f* revolution.

revolutionär [revolutsio'nɛːr] *adj* revolutionary.

Revolutionär(in) [revolutsio'nɛːr(ɪn)] (-s, -e) *m(f)* revolutionary.

revolutionieren [revolutsio'niːrən] *vt* to revolutionize.

Revoluzzer [revo'lutsər] (-s, -) (*pej*) *m* would-be revolutionary.

Revolver [re'vɔlvər] (-s, -) *m* revolver.

Revue [rə'vyː] (-, -n) *f*: **etw ~ passieren lassen** (*fig*) to pass sth in review.

Reykjavik ['raɪkjaviːk] (-s) *nt* Reykjavik.

Rezensent [retsɛn'zɛnt] *m* reviewer, critic.

rezensieren [retsɛn'ziːrən] *vt* to review.

Rezension *f* review.

Rezept [re'tsɛpt] (-(e)s, -e) *nt* (*KOCH*) recipe; (*MED*) prescription.

Rezeption [retsɛptsi'oːn] *f* (*von Hotel*: *Empfang*) reception.

rezeptpflichtig *adj* available only on prescription.

Rezession [retsɛsi'oːn] *f* (*FIN*) recession.

rezitieren [retsi'tiːrən] *vt* to recite.

R-Gespräch ['ɛrgəʃprɛːç] *nt* (*TEL*) reverse charge call (*BRIT*), collect call (*US*).

Rh *abk* (= *Rhesus(faktor) positiv*) Rh positive.

rh *abk* (= *Rhesus(faktor) negativ*) Rh negative.

Rhabarber [ra'barbər] (-s) *m* rhubarb.

Rhein [raɪn] (-(e)s) *m* Rhine.

rhein. *abk* = **rheinisch**.

Rheingau *m* wine-growing area along the Rhine.

Rheinhessen *nt* wine-growing area along the Rhine.

rheinisch *adj attrib* Rhenish, Rhineland.

Rheinland *nt* Rhineland.

Rheinländer(in) *m(f)* Rhinelander.

Rheinland-Pfalz *nt* Rhineland-Palatinate.

Rhesusfaktor ['reːzusfaktɔr] *m* rhesus factor.

Rhetorik [re'toːrɪk] *f* rhetoric.

rhetorisch [re'toːrɪʃ] *adj* rhetorical.

Rheuma ['rɔyma] (-s) *nt* rheumatism.

Rheumatismus [rɔyma'tɪsmus] *m* rheumatism.

Rhinozeros [ri'noːtserɔs] (- *od* -ses, -se) *nt* rhinoceros; (*umg*: *Dummkopf*) fool.

Rhld. *abk* = **Rheinland**.

Rhodesien [ro'deːziən] (-s) *nt* Rhodesia.

Rhodos ['roːdɔs] (-) *nt* Rhodes.

rhythmisch ['rytmɪʃ] *adj* rythmical.

Rhythmus *m* rhythm.

RIAS ['riːas] (-) *m abk* (= *Rundfunk im amerikanischen Sektor (Berlin)*) broadcasting station in the former American sector of Berlin.

Richtantenne ['rɪçt|antɛnə] (-, -n) *f* directional aerial (*bes BRIT*) *od* antenna.

richten ['rɪçtən] *vt* to direct; (*Waffe*) to aim; (*einstellen*) to adjust; (*instand setzen*) to repair; (*zurechtmachen*) to prepare, get ready; (*adressieren*: *Briefe, Anfragen*) to address; (*Bitten, Forderungen*) to make; (*in Ordnung bringen*) to do, fix; (*bestrafen*) to pass judgement on ♦ *vr*: **sich ~ nach** to go by; **~ an** +*akk* to direct at; (*fig*) to direct to; (*Briefe etc*) to address to; (*Bitten etc*) to make to; **~ auf** +*akk* to aim at; **wir ~ uns ganz nach unseren Kunden** we are guided entirely by our customers' wishes.

Richter(in) (-s, -) *m(f)* judge; **sich zum ~ machen** (*fig*) to set (o.s.) up in judgement; **r~lich** *adj* judicial.

Richtgeschwindigkeit *f* recommended speed.

richtig *adj* right, correct; (*echt*) proper ♦ *adv* correctly, right; (*umg*: *sehr*) really; **der/die R~e** the right one *od* person; **das R~e** the right thing; **die Uhr geht ~** the clock is

right; ~ **stellen** to correct; **R~keit** *f*
correctness; **das hat schon seine R~keit** it's
right enough; **R~stellung** *f* correction,
rectification.

Richt- *zW:* **~linie** *f* guideline; **~preis** *m*
recommended price; **~schnur** *f* (*fig:*
Grundsatz) guiding principle.

Richtung *f* direction; (*Tendenz*) tendency,
orientation; **in jeder** ~ each way.

richtungweisend *adj:* ~ **sein** to point the
way (ahead).

rieb *etc* [riːp] *vb siehe* **reiben.**

riechen ['riːçən] *unreg vt, vi* to smell; **an etw** *dat*
~ to smell sth; **es riecht nach Gas** there's a
smell of gas; **ich kann das/ihn nicht** ~ (*umg*)
I can't stand it/him; **das konnte ich doch
nicht** ~! (*umg*) how was I (supposed) to
know?

Riecher (**-s, -**) *m:* **einen guten** *od* **den richtigen**
~ **für etw haben** (*umg*) to have a nose for
sth.

Ried [riːt] (**-(e)s, -e**) *nt* reed; (*Moor*) marsh.

rief *etc* [riːf] *vb siehe* **rufen.**

Riege ['riːgə] (**-, -n**) *f* team, squad.

Riegel ['riːgəl] (**-s, -**) *m* bolt, bar; **einer Sache**
dat **einen** ~ **vorschieben** (*fig*) to clamp down
on sth.

Riemen ['riːmən] (**-s, -**) *m* strap; (*Gürtel, TECH*)
belt; (*NAUT*) oar; **sich am** ~ **reißen** (*fig: umg*)
to get a grip on o.s.; **~antrieb** *m* belt drive.

Riese ['riːzə] (**-n, -n**) *m* giant.

rieseln *vi* to trickle; (*Schnee*) to fall gently.

Riesen- *zW:* **~erfolg** *m* enormous success;
~gebirge *nt* (*GEOG*) Sudeten Mountains *pl;*
r~groß *adj,* **r~haft** *adj* colossal, gigantic,
huge; **~rad** *nt* big *od* Ferris wheel; **~schritt**
m: **sich mit ~schritten nähern** (*fig*) to be
drawing on apace; **~slalom** *m* (*SKI*) giant
slalom.

riesig ['riːzɪç] *adj* enormous, huge, vast.

Riesin *f* giantess.

riet *etc* [riːt] *vb siehe* **raten.**

Riff [rɪf] (**-(e)s, -e**) *nt* reef.

rigoros [rigoˈroːs] *adj* rigorous.

Rille ['rɪlə] (**-, -n**) *f* groove.

Rind [rɪnt] (**-(e)s, -er**) *nt* ox; (*Kuh*) cow; (*KOCH*)
beef; **Rinder** *pl* cattle *pl;* **vom** ~ beef.

Rinde ['rɪndə] (**-, -n**) *f* rind; (*Baum~*) bark;
(*Brot~*) crust.

Rinderbraten *m* roast beef.

Rinderwahn ['rɪndɐvaːn] *m* mad cow disease.

Rindfleisch *nt* beef.

Rindvieh *nt* cattle *pl;* (*umg*) blockhead, stupid
oaf.

Ring [rɪŋ] (**-(e)s, -e**) *m* ring; **~buch** *nt* ring
binder.

ringeln ['rɪŋəln] *vt* (*Pflanze*) to (en)twine;
(*Schwanz etc*) to curl ♦ *vr* to go curly, curl;
(*Rauch*) to curl up(wards).

Ringelnatter *f* grass snake.

Ringeltaube *f* wood pigeon.

ringen *unreg vi* to wrestle; **nach** *od* **um etw** ~
(*streben*) to struggle for sth; **R~** (**-s**) *nt*
wrestling.

Ringer (**-s, -**) *m* wrestler.

Ring- *zW:* **~finger** *m* ring finger; **r~förmig** *adj*
ring-shaped; **~kampf** *m* wrestling bout;
~richter *m* referee.

rings *adv:* ~ **um** round; **~herum** *adv* round
about.

Ringstraße *f* ring road.

ringsum(her) [rɪŋsˈ|ʊm, ˈrɪŋsʊmˈheːr] *adv*
(*rundherum*) round about; (*überall*) all round.

Rinne ['rɪnə] (**-, -n**) *f* gutter, drain.

rinnen *unreg vi* to run, trickle.

Rinnsal (**-s, -e**) *nt* trickle of water.

Rinnstein *m* gutter.

Rippchen ['rɪpçən] *nt* small rib; cutlet.

Rippe ['rɪpə] (**-, -n**) *f* rib.

Rippen- *zW:* **~fellentzündung** *f* pleurisy;
~speer *m od nt* (*KOCH*): **Kasseler ~speer**
slightly cured pork spare rib; **~stoß** *m* dig
in the ribs.

Risiko ['riːziko] (**-s, -s** *od* **Risiken**) *nt* risk;
r~behaftet *adj* fraught with risk;
~investition *f* sunk cost.

riskant [rɪsˈkant] *adj* risky, hazardous.

riskieren [rɪsˈkiːrən] *vt* to risk.

riss *etc*▲ [rɪs] *vb siehe* **reißen.**

Riss▲ (**-es, -e**) *m* tear; (*in Mauer, Tasse etc*)
crack; (*in Haut*) scratch; (*TECH*) design.

rissig ['rɪsɪç] *adj* torn; cracked; scratched.

ritt *etc* [rɪt] *vb siehe* **reiten.**

Ritt (**-(e)s, -e**) *m* ride.

Ritter (**-s, -**) *m* knight; **jdn zum** ~ **schlagen** to
knight sb; **arme** ~ *pl* (*KOCH*) sweet French
toast, made with bread soaked in milk;
r~lich *adj* chivalrous; **~schlag** *m* knighting;
~tum (**-s**) *nt* chivalry; **~zeit** *f* age of
chivalry.

rittlings *adv* astride.

Ritual [rituˈaːl] (**-s, -e** *od* **-ien**) *nt* (*lit, fig*) ritual.

rituell [rituˈɛl] *adj* ritual.

Ritus ['riːtʊs] (**-, Riten**) *m* rite.

Ritze ['rɪtsə] (**-, -n**) *f* crack, chink.

ritzen *vt* to scratch; **die Sache ist geritzt**
(*umg*) it's all fixed up.

Rivale [riˈvaːlə] (**-n, -n**) *m,* **Rivalin** *f* rival.

rivalisieren [rivaliˈziːrən] *vi:* **mit jdm** ~ to
compete with sb.

Rivalität [rivaliˈtɛːt] *f* rivalry.

Riviera [riviˈeːra] (**-**) *f* Riviera.

Rizinusöl ['riːtsinʊs|øːl] *nt* castor oil.

r.-k. *abk* (= *römisch-katholisch*) R.C.

Robbe ['rɔbə] (**-, -n**) *f* seal.

robben ['rɔbən] *vi* (*Hilfsverb sein: auch MIL*) to
crawl (*using elbows*).

Robbenfang *m* seal hunting.

Robe ['roːbə] (**-, -n**) *f* robe.

Roboter ['rɔbɔtər] (**-s, -**) *m* robot; **~technik** *f* robotics *sing.*

Robotik ['roːbɔtɪk] *f* robotics *sing.*

robust [ro'bʊst] *adj* (*Mensch, Gesundheit*) robust; (*Material*) tough.

roch *etc* [rɔx] *vb siehe* **riechen**.

Rochade [rɔ'xaːdə] (-, -n) *f* (*SCHACH*): **die kleine/große ~** castling king's side/queen's side.

röcheln ['rœçəln] *vi* to wheeze; (*Sterbender*) to give the death rattle.

Rock[1] [rɔk] (-(e)s, ~e) *m* skirt; (*Jackett*) jacket; (*Uniform~*) tunic.

Rock[2] [rɔk] (-(s), -(s)) *m* (*MUS*) rock; **~musik** *f* rock music.

Rockzipfel *m*: **an Mutters ~ hängen** (*umg*) to cling to (one's) mother's skirts.

Rodel ['roːdəl] (-s, -) *m* toboggan; **~bahn** *f* toboggan run.

rodeln *vi* to toboggan.

roden ['roːdən] *vt, vi* to clear.

Rogen ['roːgən] (-s, -) *m* roe.

Roggen ['rɔgən] (-s, -) *m* rye; **~brot** *nt* rye bread; (*Vollkornbrot*) black bread.

roh [roː] *adj* raw; (*Mensch*) coarse, crude; **~e Gewalt** brute force; **R~bau** *m* shell of a building; **R~eisen** *nt* pig iron; **R~fassung** *f* rough draft; **R~kost** *f* raw fruit and vegetables *pl*; **R~ling** *m* ruffian; **R~material** *nt* raw material; **R~öl** *nt* crude oil.

Rohr [roːr] (-(e)s, -e) *nt* pipe, tube; (*BOT*) cane; (*Schilf*) reed; (*Gewehr~*) barrel; **~bruch** *m* burst pipe.

Röhre ['røːrə] (-, -n) *f* tube, pipe; (*RUNDF etc*) valve; (*Back~*) oven.

Rohr- *zW*: **~geflecht** *nt* wickerwork; **~leger** (-s, -) *m* plumber; **~leitung** *f* pipeline; **~post** *f* pneumatic post; **~spatz** *m*: **schimpfen wie ein ~spatz** (*umg*) to curse and swear; **~stock** *m* cane; **~stuhl** *m* basket chair; **~zucker** *m* cane sugar.

Rohseide *f* raw silk.

Rohstoff *m* raw material.

Rokoko ['rɔkoko] (-s) *nt* rococo.

Rolladen△ *m siehe* **Rollladen**.

Rollbahn *f* (*AVIAT*) runway.

Rolle ['rɔlə] (-, -n) *f* roll; (*THEAT, SOZIOLOGIE*) role; (*Garn~ etc*) reel, spool; (*Walze*) roller; (*Wäsche~*) mangle, wringer; **bei** *od* **in etw** *dat* **eine ~ spielen** to play a part in sth; **aus der ~ fallen** (*fig*) to forget o.s.; **keine ~ spielen** not to matter.

rollen *vi* to roll; (*AVIAT*) to taxi ♦ *vt* to roll; (*Wäsche*) to mangle, put through the wringer; **den Stein ins R~ bringen** (*fig*) to start the ball rolling.

Rollen- *zW*: **~besetzung** *f* (*THEAT*) cast; **~konflikt** *m* (*PSYCH*) role conflict; **~spiel** *nt* role-play; **~tausch** *m* exchange of roles; (*SOZIOLOGIE*) role reversal.

Roller (-s, -) *m* scooter; (*Welle*) roller.

Roll- *zW*: **~feld** *nt* runway; **~kragen** *m* roll *od* polo neck; **~laden**▲ *m* shutter; **~mops** *m* pickled herring.

Rollo ['rɔlo] (-, -s) *nt* (roller) blind.

Roll- *zW*: **~schrank** *m* roll-fronted cupboard; **~schuh** *m* roller skate; **~schuhlaufen** *nt* roller skating; **~splitt** *m* grit; **~stuhl** *m* wheelchair; **~treppe** *f* escalator.

Rom [roːm] (-s) *nt* Rome; **das sind Zustände wie im alten ~** (*umg: unmoralisch*) it's disgraceful; (: *primitiv*) it's medieval (*umg*).

röm. *abk* = **römisch**.

Roman [ro'maːn] (-s, -e) *m* novel; **(jdm) einen ganzen ~ erzählen** (*umg*) to give (sb) a long rigmarole; **~heft** *nt* pulp novel.

romanisch *adj* (*Volk, Sprache*) Romance; (*KUNST*) Romanesque.

Romanistik [roma'nɪstɪk] *f* (*UNIV*) Romance languages and literature.

Romanschreiber *m* novelist.

Romanschriftsteller *m* novelist.

Romantik [ro'mantɪk] *f* romanticism.

Romantiker(in) (-s, -) *m(f)* romanticist.

romantisch *adj* romantic.

Romanze [ro'mantsə] (-, -n) *f* romance.

Römer ['røːmər] (-s, -) *m* wineglass; (*Mensch*) Roman; **~topf** ® *m* (*KOCH*) ≈ (chicken) brick.

römisch ['røːmɪʃ] *adj* Roman; **~-katholisch** *adj* Roman Catholic.

röm.-kath. *abk* (= *römisch-katholisch*) R.C.

Rommé, Rommee▲ [rɔ'meː] (-s, -s) *nt* rummy.

röntgen ['rœntgən] *vt* to X-ray; **R~aufnahme** *f* X-ray; **R~bild** *nt* X-ray; **R~strahlen** *pl* X-rays *pl*.

rosa ['roːza] *adj inv* pink, rose(-coloured).

Rose ['roːzə] (-, -n) *f* rose.

Rosé [ro'zeː] (-s, -s) *m* rosé.

Rosenkohl *m* Brussels sprouts *pl*.

Rosenkranz *m* rosary.

Rosenmontag *m* Monday of Shrovetide; *siehe auch* **Karneval**.

Rosette [ro'zɛtə] *f* rosette.

rosig ['roːzɪç] *adj* rosy.

Rosine [ro'ziːnə] *f* raisin; **(große) ~n im Kopf haben** (*umg*) to have big ideas.

Rosmarin ['roːsmariːn] (-s) *m* rosemary.

Ross▲ [rɔs] (-es, -e) *nt* horse, steed; **auf dem hohen ~ sitzen** (*fig*) to be on one's high horse; **~kastanie** *f* horse chestnut; **~kur** (*umg*) *f* kill-or-cure remedy.

Rost [rɔst] (-(e)s, -e) *m* rust; (*Gitter*) grill, gridiron; (*Bett~*) springs *pl*; **~braten** *m* roast(ed) meat, roast; **~bratwurst** *f* grilled *od* barbecued sausage.

rosten *vi* to rust.

rösten ['røːstən] *vt* to roast; (*Brot*) to toast.

rostfrei *adj* (*Stahl*) stainless.

rostig *adj* rusty.

Röstkartoffeln *pl* fried potatoes *pl*.

Rostschutz *m* rustproofing.

rot [roːt] *adj* red; ~ **werden, einen ~en Kopf bekommen** to blush, go red; **die R~e Armee** the Red Army; **das R~e Kreuz** the Red Cross; **das R~e Meer** the Red Sea.

Rotation [rotatsiˈoːn] *f* rotation.

rot- *zW:* ~**bäckig** *adj* red-cheeked; **R~barsch** *m* rosefish; ~**blond** *adj* strawberry blond.

Röte [ˈrøːtə] (-) *f* redness.

Röteln *pl* German measles *sing*.

röten *vt, vr* to redden.

rothaarig *adj* red-haired.

rotieren [roˈtiːrən] *vi* to rotate.

Rot- *zW:* ~**käppchen** *nt* Little Red Riding Hood; ~**kehlchen** *nt* robin; ~**kohl** *m* red cabbage; ~**kraut** *nt* red cabbage; **r~sehen** (*umg*) *unreg vi* to see red, to become angry; ~**stift** *m* red pencil; ~**wein** *m* red wine.

Rotz [rɔts] (-es, -e) (*umg*) *m* snot; **r~frech** (*umg*) *adj* cocky; **r~näsig** (*umg*) *adj* snotty-nosed.

Rouge [ruːʒ] (-s, -s) *nt* rouge.

Roulade [ruˈlaːdə] (-, -n) *f* (*KOCH*) beef olive.

Roulett(e) [ruˈlɛt(ə)] (-s, -s) *nt* roulette.

Route [ˈruːtə] (-, -n) *f* route.

Routine [ruˈtiːnə] *f* experience; (*Gewohnheit*) routine.

routiniert [rutiˈniːɐt] *adj* experienced.

Rowdy [ˈraʊdɪ] (-s, -s) *m* hooligan; (*zerstörerisch*) vandal; (*lärmend*) rowdy (type).

Ruanda [ruˈanda] *nt* Rwanda.

ruandisch *adj* Rwandan.

rubbeln [ˈrʊbəln] (*umg*) *vt, vi* to rub.

Rübe [ˈryːbə] (-, -n) *f* turnip; **Gelbe ~** carrot; **Rote ~** beetroot (*BRIT*), beet (*US*).

Rübenzucker *m* beet sugar.

Rubin [ruˈbiːn] (-s, -e) *m* ruby.

Rubrik [ruˈbriːk] *f* heading; (*Spalte*) column.

Ruck [rʊk] (-(e)s, -e) *m* jerk, jolt; **sich** *dat* **einen ~ geben** (*fig: umg*) to make an effort.

ruck *adv*: **das geht ~, zuck** it won't take a second.

Rückantwort *f* reply, answer; **um ~ wird gebeten** please reply.

ruckartig *adj*: **er stand ~ auf** he shot to his feet.

Rück- *zW:* ~**besinnung** *f* recollection; **r~bezüglich** *adj* reflexive; ~**blende** *f* flashback; **r~blenden** *vi* to flash back; ~**blick** *m*: **im ~blick auf etw** *akk* looking back on sth; **r~blickend** *adj* retrospective ♦ *adv* in retrospect; **r~datieren** *vt* to backdate.

Rücken (-s, -) *m* back; (*Berg~*) ridge; **jdm in den ~ fallen** (*fig*) to stab sb in the back.

rücken *vt, vi* to move.

Rücken- *zW:* ~**deckung** *f* backing; ~**lage** *f* supine position; ~**lehne** *f* back (of chair); ~**mark** *nt* spinal cord; ~**schwimmen** *nt*

backstroke; ~**stärkung** *f* (*fig*) moral support; ~**wind** *m* following wind.

Rück- *zW:* ~**erstattung** *f* return, restitution; ~**fahrkarte** *f* return ticket (*BRIT*), round-trip ticket (*US*); ~**fahrt** *f* return journey; ~**fall** *m* relapse; **r~fällig** *adj* relapsed; **r~fällig werden** to relapse; ~**flug** *m* return flight; ~**frage** *f* question; **nach ~frage bei der zuständigen Behörde ...** after checking this with the appropriate authority ...; **r~fragen** *vi* to inquire; (*nachprüfen*) to check; ~**führung** *f* (*von Menschen*) repatriation, return; ~**gabe** *f* return; **gegen ~gabe** (+ *gen*) on return (of); ~**gang** *m* decline, fall; **r~gängig** *adj*: **etw r~gängig machen** (*widerrufen*) to undo sth; (*Bestellung*) to cancel sth; ~**gewinnung** *f* recovery; (*von Land, Gebiet*) reclaiming; (*aus verbrauchten Stoffen*) recycling.

Rückgrat *nt* spine, backbone.

Rück- *zW:* ~**griff** *m* recourse; ~**halt** *m* backing; (*Einschränkung*) reserve; **r~haltlos** *adj* unreserved; ~**hand** *f* (*SPORT*) backhand; **r~kaufbar** *adj* redeemable; ~**kehr** (-, -en) *f* return; ~**koppelung** *f* feedback; ~**lage** *f* reserve, savings *pl*; ~**lauf** *m* reverse running; (*beim Tonband*) rewind; (*von Maschinenteil*) return travel; **r~läufig** *adj* declining, falling; **eine r~läufige Entwicklung** a decline; ~**licht** *nt* rear light; **r~lings** *adv* from behind; (*rückwärts*) backwards; ~**meldung** *f* (*UNIV*) reregistration; ~**nahme** (-, -n) *f* taking back; ~**porto** *nt* return postage; ~**reise** *f* return journey; (*NAUT*) home voyage; ~**ruf** *m* recall.

Rucksack [ˈrʊkzak] *m* rucksack.

Rück- *zW:* ~**schau** *f* reflection; **r~schauend** *adj* = **rückblickend**; ~**schlag** *m* setback; ~**schluss▲** *m* conclusion; ~**schritt** *m* retrogression; **r~schrittlich** *adj* reactionary; (*Entwicklung*) retrograde; ~**seite** *f* back; (*von Münze etc*) reverse; **siehe ~seite** see over(leaf); **r~setzen** *vt* (*COMPUT*) to reset.

Rücksicht *f* consideration; ~ **nehmen auf** +*akk* to show consideration for; ~**nahme** *f* consideration.

rücksichtslos *adj* inconsiderate; (*Fahren*) reckless; (*unbarmherzig*) ruthless.

Rücksichtslosigkeit *f* lack of consideration; (*beim Fahren*) recklessness; (*Unbarmherzigkeit*) ruthlessness.

rücksichtsvoll *adj* considerate.

Rück- *zW:* ~**sitz** *m* back seat; ~**spiegel** *m* (*AUT*) rear-view mirror; ~**spiel** *nt* return match; ~**sprache** *f* further discussion *od* talk; ~**sprache mit jdm nehmen** to confer with sb; ~**stand** *m* arrears *pl*; (*Verzug*) delay; **r~ständig** *adj* backward, out-of-date; (*Zahlungen*) in arrears; ~**stau** *m* (*AUT*) tailback (*BRIT*), line of cars; ~**stoß** *m* recoil; ~**strahler (-s, -)** *m* rear reflector; ~**strom** *m* (*von Menschen, Fahrzeugen*) return; ~**taste** *f* (*an Schreibmaschine*) backspace key; ~**tritt** *m* resignation; ~**trittbremse** *f* backpedal brake; ~**trittsklausel** *f* (*Vertrag*) escape clause; ~**vergütung** *f* repayment; (*COMM*) refund; r~**versichern** *vt, vi* to reinsure ♦ *vr* to check (up *od* back); ~**versicherung** *f* reinsurance; r~**wärtig** *adj* rear; r~**wärts** *adv* backward(s), back; ~**wärtsgang** *m* (*AUT*) reverse gear; **im** ~**wärtsgang fahren** to reverse; ~**weg** *m* return journey, way back; r~**wirkend** *adj* retroactive; ~**wirkung** *f* repercussion; **eine Zahlung mit** ~**wirkung vom** ... a payment backdated to ...; **eine Gesetzesänderung mit** ~**wirkung vom** ... an amendment made retrospective to ...; ~**zahlung** *f* repayment; ~**zieher** (*umg*) *m*: **einen** ~**zieher machen** to back out; ~**zug** *m* retreat; ~**zugsgefecht** *nt* (*MIL, fig*) rearguard action.

rüde ['ryːdə] *adj* blunt, gruff.

Rüde (-n, -n) *m* male dog.

Rudel ['ruːdəl] **(-s, -)** *nt* pack; (*von Hirschen*) herd.

Ruder ['ruːdər] **(-s, -)** *nt* oar; (*Steuer*) rudder; **das** ~ **fest in der Hand haben** (*fig*) to be in control of the situation; ~**boot** *nt* rowing boat; ~**er (-s, -)** *m* rower, oarsman.

rudern *vt, vi* to row; **mit den Armen** ~ (*fig*) to flail one's arms about.

Ruf [ruːf] **(-(e)s, -e)** *m* call, cry; (*Ansehen*) reputation; (*UNIV: Berufung*) offer of a chair.

rufen *unreg vt, vi* to call; (*aus~*) to cry; **um Hilfe** ~ to call for help; **das kommt mir wie gerufen** that's just what I needed.

Rüffel ['ryfəl] **(-s, -)** (*umg*) *m* telling-off, ticking-off.

Ruf- *zW:* ~**mord** *m* character assassination; ~**name** *m* usual (first) name; ~**nummer** *f* (tele)phone number; ~**säule** *f* (*für Taxi*) telephone; (*an Autobahn*) emergency telephone; ~**zeichen** *nt* (*RUNDF*) call sign; (*TEL*) ringing tone.

Rüge ['ryːgə] **(-, -n)** *f* reprimand, rebuke.

rügen *vt* to reprimand.

Ruhe ['ruːə] **(-)** *f* rest; (*Ungestörtheit*) peace, quiet; (*Gelassenheit, Stille*) calm; (*Schweigen*) silence; ~**!** be quiet!, silence!; **angenehme** ~**!** sleep well!; ~ **bewahren** to stay cool *od* calm; **das lässt ihm keine** ~ he can't stop thinking about it; **sich zur** ~ **setzen** to retire; **die** ~ **weghaben** (*umg*) to be unflappable; **immer mit der** ~ (*umg*) don't panic; **die letzte** ~ (*liter*) to be laid to rest; ~**lage** *f* (*von Mensch*) reclining position; (*MED: bei Bruch*) immobile position; r~**los** *adj* restless.

ruhen *vi* to rest; (*Verkehr*) to cease; (*Arbeit*) to

stop, cease; (*Waffen*) to be laid down; (*begraben sein*) to lie, be buried.

Ruhe- *zW:* ~**pause** *f* break; ~**platz** *m* resting place; ~**stand** *m* retirement; ~**stätte** *f*: **letzte** ~**stätte** final resting place; ~**störung** *f* breach of the peace; ~**tag** *m* closing day.

ruhig ['ruːɪç] *adj* quiet; (*bewegungslos*) still; (*Hand*) steady; (*gelassen, friedlich*) calm; (*Gewissen*) clear; **tu das** ~ feel free to do that; **etw** ~ **mit ansehen** (*gleichgültig*) to stand by and watch sth; **du könntest** ~ **mal etwas für mich tun!** it's about time you did something for me!

Ruhm [ruːm] **(-(e)s)** *m* fame, glory.

rühmen ['ryːmən] *vt* to praise ♦ *vr* to boast.

rühmlich *adj* praiseworthy; (*Ausnahme*) notable.

ruhmlos *adj* inglorious.

ruhmreich *adj* glorious.

Ruhr [ruːr] **(-)** *f* dysentery.

Rührei ['ryːr|aɪ] *nt* scrambled egg.

rühren *vt* (*lit, fig*) to move, stir (*auch KOCH*) ♦ *vr* (*lit, fig*) to move, stir ♦ *vi*: ~ **von** to come *od* stem from; ~ **an** +*akk* to touch; (*fig*) to touch on.

rührend *adj* touching, moving; **das ist** ~ **von Ihnen** that is sweet of you.

Ruhrgebiet *nt* Ruhr (area).

rührig *adj* active, lively.

rührselig *adj* sentimental, emotional.

Rührung *f* emotion.

Ruin [ru'iːn] **(-s)** *m* ruin; **vor dem** ~ **stehen** to be on the brink *od* verge of ruin.

Ruine (-, -n) *f* (*lit, fig*) ruin.

ruinieren [rui'niːrən] *vt* to ruin.

rülpsen ['rʏlpsən] *vi* to burp, belch.

Rum [rʊm] **(-s, -s)** *m* rum.

rum (*umg*) *adv* = **herum**.

Rumäne [ru'mɛːnə] **(-n, -n)** *m* Romanian.

Rumänien (-s) *nt* Romania.

Rumänin *f* Romanian.

rumänisch *adj* Romanian.

rumfuhrwerken ['rʊmfuːrvɛrkən] (*umg*) *vt* to bustle around.

Rummel ['rʊməl] **(-s)** (*umg*) *m* hurly-burly; (*Jahrmarkt*) fair; ~**platz** *m* fairground, fair.

rumoren [ru'moːrən] *vi* to be noisy, make a noise.

Rumpelkammer ['rʊmpəlkamər] *f* junk room.

rumpeln *vi* to rumble; (*holpern*) to jolt.

Rumpf [rʊmpf] **(-(e)s, ̈-e)** *m* trunk, torso; (*AVIAT*) fuselage; (*NAUT*) hull.

rümpfen ['rʏmpfən] *vt* (*Nase*) to turn up.

Rumtopf *m* soft fruit in rum.

rund [rʊnt] *adj* round ♦ *adv* (*etwa*) around; ~ **um etw** round sth; **jetzt gehts** ~ (*umg*) this is where the fun starts; **wenn er das erfährt, gehts** ~ (*umg*) there'll be a to-do when he finds out; **R**~**bogen** *m* Norman *od* Romanesque arch; **R**~**brief** *m* circular.

Runde ['rundə] (-, -n) f round; (*in Rennen*) lap; (*Gesellschaft*) circle; **die ~ machen** (*in die rounds*; (*herumgegeben werden*)) to be passed round; **über die ~n kommen** (*SPORT, fig*) to pull through; **eine ~ spendieren** *od* **schmeißen** (*umg: Getränke*) to stand a round.

runden vt to make round ♦ vr (*fig*) to take shape.

rund- zW: **~erneuert** adj (*Reifen*) remoulded (*BRIT*), remolded (*US*); **R~fahrt** f (round) trip; **R~frage** f: **R~frage (unter** +dat) survey (of).

Rundfunk ['runtfuŋk] (-(e)s) m broadcasting; (*bes Hörfunk*) radio; (**~anstalt**) broadcasting corporation; **im ~** on the radio; **~anstalt** f broadcasting corporation; **~empfang** m reception; **~gebühr** f licence (*BRIT*), license (*US*); **~gerät** nt radio set; **~sendung** f broadcast, radio programme (*BRIT*) *od* program (*US*).

Rund- zW: **~gang** m (*Spaziergang*) walk; (*von Wachmann*) rounds pl; (*von Briefträger etc*) round; (*zur Besichtigung*): **~gang (durch)** tour (of); **r~heraus** adv straight out, bluntly; **r~herum** adv all round; (*fig: umg: völlig*) totally; **r~lich** adj plump, rounded; **~reise** f round trip; **~schreiben** nt (*COMM*) circular; **r~um** adv all around; (*fig*) completely.

Rundung f curve, roundness.

rundweg adv straight out.

runter ['runtər] (*umg*) adv = **herunter; hinunter**; **~würgen** (*umg*) vt (*Ärger*) to swallow.

Runzel ['runtsəl] (-, -n) f wrinkle.

runz(e)lig adj wrinkled.

runzeln vt to wrinkle; **die Stirn ~** to frown.

Rüpel ['ry:pəl] (-s, -) m lout; **r~haft** adj loutish.

rupfen ['rupfən] vt to pluck.

Rupfen (-s, -) m sackcloth.

ruppig ['rupɪç] adj rough, gruff.

Rüsche ['ry:ʃə] (-, -n) f frill.

Ruß [ru:s] (-es) m soot.

Russe ['rusə] (-n, -n) m Russian.

Rüssel ['rysəl] (-s, -) m snout; (*Elefanten~*) trunk.

rußen vi to smoke; (*Ofen*) to be sooty.

rußig adj sooty.

Russin f Russian.

russisch adj Russian; **~e Eier** (*KOCH*) egg(s) mayonnaise.

Russland▲ (-s) nt Russia.

rüsten ['rystən] vt, vi, vr to prepare; (*MIL*) to arm.

rüstig ['rystɪç] adj sprightly, vigorous; **R~keit** f sprightliness, vigour (*BRIT*), vigor (*US*).

rustikal [rusti'ka:l] adj: **sich ~ einrichten** to furnish one's home in a rustic style.

Rüstung ['rystuŋ] f preparation; (*MIL*) arming; (*Ritter~*) armour (*BRIT*), armor (*US*); (*Waffen etc*) armaments pl.

Rüstungs- zW: **~gegner** m opponent of the arms race; **~industrie** f armaments

industry; **~kontrolle** f arms control; **~wettlauf** m arms race.

Rüstzeug nt tools pl; (*fig*) capacity.

Rute ['ru:tə] (-, -n) f rod, switch.

Rutsch [rutʃ] (-(e)s, -e) m slide; (*Erd~*) landslide; **guten ~!** (*umg*) have a good New Year!; **~bahn** f slide.

rutschen vi to slide; (*aus~*) to slip; **auf dem Stuhl hin und her ~** to fidget around on one's chair.

rutschfest adj non-slip.

rutschig adj slippery.

rütteln ['rytəln] vt, vi to shake, jolt; **daran ist nicht zu ~** (*fig: umg: an Grundsätzen*) there's no doubt about that.

Rüttelschwelle f (*AUT*) rumble strips pl.

S, s

S¹, s¹ [ɛs] nt S, s; **~ wie Samuel** ≈ S for Sugar.

S² [ɛs] abk (= *Süden*) S; (= *Seite*) p; (= *Schilling*) S.

s² abk (= *Sekunde*) sec.; (= *siehe*) v., vid.

Sa. abk = **Samstag**.

SA (-) f abk (= *Sturmabteilung*) SA.

s. a. abk (= *siehe auch*) see also.

Saal [za:l] (-(e)s, Säle) m hall; (*für Sitzungen etc*) room.

Saarland ['za:rlant] (-s) nt Saarland.

Saat [za:t] (-, -en) f seed; (*Pflanzen*) crop; (*Säen*) sowing; **~gut** nt seed(s pl).

Sabbat ['zabat] (-s, -e) m sabbath.

sabbern ['zabərn] (*umg*) vi to dribble.

Säbel ['zɛ:bəl] (-s, -) m sabre (*BRIT*), saber (*US*); **~rasseln** nt sabre-rattling.

Sabotage [zabo'ta:ʒə] (-, -n) f sabotage.

sabotieren [zabo'ti:rən] vt to sabotage.

Sa(c)charin [zaxa'ri:n] (-s) nt saccharin.

Sachanlagen ['zax|anla:gən] pl tangible assets pl.

Sachbearbeiter(in) m(f): **~ (für)** (*Beamter*) official in charge (of).

Sachbuch nt non-fiction book.

sachdienlich adj relevant, helpful.

Sache ['zaxə] (-, -n) f thing; (*Angelegenheit*) affair, business; (*Frage*) matter; (*Pflicht*) task; (*Thema*) subject; (*JUR*) case; (*Aufgabe*) job; (*Ideal*) cause; (*umg: km/h*): **mit 80/100 ~n** ≈ at 40/60 (mph); **ich habe mir die ~ anders vorgestellt** I had imagined things differently; **er versteht seine ~** he knows what he's doing; **das ist so eine ~** (*umg*) it's a bit tricky; **mach keine ~n!** (*umg*) don't be daft!; **bei der ~ bleiben** (*bei Diskussion*) to keep to the point; **bei der ~ sein** to be with it (*umg*); **das ist ~ der Polizei** this is a matter for the police; **zur ~** to the point; **das ist eine runde ~** that is well-balanced *od* rounded-off.

Sachertorte ['zaxɔrtɔrtə] *f* rich chocolate cake, sachertorte.

Sach- *zW:* **s~gemäß** *adj* appropriate, suitable; **~kenntnis** *f* (*in Bezug auf Wissensgebiet*) knowledge of the/his *etc* subject; (*in Bezug auf ~lage*) knowledge of the facts; **s~kundig** *adj* (well-)informed; **sich s~kundig machen** to inform oneself; **~lage** *f* situation, state of affairs; **~leistung** *f* payment in kind; **s~lich** *adj* matter-of-fact; (*Kritik etc*) objective; (*Irrtum, Angabe*) factual; **bleiben Sie bitte s~lich** don't get carried away (*umg*); (*nicht persönlich werden*) please stay objective.

sächlich ['zɛxlɪç] *adj* neuter.

Sachregister *nt* subject index.

Sachschaden *m* material damage.

Sachse ['zaksə] (*-n, -n*) *m* Saxon.

Sachsen (*-s*) *nt* Saxony; **~-Anhalt** (*-s*) *nt* Saxony Anhalt.

Sächsin ['zɛksɪn] *f* Saxon.

sächsisch ['zɛksɪʃ] *adj* Saxon.

sacht(e) *adv* softly, gently.

Sach- *zW:* **~verhalt** (*-(e)s, -e*) *m* facts *pl* (of the case); **s~verständig** *adj* (*Urteil*) expert; (*Publikum*) informed; **~verständige(r)** *f(m)* expert; **~zwang** *m* force of circumstances.

Sack [zak] (*-(e)s, ⸚e*) *m* sack; (*aus Papier, Plastik*) bag; (*ANAT, ZOOL*) sac; (*umg!: Hoden*) balls *pl* (*!*); (: *Kerl, Bursche*) bastard (*!*); **mit ~ und Pack** (*umg*) with bag and baggage.

sacken *vi* to sag, sink.

Sackgasse *f* cul-de-sac, dead-end street (*US*).

Sackhüpfen *nt* sack race.

Sadismus [za'dɪsmʊs] *m* sadism.

Sadist(in) [za'dɪst(ɪn)] *m(f)* sadist; **s~isch** *adj* sadistic.

Sadomasochismus [zadomazɔ'xɪsmʊs] *m* sadomasochism.

säen ['zɛːən] *vt, vi* to sow; **dünn gesät** (*fig*) thin on the ground, few and far between.

Safari [za'faːri] (*-, -s*) *f* safari.

Safe [zeːf] (*-s, -s*) *m od nt* safe.

Saft [zaft] (*-(e)s, ⸚e*) *m* juice; (*BOT*) sap; **ohne ~ und Kraft** (*fig*) wishy-washy (*umg*), effete.

saftig *adj* juicy; (*Grün*) lush; (*umg: Rechnung, Ohrfeige*) hefty; (*Brief, Antwort*) hard-hitting.

Saftladen (*pej: umg*) *m* rum joint.

saftlos *adj* dry.

Sage ['zaːgə] (*-, -n*) *f* saga.

Säge ['zɛːgə] (*-, -n*) *f* saw; **~blatt** *nt* saw blade; **~mehl** *nt* sawdust.

sagen ['zaːgən] *vt, vi:* (*jdm etw*) **~** to say (sth to sb), tell (sb sth); **unter uns gesagt**

between you and me (and the gatepost (*hum umg*)); **lass dir das gesagt sein** take it from me; **das hat nichts zu ~** that doesn't mean anything; **sagt dir der Name etwas?** does the name mean anything to you?; **das ist nicht gesagt** that's by no means certain; **sage und schreibe** (whether you) believe it or not.

sägen *vt, vi* to saw; (*hum: umg: schnarchen*) to snore, saw wood (*US*).

sagenhaft *adj* legendary; (*umg*) great, smashing.

sagenumwoben *adj* legendary.

Sägespäne *pl* wood shavings *pl*.

Sägewerk *nt* sawmill.

sah *etc* [zaː] *vb siehe* **sehen**.

Sahara [za'haːra] *f* Sahara (Desert).

Sahne ['zaːnə] (*-*) *f* cream.

Saison [zɛ'zõː] (*-, -s*) *f* season.

saisonal [zɛzo'naːl] *adj* seasonal.

Saisonarbeiter *m* seasonal worker.

saisonbedingt *adj* seasonal.

Saite ['zaɪtə] (*-, -n*) *f* string; **andere ~n aufziehen** (*umg*) to get tough.

Saiteninstrument *nt* string(ed) instrument.

Sakko ['zako] (*-s, -s*) *m od nt* jacket.

Sakrament [zakra'mɛnt] *nt* sacrament.

Sakristei [zakrɪs'taɪ] *f* sacristy.

Salami [za'laːmi] (*-, -s*) *f* salami.

Salat [za'laːt] (*-(e)s, -e*) *m* salad; (*Kopf~*) lettuce; **da haben wir den ~!** (*umg*) now we're in a fine mess; **~besteck** *nt* salad servers *pl*; **~platte** *f* salad; **~soße** *f* salad dressing.

Salbe ['zalbə] (*-, -n*) *f* ointment.

Salbei ['zalbaɪ] (*-s*) *m* sage.

salben *vt* to anoint.

Salbung *f* anointing.

salbungsvoll *adj* unctuous.

saldieren [zal'diːrən] *vt* (*COMM*) to balance.

Saldo ['zaldo] (*-s, Salden*) *m* balance; **~übertrag** *m* balance brought *od* carried forward; **~vortrag** *m* balance brought *od* carried forward.

Säle ['zɛːlə] *pl von* **Saal**.

Salmiak [zalmi'ak] (*-s*) *m* sal ammoniac; **~geist** *m* liquid ammonia.

Salmonellen [zalmo'nɛlən] *pl* salmonellae *pl*.

Salon [za'lõ, za'loː] (*-s, -s*) *m* salon; **~löwe** *m* lounge lizard.

salopp [za'lɔp] *adj* casual; (*Manieren*) slovenly; (*Sprache*) slangy.

Salpeter [zal'peːtər] (*-s*) *m* saltpetre (*BRIT*), saltpeter (*US*); **~säure** *f* nitric acid.

Salto ['zalto] (*-s, -s od Salti*) *m* somersault.

Salut [za'luːt] (*-(e)s, -e*) *m* salute.

salutieren [zalu'tiːrən] *vi* to salute.

Salve ['zalvə] (*-, -n*) *f* salvo.

Salz [zalts] (*-es, -e*) *nt* salt; **s~arm** *adj* (*KOCH*) low-salt; **~bergwerk** *nt* salt mine.

salzen *unreg vt* to salt.

salzig *adj* salty.

Salz- *zW:* ~**kartoffeln** *pl* boiled potatoes *pl*; ~**säule** *f:* **zur** ~**säule erstarren** (*fig*) to stand (as though) rooted to the spot; ~**säure** *f* hydrochloric acid; ~**stange** *f* pretzel stick; ~**streuer** *m* salt cellar; ~**wasser** *nt* salt water.

Sambia ['zambia] (-s) *nt* Zambia.

sambisch *adj* Zambian.

Samen ['zaːmən] (-s, -) *m* seed; (*ANAT*) sperm; ~**bank** *f* sperm bank; ~**handlung** *f* seed shop.

sämig ['zɛːmɪç] *adj* thick, creamy.

Sammel- *zW:* ~**anschluss▲** *m* (*TEL*) private (branch) exchange; (*von Privathäusern*) party line; ~**antrag** *m* composite motion; ~**band** *m* anthology; ~**becken** *nt* reservoir; (*fig*): ~**becken (von)** melting pot (for); ~**begriff** *m* collective term; ~**bestellung** *f* collective order; ~**büchse** *f* collecting tin; ~**mappe** *f* folder.

sammeln *vt* to collect ♦ *vr* to assemble, gather; (*sich konzentrieren*) to collect one's thoughts.

Sammelname *m* collective term.

Sammelnummer *f* (*TEL*) private exchange number, switchboard number.

Sammelsurium [zaməl'zuːriʊm] *nt* hotchpotch (*BRIT*), hodgepodge (*US*).

Sammler(in) (-s, -) *m(f)* collector.

Sammlung ['zamlʊŋ] *f* collection; (*Konzentration*) composure.

Samstag ['zamstaːk] *m* Saturday; *siehe auch* **Dienstag.**

samstags *adv* (on) Saturdays.

samt [zamt] *präp +dat* (along) with, together with; ~ **und sonders** each and every one (of them); **S~** (-(e)s, -e) *m* velvet; **in S~ und Seide** (*liter*) in silks and satins.

Samthandschuh *m:* **jdn mit** ~**en anfassen** (*umg*) to handle sb with kid gloves.

sämtlich ['zɛmtlɪç] *adj* (*alle*) all (the); (*vollständig*) complete; **Schillers** ~**e Werke** the complete works of Schiller.

Sanatorium [zana'toːriʊm] *nt* sanatorium (*BRIT*), sanitarium (*US*).

Sand [zant] (-(e)s, -e) *m* sand; **das/die gibts wie** ~ **am Meer** (*umg*) there are piles of it/ heaps of them; **im** ~**e verlaufen** to peter out.

Sandale [zan'daːlə] (-, -n) *f* sandal.

Sandbank *f* sandbank.

Sandelholz ['zandəlhɔlts] (-es) *nt* sandalwood.

sandig ['zandɪç] *adj* sandy.

Sand- *zW:* ~**kasten** *m* sandpit; ~**kastenspiele** *pl* (*MIL*) sand-table exercises *pl*; (*fig*) tactical manoeuvrings *pl* (*BRIT*) *od* maneuverings *pl* (*US*); ~**kuchen** *m* Madeira cake; ~**mann** *m*, ~**männchen** *nt* (*in Geschichten*) sandman; ~**papier** *nt* sandpaper; ~**stein** *m* sandstone; **s~strahlen** *vt, vi untr* to sandblast.

sandte *etc* ['zantə] *vb siehe* **senden.**

Sanduhr *f* hourglass; (*Eieruhr*) egg timer.

sanft [zanft] *adj* soft, gentle; ~**mütig** *adj* gentle, meek.

sang *etc* [zaŋ] *vb siehe* **singen.**

Sänger(in) ['zɛŋər(ɪn)] (-s, -) *m(f)* singer.

sang- und klanglos (*umg*) *adv* without any ado, quietly.

Sani ['zani] (-s, -s) (*umg*) *m* = **Sanitäter.**

sanieren [za'niːrən] *vt* to redevelop; (*Betrieb*) to make financially sound; (*Haus*) to renovate ♦ *vr* to line one's pockets; (*Unternehmen*) to become financially sound.

Sanierung *f* redevelopment; renovation.

sanitär [zani'tɛːr] *adj* sanitary; ~**e Anlagen** sanitation *sing.*

Sanitäter [zani'tɛːtər] (-s, -) *m* first-aid attendant; (*in Krankenwagen*) ambulance man; (*MIL*) (medical) orderly.

Sanitätsauto *nt* ambulance.

sank *etc* [zaŋk] *vb siehe* **sinken.**

Sanktion [zaŋktsi'oːn] *f* sanction.

sanktionieren [zaŋktsio'niːrən] *vt* to sanction.

sann *etc* [zan] *vb siehe* **sinnen.**

Saphir ['zaːfiːr] (-s, -e) *m* sapphire.

Sarde ['zardə] (-n, -n) *m* Sardinian.

Sardelle [zar'dɛlə] *f* anchovy.

Sardine [zar'diːnə] *f* sardine.

Sardinien [zar'diːniən] (-s) *nt* Sardinia.

Sardinier(in) (-s, -) *m(f)* Sardinian.

sardinisch *adj* Sardinian.

sardisch *adj* Sardinian.

Sarg [zark] (-(e)s, ̈-e) *m* coffin; ~**nagel** (*umg*) *m* (*Zigarette*) coffin nail.

Sarkasmus [zar'kasmʊs] *m* sarcasm.

sarkastisch [zar'kastɪʃ] *adj* sarcastic.

SARS, Sars [zars] *abk* (= *Schweres Akutes Respiratorisches Syndrom*) SARS.

saß *etc* [zas] *vb siehe* **sitzen.**

Satan ['zaːtan] (-s, -e) *m* Satan; (*fig*) devil.

Satansbraten *m* (*hum: umg*) young devil.

Satellit [zatɛ'liːt] (-en, -en) *m* satellite.

Satelliten- *zW:* ~**antenne** *f* satellite dish; ~**fernsehen** *nt* satellite television; ~**foto** *nt* satellite picture; ~**schüssel** *f* satellite dish; ~**station** *f* space station.

Satin [za'tɛ̃ː] (-s, -s) *m* satin.

Satire [za'tiːrə] (-, -n) *f:* ~ **(auf** +*akk*) satire (on).

Satiriker [za'tiːrikər] (-s, -) *m* satirist.

satirisch [za'tiːrɪʃ] *adj* satirical.

satt [zat] *adj* full; (*Farbe*) rich, deep; (*blasiert, übersättigt*) well-fed; (*selbstgefällig*) smug; **jdn/etw** ~ **sein** *od* **haben** to be fed-up with sb/sth; **sich** ~ **hören/sehen an** +*dat* to see/ hear enough of; **sich** ~ **essen** to eat one's fill; ~ **machen** to be filling.

Sattel ['zatəl] (-s, ̈-) *m* saddle; (*Berg*) ridge; **s~fest** *adj* (*fig*) proficient.

satteln *vt* to saddle.

Sattelschlepper *m* articulated lorry (*BRIT*), artic (*BRIT umg*), semitrailer (*US*), semi (*US umg*).

Satteltasche *f* saddlebag; (*Gepäcktasche am Fahrrad*) pannier.
sättigen ['zɛtɪgən] *vt* to satisfy; (*CHEM*) to saturate.
Sattler (-s, -) *m* saddler; (*Polsterer*) upholsterer.
Satz [zats] (-es, ⸚e) *m* (*GRAM*) sentence; (*Neben~, Adverbial~*) clause; (*Theorem*) theorem; (*der gesetzte Text*) type; (*MUS*) movement; (*COMPUT*) record; (*TENNIS, Briefmarken, Zusammengehöriges*) set; (*Kaffee~*) grounds *pl*; (*Boden~*) dregs *pl*; (*Spesen~*) allowance; (*COMM*) rate; (*Sprung*) jump; ~**bau** *m* sentence construction; ~**gegenstand** *m* (*GRAM*) subject; ~**lehre** *f* syntax; ~**teil** *m* constituent (of a sentence).
Satzung *f* statute, rule; (*Firma*) (memorandum and) articles of association.
satzungsgemäß *adj* statutory.
Satzzeichen *nt* punctuation mark.
Sau [zaʊ] (-, **Säue**) *f* sow; (*umg*) dirty pig; **die ~ rauslassen** (*fig: umg*) to let it all hang out.
sauber ['zaʊbər] *adj* clean; (*anständig*) honest, upstanding; (*umg: großartig*) fantastic, great; (: *ironisch*) fine; ~ **sein** (*Kind*) to be (potty-)trained; (*Hund etc*) to be house-trained; ~ **halten** to keep clean; ~ **machen** to clean; **S~keit** *f* cleanness; (*einer Person*) cleanliness.
säuberlich ['zɔʏbərlɪç] *adv* neatly.
säubern *vt* to clean; (*POL etc*) to purge.
Säuberung *f* cleaning; purge.
Säuberungsaktion *f* cleaning-up operation; (*POL*) purge.
saublöd (*umg*) *adj* bloody (*BRIT!*) *od* damn (*!*) stupid.
Saubohne *f* broad bean.
Sauce ['zoːsə] (-, -n) *f* = **Soße**.
Sauciere [zosi'eːrə] (-, -n) *f* sauce boat.
Saudi- [zaʊdi-] *zW:* ~-**Araber(in)** *m(f)* Saudi; ~-**Arabien** (-s) *nt* Saudi Arabia; **s~-arabisch** *adj* Saudi(-Arabian).
sauer ['zaʊər] *adj* sour; (*CHEM*) acid; (*umg*) cross; **saurer Regen** acid rain; ~ **werden** (*Milch, Sahne*) to go sour, turn; **jdm das Leben ~ machen** to make sb's life a misery; **S~braten** *m* braised beef (*marinaded in vinegar*), sauerbraten (*US*).
Sauerei [zaʊə'raɪ] (*umg*) *f* rotten state of affairs, scandal; (*Schmutz etc*) mess; (*Unanständigkeit*) obscenity.
Sauerkirsche *f* sour cherry.
Sauerkraut (-(e)s) *nt* sauerkraut, pickled cabbage.
säuerlich ['zɔʏərlɪç] *adj* sourish, tart.
Sauer- *zW:* ~**milch** *f* sour milk; ~**stoff** *m* oxygen; ~**stoffgerät** *nt* breathing apparatus; ~**teig** *m* leaven.
saufen ['zaʊfən] *unreg* (*umg*) *vt, vi* to drink, booze; **wie ein Loch ~** (*umg*) to drink like a fish.
Säufer(in) ['zɔʏfər(ɪn)] (-s, -) (*umg*) *m(f)* boozer, drunkard.
Sauferei [zaʊfə'raɪ] *f* drinking, boozing; (*Saufgelage*) booze-up.
Saufgelage (*pej: umg*) *nt* drinking bout, booze-up.
säuft [zɔʏft] *vb siehe* **saufen**.
saugen ['zaʊgən] *unreg vt, vi* to suck.
säugen ['zɔʏgən] *vt* to suckle.
Sauger ['zaʊgər] (-s, -) *m* dummy (*BRIT*), pacifier (*US*); (*auf Flasche*) teat; (*Staub~*) vacuum cleaner, hoover ® (*BRIT*).
Säugetier *nt* mammal.
saugfähig *adj* absorbent.
Säugling *m* infant, baby.
Säuglingsschwester *f* infant nurse.
Sau- *zW:* ~**haufen** (*umg*) *m* bunch of layabouts; **s~kalt** (*umg*) *adj* bloody (*BRIT!*) *od* damn (*!*) cold; ~**klaue** (*umg*) *f* scrawl.
Säule ['zɔʏlə] (-, -n) *f* column, pillar.
Säulengang *m* arcade.
Saum [zaʊm] (-(e)s, **Säume**) *m* hem; (*Naht*) seam.
saumäßig (*umg*) *adj* lousy ♦ *adv* lousily.
säumen ['zɔʏmən] *vt* to hem; to seam ♦ *vi* to delay, hesitate.
säumig ['zɔʏmɪç] *adj* (*geh: Schuldner*) defaulting; (*Zahlung*) outstanding, overdue.
Sauna ['zaʊna] (-, -s) *f* sauna.
Säure ['zɔʏrə] (-, -n) *f* acid; (*Geschmack*) sourness, acidity; **s~beständig** *adj* acid-proof.
Saure-Gurken-Zeit▲ (-) *f* (*hum: umg*) bad time *od* period; (*in den Medien*) silly season.
säurehaltig *adj* acidic.
Saurier ['zaʊriər] (-s, -) *m* dinosaur.
Saus [zaʊs] (-es) *m:* **in ~ und Braus leben** to live like a lord.
säuseln ['zɔʏzəln] *vi* to murmur; (*Blätter*) to rustle ♦ *vt* to murmur.
sausen ['zaʊzən] *vi* to blow; (*umg: eilen*) to rush; (*Ohren*) to buzz; **etw ~ lassen** (*umg*) not to bother with sth.
Sau- *zW:* ~**stall** (*umg*) *m* pigsty; ~**wetter** (*umg*) *nt* bloody (*BRIT!*) *od* damn (*!*) awful weather; **s~wohl** (*umg*) *adj:* **ich fühle mich s~wohl** I feel bloody (*BRIT!*) *od* really good.
Saxofon▲, **Saxophon** [zakso'foːn] (-s, -e) *nt* saxophone.
SB *abk* = **Selbstbedienung**.
S-Bahn *f abk* (= *Schnellbahn*) *high-speed suburban railway or railroad* (*US*).
SBB *abk* (= *Schweizerische Bundesbahnen*) Swiss Railways.
s. Br. *abk* (= *südlicher Breite*) southern latitude.
Schabe ['ʃaːbə] (-, -n) *f* cockroach.
schaben *vt* to scrape.
Schaber (-s, -) *m* scraper.
Schabernack (-(e)s, -e) *m* trick, prank.

schäbig ['ʃɛːbɪç] adj shabby; (Mensch) mean;
S~keit f shabbiness.

Schablone [ʃa'bloːnə] (-, -n) f stencil; (Muster)
pattern; (fig) convention.

schablonenhaft adj stereotyped,
conventional.

Schach [ʃax] (-s, -s) nt chess; (Stellung) check;
im ~ stehen to be in check; jdn in ~ halten
(fig) to stall sb; ~brett nt chessboard.

schachern (pej) vi: um etw ~ to haggle over
sth.

Schach- zW: ~figur f chessman; s~matt adj
checkmate; jdn s~matt setzen (lit) to
(check)mate sb; (fig) to snooker sb (umg);
~partie f game of chess; ~spiel nt game of
chess.

Schacht [ʃaxt] (-(e)s, ̈-e) m shaft.

Schachtel (-, -n) f box; (pej: Frau) bag, cow
(BRIT); ~satz m complicated od multi-clause
sentence.

Schachzug m (auch fig) move.

schade ['ʃaːdə] adj a pity od shame ♦ interj
(what a) pity od shame; sich dat für etw zu
~ sein to consider o.s. too good for sth; um
sie ist es nicht ~ she's no great loss.

Schädel ['ʃɛːdəl] (-s, -) m skull; einen dicken
~ haben (fig: umg) to be stubborn; ~bruch m
fractured skull.

Schaden (-s, ̈-) m damage; (Verletzung)
injury; (Nachteil) disadvantage; zu
~ kommen to suffer; (physisch) to be
injured; jdm ~ zufügen to harm sb.

schaden ['ʃaːdən] vi +dat to hurt; einer Sache
~ to damage sth.

Schaden- zW: ~ersatz m compensation,
damages pl; ~ersatz leisten to pay
compensation; ~ersatzanspruch m claim for
compensation; s~ersatzpflichtig adj liable
for damages; ~freiheitsrabatt m
(Versicherung) no-claim(s) bonus; ~freude f
malicious delight; s~froh adj gloating.

schadhaft ['ʃaːthaft] adj faulty, damaged.

schädigen ['ʃɛːdɪɡən] vt to damage; (Person) to
do harm to, harm.

Schädigung f damage; harm.

schädlich adj: ~ (für) harmful (to); S~keit f
harmfulness.

Schädling m pest.

Schädlingsbekämpfungsmittel nt
pesticide.

schadlos ['ʃaːtloːs] adj: sich ~ halten an +dat to
take advantage of.

Schadstoff (-(e)s, -e) m pollutant; s~arm adj
low in pollutants; s~haltig adj containing
pollutants.

Schaf [ʃaːf] (-(e)s, -e) nt sheep; (umg:
Dummkopf) twit (BRIT), dope; ~bock m ram.

Schäfchen ['ʃɛːfçən] nt lamb; sein ~ ins
Trockene bringen (Sprichwort) to see o.s. all
right (umg); ~wolken pl cirrus clouds pl.

Schäfer ['ʃɛːfər] (-s, -) m shepherd; ~hund m
Alsatian (dog) (BRIT), German shepherd
(dog) (US); ~in f shepherdess.

Schaffen ['ʃafən] (-s) nt (creative) activity.

schaffen¹ unreg vt to create; (Platz) to make;
sich dat etw ~ to get o.s. sth; dafür ist er wie
geschaffen he's just made for it.

schaffen² ['ʃafən] vt (erreichen) to manage,
do; (erledigen) to finish; (Prüfung) to pass;
(transportieren) to take ♦ vi (tun) to do; (umg:
arbeiten) to work; das ist nicht zu ~ that
can't be done; das hat mich geschafft it took
it out of me; (nervlich) it got on my nerves;
ich habe damit nichts zu ~ that has nothing
to do with me; jdm (schwer) zu ~ machen
(zusetzen) to cause sb (a lot of) trouble;
(bekümmern) to worry sb (a lot); sich dat an
etw dat zu ~ machen to busy o.s. with sth.

Schaffensdrang m energy; (von Künstler)
creative urge.

Schaffenskraft f creativity.

Schaffner(in) ['ʃafnər(ɪn)] (-s, -) m(f) (Bus~)
conductor, conductress; (EISENB) guard
(BRIT), conductor (US).

Schaffung f creation.

Schafskäse m sheep's od ewe's milk cheese.

Schaft [ʃaft] (-(e)s, ̈-e) m shaft; (von Gewehr)
stock; (von Stiefel) leg; (BOT) stalk; (von
Baum) tree trunk; ~stiefel m high boot.

Schakal [ʃa'kaːl] (-s, -e) m jackal.

Schäker(in) ['ʃɛːkər(ɪn)] (-s, -) m(f) flirt;
(Witzbold) joker.

schäkern vi to flirt; to joke.

Schal [ʃaːl] (-s, -s od -e) m scarf.

schal adj flat; (fig) insipid.

Schälchen ['ʃɛːlçən] nt bowl.

Schale ['ʃaːlə] (-, -n) f skin; (abgeschält) peel;
(Nuss~, Muschel~, Eier~) shell; (Geschirr)
dish, bowl; sich in ~ werfen (umg) to get
dressed up.

schälen ['ʃɛːlən] vt to peel; to shell ♦ vr to
peel.

Schalk [ʃalk] (-s, -e od ̈-e) m (veraltet) joker.

Schall [ʃal] (-(e)s, -e) m sound; Name ist ~ und
Rauch what's in a name?; s~dämmend adj
sound-deadening; ~dämpfer m (AUT)
silencer (BRIT), muffler (US); s~dicht adj
soundproof.

schallen vi to (re)sound.

schallend adj resounding, loud.

Schall- zW: ~geschwindigkeit f speed of
sound; ~grenze f sound barrier; ~mauer f
sound barrier; ~platte f record.

schalt etc [ʃalt] vb siehe schelten.

Schaltbild nt circuit diagram.

Schaltbrett nt switchboard.

schalten ['ʃaltən] vt to switch, turn ♦ vi (AUT)
to change (gear); (umg: begreifen) to catch
on; (reagieren) to react; in Reihe/parallel ~
(ELEK) to connect in series/in parallel;

~ **und walten** to do as one pleases.
Schalter (-s, -) *m* counter; (*an Gerät*) switch;
~**beamte(r)** *m* counter clerk; ~**stunden** *pl*
hours of business *pl.*
Schalt- *zW:* ~**hebel** *m* switch; (*AUT*) gear
lever (*BRIT*), gearshift (*US*); ~**jahr** *nt* leap
year; ~**knüppel** *m* (*AUT*) gear lever (*BRIT*),
gearshift (*US*); (*AVIAT, COMPUT*) joystick;
~**kreis** *m* (switching) circuit; ~**plan** *m* circuit
diagram; ~**pult** *nt* control desk; ~**stelle** *f* (*fig*)
coordinating point; ~**uhr** *f* time switch.
Schaltung *f* switching; (*ELEK*) circuit; (*AUT*)
gear change.
Scham [ʃaːm] (-) *f* shame; (~*gefühl*) modesty;
(*Organe*) private parts *pl.*
schämen [ˈʃɛːmən] *vr* to be ashamed.
Scham- *zW:* ~**gefühl** *nt* sense of shame;
~**haare** *pl* pubic hair *sing;* **s~haft** *adj* modest;
bashful; ~**lippen** *pl* labia *pl,* lips *pl* of the
vulva; **s~los** *adj* shameless; (*unanständig*)
indecent; (*Lüge*) brazen, barefaced.
Schampus [ˈʃampʊs] (-) *no pl* (*umg*) *m*
champagne, champers (*BRIT*).
Schande [ˈʃandə] (-) *f* disgrace; **zu meiner**
~ **muss ich gestehen, dass ...** to my shame I
have to admit that ...
schänden [ˈʃɛndən] *vt* to violate.
Schandfleck [ˈʃantflɛk] *m*: **er war der ~ der**
Familie he was the disgrace of his family.
schändlich [ˈʃɛntlɪç] *adj* disgraceful,
shameful; **S~keit** *f* disgracefulness,
shamefulness.
Schandtat (*umg*) *f* escapade, shenanigan.
Schändung *f* violation, defilement.
Schänke▲ [ˈʃɛŋkə] (-, -n) *f* = **Schenke.**
Schank- *zW:* ~**erlaubnis** *f,* ~**konzession** *f*
(publican's) licence (*BRIT*), excise license
(*US*); ~**tisch** *m* bar.
Schanze [ˈʃantsə] (-, -n) *f* (*MIL*) fieldwork,
earthworks *pl;* (*Sprung~*) ski jump.
Schar [ʃaːr] (-, -en) *f* band, company; (*Vögel*)
flock; (*Menge*) crowd; **in ~en** in droves.
Scharade [ʃaˈraːdə] (-, -n) *f* charade.
scharen *vr* to assemble, rally.
scharenweise *adv* in droves.
scharf [ʃarf] *adj* sharp; (*Verstand, Augen*) keen;
(*Kälte, Wind*) biting; (*Protest*) fierce; (*Ton*)
piercing, shrill; (*Essen*) hot, spicy;
(*Munition*) live; (*Maßnahmen*) severe;
(*Bewachung*) close, tight; (*Geruch,
Geschmack*) pungent, acrid; (*umg: geil*)
randy (*BRIT*), horny; (*Film*) sexy, blue *attrib*;
~ **nachdenken** to think hard; ~ **aufpassen/
zuhören** to pay close attention/listen
closely; **etw ~ einstellen** (*Bild, Diaprojektor
etc*) to bring sth into focus; **mit ~em Blick**
(*fig*) with penetrating insight; **auf etw** *akk*
~ **sein** (*umg*) to be keen on sth; ~**e Sachen**
(*umg*) hard stuff.
Scharfblick *m* (*fig*) penetration.

Schärfe [ˈʃɛrfə] (-, -n) *f* sharpness; (*Strenge*)
rigour (*BRIT*), rigor (*US*); (*an Kamera,
Fernsehen*) focus.
schärfen *vt* to sharpen.
Schärfentiefe *f* (*PHOT*) depth of focus.
Scharf- *zW:* **s~machen** (*umg*) *vt* to stir up;
~**richter** *m* executioner; ~**schießen** *nt*
shooting with live ammunition; ~**schütze** *m*
marksman, sharpshooter; ~**sinn** *m*
astuteness, shrewdness; **s~sinnig** *adj* astute,
shrewd.
Scharlach [ˈʃarlax] (-s, -e) *m* scarlet;
(*Krankheit*) scarlet fever; ~**fieber** *nt* scarlet
fever.
Scharlatan [ˈʃarlatan] (-s, -e) *m* charlatan.
Scharmützel [ʃarˈmʏtsəl] (-s, -) *nt* skirmish.
Scharnier [ʃarˈniːr] (-s, -e) *nt* hinge.
Schärpe [ˈʃɛrpə] (-, -n) *f* sash.
scharren [ˈʃarən] *vt, vi* to scrape, scratch.
Scharte [ˈʃartə] (-, -n) *f* notch, nick; (*Berg*)
wind gap.
schartig [ˈʃartɪç] *adj* jagged.
Schaschlik [ˈʃaʃlɪk] (-s, -s) *m od nt* (shish)
kebab.
Schatten [ˈʃatən] (-s, -) *m* shadow; (*schattige
Stelle*) shade; **jdn/etw in den ~ stellen** (*fig*)
to put sb/sth in the shade; ~**bild** *nt*
silhouette; **s~haft** *adj* shadowy.
Schattenmorelle (-, -n) *f* morello cherry.
Schatten- *zW:* ~**riss▲** *m* silhouette; ~**seite** *f*
shady side; (*von Planeten*) dark side; (*fig:
Nachteil*) drawback; ~**wirtschaft** *f* black
economy.
schattieren [ʃaˈtiːrən] *vt, vi* to shade.
Schattierung *f* shading.
schattig [ˈʃatɪç] *adj* shady.
Schatulle [ʃaˈtʊlə] (-, -n) *f* casket; (*Geld~*)
coffer.
Schatz [ʃats] (-es, ̈e) *m* treasure; (*Person*)
darling; ~**amt** *nt* treasury.
schätzbar [ˈʃɛtsbaːr] *adj* assessable.
Schätzchen *nt* darling, love.
schätzen *vt* (*ab~*) to estimate; (*Gegenstand*)
to value; (*würdigen*) to value, esteem;
(*vermuten*) to reckon; **etw zu ~ wissen** to
appreciate sth; **sich glücklich ~** to consider
o.s. lucky; ~ **lernen** to learn to appreciate.
Schatzkammer *f* treasure chamber *od* vault.
Schatzmeister *m* treasurer.
Schätzung *f* estimate; estimation; valuation;
nach meiner ~ ... I reckon that ...
schätzungsweise *adv* (*ungefähr*)
approximately; (*so vermutet man*) it is
thought.
Schätzwert *m* estimated value.
Schau [ʃau] (-) *f* show; (*Ausstellung*) display,
exhibition; **etw zur ~ stellen** to make a
show of sth, show sth off; **eine ~ abziehen**
(*umg*) to put on a show; ~**bild** *nt* diagram.
Schauder [ˈʃaudər] (-s, -) *m* shudder; (*wegen*

Kälte) shiver; **s~haft** *adj* horrible.

schaudern *vi* to shudder; (*wegen Kälte*) to shiver.

schauen [ˈʃauən] *vi* to look; **da schau her!** well, well!

Schauer [ˈʃauər] **(-s, -)** *m* (*Regen~*) shower; (*Schreck*) shudder; **~geschichte** *f* horror story; **s~lich** *adj* horrific, spine-chilling; **~märchen** (*umg*) *nt* horror story.

Schaufel [ˈʃaufəl] **(-, -n)** *f* shovel; (*Kehricht~*) dustpan; (*von Turbine*) vane; (*NAUT*) paddle; (*TECH*) scoop.

schaufeln *vt* to shovel; (*Grab, Grube*) to dig ♦ *vi* to shovel.

Schaufenster *nt* shop window; **~auslage** *f* window display; **~bummel** *m* window-shopping (expedition); **~dekorateur(in)** *m(f)* window dresser; **~puppe** *f* display dummy.

Schaugeschäft *nt* show business.

Schaukasten *m* showcase.

Schaukel [ˈʃaukəl] **(-, -n)** *f* swing.

schaukeln *vi* to swing, rock ♦ *vt* to rock; **wir werden das Kind** *od* **das schon ~** (*fig*: *umg*) we'll manage it.

Schaukelpferd *nt* rocking horse.

Schaukelstuhl *m* rocking chair.

Schaulustige(r) [ˈʃaulustɪgə(r)] *f(m)* onlooker.

Schaum [ʃaum] **(-(e)s, Schäume)** *m* foam; (*Seifen~*) lather; (*von Getränken*) froth; (*von Bier*) head; **~bad** *nt* bubble bath.

schäumen [ˈʃɔymən] *vi* to foam.

Schaumgummi *m* foam (rubber).

schaumig *adj* frothy, foamy.

Schaum- *zW*: **~krone** *f* whitecap; **~schläger** *m* (*fig*) windbag; **~schlägerei** *f* (*fig*: *umg*) hot air; **~stoff** *m* foam material; **~wein** *m* sparkling wine.

Schauplatz *m* scene.

Schauprozess▲ *m* show trial.

schaurig *adj* horrific, dreadful.

Schauspiel *nt* spectacle; (*THEAT*) play.

Schauspieler(in) *m(f)* actor, actress; **s~isch** *adj* (*Können, Leistung*) acting.

schauspielern *vi untr* to act.

Schauspielhaus *nt* playhouse, theatre (*BRIT*), theater (*US*).

Schauspielschule *f* drama school.

Schausteller [ˈʃauʃtɛlər] **(-s, -)** *m person who owns or runs a fairground ride/sideshow etc.*

Scheck [ʃɛk] **(-s, -s)** *m* cheque (*BRIT*), check (*US*); **~buch** *nt*, **~heft** *nt* cheque book (*BRIT*), check book (*US*).

scheckig *adj* dappled, piebald.

Scheckkarte *f* cheque (*BRIT*) *od* check (*US*) card, banker's card.

scheel [ʃeːl] (*umg*) *adj* dirty; **jdn ~ ansehen** to give sb a dirty look.

scheffeln [ˈʃɛfəln] *vt* to amass.

Scheibe [ˈʃaibə] **(-, -n)** *f* disc (*BRIT*), disk (*US*);

(*Brot etc*) slice; (*Glas~*) pane; (*MIL*) target; (*Eishockey*) puck; (*Töpfer~*) wheel; (*umg*: *Schallplatte*) disc (*BRIT*), disk (*US*); **von ihm könntest du dir eine ~ abschneiden** (*fig*: *umg*) you could take a leaf out of his book.

Scheiben- *zW*: **~bremse** *f* (*AUT*) disc brake; **~kleister** *interj* (*euph*: *umg*) sugar!; **~waschanlage** *f* (*AUT*) windscreen (*BRIT*) *od* windshield (*US*) washers *pl*; **~wischer** *m* (*AUT*) windscreen (*BRIT*) *od* windshield (*US*) wiper.

Scheich [ʃaiç] **(-s, -e** *od* **-s)** *m* sheik(h).

Scheide [ˈʃaidə] **(-, -n)** *f* sheath; (*ANAT*) vagina.

scheiden *unreg vt* to separate; (*Ehe*) to dissolve ♦ *vi* to depart; (*sich trennen*) to part ♦ *vr* (*Wege*) to divide; (*Meinungen*) to diverge; **sich ~ lassen** to get a divorce; **von dem Moment an waren wir (zwei) geschiedene Leute** (*umg*) after that it was the parting of the ways for us; **aus dem Leben ~** to depart this life.

Scheideweg *m* (*fig*) crossroads *sing*.

Scheidung *f* (*Ehe~*) divorce; **die ~ einreichen** to file a petition for divorce.

Scheidungsgrund *m* grounds *pl* for divorce.

Scheidungsklage *f* divorce suit.

Schein [ʃain] **(-(e)s, -e)** *m* light; (*An~*) appearance; (*Geld~*) (bank)note; (*Bescheinigung*) certificate; **den ~ wahren** to keep up appearances; **etw zum ~ tun** to pretend to do sth, make a pretence (*BRIT*) *od* pretense (*US*) of doing sth; **s~bar** *adj* apparent.

scheinen *unreg vi* to shine; (*Anschein haben*) to seem.

Schein- *zW*: **s~heilig** *adj* hypocritical; **~tod** *m* apparent death; **~werfer** **(-s, -)** *m* floodlight; (*THEAT*) spotlight; (*Suchscheinwerfer*) searchlight; (*AUT*) headlight.

Scheiß [ʃais] **(-,** *no pl*) (*umg*) *m* bullshit (!).

Scheiß- [ˈʃais-] (*umg*) *in zW* bloody (*BRIT*!); **~dreck** (*umg*!) *m* shit (!), crap (!); **das geht dich einen ~dreck an** it's got bugger-all to do with you (!).

Scheiße [ˈʃaisə] **(-)** (*umg*!) *f* shit (!).

scheißegal (*umg*!) *adj*: **das ist mir doch ~!** I don't give a shit (!).

scheißen (*umg*!) *vi* to shit (!).

scheißfreundlich (*pej*: *umg*) *adj* as nice as pie (*ironisch*).

Scheißkerl (*umg*!) *m* bastard (!), son-of-a-bitch (*US*!).

Scheit [ʃait] **(-(e)s, -e** *od* **-er)** *nt* log.

Scheitel [ˈʃaitəl] **(-s, -)** *m* top; (*Haar*) parting (*BRIT*), part (*US*).

scheiteln *vt* to part.

Scheitelpunkt *m* zenith, apex.

Scheiterhaufen [ˈʃaitərhaufən] *m* (funeral) pyre; (*HIST*: *zur Hinrichtung*) stake.

scheitern ['ʃaɪtərn] *vi* to fail.

Schelle ['ʃɛlə] (-, -n) *f* small bell.

schellen *vi* to ring; **es hat geschellt** the bell has gone.

Schellfisch ['ʃɛlfɪʃ] *m* haddock.

Schelm [ʃɛlm] (-(e)s, -e) *m* rogue.

Schelmenroman *m* picaresque novel.

schelmisch *adj* mischievous, roguish.

Schelte ['ʃɛltə] (-, -n) *f* scolding.

schelten *unreg vt* to scold.

Schema ['ʃeːma] (-s, -s *od* -ta) *nt* scheme, plan; (*Darstellung*) schema; **nach ~ F** quite mechanically.

schematisch [ʃeˈmaːtɪʃ] *adj* schematic; (*pej*) mechanical.

Schemel ['ʃeːməl] (-s, -) *m* (foot)stool.

schemenhaft *adj* shadowy.

Schenke (-, -n) *f* tavern, inn.

Schenkel ['ʃɛŋkəl] (-s, -) *m* thigh; (*MATH: von Winkel*) side.

schenken ['ʃɛŋkən] *vt* (*lit, fig*) to give; (*Getränk*) to pour; **ich möchte nichts geschenkt haben!** (*lit*) I don't want any presents!; (*fig: bevorzugt werden*) I don't want any special treatment!; **sich** *dat* **etw ~** (*umg*) to skip sth; **jdm etw ~** (*erlassen*) to let sb off sth; **ihm ist nie etwas geschenkt worden** (*fig*) he never had it easy; **das ist geschenkt!** (*billig*) that's a giveaway!; (*nichts wert*) that's worthless!

Schenkung *f* gift.

Schenkungsurkunde *f* deed of gift.

scheppern ['ʃɛpərn] (*umg*) *vi* to clatter.

Scherbe ['ʃɛrbə] (-, -n) *f* broken piece, fragment; (*archäologisch*) potsherd.

Schere ['ʃeːrə] (-, -n) *f* scissors *pl*; (*groß*) shears *pl*; (*ZOOL*) pincer; (*von Hummer, Krebs etc*) pincer, claw; **eine ~** a pair of scissors.

scheren *unreg vt* to cut; (*Schaf*) to shear; (*stören*) to bother ♦ *vr* (*sich kümmern*) to care; **scher dich (zum Teufel)!** get lost!

Scherenschleifer (-s, -) *m* knife grinder.

Scherenschnitt *m* silhouette.

Schererei [ʃeːrəˈraɪ] (*umg*) *f* bother, trouble.

Scherflein ['ʃɛrflaɪn] *nt* mite, bit.

Scherz [ʃɛrts] (-es, -e) *m* joke; fun; **s~en** *vi* to joke; to banter; **~frage** *f* conundrum; **s~haft** *adj* joking, jocular.

Scheu [ʃɔy] (-) *f* shyness; (*Ehrfurcht*) awe; (*Angst*): **~ (vor** +*dat*) fear (of).

scheu [ʃɔy] *adj* shy.

Scheuche (-, -n) *f* scarecrow.

scheuchen ['ʃɔyçən] *vt* to scare (off).

scheuen *vr*: **sich ~ vor** +*dat* to be afraid of, shrink from ♦ *vt* to shun ♦ *vi* (*Pferd*) to shy; **weder Mühe noch Kosten ~** to spare neither trouble nor expense.

Scheuer ['ʃɔyər] (-, -n) *f* barn.

Scheuer- *zW*: **~bürste** *f* scrubbing brush; **~lappen** *m* floorcloth (*BRIT*), scrubbing rag

(*US*); **~leiste** *f* skirting board.

scheuern *vt* to scour; (*mit Bürste*) to scrub ♦ *vr*: **sich** *akk* **(wund) ~** to chafe o.s.; **jdm eine ~** (*umg*) to clout sb one.

Scheuklappe *f* blinker.

Scheune ['ʃɔynə] (-, -n) *f* barn.

Scheunendrescher (-s, -) *m*: **er frisst wie ein ~** (*umg*) he eats like a horse.

Scheusal ['ʃɔyzaːl] (-s, -e) *nt* monster.

scheußlich ['ʃɔyslɪç] *adj* dreadful, frightful; **S~keit** *f* dreadfulness.

Schi [ʃiː] *m* = **Ski**.

Schicht [ʃɪçt] (-, -en) *f* layer; (*Klasse*) class, level; (*in Fabrik etc*) shift; **~arbeit** *f* shift work.

schichten *vt* to layer, stack.

Schichtwechsel *m* change of shifts.

schick [ʃɪk] *adj* stylish, chic.

schicken *vt* to send ♦ *vr*: **sich ~ (in** +*akk*) to resign o.s. (to) ♦ *vb unpers* (*anständig sein*) to be fitting.

Schickeria [ʃɪkəˈriːa] *f* (*ironisch*) in-people *pl*.

Schicki(micki) ['ʃɪkɪ('mɪkɪ)] (-s, -s) (*umg*) *m* trendy.

schicklich *adj* proper, fitting.

Schicksal (-s, -e) *nt* fate.

schicksalhaft *adj* fateful.

Schicksalsschlag *m* great misfortune, blow.

Schickse ['ʃɪksə] (-, -n) (*umg*) *f* floozy, shiksa (*US*).

Schiebedach *nt* (*AUT*) sunroof, sunshine roof.

schieben ['ʃiːbən] *unreg vt* (*auch Drogen*) to push; (*Schuld*) to put; (*umg: handeln mit*) to traffic in; **die Schuld auf jdn ~** to put the blame on (to) sb; **etw vor sich** *dat* **her ~** (*fig*) to put sth off.

Schieber (-s, -) *m* slide; (*Besteckteil*) pusher; (*Person*) profiteer; (*umg: Schwarzhändler*) black marketeer; (*: Waffen~*) gunrunner; (*: Drogen~*) pusher.

Schiebetür *f* sliding door.

Schieblehre *f* (*MATH*) calliper (*BRIT*) *od* caliper (*US*) rule.

Schiebung *f* fiddle; **das war doch ~** (*umg*) that was rigged *od* a fix.

schied *etc* [ʃiːt] *vb siehe* **scheiden**.

Schieds- *zW*: **~gericht** *nt* court of arbitration; **~mann** (-(e)s, *pl* **-männer**) *m* arbitrator; **~richter** *m* referee, umpire; (*Schlichter*) arbitrator; **s~richtern** *vi untr* to referee, umpire; to arbitrate; **~spruch** *m* (arbitration) award; **~verfahren** *nt* arbitration.

schief [ʃiːf] *adj* crooked; (*Ebene*) sloping; (*Turm*) leaning; (*Winkel*) oblique; (*Blick*) wry; (*Vergleich*) distorted ♦ *adv* crookedly; (*ansehen*) askance; **auf die ~e Bahn geraten** (*fig*) to leave the straight and narrow; **~ gehen** (*umg*) to go wrong; **es wird schon**

~ **gehen!** (*hum*) it'll be OK; ~ **liegen** (*umg*) to be wrong, be on the wrong track (*umg*); **etw** ~ **stellen** to slope sth.

Schiefer ['ʃiːfər] (**-s**, **-**) *m* slate; ~**dach** *nt* slate roof; ~**tafel** *f* (child's) slate.

schieflachen (*umg*) *vr* to kill o.s. laughing.

schielen ['ʃiːlən] *vi* to squint; **nach etw** ~ (*fig*) to eye sth up.

schien *etc* [ʃiːn] *vb siehe* **scheinen.**

Schienbein *nt* shinbone.

Schiene ['ʃiːnə] *f* rail; (*MED*) splint.

schienen *vt* to put in splints.

Schienenbus *m* railcar.

Schienenstrang *m* (*EISENB etc*) (section of) track.

schier [ʃiːr] *adj* pure; (*fig*) sheer ♦ *adv* nearly, almost.

Schießbude *f* shooting gallery.

Schießbudenfigur (*umg*) *f* clown, ludicrous figure.

schießen ['ʃiːsən] *unreg vi* to shoot; (*Salat etc*) to run to seed ♦ *vt* to shoot; (*Ball*) to kick; (*Geschoss*) to fire; ~ **auf** +*akk* to shoot at; **aus dem Boden** ~ (*lit*, *fig*) to spring *od* sprout up; **jdm durch den Kopf** ~ (*fig*) to flash through sb's mind.

Schießerei [ʃiːsəˈraɪ] *f* shoot-out, gun battle.

Schieß- *zW:* ~**gewehr** *nt* (*hum*) gun; ~**hund** *m:* **wie ein** ~**hund aufpassen** (*umg*) to watch like a hawk; ~**platz** *m* firing range; ~**pulver** *nt* gunpowder; ~**scharte** *f* embrasure; ~**stand** *m* rifle *od* shooting range.

Schiff [ʃɪf] (**-(e)s**, **-e**) *nt* ship, vessel; (*Kirchen*~) nave.

Schiffahrt△ *f siehe* **Schifffahrt.**

Schiff- *zW:* **s**~**bar** *adj* navigable; ~**bau** *m* shipbuilding; ~**bruch** *m* shipwreck; ~**bruch erleiden** (*lit*) to be shipwrecked; (*fig*) to fail; (*Unternehmen*) to founder; **s**~**brüchig** *adj* shipwrecked.

Schiffchen *nt* small boat; (*WEBEN*) shuttle; (*Mütze*) forage cap.

Schiffer (**-s**, **-**) *m* boatman, sailor; (*von Lastkahn*) bargee.

Schiff- *zW:* ~**fahrt**▲ *f* shipping; (*Reise*) voyage; ~**fahrtslinie**▲ *f* shipping route; ~**schaukel** *f* swing boat.

Schiffs- *zW:* ~**junge** *m* cabin boy; ~**körper** *m* hull; ~**ladung** *f* cargo, shipload; ~**planke** *f* gangplank; ~**schraube** *f* ship's propeller.

Schiit [ʃiːit] (**-en**, **-en**) *m* Shiite; **s**~**isch** *adj* Shiite.

Schikane [ʃiˈkaːnə] (**-**, **-n**) *f* harassment; dirty trick; **mit allen** ~**n** with all the trimmings; **das hat er aus reiner** ~ **gemacht** he did it out of sheer bloody-mindedness.

schikanieren [ʃikaˈniːrən] *vt* to harass; (*Ehepartner*) to mess around; (*Mitschüler*) to bully.

schikanös [ʃikaˈnøːs] *adj* (*Mensch*) bloody-minded; (*Maßnahme etc*) harassing.

Schild¹ [ʃɪlt] (**-(e)s**, **-e**) *m* shield; (*Mützen*~) peak, visor; **etwas im** ~**e führen** to be up to something.

Schild² [ʃɪlt] (**-(e)s**, **-er**) *nt* sign; (*Namens*~) nameplate; (*an Monument, Haus, Grab*) plaque; (*Etikett*) label.

Schildbürger *m* duffer, blockhead.

Schilddrüse *f* thyroid gland.

schildern ['ʃɪldərn] *vt* to describe; (*Menschen etc*) to portray; (*skizzieren*) to outline.

Schilderung *f* description; portrayal.

Schildkröte *f* tortoise; (*Wasser*~) turtle.

Schildkrötensuppe *f* turtle soup.

Schilf [ʃɪlf] (**-(e)s**, **-e**) *nt*, ~**rohr** *nt* (*Pflanze*) reed; (*Material*) reeds *pl*, rushes *pl*.

Schillerlocke ['ʃɪlərlɔkə] *f* (*Gebäck*) cream horn; (*Räucherfisch*) strip of smoked rock salmon.

schillern ['ʃɪlərn] *vi* to shimmer.

schillernd *adj* iridescent; (*fig: Charakter*) enigmatic.

Schilling ['ʃɪlɪŋ] (**-s**, **-** *od* (*Schillingstücke*) **-e**) (*ÖSTERR*) *m* schilling.

schilt [ʃɪlt] *vb siehe* **schelten.**

Schimmel ['ʃɪməl] (**-s**, **-**) *m* mould (*BRIT*), mold (*US*); (*Pferd*) white horse.

schimm(e)lig *adj* mouldy (*BRIT*), moldy (*US*).

schimmeln *vi* to go mouldy (*BRIT*) *od* moldy (*US*).

Schimmer ['ʃɪmər] (**-s**) *m* glimmer; **keinen (blassen)** ~ **von etw haben** (*umg*) not to have the slightest idea about sth.

schimmern *vi* to glimmer; (*Seide, Perlen*) to shimmer.

Schimpanse [ʃɪmˈpanzə] (**-n**, **-n**) *m* chimpanzee.

Schimpf [ʃɪmpf] (**-(e)s**, **-e**) *m* disgrace; **mit** ~ **und Schande** in disgrace.

schimpfen *vi* (*sich beklagen*) to grumble; (*fluchen*) to curse.

Schimpfkanonade *f* barrage of abuse.

Schimpfwort *nt* term of abuse.

Schindel ['ʃɪndəl] (**-**, **-n**) *f* shingle.

schinden ['ʃɪndən] *unreg vt* to maltreat, drive too hard ♦ *vr:* **sich** ~ (**mit**) to sweat and strain (at), toil away (at); **Eindruck** ~ (*umg*) to create an impression.

Schinder (**-s**, **-**) *m* knacker; (*fig*) slave driver.

Schinderei [ʃɪndəˈraɪ] *f* grind, drudgery.

Schindluder ['ʃɪntluːdər] *nt:* **mit etw** ~ **treiben** to muck *od* mess sth about; (*Vorrecht*) to abuse sth.

Schinken ['ʃɪŋkən] (**-s**, **-**) *m* ham; (*gekocht und geräuchert*) gammon; (*pej: umg: Theaterstück etc*) hackneyed and clichéd play *etc*; ~**speck** *m* bacon.

Schippe ['ʃɪpə] (**-**, **-n**) *f* shovel; **jdn auf die** ~ **nehmen** (*fig: umg*) to pull sb's leg.

schippen *vt* to shovel.

Schirm [ʃɪrm] (-(e)s, -e) *m* (*Regen~*) umbrella; (*Sonnen~*) parasol, sunshade; (*Wand~, Bild~*) screen; (*Lampen~*) (lamp)shade; (*Mützen~*) peak; (*Pilz~*) cap; ~**bildaufnahme** *f* X-ray; ~**herr(in)** *m(f)* patron(ess); ~**herrschaft** *f* patronage; ~**mütze** *f* peaked cap; ~**ständer** *m* umbrella stand.

Schiss▲ *m*: ~ haben (*umg*) to be shit scared (!).

schiss *etc*▲ [ʃɪs] *vb siehe* **scheißen.**

schizophren [ʃitsoˈfreːn] *adj* schizophrenic.

Schizophrenie [ʃitsofreˈniː] *f* schizophrenia.

schlabbern [ˈʃlabərn] (*umg*) *vt, vi* to slurp.

Schlacht [ʃlaxt] (-, -en) *f* battle.

schlachten *vt* to slaughter, kill.

Schlachtenbummler (*umg*) *m* visiting football fan.

Schlachter (-s, -) *m* butcher.

Schlacht- *zW:* ~**feld** *nt* battlefield; ~**fest** *nt* *country feast at which freshly slaughtered meat is served;* ~**haus** *nt,* ~**hof** *m* slaughterhouse, abattoir (*BRIT*); ~**opfer** *nt* sacrifice; (*Mensch*) human sacrifice; ~**plan** *m* battle plan; (*fig*) plan of action; ~**ruf** *m* battle cry, war cry; ~**schiff** *nt* battleship; ~**vieh** *nt* animals *pl* kept for meat.

Schlacke [ˈʃlakə] (-, -n) *f* slag.

schlackern (*umg*) *vi* to tremble; (*Kleidung*) to hang loosely, be baggy; **mit den Ohren** ~ (*fig*) to be (left) speechless.

Schlaf [ʃlaːf] (-(e)s, -e) *m* sleep; **um seinen** ~ **kommen** *od* **gebracht werden** to lose sleep; ~**anzug** *m* pyjamas *pl* (*BRIT*), pajamas *pl* (*US*).

Schläfchen [ˈʃlɛːfçən] *nt* nap.

Schläfe (-, -n) *f* (*ANAT*) temple.

schlafen *unreg vi* to sleep; (*umg: nicht aufpassen*) to be asleep; ~ **gehen** to go to bed; **bei jdm** ~ to stay overnight with sb; **S~gehen** *nt* going to bed.

Schlafenszeit *f* bedtime.

Schläfer(in) [ˈʃlɛːfər(ɪn)] (-s, -) *m(f)* sleeper.

schlaff [ʃlaf] *adj* slack; (*Haut*) loose; (*Muskeln*) flabby; (*energielos*) limp; (*erschöpft*) exhausted; **S~heit** *f* slackness; looseness; flabbiness; limpness; exhaustion.

Schlafgelegenheit *f* place to sleep.

Schlafittchen [ʃlaˈfɪtçən] (*umg*) *nt:* **jdn am** *od* **beim** ~ **nehmen** to take sb by the scruff of the neck.

Schlaf- *zW:* ~**krankheit** *f* sleeping sickness; ~**lied** *nt* lullaby; **s~los** *adj* sleepless; ~**losigkeit** *f* sleeplessness, insomnia; ~**mittel** *nt* sleeping drug; (*fig, ironisch*) soporific; ~**mütze** (*umg*) *f* dope.

schläfrig [ˈʃlɛːfrɪç] *adj* sleepy.

Schlaf- *zW:* ~**rock** *m* dressing gown; **Apfel im** ~**rock** baked apple in puff pastry; ~**saal** *m* dormitory; ~**sack** *m* sleeping bag.

schläft [ʃlɛːft] *vb siehe* **schlafen.**

Schlaf- *zW:* ~**tablette** *f* sleeping pill; **s~trunken** *adj* drowsy, half-asleep; ~**wagen** *m* sleeping car, sleeper; **s~wandeln** *vi untr* to sleepwalk; ~**wandler(in)** (-s, -) *m(f)* sleepwalker; ~**zimmer** *nt* bedroom.

Schlag [ʃlaːk] (-(e)s, ̈-e) *m* (*lit, fig*) blow; (*auch MED*) stroke; (*Puls~, Herz~*) beat; (*ELEK*) shock; (*Blitz~*) bolt, stroke; (*Glocken~*) chime; (*Autotür*) car door; (*umg: Portion*) helping; (: *Art*) kind, type; **Schläge** *pl* (*Tracht Prügel*) beating *sing;* ~ **acht Uhr** (*umg*) on the stroke of eight; **mit einem** ~ all at once; ~ **auf** ~ in rapid succession; **die haben keinen** ~ **getan** (*umg*) they haven't done a stroke (of work); **ich dachte, mich trifft der** ~ (*umg*) I was thunderstruck; **vom gleichen** ~ **sein** to be cast in the same mould (*BRIT*) *od* mold (*US*); (*pej*) to be tarred with the same brush; **ein** ~ **ins Wasser** (*umg*) a wash-out; ~**abtausch** *m* (*BOXEN*) exchange of blows; (*fig*) (verbal) exchange; ~**ader** *f* artery; ~**anfall** *m* stroke; **s~artig** *adj* sudden, without warning; ~**baum** *m* barrier; ~**bohrer** *m* percussion drill.

Schlägel▲ [ˈʃlɛːgl] (-s, -) *m* drumstick; (*Hammer*) hammer.

schlagen [ˈʃlaːgən] *unreg vt* to strike, hit; (*wiederholt ~, besiegen*) to beat; (*Glocke*) to ring; (*Stunde*) to strike; (*Kreis, Bogen*) to describe; (*Purzelbaum*) to do; (*Sahne*) to whip; (*Schlacht*) to fight; (*einwickeln*) to wrap ♦ *vi* to strike, hit; to beat; to ring; to strike ♦ *vr* to fight; **um sich** ~ to lash out; **ein Ei in die Pfanne** ~ to crack an egg into the pan; **eine geschlagene Stunde** a full hour; **na ja, ehe ich mich** ~ **lasse!** (*hum: umg*) I suppose you could twist my arm; **nach jdm** ~ (*fig*) to take after sb; **sich gut** ~ (*fig*) to do well; **sich nach links/Norden** ~ to strike out to the left/(for the) north; **sich auf jds Seite** *akk* ~ to side with sb; (*die Fronten wechseln*) to go over to sb.

schlagend *adj* (*Beweis*) convincing; ~**e Wetter** (*MIN*) firedamp.

Schlager [ˈʃlaːgər] (-s, -) *m* (*MUS, fig*) hit.

Schläger [ˈʃlɛːgər] (-s, -) *m* brawler; (*SPORT*) bat; (*TENNIS etc*) racket; (*GOLF*) club; (*Hockey~*) hockey stick.

Schlägerei [ʃlɛːgəˈraɪ] *f* fight, punch-up.

Schlagersänger *m* pop singer.

Schlägertyp (*umg*) *m* thug.

Schlag- *zW:* **s~fertig** *adj* quick-witted; ~**fertigkeit** *f* ready wit, quickness of repartee; ~**instrument** *nt* percussion instrument; ~**kraft** *f* (*lit, fig*) power; (*MIL*) strike power; (*BOXEN*) punch(ing power); **s~kräftig** *adj* powerful; (*Beweise*) clear-cut; ~**loch** *nt* pothole; ~**obers** (-, -) (*ÖSTERR*) *nt,* ~**rahm** *m,* ~**sahne** *f* (whipped) cream; ~**seite** *f* (*NAUT*) list; ~**stock** *m* (*form*) truncheon

(*BRIT*), nightstick (*US*).

schlägt [ʃlɛːkt] *vb siehe* **schlagen**.

Schlag- *zW:* ~**wort** *nt* slogan, catch phrase; ~**zeile** *f* headline; ~**zeilen machen** (*umg*) to hit the headlines; ~**zeug** *nt* drums *pl*; (*in Orchester*) percussion; ~**zeuger** (**-s**, **-**) *m* drummer; percussionist.

schlaksig [ˈʃlaːksɪç] (*umg*) *adj* gangling, gawky.

Schlamassel [ʃlaˈmasəl] (**-s**, **-**) (*umg*) *m* mess.

Schlamm [ʃlam] (**-(e)s**, **-e**) *m* mud.

schlammig *adj* muddy.

Schlampe [ˈʃlampə] (**-**, **-n**) (*umg*) *f* slattern, slut.

schlampen (*umg*) *vi* to be sloppy.

Schlamperei [ʃlampəˈraɪ] (*umg*) *f* disorder, untidiness; (*schlechte Arbeit*) sloppy work.

schlampig (*umg*) *adj* slovenly, sloppy.

schlang *etc* [ʃlaŋ] *vb siehe* **schlingen**.

Schlange [ˈʃlaŋə] (**-**, **-n**) *f* snake; (*Menschen~*) queue (*BRIT*), line (*US*); ~ **stehen** to (form a) queue (*BRIT*), stand in line (*US*); **eine falsche** ~ a snake in the grass.

schlängeln [ˈʃlɛŋəln] *vr* to twist, wind; (*Fluss*) to meander.

Schlangen- *zW:* ~**biss**▲ *m* snake bite; ~**gift** *nt* snake venom; ~**linie** *f* wavy line.

schlank [ʃlaŋk] *adj* slim, slender; **S~heit** *f* slimness, slenderness; **S~heitskur** *f* diet.

schlapp [ʃlap] *adj* limp; (*locker*) slack; (*umg: energielos*) listless; (*nach Krankheit etc*) run-down.

Schlappe (**-**, **-n**) (*umg*) *f* setback.

Schlappen (**-s**, **-**) (*umg*) *m* slipper.

schlapp- *zW:* **S~heit** *f* limpness; slackness; **S~hut** *m* slouch hat; ~**machen** (*umg*) *vi* to wilt, droop; **S~schwanz** (*pej: umg*) *m* weakling, softy.

Schlaraffenland [ʃlaˈrafənlant] *nt* land of milk and honey.

schlau [ʃlau] *adj* crafty, cunning; **ich werde nicht** ~ **aus ihm** I don't know what to make of him; **S~berger** (**-s**, **-**) (*umg*) *m* clever Dick.

Schlauch [ʃlaux] (**-(e)s**, **Schläuche**) *m* hose; (*in Reifen*) inner tube; (*umg: Anstrengung*) grind; **auf dem** ~ **stehen** (*umg*) to be in a jam *od* fix; ~**boot** *nt* rubber dinghy.

schlauchen (*umg*) *vt* to tell on, exhaust.

schlauchlos *adj* (*Reifen*) tubeless.

Schläue [ˈʃlɔyə] (**-**) *f* cunning.

Schlaufe [ˈʃlaufə] (**-**, **-n**) *f* loop; (*Aufhänger*) hanger.

Schlauheit *f* cunning.

Schlaukopf *m* clever Dick.

Schlawiner [ʃlaˈviːnər] (**-s**, **-**) *m* (*hum: umg*) villain, rogue.

schlecht [ʃlɛçt] *adj* bad; (*ungenießbar*) bad, off (*BRIT*) ♦ *adv:* **jdm geht es** ~ sb is in a bad way; **heute geht es** ~ today is not very convenient; ~ **machen** to run down,

denigrate; **er kann** ~ **Nein** *od* **nein sagen** he finds it hard to say no, he can't say no; **jdm ist** ~ sb feels sick *od* ill; ~ **und recht** after a fashion; **auf jdn** ~ **zu sprechen sein** not to have a good word to say for sb; **er hat nicht** ~ **gestaunt** (*umg*) he wasn't half surprised.

schlechterdings *adv* simply.

Schlecht- *zW:* ~**heit** *f* badness; **s~hin** *adv* simply; **der Dramatiker s~hin** THE playwright.

Schlechtigkeit *f* badness; (*Tat*) bad deed.

schlecken [ˈʃlɛkən] *vt*, *vi* to lick.

Schlegel [ˈʃleːgəl] (**-s**, **-**) *m* (*KOCH*) leg; *siehe auch* **Schlägel**.

schleichen [ˈʃlaɪçən] *unreg vi* to creep, crawl.

schleichend *adj* creeping; (*Krankheit, Gift*) insidious.

Schleichweg *m:* **auf** ~**en** (*fig*) on the quiet.

Schleichwerbung *f:* **eine** ~ a plug.

Schleie [ˈʃlaɪə] (**-**, **-n**) *f* tench.

Schleier [ˈʃlaɪər] (**-s**, **-**) *m* veil; ~**eule** *f* barn owl; **s~haft** (*umg*) *adj:* **jdm s~haft sein** to be a mystery to sb.

Schleife [ˈʃlaɪfə] (**-**, **-n**) *f* (*auch COMPUT*) loop; (*Band*) bow; (*Kranz~*) ribbon.

schleifen¹ *vt* to drag; (*MIL: Festung*) to raze ♦ *vi* to drag; **die Kupplung** ~ **lassen** (*AUT*) to slip the clutch.

schleifen² *unreg vt* to grind; (*Edelstein*) to cut; (*MIL: Soldaten*) to drill.

Schleifmaschine *f* sander; (*in Fabrik*) grinding machine.

Schleifstein *m* grindstone.

Schleim [ʃlaɪm] (**-(e)s**, **-e**) *m* slime; (*MED*) mucus; (*KOCH*) gruel; ~**haut** *f* mucous membrane.

schleimig *adj* slimy.

schlemmen [ˈʃlɛmən] *vi* to feast.

Schlemmer(in) (**-s**, **-**) *m(f)* gourmet, bon vivant.

Schlemmerei [ʃlɛməˈraɪ] *f* feasting.

schlendern [ˈʃlɛndərn] *vi* to stroll.

Schlendrian [ˈʃlɛndriaːn] (**-(e)s**) *m* sloppy way of working.

Schlenker [ˈʃlɛŋkər] (**-s**, **-**) *m* swerve.

schlenkern *vt*, *vi* to swing, dangle.

Schleppe [ˈʃlɛpə] (**-**, **-n**) *f* train.

schleppen *vt* to drag; (*Auto, Schiff*) to tow; (*tragen*) to lug.

schleppend *adj* dragging; (*Bedienung, Abfertigung*) sluggish, slow.

Schlepper (**-s**, **-**) *m* tractor; (*Schiff*) tug.

Schleppkahn *m* (*canal*) barge.

Schlepptau *nt* towrope; **jdn ins** ~ **nehmen** (*fig*) to take sb in tow.

Schlesien [ˈʃleːziən] (**-s**) *nt* Silesia.

Schlesier(in) (**-s**, **-**) *m(f)* Silesian.

schlesisch *adj* Silesian.

Schleswig-Holstein [ˈʃleːsvɪçˈhɔlʃtaɪn] (**-s**) *nt* Schleswig-Holstein.

Schleuder ['ʃlɔydər] (-, -n) f catapult; (*Wäsche~*) spin-dryer; (*Zentrifuge*) centrifuge; ~**honig** m extracted honey.

schleudern vt to hurl; (*Wäsche*) to spin-dry ♦ vi (*AUT*) to skid; **ins S~ kommen** (*AUT*) to go into a skid; (*fig: umg*) to run into trouble.

Schleuder- zW: ~**preis** m give-away price; ~**sitz** m (*AVIAT*) ejector seat; (*fig*) hot seat; ~**ware** f cut-price (*BRIT*) od cut-rate (*US*) goods pl.

schleunig ['ʃlɔyniç] adj prompt, speedy; (*Schritte*) quick.

schleunigst adv straight away.

Schleuse ['ʃlɔyzə] (-, -n) f lock; (*Schleusentor*) sluice.

schleusen vt (*Schiffe*) to pass through a lock, lock; (*Wasser*) to channel; (*Menschen*) to filter; (*fig: heimlich*) to smuggle.

Schlich (-(e)s, -e) m dodge, trick; **jdm auf die ~e kommen** to get wise to sb.

schlich etc [ʃliç] vb siehe **schleichen**.

schlicht [ʃliçt] adj simple, plain.

schlichten vt to smooth; (*beilegen*) to settle; (*Streit: vermitteln*) to mediate, arbitrate.

Schlichter(in) (-s, -) m(f) mediator, arbitrator.

Schlichtheit f simplicity, plainness.

Schlichtung f settlement; arbitration.

Schlick [ʃlik] (-(e)s, -e) m mud; (*Öl~*) slick.

schlief etc [ʃliːf] vb siehe **schlafen**.

Schließe ['ʃliːsə] (-, -n) f fastener.

schließen ['ʃliːsən] unreg vt to close, shut; (*beenden*) to close; (*Freundschaft, Bündnis, Ehe*) to enter into; (*COMPUT: Datei*) to close; (*folgern*): ~ **(aus)** to infer (from) ♦ vi, vr to close, shut; **auf etw** akk ~ **lassen** to suggest sth; **jdn/etw in sein Herz** ~ to take sb/sth to one's heart; **etw in sich** ~ to include sth; „**geschlossen**" "closed".

Schließfach nt locker.

schließlich adv finally; (~ *doch*) after all.

Schliff (-(e)s, -e) m cut(ting); (*fig*) polish; **einer Sache den letzten** ~ **geben** (*fig*) to put the finishing touch(es) to sth.

schliff etc [ʃlif] vb siehe **schleifen**.

schlimm [ʃlim] adj bad; **das war** ~ that was terrible; **das ist halb so** ~! that's not so bad!; ~**er** adj worse; ~**ste(r, s)** adj worst.

schlimmstenfalls adv at (the) worst.

Schlinge ['ʃliŋə] (-, -n) f loop; (*an Galgen*) noose; (*Falle*) snare; (*MED*) sling.

Schlingel (-s, -) m rascal.

schlingen unreg vt to wind ♦ vi (*essen*) to bolt one's food, gobble.

schlingern vi to roll.

Schlingpflanze f creeper.

Schlips [ʃlips] (-es, -e) m tie, necktie (*US*); **sich auf den** ~ **getreten fühlen** (*fig: umg*) to feel offended.

Schlitten ['ʃlitən] (-s, -) m sledge, sled;

(*Pferde~*) sleigh; **mit jdm** ~ **fahren** (*umg*) to give sb a rough time; ~**bahn** f toboggan run; ~**fahren** (-s) nt tobogganing.

schlittern ['ʃlitərn] vi to slide; (*Wagen*) to skid.

Schlittschuh ['ʃlitʃuː] m skate; ~ **laufen** to skate; ~**bahn** f skating rink; ~**läufer** m skater.

Schlitz [ʃlits] (-es, -e) m slit; (*für Münze*) slot; (*Hosen~*) flies pl; **s~äugig** adj slant-eyed; **s~en** vt to slit; ~**ohr** nt (*fig*) sly fox.

schlohweiß ['ʃloːvais] adj snow-white.

Schlokal nt gourmet restaurant.

Schloss▲ (-es, ⸚er) nt lock, padlock; (*an Schmuck etc*) clasp; (*Bau*) castle; (*Palast*) palace; **ins** ~ **fallen** to lock (itself).

schloss etc▲ [ʃlɔs] vb siehe **schließen**.

Schlosser ['ʃlɔsər] (-s, -) m (*Auto~*) fitter; (*für Schlüssel etc*) locksmith.

Schlosserei [ʃlɔsə'rai] f metal(working) shop.

Schlosshund▲ m: **heulen wie ein** ~ to howl one's head off.

Schlot [ʃloːt] (-(e)s, -e) m chimney; (*NAUT*) funnel.

schlottern ['ʃlɔtərn] vi to shake; (*vor Angst*) to tremble; (*Kleidung*) to be baggy.

Schlucht [ʃluxt] (-, -en) f gorge, ravine.

schluchzen ['ʃluxtsən] vi to sob.

Schluck [ʃluk] (-(e)s, -e) m swallow; (*größer*) gulp; (*kleiner*) sip; (*ein bisschen*) drop.

Schluckauf (-s) m hiccups pl.

schlucken vt to swallow; (*umg: Alkohol, Benzin*) to guzzle; (: *verschlingen*) to swallow up ♦ vi to swallow.

Schlucker (-s, -) (*umg*) m: **armer** ~ poor devil.

Schluckimpfung f oral vaccination.

schlud(e)rig ['ʃluːdriç] (*umg*) adj slipshod.

schludern ['ʃluːdərn] (*umg*) vi to do slipshod work.

schlug etc [ʃluːk] vb siehe **schlagen**.

Schlummer ['ʃlumər] (-s) m slumber.

schlummern vi to slumber.

Schlund [ʃlunt] (-(e)s, ⸚e) m gullet; (*fig*) jaw.

schlüpfen ['ʃlypfən] vi to slip; (*Vogel etc*) to hatch (out).

Schlüpfer ['ʃlypfər] (-s, -) m panties pl, knickers pl.

Schlupfloch ['ʃlupflɔx] nt hole; (*Versteck*) hide-out; (*fig*) loophole.

schlüpfrig ['ʃlypfriç] adj slippery; (*fig*) lewd; **S~keit** f slipperiness; lewdness.

Schlupfwinkel m hiding place; (*fig*) quiet corner.

schlurfen ['ʃlurfən] vi to shuffle.

schlürfen ['ʃlyrfən] vt, vi to slurp.

Schluss▲ [ʃlus] (-es, ⸚e) m end; (~*folgerung*) conclusion; **am** ~ at the end; ~ **für heute!** that'll do for today; ~ **jetzt!** that's enough now!; ~ **machen mit** to finish with.

Schlüssel ['ʃlysəl] (-s, -) m (*lit, fig*) key; (*Schraub~*) spanner, wrench; (*MUS*) clef;

~**bein** nt collarbone; ~**blume** f cowslip, primrose; ~**bund** m bunch of keys; ~**erlebnis** nt (_PSYCH_) crucial experience; ~**kind** nt latchkey child; ~**loch** nt keyhole; ~**position** f key position; ~**wort** nt safe combination; (_COMPUT_) keyword.

Schlussfolgerung▲ f conclusion, inference.

Schlussformel▲ f (_in Brief_) closing formula; (_bei Vertrag_) final clause.

schlüssig ['ʃlʏsɪç] adj conclusive; **sich** dat (**über etw** akk) ~ **sein** to have made up one's mind (about sth).

Schluss-▲ zW: ~**licht** nt rear light (_BRIT_), taillight (_US_); (_fig_) tail ender; ~**strich** m (_fig_) final stroke; **einen ~strich unter etw** akk **ziehen** to consider sth finished; ~**verkauf** m clearance sale; ~**wort** nt concluding words pl.

Schmach [ʃmaːx] (-) f disgrace, ignominy.

schmachten ['ʃmaxtən] vi to languish; **nach jdm ~** to pine for sb.

schmächtig ['ʃmɛçtɪç] adj slight.

schmachvoll adj ignominious, humiliating.

schmackhaft ['ʃmakhaft] adj tasty; **jdm etw ~ machen** (_fig_) to make sth palatable to sb.

schmähen ['ʃmɛːən] vt to abuse, revile.

schmählich adj ignominious, shameful.

Schmähung f abuse.

schmal [ʃmaːl] adj narrow; (_Person, Buch etc_) slender, slim; (_karg_) meagre (_BRIT_), meager (_US_); ~**brüstig** adj narrow-chested.

schmälern ['ʃmɛːlərn] vt to diminish; (_fig_) to belittle.

Schmalfilm m cine (_BRIT_) od movie (_US_) film.

Schmalspur f narrow gauge.

Schmalspur- (_pej_) in zW small-time.

Schmalz [ʃmalts] (**-es, -e**) nt dripping; (_Schweine~_) lard; (_fig_) sentiment, schmaltz.

schmalzig adj (_fig_) schmaltzy, slushy.

schmarotzen [ʃma'rɔtsən] vi (_BIOL_) to be parasitic; (_fig_) to sponge.

Schmarotzer (**-s, -**) m (_auch fig_) parasite.

Schmarren ['ʃmarən] (**-s, -**) m (_ÖSTERR_) small pieces of pancake; (_fig_) rubbish, tripe.

schmatzen ['ʃmatsən] vi to eat noisily.

Schmaus [ʃmaʊs] (**-es, Schmäuse**) m feast; **s~en** vi to feast.

schmecken ['ʃmɛkən] vt, vi to taste; **es schmeckt ihm** he likes it; **schmeckt es Ihnen?** is it good?, are you enjoying your food od meal?; **das schmeckt nach mehr!** (_umg_) it's very moreish (_hum_); **es sich ~ lassen** to tuck in.

Schmeichelei [ʃmaɪçə'laɪ] f flattery.

schmeichelhaft ['ʃmaɪçəlhaft] adj flattering.

schmeicheln vi to flatter.

Schmeichler(in) (**-s, -**) m(f) flatterer.

schmeißen ['ʃmaɪsən] unreg (_umg_) vt to throw, chuck; (_spendieren_): **eine Runde** od **Lage ~** to stand a round.

Schmeißfliege f bluebottle.

Schmelz [ʃmɛlts] (**-es, -e**) m enamel; (_Glasur_) glaze; (_von Stimme_) melodiousness; **s~bar** adj fusible.

schmelzen unreg vt to melt; (_Erz_) to smelt ♦ vi to melt.

Schmelz- zW: ~**hütte** f smelting works pl; ~**käse** m cheese spread; (_in Scheiben_) processed cheese; ~**ofen** m melting furnace; (_für Erze_) smelting furnace; ~**punkt** m melting point; ~**tiegel** m (_lit, fig_) melting pot; ~**wasser** nt melted snow.

Schmerbauch ['ʃmeːrbaʊx] (_umg_) m paunch, potbelly.

Schmerz [ʃmɛrts] (**-es, -en**) m pain; (_Trauer_) grief no pl; ~**en haben** to be in pain; **s~empfindlich** adj sensitive to pain.

schmerzen vt, vi to hurt.

Schmerzensgeld nt compensation.

Schmerz- zW: **s~haft** adj painful; **s~lich** adj painful; **s~lindernd** adj pain-relieving; **s~los** adj painless; ~**mittel** nt painkiller, analgesic; **s~stillend** adj pain-killing, analgesic; ~**tablette** f pain-killing tablet.

Schmetterling ['ʃmɛtərlɪŋ] m butterfly.

Schmetterlingsstil m (_SCHWIMMEN_) butterfly stroke.

schmettern ['ʃmɛtərn] vt to smash; (_Melodie_) to sing loudly, bellow out ♦ vi to smash (_SPORT_); (_Trompete_) to blare.

Schmied [ʃmiːt] (**-(e)s, -e**) m blacksmith.

Schmiede ['ʃmiːdə] (**-, -n**) f smithy, forge; ~**eisen** nt wrought iron.

schmieden vt to forge; (_Pläne_) to devise, concoct.

schmiegen ['ʃmiːɡən] vt to press, nestle ♦ vr: **sich ~ an** +akk to cuddle up to, nestle up to.

schmiegsam ['ʃmiːkzaːm] adj flexible, pliable.

Schmiere ['ʃmiːrə] f grease; (_THEAT_) greasepaint, make-up; (_pej: schlechtes Theater_) fleapit; ~ **stehen** (_umg_) to be the look-out.

schmieren vt to smear; (_ölen_) to lubricate, grease; (_bestechen_) to bribe ♦ vi (_schreiben_) to scrawl; **es läuft wie geschmiert** it's going like clockwork; **jdm eine ~** (_umg_) to clout sb one.

Schmierenkomödiant (_pej_) m ham (actor).

Schmier- zW: ~**fett** nt grease; ~**fink** m messy person; ~**geld** nt bribe; ~**heft** nt jotter.

schmierig adj greasy.

Schmiermittel nt lubricant.

Schmierseife f soft soap.

schmilzt [ʃmɪltst] vb siehe **schmelzen**.

Schminke ['ʃmɪŋkə] (**-, -n**) f make-up.

schminken vt, vr to make up.

schmirgeln ['ʃmɪrɡəln] vt to sand (down).

Schmirgelpapier (**-s**) nt emery paper.

Schmiss▲ (**-es, -e**) m (_Narbe_) duelling (_BRIT_) od dueling (_US_) scar; (_veraltet: Schwung_)

Spelling Reform: ▲ _new spelling_ △ _old spelling (to be phased out)_ dash, élan.

schmiss *etc*▲ [ʃmɪs] *vb siehe* **schmeißen.**

Schmöker [ˈʃmøːkər] (**-s, -**) (*umg*) *m* (trashy) old book.

schmökern *vi* to bury o.s. in a book; (*umg*) to browse.

schmollen [ˈʃmɔlən] *vi* to pout; (*gekränkt*) to sulk.

schmollend *adj* sulky.

Schmollmund *m* pout.

schmolz *etc* [ʃmɔlts] *vb siehe* **schmelzen.**

Schmorbraten *m* stewed *od* braised meat.

schmoren [ˈʃmoːrən] *vt* to braise.

Schmu [ʃmuː] (**-s**) (*umg*) *m* cheating.

Schmuck [ʃmʊk] (**-(e)s, -e**) *m* jewellery (*BRIT*), jewelry (*US*); (*Verzierung*) decoration.

schmücken [ˈʃmʏkən] *vt* to decorate.

Schmuck- *zW:* **s~los** *adj* unadorned, plain; **~losigkeit** *f* simplicity; **~sachen** *pl* jewels *pl*, jewellery *sing* (*BRIT*), jewelry *sing* (*US*); **~stück** *nt* (*Ring etc*) piece of jewellery (*BRIT*) *od* jewelry (*US*); (*fig: Prachtstück*) gem.

schmudd(e)lig [ˈʃmʊd(ə)lɪç] *adj* messy; (*schmutzig*) dirty; (*schmierig, unsauber*) filthy.

Schmuggel [ˈʃmʊɡəl] (**-s**) *m* smuggling.

schmuggeln *vt, vi* to smuggle.

Schmuggelware *f* contraband.

Schmuggler(in) (**-s, -**) *m(f)* smuggler.

schmunzeln [ˈʃmʊntsəln] *vi* to smile benignly.

schmusen [ˈʃmuːzən] (*umg*) *vi* (*zärtlich sein*) to cuddle; **mit jdm ~** to cuddle sb.

Schmutz [ʃmʊts] (**-es**) *m* dirt; (*fig*) filth; **s~en** *vi* to get dirty; **~fink** *m* filthy creature; **~fleck** *m* stain.

schmutzig *adj* dirty; **~e Wäsche waschen** (*fig*) to wash one's dirty linen in public.

Schnabel [ˈʃnaːbəl] (**-s, -̈**) *m* beak, bill; (*Ausguss*) spout; (*umg: Mund*) mouth; **reden, wie einem der ~ gewachsen ist** to say exactly what comes into one's head; (*unaffektiert*) to talk naturally.

schnacken [ˈʃnakən] (*NORDD: umg*) *vi* to chat.

Schnake [ˈʃnaːkə] (**-, -n**) *f* crane fly; (*Stechmücke*) gnat.

Schnalle [ˈʃnalə] (**-, -n**) *f* buckle; (*an Handtasche, Buch*) clasp.

schnallen *vt* to buckle.

schnalzen [ˈʃnaltsən] *vi* to snap; (*mit Zunge*) to click.

Schnäppchen [ˈʃnɛpçən] (*umg*) *nt* bargain, snip.

schnappen [ˈʃnapən] *vt* to grab, catch; (*umg: ergreifen*) to snatch ♦ *vi* to snap.

Schnappschloss▲ *nt* spring lock.

Schnappschuss▲ *m* (*PHOT*) snapshot.

Schnaps [ʃnaps] (**-es, -̈e**) *m* schnapps; (*umg: Branntwein*) spirits *pl*; **~idee** (*umg*) *f* crackpot idea; **~leiche** (*umg*) *f* drunk.

schnarchen [ˈʃnarçən] *vi* to snore.

schnattern [ˈʃnatərn] *vi* to chatter; (*zittern*) to

shiver.

schnauben [ˈʃnaʊbən] *vi* to snort ♦ *vr* to blow one's nose.

schnaufen [ˈʃnaʊfən] *vi* to puff, pant.

Schnaufer (**-s, -**) (*umg*) *m* breath.

Schnauzbart [ˈʃnaʊtsbaːrt] *m* moustache (*BRIT*), mustache (*US*).

Schnauze (**-, -n**) *f* snout, muzzle; (*Ausguss*) spout; (*umg*) gob; **auf die ~ fallen** (*fig*) to come a cropper (*umg*); **etw frei nach ~ machen** to do sth any old how.

schnäuzen▲ [ˈʃnɔʏtsn] *vr* to blow one's nose.

Schnecke [ˈʃnɛkə] (**-, -n**) *f* snail; (*Nackt~*) slug; (*KOCH: Gebäck*) ≈ Chelsea bun; **jdn zur ~ machen** (*umg*) to give sb a real bawling out.

Schneckenhaus *nt* snail's shell.

Schneckentempo (*umg*) *nt*: **im ~** at a snail's pace.

Schnee [ʃneː] (**-s**) *m* snow; (*Ei~*) beaten egg white; **~ von gestern** old hat; **water under the bridge**; **~ball** *m* snowball; **~besen** *m* (*KOCH*) whisk; **~fall** *m* snowfall; **~flocke** *f* snowflake; **~gestöber** *nt* snowstorm; **~glöckchen** *nt* snowdrop; **~grenze** *f* snowline; **~kette** *f* (*AUT*) snow chain; **~könig** *m*: **sich freuen wie ein ~könig** to be as pleased as Punch; **~mann** *m* snowman; **~pflug** *m* snowplough (*BRIT*), snowplow (*US*); **~regen** *m* sleet; **~schmelze** *f* thaw; **~treiben** *nt* driving snow; **~wehe** *f* snowdrift; **~wittchen** *nt* Snow White.

Schneid [ʃnaɪt] (**-(e)s**) (*umg*) *m* pluck.

Schneidbrenner (**-s, -**) *m* (*TECH*) oxyacetylene cutter.

Schneide [ˈʃnaɪdə] (**-, -n**) *f* edge; (*Klinge*) blade.

schneiden *unreg vt* to cut; (*Film, Tonband*) to edit; (*kreuzen*) to cross, intersect ♦ *vr* to cut o.s.; (*umg: sich täuschen*): **da hat er sich aber geschnitten!** he's very much mistaken; **die Luft ist zum S~** (*fig: umg*) the air is very bad.

schneidend *adj* cutting.

Schneider (**-s, -**) *m* tailor; **frieren wie ein ~** (*umg*) to be frozen to the marrow; **aus dem ~ sein** (*fig*) to be out of the woods.

Schneiderei [ʃnaɪdəˈraɪ] *f* tailor's shop; (*einer Schneiderin*) dressmaker's shop.

Schneiderin *f* dressmaker.

schneidern *vt* to make ♦ *vi* to be a tailor.

Schneidersitz (**-es**) *m*: **im ~ sitzen** to sit cross-legged.

Schneidezahn *m* incisor.

schneidig *adj* dashing; (*mutig*) plucky.

schneien [ˈʃnaɪən] *vi* to snow; **jdm ins Haus ~** (*umg: Besuch*) to drop in on sb; (: *Rechnung, Brief*) to come in the post (*BRIT*) *od* mail (*US*).

Schneise [ˈʃnaɪzə] (**-, -n**) *f* (*Wald~*) clearing.

schnell [ʃnɛl] *adj* quick, fast ♦ *adv* quick(ly),

fast; **das ging** ~ that was quick; **S~boot** *nt* speedboat.

Schnelle (-) *f*: **etw auf die** ~ **machen** to do sth in a rush.

schnellen *vi* to shoot.

Schnellgericht *nt* (*JUR*) summary court; (*KOCH*) convenience food.

Schnellhefter *m* loose-leaf binder.

Schnelligkeit *f* speed.

Schnell- *zW*: ~**imbiss**▲ *m* (*Essen*) (quick) snack; (*Raum*) snack bar; ~**kochtopf** *m* (*Dampfkochtopf*) pressure cooker; ~**reinigung** *f* express cleaner's.

schnellstens *adv* as quickly as possible.

Schnellstraße *f* expressway.

Schnellzug *m* fast *od* express train.

schneuzen△ ['ʃnɔytsən] *vr siehe* **schnäuzen**.

Schnickschnack ['ʃnɪkʃnak] (**-(e)s**) (*umg*) *m* twaddle.

Schnippchen ['ʃnɪpçən] *nt*: **jdm ein** ~ **schlagen** to play a trick on sb.

schnippeln ['ʃnɪpəln] (*umg*) *vt* to snip; (*mit Messer*) to hack ♦ *vi*: ~ **an** +*dat* to snip at; to hack at.

schnippen ['ʃnɪpən] *vi*: **mit den Fingern** ~ to snap one's fingers.

schnippisch ['ʃnɪpɪʃ] *adj* sharp-tongued.

Schnipsel ['ʃnɪpsəl] (**-s, -**) (*umg*) *m od nt* scrap; (*Papier~*) scrap of paper.

Schnitt (**-(e)s, -e**) *m* cut(ting); (~*punkt*) intersection; (*Quer~*) (cross) section; (*Durch~*) average; (~*muster*) pattern; (*Ernte*) crop; (*an Buch*) edge; (*umg: Gewinn*) profit; ~: **L. Schwarz** (*FILM*) editor - L. Schwarz; **im** ~ on average.

schnitt *etc* [ʃnɪt] *vb siehe* **schneiden**.

Schnittblumen *pl* cut flowers *pl*.

Schnittbohnen *pl* French *od* green beans *pl*.

Schnitte (**-, -n**) *f* slice; (*belegt*) sandwich.

schnittfest *adj* (*Tomaten*) firm.

Schnittfläche *f* section.

schnittig ['ʃnɪtɪç] *adj* smart; (*Auto, Formen*) stylish.

Schnitt- *zW*: ~**lauch** *m* chive; ~**muster** *nt* pattern; ~**punkt** *m* (point of) intersection; ~**stelle** *f* (*COMPUT*) interface; ~**wunde** *f* cut.

Schnitzarbeit *f* wood carving.

Schnitzel (**-s, -**) *nt* scrap; (*KOCH*) escalope; ~**jagd** *f* paperchase.

schnitzen ['ʃnɪtsən] *vt* to carve.

Schnitzer (**-s, -**) *m* carver; (*umg*) blunder.

Schnitzerei [ʃnɪtsə'raɪ] *f* wood carving.

schnodderig ['ʃnɔdərɪç] (*umg*) *adj* snotty.

schnöde ['ʃnøːdə] *adj* base, mean.

Schnorchel ['ʃnɔrçəl] (**-s, -**) *m* snorkel.

schnorcheln *vi* to go snorkelling.

Schnörkel ['ʃnœrkəl] (**-s, -**) *m* flourish; (*ARCHIT*) scroll.

schnorren ['ʃnɔrən] *vt, vi* to cadge (*BRIT*).

Schnorrer (**-s, -**) (*umg*) *m* cadger (*BRIT*).

Schnösel ['ʃnøːzəl] (**-s, -**) (*umg*) *m* snotty(-nosed) little upstart.

schnuckelig ['ʃnʊkəlɪç] (*umg*) *adj* (*gemütlich*) snug, cosy; (*Person*) sweet.

schnüffeln ['ʃnʏfəln] *vi* to sniff; (*fig: umg: spionieren*) to snoop around; **S~** *nt* (*von Klebstoff etc*) glue-sniffing *etc*.

Schnüffler(in) (**-s, -**) *m(f)* snooper.

Schnuller ['ʃnʊlər] (**-s, -**) *m* dummy (*BRIT*), pacifier (*US*).

Schnulze ['ʃnʊltsə] (**-, -n**) (*umg*) *f* schmaltzy film/book/song.

Schnupfen ['ʃnʊpfən] (**-s, -**) *m* cold.

Schnupftabak *m* snuff.

schnuppe ['ʃnʊpə] (*umg*) *adj*: **jdm** ~ **sein** to be all the same to sb.

schnuppern ['ʃnʊpərn] *vi* to sniff.

Schnur [ʃnuːr] (**-, -̈e**) *f* string; (*Kordel*) cord; (*ELEK*) flex.

Schnürchen ['ʃnyːrçən] *nt*: **es läuft** *od* **klappt (alles) wie am** ~ everything's going like clockwork.

schnüren ['ʃnyːrən] *vt* to tie.

schnurgerade *adj* straight (as a die *od* an arrow).

Schnurrbart ['ʃnʊrbaːrt] *m* moustache (*BRIT*), mustache (*US*).

schnurren ['ʃnʊrən] *vi* to purr; (*Kreisel*) to hum.

Schnürschuh *m* lace-up (shoe).

Schnürsenkel *m* shoelace.

schnurstracks *adv* straight (away); ~ **auf jdn/etw zugehen** to make a beeline for sb/sth (*umg*).

schob *etc* [ʃoːp] *vb siehe* **schieben**.

Schock [ʃɔk] (**-(e)s, -e**) *m* shock; **unter** ~ **stehen** to be in (a state of) shock.

schocken (*umg*) *vt* to shock.

Schocker (**-s, -**) (*umg*) *m* shocking film/novel, shocker.

schockieren *vt* to shock, outrage.

Schöffe ['ʃœfə] (**-n, -n**) *m* lay magistrate.

Schöffengericht *nt* magistrates' court.

Schöffin *f* lay magistrate.

Schokolade [ʃoko'laːdə] (**-, -n**) *f* chocolate.

scholl *etc* [ʃɔl] *vb siehe* **schallen**.

Scholle ['ʃɔlə] (**-, -n**) *f* clod; (*Eis~*) ice floe; (*Fisch*) plaice.

Scholli ['ʃɔlɪ] (*umg*) *m*: **mein lieber** ~! (*drohend*) now look here!

═══════════ *SCHLÜSSELWORT*

schon [ʃoːn] *adv* **1** (*bereits*) already; **er ist** ~ **da** he's there/here already, he's already there/here; **ist er** ~ **da?** is he there/here yet?; **warst du** ~ **einmal dort?** have you ever been there?; **ich war** ~ **einmal dort** I've been there before; **das war** ~ **immer so** that has always been the case; **hast du** ~ **gehört?** have you heard?; ~ **1920** as early as 1920;

~ **vor 100 Jahren** as far back as 100 years ago; **er wollte ~ die Hoffnung aufgeben, als** ... he was just about to give up hope when ...; **wartest du ~ lange?** have you been waiting (for) long?; **wie ~ so oft** as so often (before); **was, ~ wieder?** what - again? **2** (*bestimmt*) all right; **du wirst ~ sehen** you'll see (all right); **das wird ~ noch gut gehen** that should turn out OK (in the end). **3** (*bloß*) just; **allein ~ das Gefühl** ... just the very feeling ...; ~ **der Gedanke** the mere *od* very thought; **wenn ich das ~ höre** I only have to hear that. **4** (*einschränkend*): **ja ~, aber** ... yes (well), but ... **5: das ist ~ möglich** that's quite possible; ~ **gut** OK; **du weißt ~** you know; **komm ~** come on; **hör ~ auf damit!** will you stop that!; **was macht das ~, wenn ...?** what does it matter if ...?; **und wenn ~!** (*umg*) so what?

schön [ʃøːn] *adj* beautiful; (*Mann*) handsome; (*nett*) nice ♦ *adv*: **sich ganz ~ ärgern** to be very angry; **da hast du etwas S~es angerichtet** you've made a fine *od* nice mess; **sich ~ machen** to make o.s. look nice; ~**e Grüße** best wishes; ~**en Dank** (many) thanks; ~ **weich/warm** nice and soft/warm.

schonen ['ʃoːnən] *vt* to look after; (*jds Nerven*) to spare; (*Gegner, Kind*) to be easy on; (*Teppich, Füße*) to save ♦ *vr* to take it easy.

schonend *adj* careful, gentle; **jdm etw ~ beibringen** to break sth to sb gently.

Schoner ['ʃoːnər] (**-s, -**) *m* (*NAUT*) schooner; (*Sessel~*) cover.

Schönfärberei *f* (*fig*) glossing things over.

Schonfrist *f* period of grace.

Schöngeist *m* cultured person, aesthete (*BRIT*), esthete (*US*).

Schönheit *f* beauty.

Schönheits- *zW*: ~**fehler** *m* blemish, flaw; ~**operation** *f* cosmetic surgery; ~**wettbewerb** *m* beauty contest.

Schonkost (**-**) *f* light diet.

Schönschrift *f*: **in ~** in one's best (hand)writing.

schöntun *unreg vi*: **jdm ~** (*schmeicheln*) to flatter *od* soft-soap sb, play up to sb.

Schonung *f* good care; (*Nachsicht*) consideration; (*Forst*) plantation of young trees.

schonungslos *adj* ruthless, harsh.

Schonzeit *f* close season.

Schopf [ʃɔpf] (**-(e)s, ¨e**) *m*: **eine Gelegenheit beim ~ ergreifen** *od* **fassen** to seize *od* grasp an opportunity with both hands.

schöpfen ['ʃœpfən] *vt* to scoop; (*Suppe*) to ladle; (*Mut*) to summon up; (*Luft*) to breathe in; (*Hoffnung*) to find.

Schöpfer (**-s, -**) *m* creator; (*Gott*) Creator;

(*umg: Schöpfkelle*) ladle; **s~isch** *adj* creative.

Schöpfkelle *f* ladle.

Schöpflöffel *m* skimmer, scoop.

Schöpfung *f* creation.

Schoppen ['ʃɔpən] (**-s, -**) *m* (*Glas Wein*) glass of wine; ~**wein** *m* wine by the glass.

schor *etc* [ʃoːr] *vb siehe* **scheren**.

Schorf [ʃɔrf] (**-(e)s, -e**) *m* scab.

Schorle ['ʃɔrlə] (**-, -n**) *f* spritzer, wine and soda water or lemonade.

Schornstein ['ʃɔrnʃtain] *m* chimney; (*NAUT*) funnel; ~**feger** (**-s, -**) *m* chimney sweep.

Schose ['ʃoːzə] (**-, -n**) *f* = **Chose**.

Schoß (**-es, ¨e**) *m* lap; (*Rock~*) coat tail; **im ~e der Familie** in the bosom of one's family.

schoss *etc*▲ [ʃɔs] *vb siehe* **schießen**.

Schoßhund *m* lapdog.

Schössling▲ ['ʃœslɪŋ] *m* (*BOT*) shoot.

Schote ['ʃoːtə] (**-, -n**) *f* pod.

Schotte ['ʃɔtə] (**-n, -n**) *m* Scot, Scotsman.

Schottenrock ['ʃɔtənrɔk] *m* kilt; (*für Frauen*) tartan skirt.

Schotter ['ʃɔtər] (**-s**) *m* gravel; (*im Straßenbau*) road metal; (*EISENB*) ballast.

Schottin ['ʃɔtɪn] *f* Scot, Scotswoman.

schottisch ['ʃɔtɪʃ] *adj* Scottish, Scots; **das ~e Hochland** the Scottish Highlands *pl*.

Schottland (**-s**) *nt* Scotland.

schraffieren [ʃra'fiːrən] *vt* to hatch.

schräg [ʃrɛːk] *adj* slanting; (*schief, geneigt*) sloping; (*nicht gerade od parallel*) oblique ♦ *adv*: ~ **gedruckt** in italics; **etw ~ stellen** to put sth at an angle; ~ **gegenüber** diagonally opposite.

Schräge ['ʃrɛːgə] (**-, -n**) *f* slant.

Schräg- *zW*: ~**kante** *f* bevelled (*BRIT*) *od* beveled (*US*) edge; ~**schrift** *f* italics *pl*; ~**streifen** *m* bias binding; ~**strich** *m* oblique stroke.

Schramme ['ʃramə] (**-, -n**) *f* scratch.

schrammen *vt* to scratch.

Schrank [ʃraŋk] (**-(e)s, ¨e**) *m* cupboard (*BRIT*), closet (*US*); (*Kleider~*) wardrobe.

Schranke (**-, -n**) *f* barrier; (*fig: Grenze*) limit; (: *Hindernis*) barrier; **jdn in seine ~n (ver)weisen** (*fig*) to put sb in his place.

schrankenlos *adj* boundless; (*zügellos*) unrestrained.

Schrankenwärter *m* (*EISENB*) level-crossing (*BRIT*) *od* grade-crossing (*US*) attendant.

Schrankkoffer *m* wardrobe trunk.

Schrankwand *f* wall unit.

Schraube ['ʃraubə] (**-, -n**) *f* screw.

schrauben *vt* to screw; **etw in die Höhe ~** (*fig: Preise, Rekorde*) to push sth up; (: *Ansprüche*) to raise sth.

Schraubenschlüssel *m* spanner (*BRIT*), wrench (*US*).

Schraubenzieher (**-s, -**) *m* screwdriver.

Schraubstock ['ʃraupʃtɔk] *m* (*TECH*) vice

(*BRIT*), vise (*US*).

Schrebergarten ['ʃreːbərgartən] *m* allotment (*BRIT*).

Schreck [ʃrɛk] (**-(e)s, -e**) *m* fright; **o ~ lass nach!** (*hum: umg*) for goodness' sake!

Schrecken (**-s, -**) *m* terror; (*Schreck*) fright; **s~** *vt* to frighten, scare ♦ *vi*: **aus dem Schlaf s~** to be startled out of one's sleep.

schreckensbleich *adj* as white as a sheet *od* ghost.

Schreckensherrschaft *f* (reign of) terror.

Schreck- *zW*: **~gespenst** *nt* nightmare; **s~haft** *adj* jumpy, easily frightened; **s~lich** *adj* terrible, dreadful; **s~lich gerne!** (*umg*) I'd absolutely love to; **~schraube** (*pej: umg*) *f* (old) battle-axe; **~schuss**▲ *m* shot fired in the air; **~sekunde** *f* moment of shock.

Schrei [ʃraɪ] (**-(e)s, -e**) *m* scream; (*Ruf*) shout; **der letzte ~** (*umg*) the latest thing, all the rage.

Schreibbedarf *m* writing materials *pl*, stationery.

Schreibblock *m* writing pad.

schreiben ['ʃraɪbən] *unreg vt* to write; (*mit Schreibmaschine*) to type out; (*berichten: Zeitung etc*) to say; (*buchstabieren*) to spell ♦ *vi* to write; to type; to say; to spell ♦ *vr*: **wie schreibt sich das?** how is that spelt?; **S~** (**-s, -**) *nt* letter, communication.

Schreiber(in) (**-s, -**) *m(f)* writer; (*Büro~*) clerk.

Schreib- *zW*: **s~faul** *adj* lazy about writing letters; **~fehler** *m* spelling mistake; **~kraft** *f* typist; **~maschine** *f* typewriter; **~papier** *nt* notepaper; **~schrift** *f* running handwriting; (*TYP*) script; **~schutz** *m* (*COMPUT*) write-protect; **~stube** *f* orderly room; **~tisch** *m* desk; **~tischtäter** *m* wire *od* string puller.

Schreibung *f* spelling.

Schreib- *zW*: **~unterlage** *f* pad; **~waren** *pl* stationery *sing*; **~warengeschäft** *nt* stationer's (shop) (*BRIT*), stationery store (*US*); **~weise** *f* spelling; (*Stil*) style; **s~wütig** *adj* crazy about writing; **~zentrale** *f* typing pool; **~zeug** *nt* writing materials *pl*.

schreien ['ʃraɪən] *unreg vt, vi* to scream; (*rufen*) to shout; **es war zum S~** (*umg*) it was a scream *od* a hoot; **nach etw ~** (*fig*) to cry out for sth.

schreiend *adj* (*fig*) glaring; (: *Farbe*) loud.

Schreihals (*umg*) *m* (*Baby*) bawler; (*Unruhestifter*) noisy troublemaker.

Schreikrampf *m* screaming fit.

Schreiner ['ʃraɪnər] (**-s, -**) *m* joiner; (*Zimmermann*) carpenter; (*Möbel~*) cabinetmaker.

Schreinerei [ʃraɪnəˈraɪ] *f* joiner's workshop.

schreiten ['ʃraɪtən] *unreg vi* to stride.

schrie *etc* [ʃriː] *vb siehe* **schreien**.

Schrieb (**-(e)s, -e**) (*umg*) *m* missive (*hum*).

schrieb *etc* [ʃriːp] *vb siehe* **schreiben**.

Schrift [ʃrɪft] (**-, -en**) *f* writing; (*Hand~*) handwriting; (*~art*) script; (*TYP*) typeface; (*Buch*) work; **~art** *f* (*Hand~*) script; (*TYP*) typeface; **~bild** *nt* script; (*COMPUT*) typeface; **~deutsch** *nt* written German; **~führer** *m* secretary; **s~lich** *adj* written ♦ *adv* in writing; **das kann ich Ihnen s~lich geben** (*fig: umg*) I can tell you that for free; **~probe** *f* (*Hand~*) specimen of one's handwriting; **~satz** *m* (*TYP*) fount (*BRIT*), font (*US*); **~setzer** *m* compositor; **~sprache** *f* written language.

Schriftsteller(in) (**-s, -**) *m(f)* writer; **s~isch** *adj* literary.

Schrift- *zW*: **~stück** *nt* document; **~verkehr** *m* correspondence; **~wechsel** *m* correspondence.

schrill [ʃrɪl] *adj* shrill; **~en** *vi* (*Stimme*) to sound shrilly; (*Telefon*) to ring shrilly.

Schritt (**-(e)s, -e**) *m* step; (*Gangart*) walk; (*Tempo*) pace; (*von Hose*) crotch, crutch (*BRIT*); **auf ~ und Tritt** (*lit, fig*) wherever *od* everywhere one goes; **„~ fahren"** "dead slow"; **mit zehn ~en Abstand** at a distance of ten paces; **den ersten ~ tun** (*fig*) to make the first move; (: *etw beginnen*) to take the first step.

schritt *etc* [ʃrɪt] *vb siehe* **schreiten**.

Schritt- *zW*: **~macher** *m* pacemaker; **~tempo**▲ *nt*: **im ~tempo** at a walking pace; **s~weise** *adv* gradually, little by little.

schroff [ʃrɔf] *adj* steep; (*zackig*) jagged; (*fig*) brusque; (*ungeduldig*) abrupt.

schröpfen ['ʃrœpfən] *vt* (*fig*) to fleece.

Schrot [ʃroːt] (**-(e)s, -e**) *m od nt* (*Blei*) (small) shot; (*Getreide*) coarsely ground grain, groats *pl*; **~flinte** *f* shotgun.

Schrott [ʃrɔt] (**-(e)s, -e**) *m* scrap metal; **ein Auto zu ~ fahren** to write off a car; **~händler** *m* scrap merchant; **~haufen** *m* scrap heap; **s~reif** *adj* ready for the scrap heap; **~wert** *m* scrap value.

schrubben ['ʃrʊbən] *vt* to scrub.

Schrubber (**-s, -**) *m* scrubbing brush.

Schrulle ['ʃrʊlə] (**-, -n**) *f* eccentricity, quirk.

schrullig *adj* cranky.

schrumpfen ['ʃrʊmpfən] *vi* (*Hilfsverb sein*) to shrink; (*Apfel*) to shrivel; (*Leber, Niere*) to atrophy.

Schub [ʃuːp] (**-(e)s, -̈e**) *m* (*Stoß*) push, shove; (*Gruppe, Anzahl*) batch; **~fach** *nt* drawer; **~karren** *m* wheelbarrow; **~lade** *f* drawer.

Schubs [ʃuːps] (**-es, -e**) (*umg*) *m* shove, push; **s~en** (*umg*) *vt, vi* to shove, push.

schüchtern ['ʃʏçtərn] *adj* shy; **S~heit** *f* shyness.

schuf *etc* [ʃuːf] *vb siehe* **schaffen**.

Schuft [ʃʊft] (**-(e)s, -e**) *m* scoundrel.

schuften (*umg*) *vi* to graft, slave away.

Spelling Reform: ▲ *new spelling* △ *old spelling (to be phased out)*

Schuh [ʃuː] **(-(e)s, -e)** *m* shoe; **jdm etw in die ~e schieben** (*fig: umg*) to put the blame for sth on sb; **wo drückt der ~?** (*fig*) what's troubling you?; **~band** *nt* shoelace; **~creme** *f* shoe polish; **~größe** *f* shoe size; **~löffel** *m* shoehorn; **~macher** *m* shoemaker; **~werk** *nt* footwear.

Schukosteckdose ® [ʃʊkoʃtɛkdoːzə] *f* safety socket.

Schukostecker ® *m* safety plug.

Schul- *zW:* **~aufgaben** *pl* homework *sing*; **~bank** *f*: **die ~bank drücken** (*umg*) to go to school; **~behörde** *f* education authority; **~besuch** *m* school attendance; **~buch** *nt* schoolbook; **~buchverlag** *m* educational publisher.

Schuld [ʃʊlt] **(-, -en)** *f* guilt; (*FIN*) debt; (*Verschulden*) fault; **~ haben (an** +*dat*) to be to blame (for); **jdm (die) ~ geben, jdm die ~ zuschieben** to blame sb; **ich bin mir keiner ~ bewusst** I'm not aware of having done anything wrong; **~ und Sühne** crime and punishment; **ich stehe tief in seiner ~** (*fig*) I'm deeply indebted to him; **~en machen** to run up debts; *siehe auch* **zuschulden; s~** *adj*: **s~ sein (an** +*dat*) to be to blame (for); **er ist s~** it's his fault.

schuldbewusst▲ *adj* (*Mensch*) feeling guilty; (*Miene*) guilty.

schulden [ʃʊldən] *vt* to owe.

schuldenfrei *adj* free from debt.

Schuldgefühl *nt* feeling of guilt.

schuldhaft *adj* (*JUR*) culpable.

Schuldienst **(-(e)s)** *m* (school)teaching.

schuldig *adj* guilty; (*gebührend*) due; **an etw** *dat* **~ sein** to be guilty of sth; **jdm etw ~ sein** *od* **bleiben** to owe sb sth; **jdn ~ sprechen** to find sb guilty; **~ geschieden sein** to be the guilty party in a divorce; **S~keit** *f* duty.

schuldlos *adj* innocent, blameless.

Schuldner(in) **(-s, -)** *m(f)* debtor.

Schuld- *zW:* **~prinzip** *nt* (*JUR*) principle of the guilty party; **~schein** *m* promissory note, IOU; **~spruch** *m* verdict of guilty.

Schule [ʃuːlə] **(-, -n)** *f* school; **auf** *od* **in der ~** at school; **in die ~ kommen/gehen** to start school/go to school; **~ machen** (*fig*) to become the accepted thing.

schulen *vt* to train, school.

Schüler(in) [ʃyːlər(ɪn)] **(-s, -)** *m(f)* pupil; **~ausweis** *m* (school) student card; **~lotse** *m* pupil acting as a road-crossing warden; **~mitverwaltung** *f* school *od* student council.

Schul- *zW:* **~ferien** *pl* school holidays *pl* (*BRIT*) *od* vacation *sing* (*US*); **~fernsehen** *nt* schools' *od* educational television; **~frei** *adj*: **die Kinder haben morgen s~frei** the children don't have to go to school tomorrow; **~funk** *m* schools' broadcasts *pl*; **~geld** *nt* school fees *pl*, tuition (*US*); **~heft** *nt* exercise book;

~hof *m* playground, schoolyard.

schulisch [ʃuːlɪʃ] *adj* (*Leistungen, Probleme*) at school; (*Angelegenheiten*) school *attrib*.

Schul- *zW:* **~jahr** *nt* school year; **~junge** *m* schoolboy; **~kind** *nt* schoolchild; **~leiter** *m* headmaster (*bes BRIT*), principal; **~leiterin** *f* headmistress (*bes BRIT*), principal; **~mädchen** *nt* schoolgirl; **~medizin** *f* orthodox medicine; **~pflicht** *f* compulsory school attendance; **s~pflichtig** *adj* of school age; **~reife** *f*: **die ~reife haben** to be ready to go to school; **~schiff** *nt* (*NAUT*) training ship; **~sprecher(in)** *m(f)* head boy/girl (*BRIT*); **~stunde** *f* period, lesson; **~tasche** *f* school bag.

Schulter [ʃʊltər] **(-, -n)** *f* shoulder; **auf die leichte ~ nehmen** to take lightly; **~blatt** *nt* shoulder blade.

schultern *vt* to shoulder.

Schultüte *f* bag of sweets given to children on the first day at school.

Schulung *f* education, schooling.

Schul- *zW:* **~verweigerer(in)** *m(f)* school refuser; **~weg** *m* way to school; **~wesen** *nt* educational system; **~zeugnis** *nt* school report.

schummeln [ʃʊməln] (*umg*) *vi*: **(bei etw) ~** to cheat (at sth).

schumm(e)rig [ʃʊm(ə)rɪç] *adj* (*Beleuchtung*) dim; (*Raum*) dimly-lit.

Schund **(-(e)s)** *m* trash, garbage.

schund *etc* [ʃʊnt] *vb siehe* **schinden.**

Schundroman *m* trashy novel.

Schupo [ʃuːpo] **(-s, -s)** *m abk* (*veraltet*: *= Schutzpolizist*) cop.

Schuppe [ʃʊpə] **(-, -n)** *f* scale; **Schuppen** *pl* (*Haarschuppen*) dandruff.

Schuppen **(-s, -)** *m* shed; (*umg: übles Lokal*) dive; *siehe auch* **Schuppe.**

schuppen *vt* to scale ♦ *vr* to peel.

schuppig [ʃʊpɪç] *adj* scaly.

Schur [ʃuːr] **(-, -en)** *f* shearing.

Schüreisen *nt* poker.

schüren [ʃyːrən] *vt* to rake; (*fig*) to stir up.

schürfen [ʃyrfən] *vt, vi* to scrape, scratch; (*MIN*) to prospect; to dig.

Schürfung *f* abrasion; (*MIN*) prospecting.

Schürhaken *m* poker.

Schurke [ʃʊrkə] **(-n, -n)** *m* rogue.

Schurwolle *f*: **„reine ~"** "pure new wool".

Schurz [ʃʊrts] **(-es, -e)** *m* apron.

Schürze [ʃyrtsə] **(-, -n)** *f* apron.

Schürzenjäger (*umg*) *m* philanderer, one for the girls.

Schuss▲ [ʃʊs] **(-es, -̈e)** *m* shot; (*FUSSBALL*) kick; (*Spritzer: von Wein, Essig etc*) dash; (*WEBEN*) weft; **(gut) in ~ sein** (*umg*) to be in good shape *od* nick; (*Mensch*) to be in form; **etw in ~ halten** to keep sth in good shape; **weitab vom ~ sein** (*fig: umg*) to be miles from where the action is; **der goldene ~ ~ ≈** a lethal dose of a drug; **ein ~ in den Ofen** (*umg*) a complete waste of time, a failure; **~bereich** *m* effective range.

Schüssel ['ʃʏsəl] (**-, -n**) *f* bowl, basin; (*Servier~*, *umg: Satelliten~*) dish; (*Wasch~*) basin.

schusselig ['ʃʊsəlɪç] (*umg*) *adj* (*zerstreut*) scatterbrained, muddle-headed (*umg*).

Schuss-▲ *zW:* **~linie** *f* line of fire; **~verletzung** *f* bullet wound; **~waffe** *f* firearm; **~waffengebrauch** *m* (*form*) use of firearms; **~wechsel** *m* exchange of shots; **~weite** *f* range (of fire).

Schuster ['ʃuːstər] (**-s, -**) *m* cobbler, shoemaker.

Schutt [ʃʊt] (**-(e)s**) *m* rubbish; (*Bau~*) rubble; „**~ abladen verboten**" "no tipping"; **~abladeplatz** *m* refuse dump.

Schüttelfrost *m* shivering.

schütteln ['ʃʏtəln] *vt* to shake ♦ *vr* to shake o.s.; **sich vor Kälte ~** to shiver with cold; **sich vor Ekel ~** to shudder with *od* in disgust.

schütten ['ʃʏtən] *vt* to pour; (*Zucker, Kies etc*) to tip; (*ver~*) to spill ♦ *vi unpers* to pour (down).

schütter *adj* (*Haare*) sparse, thin.

Schutthalde *f* dump.

Schutthaufen *m* heap of rubble.

Schutz [ʃʊts] (**-es**) *m* protection; (*Unterschlupf*) shelter; **jdn in ~ nehmen** to stand up for sb; **~anzug** *m* overalls *pl*; **s~bedürftig** *adj* in need of protection; **~befohlene(r)** *f(m)* charge; **~blech** *nt* mudguard; **~brief** *m* (international) travel cover; **~brille** *f* goggles *pl*.

Schütze ['ʃʏtsə] (**-n, -n**) *m* gunman; (*Gewehr~*) rifleman; (*Scharf~, Sport~*) marksman; (*ASTROL*) Sagittarius.

schützen ['ʃʏtsən] *vt* to protect ♦ *vr* to protect o.s.; (**sich**) **~ vor** +*dat od* **gegen** to protect (o.s.) from *od* against; **gesetzlich geschützt** registered; **urheberrechtlich geschützt** protected by copyright; **vor Nässe ~!** keep dry.

Schützenfest *nt fair featuring shooting matches.*

Schutzengel *m* guardian angel.

Schützen- *zW:* **~graben** *m* trench; **~hilfe** *f* (*fig*) support; **~verein** *m* shooting club.

Schutz- *zW:* **~gebiet** *nt* protectorate; (*Naturschutzgebiet*) reserve; **~gebühr** *f* (token) fee; **~haft** *f* protective custody; **~heilige(r)** *f(m)* patron saint; **~helm** *m* safety helmet; **~impfung** *f* immunization.

Schützling ['ʃʏtslɪŋ] *m* protégé; (*bes Kind*) charge.

Schutz- *zW:* **s~los** *adj* defenceless (*BRIT*), defenseless (*US*); **~mann** (**-(e)s**, *pl* **-leute** *od* **-männer**) *m* policeman; **~marke** *f* trademark;

~maßnahme *f* precaution; **~patron** *m* patron saint; **~schirm** *m* (*TECH*) protective screen; **~umschlag** *m* (book) jacket; **~verband** *m* (*MED*) protective bandage *od* dressing; **~vorrichtung** *f* safety device.

Schw. *abk* = **Schwester**.

schwabbelig ['ʃvab(ə)lɪç] (*umg*) *adj* (*Körperteil*) flabby; (: *Gelee*) wobbly.

Schwabe ['ʃvaːbə] (**-n, -n**) *m* Swabian.

Schwaben (**-s**) *nt* Swabia.

Schwäbin ['ʃvɛːbɪn] *f* Swabian.

schwäbisch ['ʃvɛːbɪʃ] *adj* Swabian.

schwach [ʃvax] *adj* weak, feeble; (*Gedächtnis, Gesundheit*) poor; (*Hoffnung*) faint; **~ werden** to weaken; **das ist ein ~es Bild** (*umg*) *od* **eine ~e Leistung** (*umg*) that's a poor show; **ein ~er Trost** cold *od* small comfort; **mach mich nicht ~!** (*umg*) don't say that!; **auf ~en Beinen** *od* **Füßen stehen** (*fig*) to be on shaky ground; (: *Theorie*) to be shaky.

Schwäche ['ʃvɛçə] (**-, -n**) *f* weakness.

schwächen *vt* to weaken.

schwach- *zW:* **S~heit** *f* weakness; **S~kopf** (*umg*) *m* dimwit, idiot; **~köpfig** *adj* silly, daft (*BRIT*).

schwächlich *adj* weakly, delicate.

Schwächling *m* weakling.

Schwach- *zW:* **~sinn** *m* (*MED*) mental deficiency, feeble-mindedness (*veraltet*); (*umg: Quatsch*) rubbish; (*fig: umg: unsinnige Tat*) idiocy; **s~sinnig** *adj* mentally deficient; (*Idee*) idiotic; **~stelle** *f* weak point; **~strom** *m* weak current.

Schwächung ['ʃvɛçʊŋ] *f* weakening.

Schwaden ['ʃvaːdən] (**-s, -**) *m* cloud.

schwafeln ['ʃvaːfəln] (*umg*) *vi* to blather, drivel; (*in einer Prüfung*) to waffle.

Schwager ['ʃvaːgər] (**-s, ̈**) *m* brother-in-law.

Schwägerin ['ʃvɛːgərɪn] *f* sister-in-law.

Schwalbe ['ʃvalbə] (**-, -n**) *f* swallow.

Schwall [ʃval] (**-(e)s, -e**) *m* surge; (*Worte*) flood, torrent.

Schwamm (**-(e)s, ̈e**) *m* sponge; (*Pilz*) fungus; **~ drüber!** (*umg*) (let's) forget it!

schwamm *etc* [ʃvam] *vb siehe* **schwimmen**.

schwammig *adj* spongy; (*Gesicht*) puffy; (*vage: Begriff*) woolly (*BRIT*), wooly (*US*).

Schwan [ʃvaːn] (**-(e)s, ̈e**) *m* swan.

schwand *etc* [ʃvant] *vb siehe* **schwinden**.

schwanen *vi unpers:* **jdm schwant es** sb has a foreboding *od* forebodings; **jdm schwant etwas** sb senses something might happen.

schwang *etc* [ʃvaŋ] *vb siehe* **schwingen**.

schwanger ['ʃvaŋər] *adj* pregnant.

schwängern ['ʃvɛŋərn] *vt* to make pregnant.

Schwangerschaft *f* pregnancy.

Schwangerschaftsabbruch *m* termination of pregnancy, abortion.

Schwank [ʃvaŋk] (**-(e)s, ̈e**) *m* funny story; (*LITER*) merry *od* comical tale; (*THEAT*) farce.

schwanken *vi* to sway; (*taumeln*) to stagger, reel; (*Preise, Zahlen*) to fluctuate; (*zögern*) to hesitate; (*Überzeugung etc*) to begin to waver; **ins S~ kommen** (*Baum, Gebäude etc*) to start to sway; (*Preise, Kurs etc*) to start to fluctuate *od* vary.

Schwankung *f* fluctuation.

Schwanz [ʃvants] (**-es, ⁻e**) *m* tail; (*umg!: Penis*) prick (!); **kein ~** (*umg*) not a (blessed) soul.

schwänzen ['ʃvɛntsən] (*umg*) *vt* (*Stunde, Vorlesung*) to skip ♦ *vi* to play truant.

Schwänzer ['ʃvɛntsər] (**-s, -**) (*umg*) *m* truant.

schwappen ['ʃvapən] *vi* (*über~*) to splash, slosh.

Schwarm [ʃvarm] (**-(e)s, ⁻e**) *m* swarm; (*umg*) heart-throb, idol.

schwärmen ['ʃvɛrmən] *vi* to swarm; **~ für** to be mad *od* wild about.

Schwärmerei [ʃvɛrmə'raɪ] *f* enthusiasm.

schwärmerisch *adj* impassioned, effusive.

Schwarte ['ʃvartə] (**-, -n**) *f* hard skin; (*Speck~*) rind; (*umg: Buch*) tome (*hum*).

Schwartenmagen (**-s**) *m* (*KOCH*) brawn.

schwarz [ʃvarts] *adj* black; (*umg: ungesetzlich*) illicit; (: *katholisch*) Catholic, Papist (*pej*); (*POL*) Christian Democrat; **ins S~e treffen** (*lit, fig*) to hit the bull's-eye; **das ~e Brett** the notice (*BRIT*) *od* bulletin (*US*) board; **~e Liste** blacklist; **~es Loch** black hole; **das S~e Meer** the Black Sea; **S~er Peter** (*KARTEN*) *children's card game*; **jdm den ~en Peter zuschieben** (*fig: die Verantwortung abschieben*) to pass the buck to sb (*umg*); **sich ~ ärgern** to get extremely annoyed; **~ malen** to be pessimistic (about); **~ sehen** (*umg*) to see the gloomy side of things; **dort wählen alle ~** they all vote conservative there; **in den ~en Zahlen** in the black; **S~arbeit** *f* illicit work, moonlighting; **S~arbeiter** *m* moonlighter; **S~brot** *nt* (*Pumpernickel*) black bread, pumpernickel; (*braun*) brown rye bread.

Schwärze ['ʃvɛrtsə] (**-, -n**) *f* blackness; (*Farbe*) blacking; (*Drucker~*) printer's ink.

Schwarze(r) *f(m)* (*Neger*) black; (*umg: Katholik*) Papist; (*POL: umg*) Christian Democrat.

schwärzen *vt* to blacken.

Schwarz- *zW*: **s~fahren** *unreg vi* to travel without paying; (*ohne Führerschein*) to drive without a licence (*BRIT*) *od* license (*US*); **~fahrer** *m* (*Bus etc*) fare dodger (*umg*); **~handel** *m* black market (trade); **~händler** *m* black-market operator; **s~hören** *vi* to listen to the radio without a licence (*BRIT*) *od* license (*US*).

schwärzlich ['ʃvɛrtslɪç] *adj* blackish, darkish.

Schwarz- *zW*: **~markt** *m* black market;

s~sehen (*umg*) *vi unreg* (*TV*) to watch TV without a licence (*BRIT*) *od* license (*US*); **~seher** *m* pessimist; (*TV*) viewer without a licence (*BRIT*) *od* license (*US*); **~wald** *m* Black Forest; **~wälder Kirschtorte** *f* Black Forest gâteau; **s~weiß, s~-weiß▲** *adj* black and white; **~weiß-** in *zW* black and white; **~wurzel** *f* (*KOCH*) salsify.

Schwatz [ʃvats] (**-es, -e**) *m* chat.

schwatzen ['ʃvatsən] *vi* to chat; (*schnell, unaufhörlich*) to chatter; (*über belanglose Dinge*) to prattle; (*Unsinn reden*) to blether (*umg*).

schwätzen ['ʃvɛtsən] *vi* = **schwatzen**.

Schwätzer(in) ['ʃvɛtsər(ɪn)] (**-s, -**) *m(f)* chatterbox; (*Schwafler*) gasbag (*umg*); (*Klatschbase*) gossip.

schwatzhaft *adj* talkative, gossipy.

Schwebe ['ʃve:bə] *f*: **in der ~** (*fig*) in abeyance; (*JUR, COMM*) pending.

Schwebebahn *f* overhead railway (*BRIT*) *od* railroad (*US*).

Schwebebalken *m* (*SPORT*) beam.

schweben *vi* to drift, float; (*hoch*) to soar; (*unentschieden sein*) to be in the balance; **es schwebte mir vor Augen** (*Bild*) I saw it in my mind's eye.

schwebend *adj* (*TECH, CHEM*) suspended; (*fig*) undecided, unresolved; **~es Verfahren** (*JUR*) pending case.

schwed. *abk* = **schwedisch**.

Schwede ['ʃve:də] (**-n, -n**) *m* Swede.

Schweden (**-s**) *nt* Sweden.

Schwedin ['ʃve:dɪn] *f* Swede.

schwedisch *adj* Swedish.

Schwefel ['ʃve:fəl] (**-s**) *m* sulphur (*BRIT*), sulfur (*US*); **~dioxid** *nt* sulphur dioxide.

schwefelig *adj* sulphurous (*BRIT*), sulfurous (*US*).

Schwefelsäure *f* sulphuric (*BRIT*) *od* sulfuric (*US*) acid.

Schweif [ʃvaɪf] (**-(e)s, -e**) *m* tail.

schweifen *vi* to wander, roam.

Schweigegeld *nt* hush money.

Schweigeminute *f* one minute('s) silence.

schweigen ['ʃvaɪgən] *unreg vi* to be silent; (*still sein*) to keep quiet; **kannst du ~?** can you keep a secret?; **ganz zu ~ von ...** to say nothing of ...; **S~** *nt* silence.

schweigend *adj* silent.

Schweigepflicht *f* pledge of secrecy; (*von Anwalt etc*) requirement of confidentiality.

schweigsam ['ʃvaɪkza:m] *adj* silent; (*als Charaktereigenschaft*) taciturn; **S~keit** *f* silence; taciturnity.

Schwein [ʃvaɪn] (**-(e)s, -e**) *nt* pig; (*fig: umg*) (good) luck; **kein ~** (*umg*) nobody, not a single person.

Schweine- *zW*: **~braten** *m* joint of pork; (*gekocht*) roast pork; **~fleisch** *nt* pork; **~geld**

(*umg*) *nt*: **ein ~geld** a packet; **~hund** (*umg*) *m* stinker, swine.

Schweinerei [ʃvaɪnəˈraɪ] *f* mess; (*Gemeinheit*) dirty trick; **so eine ~!** (*umg*) how disgusting!

Schweineschmalz *nt* dripping; (*als Kochfett*) lard.

Schweinestall *m* pigsty.

schweinisch *adj* filthy.

Schweinsleder *nt* pigskin.

Schweinsohr *nt* pig's ear; (*Gebäck*) (kidney-shaped) pastry.

Schweiß [ʃvaɪs] **(-es)** *m* sweat, perspiration; **~band** *nt* sweatband.

Schweißbrenner (-s, -) *m* (*TECH*) welding torch.

schweißen *vt, vi* to weld.

Schweißer (-s, -) *m* welder.

Schweiß- *zW*: **~füße** *pl* sweaty feet *pl*; **~naht** *f* weld; **s~nass▲** *adj* sweaty.

Schweiz [ʃvaɪts] *f*: **die ~** Switzerland.

schweiz. *abk* = **schweizerisch**.

Schweizer [ˈʃvaɪtsər] **(-s, -)** *m* Swiss ♦ *adj attrib* Swiss; **~deutsch** *nt* Swiss German; **~in** *f* Swiss; **s~isch** *adj* Swiss.

schwelen [ˈʃveːlən] *vi* to smoulder (*BRIT*), smolder (*US*).

schwelgen [ˈʃvɛlgən] *vi* to indulge o.s.; **~ in** +*dat* to indulge in.

Schwelle [ˈʃvɛlə] **(-, -n)** *f* (*auch fig*) threshold; (*EISENB*) sleeper (*BRIT*), tie (*US*).

schwellen *unreg vi* to swell.

Schwellenland *nt* threshold country.

Schwellung *f* swelling.

Schwemme [ˈʃvɛmə] *f*: **eine ~ an** +*dat* a glut of.

schwemmen [ˈʃvɛmən] *vt* (*treiben: Sand etc*) to wash.

Schwengel [ˈʃvɛŋəl] **(-s, -)** *m* pump handle; (*Glocken~*) clapper.

Schwenk [ʃvɛŋk] **(-(e)s, -s)** *m* (*FILM*) pan, panning shot.

Schwenkarm *m* swivel arm.

schwenkbar *adj* swivel-mounted.

schwenken *vt* to swing; (*Kamera*) to pan; (*Fahne*) to wave; (*Kartoffeln*) to toss; (*abspülen*) to rinse ♦ *vi* to turn, swivel; (*MIL*) to wheel.

Schwenkung *f* turn; (*MIL*) wheel.

schwer [ʃveːr] *adj* heavy; (*schwierig*) difficult, hard; (*schlimm*) serious, bad ♦ *adv* (*sehr*) very (much); (*verletzt etc*) seriously, badly; **~ erziehbar** maladjusted; **jdm ~ fallen** to be difficult for sb; **jdm/sich etw ~ machen** to make sth difficult for sb/o.s.; **~ nehmen** to take to heart; **sich** *dat* **od** *akk* **~ tun** to have difficulties; **~ verdaulich** indigestible; (*fig*) heavy; **~ verdient** (*Geld*) hard-earned; **~ verletzt** seriously *od* badly injured; **~ verwundet** seriously wounded;

~ wiegend weighty, important; **~ erkältet sein** to have a heavy cold; **er lernt ~** he's a slow learner; **er ist ~ in Ordnung** (*umg*) he's a good bloke (*BRIT*) *od* guy; **~ hören** to be hard of hearing; **S~arbeiter** *m* labourer (*BRIT*), laborer (*US*); **S~behinderte(r)** *f(m)*, **S~beschädigte(r)** *f(m)* (*veraltet*) severely handicapped person.

Schwere (-, -n) *f* weight; heaviness; (*PHYS*) gravity; **s~los** *adj* weightless; **~losigkeit** *f* weightlessness.

schwer- *zW*: **~fällig** *adj* (*auch Stil*) ponderous; (*Gang*) clumsy, awkward; (*Verstand*) slow; **S~gewicht** *nt* heavyweight; (*fig*) emphasis; **~gewichtig** *adj* heavyweight; **~hörig** *adj* hard of hearing; **S~industrie** *f* heavy industry; **S~kraft** *f* gravity; **S~kranke(r)** *f(m)* person who is seriously ill; **~lich** *adv* hardly; **S~metall** *nt* heavy metal; **~mütig** *adj* melancholy; **S~punkt** *m* centre (*BRIT*) *od* center (*US*) of gravity; (*fig*) emphasis, crucial point; **S~punktstreik** *m* pinpoint strike; **~reich** (*umg*) *adj attrib* stinking rich.

Schwert [ʃveːrt] **(-(e)s, -er)** *nt* sword; **~lilie** *f* iris.

schwer- *zW*: **S~verbrecher** *m* criminal; **S~verletzte(r)** *f(m)* serious casualty; **~wiegend** *adj* weighty, important.

Schwester [ˈʃvɛstər] **(-, -n)** *f* sister; (*MED*) nurse; **s~lich** *adj* sisterly.

schwieg *etc* [ʃviːk] *vb siehe* **schweigen**.

Schwieger- *zW*: **~eltern** *pl* parents-in-law *pl*; **~mutter** *f* mother-in-law; **~sohn** *m* son-in-law; **~tochter** *f* daughter-in-law; **~vater** *m* father-in-law.

Schwiele [ˈʃviːlə] **(-, -n)** *f* callus.

schwierig [ˈʃviːrɪç] *adj* difficult, hard; **S~keit** *f* difficulty; **S~keitsgrad** *m* degree of difficulty.

schwillt [ʃvɪlt] *vb siehe* **schwellen**.

Schwimmbad *nt* swimming baths *pl*.

Schwimmbecken *nt* swimming pool.

schwimmen *unreg vi* to swim; (*treiben, nicht sinken*) to float; (*fig: unsicher sein*) to be all at sea; **im Geld ~** (*umg*) to be rolling in money; **mir schwimmt es vor den Augen** I feel dizzy.

Schwimmer (-s, -) *m* swimmer; (*ANGELN*) float.

Schwimmerin *f* swimmer.

Schwimm- *zW*: **~flosse** *f* (*von Taucher*) flipper; **~haut** *f* (*ORNITHOLOGIE*) web; **~lehrer** *m* swimming instructor; **~sport** *m* swimming; **~weste** *f* life jacket.

Schwindel [ˈʃvɪndəl] **(-s)** *m* dizziness; (*Betrug*) swindle, fraud; (*Zeug*) stuff; **in ~ erregender Höhe** at a dizzy height; **s~frei** *adj* free from giddiness.

schwindeln *vi* (*umg: lügen*) to fib; **mir schwindelt** I feel dizzy; **jdm schwindelt es**

sb feels dizzy.

schwinden ['ʃvɪndən] *unreg vi* to disappear; (*Kräfte*) to fade, fail; (*sich verringern*) to decrease.

Schwindler (**-s, -**) *m* swindler; (*Hochstapler*) con man, fraud; (*Lügner*) liar.

schwindlig *adj* dizzy; **mir ist ~** I feel dizzy.

Schwindsucht *f* (*veraltet*) consumption.

schwingen ['ʃvɪŋən] *unreg vt* to swing; (*Waffe etc*) to brandish ♦ *vi* to swing; (*vibrieren*) to vibrate; (*klingen*) to sound.

Schwinger (**-s, -**) *m* (*BOXEN*) swing.

Schwingtor *nt* up-and-over door.

Schwingtür *f* swing door(s *pl*) (*BRIT*); swinging door(s *pl*) (*US*).

Schwingung *f* vibration; (*PHYS*) oscillation.

Schwips [ʃvɪps] (**-es, -e**) *m*: **einen ~ haben** to be tipsy.

schwirren ['ʃvɪrən] *vi* to buzz.

Schwitze ['ʃvɪtsə] (**-, -n**) *f* (*KOCH*) roux.

schwitzen *vi* to sweat, perspire.

schwofen ['ʃvoːfən] (*umg*) *vi* to dance.

schwoll *etc* [ʃvɔl] *vb siehe* **schwellen**.

schwören ['ʃvøːrən] *unreg vt, vi* to swear; **auf jdn/etw ~** (*fig*) to swear by sb/sth.

schwul [ʃvuːl] (*umg*) *adj* gay, queer (*pej*).

schwül [ʃvyːl] *adj* sultry, close.

Schwule(r) (*umg*) *m* gay, queer (*pej*), fag (*US pej*).

Schwüle (**-**) *f* sultriness, closeness.

Schwulität [ʃvuliˈtɛːt] (*umg*) *f* trouble, difficulty.

Schwulst [ʃvʊlst] (**-(e)s**) *m* bombast.

schwülstig ['ʃvʏlstɪç] *adj* pompous.

Schwund [ʃvʊnt] (**-(e)s**) *m* (*+gen*) decrease (in), decline (of), dwindling (of); (*MED*) atrophy; (*Schrumpfen*) shrinkage.

Schwung [ʃvʊŋ] (**-(e)s, ¨e**) *m* swing; (*Triebkraft*) momentum; (*fig: Energie*) verve, energy; (*umg: Menge*) batch; **in ~ sein** (*fig*) to be in full swing; **~ in die Sache bringen** (*umg*) to liven things up; **s~haft** *adj* brisk, lively; **~rad** *nt* flywheel; **s~voll** *adj* vigorous.

Schwur (**-(e)s, ¨e**) *m* oath.

schwur *etc* [ʃvuːr] *vb siehe* **schwören**.

Schwurgericht *nt* court with a jury.

SDR (**-**) *m abk* (= *Süddeutscher Rundfunk*) South German Radio.

sechs [zɛks] *num* six; **S~eck** *nt* hexagon; **~hundert** *num* six hundred.

sechste(r, s) *adj* sixth.

Sechstel ['zɛkstəl] (**-s, -**) *nt* sixth.

sechzehn ['zɛçtseːn] *num* sixteen.

sechzig ['zɛçtsɪç] *num* sixty.

See[1] [zeː] (**-, -n**) *f* sea; **an der ~** by the sea, at the seaside; **in ~ stechen** to put to sea; **auf hoher ~** on the high seas.

See[2] [zeː] (**-s, -n**) *m* lake.

See- *zW*: **~bad** *nt* seaside resort; **~bär** *m* (*hum: umg*) seadog; (*ZOOL*) fur seal; **~fahrt** *f*

seafaring; (*Reise*) voyage; **s~fest** *adj* (*Mensch*) not subject to seasickness; **~gang** *m* (motion of the) sea; **~gras** *nt* seaweed; **~hund** *m* seal; **~igel** *m* sea urchin; **~karte** *f* chart; **s~krank** *adj* seasick; **~krankheit** *f* seasickness; **~lachs** *m* rock salmon.

Seele ['zeːlə] (**-, -n**) *f* soul; (*Mittelpunkt*) life and soul; **jdm aus der ~ sprechen** to express exactly what sb feels; **das liegt mir auf der ~** it weighs heavily on my mind; **eine ~ von Mensch** an absolute dear.

Seelen- *zW*: **~amt** *nt* (*REL*) requiem; **~friede(n)** *m* peace of mind; **~heil** *nt* salvation of one's soul; (*fig*) spiritual welfare; **~ruhe** *f*: **in aller ~ruhe** calmly; (*kaltblütig*) as cool as you please; **s~ruhig** *adv* calmly.

Seeleute ['zeːlɔytə] *pl* seamen *pl*.

Seel- *zW*: **s~isch** *adj* mental; (*REL*) spiritual; (*Belastung*) emotional; **~sorge** *f* pastoral duties *pl*; **~sorger** (**-s, -**) *m* clergyman.

See- *zW*: **~macht** *f* naval power; **~mann** (**-(e)s**, *pl* **-leute**) *m* seaman, sailor; **~meile** *f* nautical mile.

Seengebiet ['zeːəngəbiːt] *nt* lakeland district.

See- *zW*: **~not** *f*: **in ~not** (*Schiff etc*) in distress; **~pferd(chen)** *nt* sea horse; **~räuber** *m* pirate; **~recht** *nt* maritime law; **~rose** *f* waterlily; **~stern** *m* starfish; **~tang** *m* seaweed; **s~tüchtig** *adj* seaworthy; **~versicherung** *f* marine insurance; **~weg** *m* sea route; **auf dem ~weg** by sea; **~zunge** *f* sole.

Segel ['zeːgəl] (**-s, -**) *nt* sail; **mit vollen ~n** under full sail *od* canvas; (*fig*) with gusto; **die ~ streichen** (*fig*) to give in; **~boot** *nt* yacht; **~fliegen** (**-s**) *nt* gliding; **~flieger** *m* glider pilot; **~flugzeug** *nt* glider.

segeln *vt, vi* to sail; **durch eine Prüfung ~** (*umg*) to flop in an exam, fail (in) an exam.

Segel- *zW*: **~schiff** *nt* sailing vessel; **~sport** *m* sailing; **~tuch** *nt* canvas.

Segen ['zeːgən] (**-s, -**) *m* blessing.

segensreich ['zeːgənsraɪç] *adj* beneficial.

Segler ['zeːglər] (**-s, -**) *m* sailor, yachtsman; (*Boot*) sailing boat.

Seglerin *f* yachtswoman.

segnen ['zeːgnən] *vt* to bless.

sehen ['zeːən] *unreg vt, vi* to see; (*in bestimmte Richtung*) to look; (*Fernsehsendung*) to watch; **sieht man das?** does it show?; **da sieht man(s) mal wieder!** that's typical!; **du siehst das nicht richtig** you've got it wrong; **so gesehen** looked at in this way; **sich ~ lassen** to put in an appearance, appear; **das neue Rathaus kann sich ~ lassen** the new town hall is certainly something to be proud of; **siehe oben/unten** see above/below; **da kann man mal ~** that just shows (you) *od* just goes to show (*umg*); **mal ~!** we'll see; **darauf**

~, **dass** ... to make sure (that) ...; **jdn kommen** ~ to see sb coming.
sehenswert *adj* worth seeing.
Sehenswürdigkeiten *pl* sights *pl* (of a town).
Seher (-s, -) *m* seer.
Sehfehler *m* sight defect.
Sehkraft *f* (eye)sight.
Sehne ['ze:nə] **(-, -n)** *f* sinew; (*an Bogen*) string.
sehnen *vr*: **sich** ~ **nach** to long *od* yearn for.
Sehnenscheidenentzündung *f* (*MED*) tendovaginitis.
Sehnerv *m* optic nerve.
sehnig *adj* sinewy.
sehnlich *adj* ardent.
Sehnsucht *f* longing.
sehnsüchtig *adj* longing; (*Erwartung*) eager.
sehnsuchtsvoll *adv* longingly, yearningly.
sehr [ze:r] *adv* (*vor adj, adv*) very; (*mit Verben*) a lot, (very) much; **zu** ~ too much; **er ist** ~ **dafür/dagegen** he is all for it/very much against it; **wie** ~ **er sich auch bemühte** ... however much he tried ...
Sehvermögen ['ze:fɛrmø:gən] **(-s)** *nt* powers *pl* of vision.
seicht [zaɪçt] *adj* (*lit, fig*) shallow.
seid [zaɪt] *vb siehe* **sein**.
Seide ['zaɪdə] **(-, -n)** *f* silk.
Seidel (-s, -) *nt* tankard, beer mug.
seiden *adj* silk; **S~papier** *nt* tissue paper.
seidig ['zaɪdɪç] *adj* silky.
Seife ['zaɪfə] **(-, -n)** *f* soap.
Seifen- *zW*: ~**blase** *f* soap bubble; (*fig*) bubble; ~**lauge** *f* soapsuds *pl*; ~**schale** *f* soap dish; ~**schaum** *m* lather.
seifig ['zaɪfɪç] *adj* soapy.
seihen ['zaɪən] *vt* to strain, filter.
Seil [zaɪl] **(-(e)s, -e)** *nt* rope; (*Kabel*) cable; ~**bahn** *f* cable railway; ~**hüpfen (-s)** *nt* skipping; ~**springen (-s)** *nt* skipping; ~**tänzer(in)** *m(f)* tightrope walker; ~**zug** *m* tackle.

===== *SCHLÜSSELWORT* =====

sein [zaɪn] (*pt* **war**, *pp* **gewesen**) *vi* **1** to be; **ich bin** I am; **du bist** you are; **er/sie/es ist** he/she/it is; **wir sind/ihr seid/sie sind** we/you/they are; **wir waren** we were; **wir sind gewesen** we have been.
2: **seien Sie nicht böse** don't be angry; **sei so gut und** ... be so kind as to ...; **das wäre gut** that would *od* that'd be a good thing; **wenn ich Sie wäre** if I were *od* was you; **das wärs** that's all, that's it; **morgen bin ich in Rom** tomorrow I'll be in Rome; **waren Sie mal in Rom?** have you ever been to Rome?
3: **wie ist das zu verstehen?** how is that to be understood?; **er ist nicht zu ersetzen** he cannot be replaced; **mit ihr ist nicht zu reden** you can't talk to her.
4: **mir ist kalt** I'm cold; **mir ist, als hätte ich ihn früher schon einmal gesehen** I've a feeling I've seen him before; **was ist?** what's the matter?, what is it?; **ist was?** is something the matter?; **es sei denn(, dass ...)** unless ...; **wie dem auch sei** be that as it may; **wie wäre es mit ...?** how *od* what about ...?; **etw** ~ **lassen** (*aufhören*) to stop (doing) sth; (*nicht tun*) to drop sth, leave sth; **lass das** ~! stop that!; **es ist an dir, zu** ... it's up to you to ...; **was sind Sie (beruflich)?** what do you do?; **das kann schon** ~ that may well be.
♦ *pron* his; (*bei Dingen*) its.

Sein (-s) *nt*: ~ **oder Nichtsein** to be or not to be.
seine(r, s) *poss pron* his; its; **er ist gut** ~ **zwei Meter** (*umg*) he's a good two metres (*BRIT*) *od* meters (*US*); **die** ~**n** *od* **S~n** (*geh*) his family, his people; **jedem das** ~ *od* **S~** to each his own.
seiner *gen von* **er, es** ♦ *pron* of him; of it.
seinerseits *adv* for his part.
seinerzeit *adv* in those days, formerly.
seinesgleichen *pron* people like him.
seinetwegen *adv* (*für ihn*) for his sake; (*wegen ihm*) on his account; (*von ihm aus*) as far as he is concerned.
seinetwillen *adv*: **um** ~ = **seinetwegen**.
seinige *pron*: **der/die/das** ~ *od* **S~** his.
Seismograf▲ [zaɪsmo'gra:f] **(-en, -en)** *m* seismograph.
seit [zaɪt] *präp +dat* since; (*Zeitdauer*) for, in (*bes US*) ♦ *konj* since; **er ist** ~ **einer Woche hier** he has been here for a week; ~ **langem** for a long time; ~**dem** *adv, konj* since.
Seite ['zaɪtə] **(-, -n)** *f* side; (*Buch~*) page; (*MIL*) flank; ~ **an** ~ side by side; **jdm zur** ~ **stehen** (*fig*) to stand by sb's side; **jdn zur** ~ **nehmen** to take sb aside *od* on one side; **auf der einen** ~ ..., **auf der anderen (~)** ... on the one hand ..., on the other (hand) ...; **einer Sache** *dat* **die beste** ~ **abgewinnen** to make the best *od* most of sth; *siehe auch* **aufseiten, vonseiten**.
Seiten- *zW*: ~**airbag** *m* (*AUT*) side-impact airbag; ~**ansicht** *f* side view; ~**hieb** *m* (*fig*) passing shot, dig; **s~lang** *adj* several pages long, going on for pages; ~**ruder** *nt* (*AVIAT*) rudder.
seitens *präp +gen* on the part of.
Seiten- *zW*: ~**schiff** *nt* aisle; ~**sprung** *m* extramarital escapade; ~**stechen** *nt* (a) stitch; ~**straße** *f* side road; ~**streifen** *m* (*der Straße*) verge (*BRIT*), berm (*US*); (*der Autobahn*) hard shoulder (*BRIT*), shoulder (*US*); **s~verkehrt** *adj* the wrong way round; ~**wagen** *m* sidecar; ~**wind** *m* crosswind; ~**zahl** *f* page number; (*Gesamtzahl*) number of pages. ♦

seit- *zW:* **~her** [zaɪt'heːr] *adv, konj* since (then); **~lich** *adv* on one/the side ♦ *adj* side *attrib;* **~wärts** *adv* sideways.

sek, Sek. *abk* (= *Sekunde*) sec.

Sekretär [zekre'tɛːr] *m* secretary; (*Möbel*) bureau.

Sekretariat [zekretari'aːt] (**-(e)s, -e**) *nt* secretary's office, secretariat.

Sekretärin *f* secretary.

Sekt [zɛkt] (**-(e)s, -e**) *m* sparkling wine.

Sekte (**-, -n**) *f* sect.

Sektor ['zɛktɔr] *m* sector; (*Sachgebiet*) field.

Sekunda [ze'kʊnda] (**-, Sekunden**) *f* (*SCH: früher: Unter~/Ober~*) sixth/seventh year of German secondary school.

sekundär [zekʊn'dɛːr] *adj* secondary; **S~literatur** *f* secondary literature.

Sekunde [ze'kʊndə] (**-, -n**) *f* second.

Sekunden- *zW:* **~kleber** *m* superglue; **~schnelle** *f:* **in ~schnelle** in a matter of seconds; **~zeiger** *m* second hand.

sel. *abk* = **selig.**

selber ['zɛlbər] *demon pron* = **selbst; S~machen** *nt* do-it-yourself, DIY (*BRIT*); (*von Kleidern etc*) making one's own.

Selbst [zɛlpst] (**-**) *nt* self.

═══════════════ *SCHLÜSSELWORT*

selbst [zɛlpst] *pron* **1**: **ich/er/wir ~** I myself/he himself/we ourselves; **sie ist die Tugend ~** she's virtue itself; **er braut sein Bier ~** he brews his own beer; **das muss er ~ wissen** it's up to him; **wie gehts? - gut, und ~?** how are things? - fine, and yourself?

2 (*ohne Hilfe*) alone, on my/his/one's *etc* own; **von ~** by itself; **er kam von ~** he came of his own accord; **~ ist der Mann/die Frau!** self-reliance is the name of the game (*umg*); **~ gemacht** home-made; **~ gestrickt** hand-knitted; (*umg: Methode etc*) homespun, amateurish; **~ verdientes Geld** money one has earned o.s.

♦ *adv* even; **~ wenn** even if; **~ Gott** even God (himself).

───────────────────

Selbstachtung *f* self-respect.

selbständig *etc* ['zɛlpʃtɛndɪç] *adj* = **selbstständig** *etc.*

Selbst- *zW:* **~anzeige** *f:* **~anzeige erstatten** to come forward oneself; **der Dieb hat ~anzeige erstattet** the thief has come forward; **~auslöser** *m* (*PHOT*) delayed-action shutter release; **~bedienung** *f* self-service; **~befriedigung** *f* masturbation; (*fig*) self-gratification; **~beherrschung** *f* self-control; **~bestätigung** *f* self-affirmation; **s~bewusst** ▲ *adj* self-confident; (*selbstsicher*) self-assured; **~bewusstsein** ▲ *nt* self-confidence; **~bildnis** *nt* self-portrait; **~erhaltung** *f* self-preservation; **~erkenntnis** *f* self-knowledge;

~fahrer *m* (*AUT*): **Autovermietung für ~fahrer** self-drive car hire (*BRIT*) *od* rental; **s~gefällig** *adj* smug, self-satisfied; **s~gerecht** *adj* self-righteous; **~gespräch** *nt* conversation with o.s.; **s~gewiss** ▲ *adj* confident; **s~herrlich** *adj* high-handed; (*selbstgerecht*) self-satisfied; **~hilfe** *f* self-help; **zur ~hilfe greifen** to take matters into one's own hands; **s~klebend** *adj* self-adhesive; **~kostenpreis** *m* cost price; **s~los** *adj* unselfish, selfless; **~mord** *m* suicide; **~mörder(in)** *m(f)* (*Person*) suicide; **s~mörderisch** *adj* suicidal; **s~sicher** *adj* self-assured; **~sicherheit** *f* self-assurance; **s~ständig** ▲ ['zɛlpstʃtɛndɪç] *adj* independent; **sich ~ machen** (*beruflich*) to set up on one's own, start one's own business; **~ständigkeit** ▲ *f* independence; **~studium** *nt* private study; **s~süchtig** *adj* selfish; **s~tätig** *adj* automatic; **~überwindung** *f* willpower; **s~vergessen** *adj* absent-minded; (*Blick*) faraway; **s~verschuldet** *adj:* **wenn der Unfall s~verschuldet ist** if there is personal responsibility for the accident; **~versorger** *m:* **~versorger sein** to be self-sufficient *od* self-reliant; **Urlaub für ~versorger** self-catering holiday.

selbstverständlich *adj* obvious ♦ *adv* naturally; **ich halte das für ~** I take that for granted.

Selbstverständlichkeit *f* (*Unbefangenheit*) naturalness; (*natürliche Voraussetzung*) matter of course.

Selbst- *zW:* **~verständnis** *nt:* **nach seinem eigenen ~verständnis** as he sees himself; **~verteidigung** *f* self-defence (*BRIT*), self-defense (*US*); **~vertrauen** *nt* self-confidence; **~verwaltung** *f* autonomy, self-government; **~wählferndienst** *m* (*TEL*) automatic dialling service, subscriber trunk dialling (*BRIT*), STD (*BRIT*), direct distance dialing (*US*); **~wertgefühl** *nt* feeling of one's own worth *od* value, self-esteem; **s~zufrieden** *adj* self-satisfied; **~zweck** *m* end in itself.

selig ['zeːlɪç] *adj* happy, blissful; (*REL*) blessed; (*tot*) late; **S~keit** *f* bliss.

Sellerie ['zɛləriː] (**-s, -(s)** *od* **-, -n**) *m od f* celery.

selten ['zɛltən] *adj* rare ♦ *adv* seldom, rarely; **S~heit** *f* rarity; **S~heitswert** (**-(e)s**) *m* rarity value.

Selterswasser ['zɛltərsvasɔr] *nt* soda water.

seltsam ['zɛltzaːm] *adj* curious, strange.

seltsamerweise *adv* curiously, strangely.

Seltsamkeit *f* strangeness.

Semester [ze'mɛstər] (**-s, -**) *nt* semester; **ein älteres ~** a senior student.

Semi- [zemi] *in zW* semi-.

Semikolon [-'koːlɔn] (**-s, -s**) *nt* semicolon.

Seminar [zemi'naːr] (**-s, -e**) *nt* seminary; (*Kurs*) seminar; (*UNIV: Ort*) department building.

semitisch [ze'miːtɪʃ] *adj* Semitic.

Semmel ['zɛməl] (-, -n) f roll; ~**brösel(n)** pl breadcrumbs pl; ~**knödel** (SÜDD, ÖSTERR) m bread dumpling.

sen. abk (= senior) sen.

Senat [zeˈnaːt] (-(e)s, -e) m senate.

Sendebereich m transmission range.

Sendefolge f (Serie) series.

senden[1] unreg vt to send.

senden[2] vt, vi (RUNDF, TV) to transmit, broadcast.

Sendenetz nt network.

Sendepause f (RUNDF, TV) interval.

Sender (-s, -) m station; (Anlage) transmitter.

Sende- zW: ~**reihe** f series (of broadcasts); ~**schluss**▲ m (RUNDF, TV) closedown; ~**station** f transmitting station; ~**stelle** f transmitting station; ~**zeit** f broadcasting time, air time.

Sendung ['zɛnduŋ] f consignment; (Aufgabe) mission; (RUNDF, TV) transmission; (Programm) programme (BRIT), program (US).

Senegal ['zeːnegal] (-s) nt Senegal.

Senf [zɛnf] (-(e)s, -e) m mustard; **seinen** ~ **dazugeben** (umg) to put one's oar in; ~**korn** nt mustard seed.

sengen ['zɛŋən] vt to singe ♦ vi to scorch.

senil [zeˈniːl] (pej) adj senile.

Senior ['zeːniɔr] (-s, -en) m (Rentner) senior citizen; (Geschäftspartner) senior partner.

Seniorenpass▲ [zeniˈoːrənpas] m senior citizen's travel pass (BRIT).

Senkblei ['zɛŋkblaɪ] nt plumb.

Senke (-, -n) f depression.

Senkel (-s, -) m (shoe)lace.

senken vt to lower; (Kopf) to bow; (TECH) to sink ♦ vr to sink; (Stimme) to drop.

Senk- zW: ~**fuß** m flat foot; ~**grube** f cesspit; **s~recht** adj vertical, perpendicular; ~**rechte** f perpendicular; ~**rechtstarter** m (AVIAT) vertical takeoff plane; (fig: Person) high-flier.

Senner(in) ['zɛnər(ɪn)] (-s, -) m(f) (Alpine) dairyman, dairymaid.

Sensation [zɛnzatsiˈoːn] f sensation.

sensationell [zɛnzatsioˈnɛl] adj sensational.

Sensationsblatt nt sensational paper.

Sensationssucht f sensationalism.

Sense ['zɛnzə] (-, -n) f scythe; **dann ist** ~! (umg) that's the end!

sensibel [zɛnˈziːbəl] adj sensitive.

sensibilisieren [zɛnzibiliˈziːrən] vt to sensitize.

Sensibilität [zɛnzibiliˈtɛːt] f sensitivity.

sentimental [zɛntimɛnˈtaːl] adj sentimental.

Sentimentalität [zɛntimɛntaliˈtɛːt] f sentimentality.

separat [zepaˈraːt] adj separate; (Wohnung, Zimmer) self-contained.

Sept. abk (= September) Sept.

September [zɛpˈtɛmbər] (-(s), -) m September; **im** ~ in September; **im Monat** ~ in the month of September; **heute ist der zweite** ~ today is the second of September od September second (US); (geschrieben) today is 2nd September; **in diesem** ~ this September; **Anfang/Ende/Mitte** ~ at the beginning/end/in the middle of September.

septisch ['zɛptɪʃ] adj septic.

sequentiell [zekvɛntsiˈɛl] adj = **sequenziell**.

Sequenz [zeˈkvɛnts] f sequence.

sequenziell▲ [zekvɛntsiˈɛl] adj (COMPUT) sequential; ~**er Zugriff** sequential access.

Serbe ['zɛrbə] (-n, -n) m Serbian.

Serbien (-s) nt Serbia.

Serbin f Serbian.

serbisch adj Serbian.

Serbokroatisch(e) nt Serbo-Croat.

Serie ['zeːriə] f series.

seriell [zeriˈɛl] adj (COMPUT) serial; ~**e Daten** serial data pl; ~**er Anschluss** serial port; ~**er Drucker** serial printer.

Serien- zW: ~**anfertigung** f, ~**herstellung** f series production; **s~mäßig** adj (Ausstattung) standard; (Herstellung) series attrib ♦ adv (herstellen) in series; ~**nummer** f serial number; **s~weise** adv in series.

seriös [zeriˈøːs] adj serious; (anständig) respectable.

Serpentine [zɛrpɛnˈtiːnə] f hairpin (bend).

Serum ['zeːrʊm] (-s, Seren) nt serum.

Service[1] [zɛrˈviːs] (-(s), -) nt (Gläser~) set; (Geschirr) service.

Service[2] ['sɔːvɪs] (-, -s) m (COMM, SPORT) service.

servieren [zɛrˈviːrən] vt, vi to serve.

Serviererin [zɛrˈviːrərɪn] f waitress.

Servierwagen m trolley.

Serviette [zɛrviˈɛtə] f napkin, serviette.

Servolenkung f power steering.

Servomotor m servo motor.

Servus ['zɛrvʊs] (ÖSTERR, SÜDD) interj hello; (beim Abschied) goodbye, so long (umg).

Sesam ['zeːzam] (-s, -s) m sesame.

Sessel ['zɛsəl] (-s, -) m armchair; ~**lift** m chairlift.

sesshaft▲ ['zɛshaft] adj settled; (ansässig) resident.

Set [zɛt] (-s, -s) nt od m set; (Deckchen) tablemat.

setzen ['zɛtsən] vt to put, place, set; (Baum etc) to plant; (Segel, TYP) to set ♦ vr (Platz nehmen) to sit down; (Kaffee, Tee) to settle ♦ vi to leap; (wetten) to bet; (TYP) to set; **jdm ein Denkmal** ~ to build a monument to sb; **sich zu jdm** ~ to sit with sb.

Setzer ['zɛtsər] (-s, -) m (TYP) typesetter.

Setzerei [zɛtsəˈraɪ] f caseroom; (Firma) typesetting firm.

Setz- zW: ~**kasten** m (TYP) case; (an Wand) ornament shelf; ~**ling** m young plant;

~**maschine** *f* (*TYP*) typesetting machine.

Seuche ['zɔʏçə] (-, **-n**) *f* epidemic.

Seuchengebiet *nt* infected area.

seufzen ['zɔʏftsən] *vt, vi* to sigh.

Seufzer ['zɔʏftsər] (**-s**, -) *m* sigh.

Sex [zɛks] (**-(es)**) *m* sex.

Sexta ['zɛksta] (-, **Sexten**) *f* (*früher*) first year of German secondary school.

Sexualerziehung [zɛksuˈaːlɛrtsiːʊŋ] *f* sex education.

Sexualität [zɛksualiˈtɛːt] *f* sex, sexuality.

Sexual- *zW*: ~**kunde** [zɛksuˈaːlkʊndə] *f* sex education; ~**leben** *nt* sex life; ~**objekt** *nt* sex object.

sexuell [zɛksuˈɛl] *adj* sexual.

Seychellen [zeˈʃɛlən] *pl* Seychelles *pl*.

sezieren [zeˈtsiːrən] *vt* to dissect.

SFB (-) *m abk* (= *Sender Freies Berlin*) Radio Free Berlin.

Sfr, sFr. *abk* (= *Schweizer Franken*) sfr.

Shampoo [ʃamˈpuː] (**-s, -s**) *nt* shampoo.

Shetlandinseln ['ʃɛtlant|ɪnzəln] *pl* Shetland, Shetland Isles *pl*.

Shorts [ʃoːrts] *pl* shorts *pl*.

Showmaster ['ʃoʊmaːstər] (**-s**, -) *m* compère, MC.

siamesisch [ziaˈmeːzɪʃ] *adj*: ~**e Zwillinge** Siamese twins.

Siamkatze *f* Siamese (cat).

Sibirien [ziˈbiːriən] (**-s**) *nt* Siberia.

sibirisch *adj* Siberian.

================ *SCHLÜSSELWORT*

sich [zɪç] *pron* **1** (*akk*): **er/sie/es ...** ~ he/she/it ... himself/herself/itself; **sie** *pl*/**man ...** ~ they/one ...themselves/oneself; **Sie ...** ~ you ... yourself/yourselves *pl*; ~ **wiederholen** to repeat oneself/itself.

2 (*dat*): **er/sie/es ...** ~ he/she/it ... to himself/herself/itself; **sie** *pl*/**man ...** ~ to themselves/oneself; **Sie ...** ~ you ... to yourself/yourselves *pl*; **sie hat** ~ **einen Pullover gekauft** she bought herself a jumper; ~ **die Haare waschen** to wash one's hair.

3 (*mit Präposition*): **haben Sie Ihren Ausweis bei** ~? do you have your pass on you?; **er hat nichts bei** ~ he's got nothing on him; **sie bleiben gern unter** ~ they keep themselves to themselves.

4 (*einander*) each other, one another; **sie bekämpfen** ~ they fight each other *od* one another.

5: dieses Auto fährt ~ **gut** this car drives well; **hier sitzt es** ~ **gut** it's good to sit here.

Sichel ['zɪçəl] (-, **-n**) *f* sickle; (*Mond~*) crescent.

sicher ['zɪçər] *adj* safe; (*gewiss*) certain; (*Hand, Job*) steady; (*zuverlässig*) secure, reliable;

(*selbst~*) confident; (*Stellung*) secure ♦ *adv* (*natürlich*): **du hast dich** ~ **verrechnet** you must have counted wrongly; **vor jdm/etw** ~ **sein** to be safe from sb/sth; **sich** *dat* **einer Sache/jds** ~ **sein** to be sure of sth/sb; ~ **ist** ~ you can't be too sure.

sichergehen *unreg vi* to make sure.

Sicherheit ['zɪçərhaɪt] *f* safety; (*auch FIN*) security; (*Gewissheit*) certainty; (*Selbst~*) confidence; **die öffentliche** ~ public security; ~ **im Straßenverkehr** road safety; ~ **leisten** (*COMM*) to offer security.

Sicherheits- *zW*: ~**abstand** *m* safe distance; ~**bestimmungen** *pl* safety regulations *pl*; (*betrieblich, POL etc*) security controls *pl*; ~**einrichtungen** *pl* security equipment *sing*, security devices *pl*; ~**glas** *nt* safety glass; ~**gurt** *m* seat belt; **s~halber** *adv* to be on the safe side; ~**nadel** *f* safety pin; ~**rat** *m* Security Council; ~**schloss**▲ *nt* safety lock; ~**spanne** *f* (*COMM*) margin of safety; ~**verschluss**▲ *m* safety clasp; ~**vorkehrung** *f* safety precaution.

sicherlich *adv* certainly, surely.

sichern *vt* to secure; (*schützen*) to protect; (*Bergsteiger etc*) to belay; (*Waffe*) to put the safety catch on; (*COMPUT: Daten*) to back up; **jdm/sich etw** ~ to secure sth for sb/for o.s.

sicherstellen *vt* to impound; (*garantieren*) to guarantee.

Sicherung *f* (*Sichern*) securing; (*Vorrichtung*) safety device; (*an Waffen*) safety catch; (*ELEK*) fuse; **da ist (bei) ihm die** ~ **durchgebrannt** (*fig: umg*) he blew a fuse.

Sicherungskopie *f* backup copy.

Sicht [zɪçt] (-) *f* sight; (*Aus~*) view; (*Sehweite*) visibility; **auf** *od* **nach** ~ (*FIN*) at sight; **auf lange** ~ on a long-term basis; **s~bar** *adj* visible; ~**barkeit** *f* visibility.

sichten *vt* to sight; (*auswählen*) to sort out; (*ordnen*) to sift through.

Sicht- *zW*: **s~lich** *adj* evident, obvious; ~**verhältnisse** *pl* visibility *sing*; ~**vermerk** *m* visa; ~**weite** *f* visibility; **außer** ~**weite** out of sight.

sickern ['zɪkərn] *vi* (*Hilfsverb sein*) to seep; (*in Tropfen*) to drip.

Sie [ziː] *nom, akk pron* you.

sie *pron* (*sing: nom*) she; (: *akk*) her; (*pl: nom*) they; (: *akk*) them.

Sieb [ziːp] (-**(e)s, -e**) *nt* sieve; (*KOCH*) strainer; (*Gemüse~*) colander.

sieben[1] ['ziːbən] *vt* to sieve, sift; (*Flüssigkeit*) to strain ♦ *vi*: **bei der Prüfung wird stark gesiebt** (*fig: umg*) the exam will weed a lot of people out.

sieben[2] ['ziːbən] *num* seven; **S~gebirge** *nt*: **das S~gebirge** the Seven Mountains *pl* (*near Bonn*); ~**hundert** *num* seven hundred;

S~meter *m* (*SPORT*) penalty; **S~sachen** *pl* belongings *pl*; **S~schläfer** *m* dormouse.
siebte(r, s) ['ziːptə(r, s)] *adj* seventh.
Siebtel (**-s, -**) *nt* seventh.
siebzehn ['ziːptseːn] *num* seventeen.
siebzig ['ziːptsɪç] *num* seventy.
siedeln ['ziːdəln] *vi* to settle.
sieden ['ziːdən] *vt, vi* to boil.
Siedepunkt *m* boiling point.
Siedler (**-s, -**) *m* settler.
Siedlung *f* settlement; (*Häuser~*) housing estate (*BRIT*) *od* development (*US*).
Sieg [ziːk] (**-(e)s, -e**) *m* victory.
Siegel ['ziːgəl] (**-s, -**) *nt* seal; **~lack** *m* sealing wax; **~ring** *m* signet ring.
siegen ['ziːgən] *vi* to be victorious; (*SPORT*) to win; **über jdn/etw ~** (*fig*) to triumph over sb/sth; (*in Wettkampf*) to beat sb/sth.
Sieger(in) (**-s, -**) *m(f)* victor; (*SPORT etc*) winner; **~ehrung** *f* (*SPORT*) presentation ceremony.
siegessicher *adj* sure of victory.
Siegeszug *m* triumphal procession.
siegreich *adj* victorious.
siehe ['ziːə] *Imperativ* see; (*~ da*) behold.
siehst [ziːst], **sieht** [ziːt] *vb siehe* **sehen**.
Siel [ziːl] (**-(e)s, -e**) *nt od m* (*Schleuse*) sluice; (*Abwasserkanal*) sewer.
siezen ['ziːtsən] *vt* to address as "Sie"; *siehe auch* **duzen**.
Signal [zɪ'gnaːl] (**-s, -e**) *nt* signal; **~anlage** *f* signals *pl*, set of signals.
signalisieren [zɪgnali'ziːrən] *vt* (*lit, fig*) to signal.
Signatur [zɪgna'tuːr] *f* signature; (*Bibliotheks~*) shelf mark.
Silbe ['zɪlbə] (**-, -n**) *f* syllable; **er hat es mit keiner ~ erwähnt** he didn't say a word about it.
Silber ['zɪlbər] (**-s**) *nt* silver; **~bergwerk** *nt* silver mine; **~blick** *m*: **einen ~blick haben** to have a slight squint; **~hochzeit** *f* silver wedding.
silbern *adj* silver.
Silberpapier *nt* silver paper.
Silhouette [zilu'ɛtə] *f* silhouette.
Silikonchip [zili'koːntʃɪp] *m* silicon chip.
Silo ['ziːlo] (**-s, -s**) *nt od m* silo.
Silvester [zɪl'vɛstər] (**-s, -**) *m or nt* New Year's Eve, Hogmanay (*SCOT*).

SILVESTER

Silvester *is the German name for New Year's Eve. Although not an official holiday, most businesses close early and shops shut at midday. Most Germans celebrate in the evening and at midnight they let off fireworks and rockets; the revelry usually lasts until the early hours of the morning.*

Simbabwe [zɪm'baːbvə] (**-s**) *nt* Zimbabwe.
simpel ['zɪmpəl] *adj* simple; **S~** (**-s, -**) (*umg*) *m* simpleton.
Sims [zɪms] (**-es, -e**) *nt od m* (*Kamin~*) mantelpiece; (*Fenster~*) (window)sill.
simsen ['zɪmzən] *vti* (*umg*) to text.
Simulant(in) [zimu'lant(ɪn)] (**-en, -en**) *m(f)* malingerer.
simulieren [zimu'liːrən] *vt* to simulate; (*vortäuschen*) to feign ♦ *vi* to feign illness.
simultan [zimʊl'taːn] *adj* simultaneous; **S~dolmetscher** *m* simultaneous interpreter.
sind [zɪnt] *vb siehe* **sein**.
Sinfonie [zɪnfo'niː] *f* symphony.
Singapur ['zɪŋgapuːr] (**-s**) *nt* Singapore.
singen ['zɪŋən] *unreg vt, vi* to sing.
Single¹ ['sɪŋgəl] (**-s, -s**) *m* (*Alleinlebender*) single person.
Single² ['sɪŋgəl] (**-, -s**) *f* (*MUS*) single.
Singsang *m* (*Gesang*) monotonous singing.
Singstimme *f* vocal part.
Singular ['zɪŋgulaːr] *m* singular.
Singvogel ['zɪŋfoːgəl] *m* songbird.
sinken ['zɪŋkən] *unreg vi* to sink; (*Boden, Gebäude*) to subside; (*Fundament*) to settle; (*Preise etc*) to fall, go down; **den Mut/die Hoffnung ~ lassen** to lose courage/hope.
Sinn [zɪn] (**-(e)s, -e**) *m* mind; (*Wahrnehmungssinn*) sense; (*Bedeutung*) sense, meaning; **im ~e des Gesetzes** according to the spirit of the law; **~ für etw** sense of sth; **im ~e des Verstorbenen** in accordance with the wishes of the deceased; **von ~en sein** to be out of one's mind; **das ist nicht der ~ der Sache** that is not the point; **das hat keinen ~** there is no point in that; **~bild** *nt* symbol; **s~bildlich** *adj* symbolic.
sinnen *unreg vi* to ponder; **auf etw** *akk* **~** to contemplate sth; **über etw** *akk* **~** to reflect on sth.
Sinnenmensch *m* sensualist.
Sinnes- *zW*: **~organ** *nt* sense organ; **~täuschung** *f* illusion; **~wandel** *m* change of mind.
sinngemäß *adj* faithful; (*Wiedergabe*) in one's own words.
sinnig *adj* apt; (*ironisch*) clever.
Sinn- *zW*: **s~lich** *adj* sensual, sensuous; (*Wahrnehmung*) sensory; **~lichkeit** *f* sensuality; **s~los** *adj* senseless, meaningless; **s~los betrunken** blind drunk; **~losigkeit** *f* senselessness, meaninglessness; **s~verwandt** *adj* synonymous; **s~voll** *adj* meaningful; (*vernünftig*) sensible.
Sinologe [zino'loːgə] (**-n, -n**) *m* Sinologist.
Sinologin *f* Sinologist.
Sinologie [zinolo'giː] *f* Sinology.
Sintflut ['zɪntfluːt] *f* Flood; **nach uns die ~**

(*umg*) it doesn't matter what happens after we've gone; **s~artig** *adj*: **s~artige Regenfälle** torrential rain *sing*.

Sinus ['ziːnʊs] (-, - *od* -**se**) *m* (*ANAT*) sinus; (*MATH*) sine.

Siphon [ziˈfõː] (-**s**, -**s**) *m* siphon.

Sippe ['zɪpə] (-, -**n**) *f* (extended) family; (*umg*: *Verwandtschaft*) clan.

Sippschaft ['zɪpʃaft] (*pej*) *f* tribe; (*Bande*) gang.

Sirene [ziˈreːnə] (-, -**n**) *f* siren.

Sirup ['ziːrʊp] (-**s**, -**e**) *m* syrup.

Sit-in [sɪt'|ɪn] (-(**s**), -**s**) *nt*: **ein ~ machen** to stage a sit-in.

Sitte ['zɪtə] (-, -**n**) *f* custom; **Sitten** *pl* morals *pl*; **was sind denn das für ~n?** what sort of way is that to behave?

Sitten- *zW*: ~**polizei** *f* vice squad; ~**strolch** (*umg*) *m* sex fiend; ~**wächter** *m* (*ironisch*) guardian of public morals; **s~widrig** *adj* (*form*) immoral.

Sittich ['zɪtɪç] (-(**e**)**s**, -**e**) *m* parakeet.

Sitt- *zW*: **s~lich** *adj* moral; ~**lichkeit** *f* morality; ~**lichkeitsverbrechen** *nt* sex offence (*BRIT*) *od* offense (*US*); **s~sam** *adj* modest, demure.

Situation [zituatsiˈoːn] *f* situation.

situiert [zituˈiːrt] *adj*: **gut ~ sein** to be well off.

Sitz [zɪts] (-**es**, -**e**) *m* seat; (*von Firma, Verwaltung*) headquarters *pl*; **der Anzug hat einen guten ~** the suit sits well.

sitzen *unreg vi* to sit; (*Bemerkung, Schlag*) to strike home; (*Gelerntes*) to have sunk in; (*umg*: *im Gefängnis* ~) to be inside; **locker ~** to be loose; **einen ~ haben** (*umg*) to have had one too many; **er sitzt im Kultusministerium** (*umg*: *sein*) he's in the Ministry of Education; **~ bleiben** to remain seated; (*SCH*) to have to repeat a year; **auf etw** *dat* **~ bleiben** to be lumbered with sth; **~ lassen** (*SCH*) to keep down a year; (*Mädchen*) to jilt; (*Wartenden*) to stand up; **etw auf sich** *dat* **~ lassen** to take sth lying down.

sitzend *adj* (*Tätigkeit*) sedentary.

Sitz- *zW*: ~**fleisch** (*umg*) *nt*: ~**fleisch haben** to be able to sit still; ~**gelegenheit** *f* seats *pl*; ~**ordnung** *f* seating plan; ~**platz** *m* seat; ~**streik** *m* sit-down strike.

Sitzung *f* meeting.

Sizilianer(in) [zitsiliˈaːnər(ɪn)] (-**s**, -) *m(f)* Sicilian.

sizilianisch *adj* Sicilian.

Sizilien [ziˈtsiːliən] (-**s**) *nt* Sicily.

Skala ['skaːla] (-, **Skalen**) *f* scale; (*fig*) range.

Skalpell [skalˈpɛl] (-**s**, -**e**) *nt* scalpel.

skalpieren [skalˈpiːrən] *vt* to scalp.

Skandal [skanˈdaːl] (-**s**, -**e**) *m* scandal.

skandalös [skandaˈløːs] *adj* scandalous.

Skandinavien [skandiˈnaːviən] (-**s**) *nt* Scandinavia.

Skandinavier(in) (-**s**, -) *m(f)* Scandinavian.

skandinavisch *adj* Scandinavian.

Skat [skaːt] (-(**e**)**s**, -**e** *od* -**s**) *m* (*KARTEN*) skat.

Skelett [skeˈlɛt] (-(**e**)**s**, -**e**) *nt* skeleton.

Skepsis ['skɛpsɪs] (-) *f* scepticism (*BRIT*), skepticism (*US*).

skeptisch ['skɛptɪʃ] *adj* sceptical (*BRIT*), skeptical (*US*).

Ski [ʃiː] (-**s**, -**er**) *m* ski; **~ laufen** *od* **fahren** to ski; ~**fahrer** *m* skier; ~**hütte** *f* ski hut; ~**läufer** *m* skier; ~**lehrer** *m* ski instructor; ~**lift** *m* ski lift; ~**springen** *nt* ski jumping; ~**stiefel** *m* ski boot; ~**stock** *m* ski pole.

Skizze ['skɪtsə] (-, -**n**) *f* sketch.

skizzieren [skɪˈtsiːrən] *vt* to sketch; (*fig*: *Plan etc*) to outline ♦ *vi* to sketch.

Sklave ['sklaːvə] (-**n**, -**n**) *m* slave.

Sklaventreiber (-**s**, -) (*pej*) *m* slave-driver.

Sklaverei [sklaːvəˈraɪ] *f* slavery.

Sklavin *f* slave.

sklavisch *adj* slavish.

Skonto ['skɔnto] (-**s**, -**s**) *nt od m* discount.

Skorbut [skɔrˈbuːt] (-(**e**)**s**) *m* scurvy.

Skorpion [skɔrpiˈoːn] (-**s**, -**e**) *m* scorpion; (*ASTROL*) Scorpio.

Skrupel ['skruːpəl] (-**s**, -) *m* scruple; **s~los** *adj* unscrupulous.

Skulptur [skʊlpˈtuːr] *f* sculpture.

skurril [skʊˈriːl] *adj* (*geh*) droll, comical.

Slalom ['slaːlɔm] (-**s**, -**s**) *m* slalom.

Slawe ['slaːvə] (-**n**, -**n**) *m* Slav.

Slawin *f* Slav.

slawisch *adj* Slavonic, Slavic.

Slip [slɪp] (-**s**, -**s**) *m* (pair of) briefs *pl*.

Slowake [sloˈvaːkə] (-**n**, -**n**) *m* Slovak.

Slowakei [slovaˈkaɪ] *f* Slovakia.

Slowakin *f* Slovak.

Slowakisch [sloˈvaːkɪʃ] *nt* (*LING*) Slovak; **s~** *adj* Slovak.

Slowenien [sloˈveːniən] (-**s**) *nt* Slovenia.

slowenisch *adj* Slovene.

Smaragd [smaˈrakt] (-(**e**)**s**, -**e**) *m* emerald.

Smoking ['smoːkɪŋ] (-**s**, -**s**) *m* dinner jacket (*BRIT*), tuxedo (*US*).

SMS (-, -) *f abk* (= *Short Message Service*) SMS; ~-**Nachricht** *f* text message.

SMV (-, -**s**) *f abk* = **Schülermitverwaltung**.

Snob [snɔp] (-**s**, -**s**) *m* snob.

So. *abk* = **Sonntag**.

SO *abk* (= *Südost(en)*) SE.

═══════════════════════════ *SCHLÜSSELWORT*

so [zoː] *adv* **1** (*so sehr*) so; **~ groß/schön** *etc* so big/nice *etc*; **~ groß/schön wie ...** as big/nice as ...; **das hat ihn ~ geärgert, dass ...** that annoyed him so much that ...

2 (*auf diese Weise*) like this; **~ genannt** so-called; **mach es nicht ~** don't do it like that; **~ oder ~** (in) one way or the other; **... oder ~** something (like that); **und ~ weiter** and

so on; ~ **viel (wie)** as much as; **rede nicht
~ viel** don't talk so much; ~ **weit sein** to be
ready; ~ **weit wie** *od* **als möglich** as far as
possible; **ich bin ~ weit zufrieden** by and
large I'm quite satisfied; **es ist bald ~ weit**
it's nearly time; ~ **wenig (wie)** no more
(than), not any more (than); ~ **wenig wie
möglich** as little as possible; ~ **ein ...** such a
...; ~ **einer wie ich** somebody like me;
~ **(et)was** something like this/that; **na
~ was!** well I never!; **das ist gut ~** that's
fine; **sie ist nun einmal ~** that's just the way
she is; **das habe ich nur ~ gesagt** I didn't
really mean it.
3 (*umg*: *umsonst*): **ich habe es ~ bekommen**
I got it for nothing.
4 (*als Füllwort*: *nicht übersetzt*): ~ **mancher** a
number of people *pl*.
♦ *konj*: ~ **dass** so that; ~ **wie es jetzt ist** as
things are at the moment; *siehe auch* **sodass**.
♦ *interj*: ~**?** really?; ~, **das wärs** right, that's
it then.

s. o. *abk* (= *siehe oben*) see above.
sobald [zoˈbalt] *konj* as soon as.
Söckchen [zœkçən] *nt* ankle sock.
Socke [ˈzɔkə] (-, -n) *f* sock; **sich auf die ~n
machen** (*umg*) to get going.
Sockel [ˈzɔkəl] (-s, -) *m* pedestal, base.
sodass▲ [zoˈdas] *konj* so that.
Sodawasser [ˈzoːdavasər] *nt* soda water.
Sodbrennen [ˈzoːtbrɛnən] (-s) *nt* heartburn.
Sodomie [zodoˈmiː] *f* bestiality.
soeben [zoˈeːbən] *adv* just (now).
Sofa [ˈzoːfa] (-s, -s) *nt* sofa.
Sofabett *nt* sofa bed, bed settee.
sofern [zoˈfɛrn] *konj* if, provided (that).
soff *etc* [zɔf] *vb siehe* **saufen**.
sofort [zoˈfɔrt] *adv* immediately, at once; **(ich)
komme ~!** (I'm) just coming!; **S~hilfe** *f*
emergency relief *od* aid; **S~hilfegesetz** *nt*
law on emergency aid.
sofortig *adj* immediate.
Sofortmaßnahme *f* immediate measure.
Softeis [ˈsɔftʔaɪs] (-es) *nt* soft ice-cream.
Softie [ˈzɔftiː] (-s, -s) (*umg*) *m* softy.
Software [ˈzɔftwɛːər] (-, -s) *f* software;
s~kompatibel *adj* software compatible;
~paket *nt* software package.
Sog (-(e)s, -e) *m* suction; (*von Strudel*) vortex;
(*fig*) maelstrom.
sog *etc* [zoːk] *vb siehe* **saugen**.
sogar [zoˈgaːr] *adv* even.
sogleich [zoˈglaɪç] *adv* straight away, at once.
Sogwirkung *f* suction; (*fig*) knock-on effect.
Sohle [ˈzoːlə] (-, -n) *f* (*Fuß~*) sole; (*Tal~ etc*)
bottom; (*MIN*) level; **auf leisen ~n** (*fig*)
softly, noiselessly.
Sohn [zoːn] (-(e)s, ⁻e) *m* son.
Sojasoße [ˈzoːjazoːsə] *f* soy *od* soya sauce.

solang(e) *konj* as *od* so long as.
Solar- [zoˈlaːr] *in zW* solar; **~energie** *f* solar
energy.
Solarium [zoˈlaːriʊm] *nt* solarium.
Solbad [ˈzoːlbaːt] *nt* saltwater bath.
solch [zɔlç] *adj inv* such.
solche(r, s) *adj* such; **ein ~r Mensch** such a
person.
Sold [zɔlt] (-(e)s, -e) *m* pay.
Soldat [zɔlˈdaːt] (-en, -en) *m* soldier; **s~isch**
adj soldierly.
Söldner [ˈzœldnər] (-s, -) *m* mercenary.
Sole [ˈzoːlə] (-, -n) *f* brine, salt water.
Solei [ˈzoːlaɪ] *nt* pickled egg.
Soli [ˈzoːli] *pl von* **Solo**.
solid(e) [zoˈliːd(ə)] *adj* solid; (*Arbeit, Wissen*)
sound; (*Leben, Person*) staid, respectable.
solidarisch [zoliˈdaːrɪʃ] *adj in od* with
solidarity; **sich ~ erklären** to declare one's
solidarity.
solidarisieren [zolidariˈziːrən] *vr*: **sich ~ mit** to
show (one's) solidarity with.
Solidarität [zolidariˈtɛːt] *f* solidarity.
Solidaritätsstreik *m* sympathy strike.
Solist(in) [zoˈlɪst(ɪn)] *m(f)* (*MUS*) soloist.
Soll [zɔl] (-(s), -(s)) *nt* (*FIN*) debit (side);
(*Arbeitsmenge*) quota, target; **~ und Haben**
debit and credit.
soll *vb siehe* **sollen**.

—————————————— *SCHLÜSSELWORT*

sollen [ˈzɔlən] (*pt* **sollte**, *pp* **gesollt**) (*od (als
Hilfsverb*) **sollen**) *Hilfsverb* **1** (*Pflicht, Befehl*) be
supposed to; **du hättest nicht gehen ~** you
shouldn't have gone, you oughtn't to have
gone; **er sollte eigentlich morgen kommen**
he was supposed to come tomorrow; **soll
ich?** shall I?; **soll ich dir helfen?** shall I help
you?; **sag ihm, er soll warten** tell him he's to
wait; **was soll ich machen?** what should I
do?; **mir soll es gleich sein** it's all the same
to me; **er sollte sie nie wiedersehen** he was
never to see her again.
2 (*Vermutung*): **sie soll verheiratet sein** she's
said to be married; **was soll das heißen?**
what's that supposed to mean?; **man sollte
glauben, dass ...** you would think that ...; **sollte
das passieren, ...** if that should happen ...
♦ *vt, vi*: **was soll das?** what's all this about *od* in
aid of?; **das sollst du nicht** you shouldn't do
that; **was solls?** what the hell!

sollte *etc* [ˈzɔltə] *vb siehe* **sollen**.
Solo [ˈzoːlo] (-s, -s *od* **Soli**) *nt* solo.
solo *adv* (*MUS*) solo; (*fig*: *umg*) on one's own,
alone.
solvent [zɔlˈvɛnt] *adj* (*FIN*) solvent.
Solvenz [zɔlˈvɛnts] *f* (*FIN*) solvency.
Somalia [zoˈmaːlia] (-s) *nt* Somalia.
somit [zoˈmɪt] *konj* and so, therefore.

Sommer ['zɔmər] **(-s, -)** *m* summer; ~ **wie Winter** all year round; ~**ferien** *pl* summer holidays *pl* (*BRIT*) *od* vacation *sing* (*US*); (*JUR, PARL*) summer recess *sing*; **s~lich** *adj* summer *attrib*; (*sommerartig*) summery; ~**loch** *nt* silly season; ~**reifen** *m* normal tyre (*BRIT*) *od* tire (*US*); ~**schlussverkauf▲** *m* summer sale; ~**semester** *nt* (*UNIV*) summer semester (*bes US*), ≈ summer term (*BRIT*); ~**sprossen** *pl* freckles *pl*; ~**zeit** *f* summertime.

Sonate [zo'naːtə] **(-, -n)** *f* sonata.

Sonde ['zɔndə] **(-, -n)** *f* probe.

Sonder- ['zɔndər] *in zW* special; ~**anfertigung** *f* special model; ~**angebot** *nt* special offer; ~**ausgabe** *f* special edition; **s~bar** *adj* strange, odd; ~**beauftragte(r)** *f(m)* (*POL*) special emissary; ~**beitrag** *m* (special) feature; ~**fahrt** *f* special trip; ~**fall** *m* special case; **s~gleichen** *adj inv* without parallel, unparalleled; **eine Frechheit s~gleichen** the height of cheek; **s~lich** *adj* particular; (*außergewöhnlich*) remarkable; (*eigenartig*) peculiar; ~**ling** *m* eccentric; ~**marke** *f* special issue (stamp); ~**müll** *m* dangerous waste.

sondern *konj* but ◆ *vt* to separate; **nicht nur ...,** ~ **auch** not only ..., but also.

Sonder- *zW:* ~**preis** *m* special price; ~**regelung** *f* special provision; ~**schule** *f* special school; ~**vergünstigungen** *pl* perquisites *pl*, perks *pl* (*bes BRIT*); ~**wünsche** *pl* special requests *pl*; ~**zug** *m* special train.

sondieren [zɔn'diːrən] *vt* to suss out; (*Gelände*) to scout out.

Sonett [zo'nɛt] **(-(e)s, -e)** *nt* sonnet.

Sonnabend ['zɔnaːbənt] *m* Saturday; *siehe auch* **Dienstag**.

Sonne ['zɔnə] **(-, -n)** *f* sun; **an die** ~ **gehen** to go out in the sun.

sonnen *vr* to sun o.s.; **sich in etw** (*dat*) ~ (*fig*) to bask in sth.

Sonnen- *zW:* ~**aufgang** *m* sunrise; **s~baden** *vi* to sunbathe; ~**blume** *f* sunflower; ~**brand** *m* sunburn; ~**brille** *f* sunglasses *pl*; ~**creme** *f* suntan lotion; ~**energie** *f* solar energy; ~**finsternis** *f* solar eclipse; ~**fleck** *m* sunspot; **s~gebräunt** *adj* suntanned; **s~klar** *adj* crystal-clear; ~**kollektor** *m* solar panel; ~**kraftwerk** *nt* solar power station; ~**milch** *f* suntan lotion; ~**öl** *nt* suntan oil; ~**schein** *m* sunshine; ~**schirm** *m* sunshade; ~**schutzmittel** *nt* sunscreen; ~**stich** *m* sunstroke; **du hast wohl einen ~stich!** (*hum: umg*) you must have been out in the sun too long!; ~**system** *nt* solar system; ~**uhr** *f* sundial; ~**untergang** *m* sunset; ~**wende** *f* solstice.

sonnig ['zɔnɪç] *adj* sunny.

Sonntag ['zɔntaːk] *m* Sunday; *siehe auch* **Dienstag**.

sonntäglich *adj attrib*: ~ **gekleidet** dressed in one's Sunday best.

sonntags *adv* (on) Sundays.

Sonntagsdienst *m:* ~ **haben** (*Apotheke*) to be open on Sundays.

Sonntagsfahrer (*pej*) *m* Sunday driver.

sonst [zɔnst] *adv* otherwise; (*mit pron, in Fragen*) else; (*zu anderer Zeit*) at other times; (*gewöhnlich*) usually, normally ◆ *konj* otherwise; **er denkt, er ist** ~ **wer** (*umg*) he thinks he's somebody special; ~ **gehts dir gut?** (*ironisch: umg*) are you feeling okay?; **wenn ich Ihnen** ~ **noch behilflich sein kann** if I can help you in any other way; ~ **noch etwas?** anything else?; ~ **nichts** nothing else; ~ **jemand** (*umg*) anybody (at all); **da kann ja** ~ **was passieren** (*umg*) anything could happen; ~ **wo** (*umg*) somewhere else; ~ **woher** (*umg*) from somewhere else; ~ **wohin** (*umg*) somewhere else.

sonstig *adj* other; **„S~es"** "other".

sooft [zo'|ɔft] *konj* whenever.

Sopran [zo'praːn] **(-s, -e)** *m* soprano (voice).

Sopranistin [zopra'nɪstɪn] *f* soprano (singer).

Sorge ['zɔrgə] **(-, -n)** *f* care, worry; **dafür** ~ **tragen, dass ...** (*geh*) to see to it that ...

sorgen *vi:* **für jdn** ~ to look after sb ◆ *vr:* **sich** ~ **(um)** to worry (about); **für etw** ~ to take care of *od* see to sth; **dafür** ~, **dass ...** to see to it that ...; **dafür ist gesorgt** that's taken care of.

Sorgen- *zW:* **s~frei** *adj* carefree; ~**kind** *nt* problem child; **s~voll** *adj* troubled, worried.

Sorgerecht (-(e)s) *nt* custody (of a child).

Sorgfalt ['zɔrkfalt] **(-)** *f* care(fulness); **viel** ~ **auf etw** *akk* **verwenden** to take a lot of care over sth.

sorgfältig *adj* careful.

sorglos *adj* careless; (*ohne Sorgen*) carefree.

sorgsam *adj* careful.

Sorte ['zɔrtə] **(-, -n)** *f* sort; (*Waren~*) brand; **Sorten** *pl* (*FIN*) foreign currency *sing*.

sortieren [zɔr'tiːrən] *vt* to sort (out); (*COMPUT*) to sort.

Sortiermaschine *f* sorting machine.

Sortiment [zɔrti'mɛnt] *nt* assortment.

SOS [ɛsoː'|ɛs] *nt abk* SOS.

sosehr [zo'zeːr] *konj* as much as.

soso [zo'zoː] *interj:* ~**!** I see!; (*erstaunt*) well, well!; (*drohend*) well!

Soße ['zoːsə] **(-, -n)** *f* sauce; (*Braten~*) gravy.

Souffleur [zu'fløːr] *m* prompter.

Souffleuse [zu'fløːzə] *f* prompter.

soufflieren [zu'fliːrən] *vt, vi* to prompt.

soundso ['zoːʊntzoː] *adv:* ~ **lange** for such and such a time.

soundsovielte(r, s) *adj:* **am S~n** (*Datum*) on such and such a date.

Souterrain [zutɛ'rɛ̃ː] **(-s, -s)** *nt* basement.

Souvenir – Sparmaßnahme

Souvenir [zuvə'niːr] (**-s, -s**) nt souvenir.
souverän [zuvə'rɛːn] adj sovereign; (überlegen) superior; (fig) supremely good.
soviel [zo'fiːl] konj as far as.
sowenig [zo've:nıç] konj however little.
sowie [zo'viː] konj (sobald) as soon as; (ebenso) as well as.
sowieso [zovi'zoː] adv anyway.
Sowjetbürger m (früher) Soviet citizen.
sowjetisch [zɔ'vjɛtıʃ] adj (früher) Soviet.
Sowjet- zW (früher): **~republik** f Soviet Republic; **~russe** m Soviet Russian; **~union** f Soviet Union.
sowohl [zo'voːl] konj: **~ ... als** od **wie auch ...** both ... and ...
soz. abk = **sozial; sozialistisch.**
sozial [zotsi'aːl] adj social; **~ eingestellt** public-spirited; **~er Wohnungsbau** public-sector housing (programme); **S~abbau** m public-spending cuts pl; **S~abgaben** pl National Insurance contributions pl (BRIT), Social Security contributions pl (US); **S~amt** nt (social) welfare office; **S~arbeiter** m social worker; **S~beruf** m caring profession; **S~demokrat** m social democrat; **S~hilfe** f welfare (aid).
Sozialisation [zotsializatsi'oːn] f (PSYCH, SOZIOLOGIE) socialization.
sozialisieren [zotsiali'ziːrən] vt to socialize.
Sozialismus [zotsia'lısmʊs] m socialism.
Sozialist(in) [zotsia'lıst(ın)] m(f) socialist.
sozialistisch adj socialist.
Sozial- zW: **~kunde** f social studies sing; **~leistungen** pl social security contributions (from the state and employer); **~plan** m redundancy payments scheme; **~politik** f social welfare policy; **~produkt** nt (gross od net) national product; **~staat** m welfare state; **~versicherung** f national insurance (BRIT), social security (US); **s~verträglich** adj socially acceptable; **~wohnung** f ≈ council flat (BRIT), state-subsidized apartment.

SOZIALWOHNUNG

A **Sozialwohnung** is a council house or flat let at a fairly low rent to people on low income. They are built from public funds. People applying for a **Sozialwohnung** have to prove their entitlement.

Soziologe [zotsio'loːgə] (**-n, -n**) m sociologist.
Soziologie [zotsiolo'giː] f sociology.
Soziologin [zotsio'loːgın] f sociologist.
soziologisch [zotsio'loːgıʃ] adj sociological.
Sozius ['zoːtsiʊs] (**-, -se**) m (COMM) partner; (Motorrad) pillion rider; **~sitz** m pillion (seat).
sozusagen [zotsu'zaːgən] adv so to speak.
Spachtel ['ʃpaxtəl] (**-s, -**) m spatula.
spachteln vt (Mauerfugen, Ritzen) to fill (in)

♦ vi (umg: essen) to tuck in.
Spagat [ʃpa'gaːt] (**-s, -e**) m od nt splits pl.
Spagetti▲, Spaghetti [ʃpa'gɛti] pl spaghetti sing.
spähen ['ʃpɛːən] vi to peep, peek.
Spalier [ʃpa'liːr] (**-s, -e**) nt (Gerüst) trellis; (Leute) guard of honour (BRIT) od honor (US); **~ stehen, ein ~ bilden** to form a guard of honour (BRIT) od honor (US).
Spalt [ʃpalt] (**-(e)s, -e**) m crack; (Tür~) chink; (fig: Kluft) split.
Spalte (**-, -n**) f crack, fissure; (Gletscher~) crevasse; (in Text) column.
spalten vt, vr (lit, fig) to split.
Spaltung f splitting.
Span [ʃpaːn] (**-(e)s, ⁻e**) m shaving.
Spanferkel nt sucking pig.
Spange ['ʃpaŋə] (**-, -n**) f clasp; (Haar~) hair slide; (Schnalle) buckle; (Arm~) bangle.
Spaniel ['ʃpaːniəl] (**-s, -s**) m spaniel.
Spanien ['ʃpaːniən] (**-s**) nt Spain.
Spanier(in) (**-s, -**) m(f) Spaniard.
spanisch adj Spanish; **das kommt mir ~ vor** (umg) that seems odd to me; **~e Wand** (folding) screen.
Spann (**-(e)s, -e**) m instep.
spann etc [ʃpan] vb siehe **spinnen**.
Spannbeton (**-s**) m prestressed concrete.
Spanne (**-, -n**) f (Zeit~) space; (Differenz) gap; siehe auch **Span**.
spannen vt (straffen) to tighten, tauten; (befestigen) to brace ♦ vi to be tight.
spannend adj exciting, gripping; **machs nicht so ~!** (umg) don't keep me etc in suspense.
Spanner (**-s, -**) (umg) m (Voyeur) peeping Tom.
Spannkraft f elasticity; (fig) energy.
Spannung f tension; (ELEK) voltage; (fig) suspense; (unangenehm) tension.
Spannungsgebiet nt (POL) flashpoint, area of tension.
Spannungsprüfer m voltage detector.
Spannweite f (von Flügeln, AVIAT) (wing)span.
Spanplatte f chipboard.
Sparbuch nt savings book.
Sparbüchse f moneybox.
sparen ['ʃpaːrən] vt, vi to save; **sich** dat **etw ~** to save o.s. sth; (Bemerkung) to keep sth to o.s.; **mit etw ~** to be sparing with sth; **an etw** dat **~** to economize on sth.
Sparer(in) (**-s, -**) m(f) (bei Bank etc) saver.
Sparflamme f low flame; **auf ~** (fig: umg) just ticking over.
Spargel ['ʃpargəl] (**-s, -**) m asparagus.
Spar- zW: **~groschen** m nest egg; **~kasse** f savings bank; **~konto** nt savings account.
spärlich ['ʃpɛːrlıç] adj meagre (BRIT), meager (US); (Bekleidung) scanty; (Beleuchtung) poor.
Spar- zW: **~maßnahme** f economy measure;

~**packung** f economy size; **s~sam** adj economical, thrifty; **s~sam im Verbrauch** economical; ~**samkeit** f thrift, economizing; ~**schwein** nt piggy bank.

Sparte ['ʃpartə] (-, -n) f field; (*COMM*) line of business; (*PRESSE*) column.

Sparvertrag m savings agreement.

Spaß [ʃpaːs] (-es, ̈-e) m joke; (*Freude*) fun; ~ **muss sein** there's no harm in a joke; **jdm** ~ **machen** to be fun (for sb); **s~en** vi to joke; **mit ihm ist nicht zu s~en** you can't take liberties with him.

spaßeshalber adv for the fun of it.

spaßig adj funny, droll.

Spaß- zW: ~**macher** m joker, funny man; ~**verderber** (-s, -) m spoilsport; ~**vogel** m joker.

Spastiker(in) ['ʃpastikər(ɪn)] m(f) (*MED*) spastic.

spät [ʃpɛːt] adj, adv late; **heute Abend wird es** ~ it'll be a late night tonight.

Spaten ['ʃpaːtən] (-s, -) m spade; ~**stich** m: **den ersten ~stich tun** to turn the first sod.

Spätentwickler m late developer.

später adj, adv later; **an** ~ **denken** to think of the future; **bis** ~! see you later!

spätestens adv at the latest.

Spätlese f late vintage.

Spatz [ʃpats] (-en, -en) m sparrow.

spazieren [ʃpa'tsiːrən] vi (*Hilfsverb sein*) to stroll; ~ **fahren** to go for a drive; ~ **gehen** to go for a walk.

Spazier- zW: ~**gang** m walk; **einen ~gang machen** to go for a walk; ~**gänger(in)** m(f) stroller; ~**stock** m walking stick; ~**weg** m path, walk.

SPD (-) f abk (= *Sozialdemokratische Partei Deutschlands*) German Social Democratic Party.

SPD

The **SPD** *(Sozialdemokratische Partei Deutschlands), the German Social Democratic Party, was newly formed in 1945. It is the largest political party in Germany.*

Specht [ʃpɛçt] (-(e)s, -e) m woodpecker.

Speck [ʃpɛk] (-(e)s, -e) m bacon; **mit ~ fängt man Mäuse** (*Sprichwort*) you need a sprat to catch a mackerel; **ran an den ~** (*umg*) let's get stuck in.

Spediteur [ʃpedi'tøːr] m carrier; (*Möbel~*) furniture remover.

Spedition [ʃpeditsi'oːn] f carriage; (~*sfirma*) road haulage contractor; (*Umzugsfirma*) removal (*BRIT*) od moving (*US*) firm.

Speer [ʃpeːr] (-(e)s, -e) m spear; (*SPORT*) javelin; ~**werfen** nt: **das ~werfen** throwing the javelin.

Speiche ['ʃpaɪçə] (-, -n) f spoke.

Speichel ['ʃpaɪçəl] (-s) m saliva, spit(tle); ~**lecker** (*pej: umg*) m bootlicker.

Speicher ['ʃpaɪçər] (-s, -) m storehouse; (*Dach~*) attic, loft; (*Korn~*) granary; (*Wasser~*) tank; (*TECH*) store; (*COMPUT*) memory; ~**auszug** m (*COMPUT*) dump.

speichern vt (*auch COMPUT*) to store.

speien [ʃpaɪən] unreg vt, vi to spit; (*erbrechen*) to vomit; (*Vulkan*) to spew.

Speise ['ʃpaɪzə] (-, -n) f food; **kalte und warme ~n** hot and cold meals; ~**eis** nt ice-cream; ~**fett** nt cooking fat; ~**kammer** f larder, pantry; ~**karte** f menu.

speisen vt to feed; to eat ♦ vi to dine.

Speise- zW: ~**öl** nt salad oil; (*zum Braten*) cooking oil; ~**röhre** f (*ANAT*) gullet, oesophagus (*BRIT*), esophagus (*US*); ~**saal** m dining room; ~**wagen** m dining car; ~**zettel** m menu.

Spektakel [ʃpɛk'taːkəl] (-s, -) m (*umg: Lärm*) row ♦ nt (-s, -) spectacle.

spektakulär [ʃpɛktaku'lɛːr] adj spectacular.

Spektrum ['ʃpɛktrʊm] (-s, -tren) nt spectrum.

Spekulant(in) [ʃpeku'lant(ɪn)] m(f) speculator.

Spekulation [ʃpekulatsi'oːn] f speculation.

Spekulatius [ʃpeku'laːtsiʊs] (-, -) m spiced biscuit (*BRIT*) od cookie (*US*).

spekulieren [ʃpeku'liːrən] vi (*fig*) to speculate; **auf etw** akk ~ to have hopes of sth.

Spelunke [ʃpe'lʊŋkə] (-, -n) f dive.

spendabel [ʃpɛn'daːbəl] (*umg*) adj generous, open-handed.

Spende ['ʃpɛndə] (-, -n) f donation.

spenden vt to donate, give; **S~konto** nt donations account; **S~waschanlage** f donation-laundering organization.

Spender(in) (-s, -) m(f) (*MED*) donator; (*MED*) donor.

spendieren [ʃpɛn'diːrən] vt to pay for, buy; **jdm etw** ~ to treat sb to sth, stand sb sth.

Sperling ['ʃpɛrlɪŋ] m sparrow.

Sperma ['ʃpɛrma] (-s, **Spermen**) nt sperm.

sperrangelweit ['ʃpɛr|aŋəl'vaɪt] adj wide-open.

Sperrbezirk m no-go area.

Sperre (-, -n) f barrier; (*Verbot*) ban; (*Polizei~*) roadblock.

sperren ['ʃpɛrən] vt to block; (*COMM: Konto*) to freeze; (*COMPUT: Daten*) to disable; (*SPORT*) to suspend, bar; (: *vom Ball*) to obstruct; (*einschließen*) to lock; (*verbieten*) to ban ♦ vr to baulk, jibe, jib.

Sperr- zW: ~**feuer** nt (*MIL, fig*) barrage; ~**frist** f (*auch JUR*) waiting period; (*SPORT*) (period of) suspension; ~**gebiet** nt prohibited area; ~**gut** nt bulky freight; ~**holz** nt plywood.

sperrig adj bulky.

Sperr- zW: ~**konto** nt blocked account; ~**müll** m bulky refuse; ~**sitz** m (*THEAT*) stalls pl (*BRIT*), orchestra (*US*); ~**stunde** f closing time; ~**zeit** *f* closing time; ~**zone** *f* exclusion zone.

Spesen [ˈʃpeːzən] *pl* expenses *pl*; ~**abrechnung** *f* expense account.

Spessart [ˈʃpɛsart] (-**s**) *m* Spessart (Mountains *pl*).

Spezi [ˈʃpeːtsi] (-**s**, -**s**) (*umg*) *m* pal, mate (*BRIT*).

Spezial- [ʃpetsiˈaːl] *in zW* special; ~**ausbildung** *f* specialized training.

spezialisieren [ʃpetsialiˈziːrən] *vr* to specialize.

Spezialisierung *f* specialization.

Spezialist(in) [ʃpetsiaˈlɪst(ɪn)] *m(f)*: ~ **(für)** specialist (in).

Spezialität [ʃpetsialiˈtɛːt] *f* speciality (*BRIT*), specialty (*US*).

speziell [ʃpetsiˈɛl] *adj* special.

Spezifikation [ʃpetsifikatsiˈoːn] *f* specification.

spezifisch [ʃpeˈtsiːfɪʃ] *adj* specific.

Sphäre [ˈsfɛːrə] (-, -n) *f* sphere.

spicken [ˈʃpɪkən] *vt* to lard ♦ *vi* (*SCH*) to copy, crib.

Spickzettel *m* (*SCH*: *umg*) crib.

spie *etc* [ʃpiː] *vb siehe* **speien**.

Spiegel [ˈʃpiːgəl] (-**s**, -) *m* mirror; (*Wasser~*) level; (*MIL*) tab; ~**bild** *nt* reflection; **s~bildlich** *adj* reversed.

Spiegelei [ˈʃpiːgəlˌʔaɪ] *nt* fried egg.

spiegeln *vt* to mirror, reflect ♦ *vr* to be reflected ♦ *vi* to gleam; (*wider~*) to be reflective.

Spiegelreflexkamera *f* reflex camera.

Spiegelschrift *f* mirror writing.

Spiegelung *f* reflection.

spiegelverkehrt *adj* in mirror image.

Spiel [ʃpiːl] (-(**e**)**s**, -**e**) *nt* game; (*Schau~*) play; (*Tätigkeit*) play(ing); (*KARTEN*) pack (*BRIT*), deck (*US*); (*TECH*) (free) play; **leichtes ~ (bei** *od* **mit jdm) haben** to have an easy job of it (with sb); **die Hand** *od* **Finger im ~ haben** to have a hand in affairs; **jdn/etw aus dem ~ lassen** to leave sb/sth out of it; **auf dem ~(e) stehen** to be at stake; ~**automat** *m* gambling machine; (*zum Geldgewinnen*) fruit machine (*BRIT*); ~**bank** *f* casino; ~**dose** *f* musical box (*BRIT*), music box (*US*).

spielen *vt, vi* to play; (*um Geld*) to gamble; (*THEAT*) to perform, act; **was wird hier gespielt?** (*umg*) what's going on here?

spielend *adv* easily.

Spieler(in) (-**s**, -) *m(f)* player; (*um Geld*) gambler.

Spielerei [ʃpiːləˈraɪ] *f* (*Kinderspiel*) child's play.

spielerisch *adj* playful; (*Leichtigkeit*) effortless; ~**es Können** skill as a player; (*THEAT*) acting ability.

Spiel- *zW*: ~**feld** *nt* pitch, field; ~**film** *m* feature film; ~**geld** *nt* (*Einsatz*) stake; (*unechtes Geld*)

toy money; ~**karte** *f* playing card; ~**konsole** *f* play console; ~**mannszug** *m* (brass) band; ~**plan** *m* (*THEAT*) programme (*BRIT*), program (*US*); ~**platz** *m* playground; ~**raum** *m* room to manoeuvre (*BRIT*) *od* maneuver (*US*), scope; ~**regel** *f* (*lit, fig*) rule of the game; ~**sachen** *pl* toys *pl*; ~**show** *f* gameshow; ~**stand** *m* score; ~**straße** *f* play street; ~**sucht** *f* addiction to gambling; ~**verderber** (-**s**, -) *m* spoilsport; ~**waren** *pl* toys *pl*; ~**zeit** *f* (*Saison*) season; (*~dauer*) playing time; ~**zeug** *nt* toy; (*~sachen*) toys *pl*.

Spieß [ʃpiːs] (-**es**, -**e**) *m* spear; (*Brat~*) spit; (*MIL*: *umg*) sarge; **den ~ umdrehen** (*fig*) to turn the tables; **wie am ~(e) schreien** (*umg*) to squeal like a stuck pig; ~**braten** *m* joint roasted on a spit.

Spießbürger (-**s**, -) *m* bourgeois.

Spießer (-**s**, -) *m* bourgeois.

Spikes [spaɪks] *pl* (*SPORT*) spikes *pl*; (*AUT*) studs *pl*; ~**reifen** *m* studded tyre (*BRIT*) *od* tire (*US*).

Spinat [ʃpiˈnaːt] (-(**e**)**s**, -**e**) *m* spinach.

Spind [ʃpɪnt] (-(**e**)**s**, -**e**) *m od nt* locker.

spindeldürr [ˈʃpɪndəlˈdʏr] (*pej*) *adj* spindly, thin as a rake.

Spinne [ˈʃpɪnə] (-, -n) *f* spider; **s~feind** (*umg*) *adj*: **sich** *od* **einander** *dat* **s~feind sein** to be deadly enemies.

spinnen *unreg vt* to spin ♦ *vi* (*umg*) to talk rubbish; (*verrückt*) to be crazy *od* mad; **ich denk ich spinne** (*umg*) I don't believe it.

Spinnengewebe *nt* cobweb.

Spinner(in) (-**s**, -) *m(f)* (*fig*: *umg*) screwball, crackpot.

Spinnerei [ʃpɪnəˈraɪ] *f* spinning mill.

Spinn- *zW*: ~**gewebe** *nt* cobweb; ~**rad** *nt* spinning wheel; ~**webe** *f* cobweb.

Spion [ʃpiˈoːn] (-**s**, -**e**) *m* spy; (*in Tür*) spyhole.

Spionage [ʃpioˈnaːʒə] (-) *f* espionage; ~**abwehr** *f* counterintelligence; ~**satellit** *m* spy satellite.

spionieren [ʃpioˈniːrən] *vi* to spy.

Spionin *f* (woman) spy.

Spirale [ʃpiˈraːlə] (-, -n) *f* spiral; (*MED*) coil.

Spirituosen [ʃpirituˈoːzən] *pl* spirits *pl*.

Spiritus [ˈʃpiːritus] (-, -**se**) *m* (methylated) spirits *pl*; ~**kocher** *m* spirit stove.

Spitz [ʃpɪts] (-**es**, -**e**) *m* (*Hund*) spitz.

spitz *adj* pointed; (*Winkel*) acute; (*fig*: *Zunge*) sharp; (: *Bemerkung*) caustic.

Spitz- *zW*: **s~bekommen** *unreg vt*: **etw s~bekommen** (*umg*) to get wise to sth; ~**bogen** *m* pointed arch; ~**bube** *m* rogue.

Spitze (-, -n) *f* point, tip; (*Berg~*) peak; (*Bemerkung*) taunt; (*fig*: *Stichelei*) dig; (*erster Platz*) lead, top; (*meist pl*: *Gewebe*) lace; (*umg*: *prima*) great; **etw auf die ~ treiben** to carry sth too far.

Spitzel (-**s**, -) *m* police informer.

spitzen *vt* to sharpen; (*Lippen, Mund*) to purse; (*lit, fig: Ohren*) to prick up.

Spitzen- *in zW* top; **~leistung** *f* top performance; **~lohn** *m* top wages *pl*; **~marke** *f* brand leader; **s~mäßig** *adj* really great; **~position** *f* leading position; **~reiter** *m* (*SPORT*) leader; (*fig: Kandidat*) front runner; (*Ware*) top seller; (*Schlager*) number one; **~sportler** *m* top-class sportsman; **~verband** *m* leading organization.

Spitzer (-s, -) *m* sharpener.

spitzfindig *adj* (over)subtle.

Spitzmaus *f* shrew.

Spitzname *m* nickname.

Spleen [ʃpliːn] (-s, -e *od* -s) *m* (*Angewohnheit*) crazy habit; (*Idee*) crazy idea; (*Fimmel*) obsession.

Splitt [ʃplɪt] (-s, -e) *m* stone chippings *pl*; (*Streumittel*) grit.

Splitter (-s, -) *m* splinter; **~gruppe** *f* (*POL*) splinter group; **s~nackt** *adj* stark naked.

SPÖ (-) *f abk* (= *Sozialistische Partei Österreichs*) Austrian Socialist Party.

sponsern [ˈʃpɔnzərn] *vt* to sponsor.

Sponsor [ˈʃpɔnzɔr] (-s, -en) *m* sponsor.

spontan [ʃpɔnˈtaːn] *adj* spontaneous.

sporadisch [ʃpoˈraːdɪʃ] *adj* sporadic.

Sporen [ˈʃpoːrən] *pl* (*auch BOT, ZOOL*) spurs *pl*.

Sport [ʃpɔrt] (-(e)s, -e) *m* sport; (*fig*) hobby; **treiben Sie ~?** do you do any sport?; **~abzeichen** *nt* sports certificate; **~artikel** *pl* sports equipment *sing*; **~fest** *nt* sports gala; (*SCH*) sports day (*BRIT*); **~geist** *m* sportsmanship; **~halle** *f* sports hall; **~klub** *m* sports club; **~lehrer** *m* games *od* P.E. teacher.

Sportler(in) (-s, -) *m(f)* sportsman, sportswoman.

Sport- *zW*: **s~lich** *adj* sporting; (*Mensch*) sporty; (*durchtrainiert*) athletic; (*Kleidung*) smart but casual; **~medizin** *f* sports medicine; **~platz** *m* playing *od* sports field; **~schuh** *m* sports shoe; (*sportlicher Schuh*) casual shoe.

Sportsfreund *m* (*fig: umg*) buddy.

Sport- *zW*: **~verein** *m* sports club; **~wagen** *m* sports car; **~zeug** *nt* sports gear.

Spot [ʃpɔt] (-s, -s) *m* commercial, advertisement.

Spott [ʃpɔt] (-(e)s) *m* mockery, ridicule; **s~billig** *adj* dirt-cheap; **s~en** *vi* to mock; **s~en über** +*akk* to mock (at), ridicule; **das s~et jeder Beschreibung** that simply defies description.

spöttisch [ˈʃpœtɪʃ] *adj* mocking.

Spottpreis *m* ridiculously low price.

sprach *etc* [ʃpraːx] *vb siehe* **sprechen**.

sprachbegabt *adj* good at languages.

Sprache (-, -n) *f* language; **heraus mit der ~!** (*umg*) come on, out with it!; **zur ~ kommen** to be mentioned; **in französischer ~** in French.

Sprachenschule *f* language school.

Sprach- *zW*: **~fehler** *m* speech defect; **~fertigkeit** *f* fluency; **~führer** *m* phrase book; **~gebrauch** *m* (linguistic) usage; **~gefühl** *nt* feeling for language; **~kenntnisse** *pl*: **mit englischen ~kenntnissen** with a knowledge of English; **~kurs** *m* language course; **~labor** *nt* language laboratory; **s~lich** *adj* linguistic; **s~los** *adj* speechless; **~rohr** *nt* megaphone; (*fig*) mouthpiece; **~störung** *f* speech disorder; **~wissenschaft** *f* linguistics *sing*.

sprang *etc* [ʃpraŋ] *vb siehe* **springen**.

Spray [spreː] (-s, -s) *m od nt* spray; **~dose** *f* aerosol (can), spray.

sprayen *vt, vi* to spray.

Sprechanlage *f* intercom.

Sprechblase *f* speech balloon.

sprechen [ˈʃprɛçən] *unreg vi* to speak, talk ♦ *vt* to say; (*Sprache*) to speak; (*Person*) to speak to; **mit jdm ~** to speak *od* talk to sb; **das spricht für ihn** that's a point in his favour; **frei ~** to extemporize; **nicht gut auf jdn zu ~ sein** to be on bad terms with sb; **es spricht vieles dafür, dass ...** there is every reason to believe that ...; **hier spricht man Spanisch** Spanish spoken; **wir ~ uns noch!** you haven't heard the last of this!

Sprecher(in) (-s, -) *m(f)* speaker; (*für Gruppe*) spokesman, spokeswoman; (*RUNDF, TV*) announcer.

Sprech- *zW*: **~funkgerät** *nt* radio telephone; **~rolle** *f* speaking part; **~stunde** *f* consultation (hour); (*von Arzt*) (doctor's) surgery (*BRIT*); **~stundenhilfe** *f* (doctor's) receptionist; **~zimmer** *nt* consulting room, surgery (*BRIT*).

spreizen [ˈʃpraɪtsən] *vt* to spread ♦ *vr* to put on airs.

Sprengarbeiten *pl* blasting operations *pl*.

sprengen [ˈʃprɛŋən] *vt* to sprinkle; (*mit Sprengstoff*) to blow up; (*Gestein*) to blast; (*Versammlung*) to break up.

Spreng- *zW*: **~kopf** *m* warhead; **~ladung** *f* explosive charge; **~satz** *m* explosive device; **~stoff** *m* explosive(s *pl*); **~stoffanschlag** *m* bomb attack.

Spreu [ʃprɔy] (-) *f* chaff.

spricht [ʃprɪçt] *vb siehe* **sprechen**.

Sprichwort *nt* proverb.

sprichwörtlich *adj* proverbial.

sprießen [ˈʃpriːsən] *vi* (*aus der Erde*) to spring up; (*Knospen*) to shoot.

Springbrunnen *m* fountain.

springen [ˈʃprɪŋən] *unreg vi* to jump, leap; (*Glas*) to crack; (*mit Kopfsprung*) to dive; **etw ~ lassen** (*umg*) to fork out sth.

springend *adj*: **der ~e Punkt** the crucial

point.

Springer (-s, -) m jumper; (*SCHACH*) knight.

Springreiten nt show jumping.

Springseil nt skipping rope.

Sprinkler ['ʃprɪŋklər] (-s, -) m sprinkler.

Sprit [ʃprɪt] (-(e)s, -e) (*umg*) m petrol (*BRIT*), gas(oline) (*US*), fuel.

Spritzbeutel m icing bag.

Spritze ['ʃprɪtsə] (-, -n) f syringe; (*Injektion*) injection; (*an Schlauch*) nozzle.

spritzen vt to spray; (*Wein*) to dilute with soda water/lemonade; (*MED*) to inject ♦ vi to splash; (*heißes Fett*) to spit; (*heraus~*) to spurt; (*aus einer Tube etc*) to squirt; (*MED*) to give injections.

Spritzer (-s, -) m (*Farb~, Wasser~*) splash.

Spritzpistole f spray gun.

Spritztour (*umg*) f spin.

spröde ['ʃprøːdə] adj brittle; (*Person*) reserved; (*Haut*) rough.

Spross▲ (-es, -e) m shoot.

spross etc▲ [ʃprɔs] vb siehe **sprießen**.

Sprosse ['ʃprɔsə] (-, -n) f rung.

Sprossenwand f (*SPORT*) wall bars pl.

Sprössling▲ ['ʃprœslɪŋ] m offspring no pl.

Spruch [ʃprʊx] (-(e)s, ⁻e) m saying, maxim; (*JUR*) judgement; **Sprüche klopfen** (*umg*) to talk fancy; **~band** nt banner.

Sprüchemacher ['ʃprʏçəmaxər] (*umg*) m patter-merchant.

spruchreif adj: **die Sache ist noch nicht ~** it's not definite yet.

Sprudel ['ʃpruːdəl] (-s, -) m mineral water; (*süß*) lemonade.

sprudeln vi to bubble.

Sprüh- zW: **~dose** f aerosol (can); **s~en** vi to spray; (*fig*) to sparkle ♦ vt to spray; **~regen** m drizzle.

Sprung [ʃprʊŋ] (-(e)s, ⁻e) m jump; (*schwungvoll, fig: Gedanken~*) leap; (*Riss*) crack; **immer auf dem ~ sein** (*umg*) to be always on the go; **jdm auf die Sprünge helfen** (*wohlwollend*) to give sb a (helping) hand; **auf einen ~ bei jdm vorbeikommen** (*umg*) to drop in to see sb; **damit kann man keine großen Sprünge machen** (*umg*) you can't exactly live it up on that; **~brett** nt springboard; **~feder** f spring; **s~haft** adj erratic; (*Aufstieg*) rapid; **~schanze** f ski jump; **~turm** m diving platform.

Spucke ['ʃpʊkə] (-) f spit.

spucken vt, vi to spit; **in die Hände ~** (*fig*) to roll up one's sleeves.

Spucknapf m spittoon.

Spucktüte f sickbag.

Spuk [ʃpuːk] (-(e)s, -e) m haunting; (*fig*) nightmare; **s~en** vi to haunt; **hier s~t es** this place is haunted.

Spülbecken ['ʃpyːlbɛkən] nt sink.

Spule ['ʃpuːlə] (-, -n) f spool; (*ELEK*) coil.

Spüle ['ʃpyːlə] (-, -n) f (kitchen) sink.

spülen vt to rinse; (*Geschirr*) to wash, do; (*Toilette*) to flush ♦ vi to rinse; to wash up (*BRIT*), do the dishes; to flush; **etw an Land ~** to wash sth ashore.

Spül- zW: **~maschine** f dishwasher; **~mittel** nt washing-up liquid (*BRIT*), dish-washing liquid; **~stein** m sink.

Spülung f rinsing; (*Wasser~*) flush; (*MED*) irrigation.

Spund [ʃpʊnt] (-(e)s, -e) m: **junger ~** (*veraltet: umg*) young pup.

Spur [ʃpuːr] (-, -en) f trace; (*Fuß~, Rad~, Tonband~*) track; (*Fährte*) trail; (*Fahr~*) lane; **jdm auf die ~ kommen** to get onto sb; **(seine) ~en hinterlassen** (*fig*) to leave its mark; **keine ~** (*umg*) not/nothing at all.

spürbar adj noticeable, perceptible.

spuren (*umg*) vi to obey; (*sich fügen*) to toe the line.

spüren ['ʃpyːrən] vt to feel; **etw zu ~ bekommen** (*lit*) to feel sth; (*fig*) to feel the (full) force of sth.

Spurenelement nt trace element.

Spurensicherung f securing of evidence.

Spürhund m tracker dog; (*fig*) sleuth.

spurlos adv without (a) trace; **~ an jdm vorübergehen** to have no effect on sb.

Spurt [ʃpʊrt] (-(e)s, -s od -e) m spurt.

spurten vi (*Hilfsverb sein: SPORT*) to spurt; (*umg: rennen*) to sprint.

Squash [skvɔʃ] (-) nt (*SPORT*) squash.

sputen ['ʃpuːtən] vr to make haste.

SS (-) f abk (= *Schutzstaffel*) SS ♦ nt abk = **Sommersemester**.

s. S. abk (= *siehe Seite*) see p.

SSV abk = **Sommerschlussverkauf**.

st abk (= *Stunde*) h.

St. abk = **Stück** (= *Stunde*) h.; (= *Sankt*) St.

Staat [ʃtaːt] (-(e)s, -en) m state; (*Prunk*) show; (*Kleidung*) finery; **mit etw ~ machen** to show off od parade sth.

staatenlos adj stateless.

staatl. abk = **staatlich**.

staatlich adj state attrib; state-run ♦ adv: **~ geprüft** state-certified.

Staats- zW: **~affäre** f (*lit*) affair of state; (*fig*) major operation; **~angehörige(r)** f(m) national; **~angehörigkeit** f nationality; **~anleihe** f government bond; **~anwalt** m public prosecutor; **~bürger** m citizen; **~bürgerschaft** f nationality; **doppelte ~bürgerschaft** dual nationality; **~dienst** m civil service; **s~eigen** adj state-owned; **~eigentum** nt public ownership; **~examen** nt (*UNIV*) degree; **s~feindlich** adj subversive; **~geheimnis** nt (*lit, fig hum*) state secret; **~haushalt** m budget; **~kosten** pl public expenses pl; **~mann** (-(e)s, pl **-männer**) m statesman; **s~männisch** adj statesmanlike;

Spelling Reform: ▲ *new spelling* △ *old spelling (to be phased out)*

~oberhaupt nt head of state; **~schuld** f (FIN) national debt; **~sekretär** m secretary of state; **~streich** m coup (d'état); **~verschuldung** f national debt.
Stab [ʃtaːp] (-(e)s, ⁻e) m rod; (für ~hochsprung) pole; (für Staffellauf) baton; (Gitter~) bar; (Menschen) staff; (von Experten) panel.
Stäbchen ['ʃtɛːpçən] nt (Ess~) chopstick.
Stabhochsprung m pole vault.
stabil [ʃta'biːl] adj stable; (Möbel) sturdy.
Stabilisator [ʃtabili'zaːtɔr] m stabilizer.
stabilisieren [ʃtabili'ziːrən] vt to stabilize.
Stabilisierung f stabilization.
Stabilität [ʃtabili'tɛːt] f stability.
Stabreim m alliteration.
Stabsarzt m (MIL) captain in the medical corps.
stach etc [ʃtaːx] vb siehe **stechen**.
Stachel ['ʃtaxəl] (-s, -n) m spike; (von Tier) spine; (von Insekten) sting; **~beere** f gooseberry; **~draht** m barbed wire.
stach(e)lig adj prickly.
Stachelschwein nt porcupine.
Stadion ['ʃtaːdiɔn] (-s, Stadien) nt stadium.
Stadium ['ʃtaːdiʊm] nt stage, phase.
Stadt [ʃtat] (-, ⁻e) f town; (Groß~) city; (~verwaltung) (town/city) council; **~bad** nt municipal swimming baths pl; **s~bekannt** adj known all over town; **~bezirk** m municipal district.
Städtchen ['ʃtɛːtçən] nt small town.
Städtebau (-(e)s) m town planning.
Städter(in) (-s, -) m(f) town/city dweller, townie.
Stadtgespräch nt: **(das)** ~ **sein** to be the talk of the town.
Stadtguerilla f urban guerrilla.
städtisch adj municipal; (nicht ländlich) urban.
Stadt- zW: **~kasse** f town/city treasury; **~kern** m = **Stadtzentrum**; **~kreis** m town/city borough; **~mauer** f city wall(s pl); **~mitte** f town/city centre (BRIT) od center (US); **~park** m municipal park; **~plan** m street map; **~rand** m outskirts pl; **~rat** m (Behörde) (town/city) council; **~streicher** m street vagrant; **~streicherin** f bag lady; **~teil** m district, part of town; **~verwaltung** f (Behörde) municipal authority; **~viertel** m district od part of a town; **~zentrum** nt town/city centre (BRIT) od center (US).
Staffel ['ʃtafəl] (-, -n) f rung; (SPORT) relay (team); (AVIAT) squadron.
Staffelei [ʃtafə'laɪ] f easel.
Staffellauf m relay race.
staffeln vt to graduate.
Staffelung f graduation.
Stagnation [ʃtagnatsi'oːn] f stagnation.
stagnieren [ʃta'gniːrən] vi to stagnate.
Stahl (-(e)s, ⁻e) m steel.
stahl etc [ʃtaːl] vb siehe **stehlen**.

Stahlhelm m steel helmet.
stak etc [ʃtaːk] vb siehe **stecken**.
Stall [ʃtal] (-(e)s, ⁻e) m stable; (Kaninchen~) hutch; (Schweine~) sty; (Hühner~) henhouse.
Stallung f stables pl.
Stamm [ʃtam] (-(e)s, ⁻e) m (Baum~) trunk; (Menschen~) tribe; (GRAM) stem; (Bakterien~) strain; **~aktie** f ordinary share, common stock (US); **~baum** m family tree; (von Tier) pedigree; **~buch** nt book of family events with legal documents.
stammeln vt, vi to stammer.
stammen vi: ~ **von** od **aus** to come from.
Stamm- zW: **~form** f base form; **~gast** m regular (customer); **~halter** m son and heir.
stämmig ['ʃtɛmɪç] adj sturdy; (Mensch) stocky; **S~keit** f sturdiness; stockiness.
Stamm- zW: **~kapital** nt (FIN) ordinary share od common stock (US) capital; **~kunde** m, **~kundin** f regular (customer); **~lokal** nt favourite (BRIT) od favorite (US) café/ restaurant etc; (Kneipe) local (BRIT); **~platz** m usual seat; **~tisch** m (Tisch in Gasthaus) table reserved for the regulars; **~zelle** f stem cell; embryonale **~zellen** embryonic stem cells.
stampfen ['ʃtampfən] vi to stamp; (stapfen) to tramp ♦ vt (mit Stampfer) to mash.
Stampfer (-s, -) m (Stampfgerät) masher.
Stand (-(e)s, ⁻e) m position; (Wasser~, Benzin~ etc) level; (Zähler~ etc) reading; (Stehen) standing position; (Zustand) state; (Spiel~) score; (Messe~ etc) stand; (Klasse) class; (Beruf) profession; **bei jdm** od **gegen jdn einen schweren** ~ **haben** (fig) to have a hard time of it with sb; **etw auf den neuesten** ~ **bringen** to bring sth up to date; siehe auch **außerstande, imstande, zustande**.
stand etc [ʃtant] vb siehe **stehen**.
Standard ['ʃtandart] (-s, -s) m standard; **~ausführung** f standard design.
standardisieren [ʃtandardi'ziːrən] vt to standardize.
Standarte (-, -n) f (MIL, POL) standard.
Standbild nt statue.
Ständchen ['ʃtɛntçən] nt serenade.
Ständer (-s, -) m stand.
Standes- zW: **~amt** nt registry office (BRIT); city/county clerk's office (US); **s~amtlich** adj: **s~amtliche Trauung** registry office wedding (BRIT), civil marriage ceremony; **~beamte(r)** m registrar; **~bewusstsein ▲** nt status consciousness; **~dünkel** m snobbery; **s~gemäß** adj, adv according to one's social position; **~unterschied** m social difference.
Stand- zW: **s~fest** adj (Tisch, Leiter) stable, steady; (fig) steadfast; **s~haft** adj steadfast; **~haftigkeit** f steadfastness; **s~halten** unreg vi: **(jdm/etw) s~halten** to stand firm (against sb/sth), resist (sb/sth).

ständig ['ʃtɛndɪç] *adj* permanent; (*ununterbrochen*) constant, continual.

Stand- *zW:* **~licht** *nt* sidelights *pl* (*BRIT*), parking lights *pl* (*US*); **~ort** *m* location; (*MIL*) garrison; **~pauke** (*umg*) *f:* **jdm eine ~pauke halten** to give sb a lecture; **~punkt** *m* standpoint; **s~rechtlich** *adj:* **s~rechtlich erschießen** to put before a firing squad; **~spur** *f* (*AUT*) hard shoulder (*BRIT*), berm (*US*).

Stange ['ʃtaŋə] (**-, -n**) *f* stick; (*Stab*) pole; (*Quer~*) bar; (*Zigaretten*) carton; **von der ~** (*COMM*) off the peg (*BRIT*) *od* rack (*US*); **eine ~ Geld** quite a packet; **jdm die ~ halten** (*umg*) to stick up for sb; **bei der ~ bleiben** (*umg*) to stick at *od* to sth.

Stängel▲ ['ʃtɛŋl] (**-s, -**) *m* stalk; **vom ~ fallen** (*umg: überrascht sein*) to be staggered.

Stangenbohne *f* runner bean.

Stangenbrot *nt* French bread; (*Laib*) French stick (loaf).

stank *etc* [ʃtaŋk] *vb siehe* **stinken**.

stänkern ['ʃtɛŋkərn] (*umg*) *vi* to stir things up.

Stanniol [ʃtani'oːl] (**-s, -e**) *nt* tinfoil.

Stanze ['ʃtantsə] (**-, -n**) *f* stanza; (*TECH*) stamp.

stanzen *vt* to stamp; (*Löcher*) to punch.

Stapel ['ʃtaːpəl] (**-s, -**) *m* pile; (*NAUT*) stocks *pl*; **~lauf** *m* launch.

stapeln *vt* to pile (up).

Stapelverarbeitung *f* (*COMPUT*) batch processing.

stapfen ['ʃtapfən] *vi* to trudge, plod.

Star¹ [ʃtaːr] (**-(e)s, -e**) *m* starling; **grauer/grüner ~** (*MED*) cataract/glaucoma.

Star² [ʃtaːr] (**-s, -s**) *m* (*Film~ etc*) star.

starb *etc* [ʃtarp] *vb siehe* **sterben**.

stark [ʃtark] *adj* strong; (*heftig, groß*) heavy; (*Maßangabe*) thick; (*umg: hervorragend*) great ♦ *adv* very; (*beschädigt etc*) badly; (*vergrößert, verkleinert*) greatly; **das ist ein ~es Stück!** (*umg*) that's a bit much!; **sich für etw ~ machen** (*umg*) to stand up for sth; **er ist ~ erkältet** he has a bad cold.

Stärke ['ʃtɛrkə] (**-, -n**) *f* strength (*auch fig*); heaviness; thickness; (*von Mannschaft*) size; (*KOCH, Wäsche~*) starch; **~mehl** *nt* (*KOCH*) thickening agent.

stärken *vt* (*lit, fig*) to strengthen; (*Wäsche*) to starch; (*Selbstbewusstsein*) to boost; (*Gesundheit*) to improve; (*erfrischen*) to fortify ♦ *vi* to be fortifying; **~des Mittel** tonic.

Starkstrom *m* heavy current.

Stärkung ['ʃtɛrkʊŋ] *f* strengthening; (*Essen*) refreshment.

Stärkungsmittel *nt* tonic.

starr [ʃtar] *adj* stiff; (*unnachgiebig*) rigid; (*Blick*) staring.

starren *vi* to stare; **~ vor** +*dat od* **von** (*voll von*) to be covered in; (*Waffen*) to be bristling with;

vor sich akk hin ~ to stare straight ahead.

starr- *zW:* **S~heit** *f* rigidity; **~köpfig** *adj* stubborn; **S~sinn** *m* obstinacy.

Start [ʃtart] (**-(e)s, -e**) *m* start; (*AVIAT*) takeoff; **~automatik** *f* (*AUT*) automatic choke; **~bahn** *f* runway; **s~en** *vi* to start; (*AVIAT*) to take off ♦ *vt* to start; **~er** (**-s, -**) *m* starter; **~erlaubnis** *f* takeoff clearance; **~hilfe** *f* (*AVIAT*) rocket-assisted takeoff; (*fig*) initial aid; **jdm ~hilfe geben** to help sb get off the ground; **~hilfekabel** *nt* jump leads *pl* (*BRIT*), jumper cables *pl* (*US*); **s~klar** *adj* (*AVIAT*) clear for takeoff; (*SPORT*) ready to start; **~kommando** *nt* (*SPORT*) starting signal; **~zeichen** *nt* start signal.

Stasi ['ʃtaːzi] (**-**) (*umg*) *f abk* (*früher:* = *Staatssicherheitsdienst der DDR*) Stasi.

STASI

Stasi, an abbreviation of Staatssicherheitsdienst, the **DDR** secret service, was founded in 1950 and disbanded in 1989. The **Stasi** organized an extensive spy network of full-time and part-time workers who often held positions of trust in both the **DDR** and the **BRD**. They held personal files on 6 million people.

Station [ʃtatsi'oːn] *f* station; (*Kranken~*) hospital ward; (*Haltestelle*) stop; **~ machen** to stop off.

stationär [ʃtatsio'nɛːr] *adj* stationary; (*MED*) in-patient *attrib*.

stationieren [ʃtatsio'niːrən] *vt* to station; (*Atomwaffen etc*) to deploy.

Stations- *zW:* **~arzt** *m* ward doctor; **~ärztin** *f* ward doctor; **~vorsteher** *m* (*EISENB*) stationmaster.

statisch ['ʃtaːtɪʃ] *adj* static.

Statist(in) [ʃta'tɪst(ɪn)] *m(f)* (*FILM*) extra; (*THEAT*) supernumerary.

Statistik *f* statistic; (*Wissenschaft*) statistics *sing*.

Statistiker(in) (**-s, -**) *m(f)* statistician.

statistisch *adj* statistical.

Stativ [ʃta'tiːf] (**-s, -e**) *nt* tripod.

Statt [ʃtat] (**-**) *f* place.

statt *konj* instead of ♦ *präp* (+*dat od gen*) instead of; **~ dessen** instead.

stattdessen▲ *adv* instead.

Stätte ['ʃtɛtə] (**-, -n**) *f* place.

statt- *zW:* **~finden** *unreg vi* to take place; **~haft** *adj* admissible; **S~halter** *m* governor; **~lich** *adj* imposing, handsome; (*Bursche*) strapping; (*Sammlung*) impressive; (*Familie*) large; (*Summe*) handsome.

Statue ['ʃtaːtuə] (**-, -n**) *f* statue.

Statur [ʃta'tuːr] *f* build.

Status ['ʃtaːtʊs] (**-, -**) *m* status; **~symbol** *nt* status symbol.

Statuten [ʃtaˈtuːtən] *pl* by(e)-law(s *pl*).

Stau [ʃtaʊ] (-(e)s, -e) *m* blockage; (*Verkehrs~*) (traffic) jam.

Staub [ʃtaʊp] (-(e)s) *m* dust; ~ **saugen** to vacuum; ~ **wischen** to dust; **sich aus dem ~ machen** (*umg*) to clear off.

stauben [ˈʃtaʊbən] *vi* to be dusty.

Staubfaden *m* (*BOT*) stamen.

staubig [ˈʃtaʊbɪç] *adj* dusty.

Staub- *zW*: ~**lappen** *m* duster; ~**lunge** *f* (*MED*) dust on the lung; **s~saugen** (*pp* **s~gesaugt**) *vi untr* to vacuum; ~**sauger** *m* vacuum cleaner; ~**tuch** *nt* duster.

Staudamm *m* dam.

Staude [ˈʃtaʊdə] (-, -n) *f* shrub.

stauen [ˈʃtaʊən] *vt* (*Wasser*) to dam up; (*Blut*) to stop the flow of ♦ *vr* (*Wasser*) to become dammed up; (*MED, Verkehr*) to become congested; (*Menschen*) to collect together; (*Gefühle*) to build up.

staunen [ˈʃtaʊnən] *vi* to be astonished; **da kann man nur noch ~** it's just amazing; **S~** (-s) *nt* amazement.

Stausee [ˈʃtaʊzeː] *m* reservoir; artificial lake.

Stauung [ˈʃtaʊʊŋ] *f* (*von Wasser*) damming-up; (*von Blut, Verkehr*) congestion.

Std. *abk* (= *Stunde*) h.

stdl. *abk* = **stündlich**.

Steak [ʃteːk] (-s, -s) *nt* steak.

Stechen [ˈʃtɛçən] (-s, -) *nt* (*SPORT*) play-off; (*Springreiten*) jump-off; (*Schmerz*) sharp pain.

stechen *unreg vt* (*mit Nadel etc*) to prick; (*mit Messer*) to stab; (*mit Finger*) to poke; (*Biene etc*) to sting; (*Mücke*) to bite; (*KARTEN*) to take; (*KUNST*) to engrave; (*Torf, Spargel*) to cut ♦ *vi* (*Sonne*) to beat down; (*mit Stechkarte*) to clock in ♦ *vr*: **sich** *akk od dat* **in den Finger ~** to prick one's finger; **es sticht** it is prickly; **in See ~** to put to sea.

stechend *adj* piercing, stabbing; (*Geruch*) pungent.

Stech- *zW*: ~**ginster** *m* gorse; ~**karte** *f* clocking-in card; ~**mücke** *f* gnat; ~**palme** *f* holly; ~**uhr** *f* time clock.

Steck- *zW*: ~**brief** *m* "wanted" poster; **s~brieflich** *adv*: **s~brieflich gesucht werden** to be wanted; ~**dose** *f* (wall) socket.

stecken [ˈʃtɛkən] *vt* to put; (*einführen*) to insert; (*Nadel*) to stick; (*Pflanzen*) to plant; (*beim Nähen*) to pin ♦ *vi* (*auch unreg*) to be; (*festsitzen*) to be stuck; (*Nadeln*) to stick; **etw in etw** *akk* ~ (*umg: Geld, Mühe*) to put sth into sth; (: *Zeit*) to devote sth to sth; **der Schlüssel steckt** the key is in the lock; **wo steckt er?** where has he got to?; **zeigen, was in einem steckt** to show what one is made of; ~ **bleiben** to get stuck; ~ **lassen** to leave in.

Steckenpferd *nt* hobbyhorse.

Stecker (-s, -) *m* (*ELEK*) plug.

Steck- *zW*: ~**nadel** *f* pin; ~**rübe** *f* swede, turnip; ~**schlüssel** *m* box spanner (*BRIT*) *od* wrench (*US*); ~**zwiebel** *f* bulb.

Steg [ʃteːk] (-(e)s, -e) *m* small bridge; (*Anlege~*) landing stage.

Stegreif *m*: **aus dem ~** just like that.

Stehaufmännchen [ˈʃteː|aʊfmɛnçən] *nt* (*Spielzeug*) tumbler.

stehen [ˈʃteːən] *unreg vi* to stand; (*sich befinden*) to be; (*in Zeitung*) to say; (*angehalten haben*) to have stopped ♦ *vi unpers*: **es steht schlecht um ...** things are bad for ... ♦ *vr*: **sich gut/schlecht ~** to be well-off/badly off; **zu jdm/etw ~** to stand by sb/sth; **jdm ~** to suit sb; **ich tue, was in meinen Kräften steht** I'll do everything I can; **es steht 2:1 für München** the score is 2-1 to Munich; **mit dem Dativ ~** (*GRAM*) to take the dative; **auf Betrug steht eine Gefängnisstrafe** the penalty for fraud is imprisonment; **wie ~ Sie dazu?** what are your views on that?; **wie stehts?** how are things?; (*SPORT*) what's the score?; **wie steht es damit?** how about it?; ~ **bleiben** (*Uhr*) to stop; (*Zeit*) to stand still; (*Auto, Zug*) to stand; (*Fehler*) to stay as it is; (*Verkehr, Produktion etc*) to come to a standstill *od* stop; ~ **lassen** to leave; (*Bart*) to grow; **alles ~ und liegen lassen** to drop everything.

stehend *adj attrib* (*Fahrzeug*) stationary; (*Gewässer*) stagnant; (*ständig: Heer*) regular.

Stehlampe *f* standard lamp (*BRIT*), floor lamp (*US*).

stehlen [ˈʃteːlən] *unreg vt* to steal.

Stehplatz *m*: **ein ~ kostet 15 Euro** a standing ticket costs 15 euros.

Stehvermögen *nt* staying power, stamina.

Steiermark [ˈʃtaɪrmark] *f*: **die ~** Styria.

steif [ʃtaɪf] *adj* stiff; ~ **und fest auf etw** *dat* **beharren** to insist stubbornly on sth.

Steifftier ® [ˈʃtaɪftiːr] *nt* soft toy animal.

Steifheit *f* stiffness.

Steigbügel [ˈʃtaɪkbyːɡəl] *m* stirrup.

Steigeisen *nt* crampon.

steigen *unreg vi* to rise; (*klettern*) to climb ♦ *vt* (*Treppen, Stufen*) to climb (up); **das Blut stieg ihm in den Kopf** the blood rushed to his head; ~ **in** *+akk/***auf** *+akk* to get in/on.

Steiger (-s, -) *m* (*MIN*) pit foreman.

steigern *vt* to raise; (*GRAM*) to compare ♦ *vi* (*Auktion*) to bid ♦ *vr* to increase.

Steigerung *f* raising; (*GRAM*) comparison.

Steigung *f* incline, gradient, rise.

steil [ʃtaɪl] *adj* steep; **S~hang** *m* steep slope; **S~pass**▲ *m* (*SPORT*) through ball.

Stein [ʃtaɪn] (-(e)s, -e) *m* stone; (*in Uhr*) jewel; **mir fällt ein ~ vom Herzen!** (*fig*) that's a load off my mind!; **bei jdm einen ~ im Brett haben** (*fig: umg*) to be well in with sb; **jdm**

~**e in den Weg legen** to make things difficult for sb; ~**adler** m golden eagle; **s~alt** adj ancient; ~**bock** m (ASTROL) Capricorn; ~**bruch** m quarry.

steinern adj (made of) stone; (fig) stony.

Stein- zW: ~**erweichen** nt: **zum ~erweichen weinen** to cry heartbreakingly; ~**garten** m rockery; ~**gut** nt stoneware; **s~hart** adj hard as stone.

steinig adj stony.

steinigen vt to stone.

Stein- zW: ~**kohle** f mineral coal; ~**metz** (-es, -e) m stonemason; **s~reich** (umg) adj stinking rich; ~**schlag** m: „**Achtung ~schlag**" "danger - falling stones"; ~**wurf** m (fig) stone's throw; ~**zeit** f Stone Age.

Steiß [ʃtaɪs] (-es, -e) m rump; ~**bein** nt (ANAT) coccyx.

Stelle ['ʃtɛlə] (-, -n) f place; (Arbeit) post, job; (Amt) office; (Abschnitt) passage; (Text~, bes beim Zitieren) reference; **drei ~n hinter dem Komma** (MATH) three decimal places; **eine freie** od **offene ~** a vacancy; **an dieser ~** in this place, here; **an anderer ~** elsewhere; **nicht von der ~ kommen** not to make any progress; **auf der ~** (fig: sofort) on the spot; siehe auch **anstelle**.

stellen vt to put; (Uhr etc) to set; (zur Verfügung ~) to supply; (fassen: Dieb) to apprehend; (Antrag, Forderung) to make; (Aufnahme) to pose; (arrangieren: Szene) to arrange ♦ vr (sich auf~) to stand; (sich einfinden) to present o.s.; (bei Polizei) to give o.s. up; (vorgeben) to pretend (to be); **das Radio lauter/leiser ~** to turn the radio up/down; **auf sich** akk **selbst gestellt sein** (fig) to have to fend for o.s.; **sich hinter jdn/etw ~** (fig) to support sb/sth; **sich einer Herausforderung ~** to take up a challenge; **sich zu etw ~** to have an opinion of sth.

Stellen- zW: ~**angebot** nt offer of a post; (in Zeitung): „**~angebote**" "vacancies"; ~**anzeige** f job advertisement od ad (umg); ~**gesuch** nt application for a post; „**~gesuche**" "situations wanted"; ~**markt** m job market; (in Zeitung) appointments section; ~**nachweis** m employment agency; ~**vermittlung** f employment agency; **s~weise** adv in places; ~**wert** m (fig) status.

Stellung f position; (MIL) line; **~ nehmen zu** to comment on.

Stellungnahme f comment.

stellungslos adj unemployed.

stellv. abk = **stellvertretend**.

Stell- zW: **s~vertretend** adj deputy attrib, acting attrib; ~**vertreter** m (von Amts wegen) deputy, representative; ~**werk** nt (EISENB) signal box.

Stelze ['ʃtɛltsə] (-, -n) f stilt.

stelzen (umg) vi to stalk.

Stemmbogen m (SKI) stem turn.

Stemmeisen nt crowbar.

stemmen ['ʃtɛmən] vt to lift (up); (drücken) to press; **sich ~ gegen** (fig) to resist, oppose.

Stempel ['ʃtɛmpəl] (-s, -) m stamp; (Post~) postmark; (TECH: Präge~) die; (BOT) pistil; ~**gebühr** f stamp duty; ~**kissen** nt inkpad.

stempeln vt to stamp; (Briefmarke) to cancel ♦ vi (umg: Stempeluhr betätigen) to clock in/out; **~ gehen** (umg) to be od go on the dole (BRIT) od on welfare (US).

Stengel△ ['ʃtɛŋəl] (-s, -) m siehe **Stängel**.

Steno ['ʃteno] (umg) f shorthand; ~**gramm** [-'gram] nt text in shorthand; ~**graf(in)**▲ [-graːf(ɪn)] m(f) (im Büro) shorthand secretary; ~**grafie**▲ [-graˈfiː] f shorthand; **s~grafieren**▲ [-graˈfiːrən] vt, vi to write (in) shorthand; ~**typist(in)** [-tyˈpɪst(ɪn)] m(f) shorthand typist (BRIT), stenographer (US).

Steppdecke f quilt.

Steppe (-, -n) f steppe.

steppen ['ʃtɛpən] vt to stitch ♦ vi to tap-dance.

Stepptanz▲ m tap-dance.

Sterbe- zW: ~**bett** nt deathbed; ~**fall** m death; ~**hilfe** f euthanasia; ~**kasse** f death benefit fund.

sterben ['ʃtɛrbən] unreg vi to die; **an einer Krankheit/Verletzung ~** to die of an illness/from an injury; **er ist für mich gestorben** (fig: umg) he might as well be dead.

Sterben nt: **im ~ liegen** to be dying.

sterbenslangweilig (umg) adj deadly boring.

Sterbenswörtchen (umg) nt: **er hat kein ~ gesagt** he didn't say a word.

Sterbeurkunde f death certificate.

sterblich ['ʃtɛrplɪç] adj mortal; **S~keit** f mortality; **S~keitsziffer** f death rate.

stereo- ['steːreo] in zW stereo(-); **S~anlage** f stereo unit; ~**typ** adj stereotyped.

steril [ʃteˈriːl] adj sterile.

sterilisieren [ʃteriliˈziːrən] vt to sterilize.

Sterilisation f sterilization.

Stern [ʃtɛrn] (-(e)s, -e) m star; **das steht (noch) in den ~en** (fig) it's in the lap of the gods; ~**bild** nt constellation; ~**chen** nt asterisk; ~**enbanner** nt Stars and Stripes sing; **s~hagelvoll** (umg) adj legless; ~**schnuppe** (-, -n) f meteor, falling star; ~**stunde** f historic moment; ~**warte** f observatory; ~**zeichen** nt (ASTROL) sign of the zodiac.

stet [ʃteːt] adj steady.

Stethoskop [ʃtetoˈskoːp] (-(e)s, -e) nt stethoscope.

stetig adj constant, continual; (MATH: Funktion) continuous.

stets adv continually, always.

Steuer¹ ['ʃtɔyər] (-s, -) nt (NAUT) helm; (~ruder) rudder; (AUT) steering wheel; **am ~ sitzen** (AUT) to be at the wheel; (AVIAT) to be at the controls.

Spelling Reform: ▲ *new spelling* △ *old spelling (to be phased out)*

Steuer² (-, -n) *f* tax.
Steuer- *zW:* **~befreiung** *f* tax exemption;
s~begünstigt *adj* (*Investitionen, Hypothek*)
tax-deductible; (*Waren*) taxed at a lower
rate; **~berater(in)** *m(f)* tax consultant;
~bescheid *m* tax assessment; **~bord** *nt*
starboard; **~erhöhung** *f* tax increase;
~erklärung *f* tax return; **s~frei** *adj* tax-free;
~freibetrag *m* tax allowance;
~hinterziehung *f* tax evasion; **~jahr** *nt* fiscal
od tax year; **~karte** *f* tax notice; **~klasse** *f*
tax group; **~knüppel** *m* control column;
(*AVIAT, COMPUT*) joystick; **s~lich** *adj* tax
attrib; **~mann** (-(e)s, *pl* **-männer** *od* **-leute**) *m*
helmsman.
steuern *vt* to steer; (*Flugzeug*) to pilot;
(*Entwicklung, Tonstärke*) to control ♦ *vi* to
steer; (*in Flugzeug etc*) to be at the controls;
(*bei Entwicklung etc*) to be in control.
Steuer- *zW:* **~nummer** *f* ≈ National Insurance
Number (*BRIT*), Social Security Number
(*US*); **~paradies** *nt* tax haven; **~pflichtig** *adj*
taxable; (*Person*) liable to pay tax;
~progression *f* progressive taxation;
~prüfung *f* tax inspector's investigation;
~rad *nt* steering wheel; **~rückvergütung** *f*
tax rebate; **~senkung** *f* tax cut.
Steuerung *f* steering (*auch AUT*), piloting;
control; (*Vorrichtung*) controls *pl*;
automatische ~ (*AVIAT*) autopilot; (*TECH*)
automatic steering (device).
Steuer- *zW:* **~vergünstigung** *f* tax relief;
~zahler *m* taxpayer; **~zuschlag** *m* additional
tax.
Steward ['stju:ərt] (-s, -s) *m* steward.
Stewardess▲ ['stju:ərdɛs] (-, -en) *f*
stewardess.
StGB (-s) *nt abk* = **Strafgesetzbuch**.
stibitzen [ʃti'bɪtsən] (*umg*) *vt* to pilfer, pinch
(*umg*).
Stich [ʃtɪç] (-(e)s, -e) *m* (*Insekten~*) sting;
(*Messer~*) stab; (*beim Nähen*) stitch;
(*Färbung*) tinge; (*KARTEN*) trick; (*ART*)
engraving; (*fig*) pang; **ein ~ ins Rote** a tinge
of red; **einen ~ haben** (*umg: Esswaren*) to be
bad *od* off (*BRIT*); (: *Mensch: verrückt sein*) to
be nuts; **jdn im ~ lassen** to leave sb in the
lurch.
Stichel (-s, -) *m* engraving tool, style.
Stichelei [ʃtɪçə'laɪ] *f* jibe, taunt.
sticheln *vi* (*fig*) to jibe; (*pej: umg*) to make
snide remarks.
Stich- *zW:* **~flamme** *f* tongue of flame;
s~haltig *adj* valid; (*Beweis*) conclusive;
~probe *f* spot check.
sticht [ʃtɪçt] *vb siehe* **stechen**.
Stichtag *m* qualifying date.
Stichwahl *f* final ballot.
Stichwort *nt* (*pl* **-worte**) cue; (: *für Vortrag*)
note; (*pl* **-wörter**) (*in Wörterbuch*) headword;

~katalog *m* classified catalogue (*BRIT*) *od*
catalog (*US*); **~verzeichnis** *nt* index.
Stichwunde *f* stab wound.
sticken ['ʃtɪkən] *vt, vi* to embroider.
Stickerei [ʃtɪkə'raɪ] *f* embroidery.
stickig *adj* stuffy, close.
Stickstoff (-(e)s) *m* nitrogen.
stieben ['ʃtiːbən] *vi* (*geh: sprühen*) to fly.
Stief- ['ʃtiːf] *in zW* step-.
Stiefel ['ʃtiːfəl] (-s, -) *m* boot; (*Trinkgefäß*)
large boot-shaped beer glass.
Stief- *zW:* **~kind** *nt* stepchild; (*fig*) Cinderella;
~mutter *f* stepmother; **~mütterchen** *nt*
pansy; **s~mütterlich** *adj* (*fig*): **jdn/etw**
s~mütterlich behandeln to pay little
attention to sb/sth; **~vater** *m* stepfather.
stieg *etc* [ʃtiːk] *vb siehe* **steigen**.
Stiege ['ʃtiːgə] (-, -n) *f* staircase.
Stieglitz ['ʃtiːglɪts] (-es, -e) *m* goldfinch.
stiehlt [ʃtiːlt] *vb siehe* **stehlen**.
Stiel [ʃtiːl] (-(e)s, -e) *m* handle; (*BOT*) stalk.
Stielaugen *pl* (*fig: umg*): **er machte ~** his eyes
(nearly) popped out of his head.
Stier (-(e)s, -e) *m* bull; (*ASTROL*) Taurus.
stier [ʃtiːr] *adj* staring, fixed.
stieren *vi* to stare.
Stierkampf *m* bullfight.
stieß *etc* [ʃtiːs] *vb siehe* **stoßen**.
Stift [ʃtɪft] (-(e)s, -e) *m* peg; (*Nagel*) tack;
(*Bunt~*) crayon; (*Blei~*) pencil; (*umg:
Lehrling*) apprentice (boy).
stiften *vt* to found; (*Unruhe*) to cause;
(*spenden*) to contribute; **~ gehen** to hop it.
Stifter(in) (-s, -) *m(f)* founder.
Stiftung *f* donation; (*Organisation*) foundation.
Stiftzahn *m* post crown.
Stil [ʃtiːl] (-(e)s, -e) *m* style; (*Eigenart*) way,
manner; **~blüte** *f* howler; **~bruch** *m* stylistic
incongruity.
stilistisch [ʃti'lɪstɪʃ] *adj* stylistic.
still [ʃtɪl] *adj* quiet; (*unbewegt*) still; (*heimlich*)
secret; **ich dachte mir im S~en** I thought to
myself; **er ist ein ~es Wasser** he's a deep
one; **~er Teilhaber** (*COMM*) sleeping (*BRIT*)
od silent (*US*) partner; **der S~e Ozean** the
Pacific (Ocean); **~ stehen** (*unbewegt*) to
stand still.
Stille (-, -n) *f* quietness; stillness; **in aller ~**
quietly.
Stilleben△ *nt siehe* **Stillleben**.
Stillegung△ *f siehe* **Stilllegung**.
stillen *vt* to stop; (*befriedigen*) to satisfy;
(*Säugling*) to breast-feed.
still- *zW:* **~gestanden** *interj* attention!;
S~halteabkommen *nt* (*FIN, fig*) moratorium;
~halten *unreg vi* to keep still; **S~leben**▲ *nt*
still life; **~legen**▲ *vt* to close down;
S~legung▲ *f* (*Betrieb*) shut-down, closure;
~liegen▲ *unreg vi* (*außer Betrieb sein*) to be
shut down; (*lahm gelegt sein*) to be at a

standstill; **S~schweigen** *nt* silence;
~schweigen *unreg vi* to be silent;
~schweigend *ad* silent; (*Einverständnis*) tacit
♦ *adv* silently; tacitly; **S~stand** *m* standstill;
~stehen *unreg vi* to stand still.

Stilmöbel *pl* reproduction *od* (*antik*) period
furniture *sing.*

stilvoll *adj* stylish.

Stimm- *zW:* **~abgabe** *f* voting; **~bänder** *pl*
vocal cords *pl;* **s~berechtigt** *adj* entitled to
vote; **~bruch** *m:* **er ist im ~bruch** his voice is
breaking.

Stimme ['ʃtɪmə] (*-, -n*) *f* voice; (*Wahl~*) vote;
(*MUS: Rolle*) part; **mit leiser/lauter ~** in a
soft/loud voice; **seine ~ abgeben** to vote.

stimmen *vi* (*richtig sein*) to be right; (*wählen*)
to vote ♦ *vt* (*Instrument*) to tune; **stimmt so!**
that's all right; **für/gegen etw ~** to vote for/
against sth; **jdn traurig ~** to make sb feel
sad.

Stimmen- *zW:* **~gewirr** *nt* babble of voices;
~gleichheit *f* tied vote; **~mehrheit** *f* majority
(of votes).

Stimm- *zW:* **~enthaltung** *f* abstention; **~gabel**
f tuning fork; **s~haft** *adj* voiced.

stimmig *adj* harmonious.

Stimm- *zW:* **s~los** *adj* (*LING*) unvoiced; **~recht**
nt right to vote; **s~rechtslos** *adj:*
s~rechtslose Aktien "A" shares.

Stimmung *f* mood; (*Atmosphäre*)
atmosphere; (*Moral*) morale; **in ~ kommen**
to liven up; **~ gegen/für jdn/etw machen** to
stir up (public) opinion against/in favour of
sb/sth.

Stimmungs- *zW:* **~kanone** (*umg*) *f* life and
soul of the party; **~mache** (*pej*) *f* cheap
propaganda; **s~voll** *adj* (*Atmosphäre*)
enjoyable; (*Gedicht*) full of atmosphere.

Stimmzettel *m* ballot paper.

stinken ['ʃtɪŋkən] *unreg vi* to stink; **die Sache
stinkt mir** (*umg*) I'm fed-up to the back
teeth (with it).

Stink- *zW:* **s~faul** (*umg*) *adj* bone-lazy;
s~langweilig (*umg*) *adj* deadly boring; **~tier**
nt skunk; **~wut** (*umg*) *f:* **eine ~wut (auf jdn)
haben** to be livid (with sb).

Stipendium [ʃtiˈpɛndiʊm] *nt* grant; (*als
Auszeichnung*) scholarship.

Stippvisite ['ʃtɪpviˈziːtə] (*umg*) *f* flying visit.

stirbt [ʃtɪrpt] *vb siehe* **sterben**.

Stirn [ʃtɪrn] (*-, -en*) *f* forehead, brow;
(*Frechheit*) impudence; **die ~ haben zu ... to**
have the nerve to ...; **~band** *nt* headband;
~höhle *f* sinus; **~runzeln** (*-s*) *nt* frown.

stob *etc* [ʃtoːp] *vb siehe* **stieben**.

stöbern ['ʃtøbərn] *vi* to rummage.

stochern ['ʃtɔxərn] *vi* to poke (about).

Stock¹ [ʃtɔk] (*-(e)s, ̈-e*) *m* stick; (*Rohr~*) cane;
(*Zeige~*) pointer; (*BOT*) stock; **über ~ und
Stein** up hill and down dale.

Stock² [ʃtɔk] (*-(e)s, - od -werke*) *m* storey
(*BRIT*), story (*US*); **im ersten ~** on the first
(*BRIT*) *od* second (*US*) floor.

stock- *in zW* (*vor adj: umg*) completely.

Stöckelschuh ['ʃtœkəlʃuː] *m* stiletto-heeled
shoe.

stocken *vi* to stop, pause; (*Arbeit, Entwicklung*)
to make no progress; (*im Satz*) to break off;
(*Verkehr*) to be held up.

stockend *adj* halting.

stockfinster (*umg*) *adj* pitch-dark.

Stockholm ['ʃtɔkhɔlm] (*-s*) *nt* Stockholm.

stocksauer (*umg*) *adj* pissed-off (*!*).

stocktaub *adj* stone-deaf.

Stockung *f* stoppage.

Stockwerk *nt* storey (*BRIT*), story (*US*), floor.

Stoff [ʃtɔf] (*-(e)s, -e*) *m* (*Gewebe*) material,
cloth; (*Materie*) matter; (*von Buch etc*)
subject (matter); (*umg: Rauschgift*) dope.

Stoffel (*-s, -*) (*pej: umg*) *m* lout, boor.

Stoff- *zW:* **s~lich** *adj* with regard to subject
matter; **~rest** *m* remnant; **~tier** *nt* soft toy;
~wechsel *m* metabolism.

stöhnen ['ʃtøːnən] *vi* to groan.

stoisch ['ʃtoːɪʃ] *adj* stoical.

Stola ['ʃtoːla] (*-, Stolen*) *f* stole.

Stollen ['ʃtɔlən] (*-s, -*) *m* (*MIN*) gallery; (*KOCH*)
stollen, *cake eaten at Christmas*; (*von
Schuhen*) stud.

stolpern ['ʃtɔlpərn] *vi* to stumble, trip; (*fig: zu
Fall kommen*) to come a cropper (*umg*).

stolz [ʃtɔlts] *adj* proud; (*imposant: Bauwerk*)
majestic; (*ironisch: Preis*) princely; **S~** (*-es*)
m pride.

stolzieren [ʃtɔlˈtsiːrən] *vi* to strut.

stopfen ['ʃtɔpfən] *vt* (*hinein~*) to stuff; (*voll ~*)
to fill (up); (*nähen*) to darn ♦ *vi* (*MED*) to
cause constipation; **jdm das Maul ~** (*umg*)
to silence sb.

Stopfgarn *nt* darning thread.

Stopp [ʃtɔp] (*-s, -s*) *m* stop, halt; (*Lohn~*)
freeze.

Stoppel ['ʃtɔpəl] (*-, -n*) *f* stubble.

stoppen *vt* to stop; (*mit Uhr*) to time ♦ *vi* to
stop.

Stoppschild *nt* stop sign.

Stoppuhr *f* stopwatch.

Stöpsel ['ʃtœpsəl] (*-s, -*) *m* plug; (*für Flaschen*)
stopper.

Stör [ʃtøːr] (*-(e)s, -e*) *m* sturgeon.

Störaktion *f* disruptive action.

störanfällig *adj* susceptible to interference
od breakdown.

Storch [ʃtɔrç] (*-(e)s, ̈-e*) *m* stork.

Store [ʃtoːr] (*-s, -s*) *m* net curtain.

stören ['ʃtøːrən] *vt* to disturb; (*behindern,
RUNDF*) to interfere with ♦ *vr:* **sich an etw**
dat **~** to let sth bother one ♦ *vi* to get in the
way; **was mich an ihm/daran stört** what I
don't like about him/it; **stört es Sie, wenn**

ich rauche? do you mind if I smoke?; **ich möchte nicht** ~ I don't want to be in the way.

störend *adj* disturbing, annoying.

Störenfried (-(e)s, -e) *m* troublemaker.

Störfall *m* (*in Kraftwerk etc*) malfunction, accident.

stornieren [ʃtɔrˈniːrən] *vt* (*COMM: Auftrag*) to cancel; (: *Buchungsfehler*) to reverse.

Storno [ˈʃtɔrno] (-s) *m od nt* (*COMM: von Buchungsfehler*) reversal; (: *von Auftrag*) cancellation (*BRIT*), cancelation (*US*).

störrisch [ˈʃtœrɪʃ] *adj* stubborn, perverse.

Störsender *m* jammer, jamming transmitter.

Störung *f* disturbance; interference; (*TECH*) fault; (*MED*) disorder.

Störungsstelle *f* (*TEL*) faults service.

Stoß [ʃtoːs] (-es, ⁻e) *m* (*Schub*) push; (*leicht*) poke; (*Schlag*) blow; (*mit Schwert*) thrust; (*mit Ellbogen*) nudge; (*mit Fuß*) kick; (*Erd~*) shock; (*Haufen*) pile; **seinem Herzen einen** ~ **geben** to pluck up courage; ~**dämpfer** *m* shock absorber.

Stößel [ˈʃtøːsəl] (-s, -) *m* pestle; (*AUT: Ventil~*) tappet.

stoßen *unreg vt* (*mit Druck*) to shove, push; (*mit Schlag*) to knock, bump; (*mit Ellbogen*) to nudge; (*mit Fuß*) to kick; (*mit Schwert*) to thrust; (*an~: Kopf etc*) to bump; (*zerkleinern*) to pulverize ♦ *vr* to get a knock ♦ *vi*: ~ **an** *od* **auf** +*akk* to bump into; (*finden*) to come across; (*angrenzen*) to be next to; **sich** ~ **an** +*dat* (*fig*) to take exception to; **zu jdm** ~ to meet up with sb.

Stoßgebet *nt* quick prayer.

Stoßstange *f* (*AUT*) bumper.

stößt [ʃtøːst] *vb siehe* **stoßen**.

Stoß- *zW*: ~**verkehr** *m* rush-hour traffic; ~**zahn** *m* tusk; ~**zeit** *f* (*im Verkehr*) rush hour; (*in Geschäft etc*) peak period.

Stotterer (-s, -) *m* stutterer.

Stotterin *f* stutterer.

stottern [ˈʃtɔtərn] *vt, vi* to stutter.

Stövchen [ˈʃtøːfçən] *nt* (*teapot- etc*) warmer.

StPO *abk* = **Strafprozessordnung**.

Str. *abk* (= *Straße*) St.

stracks [ʃtraks] *adv* straight.

Straf- *zW*: ~**anstalt** *f* penal institution; ~**arbeit** *f* (*SCH*) lines *pl*, punishment exercise; ~**bank** *f* (*SPORT*) penalty bench; **s~bar** *adj* punishable; **sich s~bar machen** to commit an offence (*BRIT*) *od* offense (*US*); ~**barkeit** *f* criminal nature.

Strafe [ˈʃtraːfə] (-, -n) *f* punishment; (*JUR*) penalty; (*Gefängnis~*) sentence; (*Geld~*) fine; **... bei** ~ **verboten** ... forbidden; **100 Dollar** ~ **zahlen** to pay a $100 fine; **er hat seine** ~ **weg** (*umg*) he's had his punishment.

strafen *vt, vi* to punish; **mit etw gestraft sein**

to be cursed with sth.

strafend *adj attrib* punitive; (*Blick*) reproachful.

straff [ʃtraf] *adj* tight; (*streng*) strict; (*Stil etc*) concise; (*Haltung*) erect.

straffällig [ˈʃtraːffɛlɪç] *adj*: ~ **werden** to commit a criminal offence (*BRIT*) *od* offense (*US*).

straffen *vt* to tighten.

Straf- *zW*: **s~frei** *adj*: **s~frei ausgehen** to go unpunished; ~**gefangene(r)** *f(m)* prisoner, convict; ~**gesetzbuch** *nt* penal code; ~**kolonie** *f* penal colony.

sträflich [ˈʃtrɛːflɪç] *adj* criminal ♦ *adv* (*vernachlässigen etc*) criminally.

Sträfling *m* convict.

Straf- *zW*: ~**mandat** *nt* ticket; ~**maß** *nt* sentence; **s~mildernd** *adj* mitigating; ~**porto** *nt* excess postage (charge); ~**predigt** *f* severe lecture; ~**prozessordnung▲** *f* code of criminal procedure; ~**raum** *m* (*SPORT*) penalty area; ~**recht** *nt* criminal law; **s~rechtlich** *adj* criminal; ~**stoß** *m* (*SPORT*) penalty (kick); ~**tat** *f* punishable act; **s~versetzen** *vt untr* (*Beamte*) to transfer for disciplinary reasons; ~**vollzug** *m* penal system; ~**zettel** (*umg*) *m* ticket.

Strahl [ʃtraːl] (-(e)s, -en) *m* ray, beam; (*Wasser~*) jet.

strahlen *vi* (*Kernreaktor*) to radiate; (*Sonne, Licht*) to shine; (*fig*) to beam.

Strahlenbehandlung *f* radiotherapy.

Strahlenbelastung *f* (effects of) radiation.

strahlend *adj* (*Wetter*) glorious; (*Lächeln, Schönheit*) radiant.

Strahlen- *zW*: ~**dosis** *f* radiation dose; **s~geschädigt** *adj* suffering from radiation damage; ~**opfer** *nt* victim of radiation; ~**schutz** *m* radiation protection; ~**therapie** *f* radiotherapy.

Strahlung *f* radiation.

Strähnchen [ˈʃtrɛːnçən] *pl* strands (of hair); (*gefärbt*) highlights.

Strähne [ˈʃtrɛːnə] (-, -n) *f* strand.

strähnig *adj* (*Haar*) straggly.

stramm [ʃtram] *adj* tight; (*Haltung*) erect; (*Mensch*) robust; ~**stehen** *unreg vi* (*MIL*) to stand to attention.

Strampelhöschen *nt* rompers *pl*.

strampeln [ˈʃtrampəln] *vi* to kick (about), fidget.

Strand [ʃtrant] (-(e)s, ⁻e) *m* shore; (*Meeres~*) beach; **am** ~ on the beach; ~**bad** *nt* open-air swimming pool; (*Badeort*) bathing resort.

stranden [ˈʃtrandən] *vi* to run aground; (*fig: Mensch*) to fail.

Strandgut *nt* flotsam and jetsam.

Strandkorb *m* beach chair.

Strang [ʃtraŋ] (-(e)s, ⁻e) *m* (*Nerven~, Muskel~*) cord; (*Schienen~*) track; **über die Stränge**

schlagen to run riot (*umg*); **an einem ~ ziehen** (*fig*) to act in concert.

strangulieren [ʃtraŋguˈliːrən] *vt* to strangle.

Strapaze [ʃtraˈpaːtsə] (*-*, *-n*) *f* strain.

strapazieren [ʃtrapaˈtsiːrən] *vt* (*Material*) to be hard on, punish; (*jdn*) to be a strain on; (*erschöpfen*) to wear out, exhaust.

strapazierfähig *adj* hard-wearing.

strapaziös [ʃtrapatsiˈøːs] *adj* exhausting, tough.

Straßburg [ˈʃtraːsbʊrk] (*-s*) *nt* Strasbourg.

Straße [ˈʃtraːsə] (*-*, *-n*) *f* road; (*in Stadt, Dorf*) street; **auf der ~** in the street; **auf der ~ liegen** (*fig*: *umg*) to be out of work; **auf die ~ gesetzt werden** (*umg*) to be turned out (onto the streets).

Straßen- *zW:* **~bahn** *f* tram (*BRIT*), streetcar (*US*); **~bauarbeiten** *pl* roadworks *pl* (*BRIT*), roadwork *sing* (*US*); **~beleuchtung** *f* street lighting; **~feger** (*-s*, *-*) *m* roadsweeper; **~glätte** *f* slippery road surface; **~junge** (*pej*) *m* street urchin; **~karte** *f* road map; **~kehrer** (*-s*, *-*) *m* roadsweeper; **~kind** *nt* child of the streets; **~kreuzer** (*umg*) *m* limousine; **~mädchen** *nt* streetwalker; **~rand** *m* roadside; **~sperre** *f* roadblock; **~überführung** *f* footbridge; **~verkehr** *m* road traffic; **~verkehrsordnung** *f* Highway Code (*BRIT*); **~zustandsbericht** *m* road report.

Stratege [ʃtraˈteːgə] (*-n*, *-n*) *m* strategist.

Strategie [ʃtrateˈgiː] *f* strategy.

strategisch *adj* strategic.

Stratosphäre [ʃtratoˈsfɛːrə] (*-*) *f* stratosphere.

sträuben [ˈʃtrɔybən] *vt* to ruffle ♦ *vr* to bristle; (*Mensch*): **sich (gegen etw) ~** to resist (sth).

Strauch [ʃtraʊx] (*-(e)s*, **Sträucher**) *m* bush, shrub.

straucheln [ˈʃtraʊxəln] *vi* to stumble, stagger.

Strauß[1] [ʃtraʊs] (*-es*, **Sträuße**) *m* (*Blumen~*) bouquet, bunch.

Strauß[2] [ʃtraʊs] (*-es*, *-e*) *m* ostrich.

Strebe [ˈʃtreːbə] (*-*, *-n*) *f* strut.

Strebebalken *m* buttress.

streben *vi* to strive, endeavour (*BRIT*), endeavor (*US*); **~ nach** to strive for; **~ zu** *od* **nach** (*sich bewegen*) to make for.

Strebepfeiler *m* buttress.

Streber (*-s*, *-*) *m* (*pej*) pushy person; (*SCH*) swot (*BRIT*).

strebsam *adj* industrious; **S~keit** *f* industry.

Strecke [ˈʃtrɛkə] (*-*, *-n*) *f* stretch; (*Entfernung*) distance; (*EISENB, MATH*) line; **auf der ~ Paris-Brüssel** on the way from Paris to Brussels; **auf der ~ bleiben** (*fig*) to fall by the wayside; **zur ~ bringen** (*Jagd*) to bag.

strecken *vt* to stretch; (*Waffen*) to lay down; (*KOCH*) to eke out ♦ *vr* to stretch (o.s.).

streckenweise *adv* in parts.

Streich [ʃtraɪç] (*-(e)s*, *-e*) *m* trick, prank; (*Hieb*) blow; **jdm einen ~ spielen** (*Person*) to

play a trick on sb.

streicheln *vt* to stroke.

streichen *unreg vt* (*berühren*) to stroke; (*auftragen*) to spread; (*anmalen*) to paint; (*durch~*) to delete; (*nicht genehmigen*) to cancel; (*Schulden*) to write off; (*Zuschuss etc*) to cut ♦ *vi* (*berühren*) to brush past; (*schleichen*) to prowl; **etw glatt ~** to smooth sth (out).

Streicher *pl* (*MUS*) strings *pl*.

Streich- *zW:* **~holz** *nt* match; **~holzschachtel** *f* matchbox; **~instrument** *nt* string(ed) instrument; **~käse** *m* cheese spread.

Streifband *nt* wrapper; **~zeitung** *f* newspaper sent at printed paper rate.

Streife (*-*, *-n*) *f* patrol.

streifen [ˈʃtraɪfən] *vt* (*leicht berühren*) to brush against, graze; (*Blick*) to skim over; (*Thema, Problem*) to touch on; (*ab~*) to take off ♦ *vi* (*gehen*) to roam.

Streifen (*-s*, *-*) *m* (*Linie*) stripe; (*Stück*) strip; (*Film*) film.

Streifendienst *m* patrol duty.

Streifenwagen *m* patrol car.

Streifschuss▲ *m* graze, grazing shot.

Streifzug *m* scouting trip; (*Bummel*) expedition; (*fig*: *kurzer Überblick*): **~ (durch)** brief survey (of).

Streik [ʃtraɪk] (*-(e)s*, *-s*) *m* strike; **in den ~ treten** to come out on strike, strike; **~brecher** *m* blackleg (*BRIT*), strikebreaker; **s~en** *vi* to strike; **der Computer s~t** the computer's packed up (*umg*), the computer's on the blink (*umg*); **da s~e ich** (*umg*) I refuse!; **~kasse** *f* strike fund; **~maßnahmen** *pl* industrial action *sing*; **~posten** *m* (peaceful) picket.

Streit [ʃtraɪt] (*-(e)s*, *-e*) *m* argument; (*Auseinandersetzung*) dispute.

streiten *unreg vi, vr* to argue; to dispute; **darüber lässt sich ~** that's debatable.

Streitfrage *f* point at issue.

Streitgespräch *nt* debate.

streitig *adj:* **jdm etw ~ machen** to dispute sb's right to sth; **S~keiten** *pl* quarrel *sing*, dispute *sing*.

Streit- *zW:* **~kräfte** *pl* (*MIL*) armed forces *pl*; **s~lustig** *adj* quarrelsome; **~punkt** *m* contentious issue; **~sucht** *f* quarrelsomeness.

streng [ʃtrɛŋ] *adj* severe; (*Lehrer, Maßnahme*) strict; (*Geruch etc*) sharp; **~ geheim** top-secret; **~ genommen** strictly speaking; **~ verboten!** strictly prohibited.

Strenge (*-*) *f* severity; strictness; sharpness.

strenggläubig *adj* strict.

strengstens *adv* strictly.

Stress▲ [ʃtrɛs] (*-es*, *-e*) *m* stress.

stressen *vt* to put under stress.

stressfrei▲ *adj* without stress.

stressig *adj* stressful.

Streu [ʃtrɔy] (-, -en) *f* litter, bed of straw.

streuen *vt* to strew, scatter, spread ♦ *vi* (*mit Streupulver*) to grit; (*mit Salz*) to put down salt.

Streuer (-s, -) *m* shaker; (*Salz~*) cellar; (*Pfeffer~*) pot.

Streufahrzeug *nt* gritter (*BRIT*), sander.

streunen *vi* to roam about; (*Hund, Katze*) to stray.

Streupulver (-s) *nt* grit *od* sand for road.

Streuselkuchen ['ʃtrɔyzəlkuːxən] *m* cake with crumble topping.

Streuung *f* dispersion; (*Statistik*) mean variation; (*PHYS*) scattering.

Strich (-(e)s, -e) *m* (*Linie*) line; (*Feder~, Pinsel~*) stroke; (*von Geweben*) nap; (*von Fell*) pile; (*Quer~*) dash; (*Schräg~*) oblique, slash (*bes US*); **einen ~ machen durch** (*lit*) to cross out; (*fig*) to foil; **jdm einen ~ durch die Rechnung machen** to thwart *od* foil sb's plans; **einen ~ unter etw** *akk* **machen** (*fig*) to forget sth; **nach ~ und Faden** (*umg*) good and proper; **auf den ~ gehen** (*umg*) to walk the streets; **jdm gegen den ~ gehen** to rub sb up the wrong way.

strich *etc* [ʃtrɪç] *vb siehe* **streichen**.

Strichcode *m* = **Strichkode**.

Stricheinteilung *f* calibration.

stricheln ['ʃtrɪçəln] *vt*: **eine gestrichelte Linie** a broken line.

Strich- *zW*: **~junge** (*umg*) *m* male prostitute; **~kode** *m* bar code (*BRIT*), universal product code (*US*); **~mädchen** *nt* streetwalker; **~punkt** *m* semicolon; **s~weise** *adv* here and there; **s~weise Regen** (*MET*) rain in places.

Strick [ʃtrɪk] (-(e)s, -e) *m* rope; **jdm aus etw einen ~ drehen** to use sth against sb.

stricken *vt, vi* to knit.

Strick- *zW*: **~jacke** *f* cardigan; **~leiter** *f* rope ladder; **~nadel** *f* knitting needle; **~waren** *pl* knitwear *sing*.

striegeln ['ʃtriːɡəln] (*umg*) *vr* to spruce o.s. up.

Strieme ['ʃtriːmə] (-, -n) *f* weal.

strikt [strɪkt] *adj* strict.

Strippe ['ʃtrɪpə] (-, -n) *f* (*TEL: umg*): **jdn an der ~ haben** to have sb on the line.

Stripper(in) (-s, -) *m(f)* stripper.

stritt *etc* [ʃtrɪt] *vb siehe* **streiten**.

strittig ['ʃtrɪtɪç] *adj* disputed, in dispute.

Stroh [ʃtroː] (-(e)s) *nt* straw; **~blume** *f* everlasting flower; **~dach** *nt* thatched roof; **s~dumm** (*umg*) *adj* thick; **~feuer** *nt*: **ein ~feuer sein** (*fig*) to be a passing fancy; **~halm** *m* (drinking) straw; **~mann** *m* (-(e)s, *pl* -männer) *m* (*COMM*) dummy; **~witwe** *f* grass widow; **~witwer** *m* grass widower.

Strolch [ʃtrɔlç] (-(e)s, -e) (*pej*) *m* rogue, rascal.

Strom [ʃtroːm] (-(e)s, ⁻e) *m* river; (*fig*) stream; (*ELEK*) current; **unter ~ stehen** (*ELEK*) to be live; (*fig*) to be excited; **der Wein floss in Strömen** the wine flowed like water; **in Strömen regnen** to be pouring with rain; **s~abwärts** *adv* downstream; **~anschluss**▲ *m*: **~anschluss haben** to be connected to the electricity mains; **s~aufwärts** *adv* upstream; **~ausfall** *m* power failure.

strömen ['ʃtrøːmən] *vi* to stream, pour.

Strom- *zW*: **~kabel** *nt* electric cable; **~kreis** *m* (electrical) circuit; **s~linienförmig** *adj* streamlined; **~netz** *nt* power supply system; **~rechnung** *f* electricity bill; **~schnelle** *f* rapids *pl*; **~sperre** *f* power cut; **~stärke** *f* amperage.

Strömung ['ʃtrøːmʊŋ] *f* current.

Stromzähler *m* electricity meter.

Strophe ['ʃtroːfə] (-, -n) *f* verse.

strotzen ['ʃtrɔtsən] *vi*: **~ vor** +*dat od* **von** to abound in, be full of.

Strudel ['ʃtruːdəl] (-s, -) *m* whirlpool, vortex; (*KOCH*) strudel.

strudeln *vi* to swirl, eddy.

Struktur [ʃtrʊkˈtuːr] *f* structure.

strukturell [ʃtrʊktuˈrɛl] *adj* structural.

strukturieren [ʃtrʊktuˈriːrən] *vt* to structure.

Strumpf [ʃtrʊmpf] (-(e)s, ⁻e) *m* stocking; **~band** *nt* garter; **~halter** *m* suspender (*BRIT*), garter (*US*); **~hose** *f* (pair of) tights *pl* (*BRIT*) *od* pantihose *pl* (*US*).

Strunk [ʃtrʊŋk] (-(e)s, ⁻e) *m* stump.

struppig ['ʃtrʊpɪç] *adj* shaggy, unkempt.

Stube ['ʃtuːbə] (-, -n) *f* room; **die gute ~** (*veraltet*) the parlour (*BRIT*) *od* parlor (*US*).

Stuben- *zW*: **~arrest** *m* confinement to one's room; (*MIL*) confinement to quarters; **~fliege** *f* (common) housefly; **~hocker** (*umg*) *m* stay-at-home; **s~rein** *adj* house-trained.

Stuck [ʃtʊk] (-(e)s) *m* stucco.

Stück [ʃtʏk] (-(e)s, -e) *nt* piece; (*etwas*) bit; (*THEAT*) play; **am ~** in one piece; **das ist ein starkes ~!** (*umg*) that's a bit much!; **große ~e auf jdn halten** to think highly of sb; **~arbeit** *f* piecework.

Stuckateur▲ [ʃtʊkaˈtøːr] *m* (ornamental) plasterer.

Stück- *zW*: **~gut** *nt* (*EISENB*) parcel service; **~kosten** *pl* unit cost *sing*; **~lohn** *m* piecework rates *pl*; **s~weise** *adv* bit by bit, piecemeal; (*COMM*) individually; **~werk** *nt* bits and pieces *pl*.

Student(in) [ʃtuˈdɛnt(ɪn)] *m(f)* student.

Studenten- *zW*: **~ausweis** *m* student card; **~futter** *nt* nuts and raisins *pl*; **~werk** *nt* student administration; **~wohnheim** *nt* hall of residence (*BRIT*), dormitory (*US*).

studentisch *adj* student *attrib*.

Studie ['ʃtuːdiə] *f* study.

Studien- *zW*: **~beratung** *f* course guidance service; **~buch** *nt* (*UNIV*) book in which the

courses one has attended are entered;
~**fahrt** f study trip; ~**platz** m university
place; ~**rat** m, ~**rätin** f teacher at a
secondary (*BRIT*) od high (*US*) school.
studieren [ʃtu'diːrən] vt, vi to study; **bei jdm** ~
to study under sb.
Studio ['ʃtuːdio] (-s, -s) nt studio.
Studium ['ʃtuːdiʊm] nt studies pl.
Stufe ['ʃtuːfə] (-, -n) f step; (*Entwicklungs~*)
stage; (*Niveau*) level.
Stufen- zW: ~**heck** nt (*AUT*) notchback; ~**leiter**
f (*fig*) ladder; s~**los** adj (*TECH*) infinitely
variable; s~**los verstellbar** continuously
adjustable; ~**plan** m graduated plan;
~**schnitt** m (*Frisur*) layered cut; s~**weise** adv
gradually.
Stuhl [ʃtuːl] (-(e)s, ̈-e) m chair; **zwischen zwei
Stühlen sitzen** (*fig*) to fall between two
stools.
Stuhlgang m bowel movement.
Stukkateur△ [ʃtʊka'tøːr] m siehe **Stuckateur**.
stülpen ['ʃtʏlpən] vt (*bedecken*) to put; **etw
über etw** akk ~ to put sth over sth; **den
Kragen nach oben** ~ to turn up one's collar.
stumm [ʃtʊm] adj silent; (*MED*) dumb.
Stummel (-s, -) m stump; (*Zigaretten~*) stub.
Stummfilm m silent film (*BRIT*) od movie
(*US*).
Stümper(in) ['ʃtʏmpər(ɪn)] (-s, -) m(f)
incompetent, duffer; s~**haft** adj bungling,
incompetent.
stümpern (*umg*) vi to bungle.
Stumpf [ʃtʊmpf] (-(e)s, ̈-e) m stump; **etw mit
~ und Stiel ausrotten** to eradicate sth root
and branch.
stumpf adj blunt; (*teilnahmslos, glanzlos*) dull;
(*Winkel*) obtuse.
Stumpfsinn (-(e)s) m tediousness.
stumpfsinnig adj dull.
Stunde ['ʃtʊndə] (-, -n) f hour; (*Augenblick,
Zeitpunkt*) time; (*SCH*) lesson, period (*BRIT*);
~ **um** ~ hour after hour; **80 Kilometer in der
~ ≈** 50 miles per hour.
stunden vt: **jdm etw** ~ to give sb time to pay
sth.
Stunden- zW: ~**geschwindigkeit** f average
speed (per hour); ~**kilometer** pl kilometres
(*BRIT*) od kilometers (*US*) per hour; s~**lang**
adj for hours; ~**lohn** m hourly wage; ~**plan** m
timetable; s~**weise** adv by the hour;
(*stündlich*) every hour.
stündlich ['ʃtʏntlɪç] adj hourly.
Stunk [ʃtʊŋk] (-s, no pl) m: ~ **machen** (*umg*) to
kick up a stink.
stupide [ʃtu'piːdə] adj mindless.
Stups [ʃtʊps] (-es, -e) (*umg*) m push.
stupsen vt to nudge.
Stupsnase f snub nose.
stur [ʃtuːr] adj obstinate, stubborn; (*Nein,
Arbeiten*) dogged; **er fuhr ~ geradeaus** he

just carried straight on; **sich ~ stellen, auf
~ stellen** (*umg*) to dig one's heels in; **ein ~er
Bock** (*umg*) a pig-headed fellow.
Sturm [ʃtʊrm] (-(e)s, ̈-e) m storm; (*Wind*) gale;
(*MIL etc*) attack, assault; ~ **läuten** to keep
one's finger on the doorbell; **gegen etw
~ laufen** (*fig*) to be up in arms against sth.
stürmen ['ʃtʏrmən] vi (*Wind*) to blow hard, to
rage; (*rennen*) to storm ♦ vt (*MIL, fig*) to
storm ♦ vi unpers: **es stürmt** there's a gale
blowing.
Stürmer (-s, -) m (*SPORT*) forward.
sturmfrei adj (*MIL*) unassailable; **eine ~e
Bude** (*umg*) a room free from disturbance.
stürmisch adj stormy; (*fig*) tempestuous;
(*Entwicklung*) rapid; (*Liebhaber*) passionate;
(*Beifall*) tumultuous; **nicht so ~** take it easy.
Sturm- zW: ~**schritt** m (*MIL, fig*): **im ~schritt** at
the double; ~**warnung** f gale warning;
~**wind** m gale.
Sturz [ʃtʊrts] (-es, ̈-e) m fall; (*POL*) overthrow;
(*in Temperatur, Preis*) drop.
stürzen ['ʃtʏrtsən] vt (*werfen*) to hurl; (*POL*) to
overthrow; (*umkehren*) to overturn ♦ vr to
rush; (*hinein~*) to plunge ♦ vi to fall; (*AVIAT*)
to dive; (*rennen*) to dash; **jdn ins Unglück ~**
to bring disaster upon sb; **„nicht ~"** "this
side up"; **sich auf jdn/etw ~** to pounce on
sb/sth; **sich in Unkosten ~** to go to great
expense.
Sturzflug m nose dive.
Sturzhelm m crash helmet.
Stuss▲ [ʃtʊs] (-es) (*umg*) m nonsense,
rubbish.
Stute ['ʃtuːtə] (-, -n) f mare.
Stuttgart ['ʃtʊtgart] (-s) nt Stuttgart.
Stützbalken m brace, joist.
Stütze ['ʃtʏtsə] (-, -n) f support; (*Hilfe*) help;
die ~n der Gesellschaft the pillars of
society.
stutzen ['ʃtʊtsən] vt to trim; (*Ohr, Schwanz*) to
dock; (*Flügel*) to clip ♦ vi to hesitate;
(*argwöhnisch werden*) to become suspicious.
stützen ['ʃtʏtsən] vt (*lit, fig*) to support; (*Ellbogen etc*) to
prop up ♦ vr: **sich auf jdn/etw ~** (*lit*) to lean
on sb/sth; (*Beweise, Theorie*) to be based on
sb/sth.
stutzig adj perplexed, puzzled; (*misstrauisch*)
suspicious.
Stützmauer f supporting wall.
Stützpunkt m point of support; (*von Hebel*)
fulcrum; (*MIL, fig*) base.
Stützungskäufe pl (*FIN*) support buying sing.
StVO abk = **Straßenverkehrsordnung**.
stylen ['staɪlən] vt to style; (*Wohnung*) to
design.
Styling ['staɪlɪŋ] (-s, no pl) nt styling.
Styropor ® [ʃtyro'poːr] (-s) nt (expanded)
polystyrene.
s. u. abk (= siehe unten) see below.

Suaheli [zua'he:li] (-(s)) *nt* Swahili.

Subjekt [zʊp'jɛkt] (-(e)s, -e) *nt* subject; (*pej: Mensch*) character (*umg*).

subjektiv [zʊpjɛk'ti:f] *adj* subjective.

Subjektivität [zʊpjɛktivi'tɛ:t] *f* subjectivity.

Subkultur ['zʊpkʊltu:r] *f* subculture.

sublimieren [zubli'mi:rən] *vt* (*CHEM, PSYCH*) to sublimate.

Submissionsangebot [zʊpmɪsi'o:ns- |angəbo:t] *nt* sealed-bid tender.

Subroutine ['zʊpruti:nə] *f* (*COMPUT*) subroutine.

Subskription [zʊpskrɪptsi'o:n] *f* subscription.

Substantiv ['zʊpstanti:f] (-s, -e) *nt* noun.

Substanz [zʊp'stants] *f* substance; **von der ~ zehren** to live on one's capital.

subtil [zʊp'ti:l] *adj* subtle.

subtrahieren [zʊptra'hi:rən] *vt* to subtract.

subtropisch ['zʊptro:pɪʃ] *adj* subtropical.

Subunternehmer *m* subcontractor.

Subvention [zʊpvɛntsi'o:n] *f* subsidy.

subventionieren [zʊpvɛntsio'ni:rən] *vt* to subsidize.

subversiv [zʊpvɛr'zi:f] *adj* subversive.

Suchaktion *f* search.

Suchdienst *m* missing persons tracing service.

Suche (-, -n) *f* search.

suchen ['zu:xən] *vt* to look for, seek; (*versuchen*) to try ♦ *vi* to seek, search; **du hast hier nichts zu ~** you have no business being here; **nach Worten ~** to search for words; (*sprachlos sein*) to be at a loss for words; **such!** (*zu Hund*) seek!, find!; **~ und ersetzen** (*COMPUT*) search and replace.

Sucher (-s, -) *m* seeker, searcher; (*PHOT*) viewfinder.

Suchmaschine *f* (*COMPUT*) search engine.

Suchmeldung *f* missing *od* wanted person announcement.

Suchscheinwerfer *m* searchlight.

Sucht [zuxt] (-, ¨-e) *f* mania; (*MED*) addiction; **~droge** *f* addictive drug; **s~erzeugend** *adj* addictive.

süchtig ['zʏçtɪç] *adj* addicted.

Süchtige(r) *f(m)* addict.

Süd [zy:t] (-(e)s) *m* south; **~afrika** *nt* South Africa; **~amerika** *nt* South America.

Sudan [zu'da:n] (-s) *m*: **der ~** the Sudan.

Sudanese [zuda'ne:zə] (-n, -n) *m* Sudanese.

Sudanesin *f* Sudanese.

südd. *abk* = **süddeutsch**.

süddeutsch *adj* South German.

Süddeutschland *nt* South(ern) Germany.

Süden ['zy:dən] (-s) *m* south.

Süd- *zW*: **~europa** *nt* Southern Europe; **~früchte** *pl* Mediterranean fruit; **~korea** *nt* South Korea; **s~ländisch** *adj* southern; (*italienisch, spanisch etc*) Latin; **s~lich** *adj* southern; **s~lich von** (to the) south of;

~ostasien *nt* South-East Asia; **~pol** *m* South Pole; **~polarmeer** *nt* Antarctic Ocean; **~see** *f* South Seas *pl*, South Pacific; **~tirol** *nt* South Tyrol; **s~wärts** *adv* southwards; **~westafrika** *nt* South West Africa, Namibia.

Sueskanal ['zu:ɛskana:l] (-s) *m* Suez Canal.

Suff [zʊf] *m*: **etw im ~ sagen** (*umg*) to say sth while under the influence.

süffig ['zʏfɪç] *adj* (*Wein*) very drinkable.

süffisant [zʏfi'zant] *adj* smug.

suggerieren [zʊge'ri:rən] *vt* to suggest.

Suggestivfrage [zʊges'ti:ffra:gə] *f* leading question.

suhlen ['zu:lən] *vr* (*lit, fig*) to wallow.

Sühne ['zy:nə] (-, -n) *f* atonement, expiation.

sühnen *vt* to atone for, expiate.

Sühnetermin *m* (*JUR*) conciliatory hearing.

Suite ['svi:tə] *f* suite.

Sulfat [zʊl'fa:t] (-(e)s, -e) *nt* sulphate (*BRIT*), sulfate (*US*).

Sultan ['zʊltan] (-s, -e) *m* sultan.

Sultanine [zʊlta'ni:nə] *f* sultana.

Sülze ['zʏltsə] (-, -n) *f* brawn (*BRIT*), headcheese (*US*); (*Aspik*) aspic.

summarisch [zʊ'ma:rɪʃ] *adj* summary.

Sümmchen ['zʏmçən] *nt*: **ein hübsches ~** a tidy sum.

Summe (-, -n) *f* sum, total.

summen *vi* to buzz ♦ *vt* (*Lied*) to hum.

Summer (-s, -) *m* buzzer.

summieren [zʊ'mi:rən] *vt* to add up ♦ *vr* to mount up.

Sumpf [zʊmpf] (-(e)s, ¨-e) *m* swamp, marsh.

sumpfig *adj* marshy.

Sund [zʊnt] (-(e)s, -e) *m* sound, straits *pl*.

Sünde ['zʏndə] (-, -n) *f* sin.

Sünden- *zW*: **~bock** *m* (*fig*) scapegoat; **~fall** *m* (*REL*) Fall; **~register** *nt* (*fig*) list of sins.

Sünder(in) (-s, -) *m(f)* sinner.

sündhaft *adj* (*lit*) sinful; (*fig: umg: Preise*) wicked.

sündigen ['zʏndɪgən] *vi* to sin; (*hum*) to indulge; **~ an** +*dat* to sin against.

Super ['zu:pər] (-s) *nt* (*Benzin*) four-star (petrol) (*BRIT*), premium (*US*).

super (*umg*) *adj* super ♦ *adv* incredibly well.

Superlativ ['zu:pərlati:f] (-s, -e) *m* superlative.

Supermarkt *m* supermarket.

Superstar *m* superstar.

Suppe ['zʊpə] (-, -n) *f* soup; (*mit Einlage*) broth; (*klare Brühe*) bouillon; (*fig: umg: Nebel*) peasouper (*BRIT*), pea soup (*US*); **jdm die ~ versalzen** (*umg*) to put a spoke in sb's wheel.

Suppen- *zW*: **~fleisch** *nt* meat for making soup; **~grün** *nt herbs and vegetables for making soup*; **~kasper** (*umg*) *m* poor eater; **~teller** *m* soup plate.

Surfbrett ['zø:rfbrɛt] *nt* surfboard.

surfen ['zø:rfən] *vi* to surf.

Surfer(in) *m(f)* surfer.
Surrealismus [zʊrea'lɪsmʊs] *m* surrealism.
surren ['zʊrən] *vi* to buzz; (*Insekt*) to hum.
Surrogat [zʊro'ga:t] (-(e)s, -e) *nt* substitute, surrogate.
suspekt [zʊs'pɛkt] *adj* suspect.
suspendieren [zʊspɛn'di:rən] *vt*: ~ **(von)** to suspend (from).
Suspendierung *f* suspension.
süß [zy:s] *adj* sweet.
Süße (-) *f* sweetness.
süßen *vt* to sweeten.
Süßholz *nt*: ~ **raspeln** (*fig*) to turn on the blarney.
Süßigkeit *f* sweetness; (*Bonbon etc*) sweet (*BRIT*), candy (*US*).
süß- *zW*: ~**lich** *adj* sweetish; (*fig*) sugary; ~**sauer** *adj* sweet-and-sour; (*fig: gezwungen*: *Lächeln*) forced; (*Gurken etc*) pickled; (*Miene*) artificially friendly; **S~speise** *f* pudding, sweet (*BRIT*); **S~stoff** *m* sweetener; **S~waren** *pl* confectionery *sing*; **S~wasser** *nt* fresh water.
SV (-) *m abk* = **Sportverein**.
SW *abk* (= *Südwest(en)*) SW.
Swasiland ['sva:zilant] (-s) *nt* Swaziland.
SWF (-) *m abk* (*früher*: = *Südwestfunk*) *South West German Radio*.
Sylvester [zʏl'vɛstər] (-s, -) *nt* = **Silvester**.
Symbol [zʏm'bo:l] (-s, -e) *nt* symbol.
Symbolik *f* symbolism.
symbolisch *adj* symbolic(al).
symbolisieren [zʏmboli'zi:rən] *vt* to symbolize.
Symmetrie [zʏme'tri:] *f* symmetry; ~**achse** *f* symmetric axis.
symmetrisch [zʏ'me:trɪʃ] *adj* symmetrical.
Sympathie [zʏmpa'ti:] *f* liking; sympathy; **er hat sich** *dat* **alle** ~**(n) verscherzt** he has turned everyone against him; ~**kundgebung** *f* demonstration of support; ~**streik** *m* sympathy strike.
Sympathisant(in) *m(f)* sympathizer.
sympathisch [zʏm'pa:tɪʃ] *adj* likeable, congenial; **er ist mir** ~ I like him.
sympathisieren [zʏmpati'zi:rən] *vi* to sympathize.
Symphonie [zʏmfo'ni:] *f* = **Sinfonie**.
Symptom [zʏmp'to:m] (-s, -e) *nt* symptom.
symptomatisch [zʏmpto'ma:tɪʃ] *adj* symptomatic.
Synagoge [zyna'go:gə] (-, -n) *f* synagogue.
synchron [zʏn'kro:n] *adj* synchronous; **S~getriebe** *nt* synchromesh gearbox (*BRIT*) *od* transmission (*US*).
synchronisieren [zʏnkroni'zi:rən] *vt* to synchronize; (*Film*) to dub.
Synchronschwimmen *nt* synchronized swimming.
Syndikat [zʏndi'ka:t] (-(e)s, -e) *nt* combine, syndicate.
Syndrom [zʏn'dro:m] (-s, -e) *nt* syndrome.
Synkope [zʏn'ko:pə] (-, -n) *f* (*MUS*) syncopation.
Synode [zʏ'no:də] (-, -n) *f* (*REL*) synod.
Synonym [zʏno'ny:m] (-s, -e) *nt* synonym; **s~** *adj* synonymous.
Syntax ['zʏntaks] (-, -en) *f* syntax.
Synthese [zʏn'te:zə] (-, -n) *f* synthesis.
synthetisch *adj* synthetic.
Syphilis ['zy:filɪs] (-) *f* syphilis.
Syrer(in) ['zy:rər(ɪn)] (-s, -) *m(f)* Syrian.
Syrien (-s) *nt* Syria.
syrisch *adj* Syrian.
System [zʏs'te:m] (-s, -e) *nt* system; ~**analyse** *f* systems analysis; ~**analytiker(in)** *m(f)* systems analyst.
Systematik *f* system.
systematisch [zʏste'ma:tɪʃ] *adj* systematic.
systematisieren [zʏstemati'zi:rən] *vt* to systematize.
System- *zW*: ~**kritiker** *m* critic of the system; ~**platte** *f* (*COMPUT*) system disk; ~**zwang** *m* obligation to conform (to the system).
Szenarium [stse'na:riʊm] *nt* scenario.
Szene ['stse:nə] (-, -n) *f* scene; **sich in der** ~ **auskennen** (*umg*) to know the scene; **sich in** ~ **setzen** to play to the gallery.
Szenenwechsel *m* scene change.
Szenerie [stsenə'ri:] *f* scenery.

$$T, t$$

T, t[1] [te:] *nt* T, t; ~ **wie Theodor** ≈ T for Tommy.
t[2] *abk* (= *Tonne*) t.
Tabak ['ta:bak] (-s, -e) *m* tobacco; ~**laden** *m* tobacconist's (*BRIT*), tobacco store (*US*).
tabellarisch [tabɛ'la:rɪʃ] *adj* tabular.
Tabelle (-, -n) *f* table.
Tabellenführer *m* (*SPORT*) top of the table, league leader.
Tabernakel [tabɛr'na:kəl] (-s, -) *nt* tabernacle.
Tabl. *abk* = **Tablette(n)**.
Tablett (-(e)s, -s *od* -e) *nt* tray.
Tablette [ta'blɛtə] (-, -n) *f* tablet, pill.
Tabu [ta'bu:] (-s, -s) *nt* taboo.
tabuisieren [tabui'zi:rən] *vt* to make taboo.
Tabulator [tabu'la:tɔr] *m* tabulator, tab (*umg*).
tabulieren *vt* to tab.
Tacho ['taxo] (-s, -s) (*umg*) *m* speedo (*BRIT*).
Tachometer [taxo'me:tər] (-s, -) *m* (*AUT*) speedometer.

Tadel ['ta:dəl] (-s, -) *m* censure, scolding;
(*Fehler*) fault; (*Makel*) blemish; **t~los** *adj*
faultless, irreproachable.
tadeln *vt* to scold.
tadelnswert *adj* blameworthy.
Tadschikistan [ta'dʒi:kista:n] (-s) *nt*
Tajikistan.
Tafel ['ta:fəl] (-, -n) *f* (*form: festlicher
Speisetisch, MATH*) table; (*Festmahl*) meal;
(*Anschlag~*) board; (*Wand~*) blackboard;
(*Schiefer~*) slate; (*Gedenk~*) plaque;
(*Illustration*) plate; (*Schalt~*) panel;
(*Schokoladen~ etc*) bar; **t~fertig** *adj* ready to
serve.
täfeln ['tɛ:fəln] *vt* to panel.
Tafelöl *nt* cooking oil; salad oil.
Täfelung *f* panelling (*BRIT*), paneling (*US*).
Tafelwasser *nt* table water.
Taft [taft] (-(e)s, -e) *m* taffeta.
Tag [ta:k] (-(e)s, -e) *m* day; (*Tageslicht*)
daylight; **am ~** during the day; **für** *od* **auf ein
paar ~e** for a few days; **in den ~ hinein
leben** to take each day as it comes; **bei ~(e)**
(*ankommen*) while it's light; (*arbeiten, reisen*)
during the day; **unter ~e** (*MIN*)
underground; **über ~e** (*MIN*) on the surface;
an den ~ kommen to come to light; **er legte
großes Interesse an den ~** he showed great
interest; **auf den ~ (genau)** to the day; **auf
seine alten ~e** at his age; **guten ~!** good
morning/afternoon!; *siehe auch* **zutage; t~aus**
adv: **t~aus, t~ein** day in, day out; **~dienst** *m*
day duty.
Tage- *zW*: **~bau** *m* (*MIN*) open-cast mining;
~buch *nt* diary; **~dieb** *m* idler; **~geld** *nt* daily
allowance; **t~lang** *adv* for days.
tagen *vi* to sit, meet ♦ *vi unpers*: **es tagt** dawn
is breaking.
Tages- *zW*: **~ablauf** *m* daily routine; **~anbruch**
m dawn; **~ausflug** *m* day trip; **~decke** *f*
bedspread; **~fahrt** *f* day trip; **~karte** *f*
(*Eintrittskarte*) day ticket; (*Speisekarte*) menu
of the day; **~kasse** *f* (*COMM*) day's takings
pl; (*THEAT*) box office; **~licht** *nt* daylight;
~mutter *f* child minder; **~ordnung** *f* agenda;
an der ~ordnung sein (*fig*) to be the order of
the day; **~rückfahrkarte** *f* day return
(ticket); **~satz** *m* daily rate; **~schau** *f* (*TV*)
television news (programme (*BRIT*) *od*
program (*US*)); **~stätte** *f* day nursery (*BRIT*),
daycare center (*US*); **~wert** *m* (*FIN*) present
value; **~zeit** *f* time of day; **zu jeder ~- und
Nachtzeit** at all hours of the day and night;
~zeitung *f* daily (paper).
tägl. *abk* = **täglich.**
täglich ['tɛ:klıç] *adj, adv* daily; **einmal ~** once a
day.
tags [ta:ks] *adv*: **~ darauf** *od* **danach** the next
od following day; **~über** *adv* during the day.
tagtäglich *adj* daily ♦ *adv* every (single) day.

Tagung *f* conference.
Tagungsort *m* venue (of a conference).
Tahiti [ta'hi:ti] (-s) *nt* Tahiti.
Taifun [tai'fu:n] (-s, -e) *m* typhoon.
Taille ['taljə] (-, -n) *f* waist.
tailliert [ta'ji:rt] *adj* waisted, gathered at the
waist.
Taiwan ['taivan] (-s) *nt* Taiwan.
Takel ['ta:kəl] (-s, -) *nt* tackle.
takeln ['ta:kəln] *vt* to rig.
Takt [takt] (-(e)s, -e) *m* tact; (*MUS*) time;
~gefühl *nt* tact.
Taktik *f* tactics *pl*.
Taktiker(in) *m(f)* tactician.
taktisch *adj* tactical.
Takt- *zW*: **t~los** *adj* tactless; **~losigkeit** *f*
tactlessness; **~stock** *m* (conductor's) baton;
~strich *m* (*MUS*) bar (line); **t~voll** *adj* tactful.
Tal [ta:l] (-(e)s, -̈er) *nt* valley.
Talar [ta'la:r] (-s, -e) *m* (*JUR*) robe; (*UNIV*)
gown.
Talbrücke *f* bridge over a valley.
Talent [ta'lɛnt] (-(e)s, -e) *nt* talent.
talentiert [talɛn'ti:rt] *adj* talented, gifted.
Talfahrt *f* descent; (*fig*) decline.
Talg [talk] (-(e)s, -e) *m* tallow.
Talgdrüse *f* sebaceous gland.
Talisman ['ta:lısman] (-s, -e) *m* talisman.
Tal- *zW*: **~sohle** *f* bottom of a valley; **~sperre** *f*
dam; **t~wärts** *adv* down to the valley.
Tamburin [tambu'ri:n] (-s, -e) *nt* tambourine.
Tamile [ta'mi:lə] (-n, -n) *m*, **Tamilin** *f* Tamil.
tamilisch *adj* Tamil.
Tampon ['tampɔn] (-s, -s) *m* tampon.
Tamtam [tam'tam] (-s, -s) *nt* (*MUS*) tomtom;
(*umg: Wirbel*) fuss, ballyhoo; (*Lärm*) din.
Tang [taŋ] (-(e)s, -e) *m* seaweed.
Tangente [taŋ'gɛntə] (-, -n) *f* tangent.
Tanger ['taŋər] (-s) *nt* Tangier(s).
tangieren [taŋ'gi:rən] *vt* (*Problem*) to touch on;
(*fig*) to affect.
Tank [taŋk] (-s, -s) *m* tank.
tanken *vt* (*Wagen etc*) to fill up with petrol
(*BRIT*) *od* gas (*US*); (*Benzin etc*) to fill up with
(*AVIAT*) to (re)fuel; (*umg: frische Luft, neue
Kräfte*) to get ♦ *vi* to fill up (with petrol *od*
gas); to (re)fuel.
Tanker (-s, -) *m* tanker.
Tank- *zW*: **~laster** *m* tanker; **~schiff** *nt* tanker;
~stelle *f* petrol (*BRIT*) *od* gas (*US*) station;
~uhr *f* fuel gauge; **~verschluss** ▲ *m* fuel cap;
~wart *m* petrol pump (*BRIT*) *od* gas station
(*US*) attendant.
Tanne ['tanə] (-, -n) *f* fir.
Tannenbaum *m* fir tree.
Tannenzapfen *m* fir cone.
Tansania [tan'za:nia] (-s) *nt* Tanzania.
Tante ['tantə] (-, -n) *f* aunt; **~-Emma-Laden**
(*umg*) *m* corner shop.
Tantieme [tãti'e:mə] (-, -n) *f* fee; (*für Künstler*

etc) royalty.

Tanz [tants] (**-es, ⁻e**) *m* dance.

tänzeln ['tɛntsəln] *vi* to dance along.

tanzen *vt, vi* to dance.

Tänzer(in) (**-s, -**) *m(f)* dancer.

Tanz- *zW:* ~**fläche** *f* (dance) floor; ~**lokal** *nt* café/restaurant with dancing; ~**schule** *f* dancing school.

Tapet [ta'peːt] (*umg*) *nt:* etw aufs ~ bringen to bring sth up.

Tapete [ta'peːtə] (**-, -n**) *f* wallpaper.

Tapetenwechsel *m* (*fig*) change of scenery.

tapezieren [tape'tsiːrən] *vt* to (wall)paper.

Tapezierer (**-s, -**) *m* (interior) decorator.

tapfer ['tapfər] *adj* brave; sich ~ schlagen (*umg*) to put on a brave show; **T~keit** *f* courage, bravery.

tappen ['tapən] *vi* to walk uncertainly *od* clumsily; im Dunkeln ~ (*fig*) to grope in the dark.

täppisch ['tɛpɪʃ] *adj* clumsy.

Tara ['taːra] (**-, Taren**) *f* tare.

Tarantel [ta'rantəl] (**-, -n**) *f:* wie von der ~ gestochen as if stung by a bee.

Tarif [ta'riːf] (**-s, -e**) *m* tariff, (scale of) fares/ charges; nach/über/unter ~ bezahlen to pay according to/above/below the (union) rate(s); ~**autonomie** *f* free collective bargaining; ~**gruppe** *f* grade; **t~lich** *adj* agreed, union; ~**lohn** *m* standard wage rate; ~**ordnung** *f* wage *od* salary scale; ~**partner** *m:* die ~**partner** union and management; ~**vereinbarung** *f* labour (*BRIT*) *od* labor (*US*) agreement; ~**verhandlungen** *pl* collective bargaining *sing*; ~**vertrag** *m* pay agreement.

tarnen ['tarnən] *vt* to camouflage; (*Person, Absicht*) to disguise.

Tarnfarbe *f* camouflage paint.

Tarnmanöver *nt* (*lit, fig*) feint, covering ploy.

Tarnung *f* camouflaging; disguising.

Tarock [ta'rɔk] (**-s, s**) *m od nt* tarot.

Tasche ['taʃə] (**-, -n**) *f* pocket; (*Hand~*) handbag; in die eigene ~ wirtschaften to line one's own pockets; jdm auf der ~ liegen (*umg*) to live off sb.

Taschen- *zW:* ~**buch** *nt* paperback; ~**dieb** *m* pickpocket; ~**geld** *nt* pocket money; ~**lampe** *f* (electric) torch, flashlight (*US*); ~**messer** *nt* penknife; ~**rechner** *m* pocket calculator; ~**spieler** *m* conjurer; ~**tuch** *nt* handkerchief.

Tasmanien [tas'maːniən] (**-s**) *nt* Tasmania.

Tasse ['tasə] (**-, -n**) *f* cup; er hat nicht alle ~n im Schrank (*umg*) he's not all there.

Tastatur [tasta'tuːr] *f* keyboard.

Taste ['tastə] (**-, -n**) *f* push-button control; (*an Schreibmaschine*) key.

tasten *vt* to feel, touch; (*drücken*) to press ♦ *vi* to feel, grope ♦ *vr* to feel one's way.

Tastentelefon *nt* push-button telephone.

Tastsinn *m* sense of touch.

Tat (**-, -en**) *f* act, deed, action; in der ~ indeed, as a matter of fact; etw in die ~ umsetzen to put sth into action.

tat *etc* [taːt] *vb siehe* **tun**.

Tatbestand *m* facts *pl* of the case.

Tatendrang *m* energy.

tatenlos *adj* inactive.

Täter(in) ['tɛːtər(ɪn)] (**-s, -**) *m(f)* perpetrator, culprit; ~**schaft** *f* guilt.

tätig *adj* active; ~**er Teilhaber** active partner; in einer Firma ~ sein to work for a firm.

tätigen *vt* (*COMM*) to conclude; (*geh: Einkäufe, Anruf*) to make.

Tätigkeit *f* activity; (*Beruf*) occupation.

Tätigkeitsbereich *m* field of activity.

tatkräftig *adj* energetic; (*Hilfe*) active.

tätlich *adj* violent; **T~keit** *f* violence; es kam zu **T~keiten** there were violent scenes.

Tatort (**-(e)s, -e**) *m* scene of the crime.

tätowieren [tɛto'viːrən] *vt* to tattoo.

Tätowierung *f* tattooing; (*Ergebnis*) tattoo.

Tatsache *f* fact; jdn vor vollendete ~n stellen to present sb with a fait accompli.

Tatsachenbericht *m* documentary (report).

tatsächlich *adj* actual ♦ *adv* really.

tatverdächtig *adj* suspected.

Tatze ['tatsə] (**-, -n**) *f* paw.

Tau¹ [tau] (**-(e)s, -e**) *nt* rope.

Tau² (**-(e)s**) *m* dew.

taub [taup] *adj* deaf; (*Nuss*) hollow; sich ~ stellen to pretend not to hear.

Taube ['taubə] (**-, -n**) *f* (*ZOOL*) pigeon; (*fig*) dove.

Taubenschlag *m* dovecote; hier geht es zu wie im ~ (*fig: umg*) it's like Waterloo Station here (*BRIT*), it's like Grand Central Station here (*US*).

Taubheit *f* deafness.

taubstumm *adj* deaf-mute.

tauchen ['tauxən] *vt* to dip ♦ *vi* to dive; (*NAUT*) to submerge.

Taucher (**-s, -**) *m* diver; ~**anzug** *m* diving suit.

Tauchsieder (**-s, -**) *m* portable immersion heater.

Tauchstation *f:* auf ~ gehen (*U-Boot*) to dive.

tauen ['tauən] *vt, vi* to thaw ♦ *vi unpers:* es taut it's thawing.

Taufbecken *nt* font.

Taufe ['taufə] (**-, -n**) *f* baptism.

taufen *vt* to baptize; (*nennen*) to christen.

Tauf- *zW:* ~**name** *m* Christian name; ~**pate** *m* godfather; ~**patin** *f* godmother; ~**schein** *m* certificate of baptism.

taugen ['taugən] *vi* to be of use; ~ für to do *od* be good for; nicht ~ to be no good *od* useless.

Taugenichts (**-es, -e**) *m* good-for-nothing.

tauglich ['tauklɪç] *adj* suitable; (*MIL*) fit (for service); **T~keit** *f* suitability; fitness.

Taumel ['tauməl] (**-s**) *m* dizziness; (*fig*) frenzy.

taumelig *adj* giddy, reeling.
taumeln *vi* to reel, stagger.
Taunus ['taʊnʊs] (-) *m* Taunus (Mountains *pl*).
Tausch [taʊʃ] (-(e)s, -e) *m* exchange; **einen guten/schlechten** ~ **machen** to get a good/bad deal.
tauschen *vt* to exchange, swap ♦ *vi*: **ich möchte nicht mit ihm** ~ I wouldn't like to be in his place.
täuschen ['tɔʏʃən] *vt* to deceive ♦ *vi* to be deceptive ♦ *vr* to be wrong; **wenn mich nicht alles täuscht** unless I'm completely wrong.
täuschend *adj* deceptive.
Tauschhandel *m* barter.
Täuschung *f* deception; (*optisch*) illusion.
Täuschungsmanöver *nt* (*SPORT*) feint; (*fig*) ploy.
tausend ['taʊzənt] *num* a *od* one thousand; **T~** (-, -en) *f* (*Zahl*) thousand.
Tausender (-s, -) *m* (*Geldschein*) thousand.
Tausendfüßler (-s, -) *m* centipede.
Tau- *zW*: ~**tropfen** *m* dew drop; ~**wetter** *nt* thaw; ~**ziehen** *nt* tug-of-war.
Taxe ['taksə] (-, -n) *f* taxi, cab.
Taxi ['taksi] (-(s), -(s)) *nt* taxi, cab.
taxieren [ta'ksiːrən] *vt* (*Preis, Wert*) to estimate; (*Haus, Gemälde*) to value; (*mustern*) to look up and down.
Taxi- *zW*: ~**fahrer** *m* taxi driver; ~**stand** *m* taxi rank (*BRIT*) *od* stand (*US*).
Tb, Tbc *f abk* (= *Tuberkulose*) TB.
Teamarbeit ['tiːmarbaɪt] *f* teamwork.
Technik ['tɛçnɪk] *f* technology; (*Methode, Kunstfertigkeit*) technique.
Techniker(in) (-s -) *m(f)* technician.
technisch *adj* technical; ~**e Hochschule** ≈ polytechnic.
Technologie [tɛçnolo'giː] *f* technology.
technologisch [tɛçno'loːgɪʃ] *adj* technological.
Techtelmechtel [tɛçtəl'mɛçtəl] (-s, -) (*umg*) *nt* (*Liebschaft*) affair, carry-on.
TEE *abk* (= *Trans-Europ-Express*) Trans-Europe-Express.
Tee [teː] (-s, -s) *m* tea; ~**beutel** *m* tea bag; ~**kanne** *f* teapot; ~**licht** *nt* night-light; ~**löffel** *m* teaspoon; ~**mischung** *f* blend of tea.
Teer [teːr] (-(e)s, -e) *m* tar; **t~en** *vt* to tar.
Teesieb *nt* tea strainer.
Teewagen *m* tea trolley.
Teflon ® ['tɛfloːn] (-s) *nt* Teflon ®.
Teheran ['teːhəraːn] (-s) *nt* Teheran.
Teich [taɪç] (-(e)s, -e) *m* pond.
Teig [taɪk] (-(e)s, -e) *m* dough.
teigig ['taɪgɪç] *adj* doughy.
Teigwaren *pl* pasta *sing*.
Teil [taɪl] (-(e)s, -e) *m od nt* part; (*Anteil*) share ♦ *nt* (*Bestand~*) component, part; (*Ersatz~*) spare (part); **zum** ~ partly; **ich für mein(en)** ~ ... I, for my part ...; **sich** *dat* **sein** ~ **denken**

(*umg*) to draw one's own conclusions; **er hat sein(en)** ~ **dazu beigetragen** he did his bit *od* share; **t~bar** *adj* divisible; ~**betrag** *m* instalment (*BRIT*), installment (*US*); ~**chen** *nt* (atomic) particle.
teilen *vt* to divide; (*mit jdm*) to share ♦ *vr* to divide; (*in Gruppen*) to split up.
Teil- *zW*: **t~entrahmt** *adj* semi-skimmed; ~**gebiet** *nt* (*Bereich*) branch; (*räumlich*) area; **t~haben** *unreg vi*: **an etw** *dat* **t~haben** to share in sth; ~**haber** (-s, -) *m* partner; ~**kaskoversicherung** *f* third party, fire and theft insurance.
Teilnahme (-, -n) *f* participation; (*Mitleid*) sympathy; **jdm seine herzliche** ~ **aussprechen** to offer sb one's heartfelt sympathy.
teilnahmslos *adj* disinterested, apathetic.
teilnehmen *unreg vi*: **an etw** *dat* ~ to take part in sth.
Teilnehmer(in) (-s, -) *m(f)* participant.
teils *adv* partly.
Teilschaden *m* partial loss.
Teilstrecke *f* stage; (*von Straße*) stretch; (*bei Bus etc*) fare stage.
Teilung *f* division.
Teil- *zW*: **t~weise** *adv* partially, in part; ~**zahlung** *f* payment by instalments (*BRIT*) *od* installments (*US*); ~**zeitarbeit** *f* part-time job *od* work.
Teint [tɛ̃ː] (-s, -s) *m* complexion.
Telearbeit ['teːlearbaɪt] *f* teleworking.
Telebanking ['teːlebɛŋkɪŋ] (-s) *nt* telebanking.
Telebrief ['teːlebriːf] *m* facsimile, fax.
Telefax ['teːlefaks] (-) *nt* telefax.
Telefon [tele'foːn] (-s, -e) *nt* (tele)phone; **ans** ~ **gehen** to answer the phone; ~**amt** *nt* telephone exchange; ~**anruf** *m* (tele)phone call.
Telefonat [telefo'naːt] (-(e)s, -e) *nt* (tele)phone call.
Telefon- *zW*: ~**buch** *nt* (tele)phone directory; ~**gebühr** *f* call charge; (*Grundgebühr*) (tele)phone rental; ~**gespräch** *nt* (tele)phone call; ~**häuschen** (*umg*) *nt* = **Telefonzelle**.
telefonieren [telefo'niːrən] *vi* to (tele)phone; **bei jdm** ~ to use sb's phone; **mit jdm** ~ to speak to sb on the phone.
telefonisch [tele'foːnɪʃ] *adj* telephone; (*Benachrichtigung*) by telephone; **ich bin** ~ **zu erreichen** I can be reached by phone.
Telefonist(in) [telefo'nɪst(ɪn)] *m(f)* telephonist.
Telefon- *zW*: ~**karte** *f* phone card; ~**nummer** *f* (tele)phone number; ~**seelsorge** *f*: **die** ~**seelsorge** ≈ the Samaritans; ~**verbindung** *f* telephone connection; ~**zelle** *f* telephone box (*BRIT*) *od* booth (*US*), callbox (*BRIT*); ~**zentrale** *f* telephone exchange.
Telegraf [tele'graːf] (-en, -en) *m* telegraph.
Telegrafenleitung *f* telegraph line.

Telegrafenmast m telegraph pole.
Telegrafie [telegra'fi:] f telegraphy.
telegrafieren [telegra'fi:rən] vt, vi to telegraph, cable, wire.
telegrafisch [tele'gra:fɪʃ] adj telegraphic; **jdm ~ Geld überweisen** to cable sb money.
Telegramm [tele'gram] (-s, -e) nt telegram, cable; **~adresse** f telegraphic address; **~formular** nt telegram form.
Telekolleg ['te:ləkɔle:k] nt ≈ Open University (BRIT).
Teleobjektiv ['te:lə|ɔpjɛkti:f] nt telephoto lens.
Telepathie [telepa'ti:] f telepathy.
telepathisch [tele'pa:tɪʃ] adj telepathic.
Teleskop [tele'sko:p] (-s, -e) nt telescope.
Telespiel nt video game.
Telex ['te:lɛks] (-, -(e)) nt telex.
Teller ['tɛlər] (-s, -) m plate.
Tempel ['tɛmpəl] (-s, -) m temple.
Temperafarbe ['tɛmperafarbə] f distemper.
Temperament [tɛmpera'mɛnt] nt temperament; (Schwung) vivacity, vitality; **sein ~ ist mit ihm durchgegangen** he went over the top; **t~los** adj spiritless; **t~voll** adj high-spirited, lively.
Temperatur [tɛmpera'tu:r] f temperature; **erhöhte ~ haben** to have a temperature.
Tempo¹ ['tɛmpo] (-s, -s) nt speed, pace; **~!** get a move on!
Tempo² ['tɛmpo] (-s, **Tempi**) nt (MUS) tempo; **das ~ angeben** (fig) to set the pace; **~limit** nt speed limit.
temporär [tɛmpo'rɛːr] adj temporary.
Tempotaschentuch ® nt paper handkerchief.
Tendenz [tɛn'dɛnts] f tendency; (Absicht) intention.
tendenziell [tɛndɛntsi'ɛl] adj: **nur ~e Unterschiede** merely differences in emphasis.
tendenziös [tɛndɛntsi'ø:s] adj bias(s)ed, tendentious.
tendieren [tɛn'di:rən] vi: **zu etw ~** to show a tendency to(wards) sth, incline to(wards) sth.
Teneriffa [tene'rɪfa] (-s) nt Tenerife.
Tenne ['tɛnə] (-, -n) f threshing floor.
Tennis ['tɛnɪs] (-) nt tennis; **~platz** m tennis court; **~schläger** m tennis racket; **~spieler** m tennis player.
Tenor [te'no:r] (-s, ⁻e) m tenor.
Teppich ['tɛpɪç] (-s, -e) m carpet; **~boden** m wall-to-wall carpeting; **~kehrmaschine** f carpet sweeper; **~klopfer** m carpet beater.
Termin [tɛr'mi:n] (-s, -e) m (Zeitpunkt) date; (Frist) deadline; (Arzt etc) appointment; (JUR: Verhandlung) hearing; **sich dat einen ~ geben lassen** to make an appointment; **t~gerecht** adj on schedule.

terminieren [tɛrmi'ni:rən] vt (befristen) to limit; (festsetzen) to set a date for.
Terminkalender m diary, appointments book.
Terminologie [tɛrminolo'gi:] f terminology.
Termite [tɛr'mi:tə] (-, -n) f termite.
Terpentin [tɛrpɛn'ti:n] (-s, -e) nt turpentine, turps sing.
Terrain [tɛ'rɛ̃:] (-s, -s) nt land, terrain; (fig) territory; **das ~ sondieren** (MIL) to reconnoitre the terrain; (fig) to see how the land lies.
Terrasse [tɛ'rasə] (-, -n) f terrace.
Terrine [tɛ'ri:nə] f tureen.
territorial [tɛritori'a:l] adj territorial.
Territorium [tɛri'to:rium] nt territory.
Terror ['tɛrɔr] (-s) m terror; (~herrschaft) reign of terror; **blanker ~** sheer terror; **~anschlag** m terrorist attack.
terrorisieren [tɛrori'zi:rən] vt to terrorize.
Terrorismus [tɛro'rɪsmʊs] m terrorism.
Terrorist(in) m(f) terrorist.
terroristisch adj terrorist attr.
Terrororganisation f terrorist organization.
Tertia ['tɛrtsia] (-, **Tertien**) f (SCH: früher: Unter~/Ober~) fourth/fifth year of German secondary school.
Terz [tɛrts] (-, -en) f (MUS) third.
Terzett [tɛr'tsɛt] (-(e)s, -e) nt (MUS) trio.
Tesafilm ® ['te:zafɪlm] m Sellotape ® (BRIT), Scotch tape ® (US).
Test [tɛst] (-s, -s) m test.
Testament [tɛsta'mɛnt] nt will, testament; (REL) Testament; **Altes/Neues ~** Old/New Testament.
testamentarisch [tɛstamen'ta:rɪʃ] adj testamentary.
Testamentsvollstrecker(in) (-s, -) m(f) executor (of a will).
Testat [tɛs'ta:t] (-(e)s, -e) nt certificate.
Testator [tɛs'ta:tɔr] m testator.
Test- zW: **~bild** nt (TV) test card; **t~en** vt to test; **~fall** m test case; **~person** f subject (of a test); **~stoppabkommen** nt nuclear test ban agreement.
Tetanus ['te:tanʊs] (-) m tetanus; **~impfung** f (anti-)tetanus injection.
teuer ['tɔyər] adj dear, expensive; **teures Geld** good money; **das wird ihn ~ zu stehen kommen** (fig) that will cost him dear.
Teuerung f increase in prices.
Teuerungszulage f cost-of-living bonus.
Teufel ['tɔyfəl] (-s, -) m devil; **den ~ an die Wand malen** (schwarz malen) to imagine the worst; (Unheil heraufbeschwören) to tempt fate od providence; **in ~s Küche kommen** to get into a mess; **jdn zum ~ jagen** (umg) to send sb packing.
Teufelei [tɔyfə'lai] f devilment.
Teufels- zW: **~austreibung** f exorcism; **~brut**

(*umg*) f devil's brood; **~kreis** m vicious circle.

teuflisch ['tɔyflɪʃ] *adj* fiendish, diabolic.

Text [tɛkst] (-(e)s, -e) m text; (*Lieder~*) words pl; (: *von Schlager*) lyrics pl; **~dichter** m songwriter; **t~en** vi to write the words.

textil [tɛks'tiːl] *adj* textile; **T~branche** f textile trade.

Textilien pl textiles pl.

Textilindustrie f textile industry.

Textilwaren pl textiles pl.

Text- zW: **~nachrichten** pl (*TEL*) text messaging; **~stelle** f passage; **~ verarbeitungssystem** nt word processor.

TH (-, -s) f abk (= *technische Hochschule*) *siehe* **technisch**.

Thailand ['taɪlant] (-s) nt Thailand.

Thailänder(in) ['taɪlɛndər(ɪn)] (-s, -) m(f) Thai.

Theater [te'aːtər] (-s, -) nt theatre (*BRIT*), theater (*US*); (*umg*) fuss; **(ein) ~ machen** to make a (big) fuss; **~ spielen** to act; (*fig*) to put on an act; **~besucher** m playgoer; **~kasse** f box office; **~stück** nt (stage) play.

theatralisch [tea'traːlɪʃ] *adj* theatrical.

Theke ['teːkə] (-, -n) f (*Schanktisch*) bar; (*Ladentisch*) counter.

Thema ['teːma] (-s, **Themen** od **-ta**) nt (*MUS, Leitgedanke*) theme; topic, subject; **beim ~ bleiben/vom ~ abschweifen** to stick to/ wander off the subject.

thematisch [te'maːtɪʃ] *adj* thematic.

Themenkreis m topic.

Themenpark m theme park.

Themse ['tɛmzə] f: **die ~** the Thames.

Theologe [teo'loːgə] (-n, -n) m theologian.

Theologie [teolo'giː] f theology.

Theologin f theologian.

theologisch [teo'loːgɪʃ] *adj* theological.

Theoretiker(in) [teo're:tikər(ɪn)] (-s, -) m(f) theorist.

theoretisch *adj* theoretical; **~ gesehen** in theory, theoretically.

Theorie [teo'riː] f theory.

Therapeut [tera'pɔyt] (-en, -en) m therapist.

therapeutisch *adj* therapeutic.

Therapie [tera'piː] f therapy.

Thermalbad [tɛr'maːlbaːt] nt thermal bath; (*Badeort*) thermal spa.

Thermalquelle f thermal spring.

Thermometer [tɛrmo'meːtər] (-s, -) nt thermometer.

Thermosflasche ® ['tɛrmɔsflaʃə] f Thermos ® flask.

Thermostat [tɛrmo'staːt] (-(e)s od **-en, -e(n)**) m thermostat.

These ['teːzə] (-, -n) f thesis.

Thrombose [trɔm'boːzə] (-, -n) f thrombosis.

Thron [troːn] (-(e)s, -e) m throne; **~besteigung** f accession (to the throne).

thronen vi to sit enthroned; (*fig*) to sit in state.

Thronerbe m heir to the throne.

Thronfolge f succession (to the throne).

Thunfisch ['tuːnfɪʃ] m tuna (fish).

Thüringen ['tyːrɪŋən] (-s) nt Thuringia.

Thymian ['tyːmiaːn] (-s, -e) m thyme.

Tibet ['tiːbɛt] (-s) nt Tibet.

Tick [tɪk] (-(e)s, -s) m tic; (*Eigenart*) quirk; (*Fimmel*) craze.

ticken vi to tick; **nicht richtig ~** (*umg*) to be off one's rocker.

Ticket ['tɪkət] (-s, -s) nt ticket.

tief [tiːf] *adj* deep; (*~sinnig*) profound; (*Ausschnitt, Ton*) low; **~er Teller** soup plate; **~ greifend** far-reaching; **~ schürfend** profound; **bis ~ in die Nacht hinein** late into the night; **T~** (-s, -s) nt (*MET*) depression; (*fig*) low; **T~bau** m civil engineering (*at or below ground level*); **T~druck** m (*MET*) low pressure.

Tiefe (-, -n) f depth.

Tiefebene ['tiːfˈeːbənə] f plain.

Tiefenpsychologie f depth psychology.

Tiefenschärfe f (*PHOT*) depth of focus.

tief- zW: **~ernst** *adj* very grave od solemn; **T~flug** m low-level od low-altitude flight; **T~gang** m (*NAUT*) draught (*BRIT*), draft (*US*); (*geistig*) depth; **T~garage** f underground car park (*BRIT*) od parking lot (*US*); **~gekühlt** *adj* frozen; **T~kühlfach** nt freezer compartment; **T~kühlkost** f frozen food; **T~kühltruhe** f freezer, deep freezer (*US*); **T~lader** (-s, -) m low-loader; **T~land** nt lowlands pl; **T~parterre** f basement; **T~punkt** m low point; (*fig*) low ebb; **T~schlag** m (*BOXEN, fig*) blow below the belt; **T~see** f deep parts of the sea; **T~sinn** m profundity; **~sinnig** *adj* profound; (*umg*) melancholy; **T~stand** m low level; **~stapeln** vi to be overmodest; **T~start** m (*SPORT*) crouch start.

Tiefstwert m minimum od lowest value.

Tiegel ['tiːgəl] (-s, -) m saucepan; (*CHEM*) crucible.

Tier [tiːr] (-(e)s, -e) nt animal; **~arzt** m, **~ärztin** f vet(erinary surgeon) (*BRIT*), veterinarian (*US*); **~freund** m animal lover; **~garten** m zoo, zoological gardens pl; **~handlung** f pet shop (*BRIT*) od store (*US*); **t~isch** *adj* animal attrib; (*lit, fig*) brutish; (*fig: Ernst etc*) deadly; **~kreis** m zodiac; **~kunde** f zoology; **t~lieb** *adj*, **t~liebend** *adj* fond of animals; **~quälerei** f cruelty to animals; **~reich** nt animal kingdom; **~schutz** m protection of animals; **~schutzverein** m society for the prevention of cruelty to animals; **~versuch** m animal experiment; **~welt** f animal kingdom.

Tiger ['tiːgər] (-s, -) m tiger; **~in** f tigress.

tilgen ['tɪlgən] vt to erase; (*Sünden*) to expiate; (*Schulden*) to pay off.

Tilgung f erasing, blotting out; expiation;

repayment.

Tilgungsfonds m (COMM) sinking fund.

tingeln ['tɪŋgəln] (umg) vi to appear in small night clubs.

Tinktur [tɪŋk'tuːr] f tincture.

Tinte ['tɪntə] (-, -n) f ink.

Tinten- zW: ~**fass▲** nt inkwell; ~**fisch** m cuttlefish; (achtarmig) octopus; ~**fleck** m ink stain od blot; ~**stift** m indelible pencil; ~**strahldrucker** m ink-jet printer.

Tipp▲ [tɪp] (-s, -s) m (SPORT, BÖRSE) tip; (Andeutung) hint; (an Polizei) tip-off.

Tippelbruder (umg) m tramp, gentleman of the road (BRIT), hobo (US).

tippen ['tɪpən] vi to tap, touch; (umg: schreiben) to type; (im Lotto etc) to bet ♦ vt to type; to bet; **auf jdn ~** (umg: raten) to tip sb, put one's money on sb (fig).

Tippfehler (umg) m typing error.

Tippse (-, -n) (umg) f typist.

tipptopp ['tɪp'tɔp] (umg) adj tiptop.

Tippzettel m (pools) coupon.

Tirade [ti'raːdə] (-, -n) f tirade.

Tirol [ti'roːl] (-s) nt the Tyrol.

Tiroler(in) (-s, -) m(f) Tyrolese, Tyrolean.

tirolerisch adj Tyrolese, Tyrolean.

Tisch [tɪʃ] (-(e)s, -e) m table; **bitte zu ~!** lunch od dinner is served; **bei ~** at table; **vor/nach ~** before/after eating; **unter den ~ fallen** (fig) to be dropped; ~**decke** f tablecloth.

Tischler (-s, -) m carpenter, joiner.

Tischlerei [tɪʃlə'raɪ] f joiner's workshop; (Arbeit) carpentry, joinery.

Tischlerhandwerk nt cabinetmaking.

tischlern vi to do carpentry etc.

Tisch- zW: ~**nachbar** m neighbour (BRIT) od neighbor (US) (at table); ~**rechner** m desk calculator; ~**rede** f after-dinner speech; ~**tennis** nt table tennis; ~**tuch** nt tablecloth.

Titel ['tiːtəl] (-s, -) m title; ~**anwärter** m (SPORT) challenger; ~**bild** nt cover (picture); (von Buch) frontispiece; ~**geschichte** f headline story; ~**rolle** f title role; ~**seite** f cover; (Buch-) title page; ~**verteidiger** m defending champion, title holder.

Titte ['tɪtə] (-, -n) (umg) f (weibliche Brust) boob, tit (umg).

titulieren [titu'liːrən] vt to entitle; (anreden) to address.

tja [tja] interj well!

Toast [toːst] (-(e)s, -s od -e) m toast.

toasten vi to drink a toast ♦ vt (Brot) to toast; **auf jdn ~** to toast sb, drink a toast to sb.

Toaster (-s, -) m toaster.

toben ['toːbən] vi to rage; (Kinder) to romp about.

tob- zW: T~**sucht** f raving madness; ~**süchtig** adj maniacal; T~**suchtsanfall** m maniacal fit.

Tochter ['tɔxtər] (-, ⸚) f daughter;

~**gesellschaft** f subsidiary (company).

Tod [toːt] (-(e)s, -e) m death; **zu ~e betrübt sein** to be in the depths of despair; **eines natürlichen/gewaltsamen ~es sterben** to die of natural causes/die a violent death; **t~ernst** (umg) adj deadly serious ♦ adv in dead earnest.

Todes- zW: ~**angst** f mortal fear; ~**ängste ausstehen** (umg) to be scared to death; ~**anzeige** f obituary (notice); ~**fall** m death; ~**kampf** m death throes pl; ~**opfer** nt death, casualty, fatality; ~**qualen** pl: ~**qualen ausstehen** (fig) to suffer agonies; ~**stoß** m deathblow; ~**strafe** f death penalty; ~**tag** m anniversary of death; ~**ursache** f cause of death; ~**urteil** nt death sentence; ~**verachtung** f utter disgust.

Todfeind m deadly od mortal enemy.

todkrank adj dangerously ill.

tödlich ['tøːtlɪç] adj fatal; (Gift) deadly, lethal.

tod- zW: ~**müde** adj dead tired; ~**schick** (umg) adj smart, classy; ~**sicher** (umg) adj absolutely od dead certain; T~**sünde** f deadly sin; ~**traurig** adj extremely sad.

Tofu ['toːfu] (-(s)) m tofu.

Togo ['toːgo] (-s) nt Togo.

Toilette [toa'lɛtə] f toilet, lavatory (BRIT), john (US); (Frisiertisch) dressing table; (Kleidung) outfit; **auf die ~ gehen/auf der ~ sein** to go to/be in the toilet.

Toiletten- zW: ~**artikel** pl toiletries pl, toilet articles pl; ~**papier** nt toilet paper; ~**tisch** m dressing table.

toi, toi, toi ['tɔy'tɔy'tɔy] (umg) interj good luck; (unberufen) touch wood.

Tokio ['toːkjo] (-s) nt Tokyo.

tolerant [tole'rant] adj tolerant.

Toleranz f tolerance.

tolerieren [tole'riːrən] vt to tolerate.

toll [tɔl] adj mad; (Treiben) wild; (umg) terrific.

tollen vi to romp.

toll- zW: T~**heit** f madness, wildness; T~**kirsche** f deadly nightshade; ~**kühn** adj daring; T~**wut** f rabies.

Tölpel ['tœlpəl] (-s, -) m oaf, clod.

Tomate [to'maːtə] (-, -n) f tomato; **du treulose ~!** (umg) you're a fine friend!

Tomatenmark (-(e)s) nt tomato purée.

Tombola ['tɔmbola] (-, -s od **Tombolen**) f tombola.

Ton¹ [toːn] (-(e)s, -e) m (Erde) clay.

Ton² [toːn] (-(e)s, ⸚e) m (Laut) sound; (MUS) note; (Redeweise) tone; (Farb-, Nuance) shade; (Betonung) stress; **keinen ~ herausbringen** not to be able to say a word; **den ~ angeben** (MUS) to give an A; (fig: Mensch) to set the tone; ~**abnehmer** m pick-up; t~**angebend** adj leading; ~**arm** m pick-up arm; ~**art** f (musical) key; ~**band** nt tape; ~**bandaufnahme** f tape recording;

~bandgerät *nt* tape recorder.
tönen ['tøːnən] *vi* to sound ♦ *vt* to shade; (*Haare*) to tint.
tönern ['tøːnərn] *adj* clay.
Ton- *zW:* **~fall** *m* intonation; **~film** *m* sound film; **~höhe** *f* pitch.
Tonika ['toːnika] (-, -iken) *f* (*MUS*) tonic.
Tonikum (-s, -ika) *nt* (*MED*) tonic.
Ton- *zW:* **~ingenieur** *m* sound engineer; **~kopf** *m* recording head; **~künstler** *m* musician; **~leiter** *f* (*MUS*) scale; **t~los** *adj* soundless.
Tonne ['tɔnə] (-, -n) *f* barrel; (*Maß*) ton.
Ton- *zW:* **~spur** *f* soundtrack; **~taube** *f* clay pigeon; **~waren** *pl* pottery *sing*, earthenware *sing*.
Topf [tɔpf] (-(e)s, ̈-e) *m* pot; **alles in einen ~ werfen** (*fig*) to lump everything together; **~blume** *f* pot plant.
Töpfer(in) ['tœpfər(ɪn)] (-s, -) *m(f)* potter.
Töpferei [tœpfə'raɪ] *f* (*Töpferware*) pottery; (*Werkstatt*) pottery, potter's workshop.
töpfern *vi* to do pottery.
Töpferscheibe *f* potter's wheel.
topfit ['tɔp'fɪt] *adj* in top form.
Topflappen *m* ovencloth.
topografisch▲ [topo'graːfɪʃ] *adj* topographic.
topp [tɔp] *interj* O.K.
Tor¹ [toːr] (-en, -en) *m* fool.
Tor² (-(e)s, -e) *nt* gate; (*SPORT*) goal; **~bogen** *m* archway; **~einfahrt** *f* entrance gate.
Toresschluss▲ *m:* **(kurz) vor ~** right at the last minute.
Torf [tɔrf] (-(e)s) *m* peat; **~stechen** *nt* peat-cutting.
Torheit *f* foolishness; (*törichte Handlung*) foolish deed.
Torhüter (-s, -) *m* goalkeeper.
töricht ['tøːrɪçt] *adj* foolish.
torkeln ['tɔrkəln] *vi* to stagger, reel.
torpedieren [tɔrpe'diːrən] *vt* (*lit, fig*) to torpedo.
Torpedo [tɔr'peːdo] (-s, -s) *m* torpedo.
Torschlusspanik▲ ['toːrʃlʊspaˌnɪk] (*umg*) *f* (*von Unverheirateten*) *fear of being left on the shelf.*
Torte ['tɔrtə] (-, -n) *f* cake; (*Obst~*) flan, tart.
Tortenguss *m* glaze.
Tortenheber *m* cake slice.
Tortur [tɔr'tuːr] *f* ordeal.
Torverhältnis *nt* goal average.
Torwart (-(e)s, -e) *m* goalkeeper.
tosen ['toːzən] *vi* to roar.
Toskana [tɔs'kaːna] *f* Tuscany.
tot [toːt] *adj* dead; **er war auf der Stelle ~** he died instantly; **~ geboren** stillborn; **sich ~ stellen** to pretend to be dead; **der ~e Winkel** the blind spot; **einen ~en Punkt haben** to be at one's lowest; **das T~e Meer** the Dead Sea.
total [to'taːl] *adj* total; **T~ausverkauf** *m*

clearance sale.
totalitär [totali'tɛːr] *adj* totalitarian.
Totaloperation *f* extirpation; (*von Gebärmutter*) hysterectomy.
Totalschaden *m* (*AUT*) complete write-off.
totarbeiten *vr* to work o.s. to death.
totärgern (*umg*) *vr* to get really annoyed.
Tote(r) *f(m)* dead person.
töten ['tøːtən] *vt, vi* to kill.
Toten- *zW:* **~bett** *nt* deathbed; **t~blass▲** *adj* deathly pale, white as a sheet; **~gräber** (-s, -) *m* gravedigger; **~hemd** *nt* shroud; **~kopf** *m* skull; **~messe** *f* requiem mass; **~schein** *m* death certificate; **~stille** *f* deathly silence; **~tanz** *m* danse macabre; **~wache** *f* wake.
tot- *zW:* **~fahren** *unreg vt* to run over; **~kriegen** (*umg*) *vt:* **nicht ~zukriegen sein** to go on for ever; **~lachen** (*umg*) *vr* to laugh one's head off.
Toto ['toːto] (-s, -s) *m od nt* ≈ pools *pl*; **~schein** *m* ≈ pools coupon.
tot- *zW:* **~sagen** *vt:* **jdn ~sagen** to say that sb is dead; **T~schlag** *m* (*JUR*) manslaughter, second degree murder (*US*); **~schlagen** *unreg vt* (*lit, fig*) to kill; **T~schläger** *m* (*Waffe*) cosh (*BRIT*), blackjack (*US*); **~schweigen** *unreg vt* to hush up; **~treten** *unreg vt* to trample to death.
Tötung ['tøːtʊŋ] *f* killing.
Toupet [tu'peː] (-s, -s) *nt* toupee.
toupieren [tu'piːrən] *vt* to backcomb.
Tour [tuːr] (-, -en) *f* tour, trip; (*Umdrehung*) revolution; (*Verhaltensart*) way; **auf ~en kommen** (*AUT*) to reach top speed; (*fig*) to get into top gear; **auf vollen ~en laufen** (*lit*) to run at full speed; (*fig*) to be in full swing; **auf die krumme ~** by dishonest means; **in einer ~** incessantly.
Tourenzahl *f* number of revolutions.
Tourenzähler *m* rev counter.
Tourismus [tu'rɪsmʊs] *m* tourism.
Tourist(in) *m(f)* tourist.
Touristenklasse *f* tourist class.
Touristik [tu'rɪstɪk] *f* tourism.
touristisch *adj* tourist *attr*.
Tournee [tur'neː] (-, -s *od* -n) *f* (*THEAT etc*) tour; **auf ~ gehen** to go on tour.
Trab [traːp] (-(e)s) *m* trot; **auf ~ sein** (*umg*) to be on the go.
Trabant [tra'bant] *m* satellite.
Trabantenstadt *f* satellite town.
traben ['traːbən] *vi* to trot.
Tracht [traxt] (-, -en) *f* (*Kleidung*) costume, dress; **eine ~ Prügel** a sound thrashing.
trachten *vi* to strive, endeavour (*BRIT*), endeavor (*US*); **danach ~, etw zu tun** to strive to do sth; **jdm nach dem Leben ~** to seek to kill sb.
trächtig ['trɛçtɪç] *adj* (*Tier*) pregnant.
Tradition [traditsi'oːn] *f* tradition.
traditionell [traditsio'nɛl] *adj* traditional.

traf *etc* [traːf] *vb siehe* **treffen**.
Tragbahre *f* stretcher.
tragbar *adj* (*Gerät*) portable; (*Kleidung*) wearable; (*erträglich*) bearable.
träge ['trɛːgə] *adj* sluggish, slow; (*PHYS*) inert.
tragen ['traːgən] *unreg vt* to carry; (*Kleidung, Brille*) to wear; (*Namen, Früchte*) to bear; (*erdulden*) to endure ♦ *vi* (*schwanger sein*) to be pregnant; (*Eis*) to hold; **schwer an etw** *dat* ~ (*lit*) to have a job carrying sth; (*fig*) to find sth hard to bear; **zum T~ kommen** to come to fruition; (*nützlich werden*) to come in useful.
tragend *adj* (*Säule, Bauteil*) load-bearing; (*Idee, Motiv*) fundamental.
Träger ['trɛːgər] (**-s, -**) *m* carrier; wearer; bearer; (*Ordens~*) holder; (*an Kleidung*) (shoulder) strap; (*Körperschaft etc*) sponsor; (*Holz~, Beton~*) (supporting) beam; (*Stahl~, Eisen~*) girder; (*TECH: Stütze von Brücken etc*) support.
Trägerin *f* (*Person*) *siehe* **Träger**.
Träger- *zW*: ~**kleid** *nt* pinafore dress (*BRIT*), jumper (*US*); ~**rakete** *f* launch vehicle; ~**rock** *m* skirt with shoulder straps.
Tragetasche *f* carrier bag (*BRIT*), carry-all (*US*).
Trag- *zW*: ~**fähigkeit** *f* load-bearing capacity; ~**fläche** *f* (*AVIAT*) wing; ~**flügelboot** *nt* hydrofoil.
Trägheit ['trɛːkhaɪt] *f* laziness; (*PHYS*) inertia.
Tragik ['traːgɪk] *f* tragedy.
tragikomisch [tragi'koːmɪʃ] *adj* tragi-comic.
tragisch *adj* tragic; **etw** ~ **nehmen** (*umg*) to take sth to heart.
Traglast *f* load.
Tragödie [tra'gøːdiə] *f* tragedy.
trägt [trɛːkt] *vb siehe* **tragen**.
Tragweite *f* range; (*fig*) scope; **von großer** ~ **sein** to have far-reaching consequences.
Tragwerk *nt* wing assembly.
Trainer(in) ['trɛːnər(ɪn)] (**-s, -**) *m(f)* (*SPORT*) trainer, coach; (*FUSSBALL*) manager.
trainieren [trɛ'niːrən] *vt* to train; (*Übung*) to practise (*BRIT*), practice (*US*) ♦ *vi* to train; **Fußball** ~ to do football practice.
Training (**-s, -s**) *nt* training.
Trainingsanzug *m* track suit.
Trakt [trakt] (**-(e)s, -e**) *m* (*Gebäudeteil*) section; (*Flügel*) wing.
Traktat [trak'taːt] (**-(e)s, -e**) *m od nt* (*Abhandlung*) treatise; (*Flugschrift, religiöse Schrift*) tract.
traktieren (*umg*) *vt* (*schlecht behandeln*) to maltreat; (*quälen*) to torment.
Traktor ['traktɔr] *m* tractor; (*von Drucker*) tractor feed.
trällern ['trɛlərn] *vt, vi* to warble; (*Vogel*) to trill, warble.
trampeln ['trampəln] *vt* to trample;

(*abschütteln*) to stamp ♦ *vi* to stamp.
Trampelpfad *m* track, path.
Trampeltier *nt* (*ZOOL*) (Bactrian) camel; (*fig: umg*) clumsy oaf.
trampen ['trɛmpən] *vi* to hitchhike.
Tramper(in) [trɛmpər(ɪn)] (**-s, -**) *m(f)* hitchhiker.
Trampolin [trampo'liːn] (**-s, -e**) *nt* trampoline.
Tranchierbesteck *nt* pair of carvers, carvers pl.
tranchieren [trɑ̃'ʃiːrən] *vt* to carve.
Träne ['trɛːnə] (**-, -n**) *f* tear.
tränen *vi* to water.
Tränengas *nt* tear gas.
tranig ['traːnɪç] (*umg*) *adj* slow, sluggish.
trank *etc* [traŋk] *vb siehe* **trinken**.
Tränke ['trɛŋkə] (**-, -n**) *f* watering place.
tränken *vt* (*nass machen*) to soak; (*Tiere*) to water.
Transaktion [transʔaktsi'oːn] *f* transaction.
Tranchierbesteck *nt* = **Tranchierbesteck**.
transchieren *vt* = **tranchieren**.
Transformator [transfɔr'maːtɔr] *m* transformer.
Transfusion [transfuzi'oːn] *f* transfusion.
Transistor [tran'zɪstɔr] *m* transistor.
transitiv ['tranzitiːf] *adj* transitive.
Transitverkehr [tran'ziːtfɛrkeːr] *m* transit traffic.
transparent [transpa'rɛnt] *adj* transparent; **T~** (**-(e)s, -e**) *nt* (*Bild*) transparency; (*Spruchband*) banner.
transpirieren [transpi'riːrən] *vi* to perspire.
Transplantation [transplantatsi'oːn] *f* transplantation; (*Haut~*) graft(ing).
Transport [trans'pɔrt] (**-(e)s, -e**) *m* transport; (*Fracht*) consignment, shipment; **t~fähig** *adj* moveable.
transportieren [transpɔr'tiːrən] *vt* to transport.
Transport- *zW*: ~**kosten** *pl* transport charges *pl*, carriage *sing*; ~**mittel** *nt* means *sing* of transport; ~**unternehmen** *nt* carrier.
transsexuell [transzɛksu'ɛl] *adj* transsexual.
transusig ['traːnzuːzɪç] (*umg*) *adj* sluggish.
Transvestit [transvɛs'tiːt] (**-en, -en**) *m* transvestite.
Trapez [tra'peːts] (**-es, -e**) *nt* trapeze; (*MATH*) trapezium.
Trara [tra'raː] (**-s**) *nt*: **mit viel** ~ (**um**) (*fig: umg*) with a great hullabaloo (about).
trat *etc* [traːt] *vb siehe* **treten**.
Tratsch [traːtʃ] (**-(e)s**) (*umg*) *m* gossip.
tratschen ['traːtʃən] (*umg*) *vi* to gossip.
Tratte ['tratə] (**-, -n**) *f* (*FIN*) draft.
Traube ['traubə] (**-, -n**) *f* grape; (*ganze Frucht*) bunch (of grapes).
Traubenlese *f* grape harvest.
Traubenzucker *m* glucose.
trauen ['trauən] *vi +dat* to trust ♦ *vr* to dare ♦ *vt*

to marry; **jdm/etw** ~ to trust sb/sth.

Trauer ['trauər] (-) f sorrow; (*für Verstorbenen*) mourning; ~**fall** m death, bereavement; ~**feier** f funeral service; ~**flor** (-s, -e) m black ribbon; ~**gemeinde** f mourners pl; ~**marsch** m funeral march.

trauern vi to mourn; **um jdn** ~ to mourn (for) sb.

Trauer- zW: ~**rand** m black border; ~**spiel** nt tragedy; ~**weide** f weeping willow.

Traufe ['traufə] (-, -n) f eaves pl.

träufeln ['trɔyfəln] vt, vi to drip.

traulich ['trauliç] adj cosy, intimate.

Traum [traum] (-(e)s, Träume) m dream; **aus der** ~! it's all over!

Trauma (-s, -men) nt trauma.

traumatisieren [traumati'ziːrən] vt to traumatize.

Traumbild nt vision.

Traumdeutung f interpretation of dreams.

träumen ['trɔymən] vt, vi to dream; **das hätte ich mir nicht** ~ **lassen** I'd never have thought it possible.

Träumer(in) (-s, -) m(f) dreamer.

Träumerei [trɔymə'rai] f dreaming.

träumerisch adj dreamy.

traumhaft adj dreamlike; (*fig*) wonderful.

Traumtänzer m dreamer.

traurig ['trauriç] adj sad; **T~keit** f sadness.

Trauring m wedding ring.

Trauschein m marriage certificate.

Trauung f wedding ceremony.

Trauzeuge m witness (to a marriage).

treffen ['trɛfən] unreg vt to strike, hit; (*Bemerkung*) to hurt; (*begegnen*) to meet; (*Entscheidung etc*) to make; (*Maßnahmen*) to take ♦ vi to hit ♦ vr to meet; **er hat es gut getroffen** he did well; **er fühlte sich getroffen** he took it personally; ~ **auf** +akk to come across, meet; **es traf sich, dass ...** it so happened that ...; **es trifft sich gut** it's convenient.

Treffen (-s, -) nt meeting.

treffend adj pertinent, apposite.

Treffer (-s, -) m hit; (*Tor*) goal; (*Los*) winner.

trefflich adj excellent.

Treffpunkt m meeting place.

Treibeis nt drift ice.

treiben ['traibən] unreg vt to drive; (*Studien etc*) to pursue; (*SPORT*) to do, go in for ♦ vi (*Schiff etc*) to drift; (*Pflanzen*) to sprout; (*KOCH: aufgehen*) to rise; (*Medikamente*) to be diuretic; **die** ~**de Kraft** (*fig*) the driving force; **Handel mit etw/jdm** ~ to trade in sth/with sb; **es zu weit** ~ to go too far; **Unsinn** ~ to fool around; **T~** (-s) nt activity.

Treib- zW: ~**gut** nt flotsam and jetsam; ~**haus** nt greenhouse; ~**hauseffekt** m greenhouse effect; ~**hausgas** nt greenhouse gas; ~**jagd** f shoot (*in which game is sent up*); (*fig*) witchhunt;

~**sand** m quicksand; ~**stoff** m fuel.

Trend [trɛnt] (-s, -s) m trend; ~**wende** f new trend.

trennbar adj separable.

trennen ['trɛnən] vt to separate; (*teilen*) to divide ♦ vr to separate; **sich** ~ **von** to part with.

Trennschärfe f (*RUNDF*) selectivity.

Trennung f separation.

Trennungsstrich m hyphen.

Trennwand f partition (wall).

treppab adv downstairs.

treppauf adv upstairs.

Treppe ['trɛpə] (-, -n) f stairs pl, staircase; (*im Freien*) steps pl; **eine** ~ a staircase, a flight of stairs od steps; **sie wohnt zwei** ~**n hoch/ höher** she lives two flights up/higher up.

Treppengeländer nt banister.

Treppenhaus nt staircase.

Tresen ['treːzən] (-s, -) m (*Theke*) bar; (*Ladentisch*) counter.

Tresor [tre'zoːr] (-s, -e) m safe.

Tretboot nt pedal boat, pedalo.

treten ['treːtən] unreg vi to step; (*Tränen, Schweiß*) to appear ♦ vt (*mit Fußtritt*) to kick; (*nieder*~) to tread, trample; ~ **nach** to kick at; ~ **in** +akk to step in(to); **in Verbindung** ~ to get in contact; **in Erscheinung** ~ to appear; **der Fluss trat über die Ufer** the river overflowed its banks; **in Streik** ~ to go on strike.

Treter ['treːtər] (*umg*) pl (*Schuhe*) casual shoes pl.

Tretmine f (*MIL*) (anti-personnel) mine.

Tretmühle f (*fig*) daily grind.

treu [trɔy] adj faithful, true; ~**doof** (*umg*) adj naïve.

Treue (-) f loyalty, faithfulness.

Treuhand (*umg*) f, **Treuhandanstalt** f trustee organization (*overseeing the privatization of former GDR state-owned firms*).

TREUHANDANSTALT

*The **Treuhandanstalt** is a now defunct organization set up in 1990 to take over the nationally-owned companies of the former **DDR**, to break them down into smaller units and to privatize them. It was based in Berlin and had nine branches. Many companies were closed down by the **Treuhandanstalt** because of their outdated equipment and inability to compete with the western firms. This resulted in a rise in unemployment.*

Treuhänder (-s, -) m trustee.

Treuhandgesellschaft f trust company.

treu- zW: ~**herzig** adj innocent; ~**lich** adv faithfully; ~**los** adj faithless; ~**los an jdm handeln** to fail sb.

Triathlon ['triːatlon] (-s, -s) nt triathlon.

Tribüne [tri'by:nə] (-, -n) *f* grandstand; (*Redner~*) platform.

Tribut [tri'bu:t] (-(e)s, -e) *m* tribute.

Trichter ['trɪçtər] (-s, -) *m* funnel; (*Bomben~*) crater.

Trick [trɪk] (-s, -e *od* -s) *m* trick; ~**film** *m* cartoon.

Trieb (-(e)s, -e) *m* urge, drive; (*Neigung*) inclination; (*BOT*) shoot.

trieb *etc* [tri:p] *vb siehe* **treiben**.

Trieb- *zW:* ~**feder** *f* (*fig*) motivating force; **t~haft** *adj* impulsive; ~**kraft** *f* (*fig*) drive; ~**täter** *m* sex offender; ~**wagen** *m* (*EISENB*) railcar; ~**werk** *nt* engine.

triefen ['tri:fən] *vi* to drip.

trifft [trɪft] *vb siehe* **treffen**.

triftig ['trɪftɪç] *adj* convincing; (*Grund etc*) good.

Trigonometrie [trigonome'tri:] *f* trigonometry.

Trikot [tri'ko:] (-s, -s) *nt* vest; (*SPORT*) shirt ♦ *m* (*Gewebe*) tricot.

Triller ['trɪlər] (-s, -) *m* (*MUS*) trill.

trillern *vi* to trill, warble.

Trillerpfeife *f* whistle.

Trilogie [trilo'gi:] *f* trilogy.

Trimester [tri'mɛstər] (-s, -) *nt* term.

Trimm-Aktion *f* keep-fit campaign.

Trimm-dich-Pfad *m* keep-fit trail.

trimmen *vt* (*Hund*) to trim; (*umg: Mensch, Tier*) to teach, train ♦ *vr* to keep fit.

trinkbar *adj* drinkable.

trinken ['trɪŋkən] *unreg vt, vi* to drink.

Trinker(in) (-s, -) *m(f)* drinker.

Trink- *zW:* **t~fest** *adj:* **ich bin nicht sehr t~fest** I can't hold my drink very well; ~**geld** *nt* tip; ~**halle** *f* (*Kiosk*) refreshment kiosk; ~**halm** *m* (drinking) straw; ~**milch** *f* milk; ~**spruch** *m* toast; ~**wasser** *nt* drinking water.

Trio ['tri:o] (-s, -s) *nt* trio.

trippeln ['trɪpəln] *vi* to toddle.

Tripper ['trɪpər] (-s, -) *m* gonorrhoea (*BRIT*), gonorrhea (*US*).

trist [trɪst] *adj* dreary, dismal; (*Farbe*) dull.

tritt [trɪt] *vb siehe* **treten**.

Tritt (-(e)s, -e) *m* step; (*Fuß~*) kick.

Trittbrett *nt* (*EISENB*) step; (*AUT*) running board.

Trittleiter *f* stepladder.

Triumph [tri'ʊmf] (-(e)s, -e) *m* triumph; ~**bogen** *m* triumphal arch.

triumphieren [triʊm'fi:rən] *vi* to triumph; (*jubeln*) to exult.

trivial [trivi'a:l] *adj* trivial; **T~literatur** *f* light fiction.

trocken ['trɔkən] *adj* dry; **sich ~ rasieren** to use an electric razor; **T~automat** *m* tumble dryer; **T~dock** *nt* dry dock; **T~eis** *nt* dry ice; **T~element** *nt* dry cell; **T~haube** *f* hairdryer; **T~heit** *f* dryness; ~**legen** *vt* (*Sumpf*) to

drain; (*Kind*) to put a clean nappy (*BRIT*) *od* diaper (*US*) on; **T~milch** *f* dried milk; **T~zeit** *f* (*Jahreszeit*) dry season.

trocknen *vt, vi* to dry.

Trockner (-s, -) *m* dryer.

Troddel ['trɔdəl] (-, -n) *f* tassel.

Trödel ['trø:dəl] (-s) (*umg*) *m* junk; ~**markt** *m* flea market.

trödeln (*umg*) *vi* to dawdle.

Trödler (-s, -) *m* secondhand dealer.

Trog (-(e)s, ⁻e) *m* trough.

trog *etc* [tro:k] *vb siehe* **trügen**.

trollen ['trɔlən] (*umg*) *vr* to push off.

Trommel ['trɔməl] (-, -n) *f* drum; **die ~ rühren** (*fig: umg*) to drum up support; ~**fell** *nt* eardrum; ~**feuer** *nt* drumfire, heavy barrage.

trommeln *vt, vi* to drum.

Trommelrevolver *m* revolver.

Trommelwaschmaschine *f* tumble-action washing machine.

Trommler(in) ['trɔmlər(ɪn)] (-s, -) *m(f)* drummer.

Trompete [trɔm'pe:tə] (-, -n) *f* trumpet.

Trompeter (-s, -) *m* trumpeter.

Tropen ['tro:pən] *pl* tropics *pl*; **t~beständig** *adj* suitable for the tropics; ~**helm** *m* topee, sun helmet.

Tropf¹ [trɔpf] (-(e)s, ⁻e) (*umg*) *m* rogue; **armer ~** poor devil.

Tropf² (-(e)s) (*umg*) *m* (*MED: Infusion*) drip (*umg*); **am ~ hängen** to be on a drip.

tröpfeln ['trœpfəln] *vi* to drip, trickle.

Tropfen (-s, -) *m* drop; **ein guter** *od* **edler ~** a good wine; **ein ~ auf den heißen Stein** (*fig: umg*) a drop in the ocean.

tropfen *vt, vi* to drip ♦ *vi unpers:* **es tropft** a few raindrops are falling.

tropfenweise *adv* in drops.

tropfnass▲ *adj* dripping wet.

Tropfsteinhöhle *f* stalactite cave.

Trophäe [tro'fɛ:ə] (-, -n) *f* trophy.

tropisch ['tro:pɪʃ] *adj* tropical.

Trost [tro:st] (-es) *m* consolation, comfort; **t~bedürftig** *adj* in need of consolation.

trösten ['trø:stən] *vt* to console, comfort.

Tröster(in) (-s, -) *m(f)* comfort(er).

tröstlich *adj* comforting.

trost- *zW:* ~**los** *adj* bleak; (*Verhältnisse*) wretched; **T~pflaster** *nt* (*fig*) consolation; **T~preis** *m* consolation prize; ~**reich** *adj* comforting.

Tröstung ['trø:stʊŋ] *f* comfort, consolation.

Trott [trɔt] (-(e)s, -e) *m* trot; (*Routine*) routine.

Trottel (-s, -) (*umg*) *m* fool, dope.

trotten *vi* to trot.

Trottoir [trɔto'a:r] (-s, -s *od* -e) *nt* (*veraltet*) pavement (*BRIT*), sidewalk (*US*).

trotz [trɔts] *präp* (*+gen od dat*) in spite of.

Trotz (-es) *m* pig-headedness; **etw aus ~ tun**

to do sth just to show them; **jdm zum** ~ **in** defiance of sb.

Trotzalter *nt* obstinate phase.

trotzdem *adv* nevertheless ♦ *konj* although.

trotzen *vi* +*dat* to defy; (*der Kälte, dem Klima etc*) to withstand; (*der Gefahr*) to brave; (*trotzig sein*) to be awkward.

trotzig *adj* defiant; (*Kind*) difficult, awkward.

Trotzkopf *m* obstinate child.

Trotzreaktion *f* fit of pique.

trüb [tryːp] *adj* dull; (*Flüssigkeit, Glas*) cloudy; (*fig*) gloomy; ~**e Tasse** (*umg*) drip.

Trubel ['truːbəl] (-s) *m* hurly-burly.

trüben ['tryːbən] *vt* to cloud ♦ *vr* to become clouded.

Trübheit *f* dullness; cloudiness; gloom.

Trübsal (-, -e) *f* distress; ~ **blasen** (*umg*) to mope.

trüb- *zW*: ~**selig** *adj* sad, melancholy; **T**~**sinn** *m* depression; ~**sinnig** *adj* depressed, gloomy.

trudeln ['truːdəln] *vi* (*AVIAT*) to (go into a) spin.

Trüffel ['trʏfəl] (-, -n) *f* truffle.

Trug (-(e)s) *m* (*liter*) deception; (*der Sinne*) illusion.

trug *etc* [truːk] *vb siehe* **tragen**.

trügen ['tryːgən] *unreg vt* to deceive ♦ *vi* to be deceptive; **wenn mich nicht alles trügt** unless I am very much mistaken.

trügerisch *adj* deceptive.

Trugschluss▲ ['truːgʃlʊs] *m* false conclusion.

Truhe ['truːə] (-, -n) *f* chest.

Trümmer ['trʏmər] *pl* wreckage *sing*; (*Bau*~) ruins *pl*; ~**feld** *nt* expanse of rubble *od* ruins; (*fig*) scene of devastation; ~**frauen** *pl* (*German*) *women who cleared away the rubble after the war*; ~**haufen** *m* heap of rubble.

Trumpf [trʊmpf] (-(e)s, -̈e) *m* (*lit, fig*) trump; **t**~**en** *vt, vi* to trump.

Trunk [trʊŋk] (-(e)s, -̈e) *m* drink.

trunken *adj* intoxicated; **T**~**bold** (-(e)s, -e) *m* drunkard; **T**~**heit** *f* intoxication; **T**~**heit am Steuer** drink-driving.

Trunksucht *f* alcoholism.

Trupp [trʊp] (-s, -s) *m* troop.

Truppe (-, -n) *f* troop; (*Waffengattung*) force; (*Schauspiel*~) troupe; **nicht von der schnellen** ~ **sein** (*umg*) to be slow.

Truppen *pl* troops *pl*; ~**abbau** *m* cutback in troop numbers; ~**führer** *m* (*military*) commander; ~**teil** *m* unit; ~**übungsplatz** *m* training area.

Trust [trast] (-(e)s, -e *od* -s) *m* trust.

Truthahn ['truːthaːn] *m* turkey.

Tschad [tʃat] (-s) *m*: **der** ~ Chad.

Tscheche ['tʃɛçə] (-n, -n) *m*, **Tschechin** *f* Czech.

tschechisch *adj* Czech; **die T**~**e Republik** the Czech Republic.

Tschechoslowakei [tʃɛçoslovaː'kai] *f* (*früher*): **die** ~ Czechoslovakia.

tschüss▲ [tʃʏs] (*umg*) *interj* cheerio (*BRIT*), so long (*US*).

T-Shirt ['tiːʃəːt] (-s, -s) *nt* T-shirt.

TU (-) *f abk* (= *technische Universität*) ≈ polytechnic.

Tuba ['tuːba] (-, **Tuben**) *f* (*MUS*) tuba.

Tube ['tuːbə] (-, -n) *f* tube.

Tuberkulose [tubɛrkuˈloːzə] (-, -n) *f* tuberculosis.

Tuch [tuːx] (-(e)s, -̈er) *nt* cloth; (*Hals*~) scarf; (*Kopf*~) (head)scarf; (*Hand*~) towel; ~**fühlung** *f* physical contact.

tüchtig ['tʏçtɪç] *adj* efficient; (*fähig*) able, capable; (*umg: kräftig*) good, sound; **etwas T**~**es lernen/werden** (*umg*) to get a proper training/job; **T**~**keit** *f* efficiency; ability.

Tücke ['tʏkə] (-, -n) *f* (*Arglist*) malice; (*Trick*) trick; (*Schwierigkeit*) difficulty, problem; **seine** ~**n haben** to be temperamental.

tückisch *adj* treacherous; (*böswillig*) malicious.

tüfteln ['tʏftəln] (*umg*) *vi* to puzzle; (*basteln*) to fiddle about.

Tugend ['tuːgənt] (-, -en) *f* virtue; **t**~**haft** *adj* virtuous.

Tüll [tʏl] (-s, -e) *m* tulle.

Tülle (-, -n) *f* spout.

Tulpe ['tʊlpə] (-, -n) *f* tulip.

tummeln ['tʊməln] *vr* to romp (about); (*sich beeilen*) to hurry.

Tummelplatz *m* play area; (*fig*) hotbed.

Tumor ['tuːmɔr] (-s, -e) *m* tumour (*BRIT*), tumor (*US*).

Tümpel ['tʏmpəl] (-s, -) *m* pond.

Tumult [tuˈmʊlt] (-(e)s, -e) *m* tumult.

tun [tuːn] *unreg vt* (*machen*) to do; (*legen*) to put ♦ *vi* to act ♦ *vr*: **es tut sich etwas/viel** something/a lot is happening; **jdm etw** ~ **to** do sth to sb; **etw tut es auch** sth will do; **das tut nichts** that doesn't matter; **das tut nichts zur Sache** that's neither here nor there; **du kannst** ~ **und lassen, was du willst** you can do as you please; **so** ~, **als ob** to act as if; **zu** ~ **haben** (*beschäftigt sein*) to be busy, have things *od* something to do.

Tünche ['tʏnçə] (-, -n) *f* whitewash.

tünchen *vt* to whitewash.

Tunesien [tuˈneːziən] (-s) *nt* Tunisia.

Tunesier(in) (-s, -) *m(f)* Tunisian.

tunesisch *adj* Tunisian.

Tunfisch▲ *m* = **Thunfisch**.

Tunke ['tʊŋkə] (-, -n) *f* sauce.

tunken *vt* to dip, dunk.

tunlichst ['tuːnlɪçst] *adv* if at all possible; ~ **bald** as soon as possible.

Tunnel ['tʊnəl] (-s, -s *od* -) *m* tunnel.

Tunte ['tʊntə] (-, -n) (*pej: umg*) *f* fairy (*pej*).

Tüpfel ['typfəl] (**-s, -**) *m* dot; **~chen** *nt* (small) dot.

tüpfeln ['typfəln] *vt* to dab.

tupfen ['tʊpfən] *vt* to dab; (*mit Farbe*) to dot; **T~** (**-s, -**) *m* dot, spot.

Tupfer (**-s, -**) *m* swab.

Tür [tyːr] (**-, -en**) *f* door; **an die ~ gehen** to answer the door; **zwischen ~ und Angel** in passing; **Weihnachten steht vor der ~** (*fig*) Christmas is just around the corner; **mit der ~ ins Haus fallen** (*umg*) to blurt it *od* things out; **~angel** *f* (door) hinge.

Turbine [tʊr'biːnə] *f* turbine.

turbulent [tʊrbu'lɛnt] *adj* turbulent.

Türke ['tʏrkə] (**-n, -n**) *m* Turk.

Türkei [tyr'kaɪ] *f*: **die ~** Turkey.

Türkin *f* Turk.

Türkis [tyr'kiːs] (**-es, -e**) *m* turquoise; **t~** *adj* turquoise.

türkisch *adj* Turkish.

Türklinke *f* door handle.

Turm [tʊrm] (**-(e)s, ¨-e**) *m* tower; (*Kirch~*) steeple; (*Sprung~*) diving platform; (*SCHACH*) castle, rook.

türmen ['tʏrmən] *vr* to tower up ♦ *vt* to heap up ♦ *vi* (*umg*) to scarper, bolt.

Turmuhr *f* clock (on a tower); (*Kirch~*) church clock.

Turnanzug *m* gym costume.

turnen ['tʊrnən] *vi* to do gymnastic exercises; (*herumklettern*) to climb about; (*Kind*) to romp ♦ *vt* to perform; **T~** (**-s**) *nt* gymnastics *sing*; (*SCH*) physical education, P.E.

Turner(in) (**-s, -**) *m(f)* gymnast.

Turnhalle *f* gym(nasium).

Turnhose *f* gym shorts *pl*.

Turnier [tʊr'niːr] (**-s, -e**) *nt* tournament.

Turn- *zW*: **~lehrer(in)** *m(f)* gym *od* PE teacher; **~schuh** *m* gym shoe; **~stunde** *f* gym *od* PE lesson.

Turnus ['tʊrnʊs] (**-, -se**) *m* rota; **im ~** in rotation.

Turnverein *m* gymnastics club.

Turnzeug *nt* gym kit.

Türöffner *m* buzzer.

turteln ['tʊrtəln] (*umg*) *vi* to bill and coo; (*fig*) to whisper sweet nothings.

Tusch [tʊʃ] (**-(e)s, -e**) *m* (*MUS*) flourish.

Tusche ['tʊʃə] (**-, -n**) *f* Indian ink.

tuscheln ['tʊʃəln] *vt, vi* to whisper.

Tuschkasten *m* paintbox.

Tussi ['tʊsɪ] (**-, -s**) (*umg*) *f* (*Frau, Freundin*) bird (*BRIT*), chick (*US*).

tust [tuːst] *vb siehe* **tun**.

tut [tuːt] *vb siehe* **tun**.

Tüte ['tyːtə] (**-, -n**) *f* bag; **in die ~ blasen** (*umg*) to be breathalyzed; **das kommt nicht in die ~!** (*umg*) no way!

tuten ['tuːtən] *vi* (*AUT*) to hoot (*BRIT*), honk (*US*); **von T~ und Blasen keine Ahnung haben** (*umg*) not to have a clue.

TÜV [tyf] *m abk* (= *Technischer Überwachungs-Verein*) ≈ MOT (*BRIT*); **durch den ~ kommen** (*AUT*) to pass its test *od* MOT (*Brit*).

TÜV

The **TÜV** (*Technischer Überwachungsverein*) is the organization responsible for checking the safety of machinery, particularly vehicles. Cars over three years old have to be examined every two years for their safety and for their exhaust emissions. The **TÜV** is the German equivalent of the MOT.

TV (**-**) *nt abk* (= *Television*) TV ♦ *m abk* = **Turnverein**.

Twen [tvɛn] (**-(s), -s**) *m* person in his/her twenties.

Typ [tyːp] (**-s, -en**) *m* type.

Type (**-, -n**) *f* (*TYP*) type.

Typenrad *nt* (*Drucker*) daisywheel; **~drucker** *m* daisywheel printer.

Typhus ['tyːfʊs] (**-**) *m* typhoid (fever).

typisch ['tyːpɪʃ] *adj*: **~ (für)** typical (of).

Tyrann [ty'ran] (**-en, -en**) *m(f)* tyrant.

Tyrannei [tyra'naɪ] *f* tyranny.

Tyrannin *f* tyrant.

tyrannisch *adj* tyrannical.

tyrannisieren [tyrani'ziːrən] *vt* to tyrannize.

tyrrhenisch [ty're:nɪʃ] *adj* Tyrrhenian; **T~es Meer** Tyrrhenian Sea.

U, u

U, u [uː] *nt* U, u; **~ wie Ulrich** ≈ U for Uncle.

u. *abk* = **und**.

u. a. *abk* (= *und andere(s)*) and others; (= *unter anderem*) amongst other things.

u. Ä. *abk* (= *und Ähnliche(s)*) and similar.

u. A. w. g. *abk* (= *um Antwort wird gebeten*) R.S.V.P.

U-Bahn ['uːbaːn] *f abk* (= *Untergrundbahn*) underground (*BRIT*), subway (*US*).

übel ['yːbəl] *adj* bad; **jdm ist ~** sb feels sick; **~ gelaunt** bad-tempered, sullen; **jdm eine Bemerkung** *etc* **~ nehmen** to be offended at sb's remark *etc*; **~ wollend** malevolent; **Ü~** (**-s, -**) *nt* evil; (*Krankheit*) disease; **zu allem Ü~ ...** to make matters worse ...; **Ü~keit** *f* nausea; **Ü~stand** *m* bad state of affairs; **Ü~täter** *m* wrongdoer.

üben ['yːbən] *vt, vi, vr* to practise (*BRIT*), practice (*US*); (*Gedächtnis, Muskeln*) to exercise; **Kritik an etw** *dat* ~ to criticize sth.

══════════════ *SCHLÜSSELWORT*

über ['y:bər] *präp +dat* **1** (*räumlich*) over, above; **zwei Grad** ~ **null** two degrees above zero. **2** (*zeitlich*) over; ~ **der Arbeit einschlafen** to fall asleep over one's work.

♦ *präp +akk* **1** (*räumlich*) over; (*hoch* ~) above; (*quer* ~) across; **er lachte** ~ **das ganze Gesicht** he was beaming all over his face; **Macht** ~ **jdn haben** to have power over sb. **2** (*zeitlich*) over; ~ **Weihnachten** over Christmas; ~ **kurz oder lang** sooner or later. **3** (*auf dem Wege*) via; **nach Köln** ~ **Aachen** to Cologne via Aachen; **ich habe es** ~ **die Auskunft erfahren** I found out from information. **4** (*betreffend*) about; **ein Buch** ~ ... a book about *od* on ...; ~ **jdn/etw lachen** to laugh about *od* at sb/sth; **ein Scheck** ~ **100 Euro** a cheque for 100 euros. **5: Fehler** ~ **Fehler** mistake after mistake.

♦ *adv* **1** (*mehr als*) over, more than; **Kinder** ~ **12 Jahren** children over *od* above 12 years of age; **sie liebt ihn** ~ **alles** she loves him more than anything. **2:** ~ **und** ~ over and over; **den ganzen Tag/ die ganze Zeit** ~ all day long/all the time; **jdm in etw** *dat* ~ **sein** to be superior to sb in sth.

überall [y:bər'|al] *adv* everywhere; ~**hin** *adv* everywhere.

überaltert [y:bər'|altərt] *adj* obsolete.

Überangebot ['y:bər|angəbo:t] *nt:* ~ **(an** +*dat*) surplus (of).

überanstrengen [y:bər'|anʃtrɛŋən] *vt untr* to overexert ♦ *vr untr* to overexert o.s.

überantworten [y:bər'|antvɔrtən] *vt untr* to hand over, deliver (up).

überarbeiten [y:bər'|arbaɪtən] *vt untr* to revise, rework ♦ *vr untr* to overwork (o.s.).

überaus ['y:bər|aus] *adv* exceedingly.

überbacken [y:bər'bakən] *unreg vt untr* to put in the oven/under the grill.

Überbau ['y:bərbau] *m* (*Gebäude, Philosophie*) superstructure.

überbeanspruchen ['y:bərbə|anʃpruxən] *vt untr* (*Menschen, Körper, Maschine*) to overtax.

überbelichten ['y:bərbəliçtən] *vt untr* (*PHOT*) to overexpose.

Überbesetzung ['y:bərbəzɛtsʊŋ] *f* overmanning.

überbewerten ['y:bərbəve:rtən] *vt untr* (*fig*) to overrate; (*Äußerungen*) to attach too much importance to.

überbieten [y:bər'bi:tən] *unreg vt untr* to outbid; (*übertreffen*) to surpass; (*Rekord*) to break ♦ *vr untr:* **sich in etw** *dat* (*gegenseitig*) ~ to vie with each other in sth.

Überbleibsel ['y:bərblaɪpsəl] (**-s**, **-**) *nt* residue, remainder.

Überblick ['y:bərblɪk] *m* view; (*fig: Darstellung*) survey, overview; (*Fähigkeit*): ~ **(über** +*akk*) overall view (of), grasp (of); **den** ~ **verlieren** to lose track (of things); **sich** *dat* **einen** ~ **verschaffen** to get a general idea.

überblicken [y:bər'blɪkən] *vt untr* to survey; (*fig*) to see; (: *Lage etc*) to grasp.

überbringen [y:bər'brɪŋən] *unreg vt untr* to deliver, hand over.

Überbringer (**-s**, **-**) *m* bearer.

Überbringung *f* delivery.

überbrücken [y:bər'brykən] *vt untr* to bridge.

Überbrückung *f:* **100 Euro zur** ~ 100 euros to tide me/him *etc* over.

Überbrückungskredit *m* bridging loan.

überbuchen ['y:bərbu:xən] *vt* to overbook.

überdauern [y:bər'dauərn] *vt untr* to outlast.

überdenken [y:bər'dɛŋkən] *unreg vt untr* to think over.

überdies [y:bər'di:s] *adv* besides.

überdimensional ['y:bərdimɛnziona:l] *adj* oversize.

Überdosis ['y:bərdo:zɪs] *f* overdose, OD (*umg*); (*zu große Zumessung*) excessive amount.

überdrehen [y:bər'dre:ən] *vt untr* (*Uhr etc*) to overwind.

überdreht *adj:* ~ **sein** (*fig*) to be hyped up, be overexcited.

Überdruck ['y:bərdrʊk] *m* (*TECH*) excess pressure.

Überdruss▲ ['y:bərdrʊs] (**-es**) *m* weariness; **bis zum** ~ ad nauseam.

überdrüssig ['y:bərdrʏsɪç] *adj* +*gen* tired of, sick of.

überdurchschnittlich ['y:bərdʊrçʃnɪtlɪç] *adj* above-average ♦ *adv* exceptionally.

übereifrig ['y:bər|aɪfrɪç] *adj* overzealous.

übereignen [y:bər'|aɪgnən] *vt untr:* **jdm etw** ~ (*geh*) to make sth over to sb.

übereilen [y:bər'|aɪlən] *vt untr* to hurry.

übereilt *adj* (over)hasty.

übereinander [y:bər|aɪ'nandər] *adv* one upon the other; (*sprechen*) about each other; ~ **schlagen** (*Arme*) to fold; (*Beine*) to cross.

übereinkommen [y:bər'|aɪnkɔmən] *unreg vi* to agree.

Übereinkunft [y:bər'|aɪnkʊnft] (**-**, **-künfte**) *f* agreement.

übereinstimmen [y:bər'|aɪnʃtɪmən] *vi* to agree; (*Angaben, Messwerte etc*) to tally; (*mit Tatsachen*) to fit.

Übereinstimmung *f* agreement.

überempfindlich ['y:bər|ɛmpfɪntlɪç] *adj* hypersensitive.

überfahren[1] [y:bər'fa:rən] *unreg vt* to take across ♦ *vi* to cross, go across.

überfahren[2] [y:bər'fa:rən] *unreg vt untr* (*AUT*) to run over; (*fig*) to walk all over.

Überfahrt ['y:bərfa:rt] f crossing.

Überfall ['y:bərfal] m (Bank~, MIL) raid; (auf jdn) assault.

überfallen [y:bər'falən] unreg vt untr to attack; (Bank) to raid; (besuchen) to drop in on, descend (up)on.

überfällig ['y:bərfɛlıç] adj overdue.

Überfallkommando nt flying squad.

überfliegen [y:bər'fli:gən] unreg vt untr to fly over, overfly; (Buch) to skim through.

Überflieger m (fig) high-flier.

überflügeln [y:bər'fly:gəln] vt untr to outdo.

Überfluss▲ ['y:bərflʊs] m: ~ (an +dat) (super)abundance (of), excess (of); zu allem od zum ~ (unnötigerweise) superfluously; (obendrein) to crown it all (umg); ~gesellschaft f affluent society.

überflüssig ['y:bərflʏsıç] adj superfluous.

überfluten [y:bər'flu:tən] vt untr (lit) to flood; (fig) to flood, inundate.

überfordern [y:bər'fɔrdərn] vt untr to demand too much of; (Kräfte etc) to overtax.

überfragt [y:bər'fra:kt] adj: da bin ich ~ there you've got me, you've got me there.

überführen¹ ['y:bərfy:rən] vt to transfer; (Leiche etc) to transport.

überführen² [y:bər'fy:rən] vt untr (Täter) to have convicted.

Überführung f (siehe vbs) transfer; transport; conviction; (Brücke) bridge, overpass.

überfüllt [y:bər'fʏlt] adj overcrowded; (Kurs) oversubscribed.

Übergabe ['y:bərga:bə] f handing over; (MIL) surrender.

Übergang ['y:bərgaŋ] m crossing; (Wandel, Überleitung) transition.

Übergangs- zW: ~erscheinung f transitory phenomenon; ~finanzierung f (FIN) accommodation; ü~los adj without a transition; ~lösung f provisional solution, stopgap; ~stadium nt state of transition; ~zeit f transitional period.

übergeben [y:bər'ge:bən] unreg vt untr to hand over; (MIL) to surrender ♦ vr untr to be sick; dem Verkehr ~ to open to traffic.

übergehen¹ ['y:bərge:ən] unreg vi (Besitz) to pass; (zum Feind etc) to go over, defect; (überwechseln): (zu etw) ~ to go on (to sth); ~ in +akk to turn into.

übergehen² [y:bər'ge:ən] unreg vt untr to pass over, omit.

übergeordnet ['y:bərgə|ɔrdnət] adj (Behörde) higher.

Übergepäck ['y:bərgəpɛk] nt excess baggage.

übergeschnappt ['y:bərgəʃnapt] (umg) adj crazy.

Übergewicht ['y:bərgəvıçt] nt excess weight; (fig) preponderance.

übergießen [y:bər'gi:sən] unreg vt untr to pour over; (Braten) to baste.

überglücklich ['y:bərglʏklıç] adj overjoyed.

übergreifen ['y:bərgraıfən] unreg vi: ~ (auf +akk) (auf Rechte etc) to encroach (on); (Feuer, Streik, Krankheit etc) to spread (to); ineinander ~ to overlap.

übergroß ['y:bərgro:s] adj outsize, huge.

Übergröße ['y:bərgrø:sə] f oversize.

überhaben ['y:bərha:bən] unreg (umg) vt to be fed up with.

überhand [y:bər'hant] adv: ~ nehmen to gain the ascendancy.

überhängen ['y:bərhɛŋən] unreg vi to overhang.

überhäufen [y:bər'hɔyfən] vt untr: jdn mit Geschenken/Vorwürfen ~ to heap presents/ reproaches on sb.

überhaupt [y:bər'haʊpt] adv at all; (im Allgemeinen) in general; (besonders) especially; ~ nicht not at all; wer sind Sie ~? who do you think you are?

überheblich [y:bər'he:plıç] adj arrogant; Ü~keit f arrogance.

überhöht [y:bər'hø:t] adj (Forderungen, Preise) exorbitant, excessive.

überholen [y:bər'ho:lən] vt untr to overtake; (TECH) to overhaul.

Überholspur f overtaking lane.

überholt adj out-of-date, obsolete.

Überholverbot [y:bər'ho:lfɛrbo:t] nt overtaking (BRIT) od passing ban.

überhören [y:bər'hø:rən] vt untr to not hear; (absichtlich) to ignore; das möchte ich überhört haben! (I'll pretend) I didn't hear that!

Überich▲ ['y:bər|ıç] (-s) nt superego.

überirdisch ['y:bər|ırdıʃ] adj supernatural, unearthly.

überkapitalisieren ['y:bərkapitali'zi:rən] vt untr to overcapitalize.

überkochen ['y:bərkɔxən] vi to boil over.

überkompensieren ['y:bərkɔmpɛnzi:rən] vt untr to overcompensate for.

überladen [y:bər'la:dən] unreg vt untr to overload ♦ adj (fig) cluttered.

überlassen [y:bər'lasən] unreg vt untr: jdm etw ~ to leave sth to sb ♦ vr untr: sich einer Sache dat ~ to give o.s. over to sth; das bleibt Ihnen ~ that's up to you; jdn sich dat selbst ~ to leave sb to his/her own devices.

überlasten [y:bər'lastən] vt untr to overload; (jdn) to overtax.

überlaufen¹ ['y:bərlaʊfən] unreg vi (Flüssigkeit) to flow over; (zum Feind etc) to go over, defect.

überlaufen² [y:bər'laʊfən] unreg vt untr (Schauer etc) to come over ♦ adj overcrowded; ~ sein to be inundated od besieged.

Überläufer ['y:bərlɔyfər] m deserter.

überleben [y:bər'le:bən] vt untr to survive.
Überlebende(r) f(m) survivor.
überlebensgroß adj larger-than-life.
überlegen [y:bər'le:gən] vt untr to consider
♦ adj superior; **ich habe es mir anders** od
noch einmal überlegt I've changed my
mind; **Ü~heit** f superiority.
Überlegung f consideration, deliberation.
überleiten ['y:bərlaıtən] vt (Abschnitt etc): ~ **in**
+akk to link up with.
überlesen [y:bər'le:zən] unreg vt untr
(übersehen) to overlook, miss.
überliefern [y:bər'li:fərn] vt untr to hand down,
transmit.
Überlieferung f tradition; **schriftliche ~en**
(written) records.
überlisten [y:bər'lıstən] vt untr to outwit.
überm ['y:bərm] = **über dem**.
Übermacht ['y:bərmaxt] f superior force,
superiority.
übermächtig ['y:bərmɛçtıç] adj superior (in
strength); (Gefühl etc) overwhelming.
übermannen [y:bər'manən] vt untr to
overcome.
Übermaß ['y:bərma:s] nt: ~ **(an** +dat) excess
(of).
übermäßig ['y:bərmɛ:sıç] adj excessive.
Übermensch ['y:bərmɛnʃ] m superman;
ü~lich adj superhuman.
übermitteln [y:bər'mıtəln] vt untr to convey.
übermorgen ['y:bərmɔrgən] adv the day after
tomorrow.
Übermüdung [y:bər'my:duŋ] f overtiredness.
Übermut ['y:bərmu:t] m exuberance.
übermütig ['y:bərmy:tıç] adj exuberant, high-
spirited; ~ **werden** to get overconfident.
übernächste(r, s) ['y:bərnɛ:çstə(r, s)] adj next
... but one; (Woche, Jahr etc) after next.
übernachten [y:bər'naxtən] vi untr: **(bei jdm)** ~
to spend the night (at sb's place).
übernächtigt [y:bər'nɛçtıçt] adj sleepy, tired.
Übernachtung f: ~ **mit Frühstück** bed and
breakfast.
Übernahme ['y:bərna:mə] (-, -n) f taking over
od on; (von Verantwortung) acceptance;
~**angebot** nt takeover bid.
übernatürlich ['y:bərnaty:rlıç] adj
supernatural.
übernehmen [y:bər'ne:mən] unreg vt untr to
take on, accept; (Amt, Geschäft) to take over
♦ vr untr to take on too much; (sich
überanstrengen) to overdo it.
überparteilich ['y:bərpartaılıç] adj (Zeitung)
independent; (Amt, Präsident etc) above
party politics.
überprüfen [y:bər'pry:fən] vt untr to examine,
check; (POL: jdn) to screen.
Überprüfung f examination.
überqueren [y:bər'kve:rən] vt untr to cross.
überragen [y:bər'ra:gən] vt untr to tower

above; (fig) to surpass.
überragend adj outstanding; (Bedeutung)
paramount.
überraschen [y:bər'raʃən] vt untr to surprise.
Überraschung f surprise.
überreden [y:bər're:dən] vt untr to persuade;
jdn zu etw ~ to talk sb into sth.
Überredungskunst f powers pl of
persuasion.
überregional ['y:bərregiona:l] adj national;
(Zeitung, Sender) nationwide.
überreichen [y:bər'raıçən] vt untr to hand over;
(feierlich) to present.
überreichlich adj (more than) ample.
überreizt [y:bər'raıtst] adj overwrought.
Überreste ['y:bərrɛstə] pl remains pl,
remnants pl.
überrumpeln [y:bər'rumpəln] vt untr to take by
surprise; (umg: überwältigen) to overpower.
überrunden [y:bər'rundən] vt untr (SPORT) to
lap.
übers ['y:bərs] = **über das**.
übersättigen [y:bər'zɛtıgən] vt untr to satiate.
Überschall- ['y:bərʃal] in zW supersonic;
~**flugzeug** nt supersonic jet;
~**geschwindigkeit** f supersonic speed.
überschatten [y:bər'ʃatən] vt untr to
overshadow.
überschätzen [y:bər'ʃɛtsən] vt untr, vr untr to
overestimate.
überschaubar [y:bər'ʃauba:r] adj (Plan) easily
comprehensible, clear.
überschäumen ['y:bərʃɔymən] vi to froth
over; (fig) to bubble over.
überschlafen [y:bər'ʃla:fən] unreg vt untr
(Problem) to sleep on.
Überschlag [y:bər'ʃla:k] m (FIN) estimate;
(SPORT) somersault.
überschlagen¹ [y:bər'ʃla:gən] unreg vt untr
(berechnen) to estimate; (auslassen: Seite) to
omit ♦ vr untr to somersault; (Stimme) to
crack; (AVIAT) to loop the loop ♦ adj
lukewarm, tepid.
überschlagen² ['y:bərʃla:gən] unreg vt (Beine)
to cross; (Arme) to fold ♦ vi (Hilfsverb sein:
Wellen) to break; (: Funken) to flash over; **in
etw** akk ~ (Stimmung etc) to turn into sth.
überschnappen ['y:bərʃnapən] vi (Stimme) to
crack; (umg: Mensch) to flip one's lid.
überschneiden [y:bər'ʃnaıdən] unreg vr untr (lit,
fig) to overlap; (Linien) to intersect.
überschreiben [y:bər'ʃraıbən] unreg vt untr to
provide with a heading; (COMPUT) to
overwrite; **jdm etw** ~ to transfer od make
over sth to sb.
überschreiten [y:bər'ʃraıtən] unreg vt untr to
cross over; (fig) to exceed; (verletzen) to
transgress.
Überschrift ['y:bərʃrıft] f heading, title.
überschuldet [y:bər'ʃuldət] adj heavily in

debt; (*Grundstück*) heavily mortgaged.

Überschuss▲ ['y:bərʃʊs] *m*: ~ **(an** +*dat*) surplus (of).

überschüssig ['y:bərʃʏsɪç] *adj* surplus, excess.

überschütten [y:bər'ʃʏtən] *vt untr*: **jdn/etw mit etw** ~ (*lit*) to pour sth over sb/sth; **jdn mit etw** ~ (*fig*) to shower sb with sth.

Überschwang ['y:bərʃvaŋ] *m* exuberance.

überschwänglich▲ ['y:bərʃvɛŋlɪç] *adj* effusive; **Ü~keit** *f* effusion.

überschwappen ['y:bərʃvapən] *vi* to splash over.

überschwemmen [y:bər'ʃvɛmən] *vt untr* to flood.

Überschwemmung *f* flood.

überschwenglich△ ['y:bərʃvɛŋlɪç] *adj siehe* **überschwänglich**; **Ü~keit**△ *f siehe* **Überschwänglichkeit**.

Übersee ['y:bərze:] *f*: **nach/in** ~ overseas.

überseeisch *adj* overseas.

übersehbar [y:bər'ze:ba:r] *adj* (*fig: Folgen, Zusammenhänge etc*) clear; (*Kosten, Dauer etc*) assessable.

übersehen [y:bər'ze:ən] *unreg vt untr* to look (out) over; (*fig: Folgen*) to see, get an overall view of; (: *nicht beachten*) to overlook.

übersenden [y:bər'zɛndən] *unreg vt untr* to send, forward.

übersetzen[1] [y:bər'zɛtsən] *vt untr*, *vi untr* to translate.

übersetzen[2] ['y:bərzɛtsən] *vi* (*Hilfsverb sein*) to cross.

Übersetzer(in) [y:bər'zɛtsər(ɪn)] (**-s, -**) *m(f)* translator.

Übersetzung [y:bər'zɛtsʊŋ] *f* translation; (*TECH*) gear ratio.

Übersicht ['y:bərzɪçt] *f* overall view; (*Darstellung*) survey; **die** ~ **verlieren** to lose track; **ü~lich** *adj* clear; (*Gelände*) open; **~lichkeit** *f* clarity, lucidity.

übersiedeln[1] ['y:bərzi:dəln] *vi* to move.

übersiedeln[2] [y:bər'zi:dəln] *vi untr* to move.

überspannen [y:bər'ʃpanən] *vt untr* (*zu sehr spannen*) to overstretch; (*überdecken*) to cover.

überspannt *adj* eccentric; (*Idee*) wild, crazy; **Ü~heit** *f* eccentricity.

überspielen [y:bər'ʃpi:lən] *vt untr* (*verbergen*) to cover (up); (*übertragen: Aufnahme*) to transfer.

überspitzt [y:bər'ʃpɪtst] *adj* exaggerated.

überspringen [y:bər'ʃprɪŋən] *unreg vt untr* to jump over; (*fig*) to skip.

übersprudeln ['y:bərʃpru:dəln] *vi* to bubble over.

überstehen[1] [y:bər'ʃte:ən] *unreg vt untr* to overcome, get over; (*Winter etc*) to survive, get through.

überstehen[2] ['y:bərʃte:ən] *unreg vi* to project.

übersteigen [y:bər'ʃtaɪgən] *unreg vt untr* to climb over; (*fig*) to exceed.

übersteigert [y:bər'ʃtaɪgərt] *adj* excessive.

überstimmen [y:bər'ʃtɪmən] *vt untr* to outvote.

überstrapazieren ['y:bərʃtrapatsi:rən] *vt untr* to wear out ♦ *vr* to wear o.s. out.

überstreifen ['y:bərʃtraɪfən] *vt*: (**sich** *dat*) **etw** ~ to slip sth on.

überströmen[1] [y:bər'ʃtrø:mən] *vt untr*: **von Blut überströmt sein** to be streaming with blood.

überströmen[2] ['y:bərʃtrø:mən] *vi* (*lit, fig*): ~ **(vor** +*dat*) to overflow (with).

Überstunden ['y:bərʃtʊndən] *pl* overtime *sing*.

überstürzen [y:bər'ʃtʏrtsən] *vt untr* to rush ♦ *vr untr* to follow (one another) in rapid succession.

überstürzt *adj* (over)hasty.

übertariflich ['y:bərtariflɪç] *adj, adv* above the agreed *od* union rate.

übertölpeln [y:bər'tœlpln] *vt untr* to dupe.

übertönen [y:bər'tø:nən] *vt untr* to drown (out).

Übertrag ['y:bərtra:k] (**-(e)s, -träge**) *m* (*COMM*) amount brought forward.

übertragbar [y:bər'tra:kba:r] *adj* transferable; (*MED*) infectious.

übertragen [y:bər'tra:gən] *unreg vt untr* to transfer; (*RUNDF*) to broadcast; (*anwenden: Methode*) to apply; (*übersetzen*) to render; (*Krankheit*) to transmit ♦ *vr untr* to spread ♦ *adj* figurative; ~ **auf** +*akk* to transfer to; to apply to; **sich** ~ **auf** +*akk* to spread to; **jdm etw** ~ to assign sth to sb; (*Verantwortung etc*) to give sb sth *od* sth to sb.

Übertragung *f* (*siehe vb*) transference; broadcast; rendering; transmission.

übertreffen [y:bər'trɛfən] *unreg vt untr* to surpass.

übertreiben [y:bər'traɪbən] *unreg vt untr* to exaggerate; **man kann es auch** ~ you can overdo things.

Übertreibung *f* exaggeration.

übertreten[1] [y:bər'tre:tən] *unreg vt untr* to cross; (*Gebot etc*) to break.

übertreten[2] ['y:bərtre:tən] *unreg vi* (*über Linie, Gebiet*) to step (over); (*SPORT*) to overstep; (*zu anderem Glauben*) to be converted; ~ **(in** +*akk*) (*POL*) to go over (to).

Übertretung [y:bər'tre:tʊŋ] *f* violation, transgression.

übertrieben [y:bər'tri:bən] *adj* exaggerated, excessive.

Übertritt ['y:bərtrɪt] *m* (*zu anderem Glauben*) conversion; (*bes zu anderer Partei*) defection.

übertrumpfen [y:bər'trʊmpfən] *vt untr* to outdo; (*KARTEN*) to overtrump.

übertünchen [y:bər'tʏnçən] *vt untr* to whitewash; (*fig*) to cover up, whitewash.

übervölkert [y:bər'fœlkərt] *adj* overpopulated.

übervoll ['y:bərfɔl] *adj* overfull.
übervorteilen [y:bər'fɔrtaɪlən] *vt untr* to dupe, cheat.
überwachen [y:bər'vaxən] *vt untr* to supervise; (*Verdächtigen*) to keep under surveillance.
Überwachung *f* supervision; surveillance.
überwältigen [y:bər'vɛltɪgən] *vt untr* to overpower.
überwältigend *adj* overwhelming.
überwechseln ['y:bərvɛksəln] *vi*: ~ **(in** +*akk*) to move (to); (*zu Partei etc*): ~ **(zu)** to go over (to).
überweisen [y:bər'vaɪzən] *unreg vt untr* to transfer; (*Patienten*) to refer.
Überweisung *f* transfer; (*von Patient*) referral.
überwerfen¹ ['y:bərvɛrfən] *unreg vt* (*Kleidungsstück*) to put on; (*sehr rasch*) to throw on.
überwerfen² [y:bər'vɛrfən] *unreg vr untr*: **sich (mit jdm)** ~ to fall out (with sb).
überwiegen [y:bər'vi:gən] *unreg vi untr* to predominate.
überwiegend *adj* predominant.
überwinden [y:bər'vɪndən] *unreg vt untr* to overcome ♦ *vr untr*: **sich** ~, **etw zu tun** to make an effort to do sth, bring o.s. to do sth.
Überwindung *f* overcoming; (*Selbst~*) effort of will.
überwintern [y:bər'vɪntərn] *vi untr* to (spend the) winter; (*umg: Winterschlaf halten*) to hibernate.
Überwurf ['y:bərvurf] *m* wrap.
Überzahl ['y:bərtsa:l] *f* superior numbers *pl*, superiority; **in der** ~ **sein** to be numerically superior.
überzählig ['y:bərtsɛ:lɪç] *adj* surplus.
überzeugen [y:bər'tsɔʏgən] *vt untr* to convince.
überzeugend *adj* convincing.
überzeugt *adj attrib* (*Anhänger etc*) dedicated; (*Vegetarier*) strict; (*Christ, Moslem*) devout.
Überzeugung *f* conviction; **zu der** ~ **gelangen, dass ...** to become convinced that ...
Überzeugungskraft *f* power of persuasion.
überziehen¹ ['y:bərtsi:ən] *unreg vt* to put on.
überziehen² [y:bər'tsi:ən] *unreg vt untr* to cover; (*Konto*) to overdraw; (*Redezeit etc*) to overrun ♦ *vr untr* (*Himmel*) to cloud over; **ein Bett frisch** ~ to change a bed, change the sheets (on a bed).
Überziehungskredit *m* overdraft.
überzüchten [y:bər'tsʏçtən] *vt untr* to overbreed.
Überzug ['y:bərtsu:k] *m* cover; (*Belag*) coating.
üblich ['y:plɪç] *adj* usual; **allgemein** ~ **sein** to

be common practice.
U-Boot ['u:bo:t] *nt* U-boat, submarine.
übrig ['y:brɪç] *adj* remaining; **für jdn etwas** ~ **haben** (*umg*) to be fond of sb; **die Ü~en** the others; **das Ü~e** the rest; **im Ü~en** besides; ~ **bleiben** to remain, be left (over); ~ **lassen** to leave (over); **einiges/viel zu wünschen** ~ **lassen** (*umg*) to leave something/a lot to be desired.
übrigens ['y:brɪgəns] *adv* besides; (*nebenbei bemerkt*) by the way.
Übung ['y:buŋ] *f* practice; (*Turn~, Aufgabe etc*) exercise; ~ **macht den Meister** (*Sprichwort*) practice makes perfect.
Übungsarbeit *f* (*SCH*) mock test.
Übungsplatz *m* training ground; (*MIL*) drill ground.
u. d. M. *abk* (= *unter dem Meeresspiegel*) below sea level.
ü. d. M. *abk* (= *über dem Meeresspiegel*) above sea level.
u. E. *abk* (= *unseres Erachtens*) in our opinion.
Ufer ['u:fər] (**-s, -**) *nt* bank; (*Meeres~*) shore; ~**befestigung** *f* embankment.
u~los *adj* endless; (*grenzenlos*) boundless; **ins U~lose gehen** (*Kosten*) to go up and up; (*Debatte etc*) to go on forever.
UFO, Ufo ['u:fo] (**-(s), -s**) *nt abk* (= *unbekanntes Flugobjekt*) UFO, ufo.
Uganda [u'ganda] (**-s**) *nt* Uganda.
Ugander(in) (**-s, -**) *m(f)* Ugandan.
ugandisch *adj* Ugandan.
U-Haft ['u:haft] *f abk* = **Untersuchungshaft**.
Uhr [u:r] (**-, -en**) *f* clock; (*Armband~*) watch; **wie viel** ~ **ist es?** what time is it?; **um wie viel** ~**?** at what time?; **1** ~ 1 o'clock; **20** ~ 8 o'clock, 20.00 (twenty hundred) hours; ~**band** *nt* watchstrap; ~**(en)gehäuse** *nt* clock case; watch case; ~**kette** *f* watch chain; ~**macher** *m* watchmaker; ~**werk** *nt* (*auch fig*) clockwork mechanism; ~**zeiger** *m* hand; ~**zeigersinn** *m*: **im** ~**zeigersinn** clockwise; **entgegen dem** ~**zeigersinn** anticlockwise; ~**zeit** *f* time (of day).
Uhu ['u:hu] (**-s, -s**) *m* eagle owl.
Ukraine [ukra'i:nə] *f* Ukraine.
Ukrainer(in) [ukra'i:nər(ɪn)] (**-s, -**) *m(f)* Ukrainian.
ukrainisch *adj* Ukrainian.
UKW *abk* (= *Ultrakurzwelle*) VHF.
Ulk [ulk] (**-s, -e**) *m* lark.
ulkig ['ulkɪç] *adj* funny.
Ulme ['ulmə] (**-, -n**) *f* elm.
Ulster ['ulstər] (**-s**) *nt* Ulster.
Ultimatum [ulti'ma:tum] (**-s, Ultimaten**) *nt* ultimatum; **jdm ein** ~ **stellen** to give sb an ultimatum.
Ultra- *zW*: ~**kurzwelle** *f* very high frequency; ~**leichtflugzeug** *nt* microlight; ~**schall** *m* (*PHYS*) ultrasound; **u~violett** *adj* ultraviolet.

========= SCHLÜSSELWORT

um [ʊm] *präp +akk* **1** (~ *herum*) (a)round;
~ **Weihnachten** around Christmas; **er schlug**
~ **sich** he hit about him.
2 (*mit Zeitangabe*) at; ~ **acht (Uhr)** at eight
(o'clock).
3 (*mit Größenangabe*) by; **etw** ~ **4 cm kürzen**
to shorten sth by 4 cm; ~ **10% teurer** 10%
more expensive; ~ **vieles besser** better by
far; ~ **nichts besser** not in the least bit
better; *siehe auch* **umso**.
4: der Kampf ~ **den Titel** the battle for the
title; ~ **Geld spielen** to play for money; **es
geht** ~ **das Prinzip** it's a question of
principle; **Stunde** ~ **Stunde** hour after hour;
Auge ~ **Auge** an eye for an eye.
♦ *präp +gen:* ~ ... **willen** for the sake of ...;
~ **Gottes willen** for goodness od (*stärker*)
God's sake.
♦ *konj:* ~ ... **zu** (in order) to ...; **zu klug,** ~ **zu**
... too clever to ...; *siehe auch* **umso**.
♦ *adv* **1** (*ungefähr*) about; ~ **(die) 30 Leute**
about od around 30 people.
2 (*vorbei*): **die zwei Stunden sind** ~ the two
hours are up.

umadressieren ['ʊm|adrɛsiːrən] *vt untr* to
readdress.
umändern ['ʊm|ɛndərn] *vt* to alter.
Umänderung *f* alteration.
umarbeiten ['ʊm|arbaɪtn] *vt* to remodel;
(*Buch etc*) to revise, rework.
umarmen [ʊm'|armən] *vt untr* to embrace.
Umbau ['ʊmbaʊ] (**-(e)s, -e** od **-ten**) *m*
reconstruction, alteration(s *pl*).
umbauen ['ʊmbaʊən] *vt* to rebuild,
reconstruct.
umbenennen ['ʊmbənɛnən] *unreg vt untr* to
rename.
umbesetzen ['ʊmbəzɛtsən] *vt untr* (*THEAT*) to
recast; (*Mannschaft*) to change; (*Posten,
Stelle*) to find someone else for.
umbiegen ['ʊmbiːgən] *unreg vt* to bend (over).
umbilden ['ʊmbɪldən] *vt* to reorganize; (*POL:
Kabinett*) to reshuffle.
umbinden¹ ['ʊmbɪndən] *unreg vt* (*Krawatte etc*)
to put on.
umbinden² [ʊm'bɪndən] *unreg vt untr:* **etw mit
etw** ~ to tie sth round sth.
umblättern ['ʊmblɛtərn] *vt* to turn over.
umblicken ['ʊmblɪkən] *vr* to look around.
umbringen ['ʊmbrɪŋən] *unreg vt* to kill.
Umbruch ['ʊmbrʊx] *m* radical change; (*TYP*)
make-up (into page).
umbuchen ['ʊmbuːxən] *vi* to change one's
reservation od flight etc ♦ *vt* to change.
umdenken ['ʊmdɛŋkən] *unreg vi* to adjust one's
views.
umdisponieren ['ʊmdɪsponiːrən] *vi untr* to

change one's plans.
umdrängen [ʊm'drɛŋən] *vt untr* to crowd
round.
umdrehen ['ʊmdreːən] *vt* to turn (round);
(*Hals*) to wring ♦ *vr* to turn (round); **jdm den
Arm** ~ to twist sb's arm.
Umdrehung *f* turn; (*PHYS*) revolution,
rotation.
umeinander [ʊm|aɪˈnandər] *adv* round one
another; (*füreinander*) for one another.
umerziehen ['ʊm|ɛrtsiːən] *unreg vt* (*POL: euph*):
jdn (zu etw) ~ to re-educate sb (to become
sth).
umfahren¹ ['ʊmfaːrən] *unreg vt* to run over.
umfahren² [ʊmˈfaːrən] *unreg vt untr* to drive
round; (*die Welt*) to sail round.
umfallen ['ʊmfalən] *unreg vi* to fall down od
over; (*fig: umg: nachgeben*) to give in.
Umfang ['ʊmfaŋ] *m* extent; (*von Buch*) size;
(*Reichweite*) range; (*Fläche*) area; (*MATH*)
circumference; **in großem** ~ on a large
scale; **u~reich** *adj* extensive; (*Buch etc*)
voluminous.
umfassen [ʊmˈfasən] *vt untr* to embrace; (*umgeben*) to surround; (*enthalten*) to include.
umfassend *adj* comprehensive; (*umfangreich*)
extensive.
Umfeld ['ʊmfɛlt] *nt*: **zum** ~ **von etw gehören**
to be associated with sth.
umformatieren ['ʊmfɔrmatiːrən] *vt untr*
(*COMPUT*) to reformat.
umformen ['ʊmfɔrmən] *vi* to transform.
Umformer (**-s, -**) *m* (*ELEK*) converter.
umformulieren ['ʊmfɔrmuliːrən] *vt untr* to
redraft.
Umfrage ['ʊmfraːgə] *f* poll; ~ **halten** to ask
around.
umfüllen ['ʊmfʏlən] *vt* to transfer; (*Wein*) to
decant.
umfunktionieren ['ʊmfʊŋktsioniːrən] *vt untr* to
convert.
Umgang ['ʊmgaŋ] *m* company; (*mit jdm*)
dealings *pl*; (*Behandlung*) dealing.
umgänglich ['ʊmgɛŋlɪç] *adj* sociable.
Umgangs- *zW*: ~**formen** *pl* manners *pl*;
~**sprache** *f* colloquial language;
u~sprachlich *adj* colloquial.
umgeben [ʊmˈgeːbən] *unreg vt untr* to surround.
Umgebung *f* surroundings *pl*; (*Milieu*)
environment; (*Personen*) people in one's
circle; **in der näheren/weiteren** ~ **Münchens**
on the outskirts/in the environs of Munich.
umgehen¹ ['ʊmgeːən] *unreg vi* to go (a)round;
im Schlosse ~ to haunt the castle; **mit jdm/
etw** ~ **können** to know how to handle sb/sth;
mit jdm grob etc ~ to treat sb roughly etc;
mit Geld sparsam ~ to be careful with your
money.
umgehen² [ʊmˈgeːən] *unreg vt untr* to bypass;
(*MIL*) to outflank; (*Gesetz, Vorschrift etc*) to

circumvent; (*vermeiden*) to avoid.

umgehend *adj* immediate.

Umgehung *f* (*siehe vb*) bypassing; outflanking; circumvention; avoidance.

Umgehungsstraße *f* bypass.

umgekehrt ['ʊmgəkeːrt] *adj* reverse(d); (*gegenteilig*) opposite ♦ *adv* the other way around; **und** ~ and vice versa.

umgestalten ['ʊmgəʃtaltən] *vt untr* to alter; (*reorganisieren*) to reorganize; (*umordnen*) to rearrange.

umgewöhnen ['ʊmgəvøːnən] *vr* to readapt.

umgraben ['ʊmgraːbən] *unreg vt* to dig up.

umgruppieren ['ʊmgrʊpiːrən] *vt untr* to regroup.

Umhang ['ʊmhaŋ] *m* wrap, cape.

umhängen ['ʊmhɛŋən] *vt* (*Bild*) to hang somewhere else; **jdm etw** ~ to put sth on sb.

Umhängetasche *f* shoulder bag.

umhauen ['ʊmhaʊən] *vt* to fell; (*fig*) to bowl over.

umher [ʊm'heːr] *adv* about, around; ~**gehen** *unreg vi* to walk about; ~**irren** *vi* to wander around; (*Blick, Augen*) to roam about; ~**reisen** *vi* to travel about; ~**schweifen** *vi* to roam about; ~**ziehen** *unreg vi* to wander from place to place.

umhinkönnen [ʊm'hɪnkœnən] *unreg vi:* **ich kann nicht umhin, das zu tun** I can't help doing it.

umhören ['ʊmhøːrən] *vr* to ask around.

umkämpfen [ʊm'kɛmpfən] *vt untr* (*Entscheidung*) to dispute; (*Wahlkreis, Sieg*) to contest.

Umkehr ['ʊmkeːr] (-) *f* turning back; (*Änderung*) change.

umkehren *vi* to turn back; (*fig*) to change one's ways ♦ *vt* to turn round, reverse; (*Tasche etc*) to turn inside out; (*Gefäß etc*) to turn upside down.

umkippen ['ʊmkɪpən] *vt* to tip over ♦ *vi* to overturn; (*umg: ohnmächtig werden*) to keel over; (*fig: Meinung ändern*) to change one's mind.

umklammern [ʊm'klamərn] *vt untr* (*mit Händen*) to clasp; (*festhalten*) to cling to.

umklappen ['ʊmklapən] *vt* to fold down.

Umkleidekabine ['ʊmklaɪdəkabiːnə] *f* changing cubicle (*BRIT*), dressing room (*US*).

Umkleideraum ['ʊmklaɪdəraʊm] *m* changing room; (*US, THEAT*) dressing room.

umknicken ['ʊmknɪkən] *vt* (*Ast*) to snap; (*Papier*) to fold (over) ♦ *vi:* **mit dem Fuß** ~ to twist one's ankle.

umkommen ['ʊmkɔmən] *unreg vi* to die, perish; (*Lebensmittel*) to go bad.

Umkreis ['ʊmkraɪs] *m* neighbourhood (*BRIT*), neighborhood (*US*); **im** ~ **von** within a radius of.

umkreisen [ʊm'kraɪzən] *vt untr* to circle (round); (*Satellit*) to orbit.

umkrempeln ['ʊmkrɛmpəln] *vt* to turn up; (*mehrmals*) to roll up; (*umg: Betrieb*) to shake up.

umladen ['ʊmlaːdən] *unreg vt* to transfer, reload.

Umlage ['ʊmlaːgə] *f* share of the costs.

Umlauf *m* (*Geld~*) circulation; (*von Gestirn*) revolution; (*Schreiben*) circular; **in** ~ **bringen** to circulate; ~**bahn** *f* orbit.

umlaufen ['ʊmlaʊfən] *unreg vi* to circulate.

Umlaufkapital *nt* working capital.

Umlaufvermögen *nt* current assets *pl*.

Umlaut ['ʊmlaʊt] *m* umlaut.

umlegen ['ʊmleːgən] *vt* to put on; (*verlegen*) to move, shift; (*Kosten*) to share out; (*umkippen*) to tip over; (*umg: töten*) to bump off.

umleiten ['ʊmlaɪtən] *vt* to divert.

Umleitung *f* diversion.

umlernen ['ʊmlɛrnən] *vi* to learn something new; (*fig*) to adjust one's views.

umliegend ['ʊmliːgənt] *adj* surrounding.

ummelden ['ʊmmɛldən] *vt, vr:* **jdn/sich** ~ to notify (the police of) a change in sb's/one's address.

Umnachtung [ʊm'naxtʊŋ] *f* mental derangement.

umorganisieren ['ʊm|ɔrganiziːrən] *vt untr* to reorganize.

umpflanzen ['ʊmpflantsən] *vt* to transplant.

umquartieren ['ʊmkvartiːrən] *vt untr* to move; (*Truppen*) to requarter.

umrahmen [ʊm'raːmən] *vt untr* to frame.

umranden [ʊm'randən] *vt untr* to border, edge.

umräumen ['ʊmrɔʏmən] *vt* (*anders anordnen*) to rearrange ♦ *vi* to rearrange things, move things around.

umrechnen ['ʊmrɛçnən] *vt* to convert.

Umrechnung *f* conversion.

Umrechnungskurs *m* rate of exchange.

umreißen [ʊm'raɪsən] *unreg vt untr* to outline.

umrennen ['ʊmrɛnən] *unreg vt* to (run into and) knock down.

umringen [ʊm'rɪŋən] *vt untr* to surround.

Umriss▲ ['ʊmrɪs] *m* outline.

umrühren ['ʊmryːrən] *vt, vi* to stir.

umrüsten ['ʊmrʏstən] *vt* (*TECH*) to adapt; (*MIL*) to re-equip; ~ **auf** +*akk* to adapt to.

ums [ʊms] = **um das**.

umsatteln ['ʊmzatəln] (*umg*) *vi* to change one's occupation, switch jobs.

Umsatz ['ʊmzats] *m* turnover; ~**beteiligung** *f* commission; ~**einbuße** *f* loss of profit; ~**steuer** *f* turnover tax.

umschalten ['ʊmʃaltən] *vt* to switch ♦ *vi* to push/pull a lever; (*auf anderen Sender*): ~ (**auf** +*akk*) to change over (to); (*AUT*): ~ **in** +*akk* to change (*BRIT*) *od* shift into; „**wir**

schalten jetzt um nach Hamburg" "and now we go over to Hamburg".

Umschalttaste f shift key.

Umschau f look(ing) round; ~ **halten nach** to look around for.

umschauen ['ʊmʃaʊən] vr to look round.

Umschlag ['ʊmʃlaːk] m cover; (Buch~) jacket, cover; (MED) compress; (Brief~) envelope; (Gütermenge) volume of traffic; (Wechsel) change; (von Hose) turn-up (BRIT), cuff (US).

umschlagen ['ʊmʃlaːgən] unreg vi to change; (NAUT) to capsize ♦ vt to knock over; (Ärmel) to turn up; (Seite) to turn over; (Waren) to transfer.

Umschlag- zW: **~hafen** m port of transshipment; **~platz** m (COMM) distribution centre (BRIT) od center (US); **~seite** f cover page.

umschlingen [ʊm'ʃlɪŋən] unreg vt untr (Pflanze) to twine around; (jdn) to embrace.

umschreiben[1] ['ʊmʃraɪbən] unreg vt (neu ~) to rewrite; (übertragen) to transfer; ~ **auf** +akk to transfer to.

umschreiben[2] [ʊm'ʃraɪbən] unreg vt untr to paraphrase; (abgrenzen) to circumscribe, define.

Umschuldung ['ʊmʃʊldʊŋ] f rescheduling (of debts).

umschulen ['ʊmʃuːlən] vt to retrain; (Kind) to send to another school.

umschwärmen [ʊm'ʃvɛrmən] vt untr to swarm round; (fig) to surround, idolize.

Umschweife ['ʊmʃvaɪfə] pl: **ohne ~** without beating about the bush, straight out.

umschwenken ['ʊmʃvɛnkən] vi (Kran) to swing out; (fig) to do an about-turn (BRIT) od about-face (US); (Wind) to veer.

Umschwung ['ʊmʃvʊŋ] m (GYMNASTIK) circle; (fig: ins Gegenteil) change (around).

umsegeln [ʊm'zeːgəln] vt untr to sail around; (Erde) to circumnavigate.

umsehen ['ʊmzeːən] unreg vr to look around od about; (suchen): **sich ~ (nach)** to look out (for); **ich möchte mich nur mal ~** (in Geschäft) I'm just looking.

umseitig ['ʊmzaɪtɪç] adv overleaf.

umsetzen ['ʊmzɛtsən] vt (Waren) to turn over ♦ vr (Schüler) to change places; **etw in die Tat ~** to translate sth into action.

Umsicht ['ʊmzɪçt] f prudence, caution.

umsichtig adj prudent, cautious.

umsiedeln ['ʊmziːdəln] vt to resettle.

Umsiedler(in) (-s, -) m(f) resettler.

umso▲ ['ʊmzo] konj: ~ **besser/schlimmer** so much the better/worse; ~ **mehr, als ...** all the more considering ...

umsonst [ʊm'zɔnst] adv in vain; (gratis) for nothing.

umspringen ['ʊmʃprɪŋən] unreg vi to change; **mit jdm ~** to treat sb badly.

Umstand ['ʊmʃtant] m circumstance; **Umstände** pl (fig: Schwierigkeiten) fuss sing; **in anderen Umständen sein** to be pregnant; **Umstände machen** to go to a lot of trouble; **den Umständen entsprechend** much as one would expect (under the circumstances); **die näheren Umstände** further details; **unter Umständen** possibly; **mildernde Umstände** (JUR) extenuating circumstances.

umstandehalber adv owing to circumstances.

umständlich ['ʊmʃtɛntlɪç] adj (Methode) cumbersome, complicated; (Ausdrucksweise, Erklärung) long-winded; (ungeschickt) ponderous; **etw ~ machen** to make heavy weather of (doing) sth.

Umstandskleid nt maternity dress.

Umstandswort nt adverb.

umstehend ['ʊmʃteːənt] adj attrib (umseitig) overleaf; **die U~en** pl the bystanders pl.

Umsteigekarte f transfer ticket.

umsteigen ['ʊmʃtaɪgən] unreg vi (EISENB) to change; (fig: umg): ~ **(auf** +akk) to change over (to), switch (over) (to).

umstellen[1] ['ʊmʃtɛlən] vt (an anderen Ort) to change round, rearrange; (TECH) to convert ♦ vr: **sich ~ (auf** +akk) to adapt o.s. (to).

umstellen[2] [ʊm'ʃtɛlən] vt untr to surround.

Umstellung f change; (Umgewöhnung) adjustment; (TECH) conversion.

umstimmen ['ʊmʃtɪmən] vt (MUS) to retune; **jdn ~** to make sb change his mind.

umstoßen ['ʊmʃtoːsən] unreg vt (lit) to overturn; (Plan etc) to change, upset.

umstritten [ʊm'ʃtrɪtən] adj disputed; (fraglich) controversial.

Umsturz ['ʊmʃtʊrts] m overthrow.

umstürzen ['ʊmʃtʏrtsən] vt (umwerfen) to overturn ♦ vi to collapse, fall down; (Wagen) to overturn.

umstürzlerisch adj revolutionary.

Umtausch ['ʊmtaʊʃ] m exchange; **diese Waren sind vom ~ ausgeschlossen** these goods cannot be exchanged.

umtauschen vt to exchange.

Umtriebe ['ʊmtriːbə] pl machinations pl, intrigues pl.

umtun ['ʊmtuːn] unreg vr: **sich nach etw ~** to look for sth.

umverteilen ['ʊmfɛrtaɪlən] vt untr to redistribute.

umwälzend ['ʊmvɛltsənt] adj (fig) radical; (Veränderungen) sweeping; (Ereignisse) revolutionary.

Umwälzung f (fig) radical change.

umwandeln ['ʊmvandəln] vt to change, convert; (ELEK) to transform.

umwechseln ['ʊmvɛksəln] vt to change.

Umweg ['ʊmveːk] m detour; (fig) roundabout way.

Umwelt ['omvɛlt] *f* environment; ~**allergie** *f* environmental allergy; ~**auto** (*umg*) *nt* environment-friendly vehicle; ~**belastung** *f* environmental pollution; ~**bewusstsein** ▲ *nt* environmental awareness; **u~freundlich** *adj* environment-friendly; ~**kriminalität** *f* crimes *pl* against the environment; ~**ministerium** *nt* Ministry of the Environment; **u~schädlich** *adj* harmful to the environment; ~**schutz** *m* environmental protection; ~**schützer** (**-s, -**) *m* environmentalist; ~**verschmutzung** *f* pollution (of the environment); **u~verträglich** *adj* not harmful to the environment; ~**verträglichkeit** *f* ecofriendliness.

umwenden ['omvɛndən] *unreg vt, vr* to turn (round).

umwerben [om'vɛrbən] *unreg vt untr* to court, woo.

umwerfen ['omvɛrfən] *unreg vt* (*lit*) to upset, overturn; (*Mantel*) to throw on; (*fig: erschüttern*) to upset, throw.

umwerfend (*umg*) *adj* fantastic.

umziehen ['omtsiːən] *unreg vt, vr* to change ♦ *vi* to move.

umzingeln [om'tsɪŋəln] *vt untr* to surround, encircle.

Umzug ['omtsuːk] *m* procession; (*Wohnungs~*) move, removal.

UN *pl abk* (= *United Nations*): **die** ~ the UN *sing*.

un- *zW:* ~**abänderlich** *adj* irreversible, unalterable; ~**abänderlich feststehen** to be absolutely certain; ~**abdingbar** *adj* indispensable, essential; (*Recht*) inalienable; ~**abhängig** *adj* independent; **U~abhängigkeit** *f* independence; ~**abkömmlich** *adj* indispensable; **zur Zeit ~abkömmlich** not free at the moment; ~**ablässig** *adj* incessant, constant; ~**absehbar** *adj* immeasurable; (*Folgen*) unforeseeable; (*Kosten*) incalculable; ~**absichtlich** *adj* unintentional; ~**abwendbar** *adj* inevitable.

unachtsam ['onʔaxtzaːm] *adj* careless; **U~keit** *f* carelessness.

un- *zW:* ~**anfechtbar** *adj* indisputable; ~**angebracht** *adj* uncalled-for; ~**angefochten** *adj* unchallenged; (*Testament, Wahlkandidat, Urteil*) uncontested; ~**angemeldet** *adj* unannounced; (*Besucher*) unexpected; ~**angemessen** *adj* inadequate; ~**angenehm** *adj* unpleasant; (*peinlich*) embarrassing; ~**angepasst** ▲ *adj* nonconformist; **U~annehmlichkeit** *f* inconvenience; **Unannehmlichkeiten** *pl* trouble *sing*; ~**ansehnlich** *adj* unsightly; ~**anständig** *adj* indecent, improper; **U~anständigkeit** *f* indecency, impropriety; ~**antastbar** *adj* inviolable, sacrosanct.

unappetitlich ['onʔapetiːtlɪç] *adj* unsavoury (*BRIT*), unsavory (*US*).

Unart ['onʔaːrt] *f* bad manners *pl*; (*Angewohnheit*) bad habit.

unartig *adj* naughty, badly behaved.

un- *zW:* ~**aufdringlich** *adj* unobtrusive; (*Parfüm*) discreet; (*Mensch*) unassuming; ~**auffällig** *adj* unobtrusive; (*Kleidung*) inconspicuous; ~**auffindbar** *adj* not to be found; ~**aufgefordert** *adj* unsolicited ♦ *adv* unasked, spontaneously; ~**aufgefordert zugesandte Manuskripte** unsolicited manuscripts; ~**aufhaltsam** *adj* irresistible; ~**aufhörlich** *adj* incessant, continuous; ~**aufmerksam** *adj* inattentive; ~**aufrichtig** *adj* insincere.

un- *zW:* ~**ausbleiblich** *adj* inevitable, unavoidable; ~**ausgeglichen** *adj* volatile; ~**ausgegoren** *adj* immature; (*Idee, Plan*) half-baked; ~**ausgesetzt** *adj* incessant, constant; ~**ausgewogen** *adj* unbalanced; ~**aussprechlich** *adj* inexpressible; ~**ausstehlich** *adj* intolerable; ~**ausweichlich** *adj* inescapable, ineluctable.

unbändig ['onbɛndɪç] *adj* extreme, excessive.

unbarmherzig ['onbarmhɛrtsɪç] *adj* pitiless, merciless.

unbeabsichtigt ['onbəʔapzɪçtɪçt] *adj* unintentional.

unbeachtet ['onbəʔaxtət] *adj* unnoticed; (*Warnung*) ignored.

unbedacht ['onbədaxt] *adj* rash.

unbedarft ['onbədarft] (*umg*) *adj* clueless.

unbedenklich ['onbədɛŋklɪç] *adj* unhesitating; (*Plan*) unobjectionable ♦ *adv* without hesitation.

unbedeutend ['onbədɔʏtənt] *adj* insignificant, unimportant; (*Fehler*) slight.

unbedingt ['onbədɪŋt] *adj* unconditional ♦ *adv* absolutely; **musst du ~ gehen?** do you really have to go?; **nicht ~** not necessarily.

unbefangen ['onbəfaŋən] *adj* impartial, unprejudiced; (*ohne Hemmungen*) uninhibited; **U~heit** *f* impartiality; uninhibitedness.

unbefriedigend ['onbəfriːdɪgənt] *adj* unsatisfactory.

unbefriedigt ['onbəfriːdɪçt] *adj* unsatisfied; (*unzufrieden*) dissatisfied; (*unerfüllt*) unfulfilled.

unbefristet ['onbəfrɪstət] *adj* permanent.

unbefugt ['onbəfuːkt] *adj* unauthorized; **U~en ist der Eintritt verboten** no admittance to unauthorized persons.

unbegabt ['onbəgaːpt] *adj* untalented.

unbegreiflich [onbə'graɪflɪç] *adj* inconceivable.

unbegrenzt ['onbəgrɛntst] *adj* unlimited.

unbegründet ['onbəgrʏndət] *adj* unfounded.

Unbehagen ['onbəhaːgən] *nt* discomfort.

unbehaglich ['onbəhaːklɪç] *adj*

uncomfortable; (*Gefühl*) uneasy.
unbeherrscht ['ʊnbəhɛrʃt] *adj* uncontrolled; (*Mensch*) lacking self-control.
unbeholfen ['ʊnbəhɔlfən] *adj* awkward, clumsy; **U~heit** *f* awkwardness, clumsiness.
unbeirrt ['ʊnbəˈɪrt] *adj* imperturbable.
unbekannt ['ʊnbəkant] *adj* unknown; **~e Größe** (*MATH, fig*) unknown quantity.
unbekannterweise *adv*: **grüß(e) sie ~ von mir** give her my regards although I don't know her.
unbekümmert ['ʊnbəkymərt] *adj* unconcerned.
unbelehrbar [ʊnbəˈleːrbaːr] *adj* fixed in one's views; (*Rassist etc*) dyed-in-the-wool *attrib*.
unbeliebt ['ʊnbəliːpt] *adj* unpopular; **U~heit** *f* unpopularity.
unbemannt ['ʊnbəmant] *adj* (*Raumflug*) unmanned; (*Flugzeug*) pilotless.
unbemerkt ['ʊnbəmɛrkt] *adj* unnoticed.
unbenommen [ʊnbəˈnɔmən] *adj* (*form*): **es bleibt** *od* **ist Ihnen ~, zu ...** you are at liberty to ...
unbequem ['ʊnbəkveːm] *adj* (*Stuhl*) uncomfortable; (*Mensch*) bothersome; (*Regelung*) inconvenient.
unberechenbar [ʊnbəˈrɛçənbaːr] *adj* incalculable; (*Mensch, Verhalten*) unpredictable.
unberechtigt ['ʊnbərɛçtɪçt] *adj* unjustified; (*nicht erlaubt*) unauthorized.
unberücksichtigt [ʊnbəˈrʏkzɪçtɪçt] *adj*: **etw ~ lassen** not to consider sth.
unberufen [ʊnbəˈruːfən] *interj* touch wood!
unberührt ['ʊnbərʏːrt] *adj* untouched; (*Natur*) unspoiled; **sie ist noch ~** she is still a virgin.
unbeschadet [ʊnbəˈʃaːdət] *präp* +*gen* (*form*) regardless of.
unbescheiden ['ʊnbəʃaɪdən] *adj* presumptuous.
unbescholten ['ʊnbəʃɔltən] *adj* respectable; (*Ruf*) spotless.
unbeschrankt ['ʊnbəʃraŋkt] *adj* (*Bahnübergang*) unguarded.
unbeschränkt ['ʊnbəʃrɛŋkt] *adj* unlimited.
unbeschreiblich [ʊnbəˈʃraɪplɪç] *adj* indescribable.
unbeschwert ['ʊnbəʃveːrt] *adj* (*sorgenfrei*) carefree; (*Melodien*) light.
unbesehen [ʊnbəˈzeːən] *adv* indiscriminately; (*ohne es anzusehen*) without looking at it.
unbesonnen ['ʊnbəzɔnən] *adj* unwise, rash, imprudent.
unbesorgt ['ʊnbəzɔrkt] *adj* unconcerned; **Sie können ganz ~ sein** you can set your mind at rest.
unbespielt ['ʊnbəʃpiːlt] *adj* (*Kassette*) blank.
unbest. *abk* = **unbestimmt**.
unbeständig ['ʊnbəʃtɛndɪç] *adj* (*Mensch*) inconstant; (*Wetter*) unsettled; (*Lage*) unstable.

unbestechlich [ʊnbəˈʃtɛçlɪç] *adj* incorruptible.
unbestimmt ['ʊnbəʃtɪmt] *adj* indefinite; (*Zukunft*) uncertain; **U~heit** *f* vagueness.
unbestritten ['ʊnbəʃtrɪtən] *adj* undisputed.
unbeteiligt [ʊnbəˈtaɪlɪçt] *adj* unconcerned; (*uninteressiert*) indifferent.
unbeugsam ['ʊnbɔʏkzaːm] *adj* stubborn, inflexible; (*Wille*) unbending.
unbewacht ['ʊnbəvaxt] *adj* unguarded, unwatched.
unbewaffnet ['ʊnbəvafnət] *adj* unarmed.
unbeweglich ['ʊnbəveːklɪç] *adj* immovable.
unbewegt *adj* motionless; (*fig: unberührt*) unmoved.
unbewohnt ['ʊnbəvoːnt] *adj* (*Gegend*) uninhabited; (*Haus*) unoccupied.
unbewusst▲ ['ʊnbəvʊst] *adj* unconscious.
unbezahlbar [ʊnbəˈtsaːlbaːr] *adj* prohibitively expensive; (*fig*) priceless; (*nützlich*) invaluable.
unbezahlt ['ʊnbətsaːlt] *adj* unpaid.
unblutig ['ʊnbluːtɪç] *adj* bloodless.
unbrauchbar ['ʊnbraʊxbaːr] *adj* (*nutzlos*) useless; (*Gerät*) unusable; **U~keit** *f* uselessness.
unbürokratisch ['ʊnbyrokratɪʃ] *adj* without any red tape.
und [ʊnt] *konj* and; **~ so weiter** and so on.
Undank ['ʊndaŋk] *m* ingratitude; **u~bar** *adj* ungrateful; **~barkeit** *f* ingratitude.
undefinierbar [ʊndefiˈniːrbaːr] *adj* indefinable.
undenkbar [ʊnˈdɛŋkbaːr] *adj* inconceivable.
undeutlich ['ʊndɔʏtlɪç] *adj* indistinct; (*Schrift*) illegible; (*Ausdrucksweise*) unclear.
undicht ['ʊndɪçt] *adj* leaky.
undifferenziert ['ʊndɪfərɛntsiːrt] *adj* simplistic.
Unding ['ʊndɪŋ] *nt* absurdity.
unduldsam ['ʊndʊldsaːm] *adj* intolerant.
un- *zW*: **~durchdringlich** *adj* (*Urwald*) impenetrable; (*Gesicht*) inscrutable; **~durchführbar** *adj* impracticable; **~durchlässig** *adj* impervious; (*wasserundurchlässig*) waterproof, impermeable; **~durchschaubar** *adj* inscrutable; **~durchsichtig** *adj* opaque; (*Motive*) obscure; (*fig: pej: Mensch, Methoden*) devious.
uneben ['ʊnˌeːbən] *adj* uneven.
unecht ['ʊnˌɛçt] *adj* artificial, fake; (*pej: Freundschaft, Lächeln*) false.
unehelich ['ʊnˌeːəlɪç] *adj* illegitimate.
uneigennützig ['ʊnˌaɪɡənnʏtsɪç] *adj* unselfish.
uneinbringlich [ʊnˌaɪnˈbrɪŋlɪç] *adj*: **~e Forderungen** (*COMM*) bad debts *pl*.
uneingeschränkt ['ʊnˌaɪŋɡəʃrɛŋkt] *adj* absolute, total; (*Rechte, Handel*) unrestricted; (*Zustimmung*) unqualified.

uneinig ['ʊn|aɪnɪç] *adj* divided; ~ **sein** to disagree; **U~keit** *f* discord, dissension.

uneinnehmbar [ʊn|aɪn'neːmbaːr] *adj* impregnable.

uneins ['ʊn|aɪns] *adj* at variance, at odds.

unempfänglich ['ʊn|ɛmpfɛŋlɪç] *adj*: ~ **(für)** not susceptible (to).

unempfindlich ['ʊn|ɛmpfɪntlɪç] *adj* insensitive; **U~keit** *f* insensitivity.

unendlich [ʊn'|ɛntlɪç] *adj* infinite ♦ *adv* endlessly; *(fig: sehr)* terribly; **U~keit** *f* infinity.

un- *zW:* ~**entbehrlich** *adj* indispensable; ~**entgeltlich** *adj* free (of charge); ~**entschieden** *adj* undecided; ~**entschieden enden** *(SPORT)* to end in a draw; ~**entschlossen** *adj* undecided; *(entschlusslos)* irresolute; ~**entwegt** *adj* unswerving; *(unaufhörlich)* incessant.

un- *zW:* ~**erbittlich** *adj* unyielding, inexorable; ~**erfahren** *adj* inexperienced; ~**erfreulich** *adj* unpleasant; **U~erfreuliches** *(schlechte Nachrichten)* bad news *sing*; *(Übles)* bad things *pl*; ~**erfüllt** *adj* unfulfilled; ~**ergiebig** *adj* *(Quelle, Thema)* unproductive; *(Ernte, Nachschlagewerk)* poor; ~**ergründlich** *adj* unfathomable; ~**erheblich** *adj* unimportant; ~**erhört** *adj* unheard-of; *(unverschämt)* outrageous; *(Bitte)* unanswered; ~**erlässlich**▲ *adj* indispensable; ~**erlaubt** *adj* unauthorized; ~**erledigt** *adj* unfinished; *(Post)* unanswered; *(Rechnung)* outstanding; *(schwebend)* pending; ~**ermesslich**▲ *adj* immeasurable, immense; ~**ermüdlich** *adj* indefatigable; ~**ersättlich** *adj* insatiable; ~**erschlossen** *adj* *(Land)* undeveloped; *(Boden)* unexploited; *(Vorkommen, Markt)* untapped; ~**erschöpflich** *adj* inexhaustible; ~**erschrocken** *adj* intrepid, courageous; ~**erschütterlich** *adj* unshakeable; ~**erschwinglich** *adj* *(Preis)* prohibitive; ~**ersetzlich** *adj* irreplaceable; ~**erträglich** *adj* unbearable; *(Frechheit)* insufferable; ~**erwartet** *adj* unexpected; ~**erwünscht** *adj* undesirable, unwelcome; ~**erzogen** *adj* ill-bred, rude.

unfähig ['ʊnfɛːɪç] *adj* incapable; *(attrib)* incompetent; **zu etw** ~ **sein** to be incapable of sth; **U~keit** *f* inability; incompetence.

unfair ['ʊnfɛːr] *adj* unfair.

Unfall ['ʊnfal] *m* accident; ~**flucht** *f* hit-and-run (driving); ~**opfer** *nt* casualty; ~**station** *f* emergency ward; ~**stelle** *f* scene of the accident; ~**versicherung** *f* accident insurance; ~**wagen** *m* car involved in an accident; *(umg: Rettungswagen)* ambulance.

unfassbar▲ [ʊn'fasbaːr] *adj* inconceivable.

unfehlbar [ʊn'feːlbaːr] *adj* infallible ♦ *adv* without fail; **U~keit** *f* infallibility.

unfertig ['ʊnfɛrtɪç] *adj* unfinished, incomplete;

(Mensch) immature.

unflätig ['ʊnflɛːtɪç] *adj* rude.

unfolgsam ['ʊnfɔlkzaːm] *adj* disobedient.

unförmig ['ʊnfœrmɪç] *adj* *(formlos)* shapeless; *(groß)* cumbersome; *(Füße, Nase)* unshapely.

unfrankiert ['ʊnfraŋkiːrt] *adj* unfranked.

unfrei ['ʊnfraɪ] *adj* not free.

unfreiwillig *adj* involuntary.

unfreundlich ['ʊnfrɔʏntlɪç] *adj* unfriendly; **U~keit** *f* unfriendliness.

Unfriede(n) ['ʊnfriːdə(n)] *m* dissension, strife.

unfruchtbar ['ʊnfrʊxtbaːr] *adj* infertile; *(Gespräche)* fruitless; **U~keit** *f* infertility; fruitlessness.

Unfug ['ʊnfuːk] **(-s)** *m* *(Benehmen)* mischief; *(Unsinn)* nonsense; **grober** ~ *(JUR)* gross misconduct.

Ungar(in) ['ʊŋgar(ɪn)] **(-n, -n)** *m(f)* Hungarian; **u~isch** *adj* Hungarian.

Ungarn (-s) *nt* Hungary.

ungeachtet ['ʊngə|axtət] *präp* +*gen* notwithstanding.

ungeahndet ['ʊngə|aːndət] *adj* *(JUR)* unpunished.

ungeahnt ['ʊngə|aːnt] *adj* unsuspected, undreamt-of.

ungebeten ['ʊngəbeːtən] *adj* uninvited.

ungebildet ['ʊngəbɪldət] *adj* uncultured; *(ohne Bildung)* uneducated.

ungeboren ['ʊngəboːrən] *adj* unborn.

ungebräuchlich ['ʊngəbrɔʏçlɪç] *adj* unusual, uncommon.

ungebraucht ['ʊngəbrauxt] *adj* unused.

ungebührlich ['ʊngəbyːrlɪç] *adj*: **sich** ~ **aufregen** to get unduly excited.

ungebunden ['ʊngəbʊndən] *adj* *(Buch)* unbound; *(Leben)* (fancy-)free; *(ohne festen Partner)* unattached; *(POL)* independent.

ungedeckt ['ʊngədɛkt] *adj* *(schutzlos)* unprotected; *(Scheck)* uncovered.

Ungeduld ['ʊngədʊlt] *f* impatience.

ungeduldig ['ʊngədʊldɪç] *adj* impatient.

ungeeignet ['ʊngə|aɪgnət] *adj* unsuitable.

ungefähr ['ʊngəfɛːr] *adj* rough, approximate ♦ *adv* roughly, approximately; **so** ~! more or less!; **das kommt nicht von** ~ that's hardly surprising.

ungefährlich ['ʊngəfɛːrlɪç] *adj* not dangerous, harmless.

ungehalten ['ʊngəhaltən] *adj* indignant.

ungeheuer ['ʊngəhɔʏər] *adj* huge ♦ *adv* (*umg*) enormously; **U~ (-s, -)** *nt* monster; ~**lich** [ʊngə'hɔʏərlɪç] *adj* monstrous.

ungehindert ['ʊngəhɪndərt] *adj* unimpeded.

ungehobelt ['ʊngəhoːbəlt] *adj* (*fig*) uncouth.

ungehörig ['ʊngəhøːrɪç] *adj* impertinent, improper; **U~keit** *f* impertinence.

ungehorsam ['ʊngəhoːrzaːm] *adj* disobedient; **U~** *m* disobedience.

ungeklärt ['ʊngəklɛːrt] *adj* not cleared up;

(*Rätsel*) unsolved; (*Abwasser*) untreated.
ungekürzt ['ʊngəkʏrtst] *adj* not shortened;
(*Film*) uncut.
ungeladen ['ʊngəla:dən] *adj* not loaded; (*ELEK*)
uncharged; (*Gast*) uninvited.
ungelegen ['ʊngəle:gən] *adj* inconvenient;
komme ich (Ihnen) ~? is this an
inconvenient time for you?
ungelernt ['ʊngəlɛrnt] *adj* unskilled.
ungelogen ['ʊngəlo:gən] *adv* really, honestly.
ungemein ['ʊngəmaɪn] *adj* immense.
ungemütlich ['ʊngəmy:tlɪç] *adj*
uncomfortable; (*Person*) disagreeable; **er
kann ~ werden** he can get nasty.
ungenau ['ʊngənaʊ] *adj* inaccurate.
Ungenauigkeit *f* inaccuracy.
ungeniert ['ʊnʒeni:rt] *adj* free and easy;
(*bedenkenlos, taktlos*) uninhibited ♦ *adv*
without embarrassment, freely.
ungenießbar ['ʊngəni:sba:r] *adj* inedible;
(*nicht zu trinken*) undrinkable; (*umg*)
unbearable.
ungenügend ['ʊngəny:gənt] *adj* insufficient,
inadequate; (*SCH*) unsatisfactory.
ungenutzt ['ʊngənʊtst] *adj*: **eine Chance
~ lassen** to miss an opportunity.
ungepflegt ['ʊngəpfle:kt] *adj* (*Garten etc*)
untended; (*Person*) unkempt; (*Hände*)
neglected.
ungerade ['ʊngəra:də] *adj* odd, uneven (*US*).
ungerecht ['ʊngərɛçt] *adj* unjust.
ungerechtfertigt *adj* unjustified.
Ungerechtigkeit *f* unfairness, injustice.
ungeregelt ['ʊngəre:gəlt] *adj* irregular.
ungereimt ['ʊngəraɪmt] *adj* (*Verse*) unrhymed;
(*fig*) inconsistent.
ungern ['ʊngɛrn] *adv* unwillingly, reluctantly.
ungerufen ['ʊngəru:fən] *adj* without being
called.
ungeschehen ['ʊngəʃe:ən] *adj*: **~ machen** to
undo.
Ungeschicklichkeit ['ʊngəʃɪklɪçkaɪt] *f*
clumsiness.
ungeschickt *adj* awkward, clumsy.
ungeschliffen ['ʊngəʃlɪfən] *adj* (*Edelstein*)
uncut; (*Messer etc*) blunt; (*fig: Benehmen*)
uncouth.
ungeschmälert ['ʊngəʃmɛ:lərt] *adj*
undiminished.
ungeschminkt ['ʊngəʃmɪŋkt] *adj* without
make-up; (*fig*) unvarnished.
ungeschoren ['ʊngəʃo:rən] *adj*: **jdn ~ lassen**
(*umg*) to spare sb; (*ungestraft*) to let sb off.
ungesetzlich ['ʊngəzɛtslɪç] *adj* illegal.
ungestempelt ['ʊngəʃtɛmpəlt] *adj* (*Briefmarke*)
unfranked, mint.
ungestört ['ʊngəʃtø:rt] *adj* undisturbed.
ungestraft ['ʊngəʃtra:ft] *adv* with impunity.
ungestüm ['ʊngəʃty:m] *adj* impetuous; **U~
(-(e)s)** *nt* impetuosity.

ungesund ['ʊngəzʊnt] *adj* unhealthy.
ungetrübt ['ʊngətry:pt] *adj* clear; (*fig*)
untroubled; (*Freude*) unalloyed.
Ungetüm ['ʊngəty:m] **(-(e)s, -e)** *nt* monster.
ungeübt ['ʊngəʏ:pt] *adj* unpractised (*BRIT*),
unpracticed (*US*); (*Mensch*) out of practice.
ungewiss▲ ['ʊngəvɪs] *adj* uncertain; **U~heit** *f*
uncertainty.
ungewöhnlich ['ʊngəvø:nlɪç] *adj* unusual.
ungewohnt ['ʊngəvo:nt] *adj* unusual.
ungewollt ['ʊngəvɔlt] *adj* unintentional.
Ungeziefer ['ʊngətsi:fər] **(-s)** *nt* vermin *pl*.
ungezogen ['ʊngətso:gən] *adj* rude,
impertinent; **U~heit** *f* rudeness,
impertinence.
ungezwungen ['ʊngətsvʊŋən] *adj* natural,
unconstrained.
ungläubig ['ʊnglɔybɪç] *adj* unbelieving; **ein
~er Thomas** a doubting Thomas; **die U~en**
the infidel(s *pl*).
unglaublich [ʊn'glaʊplɪç] *adj* incredible.
unglaubwürdig ['ʊnglaʊpvʏrdɪç] *adj*
untrustworthy, unreliable; (*Geschichte*)
improbable; **sich ~ machen** to lose
credibility.
ungleich ['ʊnglaɪç] *adj* dissimilar; (*Mittel,
Waffen*) unequal ♦ *adv* incomparably; **~artig**
adj different; **U~behandlung** *f* (*von Frauen,
Ausländern*) unequal treatment; **U~heit** *f*
dissimilarity; inequality; **~mäßig** *adj*
uneven; (*Atemzüge, Gesichtszüge, Puls*)
irregular.
Unglück ['ʊnglʏk] *nt* misfortune; (*Pech*) bad
luck; (*~sfall*) calamity, disaster; (*Verkehrs~*)
accident; **zu allem ~** to make matters
worse; **u~lich** *adj* unhappy; (*erfolglos*)
unlucky; (*unerfreulich*) unfortunate;
u~licherweise *adv* unfortunately; **u~selig** *adj*
calamitous; (*Person*) unfortunate.
Unglücksfall *m* accident, mishap.
Unglücksrabe (*umg*) *m* unlucky thing.
Ungnade ['ʊngna:də] *f*: **bei jdm in ~ fallen** to
fall out of favour (*BRIT*) *od* favor (*US*) with
sb.
ungültig ['ʊngʏltɪç] *adj* invalid; **etw für
~ erklären** to declare sth null and void;
U~keit *f* invalidity.
ungünstig ['ʊngʏnstɪç] *adj* unfavourable
(*BRIT*), unfavorable (*US*); (*Termin*)
inconvenient; (*Augenblick, Wetter*) bad; (*nicht
preiswert*) expensive.
ungut ['ʊngu:t] *adj* (*Gefühl*) uneasy; **nichts für
~!** no offence!
unhaltbar ['ʊnhaltba:r] *adj* untenable.
unhandlich ['ʊnhantlɪç] *adj* unwieldy.
Unheil ['ʊnhaɪl] *nt* evil; (*Unglück*) misfortune;
~ anrichten to cause mischief; **~ bringend**
fatal, fateful.
unheilbar [ʊn'haɪlba:r] *adj* incurable.
unheilvoll *adj* disastrous.

unheimlich ['ʊnhaɪmlɪç] *adj* weird, uncanny
♦ *adv* (*umg*) tremendously; **das/er ist mir ~**
it/he gives me the creeps (*umg*).
unhöflich ['ʊnhøːflɪç] *adj* impolite; **U~keit** *f*
impoliteness.
unhörbar [ʊn'høːrbaːr] *adj* silent; (*Frequenzen*)
inaudible.
unhygienisch ['ʊnhygieːnɪʃ] *adj* unhygienic.
Uni ['ʊni] (-, -s) (*umg*) *f* university.
uni ['yniː] *adj* self-coloured (*BRIT*), self-colored
(*US*).
Uniform [uni'fɔrm] (-, -en) *f* uniform.
uniformiert [unifɔr'miːrt] *adj* uniformed.
Unikum ['uːnɪkʊm] (-s, -s *od* **Unika**) (*umg*) *nt*
real character.
uninteressant ['ʊn|ɪntɛrɛsant] *adj*
uninteresting.
uninteressiert ['ʊn|ɪntərɛ'siːrt] *adj*: ~ **(an** +*dat*)
uninterested (in), not interested (in).
Union [uni'oːn] *f* union.
Unionsparteien *pl* (*BRD POL*) CDU and CSU
parties *pl*.
universal [univɛr'zaːl] *adj* universal.
universell [univɛr'zɛl] *adj* universal.
Universität [univɛrzi'tɛːt] *f* university; **auf die**
~ gehen, die ~ besuchen to go to
university.
Universum [uni'vɛrzʊm] (-s) *nt* universe.
unkenntlich ['ʊnkɛntlɪç] *adj* unrecognizable;
U~keit *f*: **bis zur U~keit** beyond recognition.
Unkenntnis ['ʊnkɛntnɪs] *f* ignorance.
unklar ['ʊnklaːr] *adj* unclear; **im U~en sein**
über +*akk* to be in the dark about; **U~heit** *f*
unclarity; (*Unentschiedenheit*) uncertainty.
unklug ['ʊnkluːk] *adj* unwise.
unkompliziert ['ʊnkɔmplitsiːrt] *adj*
straightforward, uncomplicated.
unkontrolliert ['ʊnkɔntrɔliːrt] *adj* unchecked.
unkonzentriert ['ʊnkɔntsɛntriːrt] *adj* lacking
in concentration.
Unkosten ['ʊnkɔstən] *pl* expense(s *pl*); **sich in**
~ stürzen (*umg*) to go to a lot of expense.
Unkraut ['ʊnkraʊt] *nt* weed; weeds *pl*;
~ vergeht nicht (*Sprichwort*) it would take
more than that to finish me/him *etc* off;
~vertilgungsmittel *nt* weedkiller.
unlängst ['ʊnlɛŋst] *adv* not long ago.
unlauter ['ʊnlaʊtər] *adj* unfair.
unleserlich ['ʊnleːzərlɪç] *adj* illegible.
unleugbar ['ʊnlɔʏkbaːr] *adj* undeniable,
indisputable.
unlogisch ['ʊnloːgɪʃ] *adj* illogical.
unlösbar [ʊn'løːsbaːr] *adj* insoluble.
unlöslich [ʊn'løːslɪç] *adj* insoluble.
Unlust ['ʊnlʊst] *f* lack of enthusiasm.
unlustig *adj* unenthusiastic ♦ *adv* without
enthusiasm.
unmännlich ['ʊnmɛnlɪç] *adj* unmanly.
Unmasse ['ʊnmasə] (*umg*) *f* load.
unmäßig ['ʊnmɛːsɪç] *adj* immoderate.

Unmenge ['ʊnmɛŋə] *f* tremendous number,
vast number.
Unmensch ['ʊnmɛnʃ] *m* ogre, brute; **u~lich**
adj inhuman, brutal; (*ungeheuer*) awful.
unmerklich [ʊn'mɛrklɪç] *adj* imperceptible.
unmissverständlich▲ ['ʊnmɪsfɛrʃtɛntlɪç] *adj*
unmistakable.
unmittelbar ['ʊnmɪtəlbaːr] *adj* immediate; **~er**
Kostenaufwand direct expense.
unmöbliert ['ʊnmøbliːrt] *adj* unfurnished.
unmöglich ['ʊnmøːklɪç] *adj* impossible; **ich**
kann es ~ tun I can't possibly do it;
~ aussehen (*umg*) to look ridiculous; **U~keit**
f impossibility.
unmoralisch ['ʊnmoraːlɪʃ] *adj* immoral.
unmotiviert ['ʊnmotiviːrt] *adj* unmotivated.
unmündig ['ʊnmʏndɪç] *adj* (*minderjährig*)
underage.
Unmut ['ʊnmuːt] *m* ill humour (*BRIT*) *od*
humor (*US*).
unnachahmlich ['ʊnnaːx|aːmlɪç] *adj*
inimitable.
unnachgiebig ['ʊnnaːxgiːbɪç] *adj* unyielding.
unnahbar [ʊn'naːbaːr] *adj* unapproachable.
unnatürlich ['ʊnnaty:rlɪç] *adj* unnatural.
unnormal ['ʊnnɔrmaːl] *adj* abnormal.
unnötig ['ʊnnøːtɪç] *adj* unnecessary.
unnötigerweise *adv* unnecessarily.
unnütz ['ʊnnʏts] *adj* useless.
UNO ['uːno] *f abk* (= *United Nations*
Organization): **die ~** the UN.
unordentlich ['ʊn|ɔrdəntlɪç] *adj* untidy.
Unordnung ['ʊn|ɔrdnʊŋ] *f* disorder;
(*Durcheinander*) mess.
unorganisiert ['ʊn|ɔrganiziːrt] *adj*
disorganized.
unparteiisch ['ʊnpartaɪʃ] *adj* impartial.
Unparteiische(r) *f(m)* umpire; (*FUSSBALL*)
referee.
unpassend ['ʊnpasənt] *adj* inappropriate;
(*Zeit*) inopportune.
unpässlich▲ ['ʊnpɛslɪç] *adj* unwell.
unpersönlich ['ʊnpɛrzøːnlɪç] *adj* impersonal.
unpolitisch ['ʊnpoliːtɪʃ] *adj* apolitical.
unpraktisch ['ʊnpraktɪʃ] *adj* impractical,
unpractical.
unproduktiv ['ʊnprodʊktiːf] *adj* unproductive.
unproportioniert ['ʊnprɔpɔrtsioniːrt] *adj* out
of proportion.
unpünktlich ['ʊnpʏŋktlɪç] *adj* unpunctual.
unqualifiziert ['ʊnkvalifitsiːrt] *adj* unqualified;
(*Äußerung*) incompetent.
unrasiert ['ʊnraziːrt] *adj* unshaven.
Unrat ['ʊnraːt] (-(e)s) *m* (*geh*) refuse; (*fig*) filth.
unrationell ['ʊnratsionɛl] *adj* inefficient.
unrecht ['ʊnrɛçt] *adj* wrong; **das ist mir gar**
nicht so ~ I don't really mind; **U~** *nt* wrong;
zu U~ wrongly; **nicht zu U~** not without
good reason; **U~ haben, im U~ sein** to be
wrong.

unrechtmäßig adj unlawful, illegal.
unredlich ['ʊnrɛːtlɪç] adj dishonest; **U~keit** f dishonesty.
unreell ['ʊnreɛl] adj unfair; (unredlich) dishonest; (Preis) unreasonable.
unregelmäßig ['ʊnreːgəlmɛːsɪç] adj irregular; **U~keit** f irregularity.
unreif ['ʊnraɪf] adj (Obst) unripe; (fig) immature.
Unreife f immaturity.
unrein ['ʊnraɪn] adj not clean; (Ton, Gedanken, Taten) impure; (Atem, Haut) bad.
unrentabel ['ʊnrɛntaːbəl] adj unprofitable.
unrichtig ['ʊnrɪçtɪç] adj incorrect, wrong.
Unruh ['ʊnruː] (-, -en) f (von Uhr) balance.
Unruhe (-, -n) f unrest; **~herd** m trouble spot; **~stifter** m troublemaker.
unruhig adj restless; (nervös) fidgety; (belebt) noisy; (Schlaf) fitful; (Zeit etc, Meer) troubled.
unrühmlich ['ʊnryːmlɪç] adj inglorious.
uns [ʊns] pron akk, dat von **wir** us; (reflexiv) ourselves.
unsachgemäß ['ʊnzaxgəmɛːs] adj improper.
unsachlich ['ʊnzaxlɪç] adj not to the point, irrelevant; (persönlich) personal.
unsagbar [ʊn'zaːkbaːr] adj indescribable.
unsäglich [ʊn'zɛːklɪç] adj indescribable.
unsanft ['ʊnzanft] adj rough.
unsauber ['ʊnzaʊbər] adj (schmutzig) dirty; (fig) crooked; (: Klang) impure.
unschädlich ['ʊnʃɛːtlɪç] adj harmless; **jdn/etw ~ machen** to render sb/sth harmless.
unscharf ['ʊnʃarf] adj indistinct; (Bild etc) out of focus, blurred.
unschätzbar [ʊn'ʃɛtsbaːr] adj incalculable; (Hilfe) invaluable.
unscheinbar ['ʊnʃaɪnbaːr] adj insignificant; (Aussehen, Haus etc) unprepossessing.
unschlagbar [ʊn'ʃlaːkbaːr] adj invincible.
unschlüssig ['ʊnʃlʏsɪç] adj undecided.
unschön ['ʊnʃøːn] adj unsightly; (lit, fig: Szene) ugly; (Vorfall) unpleasant.
Unschuld ['ʊnʃʊlt] f innocence.
unschuldig ['ʊnʃʊldɪç] adj innocent.
Unschuldsmiene f innocent expression.
unschwer ['ʊnʃveːr] adv easily, without difficulty.
unselbstständig ['ʊnzɛlpstʃtɛndɪç] ▲, **unselbständig** ['ʊnzɛlpʃtɛndɪç] adj dependent, over-reliant on others.
unselig ['ʊnzeːlɪç] adj unfortunate; (verhängnisvoll) ill-fated.
unser ['ʊnzər] poss pron our ♦ pron gen von **wir** of us.
unsere(r, s) poss pron ours; **wir tun das ~** od **U~** (geh) we are doing our bit.
unsereiner pron the likes of us.
unsereins pron the likes of us.
unser(er)seits ['ʊnzər(ər)zaɪts] adv on our part.

unseresgleichen pron the likes of us.
unserige(r, s) poss pron: **der/die/das ~** od **U~** ours.
unseriös ['ʊnzeriøːs] adj (unehrlich) not straight, untrustworthy.
unsertwegen ['ʊnzərt've:gən] adv (für uns) for our sake; (wegen uns) on our account.
unsertwillen ['ʊnzərt'vɪlən] adv: **um ~ = unsertwegen**.
unsicher ['ʊnzɪçər] adj uncertain; (Mensch) insecure; **die Gegend ~ machen** (fig: umg) to knock about the district; **U~heit** f uncertainty; insecurity.
unsichtbar ['ʊnzɪçtbaːr] adj invisible; **U~keit** f invisibility.
Unsinn ['ʊnzɪn] m nonsense.
unsinnig adj nonsensical.
Unsitte ['ʊnzɪtə] f deplorable habit.
unsittlich ['ʊnzɪtlɪç] adj indecent; **U~keit** f indecency.
unsolide ['ʊnzoliːdə] adj (Mensch, Leben) loose; (Firma) unreliable.
unsozial ['ʊnzotsiaːl] adj (Verhalten) antisocial; (Politik) unsocial.
unsportlich ['ʊnʃpɔrtlɪç] adj not sporty; (Verhalten) unsporting.
unsre etc ['ʊnzrə] poss pron = **unsere** etc siehe auch **unser**.
unsrige(r, s) ['ʊnzrɪgə(r, s)] poss pron = **unserige**.
unsterblich ['ʊnʃtɛrplɪç] adj immortal; **U~keit** f immortality.
unstet ['ʊnʃteːt] adj (Mensch) restless; (wankelmütig) changeable; (Leben) unsettled.
Unstimmigkeit ['ʊnʃtɪmɪçkaɪt] f inconsistency; (Streit) disagreement.
Unsumme ['ʊnzʊmə] f vast sum.
unsympathisch ['ʊnzʏmpaːtɪʃ] adj unpleasant; **er ist mir ~** I don't like him.
untad(e)lig ['ʊntaːd(ə)lɪç] adj impeccable; (Mensch) beyond reproach.
Untat ['ʊntaːt] f atrocity.
untätig ['ʊntɛːtɪç] adj idle.
untauglich ['ʊntaʊklɪç] adj unsuitable; (MIL) unfit; **U~keit** f unsuitability; unfitness.
unteilbar [ʊn'taɪlbaːr] adj indivisible.
unten ['ʊntən] adv below; (im Haus) downstairs; (an der Treppe etc) at the bottom; **~ genannt** undermentioned; **siehe ~** see below; **nach ~** down; **~ am Berg** etc at the bottom of the mountain etc; **er ist bei mir ~ durch** (umg) I'm through with him; **~an** adv (am unteren Ende) at the far end; (lit, fig) at the bottom.

================ SCHLÜSSELWORT

unter ['ʊntər] präp +dat **1** (räumlich) under; (drunter) underneath, below.
2 (zwischen) among(st); **sie waren ~ sich** they were by themselves; **einer ~ ihnen** one

of them; ~ **anderem** among other things;
~ **der Hand** secretly; (*verkaufen*) privately
♦ *präp +akk* under, below.
♦ *adv* (*weniger als*) under; **Mädchen ~ 18
Jahren** girls under *od* less than 18 (years of
age).

Unter- *zW:* ~**abteilung** *f* subdivision; ~**arm** *m*
forearm; **u~belegt** *adj* (*Kurs*) under-
subscribed; (*Hotel etc*) not full.

unterbelichten ['ʊntərbəlıçtən] *vt untr* (*PHOT*)
to underexpose.

Unterbeschäftigung ['ʊntərbəʃɛːftɪgʊŋ] *f*
underemployment.

unterbesetzt ['ʊntərbəzɛtst] *adj* understaffed.

Unterbewusstsein▲ ['ʊntərbəvʊstzaɪn] *nt*
subconscious.

unterbezahlt ['ʊntərbətsaːlt] *adj* underpaid.

unterbieten [ʊntər'biːtən] *unreg vt untr* (*COMM*)
to undercut; (*fig*) to surpass.

unterbinden [ʊntər'bɪndən] *unreg vt untr* to
stop, call a halt to.

unterbleiben [ʊntər'blaɪbən] *unreg vi untr*
(*aufhören*) to stop; (*versäumt werden*) to be
omitted.

Unterbodenschutz [ʊntər'boːdənʃʊts] *m*
(*AUT*) underseal.

unterbrechen [ʊntər'brɛçən] *unreg vt untr* to
interrupt.

Unterbrechung *f* interruption.

unterbreiten [ʊntər'braɪtən] *vt untr* (*Plan*) to
present.

unterbringen ['ʊntərbrɪŋən] *unreg vt* (*in Koffer*)
to stow; (*in Zeitung*) to place; (*Person: in Hotel
etc*) to accommodate, put up; (: *beruflich*):
~ **(bei)** to fix up (with).

unterbuttern ['ʊntərbʊtərn] (*umg*) *vt*
(*zuschießen*) to throw in; (*unterdrücken*) to
ride roughshod over.

unterdessen [ʊntər'dɛsən] *adv* meanwhile.

Unterdruck ['ʊntərdrʊk] *m* (*TECH*) below
atmospheric pressure.

unterdrücken [ʊntər'drʏkən] *vt untr* to
suppress; (*Leute*) to oppress.

untere(r, s) ['ʊntərə(r, s)] *adj* lower.

untereinander [ʊntəraɪ'nandər] *adv*
(*gegenseitig*) each other; (*miteinander*)
among themselves *etc*.

unterentwickelt ['ʊntər|ɛntvɪkəlt] *adj*
underdeveloped.

unterernährt ['ʊntər|ɛrnɛːrt] *adj*
undernourished.

Unterernährung *f* malnutrition.

Unterfangen [ʊntər'faŋən] *nt* undertaking.

Unterführung [ʊntər|fyːrʊŋ] *f* subway,
underpass.

Untergang ['ʊntərgaŋ] *m* (down)fall, decline;
(*NAUT*) sinking; (*von Gestirn*) setting; **dem
~ geweiht sein** to be doomed.

untergeben [ʊntər'geːbən] *adj* subordinate.

Untergebene(r) *f(m)* subordinate.

untergehen ['ʊntərgeːən] *unreg vi* to go down;
(*Sonne*) to set, go down; (*Staat*) to fall; (*Volk*)
to perish; (*Welt*) to come to an end; (*im
Lärm*) to be drowned.

untergeordnet ['ʊntərgə|ɔrdnət] *adj* (*Dienst-
stelle*) subordinate; (*Bedeutung*) secondary.

Untergeschoss▲ ['ʊntərgəʃɔs] *nt* basement.

Untergewicht ['ʊntərgəvɪçt] *nt*: (**10 Kilo)
~ haben** to be (10 kilos) underweight.

untergliedern [ʊntər'gliːdərn] *vt untr* to
subdivide.

untergraben [ʊntər'graːbən] *unreg vt untr* to
undermine.

Untergrund ['ʊntərgrʊnt] *m* foundation; (*POL*)
underground; ~**bahn** *f* underground (*BRIT*),
subway (*US*); ~**bewegung** *f* underground
(movement).

unterhaken ['ʊntərhaːkən] *vr*: **sich bei jdm ~**
to link arms with sb.

unterhalb ['ʊntərhalp] *präp +gen* below ♦ *adv*
below; ~ **von** below.

Unterhalt ['ʊntərhalt] *m* maintenance; **seinen
~ verdienen** to earn one's living.

unterhalten [ʊntər'haltən] *unreg vt untr* to
maintain; (*belustigen*) to entertain;
(*versorgen*) to support; (*Geschäft, Kfz*) to run;
(*Konto*) to have ♦ *vr untr* to talk; (*sich
belustigen*) to enjoy o.s.

unterhaltend, unterhaltsam
[ʊntər'haltzaːm] *adj* entertaining.

Unterhaltskosten *pl* maintenance costs *pl*.

Unterhaltszahlung *f* maintenance payment.

Unterhaltung *f* maintenance; (*Belustigung*)
entertainment, amusement; (*Gespräch*) talk.

Unterhaltungskosten *pl* running costs *pl*.

Unterhaltungsmusik *f* light music.

Unterhändler ['ʊntərhɛntlər] *m* negotiator.

Unterhaus ['ʊntərhaʊs] *nt* House of Commons
(*BRIT*), House of Representatives (*US*),
Lower House.

Unterhemd ['ʊntərhɛmt] *nt* vest (*BRIT*),
undershirt (*US*).

unterhöhlen [ʊntər'høːlən] *vt untr* (*lit, fig*) to
undermine.

Unterholz ['ʊntərhɔlts] *nt* undergrowth.

Unterhose ['ʊntərhoːzə] *f* underpants *pl*.

unterirdisch ['ʊntər|ɪrdɪʃ] *adj* underground.

unterjubeln ['ʊntərjuːbəln] (*umg*) *vt*: **jdm etw
~** to palm sth off on sb.

unterkapitalisiert ['ʊntərkapitali'ziːrt] *adj*
undercapitalized.

unterkellern [ʊntər'kɛlərn] *vt untr* to build with
a cellar.

Unterkiefer ['ʊntərkiːfər] *m* lower jaw.

unterkommen ['ʊntərkɔmən] *unreg vi* to find
shelter; (*Stelle finden*) to find work; **das ist
mir noch nie untergekommen** I've never
met with that; **bei jdm ~** to stay at sb's
(place).

unterkriegen ['ʊntərkriːgən] (*umg*) *vt*: **sich nicht ~ lassen** not to let things get one down.

unterkühlt [ʊntər'kyːlt] *adj* (*Körper*) affected by hypothermia; (*fig: Mensch, Atmosphäre*) cool.

Unterkunft ['ʊntərkʊnft] (-, **-künfte**) *f* accommodation (*BRIT*), accommodations *pl* (*US*); **~ und Verpflegung** board and lodging.

Unterlage ['ʊntərlaːgə] *f* foundation; (*Beleg*) document; (*Schreib~ etc*) pad.

unterlassen [ʊntər'lasən] *unreg vt untr* (*versäumen*) to fail to do; (*sich enthalten*) to refrain from.

unterlaufen [ʊntər'laʊfən] *unreg vi untr* to happen ♦ *adj*: **mit Blut ~** suffused with blood; (*Augen*) bloodshot; **mir ist ein Fehler ~** I made a mistake.

unterlegen[1] ['ʊntərleːgən] *vt* to lay *od* put under.

unterlegen[2] [ʊntər'leːgən] *adj* inferior; (*besiegt*) defeated.

Unterleib ['ʊntərlaɪp] *m* abdomen.

unterliegen [ʊntər'liːgən] *unreg vi untr +dat* to be defeated *od* overcome (by); (*unterworfen sein*) to be subject (to).

Unterlippe ['ʊntərlɪpə] *f* bottom *od* lower lip.

unterm = **unter dem**.

untermalen [ʊntər'maːlən] *vt untr* (*mit Musik*) to provide with background music.

Untermalung *f*: **musikalische ~** background music.

untermauern [ʊntər'maʊərn] *vt untr* (*Gebäude, fig*) to underpin.

Untermiete ['ʊntərmiːtə] *f* subtenancy; **bei jdm zur ~ wohnen** to rent a room from sb.

Untermieter(in) *m(f)* lodger.

untern = **unter den**.

unternehmen [ʊntər'neːmən] *unreg vt untr* to do; (*durchführen*) to undertake; (*Versuch, Reise*) to make; **U~** (**-s, -**) *nt* undertaking, enterprise (*auch COMM*); (*Firma*) business.

unternehmend *adj* enterprising, daring.

Unternehmensberater *m* management consultant.

Unternehmensplanung *f* corporate planning, management planning.

Unternehmer(in) [ʊntər'neːmər(ɪn)] (**-s, -**) *m(f)* (*business*) employer; (*alten Stils*) entrepreneur; **~verband** *m* employers' association.

Unternehmungsgeist *m* spirit of enterprise.

unternehmungslustig *adj* enterprising.

Unteroffizier ['ʊntərʔɔfitsiːr] *m* noncommissioned officer, NCO.

unterordnen ['ʊntərʔɔrdnən] *vt*: **~** (**+dat**) to subordinate (to).

Unterordnung *f* subordination.

Unterprima ['ʊntərpriːma] *f* (*früher*) eighth year of German secondary school.

Unterprogramm ['ʊntərprogram] *nt* (*COMPUT*) subroutine.

Unterredung [ʊntər'reːdʊŋ] *f* discussion, talk.

Unterricht ['ʊntərrɪçt] (**-(e)s**) *m* teaching; (*Stunden*) lessons *pl*; **jdm ~** (**in etw** *dat*) **geben** to teach sb (sth).

unterrichten [ʊntər'rɪçtən] *vt untr* to instruct; (*SCH*) to teach ♦ *vr untr*: **sich ~** (**über** +*akk*) to inform o.s. (about), obtain information (about).

Unterrichts- *zW*: **~gegenstand** *m* topic, subject; **~methode** *f* teaching method; **~stoff** *m* teaching material; **~stunde** *f* lesson; **~zwecke** *pl*: **zu ~zwecken** for teaching purposes.

Unterrock ['ʊntərrɔk] *m* petticoat, slip.

unters = **unter das**.

untersagen [ʊntər'zaːgən] *vt untr* to forbid; **jdm etw ~** to forbid sb to do sth.

Untersatz ['ʊntərzats] *m* mat; (*für Blumentöpfe etc*) base.

unterschätzen [ʊntər'ʃɛtsən] *vt untr* to underestimate.

unterscheiden [ʊntər'ʃaɪdən] *unreg vt untr* to distinguish ♦ *vr untr* to differ.

Unterscheidung *f* (*Unterschied*) distinction; (*Unterscheiden*) differentiation.

Unterschenkel ['ʊntərʃɛŋkəl] *m* lower leg.

Unterschicht ['ʊntərʃɪçt] *f* lower class.

unterschieben ['ʊntərʃiːbən] *unreg vt* (*fig*): **jdm etw ~** to foist sth on sb.

Unterschied ['ʊntərʃiːt] (**-(e)s, -e**) *m* difference, distinction; **im ~ zu** as distinct from; **u~lich** *adj* varying, differing; (*diskriminierend*) discriminatory.

unterschiedslos *adv* indiscriminately.

unterschlagen [ʊntər'ʃlaːgən] *unreg vt untr* to embezzle; (*verheimlichen*) to suppress.

Unterschlagung *f* embezzlement; (*von Briefen, Beweis*) withholding.

Unterschlupf ['ʊntərʃlʊpf] (**-(e)s, -schlüpfe**) *m* refuge.

unterschlüpfen ['ʊntərʃlʏpfən] (*umg*) *vi* to take cover *od* shelter; (*Versteck finden*): (**bei jdm**) **~** to hide out (at sb's) (*umg*).

unterschreiben [ʊntər'ʃraɪbən] *unreg vt untr* to sign.

Unterschrift ['ʊntərʃrɪft] *f* signature; (*Bild~*) caption.

unterschwellig ['ʊntərʃvɛlɪç] *adj* subliminal.

Unterseeboot ['ʊntərzeːboːt] *nt* submarine.

Unterseite ['ʊntərzaɪtə] *f* underside.

Untersekunda ['ʊntərzekʊnda] *f* (*früher*) sixth year of German secondary school.

Untersetzer ['ʊntərzɛtsər] *m* tablemat; (*für Gläser*) coaster.

untersetzt [ʊntər'zɛtst] *adj* stocky.

unterste(r, s) ['ʊntərstə(r, s)] *adj* lowest, bottom.

unterstehen[1] [ʊntər'ʃteːən] unreg vi untr +dat to be under ♦ vr untr to dare.

unterstehen[2] ['ʊntərʃteːən] unreg vi to shelter.

unterstellen[1] [ʊntər'ʃtɛlən] vt untr to subordinate; (fig) to impute; **jdm/etw unterstellt sein** to be under sb/sth; (in Firma) to report to sb/sth.

unterstellen[2] ['ʊntərʃtɛlən] vt (Auto) to garage, park ♦ vr to take shelter.

Unterstellung f (falsche Behauptung) misrepresentation; (Andeutung) insinuation.

unterstreichen [ʊntər'ʃtraiçən] unreg vt untr (lit, fig) to underline.

Unterstufe ['ʊntərʃtuːfə] f lower grade.

unterstützen [ʊntər'ʃtʏtsən] vt untr to support.

Unterstützung f support, assistance.

untersuchen [ʊntər'zuːxən] vt untr (MED) to examine; (Polizei) to investigate; **sich ärztlich ~ lassen** to have a medical (BRIT) od physical (US) (examination), have a check-up.

Untersuchung f examination; investigation, inquiry.

Untersuchungs- zW: **~ausschuss▲** m committee of inquiry; **~ergebnis** nt (JUR) findings pl; (MED) result of an examination; **~haft** f custody; **in ~haft sein** to be remanded in custody; **~richter** m examining magistrate.

Untertagebau [ʊntər'taːgəbau] m underground mining.

Untertan ['ʊntərtaːn] (-s, -en) m subject.

untertänig ['ʊntərtɛːnɪç] adj submissive, humble.

Untertasse ['ʊntərtasə] f saucer.

untertauchen ['ʊntərtauxən] vi to dive; (fig) to disappear, go underground.

Unterteil ['ʊntərtail] nt od m lower part, bottom.

unterteilen [ʊntər'tailən] vt untr to divide up.

Untertertia ['ʊntərtɛrtsia] f (früher) fourth year of German secondary school.

Untertitel ['ʊntərtiːtəl] m subtitle; (für Bild) caption.

unterwandern [ʊntər'vandərn] vt untr to infiltrate.

Unterwäsche ['ʊntərvɛʃə] f underwear.

unterwegs [ʊntər'veːks] adv on the way; (auf Reisen) away.

unterweisen [ʊntər'vaizən] unreg vt untr to instruct.

Unterwelt ['ʊntərvɛlt] f (lit, fig) underworld.

unterwerfen [ʊntər'vɛrfən] unreg vt untr to subject; (Volk) to subjugate ♦ vr untr to submit.

unterwürfig [ʊntər'vʏrfɪç] adj obsequious.

unterzeichnen [ʊntər'tsaiçnən] vt untr to sign.

Unterzeichner m signatory.

unterziehen [ʊntər'tsiːən] unreg vt untr +dat to

subject ♦ vr untr +dat to undergo; (einer Prüfung) to take.

Untiefe ['ʊntiːfə] f shallow.

Untier ['ʊntiːr] nt monster.

untragbar [ʊn'traːkbaːr] adj intolerable, unbearable.

untreu ['ʊntrɔy] adj unfaithful; **sich** dat **selbst ~ werden** to be untrue to o.s.

Untreue f unfaithfulness.

untröstlich [ʊn'trøːstlɪç] adj inconsolable.

Untugend ['ʊntuːgənt] f vice; (Angewohnheit) bad habit.

un- zW: **~überbrückbar** adj (fig: Gegensätze etc) irreconcilable; (Kluft) unbridgeable; **~überlegt** adj ill-considered ♦ adv without thinking; **~übersehbar** adj (Schaden etc) incalculable; (Menge) vast, immense; (auffällig: Fehler etc) obvious; **~übersichtlich** adj (Gelände) broken; (Kurve) blind; (System, Plan) confused; **~übertroffen** adj unsurpassed.

un- zW: **~umgänglich** adj indispensable, vital; **~umstößlich** adj (Tatsache) incontrovertible; (Entschluss) irrevocable; **~umstritten** adj undisputed; **~umwunden** [-ʊm'vʊndən] adj candid ♦ adv straight out.

ununterbrochen ['ʊn|ʊntərbrɔxən] adj uninterrupted.

un- zW: **~veränderlich** adj unchangeable; **~verantwortlich** adj irresponsible; (~entschuldbar) inexcusable; **~verarbeitet** adj (lit, fig) raw; **~veräußerlich** [-fɛr'ɔysərlɪç] adj inalienable; (Besitz) unmarketable; **~verbesserlich** adj incorrigible; **~verbindlich** adj not binding; (Antwort) curt ♦ adv (COMM) without obligation; **~verbleit** [-fɛrblait] adj (Benzin) unleaded; **~verblümt** [-fɛr'blyːmt] adj plain, blunt ♦ adv plainly, bluntly; **~verdaulich** adj indigestible; **~verdorben** adj unspoilt; **~verdrossen** adj undeterred; (~ermüdlich) untiring; **~vereinbar** adj incompatible; **~verfälscht** [-fɛrfɛlʃt] adj (auch fig) unadulterated; (Dialekt) pure; (Natürlichkeit) unaffected; **~verfänglich** adj harmless; **~verfroren** adj impudent; **~vergänglich** adj immortal; (Eindruck, Erinnerung) everlasting; **~vergesslich▲** adj unforgettable; **~vergleichlich** adj unique, incomparable; **~verhältnismäßig** adv disproportionately; (übermäßig) excessively; **~verheiratet** adj unmarried; **~verhofft** adj unexpected; **~verhohlen** [-fɛrhoːlən] adj open, unconcealed; **~verkäuflich** adj: „**~verkäuflich**" "not for sale"; **~verkennbar** adj unmistakable; **~verletzlich** adj (fig: Rechte) inviolable; (lit) invulnerable; **~verletzt** adj uninjured; **~vermeidlich** adj unavoidable; **~vermittelt** adj (plötzlich) sudden, unexpected; **U~vermögen** nt inability; **~vermutet** adj

unexpected; ~**vernünftig** *adj* foolish;
~**verrichtet** *adj*: ~**verrichteter Dinge** empty-
handed; ~**verschämt** *adj* impudent;
U~**verschämtheit** *f* impudence, insolence;
~**verschuldet** *adj* occurring through no fault
of one's own; ~**versehens** *adv* all of a
sudden; ~**versehrt** [-fɛrze:rt] *adj* uninjured;
~**versöhnlich** *adj* irreconcilable; **U**~**verstand**
m lack of judgement; (*Torheit*) folly;
~**verständlich** *adj* unintelligible; ~**versucht**
adj: **nichts** ~**versucht lassen** to try
everything; ~**verträglich** *adj* quarrelsome;
(*Meinungen, MED*) incompatible;
~**verwechselbar** *adj* unmistakable,
distinctive; ~**verwüstlich** *adj* indestructible;
(*Mensch*) irrepressible; ~**verzeihlich** *adj*
unpardonable; ~**verzinslich** *adj* interest-free;
~**verzüglich** [-fɛr'tsy:klɪç] *adj* immediate;
~**vollendet** *adj* unfinished; ~**vollkommen** *adj*
imperfect; ~**vollständig** *adj* incomplete;
~**vorbereitet** *adj* unprepared;
~**voreingenommen** *adj* unbiased;
~**vorhergesehen** *adj* unforeseen; ~**vorsichtig**
adj careless, imprudent; ~**vorstellbar** *adj*
inconceivable; ~**vorteilhaft** *adj*
disadvantageous.
unwahr ['ʊnvaːr] *adj* untrue; ~**haftig** *adj*
untruthful; **U**~**heit** *f* untruth; **die U**~**heit**
sagen not to tell the truth; ~**scheinlich** *adj*
improbable, unlikely ♦ *adv* (*umg*) incredibly;
U~**scheinlichkeit** *f* improbability,
unlikelihood.
unwegsam ['ʊnveːkzaːm] *adj* (*Gelände etc*)
rough.
unweigerlich [ʊn'vaɪɡərlɪç] *adj* unquestioning
♦ *adv* without fail.
unweit ['ʊnvaɪt] *präp* +*gen* not far from ♦ *adv*
not far.
Unwesen ['ʊnveːzən] *nt* nuisance; (*Unfug*)
mischief; **sein** ~ **treiben** to wreak havoc;
(*Mörder etc*) to be at large.
unwesentlich *adj* inessential, unimportant;
~ **besser** marginally better.
Unwetter ['ʊnvɛtər] *nt* thunderstorm.
unwichtig ['ʊnvɪçtɪç] *adj* unimportant.
un- *zW*: ~**widerlegbar** *adj* irrefutable;
~**widerruflich** *adj* irrevocable;
~**widerstehlich** [-viːdər'ʃteːlɪç] *adj*
irresistible.
unwiederbringlich [ʊnviːdər'brɪŋlɪç] *adj* (*geh*)
irretrievable.
Unwille(n) ['ʊnvɪlə(n)] *m* indignation.
unwillig *adj* indignant; (*widerwillig*) reluctant.
unwillkürlich ['ʊnvɪlkyːrlɪç] *adj* involuntary
♦ *adv* instinctively; (*lachen*) involuntarily.
unwirklich ['ʊnvɪrklɪç] *adj* unreal.
unwirksam ['ʊnvɪrkzaːm] *adj* ineffective.
unwirsch ['ʊnvɪrʃ] *adj* cross, surly.
unwirtlich ['ʊnvɪrtlɪç] *adj* inhospitable.
unwirtschaftlich ['ʊnvɪrtʃaftlɪç] *adj*

uneconomical.
unwissend ['ʊnvɪsənt] *adj* ignorant.
Unwissenheit *f* ignorance.
unwissenschaftlich *adj* unscientific.
unwissentlich *adv* unwittingly,
unknowingly.
unwohl ['ʊnvoːl] *adj* unwell, ill; **U**~**sein** (**-s**) *nt*
indisposition.
unwürdig ['ʊnvʏrdɪç] *adj* unworthy.
Unzahl ['ʊntsaːl] *f*: **eine** ~ **von ...** a whole host
of ...
unzählig [ʊn'tsɛːlɪç] *adj* innumerable,
countless.
unzeitgemäß ['ʊntsaɪtɡəmɛːs] *adj* (*altmodisch*)
old-fashioned.
un- *zW*: ~**zerbrechlich** *adj* unbreakable;
~**zerreißbar** *adj* untearable; ~**zerstörbar** *adj*
indestructible; ~**zertrennlich** *adj*
inseparable.
Unzucht ['ʊntsʊxt] *f* sexual offence.
unzüchtig ['ʊntsʏçtɪç] *adj* immoral.
un- *zW*: ~**zufrieden** *adj* dissatisfied;
U~**zufriedenheit** *f* discontent; ~**zugänglich**
adj (*Gegend*) inaccessible; (*Mensch*)
inapproachable; ~**zulänglich** *adj* inadequate;
~**zulässig** *adj* inadmissible; ~**zumutbar** *adj*
unreasonable; ~**zurechnungsfähig** *adj*
irresponsible; **jdn für** ~**zurechnungsfähig**
erklären lassen (*JUR*) to have sb certified
(insane); ~**zusammenhängend** *adj*
disconnected; (*Äußerung*) incoherent;
~**zustellbar** *adj*: **falls** ~**zustellbar, bitte an**
Absender zurück if undelivered, please
return to sender; ~**zutreffend** *adj* incorrect;
„**U**~**zutreffendes bitte streichen**" "delete as
applicable"; ~**zuverlässig** *adj* unreliable.
unzweckmäßig ['ʊntsvɛkmɛːsɪç] *adj* (*nicht*
ratsam) inadvisable; (*unpraktisch*)
impractical; (*ungeeignet*) unsuitable.
unzweideutig ['ʊntsvaɪdɔytɪç] *adj*
unambiguous.
unzweifelhaft ['ʊntsvaɪfəlhaft] *adj*
indubitable.
üppig ['ʏpɪç] *adj* (*Frau*) curvaceous; (*Essen*)
sumptuous, lavish; (*Vegetation*) luxuriant,
lush; (*Haar*) thick.
Ur- ['uːr] *in zW* original.
Urabstimmung ['uːrlapʃtɪmʊŋ] *f* ballot.
Ural [u'raːl] (**-s**) *m*: **der** ~ the Ural mountains
pl, the Urals *pl*; ~**gebirge** *nt* Ural mountains.
uralt ['uːrlalt] *adj* ancient, very old.
Uran [u'raːn] (**-s**) *nt* uranium.
Uraufführung *f* first performance.
urbar *adj*: **die Wüste/Land** ~ **machen** to
reclaim the desert/cultivate land.
Urdu ['ʊrdu] (**-**) *nt* Urdu.
Ur- *zW*: ~**einwohner** *m* original inhabitant;
~**eltern** *pl* ancestors *pl*; ~**enkel(in)** *m(f)*
great-grandchild; ~**fassung** *f* original
version; ~**großmutter** *f* great-grandmother;

~**großvater** *m* great-grandfather.
Urheber (-s, -) *m* originator; (*Autor*) author;
~**recht** *nt*: ~**recht (an** +*dat*) copyright (on);
u~rechtlich *adv*: **u~rechtlich geschützt**
copyright.
urig ['uːrɪç] (*umg*) *adj* (*Mensch, Atmosphäre*)
earthy.
Urin [u'riːn] (-s, -e) *m* urine.
urkomisch *adj* incredibly funny.
Urkunde *f* document; (*Kauf~*) deed.
urkundlich ['uːrkʊntlɪç] *adj* documentary.
urladen ['uːrlaːdən] *vt* (*COMPUT*) to boot.
Urlader *m* (*COMPUT*) bootstrap.
Urlaub ['uːrlaʊp] (-(e)s, -e) *m* holiday(s *pl*)
(*BRIT*), vacation (*US*); (*MIL etc*) leave; ~**er** (-s,
-) *m* holiday-maker (*BRIT*), vacationer (*US*).
Urlaubs- *zW*: ~**geld** *nt* holiday (*BRIT*) *od*
vacation (*US*) money; ~**ort** *m* holiday (*BRIT*)
od vacation (*US*) resort; **u~reif** *adj* in need of
a holiday (*BRIT*) *od* vacation (*US*).
Urmensch *m* primitive man.
Urne ['ʊrnə] (-, -n) *f* urn; **zur ~ gehen** to go to
the polls.
urplötzlich ['uːr'plœtslɪç] (*umg*) *adv* all of a
sudden.
Ursache ['uːrzaxə] *f* cause; **keine ~!** (*auf Dank*)
don't mention it, you're welcome; (*auf
Entschuldigung*) that's all right.
ursächlich ['uːrzɛçlɪç] *adj* causal.
Urschrei ['uːrʃraɪ] *m* (*PSYCH*) primal scream.
Ursprung ['uːrʃprʊŋ] *m* origin, source; (*von
Fluss*) source.
ursprünglich ['uːrʃprʏŋlɪç] *adj* original ♦ *adv*
originally.
Ursprungsland *nt* (*COMM*) country of origin.
Ursprungszeugnis *nt* certificate of origin.
Urteil ['ʊrtaɪl] (-s, -e) *nt* opinion; (*JUR*)
sentence, judgement; **sich** *dat* **ein ~ über
etw** *akk* **erlauben** to pass judgement on sth;
ein ~ über etw *akk* **fällen** to pass judgement
on sth; **u~en** *vi* to judge.
Urteilsbegründung *f* (*JUR*) opinion.
Urteilsspruch *m* sentence; verdict.
Uruguay [uru'guaːi] (-s) *nt* Uruguay.
Uruguayer(in) (-s, -) *m(f)* Uruguayan.
uruguayisch *adj* Uruguayan.
Ur- *zW*: ~**wald** *m* jungle; **u~wüchsig** *adj*
natural; (*Landschaft*) unspoilt; (*Humor*)
earthy; ~**zeit** *f* prehistoric times *pl*.
USA [uː'ɛs'aː] *pl abk*: **die ~** the USA *sing*.
USB *abk* (= *universal serial bus*) USB.
Usbekistan [ʊs'beːkistaːn] (-s) *nt* Uzbekistan.
usw. *abk* (= *und so weiter*) etc.
Utensilien [utɛn'ziːliən] *pl* utensils *pl*.
Utopie [uto'piː] *f* pipe dream.
utopisch [u'toːpɪʃ] *adj* utopian.
u. U. *abk* (= *unter Umständen*) possibly.
UV *abk* (= *ultraviolett*) U.V.
u. v. a. *abk* (= *und viele(s) andere*) and much/
many more.

u. v. a. m. *abk* (= *und viele(s) andere mehr*) and
much/many more.
u. W. *abk* (= *unseres Wissens*) to our
knowledge.
Ü-Wagen *m* (*RUNDF, TV*) outside broadcast
vehicle.
uzen ['uːtsən] (*umg*) *vt, vi* to tease, kid.
u. zw. *abk* = **und zwar**.

V, v

V¹, v [faʊ] *nt* V, v; ~ **wie Viktor** ≈ V for
Victor.
V² [faʊ] *abk* (= *Volt*) v.
VAE *pl abk* (= *Vereinigte Arabische Emirate*)
UAE.
vag(e) *adj* vague.
Vagina [va'giːna] (-, **Vaginen**) *f* vagina.
Vakuum ['vaːkuʊm] (-s, **Vakua** *od* **Vakuen**) *nt*
vacuum; **v~verpackt** *adj* vacuum-packed.
Vandalismus [vanda'lɪsmʊs] *m* vandalism.
Vanille [va'nɪljə] (-) *f* vanilla; ~**zucker** *m*
vanilla sugar.
Vanillinzucker *m* vanilla sugar.
variabel [vari'aːbəl] *adj*: **variable Kosten**
variable costs.
Variable [vari'aːblə] (-, -n) *f* variable.
Variante [vari'antə] (-, -n) *f*: ~ **(zu)** variant
(on).
Variation [variatsi'oːn] *f* variation.
variieren [vari'iːrən] *vt, vi* to vary.
Vase ['vaːzə] (-, -n) *f* vase.
Vater ['faːtər] (-s, ⸚) *m* father; ~ **Staat** (*umg*)
the State; ~**land** *nt* native country; (*bes
Deutschland*) Fatherland; ~**landsliebe** *f*
patriotism.
väterlich ['fɛːtərlɪç] *adj* fatherly.
väterlicherseits *adv* on the father's side.
Vaterschaft *f* paternity.
Vaterschaftsklage *f* paternity suit.
Vaterstelle *f*: ~ **bei jdm vertreten** to take the
place of sb's father.
Vaterunser (-s, -) *nt* Lord's Prayer.
Vati ['faːti] (-s, -s) (*umg*) *m* dad(dy).
Vatikan [vati'kaːn] (-s) *m* Vatican.
V-Ausschnitt ['faʊ|aʊsʃnɪt] *m* V-neck.
VB *abk* (= *Verhandlungsbasis*) o.i.r.o.
v. Chr. *abk* (= *vor Christus*) B.C.
Vegetarier(in) [vege'taːriər(ɪn)] (-s, -) *m(f)*
vegetarian.
vegetarisch *adj* vegetarian.
Vegetation [vegetatsi'oːn] *f* vegetation.
vegetativ [vegeta'tiːf] *adj* (*BIOL*) vegetative;

(*MED*) autonomic.

vegetieren [vege'ti:rən] *vi* to vegetate; (*kärglich leben*) to eke out a bare existence.

Vehikel [ve'hi:kəl] (**-s, -**) (*pej: umg*) *nt* boneshaker.

Veilchen ['faɪlçən] *nt* violet; (*umg: blaues Auge*) shiner, black eye.

Velours (**-, -**) *nt* suede; **~leder** *nt* suede.

Vene ['ve:nə] (**-, -n**) *f* vein.

Venedig [ve'ne:dɪç] (**-s**) *nt* Venice.

Venezianer(in) [venetsi'a:nər(ɪn)] (**-s, -**) *m(f)* Venetian.

venezianisch [venetsi'a:nɪʃ] *adj* Venetian.

Venezolaner(in) [venetso'la:nər(ɪn)] (**-s, -**) *m(f)* Venezuelan.

venezolanisch *adj* Venezuelan.

Venezuela [venetsu'e:la] (**-s**) *nt* Venezuela.

Ventil [vɛn'ti:l] (**-s, -e**) *nt* valve.

Ventilator [vɛnti'la:tɔr] *m* ventilator.

verabreden [fɛr'|apre:dən] *vt* to arrange; (*Termin*) to agree upon ♦ *vr* to arrange to meet; **sich (mit jdm) ~** to arrange to meet (sb); **schon verabredet sein** to have a prior engagement (*form*), have something else on.

Verabredung *f* arrangement; (*Treffen*) appointment; **ich habe eine ~** I'm meeting somebody.

verabreichen [fɛr'|apraɪçən] *vt* (*Tracht Prügel etc*) to give; (*Arznei*) to administer (*form*).

verabscheuen [fɛr'|apʃɔyən] *vt* to detest, abhor.

verabschieden [fɛr'|apʃi:dən] *vt* (*Gäste*) to say goodbye to; (*entlassen*) to discharge; (*Gesetz*) to pass ♦ *vr*: **sich ~ (von)** to take one's leave (of).

Verabschiedung *f* (*von Beamten etc*) discharge; (*von Gesetz*) passing.

verachten [fɛr'|axtən] *vt* to despise; **nicht zu ~** (*umg*) not to be scoffed at.

verächtlich [fɛr'|ɛçtlɪç] *adj* contemptuous; (*verachtenswert*) contemptible; **jdn ~ machen** to run sb down.

Verachtung *f* contempt; **jdn mit ~ strafen** to treat sb with contempt.

veralbern [fɛr'|albərn] (*umg*) *vt* to make fun of.

verallgemeinern [fɛr|algə'maɪnərn] *vt* to generalize.

Verallgemeinerung *f* generalization.

veralten [fɛr'|altən] *vi* to become obsolete *od* out-of-date.

Veranda [ve'randa] (**-, Veranden**) *f* veranda.

veränderlich [fɛr'|ɛndərlɪç] *adj* variable; (*Wetter*) changeable; **V~keit** *f* variability; changeability.

verändern *vt, vr* to change.

Veränderung *f* change; **eine berufliche ~** a change of job.

verängstigen [fɛr'|ɛŋstɪgən] *vt* (*erschrecken*) to frighten; (*einschüchtern*) to intimidate.

verankern [fɛr'|aŋkərn] *vt* (*NAUT, TECH*) to anchor; (*fig*): **~ (in +dat)** to embed (in).

veranlagen [fɛr'|anla:gən] *vt*: **etw ~ (mit)** to assess sth (at).

veranlagt *adj*: **praktisch ~ sein** to be practically-minded; **zu** *od* **für etw ~ sein** to be cut out for sth.

Veranlagung *f* disposition, aptitude.

veranlassen [fɛr'|anlasən] *vt* to cause; **Maßnahmen ~** to take measures; **sich veranlasst sehen** to feel prompted; **etw ~ to** arrange for sth; (*befehlen*) to order sth.

Veranlassung *f* cause; motive; **auf jds ~** *akk* **(hin)** at sb's instigation.

veranschaulichen [fɛr'|anʃaʊlɪçən] *vt* to illustrate.

veranschlagen [fɛr'|anʃla:gən] *vt* to estimate.

veranstalten [fɛr'|anʃtaltən] *vt* to organize, arrange.

Veranstalter(in) (**-s, -**) *m(f)* organizer; (*COMM: von Konzerten etc*) promoter.

Veranstaltung *f* (*Veranstalten*) organizing; (*Veranstaltetes*) event; (*feierlich, öffentlich*) function.

verantworten [fɛr'|antvɔrtən] *vt* to accept responsibility for; (*Folgen etc*) to answer for ♦ *vr* to justify o.s.; **etw vor jdm ~** to answer to sb for sth.

verantwortlich *adj* responsible.

Verantwortung *f* responsibility; **jdn zur ~ ziehen** to call sb to account.

verantwortungs- *zW*: **~bewusst ▲** *adj* responsible; **V~gefühl** *nt* sense of responsibility; **~los** *adj* irresponsible; **~voll** *adj* responsible.

verarbeiten [fɛr'|arbaɪtən] *vt* to process; (*geistig*) to assimilate; (*Erlebnis etc*) to digest; **etw zu etw ~** to make sth into sth; **~de Industrie** processing industries *pl*.

verarbeitet *adj*: **gut ~** (*Kleid etc*) well finished.

Verarbeitung *f* processing; assimilation.

verärgern [fɛr'|ɛrgərn] *vt* to annoy.

verarmen [fɛr'|armən] *vi* (*lit, fig*) to become impoverished.

verarschen [fɛr'|arʃən] (*umg!*) *vt*: **jdn ~ to** take the mickey out of sb.

verarzten [fɛr'|a:rtstən] *vt* to fix up (*umg*).

verausgaben [fɛr'|ausga:bən] *vr* to run out of money; (*fig*) to exhaust o.s.

veräußern [fɛr'|ɔysərn] *vt* (*form: verkaufen*) to dispose of.

Verb [vɛrp] (**-s, -en**) *nt* verb.

Verb. *abk* (= *Verband*) assoc.

Verband [fɛr'bant] (**-(e)s, ̈-e**) *m* (*MED*) bandage, dressing; (*Bund*) association, society; (*MIL*) unit.

verband *etc vb siehe* **verbinden**.

Verband- *zW*: **~(s)kasten** *m* medicine chest, first-aid box; **~(s)päckchen** *nt* gauze bandage; ~**stoff** *m* bandage, dressing material; ~**zeug** *nt* bandage, dressing material.

verbannen [fɛrˈbanən] *vt* to banish.

Verbannung *f* exile.

verbarrikadieren [fɛrbarikaˈdiːrən] *vt* to barricade ◆ *vr* to barricade o.s. in.

verbauen [fɛrˈbauən] *vt*: **sich** *dat* **alle Chancen** ~ to spoil one's chances.

verbergen [fɛrˈbɛrgən] *unreg vt, vr*: (**sich**) ~ (**vor** +*dat*) to hide (from).

verbessern [fɛrˈbɛsərn] *vt* to improve; (*berichtigen*) to correct ◆ *vr* to improve; to correct o.s.

verbessert *adj* revised; improved; **eine neue, ~e Auflage** a new revised edition.

Verbesserung *f* improvement; correction.

verbeugen [fɛrˈbɔygən] *vr* to bow.

Verbeugung *f* bow.

verbiegen [fɛrˈbiːgən] *unreg vi* to bend.

verbiestert [fɛrˈbiːstərt] (*umg*) *adj* crotchety.

verbieten [fɛrˈbiːtən] *unreg vt* to forbid; (*amtlich*) to prohibit; (*Zeitung, Partei*) to ban; **jdm etw** ~ to forbid sb to do sth.

verbilligen [fɛrˈbɪlɪgən] *vt* to reduce (the price of) ◆ *vr* to become cheaper, go down.

verbinden [fɛrˈbɪndən] *unreg vt* to connect; (*kombinieren*) to combine; (*MED*) to bandage ◆ *vr* to combine (*auch CHEM*), join (together); **jdm die Augen** ~ to blindfold sb.

verbindlich [fɛrˈbɪntlɪç] *adj* binding; (*freundlich*) obliging; ~ **zusagen** to accept definitely; **V~keit** *f* obligation; (*Höflichkeit*) civility; **Verbindlichkeiten** *pl* (*JUR*) obligations *pl*; (*COMM*) liabilities *pl*.

Verbindung *f* connection; (*Zusammensetzung*) combination; (*CHEM*) compound; (*UNIV*) club; (*TEL: Anschluss*) line; **mit jdm in** ~ **stehen** to be in touch *od* contact with sb; ~ **mit jdm aufnehmen** to contact sb.

Verbindungsmann (-(e)s, *pl* -**männer** *od* -**leute**) *m* intermediary; (*Agent*) contact.

verbissen [fɛrˈbɪsən] *adj* grim; (*Arbeiter*) dogged; **V~heit** *f* grimness; doggedness.

verbitten [fɛrˈbɪtən] *unreg vt*: **sich** *dat* **etw** ~ not to tolerate sth, not to stand for sth.

verbittern [fɛrˈbɪtərn] *vt* to embitter ◆ *vi* to get bitter.

verblassen [fɛrˈblasən] *vi* to fade.

Verbleib [fɛrˈblaip] (-(e)s) *m* whereabouts *pl*.

verbleiben [fɛrˈblaibən] *unreg vi* to remain; **wir sind so verblieben, dass wir ...** we agreed to ...

verbleit [fɛrˈblait] *adj* leaded.

Verblendung [fɛrˈblɛndʊŋ] *f* (*fig*) delusion.

verblöden [fɛrˈbløːdən] *vi* (*Hilfsverb sein*) to get stupid.

verblüffen [fɛrˈblyfən] *vt* to amaze; (*verwirren*) to baffle.

Verblüffung *f* stupefaction.

verblühen [fɛrˈblyːən] *vi* to wither, fade.

verbluten [fɛrˈbluːtən] *vi* to bleed to death.

verbohren [fɛrˈboːrən] (*umg*) *vr*: **sich in etw** *akk* ~ to become obsessed with sth.

verbohrt *adj* (*Haltung*) stubborn, obstinate.

verborgen [fɛrˈbɔrgən] *adj* hidden; ~**e Mängel** latent defects *pl*.

Verbot [fɛrˈboːt] (-(e)s, -e) *nt* prohibition, ban.

verboten *adj* forbidden; **Rauchen** ~! no smoking; **er sah** ~ **aus** (*umg*) he looked a real sight.

verbotenerweise *adv* though it is forbidden.

Verbotsschild *nt* prohibitory sign.

verbrämen [fɛrˈbrɛːmən] *vt* (*fig*) to gloss over; (*Kritik*): ~ (**mit**) to veil (in).

Verbrauch [fɛrˈbraux] (-(e)s) *m* consumption.

verbrauchen *vt* to use up; **der Wagen verbraucht 10 Liter Benzin auf 100 km** the car does 10 kms to the litre (*BRIT*) *od* liter (*US*).

Verbraucher(in) (-s, -) *m(f)* consumer; ~**markt** *m* hypermarket; **v~nah** *adj* consumer-friendly; ~**schutz** *m* consumer protection; ~**verband** *m* consumer council.

Verbrauchsgüter *pl* consumer goods *pl*.

verbraucht *adj* used up, finished; (*Luft*) stale; (*Mensch*) worn-out.

Verbrechen (-s, -) *nt* crime.

Verbrecher(in) (-s, -) *m(f)* criminal; **v~isch** *adj* criminal; ~**kartei** *f* file of offenders; ≈ rogues' gallery; ~**tum** (-s) *nt* criminality.

verbreiten [fɛrˈbraitən] *vt* to spread; (*Licht*) to shed; (*Wärme, Ruhe*) to radiate ◆ *vr* to spread; **eine (weit) verbreitete Ansicht** a widely held opinion; **sich über etw** *akk* ~ to expound on sth.

verbreitern [fɛrˈbraitərn] *vt* to broaden.

Verbreitung *f* spread(ing); shedding; radiation.

verbrennbar *adj* combustible.

verbrennen [fɛrˈbrɛnən] *unreg vt* to burn; (*Leiche*) to cremate; (*versengen*) to scorch; (*Haar*) to singe; (*verbrühen*) to scald.

Verbrennung *f* burning; (*in Motor*) combustion; (*von Leiche*) cremation.

Verbrennungsanlage *f* incineration plant.

Verbrennungsmotor *m* internal-combustion engine.

verbriefen [fɛrˈbriːfən] *vt* to document.

verbringen [fɛrˈbrɪŋən] *unreg vt* to spend.

Verbrüderung [fɛrˈbryːdərʊŋ] *f* fraternization.

verbrühen [fɛrˈbryːən] *vt* to scald.

verbuchen [fɛrˈbuːxən] *vt* (*FIN*) to register; (*Erfolg*) to enjoy; (*Misserfolg*) to suffer.

verbummeln [fɛrˈbʊməln] (*umg*) *vt* (*verlieren*) to lose; (*Zeit*) to waste, fritter away; (*Verabredung*) to miss.

verbunden [fɛrˈbʊndən] *adj* connected; **jdm** ~ **sein** to be obliged *od* indebted to sb; **ich/**

er *etc* **war falsch** ~ (*TEL*) it was a wrong number.

verbünden [fɛr'bʏndən] *vr* to form an alliance.

Verbundenheit *f* bond, relationship.

Verbündete(r) *f(m)* ally.

Verbundglas [fɛr'bʊntglaːs] *nt* laminated glass.

verbürgen [fɛr'bʏrgən] *vr*: **sich** ~ **für** to vouch for; **ein verbürgtes Recht** an established right.

verbüßen [fɛr'byːsən] *vt*: **eine Strafe** ~ to serve a sentence.

verchromt [fɛr'kroːmt] *adj* chromium-plated.

Verdacht [fɛr'daxt] (-(e)s) *m* suspicion; ~ **schöpfen (gegen jdn)** to become suspicious (of sb); **jdn in** ~ **haben** to suspect sb; **es besteht** ~ **auf Krebs** *akk* cancer is suspected.

verdächtig *adj* suspicious.

verdächtigen [fɛr'dɛçtɪgən] *vt* to suspect.

Verdächtigung *f* suspicion.

verdammen [fɛr'damən] *vt* to damn, condemn.

Verdammnis (-) *f* perdition, damnation.

verdammt (*umg*) *adj, adv* damned; ~ **noch mal!** bloody hell (!), damn (!).

verdampfen [fɛr'dampfən] *vt, vi* (*vi Hilfsverb sein*) to vaporize; (*KOCH*) to boil away.

verdanken [fɛr'daŋkən] *vt*: **jdm etw** ~ to owe sb sth.

verdarb *etc* [fɛr'darp] *vb siehe* **verderben**.

verdattert [fɛr'datərt] (*umg*) *adj, adv* flabbergasted.

verdauen [fɛr'dauən] *vt* (*lit, fig*) to digest ♦ *vi* (*lit*) to digest.

verdaulich [fɛr'daulɪç] *adj* digestible; **das ist schwer** ~ that is hard to digest.

Verdauung *f* digestion.

Verdauungsspaziergang *m* constitutional.

Verdauungsstörung *f* indigestion.

Verdeck [fɛr'dɛk] (-(e)s, -e) *nt* (*AUT*) soft top; (*NAUT*) deck.

verdecken *vt* to cover (up); (*verbergen*) to hide.

verdenken [fɛr'dɛŋkən] *unreg vt*: **jdm etw** ~ to blame sb for sth, hold sth against sb.

verderben [fɛr'dɛrbən] *unreg vt* to spoil; (*schädigen*) to ruin; (*moralisch*) to corrupt ♦ *vi* (*Essen*) to spoil, rot; (*Mensch*) to go to the bad; **es mit jdm** ~ to get into sb's bad books.

Verderben (-s) *nt* ruin.

verderblich *adj* (*Einfluss*) pernicious; (*Lebensmittel*) perishable.

verderbt *adj* (*veraltet*) depraved; **V~heit** *f* depravity.

verdeutlichen [fɛr'dɔytlɪçən] *vt* to make clear.

verdichten [fɛr'dɪçtən] *vt* (*PHYS, fig*) to compress ♦ *vr* to thicken; (*Verdacht, Eindruck*)

to deepen.

verdienen [fɛr'diːnən] *vt* to earn; (*moralisch*) to deserve ♦ *vi* (*Gewinn machen*): ~ **(an** +*dat*) to make (a profit) (on).

Verdienst [fɛr'diːnst] (-(e)s, -e) *m* earnings *pl* ♦ *nt* merit; (*Dank*) credit; (*Leistung*): ~ **(um)** service (to), contribution (to); **v~voll** *adj* commendable.

verdient [fɛr'diːnt] *adj* well-earned; (*Person*) of outstanding merit; (*Lohn, Strafe*) rightful; **sich um etw** ~ **machen** to do a lot for sth.

verdirbst [fɛr'dɪrpst] *vb siehe* **verderben**.

verdirbt [fɛr'dɪrpt] *vb siehe* **verderben**.

verdonnern [fɛr'dɔnərn] (*umg*) *vt* (*zu Haft etc*): ~ **(zu)** to sentence (to); **jdn zu etw** ~ to order sb to do sth.

verdoppeln [fɛr'dɔpəln] *vt* to double.

Verdopp(e)lung *f* doubling.

verdorben [fɛr'dɔrbən] *pp von* **verderben** ♦ *adj* spoilt; (*geschädigt*) ruined; (*moralisch*) corrupt.

verdorren [fɛr'dɔrən] *vi* to wither.

verdrängen [fɛr'drɛŋən] *vt* to oust; (*auch PHYS*) to displace; (*PSYCH*) to repress.

Verdrängung *f* displacement; (*PSYCH*) repression.

verdrehen [fɛr'dreːən] *vt* (*lit, fig*) to twist; (*Augen*) to roll; **jdm den Kopf** ~ (*fig*) to turn sb's head.

verdreht (*umg*) *adj* crazy; (*Bericht*) confused.

verdreifachen [fɛr'draɪfaxən] *vt* to treble.

verdrießen [fɛr'driːsən] *unreg vt* to annoy.

verdrießlich [fɛr'driːslɪç] *adj* peevish, annoyed.

verdross *etc*▲ [fɛr'drɔs] *vb siehe* **verdrießen**.

verdrossen [fɛr'drɔsən] *pp von* **verdrießen** ♦ *adj* cross, sulky.

verdrücken [fɛr'drʏkən] (*umg*) *vt* to put away, eat ♦ *vr* to disappear.

Verdruss▲ [fɛr'drʊs] (-es, -e) *m* frustration; **zu jds** ~ to sb's annoyance.

verduften [fɛr'dʊftən] *vi* to evaporate; (*umg*) to disappear.

verdummen [fɛr'dʊmən] *vt* to make stupid ♦ *vi* to grow stupid.

verdunkeln [fɛr'dʊŋkəln] *vt* to darken; (*fig*) to obscure ♦ *vr* to darken.

Verdunk(e)lung *f* blackout; (*fig*) obscuring.

verdünnen [fɛr'dʏnən] *vt* to dilute.

Verdünner (-s, -) *m* thinner.

verdünnisieren [fɛrdʏni'ziːrən] (*umg*) *vr* to make o.s. scarce.

verdunsten [fɛr'dʊnstən] *vi* to evaporate.

verdursten [fɛr'dʊrstən] *vi* to die of thirst.

verdutzt [fɛr'dʊtst] *adj* nonplussed (*BRIT*), nonplused (*US*), taken aback.

verebben [fɛr'|ɛbən] *vi* to subside.

veredeln [fɛr'|eːdəln] *vt* (*Metalle, Erdöl*) to refine; (*Fasern*) to finish; (*BOT*) to graft.

verehren [fɛr'|eːrən] *vt* to venerate, worship

(auch REL); **jdm etw ~** to present sb with sth.
Verehrer(in) **(-s, -)** *m(f)* admirer, worshipper *(BRIT)*, worshiper *(US)*.
verehrt *adj* esteemed; **(sehr) ~e Anwesende/ ~es Publikum** Ladies and Gentlemen.
Verehrung *f* respect; *(REL)* worship.
vereidigen [fɛr'|aɪdɪɡən] *vt* to put on oath; **jdn auf etw** *akk* **~** to make sb swear on sth.
Vereidigung *f* swearing in.
Verein [fɛr'|aɪn] **(-(e)s, -e)** *m* club, association; **ein wohltätiger ~** a charity.
vereinbar *adj* compatible.
vereinbaren [fɛr'|aɪnbaːrən] *vt* to agree upon.
Vereinbarkeit *f* compatibility.
Vereinbarung *f* agreement.
vereinfachen [fɛr'|aɪnfaxən] *vt* to simplify.
Vereinfachung *f* simplification.
vereinheitlichen [fɛr'|aɪnhaɪtlɪçən] *vt* to standardize.
vereinigen [fɛr'|aɪnɪɡən] *vt, vr* to unite.
vereinigt *adj* united; **V~e Arabische Emirate** *pl* United Arab Emirates; **V~es Königreich** *nt* United Kingdom; **V~e Staaten** *pl* United States.
Vereinigung *f* union; *(Verein)* association.
vereinnahmen [fɛr'|aɪnnaːmən] *vt (geh)* to take; **jdn ~** *(fig)* to make demands on sb.
vereinsamen [fɛr'|aɪnzaːmən] *vi* to become lonely.
vereint [fɛr'|aɪnt] *adj* united; **V~e Nationen** *pl* United Nations.
vereinzelt [fɛr'|aɪntsəlt] *adj* isolated.
vereisen [fɛr'|aɪzən] *vi* to freeze, ice over ♦ *vt (MED)* to freeze.
vereiteln [fɛr'|aɪtəln] *vt* to frustrate.
vereitern [fɛr'|aɪtərn] *vi* to suppurate, fester.
Verelendung [fɛr'|eːlɛndʊŋ] *f* impoverishment.
verenden [fɛr'|ɛndən] *vi* to perish, die.
verengen [fɛr'|ɛŋən] *vr* to narrow.
vererben [fɛr'|ɛrbən] *vt* to bequeath; *(BIOL)* to transmit ♦ *vr* to be hereditary.
vererblich [fɛr'|ɛrplɪç] *adj* hereditary.
Vererbung *f* bequeathing; *(BIOL)* transmission; **das ist ~** *(umg)* it's hereditary.
verewigen [fɛr'|eːvɪɡən] *vt* to immortalize ♦ *vr (umg)* to leave one's name.
Verf. *abk* = **Verfasser.**
verfahren [fɛr'faːrən] *unreg vi* to act ♦ *vr* to get lost ♦ *adj* tangled; **~ mit** to deal with.
Verfahren **(-s, -)** *nt* procedure; *(TECH)* process; *(JUR)* proceedings *pl*.
Verfahrenstechnik *f (Methode)* process.
Verfahrensweise *f* procedure.
Verfall [fɛr'fal] **(-(e)s)** *m* decline; *(von Haus)* dilapidation; *(FIN)* expiry.
verfallen *unreg vi* to decline; *(Haus)* to be falling down; *(FIN)* to lapse ♦ *adj (Gebäude)* dilapidated, ruined; *(Karten, Briefmarken)*

invalid; *(Strafe)* lapsed; *(Pass)* expired; **~ in** *+akk* to lapse into; **~ auf** *+akk* to hit upon; **einem Laster ~ sein** to be addicted to a vice; **jdm völlig ~ sein** to be completely under sb's spell.
Verfallsdatum *nt* expiry date; *(der Haltbarkeit)* best-before date.
verfänglich [fɛr'fɛŋlɪç] *adj* awkward, tricky; *(Aussage, Beweismaterial etc)* incriminating; *(gefährlich)* dangerous.
verfärben [fɛr'fɛrbən] *vr* to change colour *(BRIT)* od color *(US)*.
verfassen [fɛr'fasən] *vt* to write; *(Gesetz, Urkunde)* to draw up.
Verfasser(in) **(-s, -)** *m(f)* author, writer.
Verfassung *f* constitution *(auch POL)*; *(körperlich)* state of health; *(seelisch)* state of mind; **sie ist in guter/schlechter ~** she is in good/bad shape.
Verfassungs- *zW:* **v~feindlich** *adj* anticonstitutional; **~gericht** *nt* constitutional court; **v~mäßig** *adj* constitutional; **~schutz** *m (Aufgabe)* defence of the constitution; *(Amt) office responsible for defending the constitution*; **~schützer(in)** *m(f)* defender of the constitution; **v~widrig** *adj* unconstitutional.
verfaulen [fɛr'faʊlən] *vi* to rot.
verfechten [fɛr'fɛçtən] *unreg vt* to defend; *(Lehre)* to advocate.
Verfechter(in) [fɛr'fɛçtər(ɪn)] **(-s, -)** *m(f)* champion; defender.
verfehlen [fɛr'feːlən] *vt* to miss; **das Thema ~** to be completely off the subject.
verfehlt *adj* unsuccessful; *(unangebracht)* inappropriate; **etw für ~ halten** to regard sth as mistaken.
Verfehlung *f (Vergehen)* misdemeanour *(BRIT)*, misdemeanor *(US)*; *(Sünde)* transgression.
verfeinern [fɛr'faɪnərn] *vt* to refine.
Verfettung [fɛr'fɛtʊŋ] *f (von Organ, Muskeln)* fatty degeneration.
verfeuern [fɛr'fɔʏərn] *vt* to burn; *(Munition)* to fire; *(umg)* to use up.
verfilmen [fɛr'fɪlmən] *vt* to film, make a film of.
Verfilmung *f* film (version).
Verfilzung [fɛr'fɪltsʊŋ] *f (fig: von Firmen, Parteien)* entanglements *pl*.
verflachen [fɛr'flaxən] *vi* to flatten out; *(fig: Diskussion)* to become superficial.
verfliegen [fɛr'fliːɡən] *unreg vi* to evaporate; *(Zeit)* to pass, fly ♦ *vr* to stray (past).
verflixt [fɛr'flɪkst] *(umg) adj, adv* darned.
verflossen [fɛr'flɔsən] *adj* past, former.
verfluchen [fɛr'fluːxən] *vt* to curse.
verflüchtigen [fɛr'flʏçtɪɡən] *vr* to evaporate; *(Geruch)* to fade.
verflüssigen [fɛr'flʏsɪɡən] *vr* to become

liquid.

verfolgen [fɛrˈfɔlgən] vt to pursue; (gerichtlich) to prosecute; (grausam, bes POL) to persecute.

Verfolger(in) (-s, -) m(f) pursuer.

Verfolgte(r) f(m) (politisch) victim of persecution.

Verfolgung f pursuit; persecution; **strafrechtliche** ~ prosecution.

Verfolgungswahn m persecution mania.

verfrachten [fɛrˈfraxtən] vt to ship.

verfremden [fɛrˈfrɛmdən] vt to alienate, distance.

verfressen [fɛrˈfrɛsən] (umg) adj greedy.

verfrüht [fɛrˈfryːt] adj premature.

verfügbar adj available.

verfügen [fɛrˈfyːgən] vt to direct, order ♦ vr to proceed ♦ vi: ~ **über** +akk to have at one's disposal; **über etw** akk **frei** ~ **können** to be able to do as one wants with sth.

Verfügung f direction, order; (JUR) writ; **zur** ~ at one's disposal; **jdm zur** ~ **stehen** to be available to sb.

Verfügungsgewalt f (JUR) right of disposal.

verführen [fɛrˈfyːrən] vt to tempt; (sexuell) to seduce; (die Jugend, das Volk etc) to lead astray.

Verführer m tempter; seducer.

Verführerin f temptress; seductress.

verführerisch adj seductive.

Verführung f seduction; (Versuchung) temptation.

Vergabe [fɛrˈgaːbə] f (von Arbeiten) allocation; (von Stipendium, Auftrag etc) award.

vergällen [fɛrˈgɛlən] vt (geh): **jdm die Freude/ das Leben** ~ to spoil sb's fun/sour sb's life.

vergaloppieren [fɛrgalɔˈpiːrən] (umg) vr (sich irren) to be on the wrong track.

vergammeln [fɛrˈgaməln] (umg) vi to go to seed; (Nahrung) to go off; (Zeit) to waste.

vergangen [fɛrˈgaŋən] adj past; **V~heit** f past; **V~heitsbewältigung** f coming to terms with the past.

vergänglich [fɛrˈgɛŋlɪç] adj transitory; **V~keit** f transitoriness, impermanence.

vergasen [fɛrˈgaːzən] vt to gasify; (töten) to gas.

Vergaser (-s, -) m (AUT) carburettor (BRIT), carburetor (US).

vergaß etc [fɛrˈgaːs] vb siehe **vergessen**.

vergeben [fɛrˈgeːbən] unreg vt to forgive; (weggeben) to give away; (fig: Chance) to throw away; (Auftrag, Preis) to award; (Studienplätze, Stellen) to allocate; **jdm (etw)** ~ to forgive sb (sth); ~ **an** +akk to award to; to allocate to; ~ **sein** to be occupied; (umg: Mädchen) to be spoken for.

vergebens adv in vain.

vergeblich [fɛrˈgeːplɪç] adv in vain ♦ adj vain, futile.

Vergebung f forgiveness.

vergegenwärtigen [fɛrgeːgənˈvɛrtɪgən] vr: **sich** dat **etw** ~ to visualize sth; (erinnern) to recall sth.

vergehen [fɛrˈgeːən] unreg vi to pass by od away ♦ vr to commit an offence (BRIT) od offense (US); **vor Angst** ~ to be scared to death; **jdm vergeht etw** sb loses sth; **sich an jdm** ~ to (sexually) assault sb; **V~** (-s, -) nt offence (BRIT), offense (US).

vergeigen [fɛrˈgaɪgən] (umg) vt to cock up.

vergeistigt [fɛrˈgaɪstɪçt] adj spiritual.

vergelten [fɛrˈgɛltən] unreg vt: **jdm etw** ~ to pay sb back for sth, repay sb for sth.

Vergeltung f retaliation, reprisal.

Vergeltungsmaßnahme f retaliatory measure.

Vergeltungsschlag m (MIL) reprisal.

vergesellschaften [fɛrgəˈzɛlʃaftən] vt (POL) to nationalize.

vergessen [fɛrˈgɛsən] unreg vt to forget; **V~heit** f oblivion; **in V~heit geraten** to fall into oblivion.

vergesslich▲ [fɛrˈgɛslɪç] adj forgetful; **V~keit** f forgetfulness.

vergeuden [fɛrˈgɔydən] vt to squander, waste.

vergewaltigen [fɛrgəˈvaltɪgən] vt to rape; (fig) to violate.

Vergewaltigung f rape.

vergewissern [fɛrgəˈvɪsərn] vr to make sure; **sich einer Sache** gen od **über etw** akk ~ to make sure of sth.

vergießen [fɛrˈgiːsən] unreg vt to shed.

vergiften [fɛrˈgɪftən] vt to poison.

Vergiftung f poisoning.

vergilbt [fɛrˈgɪlpt] adj yellowed.

Vergissmeinnicht▲ [fɛrˈgɪsmaɪnnɪçt] (-(e)s, -e) nt forget-me-not.

vergisst▲ [fɛrˈgɪst] vb siehe **vergessen**.

vergittert [fɛrˈgɪtərt] adj: ~**e Fenster** barred windows.

verglasen [fɛrˈglaːzən] vt to glaze.

Vergleich [fɛrˈglaɪç] (-(e)s, -e) m comparison; (JUR) settlement; **einen** ~ **schließen** (JUR) to reach a settlement; **in keinem** ~ **zu etw stehen** to be out of all proportion to sth; **im** ~ **mit** od **zu** compared with od to; **v~bar** adj comparable.

vergleichen unreg vt to compare ♦ vr (JUR) to reach a settlement.

vergleichsweise adv comparatively.

verglühen [fɛrˈglyːən] vi (Feuer) to die away; (Draht) to burn out; (Raumkapsel, Meteor etc) to burn up.

vergnügen [fɛrˈgnyːgən] vr to enjoy od amuse o.s.; **V~** (-s, -) nt pleasure; **das war ein teures V~** (umg) that was an expensive bit of fun; **viel V~!** enjoy yourself!

vergnüglich adj enjoyable.

vergnügt [fɛrˈgnyːkt] adj cheerful.

Vergnügung f pleasure, amusement.
Vergnügungs- zW: ~**park** m amusement park; **v~süchtig** adj pleasure-loving; ~**viertel** nt entertainments district.
vergolden [fɛr'gɔldən] vt to gild.
vergönnen [fɛr'gœnən] vt to grant.
vergöttern [fɛr'gœtərn] vt to idolize.
vergraben [fɛr'graːbən] unreg vt to bury.
vergrämt [fɛr'grɛːmt] adj (Gesicht) troubled.
vergreifen [fɛr'graɪfən] unreg vr: **sich an jdm** ~ to lay hands on sb; **sich an etw** dat ~ to misappropriate sth; **sich im Ton** ~ to say the wrong thing.
vergriffen [fɛr'grɪfən] adj (Buch) out of print; (Ware) out of stock.
vergrößern [fɛr'grøːsərn] vt to enlarge; (mengenmäßig) to increase; (Lupe) to magnify.
Vergrößerung f enlargement; increase; magnification.
Vergrößerungsglas nt magnifying glass.
vergünstigt adj (Lage) improved; (Preis) reduced.
Vergünstigung [fɛr'gʏnstɪgʊŋ] f concession; (Vorteil) privilege.
vergüten [fɛr'gyːtən] vt: **jdm etw** ~ to compensate sb for sth; (Arbeit, Leistung) to pay sb for sth.
Vergütung f compensation; payment.
verh. abk = **verheiratet.**
verhaften [fɛr'haftən] vt to arrest.
Verhaftete(r) f(m) prisoner.
Verhaftung f arrest.
verhallen [fɛr'halən] vi to die away.
verhalten [fɛr'haltən] unreg vr (Sache) to be, stand; (sich benehmen) to behave; (MATH) to be in proportion to ♦ vr unpers: **wie verhält es sich damit?** (wie ist die Lage?) how do things stand?; (wie wird das gehandhabt?) how do you go about it? ♦ adj restrained; **sich ruhig** ~ to keep quiet; (sich nicht bewegen) to keep still; **wenn sich das so verhält ...** if that is the case ...; **V~** (-s) nt behaviour (BRIT), behavior (US).
Verhaltens- zW: ~**forschung** f behavioural (BRIT) od behavioral (US) science; **v~gestört** adj disturbed; ~**maßregel** f rule of conduct.
Verhältnis [fɛr'hɛltnɪs] (-ses, -se) nt relationship; (Liebes~) affair; (MATH) proportion, ratio; (Einstellung): ~ (zu) attitude (to); **Verhältnisse** pl (Umstände) conditions pl; **aus was für ~sen kommt er?** what sort of background does he come from?; **für klare ~se sorgen, klare ~se schaffen** to get things straight; **über seine ~se leben** to live beyond one's means; **v~mäßig** adj relative, comparative ♦ adv relatively, comparatively; ~**wahl** f proportional representation; ~**wahlrecht** nt (system of) proportional representation.

verhandeln [fɛr'handəln] vi to negotiate; (JUR) to hold proceedings ♦ vt to discuss; (JUR) to hear; **über etw** akk ~ to negotiate sth od about sth.
Verhandlung f negotiation; (JUR) proceedings pl; ~**en führen** to negotiate.
Verhandlungspaket nt (COMM) package deal.
Verhandlungstisch m negotiating table.
verhangen [fɛr'haŋən] adj overcast.
verhängen [fɛr'hɛŋən] vt (fig) to impose, inflict.
Verhängnis [fɛr'hɛŋnɪs] (-ses, -se) nt fate; **jdm zum** ~ **werden** to be sb's undoing; **v~voll** adj fatal, disastrous.
verharmlosen [fɛr'harmloːzən] vt to make light of, play down.
verharren [fɛr'harən] vi to remain; (hartnäckig) to persist.
verhärten [fɛr'hɛrtən] vr to harden.
verhaspeln [fɛr'haspəln] (umg) vr to get into a muddle od tangle.
verhasst▲ [fɛr'hast] adj odious, hateful.
verhätscheln [fɛr'hɛːtʃəln] vt to spoil, pamper.
Verhau [fɛr'hau] (-(e)s, -e) m (zur Absperrung) barrier; (Käfig) coop.
verhauen unreg (umg) vt (verprügeln) to beat up; (Prüfung etc) to muff.
verheben [fɛr'heːbən] unreg vr to hurt o.s. lifting sth.
verheerend [fɛr'heːrənt] adj disastrous, devastating.
verhehlen [fɛr'heːlən] vt to conceal.
verheilen [fɛr'haɪlən] vi to heal.
verheimlichen [fɛr'haɪmlɪçən] vt: **(jdm) etw** ~ to keep sth secret (from sb).
verheiratet [fɛr'haɪraːtət] adj married.
verheißen [fɛr'haɪsən] unreg vt: **jdm etw** ~ to promise sb sth.
verheißungsvoll adj promising.
verheizen [fɛr'haɪtsən] vt to burn, use as fuel.
verhelfen [fɛr'hɛlfən] unreg vi: **jdm zu etw** ~ to help sb to get sth.
verherrlichen [fɛr'hɛrlɪçən] vt to glorify.
verheult [fɛr'hɔylt] adj (Augen, Gesicht) puffy (from crying).
verhexen [fɛr'hɛksən] vt to bewitch; **es ist wie verhext** it's jinxed.
verhindern [fɛr'hɪndərn] vt to prevent; **verhindert sein** to be unable to make it; **das lässt sich leider nicht** ~ it can't be helped, unfortunately; **ein verhinderter Politiker** (umg) a would-be politician.
Verhinderung f prevention.
verhöhnen [fɛr'høːnən] vt to mock, sneer at.
verhohnepipeln [fɛr'hoːnəpiːpəln] (umg) vt to send up (BRIT), ridicule.
verhökern [fɛr'høːkərn] (umg) vt to turn into cash.

Verhör [fɛr'høːr] (-(e)s, -e) nt interrogation; (gerichtlich) (cross-)examination.
verhören vt to interrogate; to (cross-)examine ♦ vr to mishear.
verhüllen [fɛr'hʏlən] vt to veil; (Haupt, Körperteil) to cover.
verhungern [fɛr'hʊŋərn] vi to starve, die of hunger.
verhunzen [fɛr'hʊntsən] (umg) vt to ruin.
verhüten [fɛr'hyːtən] vt to prevent, avert.
Verhütung f prevention.
Verhütungsmittel nt contraceptive.
verifizieren [verifi'tsiːrən] vt to verify.
verinnerlichen [fɛr'|ɪnərlɪçən] vt to internalize.
verirren [fɛr'|ɪrən] vr to get lost, lose one's way; (fig) to go astray; (Tier, Kugel) to stray.
verjagen [fɛr'jaːgən] vt to drive away od out.
verjähren [fɛr'jɛːrən] vi to come under the statute of limitations; (Anspruch) to lapse.
Verjährungsfrist f limitation period.
verjubeln [fɛr'juːbəln] (umg) vt (Geld) to blow.
verjüngen [fɛr'jʏŋən] vt to rejuvenate ♦ vr to taper.
verkabeln [fɛr'kaːbəln] vt (TV) to link up to the cable network.
Verkabelung f (TV) linking up to the cable network.
verkalken [fɛr'kalkən] vi to calcify; (umg) to become senile.
verkalkulieren [fɛrkalku'liːrən] vr to miscalculate.
verkannt [fɛr'kant] adj unappreciated.
verkatert [fɛr'kaːtərt] (umg) adj hung over.
Verkauf [fɛr'kaʊf] m sale; **zum ~ stehen** to be up for sale.
verkaufen vt, vi to sell; „**zu ~**" "for sale".
Verkäufer(in) [fɛr'kɔyfər(ɪn)] (-s, -) m(f) seller; (im Außendienst) salesman, saleswoman; (in Laden) shop assistant (BRIT), sales clerk (US).
verkäuflich [fɛr'kɔyflɪç] adj saleable.
Verkaufs- zW: **~abteilung** f sales department; **~automat** m slot machine; **~bedingungen** pl (COMM) terms and conditions of sale; **~kampagne** f sales drive; **~leiter** m sales manager; **v~offen** adj: **v~offener Samstag** Saturday on which the shops are open all day; **~schlager** m big seller; **~stelle** f outlet; **~tüchtigkeit** f salesmanship.
Verkehr [fɛr'keːr] (-s, -e) m traffic; (Umgang, bes sexuell) intercourse; (Umlauf) circulation; **aus dem ~ ziehen** to withdraw from service; **für den ~ freigeben** (Straße etc) to open to traffic; (Transportmittel) to bring into service.
verkehren vi (Fahrzeug) to ply, run ♦ vt, vr to turn, transform; **~ mit** to associate with; **mit jdm brieflich** od **schriftlich ~** (form) to correspond with sb; **bei jdm ~** to visit sb regularly.

Verkehrs- zW: **~ampel** f traffic lights pl; **~amt** nt tourist (information) office; **~aufkommen** nt volume of traffic; **v~beruhigt** adj traffic-calmed; **~beruhigung** f traffic-calming; **~betriebe** pl transport services pl; **~delikt** nt traffic offence (BRIT) od violation (US); **~erziehung** f road safety training; **v~günstig** adj convenient; **~insel** f traffic island; **~knotenpunkt** m traffic junction; **~mittel** nt: **öffentliche/private ~mittel** public/private transport sing; **~schild** nt road sign; **v~sicher** adj (Fahrzeug) roadworthy; **~sicherheit** f road safety; **~stockung** f traffic jam, stoppage; **~sünder** (umg) m traffic offender; **~teilnehmer** m road user; **v~tüchtig** adj (Fahrzeug) roadworthy; (Mensch) fit to drive; **~unfall** m traffic accident; **~verein** m tourist information office; **v~widrig** adj contrary to traffic regulations; **~zeichen** nt road sign.
verkehrt adj wrong; (umgekehrt) the wrong way round.
verkennen [fɛr'kɛnən] unreg vt to misjudge; (unterschätzen) to underestimate.
Verkettung [fɛr'kɛtʊŋ] f: **eine ~ unglücklicher Umstände** an unfortunate chain of events.
verklagen [fɛr'klaːgən] vt to take to court.
verklappen [fɛr'klapən] vt to dump (at sea).
verklären [fɛr'klɛːrən] vt to transfigure; **verklärt lächeln** to smile radiantly.
verklausulieren [fɛrklaʊzu'liːrən] vt (Vertrag) to hedge in with (restrictive) clauses.
verkleben [fɛr'kleːbən] vt to glue up, stick ♦ vi to stick together.
verkleiden [fɛr'klaɪdən] vt to disguise; (kostümieren) to dress up; (Schacht, Tunnel) to line; (vertäfeln) to panel; (Heizkörper) to cover in ♦ vr to disguise o.s.; to dress up.
Verkleidung f disguise; (ARCHIT) panelling (BRIT), paneling (US).
verkleinern [fɛr'klaɪnərn] vt to make smaller, reduce in size.
verklemmt [fɛr'klɛmt] adj (fig) inhibited.
verklickern [fɛr'klɪkərn] (umg) vt: **jdm etw ~** to make sth clear to sb.
verklingen [fɛr'klɪŋən] unreg vi to die away.
verknacksen [fɛr'knaksən] (umg) vt: **sich** dat **den Fuß ~** to twist one's ankle.
verknallen [fɛr'knalən] (umg) vr: **sich in jdn ~** to fall for sb.
verkneifen [fɛr'knaɪfən] (umg) vt: **sich** dat **etw ~** to stop o.s. from doing sth; **ich konnte mir das Lachen nicht ~** I couldn't help laughing.
verknöchert [fɛr'knœçərt] adj (fig) fossilized.
verknüpfen [fɛr'knʏpfən] vt to tie (up), knot; (fig) to connect.
Verknüpfung f connection.
verkochen [fɛr'kɔxən] vt, vi (Flüssigkeit) to boil away.

verkohlen [fɛr'koːlən] *vi* to carbonize ♦ *vt* to carbonize; (*umg*): **jdn ~** to have sb on.

verkommen [fɛr'kɔmən] *unreg vi* to deteriorate, decay; (*Mensch*) to go downhill, come down in the world ♦ *adj* (*moralisch*) dissolute, depraved; **V~heit** *f* depravity.

verkorksen [fɛr'kɔrksən] (*umg*) *vt* to ruin, mess up.

verkörpern [fɛr'kœrpərn] *vt* to embody, personify.

verköstigen [fɛr'kœstɪɡən] *vt* to feed.

verkrachen [fɛr'kraxən] (*umg*) *vr*: **sich (mit jdm) ~** to fall out (with sb).

verkracht (*umg*) *adj* (*Leben*) ruined.

verkraften [fɛr'kraftən] *vt* to cope with.

verkrampfen [fɛr'krampfən] *vr* (*Muskeln*) to go tense.

verkrampft [fɛr'krampft] *adj* (*fig*) tense.

verkriechen [fɛr'kriːçən] *unreg vr* to creep away, creep into a corner.

verkrümeln [fɛr'kryːməln] (*umg*) *vr* to disappear.

verkrümmt [fɛr'krʏmt] *adj* crooked.

Verkrümmung *f* bend, warp; (*ANAT*) curvature.

verkrüppelt [fɛr'krʏpəlt] *adj* crippled.

verkrustet [fɛr'krʊstət] *adj* encrusted.

verkühlen [fɛr'kyːlən] *vr* to get a chill.

verkümmern [fɛr'kʏmərn] *vi* to waste away; **emotionell/geistig ~** to become emotionally/intellectually stunted.

verkünden [fɛr'kʏndən] *vt* to proclaim; (*Urteil*) to pronounce.

verkündigen [fɛr'kʏndɪɡən] *vt* to proclaim; (*ironisch*) to announce; (*Evangelium*) to preach.

verkuppeln [fɛr'kʊpəln] *vt*: **jdn an jdn ~** (*Zuhälter*) to procure sb for sb.

verkürzen [fɛr'kʏrtsən] *vt* to shorten; (*Wort*) to abbreviate; **sich** *dat* **die Zeit ~** to while away the time; **verkürzte Arbeitszeit** shorter working hours *pl*.

Verkürzung *f* shortening; abbreviation.

Verl. *abk* (= *Verlag*) publ.

verladen [fɛr'laːdən] *unreg vt* to load.

Verlag [fɛr'laːk] (-(e)s, -e) *m* publishing firm.

verlagern [fɛr'laːɡərn] *vt*, *vr* (*lit, fig*) to shift.

Verlagsanstalt *f* publishing firm.

Verlagswesen *nt* publishing.

verlangen [fɛr'laŋən] *vt* to demand; (*wollen*) to want ♦ *vi*: **~ nach** to ask for; **Sie werden am Telefon verlangt** you are wanted on the phone; **~ Sie Herrn X** ask for Mr X; **V~** (-s, -) *nt*: **V~** (**nach**) desire (for); **auf jds V~** *akk* (**hin**) at sb's request.

verlängern [fɛr'lɛŋərn] *vt* to extend; (*länger machen*) to lengthen; (*zeitlich*) to prolong; (*Pass, Abonnement etc*) to renew; **ein verlängertes Wochenende** a long weekend.

Verlängerung *f* extension; (*SPORT*) extra time.

Verlängerungsschnur *f* extension cable.

verlangsamen [fɛr'laŋzaːmən] *vt*, *vr* to decelerate, slow down.

Verlass▲ [fɛr'las] *m*: **auf ihn/das ist kein ~** he/it cannot be relied upon.

verlassen [fɛr'lasən] *unreg vt* to leave ♦ *vr*: **sich ~ auf** +*akk* to depend on ♦ *adj* desolate; (*Mensch*) abandoned; **einsam und ~** so all alone; **V~heit** *f* loneliness (*BRIT*), lonesomeness (*US*).

verlässlich▲ [fɛr'lɛslɪç] *adj* reliable.

Verlauf [fɛr'lauf] *m* course; **einen guten/schlechten ~ nehmen** to go well/badly.

verlaufen *unreg vi* (*zeitlich*) to pass; (*Farben*) to run ♦ *vr* to get lost; (*Menschenmenge*) to disperse.

Verlautbarung *f* announcement.

verlauten [fɛr'lautən] *vi*: **etw ~ lassen** to disclose sth; **wie verlautet** as reported.

verleben [fɛr'leːbən] *vt* to spend.

verlebt [fɛr'leːpt] *adj* dissipated, worn-out.

verlegen [fɛr'leːɡən] *vt* to move; (*verlieren*) to mislay; (*Kabel, Fliesen etc*) to lay; (*Buch*) to publish; (*verschieben*): **~ (auf** +*akk*) to postpone (until) ♦ *vr*: **sich auf etw** *akk* **~** to resort to sth ♦ *adj* embarrassed; **nicht ~ um** never at a loss for; **V~heit** *f* embarrassment; (*Situation*) difficulty, scrape.

Verleger [fɛr'leːɡər] (-s, -) *m* publisher.

verleiden [fɛr'laidən] *vt*: **jdm etw ~** to put sb off sth.

Verleih [fɛr'lai] (-(e)s, -e) *m* hire service; (*das ~en*) renting (out), hiring (out) (*BRIT*); (*Film~*) distribution.

verleihen *unreg vt*: **etw (an jdn) ~** to lend sth (to sb), lend (sb) sth; (*gegen Gebühr*) to rent sth (out) (to sb), hire sth (out) (to sb) (*BRIT*); (*Kraft, Anschein*) to confer sth (on sb), bestow sth (on sb); (*Preis, Medaille*) to award sth (to sb), award (sb) sth.

Verleiher (-s, -) *m* hire (*BRIT*) *od* rental firm; (*von Filmen*) distributor; (*von Büchern*) lender.

Verleihung *f* lending; (*von Kraft etc*) bestowal; (*von Preis*) award.

verleiten [fɛr'laitən] *vt* to lead astray; **~ zu** to talk into, tempt into.

verlernen [fɛr'lɛrnən] *vt* to forget, unlearn.

verlesen [fɛr'leːzən] *unreg vt* to read out; (*aussondern*) to sort out ♦ *vr* to make a mistake in reading.

verletzbar *adj* vulnerable.

verletzen [fɛr'lɛtsən] *vt* (*lit, fig*) to injure, hurt; (*Gesetz etc*) to violate.

verletzend *adj* (*fig: Worte*) hurtful.

verletzlich *adj* vulnerable.

Verletzte(r) *f(m)* injured person.

Verletzung *f* injury; (*Verstoß*) violation,

infringement.

verleugnen [fɛr'lɔygnən] *vt* to deny; (*Menschen*) to disown; **er lässt sich immer (vor ihr) verleugnen** he always pretends not to be there (when she calls).

Verleugnung *f* denial.

verleumden [fɛr'lɔymdən] *vt* to slander; (*schriftlich*) to libel.

verleumderisch *adj* slanderous; libellous (*BRIT*), libelous (*US*).

Verleumdung *f* slander; libel.

verlieben *vr*: **sich ~ (in** +*akk*) to fall in love (with).

verliebt [fɛr'liːpt] *adj* in love; **V~heit** *f* being in love.

verlieren [fɛr'liːrən] *unreg vt, vi* to lose ♦ *vr* to get lost; (*verschwinden*) to disappear; **das/er hat hier nichts verloren** (*umg*) that/he has no business to be here.

Verlierer(in) (**-s, -**) *m(f)* loser.

Verlies [fɛr'liːs] (**-es, -e**) *nt* dungeon.

verloben [fɛr'loːbən] *vr*: **sich ~ (mit)** to get engaged (to); **verlobt sein** to be engaged.

Verlobte(r) [fɛr'loːptə(r)] *f(m)*: **mein ~r** my fiancé; **meine ~** my fiancée.

Verlobung *f* engagement.

verlocken [fɛr'lɔkən] *vt* to entice, lure.

verlockend *adj* (*Angebot, Idee*) tempting.

Verlockung *f* temptation, attraction.

verlogen [fɛr'loːgən] *adj* untruthful; (*Komplimente, Versprechungen*) false; (*Moral, Gesellschaft*) hypocritical; **V~heit** *f* untruthfulness.

verlor *etc* [fɛr'loːr] *vb siehe* **verlieren**.

verloren *pp von* **verlieren** ♦ *adj* lost; (*Eier*) poached; **der ~e Sohn** the prodigal son; **auf ~em Posten kämpfen** *od* **stehen** to be fighting a losing battle; **etw ~ geben** to give sth up for lost; **~ gehen** to get lost; **an ihm ist ein Sänger ~ gegangen** he would have made a (good) singer.

verlöschen [fɛr'lœʃən] *vi* (*Hilfsverb sein*) to go out; (*Inschrift, Farbe, Erinnerung*) to fade.

verlosen [fɛr'loːzən] *vt* to raffle (off), draw lots for.

Verlosung *f* raffle, lottery.

verlottern [fɛr'lɔtərn] (*umg*) *vi* to go to the dogs.

verludern [fɛr'luːdərn] (*umg*) *vi* to go to the dogs.

Verlust [fɛr'lʊst] (**-(e)s, -e**) *m* loss; (*MIL*) casualty; **mit ~ verkaufen** to sell at a loss; **~anzeige** *f* "lost" notice; **~geschäft** *nt*: **das war ein ~geschäft** I/he *etc* made a loss; **~zeit** *f* (*INDUSTRIE*) waiting time.

vermachen [fɛr'maxən] *vt* to bequeath, leave.

Vermächtnis [fɛr'mɛçtnɪs] (**-ses, -se**) *nt* legacy.

vermählen [fɛr'mɛːlən] *vr* to marry.

Vermählung *f* wedding, marriage.

vermarkten [fɛr'marktən] *vt* to market; (*fig: Persönlichkeit*) to promote.

Vermarktung [fɛr'marktʊŋ] *f* marketing.

vermasseln [fɛr'masəln] (*umg*) *vt* to mess up.

vermehren [fɛr'meːrən] *vt, vr* to multiply; (*Menge*) to increase.

Vermehrung *f* multiplying; increase.

vermeiden [fɛr'maɪdən] *unreg vt* to avoid.

vermeidlich *adj* avoidable.

vermeintlich *adj* supposed.

vermengen [fɛr'mɛŋən] *vt* to mix; (*fig*) to mix up, confuse.

Vermenschlichung [fɛr'mɛnʃlɪçʊŋ] *f* humanization.

Vermerk [fɛr'mɛrk] (**-(e)s, -e**) *m* note; (*in Ausweis*) endorsement.

vermerken *vt* to note.

vermessen [fɛr'mɛsən] *unreg vt* to survey ♦ *vr* (*falsch messen*) to measure incorrectly ♦ *adj* presumptuous, bold; **V~heit** *f* presumptuousness.

Vermessung *f* survey(ing).

Vermessungsamt *nt* land survey(ing) office.

Vermessungsingenieur *m* land surveyor.

vermiesen [fɛr'miːzən] (*umg*) *vt* to spoil.

vermieten [fɛr'miːtən] *vt* to let (*BRIT*), rent (out); (*Auto*) to hire out, rent.

Vermieter(in) (**-s, -**) *m(f)* landlord, landlady.

Vermietung *f* letting, renting (out); (*von Autos*) hiring (out), rental.

vermindern [fɛr'mɪndərn] *vt, vr* to lessen, decrease.

Verminderung *f* reduction.

verminen [fɛr'miːnən] *vt* to mine.

vermischen [fɛr'mɪʃən] *vt, vr* to mix; (*Teesorten etc*) to blend; **vermischte Schriften** miscellaneous writings.

vermissen [fɛr'mɪsən] *vt* to miss; **vermisst sein, als vermisst gemeldet sein** to be reported missing; **wir haben dich bei der Party vermisst** we didn't see you at the party.

Vermisste(r)▲ *f(m)* missing person.

Vermisstenanzeige▲ *f* missing persons report.

vermitteln [fɛr'mɪtəln] *vi* to mediate ♦ *vt* to arrange; (*Gespräch*) to connect; (*Stelle*) to find; (*Gefühl, Bild, Idee etc*) to convey; (*Wissen*) to impart; **~de Worte** conciliatory words; **jdm etw ~** to help sb to obtain sth; (*Stelle*) to find sth for sb.

Vermittler(in) [fɛr'mɪtlər(ɪn)] (**-s, -**) *m(f)* (*COMM*) agent; (*Schlichter*) mediator.

Vermittlung *f* procurement; (*Stellen~*) agency; (*TEL*) exchange; (*Schlichtung*) mediation.

Vermittlungsgebühr *f* commission.

vermögen [fɛr'møːgən] *unreg vt* to be capable of; **~ zu** to be able to; **V~** (**-s, -**) *nt* wealth; (*Fähigkeit*) ability; **mein ganzes V~ besteht**

aus my entire assets consist of ...; **ein V~** **kosten** v~ to cost a fortune.

vermögend *adj* wealthy.

Vermögens- *zW:* **~steuer** *f* property tax, wealth tax; **~wert** *m* asset; **v~wirksam** *adj:* **sein Geld v~wirksam anlegen** to invest one's money profitably; **v~wirksame Leistungen** *employers' contributions to tax-deductible savings scheme.*

vermummen [fɛrˈmʊmən] *vt* to wrap up (warm); (*sich verkleiden*) to disguise.

Vermummungsverbot (-(e)s) *nt law against disguising o.s. at demonstrations.*

vermurksen [fɛrˈmʊrksən] (*umg*) *vt* to make a mess of.

vermuten [fɛrˈmuːtən] *vt* to suppose; (*argwöhnen*) to suspect.

vermutlich *adj* supposed, presumed ♦ *adv* probably.

Vermutung *f* supposition; suspicion; **die ~ liegt nahe, dass ...** there are grounds for assuming that ...

vernachlässigen [fɛrˈnaːxlɛsɪgən] *vt* to neglect ♦ *vr* to neglect o.s. *od* one's appearance.

Vernachlässigung *f* neglect.

vernarben [fɛrˈnarbən] *vi* to heal up.

vernarren [fɛrˈnarən] (*umg*) *vr:* **in jdn/etw vernarrt sein** to be crazy about sb/sth.

vernaschen [fɛrˈnaʃən] *vt* (*Geld*) to spend on sweets; (*umg: Mädchen, Mann*) to make it with.

vernehmen [fɛrˈneːmən] *unreg vt* to hear, perceive; (*erfahren*) to learn; (*JUR*) to (cross-)examine; (*Polizei*) to question; **V~** *nt:* **dem V~ nach** from what I/we *etc* hear.

vernehmlich *adj* audible.

Vernehmung *f* (cross-)examination.

vernehmungsfähig *adj* in a condition to be (cross-)examined.

verneigen [fɛrˈnaɪgən] *vr* to bow.

verneinen [fɛrˈnaɪnən] *vt* (*Frage*) to answer in the negative; (*ablehnen*) to deny; (*GRAM*) to negate.

verneinend *adj* negative.

Verneinung *f* negation.

vernichten [fɛrˈnɪçtən] *vt* to destroy, annihilate.

vernichtend *adj* (*fig*) crushing; (*Blick*) withering; (*Kritik*) scathing.

Vernichtung *f* destruction, annihilation.

Vernichtungsschlag *m* devastating blow.

verniedlichen [fɛrˈniːtlɪçən] *vt* to play down.

Vernunft [fɛrˈnʊnft] (-) *f* reason; **~ annehmen** to see reason; **~ehe** *f*, **~heirat** *f* marriage of convenience.

vernünftig [fɛrˈnʏnftɪç] *adj* sensible, reasonable.

Vernunftmensch *m* rational person.

veröden [fɛrˈøːdən] *vi* to become desolate ♦ *vt*

(*MED*) to remove.

veröffentlichen [fɛrˈœfəntlɪçən] *vt* to publish.

Veröffentlichung *f* publication.

verordnen [fɛrˈɔrdnən] *vt* (*MED*) to prescribe.

Verordnung *f* order, decree; (*MED*) prescription.

verpachten [fɛrˈpaxtən] *vt* to lease (out).

verpacken [fɛrˈpakən] *vt* to pack; (*verbrauchergerecht*) to package; (*einwickeln*) to wrap.

Verpackung *f* packing; packaging; wrapping.

verpassen [fɛrˈpasən] *vt* to miss; **jdm eine Ohrfeige ~** (*umg*) to give sb a clip round the ear.

verpatzen [fɛrˈpatsən] (*umg*) *vt* to spoil, mess up.

verpennen [fɛrˈpɛnən] (*umg*) *vi, vr* to oversleep.

verpesten [fɛrˈpɛstən] *vt* to pollute.

verpetzen [fɛrˈpɛtsən] (*umg*) *vt:* **jdn ~ (bei)** to tell on sb (to).

verpfänden [fɛrˈpfɛndən] *vt* to pawn; (*JUR*) to mortgage.

verpfeifen [fɛrˈpfaɪfən] *unreg* (*umg*) *vt:* **jdn ~ (bei)** to grass on sb (to).

verpflanzen [fɛrˈpflantsən] *vt* to transplant.

Verpflanzung *f* transplanting; (*MED*) transplant.

verpflegen [fɛrˈpfleːgən] *vt* to feed, cater for (*BRIT*).

Verpflegung *f* catering; (*Kost*) food; (*in Hotel*) board.

verpflichten [fɛrˈpflɪçtən] *vt* to oblige, bind; (*anstellen*) to engage ♦ *vr* to undertake; (*MIL*) to sign on ♦ *vi* to carry obligations; **jdm verpflichtet sein** to be under an obligation to sb; **sich zu etw ~** to commit o.s. to doing sth; **jdm zu Dank verpflichtet sein** to be obliged to sb.

verpflichtend *adj* (*Zusage*) binding.

Verpflichtung *f* obligation; (*Aufgabe*) duty.

verpfuschen [fɛrˈpfuːʃən] (*umg*) *vt* to bungle, make a mess of.

verplanen [fɛrˈplaːnən] *vt* (*Zeit*) to book up; (*Geld*) to budget.

verplappern [fɛrˈplapərn] (*umg*) *vr* to open one's big mouth.

verplempern [fɛrˈplɛmpərn] (*umg*) *vt* to waste.

verpönt [fɛrˈpøːnt] *adj:* **~ (bei)** frowned upon (by).

verprassen [fɛrˈprasən] *vt* to squander.

verprügeln [fɛrˈpryːgəln] (*umg*) *vt* to beat up.

verpuffen [fɛrˈpʊfən] *vi* to (go) pop; (*fig*) to fall flat.

Verputz [fɛrˈpʊts] *m* plaster; (*Rauputz*) roughcast; **v~en** *vt* to plaster; (*umg: Essen*) to put away.

verqualmen [fɛrˈkvalmən] *vt* (*Zimmer*) to fill with smoke.

verquollen [fɛrˈkvɔlən] adj swollen; (*Holz*) warped.

verrammeln [fɛrˈraməln] vt to barricade.

Verrat [fɛrˈraːt] (-(e)s) m treachery; (*POL*) treason; ~ **an jdm üben** to betray sb.

verraten unreg vt to betray; (*fig: erkennen lassen*) to show; (*Geheimnis*) to divulge ♦ vr to give o.s. away.

Verräter(in) [fɛrˈrɛːtər(ɪn)] (-s, -) m(f) traitor, traitress; **v~isch** adj treacherous.

verrauchen [fɛrˈrauxən] vi (*fig: Zorn*) to blow over.

verrechnen [fɛrˈrɛçnən] vt: ~ **mit** to set off against ♦ vr to miscalculate.

Verrechnung f: **nur zur ~** (*auf Scheck*) a/c payee only.

Verrechnungsscheck m crossed cheque (*BRIT*).

verregnet [fɛrˈreːgnət] adj rainy, spoilt by rain.

verreisen [fɛrˈraizən] vi to go away (on a journey); **er ist geschäftlich verreist** he's away on business.

verreißen [fɛrˈraisən] unreg vt to pull to pieces.

verrenken [fɛrˈrɛŋkən] vt to contort; (*MED*) to dislocate; **sich** dat **den Knöchel ~** to sprain one's ankle.

Verrenkung f contortion; (*MED*) dislocation.

verrennen [fɛrˈrɛnən] unreg vr: **sich in etw** akk ~ to get stuck on sth.

verrichten [fɛrˈrɪçtən] vt (*Arbeit*) to do, perform.

verriegeln [fɛrˈriːgəln] vt to bolt.

verringern [fɛrˈrɪŋərn] vt to reduce ♦ vr to decrease.

Verringerung f reduction; decrease.

verrinnen [fɛrˈrɪnən] unreg vi to run out od away; (*Zeit*) to elapse.

Verriss▲ [fɛrˈrɪs] m slating review.

verrohen [fɛrˈroːən] vi to become brutalized.

verrosten [fɛrˈrɔstən] vi to rust.

verrotten [fɛrˈrɔtən] vi to rot.

verrucht [fɛrˈruːxt] adj despicable; (*verrufen*) disreputable.

verrücken [fɛrˈrykən] vt to move, shift.

verrückt adj crazy, mad; **V~e**(r) f(m) lunatic; **V~heit** f madness, lunacy.

Verruf [fɛrˈruːf] m: **in ~ geraten/bringen** to fall/bring into disrepute.

verrufen adj disreputable.

verrutschen [fɛrˈrʊtʃən] vi to slip.

Vers [fɛrs] (-es, -e) m verse.

versacken [fɛrˈzakən] vi (*lit*) to sink; (*fig: umg: herunterkommen*) to go downhill; (: *lange zechen*) to get involved in a booze-up (*BRIT*) od a drinking spree.

versagen [fɛrˈzaːgən] vt: **jdm/sich etw ~** to deny sb/o.s. sth ♦ vi to fail; **V~** (-s) nt failure; **menschliches V~** human error.

Versager (-s, -) m failure.

versalzen [fɛrˈzaltsən] vt to put too much salt in; (*fig*) to spoil.

versammeln [fɛrˈzaməln] vt, vr to assemble, gather.

Versammlung f meeting, gathering.

Versammlungsfreiheit f freedom of assembly.

Versand [fɛrˈzant] (-(e)s) m dispatch; (*~abteilung*) dispatch department; **~bahnhof** m dispatch station; **~haus** nt mail-order firm; **~kosten** pl transport(ation) costs pl; **~weg** m: **auf dem ~weg** by mail order.

versäumen [fɛrˈzɔymən] vt to miss; (*Pflicht*) to neglect; (*Zeit*) to lose.

Versäumnis (-ses, -se) nt neglect; (*Unterlassung*) omission.

verschachern [fɛrˈʃaxərn] (umg) vt to sell off.

verschachtelt [fɛrˈʃaxtəlt] adj (*Satz*) complex.

verschaffen [fɛrˈʃafən] vt: **jdm/sich etw ~** to get od procure sth for sb/o.s.

verschämt [fɛrˈʃɛːmt] adj bashful.

verschandeln [fɛrˈʃandəln] (umg) vt to spoil.

verschanzen [fɛrˈʃantsən] vr: **sich hinter etw** dat ~ to dig in behind sth; (*fig*) to take refuge behind sth.

verschärfen [fɛrˈʃɛrfən] vt to intensify; (*Lage*) to aggravate; (*strenger machen: Kontrollen, Gesetze*) to tighten up ♦ vr to intensify; to become aggravated; to become tighter.

Verschärfung f intensification; (*der Lage*) aggravation; (*von Kontrollen etc*) tightening.

verscharren [fɛrˈʃarən] vt to bury.

verschätzen [fɛrˈʃɛtsən] vr to miscalculate.

verschenken [fɛrˈʃɛŋkən] vt to give away.

verscherzen [fɛrˈʃɛrtsən] vt: **sich** dat **etw ~** to lose sth, throw sth away.

verscheuchen [fɛrˈʃɔyçən] vt to frighten away.

verschicken [fɛrˈʃɪkən] vt to send off; (*Sträfling*) to transport.

verschieben [fɛrˈʃiːbən] unreg vt to shift; (*EISENB*) to shunt; (*Termin*) to postpone; (*umg: Waren, Devisen*) to traffic in.

Verschiebung f shift, displacement; shunting; postponement.

verschieden [fɛrˈʃiːdən] adj different; **das ist ganz ~** (*wird ~ gehandhabt*) that varies, that just depends; **sie sind ~ groß** they are of different sizes; **~artig** adj various, of different kinds; **zwei so ~artige ...** two such differing ...; **V~e**▲ pron pl various people; various things pl; **V~es**▲ pron various things pl; **etwas V~es** something different; **V~heit** f difference.

verschiedentlich adv several times.

verschiffen [fɛrˈʃɪfən] vt to ship; (*Sträfling*) to transport.

verschimmeln [fɛrˈʃɪməln] vi (*Nahrungsmittel*) to go mouldy (*BRIT*) od moldy (*US*); (*Leder,*

Papier etc) to become mildewed.
verschlafen [fɛrˈʃlaːfən] *unreg vt* to sleep
through; (*fig: versäumen*) to miss ♦ *vi, vr* to
oversleep ♦ *adj* sleepy.
Verschlag [fɛrˈʃlaːk] *m* shed.
verschlagen [fɛrˈʃlaːgən] *unreg vt* to board up;
(*TENNIS*) to hit out of play; (*Buchseite*) to
lose ♦ *adj* cunning; **jdm den Atem ~** to take
sb's breath away; **an einen Ort ~ werden** to
wind up in a place.
verschlampen [fɛrˈʃlampən] *vi* (*Hilfsverb sein*:
Mensch) to go to seed (*umg*) ♦ *vt* to lose,
mislay.
verschlechtern [fɛrˈʃlɛçtərn] *vt* to make
worse ♦ *vr* to deteriorate, get worse;
(*gehaltlich*) to take a lower-paid job.
Verschlechterung *f* deterioration.
Verschleierung [fɛrˈʃlaɪərʊŋ] *f* veiling; (*fig*)
concealment; (*MIL*) screening.
Verschleierungstaktik *f* smoke-screen
tactics *pl*.
Verschleiß [fɛrˈʃlaɪs] (**-es, -e**) *m* wear and
tear.
verschleißen *unreg vt, vi, vr* to wear out.
verschleppen [fɛrˈʃlɛpən] *vt* to carry off,
abduct; (*zeitlich*) to drag out, delay;
(*verbreiten: Seuche*) to spread.
verschleudern [fɛrˈʃlɔydərn] *vt* to squander;
(*COMM*) to sell dirt-cheap.
verschließbar *adj* lockable.
verschließen [fɛrˈʃliːsən] *unreg vt* to lock ♦ *vr*:
sich einer Sache *dat* **~** to close one's mind to
sth.
verschlimmern [fɛrˈʃlɪmərn] *vt* to make
worse, aggravate ♦ *vr* to get worse,
deteriorate.
Verschlimmerung *f* deterioration.
verschlingen [fɛrˈʃlɪŋən] *unreg vt* to devour,
swallow up; (*Fäden*) to twist.
verschliss *etc*▲ [fɛrˈʃlɪs] *vb siehe* **verschleißen**.
verschlissen [fɛrˈʃlɪsən] *pp von* **verschleißen**
♦ *adj* worn(-out).
verschlossen [fɛrˈʃlɔsən] *adj* locked; (*fig*)
reserved; (*schweigsam*) tight-lipped; **V~heit**
f reserve.
verschlucken [fɛrˈʃlʊkən] *vt* to swallow ♦ *vr* to
choke.
Verschluss▲ [fɛrˈʃlʊs] *m* lock; (*von Kleid etc*)
fastener; (*PHOT*) shutter; (*Stöpsel*) plug;
unter ~ halten to keep under lock and key.
verschlüsseln [fɛrˈʃlysəln] *vt* to encode.
verschmachten [fɛrˈʃmaxtən] *vi*: **~ (vor** +*dat*)
to languish (for); **vor Durst ~** to be dying of
thirst.
verschmähen [fɛrˈʃmɛːən] *vt* to scorn.
verschmelzen [fɛrˈʃmɛltsən] *unreg vt, vi* to
merge, blend.
verschmerzen [fɛrˈʃmɛrtsən] *vt* to get over.
verschmiert [fɛrˈʃmiːrt] *adj* (*Hände*) smeary;
(*Schminke*) smudged.

verschmitzt [fɛrˈʃmɪtst] *adj* mischievous.
verschmutzen [fɛrˈʃmʊtsən] *vt* to soil;
(*Umwelt*) to pollute.
Verschmutzung *f* pollution.
verschnaufen [fɛrˈʃnaʊfən] (*umg*) *vi, vr* to
have a breather.
verschneiden [fɛrˈʃnaɪdən] *vt* (*Whisky etc*) to
blend.
verschneit [fɛrˈʃnaɪt] *adj* covered in snow,
snowed up.
Verschnitt [fɛrˈʃnɪt] *m* (*von Whisky etc*) blend.
verschnörkelt [fɛrˈʃnœrkəlt] *adj* ornate.
verschnupft [fɛrˈʃnʊpft] (*umg*) *adj*: **~ sein** to
have a cold; (*beleidigt*) to be peeved (*umg*).
verschnüren [fɛrˈʃnyːrən] *vt* to tie up.
verschollen [fɛrˈʃɔlən] *adj* lost, missing.
verschonen [fɛrˈʃoːnən] *vt*: **jdn mit etw ~** to
spare sb sth; **von etw verschont bleiben** to
escape sth.
verschönern [fɛrˈʃøːnərn] *vt* to decorate;
(*verbessern*) to improve.
verschossen [fɛrˈʃɔsən] *adj*: **~ sein** (*fig: umg*)
to be in love.
verschränken [fɛrˈʃrɛŋkən] *vt* to cross; (*Arme*)
to fold.
verschreckt [fɛrˈʃrɛkt] *adj* frightened, scared.
verschreiben [fɛrˈʃraɪbən] *unreg vt* (*Papier*) to
use up; (*MED*) to prescribe ♦ *vr* to make a
mistake (in writing); **sich einer Sache** *dat* **~**
to devote o.s. to sth.
verschrie(e)n [fɛrˈʃriː(ə)n] *adj* notorious.
verschroben [fɛrˈʃroːbən] *adj* eccentric, odd.
verschrotten [fɛrˈʃrɔtən] *vt* to scrap.
verschüchtert [fɛrˈʃyçtərt] *adj* subdued,
intimidated.
verschulden [fɛrˈʃʊldən] *vt* to be guilty of ♦ *vi*
(*in Schulden geraten*) to get into debt; **V~ (-s)**
nt fault.
verschuldet *adj* in debt.
Verschuldung *f* debts *pl*.
verschütten [fɛrˈʃytən] *vt* to spill; (*zuschütten*)
to fill; (*unter Trümmer*) to bury.
verschwand *etc* [fɛrˈʃvant] *vb siehe*
verschwinden.
verschweigen [fɛrˈʃvaɪgən] *unreg vt* to keep
secret; **jdm etw ~** to keep sth from sb.
verschwenden [fɛrˈʃvɛndən] *vt* to squander.
Verschwender(in) (-s, -) *m(f)* spendthrift;
v~isch *adj* wasteful; (*Leben*) extravagant.
Verschwendung *f* waste.
verschwiegen [fɛrˈʃviːgən] *adj* discreet; (*Ort*)
secluded; **V~heit** *f* discretion; seclusion; **zur
V~heit verpflichtet** bound to secrecy.
verschwimmen [fɛrˈʃvɪmən] *unreg vi* to grow
hazy, become blurred.
verschwinden [fɛrˈʃvɪndən] *unreg vi* to
disappear, vanish; **verschwinde!** clear off!
(*umg*); **V~ (-s)** *nt* disappearance.
verschwindend *adj* (*Anzahl, Menge*)
insignificant.

verschwitzen [fɛrˈʃvɪtsən] *vt* to stain with sweat; (*umg*) to forget.

verschwitzt *adj* (*Kleidung*) sweat-stained; (*Mensch*) sweaty.

verschwommen [fɛrˈʃvɔmən] *adj* hazy, vague.

verschworen [fɛrˈʃvoːrən] *adj* (*Gesellschaft*) sworn.

verschwören [fɛrˈʃvøːrən] *unreg vr* to conspire, plot.

Verschwörer(in) (-s, -) *m(f)* conspirator.

Verschwörung *f* conspiracy, plot.

verschwunden [fɛrˈʃvʊndən] *pp von* **verschwinden** ♦ *adj* missing.

versehen [fɛrˈzeːən] *unreg vt* to supply, provide; (*Pflicht*) to carry out; (*Amt*) to fill; (*Haushalt*) to keep ♦ *vr* (*fig*) to make a mistake; **ehe er (es) sich ~ hatte** ... before he knew it ...; **V~** (-s, -) *nt* oversight; **aus V~** by mistake.

versehentlich *adv* by mistake.

Versehrte(r) [fɛrˈzeːrtə(r)] *f(m)* disabled person.

verselbstständigen▲ [fɛrˈzɛlpstʃtɛndɪgən], **verselbständigen** [fɛrˈzɛlpʃtɛndɪgən] *vr* to become independent.

versenden [fɛrˈzɛndən] *unreg vt* to send; (*COMM*) to forward.

versengen [fɛrˈzɛŋən] *vt* to scorch; (*Feuer*) to singe; (*umg: verprügeln*) to wallop.

versenken [fɛrˈzɛŋkən] *vt* to sink ♦ *vr:* **sich ~ in** +*akk* to become engrossed in.

versessen [fɛrˈzɛsən] *adj:* **~ auf** +*akk* mad about, hellbent on.

versetzen [fɛrˈzɛtsən] *vt* to transfer; (*verpfänden*) to pawn; (*umg: vergeblich warten lassen*) to stand up; (*nicht geradlinig anordnen*) to stagger; (*SCH: in höhere Klasse*) to move up ♦ *vr:* **sich in jdn** *od* **in jds Lage ~** to put o.s. in sb's place; **jdm einen Tritt/ Schlag ~** to kick/hit sb; **etw mit etw ~** to mix sth with sth; **jdm einen Stich ~** (*fig*) to cut sb to the quick, wound sb (deeply); **jdn in gute Laune ~** to put sb in a good mood.

Versetzung *f* transfer; **seine ~ ist gefährdet** (*SCH*) he's in danger of having to repeat a year.

verseuchen [fɛrˈzɔʏçən] *vt* to contaminate.

Versicherer (-s, -) *m* insurer; (*bei Schiffen*) underwriter.

versichern [fɛrˈzɪçərn] *vt* to assure; (*mit Geld*) to insure ♦ *vr:* **sich ~** +*gen* to make sure of.

Versicherte(r) *f(m)* insured.

Versicherung *f* assurance; insurance.

Versicherungs- *zW:* **~beitrag** *m* insurance premium; (*bei staatlicher Versicherung etc*) social security contribution; **~gesellschaft** *f* insurance company; **~nehmer** (-s, -) *m* (*form*) insured, policy holder; **~police** *f* insurance policy; **~schutz** *m* insurance

cover; **~summe** *f* sum insured; **~träger** *m* insurer.

versickern [fɛrˈzɪkərn] *vi* to seep away; (*fig: Interesse etc*) to peter out.

versiegeln [fɛrˈziːgəln] *vt* to seal (up).

versiegen [fɛrˈziːgən] *vi* to dry up.

versiert [vɛrˈziːrt] *adj:* **in etw** *dat* **~ sein** to be experienced *od* well versed in sth.

versilbert [fɛrˈzɪlbərt] *adj* silver-plated.

versinken [fɛrˈzɪŋkən] *unreg vi* to sink; **ich hätte im Boden** *od* **vor Scham ~ mögen** I wished the ground would swallow me up.

versinnbildlichen [fɛrˈzɪnbɪltlɪçən] *vt* to symbolize.

Version [vɛrziˈoːn] *f* version.

Versmaß [ˈfɛrsmaːs] *nt* metre (*BRIT*), meter (*US*).

versohlen [fɛrˈzoːlən] (*umg*) *vt* to belt.

versöhnen [fɛrˈzøːnən] *vt* to reconcile ♦ *vr* to become reconciled.

versöhnlich *adj* (*Ton, Worte*) conciliatory; (*Ende*) happy.

Versöhnung *f* reconciliation.

versonnen [fɛrˈzɔnən] *adj* (*Gesichtsausdruck*) pensive, thoughtful; (*träumerisch: Blick*) dreamy.

versorgen [fɛrˈzɔrgən] *vt* to provide, supply; (*Familie etc*) to look after ♦ *vr* to look after o.s.

Versorger(in) (-s, -) *m(f)* (*Ernährer*) provider, breadwinner; (*Belieferer*) supplier.

Versorgung *f* provision; (*Unterhalt*) maintenance; (*Alters~ etc*) benefit, assistance.

Versorgungs- *zW:* **~amt** *nt* pension office; **~betrieb** *m* public utility; **~netz** *nt* (*Wasserversorgung etc*) (supply) grid; (*von Waren*) supply network.

verspannen [fɛrˈʃpanən] *vr* (*Muskeln*) to tense up.

verspäten [fɛrˈʃpɛːtən] *vr* to be late.

verspätet *adj* late.

Verspätung *f* delay; **~ haben** to be late; **mit zwanzig Minuten ~** twenty minutes late.

versperren [fɛrˈʃpɛrən] *vt* to bar, obstruct.

verspielen [fɛrˈʃpiːlən] *vt, vi* to lose; **(bei jdm) verspielt haben** to have had it (as far as sb is concerned).

verspielt [fɛrˈʃpiːlt] *adj* playful.

versponnen [fɛrˈʃpɔnən] *adj* crackpot.

verspotten [fɛrˈʃpɔtən] *vt* to ridicule, scoff at.

versprach *etc* [fɛrˈʃprax] *vb siehe* **versprechen**.

versprechen [fɛrˈʃprɛçən] *unreg vt* to promise ♦ *vr* (*etwas Nichtgemeintes sagen*) to make a slip of the tongue; **sich** *dat* **etw von etw ~** to expect sth from sth; **V~** (-s, -) *nt* promise.

Versprecher (-s, -) (*umg*) *m* slip (of the tongue).

verspricht [fɛrˈʃprɪçt] *vb siehe* **versprechen**.

verspüren [fɛrˈʃpyːrən] *vt* to feel, be

conscious of.

verstaatlichen [fɛrˈʃtaːtlɪçən] *vt* to nationalize.

verstaatlicht *adj:* ~**er Industriezweig** nationalized industry.

Verstaatlichung *f* nationalization.

Verstand [fɛrˈʃtant] *m* intelligence; (*Intellekt*) mind; (*Fähigkeit zu denken*) reason; **den ~ verlieren** to go out of one's mind; **über jds ~** *akk* **gehen** to be beyond sb.

verstand *etc vb siehe* **verstehen**.

verstanden [fɛrˈʃtandən] *pp von* **verstehen**.

verstandesmäßig *adj* rational.

verständig [fɛrˈʃtɛndɪç] *adj* sensible.

verständigen [fɛrˈʃtɛndɪgən] *vt* to inform ♦ *vr* to communicate; (*sich einigen*) to come to an understanding.

Verständigkeit *f* good sense.

Verständigung *f* communication; (*Benachrichtigung*) informing; (*Einigung*) agreement.

verständlich [fɛrˈʃtɛntlɪç] *adj* understandable, comprehensible; (*hörbar*) audible; **sich ~ machen** to make o.s. understood; (*sich klar ausdrücken*) to make o.s. clear.

verständlicherweise *adv* understandably (enough).

Verständlichkeit *f* clarity, intelligibility.

Verständnis (**-ses, -se**) *nt* understanding; **für etw kein ~ haben** to have no understanding *od* sympathy for sth; (*für Kunst etc*) to have no appreciation of sth; **v~los** *adj* uncomprehending; **v~voll** *adj* understanding, sympathetic.

verstärken [fɛrˈʃtɛrkən] *vt* to strengthen; (*Ton*) to amplify; (*erhöhen*) to intensify ♦ *vr* to intensify.

Verstärker (**-s, -**) *m* amplifier.

Verstärkung *f* strengthening; (*Hilfe*) reinforcements *pl*; (*von Ton*) amplification.

verstaubt [fɛrˈʃtaupt] *adj* dusty; (*fig: Ansichten*) fuddy-duddy (*umg*).

verstauchen [fɛrˈʃtauxən] *vt* to sprain.

verstauen [fɛrˈʃtauən] *vt* to stow away.

Versteck [fɛrˈʃtɛk] (**-(e)s, -e**) *nt* hiding (place).

verstecken *vt, vr* to hide.

versteckt *adj* hidden; (*Tür*) concealed; (*fig: Lächeln, Blick*) furtive; (*Andeutung*) veiled.

verstehen [fɛrˈʃteːən] *unreg vt, vi* to understand; (*können, beherrschen*) to know ♦ *vr* (*auskommen*) to get on; **das ist nicht wörtlich zu ~** that isn't to be taken literally; **das versteht sich von selbst** that goes without saying; **die Preise ~ sich einschließlich Lieferung** prices are inclusive of delivery; **sich auf etw** *akk* **~** to be an expert at sth.

versteifen [fɛrˈʃtaifən] *vt* to stiffen, brace ♦ *vr* (*fig*): **sich ~ auf** +*akk* to insist on.

versteigen [fɛrˈʃtaigən] *unreg vr:* **sie hat sich zu** der Behauptung verstiegen, dass ... she presumed to claim that ...

versteigern [fɛrˈʃtaigərn] *vt* to auction.

Versteigerung *f* auction.

verstellbar *adj* adjustable, variable.

verstellen [fɛrˈʃtɛlən] *vt* to move, shift; (*Uhr*) to adjust; (*versperren*) to block; (*fig*) to disguise ♦ *vr* to pretend, put on an act.

Verstellung *f* pretence (*BRIT*), pretense (*US*).

versteuern [fɛrˈʃtɔyərn] *vt* to pay tax on; **zu ~** taxable.

verstiegen [fɛrˈʃtiːgən] *adj* exaggerated.

verstimmt [fɛrˈʃtɪmt] *adj* out of tune; (*fig*) cross, put out; (*: Magen*) upset.

Verstimmung *f* (*fig*) disgruntled state, peevishness.

verstockt [fɛrˈʃtɔkt] *adj* stubborn; **V~heit** *f* stubbornness.

verstohlen [fɛrˈʃtoːlən] *adj* stealthy.

verstopfen [fɛrˈʃtɔpfən] *vt* to block, stop up; (*MED*) to constipate.

Verstopfung *f* obstruction; (*MED*) constipation.

verstorben [fɛrˈʃtɔrbən] *adj* deceased, late.

Verstorbene(r) *f(m)* deceased.

verstört [fɛrˈʃtøːrt] *adj* (*Mensch*) distraught.

Verstoß [fɛrˈʃtoːs] *m:* ~ **(gegen)** infringement (of), violation (of).

verstoßen *unreg vt* to disown, reject ♦ *vi:* ~ **gegen** to offend against.

Verstrebung [fɛrˈʃtreːbʊŋ] *f* (*Strebebalken*) support(ing beam).

verstreichen [fɛrˈʃtraiçən] *unreg vt* to spread ♦ *vi* to elapse; (*Zeit*) to pass (by); (*Frist*) to expire.

verstreuen [fɛrˈʃtrɔyən] *vt* to scatter (about).

verstricken [fɛrˈʃtrɪkən] *vt* (*fig*) to entangle, ensnare ♦ *vr:* **sich ~ in** +*akk* to get entangled in.

verströmen [fɛrˈʃtrøːmən] *vt* to exude.

verstümmeln [fɛrˈʃtʏməln] *vt* to maim, mutilate (*auch fig*).

verstummen [fɛrˈʃtʊmən] *vi* to go silent; (*Lärm*) to die away.

Versuch [fɛrˈzuːx] (**-(e)s, -e**) *m* attempt; (*CHEM etc*) experiment; **das käme auf einen ~ an** we'll have to have a try.

versuchen *vt* to try; (*verlocken*) to tempt ♦ *vr:* **sich an etw** *dat* ~ to try one's hand at sth.

Versuchs- *zW:* ~**anstalt** *f* research institute; ~**bohrung** *f* experimental drilling; ~**kaninchen** *nt* guinea pig; ~**objekt** *nt* test object; (*fig: Mensch*) guinea pig; ~**reihe** *f* series of experiments; **v~weise** *adv* tentatively.

Versuchung *f* temptation.

versumpfen [fɛrˈzʊmpfən] *vi* (*Gebiet*) to become marshy; (*fig: umg*) to go to pot; (*lange zechen*) to get involved in a booze-up (*BRIT*) *od* drinking spree (*US*).

versündigen [fɛr'zʏndɪgən] *vr* (*geh*): **sich an jdm/etw ~** to sin against sb/sth.

versunken [fɛr'zʊŋkən] *adj* sunken; **~ sein in** +*akk* to be absorbed *od* engrossed in; **V~heit** *f* absorption.

versüßen [fɛr'zyːsən] *vt*: **jdm etw ~** (*fig*) to make sth more pleasant for sb.

vertagen [fɛr'taːgən] *vt, vi* to adjourn.

Vertagung *f* adjournment.

vertauschen [fɛr'taʊʃən] *vt* to exchange; (*versehentlich*) to mix up; **vertauschte Rollen** reversed roles.

verteidigen [fɛr'taɪdɪgən] *vt* to defend ♦ *vr* to defend o.s.; (*vor Gericht*) to conduct one's own defence (*BRIT*) *od* defense (*US*).

Verteidiger(in) (**-s, -**) *m(f)* defender; (*Anwalt*) defence (*BRIT*) *od* defense (*US*) lawyer.

Verteidigung *f* defence (*BRIT*), defense (*US*).

Verteidigungsfähigkeit *f* ability to defend.

Verteidigungsminister *m* Minister of Defence (*BRIT*), Defense Secretary (*US*).

verteilen [fɛr'taɪlən] *vt* to distribute; (*Rollen*) to assign; (*Salbe*) to spread.

Verteiler (**-s, -**) *m* (*COMM, AUT*) distributor.

Verteilung *f* distribution.

Verteuerung [fɛr'tɔyərʊŋ] *f* increase in price.

verteufeln [fɛr'tɔyfəln] *vt* to condemn.

verteufelt (*umg*) *adj* awful, devilish ♦ *adv* awfully, devilishly.

vertiefen [fɛr'tiːfən] *vt* to deepen; (*SCH*) to consolidate ♦ *vr*: **sich in etw** *akk* **~** to become engrossed *od* absorbed in sth.

Vertiefung *f* depression.

vertikal [vɛrti'kaːl] *adj* vertical.

vertilgen [fɛr'tɪlgən] *vt* to exterminate; (*umg*) to eat up, consume.

Vertilgungsmittel *nt* weedkiller; (*Insekten~*) pesticide.

vertippen [fɛr'tɪpən] *vr* to make a typing mistake.

vertonen [fɛr'toːnən] *vt* to set to music; (*Film etc*) to add a soundtrack to.

vertrackt [fɛr'trakt] *adj* awkward, tricky, complex.

Vertrag [fɛr'traːk] (**-(e)s, ̈-e**) *m* contract, agreement; (*POL*) treaty.

vertragen [fɛr'traːgən] *unreg vt* to tolerate, stand ♦ *vr* to get along; (*sich aussöhnen*) to become reconciled; **viel ~ können** (*umg: Alkohol*) to be able to hold one's drink; **sich mit etw ~** (*Nahrungsmittel, Farbe*) to go with sth; (*Aussage, Verhalten*) to be consistent with sth.

verträglich *adj* contractual.

verträglich [fɛr'trɛːklɪç] *adj* good-natured; (*Speisen*) easily digested; (*MED*) easily tolerated; **V~keit** *f* good nature; digestibility.

Vertrags- *zW*: **~bruch** *m* breach of contract; **v~brüchig** *adj* in breach of contract; **v~fähig**

adj (*JUR*) competent to contract; **v~mäßig** *adj, adv* (as) stipulated, according to contract; **~partner** *m* party to a contract; **~spieler** *m* (*SPORT*) player under contract; **v~widrig** *adj, adv* contrary to contract.

vertrauen [fɛr'traʊən] *vi*: **jdm ~** to trust sb; **~ auf** +*akk* to rely on; **V~** (**-s**) *nt* confidence; **jdn ins V~ ziehen** to take sb into one's confidence; **V~ zu jdm fassen** to gain confidence in sb; **V~ erweckend** inspiring trust.

Vertrauens- *zW*: **~mann** (**-(e)s**, *pl* **-männer** *od* **-leute**) *m* intermediary; **~sache** *f* (*vertrauliche Angelegenheit*) confidential matter; (*Frage des Vertrauens*) question of trust; **v~selig** *adj* trusting; **v~voll** *adj* trustful; **~votum** *nt* (*PARL*) vote of confidence; **v~würdig** *adj* trustworthy.

vertraulich [fɛr'traʊlɪç] *adj* familiar; (*geheim*) confidential; **V~keit** *f* familiarity; confidentiality.

verträumt [fɛr'trɔymt] *adj* dreamy; (*Städtchen etc*) sleepy.

vertraut [fɛr'traʊt] *adj* familiar; **sich mit dem Gedanken ~ machen, dass ...** to get used to the idea that ...

Vertraute(r) *f(m)* confidant(e), close friend.

Vertrautheit *f* familiarity.

vertreiben [fɛr'traɪbən] *unreg vt* to drive away; (*aus Land*) to expel; (*COMM*) to sell; (*Zeit*) to pass.

Vertreibung *f* expulsion.

vertretbar *adj* justifiable; (*Theorie, Argument*) tenable.

vertreten [fɛr'treːtən] *unreg vt* to represent; (*Ansicht*) to hold, advocate; (*ersetzen*) to replace; (*Kollegen*) to cover for; (*COMM*) to be the agent for; **sich** *dat* **die Beine ~** to stretch one's legs.

Vertreter(in) (**-s, -**) *m(f)* representative; (*Verfechter*) advocate; (*COMM: Firma*) agent; **~provision** *f* agent's commission.

Vertretung *f* representation; advocacy; **die ~ übernehmen (für)** to stand in (for).

Vertretungsstunde *f* (*SCH*) cover lesson.

Vertrieb [fɛr'triːp] (**-(e)s, -e**) *m* marketing; **den ~ für eine Firma haben** to have the (selling) agency for a firm.

Vertriebene(r) [fɛr'triːbənə(r)] *f(m)* exile.

Vertriebskosten *pl* marketing costs *pl*.

vertrocknen [fɛr'trɔknən] *vi* to dry up.

vertrödeln [fɛr'trøːdəln] (*umg*) *vt* to fritter away.

vertrösten [fɛr'trøːstən] *vt* to put off.

vertun [fɛr'tuːn] *unreg vt* to waste ♦ *vr* (*umg*) to make a mistake.

vertuschen [fɛr'tʊʃən] *vt* to hush *od* cover up.

verübeln [fɛr'|yːbəln] *vt*: **jdm etw ~** to be cross *od* offended with sb on account of sth.

verüben [fɛr'|yːbən] *vt* to commit.

verulken [fɛr'|ʊlkən] (*umg*) *vt* to make fun of.
verunglimpfen [fɛr'|ʊnglɪmpfən] *vt* to disparage.
verunglücken [fɛr'|ʊnglʏkən] *vi* to have an accident; (*fig: umg: misslingen*) to go wrong; **tödlich ~** to be killed in an accident.
Verunglückte(r) *f(m)* accident victim.
verunreinigen [fɛr'|ʊnraɪnɪgən] *vt* to soil; (*Umwelt*) to pollute.
verunsichern [fɛr'|ʊnzɪçərn] *vt* to rattle (*fig*).
verunstalten [fɛr'|ʊnʃtaltən] *vt* to disfigure; (*Gebäude etc*) to deface.
veruntreuen [fɛr'|ʊntrɔʏən] *vt* to embezzle.
verursachen [fɛr'|uːrzaxən] *vt* to cause.
verurteilen [fɛr'|uːrtaɪlən] *vt* to condemn; (*zu Strafe*) to sentence; (*für schuldig befinden*): **jdn ~ (für)** to convict sb (of).
Verurteilung *f* condemnation; (*JUR*) sentence; conviction.
vervielfachen [fɛr'fiːlfaxən] *vt* to multiply.
vervielfältigen [fɛr'fiːlfɛltɪgən] *vt* to duplicate, copy.
Vervielfältigung *f* duplication, copying.
vervollkommnen [fɛr'fɔlkɔmnən] *vt* to perfect.
vervollständigen [fɛr'fɔlʃtɛndɪgən] *vt* to complete.
verw. *abk* = **verwitwet**.
verwachsen [fɛr'vaksən] *adj* (*Mensch*) deformed; (*verkümmert*) stunted; (*überwuchert*) overgrown.
verwackeln [fɛr'vakəln] *vt* (*Foto*) to blur.
verwählen [fɛr'vɛːlən] *vr* (*TEL*) to dial the wrong number.
verwahren [fɛr'vaːrən] *vt* to keep (safe) ♦ *vr* to protest.
verwahrlosen *vi* to become neglected; (*moralisch*) to go to the bad.
verwahrlost *adj* neglected; (*moralisch*) wayward.
Verwahrung *f* (*von Geld etc*) keeping; (*von Täter*) custody, detention; **jdn in ~ nehmen** to take sb into custody.
verwaist [fɛr'vaɪst] *adj* orphaned.
verwalten [fɛr'valtən] *vt* to manage; (*Behörde*) to administer.
Verwalter(in) (*-s, -*) *m(f)* adminstrator; (*Vermögens~*) trustee.
Verwaltung *f* management; administration.
Verwaltungs- *zW:* **~apparat** *m* administrative machinery; **~bezirk** *m* administrative district; **~gericht** *nt* Administrative Court.
verwandeln [fɛr'vandəln] *vt* to change, transform ♦ *vr* to change.
Verwandlung *f* change, transformation.
verwandt [fɛr'vant] *adj:* **~ (mit)** related (to); **geistig ~ sein** (*fig*) to be kindred spirits.
Verwandte(r) *f(m)* relative, relation.
Verwandtschaft *f* relationship; (*Menschen*)

relatives *pl*, relations *pl*; (*fig*) affinity.
verwarnen [fɛr'varnən] *vt* to caution.
Verwarnung *f* caution.
verwaschen [fɛr'vaʃən] *adj* faded; (*fig*) vague.
verwässern [fɛr'vɛsərn] *vt* to dilute, water down.
verwechseln [fɛr'vɛksəln] *vt:* **~ mit** to confuse with; **zum V~ ähnlich** as like as two peas.
Verwechslung *f* confusion, mixing up; **das muss eine ~ sein** there must be some mistake.
verwegen [fɛr'veːgən] *adj* daring, bold; **V~heit** *f* daring, audacity, boldness.
verwehren [fɛr'veːrən] *vt* (*geh*): **jdm etw ~** to refuse *od* deny sb sth.
Verwehung [fɛr'veːʊŋ] *f* (*Schnee~*) snowdrift; (*Sand~*) sanddrift.
verweichlichen [fɛr'vaɪçlɪçən] *vt* to mollycoddle.
verweichlicht *adj* effeminate, soft.
verweigern [fɛr'vaɪgərn] *vt:* **jdm etw ~** to refuse sb sth; **den Gehorsam/die Aussage ~** to refuse to obey/testify.
Verweigerung *f* refusal.
verweilen [fɛr'vaɪlən] *vi* to stay; (*fig*): **~ bei** to dwell on.
verweint [fɛr'vaɪnt] *adj* (*Augen*) swollen with tears *od* with crying; (*Gesicht*) tear-stained.
Verweis [fɛr'vaɪs] (*-es, -e*) *m* reprimand, rebuke; (*Hinweis*) reference.
verweisen [fɛr'vaɪzən] *unreg vt* to refer; **jdn auf etw** *akk***/an jdn ~** (*hinweisen*) to refer sb to sth/sb; **jdn vom Platz** *od* **des Spielfeldes ~** (*SPORT*) to send sb off; **jdn von der Schule ~** to expel sb (from school); **jdn des Landes ~** to deport sb.
Verweisung *f* reference; (*Landes~*) deportation.
verwelken [fɛr'vɛlkən] *vi* to fade; (*Blumen*) to wilt.
verweltlichen [fɛr'vɛltlɪçən] *vt* to secularize.
verwendbar [fɛr'vɛndbaːr] *adj* usable.
verwenden [fɛr'vɛndən] *unreg vt* to use; (*Mühe, Zeit, Arbeit*) to spend ♦ *vr* to intercede.
Verwendung *f* use.
Verwendungsmöglichkeit *f* (possible) use.
verwerfen [fɛr'vɛrfən] *unreg vt* to reject; (*Urteil*) to quash; (*kritisieren: Handlungsweise*) to condemn.
verwerflich [fɛr'vɛrflɪç] *adj* reprehensible.
verwertbar *adj* usable.
verwerten [fɛr'veːrtən] *vt* to utilize.
Verwertung *f* utilization.
verwesen [fɛr'veːzən] *vi* to decay.
Verwesung *f* decomposition.
verwickeln [fɛr'vɪkəln] *vt* to tangle (up); (*fig*) to involve ♦ *vr* to get tangled (up); **jdn ~ in** *+akk* to involve sb in, get sb involved in; **sich ~ in** *+akk* to get involved in.

verwickelt *adj* involved.
Verwicklung *f* entanglement, complication.
verwildern [fɛr'vɪldərn] *vi* to run wild.
verwildert *adj* wild; (*Garten*) overgrown; (*jds Aussehen*) unkempt.
verwinden [fɛr'vɪndən] *unreg vt* to get over.
verwirken [fɛr'vɪrkən] *vt* (*geh*) to forfeit.
verwirklichen [fɛr'vɪrklɪçən] *vt* to realize, put into effect.
Verwirklichung *f* realization.
verwirren [fɛr'vɪrən] *vt* to tangle (up); (*fig*) to confuse.
Verwirrspiel *nt* confusing tactics *pl*.
Verwirrung *f* confusion.
verwischen [fɛr'vɪʃən] *vt* (*verschmieren*) to smudge; (*lit, fig: Spuren*) to cover over; (*fig: Erinnerungen*) to blur.
verwittern [fɛr'vɪtərn] *vi* to weather.
verwitwet [fɛr'vɪtvət] *adj* widowed.
verwöhnen [fɛr'vøːnən] *vt* to spoil, pamper.
Verwöhnung *f* spoiling, pampering.
verworfen [fɛr'vɔrfən] *adj* depraved; **V~heit** *f* depravity.
verworren [fɛr'vɔrən] *adj* confused.
verwundbar [fɛr'vʊntbaːr] *adj* vulnerable.
verwunden [fɛr'vʊndən] *vt* to wound.
verwunderlich [fɛr'vʊndərlɪç] *adj* surprising; (*stärker*) astonishing.
verwundern *vt* to astonish ♦ *vr:* **sich ~ über** +*akk* to be astonished at.
Verwunderung *f* astonishment.
Verwundete(r) *f(m)* injured person; **die ~n** the injured; (*MIL*) the wounded.
Verwundung *f* wound, injury.
verwünschen [fɛr'vʏnʃən] *vt* to curse.
verwurzelt [fɛr'vʊrtsəlt] *adj:* **(fest) in etw** *dat* **od mit etw ~** (*fig*) deeply rooted in sth.
verwüsten [fɛr'vyːstən] *vt* to devastate.
Verwüstung *f* devastation.
Verz. *abk* = **Verzeichnis**.
verzagen [fɛr'tsaːgən] *vi* to despair.
verzagt [fɛr'tsaːkt] *adj* disheartened.
verzählen [fɛr'tsɛːlən] *vr* to miscount.
verzahnen [fɛr'tsaːnən] *vt* to dovetail; (*Zahnräder*) to cut teeth in.
verzapfen [fɛr'tsapfən] (*umg*) *vt:* **Unsinn ~** to talk nonsense.
verzaubern [fɛr'tsaʊbərn] *vt* (*lit*) to cast a spell on; (*fig: jdn*) to enchant.
verzehren [fɛr'tseːrən] *vt* to consume.
verzeichnen [fɛr'tsaɪçnən] *vt* to list; (*Niederlage, Verlust*) to register.
Verzeichnis (-ses, -se) *nt* list, catalogue (*BRIT*), catalog (*US*); (*in Buch*) index; (*COMPUT*) directory.
verzeihen [fɛr'tsaɪən] *unreg vt, vi* to forgive; **jdm etw ~** to forgive sb (for) sth; **~ Sie!** excuse me!
verzeihlich *adj* pardonable.
Verzeihung *f* forgiveness, pardon; **~! sorry!,

excuse me!; (**jdn**) **um ~ bitten** to apologize (to sb).
verzerren [fɛr'tsɛrən] *vt* to distort; (*Sehne, Muskel*) to strain, pull.
verzetteln [fɛr'tsɛtəln] *vr* to waste a lot of time.
Verzicht [fɛr'tsɪçt] (-(e)s, -e) *m:* **~ (auf** +*akk*) renunciation (of); **v~en** *vi:* **v~en auf** +*akk* to forego, give up.
verziehen [fɛr'tsiːən] *unreg vi* (*Hilfsverb sein*) to move ♦ *vt* to put out of shape; (*Kind*) to spoil; (*Pflanzen*) to thin out ♦ *vr* to go out of shape; (*Gesicht*) to contort; (*verschwinden*) to disappear; **verzogen** (*Vermerk*) no longer at this address; **keine Miene ~** not to turn a hair; **das Gesicht ~** to pull a face.
verzieren [fɛr'tsiːrən] *vt* to decorate.
Verzierung *f* decoration.
verzinsen [fɛr'tsɪnzən] *vt* to pay interest on.
verzinslich *adj:* **(fest)~ sein** to yield (a fixed rate of) interest.
verzogen [fɛr'tsoːgən] *adj* (*Kind*) spoilt; *siehe auch* **verziehen**.
verzögern [fɛr'tsøːgərn] *vt* to delay.
Verzögerung *f* delay.
Verzögerungstaktik *f* delaying tactics *pl*.
verzollen [fɛr'tsɔlən] *vt* to pay duty on; **haben Sie etwas zu ~?** have you anything to declare?
verzücken [fɛr'tsʏkən] *vt* to send into ecstasies, enrapture.
Verzug [fɛr'tsuːk] *m* delay; (*FIN*) arrears *pl*; **mit etw in ~ geraten** to fall behind with sth.
verzweifeln [fɛr'tsvaɪfəln] *vi* to despair.
verzweifelt *adj* desperate.
Verzweiflung *f* despair.
verzweigen [fɛr'tsvaɪgən] *vr* to branch out.
verzwickt [fɛr'tsvɪkt] (*umg*) *adj* awkward, complicated.
Vesper ['fɛspər] (-, -n) *f* vespers *pl*.
Vesuv [ve'zuːf] (-(s)) *m* Vesuvius.
Veto ['veːto] (-s, -s) *nt* veto.
Vetter ['fɛtər] (-s, -n) *m* cousin.
vgl. *abk* (= *vergleiche*) cf.
v. H. *abk* (= *vom Hundert*) pc.
VHS (-) *f abk* = **Volkshochschule**.
Viadukt [via'dʊkt] (-(e)s, -e) *m* viaduct.
Vibrator [vi'braːtɔr] *m* vibrator.
vibrieren [vi'briːrən] *vi* to vibrate.
Video ['viːdeo] (-s, -s) *nt* video; **~aufnahme** *f* video (recording); **~kamera** *f* video camera; **~rekorder** *m* video recorder; **~spiel** *nt* video game; **~text** *m* teletext.
Vieh [fiː] (-(e)s) *nt* cattle *pl*; (*Nutztiere*) livestock; (*umg: Tier*) animal; **v~isch** *adj* bestial; **~zucht** *f* (live)stock *od* cattle breeding.
viel [fiːl] *adj* a lot of, much ♦ *adv* a lot, much; **in ~em** in many respects; **noch (ein)mal so ~** (*Zeit etc*) as much (time *etc*) again; **einer zu**

~ one too many; ~ **zu wenig** much too little; ~ **beschäftigt** very busy; ~**e** *pl* a lot of, many; **gleich** ~**e (Angestellte/Anteile** *etc*) the same number (of employees/shares *etc*); ~ **geprüft** (*hum*) sorely tried; ~ **sagend** significant; ~ **versprechend** promising.

vielerlei *adj* a great variety of.

vielerorts *adv* in many places.

viel- *zW*: ~**fach** *adj, adv* many times; **auf** ~**fachen Wunsch** at the request of many people; **V**~**fache(s)** *nt* (*MATH*) multiple; **um ein V**~**faches** many times over; **V**~**falt** (-) *f* variety; ~**fältig** *adj* varied, many-sided; **V**~**fraß** *m* glutton.

vielleicht [fi'laɪçt] *adv* perhaps; (*in Bitten*) by any chance; **du bist** ~ **ein Idiot!** (*umg*) you really are an idiot!

viel- *zW*: ~**mal(s)** *adv* many times; **danke** ~**mals** many thanks; **ich bitte** ~**mals um Entschuldigung!** I do apologize!; ~**mehr** *adv* rather, on the contrary; ~**schichtig** *adj* (*fig*) complex; ~**seitig** *adj* many-sided; (*Ausbildung*) all-round *attr*; (*Interessen*) varied; (*Mensch, Gerät*) versatile; **V**~**völkerstaat** *m* multinational state.

vier [fiːr] *num* four; **alle** ~**e von sich strecken** (*umg*) to stretch out; **V**~**beiner** *m* (*hum*) four-legged friend; **V**~**eck** (-(e)s, -e) *nt* four-sided figure; (*gleichseitig*) square; ~**eckig** *adj* four-sided; square; ~**hundert** *num* four hundred; ~**kant** *adj, adv* (*NAUT*) square; ~**köpfig** *adj*: **eine** ~**köpfige Familie** a family of four; **V**~**mächteabkommen** *nt* four-power agreement.

viert *adj*: **wir gingen zu** ~ four of us went.

Viertaktmotor *m* four-stroke engine.

vierte(r, s) ['fiːrtə(r, s)] *adj* fourth.

vierteilen *vt* to quarter.

Viertel ['fɪrtəl] (-s, -) *nt* quarter; **ein** ~ **Leberwurst** a quarter of liver sausage; ~**finale** *nt* quarter finals *pl*; ~**jahr** *nt* three months *pl*, quarter (*COMM, FIN*); ~**jahresschrift** *f* quarterly; **v**~**jährlich** *adj* quarterly; ~**note** *f* crotchet (*BRIT*), quarter note (*US*); ~**stunde** *f* quarter of an hour.

vier- *zW*: ~**türig** *adj* four-door *attr*; **V**~**waldstättersee** *m* Lake Lucerne; ~**zehn** ['fɪrtseːn] *num* fourteen; **in** ~**zehn Tagen** in a fortnight (*BRIT*), in two weeks (*US*); ~**zehntägig** *adj* fortnightly; ~**zehnte(r, s)** *adj* fourteenth.

vierzig ['fɪrtsɪç] *num* forty; **V**~**stundenwoche** *f* forty-hour week.

Vierzimmerwohnung *f* four-room flat (*BRIT*) *od* apartment (*US*).

Vietnam [viet'nam] (-s) *nt* Vietnam.

Vietnamese [viɛtna'meːzə] (-n, -n) *m*, **Vietnamesin** *f* Vietnamese.

vietnamesisch *adj* Vietnamese.

Vikar [vi'kaːr] (-s, -e) *m* curate.

Villa ['vɪla] (-, **Villen**) *f* villa.

Villenviertel *nt* (prosperous) residential area.

violett [vio'lɛt] *adj* violet.

Violinbogen *m* violin bow.

Violine [vio'liːnə] (-, -n) *f* violin.

Violinkonzert *nt* violin concerto.

Violinschlüssel *m* treble clef.

virtuell [vɪrtu'ɛl] *adj* (*COMPUT*) virtual; ~**e Realität** virtual reality.

virtuos [vɪrtu'oːs] *adj* virtuoso *attrib*.

Virtuose [vɪrtu'oːzə] (-n, -n) *m* virtuoso.

Virtuosin [vɪrtu'oːzɪn] *f* virtuoso.

Virtuosität [vɪrtuozi'tɛt] *f* virtuosity.

Virus ['viːrʊs] (-, **Viren**) *m od nt* (*also COMPUT*) virus.

Virus- *in zW* viral; ~**infektion** *f* virus infection.

Visage [vi'zaːʒə] (-, -n) (*pej*) *f* face, (ugly) mug (*umg*).

Visagist(in) [viza'ʒɪst(ɪn)] *m(f)* make-up artist.

vis-a-vis ▲, **vis-à-vis** [viza'viː] *adv* (*veraltet*): ~ **(von)** opposite (to) ♦ *präp +dat* opposite (to).

Visier [vi'ziːr] (-s, -e) *nt* gunsight; (*am Helm*) visor.

Vision [vizi'oːn] *f* vision.

Visite [vi'ziːtə] (-, -n) *f* (*MED*) visit.

Visitenkarte *f* visiting card.

visuell [vizu'ɛl] *adj* visual.

Visum ['viːzʊm] (-s, **Visa** *od* **Visen**) *nt* visa; ~**zwang** *m* obligation to hold a visa.

vital [vi'taːl] *adj* lively, full of life; (*lebenswichtig*) vital.

Vitamin [vita'miːn] (-s, -e) *nt* vitamin; ~**mangel** *m* vitamin deficiency.

Vitrine [vi'triːnə] (-, -n) *f* (*Schrank*) glass cabinet; (*Schaukasten*) showcase, display case.

Vivisektion [vivizɛktsi'oːn] *f* vivisection.

Vize ['fiːtsə] *m* (*umg*) number two; (: ~*meister*) runner-up ♦ *in zW* vice-.

v. J. *abk* (= *vorigen Jahres*) of the previous *od* last year.

Vlies [fliːs] (-es, -e) *nt* fleece.

v. M. *abk* (= *vorigen Monats*) ult.

V-Mann *m abk* = **Verbindungsmann**; **Vertrauensmann**.

VN *pl abk* (= *Vereinte Nationen*) UN.

VO *abk* = **Verordnung**.

Vogel ['foːgəl] (-s, ⁻) *m* bird; **einen** ~ **haben** (*umg*) to have bats in the belfry; **den** ~ **abschießen** (*umg*) to surpass everyone (*ironisch*); ~**bauer** *nt* birdcage; ~**beerbaum** *m* rowan (tree); ~**dreck** *m* bird droppings *pl*; ~**perspektive** *f* bird's-eye view; ~**schau** *f* bird's-eye view; ~**scheuche** *f* scarecrow; ~**schutzgebiet** *nt* bird sanctuary; ~-**Strauß-Politik** *f* head-in-the-sand policy.

Vogesen [vo'geːzən] *pl* Vosges *pl*.

Vokabel [vo'kaːbəl] (-, -n) *f* word.
Vokabular [vokabu'laːr] (-s, -e) *nt* vocabulary.
Vokal [vo'kaːl] (-s, -e) *m* vowel.
Volk [fɔlk] (-(e)s, ⁻er) *nt* people; (*Nation*) nation; **etw unters ~ bringen** (*Nachricht*) to spread sth.
Völker- *zW:* **~bund** *m* League of Nations; **~kunde** *f* ethnology; **~mord** *m* genocide; **~recht** *nt* international law; **v~rechtlich** *adj* according to international law; **~verständigung** *f* international understanding; **~wanderung** *f* migration.
Volks- *zW:* **~abstimmung** *f* referendum; **~armee** *f* People's Army; **~begehren** *nt* petition for a referendum; **~deutsche(r)** *dekl wie adj f(m)* ethnic German; **v~eigen** *adj* (*DDR*) nationally-owned; **~feind** *m* enemy of the people; **~fest** *nt* popular festival; (*Jahrmarkt*) fair.
Volkshochschule *f* adult education classes *pl*.

VOLKSHOCHSCHULE

The **Volkshochschule** (*VHS*) is an institution which offers Adult Education classes. No set qualifications are necessary to attend. For a small fee adults can attend both vocational and non-vocational classes in the daytime or evening.

Volks- *zW:* **~lauf** *m* fun run; **~lied** *nt* folk song; **~mund** *m* vernacular; **~polizei** *f* (*DDR*) People's Police; **~republik** *f* people's republic; **~schule** *f* ≈ primary school (*BRIT*), elementary school (*US*); **~seuche** *f* epidemic; **~stamm** *m* tribe; **~stück** *nt* folk play in dialect; **~tanz** *m* folk dance; **~trauertag** *m* ≈ Remembrance Day (*BRIT*), Memorial Day (*US*); **v~tümlich** *adj* popular; **~wirtschaft** *f* national economy; (*Fach*) economics *sing*, political economy; **~wirtschaftler** *m* economist; **~zählung** *f* (national) census.
voll [fɔl] *adj* full ♦ *adv* fully; **etw ~ laufen lassen** to fill sth up; **~ machen** to fill (up); **~ schreiben** (*Heft, Seite*) to fill; (*Tafel*) to cover (with writing); **jdn für ~ nehmen** (*umg*) to take sb seriously; **aus dem V~en schöpfen** to draw on unlimited resources; **~ tanken** to fill up; **in ~er Größe** (*Bild*) life-size(d); (*bei plötzlicher Erscheinung etc*) large as life; **~ sein** (*umg: satt*) to be full (up); (: *betrunken*) to be plastered; **~ und ganz** completely.
vollauf [fɔl'|aʊf] *adv* amply; **~ zu tun haben** to have quite enough to do.
voll- *zW:* **V~bad** *nt* (proper) bath; **V~bart** *m* full beard; **V~beschäftigung** *f* full employment; **V~besitz** *m:* **im V~besitz** +*gen* in full possession of; **V~blut** *nt*

thoroughbred; **~blütig** *adj* full-blooded; **V~bremsung** *f* emergency stop; **~bringen** *unreg vt untr* to accomplish; **V~dampf** *m* (*NAUT*): **mit V~dampf** at full steam; **~enden** *vt untr* to finish, complete; **~endet** *adj* (*vollkommen*) perfect; (*Tänzer etc*) accomplished; **~ends** *adv* completely; **V~endung** *f* completion.
voller *adj* fuller; **~ Flecken/Ideen** full of stains/ideas.
Völlerei [fœlə'raɪ] *f* gluttony.
Volleyball ['vɔlibal] (-(e)s) *m* volleyball.
voll- *zW:* **~fett** *adj* full-fat; **V~gas** *nt*: **mit V~gas** at full throttle; **V~gas geben** to step on it.
völlig ['fœlɪç] *adj* complete ♦ *adv* completely.
voll- *zW:* **~jährig** *adj* of age; **V~kaskoversicherung** *f* fully comprehensive insurance; **~kommen** *adj* perfect; (*völlig*) complete, absolute; **V~kommenheit** *f* perfection; **V~kornbrot** *nt* wholemeal (*BRIT*) *od* whole-wheat (*US*) bread; **V~macht** *f* authority, power of attorney; **V~matrose** *m* able-bodied seaman; **V~milch** *f* full-cream milk; **V~mond** *m* full moon; **V~narkose** *f* general anaesthetic (*BRIT*) *od* anesthetic (*US*); **V~pension** *f* full board; **~schlank** *adj* plump, stout; **~ständig** *adj* complete; **~strecken** *vt untr* to execute; **V~treffer** *m* (*lit, fig*) bull's-eye; **V~versammlung** *f* general meeting; **V~waise** *f* orphan; **~wertig** *adj* full *attrib*; (*Stellung*) equal; **V~wertkost** *f* wholefoods *pl*; **~zählig** *adj* complete; (*anwesend*) in full number; **~ziehen** *unreg vt untr* to carry out ♦ *vr untr* to happen; **V~zug** *m* execution.
Volontär(in) [volɔn'tɛːr(ɪn)] (-s, -e) *m(f)* trainee.
Volt [vɔlt] (- *od* -(e)s, -) *nt* volt.
Volumen [vo'luːmən] (-s, - *od* **Volumina**) *nt* volume.
vom [fɔm] = **von dem**.

══════════════════════ *SCHLÜSSELWORT*

von [fɔn] *präp* +*dat* **1** (*Ausgangspunkt*) from; **~ ... bis** from ... to; **~ morgens bis abends** from morning till night; **~ ... nach ...** from ... to ...; **~ ... an** from ...; **~ ... aus** from ...; **~ dort aus** from there; **etw ~ sich aus tun** to do sth of one's own accord; **~ mir aus** (*umg*) if you like, I don't mind; **~ wo/wann ...?** where/when ... from?

2 (*Ursache, im Passiv*) by; **ein Gedicht ~ Schiller** a poem by Schiller; **~ etw müde** tired from sth.

3 (*als Genitiv*) of; **ein Freund ~ mir** a friend of mine; **nett ~ dir** nice of you; **jeweils zwei ~ zehn** two out of every ten.

4 (*über*) about; **er erzählte vom Urlaub** he talked about his holiday.

5: **~ wegen!** (*umg*) no way!

---

voneinander *adv* from each other.
vonseiten▲, von Seiten▲ [vɔn'zaɪtn] *präp* +*gen* on the part of.
vonstatten [fɔn'ʃtatən] *adv*: ~ **gehen** to proceed, go.

=========== *SCHLÜSSELWORT*

vor [foːr] *präp* +*dat* **1** (*räumlich*) in front of. **2** (*zeitlich, Reihenfolge*) before; **ich war ~ ihm da** I was there before him; **X kommt ~ Y** X comes before Y; **~ zwei Tagen** two days ago; **5 (Minuten) ~ 4** 5 (minutes) to 4; **~ kurzem** a little while ago.
3 (*Ursache*) with; **~ Wut/Liebe** with rage/love; **~ Hunger sterben** to die of hunger; **~ lauter Arbeit** because of work.
4: **~ allem, ~ allen Dingen** above all.
♦ *präp* +*akk* (*räumlich*) in front of; **~ sich hin summen** to hum to oneself.
♦ *adv*: ~ **und zurück** backwards and forwards.

Vor- *zW*: **~abdruck** *m* preprint; **~abend** *m* evening before, eve; **~ahnung** *f* presentiment, premonition.
voran [fo'ran] *adv* before, ahead; **~bringen** *unreg vt* to make progress with; **~gehen** *unreg vi* to go ahead; **einer Sache** *dat* **~gehen** to precede sth; **~gehend** *adj* previous; **~kommen** *unreg vi* to make progress, come along.
Voranschlag ['foːr|anʃlaːk] *m* estimate.
voranstellen [fo'ranʃtelən] *vt* +*dat* to put in front (of); (*fig*) to give precedence (over).
Vorarbeiter ['foːr|arbaɪtər] *m* foreman.
voraus [fo'raus] *adv* ahead; (*zeitlich*) in advance; **jdm ~ sein** to be ahead of sb; **im V~** in advance; **~bezahlen** *vt* to pay in advance; **~gehen** *unreg vi* to go (on) ahead; (*fig*) to precede; **~haben** *unreg vt*: **jdm etw ~haben** to have the edge on sb in sth; **V~sage** *f* prediction; **~sagen** *vt* to predict; **~sehen** *unreg vt* to foresee; **~setzen** *vt* to assume; (*sicher annehmen*) to take for granted; (*erfordern: Kenntnisse, Geduld*) to require, demand; **~gesetzt, dass ...** provided that ...; **V~setzung** *f* requirement, prerequisite; **unter der V~setzung, dass ...** on condition that ...; **V~sicht** *f* foresight; **aller V~sicht nach** in all probability; **in der V~sicht, dass ...** anticipating that ...; **~sichtlich** *adv* probably; **V~zahlung** *f* advance payment.
Vorbau ['foːrbau] (**-(e)s, -ten**) *m* porch; (*Balkon*) balcony.
vorbauen ['foːrbauən] *vt* to build up in front
♦ *vi* +*dat* to take precautions (against).
Vorbedacht ['foːrbədaxt] *m*: **mit/ohne ~** (*Überlegung*) with/without due consideration; (*Absicht*) intentionally/unintentionally.
Vorbedingung ['foːrbədɪŋʊŋ] *f* precondition.
Vorbehalt ['foːrbəhalt] *m* reservation, proviso; **unter dem ~, dass ...** with the reservation that ...
vorbehalten *unreg vt*: **sich/jdm etw ~** to reserve sth (for o.s.)/for sb; **alle Rechte ~** all rights reserved.
vorbehaltlich *präp* +*gen* (*form*) subject to.
vorbehaltlos *adj* unconditional ♦ *adv* unconditionally.
vorbei [fɔr'baɪ] *adv* by, past; **aus und ~** over and done with; **damit ist es nun ~** that's all over now; **~bringen** *unreg* (*umg*) *vt* to drop off; **~gehen** *unreg vi* to pass by, go past; **~kommen** *unreg vi*: **bei jdm ~kommen** to drop od call in on sb; **~reden** *vi*: **an etw** *dat* **~reden** to talk around sth.
vorbelastet ['foːrbəlastət] *adj* (*fig*) handicapped (*BRIT*), handicaped (*US*).
Vorbemerkung ['foːrbəmerkʊŋ] *f* introductory remark.
vorbereiten ['foːrbəraɪtən] *vt* to prepare.
Vorbereitung *f* preparation.
vorbestellen ['foːrbəʃtelən] *vt* to book (in advance), reserve.
Vorbestellung *f* advance booking.
vorbestraft ['foːrbəʃtraft] *adj* previously convicted, with a record.
Vorbeugehaft *f* preventive custody.
vorbeugen ['foːrbɔygən] *vt, vr* to lean forward
♦ *vi* +*dat* to prevent.
vorbeugend *adj* preventive.
Vorbeugung *f* prevention; **zur ~ gegen** for the prevention of.
Vorbild ['foːrbɪlt] *nt* model; **sich** *dat* **jdn zum ~ nehmen** to model o.s. on sb; **v~lich** *adj* model, ideal.
Vorbildung ['foːrbɪldʊŋ] *f* educational background.
Vorbote ['foːrboːtə] *m* (*fig*) herald.
vorbringen ['foːrbrɪŋən] *unreg vt* to voice; (*Meinung etc*) to advance, state; (*umg: nach vorne*) to bring to the front.
vordatieren ['foːrdatiːrən] *vt* (*Schreiben*) to postdate.
Vorder- *zW*: **~achse** *f* front axle; **~ansicht** *f* front view; **~asien** *nt* Near East.
vordere(r, s) *adj* front.
Vorder- *zW*: **~grund** *m* foreground; **im ~grund stehen** (*fig*) to be to the fore; **~grundprogramm** *nt* (*COMPUT*) foreground program; **v~hand** *adv* for the present; **~mann** (**-(e)s,** *pl* **-männer**) *m* man in front; **jdn auf ~mann bringen** (*umg*) to get sb to shape up; **~seite** *f* front (side); **~sitz** *m* front seat.
vorderste(r, s) *adj* front.
vordrängen ['foːrdrɛŋən] *vr* to push to the

front.

vordringen ['foːrdrɪŋən] *unreg vi*: **bis zu jdm/
etw** ~ to get as far as sb/sth.

vordringlich *adj* urgent.

Vordruck ['foːrdrʊk] *m* form.

vorehelich ['foːr|eːəlɪç] *adj* premarital.

voreilig ['foːr|aɪlɪç] *adj* hasty, rash; ~**e
Schlüsse ziehen** to jump to conclusions.

voreinander [foːr|aɪˈnandər] *adv* (*räumlich*) in
front of each other; (*einander gegenüber*)
face to face.

voreingenommen ['foːr|aɪngənɔmən] *adj*
bias(s)ed; **V~heit** *f* bias.

voreingestellt ['foːr|aɪngəʃtɛlt] *adj*: ~**er
Parameter** (*COMPUT*) default (parameter).

vorenthalten ['foːr|ɛnthaltən] *unreg vt*: **jdm
etw** ~ to withhold sth from sb.

Vorentscheidung ['foːr|ɛntʃaɪdʊŋ] *f*
preliminary decision.

vorerst ['foːr|eːrst] *adv* for the moment *od*
present.

Vorfahr ['foːrfaːr] (**-en, -en**) *m* ancestor.

vorfahren *unreg vi* to drive (on) ahead; (*vors
Haus etc*) to drive up.

Vorfahrt *f* (*AUT*) right of way; „~ **(be)achten**"
"give way" (*BRIT*), "yield" (*US*).

Vorfahrts- *zW*: ~**regel** *f* rule of right of
way; ~**schild** *nt* "give way" (*BRIT*) *od* "yield" (*US*)
sign; ~**straße** *f* major road.

Vorfall ['foːrfal] *m* incident.

vorfallen *unreg vi* to occur.

Vorfeld ['foːrfɛlt] *nt* (*fig*): **im** ~ (**+gen**) in the
run-up (to).

Vorfilm ['foːrfɪlm] *m* short.

vorfinden ['foːrfɪndən] *unreg vt* to find.

Vorfreude ['foːrfrɔydə] *f* anticipation.

vorfühlen ['foːrfyːlən] *vi* (*fig*) to put out
feelers.

vorführen ['foːrfyːrən] *vt* to show, display;
(*Theaterstück, Kunststücke*): (**jdm**) **etw** ~ to
perform sth (to *od* in front of sb); **dem
Gericht** ~ to bring before the court.

Vorgabe ['foːrgaːbə] *f* (*SPORT*) handicap.

Vorgang ['foːrgaŋ] *m* (*Ereignis*) event; (*Ablauf*)
course of events; (*CHEM etc*) process.

Vorgänger(in) ['foːrgɛŋər(ɪn)] (**-s, -**) *m(f)*
predecessor.

vorgaukeln ['foːrgaʊkəln] *vt*: **jdm etw** ~ to
lead sb to believe in sth.

vorgeben ['foːrgeːbən] *unreg vt* to pretend, use
as a pretext; (*SPORT*) to give an advantage
od a start of.

Vorgebirge ['foːrgəbɪrgə] *nt* foothills *pl*.

vorgefasst▲ ['foːrgəfast] *adj* preconceived.

vorgefertigt ['foːrgəfɛrtɪçt] *adj* prefabricated.

Vorgefühl ['foːrgəfyːl] *nt* anticipation; (*etwas
Böses*) presentiment.

vorgehen ['foːrgeːən] *unreg vi* (*voraus*) to go
(on) ahead; (*nach vorn*) to go forward;
(*handeln*) to act, proceed; (*Uhr*) to be fast;

(*Vorrang haben*) to take precedence;
(*passieren*) to go on.

Vorgehen (**-s**) *nt* action.

Vorgehensweise *f* proceedings *pl*.

vorgerückt ['foːrgərʏkt] *adj* (*Stunde*) late;
(*Alter*) advanced.

Vorgeschichte ['foːrgəʃɪçtə] *f* prehistory;
(*von Fall, Krankheit*) past history.

Vorgeschmack ['foːrgəʃmak] *m* foretaste.

Vorgesetzte(r) ['foːrgəzɛtstə(r)] *f(m)* superior.

vorgestern ['foːrgɛstərn] *adv* the day before
yesterday; **von** ~ (*fig*) antiquated.

vorgreifen ['foːrgraɪfən] *unreg vi* +*dat* to
anticipate; **jdm** ~ to forestall sb.

vorhaben ['foːrhaːbən] *unreg vt* to intend; **hast
du schon was vor?** have you got anything
on?

Vorhaben (**-s, -**) *nt* intention.

Vorhalle ['foːrhalə] *f* (*Diele*) entrance hall;
(*von Parlament*) lobby.

vorhalten ['foːrhaltən] *unreg vt* to hold *od* put
up ♦ *vi* to last; **jdm etw** ~ to reproach sb for
sth.

Vorhaltung *f* reproach.

Vorhand ['foːrhant] *f* forehand.

vorhanden [foːrˈhandən] *adj* existing;
(*erhältlich*) available; **V~sein** (**-s**) *nt*
existence, presence.

Vorhang ['foːrhaŋ] *m* curtain.

Vorhängeschloss▲ ['foːrhɛŋəʃlɔs] *nt* padlock.

Vorhaut ['foːrhaʊt] *f* (*ANAT*) foreskin.

vorher [foːrˈheːr] *adv* before(hand);
~**bestimmen** *vt* (*Schicksal*) to preordain;
~**gehen** *unreg vi* to precede.

vorherig [foːrˈheːrɪç] *adj* previous.

Vorherrschaft ['foːrhɛrʃaft] *f* predominance,
supremacy.

vorherrschen *vi* to predominate.

vorher- *zW*: **V~sage** *f* forecast; ~**sagen** *vt* to
forecast, predict; ~**sehbar** *adj* predictable;
~**sehen** *unreg vt* to foresee.

vorhin [foːrˈhɪn] *adv* not long ago, just now.

Vorhinein▲ ['foːrhɪnaɪn] *adv*: **im** ~
beforehand.

Vorhof ['foːrhoːf] *m* forecourt.

vorig ['foːrɪç] *adj* previous, last.

Vorjahr ['foːrjaːr] *nt* previous year, year
before.

vorjährig ['foːrjɛːrɪç] *adj* of the previous year.

vorjammern ['foːrjamərn] *vt, vi*: **jdm (etwas)** ~
to moan to sb (about sth).

Vorkämpfer(in) ['foːrkɛmpfər(ɪn)] *m(f)*
pioneer.

Vorkaufsrecht ['foːrkaʊfsrɛçt] *nt* option to
buy.

Vorkehrung ['foːrkeːrʊŋ] *f* precaution.

Vorkenntnis ['foːrkɛntnɪs] *f* previous
knowledge.

vorknöpfen ['foːrknœpfən] *vt* (*fig: umg*): **sich**
dat **jdn** ~ to take sb to task.

vorkommen ['fo:rkɔmən] *unreg vi* to come forward; (*geschehen, sich finden*) to occur; (*scheinen*) to seem (to be); **so was soll** ~**!** that's life!; **sich** *dat* **dumm** *etc* ~ to feel stupid *etc*.

Vorkommen *nt* occurrence; (*MIN*) deposit.

Vorkommnis ['fo:rkɔmnɪs] (**-ses, -se**) *nt* occurrence.

Vorkriegs- ['fo:rkri:ks] *in zW* pre-war.

vorladen ['fo:rla:dən] *unreg vt* (*bei Gericht*) to summons.

Vorladung *f* summons.

Vorlage ['fo:rla:gə] *f* model, pattern; (*das Vorlegen*) presentation; (*von Beweismaterial*) submission; (*Gesetzes~*) bill; (*SPORT*) pass.

vorlassen ['fo:rlasən] *unreg vt* to admit; (*überholen lassen*) to let pass; (*vorgehen lassen*) to allow to go in front.

Vorlauf ['fo:rlaʊf] *m* (preliminary) heat (*of running event*).

Vorläufer *m* forerunner.

vorläufig ['fo:rlɔyfɪç] *adj* temporary; (*provisorisch*) provisional.

vorlaut ['fo:rlaʊt] *adj* impertinent, cheeky.

Vorleben ['fo:rle:bən] *nt* past (life).

vorlegen ['fo:rle:gən] *vt* to put in front, present; (*Beweismaterial etc*) to produce, submit; **jdm etw** ~ to put sth before sb.

Vorleger (**-s, -**) *m* mat.

Vorleistung ['fo:rlaɪstʊŋ] *f* (*FIN: Vorausbezahlung*) advance (payment); (*Vorarbeit*) preliminary work; (*POL*) prior concession.

vorlesen ['fo:rle:zən] *unreg vt* to read (out).

Vorlesung *f* (*UNIV*) lecture.

Vorlesungsverzeichnis *nt* lecture timetable.

vorletzte(r, s) ['fo:rlɛtstə(r, s)] *adj* last but one, penultimate.

vorlieb▲ [fo:r'li:p] *adv*: ~ **nehmen mit** to make do with.

Vorliebe ['fo:rli:bə] *f* preference, special liking; **etw mit** ~ **tun** to particularly like doing sth.

vorliegen ['fo:rli:gən] *unreg vi* to be (here); **etw liegt jdm vor** sb has sth; **etw liegt gegen jdn vor** sb is charged with sth.

vorliegend *adj* present, at issue.

vorm. *abk* (= *vormittags*) a.m.; (= *vormals*) formerly.

vormachen ['fo:rmaxən] *vt*: **jdm etw** ~ to show sb how to do sth; **jdm etwas** ~ (*fig*) to fool sb; **mach mir doch nichts vor** don't try and fool me.

Vormachtstellung ['fo:rmaxtʃtɛlʊŋ] *f* supremacy.

vormals ['fo:rmals] *adv* formerly.

Vormarsch ['fo:rmarʃ] *m* advance.

vormerken ['fo:rmɛrkən] *vt* to book; (*notieren*) to make note of; (*bei Bestellung*) to take an order for.

Vormittag ['fo:rmɪta:k] *m* morning; **am** ~ in the morning.

vormittags *adv* in the morning, before noon.

Vormund ['fo:rmʊnt] (**-(e)s, -e** *od* **-münder**) *m* guardian.

vorn [fɔrn] *adv* in front; **von** ~ to start at the beginning; **nach** ~ to the front; **er betrügt sie von** ~ **bis hinten** he deceives her right, left and centre.

Vorname ['fo:rna:mə] *m* first *od* Christian name.

vornan [fɔrn'|an] *adv* at the front.

vorne ['fɔrnə] = **vorn**.

vornehm ['fo:rne:m] *adj* distinguished; (*Manieren etc*) refined; (*Kleid*) elegant; **in** ~**en Kreisen** in polite society.

vornehmen *unreg vt* (*fig*) to carry out; **sich** *dat* **etw** ~ to start on sth; (*beschließen*) to decide to do sth; **sich** *dat* **zu viel** ~ to take on too much; **sich** *dat* **jdn** ~ to tell sb off.

vornehmlich *adv* chiefly, specially.

vorn(e)weg ['fɔrn(ə)vɛk] *adv* in front; (*als Erstes*) first.

vornherein ['fɔrnhɛraɪn] *adv*: **von** ~ from the start.

Vorort ['fo:r|ɔrt] *m* suburb; ~**zug** *m* commuter train.

vorprogrammiert ['fo:rprɔgrami:rt] *adj* (*Erfolg, Antwort*) automatic.

Vorrang ['fo:rraŋ] *m* precedence, priority.

vorrangig *adj* of prime importance, primary.

Vorrat ['fo:rra:t] *m* stock, supply; **solange der** ~ **reicht** (*COMM*) while stocks last.

vorrätig ['fo:rrɛ:tɪç] *adj* in stock.

Vorratskammer *f* store cupboard; (*für Lebensmittel*) larder.

Vorraum *m* anteroom; (*Büro*) outer office.

vorrechnen ['fo:rrɛçnən] *vt*: **jdm etw** ~ to calculate sth for sb; (*als Kritik*) to point sth out to sb.

Vorrecht ['fo:rrɛçt] *nt* privilege.

Vorrede ['fo:rre:də] *f* introductory speech; (*THEAT*) prologue (*BRIT*), prolog (*US*).

Vorrichtung ['fo:rrɪçtʊŋ] *f* device, gadget.

vorrücken ['fo:rrʏkən] *vi* to advance ♦ *vt* to move forward.

Vorruhestand ['fo:rru:əʃtant] *m* early retirement.

Vorrunde ['fo:rrʊndə] *f* (*SPORT*) preliminary round.

Vors. *abk* = **Vorsitzende(r)**.

vorsagen ['fo:rza:gən] *vt* to recite; (*SCH: zuflüstern*) to tell secretly, prompt.

Vorsaison ['fo:rzɛzõ:] *f* early season, low season.

Vorsatz ['fo:rzats] *m* intention; (*JUR*) intent; **einen** ~ **fassen** to make a resolution.

vorsätzlich ['fo:rzɛtslɪç] *adj* intentional; (*JUR*) premeditated ♦ *adv* intentionally.

Vorschau ['fo:rʃaʊ] *f* (*RUNDF, TV*)

(programme (*BRIT*) *od* program (*US*))
preview; (*Film*) trailer.

Vorschein ['foːrʃaɪn] *m*: **zum ~ kommen** (*lit*:
sichtbar werden) to appear; (*fig*: *entdeckt
werden*) to come to light.

vorschieben ['foːrʃiːbən] *unreg vt* to push
forward; (*vor etw*) to push across; (*fig*) to
put forward as an excuse; **jdn ~** to use sb as
a front.

vorschießen ['foːrʃiːsən] *unreg* (*umg*) *vt*: **jdm
Geld ~** to advance sb money.

Vorschlag ['foːrʃlaːk] *m* suggestion, proposal.

vorschlagen ['foːrʃlaːgən] *unreg vt* to suggest,
propose.

Vorschlaghammer *m* sledgehammer.

vorschnell ['foːrʃnɛl] *adj* hasty, too quick.

vorschreiben ['foːrʃraɪbən] *unreg vt* (*Dosis*) to
prescribe; (*befehlen*) to specify; **(jdm) etw ~**
(*lit*) to write sth out (for sb); **ich lasse mir
nichts ~** I won't be dictated to.

Vorschrift ['foːrʃrɪft] *f* regulation(s *pl*), rule(s
pl); (*Anweisungen*) instruction(s *pl*); **jdm ~en
machen** to give sb orders; **Dienst nach ~**
work-to-rule (*BRIT*), slowdown (*US*).

vorschriftsmäßig *adv* as per regulations/
instructions.

Vorschub ['foːrʃuːp] *m*: **jdm/einer Sache
~ leisten** to encourage sb/sth.

Vorschule ['foːrʃuːlə] *f* nursery school.

vorschulisch ['foːrʃuːlɪʃ] *adj* preschool *attr*.

Vorschuss▲ ['foːrʃʊs] *m* advance.

vorschützen ['foːrʃʏtsən] *vt* to put forward as
a pretext; (*Unwissenheit*) to plead.

vorschweben ['foːrʃveːbən] *vi*: **jdm schwebt
etw vor** sb has sth in mind.

vorsehen ['foːrzeːən] *unreg vt* to provide for;
(*planen*) to plan ♦ *vr* to take care, be careful.

Vorsehung *f* providence.

vorsetzen ['foːrzɛtsən] *vt* to move forward;
(*davor setzen*): **~ vor** +*akk* to put in front of;
(*anbieten*): **jdm etw ~** to offer sb sth.

Vorsicht ['foːrzɪçt] *f* caution, care; **~! look
out!, take care!**; (*auf Schildern*) **caution!,
danger!**; **~ Stufe!** mind the step!; **etw mit
~ genießen** (*umg*) to take sth with a pinch
of salt.

vorsichtig *adj* cautious, careful.

vorsichtshalber *adv* just in case.

Vorsichtsmaßnahme *f* precaution.

Vorsilbe ['foːrzɪlbə] *f* prefix.

vorsintflutlich ['foːrzɪntfluːtlɪç] (*umg*) *adj*
antiquated.

Vorsitz ['foːrzɪts] *m* chair(manship); **den
~ führen** to chair the meeting.

Vorsitzende(r) *f(m)* chairman/-woman,
chair(person).

Vorsorge ['foːrzɔrgə] *f* precaution(s *pl*);
(*Fürsorge*) provision(s *pl*).

vorsorgen *vi*: **~ für** to make provision(s *pl*)
for.

Vorsorgeuntersuchung ['foːrzɔrgə-
|ʊntərzuːxʊŋ] *f* medical check-up.

vorsorglich ['foːrzɔrklɪç] *adv* as a precaution.

Vorspann ['voːrʃpan] *m* (*FILM, TV*) opening
credits *pl*; (*PRESSE*) opening paragraph.

vorspannen *vt* (*Pferde*) to harness.

Vorspeise ['foːrʃpaɪzə] *f* hors d'œuvre,
starter.

Vorspiegelung ['foːrʃpiːgəluŋ] *f*: **das ist (eine)
~ falscher Tatsachen** it's all sham.

Vorspiel ['foːrʃpiːl] *nt* prelude; (*bei
Geschlechtsverkehr*) foreplay.

vorspielen *vt*: **jdm etw ~** (*MUS*) to play sth to
sb; (*THEAT*) to act sth to sb; (*fig*) to act out a
sham of sth in front of sb.

vorsprechen ['foːrʃprɛçən] *unreg vt* to say out
loud; (*vortragen*) to recite ♦ *vi* (*THEAT*) to
audition; **bei jdm ~** to call on sb.

vorspringend ['foːrʃprɪŋənt] *adj* projecting;
(*Nase, Kinn*) prominent.

Vorsprung ['foːrʃprʊŋ] *m* projection; (*Fels~*)
ledge; (*fig*) advantage, start.

Vorstadt ['foːrʃtat] *f* suburbs *pl*.

Vorstand ['foːrʃtant] *m* executive committee;
(*COMM*) board (of directors); (*Person*)
director; (*Leiter*) head.

Vorstandssitzung *f* (*von Firma*) board
meeting.

Vorstandsvorsitzende(r) *f(m)* chairperson.

vorstehen ['foːrʃteːən] *unreg vi* to project;
einer Sache *dat* **~** (*fig*) to be the head of sth.

Vorsteher(in) (**-s, -**) *m(f)* (*von Abteilung*) head;
(*von Gefängnis*) governor; (*Bahnhofs~*)
stationmaster.

vorstellbar *adj* conceivable.

vorstellen ['foːrʃtɛlən] *vt* to put forward; (*vor
etw*) to put in front; (*bekannt machen*) to
introduce; (*darstellen*) to represent ♦ *vr* to
introduce o.s.; (*bei Bewerbung*) to go for an
interview; **sich** *dat* **etw ~** to imagine sth;
stell dir das nicht so einfach vor don't think
it's so easy.

Vorstellung *f* (*Bekanntmachen*) introduction;
(*THEAT etc*) performance; (*Gedanke*) idea.

Vorstellungsgespräch *nt* interview.

Vorstellungsvermögen *nt* powers of
imagination *pl*.

Vorstoß ['foːrʃtoːs] *m* advance; (*fig*: *Versuch*)
attempt.

vorstoßen *unreg vt, vi* to push forward.

Vorstrafe ['foːrʃtraːfə] *f* previous conviction.

vorstrecken ['foːrʃtrɛkən] *vt* to stretch out;
(*Geld*) to advance.

Vorstufe ['foːrʃtuːfə] *f* first step(s *pl*).

Vortag ['foːrtaːk] *m*: **am ~ einer Sache** *gen* on
the day before sth.

Vortal ['foːrtaːl] *nt* (*COMPUT*) vortal.

vortasten ['foːrtastən] *vr*: **sich langsam zu etw
~** to approach sth carefully.

vortäuschen ['foːrtɔʏʃən] *vt* to pretend, feign.

Spelling Reform: ▲ *new spelling* △ *old spelling (to be phased out)*

Vortäuschung *f*: unter ~ falscher Tatsachen under false pretences (*BRIT*) *od* pretenses (*US*).

Vorteil ['fo:rtail] (**-s, -e**) *m*: ~ (**gegenüber**) advantage (over); **im ~ sein** to have the advantage; **die Vor- und Nachteile** the pros and cons; **v~haft** *adj* advantageous; (*Kleider*) flattering; (*Geschäft*) lucrative.

Vortr. *abk* = **Vortrag.**

Vortrag ['fo:rtra:k] (**-(e)s, Vorträge**) *m* talk, lecture; (*~sart*) delivery; (*von Gedicht*) rendering; (*COMM*) balance carried forward; **einen ~ halten** to give a lecture *od* talk.

vortragen ['fo:rtra:gən] *unreg vt* to carry forward (*auch COMM*); (*fig*) to recite; (*Rede*) to deliver; (*Lied*) to perform; (*Meinung etc*) to express.

Vortragsabend *m* lecture evening; (*mit Musik*) recital; (*mit Gedichten*) poetry reading.

Vortragsreihe *f* series of lectures.

vortrefflich [fo:r'trɛflɪç] *adj* excellent.

vortreten ['fo:rtre:tən] *unreg vi* to step forward; (*Augen etc*) to protrude.

Vortritt ['fo:rtrɪt] *m*: **jdm den ~ lassen** (*lit, fig*) to let sb go first.

vorüber [fo'ry:bər] *adv* past, over; **~gehen** *unreg vi* to pass (by); **~gehen an** +*dat* (*fig*) to pass over; **~gehend** *adj* temporary, passing.

Voruntersuchung ['fo:r|ʊntərzu:xʊŋ] *f* (*MED*) preliminary examination; (*JUR*) preliminary investigation.

Vorurteil ['fo:r|ʊrtail] *nt* prejudice.

vorurteilsfrei *adj* unprejudiced, open-minded.

Vorverkauf ['fo:rferkauf] *m* advance booking.

Vorverkaufsstelle *f* advance booking office.

vorverlegen ['fo:rferle:gən] *vt* (*Termin*) to bring forward.

Vorw. *abk* = **Vorwort.**

vorwagen ['fo:rva:gən] *vr* to venture forward.

Vorwahl ['fo:rva:l] *f* preliminary election; (*TEL*) dialling (*BRIT*) *od* area (*US*) code.

Vorwand ['fo:rvant] (**-(e)s, Vorwände**) *m* pretext.

Vorwarnung ['fo:rvarnʊŋ] *f* (advance) warning.

vorwärts ['fo:rvɛrts] *adv* forward; **~ gehen** to progress; **~ kommen** to get on, make progress; **~!** (*umg*) let's go!; (*MIL*) forward march!; **V~gang** *m* (*AUT etc*) forward gear.

Vorwäsche *f* prewash.

Vorwaschgang *m* prewash.

vorweg [fo:r'vɛk] *adv* in advance; **V~nahme** (**-, -n**) *f* anticipation; **~nehmen** *unreg vt* to anticipate.

vorweisen ['fo:rvaizən] *unreg vt* to show, produce.

vorwerfen ['fo:rvɛrfən] *unreg vt*: **jdm etw ~** to reproach sb for sth, accuse sb of sth; **sich** *dat* **nichts vorzuwerfen haben** to have nothing to reproach o.s. with; **das wirft er mir heute noch vor** he still holds it against me; **Tieren/Gefangenen etw ~** (*lit*) to throw sth down for the animals/prisoners.

vorwiegend ['fo:rvi:gənt] *adj* predominant ♦ *adv* predominantly.

vorwitzig *adj* saucy, cheeky.

Vorwort ['fo:rvɔrt] (**-(e)s, -e**) *nt* preface.

Vorwurf ['fo:rvʊrf] (**-(e)s, -̈e**) *m* reproach; **jdm/sich Vorwürfe machen** to reproach sb/o.s.

vorwurfsvoll *adj* reproachful.

Vorzeichen ['fo:rtsaiçən] *nt* (*Omen*) omen; (*MED*) early symptom; (*MATH*) sign.

vorzeigen ['fo:rtsaigən] *vt* to show, produce.

Vorzeit ['fo:rtsait] *f* prehistoric times *pl*.

vorzeitig *adj* premature.

vorziehen ['fo:rtsi:ən] *unreg vt* to pull forward; (*Gardinen*) to draw; (*zuerst behandeln, abfertigen*) to give priority to; (*lieber haben*) to prefer.

Vorzimmer ['fo:rtsɪmər] *nt* anteroom; (*Büro*) outer office.

Vorzug ['fo:rtsu:k] *m* preference; (*gute Eigenschaft*) merit, good quality; (*Vorteil*) advantage; (*EISENB*) relief train; **einer Sache** *dat* **den ~ geben** (*form*) to prefer sth; (*Vorrang geben*) to give sth precedence.

vorzüglich [fo:r'tsy:klɪç] *adj* excellent, first-rate.

Vorzugsaktien *pl* preference shares (*BRIT*), preferred stock (*US*).

vorzugsweise *adv* preferably; (*hauptsächlich*) chiefly.

Votum ['vo:tʊm] (**-s, Voten**) *nt* vote.

Voyeur [voa'jø:r] (**-s, -e**) *m* voyeur; **Voyeurismus** [voajo'rɪsmʊs] *m* voyeurism.

v. T. *abk* (= *vom Tausend*) per thousand.

vulgär [vʊl'gɛ:r] *adj* vulgar.

Vulkan [vʊl'ka:n] (**-s, -e**) *m* volcano; **~ausbruch** *m* volcanic eruption.

vulkanisieren [vʊlkani'zi:rən] *vt* to vulcanize.

v. u. Z. *abk* (= *vor unserer Zeitrechnung*) B.C.

W, w

W, w ['veː] *nt* W, w; ~ **wie Wilhelm** ≈ W for William.

W. *abk* (= *West(en)*) W.

w. *abk* = **wenden, werktags, westlich** (= *weiblich*) f.

Waage ['vaːgə] (-, -n) *f* scales *pl*; (*ASTROL*) Libra; **sich** *dat* **die ~ halten** (*fig*) to balance one another; **w~recht** *adj* horizontal.

Waagschale *f* (scale) pan; **(schwer) in die ~ fallen** (*fig*) to carry weight.

wabb(e)lig ['vab(ə)lɪç] *adj* wobbly.

Wabe ['vaːbə] (-, -n) *f* honeycomb.

wach [vax] *adj* awake; (*fig*) alert; ~ **werden** to wake up.

Wachablösung *f* changing of the guard; (*Mensch*) relief guard; (*fig: Regierungswechsel*) change of government.

Wache (-, -n) *f* guard, watch; ~ **halten** to keep watch; ~ **stehen** *od* **schieben** (*umg*) to be on guard (duty).

wachen *vi* to be awake; (*Wache halten*) to keep watch; **bei jdm ~** to sit up with sb.

wachhabend *adj attrib* duty.

Wachhund *m* watchdog, guard dog; (*fig*) watchdog.

Wacholder [va'xɔldər] (-s, -) *m* juniper.

wachrütteln ['vaxrʏtəln] *vt* (*fig*) to (a)rouse.

Wachs [vaks] (-es, -e) *nt* wax.

wachsam ['vaxzaːm] *adj* watchful, vigilant, alert; **W~keit** *f* vigilance.

wachsen¹ *unreg vi* to grow.

wachsen² *vt* (*Skier*) to wax.

Wachsfigurenkabinett *nt* waxworks (exhibition).

Wachs(mal)stift *m* wax crayon.

wächst [vɛkst] *vb siehe* **wachsen¹**.

Wachstuch ['vakstuːx] *nt* oilcloth.

Wachstum ['vakstuːm] (-s) *nt* growth.

Wachstums- *zW*: ~**branche** *f* growth industry; ~**grenze** *f* limits of growth; **w~hemmend** *adj* growth-inhibiting; ~**rate** *f* growth rate; ~**schmerzen** *pl* growing pains; ~**störung** *f* disturbance of growth.

Wachtel ['vaxtəl] (-, -n) *f* quail.

Wächter ['vɛçtər] (-s, -) *m* guard; (*Park~*) warden, keeper; (*Museums~, Parkplatz~*) attendant.

Wachtmeister *m* officer.

Wachtposten *m* guard, sentry.

Wach(t)turm *m* watchtower.

Wach- und Schließgesellschaft *f* security corps.

wack(e)lig *adj* shaky, wobbly; **auf ~en Beinen stehen** to be wobbly on one's legs; (*fig*) to be unsteady.

Wackelkontakt *m* loose connection.

wackeln *vi* to shake; (*fig: Position*) to be shaky; **mit den Hüften/dem Schwanz ~** to wiggle one's hips/wag its tail.

wacker ['vakər] *adj* valiant, stout; **sich ~ schlagen** (*umg*) to put up a brave fight.

Wade ['vaːdə] (-, -n) *f* (*ANAT*) calf.

Waffe ['vafə] (-, -n) *f* weapon; **jdn mit seinen eigenen ~n schlagen** (*fig*) to beat sb at his own game.

Waffel ['vafəl] (-, -n) *f* waffle; (*Eis~*) wafer.

Waffen- *zW*: ~**gewalt** *f*: **mit ~gewalt** by force of arms; ~**lager** *nt* (*von Armee*) ordnance depot; (*von Terroristen*) cache; ~**schein** *m* firearms *od* gun licence (*BRIT*), firearms license (*US*); ~**schmuggel** *m* gunrunning, arms smuggling; ~**stillstand** *m* armistice, truce.

Wagemut ['vaːgəmuːt] *m* daring.

Wagen ['vaːgən] (-s, -) *m* vehicle; (*Auto*) car, automobile (*US*); (*EISENB*) car, carriage (*BRIT*); (*Pferde~*) wag(g)on, cart.

wagen *vt* to venture, dare.

Wagen- *zW*: ~**führer** *m* driver; ~**heber** (-s, -) *m* jack; ~**park** *m* fleet of cars; ~**rückholtaste** *f* (*Schreibmaschine*) carriage return (key); ~**rücklauf** *m* carriage return.

Waggon [va'gõː] (-s, -s) *m* wag(g)on; (*Güter~*) goods van (*BRIT*), freight truck (*US*).

waghalsig ['vaːkhalzɪç] *adj* foolhardy.

Wagnis ['vaːknɪs] (-ses, -se) *nt* risk.

Wagon▲ (-s, -s) *m* = **Waggon**.

Wahl [vaːl] (-, -en) *f* choice; (*POL*) election; **erste ~** (*Qualität*) top quality; (*Gemüse, Eier*) grade one; **zweite ~** (*COMM*) seconds *pl*; **aus freier ~** of one's own free choice; **wer die ~ hat, hat die Qual** (*Sprichwort*) he is *od* you are *etc* spoilt for choice; **die ~ fiel auf ihn** he was chosen; **sich zur ~ stellen** (*POL etc*) to stand (*BRIT*) *od* run (for parliament *etc*).

wählbar *adj* eligible.

Wahl- *zW*: **w~berechtigt** *adj* entitled to vote; ~**beteiligung** *f* poll, turnout; ~**bezirk** *m* (*POL*) ward.

wählen ['vɛːlən] *vt* to choose; (*POL*) to elect, vote for; (*TEL*) to dial ♦ *vi* to choose; (*POL*) to vote; (*TEL*) to dial.

Wähler(in) (-s, -) *m(f)* voter; ~**abwanderung** *f* voter drift; **w~isch** *adj* fastidious, particular; ~**schaft** *f* electorate.

Wahl- *zW*: ~**fach** *nt* optional subject; **w~frei** *adj*: **w~freier Zugriff** (*COMPUT*) random access; ~**gang** *m* ballot; ~**geschenk** *nt* pre-election vote-catching gimmick; ~**heimat** *f* country of adoption; ~**helfer** *m* (*im ~kampf*) election assistant; (*bei der* ~) polling officer; ~**kabine** *f* polling booth; ~**kampf** *m* election campaign; ~**kreis** *m* constituency; ~**leiter** *m* returning officer; ~**liste** *f* electoral register; ~**lokal** *nt* polling station; **w**~**los** *adv* at random; (*nicht wählerisch*) indiscriminately; ~**recht** *nt* franchise; **allgemeines** ~**recht** universal franchise; **das aktive** ~**recht** the right to vote; **das passive** ~**recht** eligibility (for political office); ~**spruch** *m* motto; ~**urne** *f* ballot box; **w**~**weise** *adv* alternatively.

Wählzeichen *nt* (*TEL*) dialling tone (*BRIT*), dial tone (*US*).

Wahn [vaːn] (**-(e)s**) *m* delusion; ~**sinn** *m* madness; **w**~**sinnig** *adj* insane, mad ♦ *adv* (*umg*) incredibly; **w**~**witzig** *adj* crazy *attrib* ♦ *adv* terribly.

wahr [vaːr] *adj* true; **da ist (et)was W**~**es dran** there's some truth in that.

wahren *vt* to maintain, keep.

während ['vɛːrən] *vi* to last.

während *präp +gen* during ♦ *konj* while; ~**dessen** *adv* meanwhile.

wahr- *zW:* ~**haben** *unreg vt:* **etw nicht** ~**haben wollen** to refuse to admit sth; ~**haft** *adv* (*tatsächlich*) truly; ~**haftig** *adj* true, real ♦ *adv* really.

Wahrheit *f* truth; **die** ~ **sagen** to tell the truth.

wahrheitsgetreu *adj* (*Bericht*) truthful; (*Darstellung*) faithful.

wahrnehmen *unreg vt* to perceive; (*Frist*) to observe; (*Veränderungen etc*) to be aware of; (*Gelegenheit*) to take; (*Interessen, Rechte*) to look after.

Wahrnehmung *f* perception; observing; awareness; taking; looking after.

wahrsagen *vi* to predict the future, tell fortunes.

Wahrsager *m* fortune-teller.

wahrscheinlich [vaːrˈʃaɪnlɪç] *adj* probable ♦ *adv* probably; **W**~**keit** *f* probability; **aller W**~**keit nach** in all probability.

Währung ['vɛːrʊŋ] *f* currency.

Währungs- *zW:* ~**einheit** *f* monetary unit; ~**politik** *f* monetary policy; ~**raum** *m* currency area; ~**reserven** *pl* official reserves *pl*; ~**union** *f* monetary union.

Wahrzeichen *nt* (*Gebäude, Turm etc*) symbol; (*von Stadt, Verein*) emblem.

Waise ['vaɪzə] (**-, -n**) *f* orphan.

Waisen- *zW:* ~**haus** *nt* orphanage; ~**kind** *nt* orphan; ~**knabe** *m:* **gegen dich ist er ein** ~**knabe** (*umg*) he's no match for you; ~**rente** *f* orphan's allowance.

Wal [vaːl] (**-(e)s, -e**) *m* whale.

Wald [valt] (**-(e)s, ⁻er**) *m* wood(s *pl*); (*groß*) forest; ~**brand** *m* forest fire.

Wäldchen ['vɛltçən] *nt* copse, grove.

Waldhorn *nt* (*MUS*) French horn.

waldig ['valdɪç] *adj* wooded.

Wald- *zW:* ~**lehrpfad** *m* nature trail; ~**meister** *m* (*BOT*) woodruff; ~**sterben** *nt* loss of trees due to pollution.

Wald- und Wiesen- (*umg*) *in zW* common-or-garden.

Waldweg *m* woodland *od* forest path.

Wales [weɪlz] *nt* Wales.

Walfang ['vaːlfaŋ] *m* whaling.

Walfisch ['valfɪʃ] *m* whale.

Waliser(in) [vaˈliːzər(ɪn)] (**-s, -**) *m(f)* Welshman, Welshwoman.

walisisch *adj* Welsh.

Walkman ® ['wɔːkman] (**-s, Walkmen**) *m* Walkman ®, personal stereo.

Wall [val] (**-(e)s, ⁻e**) *m* embankment; (*Bollwerk*) rampart.

wallfahren *vi untr* to go on a pilgrimage.

Wallfahrer(in) *m(f)* pilgrim.

Wallfahrt *f* pilgrimage.

Wallis ['valɪs] (**-**) *nt:* **das** ~ Valais.

Wallone [vaˈloːnə] (**-n, -n**) *m*, **Wallonin** *f* Walloon.

Walnuss▲ ['valnʊs] *f* walnut.

Walross▲ ['valrɔs] *nt* walrus.

walten ['valtən] *vi* (*geh*): **Vernunft** ~ **lassen** to let reason prevail.

Walzblech (**-(e)s**) *nt* sheet metal.

Walze ['valtsə] (**-, -n**) *f* (*Gerät*) cylinder; (*Fahrzeug*) roller.

walzen *vt* to roll (out).

wälzen ['vɛltsən] *vt* to roll (over); (*Bücher*) to hunt through; (*Probleme*) to deliberate on ♦ *vr* to wallow; (*vor Schmerzen*) to roll about; (*im Bett*) to toss and turn.

Walzer ['valtsər] (**-s, -**) *m* waltz.

Wälzer ['vɛltsər] (**-s, -**) (*umg*) *m* tome.

Wampe ['vampə] (**-, -n**) (*umg*) *f* paunch.

Wand (**-, ⁻e**) *f* wall; (*Trenn*~) partition; (*Berg*~) precipice; (*Fels*~) (rock) face; (*fig*) barrier; **weiß wie die** ~ as white as a sheet; **jdn an die** ~ **spielen** to put sb in the shade; (*SPORT*) to outplay sb.

wand *etc* [vant] *vb siehe* **winden**.

Wandel ['vandəl] (**-s**) *m* change; **w**~**bar** *adj* changeable, variable.

Wandelhalle *f* foyer.

wandeln *vt, vr* to change ♦ *vi* (*gehen*) to walk.

Wanderausstellung *f* touring exhibition.

Wanderbühne *f* touring theatre (*BRIT*) *od* theater (*US*).

Wanderer (**-s, -**) *m* hiker, rambler.

Wanderin *f* hiker, rambler.

Wanderkarte *f* hiker's map.

Wanderlied *nt* hiking song.

wandern *vi* to hike; (*Blick*) to wander; (*Gedanken*) to stray; (*umg: in den Papierkorb etc*) to land.

Wanderpreis *m* challenge trophy.

Wanderschaft f travelling (BRIT), traveling (US).

Wanderung f walk, hike; (von Tieren, Völkern) migration.

Wanderweg m trail, (foot)path.

Wandgemälde nt mural.

Wandlung f change; (völlige Um~) transformation; (REL) transubstantiation.

Wand- zW: ~**malerei** f mural painting; ~**schirm** m (folding) screen; ~**schrank** m cupboard.

wandte etc ['vantə] vb siehe **wenden**.

Wandteppich m tapestry.

Wandverkleidung f panelling.

Wange ['vaŋə] (-, -n) f cheek.

wankelmütig ['vaŋkəlmy:tıç] adj fickle, inconstant.

wanken ['vankən] vi to stagger; (fig) to waver.

wann [van] adv when; **seit ~ bist/hast du ...?** how long have you been/have you had ...?

Wanne ['vanə] (-, -n) f tub.

Wanze ['vantsə] (-, -n) f (ZOOL, Abhörgerät) bug.

WAP nt abk (COMPUT: = Wireless Application Protocol) WAP; ~**-Handy** nt WAP phone.

Wappen ['vapən] (-s, -) nt coat of arms, crest; ~**kunde** f heraldry.

wappnen vr (fig) to prepare o.s.; **gewappnet sein** to be forearmed.

war etc [va:r] vb siehe **sein**.

warb etc [varp] vb siehe **werben**.

Ware ['va:rə] (-, -n) f ware; **Waren** pl goods pl.

wäre etc ['vɛ:rə] vb siehe **sein**.

Waren- zW: ~**bestand** m stock; ~**haus** nt department store; ~**lager** nt stock, store; ~**muster** nt sample; ~**probe** f sample; ~**rückstände** pl backlog sing; ~**sendung** f trade sample (sent by post); ~**zeichen** nt trademark.

warf etc [varf] vb siehe **werfen**.

warm [varm] adj warm; (Essen) hot; (umg: homosexuell) queer; **mir ist ~** I'm warm; **mit jdm ~ werden** (umg) to get close to sb; **sich** dat **jdn ~ halten** (fig) to keep in with sb; **~ laufen** (AUT) to warm up.

Wärme ['vɛrmə] (-, -n) f warmth; **10 Grad ~** 10 degrees above zero.

wärmen vt, vr to warm (up), heat (up).

Wärmflasche f hot-water bottle.

warm- zW: **W~front** f (MET) warm front; ~**herzig** adj warm-hearted; **W~wassertank** m hot-water tank.

Warnblinkanlage f (AUT) hazard warning lights pl.

Warndreieck nt warning triangle.

warnen ['varnən] vt to warn.

Warnstreik m token strike.

Warnung f warning.

Warschau ['varʃau] (-s) nt Warsaw; ~**er Pakt** m Warsaw Pact.

Warte (-, -n) f observation point; (fig) viewpoint.

warten ['vartən] vi to wait ♦ vt (Auto, Maschine) to service; ~ **auf** +akk to wait for; **auf sich** ~ **lassen** to take a long time; **warte mal!** wait a minute!; (überlegend) let me see; **mit dem Essen auf jdn ~** to wait for sb before eating.

Wärter(in) ['vɛrtər(ın)] (-s, -) m(f) attendant.

Wartesaal m (EISENB) waiting room.

Wartezimmer nt waiting room.

Wartung f (von Auto, Maschine) servicing; ~ **und Instandhaltung** maintenance.

warum [va'rʊm] adv why; ~ **nicht gleich so!** that's better.

Warze ['vartsə] (-, -n) f wart.

was [vas] pron what; (umg: etwas) something; **das, ~ ... that which ...; ~ für ...?** what sort od kind of ...?

Wasch- zW: ~**anlage** f (für Autos) car wash; **w~bar** adj washable; ~**becken** nt washbasin.

Wäsche ['vɛʃə] (-, -n) f wash(ing); (Bett~) linen; (Unter~) underwear; **dumm aus der ~ gucken** (umg) to look stupid.

waschecht adj (Farbe) fast; (fig) genuine.

Wäsche- zW: ~**klammer** f clothes peg (BRIT), clothespin (US); ~**korb** m dirty clothes basket; ~**leine** f washing line (BRIT), clothes line (US).

waschen ['vaʃən] unreg vt, vi to wash ♦ vr to (have a) wash; **sich** dat **die Hände ~** to wash one's hands; ~ **und legen** (Haare) to shampoo and set.

Wäscherei [vɛʃə'raı] f laundry.

Wäscheschleuder f spin-dryer.

Wasch- zW: ~**gang** m stage of the washing programme (BRIT) od program (US); ~**küche** f laundry room; ~**lappen** m face cloth od flannel (BRIT), washcloth (US); (umg) softy; ~**maschine** f washing machine; ~**mittel** nt detergent; ~**pulver** nt washing powder; ~**salon** m Launderette ® (BRIT), Laundromat ® (US).

wäscht [vɛʃt] vb siehe **waschen**.

Waschtisch m washstand.

Washington ['wɔʃıŋtən] (-s) nt Washington.

Wasser¹ ['vasər] (-s, -) nt water; ~ **abstoßend** water-repellent; **dort wird auch nur mit ~ gekocht** (fig) they're no different from anybody else (there); **ins ~ fallen** (fig) to fall through; **mit allen ~n gewaschen sein** (umg) to be a shrewd customer; ~ **lassen** (euph) to pass water; **jdm das ~ abgraben** (fig) to take the bread from sb's mouth, take away sb's livelihood.

Wasser² (-s, -̈) nt (Flüssigkeit) water; (MED) lotion; (Parfüm) cologne; (Mineral~) mineral water.

Wässerchen nt: **er sieht aus, als ob er kein ~ trüben könnte** he looks as if butter wouldn't melt in his mouth.

Wasser- zW: **w~dicht** adj watertight; (*Stoff, Uhr*) waterproof; **~fall** m waterfall; **~farbe** f watercolour (*BRIT*), watercolor (*US*); **w~gekühlt** adj (*AUT*) water-cooled; **~graben** m (*SPORT*) water jump; (*um Burg*) moat; **~hahn** m tap, faucet (*US*).

wässerig ['vɛsərɪç] adj watery.

Wasser- zW: **~kessel** m kettle; (*TECH*) boiler; **~kraftwerk** nt hydroelectric power station; **~leitung** f water pipe; (*Anlagen*) plumbing; **~mann** m (*ASTROL*) Aquarius.

wassern vi to land on the water.

wässern ['vɛsərn] vt, vi to water.

Wasser- zW: **~scheide** f watershed; **w~scheu** adj afraid of water; **~schutzpolizei** f (*auf Flüssen*) river police; (*im Hafen*) harbour (*BRIT*) od harbor (*US*) police; (*auf der See*) coastguard service; **~ski** nt water-skiing; **~spiegel** m (*Oberfläche*) surface of the water; (*~stand*) water level; **~stand** m water level; **~stoff** m hydrogen; **~stoffbombe** f hydrogen bomb; **~verbrauch** m water consumption; **~waage** f spirit level; **~welle** f shampoo and set; **~werfer (-s, -)** m water cannon; **~werk** nt waterworks; **~zeichen** nt watermark.

waten ['va:tən] vi to wade.

watscheln ['va:tʃəln] vi to waddle.

Watt¹ [vat] **(-(e)s, -en)** nt mud flats pl.

Watt² **(-s, -)** nt (*ELEK*) watt.

Watte **(-, -n)** f cotton wool (*BRIT*), absorbent cotton (*US*).

Wattenmeer (-(e)s) nt mud flats pl.

Wattestäbchen nt cotton(-wool) swab.

wattieren [va'ti:rən] vt to pad.

WC [ve:'tse:] **(-s, -s)** nt abk (= *Wasserklosett*) WC.

Web [wɛb] nt (*COMPUT*): **das ~** the Web; **im ~** on the Web; **~page** nt web page; **~seite** f Web page, web site.

weben ['ve:bən] unreg vt to weave.

Weber(in) (-s, -) m(f) weaver.

Weberei [ve:bə'raɪ] f (*Betrieb*) weaving mill.

Webstuhl ['ve:pʃtu:l] m loom.

Wechsel ['vɛksəl] **(-s, -)** m change; (*Geld~*) exchange; (*COMM*) bill of exchange; **~bäder** pl alternating hot and cold baths pl; **~beziehung** f correlation; **~forderungen** pl (*COMM*) bills receivable pl; **~geld** nt change; **w~haft** adj (*Wetter*) variable; **~inhaber** m bearer; **~jahre** pl change of life, menopause; **in die ~jahre kommen** to start the change; **~kurs** m rate of exchange; **~kursmechanismus** m Exchange Rate Mechanism, ERM.

wechseln vt to change; (*Blicke*) to exchange ♦ vi to change; (*einander ablösen*) to alternate.

wechselnd adj changing; (*Stimmungen*) changeable; (*Winde, Bewölkung*) variable.

Wechsel- zW: **w~seitig** adj reciprocal; **~sprechanlage** f two-way intercom; **~strom** m alternating current; **~stube** f currency exchange, bureau de change; **~verbindlichkeiten** pl bills payable pl; **w~weise** adv alternately; **~wirkung** f interaction.

wecken ['vɛkən] vt to wake (up); (*fig*) to arouse; (*Bedarf*) to create; (*Erinnerungen*) to revive.

Wecker (-s, -) m alarm clock; **jdm auf den ~ fallen** (*umg*) to get on sb's nerves.

Weckglas ® nt preserving jar.

Weckruf m (*TEL*) alarm call.

wedeln ['ve:dəln] vi (*mit Schwanz*) to wag; (*mit Fächer*) to fan; (*SKI*) to wedel.

weder ['ve:dər] konj neither; **~ ... noch ...** neither ... nor ...

Weg [ve:k] **(-(e)s, -e)** m way; (*Pfad*) path; (*Route*) route; **sich auf den ~ machen** to be on one's way; **jdm aus dem ~ gehen** to keep out of sb's way; **jdm nicht über den ~ trauen** (*fig*) not to trust sb an inch; **den ~ des geringsten Widerstandes gehen** to follow the line of least resistance; **etw in die ~e leiten** to arrange sth; **jdm Steine in den ~ legen** (*fig*) to put obstacles in sb's way; *siehe auch* **zuwege**.

weg [vɛk] adv away, off; **über etw** akk **~ sein** to be over sth; **er war schon ~** he had already left; **nichts wie** od **nur ~ von hier!** let's get out of here!; **~ damit!** (*mit Schere etc*) put it/them away!; **Finger ~!** hands off!

Wegbereiter (-s, -) m pioneer.

wegblasen unreg vt to blow away; **wie weggeblasen sein** (*fig*) to have vanished.

wegbleiben unreg vi to stay away; **mir bleibt die Spucke weg!** (*umg*) I am absolutely flabbergasted!

wegen ['ve:gən] (*umg*) präp +gen od (*umg*) +dat because of; **von ~!** you must be joking!

weg- zW: **~fahren** unreg vi to drive away; (*abfahren*) to leave; **W~fahrsperre** f (*AUT*): (**elektronische**) **W~fahrsperre** (electronic) immobilizer; **~fallen** unreg vi to be left out; (*Ferien, Bezahlung*) to be cancelled; (*aufhören*) to cease; **~gehen** unreg vi to go away, leave; (*umg: Ware*) to sell; **~hören** vi to turn a deaf ear; **~jagen** vt to chase away; **~kommen** unreg vi: (**bei etw**) **gut/schlecht ~kommen** (*umg*) to come off well/badly (with sth); **~lassen** unreg vt to leave out; **~laufen** unreg vi to run away od off; **das läuft (dir) nicht ~!** (*fig hum*) that can wait; **~legen** vt to put aside; **~machen** (*umg*) vt to get rid of; **~müssen** unreg (*umg*) vi to have to go; **~nehmen** unreg vt to take away.

Wegrand ['ve:krant] m wayside.

weg- zW: **~räumen** vt to clear away;

~**schaffen** vt to clear away; ~**schließen** unreg vt to lock away; ~**schnappen** vt: (jdm) etw ~**schnappen** to snatch sth away (from sb); ~**stecken** vt to put away; (umg: verkraften) to cope with; ~**treten** unreg vi (MIL): ~**treten!** dismiss!; **geistig** ~**getreten sein** (umg: geistesabwesend) to be away with the fairies; ~**tun** unreg vt to put away.

wegweisend ['ve:gvaɪzənt] adj pioneering attrib, revolutionary.

Wegweiser ['ve:gvaɪzər] (-s, -) m road sign, signpost; (fig: Buch etc) guide.

Wegwerf- ['vɛkvɛrf] in zW disposable.

weg- zW: ~**werfen** unreg vt to throw away; ~**werfend** adj disparaging; **W**~**werfgesellschaft** f throw-away society; ~**wollen** unreg vi (verreisen) to want to go away; ~**ziehen** unreg vi to move away.

weh [ve:] adj sore.

Wehe ['ve:ə] (-, -n) f drift.

wehe interj: ~, **wenn du** … you'll regret it if you …; ~ **dir!** you dare!

Wehen pl (MED) contractions pl; **in den** ~ **liegen** to be in labour (BRIT) od labor (US).

wehen vt, vi to blow; (Fahnen) to flutter.

weh- zW: ~**klagen** vi untr to wail; ~**leidig** adj oversensitive to pain; (jammernd) whiny, whining; **W**~**mut** f melancholy; ~**mütig** adj melancholy.

Wehr¹ [ve:r] (-(e)s, -e) nt weir.

Wehr² [ve:r] (-, -en) f (Feuer~) fire brigade (BRIT) od department (US) ♦ in zW defence (BRIT), defense (US); **sich zur** ~ **setzen** to defend o.s.

Wehrdienst m military service.

Wehrdienstverweigerer m ≈ conscientious objector.

wehren vr to defend o.s.

Wehr- zW: **w**~**los** adj defenceless (BRIT), defenseless (US); **jdm w**~**los ausgeliefert sein** to be at sb's mercy; ~**macht** f armed forces pl; ~**pflicht** f conscription; **w**~**pflichtig** adj liable for military service; ~**übung** f reserve duty training exercise.

wehtun▲ ['ve:tu:n] unreg vt: **jdm/sich** ~ to hurt sb/o.s.

Wehwehchen (umg) nt (minor) complaint.

Weib [vaɪp] (-(e)s, -er) nt woman, female (pej).

Weibchen nt (Ehefrau) little woman; (ZOOL) female.

weibisch ['vaɪbɪʃ] adj effeminate.

weiblich adj feminine.

weich [vaɪç] adj soft; (Ei) soft-boiled; ~**e Währung** soft currency.

Weiche (-, -n) f (EISENB) points pl; **die** ~**n stellen** (lit) to switch the points; (fig) to set the course.

weichen unreg vi to yield, give way; **(nicht) von jdm** od **von jds Seite** ~ (not) to leave sb's side.

Weichensteller (-s, -) m pointsman.

weich- zW: **W**~**heit** f softness; **W**~**käse** m soft cheese; ~**lich** adj soft, namby-pamby; **W**~**ling** m wimp; **W**~**spüler** (-s, -) m fabric conditioner; **W**~**teile** pl soft parts pl; **W**~**tier** nt mollusc (BRIT), mollusk (US).

Weide ['vaɪdə] (-, -n) f (Baum) willow; (Gras) pasture.

weiden vi to graze ♦ vr: **sich an etw** dat ~ to delight in sth.

Weidenkätzchen nt willow catkin.

weidlich ['vaɪtlɪç] adv thoroughly.

weigern ['vaɪgərn] vr to refuse.

Weigerung ['vaɪgəruŋ] f refusal.

Weihe ['vaɪə] (-, -n) f consecration; (Priester~) ordination.

weihen vt to consecrate; (widmen) to dedicate; **dem Untergang geweiht** (liter) doomed.

Weiher (-s, -) m pond.

Weihnachten (-) nt Christmas; **fröhliche** ~! happy od merry Christmas!; **w**~ vi unpers: **es weihnachtet sehr** (poetisch, ironisch) Christmas is very much in evidence.

weihnachtlich adj Christmas(sy).

Weihnachts- zW: ~**abend** m Christmas Eve; ~**baum** m Christmas tree; ~**geld** nt Christmas bonus; ~**geschenk** nt Christmas present; ~**lied** nt Christmas carol; ~**mann** m Father Christmas (BRIT), Santa Claus.

Weihnachtsmarkt m Christmas fair.

Weihnachtstag m: **(erster)** ~ Christmas day; **zweiter** ~ Boxing Day (BRIT).

Weihrauch m incense.

Weihwasser nt holy water.

weil [vaɪl] konj because.

Weile ['vaɪlə] (-) f while, short time.

Weiler ['vaɪlər] (-s, -) m hamlet.

Weimarer Republik ['vaɪmarər repu'bliːk] *f* Weimar Republic.

Wein [vaɪn] (**-(e)s, -e**) *m* wine; (*Pflanze*) vine; **jdm reinen ~ einschenken** (*fig*) to tell sb the truth; **~bau** *m* cultivation of vines; **~bauer** *m* wine-grower; **~beere** *f* grape; **~berg** *m* vineyard; **~bergschnecke** *f* snail; **~brand** *m* brandy.

weinen *vt, vi* to cry; **das ist zum W~** it's enough to make you cry *od* weep.

weinerlich *adj* tearful.

Wein- *zW:* **~gegend** *f* wine-growing area; **~geist** *m* (ethyl) alcohol; **~glas** *nt* wine glass; **~gut** *nt* wine-growing estate; **~karte** *f* wine list.

Weinkrampf *m* crying fit.

Wein- *zW:* **~lese** *f* vintage; **~probe** *f* wine tasting; **~rebe** *f* vine; **w~rot** *adj* (*Farbe*) claret; **w~selig** *adj* merry with wine; **~stein** *m* tartar; **~stock** *m* vine; **~stube** *f* wine bar; **~traube** *f* grape.

weise ['vaɪzə] *adj* wise.

Weise (**-, -n**) *f* manner, way; (*Lied*) tune; **auf diese ~** in this way.

Weise(r) *f(m)* wise man, wise woman, sage.

weisen *unreg vt* to show; **etw (weit) von sich ~** (*fig*) to reject sth (emphatically).

Weisheit ['vaɪshaɪt] *f* wisdom.

Weisheitszahn *m* wisdom tooth.

weismachen ['vaɪsmaxən] *vt:* **er wollte uns ~, dass ...** he would have us believe that ...

weiß[1] [vaɪs] *vb siehe* **wissen**.

weiß[2] *adj* white; **W~blech** *nt* tin plate; **W~brot** *nt* white bread; **~en** *vt* to whitewash; **W~glut** *f* (*TECH*) incandescence; **jdn zur W~glut bringen** (*fig*) to make sb see red; **W~kohl** *m* (white) cabbage.

Weißrussland▲ *nt* B(y)elorussia.

weißt [vaɪst] *vb siehe* **wissen**.

Weiß- *zW:* **~waren** *pl* linen *sing*; **~wein** *m* white wine; **~wurst** *f* veal sausage.

Weisung ['vaɪzʊŋ] *f* instruction.

weit [vaɪt] *adj* wide; (*Begriff*) broad; (*Reise, Wurf*) long ♦ *adv* far; **~ blickend** far-seeing; **~ hergeholt** far-fetched; **~ reichend** (*fig*) far-reaching; **~ verbreitet** widespread; **~ verzweigt** (*Straßensystem*) extensive; **in er Ferne** in the far distance; **wie ~ ist es ...?** how far is it ...?; **das geht zu ~** that's going too far; **~ und breit** for miles around; **~ gefehlt!** far from it; **es so ~ bringen, dass ...** to bring it about that ...; **~ zurückliegen** to be far behind; **von ~em** from a long way off; **~ab** *adv:* **~ab von** far (away) from; **~aus** *adv* by far; **W~blick** *m* (*fig*) far-sightedness; **~blickend** *adj siehe* **weit**.

Weite (**-, -n**) *f* width; (*Raum*) space; (*von Entfernung*) distance.

weiten *vt, vr* to widen.

weiter ['vaɪtər] *adj* wider; (*zusätzlich*) further ♦ *adv* further; **wenn es ~ nichts ist ...** well, if that's all (it is), ...; **das hat ~ nichts zu sagen** that doesn't really matter; **immer ~** on and on; (*Anweisung*) keep on (going); **~ nichts/niemand** nothing/nobody else; **~arbeiten** *vi* to go on working; **~bilden** *vr* to continue one's studies; **W~bildung** *f* further education.

Weitere(s) *nt* further details *pl*; **bis auf w~s** for the time being; **ohne w~s** without further ado, just like that.

weiter- *zW:* **~empfehlen** *unreg vt* to recommend (to others); **~erzählen** *vt* (*Geheimnis*) to pass on; **W~fahrt** *f* continuation of the journey; **~führend** *adj* (*Schule*) secondary (*BRIT*), high (*US*); **~gehen** *unreg vi* to go on; **~hin** *adv:* **etw ~hin tun** to go on doing sth; **~kommen** *unreg vi:* **nicht ~kommen** (*fig*) to be bogged down; **~leiten** *vt* to pass on; **~machen** *vt, vi* to continue; **~reisen** *vi* to continue one's journey; **~sagen** *vt:* **nicht ~sagen!** don't tell anyone!; **~sehen** *unreg vi:* **dann sehen wir ~** then we'll see; **~verarbeiten** *vt* to process; **~wissen** *unreg vi:* **nicht (mehr) ~wissen** (*verzweifelt sein*) to be at one's wits' end.

weit- *zW:* **~gehend** *adj* considerable ♦ *adv* largely; **~hin** *adv* widely; (**~gehend**) to a large extent; **~läufig** *adj* (*Gebäude*) spacious; (*Erklärung*) lengthy; (*Verwandter*) distant; **~schweifig** *adj* long-winded; **~sichtig** *adj* (*lit*) long-sighted (*BRIT*), far-sighted (*US*); (*fig*) far-sighted; **W~sprung** *m* long jump; **W~winkelobjektiv** *nt* (*PHOT*) wide-angle lens.

Weizen ['vaɪtsən] (**-s, -**) *m* wheat; **~bier** *nt* light, fizzy wheat beer; **~keime** *pl* (*KOCH*) wheatgerm *sing*.

welch [vɛlç] *pron:* **~ ein(e) ...** what a ...

═══════════════════ *SCHLÜSSELWORT*

welche(r, s) *interrog pron* which; **~r von beiden?** which (one) of the two?; **~n hast du genommen?** which (one) did you take?; **~ Freude!** what joy!

♦ *indef pron* some; (*in Fragen*) any; **ich habe ~** I have some; **haben Sie ~?** do you have any?

♦ *rel pron* (*bei Menschen*) who; (*bei Sachen*) which, that; **~(r, s) auch immer** whoever/ whichever/whatever.

───────────────────────────

welk [vɛlk] *adj* withered; **~en** *vi* to wither.

Wellblech *nt* corrugated iron.

Welle ['vɛlə] (**-, -n**) *f* wave; (*TECH*) shaft; **(hohe) ~n schlagen** (*fig*) to create (quite) a stir.

Wellen- *zW:* **~bereich** *m* waveband; **~brecher** *m* breakwater; **~gang** *m:* **starker ~gang** heavy sea(s) *od* swell; **~länge** *f* (*lit, fig*) wavelength; **mit jdm auf einer ~länge sein**

(fig) to be on the same wavelength as sb;
~**linie** *f* wavy line.
Wellensittich *m* budgerigar.
Wellpappe *f* corrugated cardboard.
Welpe ['vɛlpə] (**-n, -n**) *m* pup, whelp; *(von Wolf etc)* cub.
Welt [vɛlt] (**-, -en**) *f* world; **aus der ~ schaffen** to eliminate; **in aller ~** all over the world; **vor aller ~** in front of everybody; **auf die ~ kommen** to be born; **~all** *nt* universe; ~**anschauung** *f* philosophy of life; **w~berühmt** *adj* world-famous; **w~bewegend** *adj* world-shattering; ~**bild** *nt* conception of the world; *(jds Ansichten)* philosophy.
Weltenbummler(in) *m(f)* globetrotter.
Weltergewicht ['vɛltərɡəvɪçt] *nt* (*SPORT*) welterweight.
weltfremd *adj* unworldly.
Weltgesundheitsorganisation *f* World Health Organization.
Welt- *zW:* **w~gewandt** *adj* sophisticated; ~**kirchenrat** *m* World Council of Churches; ~**krieg** *m* world war; **w~lich** *adj* worldly; *(nicht kirchlich)* secular; ~**literatur** *f* world literature; ~**macht** *f* world power; **w~männisch** *adj* sophisticated; ~**meister** *m* world champion; ~**meisterschaft** *f* world *od* world's (*US*) championship; *(FUSSBALL etc)* World Cup; ~**rang** *m:* **von ~rang** world-famous; ~**raum** *m* space; ~**raumforschung** *f* space research; ~**raumstation** *f* space station; ~**reise** *f* trip round the world; ~**ruf** *m* world-wide reputation; ~**sicherheitsrat** *m* (*POL*) United Nations Security Council; ~**stadt** *f* metropolis; ~**untergang** *m* (*lit, fig*) end of the world; **w~weit** *adj* world-wide; ~**wirtschaft** *f* world economy; ~**wirtschaftskrise** *f* world economic crisis; ~**wunder** *nt* wonder of the world.
wem [ve:m] *dat von* **wer** ♦ *pron* to whom.
wen [ve:n] *akk von* **wer** ♦ *pron* whom.
Wende ['vɛndə] (**-, -n**) *f* turn; *(Veränderung)* change; **die ~** (*POL*) (the) reunification (of Germany); ~**kreis** *m* (*GEOG*) tropic; (*AUT*) turning circle.
Wendeltreppe *f* spiral staircase.
wenden *unreg vt, vi, vr* to turn; **bitte ~!** please turn over; **sich an jdn ~** to go/come to sb.
Wendepunkt *m* turning point.
wendig *adj* (*lit, fig*) agile; (*Auto etc*) manoeuvrable (*BRIT*), maneuverable (*US*).
Wendung *f* turn; *(Rede~)* idiom.
wenig ['ve:nɪç] *adj, adv* little; **ein ~ a** little; **er hat zu ~ Geld** he doesn't have enough money; **ein Exemplar zu ~** one copy too few.
wenige ['ve:nɪɡə] *pl* few *pl;* **in ~n Tagen** in (just) a few days.
weniger *adj* less; *(mit pl)* fewer ♦ *adv* less.
Wenigkeit *f* trifle; **meine ~** (*umg*) little me.

wenigste(r, s) *adj* least.
wenigstens *adv* at least.
wenn [vɛn] *konj* if; *(zeitlich)* when; **~ auch ... even if ...;** **~ ich doch ...** if only I ...; **~ wir erst die neue Wohnung haben** once we get the new flat.
Wenn *nt:* **ohne ~ und Aber** unequivocally.
wennschon *adv:* **na ~** so what?; **~, dennschon!** in for a penny, in for a pound!
wer [ve:r] *pron* who.
Werbe- *zW:* ~**agentur** *f* advertising agency; ~**aktion** *f* advertising campaign; ~**antwort** *f* business reply card; ~**banner** *nt* banner; ~**fernsehen** *nt* commercial television; ~**film** *m* promotional film; ~**geschenk** *nt* promotional gift, freebie (*umg*); *(zu Gekauftem)* free gift; ~**grafiker(in)** *m(f)* commercial artist; ~**kampagne** *f* advertising campaign.
werben ['vɛrbən] *unreg vt* to win; *(Mitglied)* to recruit ♦ *vi* to advertise; **um jdn/etw ~** to try to win sb/sth; **für jdn/etw ~** to promote sb/sth.
Werbe- *zW:* ~**spot** *m* commercial; ~**texter (-s, -)** *m* copywriter; ~**trommel** *f:* **die ~trommel (für etw) rühren** (*umg*) to beat the big drum (for sth); **w~wirksam** *adj:* **w~wirksam sein** to be good publicity.
Werbung *f* advertising; *(von Mitgliedern)* recruitment; *(TV etc: Werbeblock)* commercial break; **~ um jdn/etw** promotion of sb/sth.
Werbungskosten *pl* professional *od* business expenses *pl.*
Werdegang ['ve:rdəɡaŋ] *m* development; *(beruflich)* career.

═══════════════ *SCHLÜSSELWORT*

werden ['ve:rdən] *unreg (pt* **wurde,** *pp* **geworden** *od (bei Passiv)* **worden)** *vi* to become; **was ist aus ihm/aus der Sache geworden?** what became of him/it; **es ist nichts/gut geworden** it came to nothing/ turned out well; **es wird Nacht/Tage** it's getting dark/light; **es wird bald ein Jahr, dass ...** it's almost a year since ...; **er wird am 8. Mai 36** he will be 36 on the 8th May; **mir wird kalt** I'm getting cold; **mir wird schlecht** I feel ill; **Erster ~** to come *od* be first; **das muss anders ~** that will have to change; **rot/zu Eis ~** to turn red/to ice; **was willst du (mal) ~?** what do you want to be?; **die Fotos sind gut geworden** the photos turned out well.

♦ *Hilfsverb* **1** *(bei Futur):* **er wird es tun** he will *od* he'll do it; **er wird das nicht tun** he will not *od* he won't do it; **es wird gleich regnen** it's going to rain any moment.
2 *(bei Konjunktiv):* **ich würde ...** I would ...; **er würde gern ...** he would *od* he'd like to ...; **ich würde lieber** I would *od* I'd rather ...

3 (*bei Vermutung*): **sie wird in der Küche sein** she will be in the kitchen.
4 (*bei Passiv*): **gebraucht** ~ to be used; **er ist erschossen worden** he has *od* he's been shot; **mir wurde gesagt, dass** I was told that ...

werdend *adj:* ~**e Mutter** expectant mother.
werfen ['vɛrfən] *unreg vt* to throw ♦ *vi* (*Tier*) to have its young; „**nicht** ~" "handle with care".
Werft [vɛrft] (-, -en) *f* shipyard; (*für Flugzeuge*) hangar.
Werk [vɛrk] (-(e)s, -e) *nt* work; (*Tätigkeit*) job; (*Fabrik, Mechanismus*) works *pl*; **ans** ~ **gehen** to set to work; **das ist sein** ~ this is his doing; **ab** ~ (*COMM*) ex works.
werkeln ['vɛrkəln] (*umg*) *vi* to potter about (*BRIT*), putter around (*US*).
Werken (-s) *nt* (*SCH*) handicrafts *pl*.
Werkschutz *m* works security service.
Werksgelände *nt* factory premises *pl*.
Werk- *zW:* ~**statt** (-, -stätten) *f* workshop; (*AUT*) garage; ~**stoff** *m* material; ~**student** *m* self-supporting student; ~**tag** *m* working day; **w~tags** *adv* on working days; **w~tätig** *adj* working; ~**zeug** *nt* tool; ~**zeugkasten** *m* toolbox; ~**zeugmaschine** *f* machine tool; ~**zeugschrank** *m* tool chest.
Wermut ['veːrmuːt] (-(e)s, -s) *m* wormwood; (*Wein*) vermouth.
Wermutstropfen *m* (*fig*) drop of bitterness.
Wert [veːrt] (-(e)s, -e) *m* worth; (*FIN*) value; ~ **legen auf** +*akk* to attach importance to; **es hat doch keinen** ~ it's useless; **im** ~**e von** to the value of.
wert [veːrt] *adj* worth; (*geschätzt*) dear; (*würdig*) worthy; **das ist nichts/viel** ~ it's not worth anything/it's worth a lot; **das ist es/er mir** ~ it's/he's worth that to me; **ein Auto ist viel** ~ (*nützlich*) a car is very useful.
Wertangabe *f* declaration of value.
wertbeständig *adj* stable in value.
werten *vt* to rate; (*beurteilen*) to judge; (*SPORT: als gültig* ~) to allow; ~ **als** to rate as; to judge to be.
Wert- *zW:* ~**gegenstand** *m* article of value; **w~los** *adj* worthless; ~**losigkeit** *f* worthlessness; ~**maßstab** *m* standard; ~**papier** *nt* security; ~**steigerung** *f* appreciation.
Wertung *f* (*SPORT*) score.
Wert- *zW:* **w~voll** *adj* valuable; ~**vorstellung** *f* moral concept; ~**zuwachs** *m* appreciation.
Wesen ['veːzən] (-s, -) *nt* (*Geschöpf*) being; (*Natur, Character*) nature.
wesentlich *adj* significant; (*beträchtlich*) considerable; **im W~en** essentially; (*im Großen*) in the main.
weshalb [vɛs'halp] *adv* why.

Wespe ['vɛspə] (-, -n) *f* wasp.
wessen ['vɛsən] *gen von* **wer** ♦ *pron* whose.
Wessi ['vɛsɪ] (-s, -s) (*umg*) *m* West German.

WESSI

A **Wessi** *is a colloquial and often derogatory word used to describe a German from the former West Germany. The expression "Besserwessi" is used by East Germans to describe a West German who is considered to be a know-all.*

West- *zW:* **w~deutsch** *adj* West German; ~**deutsche(r)** *f(m)* West German; ~**deutschland** *nt* (*POL: früher*) West Germany; (*GEOG*) Western Germany.
Weste ['vɛstə] (-, -n) *f* waistcoat, vest (*US*); **eine reine** ~ **haben** (*fig*) to have a clean slate.
Westen (-s) *m* west.
Westentasche *f:* **etw wie seine** ~ **kennen** (*umg*) to know sth like the back of one's hand.
Westerwald ['vɛstərvalt] (-s) *m* Westerwald (Mountains *pl*).
Westeuropa *nt* Western Europe.
westeuropäisch ['vɛst|ɔyro'pɛːɪʃ] *adj* West(ern) European; ~**e Zeit** Greenwich Mean Time.
Westfale [vɛst'faːlə] (-n, -n) *m* Westphalian.
Westfalen (-s) *nt* Westphalia.
Westfälin [vɛst'fɛːlɪn] *f* Westphalian.
westfälisch *adj* Westphalian.
Westindien ['vɛst|ɪndiən] (-s) *nt* West Indies *pl*.
westindisch *adj* West Indian; **die W~en Inseln** the West Indies.
west- *zW:* ~**lich** *adj* western ♦ *adv* to the west; **W~mächte** *pl* (*POL: früher*): **die W~mächte** the Western powers *pl*; ~**wärts** *adv* westwards.
weswegen [vɛs've:gən] *adv* why.
wett [vɛt] *adj* even; ~ **sein** to be quits.
Wettbewerb *m* competition.
Wettbewerbsbeschränkung *f* restraint of trade.
wettbewerbsfähig *adj* competitive.
Wette (-, -n) *f* bet, wager; **um die** ~ **laufen** to run a race (with each other).
Wetteifer *m* rivalry.
wetteifern *vi untr:* **mit jdm um etw wetteifern** to compete with sb for sth.
wetten ['vɛtən] *vt, vi* to bet; **so haben wir nicht gewettet!** that's not part of the bargain!
Wetter ['vɛtər] (-s, -) *nt* weather; (*MIN*) air; ~**amt** *nt* meteorological office; ~**aussichten** *pl* weather outlook *sing*; ~**bericht** *m* weather report; ~**dienst** *m* meteorological service; **w~fest** *adj* weatherproof; **w~fühlig** *adj* sensitive to changes in the weather; ~**karte**

f weather chart; **~lage** *f* (weather) situation.

wettern ['vɛtərn] *vi* to curse and swear.

Wetter- *zW:* **~umschlag** *m* sudden change in the weather; **~vorhersage** *f* weather forecast; **~warte** *f* weather station; **w~wendisch** *adj* capricious.

Wett- *zW:* **~kampf** *m* contest; **~lauf** *m* race; **ein ~lauf mit der Zeit** a race against time.

wettmachen *vt* to make good.

Wett- *zW:* **~rüsten** *nt* arms race; **~spiel** *nt* match; **~streit** *m* contest.

wetzen ['vɛtsən] *vt* to sharpen ♦ *vi* (*umg*) to scoot.

WEU *f abk* (= *Westeuropäische Union*) WEU.

WEZ *abk* (= *westeuropäische Zeit*) GMT.

WG *abk* = **Wohngemeinschaft**.

Whisky ['vɪski] (**-s, -s**) *m* whisky (*BRIT*), whiskey (*US, Ireland*).

WHO (-) *f abk* (= *World Health Organization*) WHO.

wich *etc* [vɪç] *vb siehe* **weichen**.

wichsen ['vɪksən] *vt* (*Schuhe*) to polish ♦ *vi* (*umg!: onanieren*) to jerk *od* toss off (*!*).

Wichser (*umg!*) *m* wanker (*!*).

Wicht [vɪçt] (**-(e)s, -e**) *m* titch; (*pej*) worthless creature.

wichtig *adj* important; **sich selbst/etw (zu) ~ nehmen** to take o.s./sth (too) seriously; **W~keit** *f* importance; **W~tuer(in)** (*pej*) *m(f)* pompous ass (*umg*).

Wicke ['vɪkə] (**-, -n**) *f* (*BOT*) vetch; (*Garten~*) sweet pea.

Wickelkleid *nt* wrap-around dress.

wickeln ['vɪkəln] *vt* to wind; (*Haare*) to set; (*Kind*) to change; **da bist du schief gewickelt!** (*fig: umg*) you're very much mistaken; **jdn/etw in etw** *akk* **~** to wrap sb/sth in sth.

Wickeltisch *m* baby's changing table.

Widder ['vɪdər] (**-s, -**) *m* ram; (*ASTROL*) Aries.

wider ['viːdər] *präp +akk* against.

widerfahren *unreg vi untr:* **jdm widerfahren** to happen to sb.

Widerhaken ['viːdərhaːkən] *m* barb.

Widerhall ['viːdərhal] *m* echo; **keinen ~ (bei jdm) finden** (*Interesse*) to meet with no response (from sb).

widerlegen *vt untr* to refute.

widerlich ['viːdərlɪç] *adj* disgusting, repulsive; **W~keit** *f* repulsiveness.

widerrechtlich *adj* unlawful.

Widerrede *f* contradiction; **keine ~!** don't argue!

Widerruf ['viːdərruːf] *m* retraction; countermanding; **bis auf ~** until revoked.

widerrufen *unreg vt untr* to retract; (*Anordnung*) to revoke; (*Befehl*) to countermand.

Widersacher(in) ['viːdərzaxər(ɪn)] (**-s, -**) *m(f)* adversary.

widersetzen *vr untr:* **sich jdm widersetzen** to oppose sb; (*der Polizei*) to resist sb; **sich einer Sache widersetzen** to oppose sth; (*einem Befehl*) to refuse to comply with sth.

widerspenstig ['viːdərʃpɛnstɪç] *adj* wilful (*BRIT*), willful (*US*); **W~keit** *f* wilfulness (*BRIT*), willfulness (*US*).

widerspiegeln ['viːdərʃpiːgəln] *vt* to reflect.

widersprechen *unreg vi untr:* **jdm widersprechen** to contradict sb.

widersprechend *adj* contradictory.

Widerspruch ['viːdərʃprʊx] *m* contradiction; **ein ~ in sich** a contradiction in terms.

widersprüchlich ['viːdərʃprʏçlɪç] *adj* contradictory, inconsistent.

widerspruchslos *adv* without arguing.

Widerstand ['viːdərʃtant] *m* resistance; **der Weg des geringsten ~es** the line of least resistance; **jdm/etw ~ leisten** to resist sb/sth.

Widerstands- *zW:* **~bewegung** *f* resistance (movement); **w~fähig** *adj* resistant, tough; **w~los** *adj* unresisting.

widerstehen *unreg vi untr:* **jdm/etw widerstehen** to withstand sb/sth.

widerstreben *vi untr:* **es widerstrebt mir, so etwas zu tun** I am reluctant to do anything like that.

widerstrebend *adj* reluctant; (*gegensätzlich*) conflicting.

Wider- *zW:* **~streit** *m* conflict; **w~wärtig** *adj* nasty, horrid; **~wille** *m:* **~wille (gegen)** aversion (to); (*Abneigung*) distaste (for); (*~streben*) reluctance; **w~willig** *adj* unwilling, reluctant; **~worte** *pl* answering back *sing*.

widmen ['vɪtmən] *vt* to dedicate ♦ *vr* to devote o.s.

Widmung *f* dedication.

widrig ['viːdrɪç] *adj* (*Umstände*) adverse; (*Mensch*) repulsive.

═══════════ *SCHLÜSSELWORT*

wie [viː] *adv* how; **~ groß/schnell?** how big/fast?; **~ viel** how much; **~ viel Menschen** how many people; **~ wärs?** how about it?; **~ wärs mit einem Whisky?** (*umg*) how about a whisky?; **~ nennt man das?** what is that called?; **~ ist er?** what's he like?; **~ gut du das kannst!** you're very good at it; **~ bitte?** pardon? (*BRIT*), pardon me? (*US*); (*entrüstet*) I beg your pardon!; **und ~!** and how!

♦ *konj* **1** (*bei Vergleichen*): **so schön ~** ... as beautiful as ...; **~ ich schon sagte** as I said; **~ noch nie** as never before; **~ du** like you; **singen ~ ein** ... to sing like a ...; **~ (zum Beispiel)** such as (for example).

2 (*zeitlich*): **~ er das hörte, ging er** when he heard that he left; **er hörte, ~ der Regen fiel** he heard the rain falling.

wieder ['viːdər] *adv* again; ~ **aufbereiten** to recycle; (*Atommüll*) to reprocess; ~ **aufnehmen** to resume; (*Gedanken, Hobby*) to take up again; (*Thema*) to revert to; (*JUR: Verfahren*) to reopen; ~ **beleben** to revive; ~ **erkennen** to recognize; ~ **gutmachen** to make up for; (*Fehler*) to put right; ~ **herstellen** (*Ruhe, Frieden*) to restore; ~ **vereinigen** to reunite; ~ **da sein** to be back (again); **gehst du schon** ~? are you off again?; ~ **ein(e)** ... another ...; **das ist auch** ~ **wahr** that's true enough; **da sieht man mal** ~ ... it just shows ...

wieder- *zW:* **W~aufbau** [-'|aʊfbaʊ] *m* rebuilding; **W~aufbereitungsanlage** *f* reprocessing plant; **W~aufnahme** [-'|aʊfnaːmə] *f* resumption; **~bekommen** *unreg vt* to get back; **~bringen** *unreg vt* to bring back; **W~erstattung** *f* reimbursement; **~finden** *unreg vt* (*fig: Selbstachtung etc*) to regain.

Wiedergabe *f* (*von Rede, Ereignis*) account; (*Wiederholung*) repetition; (*Darbietung*) performance; (*Reproduktion*) reproduction; **~gerät** *nt* playback unit.

wieder- *zW:* **~geben** *unreg vt* (*zurückgeben*) to return; (*Erzählung etc*) to repeat; (*Gefühle etc*) to convey; **W~geburt** *f* rebirth; **W~gutmachung** *f* reparation; **~herstellen** *vt* (*Gesundheit, Gebäude*) to restore.

wiederholen *vt untr* to repeat.

wiederholt *adj:* **zum ~en Male** once again.

Wiederholung *f* repetition.

Wiederholungstäter(in) *m(f)* (*JUR*) second-time offender; (*mehrmalig*) persistent offender.

wieder- *zW:* **W~hören** *nt:* **auf W~hören** (*TEL*) goodbye; **~käuen** *vi* to ruminate ♦ *vt* to ruminate; (*fig: umg*) to go over again and again; **W~kehr** (-) *f* return; (*von Vorfall*) repetition, recurrence; **~kehrend** *adj* recurrent; **W~kunft** (-, ⁻e) *f* return; **~sehen** *unreg vt* to see again; **auf W~sehen** goodbye; **~um** *adv* again; (*seinerseits etc*) in turn; (*andererseits*) on the other hand; **W~vereinigung** *f* reunification; **W~verkäufer** *m* distributor; **W~wahl** *f* re-election.

Wiege ['viːgə] (-, -n) *f* cradle.

wiegen¹ *vt* (*schaukeln*) to rock; (*Kopf*) to shake.

wiegen² *unreg vt, vi* to weigh; **schwer** ~ (*fig*) to carry a lot of weight; (*Irrtum*) to be serious.

wiehern ['viːərn] *vi* to neigh, whinny.

Wien [viːn] (-s) *nt* Vienna.

Wiener(in) (-s, -) *m(f)* Viennese ♦ *adj attrib* Viennese; ~ **Schnitzel** Wiener schnitzel.

wies *etc* [viːs] *vb siehe* **weisen**.

Wiese ['viːzə] (-, -n) *f* meadow.

Wiesel ['viːzəl] (-s, -) *nt* weasel; **schnell** *od* **flink wie ein** ~ quick as a flash.

wieso [viˈzoː] *adv* why.

wievielmal [viˈfiːlmaːl] *adv* how often.

wievielte(r, s) *adj:* **zum ~n Mal?** how many times?; **den W~n haben wir?** what's the date?; **an ~r Stelle?** in what place?; **der** ~ **Besucher war er?** how many visitors were there before him?

wieweit [viˈvaɪt] *adv* to what extent.

Wikinger ['viːkɪŋər] (-s, -) *m* Viking.

wild [vɪlt] *adj* wild; **~er Streik** unofficial strike; **in ~er Ehe leben** (*veraltet, hum*) to live in sin; ~ **entschlossen** (*umg*) dead set.

Wild (-(e)s) *nt* game.

Wild- *zW:* **~bahn** *f:* **in freier ~bahn** in the wild; **~bret** *nt* game; (*von Rotwild*) venison; **~dieb** *m* poacher.

Wilde(r) ['vɪldə(r)] *f(m)* savage.

wildern ['vɪldərn] *vi* to poach.

wild- *zW:* **W~fang** *m* little rascal; **~fremd** ['vɪlt'frɛmt] (*umg*) *adj* quite strange *od* unknown; **W~heit** *f* wildness; **W~leder** *nt* suede.

Wildnis (-, -se) *f* wilderness.

Wild- *zW:* **~schwein** *nt* (wild) boar; **~wechsel** *m:* „**~wechsel**" "wild animals"; **~westroman** *m* western.

will [vɪl] *vb siehe* **wollen**.

Wille ['vɪlə] (-ns, -n) *m* will; **jdm seinen ~n lassen** to let sb have his own way; **seinen eigenen ~n haben** to be self-willed.

willen *präp +gen:* **um ... ~** for the sake of ...

willenlos *adj* weak-willed.

willens *adj* (*geh*) ~ **sein** to be willing.

willensstark *adj* strong-willed.

willentlich ['vɪləntlɪç] *adj* wilful (*BRIT*), willful (*US*), deliberate.

willig *adj* willing.

willkommen [vɪl'kɔmən] *adj* welcome; **jdn** ~ **heißen** to welcome sb; **herzlich** ~ (**in** +*dat*) welcome (to); **W~** (-s, -) *nt* welcome.

willkürlich *adj* arbitrary; (*Bewegung*) voluntary.

willst [vɪlst] *vb siehe* **wollen**.

Wilna ['vɪlna] (-s) *nt* Vilnius.

wimmeln ['vɪməln] *vi:* ~ (**von**) to swarm (with).

wimmern ['vɪmərn] *vi* to whimper.

Wimper ['vɪmpər] (-, -n) *f* eyelash; **ohne mit der** ~ **zu zucken** (*fig*) without batting an eyelid.

Wimperntusche *f* mascara.

Wind [vɪnt] (-(e)s, -e) *m* wind; **den Mantel** *od* **das Fähnchen nach dem** ~ **hängen** to trim one's sails to the wind; **etw in den** ~ **schlagen** to turn a deaf ear to sth.

Windbeutel *m* cream puff; (*fig*) windbag.

Winde ['vɪndə] (-, -n) *f* (*TECH*) winch, windlass; (*BOT*) bindweed.

Windel ['vɪndəl] (-, -n) *f* nappy (*BRIT*), diaper (*US*).

windelweich adj: **jdn ~ schlagen** (umg) to beat the living daylights out of sb.

winden[1] ['vɪndən] vi unpers to be windy.

winden[2] unreg vt to wind; (Kranz) to weave; (ent~) to twist ♦ vr to wind; (Person) to writhe; (fig: ausweichen) to try to wriggle out.

Windenergie f wind power.

Windeseile f: **sich in** od **mit Windeseile verbreiten** to spread like wildfire.

Windhose f whirlwind.

Windhund m greyhound; (Mensch) fly-by-night.

windig ['vɪndɪç] adj windy; (fig) dubious.

Wind- zW: **~jacke** f windcheater, windbreaker (US); **~kanal** m (TECH) wind tunnel; **~kraft** f wind power; **~kraftanlage** f wind power station; **~mühle** f windmill; **gegen ~mühlen (an)kämpfen** (fig) to tilt at windmills; **~park** m wind farm.

Windpocken pl chickenpox sing.

Wind- zW: **~rose** f (NAUT) compass card; (MET) wind rose; **~schatten** m lee; (von Fahrzeugen) slipstream; **~schutzscheibe** f (AUT) windscreen (BRIT), windshield (US); **~stärke** f wind force; **w~still** adj (Tag) windless; **es ist w~still** there's no wind; **~stille** f calm; **~stoß** m gust of wind; **~surfen** nt windsurfing.

Windung f (von Weg, Fluss etc) meander; (von Schlange, Spule) coil; (von Schraube) thread.

Wink [vɪŋk] (-(e)s, -e) m (mit Kopf) nod; (mit Hand) wave; (Tipp, Hinweis) hint; **ein ~ mit dem Zaunpfahl** a broad hint.

Winkel ['vɪŋkəl] (-s, -) m (MATH) angle; (Gerät) set square; (in Raum) corner; **~advokat** (pej) m incompetent lawyer; **~messer** m protractor; **~zug** m: **mach keine ~züge** stop evading the issue.

winken ['vɪŋkən] vt, vi to wave; **dem Sieger winkt eine Reise nach Italien** the (lucky) winner will receive a trip to Italy.

winseln ['vɪnzəln] vi to whine.

Winter ['vɪntər] (-s, -) m winter; **~garten** m conservatory; **w~lich** adj wintry; **~reifen** m winter tyre (BRIT) od tire (US); **~schlaf** m (ZOOL) hibernation; **~schlussverkauf▲** m winter sale; **~semester** nt (UNIV) winter semester (bes US), ≈ autumn term (BRIT); **~spiele** pl: **(Olympische) ~spiele** Winter Olympics pl; **~sport** m winter sports pl.

Winzer(in) ['vɪntsər(ɪn)] (-s, -) m(f) wine-grower.

winzig ['vɪntsɪç] adj tiny.

Wipfel ['vɪpfəl] (-s, -) m treetop.

Wippe ['vɪpə] (-, -n) f seesaw.

wir [viːr] pron we; **~ alle** all of us, we all.

Wirbel ['vɪrbəl] (-s, -) m whirl, swirl; (Trubel) hurly-burly; (Aufsehen) fuss; (ANAT) vertebra; **~ um jdn/etw machen** to make a fuss about sb/sth.

wirbellos adj (ZOOL) invertebrate.

wirbeln vi to whirl, swirl.

Wirbel- zW: **~säule** f spine; **~tier** nt vertebrate; **~wind** m whirlwind.

wirbst vb siehe **werben**.

wirbt [vɪrpt] vb siehe **werben**.

wird [vɪrt] vb siehe **werden**.

wirfst vb siehe **werfen**.

wirft [vɪrft] vb siehe **werfen**.

wirken ['vɪrkən] vi to have an effect; (erfolgreich sein) to work; (scheinen) to seem ♦ vt (Wunder) to work; **etw auf sich** akk **~ lassen** to take sth in.

wirklich ['vɪrklɪç] adj real; **W~keit** f reality; **~keitsgetreu** adj realistic.

wirksam ['vɪrkzaːm] adj effective; **W~keit** f effectiveness.

Wirkstoff m active substance.

Wirkung ['vɪrkʊŋ] f effect.

Wirkungs- zW: **~bereich** m field (of activity od interest etc); (Domäne) domain; **w~los** adj ineffective; **w~los bleiben** to have no effect; **w~voll** adj effective.

wirr [vɪr] adj confused; (unrealistisch) wild; (Haare etc) tangled.

Wirren pl disturbances pl.

Wirrwarr ['vɪrvar] (-s) m disorder, chaos; (von Stimmen) hubbub; (von Fäden, Haaren etc) tangle.

Wirsing(kohl) ['vɪrzɪŋ(koːl)] (-s) m savoy cabbage.

wirst [vɪrst] vb siehe **werden**.

Wirt(in) [vɪrt(ɪn)] (-(e)s, -e) m(f) landlord, landlady.

Wirtschaft ['vɪrtʃaft] f (Gaststätte) pub; (Haushalt) housekeeping; (eines Landes) economy; (Geschäftsleben) industry and commerce; (umg: Durcheinander) mess; **w~en** vi (sparsam sein): **gut w~en können** to be economical; **~er** m (Verwalter) manager; **~erin** f (im Haushalt, Heim etc) housekeeper; **w~lich** adj economical; (POL) economic; **~lichkeit** f economy; (von Betrieb) viability.

Wirtschafts- zW: **~geld** nt housekeeping (money); **~geografie▲** f economic geography; **~hilfe** f economic aid; **~krise** f economic crisis; **~minister** m minister of economic affairs; **~ordnung** f economic system; **~politik** f economic policy; **~prüfer** m chartered accountant (BRIT), certified public accountant (US); **~spionage** f industrial espionage; **~wachstum** nt economic growth; **~wissenschaft** f economics sing; **~wunder** nt economic miracle; **~zweig** m branch of industry.

Wirtshaus nt inn.

Wisch [vɪʃ] (-(e)s, -e) m scrap of paper.

wischen vt to wipe.

Wischer (-s, -) m (AUT) wiper.

Wischiwaschi [vɪʃiː'vaʃiː] (-s) (*pej: umg*) *nt* drivel.

Wisent ['viːzɛnt] (-s, -e) *m* bison.

WiSo ['vizo] *abk* (= *Wirtschafts- und Sozialwissenschaften*) economics and social sciences.

wispern ['vɪspərn] *vt, vi* to whisper.

Wiss. *abk* = **Wissenschaft**.

wiss. *abk* = **wissenschaftlich**.

Wissbegier(de)▲ ['vɪsbəɡiːr(də)] *f* thirst for knowledge.

wissbegierig▲ *adj* eager for knowledge.

wissen ['vɪsən] *unreg vt, vi* to know; **von jdm/ etw nichts ~ wollen** not to be interested in sb/sth; **sie hält sich für wer weiß wie klug** (*umg*) she doesn't half think she's clever; **gewusst wie/wo!** *etc* sheer brilliance!; **ich weiß seine Adresse nicht mehr** (*sich erinnern*) I can't remember his address; **W~** (-s) *nt* knowledge; **etw gegen (sein) besseres W~ tun** to do sth against one's better judgement; **nach bestem W~ und Gewissen** to the best of one's knowledge and belief.

Wissenschaft ['vɪsənʃaft] *f* science.

Wissenschaftler(in) (-s, -) *m(f)* scientist; (*Geistes~*) academic.

wissenschaftlich *adj* scientific; **W~er Assistent** assistant lecturer.

wissenswert *adj* worth knowing.

wissentlich *adj* knowing.

wittern ['vɪtərn] *vt* to scent; (*fig*) to suspect.

Witterung *f* weather; (*Geruch*) scent.

Witwe ['vɪtvə] (-, -n) *f* widow.

Witwer (-s, -) *m* widower.

Witz [vɪts] (-es, -e) *m* joke; **der ~ an der Sache ist, dass ...** the great thing about it is that ...; **~bold** (-(e)s, -e) *m* joker.

witzeln *vi* to joke.

witzig *adj* funny.

witzlos (*umg*) *adj* (*unsinnig*) pointless, futile.

WM (-) *f abk* = **Weltmeisterschaft**.

wo [voː] *adv* where; (*umg: irgend~*) somewhere ♦ *konj* (*wenn*) if; **im Augenblick, ~ ...** the moment (that) ...; **die Zeit, ~ ...** the time when ...

woanders [voˈʔandərs] *adv* elsewhere.

wob *etc* [voːp] *vb siehe* **weben**.

wobei [voˈbaɪ] *adv* (*rel*) ... in/by/with which; (*interrog*) how; what ... in/by/with; **~ mir gerade einfällt** ... which reminds me ...

Woche ['vɔxə] (-, -n) *f* week.

Wochenbett *nt*: **im ~ sterben** to die in childbirth.

Wochen- *zW*: **~ende** *nt* weekend; **~endhaus** *nt* weekend house; **~karte** *f* weekly ticket; **w~lang** *adj* lasting weeks ♦ *adv* for weeks; **~schau** *f* newsreel; **~tag** *m* weekday.

wöchentlich ['vœçəntlɪç] *adj, adv* weekly.

Wochenzeitung *f* weekly (paper).

Wöchnerin ['vœçnərɪn] *f woman who has* recently given birth.

wodurch [voˈdʊrç] *adv* (*rel*) through which; (*interrog*) what ... through.

wofür [voˈfyːr] *adv* (*rel*) for which; (*interrog*) what ... for.

Wodka ['vɔtka] (-s, -s) *m* vodka.

wog *etc* [voːk] *vb siehe* **wiegen**[2].

Woge ['voːɡə] (-, -n) *f* wave.

wogegen [voˈɡeːɡən] *adv* (*rel*) against which; (*interrog*) what ... against.

wogen *vi* to heave, surge.

woher [voˈheːr] *adv* where ... from; **~ kommt es eigentlich, dass ...?** how is it that ...?

wohin [voˈhɪn] *adv* where ... to; **~ man auch schaut** wherever you look.

wohingegen *konj* whereas, while.

Wohl (-(e)s) *nt* welfare; **zum ~!** cheers!

═══════════════════════ *SCHLÜSSELWORT*

wohl [voːl] *adv* **1** well; (*behaglich*) at ease, comfortable; **sich ~ fühlen** (*zufrieden*) to feel happy; (*gesundheitlich*) to feel well; **~ gemeint** well-intentioned; **jdm ~ tun** to do sb good; **bei dem Gedanken ist mir nicht ~** I'm not very happy at the thought; **~ oder übel** whether one likes it or not; **er weiß das sehr ~** he knows that perfectly well. **2** (*wahrscheinlich*) probably; (*vermutlich*) I suppose; (*gewiss*) certainly; (*vielleicht*) perhaps; **sie ist ~ zu Hause** she's probably at home; **sie wird ~ das Haus verkaufen** I suppose *od* presumably she's going to sell the house; **das ist doch ~ nicht dein Ernst!** surely you're not serious!; **das mag ~ sein** that may well be; **ob das ~ stimmt?** I wonder if that's true.

wohl- *zW*: **~auf** [voːlˈʔaʊf] *adj* well, in good health; **W~befinden** *nt* well-being; **W~behagen** *nt* comfort; **~behalten** *adj* safe and sound; **W~ergehen** *nt* welfare; **W~fahrt** *f* welfare; **W~fahrtsstaat** *m* welfare state; **W~gefallen** *nt*: **sich in W~gefallen auflösen** (*hum: Gegenstände, Probleme*) to vanish into thin air; (*zerfallen*) to fall apart; **~gemerkt** *adv* mark you; **~habend** *adj* wealthy.

wohlig *adj* contented; (*gemütlich*) comfortable.

wohl- *zW*: **W~klang** *m* melodious sound; **~meinend** *adj* well-meaning; **~schmeckend** *adj* delicious; **W~stand** *m* prosperity; **W~standsgesellschaft** *f* affluent society; **W~tat** *f* (*Gefallen*) favour (*BRIT*), favor (*US*); (*gute Tat*) good deed; (*Erleichterung*) relief; **W~täter** *m* benefactor; **~tätig** *adj* charitable; **W~tätigkeit** *f* charity; **~tuend** *adj* pleasant; **~verdient** *adj* (*Ruhe*) well-earned; (*Strafe*) well-deserved; **~weislich** *adv* prudently; **W~wollen** (-s) *nt* good will; **~wollend** *adj* benevolent.

Wohnblock ['voːnblɔk] (**-s, -s**) *m* block of flats (*BRIT*), apartment house (*US*).
wohnen ['voːnən] *vi* to live.
wohn- *zW:* **W~fläche** *f* living space; **W~geld** *nt* housing benefit; **W~gemeinschaft** *f* people sharing a flat (*BRIT*) *od* apartment (*US*); (*von Hippies*) commune; **~haft** *adj* resident; **W~heim** *nt* (*für Studenten*) hall (of residence), dormitory (*US*); (*für Senioren*) home; (*bes für Arbeiter*) hostel; **W~komfort** *m:* **mit sämtlichem W~komfort** with all mod cons (*BRIT*); **~lich** *adj* comfortable; **W~mobil** *nt* motor caravan (*BRIT*), motor home (*US*); **W~ort** *m* domicile; **W~silo** *nt* concrete block of flats (*BRIT*) *od* apartment block (*US*); **W~sitz** *m* place of residence; **ohne festen W~sitz** of no fixed abode.
Wohnung *f* house; (*Etagen~*) flat (*BRIT*), apartment (*US*).
Wohnungs- *zW:* **~amt** *nt* housing office; **~bau** *m* house-building; **~markt** *m* housing market; **~not** *f* housing shortage.
wohn- *zW:* **W~viertel** *nt* residential area; **W~wagen** *m* caravan (*BRIT*), trailer (*US*); **W~zimmer** *nt* living room.
wölben ['vœlbən] *vt, vr* to curve.
Wölbung *f* curve.
Wolf [vɔlf] (**-(e)s, ̈-e**) *m* wolf; (*TECH*) shredder; (*Fleisch~*) mincer (*BRIT*), grinder (*US*).
Wölfin ['vœlfɪn] *f* she-wolf.
Wolke ['vɔlkə] (**-, -n**) *f* cloud; **aus allen ~n fallen** (*fig*) to be flabbergasted (*umg*).
Wolken- *zW:* **~bruch** *m* cloudburst; **w~bruchartig** *adj* torrential; **~kratzer** *m* skyscraper; **~kuckucksheim** *nt* cloud-cuckoo-land (*BRIT*), cloudland (*US*); **w~los** *adj* cloudless.
wolkig ['vɔlkɪç] *adj* cloudy.
Wolle ['vɔlə] (**-, -n**) *f* wool; **sich mit jdm in die ~ kriegen** (*fig: umg*) to start squabbling with sb.

═══════════ *SCHLÜSSELWORT*

wollen¹ ['vɔlən] *unreg* (*pt* **wollte**, *pp* **gewollt** *od* (*als Hilfsverb*) **wollen**) *vt, vi* to want; **ich will nach Hause** I want to go home; **er will nicht** he doesn't want to; **sie wollte das nicht** she didn't want it; **wenn du willst** if you like; **ich will, dass du mir zuhörst** I want you to listen to me; **oh, das hab ich nicht gewollt** oh, I didn't mean to do that; **ich weiß nicht, was er will** (*verstehe ihn nicht*) I don't know what he's on about.

♦ *Hilfsverb:* **er will ein Haus kaufen** he wants to buy a house; **ich wollte, ich wäre ...** I wish I were ...; **etw gerade tun ~** to be just about to *od* going to do sth; **und so jemand** *od* **etwas will Lehrer sein!** (*umg*) and he calls himself a teacher!; **das will alles gut überlegt sein** that needs a lot of thought.

wollen² *adj* woollen (*BRIT*), woolen (*US*).
Wollsachen *pl* wool(l)ens *pl*.
wollüstig ['vɔlʏstɪç] *adj* lusty, sensual.
wo- *zW:* **~mit** [vo'mɪt] *adv* (*rel*) with which; (*interrog*) what ... with; **~mit kann ich dienen?** what can I do for you?; **~möglich** [vo'møːklɪç] *adv* probably, I suppose; **~nach** [vo'naːx] *adv* (*rel*) after/for which; (*interrog*) what ... after.
Wonne ['vɔnə] (**-, -n**) *f* joy, bliss.
woran [vo'ran] *adv* (*rel*) on/at which; (*interrog*) what ... on/at; **~ liegt das?** what's the reason for it?
worauf [vo'rauf] *adv* (*rel*) on which; (*interrog*) what ... on; (*zeitlich*) whereupon; **~ du dich verlassen kannst** of that you can be sure.
woraus [vo'raus] *adv* (*rel*) from/out of which; (*interrog*) what ... from/out of.
worin [vo'rɪn] *adv* (*rel*) in which; (*interrog*) what ... in.
Wort [vɔrt] (**-(e)s, ̈-er** *od* **-e**) *nt* word; **jdn beim ~ nehmen** to take sb at his word; **ein ernstes ~ mit jdm reden** to have a serious talk with sb; **man kann sein eigenes ~ nicht (mehr) verstehen** you can't hear yourself speak; **jdm aufs ~ gehorchen** to obey sb's every word; **zu ~ kommen** to get a chance to speak; **jdm das ~ erteilen** to allow sb to speak; **~art** *f* (*GRAM*) part of speech; **w~brüchig** *adj* not true to one's word.
Wörtchen *nt:* **da habe ich wohl ein ~ mitzureden** (*umg*) I think I have some say in that.
Wörterbuch ['vœrtərbuːx] *nt* dictionary.
Wort- *zW:* **~fetzen** *pl* snatches *pl* of conversation; **~führer** *m* spokesman; **w~getreu** *adj* true to one's word; (*Übersetzung*) literal; **w~gewaltig** *adj* eloquent; **w~karg** *adj* taciturn; **~laut** *m* wording; **im ~laut** verbatim.
wörtlich ['vœrtlɪç] *adj* literal.
Wort- *zW:* **w~los** *adj* mute; **~meldung** *f:* **wenn es keine weiteren ~meldungen gibt, ...** if nobody else wishes to speak ...; **w~reich** *adj* wordy, verbose; **~schatz** *m* vocabulary; **~spiel** *nt* play on words, pun; **~wechsel** *m* dispute; **w~wörtlich** *adj* word-for-word ♦ *adv* quite literally.
worüber [vo'ryːbər] *adv* (*rel*) over/about which; (*interrog*) what ... over/about.
worum [vo'rʊm] *adv* (*rel*) about/round which; (*interrog*) what ... about/round; **~ handelt es sich?** what's it about?
worunter [vo'rʊntər] *adv* (*rel*) under which; (*interrog*) what ... under.
wo- *zW:* **~von** [vo'fɔn] *adv* (*rel*) from which; (*interrog*) what ... from; **~vor** [vo'foːr] *adv* (*rel*) in front of/before which; (*interrog*) in front of/before what; **~zu** [vo'tsuː] *adv* (*rel*) to/for

which; (*interrog*) what ... for/to; (*warum*) why; ~**zu soll das gut sein?** what's the point of that?

Wrack [vrak] (**-(e)s, -s**) *nt* wreck.

wrang *etc* [vraŋ] *vb siehe* **wringen**.

wringen ['vrɪŋən] *unreg vt* to wring.

WS *abk* = **Wintersemester**.

WSV *abk* = **Winterschlussverkauf**.

Wucher ['vuːxər] (**-s**) *m* profiteering; ~**er** (**-s, -**) *m*, ~**in** *f* profiteer; **w~isch** *adj* profiteering.

wuchern *vi* (*Pflanzen*) to grow wild.

Wucherpreis *m* exorbitant price.

Wucherung *f* (*MED*) growth.

Wuchs [vuːks] (**-es**) *m* (*Wachstum*) growth; (*Statur*) build.

wuchs *etc vb siehe* **wachsen**[1].

Wucht [vʊxt] (**-**) *f* force.

wuchtig *adj* massive, solid.

wühlen ['vyːlən] *vi* to scrabble; (*Tier*) to root; (*Maulwurf*) to burrow; (*umg: arbeiten*) to slave away ♦ *vt* to dig.

Wühlmaus *f* vole.

Wühltisch *m* (*in Kaufhaus*) bargain counter.

Wulst [vʊlst] (**-es, ⁻e**) *m* bulge; (*an Wunde*) swelling.

wulstig *adj* bulging; (*Rand, Lippen*) thick.

wund [vʊnt] *adj* sore; **sich** *dat* **die Füße** ~ **laufen** (*lit*) to get sore feet from walking; (*fig*) to walk one's legs off; **ein** ~**er Punkt** a sore point; **W~brand** *m* gangrene.

Wunde ['vʊndə] (**-, -n**) *f* wound; **alte** ~**n wieder aufreißen** (*fig*) to open up old wounds.

Wunder (**-s, -**) *nt* miracle; **es ist kein** ~ it's no wonder; **meine Eltern denken** ~ **was passiert ist** my parents think goodness knows what has happened; **w~bar** *adj* wonderful, marvellous (*BRIT*), marvelous (*US*); ~**kerze** *f* sparkler; ~**kind** *nt* child prodigy; **w~lich** *adj* odd, peculiar.

wundern *vt* to surprise ♦ *vr*: **sich** ~ **über** +*akk* to be surprised at.

Wunder- *zW*: **w~schön** *adj* beautiful; ~**tüte** *f* lucky bag; **w~voll** *adj* wonderful.

Wundfieber (**-s**) *nt* traumatic fever.

Wundstarrkrampf ['vʊntʃtarkrampf] *m* tetanus, lockjaw.

Wunsch [vʊnʃ] (**-(e)s, ⁻e**) *m* wish; **haben Sie (sonst) noch einen** ~**?** (*beim Einkauf etc*) is there anything else you'd like?; **auf jds (besonderen/ausdrücklichen)** ~ **hin** at sb's (special/express) request; ~**denken** *nt* wishful thinking.

Wünschelrute ['vʏnʃəlruːtə] *f* divining rod.

wünschen ['vʏnʃən] *vt* to wish ♦ *vi*: **zu** ~/**viel zu** ~ **übrig lassen** to leave something/a great deal to be desired; **sich** *dat* **etw** ~ to want sth, wish for sth; **was** ~ **Sie?** (*in Geschäft*) what can I do for you?; (*in Restaurant*) what would you like?

wünschenswert *adj* desirable.

Wunsch- *zW*: ~**kind** *nt* planned child; ~**konzert** *nt* (*RUNDF*) musical request programme (*BRIT*) *od* program (*US*); **w~los** *adj*: **w~los glücklich** perfectly happy; ~**traum** *m* dream; (*unrealistisch*) pipe dream; ~**zettel** *m* list of things one would like.

wurde *etc* ['vʊrdə] *vb siehe* **werden**.

Würde ['vʏrdə] (**-, -n**) *f* dignity; (*Stellung*) honour (*BRIT*), honor (*US*); **unter aller** ~ **sein** to be beneath contempt.

Würdenträger *m* dignitary.

würdevoll *adj* dignified.

würdig ['vʏrdɪç] *adj* worthy; (*würdevoll*) dignified.

würdigen ['vʏrdɪgən] *vt* to appreciate; **etw zu** ~ **wissen** to appreciate sth; **jdn keines Blickes** ~ not to so much as look at sb.

Wurf [vʊrf] (**-(e)s, ⁻e**) *m* throw; (*Junge*) litter.

Würfel ['vʏrfəl] (**-s, -**) *m* dice; (*MATH*) cube; **die** ~ **sind gefallen** the die is cast; ~**becher** *m* (dice) cup.

würfeln *vi* to play dice ♦ *vt* to dice.

Würfelspiel *nt* game of dice.

Würfelzucker *m* lump sugar.

Wurf- *zW*: ~**geschoss**▲ *nt* projectile; ~**sendung** *f* circular; ~**sendungen** *pl* (*Reklame*) junk mail.

Würgegriff (**-(e)s**) *m* (*lit, fig*) stranglehold.

würgen ['vʏrgən] *vt, vi* to choke; **mit Hängen und W~** by the skin of one's teeth.

Wurm [vʊrm] (**-(e)s, ⁻er**) *m* worm; **da steckt der** ~ **drin** (*fig: umg*) there's something wrong somewhere; (*verdächtig*) there's something fishy about it (*umg*).

wurmen (*umg*) *vt* to rile, nettle.

Wurmfortsatz *m* (*MED*) appendix.

wurmig *adj* worm-eaten.

wurmstichig *adj* worm-ridden.

Wurst [vʊrst] (**-, ⁻e**) *f* sausage; **das ist mir** ~ (*umg*) I don't care, I don't give a damn; **jetzt geht es um die** ~ (*fig: umg*) the moment of truth has come.

Würstchen ['vʏrstçən] *nt* frankfurter, hot dog sausage; ~**bude** *f*, ~**stand** *m* hot dog stall.

Württemberg ['vʏrtəmbɛrk] *nt* Württemberg.

Würze ['vʏrtsə] (**-, -n**) *f* seasoning.

Wurzel ['vʊrtsəl] (**-, -n**) *f* root; ~**n schlagen** (*lit*) to root; (*fig*) to put down roots; **die** ~ **aus 4 ist 2** (*MATH*) the square root of 4 is 2.

würzen *vt* to season; (*würzig machen*) to spice.

würzig *adj* spicy.

wusch *etc* ['vuːʃ] *vb siehe* **waschen**.

wusste *etc*▲ ['vʊstə] *vb siehe* **wissen**.

Wust [vuːst] (**-(e)s**) (*umg*) *m* (*Durcheinander*) jumble; (*Menge*) pile.

wüst [vyːst] *adj* untidy, messy; (*ausschweifend*) wild; (*öde*) waste; (*umg: heftig*) terrible; **jdn** ~ **beschimpfen** to use vile language to sb.

Wüste (-, **-n**) *f* desert; **die ~ Gobi** the Gobi Desert; **jdn in die ~ schicken** (*fig*) to send sb packing.

Wut [vuːt] (-) *f* rage, fury; **eine ~ (auf jdn/ etw) haben** to be furious (with sb/sth); **~anfall** *m* fit of rage.

wüten ['vyːtən] *vi* to rage.

wütend *adj* furious, enraged.

wutentbrannt *adj* furious, enraged.

Wz *abk* (= *Warenzeichen*) ®.

X, x

X, x [ɪks] *nt* X, x; **~ wie Xanthippe** ≈ X for Xmas; **jdm ein ~ für ein U vormachen** to put one over on sb (*umg*).

X-Beine ['ɪksbaɪnə] *pl* knock-knees *pl*.

x-beliebig [ɪksbə'liːbiç] *adj* any (... whatever).

Xerografie▲ [kserogra'fiː] *f* xerography.

xerokopieren [kseroko'piːrən] *vt* to xerox, photocopy.

x-fach ['ɪksfax] *adj*: **die ~e Menge** (*MATH*) n times the amount.

x-mal ['ɪksmaːl] *adv* any number of times, n times.

XML *abk* (*COMPUT*: = *extensible markup language*) XML.

x-te ['ɪkstə] *adj* (*MATH*: *umg*) nth; **zum ~n Male** (*umg*) for the nth *od* umpteenth time.

Xylofon▲, **Xylophon** [ksylo'foːn] (**-s**, **-e**) *nt* xylophone.

Y, y

Y, y ['ypsilɔn] *nt* Y, y; **~ wie Ypsilon** ≈ Y for Yellow, Y for Yoke (*US*).

Yen [jɛn] (**-(s)**, **-(s)**) *m* yen.

Yoga ['joːga] (**-(s)**) *m od nt* yoga.

Ypsilon ['ypsilɔn] (**-(s)**, **-s**) *nt* the letter Y.

Z, z

Z, z [tsɛt] *nt* Z, z; **~ wie Zacharias** ≈ Z for Zebra.

Zack [tsak] *m*: **auf ~ sein** (*umg*) to be on the ball.

Zacke ['tsakə] (**-, -n**) *f* point; (*Berg~*) jagged peak; (*Gabel~*) prong; (*Kamm~*) tooth.

zackig ['tsakɪç] *adj* jagged; (*umg*) smart; (: *Tempo*) brisk.

zaghaft ['tsaːkhaft] *adj* timid.

Zaghaftigkeit *f* timidity.

Zagreb ['zaːgrɛp] (**-s**) *nt* Zagreb.

zäh [tsɛː] *adj* tough; (*Mensch*) tenacious; (*Flüssigkeit*) thick; (*schleppend*) sluggish; **~flüssig** *adj* viscous; (*Verkehr*) slow-moving.

Zähigkeit *f* toughness; tenacity.

Zahl [tsaːl] (**-, -en**) *f* number.

zahlbar *adj* payable.

zahlen *vt, vi* to pay; **~ bitte!** the bill *od* check (*US*) please!

zählen ['tsɛːlən] *vt* to count ♦ *vi* (*sich verlassen*): **~ auf** +*akk* to count on; **seine Tage sind gezählt** his days are numbered; **~ zu** to be numbered among.

Zahlen- *zW*: **~angabe** *f* figure; **~kombination** *f* combination of figures; **z~mäßig** *adj* numerical; **~schloss▲** *nt* combination lock.

Zahler (**-s, -**) *m* payer.

Zähler (**-s, -**) *m* (*TECH*) meter; (*MATH*) numerator; **~stand** *m* meter reading.

Zahl- *zW*: **~grenze** *f* fare stage; **~karte** *f* transfer form; **z~los** *adj* countless; **~meister** *m* (*NAUT*) purser; **z~reich** *adj* numerous; **~tag** *m* payday.

Zahlung *f* payment; **in ~ geben/nehmen** to give/take in part exchange.

Zahlungs- *zW*: **~anweisung** *f* transfer order; **~aufforderung** *f* request for payment; **z~fähig** *adj* solvent; **~mittel** *nt* means *sing od* payment; (*Münzen, Banknoten*) currency; **~rückstände** *pl* arrears *pl*; **z~unfähig** *adj* insolvent; **~verzug** *m* default.

Zahlwort *nt* numeral.

zahm [tsaːm] *adj* tame.

zähmen ['tsɛːmən] *vt* to tame; (*fig*) to curb.

Zahn [tsaːn] (**-(e)s**, **-e**) *m* tooth; **die dritten Zähne** (*umg*) false teeth *pl*; **einen ~ draufhaben** (*umg*: *Geschwindigkeit*) to be going like the clappers (*BRIT*) *od* like crazy (*US*); **jdm auf den ~ fühlen** (*fig*) to sound sb out; **einen ~ zulegen** (*fig*) to get a move on;

~**arzt** m, ~**ärztin** f dentist; ~**belag** m plaque; ~**bürste** f toothbrush; ~**creme** f toothpaste; **z~en** vi to teethe; ~**ersatz** m denture; ~**fäule** (-) f tooth decay, caries sing; ~**fleisch** nt gums pl; **auf dem ~fleisch gehen** (fig: umg) to be all in, be at the end of one's tether; **z~los** adj toothless; ~**medizin** f dentistry; ~**paste** f toothpaste; ~**rad** nt cog(wheel); ~**radbahn** f rack railway; ~**schmelz** m (tooth) enamel; ~**schmerzen** pl toothache sing; ~**seide** f dental floss; ~**spange** f brace; ~**stein** m tartar; ~**stocher** (-s, -) m toothpick; ~**techniker(in)** m(f) dental technician; ~**weh** nt toothache.

Zaire [za'iːr] (-s) nt Zaire.

Zange ['tsaŋə] (-, -n) f pliers pl; (Zucker~ etc) tongs pl; (Beiß~, ZOOL) pincers pl; (MED) forceps pl; **jdn in die ~ nehmen** (fig) to put the screws on sb (umg).

Zangengeburt f forceps delivery.

Zankapfel m bone of contention.

zanken ['tsaŋkən] vi, vr to quarrel.

zänkisch ['tsɛŋkɪʃ] adj quarrelsome.

Zäpfchen ['tsɛpfçən] nt (ANAT) uvula; (MED) suppository.

Zapfen ['tsapfən] (-s, -) m plug; (BOT) cone; (Eis~) icicle.

zapfen vt to tap.

Zapfenstreich m (MIL) tattoo.

Zapfsäule f petrol (BRIT) od gas (US) pump.

zappelig ['tsapəlıç] adj wriggly; (unruhig) fidgety.

zappeln ['tsapəln] vi to wriggle; to fidget; **jdn ~ lassen** (fig: umg) to keep sb in suspense.

Zar [tsaːr] (-en, -en) m tzar, czar.

zart [tsart] adj (weich, leise) soft; (Braten etc) tender; (fein, schwächlich) delicate; ~ **besaitet** highly sensitive; ~**bitter** adj (Schokolade) plain (BRIT), bittersweet (US); **Z~gefühl** nt tact; **Z~heit** f softness; tenderness; delicacy.

zärtlich ['tsɛːrtlıç] adj tender, affectionate; **Z~keit** f tenderness; **Zärtlichkeiten** pl caresses pl.

Zäsium ['tsɛːziʊm] nt caesium (BRIT), cesium (US).

Zäsur [tsɛ'zuːr] f caesura; (fig) break.

Zauber ['tsaʊbər] (-s, -) m magic; (~bann) spell; **fauler ~** (umg) humbug.

Zauberei [tsaʊbə'raı] f magic.

Zauberer (-s, -) m magician; (Zauberkünstler) conjurer.

Zauber- zW: **z~haft** adj magical, enchanting; ~**in** f magician; conjurer; ~**künstler** m conjurer; ~**kunststück** nt conjuring trick; ~**mittel** nt magical cure; (Trank) magic potion.

zaubern vi to conjure, do magic.

Zauberspruch m (magic) spell.

Zauberstab m magic wand.

zaudern ['tsaʊdərn] vi to hesitate.

Zaum [tsaʊm] (-(e)s, Zäume) m bridle; **etw im ~ halten** to keep sth in check.

Zaun [tsaʊn] (-(e)s, Zäune) m fence; **vom ~(e) brechen** (fig) to start; ~**gast** m (Person) mere onlooker; ~**könig** m wren.

z. B. abk (= zum Beispiel) e.g.

z. d. A. abk (= zu den Akten) to be filed.

Zebra ['tseːbra] (-s, -s) nt zebra; ~**streifen** m pedestrian crossing (BRIT), crosswalk (US).

Zeche ['tsɛçə] (-, -n) f (Rechnung) bill, check (US); (Bergbau) mine.

zechen vi to booze (umg).

Zechprellerei [tsɛçprɛlə'raı] f skipping payment in restaurants etc.

Zecke ['tsɛkə] (-, -n) f tick.

Zeder ['tseːdər] (-, -n) f cedar.

Zeh [tseː] (-s, -en) m toe.

Zehe ['tseːə] (-, -n) f toe; (Knoblauch~) clove.

Zehenspitze f: **auf ~n** on tiptoe.

zehn [tseːn] num ten.

Zehnerpackung f packet of ten.

Zehnfingersystem nt touch-typing method.

Zehnkampf m (SPORT) decathlon.

zehnte(r, s) adj tenth.

Zehntel (-s, -) nt tenth (part).

zehren ['tseːrən] vi: **an jdm/etw ~** (an Mensch, Kraft) to wear sb/sth out.

Zeichen ['tsaıçən] (-s, -) nt sign; (COMPUT) character; **jdm ein ~ geben** to give sb a signal; **unser/Ihr ~** (COMM) our/your reference; ~**block** m sketch pad; ~**erklärung** f key; (auf Karten) legend; ~**folge** f (COMPUT) string; ~**kette** f (COMPUT) character string; ~**kode** m (COMPUT) character code; ~**satz** m (COMPUT) character set; ~**setzung** f punctuation; ~**trickfilm** m (animated) cartoon.

zeichnen vt to draw; (kenn~) to mark; (unter~) to sign ♦ vi to draw; to sign.

Zeichner(in) (-s, -) m(f) artist; **technischer ~** draughtsman (BRIT), draftsman (US).

Zeichnung f drawing; (Markierung) markings pl.

zeichnungsberechtigt adj authorized to sign.

Zeigefinger m index finger.

zeigen ['tsaıgən] vt to show ♦ vi to point ♦ vr to show o.s.; ~ **auf** +akk to point to; **es wird sich ~** time will tell; **es zeigte sich, dass** ... it turned out that ...

Zeiger (-s, -) *m* pointer; (*Uhr~*) hand.

Zeile ['tsaɪlə] (-, -n) *f* line; (*Häuser~*) row.

Zeilen- *zW:* ~**abstand** *m* line spacing; ~**ausrichtung** *f* justification; ~**drucker** *m* line printer; ~**umbruch** *m* (*COMPUT*) wraparound; ~**vorschub** *m* (*COMPUT*) line feed.

zeit [tsaɪt] *präp +gen:* ~ **meines Lebens** in my lifetime.

Zeit (-, -en) *f* time; (*GRAM*) tense; **sich** *dat* ~ **lassen** to take one's time; **eine Stunde** ~ **haben** to have an hour (to spare); **sich** *dat* **für jdn/etw** ~ **nehmen** to devote time to sb/ sth; **eine** ~ **lang** a while, a time; **von** ~ **zu** ~ from time to time; ~ **raubend** time-consuming; **in letzter** ~ recently; **nach** ~ **bezahlt werden** to be paid by the hour; **zu der** ~, **als** ... (at the time) when ...; *siehe auch* **zurzeit.**

Zeit- *zW:* ~**alter** *nt* age; ~**ansage** *f* (*RUNDF*) time check; (*TEL*) speaking clock; ~**arbeit** *f* temporary work; ~**aufwand** *m* time (*needed for a task*); ~**bombe** *f* time bomb; ~**druck** *m*: **unter** ~**druck stehen** to be under pressure; ~**geist** *m* spirit of the times; **z~gemäß** *adj* in keeping with the times; ~**genosse** *m* contemporary; **z~genössisch** ['tsaɪtɡənœsɪʃ] *adj* contemporary.

zeitig *adj, adv* early.

Zeit- *zW:* ~**karte** *f* season ticket; **z~kritisch** *adj* (*Aufsatz*) commenting on contemporary issues; **z~lebens** *adv* all one's life; **z~lich** *adj* temporal ♦ *adv:* **das kann sie z~lich nicht einrichten** she can't find (the) time for that; **das** ~**liche segnen** (*euph*) to depart this life; **z~los** *adj* timeless; ~**lupe** *f* slow motion; ~**lupentempo** *nt:* **im** ~**lupentempo** at a snail's pace; ~**not** *f:* **in** ~**not geraten** to run short of time; ~**plan** *m* schedule; ~**punkt** *m* moment, point in time; ~**raffer** (-s) *m* time-lapse photography; ~**raum** *m* period; ~**rechnung** *f* time, era; **nach/vor unserer** ~**rechnung** A.D./B.C.; ~**schrift** *f* periodical; ~**tafel** *f* chronological table.

Zeitung *f* newspaper.

Zeitungs- *zW:* ~**anzeige** *f* newspaper advertisement; ~**ausschnitt** *m* press cutting; ~**händler** *m* newsagent (*BRIT*), newsdealer (*US*); ~**papier** *nt* newsprint; ~**stand** *m* newsstand.

Zeit- *zW:* ~**verschwendung** *f* waste of time; ~**vertreib** *m* pastime, diversion; **z~weilig** *adj* temporary; **z~weise** *adv* for a time; ~**wort** *nt* verb; ~**zeichen** *nt* (*RUNDF*) time signal; ~**zone** *f* time zone; ~**zünder** *m* time fuse.

Zelle ['tsɛlə] (-, -n) *f* cell; (*Telefon~*) callbox (*BRIT*), booth.

Zellkern *m* cell, nucleus.

Zellophan [tsɛlo'faːn] (-s) *nt* cellophane.

Zellstoff *m* cellulose.

Zelt [tsɛlt] (-(e)s, -e) *nt* tent; **seine** ~**e aufschlagen/abbrechen** to settle down/pack one's bags; ~**bahn** *f* groundsheet; **z~en** *vi* to camp; ~**lager** *nt* camp; ~**platz** *m* camp site.

Zement [tse'mɛnt] (-(e)s, -e) *m* cement.

zementieren [tsemɛn'tiːrən] *vt* to cement.

Zementmaschine *f* cement mixer.

Zenit [tse'niːt] (-(e)s) *m* (*lit, fig*) zenith.

zensieren [tsɛn'ziːrən] *vt* to censor; (*SCH*) to mark.

Zensur [tsɛn'zuːr] *f* censorship; (*SCH*) mark.

Zensus ['tsɛnzus] (-, -) *m* census.

Zentimeter [tsɛnti'meːtər] *m od nt* centimetre (*BRIT*), centimeter (*US*); ~**maß** *nt* (metric) tape measure.

Zentner ['tsɛntnər] (-s, -) *m* hundredweight.

zentral [tsɛn'traːl] *adj* central.

Zentrale (-, -n) *f* central office; (*TEL*) exchange.

Zentraleinheit *f* (*COMPUT*) central processing unit.

Zentralheizung *f* central heating.

zentralisieren [tsɛntrali'ziːrən] *vt* to centralize.

Zentralverriegelung *f* (*AUT*) central locking.

Zentrifugalkraft [tsɛntrifu'gaːlkraft] *f* centrifugal force.

Zentrifuge [tsɛntri'fuːɡə] (-, -n) *f* centrifuge; (*für Wäsche*) spin-dryer.

Zentrum ['tsɛntrum] (-s, **Zentren**) *nt* centre (*BRIT*), center (*US*).

Zepter ['tsɛptər] (-s, -) *nt* sceptre (*BRIT*), scepter (*US*).

zerbrechen *unreg vt, vi* to break.

zerbrechlich *adj* fragile.

zerbröckeln [tsɛr'brœkəln] *vt, vi* to crumble (to pieces).

zerdeppern [tsɛr'dɛpərn] *vt* to smash.

zerdrücken *vt* to squash; to crush; (*Kartoffeln*) to mash.

Zeremonie [tseremo'niː] *f* ceremony.

Zeremoniell [tseremoni'ɛl] (-s, -e) *nt* ceremonial.

zerfahren *adj* scatterbrained, distracted.

Zerfall *m* decay, disintegration; (*von Kultur, Gesundheit*) decline; **z~en** *unreg vi* to disintegrate, decay; (*sich gliedern*): **z~en in** *+akk* to fall into.

zerfetzen [tsɛr'fɛtsən] *vt* to tear to pieces.

zerfleischen [tsɛr'flaɪʃən] *vt* to tear to pieces.

zerfließen *unreg vi* to dissolve, melt away.

zerfressen *unreg vi* to eat away; (*Motten, Mäuse etc*) to eat.

zergehen *unreg vi* to melt, dissolve.

zerkleinern [tsɛr'klaɪnərn] *vt* to reduce to small pieces.

zerklüftet [tsɛr'klʏftət] *adj:* **tief** ~**es Gestein** deeply fissured rock.

zerknirscht [tsɛr'knɪrʃt] *adj* overcome with remorse.

Spelling Reform: ▲ *new spelling* △ *old spelling (to be phased out)*

400 *DEUTSCH–ENGLISCH*

zerknüllen [tsɛr'knʏlən] *vt* to crumple up.

zerlaufen *unreg vi* to melt.

zerlegbar [tsɛr'leːkbaːr] *adj* able to be dismantled.

zerlegen *vt* to take to pieces; (*Fleisch*) to carve; (*Satz*) to analyse.

zerlumpt [tsɛr'lʊmpt] *adj* ragged.

zermalmen [tsɛr'malmən] *vt* to crush.

zermürben [tsɛr'mʏrbən] *vt* to wear down.

zerpflücken *vt* (*lit, fig*) to pick to pieces.

zerplatzen *vi* to burst.

zerquetschen *vt* to squash.

Zerrbild ['tsɛrbɪlt] *nt* (*fig*) caricature, distorted picture.

zerreden *vt* (*Problem*) to flog to death.

zerreiben *unreg vt* to grind down.

zerreißen *unreg vt* to tear to pieces ♦ *vi* to tear, rip.

Zerreißprobe *f* (*lit*) pull test; (*fig*) real test.

zerren ['tsɛrən] *vt* to drag ♦ *vi*: ~ **(an** +*dat*) to tug (at).

zerrinnen *unreg vi* to melt away; (*Geld*) to disappear.

zerrissen [tsɛr'rɪsən] *pp von* **zerreißen** ♦ *adj* torn, tattered; **Z~heit** *f* tattered state; (*POL*) disunion, discord; (*innere*) disintegration.

Zerrspiegel ['tsɛrʃpiːɡəl] *m* (*lit*) distorting mirror; (*fig*) travesty.

Zerrung *f*: **eine** ~ a pulled ligament/muscle.

zerrütten [tsɛr'rʏtən] *vt* to wreck, destroy.

zerrüttet *adj* wrecked, shattered.

Zerrüttungsprinzip *nt* (*bei Ehescheidung*) principle of irretrievable breakdown.

zerschellen [tsɛr'ʃɛlən] *vi* (*Schiff, Flugzeug*) to be smashed to pieces.

zerschießen *unreg vt* to shoot to pieces.

zerschlagen *unreg vt* to shatter, smash; (*fig: Opposition*) to crush; (: *Vereinigung*) to break up ♦ *vr* to fall through.

zerschleißen [tsɛr'ʃlaɪsən] *unreg vt, vi* to wear out.

zerschmelzen *unreg vi* to melt.

zerschmettern *unreg vt* to shatter; (*Feind*) to crush ♦ *vi* to shatter.

zerschneiden *unreg vt* to cut up.

zersetzen *vt, vr* to decompose, dissolve.

zersetzend *adj* (*fig*) subversive.

zersplittern [tsɛr'ʃplɪtərn] *vt, vi* to split (into pieces); (*Glas*) to shatter.

zerspringen *unreg vi* to shatter ♦ *vi* (*fig*) to burst.

zerstäuben [tsɛr'ʃtɔʏbən] *vt* to spray.

Zerstäuber (**-s, -**) *m* atomizer.

zerstören *vt* to destroy.

Zerstörer (**-s, -**) *m* (*NAUT*) destroyer.

Zerstörung *f* destruction.

Zerstörungswut *f* destructive mania.

zerstoßen *unreg vt* to pound, pulverize.

zerstreiten *unreg vr* to fall out, break up.

zerstreuen *vt* to disperse, scatter; (*Zweifel etc*) to dispel ♦ *vr* (*sich verteilen*) to scatter; (*fig*) to be dispelled; (*sich ablenken*) to take one's mind off things.

zerstreut *adj* scattered; (*Mensch*) absent-minded; **Z~heit** *f* absent-mindedness.

Zerstreuung *f* dispersion; (*Ablenkung*) diversion.

zerstritten *adj*: **mit jdm zerstritten sein** to be on very bad terms with sb.

zerstückeln [tsɛr'ʃtʏkəln] *vt* to cut into pieces.

zerteilen *vt* to divide into parts.

Zertifikat [tsɛrtifi'kaːt] (**-(e)s, -e**) *nt* certificate.

zertreten *unreg vt* to crush underfoot.

zertrümmern [tsɛr'trʏmərn] *vt* to shatter; (*Gebäude etc*) to demolish.

zerwühlen *vt* to ruffle up, tousle; (*Bett*) to rumple (up).

Zerwürfnis [tsɛr'vʏrfnɪs] (**-ses, -se**) *nt* dissension, quarrel.

zerzausen [tsɛr'tsaʊzən] *vt* (*Haare*) to ruffle up, tousle.

zetern ['tseːtərn] (*pej*) *vi* to clamour (*BRIT*), clamor (*US*); (*keifen*) to scold.

Zettel ['tsɛtəl] (**-s, -**) *m* piece *od* slip of paper; (*Notiz~*) note; (*Formular*) form; „~ **ankleben verboten"** "stick no bills"; ~**kasten** *m* card index (box); ~**wirtschaft** (*pej*) *f*: **eine** ~**wirtschaft haben** to have bits of paper everywhere.

Zeug [tsɔʏk] (**-(e)s, -e**) (*umg*) *nt* stuff; (*Ausrüstung*) gear; **dummes** ~ (stupid) nonsense; **das** ~ **haben zu** to have the makings of; **sich ins** ~ **legen** to put one's shoulder to the wheel; **was das** ~ **hält** for all one is worth; **jdm am** ~ **flicken** to find fault with sb.

Zeuge ['tsɔʏɡə] (**-n, -n**) *m* witness.

zeugen *vi* to bear witness, testify ♦ *vt* (*Kind*) to father; **es zeugt von ...** it testifies to ...

Zeugenaussage *f* evidence.

Zeugenstand *m* witness box (*BRIT*) *od* stand (*US*).

Zeugin *f* witness.

Zeugnis ['tsɔʏɡnɪs] (**-ses, -se**) *nt* certificate; (*SCH*) report; (*Referenz*) reference; (*Aussage*) evidence, testimony; ~ **geben von** to be evidence of, testify to; ~**konferenz** *f* (*SCH*) *staff meeting to decide on marks etc.*

Zeugung ['tsɔʏɡʊŋ] *f* procreation.

zeugungsunfähig *adj* sterile.

ZH *abk* = **Zentralheizung**.

z. H., z. Hd. *abk* (= *zu Händen*) att., attn.

Zicken ['tsɪkən] (*umg*) *pl*: ~ **machen** to make trouble.

zickig *adj* (*albern*) silly; (*prüde*) prudish.

Zickzack ['tsɪktsak] (**-(e)s, -e**) *m* zigzag.

Ziege ['tsiːɡə] (**-, -n**) *f* goat; (*pej: umg: Frau*) cow (!).

Ziegel ['tsiːɡəl] (**-s, -**) *m* brick; (*Dach~*) tile.

Ziegelei [tsiːɡə'laɪ] *f* brickworks.

Ziegelstein *m* brick.
Ziegenbock *m* billy goat.
Ziegenleder *nt* kid.
Ziegenpeter *m* mumps *sing.*
Ziehbrunnen *m* well.
ziehen ['tsiːən] *unreg vt* to draw; (*zerren*) to pull; (*SCHACH etc*) to move; (*züchten*) to rear ♦ *vi* to draw; (*um~, wandern*) to move; (*Rauch, Wolke etc*) to drift; (*reißen*) to pull ♦ *vb unpers*: **es zieht** there is a draught (*BRIT*) *od* draft (*US*), it's draughty (*BRIT*) *od* drafty (*US*) ♦ *vr* (*Gummi*) to stretch; (*Grenze etc*) to run; (*Gespräche*) to be drawn out; **etw nach sich ~** to lead to sth, entail sth; **etw ins Lächerliche ~** to ridicule sth; **so was zieht bei mir nicht** I don't like that sort of thing; **zu jdm ~** to move in with sb; **mir ziehts im Rücken** my back hurts; **Z~** (-**s**, -) *nt* (*Schmerz*) ache; (*im Unterleib*) dragging pain.
Ziehharmonika ['tsiːharmoːnika] *f* concertina.
Ziehung ['tsiːʊŋ] *f* (*Los~*) drawing.
Ziel [tsiːl] (-**(e)s**, -**e**) *nt* (*einer Reise*) destination; (*SPORT*) finish; (*MIL*) target; (*Absicht*) goal, aim; **jdm/sich ein ~ stecken** to set sb/o.s. a goal; **am ~ sein** to be at one's destination; (*fig*) to have reached one's goal; **über das ~ hinausschießen** (*fig*) to overshoot the mark; **z~bewusst▲** *adj* purposeful; **z~en** *vi*: **z~en (auf** +*akk*) to aim (at); **~fernrohr** *nt* telescopic sight; **~foto** *nt* (*SPORT*) photo-finish, photograph; **~gruppe** *f* target group; **~linie** *f* (*SPORT*) finishing line; **z~los** *adj* aimless; **~ort** *m* destination; **~scheibe** *f* target; **z~strebig** *adj* purposeful.
ziemen ['tsiːmən] *vr unpers* (*geh*): **das ziemt sich nicht (für dich)** it is not proper (for you).
ziemlich ['tsiːmlɪç] *adj attrib* (*Anzahl*) fair ♦ *adv* quite, pretty (*umg*); (*beinahe*) almost, nearly; **eine ~e Anstrengung** quite an effort; **~ lange** quite a long time; **~ fertig** almost *od* nearly ready.
Zierde ['tsiːrdə] (-, -**n**) *f* ornament, decoration; (*Schmuckstück*) adornment.
zieren ['tsiːrən] *vr* to act coy.
Zierleiste *f* border; (*an Wand, Möbeln*) moulding (*BRIT*), molding (*US*); (*an Auto*) trim.
zierlich *adj* dainty; **Z~keit** *f* daintiness.
Zierstrauch *m* flowering shrub.
Ziffer ['tsɪfər] (-, -**n**) *f* figure, digit; **römische/ arabische ~n** roman/arabic numerals; **~blatt** *nt* dial, (clock *od* watch) face.
zig [tsɪk] (*umg*) *adj* umpteen.
Zigarette [tsiga'rɛtə] *f* cigarette.
Zigaretten- *zW*: **~automat** *m* cigarette machine; **~pause** *f* break for a cigarette; **~schachtel** *f* cigarette packet *od* pack (*US*); **~spitze** *f* cigarette holder.
Zigarillo [tsiga'rɪlo] (-**s**, -**s**) *nt od m* cigarillo.

Zigarre [tsi'garə] (-, -**n**) *f* cigar.
Zigeuner(in) [tsi'gɔʏnər(ɪn)] (-**s**, -) *m(f)* gipsy; **~schnitzel** *nt* (*KOCH*) cutlet served in a spicy sauce with green and red peppers; **~sprache** *f* Romany (language).
Zimmer ['tsɪmər] (-**s**, -) *nt* room; **~antenne** *f* indoor aerial; **~decke** *f* ceiling; **~lautstärke** *f* reasonable volume; **~mädchen** *nt* chambermaid; **~mann** (-**(e)s**, *pl* -**leute**) *m* carpenter.
zimmern *vt* to make from wood.
Zimmer- *zW*: **~nachweis** *m* accommodation service; **~pflanze** *f* indoor plant; **~vermittlung** *f* accommodation (*BRIT*) *od* accommodations (*US*) service.
zimperlich ['tsɪmpərlɪç] *adj* squeamish; (*pingelig*) fussy, finicky.
Zimt [tsɪmt] (-**(e)s**, -**e**) *m* cinnamon; **~stange** *f* cinnamon stick.
Zink [tsɪŋk] (-**(e)s**) *nt* zinc.
Zinke (-, -**n**) *f* (*Gabel~*) prong; (*Kamm~*) tooth.
Zinken (-**s**, -) (*umg*) *m* (*Nase*) hooter.
zinken *vt* (*Karten*) to mark.
Zinksalbe *f* zinc ointment.
Zinn [tsɪn] (-**(e)s**) *nt* (*Element*) tin; (*in ~waren*) pewter; **~becher** *m* pewter tankard.
zinnoberrot [tsɪ'noːbərrot] *adj* vermilion.
Zinnsoldat *m* tin soldier.
Zinnwaren *pl* pewter *sing.*
Zins [tsɪns] (-**es**, -**en**) *m* interest.
Zinseszins *m* compound interest.
Zins- *zW*: **~fuß** *m* rate of interest; **z~los** *adj* interest-free; **~satz** *m* rate of interest; **~steuer** *f* tax on interest.
Zionismus [tsio'nɪsmʊs] *m* Zionism.
Zipfel ['tsɪpfəl] (-**s**, -) *m* corner; (*von Land*) tip; (*Hemd~*) tail; (*Wurst~*) end; **~mütze** *f* pointed cap.
zirka ['tsɪrka] *adv* (round) about.
Zirkel ['tsɪrkəl] (-**s**, -) *m* circle; (*MATH*) pair of compasses; **~kasten** *m* geometry set.
zirkulieren [tsɪrku'liːrən] *vi* to circulate.
Zirkus ['tsɪrkʊs] (-, -**se**) *m* circus; (*umg: Getue*) fuss, to-do.
zirpen ['tsɪrpən] *vi* to chirp, cheep.
Zirrhose [tsɪ'roːzə] (-, -**n**) *f* cirrhosis.
zischeln ['tsɪʃəln] *vt, vi* to whisper.
zischen ['tsɪʃən] *vi* to hiss; (*Limonade*) to fizz; (*Fett*) to sizzle.
Zitat [tsi'taːt] (-**(e)s**, -**e**) *nt* quotation, quote.
zitieren [tsi'tiːrən] *vt* to quote; (*vorladen, rufen*): **~ (vor** +*akk*) to summon (before).
Zitronat [tsitro'naːt] (-**(e)s**, -**e**) *nt* candied lemon peel.
Zitrone [tsi'troːnə] (-, -**n**) *f* lemon.
Zitronen- *zW*: **~limonade** *f* lemonade; **~saft** *m* lemon juice; **~säure** *f* citric acid; **~scheibe** *f* lemon slice.
zitt(e)rig ['tsɪt(ə)rɪç] *adj* shaky.
zittern ['tsɪtərn] *vi* to tremble; **vor jdm ~** to be

terrified of sb.

Zitze ['tsɪtsə] (-, -n) *f* teat, dug.

Zivi ['tsivi] (-s, -s) *m abk* = **Zivildienstleistender.**

zivil [tsi'viːl] *adj* civilian; (*anständig*) civil; (*Preis*) moderate; **~er Ungehorsam** civil disobedience; **Z~** (-s) *nt* plain clothes *pl*; (*MIL*) civilian clothing; **Z~bevölkerung** *f* civilian population; **Z~courage** *f* courage of one's convictions.

Zivildienst *m* alternative service (*for conscientious objectors*).

ZIVILDIENST

A young German has to complete his 13 months' **Zivildienst** or community service if he has opted out of military service as a conscientious objector. This service is usually done in a hospital or old people's home. Many young Germans choose to do this as an alternative to the **Wehrdienst**, although it lasts three months longer.

Zivildienstleistender *m* conscientious objector doing community service.

Zivilisation [tsivilizatsi'oːn] *f* civilization.

Zivilisationserscheinung *f* phenomenon of civilization.

Zivilisationskrankheit *f* disease of civilized man.

zivilisieren [tsivili'ziːrən] *vt* to civilize.

zivilisiert *adj* civilized.

Zivilist [tsivi'lɪst] *m* civilian.

Zivilrecht *nt* civil law.

ZK (-s, -s) *nt abk* (= *Zentralkomitee*) central committee.

Zobel ['tsoːbəl] (-s, -) *m* (*auch*: **~pelz**) sable (fur).

Zofe ['tsoːfə] (-, -n) *f* lady's maid; (*von Königin*) lady-in-waiting.

zog *etc* [tsoːk] *vb siehe* **ziehen.**

zögern ['tsøːɡərn] *vi* to hesitate.

Zölibat [tsøli'baːt] (-(e)s) *nt od m* celibacy.

Zoll¹ [tsɔl] (-(e)s, -) *m* (*Maß*) inch.

Zoll² (-(e)s, ⁻e) *m* customs *pl*; (*Abgabe*) duty; **~abfertigung** *f* customs clearance; **~amt** *nt* customs office; **~beamte(r)** *m* customs official; **~erklärung** *f* customs declaration; **z~frei** *adj* duty-free; **~gutlager** *nt* bonded warehouse; **~kontrolle** *f* customs (check); **z~pflichtig** *adj* liable to duty, dutiable.

Zollstock *m* inch rule.

Zone ['tsoːnə] (-, -n) *f* zone; (*von Fahrkarte*) fare stage.

Zoo [tsoː] (-s, -s) *m* zoo; **~handlung** *f* pet shop.

Zoologe [tsoo'loːɡə] (-n, -n) *m* zoologist.

Zoologie *f* zoology.

Zoologin *f* zoologist.

zoologisch *adj* zoological.

Zoom [zuːm] (-s, -s) *nt* zoom shot; (*Objektiv*) zoom lens.

Zopf [tsɔpf] (-(e)s, ⁻e) *m* plait; pigtail; **alter ~** antiquated custom.

Zorn [tsɔrn] (-(e)s) *m* anger.

zornig *adj* angry.

Zote ['tsoːtə] (-, -n) *f* smutty joke/remark.

zottig ['tsɔtɪç] *adj* shaggy.

ZPO *abk* (= *Zivilprozessordnung*) ≈ General Practice Act (*US*).

z. T. *abk* = **zum Teil.**

═══════════════════ *SCHLÜSSELWORT*

zu [tsuː] *präp +dat* **1** (*örtlich*) to; **~m Bahnhof/ Arzt gehen** to go to the station/doctor; **~r Schule/Kirche gehen** to go to school/church; **sollen wir ~ Euch gehen?** shall we go to your place?; **sie sah ~ ihm hin** she looked towards him; **~m Fenster herein** through the window; **~ meiner Linken** to od on my left.

2 (*zeitlich*) at; **~ Ostern** at Easter; **bis ~m 1. Mai** until May 1st; (*nicht später als*) by May 1st; **~ meiner Zeit** in my time.

3 (*Zusatz*) with; **Wein ~m Essen trinken** to drink wine with one's meal; **sich ~ jdm setzen** to sit down beside sb; **setz dich doch ~ uns** (come and) sit with us; **Anmerkungen ~ etw** notes on sth.

4 (*Zweck*) for; **Wasser ~m Waschen** water for washing; **Papier ~m Schreiben** paper to write on; **etw ~m Geburtstag bekommen** to get sth for one's birthday; **es ist ~ seinem Besten** it's for his own good.

5 (*Veränderung*) into; **~ etw werden** to turn into sth; **jdn ~ etw machen** to make sb (into) sth; **~ Asche verbrennen** to burn to ashes.

6 (*mit Zahlen*): **3 ~ 2** (*SPORT*) 3-2; **das Stück ~ 5 Euro** at 5 euros each; **~m ersten Mal** for the first time.

7: **~ meiner Freude** *etc* to my joy *etc*; **~m Glück** luckily; **~ Fuß** on foot; **es ist ~m Weinen** it's enough to make you cry.

♦ *konj* to; **etw ~ essen** sth to eat; **um besser sehen ~ können** in order to see better; **ohne es ~ wissen** without knowing it; **noch ~ bezahlende Rechnungen** outstanding bills.

♦ *adv* **1** (*allzu*) too; **~ sehr** too much; **~ viel** too much; (*umg: zu viele*) too many; **er kriegt ~ viel** (*umg*) he gets annoyed; **~ wenig** too little; (*umg: zu wenige*) too few.

2 (*örtlich*) toward(s); **er kam auf mich ~** he came towards od up to me.

3 (*geschlossen*) shut; closed; **die Geschäfte haben ~** the shops are closed; **~ sein** to be closed; **auf/zu** (*Wasserhahn etc*) on/off.

4 (*umg: los*): **nur ~!** just keep at it!; **mach ~!** hurry up!

zuallererst *adv* first of all.

zuallerletzt adv last of all.
zubauen ['tsu:bauən] vt (Lücke) to fill in; (Platz, Gebäude) to build up.
Zubehör ['tsu:bəhø:r] (-(e)s, -e) nt accessories pl.
Zuber ['tsu:bər] (-s, -) m tub.
zubereiten ['tsu:bəraɪtən] vt to prepare.
zubilligen ['tsu:bɪlɪgən] vt to grant.
zubinden ['tsu:bɪndən] unreg vt to tie up; **jdm die Augen ~** to blindfold sb.
zubleiben ['tsu:blaɪbən] unreg vi to stay shut.
zubringen ['tsu:brɪŋən] unreg vt to spend; (herbeibringen) to bring, take; (umg: Tür) to get shut.
Zubringer (-s, -) m (TECH) feeder, conveyor; (Verkehrsmittel) shuttle; (zum Flughafen) airport bus; **~(bus)** m shuttle (bus); **~straße** f slip road (BRIT), entrance ramp (US).
Zucchini [tsʊ'ki:ni:] pl courgettes pl (BRIT), zucchini(s) pl (US).
Zucht [tsʊxt] (-, -en) f (von Tieren) breeding; (von Pflanzen) cultivation; (Rasse) breed; (Erziehung) raising; (Disziplin) discipline; **~bulle** m breeding bull.
züchten ['tsʏçtən] vt (Tiere) to breed; (Pflanzen) to cultivate, grow.
Züchter(in) (-s, -) m(f) breeder; grower.
Zuchthaus nt prison, penitentiary (US).
Zuchthengst m stallion, stud.
züchtig ['tsʏçtɪç] adj modest, demure.
züchtigen ['tsʏçtɪgən] vt to chastise.
Züchtigung f chastisement; **körperliche ~** corporal punishment.
Zuchtperle f cultured pearl.
Züchtung f (von Tieren) breeding; (von Pflanzen) cultivation; (Zuchtart: von Tier) breed; (: von Pflanze) strain.
zucken ['tsʊkən] vi to jerk, twitch; (Strahl etc) to flicker ♦ vt to shrug; **der Schmerz zuckte (mir) durch den ganzen Körper** the pain shot right through my body.
zücken ['tsʏkən] vt (Schwert) to draw; (Geldbeutel) to pull out.
Zucker ['tsʊkər] (-s, -) m sugar; (MED) diabetes; **~ haben** (umg) to be a diabetic; **~dose** f sugar bowl; **~erbse** f mangetout (BRIT), sugar pea (US); **~guss▲** m icing; **~hut** m sugar loaf; **z~krank** adj diabetic; **~krankheit** f diabetes sing; **~lecken** nt: **das ist kein ~lecken** it's no picnic.
zuckern vt to sugar.
Zucker- zW: **~rohr** nt sugar cane; **~rübe** f sugar beet; **~spiegel** m (MED) (blood) sugar level; **z~süß** adj sugary; **~watte** f candy floss (BRIT), cotton candy (US).
Zuckung f convulsion, spasm; (leicht) twitch.
zudecken ['tsu:dɛkən] vt to cover (up); (im Bett) to tuck up od in.
zudem [tsu'de:m] adv in addition (to this).
zudrehen ['tsu:dre:ən] vt to turn off.

zudringlich ['tsu:drɪŋlɪç] adj forward, pushy; (Nachbar etc) intrusive; **~ werden** to make advances; **Z~keit** f forwardness; intrusiveness.
zudrücken ['tsu:drʏkən] vt to close; **jdm die Kehle ~** to throttle sb; **ein Auge ~** to turn a blind eye.
zueinander [tsu'aɪ'nandər] adv to one other; (in Verbverbindung) together.
zuerkennen ['tsu:'ɛrkɛnən] unreg vt: **jdm etw ~** to award sth to sb, award sb sth.
zuerst [tsu'|e:rst] adv first; (zu Anfang) at first; **~ einmal** first of all.
Zufahrt ['tsu:fa:rt] f approach; **„keine ~ zum Krankenhaus"** "no access to hospital".
Zufahrtsstraße f approach road; (von Autobahn etc) slip road (BRIT), entrance ramp (US).
Zufall ['tsu:fal] m chance; (Ereignis) coincidence; **durch ~** by accident; **so ein ~!** what a coincidence!
zufallen unreg vi to close, shut; (Anteil, Aufgabe): **jdm ~** to fall to sb.
zufällig ['tsu:fɛlɪç] adj chance ♦ adv by chance; (in Frage) by any chance.
Zufallstreffer m fluke.
zufassen ['tsu:fasən] vi (zugreifen) to take hold (of it od them); (fig: schnell handeln) to seize the opportunity; (helfen) to lend a hand.
zufliegen ['tsu:fli:gən] unreg vi: **ihm fliegt alles nur so zu** (fig) everything comes so easily to him.
Zuflucht ['tsu:flʊxt] f recourse; (Ort) refuge; **zu etw ~ nehmen** (fig) to resort to sth.
Zufluchtsort m, **Zufluchtsstätte** f place of refuge.
Zufluss▲ ['tsu:flʊs] m (Zufließen) inflow, influx; (GEOG) tributary; (COMM) supply.
zufolge [tsu'fɔlgə] präp +dat od +gen (laut) according to; (aufgrund) as a result of.
zufrieden [tsu'fri:dən] adj content(ed); **er ist mit nichts ~** nothing pleases him; **sich mit etw ~ geben** to be satisfied with sth; **lass mich damit ~!** (umg) shut up about it!; **~ stellen** to satisfy; **~ stellend** satisfactory; **Z~heit** f contentedness; (Befriedigtsein) satisfaction.
zufrieren ['tsu:fri:rən] unreg vi to freeze up od over.
zufügen ['tsu:fy:gən] vt to add; (Leid etc): **jdm etw ~** to cause sb sth.
Zufuhr ['tsu:fu:r] (-, -en) f (Herbeibringen) supplying; (MET) influx; (MIL) supplies pl.
zuführen ['tsu:fy:rən] vt (bringen) to bring; (transportieren) to convey; (versorgen) to supply ♦ vi: **auf etw** akk **~** to lead to sth.
Zug [tsu:k] (-(e)s, ¨e) m (Eisenbahn~) train; (Luft~) draught (BRIT), draft (US); (Ziehen) pull(ing); (Gesichts~) feature; (SCHACH etc) move; (Klingel~) pull; (Schrift~, beim

Schwimmen) stroke; (*Atem~*) breath; (*Charakter~*) trait; (*an Zigarette*) puff, pull, drag; (*Schluck*) gulp; (*Menschengruppe*) procession; (*von Vögeln*) migration; (*MIL*) platoon; **etw in vollen Zügen genießen** to enjoy sth to the full; **in den letzten Zügen liegen** (*umg*) to be at one's last gasp; **im ~(e)** +*gen* (*im Verlauf*) in the course of; **~ um ~** (*fig*) step by step; **zum ~(e) kommen** (*umg*) to get a look-in; **etw in groben Zügen darstellen** *od* **umreißen** to outline sth; **das war kein schöner ~ von dir** that wasn't nice of you.

Zugabe ['tsuːgaːbə] *f* extra; (*in Konzert etc*) encore.

Zugabteil *nt* train compartment.

Zugang ['tsuːgaŋ] *m* entrance; (*Zutritt, fig*) access.

zugänglich ['tsuːgɛŋlɪç] *adj* accessible; (*öffentliche Einrichtungen*) open; (*Mensch*) approachable.

Zugbegleiter *m* (*EISENB*) guard (*BRIT*), conductor (*US*).

Zugbrücke *f* drawbridge.

zugeben ['tsuːgeːbən] *unreg vt* (*beifügen*) to add, throw in; (*zugestehen*) to admit; (*erlauben*) to permit; **zugegeben ... granted ...**

zugegebenermaßen ['tsuːgegaːbənɐ'maːsən] *adv* admittedly.

zugegen [tsuːˈgeːgən] *adv* (*geh*): **~ sein** to be present.

zugehen ['tsuːgeːən] *unreg vi* (*schließen*) to shut ♦ *vi unpers* (*sich ereignen*) to go on, happen; **auf jdn/etw ~** to walk towards sb/sth; **dem Ende ~** to be finishing; **er geht schon auf die siebzig zu** he's getting on for seventy; **hier geht es nicht mit rechten Dingen zu** there's something odd going on here; **dort geht es ... zu** things are ... there.

Zugehörigkeit ['tsuːgəhøːrɪçkaɪt] *f*: **~ (zu)** membership (of), belonging (to).

Zugehörigkeitsgefühl *nt* feeling of belonging.

zugeknöpft ['tsuːgəknœpft] (*umg*) *adj* reserved, stand-offish.

Zügel ['tsyːgəl] (**-s, -**) *m* rein, reins *pl*; (*fig*) rein, curb; **die ~ locker lassen** to slacken one's hold on the reins; **die ~ locker lassen bei** (*fig*) to give free rein to.

zugelassen ['tsuːgəlasən] *adj* authorized; (*Heilpraktiker*) registered; (*Kfz*) licensed.

zügellos *adj* unrestrained; (*sexuell*) licentious.

Zügellosigkeit *f* lack of restraint; licentiousness.

zügeln *vt* to curb; (*Pferd*) to rein in.

zugesellen *vr*: **sich jdm ~** to join sb, join up with sb.

Zugeständnis ['tsuːgəʃtɛntnɪs] (**-ses, -se**) *nt*

concession; **~se machen** to make allowances.

zugestehen *unreg vt* to admit; (*Rechte*) to concede.

zugetan ['tsuːgətaːn] *adj*: **jdm/etw ~ sein** to be fond of sb/sth.

Zugewinn (**-(e)s**) *m* (*JUR*) property acquired during marriage.

Zugezogene(r) ['tsuːgətsoːgənə(r)] *f(m)* newcomer.

Zugführer *m* (*EISENB*) chief guard (*BRIT*) *od* conductor (*US*); (*MIL*) platoon commander.

zugig *adj* draughty (*BRIT*), drafty (*US*).

zügig ['tsyːgɪç] *adj* speedy, swift.

zugkräftig *adj* (*fig: Werbetext, Titel*) eye-catching; (*Schauspieler*) crowd-pulling *attr*, popular.

zugleich [tsuːˈglaɪç] *adv* (*zur gleichen Zeit*) at the same time; (*ebenso*) both.

Zugluft *f* draught (*BRIT*), draft (*US*).

Zugmaschine *f* traction engine, tractor.

zugreifen ['tsuːgraɪfən] *unreg vi* to seize *od* grab it/them; (*helfen*) to help; (*beim Essen*) to help o.s.

Zugriff ['tsuːgrɪf] *m* (*COMPUT*) access; **sich dem ~ der Polizei entziehen** (*fig*) to evade justice.

zugrunde, zu Grunde▲ [tsuˈgrʊndə] *adv*: **~ gehen** to collapse; (*Mensch*) to perish; **er wird daran nicht ~ gehen** he'll survive; (*finanziell*) it won't ruin him; **einer Sache** *dat* **etw ~ legen** to base sth on sth; **einer Sache** *dat* **~ liegen** to be based on sth; **~ richten** to ruin, destroy.

zugunsten, zu Gunsten▲ [tsuˈgʊnstən] *präp* +*gen od* +*dat* in favour (*BRIT*) *od* favor (*US*) of.

zugute [tsuˈguːtə] *adv*: **jdm etw ~ halten** to concede sth to sb; **jdm ~ kommen** to be of assistance to sb.

Zug- *zW*: **~verbindung** *f* train connection; **~vogel** *m* migratory bird; **~zwang** *m* (*SCHACH*) zugzwang; **unter ~zwang stehen** (*fig*) to be in a tight spot.

zuhalten ['tsuːhaltən] *unreg vt* to hold shut ♦ *vi*: **auf jdn/etw ~** to make for sb/sth; **sich** *dat* **die Nase ~** to hold one's nose.

Zuhälter ['tsuːhɛltər] (**-s, -**) *m* pimp.

zuhause▲ [tsuˈhauzə] (*ÖSTERR, SCHWEIZ*) *adv* at home.

Zuhause (**-s**) *nt* home.

Zuhilfenahme [tsuˈhɪlfənaːmə] *f*: **unter ~ von** with the help of.

zuhören ['tsuːhøːrən] *vi* to listen.

Zuhörer (**-s, -**) *m* listener; **~schaft** *f* audience.

zujubeln ['tsuːjuːbəln] *vi*: **jdm ~** to cheer sb.

zukehren ['tsuːkeːrən] *vt* (*zuwenden*) to turn.

zuklappen ['tsuːklapən] *vt* (*Buch, Deckel*) to close ♦ *vi* (*Hilfsverb sein: Tür etc*) to click shut.

zukleben ['tsuːkleːbən] *vt* to paste up.

zukneifen ['tsu:knaɪfən] *vt* (*Augen*) to screw up; (*Mund*) to shut tight(ly).

zuknöpfen ['tsu:knœpfən] *vt* to button (up), fasten (up).

zukommen ['tsu:kɔmən] *unreg vi* to come up; **auf jdn ~** to come up to sb; **jdm ~** (*sich gehören*) to be fitting for sb; **diesem Treffen kommt große Bedeutung zu** this meeting is of the utmost importance; **jdm etw ~ lassen** to give sb sth; **die Dinge auf sich** *akk* **~ lassen** to take things as they come.

Zukunft ['tsu:kʊnft] (-, *no pl*) *f* future.

zukünftig ['tsu:kynftɪç] *adj* future ♦ *adv* in future; **mein ~er Mann** my husband-to-be.

Zukunfts- *zW*: **~aussichten** *pl* future prospects *pl*; **~musik** (*umg*) *f* wishful thinking; **~roman** *m* science-fiction novel; **z~trächtig** *adj* promising for the future; **z~weisend** *adj* trend-setting.

Zulage ['tsu:la:gə] *f* bonus.

zulande [tsu:landə] *adv*: **bei uns ~** in our country.

zulangen ['tsu:laŋən] (*umg*) *vi* (*Dieb, beim Essen*) to help o.s.

zulassen ['tsu:lasən] *unreg vt* (*hereinlassen*) to admit; (*erlauben*) to permit; (*Auto*) to license; (*umg: nicht öffnen*) to keep shut.

zulässig ['tsu:lɛsɪç] *adj* permissible, permitted; **~e Höchstgeschwindigkeit** (upper) speed limit.

Zulassung *f* (*amtlich*) authorization; (*von Kfz*) licensing; (*als praktizierender Arzt*) registration.

Zulauf *m*: **großen ~ haben** (*Geschäft*) to be very popular.

zulaufen ['tsu:laʊfən] *unreg vi*: **~ auf** +*akk* to run towards; **jdm ~** (*Tier*) to adopt sb; **spitz ~** to come to a point.

zulegen ['tsu:le:gən] *vt* to add; (*Geld*) to put in; (*Tempo*) to accelerate, quicken; (*schließen*) to cover over; **sich** *dat* **etw ~** (*umg*) to get oneself sth.

zuleide [tsu:laɪdə] *adj*: **jdm etw ~ tun** to harm sb.

zuleiten ['tsu:laɪtən] *vt* (*Wasser*) to supply; (*schicken*) to send.

Zuleitung *f* (*TECH*) supply.

zuletzt [tsu:lɛtst] *adv* finally, at last; **wir blieben bis ~** we stayed to the very end; **nicht ~ wegen** not least because of.

zuliebe [tsu:li:bə] *adv*: **jdm ~** (in order) to please sb.

Zulieferbetrieb ['tsu:li:fərbətri:p] *m* (*COMM*) supplier.

zum [tsʊm] = **zu dem**; **~ dritten Mal** for the third time; **~ Scherz** as a joke; **~ Trinken** for drinking; **bis ~ 15. April** until 15th April; (*nicht später als*) by 15th April; **~ ersten Mal(e)** for the first time; **es ist ~ Weinen** it's enough to make you (want to) weep;

~ Glück luckily.

zumachen ['tsu:maxən] *vt* to shut; (*Kleidung*) to do up, fasten ♦ *vi* to shut; (*umg*) to hurry up.

zumal [tsu:ma:l] *konj* especially (as).

zumeist [tsu:maɪst] *adv* mostly.

zumessen ['tsu:mɛsən] *unreg vt* (+*dat*) (*Zeit*) to allocate (for); (*Bedeutung*) to attach (to).

zumindest [tsu:mɪndəst] *adv* at least.

zumutbar ['tsu:mu:tba:r] *adj* reasonable.

zumute [tsu:mu:tə] *adv*: **wie ist ihm ~?** how does he feel?

zumuten ['tsu:mu:tən] *vt*: **(jdm) etw ~** to expect *od* ask sth (of sb); **sich** *dat* **zuviel ~** to take on too much.

Zumutung *f* unreasonable expectation *od* demand; (*Unverschämtheit*) impertinence; **das ist eine ~!** that's a bit much!

zunächst [tsu:nɛ:çst] *adv* first of all; **~ einmal** to start with.

zunageln ['tsu:na:gəln] *vt* (*Fenster etc*) to nail up; (*Kiste etc*) to nail down.

zunähen ['tsu:nɛ:ən] *vt* to sew up.

Zunahme ['tsu:na:mə] (-, -n) *f* increase.

Zuname ['tsu:na:mə] *m* surname.

zünden ['tsyndən] *vi* (*Feuer*) to light, ignite; (*Motor*) to fire; (*fig*) to kindle enthusiasm ♦ *vt* to ignite; (*Rakete*) to fire.

zündend *adj* fiery.

Zünder (-s, -) *m* fuse; (*MIL*) detonator.

Zünd- *zW*: **~holz** *nt* match; **~kabel** *nt* (*AUT*) plug lead; **~kerze** *f* (*AUT*) spark(ing) plug; **~plättchen** *nt* cap; **~schlüssel** *m* ignition key; **~schnur** *f* fuse wire; **~stoff** *m* fuel; (*fig*) dynamite.

Zündung *f* ignition.

zunehmen ['tsu:ne:mən] *unreg vi* to increase, grow; (*Mensch*) to put on weight.

zunehmend *adj*: **mit ~em Alter** with advancing age.

zuneigen ['tsu:naɪgən] *vi* to incline, lean; **sich dem Ende ~** to draw to a close; **einer Auffassung ~** to incline towards a view; **jdm zugeneigt sein** to be attracted to sb.

Zuneigung *f* affection.

Zunft [tsʊnft] (-, -̈e) *f* guild.

zünftig ['tsynftɪç] *adj* (*Arbeit*) professional; (*umg: ordentlich*) proper, real.

Zunge ['tsʊŋə] *f* tongue; (*Fisch*) sole; **böse ~n behaupten, ...** malicious gossip has it ...

züngeln ['tsyŋəln] *vi* (*Flammen*) to lick.

Zungenbrecher *m* tongue-twister.

zungenfertig *adj* glib.

Zünglein ['tsyŋlaɪn] *nt*: **das ~ an der Waage sein** (*fig*) to tip the scales.

zunichte [tsu:nɪçtə] *adv*: **~ machen** to ruin, destroy; **~ werden** to come to nothing.

zunutze [tsu:nʊtsə] *adv*: **sich** *dat* **etw ~ machen** to make use of sth.

zuoberst [tsu:|o:bərst] *adv* at the top.

zuordnen ['tsu:|ɔrdnən] *vt* to assign.

zupacken ['tsu:pakən] (*umg*) *vi* (*zugreifen*) to make a grab for it; (*bei der Arbeit*) to get down to it; **mit** ~ (*helfen*) to give me/them *etc* a hand.

zupfen ['tsʊpfən] *vt* to pull, pick, pluck; (*Gitarre*) to pluck.

zur [tsuːr] = **zu der**.

zurate▲, **zu Rate** [tsu'raːtə] *adv*: **jdn** ~ **ziehen** to consult sb.

zurechnungsfähig ['tsu:rɛçnʊŋsfɛːɪç] *adj* (*JUR*) responsible, of sound mind; **Z~keit** *f* responsibility, accountability.

zurecht- *zW*: ~**biegen** *unreg vt* to bend into shape; (*fig*) to twist; ~**finden** *unreg vr* to find one's way (about); ~**kommen** *unreg vi* (*rechtzeitig kommen*) to come in time; (*schaffen*) to cope; (*finanziell*) to manage; ~**legen** *vt* to get ready; (*Ausrede etc*) to have ready; ~**machen** *vt* to prepare ♦ *vr* to get ready; (*sich schminken*) to put on one's make-up; ~**weisen** *unreg vt* to reprimand; **Z~weisung** *f* reprimand, rebuff.

zureden ['tsu:re:dən] *vi*: **jdm** ~ to persuade sb, urge sb.

zureiten ['tsuraɪtən] *unreg vt* (*Pferd*) to break in.

Zürich ['tsyːrɪç] (**-s**) *nt* Zurich.

zurichten ['tsu:rɪçtən] *vt* (*Essen*) to prepare; (*beschädigen*) to batter, bash up.

zürnen ['tsyrnən] *vi*: **jdm** ~ to be angry with sb.

zurück [tsu'rʏk] *adv* back; (*mit Zahlungen*) behind; (*fig*: ~**geblieben**: *von Kind*) backward; ~**!** get back!; ~**behalten** *unreg vt* to keep back; **er hat Schäden** ~**behalten** he suffered lasting damage; ~**bekommen** *unreg vt* to get back; ~**bezahlen** *vt* to repay, pay back; ~**bleiben** *unreg vi* (*Mensch*) to remain behind; (*nicht nachkommen*) to fall behind, lag; (*Schaden*) to remain; ~**bringen** *unreg vt* to bring back; ~**datieren** *vt* to backdate; ~**drängen** *vt* (*Gefühle*) to repress; (*Feind*) to push back; ~**drehen** *vt* to turn back; ~**erobern** *vt* to reconquer; ~**erstatten** *vt* to refund; ~**fahren** *unreg vi* to travel back; (*vor Schreck*) to recoil ♦ *vt* to drive back; ~**fallen** *unreg vi* to fall back; (*in Laster*) to relapse; (*in Leistungen*) to fall behind; (*an Besitzer*): ~**fallen an** +*akk* to revert to; ~**finden** *unreg vi* to find one's way back; ~**fordern** *vt* to demand back; ~**führen** *vt* to lead back; **etw auf etw** *akk* ~**führen** to trace sth back to sth; ~**geben** *unreg vt* to give back; (*antworten*) to retort with; ~**geblieben** *adj* retarded; ~**gehen** *unreg vi* to go back; (*fallen*) to go down, fall; (*zeitlich*): ~**gehen (auf** +*akk*) to date back (to); **Waren** ~**gehen lassen** to send back goods; ~**gezogen** *adj* retired, withdrawn; ~**greifen** *unreg vi*: ~**greifen (auf**

+*akk*) (*fig*) to fall back (upon); (*zeitlich*) to go back (to); ~**halten** *unreg vt* to hold back; (*Mensch*) to restrain; (*hindern*) to prevent ♦ *vr* (*reserviert sein*) to be reserved; (*im Essen*) to hold back; (*im Hintergrund bleiben*) to keep in the background; (*bei Verhandlung*) to keep a low profile; ~**haltend** *adj* reserved; **Z~haltung** *f* reserve; ~**holen** *vt* (*COMPUT: Daten*) to retrieve; ~**kehren** *vi* to return; ~**kommen** *unreg vi* to come back; **auf etw** *akk* ~**kommen** to return to sth; ~**lassen** *unreg vt* to leave behind; ~**legen** *vt* to put back; (*Geld*) to put by; (*reservieren*) to keep back; (*Strecke*) to cover ♦ *vr* to lie back; ~**liegen** *unreg vi*: **der Unfall liegt etwa eine Woche** ~ the accident was about a week ago; ~**nehmen** *unreg vt* to take back; ~**reichen** *vi* (*Tradition etc*): ~**reichen (in** +*akk*) to go back (to); ~**rufen** *unreg vt, vi* to call back; **etw ins Gedächtnis** ~**rufen** to recall sth; ~**schrauben** *vt*: **seine Ansprüche** ~**schrauben** to lower one's sights; ~**schrecken** *vi*: ~**schrecken vor** +*dat* to shrink from; **vor nichts** ~**schrecken** to stop at nothing; ~**setzen** *vt* to put back; (*im Preis*) to reduce; (*benachteiligen*) to put at a disadvantage ♦ *vi* (*mit Fahrzeug*) to reverse, back; ~**stecken** *vt* to put back ♦ *vi* (*fig*) to moderate one's wishes; ~**stellen** *vt* to put back, replace; (*aufschieben*) to put off, postpone; (*MIL*) to turn down; (*Interessen*) to defer; (*Ware*) to keep; **persönliche Interessen hinter etw** *dat* ~**stellen** to put sth before one's personal interests; ~**stoßen** *unreg vt* to repulse; ~**stufen** *vt* to downgrade; ~**treten** *unreg vi* to step back; (*vom Amt*) to retire; (*von einem Vertrag etc*): ~**treten (von)** to withdraw (from); **gegenüber** *od* **hinter etw** *dat* ~**treten** to diminish in importance in view of sth; **bitte** ~**treten!** stand back, please!; ~**verfolgen** *vt* (*fig*) to trace back; ~**versetzen** *vt* (*in alten Zustand*): ~**versetzen (in** +*akk*) to restore (to) ♦ *vr*: **sich** ~**versetzen (in** +*akk*) to think back (to); ~**weichen** *unreg vi*: ~**weichen (vor** +*dat*) to shrink back (from); ~**weisen** *unreg vt* to turn down; (*Mensch*) to reject; ~**werfen** *unreg vt* (*Ball, Kopf*) to throw back; (*Strahlen, Schall*) to reflect; (*fig: Feind*) to repel; (: *wirtschaftlich*): ~**werfen (um)** to set back (by); ~**zahlen** *vt* to pay back, repay; **Z~zahlung** *f* repayment; ~**ziehen** *unreg vt* to pull back; (*Angebot*) to withdraw ♦ *vr* to retire.

Zuruf ['tsu:ruːf] *m* shout, cry.

zurzeit▲ [tsʊr'tsaɪt] *adv* at the moment.

zus. *abk* = **zusammen**; **zusätzlich**.

Zusage ['tsu:zaːgə] *f* promise; (*Annahme*) consent.

zusagen *vt* to promise ♦ *vi* to accept; **jdm etw auf den Kopf** ~ (*umg*) to tell sb sth outright; **jdm** ~ (*gefallen*) to appeal to *od* please sb.

zusammen [tsu'zamən] *adv* together;
Z~arbeit *f* cooperation; **~arbeiten** *vi* to
cooperate; **Z~ballung** *f* accumulation;
~bauen *vt* to assemble; **~beißen** *unreg vt*
(*Zähne*) to clench; **~bleiben** *unreg vi* to stay
together; **~brauen** (*umg*) *vt* to concoct ♦ *vr*
(*Gewitter, Unheil etc*) to be brewing;
~brechen *unreg vi* (*Hilfsverb sein*) to collapse;
(*Mensch*) to break down, collapse; (*Verkehr
etc*) to come to a standstill; **~bringen** *unreg vt*
to bring *od* get together; (*Geld*) to get;
(*Sätze*) to put together; **Z~bruch** *m* collapse;
(*COMPUT*) crash; **~fahren** *unreg vi* to collide;
(*erschrecken*) to start; **~fallen** *unreg vi*
(*einstürzen*) to collapse; (*Ereignisse*) to
coincide; **~fassen** *vt* to summarize;
(*vereinigen*) to unite; **~fassend** *adj*
summarizing ♦ *adv* to summarize;
Z~fassung *f* summary, résumé; **~finden**
unreg vi, vr to meet (together); **~fließen** *unreg
vi* to flow together, meet; **Z~fluss**▲ *m*
confluence; **~fügen** *vt* to join (together),
unite; **~führen** *vt* to bring together; (*Familie*)
to reunite; **~gehören** *vi* to belong together;
(*Paar*) to match; **Z~gehörigkeitsgefühl** *nt*
sense of belonging; **~gesetzt** *adj* compound,
composite; **~gewürfelt** *adj* motley; **~halten**
unreg vt to hold together ♦ *vi* to hold together;
(*Freunde, fig*) to stick together; **Z~hang** *m*
connection; **im/aus dem Z~hang** in/out of
context; **etw aus dem Z~hang reißen** to take
sth out of its context; **~hängen** *unreg vi* to be
connected *od* linked; **~hängend** *adj*
(*Erzählung*) coherent; **~hang(s)los** *adj*
incoherent; **~klappbar** *adj* folding,
collapsible; **~klappen** *vt* (*Messer etc*) to fold
♦ *vi* (*umg: Mensch*) to flake out; **~knüllen** *vt* to
crumple up; **~kommen** *unreg vi* to meet,
assemble; (*sich ereignen*) to occur at once *od*
together; **~kramen** *vt* to gather (together);
Z~kunft (-, -künfte) *f* meeting; **~laufen** *unreg
vi* to run *od* come together; (*Straßen, Flüsse
etc*) to converge, meet; (*Farben*) to run into
one another; **~legen** *vt* to put together;
(*stapeln*) to pile up; (*falten*) to fold;
(*verbinden*) to combine, unite; (*Termine,
Feste*) to combine; (*Geld*) to collect;
~nehmen *unreg vt* to summon up ♦ *vr* to pull
o.s. together; **alles ~genommen** all in all;
~passen *vi* to go well together, match;
Z~prall *m* (*lit*) collision; (*fig*) clash; **~prallen**
vi (*Hilfsverb sein*) to collide; **~reimen** (*umg*)
vt: **das kann ich mir nicht ~reimen** I can't
make head nor tail of this; **~reißen** *unreg vr*
to pull o.s. together; **~rotten** *unreg* (*pej*) *vr* to
gang up; **~schlagen** *unreg vi* (*jdn*) to beat up;
(*Dinge*) to smash up; (*falten*) to fold; (*Hände*)
to clap; (*Hacken*) to click; **~schließen** *unreg vt,
vr* to join (together); **Z~schluss**▲ *m*
amalgamation; **~schmelzen** *unreg vi*

(*verschmelzen*) to fuse; (*zerschmelzen*) to melt
(away); (*Anzahl*) to dwindle; **~schrecken**
unreg vi to start; **~schreiben** *unreg vt* to write
together; (*Bericht*) to put together;
~schrumpfen *vi* (*Hilfsverb sein*) to shrink,
shrivel up; **Z~sein** (-s) *nt* get-together;
~setzen *vt* to put together ♦ *vr*: **sich ~setzen
aus** to consist of; **Z~setzung** *f* composition;
Z~spiel *nt* teamwork; (*von Kräften etc*)
interaction; **~stellen** *vt* to put together;
Z~stellung *f* list; (*Vorgang*) compilation;
Z~stoß *m* collision; **~stoßen** *unreg vi*
(*Hilfsverb sein*) to collide; **~strömen** *vi*
(*Hilfsverb sein: Menschen*) to flock together;
~tragen *unreg vt* to collect; **Z~treffen** *nt*
meeting; (*Zufall*) coincidence; **~treffen** *unreg
vi* (*Hilfsverb sein*) to coincide; (*Menschen*) to
meet; **~treten** *unreg vi* (*Verein etc*) to meet;
~wachsen *unreg vi* to grow together;
~wirken *vi* to combine; **~zählen** *vt* to add up;
~ziehen *unreg vt* (*verengern*) to draw
together; (*vereinigen*) to bring together;
(*addieren*) to add up ♦ *vr* to shrink; (*sich
bilden*) to form, develop; **~zucken** *vi*
(*Hilfsverb sein*) to start.
Zusatz ['tsu:zats] *m* addition; **~antrag** *m* (*POL*)
amendment; **~gerät** *nt* attachment.
zusätzlich ['tsu:zɛtslɪç] *adj* additional.
Zusatzmittel *nt* additive.
zuschauen ['tsu:ʃauən] *vi* to watch, look on.
Zuschauer (-s, -) *m* spectator ♦ *pl* (*THEAT*)
audience *sing*.
zuschicken ['tsu:ʃɪkən] *vt*: **jdm etw ~** to send
od forward sth to sb.
zuschießen ['tsu:ʃi:sən] *unreg vt* to fire; (*Geld*)
to put in ♦ *vi*: **~ auf** +*akk* to rush towards.
Zuschlag ['tsu:ʃla:k] *m* extra charge;
(*Erhöhung*) surcharge; (*EISENB*) supplement.
zuschlagen ['tsu:ʃla:gən] *unreg vt* (*Tür*) to slam;
(*Ball*) to hit; (*bei Auktion*) to knock down;
(*Steine etc*) to knock into shape ♦ *vi* (*Fenster,
Tür*) to shut; (*Mensch*) to hit, punch.
zuschlagfrei *adj* (*EISENB*) not subject to a
supplement.
zuschlagpflichtig *adj* subject to surcharge.
Zuschlagskarte *f* (*EISENB*) supplementary
ticket.
zuschließen ['tsu:ʃli:sən] *unreg vt* to lock (up).
zuschmeißen ['tsu:ʃmaɪsən] *unreg* (*umg*) *vt* to
slam, bang shut.
zuschmieren ['tsu:ʃmi:rən] *vt* to smear over;
(*Löcher*) to fill in.
zuschneiden ['tsu:ʃnaɪdən] *unreg vt* to cut to
size; (*NÄHEN*) to cut out; **auf etw** *akk*
zugeschnitten sein (*fig*) to be geared to sth.
zuschnüren ['tsu:ʃny:rən] *vt* to tie up; **die
Angst schnürte ihm die Kehle zu** (*fig*) he was
choked with fear.
zuschrauben ['tsu:ʃraubən] *vt* to screw shut.
zuschreiben ['tsu:ʃraɪbən] *unreg vt* (*fig*) to

ascribe, attribute; (*COMM*) to credit; **das hast du dir selbst zuzuschreiben** you've only got yourself to blame.

Zuschrift ['tsu:ʃrɪft] *f* letter, reply.

zuschulden, zu Schulden▲ [tsu:ʃʊldən] *adv*: **sich** *dat* **etw ~ kommen lassen** to make o.s. guilty of sth.

Zuschuss▲ ['tsu:ʃʊs] *m* subsidy.

Zuschussbetrieb▲ *m* loss-making concern.

zuschütten ['tsu:ʃʏtən] *vt* to fill up.

zusehen ['tsu:ze:ən] *unreg vi* to watch; (*dafür sorgen*) to take care; (*etw dulden*) to sit back (and watch); **jdm/etw ~** to watch sb/sth.

zusehends *adv* visibly.

zu sein▲ ['tsu:zaɪn] *siehe* **zu**.

zusenden ['tsu:zɛndən] *unreg vt* to forward, send on.

zusetzen ['tsu:zɛtsən] *vt* (*beifügen*) to add; (*Geld*) to lose ♦ *vi*: **jdm ~** to harass sb; (*Krankheit*) to take a lot out of sb; (*unter Druck setzen*) to lean on sb (*umg*); (*schwer treffen*) to hit sb hard.

zusichern ['tsu:zɪçərn] *vt*: **jdm etw ~** to assure sb of sth.

Zusicherung *f* assurance.

zusperren ['tsu:ʃpɛrən] *vt* to bar.

zuspielen ['tsu:ʃpi:lən] *vt, vi* to pass; **jdm etw ~** to pass sth to sb; (*fig*) to pass sth on to sb; **etw der Presse ~** to leak sth to the press.

zuspitzen ['tsu:ʃpɪtsən] *vt* to sharpen ♦ *vr* (*Lage*) to become critical.

zusprechen ['tsu:ʃprɛçən] *unreg vt* (*zuerkennen*): **jdm etw ~** to award sb sth, award sth to sb ♦ *vi*: **jdm ~** to speak to sb; **jdm Trost ~** to comfort sb; **dem Essen/ Alkohol ~** to eat/drink a lot.

Zuspruch ['tsu:ʃprʊx] *m* encouragement; (*Anklang*) popularity.

Zustand ['tsu:ʃtant] *m* state, condition; **in gutem/schlechtem ~** in good/poor condition; (*Haus*) in good/bad repair; **Zustände bekommen** *od* **kriegen** (*umg*) to have a fit.

zustande, zu Stande▲ [tsu:ʃtandə] *adv*: **~ bringen** to bring about; **~ kommen** to come about.

zuständig ['tsu:ʃtɛndɪç] *adj* competent, responsible; **Z~keit** *f* competence, responsibility; **Z~keitsbereich** *m* area of responsibility.

zustatten [tsu:ʃtatən] *adj*: **jdm ~ kommen** (*geh*) to come in useful for sb.

zustehen ['tsu:ʃte:ən] *unreg vi*: **jdm ~** to be sb's right.

zusteigen ['tsu:ʃtaɪgən] *unreg vi*: **noch jemand zugestiegen?** (*in Zug*) any more tickets?

zustellen ['tsu:ʃtɛlən] *vt* (*verstellen*) to block; (*Post etc*) to send.

Zustellung *f* delivery.

zusteuern ['tsu:ʃtɔyərn] *vi*: **auf etw** *akk* **~** to

head for sth; (*beim Gespräch*) to steer towards sth ♦ *vt* (*beitragen*) to contribute.

zustimmen ['tsu:ʃtɪmən] *vi* to agree.

Zustimmung *f* agreement; (*Einwilligung*) consent; **allgemeine ~ finden** to meet with general approval.

zustoßen ['tsu:ʃto:sən] *unreg vi* (*fig*): **jdm ~** to happen to sb.

Zustrom ['tsu:ʃtro:m] *m* (*fig: Menschenmenge*) stream (of visitors *etc*); (*hineinströmend*) influx; (*MET*) inflow.

zustürzen ['tsu:ʃtʏrtsən] *vi*: **auf jdn/etw ~** to rush up to sb/sth.

zutage, zu Tage▲ [tsu:ta:gə] *adv*: **~ bringen** to bring to light; **~ treten** to come to light.

Zutaten ['tsu:ta:tən] *pl* ingredients *pl*; (*fig*) accessories *pl*.

zuteil [tsu:taɪl] *adv* (*geh*): **jdm wird etw ~** sb is granted sth, sth is granted to sb.

zuteilen ['tsu:taɪlən] *vt* to allocate, assign.

zutiefst [tsu:ti:fst] *adv* deeply.

zutragen ['tsu:tra:gən] *unreg vt*: **jdm etw ~** to bring sb sth, bring sth to sb ♦ *vt* (*Klatsch*) to tell sb sth ♦ *vr* to happen.

zuträglich ['tsu:trɛ:klɪç] *adj* beneficial.

zutrauen ['tsu:trauən] *vt*: **jdm etw ~** to credit sb with sth; **sich** *dat* **nichts ~** to have no confidence in o.s.; **jdm viel ~** to think a lot of sb; **jdm wenig ~** not to think much of sb; **Z~ (-s)** *nt*: **Z~ (zu)** trust (in); **zu jdm Z~ fassen** to begin to trust sb.

zutraulich *adj* trusting; (*Tier*) friendly; **Z~keit** *f* trust.

zutreffen ['tsu:trɛfən] *unreg vi* to be correct; (*gelten*) to apply.

zutreffend *adj* (*richtig*) accurate; **Z~es bitte unterstreichen** please underline where applicable.

zutrinken ['tsu:trɪŋkən] *unreg vi*: **jdm ~** to drink to sb.

Zutritt ['tsu:trɪt] *m* access; (*Einlass*) admittance; **kein ~, ~ verboten** no admittance.

zutun ['tsu:tu:n] *unreg vt* to add; (*schließen*) to shut.

Zutun (-s) *nt* assistance.

zuunterst [tsu:|ʊntərst] *adv* right at the bottom.

zuverlässig ['tsu:fɛrlɛsɪç] *adj* reliable; **Z~keit** *f* reliability.

Zuversicht ['tsu:fɛrzɪçt] (-) *f* confidence; **z~lich** *adj* confident; **~lichkeit** *f* confidence.

zu viel▲ [tsu:fi:l] *siehe* **zu**.

zuvor [tsu:fo:r] *adv* before, previously.

zuvorderst [tsu:fɔrdərst] *adv* right at the front.

zuvorkommen *unreg vi* +*dat* to anticipate; (*Gefahr etc*) to forestall; **jdm ~** to beat sb to it.

zuvorkommend *adj* courteous; (*gefällig*)

obliging.
Zuwachs ['tsuːvaks] (-es) *m* increase, growth; (*umg*) addition.
zuwachsen *unreg vi* to become overgrown; (*Wunde*) to heal (up).
Zuwachsrate *f* rate of increase.
zuwandern ['tsuːvandərn] *vi* to immigrate.
zuwege, zu Wege▲ [tsuˈveːgə] *adv*: **etw ~ bringen** to accomplish sth; **mit etw ~ kommen** to manage sth; **gut ~ sein** to be (doing) well.
zuweilen [tsuˈvaɪlən] *adv* at times, now and then.
zuweisen ['tsuːvaɪzən] *unreg vt* to assign, allocate.
zuwenden ['tsuːvɛndən] *unreg vt* +*dat* to turn towards ♦ *vr* +*dat* to turn to; (*sich widmen*) to devote o.s. to; **jdm seine Aufmerksamkeit ~** to give sb one's attention.
Zuwendung *f* (*Geld*) financial contribution; (*Liebe*) love and care.
zu wenig▲ [tsuˈveːnɪç] *siehe* **zu.**
zuwerfen ['tsuːvɛrfən] *unreg vt*: **jdm etw ~** to throw sth to sb, throw sb sth.
zuwider [tsuˈviːdər] *adv*: **etw ist jdm ~** sb loathes sth, sb finds sth repugnant ♦ *präp* +*dat* contrary to; **~handeln** *vi* +*dat* to act contrary to; **einem Gesetz ~handeln** to contravene a law; **Z~handlung** *f* contravention; **~laufen** *unreg vi*: **einer Sache** *dat* **~laufen** to run counter to sth.
zuz. *abk* = **zuzüglich.**
zuzahlen ['tsuːtsaːlən] *vt*: **10 Euro ~** to pay another 10 euros.
zuziehen ['tsuːtsiːən] *unreg vt* (*schließen: Vorhang*) to draw, close; (*herbeirufen: Experten*) to call in ♦ *vi* to move in, come; **sich** *dat* **etw ~** (*Krankheit*) to catch sth; (*Zorn*) to incur sth; **sich** *dat* **eine Verletzung ~** (*form*) to sustain an injury.
Zuzug ['tsuːtsuk] (-(e)s) *m* (*Zustrom*) influx; (*von Familie etc*): **~ nach** move to.
zuzüglich ['tsuːtsyːklɪç] *präp* +*gen* plus, with the addition of.
zuzwinkern ['tsuːtsvɪŋkərn] *vi*: **jdm ~** to wink at sb.
ZVS *f abk* (= *Zentralstelle für die Vergabe von Studienplätzen*) *central body organizing the granting of places at university.*
Zwang (-(e)s, ⁻e) *m* compulsion; (*Gewalt*) coercion; **gesellschaftliche Zwänge** social constraints; **tu dir keinen ~ an** don't feel you have to be polite.
zwang *etc* [tsvaŋ] *vb siehe* **zwingen.**
zwängen ['tsvɛŋən] *vt*, *vr* to squeeze.
Zwang- *zW*: **z~haft** *adj* compulsive; **z~los** *adj* informal; **~losigkeit** *f* informality.
Zwangs- *zW*: **~abgabe** *f* (*COMM*) compulsory levy; **~arbeit** *f* forced labour (*BRIT*) *od* labor (*US*); **~ernährung** *f* force-feeding; **~jacke** *f*

straitjacket; **~lage** *f* predicament, tight corner; **z~läufig** *adj* inevitable; **~maßnahme** *f* compulsory measure; (*POL*) sanction; **~vollstreckung** *f* execution; **~vorstellung** *f* (*PSYCH*) obsession; **z~weise** *adv* compulsorily.
zwanzig ['tsvantsɪç] *num* twenty.
zwanzigste(r, s) *adj* twentieth.
zwar [tsvaːr] *adv* to be sure, indeed; **das ist ~ ..., aber ...** that may be ... but ...; **und ~** in fact, actually; **und ~ am Sonntag** on Sunday to be precise; **und ~ so schnell, dass ...** in fact so quickly that ...
Zweck [tsvɛk] (-(e)s, -e) *m* purpose, aim; **es hat keinen ~, darüber zu reden** there is no point (in) talking about it; **z~dienlich** *adj* practical; (*nützlich*) useful; **z~dienliche Hinweise** (any) relevant information.
Zwecke (-, -n) *f* hobnail; (*Heft~*) drawing pin (*BRIT*), thumbtack (*US*).
Zweck- *zW*: **z~entfremden** *vt untr* to use for another purpose; **~entfremdung** *f* misuse; **z~frei** *adj* (*Forschung etc*) pure; **z~los** *adj* pointless; **z~mäßig** *adj* suitable, appropriate; **~mäßigkeit** *f* suitability.
zwecks *präp* +*gen* (*form*) for (the purpose of).
zweckwidrig *adj* unsuitable.
zwei [tsvaɪ] *num* two; **Z~bettzimmer** *nt* twin-bedded room; **~deutig** *adj* ambiguous; (*unanständig*) suggestive; **Z~drittelmehrheit** *f* (*PARL*) two-thirds majority; **~eiig** *adj* (*Zwillinge*) non-identical.
zweierlei ['tsvaɪərˈlaɪ] *adj* two kinds *od* sorts of; **~ Stoff** two different kinds of material; **~ zu tun haben** to have two different things to do.
zweifach *adj* double.
Zweifel ['tsvaɪfəl] (-s, -) *m* doubt; **ich bin mir darüber im ~** I'm in two minds about it; **z~haft** *adj* doubtful, dubious; **z~los** *adj* doubtless.
zweifeln *vi*: **(an etw** *dat***) ~** to doubt (sth).
Zweifelsfall *m*: **im ~** in case of doubt.
Zweifrontenkrieg *m* war(fare) on two fronts.
Zweig [tsvaɪk] (-(e)s, -e) *m* branch; **~geschäft** *nt* (*COMM*) branch.
zweigleisig ['tsvaɪglaɪzɪç] *adj*: **~ argumentieren** to argue along two different lines.
Zweigstelle *f* branch (office).
zwei- *zW*: **~händig** *adj* two-handed; (*MUS*) for two hands; **Z~heit** *f* duality; **~hundert** *num* two hundred; **Z~kampf** *m* duel; **~mal** *adv* twice; **das lasse ich mir nicht ~mal sagen** I don't have to be told twice; **~motorig** *adj* twin-engined; **~reihig** *adj* (*Anzug*) double-breasted; **Z~samkeit** *f* togetherness; **~schneidig** *adj* (*fig*) double-edged; **Z~sitzer** (-s, -) *m* two-seater; **~sprachig** *adj* bilingual;

~**spurig** adj (AUT) two-lane;
Z~spur(tonband)gerät nt twin-track (tape)
recorder; ~**stellig** adj (Zahl) two-digit attrib,
with two digits; ~**stimmig** adj for two
voices.
zweit [tsvait] adv: **zu ~** (in Paaren) in twos.
Zweitaktmotor m two-stroke engine.
zweitbeste(r, s) adj second best.
zweite(r, s) adj second; **Bürger ~r Klasse**
second-class citizen(s pl).
zweiteilig ['tsvaitailiç] adj (Buch, Film etc) in
two parts; (Kleidung) two-piece.
zweitens adv secondly.
zweit- zW: ~**größte(r, s)** adj second largest;
~**klassig** adj second-class; ~**letzte(r, s)** adj
last but one, penultimate; ~**rangig** adj
second-rate; **Z~schlüssel** m duplicate key;
Z~stimme f second vote; siehe auch
Erststimme.
zweitürig ['tsvaityriç] adj two-door.
Zweitwagen m second car.
Zweitwohnung f second home.
zweizeilig adj two-lined; (TYP: Abstand)
double-spaced.
Zweizimmerwohnung f two-room(ed) flat
(BRIT) od apartment (US).
Zwerchfell ['tsverçfɛl] nt diaphragm.
Zwerg(in) [tsverk, 'tsvergin] (-(e)s, -e) m(f)
dwarf; (fig: Knirps) midget; ~**schule** (umg) f
village school.
Zwetsch(g)e ['tsvetʃ(g)ə] (-, -n) f plum.
Zwickel ['tsvikəl] (-s, -) m gusset.
zwicken ['tsvikən] vt to pinch, nip.
Zwickmühle ['tsvikmy:lə] f: **in der ~ sitzen**
(fig) to be in a dilemma.
Zwieback ['tsvi:bak] (-(e)s, -e od -bäcke) m
rusk.
Zwiebel ['tsvi:bəl] (-, -n) f onion; (Blumen~)
bulb; z~**artig** adj bulbous; ~**turm** m (tower
with an) onion dome.
Zwie- zW: ~**gespräch** nt dialogue (BRIT), dialog
(US); ~**licht** nt twilight; **ins ~licht geraten
sein** (fig) to appear in an unfavourable
(BRIT) od unfavorable (US) light; z~**lichtig**
adj shady, dubious; ~**spalt** m conflict;
(zwischen Menschen) rift, gulf; z~**spältig** adj
(Gefühle) conflicting; (Charakter)
contradictory; ~**tracht** f discord, dissension.
Zwilling ['tsvilɪŋ] (-s, -e) m twin; **Zwillinge** pl
(ASTROL) Gemini.
zwingen ['tsvɪŋən] unreg vt to force.
zwingend adj (Grund etc) compelling; (logisch
notwendig) necessary; (Schluss, Beweis)
conclusive.
Zwinger (-s, -) m (Käfig) cage; (Hunde~) run.
zwinkern ['tsvɪŋkərn] vi to blink; (absichtlich)

to wink.
Zwirn [tsvɪrn] (-(e)s, -e) m thread.
zwischen ['tsvɪʃən] präp (+akk od dat)
between; (bei mehreren) among;
Z~aufenthalt m stopover; **Z~bemerkung** f
(incidental) remark; **Z~bilanz** f (COMM)
interim balance; ~**blenden** vt (FILM, RUNDF,
TV) to insert; **Z~ding** nt cross; **Z~dividende** f
interim dividend; ~**durch** adv in between;
(räumlich) here and there; **Z~ergebnis** nt
intermediate result; **Z~fall** m incident;
Z~frage f question; **Z~größe** f in-between
size; **Z~handel** m wholesaling; **Z~händler** m
middleman, agent; **Z~lagerung** f temporary
storage; **Z~landung** f (AVIAT) stopover;
Z~lösung f temporary solution; ~**mahlzeit** f
snack (between meals); ~**menschlich** adj
interpersonal; **Z~prüfung** f intermediate
examination; **Z~raum** m gap, space; **Z~ruf** m
interjection, interruption; **Zwischenrufe** pl
heckling sing; **Z~saison** f low season; **Z~spiel**
nt (THEAT, fig) interlude; (MUS) intermezzo;
~**staatlich** adj interstate; (international)
international; **Z~station** f intermediate
station; **Z~stecker** m (ELEK) adapter;
Z~stück nt connecting piece; **Z~summe** f
subtotal; **Z~wand** f partition; **Z~zeit** f
interval; **in der Z~zeit** in the interim,
meanwhile; **Z~zeugnis** nt (SCH) interim
report.
Zwist [tsvɪst] (-es, -e) m dispute.
zwitschern ['tsvɪtʃərn] vt, vi to twitter, chirp;
einen ~ (umg) to have a drink.
Zwitter ['tsvɪtər] (-s, -) m hermaphrodite.
zwo [tsvo:] num (TEL, MIL) two.
zwölf [tsvœlf] num twelve; **fünf Minuten vor ~**
(fig) at the eleventh hour.
Zwölffingerdarm (-(e)s) m duodenum.
Zyankali [tsya:n'ka:li] (-s) nt (CHEM)
potassium cyanide.
Zyklon [tsy'klo:n] (-s, -e) m cyclone.
Zyklus ['tsy:klʊs] (-, Zyklen) m cycle.
Zylinder [tsi'lɪndər] (-s, -) m cylinder; (Hut) top
hat; z~**förmig** adj cylindrical.
Zyniker(in) ['tsy:nikər(in)] (-s, -) m(f) cynic.
zynisch ['tsy:nɪʃ] adj cynical.
Zynismus [tsy'nɪsmʊs] m cynicism.
Zypern ['tsy:pərn] (-s) nt Cyprus.
Zypresse [tsy'presə] (-, -n) f (BOT) cypress.
Zypriot(in) [tsypri'o:t(in)] (-en, -en) m(f)
Cypriot.
zypriotisch adj Cypriot, Cyprian.
zyprisch ['tsy:prɪʃ] adj Cypriot, Cyprian.
Zyste ['tsystə] (-, -n) f cyst.
zz., zzt. abk = **zurzeit.**
z. Z(t). abk = **zur Zeit.**

A, a

A¹, a [eɪ] n (letter) A nt, a nt; (SCOL) ≈ Eins f,
sehr gut nt; **~ for Andrew, (US) ~ for Able** ≈
A wie Anton; **~ road** (BRIT: AUT)
Hauptverkehrsstraße f; **~ shares** (BRIT:
STOCK EXCHANGE) stimmrechtslose Aktien
pl.

A² [eɪ] n (MUS) A nt, a nt.

a [ə] (before vowel or silent h: **an**) indef art **1** ein;
(before feminine noun) eine; **~ book** ein
Buch; **~ lamp** eine Lampe; **she's ~ doctor**
sie ist Ärztin; **I haven't got ~ car** ich habe
kein Auto; **~ hundred/thousand etc pounds**
einhundert/eintausend etc Pfund.
2 (in expressing ratios, prices etc) pro; **3 ~ day/
week** 3 pro Tag/Woche, 3 am Tag/in der
Woche; **10 km an hour** 10 km pro Stunde.

a. abbr = **acre**.

A2 (BRIT) n (SCOL) Mit "A2" wird das zweite
Jahr der britischen Sekundarstufe II
bezeichnet, in dem die übrigen drei
Wahlpflichtfächer unterrichtet und am
Ende des Schuljahres geprüft werden. Die
Note für den "A level" setzt sich aus den
Noten der Jahre "AS" und "A2" zusammen.

AA n abbr (BRIT: = Automobile Association)
Autofahrerorganisation, ≈ ADAC m; (US:
= Associate in/of Arts) akademischer Grad für
Geisteswissenschaftler; (= Alcoholics
Anonymous) Anonyme Alkoholiker pl, AA pl.

AAA n abbr (= American Automobile Association)
Autofahrerorganisation, ≈ ADAC m; (BRIT:
= Amateur Athletics Association)
Leichtathletikverband der Amateure.

A & R n abbr (MUS: = artists and repertoire):
~ person Talentsucher(in) m(f).

abaci ['æbəsaɪ] npl of **abacus**.

aback [ə'bæk] adv: **to be taken ~** verblüfft
sein.

abacus ['æbəkəs] (pl **abaci**) n Abakus m.

abandon [ə'bændən] vt verlassen; (child)
aussetzen; (give up) aufgeben ♦ n (wild
behaviour): **with ~** selbstvergessen; **to
~ ship** das Schiff verlassen.

abandoned [ə'bændənd] adj verlassen; (child)
ausgesetzt; (unrestrained) selbstvergessen.

abase [ə'beɪs] vt: **to ~ o.s.** sich erniedrigen;
to ~ o.s. so far as to do sth sich dazu
erniedrigen, etw zu tun.

abashed [ə'bæʃt] adj verlegen.

abate [ə'beɪt] vi nachlassen, sich legen.

abatement [ə'beɪtmənt] n: **noise ~ society**
Gesellschaft f zur Lärmbekämpfung.

abattoir ['æbətwɑː*] (BRIT) n Schlachthof m.

abbey ['æbɪ] n Abtei f.

abbot ['æbət] n Abt m.

abbreviate [ə'briːvɪeɪt] vt abkürzen; (essay
etc) kürzen.

abbreviation [əbriːvɪ'eɪʃən] n Abkürzung f.

ABC n abbr (= American Broadcasting
Companies) Fernsehsender.

abdicate ['æbdɪkeɪt] vt verzichten auf +acc ♦ vi
(monarch) abdanken.

abdication [æbdɪ'keɪʃən] n (see vb) Verzicht
m; Abdankung f.

abdomen ['æbdəmen] n Unterleib m.

abdominal [æb'dɒmɪnl] adj (pain etc)
Unterleibs-.

abduct [æb'dʌkt] vt entführen.

abduction [æb'dʌkʃən] n Entführung f.

Aberdonian [æbə'dəʊnɪən] adj (GEOG)
Aberdeener inv ♦ n Aberdeener(in) m(f).

aberration [æbə'reɪʃən] n Anomalie f; **in a
moment of mental ~** in einem Augenblick
geistiger Verwirrung.

abet [ə'bet] vt see **aid**.

abeyance [ə'beɪəns] n: **in ~** (law) außer Kraft;
(matter) ruhend.

abhor [əb'hɔː*] vt verabscheuen.

abhorrent [əb'hɒrənt] adj abscheulich.

abide [ə'baɪd] vt: **I can't ~ it/him** ich kann es/
ihn nicht ausstehen.

▶ **abide by** vt fus sich halten an +acc.

abiding [ə'baɪdɪŋ] adj (memory, impression)
bleibend.

ability [ə'bɪlɪtɪ] n Fähigkeit f; **to the best of my
~** so gut ich es kann.

abject ['æbdʒekt] adj (poverty) bitter; (apology)
demütig; (coward) erbärmlich.

ablaze [ə'bleɪz] adj in Flammen; **~ with light**

hell erleuchtet.

able ['eɪbl] *adj* fähig; **to be ~ to do sth** etw tun können.

able-bodied ['eɪbl'bɔdɪd] *adj* kräftig; **~ seaman** (*BRIT*) Vollmatrose *m*.

ablutions [ə'bluːʃənz] *npl* Waschungen *pl*.

ably ['eɪblɪ] *adv* gekonnt.

ABM *n abbr* (= *antiballistic missile*) Anti-Raketen-Rakete *f*.

abnormal [æb'nɔːməl] *adj* abnorm; (*child*) anormal.

abnormality [æbnɔː'mælɪtɪ] *n* Abnormität *f*.

aboard [ə'bɔːd] *adv* (*NAUT, AVIAT*) an Bord ♦ *prep* an Bord +*gen*; **~ the train/bus** im Zug/Bus.

abode [ə'bəud] *n* (*LAW*): **of no fixed ~** ohne festen Wohnsitz.

abolish [ə'bɔlɪʃ] *vt* abschaffen.

abolition [æbə'lɪʃən] *n* Abschaffung *f*.

abominable [ə'bɔmɪnəbl] *adj* scheußlich.

abominably [ə'bɔmɪnəblɪ] *adv* scheußlich.

Aborigine [æbə'rɪdʒɪnɪ] *n* Ureinwohner(in) *m(f)* Australiens.

abort [ə'bɔːt] *vt* abtreiben; (*MED: miscarry*) fehlgebären; (*COMPUT*) abbrechen.

abortion [ə'bɔːʃən] *n* Abtreibung *f*; (*miscarriage*) Fehlgeburt *f*; **to have an ~** abtreiben lassen.

abortionist [ə'bɔːʃənɪst] *n* Abtreibungshelfer(in) *m(f)*.

abortive [ə'bɔːtɪv] *adj* misslungen.

abound [ə'baund] *vi* im Überfluss vorhanden sein; **to ~ in** *or* **with** reich sein an +*dat*.

================== *KEYWORD*

about [ə'baut] *adv* **1** (*approximately*) etwa, ungefähr; **~ a hundred/thousand** *etc* etwa hundert/tausend *etc*; **at ~ 2 o'clock** etwa um 2 Uhr; **I've just ~ finished** ich bin gerade fertig.
2 (*referring to place*) herum; **to run/walk** *etc* **~** herumlaufen/-gehen *etc*; **is Paul ~?** ist Paul da?
3: **to be ~ to do sth** im Begriff sein, etw zu tun; **he was ~ to cry** er fing fast an zu weinen; **she was ~ to leave/wash the dishes** sie wollte gerade gehen/das Geschirr spülen
♦ *prep* **1** (*relating to*) über +*acc*; **what is it ~?** worum geht es?; (*book etc*) wovon handelt es?; **we talked ~ it** wir haben darüber geredet; **what** *or* **how ~ going to the cinema?** wollen wir ins Kino gehen?
2 (*referring to place*) um ... herum; **to walk ~ the town** durch die Stadt gehen; **her clothes were scattered ~ the room** ihre Kleider waren über das ganze Zimmer verstreut.

about-face [ə'baut'feɪs] (*US*) *n* = **about-turn.**

about-turn [ə'baut'tɜːn] (*BRIT*) *n* Kehrtwendung *f*.

above [ə'bʌv] *adv* oben; (*greater, more*) darüber ♦ *prep* über +*dat*; **to cost ~ £10** mehr als £10 kosten; **mentioned ~** oben genannt; **he's not ~ a bit of blackmail** er ist sich *dat* nicht zu gut für eine kleine Erpressung; **~ all** vor allem.

above board *adj* korrekt.

abrasion [ə'breɪʒən] *n* Abschürfung *f*.

abrasive [ə'breɪzɪv] *adj* (*substance*) Scheuer-; (*person, manner*) aggressiv.

abreast [ə'brɛst] *adv* nebeneinander; **three ~** zu dritt nebeneinander; **to keep ~ of** (*fig*) auf dem Laufenden bleiben mit.

abridge [ə'brɪdʒ] *vt* kürzen.

abroad [ə'brɔːd] *adv* (*be*) im Ausland; (*go*) ins Ausland; **there is a rumour ~ that ...** (*fig*) ein Gerücht geht um *or* kursiert, dass ...

abrupt [ə'brʌpt] *adj* abrupt; (*person, behaviour*) schroff.

abruptly [ə'brʌptlɪ] *adv* abrupt.

abscess ['æbsɪs] *n* Abszess *m*.

abscond [əb'skɔnd] *vi*: **to ~ with** sich davonmachen mit; **to ~ (from)** fliehen (aus).

abseil ['æbseɪl] *vi* sich abseilen.

absence ['æbsəns] *n* Abwesenheit *f*; **in the ~ of** (*person*) in Abwesenheit +*gen*; (*thing*) in Ermangelung +*gen*.

absent ['æbsənt] *adj* abwesend, nicht da ♦ *vt*: **to ~ o.s. from** fernbleiben +*dat*; **to be ~** fehlen; **to be ~ without leave** (*MIL*) sich unerlaubt von der Truppe entfernen.

absentee [æbsən'tiː] *n* Abwesende(r) *f(m)*.

absenteeism [æbsən'tiːɪzəm] *n* (*from school*) Schwänzen *nt*; (*from work*) Nichterscheinen *nt* am Arbeitsplatz.

absent-minded ['æbsənt'maɪndɪd] *adj* zerstreut.

absent-mindedly ['æbsənt'maɪndɪdlɪ] *adv* zerstreut; (*look*) abwesend.

absent-mindedness ['æbsənt'maɪndɪdnɪs] *n* Zerstreutheit *f*.

absolute ['æbsəluːt] *adj* absolut; (*power*) uneingeschränkt.

absolutely [æbsə'luːtlɪ] *adv* absolut; (*agree*) vollkommen; **~!** genau!

absolution [æbsə'luːʃən] *n* Lossprechung *f*.

absolve [əb'zɔlv] *vt*: **to ~ sb (from)** jdn lossprechen (von); (*responsibility*) jdn entbinden (von).

absorb [əb'zɔːb] *vt* aufnehmen (*also fig*); (*light, heat*) absorbieren; (*group, business*) übernehmen; **to be ~ed in a book** in ein Buch vertieft sein.

absorbent [əb'zɔːbənt] *adj* saugfähig.

absorbent cotton (*US*) *n* Watte *f*.

absorbing [əb'zɔːbɪŋ] *adj* saugfähig; (*book, film, work etc*) fesselnd.

absorption [əb'sɔːpʃən] *n* (*see vb*) Aufnahme *f*; Absorption *f*; Übernahme *f*; (*interest*) Faszination *f*.

abstain [əb'steɪn] *vi* (*voting*) sich (der Stimme) enthalten; **to ~ (from)** (*eating,* *drinking etc*) sich enthalten (+gen).

abstemious [əb'sti:mɪəs] *adj* enthaltsam.

abstention [əb'stenʃən] *n* (Stimm)enthaltung *f*.

abstinence ['æbstɪnəns] *n* Enthaltsamkeit *f*.

abstract ['æbstrækt] *adj* abstrakt ♦ *n* (*summary*) Zusammenfassung *f* ♦ *vt*: **to ~ sth (from)** (*summarize*) etw entnehmen (aus); (*remove*) etw entfernen (aus).

abstruse [æb'stru:s] *adj* abstrus.

absurd [əb'sɜːd] *adj* absurd.

absurdity [əb'sɜːdɪtɪ] *n* Absurdität *f*.

ABTA ['æbtə] *n abbr* (= *Association of British Travel Agents*) *Verband der Reiseveranstalter.*

Abu Dhabi ['æbu:'dɑːbɪ] *n* (*GEOG*) Abu Dhabi *nt.*

abundance [ə'bʌndəns] *n* Reichtum *m*; **an ~ of** eine Fülle von; **in ~** in Hülle und Fülle.

abundant [ə'bʌndənt] *adj* reichlich.

abundantly [ə'bʌndəntlɪ] *adv* reichlich; **~ clear** völlig klar.

abuse [ə'bju:s] *n* (*insults*) Beschimpfungen *pl*; (*ill-treatment*) Misshandlung *f*; (*misuse*) Missbrauch *m* ♦ *vt* (*see n*) beschimpfen; misshandeln; missbrauchen; **to be open to ~** sich leicht missbrauchen lassen.

abuser [ə'bju:zə*] *n* (*drug abuser*) jd, der Drogen missbraucht; (*child abuser*) jd, der Kinder missbraucht oder misshandelt.

abusive [ə'bju:sɪv] *adj* beleidigend.

abysmal [ə'bɪzməl] *adj* entsetzlich; (*ignorance etc*) grenzenlos.

abysmally [ə'bɪzməlɪ] *adv* (*see adj*) entsetzlich; grenzenlos.

abyss [ə'bɪs] *n* Abgrund *m.*

AC *abbr* = **alternating current**; (*US*: = *athletic club*) ≈ SV *m.*

a/c *abbr* (*BANKING etc*) = **account** (= *account current*) Girokonto *nt.*

academic [ækə'dɛmɪk] *adj* akademisch (*also pej*); (*work*) wissenschaftlich; (*person*) intellektuell ♦ *n* Akademiker(in) *m(f).*

academic year *n* (*university year*) Universitätsjahr *nt*; (*school year*) Schuljahr *nt.*

academy [ə'kædəmɪ] *n* Akademie *f*; (*school*) Hochschule *f*; **~ of music** Musikhochschule *f*; **military/naval ~** Militär-/Marineakademie *f.*

ACAS ['eɪkæs] (*BRIT*) *n abbr* (= *Advisory, Conciliation and Arbitration Service*) *Schlichtungsstelle für Arbeitskonflikte.*

accede [æk'siːd] *vi*: **to ~ to** zustimmen +*dat.*

accelerate [æk'sɛləreɪt] *vt* beschleunigen ♦ *vi* (*AUT*) Gas geben.

acceleration [æksɛlə'reɪʃən] *n* Beschleunigung *f.*

accelerator [æk'sɛləreɪtə*] *n* Gaspedal *nt.*

accent ['æksɛnt] *n* Akzent *m*; (*fig: emphasis, stress*) Betonung *f*; **to speak with an Irish ~** mit einem irischen Akzent sprechen; **to**

have a strong ~ einen starken Akzent haben.

accentuate [æk'sɛntjueɪt] *vt* betonen; (*need, difference etc*) hervorheben.

accept [ək'sɛpt] *vt* annehmen; (*fact, situation*) sich abfinden mit; (*risk*) in Kauf nehmen; (*responsibility*) übernehmen; (*blame*) auf sich *acc* nehmen.

acceptable [ək'sɛptəbl] *adj* annehmbar.

acceptance [ək'sɛptəns] *n* Annahme *f*; **to meet with general ~** allgemeine Anerkennung finden.

access ['æksɛs] *n* Zugang *m* ♦ *vt* (*COMPUT*) zugreifen auf +*dat*; **the burglars gained ~ through a window** die Einbrecher gelangten durch ein Fenster hinein.

accessible [æk'sɛsəbl] *adj* erreichbar; (*knowledge, art etc*) zugänglich.

accession [æk'sɛʃən] *n* Antritt *m*; (*of monarch*) Thronbesteigung *f*; (*to library*) Neuanschaffung *f.*

accessory [æk'sɛsərɪ] *n* Zubehörteil *nt*; (*DRESS*) Accessoire *nt*; (*LAW*): **~ to** Mitschuldige(r) *f(m)* an +*dat*; **accessories** *npl* Zubehör *nt*; **toilet accessories** (*BRIT*) Toilettenartikel *pl.*

access road *n* Zufahrt(sstraße) *f.*

access time *n* (*COMPUT*) Zugriffszeit *f.*

accident ['æksɪdənt] *n* Zufall *m*; (*mishap, disaster*) Unfall *m*; **to meet with** *or* **to have an ~** einen Unfall haben, verunglücken; **~s at work** Arbeitsunfälle *pl*; **by ~** zufällig.

accidental [æksɪ'dɛntl] *adj* zufällig; (*death, damage*) Unfall-.

accidentally [æksɪ'dɛntəlɪ] *adv* zufällig.

accident insurance *n* Unfallversicherung *f.*

accident-prone ['æksɪdənt'prəun] *adj* vom Pech verfolgt.

acclaim [ə'kleɪm] *n* Beifall *m* ♦ *vt*: **to be ~ed for one's achievements** für seine Leistungen gefeiert werden.

acclamation [æklə'meɪʃən] *n* Anerkennung *f*; (*applause*) Beifall *m.*

acclimate [ə'klaɪmət] (*US*) *vt* = **acclimatize.**

acclimatize [ə'klaɪmətaɪz], (*US*) **acclimate** [ə'klaɪmət] *vt*: **to become ~d** sich akklimatisieren; **to become ~d to** sich gewöhnen an +*acc.*

accolade ['ækəleɪd] *n* (*fig*) Auszeichnung *f.*

accommodate [ə'kɔmədeɪt] *vt* unterbringen; (*subj: car, hotel etc*) Platz bieten +*dat*; (*oblige, help*) entgegenkommen +*dat*; **to ~ one's plans to** seine Pläne anpassen an +*acc.*

accommodating [ə'kɔmədeɪtɪŋ] *adj* entgegenkommend.

accommodation [əkɔmə'deɪʃən] *n* Unterkunft *f*; **accommodations** (*US*) *npl* Unterkunft *f*; **have you any ~?** haben Sie eine Unterkunft?; **"~ to let"** „Zimmer zu vermieten"; **they have ~ for** 500 sie können 500 Personen unterbringen; **the hall has seating ~ for** 600 (*BRIT*) in dem Saal können

600 Personen sitzen.

accompaniment [əˈkʌmpənɪmənt] *n* Begleitung *f*.

accompanist [əˈkʌmpənɪst] *n* Begleiter(in) *m(f)*.

accompany [əˈkʌmpənɪ] *vt* begleiten.

accomplice [əˈkʌmplɪs] *n* Komplize *m*, Komplizin *f*.

accomplish [əˈkʌmplɪʃ] *vt* vollenden; (*achieve*) erreichen.

accomplished [əˈkʌmplɪʃt] *adj* ausgezeichnet.

accomplishment [əˈkʌmplɪʃmənt] *n* Vollendung *f*; (*achievement*) Leistung *f*; (*skill: gen pl*) Fähigkeit *f*.

accord [əˈkɔːd] *n* Übereinstimmung *f*; (*treaty*) Vertrag *m* ♦ *vt* gewähren; **of his own ~** freiwillig; **with one ~** geschlossen; **to be in ~** übereinstimmen.

accordance [əˈkɔːdəns] *n*: **in ~ with** in Übereinstimmung mit.

according [əˈkɔːdɪŋ] *prep*: **~ to** zufolge +*dat*; **~ to plan** wie geplant.

accordingly [əˈkɔːdɪŋlɪ] *adv* entsprechend; (*as a result*) folglich.

accordion [əˈkɔːdɪən] *n* Akkordeon *nt*.

accost [əˈkɒst] *vt* ansprechen.

account [əˈkaunt] *n* (*COMM: bill*) Rechnung *f*; (*in bank, department store*) Konto *nt*; (*report*) Bericht *m*; **accounts** *npl* (*COMM*) Buchhaltung *f*; (*BOOKKEEPING*) (Geschäfts)bücher *pl*; **"~ payee only"** (*BRIT*) „nur zur Verrechnung"; **to keep an ~ of** Buch führen über +*acc*; **to bring sb to ~ for sth/for having embezzled £50,000** jdn für etw/für die Unterschlagung von £50.000 zur Rechenschaft ziehen; **by all ~s** nach allem, was man hört; **of no ~** ohne Bedeutung; **on ~** auf Kredit; **to pay £5 on ~** eine Anzahlung von £5 leisten; **on no ~** auf keinen Fall; **on ~ of** wegen +*gen*; **to take into ~, take ~ of** berücksichtigen.

▸ **account for** *vt fus* erklären; (*expenditure*) Rechenschaft ablegen für; (*represent*) ausmachen; **all the children were ~ed for** man wusste, wo alle Kinder waren; **4 people are still not ~ed for** 4 Personen werden immer noch vermisst.

accountability [əˌkauntəˈbɪlɪtɪ] *n* Verantwortlichkeit *f*.

accountable [əˈkauntəbl] *adj*: **~ (to)** verantwortlich (gegenüber +*dat*); **to be held ~ for sth** für etw verantwortlich gemacht werden.

accountancy [əˈkauntənsɪ] *n* Buchhaltung *f*.

accountant [əˈkauntənt] *n* Buchhalter(in) *m(f)*.

accounting [əˈkauntɪŋ] *n* Buchhaltung *f*.

accounting period *n* Abrechnungszeitraum *m*.

account number *n* Kontonummer *f*.

accounts payable *npl* Verbindlichkeiten *pl*.

accounts receivable *npl* Forderungen *pl*.

accredited [əˈkrɛdɪtɪd] *adj* anerkannt.

accretion [əˈkriːʃən] *n* Ablagerung *f*.

accrue [əˈkruː] *vi* sich ansammeln; **to ~ to** zufließen +*dat*.

accrued interest *n* aufgelaufene Zinsen *pl*.

accumulate [əˈkjuːmjuleɪt] *vt* ansammeln ♦ *vi* sich ansammeln.

accumulation [əkjuːmjuˈleɪʃən] *n* Ansammlung *f*.

accuracy [ˈækjurəsɪ] *n* Genauigkeit *f*.

accurate [ˈækjurɪt] *adj* genau.

accurately [ˈækjurɪtlɪ] *adv* genau; (*answer*) richtig.

accusation [ækjuˈzeɪʃən] *n* Vorwurf *m*; (*instance*) Beschuldigung *f*; (*LAW*) Anklage *f*.

accusative [əˈkjuːzətɪv] *n* Akkusativ *m*.

accuse [əˈkjuːz] *vt*: **to ~ sb (of sth)** jdn (einer Sache *gen*) beschuldigen; (*LAW*) jdn (wegen etw *dat*) anklagen.

accused [əˈkjuːzd] *n* (*LAW*): **the ~** der/die Angeklagte.

accuser [əˈkjuːzəʳ] *n* Ankläger(in) *m(f)*.

accusing [əˈkjuːzɪŋ] *adj* anklagend.

accustom [əˈkʌstəm] *vt* gewöhnen; **to ~ o.s. to sth** sich an etw *acc* gewöhnen.

accustomed [əˈkʌstəmd] *adj* gewohnt; (*in the habit*): **~ to** gewohnt an +*acc*.

AC/DC *abbr* (= *alternating current/direct current*) WS/GS.

ACE [eɪs] *n abbr* (= *American Council on Education*) akademischer Verband für das Erziehungswesen.

ace [eɪs] *n* As *nt*.

acerbic [əˈsɔːbɪk] *adj* scharf.

acetate [ˈæsɪteɪt] *n* Acetat *nt*.

ache [eɪk] *n* Schmerz *m* ♦ *vi* schmerzen, wehtun; (*yearn*): **to ~ to do sth** sich danach sehnen, etw zu tun; **I've got (a) stomach ~** ich habe Magenschmerzen; **I'm aching all over** mir tut alles weh; **my head ~s** mir tut der Kopf weh.

achieve [əˈtʃiːv] *vt* (*aim, result*) erreichen; (*success*) erzielen; (*victory*) erringen.

achievement [əˈtʃiːvmənt] *n* (*act of achieving*) Erreichen *nt*; (*success, feat*) Leistung *f*.

Achilles heel [əˈkɪliːz-] *n* Achillesferse *f*.

acid [ˈæsɪd] *adj* sauer ♦ *n* (*CHEM*) Säure *f*; (*inf: LSD*) Acid *nt*.

Acid House *n* Acid House *nt*, *elektronische Funk-Diskomusik*.

acidic [əˈsɪdɪk] *adj* sauer.

acidity [əˈsɪdɪtɪ] *n* Säure *f*.

acid rain *n* saurer Regen *m*.

acid test *n* (*fig*) Feuerprobe *f*.

acknowledge [əkˈnɒlɪdʒ] *vt* (*also*: **~ receipt of**) den Empfang +*gen* bestätigen; (*fact*) zugeben; (*situation*) zur Kenntnis nehmen; (*person*) grüßen.

acknowledgement [əkˈnɒlɪdʒmənt] *n* Empfangsbestätigung *f*; **acknowledgements** *npl* (*in book*) ≈ Danksagung *f*.

ACLU *n abbr* (= *American Civil Liberties Union*) *Bürgerrechtsverband*.

acme ['ækmɪ] n Gipfel m, Höhepunkt m.

acne ['æknɪ] n Akne f.

acorn ['eɪkɔ:n] n Eichel f.

acoustic [ə'ku:stɪk] adj akustisch.

acoustic coupler n (COMPUT) Akustikkoppler m.

acoustics [ə'ku:stɪks] n Akustik f.

acoustic screen n Trennwand f zur Schalldämpfung.

acquaint [ə'kweɪnt] vt: **to ~ sb with sth** jdn mit etw vertraut machen; **to be ~ed with** (person) bekannt sein mit; (fact) vertraut sein mit.

acquaintance [ə'kweɪntəns] n Bekannte(r) f(m); (with person) Bekanntschaft f; (with subject) Kenntnis f; **to make sb's ~** jds Bekanntschaft machen.

acquiesce [ækwɪ'ɛs] vi einwilligen; **to ~ (to)** (demand, arrangement, request) einwilligen (in +acc).

acquire [ə'kwaɪə*] vt erwerben; (interest) entwickeln; (habit) annehmen.

acquired [ə'kwaɪəd] adj erworben; **whisky is an ~ taste** man muss sich an Whisky erst gewöhnen.

acquisition [ækwɪ'zɪʃən] n (see vb) Erwerb m, Entwicklung f, Annahme f; (thing acquired) Errungenschaft f.

acquisitive [ə'kwɪzɪtɪv] adj habgierig; **the ~ society** die Erwerbsgesellschaft.

acquit [ə'kwɪt] vt freisprechen; **to ~ o.s. well** seine Sache gut machen.

acquittal [ə'kwɪtl] n Freispruch m.

acre ['eɪkə*] n Morgen m.

acreage ['eɪkərɪdʒ] n Fläche f.

acrid ['ækrɪd] adj bitter; (smoke, fig) beißend.

acrimonious [ækrɪ'məʊnɪəs] adj bitter; (dispute) erbittert.

acrimony ['ækrɪmənɪ] n Erbitterung f.

acrobat ['ækrəbæt] n Akrobat(in) m(f).

acrobatic [ækrə'bætɪk] adj akrobatisch.

acrobatics [ækrə'bætɪks] npl Akrobatik f.

acronym ['ækrənɪm] n Akronym nt.

Acropolis [ə'krɒpəlɪs] n: **the ~** (GEOG) die Akropolis.

across [ə'krɒs] prep über +acc; (on the other side of) auf der anderen Seite +gen ♦ adv (direction) hinüber, herüber; (measurement) breit; **to take sb ~ the road** jdn über die Straße bringen; **a road ~ the wood** eine Straße durch den Wald; **the lake is 12 km ~** der See ist 12 km breit; **~ from** gegenüber +dat; **to get sth ~ (to sb)** (jdm) etw klarmachen.

acrylic [ə'krɪlɪk] adj (acid, paint, blanket) Acryl- ♦ n Acryl nt; **acrylics** npl: **he paints in ~s** er malt mit Acrylfarbe.

ACT n abbr (= American College Test) Eignungstest für Studienbewerber.

act [ækt] n Tat f; (of play) Akt m; (in a show etc) Nummer f; (LAW) Gesetz nt ♦ vi handeln; (behave) sich verhalten; (have effect) wirken;

(THEAT) spielen ♦ vt spielen; **it's only an ~** es ist nur Schau; **~ of God** (LAW) höhere Gewalt f; **to be in the ~ of doing sth** dabei sein, etw zu tun; **to catch sb in the ~** jdn auf frischer Tat ertappen; **to ~ the fool** (BRIT) herumalbern; **he is only ~ing** er tut (doch) nur so; **to ~ as** fungieren als; **it ~s as a deterrent** es dient zur Abschreckung.

▶ **act on** vt: **to ~ on sth** (take action) auf etw +acc hin handeln.

▶ **act out** vt (event) durchspielen; (fantasies) zum Ausdruck bringen.

acting ['æktɪŋ] adj stellvertretend ♦ n (profession) Schauspielkunst f; (activity) Spielen nt; **~ in my capacity as chairman ...** in meiner Eigenschaft als Vorsitzender ...

action ['ækʃən] n Tat f; (motion) Bewegung f; (MIL) Kampf m, Gefecht nt; (LAW) Klage f; **to bring an ~ against sb** (LAW) eine Klage gegen jdn anstrengen; **killed in ~** (MIL) gefallen; **out of ~** (person) nicht einsatzfähig; (thing) außer Betrieb; **to take ~** etwas unternehmen; **to put a plan into ~** einen Plan in die Tat umsetzen.

action replay n (TV) Wiederholung f.

activate ['æktɪveɪt] vt in Betrieb setzen; (CHEM, PHYS) aktivieren.

active ['æktɪv] adj aktiv; (volcano) tätig; **to play an ~ part in sth** sich aktiv an etw dat beteiligen.

active duty (US) n (MIL) Einsatz m.

actively ['æktɪvlɪ] adv aktiv; (dislike) offen.

active partner n (COMM) aktiver Teilhaber m.

active service (BRIT) n (MIL) Einsatz m.

active suspension n (AUT) aktives or computergesteuertes Fahrwerk nt.

activist ['æktɪvɪst] n Aktivist(in) m(f).

activity [æk'tɪvɪtɪ] n Aktivität f; (pastime, pursuit) Betätigung f.

activity holiday n Aktivurlaub m.

actor ['æktə*] n Schauspieler m.

actress ['æktrɪs] n Schauspielerin f.

actual ['æktjʊəl] adj wirklich; (emphatic use) eigentlich.

actually ['æktjʊəlɪ] adv wirklich; (in fact) tatsächlich; (even) sogar.

actuary ['æktjʊərɪ] n Aktuar m.

actuate ['æktjʊeɪt] vt auslösen.

acuity [ə'kju:ɪtɪ] n Schärfe f.

acumen ['ækjʊmən] n Scharfsinn m; **business ~** Geschäftssinn m.

acupuncture ['ækjʊpʌŋktʃə*] n Akupunktur f.

acute [ə'kju:t] adj akut; (anxiety) heftig; (mind) scharf; (person) scharfsinnig; (MATH: angle) spitz; (LING): **~ accent** Akut m.

AD adv abbr (= Anno Domini) n. Chr. ♦ n abbr (US: MIL) = **active duty**.

ad [æd] (inf) n abbr = **advertisement**.

adage ['ædɪdʒ] n Sprichwort nt.

adamant ['ædəmənt] adj: **to be ~ that ...** darauf bestehen, dass ...; **to be ~ about sth**

auf etw *dat* bestehen.

Adam's apple ['ædəmz-] *n* Adamsapfel *m*.

adapt [ə'dæpt] *vt* anpassen; (*novel etc*) bearbeiten ♦ *vi*: **to ~ (to)** sich anpassen (an +*acc*).

adaptability [ədæptə'bılıtı] *n* Anpassungsfähigkeit *f*.

adaptable [ə'dæptəbl] *adj* anpassungsfähig; (*device*) vielseitig.

adaptation [ædæp'teıʃən] *n* (*of novel etc*) Bearbeitung *f*; (*of machine etc*) Umstellung *f*.

adapter [ə'dæptə*] *n* (*ELEC*) Adapter *m*; (: *for several plugs*) Mehrfachsteckdose *f*.

adaptor [ə'dæptə*] *n* = **adapter**.

ADC *n abbr* (*MIL*) = **aide-de-camp**; (*US*: = *Aid to Dependent Children*) Beihilfe *für sozialschwache Familien*.

add [æd] *vt* hinzufügen; (*figures: also*: ~ **up**) zusammenzählen ♦ *vi*: **to ~ to** (*increase*) beitragen zu.

▶ **add on** *vt* (*amount*) dazurechnen; (*room*) anbauen.

▶ **add up** *vt* (*figures*) zusammenzählen ♦ *vi* (*fig*): **it doesn't ~ up** es ergibt keinen Sinn; **it doesn't ~ up to much** (*fig*) das ist nicht berühmt (*inf*).

addenda [ə'dendə] *npl of* **addendum**.

addendum [ə'dendəm] (*pl* **addenda**) *n* Nachtrag *m*.

adder ['ædə*] *n* Kreuzotter *f*, Viper *f*.

addict ['ædıkt] *n* Süchtige(r) *f(m)*; (*enthusiast*) Anhänger(in) *m(f)*.

addicted [ə'dıktıd] *adj*: **to be ~ to drugs/drink** drogensüchtig/alkoholsüchtig sein; **to be ~ to football** (*fig*) ohne Fußball nicht mehr leben können.

addiction [ə'dıkʃən] *n* Sucht *f*.

addictive [ə'dıktıv] *adj*: **to be ~** (*drug*) süchtig machen; (*activity*) zur Sucht werden können.

adding machine ['ædıŋ-] *n* Addiermaschine *f*.

Addis Ababa ['ædıs'æbəbə] *n* (*GEOG*) Addis Abeba *nt*.

addition [ə'dıʃən] *n* (*adding up*) Zusammenzählen *nt*; (*thing added*) Zusatz *m*; (: *to payment, bill*) Zuschlag *m*; (: *to building*) Anbau *m*; **in ~ (to)** zusätzlich (zu).

additional [ə'dıʃənl] *adj* zusätzlich.

additive ['ædıtıv] *n* Zusatz *m*.

addled ['ædld] *adj* (*BRIT*: *egg*) faul; (*brain*) verwirrt.

address [ə'dres] *n* Adresse *f*; (*speech*) Ansprache *f* ♦ *vt* adressieren; (*speak to: person*) ansprechen; (: *audience*) sprechen zu; **form of ~** (*Form f der*) Anrede *f*; **what form of ~ do you use for ...?** wie redet man ... an?; **absolute/relative ~** (*COMPUT*) absolute/relative Adresse; **to ~ (o.s. to)** (*problem*) sich befassen mit.

address book *n* Adressbuch *nt*.

addressee [ædre'si:] *n* Empfänger(in) *m(f)*.

Aden ['eɪdən] *n* (*GEOG*): **Gulf of ~** Golf *m* von Aden.

adenoids ['ædınɔɪdz] *npl* Rachenmandeln *pl*.

adept ['ædept] *adj*: **to be ~ at** gut sein in +*dat*.

adequacy ['ædıkwəsı] *n* (*of resources*) Adäquatheit *f*; (*of performance, proposals etc*) Angemessenheit *f*.

adequate ['ædıkwıt] *adj* ausreichend, adäquat; (*satisfactory*) angemessen.

adequately ['ædıkwıtlı] *adv* ausreichend; (*satisfactorily*) zufrieden stellend.

adhere [əd'hıə*] *vi*: **to ~ to** haften an +*dat*; (*fig*: *abide by*) sich halten an +*acc*; (: *hold to*) festhalten an +*dat*.

adhesion [əd'hi:ʒən] *n* Haften *nt*, Haftung *f*.

adhesive [əd'hi:zıv] *adj* klebend, Klebe- ♦ *n* Klebstoff *m*.

adhesive tape *n* (*BRIT*) Klebstreifen *m*; (*US*: *MED*) Heftpflaster *nt*.

ad hoc [æd'hɔk] *adj* (*committee, decision*) Ad-hoc- ♦ *adv* ad hoc.

ad infinitum ['ædınfı'naıtəm] *adv* ad infinitum.

adjacent [ə'dʒeısənt] *adj*: **~ to** neben +*dat*.

adjective ['ædʒektıv] *n* Adjektiv *nt*, Eigenschaftswort *nt*.

adjoin [ə'dʒɔın] *vt*: **the hotel ~ing the station** das Hotel neben dem Bahnhof.

adjoining [ə'dʒɔınıŋ] *adj* benachbart, Neben-.

adjourn [ə'dʒɜ:n] *vt* vertagen ♦ *vi* sich vertagen; **to ~ a meeting till the following week** eine Besprechung auf die nächste Woche vertagen; **they ~ed to the pub** (*BRIT*: *inf*) sie begaben sich in die Kneipe.

adjournment [ə'dʒɜ:nmənt] *n* Unterbrechung *f*.

Adjt. *abbr* (*MIL*) = **adjutant**.

adjudicate [ə'dʒu:dıkeıt] *vt* (*contest*) Preisrichter sein bei; (*claim*) entscheiden ♦ *vi* entscheiden; **to ~ on** urteilen bei +*dat*.

adjudication [ədʒu:dı'keıʃən] *n* Entscheidung *f*.

adjudicator [ə'dju:dıkeıtə*] *n* Schiedsrichter(in) *m(f)*; (*in contest*) Preisrichter(in) *m(f)*.

adjust [ə'dʒʌst] *vt* anpassen; (*change*) ändern; (*clothing*) zurechtrücken; (*machine etc*) einstellen; (*INSURANCE*) regulieren ♦ *vi*: **to ~ (to)** sich anpassen (an +*acc*).

adjustable [ə'dʒʌstəbl] *adj* verstellbar.

adjuster [ə'dʒʌstə*] *n* *see* **loss**.

adjustment [ə'dʒʌstmənt] *n* Anpassung *f*; (*to machine*) Einstellung *f*.

adjutant ['ædʒətənt] *n* Adjutant *m*.

ad-lib [æd'lıb] *vi*, *vt* improvisieren ♦ *adv*: **ad lib** aus dem Stegreif.

adman ['ædmæn] (*inf*: *irreg*: *like* **man**) *n* Werbefachmann *m*.

admin ['ædmın] (*inf*) *n abbr* = **administration**.

administer [əd'mınıstə*] *vt* (*country, department*) verwalten; (*justice*) sprechen; (*oath*) abnehmen; (*MED*: *drug*) verabreichen.

administration [ədmınıs'treıʃən] *n* (*management*) Verwaltung *f*; (*government*) Regierung *f*; **the A~** (*US*) die Regierung.

administrative [əd'mɪnɪstrətɪv] *adj* (*department, reform etc*) Verwaltungs-.

administrator [əd'mɪnɪstreɪtə*] *n* Verwaltungsbeamte(r) *f(m)*.

admirable ['ædmərəbl] *adj* bewundernswert.

admiral ['ædmərəl] *n* Admiral *m*.

Admiralty ['ædmərəltɪ] (*BRIT*) *n*: **the ~** (*also*: **the ~ Board**) das Marineministerium.

admiration [ædmə'reɪʃən] *n* Bewunderung *f*; **to have great ~ for sb/sth** jdn/etw sehr bewundern.

admire [əd'maɪə*] *vt* bewundern.

admirer [əd'maɪərə*] *n* (*suitor*) Verehrer *m*; (*fan*) Bewunderer *m*, Bewunderin *f*.

admiring [əd'maɪərɪŋ] *adj* bewundernd.

admissible [əd'mɪsəbl] *adj* (*evidence, as evidence*) zulässig.

admission [əd'mɪʃən] *n* (*admittance*) Zutritt *m*; (*to exhibition, night club etc*) Einlass *m*; (*to club, hospital*) Aufnahme *f*; (*entry fee*) Eintritt(spreis) *m*; (*confession*) Geständnis *nt*; "**~ free**", "**free ~**" „Eintritt frei"; **by his own ~** nach eigenem Eingeständnis.

admit [əd'mɪt] *vt* (*confess*) gestehen; (*permit to enter*) einlassen; (*to club, hospital*) aufnehmen; (*responsibility etc*) anerkennen; "**children not ~ted**" „kein Zutritt für Kinder"; **this ticket ~s two** diese Karte ist für zwei Personen; **I must ~ that ...** ich muss zugeben, dass ...; **to ~ defeat** sich geschlagen geben.

▶ **admit of** *vt fus* (*interpretation etc*) erlauben.

▶ **admit to** *vt fus* (*murder etc*) gestehen.

admittance [əd'mɪtəns] *n* Zutritt *m*; "**no ~**" „kein Zutritt".

admittedly [əd'mɪtɪdlɪ] *adv* zugegebenermaßen.

admonish [əd'mɒnɪʃ] *vt* ermahnen.

ad nauseam [æd'nɔːsɪæm] *adv* (*talk*) endlos; (*repeat*) bis zum Gehtnichtmehr (*inf*).

ado [ə'duː] *n*: **without (any) more ~** ohne weitere Umstände.

adolescence [ædəu'lɛsns] *n* Jugend *f*.

adolescent [ædəu'lɛsnt] *adj* heranwachsend; (*remark, behaviour*) pubertär ♦ *n* Jugendliche(r) *f(m)*.

adopt [ə'dɒpt] *vt* adoptieren; (*POL: candidate*) aufstellen; (*policy, attitude, accent*) annehmen.

adopted [ə'dɒptɪd] *adj* (*child*) adoptiert.

adoption [ə'dɒpʃən] *n* (*see vb*) Adoption *f*; Aufstellung *f*, Annahme *f*.

adoptive [ə'dɒptɪv] *adj* (*parents etc*) Adoptiv-; **~ country** Wahlheimat *f*.

adorable [ə'dɔːrəbl] *adj* entzückend.

adoration [ædə'reɪʃən] *n* Verehrung *f*.

adore [ə'dɔː*] *vt* (*person*) verehren; (*film, activity etc*) schwärmen für.

adoring [ə'dɔːrɪŋ] *adj* (*fans etc*) ihn/sie bewundernd; (*husband/wife*) sie/ihn innig liebend.

adoringly [ə'dɔːrɪŋlɪ] *adv* bewundernd.

adorn [ə'dɔːn] *vt* schmücken.

adornment [ə'dɔːnmənt] *n* Schmuck *m*.

ADP *n abbr* = **automatic data processing**.

adrenalin [ə'drɛnəlɪn] *n* Adrenalin *nt*; **it gets the ~ going** das bringt einen in Fahrt.

Adriatic [eɪdrɪ'ætɪk] *n*: **the ~ (Sea)** (*GEOG*) die Adria, das Adriatische Meer.

adrift [ə'drɪft] *adv* (*NAUT*) treibend; (*fig*) ziellos; **to be ~** (*NAUT*) treiben; **to come ~** (*boat*) sich losmachen; (*fastening etc*) sich lösen.

adroit [ə'drɔɪt] *adj* gewandt.

adroitly [ə'drɔɪtlɪ] *adv* gewandt.

ADT (*US*) *abbr* (= *Atlantic Daylight Time*) atlantische Sommerzeit.

adulation [ædju'leɪʃən] *n* Verherrlichung *f*.

adult ['ædʌlt] *n* Erwachsene(r) *f(m)* ♦ *adj* erwachsen; (*animal*) ausgewachsen; (*literature etc*) für Erwachsene.

adult education *n* Erwachsenenbildung *f*.

adulterate [ə'dʌltəreɪt] *vt* verunreinigen; (*with water*) panschen.

adulterer [ə'dʌltərə*] *n* Ehebrecher *m*.

adulteress [ə'dʌltərɪs] *n* Ehebrecherin *f*.

adultery [ə'dʌltərɪ] *n* Ehebruch *m*.

adulthood ['ædʌlthud] *n* Erwachsenenalter *nt*.

advance [əd'vɑːns] *n* (*movement*) Vorrücken *nt*; (*progress*) Fortschritt *m*; (*money*) Vorschuss *m* ♦ *vt* (*money*) vorschießen; (*theory, idea*) vorbringen ♦ *vi* (*move forward*) vorrücken; (*make progress*) Fortschritte machen ♦ *adj*: **~ booking** Vorverkauf *m*; **to make ~s (to sb)** Annäherungsversuche (bei jdm) machen; **in ~** im Voraus; **to give sb ~ notice** jdm frühzeitig Bescheid sagen; **to give sb ~ warning** jdn vorwarnen.

advanced [əd'vɑːnst] *adj* (*SCOL: studies*) für Fortgeschrittene; (*country*) fortgeschritten; (*child*) weit entwickelt; (*ideas*) fortschrittlich; **~ in years** in fortgeschrittenem Alter.

Advanced Higher (*SCOT*) *n* (*SCOL*) Mit "*Advanced Higher*" wird das Ausbildungsjahr nach "*Higher*" bezeichnet dessen erfolgreicher Abschluss eine Hochschulzugangsberechtigung darstellt.

advancement [əd'vɑːnsmənt] *n* (*improvement*) Förderung *f*; (*in job, rank*) Aufstieg *m*.

advantage [əd'vɑːntɪdʒ] *n* Vorteil *m*; **to take ~ of** ausnutzen; (*opportunity*) nutzen; **it's to our ~ (to)** es ist für uns von Vorteil(, wenn wir).

advantageous [ædvən'teɪdʒəs] *adj*: **~ (to)** vorteilhaft (für), von Vorteil (für).

advent ['ædvənt] *n* (*of innovation*) Aufkommen *nt*; (*REL*): **A~** Advent *m*.

Advent calendar *n* Adventskalender *m*.

adventure [əd'vɛntʃə*] *n* Abenteuer *nt*.

adventure playground *n* Abenteuerspielplatz *m*.

adventurous [əd'vɛntʃərəs] *adj* abenteuerlustig; (*bold*) mutig.

adverb ['ædvəːb] *n* Adverb *nt*.

adversarial [ædvə'sɛərɪəl] *adj* konfliktreich.

adversary ['ædvəsərɪ] n Widersacher(in) m(f).

adverse ['ædvɔːs] adj ungünstig; **in ~ circumstances** unter widrigen Umständen; **~ to** ablehnend gegenüber +dat.

adversity [əd'vɔːsɪtɪ] n Widrigkeit f.

advert ['ædvɔːt] (BRIT) n abbr = **advertisement**.

advertise ['ædvətaɪz] vi (COMM) werben; (in newspaper) annoncieren, inserieren ♦ vt (product, event) werben für; (job) ausschreiben; **to ~ for** (staff, accommodation etc) (per Anzeige) suchen.

advertisement [əd'vɔːtɪsmənt] n (COMM) Werbung f, Reklame f; (in classified ads) Anzeige f, Inserat nt.

advertiser ['ædvətaɪzə*] n (in newspaper) Inserent(in) m(f); (on television etc) Firma, die im Fernsehen etc wirbt.

advertising ['ædvətaɪzɪŋ] n Werbung f.

advertising agency n Werbeagentur f.

advertising campaign n Werbekampagne f.

advice [əd'vaɪs] n Rat m; (notification) Benachrichtigung f, Avis m or nt (COMM); **a piece of ~** ein Rat(schlag); **to ask sb for ~** jdn um Rat fragen; **to take legal ~** einen Rechtsanwalt zurate or zu Rate ziehen.

advice note (BRIT) n (COMM) Avis m or nt.

advisable [əd'vaɪzəbl] adj ratsam.

advise [əd'vaɪz] vt (person) raten +dat; (company etc) beraten; **to ~ sb of sth** jdn von etw in Kenntnis setzen; **to ~ against sth** von etw abraten; **to ~ against doing sth** davon abraten, etw zu tun; **you would be well-/ill-~d to go** Sie wären gut/schlecht beraten, wenn Sie gingen.

advisedly [əd'vaɪzɪdlɪ] adv bewusst.

adviser [əd'vaɪzə*] n Berater(in) m(f).

advisor [əd'vaɪzə*] n = **adviser**.

advisory [əd'vaɪzərɪ] adj beratend, Beratungs-; **in an ~ capacity** in beratender Funktion.

advocate ['ædvəkɪt] vt befürworten ♦ n (LAW) (Rechts)anwalt m, (Rechts)anwältin f; (supporter, upholder): **~ of** Befürworter(in) m(f) +gen; **to be an ~ of sth** etw befürworten.

advt. abbr = **advertisement**.

AEA (BRIT) n abbr (= Atomic Energy Authority) britische Atomenergiebehörde; (BRIT: SCOL: = Advanced Extension Award) eine besondere Qualifikation für leistungsstarke Schüler des "A level".

AEC (US) n abbr (= Atomic Energy Commission) amerikanische Atomenergiebehörde.

AEEU (BRIT) n abbr (= Amalgamated Engineering and Electrical Union) Gewerkschaft der Ingenieure und Elektriker.

Aegean [iː'dʒiːən] n: **the ~ (Sea)** (GEOG) die Ägäis, das Ägäische Meer.

aegis ['iːdʒɪs] n: **under the ~ of** unter der Schirmherrschaft +gen.

aeon ['iːən] n Äon m, Ewigkeit f.

aerial ['ɛərɪəl] n Antenne f ♦ adj (view, bombardment etc) Luft-.

aero... ['ɛərə(u)] pref Luft-.

aerobatics ['ɛərəu'bætɪks] npl fliegerische Kunststücke pl.

aerobics [ɛə'rəubɪks] n Aerobic nt.

aerodrome ['ɛərədrəum] (BRIT) n Flugplatz m.

aerodynamic ['ɛərəudaɪ'næmɪk] adj aerodynamisch.

aeronautics [ɛərə'nɔːtɪks] n Luftfahrt f, Aeronautik f.

aeroplane ['ɛərəpleɪn] (BRIT) n Flugzeug nt.

aerosol ['ɛərəsɔl] n Sprühdose f.

aerospace industry ['ɛərəuspeɪs-] n Raumfahrtindustrie f.

aesthetic [iːs'θɛtɪk] adj ästhetisch.

aesthetically [iːs'θɛtɪklɪ] adv ästhetisch.

afar [ə'fɑː*] adv: **from ~** aus der Ferne.

AFB (US) n abbr (= Air Force Base) Luftwaffenstützpunkt m.

affable ['æfəbl] adj umgänglich, freundlich.

affair [ə'fɛə*] n Angelegenheit f; (romance: also: **love ~**) Verhältnis nt; **affairs** npl Geschäfte pl.

affect [ə'fɛkt] vt (influence) sich auswirken auf +acc; (subj: disease) befallen; (move deeply) bewegen; (concern) betreffen; (feign) vortäuschen; **to be ~ed by sth** von etw beeinflusst werden.

affectation [æfɛk'teɪʃən] n Affektiertheit f.

affected [ə'fɛktɪd] adj affektiert.

affection [ə'fɛkʃən] n Zuneigung f.

affectionate [ə'fɛkʃənɪt] adj liebevoll, zärtlich; (animal) anhänglich.

affectionately [ə'fɛkʃənɪtlɪ] adv liebevoll, zärtlich.

affidavit [æfɪ'deɪvɪt] n (LAW) eidesstattliche Erklärung f.

affiliated [ə'fɪleɪtɪd] adj angeschlossen.

affinity [ə'fɪnɪtɪ] n: **to have an ~ with** or **for** sich verbunden fühlen mit; (resemblance): **to have an ~ with** verwandt sein mit.

affirm [ə'fɜːm] vt versichern; (profess) sich bekennen zu.

affirmation [æfə'meɪʃən] n (of facts) Bestätigung f; (of beliefs) Bekenntnis nt.

affirmative [ə'fɜːmətɪv] adj bejahend ♦ n: **to reply in the ~** mit „Ja" antworten.

affix [ə'fɪks] vt aufkleben.

afflict [ə'flɪkt] vt quälen; (misfortune) heimsuchen.

affliction [ə'flɪkʃən] n Leiden nt.

affluence ['æfluəns] n Wohlstand m.

affluent ['æfluənt] adj wohlhabend; **the ~ society** die Wohlstandsgesellschaft.

afford [ə'fɔːd] vt sich dat leisten; (time) aufbringen; (provide) bieten; **can we ~ a car?** können wir uns ein Auto leisten?; **I can't ~ the time** ich habe einfach nicht die Zeit.

affordable [ə'fɔːdəbl] adj erschwinglich.

affray [ə'freɪ] (BRIT) n Schlägerei f.

affront [ə'frʌnt] n Beleidigung f.

affronted [əˈfrʌntɪd] *adj* beleidigt.
Afghan [ˈæfgæn] *adj* afghanisch ♦ *n* Afghane *m*, Afghanin *f*.
Afghanistan [æfˈgænɪstæn] *n* Afghanistan *nt*.
afield [əˈfiːld] *adv*: **far** ~ weit fort; **from far** ~ aus weiter Ferne.
AFL-CIO *n abbr* (= *American Federation of Labor and Congress of Industrial Organizations*) amerikanischer Gewerkschafts-Dachverband.
afloat [əˈfləut] *adv* auf dem Wasser ♦ *adj*: **to be** ~ schwimmen; **to stay** ~ sich über Wasser halten; **to keep/get a business** ~ ein Geschäft über Wasser halten/auf die Beine stellen.
afoot [əˈfut] *adv*: **there is something** ~ da ist etwas im Gang.
aforementioned [əˈfɔːmenʃənd] *adj* oben erwähnt.
aforesaid [əˈfɔːsɛd] *adj* = aforementioned.
afraid [əˈfreɪd] *adj* ängstlich; **to be** ~ **of** Angst haben vor +*dat*; **to be** ~ **of doing sth** *or* **to do sth** Angst davor haben, etw zu tun; **I am** ~ **that** ... leider ...; **I am** ~ **so/not** leider ja/nein.
afresh [əˈfreʃ] *adv* von neuem, neu.
Africa [ˈæfrɪkə] *n* Afrika *nt*.
African [ˈæfrɪkən] *adj* afrikanisch ♦ *n* Afrikaner(in) *m(f)*.
Afrikaans [æfrɪˈkɑːns] *n* Afrikaans *nt*.
Afrikaner [æfrɪˈkɑːnə*] *n* Afrika(a)nder(in) *m(f)*.
Afro-American [ˈæfrəuəˈmerɪkən] *adj* afro-amerikanisch.
AFT (*US*) *n abbr* (= *American Federation of Teachers*) Lehrergewerkschaft.
aft [ɑːft] *adv* (*be*) achtern; (*go*) nach achtern.
after [ˈɑːftə*] *prep* nach +*dat*; (*of place*) hinter +*dat* ♦ *adv* danach ♦ *conj* nachdem; ~ **dinner** nach dem Essen; **the day** ~ **tomorrow** übermorgen; **what are you** ~? was willst du; **who are you** ~? wen suchst du?; **the police are** ~ **him** die Polizei ist hinter ihm her; **to name sb** ~ **sb** jdn nach jdm nennen; **it's twenty** ~ **eight** (*US*) es ist zwanzig nach acht; **to ask** ~ **sb** nach jdm fragen; ~ **all** schließlich; ~ **you!** nach Ihnen!; ~ **he left** nachdem er gegangen war; ~ **having shaved** nachdem er sich rasiert hatte.
afterbirth [ˈɑːftəbəːθ] *n* Nachgeburt *f*.
aftercare [ˈɑːftəkeə*] (*BRIT*) *n* Nachbehandlung *f*.
aftereffects [ˈɑːftərɪfekts] *npl* Nachwirkungen *pl*.
afterlife [ˈɑːftəlaɪf] *n* Leben *nt* nach dem Tod.
aftermath [ˈɑːftəmɑːθ] *n* Auswirkungen *pl*; **in the** ~ **of** nach +*dat*.
afternoon [ˈɑːftəˈnuːn] *n* Nachmittag *m*.
afters [ˈɑːftəz] (*BRIT: inf*) *n* Nachtisch *m*.
after-sales service [ɑːftəˈseɪlz-] (*BRIT*) *n* Kundendienst *m*.
aftershave (lotion) [ˈɑːftəʃeɪv-] *n*

Rasierwasser *nt*.
aftershock [ˈɑːftəʃɔk] *n* Nachbeben *nt*.
aftersun [ˈɑːftəsʌn] *n* After-Sun-Lotion *f*.
aftertaste [ˈɑːftəteɪst] *n* Nachgeschmack *m*.
afterthought [ˈɑːftəθɔːt] *n*: **as an** ~ nachträglich; **I had an** ~ mir ist noch etwas eingefallen.
afterwards, (*US*) **afterward** [ˈɑːftəwəd(z)] *adv* danach.
again [əˈgen] *adv* (*once more*) noch einmal; (*repeatedly*) wieder; **not him** ~! nicht schon wieder er!; **to do sth** ~ etw noch einmal tun; **to begin** ~ noch einmal anfangen; **to see** ~ wieder sehen; **he's opened it** ~ er hat er schon wieder geöffnet; ~ **and** ~ immer wieder; **now and** ~ ab und zu, hin und wieder.
against [əˈgenst] *prep* gegen +*acc*; (*leaning on*) an +*acc*; (*compared to*) gegenüber +*dat*; ~ **a blue background** vor einem blauen Hintergrund; (**as**) ~ gegenüber +*dat*.
age [eɪdʒ] *n* Alter *nt*; (*period*) Zeitalter *nt* ♦ *vi* altern, alt werden ♦ *vt* alt machen; **what** ~ **is he?** wie alt ist er?; **20 years of** ~ 20 Jahre alt; **under** ~ minderjährig; **to come of** ~ mündig werden; **it's been** ~**s since** ... es ist ewig her, seit ...
aged[1] [eɪdʒd] *adj*: ~ **ten** zehn Jahre alt, zehnjährig.
aged[2] [ˈeɪdʒɪd] *npl*: **the** ~ die Alten *pl*.
age group *n* Altersgruppe *f*; **the 40 to 50** ~ die Gruppe der Vierzig- bis Fünfzigjährigen.
ageing [ˈeɪdʒɪŋ] *adj* (*person, population*) alternd; (*thing*) älter werdend; (*system, technology*) veraltend.
ageless [ˈeɪdʒlɪs] *adj* zeitlos.
age limit *n* Altersgrenze *f*.
agency [ˈeɪdʒənsɪ] *n* Agentur *f*; (*government body*) Behörde *f*; **through** *or* **by the** ~ **of** durch die Vermittlung von.
agenda [əˈdʒɛndə] *n* Tagesordnung *f*.
agent [ˈeɪdʒənt] *n* (*COMM*) Vertreter(in) *m(f)*; (*representative, spy*) Agent(in) *m(f)*; (*CHEM*) Mittel *nt*; (*fig*) Kraft *f*.
aggravate [ˈægrəveɪt] *vt* verschlimmern; (*inf: annoy*) ärgern.
aggravating [ˈægrəveɪtɪŋ] (*inf*) *adj* ärgerlich.
aggravation [ægrəˈveɪʃən] (*inf*) *n* Ärger *m*.
aggregate [ˈægrɪgɪt] *n* Gesamtmenge *f* ♦ *vt* zusammenzählen; **on** ~ (*SPORT*) nach Toren.
aggression [əˈgreʃən] *n* Aggression *f*.
aggressive [əˈgresɪv] *adj* aggressiv.
aggressiveness [əˈgresɪvnɪs] *n* Aggressivität *f*.
aggressor [əˈgresə*] *n* Aggressor(in) *m(f)*, Angreifer(in) *m(f)*.
aggrieved [əˈgriːvd] *adj* verärgert.
aggro [ˈægrəu] (*BRIT: inf*) *n* (*hassle*) Ärger *m*, Theater *nt*; (*aggressive behaviour*) Aggressivität *f*.

aghast [ə'gɑːst] *adj* entsetzt.

agile ['ædʒaɪl] *adj* beweglich, wendig.

agility [ə'dʒɪlɪtɪ] *n* Beweglichkeit *f*, Wendigkeit *f*; (*of mind*) (geistige) Beweglichkeit *f*.

agitate ['ædʒɪteɪt] *vt* aufregen; (*liquid*: *stir*) aufrühren; (: *shake*) schütteln ♦ *vi*: **to ~ for/ against sth** für/gegen etw agitieren.

agitated ['ædʒɪteɪtɪd] *adj* aufgeregt.

agitator ['ædʒɪteɪtəˀ] *n* Agitator(in) *m(f)*.

AGM *n abbr* (= *annual general meeting*) JHV *f*.

agnostic [æg'nɒstɪk] *n* Agnostiker(in) *m(f)*.

ago [ə'gəʊ] *adv*: **2 days ~** vor 2 Tagen; **not long ~** vor kurzem; **as long ~ as 1960** schon 1960; **how long ~?** wie lange ist das her?

agog [ə'gɒg] *adj* gespannt.

agonize ['ægənaɪz] *vi*: **to ~ over sth** sich *dat* den Kopf über etw *acc* zermartern.

agonizing ['ægənaɪzɪŋ] *adj* qualvoll; (*pain etc*) quälend.

agony ['ægənɪ] *n* (*pain*) Schmerz *m*; (*torment*) Qual *f*; **to be in ~** Qualen leiden.

agony aunt (*BRIT: inf*) *n* Briefkastentante *f*.

agony column *n* Kummerkasten *m*.

agree [ə'griː] *vt* (*price, date*) vereinbaren ♦ *vi* übereinstimmen; (*consent*) zustimmen; **to ~ with sb** (*subj*: *person*) jdm zustimmen; (: *food*) jdm bekommen; **to ~ to sth** einer Sache *dat* zustimmen; **to ~ to do sth** sich bereit erklären, etw zu tun; **to ~ on sth** sich auf etw *acc* einigen; **to ~ that** (*admit*) zugeben, dass; **garlic doesn't ~ with me** Knoblauch vertrage ich nicht; **it was ~d that ...** es wurde beschlossen, dass ...; **they ~d on this** sie haben sich in diesem Punkt geeinigt; **they ~d on going** sie einigten sich darauf, zu gehen; **they ~d on a price** sie vereinbarten einen Preis.

agreeable [ə'griːəbl] *adj* angenehm; (*willing*) einverstanden; **are you ~ to this?** sind Sie hiermit einverstanden?

agreed [ə'griːd] *adj* vereinbart; **to be ~** sich *dat* einig sein.

agreement [ə'griːmənt] *n* (*concurrence*) Übereinstimmung *f*; (*consent*) Zustimmung *f*; (*arrangement*) Abmachung *f*; (*contract*) Vertrag *m*; **to be in ~ (with sb)** (mit jdm) einer Meinung sein; **by mutual ~** in gegenseitigem Einverständnis.

agricultural [ægrɪ'kʌltʃərəl] *adj* landwirtschaftlich; (*show*) Landwirtschafts-.

agriculture ['ægrɪkʌltʃəˀ] *n* Landwirtschaft *f*.

aground [ə'graʊnd] *adv*: **to run ~** auf Grund laufen.

ahead [ə'hɛd] *adv* vor uns/ihnen *etc*; **~ of** (*in advance of*) vor +*dat*; **to be ~ of sb** (*in progress, ranking*) vor jdm liegen; **to be ~ of schedule** schneller als geplant vorankommen; **~ of time** zeitlich voraus; **to arrive ~ of time** zu früh ankommen; **go right** *or* **straight ~** gehen/fahren Sie geradeaus;

go ~! (*fig*) machen Sie nur!, nur zu!; **they were (right) ~ of us** sie waren (genau) vor uns.

AI *n abbr* (= *Amnesty International*) AI *no art*; (*COMPUT*) = **artificial intelligence**.

AIB (*BRIT*) *n abbr* (= *Accident Investigation Bureau*) *Untersuchungsstelle für Unglücksfälle*.

AID *n abbr* (= *artificial insemination by donor*) *künstliche Besamung durch Samenspender*; (*US*: = *Agency for International Development*) *Abteilung zur Koordination von Entwicklungshilfe und Außenpolitik*.

aid [eɪd] *n* Hilfe *f*; (*to less developed country*) Entwicklungshilfe *f*; (*device*) Hilfsmittel *nt* ♦ *vt* (*help*) helfen, unterstützen; **with the ~ of** mit Hilfe von; **in ~ of** zugunsten *or* zu Gunsten +*gen*; **to ~ and abet** Beihilfe leisten; *see also* **hearing aid**.

aide [eɪd] *n* Berater(in) *m(f)*; (*MIL*) Adjutant *m*.

aide-de-camp ['eɪddə'kɒŋ] *n* (*MIL*) Adjutant *m*.

AIDS [eɪdz] *n abbr* (= *acquired immune deficiency syndrome*) AIDS *nt*.

AIH *n abbr* (= *artificial insemination by husband*) *künstliche Besamung durch den Ehemann/ Partner*.

ailing ['eɪlɪŋ] *adj* kränklich; (*economy, industry etc*) krank.

ailment ['eɪlmənt] *n* Leiden *nt*.

aim [eɪm] *vt*: **to ~ at** (*gun, missile, camera*) richten auf +*acc*; (*blow*) zielen auf +*acc*; (*remark*) richten an +*acc* ♦ *vi* (*also*: **take ~**) zielen ♦ *n* (*objective*) Ziel *nt*; (*in shooting*) Zielsicherheit *f*; **to ~ at** zielen auf +*acc*; (*objective*) anstreben +*acc*; **to ~ to do sth** vorhaben, etw zu tun.

aimless ['eɪmlɪs] *adj* ziellos.

aimlessly ['eɪmlɪslɪ] *adv* ziellos.

ain't [eɪnt] (*inf*) = **am not**; = **aren't**; = **isn't**.

air [ɛəˀ] *n* Luft *f*; (*tune*) Melodie *f*; (*appearance*) Auftreten *nt*; (*demeanour*) Haltung *f*; (*of house etc*) Atmosphäre *f* ♦ *vt* lüften; (*grievances, views*) Luft machen +*dat*; (*knowledge*) darlegen ♦ *cpd* Luft-; **into the ~** in die Luft; **by ~** mit dem Flugzeug; **to be on the ~** (*RADIO, TV: programme*) gesendet werden; (: *station*) senden; (: *person*) auf Sendung sein.

air base *n* Luftwaffenstützpunkt *m*.

air bed (*BRIT*) *n* Luftmatratze *f*.

airborne ['ɛəbɔːn] *adj* in der Luft; (*plane, particles*) in der Luft befindlich; (*troops*) Luftlande-.

air cargo *n* Luftfracht *f*.

air-conditioned ['ɛəkən'dɪʃənd] *adj* klimatisiert.

air conditioning *n* Klimaanlage *f*.

air-cooled ['ɛəkuːld] *adj* (*engine*) luftgekühlt.

aircraft ['ɛəkrɑːft] *n inv* Flugzeug *nt*.

aircraft carrier *n* Flugzeugträger *m*.

air cushion *n* Luftkissen *nt*.

airfield ['ɛəfiːld] n Flugplatz m.
Air Force n Luftwaffe f.
air freight n Luftfracht f.
air freshener n Raumspray m.
air gun n Luftgewehr nt.
air hostess (BRIT) n Stewardess f.
airily ['ɛərɪlɪ] adv leichtfertig.
airing ['ɛərɪŋ] n: **to give an ~ to** (fig: ideas)
  darlegen; (: views) Luft machen +dat.
air letter (BRIT) n Luftpostbrief m.
airlift ['ɛəlɪft] n Luftbrücke f.
airline ['ɛəlaɪn] n Fluggesellschaft f.
airliner ['ɛəlaɪnə*] n Verkehrsflugzeug nt.
airlock ['ɛəlɔk] n (in pipe etc) Luftblase f;
  (compartment) Luftschleuse f.
air mail n: **by ~ per** or **mit Luftpost.**
air mattress n Luftmatratze f.
airplane ['ɛəpleɪn] (US) n Flugzeug nt.
air pocket n Luftloch nt.
airport ['ɛəpɔːt] n Flughafen m.
air raid n Luftangriff m.
air rifle n Luftgewehr nt.
airsick ['ɛəsɪk] adj luftkrank.
airspace ['ɛəspeɪs] n Luftraum m.
airspeed ['ɛəspiːd] n Fluggeschwindigkeit f.
airstrip ['ɛəstrɪp] n Start-und-Lande-Bahn f.
air terminal n Terminal m or nt.
airtight ['ɛətaɪt] adj luftdicht.
airtime ['ɛətaɪm] n (RADIO, TV) Sendezeit f.
air-traffic control ['ɛətræfɪk-] n
  Flugsicherung f.
air-traffic controller ['ɛətræfɪk-] n Fluglotse
  m.
air waybill n Luftfrachtbrief m.
airy ['ɛərɪ] adj luftig; (casual) lässig.
aisle [aɪl] n Gang m; (section of church)
  Seitenschiff nt.
aisle seat n Sitz m am Gang.
ajar [ə'dʒɑː*] adj angelehnt.
AK (US) abbr (POST: = Alaska).
a.k.a. abbr (= also known as) alias.
akin [ə'kɪn] adj: **~ to** ähnlich +dat.
AL (US) abbr (POST: = Alabama).
ALA n abbr (= American Library Association)
  akademischer Verband für das
  Bibliothekswesen.
Ala. (US) abbr (POST: = Alabama).
alabaster ['æləbɑːstə*] n Alabaster m.
à la carte adv à la carte.
alacrity [ə'lækrɪtɪ] n Bereitwilligkeit f; **with ~**
  ohne zu zögern.
alarm [ə'lɑːm] n (anxiety) Besorgnis f; (in shop,
  bank) Alarmanlage f ♦ vt (worry)
  beunruhigen; (frighten) erschrecken.
alarm call n Weckruf m.
alarm clock n Wecker m.
alarmed [ə'lɑːmd] adj beunruhigt; **don't be ~**
  erschrecken Sie nicht.
alarming [ə'lɑːmɪŋ] adj (worrying)
  beunruhigend; (frightening) erschreckend.
alarmingly [ə'lɑːmɪŋlɪ] adv erschreckend.
alarmist [ə'lɑːmɪst] n Panikmacher(in) m(f).

alas [ə'læs] excl leider.
Alaska [ə'læskə] n Alaska nt.
Albania [æl'beɪnɪə] n Albanien nt.
Albanian [æl'beɪnɪən] adj albanisch ♦ n (LING)
  Albanisch nt.
albatross ['ælbətrɔs] n Albatros m.
albeit [ɔːl'biːɪt] conj wenn auch.
album ['ælbəm] n Album nt.
albumen ['ælbjumɪn] n Albumen nt.
alchemy ['ælkɪmɪ] n Alchimie f, Alchemie f.
alcohol ['ælkəhɔl] n Alkohol m.
alcoholic [ælkə'hɔlɪk] adj alkoholisch ♦ n
  Alkoholiker(in) m(f).
alcoholism ['ælkəhɔlɪzəm] n Alkoholismus m.
alcove ['ælkəuv] n Alkoven m, Nische f.
Ald. abbr = **alderman.**
alderman ['ɔːldəmən] (irreg: like **man**) n ≈
  Stadtrat m.
ale [eɪl] n Ale nt.
alert [ə'lɜːt] adj aufmerksam ♦ n Alarm m ♦ vt
  alarmieren; **to be ~ to** (danger, opportunity)
  sich dat bewusst sein +gen; **to be on the ~**
  wachsam sein; **to ~ sb (to sth)** jdn (vor etw
  dat) warnen.
Aleutian Islands [ə'luː-ʃən-] npl Aleuten pl.
A level (BRIT) n ≈ Abschluss m der
  Sekundarstufe 2, Abitur nt.
Alexandria [ælɪg'zɑːndrɪə] n Alexandria nt.
alfresco [æl'freskəu] adj, adv im Freien.
algebra ['ældʒɪbrə] n Algebra f.
Algeria [æl'dʒɪərɪə] n Algerien nt.
Algerian [æl'dʒɪərɪən] adj algerisch ♦ n
  Algerier(in) m(f).
Algiers [æl'dʒɪəz] n Algier nt.
algorithm ['ælgərɪðəm] n (MATH) Algorithmus
  m.
alias ['eɪlɪəs] adv alias ♦ n Deckname m.
alibi ['ælɪbaɪ] n Alibi nt.
alien ['eɪlɪən] n Ausländer(in) m(f);
  (extraterrestrial) außerirdisches Wesen nt
  ♦ adj: **~ (to)** fremd (+dat).
alienate ['eɪlɪəneɪt] vt entfremden;
  (antagonize) befremden.
alienation [eɪlɪə'neɪʃən] n Entfremdung f.
alight [ə'laɪt] adj brennend; (eyes, expression)
  leuchtend ♦ vi (bird) sich niederlassen;
  (passenger) aussteigen.
align [ə'laɪn] vt ausrichten.
alignment [ə'laɪnmənt] n Ausrichtung f; **it's
  out of ~ (with)** es ist nicht richtig
  ausgerichtet (nach).
alike [ə'laɪk] adj ähnlich ♦ adv (similarly)
  ähnlich; (equally) gleich; **to look ~** sich dat
  ähnlich sehen; **winter and summer ~**
  Sommer wie Winter.
alimony ['ælɪmənɪ] n Unterhalt m.
alive [ə'laɪv] adj (living) lebend; (lively)
  lebendig; (active) lebhaft; **~ with** erfüllt
  von; **to be ~ to sth** sich dat einer Sache gen
  bewusst sein.
alkali ['ælkəlaɪ] n Base f, Lauge f.
alkaline ['ælkəlaɪn] adj basisch, alkalisch.

===================================== KEYWORD

all [ɔːl] *adj* alle(r, s); ~ **day/night** den ganzen Tag/die ganze Nacht (über); ~ **men are equal** alle Menschen sind gleich; ~ **five came** alle fünf kamen; ~ **the books** die ganzen Bücher, alle Bücher; ~ **the food** das ganze Essen; ~ **the time** die ganze Zeit (über); ~ **his life** sein ganzes Leben (lang) ♦ *pron* **1** alles; **I ate it** ~, **I ate** ~ **of it** ich habe alles gegessen; ~ **of us/the boys went** wir alle/alle Jungen gingen; **we** ~ **sat down** wir setzten uns alle; **is that** ~? ist das alles?; (*in shop*) sonst noch etwas?

2 (*in phrases*): **above** ~ vor allem; **after** ~ schließlich; ~ **in** ~ alles in allem ♦ *adv* ganz; ~ **alone** ganz allein; **it's not as hard as** ~ **that** so schwer ist es nun auch wieder nicht; ~ **the more/the better** um so mehr/besser; ~ **but** (*all except for*) alle außer; (*almost*) fast; **the score is 2** ~ der Spielstand ist 2 zu 2.

allay [ə'leɪ] *vt* (*fears*) zerstreuen.
all clear *n* Entwarnung *f*.
allegation [ælɪ'geɪʃən] *n* Behauptung *f*.
allege [ə'ledʒ] *vt* behaupten; **he is** ~**d to have said that** ... er soll angeblich gesagt haben, dass ...
alleged [ə'ledʒd] *adj* angeblich.
allegedly [ə'ledʒɪdlɪ] *adv* angeblich.
allegiance [ə'liːdʒəns] *n* Treue *f*.
allegory ['ælɪgɔrɪ] *n* Allegorie *f*.
all-embracing ['ɔːlɪm'breɪsɪŋ] *adj* (all)umfassend.
allergic [ə'lɔːdʒɪk] *adj* (*rash, reaction*) allergisch; (*person*): ~ **to** allergisch gegen.
allergy ['ælədʒɪ] *n* Allergie *f*.
alleviate [ə'liːvɪeɪt] *vt* lindern.
alley ['ælɪ] *n* Gasse *f*.
alleyway ['ælɪweɪ] *n* Durchgang *m*.
alliance [ə'laɪəns] *n* Bündnis *nt*.
allied ['ælaɪd] *adj* verbündet, alliiert; (*products, industries*) verwandt.
alligator ['ælɪgeɪtə*] *n* Alligator *m*.
all-important ['ɔːlɪm'pɔːtənt] *adj* entscheidend, äußerst wichtig.
all in (*BRIT*) *adv* inklusive.
all-in ['ɔːlɪn] (*BRIT*) *adj* (*price*) Inklusiv-.
all-in wrestling *n* (*esp BRIT*) Freistilringen *nt*.
alliteration [əlɪtə'reɪʃən] *n* Alliteration *f*.
all-night ['ɔːl'naɪt] *adj* (*café, cinema*) die ganze Nacht geöffnet; (*party*) die ganze Nacht dauernd.
allocate ['æləkeɪt] *vt* zuteilen.
allocation [æləu'keɪʃən] *n* Verteilung *f*; (*of money, resources*) Zuteilung *f*.
allot [ə'lɔt] *vt*: **to** ~ (**to**) zuteilen (+*dat*); **in the** ~**ed time** in der vorgesehenen Zeit.
allotment [ə'lɔtmənt] *n* (*share*) Anteil *m*; (*garden*) Schrebergarten *m*.
all-out ['ɔːlaut] *adj* (*effort, dedication etc*)

äußerste(r, s); (*strike*) total ♦ *adv*: **all out** mit aller Kraft; **to go all out for** sein Letztes *or* Äußerstes geben für.
allow [ə'lau] *vt* erlauben; (*behaviour*) zulassen; (*sum, time*) einplanen; (*claim, goal*) anerkennen; (*concede*): **to** ~ **that** annehmen, dass; **to** ~ **sb to do sth** jdm erlauben, etw zu tun; **he is** ~**ed to** ... er darf ...; **smoking is not** ~**ed** Rauchen ist nicht gestattet; **we must** ~ **3 days for the journey** wir müssen für die Reise 3 Tage einplanen.
▸ **allow for** *vt fus* einplanen, berücksichtigen.
allowance [ə'lauəns] *n* finanzielle Unterstützung *f*; (*welfare payment*) Beihilfe *f*; (*pocket money*) Taschengeld *nt*; (*tax allowance*) Freibetrag *m*; **to make** ~**s for** (*person*) Zugeständnisse machen für; (*thing*) berücksichtigen.
alloy ['ælɔɪ] *n* Legierung *f*.
all right *adv* (*well*) gut; (*correctly*) richtig; (*as answer*) okay, in Ordnung.
all-rounder [ɔːl'raundə*] *n* Allrounder *m*; (*athlete etc*) Allroundsportler(in) *m(f)*.
allspice ['ɔːlspaɪs] *n* Piment *m or nt*.
all-time ['ɔːl'taɪm] *adj* aller Zeiten.
allude [ə'luːd] *vi*: **to** ~ **to** anspielen auf +*acc*.
alluring [ə'ljuərɪŋ] *adj* verführerisch.
allusion [ə'luːʒən] *n* Anspielung *f*.
alluvium [ə'luːvɪəm] *n* Anschwemmung *f*.
ally ['ælaɪ] *n* Verbündete(r) *f(m)*; (*during wars*) Alliierte(r) *f(m)* ♦ *vt*: **to** ~ **o.s. with** sich verbünden mit.
almighty [ɔːl'maɪtɪ] *adj* allmächtig; (*tremendous*) mächtig.
almond ['ɑːmənd] *n* Mandel *f*; (*tree*) Mandelbaum *m*.
almost ['ɔːlməust] *adv* fast, beinahe; **he** ~ **fell** er wäre beinahe gefallen.
alms [ɑːmz] *npl* Almosen *pl*.
aloft [ə'lɔft] *adv* (*hold, carry*) empor.
alone [ə'ləun] *adj, adv* allein; **to leave sb** ~ jdn in Ruhe lassen; **to leave sth** ~ die Finger von etw lassen; **let** ~ ... geschweige denn ...
along [ə'lɔŋ] *prep* entlang +*acc* ♦ *adv*: **is he coming** ~ **with us?** kommt er mit?; **he was hopping/limping** ~ er hüpfte/humpelte daher; ~ **with** (*together with*) zusammen mit; **all** ~ (*all the time*) die ganze Zeit.
alongside [ə'lɔŋ'saɪd] *prep* neben +*dat*; (*ship*) längsseits +*gen* ♦ *adv* (*come*) nebendran; (*be*) daneben; **we brought our boat** ~ wir brachten unser Boot heran; **a car drew up** ~ ein Auto fuhr neben mich/ihn *etc* heran.
aloof [ə'luːf] *adj* unnahbar ♦ *adv*: **to stand** ~ abseits stehen.
aloofness [ə'luːfnɪs] *n* Unnahbarkeit *f*.
aloud [ə'laud] *adv* laut.
alphabet ['ælfəbɛt] *n* Alphabet *nt*.
alphabetical [ælfə'bɛtɪkl] *adj* alphabetisch; **in** ~ **order** in alphabetischer Reihenfolge.
alphanumeric ['ælfənjuː'mɛrɪk] *adj* alphanumerisch.

alpine ['ælpaɪn] adj alpin, Alpen-.

Alps [ælps] npl: **the ~** die Alpen.

already [ɔːl'rɛdɪ] adv schon.

alright ['ɔːl'raɪt] (BRIT) adv = **all right**.

Alsace ['ælsæs] n Elsass nt.

Alsatian [æl'seɪʃən] (BRIT) n (dog) Schäferhund m.

also ['ɔːlsəu] adv (too) auch; (moreover) außerdem.

altar ['ɔltə*] n Altar m.

alter ['ɔltə*] vt ändern; (clothes) umändern ♦ vi sich (ver)ändern.

alteration [ɔltə'reɪʃən] n Änderung f; (to clothes) Umänderung f; (to building) Umbau m; **alterations** npl (SEWING) Änderungen pl; (ARCHIT) Umbau m.

altercation [ɔltə'keɪʃən] n Auseinandersetzung f.

alternate [adj ɔl'təːnɪt, vi 'ɔltəneɪt] adj abwechselnd; (US: alternative: plans etc) Alternativ- ♦ vi: **to ~ (with)** sich abwechseln (mit); **on ~ days** jeden zweiten Tag.

alternately [ɔl'təːnɪtlɪ] adv abwechselnd.

alternating current ['ɔltəːneɪtɪŋ-] n Wechselstrom m.

alternative [ɔl'təːnətɪv] adj alternativ; (solution etc) Alternativ- ♦ n Alternative f.

alternative energy n Alternativenergie f.

alternatively [ɔl'təːnətɪvlɪ] adv: **~ one could ...** oder man könnte ...

alternative medicine n Alternativmedizin f.

alternative society n Alternativgesellschaft f.

alternator ['ɔltəneɪtə*] n (AUT) Lichtmaschine f.

although [ɔːl'ðəu] conj obwohl.

altitude ['æltɪtjuːd] n Höhe f.

alto ['æltəu] n Alt m.

altogether [ɔːltə'gɛðə*] adv ganz; (on the whole, in all) im Ganzen, insgesamt; **how much is that ~?** was macht das zusammen?

altruism ['æltruɪzəm] n Altruismus m.

altruistic [æltru'ɪstɪk] adj uneigennützig, altruistisch.

aluminium [ælju'mɪnɪəm], (US) **aluminum** [ə'luːmɪnəm] n Aluminium nt.

always ['ɔːlweɪz] adv immer; **we can ~ ...** (if all else fails) wir können ja auch ...

Alzheimer's (disease) n (MED) Alzheimerkrankheit f.

AM abbr (= amplitude modulation) AM, ≈ MW; (BRIT: POL: = Assembly Member) Mitglied nt der walisischen Versammlung.

am [æm] vb see **be**.

a.m. adv abbr (= ante meridiem) morgens; (later) vormittags.

AMA n abbr (= American Medical Association) Medizinerverband.

amalgam [ə'mælgəm] n Amalgam nt; (fig) Mischung f.

amalgamate [ə'mælgəmeɪt] vi, vt fusionieren.

amalgamation [əmælgə'meɪʃən] n Fusion f.

amass [ə'mæs] vt anhäufen; (evidence) zusammentragen.

amateur ['æmətə*] n Amateur m ♦ adj (SPORT) Amateur-; **~ dramatics** Laientheater nt.

amateurish ['æmətərɪʃ] adj (pej) dilettantisch, stümperhaft.

amaze [ə'meɪz] vt erstaunen; **to be ~d (at)** erstaunt sein (über +acc).

amazement [ə'meɪzmənt] n Erstaunen nt.

amazing [ə'meɪzɪŋ] adj erstaunlich; (bargain, offer) sensationell.

amazingly [ə'meɪzɪŋlɪ] adv erstaunlich.

Amazon ['æməzən] n (river) Amazonas m; **the ~ basin** das Amazonastiefland; **the ~ jungle** der Amazonas-Regenwald.

Amazonian [æmə'zəunɪən] adj amazonisch.

ambassador [æm'bæsədə*] n Botschafter(in) m(f).

amber ['æmbə*] n Bernstein m; **at ~** (BRIT: traffic lights) auf Gelb; (: move off) bei Gelb.

ambidextrous [æmbɪ'dɛkstrəs] adj beidhändig.

ambience ['æmbɪəns] n Atmosphäre f.

ambiguity [æmbɪ'gjuɪtɪ] n Zweideutigkeit f; (lack of clarity) Unklarheit f.

ambiguous [æm'bɪgjuəs] adj zweideutig; (not clear) unklar.

ambition [æm'bɪʃən] n Ehrgeiz m; (desire) Ambition f; **to achieve one's ~** seine Ambitionen erfüllen.

ambitious [æm'bɪʃəs] adj ehrgeizig.

ambivalence [æm'bɪvələns] n Ambivalenz f.

ambivalent [æm'bɪvələnt] adj ambivalent.

amble ['æmbl] vi schlendern.

ambulance ['æmbjuləns] n Krankenwagen m.

ambulanceman ['æmbjulənsmən] (irreg: like **man**) n Sanitäter m.

ambush ['æmbuʃ] n Hinterhalt m; (attack) Überfall m aus dem Hinterhalt ♦ vt (aus dem Hinterhalt) überfallen.

ameba [ə'miːbə] (US) n = **amoeba**.

ameliorate [ə'miːlɪəreɪt] vt verbessern.

amen ['ɑː'mɛn] excl amen.

amenable [ə'miːnəbl] adj: **~ to** zugänglich +dat; (to flattery etc) empfänglich für; **~ to the law** dem Gesetz verantwortlich.

amend [ə'mɛnd] vt ändern; (habits, behaviour) bessern.

amendment [ə'mɛndmənt] n Änderung f, (to law) Amendement nt.

amends [ə'mɛndz] npl: **to make ~** es wieder gutmachen; **to make ~ for sth** etw wieder gutmachen.

amenities [ə'miːnɪtɪz] npl Einkaufs-, Unterhaltungs- und Transportmöglichkeiten.

amenity [ə'miːnɪtɪ] n (Freizeit)einrichtung f.

America [ə'mɛrɪkə] n Amerika nt.

American [ə'mɛrɪkən] adj amerikanisch ♦ n Amerikaner(in) m(f).

Americanize [ə'mɛrɪkənaɪz] vt amerikanisieren.

amethyst ['æmɪθɪst] n Amethyst m.
Amex ['æmɛks] n abbr (= American Stock Exchange) US-Börse; (= American Express ®) Kreditkarte.
amiable ['eɪmɪəbl] adj liebenswürdig.
amiably ['eɪmɪəblɪ] adv liebenswürdig.
amicable ['æmɪkəbl] adj freundschaftlich; (settlement) gütlich.
amicably ['æmɪkəblɪ] adv (part, discuss) in aller Freundschaft; (settle) gütlich.
amid(st) [ə'mɪd(st)] prep inmitten +gen.
amiss [ə'mɪs] adj, adv: **to take sth ~** etw übel nehmen; **there's something ~** da stimmt irgend etwas nicht.
ammeter ['æmɪtə*] n Amperemeter nt.
ammo ['æməu] (inf) n abbr = **ammunition**.
ammonia [ə'məunɪə] n Ammoniak nt.
ammunition [æmju'nɪʃən] n Munition f.
ammunition dump n Munitionslager nt.
amnesia [æm'niːzɪə] n Amnesie f, Gedächtnisschwund m.
amnesty ['æmnɪstɪ] n Amnestie f; **to grant an ~ to** amnestieren.
Amnesty International n Amnesty International no art.
amoeba, (US) **ameba** [ə'miːbə] n Amöbe f.
amok [ə'mɔk] adv: **to run ~** Amok laufen.
among(st) [ə'mʌŋ(st)] prep unter +dat.
amoral [æ'mɔrəl] adj unmoralisch.
amorous ['æmərəs] adj amourös.
amorphous [ə'mɔːfəs] adj formlos, gestaltlos.
amortization [əmɔːtaɪ'zeɪʃən] n Amortisation f.
amount [ə'maunt] n (quantity) Menge f; (sum of money) Betrag m; (total) Summe f; (of bill etc) Höhe f ♦ vi: **to ~ to** (total) sich belaufen auf +acc; (be same as) gleichkommen +dat; **the total ~** (of money) die Gesamtsumme.
amp(ère) ['æmp(ɛə*)] n Ampere nt; **a 3 ~ fuse** eine Sicherung von 3 Ampere; **a 13 ~ plug** ein Stecker mit einer Sicherung von 13 Ampere.
ampersand ['æmpəsænd] n Et-Zeichen nt, Und-Zeichen nt.
amphetamine [æm'fɛtəmiːn] n Amphetamin nt.
amphibian [æm'fɪbɪən] n Amphibie f.
amphibious [æm'fɪbɪəs] adj amphibisch; (vehicle) Amphibien-.
amphitheatre, (US) **amphitheater** ['æmfɪθɪətə*] n Amphitheater nt.
ample ['æmpl] adj (large) üppig; (abundant) reichlich; (enough) genügend; **this is ~** das ist reichlich; **to have ~ time/room** genügend Zeit/Platz haben.
amplifier ['æmplɪfaɪə*] n Verstärker m.
amplify ['æmplɪfaɪ] vt verstärken; (expand: idea etc) genauer ausführen.
amply ['æmplɪ] adv reichlich.
ampoule, (US) **ampule** ['æmpuːl] n Ampulle f.
amputate ['æmpjuteɪt] vt amputieren.
amputation [æmpju'teɪʃən] n Amputation f.

amputee [æmpju'tiː] n Amputierte(r) f(m).
Amsterdam ['æmstədæm] n Amsterdam nt.
amt abbr = **amount**.
amuck [ə'mʌk] adv = **amok**.
amuse [ə'mjuːz] vt (entertain) unterhalten; (make smile) amüsieren, belustigen; **to ~ o.s. with sth/by doing sth** sich die Zeit mit etw vertreiben/damit vertreiben, etw zu tun; **to be ~d at** sich amüsieren über +acc; **he was not ~d** er fand das gar nicht komisch or zum Lachen.
amusement [ə'mjuːzmənt] n (mirth) Vergnügen nt; (pleasure) Unterhaltung f; (pastime) Zeitvertreib m; **much to my ~** zu meiner großen Belustigung.
amusement arcade n Spielhalle f.
amusement park n Vergnügungspark m.
amusing [ə'mjuːzɪŋ] adj amüsant, unterhaltsam.
an [æn, ən] indef art see **a**.
ANA n abbr (= American Newspaper Association) amerikanischer Zeitungsverband; (= American Nurses Association) Verband amerikanischer Krankenschwestern und Krankenpfleger.
anachronism [ə'nækrənɪzəm] n Anachronismus m.
anaemia, (US) **anemia** [ə'niːmɪə] n Anämie f.
anaemic, (US) **anemic** [ə'niːmɪk] adj blutarm.
anaesthetic, (US) **anesthetic** [ænɪs'θɛtɪk] n Betäubungsmittel nt; **under (the) ~** unter Narkose; **local ~** örtliche Betäubung f; **general ~** Vollnarkose f.
anaesthetist [æ'niːsθɪtɪst] n Anästhesist(in) m(f).
anagram ['ænəgræm] n Anagramm nt.
anal ['eɪnl] adj anal, Anal-.
analgesic [ænæl'dʒiːsɪk] adj schmerzstillend ♦ n Schmerzmittel nt, schmerzstillendes Mittel nt.
analogous [ə'næləgəs] adj: **~ (to or with)** analog (zu).
analogue, (US) **analog** ['ænəlɔg] adj (watch, computer) Analog-.
analogy [ə'nælədʒɪ] n Analogie f; **to draw an ~ between** eine Analogie herstellen zwischen +dat; **by ~** durch einen Analogieschluss.
analyse, (US) **analyze** ['ænəlaɪz] vt analysieren; (CHEM, MED) untersuchen; (person) psychoanalytisch behandeln.
analyses [ə'næləsiːz] npl of **analysis**.
analysis [ə'næləsɪs] (pl **analyses**) n (see vb) Analyse f; Untersuchung f; Psychoanalyse f; **in the last ~** letzten Endes.
analyst ['ænəlɪst] n Analytiker(in) m(f); (US) Psychoanalytiker(in) m(f).
analytic(al) [ænə'lɪtɪk(l)] adj analytisch.
analyze ['ænəlaɪz] (US) vt = **analyse**.
anarchic [æ'nɑːkɪk] adj anarchisch.
anarchist ['ænəkɪst] adj anarchistisch ♦ n Anarchist(in) m(f).

anarchy ['ænəkɪ] *n* Anarchie *f*.

anathema [ə'næθɪmə] *n*: **that is ~ to him** das ist ihm ein Gräuel.

anatomical [ænə'tɔmɪkl] *adj* anatomisch.

anatomy [ə'nætəmɪ] *n* Anatomie *f*; (*body*) Körper *m*.

ANC *n abbr* (= *African National Congress*) ANC *m*.

ancestor ['ænsɪstə*] *n* Vorfahr(in) *m(f)*.

ancestral [æn'sɛstrəl] *adj* angestammt; **~ home** Stammsitz *m*.

ancestry ['ænsɪstrɪ] *n* Abstammung *f*.

anchor ['æŋkə*] *n* Anker *m* ♦ *vi* (*also*: **to drop ~**) ankern, vor Anker gehen ♦ *vt* (*fig*): **to ~ sth to** etw verankern in +*dat*; **to weigh ~** den Anker lichten.

anchorage ['æŋkərɪdʒ] *n* Ankerplatz *m*.

anchorman ['æŋkəmæn] (*irreg: like* **man**) *n* (*TV, RADIO*) ≈ Moderator *m*.

anchorwoman ['æŋkəwʊmən] (*irreg: like* **woman**) *n* (*TV, RADIO*) ≈ Moderatorin *f*.

anchovy ['æntʃəvɪ] *n* Sardelle *f*, An(s)chovis *f*.

ancient ['eɪnʃənt] *adj* alt; (*person, car*) uralt.

ancient monument *n* historisches Denkmal *nt*.

ancillary [æn'sɪlərɪ] *adj* Hilfs-.

and [ænd] *conj* und; **~ so on** und so weiter; **try ~ come please** bitte versuche zu kommen; **better ~ better** immer besser.

Andes ['ændiːz] *npl*: **the ~** die Anden *pl*.

Andorra [æn'dɔːrə] *n* Andorra *nt*.

anecdote ['ænɪkdəʊt] *n* Anekdote *f*.

anemia *etc* [ə'niːmɪə] (*US*) = **anaemia** *etc*.

anemone [ə'nɛmənɪ] *n* (*BOT*) Anemone *f*, Buschwindröschen *nt*.

anesthetic *etc* [ænɪs'θɛtɪk] (*US*) = **anaesthetic** *etc*.

anew [ə'njuː] *adv* von neuem.

angel ['eɪndʒəl] *n* Engel *m*.

angel dust (*inf*) *n* als halluzinogene Droge missbrauchtes Medikament.

angelic [æn'dʒɛlɪk] *adj* engelhaft.

anger ['æŋgə*] *n* Zorn *m* ♦ *vt* ärgern; (*enrage*) erzürnen; **red with ~** rot vor Wut.

angina [æn'dʒaɪnə] *n* Angina pectoris *f*.

angle ['æŋgl] *n* Winkel *m*; (*viewpoint*): **from their ~** von ihrem Standpunkt aus ♦ *vi*: **to ~ for** (*invitation*) aus sein auf +*acc*; (*compliments*) fischen nach ♦ *vt*: **to ~ sth towards** *or* **to** etw ausrichten auf +*acc*.

angler ['æŋglə*] *n* Angler(in) *m(f)*.

Anglican ['æŋglɪkən] *adj* anglikanisch ♦ *n* Anglikaner(in) *m(f)*.

anglicize ['æŋglɪsaɪz] *vt* anglisieren.

angling ['æŋglɪŋ] *n* Angeln *nt*.

Anglo- ['æŋgləʊ] *pref* Anglo-, anglo-.

Anglo-German ['æŋgləʊ'dʒɜːmən] *adj* englisch-deutsch.

Anglo-Saxon ['æŋgləʊ'sæksən] *adj* angelsächsisch ♦ *n* Angelsachse *m*, Angelsächsin *f*.

Angola [æŋ'gəʊlə] *n* Angola *nt*.

Angolan [æŋ'gəʊlən] *adj* angolanisch ♦ *n* Angolaner(in) *m(f)*.

angrily ['æŋgrɪlɪ] *adv* verärgert.

angry ['æŋgrɪ] *adj* verärgert; (*wound*) entzündet; **to be ~ with sb** auf jdn böse sein; **to be ~ at sth** über etw *acc* verärgert sein; **to get ~** wütend werden; **to make sb ~** jdn wütend machen.

anguish ['æŋgwɪʃ] *n* Qual *f*.

anguished ['æŋgwɪʃt] *adj* gequält.

angular ['æŋgjʊlə*] *adj* eckig; (*features*) kantig.

animal ['ænɪməl] *n* Tier *nt*; (*living creature*) Lebewesen *nt*; (*pej: person*) Bestie *f* ♦ *adj* tierhaft; (*attraction etc*) animalisch.

animal spirits *npl* Vitalität *f*.

animate [*vt* ænɪmeɪt, *adj* ænɪmɪt] *vt* beleben ♦ *adj* lebend.

animated ['ænɪmeɪtɪd] *adj* lebhaft; (*film*) Zeichentrick-.

animation [ænɪ'meɪʃən] *n* (*liveliness*) Lebhaftigkeit *f*; (*film*) Animation *f*.

animosity [ænɪ'mɔsɪtɪ] *n* Feindseligkeit *f*.

aniseed ['ænɪsiːd] *n* Anis *m*.

Ankara ['æŋkərə] *n* Ankara *nt*.

ankle ['æŋkl] *n* Knöchel *m*.

ankle sock (*BRIT*) *n* Söckchen *nt*.

annex ['ænɛks] *n* (*also*: **~e**: *BRIT*) Anhang *m*; (*building*) Nebengebäude *nt*; (*extension*) Anbau *m* ♦ *vt* (*take over*) annektieren.

annexation [ænɛk'seɪʃən] *n* Annexion *f*.

annihilate [ə'naɪəleɪt] *vt* (*also fig*) vernichten.

annihilation [ənaɪə'leɪʃən] *n* Vernichtung *f*.

anniversary [ænɪ'vɜːsərɪ] *n* Jahrestag *m*.

anno Domini *adv* anno Domini, nach Christus.

annotate ['ænəʊteɪt] *vt* kommentieren.

announce [ə'naʊns] *vt* ankündigen; (*birth, death etc*) anzeigen; **he ~d that he wasn't going** er verkündete, dass er nicht gehen würde.

announcement [ə'naʊnsmənt] *n* Ankündigung *f*; (*official*) Bekanntmachung *f*; (*of birth, death etc*) Anzeige *f*; **I'd like to make an ~** ich möchte etwas bekannt geben.

announcer [ə'naʊnsə*] *n* Ansager(in) *m(f)*.

annoy [ə'nɔɪ] *vt* ärgern; **to be ~ed (at sth/with sb)** sich (über etw/jdn) ärgern; **don't get ~ed!** reg dich nicht auf!

annoyance [ə'nɔɪəns] *n* Ärger *m*.

annoying [ə'nɔɪɪŋ] *adj* ärgerlich; (*person, habit*) lästig.

annual ['ænjʊəl] *adj* jährlich; (*income*) Jahres- ♦ *n* (*BOT*) einjährige Pflanze *f*; (*book*) Jahresband *m*.

annual general meeting (*BRIT*) *n* Jahreshauptversammlung *f*.

annually ['ænjʊəlɪ] *adv* jährlich.

annual report *n* Geschäftsbericht *m*.

annuity [ə'njuːɪtɪ] *n* Rente *f*; **life ~** Rente *f* auf Lebenszeit.

annul [ə'nʌl] *vt* annullieren; (*law*) aufheben.

annulment [ə'nʌlmənt] *n* (*see vb*)

annum – antiquarian

Annullierung *f*; Aufhebung *f*.
annum ['ænəm] *n see* **per.**
Annunciation [ənʌnsɪ'eɪʃən] *n* Mariä Verkündigung *f*.
anode ['ænəud] *n* Anode *f*.
anodyne ['ænədaɪn] (*fig*) *n* Wohltat *f* ♦ *adj* schmerzlos.
anoint [ə'nɔɪnt] *vt* salben.
anomalous [ə'nɔmələs] *adj* anomal.
anomaly [ə'nɔməlɪ] *n* Anomalie *f*.
anon. [ə'nɔn] *abbr* = **anonymous.**
anonymity [ænə'nɪmɪtɪ] *n* Anonymität *f*.
anonymous [ə'nɔnɪməs] *adj* anonym.
anorak ['ænəræk] *n* Anorak *m*.
anorexia [ænə'rɛksɪə] *n* Magersucht *f*, Anorexie *f*.
anorexic [ænə'rɛksɪk] *adj* magersüchtig.
another [ə'nʌðə⁰] *pron* (*additional*) noch eine(r, s); (*different*) ein(e) andere(r, s) ♦ *adj*: ~ **book** (*one more*) noch ein Buch; (*a different one*) ein anderes Buch; ~ **drink?** noch etwas zu trinken?; **in** ~ **5 years** in weiteren 5 Jahren; *see also* **one.**
ANSI [eɪɛnɛs'aɪ] *n abbr* (= *American National Standards Institute*) amerikanischer Normenausschuss.
answer ['ɑːnsə⁰] *n* Antwort *f*; (*to problem*) Lösung *f* ♦ *vi* antworten; (*TEL*) sich melden ♦ *vt* (*reply to: person*) antworten +*dat*; (: *letter, question*) beantworten; (*problem*) lösen; (*prayer*) erhören; **in** ~ **to your letter** in Beantwortung Ihres Schreibens; **to** ~ **the phone** ans Telefon gehen; **to** ~ **the bell** *or* **the door** die Tür aufmachen.
▸ **answer back** *vi* widersprechen; (*child*) frech sein.
▸ **answer for** *vt fus* (*person*) verantwortlich sein für, sich verbürgen für.
▸ **answer to** *vt fus* (*description*) entsprechen +*dat.*
answerable ['ɑːnsərəbl] *adj*: **to be** ~ **to sb for sth** jdm gegenüber für etw verantwortlich sein; **I am** ~ **to no-one** ich brauche mich vor niemandem zu verantworten.
answering machine ['ɑːnsərɪŋ-] *n* Anrufbeantworter *m*.
ant [ænt] *n* Ameise *f*.
ANTA *n abbr* (= *American National Theater and Academy*) *Nationaltheater und Schauspielerakademie.*
antagonism [æn'tægənɪzəm] *n* Feindseligkeit *f*, Antagonismus *m*.
antagonist [æn'tægənɪst] *n* Gegner(in) *m(f)*, Antagonist(in) *m(f)*.
antagonistic [æntægə'nɪstɪk] *adj* feindselig.
antagonize [æn'tægənaɪz] *vt* gegen sich aufbringen.
Antarctic [ænt'ɑːktɪk] *n*: **the** ~ die Antarktis.
Antarctica [ænt'ɑːktɪkə] *n* Antarktik *f*.
Antarctic Circle *n*: **the** ~ der südliche Polarkreis.
Antarctic Ocean *n*: **the** ~ das Südpolarmeer.

ante ['æntɪ] *n*: **to up the** ~ den Einsatz erhöhen.
ante... ['æntɪ] *pref* vor-.
anteater ['æntiːtə⁰] *n* Ameisenbär *m*.
antecedent [æntɪ'siːdənt] *n* Vorläufer *m*; (*of living creature*) Vorfahr *m*; **antecedents** *npl* Herkunft *f*.
antechamber ['æntɪtʃeɪmbə⁰] *n* Vorzimmer *nt*.
antelope ['æntɪləup] *n* Antilope *f*.
antenatal ['æntɪ'neɪtl] *adj* vor der Geburt, Schwangerschafts-.
antenatal clinic *n* Sprechstunde *f* für werdende Mütter.
antenna [æn'tɛnə] (*pl* ~**e**) *n* (*of insect*) Fühler *m*; (*RADIO, TV*) Antenne *f*.
antennae [æn'tɛniː] *npl of* **antenna.**
anteroom ['æntɪrum] *n* Vorzimmer *nt*.
anthem ['ænθəm] *n*: **national** ~ Nationalhymne *f*.
ant hill *n* Ameisenhaufen *m*.
anthology [æn'θɔlədʒɪ] *n* Anthologie *f*.
anthropologist [ænθrə'pɔlədʒɪst] *n* Anthropologe *m*, Anthropologin *f*.
anthropology [ænθrə'pɔlədʒɪ] *n* Anthropologie *f*.
anti... ['æntɪ] *pref* Anti-, anti-.
anti-aircraft ['æntɪ'ɛəkrɑːft] *adj* (*gun, rocket*) Flugabwehr-.
anti-aircraft defence *n* Luftverteidigung *f*.
antiballistic ['æntɪbə'lɪstɪk] *adj* (*missile*) Anti-Raketen-.
antibiotic ['æntɪbaɪ'ɔtɪk] *n* Antibiotikum *nt*.
antibody ['æntɪbɔdɪ] *n* Antikörper *m*.
anticipate [æn'tɪsɪpeɪt] *vt* erwarten; (*foresee*) vorhersehen; (*look forward to*) sich freuen auf +*acc*; (*forestall*) vorwegnehmen; **this is worse than I** ~**d** es ist schlimmer, als ich erwartet hatte; **as** ~**d** wie erwartet.
anticipation [æntɪsɪ'peɪʃən] *n* Erwartung *f*; (*eagerness*) Vorfreude *f*; **thanking you in** ~ vielen Dank im Voraus.
anticlimax ['æntɪ'klaɪmæks] *n* Enttäuschung *f*.
anticlockwise ['æntɪ'klɔkwaɪz] (*BRIT*) *adv* gegen den Uhrzeigersinn.
antics ['æntɪks] *npl* Mätzchen *pl*; (*of politicians etc*) Gehabe *nt*.
anticyclone ['æntɪ'saɪkləun] *n* Hoch(druckgebiet) *nt*.
antidote ['æntɪdəut] *n* Gegenmittel *nt*.
antifreeze ['æntɪfriːz] *n* Frostschutzmittel *nt*.
antihistamine ['æntɪ'hɪstəmɪn] *n* Antihistamin *nt*.
Antilles [æn'tɪliːz] *npl*: **the** ~ die Antillen *pl*.
antipathy [æn'tɪpəθɪ] *n* Antipathie *f*, Abneigung *f*.
antiperspirant ['æntɪ'pəːspɪrənt] *n* Antitranspirant *nt*.
Antipodean [æntɪpə'diːən] *adj* antipodisch.
Antipodes [æn'tɪpədiːz] *npl*: **the** ~ Australien und Neuseeland *nt*.
antiquarian [æntɪ'kwɛərɪən] *n* (*collector*) Antiquitätensammler(in) *m(f)*; (*seller*)

Antiquitätenhändler(in) m(f) ♦ adj:
~ **bookshop** Antiquariat nt.
antiquated ['æntɪkweɪtɪd] adj antiquiert.
antique [æn'tiːk] n Antiquität f ♦ adj antik.
antique dealer n Antiquitätenhändler m.
antique shop n Antiquitätenladen m.
antiquity [æn'tɪkwɪtɪ] n (period) Antike f;
    antiquities npl (objects) Altertümer pl.
anti-Semitic ['æntɪsɪ'mɪtɪk] adj antisemitisch.
anti-Semitism ['æntɪ'sɛmɪtɪzəm] n
    Antisemitismus m.
antiseptic [æntɪ'sɛptɪk] n Antiseptikum nt
    ♦ adj antiseptisch.
antisocial ['æntɪ'səʊʃəl] adj unsozial; (person)
    ungesellig.
antitank ['æntɪ'tæŋk] adj Panzerabwehr-.
antitheses [æn'tɪθɪsiːz] npl of **antithesis**.
antithesis [æn'tɪθɪsɪs] (pl **antitheses**) n
    Gegensatz m; **she's the ~ of a good cook** sie
    ist das genaue Gegenteil einer guten
    Köchin.
antitrust ['æntɪ'trʌst] (US) adj: ~ **legislation**
    Kartellgesetzgebung f.
antlers ['æntləz] npl Geweih nt.
Antwerp ['æntwəːp] n Antwerpen nt.
anus ['eɪnəs] n After m.
anvil ['ænvɪl] n Amboss m.
anxiety [æŋ'zaɪətɪ] n (worry) Sorge f; (MED)
    Angstzustand m; (eagerness): ~ **to do sth**
    Verlangen (danach), etw zu tun.
anxious ['æŋkʃəs] adj (worried) besorgt;
    (situation) Angst einflößend; (question,
    moments) bang(e); (keen): **to be ~ to do sth**
    etw unbedingt tun wollen; **I'm very ~ about
    you** ich mache mir große Sorgen um dich.
anxiously ['æŋkʃəslɪ] adv besorgt.

━━━━━━━━━━━━━━━━━━━━━━━━ KEYWORD

any ['ɛnɪ] adj 1 (in questions etc): **have you
    ~ butter/children?** haben Sie Butter/
    Kinder?; **if there are ~ tickets left** falls noch
    Karten da sind.
2 (with negative) kein(e); **I haven't ~ money/
    books** ich habe kein Geld/keine Bücher.
3 (no matter which) irgendein(e); **choose
    ~ book you like** nehmen Sie irgendein Buch
    or ein beliebiges Buch.
4 (in phrases): **in ~ case** in jedem Fall; **~ day
    now** jeden Tag; **at ~ moment** jeden
    Moment; **at ~ rate** auf jeden Fall; **~ time** (at
    any moment) jeden Moment; (whenever)
    jederzeit
♦ pron 1 (in questions etc) **have you got ~?**
    haben Sie welche?; **can ~ of you sing?** kann
    (irgend)einer von euch singen?
2 (with negative) **I haven't ~ (of them)** ich
    habe keine (davon).
3 (no matter which one(s)) egal welche; **take
    ~ of those books (you like)** nehmen Sie
    irgendwelche von diesen Büchern
♦ adv 1 (in questions etc): **do you want
    ~ more soup/sandwiches?** möchtest du

noch Suppe/Butterbrote?; **are you feeling
    ~ better?** geht es Ihnen etwas besser?
2 (with negative): **I can't hear him ~ more** ich
    kann ihn nicht mehr hören; **don't wait
    ~ longer** warte nicht noch länger.

anybody ['ɛnɪbɔdɪ] pron = **anyone**.

━━━━━━━━━━━━━━━━━━━━━━━━ KEYWORD

anyhow ['ɛnɪhaʊ] adv 1 (at any rate) sowieso,
    ohnehin; **I shall go ~** ich gehe auf jeden
    Fall.
2 (haphazard): **do it ~ you like** machen Sie
    es, wie Sie wollen.

anyone ['ɛnɪwʌn] pron 1 (in questions etc)
    (irgend)jemand; **can you see ~?** siehst du
    jemanden?
2 (with negative) keine(r); **I can't see ~** ich
    kann keinen or niemanden sehen.
3 (no matter who) jede(r); **~ could do it** das
    kann jeder.
anyplace ['ɛnɪpleɪs] (US) adv = **anywhere**.

━━━━━━━━━━━━━━━━━━━━━━━━ KEYWORD

anything ['ɛnɪθɪŋ] pron 1 (in questions etc)
    (irgend)etwas; **can you see ~?** kannst du
    etwas sehen?
2 (with negative) nichts; **I can't see ~** ich
    kann nichts sehen.
3 (no matter what) irgendetwas; **you can say
    ~ you like** du kannst sagen, was du willst;
    ~ between 15 and 20 pounds (ungefähr)
    zwischen 15 und 20 Pfund.

anyway ['ɛnɪweɪ] adv 1 (at any rate) sowieso; **I
    shall go ~** ich gehe auf jeden Fall.
2 (besides): **~, I can't come** jedenfalls kann
    ich nicht kommen; **why are you phoning, ~?**
    warum rufst du überhaupt or eigentlich an?

━━━━━━━━━━━━━━━━━━━━━━━━ KEYWORD

anywhere ['ɛnɪwɛə'] adv 1 (in questions etc)
    irgendwo; **can you see him ~?** kannst du ihn
    irgendwo sehen?
2 (with negative) nirgendwo, nirgends; **I can't
    see him ~** ich kann ihn nirgendwo or
    nirgends sehen.
3 (no matter where) irgendwo; **put the books
    down ~** legen Sie die Bücher irgendwohin.

Anzac ['ænzæk] n abbr (= Australia-New Zealand
    Army Corps) (soldier) australischer/
    neuseeländischer Soldat m.

┌─────────────────┐
│ **ANZAC DAY** │
└─────────────────┘
Anzac Day, der 25 April, ist in Australien und
    Neuseeland ein Feiertag zum Gedenken an die
    Landung der australischen und neuseeländischen
    Truppen in Gallipoli im ersten Weltkrieg (1915).

apace [ə'peɪs] _adv:_ **to continue** ~ (_negotiations, preparations etc_) rasch vorangehen.

apart [ə'pɑːt] _adv_ (_be_) entfernt; (_move_) auseinander; (_aside_) beiseite; (_separately_) getrennt; **10 miles** ~ 10 Meilen voneinander entfernt; **a long way** ~ weit auseinander; **they are living** ~ sie leben getrennt; **with one's legs** ~ mit gespreizten Beinen; **to take** ~ auseinander nehmen; ~ **from** (_excepting_) abgesehen von; (_in addition_) außerdem.

apartheid [ə'pɑːteɪt] _n_ Apartheid _f_.

apartment [ə'pɑːtmənt] _n_ (_US: flat_) Wohnung _f_; (_room_) Raum _m_, Zimmer _nt_.

apartment building (_US_) _n_ Wohnblock _m_.

apathetic [æpə'θetɪk] _adj_ apathisch, teilnahmslos.

apathy ['æpəθɪ] _n_ Apathie _f_, Teilnahmslosigkeit _f_.

APB (_US_) _n abbr_ (= _all points bulletin_) _polizeiliche Fahndung._

ape [eɪp] _n_ (Menschen)affe _m_ ♦ _vt_ nachahmen.

Apennines ['æpənaɪnz] _npl:_ **the** ~ die Apenninen _pl_, der Appenin.

apéritif _n_ Aperitif _m_.

aperture ['æpətʃjuə*] _n_ Öffnung _f_; (_PHOT_) Blende _f_.

APEX ['eɪpeks] _n abbr_ (_AVIAT, RAIL_: = _advance purchase excursion_) APEX.

apex ['eɪpeks] _n_ Spitze _f_.

aphid ['æfɪd] _n_ Blattlaus _f_.

aphorism ['æfərɪzəm] _n_ Aphorismus _m_.

aphrodisiac [æfrəʊ'dɪzɪæk] _adj_ aphrodisisch ♦ _n_ Aphrodisiakum _nt_.

API _n abbr_ (= _American Press Institute_) _amerikanischer Presseverband._

apiece [ə'piːs] _adv_ (_each person_) pro Person; (_each thing_) pro Stück.

aplomb [ə'plɒm] _n_ Gelassenheit _f_.

APO (_US_) _n abbr_ (= _Army Post Office_) _Poststelle der Armee._

apocalypse [ə'pɒkəlɪps] _n_ Apokalypse _f_.

apolitical [eɪpə'lɪtɪkl] _adj_ apolitisch.

apologetic [əpɒlə'dʒetɪk] _adj_ entschuldigend; **to be very** ~ (**about sth**) sich (wegen etw _gen_) sehr entschuldigen.

apologize [ə'pɒlədʒaɪz] _vi:_ **to** ~ (**for sth to sb**) sich (für etw bei jdm) entschuldigen.

apology [ə'pɒlədʒɪ] _n_ Entschuldigung _f_; **to send one's apologies** sich entschuldigen lassen; **please accept my apologies** ich bitte um Verzeihung.

apoplectic [æpə'plektɪk] _adj_ (_MED_) apoplektisch; (_fig_): **to be** ~ **with rage** vor Wut fast platzen.

apoplexy ['æpəpleksɪ] _n_ Schlaganfall _m_.

apostle [ə'pɒsl] _n_ Apostel _m_.

apostrophe [ə'pɒstrəfɪ] _n_ Apostroph _m_, Auslassungszeichen _nt_.

apotheosis [əpɒθɪ'əʊsɪs] _n_ Apotheose _f_.

appal [ə'pɔːl] _vt_ entsetzen; **to be** ~**led by** entsetzt sein über +_acc_.

Appalachian Mountains [æpə'leɪʃən-] _npl:_ **the** ~ die Appalachen _pl_.

appalling [ə'pɔːlɪŋ] _adj_ entsetzlich; **she's an** ~ **cook** sie kann überhaupt nicht kochen.

apparatus [æpə'reɪtəs] _n_ Gerät _nt_; (_in gymnasium_) Geräte _pl_; (_of organization_) Apparat _m_; **a piece of** ~ ein Gerät _nt_.

apparel [ə'pærəl] (_US_) _n_ Kleidung _f_.

apparent [ə'pærənt] _adj_ (_seeming_) scheinbar; (_obvious_) offensichtlich; **it is** ~ **that ...** es ist klar, dass ...

apparently [ə'pærəntlɪ] _adv_ anscheinend.

apparition [æpə'rɪʃən] _n_ Erscheinung _f_.

appeal [ə'piːl] _vi_ (_LAW_) Berufung einlegen ♦ _n_ (_LAW_) Berufung _f_; (_plea_) Aufruf _m_; (_charm_) Reiz _m_; **to** ~ (**to sb**) **for** (jdn) bitten um; **to** ~ **to** (_be attractive to_) gefallen +_dat_; **it doesn't** ~ **to me** es reizt mich nicht; **right of** ~ (_LAW_) Berufungsrecht _nt_; **on** ~ (_LAW_) in der Berufung.

appealing [ə'piːlɪŋ] _adj_ ansprechend; (_touching_) rührend.

appear [ə'pɪə*] _vi_ erscheinen; (_seem_) scheinen; **to** ~ **on TV/in "Hamlet"** im Fernsehen/in „Hamlet" auftreten; **it would** ~ **that ...** anscheinend ...

appearance [ə'pɪərəns] _n_ Erscheinen _nt_; (_look_) Aussehen _nt_; (_in public, on TV_) Auftritt _m_; **to put in** _or_ **make an** ~ sich sehen lassen; **in** _or_ **by order of** ~ (_THEAT etc_) in der Reihenfolge ihres Auftritts; **to keep up** ~**s** den (äußeren) Schein wahren; **to all** ~**s** allem Anschein nach.

appease [ə'piːz] _vt_ beschwichtigen.

appeasement [ə'piːzmənt] _n_ Beschwichtigung _f_.

append [ə'pend] _vt_ (_COMPUT_) anhängen.

appendage [ə'pendɪdʒ] _n_ Anhängsel _nt_.

appendices [ə'pendɪsiːz] _npl of_ **appendix**.

appendicitis [əpendɪ'saɪtɪs] _n_ Blinddarmentzündung _f_.

appendix [ə'pendɪks] (_pl_ **appendices**) _n_ (_ANAT_) Blinddarm _m_; (_to publication_) Anhang _m_; **to have one's** ~ **out** sich _dat_ den Blinddarm herausnehmen lassen.

appetite ['æpɪtaɪt] _n_ Appetit _m_; (_fig_) Lust _f_; **that walk has given me an** ~ von dem Spaziergang habe ich Appetit bekommen.

appetizer ['æpɪtaɪzə*] _n_ (_food_) Appetithappen _m_; (_drink_) appetitanregendes Getränk _nt_.

appetizing ['æpɪtaɪzɪŋ] _adj_ appetitanregend.

applaud [ə'plɔːd] _vi_ applaudieren, klatschen ♦ _vt_ (_actor etc_) applaudieren +_dat_, Beifall spenden _or_ klatschen +_dat_; (_action, attitude_) loben; (_decision_) begrüßen.

applause [ə'plɔːz] _n_ Applaus _m_, Beifall _m_.

apple ['æpl] _n_ Apfel _m_; **he's the** ~ **of her eye** er ist ihr ein und alles.

apple tree _n_ Apfelbaum _m_.

apple turnover _n_ Apfeltasche _f_.

appliance [ə'plaɪəns] n Gerät nt.
applicable [ə'plɪkəbl] adj: ~ **(to)** anwendbar (auf +acc); (on official forms) zutreffend (auf +acc); **the law is ~ from January** das Gesetz gilt ab Januar.
applicant ['æplɪkənt] n Bewerber(in) m(f).
application [æplɪ'keɪʃən] n (for job) Bewerbung f; (for grant etc) Antrag m; (hard work) Fleiß m; (applying: of paint etc) Auftragen nt; **on ~** auf Antrag.
application form n (for a job) Bewerbungsformular nt; (for a grant etc) Antragsformular nt.
application program n (COMPUT) Anwendungsprogramm nt.
applications package n (COMPUT) Anwendungspaket nt.
applied [ə'plaɪd] adj angewandt.
apply [ə'plaɪ] vt anwenden; (paint etc) auftragen ♦ vi: **to ~ (to)** (be applicable) gelten (für); **to ~ the brakes** die Bremse betätigen, bremsen; **to ~ o.s. to sth** sich bei etw anstrengen; **to ~ to** (ask) sich wenden an +acc; **to ~ for** (permit, grant) beantragen; (job) sich bewerben um.
appoint [ə'pɔɪnt] vt ernennen; (date, place) festlegen, festsetzen.
appointed [ə'pɔɪntɪd] adj: **at the ~ time** zur festgesetzten Zeit.
appointee [əpɔɪn'tiː] n Ernannte(r) f(m).
appointment [ə'pɔɪntmənt] n Ernennung f; (post) Stelle f; (arranged meeting) Termin m; **to make an ~ (with sb)** einen Termin (mit jdm) vereinbaren; **by ~** nach Anmeldung, mit Voranmeldung.
apportion [ə'pɔːʃən] vt aufteilen; (blame) zuweisen; **to ~ sth to sb** jdm etw zuteilen.
apposition [æpə'zɪʃən] n Apposition f, Beifügung f; **A is in ~ to B** A ist eine Apposition zu B.
appraisal [ə'preɪzl] n Beurteilung f.
appraise [ə'preɪz] vt beurteilen.
appreciable [ə'priːʃəbl] adj merklich, deutlich.
appreciably [ə'priːʃəblɪ] adv merklich.
appreciate [ə'priːʃieɪt] vt (like) schätzen; (be grateful for) zu schätzen wissen; (understand) verstehen; (be aware of) sich dat bewusst sein +gen ♦ vi (COMM: currency, shares) im Wert steigen; **I ~ your help** ich weiß Ihre Hilfe zu schätzen.
appreciation [əpriːʃɪ'eɪʃən] n (enjoyment) Wertschätzung f; (understanding) Verständnis nt; (gratitude) Dankbarkeit f; (COMM: in value) (Wert)steigerung f.
appreciative [ə'priːʃiətɪv] adj dankbar; (comment) anerkennend.
apprehend [æprɪ'hend] vt (arrest) festnehmen; (understand) verstehen.
apprehension [æprɪ'henʃən] n (fear) Besorgnis f; (arrest) Festnahme f.
apprehensive [æprɪ'hensɪv] adj ängstlich; **to**

be ~ about sth sich dat Gedanken or Sorgen um etw machen.
apprentice [ə'prentɪs] n Lehrling m, Auszubildende(r) f(m) ♦ vt: **to be ~d to sb** bei jdm in der Lehre sein.
apprenticeship [ə'prentɪsʃɪp] n Lehre f, Lehrzeit f; **to serve one's ~** seine Lehre machen.
appro. ['æprəu] (BRIT: inf) abbr (COMM: = approval): **on ~** zur Ansicht.
approach [ə'prəutʃ] vi sich nähern; (event) nahen ♦ vt (come to) sich nähern +dat; (ask, apply to: person) herantreten an +acc, ansprechen; (situation, problem) herangehen an +acc, angehen ♦ n (advance) (Heran)nahen nt; (access) Zugang m; (: for vehicles) Zufahrt f; (to problem etc) Ansatz m; **to ~ sb about sth** jdn wegen etw ansprechen.
approachable [ə'prəutʃəbl] adj (person) umgänglich; (place) zugänglich.
approach road n Zufahrtsstraße f.
approbation [æprə'beɪʃən] n Zustimmung f.
appropriate [adj ə'prəuprɪɪt, vt ə'prəuprɪeɪt] adj (apt) angebracht; (relevant) entsprechend ♦ vt sich dat aneignen; **it would not be ~ for me to comment** es wäre nicht angebracht, wenn ich mich dazu äußern würde.
appropriately [ə'prəuprɪɪtlɪ] adv entsprechend.
appropriation [əprəuprɪ'eɪʃən] n Zuteilung f, Zuweisung f.
approval [ə'pruːvəl] n (approbation) Zustimmung f, Billigung f; (permission) Einverständnis f; **to meet with sb's ~** jds Zustimmung or Beifall finden; **on ~** (COMM) zur Probe.
approve [ə'pruːv] vt billigen; (motion, decision) annehmen.
▶ **approve of** vt fus etwas halten von; **I don't ~ of it/him** ich halte nichts davon/von ihm.
approved school [ə'pruːvd-] (BRIT) n Erziehungsheim nt.
approvingly [ə'pruːvɪŋlɪ] adv zustimmend.
approx. abbr = **approximately**.
approximate [adj ə'prɒksɪmɪt, vb ə'prɒksɪmeɪt] adj ungefähr ♦ vt, vi: **to ~ (to)** nahe kommen +dat.
approximately [ə'prɒksɪmɪtlɪ] adv ungefähr.
approximation [ə'prɒksɪ'meɪʃən] n Annäherung f.
APR n abbr (= annual(ized) percentage rate) Jahreszinssatz m.
Apr. abbr = **April**.
apricot ['eɪprɪkɒt] n Aprikose f.
April ['eɪprəl] n April m; **~ fool!** April, April!; see also **July**.
apron ['eɪprən] n Schürze f; (AVIAT) Vorfeld nt.
apse [æps] n Apsis f.
APT (BRIT) n abbr (= Advanced Passenger Train) Hochgeschwindigkeitszug m.
Apt. abbr = **apartment**.
apt [æpt] adj (suitable) passend, treffend;

(*likely*): **to be** ~ **to do sth** dazu neigen, etw zu tun.

aptitude ['æptɪtjuːd] *n* Begabung *f*.

aptitude test *n* Eignungstest *m*.

aptly ['æptlɪ] *adv* passend, treffend.

aqualung ['ækwəlʌŋ] *n* Tauchgerät *nt*.

aquarium [ə'kwɛərɪəm] *n* Aquarium *nt*.

Aquarius [ə'kwɛərɪəs] *n* Wassermann *m*; **to be** ~ (ein) Wassermann sein.

aquatic [ə'kwætɪk] *adj* (*plants etc*) Wasser-; (*life*) im Wasser.

aqueduct ['ækwɪdʌkt] *n* Aquädukt *m or nt*.

AR (*US*) *abbr* (*POST*: = *Arkansas*).

ARA (*BRIT*) *n abbr* (= *Associate of the Royal Academy*) *Qualifikationsnachweis im künstlerischen Bereich*.

Arab ['ærəb] *adj* arabisch ♦ *n* Araber(in) *m(f)*.

Arabia [ə'reɪbɪə] *n* Arabien *nt*.

Arabian [ə'reɪbɪən] *adj* arabisch.

Arabian Desert *n*: **the** ~ die Arabische Wüste.

Arabian Sea *n*: **the** ~ das Arabische Meer.

Arabic ['ærəbɪk] *adj* arabisch ♦ *n* (*LING*) Arabisch *nt*.

arable ['ærəbl] *adj* (*land*) bebaubar; ~ **farm** Bauernhof, der ausschließlich Ackerbau betreibt.

ARAM (*BRIT*) *n abbr* (= *Associate of the Royal Academy of Music*) *Qualifikationsnachweis in Musik*.

arbiter ['ɑːbɪtə*] *n* Vermittler *m*.

arbitrary ['ɑːbɪtrərɪ] *adj* willkürlich.

arbitrate ['ɑːbɪtreɪt] *vi* vermitteln.

arbitration [ɑːbɪ'treɪʃən] *n* Schlichtung *f*; **the dispute went to** ~ der Streit wurde vor eine Schlichtungskommission gebracht.

arbitrator ['ɑːbɪtreɪtə*] *n* Vermittler(in) *m(f)*; (*INDUSTRY*) Schlichter(in) *m(f)*.

ARC *n abbr* (= *American Red Cross*) ≈ DRK *nt*.

arc [ɑːk] *n* Bogen *m*.

arcade [ɑː'keɪd] *n* Arkade *f*; (*shopping mall*) Passage *f*.

arch [ɑːtʃ] *n* Bogen *m*; (*of foot*) Gewölbe *nt* ♦ *vt* (*back*) krümmen ♦ *adj* schelmisch ♦ *pref* Erz-.

archaeological [ɑːkɪə'lɒdʒɪkl] *adj* archäologisch.

archaeologist [ɑːkɪ'ɒlədʒɪst] *n* Archäologe *m*, Archäologin *f*.

archaeology, (*US*) **archeology** [ɑːkɪ'ɒlədʒɪ] *n* Archäologie *f*.

archaic [ɑː'keɪɪk] *adj* altertümlich; (*language*) veraltet, archaisch.

archangel ['ɑːkeɪndʒəl] *n* Erzengel *m*.

archbishop [ɑːtʃ'bɪʃəp] *n* Erzbischof *m*.

archenemy ['ɑːtʃ'enəmɪ] *n* Erzfeind(in) *m(f)*.

archeology *etc* [ɑːkɪ'ɒlədʒɪ] (*US*) = **archaeology** *etc*.

archery ['ɑːtʃərɪ] *n* Bogenschießen *nt*.

archetypal ['ɑːkɪtaɪpəl] *adj* (arche)typisch.

archetype ['ɑːkɪtaɪp] *n* Urbild *nt*, Urtyp *m*.

archipelago [ɑːkɪ'pelɪgəu] *n* Archipel *m*.

architect ['ɑːkɪtekt] *n* Architekt(in) *m(f)*.

architectural [ɑːkɪ'tektʃərəl] *adj* architektonisch.

architecture ['ɑːkɪtektʃə*] *n* Architektur *f*.

archive file *n* (*COMPUT*) Archivdatei *f*.

archives ['ɑːkaɪvz] *npl* Archiv *nt*.

archivist ['ɑːkɪvɪst] *n* Archivar(in) *m(f)*.

archway ['ɑːtʃweɪ] *n* Torbogen *m*.

ARCM (*BRIT*) *n abbr* (= *Associate of the Royal College of Music*) *Qualifikationsnachweis in Musik*.

Arctic ['ɑːktɪk] *adj* arktisch ♦ *n*: **the** ~ die Arktis.

Arctic Circle *n*: **the** ~ der nördliche Polarkreis.

Arctic Ocean *n*: **the** ~ das Nordpolarmeer.

ARD (*US*) *n abbr* (*MED*: = *acute respiratory disease*) *akute Erkrankung der Atemwege*.

ardent ['ɑːdənt] *adj* leidenschaftlich; (*admirer*) glühend.

ardour, (*US*) **ardor** ['ɑːdə*] *n* Leidenschaft *f*.

arduous ['ɑːdjuəs] *adj* mühsam.

are [ɑː*] *vb see* **be**.

area ['ɛərɪə] *n* Gebiet *nt*; (*GEOM etc*) Fläche *f*; (*dining area etc*) Bereich *m*; **in the London** ~ im Raum London.

area code (*US*) *n* Vorwahl(nummer) *f*.

arena [ə'riːnə] *n* Arena *f*.

aren't [ɑːnt] = **are not**.

Argentina [ɑːdʒən'tiːnə] *n* Argentinien *nt*.

Argentinian [ɑːdʒən'tɪnɪən] *adj* argentinisch ♦ *n* Argentinier(in) *m(f)*.

arguable ['ɑːgjuəbl] *adj*: **it is** ~ **whether ...** es ist (noch) die Frage, ob ...; **it is** ~ **that ...** man kann (wohl) sagen, dass ...

arguably ['ɑːgjuəblɪ] *adv* wohl; **it is** ~ ... es dürfte wohl ... sein.

argue ['ɑːgjuː] *vi* (*quarrel*) sich streiten; (*reason*) diskutieren ♦ *vt* (*debate*) diskutieren, erörtern; **to** ~ **that ...** den Standpunkt vertreten, dass ...; **to** ~ **about sth** sich über etw *acc* streiten; **to** ~ **for/ against sth** sich für/gegen etw aussprechen.

argument ['ɑːgjumənt] *n* (*reasons*) Argument *nt*; (*quarrel*) Streit *m*, Auseinandersetzung *f*; (*debate*) Diskussion *f*; ~ **for/against** Argument für/gegen; **to have an** ~ sich streiten.

argumentative [ɑːgjuˈmentətɪv] *adj* streitlustig.

aria ['ɑːrɪə] *n* Arie *f*.

ARIBA [ə'riːbə] (*BRIT*) *n abbr* (= *Associate of the Royal Institute of British Architects*) *Qualifikationsnachweis in Architektur*.

arid ['ærɪd] *adj* (*land*) dürr; (*subject*) trocken.

aridity [ə'rɪdɪtɪ] *n* Dürre *f*, Trockenheit *f*.

Aries ['ɛərɪz] *n* Widder *m*; **to be** ~ (ein) Widder sein.

arise [ə'raɪz] (*pt* arose, *pp* arisen) *vi* (*difficulty etc*) sich ergeben; (*question*) sich stellen; **to** ~ **from** sich ergeben aus, herrühren von; **should the need** ~ falls es nötig wird.

arisen [ə'rɪzn] *pp of* **arise**.

aristocracy [ærɪsˈtɔkrəsɪ] n Aristokratie f, Adel m.

aristocrat [ˈærɪstəkræt] n Aristokrat(in) m(f), Ad(e)lige(r) f(m).

aristocratic [ærɪstəˈkrætɪk] adj aristokratisch, ad(e)lig.

arithmetic [əˈrɪθmətɪk] n Rechnen nt; (calculation) Rechnung f.

arithmetical [ærɪθˈmɛtɪkl] adj rechnerisch, arithmetisch.

Ariz. (US) abbr (POST: = Arizona).

ark [ɑːk] n: **Noah's A~** die Arche Noah.

arm [ɑːm] n Arm m; (of clothing) Ärmel m; (of chair) Armlehne f; (of organization etc) Zweig m ♦ vt bewaffnen; **arms** npl (weapons) Waffen pl; (HERALDRY) Wappen nt.

armaments [ˈɑːməmənts] npl (weapons) (Aus)rüstung f.

armband [ˈɑːmbænd] n Armbinde f.

armchair [ˈɑːmtʃɛəˈ] n Sessel m, Lehnstuhl m.

armed [ɑːmd] adj bewaffnet; **the ~ forces** die Streitkräfte pl.

armed robbery n bewaffneter Raubüberfall m.

Armenia [ɑːˈmiːnɪə] n Armenien nt.

Armenian [ɑːˈmiːnɪən] adj armenisch ♦ n Armenier(in) m(f); (LING) Armenisch nt.

armful [ˈɑːmful] n Arm m voll.

armistice [ˈɑːmɪstɪs] n Waffenstillstand m.

armour, (US) **armor** [ˈɑːməˈ] n (HIST) Rüstung f; (also: ~-**plating**) Panzerplatte f; (MIL: tanks) Panzerfahrzeuge pl.

armoured car [ˈɑːməd-] n Panzerwagen m.

armoury [ˈɑːmərɪ] n Waffenlager nt.

armpit [ˈɑːmpɪt] n Achselhöhle f.

armrest [ˈɑːmrest] n Armlehne f.

arms control [ɑːmz-] n Rüstungskontrolle f.

arms race [ɑːmz-] n: **the ~** das Wettrüsten.

army [ˈɑːmɪ] n Armee f, Heer nt; (fig: host) Heer.

aroma [əˈrəumə] n Aroma nt, Duft m.

aromatherapy [ərəuməˈθerəpɪ] n Aromatherapie f.

aromatic [ærəˈmætɪk] adj aromatisch, duftend.

arose [əˈrəuz] pt of **arise**.

around [əˈraund] adv (about) herum; (in the area) in der Nähe ♦ prep (encircling) um ... herum; (near) in der Nähe von; (fig: about: dimensions) etwa; (: time) gegen; (: date) um; **is he ~?** ist er da?; **~ £5** um die £5, etwa £5; **~ 3 o'clock** gegen 3 Uhr.

arousal [əˈrauzəl] n (sexual) Erregung f; (of feelings, interest) Weckung f.

arouse [əˈrauz] vt (feelings, interest) wecken.

arpeggio [ɑːˈpedʒɪəu] n Arpeggio nt.

arrange [əˈreɪndʒ] vt (meeting etc) vereinbaren; (tour etc) planen; (books etc) anordnen; (flowers) arrangieren; (MUS) arrangieren, bearbeiten ♦ vi: **we have ~d for a car to pick you up** wir haben veranlasst, dass Sie mit dem Auto abgeholt werden; **it was ~d that ...** es wurde

vereinbart, dass ...; **to ~ to do sth** vereinbaren or ausmachen, etw zu tun.

arrangement [əˈreɪndʒmənt] n (agreement) Vereinbarung f; (layout) Anordnung f; (MUS) Arrangement nt, Bearbeitung f; **arrangements** npl Pläne pl; (preparations) Vorbereitungen pl; **to come to an ~ with sb** eine Regelung mit jdm treffen; **home deliveries by ~** nach Vereinbarung Lieferung ins Haus; **I'll make ~s for you to be met** ich werde veranlassen, dass Sie abgeholt werden.

arrant [ˈærənt] adj (coward, fool etc) Erz-; (nonsense) total.

array [əˈreɪ] n: **an ~ of** (things) eine Reihe von; (people) Aufgebot an +dat; (MATH, COMPUT) (Daten)feld nt.

arrears [əˈrɪəz] npl Rückstand m; **to be in ~ with one's rent** mit seiner Miete im Rückstand sein.

arrest [əˈrest] vt (person) verhaften; (sb's attention) erregen ♦ n Verhaftung f; **under ~** verhaftet.

arresting [əˈrestɪŋ] adj (fig) atemberaubend.

arrival [əˈraɪvl] n Ankunft f; (COMM: of goods) Sendung f; **new ~** (person) Neuankömmling m; (baby) Neugeborene(s) nt.

arrive [əˈraɪv] vi ankommen.

▶ **arrive at** vt fus (fig: conclusion) kommen zu; (: situation) es bringen zu.

arrogance [ˈærəgəns] n Arroganz f, Überheblichkeit f.

arrogant [ˈærəgənt] adj arrogant, überheblich.

arrow [ˈærəu] n Pfeil m.

arse [ɑːs] (BRIT: inf!) n Arsch m (!).

arsenal [ˈɑːsɪnl] n Waffenlager nt; (stockpile) Arsenal nt.

arsenic [ˈɑːsnɪk] n Arsen nt.

arson [ˈɑːsn] n Brandstiftung f.

art [ɑːt] n Kunst f; **Arts** npl (SCOL) Geisteswissenschaften pl; **work of ~** Kunstwerk nt.

art and design (BRIT) n (SCOL) ≈ Kunst und Design.

artefact [ˈɑːtɪfækt] n Artefakt nt.

arterial [ɑːˈtɪərɪəl] adj arteriell; **~ road** Fernverkehrsstraße f; **~ line** (RAIL) Hauptstrecke f.

artery [ˈɑːtərɪ] n Arterie f, Schlagader f; (fig) Verkehrsader f.

artful [ˈɑːtful] adj raffiniert.

art gallery n Kunstgalerie f.

arthritic [ɑːˈθrɪtɪk] adj arthritisch.

arthritis [ɑːˈθraɪtɪs] n Arthritis f.

artichoke [ˈɑːtɪtʃəuk] n (also: **globe ~**) Artischocke f; (also: **Jerusalem ~**) Topinambur m.

article [ˈɑːtɪkl] n Artikel m; (object, item) Gegenstand m; **articles** (BRIT) npl (LAW) (Rechts)referendarzeit f; **~ of clothing** Kleidungsstück nt.

articles of association npl (COMM)

Gesellschaftsvertrag *m*.

articulate [*adj* ɑːˈtɪkjʊlɪt, *vt, vi* ɑːˈtɪkjʊleɪt] *adj* (*speech, writing*) klar; (*speaker*) redegewandt ♦ *vt* darlegen ♦ *vi* artikulieren; **to be ~** (*person*) sich gut ausdrücken können.

articulated lorry (*BRIT*) *n* Sattelschlepper *m*.

artifice [ˈɑːtɪfɪs] *n* List *f*.

artificial [ɑːtɪˈfɪʃəl] *adj* künstlich; (*manner*) gekünstelt; **to be ~** (*person*) gekünstelt *or* unnatürlich wirken.

artificial insemination [-ɪnsɛmɪˈneɪʃən] *n* künstliche Besamung *f*.

artificial intelligence *n* künstliche Intelligenz *f*.

artificial respiration *n* künstliche Beatmung *f*.

artillery [ɑːˈtɪlərɪ] *n* Artillerie *f*.

artisan [ˈɑːtɪzæn] *n* Handwerker *m*.

artist [ˈɑːtɪst] *n* Künstler(in) *m(f)*.

artistic [ɑːˈtɪstɪk] *adj* künstlerisch.

artistry [ˈɑːtɪstrɪ] *n* künstlerisches Geschick *nt*.

artless [ˈɑːtlɪs] *adj* arglos.

art school *n* Kunstakademie *f*, Kunsthochschule *f*.

artwork [ˈɑːtwɔːk] *n* (*for advert etc, material for printing*) Druckvorlage *f*; (*in book*) Bildmaterial *nt*.

ARV *n abbr* (*BIBLE: = American Revised Version*) amerikanische revidierte Bibelübersetzung.

AS (*US*) *n abbr* (= *Associate in/of Science*) *akademischer Grad in Naturwissenschaften* ♦ *abbr* (*POST*: = *American Samoa*).

================= *KEYWORD*

as [æz] *conj* **1** (*referring to time*) als; **~ the years went by** mit den Jahren; **he came in ~ I was leaving** als er hereinkam, ging ich gerade; **~ from tomorrow** ab morgen.
2 (*in comparisons*): **~ big ~** so groß wie; **twice ~ big ~** zweimal so groß wie; **~ much/many ~** so viel/so viele wie; **~ soon ~** sobald; **much ~ I admire her ...** sosehr ich sie auch bewundere ...
3 (*since, because*) da, weil; **~ you can't come I'll go without you** da du nicht mitkommen kannst, gehe ich ohne dich.
4 (*referring to manner, way*) wie; **do ~ you wish** mach, was du willst; **~ she said** wie sie sagte; **he gave it to me ~ a present** er gab es mir als Geschenk; **~ it were** sozusagen.
5 (*in the capacity of*) als; **he works ~ a driver** er arbeitet als Fahrer.
6 (*concerning*): **~ for** *or* **to that** was das betrifft *or* angeht.
7: **~ if** *or* **though** als ob; *see also* **long, such, well**.

ASA *n abbr* (= *American Standards Association*) *amerikanischer Normenausschuss.*

a.s.a.p. *adv abbr* (= *as soon as possible*)
baldmöglichst.

asbestos [æzˈbɛstəs] *n* Asbest *m*.

ascend [əˈsɛnd] *vt* hinaufsteigen; (*throne*) besteigen.

ascendancy [əˈsɛndənsɪ] *n* Vormachtstellung *f*; **~ over sb** Vorherrschaft *f* über jdn.

ascendant [əˈsɛndənt] *n*: **to be in the ~** im Aufstieg begriffen sein.

ascension [əˈsɛnʃən] *n*: **the A~** (*REL*) die Himmelfahrt *f* (Christi).

Ascension Island *n* Ascension *nt*.

ascent [əˈsɛnt] *n* Aufstieg *m*.

ascertain [æsəˈteɪn] *vt* feststellen.

ascetic [əˈsɛtɪk] *adj* asketisch.

asceticism [əˈsɛtɪsɪzəm] *n* Askese *f*.

ASCII [ˈæskiː] *n abbr* (*COMPUT*: = *American Standard Code for Information Interchange*) ASCII.

ascribe [əˈskraɪb] *vt*: **to ~ sth to etw** zuschreiben +*dat*; (*cause*) etw zurückführen auf +*acc*.

ASCU (*US*) *n abbr* (= *Association of State Colleges and Universities*) *Verband staatlicher Bildungseinrichtungen.*

ASEAN [ˈæsɪæn] *n abbr* (= *Association of Southeast Asian Nations*) ASEAN *f* (*Gemeinschaft südostasiatischer Staaten*).

ASH [æʃ] (*BRIT*) *n abbr* (= *Action on Smoking and Health*) *Antiraucherinitiative.*

ash [æʃ] *n* Asche *f*; (*wood, tree*) Esche *f*.

ashamed [əˈʃeɪmd] *adj* beschämt; **to be ~ of** sich schämen für; **to be ~ of o.s. for having done sth** sich schämen, dass man etw getan hat.

A shares *npl* stimmrechtslose Aktien *pl*.

ashen [ˈæʃən] *adj* (*face*) aschfahl.

ashore [əˈʃɔːʳ] *adv* an Land.

ashtray [ˈæʃtreɪ] *n* Aschenbecher *m*.

Ash Wednesday *n* Aschermittwoch *m*.

Asia [ˈeɪʃə] *n* Asien *nt*.

Asia Minor *n* Kleinasien *nt*.

Asian [ˈeɪʃən] *adj* asiatisch ♦ *n* Asiat(in) *m(f)*.

Asiatic [eɪsɪˈætɪk] *adj* asiatisch.

aside [əˈsaɪd] *adv* zur Seite; (*take*) beiseite ♦ *n* beiseite gesprochene Worte *pl*; **to brush objections ~** Einwände beiseite schieben.

aside from *prep* außer +*dat*.

ask [ɑːsk] *vt* fragen; (*invite*) einladen; **to ~ sb to do sth** jdn bitten, etw zu tun; **to ~ (sb) sth** (jdn) etw fragen; **to ~ sb a question** jdm eine Frage stellen; **to ~ sb the time** jdn nach der Uhrzeit fragen; **to ~ sb about sth** jdn nach etw fragen; **to ~ sb out to dinner** jdn zum Essen einladen.
► **ask after** *vt fus* fragen nach.
► **ask for** *vt fus* bitten um; (*trouble*) haben wollen; **it's just ~ing for trouble/it** das kann ja nicht gut gehen.

askance [əˈskɑːns] *adv*: **to look ~ at sb** jdn misstrauisch ansehen; **to look ~ at sth** etw mit Misstrauen betrachten.

askew [əˈskjuː] *adv* schief.

asking price ['ɑːskɪŋ-] n: **the** ~ der geforderte Preis.

asleep [ə'sliːp] adj schlafend; **to be** ~ schlafen; **to fall** ~ einschlafen.

AS level n abbr (= Advanced Subsidiary level) Mit "AS level" wird das erste Jahr der Sekundarstufe II bezeichnet, nach dessen Abschluss Prüfungen in drei der insgesamt sechs für den "A level" benötigten Wahlpflichtfächern abgehalten werden.

asp [æsp] n Natter f.

asparagus [əs'pærəgəs] n Spargel m.

asparagus tips npl Spargelspitzen pl.

ASPCA n abbr (= American Society for the Prevention of Cruelty to Animals) Tierschutzverein.

aspect ['æspɛkt] n (of subject) Aspekt m; (of building etc) Lage f; (quality, air) Erscheinung f; **to have a south-westerly** ~ nach Südwesten liegen.

aspersions [əs'pəːʃənz] npl: **to cast** ~ **on** sich abfällig äußern über +acc.

asphalt ['æsfælt] n Asphalt m.

asphyxiate [æs'fɪksɪeɪt] vt ersticken.

asphyxiation [æsfɪksɪ'eɪʃən] n Erstickung f.

aspirate ['æspəreɪt] vt aspirieren, behauchen.

aspirations [æspə'reɪʃənz] npl Hoffnungen pl; **to have** ~ **to(wards) sth** etw anstreben.

aspire [əs'paɪə'] vi: **to** ~ **to** streben nach.

aspirin ['æsprɪn] n Kopfschmerztablette f, Aspirin ® nt.

aspiring [əs'paɪərɪŋ] adj aufstrebend.

ass [æs] n (also fig) Esel m; (US: inf!) Arsch! m.

assail [ə'seɪl] vt angreifen; (fig): **to be** ~**ed by doubts** von Zweifeln geplagt werden.

assailant [ə'seɪlənt] n Angreifer(in) m(f).

assassin [ə'sæsɪn] n Attentäter(in) m(f).

assassinate [ə'sæsɪneɪt] vt ermorden, ein Attentat verüben auf +acc.

assassination [əsæsɪ'neɪʃən] n Ermordung f, (geglücktes) Attentat nt.

assault [ə'sɔːlt] n Angriff m ♦ vt angreifen; (sexually) vergewaltigen; ~ **and battery** (LAW) Körperverletzung f.

assemble [ə'sɛmbl] vt versammeln; (car, machine) montieren; (furniture etc) zusammenbauen ♦ vi sich versammeln.

assembly [ə'sɛmblɪ] n Versammlung f; (of car, machine) Montage f; (of furniture) Zusammenbau m.

assembly language n (COMPUT) Assemblersprache f.

assembly line n Fließband nt.

assent [ə'sɛnt] n Zustimmung f ♦ vi: **to** ~ **(to)** zustimmen (+dat).

assert [ə'səːt] vt behaupten; (innocence) beteuern; (authority) geltend machen; **to** ~ **o.s.** sich durchsetzen.

assertion [ə'səːʃən] n Behauptung f.

assertive [ə'səːtɪv] adj (person) selbstbewusst; (manner) bestimmt.

assess [ə'sɛs] vt (situation) einschätzen; (abilities etc) beurteilen; (tax) festsetzen; (damages, property etc) schätzen.

assessment [ə'sɛsmənt] n (see vt) Einschätzung f; Beurteilung f; Festsetzung f; Schätzung f.

assessor [ə'sɛsə'] n (LAW) Gutachter(in) m(f).

asset ['æsɛt] n Vorteil m; (person) Stütze f; **assets** npl (property, funds) Vermögen nt; (COMM) Aktiva pl.

asset-stripping ['æsɛt'strɪpɪŋ] n (COMM) Aufkauf von finanziell gefährdeten Firmen und anschließender Verkauf ihrer Vermögenswerte.

assiduous [ə'sɪdjuəs] adj gewissenhaft.

assign [ə'saɪn] vt: **to** ~ **(to)** (date) zuweisen (+dat); (task) übertragen (+dat); (person) einteilen (für); (cause) zuschreiben (+dat); (meaning) zuordnen (+dat); **to** ~ **sb to do sth** jdn damit beauftragen, etw zu tun.

assignment [ə'saɪnmənt] n Aufgabe f.

assimilate [ə'sɪmɪleɪt] vt aufnehmen; (immigrants) integrieren.

assimilation [əsɪmɪ'leɪʃən] n (see vt) Aufnahme f; Integration f.

assist [ə'sɪst] vt helfen; (with money etc) unterstützen.

assistance [ə'sɪstəns] n Hilfe f; (with money etc) Unterstützung f.

assistant [ə'sɪstənt] n Assistent(in) m(f); (BRIT: also: **shop** ~) Verkäufer(in) m(f).

assistant manager n stellvertretender Geschäftsführer m, stellvertretende Geschäftsführerin f.

associate [adj, n ə'səʊʃɪɪt, vt, vi ə'səʊʃɪeɪt] adj (director) assoziiert; (member, professor) außerordentlich ♦ n (at work) Kollege m, Kollegin f ♦ vt in Verbindung bringen ♦ vi: **to** ~ **with sb** mit jdm verkehren.

associated company [ə'səʊʃɪeɪtɪd-] n Partnerfirma f.

association [əsəʊsɪ'eɪʃən] n (group) Verband m; (involvement) Verbindung f; (PSYCH) Assoziation f; **in** ~ **with** in Zusammenarbeit mit.

association football n Fußball m.

assorted [ə'sɔːtɪd] adj gemischt; (various) diverse(r, s); **in** ~ **sizes** in verschiedenen Größen.

assortment [ə'sɔːtmənt] n Mischung f; (of books, people etc) Ansammlung f.

Asst abbr = assistant.

assuage [ə'sweɪdʒ] vt (grief, pain) lindern; (thirst, appetite) stillen, befriedigen.

assume [ə'sjuːm] vt annehmen; (responsibilities etc) übernehmen.

assumed name [ə'sjuːmd-] n Deckname m.

assumption [ə'sʌmpʃən] n Annahme f; (of power etc) Übernahme f; **on the** ~ **that ...** vorausgesetzt, dass ...

assurance [ə'ʃʊərəns] n Versicherung f; (promise) Zusicherung f; (confidence) Zuversicht f; **I can give you no** ~**s** ich kann Ihnen nichts versprechen.

assure [əˈʃuəʳ] *vt* versichern; (*guarantee*) sichern.
assured [əˈʃuəd] *n* (BRIT) Versicherte(r) *f(m)*.
♦ *adj* sicher.
AST (*US*) *abbr* (= Atlantic Standard Time) Ortszeit in Ostkanada.
asterisk [ˈæstərɪsk] *n* Sternchen *nt*.
astern [əˈstɜːn] *adv* achtern.
asteroid [ˈæstərɔɪd] *n* Asteroid *m*.
asthma [ˈæsmə] *n* Asthma *nt*.
asthmatic [æsˈmætɪk] *adj* asthmatisch ♦ *n* Asthmatiker(in) *m(f)*.
astigmatism [əˈstɪgmətɪzəm] *n* Astigmatismus *m*.
astir [əˈstɜːʳ] *adv*: **to be** ~ (*out of bed*) auf sein.
astonish [əˈstɒnɪʃ] *vt* erstaunen.
astonishing [əˈstɒnɪʃɪŋ] *adj* erstaunlich; **I find it** ~ **that ...** es überrascht mich, dass ...
astonishingly [əˈstɒnɪʃɪŋlɪ] *adv* erstaunlich; ~, ... erstaunlicherweise ...
astonishment [əˈstɒnɪʃmənt] *n* Erstaunen *nt*.
astound [əˈstaund] *vt* verblüffen, sehr erstaunen.
astounded [əˈstaundɪd] *adj* (höchst) erstaunt.
astounding [əˈstaundɪŋ] *adj* erstaunlich.
astray [əˈstreɪ] *adv*: **to go** ~ (*letter*) verloren gehen; (*fig*) auf Abwege geraten; **to lead** ~ auf Abwege bringen; **to go** ~ **in one's calculations** sich verrechnen.
astride [əˈstraɪd] *adv* (*sit, ride*) rittlings; (*stand*) breitbeinig ♦ *prep* rittlings auf +*dat*; breitbeinig über +*dat*.
astringent [əsˈtrɪndʒənt] *adj* adstringierend; (*fig: caustic*) ätzend, beißend ♦ *n* Adstringens *nt*.
astrologer [əsˈtrɒlədʒəʳ] *n* Astrologe *m*, Astrologin *f*.
astrology [əsˈtrɒlədʒɪ] *n* Astrologie *f*.
astronaut [ˈæstrənɔːt] *n* Astronaut(in) *m(f)*.
astronomer [əsˈtrɒnəməʳ] *n* Astronom(in) *m(f)*.
astronomical [æstrəˈnɒmɪkl] *adj* (*also fig*) astronomisch.
astronomy [əsˈtrɒnəmɪ] *n* Astronomie *f*.
astrophysics [ˈæstrəʊˈfɪzɪks] *n* Astrophysik *f*.
astute [əsˈtjuːt] *adj* scharfsinnig; (*operator, behaviour*) geschickt.
asunder [əˈsʌndəʳ] *adv*: **to tear** ~ auseinander reißen.
ASV *n abbr* (BIBLE: = American Standard Version) amerikanische Standard-Bibelübersetzung.
asylum [əˈsaɪləm] *n* Asyl *nt*; (*mental hospital*) psychiatrische Klinik *f*; **to seek political** ~ um (politisches) Asyl bitten.
asymmetrical [eɪsɪˈmetrɪkl] *adj* asymmetrisch.

━━━━━━━━━━━━━━━━━━━ *KEYWORD*

at [æt] *prep* **1** (*referring to position, direction*) an +*dat*, in +*dat*; ~ **the top** an der Spitze; ~ **home** zu Hause, zuhause (ÖSTERR, SCHWEIZ); ~ **school** in der Schule; ~ **the**

baker's beim Bäcker; **to look** ~ **sth** auf etw *acc* blicken.
2 (*referring to time*): ~ **4 o'clock** um 4 Uhr; ~ **night/dawn** bei Nacht/Tagesanbruch; ~ **Christmas** zu Weihnachten; ~ **times** zuweilen.
3 (*referring to rates, speed etc*): ~ **£2 a kilo** zu £2 pro Kilo; **two** ~ **a time** zwei auf einmal; ~ **50 km/h** mit 50 km/h.
4 (*referring to activity*): **to be** ~ **work** (*in office etc*) auf der Arbeit sein; **to play** ~ **cowboys** Cowboy spielen; **to be good** ~ **sth** gut in etw *dat* sein.
5 (*referring to cause*): **shocked/surprised/annoyed** ~ **sth** schockiert/überrascht/verärgert über etw *acc*; **I went** ~ **his suggestion** ich ging auf seinen Vorschlag hin.
6: **not** ~ **all** (*in answer to question*) überhaupt nicht, ganz und gar nicht; (*in answer to thanks*) nichts zu danken, keine Ursache; **I'm not** ~ **all tired** ich bin überhaupt nicht müde; **anything** ~ **all** irgendetwas.

ate [eɪt] *pt of* eat.
atheism [ˈeɪθɪɪzəm] *n* Atheismus *m*.
atheist [ˈeɪθɪɪst] *n* Atheist(in) *m(f)*.
Athenian [əˈθiːnɪən] *adj* Athener ♦ *n* Athener(in) *m(f)*.
Athens [ˈæθɪnz] *n* Athen *nt*.
athlete [ˈæθliːt] *n* Athlet(in) *m(f)*.
athletic [æθˈletɪk] *adj* sportlich; (*muscular*) athletisch.
athletics [æθˈletɪks] *n* Leichtathletik *f*.
Atlantic [ətˈlæntɪk] *adj* atlantisch; (*coast etc*) Atlantik- ♦ *n*: **the** ~ (**Ocean**) der Atlantik.
atlas [ˈætləs] *n* Atlas *m*.
Atlas Mountains *npl*: **the** ~ der Atlas, das Atlasgebirge.
ATM *abbr* (= automated telling machine) Geldautomat *m*.
atmosphere [ˈætməsfɪəʳ] *n* Atmosphäre *f*; (*air*) Luft *f*.
atmospheric [ætməsˈferɪk] *adj* atmosphärisch.
atmospherics [ætməsˈferɪks] *npl* atmosphärische Störungen *pl*.
atoll [ˈætɒl] *n* Atoll *nt*.
atom [ˈætəm] *n* Atom *nt*.
atomic [əˈtɒmɪk] *adj* atomar; (*energy, weapons*) Atom-.
atom(ic) bomb *n* Atombombe *f*.
atomizer [ˈætəmaɪzəʳ] *n* Zerstäuber *m*.
atone [əˈtəun] *vi*: **to** ~ **for** büßen für.
atonement [əˈtəunmənt] *n* Buße *f*.
A to Z ® *n* Stadtplan *m*.
ATP *n abbr* (= Association of Tennis Professionals) Tennis-Profiverband.
atrocious [əˈtrəuʃəs] *adj* grauenhaft.
atrocity [əˈtrɒsɪtɪ] *n* Gräueltat *f*.
atrophy [ˈætrəfɪ] *n* Schwund *m*, Atrophie *f* ♦ *vt* schwinden lassen ♦ *vi* schwinden,

verkümmern.

attach [ə'tætʃ] vt befestigen; (document, letter) anheften, beiheften; (employee, troops) zuteilen; (importance etc) beimessen; **to be ~ed to sb/sth** (like) an jdm/etw hängen; (be connected with) mit jdm/etw zu tun haben; **the ~ed letter** der beiliegende Brief.

attaché [ə'tæʃeɪ] n Attaché m.

attaché case n Aktenkoffer m.

attachment [ə'tætʃmənt] n (tool) Zubehörteil nt; (love): ~ **(to sb)** Zuneigung f (zu jdm).

attack [ə'tæk] vt angreifen; (subj: criminal) überfallen; (task, problem etc) in Angriff nehmen ♦ n (also fig) Angriff m; (on sb's life) Anschlag m; (of illness) Anfall m; **heart ~** Herzanfall m, Herzinfarkt m.

attacker [ə'tækə°] n Angreifer(in) m(f).

attain [ə'teɪn] vt (also: ~ **to**) erreichen; (knowledge) erlangen.

attainments [ə'teɪnmənts] npl Fähigkeiten pl.

attempt [ə'tɛmpt] n Versuch m ♦ vt versuchen; **to make an ~ on sb's life** einen Anschlag auf jdn verüben.

attempted [ə'tɛmptɪd] adj versucht; ~ **murder/suicide** Mord-/Selbstmordversuch m; ~ **theft** versuchter Diebstahl.

attend [ə'tɛnd] vt besuchen; (patient) behandeln.

▶ **attend to** vt fus sich kümmern um; (needs) nachkommen +dat; (customer) bedienen.

attendance [ə'tɛndəns] n Anwesenheit f; (people present) Besucherzahl f; (SPORT) Zuschauerzahl f.

attendant [ə'tɛndənt] n (helper) Begleiter(in) m(f); (in garage) Tankwart m; (in museum) Aufseher(in) m(f) ♦ adj damit verbunden.

attention [ə'tɛnʃən] n Aufmerksamkeit f; (care) Fürsorge f ♦ excl (MIL) Achtung!; **attentions** npl (acts of courtesy) Aufmerksamkeiten pl; **for the ~ of** ... zu Händen von ...; **it has come to my ~ that** ... ich bin darauf aufmerksam geworden, dass ...; **to stand to** or **at ~** (MIL) stillstehen.

attentive [ə'tɛntɪv] adj aufmerksam.

attentively [ə'tɛntɪvlɪ] adv aufmerksam.

attenuate [ə'tɛnjueɪt] vt abschwächen ♦ vi schwächer werden.

attest [ə'tɛst] vt, vi: **to ~ (to)** bezeugen.

attic ['ætɪk] n Dachboden m.

attire [ə'taɪə°] n Kleidung f.

attitude ['ætɪtjuːd] n (posture, manner) Haltung f; (mental): ~ **to** or **towards** Einstellung f zu.

attorney [ə'tɜːnɪ] n (US: lawyer) (Rechts)anwalt m, (Rechts)anwältin f; (having proxy) Bevollmächtigte(r) f(m); **power of ~** Vollmacht f.

Attorney General n (BRIT) ≈ Justizminister(in) m(f); (US) ≈ Generalbundesanwalt m, Generalbundesanwältin f.

attract [ə'trækt] vt (draw) anziehen; (interest) auf sich acc lenken; (attention) erregen.

attraction [ə'trækʃən] n Anziehungskraft f; (of house, city) Reiz m; (gen pl: amusements) Attraktion f; (fig) **to feel an ~ towards sb/sth** sich von jdm/etw angezogen fühlen.

attractive [ə'træktɪv] adj attraktiv; (price, idea, offer) verlockend, reizvoll.

attribute [n ætrɪbjuːt, vt ə'trɪbjuːt] n Eigenschaft f ♦ vt: **to ~ sth to** (cause) etw zurückführen auf +acc; (poem, painting) etw zuschreiben +dat; (quality) etw beimessen +dat.

attribution [ætrɪ'bjuːʃən] n (see vt) Zurückführung f; Zuschreibung f; Beimessung f.

attrition [ə'trɪʃən] n: **war of ~** Zermürbungskrieg m.

Atty. Gen. abbr = **Attorney General**.

ATV n abbr (= all-terrain vehicle) Geländefahrzeug nt.

atypical [eɪ'tɪpɪkl] adj atypisch.

aubergine ['əʊbəʒiːn] n Aubergine f; (colour) Aubergine nt.

auburn ['ɔːbən] adj rotbraun.

auction ['ɔːkʃən] n (also: **sale by ~**) Versteigerung f, Auktion f ♦ vt versteigern.

auctioneer [ɔːkʃə'nɪə°] n Versteigerer m.

auction room n Auktionssaal m.

audacious [ɔː'deɪʃəs] adj wagemutig, kühn.

audacity [ɔː'dæsɪtɪ] n Kühnheit f, Verwegenheit f; (pej: impudence) Dreistigkeit f.

audible ['ɔːdɪbl] adj hörbar.

audience ['ɔːdɪəns] n Publikum nt; (RADIO) Zuhörer pl; (TV) Zuschauer pl; (with queen etc) Audienz f.

audiotypist ['ɔːdɪəʊ'taɪpɪst] n Fonotypist(in) m(f), Phonotypist(in) m(f).

audiovisual ['ɔːdɪəʊ'vɪzjuəl] adj audiovisuell.

audiovisual aid n audiovisuelles Lehrmittel nt.

audit ['ɔːdɪt] vt (COMM) prüfen ♦ n Buchprüfung f, Rechnungsprüfung f.

audition [ɔː'dɪʃən] n Vorsprechprobe f ♦ vi: **to ~ (for)** vorsprechen (für).

auditor ['ɔːdɪtə°] n Buchprüfer(in) m(f), Rechnungsprüfer(in) m(f).

auditorium [ɔːdɪ'tɔːrɪəm] n (building) Auditorium nt; (audience area) Zuschauerraum m.

Aug. abbr = **August**.

augment [ɔːg'mɛnt] vt vermehren; (income, diet) verbessern.

augur ['ɔːgə°] vi: **it ~s well** das ist ein gutes Zeichen or Omen.

August ['ɔːgəst] n August m; see also **July**.

august [ɔː'gʌst] adj erhaben.

aunt [ɑːnt] n Tante f.

auntie ['ɑːntɪ] n dimin of **aunt**.

aunty ['ɑːntɪ] n dimin of **aunt**.

au pair ['əʊ'pɛə°] n (also: ~ **girl**)

Aupair(mädchen) nt, **Au-pair(-Mädchen)** nt.
aura ['ɔːrə] n Aura f.
auspices ['ɔːspɪsɪz] npl: **under the ~ of** unter der Schirmherrschaft +gen.
auspicious [ɔːs'pɪʃəs] adj verheißungsvoll; (*opening, start*) viel versprechend.
austere [ɔs'tɪə*] adj streng; (*room, decoration*) schmucklos; (*person, lifestyle*) asketisch.
austerity [ɔs'tɛrɪtɪ] n Strenge f; (*of room etc*) Schmucklosigkeit f; (*hardship*) Entbehrung f.
Australasia [ɔːstrə'leɪzɪə] n Australien und Ozeanien nt.
Australasian [ɔːstrə'leɪzɪən] adj ozeanisch, südwestpazifisch.
Australia [ɔs'treɪlɪə] n Australien nt.
Australian [ɔs'treɪlɪən] adj australisch ♦ n Australier(in) m(f).
Austria ['ɔstrɪə] n Österreich nt.
Austrian ['ɔstrɪən] adj österreichisch ♦ n Österreicher(in) m(f).
AUT (*BRIT*) n abbr (= *Association of University Teachers*) Gewerkschaft der Universitätsdozenten.
authentic [ɔː'θɛntɪk] adj authentisch.
authenticate [ɔː'θɛntɪkeɪt] vt beglaubigen.
authenticity [ɔːθɛn'tɪsɪtɪ] n Echtheit f.
author ['ɔːθə*] n (*of text*) Verfasser(in) m(f); (*profession*) Autor(in) m(f), Schriftsteller(in) m(f); (*creator*) Urheber(in) m(f); (: *of plan*) Initiator(in) m(f).
authoritarian [ɔːθɔrɪ'tɛərɪən] adj autoritär.
authoritative [ɔː'θɔrɪtətɪv] adj (*person, manner*) bestimmt, entschieden; (*source, account*) zuverlässig; (*study, treatise*) maßgeblich, maßgebend.
authority [ɔː'θɔrɪtɪ] n Autorität f; (*government body*) Behörde f, Amt nt; (*official permission*) Genehmigung f; **the authorities** npl (*ruling body*) die Behörden pl; **to have the ~ to do sth** befugt sein, etw zu tun.
authorization [ɔːθəraɪ'zeɪʃən] n Genehmigung f.
authorize ['ɔːθəraɪz] vt genehmigen; **to ~ sb to do sth** jdn ermächtigen, etw zu tun.
authorized capital ['ɔːθəraɪzd-] n autorisiertes Aktienkapital nt.
authorship ['ɔːθəʃɪp] n Autorschaft f, Verfasserschaft f.
autistic [ɔː'tɪstɪk] adj autistisch.
auto ['ɔːtəʊ] (*US*) n Auto nt, Wagen m.
autobiographical ['ɔːtəbaɪə'græfɪkl] adj autobiografisch.
autobiography [ɔːtəbaɪ'ɔgrəfɪ] n Autobiografie f.
autocratic [ɔːtə'krætɪk] adj autokratisch.
Autocue ® ['ɔːtəʊkjuː] n Teleprompter m.
autograph ['ɔːtəgrɑːf] n Autogramm nt ♦ vt signieren.
autoimmune [ɔːtəʊɪ'mjuːn] adj (*disease*) Autoimmun-.
automat ['ɔːtəmæt] n Automat m; (*US*) Automatenrestaurant nt.

automata [ɔː'tɔmətə] npl of **automaton**.
automate ['ɔːtəmeɪt] vt automatisieren.
automatic [ɔːtə'mætɪk] adj automatisch ♦ n (*gun*) automatische Waffe; (*washing machine*) Waschautomat m; (*car*) Automatikwagen m.
automatically [ɔːtə'mætɪklɪ] adv automatisch.
automatic data processing n automatische Datenverarbeitung f.
automation [ɔːtə'meɪʃən] n Automatisierung f.
automaton [ɔː'tɔmətən] (pl **automata**) n Roboter m.
automobile ['ɔːtəməbiːl] (*US*) n Auto(mobil) nt.
autonomous [ɔː'tɔnəməs] adj autonom.
autonomy [ɔː'tɔnəmɪ] n Autonomie f.
autopsy ['ɔːtɔpsɪ] n Autopsie f.
autumn ['ɔːtəm] n Herbst m; **in ~** im Herbst.
autumnal [ɔː'tʌmnəl] adj herbstlich.
auxiliary [ɔːg'zɪlɪərɪ] adj (*tool, verb*) Hilfs- ♦ n (*assistant*) Hilfskraft f.
AV n abbr (BIBLE: = *Authorized Version*) englische Bibelübersetzung von 1611 ♦ abbr = **audiovisual**.
Av. abbr = **avenue**.
avail [ə'veɪl] vt: **to ~ o.s. of** Gebrauch machen von ♦ n: **to no ~** vergeblich, erfolglos.
availability [əveɪlə'bɪlɪtɪ] n Erhältlichkeit f; (*of staff*) Vorhandensein nt.
available [ə'veɪləbl] adj erhältlich; (*person: unoccupied*) frei, abkömmlich; (: *unattached*) zu haben; (*time*) frei, verfügbar; **every ~ means** alle verfügbaren Mittel; **is the manager ~?** ist der Geschäftsführer zu sprechen?; **to make sth ~ to sb** jdm etw zur Verfügung stellen.
avalanche ['ævəlɑːnʃ] n (*also fig*) Lawine f.
avant-garde ['ævãn'gɑːd] adj avantgardistisch.
avarice ['ævərɪs] n Habsucht f.
avaricious [ævə'rɪʃəs] adj habsüchtig.
avdp. abbr (= *avoirdupois*) Handelsgewicht.
Ave abbr = **avenue**.
avenge [ə'vɛndʒ] vt rächen.
avenue ['ævənjuː] n Straße f; (*drive*) Auffahrt f; (*means*) Weg m.
average ['ævərɪdʒ] n Durchschnitt m ♦ adj durchschnittlich, Durchschnitts- ♦ vt (*reach an average of*) einen Durchschnitt erreichen von; **on ~** im Durchschnitt, durchschnittlich; **above/below (the) ~** über/unter dem Durchschnitt.
▶ **average out** vi: **to ~ out at** durchschnittlich ausmachen.
averse [ə'vɜːs] adj: **to be ~ to sth/doing sth** eine Abneigung gegen etw haben/dagegen haben, etw zu tun; **I wouldn't be ~ to a drink** ich hätte nichts gegen einen Drink.
aversion [ə'vɜːʃən] n Abneigung f; **to have an ~ to sb/sth** eine Abneigung gegen jdn/etw haben.

avert [ə'vɜːt] vt (prevent) verhindern; (ward off) abwehren; (turn away) abwenden.

aviary ['eɪvɪərɪ] n Vogelhaus nt.

aviation [eɪvɪ'eɪʃən] n Luftfahrt f.

avid ['ævɪd] adj begeistert, eifrig.

avidly ['ævɪdlɪ] adv begeistert, eifrig.

avocado [ævə'kɑːdəʊ] (BRIT) n (also: ~ pear) Avocado f.

avoid [ə'vɔɪd] vt (person, obstacle) ausweichen +dat; (trouble) vermeiden; (danger) meiden.

avoidable [ə'vɔɪdəbl] adj vermeidbar.

avoidance [ə'vɔɪdəns] n (of tax) Umgehung f; (of issue) Vermeidung f.

avowed [ə'vaʊd] adj erklärt.

AVP (US) n abbr (= assistant vice president) stellvertretender Vizepräsident.

avuncular [ə'vʌŋkjʊlə*] adj onkelhaft.

AWACS ['eɪwæks] n abbr (= airborne warning and control system) AWACS.

await [ə'weɪt] vt warten auf +acc; ~ing attention/delivery zur Bearbeitung/ Lieferung bestimmt; long ~ed lang ersehnt.

awake [ə'weɪk] (pt awoke, pp awoken or awaked) adj wach ♦ vt wecken ♦ vi erwachen, aufwachen; ~ to sich dat bewusst werden +gen.

awakening [ə'weɪknɪŋ] n (also fig) Erwachen nt.

award [ə'wɔːd] n Preis m; (for bravery) Auszeichnung f; (damages) Entschädigung(ssumme) f ♦ vt (prize) verleihen; (damages) zusprechen.

aware [ə'wɛə*] adj: ~ (of) bewusst (+gen); to become ~ of sich dat bewusst werden +gen; to become ~ that ... sich dat bewusst werden, dass ...; politically/socially ~ politik-/sozialbewusst; I am fully ~ that es ist mir völlig klar or bewusst, dass.

awareness [ə'wɛənɪs] n Bewusstsein nt; to develop people's ~ of sth den Menschen etw zu Bewusstsein bringen.

awash [ə'wɒʃ] adj (also fig) überflutet.

away [ə'weɪ] adv weg, fort; (position) entfernt; two kilometres ~ zwei Kilometer entfernt; two hours ~ by car zwei Autostunden entfernt; the holiday was two weeks ~ es war noch zwei Wochen bis zum Urlaub; he's ~ for a week er ist eine Woche nicht da; he's ~ in Milan er ist in Mailand; to take ~ (from) (remove) entfernen (von); (subtract) abziehen (von); to work/pedal etc ~ unablässig arbeiten/strampeln etc; to fade ~ (colour, light) verblassen; (sound) verhallen; (enthusiasm) schwinden.

away game n Auswärtsspiel nt.

awe [ɔː] n Ehrfurcht f.

awe-inspiring ['ɔːɪnspaɪərɪŋ] adj Ehrfurcht gebietend.

awesome ['ɔːsəm] adj Ehrfurcht gebietend; (fig: inf) überwältigend.

awe-struck ['ɔːstrʌk] adj von Ehrfurcht ergriffen.

awful ['ɔːfəl] adj furchtbar, schrecklich; an ~ lot (of) furchtbar viel(e).

awfully ['ɔːfəlɪ] adv furchtbar, schrecklich.

awhile [ə'waɪl] adv eine Weile.

awkward ['ɔːkwəd] adj (clumsy) unbeholfen; (inconvenient, difficult) ungünstig; (embarrassing) peinlich.

awkwardness ['ɔːkwədnɪs] n (see adj) Unbeholfenheit f; Ungünstigkeit f; Peinlichkeit f.

awl [ɔːl] n Ahle f, Pfriem m.

awning ['ɔːnɪŋ] n (of tent, caravan) Vordach nt; (of shop etc) Markise f.

awoke [ə'wəʊk] pt of awake.

awoken [ə'wəʊkən] pp of awake.

AWOL ['eɪwɒl] abbr (MIL: = absent without leave) see absent.

awry [ə'raɪ] adv: to be ~ (clothes) schief sitzen; to go ~ schief gehen.

axe, (US) **ax** [æks] n Axt f, Beil nt ♦ vt (employee) entlassen; (project, jobs etc) streichen; to have an ~ to grind (fig) ein persönliches Interesse haben.

axes[1] ['æksɪz] npl of ax(e).

axes[2] ['æksiːz] npl of axis.

axiom ['æksɪəm] n Axiom nt, Grundsatz m.

axiomatic [æksɪəʊ'mætɪk] adj axiomatisch.

axis ['æksɪs] (pl axes[2]) n Achse f.

axle ['æksl] n (also: ~tree) Achse f.

aye [aɪ] excl (yes) ja ♦ n: the ~s die Jastimmen pl.

AYH n abbr (= American Youth Hostels) Jugendherbergsverband, ≈ DJHV m.

AZ (US) abbr (POST: = Arizona).

azalea [ə'zeɪlɪə] n Azalee f.

Azerbaijan [æzəbaɪ'dʒɑːn] n Aserbaidschan nt.

Azerbaijani [æzəbaɪ'dʒɑːnɪ], **Azeri** [ə'zeərɪ] adj aserbaidschanisch ♦ n Aserbaidschaner(in) m(f).

Azores [ə'zɔːz] npl: the ~ die Azoren pl.

AZT n abbr (= azidothymidine) AZT nt.

Aztec ['æztɛk] adj aztekisch ♦ n Azteke m, Aztekin f.

azure ['eɪʒə*] adj azurblau, tiefblau.

B, b

B[1], **b** [biː] n (letter) B nt, b nt; (SCOL) ≈ Zwei f, Gut nt; ~ for Benjamin, (US) ~ for Baker ≈ B wie Bertha; ~ road (BRIT) Landstraße f.

B[2] [biː] n (MUS) H nt, h nt.

b. abbr = born.

BA n abbr (= Bachelor of Arts) see bachelor; (= British Academy) Verband zur Förderung der Künste und Geisteswissenschaften.

babble ['bæbl] *vi* schwatzen; (*baby*) plappern; (*brook*) plätschern ♦ *n*: **a ~ of voices** ein Stimmengewirr *nt*.

babe [beɪb] *n* (*liter*) Kindlein *nt*; (*esp US: address*) Schätzchen *nt*; **~ in arms** Säugling *m*.

baboon [bə'buːn] *n* Pavian *m*.

baby ['beɪbɪ] *n* Baby *nt*; (*US: inf: darling*) Schatz *m*, Schätzchen *nt*.

baby carriage (*US*) *n* Kinderwagen *m*.

baby grand *n* (*also:* **~ piano**) Stutzflügel *m*.

babyhood ['beɪbɪhud] *n* frühe Kindheit *f*.

babyish ['beɪbɪʃ] *adj* kindlich.

baby-minder ['beɪbɪ'maɪndəʳ] (*BRIT*) *n* Tagesmutter *f*.

baby-sit ['beɪbɪsɪt] *vi* babysitten.

baby-sitter ['beɪbɪsɪtəʳ] *n* Babysitter(in) *m(f)*.

baby wipe *n* Ölpflegetuch *nt*.

bachelor ['bætʃələʳ] *n* Junggeselle *m*; **B~ of Arts/Science (degree)** ≈ Magister *m* der philosophischen Fakultät/der Naturwissenschaften.

bachelorhood ['bætʃələhud] *n* Junggesellentum *nt*.

bachelor party (*US*) *n* Junggesellenparty *f*.

---

back [bæk] *n* Rücken *m*; (*of house, page*) Rückseite *f*; (*of chair*) (Rücken)lehne *f*; (*of train*) Ende *nt*; (*FOOTBALL*) Verteidiger *m* ♦ *vt* (*candidate: also:* **~ up**) unterstützen; (*horse*) setzen *or* wetten auf +*acc*; (*car*) zurücksetzen, zurückfahren ♦ *vi* (*also:* **~ up: person**) rückwärts gehen; (*car etc*) zurücksetzen, zurückfahren ♦ *cpd* (*payment, rent*) ausstehend ♦ *adv* hinten; **in the ~ (of the car)** hinten (im Auto); **at the ~ of the book/crowd/audience** hinten im Buch/in der Menge/im Publikum; **~ to front** verkehrt herum; **to break the ~ of a job** (*BRIT*) mit einer Arbeit über den Berg sein; **to have one's ~ to the wall** (*fig*) in die Enge getrieben sein; **~ room** Hinterzimmer *nt*; **~ garden** Garten *m* (hinter dem Haus); **~ seat** (*AUT*) Rücksitz *m*; **to take a ~ seat** (*fig*) sich zurückhalten; **~ wheels** Hinterräder *pl*; **he's ~** er ist zurück *or* wieder da; **throw the ball ~** wirf den Ball zurück; **he called ~** er rief zurück; **he ran ~** er rannte zurück; **when will you be ~?** wann kommen Sie wieder?; **can I have it ~?** kann ich es zurückhaben *or* wiederhaben?

▶ **back down** *vi* nachgeben.

▶ **back on to** *vt fus*: **the house ~s on to the golf course** das Haus grenzt hinten an den Golfplatz an.

▶ **back out** *vi* (*of promise*) einen Rückzieher machen.

▶ **back up** *vt* (*support*) unterstützen; (*COMPUT*) sichern.

backache ['bækeɪk] *n* Rückenschmerzen *pl*.

---

backbencher ['bæk'bentʃəʳ] (*BRIT*) *n* Abgeordnete(r) *f(m)* (*in den hinteren Reihen im britischen Parlament*), Hinterbänkler(in) *m(f)* (*pej*); *see also* **back bench**.

backbiting ['bækbaɪtɪŋ] *n* Lästern *nt*.

backbone ['bækbəun] *n* (*also fig*) Rückgrat *nt*.

backchat ['bæktʃæt] (*BRIT: inf*) *n* Widerrede *f*.

backcloth ['bækkləθ] (*BRIT*) *n* Hintergrund *m*.

backcomb ['bækkəum] (*BRIT*) *vt* toupieren.

backdate [bæk'deɪt] *vt* (zu)rückdatieren; **~d pay rise** rückwirkend geltende Gehaltserhöhung *f*.

backdrop ['bækdrɔp] *n* = **backcloth**.

backer ['bækəʳ] *n* (*COMM*) Geldgeber *m*.

backfire [bæk'faɪəʳ] *vi* (*AUT*) Fehlzündungen haben; (*plans*) ins Auge gehen.

backgammon ['bækgæmən] *n* Backgammon *nt*.

background ['bækgraund] *n* Hintergrund *m*; (*basic knowledge*) Grundkenntnisse *pl*; (*experience*) Erfahrung *f* ♦ *cpd* (*music*) Hintergrund-; **family ~** Herkunft *f*; **~ noise** Geräuschkulisse *f*; **~ reading** vertiefende Lektüre *f*.

backhand ['bækhænd] *n* (*TENNIS: also:* **~ stroke**) Rückhand *f*.

backhanded [bæk'hændɪd] *adj* (*fig: compliment*) zweifelhaft.

backhander [bæk'hændəʳ] (*BRIT*) *n* Schmiergeld *nt*.

backing ['bækɪŋ] *n* (*fig, COMM*) Unterstützung *f*; (*MUS*) Begleitung *f*.

backlash ['bæklæʃ] *n* (*fig*) Gegenreaktion *f*.

backlog ['bæklɔg] *n*: **to have a ~ of work** mit der Arbeit im Rückstand sein.

back number *n* alte Ausgabe *f or* Nummer *f*.

backpack ['bækpæk] *n* Rucksack *m*.

backpacker ['bækpækəʳ] *n* Rucksacktourist(in) *m(f)*.

back pay n Nachzahlung f.

back-pedal ['bækpɛdl] vi (fig) einen Rückzieher machen.

back-seat driver n Mitfahrer, der dem Fahrer dazwischenredet.

backside ['bæksaɪd] (inf) n Hintern m.

backslash ['bækslæʃ] n Backslash m.

backslide ['bækslaɪd] vi rückfällig werden.

backspace ['bækspeɪs] vi (in typing) die Rücktaste betätigen.

backstage [bæk'steɪdʒ] adv (THEAT) hinter den Kulissen; (: in dressing-room area) in der Garderobe.

backstreet ['bækstriːt] n Seitenstraße f ♦ cpd: ~ **abortionist** Engelmacher(in) m(f).

backstroke ['bækstrəuk] n Rückenschwimmen nt.

backtrack ['bæktræk] vi (fig) einen Rückzieher machen.

backup ['bækʌp] adj (train, plane) Entlastungs-; (COMPUT: copy etc) Sicherungs- ♦ n (support) Unterstützung f; (COMPUT: also: ~ **disk**, ~ **file**) Sicherungskopie f, Back-up nt, Backup nt.

backward ['bækwəd] adj (movement) Rückwärts-; (person) zurückgeblieben; (country) rückständig; ~ **and forward movement** Vor- und Zurückbewegung f; ~ **step/glance** Blick m/Schritt m zurück.

backwards ['bækwədz] adv rückwärts; (read) von hinten nach vorne; (fall) nach hinten; (in time) zurück; **to know sth** ~ or (US) ~ **and forwards** etw in- und auswendig kennen.

backwater ['bækwɔːtə*] n (fig) Kaff nt.

back yard n Hinterhof m.

bacon ['beɪkən] n (Frühstücks)speck m, (Schinken)speck m.

bacteria [bæk'tɪərɪə] npl Bakterien pl.

bacteriology [bæktɪərɪ'ɔlədʒɪ] n Bakteriologie f.

bad [bæd] adj schlecht; (naughty) unartig, ungezogen; (mistake, accident, injury) schwer; **his** ~ **leg** sein schlimmes Bein; **to go** ~ verderben, schlecht werden; **to have a** ~ **time of it** es schwer haben; **I feel** ~ **about it** es tut mir Leid; **in** ~ **faith** mit böser Absicht.

bad debt n uneinbringliche Forderung f.

baddy ['bædɪ] (inf) n Bösewicht m.

bade [bæd] pt of **bid**.

badge [bædʒ] n Plakette f; (stick-on) Aufkleber m; (fig) Merkmal nt.

badger ['bædʒə*] n Dachs m ♦ vt zusetzen +dat.

badly ['bædlɪ] adv schlecht; ~ **wounded** schwer verletzt; **he needs it** ~ er braucht es dringend; **things are going** ~ es sieht schlecht or nicht gut aus; **to be** ~ **off (for money)** wenig Geld haben.

bad-mannered ['bæd'mænəd] adj ungezogen, unhöflich.

badminton ['bædmɪntən] n Federball m.

bad-tempered ['bæd'tɛmpəd] adj schlecht gelaunt; (by nature) übellaunig.

baffle ['bæfl] vt verblüffen.

baffling ['bæflɪŋ] adj rätselhaft, verwirrend.

bag [bæg] n Tasche f; (made of paper, plastic) Tüte f; (handbag) (Hand)tasche f; (satchel) Schultasche f; (case) Reisetasche f; (of hunter) Jagdbeute f; (pej: woman) Schachtel f; ~**s of** (inf: lots of) jede Menge; **to pack one's** ~**s** die Koffer packen; ~**s under the eyes** Ringe pl unter den Augen.

bagful ['bægful] n: **a** ~ **of** eine Tasche/Tüte voll.

baggage ['bægɪdʒ] n Gepäck nt.

baggage allowance n Freigepäck nt.

baggage car (US) n Gepäckwagen m.

baggage claim n Gepäckausgabe f.

baggy ['bægɪ] adj weit; (out of shape) ausgebeult.

Baghdad [bæg'dæd] n Bagdad nt.

bag lady (esp US) n Stadtstreicherin f.

bagpipes ['bægpaɪps] npl Dudelsack m.

bag-snatcher ['bægsnætʃə*] (BRIT) n Handtaschendieb(in) m(f).

Bahamas [bə'hɑːməz] npl: **the** ~ die Bahamas pl, die Bahamainseln pl.

Bahrain [bɑː'reɪn] n Bahrain nt.

bail [beɪl] n (LAW: payment) Kaution f; (: release) Freilassung f gegen Kaution ♦ vt (prisoner) gegen Kaution freilassen; (boat: also: ~ **out**) ausschöpfen; **to be on** ~ gegen Kaution freigelassen sein; **to be released on** ~ gegen Kaution freigelassen werden; see also **bale**.

► **bail out** vt (prisoner) gegen Kaution freibekommen; (firm, friend) aus der Patsche helfen +dat.

bailiff ['beɪlɪf] n (LAW: BRIT) Gerichtsvollzieher(in) m(f); (: US) Gerichtsdiener(in) m(f); (BRIT: factor) (Guts)verwalter(in) m(f).

bait [beɪt] n Köder m ♦ vt (hook, trap) mit einem Köder versehen; (tease) necken.

baize [beɪz] n Flausch m; **green** ~ Billardtuch nt.

bake [beɪk] vt backen; (clay etc) brennen ♦ vi backen.

baked beans [beɪkt-] npl gebackene Bohnen pl (in Tomatensauce).

baked potato n in der Schale gebackene Kartoffel f.

baker ['beɪkə*] n Bäcker(in) m(f).

baker's dozen n dreizehn (Stück).

bakery ['beɪkərɪ] n Bäckerei f.

baking ['beɪkɪŋ] n Backen nt; (batch) Ofenladung f ♦ adj (inf: hot) wie im Backofen.

baking powder n Backpulver nt.

baking tin n Backform f.

baking tray n Backblech nt.

balaclava [bælə'klɑːvə] n (also: ~ **helmet**) Kapuzenmütze f.

balance ['bæləns] n (equilibrium)

Gleichgewicht *nt*; (*COMM: sum*) Saldo *m*;
(*remainder*) Restbetrag *m*; (*scales*) Waage *f*
♦ *vt* ausgleichen; (*AUT: wheels*) auswuchten;
(*pros and cons*) (gegeneinander) abwägen;
on ~ alles in allem; ~ **of trade/payments**
Handels-/Zahlungsbilanz *f*; ~ **carried
forward** *or* **brought forward** (*COMM*)
Saldovortrag *m*, Saldoübertrag *m*; **to** ~ **the
books** (*COMM*) die Bilanz ziehen *or* machen.
balanced ['bælənst] *adj* ausgeglichen; (*report*)
ausgewogen.
balance sheet *n* Bilanz *f*.
balance wheel *n* Unruh *f*.
balcony ['bælkənɪ] *n* Balkon *m*; (*in theatre*)
oberster Rang *m*.
bald [bɔːld] *adj* kahl; (*tyre*) abgefahren;
(*statement*) knapp.
baldness ['bɔːldnɪs] *n* Kahlheit *f*.
bale [beɪl] *n* (*AGR*) Bündel *nt*; (*of papers etc*)
Packen *m*.
► **bale out** *vi* (*of a plane*) abspringen ♦ *vt*
(*water*) schöpfen; (*boat*) ausschöpfen.
Balearic Islands [bælɪˈærɪk-] *npl*: **the** ~ **die**
Balearen *pl*.
baleful ['beɪlful] *adj* böse.
balk [bɔːk] *vi*: **to** ~ **(at)** (*subj: person*)
zurückschrecken (vor +*dat*); (: *horse*)
scheuen (vor +*dat*).
Balkan ['bɔːlkən] *adj* (*countries etc*) Balkan-
♦ *n*: **the** ~**s** der Balkan, die Balkanländer *pl*.
ball [bɔːl] *n* Ball *m*; (*of wool, string*) Knäuel *m or*
nt; **to set the** ~ **rolling** (*fig*) den Stein ins
Rollen bringen; **to play** ~ **(with sb)** (*fig*) (mit
jdm) mitspielen; **to be on the** ~ (*fig:
competent*) am Ball sein; (: *alert*) auf Draht
or Zack sein; **the** ~ **is in their court** (*fig*) sie
sind am Ball.
ballad ['bæləd] *n* Ballade *f*.
ballast ['bæləst] *n* Ballast *m*.
ball bearing *npl* Kugellager *nt*; (*individual ball*)
Kugellagerkugel *f*.
ball cock *n* Schwimmerhahn *m*.
ballerina [bæləˈriːnə] *n* Ballerina *f*.
ballet ['bæleɪ] *n* Ballett *nt*.
ballet dancer *n* Balletttänzer(in) *m(f)*.
ballistic [bəˈlɪstɪk] *adj* ballistisch.
ballistic missile *n* Raketengeschoss *nt*.
ballistics [bəˈlɪstɪks] *n* Ballistik *f*.
balloon [bəˈluːn] *n* (*Luft*)ballon *m*; (*hot air
balloon*) Heißluftballon *m*; (*in comic strip*)
Sprechblase *f*.
balloonist [bəˈluːnɪst] *n* Ballonfahrer(in) *m(f)*.
ballot ['bælət] *n* (geheime) Abstimmung *f*.
ballot box *n* Wahlurne *f*.
ballot paper *n* Stimmzettel *m*.
ballpark ['bɔːlpɑːk] (*US*) *n* (*SPORT*)
Baseballstadion *m*.
ballpark figure (*inf*) *n* Richtzahl *f*.
ballpoint (pen) ['bɔːlpɔɪnt(-)] *n*
Kugelschreiber *m*.
ballroom ['bɔːlrum] *n* Tanzsaal *m*.
balls [bɔːlz] (*inf!*) *npl* (*testicles*) Eier *pl* (*!*);

(*courage*) Schneid *m*, Mumm *m* ♦ *excl* red
keinen Scheiß! (*!*).
balm [bɑːm] *n* Balsam *m*.
balmy ['bɑːmɪ] *adj* (*breeze*) sanft; (*air*) lau,
lind; (*BRIT: inf*) = **barmy**.
BALPA ['bælpə] *n abbr* (= *British Airline Pilots'
Association*) *Flugpilotengewerkschaft*.
balsam ['bɔːlsəm] *n* Balsam *m*.
balsa (wood) ['bɔːlsə-] *n* Balsaholz *nt*.
Baltic ['bɔːltɪk] *n*: **the** ~ **(Sea)** die Ostsee.
balustrade [bæləsˈtreɪd] *n* Balustrade *f*.
bamboo [bæmˈbuː] *n* Bambus *m*.
bamboozle [bæmˈbuːzl] (*inf*) *vt* hereinlegen;
to ~ **sb into doing sth** jdn durch Tricks
dazu bringen, etw zu tun.
ban [bæn] *n* Verbot *nt* ♦ *vt* verbieten; **he was
~ned from driving** (*BRIT*) ihm wurde
Fahrverbot erteilt.
banal [bəˈnɑːl] *adj* banal.
banana [bəˈnɑːnə] *n* Banane *f*.
band [bænd] *n* (*group*) Gruppe *f*, Schar *f*;
(*MUS: jazz, rock etc*) Band *f*; (: *military etc*)
(Musik)kapelle *f*; (*strip, range*) Band *nt*;
(*stripe*) Streifen *m*.
► **band together** *vi* sich
zusammenschließen.
bandage ['bændɪdʒ] *n* Verband *m* ♦ *vt*
verbinden.
Band-Aid ® ['bændeɪd] (*US*) *n* Heftpflaster *nt*.
B & B *n abbr* = **bed and breakfast**.
bandit ['bændɪt] *n* Bandit *m*.
bandstand ['bændstænd] *n* Musikpavillion *m*.
bandwagon ['bændwægən] *n*: **to jump on the**
~ (*fig*) auf den fahrenden Zug aufspringen.
bandy ['bændɪ] *vt* (*jokes*) sich erzählen; (*ideas*)
diskutieren; (*insults*) sich an den Kopf
werfen.
► **bandy about** *vt* (*word, expression*) immer
wieder gebrauchen; (*name*) immer wieder
nennen.
bandy-legged ['bændɪˈlɛgɪd] *adj* o-beinig, O-
beinig.
bane [beɪn] *n*: **it/he is the** ~ **of my life** das/er
ist noch mal mein Ende.
bang [bæŋ] *n* (*of door*) Knallen *nt*; (*of gun,
exhaust*) Knall *m*; (*blow*) Schlag *m* ♦ *excl* peng
♦ *vt* (*door*) zuschlagen, zuknallen; (*one's
head etc*) sich *dat* stoßen +*acc* ♦ *vi* knallen
♦ *adv*: **to be** ~ **on time** (*BRIT: inf*) auf die
Sekunde pünktlich sein; **to** ~ **at the door**
gegen die Tür hämmern; **to** ~ **into sth** sich
an etw *dat* stoßen.
banger ['bæŋə*] (*BRIT: inf*) *n* (*car: also:* **old** ~)
Klapperkiste *f*; (*sausage*) Würstchen *nt*;
(*firework*) Knallkörper *m*.
Bangkok [bæŋˈkɔk] *n* Bangkok *nt*.
Bangladesh [bæŋgləˈdɛʃ] *n* Bangladesch *nt*.
bangle ['bæŋgl] *n* Armreif(en) *m*.
bangs [bæŋz] (*US*) *npl* (*fringe*) Pony *m*.
banish ['bænɪʃ] *vt* verbannen.
banister(s) ['bænɪstə(z)] *n(pl)* Geländer *nt*.
banjo ['bændʒəu] (*pl* ~**es** *or* ~**s**) *n* Banjo *nt*.

bank [bæŋk] n Bank f; (of river, lake) Ufer nt; (of earth) Wall m; (of switches) Reihe f ♦ vi (AVIAT) sich in die Kurve legen; (COMM): **they ~ with Pitt's** sie haben ihr Konto bei Pitt's.
▶ **bank on** vt fus sich verlassen auf +acc.
bank account n Bankkonto nt.
bank balance n Kontostand m.
bank card n Scheckkarte f.
bank charges (BRIT) npl Kontoführungsgebühren pl.
bank draft n Bankanweisung f.
banker ['bæŋkə*] n Bankier m.
banker's card (BRIT) n = **bank card**.
banker's order (BRIT) n Dauerauftrag m.
bank giro n Banküberweisung f.
bank holiday (BRIT) n (öffentlicher) Feiertag m.

BANK HOLIDAY

Als **bank holiday** wird in Großbritannien ein gesetzlicher Feiertag bezeichnet, an dem die Banken geschlossen sind. Die meisten dieser Feiertage, abgesehen von Weihnachten und Ostern, fallen auf Montage im Mai und August. An diesen langen Wochenenden (bank holiday weekends) fahren viele Briten in Urlaub, sodass dann auf den Straßen, Flughäfen und bei der Bahn sehr viel Betrieb ist.

---

banking ['bæŋkɪŋ] n Bankwesen nt.
banking hours npl Schalterstunden pl.
bank loan n Bankkredit m.
bank manager n Filialleiter(in) m(f) (einer Bank).
banknote ['bæŋknəʊt] n Geldschein m, Banknote f.
bank rate n Diskontsatz m.
bankrupt ['bæŋkrʌpt] adj bankrott ♦ n Bankrotteur(in) m(f); **to go ~** Bankrott machen.
bankruptcy ['bæŋkrʌptsɪ] n (COMM, fig) Bankrott m.
bank statement n Kontoauszug m.
banner ['bænə*] n Banner nt; (in demonstration) Spruchband nt.
banner headline n Schlagzeile f.
bannister(s) ['bænɪstə(z)] n(pl) = **banister(s)**.
banns [bænz] npl Aufgebot nt.
banquet ['bæŋkwɪt] n Bankett nt.
bantamweight ['bæntəmweɪt] n Bantamgewicht nt.
banter ['bæntə*] n Geplänkel nt.
BAOR n abbr (= British Army of the Rhine) britische Rheinarmee.
baptism ['bæptɪzəm] n Taufe f.
Baptist ['bæptɪst] n Baptist(in) m(f).
baptize [bæp'taɪz] vt taufen.
bar [ba:*] n (for drinking) Lokal nt; (counter) Theke f; (rod) Stange f; (on window etc) (Gitter)stab m; (slab: of chocolate) Tafel f; (fig: obstacle) Hindernis nt; (prohibition)

Verbot nt; (MUS) Takt m ♦ vt (road) blockieren, versperren; (window) verriegeln; (person) ausschließen; (activity) verbieten; **~ of soap** Stück nt Seife; **behind ~s** hinter Gittern; **the B~** (LAW) die Anwaltschaft; **~ none** ohne Ausnahme.
Barbados [ba:'beɪdɔs] n Barbados nt.
barbaric [ba:'bærɪk] adj barbarisch.
barbarous ['ba:bərəs] adj barbarisch.
barbecue ['ba:bɪkju:] n Grill m; (meal, party) Barbecue nt.
barbed wire ['ba:bd-] n Stacheldraht m.
barber ['ba:bə*] n (Herren)friseur m.
barbiturate [ba:'bɪtjʊrɪt] n Schlafmittel nt, Barbiturat nt.
Barcelona [ba:sə'ləʊnə] n Barcelona nt.
bar chart n Balkendiagramm nt.
bar code n Strichkode m.
bare [bɛə*] adj nackt; (trees, countryside) kahl; (minimum) absolut ♦ vt entblößen; (teeth) blecken; **the ~ essentials, the ~ necessities** das Allernotwendigste; **to ~ one's soul** sein Innerstes entblößen.
bareback ['bɛəbæk] adv ohne Sattel.
barefaced ['bɛəfeɪst] adj (fig) unverfroren, schamlos.
barefoot ['bɛəfʊt] adj barfüßig ♦ adv barfuß.
bareheaded [bɛə'hɛdɪd] adj barhäuptig ♦ adv ohne Kopfbedeckung.
barely ['bɛəlɪ] adv kaum.
Barents Sea ['bærənts-] n: **the ~** die Barentssee.
bargain ['ba:gɪn] n (deal) Geschäft nt; (transaction) Handel m; (good offer) Sonderangebot nt; (good buy) guter Kauf m ♦ vi: **to ~ (with sb)** (mit jdm) verhandeln; (haggle) (mit jdm) handeln; **into the ~** obendrein.
▶ **bargain for** vt fus: **he got more than he ~ed for** er bekam mehr, als er erwartet hatte.
bargaining ['ba:gənɪŋ] n Verhandeln nt.
bargaining position n Verhandlungsposition f.
barge [ba:dʒ] n Lastkahn m, Frachtkahn m.
▶ **barge in** vi (enter) hereinplatzen; (interrupt) unterbrechen.
▶ **barge into** vt fus (place) hereinplatzen; (person) anrempeln.
bargepole ['ba:dʒpəʊl] n: **I wouldn't touch it with a ~** (fig) das würde ich nicht mal mit der Kneifzange anfassen.
baritone ['bærɪtəʊn] n Bariton m.
barium meal ['bɛərɪəm-] n Kontrastbrei m.
bark [ba:k] n (of tree) Rinde f; (of dog) Bellen nt ♦ vi bellen; **she's ~ing up the wrong tree** (fig) sie ist auf dem Holzweg.
barley ['ba:lɪ] n Gerste f.
barley sugar n Malzbonbon nt or m.
barmaid ['ba:meɪd] n Bardame f.
barman ['ba:mən] (irreg: like **man**) n Barmann m.
barmy ['ba:mɪ] (BRIT: inf) adj bekloppt.

barn [bɑːn] n Scheune f.
barnacle ['bɑːnəkl] n Rankenfußkrebs m.
barn owl n Schleiereule f.
barometer [bə'rɒmɪtə'] n Barometer nt.
baron ['bærən] n Baron m; **industrial** ~
Industriemagnat m; **press** ~ Pressezar m.
baroness ['bærənɪs] n (*baron's wife*) Baronin f;
(*baron's daughter*) Baroness f, Baronesse f.
baronet ['bærənɪt] n Baronet m.
barracking ['bærəkɪŋ] n Buhrufe pl.
barracks ['bærəks] npl Kaserne f.
barrage ['bærɑːʒ] n (*MIL*) Sperrfeuer nt; (*dam*)
Staustufe f, (*fig: of criticism, questions etc*)
Hagel m.
barrel ['bærəl] n Fass nt; (*of oil*) Barrel nt; (*of
gun*) Lauf m.
barrel organ n Drehorgel f.
barren ['bærən] adj unfruchtbar.
barricade [bærɪ'keɪd] n Barrikade f ♦ vt (*road,
entrance*) verbarrikadieren; **to** ~ **o.s. (in)**
sich verbarrikadieren.
barrier ['bærɪə'] n (*at frontier, entrance*)
Schranke f; (*BRIT: also: crash* ~) Leitplanke f;
(*fig*) Barriere f; (: *to progress etc*) Hindernis nt.
barrier cream (*BRIT*) n Hautschutzcreme f.
barring ['bɑːrɪŋ] prep außer im Falle +gen.
barrister ['bærɪstə'] (*BRIT*) n Rechtsanwalt m,
Rechtsanwältin f.

BARRISTER

Barrister *oder* barrister-at-law *ist in England
die Bezeichnung für einen Rechtsanwalt, der seine
Klienten vor allem vor Gericht vertritt; im Gegensatz
zum* solicitor, *der nicht vor Gericht auftritt,
sondern einen barrister mit dieser Aufgabe
beauftragt.*

---

barrow ['bærəʊ] n Schubkarre f, Schubkarren
m; (*cart*) Karren m.
bar stool n Barhocker m.
Bart. (*BRIT*) abbr = **baronet**.
bartender ['bɑːtɛndə'] (*US*) n Barmann m.
barter ['bɑːtə'] n Tauschhandel m ♦ vt: **to**
~ **sth for sth** etw gegen etw tauschen.
base [beɪs] n (*of tree etc*) Fuß m; (*of cup, box
etc*) Boden m; (*foundation*) Grundlage f;
(*centre*) Stützpunkt m, Standort m; (*for
organization*) Sitz m ♦ adj gemein,
niederträchtig ♦ vt: **to** ~ **sth on** etw
gründen or basieren auf +acc; **to be** ~**d at**
(*troops*) stationiert sein in +dat; (*employee*)
arbeiten in +dat; **I'm** ~**d in London** ich wohne
in London; **a Paris-**~**d firm** eine Firma mit
Sitz in Paris; **coffee-**~**d** auf Kaffeebasis.
baseball ['beɪsbɔːl] n Baseball m.
baseboard ['beɪsbɔːd] (*US*) n Fußleiste f.
base camp n Basislager nt,
Versorgungslager nt.
Basel [bɑːl] n = **Basle**.
baseline ['beɪslaɪn] n (*TENNIS*) Grundlinie f;
(*fig: standard*) Ausgangspunkt m.

basement ['beɪsmənt] n Keller m.
base rate n Eckzins m, Leitzins m.
bases¹ ['beɪsɪz] npl of **base**.
bases² ['beɪsiːz] npl of **basis**.
bash [bæʃ] (*inf*) vt schlagen, hauen ♦ n: **I'll
have a** ~ **(at it)** (*BRIT*) ich probier's mal.
▶ **bash up** vt (*car*) demolieren; (*BRIT: person*)
vermöbeln.
bashful ['bæʃful] adj schüchtern.
bashing ['bæʃɪŋ] (*inf*) n Prügel pl; **Paki-/
queer-**~ Überfälle pl auf Pakistaner/
Schwule.
BASIC ['beɪsɪk] n (*COMPUT*) BASIC nt.
basic ['beɪsɪk] adj (*method, needs etc*) Grund-;
(*principles*) grundlegend; (*problem*)
grundsätzlich; (*knowledge*) elementar;
(*facilities*) primitiv.
basically ['beɪsɪklɪ] adv im Grunde.
basic rate n Eingangssteuersatz m.
basics ['beɪsɪks] npl: **the** ~ das Wesentliche.
basil ['bæzl] n Basilikum nt.
basin ['beɪsn] n Gefäß nt; (*BRIT: for food*)
Schüssel f; (*also: wash* ~) (Wasch)becken nt;
(*of river, lake*) Becken nt.
basis ['beɪsɪs] (*pl* **bases**) n Basis f, Grundlage f;
on a part-time ~ stundenweise; **on a trial** ~
zur Probe; **on the** ~ **of what you've said**
aufgrund or auf Grund dessen, was Sie
gesagt haben.
bask [bɑːsk] vi: **to** ~ **in the sun** sich sonnen.
basket ['bɑːskɪt] n Korb m; (*smaller*) Körbchen
nt.
basketball ['bɑːskɪtbɔːl] n Basketball m.
basketball player n Basketballspieler(in)
m(f).
Basle [bɑːl] n Basel nt.
basmati rice [bəz'mætɪ-] n Basmatireis m.
Basque [bæsk] adj baskisch ♦ n Baske m,
Baskin f.
bass [beɪs] n Bass m.
bass clef n Bassschlüssel m.
bassoon [bə'suːn] n Fagott nt.
bastard ['bɑːstəd] n uneheliches Kind nt; (*inf!*)
Arschloch nt (!).
baste [beɪst] vt (*CULIN*) (mit Fett und
Bratensaft) begießen; (*SEWING*) heften,
reihen.
bastion ['bæstɪən] n Bastion f.
bat [bæt] n (*ZOOL*) Fledermaus f; (*for cricket,
baseball etc*) Schlagholz nt; (*BRIT: for table
tennis*) Schläger m ♦ vt: **he didn't** ~ **an eyelid**
er hat nicht mit der Wimper gezuckt; **off
one's own** ~ auf eigene Faust.
batch [bætʃ] n (*of bread*) Schub m; (*of letters,
papers*) Stoß m, Stapel m; (*of applicants*)
Gruppe f; (*of work*) Schwung m; (*of goods*)
Ladung f, Sendung f.
batch processing n (*COMPUT*)
Stapelverarbeitung f.
bated ['beɪtɪd] adj: **with** ~ **breath** mit
angehaltenem Atem.
bath [bɑːθ] n Bad nt; (*bathtub*) (Bade)wanne f

♦ *vt* baden; **to have a ~** baden, ein Bad nehmen; *see also* **baths**.
bathe [beɪð] *vi, vt (also fig)* baden.
bather ['beɪðə*] *n* Badende(r) *f(m)*.
bathing ['beɪðɪŋ] *n* Baden *nt*.
bathing cap *n* Bademütze *f*, Badekappe *f*.
bathing costume, *(US)* **bathing suit** *n* Badeanzug *m*.
bath mat *n* Bademate *f*, Badevorleger *m*.
bathrobe ['bɑːθrəub] *n* Bademantel *m*.
bathroom ['bɑːθrum] *n* Bad(ezimmer) *nt*.
baths [bɑːðz] *npl (also:* **swimming ~**) (Schwimm)bad *nt*.
bath towel *n* Badetuch *nt*.
bathtub ['bɑːθtʌb] *n* (Bade)wanne *f*.
batman ['bætmən] *(irreg: like* **man**) *(BRIT) n (MIL)* (Offiziers)bursche *m*.
baton ['bætən] *n (MUS)* Taktstock *m*; *(ATHLETICS)* Staffelholz *nt*; *(policeman's)* Schlagstock *m*.
battalion [bə'tælɪən] *n* Bataillon *nt*.
batten ['bætn] *n* Leiste *f*, Latte *f*; *(NAUT: on sail)* Segellatte *f*.
► **batten down** *vt (NAUT):* **to ~ down the hatches** die Luken dicht machen.
batter ['bætə*] *vt* schlagen, misshandeln; *(subj: rain)* schlagen; *(wind)* rütteln ♦ *n (CULIN)* Teig *m*; *(for frying)* (Ausback)teig *m*.
battered ['bætəd] *adj (hat, pan)* verbeult; **~ wife** misshandelte Ehefrau; **~ child** misshandeltes Kind.
battering ram ['bætərɪŋ-] *n* Rammbock *m*.
battery ['bætərɪ] *n* Batterie *f*; *(of tests, reporters)* Reihe *f*.
battery charger *n* (Batterie)ladegerät *nt*.
battery farming *n* Batteriehaltung *f*.
battle ['bætl] *n (MIL)* Schlacht *f*; *(fig)* Kampf *m* ♦ *vi* kämpfen; **that's half the ~** damit ist schon viel gewonnen; **it's a losing ~, we're fighting a losing ~** *(fig)* es ist ein aussichtsloser Kampf.
battledress ['bætldrɛs] *n* Kampfanzug *m*.
battlefield ['bætlfiːld] *n* Schlachtfeld *nt*.
battlements ['bætlmənts] *npl* Zinnen *pl*.
battleship ['bætlʃɪp] *n* Schlachtschiff *nt*.
batty ['bætɪ] *(inf) adj* verrückt.
bauble ['bɔːbl] *n* Flitter *m*.
baud [bɔːd] *n (COMPUT)* Baud *nt*.
baud rate *n (COMPUT)* Baudrate *f*.
baulk [bɔːlk] *vi* = **balk**.
bauxite ['bɔːksaɪt] *n* Bauxit *m*.
Bavaria [bə'veərɪə] *n* Bayern *nt*.
Bavarian [bə'veərɪən] *adj* bay(e)risch ♦ *n* Bayer(in) *m(f)*.
bawdy ['bɔːdɪ] *adj* derb, obszön.
bawl [bɔːl] *vi* brüllen, schreien.
bay [beɪ] *n* Bucht *f*; *(BRIT: for parking)* Parkbucht *f*; *(: for loading)* Ladeplatz *m*; *(horse)* Braune(r) *m*; **to hold sb at ~** jdn in Schach halten.
bay leaf *n* Lorbeerblatt *nt*.
bayonet ['beɪənɪt] *n* Bajonett *nt*.

bay tree *n* Lorbeerbaum *m*.
bay window *n* Erkerfenster *nt*.
bazaar [bə'zɑː*] *n* Basar *m*.
bazooka [bə'zuːkə] *n* Panzerfaust *f*.
BB *(BRIT) n abbr (= Boys' Brigade)* Jugendorganisation für Jungen.
BBB *(US) n abbr (= Better Business Bureau)* amerikanische Verbraucherbehörde.
BBC *n abbr* BBC *f*.

BBC

BBC *(Abkürzung für British Broadcasting Corporation) ist die staatliche britische Rundfunk- und Fernsehanstalt. Die Fernsehsender BBC 1 und BBC 2 bieten beide ein umfangsreiches Fernsehprogramm, wobei BBC 1 mehr Sendungen von allgemeinem Interesse wie z.B. leichte Unterhaltung, Sport, Aktuelles, Kinderprogramme und Außenübertragungen zeigt. BBC 2 berücksichtigt Reisesendungen, Drama, Musik und internationale Filme. Die 5 landesweiten Radiosender bieten von Popmusik bis Kricket etwas für jeden Geschmack; dazu gibt es noch 37 regionale Radiosender. Der BBC World Service ist auf der ganzen Welt auf Englisch oder in einer von 35 anderen Sprachen zu empfangen. Finanziert wird die BBC vor allem durch Fernsehgebühren und ins Ausland verkaufte Sendungen. Obwohl die BBC dem Parlament gegenüber verantwortlich ist, werden die Sendungen nicht vom Staat kontrolliert.*

BC *adv abbr (= before Christ)* v. Chr. ♦ *abbr (CANADA:* = British Columbia) Britisch-Kolumbien *nt*.
BCG *n abbr (= bacille Calmette-Guérin)* BCG *m*.
BD *n abbr (= Bachelor of Divinity)* akademischer Grad in Theologie.
B/D *abbr* = **bank draft**.
BDS *n abbr (= Bachelor of Dental Surgery)* akademischer Grad in Zahnmedizin.
B/E *abbr* = **bill of exchange**.

================================ *KEYWORD*

be [biː] *(pt* **was, were,** *pp* **been)** *aux vb* **1** *(with present participle: forming continuous tenses):* **what are you doing?** was machst du?; **it is raining** es regnet; **have you been to Rome?** waren Sie schon einmal in Rom?
2 *(with pp: forming passives)* werden; **to ~ killed** getötet werden; **the box had been opened** die Kiste war geöffnet worden.
3 *(in tag questions):* **he's good-looking, isn't he?** er sieht gut aus, nicht (wahr)?; **she's back again, is she?** sie ist wieder da, oder?
4 *(+ to + infinitive):* **the house is to ~ sold** das Haus soll verkauft werden; **he's not to open it** er darf es nicht öffnen.
♦ *vb + complement* **1** sein; **I'm tired/English** ich bin müde/Engländer(in); **I'm hot/cold** mir ist heiß/kalt; **2 and 2 are 4** 2 und 2 ist *or* macht 4; **she's tall/pretty** sie ist groß/

hübsch; **~ careful/quiet** sei vorsichtig/
ruhig.
2 (*of health*): **how are you?** wie geht es
Ihnen?
3 (*of age*): **how old are you?** wie alt bist du?;
I'm sixteen (years old) ich bin sechzehn
(Jahre alt).
4 (*cost*) kosten; **how much was the meal?**
was hat das Essen gekostet?; **that'll ~ 5
pounds please** das macht 5 Pfund, bitte
♦ *vi* **1** (*exist, occur etc*) sein; **there is/are** es
gibt; **is there a God?** gibt es einen Gott?;
~ that as it may wie dem auch sei; **so ~ it**
gut (und schön).
2 (*referring to place*) sein, liegen; **Edinburgh
is in Scotland** Edinburgh liegt *or* ist in
Schottland; **I won't ~ here tomorrow**
morgen bin ich nicht da.
3 (*referring to movement*) sein; **where have
you been?** wo warst du?
♦ *impers vb* **1** (*referring to time, distance,
weather*) sein; **it's 5 o'clock** es ist 5 Uhr; **it's
10 km to the village** es sind 10 km bis zum
Dorf; **it's too hot/cold** es ist zu heiß/kalt.
2 (*emphatic*): **it's only me** ich bins nur; **it's
only the postman** es ist nur der Briefträger.

beach [biːtʃ] *n* Strand *m* ♦ *vt* (*boat*) auf (den)
Strand setzen.
beach buggy *n* Strandbuggy *m*.
beachcomber ['biːtʃkəumə*] *n*
Strandgutsammler *m*.
beachwear ['biːtʃweə*] *n* Strandkleidung *f*.
beacon ['biːkən] *n* Leuchtfeuer *nt*; (*marker*)
Bake *f*; (*also:* **radio ~**) Funkfeuer *nt*.
bead [biːd] *n* Perle *f*; **beads** *npl* (*necklace*)
Perlenkette *f*.
beady ['biːdɪ] *adj*: **~ eyes** Knopfaugen *pl*.
beagle ['biːgl] *n* Beagle *m*.
beak [biːk] *n* Schnabel *m*.
beaker ['biːkə*] *n* Becher *m*.
beam [biːm] *n* (*ARCHIT*) Balken *m*; (*of light*)
Strahl *m*; (*RADIO*) Leitstrahl *m* ♦ *vi* (*smile*)
strahlen ♦ *vt* ausstrahlen, senden; **to ~ at sb**
jdn anstrahlen; **to drive on full** *or* **main** *or*
high ~ mit Fernlicht fahren.
beaming ['biːmɪŋ] *adj* strahlend.
bean [biːn] *n* Bohne *f*; **runner ~** Stangenbohne
f, **broad ~** dicke Bohne; **coffee ~**
Kaffeebohne *f*.
beanpole ['biːnpəul] *n* (*lit, fig*) Bohnenstange *f*.
beanshoots ['biːnʃuːts] *npl*
Sojabohnensprossen *pl*.
beansprouts ['biːnsprauts] *npl* = **beanshoots**.
bear [bɛə*] (*pt* **bore**, *pp* **borne**) *n* Bär *m*; (*STOCK
EXCHANGE*) Baissier *m* ♦ *vt* tragen; (*tolerate,
endure*) ertragen; (*examination*) standhalten
+*dat*; (*traces, signs*) aufweisen, zeigen;
(*COMM: interest*) tragen, bringen; (*produce:
children*) gebären; (: *fruit*) tragen ♦ *vi*: **to
~ right/left** (*AUT*) sich rechts/links halten;
to ~ the responsibility of die

Verantwortung tragen für; **to ~ comparison
with** einem Vergleich standhalten mit; **I
can't ~ him** ich kann ihn nicht ausstehen; **to
bring pressure to ~ on sb** Druck auf jdn
ausüben.
▶ **bear out** *vt* (*person, suspicions etc*)
bestätigen.
▶ **bear up** *vi* Haltung bewahren; **he bore up
well** er hat sich gut gehalten.
▶ **bear with** *vt fus* Nachsicht haben mit;
~ with me a minute bitte gedulden Sie sich
einen Moment.
bearable ['bɛərəbl] *adj* erträglich.
beard [bɪəd] *n* Bart *m*.
bearded ['bɪədɪd] *adj* bärtig.
bearer ['bɛərə*] *n* (*of letter, news*)
Überbringer(in) *m(f)*; (*of cheque, passport,
title etc*) Inhaber(in) *m(f)*.
bearing ['bɛərɪŋ] *n* (*posture*) Haltung *f*; (*air*)
Auftreten *nt*; (*connection*) Bezug *m*; (*TECH*)
Lager *nt*; **bearings** *npl* (*also:* **ball ~s**)
Kugellager *nt*; **to take a ~ with a compass**
den Kompasskurs feststellen; **to get one's
~s** sich zurechtfinden.
beast [biːst] *n* (*animal*) Tier *nt*; (*inf: person*)
Biest *nt*.
beastly ['biːstlɪ] *adj* scheußlich.
beat [biːt] (*pt* **beat**, *pp* **beaten**) *n* (*of heart*)
Schlag *m*; (*MUS*) Takt *m*; (*of policeman*)
Revier *nt* ♦ *vt* schlagen; (*record*) brechen ♦ *vi*
schlagen; **to ~ time** den Takt schlagen; **to
~ it** (*inf*) abhauen, verschwinden; **that ~s
everything** das ist doch wirklich der Gipfel
or die Höhe; **to ~ about the bush** um den
heißen Brei herumreden; **off the ~en track**
abgelegen.
▶ **beat down** *vt* (*door*) einschlagen; (*price*)
herunterhandeln; (*seller*) einen niedrigeren
Preis aushandeln mit ♦ *vi* (*rain*)
herunterprasseln; (*sun*) herunterbrennen.
▶ **beat off** *vt* (*attack, attacker*) abwehren.
▶ **beat up** *vt* (*person*) zusammenschlagen;
(*mixture, eggs*) schlagen.
beater ['biːtə*] *n* (*for eggs, cream*)
Schneebesen *m*.
beating ['biːtɪŋ] *n* Schläge *pl*, Prügel *pl*; **to
take a ~** (*fig*) eine Schlappe einstecken.
beat-up ['biːtʌp] (*inf*) *adj* zerbeult,
ramponiert.
beautician [bjuːˈtɪʃən] *n* Kosmetiker(in) *m(f)*.
beautiful ['bjuːtɪful] *adj* schön.
beautifully ['bjuːtɪflɪ] *adv* (*play, sing, drive etc*)
hervorragend; (*quiet, empty etc*) schön.
beautify ['bjuːtɪfaɪ] *vt* verschönern.
beauty ['bjuːtɪ] *n* Schönheit *f*; (*fig: attraction*)
Schöne *nt*; **the ~ of it is that ...** das Schöne
daran ist, dass ...
beauty contest *n* Schönheitswettbewerb *m*.
beauty queen *n* Schönheitskönigin *f*.
beauty salon *n* Kosmetiksalon *m*.
beauty sleep *n* (Schönheits)schlaf *m*.
beauty spot (*BRIT*) *n* besonders schöner

Ort m.

beaver ['bi:vəˀ] n Biber m.

becalmed [bɪ'kɑːmd] adj: **to be ~** (sailing ship) in eine Flaute geraten.

became [bɪ'keɪm] pt of **become**.

because [bɪ'kɔz] conj weil; **~ of** wegen +gen or (inf) +dat.

beck [bɛk] n: **to be at sb's ~ and call** nach jds Pfeife tanzen.

beckon ['bɛkən] vt (also: **~ to**) winken ♦ vi locken.

become [bɪ'kʌm] (irreg: like **come**) vi werden; **it became known that** es wurde bekannt, dass; **what has ~ of him?** was ist aus ihm geworden?

becoming [bɪ'kʌmɪŋ] adj (behaviour) schicklich; (clothes) kleidsam.

BECTU ['bɛktu] (BRIT) n abbr (= Broadcasting, Entertainment, Cinematographic and Theatre Union) Gewerkschaft für Beschäftigte in der Unterhaltungsindustrie.

BEd n abbr (= Bachelor of Education) akademischer Grad im Erziehungswesen.

bed [bɛd] n Bett nt; (of coal) Flöz nt; (of clay) Schicht f; (of river) (Fluss)bett nt; (of sea) (Meeres)boden m, (Meeres)grund m; (of flowers) Beet nt; **to go to ~** ins or zu Bett gehen.

▶ **bed down** vi ein Lager aufschlagen.

bed and breakfast n (place) (Frühstücks)pension f; (terms) Übernachtung f mit Frühstück.

BED AND BREAKFAST

Bed and breakfast bedeutet „Übernachtung mit Frühstück", wobei sich dies in Großbritannien nicht auf Hotels, sondern auf kleinere Pensionen, Privathäuser und Bauernhöfe bezieht, wo man wesentlich preisgünstiger übernachten kann als in Hotels. Oft wird für Bed and Breakfast, auch **B & B** genannt, durch ein entsprechendes Schild im Garten oder an der Einfahrt geworben.

---

bedbug ['bɛdbʌg] n Wanze f.

bedclothes ['bɛdkləuðz] npl Bettzeug nt.

bedding ['bɛdɪŋ] n Bettzeug nt.

bedevil [bɪ'dɛvl] vt (person) heimsuchen; (plans) komplizieren; **to be ~led by misfortune/bad luck** vom Schicksal/Pech verfolgt sein.

bedfellow ['bɛdfɛləu] n: **they are strange ~s** (fig) sie sind ein merkwürdiges Gespann.

bedlam ['bɛdləm] n Chaos nt.

bedpan ['bɛdpæn] n Bettpfanne f, Bettschüssel f.

bedpost ['bɛdpəust] n Bettpfosten m.

bedraggled [bɪ'dræɡld] adj (wet) triefnass, tropfnass; (dirty) verdreckt.

bedridden ['bɛdrɪdn] adj bettlägerig.

bedrock ['bɛdrɔk] n (fig) Fundament nt; (GEOG) Grundgebirge nt, Grundgestein nt.

bedroom ['bɛdrum] n Schlafzimmer nt.

Beds [bɛdz] (BRIT) abbr (POST: = Bedfordshire).

bed settee n Sofabett nt.

bedside ['bɛdsaɪd] n: **at sb's ~** an jds Bett; **~ lamp** Nachttischlampe f; **~ book** Bettlektüre f.

bedsit(ter) ['bɛdsɪt(əˀ)] (BRIT) n möbliertes Zimmer nt.

bedspread ['bɛdsprɛd] n Tagesdecke f.

bedtime ['bɛdtaɪm] n Schlafenszeit f; **it's ~** es ist Zeit, ins Bett zu gehen.

bee [biː] n Biene f; **to have a ~ in one's bonnet about cleanliness** einen Sauberkeitsfimmel or Sauberkeitstick haben.

beech [biːtʃ] n Buche f.

beef [biːf] n Rind(fleisch) nt; **roast ~** Rinderbraten m.

▶ **beef up** (inf) vt aufmotzen; (essay) auswalzen.

beefburger ['biːfbəːɡəˀ] n Hamburger m.

beefeater ['biːfiːtəˀ] n Beefeater m.

beehive ['biːhaɪv] n Bienenstock m.

beekeeping ['biːkiːpɪŋ] n Bienenzucht f, Imkerei f.

beeline ['biːlaɪn] n: **to make a ~ for** schnurstracks zugehen auf +acc.

been [biːn] pp of **be**.

beep [biːp] (inf) n Tut(tut) nt ♦ vi tuten ♦ vt: **to ~ one's horn** hupen.

beer [bɪəˀ] n Bier nt.

beer belly (inf) n Bierbauch m.

beer can n Bierdose f.

beet [biːt] n Rübe f; (US: also: **red ~**) Rote Bete f.

beetle ['biːtl] n Käfer m.

beetroot ['biːtruːt] (BRIT) n Rote Bete f.

befall [bɪ'fɔːl] (irreg: like **fall**) vi sich zutragen ♦ vt widerfahren +dat.

befit [bɪ'fɪt] vt sich gehören für.

before [bɪ'fɔːˀ] prep vor +dat; (with movement) vor +acc ♦ conj bevor ♦ adv (time) vorher; (space) davor; **~ going** bevor er/sie etc geht/ging; **~ she goes** bevor sie geht; **the week ~** die Woche davor; **I've never seen it ~** ich habe es noch nie gesehen.

beforehand [bɪ'fɔːhænd] adv vorher.

befriend [bɪ'frɛnd] vt sich annehmen +gen.

befuddled [bɪ'fʌdld] adj: **to be ~** verwirrt sein.

beg [bɛg] vi betteln ♦ vt (food, money) betteln um; (favour, forgiveness etc) bitten um; **to ~ for** (food etc) betteln um; (forgiveness, mercy etc) bitten um; **to ~ sb to do sth** jdn bitten, etw zu tun; **I ~ your pardon** (apologizing) entschuldigen Sie bitte; (: not hearing) (wie) bitte?; **to ~ the question** der Frage ausweichen; see also **pardon**.

began [bɪ'gæn] pt of **begin**.

beggar ['bɛgəˀ] n Bettler(in) m(f).

begin [bɪ'gɪn] (pt **began**, pp **begun**) vt, vi beginnen, anfangen; **to ~ doing** or **to do sth** anfangen, etw zu tun; **~ning (from) Monday**

ab Montag; **I can't ~ to thank you** ich kann Ihnen gar nicht genug danken; **we'll have soup to ~ with** als Vorspeise hätten wir gern Suppe; **to ~ with, I'd like to know ...** zunächst einmal möchte ich wissen, ...

beginner [bɪˈgɪnə*] n Anfänger(in) m(f).

beginning [bɪˈgɪnɪŋ] n Anfang m; **right from the ~** von Anfang an.

begrudge [bɪˈgrʌdʒ] vt: **to ~ sb sth** jdm etw missgönnen or nicht gönnen.

beguile [bɪˈgaɪl] vt betören.

beguiling [bɪˈgaɪlɪŋ] adj (charming) verführerisch; (deluding) betörend.

begun [bɪˈgʌn] pp of **begin**.

behalf [bɪˈhɑːf] n: **on ~ of**, (US) **in ~ of** (as representative of) im Namen von; (for benefit of) zugunsten or zu Gunsten von; **on my/his ~** in meinem/seinem Namen; zu meinen/ seinen Gunsten.

behave [bɪˈheɪv] vi (person) sich verhalten, sich benehmen; (thing) funktionieren; (also: **~ o.s.**) sich benehmen.

behaviour, (US) **behavior** [bɪˈheɪvjə*] n Verhalten nt; (manner) Benehmen nt.

behead [bɪˈhɛd] vt enthaupten.

beheld [bɪˈhɛld] pt, pp of **behold**.

behind [bɪˈhaɪnd] prep hinter ♦ adv (at/towards the back) hinten ♦ n (buttocks) Hintern m, Hinterteil nt; **~ the scenes** (fig) hinter den Kulissen; **we're ~ them in technology** auf dem Gebiet der Technologie liegen wir hinter ihnen zurück; **to be ~** (schedule) im Rückstand or Verzug sein; **to leave/stay ~** zurücklassen/-bleiben.

behold [bɪˈhəʊld] (irreg: like **hold**) vt sehen, erblicken.

beige [beɪʒ] adj beige.

Beijing [ˈbeɪˈdʒɪŋ] n Peking nt.

being [ˈbiːɪŋ] n (creature) (Lebe)wesen nt; (existence) Leben nt, (Da)sein nt; **to come into ~** entstehen.

Beirut [beɪˈruːt] n Beirut nt.

Belarus [bɛləˈrus] n Weißrussland nt.

Belarussian adj belarussisch, weißrussisch ♦ n Weißrusse m, Weißrussin f; (LING) Weißrussisch nt.

belated [bɪˈleɪtɪd] adj verspätet.

belch [bɛltʃ] vi rülpsen ♦ vt (also: **belch out**: smoke etc) ausstoßen.

beleaguered [bɪˈliːgɪd] adj (city) belagert; (army) eingekesselt; (fig) geplagt.

Belfast [ˈbɛlfɑːst] n Belfast nt.

belfry [ˈbɛlfrɪ] n Glockenstube f.

Belgian [ˈbɛldʒən] adj belgisch ♦ n Belgier(in) m(f).

Belgium [ˈbɛldʒəm] n Belgien nt.

Belgrade [bɛlˈgreɪd] n Belgrad nt.

belie [bɪˈlaɪ] vt (contradict) im Widerspruch stehen zu; (give false impression of) hinwegtäuschen über +acc; (disprove) widerlegen, Lügen strafen.

belief [bɪˈliːf] n Glaube m; (opinion) Überzeugung f; **it's beyond ~** es ist unglaublich or nicht zu glauben; **in the ~ that** im Glauben, dass.

believable [bɪˈliːvəbl] adj glaubhaft.

believe [bɪˈliːv] vt glauben ♦ vi (an Gott) glauben; **he is ~d to be abroad** es heißt, dass er im Ausland ist; **to ~ in** (God, ghosts) glauben an +acc; (method etc) Vertrauen haben zu; **I don't ~ in corporal punishment** ich halte nicht viel von der Prügelstrafe.

believer [bɪˈliːvə*] n (in idea, activity) Anhänger(in) m(f); (REL) Gläubige(r) f(m); **she's a great ~ in healthy eating** sie ist sehr für eine gesunde Ernährung.

belittle [bɪˈlɪtl] vt herabsetzen.

Belize [bɛˈliːz] n Belize nt.

bell [bɛl] n Glocke f; (small) Glöckchen nt, Schelle f, (on door) Klingel f; **that rings a ~** (fig) das kommt mir bekannt vor.

bell-bottoms [ˈbɛlbɒtəmz] npl Hose f mit Schlag.

bellboy [ˈbɛlbɔɪ] (BRIT) n Page m, Hoteljunge m.

bellhop [ˈbɛlhɒp] (US) n = **bellboy**.

belligerence [bɪˈlɪdʒərəns] n Angriffslust f.

belligerent [bɪˈlɪdʒərənt] adj angriffslustig.

bellow [ˈbɛləʊ] vi, vt brüllen.

bellows [ˈbɛləʊz] npl Blasebalg m.

bell push (BRIT) n Klingel f.

belly [ˈbɛlɪ] n Bauch m.

bellyache [ˈbɛlɪeɪk] (inf) n Bauchschmerzen pl ♦ vi murren.

bellybutton [ˈbɛlɪbʌtn] n Bauchnabel m.

bellyful [ˈbɛlɪful] (inf) n: **I've had a ~ of that** davon habe ich die Nase voll.

belong [bɪˈlɒŋ] vi: **to ~ to** (person) gehören +dat; (club etc) angehören +dat; **this book ~s here** dieses Buch gehört hierher.

belongings [bɪˈlɒŋɪŋz] npl Sachen pl, Habe f; **personal ~** persönlicher Besitz m, persönliches Eigentum nt.

Belorussia [bɛluːˈrʌʃə] n Weißrussland nt.

Belorussian [bɛluːˈrʌʃən] adj, n = **Belarussian**.

beloved [bɪˈlʌvɪd] adj geliebt ♦ n Geliebte(r) f(m).

below [bɪˈləʊ] prep (beneath) unterhalb +gen; (less than) unter +dat ♦ adv (beneath) unten; **see ~** siehe unten; **temperatures ~ normal** Temperaturen unter dem Durchschnitt.

belt [bɛlt] n Gürtel m; (TECH) (Treib)riemen m ♦ vt schlagen ♦ vi (BRIT: inf): **to ~ along** rasen; **to ~ down/into** hinunter-/ hineinrasen; **industrial ~** Industriegebiet nt.

► **belt out** vt (song) schmettern.

► **belt up** (BRIT: inf) vi den Mund or die Klappe halten.

beltway [ˈbɛltweɪ] (US) n Umgehungsstraße f, Ringstraße f; (motorway) Umgehungsautobahn f.

bemoan [bɪˈməʊn] vt beklagen.

bemused [bɪˈmjuːzd] adj verwirrt.

bench [bɛntʃ] n Bank f; (work bench)

Werkbank *f*; **the B~** (*LAW: judges*) die Richter *pl*, der Richterstand.

benchmark ['bɛntʃmɑːk] *n* (*fig*) Maßstab *m*.

bend [bɛnd] (*pt, pp* **bent**) *vt* (*leg, arm*) beugen; (*pipe*) biegen ♦ *vi* (*person*) sich beugen ♦ *n* (*BRIT: in road*) Kurve *f*; (*in pipe, river*) Biegung *f*; **bends** *npl* (*MED*): **the ~s** die Taucherkrankheit.

▶ **bend down** *vi* sich bücken.

▶ **bend over** *vi* sich bücken.

beneath [bɪ'niːθ] *prep* unter +*dat* ♦ *adv* darunter.

benefactor ['bɛnɪfæktə*] *n* Wohltäter *m*.

benefactress ['bɛnɪfæktrɪs] *n* Wohltäterin *f*.

beneficial [bɛnɪ'fɪʃəl] *adj* (*effect*) nützlich; (*influence*) vorteilhaft; **~ (to)** gut (für).

beneficiary [bɛnɪ'fɪʃərɪ] *n* (*LAW*) Nutznießer(in) *m(f)*.

benefit ['bɛnɪfɪt] *n* (*advantage*) Vorteil *m*; (*money*) Beihilfe *f*; (*also:* **~ concert, ~ match**) Benefizveranstaltung *f* ♦ *vt* nützen +*dat*, zugute kommen +*dat* ♦ *vi*: **he'll ~ from it** er wird davon profitieren.

Benelux ['bɛnɪlʌks] *n* die Beneluxstaaten *pl*.

benevolent [bɪ'nɛvələnt] *adj* wohlwollend; (*organization*) Wohltätigkeits-.

BEng *n abbr* (= *Bachelor of Engineering*) *akademischer Grad für Ingenieure*.

benign [bɪ'naɪn] *adj* gütig; (*MED*) gutartig.

bent [bɛnt] *pt, pp of* **bend** ♦ *n* Neigung *f* ♦ *adj* (*wire, pipe*) gebogen; (*inf. dishonest*) korrupt; (: *pej: homosexual*) andersrum; **to be ~ on** entschlossen sein zu.

bequeath [bɪ'kwiːð] *vt* vermachen.

bequest [bɪ'kwɛst] *n* Vermächtnis *nt*, Legat *nt*.

bereaved [bɪ'riːvd] *adj* leidtragend ♦ *npl*: **the ~** die Hinterbliebenen *pl*.

bereavement [bɪ'riːvmənt] *n* schmerzlicher Verlust *m*.

bereft [bɪ'rɛft] *adj*: **~ of** beraubt +*gen*.

beret ['bɛreɪ] *n* Baskenmütze *f*.

Bering Sea ['bɛɪrɪŋ-] *n*: **the ~** das Beringmeer.

berk [bɜːk] (*inf*) *n* Dussel *m*.

Berks [bɑːks] (*BRIT*) *abbr* (*POST:* = *Berkshire*).

Berlin [bəː'lɪn] *n* Berlin *nt*; **East/West ~** (*formerly*) Ost-/Westberlin *nt*.

berm [bəːm] (*US*) *n* Seitenstreifen *m*.

Bermuda [bəː'mjuːdə] *n* Bermuda *nt*, die Bermudinseln *pl*.

Bermuda shorts *npl* Bermudashorts *pl*.

Bern [bəːn] *n* Bern *nt*.

berry ['bɛrɪ] *n* Beere *f*.

berserk [bə'səːk] *adj*: **to go ~** wild werden.

berth [bəːθ] *n* (*bed*) Bett *nt*; (*on ship*) Koje *f*; (*on train*) Schlafwagenbett *nt*; (*for ship*) Liegeplatz *m* ♦ *vi* anlegen; **to give sb a wide ~** (*fig*) einen großen Bogen um jdn machen.

beseech [bɪ'siːtʃ] (*pt, pp* **besought**) *vt* anflehen.

beset [bɪ'sɛt] (*pt, pp* **beset**) *vt* (*subj: difficulties*) bedrängen; (: *fears, doubts*) befallen; **~ with** (*problems, dangers etc*) voller +*dat*.

beside [bɪ'saɪd] *prep* neben +*dat*; (*with movement*) neben +*acc*; **to be ~ o.s.** außer sich sein; **that's ~ the point** das hat damit nichts zu tun.

besides [bɪ'saɪdz] *adv* außerdem ♦ *prep* außer +*dat*.

besiege [bɪ'siːdʒ] *vt* belagern; (*fig*) belagern, bedrängen.

besmirch [bɪ'sməːtʃ] *vt* besudeln.

besotted [bɪ'sɔtɪd] (*BRIT*) *adj*: **~ with** vernarrt in +*acc*.

besought [bɪ'sɔːt] *pt, pp of* **beseech**.

bespectacled [bɪ'spɛktəkld] *adj* bebrillt.

bespoke [bɪ'spəuk] (*BRIT*) *adj* (*garment*) maßgeschneidert; (*suit*) Maß-; **~ tailor** Maßschneider *m*.

best [bɛst] *adj* beste(r, s) ♦ *adv* am besten ♦ *n*: **at ~** bestenfalls; **the ~ thing to do is …** das Beste ist …; **the ~ part of** der größte Teil +*gen*; **to make the ~ of sth** das Beste aus etw machen; **to do one's ~** sein Bestes tun; **to the ~ of my knowledge** meines Wissens; **to the ~ of my ability** so gut ich kann; **he's not exactly patient at the ~ of times** er ist schon normalerweise ziemlich ungeduldig.

best-before date *n* Mindesthaltbarkeitsdatum *nt*.

bestial ['bɛstɪəl] *adj* bestialisch.

best man *n* Trauzeuge *m* (*des Bräutigams*).

bestow [bɪ'stəu] *vt* schenken; **to ~ sth on sb** (*honour, praise*) jdm etw zuteil werden lassen; (*title*) jdm etw verleihen.

best seller *n* Bestseller *m*.

bet [bɛt] (*pt, pp* **bet** *or* **betted**) *n* Wette *f* ♦ *vi* wetten ♦ *vt*: **to ~ sb sth** mit jdm um etw wetten; **it's a safe ~** (*fig*) es ist so gut wie sicher; **to ~ money on sth** Geld auf etw *acc* setzen.

Bethlehem ['bɛθlɪhɛm] *n* Bethlehem *nt*.

betray [bɪ'treɪ] *vt* verraten; (*trust, confidence*) missbrauchen.

betrayal [bɪ'treɪəl] *n* Verrat *m*.

better ['bɛtə*] *adj, adv* besser ♦ *vt* verbessern ♦ *n*: **to get the ~ of sb** jdn unterkriegen; (*curiosity*) über jdn siegen; **I had ~ go** ich gehe jetzt (wohl) besser; **you had ~ do it** tun Sie es lieber; **he thought ~ of it** er überlegte es sich *dat* anders; **to get ~** gesund werden; **that's ~!** so ist es besser!; **a change for the ~** eine Wendung zum Guten.

better off *adj* (*wealthier*) besser gestellt; (*more comfortable etc*) besser dran; (*fig*): **you'd be ~ this way** so wäre es besser für Sie.

betting ['bɛtɪŋ] *n* Wetten *nt*.

betting shop (*BRIT*) *n* Wettbüro *nt*.

between [bɪ'twiːn] *prep* zwischen +*dat*; (*with movement*) zwischen +*acc*; (*amongst*) unter +*acc or dat* ♦ *adv* dazwischen; **the road ~ here and London** die Straße zwischen hier und London; **we only had £5 ~ us** wir hatten zusammen nur £5.

bevel ['bɛvəl] *n* (*also:* ~ **edge**) abgeschrägte Kante *f*.

bevelled ['bɛvəld] *adj:* **a** ~ **edge** eine Schrägkante, eine abgeschrägte Kante.

beverage ['bɛvərɪdʒ] *n* Getränk *nt*.

bevy ['bɛvɪ] *n:* **a** ~ **of** eine Schar +*gen*.

bewail [bɪ'weɪl] *vt* beklagen.

beware [bɪ'wɛə°] *vi:* **to** ~ **(of)** sich in Acht nehmen (vor +*dat*); "~ **of the dog**" „Vorsicht, bissiger Hund".

bewildered [bɪ'wɪldəd] *adj* verwirrt.

bewildering [bɪ'wɪldrɪŋ] *adj* verwirrend.

bewitching [bɪ'wɪtʃɪŋ] *adj* bezaubernd, hinreißend.

beyond [bɪ'jɒnd] *prep* (*in space*) jenseits +*gen*; (*exceeding*) über +*acc* ... hinaus; (*after*) nach; (*above*) über +*dat* ♦ *adv* (*in space*) dahinter; (*in time*) darüber hinaus; **it is** ~ **doubt** es steht außer Zweifel; ~ **repair** nicht mehr zu reparieren; **it is** ~ **my understanding** es übersteigt mein Begriffsvermögen; **it's** ~ **me** das geht über meinen Verstand.

b/f *abbr* (*COMM:* = *brought forward*) Übertr.

BFPO *n abbr* (= *British Forces Post Office*) *Postbehörde der britischen Armee*.

bhp *n abbr* (*AUT:* = *brake horsepower*) Bremsleistung *f*.

bi... [baɪ] *pref* Bi-, bi-.

biannual [baɪ'ænjuəl] *adj* zweimal jährlich.

bias ['baɪəs] *n* (*prejudice*) Vorurteil *nt*; (*preference*) Vorliebe *f*.

bias(s)ed ['baɪəst] *adj* voreingenommen; **to be** ~ **against** voreingenommen sein gegen.

biathlon [baɪ'æθlən] *n* Biathlon *nt*.

bib [bɪb] *n* Latz *m*.

Bible ['baɪbl] *n* Bibel *f*.

biblical ['bɪblɪkl] *adj* biblisch.

bibliography [bɪblɪ'ɒɡrəfɪ] *n* Bibliografie *f*.

bicarbonate of soda [baɪ'kɑːbənɪt-] *n* Natron *nt*.

bicentenary [baɪsɛn'tiːnərɪ] *n* Zweihundertjahrfeier *f*.

bicentennial [baɪsɛn'tɛnɪəl] (*US*) *n* = **bicentenary**.

biceps ['baɪsɛps] *n* Bizeps *m*.

bicker ['bɪkə°] *vi* sich zanken.

bickering ['bɪkərɪŋ] *n* Zankerei *f*.

bicycle ['baɪsɪkl] *n* Fahrrad *nt*.

bicycle path *n* (Fahr)radweg *m*.

bicycle pump *n* Luftpumpe *f*.

bicycle track *n* (Fahr)radweg *m*.

bid [bɪd] (*pt* **bade** *or* **bid**, *pp* **bidden** *or* **bid**) *n* (*at auction*) Gebot *nt*; (*in tender*) Angebot *nt*; (*attempt*) Versuch *m* ♦ *vi* bieten; (*CARDS*) bieten, reizen ♦ *vt* bieten; **to** ~ **sb good day** jdm einen guten Tag wünschen.

bidder ['bɪdə°] *n:* **the highest** ~ der/die Höchstbietende *or* Meistbietende.

bidding ['bɪdɪŋ] *n* Steigern *nt*, Bieten *nt*; (*order, command*): **to do sb's** ~ tun, was jd einem sagt.

bide [baɪd] *vt:* **to** ~ **one's time** den rechten Augenblick abwarten.

bidet ['biːdeɪ] *n* Bidet *nt*.

bidirectional ['baɪdɪ'rɛkʃənl] *adj* (*COMPUT*) bidirektional.

biennial [baɪ'ɛnɪəl] *adj* zweijährlich ♦ *n* zweijährige Pflanze *f*.

bifocals [baɪ'fəʊklz] *npl* Bifokalbrille *f*.

big [bɪɡ] *adj* groß; **to do things in a** ~ **way** alles im großen Stil tun.

bigamist ['bɪɡəmɪst] *n* Bigamist(in) *m(f)*.

bigamous ['bɪɡəməs] *adj* bigamistisch.

bigamy ['bɪɡəmɪ] *n* Bigamie *f*.

big dipper [-'dɪpə°] *n* Achterbahn *f*.

big end *n* (*AUT*) Pleuelfuß *m*, Schubstangenkopf *m*.

biggish ['bɪɡɪʃ] *adj* ziemlich groß.

bigheaded ['bɪɡ'hɛdɪd] *adj* eingebildet.

big-hearted ['bɪɡ'hɑːtɪd] *adj* großherzig.

bigot ['bɪɡət] *n* Eiferer *m*; (*about religion*) bigotter Mensch *m*.

bigoted ['bɪɡətɪd] *adj* (*see n*) eifernd; bigott.

bigotry ['bɪɡətrɪ] *n* (*see n*) eifernde Borniertheit *f*; Bigotterie *f*.

big toe *n* große Zehe *f*.

big top *n* Zirkuszelt *nt*.

big wheel *n* Riesenrad *nt*.

bigwig ['bɪɡwɪɡ] (*inf*) *n* hohes Tier *nt*.

bike [baɪk] *n* (Fahr)rad *nt*; (*motorcycle*) Motorrad *nt*.

bike lane *n* Fahrradspur *f*.

bikini [bɪ'kiːnɪ] *n* Bikini *m*.

bilateral [baɪ'lætərəl] *adj* bilateral.

bile [baɪl] *n* Galle(nflüssigkeit) *f*; (*fig: invective*) Beschimpfungen *pl*.

bilingual [baɪ'lɪŋɡwəl] *adj* zweisprachig.

bilious ['bɪlɪəs] *adj* unwohl; (*fig: colour*) widerlich; **he felt** ~ ihm war schlecht *or* übel.

bill [bɪl] *n* Rechnung *f*; (*POL*) (Gesetz)entwurf *m*, (Gesetzes)vorlage *f*; (*US: banknote*) Banknote *f*, (Geld)schein *m*; (*of bird*) Schnabel *m* ♦ *vt* (*item*) in Rechnung stellen, berechnen; (*customer*) eine Rechnung ausstellen +*dat*; "**post no** ~**s**" „Plakate ankleben verboten"; **on the** ~ (*THEAT*) auf dem Programm; **to fill** *or* **fill the** ~ (*fig*) der/die das Richtige sein; ~ **of exchange** Wechsel *m*, Tratte *f*; ~ **of fare** Speisekarte *f*; ~ **of lading** Seefrachtbrief *m*, Konnossement *nt*; ~ **of sale** Verkaufsurkunde *f*.

billboard ['bɪlbɔːd] *n* Reklametafel *f*.

billet ['bɪlɪt] (*MIL*) *n* Quartier *nt* ♦ *vt* einquartieren.

billfold ['bɪlfəʊld] (*US*) *n* Brieftasche *f*.

billiards ['bɪljədz] *n* Billard *nt*.

billion ['bɪljən] *n* (*BRIT*) Billion *f*; (*US*) Milliarde *f*.

billionaire [bɪljə'nɛə°] *n* Milliardär(in) *m(f)*.

billow ['bɪləʊ] *n* (*of smoke*) Schwaden *m* ♦ *vi* (*smoke*) in Schwaden aufsteigen; (*sail*) sich blähen.

billy goat ['bɪlɪ-] n Ziegenbock m.

bimbo ['bɪmbəʊ] (inf: pej) n (woman) Puppe f, Häschen nt.

bin [bɪn] n (BRIT) Mülleimer m; (container) Behälter m.

binary ['baɪnərɪ] adj binär.

bind [baɪnd] (pt, pp **bound**) vt binden; (tie together: hands and feet) fesseln; (constrain, oblige) verpflichten ♦ n (inf: nuisance) Last f.

▶ **bind over** vt rechtlich verpflichten.

▶ **bind up** vt (wound) verbinden; **to be bound up in** sehr beschäftigt sein mit; **to be bound up with** verbunden or verknüpft sein mit.

binder ['baɪndə*] n (file) Hefter m; (for magazines) Mappe f.

binding ['baɪndɪŋ] adj bindend, verbindlich ♦ n (of book) Einband m.

binge [bɪndʒ] (inf) n: **to go on a ~** auf eine Sauftour gehen.

bingo ['bɪŋgəʊ] n Bingo nt.

bin liner n Müllbeutel m.

binoculars [bɪ'nɔkjʊləz] npl Fernglas nt.

biochemistry [baɪə'kemɪstrɪ] n Biochemie f.

biodegradable ['baɪəʊdɪ'greɪdəbl] adj biologisch abbaubar.

biodiversity ['baɪəʊdaɪ'vɜ:sɪtɪ] n biologische Vielfalt f.

biofuel n Biotreibstoff m.

biographer [baɪ'ɔgrəfə*] n Biograf(in) m(f).

biographic(al) [baɪə'græfɪk(l)] adj biografisch.

biography [baɪ'ɔgrəfɪ] n Biografie f.

biological [baɪə'lɔdʒɪkl] adj biologisch.

biological clock n biologische Uhr f.

biologist [baɪ'ɔlədʒɪst] n Biologe m, Biologin f.

biology [baɪ'ɔlədʒɪ] n Biologie f.

biophysics ['baɪəʊ'fɪzɪks] n Biophysik f.

biopic ['baɪəʊpɪk] n Filmbiografie f.

biopsy ['baɪɔpsɪ] n Biopsie f.

biosphere ['baɪəsfɪə*] n Biosphäre f.

biotechnology ['baɪəʊtek'nɔlədʒɪ] n Biotechnik f.

biped ['baɪped] n Zweifüßer m.

birch [bɜ:tʃ] n Birke f.

bird [bɜ:d] n Vogel m; (BRIT: inf: girl) Biene f.

bird of prey n Raubvogel m.

bird's-eye view ['bɜ:dzaɪ-] n Vogelperspektive f; (overview) Überblick m.

bird-watcher ['bɜ:dwɔtʃə*] n Vogelbeobachter(in) m(f).

Biro ® ['baɪərəʊ] n Kugelschreiber m, Kuli m (inf).

birth [bɜ:θ] n Geburt f; **to give ~ to** (subj: woman) gebären, entbunden werden von; (: animal) werfen.

birth certificate n Geburtsurkunde f.

birth control n Geburtenkontrolle f, Geburtenregelung f.

birthday ['bɜ:θdeɪ] n Geburtstag m ♦ cpd Geburtstags-; see also **happy**.

birthmark ['bɜ:θmɑ:k] n Muttermal nt.

birthplace ['bɜ:θpleɪs] n Geburtsort m; (house)

Geburtshaus nt; (fig) Entstehungsort m.

birth rate ['bɜ:θreɪt] n Geburtenrate f, Geburtenziffer f.

Biscay ['bɪskeɪ] n: **the Bay of ~** der Golf von Biskaya.

biscuit ['bɪskɪt] n (BRIT) Keks m or nt; (US) Brötchen nt.

bisect [baɪ'sekt] vt halbieren.

bisexual ['baɪ'seksjʊəl] adj bisexuell ♦ n Bisexuelle(r) f(m).

bishop ['bɪʃəp] n (REL) Bischof m; (CHESS) Läufer m.

bistro ['bi:strəʊ] n Bistro nt.

bit [bɪt] pt of **bite** ♦ n (piece) Stück nt; (of drill) (Bohr)einsatz m, Bohrer m; (of plane) (Hobel)messer nt; (COMPUT) Bit nt; (of horse) Gebiss nt; (US): **two/four/six ~s** 25/50/75 Cent(s); **a ~ of** ein bisschen; **a ~ mad** ein bisschen verrückt; **a ~ dangerous** etwas gefährlich; **~ by ~** nach und nach; **to come to ~s** kaputtgehen; **bring all your ~s and pieces** bringen Sie Ihre (Sieben)sachen mit; **to do one's ~** sein(en) Teil tun or beitragen.

bitch [bɪtʃ] n (dog) Hündin f; (infl: woman) Miststück nt.

bite [baɪt] (pt **bit**, pp **bitten**) vt, vi beißen; (subj: insect etc) stechen ♦ n (insect bite) Stich m; (mouthful) Bissen m; **to ~ one's nails** an seinen Nägeln kauen; **let's have a ~ (to eat)** (inf) lasst uns eine Kleinigkeit essen.

biting ['baɪtɪŋ] adj (wind) schneidend; (wit) scharf.

bit part n kleine Nebenrolle f.

bitten ['bɪtn] pp of **bite**.

bitter ['bɪtə*] adj bitter; (person) verbittert; (wind, weather) bitterkalt, eisig; (criticism) scharf ♦ n (BRIT: beer) halbdunkles obergäriges Bier; **to the ~ end** bis zum bitteren Ende.

bitterly ['bɪtəlɪ] adv (complain, weep) bitterlich; (oppose) erbittert; (criticize) scharf; (disappointed) bitter; (jealous) sehr; **it's ~ cold** es ist bitterkalt.

bitterness ['bɪtənɪs] n Bitterkeit f.

bittersweet ['bɪtəswi:t] adj bittersüß.

bitty ['bɪtɪ] (BRIT: inf) adj zusammengestoppelt, zusammengestückelt.

bitumen ['bɪtjumɪn] n Bitumen nt.

bivouac ['bɪvuæk] n Biwak nt.

bizarre [bɪ'zɑ:*] adj bizarr.

bk abbr = **bank**, **book**.

BL n abbr (= Bachelor of Law) akademischer Grad für Juristen; (= Bachelor of Letters) akademischer Grad für Literaturwissenschaftler; (US: = Bachelor of Literature) akademischer Grad für Literaturwissenschaftler.

b.l. abbr = **bill of lading**.

blab [blæb] (inf) vi quatschen.

black [blæk] adj schwarz ♦ vt (BRIT: INDUSTRY) boykottieren ♦ n Schwarz nt; (person): **B~** Schwarze(r) f(m); **to give sb a ~ eye** jdm ein

blaues Auge schlagen; ~ **and blue** grün und
blau; **there it is in** ~ **and white** (*fig*) da steht
es schwarz auf weiß; **to be in the** ~ in den
schwarzen Zahlen sein.
▶ **black out** *vi* (*faint*) ohnmächtig werden.
black belt *n* (*US*) Gebiet in den Südstaaten
der USA, das vorwiegend von Schwarzen
bewohnt wird; (*JUDO*) schwarzer Gürtel *m*.
blackberry ['blækbərɪ] *n* Brombeere *f*.
blackbird ['blækbɔːd] *n* Amsel *f*.
blackboard ['blækbɔːd] *n* Tafel *f*.
black box *n* (*AVIAT*) Flugschreiber *m*.
black coffee *n* schwarzer Kaffee *m*.
Black Country (*BRIT*) *n*: **the** ~
Industriegebiet in den englischen Midlands.
blackcurrant ['blæk'kʌrənt] *n* Johannisbeere *f*.
black economy *n*: **the** ~ **die**
Schattenwirtschaft.
blacken ['blækn] *vt*: **to** ~ **sb's name/**
reputation (*fig*) jdn verunglimpfen.
Black Forest *n*: **the** ~ der Schwarzwald.
blackhead ['blækhɛd] *n* Mitesser *m*.
black hole *n* schwarzes Loch *nt*.
black ice *n* Glatteis *nt*.
blackjack ['blækdʒæk] *n* (*CARDS*)
Siebzehnundvier *nt*; (*US: truncheon*)
Schlagstock *m*.
blackleg ['blæklɛg] (*BRIT*) *n* Streikbrecher(in)
m(f).
blacklist ['blæklɪst] *n* schwarze Liste *f* ♦ *vt* auf
die schwarze Liste setzen.
blackmail ['blækmeɪl] *n* Erpressung *f* ♦ *vt*
erpressen.
blackmailer ['blækmeɪlə*] *n* Erpresser(in) *m(f)*.
black market *n* Schwarzmarkt *m*.
blackout ['blækaut] *n* (*in wartime*)
Verdunkelung *f*; (*power cut*) Stromausfall *m*;
(*TV, RADIO*) Ausfall *m*; (*faint*)
Ohnmachtsanfall *m*.
black pepper *n* schwarzer Pfeffer *m*.
Black Sea *n*: **the** ~ das Schwarze Meer.
black sheep *n* (*fig*) schwarzes Schaf *nt*.
blacksmith ['blæksmɪθ] *n* Schmied *m*.
black spot *n* (*AUT*) Gefahrenstelle *f*; (*for
unemployment etc*) Gebiet, in dem ein
Problem besonders ausgeprägt ist.
bladder ['blædə*] *n* Blase *f*.
blade [bleɪd] *n* (*of knife etc*) Klinge *f*; (*of oar,
propeller*) Blatt *nt*; **a** ~ **of grass** ein Grashalm
m.
Blairite ['blɛəraɪt] (*POL*) *adj* blairistisch ♦ *n*
Blair-Anhänger(in) *m(f)*.
blame [bleɪm] *n* Schuld *f* ♦ *vt*: **to** ~ **sb for sth**
jdm die Schuld an etw *dat* geben; **to be to** ~
Schuld daran haben, schuld sein; **who's to**
~? wer hat Schuld *or* ist schuld?; **I'm not to**
~ es ist nicht meine Schuld.
blameless ['bleɪmlɪs] *adj* schuldlos.
blanch [blɑːntʃ] *vi* blass werden ♦ *vt* (*CULIN*)
blanchieren.
blancmange [blə'mɒnʒ] *n* Pudding *m*.
bland [blænd] *adj* (*taste, food*) fade.

blank [blæŋk] *adj* (*paper*) leer, unbeschrieben;
(*look*) ausdruckslos ♦ *n* (*on form*) Lücke *f*;
(*cartridge*) Platzpatrone *f*; **my mind was a** ~
ich hatte ein Brett vor dem Kopf; **we drew**
a ~ (*fig*) wir hatten kein Glück.
blank cheque *n* Blankoscheck *m*; **to give sb a**
~ **to do sth** (*fig*) jdm freie Hand geben, etw
zu tun.
blanket ['blæŋkɪt] *n* Decke *f* ♦ *adj* (*statement*)
pauschal; (*agreement*) Pauschal-.
blanket cover *n* umfassende Versicherung *f*.
blare [blɛə*] *vi* (*brass band*) schmettern; (*horn*)
tuten; (*radio*) plärren.
▶ **blare out** *vi* (*radio, stereo*) plärren.
blasé ['blɑːzeɪ] *adj* blasiert.
blaspheme [blæs'fiːm] *vi* Gott lästern.
blasphemous ['blæsfɪməs] *adj* lästerlich,
blasphemisch.
blasphemy ['blæsfɪmɪ] *n* (Gottes)lästerung *f*,
Blasphemie *f*.
blast [blɑːst] *n* (*of wind*) Windstoß *m*; (*of
whistle*) Trillern *nt*; (*shock wave*) Druckwelle
f; (*of air, steam*) Schwall *m*; (*of explosive*)
Explosion *f* ♦ *vt* (*blow up*) sprengen ♦ *excl*
(*BRIT: inf*) verdammt!, so ein Mist!; **at full** ~
(*play music*) mit voller Lautstärke; (*move,
work*) auf Hochtouren.
▶ **blast off** *vi* (*SPACE*) abheben, starten.
blast furnace *n* Hochofen *m*.
blastoff ['blɑːstɔf] *n* (*SPACE*) Abschuss *m*.
blatant ['bleɪtənt] *adj* offensichtlich.
blatantly ['bleɪtəntlɪ] *adv* (*lie*) unverfroren; **it's**
~ **obvious** es ist überdeutlich.
blaze [bleɪz] *n* (*fire*) Feuer *nt*, Brand *m*; (*fig: of
colour*) Farbenpracht *f*; (: *of glory*) Glanz *m*
♦ *vi* (*fire*) lodern; (*guns*) feuern; (*fig: eyes*)
glühen ♦ *vt*: **to** ~ **a trail** (*fig*) den Weg
bahnen; **in a** ~ **of publicity** mit viel
Publicity.
blazer ['bleɪzə*] *n* Blazer *m*.
bleach [bliːtʃ] *n* (*also*: **household** ~) ≈
Reinigungsmittel *nt* ♦ *vt* bleichen.
bleached [bliːtʃt] *adj* gebleicht.
bleachers ['bliːtʃəz] (*US*) *npl* unüberdachte
Zuschauertribüne *f*.
bleak [bliːk] *adj* (*countryside*) öde; (*weather,
situation*) trostlos; (*prospect*) trüb;
(*expression, voice*) deprimiert.
bleary-eyed ['blɪərɪ'aɪd] *adj* triefäugig.
bleat [bliːt] *vi* (*goat*) meckern; (*sheep*) blöken
♦ *n* Meckern *nt*; Blöken *nt*.
bled [blɛd] *pt, pp of* **bleed**.
bleed [bliːd] (*pt, pp* **bled**) *vi* bluten; (*colour*)
auslaufen ♦ *vt* (*brakes, radiator*) entlüften; **my**
nose is ~**ing** ich habe Nasenbluten.
bleep [bliːp] *n* Piepton *m* ♦ *vt* (*doctor etc*) rufen, anpiepen (*inf*).
bleeper ['bliːpə*] *n* Piepser *m* (*inf*),
Funkrufempfänger *m*.
blemish ['blɛmɪʃ] *n* Makel *m*.
blend [blɛnd] *n* Mischung *f* ♦ *vt* (*CULIN*)
mischen, mixen; (*colours, styles, flavours etc*)

vermischen ♦ *vi* (*colours etc*: *also*: ~ **in**) harmonieren.

blender ['blɛndə*] *n* (*CULIN*) Mixer *m*.

bless [blɛs] (*pt, pp* **blessed** *or* **blest**) *vt* segnen; **to be ~ed with** gesegnet sein mit; ~ **you!** (*after sneeze*) Gesundheit!

blessed ['blɛsɪd] *adj* heilig; (*happy*) selig; **it rains every ~ day** (*inf*) es regnet aber auch jeden Tag.

blessing ['blɛsɪŋ] *n* (*approval*) Zustimmung *f*; (*REL, fig*) Segen *m*; **to count one's ~s** von Glück sagen können; **it was a ~ in disguise** es war schließlich doch ein Segen.

blew [blu:] *pt of* **blow**.

blight [blaɪt] *vt* zerstören; (*hopes*) vereiteln; (*life*) verderben ♦ *n* (*of plants*) Brand *m*.

blimey ['blaɪmɪ] (*BRIT*: *inf*) *excl* Mensch!

blind [blaɪnd] *adj* blind ♦ *n* (*for window*) Rollo *nt*, Rouleau *nt*; (*also*: **Venetian ~**) Jalousie *f* ♦ *vt* blind machen; (*dazzle*) blenden; (*deceive*: *with facts etc*) verblenden; **the blind** *npl* (*blind people*) die Blinden *pl*; **to turn a ~ eye (on** *or* **to)** ein Auge zudrücken (bei); **to be ~ to sth** (*fig*) blind für etw sein.

blind alley *n* (*fig*) Sackgasse *f*.

blind corner (*BRIT*) *n* unübersichtliche Ecke *f*.

blind date *n* Rendezvous *nt* mit einem/einer Unbekannten.

blinders ['blaɪndəz] (*US*) *npl* = **blinkers**.

blindfold ['blaɪndfəʊld] *n* Augenbinde *f* ♦ *adj, adv* mit verbundenen Augen ♦ *vt* die Augen verbinden +*dat*.

blinding ['blaɪndɪŋ] *adj* (*dazzling*) blendend; (*remarkable*) bemerkenswert.

blindly ['blaɪndlɪ] *adv* (*without seeing*) wie blind; (*without thinking*) blindlings.

blindness ['blaɪndnɪs] *n* Blindheit *f*.

blind spot *n* (*AUT*) toter Winkel *m*; (*fig*: *weak spot*) schwacher Punkt *m*.

blink [blɪŋk] *vi* blinzeln; (*light*) blinken ♦ *n*: **the TV's on the ~** (*inf*) der Fernseher ist kaputt.

blinkers ['blɪŋkəz] *npl* Scheuklappen *pl*.

blinking ['blɪŋkɪŋ] (*BRIT*: *inf*) *adj*: **this ~ ...** diese(r, s) verflixte ...

blip [blɪp] *n* (*on radar screen*) leuchtender Punkt *m*; (*in a straight line*) Ausschlag *m*; (*fig*) (zeitweilige) Abweichung *f*.

bliss [blɪs] *n* Glück *nt*, Seligkeit *f*.

blissful ['blɪsful] *adj* (*event, day*) herrlich; (*smile*) selig; **a ~ sigh** ein wohliger Seufzer *m*; **in ~ ignorance** in herrlicher Ahnungslosigkeit.

blissfully ['blɪsfəlɪ] *adv* selig; ~ **happy** überglücklich; ~ **unaware of ...** ohne auch nur zu ahnen, dass ...

blister ['blɪstə*] *n* Blase *f* ♦ *vi* (*paint*) Blasen werfen.

blithely ['blaɪðlɪ] *adv* (*unconcernedly*) unbekümmert, munter; (*joyfully*) fröhlich.

blithering ['blɪðərɪŋ] (*inf*) *adj*: **this ~ idiot** dieser Trottel.

BLit(t) *n abbr* (= *Bachelor of Literature*; *Bachelor of Letters*) akademischer Grad für Literaturwissenschaftler.

blitz [blɪts] *n* (*MIL*) Luftangriff *m*; **to have a ~ on sth** (*fig*) einen Großangriff auf etw *acc* starten.

blizzard ['blɪzəd] *n* Schneesturm *m*.

BLM (*US*) *n abbr* (= *Bureau of Land Management*) Behörde zur Verwaltung von Grund und Boden.

bloated ['bləʊtɪd] *adj* aufgedunsen; (*full*) (über)satt.

blob [blɒb] *n* Tropfen *m*; (*sth indistinct*) verschwommener Fleck *m*.

bloc [blɒk] *n* Block *m*; **the Eastern ~** (*HIST*) der Ostblock.

block [blɒk] *n* Block *m*; (*toy*) Bauklotz *m*; (*in pipes*) Verstopfung *f* ♦ *vt* blockieren; (*progress*) aufhalten; (*COMPUT*) blocken; ~ **of flats** (*BRIT*) Wohnblock *m*; **3 ~s from here** 3 Blocks *or* Straßen weiter; **mental ~** geistige Sperre *f*, Mattscheibe *f* (*inf*); ~ **and tackle** Flaschenzug *m*.

▶ **block up** *vt, vi* verstopfen.

blockade [blɒ'keɪd] *n* Blockade *f* ♦ *vt* blockieren.

blockage ['blɒkɪdʒ] *n* Verstopfung *f*.

block booking *n* Gruppenbuchung *f*.

blockbuster ['blɒkbʌstə*] *n* Knüller *m*.

block capitals *npl* Blockschrift *f*.

blockhead ['blɒkhɛd] (*inf*) *n* Dummkopf *m*.

block letters *npl* Blockschrift *f*.

block release (*BRIT*) *n* blockweise Freistellung von Auszubildenden zur Weiterbildung.

block vote (*BRIT*) *n* Stimmenblock *m*.

bloke [bləʊk] (*BRIT*: *inf*) *n* Typ *m*.

blond(e) [blɒnd] *adj* blond ♦ *n*: ~ (*woman*) Blondine *f*.

blood [blʌd] *n* Blut *nt*; **new ~** (*fig*) frisches Blut *nt*.

blood bank *n* Blutbank *f*.

blood bath *n* Blutbad *nt*.

blood count *n* Blutbild *nt*.

bloodcurdling ['blʌdkə:dlɪŋ] *adj* Grauen erregend.

blood donor *n* Blutspender(in) *m(f)*.

blood group *n* Blutgruppe *f*.

bloodhound ['blʌdhaund] *n* Bluthund *m*.

bloodless ['blʌdlɪs] *adj* (*victory*) unblutig; (*pale*) blutleer.

blood-letting ['blʌdlɛtɪŋ] *n* (*also fig*) Aderlass *m*.

blood poisoning *n* Blutvergiftung *f*.

blood pressure *n* Blutdruck *m*; **to have high/low ~** hohen/niedrigen Blutdruck haben.

bloodshed ['blʌdʃɛd] *n* Blutvergießen *nt*.

bloodshot ['blʌdʃɒt] *adj* (*eyes*) blutunterlaufen.

blood sport *n* Jagdsport *m* (*und andere Sportarten, bei denen Tiere getötet werden*).

bloodstained – BMus

42   ENGLISH–GERMAN

bloodstained ['blʌdsteɪnd] *adj* blutbefleckt.
bloodstream ['blʌdstriːm] *n* Blut *nt*,
Blutkreislauf *m*.
blood test *n* Blutprobe *f*.
bloodthirsty ['blʌdθɜːstɪ] *adj* blutrünstig.
blood transfusion *n* Blutübertragung *f*,
(Blut)transfusion *f*.
blood type *n* Blutgruppe *f*.
blood vessel *n* Blutgefäß *nt*.
bloody ['blʌdɪ] *adj* blutig; (*BRIT: inf!*): **this** ~ ...
diese(r, s) verdammte ...; ~ **strong** (*inf!*)
verdammt stark; ~ **good** (*inf!*) echt gut.
bloody-minded ['blʌdɪ'maɪndɪd] (*BRIT: inf*) *adj*
stur.
bloom [bluːm] *n* Blüte *f* ♦ *vi* blühen; **to be in** ~
in Blüte stehen.
blooming ['bluːmɪŋ] (*BRIT: inf*) *adj*: **this** ~ ...
diese(r, s) verflixte ...
blossom ['blɒsəm] *n* Blüte *f* ♦ *vi* blühen; (*fig*):
to ~ **into** erblühen *or* aufblühen zu.
blot [blɒt] *n* Klecks *m*; (*fig: on name etc*) Makel
m ♦ *vt* (*liquid*) aufsaugen; (*make blot on*)
beklecksen; **to be a** ~ **on the landscape** ein
Schandfleck in der Landschaft sein; **to**
~ **one's copy book** (*fig*) sich unmöglich
machen.
▶ **blot out** *vt* (*view*) verdecken; (*memory*)
auslöschen.
blotchy ['blɒtʃɪ] *adj* fleckig.
blotter ['blɒtə*] *n* (Tinten)löscher *m*.
blotting paper ['blɒtɪŋ-] *n* Löschpapier *nt*.
blotto ['blɒtəʊ] (*inf*) *adj* (*drunk*) sternhagelvoll.
blouse [blaʊz] *n* Bluse *f*.
blow [bləʊ] (*pt* blew, *pp* blown) *n* (*also fig*)
Schlag *m* ♦ *vi* (*wind*) wehen; (*person*) blasen
♦ *vt* (*subj: wind*) wehen; (*instrument, whistle*)
blasen; (*fuse*) durchbrennen lassen; **to come**
to ~**s** begreiflich werden; **to** ~ **off course**
(*ship*) vom Kurs abgetrieben werden; **to**
~ **one's nose** sich *dat* die Nase putzen; **to**
~ **a whistle** pfeifen.
▶ **blow away** *vt* wegblasen ♦ *vi* wegfliegen.
▶ **blow down** *vt* umwehen.
▶ **blow off** *vt* wegwehen ♦ *vi* wegfliegen.
▶ **blow out** *vi* ausgehen.
▶ **blow over** *vi* sich legen.
▶ **blow up** *vi* ausbrechen ♦ *vt* (*bridge*) in die
Luft jagen; (*tyre*) aufblasen; (*PHOT*)
vergrößern.
blow-dry ['bləʊdraɪ] *vt* föhnen ♦ *n*: **to have a** ~
sich föhnen lassen.
blowlamp ['bləʊlæmp] (*BRIT*) *n* Lötlampe *f*.
blown [bləʊn] *pp of* **blow**.
blowout ['bləʊaʊt] *n* Reifenpanne *f*; (*inf: big
meal*) Schlemmerei *f*; (*of oil-well*)
Ölausbruch *m*.
blowtorch ['bləʊtɔːtʃ] *n* = **blowlamp**.
blow-up ['bləʊʌp] *n* Vergrößerung *f*.
blowzy ['blaʊzɪ] (*BRIT*) *adj* schlampig.
BLS (*US*) *n abbr* (= *Bureau of Labor Statistics*)
Amt für Arbeitsstatistik.
blubber ['blʌbə*] *n* Walfischspeck *m* ♦ *vi* (*pej*)

heulen.
bludgeon ['blʌdʒən] *vt* niederknüppeln; (*fig*):
to ~ **sb into doing sth** jdm so lange
zusetzen, bis er etw tut.
blue [bluː] *adj* blau; (*depressed*) deprimiert,
niedergeschlagen ♦ *n*: **out of the** ~ (*fig*) aus
heiterem Himmel; **blues** *n* (*MUS*): **the** ~**s**
der Blues; ~ **film** Pornofilm *m*; ~ **joke**
schlüpfriger Witz *m*; **(only) once in a**
~ **moon** (nur) alle Jubeljahre einmal; **to**
have the ~**s** deprimiert *or*
niedergeschlagen sein.
blue baby *n* Baby *nt* mit angeborenem
Herzfehler.
bluebell ['bluːbɛl] *n* Glockenblume *f*.
bluebottle ['bluːbɒtl] *n* Schmeißfliege *f*.
blue cheese *n* Blauschimmelkäse *m*.
blue-chip ['bluːtʃɪp] *adj*: ~ **investment** sichere
Geldanlage *f*.
blue-collar worker ['bluːkɒlə*-] *n* Arbeiter(in)
m(f).
blue jeans *npl* (Blue)jeans *pl*.
blueprint ['bluːprɪnt] *n* (*fig*): **a** ~ (**for**) ein Plan
m or Entwurf *m* (für).
bluff [blʌf] *vi* bluffen ♦ *n* Bluff *m*; (*cliff*) Klippe
f; (*promontory*) Felsvorsprung *m*; **to call sb's**
~ es darauf ankommen lassen.
blunder ['blʌndə*] *n* (dummer) Fehler *m* ♦ *vi*
einen (dummen) Fehler machen; **to** ~ **into**
sb mit jdm zusammenstoßen; **to** ~ **into sth**
in etw *acc* (hinein)tappen.
blunt [blʌnt] *adj* stumpf; (*person*) direkt; (*talk*)
unverblümt ♦ *vt* stumpf machen;
~ **instrument** (*LAW*) stumpfer Gegenstand
m.
bluntly ['blʌntlɪ] *adv* (*speak*) unverblümt.
bluntness ['blʌntnɪs] *n* (*of person*) Direktheit
f.
blur [blɜː*] *n* (*shape*) verschwommener Fleck
m; (*scene etc*) verschwommenes Bild *nt*;
(*memory*) verschwommene Erinnerung *f*
♦ *vt* (*vision*) trüben; (*distinction*) verwischen.
blurb [blɜːb] *n* Informationsmaterial *nt*.
blurred [blɜːd] *adj* (*photograph, TV picture etc*)
verschwommen; (*distinction*) verwischt.
blurt out [blɜːt-] *vt* herausplatzen mit.
blush [blʌʃ] *vi* erröten ♦ *n* Röte *f*.
blusher ['blʌʃə*] *n* Rouge *nt*.
bluster ['blʌstə*] *n* Toben *nt*, Geschrei *nt* ♦ *vi*
toben.
blustering ['blʌstərɪŋ] *adj* polternd.
blustery ['blʌstərɪ] *adj* stürmisch.
Blvd *abbr* = **boulevard**.
BM *n abbr* (= *British Museum*) Britisches
Museum *nt*; (= *Bachelor of Medicine*)
akademischer Grad für Mediziner.
BMA *n abbr* (= *British Medical Association*)
Dachverband der Ärzte.
BMJ *n abbr* (= *British Medical Journal*) vom
BMA herausgegebene Zeitschrift.
BMus *n abbr* (= *Bachelor of Music*)
akademischer Grad für

Musikwissenschaftler.

BMX n abbr (= *bicycle motocross*): ~ **bike** BMX-Rad nt.

bn abbr = **billion**.

BO n abbr (*inf*: = *body odour*) Körpergeruch m; (*US*) = **box office**.

boar [bɔːʳ] n (*male pig*) Eber m; (*wild pig*) Keiler m.

board [bɔːd] n Brett nt; (*cardboard*) Pappe f; (*committee*) Ausschuss m; (*in firm*) Vorstand m ♦ vt (*ship*) an Bord +gen gehen; (*train*) einsteigen in +acc; **on** ~ (NAUT, AVIAT) an Bord; **full/half** ~ (BRIT) Voll-/Halbpension f; ~ **and lodging** Unterkunft und Verpflegung f; **to go by the** ~ (*fig*) unter den Tisch fallen; **above** ~ (*fig*) korrekt; **across the** ~ (*fig*) allgemein; (: *criticize, reject*) pauschal.

▶ **board up** vt mit Brettern vernageln.

boarder [ˈbɔːdəʳ] n Internatsschüler(in) m(f).

board game n Brettspiel nt.

boarding card [ˈbɔːdɪŋ-] n (AVIAT, NAUT) = **boarding pass**.

boarding house [ˈbɔːdɪŋ-] n Pension f.

boarding party [ˈbɔːdɪŋ-] n (NAUT) Enterkommando nt.

boarding pass [ˈbɔːdɪŋ-] n Bordkarte f.

boarding school [ˈbɔːdɪŋ-] n Internat nt.

board meeting n Vorstandssitzung f.

boardroom [ˈbɔːdruːm] n Sitzungssaal m.

boardwalk [ˈbɔːdwɔːk] (US) n Holzsteg m.

boast [bəust] vi prahlen ♦ vt (*fig: possess*) sich rühmen +gen, besitzen; **to** ~ **about** or **of** prahlen mit.

boastful [ˈbəustful] adj prahlerisch.

boastfulness [ˈbəustfulnɪs] n Prahlerei f.

boat [bəut] n Boot nt; (*ship*) Schiff nt; **to go by** ~ mit dem Schiff fahren; **to be in the same** ~ (*fig*) in einem Boot or im gleichen Boot sitzen.

boater [ˈbəutəʳ] n steifer Strohhut m, Kreissäge f (*inf*).

boating [ˈbəutɪŋ] n Bootfahren nt.

boat people npl Bootsflüchtlinge pl.

boatswain [ˈbəusn] n Bootsmann m.

bob [bɔb] vi (*also*: ~ **up and down**) sich auf und ab bewegen ♦ n (BRIT: *inf*) = **shilling**.

▶ **bob up** vi auftauchen.

bobbin [ˈbɔbɪn] n Spule f.

bobby [ˈbɔbɪ] (BRIT: *inf*) n Bobby m, Polizist m.

bobsleigh [ˈbɔbsleɪ] n Bob m.

bode [bəud] vi: **to** ~ **well/ill (for)** ein gutes/schlechtes Zeichen sein (für).

bodice [ˈbɔdɪs] n (*of dress*) Oberteil nt.

bodily [ˈbɔdɪlɪ] adj körperlich; (*needs*) leiblich ♦ adv (*lift, carry*) mit aller Kraft.

body [ˈbɔdɪ] n Körper m; (*corpse*) Leiche f; (*main part*) Hauptteil m; (*of car*) Karosserie f; (*of plane*) Rumpf m; (*group*) Gruppe f; (*organization*) Organ nt; **ruling** ~ amtierendes Organ; **in a** ~ geschlossen; **a** ~ **of facts** Tatsachenmaterial nt.

body blow n (*fig: setback*) schwerer Schlag m.

body building n Bodybuilding nt.

body double n (FILM, TV) Double für Szenen, in denen Körperpartien in Nahaufnahme gezeigt werden.

bodyguard [ˈbɔdɪgaːd] n (*group*) Leibwache f; (*one person*) Leibwächter m.

body language n Körpersprache f.

body repairs npl Karosseriearbeiten pl.

body search n Leibesvisitation f.

body stocking n Body(stocking) m.

bodywork [ˈbɔdɪwəːk] n Karosserie f.

boffin [ˈbɔfɪn] (BRIT) n Fachidiot m.

bog [bɔg] n Sumpf m ♦ vt: **to get** ~**ged down** (*fig*) sich verzetteln.

bogey [ˈbəugɪ] n Schreckgespenst nt; (*also*: ~**man**) Butzemann m, schwarzer Mann m.

boggle [ˈbɔgl] vi: **the mind** ~**s** das ist nicht or kaum auszumalen.

bogie [ˈbəugɪ] n Drehgestell nt; (*trolley*) Draisine f.

Bogotá [bəugəˈtaː] n Bogotá nt.

bogus [ˈbəugəs] adj (*workman etc*) falsch; (*claim*) erfunden.

Bohemia [bəuˈhiːmɪə] n Böhmen nt.

Bohemian [bəuˈhiːmɪən] adj böhmisch ♦ n Böhme m, Böhmin f; (*also*: **b**~) Bohemien m.

boil [bɔɪl] vt, vi kochen ♦ n (MED) Furunkel nt or m; **to come to the** (BRIT) or **a** (US) ~ zu kochen anfangen.

▶ **boil down to** vt fus (*fig*) hinauslaufen auf +acc.

▶ **boil over** vi überkochen.

boiled egg [bɔɪld-] n gekochtes Ei nt.

boiled potatoes npl Salzkartoffeln pl.

boiler [ˈbɔɪləʳ] n Boiler m.

boiler suit (BRIT) n Overall m.

boiling [ˈbɔɪlɪŋ] adj: **I'm** ~ (**hot**) (*inf*) mir ist fürchterlich heiß; **it's** ~ es ist eine Affenhitze (*inf*).

boiling point n Siedepunkt m.

boil-in-the-bag [bɔɪlɪnðəˈbæg] adj (*meals*) Kochbeutel-.

boisterous [ˈbɔɪstərəs] adj ausgelassen.

bold [bəuld] adj (*brave*) mutig; (*pej: cheeky*) dreist; (*pattern, colours*) kräftig.

boldly [ˈbəuldlɪ] adv (*see adj*) mutig; dreist; kräftig.

boldness [ˈbəuldnɪs] n Mut m; (*cheekiness*) Dreistigkeit f.

bold type n Fettdruck m.

Bolivia [bəˈlɪvɪə] n Bolivien nt.

Bolivian [bəˈlɪvɪən] adj bolivisch, bolivianisch ♦ n Bolivier(in) m(f), Bolivianer(in) m(f).

bollard [ˈbɔləd] (BRIT) n Poller m.

bolshy [ˈbɔlʃɪ] (BRIT: *inf*) adj (*stroppy*) pampig.

bolster [ˈbəulstəʳ] n Nackenrolle f.

▶ **bolster up** vt stützen; (*case*) untermauern.

bolt [bəult] n Riegel m; (*with nut*) Schraube f; (*of lightning*) Blitz(strahl) m ♦ vt (*door*) verriegeln; (*also*: ~ **together**) verschrauben; (*food*) hinunterschlingen ♦ vi (*run away*: *person*) weglaufen; (: *horse*) durchgehen

♦ *adv*: ~ **upright** kerzengerade; **a ~ from the blue** (*fig*) ein Blitz *m* aus heiterem Himmel.

bomb [bɔm] *n* Bombe *f* ♦ *vt* bombardieren; (*plant bomb in or near*) einen Bombenanschlag verüben auf +*acc*.

bombard [bɔm'bɑːd] *vt* (*also fig*) bombardieren.

bombardment [bɔm'bɑːdmənt] *n* Bombardierung *f*, Bombardement *nt*.

bombastic [bɔm'bæstɪk] *adj* bombastisch.

bomb disposal *n*: ~ **unit** Bombenräumkommando *nt*; ~ **expert** Bombenräumexperte *m*, Bombenräumexpertin *f*.

bomber [ˈbɔmə˚] *n* Bomber *m*; (*terrorist*) Bombenattentäter(in) *m(f)*.

bombing [ˈbɔmɪŋ] *n* Bombenangriff *m*.

bomb scare *n* Bombenalarm *m*.

bombshell [ˈbɔmʃɛl] *n* (*fig: revelation*) Bombe *f*.

bomb site *n* Trümmergrundstück *nt*.

bona fide [ˈbəʊnəˈfaɪdɪ] *adj* echt; ~ **offer** Angebot *nt* auf Treu und Glauben.

bonanza [bəˈnænzə] *n* (*ECON*) Boom *m*.

bond [bɔnd] *n* Band *nt*, Bindung *f*; (*FIN*) festverzinsliches Wertpapier *nt*, Bond *m*.

bondage [ˈbɔndɪdʒ] *n* Sklaverei *f*.

bonded warehouse [ˈbɔndɪd] *n* Zolllager *nt*.

bone [bəʊn] *n* Knochen *m*; (*of fish*) Gräte *f* ♦ *vt* (*meat*) die Knochen herauslösen aus; (*fish*) entgräten; **I've got a ~ to pick with you** ich habe mit Ihnen (noch) ein Hühnchen zu rupfen.

bone china *n* ≈ feines Porzellan *nt*.

bone-dry [ˈbəʊnˈdraɪ] *adj* knochentrocken.

bone idle *adj* stinkfaul.

bone marrow *n* Knochenmark *nt*.

boner [ˈbəʊnə˚] (*US*) *n* Schnitzer *m*.

bonfire [ˈbɔnfaɪə˚] *n* Feuer *nt*.

bonk [bɔŋk] (*inf*) *vt, vi* (*have sex (with)*) bumsen.

bonkers [ˈbɔŋkəz] (*BRIT: inf*) *adj* (*mad*) verrückt.

Bonn [bɔn] *n* Bonn *nt*.

bonnet [ˈbɔnɪt] *n* Haube *f*; (*for baby*) Häubchen *nt*; (*BRIT: of car*) Motorhaube *f*.

bonny [ˈbɔnɪ] (*SCOT, Northern English*) *adj* schön, hübsch.

bonus [ˈbəʊnəs] *n* Prämie *f*; (*on wages*) Zulage *f*; (*at Christmas*) Gratifikation *f*; (*fig: additional benefit*) Plus *nt*.

bony [ˈbəʊnɪ] *adj* knochig; (*MED*) knöchern; (*tissue*) knochenartig; (*meat*) mit viel Knochen; (*fish*) mit viel Gräten.

boo [buː] *excl* buh ♦ *vt* auspfeifen, ausbuhen.

boob [buːb] (*inf*) *n* (*breast*) Brust *f*; (*BRIT: mistake*) Schnitzer *m*.

booby prize [ˈbuːbɪ-] *n* Scherzpreis *m* für den schlechtesten Teilnehmer.

booby trap [ˈbuːbɪ-] *n* versteckte Bombe *f*; (*fig: joke etc*) als Schabernack versteckt angebrachte Falle.

booby-trapped [ˈbuːbɪtræpt] *adj*: **a ~ car** ein Auto *nt*, in dem eine Bombe versteckt ist.

book [buk] *n* Buch *nt*; (*of stamps, tickets*) Heftchen *nt* ♦ *vt* bestellen; (*seat, room*) buchen, reservieren lassen; (*subj: traffic warden, policeman*) aufschreiben; (: *referee*) verwarnen; **books** *npl* (*COMM: accounts*) Bücher *pl*; **to keep the ~s** die Bücher führen; **by the ~** nach Vorschrift; **to throw the ~ at sb** jdn nach allen Regeln der Kunst fertig machen.

▶ **book in** (*BRIT*) *vi* sich eintragen.

▶ **book up** *vt*: **all seats are ~ed up** es ist bis auf den letzten Platz ausverkauft; **the hotel is ~ed up** das Hotel ist ausgebucht.

bookable [ˈbukəbl] *adj*: **all seats are ~** Karten für alle Plätze können vorbestellt werden.

bookcase [ˈbukkeɪs] *n* Bücherregal *nt*.

book ends *npl* Bücherstützen *pl*.

booking [ˈbukɪŋ] (*BRIT*) *n* Bestellung *f*; (*of seat, room*) Buchung *f*, Reservierung *f*.

booking office (*BRIT*) *n* (*RAIL*) Fahrkartenschalter *m*; (*THEAT*) Vorverkaufsstelle *f*, Vorverkaufskasse *f*.

book-keeping [ˈbukˈkiːpɪŋ] *n* Buchhaltung *f*, Buchführung *f*.

booklet [ˈbuklɪt] *n* Broschüre *f*.

bookmaker [ˈbukmeɪkə˚] *n* Buchmacher *m*.

bookmark [ˈbukmɑːk] *n* Lesezeichen *nt*; (*COMPUT*) Bookmark *m* ♦ *vt* (*COMPUT*) ein Bookmark einrichten für, bookmarken.

bookseller [ˈbukselə˚] *n* Buchhändler(in) *m(f)*.

bookshelf [ˈbukʃelf] *n* Bücherbord *nt*; **bookshelves** *npl* Bücherregal *nt*.

bookshop [ˈbukʃɔp] *n* Buchhandlung *f*.

bookstall [ˈbukstɔːl] *n* Bücher- und Zeitungskiosk *m*.

book store *n* = **bookshop**.

book token *n* Buchgutschein *m*.

book value *n* Buchwert *m*, Bilanzwert *m*.

bookworm [ˈbukwɔːm] *n* (*fig*) Bücherwurm *m*.

boom [buːm] *n* Donnern *nt*, Dröhnen *nt*; (*in prices, population etc*) rapider Anstieg *m*; (*ECON*) Hochkonjunktur *f*; (*busy period*) Boom *m* ♦ *vi* (*guns*) donnern; (*thunder*) hallen; (*voice*) dröhnen; (*business*) florieren.

boomerang [ˈbuːməræŋ] *n* Bumerang *m* ♦ *vi* (*fig*) einen Bumerangeffekt haben.

boom town *n* Goldgräberstadt *f*.

boon [buːn] *n* Segen *m*.

boorish [ˈbuərɪʃ] *adj* rüpelhaft.

boost [buːst] *n* Auftrieb *m* ♦ *vt* (*confidence*) stärken; (*sales, economy etc*) ankurbeln; **to give a ~ to sb/sb's spirits** jdm Auftrieb geben.

booster [ˈbuːstə˚] *n* (*MED*) Wiederholungsimpfung *f*; (*TV*) Zusatzgleichrichter *m*; (*ELEC*) Puffersatz *m*; (*also*: ~ **rocket**) Booster *m*, Startrakete *f*.

booster seat *n* (*AUT*) Sitzerhöhung *f*.

boot [buːt] *n* Stiefel *m*; (*ankle boot*) hoher Schuh *m*; (*BRIT: of car*) Kofferraum *m* ♦ *vt* (*COMPUT*) laden; ... **to ~** (*in addition*) obendrein ...; **to give sb the ~** (*inf*) jdn rauswerfen *or* rausschmeißen.

booth [bu:ð] n (at fair) Bude f, Stand m; (telephone booth) Zelle f; (voting booth) Kabine f.

bootleg ['bu:tlɛg] adj (alcohol) schwarzgebrannt; (fuel) schwarz hergestellt; (tape etc) schwarz mitgeschnitten.

bootlegger ['bu:tlɛgəʳ] n Bootlegger m, Schwarzhändler m.

booty ['bu:tɪ] n Beute f.

booze [bu:z] (inf) n Alkohol m ♦ vi saufen.

boozer ['bu:zəʳ] (inf) n (person) Säufer(in) m(f); (BRIT: pub) Kneipe f.

border ['bɔ:dəʳ] n Grenze f; (for flowers) Rabatte f; (on cloth etc) Bordüre f ♦ vt (road) säumen; (another country: also: ~ **on**) grenzen an +acc; **Borders** n: the B~s das Grenzgebiet zwischen England und Schottland.

▶ **border on** vt fus (fig) grenzen an +acc.

borderline ['bɔ:dəlaɪn] n (fig): **on the** ~ an der Grenze.

borderline case n Grenzfall m.

bore [bɔ:ʳ] pt of **bear** ♦ vt bohren; (person) langweilen ♦ n Langweiler m; (of gun) Kaliber nt; **to be** ~**d** sich langweilen; **he's** ~**d to tears** or ~**d to death** or ~**d stiff** er langweilt sich zu Tode.

boredom ['bɔ:dəm] n Langeweile f, (boring quality) Langweiligkeit f.

boring ['bɔ:rɪŋ] adj langweilig.

born [bɔ:n] adj: **to be** ~ geboren werden; **I was** ~ **in 1960** ich bin or wurde 1960 geboren; ~ **blind** blind geboren, von Geburt (an) blind; **a** ~ **comedian** ein geborener Komiker.

born-again [bɔ:nə'gɛn] adj wieder geboren.

borne [bɔ:n] pp of **bear**.

Borneo ['bɔ:nɪəu] n Borneo nt.

borough ['bʌrə] n Bezirk m, Stadtgemeinde f.

borrow ['bɔrəu] vt: **to** ~ **sth** etw borgen, sich dat etw leihen; (from library) sich dat etw ausleihen; **may I** ~ **your car?** kann ich deinen Wagen leihen?

borrower ['bɔrəuəʳ] n (of loan etc) Kreditnehmer(in) m(f).

borrowing ['bɔrəuɪŋ] n Kreditaufnahme f.

borstal ['bɔ:stl] (BRIT) n (formerly) Besserungsanstalt f.

Bosnia ['bɔznɪə] n Bosnien nt.

Bosnia-Herzegovina n Bosnien-Herzegowina nt.

Bosnian ['bɔznɪən] adj bosnisch ♦ n Bosnier(in) m(f).

bosom ['buzəm] n Busen m; (fig: of family) Schoß m.

bosom friend n Busenfreund(in) m(f).

boss [bɔs] n Chef(in) m(f); (leader) Boss m ♦ vt (also: ~ **around**, ~ **about**) herumkommandieren; **stop** ~**ing everyone about!** hör auf mit dem ständigen Herumkommandieren!

bossy ['bɔsɪ] adj herrisch.

bosun ['bəusn] n Bootsmann m.

botanical [bə'tænɪkl] adj botanisch.

botanist ['bɔtənɪst] n Botaniker(in) m(f).

botany ['bɔtənɪ] n Botanik f.

botch [bɔtʃ] vt (also: ~ **up**) verpfuschen.

both [bəuθ] adj beide ♦ pron beide; (two different things) beides ♦ adv: ~ **A and B** sowohl A als auch B; ~ **(of them)** (alle) beide; ~ **of us went, we** ~ **went** wir gingen beide; **they sell** ~ **the fabric and the finished curtains** sie verkaufen sowohl den Stoff als auch die fertigen Vorhänge.

bother ['bɔðəʳ] vt Sorgen machen +dat; (disturb) stören ♦ vi (also: ~ **o.s.**) sich dat Sorgen or Gedanken machen ♦ n (trouble) Mühe f; (nuisance) Plage f ♦ excl Mist! (inf); **don't** ~ **phoning** du brauchst nicht anzurufen; **I'm sorry to** ~ **you** es tut mir Leid, dass ich Sie belästigen muss; **I can't be** ~**ed** ich habe keine Lust; **please don't** ~ bitte machen Sie sich keine Umstände; **don't** ~**!** lass es!; **it is a** ~ **to have to shave every morning** es ist wirklich lästig, sich jeden Morgen rasieren zu müssen; **it's no** ~ es ist kein Problem.

Botswana [bɔt'swa:nə] n Botswana nt.

bottle ['bɔtl] n Flasche f; (BRIT: inf: courage) Mumm m ♦ vt in Flaschen abfüllen; (fruit) einmachen; **a** ~ **of wine/milk** eine Flasche Wein/Milch; **wine/milk** ~ Wein-/ Milchflasche f.

▶ **bottle up** vt in sich dat aufstauen.

bottle bank n Altglascontainer m.

bottle-fed ['bɔtlfɛd] adj mit der Flasche ernährt.

bottleneck ['bɔtlnɛk] n (also fig) Engpass m.

bottle-opener ['bɔtləupnəʳ] n Flaschenöffner m.

bottom ['bɔtəm] n Boden m; (buttocks) Hintern m; (of page, list) Ende nt; (of chair) Sitz m; (of mountain, tree) Fuß m ♦ adj (lower) untere(r, s); (last) unterste(r, s); **at the** ~ **of** unten an/in +dat; **at the** ~ **of the page/list** unten auf der Seite/Liste; **to be at the** ~ **of the class** der/die Letzte in der Klasse sein; **to get to the** ~ **of sth** (fig) einer Sache dat auf den Grund kommen.

bottomless ['bɔtəmlɪs] adj (fig) unerschöpflich.

bottom line n (of accounts) Saldo m; (fig): **that's the** ~ **(of it)** (what it amounts to) darauf läuft es im Endeffekt hinaus.

botulism ['bɔtjulɪzəm] n Botulismus m, Nahrungsmittelvergiftung f.

bough [bau] n Ast m.

bought [bɔ:t] pt, pp of **buy**.

boulder ['bəuldəʳ] n Felsblock m.

boulevard ['bu:ləva:d] n Boulevard m.

bounce [bauns] vi (auf)springen; (cheque) platzen ♦ vt (ball) (auf)springen lassen; (signal) reflektieren ♦ n Aufprall m; **he's got plenty of** ~ (fig) er hat viel Schwung.

bouncer ['baunsə*] (inf) n Rausschmeißer m.
bouncy castle ['baunsɪ-] n aufblasbare
Spielfläche in Form eines Schlosses, auf
dem Kinder herumspringen können.
bound [baund] pt, pp of **bind** ♦ n Sprung m; (gen
pl: limit) Grenze f ♦ vi springen ♦ vt
begrenzen ♦ adj: ~ **by** gebunden durch; **to
be ~ to do sth** (obliged) verpflichtet sein,
etw zu tun; (very likely) etw bestimmt tun;
he's ~ to fail es kann ihm ja gar nicht
gelingen; ~ **for** nach; **the area is out of ~s**
das Betreten des Gebiets ist verboten.
boundary ['baundrɪ] n Grenze f.
boundless ['baundlɪs] adj grenzenlos.
bountiful ['bauntɪful] adj großzügig; (God)
gütig; (supply) reichlich.
bounty ['bauntɪ] n Freigebigkeit f; (reward)
Kopfgeld nt.
bounty hunter n Kopfgeldjäger m.
bouquet ['bukeɪ] n (Blumen)strauß m; (of
wine) Bukett nt, Blume f.
bourbon ['buəbən] (US) n (also: ~ **whiskey**)
Bourbon m.
bourgeois ['buəʒwɑː] adj bürgerlich, spießig
(pej) ♦ n Bürger(in) m(f), Bourgeois m.
bout [baut] n Anfall m; (BOXING etc) Kampf m.
boutique [buːˈtiːk] n Boutique f.
bow¹ [bəu] n Schleife f; (weapon, MUS) Bogen
m.
bow² [bau] n Verbeugung f; (NAUT: also: ~s)
Bug m ♦ vi sich verbeugen; (yield): **to ~ to** or
before sich beugen +dat; **to ~ to the
inevitable** sich in das Unvermeidliche
fügen.
bowels ['bauəlz] npl Darm m; (of the earth etc)
Innere nt.
bowl [bəul] n Schüssel f; (shallower) Schale f;
(ball) Kugel f; (of pipe) Kopf m; (US: stadium)
Stadion nt ♦ vi werfen.
▶ **bowl over** vt (fig) überwältigen.
bow-legged ['bəuˈlegɪd] adj o-beinig, O-
beinig.
bowler ['bəulə*] n Werfer(in) m(f); (BRIT: also:
~ **hat**) Melone f.
bowling ['bəulɪŋ] n Kegeln nt; (on grass)
Bowling nt.
bowling alley n Kegelbahn f.
bowling green n Bowlingrasen m.
bowls [bəulz] n Bowling nt.
bow tie [bəu-] n Fliege f.
box [bɔks] n Schachtel f; (cardboard box)
Karton m; (crate) Kiste f; (THEAT) Loge f;
(BRIT: AUT) gelb schraffierter
Kreuzungsbereich; (on form) Feld nt ♦ vt (in
eine Schachtel etc) verpacken; (fighter)
boxen ♦ vi boxen; **to ~ sb's ears** jdm eine
Ohrfeige geben.
▶ **box in** vt einkeilen.
▶ **box off** vt abtrennen.
boxer ['bɔksə*] n (person, dog) Boxer m.
box file n Sammelordner m.
boxing ['bɔksɪŋ] n Boxen nt.

Boxing Day (BRIT) n zweiter
Weihnachts(feier)tag m.

boxing gloves npl Boxhandschuhe pl.
boxing ring n Boxring m.
box number n Chiffre f.
box office n Kasse f.
boxroom ['bɔksrum] n Abstellraum m.
boy [bɔɪ] n Junge m.
boycott ['bɔɪkɔt] n Boykott m ♦ vt
boykottieren.
boyfriend ['bɔɪfrend] n Freund m.
boyish ['bɔɪɪʃ] adj jungenhaft; (woman)
knabenhaft.
boy scout n Pfadfinder m.
Bp abbr = **bishop**.
BR abbr = **British Rail**.
bra [brɑː] n BH m.
brace [breɪs] n (on teeth) (Zahn)klammer f,
(Zahn)spange f; (tool) (Hand)bohrer m; (also:
~ **bracket**) geschweifte Klammer f ♦ vt
spannen; **braces** npl (BRIT) Hosenträger pl; **to
~ o.s.** (for weight) sich stützen; (for shock)
sich innerlich vorbereiten.
bracelet ['breɪslɪt] n Armband nt.
bracing ['breɪsɪŋ] adj belebend.
bracken ['brækən] n Farn m.
bracket ['brækɪt] n Träger m; (group, range)
Gruppe f; (also: **round** ~) (runde) Klammer f;
(also: **brace** ~) geschweifte Klammer f; (also:
square ~) eckige Klammer f ♦ vt (also:
~ **together**) zusammenfassen; (word, phrase)
einklammern; **income** ~
Einkommensgruppe f; **in** ~s in Klammern.
brackish ['brækɪʃ] adj brackig.
brag [bræg] vi prahlen.
braid [breɪd] n Borte f; (of hair) Zopf m.
Braille [breɪl] n Blindenschrift f,
Brailleschrift f.
brain [breɪn] n Gehirn nt; **brains** npl (CULIN)
Hirn nt; (intelligence) Intelligenz f; **he's got
~s** er hat Köpfchen or Grips.
brainchild ['breɪntʃaɪld] n Geistesprodukt nt.
braindead ['breɪnded] adj hirntot; (inf) hirnlos.
brain drain n Abwanderung f von
Wissenschaftlern, Braindrain m.
brainless ['breɪnlɪs] adj dumm.
brainstorm ['breɪnstɔːm] n (fig) Anfall m
geistiger Umnachtung; (US: brain wave)
Geistesblitz m.
brainwash ['breɪnwɔʃ] vt einer Gehirnwäsche
dat unterziehen.

brain wave n Geistesblitz m.
brainy ['breɪnɪ] adj intelligent.
braise [breɪz] vt schmoren.
brake [breɪk] n Bremse f ♦ vi bremsen.
brake fluid n Bremsflüssigkeit f.
brake light n Bremslicht nt.
brake pedal n Bremspedal nt.
bramble ['bræmbl] n Brombeerstrauch m; (fruit) Brombeere f.
bran [bræn] n Kleie f.
branch [brɑːntʃ] n Ast m; (of family, organization) Zweig m; (COMM) Filiale f, Zweigstelle f; (: bank, company etc) Geschäftsstelle f ♦ vi sich gabeln.
▶ **branch out** vi (fig): **to ~ out into** seinen (Geschäfts)bereich erweitern auf +acc.
branch line n (RAIL) Zweiglinie f, Nebenlinie f.
branch manager n Zweigstellenleiter(in) m(f), Filialleiter(in) m(f).
brand [brænd] n (also: ~ **name**) Marke f; (fig: type) Art f ♦ vt mit einem Brandzeichen kennzeichnen; (fig: pej): **to ~ sb a communist** jdn als Kommunist brandmarken.
brandish ['brændɪʃ] vt schwingen.
brand name n Markenname m.
brand-new ['brænd'njuː] adj nagelneu, brandneu.
brandy ['brændɪ] n Weinbrand m.
brash [bræʃ] adj dreist.
Brasilia [brə'zɪlɪə] n Brasilia nt.
brass [brɑːs] n Messing nt; **the ~** (MUS) die Blechbläser pl.
brass band n Blaskapelle f.
brassière ['bræsɪə*] n Büstenhalter m.
brass tacks npl: **to get down to ~** zur Sache kommen.
brassy ['brɑːsɪ] adj (colour) messingfarben; (sound) blechern; (appearance, behaviour) auffällig.
brat [bræt] (pej) n Balg m or nt, Gör nt.
bravado [brə'vɑːdəʊ] n Draufgängertum nt.
brave [breɪv] adj mutig; (attempt, smile) tapfer ♦ n (indianischer) Krieger m ♦ vt trotzen +dat.
bravely ['breɪvlɪ] adv (see adj) mutig; tapfer.
bravery ['breɪvərɪ] n (see adj) Mut m; Tapferkeit f.
bravo [brɑː'vəʊ] excl bravo.
brawl [brɔːl] n Schlägerei f ♦ vi sich schlagen.
brawn [brɔːn] n Muskeln pl; (meat) Schweinskopfsülze f.
brawny ['brɔːnɪ] adj muskulös, kräftig.
bray [breɪ] vi schreien ♦ n (Esels)schrei m.
brazen ['breɪzn] adj unverschämt, dreist; (lie) schamlos ♦ vt: **to ~ it out** durchhalten.
brazier ['breɪzɪə*] n (container) Kohlenbecken nt.
Brazil [brə'zɪl] n Brasilien nt.
Brazilian [brə'zɪljən] adj brasilianisch ♦ n Brasilianer(in) m(f).

Brazil nut n Paranuss f.
breach [briːtʃ] vt (defence) durchbrechen; (wall) eine Bresche schlagen in +acc ♦ n (gap) Bresche f; (estrangement) Bruch m; (breaking): ~ **of contract** Vertragsbruch m; ~ **of the peace** öffentliche Ruhestörung f; ~ **of trust** Vertrauensbruch m.
bread [bred] n Brot nt; (inf: money) Moos nt, Kies m; **to earn one's daily ~** sein Brot verdienen; **to know which side one's ~ is buttered (on)** wissen, wo etwas zu holen ist.
bread and butter n Butterbrot nt; (fig) Broterwerb m.
bread bin (BRIT) n Brotkasten m.
breadboard ['bredbɔːd] n Brot(schneide)brett nt; (COMPUT) Leiterplatte f.
bread box (US) n Brotkasten m.
breadcrumbs ['bredkrʌmz] npl Brotkrumen pl; (CULIN) Paniermehl nt.
breadline ['bredlaɪn] n: **to be on the ~** nur das Allernotwendigste zum Leben haben.
breadth [bretθ] n (also fig) Breite f.
breadwinner ['bredwɪnə*] n Ernährer(in) m(f).
break [breɪk] (pt **broke**, pp **broken**) vt zerbrechen; (leg, arm) sich dat brechen; (promise, record) brechen; (law) verstoßen gegen ♦ vi zerbrechen, kaputtgehen; (storm) losbrechen; (weather) umschlagen; (dawn) anbrechen; (story, news) bekannt werden ♦ n Pause f; (gap) Lücke f; (fracture) Bruch m; (chance) Chance f, Gelegenheit f; (holiday) Urlaub m; **to ~ the news to sb** es jdm sagen; **to ~ even** seine (Un)kosten decken; **to ~ with sb** mit jdm brechen, sich von jdm trennen; **to ~ free or loose** sich losreißen; **to take a ~** (eine) Pause machen; (holiday) Urlaub machen; **without a ~** ohne Unterbrechung or Pause, ununterbrochen; **a lucky ~** ein Durchbruch m.
▶ **break down** vt (figures, data) aufschlüsseln; (door etc) einrennen ♦ vi (car) eine Panne haben; (machine) kaputtgehen; (person, resistance) zusammenbrechen; (talks) scheitern.
▶ **break in** vt (horse) zureiten ♦ vi einbrechen; (interrupt) unterbrechen.
▶ **break into** vt fus einbrechen in +acc.
▶ **break off** vi abbrechen ♦ vt (talks) abbrechen; (engagement) lösen.
▶ **break open** vt, vi aufbrechen.
▶ **break out** vi ausbrechen; **to ~ out in spots/a rash** Pickel/einen Ausschlag bekommen.
▶ **break through** vi: **the sun broke through** die Sonne kam durch ♦ vt fus durchbrechen.
▶ **break up** vi (ship) zerbersten; (crowd, meeting, partnership) sich auflösen; (marriage) scheitern; (friends) sich trennen; (SCOL) in die Ferien gehen ♦ vt zerbrechen; (journey, fight etc) unterbrechen; (meeting) auflösen; (marriage) zerstören.
breakable ['breɪkəbl] adj zerbrechlich ♦ n: ~**s**

zerbrechliche Ware *f*.

breakage ['breɪkɪdʒ] *n* Bruch *m*; **to pay for ~s** für zerbrochene Ware *or* für Bruch bezahlen.

breakaway ['breɪkəweɪ] *adj (group etc)* Splitter-.

break dancing *n* Breakdance *m*.

breakdown ['breɪkdaʊn] *n (AUT)* Panne *f*; *(in communications)* Zusammenbruch *m*; *(of marriage)* Scheitern *nt*; *(also: ~)* (Nerven)zusammenbruch *m*; *(of statistics)* Aufschlüsselung *f*.

breakdown service *(BRIT)* *n* Pannendienst *m*.

breakdown van *(BRIT)* *n* Abschleppwagen *m*.

breaker ['breɪkəʳ] *n (wave)* Brecher *m*.

breakeven ['breɪk'iːvn] *cpd*: **~ chart** Gewinnschwellendiagramm *nt*; **~ point** Gewinnschwelle *f*.

breakfast ['brɛkfəst] *n* Frühstück *nt* ♦ *vi* frühstücken.

breakfast cereal *n* Getreideflocken *pl*.

break-in ['breɪkɪn] *n* Einbruch *m*.

breaking and entering ['breɪkɪŋən'ɛntrɪŋ] *n (LAW)* Einbruch *m*.

breaking point ['breɪkɪŋ-] *n (fig)*: **to reach ~** völlig am Ende sein.

breakthrough ['breɪkθruː] *n* Durchbruch *m*.

break-up ['breɪkʌp] *n (of partnership)* Auflösung *f*; *(of marriage)* Scheitern *nt*.

break-up value *n (COMM)* Liquidationswert *m*.

breakwater ['breɪkwɔːtəʳ] *n* Wellenbrecher *m*.

breast [brɛst] *n* Brust *f*; *(of meat)* Brust *f*, Bruststück *nt*.

breast-feed ['brɛstfiːd] *(irreg: like* **feed***)* *vt, vi* stillen.

breast pocket *n* Brusttasche *f*.

breaststroke ['brɛststrəʊk] *n* Brustschwimmen *nt*.

breath [brɛθ] *n* Atem *m*; *(a breath)* Atemzug *m*; **to go out for a ~ of air** an die frische Luft gehen, frische Luft schnappen gehen; **out of ~** außer Atem, atemlos; **to get one's ~ back** wieder zu Atem kommen.

breathalyse ['brɛθəlaɪz] *vt* blasen lassen *(inf)*.

Breathalyser ® ['brɛθəlaɪzəʳ] *n* Promillemesser *m*.

breathe [briːð] *vt, vi* atmen; **I won't ~ a word about it** ich werde kein Sterbenswörtchen darüber sagen.

▶ **breathe in** *vt, vi* einatmen.

▶ **breathe out** *vt, vi* ausatmen.

breather ['briːðəʳ] *n* Atempause *f*, Verschnaufpause *f*.

breathing ['briːðɪŋ] *n* Atmung *f*.

breathing space *n (fig)* Atempause *f*, Ruhepause *f*.

breathless ['brɛθlɪs] *adj* atemlos, außer Atem; *(MED)* an Atemnot leidend; **I was ~ with excitement** die Aufregung verschlug mir den Atem.

breathtaking ['brɛθteɪkɪŋ] *adj* atemberaubend.

breath test *n* Atemalkoholtest *m*.

bred [brɛd] *pt, pp of* **breed**.

-bred *suff*: **well/ill-~** gut/schlecht erzogen.

breed [briːd] *(pt, pp* **bred***)* *vt* züchten; *(fig: give rise to)* erzeugen; *(: hate, suspicion)* hervorrufen ♦ *vi* Junge *pl* haben ♦ *n* Rasse *f*; *(type, class)* Art *f*.

breeder ['briːdəʳ] *n* Züchter(in) *m(f)*; *(also: ~ reactor)* Brutreaktor *m*, Brüter *m*.

breeding ['briːdɪŋ] *n* Erziehung *f*.

breeding ground *n (also fig)* Brutstätte *f*.

breeze [briːz] *n* Brise *f*.

breeze block *(BRIT)* *n* Ytong ® *m*.

breezy ['briːzɪ] *adj (manner, tone)* munter; *(weather)* windig.

Breton ['brɛtən] *adj* bretonisch ♦ *n* Bretone *m*, Bretonin *f*.

brevity ['brɛvɪtɪ] *n* Kürze *f*.

brew [bruː] *vt (tea)* aufbrühen, kochen; *(beer)* brauen ♦ *vi (tea)* ziehen; *(beer)* gären; *(storm, fig)* sich zusammenbrauen.

brewer ['bruːəʳ] *n* Brauer *m*.

brewery ['bruːərɪ] *n* Brauerei *f*.

briar ['braɪəʳ] *n* Dornbusch *m*; *(wild rose)* wilde Rose *f*.

bribe [braɪb] *n* Bestechungsgeld *nt* ♦ *vt* bestechen; **to ~ sb to do sth** jdn bestechen, damit er etw tut.

bribery ['braɪbərɪ] *n* Bestechung *f*.

bric-a-brac ['brɪkəbræk] *n* Nippes *pl*, Nippsachen *pl*.

brick [brɪk] *n* Ziegelstein *m*, Backstein *m*; *(of ice cream)* Block *m*.

bricklayer ['brɪkleɪəʳ] *n* Maurer(in) *m(f)*.

brickwork ['brɪkwɜːk] *n* Mauerwerk *nt*.

bridal ['braɪdl] *adj (gown, veil etc)* Braut-.

bride [braɪd] *n* Braut *f*.

bridegroom ['braɪdgruːm] *n* Bräutigam *m*.

bridesmaid ['braɪdzmeɪd] *n* Brautjungfer *f*.

bridge [brɪdʒ] *n* Brücke *f*; *(NAUT)* (Kommando)brücke *f*; *(of nose)* Sattel *m*; *(CARDS)* Bridge *nt* ♦ *vt (river)* eine Brücke schlagen *or* bauen über *+acc*; *(fig)* überbrücken.

bridging loan ['brɪdʒɪŋ-] *(BRIT)* *n* Überbrückungskredit *m*.

bridle ['braɪdl] *n* Zaum *m* ♦ *vt* aufzäumen ♦ *vi*: **to ~ (at)** sich entrüstet wehren (gegen).

bridle path *n* Reitweg *m*.

brief [briːf] *adj* kurz ♦ *n (LAW)* Auftrag *m*; *(task)* Aufgabe *f* ♦ *vt* instruieren; *(MIL etc)*: **to ~ sb (about)** jdn instruieren (über *+acc*); **briefs** *npl* Slip *m*; **in ~ ...** kurz (gesagt) ...

briefcase ['briːfkeɪs] *n* Aktentasche *f*.

briefing ['briːfɪŋ] *n* Briefing *nt*, Lagebesprechung *f*.

briefly ['briːflɪ] *adv* kurz; **to glimpse sth ~** einen flüchtigen Blick von etw erhaschen.

Brig. *abbr* = **brigadier**.

brigade [brɪ'geɪd] *n* Brigade *f*.

brigadier [brɪgə'dɪə*] n Brigadegeneral m.

bright [braɪt] adj (light, room) hell; (weather) heiter; (clever) intelligent; (lively) heiter, fröhlich; (colour) leuchtend; (outlook, future) glänzend; **to look on the ~ side** die Dinge von der positiven Seite betrachten.

brighten ['braɪtn] (also: ~ **up**) vt aufheitern; (event) beleben ♦ vi (weather, face) sich aufheitern; (person) fröhlicher werden; (prospects) sich verbessern.

brightly ['braɪtlɪ] adv (shine) hell; (smile) fröhlich; (talk) heiter.

brill [brɪl] (BRIT: inf) adj toll.

brilliance ['brɪljəns] n Strahlen nt; (of person) Genialität f, Brillanz f; (of talent, skill) Großartigkeit f.

brilliant ['brɪljənt] adj strahlend; (person, idea) genial, brillant; (career) großartig; (inf: holiday etc) fantastisch.

brilliantly ['brɪljəntlɪ] adv (see adj) strahlend; genial, brillant; großartig; fantastisch.

brim [brɪm] n Rand m; (of hat) Krempe f.

brimful ['brɪm'ful] adj: ~ **(of)** randvoll (mit); (fig) voll (von).

brine [braɪn] n Lake f.

bring [brɪŋ] (pt, pp brought) vt bringen; (with you) mitbringen; **to ~ sth to an end** etw zu Ende bringen; **I can't ~ myself to fire him** ich kann es nicht über mich bringen, ihn zu entlassen.

▶ **bring about** vt herbeiführen.

▶ **bring back** vt (restore) wieder einführen; (return) zurückbringen.

▶ **bring down** vt (government) zu Fall bringen; (plane) herunterholen; (price) senken.

▶ **bring forward** vt (meeting) vorverlegen; (proposal) vorbringen; (BOOKKEEPING) übertragen.

▶ **bring in** vt (money) (ein)bringen; (include) einbeziehen; (person) einschalten; (legislation) einbringen; (verdict) fällen.

▶ **bring off** vt (plan) durchführen; (deal) zustande or zu Stande bringen.

▶ **bring out** vt herausholen; (meaning, book, album) herausbringen.

▶ **bring round** vt (after faint) wieder zu Bewusstsein bringen.

▶ **bring up** vt heraufbringen; (educate) erziehen; (question, subject) zur Sprache bringen; (food) erbrechen.

bring-and-buy sale n Basar m (wo mitgebrachte Sachen verkauft werden).

brink [brɪŋk] n Rand m; **on the ~ of doing sth** nahe daran, etw zu tun; **she was on the ~ of tears** sie war den Tränen nahe.

brisk [brɪsk] adj (abrupt: person, tone) forsch; (pace) flott; (trade) lebhaft, rege; **to go for a ~ walk** einen ordentlichen Spaziergang machen; **business is ~** das Geschäft ist rege.

bristle ['brɪsl] n Borste f; (of beard) Stoppel f ♦ vi zornig werden; **bristling with** strotzend von.

bristly ['brɪslɪ] adj borstig; (chin) stoppelig.

Brit [brɪt] (inf) n abbr (= British person) Brite m, Britin f.

Britain ['brɪtən] n (also: **Great ~**) Großbritannien nt.

British ['brɪtɪʃ] adj britisch ♦ npl: **the ~** die Briten pl.

British Isles npl: **the ~** die Britischen Inseln.

British Rail n britische Eisenbahngesellschaft.

British Summer Time n britische Sommerzeit f.

Briton ['brɪtən] n Brite m, Britin f.

Brittany ['brɪtənɪ] n die Bretagne.

brittle ['brɪtl] adj spröde; (glass) zerbrechlich; (bones) schwach.

broach [brəʊtʃ] vt (subject) anschneiden.

broad [brɔːd] adj breit; (general) allgemein; (accent) stark ♦ n (US: inf) Frau f; **in ~ daylight** am helllichten Tag; **~ hint** deutlicher Wink m.

broadband ['brɔːdbænd] (COMPUT) adj Breitband- ♦ n Breitband nt.

broad bean n dicke Bohne f, Saubohne f.

broadcast ['brɔːdkɑːst] (pt, pp broadcast) n Sendung f ♦ vt, vi senden.

broadcaster ['brɔːdkɑːstə*] n (RADIO, TV) Rundfunk-/Fernsehpersönlichkeit f.

broadcasting ['brɔːdkɑːstɪŋ] n (RADIO) Rundfunk m; (TV) Fernsehen nt.

broadcasting station n (RADIO) Rundfunkstation f; (TV) Fernsehstation f.

broaden ['brɔːdn] vt erweitern ♦ vi breiter werden, sich verbreitern; **to ~ one's mind** seinen Horizont erweitern.

broadly ['brɔːdlɪ] adv (in general terms) in großen Zügen; **~ speaking** allgemein or generell gesagt.

broad-minded ['brɔːd'maɪndɪd] adj tolerant.

broadsheet ['brɔːdʃiːt] n (newspaper) großformatige Zeitung.

broccoli ['brɒkəlɪ] n Brokkoli pl, Spargelkohl m.

brochure ['brəʊʃjʊə*] n Broschüre f.

brogue [brəʊg] n Akzent m; (shoe) fester Schuh m.

broil [brɔɪl] (US) vt grillen.

broiler ['brɔɪlə*] n Brathähnchen nt.

broke [brəʊk] pt of **break** ♦ adj (inf) pleite; **to go ~** Pleite gehen.

broken ['brəʊkn] pp of **break** ♦ adj zerbrochen; (machine: also: ~ **down**) kaputt; (promise, vow) gebrochen; **a ~ leg** ein gebrochenes Bein; **a ~ marriage** eine gescheiterte Ehe; **~ home** zerrüttete Familienverhältnisse pl; **in ~ English/German** in gebrochenem Englisch/Deutsch.

broken-down ['brəʊkn'daʊn] adj kaputt; (house) baufällig.

brokenhearted [brəʊkn'hɑːtɪd] adj untröstlich.

broker ['brəukə⁰] n Makler(in) m(f).
brokerage ['brəukrɪdʒ] n (commission) Maklergebühr f; (business) Maklergeschäft nt.
brolly ['brɒlɪ] (BRIT: inf) n (Regen)schirm m.
bronchitis [brɒŋ'kaɪtɪs] n Bronchitis f.
bronze [brɒnz] n Bronze f.
bronzed [brɒnzd] adj braun, (sonnen)gebräunt.
brooch [brəutʃ] n Brosche f.
brood [bru:d] n Brut f ♦ vi (hen) brüten; (person) grübeln.
▶ **brood on** vt fus nachgrübeln über +acc.
▶ **brood over** vt fus = brood on.
broody ['bru:dɪ] adj (person) grüblerisch; (hen) brütig.
brook [bruk] n Bach m.
broom [brum] n Besen m; (BOT) Ginster m.
broomstick ['brumstɪk] n Besenstiel m.
Bros. abbr (COMM: = brothers) Gebr.
broth [brɒθ] n Suppe f, Fleischbrühe f.
brothel ['brɒθl] n Bordell m.
brother ['brʌðə⁰] n Bruder m; (in trade union, society etc) Kollege m.
brotherhood ['brʌðəhud] n Brüderlichkeit f.
brother-in-law ['brʌðərɪn'lɔ:] n Schwager m.
brotherly ['brʌðəlɪ] adj brüderlich.
brought [brɔ:t] pt, pp of bring.
brought forward adj (COMM) vorgetragen.
brow [brau] n Stirn f; (eyebrow) (Augen)braue f; (of hill) (Berg)kuppe f.
browbeat ['braubi:t] vt: to ~ sb (into doing sth) jdn (so) unter Druck setzen(, dass er etw tut).
brown [braun] adj braun ♦ n Braun nt ♦ vt (CULIN) (an)bräunen; to go ~ braun werden.
brown bread n Graubrot nt, Mischbrot nt.
Brownie ['braunɪ] n (also: ~ Guide) Wichtel m.
brownie ['braunɪ] (US) n kleiner Schokoladenkuchen.
brown paper n Packpapier nt.
brown rice n Naturreis m.
brown sugar n brauner Zucker m.
browse [brauz] vi (in shop) sich umsehen; (animal) weiden; (: deer) äsen ♦ vti (COMPUT) browsen ♦ n: to have a ~ (around) sich umsehen; to ~ through a book in einem Buch schmökern.
browser ['brauzə⁰] n (COMPUT) Browser m.
bruise [bru:z] n blauer Fleck m, Bluterguss m; (on fruit) Druckstelle f ♦ vt (arm, leg etc) sich dat stoßen; (person) einen blauen Fleck schlagen; (fruit) beschädigen ♦ vi (fruit) eine Druckstelle bekommen; to ~ one's arm sich dat den Arm stoßen, sich dat einen blauen Fleck am Arm holen.
bruising ['bru:zɪŋ] adj (experience, encounter) schmerzhaft ♦ n Quetschung f.
Brum [brʌm] (BRIT: inf) n abbr (= Birmingham).
Brummie ['brʌmɪ] (inf) n aus Birmingham stammende oder dort wohnhafte Person, Birminghamer(in) m(f).

brunch [brʌntʃ] n Brunch m.
brunette [bru:'nɛt] n Brünette f.
brunt [brʌnt] n: to bear the ~ of die volle Wucht +gen tragen.
brush [brʌʃ] n Bürste f; (for painting, shaving etc) Pinsel m; (quarrel) Auseinandersetzung f ♦ vt fegen; (groom) bürsten; (teeth) putzen; (also: ~ against) streifen; to have a ~ with sb (verbally) sich mit jdm streiten; (physically) mit jdm aneinander geraten; to have a ~ with the police mit der Polizei aneinander geraten.
▶ **brush aside** vt abtun.
▶ **brush past** vt streifen.
▶ **brush up** vt auffrischen.
brushed [brʌʃt] adj (steel, chrome etc) gebürstet; (denim etc) aufgeraut; ~ nylon Nylonvelours m.
brushoff ['brʌʃɔf] (inf) n: to give sb the ~ jdm eine Abfuhr erteilen.
brushwood ['brʌʃwud] n Reisig nt.
brusque [bru:sk] adj brüsk; (tone) schroff.
Brussels ['brʌslz] n Brüssel nt.
Brussels sprouts npl Rosenkohl m.
brutal ['bru:tl] adj brutal.
brutality [bru:'tælɪtɪ] n Brutalität f.
brutalize ['bru:təlaɪz] vt brutalisieren; (illtreat) brutal behandeln.
brute [bru:t] n brutaler Kerl m; (animal) Tier nt ♦ adj: by ~ force mit roher Gewalt.
brutish ['bru:tɪʃ] adj tierisch.
BS (US) n abbr (= Bachelor of Science) akademischer Grad für Naturwissenschaftler.
BSA n abbr (= Boy Scouts of America) amerikanische Pfadfinderorganisation.
BSc abbr (= Bachelor of Science) akademischer Grad für Naturwissenschaftler.
BSE n abbr (= bovine spongiform encephalopathy) BSE f.
BSI n abbr (= British Standards Institution) britischer Normenausschuss.
BST abbr = British Summer Time.
Bt (BRIT) abbr = baronet.
btu n abbr (= British thermal unit) britische Wärmeeinheit.
bubble ['bʌbl] n Blase f ♦ vi sprudeln; (sparkle) perlen; (fig: person) übersprudeln.
bubble bath n Schaumbad nt.
bubble gum n Bubble-Gum m.
bubble-jet printer n Bubblejetdrucker m, Bubble-Jet-Drucker m.
bubble pack n (Klar)sichtpackung f.
bubbly ['bʌblɪ] adj (person) lebendig; (liquid) sprudelnd ♦ n (inf: champagne) Schampus m.
Bucharest [bu:kə'rɛst] n Bukarest nt.
buck [bʌk] n (rabbit) Rammler m; (deer) Bock m; (US: inf) Dollar m ♦ vi bocken; to pass the ~ die Verantwortung abschieben; to pass the ~ to sb jdm die Verantwortung zuschieben.
▶ **buck up** vi (cheer up) aufleben ♦ vt: to

~ **one's ideas up** sich zusammenreißen.
bucket ['bʌkɪt] n Eimer m ♦ vi (BRIT: inf): **the
rain is** ~**ing (down)** es gießt or schüttet (wie
aus Kübeln).

BUCKINGHAM PALACE

Buckingham Palace ist die offizielle Londoner
Residenz der britischen Monarchen und liegt am
St James Park. Der Palast wurde 1703 für den
Herzog von Buckingham erbaut, 1762 von Georg
III. gekauft, zwischen 1821 und 1836 von John
Nash umgebaut und Anfang des 20. Jahrhunderts
teilweise neu gestaltet. Teile des **Buckingham
Palace** sind heute der Öffentlichkeit zugänglich.

---

buckle ['bʌkl] n Schnalle f ♦ vt zuschnallen;
(wheel) verbiegen ♦ vi sich verbiegen.
▶ **buckle down** vi sich dahinter klemmen; **to**
~ **down to sth** sich hinter etw acc klemmen.
Bucks [bʌks] (BRIT) abbr (POST:
= Buckinghamshire).
bud [bʌd] n Knospe f ♦ vi knospen, Knospen
treiben.
Budapest [bjuːdəˈpɛst] n Budapest nt.
Buddha ['budə] n Buddha m.
Buddhism ['budɪzəm] n Buddhismus m.
Buddhist ['budɪst] adj buddhistisch ♦ n
Buddhist(in) m(f).
budding ['bʌdɪŋ] adj angehend.
buddy ['bʌdɪ] (US) n Kumpel m.
budge [bʌdʒ] vt (von der Stelle) bewegen; (fig)
zum Nachgeben bewegen ♦ vi sich von der
Stelle rühren; (fig) nachgeben.
budgerigar ['bʌdʒərɪgɑːʳ] n Wellensittich
m.
budget ['bʌdʒɪt] n Budget nt, Etat m, Haushalt
m ♦ vi Haus halten, haushalten,
wirtschaften; **I'm on a tight** ~ ich habe
nicht viel Geld zur Verfügung; **she works
out her** ~ **every month** sie macht (sich dat)
jeden Monat einen Haushaltsplan; **to** ~ **for
sth** etw kostenmäßig einplanen.
budgie ['bʌdʒɪ] n = budgerigar.
Buenos Aires ['bweɪnɔsˈaɪriːz] n Buenos Aires
nt.
buff [bʌf] adj gelbbraun ♦ n (inf) Fan m.
buffalo ['bʌfələu] (pl ~ or ~**es**) n (BRIT) Büffel
m; (US) Bison m.
buffer ['bʌfəʳ] n (COMPUT) Puffer m,
Pufferspeicher m; (RAIL) Prellbock m; (fig)
Polster nt.
buffering ['bʌfərɪŋ] n (COMPUT) Pufferung
f.
buffer state n Pufferstaat m.
buffer zone n Pufferzone f.
buffet¹ ['bufeɪ] (BRIT) n Büfett nt,
Bahnhofsrestaurant nt; (food) kaltes Buffet
nt.
buffet² ['bʌfɪt] vt (subj: sea) hin und her
werfen; (: wind) schütteln.
buffet car (BRIT) n Speisewagen m.

buffet lunch n Buffet nt.
buffoon [bəˈfuːn] n Clown m.
bug [bʌg] n (esp US) Insekt nt; (COMPUT: of
program) Programmfehler m; (: of
equipment) Fehler m; (fig: germ) Bazillus m;
(hidden microphone) Wanze f ♦ vt (inf)
nerven; (telephone etc) abhören; (room)
verwanzen; **I've got the travel** ~ (fig) mich
hat die Reiselust gepackt.
bugbear ['bʌgbɛəʳ] n Schreckgespenst nt.
bugger ['bʌgəʳ] (inf!) n Scheißkerl m,
Arschloch nt ♦ vb: ~ **off!** hau ab!; ~ **(it)!**
Scheiße!
buggy ['bʌgɪ] n (for baby) Sportwagen m.
bugle ['bjuːgl] n Bügelhorn nt.
build [bɪld] (pt, pp built) n Körperbau m ♦ vt
bauen.
▶ **build on** vt fus (fig) aufbauen auf +dat.
▶ **build up** vt aufbauen; (production) steigern;
(morale) stärken; (stocks) anlegen; **don't**
~ **your hopes up too soon** mach dir nicht zu
früh Hoffnungen.
builder ['bɪldəʳ] n Bauunternehmer m.
building ['bɪldɪŋ] n (industry) Bauindustrie f;
(construction) Bau m; (structure) Gebäude nt,
Bau.
building contractor n Bauunternehmer m.
building industry n Bauindustrie f.
building site n Baustelle f.
building society (BRIT) n Bausparkasse f.
building trade n = building industry.
build-up ['bɪldʌp] n Ansammlung f; (publicity):
to give sb/sth a good ~ jdn/etw ganz groß
herausbringen.
built [bɪlt] pt, pp of build ♦ adj: ~-**in** eingebaut,
Einbau-; (safeguards) eingebaut; **well-**~ gut
gebaut.
built-up area ['bɪltʌp-] n bebautes Gebiet nt.
bulb [bʌlb] n (Blumen)zwiebel f; (ELEC)
(Glüh)birne f.
bulbous ['bʌlbəs] adj knollig.
Bulgaria [bʌlˈgɛərɪə] n Bulgarien nt.
Bulgarian [bʌlˈgɛərɪən] adj bulgarisch ♦ n
Bulgare m, Bulgarin f; (LING) Bulgarisch
nt.
bulge [bʌldʒ] n Wölbung f; (in birth rate, sales)
Zunahme f ♦ vi (pocket) prall gefüllt sein;
(cheeks) voll sein; (file) (zum Bersten) voll
sein; **to be bulging with** prall gefüllt sein
mit.
bulimia [bəˈlɪmɪə] n Bulimie f.
bulk [bʌlk] n (of thing) massige Form f; (of
person) massige Gestalt f; **in** ~ im Großen,
en gros; **the** ~ **of** der Großteil +gen.
bulk buying [-ˈbaɪɪŋ] n Mengeneinkauf m,
Großeinkauf m.
bulk carrier n Bulkcarrier m.
bulkhead ['bʌlkhɛd] n Schott nt.
bulky ['bʌlkɪ] adj sperrig.
bull [bul] n Stier m; (male elephant or whale)
Bulle m; (STOCK EXCHANGE) Haussier m,
Haussespekulant m; (REL) Bulle f.

bulldog ['buldɔg] n Bulldogge f.
bulldoze ['buldəuz] vt mit Bulldozern
wegräumen; (building) mit Bulldozern
abreißen; **I was ~d into it** (fig: inf) ich wurde
gezwungen or unter Druck gesetzt, es zu
tun.
bulldozer ['buldəuzə'] n Bulldozer m,
Planierraupe f.
bullet ['bulɪt] n Kugel f.
bulletin ['bulɪtɪn] n (TV etc) Kurznachrichten
pl; (journal) Bulletin nt.
bulletin board n (COMPUT) schwarzes Brett
nt.
bulletproof ['bulɪtpruːf] adj kugelsicher.
bullfight ['bulfaɪt] n Stierkampf m.
bullfighter ['bulfaɪtə'] n Stierkämpfer m.
bullfighting ['bulfaɪtɪŋ] n Stierkampf m.
bullion ['buljən] n: **gold/silver ~** Barrengold
nt/-silber nt.
bullock ['buləк] n Ochse m.
bullring ['bulrɪŋ] n Stierkampfarena f.
bull's-eye ['bulzaɪ] n (on a target): **the ~** der
Scheibenmittelpunkt, das Schwarze.
bullshit ['bulʃɪt] (infl) n Scheiß m, Quatsch m
♦ vi Scheiß erzählen; **~!** Quatsch!
bully ['bulɪ] n Tyrann m ♦ vt tyrannisieren;
(frighten) einschüchtern.
bullying ['bulɪŋ] n Tyrannisieren nt.
bum [bʌm] (inf) n Hintern m; (esp US: good-
for-nothing) Rumtreiber m; (tramp) Penner
m.
▶ **bum around** (inf) vi herumgammeln.
bumblebee ['bʌmblbiː] n Hummel f.
bumf [bʌmf] (inf) n Papierkram m.
bump [bʌmp] n Zusammenstoß m; (jolt)
Erschütterung f; (swelling) Beule f; (on road)
Unebenheit f ♦ vt stoßen; (car) eine Delle
fahren in +acc.
▶ **bump along** vi entlangholpern.
▶ **bump into** vt fus (obstacle) stoßen gegen;
(inf: person) treffen.
bumper ['bʌmpə'] n Stoßstange f ♦ adj: **~ crop**,
~ harvest Rekordernte f.
bumper cars npl Autoscooter pl.
bumper sticker n Aufkleber m.
bumph [bʌmf] n = **bumf**.
bumptious ['bʌmpʃəs] adj wichtigtuerisch.
bumpy ['bʌmpɪ] adj holperig; **it was a
~ flight/ride** während des Fluges/auf der
Fahrt wurden wir tüchtig durchgerüttelt.
bun [bʌn] n Brötchen nt; (of hair) Knoten m.
bunch [bʌntʃ] n Strauß m; (of keys) Bund m; (of
bananas) Büschel nt; (of people) Haufen m;
bunches npl (in hair) Zöpfe pl; **~ of grapes**
Weintraube f.
bundle ['bʌndl] n Bündel nt ♦ vt (also: ~ **up**)
bündeln; (put): **to ~ sth into** etw stopfen or
packen in +acc; **to ~ sb into** jdn schaffen in
+acc.
▶ **bundle off** vt schaffen.
▶ **bundle out** vt herausschaffen.
bun fight (BRIT: inf) n Festivitäten pl; (tea

party) Teegesellschaft f.
bung [bʌŋ] n Spund m, Spundzapfen m ♦ vt
(BRIT: inf: also: ~ **in**) schmeißen; (also: ~ **up**)
verstopfen; **my nose is ~ed up** meine Nase
ist verstopft.
bungalow ['bʌŋgələu] n Bungalow m.
bungee jumping ['bʌndʒiː'dʒʌmpɪŋ] n
Bungeespringen nt.
bungle ['bʌŋgl] vt verpfuschen.
bunion ['bʌnjən] n entzündeter Ballen m.
bunk [bʌŋk] n Bett nt, Koje f; **to do a ~** (inf)
abhauen.
▶ **bunk off** (inf) vi abhauen.
bunk beds npl Etagenbett nt.
bunker ['bʌŋkə'] n Kohlenbunker m; (MIL,
GOLF) Bunker m.
bunny ['bʌnɪ] n (also: ~ **rabbit**) Hase m,
Häschen nt.
bunny girl (BRIT) n Häschen nt.
bunny hill (US) n (SKI) Anfängerhügel m.
bunting ['bʌntɪŋ] n (flags) Wimpel pl,
Fähnchen pl.
buoy [bɔɪ] n Boje f.
▶ **buoy up** vt (fig) Auftrieb geben +dat.
buoyancy ['bɔɪənsɪ] n (of ship, object)
Schwimmfähigkeit f.
buoyant ['bɔɪənt] adj (ship, object)
schwimmfähig; (market) fest; (economy)
stabil; (prices, currency) fest, stabil; (person,
nature) heiter.
burden ['bəːdn] n Belastung f; (load) Last f
♦ vt: **to ~ sb with sth** jdn mit etw belasten;
to be a ~ to sb jdm zur Last fallen.
bureau ['bjuərəu] (pl **~x**) n (BRIT: writing desk)
Sekretär m; (US: chest of drawers) Kommode
f; (office) Büro nt.
bureaucracy [bjuə'rɔkrəsɪ] n Bürokratie f.
bureaucrat ['bjuərəkræt] n Bürokrat(in) m(f).
bureaucratic [bjuərə'krætɪk] adj bürokratisch.
bureaux ['bjuərəuz] npl of **bureau**.
burgeon ['bəːdʒən] vi hervorsprießen.
burger ['bəːgə'] (inf) n Hamburger m.
burglar ['bəːglə'] n Einbrecher(in) m(f).
burglar alarm n Alarmanlage f.
burglarize ['bəːgləraɪz] (US) vt einbrechen in
+acc.
burglary ['bəːglərɪ] n Einbruch m.
burgle ['bəːgl] vt einbrechen in +acc.
Burgundy ['bəːgəndɪ] n Burgund nt.
burial ['berɪəl] n Beerdigung f.
burial ground n Begräbnisstätte f.
burlesque [bəː'lesk] n (parody) Persiflage f;
(US: THEAT) Burleske f.
burly ['bəːlɪ] adj kräftig, stämmig.
Burma ['bəːmə] n Birma nt, Burma nt.
Burmese [bəː'miːz] adj birmanisch,
burmesisch ♦ n inv Birmane m, Burmese m,
Birmanin f, Burmesin f ♦ n (LING)
Birmanisch nt, Burmesisch nt.
burn [bəːn] (pt, pp **burned** or **burnt**) vt
verbrennen; (fuel) als Brennstoff

verwenden; (*food*) anbrennen lassen; (*house etc*) niederbrennen ♦ *vi* brennen; (*food*) anbrennen ♦ *n* Verbrennung *f*; **the cigarette ~t a hole in her dress** die Zigarette brannte ein Loch in ihr Kleid; **I've ~t myself!** ich habe mich verbrannt!

▶ **burn down** *vt* abbrennen.

▶ **burn out** *vt*: **to ~ o.s. out** (*writer etc*) sich völlig verausgaben; **the fire ~t itself out** das Feuer brannte aus.

burner ['bɜːnə*] *n* Brenner *m*.

burning ['bɜːnɪŋ] *adj* brennend; (*sand, desert*) glühend heiß.

burnish ['bɜːnɪʃ] *vt* polieren.

BURNS' NIGHT

*Burns' Night ist der am 25. Januar begangene Gedenktag für den schottischen Dichter Robert Burns (1759 - 1796). Wo Schotten leben, sei es in Schottland oder im Ausland, wird dieser Tag mit einem Abendessen gefeiert, bei dem es als Hauptgericht **haggis** gibt, der mit Dudelsackbegleitung aufgetischt wird. Dazu isst man Steckrüben- und Kartoffelpüree und trinkt Whisky. Während des Essens werden Burns' Gedichte vorgelesen, seine Lieder gesungen, bestimmte Reden gehalten und Trinksprüche ausgegeben.*

---

burnt [bɜːnt] *pt, pp of* **burn**.

burnt sugar (*BRIT*) *n* Karamell *m*.

burp [bɜːp] (*inf*) *n* Rülpser *m* ♦ *vt* (*baby*) aufstoßen lassen ♦ *vi* rülpsen.

burrow ['bʌrəu] *n* Bau *m* ♦ *vi* graben; (*rummage*) wühlen.

bursar ['bɜːsə*] *n* Schatzmeister *m*, Finanzverwalter *m*.

bursary ['bɜːsərɪ] (*BRIT*) *n* Stipendium *nt*.

burst [bɜːst] (*pt, pp* burst) *vt* zum Platzen bringen, platzen lassen ♦ *vi* platzen ♦ *n* Salve *f*; (*also:* ~ **pipe**) (Rohr)bruch *m*; **the river has ~ its banks** der Fluss ist über die Ufer getreten; **to ~ into flames** in Flammen aufgehen; **to ~ into tears** in Tränen ausbrechen; **to ~ out laughing** in Lachen ausbrechen; ~ **blood vessel** geplatzte Ader *f*; **to be ~ing with** zum Bersten voll sein mit; (*pride*) fast platzen vor +*dat*; **to ~ open** aufspringen; **a ~ of energy** ein Ausbruch *m* von Energie; **a ~ of enthusiasm** ein Begeisterungsausbruch *m*; **a ~ of speed** ein Spurt *m*; ~ **of laughter** Lachsalve *f*; ~ **of applause** Beifallssturm *m*.

▶ **burst in on** *vt fus*: **to ~ in on sb** bei jdm hereinplatzen.

▶ **burst into** *vt fus* (*into room*) platzen in +*acc*.

▶ **burst out of** *vt fus* (*of room*) stürmen *or* stürzen aus.

bury ['bɛrɪ] *vt* begraben; (*at funeral*) beerdigen; **to ~ one's face in one's hands** das Gesicht in den Händen vergraben; **to ~ one's head in the sand** (*fig*) den Kopf in den Sand stecken; **to ~ the hatchet** (*fig*) das Kriegsbeil begraben.

bus [bʌs] *n* (*matter*) (Auto)bus *m*, (Omni)bus *m*; (*double decker*) Doppeldecker *m* (*inf*).

bus boy (*US*) *n* Bedienungshilfe *f*.

bush [buʃ] *n* Busch *m*, Strauch *m*; (*scrubland*) Busch; **to beat about the ~** um den heißen Brei herumreden.

bushed [buʃt] (*inf*) *adj* (*exhausted*) groggy.

bushel ['buʃl] *n* Scheffel *m*.

bushfire *n* Buschfeuer *nt*.

bushy ['buʃɪ] *adj* buschig.

busily ['bɪzɪlɪ] *adv* eifrig; **to be ~ doing sth** eifrig etw tun.

business ['bɪznɪs] *n* (*matter*) Angelegenheit *f*; (*trading*) Geschäft *nt*; (*firm*) Firma *f*, Betrieb *m*; (*occupation*) Beruf *m*; **to be away on ~** geschäftlich unterwegs sein; **I'm here on ~** ich bin geschäftlich hier; **he's in the insurance/transport ~** er arbeitet in der Versicherungs-/Transportbranche; **to do ~ with sb** Geschäfte *pl* mit jdm machen; **it's my ~ to ...** es ist meine Aufgabe, zu ...; **it's none of my ~** es geht mich nichts an; **he means ~** er meint es ernst.

business address *n* Geschäftsadresse *f*.

business card *n* (Visiten)karte *f*.

businesslike ['bɪznɪslaɪk] *adj* geschäftsmäßig.

businessman ['bɪznɪsmən] (*irreg: like* man) *n* Geschäftsmann *m*.

business trip *n* Geschäftsreise *f*.

businesswoman ['bɪznɪswumən] (*irreg: like* woman) *n* Geschäftsfrau *f*.

busker ['bʌskə*] (*BRIT*) *n* Straßenmusikant(in) *m(f)*.

bus lane (*BRIT*) *n* Busspur *f*.

bus shelter *n* Wartehäuschen *nt*.

bus station *n* Busbahnhof *m*.

bus stop *n* Bushaltestelle *f*.

bust [bʌst] *n* (*measurement*) Oberweite *f*; (*sculpture*) Büste *f* ♦ *adj* (*inf*) kaputt ♦ *vt* (*inf*) verhaften; **to go ~** Pleite gehen.

bustle ['bʌsl] *n* Betrieb *m* ♦ *vi* eilig herumlaufen.

bustling ['bʌslɪŋ] *adj* belebt.

bust-up ['bʌstʌp] (*BRIT: inf*) *n* Krach *m*.

busty ['bʌstɪ] *adj* (*woman*) vollbusig.

BUSWE (*BRIT*) *n abbr* (= *British Union of Social Work Employees*) Sozialarbeitergewerkschaft.

busy ['bɪzɪ] *adj* (*person*) beschäftigt; (*shop, street*) belebt; (*TEL: esp US*) besetzt ♦ *vt*: **to ~ o.s. with** sich beschäftigen mit; **he's a ~ man** er ist ein viel beschäftigter Mann; **he's ~ or hard (at) work** (zurzeit) viel zu tun.

busybody ['bɪzɪbɒdɪ] *n*: **to be a ~** sich ständig einmischen.

busy signal (*US*) *n* (*TEL*) Besetztzeichen *nt*.

=========================== KEYWORD

but [bʌt] *conj* **1** (*yet*) aber; **not blue ~ red** nicht
blau, sondern rot; **he's not very bright,
~ he's hard-working** er ist nicht sehr
intelligent, aber er ist fleißig.
2 (*however*): **I'd love to come, ~ I'm busy** ich
würde gern kommen, bin aber beschäftigt.
3 (*showing disagreement, surprise etc*):
~ that's far too expensive! aber das ist viel
zu teuer!; **~ that's fantastic!** das ist doch
toll!
♦ *prep* (*apart from, except*) **nothing
~ trouble** nichts als Ärger; **no-one ~ him
can do it** keiner außer ihm kann es machen;
~ for you wenn Sie nicht gewesen wären;
~ for your help ohne Ihre Hilfe; **I'll do
anything ~ that** ich mache alles, nur nicht
das; **the last house ~ one** das vorletzte
Haus; **the next street ~ one** die übernächste
Straße
♦ *adv* (*just, only*) nur; **she's ~ a child** sie ist
doch noch ein Kind; **I can ~ try** ich kann es
ja versuchen.

butane ['bjuːteɪn] *n* (*also*: **~ gas**) Butan(gas)
nt.
butch [butʃ] (*inf*) *adj* maskulin.
butcher ['butʃəʳ] *n* Fleischer *m*, Metzger *m*;
(*pej: murderer*) Schlächter *m* ♦ *vt* schlachten;
(*prisoners etc*) abschlachten.
butcher's (shop) ['butʃəz-] *n* Fleischerei *f*,
Metzgerei *f*.
butler ['bʌtləʳ] *n* Butler *m*.
butt [bʌt] *n* großes Fass *nt*, Tonne *f*; (*thick end*)
dickes Ende *nt*; (*of gun*) Kolben *m*; (*of
cigarette*) Kippe *f*; (*BRIT, fig: target*)
Zielscheibe *f*; (*US: inf!*) Arsch *m* ♦ *vt* (*goat*)
mit den Hörnern stoßen; (*person*) mit dem
Kopf stoßen.
▶ **butt in** *vi* sich einmischen,
dazwischenfunken (*inf*).
butter ['bʌtəʳ] *n* Butter *f* ♦ *vt* buttern.
buttercup ['bʌtəkʌp] *n* Butterblume *f*.
butter dish *n* Butterdose *f*.
butterfingers ['bʌtəfɪŋgəz] (*inf*) *n* Schussel *m*.
butterfly ['bʌtəflaɪ] *n* Schmetterling *m*;
(*SWIMMING: also*: **~ stroke**)
Schmetterlingsstil *m*, Butterfly *m*.
buttocks ['bʌtəks] *npl* Gesäß *nt*.
button ['bʌtn] *n* Knopf *m*; (*US: badge*)
Plakette *f* ♦ *vt* (*also*: **~ up**) zuknöpfen ♦ *vi*
geknöpft werden.
buttonhole ['bʌtnhəʊl] *n* Knopfloch *nt*;
(*flower*) Blume *f* im Knopfloch ♦ *vt* zu fassen
bekommen, sich *dat* schnappen (*inf*).
buttress ['bʌtrɪs] *n* Strebepfeiler *m*.
buxom ['bʌksəm] *adj* drall.
buy [baɪ] (*pt, pp* **bought**) *vt* kaufen; (*company*)
aufkaufen ♦ *n* Kauf *m*; **that was a good/bad
~** das war ein guter/schlechter Kauf; **to
~ sb sth** jdm etw kaufen; **to ~ sth from sb**

etw bei jdm kaufen; (*from individual*) jdm
etw abkaufen; **to ~ sb a drink** jdm einen
ausgeben (*inf*).
▶ **buy back** *vt* zurückkaufen.
▶ **buy in** (*BRIT*) *vt* einkaufen.
▶ **buy into** (*BRIT*) *vt fus* sich einkaufen in +*acc*.
▶ **buy off** *vt* kaufen.
▶ **buy out** *vt* (*partner*) auszahlen; (*business*)
aufkaufen.
▶ **buy up** *vt* aufkaufen.
buyer ['baɪəʳ] *n* Käufer(in) *m(f)*; (*COMM*)
Einkäufer(in) *m(f)*.
buyer's market ['baɪəz-] *n* Käufermarkt *m*.
buyout ['baɪaʊt] *n* (*of firm: by workers,
management*) Aufkauf *m*.
buzz [bʌz] *vi* summen, brummen; (*saw*)
kreischen ♦ *vt* rufen; (*with buzzer*) (mit dem
Summer) rufen; (*AVIAT: plane, building*)
dicht vorbeifliegen an +*dat* ♦ *n* Summen *nt*,
Brummen *nt*; (*inf*): **to give sb a ~** jdn
anrufen; **my head is ~ing** mir schwirrt der
Kopf.
▶ **buzz off** (*inf*) *vi* abhauen.
buzzard ['bʌzəd] *n* Bussard *m*.
buzzer ['bʌzəʳ] *n* Summer *m*.
buzz word (*inf*) *n* Modewort *nt*.

=========================== KEYWORD

by [baɪ] *prep* **1** (*referring to cause, agent*) von
+*dat*, durch +*acc*; **killed ~ lightning** vom Blitz
or durch einen Blitz getötet; **a painting
~ Picasso** ein Bild von Picasso.
2 (*referring to method, manner, means*):
~ bus/car/train mit dem Bus/Auto/Zug; **to
pay ~ cheque** mit *or* per Scheck bezahlen;
~ saving hard, he was able to ... indem er
eisern sparte, konnte er ...
3 (*via, through*) über +*acc*; **we came ~ Dover**
wir sind über Dover gekommen.
4 (*close to*) bei +*dat*, an +*dat*; **the house ~ the
river** das Haus am Fluss.
5 (*past*) an ... *dat* vorbei; **she rushed ~ me** sie
eilte an mir vorbei.
6 (*not later than*) bis +*acc*; **~ 4 o'clock** bis 4
Uhr; **~ this time tomorrow** morgen um
diese Zeit.
7 (*amount*): **~ the kilo/metre** kilo-/
meterweise; **to be paid ~ the hour**
stundenweise bezahlt werden.
8 (*MATH, measure*): **to divide ~ 3** durch 3
teilen; **to multiply ~ 3** mit 3 malnehmen; **it
missed me ~ inches** es hat mich um
Zentimeter verfehlt.
9 (*according to*): **to play ~ the rules** sich an
die Regeln halten; **it's all right ~ me** von
mir aus ist es in Ordnung.
10: **(all) ~ myself/himself** *etc* (ganz) allein.
11: **~ the way** übrigens
♦ *adv* **1** *see* **go, pass** *etc*.
2: **~ and ~** irgendwann.
3: **~ and large** im Großen und Ganzen.

bye(-bye) ['baɪ('baɪ)] *excl* (auf) Wiedersehen, tschüss (*inf*).

bye-law ['baɪlɔ:] *n* Verordnung *f*.

by-election ['baɪɪlɛkʃən] (*BRIT*) *n* Nachwahl *f*.

Byelorussia [bjɛləu'rʌʃə] *n* = **Belorussia**.

Byelorussian [bjɛləu'rʌʃən] *adj, n* = **Belarussian**.

bygone ['baɪɡɔn] *adj* (längst) vergangen ♦ *n*: **let ~s be ~s** wir sollten die Vergangenheit ruhen lassen.

by-law ['baɪlɔ:] *n* = **bye-law**.

bypass ['baɪpɑ:s] *n* Umgehungsstraße *f*; (*MED*) Bypassoperation *f* ♦ *vt* (*also fig*) umgehen.

by-product ['baɪprɔdʌkt] *n* Nebenprodukt *nt*.

byre ['baɪə*] (*BRIT*) *n* Kuhstall *m*.

bystander ['baɪstændə*] *n* Zuschauer(in) *m(f)*.

byte [baɪt] *n* (*COMPUT*) Byte *nt*.

byway ['baɪweɪ] *n* Seitenweg *m*.

byword ['baɪwə:d] *n*: **to be a ~ for** der Inbegriff +*gen* sein, gleichbedeutend sein mit.

by-your-leave ['baɪjɔ:'li:v] *n*: **without so much as a ~** ohne auch nur (um Erlaubnis) zu fragen.

C, c

C¹, c¹ [si:] *n* (*letter*) C *nt*, c *nt*; (*SCOL*) ≈ Drei *f*, Befriedigend *nt*; **~ for Charlie** ≈ C wie Cäsar.

C² [si:] *n* (*MUS*) C *nt*, c *nt*.

C³ [si:] *abbr* = **Celsius; centigrade**.

c² *abbr* = **century** (= *circa*) ca.; (*US etc*: = *cent(s)*) Cent.

CA *n abbr* (*BRIT*) = **chartered accountant** ♦ *abbr* = **Central America**; (*US: POST*: = *California*).

C/A *abbr* (*COMM*) = **capital account; credit account; current account**.

ca. *abbr* (= *circa*) ca.

CAA *n abbr* (*BRIT*) = **Civil Aviation Authority**; (*US*: = *Civil Aeronautics Authority*) Zivilluftfahrtbehörde.

CAB (*BRIT*) *n abbr* = **Citizens' Advice Bureau**.

cab [kæb] *n* Taxi *nt*; (*of truck, train etc*) Führerhaus *nt*; (*horse-drawn*) Droschke *f*.

cabaret ['kæbəreɪ] *n* Kabarett *nt*.

cabbage ['kæbɪdʒ] *n* Kohl *m*.

cabbie, cabby ['kæbɪ] *n* Taxifahrer(in) *m(f)*.

cab driver *n* Taxifahrer(in) *m(f)*.

cabin ['kæbɪn] *n* Kabine *f*; (*house*) Hütte *f*.

cabin cruiser *n* Kajütboot *nt*.

cabinet ['kæbɪnɪt] *n* kleiner Schrank *m*; (*also*: **display ~**) Vitrine *f*; (*POL*) Kabinett *nt*.

cabinet-maker ['kæbɪnɪt'meɪkə*] *n* Möbeltischler *m*.

cabinet minister *n* Mitglied *nt* des Kabinetts, Minister(in) *m(f)*.

cable ['keɪbl] *n* Kabel *nt* ♦ *vt* kabeln.

cable car *n* (Draht)seilbahn *f*.

cablegram ['keɪblɡræm] *n* (Übersee)telegramm *nt*, Kabel *nt*.

cable railway *n* Seilbahn *f*.

cable television *n* Kabelfernsehen *nt*.

cable TV *n* = **cable television**.

cache [kæʃ] *n* Versteck *nt*, geheimes Lager *nt*; **a ~ of food** ein geheimes Proviantlager.

cackle ['kækl] *vi* (*person: laugh*) meckernd lachen; (*hen*) gackern.

cacti ['kæktaɪ] *npl of* **cactus**.

cactus ['kæktəs] (*pl* **cacti**) *n* Kaktus *m*.

CAD *n abbr* (= *computer-aided design*) CAD *nt*.

caddie ['kædɪ] *n* (*GOLF*) Caddie *m*.

caddy ['kædɪ] *n* = **caddie**.

cadence ['keɪdəns] *n* (*of voice*) Tonfall *m*.

cadet [kə'dɛt] *n* Kadett *m*; **police ~** Polizeianwärter(in) *m(f)*.

cadge [kædʒ] (*inf*) *vt*: **to ~ (from** *or* **off)** schnorren (bei *or* von +*dat*); **to ~ a lift with sb** von jdm mitgenommen werden.

cadger ['kædʒə*] (*BRIT: inf*) *n* Schnorrer(in) *m(f)*.

cadre ['kædrɪ] *n* Kader *m*.

Caesarean [si:'zɛərɪən] *n*: **~ (section)** Kaiserschnitt *m*.

CAF (*BRIT*) *abbr* (= *cost and freight*) cf.

café ['kæfeɪ] *n* Café *nt*.

cafeteria [kæfɪ'tɪərɪə] *n* Cafeteria *f*.

caffein(e) ['kæfi:n] *n* Koffein *nt*.

cage [keɪdʒ] *n* Käfig *m*; (*of lift*) Fahrkorb *m* ♦ *vt* einsperren.

cagey ['keɪdʒɪ] (*inf*) *adj* vorsichtig; (*evasive*) ausweichend.

cagoule [kə'ɡu:l] *n* Regenjacke *f*.

cahoots [kə'hu:ts] (*inf*) *n*: **to be in ~ with** unter einer Decke stecken mit.

CAI *n abbr* (= *computer-aided instruction*) CAI *nt*.

Cairo ['kaɪərəu] *n* Kairo *nt*.

cajole [kə'dʒəul] *vt*: **to ~ sb into doing sth** jdn bereden, etw zu tun.

cake [keɪk] *n* Kuchen *m*; (*small*) Gebäckstück *nt*; (*of soap*) Stück *nt*; **it's a piece of ~** (*inf*) das ist ein Kinderspiel *or* ein Klacks; **he wants to have his ~ and eat it (too)** (*fig*) er will das eine, ohne das andere zu lassen.

caked [keɪkt] *adj*: **~ with** (*mud, blood*) verkrustet mit.

cake shop *n* Konditorei *f*.

Cal. (*US*) *abbr* (*POST*: = *California*).

calamine lotion ['kæləmaɪn-] *n* Galmeilotion *f*.

calamitous [kə'læmɪtəs] *adj* katastrophal.

calamity [kə'læmɪtɪ] *n* Katastrophe *f*.

calcium ['kælsɪəm] *n* Kalzium *nt*.

calculate ['kælkjuleɪt] *vt* (*work out*) berechnen; (*estimate*) abschätzen.

▶ **calculate on** *vt fus*: **to ~ on sth** mit etw

rechnen; **to ~ on doing sth** damit rechnen, etw zu tun.

calculated ['kælkjuleɪtɪd] *adj (insult)* bewusst; *(action)* vorsätzlich; **a ~ risk** ein kalkuliertes Risiko.

calculating ['kælkjuleɪtɪŋ] *adj (scheming)* berechnend.

calculation [kælkju'leɪʃən] *n (see vt)* Berechnung *f*; Abschätzung *f*; *(sum)* Rechnung *f*.

calculator ['kælkjuleɪtə'] *n* Rechner *m*.

calculus ['kælkjuləs] *n* Infinitesimalrechnung *f*; **integral/differential ~** Integral-/Differenzialrechnung *f*.

calendar ['kæləndə'] *n* Kalender *m*; *(timetable, schedule)* (Termin)kalender *m*.

calendar month *n* Kalendermonat *m*.

calendar year *n* Kalenderjahr *nt*.

calf [kɑ:f] *(pl* **calves***) n* Kalb *nt*; *(of elephant, seal etc)* Junge(s) *nt*; *(also:* **~skin***)* Kalb(s)leder *nt*; *(ANAT)* Wade *f*.

caliber ['kælɪbə'] *(US) n =* **calibre**.

calibrate ['kælɪbreɪt] *vt (gun etc)* kalibrieren; *(scale of measuring instrument)* eichen.

calibre, *(US)* **caliber** ['kælɪbə'] *n* Kaliber *nt*; *(of person)* Format *nt*.

calico ['kælɪkəu] *n (BRIT)* Kattun *m*, Kaliko *m*; *(US)* bedruckter Kattun.

Calif. *(US) abbr (POST:* = *California).*

California [kælɪ'fɔ:nɪə] *n* Kalifornien *nt*.

calipers ['kælɪpəz] *(US) npl =* **callipers**.

call [kɔ:l] *vt (name, consider)* nennen; *(shout out, summon)* rufen; *(TEL)* anrufen; *(witness, flight)* aufrufen; *(meeting)* einberufen; *(strike)* ausrufen ♦ *vi* rufen; *(TEL)* anrufen; *(visit: also:* **~ in, ~ round***)* vorbeigehen, vorbeikommen ♦ *n* Ruf *m*; *(TEL)* Anruf *m*; *(visit)* Besuch *m*; *(for a service etc)* Nachfrage *f*; *(for flight etc)* Aufruf *m*; *(fig: lure)* Ruf *m*, Verlockung *f*; **to be ~ed** *(named)* heißen; **who is ~ing?** *(TEL)* wer spricht da bitte?; **London ~ing** *(RADIO)* hier ist London; **please give me a ~ at 7** rufen Sie mich bitte um 7 an; **to make a ~** ein (Telefon)gespräch führen; **to pay a ~ on sb** jdn besuchen; **to be on ~** einsatzbereit sein; *(doctor etc)* Bereitschaftsdienst haben; **there's not much ~ for these items** es besteht keine große Nachfrage nach diesen Dingen.

► **call at** *vt fus (subj: ship)* anlaufen; *(: train)* halten in +*dat*.

► **call back** *vi (return)* wiederkommen; *(TEL)* zurückrufen ♦ *vt (TEL)* zurückrufen.

► **call for** *vt fus (demand)* fordern; *(fetch)* abholen.

► **call in** *vt (doctor, expert, police)* zurate *or* zu Rate ziehen; *(books, cars, stock etc)* aus dem Verkehr ziehen ♦ *vi* vorbeigehen, vorbeikommen.

► **call off** *vt* absagen.

► **call on** *vt fus* besuchen; *(appeal to)* appellieren an +*acc*; **to ~ on sb to do sth** jdn

bitten *or* auffordern, etw zu tun.

► **call out** *vi* rufen ♦ *vt* rufen; *(police, troops)* alarmieren.

► **call up** *vt (MIL)* einberufen; *(TEL)* anrufen.

Callanetics ® *n sing* Callanetics *f*.

call box *(BRIT) n* Telefonzelle *f*.

call centre *n* Telefoncenter *nt*, Callcenter *nt*.

caller ['kɔ:lə'] *n* Besucher(in) *m(f)*; *(TEL)* Anrufer(in) *m(f)*; **hold the line, ~!** *(TEL)* bitte bleiben Sie am Apparat!

call girl *n* Callgirl *nt*.

call-in ['kɔ:lɪn] *(US) n (RADIO, TV)* Phone-in *nt*.

calling ['kɔ:lɪŋ] *n (trade)* Beruf *m*; *(vocation)* Berufung *f*.

calling card *(US) n* Visitenkarte *f*.

callipers, *(US)* **calipers** ['kælɪpəz] *npl (MATH)* Tastzirkel *m*; *(MED)* Schiene *f*.

callous ['kæləs] *adj* herzlos.

callousness ['kæləsnɪs] *n* Herzlosigkeit *f*.

callow ['kæləu] *adj* unreif.

calm [kɑ:m] *adj* ruhig; *(unworried)* gelassen ♦ *n* Ruhe *f* ♦ *vt* beruhigen; *(fears)* zerstreuen; *(grief)* lindern.

► **calm down** *vt* beruhigen ♦ *vi* sich beruhigen.

calmly ['kɑ:mlɪ] *adv (see adj)* ruhig; gelassen.

calmness ['kɑ:mnɪs] *n (see adj)* Ruhe *f*; Gelassenheit *f*.

Calor gas ® ['kælə'-] *n* Butangas *nt*.

calorie ['kælərɪ] *n* Kalorie *f*; **low-~ product** kalorienarmes Produkt *nt*.

calve [kɑ:v] *vi* kalben.

calves [kɑ:vz] *npl of* **calf**.

CAM *n abbr* (= *computer-aided manufacture)* CAM *nt*.

camber ['kæmbə'] *n* Wölbung *f*.

Cambodia [kæm'bəudɪə] *n* Kambodscha *nt*.

Cambodian [kæm'bəudɪən] *adj* kambodschanisch ♦ *n* Kambodschaner(in) *m(f)*.

Cambs *(BRIT) abbr (POST:* = *Cambridgeshire).*

camcorder ['kæmkɔ:də'] *n* Camcorder *m*, Kamerarekorder *m*.

came [keɪm] *pt of* **come**.

camel ['kæməl] *n* Kamel *nt*.

cameo ['kæmɪəu] *n* Kamee *f*; *(THEAT, LITER)* Miniatur *f*.

camera ['kæmərə] *n (CINE, PHOT)* Kamera *f*; *(also:* **cine ~, movie ~***)* Filmkamera *f*; **35 mm ~** Kleinbildkamera *f*; **in ~** *(LAW)* unter Ausschluss der Öffentlichkeit.

cameraman ['kæmərəmæn] *(irreg: like* **man***) n* Kameramann *m*.

Cameroon [kæmə'ru:n] *n* Kamerun *nt*.

Cameroun [kæmə'ru:n] *n =* **Cameroon**.

camomile ['kæməmaɪl] *n* Kamille *f*.

camouflage ['kæməflɑ:ʒ] *n* Tarnung *f* ♦ *vt* tarnen.

camp [kæmp] *n* Lager *nt*; *(barracks)* Kaserne *f* ♦ *vi* zelten ♦ *adj (effeminate)* tuntenhaft *(inf)*.

campaign [kæm'peɪn] *n (MIL)* Feldzug *m*; *(POL etc)* Kampagne *f* ♦ *vi* kämpfen; **to ~ for/**

against sich einsetzen für/gegen.
campaigner [kæm'peɪnə*] n: ~ **for**
Befürworter(in) m(f) +gen; ~ **against**
Gegner(in) m(f) +gen.
camp bed (BRIT) n Campingliege f.
camper ['kæmpə*] n (person) Camper m;
(vehicle) Wohnmobil nt.
camping ['kæmpɪŋ] n Camping nt; **to go** ~
zelten gehen, campen.
camp(ing) site n Campingplatz m.
campus ['kæmpəs] n (UNIV)
Universitätsgelände nt, Campus m.
camshaft ['kæmʃɑ:ft] n Nockenwelle f.
can¹ [kæn] n Büchse f, Dose f; (for oil, water)
Kanister m ♦ vt eindosen, in Büchsen or
Dosen einmachen; **a** ~ **of beer** eine Dose
Bier; **he had to carry the** ~ (BRIT: inf) er
musste die Sache ausbaden.

═══════════════════ KEYWORD

can² (negative **cannot, can't,** conditional and pt
could) aux vb **1** (be able to, know how to)
können; **you** ~ **do it if you try** du kannst es,
wenn du es nur versuchst; **I can't see you**
ich kann dich nicht sehen; **I** ~ **swim/drive**
ich kann schwimmen/Auto fahren; ~ **you
speak English?** sprechen Sie Englisch?
2 (may) können, dürfen; ~ **I use your phone?**
kann or darf ich Ihr Telefon benutzen?;
could I have a word with you? könnte ich
Sie mal sprechen?
3 (expressing disbelief, puzzlement): **it can't be
true!** das darf doch nicht wahr sein!
4 (expressing possibility, suggestion, etc): **he
could be in the library** er könnte in der
Bibliothek sein.

Canada ['kænədə] n Kanada nt.
Canadian [kə'neɪdɪən] adj kanadisch ♦ n
Kanadier(in) m(f).
canal [kə'næl] n (also ANAT) Kanal m.
Canaries [kə'nɛəriz] npl = **Canary Islands.**
canary [kə'nɛəri] n Kanarienvogel m.
Canary Islands [kə'nɛəri 'aɪləndz] npl: **the** ~
die Kanarischen Inseln pl.
Canberra ['kænbərə] n Canberra nt.
cancel ['kænsəl] vt absagen; (reservation)
abbestellen; (train, flight) ausfallen lassen;
(contract) annullieren; (order) stornieren;
(cross out) durchstreichen; (stamp)
entwerten; (cheque) ungültig machen.
► **cancel out** vt aufheben; **they** ~ **each other
out** sie heben sich gegenseitig auf.
cancellation [kænsə'leɪʃən] n Absage f; (of
reservation) Abbestellung f; (of train, flight)
Ausfall m; (TOURISM) Rücktritt m.
cancer ['kænsə*] n (also: **C~**: ASTROL) Krebs m;
to be C~ (ein) Krebs sein.
cancerous ['kænsrəs] adj krebsartig.
cancer patient n Krebskranke(r) f(m).
cancer research n Krebsforschung f.
c and f (BRIT) abbr (COMM: = cost and freight)

cf.
candid ['kændɪd] adj offen, ehrlich.
candidacy ['kændɪdəsɪ] n Kandidatur f.
candidate ['kændɪdeɪt] n Kandidat(in) m(f);
(for job) Bewerber(in) m(f).
candidature ['kændɪdətʃə*] (BRIT) n
= **candidacy.**
candied ['kændɪd] adj kandiert; ~ **apple** (US)
kandierter Apfel m.
candle ['kændl] n Kerze f; (of tallow) Talglicht
nt.
candleholder ['kændlhəʊldə*] n see
candlestick.
candlelight ['kændllaɪt] n: **by** ~ bei
Kerzenlicht.
candlestick ['kændlstɪk] n (also: **candleholder**)
Kerzenhalter m; (bigger, ornate)
Kerzenleuchter m.
candour, (US) **candor** ['kændə*] n Offenheit f.
C & W n abbr = **country and western (music).**
candy ['kændɪ] n (also: **sugar-~**)
Kandis(zucker) m; (US) Bonbon nt or m.
candyfloss ['kændɪflɔs] (BRIT) n Zuckerwatte
f.
candy store (US) n Süßwarenhandlung f.
cane [keɪn] n Rohr nt; (stick) Stock m; (: for
walking) (Spazier)stock m ♦ vt (BRIT: SCOL)
mit dem Stock schlagen.
canine ['keɪnaɪn] adj (species) Hunde-.
canister ['kænɪstə*] n Dose f; (pressurized
container) Sprühdose f; (of gas, chemicals etc)
Kanister m.
cannabis ['kænəbɪs] n Haschisch nt; (also:
~ **plant**) Hanf m, Cannabis m.
canned [kænd] adj Dosen-; (inf: music) aus der
Konserve; (US: inf: worker) entlassen,
rausgeschmissen inf.
cannibal ['kænɪbəl] n Kannibale m, Kannibalin
f.
cannibalism ['kænɪbəlɪzəm] n Kannibalismus
m.
cannon ['kænən] (pl ~ or ~**s**) n Kanone f.
cannonball ['kænənbɔ:l] n Kanonenkugel f.
cannon fodder n Kanonenfutter nt.
cannot ['kænɔt] = **can not.**
canny ['kænɪ] adj schlau.
canoe [kə'nu:] n Kanu nt.
canoeing [kə'nu:ɪŋ] n Kanusport m.
canon ['kænən] n Kanon m; (clergyman)
Kanoniker m, Kanonikus m.
canonize ['kænənaɪz] vt kanonisieren, heilig
sprechen.
can-opener ['kænəʊpnə*] n Dosenöffner m,
Büchsenöffner m.
canopy ['kænəpɪ] n (also fig) Baldachin m.
cant [kænt] n scheinheiliges Gerede nt.
can't [kænt] = **can not.**
Cantab. (BRIT) abbr (in degree titles:
= Cantabrigiensis) der Universität
Cambridge.
cantankerous [kæn'tæŋkərəs] adj mürrisch.
canteen [kæn'ti:n] n (in school, workplace)

Kantine *f*; (: *mobile*) Feldküche *f*; (*BRIT: of cutlery*) Besteckkasten *m*.

canter ['kæntə*] *vi* leicht galoppieren, kantern ♦ *n* leichter Galopp *m*, Kanter *m*.

cantilever ['kæntɪliːvə*] *n* Ausleger *m*.

canvas ['kænvəs] *n* Leinwand *f*; (*painting*) Gemälde *nt*; (*NAUT*) Segeltuch *nt*; **under** ~ im Zelt.

canvass ['kænvəs] *vt* (*opinions, views*) erforschen; (*person*) für seine Partei zu gewinnen suchen; (*place*) Wahlwerbung machen in +*dat* ♦ *vi*: **to** ~ **for** ... (*POL*) um Stimmen für ... werben.

canvasser ['kænvəsə*] *n* (*POL*) Wahlhelfer(in) *m(f)*.

canvassing ['kænvəsɪŋ] *n* (*POL*) Wahlwerbung *f*.

canyon ['kænjən] *n* Cañon *m*.

CAP *n abbr* (= *Common Agricultural Policy*) gemeinsame Agrarpolitik *f* der EG.

cap [kæp] *n* Mütze *f*, Kappe *f*; (*of pen*) (Verschluss)kappe *f*; (*of bottle*) Verschluss *m*, Deckel *m*; (*contraceptive: also*: **Dutch** ~) Pessar *nt*; (*for toy gun*) Zündplättchen *nt*; (*for swimming*) Bademütze *f*, Badekappe *f*; (*SPORT*) Ehrenkappe, *die Nationalspielern verliehen wird* ♦ *vt* (*outdo*) überbieten; (*SPORT*) für die Nationalmannschaft aufstellen; ~**ped with** ... mit ... obendrauf; **and to** ~ **it all**, ... und obendrein ...

capability [keɪpə'bɪlɪtɪ] *n* Fähigkeit *f*; (*MIL*) Potenzial *nt*.

capable ['keɪpəbl] *adj* fähig; **to be** ~ **of doing sth** etw tun können, fähig sein, etw zu tun; **to be** ~ **of sth** (*interpretation etc*) etw zulassen.

capacious [kə'peɪʃəs] *adj* geräumig.

capacity [kə'pæsɪtɪ] *n* Fassungsvermögen *nt*; (*of lift etc*) Höchstlast *f*; (*capability*) Fähigkeit *f*; (*position, role*) Eigenschaft *f*; (*of factory*) Kapazität *f*; **filled to** ~ randvoll; (*stadium etc*) bis auf den letzten Platz besetzt; **in his** ~ **as** ... in seiner Eigenschaft als ...; **this work is beyond my** ~ zu dieser Arbeit bin ich nicht fähig; **in an advisory** ~ in beratender Funktion; **to work at full** ~ voll ausgelastet sein.

cape [keɪp] *n* Kap *nt*; (*cloak*) Cape *nt*, Umhang *m*.

Cape of Good Hope *n*: **the** ~ das Kap der guten Hoffnung.

caper ['keɪpə*] *n* (*CULIN: usu pl*) Kaper *f*; (*prank*) Eskapade *f*, Kapriole *f*.

Cape Town *n* Kapstadt *nt*.

capita ['kæpɪtə] *see* **per capita**.

capital ['kæpɪtl] *n* (*also*: ~ **city**) Hauptstadt *f*; (*money*) Kapital *nt*; (*also*: ~ **letter**) Großbuchstabe *m*.

capital account *n* Kapitalverkehrsbilanz *f*; (*of country*) Kapitalkonto *nt*.

capital allowance *n* (Anlage)abschreibung *f*.

capital assets *npl* Kapitalvermögen *nt*.

capital expenditure *n* Kapitalaufwendungen *pl*.

capital gains tax *n* Kapitalertragssteuer *f*.

capital goods *npl* Investitionsgüter *pl*.

capital-intensive ['kæpɪtlɪn'tɛnsɪv] *adj* kapitalintensiv.

capitalism ['kæpɪtəlɪzəm] *n* Kapitalismus *m*.

capitalist ['kæpɪtəlɪst] *adj* kapitalistisch ♦ *n* Kapitalist(in) *m(f)*.

capitalize ['kæpɪtəlaɪz] *vt* (*COMM*) kapitalisieren ♦ *vi*: **to** ~ **on** Kapital schlagen aus.

capital punishment *n* Todesstrafe *f*.

capital transfer tax (*BRIT*) *n* Erbschafts- und Schenkungssteuer *f*.

Capitol ['kæpɪtl] *n*: **the** ~ das Kapitol.

CAPITOL

Capitol *ist das Gebäude in Washington auf dem Capitol Hill, in dem der Kongress der USA zusammentritt. Die Bezeichnung wird in vielen amerikanischen Bundesstaaten auch für das Parlamentsgebäude des jeweiligen Staates verwendet.*

---

capitulate [kə'pɪtjuleɪt] *vi* kapitulieren.

capitulation [kəpɪtju'leɪʃən] *n* Kapitulation *f*.

capricious [kə'prɪʃəs] *adj* launisch.

Capricorn ['kæprɪkɔːn] *n* (*ASTROL*) Steinbock *m*; **to be** ~ (ein) Steinbock sein.

caps [kæps] *abbr* (= *capital letters*) Großbuchstaben *pl*.

capsize [kæp'saɪz] *vt* zum Kentern bringen ♦ *vi* kentern.

capstan ['kæpstən] *n* Poller *m*.

capsule ['kæpsjuːl] *n* Kapsel *f*.

Capt. *abbr* (*MIL*) = **captain**.

captain ['kæptɪn] *n* Kapitän *m*; (*of plane*) (Flug)kapitän *m*; (*in army*) Hauptmann *m* ♦ *vt* (*ship*) befehligen; (*team*) anführen.

caption ['kæpʃən] *n* Bildunterschrift *f*.

captivate ['kæptɪveɪt] *vt* fesseln.

captive ['kæptɪv] *adj* gefangen ♦ *n* Gefangene(r) *f(m)*.

captivity [kæp'tɪvɪtɪ] *n* Gefangenschaft *f*.

captor ['kæptə*] *n*: **his** ~**s** diejenigen, die ihn gefangen nahmen.

capture ['kæptʃə*] *vt* (*animal*) (ein)fangen; (*person*) gefangen nehmen; (*town, country, share of market*) erobern; (*attention*) erregen; (*COMPUT*) erfassen ♦ *n* (*of animal*) Einfangen *nt*; (*of person*) Gefangennahme *f*; (*of town etc*) Eroberung *f*; (*data capture*) Erfassung *f*.

car [kɑː*] *n* Auto *nt*, Wagen *m*; (*RAIL*) Wagen *m*; **by** ~ mit dem Auto *or* Wagen.

Caracas [kə'rækəs] *n* Caracas *nt*.

carafe [kə'ræf] *n* Karaffe *f*.

caramel ['kærəməl] *n* Karamelle *f*, Karamellbonbon *m or nt*; (*burnt sugar*) Karamell *m*.

carat ['kærət] n Karat nt; **18 ~ gold** achtzehnkarätiges Gold.

caravan ['kærəvæn] n (BRIT) Wohnwagen m; (in desert) Karawane f.

caravan site (BRIT) n Campingplatz m für Wohnwagen.

caraway seed n Kümmel m.

carbohydrate [kɑːbəʊ'haɪdreɪt] n Kohle(n)hydrat nt.

carbolic acid [kɑː'bɒlɪk-] n Karbolsäure f.

car bomb n Autobombe f.

carbon ['kɑːbən] n Kohlenstoff m.

carbonated ['kɑːbəneɪtɪd] adj mit Kohlensäure (versetzt).

carbon copy n Durchschlag m.

carbon dioxide n Kohlendioxid nt.

carbon monoxide [mɒ'nɒksaɪd] n Kohlenmonoxid nt.

carbon paper n Kohlepapier nt.

carbon ribbon n Kohlefarbband nt.

car-boot sale n auf einem Parkplatz stattfindender Flohmarkt mit dem Kofferraum als Auslage.

carburettor, (US) **carburetor** [kɑːbjʊ'retə*] n Vergaser m.

carcass ['kɑːkəs] n Kadaver m.

carcinogenic [kɑːsɪnə'dʒenɪk] adj Krebs erregend, karzinogen.

card [kɑːd] n Karte f; (material) (dünne) Pappe f, Karton m; (record card, index card etc) (Kartei)karte f; (membership card) (Mitglieds)ausweis m; (playing card) (Spiel)karte f; (visiting card) (Visiten)karte f; **to play ~s** Karten spielen.

cardamom ['kɑːdəməm] n Kardamom m.

cardboard ['kɑːdbɔːd] n Pappe f.

cardboard box n (Papp)karton m.

card-carrying ['kɑːd'kærɪɪŋ] adj: **~ member** eingetragenes Mitglied nt.

card game n Kartenspiel nt.

cardiac ['kɑːdɪæk] adj (failure, patient) Herz-.

cardigan ['kɑːdɪɡən] n Strickjacke f.

cardinal ['kɑːdɪnl] adj (principle, importance) Haupt- ♦ n Kardinal m; **~ number** Kardinalzahl f; **~ sin** Todsünde f.

card index n Kartei f.

cardphone n Kartentelefon nt.

cardsharp ['kɑːdʃɑːp] n Falschspieler m.

card vote (BRIT) n Abstimmung f durch Wahlmänner.

CARE [keə*] n abbr (= Cooperative for American Relief Everywhere) karitative Organisation.

care [keə*] n (attention) Versorgung f; (worry) Sorge f; (charge) Obhut f, Fürsorge f ♦ vi: **to ~ about** sich kümmern um; **~ of** bei; **"handle with ~"** „Vorsicht, zerbrechlich"; **in sb's ~** in jds dat Obhut; **to take ~** aufpassen; **to take ~ to do sth** sich bemühen, etw zu tun; **to take ~ of** sich kümmern um; **the child has been taken into ~** das Kind ist in Pflege genommen worden; **would you ~ to/for ...?** möchten Sie gerne

...?; **I wouldn't ~ to do it** ich möchte es nicht gern tun; **I don't ~** es ist mir egal or gleichgültig; **I couldn't ~ less** es ist mir völlig egal or gleichgültig.

▶ **care for** vt fus (look after) sich kümmern um; (like) mögen.

career [kə'rɪə*] n Karriere f; (job, profession) Beruf m; (life) Laufbahn f ♦ vi (also: **~ along**) rasen.

career girl n Karrierefrau f.

careers officer [kə'rɪəz-] n Berufsberater(in) m(f).

career woman n Karrierefrau f.

carefree ['keəfriː] adj sorglos.

careful ['keəful] adj vorsichtig; (thorough) sorgfältig; **(be) ~!** Vorsicht!, pass auf!; **to be ~ with one's money** sein Geld gut zusammenhalten.

carefully ['keəfəlɪ] adv vorsichtig; (methodically) sorgfältig.

careless ['keəlɪs] adj leichtsinnig; (negligent) nachlässig; (remark) gedankenlos.

carelessly ['keəlɪslɪ] adv (see adj) leichtsinnig; nachlässig; gedankenlos.

carelessness ['keəlɪsnɪs] n (see adj) Leichtsinn m; Nachlässigkeit f; Gedankenlosigkeit f.

caress [kə'res] n Streicheln nt ♦ vt streicheln.

caretaker ['keəteɪkə*] n Hausmeister(in) m(f).

caretaker government (BRIT) n geschäftsführende Regierung f.

car ferry n Autofähre f.

cargo ['kɑːɡəʊ] (pl **~es**) n Fracht f, Ladung f.

cargo boat n Frachter m, Frachtschiff nt.

cargo plane n Transportflugzeug nt.

car hire (BRIT) n Autovermietung f.

Caribbean [kærɪ'biːən] adj karibisch ♦ n: **the ~ (Sea)** die Karibik, das Karibische Meer.

caricature ['kærɪkətjʊə*] n Karikatur f.

caring ['keərɪŋ] adj liebevoll; (society, organization) sozial; (behaviour) fürsorglich.

carjacking n Angriff durch Banditen, die gewaltsam in PKWs eindringen und den Wagen samt Insassen entführen.

carnage ['kɑːnɪdʒ] n (MIL) Blutbad nt, Gemetzel nt.

carnal ['kɑːnl] adj fleischlich, sinnlich.

carnation [kɑː'neɪʃən] n Nelke f.

carnival ['kɑːnɪvl] n Karneval m; (US: funfair) Kirmes f.

carnivorous [kɑː'nɪvərəs] adj Fleisch fressend.

carol ['kærəl] n: **(Christmas) ~** Weihnachtslied nt.

carouse [kə'raʊz] vi zechen.

carousel [kærə'sel] (US) n Karussell nt.

carp [kɑːp] n Karpfen m.

▶ **carp at** vt fus herumnörgeln an +dat.

car park (BRIT) n Parkplatz m; (building) Parkhaus nt.

carpenter ['kɑːpɪntə*] n Zimmermann m.

carpentry ['kɑːpɪntrɪ] n Zimmerhandwerk nt;

(*school subject, hobby*) Tischlern *nt*.
carpet ['kɑːpɪt] *n* (*also fig*) Teppich *m* ♦ *vt* (mit Teppichen/Teppichboden) auslegen; **fitted** ~ (*BRIT*) Teppichboden *m*.
carpet bombing *n* Flächenbombardierung *f*.
carpet slippers *npl* Pantoffeln *pl*.
carpet-sweeper ['kɑːpɪtswiːpəʳ] *n* Teppichkehrer *m*.
car phone *n* (*TELEC*) Autotelefon *nt*.
carport ['kɑːpɔːt] *n* Einstellplatz *m*.
car rental *n* Autovermietung *f*.
carriage ['kærɪdʒ] *n* (*RAIL, of typewriter*) Wagen *m*; (*horse-drawn vehicle*) Kutsche *f*; (*of goods*) Beförderung *f*; (*transport costs*) Beförderungskosten *pl*; ~ **forward** Fracht zahlt Empfänger; ~ **free** frachtfrei; ~ **paid** frei Haus.
carriage return *n* (*on typewriter*) Wagenrücklauf *m*; (*COMPUT*) Return *nt*.
carriageway ['kærɪdʒweɪ] (*BRIT*) *n* Fahrbahn *f*.
carrier ['kærɪəʳ] *n* Spediteur *m*, Transportunternehmer *m*; (*MED*) Überträger *m*.
carrier bag (*BRIT*) *n* Tragetasche *f*, Tragetüte *f*.
carrier pigeon *n* Brieftaube *f*.
carrion ['kærɪən] *n* Aas *nt*.
carrot ['kærət] *n* Möhre *f*, Mohrrübe *f*, Karotte *f*; (*fig*) Köder *m*.
carry ['kærɪ] *vt* tragen; (*transport*) transportieren; (*a motion, bill*) annehmen; (*reponsibilities etc*) mit sich bringen; (*disease, virus*) übertragen ♦ *vi* (*sound*) tragen; **to get carried away** (*fig*) sich hinreißen lassen; **this loan carries 10% interest** dieses Darlehen wird mit 10% verzinst.
▸ **carry forward** *vt* übertragen, vortragen.
▸ **carry on** *vi* weitermachen; (*inf: make a fuss*) (ein) Theater machen ♦ *vt* fortführen; **to** ~ **on with sth** mit etw weitermachen; **to** ~ **on singing/eating** weitersingen/-essen.
▸ **carry out** *vt* (*orders*) ausführen; (*investigation*) durchführen; (*idea*) in die Tat umsetzen; (*threat*) wahrmachen.
carrycot ['kærɪkɔt] (*BRIT*) *n* Babytragetasche *f*.
carry-on ['kærɪ'ɔn] (*inf*) *n* Theater *nt*.
cart [kɑːt] *n* Wagen *m*, Karren *m*; (*for passengers*) Wagen *m*; (*handcart*) (Hand)wagen *m* ♦ *vt* (*inf*) mit sich herumschleppen.
carte blanche ['kɑːt'blɒnʃ] *n*: **to give sb** ~ jdm Carte blanche *or* (eine) Blankovollmacht geben.
cartel [kɑː'tɛl] *n* Kartell *nt*.
cartilage ['kɑːtɪlɪdʒ] *n* Knorpel *m*.
cartographer [kɑː'tɔgrəfəʳ] *n* Kartograf(in) *m(f)*.
cartography [kɑː'tɔgrəfɪ] *n* Kartografie *f*.
carton ['kɑːtən] *n* (*Papp*)karton *m*; (*of yogurt*) Becher *m*; (*of milk*) Tüte *f*; (*of cigarettes*) Stange *f*.

cartoon [kɑː'tuːn] *n* (*drawing*) Karikatur *f*; (*BRIT: comic strip*) Cartoon *m*; (*CINE*) Zeichentrickfilm *m*.
cartoonist [kɑː'tuːnɪst] *n* Karikaturist(in) *m(f)*.
cartridge ['kɑːtrɪdʒ] *n* (*for gun, pen*) Patrone *f*; (*music tape, for camera*) Kassette *f*; (*of record-player*) Tonabnehmer *m*.
cartwheel ['kɑːtwiːl] *n* Rad *nt*; **to turn a** ~ Rad schlagen.
carve [kɑːv] *vt* (*meat*) (ab)schneiden; (*wood*) schnitzen; (*stone*) meißeln; (*initials, design*) einritzen.
▸ **carve up** *vt* (*land etc*) aufteilen; (*meat*) aufschneiden.
carving ['kɑːvɪŋ] *n* Skulptur *f*, (*in wood etc*) Schnitzerei *f*.
carving knife *n* Tran(s)chiermesser *nt*.
car wash *n* Autowaschanlage *f*.
Casablanca [kæsə'blæŋkə] *n* Casablanca *nt*.
cascade [kæs'keɪd] *n* Wasserfall *m*, Kaskade *f*; (*of money*) Regen *m*; (*of hair*) wallende Fülle *f* ♦ *vi* (in Kaskaden) herabfallen; (*hair etc*) wallen; (*people*) strömen.
case [keɪs] *n* Fall *m*; (*for spectacles etc*) Etui *nt*; (*BRIT: also:* **suit**~) Koffer *m*; (*of wine, whisky etc*) Kiste *f*; (*TYP*): **lower/upper** ~ klein-/ großgeschrieben; **to have a good** ~ gute Chancen haben, durchzukommen; **there's a strong** ~ **for reform** es spricht viel für eine Reform; **in** ~ ... falls ...; **in** ~ **of fire** bei Feuer; **in** ~ **of emergency** im Notfall; **in** ~ **he comes** falls er kommt; **in any** ~ sowieso; **just in** ~ für alle Fälle.
case-hardened ['keɪshɑːdnd] *adj* (*fig*) abgebrüht (*inf*).
case history *n* (*MED*) Krankengeschichte *f*.
case study *n* Fallstudie *f*.
cash [kæʃ] *n* (Bar)geld *nt* ♦ *vt* (*cheque etc*) einlösen; **to pay** (**in**) ~ bar bezahlen; ~ **on delivery** per Nachnahme; ~ **with order** zahlbar bei Bestellung.
▸ **cash in** *vt* einlösen.
▸ **cash in on** *vt fus* Kapital schlagen aus.
cash account *n* Kassenbuch *nt*.
cash-and-carry [kæʃən'kærɪ] *n* Abholmarkt *m*.
cash-book ['kæʃbuk] *n* Kassenkonto *nt*.
cash box *n* (Geld)kassette *f*.
cash card (*BRIT*) *n* (Geld)automatenkarte *f*.
cash crop *n* zum Verkauf bestimmte Ernte *f*.
cash desk (*BRIT*) *n* Kasse *f*.
cash discount *n* Skonto *m or nt*.
cash dispenser (*BRIT*) *n* Geldautomat *m*.
cashew [kæ'ʃuː] *n* (*also:* ~ **nut**) Cashewnuss *f*.
cash flow *n* Cashflow *m*.
cashier [kæ'ʃɪəʳ] *n* Kassierer(in) *m(f)*.
cashmere ['kæʃmɪəʳ] *n* Kaschmir *m*.
cash point *n* Geldautomat *m*.
cash price *n* Bar(zahlungs)preis *m*.
cash register *n* Registrierkasse *f*.
cash sale *n* Barverkauf *m*.
casing ['keɪsɪŋ] *n* Gehäuse *nt*.
casino [kə'siːnəu] *n* Kasino *nt*.

cask [kɑːsk] n Fass nt.
casket ['kɑːskɪt] n Schatulle f; (US: coffin) Sarg m.
Caspian Sea ['kæspɪən-] n: **the ~** das Kaspische Meer.
casserole ['kæsərəul] n Auflauf m; (pot, container) Kasserolle f.
cassette [kæ'sɛt] n Kassette f.
cassette deck n Kassettendeck nt.
cassette player n Kassettenrekorder m.
cassette recorder n Kassettenrekorder m.
cast [kɑːst] (pt, pp **cast**) vt werfen; (net, fishing-line) auswerfen; (metal, statue) gießen ♦ vi die Angel auswerfen ♦ n (THEAT) Besetzung f; (mould) (Guss)form f; (also: **plaster ~**) Gipsverband m; **to ~ sb as Hamlet** (THEAT) die Rolle des Hamlet mit jdm besetzen; **to ~ one's vote** seine Stimme abgeben; **to ~ one's eyes over sth** einen Blick auf etw acc werfen; **to ~ aspersions on sb/sth** abfällige Bemerkungen über jdn/etw machen; **to ~ doubts on sth** etw in Zweifel ziehen; **to ~ a spell on sb/sth** jdn/etw verzaubern; **to ~ its skin** sich häuten.
▶ **cast aside** vt fallen lassen.
▶ **cast off** vi (NAUT) losmachen; (KNITTING) abketten ♦ vt abketten.
▶ **cast on** vi, vt (KNITTING) anschlagen, aufschlagen.
castaway ['kɑːstəweɪ] n Schiffbrüchige(r) f(m).
caste [kɑːst] n Kaste f; (system) Kastenwesen nt.
caster sugar ['kɑːstə-] (BRIT) n Raffinade f.
casting vote ['kɑːstɪŋ-] (BRIT) n ausschlaggebende Stimme f.
cast iron n Gusseisen nt ♦ adj: **cast-iron** (fig: will) eisern; (: alibi, excuse etc) hieb- und stichfest.
castle ['kɑːsl] n Schloss nt; (manor) Herrenhaus nt; (fortified) Burg f; (CHESS) Turm m.
cast off n abgelegtes Kleidungsstück nt.
castor ['kɑːstə*] n Rolle f.
castor oil n Rizinusöl nt.
castrate [kæs'treɪt] vt kastrieren.
casual ['kæʒjul] adj (by chance) zufällig; (work etc) Gelegenheits-; (unconcerned) lässig, gleichgültig; (clothes) leger; **~ wear** Freizeitkleidung f.
casual labour n Gelegenheitsarbeit f.
casually ['kæʒjuli] adv lässig; (glance) beiläufig; (dress) leger; (by chance) zufällig.
casualty ['kæʒjultɪ] n (of war etc) Opfer nt; (someone injured) Verletzte(r) f(m); (someone killed) Tote(r) f(m); (MED) Unfallstation f; **heavy casualties** (MIL) schwere Verluste pl.
casualty ward (BRIT) n Unfallstation f.
cat [kæt] n Katze f; (lion etc) (Raub)katze f.
catacombs ['kætəkuːmz] npl Katakomben pl.
catalogue, (US) **catalog** ['kætəlɔg] n Katalog m ♦ vt katalogisieren.

catalyst ['kætəlɪst] n Katalysator m.
catalytic converter [kætə'lɪtɪk kən'vɔːtə*] n (AUT) Katalysator m.
catapult ['kætəpʌlt] (BRIT) n Schleuder f; (MIL) Katapult nt or m ♦ vi geschleudert or katapultiert werden ♦ vt schleudern, katapultieren.
cataract ['kætərækt] n (MED) grauer Star m.
catarrh [kə'tɑː*] n Katarr(h) m.
catastrophe [kə'tæstrəfɪ] n Katastrophe f.
catastrophic [kætə'strɔfɪk] adj katastrophal.
catcalls ['kætkɔːlz] npl Pfiffe und Buhrufe pl.
catch-22 ['kætʃtwɛntɪ'tuː] n: **it's a ~ situation** es ist eine Zwickmühle.
catch [kætʃ] (pt, pp **caught**) vt fangen; (take: bus, train etc) nehmen; (arrest) festnehmen; (surprise) erwischen, ertappen; (breath) holen; (attention) erregen; (hit) treffen; (hear) mitbekommen; (illness) sich dat zuziehen or holen; (person: also: **~ up**) einholen ♦ vi (fire) (anfangen zu) brennen; (become trapped) hängen bleiben ♦ n Fang m; (trick, hidden problem) Haken m; (of lock) Riegel m; (game) Fangen nt; **to ~ sb's attention/eye** jdn auf sich acc aufmerksam machen; **to ~ fire** Feuer fangen; **to ~ sight of** erblicken.
▶ **catch on** vi (grow popular) sich durchsetzen; **to ~ on (to sth)** (etw) kapieren.
▶ **catch out** (BRIT) vt (fig) hereinlegen.
▶ **catch up** vi (fig: with person) mitkommen; (: on work) aufholen ♦ vt: **to ~ sb up, to ~ up with sb** jdn einholen.
catching ['kætʃɪŋ] adj ansteckend.
catchment area ['kætʃmənt-] (BRIT) n Einzugsgebiet nt.
catch phrase n Schlagwort nt, Slogan m.
catchy ['kætʃɪ] adj (tune) eingängig.
catechism ['kætɪkɪzəm] n Katechismus m.
categoric(al) [kætɪ'gɔrɪk(l)] adj kategorisch.
categorize ['kætɪgəraɪz] vt kategorisieren.
category ['kætɪgəri] n Kategorie f.
cater ['keɪtə*] vi: **to ~ (for)** die Speisen und Getränke liefern (für).
▶ **cater for** (BRIT) vt fus (needs, tastes) gerecht werden +dat; (readers, consumers) eingestellt or ausgerichtet sein auf +acc.
caterer ['keɪtərə*] n Lieferant(in) m(f) von Speisen und Getränken; (company) Lieferfirma f für Speisen und Getränke.
catering ['keɪtərɪŋ] n Gastronomie f.
caterpillar ['kætəpɪlə*] n Raupe f ♦ cpd (vehicle) Raupen-.
caterpillar track n Raupenkette f, Gleiskette f.
cat flap n Katzentür f.
cathedral [kə'θiːdrəl] n Kathedrale f, Dom m.
cathode ['kæθəud] n Kat(h)ode f.
cathode-ray tube [kæθəud'reɪ-] n Kat(h)odenstrahlröhre f.
Catholic ['kæθəlɪk] adj katholisch ♦ n

Katholik(in) *m(f)*.

catholic ['kæθəlɪk] *adj* vielseitig.

CAT scanner *n abbr* (*MED*: = *computerized axial tomography scanner*) CAT-Scanner *m*.

Catseye ® ['kæts'aɪ] (*BRIT*) *n* (*AUT*) Katzenauge *nt*.

catsup ['kætsəp] (*US*) *n* Ket(s)chup *m or nt*.

cattle ['kætl] *npl* Vieh *nt*.

catty ['kætɪ] *adj* gehässig.

catwalk ['kætwɔːk] *n* Steg *m*; (*for models*) Laufsteg *m*.

Caucasian [kɔː'keɪzɪən] *adj* kaukasisch ♦ *n* Kaukasier(in) *m(f)*.

Caucasus ['kɔːkəsəs] *n* Kaukasus *m*.

caucus ['kɔːkəs] *n* (*group*) Gremium *nt*, Ausschuss *m*; (*US*) Parteiversammlung *f*.

CAUCUS

Caucus bedeutet vor allem in den USA ein privates Treffen von Parteifunktionären, bei dem z. B. Kandidaten ausgewählt oder Grundsatzentscheidungen getroffen werden. Meist wird ein solches Treffen vor einer öffentlichen Parteiversammlung abgehalten. Der Begriff bezieht sich im weiteren Sinne auch auf den kleinen, aber mächtigen Kreis von Parteifunktionären, der beim caucus zusammentrifft.

---

caught [kɔːt] *pt, pp of* **catch**.

cauliflower ['kɒlɪflauə*] *n* Blumenkohl *m*.

cause [kɔːz] *n* Ursache *f*; (*reason*) Grund *m*; (*aim*) Sache *f* ♦ *vt* verursachen; **there is no ~ for concern** es besteht kein Grund zur Sorge; **to ~ sth to be done** veranlassen, dass etw getan wird; **to ~ sb to do sth** jdn veranlassen, etw zu tun.

causeway ['kɔːzweɪ] *n* Damm *m*.

caustic ['kɔːstɪk] *adj* ätzend, kaustisch; (*remark*) bissig.

cauterize ['kɔːtəraɪz] *vt* kauterisieren.

caution ['kɔːʃən] *n* Vorsicht *f*; (*warning*) Warnung *f*; (: *LAW*) Verwarnung *f* ♦ *vt* warnen; (*LAW*) verwarnen.

cautious ['kɔːʃəs] *adj* vorsichtig.

cautiously ['kɔːʃəslɪ] *adv* vorsichtig.

cautiousness ['kɔːʃəsnɪs] *n* Vorsicht *f*.

cavalier [kævə'lɪə*] *adj* unbekümmert.

cavalry ['kævəlrɪ] *n* Kavallerie *f*.

cave [keɪv] *n* Höhle *f* ♦ *vi*: **to go caving** auf Höhlenexpedition(en) gehen.

▶ **cave in** *vi* einstürzen; (*to demands*) nachgeben.

caveman ['keɪvmæn] (*irreg: like* **man**) *n* Höhlenmensch *m*.

cavern ['kævən] *n* Höhle *f*.

caviar(e) ['kævɪɑː*] *n* Kaviar *m*.

cavity ['kævɪtɪ] *n* Hohlraum *m*; (*in tooth*) Loch *nt*.

cavity wall insulation *n* Schaumisolierung *f*.

cavort [kə'vɔːt] *vi* tollen, toben.

cayenne [keɪ'ɛn] *n* (*also*: ~ **pepper**) Cayennepfeffer *m*.

CB *n abbr* (= *Citizens' Band (Radio)*) CB-Funk *m*.

CBC *n abbr* (= *Canadian Broadcasting Corporation*) kanadische Rundfunkgesellschaft.

CBE (*BRIT*) *n abbr* (= *Commander of (the Order of) the British Empire*) britischer Ordenstitel.

CBI *n abbr* (= *Confederation of British Industry*) britischer Unternehmerverband, ≈ BDI *m*.

CBS (*US*) *n abbr* (= *Columbia Broadcasting System*) Rundfunkgesellschaft.

CC (*BRIT*) *abbr* = **county council**.

cc *abbr* (= *cubic centimetre*) ccm; = **carbon copy**.

CCTV *n abbr* = **closed-circuit television**.

CCU (*US*) *n abbr* (= *cardiac or coronary care unit*) Intensivstation *f* für Herzpatienten.

CD *abbr* (*BRIT*: = *Corps Diplomatique*) CD ♦ *n abbr* (*MIL*: *BRIT*: = *Civil Defence (Corps)*) Zivilschutz *m*; (: *US*: = *Civil Defense*) Zivilschutz *m*; (= *compact disk*) CD *f*; ~ **player** CD-Spieler *m*.

CDC (*US*) *n abbr* (= *Center for Disease Control*) Seuchenkontrollbehörde.

CD-I *n abbr* (= *Compact Disk Interactive*) CD-I *f*.

Cdr *abbr* (*MIL*) = **commander**.

CD-ROM *n abbr* (= *compact disc read-only memory*) CD-ROM *f*.

CDT (*US*) *abbr* (= *Central Daylight Time*) mittelamerikanische Sommerzeit; (*BRIT*: *SCOL*) *abbr* (= *Craft, Design and Technology*) Arbeitslehre *f*.

cease [siːs] *vt* beenden ♦ *vi* aufhören.

ceasefire ['siːsfaɪə*] *n* Waffenruhe *f*.

ceaseless ['siːslɪs] *adj* endlos, unaufhörlich.

CED (*US*) *n abbr* (= *Committee for Economic Development*) Komitee für wirtschaftliche Entwicklung.

cedar ['siːdə*] *n* Zeder *f*; (*wood*) Zedernholz *nt*.

cede [siːd] *vt* abtreten.

cedilla [sɪ'dɪlə] *n* Cedille *f*.

CEEB (*US*) *n abbr* (= *College Entry Examination Board*) akademische Zulassungsstelle.

ceilidh ['keɪlɪ] (*SCOT*) *n* Fest mit Volksmusik, Gesang und Tanz.

ceiling ['siːlɪŋ] *n* Decke *f*; (*upper limit*) Obergrenze *f*, Höchstgrenze *f*.

celebrate ['sɛlɪbreɪt] *vt* feiern; (*mass*) zelebrieren ♦ *vi* feiern.

celebrated ['sɛlɪbreɪtɪd] *adj* gefeiert.

celebration [sɛlɪ'breɪʃən] *n* Feier *f*.

celebrity [sɪ'lɛbrɪtɪ] *n* berühmte Persönlichkeit *f*.

celeriac [sə'lɛrɪæk] *n* (Knollen)sellerie *f*.

celery ['sɛlərɪ] *n* (Stangen)sellerie *f*.

celestial [sɪ'lɛstɪəl] *adj* himmlisch.

celibacy ['sɛlɪbəsɪ] *n* Zölibat *nt or m*.

cell [sɛl] *n* Zelle *f*.

cellar ['sɛlə*] *n* Keller *m*; (*for wine*) (Wein)keller *m*.

cellist ['tʃɛlɪst] *n* Cellist(in) *m(f)*.

cello ['tʃɛləu] *n* Cello *nt*.

cellophane ['sɛləfeɪn] n Cellophan nt.
cellphone ['sɛlfəun] n Funktelefon nt.
cellular ['sɛljulə*] adj (BIOL) zellular, Zell-;
(fabrics) aus porösem Material.
Celluloid ® ['sɛljulɔɪd] n Zelluloid nt.
cellulose ['sɛljuləus] n Zellulose f, Zellstoff m.
Celsius ['sɛlsɪəs] adj (scale) Celsius-.
Celt [kɛlt] n Kelte m, Keltin f.
Celtic ['kɛltɪk] adj keltisch ♦ n (LING) Keltisch nt.
cement [sə'mɛnt] n Zement m; (concrete)
Beton m; (glue) Klebstoff m ♦ vt
zementieren; (stick, glue) kleben; (fig)
festigen.
cement mixer n Betonmischmaschine f.
cemetery ['sɛmɪtrɪ] n Friedhof m.
cenotaph ['sɛnətɑ:f] n Ehrenmal nt.
censor ['sɛnsə*] n Zensor(in) m(f) ♦ vt
zensieren.
censorship ['sɛnsəʃɪp] n Zensur f.
censure ['sɛnʃə*] vt tadeln ♦ n Tadel m.
census ['sɛnsəs] n Volkszählung f.
cent [sɛnt] n Cent m; see also per cent.
centenary [sɛn'ti:nərɪ] n hundertster
Jahrestag m.
centennial [sɛn'tɛnɪəl] (US) n = centenary.
center etc ['sɛntə*] (US) = centre etc.
centigrade ['sɛntɪɡreɪd] adj (scale) Celsius-.
centilitre, (US) **centiliter** ['sɛntɪli:tə*] n
Zentiliter m or nt.
centimetre, (US) **centimeter** ['sɛntɪmi:tə*] n
Zentimeter m or nt.
centipede ['sɛntɪpi:d] n Tausendfüßler m.
central ['sɛntrəl] adj zentral; (committee,
government) Zentral-; (idea) wesentlich.
Central African Republic n
Zentralafrikanische Republik f.
Central America n Mittelamerika nt.
central heating n Zentralheizung f.
centralize ['sɛntrəlaɪz] vt zentralisieren.
central processing unit n (COMPUT)
Zentraleinheit f.
central reservation (BRIT) n Mittelstreifen
m.
centre, (US) **center** ['sɛntə*] n Mitte f; (health
centre etc, town centre) Zentrum nt; (of
attention, interest) Mittelpunkt m; (of action,
belief etc) Kern m ♦ vt zentrieren; (ball) zur
Mitte spielen ♦ vi (concentrate): to ~ on sich
konzentrieren auf +acc.
centrefold, (US) **centerfold** ['sɛntəfəuld] n
doppelseitiges Bild in der Mitte einer
Zeitschrift.
centre forward n Mittelstürmer(in) m(f).
centre half n Stopper(in) m(f).
centrepiece, (US) **centerpiece** ['sɛntəpi:s] n
Tafelaufsatz m; (fig) Kernstück nt.
centre spread (BRIT) n Doppelseite in der
Mitte einer Zeitschrift.
centre-stage [sɛntə'steɪdʒ] (fig) adv: **to be** ~
im Mittelpunkt stehen ♦ n **to take centre
stage** in den Mittelpunkt rücken.

centrifugal [sɛn'trɪfjuɡl] adj (force)
Zentrifugal-.
centrifuge ['sɛntrɪfju:ʒ] n Zentrifuge f,
Schleuder f.
century ['sɛntjurɪ] n Jahrhundert nt; (CRICKET)
Hundert f; **in the twentieth** ~ im
zwanzigsten Jahrhundert.
CEO (US) n abbr = **chief executive officer**.
ceramic [sɪ'ræmɪk] adj keramisch; (tiles)
Keramik-.
ceramics [sɪ'ræmɪks] npl Keramiken pl.
cereal ['si:rɪəl] n Getreide nt; (food)
Getreideflocken pl (Cornflakes etc).
cerebral ['sɛrɪbrəl] adj (MED) zerebral;
(intellectual) geistig.
ceremonial [sɛrɪ'məunɪəl] n Zeremoniell nt
♦ adj zeremoniell.
ceremony ['sɛrɪmənɪ] n Zeremonie f;
(behaviour) Förmlichkeit f; **to stand on** ~
förmlich sein.
cert [sə:t] (BRIT: inf) n: **it's a dead** ~ es ist
todsicher.
certain ['sə:tən] adj sicher; **a** ~ **Mr Smith** ein
gewisser Herr Smith; ~ **days/places**
bestimmte Tage/Orte; **a** ~ **coldness** eine
gewisse Kälte; **to make** ~ **of** sich
vergewissern +gen; **for** ~ ganz sicher, ganz
genau.
certainly ['sə:tənlɪ] adv bestimmt; (of course)
sicherlich; ~! (aber) sicher!
certainty ['sə:təntɪ] n Sicherheit f;
(inevitability) Gewissheit f.
certificate [sə'tɪfɪkɪt] n Urkunde f; (diploma)
Zeugnis nt.
certified letter ['sə:tɪfaɪd-] (US) n
Einschreibebrief m.
certified mail (US) n Einschreiben nt.
certified public accountant ['sə:tɪfaɪd-] (US)
n geprüfter Buchhalter m, geprüfte
Buchhalterin f.
certify ['sə:tɪfaɪ] vt bescheinigen; (award a
diploma to) ein Zeugnis verleihen +dat;
(declare insane) für unzurechnungsfähig
erklären ♦ vi: **to** ~ **to** sich verbürgen für.
cervical ['sə:vɪkl] adj: ~ **cancer**
Gebärmutterhalskrebs m; ~ **smear** Abstrich
m.
cervix ['sə:vɪks] n Gebärmutterhals m.
Cesarean [sɪ'zɛərɪən] (US) n = **Caesarean**.
cessation [sə'seɪʃən] n (of hostilities etc)
Einstellung f, Ende nt.
cesspit ['sɛspɪt] n (sewage tank) Senkgrube f.
CET abbr (= Central European Time) MEZ.
Ceylon [sɪ'lɔn] n Ceylon nt.
cf. abbr (= compare) vgl.
c/f abbr (COMM: = carried forward) Übertr.
CFC n abbr (= chlorofluorocarbon) FCKW m.
CG (US) n abbr = **coastguard**.
cg abbr (= centigram) cg.
CH (BRIT) n abbr (= Companion of Honour)
britischer Ordenstitel.
ch. abbr (= chapter) Kap.

c.h. (*BRIT*) *abbr* (= *central heating*) ZH.

Chad [tʃæd] *n* Tschad *m*.

chafe [tʃeɪf] *vt* (*wund*) reiben ♦ *vi* (*fig*): **to ~ against** sich ärgern über +*acc*.

chaffinch ['tʃæfɪntʃ] *n* Buchfink *m*.

chagrin ['ʃægrɪn] *n* Ärger *m*.

chain [tʃeɪn] *n* Kette *f* ♦ *vt* (*also*: **~ up**: *prisoner*) anketten; (: *dog*) an die Kette legen.

chain reaction *n* Kettenreaktion *f*.

chain-smoke ['tʃeɪnsməʊk] *vi* eine Zigarette nach der anderen rauchen.

chain store *n* Kettenladen *m*.

chair [tʃɛə*] *n* Stuhl *m*; (*armchair*) Sessel *m*; (*of university*) Lehrstuhl *m*; (*of meeting, committee*) Vorsitz *m* ♦ *vt* den Vorsitz führen bei; **the ~** (*US*) der elektrische Stuhl.

chair lift *n* Sessellift *m*.

chairman ['tʃɛəmən] (*irreg: like* **man**) *n* Vorsitzende(r) *f(m)*; (*BRIT: of company*) Präsident *m*.

chairperson ['tʃɛəpɜːsn] *n* Vorsitzende(r) *f(m)*.

chairwoman ['tʃɛəwʊmən] (*irreg: like* **woman**) *n* Vorsitzende *f*.

chalet ['ʃæleɪ] *n* Chalet *nt*.

chalice ['tʃælɪs] *n* Kelch *m*.

chalk [tʃɔːk] *n* Kalkstein *m*, Kreide *f*; (*for writing*) Kreide *f*.

▶ **chalk up** *vt* aufschreiben, notieren; (*fig: success etc*) verbuchen.

challenge ['tʃælɪndʒ] *n* (*of new job*) Anforderungen *pl*; (*of unknown etc*) Reiz *m*; (*to authority etc*) Infragestellung *f*; (*dare*) Herausforderung *f* ♦ *vt* herausfordern; (*authority, right, idea etc*) infrage *or* in Frage stellen; **to ~ sb to do sth** jdn dazu auffordern, etw zu tun; **to ~ sb to a fight/ game** jdn zu einem Kampf/Spiel herausfordern.

challenger ['tʃælɪndʒə*] *n* Herausforderer *m*, Herausforderin *f*.

challenging ['tʃælɪndʒɪŋ] *adj* (*career, task*) anspruchsvoll; (*tone, look etc*) herausfordernd.

chamber ['tʃeɪmbə*] *n* Kammer *f*; (*BRIT: LAW: gen pl: of barristers*) Kanzlei *f*; (: *of judge*) Amtszimmer *nt*; **~ of commerce** Handelskammer *f*.

chambermaid ['tʃeɪmbəmeɪd] *n* Zimmermädchen *nt*.

chamber music *n* Kammermusik *f*.

chamber pot *n* Nachttopf *m*.

chameleon [kə'miːlɪən] *n* Chamäleon *nt*.

chamois ['ʃæmwɑː] *n* Gämse *f*; (*cloth*) Ledertuch *nt*, Fensterleder *nt*.

chamois leather ['ʃæmɪ-] *n* Ledertuch *nt*, Fensterleder *nt*.

champagne [ʃæm'peɪn] *n* Champagner *m*.

champers ['ʃæmpəz] (*inf*) *n* (*champagne*) Schampus *m*.

champion ['tʃæmpɪən] *n* Meister(in) *m(f)*; (*of cause, principle*) Verfechter(in) *m(f)*; (*of person*) Fürsprecher(in) *m(f)* ♦ *vt* eintreten für, sich engagieren für.

championship ['tʃæmpɪənʃɪp] *n* Meisterschaft *f*; (*title*) Titel *m*.

chance [tʃɑːns] *n* (*hope*) Aussicht *f*; (*likelihood, possibility*) Möglichkeit *f*; (*opportunity*) Gelegenheit *f*; (*risk*) Risiko *nt* ♦ *vt* riskieren ♦ *adj* zufällig; **the ~s are that** ... aller Wahrscheinlichkeit nach ..., wahrscheinlich ...; **there is little ~ of his coming** es ist unwahrscheinlich, dass er kommt; **to take a ~** es darauf ankommen lassen; **by ~** durch Zufall, zufällig; **it's the ~ of a lifetime** es ist eine einmalige Chance; **to ~ to do sth** zufällig etw tun; **to ~ it** es riskieren.

▶ **chance (up)on** *vt fus* (*person*) zufällig begegnen +*dat*, zufällig treffen; (*thing*) zufällig stoßen auf +*acc*.

chancel ['tʃɑːnsəl] *n* Altarraum *m*.

chancellor ['tʃɑːnsələ*] *n* Kanzler *m*.

Chancellor of the Exchequer (*BRIT*) *n* Schatzkanzler *m*, Finanzminister *m*.

chancy ['tʃɑːnsɪ] *adj* riskant.

chandelier [ʃændə'lɪə*] *n* Kronleuchter *m*.

change [tʃeɪndʒ] *vt* ändern; (*wheel, job, money, baby's nappy*) wechseln; (*bulb*) auswechseln; (*baby*) wickeln ♦ *vi* sich verändern; (*traffic lights*) umspringen ♦ *n* Veränderung *f*; (*difference*) Abwechslung *f*; (*coins*) Kleingeld *nt*; (*money returned*) Wechselgeld *nt*; **to ~ sb into** jdn verwandeln in +*acc*; **to ~ gear** (*AUT*) schalten; **to ~ one's mind** seine Meinung ändern, es sich *dat* anders überlegen; **to ~ hands** den Besitzer wechseln; **to ~ (trains/buses/planes etc)** umsteigen; **to ~ (one's clothes)** sich umziehen; **to ~ into** (*be transformed*) sich verwandeln in +*acc*; **she ~d into an old skirt** sie zog einen alten Rock an; **a ~ of clothes** Kleidung *f* zum Wechseln; **~ of government/climate/job** Regierungs-/ Klima-/Berufswechsel *m*; **small ~** Kleingeld *nt*; **to give sb ~ for** *or* **of £10** jdm £10 wechseln; **keep the ~** das stimmt so, der Rest ist für Sie; **for a ~** zur Abwechslung.

changeable ['tʃeɪndʒəbl] *adj* (*weather*) wechselhaft, veränderlich; (*mood*) wechselnd; (*person*) unbeständig.

change machine *n* (Geld)wechselautomat *m*.

changeover ['tʃeɪndʒəʊvə*] *n* Umstellung *f*.

changing ['tʃeɪndʒɪŋ] *adj* sich verändernd.

changing room (*BRIT*) *n* (Umkleide)kabine *f*; (*SPORT*) Umkleideraum *m*.

channel ['tʃænl] *n* (*TV*) Kanal *m*; (*of river, waterway*) (Fluss)bett *nt*; (*for boats*) Fahrrinne *f*; (*groove*) Rille *f*; (*fig: means*) Weg *m* ♦ *vt* leiten; **to ~ into** lenken auf +*acc*; (*fig*); **through the usual ~s** auf dem üblichen Wege; **green ~** (*CUSTOMS*) „nichts zu verzollen"; **red ~** (*CUSTOMS*) „Waren zu verzollen"; **the (English) C~** der Ärmelkanal; **the C~ Islands** die Kanalinseln *pl*.

channel-hopping ['tʃænlhɒpɪŋ] *n* (*TV*)

ständiges Umschalten.

Channel Tunnel n: **the ~** der Kanaltunnel.

chant [tʃɑːnt] n Sprechchor m; (REL) Gesang m ♦ vt im (Sprech)chor rufen; (REL) singen ♦ vi Sprechchöre anstimmen; (REL) singen; **the demonstrators ~ed their disapproval** die Demonstranten machten ihrem Unmut in Sprechchören Luft.

chaos ['keɪɔs] n Chaos nt, Durcheinander nt.

chaos theory n Chaostheorie f.

chaotic [keɪ'ɔtɪk] adj chaotisch.

chap [tʃæp] (BRIT: inf) n Kerl m, Typ m; **old ~** alter Knabe or Junge.

chapel ['tʃæpl] n Kapelle f; (BRIT: non-conformist chapel) Sektenkirche f; (: of union) Betriebsgruppe innerhalb der Gewerkschaft der Drucker und Journalisten.

chaperone ['ʃæpərəun] n Anstandsdame f ♦ vt begleiten.

chaplain ['tʃæplɪn] n Pfarrer(in) m(f); (Roman Catholic) Kaplan m.

chapped [tʃæpt] adj aufgesprungen, rau.

chapter ['tʃæptə*] n Kapitel nt; **a ~ of accidents** eine Serie von Unfällen.

char [tʃɑː*] vt verkohlen ♦ vi (BRIT) putzen gehen ♦ n (BRIT) = **charlady**.

character ['kærɪktə*] n Charakter m; (personality) Persönlichkeit f; (in novel, film) Figur f, Gestalt f; (eccentric) Original nt; (letter: also COMPUT) Zeichen nt; **a person of good ~** ein guter Mensch.

character code n (COMPUT) Zeichenkode m.

characteristic [kærɪktə'rɪstɪk] n Merkmal nt ♦ adj: **~ (of)** charakteristisch (für), typisch (für).

characterize ['kærɪktəraɪz] vt kennzeichnen, charakterisieren; (describe the character of): **to ~ (as)** beschreiben (als).

charade [ʃə'rɑːd] n Scharade f.

charcoal ['tʃɑːkəul] n Holzkohle f; (for drawing) Kohle f, Kohlestift m.

charge [tʃɑːdʒ] n (fee) Gebühr f; (accusation) Anklage f; (responsibility) Verantwortung f; (attack) Angriff m ♦ vt (customer) berechnen +dat; (sum) berechnen; (battery) (auf)laden; (gun) laden; (enemy) angreifen; (sb with task) beauftragen ♦ vi angreifen; (usu with: up, along etc) stürmen; **charges** npl Gebühren pl; **labour ~s** Arbeitskosten pl; **to reverse the ~s** (BRIT: TEL) ein R-Gespräch führen; **is there a ~?** kostet das etwas?; **there's no ~** es ist umsonst, es kostet nichts; **at no extra ~** ohne Aufpreis; **free of ~** kostenlos, gratis; **to take ~ of** (child) sich kümmern um; (company) übernehmen; **to be in ~ of** die Verantwortung haben für; (business) leiten; **they ~d us £10 for the meal** das Essen kostete £10; **how much do you ~?** was verlangen Sie?; **to ~ an expense (up) to sb's account** eine Ausgabe auf jds Rechnung acc setzen; **to ~ sb (with)** (LAW) jdn anklagen

(wegen).

charge account n Kunden(kredit)konto nt.

charge card n Kundenkreditkarte f.

chargé d'affaires n Chargé d'affaires m.

charge hand (BRIT) n Vorarbeiter(in) m(f).

charger ['tʃɑːdʒə*] n (also: **battery ~**) Ladegerät nt; (warhorse) (Schlacht)ross nt.

chariot ['tʃærɪət] n (Streit)wagen m.

charisma [kæ'rɪsmə] n Charisma nt.

charitable ['tʃærɪtəbl] adj (organization) karitativ, Wohltätigkeits-; (remark) freundlich.

charity ['tʃærɪtɪ] n (organization) karitative Organisation f, Wohltätigkeitsverein m; (kindness, generosity) Menschenfreundlichkeit f; (money, gifts) Almosen nt.

charlady ['tʃɑːleɪdɪ] (irreg: like **lady**) (BRIT) n Putzfrau f, Reinemachefrau f.

charlatan ['ʃɑːlətən] n Scharlatan m.

charm [tʃɑːm] n Charme m; (to bring good luck) Talisman m; (on bracelet etc) Anhänger m ♦ vt bezaubern.

charm bracelet n Armband nt mit Anhängern.

charming ['tʃɑːmɪŋ] adj reizend, charmant; (place) bezaubernd.

chart [tʃɑːt] n Schaubild nt, Diagramm nt; (map) Karte f; (weather chart) Wetterkarte f ♦ vt (course) planen; (progress) aufzeichnen; **charts** npl (pop parade) Hitliste f.

charter ['tʃɑːtə*] vt chartern ♦ n Charta f; (of university, company) Gründungsurkunde f; **on ~** gechartert.

chartered accountant ['tʃɑːtəd-] (BRIT) n Wirtschaftsprüfer(in) m(f).

charter flight n Charterflug m.

charwoman ['tʃɑːwumən] (irreg: like **woman**) n Putzfrau f, Reinemachefrau f.

chary ['tʃɛərɪ] adj: **to be ~ of doing sth** zögern, etw zu tun.

chase [tʃeɪs] vt jagen, verfolgen; (also: **~ away**) wegjagen, vertreiben; (business, job etc) her sein hinter +dat (inf) ♦ n Verfolgungsjagd f.

▶ **chase down** (US) vt = **chase up**.

▶ **chase up** (BRIT) vt (person) rankriegen (inf); (information) ranschaffen (inf).

chasm ['kæzəm] n Kluft f.

chassis ['ʃæsɪ] n Fahrgestell nt.

chaste [tʃeɪst] adj keusch.

chastened ['tʃeɪsnd] adj zur Einsicht gebracht.

chastening ['tʃeɪsnɪŋ] adj ernüchternd.

chastise [tʃæs'taɪz] vt (scold) schelten.

chastity ['tʃæstɪtɪ] n Keuschheit f.

chat [tʃæt] vi (also: **have a ~**) plaudern, sich unterhalten ♦ n Plauderei f, Unterhaltung f.

▶ **chat up** (BRIT: inf) vt anmachen.

chatline ['tʃætlaɪn] n Telefondienst, der Anrufern die Teilnahme an einer Gesprächsrunde ermöglicht.

chat show (*BRIT*) *n* Talkshow *f*.

chattel ['tʃætl] *n*: **goods and ~s** *see* **good**.

chatter ['tʃætə'] *vi* schwatzen; (*monkey*) schnattern; (*teeth*) klappern ♦ *n* (*see vi*) Schwatzen *nt*; Schnattern *nt*; Klappern *nt*; **my teeth are ~ing** mir klappern die Zähne.

chatterbox ['tʃætəbɔks] (*inf*) *n* Quasselstrippe *f*.

chattering classes ['tʃætərɪŋ 'klɑːsɪz] *npl*: **the ~** die intellektuellen Schwätzer *pl*.

chatty ['tʃætɪ] *adj* geschwätzig; (*letter*) im Plauderton.

chauffeur ['ʃəufə'] *n* Chauffeur *m*, Fahrer *m*.

chauvinism ['ʃəuvɪnɪzəm] *n* (*also*: **male ~**) Chauvinismus *m*.

chauvinist ['ʃəuvɪnɪst] *n* Chauvinist *m*.

chauvinistic [ʃəuvɪ'nɪstɪk] *adj* chauvinistisch.

ChE *abbr* (= *chemical engineer*) *Titel für Chemotechniker.*

cheap [tʃiːp] *adj* billig; (*reduced*) ermäßigt; (*poor quality*) billig, minderwertig; (*behaviour, joke*) ordinär ♦ *adv*: **to buy/sell sth ~** etw billig kaufen/verkaufen.

cheap day return *n* Tagesrückfahrkarte *f* (*zu einem günstigeren Tarif*).

cheapen ['tʃiːpn] *vt* entwürdigen.

cheaper ['tʃiːpə'] *adj* billiger.

cheaply ['tʃiːplɪ] *adv* billig.

cheat [tʃiːt] *vi* mogeln (*inf*), schummeln (*inf*) ♦ *n* Betrüger(in) *m(f)* ♦ *vt*: **to ~ sb (out of sth)** jdn (um etw) betrügen; **to ~ on sb** (*inf*) jdn betrügen.

cheating ['tʃiːtɪŋ] *n* Mogeln *nt* (*inf*), Schummeln *nt* (*inf*).

check [tʃɛk] *vt* überprüfen; (*passport, ticket*) kontrollieren; (*facts*) nachprüfen; (*enemy, disease*) aufhalten; (*impulse*) unterdrücken; (*person*) zurückhalten ♦ *vi* nachprüfen ♦ *n* Kontrolle *f*; (*curb*) Beschränkung *f*; (*US*) = **cheque**; (: *bill*) Rechnung *f*; (*pattern: gen pl*) Karo(muster) *nt* ♦ *adj* kariert; **to ~ o.s.** sich beherrschen; **to ~ with sb** bei jdm nachfragen; **to keep a ~ on sb/sth** jdn/etw kontrollieren.

▶ **check in** *vi* (*at hotel*) sich anmelden; (*at airport*) einchecken ♦ *vt* (*luggage*) abfertigen lassen.

▶ **check off** *vt* abhaken.

▶ **check out** *vi* (*of hotel*) abreisen ♦ *vt* (*luggage*) abfertigen; (*investigate*) überprüfen.

▶ **check up** *vi*: **to ~ up on sth** etw überprüfen; **to ~ up on sb** Nachforschungen über jdn anstellen.

checkered ['tʃɛkəd] (*US*) *adj* = **chequered**.

checkers ['tʃɛkəz] (*US*) *npl* Damespiel *nt*.

check guarantee card (*US*) *n* Scheckkarte *f*.

check-in (desk) ['tʃɛkɪn-] *n* (*at airport*) Abfertigung *f*, Abfertigungsschalter *m*.

checking account ['tʃɛkɪŋ-] (*US*) *n* Girokonto *nt*.

check list *n* Prüfliste *f*, Checkliste *f*.

checkmate ['tʃɛkmeɪt] *n* Schachmatt *nt*.

checkout ['tʃɛkaut] *n* Kasse *f*.

checkpoint ['tʃɛkpɔɪnt] *n* Kontrollpunkt *m*.

checkroom ['tʃɛkrum] (*US*) *n* (*left-luggage office*) Gepäckaufbewahrung *f*.

checkup ['tʃɛkʌp] *n* Untersuchung *f*.

cheek [tʃiːk] *n* Backe *f*; (*impudence*) Frechheit *f*; (*nerve*) Unverschämtheit *f*.

cheekbone ['tʃiːkbəun] *n* Backenknochen *m*.

cheeky ['tʃiːkɪ] *adj* frech.

cheep [tʃiːp] *vi* (*bird*) piep(s)en ♦ *n* Piep(s) *m*, Piepser *m*.

cheer [tʃɪə'] *vt* zujubeln +*dat*; (*gladden*) aufmuntern, aufheitern ♦ *vi* jubeln, hurra rufen ♦ *n* (*gen pl*) Hurraruf *m*, Beifallsruf *m*; **cheers** *npl* Hurrageschrei *nt*, Jubel *m*; **~s!** prost!

▶ **cheer on** *vt* anspornen, anfeuern.

▶ **cheer up** *vi* vergnügter *or* fröhlicher werden ♦ *vt* aufmuntern, aufheitern.

cheerful ['tʃɪəful] *adj* fröhlich.

cheerfulness ['tʃɪəfulnɪs] *n* Fröhlichkeit *f*.

cheerio [tʃɪərɪ'əu] (*BRIT*) *excl* tschüss (*inf*).

cheerleader ['tʃɪəliːdə'] *n* jd, der bei Sportveranstaltungen etc die Zuschauer zu Beifallsrufen anfeuert.

cheerless ['tʃɪəlɪs] *adj* freudlos, trüb; (*room*) trostlos.

cheese [tʃiːz] *n* Käse *m*.

cheeseboard ['tʃiːzbɔːd] *n* Käsebrett *nt*; (*with cheese on it*) Käseplatte *f*.

cheeseburger ['tʃiːzbəːgə'] *n* Cheeseburger *m*.

cheesecake ['tʃiːzkeɪk] *n* Käsekuchen *m*.

cheetah ['tʃiːtə] *n* Gepard *m*.

chef [ʃɛf] *n* Küchenchef(in) *m(f)*.

chemical ['kɛmɪkl] *adj* chemisch ♦ *n* Chemikalie *f*.

chemical engineering *n* Chemotechnik *f*.

chemist ['kɛmɪst] *n* (*BRIT: pharmacist*) Apotheker(in) *m(f)*; (*scientist*) Chemiker(in) *m(f)*.

chemistry ['kɛmɪstrɪ] *n* Chemie *f*.

chemist's (shop) ['kɛmɪsts-] (*BRIT*) *n* Drogerie *f*; (*also*: **dispensing chemist's**) Apotheke *f*.

chemotherapy [kiːməu'θɛrəpɪ] *n* Chemotherapie *f*.

cheque [tʃɛk] (*BRIT*) *n* Scheck *m*; **to pay by ~** mit (einem) Scheck bezahlen.

chequebook ['tʃɛkbuk] *n* Scheckbuch *nt*.

cheque card (*BRIT*) *n* Scheckkarte *f*.

chequered, (*US*) **checkered** ['tʃɛkəd] *adj* (*fig*) bewegt.

cherish ['tʃɛrɪʃ] *vt* (*person*) liebevoll sorgen für; (*memory*) in Ehren halten; (*dream*) sich hingeben +*dat*; (*hope*) hegen.

cheroot [ʃə'ruːt] *n* Stumpen *m*.

cherry ['tʃɛrɪ] *n* Kirsche *f*; (*also*: **~ tree**) Kirschbaum *m*.

chervil ['tʃəːvɪl] *n* Kerbel *m*.

Ches. (*BRIT*) *abbr* (*POST*: = *Cheshire*).

chess [tʃɛs] n Schach(spiel) nt.

chessboard ['tʃɛsbɔːd] n Schachbrett nt.

chessman ['tʃɛsmən] (irreg: like **man**) n Schachfigur f.

chess player n Schachspieler(in) m(f).

chest [tʃɛst] n Brust f, Brustkorb m; (box) Kiste f, Truhe f; **to get sth off one's ~** (inf) sich dat etw von der Seele reden.

chest measurement n Brustweite f, Brustumfang m.

chestnut ['tʃɛsnʌt] n Kastanie f ♦ adj kastanienbraun.

chest of drawers n Kommode f.

chesty ['tʃɛstɪ] adj (cough) tief sitzend.

chew [tʃuː] vt kauen.

chewing gum ['tʃuːɪŋ-] n Kaugummi m.

chic [ʃiːk] adj schick, elegant.

chick [tʃɪk] n Küken nt; (inf: girl) Mieze f.

chicken ['tʃɪkɪn] n Huhn nt; (meat) Hähnchen nt; (inf: coward) Feigling m.

▶ **chicken out** (inf) vi: **to ~ out of doing sth** davor kneifen, etw zu tun.

chicken feed n (inf: money) ein paar Pfennige pl (HIST); (as salary) ein Hungerlohn m.

chickenpox ['tʃɪkɪnpɔks] n Windpocken pl.

chickpea ['tʃɪkpiː] n Kichererbse f.

chicory ['tʃɪkərɪ] n (in coffee) Zichorie f; (salad vegetable) Chicorée f or m, Schikoree f or m.

chide [tʃaɪd] vt: **to ~ sb (for)** jdn schelten (wegen).

chief [tʃiːf] n Häuptling m; (of organization, department) Leiter(in) m(f), Chef(in) m(f) ♦ adj Haupt-, wichtigste(r, s).

chief constable (BRIT) n Polizeipräsident m, Polizeichef m.

chief executive, (US) **chief executive officer** n Generaldirektor(in) m(f).

chiefly ['tʃiːflɪ] adv hauptsächlich.

Chief of Staff n Stabschef m.

chiffon ['ʃɪfɔn] n Chiffon m.

chilblain ['tʃɪlbleɪn] n Frostbeule f.

child [tʃaɪld] (pl ~ren) n Kind nt; **do you have any ~ren?** haben Sie Kinder?

child benefit (BRIT) n Kindergeld nt.

childbirth ['tʃaɪldbɜːθ] n Geburt f, Entbindung f.

childhood ['tʃaɪldhud] n Kindheit f.

childish ['tʃaɪldɪʃ] adj kindisch.

childless ['tʃaɪldlɪs] adj kinderlos.

childlike ['tʃaɪldlaɪk] adj kindlich.

child minder (BRIT) n Tagesmutter f.

child prodigy n Wunderkind nt.

children ['tʃɪldrən] npl of **child**.

children's home ['tʃɪldrənz-] n Kinderheim nt.

child's play ['tʃaɪldz-] n: **it was ~** es war ein Kinderspiel.

Chile ['tʃɪlɪ] n Chile nt.

Chilean ['tʃɪlɪən] adj chilenisch ♦ n Chilene m, Chilenin f.

chill [tʃɪl] n Kühle f; (illness) Erkältung f ♦ adj kühl; (fig: reminder) erschreckend ♦ vt kühlen; (person) frösteln or frieren lassen; **"serve ~ed"** „gekühlt servieren".

chilli, (US) **chili** ['tʃɪlɪ] n Peperoni pl.

chilling ['tʃɪlɪn] adj (wind, morning) eisig; (fig: effect, prospect etc) beängstigend.

chill out (inf) vi sich entspannen, relaxen.

chilly ['tʃɪlɪ] adj kühl; (person, response, look) kühl, frostig; **to feel ~** frösteln, frieren.

chime [tʃaɪm] n Glockenspiel nt ♦ vi läuten.

chimney ['tʃɪmnɪ] n Schornstein m.

chimney sweep n Schornsteinfeger(in) m(f).

chimpanzee [tʃɪmpæn'ziː] n Schimpanse m.

chin [tʃɪn] n Kinn nt.

China ['tʃaɪnə] n China nt.

china ['tʃaɪnə] n Porzellan nt.

Chinese [tʃaɪ'niːz] adj chinesisch ♦ n inv Chinese m, Chinesin f; (LING) Chinesisch nt.

chink [tʃɪŋk] n (in door, wall etc) Ritze f, Spalt m; (of bottles etc) Klirren nt.

chintz [tʃɪnts] n Chintz m.

chinwag ['tʃɪnwæg] (BRIT: inf) n Schwatz m.

chip [tʃɪp] n (gen pl) Pommes frites pl; (US: also: **potato ~**) Chip m; (of wood) Span m; (of glass, stone) Splitter m; (in glass, cup etc) abgestoßene Stelle f; (in gambling) Chip m, Spielmarke f; (COMPUT: also: **microchip**) Chip m ♦ vt (cup, plate) anschlagen; **when the ~s are down** (fig) wenn es drauf ankommt.

▶ **chip in** (inf) vi (contribute) etwas beisteuern; (interrupt) sich einschalten.

chipboard ['tʃɪpbɔːd] n Spanplatte f.

chipmunk ['tʃɪpmʌŋk] n Backenhörnchen nt.

chippings ['tʃɪpɪŋz] npl: **loose ~** (on road) Schotter m.

CHIP SHOP

Chip shop, auch „fish-and-chip shop", ist die traditionelle britische Imbissbude, in der vor allem frittierte Fischfilets und Pommes frites, aber auch andere einfache Mahlzeiten angeboten werden. Früher wurde das Essen zum Mitnehmen in Zeitungspapier verpackt. Manche chip shops haben auch einen Essraum.

---

chiropodist [kɪ'rɔpədɪst] (BRIT) n Fußpfleger(in) m(f).

chiropody [kɪ'rɔpədɪ] (BRIT) n Fußpflege f.

chirp [tʃɜːp] vi (bird) zwitschern; (crickets) zirpen.

chirpy ['tʃɜːpɪ] (inf) adj munter.

chisel ['tʃɪzl] n (for stone) Meißel m; (for wood) Beitel m.

chit [tʃɪt] n Zettel m.

chitchat ['tʃɪttʃæt] n Plauderei f.

chivalrous ['ʃɪvəlrəs] adj ritterlich.

chivalry ['ʃɪvəlrɪ] n Ritterlichkeit f.

chives [tʃaɪvz] npl Schnittlauch m.

chloride ['klɔːraɪd] n Chlorid nt.

chlorinate ['klɔːrɪneɪt] vt chloren.

chlorine ['klɔːriːn] n Chlor nt.

chock [tʃɔk] n Bremskeil m, Bremsklotz m.

chock-a-block ['tʃɔkə'blɔk] *adj* gerammelt voll.

chock-full [tʃɔk'ful] *adj* = **chock-a-block**.

chocolate ['tʃɔklɪt] *n* Schokolade *f*; (*drink*) Kakao *m*, Schokolade *f*; (*sweet*) Praline *f* ♦ *cpd* Schokoladen-.

choice [tʃɔɪs] *n* Auswahl *f*; (*option*) Möglichkeit *f*; (*preference*) Wahl *f* ♦ *adj* Qualitäts-, erstklassig; **I did it by** *or* **from** ~ ich habe es mir so ausgesucht; **a wide** ~ eine große Auswahl.

choir ['kwaɪə*] *n* Chor *m*.

choirboy ['kwaɪə'bɔɪ] *n* Chorknabe *m*.

choke [tʃəuk] *vi* ersticken; (*with smoke, dust, anger etc*) keine Luft mehr bekommen ♦ *vt* erwürgen, erdrosseln ♦ *n* (*AUT*) Choke *m*, Starterklappe *f*; **to be** ~**d (with)** verstopft sein (mit).

cholera ['kɔlərə] *n* Cholera *f*.

cholesterol [kə'lɛstərɔl] *n* Cholesterin *nt*.

choose [tʃuːz] (*pt* **chose**, *pp* **chosen**) *vt* (aus)wählen; (*profession, friend*) sich *dat* aussuchen ♦ *vi*: **to** ~ **between** wählen zwischen +*dat*, eine Wahl treffen zwischen +*dat*; **to** ~ **from** wählen aus *or* unter +*dat*, eine Wahl treffen aus *or* unter +*dat*; **to** ~ **to do sth** beschließen, etw zu tun.

choosy ['tʃuːzɪ] *adj* wählerisch.

chop [tʃɔp] *vt* (*wood*) hacken; (*also*: ~ **up**) *vegetables, fruit, meat*) klein schneiden ♦ *n* Kotelett *nt*; **chops** (*inf*) *npl* (*of animal*) Maul *nt*; (*of person*) Mund *m*; **to get the** ~ (*BRIT: inf: project*) dem Rotstift zum Opfer fallen; (: *be sacked*) rausgeschmissen werden.

▶ **chop down** *vt* (*tree*) fällen.

chopper ['tʃɔpə*] (*inf*) *n* Hubschrauber *m*.

choppy ['tʃɔpɪ] *adj* (*sea*) kabbelig, bewegt.

chopsticks ['tʃɔpstɪks] *npl* Stäbchen *pl*.

choral ['kɔːrəl] *adj* (*singing*) Chor-; (*society*) Gesang-.

chord [kɔːd] *n* Akkord *m*; (*MATH*) Sehne *f*.

chore [tʃɔː*] *n* Hausarbeit *f*; (*routine task*) lästige Routinearbeit *f*; **household** ~**s** Hausarbeit.

choreographer [kɔrɪ'ɔgrəfə*] *n* Choreograf(in) *m(f)*.

choreography [kɔrɪ'ɔgrəfɪ] *n* Choreografie *f*.

chorister ['kɔrɪstə*] *n* Chorsänger(in) *m(f)*.

chortle ['tʃɔːtl] *vi* glucksen.

chorus ['kɔːrəs] *n* Chor *m*; (*refrain*) Refrain *m*; (*of complaints*) Flut *f*.

chose [tʃəuz] *pt of* **choose**.

chosen ['tʃəuzn] *pp of* **choose**.

chow [tʃau] *n* Chow-Chow *m*.

chowder ['tʃaudə*] *n* (sämige) Fischsuppe *f*.

Christ [kraɪst] *n* Christus *m*.

christen ['krɪsn] *vt* taufen.

christening ['krɪsnɪŋ] *n* Taufe *f*.

Christian ['krɪstɪən] *adj* christlich ♦ *n* Christ(in) *m(f)*.

Christianity [krɪstɪ'ænɪtɪ] *n* Christentum *nt*.

Christian name *n* Vorname *m*.

Christmas ['krɪsməs] *n* Weihnachten *nt*; **Happy** *or* **Merry** ~! frohe *or* fröhliche Weihnachten!

Christmas card *n* Weihnachtskarte *f*.

Christmas Day *n* der erste Weihnachtstag.

Christmas Eve *n* Heiligabend *m*.

Christmas Island *n* Weihnachtsinsel *f*.

Christmas tree *n* Weihnachtsbaum *m*, Christbaum *m*.

chrome [krəum] *n* = **chromium**.

chromium ['krəumɪəm] *n* Chrom *nt*; (*also*: ~ **plating**) Verchromung *f*.

chromosome ['krəuməsəum] *n* Chromosom *nt*.

chronic ['krɔnɪk] *adj* (*also fig*) chronisch; (*severe*) schlimm.

chronicle ['krɔnɪkl] *n* Chronik *f*.

chronological [krɔnə'lɔdʒɪkl] *adj* chronologisch.

chrysanthemum [krɪ'sænθəməm] *n* Chrysantheme *f*.

chubby ['tʃʌbɪ] *adj* pummelig; ~ **cheeks** Pausbacken *pl*.

chuck [tʃʌk] (*inf*) *vt* werfen, schmeißen; (*BRIT: also*: ~ **up**, ~ **in**) (*job*) hinschmeißen; (: *person*) Schluss machen mit.

▶ **chuck out** *vt* (*person*) rausschmeißen; (*rubbish etc*) wegschmeißen.

chuckle ['tʃʌkl] *vi* leise in sich *acc* hineinlachen.

chuffed [tʃʌft] (*BRIT: inf*) *adj* vergnügt und zufrieden; (*flattered*) gebauchpinselt.

chug [tʃʌg] *vi* (*also*: ~ **along**) tuckern.

chum [tʃʌm] *n* Kumpel *m*.

chump [tʃʌmp] (*inf*) *n* Trottel *m*.

chunk [tʃʌŋk] *n* großes Stück *nt*.

chunky ['tʃʌŋkɪ] *adj* (*furniture etc*) klobig; (*person*) stämmig, untersetzt; (*knitwear*) dick.

church [tʃəːtʃ] *n* Kirche *f*; **the C**~ **of England** die anglikanische Kirche.

churchyard ['tʃəːtʃjɑːd] *n* Friedhof *m*.

churlish ['tʃəːlɪʃ] *adj* griesgrämig; (*behaviour*) ungehobelt.

churn [tʃəːn] *n* Butterfass *nt*; (*also*: **milk** ~) Milchkanne *f*.

▶ **churn out** *vt* am laufenden Band produzieren.

chute [ʃuːt] *n* (*also*: **rubbish** ~) Müllschlucker *m*; (*for coal, parcels etc*) Rutsche *f*; (*BRIT: slide*) Rutschbahn *f*, Rutsche *f*.

chutney ['tʃʌtnɪ] *n* Chutney *nt*.

CIA (*US*) *n abbr* (= *Central Intelligence Agency*) CIA *f or m*.

cicada [sɪ'kɑːdə] *n* Zikade *f*.

CID (*BRIT*) *n abbr* = **Criminal Investigation Department**.

cider ['saɪdə*] *n* Apfelwein *m*.

c.i.f. *abbr* (*COMM*: = *cost, insurance and freight*) cif.

cigar [sɪ'gɑː*] *n* Zigarre *f*.

cigarette [sɪgə'rɛt] *n* Zigarette *f*.

cigarette case n Zigarettenetui nt.

cigarette end n Zigarettenstummel m.

cigarette holder n Zigarettenspitze f.

C in C abbr (MIL) = **commander in chief.**

cinch [sɪntʃ] (inf) n: **it's a** ~ das ist ein Kinderspiel or ein Klacks.

Cinderella [sɪndəˈrɛlə] n Aschenputtel nt, Aschenbrödel nt.

cinders [ˈsɪndəz] npl Asche f.

cine camera [ˈsɪnɪ-] (BRIT) n (Schmal)filmkamera f.

cine film (BRIT) n Schmalfilm m.

cinema [ˈsɪnəmə] n Kino nt; (film-making) Film m.

cine projector (BRIT) n Filmprojektor m.

cinnamon [ˈsɪnəmən] n Zimt m.

cipher [ˈsaɪfəʳ] n (code) Chiffre f; (fig) Niemand m; **in** ~ chiffriert.

circa [ˈsəːkə] prep zirka, circa.

circle [ˈsəːkl] n Kreis m; (in cinema, theatre) Rang m ♦ vi kreisen ♦ vt kreisen um; (surround) umgeben.

circuit [ˈsəːkɪt] n Runde f; (ELEC) Stromkreis m; (track) Rennbahn f.

circuit board n Platine f, Leiterplatte f.

circuitous [səːˈkjuɪtəs] adj umständlich.

circular [ˈsəːkjʊləʳ] adj rund; (route) Rund- ♦ n (letter) Rundschreiben nt, Rundbrief m; (as advertisement) Wurfsendung f; ~ **argument** Zirkelschluss m.

circulate [ˈsəːkjʊleɪt] vi (traffic) fließen; (blood, report) zirkulieren; (news, rumour) kursieren, in Umlauf sein; (person) die Runde machen ♦ vt herumgehen or zirkulieren lassen.

circulating capital [səːkjuˈleɪtɪŋ-] n (COMM) flüssiges Kapital nt, Umlaufkapital nt.

circulation [səːkjuˈleɪʃən] n (of traffic) Fluss m; (of air etc) Zirkulation f; (of newspaper) Auflage f; (MED: of blood) Kreislauf m.

circumcise [ˈsəːkəmsaɪz] vt beschneiden.

circumference [səˈkʌmfərəns] n Umfang m; (edge) Rand m.

circumflex [ˈsəːkəmflɛks] n (also: ~ **accent**) Zirkumflex m.

circumscribe [ˈsəːkəmskraɪb] vt (MATH) einen Kreis umbeschreiben; (fig) eingrenzen.

circumspect [ˈsəːkəmspɛkt] adj umsichtig.

circumstances [ˈsəːkəmstənsɪz] npl Umstände pl; (financial condition) (finanzielle) Verhältnisse pl; **in the** ~ unter diesen Umständen; **under no** ~ unter (gar) keinen Umständen, auf keinen Fall.

circumstantial [səːkəmˈstænʃl] adj ausführlich; ~ **evidence** Indizienbeweis m.

circumvent [səːkəmˈvɛnt] vt umgehen.

circus [ˈsəːkəs] n Zirkus m; (also: **C**~: in place names) Platz m.

cirrhosis [sɪˈrəusɪs] n (also: ~ **of the liver**) Leberzirrhose f.

CIS n abbr (= Commonwealth of Independent States) GUS f.

cissy [ˈsɪsɪ] n, adj see **sissy.**

cistern [ˈsɪstən] n Zisterne f; (of toilet) Spülkasten m.

citation [saɪˈteɪʃən] n Zitat nt; (US) Belobigung f; (LAW) Vorladung f (vor Gericht).

cite [saɪt] vt zitieren; (example) anführen; (LAW) vorladen.

citizen [ˈsɪtɪzn] n Staatsbürger(in) m(f); (of town) Bürger(in) m(f).

Citizens' Advice Bureau [ˈsɪtɪznz-] n ≈ Bürgerberatungsstelle f.

citizenship [ˈsɪtɪznʃɪp] n Staatsbürgerschaft f; (BRIT: SCOL) Gesellschaftskunde f.

citric acid [ˈsɪtrɪk-] n Zitronensäure f.

citrus fruit [ˈsɪtrəs-] n Zitrusfrucht f.

city [ˈsɪtɪ] n (Groß)stadt f; **the C**~ (FIN) die City, das Londoner Banken- und Börsenviertel.

city centre n Stadtzentrum nt, Innenstadt f.

City Hall n Rathaus nt; (US: municipal government) Stadtverwaltung f.

civic [ˈsɪvɪk] adj (authorities etc) Stadt-, städtisch; (duties, pride) Bürger-, bürgerlich.

civic centre (BRIT) n Stadtverwaltung f.

civil [ˈsɪvɪl] adj (disturbances, rights) Bürger-; (liberties, law) bürgerlich; (polite) höflich.

Civil Aviation Authority (BRIT) n Behörde f für Zivilluftfahrt.

civil defence n Zivilschutz m.

civil disobedience n ziviler Ungehorsam m.

civil engineer n Bauingenieur(in) m(f).

civil engineering n Hoch- und Tiefbau m.

civilian [sɪˈvɪlɪən] adj (population) Zivil- ♦ n Zivilist m; ~ **casualties** Verluste pl unter der Zivilbevölkerung.

civilization [sɪvɪlaɪˈzeɪʃən] n Zivilisation f; (a society) Kultur f.

civilized [ˈsɪvɪlaɪzd] adj zivilisiert; (person) kultiviert; (place, experience) gepflegt.

civil law n Zivilrecht nt, bürgerliches Recht nt.

civil liberties n (bürgerliche) Freiheitsrechte pl.

civil rights npl Bürgerrechte pl.

civil servant n (Staats)beamter m, (Staats)beamtin f.

Civil Service n Beamtenschaft f.

civil war n Bürgerkrieg m.

civvies [ˈsɪvɪz] (inf) npl Zivilklamotten pl.

cl abbr (= centilitre) cl.

clad [klæd] adj: ~ **(in)** gekleidet (in +acc).

claim [kleɪm] vt (assert) behaupten; (responsibility) übernehmen; (credit) in Anspruch nehmen; (rights, inheritance) Anspruch erheben auf +acc; (expenses) sich dat zurückerstatten lassen; (compensation, damages) verlangen ♦ vi (for insurance) Ansprüche geltend machen ♦ n (assertion) Behauptung f; (for pension, wage rise, compensation) Forderung f; (right: to *inheritance, land*) Anspruch *m*; (*for expenses*) Spesenabrechnung *f*; **(insurance)** ~ (Versicherungs)anspruch *m*; **to put in a** ~ **for** beantragen.

claimant ['kleɪmənt] *n* Antragsteller(in) *m(f)*.

claim form *n* Antragsformular *nt*.

clairvoyant [klɛə'vɔɪənt] *n* Hellseher(in) *m(f)*.

clam [klæm] *n* Venusmuschel *f*.

▶ **clam up** (*inf*) *vi* keinen Piep (mehr) sagen.

clamber ['klæmbə*] *vi* klettern.

clammy ['klæmɪ] *adj* feucht.

clamour, (*US*) **clamor** ['klæmə*] *n* Lärm *m*; (*protest*) Protest *m*, Aufschrei *m* ♦ *vi*: **to** ~ **for** schreien nach.

clamp [klæmp] *n* Schraubzwinge *f*, Klemme *f* ♦ *vt* (*two things*) zusammenklemmen; (*one thing on another*) klemmen; (*wheel*) krallen.

▶ **clamp down on** *vt fus* rigoros vorgehen gegen.

clampdown ['klæmpdaun] *n*: ~ **(on)** hartes Durchgreifen *nt* (gegen).

clan [klæn] *n* Clan *m*.

clandestine [klæn'dɛstɪn] *adj* geheim, Geheim-.

clang [klæŋ] *vi* klappern; (*bell*) läuten ♦ *n* (*see vi*) Klappern *nt*; Läuten *nt*.

clanger ['klæŋə*] (*BRIT: inf*) *n* Fauxpas *m*; **to drop a** ~ ins Fettnäpfchen treten.

clansman ['klænzmən] *n* (*irreg: like* **man**) Clanmitglied *nt*.

clap [klæp] *vi* (*Beifall*) klatschen ♦ *vt*: **to** ~ **(one's hands)** (in die Hände) klatschen ♦ *n*: **a** ~ **of thunder** ein Donnerschlag *m*.

clapping ['klæpɪŋ] *n* Beifall *m*.

claptrap ['klæptræp] (*inf*) *n* Geschwafel *nt*.

claret ['klærət] *n* roter Bordeaux(wein) *m*.

clarification [klærɪfɪ'keɪʃən] *n* Klärung *f*.

clarify ['klærɪfaɪ] *vt* klären.

clarinet [klærɪ'nɛt] *n* Klarinette *f*.

clarity ['klærɪtɪ] *n* Klarheit *f*.

clash [klæʃ] *n* (*fight*) Zusammenstoß *m*; (*disagreement*) Streit *m*, Auseinandersetzung *f*; (*of beliefs, ideas, views*) Konflikt *m*; (*of colours, styles, personalities*) Unverträglichkeit *f*; (*of events, dates, appointments*) Überschneidung *f*; (*noise*) Klirren *nt* ♦ *vi* (*fight*) zusammenstoßen; (*disagree*) sich streiten, eine Auseinandersetzung haben; (*beliefs, ideas, views*) aufeinander prallen; (*colours*) sich beißen; (*styles, personalities*) nicht zusammenpassen; (*two events, dates, appointments*) sich überschneiden; (*make noise*) klirrend aneinander schlagen.

clasp [klɑːsp] *n* Griff *m*; (*embrace*) Umklammerung *f*; (*of necklace, bag*) Verschluss *m* ♦ *vt* (er)greifen; (*embrace*) umklammern.

class [klɑːs] *n* Klasse *f*; (*lesson*) (Unterrichts)stunde *f* ♦ *adj* (*struggle, distinction*) Klassen- ♦ *vt* einordnen, einstufen.

class-conscious ['klɑːs'kɔnʃəs] *adj* klassenbewusst, standesbewusst.

class-consciousness ['klɑːs'kɔnʃəsnɪs] *n* Klassenbewusstsein *nt*, Standesbewusstsein *nt*.

classic ['klæsɪk] *adj* klassisch ♦ *n* Klassiker *m*; (*race*) *bedeutendes Pferderennen für dreijährige Pferde*; **classics** *npl* (*SCOL*) Altphilologie *f*.

classical ['klæsɪkl] *adj* klassisch.

classification [klæsɪfɪ'keɪʃən] *n* Klassifikation *f*; (*category*) Klasse *f*; (*system*) Einteilung *f*.

classified ['klæsɪfaɪd] *adj* geheim.

classified advertisement *n* Kleinanzeige *f*.

classify ['klæsɪfaɪ] *vt* klassifizieren, (ein)ordnen.

classless ['klɑːslɪs] *adj*: ~ **society** klassenlose Gesellschaft *f*.

classmate ['klɑːsmeɪt] *n* Klassenkamerad(in) *m(f)*.

classroom ['klɑːsrum] *n* Klassenzimmer *nt*.

classroom assistant *n* Assistenzlehrkraft *f*.

classy ['klɑːsɪ] (*inf*) *adj* nobel, exklusiv; (*person*) todschick.

clatter ['klætə*] *n* Klappern *nt*; (*of hooves*) Trappeln *nt* ♦ *vi* (*see n*) klappern; trappeln.

clause [klɔːz] *n* (*LAW*) Klausel *f*; (*LING*) Satz *m*.

claustrophobia [klɔːstrə'fəubɪə] *n* Klaustrophobie *f*, Platzangst *f*.

claustrophobic [klɔːstrə'fəubɪk] *adj* (*place, situation*) beengend; (*person*): **to be/feel** ~ Platzangst haben/bekommen.

claw [klɔː] *n* Kralle *f*; (*of lobster*) Schere *f*, Zange *f*.

▶ **claw at** *vt fus* sich krallen an +*acc*.

clay [kleɪ] *n* Ton *m*; (*soil*) Lehm *m*.

clean [kliːn] *adj* sauber; (*fight*) fair; (*record, reputation*) einwandfrei; (*joke, story*) stubenrein, anständig; (*edge, MED: fracture*) glatt ♦ *vt* sauber machen; (*car, hands, face etc*) waschen ♦ *adv*: **he** ~ **forgot** er hat es glatt(weg) vergessen; **to have a** ~ **driving licence** *or* (*US*) **record** keine Strafpunkte haben; **to** ~ **one's teeth** (*BRIT*) sich *dat* die Zähne putzen; **the thief got** ~ **away** der Dieb konnte entkommen; **to come** ~ (*inf*) auspacken.

▶ **clean off** *vt* abwaschen, abwischen.

▶ **clean out** *vt* gründlich sauber machen; (*inf: person*) ausnehmen.

▶ **clean up** *vt* aufräumen; (*child*) sauber machen; (*fig*) für Ordnung sorgen in +*dat* ♦ *vi* aufräumen, sauber machen; (*inf: make profit*) absahnen.

clean-cut ['kliːn'kʌt] *adj* gepflegt; (*situation*) klar.

cleaner ['kliːnə*] *n* Raumpfleger(in) *m(f)*; (*woman*) Putzfrau *f*; (*substance*) Reinigungsmittel *nt*, Putzmittel *nt*.

cleaner's ['kliːnəz] *n* (*also*: **dry** ~) Reinigung *f*.

cleaning ['kliːnɪŋ] *n* Putzen *nt*.

cleaning lady *n* Putzfrau *f*, Reinemachefrau f.

cleanliness ['klɛnlɪnɪs] n Sauberkeit f, Reinlichkeit f.

cleanly ['kliːnlɪ] adv sauber.

cleanse [klɛnz] vt (purify) läutern; (face, cut) reinigen.

cleanser ['klɛnzə*] n (for face) Reinigungscreme f, Reinigungsmilch f.

clean-shaven ['kliːn'ʃeɪvn] adj glatt rasiert.

cleansing department ['klɛnzɪŋ-] (BRIT) n ≈ Stadtreinigung f.

clean sweep n: **to make a ~** (SPORT) alle Preise einstecken.

clean-up ['kliːnʌp] n: **to give sth a ~** etw gründlich sauber machen.

clear [klɪə*] adj klar; (footprint) deutlich; (photograph) scharf; (commitment) eindeutig; (glass, plastic) durchsichtig; (road, way, floor etc) frei; (conscience, skin) rein ♦ vt (room) ausräumen; (trees) abholzen; (weeds etc) entfernen; (slums etc, stock) räumen; (LAW) freisprechen; (fence, wall) überspringen; (cheque) verrechnen ♦ vi (weather, sky) aufklaren; (fog, smoke) sich auflösen; (room etc) sich leeren ♦ adv: **to be ~ of the ground** den Boden nicht berühren ♦ n: **to be in the ~** (out of debt) schuldenfrei sein; (free of suspicion) von jedem Verdacht frei sein; (out of danger) außer Gefahr sein; **~ profit** Reingewinn m; **I have a ~ day tomorrow** (BRIT) ich habe morgen nichts vor; **to make o.s. ~** sich klar ausdrücken; **to make it ~ to sb that ...** es jdm (unmissverständlich) klarmachen, dass ...; **to ~ the table** den Tisch abräumen; **to ~ a space (for sth)** (für etw) Platz schaffen; **to ~ one's throat** sich räuspern; **to ~ a profit** einen Gewinn machen; **to keep ~ of sb** jdm aus dem Weg gehen; **to keep ~ of sth** etw meiden; **to keep ~ of trouble** allem Ärger aus dem Weg gehen.

▶ **clear off** (inf) vi abhauen, verschwinden.

▶ **clear up** vt aufräumen; (mystery) aufklären; (problem) lösen ♦ vi (bad weather) sich aufklären; (illness) sich bessern.

clearance ['klɪərəns] n (of slums) Räumung f; (of trees) Abholzung f; (permission) Genehmigung f; (free space) lichte Höhe f.

clearance sale n Räumungsverkauf m.

clear-cut ['klɪə'kʌt] adj klar.

clearing ['klɪərɪŋ] n Lichtung f; (BRIT: BANKING) Clearing nt.

clearing bank (BRIT) n Clearingbank f.

clearing house n (COMM) Clearingstelle f.

clearly ['klɪəlɪ] adv klar; (obviously) eindeutig.

clearway ['klɪəweɪ] (BRIT) n Straße f mit Halteverbot.

cleavage ['kliːvɪdʒ] n (of woman's breasts) Dekolletee nt, Dekolleté nt.

cleaver ['kliːvə*] n Hackbeil nt.

clef [klɛf] n (Noten)schlüssel m.

cleft [klɛft] n Spalte f.

cleft palate n (MED) Gaumenspalte f.

clemency ['klɛmənsɪ] n Milde f.

clement ['klɛmənt] adj mild.

clench [klɛntʃ] vt (fist) ballen; (teeth) zusammenbeißen.

clergy ['klɜːdʒɪ] n Klerus m, Geistlichkeit f.

clergyman ['klɜːdʒɪmən] (irreg: like **man**) n Geistliche(r) m.

clerical ['klɛrɪkl] adj (job, worker) Büro-; (error) Schreib-; (REL) geistlich.

clerk [klɑːk, (US) klɜːrk] n (BRIT) Büroangestellte(r) f(m); (US: sales person) Verkäufer(in) m(f).

Clerk of Court n Protokollführer(in) m(f).

clever ['klɛvə*] adj klug; (deft, crafty) schlau, clever (inf); (device, arrangement) raffiniert.

cleverly ['klɛvəlɪ] adv geschickt.

clew [kluː] (US) n = **clue**.

cliché ['kliːʃeɪ] n Klischee nt.

click [klɪk] vi klicken ♦ vt: **to ~ one's tongue** mit der Zunge schnalzen; **to ~ one's heels** die Hacken zusammenschlagen.

client ['klaɪənt] n Kunde m, Kundin f; (of bank, lawyer) Klient(in) m(f); (of restaurant) Gast m.

clientele [kliː[-ɑ]:n'tɛl] n Kundschaft f.

cliff [klɪf] n Kliff nt.

cliffhanger ['klɪfhæŋə*] n spannungsgeladene Szene am Ende einer Filmepisode, Cliffhanger m.

climactic [klaɪ'mæktɪk] adj: **~ point** Höhepunkt m.

climate ['klaɪmɪt] n Klima nt.

climax ['klaɪmæks] n (also: **sexual**) Höhepunkt m.

climb [klaɪm] vi klettern; (plane, sun, prices, shares) steigen ♦ vt (stairs, ladder) hochsteigen, hinaufsteigen; (tree) klettern auf +acc; (hill) steigen auf +acc ♦ n Aufstieg m; (of prices etc) Anstieg m; **to ~ over a wall/into a car** über eine Mauer/in ein Auto steigen or klettern.

▶ **climb down** (BRIT) vi (fig) nachgeben.

climb-down ['klaɪmdaun] n Nachgeben nt, Rückzieher m (inf).

climber ['klaɪmə*] n Bergsteiger(in) m(f); (plant) Kletterpflanze f.

climbing ['klaɪmɪŋ] n Bergsteigen nt.

clinch [klɪntʃ] vt (deal) perfekt machen; (argument) zum Abschluss bringen.

clincher ['klɪntʃə*] n ausschlaggebender Faktor m.

cling [klɪŋ] (pt, pp clung) vi: **to ~ to** (mother, support) sich festklammern an +dat; (idea, belief) festhalten an +dat; (subj: clothes, dress) sich anschmiegen +dat.

clingfilm ['klɪŋfɪlm] n Frischhaltefolie f.

clinic ['klɪnɪk] n Klinik f; (session) Sprechstunde f; (: SPORT) Trainingstunde f.

clinical ['klɪnɪkl] adj klinisch; (fig) nüchtern, kühl; (: building, room) steril.

clink [klɪŋk] vi klirren.

clip [klɪp] n (also: **paper ~**) Büroklammer f;

(BRIT: also: **bulldog** ~) Klammer f; (holding wire, hose etc) Klemme f; (for hair) Spange f; (TV, CINE) Ausschnitt m ♦ vt festklemmen; (also: ~ **together**) zusammenheften; (cut) schneiden.

clippers ['klɪpəz] npl (for gardening) Schere f; (also: **nail** ~) Nagelzange f.

clipping ['klɪpɪŋ] n (from newspaper) Ausschnitt m.

clique [kliːk] n Clique f, Gruppe f.

clitoris ['klɪtərɪs] n Klitoris f.

cloak [kləʊk] n Umhang m ♦ vt (fig) hüllen.

cloakroom ['kləʊkrum] n Garderobe f; (BRIT: WC) Toilette f.

clobber ['klɒbə'] (inf) n Klamotten pl ♦ vt (hit) hauen, schlagen; (defeat) in die Pfanne hauen.

clock [klɒk] n Uhr f; **round the** ~ rund um die Uhr; **30,000 on the** ~ (BRIT: AUT) ein Tachostand von 30.000; **to work against the** ~ gegen die Uhr arbeiten.

▶ **clock in** (BRIT) vi (den Arbeitsbeginn) stempeln or stechen.

▶ **clock off** (BRIT) vi (das Arbeitsende) stempeln or stechen.

▶ **clock on** (BRIT) vi = **clock in.**

▶ **clock out** (BRIT) vi = **clock off.**

▶ **clock up** vt (miles) fahren; (hours) arbeiten.

clockwise ['klɒkwaɪz] adv im Uhrzeigersinn.

clockwork ['klɒkwəːk] n Uhrwerk nt ♦ adj aufziehbar, zum Aufziehen; **like** ~ wie am Schnürchen.

clog [klɒg] n Clog m; (wooden) Holzschuh m ♦ vt verstopfen ♦ vi (also: ~ **up**) verstopfen.

cloister ['klɔɪstə'] n Kreuzgang m.

clone [kləʊn] n Klon m.

close¹ [kləʊs] adj (writing, friend, contact) eng; (texture) dicht, fest; (relative) nahe; (examination) genau, gründlich; (watch) streng, scharf; (contest) knapp; (weather) schwül; (room) stickig ♦ adv nahe; ~ **(to)** nahe (+gen); ~ **to** in der Nähe +gen; ~ **by,** ~ **at hand** in der Nähe; **how** ~ **is Edinburgh to Glasgow?** wie weit ist Edinburgh von Glasgow entfernt?; **a** ~ **friend** ein guter or enger Freund; **to have a** ~ **shave** (fig) gerade noch davonkommen; **at** ~ **quarters** aus der Nähe.

close² [kləʊz] vt schließen, zumachen; (sale, deal, case) abschließen; (speech) schließen, beenden ♦ vi schließen, zumachen; (door, lid) sich schließen, zugehen; (end) aufhören ♦ n Ende nt, Schlus m; **to bring sth to a** ~ **close** etw beenden.

▶ **close down** vi (factory) stillgelegt werden; (magazine etc) eingestellt werden.

▶ **close in** vi (night) hereinbrechen; (fog) sich verdichten; **to** ~ **in on sb/sth** jdm/etw auf den Leib rücken; **the days are closing in** die Tage werden kürzer.

▶ **close off** vt (area) abriegeln; (road) sperren.

closed [kləʊzd] adj geschlossen; (road) gesperrt.

closed-circuit television n Fernsehüberwachungsanlage f.

closed shop n Betrieb m mit Gewerkschaftszwang.

close-knit ['kləʊs'nɪt] adj eng zusammengewachsen.

closely ['kləʊslɪ] adv (examine, watch) genau; (connected) eng; **we are** ~ **related** wir sind nah verwandt; **a** ~ **guarded secret** ein streng gehütetes Geheimnis.

close season ['kləʊs-] n Schonzeit f; (SPORT) Sommerpause f.

closet ['klɒzɪt] n Wandschrank m.

close-up ['kləʊsʌp] n Nahaufnahme f.

closing ['kləʊzɪŋ] adj (stages) Schluss-; (remarks) abschließend.

closing price n (STOCK EXCHANGE) Schlusskurs m, Schlussnotierung f.

closing time (BRIT) n (in pub) Polizeistunde f, Sperrstunde f.

closure ['kləʊʒə'] n (of factory) Stilllegung f; (of magazine) Einstellung f; (of road) Sperrung f; (of border) Schließung f.

clot [klɒt] n (blood clot) (Blut)gerinnsel nt; (inf: idiot) Trottel m ♦ vi gerinnen; (external bleeding) zum Stillstand kommen.

cloth [klɒθ] n (material) Stoff m, Tuch nt; (rag) Lappen m; (BRIT: also: **teacloth**) (Spül)tuch nt; (also: **tablecloth**) Tischtuch nt, Tischdecke f.

clothe [kləʊð] vt anziehen, kleiden.

clothes [kləʊðz] npl Kleidung f, Kleider pl; **to put one's** ~ **on** sich anziehen; **to take one's** ~ **off** sich ausziehen.

clothes brush n Kleiderbürste f.

clothesline ['kləʊðzlaɪn] n Wäscheleine f.

clothes peg, (US) **clothes pin** n Wäscheklammer f.

clothing ['kləʊðɪŋ] n = **clothes.**

clotted cream ['klɒtɪd-] (BRIT) n Sahne aus erhitzter Milch.

cloud [klaʊd] n Wolke f ♦ vt trüben; **every** ~ **has a silver lining** (proverb) auf Regen folgt Sonnenschein; **to** ~ **the issue** es unnötig komplizert machen; (deliberately) die Angelegenheit verschleiern.

▶ **cloud over** vi (sky) sich bewölken, sich bedecken; (face, eyes) sich verfinstern.

cloudburst ['klaʊdbəːst] n Wolkenbruch m.

cloud-cuckoo-land [klaʊd'kuːkuːlænd] (BRIT) n Wolkenkuckucksheim nt.

cloudy ['klaʊdɪ] adj wolkig, bewölkt; (liquid) trüb.

clout [klaʊt] vt schlagen, hauen ♦ n (fig) Schlagkraft f.

clove [kləʊv] n Gewürznelke f; ~ **of garlic** Knoblauchzehe f.

clover ['kləʊvə'] n Klee m.

cloverleaf ['kləʊvəliːf] n Kleeblatt nt.

clown [klaʊn] n Clown m ♦ vi (also: ~ **about,** ~ **around**) herumblödeln, herumkaspern.

cloying ['klɔɪɪŋ] *adj* süßlich.

club [klʌb] *n* Klub *m*, Verein *m*; (*weapon*) Keule *f*, Knüppel *m*; (*also*: **golf** ~: *object*) Golfschläger *m* ♦ *vt* knüppeln ♦ *vi*: **to** ~ **together** zusammenlegen; **clubs** *npl* (*CARDS*) Kreuz *nt*.

club car (*US*) *n* Speisewagen *m*.

club class *n* Club-Klasse *f*, Businessklasse *f*.

clubhouse ['klʌbhaus] *n* Klubhaus *nt*.

club soda (*US*) *n* (*soda water*) Sodawasser *nt*.

cluck [klʌk] *vi* glucken.

clue [kluː] *n* Hinweis *m*, Anhaltspunkt *m*; (*in crossword*) Frage *f*; **I haven't a** ~ ich habe keine Ahnung.

clued-up ['kluːdʌp], (*US*: *inf*) **clued in** *adj*: **to be** ~ **on sth** über etw *acc* im Bilde sein.

clueless ['kluːlɪs] *adj* ahnungslos, unbedarft.

clump [klʌmp] *n* Gruppe *f*.

clumsy ['klʌmzɪ] *adj* ungeschickt; (*object*) unförmig; (*effort, attempt*) plump.

clung [klʌŋ] *pt, pp of* **cling**.

cluster ['klʌstə*] *n* Gruppe *f* ♦ *vi* (*people*) sich scharen; (*houses*) sich drängen.

clutch [klʌtʃ] *n* Griff *m*; (*AUT*) Kupplung *f* ♦ *vt* (*purse, hand*) umklammern; (*stick*) sich festklammern an +*dat* ♦ *vi*: **to** ~ **at** sich klammern an +*acc*.

clutter ['klʌtə*] *vt* (*also*: ~ **up**: *room*) voll stopfen; (*: table*) voll stellen ♦ *n* Kram *m* (*inf*).

CM (*US*) *abbr* (*POST*: = North Mariana Islands).

cm *abbr* (= centimetre) cm.

CNAA (*BRIT*) *n abbr* (= Council for National Academic Awards) Zentralstelle zur Vergabe von Qualifikationsnachweisen.

CND *n abbr* (= Campaign for Nuclear Disarmament) Organisation für atomare Abrüstung.

CO *n abbr* = commanding officer; (*BRIT*: = Commonwealth Office) Regierungsstelle für Angelegenheiten des Commonwealth ♦ *abbr* (*US*: POST: = Colorado).

Co. *abbr* = company, county.

c/o *abbr* (= care of) bei, c/o.

coach [kəutʃ] *n* (Reise)bus *m*; (*horse-drawn*) Kutsche *f*; (*of train*) Wagen *m*; (*SPORT*) Trainer *m*; (*SCOL*) Nachhilfelehrer(in) *m(f)* ♦ *vt* trainieren; (*student*) Nachhilfeunterricht geben +*dat*.

coach trip *n* Busfahrt *f*.

coagulate [kəu'ægjuleɪt] *vi* (*blood*) gerinnen; (*paint etc*) eindicken ♦ *vt* (*blood*) gerinnen lassen; (*paint*) dick werden lassen.

coal [kəul] *n* Kohle *f*.

coalface ['kəulfeɪs] *n* Streb *m*.

coalfield ['kəulfiːld] *n* Kohlenrevier *nt*.

coalition [kəuə'lɪʃən] *n* (*POL*) Koalition *f*; (*of pressure groups etc*) Zusammenschluss *m*.

coalman ['kəulmən] (*irreg: like* **man**) *n* Kohlenhändler *m*.

coal merchant *n* = coalman.

coal mine *n* Kohlenbergwerk *nt*, Zeche *f*.

coal miner *n* Bergmann *m*, Kumpel *m* (*inf*).

coal mining *n* (Kohlen)bergbau *m*.

coarse [kɔːs] *adj* (*texture*) grob; (*vulgar*) gewöhnlich, derb; (*salt, sand etc*) grobkörnig.

coast [kəust] *n* Küste *f* ♦ *vi* (im Leerlauf) fahren.

coastal ['kəustl] *adj* Küsten-.

coaster ['kəustə*] *n* (*NAUT*) Küstenfahrzeug *nt*; (*for glass*) Untersetzer *m*.

coastguard ['kəustgɑːd] *n* (*officer*) Küstenwächter *m*; (*service*) Küstenwacht *f*.

coastline ['kəustlaɪn] *n* Küste *f*.

coat [kəut] *n* Mantel *m*; (*of animal*) Fell *nt*; (*layer*) Schicht *f*; (*: of paint*) Anstrich *m* ♦ *vt* überziehen.

coat hanger *n* Kleiderbügel *m*.

coating ['kəutɪŋ] *n* (*of chocolate etc*) Überzug *m*; (*of dust etc*) Schicht *f*.

coat of arms *n* Wappen *nt*.

coauthor ['kəu'ɔːθə*] *n* Mitautor(in) *m(f)*, Mitverfasser(in) *m(f)*.

coax [kəuks] *vt* (*person*) überreden.

cob [kɔb] *n see* **corn**.

cobbler ['kɔblə*] *n* Schuster *m*.

cobbles ['kɔblz] *npl* Kopfsteinpflaster *nt*.

cobblestones ['kɔblstəunz] *npl* = cobbles.

COBOL ['kəubɔl] *n* COBOL *nt*.

cobra ['kəubrə] *n* Kobra *f*.

cobweb ['kɔbwɛb] *n* Spinnennetz *nt*.

cocaine [kə'keɪn] *n* Kokain *nt*.

cock [kɔk] *n* Hahn *m*; (*male bird*) Männchen *nt* ♦ *vt* (*gun*) entsichern; **to** ~ **one's ears** (*fig*) die Ohren spitzen.

cock-a-hoop [kɔkə'huːp] *adj* ganz aus dem Häuschen.

cockerel ['kɔkərl] *n* junger Hahn *m*.

cock-eyed ['kɔkaɪd] *adj* (*fig*) verrückt, widersinnig.

cockle ['kɔkl] *n* Herzmuschel *f*.

cockney ['kɔknɪ] *n* Cockney *m*, echter Londoner *m*; (*LING*) Cockney *nt*.

cockpit ['kɔkpɪt] *n* Cockpit *nt*.

cockroach ['kɔkrəutʃ] *n* Küchenschabe *f*, Kakerlak *m*.

cocktail ['kɔkteɪl] *n* Cocktail *m*; **fruit** ~ Obstsalat *m*; **prawn** ~ Krabbencocktail *m*.

cocktail cabinet *n* Hausbar *f*.

cocktail party *n* Cocktailparty *f*.

cocktail shaker [-'ʃeɪkə*] *n* Mixbecher *m*.

cock-up ['kɔkʌp] (*inf!*) *n* Schlamassel *m*.

cocky ['kɔkɪ] *adj* großspurig.

cocoa ['kəukəu] *n* Kakao *m*.

coconut ['kəukənʌt] *n* Kokosnuss *f*.

cocoon [kə'kuːn] *n* Puppe *f*, Kokon *m*; (*fig*) schützende Umgebung *f*.

COD *abbr* (*BRIT*) = cash on delivery; (*US*) = collect on delivery.

cod [kɔd] *n* Kabeljau *m*.

code [kəud] *n* (*cipher*) Chiffre *f*; (*dialling code*) Vorwahl *f*; (*post code*) Postleitzahl *f*; ~ **of behaviour** Sittenkodex *m*; ~ **of practice**

Verfahrensregeln *pl*.
codeine ['kəudiːn] *n* Kodein *nt*.
codger ['kɒdʒəʳ] (*inf*) *n*: **old ~** komischer Kauz
m.
codicil ['kɒdɪsɪl] *n* (*LAW*) Kodizill *nt*.
codify ['kəudɪfaɪ] *vt* kodifizieren.
cod-liver oil ['kɒdlɪvə-] *n* Lebertran *m*.
co-driver ['kəu'draɪvəʳ] *n* Beifahrer(in) *m(f)*.
co-ed ['kəu'ed] (*SCOL*) *adj abbr* = **coeducational**
♦ *n abbr* (*US: female pupil/student*) Schülerin/
Studentin an einer gemischten Schule/
Universität; (*BRIT: school*) gemischte Schule
f.
coeducational ['kəuedju'keɪʃənl] *adj* (*school*)
Koedukations-, gemischt.
coerce [kəu'əːs] *vt* zwingen.
coercion [kəu'əːʃən] *n* Zwang *m*.
coexistence ['kəuɪg'zɪstəns] *n* Koexistenz *f*.
C of C *n abbr* = **chamber of commerce**.
C of E *abbr* = **Church of England**.
coffee ['kɒfɪ] *n* Kaffee *m*; **black ~** schwarzer
Kaffee *m*; **white ~** Kaffee mit Milch; **~ with
cream** Kaffee mit Sahne.
coffee bar (*BRIT*) *n* Café *nt*.
coffee bean *n* Kaffeebohne *f*.
coffee break *n* Kaffeepause *f*.
coffee cake (*US*) *n* Kuchen *m* zum Kaffee.
coffee cup *n* Kaffeetasse *f*.
coffeepot ['kɒfɪpɒt] *n* Kaffeekanne *f*.
coffee table *n* Couchtisch *m*.
coffin ['kɒfɪn] *n* Sarg *m*.
C of I *abbr* (= *Church of Ireland*) anglikanische
Kirche Irlands.
C of S *abbr* (= *Church of Scotland*)
presbyterianische Kirche in Schottland.
cog [kɒg] *n* (*wheel*) Zahnrad *nt*; (*tooth*) Zahn *m*.
cogent ['kəudʒənt] *adj* stichhaltig, zwingend.
cognac ['kɒnjæk] *n* Kognak *m*.
cogwheel ['kɒgwiːl] *n* Zahnrad *nt*.
cohabit [kəu'hæbɪt] *vi* (*formal*) in eheähnlicher
Gemeinschaft leben; **to ~ (with sb)** (mit
jdm) zusammenleben.
coherent [kəu'hɪərənt] *adj* (*speech*)
zusammenhängend; (*answer, theory*)
schlüssig; (*person*) bei klarem Verstand.
cohesion [kəu'hiːʒən] *n* Geschlossenheit *f*.
cohesive [kə'hiːsɪv] *adj* geschlossen.
coil [kɔɪl] *n* Rolle *f*, (*one loop*) Windung *f*; (*of
smoke*) Kringel *m*; (*AUT, ELEC*) Spule *f*;
(*contraceptive*) Spirale *f* ♦ *vt* aufrollen,
aufwickeln.
coin [kɔɪn] *n* Münze *f* ♦ *vt* prägen.
coinage ['kɔɪnɪdʒ] *n* Münzen *pl*; (*LING*)
Prägung *f*.
coin box (*BRIT*) *n* Münzfernsprecher *m*.
coincide [kəuɪn'saɪd] *vi* (*events*)
zusammenfallen; (*ideas, views*)
übereinstimmen.
coincidence [kəu'ɪnsɪdəns] *n* Zufall *m*.
coin-operated ['kɔɪn'ɒpəreɪtɪd] *adj* Münz-.
Coke ® [kəuk] *n* Coca-Cola ® *nt or f*, Coke ® *nt*.
coke [kəuk] *n* Koks *m*.

Col. *abbr* = **colonel**.
COLA (*US*) *n abbr* (= *cost-of-living adjustment*)
Anpassung der Löhne und Gehälter an
steigende Lebenshaltungskosten.
colander ['kɒləndəʳ] *n* Durchschlag *m*.
cold [kəuld] *adj* kalt; (*unemotional*) kalt, kühl
♦ *n* Kälte *f*; (*MED*) Erkältung *f*; **it's ~** es ist
kalt; **to be/feel ~** (*person*) frieren; (*object*)
kalt sein; **in ~ blood** kaltblütig; **to have
~ feet** (*fig*) kalte Füße bekommen; **to give sb
the ~ shoulder** jdm die kalte Schulter
zeigen; **to catch ~, to catch a ~** sich
erkälten.
cold-blooded ['kəuld'blʌdɪd] *adj* kaltblütig.
cold calling *n* (*COMM: on phone*)
unaufgeforderte Telefonwerbung; (: *visit*)
unaufgeforderter Vertreterbesuch.
cold cream *n* (halbfette)
Feuchtigkeitscreme *f*.
coldly ['kəuldlɪ] *adv* kalt, kühl.
cold-shoulder [kəuld'ʃəuldəʳ] *vt* die kalte
Schulter zeigen +*dat*.
cold sore *n* Bläschenausschlag *m*.
cold sweat *n*: **to come out in a ~ (about sth)**
(wegen etw) in kalten Schweiß ausbrechen.
cold turkey *n*: **to do ~** Totalentzug machen.
Cold War *n*: **the ~** der Kalte Krieg.
coleslaw ['kəulslɔː] *n* Krautsalat *m*.
colic ['kɒlɪk] *n* Kolik *f*.
colicky ['kɒlɪkɪ] *adj*: **to be ~** Kolik *f or*
Leibschmerzen *pl* haben.
collaborate [kə'læbəreɪt] *vi*
zusammenarbeiten; (*with enemy*)
kollaborieren.
collaboration [kəlæbə'reɪʃən] *n* (*see vb*)
Zusammenarbeit *f*; Kollaboration *f*.
collaborator [kə'læbəreɪtəʳ] *n* (*see vb*)
Mitarbeiter(in) *m(f)*; Kollaborateur(in) *m(f)*.
collage [kə'lɑːʒ] *n* Collage *f*.
collagen ['kɒlədʒən] *n* Kollagen *nt*.
collapse [kə'læps] *vi* zusammenbrechen;
(*building*) einstürzen; (*plans*) scheitern;
(*government*) stürzen ♦ *n* (*see vb*)
Zusammenbruch *m*; Einsturz *m*; Scheitern
nt; Sturz *m*.
collapsible [kə'læpsəbl] *adj* Klapp-,
zusammenklappbar.
collar ['kɒləʳ] *n* Kragen *m*; (*of dog, cat*)
Halsband *nt*; (*TECH*) Bund *m* ♦ *vt* (*inf*)
schnappen.
collarbone ['kɒləbəun] *n* Schlüsselbein *nt*.
collate [kə'leɪt] *vt* vergleichen.
collateral [kə'lætərl] *n* (*COMM*) (zusätzliche)
Sicherheit *f*.
collateral damage *n* (*MIL*) Schäden *pl* in
Wohngebieten; (: *casualties*) Opfer *pl* unter
der Zivilbevölkerung.
collation [kə'leɪʃən] *n* Vergleich *m*; (*CULIN*): **a
cold ~** ein kalter Imbiss *m*.
colleague ['kɒliːg] *n* Kollege *m*, Kollegin *f*.
collect [kə'lekt] *vt* sammeln; (*mail, BRIT: fetch*)
abholen; (*debts*) eintreiben; (*taxes*)

einziehen ♦ *vi* sich ansammeln ♦ *adv* (*US*: *TEL*): **to call** ~ ein R-Gespräch führen; **to** ~ **one's thoughts** seine Gedanken ordnen, sich sammeln; ~ **on delivery** (*US*: *COMM*) per Nachnahme.

collected [kə'lɛktɪd] *adj*: ~ **works** gesammelte Werke *pl*.

collection [kə'lɛkʃən] *n* Sammlung *f*; (*from place, person, of mail*) Abholung *f*; (*in church*) Kollekte *f*.

collective [kə'lɛktɪv] *adj* kollektiv, gemeinsam ♦ *n* Kollektiv *nt*; ~ **farm** landwirtschaftliche Produktionsgenossenschaft *f*.

collective bargaining *n* Tarifverhandlungen *pl*.

collector [kə'lɛktə⁰] *n* Sammler(in) *m(f)*; (*of taxes etc*) Einnehmer(in) *m(f)*; (*of rent, cash*) Kassierer(in) *m(f)*; ~**'s item** *or* **piece** Sammlerstück *nt*, Liebhaberstück *nt*.

college ['kɔlɪdʒ] *n* College *nt*; (*of agriculture, technology*) Fachhochschule *f*; **to go to** ~ studieren; ~ **of education** pädagogische Hochschule *f*.

collide [kə'laɪd] *vi*: **to** ~ **(with)** zusammenstoßen (mit); (*fig: clash*) eine heftige Auseinandersetzung haben (mit).

collie ['kɔlɪ] *n* Collie *m*.

colliery ['kɔlɪərɪ] (*BRIT*) *n* (Kohlen)bergwerk *nt*, Zeche *f*.

collision [kə'lɪʒən] *n* Zusammenstoß *m*; **to be on a** ~ **course** (*also fig*) auf Kollisionskurs sein.

collision damage waiver *n* (*INSURANCE*) *Verzicht auf Haftungsbeschränkung bei Unfällen mit Mietwagen.*

colloquial [kə'ləukwɪəl] *adj* umgangssprachlich.

collusion [kə'luːʒən] *n* (geheime) Absprache *f*; **to be in** ~ **with** gemeinsame Sache machen mit.

Colo. (*US*) *abbr* (*POST*: = Colorado).

Cologne [kə'ləun] *n* Köln *nt*.

cologne [kə'ləun] *n* (*also*: **eau de** ~) Kölnischwasser *nt*, Eau de Cologne *nt*.

Colombia [kə'lɔmbɪə] *n* Kolumbien *nt*.

Colombian [kə'lɔmbɪən] *adj* kolumbianisch ♦ *n* Kolumbianer(in) *m(f)*.

colon ['kəulən] *n* Doppelpunkt *m*; (*ANAT*) Dickdarm *m*.

colonel ['kəːnl] *n* Oberst *m*.

colonial [kə'ləunɪəl] *adj* Kolonial-.

colonize ['kɔlənaɪz] *vt* kolonisieren.

colony ['kɔlənɪ] *n* Kolonie *f*.

color *etc* ['kʌlə⁰] (*US*) = **colour** *etc*.

Colorado beetle [kɔlə'rɑːdəu-] *n* Kartoffelkäfer *m*.

colossal [kə'lɔsl] *adj* riesig, kolossal.

colour, (*US*) **color** ['kʌlə⁰] *n* Farbe *f*; (*skin colour*) Hautfarbe *f*; (*of spectacle etc*) Atmosphäre *f* ♦ *vt* bemalen; (*with crayons*) ausmalen; (*dye*) färben; (*fig*) beeinflussen ♦ *vi* (*blush*) erröten, rot werden ♦ *cpd* Farb-;

colours *npl* (*of party, club etc*) Farben *pl*; **in** ~ (*film*) in Farbe; (*illustrations*) bunt.

▶ **colour in** *vt* ausmalen.

colour bar *n* Rassenschranke *f*.

colour-blind ['kʌləblaɪnd] *adj* farbenblind.

coloured ['kʌləd] *adj* farbig; (*photo*) Farb-; (*illustration etc*) bunt.

colour film *n* Farbfilm *m*.

colourful ['kʌləful] *adj* bunt; (*account, story*) farbig, anschaulich; (*personality*) schillernd.

colouring ['kʌlərɪŋ] *n* Gesichtsfarbe *f*, Teint *m*; (*in food*) Farbstoff *m*.

colour scheme *n* Farbzusammenstellung *f*.

colour supplement (*BRIT*) *n* Farbbeilage *f*, Magazin *nt*.

colour television *n* Farbfernsehen *nt*; (*set*) Farbfernseher *m*.

colt [kəult] *n* Hengstfohlen *nt*.

column ['kɔləm] *n* Säule *f*; (*of people*) Kolonne *f*; (*of print*) Spalte *f*; (*gossip/sports column*) Kolumne *f*; **the editorial** ~ der Leitartikel.

columnist ['kɔləmnɪst] *n* Kolumnist(in) *m(f)*.

coma ['kəumə] *n* Koma *nt*; **to be in a** ~ im Koma liegen.

comb [kəum] *n* Kamm *m* ♦ *vt* kämmen; (*area*) durchkämmen.

combat ['kɔmbæt] *n* Kampf *m* ♦ *vt* bekämpfen.

combination [kɔmbɪ'neɪʃən] *n* Kombination *f*.

combination lock *n* Kombinationsschloss *nt*.

combine [*vti* kəm'baɪn, *n* 'kɔmbaɪn] *vt* verbinden ♦ *vi* sich zusammenschließen; (*CHEM*) sich verbinden ♦ *n* Konzern *m*; (*AGR*) = **combine harvester** ~**d effort** vereintes Unternehmen.

combine harvester *n* Mähdrescher *m*.

combo ['kɔmbəu] *n* Combo *f*.

combustible [kəm'bʌstɪbl] *adj* brennbar.

combustion [kəm'bʌstʃən] *n* Verbrennung *f*.

═══════════════════════ *KEYWORD*

come [kʌm] (*pt* **came**, *pp* **come**) *vi* **1** (*movement towards*) kommen; ~ **with me** kommen Sie mit mir; **to** ~ **running** angelaufen kommen; **coming!** ich komme!

2 (*arrive*) kommen; **they came to a river** sie kamen an einen Fluss; **to** ~ **home** nach Hause kommen.

3 (*reach*): **to** ~ **to** kommen an +*acc*; **her hair came to her waist** ihr Haar reichte ihr bis zur Hüfte; **to** ~ **to a decision** zu einer Entscheidung kommen.

4 (*occur*): **an idea came to me** mir kam eine Idee.

5 (*be, become*) werden; **I've** ~ **to like him** mittlerweile mag ich ihn; **if it** ~**s to it** wenn es darauf ankommt.

▶ **come about** *vi* geschehen.

▶ **come across** *vt fus* (*find: person, thing*) stoßen auf +*acc* ♦ *vi*: **to** ~ **across well/badly** (*idea etc*) gut/schlecht ankommen; (*meaning*) gut/schlecht verstanden werden.

▶ **come along** *vi* (*arrive*) daherkommen;

(*make progress*) vorankommen; **~ along!** komm schon!

▶ **come apart** *vi* (*break in pieces*) auseinander gehen.

▶ **come away** *vi* (*leave*) weggehen; (*become detached*) abgehen.

▶ **come back** *vi* (*return*) zurückkommen;: **to ~ back into fashion** wieder in Mode kommen.

▶ **come by** *vt fus* (*acquire*) kommen zu.

▶ **come down** *vi* (*price*) sinken, fallen; (*building: be demolished*) abgerissen werden; (*tree: during storm*) umstürzen.

▶ **come forward** *vi* (*volunteer*) sich melden.

▶ **come from** *vt fus* kommen von, stammen aus; (*person*) kommen aus.

▶ **come in** *vi* (*enter*) hereinkommen; (*report, news*) eintreffen; (*on deal etc*) sich beteiligen; **~ in!** herein!

▶ **come in for** *vt fus* (*criticism etc*) einstecken müssen.

▶ **come into** *vt fus* (*inherit: money*) erben; **to ~ into fashion** in Mode kommen; **money doesn't ~ into it** Geld hat nichts damit zu tun.

▶ **come off** *vi* (*become detached: button, handle*) sich lösen; (*succeed: attempt, plan*) klappen ♦ *vt fus* (*inf*): **~ off it!** mach mal halblang!

▶ **come on** *vi* (*pupil, work, project*) vorankommen; (*lights etc*) angehen; **~ on!** (*hurry up*) mach schon!; (*giving encouragement*) los!

▶ **come out** *vi* herauskommen; (*stain*) herausgehen; **to ~ out (on strike)** in den Streik treten.

▶ **come over** *vt fus*: **I don't know what's ~ over him!** ich weiß nicht, was in ihn gefahren ist.

▶ **come round** *vi* (*after faint, operation*) wieder zu sich kommen; (*visit*) vorbeikommen; (*agree*) zustimmen.

▶ **come through** *vi* (*survive*) durchkommen; (*telephone call*) (durch)kommen ♦ *vt fus* (*illness etc*) überstehen.

▶ **come to** *vi* (*regain consciousness*) wieder zu sich kommen ♦ *vt fus* (*add up to*): **how much does it ~ to?** was macht das zusammen?

▶ **come under** *vt fus* (*heading*) kommen unter +*acc*; (*criticism, pressure, attack*) geraten unter +*acc*.

▶ **come up** *vi* (*approach*) herankommen; (*sun*) aufgehen; (*problem*) auftauchen; (*event*) bevorstehen; (*in conversation*) genannt werden; **something's come up** etwas ist dazwischengekommen.

▶ **come up against** *vt fus* (*resistance, difficulties*) stoßen auf +*acc*.

▶ **come upon** *vt fus* (*find*) stoßen auf +*acc*.

▶ **come up to** *vt fus*: **the film didn't come up to our expectations** der Film entsprach nicht unseren Erwartungen; **it's coming up to 10 o'clock** es ist gleich 10 Uhr.

▶ **come up with** *vt fus* (*idea*) aufwarten mit; (*money*) aufbringen.

comeback ['kʌmbæk] *n* (*of film star etc*) Come-back *nt*, Comeback *nt*; (*reaction, response*) Reaktion *f*.

Comecon ['kɔmɪkɔn] *n abbr* (= *Council for Mutual Economic Assistance*) Comecon *m*.

comedian [kə'miːdɪən] *n* Komiker *m*.

comedienne [kəmiːdɪ'ɛn] *n* Komikerin *f*.

comedown ['kʌmdaun] (*inf*) *n* Enttäuschung *f*; (*professional*) Abstieg *m*.

comedy ['kɔmɪdɪ] *n* Komödie *f*; (*humour*) Witz *m*.

comet ['kɔmɪt] *n* Komet *m*.

comeuppance [kʌm'ʌpəns] *n*: **to get one's ~** die Quittung bekommen.

comfort ['kʌmfət] *n* (*physical*) Behaglichkeit *f*; (*material*) Komfort *m*; (*solace, relief*) Trost *m* ♦ *vt* trösten; **comforts** *npl* (*of home etc*) Komfort *m*, Annehmlichkeiten *pl*.

comfortable ['kʌmfətəbl] *adj* bequem; (*room*) komfortabel; (*walk, climb etc*) geruhsam; (*income*) ausreichend; (*majority*) sicher; **to be ~** (*physically*) sich wohl fühlen; (*financially*) sehr angenehm leben; **the patient is ~** dem Patienten geht es den Umständen entsprechend gut; **I don't feel very ~ about it** mir ist nicht ganz wohl bei der Sache.

comfortably ['kʌmfətəblɪ] *adv* (*sit*) bequem; (*live*) angenehm.

comforter ['kʌmfətə*] (*US*) *n* Schnuller *m*.

comfort station (*US*) *n* öffentliche Toilette *f*.

comic ['kɔmɪk] *adj* (*also*: **~al**) komisch ♦ *n* Komiker(in) *m(f)*; (*BRIT: magazine*) Comicheft *nt*.

comical ['kɔmɪkl] *adj* komisch.

comic strip *n* Comicstrip *m*.

coming ['kʌmɪŋ] *n* Ankunft *f*, Kommen *nt* ♦ *adj* kommend; (*next*) nächste(r, s); **in the ~ weeks** in den nächsten Wochen.

coming(s) and going(s) *n(pl)* Kommen und Gehen *nt*.

Comintern ['kɔmɪntɜːn] *n* (*POL*) Komintern *f*.

comma ['kɔmə] *n* Komma *nt*.

command [kə'mɑːnd] *n* (*also COMPUT*) Befehl *m*; (*control, charge*) Führung *f*; (*MIL: authority*) Kommando *nt*, Befehlsgewalt *f*; (*mastery*) Beherrschung *f* ♦ *vt* (*troops*) befehligen, kommandieren; (*be able to get*) verfügen über +*acc*; (*deserve: respect, admiration etc*) verdient haben; **to be in ~ of** das Kommando *or* den (Ober)befehl haben über +*acc*; **to have ~ of** das Kommando haben über +*acc*; **to take ~ of** das Kommando übernehmen +*gen*; **to have at one's ~** verfügen über +*acc*; **to ~ sb to do sth** jdm befehlen, etw zu tun.

commandant ['kɔməndænt] *n* Kommandant

m.
command economy *n*
Kommandowirtschaft *f.*
commandeer [kɔmənˈdɪəʳ] *vt* requirieren,
beschlagnahmen; (*fig*) sich aneignen.
commander [kəˈmɑːndəʳ] *n* Befehlshaber *m*,
Kommandant *m.*
commander in chief *n* Oberbefehlshaber *m.*
commanding [kəˈmɑːndɪŋ] *adj* (*appearance*)
imposant; (*voice, tone*) gebieterisch; (*lead*)
entscheidend; (*position*) vorherrschend.
commanding officer *n* befehlshabender
Offizier *m.*
commandment [kəˈmɑːndmənt] *n* Gebot *nt.*
command module *n* Kommandokapsel *f.*
commando [kəˈmɑːndəu] *n* Kommando *nt*,
Kommandotrupp *m*; (*soldier*) Angehörige(r)
m eines Kommando(trupp)s.
commemorate [kəˈmɛməreɪt] *vt* gedenken
+*gen.*
commemoration [kəmɛməˈreɪʃən] *n*
Gedenken *nt.*
commemorative [kəˈmɛmərətɪv] *adj* Gedenk-.
commence [kəˈmɛns] *vt, vi* beginnen.
commend [kəˈmɛnd] *vt* loben; **to ~ sth to sb**
jdm etw empfehlen.
commendable [kəˈmɛndəbl] *adj* lobenswert.
commendation [kɔmɛnˈdeɪʃən] *n*
Auszeichnung *f.*
commensurate [kəˈmɛnʃərɪt] *adj*: **~ with or to**
entsprechend +*dat.*
comment [ˈkɔmɛnt] *n* Bemerkung *f*, (*on
situation etc*) Kommentar *m* ♦ *vi*: **to ~ (on)**
sich äußern (über +*acc* or zu); (*on situation
etc*) einen Kommentar abgeben (zu); **"no ~"**
„kein Kommentar!"; **to ~ that ...**
bemerken, dass ...
commentary [ˈkɔməntərɪ] *n* Kommentar *m*;
(*SPORT*) Reportage *f.*
commentator [ˈkɔmənteɪtəʳ] *n*
Kommentator(in) *m(f)*; (*SPORT*) Reporter(in)
m(f).
commerce [ˈkɔmɔːs] *n* Handel *m.*
commercial [kəˈmɔːʃəl] *adj* kommerziell;
(*organization*) Wirtschafts- ♦ *n*
(*advertisement*) Werbespot *m.*
commercial bank *n* Handelsbank *f.*
commercial break *n* Werbung *f.*
commercial college *n* Fachschule *f* für
kaufmännische Berufe.
commercialism [kəˈmɔːʃəlɪzəm] *n*
Kommerzialisierung *f.*
commercialize [kəˈmɔːʃəlaɪz] *vt*
kommerzialisieren.
commercialized [kəˈmɔːʃəlaɪzd] (*pej*) *adj*
kommerzialisiert.
commercial radio *n* kommerzielles Radio *nt.*
commercial television *n* kommerzielles
Fernsehen *nt.*
commercial traveller *n*
Handelsvertreter(in) *m(f).*
commercial vehicle *n* Lieferwagen *m.*

commiserate [kəˈmɪzəreɪt] *vi*: **to ~ with sb**
jdm sein Mitgefühl zeigen.
commission [kəˈmɪʃən] *n* (*order for work*)
Auftrag *m*; (*COMM*) Provision *f*; (*committee*)
Kommission *f*; (*MIL*) Offizierspatent *nt* ♦ *vt*
(*work of art*) in Auftrag geben; (*MIL*) (zum
Offizier) ernennen; **out of ~** außer Betrieb;
(*NAUT*) nicht im Dienst; **I get 10% ~** ich
bekomme 10% Provision; **~ of inquiry**
Untersuchungsausschuss *m*,
Untersuchungskommission *f*; **to ~ sb to do
sth** jdn damit beauftragen, etw zu tun; **to
~ sth from sb** jdm etw in Auftrag geben.
commissionaire [kəmɪʃəˈnɛəʳ] (*BRIT*) *n*
Portier *m.*
commissioner [kəˈmɪʃənəʳ] *n*
Polizeipräsident *m.*
commit [kəˈmɪt] *vt* (*crime*) begehen; (*money,
resources*) einsetzen; (*to sb's care*)
anvertrauen; **to ~ o.s.** sich festlegen; **to
~ o.s. to do sth** sich (dazu) verpflichten,
etw zu tun; **to ~ suicide** Selbstmord
begehen; **to ~ to writing** zu Papier bringen;
to ~ sb for trial jdn einem Gericht
überstellen.
commitment [kəˈmɪtmənt] *n* Verpflichtung *f*;
(*to ideology, system*) Engagement *nt.*
committed [kəˈmɪtɪd] *adj* engagiert.
committee [kəˈmɪtɪ] *n* Ausschuss *m*, Komitee
nt; **to be on a ~** in einem Ausschuss *or*
Komitee sein *or* sitzen.
committee meeting *n* Ausschusssitzung *f.*
commodity [kəˈmɔdɪtɪ] *n* Ware *f*; (*food*)
Nahrungsmittel *nt.*
common [ˈkɔmən] *adj* (*shared by all*)
gemeinsam; (*good*) Gemein-; (*property*)
Gemeinschafts-; (*usual, ordinary*) häufig;
(*vulgar*) gewöhnlich ♦ *n* Gemeindeland *nt*;
the Commons (*BRIT: POL*) *npl* das Unterhaus;
in ~ use allgemein gebräuchlich; **it's
~ knowledge that** es ist allgemein bekannt,
dass; **to the ~ good** für das Gemeinwohl; **to
have sth in ~ (with sb)** etw (mit jdm)
gemein haben.
common cold *n* Schnupfen *m.*
common denominator *n* (*MATH, fig*)
gemeinsamer Nenner *m.*
commoner [ˈkɔmənəʳ] *n* Bürgerliche(r) *f(m).*
common ground *n* (*fig*) gemeinsame Basis *f.*
common land *n* Gemeindeland *nt.*
common law *n* Gewohnheitsrecht *nt.*
common-law [ˈkɔmənlɔː] *adj*: **she is his
~ wife** sie lebt mit ihm in eheähnlicher
Gemeinschaft.
commonly [ˈkɔmənlɪ] *adv* häufig.
Common Market *n*: **the ~** der Gemeinsame
Markt.
commonplace [ˈkɔmənpleɪs] *adj* alltäglich.
common room *n* Aufenthaltsraum *m*,
Tagesraum *m.*
common sense *n* gesunder
Menschenverstand *m.*

Commonwealth [ˈkɔmənwɛlθ] (*BRIT*) n: **the ~** das Commonwealth.

COMMONWEALTH

Das **Commonwealth**, *offiziell Commonwealth of Nations, ist ein lockerer Zusammenschluss aus souveränen Staaten, die früher unter britischer Regierung standen, und von Großbritannien abhängigen Gebieten. Die Mitgliedstaaten erkennen den britischen Monarchen als Oberhaupt des Commonwealth an. Bei der Commonwealth Conference, einem Treffen der Staatsoberhäupter der Commonwealthländer, werden Angelegenheiten von gemeinsamem Interesse diskutiert.*

---

commotion [kəˈməuʃən] n Tumult m.
communal [ˈkɔmjuːnl] adj gemeinsam, Gemeinschafts-; (*life*) Gemeinschafts-.
commune [n ˈkɔmjuːn, vi kəˈmjuːn] n Kommune f; vi: **to ~ with** Zwiesprache halten mit.
communicate [kəˈmjuːnɪkeɪt] vt mitteilen; (*idea, feeling*) vermitteln ♦ vi: **to ~ (with)** (*by speech, gesture*) sich verständigen (mit); (*in writing*) in Verbindung or Kontakt stehen (mit).
communication [kəmjuːnɪˈkeɪʃən] n Kommunikation f; (*letter, call*) Mitteilung f.
communication cord (*BRIT*) n Notbremse f.
communications network [kəmjuːnɪˈkeɪʃənz-] n Kommunikationsnetz nt.
communications satellite n Kommunikationssatellit m, Nachrichtensatellit m.
communicative [kəˈmjuːnɪkətɪv] adj gesprächig, mitteilsam.
communion [kəˈmjuːnɪən] n (*also*: **Holy C~**: *Catholic*) Kommunion f; (: *Protestant*) Abendmahl nt.
communiqué [kəˈmjuːnɪkeɪ] n Kommunikee nt, Kommuniqué nt, (amtliche) Verlautbarung f.
communism [ˈkɔmjunɪzəm] n Kommunismus m.
communist [ˈkɔmjunɪst] adj kommunistisch ♦ n Kommunist(in) m(f).
community [kəˈmjuːnɪtɪ] n Gemeinschaft f; (*within larger group*) Bevölkerungsgruppe f.
community centre n Gemeindezentrum nt.
community charge (*BRIT*) n (*formerly*) Gemeindesteuer f.
community chest (*US*) n Wohltätigkeitsfonds m, Hilfsfonds m.
community health centre n Gemeinde-Ärztezentrum nt.
community home (*BRIT*) n Erziehungsheim nt.
community service n Sozialdienst m.
community spirit n Gemeinschaftssinn m.
commutation ticket [kɔmjuˈteɪʃən-] (*US*) n Zeitkarte f.

commute [kəˈmjuːt] vi pendeln ♦ vt (*LAW, MATH*) umwandeln.
commuter [kəˈmjuːtəˈ] n Pendler(in) m(f).
compact [adj kɔmˈpækt, n ˈkɔmpækt] adj kompakt ♦ n (*also*: **powder ~**) Puderdose f.
compact disc n Compactdisk f, Compact Disk f, CD f.
compact disc player n CD-Spieler m.
companion [kəmˈpænjən] n Begleiter(in) m(f).
companionship [kəmˈpænjənʃɪp] n Gesellschaft f.
companionway [kəmˈpænjənweɪ] n (*NAUT*) Niedergang m.
company [ˈkʌmpənɪ] n Firma f; (*THEAT*) (Schauspiel)truppe f; (*MIL*) Kompanie f; (*companionship*) Gesellschaft f; **he's good ~** seine Gesellschaft ist angenehm; **to keep sb ~** jdm Gesellschaft leisten; **to part ~ with** sich trennen von; **Smith and C~** Smith & Co.
company car n Firmenwagen m.
company director n Direktor(in) m(f), Firmenchef(in) m(f).
company secretary (*BRIT*) n ≈ Prokurist(in) m(f).
comparable [ˈkɔmpərəbl] adj vergleichbar.
comparative [kəmˈpærətɪv] adj relativ; (*study, literature*) vergleichend; (*LING*) komparativ.
comparatively [kəmˈpærətɪvlɪ] adv relativ.
compare [kəmˈpɛəˈ] vt: **to ~ (with or to)** vergleichen (mit) ♦ vi: **to ~ (with)** sich vergleichen lassen (mit); **how do the prices ~?** wie lassen sich die Preise vergleichen?; **~d with or to** im Vergleich zu, verglichen mit.
comparison [kəmˈpærɪsn] n Vergleich m; **in ~ (with)** im Vergleich (zu).
compartment [kəmˈpɑːtmənt] n (*RAIL*) Abteil nt; (*section*) Fach nt.
compass [ˈkʌmpəs] n Kompass m; (*fig: scope*) Bereich m; **compasses** npl (*also*: **pair of ~es**) Zirkel m; **within the ~ of** im Rahmen or Bereich +gen; **beyond the ~ of** über den Rahmen or Bereich +gen hinaus.
compassion [kəmˈpæʃən] n Mitgefühl nt.
compassionate [kəmˈpæʃənɪt] adj mitfühlend; **on ~ grounds** aus familiären Gründen.
compassionate leave n (*esp MIL*) *Beurlaubung wegen Krankheit oder Trauerfall in der Familie.*
compatibility [kəmpætɪˈbɪlɪtɪ] n (*see adj*) Vereinbarkeit f; Zueinanderpassen nt; Kompatibilität f.
compatible [kəmˈpætɪbl] adj (*ideas etc*) vereinbar; (*people*) zueinander passend; (*COMPUT*) kompatibel.
compel [kəmˈpɛl] vt zwingen.
compelling [kəmˈpɛlɪŋ] adj zwingend.
compendium [kəmˈpɛndɪəm] n Kompendium nt.
compensate [ˈkɔmpənseɪt] vt entschädigen

♦ vi: **to** ~ **for** (*loss*) ersetzen; (*disappointment, change etc*) (wieder) ausgleichen.

compensation [kɔmpən'seɪʃən] n (*see vb*) Entschädigung f; Ersatz m; Ausgleich m; (*money*) Schaden(s)ersatz m.

compère ['kɔmpɛə*] n Conférencier m.

compete [kəm'piːt] vi (*in contest, game*) teilnehmen; (*two theories, statements*) unvereinbar sein; **to** ~ **(with)** (*companies, rivals*) konkurrieren (mit).

competence ['kɔmpɪtəns] n Fähigkeit f.

competent ['kɔmpɪtənt] adj fähig.

competing [kəm'piːtɪŋ] adj konkurrierend.

competition [kɔmpɪ'tɪʃən] n Konkurrenz f; (*contest*) Wettbewerb m; **in** ~ **with** im Wettbewerb mit.

competitive [kəm'pɛtɪtɪv] adj (*industry, society*) wettbewerbsbetont, wettbewerbsorientiert; (*person*) vom Konkurrenzdenken geprägt; (*price, product*) wettbewerbsfähig, konkurrenzfähig; (*sport*) (Wett)kampf-.

competitive examination n (*for places*) Auswahlprüfung f; (*for prizes*) Wettbewerb m.

competitor [kəm'pɛtɪtə*] n Konkurrent(in) m(f); (*participant*) Teilnehmer(in) m(f).

compilation [kɔmpɪ'leɪʃən] n Zusammenstellung f.

compile [kəm'paɪl] vt zusammenstellen; (*book*) verfassen.

complacency [kəm'pleɪsnsɪ] n Selbstzufriedenheit f, Selbstgefälligkeit f.

complacent [kəm'pleɪsnt] adj selbstzufrieden, selbstgefällig.

complain [kəm'pleɪn] vi (*protest*) sich beschweren; **to** ~ **(about)** sich beklagen (über +acc); **to** ~ **of** (*headache etc*) klagen über +acc.

complaint [kəm'pleɪnt] n Klage f; (*in shop etc*) Beschwerde f; (*illness*) Beschwerden pl.

complement ['kɔmplɪmənt] n Ergänzung f; (*esp ship's crew*) Besatzung f ♦ vt ergänzen; **to have a full** ~ **of** ... (*people*) die volle Stärke an ... dat haben; (*items*) die volle Zahl an ... dat haben.

complementary [kɔmplɪ'mɛntərɪ] adj komplementär, einander ergänzend.

complete [kəm'pliːt] adj (*total: silence*) vollkommen; (: *change*) völlig; (: *success*) voll; (*whole*) ganz; (: *set*) vollständig; (: *edition*) Gesamt-; (*finished*) fertig ♦ vt fertig stellen; (*task*) beenden; (*set, group etc*) vervollständigen; (*fill in*) ausfüllen; **it's a** ~ **disaster** es ist eine totale Katastrophe.

completely [kəm'pliːtlɪ] adv völlig, vollkommen.

completion [kəm'pliːʃən] n Fertigstellung f; (*of contract*) Abschluss m; **to be nearing** ~ kurz vor dem Abschluss sein or stehen; **on** ~ **of the contract** bei Vertragsabschluss.

complex ['kɔmplɛks] adj kompliziert ♦ n Komplex m.

complexion [kəm'plɛkʃən] n Teint m, Gesichtsfarbe f; (*of event etc*) Charakter m; (*political, religious*) Anschauung f; **to put a different** ~ **on sth** etw in einem anderen Licht erscheinen lassen.

complexity [kəm'plɛksɪtɪ] n Kompliziertheit f.

compliance [kəm'plaɪəns] n Fügsamkeit f; (*agreement*) Einverständnis nt; ~ **with** Einverständnis mit, Zustimmung f zu; **in** ~ **with** gemäß +dat.

compliant [kəm'plaɪənt] adj gefällig, entgegenkommend.

complicate ['kɔmplɪkeɪt] vt komplizieren.

complicated ['kɔmplɪkeɪtɪd] adj kompliziert.

complication [kɔmplɪ'keɪʃən] n Komplikation f.

complicity [kəm'plɪsɪtɪ] n Mittäterschaft f.

compliment [n 'kɔmplɪmənt, vt 'kɔmplɪment] n Kompliment nt ♦ vt ein Kompliment/ Komplimente machen; **compliments** npl (*regards*) Grüße pl; **to pay sb a** ~ jdm ein Kompliment machen; **to** ~ **sb (on sth)** jdm Komplimente (wegen etw) machen; **to** ~ **sb on doing sth** jdm Komplimente machen, dass er/sie etw getan hat.

complimentary [kɔmplɪ'mentərɪ] adj schmeichelhaft; (*ticket, copy of book etc*) Frei-.

compliments slip n Empfehlungszettel m.

comply [kəm'plaɪ] vi: **to** ~ **with** (*law*) einhalten +acc; (*ruling*) sich richten nach.

component [kəm'pəunənt] adj einzeln ♦ n Bestandteil m.

compose [kəm'pəuz] vt (*music*) komponieren; (*poem*) verfassen; (*letter*) abfassen; **to be** ~**d of** bestehen aus; **to** ~ **o.s.** sich sammeln.

composed [kəm'pəuzd] adj ruhig, gelassen.

composer [kəm'pəuzə*] n Komponist(in) m(f).

composite ['kɔmpəzɪt] adj zusammengesetzt; (*BOT*) Korbblütler-; (*MATH*) teilbar; (*BOT*): ~ **plant** Korbblütler m.

composition [kɔmpə'zɪʃən] n Zusammensetzung f; (*essay*) Aufsatz m; (*MUS*) Komposition f.

compositor [kəm'pɔzɪtə*] n (Schrift)setzer(in) m(f).

compos mentis ['kɔmpɔs 'mentɪs] adj zurechnungsfähig.

compost ['kɔmpɔst] n Kompost m; (*also*: **potting** ~) Blumenerde f.

composure [kəm'pəuʒə*] n Fassung f, Beherrschung f.

compound [n, adj 'kɔmpaund, vt kəm'paund] n (*CHEM*) Verbindung f; (*enclosure*) umzäuntes Gebiet or Gelände nt; (*LING*) Kompositum nt ♦ adj zusammengesetzt; (*eye*) Facetten-, Fassetten- ♦ vt verschlimmern, vergrößern.

compound fracture n komplizierter Bruch m.

compound interest n Zinseszins m.

comprehend [kɔmprɪ'hend] vt begreifen,

verstehen.
comprehension [kɔmprɪˈhɛnʃən] *n*
Verständnis *nt*.
comprehensive [kɔmprɪˈhɛnsɪv] *adj*
umfassend; (*insurance*) Vollkasko- ♦ *n*
= **comprehensive school**.
comprehensive school (*BRIT*) *n*
Gesamtschule *f*.

COMPREHENSIVE SCHOOL

Comprehensive school *ist in Großbritannien
eine nicht selektive, weiterführende Schule, an der
alle Kinder aus einem Einzugsgebiet gemeinsam
unterrichtet werden. An einer solchen
Gesamtschule können alle Schulabschlüsse
gemacht werden. Die meisten staatlichen Schulen
in Großbritannien sind comprehensive schools.*

---

compress [*vt* kəmˈprɛs, *n* ˈkɔmprɛs] *vt*
(*information etc*) verdichten; (*air*)
komprimieren; (*cotton, paper etc*)
zusammenpressen ♦ *n* (*MED*) Kompresse *f*.
compressed air [kəmˈprɛst-] *n* Druckluft *f*,
Pressluft *f*.
compression [kəmˈprɛʃən] *n* (*see vb*)
Verdichtung *f*; Kompression *f*;
Zusammenpressen *nt*.
comprise [kəmˈpraɪz] *vt* (*also*: **be ~d of**)
bestehen aus; (*constitute*) bilden,
ausmachen.
compromise [ˈkɔmprəmaɪz] *n* Kompromiss *m*
♦ *vt* (*beliefs, principles*) verraten; (*person*)
kompromittieren ♦ *vi* Kompromisse
schließen ♦ *cpd* (*solution etc*) Kompromiss-.
compulsion [kəmˈpʌlʃən] *n* Zwang *m*; (*force*)
Druck *m*, Zwang *m*; **under ~** unter Druck *or*
Zwang.
compulsive [kəmˈpʌlsɪv] *adj* zwanghaft; **it
makes ~ viewing/reading** das muss man
einfach sehen/lesen; **he's a ~ smoker** das
Rauchen ist bei ihm zur Sucht geworden.
compulsory [kəmˈpʌlsərɪ] *adj* obligatorisch;
(*retirement*) Zwangs-.
compulsory purchase *n* Enteignung *f*.
compunction [kəmˈpʌŋkʃən] *n* Schuldgefühle
pl, Gewissensbisse *pl*; **to have no ~ about
doing sth** etw tun, ohne sich schuldig zu
fühlen.
computer [kəmˈpjuːtə*] *n* Computer *m*,
Rechner *m* ♦ *cpd* Computer-; **the process is
done by ~** das Verfahren wird per
Computer durchgeführt.
computer game *n* Computerspiel *nt*.
computerization [kəmpjuːtəraɪˈzeɪʃən] *n*
Computerisierung *f*.
computerize [kəmˈpjuːtəraɪz] *vt* auf
Computer umstellen; (*information*)
computerisieren.
computer literate *adj*: **to be ~**
Computerkenntnisse haben.
computer programmer *n*

Programmierer(in) *m(f)*.
computer programming *n* Programmieren
nt.
computer science *n* Informatik *f*.
computer scientist *n* Informatiker(in) *m(f)*.
computing [kəmˈpjuːtɪŋ] *n* Informatik *f*;
(*activity*) Computerarbeit *f*.
comrade [ˈkɔmrɪd] *n* Genosse *m*, Genossin *f*;
(*friend*) Kamerad(in) *m(f)*.
comradeship [ˈkɔmrɪdʃɪp] *n* Kameradschaft *f*.
comsat [ˈkɔmsæt] *n abbr* = **communications
satellite**.
con [kɔn] *vt* betrügen; (*cheat*) hereinlegen ♦ *n*
Schwindel *m*; **to ~ sb into doing sth** jdn
durch einen Trick dazu bringen, dass er/sie
etw tut.
concave [ˈkɔnkeɪv] *adj* konkav.
conceal [kənˈsiːl] *vt* verbergen; (*information*)
verheimlichen.
concede [kənˈsiːd] *vt* zugeben ♦ *vi* nachgeben;
(*admit defeat*) sich geschlagen geben; **to
~ defeat** sich geschlagen geben; **to ~ a
point to sb** jdm in einem Punkt Recht
geben.
conceit [kənˈsiːt] *n* Einbildung *f*.
conceited [kənˈsiːtɪd] *adj* eingebildet.
conceivable [kənˈsiːvəbl] *adj* denkbar,
vorstellbar; **it is ~ that ...** es ist denkbar,
dass ...
conceivably [kənˈsiːvəblɪ] *adv*: **he may ~ be
right** es ist durchaus denkbar, dass er
Recht hat.
conceive [kənˈsiːv] *vt* (*child*) empfangen;
(*plan*) kommen auf +*acc*; (*policy*) konzipieren
♦ *vi* empfangen; **to ~ of sth** sich *dat* etw
vorstellen; **to ~ of doing sth** sich *dat*
vorstellen, etw zu tun.
concentrate [ˈkɔnsəntreɪt] *vi* sich
konzentrieren ♦ *vt* konzentrieren.
concentration [kɔnsənˈtreɪʃən] *n*
Konzentration *f*.
concentration camp *n* Konzentrationslager
nt, KZ *nt*.
concentric [kɔnˈsɛntrɪk] *adj* konzentrisch.
concept [ˈkɔnsɛpt] *n* Vorstellung *f*; (*principle*)
Begriff *m*.
conception [kənˈsɛpʃən] *n* Vorstellung *f*; (*of
child*) Empfängnis *f*.
concern [kənˈsəːn] *n* Angelegenheit *f*; (*anxiety,
worry*) Sorge *f*; (*COMM*) Konzern *m* ♦ *vt*
Sorgen machen +*dat*; (*involve*) angehen;
(*relate to*) betreffen; **to be ~ed (about)** sich
dat Sorgen machen (um); **"to whom it may
~"** (*on certificate*) „Bestätigung"; (*on
reference*) „Zeugnis"; **as far as I am ~ed** was
mich betrifft; **to be ~ed with** sich
interessieren für; **the department ~ed**
(*under discussion*) die betreffende
Abteilung; (*involved*) die zuständige
Abteilung.
concerning [kənˈsəːnɪŋ] *prep* bezüglich +*gen*,
hinsichtlich +*gen*.

concert ['kɔnsət] n Konzert nt; **in ~** (MUS) live; (activities, actions etc) gemeinsam.
concerted [kən'sə:tɪd] adj gemeinsam.
concert hall n Konzerthalle f, Konzertsaal m.
concertina [kɔnsə'ti:nə] n Konzertina f ♦ vi sich wie eine Ziehharmonika zusammenschieben.
concerto [kən'tʃə:təu] n Konzert nt.
concession [kən'sɛʃən] n Zugeständnis nt, Konzession f; (COMM) Konzession; **tax ~** Steuervergünstigung f.
concessionaire [kənsɛʃə'nɛə*] n Konzessionär m.
concessionary [kən'sɛʃənrɪ] adj ermäßigt.
conciliation [kənsɪlɪ'eɪʃən] n Schlichtung f.
conciliatory [kən'sɪlɪətrɪ] adj versöhnlich.
concise [kən'saɪs] adj kurz gefasst, prägnant.
conclave ['kɔnkleɪv] n Klausur f; (REL) Konklave f.
conclude [kən'klu:d] vt beenden, schließen; (treaty, deal etc) abschließen; (decide) schließen, folgern ♦ vi schließen; (events): **to ~ (with)** enden (mit); "**That,**" **he ~d, "is why we did it.**" „Darum", schloss er, „haben wir es getan"; **I ~ that ...** ich komme zu dem Schluss, dass ...
concluding [kən'klu:dɪŋ] adj (remarks etc) abschließend, Schluss-.
conclusion [kən'klu:ʒən] n (see vb) Ende nt; Schluss m; Abschluss m; Folgerung f; **to come to the ~ that ...** zu dem Schluss kommen, dass ...
conclusive [kən'klu:sɪv] adj (evidence) schlüssig; (defeat) endgültig.
concoct [kən'kɔkt] vt (excuse etc) sich dat ausdenken; (meal, sauce) improvisieren.
concoction [kən'kɔkʃən] n Zusammenstellung f; (drink) Gebräu nt.
concord ['kɔŋkɔ:d] n Eintracht f; (treaty) Vertrag m.
concourse ['kɔŋkɔ:s] n (Eingangs)halle f; (crowd) Menge f.
concrete ['kɔŋkri:t] n Beton m ♦ adj (ceiling, block) Beton-; (proposal, idea) konkret.
concrete mixer n Betonmischmaschine f.
concur [kən'kə:*] vi übereinstimmen; **to ~ with** beipflichten +dat.
concurrently [kən'kʌrntlɪ] adv gleichzeitig.
concussion [kən'kʌʃən] n Gehirnerschütterung f.
condemn [kən'dɛm] vt verurteilen; (building) für abbruchreif erklären.
condemnation [kɔndɛm'neɪʃən] n Verurteilung f.
condensation [kɔndɛn'seɪʃən] n Kondenswasser nt.
condense [kən'dɛns] vi kondensieren, sich niederschlagen ♦ vt zusammenfassen.
condensed milk [kən'dɛnst-] n Kondensmilch f, Büchsenmilch f.
condescend [kɔndɪ'sɛnd] vi herablassend sein; **to ~ to do sth** sich dazu herablassen,

etw zu tun.
condescending [kɔndɪ'sɛndɪŋ] adj herablassend.
condition [kən'dɪʃən] n Zustand m; (requirement) Bedingung f; (illness) Leiden nt ♦ vt konditionieren; (hair) in Form bringen; **conditions** npl (circumstances) Verhältnisse pl; **in good/poor ~** (person) in guter/schlechter Verfassung; (thing) in gutem/schlechtem Zustand; **a heart ~** ein Herzleiden nt; **weather ~s** die Wetterlage; **on ~ that ...** unter der Bedingung, dass ...
conditional [kən'dɪʃənl] adj bedingt; **to be ~ upon** abhängen von.
conditioner [kən'dɪʃənə*] n (for hair) Pflegespülung f; (for fabrics) Weichspüler m.
condo ['kɔndəu] (US: inf) n abbr = **condominium**.
condolences [kən'dəulənsɪz] npl Beileid nt.
condom ['kɔndəm] n Kondom m or nt.
condominium [kɔndə'mɪnɪəm] (US) n Haus nt mit Eigentumswohnungen; (rooms) Eigentumswohnung f.
condone [kən'dəun] vt gutheißen.
conducive [kən'dju:sɪv] adj: **~ to** förderlich +dat.
conduct [n 'kɔndʌkt, vt kən'dʌkt] n Verhalten nt ♦ vt (investigation etc) durchführen; (manage) führen; (orchestra, choir etc) dirigieren; (heat, electricity) leiten; **to ~ o.s.** sich verhalten.
conducted tour [kən'dʌktɪd-] n Führung f.
conductor [kən'dʌktə*] n (of orchestra) Dirigent(in) m(f); (on bus) Schaffner m; (US: on train) Zugführer(in) m(f); (ELEC) Leiter m.
conductress [kən'dʌktrɪs] n (on bus) Schaffnerin f.
conduit ['kɔndjuit] n (TECH) Leitungsrohr nt; (ELEC) Isolierrohr nt.
cone [kəun] n Kegel m; (on road) Leitkegel m; (BOT) Zapfen m; (ice cream cornet) (Eis)tüte f.
confectioner [kən'fɛkʃənə*] n (maker) Süßwarenhersteller(in) m(f); (seller) Süßwarenhändler(in) m(f); (of cakes) Konditor(in) m(f).
confectioner's (shop) [kən'fɛkʃənəz-] n Süßwarenladen m; (cake shop) Konditorei f.
confectionery [kən'fɛkʃənrɪ] n Süßwaren pl, Süßigkeiten pl; (cakes) Konditorwaren pl.
confederate [kən'fɛdrɪt] adj verbündet ♦ n (pej) Komplize m, Komplizin f; (US: HIST) **the C~s** die Konföderierten pl.
confederation [kənfɛdə'reɪʃən] n Bund m; (POL) Bündnis nt; (COMM) Verband m.
confer [kən'fə:*] vt: **to ~ sth (on sb)** (jdm) etw verleihen ♦ vi sich beraten; **to ~ with sb about sth** sich mit jdm über etw acc beraten, etw mit jdm besprechen.
conference ['kɔnfərəns] n Konferenz f; (more informal) Besprechung f; **to be in ~** in or bei einer Konferenz/Besprechung sein.
conference room n Konferenzraum m; (smaller) Besprechungszimmer nt.

confess [kənˈfɛs] vt bekennen; (*sin*) beichten; (*crime*) zugeben, gestehen ♦ vi (*admit*) gestehen; **to ~ to sth** (*crime*) etw gestehen; (*weakness etc*) sich zu etw bekennen; **I must ~ that I didn't enjoy it at all** ich muss sagen, dass es mir überhaupt keinen Spaß gemacht hat.

confession [kənˈfɛʃən] n Geständnis nt; (*REL*) Beichte f; **to make a ~** ein Geständnis ablegen.

confessor [kənˈfɛsəʳ] n Beichtvater m.

confetti [kənˈfɛtɪ] n Konfetti nt.

confide [kənˈfaɪd] vi: **to ~ in** sich anvertrauen +dat.

confidence [ˈkɒnfɪdns] n Vertrauen nt; (*self-assurance*) Selbstvertrauen nt; (*secret*) vertrauliche Mitteilung f, Geheimnis nt; **to have ~ in sb/sth** Vertrauen zu jdm/etw haben; **to have (every) ~ that ...** ganz zuversichtlich sein, dass ...; **motion of no ~** Misstrauensantrag m; **to tell sb sth in strict ~** jdm etw ganz im Vertrauen sagen; **in ~** vertraulich.

confidence trick n Schwindel m.

confident [ˈkɒnfɪdənt] adj (selbst)sicher; (*positive*) zuversichtlich.

confidential [kɒnfɪˈdenʃəl] adj vertraulich; (*secretary*) Privat-.

confidentiality [kɒnfɪdenʃɪˈælɪtɪ] n Vertraulichkeit f.

configuration [kənfɪɡjuˈreɪʃən] n Anordnung f; (*COMPUT*) Konfiguration f.

confine [kənˈfaɪn] vt (*shut up*) einsperren; **to ~ (to)** beschränken (auf +acc); **to ~ o.s. to sth** sich auf etw acc beschränken; **to ~ o.s. to doing sth** sich darauf beschränken, etw zu tun.

confined [kənˈfaɪnd] adj begrenzt.

confinement [kənˈfaɪnmənt] n Haft f.

confines [ˈkɒnfaɪnz] npl Grenzen pl; (*of situation*) Rahmen m.

confirm [kənˈfəːm] vt bestätigen; **to be ~ed** (*REL*) konfirmiert werden.

confirmation [kɒnfəˈmeɪʃən] n Bestätigung f; (*REL*) Konfirmation f.

confirmed [kənˈfəːmd] adj (*bachelor*) eingefleischt; (*teetotaller*) überzeugt.

confiscate [ˈkɒnfɪskeɪt] vt beschlagnahmen, konfiszieren.

confiscation [kɒnfɪsˈkeɪʃən] n Beschlagnahme f, Konfiszierung f.

conflagration [kɒnfləˈɡreɪʃən] n Feuersbrunst f.

conflict [ˈkɒnflɪkt] n Konflikt m; (*fighting*) Zusammenstoß m, Kampf m ♦ vi: **to ~ (with)** im Widerspruch stehen (zu).

conflicting [kənˈflɪktɪŋ] adj widersprüchlich.

conform [kənˈfɔːm] vi sich anpassen; **to ~ to** entsprechen +dat.

conformist [kənˈfɔːmɪst] n Konformist(in) m(f).

confound [kənˈfaund] vt verwirren; (*amaze*) verblüffen.

confounded [kənˈfaundɪd] adj verdammt, verflixt (*inf*).

confront [kənˈfrʌnt] vt (*problems, task*) sich stellen +dat; (*enemy, danger*) gegenübertreten +dat.

confrontation [kɒnfrənˈteɪʃən] n Konfrontation f.

confuse [kənˈfjuːz] vt verwirren; (*mix up*) verwechseln; (*complicate*) durcheinander bringen.

confused [kənˈfjuːzd] adj (*person*) verwirrt; (*situation*) verworren, konfus; **to get ~** konfus werden.

confusing [kənˈfjuːzɪŋ] adj verwirrend.

confusion [kənˈfjuːʒən] n (*mix-up*) Verwechslung f; (*perplexity*) Verwirrung f; (*disorder*) Durcheinander nt.

congeal [kənˈdʒiːl] vi (*blood*) gerinnen; (*sauce, oil*) erstarren.

congenial [kənˈdʒiːnɪəl] adj ansprechend, sympathisch; (*atmosphere, place, work, company*) angenehm.

congenital [kənˈdʒɛnɪtl] adj angeboren.

conger eel [ˈkɒŋɡəʳ-] n Seeaal m.

congested [kənˈdʒɛstɪd] adj (*road*) verstopft; (*area*) überfüllt; (*nose*) verstopft; **his lungs are ~** in seiner Lunge hat sich Blut angestaut.

congestion [kənˈdʒɛstʃən] n (*MED*) Blutstau m; (*of road*) Verstopfung f; (*of area*) Überfüllung f.

congestion charge n City-Maut f.

conglomerate [kənˈɡlɒmərɪt] n (*COMM*) Konglomerat nt.

conglomeration [kənɡlɒməˈreɪʃən] n Ansammlung f.

Congo [ˈkɒŋɡəu] n (*state*) Kongo m.

congratulate [kənˈɡrætjuleɪt] vt gratulieren; **to ~ sb (on sth)** jdm (zu etw) gratulieren.

congratulations [kənɡrætjuˈleɪʃənz] npl Glückwunsch m, Glückwünsche pl; **~!** herzlichen Glückwunsch!; **~ on** Glückwünsche zu.

congregate [ˈkɒŋɡrɪɡeɪt] vi sich versammeln.

congregation [kɒŋɡrɪˈɡeɪʃən] n Gemeinde f.

congress [ˈkɒŋɡrɛs] n Kongress m; (*US*): **C~** der Kongress.

CONGRESS

*Der **Congress** ist die nationale gesetzgebende Versammlung der USA, die in Washington im **Capitol** zusammentritt. Der Kongress besteht aus dem Repräsentantenhaus (435 Abgeordnete, entsprechend den Bevölkerungszahlen auf die einzelnen Bundesstaaten verteilt und jeweils für 2 Jahre gewählt) und dem Senat (100 Senatoren, 2 für jeden Bundesstaat, für 6 Jahre gewählt, wobei ein Drittel alle zwei Jahre neu gewählt wird). Sowohl die Abgeordneten als auch die Senatoren werden in direkter Wahl vom Volk gewählt.*

congressman ['kɔŋgrɛsmən] (US) n (irreg: like man) Kongressabgeordnete(r) m.

congresswoman ['kɔŋgrɛswumən] (US: irreg: like woman) n Kongressabgeordnete f.

conical ['kɔnɪkl] adj kegelförmig, konisch.

conifer ['kɔnɪfə°] n Nadelbaum m.

coniferous [kə'nɪfərəs] adj Nadel-.

conjecture [kən'dʒɛktʃə°] n Vermutung f, Mutmaßung f ♦ vi vermuten, mutmaßen.

conjugal ['kɔndʒugl] adj ehelich.

conjugate ['kɔndʒugeɪt] vt konjugieren.

conjugation [kɔndʒə'geɪʃən] n Konjugation f.

conjunction [kən'dʒʌŋkʃən] n Konjunktion f; **in ~ with** zusammen mit, in Verbindung mit.

conjunctivitis [kɔndʒʌŋktɪ'vaɪtɪs] n Bindehautentzündung f.

conjure ['kʌndʒə°] vi zaubern ♦ vt (also fig) hervorzaubern.

▶ **conjure up** vt (ghost, spirit) beschwören; (memories) heraufbeschwören.

conjurer ['kʌndʒərə°] n Zauberer m, Zauberkünstler(in) m(f).

conjuring trick ['kʌndʒərɪŋ-] n Zaubertrick m, Zauberkunststück nt.

conker ['kɔŋkə°] n (BRIT) (Ross)kastanie f.

conk out [kɔŋk-] (inf) vi den Geist aufgeben.

con man n Schwindler m.

Conn. (US) abbr (POST: = Connecticut).

connect [kə'nɛkt] vt verbinden; (ELEC) anschließen; (TEL: caller) verbinden; (: subscriber) anschließen; (fig: associate) in Zusammenhang bringen ♦ vi: **to ~ with** (train, plane etc) Anschluss haben an +acc; **to ~ sth to sth** etw mit einer Sache verbinden; **to be ~ed with** (associated) in einer Beziehung or in Verbindung stehen zu; (have dealings with) zu tun haben mit; **I am trying to ~ you** (TEL) ich versuche, Sie zu verbinden.

connection [kə'nɛkʃən] n Verbindung f; (ELEC) Kontakt m; (train, plane etc, TEL: subscriber) Anschluss m; (fig: association) Beziehung f, Zusammenhang m; **in ~ with** in Zusammenhang mit; **what is the ~ between them?** welche Verbindung besteht zwischen ihnen?; **business ~s** Geschäftsbeziehungen pl; **to get/miss one's ~** seinen Anschluss erreichen/verpassen.

connexion [kə'nɛkʃən] (BRIT) n = connection.

conning tower ['kɔnɪŋ-] n Kommandoturm m.

connive [kə'naɪv] vi: **to ~ at** stillschweigend dulden.

connoisseur [kɔnɪ'sə:°] n Kenner(in) m(f).

connotation [kɔnə'teɪʃən] n Konnotation f.

connubial [kə'nju:bɪəl] adj ehelich.

conquer ['kɔŋkə°] vt erobern; (enemy, fear, feelings) besiegen.

conqueror ['kɔŋkərə°] n Eroberer m.

conquest ['kɔŋkwɛst] n Eroberung f.

cons [kɔnz] npl see convenience, pro.

conscience ['kɔnʃəns] n Gewissen nt; **to have a guilty/clear ~** ein schlechtes/gutes Gewissen haben; **in all ~** allen Ernstes.

conscientious [kɔnʃɪ'ɛnʃəs] adj gewissenhaft.

conscientious objector n Wehrdienst- or Kriegsdienstverweigerer m (aus Gewissensgründen).

conscious ['kɔnʃəs] adj bewusst; (awake) bei Bewusstsein; **to become ~ of sth** sich dat einer Sache gen bewusst werden; **to become ~ that ...** sich dat bewusst werden, dass ...

consciousness ['kɔnʃəsnɪs] n Bewusstsein nt; **to lose ~** bewusstlos werden; **to regain ~** wieder zu sich kommen.

conscript ['kɔnskrɪpt] n Wehrpflichtige(r) m.

conscription [kən'skrɪpʃən] n Wehrpflicht f.

consecrate ['kɔnsɪkreɪt] vt weihen.

consecutive [kən'sɛkjutɪv] adj aufeinander folgend; **on three ~ occasions** dreimal hintereinander.

consensus [kən'sɛnsəs] n Übereinstimmung f; **the ~ (of opinion)** die allgemeine Meinung.

consent [kən'sɛnt] n Zustimmung f ♦ vi: **to ~ to** zustimmen +dat; **age of ~** Ehemündigkeitsalter nt; **by common ~** auf allgemeinen Wunsch.

consenting [kən'sɛntɪŋ] adj: **between ~ adults** ≈ zwischen Erwachsenen.

consequence ['kɔnsɪkwəns] n Folge f; **of ~** bedeutend, wichtig; **it's of little ~** es spielt kaum eine Rolle; **in ~** folglich.

consequently ['kɔnsɪkwəntlɪ] adv folglich.

conservation [kɔnsə'veɪʃən] n Erhaltung f, Schutz m; (of energy) Sparen nt; (also: **nature ~**) Umweltschutz m; (of paintings, books) Erhaltung f, Konservierung f; **energy ~** Energieeinsparung f.

conservationist [kɔnsə'veɪʃnɪst] n Umweltschützer(in) m(f).

conservative [kən'sə:vətɪv] adj konservativ; (cautious) vorsichtig; (BRIT: POL): **C~** konservativ ♦ n (BRIT: POL): **C~** Konservative(r) f(m).

Conservative Party n: **the ~** die Konservative Partei f.

conservatory [kən'sə:vətrɪ] n Wintergarten m; (MUS) Konservatorium nt.

conserve [kən'sə:v] vt erhalten; (supplies, energy) sparen ♦ n Konfitüre f.

consider [kən'sɪdə°] vt (study) sich dat überlegen; (take into account) in Betracht ziehen; **to ~ that ...** der Meinung sein, dass ...; **to ~ sb/sth as ...** jdn/etw für ... halten; **to ~ doing sth** in Erwägung ziehen, etw zu tun; **they ~ themselves to be superior** sie halten sich für etwas Besseres; **she ~ed it a disaster** sie betrachtete es als eine Katastrophe; **~ yourself lucky** Sie können sich glücklich schätzen; **all things ~ed** alles in allem.

considerable [kən'sɪdərəbl] adj beträchtlich.

considerably [kən'sɪdərəblɪ] *adv* beträchtlich; (*bigger, smaller etc*) um einiges.

considerate [kən'sɪdərɪt] *adj* rücksichtsvoll.

consideration [kənsɪdə'reɪʃən] *n* Überlegung *f*; (*factor*) Gesichtspunkt *m*, Faktor *m*; (*thoughtfulness*) Rücksicht *f*; (*reward*) Entgelt *nt*; **out of ~ for** aus Rücksicht auf +*acc*; **to be under ~** geprüft werden; **my first ~ is my family** ich denke zuerst an meine Familie.

considered [kən'sɪdəd] *adj*: **~ opinion** ernsthafte Überzeugung *f*.

considering [kən'sɪdərɪŋ] *prep* in Anbetracht +*gen*; **~ (that)** wenn man bedenkt(, dass).

consign [kən'saɪn] *vt*: **to ~ to** (*object: to place*) verbannen in +*acc*; (*person: to sb's care*) anvertrauen +*dat*; (: *to poverty*) verurteilen zu; (*send*) versenden an +*acc*.

consignment [kən'saɪnmənt] *n* Sendung *f*, Lieferung *f*.

consignment note *n* Frachtbrief *m*.

consist [kən'sɪst] *vi*: **to ~ of** bestehen aus.

consistency [kən'sɪstənsɪ] *n* (*of actions etc*) Konsequenz *f*; (*of cream etc*) Konsistenz *f*, Dicke *f*.

consistent [kən'sɪstənt] *adj* konsequent; (*argument, idea*) logisch, folgerichtig; **to be ~ with** entsprechen +*dat*.

consolation [kɒnsə'leɪʃən] *n* Trost *m*.

console [kən'səul] *vt* trösten ♦ *n* (*panel*) Schalttafel *f*.

consolidate [kən'sɒlɪdeɪt] *vt* festigen.

consols ['kɒnsɒlz] (*BRIT*) *npl* (*STOCK EXCHANGE*) Konsols *pl*, konsolidierte Staatsanleihen *pl*.

consommé [kən'sɒmeɪ] *n* Kraftbrühe *f*, Consommé *f*.

consonant ['kɒnsənənt] *n* Konsonant *m*, Mitlaut *m*.

consort ['kɒnsɔːt] *n* Gemahl(in) *m(f)*, Gatte *m*, Gattin *f* ♦ *vi*: **to ~ with sb** mit jdm verkehren; **prince ~** Prinzgemahl *m*.

consortium [kən'sɔːtɪəm] *n* Konsortium *nt*.

conspicuous [kən'spɪkjuəs] *adj* auffallend; **to make o.s. ~** auffallen.

conspiracy [kən'spɪrəsɪ] *n* Verschwörung *f*, Komplott *nt*.

conspiratorial [kənspɪrə'tɔːrɪəl] *adj* verschwörerisch.

conspire [kən'spaɪə*] *vi* sich verschwören; (*events*) zusammenkommen.

constable ['kʌnstəbl] (*BRIT*) *n* Polizist *m*; **chief ~** Polizeipräsident *m*, Polizeichef *m*.

constabulary [kən'stæbjulərɪ] (*BRIT*) *n* Polizei *f*.

constant ['kɒnstənt] *adj* dauernd, ständig; (*fixed*) konstant, gleich bleibend.

constantly ['kɒnstəntlɪ] *adv* (an)dauernd, ständig.

constellation [kɒnstə'leɪʃən] *n* Sternbild *nt*.

consternation [kɒnstə'neɪʃən] *n* Bestürzung *f*.

constipated ['kɒnstɪpeɪtɪd] *adj*: **to be ~**

Verstopfung haben, verstopft sein.

constipation [kɒnstɪ'peɪʃən] *n* Verstopfung *f*.

constituency [kən'stɪtjuənsɪ] *n* (*POL*) Wahlkreis *m*; (*electors*) Wähler *pl* (*eines Wahlkreises*).

constituency party *n* Parteiorganisation in einem Wahlkreis.

constituent [kən'stɪtjuənt] *n* (*POL*) Wähler(in) *m(f)*; (*component*) Bestandteil *m*.

constitute ['kɒnstɪtjuːt] *vt* (*represent*) darstellen; (*make up*) bilden, ausmachen.

constitution [kɒnstɪ'tjuːʃən] *n* (*POL*) Verfassung *f*; (*of club etc*) Satzung *f*; (*health*) Konstitution *f*, Gesundheit *f*; (*make-up*) Zusammensetzung *f*.

constitutional [kɒnstɪ'tjuːʃənl] *adj* (*government*) verfassungsmäßig; (*reform etc*) Verfassungs-.

constitutional monarchy *n* konstitutionelle Monarchie *f*.

constrain [kən'streɪn] *vt* zwingen.

constrained [kən'streɪnd] *adj* gezwungen.

constraint [kən'streɪnt] *n* Beschränkung *f*, Einschränkung *f*; (*compulsion*) Zwang *m*; (*embarrassment*) Befangenheit *f*.

constrict [kən'strɪkt] *vt* einschnüren; (*blood vessel*) verengen; (*limit, restrict*) einschränken.

constriction [kən'strɪkʃən] *n* Einschränkung *f*; (*tightness*) Verengung *f*; (*squeezing*) Einschnürung *f*.

construct [kən'strʌkt] *vt* bauen; (*machine*) konstruieren; (*theory, argument*) entwickeln.

construction [kən'strʌkʃən] *n* Bau *m*; (*structure*) Konstruktion *f*; (*fig: interpretation*) Deutung *f*; **under ~** in *or* im Bau.

construction industry *n* Bauindustrie *f*.

constructive [kən'strʌktɪv] *adj* konstruktiv.

construe [kən'struː] *vt* auslegen, deuten.

consul ['kɒnsl] *n* Konsul(in) *m(f)*.

consulate ['kɒnsjulɪt] *n* Konsulat *nt*.

consult [kən'sʌlt] *vt* (*doctor, lawyer*) konsultieren; (*friend*) sich beraten *or* besprechen mit; (*reference book*) nachschlagen in +*dat*; **to ~ sb (about sth)** jdn (wegen etw) fragen.

consultancy [kən'sʌltənsɪ] *n* Beratungsbüro *nt*; (*MED: job*) Facharztstelle *f*.

consultant [kən'sʌltənt] *n* (*MED*) Facharzt *m*, Fachärztin *f*; (*other specialist*) Berater(in) *m(f)* ♦ *cpd*: **~ engineer** beratender Ingenieur *m*; **~ paediatrician** Facharzt/-ärztin *m/f* für Pädiatrie *or* Kinderheilkunde; **legal/ management ~** Rechts-/ Unternehmensberater(in) *m(f)*.

consultation [kɒnsəl'teɪʃən] *n* (*MED, LAW*) Konsultation *f*; (*discussion*) Beratung *f*, Besprechung *f*; **in ~ with** in gemeinsamer Beratung mit.

consultative [kən'sʌltətɪv] *adj* beratend.

consulting room [kən'sʌltɪŋ-] (*BRIT*) *n* Sprechzimmer *nt*.

consume [kən'sju:m] *vt* (*food, drink*) zu sich nehmen, konsumieren; (*fuel, energy*) verbrauchen; (*time*) in Anspruch nehmen; (*subj: emotion*) verzehren; (: *fire*) vernichten.

consumer [kən'sju:mə*] *n* Verbraucher(in) *m(f)*.

consumer credit *n* Verbraucherkredit *m*.

consumer durables *npl* (langlebige) Gebrauchsgüter *pl*.

consumer goods *npl* Konsumgüter *pl*.

consumerism [kən'sju:mərɪzəm] *n* Verbraucherschutz *m*.

consumer society *n* Konsumgesellschaft *f*.

consumer watchdog *n* Verbraucherschutzorganisation *f*.

consummate ['kɔnsʌmeɪt] *vt* (*marriage*) vollziehen; (*ambition etc*) erfüllen.

consumption [kən'sʌmpʃən] *n* Verbrauch *m*; (*of food*) Verzehr *m*; (*of drinks, buying*) Konsum *m*; (*MED*) Schwindsucht *f*; **not fit for human** ~ zum Verzehr ungeeignet.

cont. *abbr* (= *continued*) Forts.

contact ['kɔntækt] *n* Kontakt *m*; (*touch*) Berührung *f*; (*person*) Kontaktperson *f* ♦ *vt* sich in Verbindung setzen mit; **to be in** ~ **with sb/sth** mit jdm/etw in Verbindung *or* Kontakt stehen; (*touch*) jdn/etw berühren; **business** ~**s** Geschäftsverbindungen *pl*.

contact lenses *npl* Kontaktlinsen *pl*.

contagious [kən'teɪdʒəs] *adj* ansteckend.

contain [kən'teɪn] *vt* enthalten; (*growth, spread*) in Grenzen halten; (*feeling*) beherrschen; **to** ~ **o.s.** an sich *acc* halten.

container [kən'teɪnə*] *n* Behälter *m*; (*for shipping etc*) Container *m* ♦ *cpd* Container-.

containerize [kən'teɪnəraɪz] *vt* in Container verpacken; (*port*) auf Container umstellen.

container ship *n* Containerschiff *nt*.

contaminate [kən'tæmɪneɪt] *vt* (*water, food*) verunreinigen; (*soil etc*) verseuchen.

contamination [kəntæmɪ'neɪʃən] *n* (*see vb*) Verunreinigung *f*; Verseuchung *f*.

cont'd *abbr* (= *continued*) Forts.

contemplate ['kɔntəmpleɪt] *vt* nachdenken über +*acc*; (*course of action*) in Erwägung ziehen; (*person, painting etc*) betrachten.

contemplation [kɔntəm'pleɪʃən] *n* Betrachtung *f*.

contemporary [kən'tempərərɪ] *adj* zeitgenössisch; (*present-day*) modern ♦ *n* Altersgenosse *m*, Altersgenossin *f*; **Samuel Pepys and his contemporaries** Samuel Pepys und seine Zeitgenossen.

contempt [kən'tempt] *n* Verachtung *f*; ~ **of court** (*LAW*) Missachtung *f* (der Würde) des Gerichts, Ungebühr *f* vor Gericht; **to have** ~ **for sb/sth** jdn/etw verachten; **to hold sb in** ~ jdn verachten.

contemptible [kən'temptəbl] *adj* verachtenswert.

contemptuous [kən'temptjuəs] *adj* verächtlich, geringschätzig.

contend [kən'tend] *vt*: **to** ~ **that** ... behaupten, dass ...; **to** ~ **with** fertig werden mit; ~ **for** kämpfen um; **to have to** ~ **with** es zu tun haben mit; **he has a lot to** ~ **with** er hat viel um die Ohren.

contender [kən'tendə*] *n* (*SPORT*) Wettkämpfer(in) *m(f)*; (*for title*) Anwärter(in) *m(f)*; (*POL*) Kandidat(in) *m(f)*.

content [*adj, vt* kən'tent, *n* 'kɔntent] *adj* zufrieden ♦ *vt* zufrieden stellen ♦ *n* Inhalt *m*; (*fat content, moisture content etc*) Gehalt *m*; **contents** *npl* Inhalt *m*; **(table of)** ~**s** Inhaltsverzeichnis *nt*; **to be** ~ **with** zufrieden sein mit; **to** ~ **o.s. with sth** sich mit etw zufrieden geben *or* begnügen; **to** ~ **o.s. with doing sth** sich damit zufrieden geben *or* begnügen, etw zu tun.

contented [kən'tentɪd] *adj* zufrieden.

contentedly [kən'tentɪdlɪ] *adv* zufrieden.

contention [kən'tenʃən] *n* Behauptung *f*; (*disagreement, argument*) Streit *m*; **bone of** ~ Zankapfel *m*.

contentious [kən'tenʃəs] *adj* strittig, umstritten.

contentment [kən'tentmənt] *n* Zufriedenheit *f*.

contest [*n* 'kɔntest, *vt* kən'test] *n* (*competition*) Wettkampf *m*; (*for control, power etc*) Kampf *m* ♦ *vt* (*election, competition*) teilnehmen an +*dat*; (*compete for*) kämpfen um; (*statement*) bestreiten; (*decision*) angreifen; (*LAW*) anfechten.

contestant [kən'testənt] *n* (*in quiz*) Kandidat(in) *m(f)*; (*in competition*) Teilnehmer(in) *m(f)*; (*in fight*) Kämpfer(in) *m(f)*.

context ['kɔntekst] *n* Zusammenhang *m*, Kontext *m*; **in** ~ im Zusammenhang; **out of** ~ aus dem Zusammenhang gerissen.

continent ['kɔntɪnənt] *n* Kontinent *m*, Erdteil *m*; **the C~** (*BRIT*) (Kontinental)europa *nt*; **on the C~** in (Kontinental)europa, auf dem Kontinent.

continental [kɔntɪ'nentl] *adj* kontinental; (*European*) europäisch ♦ *n* (*BRIT*) (Festlands)europäer(in) *m(f)*.

continental breakfast *n* kleines Frühstück *nt*.

continental quilt (*BRIT*) *n* Steppdecke *f*.

contingency [kən'tɪndʒənsɪ] *n* möglicher Fall *m*, Eventualität *f*.

contingency plan *n* Plan *m* für den Eventualfall.

contingent [kən'tɪndʒənt] *n* Kontingent *nt* ♦ *adj*: **to be** ~ **upon** abhängen von.

continual [kən'tɪnjuəl] *adj* ständig; (*process*) ununterbrochen.

continually [kən'tɪnjuəlɪ] *adv* (*see adj*) ständig; ununterbrochen.

continuation [kəntɪnju'eɪʃən] *n* Fortsetzung *f*; (*extension*) Weiterführung *f*.

continue [kən'tɪnju:] *vi* andauern;

(*performance, road*) weitergehen; (*person: talking*) fortfahren ♦ *vt* fortsetzen; **to ~ to do sth/doing sth** etw weiter tun; **"to be ~d"** „Fortsetzung folgt"; **"~d on page 10"** „Fortsetzung auf Seite 10".

continuing education [kən'tɪnjuɪŋ-] *n* Erwachsenenbildung *f*.

continuity [kɒntɪ'njuːɪtɪ] *n* Kontinuität *f* ♦ *cpd* (*TV*): **~ announcer** Ansager(in) *m(f)*; **~ studio** Ansagestudio *nt*.

continuous [kən'tɪnjuəs] *adj* ununterbrochen; (*growth etc*) kontinuierlich; **~ form** (*LING*) Verlaufsform *f*; **~ performance** (*CINE*) durchgehende Vorstellung *f*.

continuously [kən'tɪnjuəslɪ] *adv* dauernd, ständig; (*uninterruptedly*) ununterbrochen.

continuous stationery *n* (*COMPUT*) Endlospapier *nt*.

contort [kən'tɔːt] *vt* (*body*) verrenken, verdrehen; (*face*) verziehen.

contortion [kən'tɔːʃən] *n* Verrenkung *f*.

contortionist [kən'tɔːʃənɪst] *n* Schlangenmensch *m*.

contour ['kɒntuə*] *n* (*also*: **~ line**) Höhenlinie *f*; (*shape, outline: gen pl*) Kontur *f*, Umriss *m*.

contraband ['kɒntrəbænd] *n* Schmuggelware *f* ♦ *adj* Schmuggel-.

contraception [kɒntrə'sɛpʃən] *n* Empfängnisverhütung *f*.

contraceptive [kɒntrə'sɛptɪv] *adj* empfängnisverhütend ♦ *n* Verhütungsmittel *nt*.

contract [*n, cpd* 'kɒntrækt, *vb* kən'trækt] *n* Vertrag *m* ♦ *vi* schrumpfen; (*metal, muscle*) sich zusammenziehen ♦ *vt* (*illness*) erkranken an +*dat* ♦ *cpd* vertraglich festgelegt; (*work*) Auftrags-; **~ of employment/service** Arbeitsvertrag *m*; **to ~ to do sth** (*COMM*) sich vertraglich verpflichten, etw zu tun.
► **contract in** (*BRIT*) *vi* beitreten.
► **contract out** (*BRIT*) *vi* austreten.

contraction [kən'trækʃən] *n* Zusammenziehen *nt*; (*LING*) Kontraktion *f*; (*MED*) Wehe *f*.

contractor [kən'træktə*] *n* Auftragnehmer *m*; (*building contractor*) Bauunternehmer *m*.

contractual [kən'træktʃuəl] *adj* vertraglich.

contradict [kɒntrə'dɪkt] *vt* widersprechen +*dat*.

contradiction [kɒntrə'dɪkʃən] *n* Widerspruch *m*; **to be in ~ with** im Widerspruch stehen zu; **a ~ in terms** ein Widerspruch in sich.

contradictory [kɒntrə'dɪktərɪ] *adj* widersprüchlich.

contralto [kən'træltəu] *n* (*MUS*) Altistin *f*; (*: voice*) Alt *m*.

contraption [kən'træpʃən] (*pej*) *n* (*device*) Vorrichtung *f*; (*machine*) Gerät *nt*, Apparat *m*.

contrary¹ ['kɒntrərɪ] *adj* entgegengesetzt; (*ideas, opinions*) gegensätzlich; (*unfavourable*) widrig ♦ *n* Gegenteil *nt*; **~ to**

what we thought im Gegensatz zu dem, was wir dachten; **on the ~** im Gegenteil; **unless you hear to the ~** sofern Sie nichts Gegenteiliges hören.

contrary² [kən'trɛərɪ] *adj* widerspenstig.

contrast ['kɒntrɑːst] *n* Gegensatz *m*, Kontrast *m* ♦ *vt* vergleichen, gegenüberstellen; **in ~ to** *or* **with** im Gegensatz zu.

contrasting [kən'trɑːstɪŋ] *adj* (*colours*) kontrastierend; (*attitudes*) gegensätzlich.

contravene [kɒntrə'viːn] *vt* verstoßen gegen.

contravention [kɒntrə'vɛnʃən] *n* Verstoß *m*; **to be in ~ of sth** gegen etw verstoßen.

contribute [kən'trɪbjuːt] *vi* beitragen ♦ *vt*: **to ~ £10/an article to** £10/einen Artikel beisteuern zu; **to ~ to** (*charity*) spenden für; (*newspaper*) schreiben für; (*discussion, problem etc*) beitragen zu.

contribution [kɒntrɪ'bjuːʃən] *n* Beitrag *m*; (*donation*) Spende *f*.

contributor [kən'trɪbjutə*] *n* (*to appeal*) Spender(in) *m(f)*; (*to newspaper*) Mitarbeiter(in) *m(f)*.

contributory [kən'trɪbjutərɪ] *adj*: **a ~ cause** ein Faktor, der mit eine Rolle spielt; **it was a ~ factor in ...** es trug zu ... bei.

contributory pension scheme (*BRIT*) *n* beitragspflichtige Rentenversicherung *f*.

contrite ['kɒntraɪt] *adj* zerknirscht.

contrivance [kən'traɪvəns] *n* (*scheme*) List *f*; (*device*) Vorrichtung *f*.

contrive [kən'traɪv] *vt* (*meeting*) arrangieren ♦ *vi*: **to ~ to do sth** es fertig bringen, etw zu tun.

control [kən'trəul] *vt* (*country*) regieren; (*organization*) leiten; (*machinery, process*) steuern; (*wages, prices*) kontrollieren; (*temper*) zügeln; (*disease, fire*) unter Kontrolle bringen ♦ *n* (*of country*) Kontrolle *f*; (*of organization*) Leitung *f*; (*of oneself, emotions*) Beherrschung *f*; (*SCI: also*: **~ group**) Kontrollgruppe *f*; **controls** *npl* (*of vehicle*) Steuerung *f*; (*on radio, television etc*) Bedienungsfeld *nt*; (*governmental*) Kontrolle *f*; **to ~ o.s.** sich beherrschen; **to take ~ of** die Kontrolle übernehmen über +*acc*; (*COMM*) übernehmen; **to be in ~ of** unter Kontrolle haben; (*in charge of*) unter sich *dat* haben; **out of/under ~** außer/unter Kontrolle; **everything is under ~** ich habe/ wir haben *etc* die Sache im Griff (*inf*); **the car went out of ~** der Fahrer verlor die Kontrolle über den Wagen; **circumstances beyond our ~** unvorhersehbare Umstände.

control key *n* (*COMPUT*) Controltaste *f*, Steuerungstaste *f*.

controlled substance *n* veschreibungspflichtiges Medikament.

controller [kən'trəulə*] *n* (*RADIO, TV*) Intendant(in) *m(f)*.

controlling interest [kən'trəulɪŋ-] *n* Mehrheitsanteil *m*.

control panel n Schalttafel f; (on television) Bedienungsfeld nt.

control point n Kontrollpunkt m, Kontrollstelle f.

control room n (NAUT) Kommandoraum m; (MIL) (Operations)zentrale f; (RADIO, TV) Regieraum m.

control tower n Kontrollturm m.

control unit n (COMPUT) Steuereinheit f.

controversial [kɔntrə'vɜːʃl] adj umstritten, kontrovers.

controversy ['kɔntrəvəːsɪ] n Streit m, Kontroverse f.

conurbation [kɔnə'beɪʃən] n Ballungsgebiet nt, Ballungsraum m.

convalesce [kɔnvə'lɛs] vi genesen.

convalescence [kɔnvə'lɛsns] n Genesungszeit f.

convalescent [kɔnvə'lɛsnt] adj (leave etc) Genesungs-, Kur- ♦ n Genesende(r) f(m).

convector [kən'vɛktə*] n Heizlüfter m.

convene [kən'viːn] vt einberufen ♦ vi zusammentreten.

convener [kən'viːnə*] n (organizer) Organisator(in) m(f); (chairperson) Vorsitzende(r) f(m).

convenience [kən'viːnɪəns] n Annehmlichkeit f; (suitability): **the ~ of this arrangement/location** diese günstige Vereinbarung/Lage; **I like the ~ of having a shower** mir gefällt, wie angenehm es ist, eine Dusche zu haben; **I like the ~ of living in the city** mir gefällt, wie praktisch es ist, in der Stadt zu wohnen; **at your ~** wann es Ihnen passt; **at your earliest ~** möglichst bald, baldmöglichst; **with all modern ~s** or (BRIT) **all mod cons** mit allem modernen Komfort; see also **public convenience**.

convenience foods npl Fertiggerichte pl.

convenient [kən'viːnɪənt] adj günstig; (handy) praktisch; (house etc) günstig gelegen; **if it is ~ to you** wenn es Ihnen (so) passt, wenn es Ihnen keine Umstände macht.

conveniently [kən'viːnɪəntlɪ] adv (happen) günstigerweise; (situated) günstig.

convenor [kən'viːnə*] n = **convener**.

convent ['kɔnvənt] n Kloster nt.

convention [kən'vɛnʃən] n Konvention f; (conference) Tagung f, Konferenz f; (agreement) Abkommen nt.

conventional [kən'vɛnʃənl] adj konventionell.

convent school n Klosterschule f.

converge [kən'vɜːdʒ] vi (roads) zusammenlaufen ♦ vi sich einander annähern; **to ~ on sb/a place** (people) von überallher zu jdm/an einen Ort strömen.

conversant [kən'vɜːsnt] adj: **to be ~ with** vertraut sein mit.

conversation [kɔnvə'seɪʃən] n Gespräch nt, Unterhaltung f.

conversational [kɔnvə'seɪʃənl] adj (tone, style) Unterhaltungs-; (language) gesprochen;

~ mode (COMPUT) Dialogbetrieb m.

conversationalist [kɔnvə'seɪʃnəlɪst] n Unterhalter(in) m(f), Gesprächspartner(in) m(f).

converse [n 'kɔnvəːs, vi kən'vəːs] n Gegenteil nt ♦ vi: **to ~ (with sb) (about sth)** sich (mit jdm) (über etw) unterhalten.

conversely [kɔn'vəːslɪ] adv umgekehrt.

conversion [kən'vəːʃən] n Umwandlung f; (of weights etc) Umrechnung f; (REL) Bekehrung f; (BRIT: of house) Umbau m.

conversion table n Umrechnungstabelle f.

convert [vt kən'vəːt, n 'kɔnvəːt] vt umwandeln; (person) bekehren; (building) umbauen; (vehicle) umrüsten; (COMM) konvertieren; (RUGBY) verwandeln ♦ n Bekehrte(r) f(m).

convertible [kən'vəːtəbl] adj (currency) konvertierbar ♦ n (AUT) Kabriolett nt.

convex ['kɔnvɛks] adj konvex.

convey [kən'veɪ] vt (information etc) vermitteln; (cargo, traveller) befördern; (thanks) übermitteln.

conveyance [kən'veɪəns] n Beförderung f, Spedition f; (vehicle) Gefährt nt.

conveyancing [kən'veɪənsɪŋ] n (Eigentums)übertragung f.

conveyor belt n Fließband nt.

convict [vt kən'vɪkt, n 'kɔnvɪkt] vt verurteilen ♦ n Sträfling m.

conviction [kən'vɪkʃən] n Überzeugung f; (LAW) Verurteilung f.

convince [kən'vɪns] vt überzeugen; **to ~ sb (of sth)** jdn (von etw) überzeugen; **to ~ sb that ...** jdn davon überzeugen, dass ...

convinced [kən'vɪnst] adj: **~ (of)** überzeugt (von); **~ that ...** überzeugt davon, dass ...

convincing [kən'vɪnsɪŋ] adj überzeugend.

convincingly [kən'vɪnsɪŋlɪ] adv überzeugend.

convivial [kən'vɪvɪəl] adj freundlich; (event) gesellig.

convoluted ['kɔnvəluːtɪd] adj verwickelt, kompliziert; (shape) gewunden.

convoy ['kɔnvɔɪ] n Konvoi m.

convulse [kən'vʌls] vt: **to be ~d with laughter/pain** sich vor Lachen schütteln/Schmerzen krümmen.

convulsion [kən'vʌlʃən] n Schüttelkrampf m.

coo [kuː] vi gurren.

cook [kuk] vt kochen, zubereiten ♦ vi (person, food) kochen; (fry, roast) braten; (pie) backen ♦ n Koch m, Köchin f.

▶ **cook up** (inf) vt sich dat einfallen lassen, zurechtbasteln.

cookbook ['kukbuk] n Kochbuch nt.

cook-chill ['kuktʃɪl] adj durch rasches Kühlen haltbar gemacht.

cooker ['kukə*] n Herd m.

cookery ['kukərɪ] n Kochen nt, Kochkunst f.

cookery book (BRIT) n = **cookbook**.

cookie ['kukɪ] (US) n Keks m or nt, Plätzchen nt.

cooking ['kukɪŋ] n Kochen nt; (food) Essen nt

♦ *cpd* Koch-; (*chocolate*) Block-.
cookout ['kukaut] (*US*) n ≈ Grillparty f.
cool [ku:l] adj kühl; (*dress, clothes*) leicht,
luftig; (*person: calm*) besonnen; (: *unfriendly*)
kühl ♦ vt kühlen ♦ vi abkühlen; **it's ~** es ist
kühl; **to keep sth ~** *or* **in a ~ place** etw kühl
aufbewahren; **to keep one's ~** die Ruhe
bewahren.
► **cool down** vi abkühlen; (*fig*) sich
beruhigen.
coolant ['ku:lənt] n Kühlflüssigkeit f.
cool box n Kühlbox f.
cooler ['ku:lə°] (*US*) n = **cool box**.
cooling ['ku:lɪŋ] adj (*drink, shower*) kühlend;
(*feeling, emotion*) abkühlend.
cooling tower ['ku:lɪŋ-] n Kühlturm m.
coolly ['ku:lɪ] adv (*calmly*) besonnen, ruhig; (*in
unfriendly way*) kühl.
coolness ['ku:lnɪs] n (*see adj*) Kühle f;
Leichtigkeit f, Luftigkeit f; Besonnenheit f.
coop [ku:p] n (*for rabbits*) Kaninchenstall m;
(*for poultry*) Hühnerstall m ♦ vt: **to ~ up** (*fig*)
einsperren.
co-op ['kəuɔp] n abbr (= *cooperative (society)*)
Genossenschaft f.
cooperate [kəu'ɔpəreɪt] vi zusammenarbeiten;
(*assist*) mitmachen, kooperieren; **to ~ with
sb** mit jdm zusammenarbeiten.
cooperation [kəuɔpə'reɪʃən] n (*see vb*)
Zusammenarbeit f; Mitarbeit f, Kooperation
f.
cooperative [kəu'ɔpərətɪv] adj (*farm, business*)
auf Genossenschaftsbasis; (*person*)
kooperativ; (: *helpful*) hilfsbereit ♦ n
Genossenschaft f, Kooperative f.
coopt [kəu'ɔpt] vt: **to ~ sb onto a committee**
jdn in ein Komitee hinzuwählen *or*
kooptieren.
coordinate [kəu'ɔ:dɪneɪt] vt koordinieren ♦ n
(*MATH*) Koordinate f; **coordinates** npl
(*clothes*) Kleidung f zum Kombinieren.
coordination [kəuɔ:dɪ'neɪʃən] n
Koordinierung f, Koordination f.
coownership [kəu'əunəʃɪp] n Mitbesitz m.
cop [kɔp] (*inf*) n Polizist(in) m(f), Bulle m (*pej*).
cope [kəup] vi zurechtkommen; **to ~ with**
fertig werden mit.
Copenhagen ['kəupn'heɪgən] n Kopenhagen
nt.
copier ['kɔpɪə°] n (*also:* **photocopier**)
Kopiergerät nt, Kopierer m.
copilot ['kəupaɪlət] n Kopilot(in) m(f).
copious ['kəupɪəs] adj reichlich.
copper ['kɔpə°] n Kupfer nt; (*BRIT: inf*)
Polizist(in) m(f), Bulle m (*pej*); **coppers** npl
(*small change, coins*) Kleingeld nt.
coppice ['kɔpɪs] n Wäldchen nt.
copse [kɔps] n = **coppice**.
copulate ['kɔpjuleɪt] vi kopulieren.
copy ['kɔpɪ] n Kopie f; (*of book, record,
newspaper*) Exemplar nt; (*for printing*)
Artikel m ♦ vt (*person*) nachahmen; (*idea etc*)

nachmachen; (*something written*)
abschreiben; **this murder story will make
good ~** (*PRESS*) aus diesem Mord kann man
etwas machen.
► **copy out** vt abschreiben.
copycat ['kɔpɪkæt] (*pej*) n Nachahmer(in) m(f).
copyright ['kɔpɪraɪt] n Copyright nt,
Urheberrecht nt; **~ reserved**
urheberrechtlich geschützt.
copy typist n Schreibkraft f (*die mit
Textvorlagen arbeitet*).
copywriter ['kɔpɪraɪtə°] n Werbetexter(in)
m(f).
coral ['kɔrəl] n Koralle f.
coral reef n Korallenriff nt.
Coral Sea n: **the ~** das Korallenmeer.
cord [kɔ:d] n Schnur f; (*string*) Kordel f; (*ELEC*)
Kabel nt, Schnur f; (*fabric*) Kord(samt) m;
cords npl (*trousers*) Kordhosen pl.
cordial ['kɔ:dɪəl] adj herzlich ♦ n (*BRIT*)
Fruchtsaftkonzentrat nt.
cordless ['kɔ:dlɪs] adj schnurlos.
cordon ['kɔ:dn] n Kordon m, Absperrkette f.
► **cordon off** vt (*area*) absperren, abriegeln;
(*crowd*) mit einer Absperrkette
zurückhalten.
corduroy ['kɔ:dərɔɪ] n Kord(samt) m.
CORE [kɔ:°] (*US*) n abbr (= *Congress of Racial
Equality*) Ausschuss für Rassengleichheit.
core [kɔ:°] n Kern m; (*of fruit*) Kerngehäuse nt
♦ vt das Kerngehäuse ausschneiden aus;
rotten to the ~ durch und durch schlecht.
Corfu [kɔ:'fu:] n Korfu nt.
coriander [kɔrɪ'ændə°] n Koriander m.
cork [kɔ:k] n (*stopper*) Korken m; (*substance*)
Kork m.
corkage ['kɔ:kɪdʒ] n Korkengeld nt.
corked [kɔ:kt] adj: **the wine is ~** der Wein
schmeckt nach Kork.
corkscrew ['kɔ:kskru:] n Korkenzieher m.
corky ['kɔ:kɪ] (*US*) adj = **corked**.
corm [kɔ:m] n Knolle f.
cormorant ['kɔ:mərnt] n Kormoran m.
Corn (*BRIT*) abbr (*POST*: = *Cornwall*).
corn [kɔ:n] n (*BRIT*) Getreide nt, Korn nt; (*US*)
Mais m; (*on foot*) Hühnerauge nt; **~ on the
cob** Maiskolben m.
cornea ['kɔ:nɪə] n Hornhaut f.
corned beef ['kɔ:nd-] n Cornedbeef nt,
Corned Beef nt.
corner ['kɔ:nə°] n Ecke f; (*bend*) Kurve f ♦ vt in
die Enge treiben; (*COMM: market*)
monopolisieren ♦ vi (*in car*) die Kurve
nehmen; **to cut ~s** (*fig*) das Verfahren
abkürzen.
corner flag n Eckfahne f.
corner kick n Eckball m.
cornerstone ['kɔ:nəstəun] n (*fig*) Grundstein
m, Eckstein m.
cornet ['kɔ:nɪt] n (*MUS*) Kornett nt; (*BRIT: for
ice cream*) Eistüte f.
cornflakes ['kɔ:nfleɪks] npl Cornflakes pl.

cornflour ['kɔːnflauə*] (BRIT) n Stärkemehl nt.
cornice ['kɔːnɪs] n (Ge)sims nt.
Cornish ['kɔːnɪʃ] adj kornisch, aus Cornwall.
corn oil n (Mais)keimöl nt.
cornstarch ['kɔːnstɑːtʃ] (US) n = **cornflour**.
cornucopia [kɔːnju'kəupiə] n Fülle f.
Cornwall ['kɔːnwəl] n Cornwall nt.
corny ['kɔːnɪ] (inf) adj (joke) blöd.
corollary [kə'rɔlərɪ] n (logische) Folge f.
coronary ['kɔrənərɪ] n (also: ~ **thrombosis**) Herzinfarkt m.
coronation [kɔrə'neɪʃən] n Krönung f.
coroner ['kɔrənə*] n Beamter, der Todesfälle untersucht, die nicht eindeutig eine natürliche Ursache haben.
coronet ['kɔrənɪt] n Krone f.
Corp. abbr = **corporation**; (MIL) = **corporal**.
corporal ['kɔːpərl] n Stabsunteroffizier m.
corporal punishment n Prügelstrafe f.
corporate ['kɔːpərɪt] adj (organization) körperschaftlich; (action, effort, ownership) gemeinschaftlich; (finance) Unternehmens-; (image, identity) Firmen-.
corporate hospitality n Empfänge, Diners etc auf Kosten der ausrichtenden Firma.
corporation [kɔːpə'reɪʃən] n (COMM) Körperschaft f, (of town) Gemeinde f, Stadt f.
corporation tax n Körperschaftssteuer f.
corps [kɔː*] (pl ~) n Korps nt; **the press** ~ die Presse.
corpse [kɔːps] n Leiche f.
corpuscle ['kɔːpʌsl] n Blutkörperchen nt.
corral [kə'rɑːl] n Korral m.
correct [kə'rɛkt] adj richtig; (proper) korrekt ♦ vt korrigieren; (mistake) berichtigen, verbessern; **you are** ~ Sie haben Recht.
correction [kə'rɛkʃən] n (see vb) Korrektur f; Berichtigung f, Verbesserung f.
correctly [kə'rɛktlɪ] adv (see adj) richtig; korrekt.
correlate ['kɔrɪleɪt] vt zueinander in Beziehung setzen ♦ vi: **to** ~ **with** in einer Beziehung stehen zu.
correlation [kɔrɪ'leɪʃən] n Beziehung f, Zusammenhang m.
correspond [kɔrɪs'pɔnd] vi: **to** ~ **(with)** (write) korrespondieren (mit); (be in accordance) übereinstimmen (mit); **to** ~ **to** (be equivalent) entsprechen +dat.
correspondence [kɔrɪs'pɔndəns] n Korrespondenz f, Briefwechsel m; (relationship) Beziehung f.
correspondence column n Leserbriefspalte f.
correspondence course n Fernkurs m.
correspondent [kɔrɪs'pɔndənt] n Korrespondent(in) m(f).
corresponding [kɔrɪs'pɔndɪŋ] adj entsprechend.
corridor ['kɔrɪdɔː*] n Korridor m; (in train) Gang m.

corroborate [kə'rɔbəreɪt] vt bestätigen.
corrode [kə'rəud] vt zerfressen ♦ vi korrodieren.
corrosion [kə'rəuʒən] n Korrosion f.
corrosive [kə'rəuzɪv] adj korrosiv.
corrugated ['kɔrəgeɪtɪd] adj (roof) gewellt; (cardboard) Well-.
corrugated iron n Wellblech nt.
corrupt [kə'rʌpt] adj korrupt; (depraved) verdorben ♦ vt korrumpieren; (morally) verderben; ~ **practices** Korruption f.
corruption [kə'rʌpʃən] n Korruption f.
corset ['kɔːsɪt] n Korsett nt; (MED) Stützkorsett nt.
Corsica ['kɔːsɪkə] n Korsika f.
Corsican ['kɔːsɪkən] adj korsisch ♦ n Korse m, Korsin f.
cortège [kɔː'teɪʒ] n (also: **funeral** ~) Leichenzug m.
cortisone ['kɔːtɪzəun] n Kortison nt.
coruscating ['kɔrəskeɪtɪŋ] adj sprühend.
c.o.s. abbr (= cash on shipment) Barzahlung bei Versand.
cosh [kɔʃ] (BRIT) n Totschläger m.
cosignatory ['kəu'sɪgnətərɪ] n Mitunterzeichner(in) m(f).
cosiness ['kəuzɪnɪs] n Gemütlichkeit f, Behaglichkeit f.
cos lettuce ['kɔs-] n römischer Salat m.
cosmetic [kɔz'mɛtɪk] n Kosmetikum nt ♦ adj kosmetisch; ~ **surgery** (MED) kosmetische Chirurgie f.
cosmic ['kɔzmɪk] adj kosmisch.
cosmonaut ['kɔzmənɔːt] n Kosmonaut(in) m(f).
cosmopolitan [kɔzmə'pɔlɪtn] adj kosmopolitisch.
cosmos ['kɔzmɔs] n: **the** ~ der Kosmos.
cosset ['kɔsɪt] vt verwöhnen.
cost [kɔst] (pt, pp **cost**) n Kosten pl; (fig: loss, damage etc) Preis m ♦ vt kosten; (find out cost of) (pt, pp **costed**) veranschlagen; **costs** npl (COMM, LAW) Kosten pl; **the** ~ **of living** die Lebenshaltungskosten pl; **at all** ~**s** um jeden Preis; **how much does it** ~? wie viel or was kostet es?; **it** ~**s £5/too much** es kostet £5/ ist zu teuer; **what will it** ~ **to have it repaired?** wie viel kostet die Reparatur?; **to** ~ **sb time/effort** jdn Zeit/Mühe kosten; **it** ~ **him his life/job** es kostete ihn das Leben/ seine Stelle.
cost accountant n Kostenbuchhalter(in) m(f).
co-star ['kəustɑː*] n einer der Hauptdarsteller m, eine der Hauptdarstellerinnen f; **she was Sean Connery's** ~ **in ...** sie spielte neben Sean Connery in ...
Costa Rica ['kɔstə'riːkə] n Costa Rica nt.
cost centre n Kostenstelle f.
cost control n Kostenkontrolle f.
cost-effective ['kɔstɪ'fɛktɪv] adj rentabel;

(*COMM*) kostengünstig.

cost-effectiveness ['kɔstɪ'fɛktɪvnɪs] *n* Rentabilität *f*.

costing ['kɔstɪŋ] *n* Kalkulation *f*.

costly ['kɔstlɪ] *adj* teuer, kostspielig; (*in time, effort*) aufwändig, aufwendig.

cost-of-living ['kɔstəv'lɪvɪŋ] *adj* Lebenshaltungskosten-; (*index*) Lebenshaltungs-.

cost price (*BRIT*) *n* Selbstkostenpreis *m*; **to sell/buy at** ~ zum Selbstkostenpreis verkaufen/kaufen.

costume ['kɔstju:m] *n* Kostüm *nt*; (*BRIT: also:* **swimming** ~) Badeanzug *m*.

costume jewellery *n* Modeschmuck *m*.

cosy, (*US*) **cozy** ['kəuzɪ] *adj* gemütlich, behaglich; (*bed, scarf, gloves*) warm; (*chat, evening*) gemütlich; **I'm very** ~ **here** ich fühle mich hier sehr wohl, ich finde es hier sehr gemütlich.

cot [kɔt] *n* (*BRIT*) Kinderbett *nt*; (*US: campbed*) Feldbett *nt*.

cot death *n* Krippentod *m*, plötzlicher Kindstod *m*.

Cotswolds ['kɔtswəuldz] *npl*: **the** ~ die Cotswolds *pl*.

cottage ['kɔtɪdʒ] *n* Cottage *nt*, Häuschen *nt*.

cottage cheese *n* Hüttenkäse *m*.

cottage industry *n* Heimindustrie *f*.

cottage pie *n* Hackfleisch mit Kartoffelbrei überbacken.

cotton ['kɔtn] *n* (*fabric*) Baumwollstoff *m*; (*plant*) Baumwollstrauch *m*; (*thread*) (Baumwoll)garn *nt* ♦ *cpd* (*dress etc*) Baumwoll-.

▶ **cotton on** (*inf*) *vi*: **to** ~ **on** es kapieren *or* schnallen; **to** ~ **on to sth** etw kapieren *or* schnallen.

cotton candy (*US*) *n* Zuckerwatte *f*.

cotton wool (*BRIT*) *n* Watte *f*.

couch [kautʃ] *n* Couch *f* ♦ *vt* formulieren.

couchette [ku:'ʃɛt] *n* Liegewagen(platz) *m*.

couch potato (*esp US: inf*) *n* Dauerglotzer(in) *m(f)*.

cough [kɔf] *vi* husten; (*engine*) stottern ♦ *n* Husten *m*.

cough drop *n* Hustenpastille *f*.

cough mixture *n* Hustensaft *m*.

cough syrup *n* = **cough mixture**.

could [kud] *pt of* **can²**.

couldn't ['kudnt] = **could not**.

council ['kaunsl] *n* Rat *m*; **city/town** ~ Stadtrat *m*; **C**~ **of Europe** Europarat *m*.

council estate (*BRIT*) *n* Siedlung *f* mit Sozialwohnungen.

council house (*BRIT*) *n* Sozialwohnung *f*.

council housing *n* sozialer Wohnungsbau *m*; (*accommodation*) Sozialwohnungen *pl*.

councillor ['kaunslə*] *n* Stadtrat *m*, Stadträtin *f*.

council tax (*BRIT*) *n* Gemeindesteuer *f*.

counsel ['kaunsl] *n* Rat(schlag) *m*; (*lawyer*) Rechtsanwalt *m*, Rechtsanwältin *f* ♦ *vt* beraten; **to** ~ **sth** etw raten *or* empfehlen; **to** ~ **sb to do sth** jdm raten *or* empfehlen, etw zu tun; ~ **for the defence** Verteidiger(in) *m(f)*; ~ **for the prosecution** Vertreter(in) *m(f)* der Anklage.

counsellor ['kaunslə*] *n* Berater(in) *m(f)*; (*US: lawyer*) Rechtsanwalt *m*, Rechtsanwältin *f*.

count [kaunt] *vt* zählen; (*include*) mitrechnen, mitzählen ♦ *vi* zählen; (*be considered*) betrachtet *or* angesehen werden ♦ *n* Zählung *f*; (*level*) Zahl *f*; (*nobleman*) Graf *m*; **to** ~ **(up) to 10** bis 10 zählen; **not** ~**ing the children** die Kinder nicht mitgerechnet; **10** ~**ing him** 10, wenn man ihn mitrechnet; **to** ~ **the cost of sth** die Folgen von etw abschätzen; **it** ~**s for very little** es zählt nicht viel; ~ **yourself lucky** Sie können sich glücklich schätzen; **to keep** ~ **of sth** die Übersicht über etw *acc* behalten; **blood** ~ Blutbild *nt*; **cholesterol/alcohol** ~ Cholesterin-/Alkoholspiegel *m*.

▶ **count on** *vt fus* rechnen mit; (*depend on*) sich verlassen auf +*acc*; **to** ~ **on doing sth** die feste Absicht haben, etw zu tun.

▶ **count up** *vt* zusammenzählen, zusammenrechnen.

countdown ['kauntdaun] *n* Count-down *m*, Countdown *m*.

countenance ['kauntɪnəns] *n* Gesicht *nt* ♦ *vt* gutheißen.

counter ['kauntə*] *n* (*in shop*) Ladentisch *m*; (*in café*) Theke *f*; (*in bank, post office*) Schalter *m*; (*in game*) Spielmarke *f*; (*TECH*) Zähler *m* ♦ *vt* (*oppose: sth said, sth done*) begegnen +*dat*; (*blow*) kontern ♦ *adv*: ~ **to** gegen +*acc*; **to buy sth under the** ~ (*fig*) etw unter dem Ladentisch bekommen; **to** ~ **sth with sth** auf etw *acc* mit etw antworten; **to** ~ **sth by doing sth** einer Sache damit begegnen, dass man etw tut.

counteract ['kauntər'ækt] *vt* entgegenwirken +*dat*; (*effect*) neutralisieren.

counterattack ['kauntərə'tæk] *n* Gegenangriff *m* ♦ *vi* einen Gegenangriff starten.

counterbalance ['kauntə'bæləns] *vt* Gegengewicht *nt*.

counterclockwise ['kauntə'klɔkwaɪz] *adv* gegen den Uhrzeigersinn.

counterespionage ['kauntər'espɪəna:ʒ] *n* Gegenspionage *f*, Spionageabwehr *f*.

counterfeit ['kauntəfɪt] *n* Fälschung *f* ♦ *vt* fälschen ♦ *adj* (*coin*) Falsch-.

counterfoil ['kauntəfɔɪl] *n* Kontrollabschnitt *m*.

counterintelligence ['kauntərɪn'telɪdʒəns] *n* Gegenspionage *f*, Spionageabwehr *f*.

countermand ['kauntəma:nd] *vt* aufheben, widerrufen.

countermeasure ['kauntəmɛʒə*] *n* Gegenmaßnahme *f*.

counteroffensive ['kauntərə'fɛnsɪv] n Gegenoffensive f.

counterpane ['kauntəpeɪn] n Tagesdecke f.

counterpart ['kauntəpɑːt] n Gegenüber nt; (of document etc) Gegenstück nt, Pendant nt.

counterproductive ['kauntəprə'dʌktɪv] adj widersinnig.

counterproposal ['kauntəprə'pəuzl] n Gegenvorschlag m.

countersign ['kauntəsaɪn] vt gegenzeichnen.

countersink ['kauntəsɪŋk] vt senken.

countess ['kauntɪs] n Gräfin f.

countless ['kauntlɪs] adj unzählig, zahllos.

countrified ['kʌntrɪfaɪd] adj ländlich.

country ['kʌntrɪ] n Land nt; (native land) Heimatland nt; **in the** ~ auf dem Land; **mountainous** ~ gebirgige Landschaft f.

country and western (music) n Country-und-Western-Musik f.

country dancing (BRIT) n Volkstanz m.

country house n Landhaus nt.

countryman ['kʌntrɪmən] (irreg: like man) n (compatriot) Landsmann m; (country dweller) Landmann m.

countryside ['kʌntrɪsaɪd] n Land nt; (scenery) Landschaft f, Gegend f.

country-wide ['kʌntrɪ'waɪd] adj, adv landesweit.

county ['kauntɪ] n (BRIT) Grafschaft f; (US) (Verwaltungs)bezirk m.

county council (BRIT) n Gemeinderat m (einer Grafschaft).

county town (BRIT) n Hauptstadt einer Grafschaft.

coup [kuː] (pl ~s) n (also: ~ d'état) Staatsstreich m, Coup d'Etat m; (achievement) Coup m.

coupé [kuːˈpeɪ] n Coupé nt, Kupee nt.

couple ['kʌpl] n Paar nt; (married couple) Ehepaar nt ♦ vt verbinden; (vehicles) koppeln; **a** ~ **of** (two) zwei; (a few) ein paar.

couplet ['kʌplɪt] n Verspaar nt.

coupling ['kʌplɪŋ] n Kupplung f.

coupon ['kuːpɔn] n Gutschein m; (detachable form) Abschnitt m; (COMM) Kupon m, Coupon m.

courage ['kʌrɪdʒ] n Mut m.

courageous [kəˈreɪdʒəs] adj mutig.

courgette [kuəˈʒɛt] (BRIT) n Zucchino m.

courier ['kurɪə'] n (messenger) Kurier(in) m(f); (for tourists) Reiseleiter(in) m(f).

course [kɔːs] n (SCOL) Kurs(us) m; (of ship) Kurs m; (of life, events, time etc, of river) Lauf m; (of argument) Richtung f; (part of meal) Gang m; (for golf) Platz m; **of** ~ natürlich; **of ~!** (aber) natürlich!, (aber) selbstverständlich!; **(no) of** ~ **not!** natürlich nicht!; **in the** ~ **of the next few days** während or im Laufe der nächsten paar Tage; **in due** ~ zu gegebener Zeit; ~ (of action) Vorgehensweise f; **the best** ~ **would be to** ... das Beste wäre es, zu ...; **we have no**

other ~ **but to** ... es bleibt uns nichts anderes übrig, als zu ...; ~ **of lectures** Vorlesungsreihe f; ~ **of treatment** (MED) Behandlung f; **first/last** ~ erster/letzter Gang, Vor-/Nachspeise f.

court [kɔːt] n Hof m; (LAW) Gericht nt; (for tennis, badminton etc) Platz m ♦ vt den Hof machen +dat; (favour, popularity) werben um; (death, disaster) herausfordern; **out of** ~ (LAW) außergerichtlich; **to take to** ~ (LAW) verklagen, vor Gericht bringen.

courteous ['kɔːtɪəs] adj höflich.

courtesan [kɔːtɪˈzæn] n Kurtisane f.

courtesy ['kɔːtəsɪ] n Höflichkeit f; **(by)** ~ **of** freundlicherweise zur Verfügung gestellt von.

courtesy bus, courtesy coach n gebührenfreier Bus m.

courtesy light n Innenleuchte f.

courthouse ['kɔːthaus] (US) n Gerichtsgebäude nt.

courtier ['kɔːtɪə'] n Höfling m.

court martial (pl **courts martial**) n Militärgericht nt.

court of appeal (pl **courts of appeal**) n Berufungsgericht nt.

court of inquiry (pl **courts of inquiry**) n Untersuchungskommission f.

courtroom ['kɔːtrum] n Gerichtssaal m.

court shoe n Pumps m.

courtyard ['kɔːtjɑːd] n Hof m.

cousin ['kʌzn] n (male) Cousin m, Vetter m; (female) Cousine f, Kusine f; **first** ~ Cousin(e) ersten Grades.

cove [kəuv] n (kleine) Bucht f.

covenant ['kʌvənənt] n Schwur m ♦ vt: **to** ~ **£200 per year to a charity** sich vertraglich verpflichten, £200 im Jahr für wohltätige Zwecke zu spenden.

Coventry ['kɔvəntrɪ] n: **to send sb to** ~ (fig) jdn schneiden (inf).

cover ['kʌvə'] vt bedecken; (distance) zurücklegen; (INSURANCE) versichern; (topic) behandeln; (include) erfassen; (PRESS: report on) berichten über +acc ♦ n (for furniture) Bezug m; (for typewriter, PC etc) Hülle f; (of book, magazine) Umschlag m; (shelter) Schutz m; (INSURANCE) Versicherung f; (fig: for illegal activities) Tarnung f; **to be** ~**ed in** or **with** bedeckt sein mit; **£10 will** ~ **my expenses** £10 decken meine Unkosten; **to take** ~ (from rain) sich unterstellen; **under** ~ geschützt; **under** ~ **of darkness** im Schutz(e) der Dunkelheit; **under separate** ~ getrennt.

▶ **cover up** vt zudecken; (fig: facts, feelings) verheimlichen; (: mistakes) vertuschen ♦ vi (fig): **to** ~ **up for sb** jdn decken.

coverage ['kʌvərɪdʒ] n Berichterstattung f; **television** ~ **of the conference** Fernsehberichte pl über die Konferenz; **to give full** ~ **to** ausführlich berichten über

+*acc.*

coveralls ['kʌvərɔːlz] (*US*) *npl* Overall *m*.

cover charge *n* Kosten *pl* für ein Gedeck.

covering ['kʌvərɪŋ] *n* Schicht *f*; (*of snow, dust etc*) Decke *f*.

covering letter, (*US*) **cover letter** *n* Begleitbrief *m*.

cover note *n* (*INSURANCE*) Deckungszusage *f*.

cover price *n* Einzel(exemplar)preis *m*.

covert ['kʌvət] *adj* versteckt; (*glance*) verstohlen.

cover-up ['kʌvərʌp] *n* Vertuschung *f*, Verschleierung *f*.

covet ['kʌvɪt] *vt* begehren.

cow [kau] *n* (*animal, inf!: woman*) Kuh *f* ♦ *cpd* Kuh- ♦ *vt* einschüchtern.

coward ['kauəd] *n* Feigling *m*.

cowardice ['kauədɪs] *n* Feigheit *f*.

cowardly ['kauədlɪ] *adj* feige.

cowboy ['kaubɔɪ] *n* (*in US*) Cowboy *m*; (*pej: tradesman*) Pfuscher *m*.

cow elephant *n* Elefantenkuh *f*.

cower ['kauə*] *vi* sich ducken; (*squatting*) kauern.

cowshed ['kauʃed] *n* Kuhstall *m*.

cowslip ['kauslɪp] *n* Schlüsselblume *f*.

cox [kɔks] *n abbr* = **coxswain**.

coxswain ['kɔksn] *n* Steuermann *m*; (*of ship*) Boot(s)führer *m*.

coy [kɔɪ] *adj* verschämt.

coyote [kɔɪ'əutɪ] *n* Kojote *m*.

cozy ['kəuzɪ] (*US*) *adj* = **cosy**.

CP *n abbr* (= *Communist Party*) KP *f*.

cp. *abbr* (= *compare*) vgl.

c/p (*BRIT*) *abbr* = **carriage paid**.

CPA (*US*) *n abbr* = **certified public accountant**.

CPI *n abbr* (= *Consumer Price Index*) (Verbraucher)preisindex *m*.

Cpl *abbr* (*MIL*) = **corporal**.

CP/M *n abbr* (= *Control Program for Microprocessors*) CP/M *nt*.

cps *abbr* (*COMPUT, TYP*: = *characters per second*) cps, Zeichen *pl* pro Sekunde.

CPSA (*BRIT*) *n abbr* (= *Civil and Public Services Association*) Gewerkschaft im öffentlichen Dienst.

CPU *n abbr* (*COMPUT*) = **central processing unit**.

cr. *abbr* = **credit, creditor**.

crab [kræb] *n* Krabbe *f*, Krebs *m*; (*meat*) Krabbe *f*.

crab apple *n* Holzapfel *m*.

crack [kræk] *n* (*noise*) Knall *m*; (*of wood breaking*) Knacks *m*; (*gap*) Spalte *f*; (*in bone, dish, glass*) Sprung *m*; (*in wall*) Riss *m*; (*joke*) Witz *m*; (*DRUGS*) Crack *nt* ♦ *vt* (*whip*) knallen mit; (*twig*) knacken mit; (*dish, glass*) einen Sprung machen in +*acc*; (*bone*) anbrechen; (*nut, code*) knacken; (*wall*) rissig machen; (*problem*) lösen; (*joke*) reißen ♦ *adj* erstklassig; **to have a ~ at sth** (*inf*) etw mal

probieren; **to ~ jokes** (*inf*) Witze reißen; **to get ~ing** (*inf*) loslegen.

▶ **crack down on** *vt fus* hart durchgreifen gegen.

▶ **crack up** *vi* durchdrehen, zusammenbrechen.

crackdown ['krækdaun] *n*: ~ **(on)** scharfes Durchgreifen *nt* (gegen).

cracked [krækt] (*inf*) *adj* übergeschnappt.

cracker ['krækə*] *n* (*biscuit*) Kräcker *m*; (*Christmas cracker*) Knallbonbon *nt*; (*firework*) Knallkörper *m*, Kracher *m*; **a ~ of a ...** (*BRIT: inf*) ein(e) tolle(r, s) ...; **he's ~s** (*BRIT: inf*) er ist übergeschnappt.

crackle ['krækl] *vi* (*fire*) knistern, prasseln; (*twig*) knacken.

crackling ['kræklɪŋ] *n* (*of fire*) Knistern *nt*, Prasseln *nt*; (*of twig, on radio, telephone*) Knacken *nt*; (*of pork*) Kruste *f* (*des Schweinebratens*).

crackpot ['krækpɔt] (*inf*) *n* Spinner(in) *m(f)* ♦ *adj* verrückt.

cradle ['kreɪdl] *n* Wiege *f* ♦ *vt* fest in den Armen halten.

craft [krɑːft] *n* (*skill*) Geschicklichkeit *f*; (*art*) Kunsthandwerk *nt*; (*trade*) Handwerk *nt*; (*pl inv: boat*) Boot *nt*; (*pl inv: plane*) Flugzeug *nt*.

craftsman ['krɑːftsmən] (*irreg: like* **man**) *n* Handwerker *m*.

craftsmanship ['krɑːftsmənʃɪp] *n* handwerkliche Ausführung *f*.

crafty ['krɑːftɪ] *adj* schlau, clever.

crag [kræg] *n* Fels *m*.

craggy ['krægɪ] *adj* (*mountain*) zerklüftet; (*cliff*) felsig; (*face*) kantig.

cram [kræm] *vt* voll stopfen ♦ *vi* pauken (*inf*), büffeln (*inf*); **to ~ with** voll stopfen mit; **to ~ sth into** etw hineinstopfen in +*acc*.

cramming ['kræmɪŋ] *n* (*for exams*) Pauken *nt*, Büffeln *nt*.

cramp [kræmp] *n* Krampf *m* ♦ *vt* hemmen.

cramped [kræmpt] *adj* eng.

crampon ['kræmpən] *n* Steigeisen *nt*.

cranberry ['krænbərɪ] *n* Preiselbeere *f*.

crane [kreɪn] *n* Kran *m*; (*bird*) Kranich *m* ♦ *vt*: **to ~ one's neck** den Hals recken ♦ *vi*: **to ~ forward** den Hals recken.

crania ['kreɪnɪə] *npl of* **cranium**.

cranium ['kreɪnɪəm] (*pl* **crania**) *n* Schädel *m*.

crank [kræŋk] *n* Spinner(in) *m(f)*; (*handle*) Kurbel *f*.

crankshaft ['kræŋkʃɑːft] *n* Kurbelwelle *f*.

cranky ['kræŋkɪ] *adj* verrückt.

cranny ['krænɪ] *n see* **nook**.

crap [kræp] (*inf!*) *n* Scheiße *f* (!) ♦ *vi* scheißen (!); **to have a ~** scheißen (!).

crappy ['kræpɪ] (*inf!*) *adj* beschissen (!).

crash [kræʃ] *n* (*noise*) Krachen *nt*; (*of car*) Unfall *m*; (*of plane etc*) Unglück *nt*; (*collision*) Zusammenstoß *m*; (*of stock market, business etc*) Zusammenbruch *m* ♦ *vt* (*car*) einen Unfall haben mit; (*plane etc*) abstürzen mit

♦ *vi (plane)* abstürzen; *(car)* einen Unfall haben; *(two cars)* zusammenstoßen; *(market)* zusammenbrechen; *(firm)* Pleite machen; **to ~ into** krachen *or* knallen gegen; **he ~ed the car into a wall** er fuhr mit dem Auto gegen eine Mauer.

crash barrier *(BRIT) n* Leitplanke *f*.

crash course *n* Schnellkurs *m*, Intensivkurs *m*.

crash helmet *n* Sturzhelm *m*.

crash-landing ['kræʃlændɪŋ] *n* Bruchlandung *f*.

crass [kræs] *adj* krass; *(behaviour)* unfein, derb.

crate [kreɪt] *n (also inf)* Kiste *f*; *(for bottles)* Kasten *m*.

crater ['kreɪtə*] *n* Krater *m*.

cravat [krə'væt] *n* Halstuch *nt*.

crave [kreɪv] *vt, vi*: **to ~ (for)** sich sehnen nach.

craven ['kreɪvən] *adj* feige.

craving ['kreɪvɪŋ] *n*: **~ (for)** Verlangen *nt* (nach).

crawl [krɔːl] *vi* kriechen; *(child)* krabbeln ♦ *n* *(SWIMMING)* Kraulstil *m*, Kraul(en) *nt*; **to ~ to sb** *(inf)* vor jdm kriechen; **to drive along at a ~** im Schneckentempo *or* Kriechtempo vorankommen.

crawler lane *(BRIT) n (AUT)* Kriechspur *f*.

crayfish ['kreɪfɪʃ] *n inv (freshwater)* Flusskrebs *m*; *(saltwater)* Languste *f*.

crayon ['kreɪən] *n* Buntstift *m*.

craze [kreɪz] *n* Fimmel *m*; **to be all the ~** große Mode sein.

crazed [kreɪzd] *adj* wahnsinnig; *(pottery, glaze)* rissig.

crazy ['kreɪzɪ] *adj* wahnsinnig, verrückt; **~ about sb/sth** *(inf)* verrückt *or* wild auf jdn/etw; **to go ~** wahnsinnig *or* verrückt werden.

crazy paving *(BRIT) n* Mosaikpflaster *nt*.

creak [kriːk] *vi* knarren.

cream [kriːm] *n* Sahne *f*, Rahm *m (SÜDD)*; *(artificial cream, cosmetic)* Creme *f*; *(élite)* Creme *f*, Elite *f* ♦ *adj* cremefarben; **whipped ~** Schlagsahne *f*.

▶ **cream off** *vt* absahnen *(inf)*.

cream cake *n* Sahnetorte *f*; *(small)* Sahnetörtchen *nt*.

cream cheese *n* (Doppelrahm)frischkäse *m*.

creamery ['kriːmərɪ] *n (shop)* Milchgeschäft *nt*; *(factory)* Molkerei *f*.

creamy ['kriːmɪ] *adj (colour)* cremefarben; *(taste)* sahnig.

crease [kriːs] *n* Falte *f*; *(in trousers)* Bügelfalte *f* ♦ *vt* zerknittern; *(forehead)* runzeln ♦ *vi* knittern; *(forehead)* sich runzeln.

crease-resistant ['kriːsrɪzɪstənt] *adj* knitterfrei.

create [kriː'eɪt] *vt* schaffen; *(interest)* hervorrufen; *(problems)* verursachen; *(produce)* herstellen; *(design)* entwerfen, kreieren; *(impression, fuss)* machen.

creation [kriː'eɪʃən] *n (see vb)* Schaffung *f*; Hervorrufen *nt*; Verursachung *f*; Herstellung *f*; Entwurf *m*, Kreation *f*; *(REL)* Schöpfung *f*.

creative [kriː'eɪtɪv] *adj* kreativ, schöpferisch.

creativity [kriːeɪ'tɪvɪtɪ] *n* Kreativität *f*.

creator [kriː'eɪtə*] *n* Schöpfer(in) *m(f)*.

creature ['kriːtʃə*] *n* Geschöpf *nt*; *(living animal)* Lebewesen *nt*.

creature comforts [- 'kʌmfəts] *npl* Lebensgenüsse *pl*.

crèche [krɛʃ] *n* (Kinder)krippe *f*; *(all day)* (Kinder)tagesstätte *f*.

credence ['kriːdns] *n*: **to lend** *or* **give ~ to sth** etw glaubwürdig erscheinen lassen *or* machen.

credentials [krɪ'dɛnʃlz] *npl* Referenzen *pl*, Zeugnisse *pl*; *(papers of identity)* (Ausweis)papiere *pl*.

credibility [krɛdɪ'bɪlɪtɪ] *n* Glaubwürdigkeit *f*.

credible ['krɛdɪbl] *adj* glaubwürdig.

credit ['krɛdɪt] *n (loan)* Kredit *m*; *(recognition)* Anerkennung *f*; *(SCOL)* Schein *m* ♦ *adj (COMM: terms etc)* Kredit- ♦ *vt (COMM)* gutschreiben; *(believe: also:* **give ~ to**) glauben; **credits** *npl (CINE, TV: at beginning)* Vorspann *m*; (: *at end)* Nachspann *m*; **to be in ~** *(person)* Geld auf dem Konto haben; *(bank account)* im Haben sein; **on ~** auf Kredit; **it is to his ~ that ...** es ehrt ihn, dass ...; **to take the ~ for** das Verdienst in Anspruch nehmen für; **it does him ~** es spricht für ihn; **he's a ~ to his family** er macht seiner Familie Ehre; **to ~ sb with sth** *(fig)* jdm etw zuschreiben; **to ~ £5 to sb** jdm £5 gutschreiben.

creditable ['krɛdɪtəbl] *adj* lobenswert, anerkennenswert.

credit account *n* Kreditkonto *nt*.

credit agency *(BRIT) n* Kreditauskunftei *f*.

credit balance *n* Kontostand *m*.

credit bureau *(US) n* = **credit agency**.

credit card *n* Kreditkarte *f*.

credit control *n* Kreditüberwachung *f*.

credit facilities *npl (COMM)* Kreditmöglichkeiten *pl*.

credit limit *n* Kreditgrenze *f*.

credit note *(BRIT) n* Gutschrift *f*.

creditor ['krɛdɪtə*] *n* Gläubiger *m*.

credit transfer *n* Banküberweisung *f*.

creditworthy ['krɛdɪt'wəːðɪ] *adj* kreditwürdig.

credulity [krɪ'djuːlɪtɪ] *n* Leichtgläubigkeit *f*.

creed [kriːd] *n* Glaubensbekenntnis *nt*.

creek [kriːk] *n (kleine)* Bucht *f*; *(US: stream)* Bach *m*; **to be up the ~** *(inf)* in der Tinte sitzen.

creel [kriːl] *n (also:* **lobster ~**) Hummer(fang)korb *m*.

creep [kriːp] *(pt, pp* **crept**) *vi* schleichen; *(plant: horizontally)* kriechen; *(: vertically)* klettern ♦ *n (inf)* Kriecher *m*; **to ~ up on sb** sich an jdn heranschleichen; *(time etc)* langsam auf jdn zukommen; **he's a** ~ er ist ein widerlicher or fieser Typ; **it gives me the** ~**s** davon kriege ich das kalte Grausen.

creeper ['kri:pə°] n Kletterpflanze f.

creepers ['kri:pəz] (US) npl Schuhe mit weichen Sohlen.

creepy ['kri:pɪ] adj gruselig; (experience) unheimlich, gruselig.

creepy-crawly ['kri:pɪ'krɔ:lɪ] (inf) n Krabbeltier nt.

cremate [krɪ'meɪt] vt einäschern.

cremation [krɪ'meɪʃən] n Einäscherung f, Kremation f.

crematoria [kremə'tɔ:rɪə] npl of **crematorium**.

crematorium [kremə'tɔ:rɪəm] (pl **crematoria**) n Krematorium nt.

creosote ['krɪəsəut] n Kreosot nt.

crepe [kreɪp] n Krepp m; (rubber) Krepp(gummi) m.

crepe bandage (BRIT) n elastische Binde f.

crepe paper n Krepppapier nt.

crepe sole n Kreppsohle f.

crept [krɛpt] pt, pp of **creep**.

crescendo [krɪ'ʃendəu] n Höhepunkt m; (MUS) Crescendo nt.

crescent ['kresnt] n Halbmond m; (street) halbkreisförmig verlaufende Straße.

cress [krɛs] n Kresse f.

crest [krɛst] n (of hill) Kamm m; (of bird) Haube f; (coat of arms) Wappen nt.

crestfallen ['krɛstfɔ:lən] adj niedergeschlagen.

Crete [kri:t] n Kreta nt.

crevasse [krɪ'væs] n Gletscherspalte f.

crevice ['krevɪs] n Spalte f.

crew [kru:] n Besatzung f; (TV, CINE) Crew f; (gang) Bande f.

crew cut n Bürstenschnitt m.

crew neck n runder (Hals)ausschnitt m.

crib [krɪb] n Kinderbett nt; (REL) Krippe f ♦ vt (inf: copy) abschreiben.

cribbage ['krɪbɪdʒ] n Cribbage nt.

crib death (US) n = **cot death**.

crick [krɪk] n Krampf m.

cricket ['krɪkɪt] n Kricket nt; (insect) Grille f.

cricketer ['krɪkɪtə°] n Kricketspieler(in) m(f).

crime [kraɪm] n (no pl: illegal activities) Verbrechen pl; (illegal action, fig) Verbrechen nt; **minor** ~ kleinere Vergehen pl.

crime wave n Verbrechenswelle f.

criminal ['krɪmɪnl] n Kriminelle(r) f(m), Verbrecher(in) m(f) ♦ adj kriminell; **C**~ **Investigation Department** Kriminalpolizei f.

criminal code n Strafgesetzbuch nt.

crimp [krɪmp] vt kräuseln; (hair) wellen.

crimson ['krɪmzn] adj purpurrot.

cringe [krɪndʒ] vi (in fear) zurückweichen; (in embarrassment) zusammenzucken.

crinkle ['krɪŋkl] vt (zer)knittern.

cripple ['krɪpl] n Krüppel m ♦ vt zum Krüppel

machen; (ship, plane) aktionsunfähig machen; (production, exports) lahm legen, lähmen; ~**d with rheumatism** von Rheuma praktisch gelähmt.

crippling ['krɪplɪŋ] adj (disease) schwer; (taxation, debts) erdrückend.

crises ['kraɪsi:z] npl of **crisis**.

crisis ['kraɪsɪs] (pl **crises**) n Krise f.

crisp [krɪsp] adj (vegetables etc) knackig; (bacon etc) knusprig; (weather) frisch; (manner, tone, reply) knapp.

crisps [krɪsps] (BRIT) npl Chips pl.

crisscross ['krɪskrɔs] adj (pattern) Kreuz- ♦ vt kreuz und quer durchziehen.

criteria [kraɪ'tɪərɪə] npl of **criterion**.

criterion [kraɪ'tɪərɪən] (pl **criteria**) n Kriterium nt.

critic ['krɪtɪk] n Kritiker(in) m(f).

critical ['krɪtɪkl] adj kritisch; **to be** ~ **of sb/sth** jdn/etw kritisieren; **he is in a** ~ **condition** sein Zustand ist kritisch.

critically ['krɪtɪklɪ] adv kritisch; (ill) schwer.

criticism ['krɪtɪsɪzəm] n Kritik f.

criticize ['krɪtɪsaɪz] vt kritisieren.

critique [krɪ'ti:k] n Kritik f.

croak [krəuk] vi (frog) quaken; (bird, person) krächzen.

Croat n Kroate m, Kroatin f; (LING) Kroatisch nt.

Croatia [krəu'eɪʃə] n Kroatien nt.

Croatian [krəu'eɪʃən] adj kroatisch.

crochet ['krəuʃeɪ] n (activity) Häkeln nt; (result) Häkelei f.

crock [krɔk] n Topf m; (inf: also: **old** ~) (vehicle) Kiste f; (: person) Wrack nt.

crockery ['krɔkərɪ] n Geschirr nt.

crocodile ['krɔkədaɪl] n Krokodil nt.

crocus ['krəukəs] n Krokus m.

croft [krɔft] (BRIT) n kleines Pachtgut nt.

crofter ['krɔftə°] (BRIT) n Kleinpächter(in) m(f).

crone [krəun] n alte Hexe f.

crony ['krəunɪ] (inf: pej) n Kumpan(in) m(f).

crook [kruk] n (criminal) Gauner m; (of shepherd) Hirtenstab m; (of arm) Beuge f.

crooked ['krukɪd] adj krumm; (dishonest) unehrlich.

crop [krɔp] n (Feld)frucht f; (amount produced) Ernte f; (riding crop) Reitpeitsche f; (of bird) Kropf m ♦ vt (hair) stutzen; (subj: animal: grass) abfressen.

► **crop up** vi aufkommen.

cropper ['krɔpə°] (inf) n: **to come a** ~ hinfallen; (fig: fail) auf die Nase fallen.

crop spraying [-'spreɪɪŋ] n Schädlingsbekämpfung f (durch Besprühen).

croquet ['krəukeɪ] (BRIT) n Krocket nt.

croquette [krə'ket] n Krokette f.

cross [krɔs] n Kreuz nt; (BIOL, BOT) Kreuzung f ♦ vt (street) überqueren; (room etc) durchqueren; (cheque) zur Verrechnung ausstellen; (arms) verschränken; (legs) übereinander schlagen; (*animal, plant*) kreuzen; (*thwart: person*) verärgern; (: *plan*) durchkreuzen ♦ *adj* ärgerlich, böse ♦ *vi*: **the boat ~es from ... to ...** das Schiff fährt von ... nach ...; **to ~ o.s.** sich bekreuzigen; **we have a ~ed line** (*BRIT*) es ist jemand in der Leitung; **they've got their lines** *or* **wires ~ed** (*fig*) sie reden aneinander vorbei; **to be/get ~ with sb (about sth)** mit jdm *or* auf jdn (wegen etw) böse sein/werden.

► **cross out** *vt* streichen.

► **cross over** *vi* hinübergehen.

crossbar ['krɔsbɑːʳ] *n* (*SPORT*) Querlatte *f*; (*of bicycle*) Stange *f*.

crossbow *n* Armbrust *f*.

crossbreed ['krɔsbriːd] *n* Kreuzung *f*.

cross-Channel ferry ['krɔs'tʃænl-] *n* Kanalfähre *f*.

crosscheck ['krɔstʃɛk] *n* Gegenprobe *f* ♦ *vt* überprüfen.

cross-country (race) ['krɔs'kʌntrɪ-] *n* Querfeldeinrennen *nt*.

cross-dressing [krɔs'drɛsɪŋ] *n* (*transvestism*) Transvestismus *m*.

cross-examination ['krɔsɪgzæmɪ'neɪʃən] *n* Kreuzverhör *nt*.

cross-examine ['krɔsɪg'zæmɪn] *vt* ins Kreuzverhör nehmen.

cross-eyed ['krɔsaɪd] *adj* schielend; **to be ~** schielen.

crossfire ['krɔsfaɪəʳ] *n* Kreuzfeuer *nt*; **to get caught in the ~** (*also fig*) ins Kreuzfeuer geraten.

crossing ['krɔsɪŋ] *n* Überfahrt *f*; (*also:* **pedestrian ~**) Fußgängerüberweg *m*.

crossing guard (*US*) *n* ≈ Schülerlotse *m*.

crossing point *n* Übergangsstelle *f*.

cross-purposes ['krɔs'pɔːpəsɪz] *npl*: **to be at ~ with sb** jdn missverstehen; **we're (talking) at ~** wir reden aneinander vorbei.

cross-question ['krɔs'kwɛstʃən] *vt* ins Kreuzverhör nehmen.

cross-reference ['krɔs'rɛfrəns] *n* (Quer)verweis *m*.

crossroads ['krɔsrəudz] *n* Kreuzung *f*.

cross section *n* Querschnitt *m*.

crosswalk ['krɔswɔːk] (*US*) *n* Fußgängerüberweg *m*.

crosswind ['krɔswɪnd] *n* Seitenwind *m*.

crosswise ['krɔswaɪz] *adv* quer.

crossword ['krɔswəːd] *n* (*also:* **~ puzzle**) Kreuzworträtsel *nt*.

crotch [krɔtʃ] *n* Unterleib *m*; (*of garment*) Schritt *m*.

crotchet ['krɔtʃɪt] *n* Viertelnote *f*.

crotchety ['krɔtʃɪtɪ] *adj* reizbar.

crouch [krautʃ] *vi* kauern.

croup [kruːp] *n* (*MED*) Krupp *m*.

croupier ['kruːpɪəʳ] *n* Croupier *m*.

crouton ['kruːtɔn] *n* Crouton *m*.

crow [krəu] *n* (*bird*) Krähe *f*; (*of cock*) Krähen *nt* ♦ *vi* krähen; (*fig*) sich brüsten, angeben.

crowbar ['krəubɑːʳ] *n* Brechstange *f*.

crowd [kraud] *n* (Menschen)menge *f* ♦ *vt* (*room, stadium*) füllen ♦ *vi*: **to ~ round** sich herumdrängen; **~s of people** Menschenmassen *pl*; **the/our ~** (*of friends*) die/unsere Clique *f*; **to ~ sb/sth in** jdn/etw hineinstopfen; **to ~ sb/sth into** jdn pferchen/etw stopfen in +*acc*; **to ~ in** sich hineindrängen.

crowded ['kraudɪd] *adj* überfüllt; (*densely populated*) dicht besiedelt; **~ with** voll von.

crowd scene *n* Massenszene *f*.

crown [kraun] *n* (*also of tooth*) Krone *f*; (*of head*) Wirbel *m*; (*of hill*) Kuppe *f*; (*of hat*) Kopf *m* ♦ *vt* krönen; (*tooth*) überkronen; **the C~** die Krone; **and to ~ it all ...** (*fig*) und zur Krönung des Ganzen ....

CROWN COURT

Crown Court *ist ein Strafgericht, das in etwa 90 verschiedenen Städten in England und Wales zusammentritt. Schwere Verbrechen wie Mord, Totschlag, Vergewaltigung und Raub werden nur vor dem crown court unter Vorsitz eines Richters mit Geschworenen verhandelt.*

---

crowning ['kraunɪŋ] *adj* krönend.

crown jewels *npl* Kronjuwelen *pl*.

crown prince *n* Kronprinz *m*.

crow's-feet ['krəuziːt] *npl* Krähenfüße *pl*.

crow's-nest ['krəuznɛst] *n* Krähennest *nt*, Mastkorb *m*.

crucial ['kruːʃl] *adj* (*decision*) äußerst wichtig; (*vote*) entscheidend; **~ to** äußerst wichtig für.

crucifix ['kruːsɪfɪks] *n* Kruzifix *nt*.

crucifixion [kruːsɪ'fɪkʃən] *n* Kreuzigung *f*.

crucify ['kruːsɪfaɪ] *vt* kreuzigen; (*fig*) in die Luft zerreißen.

crude [kruːd] *adj* (*oil, fibre*) Roh-; (*fig: basic*) primitiv; (: *vulgar*) ordinär ♦ *n* = **crude oil**.

crude oil *n* Rohöl *nt*.

cruel [kruəl] *adj* grausam.

cruelty ['kruəltɪ] *n* Grausamkeit *f*.

cruet ['kruːɪt] *n* Gewürzständer *m*.

cruise [kruːz] *n* Kreuzfahrt *f* ♦ *vi* (*ship*) kreuzen; (*car*) (mit Dauergeschwindigkeit) fahren; (*aircraft*) (mit Reisegeschwindigkeit) fliegen; (*taxi*) gemächlich fahren.

cruise missile *n* Marschflugkörper *m*.

cruiser ['kruːzəʳ] *n* Motorboot *nt*; (*warship*) Kreuzer *m*.

cruising speed *n* Reisegeschwindigkeit *f*.

crumb [krʌm] *n* Krümel *m*; (*fig: of information*) Brocken *m*; **a ~ of comfort** ein winziger Trost.

crumble ['krʌmbl] *vt* (*bread*) zerbröckeln; (*biscuit etc*) zerkrümeln ♦ *vi* (*building, earth etc*) zerbröckeln; (*plaster*) abbröckeln; (*fig: opposition*) sich auflösen; (: *belief*) ins

Wanken geraten.

crumbly ['krʌmblɪ] *adj* krümelig.

crummy ['krʌmɪ] (*inf*) *adj* mies.

crumpet ['krʌmpɪt] *n* Teekuchen *m* (*zum Toasten*).

crumple ['krʌmpl] *vt* zerknittern.

crunch [krʌntʃ] *vt* (*biscuit, apple etc*) knabbern; (*underfoot*) zertreten ♦ *n*: **the ~** der große Krach; **if it comes to the ~** wenn es wirklich dahin kommt; **when the ~ comes** wenn es hart auf hart geht.

crunchy ['krʌntʃɪ] *adj* knusprig; (*apple etc*) knackig; (*gravel, snow etc*) knirschend.

crusade [kru:'seɪd] *n* Feldzug *m* ♦ *vi*: **to ~ for/against sth** für/gegen etw zu Felde ziehen.

crusader [kru:'seɪdə*] *n* Kreuzritter *m*; (*fig*): **~ (for)** Apostel (+*gen*).

crush [krʌʃ] *n* (*crowd*) Gedränge *nt* ♦ *vt* quetschen; (*grapes*) zerquetschen; (*paper, clothes*) zerknittern; (*garlic, ice*) (zer)stoßen; (*defeat*) niederschlagen; (*devastate*) vernichten; **to have a ~ on sb** (*love*) für jdn schwärmen; **lemon ~** Zitronensaftgetränk *nt*.

crush barrier (*BRIT*) *n* Absperrung *f*.

crushing ['krʌʃɪŋ] *adj* vernichtend.

crust [krʌst] *n* Kruste *f*.

crustacean [krʌs'teɪʃən] *n* Schalentier *nt*, Krustazee *f*.

crusty ['krʌstɪ] *adj* knusprig.

crutch [krʌtʃ] *n* Krücke *f*; (*support*) Stütze *f*; *see also* **crotch**.

crux [krʌks] *n* Kern *m*.

cry [kraɪ] *vi* weinen; (*also*: **~ out**) aufschreien ♦ *n* Schrei *m*; (*shout*) Ruf *m*; **what are you ~ing about?** warum weinst du?; **to ~ for help** um Hilfe rufen; **she had a good ~** sie hat sich (mal richtig) ausgeweint; **it's a far ~ from ...** (*fig*) das ist etwas ganz anderes als ...
▶ **cry off** (*inf*) *vi* absagen.

crying ['kraɪɪŋ] *adj* (*fig: need*) dringend; **it's a ~ shame** es ist ein Jammer.

crypt [krɪpt] *n* Krypta *f*.

cryptic ['krɪptɪk] *adj* hintergründig, rätselhaft; (*clue*) verschlüsselt.

crystal ['krɪstl] *n* Kristall *m*; (*glass*) Kristall(glas) *nt*.

crystal clear *adj* glasklar.

crystallize ['krɪstəlaɪz] *vt* (*opinion, thoughts*) (feste) Form geben +*dat* ♦ *vi* (*sugar etc*) kristallisieren; **~d fruits** (*BRIT*) kandierte Früchte *pl*.

CSA *n abbr* (= *Child Support Agency*) *Amt zur Regelung von Unterhaltszahlungen für Kinder*.

CSC *n abbr* (= *Civil Service Commission*) *Einstellungsbehörde für den öffentlichen Dienst*.

CSE (*BRIT*) *n abbr* (*formerly*: = *Certificate of Secondary Education*) *Schulabschlusszeugnis*, ≈ mittlere Reife *f*.

CS gas (*BRIT*) *n* ≈ Tränengas *nt*.

CST (*US*) *abbr* (= *Central Standard Time*) *mittelamerikanische Standardzeit*.

CT (*US*) *abbr* (*POST*: = *Connecticut*).

ct *abbr* = **carat**.

CTC (*BRIT*) *n abbr* = **city technology college**.

CT scanner *n abbr* (*MED*: = *computerized tomography scanner*) CT-Scanner *m*.

cu. *abbr* = **cubic**.

cub [kʌb] *n* Junge(s) *nt*; (*also*: **~ scout**) Wölfling *m*.

Cuba ['kju:bə] *n* Kuba *nt*.

Cuban ['kju:bən] *adj* kubanisch ♦ *n* Kubaner(in) *m(f)*.

cubbyhole ['kʌbɪhəʊl] *n* (*room*) Kabuff *nt*; (*space*) Eckchen *nt*.

cube [kju:b] *n* Würfel *m*; (*MATH: of number*) dritte Potenz *f* ♦ *vt* (*MATH*) in die dritte Potenz erheben, hoch drei nehmen.

cube root *n* Kubikwurzel *f*.

cubic ['kju:bɪk] *adj* (*volume*) Kubik-; **~ metre etc** Kubikmeter *m etc*.

cubic capacity *n* Hubraum *m*.

cubicle ['kju:bɪkl] *n* Kabine *f*; (*in hospital*) Bettnische *f*.

cuckoo ['kʊku:] *n* Kuckuck *m*.

cuckoo clock *n* Kuckucksuhr *f*.

cucumber ['kju:kʌmbə*] *n* Gurke *f*.

cud [kʌd] *n*: **to chew the ~** (*animal*) wiederkäuen; (*fig: person*) vor sich *acc* hin grübeln.

cuddle ['kʌdl] *vt* in den Arm nehmen, drücken ♦ *vi* schmusen.

cuddly ['kʌdlɪ] *adj* (*toy*) zum Liebhaben *or* Drücken; (*person*) knuddelig (*inf*).

cudgel ['kʌdʒl] *n* Knüppel *m* ♦ *vt*: **to ~ one's brains** sich *dat* das (Ge)hirn zermartern.

cue [kju:] *n* (*SPORT*) Billardstock *m*, Queue *nt*; (*THEAT: word*) Stichwort *nt*; (: *action*) (Einsatz)zeichen *nt*; (*MUS*) Einsatz *m*.

cuff [kʌf] *n* (*of sleeve*) Manschette *f*; (*US: of trousers*) Aufschlag *m*; (*blow*) Klaps *m* ♦ *vt* einen Klaps geben +*dat*; **off the ~** aus dem Stegreif.

cuff links *npl* Manschettenknöpfe *pl*.

cu. in. *abbr* (= *cubic inches*) Kubikzoll.

cuisine [kwɪ'zi:n] *n* Küche *f*.

cul-de-sac ['kʌldəsæk] *n* Sackgasse *f*.

culinary ['kʌlɪnərɪ] *adj* (*skill*) Koch-; (*delight*) kulinarisch.

cull [kʌl] *vt* (zusammen)sammeln; (*animals*) ausmerzen ♦ *n* Erlegen überschüssiger Tierbestände.

culminate ['kʌlmɪneɪt] *vi*: **to ~ in** gipfeln in +*dat*.

culmination [kʌlmɪ'neɪʃən] *n* Höhepunkt *m*.

culottes [kju:'lɒts] *npl* Hosenrock *m*.

culpable ['kʌlpəbl] *adj* schuldig.

culprit ['kʌlprɪt] *n* Täter(in) *m(f)*.

cult [kʌlt] *n* Kult *m*.

cult figure *n* Kultfigur *f*.

cultivate ['kʌltɪveɪt] *vt* (*land*) bebauen,

landwirtschaftlich nutzen; (*crop*) anbauen; (*feeling*) entwickeln; (*person*) sich *dat* warm halten (*inf*), die Beziehung pflegen zu.

cultivation [kʌltɪ'veɪʃən] *n* (*of land*) Bebauung *f*, landwirtschaftliche Nutzung *f*; (*of crop*) Anbau *m*.

cultural ['kʌltʃərəl] *adj* kulturell.

culture ['kʌltʃə*] *n* Kultur *f*.

cultured ['kʌltʃəd] *adj* kultiviert; (*pearl*) Zucht-.

cumbersome ['kʌmbəsəm] *adj* (*suitcase etc*) sperrig, unhandlich; (*piece of machinery*) schwer zu handhaben; (*clothing*) hinderlich; (*process*) umständlich.

cumin ['kʌmɪn] *n* Kreuzkümmel *m*.

cumulative ['kjuːmjulətɪv] *adj* (*effect, result*) Gesamt-.

cunning ['kʌnɪŋ] *n* Gerissenheit *f* ♦ *adj* gerissen; (*device, idea*) schlau.

cunt [kʌnt] (*inf!*) *n* (*vagina*) Fotze *f* (!); (*term of abuse*) Arsch *m* (!).

cup [kʌp] *n* Tasse *f*; (*as prize*) Pokal *m*; (*of bra*) Körbchen *nt*; **a ~ of tea** eine Tasse Tee.

cupboard ['kʌbəd] *n* Schrank *m*.

cup final (*BRIT*) *n* Pokalendspiel *nt*.

cupful ['kʌpful] *n* Tasse *f*.

Cupid ['kjuːpɪd] *n* Amor *m*; (*figurine*) Amorette *f*.

cupidity [kjuː'pɪdɪtɪ] *n* Begierde *f*, Gier *f*.

cupola ['kjuːpələ] *n* Kuppel *f*.

cuppa ['kʌpə] (*BRIT: inf*) *n* Tasse *f* Tee.

cup tie (*BRIT*) *n* Pokalspiel *nt*.

curable ['kjuərəbl] *adj* heilbar.

curate ['kjuərɪt] *n* Vikar *m*.

curator [kjuə'reɪtə*] *n* Kustos *m*.

curb [kəːb] *vt* einschränken; (*person*) an die Kandare nehmen ♦ *n* Einschränkung *f*; (*US*: *kerb*) Bordstein *m*.

curd cheese *n* Weißkäse *m*.

curdle ['kəːdl] *vi* gerinnen.

curds [kəːdz] *npl* ≈ Quark *m*.

cure [kjuə*] *vt* heilen; (*CULIN: salt*) pökeln; (: *smoke*) räuchern; (: *dry*) trocknen; (*problem*) abhelfen +*dat* ♦ *n* (*remedy*) (Heil)mittel *nt*; (*treatment*) Heilverfahren *nt*; (*solution*) Abhilfe *f*; **to be ~d of sth** von etw geheilt sein.

cure-all ['kjuərɔːl] *n* (*also fig*) Allheilmittel *nt*.

curfew ['kəːfjuː] *n* Ausgangssperre *f*; (*time*) Sperrstunde *f*.

curio ['kjuərɪəu] *n* Kuriosität *f*.

curiosity [kjuərɪ'ɔsɪtɪ] *n* (*see adj*) Wissbegier(de) *f*; Neugier *f*; Merkwürdigkeit *f*.

curious ['kjuərɪəs] *adj* (*interested*) wissbegierig; (*nosy*) neugierig; (*strange, unusual*) sonderbar, merkwürdig; **I'm ~ about him** ich bin gespannt auf ihn.

curiously ['kjuərɪəslɪ] *adv* neugierig; (*inquisitively*) wissbegierig; **~ enough, ...** merkwürdigerweise ...

curl [kəːl] *n* Locke *f*, (*of smoke etc*) Kringel *m*

♦ *vt* (*hair: loosely*) locken; (: *tightly*) kräuseln ♦ *vi* sich locken; sich kräuseln; (*smoke*) sich kringeln.

▶ **curl up** *vi* sich zusammenrollen.

curler ['kəːlə*] *n* Lockenwickler *m*; (*SPORT*) Curlingspieler(in) *m(f)*.

curlew ['kəːluː] *n* Brachvogel *m*.

curling ['kəːlɪŋ] *n* (*SPORT*) Curling *nt*.

curling tongs, (*US*) **curling irons** *npl* Lockenschere *f*, Brennschere *f*.

curly ['kəːlɪ] *adj* lockig; (*tightly curled*) kraus.

currant ['kʌrnt] *n* Korinthe *f*; (*blackcurrant, redcurrant*) Johannisbeere *f*.

currency ['kʌrnsɪ] *n* (*system*) Währung *f*; (*money*) Geld *nt*; **foreign ~** Devisen *pl*; **to gain ~** (*fig*) sich verbreiten, um sich greifen.

current ['kʌrnt] *n* Strömung *f*; (*ELEC*) Strom *m*; (*of opinion*) Tendenz *f*, Trend *m* ♦ *adj* gegenwärtig; (*expression*) gebräuchlich; (*idea, custom*) verbreitet; **direct/alternating ~** (*ELEC*) Gleich-/Wechselstrom *m*; **the ~ issue of a magazine** die neueste or letzte Nummer einer Zeitschrift; **in ~ use** allgemein gebräuchlich.

current account (*BRIT*) *n* Girokonto *nt*.

current affairs *npl* Tagespolitik *f*.

current assets *npl* (*COMM*) Umlaufvermögen *nt*.

current liabilities *npl* (*COMM*) kurzfristige Verbindlichkeiten *pl*.

currently ['kʌrntlɪ] *adv* zurzeit.

curricula [kə'rɪkjulə] *npl of* **curriculum**.

curriculum [kə'rɪkjuləm] (*pl* **~s** *or* **curricula**) *n* Lehrplan *m*.

curriculum vitae [-'viːtaɪ] *n* Lebenslauf *m*.

curry ['kʌrɪ] *n* (*dish*) Currygericht *nt* ♦ *vt*: **to ~ favour with** sich einschmeicheln bei.

curry powder *n* Curry *m or nt*, Currypulver *nt*.

curse [kəːs] *vi* fluchen ♦ *vt* verfluchen ♦ *n* Fluch *m*.

cursor ['kəːsə*] *n* (*COMPUT*) Cursor *m*.

cursory ['kəːsərɪ] *adj* flüchtig; (*examination*) oberflächlich.

curt [kəːt] *adj* knapp, kurz angebunden.

curtail [kəː'teɪl] *vt* einschränken; (*visit etc*) abkürzen.

curtain ['kəːtn] *n* Vorhang *m*; (*net*) Gardine *f*; **to draw the ~s** (*together*) die Vorhänge zuziehen; (*apart*) die Vorhänge aufmachen.

curtain call *n* (*THEAT*) Vorhang *m*.

curts(e)y ['kəːtsɪ] *vi* knicksen ♦ *n* Knicks *m*.

curvature ['kəːvətʃə*] *n* Krümmung *f*.

curve [kəːv] *n* Bogen *m*; (*in the road*) Kurve *f* ♦ *vi* einen Bogen machen; (*surface, arch*) sich wölben ♦ *vt* biegen.

curved [kəːvd] *adj* (*line*) gebogen; (*table legs etc*) geschwungen; (*surface, arch, sides of ship*) gewölbt.

cushion ['kuʃən] *n* Kissen *nt* ♦ *vt* dämpfen; (*seat*) polstern.

cushy ['kʊʃɪ] (inf) adj: **a ~ job** ein gemütlicher or ruhiger Job; **to have a ~ time** eine ruhige Kugel schieben.

custard ['kʌstəd] n (for pouring) Vanillesoße f.

custard powder (BRIT) n Vanillesoßenpulver nt.

custodial [kʌs'təʊdɪəl] adj: **~ sentence** Gefängnisstrafe f.

custodian [kʌs'təʊdɪən] n Verwalter(in) m(f); (of museum etc) Aufseher(in) m(f), Wächter(in) m(f).

custody ['kʌstədɪ] n (of child) Vormundschaft f; (for offenders) (polizeilicher) Gewahrsam m, Haft f; **to take into ~** verhaften; **in the ~ of** unter der Obhut +gen; **the mother has ~ of the children** die Kinder sind der Mutter zugesprochen worden.

custom ['kʌstəm] n Brauch m; (habit) (An)gewohnheit f; (LAW) Gewohnheitsrecht nt; (COMM) Kundschaft f.

customary ['kʌstəmərɪ] adj (conventional) üblich; (habitual) gewohnt; **it is ~ to do it** es ist üblich, es zu tun.

custom-built ['kʌstəm'bɪlt] adj speziell angefertigt.

customer ['kʌstəmə*] n Kunde m, Kundin f; **he's an awkward ~** (inf) er ist ein schwieriger Typ.

customer profile n Kundenprofil nt.

customized ['kʌstəmaɪzd] adj individuell aufgemacht.

custom-made ['kʌstəm'meɪd] adj (shirt etc) maßgefertigt, nach Maß; (car etc) speziell angefertigt.

customs ['kʌstəmz] npl Zoll m; **to go through (the) ~** durch den Zoll gehen.

Customs and Excise (BRIT) n die Zollbehörde f.

customs duty n Zoll m.

customs officer n Zollbeamte(r) m, Zollbeamtin f.

cut [kʌt] (pt, pp **cut**) vt schneiden; (text, programme, meeting) kürzen; (prices) senken, heruntersetzen, herabsetzen; (supply) einschränken; (cloth) zuschneiden; (road) schlagen, hauen; (inf: lecture, appointment) schwänzen ♦ vi schneiden; (lines) sich schneiden ♦ n Schnitt m; (in skin) Schnittwunde f; (in salary, spending etc) Kürzung f; (of meat) Stück nt; (of jewel) Schnitt m, Schliff m; **to ~ a tooth** einen Zahn bekommen; **to ~ one's finger/hand/knee** sich in den Finger/in die Hand/am Knie schneiden; **to get one's hair ~** sich dat die Haare schneiden lassen; **to ~ sth short** etw vorzeitig abbrechen; **to ~ sb dead** jdn wie Luft behandeln; **cold ~s** (US) Aufschnitt m; **power ~** Stromausfall m.

▶ **cut back** vt (plants) zurückschneiden; (production) zurückschrauben; (expenditure) einschränken.

▶ **cut down** vt (tree) fällen; (consumption) einschränken; **to ~ sb down to size** (fig) jdn auf seinen Platz verweisen.

▶ **cut down on** vt fus einschränken.

▶ **cut in** vi (AUT) sich direkt vor ein anderes Auto setzen; **to ~ in (on)** (conversation) sich einschalten (in +acc).

▶ **cut off** vt abschneiden; (supply) sperren; (TEL) unterbrechen; **we've been ~ off** (TEL) wir sind unterbrochen worden.

▶ **cut out** vt ausschneiden; (an activity etc) aufhören mit; (remove) herausschneiden.

▶ **cut up** vt klein schneiden; **it really ~ me up** (inf) es hat mich ziemlich mitgenommen; **to feel ~ up about sth** (inf) betroffen über etw acc sein.

cut and dried adj (also: cut-and-dry: answer) eindeutig; (: solution) einfach.

cutaway ['kʌtəweɪ] n (coat) Cut(away) m; (drawing) Schnittdiagramm nt; (model) Schnittmodell nt; (CINE, TV) Schnitt m.

cutback ['kʌtbæk] n Kürzung f.

cute [kjuːt] adj süß, niedlich; (clever) schlau.

cut glass n geschliffenes Glas nt.

cuticle ['kjuːtɪkl] n Nagelhaut f; **~ remover** Nagelhautentferner m.

cutlery ['kʌtlərɪ] n Besteck nt.

cutlet ['kʌtlɪt] n Schnitzel nt; (vegetable cutlet, nut cutlet) Bratling m.

cutoff ['kʌtɔf] n (also: ~ point) Trennlinie f.

cutoff switch n Ausschaltmechanismus m.

cutout ['kʌtaʊt] n (switch) Unterbrecher m; (shape) Ausschneidemodell nt; (paper figure) Ausschneidepuppe f.

cut-price ['kʌt'praɪs] adj (goods) heruntergesetzt; (offer) Billig-.

cut-rate ['kʌt'reɪt] (US) adj = **cut-price**.

cutthroat ['kʌtθrəʊt] n Mörder(in) m(f) ♦ adj unbarmherzig, mörderisch.

cutting ['kʌtɪŋ] adj (edge, remark) scharf ♦ n (BRIT: from newspaper) Ausschnitt m; (: RAIL) Durchstich m; (from plant) Ableger m.

cutting edge n (fig) Spitzenstellung f; **on the ~ (of)** an der Spitze +gen.

cuttlefish ['kʌtlfɪʃ] n Tintenfisch m.

CV n abbr = **curriculum vitae**.

c.w.o. abbr (COMM) = **cash with order**.

cwt abbr = **hundredweight**.

cyanide ['saɪənaɪd] n Zyanid nt.

cybercafé ['saɪbəkæfeɪ] n Internet-Café nt.

cybernetics [saɪbə'netɪks] n Kybernetik f.

cyclamen ['sɪkləmən] n Alpenveilchen n.

cycle ['saɪkl] n (bicycle) (Fahr)rad nt; (series: of seasons, songs etc) Zyklus m; (: of events) Gang m; (: TECH) Periode f ♦ vi Rad fahren.

cycle lane, cycle path n (Fahr)radweg m.

cycle race n Radrennen nt.

cycle rack n Fahrradständer m.

cycling ['saɪklɪŋ] n Radfahren nt; **to go on a ~ holiday** (BRIT) Urlaub mit dem Fahrrad machen.

cyclist ['saɪklɪst] n (Fahr)radfahrer(in) m(f).

cyclone ['saɪkləʊn] n Zyklon m.

cygnet ['sɪgnɪt] *n* Schwanjunge(s) *nt*.

cylinder ['sɪlɪndə*] *n* Zylinder *m*; (*of gas*) Gasflasche *f*.

cylinder block *n* Zylinderblock *m*.

cylinder head *n* Zylinderkopf *m*.

cylinder-head gasket ['sɪlɪndəhɛd-] *n* Zylinderkopfdichtung *f*.

cymbals ['sɪmblz] *npl* (*MUS*) Becken *nt*.

cynic ['sɪnɪk] *n* Zyniker(in) *m(f)*.

cynical ['sɪnɪkl] *adj* zynisch.

cynicism ['sɪnɪsɪzəm] *n* Zynismus *m*.

CYO (*US*) *n abbr* (= *Catholic Youth Organization*) katholische Jugendorganisation.

cypress ['saɪprɪs] *n* Zypresse *f*.

Cypriot ['sɪprɪət] *adj* zypriotisch, zyprisch ♦ *n* Zypriot(in) *m(f)*.

Cyprus ['saɪprəs] *n* Zypern *nt*.

cyst [sɪst] *n* Zyste *f*.

cystitis [sɪs'taɪtɪs] *n* Blasenentzündung *f*, Zystitis *f*.

CZ (*US*) *n abbr* (= *Canal Zone*) Bereich des Panamakanals.

czar [zɑː*] *n* = **tsar**.

Czech [tʃɛk] *adj* tschechisch ♦ *n* Tscheche *m*, Tschechin *f*; (*language*) Tschechisch *nt*; **the ~ Republic** die Tschechische Republik *f*.

Czechoslovak [tʃɛkə'sləʊvæk] *adj, n* = **Czechoslovak(ian)**.

Czechoslovakia [tʃɛkəslə'vækɪə] *n* (*formerly*) die Tschechoslowakei *f*.

Czechoslovak(ian) [tʃɛkə'sləʊvæk, tʃɛkəslə'vækɪən] (*formerly*) *adj* tschechoslowakisch ♦ *n* Tschechoslowake *m*, Tschechoslowakin *f*.

D, d

D¹, d¹ [diː] *n* (*letter*) D *nt*, d *nt*; **~ for David**, (*US*) **~ for Dog** ≈ D wie Dora.

D² [diː] *n* (*MUS*) D *nt*, d *nt*.

D³ [diː] (*US*) *abbr* (*POL*) = **democrat; democratic**.

d² (*BRIT: formerly*) *abbr* = **penny**.

d. *abbr* (= *died*): **Henry Jones, ~ 1754** Henry Jones, gest. 1754.

DA (*US*) *n abbr* = **district attorney**.

dab [dæb] *vt* betupfen; (*paint, cream*) tupfen ♦ *n* Tupfer *m*; **to be a ~ hand at sth** gut in etw *dat* sein; **to be a ~ hand at doing sth** sich darauf verstehen, etw zu tun.
   ▶ **dab at** *vt* betupfen.

dabble ['dæbl] *vi*: **to ~ in** sich (nebenbei) beschäftigen mit.

dachshund ['dækshund] *n* Dackel *m*.

dad [dæd] (*inf*) *n* Papa *m*, Vati *m*.

daddy ['dædɪ] (*inf*) *n* = **dad**.

daddy-longlegs [dædɪ'lɒŋlɛgz] (*inf*) *n* Schnake *f*.

daffodil ['dæfədɪl] *n* Osterglocke *f*, Narzisse *f*.

daft [dɑːft] (*inf*) *adj* doof (*inf*), blöd (*inf*); **to be ~ about sb/sth** verrückt nach jdm/etw sein.

dagger ['dægə*] *n* Dolch *m*; **to be at ~s drawn with sb** mit jdm auf Kriegsfuß stehen; **to look ~s at sb** jdn mit Blicken durchbohren.

dahlia ['deɪljə] *n* Dahlie *f*.

daily ['deɪlɪ] *adj* täglich; (*wages*) Tages- ♦ *n* (*paper*) Tageszeitung *f*; (*BRIT: also: ~ help*) Putzfrau *f* ♦ *adv* täglich; **twice ~** zweimal täglich *or* am Tag.

dainty ['deɪntɪ] *adj* zierlich.

dairy ['dɛərɪ] *n* (*BRIT: shop*) Milchgeschäft *nt*; (*company*) Molkerei *f*; (*on farm*) Milchkammer *f* ♦ *cpd* Milch-; (*herd, industry, farming*) Milchvieh-.

dairy farm *n* auf Milchviehhaltung spezialisierter Bauernhof.

dairy products *npl* Milchprodukte *pl*, Molkereiprodukte *pl*.

dairy store (*US*) *n* Milchgeschäft *nt*.

dais ['deɪɪs] *n* Podium *nt*.

daisy ['deɪzɪ] *n* Gänseblümchen *nt*.

daisywheel ['deɪzɪwiːl] *n* Typenrad *nt*.

daisywheel printer *n* Typenraddrucker *m*.

Dakar ['dækə*] *n* Dakar *nt*.

dale [deɪl] (*BRIT*) *n* Tal *nt*.

dally ['dælɪ] *vi* (herum)trödeln; **to ~ with** (*plan, idea*) spielen mit.

dalmatian [dæl'meɪʃən] *n* Dalmatiner *m*.

dam [dæm] *n* (Stau)damm *m*; (*reservoir*) Stausee *m* ♦ *vt* stauen.

damage ['dæmɪdʒ] *n* Schaden *m* ♦ *vt* schaden +*dat*; (*spoil, break*) beschädigen; **damages** *npl* (*LAW*) Schaden(s)ersatz *m*; **~ to property** Sachbeschädigung *f*; **to pay £5,000 in ~s** 5000 Pfund Schaden(s)ersatz (be)zahlen.

damaging ['dæmɪdʒɪŋ] *adj*: **~ (to)** schädlich (für).

Damascus [də'mɑːskəs] *n* Damaskus *nt*.

dame [deɪm] *n* Dame *f*; (*US: inf*) Weib *nt*; (*THEAT*) (komische) Alte *f* (*von einem Mann gespielt*).

damn [dæm] *vt* verfluchen; (*condemn*) verurteilen ♦ *adj* (*inf: also: ~ed*) verdammt ♦ *n* (*inf*): **I don't give a ~** das ist mir scheißegal (*!*); **~ (it)!** verdammt (noch mal)!

damnable ['dæmnəbl] *adj* grässlich.

damnation [dæm'neɪʃən] *n* Verdammnis *f* ♦ *excl* (*inf*) verdammt.

damning ['dæmɪŋ] *adj* belastend.

damp [dæmp] *adj* feucht ♦ *n* Feuchtigkeit *f* ♦ *vt* (*also: ~en*) befeuchten, anfeuchten; (*enthusiasm etc*) dämpfen.

dampcourse ['dæmpkɔːs] *n* Dämmschicht *f*.

damper ['dæmpə*] *n* (*MUS*) Dämpfer *m*; (*of fire*) (Luft)klappe *f*; **to put a ~ on** (*fig*) einen Dämpfer aufsetzen +*dat*.

dampness ['dæmpnɪs] *n* Feuchtigkeit *f*.

damson ['dæmzən] *n* Damaszenerpflaume *f*.

dance [dɑːns] *n* Tanz *m*; (*social event*) Tanz(abend) *m* ♦ *vi* tanzen; **to ~ about** (herum)tänzeln.

dance hall *n* Tanzsaal *m*.

dancer ['dɑːnsə°] *n* Tänzer(in) *m(f)*.

dancing ['dɑːnsɪŋ] *n* Tanzen *nt* ♦ *cpd* (*teacher, school, class etc*) Tanz-.

D and C *n abbr* (*MED*: = dilation and curettage) Ausschabung *f*.

dandelion ['dændɪlaɪən] *n* Löwenzahn *m*.

dandruff ['dændrəf] *n* Schuppen *pl*.

D and T (*BRIT*) *n abbr* (*SCOL*) = design and technology.

dandy ['dændɪ] *n* Dandy *m* ♦ *adj* (*US: inf*) prima.

Dane [deɪn] *n* Däne *m*, Dänin *f*.

danger ['deɪndʒə°] *n* Gefahr *f*; **there is ~ of fire/poisoning** es besteht Feuer-/ Vergiftungsgefahr; **there is a ~ of sth happening** es besteht die Gefahr, dass etw geschieht; **"~!"** „Achtung!"; **in ~** in Gefahr; **to be in ~ of doing sth** Gefahr laufen, etw zu tun; **out of ~** außer Gefahr.

danger list *n*: **on the ~** in Lebensgefahr.

dangerous ['deɪndʒrəs] *adj* gefährlich.

dangerously ['deɪndʒrəslɪ] *adv* gefährlich; (*close*) bedenklich; **~ ill** schwer krank.

danger zone *n* Gefahrenzone *f*.

dangle ['dæŋgl] *vt* baumeln lassen ♦ *vi* baumeln.

Danish ['deɪnɪʃ] *adj* dänisch ♦ *n* (*LING*) Dänisch *nt*.

Danish pastry *n* Plundergebäck *nt*.

dank [dæŋk] *adj* (*unangenehm*) feucht.

Danube ['dænjuːb] *n*: **the ~** die Donau.

dapper ['dæpə°] *adj* gepflegt.

Dardanelles [dɑːdə'nɛlz] *npl*: **the ~** die Dardanellen *pl*.

dare [dɛə°] *vt*: **to ~ sb to do sth** jdn dazu herausfordern, etw zu tun ♦ *vi*: **to ~ (to) do sth** es wagen, etw zu tun; **I ~n't tell him** (*BRIT*) ich wage nicht, es ihm zu sagen; **I ~ say** ich nehme an.

daredevil ['dɛədɛvl] *n* Draufgänger *m*.

Dar-es-Salaam ['dɑːrɛssə'lɑːm] *n* Daressalam *nt*.

daring ['dɛərɪŋ] *adj* kühn, verwegen; (*bold*) gewagt ♦ *n* Kühnheit *f*.

dark [dɑːk] *adj* dunkel; (*look*) finster ♦ *n*: **in the ~** im Dunkeln; **to be in the ~ about** (*fig*) keine Ahnung haben von; **after ~** nach Einbruch der Dunkelheit; **it is/is getting ~** es ist/wird dunkel; **~ chocolate** Zartbitterschokolade *f*.

Dark Ages *npl*: **the ~** das finstere Mittelalter.

darken [dɑːkn] *vt* dunkel machen ♦ *vi* sich verdunkeln.

dark glasses *npl* Sonnenbrille *f*.

dark horse *n* (*in competition*) Unbekannte(r) *f(m)* (mit Außenseiterchancen); (*quiet person*) stilles Wasser *nt*.

darkly ['dɑːklɪ] *adv* finster.

darkness ['dɑːknɪs] *n* Dunkelheit *f*, Finsternis *f*.

darkroom ['dɑːkrum] *n* Dunkelkammer *f*.

darling ['dɑːlɪŋ] *adj* lieb ♦ *n* Liebling *m*; **to be the ~ of** der Liebling +*gen* sein; **she is a ~** sie ist ein Schatz.

darn [dɑːn] *vt* stopfen.

dart [dɑːt] *n* (*in game*) (Wurf)pfeil *m*; (*in sewing*) Abnäher *m* ♦ *vi*: **to ~ towards** (*also*: **make a ~ towards**) zustürzen auf +*acc*; **to ~ away/along** davon-/entlangflitzen.

dartboard ['dɑːtbɔːd] *n* Dartscheibe *f*.

darts [dɑːts] *n* Darts *nt*, Pfeilwurfspiel *nt*.

dash [dæʃ] *n* (*sign*) Gedankenstrich *m*; (*rush*) Jagd *f* ♦ *vt* (*throw*) schleudern; (*hopes*) zunichte machen ♦ *vi*: **to ~ towards** zustürzen auf +*acc*; **a ~ of ...** (*small quantity*) etwas ..., ein Schuss *m* ...; **to make a ~ for sth** auf etw *acc* zustürzen; **we'll have to make a ~ for it** wir müssen rennen, so schnell wir können.

▶ **dash away** *vi* losstürzen.

▶ **dash off** *vi* = dash away.

dashboard ['dæʃbɔːd] *n* Armaturenbrett *nt*.

dashing ['dæʃɪŋ] *adj* flott.

dastardly ['dæstədlɪ] *adj* niederträchtig.

DAT *n abbr* (= digital audio tape) DAT *nt*.

data ['deɪtə] *npl* Daten *pl*.

database ['deɪtəbeɪs] *n* Datenbank *f*.

data capture *n* Datenerfassung *f*.

data processing *n* Datenverarbeitung *f*.

data transmission *n* Datenübertragung *f*.

date [deɪt] *n* Datum *nt*; (*with friend*) Verabredung *f*; (*fruit*) Dattel *f* ♦ *vt* datieren; (*person*) ausgehen mit; **what's the ~ today?** der Wievielte ist heute?; **~ of birth** Geburtsdatum *nt*; **closing ~** Einsendeschluss *m*; **to ~** bis heute; **out of ~** altmodisch; (*expired*) abgelaufen; **up to ~** auf dem neuesten Stand; **to bring up to ~** auf den neuesten Stand bringen; (*person*) über den neuesten Stand der Dinge informieren; **a letter ~d 5th July** *or (US)* **July 5th** ein vom 5. Juli datierter Brief.

dated ['deɪtɪd] *adj* altmodisch.

dateline ['deɪtlaɪn] *n* (*GEOG*) Datumsgrenze *f*; (*PRESS*) Datumszeile *f*.

date rape *n* Vergewaltigung *f* einer Bekannten (*mit der der Täter eine Verabredung hatte*).

date stamp *n* Datumsstempel *m*.

dative ['deɪtɪv] *n* Dativ *m*.

daub [dɔːb] *vt* schmieren; **to ~ with** beschmieren mit.

daughter ['dɔːtə°] *n* Tochter *f*.

daughter-in-law ['dɔːtərɪnlɔː] *n* Schwiegertochter *f*.

daunt [dɔːnt] *vt* entmutigen.

daunting ['dɔːntɪŋ] *adj* entmutigend.

dauntless ['dɔːntlɪs] *adj* unerschrocken, beherzt.

dawdle ['dɔːdl] *vi* trödeln; **to ~ over one's**

work bei der Arbeit bummeln or trödeln.

dawn [dɔːn] n Tagesanbruch m, Morgengrauen nt; (of period) Anbruch m ♦ vi dämmern; (fig): **it ~ed on him that ...** es dämmerte ihm, dass ...; **from ~ to dusk** von morgens bis abends.

dawn chorus (BRIT) n Morgenkonzert nt der Vögel.

day [deɪ] n Tag m; (heyday) Zeit f; **the ~ before/after** am Tag zuvor/danach; **the ~ after tomorrow** übermorgen; **the ~ before yesterday** vorgestern; **(on) the following ~** am Tag danach; **the ~ that ...** (am Tag,) als ...; **~ by ~** jeden Tag, täglich; **by ~** tagsüber; **paid by the ~** tageweise bezahlt; **to work an eight hour ~** einen Achtstundentag haben; **these ~s, in the present ~** heute, heutzutage.

daybook ['deɪbuk] (BRIT) n Journal nt.

dayboy ['deɪbɔɪ] n Externe(r) m.

daybreak ['deɪbreɪk] n Tagesanbruch m.

day-care centre ['deɪkɛə-] n (for children) (Kinder)tagesstätte f; (for old people) Altentagesstätte f.

daydream ['deɪdriːm] vi (mit offenen Augen) träumen ♦ n Tagtraum m, Träumerei f.

daygirl ['deɪɡɜːl] n Externe f.

daylight ['deɪlaɪt] n Tageslicht nt.

daylight robbery (inf) n Halsabschneiderei f.

daylight-saving time (US) n Sommerzeit f.

day release n: **to be on ~** tageweise (zur Weiterbildung) freigestellt sein.

day return (BRIT) n Tagesrückfahrkarte f.

day shift n Tagschicht f.

daytime ['deɪtaɪm] n Tag m; **in the ~** tagsüber, bei Tage.

day-to-day ['deɪtə'deɪ] adj täglich, Alltags-; **on a ~ basis** tageweise.

day trader n (STOCK EXCHANGE) Daytrader(in) m(f), Tageshändler(in) m(f).

day trip n Tagesausflug m.

day-tripper ['deɪ'trɪpə*] n Tagesausflügler(in) m(f).

daze [deɪz] vt benommen machen ♦ n: **in a ~** ganz benommen.

dazed [deɪzd] adj benommen.

dazzle ['dæzl] vt blenden.

dazzling ['dæzlɪŋ] adj (light) blendend; (smile) strahlend; (career, achievements) glänzend.

DC abbr = **direct current**.

DCC n abbr (= digital compact cassette) DCC f.

DD n abbr (= Doctor of Divinity) ≈ Dr. theol.

D/D abbr = **direct debit**.

dd. abbr (COMM: = delivered) geliefert.

D-day ['diːdeɪ] n der Tag X.

DDS (US) n abbr (= Doctor of Dental Surgery) ≈ Dr. med. dent.

DDT n abbr (= dichlorodiphenyltrichloroethane) DDT nt.

DEA (US) n abbr (= Drug Enforcement Administration) amerikanische Drogenbehörde.

deacon ['diːkən] n Diakon m.

dead [dɛd] adj tot; (flowers) verwelkt; (numb) abgestorben, taub; (battery) leer; (place) wie ausgestorben ♦ adv total, völlig; (directly, exactly) genau ♦ npl: **the ~** die Toten pl; **to shoot sb ~** jdn erschießen; **~ silence** Totenstille f; **in the ~ centre (of)** genau in der Mitte +gen; **the line has gone ~** (TEL) die Leitung ist tot; **~ on time** auf die Minute pünktlich; **~ tired** todmüde; **to stop ~** abrupt stehen bleiben.

dead beat (inf) adj (tired) völlig kaputt.

deaden ['dɛdn] vt (blow) abschwächen; (pain) mildern; (sound) dämpfen.

dead end n Sackgasse f.

dead-end ['dɛdɛnd] adj: **a ~ job** ein Job m ohne Aufstiegsmöglichkeiten.

dead heat n: **to finish in a ~** unentschieden ausgehen.

dead letter office n Amt nt für unzustellbare Briefe.

deadline ['dɛdlaɪn] n (letzter) Termin m; **to work to a ~** auf einen Termin hinarbeiten.

deadlock ['dɛdlɔk] n Stillstand m; **the meeting ended in ~** die Verhandlung war festgefahren.

dead loss (inf) n: **to be a ~** ein hoffnungsloser Fall sein.

deadly ['dɛdlɪ] adj tödlich ♦ adv: **~ dull** todlangweilig.

deadpan ['dɛdpæn] adj (look) unbewegt; (tone) trocken.

Dead Sea n: **the ~** das Tote Meer.

dead season n tote Saison f.

deaf [dɛf] adj taub; (partially) schwerhörig; **to turn a ~ ear to sth** sich einer Sache dat gegenüber taub stellen.

deaf aid (BRIT) n Hörgerät nt.

deaf-and-dumb ['dɛfən'dʌm] adj taubstumm; **~ alphabet** Taubstummensprache f.

deafen ['dɛfn] vt taub machen.

deafening ['dɛfnɪŋ] adj ohrenbetäubend.

deaf-mute ['dɛfmjuːt] n Taubstumme(r) f(m).

deafness ['dɛfnɪs] n Taubheit f.

deal [diːl] (pt, pp **dealt**) n Geschäft nt, Handel m ♦ vt (blow) versetzen; (card) geben, austeilen; **to strike a ~ with sb** ein Geschäft mit jdm abschließen; **it's a ~!** (inf) abgemacht!; **he got a fair/bad ~ from them** er ist von ihnen anständig/schlecht behandelt worden; **a good ~** (a lot) ziemlich viel; **a great ~ (of)** ziemlich viel.
▶ **deal in** vt fus handeln mit.
▶ **deal with** vt fus (person) sich kümmern um; (problem) sich befassen mit; (successfully) fertig werden mit; (subject) behandeln.

dealer ['diːlə*] n Händler(in) m(f); (in drugs) Dealer m; (CARDS) Kartengeber(in) m(f).

dealership ['diːləʃɪp] n (Vertrags)händler m.

dealings ['diːlɪŋz] npl Geschäfte pl; (relations) Beziehungen pl.

dealt [dɛlt] pt, pp of **deal**.

dean [di:n] *n* Dekan *m*; (*US: SCOL: administrator*) Schul- oder Collegeverwalter mit Beratungs- und Disziplinarfunktion.

dear [dɪə*] *adj* lieb; (*expensive*) teuer ♦ *n*: (**my**) ~ (mein) Liebling *m* ♦ *excl*: ~ **me!** (ach) du liebe Zeit!; **D**~ **Sir/Madam** Sehr geehrte Damen und Herren; **D**~ **Mr/Mrs X** Sehr geehrter Herr/geehrte Frau X; (*less formal*) Lieber Herr/Liebe Frau X.

dearly ['dɪəlɪ] *adv* (*love*) von ganzem Herzen; (*pay*) teuer.

dear money *n* (*COMM*) teures Geld *nt*.

dearth [dɜ:θ] *n*: **a** ~ **of** ein Mangel *m* an +*dat*.

death [dɛθ] *n* Tod *m*; (*fatality*) Tote(r) *f(m)*, Todesfall *m*.

deathbed ['dɛθbɛd] *n*: **to be on one's** ~ auf dem Sterbebett liegen.

death certificate *n* Sterbeurkunde *f*, Totenschein *m*.

deathly ['dɛθlɪ] *adj* (*silence*) eisig ♦ *adv* (*pale etc*) toten-.

death penalty *n* Todesstrafe *f*.

death rate *n* Sterbeziffer *f*.

death row [-rəʊ] (*US*) *n* Todestrakt *m*.

death sentence *n* Todesurteil *nt*.

death squad *n* Todeskommando *nt*.

death toll *n* Zahl *f* der Todesopfer or Toten.

deathtrap ['dɛθtræp] *n* Todesfalle *f*.

deb [dɛb] (*inf*) *n abbr* = **debutante**.

debacle [deɪ'bɑ:kl] *n* Debakel *nt*.

debar [dɪ'bɑ:'] *vt*: **to** ~ **sb from doing sth** jdn davon ausschließen, etw zu tun; **to** ~ **sb from a club** jdn aus einem Klub ausschließen.

debase [dɪ'beɪs] *vt* (*value, quality*) mindern, herabsetzen; (*person*) erniedrigen, entwürdigen.

debatable [dɪ'beɪtəbl] *adj* fraglich.

debate [dɪ'beɪt] *n* Debatte *f* ♦ *vt* debattieren über +*acc*; (*course of action*) überlegen ♦ *vi*: **to** ~ **whether** hin und her überlegen, ob.

debauchery [dɪ'bɔːtʃərɪ] *n* Ausschweifungen *pl*.

debenture [dɪ'bɛntʃə*] *n* Schuldschein *m*.

debilitate [dɪ'bɪlɪteɪt] *vt* schwächen.

debilitating [dɪ'bɪlɪteɪtɪŋ] *adj* schwächend.

debit ['dɛbɪt] *n* Schuldposten *m* ♦ *vt*: **to** ~ **a sum to sb/sb's account** jdn/jds Konto mit einer Summe belasten; *see also* **direct**.

debit balance *n* Sollsaldo *nt*, Debetsaldo *nt*.

debit note *n* Lastschriftanzeige *f*.

debonair *adj* flott.

debrief [di:'bri:f] *vt* befragen.

debriefing [di:'bri:fɪŋ] *n* Befragung *f*.

debris ['dɛbri:] *n* Trümmer *pl*, Schutt *m*.

debt [dɛt] *n* Schuld *f*; (*state of owing money*) Schulden *pl*, Verschuldung *f*; **to be in** ~ Schulden haben, verschuldet sein; **bad** ~ uneinbringliche Forderung *f*.

debt collector *n* Inkassobeauftragte(r) *f(m)*, Schuldeneintreiber(in) *m(f)*.

debtor ['dɛtə*] *n* Schuldner(in) *m(f)*.

debug ['di:'bʌg] *vt* (*COMPUT*) Fehler beseitigen in +*dat*.

debunk [di:'bʌŋk] *vt* (*myths, ideas*) bloßstellen; (*claim*) entlarven; (*person, institution*) vom Sockel stoßen.

debut ['deɪbju:] *n* Debüt *nt*.

debutante ['dɛbjutænt] *n* Debütantin *f*.

Dec. *abbr* = **December**.

decade ['dɛkeɪd] *n* Jahrzehnt *nt*.

decadence ['dɛkədəns] *n* Dekadenz *f*.

decadent ['dɛkədənt] *adj* dekadent.

decaff ['di:kæf] *n* koffeinfreier Kaffee *m*.

decaffeinated [dɪ'kæfɪneɪtɪd] *adj* koffeinfrei.

decamp [dɪ'kæmp] (*inf*) *vi* verschwinden, sich aus dem Staub machen.

decant [dɪ'kænt] *vt* umfüllen.

decanter [dɪ'kæntə*] *n* Karaffe *f*.

decarbonize [di:'kɑ:bənaɪz] *vt* entkohlen.

decathlon [dɪ'kæθlɔn] *n* Zehnkampf *m*.

decay [dɪ'keɪ] *n* Verfall *m*; (*of tooth*) Fäule *f* ♦ *vi* (*body*) verwesen; (*teeth*) faulen; (*leaves*) verrotten; (*fig: society etc*) verfallen.

decease [dɪ'si:s] *n* (*LAW*): **upon your** ~ bei Ihrem Ableben.

deceased [dɪ'si:st] *n*: **the** ~ der/die Tote or Verstorbene.

deceit [dɪ'si:t] *n* Betrug *m*.

deceitful [dɪ'si:tful] *adj* betrügerisch.

deceive [dɪ'si:v] *vt* täuschen; (*husband, wife etc*) betrügen; **to** ~ **o.s.** sich *dat* etwas vormachen.

decelerate [di:'sɛləreɪt] *vi* (*car etc*) langsamer werden; (*driver*) die Geschwindigkeit herabsetzen.

December [dɪ'sɛmbə*] *n* Dezember *m*; *see also* **July**.

decency ['di:sənsɪ] *n* (*propriety*) Anstand *m*; (*kindness*) Anständigkeit *f*.

decent ['di:sənt] *adj* anständig; **we expect you to do the** ~ **thing** wir erwarten, dass Sie die Konsequenzen ziehen; **they were very** ~ **about it** sie haben sich sehr anständig verhalten; **that was very** ~ **of him** das war sehr anständig von ihm; **are you** ~**?** (*dressed*) hast du etwas an?

decently ['di:səntlɪ] *adv* anständig.

decentralization ['di:sɛntrəlaɪ'zeɪʃən] *n* Dezentralisierung *f*.

decentralize [di:'sɛntrəlaɪz] *vt* dezentralisieren.

deception [dɪ'sɛpʃən] *n* Täuschung *f*, Betrug *m*.

deceptive [dɪ'sɛptɪv] *adj* irreführend, täuschend.

decibel ['dɛsɪbɛl] *n* Dezibel *nt*.

decide [dɪ'saɪd] *vt* entscheiden; (*persuade*) veranlassen ♦ *vi* sich entscheiden; **to** ~ **to do sth/that** beschließen, etw zu tun/dass; ~ **on sth** sich für etw entscheiden; **to** ~ **on/against doing sth** sich dafür/dagegen entscheiden, etw zu tun.

decided [dɪ'saɪdɪd] *adj* entschieden; (*character*)

entschlossen; (*difference*) deutlich.

decidedly [dɪˈsaɪdɪdlɪ] *adv* entschieden; (*emphatically*) entschlossen.

deciding [dɪˈsaɪdɪŋ] *adj* entscheidend.

deciduous [dɪˈsɪdjuəs] *adj* (*tree, woods*) Laub-.

decimal [ˈdɛsɪməl] *adj* (*system, number*) Dezimal- ♦ *n* Dezimalzahl *f*; **to three ~ places** auf drei Dezimalstellen.

decimalize [ˈdɛsɪməlaɪz] (*BRIT*) *vt* auf das Dezimalsystem umstellen.

decimal point *n* Komma *nt*.

decimate [ˈdɛsɪmeɪt] *vt* dezimieren.

decipher [dɪˈsaɪfə*] *vt* entziffern.

decision [dɪˈsɪʒən] *n* Entscheidung *f*; (*decisiveness*) Bestimmtheit *f*, Entschlossenheit *f*; **to make a ~** eine Entscheidung treffen.

decisive [dɪˈsaɪsɪv] *adj* (*action etc*) entscheidend; (*person*) entschlussfreudig; (*manner, reply*) bestimmt, entschlossen.

deck [dɛk] *n* Deck *nt*; (*record deck*) Plattenspieler *m*; (*of cards*) Spiel *nt*; **to go up on ~** an Deck gehen; **below ~** unter Deck; **top ~** (*of bus*) Oberdeck *nt*; **cassette ~** Tapedeck *nt*.

deck chair *n* Liegestuhl *m*.

deck hand *n* Deckshelfer(in) *m(f)*.

declaration [dɛkləˈreɪʃən] *n* Erklärung *f*.

declare [dɪˈklɛə*] *vt* erklären; (*result*) bekannt geben, veröffentlichen; (*income etc*) angeben; (*goods at customs*) verzollen.

declassify [diːˈklæsɪfaɪ] *vt* freigeben.

decline [dɪˈklaɪn] *n* Rückgang *m*; (*decay*) Verfall *m* ♦ *vt* ablehnen ♦ *vi* (*strength*) nachlassen; (*business*) zurückgehen; (*old person*) abbauen; **~ in/of** Rückgang *m* +*gen*; **~ in living standards** Sinken *nt* des Lebensstandards.

declutch [ˈdiːˈklʌtʃ] *vi* auskuppeln.

decode [ˈdiːˈkəud] *vt* entschlüsseln.

decoder [diːˈkəudə*] *n* Decoder *m*.

decompose [diːkəmˈpəuz] *vi* (*organic matter*) sich zersetzen; (*corpse*) verwesen.

decomposition [diːkɔmpəˈzɪʃən] *n* Zersetzung *f*.

decompression [diːkəmˈprɛʃən] *n* Dekompression *f*, Druckverminderung *f*.

decompression chamber *n* Dekompressionskammer *f*.

decongestant [diːkənˈdʒɛstənt] *n* (*MED*) abschwellendes Mittel *nt*; (: *drops*) Nasentropfen *pl*.

decontaminate [diːkənˈtæmɪneɪt] *vt* entgiften.

decontrol [diːkənˈtrəul] *vt* freigeben.

décor [ˈdeɪkɔː*] *n* Ausstattung *f*; (*THEAT*) Dekor *m* or *nt*.

decorate [ˈdɛkəreɪt] *vt*: **to ~ (with)** verzieren (mit); (*tree, building*) schmücken (mit) ♦ *vt* (*room, house: from bare walls*) anstreichen und tapezieren; (: *redecorate*) renovieren.

decoration [dɛkəˈreɪʃən] *n* Verzierung *f*; (*on tree, building*) Schmuck *m*; (*act: see verb*) Verzieren *nt*; Schmücken *nt*; (An)streichen *nt*; Tapezieren *nt*; (*medal*) Auszeichnung *f*.

decorative [ˈdɛkərətɪv] *adj* dekorativ.

decorator [ˈdɛkəreɪtə*] *n* Maler(in) *m(f)*, Anstreicher(in) *m(f)*.

decorum [dɪˈkɔːrəm] *n* Anstand *m*.

decoy [ˈdiːkɔɪ] *n* Lockvogel *m*; (*object*) Köder *m*; **they used him as a ~ for the enemy** sie benutzten ihn dazu, den Feind anzulocken.

decrease [ˈdiːkriːs] *vt* verringern, reduzieren ♦ *vi* abnehmen, zurückgehen ♦ *n*: **~ (in)** Abnahme (+*gen*); Rückgang (+*gen*); **to be on the ~** abnehmen, zurückgehen.

decreasing [diːˈkriːsɪŋ] *adj* abnehmend, zurückgehend.

decree [dɪˈkriː] *n* (*ADMIN, LAW*) Verfügung *f*; (*POL*) Erlass *m*; (*REL*) Dekret *n* ♦ *vt*: **to ~ (that)** verfügen(, dass), verordnen(, dass).

decree absolute *n* endgültiges Scheidungsurteil *nt*.

decree nisi [-ˈnaɪsaɪ] *n* vorläufiges Scheidungsurteil *nt*.

decrepit [dɪˈkrɛpɪt] *adj* (*shack*) baufällig; (*person*) klapprig (*inf*).

decry [dɪˈkraɪ] *vt* schlecht machen.

dedicate [ˈdɛdɪkeɪt] *vt*: **to ~ to** widmen +*dat*.

dedicated [ˈdɛdɪkeɪtɪd] *adj* hingebungsvoll, engagiert; (*COMPUT*) dediziert; **~ word processor** dediziertes Textverarbeitungssystem *nt*.

dedication [dɛdɪˈkeɪʃən] *n* Hingabe *f*; (*in book, on radio*) Widmung *f*.

deduce [dɪˈdjuːs] *vt*: **to ~ (that)** schließen(, dass), folgern(, dass).

deduct [dɪˈdʌkt] *vt* abziehen; **to ~ sth (from)** etw abziehen (von); (*esp from wage etc*) etw einbehalten (von).

deduction [dɪˈdʌkʃən] *n* (*act of deducting*) Abzug *m*; (*act of deducing*) Folgerung *f*.

deed [diːd] *n* Tat *f*; (*LAW*) Urkunde *f*; **~ of covenant** Vertragsurkunde *f*.

deem [diːm] *vt* (*formal*) erachten für, halten für; **to ~ it wise/helpful to do sth** es für klug/hilfreich halten, etw zu tun.

deep [diːp] *adj* tief ♦ *adv*: **the spectators stood 20 ~** die Zuschauer standen in 20 Reihen hintereinander; **to be 4 metres ~** 4 Meter tief sein; **knee-~ in water** bis zu den Knien im Wasser; **he took a ~ breath** er holte tief Luft.

deepen [ˈdiːpn] *vt* vertiefen ♦ *vi* (*crisis*) sich verschärfen; (*mystery*) größer werden.

deepfreeze [ˈdiːpˈfriːz] *n* Tiefkühltruhe *f*.

deep-fry [ˈdiːpˈfraɪ] *vt* frittieren.

deeply [ˈdiːplɪ] *adv* (*breathe*) tief; (*interested*) höchst; (*moved, grateful*) zutiefst.

deep-rooted [ˈdiːpˈruːtɪd] *adj* tief verwurzelt; (*habit*) fest eingefahren.

deep-sea [ˈdiːpˈsiː] *cpd* Tiefsee-; (*fishing*) Hochsee-.

deep-seated [ˈdiːpˈsiːtɪd] *adj* tief sitzend.

deep-set ['di:psɛt] *adj* tief liegend.

deer [dɪə*] *n inv* Reh *nt*; *(male)* Hirsch *m*; **(red)** ~ Rotwild *nt*; **(roe)** ~ Reh *nt*; **(fallow)** ~ Damwild *nt*.

deerskin ['dɪəskɪn] *n* Hirschleder *nt*, Rehleder *nt*.

deerstalker ['dɪəstɔ:kə*] *n* ≈ Sherlock-Holmes-Mütze *f*.

deface [dɪ'feɪs] *vt (with paint etc)* beschmieren; *(slash, tear)* zerstören.

defamation [dɛfə'meɪʃən] *n* Diffamierung *f*, Verleumdung *f*.

defamatory [dɪ'fæmətrɪ] *adj* diffamierend, verleumderisch.

default [dɪ'fɔ:lt] *n (also:* ~ **value)** Voreinstellung *f* ♦ *vi:* **to** ~ **on a debt** einer Zahlungsverpflichtung nicht nachkommen; **to win by** ~ kampflos gewinnen.

defaulter [dɪ'fɔ:ltə*] *n* säumiger Zahler *m*, säumige Zahlerin *f*.

default option *n* Voreinstellung *f*.

defeat [dɪ'fi:t] *vt* besiegen, schlagen ♦ *n (failure)* Niederlage *f*; *(of enemy):* ~ **(of)** Sieg *m* (über +*acc*).

defeatism [dɪ'fi:tɪzəm] *n* Defätismus *m*.

defeatist [dɪ'fi:tɪst] *adj* defätistisch ♦ *n* Defätist(in) *m(f)*.

defect [*n* 'di:fɛkt, *vi* dɪ'fɛkt] *n* Fehler *m* ♦ *vi:* **to** ~ **to the enemy** zum Feind überlaufen; **physical/mental** ~ körperlicher/geistiger Schaden *m or* Defekt *m*; **to** ~ **to the West** sich in den Westen absetzen.

defective [dɪ'fɛktɪv] *adj* fehlerhaft.

defector [dɪ'fɛktə*] *n* Überläufer(in) *m(f)*.

defence, *(US)* **defense** [dɪ'fɛns] *n* Verteidigung *f*; *(justification)* Rechtfertigung *f*; **in** ~ **of** zur Verteidigung +*gen*; **witness for the** ~ Zeuge *m*/Zeugin *f* der Verteidigung; **the Ministry of D~**, *(US)* **the Department of Defense** das Verteidigungsministerium.

defenceless [dɪ'fɛnslɪs] *adj* schutzlos.

defend [dɪ'fɛnd] *vt* verteidigen.

defendant [dɪ'fɛndənt] *n* Angeklagte(r) *f(m)*; *(in civil case)* Beklagte(r) *f(m)*.

defender [dɪ'fɛndə*] *n* Verteidiger(in) *m(f)*.

defending champion [dɪ'fɛndɪŋ-] *n* (SPORT) Titelverteidiger(in) *m(f)*.

defending counsel [dɪ'fɛndɪŋ-] *n* Verteidiger(in) *m(f)*.

defense [dɪ'fɛns] *(US)* *n* = **defence**.

defensive [dɪ'fɛnsɪv] *adj* defensiv ♦ *n:* **on the** ~ in der Defensive.

defer [dɪ'fə:*] *vt* verschieben.

deference ['dɛfərəns] *n* Achtung *f*, Respekt *m*; **out of** *or* **in** ~ **to** aus Rücksicht auf +*acc*.

deferential [dɛfə'rɛnʃəl] *adj* ehrerbietig, respektvoll.

defiance [dɪ'faɪəns] *n* Trotz *m*; **in** ~ **of sth** einer Sache *dat* zum Trotz, unter Missachtung einer Sache *gen*.

defiant [dɪ'faɪənt] *adj* trotzig; *(challenging)* herausfordernd.

defiantly [dɪ'faɪəntlɪ] *adv (see adj)* trotzig; herausfordernd.

deficiency [dɪ'fɪʃənsɪ] *n* Mangel *m*; *(defect)* Unzulänglichkeit *f*; *(deficit)* Defizit *nt*.

deficiency disease *n* Mangelkrankheit *f*.

deficient [dɪ'fɪʃənt] *adj:* **sb/sth is** ~ **in sth** jdm/etw fehlt es an etw *dat*.

deficit ['dɛfɪsɪt] *n* Defizit *nt*.

defile [dɪ'faɪl] *vt (memory)* beschmutzen; *(statue etc)* schänden ♦ *n* Hohlweg *m*.

define [dɪ'faɪn] *vt (limits, boundaries)* bestimmen, festlegen; *(word)* definieren.

definite ['dɛfɪnɪt] *adj* definitiv; *(date etc)* fest; *(clear, obvious)* klar, eindeutig; *(certain)* bestimmt; **he was** ~ **about it** er war sich *dat* sehr sicher.

definite article *n* bestimmter Artikel *m*.

definitely ['dɛfɪnɪtlɪ] *adv* bestimmt; *(decide)* fest, definitiv.

definition [dɛfɪ'nɪʃən] *n (of word)* Definition *f*; *(of photograph etc)* Schärfe *f*.

definitive [dɪ'fɪnɪtɪv] *adj (account)* definitiv; *(version)* maßgeblich.

deflate [di:'fleɪt] *vt (tyre, balloon)* die Luft ablassen aus; *(person)* einen Dämpfer versetzen +*dat*; *(ECON)* deflationieren.

deflation [di:'fleɪʒən] *n* Deflation *f*.

deflationary [di:'fleɪʃənrɪ] *adj* deflationistisch.

deflect [dɪ'flɛkt] *vt (attention)* ablenken; *(criticism)* abwehren; *(shot)* abfälschen; *(light)* brechen, beugen.

defog ['di:'fɔg] *(US)* *vt* von Beschlag freimachen.

defogger ['di:'fɔgə*] *(US)* *n* Gebläse *nt*.

deform [dɪ'fɔ:m] *vt* deformieren, verunstalten.

deformed [dɪ'fɔ:md] *adj* deformiert, missgebildet.

deformity [dɪ'fɔ:mɪtɪ] *n* Deformität *f*, Missbildung *f*.

defraud [dɪ'frɔ:d] *vt:* **to** ~ **sb (of sth)** jdn (um etw) betrügen.

defray [dɪ'freɪ] *vt:* **to** ~ **sb's expenses** jds Unkosten tragen *or* übernehmen.

defrost [di:'frɔst] *vt (fridge)* abtauen; *(windscreen)* entfrosten; *(food)* auftauen.

defroster [di:'frɔstə*] *(US)* *n* (AUT) Gebläse *nt*.

deft [dɛft] *adj* geschickt.

defunct [dɪ'fʌŋkt] *adj (industry)* stillgelegt; *(organization)* nicht mehr bestehend.

defuse [di:'fju:z] *vt* entschärfen.

defy [dɪ'faɪ] *vt* sich widersetzen +*dat*; *(challenge)* auffordern; **it defies description** es spottet jeder Beschreibung.

degenerate [dɪ'dʒɛnəreɪt] *vi* degenerieren ♦ *adj* degeneriert.

degradation [dɛgrə'deɪʃən] *n* Erniedrigung *f*.

degrade [dɪ'greɪd] *vt* erniedrigen; *(reduce the quality of)* degradieren.

degrading [dɪ'greɪdɪŋ] *adj* erniedrigend.

degree [dɪ'gri:] *n* Grad *m*; *(SCOL)* akademischer Grad *m*; **10** ~**s below (zero)**

10 Grad unter null; **6 ~s of frost** 6 Grad Kälte *or* unter null; **a considerable ~ of risk** ein gewisses Risiko; **a ~ in maths** ein Hochschulabschluss *m* in Mathematik; **by ~s** nach und nach; **to some ~, to a certain ~** einigermaßen, in gewissem Maße.

dehydrated [diːhaɪˈdreɪtɪd] *adj* ausgetrocknet, dehydriert; (*milk, eggs*) pulverisiert, Trocken-.

dehydration [diːhaɪˈdreɪʃən] *n* Austrocknung *f*, Dehydration *f*.

de-ice [diːˈaɪs] *vt* enteisen.

de-icer [ˈdiːˈaɪsə*] *n* Defroster *m*.

deign [deɪn] *vi*: **to ~ to do sth** sich herablassen, etw zu tun.

deity [ˈdiːɪtɪ] *n* Gottheit *f*.

dejected [dɪˈdʒɛktɪd] *adj* niedergeschlagen, deprimiert.

dejection [dɪˈdʒɛkʃən] *n* Niedergeschlagenheit *f*, Depression *f*.

Del. (*US*) *abbr* (*POST*: = *Delaware*).

del. *abbr* = **delete**.

delay [dɪˈleɪ] *vt* (*decision, ceremony*) verschieben, aufschieben; (*person, plane, train*) aufhalten ♦ *vi* zögern ♦ *n* Verzögerung *f*; (*postponement*) Aufschub *m*; **to be ~ed** (*person*) sich verspäten; (*departure etc*) verspätet sein; (*flight etc*) Verspätung haben; **without ~** unverzüglich.

delayed-action [dɪˈleɪdˈækʃən] *adj* (*bomb, mine*) mit Zeitzünder; (*PHOT*): **~ shutter release** Selbstauslöser *m*.

delectable [dɪˈlɛktəbl] *adj* (*person*) reizend; (*food*) köstlich.

delegate [ˈdɛlɪgɪt] *n* Delegierte(r) *f(m)* ♦ *vt* delegieren; **to ~ sth to sb** jdm mit etw beauftragen; **to ~ sb to do sth** jdn damit beauftragen, etw zu tun.

delegation [dɛlɪˈgeɪʃən] *n* Delegation *f*; (*group*) Abordnung *f*, Delegation *f*.

delete [dɪˈliːt] *vt* streichen; (*COMPUT*) löschen.

Delhi [ˈdɛlɪ] *n* Delhi *nt*.

deli [ˈdɛlɪ] *n* Feinkostgeschäft *nt*.

deliberate [*adj* dɪˈlɪbərɪt, *vi* dɪˈlɪbəreɪt] *adj* absichtlich; (*action, insult*) bewusst; (*slow*) bedächtig ♦ *vi* überlegen.

deliberately [dɪˈlɪbərɪtlɪ] *adv* absichtlich, bewusst; (*slowly*) bedächtig.

deliberation [dɪlɪbəˈreɪʃən] *n* Überlegung *f*; (*usu pl: discussions*) Beratungen *pl*.

delicacy [ˈdɛlɪkəsɪ] *n* Feinheit *f*, Zartheit *f*; (*of problem*) Delikatheit *f*; (*choice food*) Delikatesse *f*.

delicate [ˈdɛlɪkɪt] *adj* fein; (*colour, health*) zart; (*approach*) feinfühlig; (*problem*) delikat, heikel.

delicately [ˈdɛlɪkɪtlɪ] *adv* zart, fein; (*act, express*) feinfühlig.

delicatessen [dɛlɪkəˈtɛsn] *n* Feinkostgeschäft *nt*.

delicious [dɪˈlɪʃəs] *adj* köstlich; (*feeling,* *person*) herrlich.

delight [dɪˈlaɪt] *n* Freude *f* ♦ *vt* erfreuen; **sb takes (a) ~ in sth** etw bereitet jdm große Freude; **sb takes (a) ~ in doing sth** es bereitet jdm große Freude, etw zu tun; **to be the ~ of** die Freude +*gen* sein; **she was a ~ to interview** es war eine Freude, sie zu interviewen; **the ~s of country life** die Freuden des Landlebens.

delighted [dɪˈlaɪtɪd] *adj*: **~ (at *or* with)** erfreut (über +*acc*), entzückt (über +*acc*); **to be ~ to do sth** etw gern tun; **I'd be ~** ich würde mich sehr freuen.

delightful [dɪˈlaɪtful] *adj* reizend, wunderbar.

delimit [diːˈlɪmɪt] *vt* abgrenzen.

delineate [dɪˈlɪnɪeɪt] *vt* (*fig*) beschreiben.

delinquency [dɪˈlɪŋkwənsɪ] *n* Kriminalität *f*.

delinquent [dɪˈlɪŋkwənt] *adj* straffällig ♦ *n* Delinquent(in) *m(f)*.

delirious [dɪˈlɪrɪəs] *adj*: **to be ~** (*with fever*) im Delirium sein; (*with excitement*) im Taumel sein.

delirium [dɪˈlɪrɪəm] *n* Delirium *nt*.

deliver [dɪˈlɪvə*] *vt* liefern; (*letters, papers*) zustellen; (*hand over*) übergeben; (*message*) überbringen; (*speech*) halten; (*blow*) versetzen; (*MED: baby*) zur Welt bringen; (*warning*) geben; (*ultimatum*) stellen; (*free*): **to ~ (from)** befreien (von); **to ~ the goods** (*fig*) halten, was man versprochen hat.

deliverance [dɪˈlɪvrəns] *n* Befreiung *f*.

delivery [dɪˈlɪvərɪ] *n* (*of letters, papers*) Zustellung *f*; (*of speaker*) Vortrag *m*; (*MED*) Entbindung *f*; **to take ~ of sth** etw in Empfang nehmen.

delivery note *n* Lieferschein *m*.

delivery van, (*US*) **delivery truck** *n* Lieferwagen *m*.

delouse [ˈdiːˈlaus] *vt* entlausen.

delta [ˈdɛltə] *n* Delta *nt*.

delude [dɪˈluːd] *vt* täuschen; **to ~ o.s.** sich *dat* etwas vormachen.

deluge [ˈdɛljuːdʒ] *n* (*of rain*) Guss *m*; (*fig: of petitions, requests*) Flut *f*.

delusion [dɪˈluːʒən] *n* Irrglaube *m*; **to have ~s of grandeur** größenwahnsinnig sein.

de luxe [dəˈlʌks] *adj* (*hotel, model*) Luxus-.

delve [dɛlv] *vi*: **to ~ into** (*subject*) sich eingehend befassen mit; (*cupboard, handbag*) tief greifen in +*acc*.

Dem. (*US*) *abbr* (*POL*) = **democrat, democratic**.

demagogue [ˈdɛməgɔg] *n* Demagoge *m*, Demagogin *f*.

demand [dɪˈmɑːnd] *vt* verlangen; (*rights*) fordern; (*need*) erfordern, verlangen ♦ *n* Verlangen *nt*; (*claim*) Forderung *f*; (*ECON*) Nachfrage *f*; **to ~ sth (from *or* of sb)** (von jdm) verlangen *or* fordern; **to be in ~** gefragt sein; **on ~** (*available*) auf Verlangen; (*payable*) bei Vorlage *or* Sicht.

demand draft *n* Sichtwechsel *m*.

demanding [dɪˈmɑːndɪŋ] *adj* anspruchsvoll;

(*work, child*) anstrengend.
demarcation [diːmɑːˈkeɪʃən] *n* (*of area, tasks*) Abgrenzung *f*.
demarcation dispute *n* Streit *m* um den Zuständigkeitsbereich.
demean [dɪˈmiːn] *vt*: **to ~ o.s.** sich erniedrigen.
demeanour, (*US*) **demeanor** [dɪˈmiːnəʳ] *n* Benehmen *nt*, Auftreten *nt*.
demented [dɪˈmɛntɪd] *adj* wahnsinnig.
demilitarized zone [diːˈmɪlɪtəraɪzd-] *n* entmilitarisierte Zone *f*.
demise [dɪˈmaɪz] *n* Ende *nt*; (*death*) Tod *m*.
demist [diːˈmɪst] (*BRIT*) *vt* (*AUT: windscreen*) von Beschlag freimachen.
demister [diːˈmɪstəʳ] (*BRIT*) *n* (*AUT*) Gebläse *nt*.
demo [ˈdɛməu] (*inf*) *n abbr* = **demonstration**.
demob [diːˈmɒb] (*inf*) *vt* = **demobilize**.
demobilize [diːˈməubɪlaɪz] *vt* aus dem Kriegsdienst entlassen, demobilisieren.
democracy [dɪˈmɒkrəsɪ] *n* Demokratie *f*.
democrat [ˈdɛməkræt] *n* Demokrat(in) *m(f)*.
democratic [dɛməˈkrætɪk] *adj* demokratisch.
Democratic Party (*US*) *n*: **the ~** die Demokratische Partei.
demography [dɪˈmɒgrəfɪ] *n* Demografie *f*.
demolish [dɪˈmɒlɪʃ] *vt* abreißen, abbrechen; (*fig: argument*) widerlegen.
demolition [dɛməˈlɪʃən] *n* Abriss *m*, Abbruch *m*; (*of argument*) Widerlegung *f*.
demon [ˈdiːmən] *n* Dämon *m* ♦ *adj* teuflisch gut.
demonstrate [ˈdɛmənstreɪt] *vt* (*theory*) demonstrieren; (*skill*) zeigen, beweisen; (*appliance*) vorführen ♦ *vi*: **to ~ (for/against)** demonstrieren (für/gegen).
demonstration [dɛmənˈstreɪʃən] *n* Demonstration *f*; (*of gadget, machine etc*) Vorführung *f*; **to hold a ~** eine Demonstration veranstalten *or* durchführen.
demonstrative [dɪˈmɒnstrətɪv] *adj* demonstrativ.
demonstrator [ˈdɛmənstreɪtəʳ] *n* Demonstrant(in) *m(f)*; (*sales person*) Vorführer(in) *m(f)*; (*car*) Vorführwagen *m*; (*computer etc*) Vorführgerät *nt*.
demoralize [dɪˈmɒrəlaɪz] *vt* entmutigen.
demote [dɪˈməut] *vt* zurückstufen; (*MIL*) degradieren.
demotion [dɪˈməuʃən] *n* Zurückstufung *f*; (*MIL*) Degradierung *f*.
demur [dɪˈməːʳ] (*form*) *vi* Einwände *pl* erheben ♦ *n*: **without ~** widerspruchslos; **they ~red at the suggestion** sie erhoben Einwände gegen den Vorschlag.
demure [dɪˈmjuəʳ] *adj* zurückhaltend; (*smile*) höflich; (*dress*) schlicht.
demurrage [dɪˈmʌrɪdʒ] *n* Liegegeld *nt*.
den [dɛn] *n* Höhle *f*; (*of fox*) Bau *m*; (*room*) Bude *f*.

denationalization [diːnæʃnəlaɪˈzeɪʃən] *n* Privatisierung *f*.
denationalize [diːˈnæʃnəlaɪz] *vt* privatisieren.
denatured alcohol [diːˈneɪtʃəd-] (*US*) *n* vergällter Alkohol *m*.
denial [dɪˈnaɪəl] *n* Leugnen *nt*; (*of rights*) Verweigerung *f*.
denier [ˈdɛnɪəʳ] *n* Denier *nt*.
denigrate [ˈdɛnɪgreɪt] *vt* verunglimpfen.
denim [ˈdɛnɪm] *n* Jeansstoff *m*; **denims** *npl* (Blue) Jeans *pl*.
denim jacket *n* Jeansjacke *f*.
denizen [ˈdɛnɪzn] *n* Bewohner(in) *m(f)*; (*person in town*) Einwohner(in) *m(f)*; (*foreigner*) eingebürgerter Ausländer *m*, eingebürgerte Ausländerin *f*.
Denmark [ˈdɛnmɑːk] *n* Dänemark *nt*.
denomination [dɪnɒmɪˈneɪʃən] *n* (*of money*) Nennwert *m*; (*REL*) Konfession *f*.
denominator [dɪˈnɒmɪneɪtəʳ] *n* Nenner *m*.
denote [dɪˈnəut] *vt* (*indicate*) hindeuten auf +*acc*; (*represent*) bezeichnen.
denounce [dɪˈnauns] *vt* (*person*) anprangern; (*action*) verurteilen.
dense [dɛns] *adj* dicht; (*inf: person*) beschränkt.
densely [ˈdɛnslɪ] *adv* dicht.
density [ˈdɛnsɪtɪ] *n* Dichte *f*; **single/double-~ disk** (*COMPUT*) Diskette *f* mit einfacher/doppelter Dichte.
dent [dɛnt] *n* Beule *f*; (*in pride, ego*) Knacks *m* ♦ *vt* (*also*: **make a ~ in**) einbeulen; (*pride, ego*) anknacksen.
dental [ˈdɛntl] *adj* (*filling, hygiene etc*) Zahn-; (*treatment*) zahnärztlich.
dental floss [-flɔs] *n* Zahnseide *f*.
dental surgeon *n* Zahnarzt *m*, Zahnärztin *f*.
dentifrice [ˈdɛntɪfrɪs] *n* Zahnpasta *f*.
dentist [ˈdɛntɪst] *n* Zahnarzt *m*, Zahnärztin *f*; (*also*: **~'s (surgery)**) Zahnarzt *m*, Zahnarztpraxis *f*.
dentistry [ˈdɛntɪstrɪ] *n* Zahnmedizin *f*.
dentures [ˈdɛntʃəz] *npl* Zahnprothese *f*; (*full*) Gebiss *nt*.
denuded [diːˈnjuːdɪd] *adj*: **~ of** entblößt von.
denunciation [dɪnʌnsɪˈeɪʃən] *n* (*of person*) Anprangerung *f*; (*of action*) Verurteilung *f*.
deny [dɪˈnaɪ] *vt* leugnen; (*involvement*) abstreiten; (*permission, chance*) verweigern; (*country, religion etc*) verleugnen; **he denies having said it** er leugnet *or* bestreitet, das gesagt zu haben.
deodorant [diːˈəudərənt] *n* Deodorant *nt*.
depart [dɪˈpɑːt] *vi* (*visitor*) abreisen; (*: on foot*) weggehen; (*bus, train*) abfahren; (*plane*) abfliegen; **to ~ from** (*fig*) abweichen von.
departed [dɪˈpɑːtɪd] *adj*: **the (dear) ~** der/die (liebe) Verstorbene *m/f*, die (lieben) Verstorbenen *pl*.
department [dɪˈpɑːtmənt] *n* Abteilung *f*; (*SCOL*) Fachbereich *m*; (*POL*) Ministerium *nt*; **that's not my ~** (*fig*) dafür bin ich nicht

zuständig; **D~ of State** (*US*)
Außenministerium *nt*.
departmental [di:pɑːt'mentl] *adj* (*budget,
costs*) der Abteilung; (*level*) Abteilungs-;
~ manager Abteilungsleiter(in) *m(f)*.
department store *n* Warenhaus *nt*.
departure [dɪ'pɑːtʃə*] *n* (*of visitor*) Abreise *f*;
(*on foot, of employee etc*) Weggang *m*; (*of bus,
train*) Abfahrt *f*; (*of plane*) Abflug *m*; (*fig*):
~ from Abweichen *nt* von; **a new ~** ein
neuer Weg *m*.
departure lounge *n* Abflughalle *f*.
depend [dɪ'pend] *vi*: **to ~ on** abhängen von;
(*rely on, trust*) sich verlassen auf +*acc*;
(*financially*) abhängig sein von, angewiesen
sein auf +*acc*; **it ~s** es kommt darauf an;
~ing on the result ... je nachdem, wie das
Ergebnis ausfällt, ...
dependable [dɪ'pendəbl] *adj* zuverlässig.
dependant [dɪ'pendənt] *n* abhängige(r)
(Familien)angehörige(r) *f(m)*.
dependence [dɪ'pendəns] *n* Abhängigkeit *f*.
dependent [dɪ'pendənt] *adj*: **to be ~ on**
(*person*) abhängig sein von, angewiesen
sein auf +*acc*; (*decision*) abhängen von ♦ *n*
= **dependant**.
depict [dɪ'pɪkt] *vt* (*in picture*) darstellen;
(*describe*) beschreiben.
depilatory [dɪ'pɪlətrɪ] *n* (*also:* **~ cream**)
Enthaarungsmittel *nt*.
depleted [dɪ'pliːtɪd] *adj* (*reserves*)
aufgebraucht; (*stocks*) erschöpft.
deplorable [dɪ'plɔːrəbl] *adj* bedauerlich.
deplore [dɪ'plɔː*] *vt* verurteilen.
deploy [dɪ'plɔɪ] *vt* einsetzen.
depopulate [diː'pɒpjuleɪt] *vt* entvölkern.
depopulation ['diːpɒpju'leɪʃən] *n*
Entvölkerung *f*.
deport [dɪ'pɔːt] *vt* (*criminal*) deportieren;
(*illegal immigrant*) abschieben.
deportation [diːpɔː'teɪʃən] *n* (*see vb*)
Deportation *f*; Abschiebung *f*.
deportation order *n* Ausweisung *f*.
deportee [diːpɔː'tiː] *n* Deportierte(r) *f(m)*.
deportment [dɪ'pɔːtmənt] *n* Benehmen *nt*.
depose [dɪ'pəuz] *vt* absetzen.
deposit [dɪ'pɒzɪt] *n* (*in account*) Guthaben *nt*;
(*down payment*) Anzahlung *f*; (*for hired goods
etc*) Sicherheit *f*, Kaution *f*; (*on bottle etc*)
Pfand *nt*; (*CHEM*) Ablagerung *f*; (*of ore, oil*)
Lagerstätte *f* ♦ *vt* deponieren; (*subj: river,
sand etc*) ablagern; **to put down a ~ of £50**
eine Anzahlung von £50 machen.
deposit account *n* Sparkonto *nt*.
depositary [dɪ'pɒzɪtərɪ] *n* Treuhänder(in) *m(f)*.
depositor [dɪ'pɒzɪtə*] *n* Deponent(in) *m(f)*,
Einzahler(in) *m(f)*.
depository [dɪ'pɒzɪtərɪ] *n* (*person*)
Treuhänder(in) *m(f)*; (*place*) Lager(haus) *nt*.
depot ['depəu] *n* Lager(haus) *nt*; (*for vehicles*)
Depot *nt*; (*US: station*) Bahnhof *m*; (*: bus
station*) Busbahnhof *m*.

depraved [dɪ'preɪvd] *adj* verworfen.
depravity [dɪ'prævɪtɪ] *n* Verworfenheit *f*.
deprecate ['deprɪkeɪt] *vt* missbilligen.
deprecating ['deprɪkeɪtɪŋ] *adj* (*disapproving*)
missbilligend; (*apologetic*) entschuldigend.
depreciate [dɪ'priːʃɪeɪt] *vi* an Wert verlieren;
(*currency*) an Kaufkraft verlieren; (*value*)
sinken.
depreciation [dɪpriːʃɪ'eɪʃən] *n* (*see vb*)
Wertminderung *f*; Kaufkraftverlust *m*;
Sinken *nt*.
depress [dɪ'pres] *vt* deprimieren; (*price,
wages*) drücken; (*press down*)
herunterdrücken.
depressant [dɪ'presnt] *n* Beruhigungsmittel
nt.
depressed [dɪ'prest] *adj* deprimiert,
niedergeschlagen; (*price*) gesunken;
(*industry*) geschwächt; (*area*) Notstands-; **to
get ~** deprimiert werden.
depressing [dɪ'presɪŋ] *adj* deprimierend.
depression [dɪ'preʃən] *n* (*PSYCH*)
Depressionen *pl*; (*ECON*) Wirtschaftskrise *f*;
(*MET*) Tief(druckgebiet) *nt*; (*hollow*)
Vertiefung *f*.
deprivation [deprɪ'veɪʃən] *n* Entbehrung *f*,
Not *f*; (*of freedom, rights etc*) Entzug *m*.
deprive [dɪ'praɪv] *vt*: **to ~ sb of sth** (*liberty*)
jdm etw entziehen; (*life*) jdm etw nehmen.
deprived [dɪ'praɪvd] *adj* benachteiligt; (*area*)
Not leidend.
dept *abbr* = **department**.
depth [depθ] *n* Tiefe *f*; **in the ~s of** in den
Tiefen +*gen*; **in the ~s of despair** in tiefster
Verzweiflung; **in the ~s of winter** im
tiefsten Winter; **at a ~ of 3 metres** in 3
Meter Tiefe; **to be out of one's ~** (*in water*)
nicht mehr stehen können; (*fig*) überfordert
sein; **to study sth in ~** etw gründlich *or*
eingehend studieren.
depth charge *n* Wasserbombe *f*.
deputation [depju'teɪʃən] *n* Abordnung *f*.
deputize ['depjutaɪz] *vi*: **to ~ for sb** jdn
vertreten.
deputy ['depjutɪ] *cpd* stellvertretend ♦ *n*
(Stell)vertreter(in) *m(f)*; (*POL*)
Abgeordnete(r) *f(m)*; (*US: also:* **~ sheriff**)
Hilfssheriff *m*; **~ head** (*BRIT: SCOL*)
Konrektor(in) *m(f)*.
derail [dɪ'reɪl] *vt*: **to be ~ed** entgleisen.
derailment [dɪ'reɪlmənt] *n* Entgleisung *f*.
deranged [dɪ'reɪndʒd] *adj*: **to be mentally ~**
geistesgestört sein.
derby ['dɜːrbɪ] *n* Derby *nt*; (*US: hat*) Melone *f*.
Derbys (*BRIT*) *abbr* (*POST*: = *Derbyshire*).
deregulate [dɪ'regjuleɪt] *vt* staatliche
Kontrollen aufheben bei.
deregulation [dɪ'regju'leɪʃən] *n* Aufhebung *f*
staatlicher Kontrollen.
derelict ['derɪlɪkt] *adj* verfallen.
deride [dɪ'raɪd] *vt* sich lustig machen über
+*acc*.

derision [dɪ'rɪʒən] n Hohn m, Spott m.
derisive [dɪ'raɪsɪv] adj spöttisch.
derisory [dɪ'raɪsərɪ] adj spöttisch; (sum)
lächerlich.
derivation [dɛrɪ'veɪʃən] n Ableitung f.
derivative [dɪ'rɪvətɪv] n (LING) Ableitung f;
(CHEM) Derivat nt ♦ adj nachahmend.
derive [dɪ'raɪv] vt: **to ~ (from)** gewinnen (aus);
(benefit) ziehen (aus) ♦ vi: **to ~ from**
(originate in) sich herleiten or ableiten von;
to ~ pleasure from Freude haben an +dat.
dermatitis [də:mə'taɪtɪs] n Hautentzündung f,
Dermatitis f.
dermatology [də:mə'tɔlədʒɪ] n Dermatologie
f.
derogatory [dɪ'rɔgətərɪ] adj abfällig.
derrick ['dɛrɪk] n (on ship) Derrickkran m; (on
well) Bohrturm m.
derv [də:v] (BRIT) n (AUT) Diesel(kraftstoff) m.
desalination [di:sælɪ'neɪʃən] n Entsalzung f.
descend [dɪ'sɛnd] vt hinuntergehen,
hinuntersteigen; (lift, vehicle)
hinunterfahren; (road) hinunterführen ♦ vi
hinuntergehen; (lift) nach unten fahren; **to
~ from** abstammen von; **to ~ to** sich
erniedrigen zu; **in ~ing order of importance**
nach Wichtigkeit geordnet.
▶ **descend on** vt fus überfallen; (subj:
misfortune) hereinbrechen über +acc;
(: gloom) befallen; (: silence) sich senken auf
+acc; **visitors ~ed (up)on us** der Besuch hat
uns überfallen.
descendant [dɪ'sɛndənt] n Nachkomme m.
descent [dɪ'sɛnt] n Abstieg m; (origin)
Abstammung f.
describe [dɪs'kraɪb] vt beschreiben.
description [dɪs'krɪpʃən] n Beschreibung f;
(sort): **of every ~** aller Art.
descriptive [dɪs'krɪptɪv] adj deskriptiv.
desecrate ['dɛsɪkreɪt] vt schänden.
desegregate [di:'sɛgrɪgeɪt] vt die
Rassentrennung aufheben in +dat.
desert [n 'dɛzət, vb dɪ'zə:t] n Wüste f ♦ vt
verlassen ♦ vi desertieren; see also **deserts**.
deserter [dɪ'zə:tə*] n Deserteur m.
desertion [dɪ'zə:ʃən] n Desertion f,
Fahnenflucht f; (LAW) böswilliges Verlassen
nt.
desert island n einsame or verlassene Insel
f.
deserts [dɪ'zə:ts] npl: **to get one's just ~**
bekommen, was man verdient.
deserve [dɪ'zə:v] vt verdienen.
deservedly [dɪ'zə:vɪdlɪ] adv verdientermaßen.
deserving [dɪ'zə:vɪŋ] adj verdienstvoll.
desiccated ['dɛsɪkeɪtɪd] adj vertrocknet;
(coconut) getrocknet.
design [dɪ'zaɪn] n Design nt; (process) Entwurf
m, Gestaltung f; (sketch) Entwurf m; (layout,
shape) Form f; (pattern) Muster nt; (of car)
Konstruktion f; (intention) Plan m, Absicht f
♦ vt entwerfen; **to have ~s on** es abgesehen

haben auf +acc; **well-~ed** mit gutem Design.
design and technology (BRIT) n (SCOL) ≈
Design und Technologie.
designate [vt 'dɛzɪgneɪt, adj 'dɛzɪgnɪt] vt
bestimmen, ernennen ♦ adj designiert.
designation [dɛzɪg'neɪʃən] n Bezeichnung f.
designer [dɪ'zaɪnə*] n Designer(in) m(f);
(TECH) Konstrukteur(in) m(f); (fashion
designer) Modeschöpfer(in) m(f) ♦ adj (clothes
etc) Designer-.
desirability [dɪzaɪərə'bɪlɪtɪ] n: **they discussed
the ~ of the plan** sie besprachen, ob der
Plan wünschenswert sei.
desirable [dɪ'zaɪərəbl] adj (proper)
wünschenswert; (attractive) reizvoll,
attraktiv.
desire [dɪ'zaɪə*] n Wunsch m; (sexual)
Verlangen nt, Begehren nt ♦ vt wünschen;
(lust after) begehren; **to ~ to do sth/that**
wünschen, etw zu tun/dass.
desirous [dɪ'zaɪərəs] adj: **to be ~ of doing sth**
den Wunsch haben, etw zu tun.
desist [dɪ'zɪst] vi: **to ~ (from)** absehen (von),
Abstand nehmen (von).
desk [dɛsk] n Schreibtisch m; (for pupil) Pult
nt; (in hotel) Empfang m; (at airport) Schalter
m; (BRIT: in shop, restaurant) Kasse f.
desk job n Bürojob m.
desktop ['dɛsktɔp] n Arbeitsfläche f.
desktop publishing n Desktoppublishing nt,
Desktop-Publishing nt.
desolate ['dɛsəlɪt] adj trostlos.
desolation [dɛsə'leɪʃən] n Trostlosigkeit f.
despair [dɪs'pɛə*] n Verzweiflung f ♦ vi: **to ~ of**
alle Hoffnung aufgeben auf +acc; **to be in ~**
verzweifelt sein.
despatch [dɪs'pætʃ] n, vt = **dispatch**.
desperate ['dɛspərɪt] adj verzweifelt;
(shortage) akut; (criminal) zum Äußersten
entschlossen; **to be ~ for sth/to do sth** etw
dringend brauchen/unbedingt tun wollen.
desperately ['dɛspərɪtlɪ] adv (shout, struggle
etc) verzweifelt; (ill) schwer; (unhappy etc)
äußerst.
desperation [dɛspə'reɪʃən] n Verzweiflung f;
in (sheer) ~ aus (reiner) Verzweiflung.
despicable [dɪs'pɪkəbl] adj (action)
verabscheuungswürdig; (person)
widerwärtig.
despise [dɪs'paɪz] vt verachten.
despite [dɪs'paɪt] prep trotz +gen.
despondent [dɪs'pɔndənt] adj
niedergeschlagen, mutlos.
despot ['dɛspɔt] n Despot m.
dessert [dɪ'zə:t] n Nachtisch m, Dessert nt.
dessertspoon [dɪ'zə:tspu:n] n Dessertlöffel
m.
destabilize [di:'steɪbɪlaɪz] vt destabilisieren.
destination [dɛstɪ'neɪʃən] n (Reise)ziel nt; (of
mail) Bestimmungsort m.
destined ['dɛstɪnd] adj: **to be ~ to do sth** dazu
bestimmt or ausersehen sein, etw zu tun; **to**

be ~ for bestimmt *or* ausersehen sein für.

destiny ['dɛstɪnɪ] *n* Schicksal *nt*.

destitute ['dɛstɪtjuːt] *adj* mittellos.

destroy [dɪs'trɔɪ] *vt* zerstören; (*animal*) töten.

destroyer [dɪs'trɔɪə*] *n* Zerstörer *m*.

destruction [dɪs'trʌkʃən] *n* Zerstörung *f*.

destructive [dɪs'trʌktɪv] *adj* zerstörerisch; (*child, criticism etc*) destruktiv.

desultory ['dɛsəltərɪ] *adj* flüchtig; (*conversation*) zwanglos.

detach [dɪ'tætʃ] *vt* (*remove*) entfernen; (*unclip*) abnehmen; (*unstick*) ablösen.

detachable [dɪ'tætʃəbl] *adj* abnehmbar.

detached [dɪ'tætʃt] *adj* distanziert; (*house*) frei stehend, Einzel-.

detachment [dɪ'tætʃmənt] *n* Distanz *f*; (*MIL*) Sonderkommando *nt*.

detail ['diːteɪl] *n* Einzelheit *f*; (*no pl: in picture, one's work etc*) Detail *nt*; (*trifle*) unwichtige Einzelheit ♦ *vt* (einzeln) aufführen; **in ~** in Einzelheiten; **to go into ~s** auf Einzelheiten eingehen, ins Detail gehen.

detailed ['diːteɪld] *adj* detailliert, genau.

detain [dɪ'teɪn] *vt* aufhalten; (*in captivity*) in Haft halten; (*in hospital*) festhalten.

detainee [diːteɪ'niː] *n* Häftling *m*.

detect [dɪ'tɛkt] *vt* wahrnehmen; (*MED, TECH*) feststellen; (*MIL*) ausfindig machen.

detection [dɪ'tɛkʃən] *n* Entdeckung *f*, Feststellung *f*; **crime ~** Ermittlungsarbeit *f*; **to escape ~** (*criminal*) nicht gefasst werden; (*mistake*) der Aufmerksamkeit *dat* entgehen.

detective [dɪ'tɛktɪv] *n* Kriminalbeamte(r) *m*; **private ~** Privatdetektiv *m*.

detective story *n* Kriminalgeschichte *f*, Detektivgeschichte *f*.

detector [dɪ'tɛktə*] *n* Detektor *m*.

détente [deɪ'tɑːnt] *n* Entspannung *f*, Détente *f*.

detention [dɪ'tɛnʃən] *n* (*arrest*) Festnahme *f*; (*captivity*) Haft *f*; (*SCOL*) Nachsitzen *nt*.

deter [dɪ'təː*] *vt* (*discourage*) abschrecken; (*dissuade*) abhalten.

detergent [dɪ'təːdʒənt] *n* Reinigungsmittel *nt*; (*for clothes*) Waschmittel *nt*; (*for dishes*) Spülmittel *nt*.

deteriorate [dɪ'tɪərɪəreɪt] *vi* sich verschlechtern.

deterioration [dɪtɪərɪə'reɪʃən] *n* Verschlechterung *f*.

determination [dɪtəːmɪ'neɪʃən] *n* Entschlossenheit *f*; (*establishment*) Festsetzung *f*.

determine [dɪ'təːmɪn] *vt* (*facts*) feststellen; (*limits etc*) festlegen; **to ~ that** beschließen, dass; **to ~ to do sth** sich entschließen, etw zu tun.

determined [dɪ'təːmɪnd] *adj* entschlossen; (*quantity*) bestimmt; **to be ~ to do sth** (fest) entschlossen sein, etw zu tun.

deterrence [dɪ'tɛrəns] *n* Abschreckung *f*.

deterrent [dɪ'tɛrənt] *n* Abschreckungsmittel *nt*; **to act as a ~** als Abschreckung(smittel) dienen.

detest [dɪ'tɛst] *vt* verabscheuen.

detestable [dɪ'tɛstəbl] *adj* abscheulich, widerwärtig.

detonate ['dɛtəneɪt] *vi* detonieren ♦ *vt* zur Explosion bringen.

detonator ['dɛtəneɪtə*] *n* Sprengkapsel *f*.

detour ['diːtuə*] *n* Umweg *m*; (*US: AUT*) Umleitung *f*.

detract [dɪ'trækt] *vi*: **to ~ from** schmälern; (*effect*) beeinträchtigen.

detractor [dɪ'træktə*] *n* Kritiker(in) *m(f)*.

detriment ['dɛtrɪmənt] *n*: **to the ~ of** zum Schaden +*gen*; **without ~ to** ohne Schaden für.

detrimental [dɛtrɪ'mɛntl] *adj*: **to be ~ to** schaden +*dat*.

deuce [djuːs] *n* (*TENNIS*) Einstand *m*.

devaluation [dɪvælju'eɪʃən] *n* Abwertung *f*.

devalue ['diː'væljuː] *vt* abwerten.

devastate ['dɛvəsteɪt] *vt* verwüsten; (*fig: shock*): **to be ~d by** niedergeschmettert sein von.

devastating ['dɛvəsteɪtɪŋ] *adj* verheerend; (*announcement, news*) niederschmetternd.

devastation [dɛvəs'teɪʃən] *n* Verwüstung *f*.

develop [dɪ'vɛləp] *vt* entwickeln; (*business*) erweitern, ausbauen; (*land, resource*) erschließen; (*disease*) bekommen ♦ *vi* sich entwickeln; (*facts*) an den Tag kommen; (*symptoms*) auftreten; **to ~ a taste for sth** Geschmack an etw finden; **the machine/car ~ed a fault/engine trouble** an dem Gerät/ dem Wagen trat ein Defekt/ein Motorschaden auf; **to ~ into** sich entwickeln zu, werden.

developer [dɪ'vɛləpə*] *n* (*also*: **property ~**) *Bauunternehmer und Immobilienmakler*.

developing country [dɪ'vɛləpɪŋ-] *n* Entwicklungsland *nt*.

development [dɪ'vɛləpmənt] *n* Entwicklung *f*; (*of land*) Erschließung *f*.

development area *n* Entwicklungsgebiet *nt*.

deviant ['diːvɪənt] *adj* abweichend.

deviate ['diːvɪeɪt] *vi*: **to ~ (from)** abweichen (von).

deviation [diːvɪ'eɪʃən] *n* Abweichung *f*.

device [dɪ'vaɪs] *n* Gerät *nt*; (*ploy, stratagem*) Trick *m*; **explosive ~** Sprengkörper *m*.

devil ['dɛvl] *n* Teufel *m*; **go on, be a ~!** nur zu, riskier mal was!; **talk of the ~!** wenn man vom Teufel spricht!

devilish ['dɛvlɪʃ] *adj* teuflisch.

devil's advocate ['dɛvlz-] *n* Advocatus Diaboli *m*.

devious ['diːvɪəs] *adj* (*person*) verschlagen; (*route, path*) gewunden.

devise [dɪ'vaɪz] *vt* sich *dat* ausdenken; (*machine*) entwerfen.

devoid [dɪ'vɔɪd] *adj*: **~ of** bar +*gen*, ohne +*acc*.

devolution [diːvə'luːʃən] *n* Dezentralisierung *f*.

devolve [dɪ'vɒlv] *vt* übertragen ♦ *vi:* **to ~ (up)on** übergehen auf +*acc.*

devote [dɪ'vəut] *vt:* **to ~ sth/o.s. to** etw/sich widmen +*dat.*

devoted [dɪ'vəutɪd] *adj* treu; (*admirer*) eifrig; **to be ~ to sb** jdn innig lieben; **the book is ~ to politics** das Buch widmet sich ganz der Politik *dat.*

devotee [dɛvəu'tiː] *n* (*fan*) Liebhaber(in) *m(f)*; (*REL*) Anhänger(in) *m(f)*.

devotion [dɪ'vəuʃən] *n* (*affection*) Ergebenheit *f*; (*dedication*) Hingabe *f*; (*REL*) Andacht *f*.

devour [dɪ'vauə*] *vt* verschlingen.

devout [dɪ'vaut] *adj* fromm.

dew [djuː] *n* Tau *m*.

dexterity [dɛks'tɛrɪtɪ] *n* Geschicklichkeit *f*; (*mental*) Gewandtheit *f*.

dext(e)rous ['dɛkstrəs] *adj* geschickt.

DfEE (*BRIT*) *n abbr* (= *Department for Education and Employment*) Ministerium *nt* für Bildung und Arbeit.

dg *abbr* (= *decigram*) dg.

DH (*BRIT*) *n abbr* (= *Department of Health*) ≈ Gesundheitsministerium *nt*.

DHSS (*BRIT*) *n abbr* (*formerly:* = *Department of Health and Social Security*) Ministerium für Gesundheit und Sozialfürsorge.

diabetes [daɪə'biːtiːz] *n* Zuckerkrankheit *f*.

diabetic [daɪə'bɛtɪk] *adj* zuckerkrank; (*chocolate, jam*) Diabetiker- ♦ *n* Diabetiker(in) *m(f)*.

diabolical [daɪə'bɒlɪkl] (*inf*) *adj* schrecklich, fürchterlich.

diaeresis [daɪ'ɛrɪsɪs] *n* Diärese *f*.

diagnose [daɪəg'nəuz] *vt* diagnostizieren.

diagnoses [-siːz] *pl of* diagnosis.

diagnosis [daɪəg'nəusɪs] (*pl* diagnoses) *n* Diagnose *f*.

diagonal [daɪ'ægənl] *adj* diagonal ♦ *n* Diagonale *f*.

diagram ['daɪəgræm] *n* Diagramm *nt*, Schaubild *nt*.

dial ['daɪəl] *n* Zifferblatt *nt*; (*on radio set*) Einstellskala *f*; (*of phone*) Wählscheibe *f* ♦ *vt* wählen; **to ~ a wrong number** sich verwählen; **can I ~ London direct?** kann ich nach London durchwählen?

dial. *abbr* = **dialect**.

dial code (*US*) *n* = **dialling code**.

dialect ['daɪəlɛkt] *n* Dialekt *m*.

dialling code ['daɪəlɪŋ-], (*US*) **dial code** *n* Vorwahl *f*.

dialling tone, (*US*) **dial tone** *n* Amtszeichen *nt*.

dialogue, (*US*) **dialog** ['daɪəlɒg] *n* Dialog *m*; (*conversation*) Gespräch *nt*, Dialog *m*.

dial tone (*US*) *n* = **dialling tone**.

dialysis [daɪ'ælɪsɪs] *n* Dialyse *f*.

diameter [daɪ'æmɪtə*] *n* Durchmesser *m*.

diametrically [daɪə'mɛtrɪklɪ] *adv:* **~ opposed (to)** diametral entgegengesetzt (+*dat*).

diamond ['daɪəmənd] *n* Diamant *m*; (*shape*) Raute *f*; **diamonds** *npl* (*CARDS*) Karo *nt*.

diamond ring *n* Diamantring *m*.

diaper ['daɪəpə*] (*US*) *n* Windel *f*.

diaphragm ['daɪəfræm] *n* Zwerchfell *nt*; (*contraceptive*) Pessar *nt*.

diarrhoea, (*US*) **diarrhea** [daɪə'riːə] *n* Durchfall *m*.

diary ['daɪərɪ] *n* (*Termin*)kalender *m*; (*daily account*) Tagebuch *nt*; **to keep a ~** Tagebuch führen.

diatribe ['daɪətraɪb] *n* Schmährede *f*; (*written*) Schmähschrift *f*.

dice [daɪs] *n inv* Würfel *m* ♦ *vt* in Würfel schneiden.

dicey ['daɪsɪ] (*inf*) *adj* riskant.

dichotomy [daɪ'kɒtəmɪ] *n* Dichotomie *f*, Kluft *f*.

dickhead ['dɪkhɛd] (*inf*) *n* Knallkopf *m*.

Dictaphone ® ['dɪktəfəun] *n* Diktafon *nt*, Diktaphon *m*, Diktiergerät *nt*.

dictate [dɪk'teɪt] *vt* diktieren ♦ *n* Diktat *nt*; (*principle*): **the ~s of** die Gebote +*gen* ♦ *vi:* **to ~ to** diktieren +*dat*; **I won't be ~d to** ich lasse mir keine Vorschriften machen.

dictation [dɪk'teɪʃən] *n* Diktat *nt*; **at ~ speed** im Diktiertempo.

dictator [dɪk'teɪtə*] *n* Diktator *m*.

dictatorship [dɪk'teɪtəʃɪp] *n* Diktatur *f*.

diction ['dɪkʃən] *n* Diktion *f*.

dictionary ['dɪkʃənrɪ] *n* Wörterbuch *nt*.

did [dɪd] *pt of* do.

didactic [daɪ'dæktɪk] *adj* didaktisch.

diddle ['dɪdl] (*inf*) *vt* übers Ohr hauen.

didn't ['dɪdnt] = **did not**.

die [daɪ] *n* (*pl:* dice) Würfel *m*; (*: dies*) Gussform *f* ♦ *vi* sterben; (*plant*) eingehen; (*fig: noise*) aufhören; (*: smile*) vergehen; (*engine*) stehen bleiben; **to ~ of** *or* **from** sterben an +*dat*; **to be dying** im Sterben liegen; **to be dying for sth** etw unbedingt brauchen; **to be dying to do sth** darauf brennen, etw zu tun.

▸ **die away** *vi* (*sound*) schwächer werden; (*light*) nachlassen.

▸ **die down** *vi* (*wind*) sich legen; (*fire*) herunterbrennen; (*excitement, noise*) nachlassen.

▸ **die out** *vi* aussterben.

die-hard ['daɪhɑːd] *n* Ewiggestrige(r) *f(m)*.

diesel ['diːzl] *n* (*vehicle*) Diesel *m*; (*also: ~ oil*) Diesel(kraftstoff) *m*.

diesel engine *n* Dieselmotor *m*.

diet ['daɪət] *n* Ernährung *f*; (*MED*) Diät *f*; (*when slimming*) Schlankheitskur *f* ♦ *vi* (*also:* **be on a ~**) eine Schlankheitskur machen; **to live on a ~ of** sich ernähren von, leben von.

dietician [daɪə'tɪʃən] *n* Diätassistent(in) *m(f)*.

differ ['dɪfə*] *vi* (*be different*): **to ~ (from)** sich unterscheiden (von); (*disagree*): **to ~ (about)** anderer Meinung sein (über +*acc*); **to agree to ~** sich *dat* verschiedene Meinungen zugestehen.

difference ['dɪfrəns] *n* Unterschied *m*;

(*disagreement*) Differenz *f*,
Auseinandersetzung *f*; **it makes no ~ to me**
das ist mir egal *or* einerlei; **to settle one's
~s** die Differenzen *or*
Meinungsverschiedenheiten beilegen.

different ['dɪfrənt] *adj* (*various people, things*)
verschieden, unterschiedlich; **to be
~ (from)** anders sein (als).

differential [dɪfə'rɛnʃəl] *n* (*MATH*)
Differenzial *nt*; (*BRIT: in wages*)
(Einkommens)unterschied *m*.

differentiate [dɪfə'rɛnʃɪeɪt] *vi*: **to ~ (between)**
unterscheiden (zwischen) ♦ *vt*: **to ~ A from
B** A von B unterscheiden.

differently ['dɪfrəntlɪ] *adv* anders; (*shaped,
designed*) verschieden, unterschiedlich.

difficult ['dɪfɪkəlt] *adj* schwierig; (*task,
problem*) schwer, schwierig; **~ to
understand** schwer zu verstehen.

difficulty ['dɪfɪkəltɪ] *n* Schwierigkeit *f*; **to be
in/get into difficulties** in Schwierigkeiten
sein/geraten.

diffidence ['dɪfɪdəns] *n* Bescheidenheit *f*,
Zurückhaltung *f*.

diffident ['dɪfɪdənt] *adj* bescheiden,
zurückhaltend.

diffuse [dɪ'fjuːs] *adj* diffus ♦ *vt* verbreiten.

dig [dɪg] (*pt, pp* dug) *vt* graben; (*garden*)
umgraben ♦ *n* (*prod*) Stoß *m*; (*archaeological*)
(Aus)grabung *f*; (*remark*) Seitenhieb *m*,
spitze Bemerkung *f*; **to ~ one's nails into
sth** seine Nägel in etw *acc* krallen.

▶ **dig in** *vi* (*fig: inf: eat*) reinhauen ♦ *vt*
(*compost*) untergraben, eingraben; (*knife*)
hineinstoßen; (*claw*) festkrallen; **to ~ one's
heels in** (*fig*) sich auf die Hinterbeine stellen
(*inf*).

▶ **dig into** *vt fus* (*savings*) angreifen; (*snow,
soil*) ein Loch graben in +*acc*; **to ~ into one's
pockets for sth** in seinen Taschen nach etw
suchen *or* wühlen.

▶ **dig out** *vt* ausgraben.

▶ **dig up** *vt* ausgraben.

digest [daɪ'dʒɛst] *vt* verdauen ♦ *n* Digest *m or*
nt, Auswahl *f*.

digestible [dɪ'dʒɛstəbl] *adj* verdaulich.

digestion [dɪ'dʒɛstʃən] *n* Verdauung *f*.

digestive [dɪ'dʒɛstɪv] *adj* (*system, upsets*)
Verdauungs- ♦ *n* Keks aus Vollkornmehl.

digit ['dɪdʒɪt] *n* (*number*) Ziffer *f*; (*finger*)
Finger *m*.

digital ['dɪdʒɪtl] *adj* (*watch, display etc*) Digital-.

digital computer *n* Digitalrechner *m*.

digital TV *n* Digitalfernsehen *nt*.

dignified ['dɪgnɪfaɪd] *adj* würdevoll.

dignitary ['dɪgnɪtərɪ] *n* Würdenträger(in) *m(f)*.

dignity ['dɪgnɪtɪ] *n* Würde *f*.

digress [daɪ'grɛs] *vi*: **to ~ (from)** abschweifen
(von).

digression [daɪ'grɛʃən] *n* Abschweifung *f*.

digs [dɪgz] (*BRIT: inf*) *npl* Bude *f*.

dike [daɪk] *n* = **dyke**.

dilapidated [dɪ'læpɪdeɪtɪd] *adj* verfallen.

dilate [daɪ'leɪt] *vi* sich weiten ♦ *vt* weiten.

dilatory ['dɪlətərɪ] *adj* langsam.

dilemma [daɪ'lɛmə] *n* Dilemma *nt*; **to be in a ~**
sich in einem Dilemma befinden, in der
Klemme sitzen (*inf*).

diligence ['dɪlɪdʒəns] *n* Fleiß *m*.

diligent ['dɪlɪdʒənt] *adj* fleißig; (*research*)
sorgfältig, genau.

dill [dɪl] *n* Dill *m*.

dilly-dally ['dɪlɪ'dælɪ] *vi* trödeln.

dilute [daɪ'luːt] *vt* verdünnen; (*belief, principle*)
schwächen ♦ *adj* verdünnt.

dim [dɪm] *adj* schwach; (*outline, figure*)
undeutlich, verschwommen; (*room*)
dämmerig; (*future*) düster; (*prospects*)
schlecht; (*inf: person*) schwer von Begriff
♦ *vt* (*light*) dämpfen; (*US: AUT*) abblenden; **to
take a ~ view of sth** wenig *or* nicht viel von
etw halten.

dime [daɪm] (*US*) *n* Zehncentstück *nt*.

dimension [daɪ'mɛnʃən] *n* (*aspect*) Dimension
f; (*measurement*) Abmessung *f*, Maß *nt*; (*also
pl: scale, size*) Ausmaß *nt*.

-dimensional [dɪ'mɛnʃənl] *adj suff*
-dimensional.

diminish [dɪ'mɪnɪʃ] *vi* sich verringern ♦ *vt*
verringern.

diminished responsibility *n* verminderte
Zurechnungsfähigkeit *f*.

diminutive [dɪ'mɪnjutɪv] *adj* winzig ♦ *n*
Verkleinerungsform *f*.

dimly ['dɪmlɪ] *adv* schwach; (*see*) undeutlich,
verschwommen.

dimmer ['dɪmə*] *n* (*also*: **~ switch**) Dimmer *m*;
(*US: AUT*) Abblendschalter *m*.

dimmers ['dɪməz] (*US*) *npl* (*AUT: dipped
headlights*) Abblendlicht *nt*; (*parking lights*)
Parklicht *nt*.

dimmer (switch) ['dɪmə-] *n* (*ELEC*) Dimmer
m; (*US: AUT*) Abblendschalter *m*.

dimple ['dɪmpl] *n* Grübchen *nt*.

dim-witted ['dɪm'wɪtɪd] (*inf*) *adj* dämlich.

din [dɪn] *n* Lärm *m*, Getöse *nt* ♦ *vt* (*inf*): **to
~ sth into sb** jdm etw einbleuen.

dine [daɪn] *vi* speisen.

diner ['daɪnə*] *n* Gast *m*; (*US: restaurant*)
Esslokal *nt*.

dinghy ['dɪŋgɪ] *n* (*also*: **rubber ~**)
Schlauchboot *nt*; (*also*: **sailing ~**) Dingi *nt*.

dingy ['dɪndʒɪ] *adj* schäbig; (*clothes, curtains
etc*) schmuddelig.

dining car ['daɪnɪŋ-] (*BRIT*) *n* Speisewagen *m*.

dining room *n* Esszimmer *nt*; (*in hotel*)
Speiseraum *m*.

dinner ['dɪnə*] *n* (*evening meal*) Abendessen *nt*;
(*lunch*) Mittagessen *nt*; (*banquet*) (Fest)essen
nt.

dinner jacket *n* Smokingjackett *nt*.

dinner party *n* Abendgesellschaft *f* (mit
Essen).

dinner service *n* Tafelservice *nt*.

dinner time n Essenszeit f.

dinosaur ['daɪnəsɔːʳ] n Dinosaurier m.

dint [dɪnt] n: **by ~ of** durch +acc.

diocese ['daɪəsɪs] n Diözese f.

dioxide [daɪ'ɒksaɪd] n Dioxid nt.

Dip. (BRIT) abbr = **diploma**.

dip [dɪp] n Senke f; (in sea) kurzes Bad nt; (CULIN) Dip m; (for sheep) Desinfektionslösung f ♦ vt eintauchen; (BRIT: AUT) abblenden ♦ vi abfallen.

diphtheria [dɪf'θɪərɪə] n Diphtherie f.

diphthong ['dɪfθɒŋ] n Diphthong m.

diploma [dɪ'pləʊmə] n Diplom nt.

diplomacy [dɪ'pləʊməsɪ] n Diplomatie f.

diplomat ['dɪpləmæt] n Diplomat(in) m(f).

diplomatic [dɪplə'mætɪk] adj diplomatisch; **to break off ~ relations (with)** die diplomatischen Beziehungen abbrechen (mit).

diplomatic corps n diplomatisches Korps nt.

diplomatic immunity n Immunität f.

dip rod ['dɪprɒd] (US) n Ölmessstab m.

dipstick ['dɪpstɪk] (BRIT) n Ölmessstab m.

dip switch (BRIT) n Abblendschalter m.

dire [daɪəʳ] adj schrecklich.

direct [daɪ'rɛkt] adj, adv direkt ♦ vt richten; (company, project, programme etc) leiten; (play, film) Regie führen bei; **to ~ sb to do sth** jdn anweisen, etw zu tun; **can you ~ me to ...?** können Sie mir den Weg nach ... sagen?

direct access n (COMPUT) Direktzugriff m.

direct cost n direkte Kosten pl.

direct current n Gleichstrom m.

direct debit (BRIT) n Einzugsauftrag m; (transaction) automatische Abbuchung f.

direct dialling n Selbstwahl f.

direct hit n Volltreffer m.

direction [daɪ'rɛkʃən] n Richtung f; (TV, RADIO) Leitung f; (CINE) Regie f; **directions** npl (instructions) Anweisungen pl; **sense of ~** Orientierungssinn m; **~s for use** Gebrauchsanweisung f, Gebrauchsanleitung f; **to ask for ~s** nach dem Weg fragen; **in the ~ of** in Richtung.

directional [dɪ'rɛkʃənl] adj (aerial) Richt-.

directive [dɪ'rɛktɪv] n Direktive f, Weisung f; **government ~** Regierungserlass m.

direct labour n (COMM) Produktionsarbeit f; (BRIT) eigene Arbeitskräfte pl.

directly [dɪ'rɛktlɪ] adv direkt; (at once) sofort, gleich.

direct mail n Werbebriefe pl.

direct mailshot (BRIT) n Direktwerbung f per Post.

directness [daɪ'rɛktnɪs] n Direktheit f.

director [dɪ'rɛktəʳ] n Direktor(in) m(f); (of project, TV, RADIO) Leiter(in) m(f); (CINE) Regisseur(in) m(f).

Director of Public Prosecutions (BRIT) n ≈ Generalstaatsanwalt m, Generalstaatsanwältin f.

directory [dɪ'rɛktərɪ] n (also: **telephone ~**) Telefonbuch nt; (also: **street ~**) Einwohnerverzeichnis nt; (COMPUT) Verzeichnis nt; (COMM) Branchenverzeichnis nt.

directory enquiries, (US) **directory assistance** n (Fernsprech)auskunft f.

dirt [dɜːt] n Schmutz m; (earth) Erde f; **to treat sb like ~** jdn wie (den letzten) Dreck behandeln.

dirt-cheap ['dɜːt'tʃiːp] adj spottbillig.

dirt road n unbefestigte Straße f.

dirty ['dɜːtɪ] adj schmutzig; (story) unanständig ♦ vt beschmutzen.

dirty bomb n schmutzige Bombe.

dirty trick n gemeiner Trick m.

disability [dɪsə'bɪlɪtɪ] n Behinderung f.

disability allowance n Behindertenbeihilfe f.

disable [dɪs'eɪbl] vt zum Invaliden machen; (tank, gun) unbrauchbar machen.

disabled [dɪs'eɪbld] adj behindert ♦ npl: **the ~** die Behinderten pl.

disabuse [dɪsə'bjuːz] vt: **to ~ sb (of)** jdn befreien (von).

disadvantage [dɪsəd'vɑːntɪdʒ] n Nachteil m; (detriment) Schaden m; **to be at a ~** benachteiligt or im Nachteil sein.

disadvantaged [dɪsəd'vɑːntɪdʒd] adj benachteiligt.

disadvantageous [dɪsædvɑːn'teɪdʒəs] adj ungünstig.

disaffected [dɪsə'fɛktɪd] adj entfremdet.

disaffection [dɪsə'fɛkʃən] n Entfremdung f.

disagree [dɪsə'griː] vi nicht übereinstimmen; (to be against, think differently): **to ~ (with)** nicht einverstanden sein (mit); **I ~ with you** ich bin anderer Meinung; **garlic ~s with me** ich vertrage keinen Knoblauch, Knoblauch bekommt mir nicht.

disagreeable [dɪsə'griːəbl] adj unangenehm; (person) unsympathisch.

disagreement [dɪsə'griːmənt] n Uneinigkeit f; (argument) Meinungsverschiedenheit f; **to have a ~ with sb** sich mit jdm nicht einig sein.

disallow ['dɪsə'laʊ] vt (appeal) abweisen; (goal) nicht anerkennen, nicht geben.

disappear [dɪsə'pɪəʳ] vi verschwinden; (custom etc) aussterben.

disappearance [dɪsə'pɪərəns] n (see vi) Verschwinden nt; Aussterben nt.

disappoint [dɪsə'pɔɪnt] vt enttäuschen.

disappointed [dɪsə'pɔɪntɪd] adj enttäuscht.

disappointing [dɪsə'pɔɪntɪŋ] adj enttäuschend.

disappointment [dɪsə'pɔɪntmənt] n Enttäuschung f.

disapproval [dɪsə'pruːvəl] n Missbilligung f.

disapprove [dɪsə'pruːv] vi dagegen sein; **to ~ of** missbilligen +acc.

disapproving [dɪsə'pruːvɪŋ] adj missbilligend.

disarm [dɪs'ɑːm] vt entwaffnen; (*criticism*) zum Verstummen bringen ♦ vi abrüsten.

disarmament [dɪs'ɑːməmənt] n Abrüstung f.

disarming [dɪs'ɑːmɪŋ] adj entwaffnend.

disarray [dɪsə'reɪ] n: **in** ~ (*army, organization*) in Auflösung (begriffen); (*hair, clothes*) unordentlich; (*thoughts*) durcheinander; **to throw into** ~ durcheinander bringen.

disaster [dɪ'zɑːstə*] n Katastrophe f; (*AVIAT etc*) Unglück nt; (*fig: mess*) Fiasko nt.

disaster area n Katastrophengebiet nt; (*fig: person*) Katastrophe f; **my office is a** ~ in meinem Büro sieht es katastrophal aus.

disastrous [dɪ'zɑːstrəs] adj katastrophal.

disband [dɪs'bænd] vt auflösen ♦ vi sich auflösen.

disbelief ['dɪsbə'liːf] n Ungläubigkeit f; **in** ~ ungläubig.

disbelieve ['dɪsbə'liːv] vt (*person*) nicht glauben +dat; (*story*) nicht glauben; **I don't** ~ **you** ich bezweifle nicht, was Sie sagen.

disc [dɪsk] n (*ANAT*) Bandscheibe f; (*record*) Platte f; (*COMPUT*) = **disk**.

disc. abbr (*COMM*) = **discount**.

discard [dɪs'kɑːd] vt ausrangieren; (*fig: idea, plan*) verwerfen.

disc brake n Scheibenbremse f.

discern [dɪ'sɜːn] vt wahrnehmen; (*identify*) erkennen.

discernible [dɪ'sɜːnəbl] adj erkennbar; (*object*) wahrnehmbar.

discerning [dɪ'sɜːnɪŋ] adj (*judgement*) scharfsinnig; (*look*) kritisch; (*listeners etc*) anspruchsvoll.

discharge [dɪs'tʃɑːdʒ] vt (*duties*) nachkommen +dat; (*debt*) begleichen; (*waste*) ablassen; (*ELEC*) entladen; (*MED*) ausscheiden, absondern; (*patient, employee, soldier*) entlassen; (*defendant*) freisprechen ♦ n (*of gas*) Ausströmen nt; (*of liquid*) Ausfließen nt; (*ELEC*) Entladung f; (*MED*) Ausfluss m; (*of patient, employee, soldier*) Entlassung f; (*of defendant*) Freispruch m; **to** ~ **a gun** ein Gewehr abfeuern.

discharged bankrupt [dɪs'tʃɑːdʒd-] n (*LAW*) entlasteter Konkursschuldner m, entlastete Konkursschuldnerin f.

disciple [dɪ'saɪpl] n Jünger m; (*fig: follower*) Schüler(in) m(f).

disciplinary ['dɪsɪplɪnərɪ] adj (*powers etc*) Disziplinar-; **to take** ~ **action against sb** ein Disziplinarverfahren gegen jdn einleiten.

discipline ['dɪsɪplɪn] n Disziplin f ♦ vt disziplinieren; (*punish*) bestrafen; **to** ~ **o.s. to do sth** sich dazu anhalten or zwingen, etw zu tun.

disc jockey n Diskjockey m.

disclaim [dɪs'kleɪm] vt (*knowledge*) abstreiten; (*responsibility*) von sich weisen.

disclaimer [dɪs'kleɪmə*] n Dementi nt; **to issue a** ~ eine Gegenerklärung abgeben.

disclose [dɪs'kləʊz] vt enthüllen, bekannt geben.

disclosure [dɪs'kləʊʒə*] n Enthüllung f.

disco ['dɪskəʊ] n abbr = **discotheque**.

discolor etc [dɪs'kʌlə*] (*US*) = **discolour** etc.

discolour [dɪs'kʌlə*] vt verfärben ♦ vi sich verfärben.

discolouration [dɪskʌlə'reɪʃən] n Verfärbung f.

discoloured [dɪs'kʌləd] adj verfärbt.

discomfort [dɪs'kʌmfət] n (*unease*) Unbehagen nt; (*physical*) Beschwerden pl.

disconcert [dɪskən'sɜːt] vt beunruhigen, irritieren.

disconcerting [dɪskən'sɜːtɪŋ] adj beunruhigend, irritierend.

disconnect [dɪskə'nɛkt] vt abtrennen; (*ELEC, RADIO*) abstellen; **I've been** ~**ed** (*TEL*) das Gespräch ist unterbrochen worden; (*supply, connection*) man hat mir das Telefon/den Strom/das Gas etc abgestellt.

disconnected [dɪskə'nɛktɪd] adj unzusammenhängend.

disconsolate [dɪs'kɒnsəlɪt] adj niedergeschlagen.

discontent [dɪskən'tɛnt] n Unzufriedenheit f.

discontented [dɪskən'tɛntɪd] adj unzufrieden.

discontinue [dɪskən'tɪnjuː] vt einstellen; "~**d**" (*COMM*) „ausgelaufene Serie".

discord ['dɪskɔːd] n Zwietracht f; (*MUS*) Dissonanz f.

discordant [dɪs'kɔːdənt] adj unharmonisch.

discotheque ['dɪskəʊtɛk] n Diskothek f.

discount [n 'dɪskaunt, vt dɪs'kaunt] n Rabatt m ♦ vt nachlassen; (*idea, fact*) unberücksichtigt lassen; **to give sb a** ~ **on sth** jdm auf etw acc Rabatt geben; ~ **for cash** Skonto nt or m (bei Barzahlung); **at a** ~ mit Rabatt.

discount house n Diskontbank f; (*also:* **discount store**) Diskontgeschäft nt.

discount rate n Diskontsatz m.

discourage [dɪs'kʌrɪdʒ] vt entmutigen; **to** ~ **sb from doing sth** jdm davon abraten, etw zu tun.

discouragement [dɪs'kʌrɪdʒmənt] n Mutlosigkeit f; **to act as a** ~ **to sb** entmutigend für jdn sein.

discouraging [dɪs'kʌrɪdʒɪŋ] adj entmutigend.

discourteous [dɪs'kɜːtɪəs] adj unhöflich.

discover [dɪs'kʌvə*] vt entdecken; (*missing person*) finden; **to** ~ **that ...** herausfinden, dass ...

discovery [dɪs'kʌvərɪ] n Entdeckung f.

discredit [dɪs'krɛdɪt] vt in Misskredit bringen ♦ n: **to sb's** ~ zu jds Schande.

discreet [dɪs'kriːt] adj diskret; (*unremarkable*) dezent.

discreetly [dɪs'kriːtlɪ] adv diskret; (*unremarkably*) dezent.

discrepancy [dɪs'krɛpənsɪ] n Diskrepanz f.

discretion [dɪs'krɛʃən] n Diskretion f; **at the** ~ **of** im Ermessen +gen; **use your own** ~ Sie müssen nach eigenem Ermessen handeln.

discretionary [dɪsˈkrɛʃənrɪ] *adj*: ~ **powers** Ermessensspielraum *m*; ~ **payments** Ermessenszahlungen *pl*.

discriminate [dɪsˈkrɪmɪneɪt] *vi*: **to** ~ **between** unterscheiden zwischen +*dat*; **to** ~ **against** diskriminieren +*acc*.

discriminating [dɪsˈkrɪmɪneɪtɪŋ] *adj* anspruchsvoll, kritisch; (*tax, duty*) Differenzial-.

discrimination [dɪskrɪmɪˈneɪʃən] *n* Diskriminierung *f*; (*discernment*) Urteilsvermögen *nt*; **racial** ~ Rassendiskriminierung *f*; **sexual** ~ Diskriminierung aufgrund *or* auf Grund des Geschlechts.

discus [ˈdɪskəs] *n* Diskus *m*; (*event*) Diskuswerfen *nt*.

discuss [dɪsˈkʌs] *vt* besprechen; (*debate*) diskutieren; (*analyse*) erörtern, behandeln.

discussion [dɪsˈkʌʃən] *n* Besprechung *f*; (*debate*) Diskussion *f*; **under** ~ in der Diskussion.

disdain [dɪsˈdeɪn] *n* Verachtung *f* ♦ *vt* verachten ♦ *vi*: **to** ~ **to do sth** es für unter seiner Würde halten, etw zu tun.

disease [dɪˈziːz] *n* Krankheit *f*.

diseased [dɪˈziːzd] *adj* krank; (*tree*) befallen.

disembark [dɪsɪmˈbɑːk] *vt* ausschiffen ♦ *vi* (*passengers*) von Bord gehen.

disembarkation [dɪsɛmbɑːˈkeɪʃən] *n* Ausschiffung *f*.

disembodied [ˈdɪsɪmˈbɒdɪd] *adj* (*voice*) geisterhaft; (*hand*) körperlos.

disembowel [ˈdɪsɪmˈbaʊəl] *vt* die Eingeweide herausnehmen +*dat*.

disenchanted [ˈdɪsɪnˈtʃɑːntɪd] *adj*: ~ **(with)** enttäuscht (von).

disenfranchise [ˈdɪsɪnˈfræntʃaɪz] *vt* (*POL*) das Wahlrecht entziehen +*dat*; (*COMM*) die Konzession entziehen +*dat*.

disengage [dɪsɪnˈgeɪdʒ] *vt* (*TECH*) ausrasten; **to** ~ **the clutch** auskuppeln.

disengagement [dɪsɪnˈgeɪdʒmənt] *n* (*POL*) Disengagement *nt*.

disentangle [dɪsɪnˈtæŋgl] *vt* befreien; (*wool, wire*) entwirren.

disfavour, (*US*) **disfavor** [dɪsˈfeɪvəʳ] *n* Missfallen *nt*; **to fall into** ~ **(with sb)** (bei jdm) in Ungnade fallen.

disfigure [dɪsˈfɪgəʳ] *vt* entstellen; (*object, place*) verunstalten.

disgorge [dɪsˈgɔːdʒ] *vt* (*liquid*) ergießen; (*people*) ausspeien.

disgrace [dɪsˈgreɪs] *n* Schande *f*; (*scandal*) Skandal *m* ♦ *vt* Schande bringen über +*acc*.

disgraceful [dɪsˈgreɪsful] *adj* skandalös.

disgruntled [dɪsˈgrʌntld] *adj* verärgert.

disguise [dɪsˈgaɪz] *n* Verkleidung *f* ♦ *vt*: **to** ~ **(as)** (*person*) verkleiden (als); (*object*) tarnen (als); **in** ~ (*person*) verkleidet; **there's no disguising the fact that …** es kann nicht geleugnet werden, dass …; **to** ~ **o.s. as**

sich verkleiden als.

disgust [dɪsˈgʌst] *n* Abscheu *m* ♦ *vt* anwidern; **she walked off in** ~ sie ging voller Empörung weg.

disgusting [dɪsˈgʌstɪŋ] *adj* widerlich.

dish [dɪʃ] *n* Schüssel *f*; (*flat*) Schale *f*; (*recipe, food*) Gericht *nt*; (*also:* **satellite** ~) Parabolantenne *f*, Schüssel (*inf*); **to do** *or* **wash the** ~**es** Geschirr spülen, abwaschen.

▶ **dish out** *vt* verteilen; (*food, money*) austeilen; (*advice*) erteilen.

▶ **dish up** *vt* (*food*) auftragen, servieren; (*facts, statistics*) auftischen (*inf*).

dishcloth [ˈdɪʃklɒθ] *n* Spültuch *nt*, Spüllappen *m*.

dishearten [dɪsˈhɑːtn] *vt* entmutigen.

dishevelled, (*US*) **disheveled** [dɪˈʃɛvəld] *adj* unordentlich; (*hair*) zerzaust.

dishonest [dɪsˈɒnɪst] *adj* unehrlich; (*means*) unlauter.

dishonesty [dɪsˈɒnɪstɪ] *n* Unehrlichkeit *f*.

dishonor *etc* [dɪsˈɒnəʳ] (*US*) = **dishonour** *etc*.

dishonour [dɪsˈɒnəʳ] *n* Schande *f*.

dishonourable [dɪsˈɒnərəbl] *adj* unehrenhaft.

dish soap (*US*) *n* Spülmittel *nt*.

dishtowel [ˈdɪʃtaʊəl] (*US*) *n* Geschirrtuch *nt*.

dishwasher [ˈdɪʃwɒʃəʳ] *n* (*machine*) (Geschirr)spülmaschine *f*.

dishy [ˈdɪʃɪ] (*inf: BRIT*) *adj* attraktiv.

disillusion [dɪsɪˈluːʒən] *vt* desillusionieren ♦ *n* = **disillusionment to become** ~**ed (with)** seine Illusionen (über +*acc*) verlieren.

disillusionment [dɪsɪˈluːʒənmənt] *n* Desillusionierung *f*.

disincentive [dɪsɪnˈsɛntɪv] *n* Entmutigung *f*; **it's a** ~ es hält die Leute ab; **to be a** ~ **to sb** jdm keinen Anreiz bieten.

disinclined [dɪsɪnˈklaɪnd] *adj*: **to be** ~ **to do sth** abgeneigt sein, etw zu tun.

disinfect [dɪsɪnˈfɛkt] *vt* desinfizieren.

disinfectant [dɪsɪnˈfɛktənt] *n* Desinfektionsmittel *nt*.

disinflation [dɪsɪnˈfleɪʃən] *n* (*ECON*) Rückgang *m* einer inflationären Entwicklung.

disinformation [dɪsɪnfəˈmeɪʃən] *n* Desinformation *f*.

disingenuous [dɪsɪnˈdʒɛnjuəs] *adj* unaufrichtig.

disinherit [dɪsɪnˈhɛrɪt] *vt* enterben.

disintegrate [dɪsˈɪntɪgreɪt] *vi* zerfallen; (*marriage, partnership*) scheitern; (*organization*) sich auflösen.

disinterested [dɪsˈɪntrəstɪd] *adj* (*advice*) unparteiisch, unvoreingenommen; (*help*) uneigennützig.

disjointed [dɪsˈdʒɔɪntɪd] *adj* unzusammenhängend.

disk [dɪsk] *n* Diskette *f*; **single-/double-sided** ~ einseitige/zweiseitige Diskette.

disk drive *n* Diskettenlaufwerk *nt*.

diskette [dɪsˈkɛt] (*US*) *n* = **disk**.

disk operating system *n* Betriebssystem *nt*.

dislike [dɪs'laɪk] n Abneigung f ♦ vt nicht mögen; **to take a ~ to sb/sth** eine Abneigung gegen jdn/etw entwickeln; **I ~ the idea** die Idee gefällt mir nicht; **he ~s it** er kann es nicht leiden, er mag es nicht.

dislocate ['dɪsləkeɪt] vt verrenken, ausrenken; **he has ~d his shoulder** er hat sich dat den Arm ausgekugelt.

dislodge [dɪs'lɒdʒ] vt verschieben.

disloyal [dɪs'lɔɪəl] adj illoyal.

dismal ['dɪzml] adj trübe, trostlos; (song, person, mood) trübsinnig; (failure) kläglich.

dismantle [dɪs'mæntl] vt (machine) demontieren.

dismast [dɪs'mɑːst] vt (NAUT) entmasten.

dismay [dɪs'meɪ] n Bestürzung f ♦ vt bestürzen; **much to my ~** zu meiner Bestürzung; **in ~** bestürzt.

dismiss [dɪs'mɪs] vt entlassen; (case) abweisen; (possibility, idea) abtun.

dismissal [dɪs'mɪsl] n Entlassung f.

dismount [dɪs'maʊnt] vi absteigen.

disobedience [dɪsə'biːdɪəns] n Ungehorsam m.

disobedient [dɪsə'biːdɪənt] adj ungehorsam.

disobey [dɪsə'beɪ] vt nicht gehorchen +dat; (order) nicht befolgen.

disorder [dɪs'ɔːdə*] n Unordnung f; (rioting) Unruhen pl; (MED) (Funktions)störung f; **civil ~** öffentliche Unruhen pl.

disorderly [dɪs'ɔːdəlɪ] adj unordentlich; (meeting) undiszipliniert; (behaviour) ungehörig.

disorderly conduct n (LAW) ungebührliches Benehmen nt.

disorganize [dɪs'ɔːɡənaɪz] vt durcheinander bringen.

disorganized [dɪs'ɔːɡənaɪzd] adj chaotisch.

disorientated [dɪs'ɔːrɪenteɪtɪd] adj desorientiert, verwirrt.

disown [dɪs'əʊn] vt (action) verleugnen; (child) verstoßen.

disparaging [dɪs'pærɪdʒɪŋ] adj (remarks) abschätzig, geringschätzig; **to be ~ about sb/sth** (person) abschätzig or geringschätzig über jdn/etw urteilen.

disparate ['dɪspərɪt] adj völlig verschieden.

disparity [dɪs'pærɪtɪ] n Unterschied m.

dispassionate [dɪs'pæʃənət] adj nüchtern.

dispatch [dɪs'pætʃ] vt senden, schicken; (deal with) erledigen; (kill) töten ♦ n Senden nt, Schicken nt; (PRESS) Bericht m; (MIL) Depesche f.

dispatch department n Versandabteilung f.

dispatch rider n (MIL) Meldefahrer m.

dispel [dɪs'pel] vt (myths) zerstören; (fears) zerstreuen.

dispensary [dɪs'pensərɪ] n Apotheke f; (in chemist's) Raum m in einer Apotheke, wo Arzneimittel abgefüllt werden.

dispensation [dɪspən'seɪʃən] n (of treatment) Vergabe f; (special permission) Dispens m;

~ of justice Rechtsprechung f.

dispense [dɪs'pens] vt (medicines) abgeben; (charity) austeilen; (advice) erteilen.

▶ **dispense with** vt fus verzichten auf +acc.

dispenser [dɪs'pensə*] n (machine) Automat m.

dispensing chemist [dɪs'pensɪŋ-] (BRIT) n (shop) Apotheke f.

dispersal [dɪs'pɜːsl] n (of objects) Verstreuen nt; (of group, crowd) Auflösung f, Zerstreuen nt.

disperse [dɪs'pɜːs] vt (objects) verstreuen; (crowd etc) auflösen, zerstreuen; (knowledge, information) verbreiten ♦ vi (crowd) sich auflösen or zerstreuen.

dispirited [dɪs'pɪrɪtɪd] adj entmutigt.

displace [dɪs'pleɪs] vt ablösen.

displaced person [dɪs'pleɪst-] n Verschleppte(r) f(m).

displacement [dɪs'pleɪsmənt] n Ablösung f; (of people) Vertreibung f; (PHYS) Verdrängung f.

display [dɪs'pleɪ] n (in shop) Auslage f; (exhibition) Ausstellung f; (of feeling) Zeigen nt; (pej) Zurschaustellung f; (COMPUT, TECH) Anzeige f ♦ vt zeigen; (ostentatiously) zur Schau stellen; (results, departure times) aushängen; **on ~** ausgestellt.

display advertising n Displaywerbung f.

displease [dɪs'pliːz] vt verstimmen, verärgern.

displeased [dɪs'pliːzd] adj: **I am very ~ with you** ich bin sehr enttäuscht von dir.

displeasure [dɪs'pleʒə*] n Missfallen nt.

disposable [dɪs'pəʊzəbl] adj (lighter) Wegwerf-; (bottle) Einweg-; (income) verfügbar.

disposable nappy (BRIT) n Papierwindel f.

disposal [dɪs'pəʊzl] n (of goods for sale) Loswerden nt; (of property, belongings: by selling) Verkauf m; (: by giving away) Abgeben nt; (of rubbish) Beseitigung f; **at one's ~** zur Verfügung; **to put sth at sb's ~** jdm etw zur Verfügung stellen.

dispose [dɪs'pəʊz]: **~ of** vt fus (body) aus dem Weg schaffen; (unwanted goods) loswerden; (problem, task) erledigen; (stock) verkaufen.

disposed [dɪs'pəʊzd] adj: **to be ~ to do sth** (inclined) geneigt sein, etw zu tun; (willing) bereit sein, etw zu tun; **to be well ~ towards sb** jdm wohl wollen.

disposition [dɪspə'zɪʃən] n (nature) Veranlagung f; (inclination) Neigung f.

dispossess ['dɪspə'zes] vt enteignen; **to ~ sb of his/her land** jds Land enteignen.

disproportion [dɪsprə'pɔːʃən] n Missverhältnis nt.

disproportionate [dɪsprə'pɔːʃənət] adj unverhältnismäßig; (amount) unverhältnismäßig hoch/niedrig.

disprove [dɪs'pruːv] vt widerlegen.

dispute [dɪs'pjuːt] n Streit m; (also: **industrial ~**) Auseinandersetzung f zwischen

Arbeitgebern und Arbeitnehmern; (*POL,
MIL*) Streitigkeiten *pl* ♦ *vt* bestreiten;
(*ownership etc*) anfechten; **to be in** *or* **under**
~ umstritten sein.

disqualification [dɪskwɔlɪfɪ'keɪʃən] *n*:
~ (**from**) Ausschluss *m* (von); (*SPORT*)
Disqualifizierung *f* (von); ~ (**from driving**)
(*BRIT*) Führerscheinentzug *m*.

disqualify [dɪs'kwɔlɪfaɪ] *vt* disqualifizieren; **to
~ sb for sth** jdn für etw ungeeignet
machen; **to ~ sb from doing sth** jdn
ungeeignet machen, etw zu tun; **to ~ sb
from driving** (*BRIT*) jdm den Führerschein
entziehen.

disquiet [dɪs'kwaɪət] *n* Unruhe *f*.

disquieting [dɪs'kwaɪətɪŋ] *adj* beunruhigend.

disregard [dɪsrɪ'gɑːd] *vt* nicht beachten,
ignorieren ♦ *n*: ~ (**for**) Missachtung (+*gen*);
(*for danger, money*) Geringschätzung
(+*gen*).

disrepair [ˈdɪsrɪ'pɛəʳ] *n*: **to fall into** ~
(*machine*) vernachlässigt werden; (*building*)
verfallen.

disreputable [dɪs'rɛpjutəbl] *adj* (*person*)
unehrenhaft; (*behaviour*) unfein.

disrepute [ˈdɪsrɪ'pjuːt] *n* schlechter Ruf *m*; **to
bring/fall into** ~ in Verruf bringen/kommen.

disrespectful [dɪsrɪ'spɛktful] *adj* respektlos.

disrupt [dɪs'rʌpt] *vt* (*plans*) durcheinander
bringen; (*conversation, proceedings*)
unterbrechen.

disruption [dɪs'rʌpʃən] *n* Unterbrechung *f*;
(*disturbance*) Störung *f*.

disruptive [dɪs'rʌptɪv] *adj* störend; (*action*)
Stör-.

dissatisfaction [dɪssætɪs'fækʃən] *n*
Unzufriedenheit *f*.

dissatisfied [dɪs'sætɪsfaɪd] *adj*: ~ (**with**)
unzufrieden (mit).

dissect [dɪ'sɛkt] *vt* sezieren.

disseminate [dɪ'sɛmɪneɪt] *vt* verbreiten.

dissent [dɪ'sɛnt] *n* abweichende Meinungen
pl.

dissenter [dɪ'sɛntəʳ] *n* Abweichler(in) *m(f)*.

dissertation [dɪsə'teɪʃən] *n* (*speech*) Vortrag
m; (*piece of writing*) Abhandlung *f*; (*for PhD*)
Dissertation *f*.

disservice [dɪs'səːvɪs] *n*: **to do sb a** ~ jdm
einen schlechten Dienst erweisen.

dissident [ˈdɪsɪdnt] *adj* anders denkend;
(*voice*) kritisch ♦ *n* Dissident(in) *m(f)*.

dissimilar [dɪ'sɪmɪləʳ] *adj*: ~ (**to**) anders (als).

dissipate [ˈdɪsɪpeɪt] *vt* (*heat*) neutralisieren;
(*clouds*) auflösen; (*money, effort*)
verschwenden.

dissipated [ˈdɪsɪpeɪtɪd] *adj* zügellos,
ausschweifend.

dissociate [dɪ'səʊʃɪeɪt] *vt* trennen; **to ~ o.s.
from** sich distanzieren von.

dissolute [ˈdɪsəluːt] *adj* zügellos,
ausschweifend.

dissolution [dɪsə'luːʃən] *n* Auflösung *f*.

dissolve [dɪ'zɔlv] *vt* auflösen ♦ *vi* sich
auflösen; **to ~ in(to) tears** in Tränen
zerfließen.

dissuade [dɪ'sweɪd] *vt*: **to ~ sb (from sth)** jdn
(von etw) abbringen.

distaff [ˈdɪstɑːf] *n*: **the ~ side** die mütterliche
Seite.

distance [ˈdɪstns] *n* Entfernung *f*; (*in time*)
Abstand *m*; (*reserve*) Abstand, Distanz *f* ♦ *vt*:
to ~ o.s. (from) sich distanzieren (von); **in
the ~** in der Ferne; **what's the ~ to London?**
wie weit ist es nach London?; **it's within
walking ~** es ist zu Fuß erreichbar; **at a
~ of 2 metres** in 2 Meter(n) Entfernung;
keep your ~! halten Sie Abstand!

distant [ˈdɪstnt] *adj* (*place*) weit entfernt, fern;
(*time*) weit zurückliegend; (*relative*)
entfernt; (*manner*) distanziert, kühl.

distaste [dɪs'teɪst] *n* Widerwille *m*.

distasteful [dɪs'teɪstful] *adj* widerlich; **to be
~ to sb** jdm zuwider sein.

Dist. Atty. (*US*) *abbr* = **district attorney**.

distemper [dɪs'tɛmpəʳ] *n* (*paint*)
Temperafarbe *f*; (*disease of dogs*) Staupe *f*.

distend [dɪs'tɛnd] *vt* blähen ♦ *vi* sich blähen.

distended [dɪs'tɛndɪd] *adj* aufgebläht.

distil, (*US*) **distill** [dɪs'tɪl] *vt* destillieren; (*fig*)
(heraus)destillieren.

distillery [dɪs'tɪlərɪ] *n* Brennerei *f*.

distinct [dɪs'tɪŋkt] *adj* deutlich, klar;
(*possibility*) eindeutig; (*different*)
verschieden; **as ~ from** im Unterschied zu.

distinction [dɪs'tɪŋkʃən] *n* Unterschied *m*;
(*honour*) Ehre *f*; (*in exam*) Auszeichnung *f*; **to
draw a ~ between** einen Unterschied
machen zwischen +*dat*; **a writer of** ~ ein
Schriftsteller von Rang.

distinctive [dɪs'tɪŋktɪv] *adj* unverwechselbar.

distinctly [dɪs'tɪŋktlɪ] *adv* deutlich, klar; (*tell*)
ausdrücklich; (*unhappy*) ausgesprochen;
(*better*) entschieden.

distinguish [dɪs'tɪŋgwɪʃ] *vt* unterscheiden;
(*details etc*) erkennen, ausmachen; **to
~ (between)** unterscheiden (zwischen +*dat*);
to ~ o.s. sich hervortun.

distinguished [dɪs'tɪŋgwɪʃt] *adj* von hohem
Rang; (*career*) hervorragend; (*in appearance*)
distinguiert.

distinguishing [dɪs'tɪŋgwɪʃɪŋ] *adj*
charakteristisch.

distort [dɪs'tɔːt] *vt* verzerren; (*argument*)
verdrehen.

distortion [dɪs'tɔːʃən] *n* (*see vb*) Verzerrung *f*;
Verdrehung *f*.

distract [dɪs'trækt] *vt* ablenken.

distracted [dɪs'træktɪd] *adj* unaufmerksam;
(*anxious*) besorgt, beunruhigt.

distraction [dɪs'trækʃən] *n*
Unaufmerksamkeit *f*; (*confusion*)
Verstörtheit *f*; (*sth which distracts*)
Ablenkung *f*; (*amusement*) Zerstreuung *f*; **to
drive sb to** ~ jdn zur Verzweiflung treiben.

distraught [dɪsˈtrɔːt] adj verzweifelt.
distress [dɪsˈtrɛs] n Verzweiflung f ♦ vt
Kummer machen +dat; **in ~** (ship) in Seenot;
(person) verzweifelt; **~ed area** (BRIT)
Notstandsgebiet nt.
distressing [dɪsˈtrɛsɪŋ] adj beunruhigend.
distress signal n Notsignal nt.
distribute [dɪsˈtrɪbjuːt] vt verteilen; (profits)
aufteilen.
distribution [dɪstrɪˈbjuːʃən] n Vertrieb m; (of
profits) Aufteilung f.
distribution costs npl Vertriebskosten pl.
distributor [dɪsˈtrɪbjutə*] n (COMM)
Vertreiber(in) m(f); (AUT, TECH) Verteiler m.
district [ˈdɪstrɪkt] n Gebiet nt; (of town) Stadt-
teil m; (ADMIN) (Verwaltungs)bezirk m.
district attorney (US) n Bezirksstaatsanwalt
m, Bezirksstaatsanwältin f.

DISTRICT COUNCIL

District Council heißt der in jedem der
britischen **districts** (Bezirke) alle vier Jahre neu
gewählte Bezirksrat, der für bestimmte Bereiche
der Kommunalverwaltung (Gesundheitswesen,
Wohnungsbeschaffung, Baugenehmigungen,
Müllabfuhr) zuständig ist. Die **district councils**
werden durch Kommunalabgaben und durch
einen Zuschuss von der Regierung finanziert. Ihre
Ausgaben werden von einer unabhängigen
Prüfungskommission kontrolliert, und bei zu hohen
Ausgaben wird der Regierungszuschuss gekürzt.

---

district nurse (BRIT) n Gemeindeschwester f.
distrust [dɪsˈtrʌst] n Misstrauen nt ♦ vt
misstrauen +dat.
distrustful [dɪsˈtrʌstful] adj: **~ (of)**
misstrauisch (gegenüber +dat).
disturb [dɪsˈtɜːb] vt stören; (upset)
beunruhigen; (disorganize) durcheinander
bringen; **sorry to ~ you** entschuldigen Sie
bitte die Störung.
disturbance [dɪsˈtɜːbəns] n Störung f; (political
etc) Unruhe f; (violent event) Unruhen pl; (by
drunks etc) (Ruhe)störung f; **to cause a ~**
Unruhe/eine Ruhestörung verursachen;
~ of the peace Ruhestörung.
disturbed [dɪsˈtɜːbd] adj beunruhigt;
(childhood) unglücklich; **mentally/
emotionally ~** geistig/seelisch gestört.
disturbing [dɪsˈtɜːbɪŋ] adj beunruhigend.
disuse [dɪsˈjuːs] n: **to fall into ~** nicht mehr
benutzt werden.
disused [dɪsˈjuːzd] adj (building) leer stehend;
(airfield) stillgelegt.
ditch [dɪtʃ] n Graben m ♦ vt (inf: partner) sitzen
lassen; (: plan) sausen lassen; (: car etc)
loswerden.
dither [ˈdɪðə*] (pej) vi zaudern.
ditto [ˈdɪtəu] adv dito, ebenfalls.
divan [dɪˈvæn] n (also: **~ bed**) Polsterbett nt.
dive [daɪv] n Sprung m; (underwater) Tauchen

nt; (of submarine) Untertauchen nt; (pej:
place) Spelunke f (inf) ♦ vi springen; (under
water) tauchen; (bird) einen Sturzflug
machen; (submarine) untertauchen; **to
~ into** (bag, drawer etc) greifen in +acc;
(shop, car etc) sich stürzen in +acc.
diver [ˈdaɪvə*] n Taucher(in) m(f); (deep-sea
diver) Tiefseetaucher(in) m(f).
diverge [daɪˈvɜːdʒ] vi auseinander gehen.
divergent [daɪˈvɜːdʒənt] adj unterschiedlich;
(views) voneinander abweichend; (interests)
auseinander gehend.
diverse [daɪˈvɜːs] adj verschiedenartig.
diversification [daɪvɜːsɪfɪˈkeɪʃən] n
Diversifikation f.
diversify [daɪˈvɜːsɪfaɪ] vi diversifizieren.
diversion [daɪˈvɜːʃən] n (BRIT: AUT)
Umleitung f; (distraction) Ablenkung f; (of
funds) Umlenkung f.
diversionary [daɪˈvɜːʃənrɪ] adj: **~ tactics**
Ablenkungsmanöver pl.
diversity [daɪˈvɜːsɪtɪ] n Vielfalt f.
divert [daɪˈvɜːt] vt (sb's attention) ablenken;
(funds) umlenken; (re-route) umleiten.
divest [daɪˈvɛst] vt: **to ~ sb of office/his
authority** jdn seines Amtes entkleiden/
seiner Macht entheben.
divide [dɪˈvaɪd] vt trennen; (MATH) dividieren,
teilen; (share out) verteilen ♦ vi sich teilen;
(road) sich gabeln; (people, groups) sich
aufteilen ♦ n Kluft f; **to ~ (between** or
among) aufteilen (unter +dat); **40 ~d by 5** 40
geteilt or dividiert durch 5.
▶ **divide out** vt: **to ~ out (between** or **among)**
aufteilen (unter +dat).
divided [dɪˈvaɪdɪd] adj geteilt; **to be ~ about** or
over sth geteilter Meinung über etw acc
sein.
divided highway (US) n ≈ Schnellstraße f.
dividend [ˈdɪvɪdɛnd] n Dividende f; (fig): **to pay
~s** sich bezahlt machen.
dividend cover n (COMM)
Dividendendeckung f.
dividers [dɪˈvaɪdəz] npl (MATH, TECH)
Stechzirkel m; (between pages) Register nt.
divine [dɪˈvaɪn] adj göttlich ♦ vt (future)
weissagen, prophezeien; (truth) erahnen;
(water, metal) aufspüren.
diving [ˈdaɪvɪŋ] n Tauchen nt; (SPORT)
Kunstspringen nt.
diving board n Sprungbrett nt.
diving suit n Taucheranzug m.
divinity [dɪˈvɪnɪtɪ] n Göttlichkeit f; (god or
goddess) Gottheit f; (SCOL) Theologie f.
divisible [dɪˈvɪzəbl] adj: **~ (by)** teilbar (durch);
to be ~ into teilbar sein in +acc.
division [dɪˈvɪʒən] n Teilung f; (MATH) Teilen
nt, Division f; (sharing out) Verteilung f;
(disagreement) Uneinigkeit f; (BRIT: POL)
Abstimmung f durch Hammelsprung;
(COMM) Abteilung f; (MIL) Division f; (esp
FOOTBALL) Liga f; **~ of labour**

Arbeitsteilung f.

divisive [dɪ'vaɪsɪv] *adj*: **to be** ~ (*tactics*) auf Spaltung abzielen; (*system*) zu Feindseligkeit führen.

divorce [dɪ'vɔːs] *n* Scheidung f ♦ *vt* sich scheiden lassen von; (*dissociate*) trennen.

divorced [dɪ'vɔːst] *adj* geschieden.

divorcee [dɪvɔː'siː] *n* Geschiedene(r) *f(m)*.

divot ['dɪvət] *n* vom Golfschläger etc ausgehacktes Rasenstück.

divulge [daɪ'vʌldʒ] *vt* preisgeben.

DIY (*BRIT*) *n abbr* = **do-it-yourself**.

dizziness ['dɪzɪnɪs] *n* Schwindel m.

dizzy ['dɪzɪ] *adj* schwind(e)lig; (*turn, spell*) Schwindel-; (*height*) Schwindel erregend; **I feel** ~ mir ist *or* ich bin schwind(e)lig.

DJ *n abbr* = **disc jockey**.

d.j. *n abbr* = **dinner jacket**.

Djakarta [dʒə'kɑːtə] *n* Jakarta nt.

DJIA (*US*) *n abbr* (= *Dow-Jones Industrial Average*) Dow-Jones-Index m.

dl *abbr* (= *decilitre*) dl.

DLit(t) *n abbr* (= *Doctor of Literature, Doctor of Letters*) akademischer Grad in Literaturwissenschaft.

dm *abbr* (= *decimetre*) dm.

DMus *n abbr* (= *Doctor of Music*) Doktor der Musikwissenschaft.

DMZ *n abbr* = **demilitarized zone**.

DNA *n abbr* (= *deoxyribonucleic acid*) DNS f.

DNA test *n* DNS-Test m.

━━━━━━━━━━━━━━ *KEYWORD*

do [duː] (*pt* **did**, *pp* **done**) *aux vb* **1** (*in negative constructions*): **I don't understand** ich verstehe nicht.

2 (*to form questions*): **didn't you know?** wusstest du das nicht?; **what** ~ **you think?** was meinst du?

3 (*for emphasis*): **she does seem rather upset** sie scheint wirklich recht aufgeregt zu sein; ~ **sit down/help yourself** bitte nehmen Sie Platz/bedienen Sie sich; **oh** ~ **shut up!** halte endlich den Mund!

4 (*to avoid repeating vb*): **she swims better than I** ~ sie schwimmt besser als ich; **she lives in Glasgow - so** ~ **I** sie wohnt in Glasgow - ich auch; **who made this mess? - I did** wer hat dieses Durcheinander gemacht? - ich.

5 (*in question tags*): **you like him, don't you?** du magst ihn, nicht wahr?; **I don't know him,** ~ **I?** ich kenne ihn nicht, oder?

♦ *vt* **1** (*carry out, perform*) tun, machen; **what are you** ~**ing tonight?** was machen Sie heute Abend?; **what** ~ **you** ~ (**for a living**)? was machen Sie beruflich?; **to** ~ **one's teeth/nails** sich *dat* die Zähne putzen/die Nägel schneiden.

2 (*AUT etc*) fahren; **the car was** ~**ing 100** das Auto fuhr 100.

♦ *vi* **1** (*act, behave*): ~ **as I** ~ mach es wie ich.

2 (*get on, fare*): **he's** ~**ing well/badly at school** er ist gut/schlecht in der Schule; **the company is** ~**ing well** der Firma geht es gut; **how** ~ **you** ~? guten Tag/Morgen/Abend!

3 (*suit, be sufficient*) reichen; **will that** ~? reicht das?; **will this dress** ~ **for the party?** ist dieses Kleid gut genug für die Party?; **will £10** ~? reichen £10?; **that'll** ~ das reicht; (*in annoyance*) jetzt reichts aber!; **to make** ~ **with** auskommen mit

♦ *n* (*inf: party etc*) Party f, Fete f; **it was quite a** ~ es war ganz schön was los.

▶ **do away with** *vt fus* (*get rid of*) abschaffen.

▶ **do for** (*inf*) *vt fus*: **to be done for** erledigt sein.

▶ **do in** (*inf*) *vt* (*kill*) umbringen.

▶ **do out of** (*inf*) *vt* (*deprive*) bringen um.

▶ **do up** *vt fus* (*laces, dress, buttons*) zumachen; (*renovate: room, house*) renovieren.

▶ **do with** *vt fus* **1** (*need*) brauchen; **I could** ~ **with some help/a drink** ich könnte Hilfe/einen Drink gebrauchen.

2 it has to ~ **with money** es hat mit Geld zu tun.

▶ **do without** *vt fus* auskommen ohne.

DOA *abbr* (= *dead on arrival*) bei Einlieferung ins Krankenhaus bereits tot.

d.o.b. *abbr* = **date of birth**.

doc [dɔk] (*inf*) *n* Doktor m.

docile ['dəʊsaɪl] *adj* sanft(mütig).

dock [dɔk] *n* Dock nt; (*LAW*) Anklagebank f; (*BOT*) Ampfer m ♦ *vi* anlegen; (*SPACE*) docken ♦ *vt*: **they** ~**ed a third of his wages** sie kürzten seinen Lohn um ein Drittel; **docks** *npl* (*NAUT*) Hafen m.

dock dues [-djuːz] *npl* Hafengebühr f.

docker ['dɔkə'] *n* Hafenarbeiter m, Docker m.

docket ['dɔkɪt] *n* Inhaltserklärung f; (*on parcel etc*) Warenbegleitschein m, Laufzettel m.

dockyard ['dɔkjɑːd] *n* Werft f.

doctor ['dɔktə'] *n* Arzt m, Ärztin f; (*PhD etc*) Doktor m ♦ *vt*: **to** ~ **a drink** etc einem Getränk etc etwas beimischen; ~**'s office** (*US*) Sprechzimmer nt.

doctorate ['dɔktərɪt] *n* Doktorwürde f.

┌─────────────────────────────────┐

DOCTORATE

Doctorate ist der höchste akademische Grad auf jedem Wissensgebiet und wird nach erfolgreicher Vorlage einer Doktorarbeit verliehen. Die Studienzeit (meist mindestens 3 Jahre) und Länge der Doktorarbeit ist an jeder Hochschule verschieden. Am häufigsten wird der Titel *PhD* (*Doctor of Philosophy*) auf dem Gebiet der Geisteswissenschaften, Naturwissenschaften und des Ingenieurwesens verliehen, obwohl es auch andere Doktortitel (in Musik, Jura usw.) gibt. Siehe auch **bachelor's degree, master's degree.**

└─────────────────────────────────┘

Doctor of Philosophy n Doktor m der Philosophie.

doctrine ['dɔktrɪn] n Doktrin f.

docudrama ['dɔkjudrɑːmə] n Dokumentarspiel nt.

document ['dɔkjumənt] n Dokument nt ♦ vt dokumentieren.

documentary [dɔkju'mentərɪ] adj dokumentarisch ♦ n Dokumentarfilm m.

documentation [dɔkjumən'teɪʃən] n Dokumentation f.

DOD (US) n abbr (= Department of Defense) Verteidigungsministerium nt.

doddering ['dɔdərɪŋ] adj (shaky, unsteady) zittrig.

doddery ['dɔdərɪ] adj = doddering.

doddle ['dɔdl] (inf) n: **a** ~ ein Kinderspiel nt.

Dodecanese (Islands) [dəudıkə'niːz ('aɪləndz)] n(pl): **the** ~ der Dodekanes.

dodge [dɔdʒ] n Trick m ♦ vt ausweichen +dat; (tax) umgehen ♦ vi ausweichen; **to** ~ **out of the way** zur Seite springen; **to** ~ **through the traffic** sich durch den Verkehr schlängeln.

dodgems ['dɔdʒəmz] (BRIT) npl Autoskooter pl.

dodgy ['dɔdʒɪ] (inf) adj (person) zweifelhaft; (plan etc) gewagt.

DOE n abbr (BRIT: = Department of the Environment) Umweltministerium; (US: = Department of Energy) Energieministerium.

doe [dəu] n Reh nt, Ricke f; (rabbit) (Kaninchen)weibchen nt.

does [dʌz] vb see do.

doesn't ['dʌznt] = does not.

dog [dɔg] n Hund m ♦ vt (subj: person) auf den Fersen bleiben +dat; (: bad luck, memory etc) verfolgen; **to go to the** ~**s** (inf) vor die Hunde gehen.

dog biscuits npl Hundekuchen pl.

dog collar n Hundehalsband nt; (REL) Kragen m des Geistlichen.

dog-eared ['dɔgɪəd] adj mit Eselsohren.

dog food n Hundefutter nt.

dogged ['dɔgɪd] adj beharrlich.

doggy ['dɔgɪ] n Hündchen nt.

doggy bag ['dɔgɪ-] n Tüte für Essensreste, die man nach Hause mitnehmen möchte.

dogma ['dɔgmə] n Dogma nt.

dogmatic [dɔg'mætɪk] adj dogmatisch.

do-gooder [duː'gudə*] (pej) n Weltverbesserer(in) m(f).

dogsbody ['dɔgzbɔdɪ] (BRIT: inf) n Mädchen nt für alles.

doily ['dɔɪlɪ] n Deckchen nt.

doing ['duːɪŋ] n: **this is your** ~ das ist dein Werk.

doings ['duːɪŋz] npl Treiben nt.

do-it-yourself ['duːɪtjɔː'self] n Heimwerken nt, Do-it-yourself nt.

doldrums ['dɔldrəmz] npl: **to be in the** ~ (person) niedergeschlagen sein; (business)

in einer Flaute stecken.

dole [dəul] (BRIT) n Arbeitslosenunterstützung f; **on the** ~ arbeitslos.

▶ **dole out** vt austeilen, verteilen.

doleful ['dəulful] adj traurig.

doll [dɔl] n (toy, also US: inf: woman) Puppe f.

dollar ['dɔlə*] (US etc) n Dollar m.

dollar area n Dollarblock m.

dolled up (inf) adj aufgedonnert.

dollop ['dɔləp] (inf) n Schlag m.

dolly ['dɔlɪ] (inf) n (doll, woman) Puppe f.

Dolomites ['dɔləmaɪts] npl: **the** ~ die Dolomiten pl.

dolphin ['dɔlfɪn] n Delfin m, Delphin m.

domain [də'meɪn] n Bereich m; (empire) Reich nt.

dome [dəum] n Kuppel f.

domestic [də'mestɪk] adj (trade) Innen-; (situation) innenpolitisch; (news) Inland-, aus dem Inland; (tasks, appliances) Haushalts-; (animal) Haus-; (duty, happiness) häuslich.

domesticated [də'mestıkeıtıd] adj (animal) zahm; (person) häuslich.

domesticity [dəumes'tɪsɪtɪ] n häusliches Leben nt.

domestic servant n Hausangestellte(r) f(m).

domicile ['dɔmɪsaɪl] n Wohnsitz m.

dominant ['dɔmɪnənt] adj dominierend; (share) größte(r, s).

dominate ['dɔmɪneɪt] vt dominieren, beherrschen.

domination [dɔmɪ'neɪʃən] n (Vor)herrschaft f.

domineering [dɔmɪ'nɪərɪŋ] adj herrschsüchtig.

Dominican Republic [də'mɪnɪkən-] n: **the** ~ die Dominikanische Republik.

dominion [də'mɪnɪən] n (territory) Herrschaftsgebiet nt; (authority): **to have** ~ **over** Macht haben über +acc.

domino ['dɔmɪnəu] (pl ~es) n (block) Domino(stein) m.

domino effect n Dominoeffekt m.

dominoes ['dɔmɪnəuz] n (game) Domino(spiel) nt.

don [dɔn] n (BRIT) (Universitäts)dozent m (besonders in Oxford und Cambridge) ♦ vt anziehen.

donate [də'neɪt] vt: **to** ~ **(to)** (organization, cause) spenden (für).

donation [də'neɪʃən] n (act of donating) Spenden nt; (contribution) Spende f.

done [dʌn] pp of do.

donkey ['dɔŋkɪ] n Esel m.

donkey-work ['dɔŋkɪwɜːk] (BRIT: inf) n Dreckarbeit f.

donor ['dəunə*] n Spender(in) m(f).

donor card n Organspenderausweis m.

don't [dəunt] = do not.

donut ['dəunʌt] (US) n = doughnut.

doodle ['du:dl] *vi* Männchen malen ♦ *n* Kritzelei *f*.

doom [du:m] *n* Unheil *nt* ♦ *vt*: **to be ~ed to failure** zum Scheitern verurteilt sein.

doomsday ['du:mzdeɪ] *n* der Jüngste Tag.

door [dɔ:*] *n* Tür *f*; **to go from ~ to ~** von Tür zu Tür gehen.

door bell *n* Türklingel *f*.

door handle *n* Türklinke *f*; (*of car*) Türgriff *m*.

doorman ['dɔ:mən] (*irreg: like* **man**) *n* Portier *m*.

doormat ['dɔ:mæt] *n* Fußmatte *f*; (*fig*) Fußabtreter *m*.

doorpost ['dɔ:pəust] *n* Türpfosten *m*.

doorstep ['dɔ:step] *n* Eingangsstufe *f*, Türstufe *f*; **on the ~** vor der Haustür.

door-to-door ['dɔ:tə'dɔ:*] *adj* (*selling*) von Haus zu Haus; **~ salesman** Vertreter *m*.

doorway ['dɔ:weɪ] *n* Eingang *m*.

dope [dəup] *n* (*inf*) Stoff *m*, Drogen *pl*; (: *person*) Esel *m*, Trottel *m*; (: *information*) Informationen *pl* ♦ *vt* dopen.

dopey ['dəupɪ] (*inf*) *adj* (*groggy*) benebelt; (*stupid*) blöd, bekloppt.

dormant ['dɔ:mənt] *adj* (*plant*) ruhend; (*volcano*) untätig; (*idea, report etc*): **to lie ~** schlummern.

dormer ['dɔ:mə*] *n* (*also: ~* **window**) Mansardenfenster *nt*.

dormice ['dɔ:maɪs] *npl of* **dormouse**.

dormitory ['dɔ:mɪtrɪ] *n* Schlafsaal *m*; (*US: building*) Wohnheim *nt*.

dormouse ['dɔ:maus] (*pl* **dormice**) *n* Haselmaus *f*.

Dors (*BRIT*) *abbr* (*POST*: = *Dorset*).

DOS [dɔs] *n abbr* (*COMPUT*: = *disk operating system*) DOS.

dosage ['dəusɪdʒ] *n* Dosis *f*; (*on label*) Dosierung *f*.

dose [dəus] *n* Dosis *f*; (*BRIT: bout*) Ration *f* ♦ *vt*: **to ~ o.s.** Medikamente nehmen; **a ~ of flu** eine Grippe.

dosser ['dɔsə*] (*BRIT: inf*) *n* Penner(in) *m(f)*.

dosshouse ['dɔshaus] (*BRIT: inf*) *n* Obdachlosenheim *nt*.

dossier ['dɔsɪeɪ] *n* Dossier *nt*.

DOT (*US*) *n abbr* (= *Department of Transportation*) ≈ Verkehrsministerium *nt*.

dot [dɔt] *n* Punkt *m* ♦ *vt*: **~ted with** übersät mit; **on the ~** (auf die Minute) pünktlich.

dote [dəut]: **~ on** *vt fus* abgöttisch lieben.

dot-matrix printer [dɔt'meɪtrɪks-] *n* Nadeldrucker *m*.

dotted line ['dɔtɪd-] *n* punktierte Linie *f*; **to sign on the ~** (*fig*) seine formelle Zustimmung geben.

dotty ['dɔtɪ] (*inf*) *adj* schrullig.

double ['dʌbl] *adj* doppelt; (*chin*) Doppel- ♦ *adv* (*cost*) doppelt so viel ♦ *n* Doppelgänger(in) *m(f)* ♦ *vt* verdoppeln; (*paper, blanket*) (einmal) falten ♦ *vi* sich verdoppeln; **~ five two six**

(5526) (*BRIT: TEL*) fünfundfünfzig sechsundzwanzig; **it's spelt with a ~ "l"** es wird mit zwei l geschrieben; **an egg with a ~ yolk** ein Ei mit zwei Dottern; **on the ~,** (*BRIT*) **at the ~** (*quickly*) schnell; (*immediately*) unverzüglich; **to ~ as ...** (*person*) auch als ... fungieren; (*thing*) auch als ... dienen.

▶ **double back** *vi* kehrtmachen, zurückgehen/-fahren.

▶ **double up** *vi* sich krümmen; (*share room*) sich ein Zimmer teilen.

double bass *n* Kontrabass *m*.

double bed *n* Doppelbett *nt*.

double bend (*BRIT*) *n* S-Kurve *f*.

double-blind *adj*: **~ experiment** Doppelblindversuch *m*.

double-breasted ['dʌbl'brestɪd] *adj* (*jacket, coat*) zweireihig.

double-check ['dʌbl'tʃek] *vt* noch einmal (über)prüfen ♦ *vi* es noch einmal (über)prüfen.

double-clutch ['dʌbl'klʌtʃ] (*US*) *vi* mit Zwischengas schalten.

double cream (*BRIT*) *n* Sahne *f* mit hohem Fettgehalt, ≈ Schlagsahne *f*.

double-cross [dʌbl'krɔs] *vt* ein Doppelspiel treiben mit.

double-decker [dʌbl'dekə*] *n* Doppeldecker *m*.

double-declutch ['dʌbldi:'klʌtʃ] (*BRIT*) *vi* mit Zwischengas schalten.

double exposure *n* doppelt belichtetes Foto *nt*.

double glazing [-'gleɪzɪŋ] (*BRIT*) *n* Doppelverglasung *f*.

double-page spread ['dʌblpeɪdʒ-] *n* Doppelseite *f*.

double-parking [dʌbl'pa:kɪŋ] *n* Parken *nt* in der zweiten Reihe.

double room *n* Doppelzimmer *nt*.

doubles ['dʌblz] *n* (*TENNIS*) Doppel *nt*.

double time *n* doppelter Lohn *m*.

double whammy [-'wæmɪ] (*inf*) *n* Doppelschlag *m*.

doubly ['dʌblɪ] *adv* (ganz) besonders.

doubt [daut] *n* Zweifel *m* ♦ *vt* bezweifeln; **without (a) ~** ohne Zweifel; **to ~ sb** jdm nicht glauben; **I ~ it (very much)** das bezweifle ich (sehr), das möchte ich (stark) bezweifeln; **to ~ if** *or* **whether ...** bezweifeln, dass ...; **I don't ~ that ...** ich bezweifle nicht, dass ...

doubtful ['dautful] *adj* zweifelhaft; **to be ~ about sth** an etw *dat* zweifeln; **to be ~ about doing sth** Bedenken haben, ob man etw tun soll; **I'm a bit ~** ich bin nicht ganz sicher.

doubtless ['dautlɪs] *adv* ohne Zweifel, sicherlich.

dough [dəu] *n* Teig *m*; (*inf: money*) Kohle *f*, Knete *f*.

doughnut, (*US*) **donut** ['dəʊnʌt] *n* ≈ Berliner (Pfannkuchen) *m*.

dour [dʊə*] *adj* mürrisch, verdrießlich.

douse [daʊz] *vt* Wasser schütten über +acc; (*extinguish*) löschen; **to ~ with** übergießen mit.

dove [dʌv] *n* Taube *f*.

Dover ['dəʊvə*] *n* Dover *nt*.

dovetail ['dʌvteɪl] *vi* übereinstimmen ♦ *n* (*also*: ~ **joint**) Schwalbenschwanzverbindung *f*.

dowager ['daʊədʒə*] *n* (adlige) Witwe *f*.

dowdy ['daʊdɪ] *adj* ohne jeden Schick; (*clothes*) unmodern.

Dow-Jones average ['dau'dʒəʊnz-] (*US*) *n* Dow-Jones-Index *m*.

down [daʊn] *n* Daunen *pl* ♦ *adv* hinunter, herunter; (*on the ground*) unten ♦ *prep* hinunter, herunter; (*movement along*) entlang ♦ *vt* (*inf*: *drink*) runterkippen; ~ **there/here** da/hier unten; **the price of meat is** ~ die Fleischpreise sind gesunken; **I've got it** ~ **in my diary** ich habe es in meinem Kalender notiert; **to pay £2** ~ £2 anzahlen; **England is two goals** ~ England liegt mit zwei Toren zurück; **to** ~ **tools** (*BRIT*) die Arbeit niederlegen; ~ **with ...!** nieder mit ...!

down-and-out ['daʊnəndaʊt] *n* Penner(in) *m(f)* (*inf*).

down-at-heel ['daʊnət'hi:l] *adj* (*appearance, person*) schäbig, heruntergekommen; (*shoes*) abgetreten.

downbeat ['daʊnbi:t] *n* (*MUS*) erster betonter Taktteil *m* ♦ *adj* zurückhaltend.

downcast ['daʊnkɑːst] *adj* niedergeschlagen.

downer ['daʊnə*] (*inf*) *n* (*drug*) Beruhigungsmittel *nt*; **to be on a** ~ deprimiert sein.

downfall ['daʊnfɔːl] *n* Ruin *m*; (*of dictator etc*) Sturz *m*, Fall *m*.

downgrade ['daʊngreɪd] *vt* herunterstufen.

downhearted ['daʊn'hɑːtɪd] *adj* niedergeschlagen, entmutigt.

downhill ['daʊn'hɪl] *adv* bergab ♦ *n* (*SKI*: *also*: ~ **race**) Abfahrtslauf *m*; **to go** ~ (*road*) bergab führen; (*person*) hinuntergehen, heruntergehen; (*car*) hinunterfahren, herunterfahren; (*fig*) auf dem absteigenden Ast sein.

DOWNING STREET

Downing Street *ist die Straße in London, die von Whitehall zum St James Park führt und in der sich der offizielle Wohnsitz des Premierministers (Nr.10) und des Finanzministers (Nr. 11) befindet. Im weiteren Sinne bezieht sich der Begriff* **Downing Street** *auf die britische Regierung.*

---

download ['daʊnləʊd] *vt* laden.

down-market ['daʊn'mɑːkɪt] *adj* (*product*) für den Massenmarkt.

down payment *n* Anzahlung *f*.

downplay ['daʊnpleɪ] (*US*) *vt* herunterspielen.

downpour ['daʊnpɔː*] *n* Wolkenbruch *m*.

downright ['daʊnraɪt] *adj* (*liar etc*) ausgesprochen; (*refusal, lie*) glatt.

Downs [daʊnz] *npl*: **the** ~ die Downs *pl*, Hügellandschaft in Südengland.

downsize ['daʊn'saɪz] *vi* (*ECON*: *company*) sich verkleinern.

Down's syndrome *n* (*MED*) Down-Syndrom *nt*.

downstairs ['daʊn'stɛəz] *adv* unten; (*downwards*) nach unten.

downstream ['daʊnstri:m] *adv* flussabwärts, stromabwärts.

downtime ['daʊntaɪm] *n* Ausfallzeit *f*.

down-to-earth ['daʊntu'ə:θ] *adj* (*person*) nüchtern; (*solution*) praktisch.

downtown ['daʊn'taʊn] (*esp US*) *adv* im Zentrum, in der (Innen)stadt; (*go*) ins Zentrum, in die (Innen)stadt ♦ *adj*: ~ **Chicago** das Zentrum von Chicago.

downtrodden ['daʊntrɔdn] *adj* unterdrückt, geknechtet.

down under *adv* (*be*) in Australien/Neuseeland; (*go*) nach Australien/Neuseeland.

downward ['daʊnwəd] *adj, adv* nach unten; **a** ~ **trend** ein Abwärtstrend *m*.

downwards ['daʊnwədz] *adv* = **downward**.

dowry ['daʊrɪ] *n* Mitgift *f*.

doz. *abbr* = **dozen**.

doze [dəʊz] *vi* ein Nickerchen *nt* machen.

▶ **doze off** *vi* einschlafen, einnicken.

dozen ['dʌzn] *n* Dutzend *nt*; **a** ~ **books** ein Dutzend Bücher; **80p a** ~ 80 Pence das Dutzend; ~**s of** dutzende *or* Dutzende von.

DPh *n abbr* (= *Doctor of Philosophy*) ≈ Dr. phil.

DPhil *n abbr* (= *Doctor of Philosophy*) ≈ Dr. phil.

DPP (*BRIT*) *n abbr* = **Director of Public Prosecutions**.

DPT *n abbr* (= *diphtheria, pertussis, tetanus*) Diphtherie, Keuchhusten und Tetanus.

DPW (*US*) *n abbr* (= *Department of Public Works*) *Ministerium für öffentliche Bauprojekte.*

Dr *abbr* = **doctor**; (*in street names*: = *Drive*) ≈ Str.

dr *abbr* (*COMM*) = **debtor**.

drab [dræb] *adj* trist.

draft [drɑːft] *n* Entwurf *m*; (*bank draft*) Tratte *f*; (*US*: *call-up*) Einberufung *f* ♦ *vt* entwerfen; *see also* **draught**.

draftsman *etc* ['drɑːftsmən] (*US*) *n* = **draughtsman** *etc*.

drag [dræg] *vt* schleifen, schleppen; (*river*) absuchen ♦ *vi* sich hinziehen ♦ *n* (*AVIAT*) Luftwiderstand *m*; (*NAUT*) Wasserwiderstand *m*; (*inf*): **to be a** ~ (*boring*) langweilig sein; (*a nuisance*) lästig sein; (*women's clothing*): **in** ~ in Frauenkleidung.

▶ **drag away** *vt*: **to** ~ **away (from)**

wegschleppen *or* wegziehen (von).

▶ **drag on** *vi* sich hinziehen.

dragnet ['drægnɛt] *n* Schleppnetz *nt*; (*fig*) groß angelegte Polizeiaktion *f*.

dragon ['drægn] *n* Drache *m*.

dragonfly ['drægənflaɪ] *n* Libelle *f*.

dragoon [drə'ɡuːn] *n* Dragoner *m* ♦ *vt*: **to ~ sb into doing sth** (*BRIT*) jdn zwingen, etw zu tun.

drain [dreɪn] *n* Belastung *f*; (*in street*) Gully *m* ♦ *vt* entwässern; (*pond*) trockenlegen; (*vegetables*) abgießen; (*glass, cup*) leeren ♦ *vi* ablaufen; **to feel ~ed (of energy/emotion)** sich ausgelaugt fühlen.

drainage ['dreɪnɪdʒ] *n* Entwässerungssystem *nt*; (*process*) Entwässerung *f*.

draining board ['dreɪnɪŋ-], (*US*) **drainboard** ['dreɪnbɔːd] *n* Ablaufbrett *nt*.

drainpipe ['dreɪnpaɪp] *n* Abflussrohr *nt*.

drake [dreɪk] *n* Erpel *m*, Enterich *m*.

dram [dræm] (*SCOTT*) *n* (*drink*) Schluck *m*.

drama ['drɑːmə] *n* Drama *nt*.

dramatic [drə'mætɪk] *adj* dramatisch; (*theatrical*) theatralisch.

dramatically [drə'mætɪklɪ] *adv* dramatisch; (*say, announce, pause*) theatralisch.

dramatist ['dræmətɪst] *n* Dramatiker(in) *m(f)*.

dramatize ['dræmətaɪz] *vt* dramatisieren; (*for TV/cinema*) für das Fernsehen/den Film bearbeiten.

drank [dræŋk] *pt of* **drink**.

drape [dreɪp] *vt* drapieren.

drapes [dreɪps] (*US*) *npl* Vorhänge *pl*.

drastic ['dræstɪk] *adj* drastisch.

drastically ['dræstɪklɪ] *adv* drastisch.

draught, (*US*) **draft** [drɑːft] *n* (Luft)zug *m*; (*NAUT*) Tiefgang *m*; (*of chimney*) Zug *m*; **on ~** vom Fass.

draught beer *n* Bier *nt* vom Fass.

draughtboard ['drɑːftbɔːd] (*BRIT*) *n* Damebrett *nt*.

draughts [drɑːfts] (*BRIT*) *n* Damespiel *nt*.

draughtsman, (*US*) **draftsman** ['drɑːftsmən] (*irreg: like* **man**) *n* Zeichner(in) *m(f)*; (*as job*) technischer Zeichner *m*, technische Zeichnerin *f*.

draughtsmanship, (*US*) **draftsmanship** ['drɑːftsmənʃɪp] *n* zeichnerisches Können *nt*; (*art*) Zeichenkunst *f*.

draw [drɔː] (*pt* **drew**, *pp* **drawn**) *vt* zeichnen; (*cart, gun, tooth, conclusion*) ziehen; (*curtain: open*) aufziehen; (: *close*) zuziehen; (*admiration, attention*) erregen; (*money*) abheben; (*wages*) bekommen ♦ *vi* (*SPORT*) unentschieden spielen ♦ *n* (*SPORT*) Unentschieden *nt*; (*lottery*) Lotterie *f*; (: *picking of ticket*) Ziehung *f*; **to ~ a comparison/distinction (between)** einen Vergleich ziehen/Unterschied machen (zwischen +*dat*); **to ~ near** näher kommen; (*event*) nahen; **to ~ to a close** zu Ende gehen.

▶ **draw back** *vi*: **to ~ back (from)** zurückweichen (von).

▶ **draw in** *vi* (*BRIT: car*) anhalten; (: *train*) einfahren; (*nights*) länger werden.

▶ **draw on** *vt* (*resources*) zurückgreifen auf +*acc*; (*imagination*) zu Hilfe nehmen; (*person*) einsetzen.

▶ **draw out** *vi* länger werden ♦ *vt* (*money*) abheben.

▶ **draw up** *vi* (an)halten ♦ *vt* (*chair etc*) heranziehen; (*document*) aufsetzen.

drawback ['drɔːbæk] *n* Nachteil *m*.

drawbridge ['drɔːbrɪdʒ] *n* Zugbrücke *f*.

drawee [drɔː'iː] *n* Bezogene(r) *f(m)*.

drawer [drɔː*] *n* Schublade *f*.

drawing ['drɔːɪŋ] *n* Zeichnung *f*; (*skill, discipline*) Zeichnen *nt*.

drawing board *n* Reißbrett *nt*; **back to the ~** (*fig*) das muss noch einmal neu überdacht werden.

drawing pin (*BRIT*) *n* Reißzwecke *f*.

drawing room *n* Salon *m*.

drawl [drɔːl] *n* schleppende Sprechweise *f* ♦ *vi* schleppend sprechen.

drawn [drɔːn] *pp of* **draw** ♦ *adj* abgespannt.

drawstring ['drɔːstrɪŋ] *n* Kordel *f* zum Zuziehen.

dread [drɛd] *n* Angst *f*, Furcht *f* ♦ *vt* große Angst haben vor +*dat*.

dreadful ['drɛdful] *adj* schrecklich, furchtbar; **I feel ~!** (*ill*) ich fühle mich schrecklich; (*ashamed*) es ist mir schrecklich peinlich.

dream [driːm] (*pt, pp* **dreamed** *or* **dreamt**) *n* Traum *m* ♦ *vt, vi* träumen; **to have a ~ about sb/sth** von jdm/etw träumen; **sweet ~s!** träume süß!

▶ **dream up** *vt* sich *dat* einfallen lassen, sich *dat* ausdenken.

dreamer ['driːmə*] *n* Träumer(in) *m(f)*.

dreamt [drɛmt] *pt, pp of* **dream**.

dream world *n* Traumwelt *f*.

dreamy ['driːmɪ] *adj* verträumt; (*music*) zum Träumen.

dreary ['drɪərɪ] *adj* langweilig; (*weather*) trüb.

dredge [drɛdʒ] *vt* ausbaggern.

▶ **dredge up** *vt* ausbaggern; (*fig: unpleasant facts*) ausgraben.

dredger ['drɛdʒə*] *n* (*ship*) Schwimmbagger *m*; (*machine*) Bagger *m*; (*BRIT: also*: **sugar ~**) Zuckerstreuer *m*.

dregs [drɛgz] *npl* Bodensatz *m*; (*of humanity*) Abschaum *m*.

drench [drɛntʃ] *vt* durchnässen; **~ed to the skin** nass bis auf die Haut.

dress [drɛs] *n* Kleid *nt*; (*no pl: clothing*) Kleidung *f* ♦ *vt* anziehen; (*wound*) verbinden ♦ *vi* sich anziehen; **she ~es very well** sie kleidet sich sehr gut; **to ~ a shop window** ein Schaufenster dekorieren; **to get ~ed** sich anziehen.

▶ **dress up** *vi* sich fein machen; (*in fancy dress*) sich verkleiden.

dress circle (*BRIT*) *n* (*THEAT*) erster Rang *m*.
dress designer *n* Modezeichner(in) *m(f)*.
dresser ['drɛsə*] *n* (*BRIT*) Anrichte *f*; (*US*) Kommode *f*; (*also:* **window** ~) Dekorateur(in) *m(f)*.
dressing ['drɛsɪŋ] *n* Verband *m*; (*CULIN*) (Salat)soße *f*.
dressing gown (*BRIT*) *n* Morgenrock *m*.
dressing room *n* Umkleidekabine *f*; (*THEAT*) (Künstler)garderobe *f*.
dressing table *n* Frisierkommode *f*.
dressmaker ['drɛsmeɪkə*] *n* (Damen)schneider(in) *m(f)*.
dressmaking ['drɛsmeɪkɪŋ] *n* Schneidern *nt*.
dress rehearsal *n* Generalprobe *f*.
dressy ['drɛsɪ] (*inf*) *adj* elegant.
drew [druː] *pt of* draw.
dribble ['drɪbl] *vi* tropfen; (*baby*) sabbern; (*FOOTBALL*) dribbeln ♦ *vt* (*ball*) dribbeln mit.
dried [draɪd] *adj* (*fruit*) getrocknet, Dörr-; ~ **egg** Trockenei *nt*, Eipulver *nt*; ~ **milk** Trockenmilch *f*, Milchpulver *nt*.
drier ['draɪə*] *n* = dryer.
drift [drɪft] *n* Strömung *f*; (*of snow*) Schneewehe *f*; (*of questions*) Richtung *f* ♦ *vi* treiben; (*sand*) wehen; **to let things** ~ die Dinge treiben lassen; **to** ~ **apart** sich auseinander leben; **I get** *or* **catch your** ~ ich verstehe, worauf Sie hinauswollen.
drifter ['drɪftə*] *n*: **to be a** ~ sich treiben lassen.
driftwood ['drɪftwʊd] *n* Treibholz *nt*.
drill [drɪl] *n* Bohrer *m*; (*machine*) Bohrmaschine *f*; (*MIL*) Drill *m* ♦ *vt* bohren; (*troops*) drillen ♦ *vi*: **to** ~ (**for**) bohren (nach); **to** ~ **pupils in grammar** mit den Schülern Grammatik pauken.
drilling ['drɪlɪŋ] *n* Bohrung *f*.
drilling rig *n* Bohrturm *m*; (*at sea*) Bohrinsel *f*.
drily ['draɪlɪ] *adv* = dryly.
drink [drɪŋk] (*pt* **drank**, *pp* **drunk**) *n* Getränk *nt*; (*alcoholic*) Glas *nt*, Drink *m*; (*sip*) Schluck *m* ♦ *vt*, *vi* trinken; **to have a** ~ etwas trinken; **a** ~ **of water** etwas Wasser; **we had** ~**s before lunch** vor dem Mittagessen gab es einen Drink; **would you like something to** ~? möchten Sie etwas trinken?
► **drink in** *vt* (*fresh air*) einatmen, einsaugen; (*story, sight*) (begierig) in sich aufnehmen.
drinkable ['drɪŋkəbl] *adj* trinkbar.
drink-driving ['drɪŋk'draɪvɪŋ] *n* Trunkenheit *f* am Steuer.
drinker ['drɪŋkə*] *n* Trinker(in) *m(f)*.
drinking ['drɪŋkɪŋ] *n* Trinken *nt*.
drinking fountain *n* Trinkwasserbrunnen *m*.
drinking water *n* Trinkwasser *nt*.
drip [drɪp] *n* Tropfen *nt*; (*one drip*) Tropfen *m*; (*MED*) Tropf *m* ♦ *vi* tropfen; (*wall*) triefnass sein.
drip-dry ['drɪp'draɪ] *adj* bügelfrei.
drip-feed ['drɪpfiːd] *vt* künstlich ernähren ♦ *n*: **to be on a** ~ künstlich ernährt werden.

dripping ['drɪpɪŋ] *n* Bratenfett *nt* ♦ *adj* triefend; **I'm** ~ ich bin klatschnass (*inf*); ~ **wet** triefnass.
drive [draɪv] (*pt* **drove**, *pp* **driven**) *n* Fahrt *f*; (*also:* ~**way**) Einfahrt *f*; (*: longer*) Auffahrt *f*; (*energy*) Schwung *m*, Elan *m*; (*campaign*) Aktion *f*; (*SPORT*) Treibschlag *m*; (*COMPUT*: *also:* **disk** ~) Laufwerk *nt* ♦ *vt* fahren; (*TECH*) antreiben ♦ *vi* fahren; **to go for a** ~ ein bisschen (raus)fahren; **it's 3 hours'** ~ **from London** es ist drei Stunden Fahrt von London (entfernt); **left-/right-hand** ~ Links-/Rechtssteuerung *f*; **front-/rear-wheel** ~ Vorderrad-/Hinterradantrieb *m*; **he** ~**s a taxi** er ist Taxifahrer; **to** ~ **sth into sth** (*nail, stake etc*) etw in etw schlagen *acc*; (*animal*) treiben; (*ball*) weit schlagen; (*incite, encourage: also:* ~ **on**) antreiben; **to** ~ **sb home/to the airport** jdn nach Hause/zum Flughafen fahren; **to** ~ **sb mad** jdn verrückt machen; **to** ~ **sb to (do) sth** jdn dazu treiben, etw zu tun; **to** ~ **at 50 km an hour** mit (einer Geschwindigkeit von) 50 Stundenkilometern fahren; **what are you driving at?** worauf wollen Sie hinaus?
► **drive off** *vt* vertreiben.
► **drive out** *vt* (*evil spirit*) austreiben; (*person*) verdrängen.
drive-by shooting ['draɪvbaɪ-] *n* *Schusswaffenangriff aus einem vorbeifahrenden Wagen.*
drive-in ['draɪvɪn] (*esp US*) *adj*, *n*: ~ (**cinema**) Autokino *nt*; ~ (**restaurant**) Autorestaurant *nt*.
drive-in window (*US*) *n* Autoschalter *m*.
drivel ['drɪvl] (*inf*) *n* Blödsinn *m*.
driven ['drɪvn] *pp of* drive.
driver ['draɪvə*] *n* Fahrer(in) *m(f)*; (*RAIL*) Führer(in) *m(f)*.
driver's license ['draɪvəz-] (*US*) *n* Führerschein *m*.
driveway ['draɪvweɪ] *n* Einfahrt *f*; (*longer*) Auffahrt *f*.
driving ['draɪvɪŋ] *n* Fahren *nt* ♦ *adj*: ~ **rain** strömender Regen *m*; ~ **snow** Schneetreiben *nt*.
driving belt *n* Treibriemen *m*.
driving force *n* treibende Kraft *f*.
driving instructor *n* Fahrlehrer(in) *m(f)*.
driving lesson *n* Fahrstunde *f*.
driving licence (*BRIT*) *n* Führerschein *m*.
driving mirror *n* Rückspiegel *m*.
driving school *n* Fahrschule *f*.
driving test *n* Fahrprüfung *f*.
drizzle ['drɪzl] *n* Nieselregen *m* ♦ *vi* nieseln.
droll [drəʊl] *adj* drollig.
dromedary ['drɒmədərɪ] *n* Dromedar *nt*.
drone [drəʊn] *n* Brummen *nt*; (*male bee*) Drohne *f* ♦ *vi* brummen; (*bee*) summen; (*also:* ~ **on**) eintönig sprechen.
drool [druːl] *vi* sabbern; **to** ~ **over sth/sb** etw/ jdn sehnsüchtig anstarren.

droop [druːp] *vi (flower)* den Kopf hängen lassen; **his shoulders/head** ~**ed** er ließ die Schultern/den Kopf herabhängen.

drop [drɔp] *n* Tropfen *m*; *(lessening)* Rückgang *m*; *(distance)* Höhenunterschied *m*; *(in salary)* Verschlechterung *f*; *(also:* **parachute** ~*)* (Ab)sprung *m* ♦ *vt* fallen lassen; *(voice, eyes, price)* senken; *(set down from car)* absetzen; *(omit)* weglassen ♦ *vi* (herunter)fallen; *(wind)* sich legen; **drops** *npl* Tropfen *pl*; **a 300 ft** ~ ein Höhenunterschied von 300 Fuß; **a** ~ **of 10%** ein Rückgang um 10%; **cough** ~**s** Hustentropfen *pl*; **to** ~ **anchor** ankern, vor Anker gehen; **to** ~ **sb a line** jdm ein paar Zeilen schreiben.

▶ **drop in** *(inf) vi:* **to** ~ **in (on sb)** (bei jdm) vorbeikommen.

▶ **drop off** *vi* einschlafen ♦ *vt (passenger)* absetzen.

▶ **drop out** *vi (withdraw)* ausscheiden; *(student)* sein Studium abbrechen.

droplet ['drɔplɪt] *n* Tröpfchen *nt*.

dropout ['drɔpaut] *n* Aussteiger(in) *m(f)*; *(SCOL)* Studienabbrecher(in) *m(f)*.

dropper ['drɔpə*] *n* Pipette *f*.

droppings ['drɔpɪŋz] *npl* Kot *m*.

dross [drɔs] *n* Schlacke *f*; *(fig)* Schund *m*.

drought [draut] *n* Dürre *f*.

drove [drəuv] *pt of* **drive** ♦ *n:* ~**s of people** Scharen *pl* von Menschen.

drown [draun] *vt* ertränken; *(fig: also:* ~ **out)** übertönen ♦ *vi* ertrinken.

drowse [drauz] *vi* (vor sich *acc* hin) dösen *or* dämmern.

drowsy ['drauzɪ] *adj* schläfrig.

drudge [drʌdʒ] *n* Arbeitstier *nt*.

drudgery ['drʌdʒərɪ] *n* (stumpfsinnige) Plackerei *f (inf)*; **housework is sheer** ~ Hausarbeit ist eine einzige Plackerei.

drug [drʌg] *n* Medikament *nt*, Arzneimittel *nt*; *(narcotic)* Droge *f*, Rauschgift *nt* ♦ *vt* betäuben; **to be on** ~**s** drogensüchtig sein; **hard/soft** ~**s** harte/weiche Drogen *pl*.

drug addict *n* Drogensüchtige(r) *f(m)*, Rauschgiftsüchtige(r) *f(m)*.

druggist ['drʌgɪst] *(US) n* Drogist(in) *m(f)*.

drug peddler *n* Drogenhändler(in) *m(f)*, Dealer *m (inf)*.

drugstore ['drʌgstɔː*] *(US) n* Drogerie *f*.

drum [drʌm] *n* Trommel *f*; *(for oil, petrol)* Fass *nt* ♦ *vi* trommeln; **drums** *npl (kit)* Schlagzeug *nt*.

▶ **drum up** *vt (enthusiasm)* erwecken; *(support)* auftreiben.

drummer ['drʌmə*] *n* Trommler(in) *m(f)*; *(in band, pop group)* Schlagzeuger(in) *m(f)*.

drum roll *n* Trommelwirbel *m*.

drumstick ['drʌmstɪk] *n* Trommelstock *m*; *(of chicken)* Keule *f*.

drunk [drʌŋk] *pp of* **drink** ♦ *adj* betrunken ♦ *n (also:* ~**ard)** Trinker(in) *m(f)*; **to get** ~ sich betrinken; **a** ~ **driving offence** Trunkenheit *f*

am Steuer.

drunken ['drʌŋkən] *adj* betrunken; *(party)* feucht-fröhlich; ~ **driving** Trunkenheit *f* am Steuer.

drunkenness ['drʌŋkənnɪs] *n (state)* Betrunkenheit *f*; *(habit)* Trunksucht *f*.

dry [draɪ] *adj* trocken ♦ *vt, vi* trocknen; **on** ~ **land** auf festem Boden; **to** ~ **one's hands/hair/eyes** sich *dat* die Hände (ab)trocknen/die Haare trocknen/die Tränen abwischen; **to** ~ **the dishes** (das Geschirr) abtrocknen.

▶ **dry up** *vi* austrocknen; *(in speech)* den Faden verlieren.

dry-clean ['draɪ'kliːn] *vt* chemisch reinigen.

dry-cleaner ['draɪ'kliːnə*] *n (job)* Inhaber(in) *m(f)* einer chemischen Reinigung; *(shop: also:* ~**'s)** chemische Reinigung *f*.

dry-cleaning ['draɪ'kliːnɪŋ] *n (process)* chemische Reinigung *f*.

dry dock *n* Trockendock *nt*.

dryer ['draɪə*] *n* Wäschetrockner *m*; *(US: spin-dryer)* Wäscheschleuder *f*.

dry goods *npl* Kurzwaren *pl*.

dry ice *n* Trockeneis *nt*.

dryly ['draɪlɪ] *adv (say, remark)* trocken.

dryness ['draɪnɪs] *n* Trockenheit *f*.

dry rot *n* (Haus)schwamm *m*, (Holz)schwamm *m*.

dry run *n (fig)* Probe *f*.

dry ski slope *n* Trockenskipiste *f*.

DSc *n abbr (= Doctor of Science)* ≈ Dr. rer. nat.

DSS *(BRIT) n abbr (= Department of Social Security)* Ministerium für Sozialfürsorge.

DST *(US) abbr = daylight-saving time.*

DT *n abbr (COMPUT) =* **data transmission.**

DTI *(BRIT) n abbr (= Department of Trade and Industry)* ≈ Wirtschaftsministerium *nt*.

DTP *n abbr (= desktop publishing)* DTP *nt; see also* **desktop publishing.**

DT's *(inf) npl abbr (= delirium tremens)* Delirium tremens *nt*; **to have the** ~ vom Trinken den Tatterich haben *(inf)*.

dual ['djuəl] *adj* doppelt; *(personality)* gespalten.

dual carriageway *(BRIT) n* ≈ Schnellstraße *f*.

dual nationality *n* doppelte Staatsangehörigkeit *f*.

dual-purpose ['djuəl'pɜːpəs] *adj* zweifach verwendbar.

dubbed [dʌbd] *adj* synchronisiert; *(nicknamed)* getauft.

dubious ['djuːbɪəs] *adj* zweifelhaft; **I'm very** ~ **about it** ich habe da (doch) starke Zweifel.

Dublin ['dʌblɪn] *n* Dublin *nt*.

Dubliner ['dʌblɪnə*] *n* Dubliner(in) *m(f)*.

duchess ['dʌtʃɪs] *n* Herzogin *f*.

duck [dʌk] *n* Ente *f* ♦ *vi (also:* ~ **down)** sich ducken ♦ *vt (blow)* ausweichen +*dat*; *(duty, responsibility)* aus dem Weg gehen +*dat*.

duckling ['dʌklɪŋ] *n* Entenküken *nt*; *(CULIN)*

(junge) Ente *f.*

duct [dʌkt] *n* Rohr *nt*; (*ANAT*) Röhre *f*; **tear ~** Tränenkanal *m.*

dud [dʌd] *n* Niete *f* (*inf*); (*note*) Blüte *f* (*inf*)
♦ *adj*: **~ cheque** (*BRIT*) ungedeckter Scheck *m.*

due [djuː] *adj* fällig; (*attention etc*) gebührend; (*consideration*) reiflich ♦ *n*: **to give sb his/her ~** jdn gerecht behandeln ♦ *adv*: **~ north** direkt nach Norden; **dues** *npl* Beitrag *m*; (*in harbour*) Gebühren *pl*; **in ~ course** zu gegebener Zeit; (*eventually*) im Laufe der Zeit; **~ to** (*owing to*) wegen +*gen*, aufgrund *or* auf Grund +*gen*; **to be ~ to do sth** etw tun sollen; **the rent is ~ on the 30th** die Miete ist am 30. fällig; **the train is ~ at 8** der Zug soll (laut Fahrplan) um 8 ankommen; **she is ~ back tomorrow** sie müsste morgen zurück sein; **I am ~ 6 days' leave** mir stehen 6 Tage Urlaub zu.

due date *n* Fälligkeitsdatum *nt.*

duel ['djuəl] *n* Duell *nt.*

duet [djuːˈɛt] *n* Duett *nt.*

duff [dʌf] (*BRIT: inf*) *adj* kaputt.
▶ **duff up** *vt* vermöbeln.

duffel bag ['dʌfl-] *n* Matchbeutel *m.*

duffel coat *n* Dufflecoat *m.*

duffer ['dʌfə*] (*inf*) *n* Versager *m*, Flasche *f.*

dug [dʌg] *pt, pp of* **dig.**

dugout ['dʌɡaut] *n* (*canoe*) Einbaum *m*; (*shelter*) Unterstand *m.*

duke [djuːk] *n* Herzog *m.*

dull [dʌl] *adj* trüb; (*intelligence, wit*) schwerfällig, langsam; (*event*) langweilig; (*sound, pain*) dumpf ♦ *vt* (*pain, grief*) betäuben; (*mind, senses*) abstumpfen.

duly ['djuːlɪ] *adv* (*properly*) gebührend; (*on time*) pünktlich.

dumb [dʌm] *adj* stumm; (*pej: stupid*) dumm, doof (*inf*); **he was struck ~** es verschlug ihm die Sprache.

dumbbell ['dʌmbɛl] *n* Hantel *f.*

dumbfounded [dʌmˈfaundɪd] *adj* verblüfft.

dummy ['dʌmɪ] *n* (*Schneider*)puppe *f*; (*mockup*) Attrappe *f*; (*SPORT*) Finte *f*; (*BRIT: for baby*) Schnuller *m* ♦ *adj* (*firm*) fiktiv; **~ bullets** Übungsmunition *f.*

dummy run *n* Probe *f.*

dump [dʌmp] *n* (*also:* **rubbish ~**) Abfallhaufen *m*; (*inf. place*) Müllkippe *f*; (*MIL*) Depot *nt* ♦ *vt* fallen lassen; (*get rid of*) abladen; (*car*) abstellen; (*COMPUT: data*) ausgeben; **to be down in the ~s** (*inf*) deprimiert *or* down sein; **"no ~ing"** „Schuttabladen verboten".

dumpling ['dʌmplɪŋ] *n* Kloß *m*, Knödel *m.*

dumpy ['dʌmpɪ] *adj* pummelig.

dunce [dʌns] *n* Niete *f.*

dune [djuːn] *n* Düne *f.*

dung [dʌŋ] *n* (*AGR*) Dünger *m*, Mist *m*; (*ZOOL*) Dung *m.*

dungarees [dʌŋɡəˈriːz] *npl* Latzhose *f.*

dungeon ['dʌndʒən] *n* Kerker *m*, Verlies *nt.*

dunk [dʌŋk] *vt* (*ein*)tunken.

Dunkirk [dʌnˈkəːk] *n* Dünkirchen *nt.*

duo ['djuːəu] *n* Duo *nt.*

duodenal [djuːəuˈdiːnl] *adj* Duodenal-; **~ ulcer** Zwölffingerdarmgeschwür *nt.*

duodenum [djuːəuˈdiːnəm] *n* Zwölffingerdarm *m.*

dupe [djuːp] *n* Betrogene(r) *f(m)* ♦ *vt* betrügen.

duplex ['djuːplɛks] (*US*) *n* Zweifamilienhaus *nt*; (*apartment*) zweistöckige Wohnung *f.*

duplicate [*n, adj* 'djuːplɪkət, *vt* 'djuːplɪkeɪt] *n* (*also:* **~ copy**) Duplikat *nt*, Kopie *f*; (*also:* **~ key**) Zweitschlüssel *m* ♦ *adj* doppelt ♦ *vt* kopieren; (*repeat*) wiederholen; **in ~** in doppelter Ausfertigung.

duplicating machine ['djuːplɪkeɪtɪŋ-] *n* Vervielfältigungsapparat *m.*

duplicator ['djuːplɪkeɪtə*] *n* Vervielfältigungsapparat *m.*

duplicity [djuːˈplɪsɪtɪ] *n* Doppelspiel *nt.*

Dur. (*BRIT*) *abbr* (*POST:* = **Durham**).

durability [djuərəˈbɪlɪtɪ] *n* Haltbarkeit *f.*

durable ['djuərəbl] *adj* haltbar.

duration [djuəˈreɪʃən] *n* Dauer *f.*

duress [djuəˈrɛs] *n*: **under ~** unter Zwang.

Durex ® ['djuərɛks] (*BRIT*) *n* Gummi *m* (*inf*).

during ['djuərɪŋ] *prep* während +*gen.*

dusk [dʌsk] *n* (*Abend*)dämmerung *f.*

dusky ['dʌskɪ] *adj* (*room*) dunkel; (*light*) Dämmer-.

dust [dʌst] *n* Staub *m* ♦ *vt* abstauben; (*cake etc*): **to ~ with** bestäuben mit.
▶ **dust off** *vt* abwischen, wegwischen; (*fig*) hervorkramen.

dustbin ['dʌstbɪn] (*BRIT*) *n* Mülltonne *f.*

dustbin liner (*BRIT*) *n* Müllsack *m.*

duster ['dʌstə*] *n* Staubtuch *nt.*

dust jacket *n* (*Schutz*)umschlag *m.*

dustman ['dʌstmən] (*BRIT: irreg: like* **man***) n* Müllmann *m.*

dustpan ['dʌstpæn] *n* Kehrschaufel *f*, Müllschaufel *f.*

dusty ['dʌstɪ] *adj* staubig.

Dutch [dʌtʃ] *adj* holländisch, niederländisch ♦ *n* Holländisch *nt*, Niederländisch *nt* ♦ *adv*: **to go ~** (*inf*) getrennte Kasse machen; **the Dutch** *npl* die Holländer *pl*, die Niederländer *pl.*

Dutch auction *n* Versteigerung mit *stufenweise erniedrigtem Ausbietungspreis.*

Dutchman ['dʌtʃmən] (*irreg: like* **man**) *n* Holländer *m*, Niederländer *m.*

Dutchwoman ['dʌtʃwumən] (*irreg: like* **woman**) *n* Holländerin *f*, Niederländerin *f.*

dutiable ['djuːtɪəbl] *adj* zollpflichtig.

dutiful ['djuːtɪful] *adj* pflichtbewusst; (*son, daughter*) gehorsam.

duty ['djuːtɪ] *n* Pflicht *f*; (*tax*) Zoll *m*; **duties** *npl* (*functions*) Aufgaben *pl*; **to make it one's ~ to do sth** es sich *dat* zur Pflicht machen, etw zu tun; **to pay ~ on sth** Zoll auf etw *acc* zahlen; **on/off ~** im/nicht im Dienst.

duty-free ['dju:tɪ'fri:] *adj* zollfrei; ~ **shop** Dutyfreeshop *m*, Duty-free-Shop *m*.
duty officer *n* Offizier *m* vom Dienst.
duvet ['du:veɪ] (*BRIT*) *n* Federbett *nt*.
DV *abbr* (= *Deo volente*) so Gott will.
DVD *n abbr* (= *digital versatile or video disc*) DVD *f*.
DVLA *n abbr* (= *Driver and Vehicle Licensing Authority*) Zulassungsbehörde für Kraftfahrzeuge.
DVLC (*BRIT*) *n abbr* (= *Driver and Vehicle Licensing Centre*) Zulassungsstelle für Kraftfahrzeuge.
DVM (*US*) *n abbr* (= *Doctor of Veterinary Medicine*) ≈ Dr. med. vet.
dwarf [dwɔ:f] (*pl* **dwarves**) *n* Zwerg(in) *m(f)*
♦ *vt*: **to be ~ed by sth** neben etw *dat* klein erscheinen.
dwarves [dwɔ:vz] *npl of* **dwarf**.
dwell [dwɛl] (*pt, pp* **dwelt**) *vi* wohnen, leben.
▶ **dwell on** *vt fus* (in Gedanken) verweilen bei.
dweller ['dwɛlə*] *n* Bewohner(in) *m(f)*; **city ~** Stadtbewohner(in) *m(f)*.
dwelling ['dwɛlɪŋ] *n* Wohnhaus *nt*.
dwelt [dwɛlt] *pt, pp of* **dwell**.
dwindle ['dwɪndl] *vi* abnehmen; (*interest*) schwinden; (*attendance*) zurückgehen.
dwindling ['dwɪndlɪŋ] *adj* (*strength, interest*) schwindend; (*resources, supplies*) versiegend.
dye [daɪ] *n* Farbstoff *m*; (*for hair*) Färbemittel *nt* ♦ *vt* färben.
dyestuffs ['daɪstʌfs] *npl* Farbstoffe *pl*.
dying ['daɪɪŋ] *adj* sterbend; (*moments, words*) letzte(r, s).
dyke [daɪk] *n* (*BRIT: wall*) Deich *m*, Damm *m*; (*channel*) (Entwässerungs)graben *m*; (*causeway*) Fahrdamm *m*.
dynamic [daɪ'næmɪk] *adj* dynamisch.
dynamics [daɪ'næmɪks] *n or npl* Dynamik *f*.
dynamite ['daɪnəmaɪt] *n* Dynamit *nt* ♦ *vt* sprengen.
dynamo ['daɪnəməu] *n* Dynamo *m*; (*AUT*) Lichtmaschine *f*.
dynasty ['dɪnəstɪ] *n* Dynastie *f*.
dysentery ['dɪsntrɪ] *n* (*MED*) Ruhr *f*.
dyslexia [dɪs'lɛksɪə] *n* Legasthenie *f*.
dyslexic [dɪs'lɛksɪk] *adj* legasthenisch ♦ *n* Legastheniker(in) *m(f)*.
dyspepsia [dɪs'pɛpsɪə] *n* Dyspepsie *f*, Verdauungsstörung *f*.
dystrophy ['dɪstrəfɪ] *n* Dystrophie *f*, Ernährungsstörung *f*; **muscular ~** Muskelschwund *m*.

E, e

E¹, e [i:] *n* (*letter*) E *nt*, e *nt*; ~ **for Edward,** (*US*) ~ **for Easy** E wie Emil.
E² [i:] *n* (*MUS*) E *nt*, e *nt*.
E³ [i:] *abbr* (= *east*) O ♦ *n abbr* (*drug:* = *Ecstasy*) Ecstasy *nt*.
e- [i:] *pref* E-, elektronisch.
E111 *n abbr* (*also:* **form** ~) E111-Formular *nt*.
E.A. (*US*) *n abbr* (= *educational age*) Bildungsstand *m*.
ea. *abbr* = **each**.
each [i:tʃ] *adj, pron* jede(r, s); ~ **other** sich, einander; **they hate ~ other** sie hassen sich *or* einander; **you are jealous of ~ other** ihr seid eifersüchtig aufeinander; ~ **day** jeden Tag; **they have 2 books ~** sie haben je 2 Bücher; **they cost £5 ~** sie kosten 5 Pfund das Stück; ~ **of us** jede(r, s) von uns.
eager ['i:gə*] *adj* eifrig; **to be ~ to do sth** unbedingt tun wollen; **to be ~ for sth** auf etw *acc* erpicht *or* aus (*inf*) sein.
eagerly ['i:gəlɪ] *adv* eifrig; (*awaited*) gespannt, ungeduldig.
eagle ['i:gl] *n* Adler *m*.
ear [ɪə*] *n* Ohr *nt*; (*of corn*) Ähre *f*; **to be up to one's ~s in debt/work** bis über beide Ohren in Schulden/Arbeit stecken; **to be up to one's ~s in paint/baking** mitten im Anstreichen/Backen stecken; **to give sb a thick ~** jdm ein paar hinter die Ohren geben; **we'll play it by ~** (*fig*) wir werden es auf uns zukommen lassen.
earache ['ɪəreɪk] *n* Ohrenschmerzen *pl*.
eardrum ['ɪədrʌm] *n* Trommelfell *nt*.
earful ['ɪəful] (*inf*) *n*: **to give sb an ~** jdm was erzählen; **to get an ~** was zu hören bekommen.
earl [ə:l] (*BRIT*) *n* Graf *m*.
earlier ['ə:lɪə*] *adj, adv* früher; **I can't come any ~** ich kann nicht früher *or* eher kommen.
early ['ə:lɪ] *adv* früh; (*ahead of time*) zu früh ♦ *adj* früh; (*Christians*) Ur-; (*death, departure*) vorzeitig; (*reply*) baldig; ~ **in the morning** früh am Morgen; **the ~ night** früh ins Bett gehen; **in the ~ hours** in den frühen Morgenstunden; **in the ~** *or* ~ **in the spring/19th century** Anfang des Frühjahrs/des 19. Jahrhunderts; **take the ~ train** nimm den früheren Zug; **you're ~!** Sie sind früh dran!; **she's in her ~ forties** sie ist Anfang Vierzig; **at your earliest convenience** so bald wie möglich.
early retirement *n*: **to take ~** vorzeitig in den Ruhestand gehen.

early warning system n Frühwarnsystem nt.

earmark ['ɪəmɑːk] vt: **to ~ (for)** bestimmen (für), vorsehen (für).

earn [əːn] vt verdienen; (interest) bringen; **to ~ one's living** seinen Lebensunterhalt verdienen; **this ~ed him much praise, he ~ed much praise for this** das trug ihm viel Lob ein; **he's ~ed his rest/reward** er hat sich seine Pause/Belohnung verdient.

earned income [əːnd-] n Arbeitseinkommen nt.

earnest ['əːnɪst] adj ernsthaft; (wish, desire) innig ♦ n (also: ~ **money**) Angeld nt; **in ~** (adv) richtig; (adj): **to be in ~** es ernst meinen; **work on the tunnel soon began in ~** die Tunnelarbeiten begannen bald richtig; **is the Minister in ~ about these proposals?** meint der Minister diese Vorschläge ernst?

earnings ['əːnɪŋz] npl Verdienst m; (of company etc) Ertrag m.

ear, nose and throat specialist n Hals-Nasen-Ohren-Arzt m, Hals-Nasen-Ohren-Ärztin f.

earphones ['ɪəfəʊnz] npl Kopfhörer pl.

earplugs ['ɪəplʌgz] npl Ohropax ® nt.

earring ['ɪərɪŋ] n Ohrring m.

earshot ['ɪəʃɔt] n: **within/out of ~** in/außer Hörweite.

earth [əːθ] n Erde f; (of fox) Bau m ♦ vt (BRIT: ELEC) erden.

earthenware ['əːθnwɛə*] n Tongeschirr nt ♦ adj Ton-.

earthly ['əːθlɪ] adj irdisch; **~ paradise** Paradies nt auf Erden; **there is no ~ reason to think ...** es besteht nicht der geringste Grund für die Annahme ...

earthquake ['əːθkweɪk] n Erdbeben nt.

earthshattering ['əːθʃætərɪŋ] adj (fig) weltbewegend.

earth tremor n Erdstoß m.

earthworks ['əːθwəːks] npl Erdarbeiten pl.

earthworm ['əːθwəːm] n Regenwurm m.

earthy ['əːθɪ] adj (humour) derb.

earwig ['ɪəwɪg] n Ohrwurm m.

ease [iːz] n Leichtigkeit f; (comfort) Behagen nt ♦ vt (problem) vereinfachen; (pain) lindern; (tension) verringern; (loosen) lockern ♦ vi nachlassen; (situation) sich entspannen; **to ~ sth in/out** (push/pull) etw behutsam hineinschieben/herausziehen; **at ~!** (MIL) rührt euch!; **with ~** mit Leichtigkeit; **life of ~** Leben nt der Muße; **to ~ in the clutch** die Kupplung behutsam kommen lassen.

▶ **ease off** vi nachlassen; (slow down) langsamer werden.

▶ **ease up** vi = ease off.

easel ['iːzl] n Staffelei f.

easily ['iːzɪlɪ] adv (see adj) leicht; ungezwungen; bequem.

easiness ['iːzɪnɪs] n Leichtigkeit f; (of manner) Ungezwungenheit f.

east [iːst] n Osten m ♦ adj (coast, Asia etc) Ost- ♦ adv ostwärts, nach Osten; **the E~** der Osten.

Easter ['iːstə*] n Ostern nt ♦ adj (holidays etc) Oster-.

Easter egg n Osterei nt.

Easter Island n Osterinsel f.

easterly ['iːstəlɪ] adj östlich; (wind) Ost-.

Easter Monday n Ostermontag m.

eastern ['iːstən] adj östlich; **E~ Europe** Osteuropa nt; **the E~ bloc** (formerly) der Ostblock.

Easter Sunday n Ostersonntag m.

East Germany n (formerly) die DDR f.

eastward(s) ['iːstwəd(z)] adv ostwärts, nach Osten.

easy ['iːzɪ] adj leicht; (relaxed) ungezwungen; (comfortable) bequem ♦ adv: **to take it/things ~** (go slowly) sich dat Zeit lassen; (not worry) es nicht so schwer nehmen; (rest) sich schonen; **payment on ~ terms** Zahlung zu günstigen Bedingungen; **that's easier said than done** das ist leichter gesagt als getan; **I'm ~** (inf) mir ist alles recht.

easy chair n Sessel m.

easy-going ['iːzɪ'gəʊɪŋ] adj gelassen.

easy touch (inf) n: **to be an ~** (for money etc) leicht anzuzapfen sein.

eat [iːt] (pt **ate**, pp **eaten**) vt, vi essen; (animal) fressen.

▶ **eat away** vt (subj: sea) auswaschen; (: acid) zerfressen.

▶ **eat away at** vt fus (metal) anfressen; (savings) angreifen.

▶ **eat into** vt fus = eat away at.

▶ **eat out** vi essen gehen.

▶ **eat up** vt aufessen; **it ~s up electricity** es verbraucht viel Strom.

eatable ['iːtəbl] adj genießbar.

eau de Cologne ['əʊdəkə'ləʊn] n Kölnischwasser nt, Eau de Cologne nt.

eaves [iːvz] npl Dachvorsprung m.

eavesdrop ['iːvzdrɔp] vi lauschen; **to ~ on** belauschen +acc.

ebb [ɛb] n Ebbe f ♦ vi ebben; (fig: also: ~ **away**) dahinschwinden; (: feeling) abebben; **the ~ and flow** (fig) das Auf und Ab; **to be at a low ~** (fig) auf einem Tiefpunkt angelangt sein.

ebb tide n Ebbe f.

ebony ['ɛbənɪ] n Ebenholz nt.

ebullient [ɪ'bʌlɪənt] adj überschäumend, übersprudelnd.

EC n abbr (= European Community) EG f.

ECB n abbr (= European Central Bank) EZB f.

eccentric [ɪk'sɛntrɪk] adj exzentrisch ♦ n Exzentriker(in) m(f).

ecclesiastic(al) [ɪklizɪ'æstɪk(l)] adj kirchlich.

ECG n abbr (= electrocardiogram) EKG nt.

echo ['ɛkəʊ] (pl **~es**) n Echo nt ♦ vt wiederholen ♦ vi widerhallen; (place) hallen.

éclair [eɪˈklɛəʳ] n Eclair nt.

eclipse [ɪˈklɪps] n Finsternis f ♦ vt in den Schatten stellen.

ECM (US) n abbr (= European Common Market) EG f.

eco- [ˈiːkəʊ] pref Öko-, öko-.

ecofriendly adj umweltfreundlich.

ecological [iːkəˈlɒdʒɪkəl] adj ökologisch; (damage, disaster) Umwelt-.

ecologist [ɪˈkɒlədʒɪst] n Ökologe m, Ökologin f.

ecology [ɪˈkɒlədʒɪ] n Ökologie f.

e-commerce [iːˈkɒmɜːs] n E-Commerce nt, elektronischer Handel.

economic [iːkəˈnɒmɪk] adj (system, policy etc) Wirtschafts-; (profitable) wirtschaftlich.

economical [iːkəˈnɒmɪkl] adj wirtschaftlich; (person) sparsam.

economically [iːkəˈnɒmɪklɪ] adv wirtschaftlich; (thriftily) sparsam.

economics [iːkəˈnɒmɪks] n Wirtschaftswissenschaften pl ♦ npl Wirtschaftlichkeit f; (of situation) wirtschaftliche Seite f.

economist [ɪˈkɒnəmɪst] n Wirtschaftswissenschaftler(in) m(f).

economize [ɪˈkɒnəmaɪz] vi sparen.

economy [ɪˈkɒnəmɪ] n Wirtschaft f; (financial prudence) Sparsamkeit f; **economies of scale** (COMM) Einsparungen pl durch erhöhte Produktion.

economy class n Touristenklasse f.

economy size n Sparpackung f.

ecosystem [ˈiːkəʊsɪstəm] n Ökosystem nt.

ecotourism [ˈiːkəʊˈtʊərɪzm] n Ökotourismus m.

ECSC n abbr (= European Coal and Steel Community) Europäische Gemeinschaft für Kohle und Stahl.

ecstasy [ˈɛkstəsɪ] n Ekstase f; (drug) Ecstasy nt; **to go into ecstasies over** in Verzückung geraten über +acc; **in** ~ verzückt.

ecstatic [ɛksˈtætɪk] adj ekstatisch.

ECT n abbr = **electroconvulsive therapy**.

Ecuador [ˈɛkwədɔːʳ] n Ecuador nt, Ekuador nt.

ecumenical [iːkjuˈmɛnɪkl] adj ökumenisch.

eczema [ˈɛksɪmə] n Ekzem nt.

eddy [ˈɛdɪ] n Strudel m.

edge [ɛdʒ] n Rand m; (of table, chair) Kante f; (of lake) Ufer nt; (of knife etc) Schneide f ♦ vt einfassen ♦ vi: **to** ~ **forward** sich nach vorne schieben; **on** ~ (fig) = **edgy to have the** ~ **on** überlegen sein +dat; **to** ~ **away from** sich allmählich entfernen von; **to** ~ **past** sich vorbeischieben, sich vorbeidrücken.

edgeways [ˈɛdʒweɪz] adv: **he couldn't get a word in** ~ er kam überhaupt nicht zu Wort.

edging [ˈɛdʒɪŋ] n Einfassung f.

edgy [ˈɛdʒɪ] adj nervös.

edible [ˈɛdɪbl] adj essbar, genießbar.

edict [ˈiːdɪkt] n Erlass m.

edifice [ˈɛdɪfɪs] n Gebäude nt.

edifying [ˈɛdɪfaɪɪŋ] adj erbaulich.

Edinburgh [ˈɛdɪnbərə] n Edinburg(h) nt.

edit [ˈɛdɪt] vt (text) redigieren; (book) lektorieren; (film, broadcast) schneiden, cutten; (newspaper, magazine) herausgeben; (COMPUT) editieren.

edition [ɪˈdɪʃən] n Ausgabe f.

editor [ˈɛdɪtəʳ] n Redakteur(in) m(f); (of newspaper, magazine) Herausgeber(in) m(f); (of book) Lektor(in) m(f); (CINE, RADIO, TV) Cutter(in) m(f).

editorial [ɛdɪˈtɔːrɪəl] adj redaktionell; (staff) Redaktions- ♦ n Leitartikel m.

EDP n abbr (COMPUT: = electronic data processing) EDV f.

EDT (US) abbr (= Eastern Daylight Time) ostamerikanische Sommerzeit.

educate [ˈɛdjukeɪt] vt erziehen; ~**d at** ... zur Schule/Universität gegangen in ...

educated [ˈɛdjukeɪtɪd] adj gebildet.

educated guess [ˈɛdjukeɪtɪd-] n wohl begründete Vermutung f.

education [ɛdjuˈkeɪʃən] n Erziehung f; (schooling) Ausbildung f; (knowledge, culture) Bildung f; **primary** or (US) **elementary** ~ Grundschul(aus)bildung f; **secondary** ~ höhere Schul(aus)bildung f.

educational [ɛdjuˈkeɪʃənl] adj pädagogisch; (experience) lehrreich; (toy) pädagogisch wertvoll; ~ **technology** Unterrichtstechnologie f.

Edwardian [ɛdˈwɔːdɪən] adj aus der Zeit Edwards VII.

EE abbr = **electrical engineer**.

EEC n abbr (formerly: = European Economic Community) EWG f.

EEG n abbr (= electroencephalogram) EEG nt.

eel [iːl] n Aal m.

EENT (US) n abbr (MED: = eye, ear, nose and throat) Augen und Hals-Nasen-Ohren.

EEOC (US) n abbr (= Equal Employment Opportunity Commission) Kommission für Gleichberechtigung am Arbeitsplatz.

eerie [ˈɪərɪ] adj unheimlich.

EET abbr (= Eastern European Time) OEZ f.

efface [ɪˈfeɪs] vt auslöschen; **to** ~ **o.s.** sich im Hintergrund halten.

effect [ɪˈfɛkt] n Wirkung f, Effekt m ♦ vt bewirken; (repairs) durchführen; **effects** npl Effekten pl; (THEAT, CINE etc) Effekte pl; **to take** ~ (law) in Kraft treten; (drug) wirken; **to put into** ~ in Kraft setzen; **to have an** ~ **on sb/sth** eine Wirkung auf jdn/etw haben; **in** ~ eigentlich, praktisch; **his letter is to the** ~ **that** ... sein Brief hat zum Inhalt, dass ...

effective [ɪˈfɛktɪv] adj effektiv, wirksam; (actual) eigentlich, wirklich; **to become** ~ in Kraft treten; ~ **date** Zeitpunkt m des In-Kraft-Tretens.

effectively [ɪˈfɛktɪvlɪ] adv effektiv.

effectiveness [ɪˈfɛktɪvnɪs] n Wirksamkeit f,

Effektivität f.

effeminate [ɪ'fɛmɪnɪt] *adj* feminin, effeminiert.

effervescent [ɛfə'vɛsnt] *adj* sprudelnd.

efficacy ['ɛfɪkəsɪ] *n* Wirksamkeit f.

efficiency [ɪ'fɪʃənsɪ] *n* (*see adj*) Fähigkeit f, Tüchtigkeit f; Rationalität f; Leistungsfähigkeit f.

efficiency apartment (*US*) *n* Einzimmerwohnung f.

efficient [ɪ'fɪʃənt] *adj* fähig, tüchtig; (*organization*) rationell; (*machine*) leistungsfähig.

efficiently [ɪ'fɪʃəntlɪ] *adv* gut, effizient.

effigy ['ɛfɪdʒɪ] *n* Bildnis nt.

effluent ['ɛfluənt] *n* Abwasser nt.

effort ['ɛfət] *n* Anstrengung f; (*attempt*) Versuch m; **to make an ~ to do sth** sich bemühen, etw zu tun.

effortless ['ɛfətlɪs] *adj* mühelos; (*style*) flüssig.

effrontery [ɪ'frʌntərɪ] *n* Unverschämtheit f; **to have the ~ to do sth** die Frechheit besitzen, etw zu tun.

effusive [ɪ'fjuːsɪv] *adj* überschwänglich.

EFL *n abbr* (*SCOL*: = *English as a Foreign Language*) Englisch *nt* als Fremdsprache.

EFTA ['ɛftə] *n abbr* (= *European Free Trade Association*) EFTA f.

e.g. *adv abbr* (= *exempli gratia*) z. B.

egalitarian [ɪgælɪ'tɛərɪən] *adj* egalitär; (*principles*) Gleichheits- ♦ *n* Verfechter(in) m(f) des Egalitarismus.

egg [ɛg] *n* Ei nt; **hard-boiled/soft-boiled ~** hart/weich gekochtes Ei nt.

▶ **egg on** *vt* anstacheln.

egg cup *n* Eierbecher m.

eggplant ['ɛgplɑːnt] *n* (*esp US*) Aubergine f.

eggshell ['ɛgʃɛl] *n* Eierschale f ♦ *adj* eierschalenfarben.

egg timer *n* Eieruhr f.

egg white *n* Eiweiß nt.

egg yolk *n* Eigelb nt.

ego ['iːgəʊ] *n* (*self-esteem*) Selbstbewusstsein nt.

egoism ['ɛgəʊɪzəm] *n* Egoismus m.

egoist ['ɛgəʊɪst] *n* Egoist(in) m(f).

egotism ['ɛgəʊtɪzəm] *n* Ichbezogenheit f, Egotismus m.

egotist ['ɛgəʊtɪst] *n* ichbezogener Mensch m, Egotist(in) m(f).

ego trip (*inf*) *n* Egotrip m.

Egypt ['iːdʒɪpt] *n* Ägypten nt.

Egyptian [ɪ'dʒɪpʃən] *adj* ägyptisch ♦ *n* Ägypter(in) m(f).

eiderdown ['aɪdədaʊn] *n* Federbett nt, Daunendecke f.

eight [eɪt] *num* acht.

eighteen [eɪ'tiːn] *num* achtzehn.

eighteenth [eɪ'tiːnθ] *num* achtzehnte(r, s).

eighth [eɪtθ] *num* achte(r, s) ♦ *n* Achtel nt.

eighty ['eɪtɪ] *num* achtzig.

Eire ['ɛərə] *n* (Republik f) Irland nt.

EIS *n abbr* (= *Educational Institute of Scotland*) schottische Lehrergewerkschaft.

either ['aɪðə*] *adj* (*one or other*) eine(r, s) (von beiden); (*both, each*) beide pl, jede(r, s) ♦ *pron*: ~ (**of them**) eine(r, s) (davon) ♦ *adv* auch nicht ♦ *conj*: ~ **yes or no** entweder ja oder nein; **on ~ side** (*on both sides*) auf beiden Seiten; (*on one or other side*) auf einer der beiden Seiten; **I don't like ~** ich mag beide nicht *or* keinen von beiden; **no, I don't ~** nein, ich auch nicht; **I haven't seen ~ one or the other** ich habe weder den einen noch den anderen gesehen.

ejaculation [ɪdʒækju'leɪʃən] *n* Ejakulation f, Samenerguss m.

eject [ɪ'dʒɛkt] *vt* ausstoßen; (*tenant, gatecrasher*) hinauswerfen ♦ *vi* den Schleudersitz betätigen.

ejector seat [ɪ'dʒɛktə-] *n* Schleudersitz m.

eke out *vt* (*make last*) strecken.

EKG (*US*) *n abbr* = **electrocardiogram**.

el [ɛl] (*US*: *inf*) *n abbr* = **elevated railroad**.

elaborate [*adj* ɪ'læbərɪt, *vb* ɪ'læbəreɪt] *adj* kompliziert; (*plan*) ausgefeilt ♦ *vt* näher ausführen; (*refine*) ausarbeiten ♦ *vi* mehr ins Detail gehen; **to ~ on** näher ausführen.

elapse [ɪ'læps] *vi* vergehen, verstreichen.

elastic [ɪ'læstɪk] *n* Gummi m ♦ *adj* elastisch.

elastic band (*BRIT*) *n* Gummiband nt.

elasticity [ɪlæs'tɪsɪtɪ] *n* Elastizität f.

elated [ɪ'leɪtɪd] *adj*: **to be ~** hocherfreut *or* in Hochstimmung sein.

elation [ɪ'leɪʃən] *n* große Freude f, Hochstimmung f.

elbow ['ɛlbəʊ] *n* Ell(en)bogen m ♦ *vt*: **to ~ one's way through the crowd** sich durch die Menge boxen.

elbow grease (*inf*) *n* Muskelkraft f.

elbowroom ['ɛlbəʊrum] *n* Ellbogenfreiheit f.

elder ['ɛldə*] *adj* älter ♦ *n* (*BOT*) Holunder m; (*older person*: *gen pl*) Ältere(r) f(m).

elderly ['ɛldəlɪ] *adj* ältere(r, s) ♦ *npl*: **the ~** ältere Leute pl.

elder statesman *n* erfahrener Staatsmann m.

eldest ['ɛldɪst] *adj* älteste(r, s) ♦ *n* Älteste(r) f(m).

elect [ɪ'lɛkt] *vt* wählen ♦ *adj*: **the president ~** der designierte *or* künftige Präsident; **to ~ to do sth** sich dafür entscheiden, etw zu tun.

election [ɪ'lɛkʃən] *n* Wahl f; **to hold an ~** eine Wahl abhalten.

election campaign *n* Wahlkampf m.

electioneering [ɪlɛkʃə'nɪərɪŋ] *n* Wahlkampf m.

elector [ɪ'lɛktə*] *n* Wähler(in) m(f).

electoral [ɪ'lɛktərəl] *adj* Wähler-.

electoral college *n* Wahlmännergremium nt.

electorate [ɪ'lɛktərɪt] *n* Wähler pl, Wählerschaft f.

electric [ɪ'lɛktrɪk] *adj* elektrisch.

electrical [ɪ'lɛktrɪkl] *adj* elektrisch; (*appliance*)

Elektro-; (*failure*) Strom-.
electrical engineer *n* Elektrotechniker *m*.
electric blanket *n* Heizdecke *f*.
electric chair (*US*) *n* elektrischer Stuhl *m*.
electric cooker *n* Elektroherd *m*.
electric current *n* elektrischer Strom *m*.
electric fire (*BRIT*) *n* elektrisches Heizgerät *nt*.
electrician [ɪlɛk'trɪʃən] *n* Elektriker(in) *m(f)*.
electricity [ɪlɛk'trɪsɪtɪ] *n* Elektrizität *f*; (*supply*) (elektrischer) Strom *m* ♦ *cpd* Strom-; **to switch on/off the** ~ den Strom an-/abschalten.
electric light *n* elektrisches Licht *nt*.
electric shock *n* elektrischer Schlag *m*, Stromschlag *m*.
electrify [ɪ'lɛktrɪfaɪ] *vt* (*fence*) unter Strom setzen; (*rail network*) elektrifizieren; (*audience*) elektrisieren.
electro... [ɪ'lɛktrəʊ] *pref* Elektro-.
electrocardiogram [ɪ'lɛktrə'kɑːdɪəgræm] *n* Elektrokardiogramm *nt*.
electroconvulsive therapy [ɪ'lɛktrəkən'vʌlsɪv-] *n* Elektroschocktherapie *f*.
electrocute [ɪ'lɛktrəkjuːt] *vt* durch einen Stromschlag töten; (*US: criminal*) auf dem elektrischen Stuhl hinrichten.
electrode [ɪ'lɛktrəʊd] *n* Elektrode *f*.
electroencephalogram [ɪ'lɛktrəʊen'sefələgræm] *n* Elektroenzephalogramm *nt*.
electrolysis [ɪlɛk'trɒlɪsɪs] *n* Elektrolyse *f*.
electromagnetic [ɪ'lɛktrəmæg'netɪk] *adj* elektromagnetisch.
electron [ɪ'lɛktrɒn] *n* Elektron *nt*.
electronic [ɪlɛk'trɒnɪk] *adj* elektronisch.
electronic data processing *n* elektronische Datenverarbeitung *f*.
electronic mail *n* elektronische Post *f*.
electronics [ɪlɛk'trɒnɪks] *n* Elektronik *f*.
electron microscope *n* Elektronenmikroskop *nt*.
electroplated [ɪ'lɛktrə'pleɪtɪd] *adj* galvanisiert.
electrotherapy [ɪ'lɛktrə'θerəpɪ] *n* Elektrotherapie *f*.
elegance ['ɛlɪgəns] *n* Eleganz *f*.
elegant ['ɛlɪgənt] *adj* elegant.
element ['ɛlɪmənt] *n* Element *nt*; (*of heater, kettle etc*) Heizelement *nt*.
elementary [ɛlɪ'mɛntərɪ] *adj* grundlegend; ~ **school** Grundschule *f*, ~ **education** Elementarunterricht *m*; ~ **maths** Grundbegriffe *pl* der Mathematik.

ELEMENTARY SCHOOL

Elementary school *ist in den USA und Kanada eine Grundschule, an der ein Kind die ersten sechs bis acht Schuljahre verbringt. In den USA heißt diese Schule auch* grade school *oder* grammar school. *Siehe auch* **high school**.

---

elephant ['ɛlɪfənt] *n* Elefant *m*.
elevate ['ɛlɪveɪt] *vt* erheben; (*physically*) heben.
elevated ['ɛlɪveɪtɪd] *adj* erhöht; (*language*) gehoben.
elevated railroad ['ɛlɪveɪtɪd-] (*US*) *n* Hochbahn *f*.
elevation [ɛlɪ'veɪʃən] *n* Erhebung *f*; (*height*) Höhe *f* über dem Meeresspiegel; (*ARCHIT*) Aufriss *m*.
elevator ['ɛlɪveɪtə*] *n* (*US*) Aufzug *m*, Fahrstuhl *m*; (*in warehouse etc*) Lastenaufzug *m*.
eleven [ɪ'lɛvn] *num* elf.
elevenses [ɪ'lɛvnzɪz] (*BRIT*) *npl* zweites Frühstück *nt*.
eleventh [ɪ'lɛvnθ] *num* elfte(r, s); **at the** ~ **hour** (*fig*) in letzter Minute.
elf [ɛlf] (*pl* **elves**) *n* Elf *m*, Elfe *f*; (*mischievous*) Kobold *m*.
elicit [ɪ'lɪsɪt] *vt*: **to** ~ (**from sb**) (*information*) (aus jdm) herausbekommen; (*reaction, response*) (von jdm) bekommen.
eligible ['ɛlɪdʒəbl] *adj* (*marriage partner*) begehrt; **to be** ~ **for sth** für etw infrage *or* in Frage kommen; **to be** ~ **for a pension** pensionsberechtigt sein.
eliminate [ɪ'lɪmɪneɪt] *vt* beseitigen; (*candidate etc*) ausschließen; (*team, contestant*) aus dem Wettbewerb werfen.
elimination [ɪlɪmɪ'neɪʃən] *n* (*see vb*) Beseitigung *f*; Ausschluss *m*; Ausscheiden *nt*; **by process of** ~ durch negative Auslese.
élite [eɪ'liːt] *n* Elite *f*.
élitist [eɪ'liːtɪst] (*pej*) *adj* elitär.
elixir [ɪ'lɪksə*] *n* Elixier *nt*; ~ **of life** Lebenselixier *nt*.
Elizabethan [ɪlɪzə'biːθən] *adj* elisabethanisch.
elk [ɛlk] *n* Elch *m*; **Canadian** ~ Wapiti(hirsch) *m*.
ellipse [ɪ'lɪps] *n* Ellipse *f*.
elliptical [ɪ'lɪptɪkl] *adj* elliptisch.
elm [ɛlm] *n* Ulme *f*.
elocution [ɛlə'kjuːʃən] *n* Sprechtechnik *f*.
elongated ['iːlɒŋgeɪtɪd] *adj* lang gestreckt; (*shadow*) verlängert.
elope [ɪ'ləʊp] *vi* weglaufen.
elopement [ɪ'ləʊpmənt] *n* Weglaufen *nt*.
eloquence ['ɛləkwəns] *n* (*see adj*) Beredtheit *f*, Wortgewandtheit *f*; Ausdrucksfülle *f*.
eloquent ['ɛləkwənt] *adj* beredt, wortgewandt; (*speech, description*) ausdrucksvoll.
else [ɛls] *adv* andere(r, s); **something** ~ etwas anderes; **somewhere** ~ woanders, anderswo; **everywhere** ~ sonst überall; **where** ~? wo sonst?; **is there anything** ~ **I can do?** kann ich sonst noch etwas tun?; **there was little** ~ **to do** es gab nicht viel anderes zu tun; **everyone** ~ alle anderen; **nobody** ~ **spoke** niemand anders sagte etwas, sonst sagte niemand etwas.

elsewhere [ɛls'wɛə'] *adv* woanders, anderswo; (*go*) woandershin, anderswohin.

ELT *n abbr* (*SCOL*: = *English Language Teaching*) Englisch als Unterrichtsfach.

elucidate [ɪ'luːsɪdeɪt] *vt* erläutern.

elude [ɪ'luːd] *vt* (*captor*) entkommen +*dat*; (*capture*) sich entziehen +*dat*; **this fact/idea ~d him** diese Tatsache/Idee entging ihm.

elusive [ɪ'luːsɪv] *adj* schwer zu fangen; (*quality*) unerreichbar; **he's very ~** er ist sehr schwer zu erreichen.

elves [ɛlvz] *npl of* **elf**.

emaciated [ɪ'meɪsɪeɪtɪd] *adj* abgezehrt, ausgezehrt.

E-mail *n abbr* (= *electronic mail*) E-Mail *f*.

emanate ['ɛməneɪt] *vi*: **to ~ from** stammen von; (*sound, light etc*) ausgehen von.

emancipate [ɪ'mænsɪpeɪt] *vt* (*women*) emanzipieren; (*poor*) befreien; (*slave*) freilassen.

emancipation [ɪmænsɪ'peɪʃən] *n* (*see vb*) Emanzipation *f*; Befreiung *f*; Freilassung *f*.

emasculate [ɪ'mæskjuleɪt] *vt* schwächen.

embalm [ɪm'baːm] *vt* einbalsamieren.

embankment [ɪm'bæŋkmənt] *n* Böschung *f*; (*of railway*) Bahndamm *m*; (*of river*) Damm *m*.

embargo [ɪm'baːgəu] (*pl* **-es**) *n* Embargo *nt* ♦ *vt* mit einem Embargo belegen; **to put** *or* **impose** *or* **place an ~ on sth** ein Embargo über etw *acc* verhängen; **to lift an ~** ein Embargo aufheben.

embark [ɪm'baːk] *vt* einschiffen ♦ *vi*: **to ~ (on)** sich einschiffen (auf); **to ~ on** (*journey*) beginnen; (*task*) in Angriff nehmen; (*course of action*) einschlagen.

embarkation [ɛmbaː'keɪʃən] *n* Einschiffung *f*.

embarkation card *n* Bordkarte *f*.

embarrass [ɪm'bærəs] *vt* in Verlegenheit bringen.

embarrassed [ɪm'bærəst] *adj* verlegen.

embarrassing [ɪm'bærəsɪŋ] *adj* peinlich.

embarrassment [ɪm'bærəsmənt] *n* Verlegenheit *f*; (*embarrassing problem*) Peinlichkeit *f*.

embassy ['ɛmbəsɪ] *n* Botschaft *f*; **the Swiss E~** die Schweizer Botschaft.

embedded [ɪm'bɛdɪd] *adj* eingebettet; (*attitude, belief, feeling*) verwurzelt.

embellish [ɪm'bɛlɪʃ] *vt* (*account*) ausschmücken; **to be ~ed with** geschmückt sein mit.

embers ['ɛmbəz] *npl* Glut *f*.

embezzle [ɪm'bɛzl] *vt* unterschlagen.

embezzlement [ɪm'bɛzlmənt] *n* Unterschlagung *f*.

embezzler [ɪm'bɛzlə'] *n* jd, der eine Unterschlagung begangen hat.

embitter [ɪm'bɪtə'] *vt* verbittern.

embittered [ɪm'bɪtəd] *adj* verbittert.

emblem ['ɛmbləm] *n* Emblem *nt*; (*symbol*) Wahrzeichen *nt*.

embodiment [ɪm'bɔdɪmənt] *n* Verkörperung *f*; **to be the ~ of** ... (*subj: thing*) ... verkörpern; (: *person*) ... in Person sein.

embody [ɪm'bɔdɪ] *vt* verkörpern; (*include, contain*) enthalten.

embolden [ɪm'bəuldn] *vt* ermutigen.

embolism ['ɛmbəlɪzəm] *n* Embolie *f*.

embossed [ɪm'bɔst] *adj* geprägt; **~ with a logo** mit geprägtem Logo.

embrace [ɪm'breɪs] *vt* umarmen; (*include*) umfassen ♦ *vi* sich umarmen ♦ *n* Umarmung *f*.

embroider [ɪm'brɔɪdə'] *vt* (*cloth*) besticken; (*fig: story*) ausschmücken.

embroidery [ɪm'brɔɪdərɪ] *n* Stickerei *f*; (*activity*) Sticken *nt*.

embroil [ɪm'brɔɪl] *vt*: **to become ~ed (in sth)** (in etw *acc*) verwickelt *or* hineingezogen werden.

embryo ['ɛmbrɪəu] *n* Embryo *m*; (*fig*) Keim *m*.

emcee [ɛm'siː] *n* Conférencier *m*.

emend [ɪ'mɛnd] *vt* verbessern, korrigieren.

emerald ['ɛmərəld] *n* Smaragd *m*.

emerge [ɪ'məːdʒ] *vi*: **to ~ (from)** auftauchen (aus); (*from sleep*) erwachen (aus); (*from imprisonment*) entlassen werden (aus); (*from discussion etc*) sich herausstellen (bei); (*new idea, industry, society*) entstehen (aus); **it ~s that** (*BRIT*) es stellt sich heraus, dass.

emergence [ɪ'məːdʒəns] *n* Entstehung *f*.

emergency [ɪ'məːdʒənsɪ] *n* Notfall *m* ♦ *cpd* Not-; (*repair*) notdürftig; **in an ~** im Notfall; **state of ~** Notstand *m*.

emergency cord (*US*) *n* Notbremse *f*.

emergency exit *n* Notausgang *m*.

emergency landing *n* Notlandung *f*.

emergency lane (*US*) *n* Seitenstreifen *m*.

emergency road service (*US*) *n* Pannendienst *m*.

emergency services *npl*: **the ~** der Notdienst.

emergency stop (*BRIT*) *n* Vollbremsung *f*.

emergent [ɪ'məːdʒənt] *adj* jung, aufstrebend.

emeritus [ɪ'mɛrɪtəs] *adj* emeritiert.

emery board ['ɛmərɪ-] *n* Papiernagelfeile *f*.

emery paper ['ɛmərɪ-] *n* Schmirgelpapier *nt*.

emetic [ɪ'mɛtɪk] *n* Brechmittel *nt*.

emigrant ['ɛmɪgrənt] *n* Auswanderer *m*, Auswanderin *f*, Emigrant(in) *m(f)*.

emigrate ['ɛmɪgreɪt] *vi* auswandern, emigrieren.

emigration [ɛmɪ'greɪʃən] *n* Auswanderung *f*, Emigration *f*.

émigré ['ɛmɪgreɪ] *n* Emigrant(in) *m(f)*.

eminence ['ɛmɪnəns] *n* Bedeutung *f*.

eminent ['ɛmɪnənt] *adj* bedeutend.

eminently ['ɛmɪnəntlɪ] *adv* ausgesprochen.

emirate ['ɛmɪrɪt] *n* Emirat *nt*.

emission [ɪ'mɪʃən] *n* Emission *f*.

emissions [ɪ'mɪʃənz] *npl* Emissionen *pl*.

emit [ɪ'mɪt] *vt* abgeben; (*smell*) ausströmen; (*light, heat*) ausstrahlen.

emolument [ɪ'mɔljumənt] *n* (*often pl*)

Vergütung *f*; (*fee*) Honorar *nt*; (*salary*) Bezüge *pl*.

emotion [ɪ'məʊʃ*ə*n] *n* Gefühl *nt*.

emotional [ɪ'məʊʃ*ə*nl] *adj* emotional; (*exhaustion*) seelisch; (*scene*) ergreifend; (*speech*) gefühlsbetont.

emotionally [ɪ'məʊʃnəlɪ] *adv* emotional; (*be involved*) gefühlsmäßig; (*speak*) gefühlvoll; ~ **disturbed** seelisch gestört.

emotive [ɪ'məʊtɪv] *adj* emotional.

empathy ['ɛmpəθɪ] *n* Einfühlungsvermögen *nt*; **to feel ~ with sb** sich in jdn einfühlen.

emperor ['ɛmpərə*] *n* Kaiser *m*.

emphases ['ɛmfəsiːz] *npl of* **emphasis**.

emphasis ['ɛmfəsɪs] (*pl* **emphases**) *n* Betonung *f*; (*importance*) (Schwer)gewicht *nt*; **to lay** *or* **place ~ on sth** etw betonen; **the ~ is on reading** das Schwergewicht liegt auf dem Lesen.

emphasize ['ɛmfəsaɪz] *vt* betonen; (*feature*) hervorheben; **I must ~ that ...** ich möchte betonen, dass ...

emphatic [ɛm'fætɪk] *adj* nachdrücklich; (*denial*) energisch; (*person, manner*) bestimmt, entschieden.

emphatically [ɛm'fætɪklɪ] *adv* nachdrücklich; (*certainly*) eindeutig.

emphysema [ɛmfɪ'siːmə] *n* Emphysem *nt*.

empire ['ɛmpaɪə*] *n* Reich *nt*.

empirical [ɛm'pɪrɪkl] *adj* empirisch.

employ [ɪm'plɔɪ] *vt* beschäftigen; (*tool, weapon*) verwenden; **he's ~ed in a bank** er ist bei einer Bank angestellt.

employee [ɪmplɔɪ'iː] *n* Angestellte(r) *f(m)*.

employer [ɪm'plɔɪə*] *n* Arbeitgeber(in) *m(f)*.

employment [ɪm'plɔɪmənt] *n* Arbeit *f*; **to find ~** Arbeit *or* eine (An)stellung finden; **without ~** stellungslos; **your place of ~** Ihre Arbeitsstätte *f*.

employment agency *n* Stellenvermittlung *f*.

employment exchange (*BRIT*) *n* Arbeitsamt *nt*.

empower [ɪm'paʊə*] *vt*: **to ~ sb to do sth** jdn ermächtigen, etw zu tun.

empress ['ɛmprɪs] *n* Kaiserin *f*.

empties ['ɛmptɪz] *npl* Leergut *nt*.

emptiness ['ɛmptɪnɪs] *n* Leere *f*.

empty ['ɛmptɪ] *adj* leer; (*house, room*) stehend; (*space*) frei ♦ *vt* leeren; (*place, house etc*) räumen ♦ *vi* sich leeren; (*liquid*) abfließen; (*river*) münden; **on an ~ stomach** auf nüchternen Magen; **to ~ into** (*river*) münden *or* sich ergießen in +*acc*.

empty-handed ['ɛmptɪ'hændɪd] *adj* mit leeren Händen; **he returned ~** er kehrte unverrichteter Dinge zurück.

empty-headed ['ɛmptɪ'hɛdɪd] *adj* strohdumm.

EMS *n abbr* (= *European Monetary System*) EWS *nt*.

EMT (*US*) *n abbr* (= *emergency medical technician*) ≈ Sanitäter(in) *m(f)*.

EMU *n abbr* (= *economic and monetary union*)

EWU *f*.

emu ['iːmjuː] *n* Emu *m*.

emulate ['ɛmjuleɪt] *vt* nacheifern +*dat*.

emulsion [ɪ'mʌlʃən] *n* Emulsion *f*; (*also:* ~ **paint**) Emulsionsfarbe *f*.

enable [ɪ'neɪbl] *vt*: **to ~ sb to do sth** (*permit*) es jdm erlauben, etw zu tun; (*make possible*) es jdm ermöglichen, etw zu tun.

enact [ɪ'nækt] *vt* (*law*) erlassen; (*play*) aufführen; (*role*) darstellen, spielen.

enamel [ɪ'næməl] *n* Email *nt*, Emaille *f*; (*also:* ~ **paint**) Email(le)lack *m*; (*of tooth*) Zahnschmelz *m*.

enamoured [ɪ'næməd] *adj*: **to be ~ of** (*person*) verliebt sein in +*acc*; (*pastime, idea, belief*) angetan sein von.

encampment [ɪn'kæmpmənt] *n* Lager *nt*.

encased [ɪn'keɪst] *adj*: ~ **in** (*shell*) umgeben von; **to be ~ in** (*limb*) in Gips liegen *or* sein.

encash [ɪn'kæʃ] (*BRIT*) *vt* einlösen.

enchant [ɪn'tʃɑːnt] *vt* bezaubern.

enchanted [ɪn'tʃɑːntɪd] *adj* verzaubert.

enchanting [ɪn'tʃɑːntɪŋ] *adj* bezaubernd.

encircle [ɪn'sɜːkl] *vt* umgeben; (*person*) umringen; (*building: police etc*) umstellen.

encl. *abbr* (*on letters etc*: = *enclosed, enclosure*) Anl.

enclave ['ɛnkleɪv] *n*: **an ~ (of)** eine Enklave (+*gen*).

enclose [ɪn'kləʊz] *vt* umgeben; (*land, space*) begrenzen; (*with fence*) einzäunen; (*letter etc*): **to ~ (with)** beilegen (+*dat*); **please find ~d** als Anlage übersenden wir Ihnen.

enclosure [ɪn'kləʊʒə*] *n* eingefriedeter Bereich *m*; (*in letter etc*) Anlage *f*.

encoder [ɪn'kəʊdə*] *n* Kodierer *m*.

encompass [ɪn'kʌmpəs] *vt* umfassen.

encore [ɒŋ'kɔː*] *excl* Zugabe! ♦ *n* Zugabe *f*.

encounter [ɪn'kaʊntə*] *n* Begegnung *f* ♦ *vt* begegnen +*dat*; (*problem*) stoßen auf +*acc*.

encourage [ɪn'kʌrɪdʒ] *vt* (*activity, attitude*) unterstützen; (*growth, industry*) fördern; **to ~ sb (to do sth)** jdn ermutigen(, etw zu tun).

encouragement [ɪn'kʌrɪdʒmənt] *n* (*see vb*) Unterstützung *f*; Förderung *f*; Ermutigung *f*.

encouraging [ɪn'kʌrɪdʒɪŋ] *adj* ermutigend.

encroach [ɪn'krəʊtʃ] *vi*: **to ~ (up)on** (*rights*) eingreifen in +*acc*; (*property*) eindringen in +*acc*; (*time*) in Anspruch nehmen.

encrusted [ɪn'krʌstɪd] *adj*: ~ **with** (*gems*) besetzt mit; (*snow, dirt*) verkrustet mit.

encumber [ɪn'kʌmbə*] *vt*: **to be ~ed with** beladen sein mit; (*debts*) belastet sein mit.

encyclop(a)edia [ɛnsaɪkləʊ'piːdɪə] *n* Lexikon *nt*, Enzyklopädie *f*.

end [ɛnd] *n* Ende *nt*; (*of film, book*) Schluss *m*, Ende *nt*; (*of table*) Schmalseite *f*; (*of pointed object*) Spitze *f*; (*aim*) Zweck *m*, Ziel *nt* ♦ *vt* (*also:* **bring to an ~, put an ~ to**) beenden ♦ *vi* enden; **from ~ to ~** von einem Ende zum anderen; **to come to an ~** zu Ende gehen; **to be at an ~** zu Ende sein; **in the ~**

schließlich; **on** ~ hochkant; **to stand on** ~ (*hair*) zu Berge stehen; **for hours on** ~ stundenlang ununterbrochen; **for 5 hours on** ~ 5 Stunden ununterbrochen; **at the** ~ **of the street** am Ende der Straße; **at the** ~ **of the day** (*BRIT, fig*) letztlich; **to this** ~, **with this** ~ **in view** mit diesem Ziel vor Augen.

▶ **end up** *vi:* **to** ~ **up in** (*place*) landen in +*dat*; **to** ~ **up in trouble** Ärger bekommen; **to** ~ **up doing sth** etw schließlich tun.

endanger [ɪn'deɪndʒə*] *vt* gefährden; **an** ~**ed species** eine vom Aussterben bedrohte Art.

endear [ɪn'dɪə*] *vt:* **to** ~ **o.s. to sb** sich bei jdm beliebt machen.

endearing [ɪn'dɪərɪŋ] *adj* gewinnend.

endearment [ɪn'dɪəmənt] *n:* **to whisper** ~**s** zärtliche Worte flüstern; **term of** ~ Kosewort nt, Kosename m.

endeavour, (*US*) **endeavor** [ɪn'dɛvə*] *n* Anstrengung f, Bemühung f; (*effort*) Bestrebung f ♦ *vi:* **to** ~ **to do sth** (*attempt*) sich anstrengen or bemühen, etw zu tun; (*strive*) bestrebt sein, etw zu tun.

endemic [ɛn'dɛmɪk] *adj* endemisch, verbreitet.

ending ['ɛndɪŋ] *n* Ende nt, Schluss m; (*LING*) Endung f.

endive ['ɛndaɪv] *n* Endivie f; (*chicory*) Chicorée f or m, Schikoree f or m.

endless ['ɛndlɪs] *adj* endlos; (*patience, resources, possibilities*) unbegrenzt.

endorse [ɪn'dɔːs] *vt* (*cheque*) indossieren, auf der Rückseite unterzeichnen; (*proposal, plan*) billigen; (*candidate*) unterstützen.

endorsee [ɪndɔː'siː] *n* Indossat m.

endorsement [ɪn'dɔːsmənt] *n* Billigung f; (*of candidate*) Unterstützung f; (*BRIT: on driving licence*) Strafvermerk m.

endow [ɪn'dau] *vt* (*institution*) eine Stiftung machen an +*acc*; **to be** ~**ed with** besitzen.

endowment [ɪn'daumənt] *n* Stiftung f; (*quality*) Begabung f.

endowment assurance *n* Versicherung f auf den Erlebensfall, Erlebens-versicherung f.

endowment mortgage *n* Hypothek f mit Lebensversicherung.

end product *n* Endprodukt nt; (*fig*) Produkt nt.

end result *n* Endergebnis nt.

endurable [ɪn'djuərəbl] *adj* erträglich.

endurance [ɪn'djuərəns] *n* Durchhaltevermögen nt; (*patience*) Geduld f.

endurance test *n* Belastungsprobe f.

endure [ɪn'djuə*] *vt* ertragen ♦ *vi* Bestand haben.

enduring [ɪn'djuərɪŋ] *adj* dauerhaft.

end user *n* (*COMPUT*) Endbenutzer m.

enema ['ɛnɪmə] *n* Klistier nt, Einlauf m.

enemy ['ɛnəmɪ] *adj* feindlich; (*strategy*) des Feindes ♦ *n* Feind(in) m(f); **to make an** ~ **of sb** sich *dat* jdn zum Feind machen.

energetic [ɛnə'dʒɛtɪk] *adj* aktiv.

energy ['ɛnədʒɪ] *n* Energie f; **Department of E**~ Energieministerium nt.

energy crisis *n* Energiekrise f.

energy-saving ['ɛnədʒɪ'seɪvɪŋ] *adj* energiesparend; (*policy*) energiebewusst.

enervating ['ɛnəveɪtɪŋ] *adj* strapazierend.

enforce [ɪn'fɔːs] *vt* (*law, rule, decision*) Geltung verschaffen +*dat*.

enforced [ɪn'fɔːst] *adj* erzwungen.

enfranchise [ɪn'fræntʃaɪz] *vt* das Wahlrecht geben or erteilen +*dat*.

engage [ɪn'geɪdʒ] *vt* in Anspruch nehmen; (*employ*) einstellen; (*lawyer*) sich *dat* nehmen; (*MIL*) angreifen ♦ *vi* (*TECH*) einrasten; **to** ~ **the clutch** einkuppeln; **to** ~ **sb in conversation** jdn in ein Gespräch verwickeln; **to** ~ **in** sich beteiligen an +*dat*; **to** ~ **in commerce** kaufmännisch tätig sein; **to** ~ **in study** studieren.

engaged [ɪn'geɪdʒd] *adj* verlobt; (*BRIT: busy, in use*) besetzt; **to get** ~ sich verloben; **he is** ~ **in research/a survey** er ist mit Forschungsarbeit/einer Umfrage beschäftigt.

engaged tone (*BRIT*) *n* Besetztzeichen nt.

engagement [ɪn'geɪdʒmənt] *n* Verabredung f; (*booking*) Engagement nt; (*to marry*) Verlobung f; (*MIL*) Gefecht nt, Kampf m; **I have a previous** ~ ich habe schon eine Verabredung.

engagement ring *n* Verlobungsring m.

engaging [ɪn'geɪdʒɪŋ] *adj* einnehmend.

engender [ɪn'dʒɛndə*] *vt* erzeugen.

engine ['ɛndʒɪn] *n* Motor m; (*RAIL*) Lok(omotive) f.

engine driver *n* (*RAIL*) Lok(omotiv)führer(in) m(f).

engineer [ɛndʒɪ'nɪə*] *n* Ingenieur(in) m(f); (*BRIT: for repairs*) Techniker(in) m(f); (*US: RAIL*) Lok(omotiv)führer(in) m(f); (*on ship*) Maschinist(in) m(f); **civil/mechanical** ~ Bau-/Maschinenbauingenieur(in) m(f).

engineering [ɛndʒɪ'nɪərɪŋ] *n* Technik f; (*design, construction*) Konstruktion f ♦ *cpd:* ~ **works** or **factory** Maschinenfabrik f.

engine failure *n* Maschinenschaden m; (*AUT*) Motorschaden m.

engine trouble *n* Maschinenschaden m; (*AUT*) Motorschaden m.

England ['ɪŋglənd] *n* England nt.

English ['ɪŋglɪʃ] *adj* englisch ♦ *n* Englisch nt; **the English** *npl* die Engländer *pl*; **an** ~ **speaker** jd, der Englisch spricht.

English Channel *n:* **the** ~ der Ärmelkanal.

Englishman ['ɪŋglɪʃmən] (*irreg: like* **man**) *n* Engländer m.

English-speaking ['ɪŋglɪʃ'spiːkɪŋ] *adj* (*country*) englischsprachig.

Englishwoman ['ɪŋglɪʃwumən] (*irreg: like* **woman**) *n* Engländerin f.

engrave [ɪn'greɪv] *vt* gravieren; (*name etc*)

eingravieren; (*fig*) einprägen.

engraving [ɪn'greɪvɪŋ] *n* Stich *m*.

engrossed [ɪn'grəʊst] *adj*: ~ **in** vertieft in +*acc*.

engulf [ɪn'gʌlf] *vt* verschlingen; (*subj: panic, fear*) überkommen.

enhance [ɪn'hɑːns] *vt* verbessern; (*enjoyment, beauty*) erhöhen.

enigma [ɪ'nɪgmə] *n* Rätsel *nt*.

enigmatic [enɪg'mætɪk] *adj* rätselhaft.

enjoy [ɪn'dʒɔɪ] *vt* genießen; (*health, fortune*) sich erfreuen +*gen*; (*success*) haben; **to ~ o.s.** sich amüsieren; **I ~ dancing** ich tanze gerne.

enjoyable [ɪn'dʒɔɪəbl] *adj* nett, angenehm.

enjoyment [ɪn'dʒɔɪmənt] *n* Vergnügen *nt*; (*activity*) Freude *f*.

enlarge [ɪn'lɑːdʒ] *vt* vergrößern; (*scope*) erweitern ♦ *vi*: **to ~ on** weiter ausführen.

enlarged [ɪn'lɑːdʒd] *adj* erweitert; (*MED*) vergrößert.

enlargement [ɪn'lɑːdʒmənt] *n* Vergrößerung *f*.

enlighten [ɪn'laɪtn] *vt* aufklären.

enlightened [ɪn'laɪtnd] *adj* aufgeklärt.

enlightening [ɪn'laɪtnɪŋ] *adj* aufschlussreich.

enlightenment [ɪn'laɪtnmənt] *n* (*also HIST: Enlightenment*) Aufklärung *f*.

enlist [ɪn'lɪst] *vt* anwerben; (*support, help*) gewinnen ♦ *vi*: **to ~ in** eintreten in +*acc*; **~ed man** (*US: MIL*) gemeiner Soldat *m*; (*US: in navy*) Matrose *m*.

enliven [ɪn'laɪvn] *vt* beleben.

enmity ['enmɪtɪ] *n* Feindschaft *f*.

ennoble [ɪ'nəʊbl] *vt* adeln; (*fig: dignify*) erheben.

enormity [ɪ'nɔːmɪtɪ] *n* ungeheure Größe *f*.

enormous [ɪ'nɔːməs] *adj* gewaltig, ungeheuer; (*pleasure, success etc*) riesig.

enormously [ɪ'nɔːməslɪ] *adv* enorm; (*rich*) ungeheuer.

enough [ɪ'nʌf] *adj* genug, genügend ♦ *pron* genug ♦ *adv*: **big ~** groß genug; **he has not worked ~** er hat nicht genug *or* genügend gearbeitet; **have you got ~?** haben Sie genug?; **~ to eat** genug zu essen; **will 5 be ~?** reichen 5?; **I've had ~!** jetzt reichts mir aber!; **it's hot ~** (*as it is*) es ist heiß genug; **he was kind ~ to lend me the money** er war so gut und hat mir das Geld geliehen; **~! es reicht!; that's ~, thanks** danke, das reicht *or* ist genug; **I've had ~ of him** ich habe genug von ihm; **funnily/oddly ~ ...** komischerweise ...

enquire [ɪn'kwaɪə*] *vt*, *vi* = **inquire**.

enrage [ɪn'reɪdʒ] *vt* wütend machen.

enrich [ɪn'rɪtʃ] *vt* bereichern.

enrol, (*US*) **enroll** [ɪn'rəʊl] *vt* anmelden; (*at university*) einschreiben, immatrikulieren ♦ *vi* (*see vt*) sich anmelden; sich einschreiben, sich immatrikulieren.

enrolment, (*US*) **enrollment** [ɪn'rəʊlmənt] *n*

(*v vb*) Anmeldung *f*; Einschreibung *f*, Immatrikulation *f*.

en route [ɔn'ruːt] *adv* unterwegs; ~ **for** auf dem Weg nach; ~ **from London to Berlin** auf dem Weg von London nach Berlin.

ensconced [ɪn'skɒnst] *adj*: **she is ~ in ...** sie hat es sich *dat* in ... *dat* gemütlich gemacht.

ensemble [ɔn'sɒmbl] *n* Ensemble *nt*.

enshrine [ɪn'ʃraɪn] *vt* bewahren; **to be ~d in** verankert sein in +*dat*.

ensue [ɪn'sjuː] *vi* folgen.

ensuing [ɪn'sjuːɪŋ] *adj* folgend.

ensure [ɪn'ʃʊə*] *vt* garantieren; **to ~ that** sicherstellen, dass.

ENT *n abbr* (*MED*: = *ear, nose and throat*) HNO.

entail [ɪn'teɪl] *vt* mit sich bringen.

entangled [ɪn'tæŋgld] *adj*: **to become ~ (in)** sich verfangen (in +*dat*).

enter ['entə*] *vt* betreten; (*club*) beitreten +*dat*; (*army*) gehen zu; (*profession*) ergreifen; (*race, contest*) sich beteiligen an +*dat*; (*sb for a competition*) anmelden; (*write down*) eintragen; (*COMPUT: data*) eingeben ♦ *vi* (*come in*) hereinkommen; (*go in*) hineingehen.

▶ **enter for** *vt fus* anmelden für.

▶ **enter into** *vt fus* (*discussion, negotiations*) aufnehmen; (*correspondence*) treten in +*acc*; (*agreement*) schließen.

▶ **enter up** *vt* eintragen.

▶ **enter (up)on** *vt fus* (*career, policy*) einschlagen.

enteritis [entə'raɪtɪs] *n* Dünndarmentzündung *f*.

enterprise ['entəpraɪz] *n* Unternehmen *nt*; (*initiative*) Initiative *f*; **free ~** freies Unternehmertum *nt*; **private ~** Privatunternehmertum *nt*.

enterprising ['entəpraɪzɪŋ] *adj* einfallsreich.

entertain [entə'teɪn] *vt* unterhalten; (*invite*) einladen; (*idea, plan*) erwägen.

entertainer [entə'teɪnə*] *n* Unterhalter(in) *m(f)*, Entertainer(in) *m(f)*.

entertaining [entə'teɪnɪŋ] *adj* amüsant ♦ *n*: **to do a lot of ~** sehr oft Gäste haben.

entertainment [entə'teɪnmənt] *n* Unterhaltung *f*; (*show*) Darbietung *f*.

entertainment allowance *n* Aufwandspauschale *f*.

enthral [ɪn'θrɔːl] *vt* begeistern; (*story*) fesseln.

enthralled [ɪn'θrɔːld] *adj* gefesselt; **he was ~ with** *or* **by the book** das Buch fesselte ihn.

enthralling [ɪn'θrɔːlɪŋ] *adj* fesselnd; (*details*) spannend.

enthuse [ɪn'θuːz] *vi*: **to ~ about** *or* **over** schwärmen von.

enthusiasm [ɪn'θuːzɪæzəm] *n* Begeisterung *f*.

enthusiast [ɪn'θuːzɪæst] *n* Enthusiast(in) *m(f)*; **he's a jazz/sports ~** er begeistert sich für Jazz/Sport.

enthusiastic [ɪnθuːzɪ'æstɪk] *adj* begeistert; (*response, reception*) enthusiastisch; **to be**

~ **about** begeistert sein von.
entice [ɪnˈtaɪs] vt locken; (tempt) verleiten.
enticing [ɪnˈtaɪsɪŋ] adj verlockend.
entire [ɪnˈtaɪə⁎] adj ganz.
entirely [ɪnˈtaɪəlɪ] adv völlig.
entirety [ɪnˈtaɪərətɪ] n: **in its** ~ in seiner Gesamtheit.
entitle [ɪnˈtaɪtl] vt: **to** ~ **sb to sth** jdn zu etw berechtigen; **to** ~ **sb to do sth** jdn dazu berechtigen, etw zu tun.
entitled [ɪnˈtaɪtld] adj: **a book/film** etc ~ ... ein Buch/Film etc mit dem Titel ...; **to be** ~ **to do sth** das Recht haben, etw zu tun.
entity [ˈɛntɪtɪ] n Wesen nt.
entourage [ɔntuˈrɑːʒ] n Gefolge nt.
entrails [ˈɛntreɪlz] npl Eingeweide pl.
entrance [n ˈɛntrns, vt ɪnˈtrɑːns] n Eingang m; (arrival) Ankunft f; (on stage) Auftritt m ♦ vt bezaubern; **to gain** ~ **to** (building etc) sich dat Zutritt verschaffen zu; (university) die Zulassung erhalten zu; (profession etc) Zugang erhalten zu.
entrance examination n Aufnahmeprüfung f.
entrance fee n Eintrittsgeld nt.
entrance ramp (US) n Auffahrt f.
entrancing [ɪnˈtrɑːnsɪŋ] adj bezaubernd.
entrant [ˈɛntrnt] n Teilnehmer(in) m(f); (BRIT: in exam) Prüfling m.
entreat [ɛnˈtriːt] vt: **to** ~ **sb to do sth** jdn anflehen, etw zu tun.
entreaty [ɛnˈtriːtɪ] n (flehentliche) Bitte f.
entrée [ˈɔntreɪ] n Hauptgericht nt.
entrenched [ɛnˈtrɛntʃt] adj verankert; (ideas) festgesetzt.
entrepreneur [ˈɔntrəprəˈnəː⁎] n Unternehmer(in) m(f).
entrepreneurial [ˈɔntrəprəˈnəːrɪəl] adj unternehmerisch.
entrust [ɪnˈtrʌst] vt: **to** ~ **sth to sb** jdm etw anvertrauen; **to** ~ **sb with sth** (task) jdn mit etw betrauen; (secret, valuables) jdm etw anvertrauen.
entry [ˈɛntrɪ] n Eingang m; (in competition) Meldung f; (in register, account book, reference book) Eintrag m; (arrival) Eintritt m; (to country) Einreise f; **"no** ~**"** „Zutritt verboten"; (AUT) „Einfahrt verboten"; **single/double** ~ **book-keeping** einfache/doppelte Buchführung f.
entry form n Anmeldeformular nt.
entry phone (BRIT) n Türsprechanlage f.
entwine [ɪnˈtwaɪn] vt verflechten.
enumerate [ɪˈnjuːməreɪt] vt aufzählen.
enunciate [ɪˈnʌnsɪeɪt] vt artikulieren; (principle, plan etc) formulieren.
envelop [ɪnˈvɛləp] vt einhüllen.
envelope [ˈɛnvələup] n Umschlag m.
enviable [ˈɛnvɪəbl] adj beneidenswert.
envious [ˈɛnvɪəs] adj neidisch; **to be** ~ **of sth/sb** auf etw/jdn neidisch sein.
environment [ɪnˈvaɪrnmənt] n Umwelt f;

Department of the E~ (BRIT) Umweltministerium nt.
environmental [ɪnvaɪərnˈmɛntl] adj (problems, pollution etc) Umwelt-; ~ **studies** Umweltkunde f.
environmentalist [ɪnvaɪərnˈmɛntlɪst] n Umweltschützer(in) m(f).
Environmental Protection Agency (US) n staatliche Umweltbehörde der USA.
environment-friendly adj umweltfreundlich.
envisage [ɪnˈvɪzɪdʒ] vt sich dat vorstellen; **I** ~ **that** ... ich stelle mir vor, dass ...
envision [ɪnˈvɪʒən] (US) vt = envisage.
envoy [ˈɛnvɔɪ] n Gesandte(r) f(m).
envy [ˈɛnvɪ] n Neid m ♦ vt beneiden; **to** ~ **sb sth** jdn um etw beneiden.
enzyme [ˈɛnzaɪm] n Enzym nt.
eon [ˈiːən] n Äon m, Ewigkeit f.
EPA (US) n abbr = **Environmental Protection Agency**.
ephemeral [ɪˈfɛmərl] adj kurzlebig.
epic [ˈɛpɪk] n Epos nt ♦ adj (journey) lang und abenteuerlich.
epicentre, (US) **epicenter** [ˈɛpɪsɛntə⁎] n Epizentrum nt.
epidemic [ɛpɪˈdɛmɪk] n Epidemie f.
epigram [ˈɛpɪɡræm] n Epigramm nt.
epilepsy [ˈɛpɪlɛpsɪ] n Epilepsie f.
epileptic [ɛpɪˈlɛptɪk] adj epileptisch ♦ n Epileptiker(in) m(f).
epilogue [ˈɛpɪlɔɡ] n Epilog m, Nachwort nt.
Epiphany [ɪˈpɪfənɪ] n Dreikönigsfest nt.
episcopal [ɪˈpɪskəpl] adj bischöflich; **the E**~ **Church** die Episkopalkirche.
episode [ˈɛpɪsəud] n Episode f; (TV, RADIO) Folge f.
epistle [ɪˈpɪsl] n Epistel f; (REL) Brief m.
epitaph [ˈɛpɪtɑːf] n Epitaph nt; (on gravestone etc) Grab(in)schrift f.
epithet [ˈɛpɪθɛt] n Beiname m.
epitome [ɪˈpɪtəmɪ] n Inbegriff m.
epitomize [ɪˈpɪtəmaɪz] vt verkörpern.
epoch [ˈiːpɔk] n Epoche f.
epoch-making [ˈiːpɔkmeɪkɪŋ] adj epochal; (discovery) Epoche machend.
eponymous [ɪˈpɔnɪməs] adj namengebend.
equable [ˈɛkwəbl] adj ausgeglichen; (reply) sachlich.
equal [ˈiːkwl] adj gleich ♦ n Gleichgestellte(r) f(m) ♦ vt gleichkommen +dat; (number) gleich sein +dat; **they are roughly** ~ **in size** sie sind ungefähr gleich groß; **the number of exports should be** ~ **to imports** Export- und Importzahlen sollten gleich sein; ~ **opportunities** Chancengleichheit f; **to be** ~ **to** (task) gewachsen sein +dat; **two times two** ~**s four** zwei mal zwei ist (gleich) vier.
equality [iːˈkwɔlɪtɪ] n Gleichheit f; ~ **of opportunity** Chancengleichheit f.
equalize [ˈiːkwəlaɪz] vt angleichen ♦ vi (SPORT) ausgleichen.

equally [ˈiːkwəlɪ] *adv* gleichmäßig; (*good, bad etc*) gleich; **they are ~ clever** sie sind beide gleich klug.

Equal Opportunities Commission, (*US*) **Equal Employment Opportunity Commission** *n* Ausschuss *m* für Chancengleichheit am Arbeitsplatz.

equal(s) sign *n* Gleichheitszeichen *nt*.

equanimity [ɛkwəˈnɪmɪtɪ] *n* Gleichmut *m*, Gelassenheit *f*.

equate [ɪˈkweɪt] *vt*: **to ~ sth with etw** gleichsetzen mit ♦ *vt* (*compare*) auf die gleiche Stufe stellen; **to ~ A to B** A und B auf die gleiche Stufe stellen.

equation [ɪˈkweɪʃən] *n* Gleichung *f*.

equator [ɪˈkweɪtəʳ] *n* Äquator *m*.

equatorial [ɛkwəˈtɔːrɪəl] *adj* äquatorial.

Equatorial Guinea *n* Äquatorial-Guinea *nt*.

equestrian [ɪˈkwɛstrɪən] *adj* (*sport, dress etc*) Reit-; (*statue*) Reiter- ♦ *n* Reiter(in) *m(f)*.

equilibrium [iːkwɪˈlɪbrɪəm] *n* Gleichgewicht *nt*.

equinox [ˈiːkwɪnɔks] *n* Tagundnachtgleiche *f*; **the spring/autumn ~** die Frühjahrs-/die Herbst-Tagundnachtgleiche *f*.

equip [ɪˈkwɪp] *vt*: **to ~ (with)** (*person, army*) ausrüsten (mit); (*room, car etc*) ausstatten (mit); **to ~ sb for** jdn vorbereiten auf +*acc*; **to be well ~ped** gut ausgerüstet sein.

equipment [ɪˈkwɪpmənt] *n* Ausrüstung *f*.

equitable [ˈɛkwɪtəbl] *adj* gerecht.

equities [ˈɛkwɪtɪz] (*BRIT*) *npl* Stammaktien *pl*.

equity [ˈɛkwɪtɪ] *n* Gerechtigkeit *f*.

equity capital *n* Eigenkapital *nt*.

equivalent [ɪˈkwɪvələnt] *adj* gleich, gleichwertig ♦ *n* Gegenstück *nt*; **to be ~ to** *or* **the ~ of** entsprechen +*dat*.

equivocal [ɪˈkwɪvəkl] *adj* vieldeutig; (*open to suspicion*) zweifelhaft.

equivocate [ɪˈkwɪvəkeɪt] *vi* ausweichen, ausweichend antworten.

equivocation [ɪkwɪvəˈkeɪʃən] *n* Ausflucht *f*, ausweichende Antwort *f*.

ER (*BRIT*) *abbr* (= *Elizabeth Regina*) *offizieller Namenszug der Königin.*

ERA (*US*) *n abbr* (*POL*: = *Equal Rights Amendment*) *Artikel der amerikanischen Verfassung zur Gleichberechtigung*; (*BASEBALL*: = *earned run average*) *durch Eigenleistung erzielte Läufe.*

era [ˈɪərə] *n* Ära *f*, Epoche *f*.

eradicate [ɪˈrædɪkeɪt] *vt* ausrotten.

erase [ɪˈreɪz] *vt* (*tape, COMPUT*) löschen; (*writing*) ausradieren; (*thought, feeling*) auslöschen.

eraser [ɪˈreɪzəʳ] *n* Radiergummi *m*.

erect [ɪˈrɛkt] *adj* aufrecht; (*tail*) hoch erhoben; (*ears*) gespitzt ♦ *vt* bauen; (*assemble*) aufstellen.

erection [ɪˈrɛkʃən] *n* Bauen *nt*; (*of statue*) Errichten *nt*; (*of tent, machinery etc*) Aufstellen *nt*; (*PHYSIOL*) Erektion *f*.

ergonomics [əːgəˈnɔmɪks] *n sing* Ergonomie *f*, Ergonomik *f*.

ERISA (*US*) *n abbr* (= *Employee Retirement Income Security Act*) *Gesetz zur Regelung der Rentenversicherung.*

Eritrea *n* Eritrea *nt*.

ERM *n abbr* (= *Exchange Rate Mechanism*) Wechselkursmechanismus *m*.

ermine [ˈəːmɪn] *n* (*fur*) Hermelin *m*.

ERNIE, Ernie [ˈəːnɪ] (*BRIT*) *n abbr* (= *Electronic Random Number Indicator Equipment*) *Gerät zur Ermittlung von Gewinnnummern für Prämiensparer.*

erode [ɪˈrəud] *vt* erodieren, auswaschen; (*metal*) zerfressen; (*confidence, power*) untergraben.

erogenous [ɪˈrɔdʒənəs] *adj* erogen.

erosion [ɪˈrəuʒən] *n* (*see vb*) Erosion *f*, Auswaschen *nt*; Zerfressen *nt*; Untergraben *nt*.

erotic [ɪˈrɔtɪk] *adj* erotisch.

eroticism [ɪˈrɔtɪsɪzəm] *n* Erotik *f*.

err [əːʳ] *vi* sich irren; **to ~ on the side of caution/simplicity** (im Zweifelsfall) zur Vorsicht/Vereinfachung neigen.

errand [ˈɛrənd] *n* Besorgung *f*; (*to give a message etc*) Botengang *m*; **to run ~s** Besorgungen/Botengänge machen; **~ of mercy** Rettungsaktion *f*.

erratic [ɪˈrætɪk] *adj* unberechenbar; (*attempts*) unkoordiniert; (*noise*) unregelmäßig.

erroneous [ɪˈrəunɪəs] *adj* irrig.

error [ˈɛrəʳ] *n* Fehler *m*; **typing/spelling ~** Tipp-/Rechtschreibfehler *m*; **in ~** irrtümlicherweise; **~s and omissions excepted** Irrtum vorbehalten.

error message *n* Fehlermeldung *f*.

erstwhile [ˈəːstwaɪl] *adj* einstig, vormalig.

erudite [ˈɛrjudaɪt] *adj* gelehrt.

erupt [ɪˈrʌpt] *vi* ausbrechen.

eruption [ɪˈrʌpʃən] *n* Ausbruch *m*.

ESA *n abbr* (= *European Space Agency*) Europäische Weltraumbehörde *f*.

escalate [ˈɛskəleɪt] *vi* eskalieren, sich ausweiten.

escalation [ɛskəˈleɪʃən] *n* Eskalation *f*.

escalator [ˈɛskəleɪtəʳ] *n* Rolltreppe *f*.

escalator clause *n* Gleitklausel *f*.

escapade [ɛskəˈpeɪd] *n* Eskapade *f*.

escape [ɪsˈkeɪp] *n* Flucht *f*; (*TECH: of liquid*) Ausfließen *nt*; (*of gas*) Ausströmen *nt*; (*of air, heat*) Entweichen *nt* ♦ *vi* entkommen; (*from prison*) ausbrechen; (*liquid*) ausfließen; (*gas*) ausströmen; (*air, heat*) entweichen ♦ *vt* (*pursuers etc*) entkommen +*dat*; (*punishment etc*) entgehen +*dat*; **his name ~s me** sein Name ist mir entfallen; **to ~ from** flüchten aus; (*prison*) ausbrechen aus; (*person*) entkommen +*dat*; **to ~ to Peru** nach Peru fliehen; **to ~ to safety** sich in Sicherheit bringen; **to ~ notice** unbemerkt bleiben.

escape artist *n* Entfesselungskünstler(in)

m(f).

escape clause *n* (*in contract*)
Befreiungsklausel *f*.

escapee [ɪskeɪˈpiː] *n* entwichener Häftling *m*.

escape hatch *n* Notluke *f*.

escape key *n* (*COMPUT*) Escape-Taste *f*.

escape route *n* Fluchtweg *m*.

escapism [ɪsˈkeɪpɪzəm] *n* Wirklichkeitsflucht
f, Eskapismus *m*.

escapist [ɪsˈkeɪpɪst] *adj* eskapistisch.

escapologist [ɛskəˈpɒlədʒɪst] (*BRIT*) *n*
= **escape artist**.

escarpment [ɪsˈkɑːpmənt] *n* Steilhang *m*.

eschew [ɪsˈtʃuː] *vt* meiden.

escort [*n* ˈɛskɔːt, *vt* ɪsˈkɔːt] *n* Eskorte *f*;
(*companion*) Begleiter(in) *m(f)* ♦ *vt* begleiten;
his ~ seine Begleiterin; **her ~** ihr Begleiter.

escort agency *n* Agentur *f* für
Begleiter(innen).

Eskimo [ˈɛskɪməʊ] *n* Eskimo(frau) *m(f)*.

ESL *n abbr* (*SCOL*: = *English as a Second
Language*) Englisch *nt* als Zweitsprache.

esophagus [iːˈsɒfəɡəs] (*US*) *n* = **oesophagus**.

esoteric [ɛsəˈtɛrɪk] *adj* esoterisch.

ESP *n abbr* = **extrasensory perception**; (*SCOL*:
= *English for Special Purposes*)
Englischunterricht für spezielle
Fachbereiche.

esp. *abbr* = **especially**.

especially [ɪsˈpɛʃlɪ] *adv* besonders.

espionage [ˈɛspɪənɑːʒ] *n* Spionage *f*.

esplanade [ɛspləˈneɪd] *n* Promenade *f*.

espouse [ɪsˈpaʊz] *vt* eintreten für.

Esquire [ɪsˈkwaɪə*] *n* (*abbr Esq.*): **J. Brown, ~**
Herrn J. Brown.

essay [ˈɛseɪ] *n* Aufsatz *m*; (*LITER*) Essay *m or nt*.

essence [ˈɛsns] *n* Wesen *nt*; (*CULIN*) Essenz *f*;
in ~ im Wesentlichen; **speed is of the ~**
Geschwindigkeit ist von entscheidender
Bedeutung.

essential [ɪˈsɛnʃl] *adj* notwendig; (*basic*)
wesentlich ♦ *n* (*see adj*) Notwendigste(s) *nt*;
Wesentliche(s) *nt*; **it is ~** es ist
unbedingt *or* absolut erforderlich, dass.

essentially [ɪˈsɛnʃəlɪ] *adv* im Grunde
genommen.

EST (*US*) *abbr* (= *Eastern Standard Time*)
ostamerikanische Standardzeit.

est. *abbr* = **established**, **estimate(d)**.

establish [ɪsˈtæblɪʃ] *vt* gründen; (*facts*)
feststellen; (*proof*) erstellen; (*relations,
contact*) aufnehmen; (*reputation*) sich *dat*
verschaffen.

established [ɪsˈtæblɪʃt] *adj* üblich; (*business*)
eingeführt.

establishment [ɪsˈtæblɪʃmənt] *n* (*see vb*)
Gründung *f*; Feststellung *f*; Erstellung *f*;
Aufnahme *f*; (*of reputation*) Begründung *f*;
(*shop etc*) Unternehmen *nt*; **the E~** das
Establishment.

estate [ɪsˈteɪt] *n* Gut *nt*; (*BRIT*: *also*: **housing ~**)
Siedlung *f*; (*LAW*) Nachlass *m*.

estate agency (*BRIT*) *n* Maklerbüro *nt*.

estate agent (*BRIT*) *n* Immobilienmakler(in)
m(f).

estate car (*BRIT*) *n* Kombiwagen *m*.

esteem [ɪsˈtiːm] *n*: **to hold sb in high ~** eine
hohe Meinung von jdm haben.

esthetic [ɪsˈθɛtɪk] (*US*) *adj* = **aesthetic**.

estimate [ˈɛstɪmət] *n* Schätzung *f*;
(*assessment*) Einschätzung *f*; (*COMM*)
(Kosten)voranschlag *m* ♦ *vt* schätzen ♦ *vi*
(*BRIT*: *COMM*): **to ~ for** einen
Kostenvoranschlag machen für; **to give sb
an ~ of sth** jdm eine Vorstellung von etw
geben; **to ~ for** einen Kostenvoranschlag
machen für; **at a rough ~** grob geschätzt,
über den Daumen gepeilt (*inf*); **I ~ that** ich
schätze, dass.

estimation [ɛstɪˈmeɪʃən] *n* Schätzung *f*;
(*opinion*) Einschätzung *f*; **in my ~** meiner
Einschätzung nach.

estimator [ˈɛstɪmeɪtə*] *n* Schätzer(in) *m(f)*.

Estonia [ɛsˈtəʊnɪə] *n* Estland *nt*.

Estonian [ɛsˈtəʊnɪən] *adj* estnisch ♦ *n* Este *m*,
Estin *f*; (*LING*) Estnisch *nt*.

estranged [ɪsˈtreɪndʒd] *adj* entfremdet; (*from
spouse*) getrennt; (*couple*) getrennt lebend.

estrangement [ɪsˈtreɪndʒmənt] *n*
Entfremdung *f*; (*from spouse*) Trennung *f*.

estrogen [ˈiːstrəʊdʒən] (*US*) *n* = **oestrogen**.

estuary [ˈɛstjʊərɪ] *n* Mündung *f*.

ET (*BRIT*) *n abbr* (= *Employment Training*)
Ausbildungsmaßnahmen für Arbeitslose.

ETA *n abbr* (= *estimated time of arrival*)
voraussichtliche Ankunftszeit *f*.

et al. *abbr* (= *et alii*) u. a.

etc. *abbr* (= *et cetera*) etc.

etch [ɛtʃ] *vt* (*design, surface*: *with needle*)
radieren; (: *with acid*) ätzen; (: *with chisel*)
meißeln; **it will be ~ed on my memory** es
wird sich tief in mein Gedächtnis
eingraben.

etching [ˈɛtʃɪŋ] *n* Radierung *f*.

ETD *n abbr* (= *estimated time of departure*)
voraussichtliche Abflugzeit *f*.

eternal [ɪˈtɜːnl] *adj* ewig.

eternity [ɪˈtɜːnɪtɪ] *n* Ewigkeit *f*.

ether [ˈiːθə*] *n* Äther *m*.

ethereal [ɪˈθɪərɪəl] *adj* ätherisch.

ethical [ˈɛθɪkl] *adj* ethisch.

ethics [ˈɛθɪks] *n* Ethik *f* ♦ *npl* (*morality*) Moral *f*.

Ethiopia [iːθɪˈəʊpɪə] *n* Äthiopien *nt*.

Ethiopian [iːθɪˈəʊpɪən] *adj* äthiopisch ♦ *n*
Äthiopier(in) *m(f)*.

ethnic [ˈɛθnɪk] *adj* ethnisch; (*music*)
folkloristisch; (*culture etc*) urwüchsig.

ethnic cleansing [-ˈklɛnzɪŋ] *n* ethnische
Säuberung *f*.

ethnic minority *n* ethnische Minderheit *f*.

ethnology [ɛθˈnɒlədʒɪ] *n* Ethnologie *f*,
Völkerkunde *f*.

ethos [ˈiːθɒs] *n* Ethos *nt*.

etiquette [ˈɛtɪkɛt] *n* Etikette *f*.

ETV (*US*) *n abbr* (= *educational television*) Fernsehsender, der Bildungs- und Kulturprogramme ausstrahlt.

etymology [ɛtɪ'mɒlədʒɪ] *n* Etymologie *f*; (*of word*) Herkunft *f*.

EU *n abbr* (= *European Union*) EU *f*.

eucalyptus [juːkə'lɪptəs] *n* Eukalyptus *m*.

Eucharist ['juːkərɪst] *n*: **the** ~ die Eucharistie, das (heilige) Abendmahl.

eulogy ['juːlədʒɪ] *n* Lobrede *f*.

euphemism ['juːfəmɪzəm] *n* Euphemismus *m*.

euphemistic [juːfə'mɪstɪk] *adj* euphemistisch, verhüllend.

euphoria [juː'fɔːrɪə] *n* Euphorie *f*.

Eurasia [juə'reɪʃə] *n* Eurasien *nt*.

Eurasian [juə'reɪʃən] *adj* eurasisch ♦ *n* Eurasier(in) *m(f)*.

Euratom [juə'rætəm] *n abbr* (= *European Atomic Energy Community*) Euratom *f*.

euro ['juərəu] *n* (*FIN*) Euro *m*.

Euro- ['juərəu] *pref* Euro-.

Eurocheque ['juərəutʃɛk] *n* Euroscheck *m*.

Eurocrat ['juərəukræt] *n* Eurokrat(in) *m(f)*.

Eurodollar ['juərəudɒlə*] *n* Eurodollar *m*.

Euroland ['juərəulænd] *n* (*FIN*) Eurozone *f*.

Europe ['juərəp] *n* Europa *nt*.

European [juərə'piːən] *adj* europäisch ♦ *n* Europäer(in) *m(f)*.

European Central Bank *n*: **the** ~ die Europäische Zentralbank.

European Community *n*: **the** ~ die Europäische Gemeinschaft.

European Court of Justice *n*: **the** ~ der Europäische Gerichtshof.

European Economic Community *n* (*formerly*): **the** ~ die Europäische Wirtschaftsgemeinschaft.

Euro-sceptic ['juərəuskɛptɪk] *n* Euroskeptiker(in) *m(f)*.

euthanasia [juːθə'neɪzɪə] *n* Euthanasie *f*.

evacuate [ɪ'vækjueɪt] *vt* evakuieren; (*place*) räumen.

evacuation [ɪvækju'eɪʃən] *n* (*see verb*) Evakuierung *f*, Räumung *f*.

evacuee [ɪvækju'iː] *n* Evakuierte(r) *f(m)*.

evade [ɪ'veɪd] *vt* (*person, question*) ausweichen +*dat*; (*tax*) hinterziehen; (*duty, responsibility*) sich entziehen +*dat*.

evaluate [ɪ'væljueɪt] *vt* bewerten; (*situation*) einschätzen.

evangelical [iːvæn'dʒɛlɪkl] *adj* evangelisch.

evangelist [ɪ'vændʒəlɪst] *n* Evangelist(in) *m(f)*.

evangelize [ɪ'vændʒəlaɪz] *vi* evangelisieren.

evaporate [ɪ'væpəreɪt] *vi* verdampfen; (*feeling, attitude*) dahinschwinden.

evaporated milk [ɪ'væpəreɪtɪd-] *n* Kondensmilch *f*, Büchsenmilch *f*.

evaporation [ɪvæpə'reɪʃən] *n* Verdampfung *f*.

evasion [ɪ'veɪʒən] *n* Ausweichen *nt*; (*of tax*) Hinterziehung *f*.

evasive [ɪ'veɪsɪv] *adj* ausweichend; **to take** ~ **action** ein Ausweichmanöver machen.

eve [iːv] *n*: **on the** ~ **of** am Tag vor +*dat*; **Christmas E**~ Heiligabend *m*; **New Year's E**~ Silvester *m or nt*.

even ['iːvn] *adj* (*level*) eben; (*smooth*) glatt; (*equal*) gleich; (*number*) gerade ♦ *adv* sogar, selbst; (*introducing a comparison*) sogar noch; ~ **if**, ~ **though** selbst wenn; ~ **more** sogar noch mehr; **he loves her** ~ **more** er liebt sie umso mehr; **it's going** ~ **faster now** es fährt jetzt sogar noch schneller; ~ **so** (aber) trotzdem; **not** ~ nicht einmal; ~ **he was there** sogar er war da; **to break** ~ die Kosten decken; **to get** ~ **with sb** es jdm heimzahlen.

▶ **even out** *vi* sich ausgleichen ♦ *vt* ausgleichen.

even-handed ['iːvnhændɪd] *adj* gerecht.

evening ['iːvnɪŋ] *n* Abend *m*; **in the** ~ abends, am Abend; **this** ~ heute Abend; **tomorrow/ yesterday** ~ morgen/gestern Abend.

evening class *n* Abendkurs *m*.

evening dress *n* (*no pl*) Abendkleidung *f*; (*woman's*) Abendkleid *nt*.

evenly ['iːvnlɪ] *adv* gleichmäßig.

evensong ['iːvnsɒŋ] *n* Abendandacht *f*.

event [ɪ'vɛnt] *n* Ereignis *nt*; (*SPORT*) Wettkampf *m*; **in the normal course of** ~**s** normalerweise; **in the** ~ **of** im Falle +*gen*; **in the** ~ schließlich; **at all** ~**s** (*BRIT*), **in any** ~ auf jeden Fall.

eventful [ɪ'vɛntful] *adj* ereignisreich.

eventing [ɪ'vɛntɪŋ] *n* (*HORSERIDING*) Military *f*.

eventual [ɪ'vɛntʃuəl] *adj* schließlich; (*goal*) letztlich.

eventuality [ɪvɛntʃu'ælɪtɪ] *n* Eventualität *f*.

eventually [ɪ'vɛntʃuəlɪ] *adv* endlich; (*in time*) schließlich.

ever ['ɛvə*] *adv* immer; (*at any time*) je(mals); **why** ~ **not?** warum denn bloß nicht?; **the best** ~ der/die/das Allerbeste; **have you** ~ **seen it?** haben Sie es schon einmal gesehen?; **for** ~ für immer; **hardly** ~ kaum je(mals); **better than** ~ besser als je zuvor; ~ **since** *adv* seitdem ♦ *conj* seit, seitdem; ~ **so pretty** unheimlich hübsch (*inf*); **thank you** ~ **so much** ganz herzlichen Dank; **yours** ~ (*BRIT*: *in letters*) alles Liebe.

Everest ['ɛvərɪst] *n* (*also*: **Mount** ~) Mount Everest *m*.

evergreen ['ɛvəgriːn] *n* (*tree/bush*) immergrüner Baum/Strauch *m*.

everlasting [ɛvə'lɑːstɪŋ] *adj* ewig.

═══════════════════ *KEYWORD*

every ['ɛvrɪ] *adj* **1** jede(r, s); ~ **one of them** (*persons*) jede(r) (Einzelne) von ihnen; (*objects*) jedes einzelne Stück; ~ **day** jeden Tag; ~ **week** jede Woche; ~ **other car** jedes zweite Auto; ~ **other/third day** alle zwei/ drei Tage; ~ **shop in the town was closed** alle Geschäfte der Stadt waren

geschlossen; ~ **now and then** ab und zu, hin und wieder.
2 (all possible): **I have** ~ **confidence in him** ich habe volles Vertrauen in ihn; **we wish you** ~ **success** wir wünschen Ihnen alles Gute.

everybody ['ɛvrɪbɔdɪ] pron jeder, alle pl; ~ **knows about it** alle wissen es; ~ **else** alle anderen pl.
everyday ['ɛvrɪdeɪ] adj täglich; (usual, common) alltäglich; (life, language) Alltags-.
everyone ['ɛvrɪwʌn] pron = **everybody**.
everything ['ɛvrɪθɪŋ] pron alles; **he did** ~ **possible** er hat sein Möglichstes getan.
everywhere ['ɛvrɪwɛə'] adv überall; (wherever) wo auch or immer; ~ **you go you meet** ... wo man auch or wo immer man hingeht, trifft man ...
evict [ɪ'vɪkt] vt zur Räumung zwingen.
eviction [ɪ'vɪkʃən] n Ausweisung f.
eviction notice n Räumungskündigung f.
eviction order n Räumungsbefehl m.
evidence ['ɛvɪdns] n Beweis m; (of witness) Aussage f; (sign, indication) Zeichen nt, Spur f; **to give** ~ (als Zeuge) aussagen; **to show** ~ **of** zeigen; **in** ~ sichtbar.
evident ['ɛvɪdnt] adj offensichtlich.
evidently ['ɛvɪdntlɪ] adv offensichtlich.
evil ['iːvl] adj böse; (influence) schlecht ♦ n Böse(s) nt; (unpleasant situation or activity) Übel nt.
evocative [ɪ'vɔkətɪv] adj evokativ.
evoke [ɪ'vəuk] vt hervorrufen; (memory) wecken.
evolution [iːvə'luːʃən] n Evolution f; (development) Entwicklung f.
evolve [ɪ'vɔlv] vt entwickeln ♦ vi sich entwickeln.
ewe [juː] n Mutterschaf nt.
ewer ['juːə'] n (Wasser)krug m.
ex- [ɛks] pref Ex-, frühere(r, s); **the price** ~ **works** der Preis ab Werk.
exacerbate [ɛks'æsəbeɪt] vt verschärfen; (pain) verschlimmern.
exact [ɪg'zækt] adj genau; (word) richtig ♦ vt: **to** ~ **sth (from)** etw verlangen (von); (payment) etw eintreiben (von).
exacting [ɪg'zæktɪŋ] adj anspruchsvoll.
exactly [ɪg'zæktlɪ] adv genau; ~! (ganz) genau!; **not** ~ (hardly) nicht gerade.
exaggerate [ɪg'zædʒəreɪt] vt, vi übertreiben.
exaggerated [ɪg'zædʒəreɪtɪd] adj übertrieben.
exaggeration [ɪgzædʒə'reɪʃən] n Übertreibung f.
exalt [ɪg'zɔːlt] vt preisen.
exalted [ɪg'zɔːltɪd] adj hoch; (elated) exaltiert.
exam [ɪg'zæm] n abbr = **examination**.
examination [ɪgzæmɪ'neɪʃən] n (see vb) Untersuchung f; Prüfung f; Verhör nt; **to take** or (BRIT) **sit an** ~ eine Prüfung machen; **the matter is under** ~ die Angelegenheit

wird geprüft or untersucht.
examine [ɪg'zæmɪn] vt untersuchen; (accounts, candidate) prüfen; (witness) verhören.
examiner [ɪg'zæmɪnə'] n Prüfer(in) m(f).
example [ɪg'zɑːmpl] n Beispiel nt; **for** ~ zum Beispiel; **to set a good/bad** ~ ein gutes/schlechtes Beispiel geben.
exasperate [ɪg'zɑːspəreɪt] vt (annoy) verärgern; (frustrate) zur Verzweiflung bringen; ~**d by** or **with** verärgert/verzweifelt über +acc.
exasperating [ɪg'zɑːspəreɪtɪŋ] adj ärgerlich; (job) leidig.
exasperation [ɪgzɑːspə'reɪʃən] n Verzweiflung f; **in** ~ verzweifelt.
excavate ['ɛkskəveɪt] vt ausgraben; (hole) graben ♦ vi Ausgrabungen machen.
excavation [ɛkskə'veɪʃən] n Ausgrabung f.
excavator ['ɛkskəveɪtə'] n Bagger m.
exceed [ɪk'siːd] vt übersteigen; (hopes) übertreffen; (limit, budget, powers) überschreiten.
exceedingly [ɪk'siːdɪŋlɪ] adv äußerst.
excel [ɪk'sɛl] vt übertreffen ♦ vi: **to** ~ **(in** or **at)** sich auszeichnen (in +dat); **to** ~ **o.s.** (BRIT) sich selbst übertreffen.
excellence ['ɛksələns] n hervorragende Leistung f.
Excellency ['ɛksələnsɪ] n: **His** ~ Seine Exzellenz.
excellent ['ɛksələnt] adj ausgezeichnet, hervorragend.
except [ɪk'sɛpt] prep (also: ~ **for**) außer +dat ♦ vt: **to** ~ **sb (from)** jdn ausnehmen (bei); ~ **if,** ~ **when** außer wenn; ~ **that** nur dass.
excepting [ɪk'sɛptɪŋ] prep außer +dat, mit Ausnahme +gen.
exception [ɪk'sɛpʃən] n Ausnahme f; **to take** ~ **to** Anstoß nehmen an +dat; **with the** ~ **of** mit Ausnahme von.
exceptional [ɪk'sɛpʃənl] adj außergewöhnlich.
excerpt ['ɛksəːpt] n Auszug m.
excess [ɪk'sɛs] n Übermaß nt; (INSURANCE) Selbstbeteiligung f; **excesses** npl Exzesse pl; **an** ~ **of £15, a £15** ~ eine Selbstbeteiligung von £15; **in** ~ **of** über +dat.
excess baggage n Übergepäck nt.
excess fare (BRIT) n Nachlösegebühr f.
excessive [ɪk'sɛsɪv] adj übermäßig.
excess supply n Überangebot nt.
exchange [ɪks'tʃeɪndʒ] n Austausch m; (conversation) Wortwechsel m; (also: **telephone** ~) Fernsprechamt nt ♦ vt: **to** ~ **(for)** tauschen (gegen); (in shop) umtauschen (gegen); **in** ~ **for** für; **foreign** ~ Devisenhandel m; (money) Devisen pl.
exchange control n Devisenkontrolle f.
exchange market n Devisenmarkt m.
exchange rate n Wechselkurs m.
Exchequer [ɪks'tʃɛkə'] (BRIT) n: **the** ~ das Finanzministerium.
excisable [ɪk'saɪzəbl] adj steuerpflichtig.

excise ['ɛksaɪz] *n* Verbrauchssteuer *f* ♦ *vt* entfernen.
excise duties *npl* Verbrauchssteuern *pl*.
excitable [ɪk'saɪtəbl] *adj* (leicht) erregbar.
excite [ɪk'saɪt] *vt* aufregen; (*arouse*) erregen; **to get** ~**d** sich aufregen.
excitement [ɪk'saɪtmənt] *n* Aufregung *f*; (*exhilaration*) Hochgefühl *nt*.
exciting [ɪk'saɪtɪŋ] *adj* aufregend.
excl. *abbr* = **excluding; exclusive (of)**.
exclaim [ɪks'kleɪm] *vi* aufschreien.
exclamation [ɛksklə'meɪʃən] *n* Ausruf *m*; ~ **of joy** Freudenschrei *m*.
exclamation mark *n* Ausrufezeichen *nt*.
exclude [ɪks'kluːd] *vt* ausschließen.
excluding [ɪks'kluːdɪŋ] *prep*: ~ **VAT** ohne Mehrwertsteuer.
exclusion [ɪks'kluːʒən] *n* Ausschluss *m*; **to concentrate on sth to the** ~ **of everything else** sich ausschließlich auf etw *dat* konzentrieren.
exclusion clause *n* Freizeichnungsklausel *f*.
exclusion zone *n* Sperrzone *f*.
exclusive [ɪks'kluːsɪv] *adj* exklusiv; (*story, interview*) Exklusiv-; (*use*) ausschließlich ♦ *n* Exklusivbericht *m* ♦ *adv*: **from 1st to 15th March** ~ vom 1. bis zum 15. März ausschließlich; ~ **of postage** ohne *or* exklusive Porto; ~ **of tax** ausschließlich *or* exklusive Steuern; **to be mutually** ~ sich *or* einander ausschließen.
exclusively [ɪks'kluːsɪvlɪ] *adv* ausschließlich.
exclusive rights *npl* Exklusivrechte *pl*.
excommunicate [ɛkskə'mjuːnɪkeɪt] *vt* exkommunizieren.
excrement ['ɛkskrəmənt] *n* Kot *m*, Exkremente *pl*.
excruciating [ɪks'kruːʃɪeɪtɪŋ] *adj* grässlich, fürchterlich; (*noise, embarrassment*) unerträglich.
excursion [ɪks'kəːʃən] *n* Ausflug *m*.
excursion ticket *n* verbilligte Fahrkarte *f*.
excusable [ɪks'kjuːzəbl] *adj* verzeihlich, entschuldbar.
excuse [ɪks'kjuːs] *n* Entschuldigung *f* ♦ *vt* entschuldigen; (*forgive*) verzeihen; **to** ~ **sb from sth** jdm etw erlassen; **to** ~ **sb from doing sth** jdn davon befreien, etw zu tun; ~ **me!** entschuldigen Sie!, Entschuldigung!; **if you will** ~ **me ...** entschuldigen Sie mich bitte ...; **to** ~ **o.s. for sth** sich für *or* wegen etw entschuldigen; **to** ~ **o.s. for doing sth** sich entschuldigen, dass man etw tut; **to make** ~**s for sb** jdn entschuldigen; **that's no** ~! das ist keine Ausrede!
ex-directory ['ɛksdɪ'rɛktərɪ] (*BRIT*) *adj* (*number*) geheim; **she's** ~ sie steht nicht im Telefonbuch.
execrable ['ɛksɪkrəbl] *adj* scheußlich; (*manners*) abscheulich.
execute ['ɛksɪkjuːt] *vt* ausführen; (*person*) hinrichten.

execution [ɛksɪ'kjuːʃən] *n* (*see vb*) Ausführung *f*; Hinrichtung *f*.
executioner [ɛksɪ'kjuːʃnə*] *n* Scharfrichter *m*.
executive [ɪg'zɛkjutɪv] *n* leitende(r) Angestellte(r) *f(m)*; (*committee*) Vorstand *m* ♦ *adj* geschäftsführend; (*role*) führend; (*secretary*) Chef-; (*car, chair*) für gehobene Ansprüche; (*toys*) Manager-; (*plane*) ≈ Privat-.
executive director *n* leitender Direktor *m*, leitende Direktorin *f*.
executor [ɪg'zɛkjutə*] *n* Testamentsvollstrecker(in) *m(f)*.
exemplary [ɪg'zɛmplərɪ] *adj* vorbildlich, beispielhaft; (*punishment*) exemplarisch.
exemplify [ɪg'zɛmplɪfaɪ] *vt* verkörpern; (*illustrate*) veranschaulichen.
exempt [ɪg'zɛmpt] *adj*: ~ **from** befreit von ♦ *vt*: **to** ~ **sb from** jdn befreien von.
exemption [ɪg'zɛmpʃən] *n* Befreiung *f*.
exercise ['ɛksəsaɪz] *n* Übung *f*; (*no pl: keep-fit*) Gymnastik *f*; (: *energetic movement*) Bewegung *f*; (: *of authority etc*) Ausübung *f* ♦ *vt* (*patience*) üben; (*right*) ausüben; (*dog*) ausführen; (*mind*) beschäftigen ♦ *vi* (*also:* **to take** ~) Sport treiben.
exercise book *n* (Schul)heft *nt*.
exert [ɪg'zəːt] *vt* (*influence*) ausüben; (*authority*) einsetzen; **to** ~ **o.s.** sich anstrengen.
exertion [ɪg'zəːʃən] *n* Anstrengung *f*.
ex gratia ['ɛks'greɪʃə] *adj*: ~ **payment** freiwillige Zahlung *f*.
exhale [ɛks'heɪl] *vt, vi* ausatmen.
exhaust [ɪg'zɔːst] *n* (*also:* ~ **pipe**) Auspuff *m*; (*fumes*) Auspuffgase *pl* ♦ *vt* erschöpfen; (*money*) aufbrauchen; (*topic*) erschöpfend behandeln; **to** ~ **o.s.** sich verausgaben.
exhausted [ɪg'zɔːstɪd] *adj* erschöpft.
exhausting [ɪg'zɔːstɪŋ] *adj* anstrengend.
exhaustion [ɪg'zɔːstʃən] *n* Erschöpfung *f*; **nervous** ~ nervöse Erschöpfung.
exhaustive [ɪg'zɔːstɪv] *adj* erschöpfend.
exhibit [ɪg'zɪbɪt] *n* Ausstellungsstück *nt*; (*LAW*) Beweisstück *nt* ♦ *vt* zeigen, an den Tag legen; (*paintings*) ausstellen.
exhibition [ɛksɪ'bɪʃən] *n* Ausstellung *f*; **to make an** ~ **of o.s.** sich unmöglich aufführen; **an** ~ **of bad manners** schlechte Manieren *pl*; **an** ~ **of draughtsmanship** zeichnerisches Können *nt*.
exhibitionist [ɛksɪ'bɪʃənɪst] *n* Exhibitionist(in) *m(f)*.
exhibitor [ɪg'zɪbɪtə*] *n* Aussteller(in) *m(f)*.
exhilarating [ɪg'zɪləreɪtɪŋ] *adj* erregend, berauschend; (*news*) aufregend.
exhilaration [ɪgzɪlə'reɪʃən] *n* Hochgefühl *nt*.
exhort [ɪg'zɔːt] *vt*: **to** ~ **sb to do sth** jdn ermahnen, etw zu tun.
exile ['ɛksaɪl] *n* Exil *nt*; (*person*) Verbannte(r) *f(m)* ♦ *vt* verbannen; **in** ~ im Exil.
exist [ɪg'zɪst] *vi* existieren.

existence [ɪɡ'zɪstəns] n Existenz f; **to be in ~** existieren.

existentialism [ɛɡzɪs'tɛnʃlɪzəm] n Existentialismus m.

existing [ɪɡ'zɪstɪŋ] adj bestehend.

exit ['ɛksɪt] n Ausgang m; (from motorway) Ausfahrt f; (departure) Abgang m ♦ vi (THEAT) abgehen; (COMPUT: from program/ file etc) das Programm/die Datei etc verlassen; **to ~ from** hinausgehen aus; (motorway etc) abfahren von.

exit poll n bei Wählern unmittelbar nach Verlassen der Wahllokale durchgeführte Umfrage.

exit ramp (US) n Ausfahrt f.

exit visa n Ausreisevisum nt.

exodus ['ɛksədəs] n Auszug m; **the ~ to the cities** die Abwanderung in die Städte.

ex officio ['ɛksə'fɪʃɪəʊ] adj von Amts wegen ♦ adv kraft seines Amtes.

exonerate [ɪɡ'zɔnəreɪt] vt: **to ~ from** entlasten von.

exorbitant [ɪɡ'zɔːbɪtnt] adj (prices, rents) astronomisch, unverschämt; (demands) maßlos, übertrieben.

exorcize ['ɛksɔːsaɪz] vt exorzieren; (spirit) austreiben.

exotic [ɪɡ'zɔtɪk] adj exotisch.

expand [ɪks'pænd] vt erweitern; (staff, numbers etc) vergrößern; (influence) ausdehnen ♦ vi expandieren; (population) wachsen; (gas, metal) sich ausdehnen; **to ~ .on** weiter ausführen.

expanse [ɪks'pæns] n Weite f.

expansion [ɪks'pænʃən] n Expansion f; (of population) Wachstum nt; (of gas, metal) Ausdehnung f.

expansionism [ɪks'pænʃənɪzəm] n Expansionspolitik f.

expansionist [ɪks'pænʃənɪst] adj Expansions-, expansionistisch.

expatriate [ɛks'pætrɪət] n im Ausland Lebende(r) f(m).

expect [ɪks'pɛkt] vt erwarten; (suppose) denken, glauben; (count on) rechnen mit ♦ vi: **to be ~ing** ein Kind erwarten; **to ~ sb to do sth** erwarten, dass jd etw tut; **to ~ to do sth** vorhaben, etw zu tun; **as ~ed** wie erwartet; **I ~ so** ich glaube schon.

expectancy [ɪks'pɛktənsɪ] n Erwartung f; **life ~** Lebenserwartung f.

expectant [ɪks'pɛktənt] adj erwartungsvoll.

expectantly [ɪks'pɛktəntlɪ] adv erwartungsvoll.

expectant mother n werdende Mutter f.

expectation [ɛkspɛk'teɪʃən] n Erwartung f; (hope) Hoffnung f; **in ~ of** in Erwartung +gen; **against** or **contrary to all ~(s)** wider Erwarten; **to come** or **live up to sb's ~s** jds Erwartungen dat entsprechen.

expedience [ɪks'piːdɪəns] n = **expediency**.

expediency [ɪks'piːdɪənsɪ] n Zweckmäßigkeit

f; **for the sake of ~** aus Gründen der Zweckmäßigkeit.

expedient [ɪks'piːdɪənt] adj zweckmäßig ♦ n Hilfsmittel nt.

expedite ['ɛkspədaɪt] vt beschleunigen.

expedition [ɛkspə'dɪʃən] n Expedition f; (for shopping etc) Tour f.

expeditionary force [ɛkspə'dɪʃənrɪ-] n Expeditionskorps nt.

expeditious [ɛkspə'dɪʃəs] adj schnell.

expel [ɪks'pɛl] vt (from school) verweisen; (from organization) ausschließen; (from place) vertreiben; (gas, liquid) ausstoßen.

expend [ɪks'pɛnd] vt ausgeben; (time, energy) aufwenden.

expendable [ɪks'pɛndəbl] adj entbehrlich.

expenditure [ɪks'pɛndɪtʃəʳ] n Ausgaben pl; (of energy, time) Aufwand m.

expense [ɪks'pɛns] n Kosten pl; (expenditure) Ausgabe f; **expenses** npl Spesen pl; **at the ~ of** auf Kosten +gen; **to go to the ~ of buying a new car** (viel) Geld für ein neues Auto anlegen; **at great/little ~** mit hohen/ geringen Kosten.

expense account n Spesenkonto nt.

expensive [ɪks'pɛnsɪv] adj teuer; **to have ~ tastes** einen teuren Geschmack haben.

experience [ɪks'pɪərɪəns] n Erfahrung f; (event, activity) Erlebnis nt ♦ vt erleben; **by** or **from ~** aus Erfahrung; **to learn by ~** durch eigene Erfahrung lernen.

experienced [ɪks'pɪərɪənst] adj erfahren.

experiment [ɪks'pɛrɪmənt] n Experiment nt, Versuch m ♦ vi: **to ~** (with/on) experimentieren (mit/an +dat); **to perform** or **carry out an ~** einen Versuch or ein Experiment durchführen; **as an ~** versuchsweise.

experimental [ɪkspɛrɪ'mɛntl] adj experimentell; **at the ~ stage** im Versuchsstadium.

expert ['ɛkspɜːt] adj ausgezeichnet, geschickt; (opinion, help etc) eines Fachmanns ♦ n Fachmann m, Fachfrau f, Experte m, Expertin f; **to be ~ in** or **at doing sth** etw ausgezeichnet können; **an ~ on sth/on the subject of sth** ein Experte für etw/auf dem Gebiet einer Sache gen; **~ witness** (LAW) sachverständiger Zeuge m.

expertise [ɛkspɜː'tiːz] n Sachkenntnis f.

expire [ɪks'paɪəʳ] vi ablaufen.

expiry [ɪks'paɪərɪ] n Ablauf m.

expiry date n Ablauftermin m; (of voucher, special offer etc) Verfallsdatum nt.

explain [ɪks'pleɪn] vt erklären.

▶ **explain away** vt eine Erklärung finden für.

explanation [ɛksplə'neɪʃən] n Erklärung f; **to find an ~ for sth** eine Erklärung für etw finden.

explanatory [ɪks'plænətrɪ] adj erklärend.

expletive [ɪks'pliːtɪv] n Kraftausdruck m.

explicable [ɪks'plɪkəbl] *adj* erklärbar; **for no ~ reason** aus unerfindlichen Gründen.

explicit [ɪks'plɪsɪt] *adj* ausdrücklich; (*sex, violence*) deutlich, unverhüllt; **to be ~** (*frank*) sich deutlich ausdrücken.

explode [ɪks'pləud] *vi* explodieren; (*population*) sprunghaft ansteigen ♦ *vt* zur Explosion bringen; (*myth, theory*) zu Fall bringen.

exploit ['ɛksplɔɪt] *n* Heldentat *f* ♦ *vt* ausnutzen; (*workers etc*) ausbeuten; (*resources*) nutzen.

exploitation [ɛksplɔɪ'teɪʃən] *n* (*see vb*) Ausnutzung *f*; Ausbeutung *f*; Nutzung *f*.

exploration [ɛksplə'reɪʃən] *n* (*see vb*) Erforschung *f*; Erkundung *f*; Untersuchung *f*.

exploratory [ɪks'plɔrətrɪ] *adj* exploratorisch; (*expedition*) Forschungs-; **~ operation** (*MED*) Explorationsoperation *f*; **~ talks** Sondierungsgespräche *pl*.

explore [ɪks'plɔːˈ] *vt* erforschen; (*with hands etc, idea*) untersuchen.

explorer [ɪks'plɔːrəˈ] *n* Forschungsreisende(r) *f(m)*; (*of place*) Erforscher(in) *m(f)*.

explosion [ɪks'pləuʒən] *n* Explosion *f*; (*outburst*) Ausbruch *m*.

explosive [ɪks'pləusɪv] *adj* explosiv; (*device*) Spreng-; (*temper*) aufbrausend ♦ *n* Sprengstoff *m*; (*device*) Sprengkörper *m*.

exponent [ɪks'pəunənt] *n* Vertreter(in) *m(f)*, Exponent(in) *m(f)*; (*MATH*) Exponent *m*.

exponential [ɛkspəu'nɛnʃl] *adj* exponentiell; (*MATH: function etc*) Exponential-.

export [ɛks'pɔːt] *vt* exportieren, ausführen; (*ideas, values*) verbreiten ♦ *n* Export *m*, Ausfuhr *f*; (*product*) Exportgut *nt* ♦ *cpd* Export-, Ausfuhr-.

exportation [ɛkspɔː'teɪʃən] *n* Export *m*, Ausfuhr *f*.

exporter [ɛks'pɔːtəˈ] *n* Exporteur *m*.

expose [ɪks'pəuz] *vt* freilegen; (*to heat, radiation*) aussetzen; (*unmask*) entlarven; **to ~ o.s.** sich entblößen.

exposé [ɪk'spəuzeɪ] *n* Enthüllung *f*.

exposed [ɪks'pəuzd] *adj* ungeschützt; (*wire*) bloßliegend; **to be ~ to** (*radiation, heat etc*) ausgesetzt sein +*dat*.

exposition [ɛkspə'zɪʃən] *n* Erläuterung *f*; (*exhibition*) Ausstellung *f*.

exposure [ɪks'pəuʒəˈ] *n* (*to heat, radiation*) Aussetzung *f*; (*publicity*) Publicity *f*; (*of person*) Entlarvung *f*; (*PHOT*) Belichtung *f*; (: *shot*) Aufnahme *f*; **to be suffering from ~** an Unterkühlung leiden; **to die from ~** erfrieren.

exposure meter *n* Belichtungsmesser *m*.

expound [ɪks'paund] *vt* darlegen, erläutern.

express [ɪks'prɛs] *adj* ausdrücklich; (*intention*) bestimmt; (*BRIT: letter etc*) Express-, Eil- ♦ *n* (*train*) Schnellzug *m*; (*bus*) Schnellbus *m* ♦ *adv* (*send*) per Express ♦ *vt* ausdrücken; (*view, emotion*) zum Ausdruck bringen; **to**

~ o.s. sich ausdrücken.

expression [ɪks'prɛʃən] *n* Ausdruck *m*; (*on face*) (Gesichts)ausdruck *m*.

expressionism [ɪks'prɛʃənɪzəm] *n* Expressionismus *m*.

expressive [ɪks'prɛsɪv] *adj* ausdrucksvoll; **~ ability** Ausdrucksfähigkeit *f*.

expressly [ɪks'prɛslɪ] *adv* ausdrücklich; (*intentionally*) absichtlich.

expressway [ɪks'prɛsweɪ] (*US*) *n* Schnellstraße *f*.

expropriate [ɛks'prəuprɪeɪt] *vt* enteignen.

expulsion [ɪks'pʌlʃən] *n* (*SCOL*) Verweisung *f*; (*POL*) Ausweisung *f*; (*of gas, liquid etc*) Ausstoßen *nt*.

expurgate ['ɛkspə:geɪt] *vt* zensieren; **the ~d version** die zensierte *or* bereinigte Fassung.

exquisite [ɛks'kwɪzɪt] *adj* exquisit, erlesen; (*keenly felt*) köstlich.

exquisitely [ɛks'kwɪzɪtlɪ] *adv* exquisit; (*carved*) kunstvoll; (*polite, sensitive*) äußerst.

ex-serviceman ['ɛks'sə:vɪsmən] (*irreg: like* **man**) *n* ehemaliger Soldat *m*.

ext. *abbr* (*TEL*) = extension.

extemporize [ɪks'tɛmpəraɪz] *vi* improvisieren.

extend [ɪks'tɛnd] *vt* verlängern; (*building*) anbauen an +*acc*; (*offer, invitation*) aussprechen; (*arm, hand*) ausstrecken; (*deadline*) verschieben ♦ *vi* sich erstrecken; (*period*) dauern.

extension [ɪks'tɛnʃən] *n* Verlängerung *f*; (*of building*) Anbau *m*; (*of time*) Aufschub *m*; (*of campaign, rights*) Erweiterung *f*; (*TEL*) (Neben)anschluss *m*; **~ 3718** (*TEL*) Apparat 3718.

extension cable *n* Verlängerungskabel *nt*.

extension lead *n* Verlängerungsschnur *f*.

extensive [ɪks'tɛnsɪv] *adj* ausgedehnt; (*effect*) weitreichend; (*damage*) beträchtlich; (*coverage, discussion*) ausführlich; (*inquiries*) umfangreich; (*use*) häufig.

extensively [ɪks'tɛnsɪvlɪ] *adv*: **he's travelled ~** er ist viel gereist.

extent [ɪks'tɛnt] *n* Ausdehnung *f*; (*of problem, damage, loss etc*) Ausmaß *nt*; **to some ~** bis zu einem gewissen Grade; **to a certain ~** in gewissem Maße; **to a large ~** in hohem Maße; **to the ~ of ...** (*debts*) in Höhe von ...; **to go to the ~ of doing sth** so weit gehen, etw zu tun; **to such an ~ that ...** dermaßen, dass ...; **to what ~?** inwieweit?

extenuating [ɪks'tɛnjueɪtɪŋ] *adj*: **~ circumstances** mildernde Umstände *pl*.

exterior [ɛks'tɪərɪəˈ] *adj* (*surface, angle, world*) Außen- ♦ *n* Außenseite *f*; (*appearance*) Äußere(s) *nt*.

exterminate [ɪks'tə:mɪneɪt] *vt* ausrotten.

extermination [ɪkstə:mɪ'neɪʃən] *n* Ausrottung *f*.

external [ɛks'tə:nl] *adj* (*wall etc*) Außen-; (*use*) äußerlich; (*evidence*) unabhängig; (*examiner, auditor*) extern ♦ *n*: **the ~s** die

Äußerlichkeiten *pl*; **for** ~ **use only** nur äußerlich (anzuwenden); ~ **affairs** (*POL*) auswärtige Angelegenheiten *pl*.

externally [ɛks'tə:nəlɪ] *adv* äußerlich.

extinct [ɪks'tɪŋkt] *adj* ausgestorben; (*volcano*) erloschen.

extinction [ɪks'tɪŋkʃən] *n* Aussterben *nt*.

extinguish [ɪks'tɪŋgwɪʃ] *vt* löschen; (*hope*) zerstören.

extinguisher [ɪks'tɪŋgwɪʃə*] *n* (*also*: **fire** ~) Feuerlöscher *m*.

extol, (*US*) **extoll** [ɪks'təul] *vt* preisen, rühmen.

extort [ɪks'tɔ:t] *vt* erpressen; (*confession*) erzwingen.

extortion [ɪks'tɔ:ʃən] *n* (*see vb*) Erpressung *f*; Erzwingung *f*.

extortionate [ɪks'tɔ:ʃnɪt] *adj* überhöht; (*price*) Wucher-.

extra ['ɛkstrə] *adj* zusätzlich ♦ *adv* extra ♦ *n* Extra *nt*; (*surcharge*) zusätzliche Kosten *pl*; (*CINE, THEAT*) Statist(in) *m(f)*; **wine will cost** ~ Wein wird extra berechnet.

extra... ['ɛkstrə] *pref* außer-, extra-.

extract [*vt* ɪks'trækt, *n* 'ɛkstrækt] *vt* (*tooth*) ziehen; (*mineral*) gewinnen ♦ *n* Auszug *m*; (*malt extract, vanilla extract etc*) Extrakt *m*; **to** ~ **(from)** (*object*) herausziehen (aus); (*money*) herausholen (aus); (*promise*) abringen +*dat*.

extraction [ɪks'trækʃən] *n* (*see vb*) Ziehen *nt*; Gewinnung *f*; Herausziehen *nt*; Herausholen *nt*; Abringen *nt*; (*DENTISTRY*) Extraktion *f*; (*descent*) Herkunft *f*, Abstammung *f*; **to be of Scottish** ~, **to be Scottish by** ~ schottischer Herkunft *or* Abstammung sein.

extractor fan [ɪks'træktə-] *n* Sauglüfter *m*.

extracurricular ['ɛkstrəkə'rɪkjulə*] *adj* außerhalb des Lehrplans.

extradite ['ɛkstrədaɪt] *vt* ausliefern.

extradition [ɛkstrə'dɪʃən] *n* Auslieferung *f* ♦ *cpd* Auslieferungs-.

extramarital ['ɛkstrə'mærɪtl] *adj* außerehelich.

extramural ['ɛkstrə'mjuərl] *adj* außerhalb der Universität; ~ **classes** von der Universität veranstaltete Teilzeitkurse *pl*.

extraneous [ɛks'treɪnɪəs] *adj* unwesentlich.

extraordinary [ɪks'trɔ:dnrɪ] *adj* ungewöhnlich; (*special*) außerordentlich; **the** ~ **thing is that** ... das Merkwürdige ist, dass ...

extraordinary general meeting *n* außerordentliche Hauptversammlung *f*.

extrapolation [ɛkstræpə'leɪʃən] *n* Extrapolation *f*.

extrasensory perception ['ɛkstrə'sɛnsərɪ-] *n* außersinnliche Wahrnehmung *f*.

extra time *n* (*FOOTBALL*) Verlängerung *f*.

extravagance [ɪks'trævəgəns] *n* (*no pl*) Verschwendungssucht *f*; (*example of spending*) Luxus *m*.

extravagant [ɪks'trævəgənt] *adj* extravagant; (*tastes, gift*) teuer; (*wasteful*) verschwenderisch; (*praise*) übertrieben; (*ideas*) ausgefallen.

extreme [ɪks'tri:m] *adj* extrem; (*point, edge, poverty*) äußerste(r, s) ♦ *n* Extrem *nt*; **the** ~ **right/left** (*POL*) die äußerste *or* extreme Rechte/Linke; ~**s of temperature** extreme Temperaturen *pl*.

extremely [ɪks'tri:mlɪ] *adv* äußerst, extrem.

extremist [ɪks'tri:mɪst] *n* Extremist(in) *m(f)* ♦ *adj* extremistisch.

extremities [ɪks'trɛmɪtɪz] *npl* Extremitäten *pl*.

extremity [ɪks'trɛmɪtɪ] *n* Rand *m*; (*end*) äußerstes Ende *nt*; (*of situation*) Ausmaß *nt*.

extricate ['ɛkstrɪkeɪt] *vt*: **to** ~ **sb/sth (from)** jdn/etw befreien (aus).

extrovert ['ɛkstrəvə:t] *n* extravertierter Mensch *m*.

exuberance [ɪg'zju:bərns] *n* Überschwänglichkeit *f*.

exuberant [ɪg'zju:bərnt] *adj* überschwänglich; (*imagination etc*) lebhaft.

exude [ɪg'zju:d] *vt* ausstrahlen; (*liquid*) absondern; (*smell*) ausströmen.

exult [ɪg'zʌlt] *vi*: **to** ~ **(in)** jubeln (über +*acc*).

exultant [ɪg'zʌltənt] *adj* jubelnd; (*shout*) Jubel-; **to be** ~ jubeln.

exultation [ɛgzʌl'teɪʃən] *n* Jubel *m*.

eye [aɪ] *n* Auge *nt*; (*of needle*) Öhr *nt* ♦ *vt* betrachten; **to keep an** ~ aufpassen auf +*acc*; **as far as the** ~ **can see** so weit das Auge reicht; **in the public** ~ im Blickpunkt der Öffentlichkeit; **to have an** ~ **for sth** einen Blick für etw haben; **with an** ~ **to doing sth** (*BRIT*) mit der Absicht, etw zu tun; **there's more to this than meets the** ~ da steckt mehr dahinter(, als man auf den ersten Blick meint).

eyeball ['aɪbɔ:l] *n* Augapfel *m*.

eyebath ['aɪbɑ:θ] (*BRIT*) *n* Augenbadewanne *f*.

eyebrow ['aɪbrau] *n* Augenbraue *f*.

eyebrow pencil *n* Augenbrauenstift *m*.

eye-catching ['aɪkætʃɪŋ] *adj* auffallend.

eyecup ['aɪkʌp] (*US*) *n* = **eyebath**.

eye drops *npl* Augentropfen *pl*.

eyeful ['aɪful] *n*: **to get an** ~ **of sth** (*lit*) etw ins Auge bekommen; (*fig*: *have a good look*) einiges von etw zu sehen bekommen; **she's quite an** ~ sie hat allerhand zu bieten.

eyeglass ['aɪglɑ:s] *n* Augenglas *nt*.

eyelash ['aɪlæʃ] *n* Augenwimper *f*.

eyelet ['aɪlɪt] *n* Öse *f*.

eye level *n*: **at** ~ in Augenhöhe.

eyelevel ['aɪlɛvl] *adj* in Augenhöhe.

eyelid ['aɪlɪd] *n* Augenlid *nt*.

eyeliner ['aɪlaɪnə*] *n* Eyeliner *m*.

eye-opener ['aɪəupnə*] *n* Überraschung *f*; **to be an** ~ **to sb** jdm die Augen öffnen.

eye shadow *n* Lidschatten *m*.

eyesight ['aɪsaɪt] *n* Sehvermögen *nt*.

eyesore ['aɪsɔ:*] *n* Schandfleck *m*.

eyestrain ['aɪstreɪn] *n*: **to get** ~ seine Augen überanstrengen.

eyetooth ['aɪtu:θ] (*pl* **eyeteeth**) *n* Eckzahn *m*, Augenzahn *m*; **to give one's eyeteeth for sth** alles für etw geben; **to give one's eyeteeth to do sth** alles darum geben, etw zu tun.

eyewash ['aɪwɔʃ] *n* Augenwasser *nt*; (*fig*) Gewäsch *nt*.

eyewitness ['aɪwɪtnɪs] *n* Augenzeuge *m*, Augenzeugin *f*.

eyrie ['ɪərɪ] *n* Horst *m*.

$$F,f$$

F¹, f [ɛf] *n* (*letter*) F *nt*, f *nt*; ~ **for Frederick,** *(US)* ~ **for Fox** ≈ F wie Friedrich.

F² [ɛf] *n* (*MUS*) F *nt*, f *nt*.

F³ [ɛf] *abbr* (= *Fahrenheit*) F.

FA (*BRIT*) *n abbr* (= *Football Association*) englischer Fußball-Dachverband, ≈ DFB *m*.

FAA (*US*) *n abbr* (= *Federal Aviation Administration*) amerikanische Luftfahrtbehörde.

fable ['feɪbl] *n* Fabel *f*.

fabric ['fæbrɪk] *n* Stoff *m*; (*of society*) Gefüge *nt*; (*of building*) Bausubstanz *f*.

fabricate ['fæbrɪkeɪt] *vt* herstellen; (*story*) erfinden; (*evidence*) fälschen.

fabrication [fæbrɪ'keɪʃən] *n* Herstellung *f*; (*lie*) Erfindung *f*.

fabric ribbon *n* (*for typewriter*) Gewebefarbband *nt*.

fabulous ['fæbjuləs] *adj* fabelhaft, toll (*inf*); (*extraordinary*) sagenhaft; (*mythical*) legendär.

façade [fə'sɑ:d] *n* Fassade *f*.

face [feɪs] *n* Gesicht *nt*; (*expression*) Gesichtsausdruck *m*; (*grimace*) Grimasse *f*; (*of clock*) Zifferblatt *nt*; (*of mountain, cliff*) (Steil)wand *f*; (*of building*) Fassade *f*; (*side, surface*) Seite *f* ♦ *vt* (*subj: person*) gegenübersitzen/-stehen +*dat etc*; (: *building, street etc*) liegen zu; (: *north, south etc*) liegen nach; (*unpleasant situation*) sich gegenübersehen +*dat*; (*facts*) ins Auge sehen +*dat*; ~ **down** mit dem Gesicht nach unten; (*card*) mit der Bildseite nach unten; (*object*) mit der Vorderseite nach unten; **to lose/save** ~ das Gesicht verlieren/wahren; **to make** *or* **pull a** ~ das Gesicht verziehen; **in the** ~ **of** trotz +*gen*; **on the** ~ **of it** so, wie es aussieht; **to come** ~ **to** ~ **with sb** jdn treffen; **to come** ~ **to** ~ **with a problem** einem Problem gegenüberstehen; **to** ~ **each other** einander gegenüberstehen/-liegen/-

sitzen *etc*; **to** ~ **the fact that** ... der Tatsache ins Auge sehen, dass ...; **the man facing me** der Mann mir gegenüber.

▶ **face up to** *vt fus* (*obligations, difficulty*) auf sich *acc* nehmen; (*situation, possibility*) sich abfinden mit; (*danger, fact*) ins Auge sehen +*dat*.

face cloth (*BRIT*) *n* Waschlappen *m*.

face cream *n* Gesichtscreme *f*.

faceless ['feɪslɪs] *adj* (*fig*) anonym.

face-lift ['feɪslɪft] *n* Facelifting *nt*; (*of building etc*) Verschönerung *f*.

face powder *n* Gesichtspuder *m*.

face-saving ['feɪs'seɪvɪŋ] *adj*: **a** ~ **excuse/ tactic** eine Entschuldigung/Taktik, um das Gesicht zu wahren.

facet ['fæsɪt] *n* Seite *f*, Aspekt *m*; (*of gem*) Facette *f*, Fassette *f*.

facetious [fə'si:ʃəs] *adj* witzelnd.

face-to-face [feɪstə'feɪs] *adj* persönlich; (*confrontation*) direkt.

face value *n* Nennwert *m*; **to take sth at** ~ (*fig*) etw für bare Münze nehmen.

facia ['feɪʃə] *n* = **fascia**.

facial ['feɪʃl] *adj* (*expression, massage etc*) Gesichts- ♦ *n* kosmetische Gesichtsbehandlung *f*.

facile ['fæsaɪl] *adj* oberflächlich; (*comment*) nichts sagend.

facilitate [fə'sɪlɪteɪt] *vt* erleichtern.

facilities [fə'sɪlɪtɪz] *npl* Einrichtungen *pl*; **cooking** ~ Kochgelegenheit *f*; **credit** ~ Kreditmöglichkeiten *pl*.

facility [fə'sɪlɪtɪ] *n* Einrichtung *f*; **to have a** ~ **for** (*skill, aptitude*) eine Begabung haben für.

facing ['feɪsɪŋ] *prep* gegenüber +*dat* ♦ *n* (*SEWING*) Besatz *m*.

facsimile [fæk'sɪmɪlɪ] *n* Faksimile *nt*; (*also:* ~ **machine**) Fernkopierer *m*, (Tele)faxgerät *nt*; (*transmitted document*) Fernkopie *f*, (Tele)fax *nt*.

fact [fækt] *n* Tatsache *f*; (*truth*) Wirklichkeit *f*; **in** ~ eigentlich; (*in reality*) tatsächlich, in Wirklichkeit; **to know for a** ~ **that** ... ganz genau wissen, dass ...; **the** ~ **(of the matter) is that** ... die Sache ist die, dass ...; **it's a** ~ **of life that** ... es ist eine Tatsache, dass ...; **to tell sb the** ~**s of life** (*sex*) jdn aufklären.

fact-finding ['fæktfaɪndɪŋ] *adj*: **a** ~ **tour** *or* **mission** eine Informationstour *f*.

faction ['fækʃən] *n* Fraktion *f*.

factional ['fækʃənl] *adj* (*dispute, system*) Fraktions-.

factor ['fæktə*] *n* Faktor *m*; (*COMM*) Kommissionär *m*; (: *agent*) Makler *m*; **safety** ~ Sicherheitsfaktor *m*; **human** ~ menschlicher Faktor.

factory ['fæktərɪ] *n* Fabrik *f*.

factory farming (*BRIT*) *n* industriell betriebene Viehzucht *f*.

factory floor *n*: **the** ~ (*workers*) die

Fabrikarbeiter *pl*; **on the** ~ bei *or* unter den Fabrikarbeitern.

factory ship *n* Fabrikschiff *nt*.

factual ['fæktjuəl] *adj* sachlich; (*information*) Sach-.

faculty ['fækəltɪ] *n* Vermögen *nt*, Kraft *f*; (*ability*) Talent *nt*; (*of university*) Fakultät *f*; (*US: teaching staff*) Lehrkörper *m*.

fad [fæd] *n* Fimmel *m*, Tick *m*.

fade [feɪd] *vi* verblassen; (*light*) nachlassen; (*sound*) schwächer werden; (*flower*) verblühen; (*hope*) zerrinnen; (*smile*) verschwinden.

▶ **fade in** *vt sep* allmählich einblenden.

▶ **fade out** *vt sep* ausblenden.

faeces, (*US*) **feces** ['fiːsiːz] *npl* Kot *m*.

fag [fæg] *n* (*BRIT: inf: cigarette*) Glimmstängel *m*; (: *chore*) Schinderei *f* (*inf*), Plackerei *f* (*inf*); (*US: inf: homosexual*) Schwule(r) *m*.

fail [feɪl] *vt* (*exam*) nicht bestehen; (*candidate*) durchfallen lassen; (*subj: courage*) verlassen; (: *leader, memory*) im Stich lassen ♦ *vi* (*candidate*) durchfallen; (*attempt*) fehlschlagen; (*brakes*) versagen; (*also:* **be** ~**ing**: *health*) sich verschlechtern; (: *eyesight, light*) nachlassen; **to** ~ **to do sth** etw nicht tun; (*neglect*) (es) versäumen, etw zu tun; **without** ~ ganz bestimmt.

failing ['feɪlɪŋ] *n* Schwäche *f*, Fehler *m* ♦ *prep* in Ermangelung +*gen*; ~ **that** (oder) sonst, und wenn das nicht möglich ist.

fail-safe ['feɪlseɪf] *adj* (ab)gesichert.

failure ['feɪljə*] *n* Misserfolg *m*; (*person*) Versager(in) *m(f)*; (*of brakes, heart*) Versagen *nt*; (*of engine, power*) Ausfall *m*; (*of crops*) Missernte *f*; (*in exam*) Durchfall *m*; **his** ~ **to turn up meant that we had to ...** weil er nicht kam, mussten wir ...; **it was a complete** ~ es war ein totaler Fehlschlag.

faint [feɪnt] *adj* schwach; (*breeze, trace*) leicht ♦ *n* Ohnmacht *f* ♦ *vi* ohnmächtig werden, in Ohnmacht fallen; **she felt** ~ ihr wurde schwach.

faintest ['feɪntɪst] *adj, n*: **I haven't the** ~ **(idea)** ich habe keinen blassen Schimmer.

faint-hearted ['feɪnt'hɑːtɪd] *adj* zaghaft.

faintly ['feɪntlɪ] *adv* schwach.

fair [fɛə*] *adj* gerecht, fair; (*size, number*) ansehnlich; (*chance, guess*) recht gut; (*hair*) blond; (*skin, complexion*) hell; (*weather*) schön ♦ *adv*: **to play** ~ fair spielen ♦ *n* (*also:* **trade** ~) Messe *f*; (*BRIT: funfair*) Jahrmarkt *m*, Rummel *m*; **it's not** ~! das ist nicht fair!; **a** ~ **amount of** ziemlich viel.

fair copy *n* Reinschrift *f*.

fair game *n*: **to be** ~ **(for)** (*for attack, criticism*) Freiwild *nt* sein (für).

fairground ['fɛəgraund] *n* Rummelplatz *m*.

fair-haired [fɛə'hɛəd] *adj* blond.

fairly ['fɛəlɪ] *adv* gerecht; (*quite*) ziemlich; **I'm** ~ **sure** ich bin (mir) ziemlich sicher.

fairness ['fɛənɪs] *n* Gerechtigkeit *f*; **in all** ~ gerechterweise, fairerweise.

fair play *n* faires Verhalten *nt*, Fairplay *nt*, Fair Play *nt*.

fairway ['fɛəweɪ] *n* (*GOLF*): **the** ~ das Fairway.

fairy ['fɛərɪ] *n* Fee *f*.

fairy godmother *n* gute Fee *f*.

fairy lights (*BRIT*) *npl* bunte Lichter *pl*.

fairy tale *n* Märchen *nt*.

faith [feɪθ] *n* Glaube *m*; (*trust*) Vertrauen *nt*; **to have** ~ **in sb** jdm vertrauen; **to have** ~ **in sth** Vertrauen in etw *acc* haben.

faithful ['feɪθful] *adj* (*account*) genau; ~ **(to)** (*person*) treu +*dat*.

faithfully ['feɪθfəlɪ] *adv* (*see adj*) genau; treu.

faith healer *n* Gesundbeter(in) *m(f)*.

fake [feɪk] *n* Fälschung *f*; (*person*) Schwindler(in) *m(f)* ♦ *adj* gefälscht ♦ *vt* fälschen; (*illness, emotion*) vortäuschen; **his illness is a** ~ er simuliert seine Krankheit nur.

falcon ['fɔːlkən] *n* Falke *m*.

Falkland Islands ['fɔːlklənd-] *npl*: **the** ~ die Falklandinseln *pl*.

fall [fɔːl] (*pt* **fell**, *pp* **fallen**) *n* Fall *m*; (*of price, temperature*) Sinken *nt*; (: *sudden*) Sturz *m*; (*US: autumn*) Herbst *m* ♦ *vi* fallen; (*night, darkness*) hereinbrechen; (*silence*) eintreten; **falls** *npl* (*waterfall*) Wasserfall *m*; **a** ~ **of snow** ein Schneefall *m*; **a** ~ **of earth** ein Erdrutsch *m*; **to** ~ **flat** auf die Nase fallen; (*plan*) ins Wasser fallen; (*joke*) nicht ankommen; **to** ~ **in love (with sb/sth)** sich (in jdn/etw) verlieben; **to** ~ **short of sb's expectations** jds Erwartungen nicht erfüllen.

▶ **fall apart** *vi* auseinander fallen, kaputtgehen; (*inf: emotionally*) durchdrehen.

▶ **fall back** *vi* zurückweichen.

▶ **fall back on** *vi* zurückgreifen auf +*acc*; **to have sth to** ~ **back on** auf etw *acc* zurückgreifen können.

▶ **fall behind** *vi* zurückbleiben; (*fig: with payment*) in Rückstand geraten.

▶ **fall down** *vi* hinfallen; (*building*) einstürzen.

▶ **fall for** *vt fus* (*trick, story*) hereinfallen auf +*acc*; (*person*) sich verlieben in +*acc*.

▶ **fall in** *vi* einstürzen; (*MIL*) antreten.

▶ **fall in with** *vt fus* eingehen auf +*acc*.

▶ **fall off** *vi* herunterfallen; (*takings, attendance*) zurückgehen.

▶ **fall out** *vi* (*hair, teeth*) ausfallen; **to** ~ **out with sb** sich mit jdm zerstreiten.

▶ **fall over** *vi* hinfallen; (*object*) umfallen ♦ *vt*: **to** ~ **over o.s. to do sth** sich *dat* die größte Mühe geben, etw zu tun.

▶ **fall through** *vi* (*plan, project*) ins Wasser fallen.

fallacy ['fæləsɪ] *n* Irrtum *m*.

fall-back ['fɔːlbæk] *adj*: ~ **position** Rückzugsbasis *f*.

fallen ['fɔːlən] *pp of* **fall**.

fallible ['fæləbl] adj fehlbar.
falling ['fɔːlɪŋ] adj: ~ **market** (COMM) Baissemarkt m.
falling off n Rückgang m.
falling-out ['fɔːlɪŋ'aut] n (break-up) Bruch m.
Fallopian tube [fə'ləupɪən-] n Eileiter m.
fallout ['fɔːlaut] n radioaktiver Niederschlag m.
fallout shelter n Atombunker m.
fallow ['fæləu] adj brach(liegend).
false [fɔːls] adj falsch; (imprisonment) widerrechtlich.
false alarm n falscher or blinder Alarm m.
falsehood ['fɔːlshud] n Unwahrheit f.
falsely ['fɔːlslɪ] adv (accuse) zu Unrecht.
false pretences npl: **under** ~ unter Vorspiegelung falscher Tatsachen.
false teeth (BRIT) npl Gebiss nt.
falsify ['fɔːlsɪfaɪ] vt fälschen.
falter ['fɔːltə*] vi stocken; (hesitate) zögern.
fame [feɪm] n Ruhm m.
familiar [fə'mɪlɪə*] adj vertraut; (intimate) vertraulich; **to be** ~ **with** vertraut sein mit; **to make o.s.** ~ **with sth** sich mit etw vertraut machen; **to be on** ~ **terms with sb** mit jdm auf vertrautem Fuß stehen.
familiarity [fəmɪlɪ'ærɪtɪ] n (see adj) Vertrautheit f; Vertraulichkeit f.
familiarize [fə'mɪlɪəraɪz] vt: **to** ~ **o.s. with sth** sich mit etw vertraut machen.
family ['fæmɪlɪ] n Familie f; (relations) Verwandtschaft f.
family business n Familienbetrieb m.
family credit n Beihilfe für einkommensschwache Familien.
family doctor n Hausarzt m, Hausärztin f.
family life n Familienleben nt.
family man n (home-loving) häuslich veranlagter Mann m; (with a family) Familienvater m.
family planning n Familienplanung f; ~ **clinic** ≈ Familienberatungsstelle f.
family tree n Stammbaum m.
famine ['fæmɪn] n Hungersnot f.
famished ['fæmɪʃt] (inf) adj ausgehungert; **I'm** ~ ich sterbe vor Hunger.
famous ['feɪməs] adj berühmt.
famously ['feɪməslɪ] adv (get on) prächtig.
fan [fæn] n (person) Fan m; (object: folding) Fächer m; (: ELEC) Ventilator m ♦ vt fächeln; (fire) anfachen; (quarrel) schüren.
▶ **fan out** vi ausschwärmen; (unfurl) sich fächerförmig ausbreiten.
fanatic [fə'nætɪk] n Fanatiker(in) m(f); (enthusiast) Fan m.
fanatical [fə'nætɪkl] adj fanatisch.
fan belt n (AUT) Keilriemen m.
fanciful ['fænsɪful] adj (idea) abstrus, seltsam; (design, name) fantasievoll; (object) reich verziert.
fan club n Fanklub m.
fancy ['fænsɪ] n Laune f; (imagination) Fantasie

f; (fantasy) Fantasievorstellung f ♦ adj (clothes, hat) toll, schick; (hotel) fein, vornehm; (food) ausgefallen ♦ vt mögen; (imagine) sich dat einbilden; (think) glauben; **to take a** ~ **to sth** Lust auf etw acc bekommen; **when the** ~ **takes him** wenn ihm gerade danach ist; **it took** or **caught my** ~ es gefiel mir; **to** ~ **that ...** meinen, dass ...; ~ **that!** (nein) so was!; **he fancies her** (inf) sie gefällt ihm.
fancy dress n Verkleidung f, (Masken)kostüm nt.
fancy-dress ball ['fænsɪdrɛs-] n Maskenball m.
fancy goods npl Geschenkartikel pl.
fanfare ['fænfɛə*] n Fanfare f.
fanfold paper ['fænfəuld-] n Endlospapier nt.
fang [fæŋ] n (tooth) Fang m; (: of snake) Giftzahn m.
fan heater (BRIT) n Heizlüfter m.
fanlight ['fænlaɪt] n Oberlicht nt.
fanny ['fænɪ] n (US: inf: bottom) Po m; (BRIT: inf!: genitals) Möse f (!).
fantasize ['fæntəsaɪz] vi fantasieren.
fantastic [fæn'tæstɪk] adj fantastisch.
fantasy ['fæntəsɪ] n Fantasie f; (dream) Traum m.
fanzine ['fænziːn] n Fanmagazin nt.
FAO n abbr (= Food and Agriculture Organization) FAO f.
f.a.q. abbr (= free alongside quay) frei Kai.
far [fɑː*] adj: **at the** ~ **side** auf der anderen Seite ♦ adv weit; **at the** ~ **end** am anderen Ende; **the** ~ **left/right** die extreme Linke/ Rechte; ~ **away,** ~ **off** weit entfernt or weg; **her thoughts were** ~ **away** sie war mit ihren Gedanken weit weg; ~ **from** (fig) alles andere als; **by** ~ bei weitem; **is it** ~ **to London?** ist es weit bis nach London?; **it's not** ~ **from here** es ist nicht weit von hier; **go as** ~ **as the church** gehen/fahren Sie bis zur Kirche; **as** ~ **back as the 13th century** schon im 13. Jahrhundert; **as** ~ **as I know** soweit ich weiß; **as** ~ **as possible** so weit wie möglich; **how** ~? wie weit?; **how** ~ **have you got with your work?** wie weit sind Sie mit Ihrer Arbeit (gekommen)?
faraway ['fɑːrəweɪ] adj weit entfernt; (look, voice) abwesend.
farce [fɑːs] n Farce f.
farcical ['fɑːsɪkl] adj absurd, grotesk.
fare [fɛə*] n Fahrpreis m; (money) Fahrgeld nt; (passenger) Fahrgast m; (food) Kost f ♦ vi: **he** ~**d well/badly** es ging ihm gut/schlecht; **half/full** ~ halber/voller Fahrpreis; **how did you** ~? wie ist es Ihnen ergangen?; **they** ~**d badly in the recent elections** sie haben bei den letzten Wahlen schlecht abgeschnitten.
Far East n: **the** ~ der Ferne Osten.
farewell [fɛə'wɛl] excl lebe/lebt etc wohl! ♦ n Abschied m ♦ cpd Abschieds-.
far-fetched ['fɑː'fɛtʃt] adj weit hergeholt.

farm [fɑːm] n Bauernhof m ♦ vt bebauen.
▶ **farm out** vt (work etc) vergeben.
farmer ['fɑːmə*] n Bauer m, Bäu(e)rin f,
   Landwirt(in) m(f).
farm hand n Landarbeiter(in) m(f).
farmhouse ['fɑːmhaus] n Bauernhaus nt.
farming ['fɑːmɪŋ] n Landwirtschaft f; (of
   crops) Ackerbau m; (of animals) Viehzucht f;
   sheep ~ Schafzucht f; **intensive** ~ (of crops)
   Intensivanbau m; (of animals)
   Intensivhaltung f.
farm labourer n = **farm hand**.
farmland ['fɑːmlænd] n Ackerland nt.
farm produce n landwirtschaftliche
   Produkte pl.
farm worker n = **farm hand**.
farmyard ['fɑːmjɑːd] n Hof m.
Faroe Islands ['fɛərəu-] npl: **the** ~ die Färöer
   pl.
Faroes ['fɛərəuz] npl = **Faroe Islands**.
far-reaching ['fɑː'riːtʃɪŋ] adj weitreichend,
   weit reichend.
far-sighted ['fɑː'saɪtɪd] adj weitsichtig; (fig)
   weitblickend, weit blickend.
fart [fɑːt] vi furzen (inf!) ♦ n Furz m (inf!).
farther ['fɑːðə*] adv weiter ♦ adj weiter
   entfernt.
farthest ['fɑːðɪst] superl of **far**.
FAS, f.a.s. (BRIT) abbr (= free alongside ship)
   frei Kai.
fascia ['feɪʃə] n (AUT) Armaturenbrett nt.
fascinate ['fæsɪneɪt] vt faszinieren.
fascinating ['fæsɪneɪtɪŋ] adj faszinierend.
fascination [fæsɪ'neɪʃən] n Faszination f.
fascism ['fæʃɪzəm] n Faschismus m.
fascist ['fæʃɪst] adj faschistisch ♦ n
   Faschist(in) m(f).
fashion ['fæʃən] n Mode f; (manner) Art f ♦ vt
   formen; **in** ~ modern; **out of** ~ unmodern;
   after a ~ recht und schlecht; **in the Greek** ~
   im griechischen Stil.
fashionable ['fæʃnəbl] adj modisch, modern;
   (subject) Mode-; (club, writer) in Mode.
fashion designer n Modezeichner(in) m(f).
fashion show n Modenschau f.
fast [fɑːst] adj schnell; (dye, colour) farbecht
   ♦ adv schnell; (stuck, held) fest ♦ n Fasten nt;
   (period of fasting) Fastenzeit f ♦ vi fasten; **my
   watch is (5 minutes)** ~ meine Uhr geht (5
   Minuten) vor; **to be** ~ **asleep** tief or fest
   schlafen; **as** ~ **as I can** so schnell ich kann;
   to make a boat ~ (BRIT) ein Boot
   festmachen.
fasten ['fɑːsn] vt festmachen; (coat, belt etc)
   zumachen ♦ vi (see vt) festgemacht werden;
   zugemacht werden.
▶ **fasten (up)on** vt fus sich dat in den Kopf
   setzen.
fastener ['fɑːsnə*] n Verschluss m.
fastening ['fɑːsnɪŋ] n = **fastener**.
fast food n Fastfood nt, Fast Food nt,
   Schnellgerichte pl.

fast-food ['fɑːstfuːd] cpd (industry, chain)
   Fastfood-, Fast-Food-; ~ **restaurant**
   Schnellimbiss m.
fastidious [fæs'tɪdɪəs] adj penibel.
fast lane n (AUT): **the** ~ die Überholspur.
fat [fæt] adj dick; (person) dick, fett (pej);
   (animal) fett; (profit) üppig ♦ n Fett nt; **that's
   a** ~ **lot of use** (inf) das hilft herzlich wenig;
   to live off the ~ **of the land** wie Gott in
   Frankreich or wie die Made im Speck
   leben.
fatal ['feɪtl] adj tödlich; (mistake)
   verhängnisvoll.
fatalistic [feɪtə'lɪstɪk] adj fatalistisch.
fatality [fə'tælɪtɪ] n Todesopfer nt.
fatally ['feɪtəlɪ] adv (see adj) tödlich;
   verhängnisvoll.
fate [feɪt] n Schicksal nt; **to meet one's** ~ vom
   Schicksal ereilt werden.
fated ['feɪtɪd] adj (person) unglückselig;
   (project) zum Scheitern verurteilt; (governed
   by fate) vorherbestimmt.
fateful ['feɪtful] adj schicksalhaft.
fat-free ['fæt'friː] adj fettfrei.
father ['fɑːðə*] n Vater m.
Father Christmas n der Weihnachtsmann.
fatherhood ['fɑːðəhud] n Vaterschaft f.
father-in-law ['fɑːðərənlɔː] n Schwiegervater
   m.
fatherland ['fɑːðəlænd] n Vaterland nt.
fatherly ['fɑːðəlɪ] adj väterlich.
fathom ['fæðəm] n (NAUT) Faden m ♦ vt (also:
   ~ **out**) verstehen.
fatigue [fə'tiːg] n Erschöpfung f; **fatigues** npl
   (MIL) Arbeitsanzug m; **metal** ~
   Metallermüdung f.
fatness ['fætnɪs] n Dicke f.
fatten ['fætn] vt mästen ♦ vi (person) dick
   werden; (animal) fett werden; **chocolate is
   ~ing** Schokolade macht dick.
fatty ['fætɪ] adj fett ♦ n (inf) Dickerchen nt.
fatuous ['fætjuəs] adj albern, töricht.
faucet ['fɔːsɪt] (US) n (Wasser)hahn m.
fault [fɔːlt] n Fehler m; (blame) Schuld f; (in
   machine) Defekt m; (GEOG) Verwerfung f
   ♦ vt (also: **find** ~ **with**) etwas auszusetzen
   haben an +dat; **it's my** ~ es ist meine Schuld;
   at ~ im Unrecht; **generous to a** ~
   übermäßig großzügig.
faultless ['fɔːltlɪs] adj fehlerlos.
faulty ['fɔːltɪ] adj defekt.
fauna ['fɔːnə] n Fauna f.
faux pas ['fəu'pɑː] n inv Fauxpas m.
favor etc (US) = **favour** etc.
favour, (US) **favor** ['feɪvə*] n (approval)
   Wohlwollen nt; (help) Gefallen m ♦ vt
   bevorzugen; (be favourable for) begünstigen;
   to ask a ~ **of sb** jdn um einen Gefallen
   bitten; **to do sb a** ~ jdm einen Gefallen tun;
   to find ~ **with sb** bei jdm Anklang finden; **in**
   ~ **of** (biased) zugunsten or zu Gunsten von;
   (rejected) zugunsten or zu Gunsten +gen; **to**

be in ~ **of sth** für etw sein; **to be in** ~ **of doing sth** dafür sein, etw zu tun.
favourable ['feɪvrəbl] *adj* günstig; (*reaction*) positiv; (*comparison*) vorteilhaft.
favourably ['feɪvrəblɪ] *adv* (*react*) positiv; (*compare*) vorteilhaft.
favourite ['feɪvrɪt] *adj* Lieblings- ♦ *n* Liebling *m*; (*in race*) Favorit(in) *m(f)*.
favouritism ['feɪvrɪtɪzəm] *n* Günstlingswirtschaft *f*.
fawn [fɔːn] *n* Rehkitz *nt* ♦ *adj* (*also*: ~-**coloured**) hellbraun ♦ *vi*: **to** ~ (**up)on** sich einschmeicheln bei.
fax [fæks] *n* Fax *nt*; (*machine*) Fax(gerät) *nt* ♦ *vt* faxen.
FBI (*US*) *n abbr* (= *Federal Bureau of Investigation*) FBI *nt*.
FCC (*US*) *n abbr* (= *Federal Communications Commission*) *Aufsichtsbehörde im Medienbereich*.
FCO (*BRIT*) *n abbr* (= *Foreign and Commonwealth Office*) ≈ Auswärtiges Amt *nt*.
FD (*US*) *n abbr* = **fire department**.
FDA (*US*) *n abbr* (= *Food and Drug Administration*) *Nahrungs- und Arzneimittelbehörde*.
FE *n abbr* (= *further education*) Fortbildung *f*.
fear [fɪə*] *n* Furcht *f*, Angst *f* ♦ *vt* fürchten, Angst haben vor +*dat*; (*be worried about*) befürchten ♦ *vi* sich fürchten; ~ **of heights** Höhenangst *f*; **for** ~ **of doing sth** aus Angst, etw zu tun; **to** ~ **for** fürchten um; **to** ~ **that** ... befürchten, dass ...
fearful ['fɪəful] *adj* (*frightening*) furchtbar, schrecklich; (*apprehensive*) ängstlich; **to be** ~ **of** Angst haben vor +*dat*.
fearfully ['fɪəfəlɪ] *adv* ängstlich; (*inf: very*) furchtbar, schrecklich.
fearless ['fɪəlɪs] *adj* furchtlos.
fearsome ['fɪəsəm] *adj* Furcht erregend.
feasibility [fiːzə'bɪlɪtɪ] *n* Durchführbarkeit *f*.
feasibility study *n* Durchführbarkeitsstudie *f*.
feasible ['fiːzəbl] *adj* machbar; (*proposal, plan*) durchführbar.
feast [fiːst] *n* Festmahl *nt*; (*REL: also*: ~ **day**) Festtag *m*, Feiertag *m* ♦ *vi* schlemmen; **to** ~ **on** sich gütlich tun an +*dat*.
feat [fiːt] *n* Leistung *f*.
feather ['feðə*] *n* Feder *f* ♦ *cpd* Feder-; (*mattress*) Federkern- ♦ *vt*: **to** ~ **one's nest** (*fig*) sein Schäfchen ins Trockene bringen.
featherweight ['feðəweɪt] *n* Leichtgewicht *nt*; (*BOXING*) Federgewicht *nt*.
feature ['fiːtʃə*] *n* Merkmal *nt*; (*PRESS, TV*) Feature *nt* ♦ *vt*: **the film** ~**s Marlon Brando** Marlon Brando spielt in dem Film mit ♦ *vi*: **to** ~ **in** vorkommen in +*dat*; (*film*) mitspielen in +*dat*; **features** *npl* (*of face*) (Gesichts)züge *pl*; **it** ~**d prominently in** es spielte eine große Rolle in +*dat*; **a special** ~ **on sth/sb** ein Sonderbeitrag *m* über etw/jdn.

feature film *n* Spielfilm *m*.
featureless ['fiːtʃəlɪs] *adj* (*landscape*) eintönig.
Feb. *abbr* (= *February*) Feb.
February ['februərɪ] *n* Februar *m*; *see also* **July**.
feces ['fiːsiːz] (*US*) *npl* = **faeces**.
feckless ['fɛklɪs] *adj* nutzlos.
Fed (*US*) *abbr* = **federal, federation**.
Fed. [fɛd] (*US: inf*) *n abbr* = **Federal Reserve Board**.
fed [fɛd] *pt, pp of* **feed**.
federal ['fedərəl] *adj* föderalistisch.
Federal Republic of Germany *n* Bundesrepublik *f* Deutschland.
Federal Reserve Board (*US*) *n* Kontrollorgan der US-Zentralbank.
Federal Trade Commission (*US*) *n* Handelskontrollbehörde.
federation [fedə'reɪʃən] *n* Föderation *f*, Bund *m*.
fed up *adj*: **to be** ~ **with** die Nase voll haben von.
fee [fiː] *n* Gebühr *f*; (*of doctor, lawyer*) Honorar *nt*; **school** ~**s** Schulgeld *nt*; **entrance** ~ Eintrittsgebühr *f*; **membership** ~ Mitgliedsbeitrag *m*; **for a small** ~ gegen eine geringe Gebühr.
feeble ['fiːbl] *adj* schwach; (*joke*) lahm.
feeble-minded ['fiːbl'maɪndɪd] *adj* dümmlich.
feed [fiːd] (*pt, pp* **fed**) *n* Mahlzeit *f*; (*of animal*) Fütterung *f*; (*on printer*) Papiervorschub *m* ♦ *vt* füttern; (*family etc*) ernähren; (*machine*) versorgen; **to** ~ **sth into sth** etw in etw *acc* einfüllen *or* eingeben; (*data, information*) etw in etw *acc* eingeben; **to** ~ **material into sth** Material in etw *acc* eingeben.
▶ **feed back** *vt* zurückleiten.
▶ **feed on** *vt fus* sich nähren von.
feedback ['fiːdbæk] *n* Feed-back *nt*, Feedback *nt*, Rückmeldung *f*; (*from person*) Reaktion *f*.
feeder ['fiːdə*] *n* (*road*) Zubringer *m*; (*railway line, air route*) Zubringerlinie *f*; (*baby's bottle*) Flasche *f*.
feeding bottle ['fiːdɪŋ-] (*BRIT*) *n* Flasche *f*.
feel [fiːl] (*pt, pp* **felt**) *n* (*sensation, touch*) Gefühl *nt*; (*impression*) Atmosphäre *f* ♦ *vt* (*object*) fühlen; (*desire, anger, grief*) empfinden; (*pain*) spüren; (*cold*) leiden unter +*dat*; (*think, believe*) **I** ~ **that you ought to do it** ich meine *or* ich bin der Meinung, dass Sie es tun sollten; **it has a soft** ~ es fühlt sich weich an; **I** ~ **hungry** ich habe Hunger; **I** ~ **cold** mir ist kalt; **to** ~ **lonely/better** sich einsam/besser fühlen; **I don't** ~ **well** mir geht es nicht gut; **I** ~ **sorry for him** er tut mir Leid; **it** ~**s soft** es fühlt sich weich an; **it** ~**s colder here** es kommt mir hier kälter vor; **it** ~**s like velvet** es fühlt sich wie Samt an; **to** ~ **like** (*desire*) Lust haben auf +*acc*; **to** ~ **like doing sth** Lust haben, etw zu tun; **to get the** ~ **of sth** ein Gefühl für etw bekommen; **I'm still** ~**ing my way** ich versuche noch, mich zu orientieren.

► **feel about** *vi* umhertasten; **to** ~ **about** *or* **around in one's pocket for** in seiner Tasche herumsuchen nach.

► **feel around** *vi* = feel about.

feeler ['fiːləʳ] *n* Fühler *m*; **to put out a** ~ *or* ~**s** (*fig*) seine Fühler ausstrecken.

feelgood ['fiːlgʊd] *adj* (*film, song*) Feelgood-.

feeling ['fiːlɪŋ] *n* Gefühl *nt*; (*impression*) Eindruck *m*; ~**s ran high about it** man ereiferte sich sehr darüber; **what are your** ~**s about the matter?** was meinen Sie dazu?; **I have a** ~ **that** ... ich habe das Gefühl, dass ...; **my** ~ **is that** ... meine Meinung ist, dass ...; **to hurt sb's** ~**s** jdn verletzen.

fee-paying ['fiːpeɪɪŋ] *adj* (*school*) Privat-; ~ **pupils** *Schüler, deren Eltern Schulgeld zahlen.*

feet [fiːt] *npl of* **foot.**

feign [feɪn] *vt* vortäuschen.

feigned [feɪnd] *adj* vorgetäuscht.

feint [feɪnt] *n* fein liniertes Papier *nt*.

felicitous [fɪ'lɪsɪtəs] *adj* glücklich.

feline ['fiːlaɪn] *adj* (*eyes etc*) Katzen-; (*features, grace*) katzenartig.

fell [fɛl] *pt of* **fall** ♦ *vt* fällen; (*opponent*) niederstrecken ♦ *n* (*BRIT: mountain*) Berg *m*; (: *moorland*): **the** ~**s** das Moor(land) ♦ *adj*: **in one** ~ **swoop** auf einen Schlag.

fellow ['fɛləʊ] *n* Mann *m*, Typ *m* (*inf*); (*comrade*) Kamerad *m*; (*of learned society*) Mitglied *nt*; (*of university*) Fellow *m*; **their** ~ **prisoners/students** ihre Mitgefangenen/ Kommilitonen (und Kommilitoninnen); **his** ~ **workers** seine Kollegen (und Kolleginnen).

fellow citizen *n* Mitbürger(in) *m(f)*.

fellow countryman (*irreg: like* **man**) *n* Landsmann *m*, Landsmännin *f*.

fellow men *npl* Mitmenschen *pl*.

fellowship ['fɛləʊʃɪp] *n* Kameradschaft *f*; (*society*) Gemeinschaft *f*; (*SCOL*) Forschungsstipendium *nt*.

fell-walking ['fɛlwɔːkɪŋ] (*BRIT*) *n* Bergwandern *nt*.

felon ['fɛlən] *n* (*LAW*) (Schwer)verbrecher *m*.

felony ['fɛlənɪ] *n* (*LAW*) (schweres) Verbrechen *nt*.

felt [fɛlt] *pt, pp of* **feel** ♦ *n* Filz *m*.

felt-tip pen ['fɛlttɪp-] *n* Filzstift *m*.

female ['fiːmeɪl] *n* Weibchen *nt*; (*pej: woman*) Frau *f*, Weib *nt* (*pej*) ♦ *adj* weiblich; (*vote etc*) Frauen-; (*ELEC: connector, plug*) Mutter-, Innen-; **male and** ~ **students** Studenten und Studentinnen.

Femidom ® ['fɛmɪdɒm] *n* Kondom *nt* für die Frau, Femidom ® *nt*.

feminine ['fɛmɪnɪn] *adj* weiblich, feminin ♦ *n* Femininum *nt*.

femininity [fɛmɪ'nɪnɪtɪ] *n* Weiblichkeit *f*.

feminism ['fɛmɪnɪzəm] *n* Feminismus *m*.

feminist ['fɛmɪnɪst] *n* Feminist(in) *m(f)*.

fen [fɛn] (*BRIT*) *n*: **the F**~**s** *die Niederungen in East Anglia.*

fence [fɛns] *n* Zaun *m*; (*SPORT*) Hindernis *nt* ♦ *vt* (*also*: ~ **in**) einzäunen ♦ *vi* (*SPORT*) fechten; **to sit on the** ~ (*fig*) neutral bleiben, nicht Partei ergreifen.

fencing ['fɛnsɪŋ] *n* (*SPORT*) Fechten *nt*.

fend [fɛnd] *vi*: **to** ~ **for o.s.** für sich (selbst) sorgen, sich allein durchbringen.

► **fend off** *vt* abwehren.

fender ['fɛndəʳ] *n* Kamingitter *nt*; (*on boat*) Fender *m*; (*US: of car*) Kotflügel *m*.

fennel ['fɛnl] *n* Fenchel *m*.

ferment [*vi* fə'mɛnt, *n* 'fɜːmɛnt] *vi* gären ♦ *n* (*fig: unrest*) Unruhe *f*.

fermentation [fɜːmɛn'teɪʃən] *n* Gärung *f*.

fern [fɜːn] *n* Farn *m*.

ferocious [fə'rəʊʃəs] *adj* wild; (*behaviour*) heftig; (*competition*) scharf.

ferocity [fə'rɒsɪtɪ] *n* (*see adj*) Wildheit *f*; Heftigkeit *f*; Schärfe *f*.

ferret ['fɛrɪt] *n* Frettchen *nt*.

► **ferret about** *vi* herumstöbern.

► **ferret around** *vi* = ferret about.

► **ferret out** *vt* aufspüren.

ferry ['fɛrɪ] *n* (*also*: ~**boat**) Fähre *f* ♦ *vt* transportieren; **to** ~ **sth/sb across** *or* **over** jdn/etw übersetzen.

ferryman ['fɛrɪmən] (*irreg: like* **man**) *n* Fährmann *m*.

fertile ['fɜːtaɪl] *adj* fruchtbar; ~ **period** fruchtbare Tage *pl*.

fertility [fə'tɪlɪtɪ] *n* Fruchtbarkeit *f*.

fertility drug *n* Fruchtbarkeitsmedikament *nt*.

fertilization [fɜːtɪlaɪ'zeɪʃən] *n* (*BIOL*) Befruchtung *f*.

fertilize ['fɜːtɪlaɪz] *vt* düngen; (*BIOL*) befruchten.

fertilizer ['fɜːtɪlaɪzəʳ] *n* Dünger *m*.

fervent ['fɜːvənt] *adj* leidenschaftlich; (*admirer*) glühend.

fervour, (*US*) **fervor** ['fɜːvəʳ] *n* Leidenschaft *f*.

fester ['fɛstəʳ] *vi* (*wound*) eitern; (*insult*) nagen; (*row*) sich verschlimmern.

festival ['fɛstɪvəl] *n* Fest *nt*; (*ART, MUS*) Festival *nt*, Festspiele *pl*.

festive ['fɛstɪv] *adj* festlich; **the** ~ **season** (*BRIT: Christmas and New Year*) die Festzeit *f*.

festivities [fɛs'tɪvɪtɪz] *npl* Feierlichkeiten *pl*.

festoon [fɛs'tuːn] *vt*: **to** ~ **with** schmücken mit.

fetch [fɛtʃ] *vt* holen; (*sell for*) (ein)bringen; **would you** ~ **me a glass of water please?** kannst du mir bitte ein Glas Wasser bringen?; **how much did it** ~? wie viel hat es eingebracht?

► **fetch up** (*inf*) *vi* landen (*inf*).

fetching ['fɛtʃɪŋ] *adj* bezaubernd, reizend.

fête [feɪt] *n* Fest *nt*.

fetid ['fɛtɪd] *adj* übel riechend.

fetish ['fɛtɪʃ] *n* Fetisch *m*.

fetter ['fɛtəʳ] *vt* fesseln; (*horse*) anpflocken;

(fig) in Fesseln legen.

fetters ['fɛtəz] *npl* Fesseln *pl.*

fettle ['fɛtl] *(BRIT) n:* **in fine** ~ in bester Form.

fetus ['fiːtəs] *(US) n* = **foetus.**

feud [fjuːd] *n* Streit *m* ♦ *vi* im Streit liegen; **a family** ~ ein Familienstreit *m.*

feudal ['fjuːdl] *adj (society etc)* Feudal-.

feudalism ['fjuːdlɪzəm] *n* Feudalismus *m.*

fever ['fiːvə*] *n* Fieber *nt;* **he has a** ~ er hat Fieber.

feverish ['fiːvərɪʃ] *adj* fiebrig; *(activity, emotion)* fieberhaft.

few [fjuː] *adj* wenige; **a** ~ *(adj)* ein paar, einige; *(pron)* ein paar; **a** ~ **more (days)** noch ein paar (Tage); **they were** ~ sie waren nur wenige; ~ **succeed** nur wenigen gelingt es; **very** ~ **survive** nur sehr wenige überleben; **I know a** ~ ich kenne einige; **a good** ~, **quite a** ~ ziemlich viele; **in the next/past** ~ **days** in den nächsten/letzten paar Tagen; **every** ~ **days/months** alle paar Tage/Monate.

fewer ['fjuːə*] *adj* weniger; **there are** ~ **buses on Sundays** Sonntags fahren weniger Busse.

fewest ['fjuːɪst] *adj* die wenigsten.

FFA *n abbr (= Future Farmers of America) Verband von Landwirtschaftsstudenten.*

FH *(BRIT) n abbr* = **fire hydrant.**

FHA *(US) n abbr (= Federal Housing Administration):* ~ **loan** Baudarlehen *nt.*

fiancé [fɪ'ɑ̃ːŋseɪ] *n* Verlobte(r) *m.*

fiancée [fɪ'ɑ̃ːŋseɪ] *n* Verlobte *f.*

fiasco [fɪ'æskəu] *n* Fiasko *nt.*

fib [fɪb] *n* Flunkerei *f (inf).*

fibre, *(US)* **fiber** ['faɪbə*] *n* Faser *f; (cloth)* (Faser)stoff *m; (roughage)* Ballaststoffe *pl; (ANAT: tissue)* Gewebe *nt.*

fibreboard, *(US)* **fiberboard** ['faɪbəbɔːd] *n* Faserplatte *f.*

fibreglass, *(US)* **fiberglass** ['faɪbəglɑːs] *n* Fiberglas *nt.*

fibrositis [faɪbrə'saɪtɪs] *n* Bindegewebsentzündung *f.*

FICA *(US) n abbr (= Federal Insurance Contributions Act) Abgabe zur Sozialversicherung.*

fickle ['fɪkl] *adj* unbeständig; *(weather)* wechselhaft.

fiction ['fɪkʃən] *n* Erfindung *f; (LITER)* Erzählliteratur *f,* Prosaliteratur *f.*

fictional ['fɪkʃənl] *adj* erfunden.

fictionalize ['fɪkʃnəlaɪz] *vt* fiktionalisieren.

fictitious [fɪk'tɪʃəs] *adj (false)* falsch; *(invented)* fiktiv, frei erfunden.

fiddle ['fɪdl] *n* Fiedel *f (inf),* Geige *f; (fraud, swindle)* Schwindelei *f* ♦ *vt (BRIT: accounts)* frisieren *(inf);* **tax** ~ Steuermanipulation *f;* **to work a** ~ ein krummes Ding drehen *(inf).*

▶ **fiddle with** *vt fus* herumspielen mit.

fiddler ['fɪdlə*] *n* Geiger(in) *m(f).*

fiddly ['fɪdlɪ] *adj* knifflig *(inf); (object)* fummelig.

fidelity [fɪ'dɛlɪtɪ] *n* Treue *f; (accuracy)* Genauigkeit *f.*

fidget ['fɪdʒɪt] *vi* zappeln.

fidgety ['fɪdʒɪtɪ] *adj* zappelig.

fiduciary [fɪ'djuːʃɪərɪ] *n (LAW)* Treuhänder *m.*

field [fiːld] *n* Feld *nt; (SPORT: ground)* Platz *m; (subject, area of interest)* Gebiet *nt; (COMPUT)* Datenfeld *nt* ♦ *cpd* Feld-; **to lead the** ~ das Feld anführen; ~ **trip** Exkursion *f.*

field day *n:* **to have a** ~ einen herrlichen Tag haben.

field glasses *npl* Feldstecher *m.*

field hospital *n* Feldlazarett *nt.*

field marshal *n* Feldmarschall *m.*

field work *n* Feldforschung *f; (ARCHAEOLOGY, GEOG)* Arbeit *f* im Gelände.

fiend [fiːnd] *n* Teufel *m.*

fiendish ['fiːndɪʃ] *adj* teuflisch; *(problem)* verzwickt.

fierce [fɪəs] *adj* wild; *(look)* böse; *(fighting, wind)* heftig; *(loyalty)* leidenschaftlich; *(enemy)* erbittert; *(heat)* glühend.

fiery ['faɪərɪ] *adj* glühend; *(temperament)* feurig, hitzig.

FIFA ['fiːfə] *n abbr (= Fédération Internationale de Football Association)* FIFA *f.*

fifteen [fɪf'tiːn] *num* fünfzehn.

fifteenth [fɪf'tiːnθ] *num* fünfzehnte(r, s).

fifth [fɪfθ] *num* fünfte(r, s) ♦ *n* Fünftel *nt.*

fiftieth [fɪftɪɪθ] *num* fünfzigste(r, s).

fifty ['fɪftɪ] *num* fünfzig.

fifty-fifty ['fɪftɪ'fɪftɪ] *adj, adv* halbe-halbe, fifty-fifty; **to go/share** ~ **with sb** mit jdm halbe-halbe *or* fifty-fifty machen; **we have a** ~ **chance (of success)** unsere Chancen stehen fifty-fifty.

fig [fɪg] *n* Feige *f.*

fight [faɪt] *n (pt, pp* **fought)** *n* Kampf *m; (quarrel)* Streit *m; (punch-up)* Schlägerei *f* ♦ *vt* kämpfen mit *or* gegen; *(prejudice etc)* bekämpfen; *(election)* kandidieren bei; *(emotion)* ankämpfen gegen; *(LAW: case)* durchkämpfen, durchfechten ♦ *vi* kämpfen; *(quarrel)* sich streiten; *(punch-up)* sich schlagen; **to put up a** ~ sich zur Wehr setzen; **to** ~ **one's way through a crowd/the undergrowth** sich *dat* einen Weg durch die Menge/das Unterholz bahnen; **to** ~ **against** bekämpfen; **to** ~ **for one's rights** für seine Rechte kämpfen.

▶ **fight back** *vi* zurückschlagen; *(SPORT)* zurückkämpfen; *(after illness)* zu Kräften kommen ♦ *vt fus* unterdrücken.

▶ **fight down** *vt* unterdrücken.

▶ **fight off** *vt* abwehren; *(sleep, urge)* ankämpfen gegen.

▶ **fight out** *vt:* **to** ~ **it out** es untereinander ausfechten.

fighter ['faɪtə*] *n* Kämpfer(in) *m(f); (plane)* Jagdflugzeug *nt; (fig)* Kämpfernatur *f.*

fighter pilot *n* Jagdflieger *m.*

fighting ['faɪtɪŋ] n Kämpfe pl; (brawl)
Schlägereien pl.

figment ['fɪgmənt] n: **a ~ of the imagination**
ein Hirngespinst nt, pure Einbildung f.

figurative ['fɪgjʊrətɪv] adj bildlich,
übertragen; (style) gegenständlich.

figure ['fɪɡə] n Figur f; (illustration) Abbildung
f; (number, statistic, cipher) Zahl f; (person)
Gestalt f; (personality) Persönlichkeit f ♦ vt
(esp US) glauben, schätzen ♦ vi eine Rolle
spielen; **to put a ~ on sth** eine Zahl für etw
angeben; **public ~** Persönlichkeit f des
öffentlichen Lebens.

▶ **figure out** vt ausrechnen.

figurehead ['fɪɡəhɛd] n Galionsfigur f.

figure of speech n Redensart f,
Redewendung f.

figure skating n Eiskunstlaufen nt.

Fiji (Islands) ['fi:dʒi:-] n(pl) Fidschiinseln pl.

filament ['fɪləmənt] n Glühfaden m; (BOT)
Staubfaden m.

filch [fɪltʃ] (inf) vt filzen.

file [faɪl] n Akte f; (folder) (Akten)ordner m;
(for loose leaf) (Akten)mappe f; (COMPUT)
Datei f; (row) Reihe f; (tool) Feile f ♦ vt
ablegen, abheften; (claim) einreichen;
(wood, metal, fingernails) feilen ♦ vi: **to ~ in/
out** nacheinander hereinkommen/
hinausgehen; **to ~ a suit against sb** eine
Klage gegen jdn erheben; **to ~ past** in einer
Reihe vorbeigehen; **to ~ for divorce** die
Scheidung einreichen.

filename ['faɪlneɪm] n (COMPUT) Dateiname
m.

filibuster ['fɪlɪbʌstə] (esp US: POL) n (also:
~er) Dauerredner(in) m(f) ♦ vi filibustern,
Obstruktion betreiben.

filing ['faɪlɪŋ] n Ablegen nt, Abheften nt.

filing cabinet n Aktenschrank m.

filing clerk n Angestellte(r) f(m) in der
Registratur.

Filipino [fɪlɪ'pi:nəʊ] n Filipino m, Filipina f;
(LING) Philippinisch nt.

fill [fɪl] vt füllen; (space, area) ausfüllen; (tooth)
plombieren; (need) erfüllen ♦ vi sich füllen
♦ n: **to eat one's ~** sich satt essen; **we've
already ~ed that vacancy** wir haben diese
Stelle schon besetzt.

▶ **fill in** vt füllen; (time) überbrücken; (form)
ausfüllen ♦ vi: **to ~ in for sb** für jdn
einspringen; **to ~ sb in on sth** (inf) jdn über
etw acc ins Bild setzen.

▶ **fill out** vt ausfüllen.

▶ **fill up** vt füllen ♦ vi (AUT) tanken; **~ it up,
please** (AUT) bitte voll tanken.

fillet ['fɪlɪt] n Filet nt ♦ vt filetieren.

fillet steak n Filetsteak nt.

filling ['fɪlɪŋ] n Füllung f; (for tooth) Plombe f.

filling station n Tankstelle f.

fillip ['fɪlɪp] n (stimulus) Ansporn m.

filly ['fɪlɪ] n Stutfohlen nt.

film [fɪlm] n Film m; (of powder etc) Schicht f;
(for wrapping) Plastikfolie f ♦ vt, vi filmen.

film star n Filmstar m.

film strip n Filmstreifen m.

film studio n Filmstudio nt.

Filofax ® ['faɪləʊfæks] n Filofax ® nt,
Terminplaner m.

filter ['fɪltə] n Filter m ♦ vt filtern.

▶ **filter in** vi durchsickern.

▶ **filter through** vi = **filter in**.

filter coffee n Filterkaffee m.

filter lane (BRIT) n Abbiegespur f.

filter tip n Filter m.

filter-tipped ['fɪltə'tɪpt] adj (cigarette) Filter-.

filth [fɪlθ] n Dreck m, Schmutz m.

filthy ['fɪlθɪ] adj dreckig, schmutzig;
(language) unflätig.

fin [fɪn] n Flosse f; (TECH) Seitenflosse f.

final ['faɪnl] adj letzte(r, s); (ultimate)
letztendlich; (definitive) endgültig ♦ n Finale
nt, Endspiel nt; **finals** npl (UNIV)
Abschlussprüfung f.

final demand n letzte Zahlungsaufforderung
f.

finale [fɪ'nɑ:lɪ] n Finale nt; (THEAT)
Schlussszene f.

finalist ['faɪnəlɪst] n Endrundenteilnehmer(in)
m(f), Finalist(in) m(f).

finality [faɪ'nælɪtɪ] n Endgültigkeit f; **with an
air of ~** mit Bestimmtheit.

finalize ['faɪnəlaɪz] vt endgültig festlegen.

finally ['faɪnəlɪ] adv endlich, schließlich;
(lastly) schließlich, zum Schluss;
(irrevocably) endgültig.

finance [faɪ'næns] n Geldmittel pl; (money
management) Finanzwesen nt ♦ vt
finanzieren; **finances** npl (personal) Finanzen
pl, Finanzlage f.

financial [faɪ'nænʃəl] adj finanziell;
~ statement Bilanz f.

financially [faɪ'nænʃəlɪ] adv finanziell.

financial year n Geschäftsjahr nt.

financier [faɪ'nænsɪə] n Finanzier m.

find [faɪnd] (pt, pp **found**) vt finden; (discover)
entdecken ♦ n Fund m; **to ~ sb guilty** jdn für
schuldig befinden; **to ~ (some) difficulty in
doing sth** (einige) Schwierigkeiten haben,
etw zu tun.

▶ **find out** vt herausfinden; (person)
erwischen ♦ vi: **to ~ out about** etwas
herausfinden über +acc; (by chance) etwas
erfahren über +acc.

findings ['faɪndɪŋz] npl (LAW) Urteil nt; (of
report) Ergebnis nt.

fine [faɪn] adj fein; (excellent) gut; (thin) dünn
♦ adv gut; (small) fein ♦ n Geldstrafe f ♦ vt
mit einer Geldstrafe belegen; **he's ~** es
geht ihm gut; **the weather is ~** das Wetter
ist schön; **that's cutting it (a bit) ~** das ist
aber (ein bisschen) knapp; **you're doing ~**
das machen Sie gut.

fine arts npl schöne Künste pl.

finely ['faɪnlɪ] adv schön; (chop) klein; (slice)

dünn; (*adjust*) fein.
fine print *n*: the ~ das Kleingedruckte *or* klein Gedruckte.
finery ['faɪnərɪ] *n* (*of dress*) Staat *m*.
finesse [fɪ'nɛs] *n* Geschick *nt*.
fine-tooth comb ['faɪntu:θ-] *n*: **to go through sth with a** ~ (*fig*) etw genau unter die Lupe nehmen.
finger ['fɪŋgə*] *n* Finger *m* ♦ *vt* befühlen; **little** ~ kleiner Finger; **index** ~ Zeigefinger *m*.
fingernail ['fɪŋgəneɪl] *n* Fingernagel *m*.
fingerprint ['fɪŋgəprɪnt] *n* Fingerabdruck *m* ♦ *vt* Fingerabdrücke abnehmen +*dat*.
fingerstall ['fɪŋgəstɔ:l] *n* Fingerling *m*.
fingertip ['fɪŋgətɪp] *n* Fingerspitze *f*; **to have sth at one's** ~**s** (*to hand*) etw parat haben; (*know well*) etw aus dem Effeff kennen (*inf*).
finicky ['fɪnɪkɪ] *adj* pingelig.
finish ['fɪnɪʃ] *n* Schluss *m*, Ende *nt*; (*SPORT*) Finish *nt*; (*polish etc*) Verarbeitung *f* ♦ *vt* fertig sein mit; (*work*) erledigen; (*book*) auslesen; (*use up*) aufbrauchen ♦ *vi* enden; (*person*) fertig sein; **to** ~ **doing sth** mit etw fertig werden; **to** ~ **third** als dritter durchs Ziel gehen; **to have** ~**ed with sth** mit etw fertig sein; **she's** ~**ed with him** sie hat mit ihm Schluss gemacht.
▸ **finish off** *vt* fertig machen; (*kill*) den Gnadenstoß geben.
▸ **finish up** *vt* (*food*) aufessen; (*drink*) austrinken ♦ *vi* (*end up*) landen.
finished ['fɪnɪʃt] *adj* fertig; (*performance*) ausgereift; (*inf*: *tired*) erledigt.
finishing line ['fɪnɪʃɪŋ-] *n* Ziellinie *f*.
finishing school *n* höhere Mädchenschule *f* (*in der auch Etikette und gesellschaftliches Verhalten gelehrt wird*).
finishing touches *npl*: **the** ~ der letzte Schliff.
finite ['faɪnaɪt] *adj* begrenzt; (*verb*) finit.
Finland ['fɪnlənd] *n* Finnland *nt*.
Finn [fɪn] *n* Finne *m*, Finnin *f*.
Finnish ['fɪnɪʃ] *adj* finnisch ♦ *n* (*LING*) Finnisch *nt*.
fiord [fjɔ:d] *n* = **fjord**.
fir [fə:*] *n* Tanne *f*.
fire ['faɪə*] *n* Feuer *nt*; (*in hearth*) (Kamin)feuer *nt*; (*accidental fire*) Brand *m* ♦ *vt* abschießen; (*imagination*) beflügeln; (*enthusiasm*) befeuern; (*inf*: *dismiss*) feuern ♦ *vi* feuern, schießen; **to** ~ **a gun** ein Gewehr abschießen; **to be on** ~ brennen; **to set** ~ **to sth, set sth on** ~ etw anzünden; **insured against** ~ feuerversichert; **electric/gas** ~ Elektro-/Gasofen *m*; **to come/be under** ~ **(from)** unter Beschuss (von) geraten/ stehen.
fire alarm *n* Feuermelder *m*.
firearm ['faɪərɑ:m] *n* Feuerwaffe *f*, Schusswaffe *f*.
fire brigade *n* Feuerwehr *f*.
fire chief *n* Branddirektor *m*.

fire department (*US*) *n* Feuerwehr *f*.
fire door *n* Feuertür *f*.
fire drill *n* Probealarm *m*.
fire engine *n* Feuerwehrauto *nt*.
fire escape *n* Feuertreppe *f*.
fire-extinguisher ['faɪərɪk'stɪŋgwɪʃə*] *n* Feuerlöscher *m*.
fireguard ['faɪəgɑ:d] (*BRIT*) *n* (Schutz)gitter *nt* (*vor dem Kamin*).
fire hazard *n*: **that's a** ~ das ist feuergefährlich.
fire hydrant *n* Hydrant *m*.
fire insurance *n* Feuerversicherung *f*.
fireman ['faɪəmən] (*irreg*: *like* **man**) *n* Feuerwehrmann *m*.
fireplace ['faɪəpleɪs] *n* Kamin *m*.
fireplug ['faɪəplʌg] (*US*) *n* = **fire hydrant**.
fire practice *n* = **fire drill**.
fireproof ['faɪəpru:f] *adj* feuerfest.
fire regulations *npl* Brandschutzbestimmungen *pl*.
fire screen *n* Ofenschirm *m*.
fireside ['faɪəsaɪd] *n*: **by the** ~ am Kamin.
fire station *n* Feuerwache *f*.
firewood ['faɪəwʊd] *n* Brennholz *nt*.
fireworks ['faɪəwɜ:ks] *npl* Feuerwerkskörper *pl*; (*display*) Feuerwerk *nt*.
firing line ['faɪərɪŋ-] *n* Feuerlinie *f*, Schusslinie *f*; **to be in the** ~ (*fig*) in der Schusslinie sein.
firing squad *n* Exekutionskommando *nt*.
firm [fə:m] *adj* fest; (*mattress*) hart; (*measures*) durchgreifend ♦ *n* Firma *f*; **to be a** ~ **believer in sth** fest von etw überzeugt sein.
firmly ['fə:mlɪ] *adv* (*see adj*) fest; hart; (*definitely*) entschlossen.
firmness ['fə:mnɪs] *n* (*see adj*) Festigkeit *f*; Härte *f*; (*definiteness*) Entschlossenheit *f*.
first [fə:st] *adj* erste(r, s) ♦ *adv* als Erste(r, s); (*before other things*) zuerst; (*when listing reasons etc*) erstens; (*for the first time*) zum ersten Mal ♦ *n* erste(r, s); (*AUT*: *also*: ~ **gear**) der erste Gang; (*BRIT*: *SCOL*) ≈ Eins *f*; **the** ~ **of January** der erste Januar; **at** ~ zuerst, zunächst; ~ **of all** vor allem; **in the** ~ **instance** zuerst *or* zunächst einmal; **I'll do it** ~ **thing (tomorrow)** ich werde es (morgen) als Erstes tun; **from the very** ~ gleich von Anfang an.
first aid *n* erste Hilfe *f*.
first-aid kit [fə:st'eɪd-] *n* Erste-Hilfe-Ausrüstung *f*.
first-class ['fə:st'klɑ:s] *adj* erstklassig; (*carriage, ticket*) Erste(r)-Klasse-; (*post*) bevorzugt befördert ♦ *adv* (*travel, send*) erster Klasse.
first-hand ['fə:st'hænd] *adj* aus erster Hand.
first lady (*US*) *n* First Lady *f*; **the** ~ **of jazz** die Königin des Jazz.
firstly ['fə:stlɪ] *adv* erstens, zunächst einmal.
first name *n* Vorname *m*.

first night n Premiere f.

first-rate ['fəːst'reɪt] adj erstklassig.

first-time buyer ['fəːsttaɪm-] n jd, der zum ersten Mal ein Haus/eine Wohnung kauft.

fir tree n Tannenbaum m.

FIS (BRIT) n abbr (= Family Income Supplement) Beihilfe für einkommensschwache Familien.

fiscal ['fɪskl] adj (year) Steuer-; (policies) Finanz-.

fish [fɪʃ] n inv Fisch m ♦ vt (area) fischen in +dat; (river) angeln in +dat ♦ vi fischen; (as sport, hobby) angeln; **to go ~ing** fischen/angeln gehen.

▶ **fish out** vt herausfischen.

fish bone n (Fisch)gräte f.

fish cake n Fischfrikadelle f.

fisherman ['fɪʃəmən] (irreg: like man) n Fischer m.

fishery ['fɪʃərɪ] n Fischereigebiet nt.

fish factory (BRIT) n Fischfabrik f.

fish farm n Fischzucht(anlage) f.

fishfingers [fɪʃ'fɪŋgəz] (BRIT) npl Fischstäbchen pl.

fish-hook ['fɪʃhuk] n Angelhaken m.

fishing boat ['fɪʃɪŋ-] n Fischerboot nt.

fishing line n Angelschnur f.

fishing net n Fischnetz nt.

fishing rod n Angelrute f.

fishing tackle n Angelgeräte pl.

fish market n Fischmarkt m.

fishmonger ['fɪʃmʌŋgə*] (esp BRIT) n Fischhändler(in) m(f).

fishmonger's (shop) ['fɪʃmʌŋgəz-] (esp BRIT) n Fischgeschäft nt.

fish slice (BRIT) n Fischvorlegemesser nt.

fish sticks (US) npl = **fishfingers**.

fishy ['fɪʃɪ] (inf) adj verdächtig, faul.

fission ['fɪʃən] n Spaltung f; **atomic** or **nuclear ~** Atomspaltung f, Kernspaltung f.

fissure ['fɪʃə*] n Riss m, Spalte f.

fist [fɪst] n Faust f.

fist fight n Faustkampf m.

fit [fɪt] adj geeignet; (healthy) gesund; (SPORT) fit ♦ vt passen +dat; (adjust) anpassen; (match) entsprechen +dat; (be suitable for) passen auf +acc; (put in) einbauen; (attach) anbringen; (equip) ausstatten ♦ vi passen; (parts) zusammenpassen; (in space, gap) hineinpassen ♦ n (MED) Anfall m; **to ~ the description** der Beschreibung entsprechen; **~ to** bereit zu; **~ to eat** essbar; **~ to drink** trinkbar; **to be ~** to keep es wert sein, aufbewahrt zu werden; **~ for** geeignet für; **~ for work** arbeitsfähig; **to keep ~** sich fit halten; **do as you think** or **see ~** tun Sie, was Sie für richtig halten; **a ~ of anger** ein Wutanfall m; **a ~ of pride** eine Anwandlung von Stolz; **to have a ~** einen Anfall haben; (inf, fig) einen Anfall kriegen; **this dress is a good ~** dieses Kleid sitzt or passt gut; **by ~s and starts** unregelmäßig.

▶ **fit in** vi (person) sich einfügen; (object) hineinpassen ♦ vt (fig: appointment) unterbringen, einschieben; (visitor) Zeit finden für; **to ~ in with sb's plans** sich mit jds Plänen vereinbaren lassen.

fitful ['fɪtful] adj unruhig.

fitment ['fɪtmənt] n Einrichtungsgegenstand m.

fitness ['fɪtnɪs] n Gesundheit f; (SPORT) Fitness f.

fitted carpet ['fɪtɪd-] n Teppichboden m.

fitted cupboards npl Einbauschränke pl.

fitted kitchen (BRIT) n Einbauküche f.

fitter ['fɪtə*] n Monteur m; (for machines) (Maschinen)schlosser m.

fitting ['fɪtɪŋ] adj passend; (thanks) gebührend ♦ n (of dress) Anprobe f; (of piece of equipment) Installation f; **fittings** npl Ausstattung f.

fitting room n Anprobe(kabine) f.

five [faɪv] num fünf.

five-day week ['faɪvdeɪ-] n Fünftagewoche f.

fiver ['faɪvə*] (inf) n (BRIT) Fünfpfundschein m; (US) Fünfdollarschein m.

fix [fɪks] vt (attach) befestigen; (arrange) festsetzen, festlegen; (mend) reparieren; (meal, drink) machen; (inf) manipulieren ♦ n: **to be in a ~** in der Patsche or Klemme sitzen; **to ~ sth to/on sth** etw an/auf etw dat befestigen; **to ~ one's eyes/attention on** seinen Blick/seine Aufmerksamkeit richten auf +acc; **the fight was a ~** (inf) der Kampf war eine abgekartete Sache.

▶ **fix up** vt arrangieren; **to ~ sb up with sth** jdm etw besorgen.

fixation [fɪk'seɪʃən] n Fixierung f.

fixative ['fɪksətɪv] n Fixativ nt.

fixed [fɪkst] adj fest; (ideas) fix; (smile) starr; **~ charge** Pauschale f; **how are you ~ for money?** wie sieht es bei dir mit dem Geld aus?

fixed assets npl Anlagevermögen nt.

fixture ['fɪkstʃə*] n Ausstattungsgegenstand m; (FOOTBALL etc) Spiel nt; (ATHLETICS etc) Veranstaltung f.

fizz [fɪz] vi sprudeln; (firework) zischen.

fizzle out ['fɪzl-] vi (plan) im Sande verlaufen; (interest) sich verlieren.

fizzy ['fɪzɪ] adj sprudelnd.

fjord [fjɔːd] n Fjord m.

FL, Fla. (US) abbr (POST: = Florida).

flabbergasted ['flæbəgaːstɪd] adj verblüfft.

flabby ['flæbɪ] adj schwammig, wabbelig (inf).

flag [flæg] n Fahne f; (of country) Flagge f; (for signalling) Signalflagge f; (also: ~stone) (Stein)platte f ♦ vi erlahmen; **~ of convenience** Billigflagge f; **to ~ down** anhalten.

flagon ['flægən] n Flasche f; (jug) Krug m.

flagpole ['flægpəul] n Fahnenstange f.

flagrant ['fleɪgrənt] adj flagrant; (injustice) himmelschreiend.

flagship ['flægʃɪp] n Flaggschiff nt.
flagstone ['flægstəun] n (Stein)platte f.
flag stop (US) n Bedarfshaltestelle f.
flair [flɛə'] n Talent nt; (style) Flair nt.
flak [flæk] n Flakfeuer nt; **to get a lot of ~ (for sth)** (inf: criticism) (wegen etw) unter Beschuss geraten.
flake [fleɪk] n Splitter m; (of snow, soap powder) Flocke f ♦ vi (also: ~ off) abblättern, absplittern.
► **flake out** (inf) vi aus den Latschen kippen; (go to sleep) einschlafen.
flaky ['fleɪkɪ] adj brüchig; (skin) schuppig.
flaky pastry n Blätterteig m.
flamboyant [flæm'bɔɪənt] adj extravagant.
flame [fleɪm] n Flamme f; **to burst into ~s** in Flammen aufgehen; **an old ~** (inf) eine alte Flamme.
flaming ['fleɪmɪŋ] (inf!) adj verdammt.
flamingo [flə'mɪŋɡəu] n Flamingo m.
flammable ['flæməbl] adj leicht entzündbar.
flan [flæn] n Kuchen m; **~ case** Tortenboden m.
Flanders ['flɑːndəz] n Flandern nt.
flange [flændʒ] n Flansch m.
flank [flæŋk] n Flanke f ♦ vt flankieren.
flannel ['flænl] n Flanell m; (BRIT: also: **face ~**) Waschlappen m; (: inf) Geschwafel nt;
flannels npl (trousers) Flanellhose f.
flannelette [flænə'lɛt] n Baumwollflanell m, Biber m or nt.
flap [flæp] n Klappe f; (of envelope) Lasche f ♦ vt schlagen mit ♦ vi flattern; (inf: also: **be in a ~**) in heller Aufregung sein.
flapjack ['flæpdʒæk] n (US: pancake) Pfannkuchen m; (BRIT: biscuit) Haferkeks m.
flare [flɛə'] n Leuchtsignal nt; (in skirt etc) Weite f.
► **flare up** vi auflodern; (person) aufbrausen; (fighting, violence, trouble) ausbrechen; see also **flared**.
flared ['flɛəd] adj (trousers) mit Schlag; (skirt) ausgestellt.
flash [flæʃ] n Aufblinken nt; (also: **news~**) Eilmeldung f; (PHOT) Blitz m, Blitzlicht nt; (US: torch) Taschenlampe f ♦ vt aufleuchten lassen; (news, message) durchgeben; (look, smile) zuwerfen ♦ vi aufblinken; (light on ambulance) blinken; (eyes) blitzen; **in a ~** im Nu; **quick as a ~** blitzschnell; **~ of inspiration** Geistesblitz m; **to ~ one's headlights** die Lichthupe betätigen; **the thought ~ed through his mind** der Gedanke schoss ihm durch den Kopf; **to ~ by or past** vorbeiflitzen (inf).
flashback ['flæʃbæk] n Rückblende f.
flashbulb ['flæʃbʌlb] n Blitzbirne f.
flash card n Leselernkarte f.
flashcube ['flæʃkjuːb] n Blitzwürfel m.
flasher ['flæʃə'] n (AUT) Lichthupe f; (inf!: man) Exhibitionist m.
flashlight ['flæʃlaɪt] n Blitzlicht nt.

flash point n (fig): **to be at ~** auf dem Siedepunkt sein.
flashy ['flæʃɪ] (pej) adj auffällig, protzig.
flask [flɑːsk] n Flakon m; (CHEM) Glaskolben m; (also: **vacuum ~**) Thermosflasche ® f.
flat [flæt] adj flach; (surface) eben; (tyre) platt; (battery) leer; (beer) schal; (refusal, denial) glatt; (note, voice) zu tief; (rate, fee) Pauschal- ♦ n (BRIT: apartment) Wohnung f; (AUT) (Reifen)panne f; (MUS) Erniedrigungszeichen nt; **to work ~ out** auf Hochtouren arbeiten; **~ rate of pay** Pauschallohn m.
flat-footed ['flæt'futɪd] adj: **to be ~** Plattfüße pl haben.
flatly ['flætlɪ] adv (refuse, deny) glatt, kategorisch.
flatmate ['flætmeɪt] (BRIT) n Mitbewohner(in) m(f).
flatness ['flætnɪs] n Flachheit f.
flat screen n Flachbildschirm m.
flatten ['flætn] vt (also: ~ **out**) (ein)ebnen; (paper, fabric etc) glätten; (building, city) dem Erdboden gleichmachen; (crop) zu Boden drücken; (inf: person) umhauen; **to ~ o.s. against a wall/door** etc sich platt gegen or an eine Wand/Tür etc drücken.
flatter ['flætə'] vt schmeicheln +dat.
flatterer ['flætərə'] n Schmeichler(in) m(f).
flattering ['flætərɪŋ] adj schmeichelhaft; (dress etc) vorteilhaft.
flattery ['flætərɪ] n Schmeichelei f.
flatulence ['flætjulɒns] n Blähungen pl.
flaunt [flɔːnt] vt zur Schau stellen, protzen mit.
flavour, (US) **flavor** ['fleɪvə'] n Geschmack m; (of ice-cream etc) Geschmacksrichtung f ♦ vt Geschmack verleihen +dat; **to give or add ~ to** Geschmack verleihen +dat; **music with an African ~** (fig) Musik mit einer afrikanischen ~ Note; **strawberry-~ed** mit Erdbeergeschmack.
flavouring ['fleɪvərɪŋ] n Aroma nt.
flaw [flɔː] n Fehler m.
flawless ['flɔːlɪs] adj (performance) fehlerlos; (complexion) makellos.
flax [flæks] n Flachs m.
flaxen ['flæksən] adj (hair) flachsblond.
flea [fliː] n Floh m.
flea market n Flohmarkt m.
fleck [flɛk] n Tupfen m, Punkt m; (of dust) Flöckchen nt; (of mud, paint, colour) Fleck(en) m ♦ vt besprizen; **brown ~ed with white** braun mit weißen Punkten.
fled [flɛd] pt, pp of **flee**.
fledg(e)ling ['flɛdʒlɪŋ] n Jungvogel m ♦ adj (inexperienced: actor etc) Nachwuchs-; (newly started: business etc) jung.
flee [fliː] n (pt, pp **fled**) vt fliehen or flüchten vor +dat; (country) fliehen or flüchten aus ♦ vi fliehen, flüchten.
fleece [fliːs] n Schafwolle f; (sheep's coat)

Schaffell *nt*, Vlies *nt* ♦ *vt* (*inf: cheat*) schröpfen.

fleecy ['fliːsɪ] *adj* flauschig; (*cloud*) Schäfchen-.

fleet [fliːt] *n* Flotte *f*; (*of lorries, cars*) Fuhrpark *m*.

fleeting ['fliːtɪŋ] *adj* flüchtig.

Flemish ['flɛmɪʃ] *adj* flämisch ♦ *n* (*LING*) Flämisch *nt*; **the Flemish** *npl* die Flamen.

flesh [flɛʃ] *n* Fleisch *nt*; (*of fruit*) Fruchtfleisch *nt*.

▶ **flesh out** *vt* ausgestalten.

flesh wound [-wuːnd] *n* Fleischwunde *f*.

flew [fluː] *pt of* **fly**.

flex [flɛks] *n* Kabel *nt* ♦ *vt* beugen; (*muscles*) spielen lassen.

flexibility [flɛksɪ'bɪlɪtɪ] *n* (*see adj*) Flexibilität *f*; Biegsamkeit *f*.

flexible ['flɛksəbl] *adj* flexibel; (*material*) biegsam.

flexitime ['flɛksɪtaɪm] *n* gleitende Arbeitszeit *f*, Gleitzeit *f*.

flick [flɪk] *n* (*of finger*) Schnipsen *nt*; (*of hand*) Wischen *nt*; (*of whip*) Schnalzen *nt*; (*of towel etc*) Schlagen *nt*; (*of switch*) Knipsen *nt* ♦ *vt* schnipsen; (*with hand*) wischen; (*whip*) knallen mit; (*switch*) knipsen; **flicks** (*inf*) *npl* Kino *nt*; **to ~ a towel at sb** mit einem Handtuch nach jdm schlagen.

▶ **flick through** *vt fus* durchblättern.

flicker ['flɪkə*] *vi* flackern; (*eyelids*) zucken ♦ *n* Flackern *nt*; (*of pain, fear*) Aufflackern *nt*; (*of smile*) Anflug *m*; (*of eyelid*) Zucken *nt*.

flick knife (*BRIT*) *n* Klappmesser *nt*.

flier ['flaɪə*] *n* Flieger(in) *m(f)*.

flight [flaɪt] *n* Flug *m*; (*escape*) Flucht *f*; (*also: ~ of steps*) Treppe *f*; **to take ~** die Flucht ergreifen; **to put to ~** in die Flucht schlagen.

flight attendant (*US*) *n* Flugbegleiter(in) *m(f)*.

flight crew *n* Flugbesatzung *f*.

flight deck *n* (*AVIAT*) Cockpit *nt*; (*NAUT*) Flugdeck *nt*.

flight path *n* Flugbahn *f*.

flight recorder *n* Flugschreiber *m*.

flimsy ['flɪmzɪ] *adj* leicht, dünn; (*building*) leicht gebaut; (*excuse*) fadenscheinig; (*evidence*) nicht stichhaltig.

flinch [flɪntʃ] *vi* zusammenzucken; **to ~ from** zurückschrecken vor +*dat*.

fling [flɪŋ] (*pt, pp* **flung**) *vt* schleudern; (*arms*) werfen; (*oneself*) stürzen ♦ *n* (flüchtige) Affäre *f*.

flint [flɪnt] *n* Feuerstein *m*.

flip [flɪp] *vt* (*switch*) knipsen; (*coin*) werfen; (*US: pancake*) umdrehen ♦ *vi*: **to ~ for sth** (*US*) um etw mit einer Münze knobeln.

▶ **flip through** *vt fus* durchblättern; (*records etc*) durchgehen.

flippant ['flɪpənt] *adj* leichtfertig.

flipper ['flɪpə*] *n* Flosse *f*; (*for swimming*)

(Schwimm)flosse *f*.

flip side *n* (*of record*) B-Seite *f*.

flirt [fləːt] *vi* flirten; (*with idea*) liebäugeln ♦ *n*: **he/she is a ~** er/sie flirtet gern.

flirtation [fləːˈteɪʃən] *n* Flirt *m*.

flit [flɪt] *vi* flitzen; (*expression, smile*) huschen.

float [fləut] *n* Schwimmkork *m*; (*for fishing*) Schwimmer *m*; (*lorry*) Festwagen *m*; (*money*) Wechselgeld *nt* ♦ *vi* schwimmen; (*swimmer*) treiben; (*through air*) schweben; (*currency*) floaten ♦ *vt* (*currency*) freigeben, floaten lassen; (*company*) gründen; (*idea, plan*) in den Raum stellen.

▶ **float around** *vi* im Umlauf sein; (*person*) herumschweben (*inf*); (*object*) herumfliegen (*inf*).

flock [flɔk] *n* Herde *f*; (*of birds*) Schwarm *m* ♦ *vi*: **to ~ to** (*place*) strömen nach; (*event*) in Scharen kommen zu.

floe [fləu] *n* (*also:* **ice ~**) Eisscholle *f*.

flog [flɔg] *vt* auspeitschen; (*inf: sell*) verscherbeln.

flood [flʌd] *n* Überschwemmung *f*; (*of letters, imports etc*) Flut *f* ♦ *vt* überschwemmen; (*AUT*) absaufen lassen (*inf*) ♦ *vi* überschwemmt werden; **to be in ~** Hochwasser führen; **to ~ the market** den Markt überschwemmen; **to ~ into** Hungary/the square/the palace nach Ungarn/auf den Platz/in den Palast strömen.

flooding ['flʌdɪŋ] *n* Überschwemmung *f*.

floodlight ['flʌdlaɪt] *n* Flutlicht *nt* ♦ *vt* (mit Flutlicht) beleuchten; (*building*) anstrahlen.

floodlit ['flʌdlɪt] *pt, pp of* **floodlight** ♦ *adj* (mit Flutlicht) beleuchtet; (*building*) angestrahlt.

flood tide *n* Flut *f*.

floodwater ['flʌdwɔːtə*] *n* Hochwasser *nt*.

floor [flɔː*] *n* (Fuß)boden *m*; (*storey*) Stock *nt*; (*of sea, valley*) Boden *m* ♦ *vt* (*subj: blow*) zu Boden werfen; (: *question, remark*) die Sprache verschlagen +*dat*; **on the ~** auf dem Boden; **ground** (*BRIT*) *or* **first** (*US*) **~** Erdgeschoss *nt*, Erdgeschoß *nt* (*ÖSTERR*); **first** (*BRIT*) *or* **second** (*US*) **~** erster Stock *m*; **top ~** oberstes Stockwerk *nt*; **to have the ~** (*speaker: at meeting*) das Wort haben.

floorboard ['flɔːbɔːd] *n* Diele *f*.

flooring ['flɔːrɪŋ] *n* (Fuß)boden *m*; (*covering*) Fußbodenbelag *m*.

floor lamp (*US*) *n* Stehlampe *f*.

floor show *n* Show *f*, Vorstellung *f*.

floorwalker ['flɔːwɔːkə*] (*esp US*) *n* Ladenaufsicht *f*.

floozy ['fluːzɪ] (*inf*) *n* Flittchen *nt*.

flop [flɔp] *n* Reinfall *m* ♦ *vi* (*play, book*) durchfallen; (*fall*) sich fallen lassen; (*scheme*) ein Reinfall sein.

floppy ['flɔpɪ] *adj* schlaff, schlapp ♦ *n* (*also:* **~ disk**) Diskette *f*, Floppydisk *f*, Floppy Disk *f*; **~ hat** Schlapphut *m*.

floppy disk *n* Diskette *f*, Floppydisk *f*, Floppy

Disk *f*.

flora ['flɔːrə] *n* Flora *f*.

floral ['flɔːrl] *adj* geblümt.

Florence ['flɒrəns] *n* Florenz *nt*.

Florentine ['flɒrəntaɪn] *adj* florentinisch.

florid ['flɒrɪd] *adj* (*style*) blumig; (*complexion*) kräftig.

florist ['flɒrɪst] *n* Blumenhändler(in) *m(f)*.

florist's (shop) ['flɒrɪsts-] *n* Blumengeschäft *nt*.

flotation [fləu'teɪʃən] *n* (*of shares*) Auflegung *f*; (*of company*) Umwandlung *f* in eine Aktiengesellschaft.

flotsam ['flɒtsəm] *n* (*also*: ~ **and jetsam**) Strandgut *nt*; (*floating*) Treibgut *nt*.

flounce [flauns] *n* Volant *m*.

▶ **flounce out** *vi* hinausstolzieren.

flounder ['flaundəʳ] *vi* sich abstrampeln; (*fig: speaker*) ins Schwimmen kommen; (*economy*) in Schwierigkeiten geraten ♦ *n* Flunder *f*.

flour ['flauəʳ] *n* Mehl *nt*.

flourish ['flʌrɪʃ] *vi* gedeihen; (*business*) blühen, florieren ♦ *vt* schwenken ♦ *n* (*in writing*) Schnörkel *m*; (*bold gesture*): **with a ~** mit einer schwungvollen Bewegung.

flourishing ['flʌrɪʃɪŋ] *adj* gut gehend, florierend.

flout [flaut] *vt* sich hinwegsetzen über +*acc*.

flow [fləu] *n* Fluss *m*; (*of sea*) Flut *f* ♦ *vi* fließen; (*clothes, hair*) wallen.

flow chart *n* Flussdiagramm *nt*.

flow diagram *n* = **flow chart**.

flower ['flauəʳ] *n* Blume *f*; (*blossom*) Blüte *f* ♦ *vi* blühen; **to be in** ~ blühen.

flowerbed ['flauəbɛd] *n* Blumenbeet *nt*.

flowerpot ['flauəpɒt] *n* Blumentopf *m*.

flowery ['flauərɪ] *adj* blumig; (*pattern*) Blumen-.

flown [fləun] *pp of* **fly**.

flu [fluː] *n* Grippe *f*.

fluctuate ['flʌktjueɪt] *vi* schwanken; (*opinions, attitudes*) sich ändern.

fluctuation [flʌktju'eɪʃən] *n*: ~ **(in)** Schwankung (+*gen*).

flue [fluː] *n* Rauchfang *m*, Rauchabzug *m*.

fluency ['fluːənsɪ] *n* Flüssigkeit *f*; **his ~ in German** sein flüssiges Deutsch.

fluent ['fluːənt] *adj* flüssig; **he speaks** ~ **German, he's** ~ **in German** er spricht fließend Deutsch.

fluently ['fluːəntlɪ] *adv* flüssig; (*speak a language*) fließend.

fluff [flʌf] *n* Fussel *m*; (*fur*) Flaum *m* ♦ *vt* (*inf: do badly*) verpatzen; (*also*: ~ **out**) aufplustern.

fluffy ['flʌfɪ] *adj* flaumig; (*jacket etc*) weich, kuschelig; ~ **toy** Kuscheltier *nt*.

fluid ['fluːɪd] *adj* fließend; (*situation, arrangement*) unklar ♦ *n* Flüssigkeit *f*.

fluid ounce (*BRIT*) *n* flüssige Unze *f* (= 28 ml).

fluke [fluːk] (*inf*) *n* Glücksfall *m*; **by a** ~ durch einen glücklichen Zufall.

flummox ['flʌməks] *vt* verwirren, durcheinander bringen.

flung [flʌŋ] *pt, pp of* **fling**.

flunky ['flʌŋkɪ] *n* Lakai *m*.

fluorescent [fluə'rɛsnt] *adj* fluoreszierend; (*paint*) Leucht-; (*light*) Neon-.

fluoride ['fluəraɪd] *n* Fluorid *nt*.

fluorine ['fluəriːn] *n* Fluor *nt*.

flurry ['flʌrɪ] *n* (*of snow*) Gestöber *nt*; **a** ~ **of activity/excitement** hektische Aktivität/ Aufregung.

flush [flʌʃ] *n* Röte *f*; (*fig: of beauty etc*) Blüte *f* ♦ *vt* (durch)spülen, (aus)spülen ♦ *vi* erröten ♦ *adj*: ~ **with** auf gleicher Ebene mit; ~ **against** direkt an +*dat*; **in the first** ~ **of youth** in der ersten Jugendblüte; **in the first** ~ **of freedom** im ersten Freiheitstaumel; **hot** ~**es** (*BRIT*) Hitzewallungen *pl*; **to** ~ **the toilet** spülen, die Wasserspülung betätigen.

▶ **flush out** *vt* aufstöbern.

flushed [flʌʃt] *adj* rot.

fluster ['flʌstəʳ] *n*: **in a** ~ nervös; (*confused*) durcheinander ♦ *vt* nervös machen; (*confuse*) durcheinander bringen.

flustered ['flʌstəd] *adj* nervös; (*confused*) durcheinander.

flute [fluːt] *n* Querflöte *f*.

fluted ['fluːtɪd] *adj* gerillt; (*column*) kanneliert.

flutter ['flʌtəʳ] *n* Flattern *nt*; (*of panic, nerves*) kurzer Anfall *m*; (*of excitement*) Beben *nt* ♦ *vi* flattern; (*person*) tänzeln; **to have a** ~ (*BRIT: inf. gamble*) sein Glück (beim Wetten) versuchen.

flux [flʌks] *n*: **in a state of** ~ im Fluss.

fly [flaɪ] (*pt* **flew**, *pp* **flown**) *n* Fliege *f*; (*on trousers: also*: **flies**) (Hosen)schlitz *m* ♦ *vt* fliegen; (*kite*) steigen lassen ♦ *vi* fliegen; (*escape*) fliehen; (*flag*) wehen; **to** ~ **open** auffliegen; **to** ~ **off the handle** an die Decke gehen (*inf*); **pieces of metal went** ~**ing everywhere** überall flogen Metallteile herum; **she came** ~**ing into the room** sie kam ins Zimmer gesaust; **her glasses flew off** die Brille flog ihr aus dem Gesicht.

▶ **fly away** *vi* wegfliegen.

▶ **fly in** *vi* einfliegen; **he flew in yesterday** er ist gestern mit dem Flugzeug gekommen.

▶ **fly off** *vi* = **fly away**.

▶ **fly out** *vi* ausfliegen; **he flew out yesterday** er ist gestern hingeflogen.

fly-fishing ['flaɪfɪʃɪŋ] *n* Fliegenfischen *nt*.

flying ['flaɪɪŋ] *n* Fliegen *nt* ♦ *adj*: **a** ~ **visit** ein Blitzbesuch *m*; **he doesn't like** ~ er fliegt nicht gerne; **with** ~ **colours** mit fliegenden Fahnen.

flying buttress *n* Strebebogen *m*.

flying picket *n* mobiler Streikposten *m*.

flying saucer *n* fliegende Untertasse *f*.

flying squad *n* mobiles Einsatzkommando *nt*.

flying start *n*: **to get off to a** ~ (*SPORT*) hervorragend wegkommen; (*fig*) einen glänzenden Start haben.

flyleaf ['flaɪliːf] n Vorsatzblatt nt.

flyover ['flaɪəʊvə*] n (BRIT) Überführung f; (US) Luftparade f.

fly-past ['flaɪpɑːst] n Luftparade f.

flysheet ['flaɪʃiːt] n (for tent) Überzelt nt.

flyweight ['flaɪweɪt] n Fliegengewicht nt.

flywheel ['flaɪwiːl] n Schwungrad nt.

FM abbr (BRIT: MIL) = **field marshal**; (RADIO: = frequency modulation) FM, ≈ UKW.

FMB (US) n abbr (= Federal Maritime Board) Dachausschuss der Handelsmarine.

FMCS (US) n abbr (= Federal Mediation and Conciliation Service) Schlichtungsstelle für Arbeitskonflikte.

FO (BRIT) n abbr = **Foreign Office**.

foal [fəʊl] n Fohlen nt.

foam [fəʊm] n Schaum m; (also: ~ **rubber**) Schaumgummi m ♦ vi schäumen.

fob [fɔb] vt: **to** ~ **sb off** jdn abspeisen ♦ n (also: **watch** ~) Uhrkette f.

f.o.b. abbr (COMM: = free on board) frei Schiff.

foc (BRIT) abbr (COMM: = free of charge) gratis.

focal point ['fəʊkl-] n Mittelpunkt m; (of camera, telescope etc) Brennpunkt m.

focus ['fəʊkəs] (pl ~es) n Brennpunkt m; (of storm) Zentrum nt ♦ vt einstellen; (light rays) bündeln ♦ vi: **to** ~ (**on**) (with camera) klar or scharf einstellen +acc; (person) sich konzentrieren (auf +acc); **in/out of** ~ (camera etc) scharf/unscharf eingestellt; (photograph) scharf/unscharf.

focus group n (POL) Fokusgruppe f.

fodder ['fɔdə*] n Futter nt.

FoE n abbr (= Friends of the Earth) Umweltschutzorganisation.

foe [fəʊ] n Feind(in) m(f).

foetus, (US) **fetus** ['fiːtəs] n Fötus m, Fetus m.

fog [fɔg] n Nebel m.

fogbound ['fɔgbaʊnd] adj (airport) wegen Nebel geschlossen.

foggy ['fɔgɪ] adj neb(e)lig.

fog lamp, (US) **fog light** n (AUT) Nebelscheinwerfer m.

foible ['fɔɪbl] n Eigenheit f.

foil [fɔɪl] vt vereiteln ♦ n Folie f; (complement) Kontrast m; (FENCING) Florett nt; **to act as a** ~ **to** einen Kontrast darstellen zu.

foist [fɔɪst] vt: **to** ~ **sth on sb** (goods) jdm etw andrehen; (task) etw an jdn abschieben; (ideas, views) jdm etw aufzwingen.

fold [fəʊld] n Falte f; (AGR) Pferch m; (fig) Schoß m ♦ vt (zusammen)falten; (arms) verschränken ♦ vi (business) eingehen (inf).

▶ **fold up** vi sich zusammenfalten lassen; (bed, table) sich zusammenklappen lassen; (business) eingehen (inf) ♦ vt zusammenfalten.

folder ['fəʊldə*] n Aktenmappe f; (binder) Hefter m; (brochure) Informationsblatt nt.

folding ['fəʊldɪŋ] adj (chair, bed) Klapp-.

foliage ['fəʊlɪɪdʒ] n Laubwerk nt.

folk [fəʊk] npl Leute pl ♦ cpd Volks-; **my** ~**s** (parents) meine alten Herrschaften.

folklore ['fəʊklɔː*] n Folklore f.

folk music n Volksmusik f; (contemporary) Folk m.

folk song n Volkslied nt; (contemporary) Folksong m.

follow ['fɔləʊ] vt folgen +dat; (with eyes) verfolgen; (advice, instructions) befolgen ♦ vi folgen; **to** ~ **in sb's footsteps** in jds Fußstapfen acc treten; **I don't quite** ~ **you** ich kann Ihnen nicht ganz folgen; **it** ~**s that** daraus folgt, dass; **to** ~ **suit** (fig) jds Beispiel dat folgen.

▶ **follow on** vi (continue): **to** ~ **on from** aufbauen auf +dat.

▶ **follow out** vt (idea, plan) zu Ende verfolgen.

▶ **follow through** vt = **follow out**.

▶ **follow up** vt nachgehen +dat; (offer) aufgreifen; (case) weiterverfolgen.

follower ['fɔləʊə*] n Anhänger(in) m(f).

following ['fɔləʊɪŋ] adj folgend ♦ n Anhängerschaft f.

follow-up ['fɔləʊʌp] n Weiterführung f ♦ adj: ~ **treatment** Nachbehandlung f.

folly ['fɔlɪ] n Torheit f; (building) exzentrisches Bauwerk nt.

fond [fɔnd] adj liebevoll; (memory) lieb; (hopes, dreams) töricht; **to be** ~ **of** mögen; **she's** ~ **of swimming** sie schwimmt gerne.

fondle ['fɔndl] vt streicheln.

fondly ['fɔndlɪ] adv liebevoll; (naïvely) törichterweise; **he** ~ **believed that ...** er war so naiv zu glauben, dass ...

fondness ['fɔndnɪs] n (for things) Vorliebe f; (for people) Zuneigung f; **a special** ~ **for** eine besondere Vorliebe für/Zuneigung zu.

font [fɔnt] n Taufbecken nt; (TYP) Schrift f.

food [fuːd] n Essen nt; (for animals) Futter nt; (nourishment) Nahrung f; (groceries) Lebensmittel pl.

food chain n Nahrungskette f.

food mixer n Küchenmixer m.

food poisoning n Lebensmittelvergiftung f.

food processor n Küchenmaschine f.

food stamp n Lebensmittelmarke f.

foodstuffs ['fuːdstʌfs] npl Lebensmittel pl.

fool [fuːl] n Dummkopf m; (CULIN) Sahnespeise aus Obstpüree ♦ vt hereinlegen, täuschen ♦ vi herumalbern; **to make a** ~ **of sb** jdn lächerlich machen; (trick) jdn hereinlegen; **to make a** ~ **of o.s.** sich blamieren; **you can't** ~ **me** du kannst mich nicht zum Narren halten.

▶ **fool about** (pej) vi herumtrödeln; (behave foolishly) herumalbern.

▶ **fool around** vi = **fool about**.

foolhardy ['fuːlhɑːdɪ] adj tollkühn.

foolish ['fuːlɪʃ] adj dumm.

foolishly ['fuːlɪʃlɪ] adv dumm; ~, **I forgot ...** dummerweise habe ich ... vergessen.

foolishness ['fuːlɪʃnɪs] n Dummheit f.

foolproof ['fu:lpru:f] *adj* idiotensicher.

foolscap ['fu:lskæp] *n* ≈ Kanzleipapier *nt*.

foot [fut] (*pl* **feet**) *n* Fuß *m*; (*of animal*) Pfote *f*
♦ *vt* (*bill*) bezahlen; **on** ~ zu Fuß; **to find
one's feet** sich eingewöhnen; **to put one's
~ down** (*AUT*) Gas geben; (*say no*) ein
Machtwort sprechen.

footage ['futɪdʒ] *n* Filmmaterial *nt*.

foot-and-mouth (disease) [futən'mauθ-] *n*
Maul- und Klauenseuche *f*.

football ['futbɔ:l] *n* Fußball *m*; (*US*) Football
m, amerikanischer Fußball *m*.

footballer ['futbɔ:lə⁺] (*BRIT*) *n*
Fußballspieler(in) *m(f)*.

football ground *n* Fußballplatz *m*.

football match (*BRIT*) *n* Fußballspiel *nt*.

football player *n* (*BRIT*) Fußballspieler(in)
m(f); (*US*) Footballspieler(in) *m(f)*.

FOOTBALL POOLS

Football Pools, umgangssprachlich auch **the
pools** genannt, ist das in Großbritannien sehr
beliebte Fußballtoto, bei dem auf die Ergebnisse
der samstäglichen Fußballspiele gewettet wird.
Die Gewinne können sehr hoch sein und
gelegentlich Millionen von Pfund betragen.

---

foot brake *n* Fußbremse *f*.

footbridge ['futbrɪdʒ] *n* Fußgängerbrücke *f*.

foothills ['futhɪlz] *npl* (Gebirgs)ausläufer *pl*.

foothold ['futhəuld] *n* Halt *m*; **to get a** ~ Fuß
fassen.

footing ['futɪŋ] *n* Stellung *f*; (*relationship*)
Verhältnis *nt*; **to lose one's** ~ den Halt
verlieren; **on an equal** ~ auf gleicher Basis.

footlights ['futlaɪts] *npl* Rampenlicht *nt*.

footman ['futmən] (*irreg: like* **man**) *n* Lakai *m*.

footnote ['futnəut] *n* Fußnote *f*.

footpath ['futpɑ:θ] *n* Fußweg *m*; (*in street*)
Bürgersteig *m*.

footprint ['futprɪnt] *n* Fußabdruck *m*; (*of
animal*) Spur *f*.

footrest ['futrest] *n* Fußstütze *f*.

Footsie ['futsɪ] (*inf*) *n* = FTSE 100 Index.

footsie ['futsɪ] (*inf*) *n*: **to play** ~ **with sb** mit
jdm füßeln.

footsore ['futsɔ:⁺] *adj*: **to be** ~ wunde Füße
haben.

footstep ['futstep] *n* Schritt *m*; (*footprint*)
Fußabdruck *m*; **to follow in sb's ~s** in jds
Fußstapfen *acc* treten.

footwear ['futwɛə⁺] *n* Schuhe *pl*, Schuhwerk
nt.

═══════════════════ *KEYWORD*

for [fɔ:⁺] *prep* **1** für +*acc*; **is this** ~ **me?** ist das
für mich?; **the train** ~ **London** der Zug nach
London; **it's time** ~ **lunch** es ist Zeit zum
Mittagessen; **what's it** ~? wofür ist das?; **he
works** ~ **the government/a local firm** er
arbeitet für die Regierung/eine Firma am

Ort; **he's mature** ~ **his age** er ist reif für
sein Alter; **I sold it** ~ **£20** ich habe es für
£20 verkauft; **I'm all** ~ **it** ich bin ganz dafür;
G ~ **George** ≈ G wie Gustav.

2 (*because of*): ~ **this reason** aus diesem
Grund; ~ **fear of being criticised** aus Angst,
kritisiert zu werden.

3 (*referring to distance*): **there are roadworks**
~ **5 km** die Straßenbauarbeiten erstrecken
sich über 5 km; **we walked** ~ **miles** wir sind
meilenweit gelaufen.

4 (*referring to time*): **he was away** ~ **2 years**
er war 2 Jahre lang weg; **I have known her**
~ **years** ich kenne sie bereits seit Jahren.

5 (*with infinitive clause*): **it is not** ~ **me to
decide** es liegt nicht an mir, das zu
entscheiden; ~ **this to be possible** ... um
dies möglich zu machen, ...

6 (*in spite of*) trotz +*gen or dat*; ~ **all his
complaints, he is very fond of her** trotz
seiner vielen Klagen mag er sie sehr
♦ *conj* (*form: since, as*) denn; **she was very
angry,** ~ **he was late again** sie war sehr
böse, denn er kam wieder zu spät.

---

f.o.r. *abbr* (*COMM*: = free on rail*) frei Bahn.

forage ['fɔrɪdʒ] *n* Futter *nt* ♦ *vi* herumstöbern;
to ~ (**for food**) nach Futter suchen.

forage cap *n* Schiffchen *nt*.

foray ['fɔreɪ] *n* (Raub)überfall *m*.

forbad(e) [fə'bæd] *pt of* **forbid**.

forbearing [fɔ:'bɛərɪŋ] *adj* geduldig.

forbid [fə'bɪd] (*pt* **forbade**, *pp* **forbidden**) *vt*
verbieten; **to** ~ **sb to do sth** jdm verbieten,
etw zu tun.

forbidden [fə'bɪdn] *pp of* **forbid** ♦ *adj* verboten.

forbidding [fə'bɪdɪŋ] *adj* (*look*) streng;
(*prospect*) grauenhaft.

force [fɔ:s] *n* Kraft *f*; (*violence*) Gewalt *f*; (*of
blow, impact*) Wucht *f*; (*influence*) Macht *f* ♦ *vt*
zwingen; (*push*) drücken; (*: person*)
drängen; (*lock, door*) aufbrechen; **the Forces**
(*BRIT*) *npl* die Streitkräfte *pl*; **in** ~ (*law etc*)
geltend; (*people: arrive etc*) zahlreich; **to
come into** ~ in Kraft treten; **to join ~s** sich
zusammentun; **a** ~ **5 wind** Windstärke 5;
the sales ~ das Verkaufspersonal; **to
~ o.s./sb to do sth** sich/jdn zwingen, etw zu
tun.

▶ **force back** *vt* zurückdrängen; (*tears*)
unterdrücken.

▶ **force down** *vt* (*food*) hinunterwürgen (*inf*).

forced [fɔ:st] *adj* gezwungen; ~ **labour**
Zwangsarbeit *f*; ~ **landing** Notlandung *f*.

force-feed ['fɔ:sfi:d] *vt* zwangsernähren;
(*animal*) stopfen.

forceful ['fɔ:sful] *adj* energisch; (*attack*)
wirkungsvoll; (*point*) überzeugend.

forceps ['fɔ:seps] *npl* Zange *f*.

forcible ['fɔ:səbl] *adj* gewaltsam; (*reminder,
lesson*) eindringlich.

forcibly ['fɔ:səblɪ] *adv* mit Gewalt; (*express*)

eindringlich.

ford [fɔːd] *n* Furt *f* ♦ *vt* durchqueren; (*on foot*) durchwaten.

fore [fɔːʳ] *n*: **to come to the** ~ ins Blickfeld geraten.

forearm ['fɔːrɑːm] *n* Unterarm *m*.

forebear ['fɔːbɛəʳ] *n* Vorfahr(in) *m(f)*, Ahn(e) *m(f)*.

foreboding [fɔː'bəudɪŋ] *n* Vorahnung *f*.

forecast ['fɔːkɑːst] (*irreg: like* **cast**) *n* Prognose *f*; (*of weather*) (Wetter)vorhersage *f* ♦ *vt* voraussagen.

foreclose [fɔː'kləuz] *vt* (*LAW: also:* ~ **on**) kündigen; **to** ~ **sb** (*on loan/mortgage*) jds Darlehen/Hypothek kündigen.

foreclosure [fɔː'kləuʒəʳ] *n* Zwangsvollstreckung *f*.

forecourt ['fɔːkɔːt] *n* Vorplatz *m*.

forefathers ['fɔːfɑːðəz] *npl* Vorfahren *pl*.

forefinger ['fɔːfɪŋgəʳ] *n* Zeigefinger *m*.

forefront ['fɔːfrʌnt] *n*: **in the** ~ **of** an der Spitze *+gen*.

forego [fɔː'gəu] (*irreg: like* **go**) *vt* verzichten auf *+acc*.

foregoing ['fɔːgəuɪŋ] *adj* vorhergehend ♦ *n*: **the** ~ das Vorhergehende.

foregone ['fɔːgɔn] *pp of* **forego** ♦ *adj*: **it's a** ~ **conclusion** es steht von vornherein fest.

foreground ['fɔːgraund] *n* Vordergrund *m*.

forehand ['fɔːhænd] *n* (*TENNIS*) Vorhand *f*.

forehead ['fɔrɪd] *n* Stirn *f*.

foreign ['fɔrɪn] *adj* ausländisch; (*holiday*) im Ausland; (*customs, appearance*) fremdartig; (*trade, policy*) Außen-; (*correspondent*) Auslands-; (*object, matter*) fremd; **goods from** ~ **countries/a** ~ **country** Waren aus dem Ausland.

foreign body *n* Fremdkörper *m*.

foreign currency *n* Devisen *pl*.

foreigner ['fɔrɪnəʳ] *n* Ausländer(in) *m(f)*.

foreign exchange *n* Devisenhandel *m*; (*money*) Devisen *pl*.

foreign exchange market *n* Devisenmarkt *m*.

foreign exchange rate *n* Devisenkurs *m*.

foreign investment *n* Auslandsinvestition *f*.

foreign minister *n* Außenminister(in) *m(f)*.

Foreign Office (*BRIT*) *n* Außenministerium *nt*.

Foreign Secretary (*BRIT*) *n* Außenminister(in) *m(f)*.

foreleg ['fɔːleg] *n* Vorderbein *nt*.

foreman ['fɔːmən] (*irreg: like* **man**) *n* Vorarbeiter *m*; (*of jury*) Obmann *m*.

foremost ['fɔːməust] *adj* führend ♦ *adv*: **first and** ~ zunächst, vor allem.

forename ['fɔːneɪm] *n* Vorname *m*.

forensic [fə'rɛnsɪk] *adj* (*test*) forensisch; (*medicine*) Gerichts-; (*expert*) Spurensicherungs-.

foreplay ['fɔːpleɪ] *n* Vorspiel *nt*.

forerunner ['fɔːrʌnəʳ] *n* Vorläufer *m*.

foresee [fɔː'siː] (*irreg: like* **see**) *vt* vorhersehen.

foreseeable [fɔː'siːəbl] *adj* vorhersehbar; **in the** ~ **future** in absehbarer Zeit.

foreseen [fɔː'siːn] *pp of* **foresee**.

foreshadow [fɔː'ʃædəu] *vt* andeuten.

foreshore ['fɔːʃɔː] *n* Strand *m*.

foreshorten [fɔː'ʃɔːtn] *vt* perspektivisch verkürzen.

foresight ['fɔːsaɪt] *n* Voraussicht *f*, Weitblick *m*.

foreskin ['fɔːskɪn] *n* (*ANAT*) Vorhaut *f*.

forest ['fɔrɪst] *n* Wald *m*.

forestall [fɔː'stɔːl] *vt* zuvorkommen *+dat*; (*discussion*) im Keim ersticken.

forestry ['fɔrɪstrɪ] *n* Forstwirtschaft *f*.

foretaste ['fɔːteɪst] *n*: **a** ~ **of** ein Vorgeschmack von.

foretell [fɔː'tɛl] (*irreg: like* **tell**) *vt* vorhersagen.

forethought ['fɔːθɔːt] *n* Vorbedacht *m*.

foretold [fɔː'təuld] *pt, pp of* **foretell**.

forever [fə'rɛvəʳ] *adv* für immer; (*endlessly*) ewig; (*consistently*) dauernd, ständig; **you're** ~ **finding difficulties** du findest ständig *or* dauernd neue Schwierigkeiten.

forewarn [fɔː'wɔːn] *vt* vorwarnen.

forewent [fɔː'wɛnt] *pt of* **forego**.

forewoman ['fɔːwumən] (*irreg: like* **woman**) *n* Vorarbeiterin *f*; (*of jury*) Obmännin *f*.

foreword ['fɔːwəːd] *n* Vorwort *nt*.

forfeit ['fɔːfɪt] *n* Strafe *f*, Buße *f* ♦ *vt* (*right*) verwirken; (*friendship etc*) verlieren; (*one's happiness, health*) einbüßen.

forgave [fə'geɪv] *pt of* **forgive**.

forge [fɔːdʒ] *n* Schmiede *f* ♦ *vt* fälschen; (*wrought iron*) schmieden.

▶ **forge ahead** *vi* große *or* schnelle Fortschritte machen.

forger ['fɔːdʒəʳ] *n* Fälscher(in) *m(f)*.

forgery ['fɔːdʒərɪ] *n* Fälschung *f*.

forget [fə'gɛt] (*pt* **forgot**, *pp* **forgotten**) *vt* vergessen ♦ *vi* es vergessen; **to** ~ **o.s.** sich vergessen.

forgetful [fə'gɛtful] *adj* vergesslich; ~ **of sth** (*of duties etc*) nachlässig gegenüber etw.

forgetfulness [fə'gɛtfulnɪs] *n* Vergesslichkeit *f*; (*oblivion*) Vergessenheit *f*.

forget-me-not [fə'gɛtmɪnɔt] *n* Vergissmeinnicht *nt*.

forgive [fə'gɪv] (*pt* **forgave**, *pp* **forgiven**) *vt* verzeihen *+dat*, vergeben *+dat*; **to** ~ **sb for sth** jdm etw verzeihen *or* vergeben; **to** ~ **sb for doing sth** jdm verzeihen *or* vergeben, dass er etw getan hat; ~ **me, but ...** entschuldigen Sie, aber ...; **they could be** ~**n for thinking that ...** es ist verständlich, wenn sie denken, dass ...

forgiveness [fə'gɪvnɪs] *n* Verzeihung *f*.

forgiving [fə'gɪvɪŋ] *adj* versöhnlich.

forgo [fɔː'gəu] (*pt* **forwent**, *pp* **forgone**) *vt* = **forego**.

forgot [fə'gɔt] *pt of* **forget**.

forgotten [fə'gɔtn] *pp of* **forget**.

fork [fɔːk] *n* Gabel *f*; (*in road, river, railway*) Gabelung *f* ♦ *vi* (*road*) sich gabeln.

▶ **fork out** (*inf*) *vt, vi* (*pay*) blechen.

forked [fɔːkt] *adj* (*lightning*) zickzackförmig.

fork-lift truck ['fɔːklɪft-] *n* Gabelstapler *m*.

forlorn [fə'lɔːn] *adj* verlassen; (*person*) einsam und verlassen; (*attempt*) verzweifelt; (*hope*) schwach.

form [fɔːm] *n* Form *f*; (*SCOL*) Klasse *f*; (*questionnaire*) Formular *nt* ♦ *vt* formen, gestalten; (*queue, organization, group*) bilden; (*idea, habit*) entwickeln; **in the ~ of** in Form von *or* +*gen*; **in the ~ of Peter** in Gestalt von Peter; **to be in good ~** gut in Form sein; **in top ~** in Hochform; **on ~** in Form; **to ~ part of sth** Teil von etw sein.

formal ['fɔːməl] *adj* offiziell; (*person, behaviour*) förmlich, formell; (*occasion, dinner*) feierlich; (*clothes*) Gesellschafts-; (*garden*) formell angelegt; (*ART, PHILOSOPHY*) formal; **~ dress** Gesellschaftskleidung *f*.

formalities [fɔː'mælɪtɪz] *npl* Formalitäten *pl*.

formality [fɔː'mælɪtɪ] *n* Förmlichkeit *f*; (*procedure*) Formalität *f*.

formalize ['fɔːməlaɪz] *vt* formell machen.

formally ['fɔːməlɪ] *adv* (*see adj*) offiziell; förmlich, formell; feierlich; **to be ~ invited** ausdrücklich eingeladen sein.

format ['fɔːmæt] *n* Format *nt*; (*form, style*) Aufmachung *f* ♦ *vt* (*COMPUT*) formatieren.

formation [fɔː'meɪʃən] *n* Bildung *f*; (*of theory*) Entstehung *f*; (*of business*) Gründung *f*; (*pattern: of rocks, clouds*) Formation *f*.

formative ['fɔːmətɪv] *adj* (*influence*) prägend; (*years*) entscheidend.

former ['fɔːmə*] *adj* früher; **the ~ ... the latter** ... Erstere(r, s) ... Letztere(r, s); **the ~ president** der ehemalige Präsident; **the ~ East Germany** die ehemalige DDR.

formerly ['fɔːməlɪ] *adv* früher.

form feed *n* (*on printer*) Papiervorschub *m*.

Formica ® [fɔː'maɪkə] *n* Resopal ® *nt*.

formidable ['fɔːmɪdəbl] *adj* (*task*) gewaltig, enorm; (*opponent*) Furcht erregend.

formula ['fɔːmjʊlə] (*pl* ~**e** *or* ~**s**) *n* Formel *f*; **F~ One** (*AUT*) Formel Eins.

formulate ['fɔːmjʊleɪt] *vt* formulieren.

fornicate ['fɔːnɪkeɪt] *vi* Unzucht treiben.

forsake [fə'seɪk] (*pt* **forsook**, *pp* **forsaken**) *vt* im Stich lassen; (*belief*) aufgeben.

forsook [fə'suk] *pt of* **forsake**.

fort [fɔːt] *n* Fort *nt*; **to hold the ~** die Stellung halten.

forte ['fɔːtɪ] *n* Stärke *f*, starke Seite *f*.

forth [fɔːθ] *adv* aus; **back and ~** hin und her; **to go back and ~** auf und ab gehen; **to bring ~** hervorbringen; **and so ~** und so weiter.

forthcoming [fɔːθ'kʌmɪŋ] *adj* (*event*) bevorstehend; (*person*) mitteilsam; **to be ~** (*help*) erfolgen; (*evidence*) geliefert werden.

forthright ['fɔːθraɪt] *adj* offen.

forthwith ['fɔːθ'wɪθ] *adv* umgehend.

fortieth ['fɔːtɪɪθ] *num* vierzigste(r, s).

fortification [fɔːtɪfɪ'keɪʃən] *n* Befestigung *f*, Festungsanlage *f*.

fortified wine ['fɔːtɪfaɪd-] *n* weinhaltiges Getränk *nt* (*Sherry, Portwein etc*).

fortify ['fɔːtɪfaɪ] *vt* (*city*) befestigen; (*person*) bestärken; (: *subj: food, drink*) stärken.

fortitude ['fɔːtɪtjuːd] *n* innere Kraft *or* Stärke *f*.

fortnight ['fɔːtnaɪt] (*BRIT*) *n* vierzehn Tage *pl*, zwei Wochen *pl*; **it's a ~ since ...** es ist vierzehn Tage *or* zwei Wochen her, dass ...

fortnightly ['fɔːtnaɪtlɪ] *adj* vierzehntägig, zweiwöchentlich ♦ *adv* alle vierzehn Tage, alle zwei Wochen.

FORTRAN ['fɔːtræn] *n* FORTRAN *nt*.

fortress ['fɔːtrɪs] *n* Festung *f*.

fortuitous [fɔː'tjuːɪtəs] *adj* zufällig.

fortunate ['fɔːtʃənɪt] *adj* glücklich; **to be ~** Glück haben; **he is ~ to have ...** er kann sich glücklich schätzen, ... zu haben; **it is ~ that ...** es ist ein Glück, dass ...

fortunately ['fɔːtʃənɪtlɪ] *adv* glücklicherweise, zum Glück.

fortune ['fɔːtʃən] *n* Glück *nt*; (*wealth*) Vermögen *nt*; **to make a ~** ein Vermögen machen; **to tell sb's ~** jdm wahrsagen.

fortune-teller ['fɔːtʃəntɛlə*] *n* Wahrsager(in) *m(f)*.

forty ['fɔːtɪ] *num* vierzig.

forum ['fɔːrəm] *n* Forum *nt*.

forward ['fɔːwəd] *adj* vordere(r, s); (*movement*) Vorwärts-; (*not shy*) dreist; (*COMM: buying, price*) Termin- ♦ *adv* nach vorn; (*movement*) vorwärts; (*in time*) voraus ♦ *n* (*SPORT*) Stürmer *m* ♦ *vt* (*letter etc*) nachsenden; (*career, plans*) voranbringen; **~ planning** Vorausplanung *f*; **to move ~** vorwärts kommen; **"please ~"** „bitte nachsenden".

forwards ['fɔːwədz] *adv* nach vorn; (*movement*) vorwärts; (*in time*) voraus.

fossil ['fɒsl] *n* Fossil *nt*.

fossil fuel *n* fossiler Brennstoff *m*.

foster ['fɒstə*] *vt* (*child*) in Pflege nehmen; (*idea, activity*) fördern.

foster child *n* Pflegekind *nt*.

foster mother *n* Pflegemutter *f*.

fought [fɔːt] *pt, pp of* **fight**.

foul [faul] *adj* abscheulich; (*taste, smell, temper*) übel; (*water*) faulig; (*air*) schlecht; (*language*) unflätig ♦ *n* (*SPORT*) Foul *nt* ♦ *vt* beschmutzen; (*SPORT*) foulen; (*entangle*) sich verheddern in +*dat*.

foul play *n* unnatürlicher *or* gewaltsamer Tod *m*; **~ is not suspected** es besteht kein Verdacht auf ein Verbrechen.

found [faund] *pt, pp of* **find** ♦ *vt* gründen.

foundation [faun'deɪʃən] *n* Gründung *f*; (*base: also fig*) Grundlage *f*; (*organization*) Stiftung *f*; (*also:* **~ cream**) Grundierungscreme *f*;

foundations npl (of building) Fundament nt; **the rumours are without ~** die Gerüchte entbehren jeder Grundlage; **to lay the ~s** (fig) die Grundlagen schaffen.

foundation stone n Grundstein m.

founder ['faundə*] n Gründer(in) m(f) ♦ vi (ship) sinken.

founder member n Gründungsmitglied nt.

founding ['faundɪŋ] adj: ~ **fathers** (esp US) Väter pl.

foundry ['faundrɪ] n Gießerei f.

fount [faunt] n Quelle f; (TYP) Schrift f.

fountain ['fauntɪn] n Brunnen m.

fountain pen n Füllfederhalter m, Füller m.

four [fɔ:*] num vier; **on all ~s** auf allen vieren.

four-letter word ['fɔ:lɛtə-] n Vulgärausdruck m.

four-poster ['fɔ:'pəustə*] n (also: ~ **bed**) Himmelbett nt.

foursome ['fɔ:səm] n Quartett nt; **in** or **as a ~** zu viert.

fourteen ['fɔ:'ti:n] num vierzehn.

fourteenth ['fɔ:'ti:nθ] num vierzehnte(r, s).

fourth [fɔ:θ] num vierte(r, s) ♦ n (AUT: also: ~ **gear**) der vierte (Gang).

four-wheel drive ['fɔ:wi:l-] n (AUT): **with ~** mit Vierradantrieb m.

fowl [faul] n Vogel m (besonders Huhn, Gans, Ente etc).

fox [fɔks] n Fuchs m ♦ vt verblüffen.

foxglove ['fɔksglʌv] n (BOT) Fingerhut m.

fox-hunting ['fɔkshʌntɪŋ] n Fuchsjagd f.

foxtrot ['fɔkstrɔt] n Foxtrott m.

foyer ['fɔɪeɪ] n Foyer nt.

FPA (BRIT) n abbr (= Family Planning Association) Organisation für Familienplanung.

Fr. abbr (REL) = **father; friar**.

fr. abbr (= franc) Fr.

fracas ['fræka:] n Aufruhr m, Tumult m.

fraction ['frækʃən] n Bruchteil m; (MATH) Bruch m.

fractionally ['frækʃnəlɪ] adv geringfügig.

fractious ['frækʃəs] adj verdrießlich.

fracture ['fræktʃə*] n Bruch m ♦ vt brechen.

fragile ['frædʒaɪl] adj zerbrechlich; (economy) schwach; (health) zart; (person) angeschlagen.

fragment [n 'frægmənt, vb fræg'mɛnt] n Stück nt ♦ vt aufsplittern ♦ vi sich aufsplittern.

fragmentary ['frægməntərɪ] adj fragmentarisch, bruchstückhaft.

fragrance ['freɪgrəns] n Duft m.

fragrant ['freɪgrənt] adj duftend.

frail [freɪl] adj schwach, gebrechlich; (structure) zerbrechlich.

frame [freɪm] n Rahmen m; (of building) (Grund)gerippe nt; (of human, animal) Gestalt f; (of spectacles: also: ~s) Gestell nt ♦ vt (picture) rahmen; (reply) formulieren; (law, theory) entwerfen; ~ **of mind**

Stimmung f, Laune f; **to ~ sb** (inf) jdm etwas anhängen.

framework ['freɪmwɔ:k] n Rahmen m.

France [frɑ:ns] n Frankreich nt.

franchise ['fræntʃaɪz] n Wahlrecht nt; (COMM) Konzession f, Franchise f.

franchisee [fræntʃaɪ'zi:] n Franchisenehmer(in) m(f).

franchiser ['fræntʃaɪzə*] n Franchisegeber(in) m(f).

frank [fræŋk] adj offen ♦ vt (letter) frankieren.

Frankfurt ['fræŋkfə:t] n Frankfurt nt.

frankfurter ['fræŋkfə:tə*] n (Frankfurter) Würstchen nt.

franking machine ['fræŋkɪŋ-] n Frankiermaschine f.

frankly ['fræŋklɪ] adv ehrlich gesagt; (candidly) offen.

frankness ['fræŋknɪs] n Offenheit f.

frantic ['fræntɪk] adj verzweifelt; (hectic) hektisch; (desperate) übersteigert.

frantically ['fræntɪklɪ] adv verzweifelt; (hectically) hektisch.

fraternal [frə'tə:nl] adj brüderlich.

fraternity [frə'tə:nɪtɪ] n Brüderlichkeit f; (US: UNIV) Verbindung f; **the legal/medical/ golfing ~** die Juristen/Mediziner/Golfer pl.

fraternize ['frætənaɪz] vi Umgang haben.

fraud [frɔ:d] n Betrug m; (person) Betrüger(in) m(f).

fraudulent ['frɔ:djulənt] adj betrügerisch.

fraught [frɔ:t] adj (person) nervös; **to be ~ with danger/problems** voller Gefahren/ Probleme sein.

fray [freɪ] n: **the ~** der Kampf ♦ vi (cloth) ausfransen; (rope) sich durchscheuern; **to return to the ~** sich wieder ins Getümmel stürzen; **tempers were ~ed** die Gemüter erhitzten sich; **her nerves were ~ed** sie war mit den Nerven am Ende.

FRB (US) n abbr = **Federal Reserve Board**.

FRCM (BRIT) n abbr (= Fellow of the Royal College of Music) Qualifikationsnachweis in Musik.

FRCO (BRIT) n abbr (= Fellow of the Royal College of Organists) Qualifikationsnachweis für Organisten.

FRCP (BRIT) n abbr (= Fellow of the Royal College of Physicians) Qualifikationsnachweis für Ärzte.

FRCS (BRIT) n abbr (= Fellow of the Royal College of Surgeons) Qualifikationsnachweis für Chirurgen.

freak [fri:k] n Irre(r) f(m); (in appearance) Missgeburt f; (event, accident) außergewöhnlicher Zufall m; (pej: fanatic): **health ~** Gesundheitsapostel m.

▶ **freak out** (inf) vi aussteigen; (on drugs) ausflippen.

freakish ['fri:kɪʃ] adj verrückt.

freckle ['frɛkl] n Sommersprosse f.

freckled ['frɛkld] adj sommersprossig.

free [fri:] *adj* frei; (*costing nothing*) kostenlos, gratis ♦ *vt* freilassen, frei lassen; (*jammed object*) lösen; **to give sb a ~ hand** jdm freie Hand lassen; **~ and easy** ungezwungen; **admission ~** Eintritt frei; **~ (of charge), for ~** umsonst, gratis.

free agent *n*: **to be a ~** sein eigener Herr sein.

freebie ['fri:bɪ] (*inf*) *n* (*promotional gift*) Werbegeschenk *nt*.

freedom ['fri:dəm] *n* Freiheit *f*.

freedom fighter *n* Freiheitskämpfer(in) *m(f)*.

free enterprise *n* freies Unternehmertum *nt*.

Freefone ® ['fri:fəʊn] *n*: **call ~ 0800** rufen Sie gebührenfrei 0800 an.

free-for-all ['fri:fərɔ:l] *n* Gerangel *nt*; **the fight turned into a ~** schließlich beteiligten sich alle an der Schlägerei.

free gift *n* Werbegeschenk *nt*.

freehold ['fri:həʊld] *n* (*of property*) Besitzrecht *nt*.

free kick *n* Freistoß *m*.

freelance ['fri:lɑ:ns] *adj* (*journalist etc*) frei(schaffend), freiberuflich tätig.

freelance work *n* freiberufliche Arbeit *f*.

freeloader ['fri:ləʊdə*] (*pej*) *n* Schmarotzer(in) *m(f)*.

freely ['fri:lɪ] *adv* frei; (*spend*) mit vollen Händen; (*liberally*) großzügig; **drugs are ~ available in the city** Drogen sind in der Stadt frei erhältlich.

free-market economy ['fri:'mɑ:kɪt-] *n* freie Marktwirtschaft *f*.

Freemason ['fri:meɪsn] *n* Freimaurer *m*.

Freemasonry ['fri:meɪsnrɪ] *n* Freimaurerei *f*.

Freepost ® ['fri:pəʊst] *n* ≈ „Gebühr zahlt Empfänger".

free-range ['fri:'reɪndʒ] *adj* (*eggs*) von frei laufenden Hühnern.

free sample *n* Gratisprobe *f*.

freesia ['fri:zɪə] *n* Freesie *f*.

free speech *n* Redefreiheit *f*.

freestyle ['fri:staɪl] *n* Freistil *m*.

free trade *n* Freihandel *m*.

freeway ['fri:weɪ] (*US*) *n* Autobahn *f*.

freewheel [fri:'wi:l] *vi* im Freilauf fahren.

free will *n* freier Wille *m*; **of one's own ~** aus freien Stücken.

freeze [fri:z] (*pt* **froze**, *pp* **frozen**) *vi* frieren; (*liquid*) gefrieren; (*pipe*) einfrieren; (*person: stop moving*) erstarren ♦ *vt* einfrieren; (*water, lake*) gefrieren ♦ *n* Frost *m*; (*on arms, wages*) Stopp *m*.

▸ **freeze over** *vi* (*river*) überfrieren; (*windscreen, windows*) vereisen.

▸ **freeze up** *vi* zufrieren.

freeze-dried ['fri:zdraɪd] *adj* gefriergetrocknet.

freezer ['fri:zə*] *n* Tiefkühltruhe *f*; (*upright*) Gefrierschrank *m*; (*in fridge: also:* **~ compartment**) Gefrierfach *nt*.

freezing ['fri:zɪŋ] *adj*: **~ (cold)** eiskalt ♦ *n*: **3 degrees below ~** 3 Grad unter null; **I'm ~** mir ist eiskalt.

freezing point *n* Gefrierpunkt *m*.

freight [freɪt] *n* Fracht *f*; (*money charged*) Frachtkosten *pl*; **~ forward** Fracht gegen Nachnahme; **~ inward** Eingangsfracht *f*.

freight car (*US*) *n* Güterwagen *m*.

freighter ['freɪtə*] *n* (*NAUT*) Frachter *m*, Frachtschiff *nt*; (*AVIAT*) Frachtflugzeug *nt*.

freight forwarder [-'fɔ:wədə*] *n* Spediteur *m*.

freight train (*US*) *n* Güterzug *m*.

French [frentʃ] *adj* französisch ♦ *n* (*LING*) Französisch *nt*; **the French** *npl* die Franzosen *pl*.

French bean (*BRIT*) *n* grüne Bohne *f*.

French Canadian *adj* frankokanadisch ♦ *n* Frankokanadier(in) *m(f)*.

French dressing *n* Vinaigrette *f*.

French fried potatoes *npl* Pommes frites *pl*.

French fries [-fraɪz] (*US*) *npl* = **French fried potatoes**.

French Guiana [-gaɪ'ænə] *n* Französisch-Guyana *nt*.

Frenchman ['frentʃmən] (*irreg: like* **man**) *n* Franzose *m*.

French Riviera *n*: **the ~** die französische Riviera.

French stick *n* Stangenbrot *nt*.

French window *n* Verandatür *f*.

Frenchwoman ['frentʃwʊmən] (*irreg: like* **woman**) *n* Französin *f*.

frenetic [frə'netɪk] *adj* frenetisch, rasend.

frenzied ['frenzɪd] *adj* rasend.

frenzy ['frenzɪ] *n* Raserei *f*; (*of joy, excitement*) Taumel *m*; **to drive sb into a ~** jdn zum Rasen bringen; **to be in a ~** in wilder Aufregung sein.

frequency ['fri:kwənsɪ] *n* Häufigkeit *f*; (*RADIO*) Frequenz *f*.

frequency modulation *n* Frequenzmodulation *f*.

frequent [*adj* 'fri:kwənt, *vt* frɪ'kwent] *adj* häufig ♦ *vt* (*pub, restaurant*) oft *or* häufig besuchen.

frequently ['fri:kwəntlɪ] *adv* oft, häufig.

fresco ['freskəʊ] *n* Fresko *nt*.

fresh [freʃ] *adj* frisch; (*instructions, approach, start*) neu; (*cheeky*) frech; **to make a ~ start** einen neuen Anfang machen.

freshen ['freʃən] *vi* (*wind*) auffrischen; (*air*) frisch werden.

▸ **freshen up** *vi* sich frisch machen.

freshener ['freʃnə*] *n*: **skin ~** Gesichtswasser *nt*; **air ~** Raumspray *m or nt*.

fresher ['freʃə*] (*BRIT: inf*) *n* Erstsemester(in) *m(f)*.

freshly ['freʃlɪ] *adv* frisch.

freshman ['freʃmən] (*US: irreg: like* **man***) n* = **fresher**.

freshness ['freʃnɪs] *n* Frische *f*.

freshwater ['freʃwɔ:tə*] *adj* (*fish etc*) Süßwasser-.

fret [fret] *vi* sich *dat* Sorgen machen.

fretful ['frɛtful] adj (child) quengelig.

Freudian ['frɔɪdɪən] adj freudianisch, freudsch; **~ slip** freudscher Versprecher m.

FRG n abbr (= Federal Republic of Germany) BRD f.

Fri. abbr (= Friday) Fr.

friar ['fraɪə*] n Mönch m, (Ordens)bruder m.

friction ['frɪkʃən] n Reibung f; (between people) Reibereien pl.

friction feed n (on printer) Friktionsvorschub m.

Friday ['fraɪdɪ] n Freitag m; see also **Tuesday**.

fridge [frɪdʒ] (BRIT) n Kühlschrank m.

fridge-freezer ['frɪdʒ'friːzə*] n Kühl- und Gefrierkombination f.

fried [fraɪd] pt, pp of **fry** ♦ adj gebraten; **~ egg** Spiegelei nt; **~ fish** Bratfisch m.

friend [frɛnd] n Freund(in) m(f); (less intimate) Bekannte(r) f(m); **to make ~s with** sich anfreunden mit.

friendliness ['frɛndlɪnɪs] n Freundlichkeit f.

friendly ['frɛndlɪ] adj freundlich; (government) befreundet; (game, match) Freundschafts- ♦ n (also: **~ match**) Freundschaftsspiel nt; **to be ~ with** befreundet sein mit; **to be ~ to** freundlich or nett sein zu.

friendly fire n Beschuss m durch die eigene Seite.

friendly society n Versicherungsverein m auf Gegenseitigkeit.

friendship ['frɛndʃɪp] n Freundschaft f.

frieze [friːz] n Fries m.

frigate ['frɪgɪt] n Fregatte f.

fright [fraɪt] n Schreck(en) m; **to take ~** es mit der Angst zu tun bekommen; **she looks a ~** sie sieht verboten or zum Fürchten aus (inf).

frighten ['fraɪtn] vt erschrecken.

▶ **frighten away** or **off** vt verscheuchen.

frightened ['fraɪtnd] adj ängstlich; **to be ~ (of)** Angst haben (vor +dat).

frightening ['fraɪtnɪŋ] adj Furcht erregend.

frightful ['fraɪtful] adj schrecklich, furchtbar.

frightfully ['fraɪtfəlɪ] adv schrecklich, furchtbar; **I'm ~ sorry** es tut mir schrecklich Leid.

frigid ['frɪdʒɪd] adj frigide.

frigidity [frɪ'dʒɪdɪtɪ] n Frigidität f.

frill [frɪl] n Rüsche f; **without ~s** (fig) schlicht.

fringe [frɪndʒ] n (BRIT: of hair) Pony m; (decoration) Fransen pl; (edge: also fig) Rand m.

fringe benefits npl zusätzliche Leistungen pl.

fringe theatre n avantgardistisches Theater nt.

Frisbee ® ['frɪzbɪ] n Frisbee ® nt.

frisk [frɪsk] vt durchsuchen, filzen (inf) ♦ vi umhertollen.

frisky ['frɪskɪ] adj lebendig, ausgelassen.

fritter ['frɪtə*] n Schmalzgebackenes nt no pl mit Füllung.

▶ **fritter away** vt vergeuden.

frivolity [frɪ'vɔlɪtɪ] n Frivolität f.

frivolous ['frɪvələs] adj frivol; (activity) leichtfertig.

frizzy ['frɪzɪ] adj kraus.

fro [frəu] adv: **to and ~** hin und her; (walk) auf und ab.

frock [frɔk] n Kleid nt.

frog [frɔg] n Frosch m; **to have a ~ in one's throat** einen Frosch im Hals haben.

frogman ['frɔgmən] (irreg: like **man**) n Froschmann m.

frogmarch ['frɔgmɑːtʃ] (BRIT) vt: **to ~ sb in/ out** jdn herein-/herausschleppen.

frolic ['frɔlɪk] vi umhertollen ♦ n Ausgelassenheit f; (fun) Spaß m.

═══════════════════════════ KEYWORD

from [frɔm] prep **1** (indicating starting place, origin) von +dat; **where do you come ~?** woher kommen Sie?; **~ London to Glasgow** von London nach Glasgow; **a letter/ telephone call ~ my sister** ein Brief/Anruf von meiner Schwester; **to drink ~ the bottle** aus der Flasche trinken.

2 (indicating time) von (... an); **~ one o'clock to** or **until** or **till now** von ein Uhr bis jetzt; **~ January (on)** von Januar an, ab Januar.

3 (indicating distance) von ... entfernt; **the hotel is 1 km ~ the beach** das Hotel ist 1 km vom Strand entfernt.

4 (indicating price, number etc): **trousers ~ £20** Hosen ab £20; **prices range ~ £10 to £50** die Preise liegen zwischen £ 10 und £ 50.

5 (indicating difference): **he can't tell red ~ green** er kann Rot und Grün nicht unterscheiden; **to be different ~ sb/sth** anders sein als jd/etw.

6 (because of, on the basis of): **~ what he says** nach dem, was er sagt; **to act ~ conviction** aus Überzeugung handeln; **weak ~ hunger** schwach vor Hunger.

frond [frɔnd] n Wedel m.

front [frʌnt] n Vorderseite f; (of dress) Vorderteil nt; (promenade: also: **sea ~**) Strandpromenade f; (MIL, MET) Front f; (fig: appearances) Fassade f ♦ adj vorderste(r, s); (wheel, tooth, view) Vorder- ♦ vi: **to ~ onto sth** (house) auf etw acc hinausliegen; (window) auf etw acc hinausgehen; **in ~** vorne; **in ~ of** vor; **at the ~ of the coach/ train/car** vorne im Bus/Zug/Auto; **on the political ~, little progress has been made** an der politischen Front sind kaum Fortschritte gemacht worden.

frontage ['frʌntɪdʒ] n Vorderseite f, Front f; (of shop) Front.

frontal ['frʌntl] adj (attack etc) Frontal-.

front bench (BRIT) n (POL) vorderste or erste Reihe f.

front desk (*US*) *n* Rezeption *f*.

front door *n* Haustür *f*.

frontier ['frʌntɪə*] *n* Grenze *f*.

frontispiece ['frʌntɪspiːs] *n* zweite Titelseite *f*, Frontispiz *nt*.

front page *n* erste Seite *f*, Titelseite *f*.

front room (*BRIT*) *n* Wohnzimmer *nt*.

frontrunner ['frʌntrʌnə*] *n* Spitzenreiter *m*.

front-wheel drive ['frʌntwiːl-] *n* (*AUT*) Vorderradantrieb *m*.

frost [frost] *n* Frost *m*; (*also:* **hoar~**) Raureif *m*.

frostbite ['frostbaɪt] *n* Erfrierungen *pl*.

frosted ['frostɪd] *adj* (*glass*) Milch-; (*esp US*) glasiert, mit Zuckerguss überzogen.

frosting ['frostɪŋ] (*esp US*) *n* Zuckerguss *m*.

frosty ['frostɪ] *adj* frostig; (*look*) eisig; (*window*) bereift.

froth [frɔθ] *n* Schaum *m*.

frothy ['frɔθɪ] *adj* schäumend.

frown [fraun] *n* Stirnrunzeln *nt* ♦ *vi* die Stirn runzeln.

▶ **frown on** *vt fus* missbilligen.

froze [frəuz] *pt of* **freeze**.

frozen ['frəuzn] *pp of* **freeze** ♦ *adj* tiefgekühlt; (*food*) Tiefkühl-; (*COMM*) eingefroren.

FRS *n abbr* (*BRIT*: = *Fellow of the Royal Society*) *Auszeichnung für Naturwissenschaftler*; (*US*: = *Federal Reserve System*) *amerikanische Zentralbank*.

frugal ['fruːgl] *adj* genügsam; (*meal*) einfach.

fruit [fruːt] *n inv* Frucht *f*; (*collectively*) Obst *nt*; (*fig: results*) Früchte *pl*.

fruiterer ['fruːtərə*] *n* (*esp BRIT*) Obsthändler(in) *m(f)*.

fruitful ['fruːtful] *adj* fruchtbar.

fruition [fruː'ɪʃən] *n*: **to come to ~** (*plan*) Wirklichkeit werden; (*efforts*) Früchte tragen; (*hope*) in Erfüllung gehen.

fruit juice *n* Fruchtsaft *m*.

fruitless ['fruːtlɪs] *adj* fruchtlos, ergebnislos.

fruit machine (*BRIT*) *n* Spielautomat *m*.

fruit salad *n* Obstsalat *m*.

fruity ['fruːtɪ] *adj* (*taste, smell etc*) Frucht-, Obst-; (*wine*) fruchtig; (*voice, laugh*) volltönend.

frump [frʌmp] *n*: **to feel a ~** sich *dat* wie eine Vogelscheuche vorkommen.

frustrate [frʌs'treɪt] *vt* frustrieren; (*attempt*) vereiteln; (*plan*) durchkreuzen.

frustrated [frʌs'treɪtɪd] *adj* frustriert.

frustrating [frʌs'treɪtɪŋ] *adj* frustrierend.

frustration [frʌs'treɪʃən] *n* Frustration *f*; (*of attempt*) Vereitelung *f*; (*of plan*) Zerschlagung *f*.

fry [fraɪ] (*pt, pp* **fried**) *vt* braten; *see also* **small**.

frying pan ['fraɪɪŋ-] *n* Bratpfanne *f*.

FT (*BRIT*) *n abbr* (= *Financial Times*) *Wirtschaftszeitung*; **the ~ index** der Aktienindex der „Financial Times".

ft. *abbr* = **foot**; **feet**.

FTC (*US*) *n abbr* = **Federal Trade Commission**.

FTSE 100 Index *n Aktienindex der „Financial Times"*.

fuchsia ['fjuːʃə] *n* Fuchsie *f*.

fuck [fʌk] (*infl*) *vt, vi* ficken (!); **~ off!** (*infl*) verpiss dich! (!).

fuddled ['fʌdld] *adj* verwirrt.

fuddy-duddy ['fʌdɪdʌdɪ] (*pej*) *n* Langweiler *m*.

fudge [fʌdʒ] *n* Fondant *m* ♦ *vt* (*issue, problem*) ausweichen +*dat*, aus dem Weg gehen +*dat*.

fuel ['fjuəl] *n* Brennstoff *m*; (*for vehicle*) Kraftstoff *m*; (*: petrol*) Benzin *nt*; (*for aircraft, rocket*) Treibstoff *m* ♦ *vt* (*furnace etc*) betreiben; (*aircraft, ship etc*) antreiben.

fuel oil *n* Gasöl *nt*.

fuel pump *n* (*AUT*) Benzinpumpe *f*.

fuel tank *n* Öltank *m*; (*in vehicle*) (Benzin)tank *m*.

fug [fʌg] (*BRIT: inf*) *n* Mief *m* (*inf*).

fugitive ['fjuːdʒɪtɪv] *n* Flüchtling *m*.

fulfil, (*US*) **fulfill** [ful'fɪl] *vt* erfüllen; (*order*) ausführen.

fulfilled [ful'fɪld] *adj* ausgefüllt.

fulfilment, (*US*) **fulfillment** [ful'fɪlmənt] *n* Erfüllung *f*.

full [ful] *adj* voll; (*complete*) vollständig; (*skirt*) weit; (*life*) ausgefüllt ♦ *adv*: **to know ~ well that ...** sehr wohl wissen, dass ...; **~ up** (*hotel etc*) ausgebucht; **I'm ~ (up)** ich bin satt; **a ~ two hours** volle zwei Stunden; **~ marks** die beste Note, ≈ eine Eins; (*fig*) höchstes Lob *nt*; **at ~ speed** in voller Fahrt; **in ~** ganz, vollständig; **to pay in ~** den vollen Betrag bezahlen; **to write one's name etc in ~** seinen Namen *etc* ausschreiben.

fullback ['fulbæk] *n* (*SPORT*) Verteidiger *m*.

full-blooded ['ful'blʌdɪd] *adj* (*vigorous*) kräftig; (*virile*) vollblütig.

full board *n* Vollpension *f*.

full-cream ['ful'kriːm] *adj*: **~ milk** (*BRIT*) Vollmilch *f*.

full employment *n* Vollbeschäftigung *f*.

full grown *adj* ausgewachsen.

full-length ['ful'leŋθ] *adj* (*film*) abendfüllend; (*coat*) lang; (*portrait*) lebensgroß; (*mirror*) groß; **~ novel** Roman *m*.

full moon *n* Vollmond *m*.

fullness ['fulnɪs] *n*: **in the ~ of time** zu gegebener Zeit.

full-page ['fulpeɪdʒ] *adj* ganzseitig.

full-scale ['fulskeɪl] *adj* (*war*) richtig; (*attack*)

Groß-; (*model*) in Originalgröße; (*search*) groß angelegt.

full-sized ['ful'saɪzd] *adj* lebensgroß.

full stop *n* Punkt *m*.

full-time ['ful'taɪm] *adj* (*work*) Ganztags-; (*study*) Voll- ♦ *adv* ganztags.

fully ['fulɪ] *adv* völlig; ~ **as big as** mindestens so groß wie.

fully fledged [-'flɛdʒd] *adj* richtiggehend; (*doctor etc*) voll qualifiziert; (*member*) Voll-; (*bird*) flügge.

fulsome ['fulsəm] (*pej*) *adj* übertrieben.

fumble ['fʌmbl] *vi*: **to ~ with** herumfummeln an +*dat* ♦ *vt* (*ball*) nicht sicher fangen.

fume [fjuːm] *vi* wütend sein, kochen (*inf*).

fumes [fjuːmz] *npl* (*of fire*) Rauch *m*; (*of fuel*) Dämpfe *pl*; (*of car*) Abgase *pl*.

fumigate ['fjuːmɪgeɪt] *vt* ausräuchern.

fun [fʌn] *n* Spaß *m*; **he's good ~ (to be with)** es macht viel Spaß, mit ihm zusammen zu sein; **for ~** aus *or* zum Spaß; **it's not much ~** es macht keinen Spaß; **to make ~ of, to poke ~ at** sich lustig machen über +*acc*.

function ['fʌŋkʃən] *n* Funktion *f*; (*social occasion*) Veranstaltung *f*, Feier *f* ♦ *vi* funktionieren; **to ~ as** (*thing*) dienen als; (*person*) fungieren als.

functional ['fʌŋkʃənl] *adj* (*operational*) funktionsfähig; (*practical*) funktionell, zweckmäßig.

function key *n* (COMPUT) Funktionstaste *f*.

fund [fʌnd] *n* (*of money*) Fonds *m*; (*source, store*) Schatz *m*, Vorrat *m*; **funds** *npl* (*money*) Mittel *pl*, Gelder *pl*.

fundamental [fʌndə'mɛntl] *adj* fundamental, grundlegend.

fundamentalism [fʌndə'mɛntəlɪzəm] *n* Fundamentalismus *m*.

fundamentalist [fʌndə'mɛntəlɪst] *n* Fundamentalist(in) *m(f)*.

fundamentally [fʌndə'mɛntəlɪ] *adv* im Grunde; (*radically*) von Grund auf.

fundamentals [fʌndə'mɛntlz] *npl* Grundbegriffe *pl*.

funding ['fʌndɪŋ] *n* Finanzierung *f*.

fund-raising ['fʌndreɪzɪŋ] *n* Geldbeschaffung *f*.

funeral ['fjuːnərəl] *n* Beerdigung *f*.

funeral director *n* Beerdigungsunternehmer(in) *m(f)*.

funeral parlour *n* Leichenhalle *f*.

funeral service *n* Trauergottesdienst *m*.

funereal [fjuː'nɪərɪəl] *adj* traurig, trübselig.

funfair ['fʌnfɛə'] (BRIT) *n* Jahrmarkt *m*.

fungi ['fʌngaɪ] *npl of* **fungus**.

fungus ['fʌngəs] (*pl* **fungi**) *n* Pilz *m*; (*mould*) Schimmel(pilz) *m*.

funicular [fjuː'nɪkjulə'] *n* (*also*: ~ **railway**) Seilbahn *f*.

funky ['fʌŋkɪ] *adj* (*music*) Funk-.

funnel ['fʌnl] *n* Trichter *m*; (*of ship*) Schornstein *m*.

funnily ['fʌnɪlɪ] *adv* komisch; ~ **enough** komischerweise.

funny ['fʌnɪ] *adj* komisch; (*strange*) seltsam, komisch.

funny bone *n* Musikantenknochen *m*.

fun run *n* ≈ Volkslauf *m*.

fur [fəː'] *n* Fell *nt*, Pelz *m*; (BRIT: *in kettle etc*) Kesselstein *m*.

fur coat *n* Pelzmantel *m*.

furious ['fjuərɪəs] *adj* wütend; (*argument*) heftig; (*effort*) riesig; (*speed*) rasend; **to be ~ with sb** wütend auf jdn sein.

furiously ['fjuərɪəslɪ] *adv* (*see adj*) wütend; (*struggle etc*) heftig; (*run*) schnell.

furl [fəːl] *vt* (NAUT) einrollen.

furlong ['fəːlɒŋ] *n* Achtelmeile *f* (= 201,17 m).

furlough ['fəːləʊ] *n* (MIL) Urlaub *m*.

furnace ['fəːnɪs] *n* (*in foundry*) Schmelzofen *m*; (*in power plant*) Hochofen *m*.

furnish ['fəːnɪʃ] *vt* einrichten; (*room*) möblieren; **to ~ sb with sth** jdm etw liefern; **~ed flat** *or* (US) **apartment** möblierte Wohnung *f*.

furnishings ['fəːnɪʃɪŋz] *npl* Einrichtung *f*.

furniture ['fəːnɪtʃə'] *n* Möbel *pl*; **piece of ~** Möbelstück *nt*.

furniture polish *n* Möbelpolitur *f*.

furore [fjuə'rɔːrɪ] *n* (*protests*) Proteste *pl*; (*enthusiasm*) Furore *f or nt*.

furrier ['fʌrɪə'] *n* Kürschner(in) *m(f)*.

furrow ['fʌrəʊ] *n* Furche *f*; (*in skin*) Runzel *f* ♦ *vt* (*brow*) runzeln.

furry ['fəːrɪ] *adj* (*coat, tail*) flauschig; (*animal*) Pelz-; (*toy*) Plüsch-.

further ['fəːðə'] *adj* weitere(r, s) ♦ *adv* weiter; (*moreover*) darüber hinaus ♦ *vt* fördern; **until ~ notice** bis auf weiteres; **how much ~ is it?** wie weit ist es noch?; ~ **to your letter of ... (COMM)** Bezug nehmend auf Ihr Schreiben vom ...

further education (BRIT) *n* Weiterbildung *f*, Fortbildung *f*.

furthermore [fəːðə'mɔː'] *adv* außerdem.

furthermost ['fəːðəməust] *adj* äußerste(r, s).

furthest ['fəːðɪst] *superl of* **far**.

furtive ['fəːtɪv] *adj* verstohlen.

furtively ['fəːtɪvlɪ] *adv* verstohlen.

fury ['fjuərɪ] *n* Wut *f*; **to be in a ~** in Rage sein.

fuse, (US) **fuze** [fjuːz] *n* (ELEC) Sicherung *f*; (*for bomb etc*) Zündschnur *f* ♦ *vt* (*pieces of metal*) verschmelzen; (*fig*) vereinigen ♦ *vi* (*pieces of metal*) sich verbinden; (*fig*) sich vereinigen; **to ~ the lights** (BRIT) die Sicherung durchbrennen lassen; **a ~ has blown** eine Sicherung ist durchgebrannt.

fuse box *n* Sicherungskasten *m*.

fuselage ['fjuːzəlɑːʒ] *n* Rumpf *m*.

fuse wire *n* Schmelzdraht *m*.

fusillade [fjuːzɪ'leɪd] *n* Salve *f*.

fusion ['fjuːʒən] *n* Verschmelzung *f*; (*also*: **nuclear ~**) Kernfusion *f*.

fuss [fʌs] *n* Theater *nt* (*inf*) ♦ *vi* sich (unnötig)

aufregen ♦ _vt_ keine Ruhe lassen +_dat_; **to make a ~ Krach** schlagen (_inf_); **to make a ~ of sb** viel Getue um jdn machen (_inf_).
▶ **fuss over** _vt fus_ bemuttern.
fusspot ['fʌspɒt] _n_ Nörgler(in) _m(f)_.
fussy ['fʌsɪ] _adj_ kleinlich, pingelig (_inf_); (_clothes, room etc_) verspielt; **I'm not ~** es ist mir egal.
fusty ['fʌstɪ] _adj_ muffig.
futile ['fjuːtaɪl] _adj_ vergeblich; (_existence_) sinnlos; (_comment_) zwecklos.
futility [fjuː'tɪlɪtɪ] _n_ (_see adj_) Vergeblichkeit _f_; Sinnlosigkeit _f_; Zwecklosigkeit _f_.
futon ['fuːtɒn] _n_ Futon _m_.
future ['fjuːtʃə*] _adj_ zukünftig ♦ _n_ Zukunft _f_; (_LING_) Futur _nt_; **futures** _npl_ (_COMM_) Termingeschäfte _pl_; **in (the) ~** in Zukunft; **in the near ~** in der nahen Zukunft; **in the immediate ~** sehr bald.
futuristic [fjuːtʃə'rɪstɪk] _adj_ futuristisch.
fuze [fjuːz] (_US_) _n, vt, vi_ = **fuse**.
fuzz [fʌz] (_inf_) _n_ (_police_): **the ~** die Bullen _pl_.
fuzzy ['fʌzɪ] _adj_ verschwommen; (_hair_) kraus; (_thoughts_) verworren.
fwd. _abbr_ = **forward**.
fwy (_US_) _abbr_ = **freeway**.
FY _abbr_ (= _fiscal year_) Steuerjahr _nt_.
FYI _abbr_ (= _for your information_) zu Ihrer Information.

G, g

G¹, g¹ [dʒiː] _n_ (_letter_) G _nt_, g _nt_; **~ for George** ≈ G wie Gustav.
G² [dʒiː] _n_ (_MUS_) G _nt_, g _nt_.
G³ [dʒiː] _n abbr_ (_BRIT: SCOL_) = **good**; (_US: CINE_: = _general (audience)_) Klassifikation für jugendfreie Filme; (_PHYS_): **~-force** g-Druck _m_.
G7 _n abbr_ (_POL_: = _Group of Seven_) G7 _f_.
g² _abbr_ (= _gram(me)_) g; (_PHYS_) = **gravity**.
GA (_US_) _abbr_ (_POST_: = _Georgia_).
gab [ɡæb] (_inf_) _n_: **to have the gift of the ~** reden können, nicht auf den Mund gefallen sein.
gabble ['ɡæbl] _vi_ brabbeln (_inf_).
gaberdine [ɡæbə'diːn] _n_ Gabardine _m_.
gable ['ɡeɪbl] _n_ Giebel _m_.
Gabon [ɡə'bɒn] _n_ Gabun _nt_.
gad about [ɡæd-] (_inf_) _vi_ herumziehen.
gadget ['ɡædʒɪt] _n_ Gerät _nt_.
gadgetry ['ɡædʒɪtrɪ] _n_ Geräte _pl_.
Gaelic ['ɡeɪlɪk] _adj_ gälisch ♦ _n_ (_LING_) Gälisch _nt_.
gaffe [ɡæf] _n_ Fauxpas _m_.

gaffer ['ɡæfə*] (_BRIT: inf_) _n_ (_boss_) Chef _m_; (_foreman_) Vorarbeiter _m_; (_old man_) Alte(r) _m_.
gag [ɡæɡ] _n_ Knebel _m_; (_joke_) Gag _m_ ♦ _vt_ knebeln ♦ _vi_ würgen.
gaga ['ɡɑːɡɑː] (_inf_) _adj_: **to go ~** verkalken.
gage [ɡeɪdʒ] (_US_) _n, vt_ = **gauge**.
gaiety ['ɡeɪɪtɪ] _n_ Fröhlichkeit _f_.
gaily ['ɡeɪlɪ] _adv_ fröhlich; **~ coloured** farbenfroh, farbenprächtig.
gain [ɡeɪn] _n_ Gewinn _m_ ♦ _vt_ gewinnen ♦ _vi_ (_clock, watch_) vorgehen; **to do sth for ~** etw aus Berechnung tun; (_for money_) etw des Geldes wegen tun; **~ (in)** (_increase_) Zunahme _f_ (an +_dat_); (_in rights, conditions_) Verbesserung _f_ +_gen_; **to ~ ground** (an) Boden gewinnen; **to ~ speed** schneller werden; **to ~ weight** zunehmen; **to ~ 3lbs (in weight)** 3 Pfund zunehmen; **to ~ (in) confidence** sicherer werden;: **to ~ from sth** von etw profitieren; **to ~ in strength** stärker werden; **to ~ by doing sth** davon profitieren, etw zu tun; **to ~ on sb** jdn einholen.
gainful ['ɡeɪnful] _adj_: **~ employment** Erwerbstätigkeit _f_.
gainfully ['ɡeɪnfəlɪ] _adv_: **~ employed** erwerbstätig.
gainsay [ɡeɪn'seɪ] (_irreg: like_ **say**) _vt_ widersprechen +_dat_; (_fact_) leugnen.
gait [ɡeɪt] _n_ Gang _m_; **to walk with a slow/ confident ~** mit langsamen Schritten/ selbstbewusst gehen.
gal. _abbr_ = **gallon**.
gala ['ɡɑːlə] _n_ Galaveranstaltung _f_; **swimming ~** großes Schwimmfest _nt_.
Galapagos (Islands) [ɡə'læpəɡəs-] _npl_: **(the) ~** die Galapagosinseln _pl_.
galaxy ['ɡæləksɪ] _n_ Galaxis _f_, Sternsystem _nt_.
gale [ɡeɪl] _n_ Sturm _m_; **~ force 10** Sturmstärke 10.
gall [ɡɔːl] _n_ Galle _f_; (_fig: impudence_) Frechheit _f_ ♦ _vt_ maßlos ärgern.
gall. _abbr_ = **gallon**.
gallant ['ɡælənt] _adj_ tapfer; (_polite_) galant.
gallantry ['ɡæləntrɪ] _n_ (_see adj_) Tapferkeit _f_; Galanterie _f_.
gall bladder _n_ Gallenblase _f_.
galleon ['ɡælɪən] _n_ Galeone _f_.
gallery ['ɡælərɪ] _n_ (_also_: **art ~**) Galerie _f_, Museum _nt_; (_private_) (Privat)galerie _f_; (_in hall, church_) Galerie _f_; (_in theatre_) oberster Rang _m_, Balkon _m_.
galley ['ɡælɪ] _n_ Kombüse _f_; (_ship_) Galeere _f_; (_also_: **~ proof**) Fahne _f_, Fahnenabzug _m_.
Gallic ['ɡælɪk] _adj_ gallisch; (_French_) französisch.
galling ['ɡɔːlɪŋ] _adj_ äußerst ärgerlich.
gallon ['ɡælən] _n_ Gallone _f_ (_BRIT_ = 4,5 l, _US_ = 3,8 l).
gallop ['ɡæləp] _n_ Galopp _m_ ♦ _vi_ galoppieren; **~ing inflation** galoppierende Inflation _f_.
gallows ['ɡæləuz] _n_ Galgen _m_.

gallstone ['gɔːlstəʊn] n Gallenstein m.

Gallup poll ['gæləp-] n Meinungsumfrage f.

galore [gə'lɔːʳ] adv in Hülle und Fülle.

galvanize ['gælvənaɪz] vt (fig) mobilisieren; **to ~ sb into action** jdn plötzlich aktiv werden lassen.

galvanized ['gælvənaɪzd] adj (metal) galvanisiert.

Gambia ['gæmbɪə] n Gambia nt.

gambit ['gæmbɪt] n: (opening) ~ (einleitender) Schachzug m; (in conversation) (einleitende) Bemerkung f.

gamble ['gæmbl] n Risiko nt ♦ vt einsetzen ♦ vi ein Risiko eingehen; (bet) wetten; (on horses etc) wetten; **to ~ on the Stock Exchange** an der Börse spekulieren; **to ~ on sth** (horses, race) auf etw acc wetten; (success, outcome etc) sich auf etw acc verlassen.

gambler ['gæmbləʳ] n Spieler(in) m(f).

gambling ['gæmblɪŋ] n Spielen nt; (on horses etc) Wetten nt.

gambol ['gæmbl] vi herumtollen.

game [geɪm] n Spiel nt; (sport) Sport m; (strategy, scheme) Vorhaben nt; (CULIN, HUNTING) Wild nt ♦ adj: **to be ~ (for)** mitmachen (bei); **games** npl (SCOL) Sport m; **to play a ~ of football/tennis** Fußball/(eine Partie) Tennis spielen; **big ~** Großwild nt.

game bird n Federwild nt no pl.

gamekeeper ['geɪmkiːpəʳ] n Wildhüter(in) m(f).

gamely ['geɪmlɪ] adv mutig.

game reserve n Wildschutzreservat nt.

games console ['geɪmz-] n (COMPUT) Gameboy ® m, Konsole f.

game show n (TV) Spielshow f.

gamesmanship ['geɪmzmənʃɪp] n Gerissenheit f beim Spiel.

gaming ['geɪmɪŋ] n (gambling) Spielen nt.

gammon ['gæmən] n Schinken m.

gamut ['gæmət] n Skala f; **to run the ~ of** die ganze Skala +gen durchlaufen.

gander ['gændəʳ] n Gänserich m.

gang [gæŋ] n Bande f; (of friends) Haufen m; (of workmen) Kolonne f.

▶ **gang up** vi: **to ~ up on sb** sich gegen jdn zusammentun.

Ganges ['gændʒiːz] n: **the ~** der Ganges.

gangland ['gæŋlænd] adj (killer, boss) Unterwelt-.

gangling ['gæŋglɪŋ] adj schlaksig, hoch aufgeschossen.

gangly ['gæŋglɪ] adj schlaksig.

gangplank ['gæŋplæŋk] n Laufplanke f.

gangrene ['gæŋgriːn] n (MED) Brand m.

gangster ['gæŋstəʳ] n Gangster m.

gangway ['gæŋweɪ] n Laufplanke f, Gangway f; (in cinema, bus, plane etc) Gang m.

gantry ['gæntrɪ] n (for crane) Portal nt; (for railway signal) Signalbrücke f; (for rocket) Abschussrampe f.

GAO (US) n abbr (= General Accounting Office) Rechnungshof der USA.

gaol [dʒeɪl] (BRIT) n, vt = **jail**.

gap [gæp] n Lücke f; (in time) Pause f; (difference): ~ **(between)** Kluft f (zwischen +dat).

gape [geɪp] vi starren, gaffen; (hole) gähnen; (shirt) offen stehen.

gaping ['geɪpɪŋ] adj (hole) gähnend; (shirt) offen.

garage ['gærɑːʒ] n Garage f; (for car repairs) (Reparatur)werkstatt f; (petrol station) Tankstelle f.

garb [gɑːb] n Gewand nt, Kluft f.

garbage ['gɑːbɪdʒ] n (US: rubbish) Abfall m, Müll m; (inf: nonsense) Blödsinn m, Quatsch m; (fig: film, book) Schund m.

garbage can (US) n Mülleimer m, Abfalleimer m.

garbage collector (US) n Müllmann m.

garbage disposal (unit) n Müllschlucker m.

garbage truck (US) n Müllwagen m.

garbled ['gɑːbld] adj (account) wirr; (message) unverständlich.

garden ['gɑːdn] n Garten m ♦ vi gärtnern; **gardens** npl (public park) Park m; (private) Gartenanlagen pl; **she was ~ing** sie arbeitete im Garten.

garden centre n Gartencenter nt.

garden city n Gartenstadt f.

gardener ['gɑːdnəʳ] n Gärtner(in) m(f).

gardening ['gɑːdnɪŋ] n Gartenarbeit f.

gargle ['gɑːgl] vi gurgeln ♦ n Gurgelwasser nt.

gargoyle ['gɑːgɔɪl] n Wasserspeier m.

garish ['gɛərɪʃ] adj grell.

garland ['gɑːlənd] n Kranz m.

garlic ['gɑːlɪk] n Knoblauch m.

garment ['gɑːmənt] n Kleidungsstück nt.

garner ['gɑːnəʳ] vt sammeln.

garnish ['gɑːnɪʃ] vt garnieren.

garret ['gærɪt] n Dachkammer f, Mansarde f.

garrison ['gærɪsn] n Garnison f.

garrulous ['gærʊləs] adj geschwätzig.

garter ['gɑːtəʳ] n Strumpfband nt; (US: suspender) Strumpfhalter m.

garter belt (US) n Strumpfgürtel m, Hüftgürtel m.

gas [gæs] n Gas nt; (US: gasoline) Benzin nt ♦ vt mit Gas vergiften; (MIL) vergasen; **to be given ~** (as anaesthetic) Lachgas bekommen.

gas cooker (BRIT) n Gasherd m.

gas cylinder n Gasflasche f.

gaseous ['gæsɪəs] adj gasförmig.

gas fire (BRIT) n Gasofen m.

gas-fired ['gæsfaɪəd] adj (heater etc) Gas-.

gash [gæʃ] n klaffende Wunde f; (tear) tiefer Schlitz m ♦ vt aufschlitzen.

gasket ['gæskɪt] n Dichtung f.

gas mask n Gasmaske f.

gas meter n Gaszähler m.

gasoline ['gæsəliːn] (US) n Benzin nt.

gasp [gɑːsp] n tiefer Atemzug m ♦ vi keuchen; (in surprise) nach Luft schnappen; **to give a**

~ (of shock/horror) (vor Schreck/Entsetzen) die Luft anhalten; **to be ~ing for** sich sehnen nach +*dat*.

▶ **gasp out** *vt* hervorstoßen.

gas permeable *adj* (*lenses*) luftdurchlässig.

gas ring *n* Gasbrenner *m*.

gas station (*US*) *n* Tankstelle *f*.

gas stove *n* (*cooker*) Gasherd *m*; (*for camping*) Gaskocher *m*.

gassy ['gæsɪ] *adj* (*drink*) kohlensäurehaltig.

gas tank *n* Benzintank *m*.

gastric ['gæstrɪk] *adj* (*upset, ulcer etc*) Magen-.

gastric flu *n* Darmgrippe *f*.

gastroenteritis ['gæstrəʊɛntə'raɪtɪs] *n* Magen-Darm-Katarr(h) *m*.

gastronomy [gæs'trɒnəmɪ] *n* Gastronomie *f*.

gasworks ['gæswɜːks] *n* Gaswerk *nt*.

gate [geɪt] *n* (*of garden*) Pforte *f*; (*of field*) Gatter *nt*; (*of building*) Tor *nt*; (*at airport*) Flugsteig *m*; (*of level crossing*) Schranke *f*; (*of lock*) Tor *nt*.

gateau ['gætəʊ] (*pl* ~**x**) *n* Torte *f*.

gate-crash ['geɪtkræʃ] (*BRIT*) *vt* (*party*) ohne Einladung besuchen; (*concert*) eindringen in +*acc* ♦ *vi* ohne Einladung hingehen; eindringen.

gate-crasher ['geɪtkræʃə*] *n* ungeladener Gast *m*.

gatehouse ['geɪthaʊs] *n* Pförtnerhaus *nt*.

gateway ['geɪtweɪ] *n* (*also fig*) Tor *nt*.

gather ['gæðə*] *vt* sammeln; (*flowers, fruit*) pflücken; (*understand*) schließen; (*SEWING*) kräuseln ♦ *vi* (*assemble*) sich versammeln; (*dust*) sich ansammeln; (*clouds*) sich zusammenziehen; **to ~ (from)** schließen (aus); **to ~ (that)** annehmen(, dass); **as far as I can ~** so wie ich es sehe; **to ~ speed** schneller werden.

gathering ['gæðərɪŋ] *n* Versammlung *f*.

GATT [gæt] *n abbr* (= *General Agreement on Tariffs and Trade*) GATT *nt*.

gauche [gəʊʃ] *adj* linkisch.

gaudy ['gɔːdɪ] *adj* knallig.

gauge, (*US*) **gage** [geɪdʒ] *n* Messgerät *nt*, Messinstrument *nt*; (*RAIL*) Spurweite *f* ♦ *vt* messen; (*fig*) beurteilen; **petrol ~, fuel ~**, (*US*) **gas gage** Benzinuhr *f*; **to ~ the right moment** den richtigen Moment abwägen.

Gaul [gɔːl] *n* Gallien *nt*; (*person*) Gallier(in) *m(f)*.

gaunt [gɔːnt] *adj* (*haggard*) hager; (*bare, stark*) öde.

gauntlet ['gɔːntlɪt] *n* (*Stulpen*)handschuh *m*; (*fig*): **to run the ~** Spießruten laufen; **to throw down the ~** den Fehdehandschuh hinwerfen.

gauze [gɔːz] *n* Gaze *f*.

gave [geɪv] *pt of* **give**.

gavel ['gævl] *n* Hammer *m*.

gawk [gɔːk] (*inf*) *vi* gaffen, glotzen.

gawky ['gɔːkɪ] *adj* schlaksig.

gawp [gɔːp] *vi*: **to ~ at** angaffen, anglotzen

(*inf*).

gay [geɪ] *adj* (*homosexual*) schwul; (*cheerful*) fröhlich; (*dress*) bunt.

gaze [geɪz] *n* Blick *m* ♦ *vi*: **to ~ at sth** etw anstarren.

gazelle [gə'zɛl] *n* Gazelle *f*.

gazette [gə'zɛt] *n* Zeitung *f*; (*official*) Amtsblatt *nt*.

gazetteer [gæzə'tɪə*] *n* alphabetisches Ortsverzeichnis *nt*.

gazump [gə'zʌmp] (*BRIT*) *vt*: **to be ~ed** ein mündlich zugesagtes Haus an einen Höherbietenden verlieren.

GB *abbr* (= *Great Britain*) GB.

GBH (*BRIT*) *n abbr* (*LAW*) = **grievous bodily harm**.

GC (*BRIT*) *n abbr* (= *George Cross*) britische Tapferkeitsmedaille.

GCE (*BRIT*) *n abbr* (= *General Certificate of Education*) Schulabschlusszeugnis, ≈ Abitur *nt*.

GCHQ (*BRIT*) *n abbr* (= *Government Communications Headquarters*) Zentralstelle des britischen Nachrichtendienstes.

GCSE (*BRIT*) *n abbr* (= *General Certificate of Secondary Education*) Schulabschlusszeugnis, ≈ mittlere Reife *f*.

Gdns *abbr* (*in street names*: = *Gardens*) ≈ Str.

GDP *n abbr* = **gross domestic product**.

GDR *n abbr* (*formerly*: = *German Democratic Republic*) DDR *f*.

gear [gɪə*] *n* (*equipment*) Ausrüstung *f*; (*belongings*) Sachen *pl*; (*TECH*) Getriebe *nt*; (*AUT*) Gang *m*; (*on bicycle*) Gangschaltung *f* ♦ *vt* (*fig: adapt*): **to ~ sth to** etw ausrichten auf +*acc*; **top** or (*US*) **high/low/bottom ~** hoher/niedriger/erster Gang; **to put a car into ~** einen Gang einlegen; **to leave the car in ~** den Gang eingelegt lassen; **to leave out of ~** im Leerlauf lassen; **our service is ~ed to meet the needs of the disabled** unser Betrieb ist auf die Bedürfnisse von Behinderten eingerichtet.

▶ **gear up** *vt, vi*: **to ~ (o.s.) up (to)** sich vorbereiten (auf +*acc*) ♦ *vt*: **to ~ o.s. up to do sth** sich darauf vorbereiten, etw zu tun.

gearbox ['gɪəbɔks] *n* Getriebe *nt*.

gear lever, (*US*) **gear shift** *n* Schalthebel *m*.

GED (*US*) *n abbr* (*SCOL*) = *general educational development*) allgemeine Lernentwicklung.

geese [giːs] *npl of* **goose**.

geezer ['giːzə*] (*inf*) *n* Kerl *m*, Typ *m*.

Geiger counter ['gaɪgə-] *n* Geigerzähler *m*.

gel [dʒɛl] *n* Gel *nt*.

gelatin(e) ['dʒɛlətiːn] *n* Gelatine *f*.

gelignite ['dʒɛlɪgnaɪt] *n* Plastiksprengstoff *m*.

gem [dʒɛm] *n* Edelstein *m*; **she/the house is a ~** (*fig*) sie/das Haus ist ein Juwel; **a ~ of an idea** eine ausgezeichnete Idee.

Gemini ['dʒɛmɪnaɪ] *n* (*ASTROL*) Zwillinge *pl*; **to be ~** (ein) Zwilling sein.

gen [dʒɛn] (*BRIT: inf*) *n*: **to give sb the ~ on sth**

jdn über etw *acc* informieren.

Gen. *abbr* (*MIL*: = *General*) Gen.

gen. *abbr* = **general; generally**.

gender ['dʒɛndə⁺] *n* Geschlecht *nt*.

gene [dʒiːn] *n* Gen *nt*.

genealogy [dʒiːnɪ'ælədʒɪ] *n* Genealogie *f*, Stammbaumforschung *f*; (*family history*) Stammbaum *m*.

general ['dʒɛnərl] *n* General *m* ♦ *adj* allgemein; (*widespread*) weitverbreitet, weit verbreitet; (*non-specific*) generell; **in ~** im Allgemeinen; **the ~ public** die Öffentlichkeit, die Allgemeinheit; **~ audit** (*COMM*) Jahresabschlussprüfung *f*.

general anaesthetic *n* Vollnarkose *f*.

general delivery (*US*) *n*: **to send sth ~** etw postlagernd schicken.

general election *n* Parlamentswahlen *pl*.

generalization ['dʒɛnrəlaɪ'zeɪʃən] *n* Verallgemeinerung *f*.

generalize ['dʒɛnrəlaɪz] *vi* verallgemeinern.

generally ['dʒɛnrəlɪ] *adv* im Allgemeinen.

general manager *n* Hauptgeschäftsführer(in) *m(f)*.

general practitioner *n* praktischer Arzt *m*, praktische Ärztin *f*.

general strike *n* Generalstreik *m*.

generate ['dʒɛnəreɪt] *vt* erzeugen; (*jobs*) schaffen; (*profits*) einbringen.

generation [dʒɛnə'reɪʃən] *n* Generation *f*; (*of electricity etc*) Erzeugung *f*.

generator ['dʒɛnəreɪtə⁺] *n* Generator *m*.

generic [dʒɪ'nɛrɪk] *adj* allgemein; **~ term** Oberbegriff *m*.

generosity [dʒɛnə'rɔsɪtɪ] *n* Großzügigkeit *f*.

generous ['dʒɛnərəs] *adj* großzügig; (*measure, remuneration*) reichlich.

genesis ['dʒɛnɪsɪs] *n* Entstehung *f*.

genetic [dʒɪ'nɛtɪk] *adj* genetisch.

genetically *adv* genetisch; **genetically modified** genmanipuliert.

genetic engineering *n* Gentechnologie *f*.

genetic fingerprinting [-'fɪŋɡəprɪntɪŋ] *n* genetische Fingerabdrücke *pl*.

genetics [dʒɪ'nɛtɪks] *n* Genetik *f*.

Geneva [dʒɪ'niːvə] *n* Genf *nt*.

genial ['dʒiːnɪəl] *adj* freundlich; (*climate*) angenehm.

genitals ['dʒɛnɪtlz] *npl* Genitalien *pl*, Geschlechtsteile *pl*.

genitive ['dʒɛnɪtɪv] *n* Genitiv *m*.

genius ['dʒiːnɪəs] *n* Talent *nt*; (*person*) Genie *nt*.

Genoa ['dʒɛnəuə] *n* Genua *nt*.

genocide ['dʒɛnəusaɪd] *n* Völkermord *m*.

Genoese [dʒɛnəu'iːz] *adj* genuesisch ♦ *n inv* Genuese *m*, Genuesin *f*.

gent [dʒɛnt] (*BRIT: inf*) *n abbr* = **gentleman**.

genteel [dʒɛn'tiːl] *adj* vornehm, fein.

gentle ['dʒɛntl] *adj* sanft; (*movement, breeze*) leicht; **a ~ hint** ein zarter Hinweis.

gentleman ['dʒɛntlmən] (*irreg: like* **man**) *n*

Herr *m*; (*referring to social position or good manners*) Gentleman *m*; **~'s agreement** Vereinbarung *f* auf Treu und Glauben.

gentlemanly ['dʒɛntlmənlɪ] *adj* zuvorkommend.

gentleness ['dʒɛntlnɪs] *n* (*see adj*) Sanftheit *f*; Leichtheit *f*; Zartheit *f*.

gently ['dʒɛntlɪ] *adv* (*see adj*) sanft; leicht; zart.

gentry ['dʒɛntrɪ] *n inv*: **the ~** die Gentry, der niedere Adel.

gents [dʒɛnts] *n*: **the ~** die Herrentoilette.

genuine ['dʒɛnjuɪn] *adj* echt; (*person*) natürlich, aufrichtig.

genuinely ['dʒɛnjuɪnlɪ] *adv* wirklich.

geographer [dʒɪ'ɔɡrəfə⁺] *n* Geograf(in) *m(f)*.

geographic(al) [dʒɪə'ɡræfɪk(l)] *adj* geografisch.

geography [dʒɪ'ɔɡrəfɪ] *n* Geografie *f*; (*SCOL*) Erdkunde *f*.

geological [dʒɪə'lɔdʒɪkl] *adj* geologisch.

geologist [dʒɪ'ɔlədʒɪst] *n* Geologe *m*, Geologin *f*.

geology [dʒɪ'ɔlədʒɪ] *n* Geologie *f*.

geometric(al) [dʒɪə'mɛtrɪk(l)] *adj* geometrisch.

geometry [dʒɪ'ɔmɪtrɪ] *n* Geometrie *f*.

Geordie ['dʒɔːdɪ] (*inf*) *n* aus dem Gebiet von Newcastle stammende oder dort wohnhafte Person.

Georgia ['dʒɔːdʒə] *n* (*in Eastern Europe*) Georgien *nt*.

Georgian ['dʒɔːdʒən] *adj* georgisch ♦ *n* Georgier(in) *m(f)*; (*LING*) Georgisch *nt*.

geranium [dʒɪ'reɪnɪəm] *n* Geranie *f*.

geriatric [dʒɛrɪ'ætrɪk] *adj* geriatrisch ♦ *n* Greis(in) *m(f)*.

germ [dʒəːm] *n* Bazillus *m*; (*BIOL, fig*) Keim *m*.

German ['dʒəːmən] *adj* deutsch ♦ *n* Deutsche(r) *f(m)*; (*LING*) Deutsch *nt*.

German Democratic Republic *n* (*formerly*) Deutsche Demokratische Republik *f*.

germane [dʒəː'meɪn] *adj*: **~ (to)** von Belang (für).

German measles (*BRIT*) *n* Röteln *pl*.

German Shepherd (dog) (*esp US*) *n* Schäferhund *m*.

Germany ['dʒəːmənɪ] *n* Deutschland *nt*.

germinate ['dʒəːmɪneɪt] *vi* keimen; (*fig*) aufkeimen.

germination [dʒəːmɪ'neɪʃən] *n* Keimung *f*.

germ warfare *n* biologische Kriegsführung *f*, Bakterienkrieg *m*.

gerrymandering ['dʒɛrɪmændərɪŋ] *n* Wahlkreisschiebungen *pl*.

gestation [dʒɛs'teɪʃən] *n* (*of animals*) Trächtigkeit *f*; (*of humans*) Schwangerschaft *f*.

gesticulate [dʒɛs'tɪkjuleɪt] *vi* gestikulieren.

gesture ['dʒɛstjə⁺] *n* Geste *f*; **as a ~ of friendship** als Zeichen der Freundschaft.

====================================== *KEYWORD*

get [gɛt] (*pt, pp* **got**) (*US*) (*pp* **gotten**) *vi* **1**
(*become, be*) werden; **to ~ old/tired/cold**
alt/müde/kalt werden; **to ~ dirty** sich
schmutzig machen; **to ~ killed** getötet
werden; **to ~ married** heiraten.

2 (*go*): **to ~ (from ...) to ...** (von ...) nach ...
kommen; **how did you ~ here?** wie sind Sie
hierhin gekommen?

3 (*begin*): **to ~ to know sb** jdn kennen
lernen; **let's ~ going** *or* **started** fangen wir
an!

♦ *modal aux vb*: **you've got to do it** du musst
es tun

♦ *vt* **1**: **to ~ sth done** (*do oneself*) etw
gemacht bekommen; (*have done*) etw
machen lassen; **to ~ one's hair cut** sich *dat*
die Haare schneiden lassen; **to ~ the car
going** *or* **to go** das Auto in Gang bringen; **to
~ sb to do sth** etw von jdm machen lassen;
(*persuade*) jdn dazu bringen, etw zu tun.

2 (*obtain: money, permission, results*)
erhalten; (*find: job, flat*) finden; (*fetch: person,
doctor, object*) holen; **to ~ sth for sb** jdm etw
besorgen; **can I ~ you a drink?** kann ich
Ihnen etwas zu trinken anbieten?

3 (*receive, acquire: present, prize*) bekommen;
how much did you ~ for the painting? wie
viel haben Sie für das Bild bekommen?

4 (*catch*) bekommen, kriegen (*inf*); (*hit: target
etc*) treffen; **to ~ sb by the arm/throat** jdn
am Arm/Hals packen; **the bullet got him in
the leg** die Kugel traf ihn ins Bein.

5 (*take, move*) bringen; **to ~ sth to sb** jdm
etw zukommen lassen.

6 (*plane, bus etc: take*) nehmen; (: *catch*)
bekommen.

7 (*understand: joke etc*) verstehen; **I ~ it** ich
verstehe.

8 (*have, possess*): **to have got** haben; **how
many have you got?** wie viele hast du?

▶ **get about** *vi* (*person*) herumkommen;
(*news, rumour*) sich verbreiten.

▶ **get across** *vt* (*message, meaning*)
klarmachen.

▶ **get along** *vi* (*be friends*) (miteinander)
auskommen; (*depart*) sich auf den Weg
machen.

▶ **get around** *vt fus* = **get round.**

▶ **get at** *vt fus* (*attack, criticize*) angreifen;
(*reach*) herankommen an +*acc*; **what are you
~ting at?** worauf willst du hinaus?

▶ **get away** *vi* (*leave*) wegkommen; (*on
holiday*) verreisen; (*escape*) entkommen.

▶ **get away with** *vt fus* (*stolen goods*)
entkommen mit; **he'll never ~ away with it!**
damit kommt er nicht durch.

▶ **get back** *vi* (*return*) zurückkommen
♦ *vt* (*regain*) zurückbekommen; **~ back!**
zurück!

▶ **get back at** (*inf*) *vt fus*: **to ~ back at sb for**
sth jdm etw heimzahlen.

▶ **get back to** *vt fus* (*return to*) zurückkehren
zu; (*contact again*) zurückkommen auf +*acc*;
to ~ back to sleep wieder einschlafen.

▶ **get by** *vi* (*pass*) vorbeikommen; (*manage*)
zurechtkommen; **I can ~ by in German** ich
kann mich auf Deutsch verständlich
machen.

▶ **get down** *vi* (*from tree, ladder etc*)
heruntersteigen; (*from horse*) absteigen;
(*leave table*) aufstehen; (*bend down*) sich
bücken; (*duck*) sich ducken ♦ *vt* (*depress:
person*) fertig machen; (*write*)
aufschreiben.

▶ **get down to** *vt fus*: **to ~ down to sth** (*work*)
etw in Angriff nehmen; (*find time*) zu etw
kommen; **to ~ down to business** (*fig*) zur
Sache kommen.

▶ **get in** *vi* (*be elected: candidate, party*)
gewählt werden; (*arrive*) ankommen
♦ *vt* (*bring in: harvest*) einbringen; (: *shopping,
supplies*) (herein)holen.

▶ **get into** *vt fus* (*conversation, argument, fight*)
geraten in +*acc*; (*vehicle*) einsteigen in +*acc*;
(*clothes*) hineinkommen in +*acc*; **to ~ into
bed** ins Bett gehen; **to ~ into the habit of
doing sth** sich *dat* angewöhnen, etw zu tun.

▶ **get off** *vi* (*from train etc*) aussteigen; (*escape
punishment*) davonkommen ♦ *vt* (*remove:
clothes*) ausziehen; (: *stain*)
herausbekommen
♦ *vt fus* (*leave: train, bus*) aussteigen aus; **we
~ 3 days off at Christmas** zu Weihnachten
bekommen wir 3 Tage frei; **to ~ off to a
good start** (*fig*) einen guten Anfang machen.

▶ **get on** *vi* (*be friends*) (miteinander)
auskommen ♦ *vt fus* (*bus, train*) einsteigen in
+*acc*; **how are you ~ting on?** wie kommst du
zurecht?; **time is ~ting on** es wird langsam
spät.

▶ **get on to** (*BRIT*) *vt fus* (*subject, topic*)
übergehen zu; (*contact: person*) sich in
Verbindung setzen mit.

▶ **get on with** *vt fus* (*person*) auskommen mit;
(*meeting, work etc*) weitermachen mit.

▶ **get out** *vi* (*leave: on foot*) hinausgehen; (*of
vehicle*) aussteigen; (*news etc*)
herauskommen ♦ *vt* (*take out: book etc*)
herausholen; (*remove: stain*)
herausbekommen.

▶ **get out of** *vt fus* (*money: bank etc*) abheben
von; (*avoid: duty etc*) herumkommen um
♦ *vt* (*extract: confession etc*)
herausbekommen aus; (*derive: pleasure*)
haben an +*dat*; (: *benefit*) haben von.

▶ **get over** *vt fus* (*overcome*) überwinden;
(: *illness*) sich erholen von; (*communicate:
idea etc*) verständlich machen
♦ *vt*: **to ~ it over with** (*finish*) es hinter sich
acc bringen.

▶ **get round** *vt fus* (*law, rule*) umgehen;
(*person*) herumkriegen.

▶ **get round to** vt fus: **to ~ round to doing sth** dazu kommen, etw zu tun.

▶ **get through** vi (TEL) durchkommen ♦ vt fus (finish: work) schaffen; (: book) lesen.

▶ **get through to** vt fus (TEL) durchkommen zu; (make o.s. understood) durchdringen zu.

▶ **get together** vi (people) zusammenkommen ♦ vt (people) zusammenbringen; (project, plan etc) zusammenstellen.

▶ **get up** vi (rise) aufstehen ♦ vt: **to ~ up enthusiasm for sth** Begeisterung für etw aufbringen.

▶ **get up to** vt fus (prank etc) anstellen.

getaway ['gɛtəweɪ] n: **to make a/one's ~** sich davonmachen.

getaway car n Fluchtauto nt.

get-together ['gɛttəgɛðə*] n Treffen nt; (party) Party f.

get-up ['gɛtʌp] (inf) n Aufmachung f.

get-well card [gɛt'wɛl-] n Karte f mit Genesungswünschen.

geyser ['gi:zə*] n Geiser m; (BRIT: water heater) Durchlauferhitzer m.

Ghana ['gɑ:nə] n Ghana nt.

Ghanaian [gɑ:'neɪən] adj ghanaisch ♦ n Ghanaer(in) m(f).

ghastly ['gɑ:stlɪ] adj grässlich; (complexion) totenblass; **you look ~!** (ill) du siehst grässlich aus!

gherkin ['gə:kɪn] n Gewürzgurke f.

ghetto ['gɛtəu] n G(h)etto nt.

ghetto blaster [-'blɑ:stə*] (inf) n Ghettoblaster m.

ghost [gəust] n Geist m, Gespenst nt ♦ vt für jdn (als Ghostwriter) schreiben; **to give up the ~** den Geist aufgeben.

ghost town n Geisterstadt f.

ghostwriter ['gəustraɪtə*] n Ghostwriter(in) m(f).

ghoul [gu:l] n böser Geist m.

ghoulish ['gu:lɪʃ] adj makaber.

GHQ n abbr (MIL: = general headquarters) Hauptquartier nt.

GHz abbr (= gigahertz) GHz.

GI (US: inf) n abbr (= government issue) GI m.

giant ['dʒaɪənt] n (also fig) Riese m ♦ adj riesig, riesenhaft; **~ (size) packet** Riesenpackung f.

giant killer n (fig) Goliathbezwinger(in) m(f).

gibber ['dʒɪbə*] vi brabbeln.

gibberish ['dʒɪbərɪʃ] n Quatsch m.

gibe [dʒaɪb] n spöttische Bemerkung f ♦ vi: **to ~ at** spöttische Bemerkungen machen über +acc.

giblets ['dʒɪblɪts] npl Geflügelinnereien pl.

Gibraltar [dʒɪ'brɔ:ltə*] n Gibraltar nt.

giddiness ['gɪdɪnɪs] n Schwindelgefühl nt.

giddy ['gɪdɪ] adj: **I am/feel ~** mir ist schwind(e)lig; (height) Schwindel erregend; **~ with excitement** vor Aufregung ganz ausgelassen.

gift [gɪft] n Geschenk nt; (donation) Spende f; (COMM: also: **free ~**) (Werbe)geschenk nt; (ability) Gabe f; **to have a ~ for sth** ein Talent für etw haben.

gifted ['gɪftɪd] adj begabt.

gift token n Geschenkgutschein m.

gift voucher n = gift token.

gig [gɪg] (inf) n Konzert nt.

gigabyte ['dʒɪgəbaɪt] n Gigabyte nt.

gigantic [dʒaɪ'gæntɪk] adj riesig, riesengroß.

giggle ['gɪgl] vi kichern ♦ n Spaß m; **to do sth for a ~** etw aus Spaß tun.

GIGO ['gaɪgəu] (inf) abbr (COMPUT: = garbage in, garbage out) GIGO.

gild [gɪld] vt vergolden.

gill [dʒɪl] n Gill nt (BRIT = 15 cl, US = 12 cl).

gills [gɪlz] npl Kiemen pl.

gilt [gɪlt] adj vergoldet ♦ n Vergoldung f; **gilts** npl (COMM) mündelsichere Wertpapiere pl.

gilt-edged ['gɪltɛdʒd] adj (stocks, securities) mündelsicher.

gimlet ['gɪmlɪt] n Handbohrer m.

gimmick ['gɪmɪk] n Gag m; **sales ~** Verkaufsmasche f, Verkaufstrick m.

gin [dʒɪn] n Gin m.

ginger ['dʒɪndʒə*] n Ingwer m ♦ adj (hair) rötlich; (cat) rötlich gelb.

ginger ale n Ginger Ale nt.

ginger beer n Ingwerbier nt.

gingerbread ['dʒɪndʒəbrɛd] n (cake) Ingwerkuchen m; (biscuit) ≈ Pfefferkuchen m.

ginger group (BRIT) n Aktionsgruppe f.

gingerly ['dʒɪndʒəlɪ] adv vorsichtig.

gingham ['gɪŋəm] n (TEXTILE) Gingan m, Gingham m.

ginseng ['dʒɪnsɛŋ] n Ginseng m.

gipsy ['dʒɪpsɪ] n Zigeuner(in) m(f).

gipsy caravan n Zigeunerwagen m.

giraffe [dʒɪ'rɑ:f] n Giraffe f.

girder ['gə:də*] n Träger m.

girdle ['gə:dl] n Hüftgürtel m, Hüfthalter m ♦ vt (fig) umgeben.

girl [gə:l] n Mädchen nt; (young unmarried woman) (junges) Mädchen nt; (daughter) Tochter f; **this is my little ~** das ist mein Töchterchen; **an English ~** eine Engländerin.

girlfriend ['gə:lfrɛnd] n Freundin f.

Girl Guide n Pfadfinderin f.

girlish ['gə:lɪʃ] adj mädchenhaft.

Girl Scout (US) n Pfadfinderin f.

Giro ['dʒaɪrəu] n: **the National ~** (BRIT) der Postscheckdienst.

giro ['dʒaɪrəu] n Giro nt, Giroverkehr m; (post office giro) Postscheckverkehr m; (BRIT: welfare cheque) Sozialhilfescheck m.

girth [gə:θ] n Umfang m; (of horse) Sattelgurt m.

gist [dʒɪst] n Wesentliche(s) nt.

=============================== *KEYWORD*

give [gɪv] (*pt* **gave**, *pp* **given**) *vt* **1** (*hand over*): **to ~ sb sth**, **~ sth to sb** jdm etw geben; **I'll ~ you £5 for it** ich gebe dir £5 dafür.
2 (*used with noun to replace a verb*): **to ~ a sigh/cry/laugh** *etc* seufzen/schreien/lachen *etc*; **to ~ a speech/a lecture** eine Rede/einen Vortrag halten; **to ~ three cheers** ein dreifaches Hoch ausbringen.
3 (*tell, deliver: news, message etc*) mitteilen; (: *advice, answer*) geben.
4 (*supply, provide: opportunity, job etc*) geben; (: *surprise*) bereiten; (*bestow: title, honour, right*) geben, verleihen; **that's given me an idea** dabei kommt mir eine Idee.
5 (*devote: time, one's life*) geben; (: *attention*) schenken.
6 (*organize: party, dinner etc*) geben
♦ *vi* **1** (*also: ~ **way**: break, collapse*) nachgeben.
2 (*stretch: fabric*) sich dehnen.
▶ **give away** *vt* (*money, opportunity*) verschenken; (*secret, information*) verraten; (*bride*) zum Altar führen; **that immediately gave him away** dadurch verriet er sich sofort.
▶ **give back** *vt* (*money, book etc*) zurückgeben.
▶ **give in** *vi* (*yield*) nachgeben
♦ *vt* (*essay etc*) abgeben.
▶ **give off** *vt* (*heat, smoke*) abgeben.
▶ **give out** *vt* (*prizes, books, drinks etc*) austeilen ♦ *vi* (*be exhausted: supplies*) zu Ende gehen; (*fail*) versagen.
▶ **give up** *vt, vi* aufgeben; **to ~ up smoking** das Rauchen aufgeben; **to ~ o.s. up** sich stellen; (*after siege etc*) sich ergeben.
▶ **give way** *vi* (*yield, collapse*) nachgeben; (*BRIT: AUT*) die Vorfahrt achten.

give-and-take ['gɪvənd'teɪk] *n* (*gegenseitiges*) Geben und Nehmen *nt*.
giveaway ['gɪvəweɪ] (*inf*) *n*: **her expression was a ~** ihr Gesichtsausdruck verriet alles; **the exam was a ~!** die Prüfung war geschenkt!; **~ prices** Schleuderpreise *pl*.
given ['gɪvn] *pp of* **give** ♦ *adj* (*time, amount*) bestimmt ♦ *conj*: **~ the circumstances ...** unter den Umständen ...; **~ that ...** angesichts der Tatsache, dass ...
glacial ['gleɪsɪəl] *adj* (*landscape etc*) Gletscher-; (*fig*) eisig.
glacier ['glæsɪə*] *n* Gletscher *m*.
glad [glæd] *adj* froh; **to be ~ about sth** sich über etw *acc* freuen; **to be ~ that** sich freuen, dass; **I was ~ of his help** ich war froh über seine Hilfe.
gladden ['glædn] *vt* erfreuen.
glade [gleɪd] *n* Lichtung *f*.
gladioli [glædɪ'əʊlaɪ] *npl* Gladiolen *pl*.
gladly ['glædlɪ] *adv* gern(e).

glamorous ['glæmərəs] *adj* reizvoll; (*model etc*) glamourös.
glamour ['glæmə*] *n* Glanz *m*, Reiz *m*.
glance [glɑːns] *n* Blick *m* ♦ *vi*: **to ~ at** einen Blick werfen auf +*acc*.
▶ **glance off** *vt fus* abprallen von.
glancing ['glɑːnsɪŋ] *adj*: **to strike sth a ~ blow** etw streifen.
gland [glænd] *n* Drüse *f*.
glandular fever ['glændjʊlə-] (*BRIT*) *n* Drüsenfieber *nt*.
glare [glɛə*] *n* wütender Blick *m*; (*of light*) greller Schein *m*; (*of publicity*) grelles Licht *nt* ♦ *vi* (*light*) grell scheinen; **to ~ at** (*wütend*) anstarren.
glaring ['glɛərɪŋ] *adj* eklatant.
glasnost ['glæznɒst] *n* Glasnost *f*.
glass [glɑːs] *n* Glas *nt*; **glasses** *npl* (*spectacles*) Brille *f*.
glass-blowing ['glɑːsbləʊɪŋ] *n* Glasbläserei *f*.
glass ceiling *n* (*fig*) gläserne Decke *f*.
glass fibre *n* Glasfaser *f*.
glasshouse ['glɑːshaʊs] *n* Gewächshaus *nt*.
glassware ['glɑːswɛə*] *n* Glaswaren *pl*.
glassy ['glɑːsɪ] *adj* glasig.
Glaswegian [glæs'wiːdʒən] *adj* Glasgower ♦ *n* Glasgower(in) *m(f)*.
glaze [gleɪz] *vt* (*door, window*) verglasen; (*pottery*) glasieren ♦ *n* Glasur *f*.
glazed [gleɪzd] *adj* (*eyes*) glasig; (*pottery, tiles*) glasiert.
glazier ['gleɪzɪə*] *n* Glaser(in) *m(f)*.
gleam [gliːm] *vi* (*light*) schimmern; (*polished surface, eyes*) glänzen ♦ *n*: **a ~ of hope** ein Hoffnungsschimmer *m*.
gleaming ['gliːmɪŋ] *adj* schimmernd, glänzend.
glean [gliːn] *vt* (*information*) herausbekommen, ausfindig machen.
glee [gliː] *n* Freude *f*.
gleeful ['gliːful] *adj* fröhlich.
glen [glɛn] *n* Tal *nt*.
glib [glɪb] *adj* (*person*) glatt; (*promise, response*) leichthin gemacht.
glibly ['glɪblɪ] *adv* (*talk*) gewandt; (*answer*) leichthin.
glide [glaɪd] *vi* gleiten ♦ *n* Gleiten *nt*.
glider ['glaɪdə*] *n* Segelflugzeug *nt*.
gliding ['glaɪdɪŋ] *n* Segelfliegen *nt*.
glimmer ['glɪmə*] *n* Schimmer *m*; (*of interest, hope*) Funke *m* ♦ *vi* schimmern.
glimpse [glɪmps] *n* Blick *m* ♦ *vt* einen Blick werfen auf +*acc*; **to catch a ~ (of)** einen flüchtigen Blick erhaschen (von +*dat*).
glint [glɪnt] *vi* glitzern; (*eyes*) funkeln ♦ *n* (*see vb*) Glitzern *nt*; Funkeln *nt*.
glisten ['glɪsn] *vi* glänzen.
glitter ['glɪtə*] *vi* glitzern; (*eyes*) funkeln ♦ *n* (*see vb*) Glitzern *nt*; Funkeln *nt*.
glittering ['glɪtərɪŋ] *adj* glitzernd; (*eyes*) funkelnd; (*career*) glänzend.

glitz [glɪts] (*inf*) *n* Glanz *m*.

gloat [gləʊt] *vi*: **to ~ (over)** (*own success*) sich brüsten (mit); (*sb's failure*) sich hämisch freuen (über +*acc*).

global ['gləʊbl] *adj* global.

global warming [-'wɔːmɪŋ] *n* Erwärmung *f* der Erdatmosphäre.

globe [gləʊb] *n* Erdball *m*; (*model*) Globus *m*; (*shape*) Kugel *f*.

globetrotter ['gləʊbtrɒtə'] *n* Globetrotter(in) *m(f)*, Weltenbummler(in) *m(f)*.

globule ['glɒbjuːl] *n* Tröpfchen *nt*.

gloom [gluːm] *n* Düsterkeit *f*; (*sadness*) düstere *or* gedrückte Stimmung *f*.

gloomily ['gluːmɪlɪ] *adv* düster.

gloomy ['gluːmɪ] *adj* düster; (*person*) bedrückt; (*situation*) bedrückend.

glorification [glɔːrɪfɪ'keɪʃən] *n* Verherrlichung *f*.

glorify ['glɔːrɪfaɪ] *vt* verherrlichen.

glorious ['glɔːrɪəs] *adj* herrlich; (*victory*) ruhmreich; (*future*) glanzvoll.

glory ['glɔːrɪ] *n* Ruhm *m*; (*splendour*) Herrlichkeit *f* ♦ *vi*: **to ~ in** sich sonnen in +*dat*.

glory hole (*inf*) *n* Rumpelkammer *f*.

Glos (*BRIT*) *abbr* (*POST*: = *Gloucestershire*).

gloss [glɒs] *n* Glanz *m*; (*also*: **~ paint**) Lack *m*, Lackfarbe *f*.

▶ **gloss over** *vt fus* vom Tisch wischen.

glossary ['glɒsərɪ] *n* Glossar *nt*.

glossy ['glɒsɪ] *adj* glänzend; (*photograph, magazine*) Hochglanz- ♦ *n* (*also*: **~ magazine**) (Hochglanz)magazin *nt*.

glove [glʌv] *n* Handschuh *m*.

glove compartment *n* Handschuhfach *nt*.

glow [gləʊ] *vi* glühen; (*stars, eyes*) leuchten ♦ *n* (*see vb*) Glühen *nt*; Leuchten *nt*.

glower ['glaʊə'] *vi*: **to ~ at sb** jdn finster ansehen.

glowing ['gləʊɪŋ] *adj* glühend; (*complexion*) blühend; (*fig: report, description etc*) begeistert.

glow-worm ['gləʊwɜːm] *n* Glühwürmchen *nt*.

glucose ['gluːkəʊs] *n* Traubenzucker *m*.

glue [gluː] *n* Klebstoff *m* ♦ *vt*: **to ~ sth onto sth** etw an etw *acc* kleben; **to ~ sth into place** etw festkleben.

glue-sniffing ['gluːsnɪfɪŋ] *n* (Klebstoff)-Schnüffeln *nt*.

glum [glʌm] *adj* bedrückt, niedergeschlagen.

glut [glʌt] *n*: **~ (of)** Überangebot *nt* (an +*dat*) ♦ *vt*: **to be ~ted (with)** überschwemmt sein (mit); **a ~ of pears** eine Birnenschwemme.

glutinous ['gluːtɪnəs] *adj* klebrig.

glutton ['glʌtn] *n* Vielfraß *m*; **a ~ for work** ein Arbeitstier *nt*; **a ~ for punishment** ein Masochist *m*.

gluttonous ['glʌtənəs] *adj* gefräßig.

gluttony ['glʌtənɪ] *n* Völlerei *f*.

glycerin(e) ['glɪsəriːn] *n* Glyzerin *nt*.

GM *abbr* = **genetically modified**.

gm *abbr* (= *gram(me)*) g.

GMAT (*US*) *n abbr* (= *Graduate Management Admissions Test*) Zulassungsprüfung für Handelsschulen.

GMT *abbr* (= *Greenwich Mean Time*) WEZ *f*.

gnarled [nɑːld] *adj* (*tree*) knorrig; (*hand*) knotig.

gnash [næʃ] *vt*: **to ~ one's teeth** mit den Zähnen knirschen.

gnat [næt] *n* (Stech)mücke *f*.

gnaw [nɔː] *vt* nagen an +*dat* ♦ *vi* (*fig*): **to ~ at** quälen.

gnome [nəʊm] *n* Gnom *m*; (*in garden*) Gartenzwerg *m*.

GNP *n abbr* (= *gross national product*) BSP *nt*.

GNVQ (*BRIT*) *n abbr* (= *General National Vocational Qualification*) allgemeine, auf die Arbeitswelt bezogene Qualifikation.

———————————————— KEYWORD

go [gəʊ] (*pt* **went**, *pp* **gone**) *vi* **1** gehen; (*travel*) fahren; **a car went by** ein Auto fuhr vorbei.
2 (*depart*) gehen; **"I must ~,"** she said „ich muss gehen", sagte sie; **she has gone to Sheffield/Australia** (*permanently*) sie ist nach Sheffield/Australien gegangen.
3 (*attend, take part in activity*) gehen; **she went to university in Oxford** sie ist in Oxford zur Universität gegangen; **to ~ for a walk** spazieren gehen; **to ~ dancing** tanzen gehen.
4 (*work*) funktionieren; **the tape recorder was still ~ing** das Tonband lief noch.
5 (*become*): **to ~ pale/mouldy** blass/schimmelig werden.
6 (*be sold*): **to ~ for £100** für £100 weggehen *or* verkauft werden.
7 (*be about to, intend to*): **we're ~ing to stop in an hour** wir hören in einer Stunde auf; **are you ~ing to come?** kommst du?, wirst du kommen?
8 (*time*) vergehen.
9 (*event, activity*) ablaufen; **how did it ~?** wie wars?
10 (*be given*): **the job is to ~ to someone else** die Stelle geht an jemand anders.
11 (*break etc*) kaputtgehen; **the fuse went** die Sicherung ist durchgebrannt.
12 (*be placed*) hingehören; **the milk goes in the fridge** die Milch kommt in den Kühlschrank

♦ *n* **1** (*try*): **to have a ~ at sth** etw versuchen; **I'll have a ~ at mending it** ich will versuchen, es zu reparieren; **to have a ~** es versuchen.
2 (*turn*): **whose ~ is it?** wer ist dran *or* an der Reihe?
3 (*move*): **to be on the ~** auf Trab sein.

▶ **go about** *vi* (*also*: **~ around**: *rumour*) herumgehen
♦ *vt fus*: **how do I ~ about this?** wie soll ich vorgehen?; **to ~ about one's business**

seinen eigenen Geschäften nachgehen.

▶ **go after** *vt fus* (*pursue: person*) nachgehen +*dat*; (: *job etc*) sich bemühen um; (: *record*) erreichen wollen.

▶ **go against** *vt fus* (*be unfavourable to*) ungünstig verlaufen für; (*disregard: advice, wishes etc*) handeln gegen.

▶ **go ahead** *vi* (*proceed*) weitergehen; **to ~ ahead with** weitermachen mit.

▶ **go along** *vi* gehen.

▶ **go along with** *vt fus* (*agree with*) zustimmen +*dat*; (*accompany*) mitgehen mit.

▶ **go away** *vi* (*leave*) weggehen.

▶ **go back** *vi* zurückgehen.

▶ **go back on** *vt fus* (*promise*) zurücknehmen.

▶ **go by** *vi* (*years, time*) vergehen
♦ *vt fus* (*rule etc*) sich richten nach.

▶ **go down** *vi* (*descend*) hinuntergehen; (*ship, sun*) untergehen; (*price, level*) sinken
♦ *vt fus* (*stairs, ladder*) hinuntergehen; **his speech went down well** seine Rede kam gut an.

▶ **go for** *vt fus* (*fetch*) holen (gehen); (*like*) mögen; (*attack*) losgehen auf +*acc*; (*apply to*) gelten für.

▶ **go in** *vi* (*enter*) hineingehen.

▶ **go in for** *vt fus* (*competition*) teilnehmen an +*dat*; (*favour*) stehen auf +*acc*.

▶ **go into** *vt fus* (*enter*) hineingehen in +*acc*; (*investigate*) sich befassen mit; (*career*) gehen in +*acc*.

▶ **go off** *vi* (*leave*) weggehen; (*food*) schlecht werden; (*bomb, gun*) losgehen; (*event*) verlaufen; (*lights etc*) ausgehen
♦ *vt fus* (*inf*): **I've gone off it/him** ich mache mir nichts mehr daraus/aus ihm; **the gun went off** das Gewehr ging los; **to ~ off to sleep** einschlafen; **the party went off well** die Party verlief gut.

▶ **go on** *vi* (*continue*) weitergehen; (*happen*) vor sich gehen; (*lights*) angehen
♦ *vt fus* (*be guided by*) sich stützen auf +*acc*; **to ~ on doing sth** mit etw weitermachen; **what's ~ing on here?** was geht hier vor?, was ist hier los?

▶ **go on at** (*inf*) *vt fus* (*nag*) herumnörgeln an +*dat*.

▶ **go on with** *vt fus* weitermachen mit.

▶ **go out** *vt fus* (*leave*) hinausgehen
♦ *vi* (*for entertainment*) ausgehen; (*fire, light*) ausgehen; (*couple*): **they went out for 3 years** sie gingen 3 Jahre lang miteinander.

▶ **go over** *vi* hinübergehen ♦ *vt* (*check*) durchgehen; **to ~ over sth in one's mind** etw überdenken.

▶ **go round** *vi* (*circulate: news, rumour*) umgehen; (*revolve*) sich drehen; (*suffice*) ausreichen; (*visit*): **to ~ round (to sb's)** (bei jdm) vorbeigehen; **there's not enough to ~ round** es reicht nicht (für alle).

▶ **go through** *vt fus* (*place*) gehen durch; (*by car*) fahren durch; (*undergo*) durchmachen;

(*search through: files, papers*) durchsuchen; (*describe: list, book, story*) durchgehen; (*perform*) durchgehen.

▶ **go through with** *vt fus* (*plan, crime*) durchziehen; **I couldn't ~ through with it** ich brachte es nicht fertig.

▶ **go under** *vi* (*sink: person*) untergehen; (*fig: business, project*) scheitern.

▶ **go up** *vi* (*ascend*) hinaufgehen; (*price, level*) steigen; **to ~ up in flames** in Flammen aufgehen.

▶ **go with** *vt fus* (*suit*) passen zu.

▶ **go without** *vt fus* (*food, treats*) verzichten auf +*acc*.

goad [gəud] *vt* aufreizen.

▶ **goad on** *vt* anstacheln.

go-ahead ['gəuəhɛd] *adj* zielstrebig; (*firm*) fortschrittlich ♦ *n* grünes Licht *nt*; **to give sb the ~** jdm grünes Licht geben.

goal [gəul] *n* Tor *nt*; (*aim*) Ziel *nt*; **to score a ~** ein Tor schießen *or* erzielen.

goal difference *n* Tordifferenz *f*.

goalie ['gəulı] (*inf*) *n* Tormann *m*.

goalkeeper ['gəulki:pə'] *n* Torwart *m*.

goal post *n* Torpfosten *m*.

goat [gəut] *n* Ziege *f*.

gobble ['gɔbl] *vt* (*also*: **~ down, ~ up**) verschlingen.

go-between ['gəubıtwi:n] *n* Vermittler(in) *m(f)*.

Gobi Desert ['gəubı-] *n*: **the ~** die Wüste Gobi.

goblet ['gɔblıt] *n* Pokal *m*.

goblin ['gɔblın] *n* Kobold *m*.

go-cart ['gəukɑːt] *n* Gokart *m*.

God [gɔd] *n* Gott *m* ♦ *excl* o Gott!

god [gɔd] *n* Gott *m*.

god-awful [gɔd'ɔːfəl] (*inf*) *adj* beschissen (!).

godchild ['gɔdtʃaıld] *n* Patenkind *nt*.

goddamn(ed) ['gɔddæm(d)] (*US: inf*) *adj* gottverdammt.

goddaughter ['gɔddɔːtə'] *n* Patentochter *f*.

goddess ['gɔdıs] *n* Göttin *f*.

godfather ['gɔdfɑːðə'] *n* Pate *m*.

God-fearing ['gɔdfıərıŋ] *adj* gottesfürchtig.

godforsaken ['gɔdfəseıkən] *adj* gottverlassen.

godmother ['gɔdmʌðə'] *n* Patin *f*.

godparent ['gɔdpɛərənt] *n* Pate *m*, Patin *f*.

godsend ['gɔdsɛnd] *n* Geschenk *nt* des Himmels.

godson ['gɔdsʌn] *n* Patensohn *m*.

goes [gəuz] *vb see* **go**.

gofer ['gəufə'] (*inf*) *n* Mädchen *nt* für alles.

go-getter ['gəugɛtə'] (*inf*) *n* Ellbogentyp (*pej, inf*) *m*.

goggle ['gɔgl] (*inf*) *vi*: **to ~ at** anstarren, anglotzen.

goggles ['gɔglz] *npl* Schutzbrille *f*.

going ['gəuıŋ] *n*: **it was slow/hard ~** (*fig*) es ging nur langsam/schwer voran ♦ *adj*: **the ~ rate** der gängige Preis; **when the ~ gets**

tough wenn es schwierig wird; **a ~ concern** ein gut gehendes Unternehmen.

going-over [ˈgəʊɪŋˈəʊvəˈ] (*inf*) *n* (*check*) Untersuchung *f*; (*beating-up*) Abreibung *f*; **to give sb a good ~** jdm eine tüchtige Abreibung verpassen.

goings-on [ˈgəʊɪŋzˈɒn] (*inf*) *npl* Vorgänge *pl*, Dinge *pl*.

go-kart [ˈgəʊkɑːt] *n* = **go-cart**.

gold [gəʊld] *n* Gold *nt*; (*also:* **~ medal**) Gold *nt*, Goldmedaille *f* ♦ *adj* golden; (*reserves, jewellery, tooth*) Gold-.

golden [ˈgəʊldən] *adj* (*also fig*) golden.

golden age *n* Blütezeit *f*.

golden handshake (*BRIT*) *n* Abstandssumme *f*.

golden rule *n* goldene Regel *f*.

goldfish [ˈgəʊldfɪʃ] *n* Goldfisch *m*.

gold leaf *n* Blattgold *nt*.

gold medal *n* Goldmedaille *f*.

gold mine *n* (*also fig*) Goldgrube *f*.

gold-plated [ˈgəʊldˈpleɪtɪd] *adj* vergoldet.

goldsmith [ˈgəʊldsmɪθ] *n* Goldschmied(in) *m(f)*.

gold standard *n* Goldstandard *m*.

golf [gɒlf] *n* Golf *nt*.

golf ball *n* (*for game*) Golfball *m*; (*on typewriter*) Kugelkopf *m*.

golf club *n* Golfklub *m*; (*stick*) Golfschläger *m*.

golf course *n* Golfplatz *m*.

golfer [ˈgɒlfəˈ] *n* Golfspieler(in) *m(f)*, Golfer(in) *m(f)*.

golfing [ˈgɒlfɪŋ] *n* Golf(spielen) *nt*; **he does a lot of ~** er spielt viel Golf ♦ *cpd* Golf-.

gondola [ˈgɒndələ] *n* Gondel *f*.

gondolier [gɒndəˈlɪəˈ] *n* Gondoliere *m*.

gone [gɒn] *pp of* **go** ♦ *adj* weg; (*days*) vorbei.

goner [ˈgɒnəˈ] (*inf*) *n*: **to be a ~** hinüber sein.

gong [gɒŋ] *n* Gong *m*.

good [gʊd] *adj* gut; (*well-behaved*) brav, lieb ♦ *n* (*virtue, morality*) Gute(s) *nt*; (*benefit*) Wohl *nt*; **goods** *npl* (*COMM*) Güter *pl*; **to have a ~ time** sich (gut) amüsieren; **to be ~ at sth** (*swimming, talking etc*) etw gut können; (*science, sports etc*) gut in etw *dat* sein; **to be ~ for sb/sth** gut für jdn/zu etw *dat* sein; **it's ~ for you** das tut dir gut; **it's a ~ thing you were there** gut, dass Sie da waren; **she is ~ with children** sie kann gut mit Kindern umgehen; **she is ~ with her hands** sie ist geschickt; **to feel ~** sich wohl fühlen; **it's ~ to see you** es ist (sehr) schön, Sie zu sehen; **would you be ~ enough to ...?** könnten Sie bitte ...?; **that's very ~ of you** das ist wirklich nett von Ihnen; **a ~ deal (of)** ziemlich viel; **a ~ many** ziemlich viele; **take a ~ look** sieh dir das genau *or* gut an; **a ~ while ago** vor einiger Zeit; **to make ~** (*damage*) wieder gutmachen; (*loss*) ersetzen; **it's no ~ complaining** es ist sinnlos *or* es nützt nichts, sich zu beklagen;

~ morning/afternoon/evening! guten Morgen/Tag/Abend!; **~ night!** gute Nacht!; **he's up to no ~** er führt nichts Gutes im Schilde; **for the common ~** zum Wohle aller; **is this any ~?** (*will it help you?*) können Sie das gebrauchen?; (*is it good enough?*) reicht das?; **is the book/film any ~?** was halten Sie von dem Buch/Film?; **for ~** für immer; **~s and chattels** Hab und Gut *nt*.

goodbye [gʊdˈbaɪ] *excl* auf Wiedersehen!; **to say ~** sich verabschieden.

good-for-nothing [ˈgʊdfənʌθɪŋ] *adj* nichtsnutzig.

Good Friday *n* Karfreitag *m*.

good-humoured [ˈgʊdˈhjuːməd] *adj* gut gelaunt; (*good-natured*) gutmütig; (*remark, joke*) harmlos.

good-looking [ˈgʊdˈlʊkɪŋ] *adj* gut aussehend.

good-natured [ˈgʊdˈneɪtʃəd] *adj* gutmütig; (*discussion*) freundlich.

goodness [ˈgʊdnɪs] *n* Güte *f*; **for ~ sake!** um Himmels willen!; **~ gracious!** ach du liebe *or* meine Güte!

goods train (*BRIT*) *n* Güterzug *m*.

goodwill [gʊdˈwɪl] *n* Wohlwollen *nt*; (*COMM*) Goodwill *m*.

goody [ˈgʊdɪ] (*inf*) *n* Gute(r) *m*, Held *m*.

goody-goody [ˈgʊdɪgʊdɪ] (*pej*) *n* Tugendlamm *nt*, Musterkind (*inf*) *nt*.

gooey [ˈguːɪ] (*inf*) *adj* (*sticky*) klebrig; (*cake*) üppig; (*fig: sentimental*) rührselig.

goose [guːs] (*pl* **geese**) *n* Gans *f*.

gooseberry [ˈgʊzbərɪ] *n* Stachelbeere *f*; **to play ~** (*BRIT*) das fünfte Rad am Wagen sein.

goose flesh *n* = **goose pimples**.

goose pimples *npl* Gänsehaut *f*.

goose step *n* Stechschritt *m*.

GOP (*US: inf*) *n abbr* (*POL:* = **Grand Old Party**) Republikanische Partei.

gopher [ˈgəʊfəˈ] *n* (*ZOOL*) Taschenratte *f*.

gore [gɔːˈ] *vt* aufspießen ♦ *n* Blut *nt*.

gorge [gɔːdʒ] *n* Schlucht *f* ♦ *vt*: **to ~ o.s. (on)** sich voll stopfen (mit).

gorgeous [ˈgɔːdʒəs] *adj* herrlich; (*person*) hinreißend.

gorilla [gəˈrɪlə] *n* Gorilla *m*.

gormless [ˈgɔːmlɪs] (*BRIT: inf*) *adj* doof.

gorse [gɔːs] *n* Stechginster *m*.

gory [ˈgɔːrɪ] *adj* blutig.

go-slow [ˈgəʊˈsləʊ] (*BRIT*) *n* Bummelstreik *m*.

gospel [ˈgɒspl] *n* Evangelium *nt*; (*doctrine*) Lehre *f*.

gossamer [ˈgɒsəməˈ] *n* Spinnfäden *pl*; (*light fabric*) hauchdünne Gaze *f*.

gossip [ˈgɒsɪp] *n* (*rumours*) Klatsch *m*, Tratsch *m*; (*chat*) Schwatz *m*; (*person*) Klatschbase *f* ♦ *vi* schwatzen; **a piece of ~** eine Neuigkeit.

gossip column *n* Klatschkolumne *f*, Klatschspalte *f*.

got [gɒt] *pt, pp of* **get**.

Gothic [ˈgɒθɪk] *adj* gotisch.

gotten ['gɔtn] (*US*) *pp of* **get**.
gouge [gaudʒ] *vt* (*also:* ~ **out**: *hole etc*) bohren;
(: *initials*) eingravieren; **to** ~ **sb's eyes out**
jdm die Augen ausstechen.
gourd [guəd] *n* (*container*) Kürbisflasche *f*.
gourmet ['guəmeɪ] *n* Feinschmecker(in) *m(f)*,
Gourmet *m*.
gout [gaut] *n* Gicht *f*.
govern ['gʌvən] *vt* (*also LING*) regieren; (*event,
conduct*) bestimmen.
governess ['gʌvənɪs] *n* Gouvernante *f*.
governing ['gʌvənɪŋ] *adj* (*POL*) regierend.
governing body *n* Vorstand *m*.
government ['gʌvnmənt] *n* Regierung *f* ♦ *cpd*
Regierungs-; **local** ~ Kommunalverwaltung
f, Gemeindeverwaltung *f*.
governmental [gʌvn'mɛntl] *adj* Regierungs-.
government stocks *npl* Staatspapiere *pl*,
Staatsanleihen *pl*.
governor ['gʌvənə*] *n* Gouverneur(in) *m(f)*; (*of
bank, hospital, BRIT: of prison*) Direktor(in)
m(f); (*of school*) ≈ Mitglied *nt* des
Schulbeirats.
Govt *abbr* = **government**.
gown [gaun] *n* (Abend)kleid *nt*; (*of teacher,
BRIT: of judge*) Robe *f*.
GP *n abbr* = **general practitioner**.
GPMU (*BRIT*) *n abbr* (= *Graphical Paper and
Media Union*) *Mediengewerkschaft.*
GPO *n abbr* (*BRIT: formerly:* = *general post office*)
Postbehörde *f*; (*US:* = *Government Printing
Office*) *regierungsamtliche Druckanstalt.*
gr. *abbr* (*COMM*) = **gross** (= *gram(me)*) g.
grab [græb] *vt* packen; (*chance, opportunity*)
(beim Schopf) ergreifen ♦ *vi*: **to** ~ **at**
greifen *or* grapschen nach +*dat*; **to** ~ **some
food** schnell etwas essen; **to** ~ **a few hours
sleep** ein paar Stunden schlafen.
grace [greɪs] *n* Gnade *f*, (*gracefulness*) Anmut *f*
♦ *vt* (*honour*) beehren; (*adorn*) zieren; **5 days'**
~ 5 Tage Aufschub; **with (a) good** ~
anstandslos; **with (a) bad** ~ widerwillig; **his
sense of humour is his saving** ~ was einen
mit ihm versöhnt, ist sein Sinn für Humor;
to say ~ das Tischgebet sprechen.
graceful ['greɪsful] *adj* anmutig; (*style, shape*)
gefällig; (*refusal, behaviour*) charmant.
gracious ['greɪʃəs] *adj* (*kind, courteous*)
liebenswürdig; (*compassionate*) gnädig;
(*smile*) freundlich; (*house, mansion etc*)
stilvoll; (*living etc*) kultiviert ♦ *excl*: **(good)**
~! (ach) du meine Güte!, (ach du) lieber
Himmel!
gradation [grə'deɪʃən] *n* Abstufung *f*.
grade [greɪd] *n* (*COMM*) (Güte)klasse *f*; (*in
hierarchy*) Rang *m*; (*SCOL: mark*) Note *f*; (*US:
school class*) Klasse *f*; (: *gradient: upward*)
Neigung *f*, Steigung *f*; (: *downward*) Neigung
f, Gefälle *nt* ♦ *vt* klassifizieren; (*work, student*)
einstufen; **to make the** ~ (*fig*) es schaffen.
grade crossing (*US*) *n* Bahnübergang *m*.
grade school (*US*) *n* Grundschule *f*.

gradient ['greɪdɪənt] *n* (*upward*) Neigung *f*,
Steigung *f*; (*downward*) Neigung, Gefälle *nt*;
(*GEOM*) Gradient *m*.
gradual ['grædjuəl] *adj* allmählich.
gradually ['grædjuəlɪ] *adv* allmählich.
graduate [*n* 'grædjuɪt, *vi* 'grædjueɪt] *n* (*of
university*) Hochschulabsolvent(in) *m(f)*; (*US:
of high school*) Schulabgänger(in) *m(f)* ♦ *vi*
(*from university*) graduieren; (*US*) die
(Schul)abschlussprüfung bestehen.
graduated pension ['grædjueɪtɪd-] *n*
gestaffelte Rente *f*.
graduation [grædju'eɪʃən] *n* (Ab)schlussfeier
f.
graffiti [grə'fiːtɪ] *n, npl* Graffiti *pl*.
graft [grɑːft] *n* (*AGR*) (Pfropf)reis *nt*; (*MED*)
Transplantat *nt*; (*BRIT: inf: hard work*)
Schufterei *f*; (*bribery*) Schiebung *f* ♦ *vt*: **to**
~ **(onto)** (*AGR*) (auf)pfropfen (auf +*acc*);
(*MED*) übertragen (auf +*acc*), einpflanzen (in
+*acc*); (*fig*) aufpfropfen +*dat*.
grain [greɪn] *n* Korn *nt*; (*no pl: cereals*)
Getreide *nt*; (*US: corn*) Getreide *nt*, Korn; (*of
wood*) Maserung *f*; **it goes against the** ~ (*fig*)
es geht einem gegen den Strich.
gram [græm] *n* Gramm *nt*.
grammar ['græmə*] *n* Grammatik *f*,
Sprachlehre *f*.
grammar school (*BRIT*) *n* ≈ Gymnasium *nt*.
grammatical [grə'mætɪkl] *adj*
grammat(ikal)isch.
gramme [græm] *n* = **gram**.
gramophone ['græməfəun] (*BRIT*) *n*
Grammofon *nt*, Grammophon *nt*.
granary ['grænərɪ] *n* Kornspeicher *m*; ®
(*Granary*): **G~ bread/loaf** Körnerbrot *nt*.
grand [grænd] *adj* großartig; (*inf: wonderful*)
fantastisch ♦ *n* (*inf*) ≈ Riese *m* (*1000 Pfund/
Dollar*).
grandchild ['græntʃaɪld] (*irreg: like* **child**) *n*
Enkelkind *nt*, Enkel(in) *m(f)*.
granddad ['grændæd] (*inf*) *n* Opa *m*.
granddaughter ['grændɔːtə*] *n* Enkelin *f*.
grandeur ['grændjə*] *n* (*of scenery etc*)
Erhabenheit *f*; (*of building*) Vornehmheit *f*.
grandfather ['grændfɑːðə*] *n* Großvater *m*.
grandiose ['grændɪəus] (*also pej*) *adj* grandios.
grand jury (*US*) *n* Großes
Geschworenengericht *nt*.
grandma ['grænmɑː] (*inf*) *n* Oma *f*.
grandmother ['grænmʌðə*] *n* Großmutter *f*.
grandpa ['grænpɑː] (*inf*) *n* Opa *m*.
grandparents ['grændpɛərənts] *npl*
Großeltern *pl*.
grand piano *n* Flügel *m*.
Grand Prix ['grɑː'priː] *n* (*AUT*) Grand Prix *m*.
grandson ['grænsʌn] *n* Enkel *m*.
grandstand ['grændstænd] *n* Haupttribüne *f*.
grand total *n* Gesamtsumme *f*, Endsumme *f*.
granite ['grænɪt] *n* Granit *m*.
granny ['grænɪ] (*inf*) *n* Oma *f*.
grant [grɑːnt] *vt* (*money*) bewilligen; (*request*

etc) gewähren; (*visa*) erteilen; (*admit*)
zugeben ♦ *n* Stipendium *nt*; (*subsidy*)
Subvention *f*; **to take sth for ~ed** etw für
selbstverständlich halten; **to take sb for
~ed** jdn als selbstverständlich hinnehmen;
to ~ that zugeben, dass.

granulated sugar ['grænjuleɪtɪd-] *n*
(Zucker)raffinade *f*.

granule ['grænjuːl] *n* Körnchen *nt*.

grape [greɪp] *n* (Wein)traube *f*; **a bunch of ~s**
eine (ganze) Weintraube.

grapefruit ['greɪpfruːt] (*pl ~ or ~s*) *n*
Pampelmuse *f*, Grapefruit *f*.

grapevine ['greɪpvaɪn] *n* Weinstock *m*; **I heard
it on the ~** (*fig*) es ist mir zu Ohren
gekommen.

graph [grɑːf] *n* (*diagram*) grafische
Darstellung *f*, Schaubild *nt*.

graphic ['græfɪk] *adj* plastisch, anschaulich;
(*art, design*) grafisch; *see also* **graphics**.

graphic designer *n* Grafiker(in) *m(f)*.

graphic equalizer [-iːkwəlaɪzəʳ] *n* (Graphic)
Equalizer *m*.

graphics ['græfɪks] *n* Grafik *f* ♦ *npl* (*drawings*)
Zeichnungen *pl*, grafische Darstellungen *pl*.

graphite ['græfaɪt] *n* Graphit *m*.

graph paper *n* Millimeterpapier *nt*.

grapple ['græpl] *vi*: **to ~ with sb/sth** mit jdm/
etw kämpfen; **to ~ with a problem** sich mit
einem Problem herumschlagen.

grasp [grɑːsp] *vt* (*seize*) ergreifen; (*hold*)
festhalten; (*understand*) begreifen ♦ *n* Griff
m; (*understanding*) Verständnis *nt*; **it slipped
from my ~** es entglitt mir; **to have sth
within one's ~** etw in greifbarer Nähe
haben; **to have a good ~ of sth** (*fig*) etw gut
beherrschen.

▶ **grasp at** *vt fus* greifen nach; (*fig:
opportunity*) ergreifen.

grasping ['grɑːspɪŋ] *adj* habgierig.

grass [grɑːs] *n* Gras *nt*; (*lawn*) Rasen *m*; (*BRIT:
inf: informer*) (Polizei)spitzel *m*.

grasshopper ['grɑːshɒpəʳ] *n* Grashüpfer *m*,
Heuschrecke *f*.

grass-roots ['grɑːsruːts] *npl* (*of party etc*) Basis
f ♦ *adj* (*opinion*) des kleinen Mannes; **at
~ level** an der Basis.

grass snake *n* Ringelnatter *f*.

grassy ['grɑːsɪ] *adj* Gras-, grasig.

grate [greɪt] *n* (Feuer)rost *m* ♦ *vt* reiben;
(*carrots etc*) raspeln ♦ *vi*: **to ~ (on)** kratzen
(auf +*dat*).

grateful ['greɪtful] *adj* dankbar; (*thanks*)
aufrichtig.

gratefully ['greɪtfəlɪ] *adv* dankbar.

grater ['greɪtəʳ] *n* Reibe *f*.

gratification [grætɪfɪ'keɪʃən] *n* (*pleasure*)
Genugtuung *f*; (*satisfaction*) Befriedigung *f*.

gratify ['grætɪfaɪ] *vt* (*please*) erfreuen; (*satisfy*)
befriedigen.

gratifying ['grætɪfaɪɪŋ] *adj* (*see vt*) erfreulich;
befriedigend.

grating ['greɪtɪŋ] *n* Gitter *nt* ♦ *adj* (*noise*)
knirschend; (*voice*) schrill.

gratitude ['grætɪtjuːd] *n* Dankbarkeit *f*.

gratuitous [grə'tjuːɪtəs] *adj* unnötig.

gratuity [grə'tjuːɪtɪ] *n* Trinkgeld *nt*.

grave [greɪv] *n* Grab *nt* ♦ *adj* (*decision, mistake*)
schwer (wiegend), schwerwiegend;
(*expression, person*) ernst.

grave digger *n* Totengräber *m*.

gravel ['grævl] *n* Kies *m*.

gravely ['greɪvlɪ] *adv* (*see adj*) schwer, ernst;
~ ill schwer krank.

gravestone ['greɪvstəun] *n* Grabstein *m*.

graveyard ['greɪvjɑːd] *n* Friedhof *m*.

gravitas ['grævɪtæs] *n* Seriosität *f*.

gravitate ['grævɪteɪt] *vi*: **to ~ towards**
angezogen werden von.

gravity ['grævɪtɪ] *n* Schwerkraft *f*;
(*seriousness*) Ernst *m*, Schwere *f*.

gravy ['greɪvɪ] *n* (*juice*) (Braten)saft *m*; (*sauce*)
(Braten)soße *f*.

gravy boat *n* Sauciere *f*, Soßenschüssel *f*.

gravy train (*inf*) *n*: **to ride the ~** leichtes Geld
machen.

gray [greɪ] (*US*) *adj* = **grey**.

graze [greɪz] *vi* grasen, weiden ♦ *vt* streifen;
(*scrape*) aufschürfen ♦ *n* (*MED*)
Abschürfung *f*.

grazing ['greɪzɪŋ] *n* Weideland *nt*.

grease [griːs] *n* (*lubricant*) Schmiere *f*; (*fat*)
Fett *m* ♦ *vt* (*see n*) schmieren; fetten; **to
~ the skids** (*US, fig*) die Maschinerie in
Gang halten.

grease gun *n* Fettspritze *f*, Fettpresse *f*.

greasepaint ['griːspeɪnt] *n* (Fett)schminke *f*.

greaseproof paper ['griːspruːf-] (*BRIT*) *n*
Pergamentpapier *nt*.

greasy ['griːsɪ] *adj* fettig; (*food: containing
grease*) fett; (*tools*) schmierig, ölig; (*clothes*)
speckig; (*BRIT: road, surface*) glitschig,
schlüpfrig.

great [greɪt] *adj* groß; (*city*) bedeutend; (*inf:
terrific*) prima, toll; **they're ~ friends** sie sind
gute Freunde; **we had a ~ time** wir haben
uns glänzend amüsiert; **it was ~!** es war
toll!; **the ~ thing is that ...** das Wichtigste
ist, dass ...

Great Barrier Reef *n*: **the ~** das Große
Barriereriff.

Great Britain *n* Großbritannien *nt*.

greater ['greɪtəʳ] *adj see* **great** größer;
bedeutender; **people in G~ Calcutta** die
Leute in Kalkutta und Umgebung;
G~ Manchester Groß-Manchester *nt*.

great-grandchild [greɪt'græntʃaɪld] (*irreg: like
child*) *n* Urenkel(in) *m(f)*.

great-grandfather [greɪt'grænfɑːðəʳ] *n*
Urgroßvater *m*.

great-grandmother [greɪt'grænmʌðəʳ] *n*
Urgroßmutter *f*.

Great Lakes *npl*: **the ~** die Großen Seen *pl*.

greatly ['greɪtlɪ] *adv* sehr; (*influenced*) stark.

greatness ['greɪtnɪs] *n* Bedeutung *f*.
Grecian ['griːʃən] *adj* griechisch.
Greece [griːs] *n* Griechenland *nt*.
greed [griːd] *n* (*also*: ~**iness**): ~ **for** Gier *f* nach; ~ **for power** Machtgier *f*; ~ **for money** Geldgier *f*.
greedily ['griːdɪlɪ] *adv* gierig.
greedy ['griːdɪ] *adj* gierig.
Greek [griːk] *adj* griechisch ♦ *n* Grieche *m*, Griechin *f*; (*LING*) Griechisch *nt*; **ancient/ modern** ~ Alt-/Neugriechisch *nt*.
green [griːn] *adj* (*also ecological*) grün ♦ *n* (*also GOLF*) Grün *nt*; (*stretch of grass*) Rasen *m*, Grünfläche *f*; (*also*: **village** ~) Dorfwiese *f*, Anger *m*; **greens** *npl* (*vegetables*) Grüngemüse *nt*; (*POL*): **the G~s** die Grünen *pl*; **to have** ~ **fingers** *or* (*US*) **a** ~ **thumb** (*fig*) eine Hand für Pflanzen haben; **to give sb the** ~ **light** jdm grünes Licht geben.
green belt *n* Grüngürtel *m*.
green card *n* (*AUT*) grüne (Versicherungs)karte *f*; (*US*) ≈ Aufenthaltserlaubnis *f*.
greenery ['griːnərɪ] *n* Grün *nt*.
greenfly ['griːnflaɪ] (*BRIT*) *n* Blattlaus *f*.
greengage ['griːngeɪdʒ] *n* Reineclaude *f*, Reneklode *f*.
greengrocer ['griːngrəʊsə*] (*BRIT*) *n* Obst- und Gemüsehändler(in) *m(f)*.
greenhouse ['griːnhaʊs] *n* Gewächshaus *nt*, Treibhaus *nt*; ~ **effect** Treibhauseffekt *m*; ~ **gas** Treibhausgas *nt*.
greenish ['griːnɪʃ] *adj* grünlich.
Greenland ['griːnlənd] *n* Grönland *nt*.
Greenlander ['griːnləndə*] *n* Grönländer(in) *m(f)*.
green light *n* grünes Licht *nt*; **to give sb the** ~ jdm grünes Licht *or* freie Fahrt geben.
Green Party *n* (*POL*): **the** ~ die Grünen *pl*.
green pepper *n* grüne Paprikaschote *f*.
green pound *n* grünes Pfund *nt*.
greet [griːt] *vt* begrüßen; (*news*) aufnehmen.
greeting ['griːtɪŋ] *n* Gruß *m*; (*welcome*) Begrüßung *f*; **Christmas** ~**s** Weihnachtsgrüße *pl*; **birthday** ~**s** Geburtstagsglückwünsche *pl*; **Season's** ~**s** frohe Weihnachten und ein glückliches neues Jahr.
greeting(s) card *n* Grußkarte *f*; (*congratulating*) Glückwunschkarte *f*.
gregarious [grə'gɛərɪəs] *adj* gesellig.
grenade [grə'neɪd] *n* (*also*: **hand** ~) (Hand)granate *f*.
grew [gruː] *pt of* **grow**.
grey, (*US*) **gray** [greɪ] *adj* grau; (*dismal*) trüb, grau; **to go** ~ grau werden.
grey-haired [greɪ'hɛəd] *adj* grauhaarig.
greyhound ['greɪhaʊnd] *n* Windhund *m*.
grid [grɪd] *n* Gitter *nt*; (*ELEC*) (Verteiler)netz *nt*; (*US: AUT: intersection*) Kreuzung *f*.
griddle ['grɪdl] *n* gusseiserne Pfanne zum Braten und Pfannkuchenbacken.

gridiron ['grɪdaɪən] *n* Bratrost *m*.
gridlock ['grɪdlɒk] *n* (*esp US: on road*) totaler Stau *m*; (*stalemate*) Patt *nt* ♦ *vt*: **to be** ~**ed** (*roads*) total verstopft sein; (*talks etc*) festgefahren sein.
grief [griːf] *n* Kummer *m*, Trauer *f*; **to come to** ~ (*plan*) scheitern; (*person*) zu Schaden kommen; **good** ~! ach du liebe Gute!
grievance ['griːvəns] *n* Beschwerde *f*; (*feeling of resentment*) Groll *m*.
grieve [griːv] *vi* trauern ♦ *vt* Kummer bereiten +*dat*, betrüben; **to** ~ **for** trauern um.
grievous ['griːvəs] *adj* (*mistake*) schwer; (*situation*) betrüblich; ~ **bodily harm** (*LAW*) schwere Körperverletzung *f*.
grill [grɪl] *n* Grill *m*; (*grilled food: also*: **mixed** ~) Grillgericht *nt*; (*restaurant*) = **grillroom** ♦ *vt* (*BRIT*) grillen; (*inf: question*) in die Zange nehmen, ausquetschen.
grille [grɪl] *n* (*screen*) Gitter *nt*; (*AUT*) Kühlergrill *m*.
grillroom ['grɪlrum] *n* Grillrestaurant *nt*.
grim [grɪm] *adj* trostlos; (*serious, stern*) grimmig.
grimace [grɪ'meɪs] *n* Grimasse *f* ♦ *vi* Grimassen schneiden.
grime [graɪm] *n* Dreck *m*, Schmutz *m*.
grimy ['graɪmɪ] *adj* dreckig, schmutzig.
grin [grɪn] *n* Grinsen *nt* ♦ *vi* grinsen; **to** ~ **at sb** jdn angrinsen.
grind [graɪnd] (*pt, pp* **ground**) *vt* zerkleinern; (*coffee, pepper etc*) mahlen; (*US: meat*) hacken, durch den Fleischwolf drehen; (*knife*) schleifen, wetzen; (*gem, lens*) schleifen ♦ *vi* (*car gears*) knirschen ♦ *n* (*work*) Schufterei *f*; **to** ~ **one's teeth** mit den Zähnen knirschen; **to** ~ **to a halt** (*vehicle*) quietschend zum Stehen kommen; (*fig: talks, scheme*) sich festfahren; (*work*) stocken; (*production*) zum Erliegen kommen; **the daily** ~ (*inf*) der tägliche Trott.
grinder ['graɪndə*] *n* (*for coffee*) Kaffeemühle *f*; (*for waste disposal etc*) Müllzerkleinerungsanlage *f*.
grindstone ['graɪndstəʊn] *n*: **to keep one's nose to the** ~ hart arbeiten.
grip [grɪp] *n* Griff *m*; (*of tyre, shoe*) Halt *m*; (*holdall*) Reisetasche *f* ♦ *vt* packen; (*audience, attention*) fesseln; **to come to** ~**s with sth** etw in den Griff bekommen; **to lose one's** ~ den Halt verlieren; (*fig*) nachlassen; **to** ~ **the road** (*car*) gut auf der Straße liegen.
gripe [graɪp] (*inf*) *n* (*complaint*) Meckerei *f* ♦ *vi* meckern; **the** ~**s** (*MED*) Kolik *f*, Bauchschmerzen *pl*.
gripping ['grɪpɪŋ] *adj* fesselnd, packend.
grisly ['grɪzlɪ] *adj* grässlich, grausig.
grist [grɪst] *n* (*fig*): **it's all** ~ **to the mill** das kann man alles verwerten.
gristle ['grɪsl] *n* Knorpel *m*.
grit [grɪt] *n* (*for icy roads: sand*) Sand *m*;

(*crushed stone*) Splitt *m*; (*determination, courage*) Mut *m* ♦ *vt* (*road*) streuen; **grits** *npl* (*US*) Grütze *f*; **I've got a piece of ~ in my eye** ich habe ein Staubkorn im Auge; **to ~ one's teeth** die Zähne zusammenbeißen.

grizzle ['grɪzl] (*BRIT*) *vi* quengeln.

grizzly ['grɪzlɪ] *n* (*also:* **~ bear**) Grislibär *m*, Grizzlybär *m*.

groan [grəun] *n* Stöhnen *nt* ♦ *vi* stöhnen; (*tree, floorboard etc*) ächzen, knarren.

grocer ['grəusə'] *n* Lebensmittelhändler(in) *m(f)*.

groceries ['grəusərɪz] *npl* Lebensmittel *pl*.

grocer's (shop) *n* Lebensmittelgeschäft *nt*.

grog [grɔg] *n* Grog *m*.

groggy ['grɔgɪ] *adj* angeschlagen.

groin [grɔɪn] *n* Leistengegend *f*.

groom [gru:m] *n* Stallbursche *m*; (*also:* **bride~**) Bräutigam *m* ♦ *vt* (*horse*) striegeln; (*fig:*) **to ~ sb for** (*job*) jdn aufbauen für; **well-~ed** gepflegt.

groove [gru:v] *n* Rille *f*.

grope [grəup] *vi:* **to ~ for** tasten nach; (*fig: try to think of*) suchen nach.

grosgrain ['grəugreɪn] *n* grob gerippter Stoff *m*.

gross [grəus] *adj* (*neglect*) grob; (*injustice*) krass; (*behaviour, speech*) grob, derb; (*COMM: income, weight*) Brutto- ♦ *n inv* Gros *nt* ♦ *vt:* **to ~ £500,000** £500 000 brutto einnehmen.

gross domestic product *n* Bruttoinlandsprodukt *nt*.

grossly ['grəuslɪ] *adv* äußerst; (*exaggerated*) grob.

gross national product *n* Bruttosozialprodukt *nt*.

grotesque [grə'tɛsk] *adj* grotesk.

grotto ['grɔtəu] *n* Grotte *f*.

grotty ['grɔtɪ] (*inf*) *adj* mies.

grouch [grautʃ] (*inf*) *vi* schimpfen ♦ *n* (*person*) Miesepeter *m*, Muffel *m*.

ground [graund] *pt, pp of* **grind** ♦ *n* Boden *m*, Erde *f*; (*land*) Land *nt*; (*SPORT*) Platz *m*, Feld *nt*; (*US: ELEC: also:* **~ wire**) Erde *f*; (*reason: gen pl*) Grund *m* ♦ *vt* (*plane*) aus dem Verkehr ziehen; (*US: ELEC*) erden ♦ *adj* (*coffee etc*) gemahlen ♦ *vi* (*ship*) auflaufen; **grounds** *npl* (*of coffee etc*) Satz *m*; (*gardens etc*) Anlagen *pl*; **below ~** unter der Erde; **to gain/lose ~** Boden gewinnen/verlieren; **common ~** Gemeinsame(s) *nt*; **on the ~s that** mit der Begründung, dass.

ground cloth (*US*) *n* = **groundsheet**.

ground control *n* (*AVIAT, SPACE*) Bodenkontrolle *f*.

ground floor *n* Erdgeschoss *nt*, Erdgeschoß *nt* (*ÖSTERR*).

grounding ['graundɪŋ] *n* (*in education*) Grundwissen *nt*.

groundless ['graundlɪs] *adj* grundlos, unbegründet.

groundnut ['graundnʌt] *n* Erdnuss *f*.

ground rent (*BRIT*) *n* Erbbauzins *m*.

ground rule *n* Grundregel *f*.

groundsheet ['graundʃi:t] (*BRIT*) *n* Zeltboden *m*.

groundskeeper ['graundzki:pə'] (*US*) *n* = **groundsman**.

groundsman ['graundzmən] (*irreg: like* **man**) *n* (*SPORT*) Platzwart *m*.

ground staff *n* (*AVIAT*) Bodenpersonal *nt*.

ground swell *n:* **there was a ~ of public opinion against him** die Öffentlichkeit wandte sich gegen ihn.

ground-to-air missile ['graundtə'ɛə'-] *n* Boden-Luft-Rakete *f*.

ground-to-ground missile ['graundtə'graund-] *n* Boden-Boden-Rakete *f*.

groundwork ['graundwə:k] *n* Vorarbeit *f*.

group [gru:p] *n* Gruppe *f*; (*COMM*) Konzern *m* ♦ *vt* (*also:* **~ together:** *in one group*) zusammentun ♦ (*: in several groups*) in Gruppen einteilen ♦ *vi* (*also:* **~ together**) sich zusammentun.

groupie ['gru:pɪ] (*inf*) *n* Groupie *nt*.

group therapy *n* Gruppentherapie *f*.

grouse [graus] *n inv* schottisches Moorhuhn *nt* ♦ *vi* (*complain*) schimpfen.

grove [grəuv] *n* Hain *m*, Wäldchen *nt*.

grovel ['grɔvl] *vi* (*crawl*) kriechen; (*fig:*) **to ~ (before)** kriechen (vor +*dat*).

grow [grəu] (*pt* **grew**, *pp* **grown**) *vi* wachsen; (*increase*) zunehmen; (*become*) werden ♦ *vt* (*roses*) züchten; (*vegetables*) anbauen, ziehen; (*beard*) sich *dat* wachsen lassen; **to ~ tired of waiting** das Warten leid sein; **to ~ (out of or from)** (*develop*) entstehen (aus).

► **grow apart** *vi* (*fig*) sich auseinander entwickeln.

► **grow away from** *vt fus* (*fig*) sich entfremden +*dat*.

► **grow on** *vt fus:* **that painting is ~ing on me** allmählich finde ich Gefallen an dem Bild.

► **grow out of** *vt fus* (*clothes*) herauswachsen aus; (*habit*) ablegen; **he'll ~ out of it** diese Phase geht auch vorbei.

► **grow up** *vi* aufwachsen; (*mature*) erwachsen werden; (*idea, friendship*) entstehen.

grower ['grəuə'] *n* (*BOT*) Züchter(in) *m(f)*; (*AGR*) Pflanzer(in) *m(f)*.

growing ['grəuɪŋ] *adj* wachsend; (*number*) zunehmend; **~ pains** Wachstumsschmerzen *pl*; (*fig*) Kinderkrankheiten *pl*, Anfangsschwierigkeiten *pl*.

growl [graul] *vi* knurren.

grown [grəun] *pp of* **grow**.

grown-up [grəun'ʌp] *n* Erwachsene(r) *f(m)*.

growth [grəuθ] *n* Wachstum *nt*; (*what has grown: of weeds, beard etc*) Wuchs *m*; (*of person, character*) Entwicklung *f*; (*MED*) Gewächs *nt*, Wucherung *f*.

growth rate *n* Wachstumsrate *f*,

Zuwachsrate f.

grub [grʌb] n (larva) Larve f; (inf: food) Fressalien pl, Futter nt ♦ vi: **to ~ about** or **around (for)** (herum)wühlen (nach).

grubby ['grʌbɪ] adj (dirty) schmuddelig; (fig) schmutzig.

grudge [grʌdʒ] n Groll m ♦ vt: **to ~ sb sth** jdm etw nicht gönnen; **to bear sb a ~** jdm böse sein, einen Groll gegen jdn hegen.

grudging ['grʌdʒɪŋ] adj widerwillig.

grudgingly ['grʌdʒɪŋlɪ] adv widerwillig.

gruelling, (US) **grueling** ['gruəlɪŋ] adj (encounter) aufreibend; (trip, journey) äußerst strapaziös.

gruesome ['gruːsəm] adj grauenhaft.

gruff [grʌf] adj barsch, schroff.

grumble ['grʌmbl] vi murren, schimpfen.

grumpy ['grʌmpɪ] adj mürrisch, brummig.

grunge [grʌndʒ] (inf) n Grunge m.

grunt [grʌnt] vi grunzen ♦ n Grunzen nt.

G-string ['dʒiːstrɪŋ] n Minislip m, Tangaslip m.

GSUSA n abbr (= Girl Scouts of the United States of America) amerikanische Pfadfinderinnen.

GT abbr (AUT: = gran turismo) GT.

GU (US) abbr (POST: = Guam).

guarantee [gærən'tiː] n Garantie f ♦ vt garantieren; **he can't ~ (that) he'll come** er kann nicht dafür garantieren, dass er kommt.

guarantor [gærən'tɔː] n (COMM) Bürge m.

guard [gɑːd] n (BOXING, FENCING) Deckung f; (BRIT: RAIL) Schaffner(in) m(f); (on machine) Schutz m, Schutzvorrichtung f; (also: **fire~**) (Schutz)gitter nt ♦ vt (prisoner) bewachen; (protect): **to ~ (against)** (be)schützen (vor +dat); (secret) hüten (vor +dat); **to be on one's ~** auf der Hut sein.
▸ **guard against** vt fus (disease) vorbeugen +dat; (damage, accident) verhüten.

guard dog n Wachhund m.

guarded ['gɑːdɪd] adj vorsichtig, zurückhaltend.

guardian ['gɑːdɪən] n Vormund m; (defender) Hüter m.

guardrail ['gɑːdreɪl] n (Schutz)geländer nt.

guard's van (BRIT) n (RAIL) Schaffnerabteil nt, Dienstwagen m.

Guatemala [gwɑːtɪ'mɑːlə] n (GEOG) Guatemala nt.

Guatemalan [gwɑːtɪ'mɑːlən] adj guatemaltekisch, aus Guatemala.

Guernsey ['gɜːnzɪ] n Guernsey nt.

guerrilla [gə'rɪlə] n Guerilla m, Guerillakämpfer(in) m(f).

guerrilla warfare n Guerillakrieg m.

guess [gɛs] vt schätzen; (answer) (er)raten; (US: think) schätzen (inf) ♦ vi (see vt) schätzen; raten ♦ n Vermutung f; **I ~ you're right** da haben Sie wohl Recht; **to keep sb ~ing** jdn im Ungewissen lassen; **to take** or **have a ~** raten; (estimate) schätzen; **my ~ is**

guesstimate ['gɛstɪmɪt] (inf) n grobe Schätzung f.

guesswork ['gɛswɜːk] n Vermutungen pl; **I got the answer by ~** ich habe die Antwort nur geraten.

guest [gɛst] n Gast m; **be my ~** (inf) nur zu!

guesthouse ['gɛsthaʊs] n Pension f.

guest room n Gästezimmer nt.

guff [gʌf] (inf) n Quatsch m, Käse m.

guffaw [gʌ'fɔː] vi schallend lachen ♦ n schallendes Lachen nt.

guidance ['gaɪdəns] n Rat m, Beratung f; **under the ~ of** unter der Leitung von; **vocational ~** Berufsberatung f; **marriage ~** Eheberatung f.

guide [gaɪd] n (person) Führer(in) m(f); (book) Führer m; (BRIT: also: **girl ~**) Pfadfinderin f ♦ vt führen; (direct) lenken; **to be ~d by sb/sth** sich von jdm/etw leiten lassen.

guidebook ['gaɪdbʊk] n Führer m.

guided missile n Lenkwaffe f.

guide dog n Blindenhund m.

guidelines ['gaɪdlaɪnz] npl Richtlinien pl.

guild [gɪld] n Verein m.

guildhall ['gɪldhɔːl] (BRIT) n Gildehaus nt.

guile [gaɪl] n Arglist f.

guileless ['gaɪllɪs] adj arglos.

guillotine ['gɪlətiːn] n Guillotine f, Fallbeil nt; (for paper) (Papier)schneidemaschine f.

guilt [gɪlt] n Schuld f; (remorse) Schuldgefühl nt.

guilty ['gɪltɪ] adj schuldig; (expression) schuldbewusst; (secret) dunkel; **to plead ~/ not ~** sich schuldig/nicht schuldig bekennen; **to feel ~ about doing sth** ein schlechtes Gewissen haben, etw zu tun.

Guinea ['gɪnɪ] n: **Republic of ~** Guinea nt.

guinea ['gɪnɪ] (BRIT) n (old) Guinee f.

guinea pig n Meerschweinchen nt; (fig: person) Versuchskaninchen nt.

guise [gaɪz] n: **in** or **under the ~ of** in der Form +gen, in Gestalt +gen.

guitar [gɪ'tɑː] n Gitarre f.

guitarist [gɪ'tɑːrɪst] n Gitarrist(in) m(f).

gulch [gʌltʃ] (US) n Schlucht f.

gulf [gʌlf] n Golf m; (abyss) Abgrund m; (fig: difference) Kluft f; **the (Persian) G~** der (Persische) Golf.

Gulf States npl: **the ~** die Golfstaaten pl.

Gulf Stream n: **the ~** der Golfstrom.

Gulf War n: **the ~** der Golfkrieg.

gull [gʌl] n Möwe f.

gullet ['gʌlɪt] n Speiseröhre f.

gullibility [gʌlɪ'bɪlɪtɪ] n Leichtgläubigkeit f.

gullible ['gʌlɪbl] adj leichtgläubig.

gully ['gʌlɪ] n Schlucht f.

gulp [gʌlp] vi schlucken ♦ vt (also: **~ down**) hinunterschlucken ♦ n: **at one ~** mit einem Schluck.

gum [gʌm] n (ANAT) Zahnfleisch nt; (glue) Klebstoff m; (also: **~drop**) Weingummi nt;

(*also:* **chewing-**~) Kaugummi *m* ♦ *vt:* **to ~ (together)** (zusammen)kleben.

▶ **gum up** *vt:* **to ~ up the works** (*inf*) alles vermasseln.

gumboots ['gʌmbuːts] (*BRIT*) *npl* Gummistiefel *pl*.

gumption ['gʌmpʃən] *n* Grips *m* (*inf*).

gumtree ['gʌmtriː] *n:* **to be up a ~** (*fig: inf*) aufgeschmissen sein.

gun [gʌn] *n* (*small*) Pistole *f*; (*medium-sized*) Gewehr *nt*; (*large*) Kanone *f* ♦ *vt* (*also:* **~ down**) erschießen; **to stick to one's ~s** (*fig*) nicht nachgeben, festbleiben.

gunboat ['gʌnbəut] *n* Kanonenboot *nt*.

gun dog *n* Jagdhund *m*.

gunfire ['gʌnfaɪə*] *n* Geschützfeuer *nt*.

gunge [gʌndʒ] (*inf*) *n* Schmiere *f*.

gung ho ['gʌŋ'həu] (*inf*) *adj* übereifrig.

gunman ['gʌnmən] (*irreg: like* **man**) *n* bewaffneter Verbrecher *m*.

gunner ['gʌnə*] *n* (*MIL*) Kanonier *m*, Artillerist *m*.

gunpoint ['gʌnpɔint] *n:* **at ~** mit vorgehaltener Pistole; mit vorgehaltenem Gewehr.

gunpowder ['gʌnpaudə*] *n* Schießpulver *nt*.

gunrunner ['gʌnrʌnə*] *n* Waffenschmuggler(in) *m(f)*, Waffenschieber(in) *m(f)*.

gunrunning ['gʌnrʌnɪŋ] *n* Waffenschmuggel *m*, Waffenschieberei *f*.

gunshot ['gʌnʃɔt] *n* Schuss *m*.

gunsmith ['gʌnsmɪθ] *n* Büchsenmacher *m*.

gurgle ['gɔːgl] *vi* (*baby*) glucksen; (*water*) gluckern.

guru ['guruː] *n* Guru *m*.

gush [gʌʃ] *vi* hervorquellen, hervorströmen; (*person*) schwärmen ♦ *n* Strahl *m*.

gushing ['gʌʃɪŋ] *adj* (*fig*) überschwänglich.

gusset ['gʌsɪt] *n* Keil *m*, Zwickel *m*.

gust [gʌst] *n* Windstoß *m*, Bö(e) *f*; (*of smoke*) Wolke *f*.

gusto ['gʌstəu] *n:* **with ~** mit Genuss, mit Schwung.

gusty ['gʌstɪ] *adj* (*wind*) böig; (*day*) stürmisch.

gut [gʌt] *n* (*ANAT*) Darm *m*; (*for violin, racket*) Darmsaiten *pl* ♦ *vt* (*poultry, fish*) ausnehmen; (*building*) ausräumen; (*by fire*) ausbrennen; **guts** *npl* (*ANAT*) Eingeweide *pl*; (*inf: courage*) Mumm *m*; **to hate sb's ~s** jdn auf den Tod nicht ausstehen können.

gut reaction *n* rein gefühlsmäßige Reaktion *f*.

gutsy ['gʌtsɪ] (*inf*) *adj* (*vivid*) rasant; (*courageous*) mutig.

gutter ['gʌtə*] *n* (*in street*) Gosse *f*, Rinnstein *m*; (*of roof*) Dachrinne *f*.

gutter press *n* Boulevardpresse *f*.

guttural ['gʌtərl] *adj* guttural.

guy [gaɪ] *n* (*inf: man*) Typ *m*, Kerl *m*; (*also:* **~rope**) Haltetau *nt*, Halteseil *nt*; (*for Guy Fawkes' night*) (Guy-Fawkes-)Puppe *f*.

GUY FAWKES' NIGHT

Guy Fawkes' Night, *auch "bonfire night" genannt, erinnert an den "Gunpowder Plot", einen Attentatsversuch auf James I. und sein Parlament am 5. November 1605. Einer der Verschwörer, Guy Fawkes, wurde auf frischer Tat ertappt, als er das Parlamentsgebäude in die Luft sprengen wollte. Vor der Guy Fawkes' Night basteln Kinder in Großbritannien eine Puppe des Guy Fawkes, mit der sie Geld für Feuerwerkskörper von Passanten erbetteln, und die dann am 5. November auf einem Lagerfeuer mit Feuerwerk verbrannt wird.*

---

guzzle ['gʌzl] *vt* (*food*) futtern; (*drink*) saufen (*inf*).

gym [dʒɪm] *n* (*also:* **gymnasium**) Turnhalle *f*; (*also:* **gymnastics**) Gymnastik *f*, Turnen *nt*.

gymkhana [dʒɪm'kɑːnə] *n* Reiterfest *nt*.

gymnasium [dʒɪm'neɪzɪəm] *n* Turnhalle *f*.

gymnast ['dʒɪmnæst] *n* Turner(in) *m(f)*.

gymnastics [dʒɪm'næstɪks] *n* Gymnastik *f*, Turnen *nt*.

gym shoes *npl* Turnschuhe *pl*.

gymslip ['dʒɪmslɪp] (*BRIT*) *n* (Schul)trägerrock *m*.

gynaecologist, (*US*) **gynecologist** [gaɪnɪ'kɔlədʒɪst] *n* Gynäkologe *m*, Gynäkologin *f*, Frauenarzt *m*, Frauenärztin *f*.

gynaecology, (*US*) **gynecology** [gaɪnɪ-'kɔlədʒɪ] *n* Gynäkologie *f*, Frauenheilkunde *f*.

gypsy ['dʒɪpsɪ] *n* = **gipsy**.

gyrate [dʒaɪ'reɪt] *vi* kreisen, sich drehen.

gyroscope ['dʒaɪərəskəup] *n* Gyroskop *nt*.

H, h

H, h [eɪtʃ] *n* (*letter*) H, h *nt*; **~ for Harry,** (*US*) **~ for How** ≈ H wie Heinrich.

habeas corpus ['heɪbɪəs'kɔːpəs] *n* Habeaskorpusakte *f*.

haberdashery [hæbə'dæʃərɪ] (*BRIT*) *n* Kurzwaren *pl*.

habit ['hæbɪt] *n* Gewohnheit *f*; (*esp undesirable*) Angewohnheit *f*; (*addiction*) Sucht *f*; (*REL*) Habit *m or nt*; **to get out of/into the ~ of doing sth** sich abgewöhnen/angewöhnen, etw zu tun; **to be in the ~ of doing sth** die (An)gewohnheit haben, etw zu tun.

habitable ['hæbɪtəbl] *adj* bewohnbar.

habitat ['hæbɪtæt] *n* Heimat *f*; (*of animals*) Lebensraum *m*, Heimat *f*.

habitation [hæbɪ'teɪʃən] *n* Wohnstätte *f*; **fit for**

human ~ für Wohnzwecke geeignet, bewohnbar.

habitual [hə'bɪtjuəl] *adj* (*action*) gewohnt; (*drinker*) Gewohnheits-; (*liar*) gewohnheitsmäßig.

habitually [hə'bɪtjuəlɪ] *adv* ständig.

hack [hæk] *vt, vi* (*also COMPUT*) hacken ♦ *n* (*pej: writer*) Schreiberling *m*; (*horse*) Mietpferd *nt*.

hacker ['hækə*] *n* (*COMPUT*) Hacker *m*.

hackles ['hæklz] *npl*: **to make sb's ~ rise** (*fig*) jdn auf die Palme bringen (*inf*).

hackney cab ['hæknɪ-] *n* Taxi *nt*.

hackneyed ['hæknɪd] *adj* abgedroschen.

hacksaw ['hæksɔ:] *n* Metallsäge *f*.

had [hæd] *pt, pp of* **have**.

haddock ['hædək] (*pl* ~ *or* ~**s**) *n* Schellfisch *m*.

hadn't ['hædnt] = **had not**.

haematology, (*US*) **hematology** ['hi:mə'tɔlədʒɪ] *n* Hämatologie *f*.

haemoglobin, (*US*) **hemoglobin** ['hi:mə'gləubɪn] *n* Hämoglobin *nt*.

haemophilia, (*US*) **hemophilia** ['hi:mə'fɪlɪə] *n* Bluterkrankheit *f*.

haemorrhage, (*US*) **hemorrhage** ['hɛmərɪdʒ] *n* Blutung *f*.

haemorrhoids, (*US*) **hemorrhoids** ['hɛmərɔɪdz] *npl* Hämorr(ho)iden *pl*.

hag [hæg] *n* alte Hexe *f*; (*witch*) Hexe *f*.

haggard ['hægəd] *adj* ausgezehrt; (*from worry*) abgehärmt; (*from tiredness*) abgespannt.

haggis ['hægɪs] (*SCOT*) *n* Gericht aus *gehackten Schafsinnereien und Haferschrot, im Schafsmagen gekocht*.

haggle ['hægl] *vi*: **to ~ (over)** feilschen (um).

haggling ['hæglɪŋ] *n* Feilschen *nt*.

Hague [heɪg] *n*: **The ~** Den Haag *m*.

hail [heɪl] *n* Hagel *m* ♦ *vt* (*person*) zurufen +*dat*; (*taxi*) herbeiwinken, anhalten; (*acclaim: person*) zujubeln +*dat*; (: *event etc*) bejubeln ♦ *vi* hageln; **he ~s from Scotland** er kommt *or* stammt aus Schottland.

hailstone ['heɪlstəun] *n* Hagelkorn *nt*.

hailstorm ['heɪlstɔ:m] *n* Hagelschauer *m*.

hair [hɛə*] *n* (*collectively: of person*) Haar *nt*, Haare *pl*; (: *of animal*) Fell *nt*; (*single hair*) Haar *nt*; **to do one's ~** sich frisieren; **by a ~'s breadth** um Haaresbreite.

hairbrush ['hɛəbrʌʃ] *n* Haarbürste *f*.

haircut ['hɛəkʌt] *n* Haarschnitt *m*; (*style*) Frisur *f*.

hairdo ['hɛədu:] *n* Frisur *f*.

hairdresser ['hɛədrɛsə*] *n* Friseur *m*, Friseuse *f*.

hairdresser's ['hɛədrɛsəz] *n* Friseursalon *m*.

hair dryer *n* Haartrockner *m*, Föhn *m*, Fön ® *m*.

-haired [hɛəd] *suff*: **fair-~** blond; **long-~** langhaarig.

hairgrip ['hɛəgrɪp] *n* Haarklemme *f*.

hairline ['hɛəlaɪn] *n* Haaransatz *m*.

hairline fracture *n* Haarriss *m*.

hairnet ['hɛənɛt] *n* Haarnetz *nt*.

hair oil *n* Haaröl *nt*.

hairpiece ['hɛəpi:s] *n* Haarteil *nt*; (*for men*) Toupet *nt*.

hairpin ['hɛəpɪn] *n* Haarnadel *f*.

hairpin bend, (*US*) **hairpin curve** *n* Haarnadelkurve *f*.

hair-raising ['hɛəreɪzɪŋ] *adj* haarsträubend.

hair remover *n* Enthaarungscreme *f*.

hair slide *n* Haarspange *f*.

hair spray *n* Haarspray *nt*.

hairstyle ['hɛəstaɪl] *n* Frisur *f*.

hairy ['hɛərɪ] *adj* behaart; (*inf: situation*) brenzlig, haarig.

Haiti ['heɪtɪ] *n* Haiti *nt*.

hake [heɪk] (*pl* ~ *or* ~**s**) *n* Seehecht *m*.

halcyon ['hælsɪən] *adj* glücklich.

hale [heɪl] *adj*: **~ and hearty** gesund und munter.

half [hɑ:f] (*pl* **halves**) *n* Hälfte *f*; (*of beer etc*) kleines Bier *nt etc*; (*RAIL, bus*) Fahrkarte *f* zum halben Preis ♦ *adj, adv* halb; **first/second ~** (*SPORT*) erste/zweite Halbzeit *f*; **two and a ~** zweieinhalb; **~-an-hour** eine halbe Stunde; **~ a dozen/pound** ein halbes Dutzend/Pfund; **a week and a ~** eineinhalb *or* anderthalb Wochen; **~ (of it)** die Hälfte; **~ (of)** die Hälfte (von *or* +*gen*); **~ the amount of** die halbe Menge an +*dat*; **to cut sth in ~** etw halbieren; **~ past three** halb vier; **to go halves (with sb)** (mit jdm) halbe-halbe machen; **she never does things by halves** sie macht keine halben Sachen; **he's too clever by ~** er ist ein richtiger Schlaumeier; **~ empty** halb leer; **~ closed** halb geschlossen.

half-baked ['hɑ:f'beɪkt] *adj* blödsinnig (*inf*).

half board *n* Halbpension *f*.

half-breed ['hɑ:fbri:d] *n* = **half-caste**.

half-brother ['hɑ:fbrʌðə*] *n* Halbbruder *m*.

half-caste ['hɑ:fkɑ:st] *n* Mischling *m*.

half-day [hɑ:f'deɪ] *n* halber freier Tag *m*.

half-hearted ['hɑ:f'hɑ:tɪd] *adj* halbherzig, lustlos.

half-hour [hɑ:f'auə*] *n* halbe Stunde *f*.

half-life ['hɑ:flaɪf] *n* (*TECH*) Halbwertszeit *f*.

half-mast ['hɑ:f'mɑ:st]: **at ~** *adv* (auf) halbmast.

halfpenny ['heɪpnɪ] (*BRIT*) *n* halber Penny *m*.

half-price ['hɑ:f'praɪs] *adj, adv* zum halben Preis.

half-sister ['hɑ:fsɪstə*] *n* Halbschwester *f*.

half term (*BRIT*) *n* kleine Ferien *pl* (*in der Mitte des Trimesters*).

half-timbered [hɑ:f'tɪmbəd] *adj* (*house*) Fachwerk-.

half-time [hɑ:f'taɪm] *n* (*SPORT*) Halbzeit *f*.

halfway ['hɑ:f'weɪ] *adv*: **~ to** auf halbem Wege nach; **~ through** mitten in +*dat*; **to meet sb ~** (*fig*) jdm auf halbem Wege entgegenkommen.

halfway house *n* (*hostel*) offene Anstalt *f*;

(fig) Zwischending nt; (: compromise) Kompromiss m.

halfwit ['hɑːfwɪt] n Schwachsinnige(r) f(m); (fig: inf) Schwachkopf m.

half-yearly [hɑːf'jɪəlɪ] adv halbjährlich, jedes halbe Jahr ♦ adj halbjährlich.

halibut ['hælɪbət] n inv Heilbutt m.

halitosis [hælɪ'təʊsɪs] n schlechter Atem m, Mundgeruch m.

hall [hɔːl] n Diele f, (Haus)flur m; (corridor) Korridor m, Flur m; (mansion) Herrensitz m, Herrenhaus nt; (for concerts etc) Halle f; **to live in ~** (BRIT) im Wohnheim wohnen.

hallmark ['hɔːlmɑːk] n (on gold, silver) (Feingehalts)stempel m; (of writer, artist etc) Kennzeichen nt.

hallo [hə'ləʊ] excl = hello.

hall of residence (pl **halls of residence**) (BRIT) n Studentenwohnheim nt.

hallowed ['hæləʊd] adj (ground) heilig; (fig: respected, revered) geheiligt.

Hallowe'en ['hæləʊ'iːn] n der Tag vor Allerheiligen.

HALLOWE'EN

Hallowe'en ist der 31. Oktober, der Vorabend von Allerheiligen und nach altem Glauben der Abend, an dem man Geister und Hexen sehen kann. In Großbritannien und vor allem in den USA feiern die Kinder **Hallowe'en**, indem sie sich verkleiden und mit selbst gemachten Laternen aus Kürbissen von Tür zu Tür ziehen.

---

hallucination [həluːsɪ'neɪʃən] n Halluzination f.

hallucinogenic [həluːsɪnəʊ'dʒɛnɪk] adj (drug) halluzinogen ♦ n Halluzinogen nt.

hallway ['hɔːlweɪ] n Diele f, (Haus)flur m.

halo ['heɪləʊ] n Heiligenschein m; (circle of light) Hof m.

halt [hɔːlt] vt anhalten; (progress etc) zum Stillstand bringen ♦ vi anhalten, zum Stillstand kommen ♦ n: **to come to a ~** zum Stillstand kommen; **to call a ~ to sth** (fig) einer Sache dat ein Ende machen.

halter ['hɔːltə*] n Halfter nt.

halter-neck ['hɔːltənɛk] adj (dress) rückenfrei mit Nackenverschluss.

halve [hɑːv] vt halbieren.

halves [hɑːvz] pl of **half**.

ham [hæm] n Schinken m; (inf. also: **radio ~**) Funkamateur m; (: actor) Schmierenkomödiant(in) m(f).

Hamburg ['hæmbəːg] n Hamburg nt.

hamburger ['hæmbəːgə*] n Hamburger m.

ham-fisted ['hæm'fɪstɪd], (US) **ham-handed** ['hæm'hændɪd] adj ungeschickt.

hamlet ['hæmlɪt] n Weiler m, kleines Dorf nt.

hammer ['hæmə*] n Hammer m ♦ vt hämmern; (fig: criticize) vernichtend kritisieren; (: defeat) vernichtend schlagen ♦ vi

hämmern; **to ~ sth into sb, to ~ sth across to sb** jdm etw einhämmern or einbläuen.

▶ **hammer out** vt hämmern; (solution, agreement) ausarbeiten.

hammock ['hæmək] n Hängematte f.

hamper ['hæmpə*] vt behindern ♦ n Korb m.

hamster ['hæmstə*] n Hamster m.

hamstring ['hæmstrɪŋ] n Kniesehne f ♦ vt einengen.

hand [hænd] n Hand f; (of clock) Zeiger m; (handwriting) Hand(schrift) f; (worker) Arbeiter(in) m(f); (of cards) Blatt nt; (measurement: of horse) ≈ 10 cm ♦ vt geben, reichen; **to give** or **lend sb a ~** jdm helfen; **at ~** (place) in der Nähe; (time) unmittelbar bevorstehend; **by ~** von Hand; **in ~** (time) zur Verfügung; (job) anstehend; (situation) unter Kontrolle; **we have the matter in ~** wir haben die Sache im Griff; **on ~** zur Verfügung; **out of ~** adj außer Kontrolle ♦ adv (reject etc) rundweg; **to ~** zur Hand; **on the one ~ ..., on the other ~** ... einerseits ... andererseits ...; **to force sb's ~** jdn zwingen; **to have a free ~** freie Hand haben; **to change ~s** den Besitzer wechseln; **to have in one's ~** (also fig) in der Hand halten; **"~s off!"** „Hände weg!".

▶ **hand down** vt (knowledge) weitergeben; (possessions) vererben; (LAW: judgement, sentence) fällen.

▶ **hand in** vt abgeben, einreichen.

▶ **hand out** vt verteilen; (information) austeilen; (punishment) verhängen.

▶ **hand over** vt übergeben.

▶ **hand round** vt (BRIT) verteilen; (chocolates etc) herumreichen.

handbag ['hændbæg] n Handtasche f.

hand baggage n Handgepäck nt.

handball ['hændbɔːl] n Handball m.

hand basin n Handwaschbecken nt.

handbook ['hændbʊk] n Handbuch nt.

handbrake ['hændbreɪk] n Handbremse f.

h & c (BRIT) abbr (= hot and cold (water)) h. u. k.

hand cream n Handcreme f.

handcuff ['hændkʌf] vt Handschellen anlegen +dat.

handcuffs ['hændkʌfs] npl Handschellen pl.

handful ['hændfʊl] n Hand f voll.

hand-held ['hænd'hɛld] adj (camera) Hand-.

handicap ['hændɪkæp] n Behinderung f; (disadvantage) Nachteil m; (SPORT) Handicap nt ♦ vt benachteiligen; **mentally/physically ~ped** geistig/körperlich behindert.

handicraft ['hændɪkrɑːft] n Kunsthandwerk nt; (object) Kunsthandwerksarbeit f.

handiwork ['hændɪwəːk] n Arbeit f; **this looks like his ~** (pej) das sieht nach seiner Arbeit aus.

handkerchief ['hæŋkətʃɪf] n Taschentuch nt.

handle ['hændl] n Griff m; (of door) Klinke f; (of cup) Henkel m; (of broom, brush etc) Stiel

m; (*for winding*) Kurbel *f*; (*CB RADIO: name*)
Sendezeichen *nt* ♦ *vt* anfassen, berühren;
(*problem etc*) sich befassen mit;
(: *successfully*) fertig werden mit; (*people*)
umgehen mit; "~ **with care**" „Vorsicht -
zerbrechlich"; **to fly off the** ~ an die Decke
gehen; **to get a** ~ **on a problem** (*inf*) ein
Problem in den Griff bekommen.

handlebar(s) ['hændlbɑː(z)] *n(pl)* Lenkstange *f*.

handling ['hændlɪŋ] *n*: ~ (**of**) (*of plant, animal,
issue etc*) Behandlung *f +gen*; (*of person, tool,
machine etc*) Umgang *m* (mit); (*ADMIN*)
Bearbeitung *f +gen*.

handling charges *npl* Bearbeitungsgebühr *f*;
(*BANKING*) Kontoführungsgebühr *f*.

hand luggage *n* Handgepäck *nt*.

handmade ['hænd'meɪd] *adj* handgearbeitet.

hand-out ['hændaut] *n* (*money, food etc*)
Unterstützung *f*; (*publicity leaflet*) Flugblatt
nt; (*summary*) Informationsblatt *nt*.

hand-picked ['hænd'pɪkt] *adj* von Hand
geerntet; (*staff etc*) handverlesen.

handrail ['hændreɪl] *n* Geländer *nt*.

handset ['hændset] *n* (*TEL*) Hörer *m*.

hands-free ['hændzfriː] *adj* (*telephone,
microphone*) Freisprech-.

handshake ['hændʃeɪk] *n* Händedruck *m*.

handsome ['hænsəm] *adj* gut aussehend;
(*building*) schön; (*gift*) großzügig; (*profit,
return*) ansehnlich.

hands-on ['hændz'ɔn] *adj* (*training*) praktisch;
(*approach etc*) aktiv; ~ **experience**
praktische Erfahrung.

handstand ['hændstænd] *n*: **to do a** ~ einen
Handstand machen.

hand-to-mouth ['hændtə'mauθ] *adj*: **to lead a**
~ **existence** von der Hand in den Mund
leben.

handwriting ['hændraɪtɪŋ] *n* Handschrift *f*.

handwritten ['hændrɪtn] *adj*
handgeschrieben.

handy ['hændɪ] *adj* praktisch; (*skilful*)
geschickt; (*close at hand*) in der Nähe; **to
come in** ~ sich als nützlich erweisen.

handyman ['hændɪmæn] (*irreg: like* **man**) *n* (*at
home*) Heimwerker *m*; (*in hotel etc*)
Faktotum *nt*.

hang [hæŋ] (*pt, pp* **hung**) *vt* aufhängen;
(*criminal*) (*pt, pp* **hanged**) hängen; (*head*)
hängen lassen ♦ *vi* hängen; (*hair, drapery*)
fallen ♦ *n*: **to get the** ~ **of sth** (*inf*) den
richtigen Dreh (bei etw) herauskriegen.

▶ **hang about** *vi* herumlungern.

▶ **hang around** *vi* = hang about.

▶ **hang back** *vi*: **to** ~ **back (from doing sth)**
zögern(, etw zu tun).

▶ **hang on** *vi* warten ♦ *vt fus* (*depend on*)
abhängen von; **to** ~ **on to** festhalten; (*for
protection, support*) sich festhalten an +*dat*;
(*hope, position*) sich klammern an +*acc*;
(*ideas*) festhalten an +*dat*; (*keep*) behalten.

▶ **hang out** *vt* draußen aufhängen ♦ *vi*

heraushängen; (*inf: live*) wohnen.

▶ **hang together** *vi* (*argument*) folgerichtig
or zusammenhängend sein; (*story,
explanation*) zusammenhängend sein;
(*statements*) zusammenpassen.

▶ **hang up** *vt* aufhängen ♦ *vi* (*TEL*): **to** ~ **up
(on sb)** einfach auflegen.

hangar ['hæŋəʳ] *n* Hangar *m*, Flugzeughalle *f*.

hangdog ['hæŋdɔg] *adj* zerknirscht.

hanger ['hæŋəʳ] *n* Bügel *m*.

hanger-on [hæŋər'ɔn] *n* (*parasite*) Trabant *m*
(*inf*); **the** ~**s-**~ der Anhang.

hang-glide ['hæŋglaɪd] *vi* drachenfliegen.

hang-glider ['hæŋglaɪdəʳ] *n* (*Flug*)drachen *m*.

hang-gliding ['hæŋglaɪdɪŋ] *n* Drachenfliegen
nt.

hanging ['hæŋɪŋ] *n* (*execution*) Hinrichtung *f*
durch den Strang; (*for wall*) Wandbehang *m*.

hangman ['hæŋmən] (*irreg: like* **man**) *n* Henker
m.

hangover ['hæŋəuvəʳ] *n* Kater *m*; (*from past*)
Überbleibsel *nt*.

hang-up ['hæŋʌp] *n* Komplex *m*.

hank [hæŋk] *n* Strang *m*.

hanker ['hæŋkəʳ] *vi*: **to** ~ **after** sich sehnen
nach.

hankering ['hæŋkərɪŋ] *n*: ~ (**for**) Verlangen *nt*
(nach).

hankie, hanky ['hæŋkɪ] *n abbr* = **handkerchief**.

haphazard [hæp'hæzəd] *adj* planlos, wahllos.

hapless ['hæplɪs] *adj* glücklos.

happen ['hæpən] *vi* geschehen; **to** ~ **to do sth**
zufällig(erweise) etw tun; **as it** ~**s**
zufälligerweise; **what's** ~**ing?** was ist los?;
she ~**ed to be free** sie hatte
zufällig(erweise) gerade Zeit; **if anything**
~**ed to him** wenn ihm etwas zustoßen *or*
passieren sollte.

▶ **happen (up)on** *vt fus* zufällig stoßen auf
+*acc*; (*person*) zufällig treffen.

happening ['hæpnɪŋ] *n* Ereignis *nt*, Vorfall *m*.

happily ['hæpɪlɪ] *adv* (*luckily*)
glücklicherweise; (*cheerfully*) fröhlich.

happiness ['hæpɪnɪs] *n* Glück *nt*.

happy ['hæpɪ] *adj* glücklich; (*cheerful*)
fröhlich; **to be** ~ **(with)** zufrieden sein
(mit); **to be** ~ **to do sth** etw gerne tun;
~ **birthday!** herzlichen Glückwunsch zum
Geburtstag!

happy-go-lucky ['hæpɪgəu'lʌkɪ] *adj*
unbekümmert.

happy hour *n* Zeit, in der Bars, Pubs usw
Getränke zu ermäßigten Preisen anbieten.

harangue [hə'ræŋ] *vt* predigen +*dat* (*inf*).

harass ['hærəs] *vt* schikanieren.

harassed ['hærəst] *adj* geplagt.

harassment ['hærəsmənt] *n* Schikanierung *f*;
sexual ~ sexuelle Belästigung *f*.

harbour, (*US*) **harbor** ['hɑːbəʳ] *n* Hafen *m* ♦ *vt*
(*hope, fear, grudge etc*) hegen; (*criminal,
fugitive*) Unterschlupf gewähren +*dat*.

harbour dues *npl* Hafengebühren *pl*.

harbour master n Hafenmeister m.

hard [hɑːd] adj hart; (question, problem) schwierig; (evidence) gesichert ♦ adv (work) hart, schwer; (think) scharf; (try) sehr; ~ **luck!** Pech!; **no ~ feelings!** ich nehme es dir nicht übel; **to be ~ of hearing** schwerhörig sein; **to be ~ done by** ungerecht behandelt werden; **I find it ~ to believe that ...** ich kann es kaum glauben, dass ...; **to look ~ at sth** (object) sich +dat etw genau ansehen; (idea) etw gründlich prüfen.

hard-and-fast ['hɑːdən'fɑːst] adj fest.

hardback ['hɑːdbæk] n gebundene Ausgabe f.

hardboard ['hɑːdbɔːd] n Hartfaserplatte f.

hard-boiled egg ['hɑːd'bɔɪld-] n hart gekochtes Ei nt.

hard cash n Bargeld nt.

hard copy n (COMPUT) Ausdruck m.

hard core n harter Kern m.

hard-core ['hɑːd'kɔː'] adj (pornography) hart; (supporters) zum harten Kern gehörend.

hard court n (TENNIS) Hartplatz m.

hard disk n (COMPUT) Festplatte f.

harden ['hɑːdn] vt härten; (attitude, person) verhärten ♦ vi hart werden, sich verhärten.

hardened ['hɑːdnd] adj (criminal) Gewohnheits-; **to be ~ to sth** gegen etw abgehärtet sein.

hardening ['hɑːdnɪŋ] n Verhärtung f.

hard graft n: **by sheer ~** durch harte Arbeit.

hard-headed ['hɑːd'hɛdɪd] adj nüchtern.

hardhearted ['hɑːd'hɑːtɪd] adj hartherzig.

hard-hitting ['hɑːd'hɪtɪŋ] adj (fig: speech, journalist etc) knallhart.

hard labour n Zwangsarbeit f.

hardliner ['hɑːd'laɪnə'] n Vertreter(in) m(f) der harten Linie.

hard-luck story ['hɑːdlʌk-] n Leidensgeschichte f.

hardly ['hɑːdlɪ] adv kaum; (harshly) hart, streng; **it's ~ the case** (ironic) das ist wohl kaum der Fall; **I can ~ believe it** ich kann es kaum glauben.

hard-nosed [hɑːd'nəʊzd] adj abgebrüht.

hard-pressed [hɑːd'prɛst] adj: **to be ~** unter Druck sein; **~ for money** in Geldnot.

hard sell n aggressive Verkaufstaktik f.

hardship ['hɑːdʃɪp] n Not f.

hard shoulder (BRIT) n (AUT) Seitenstreifen m.

hard up (inf) adj knapp bei Kasse.

hardware ['hɑːdwɛə'] n Eisenwaren pl; (household goods) Haushaltswaren pl; (COMPUT) Hardware f; (MIL) Waffen pl.

hardware shop n Eisenwarenhandlung f.

hard-wearing [hɑːd'wɛərɪŋ] adj strapazierfähig.

hard-won [hɑːd'wʌn] adj schwer erkämpft.

hard-working [hɑːd'wəːkɪŋ] adj fleißig.

hardy ['hɑːdɪ] adj (animals) zäh; (people) abgehärtet; (plant) winterhart.

hare [hɛə'] n Hase m.

harebrained ['hɛəbreɪnd] adj verrückt.

harelip ['hɛəlɪp] n Hasenscharte f.

harem [hɑː'riːm] n Harem m.

hark back [hɑːk-] vi: **to ~ to** zurückkommen auf +acc.

harm [hɑːm] n Schaden m; (injury) Verletzung f ♦ vt schaden +dat; (person: physically) verletzen; **to mean no ~** es nicht böse meinen; **out of ~'s way** in Sicherheit; **there's no ~ in trying** es kann nicht schaden, es zu versuchen.

harmful ['hɑːmful] adj schädlich.

harmless ['hɑːmlɪs] adj harmlos.

harmonic [hɑː'mɔnɪk] adj harmonisch.

harmonica [hɑː'mɔnɪkə] n Harmonika f.

harmonics [hɑː'mɔnɪks] npl Harmonik f.

harmonious [hɑː'məʊnɪəs] adj harmonisch.

harmonium [hɑː'məʊnɪəm] n Harmonium nt.

harmonize ['hɑːmənaɪz] vi (MUS) mehrstimmig singen/spielen; (: one person) die zweite Stimme singen/spielen; (colours, ideas) harmonieren.

harmony ['hɑːmənɪ] n Einklang m; (MUS) Harmonie f.

harness ['hɑːnɪs] n (for horse) Geschirr nt; (for child) Laufgurt m; (safety harness) Sicherheitsgurt m ♦ vt (resources, energy etc) nutzbar machen; (horse, dog) anschirren.

harp [hɑːp] n Harfe f ♦ vi: **to ~ on about** (pej) herumreiten auf +dat.

harpist ['hɑːpɪst] n Harfenspieler(in) m(f).

harpoon [hɑː'puːn] n Harpune f.

harpsichord ['hɑːpsɪkɔːd] n Cembalo nt.

harried ['hærɪd] adj bedrängt.

harrow ['hærəʊ] n Egge f.

harrowing ['hærəʊɪŋ] adj (film) erschütternd; (experience) grauenhaft.

harry ['hærɪ] vt bedrängen, zusetzen +dat.

harsh [hɑːʃ] adj (sound, light) grell; (judge, winter) streng; (criticism, life) hart.

harshly ['hɑːʃlɪ] adv (judge) streng; (say) barsch; (criticize) hart.

harshness ['hɑːʃnɪs] n (see adj) Grelle f; Strenge f; Härte f.

harvest ['hɑːvɪst] n Ernte f ♦ vt ernten.

harvester ['hɑːvɪstə'] n (also: **combine ~**) Mähdrescher m.

has [hæz] vb see **have**.

has-been [hæzbiːn] (inf) n: **he's/she's a ~** er/ sie ist eine vergangene or vergessene Größe.

hash [hæʃ] n (CULIN) Haschee nt; (fig) **to make a ~ of sth** etw verpfuschen (inf); (inf) ♦ n abbr (= hashish) Hasch nt.

hashish ['hæʃɪʃ] n Haschisch nt.

hasn't ['hæznt] = **has not**.

hassle ['hæsl] (inf) n (bother) Theater nt ♦ vt schikanieren.

haste [heɪst] n Hast f; (speed) Eile f; **in ~** in Eile; **to make ~ (to do sth)** sich beeilen(, etw zu tun).

hasten ['heɪsn] vt beschleunigen ♦ vi: **to ~ to**

do sth sich beeilen, etw zu tun; **I ~ to add ...** ich muss allerdings hinzufügen, ...; **she ~ed back to the house** sie eilte zum Haus zurück.

hastily ['heɪstɪlɪ] *adv* (*see adj*) hastig, eilig; vorschnell.

hasty ['heɪstɪ] *adj* hastig, eilig; (*rash*) vorschnell.

hat [hæt] *n* Hut *m*; **to keep sth under one's ~** etw für sich behalten.

hatbox ['hætbɒks] *n* Hutschachtel *f*.

hatch [hætʃ] *n* (*NAUT: also:* **~way**) Luke *f*; (*also:* **service ~**) Durchreiche *f* ♦ *vi* (*bird*) ausschlüpfen ♦ *vt* ausbrüten; **the eggs ~ed after 10 days** nach 10 Tagen schlüpften die Jungen aus.

hatchback ['hætʃbæk] *n* (*AUT: car*) Heckklappenmodell *nt*.

hatchet ['hætʃɪt] *n* Beil *nt*; **to bury the ~** das Kriegsbeil begraben.

hatchet job (*inf*) *adj*: **to do a ~ on sb** jdn fertig machen.

hatchet man (*inf*) *n* (*fig*) Vollstrecker *m*.

hate [heɪt] *vt* hassen ♦ *n* Hass *m*; **I ~ him/milk** ich kann ihn/ Milch nicht ausstehen; **to ~ to do/doing sth** es hassen, etw zu tun; (*weaker*) etw ungern tun; **I ~ to trouble you, but ...** es ist mir sehr unangenehm, dass ich Sie belästigen muss, aber ...

hateful ['heɪtful] *adj* abscheulich.

hatred ['heɪtrɪd] *n* Hass *m*; (*dislike*) Abneigung *f*.

hat trick *n* Hattrick *m*.

haughty ['hɔːtɪ] *adj* überheblich.

haul [hɔːl] *vt* ziehen; (*by lorry*) transportieren; (*NAUT*) den Kurs ändern +*gen* ♦ *n* (*booty*) Beute *f*; (*catch: of fish*) Fang *m*; **he ~ed himself out of the pool** er stemmte sich aus dem Schwimmbecken.

haulage ['hɔːlɪdʒ] *n* (*cost*) Transportkosten *pl*; (*business*) Transport *m*.

haulage contractor (*BRIT*) *n* Transportunternehmen *nt*, Spedition *f*; (*person*) Transportunternehmer(in) *m(f)*, Spediteur *m*.

hauler ['hɔːlə*] (*US*) *n* Transportunternehmer(in) *m(f)*, Spediteur *m*.

haulier ['hɔːlɪə*] (*BRIT*) *n* Transportunternehmer(in) *m(f)*, Spediteur *m*.

haunch [hɔːntʃ] *n* Hüftpartie *f*; (*of meat*) Keule *f*.

haunt [hɔːnt] *vt* (*place*) spuken in +*dat*, umgehen in +*dat*; (*person, also fig*) verfolgen ♦ *n* Lieblingsplatz *m*; (*of crooks etc*) Treffpunkt *m*.

haunted ['hɔːntɪd] *adj* (*expression*) gehetzt, gequält; **this building/room is ~** in diesem Gebäude/Zimmer spukt es.

haunting ['hɔːntɪŋ] *adj* (*music*) eindringlich; **a ~ sight** ein Anblick, der einen nicht loslässt.

Havana [hə'vænə] *n* Havanna *nt*.

have [hæv] (*pt, pp* **had**) *aux vb* **1** haben; (*with verbs of motion*) sein; **to ~ arrived/gone** angekommen/gegangen sein; **to ~ eaten/ slept** gegessen/geschlafen haben; **he has been promoted** er ist befördert worden; **having eaten** *or* **when he had eaten, he left** nachdem er gegessen hatte, ging er.

2 (*in tag questions*): **you've done it, ~n't you?** du hast es gemacht, nicht wahr?; **he hasn't done it, has he?** er hat es nicht gemacht, oder?

3 (*in short answers and questions*): **you've made a mistake - no I ~n't/so I ~** du hast einen Fehler gemacht - nein(, das habe ich nicht)/ja, stimmt; **we ~n't paid - yes we ~!** wir haben nicht bezahlt - doch!; **I've been there before - ~ you?** ich war schon einmal da - wirklich *or* tatsächlich?

♦ *modal aux vb* (*be obliged*): **to ~ (got) to do sth** etw tun müssen; **this has (got) to be a mistake** das muss ein Fehler sein

♦ *vt* **1** (*possess*) haben; **she has (got) blue eyes/dark hair** sie hat blaue Augen/dunkle Haare; **I ~ (got) an idea** ich habe eine Idee.

2 (*referring to meals etc*): **to ~ breakfast** frühstücken; **to ~ lunch/dinner** zu Mittag/ Abend essen; **to ~ a drink** etwas trinken; **to ~ a cigarette** eine Zigarette rauchen.

3 (*receive, obtain etc*) haben; **may I ~ your address?** kann ich Ihre Adresse haben *or* bekommen?; **to ~ a baby** ein Kind bekommen.

4 (*allow*): **I won't ~ this nonsense** dieser Unsinn kommt nicht infrage *or* in Frage!; **we can't ~ that** das kommt nicht infrage *or* in Frage.

5: to ~ sth done etw machen lassen; **to ~ one's hair cut** sich *dat* die Haare schneiden lassen; **to ~ sb do sth** (*order*) jdn etw tun lassen; **he soon had them all laughing/working** bald hatte er alle zum Lachen/Arbeiten gebracht.

6 (*experience, suffer*): **to ~ a cold/flu** eine Erkältung/die Grippe haben; **she had her bag stolen** ihr *dat* wurde die Tasche gestohlen.

7 (*+ noun: take, hold etc*): **to ~ a swim** schwimmen gehen; **to ~ a walk** spazieren gehen; **to ~ a rest** sich ausruhen; **to ~ a meeting** eine Besprechung haben; **to ~ a party** eine Party geben.

8 (*inf: dupe*): **you've been had** man hat dich hereingelegt.

▶ **have in** (*inf*) *vt*: **to ~ it in for sb** jdn auf dem Kieker haben.

▶ **have on** *vt* (*wear*) anhaben; (*BRIT: inf: tease*) auf den Arm nehmen; **I don't ~ any money on me** ich habe kein Geld bei mir; **do you ~** *or* **~ you anything on tomorrow?** haben Sie

morgen etwas vor?
▶ **have out** *vt*: **to ~ it out with sb** (*settle a problem etc*) ein Wort mit jdm reden.

haven ['heɪvn] *n* Hafen *m*; (*safe place*) Zufluchtsort *m*.

haven't ['hævnt] = **have not**.

haversack ['hævəsæk] *n* Rucksack *m*.

haves [hævz] (*inf*) *npl*: **the ~ and the have-nots** die Betuchten und die Habenichtse.

havoc ['hævək] *n* Verwüstung *f*; (*confusion*) Chaos *nt*; **to play ~ with sth** (*disrupt*) etw völlig durcheinander bringen.

Hawaii [hə'waɪiː] *n* Hawaii *nt*.

Hawaiian [hə'waɪjən] *adj* hawaiisch ♦ *n* Hawaiianer(in) *m(f)*; (*LING*) Hawaiisch *nt*.

hawk [hɔːk] *n* Habicht *m*.

hawker ['hɔːkə*] *n* Hausierer(in) *m(f)*.

hawkish ['hɔːkɪʃ] *adj* (*person, approach*) knallhart.

hawthorn ['hɔːθɔːn] *n* Weißdorn *m*, Rotdorn *m*.

hay [heɪ] *n* Heu *nt*.

hay fever *n* Heuschnupfen *m*.

haystack ['heɪstæk] *n* Heuhaufen *m*; **like looking for a needle in a ~** als ob man eine Stecknadel im Heuhaufen suchte.

haywire ['heɪwaɪə*] (*inf*) *adj*: **to go ~** (*machine*) verrückt spielen; (*plans etc*) über den Haufen geworfen werden.

hazard ['hæzəd] *n* Gefahr *f* ♦ *vt* riskieren; **to be a health/fire ~** eine Gefahr für die Gesundheit/feuergefährlich sein; **to ~ a guess** (es) wagen, eine Vermutung anzustellen.

hazardous ['hæzədəs] *adj* gefährlich.

hazard pay (*US*) *n* Gefahrenzulage *f*.

hazard (warning) lights *npl* (*AUT*) Warnblinkanlage *f*.

haze [heɪz] *n* Dunst *m*.

hazel ['heɪzl] *n* Hasel(nuss)strauch *m*, Haselbusch *m* ♦ *adj* haselnussbraun.

hazelnut ['heɪzlnʌt] *n* Haselnuss *f*.

hazy ['heɪzɪ] *adj* dunstig, diesig; (*idea, memory*) unklar, verschwommen; **I'm rather ~ about the details** an die Einzelheiten kann ich mich nur vage *or* verschwommen erinnern; (*ignorant*) die genauen Einzelheiten sind mir nicht bekannt.

H-bomb ['eɪtʃbɔm] *n* H-Bombe *f*.

HE *abbr* (*REL, DIPLOMACY*: = *His/Her Excellency*) Seine/Ihre Exzellenz; (= *high explosive*) hochexplosiver Sprengstoff *m*.

he [hiː] *pron* er ♦ *pref* männlich; **~ who ...** wer ...

head [hɛd] *n* Kopf *m*; (*of table*) Kopfende *nt*; (*of queue*) Spitze *f*; (*of company, organization*) Leiter(in) *m(f)*; (*of school*) Schulleiter(in) *m(f)*; (*on coin*) Kopfseite *f*; (*on tape recorder*) Tonkopf *m* ♦ *vt* anführen, an der Spitze stehen von; (*group, company*) leiten; (*FOOTBALL: ball*) köpfen; **~s (or tails)** Kopf

(oder Zahl); **~ over heels** Hals über Kopf; (*in love*) bis über beide Ohren; **£10 a** *or* **per ~** 10 Pfund pro Kopf; **at the ~ of the list** oben auf der Liste; **to have a ~ for business** einen guten Geschäftssinn haben; **to have no ~ for heights** nicht schwindelfrei sein; **to come to a ~** sich zuspitzen; **they put their ~s together** sie haben sich zusammengesetzt; **off the top of my** *etc* **~** ohne lange zu überlegen; **on your own ~ be it!** auf Ihre eigene Verantwortung *or* Kappe (*inf*)!; **to bite** *or* **snap sb's ~ off** jdn grob anfahren; **he won't bite your ~ off** er wird dir schon nicht den Kopf abreißen; **it went to my ~** es ist mir in den Kopf *or* zu Kopf gestiegen; **to lose/keep one's ~** den Kopf verlieren/nicht verlieren; **I can't make ~ nor tail of this** hieraus werde ich nicht schlau; **he's off his ~!** (*inf*) er ist nicht (ganz) bei Trost!

▶ **head for** *vt fus* (*on foot*) zusteuern auf +*acc*; (*by car*) in Richtung ... fahren; (*plane, ship*) Kurs nehmen auf +*acc*; **you are ~ing for trouble** du wirst Ärger bekommen.

▶ **head off** *vt* abwenden.

headache ['hɛdeɪk] *n* Kopfschmerzen *pl*, Kopfweh *nt*; (*fig*) Problem *nt*; **to have a ~** Kopfschmerzen *or* Kopfweh haben.

headband ['hɛdbænd] *n* Stirnband *nt*.

headboard ['hɛdbɔːd] *n* Kopfteil *nt*.

head cold *n* Kopfgrippe *f*.

headdress ['hɛddrɛs] (*BRIT*) *n* Kopfschmuck *m*.

headed notepaper ['hɛdɪd-] *n* Schreibpapier *nt* mit Briefkopf.

header ['hɛdə*] (*BRIT: inf*) *n* (*FOOTBALL*) Kopfball *m*.

headfirst ['hɛd'fəːst] *adv* (*lit*) kopfüber; (*fig*) Hals über Kopf.

headgear ['hɛdgɪə*] *n* Kopfbedeckung *f*.

head-hunt ['hɛdhʌnt] *vt* abwerben.

head-hunter ['hɛdhʌntə*] *n* (*COMM*) Kopfjäger(in) *m(f)*.

heading ['hɛdɪŋ] *n* Überschrift *f*.

headlamp ['hɛdlæmp] (*BRIT*) *n* = **headlight**.

headland ['hɛdlənd] *n* Landspitze *f*.

headlight ['hɛdlaɪt] *n* Scheinwerfer *m*.

headline ['hɛdlaɪn] *n* Schlagzeile *f*; (*RADIO, TV*): **(news) ~s** Nachrichtenüberblick *m*.

headlong ['hɛdlɔŋ] *adv* kopfüber; (*rush*) Hals über Kopf.

headmaster [hɛd'mɑːstə*] *n* Schulleiter *m*.

headmistress [hɛd'mɪstrɪs] *n* Schulleiterin *f*.

head office *n* Zentrale *f*.

head of state (*pl* **heads of state**) *n* Staatsoberhaupt *nt*.

head-on ['hɛd'ɔn] *adj* (*collision*) frontal; (*confrontation*) direkt.

headphones ['hɛdfəʊnz] *npl* Kopfhörer *pl*.

headquarters ['hɛdkwɔːtəz] *npl* Zentrale *f*; (*MIL*) Hauptquartier *nt*.

headrest ['hɛdrɛst] *n* (*AUT*) Kopfstütze *f*.

headroom ['hɛdrum] *n* (*in car*) Kopfraum *m*; (*under bridge*) lichte Höhe *f*.

headscarf ['hɛdskɑ:f] *n* Kopftuch *nt*.

headset ['hɛdsɛt] *n* = **headphones**.

head start *n* Vorsprung *m*.

headstone ['hɛdstəun] *n* Grabstein *m*.

headstrong ['hɛdstrɔŋ] *adj* eigensinnig.

head waiter *n* Oberkellner *m*.

headway ['hɛdweɪ] *n*: **to make ~** vorankommen.

headwind ['hɛdwɪnd] *n* Gegenwind *m*.

heady ['hɛdɪ] *adj* (*experience etc*) aufregend; (*drink, atmosphere*) berauschend.

heal [hi:l] *vt, vi* heilen.

health [hɛlθ] *n* Gesundheit *f*.

health care *n* Gesundheitsfürsorge *f*.

health centre (*BRIT*) *n* Ärztezentrum *nt*.

health food *n* Reformkost *f*, Naturkost *f*.

health food shop *n* Reformhaus *nt*, Naturkostladen *m*.

health hazard *n* Gefahr *f* für die Gesundheit.

health service (*BRIT*) *n*: **the Health Service** das Gesundheitswesen.

healthy ['hɛlθɪ] *adj* gesund; (*profit*) ansehnlich.

heap [hi:p] *n* Haufen *m* ♦ *vt*: **to ~ (up)** (auf)häufen; **~s of** (*inf*) jede Menge; **to ~ sth with** etw beladen mit; **to ~ sth on** etw häufen auf +*acc*; **to ~ favours/gifts etc on sb** jdn mit Gefälligkeiten/Geschenken *etc* überhäufen; **to ~ praises on sb** jdn mit Lob überschütten.

hear [hɪə*] (*pt, pp* heard) *vt* hören; (*LAW: case*) verhandeln; (: *witness*) vernehmen; **to ~ about** hören von; **to ~ from sb** von jdm hören; **I've never heard of that book** von dem Buch habe ich noch nie etwas gehört; **I wouldn't ~ of it!** davon will ich nichts hören.

▶ **hear out** *vt* ausreden lassen.

heard [hɑ:d] *pt, pp of* **hear**.

hearing ['hɪərɪŋ] *n* Gehör *nt*; (*of facts, by committee*) Anhörung *f*; (*of witnesses*) Vernehmung *f*; (*of a case*) Verhandlung *f*; **to give sb a ~** (*BRIT*) jdn anhören.

hearing aid *n* Hörgerät *nt*.

hearsay ['hɪəseɪ] *n* Gerüchte *pl*; **by ~** vom Hörensagen.

hearse [hɑ:s] *n* Leichenwagen *m*.

heart [hɑ:t] *n* Herz *nt*; (*of problem*) Kern *m*; **hearts** *npl* (*CARDS*) Herz *nt*; **to lose ~** den Mut verlieren; **to take ~** Mut fassen; **at ~** im Grunde; **by ~** auswendig; **to set one's ~ on sth** sein Herz an etw *acc* hängen; **to set one's ~ on doing sth** alles daransetzen, etw zu tun; **the ~ of the matter** der Kern der Sache.

heartache ['hɑ:teɪk] *n* Kummer *m*.

heart attack *n* Herzanfall *m*.

heartbeat ['hɑ:bi:t] *n* Herzschlag *m*.

heartbreak ['hɑ:breɪk] *n* großer Kummer *m*, Leid *nt*.

heartbreaking ['hɑ:breɪkɪŋ] *adj* herzzerreißend.

heartbroken ['hɑ:brəukən] *adj*: **to be ~** todunglücklich sein.

heartburn ['hɑ:bə:n] *n* Sodbrennen *nt*.

-hearted ['hɑ:tɪd] *suff*: **kind-~** gutherzig.

heartening ['hɑ:tnɪŋ] *adj* ermutigend.

heart failure *n* Herzversagen *nt*.

heartfelt ['hɑ:tfɛlt] *adj* tief empfunden.

hearth [hɑ:θ] *n* ≈ Kamin *m*.

heartily ['hɑ:tɪlɪ] *adv* (*see adj*) (laut und) herzlich; herzhaft; tief; ungeteilt.

heartland ['hɑ:tlænd] *n* Herz *nt*; **Britain's industrial ~** Großbritanniens Industriezentrum *nt*.

heartless ['hɑ:tlɪs] *adj* herzlos.

heartstrings ['hɑ:tstrɪŋz] *npl*: **to tug at sb's ~** bei jdm auf die Tränendrüsen drücken.

heart-throb ['hɑ:tθrɔb] (*inf*) *n* Schwarm *m*.

heart-to-heart ['hɑ:t'tə'hɑ:t] *adj, adv* ganz im Vertrauen.

heart transplant *n* Herztransplantation *f*, Herzverpflanzung *f*.

heart-warming ['hɑ:twɔ:mɪŋ] *adj* herzerfreuend.

hearty ['hɑ:tɪ] *adj* (*person*) laut und herzlich; (*laugh, appetite*) herzhaft; (*welcome*) herzlich; (*dislike*) tief; (*support*) ungeteilt.

heat [hi:t] *n* Hitze *f*; (*warmth*) Wärme *f*; (*temperature*) Temperatur *f*; (*SPORT: also:* **qualifying ~**) Vorrunde *f* ♦ *vt* erhitzen, heiß machen; (*room, house*) heizen; **in** *or* (*BRIT*) **on ~** (*ZOOL*) brünstig, läufig.

▶ **heat up** *vi* sich erwärmen, warm werden ♦ *vt* aufwärmen; (*water, room*) erwärmen.

heated ['hi:tɪd] *adj* geheizt; (*pool*) beheizt; (*argument*) hitzig.

heater ['hi:tə*] *n* (Heiz)ofen *m*; (*in car*) Heizung *f*.

heath [hi:θ] (*BRIT*) *n* Heide *f*.

heathen ['hi:ðn] *n* Heide *m*, Heidin *f*.

heather ['hɛðə*] *n* Heidekraut *nt*, Erika *f*.

heating ['hi:tɪŋ] *n* Heizung *f*.

heat-resistant ['hi:trɪzɪstənt] *adj* hitzebeständig.

heat-seeking ['hi:tsi:kɪŋ] *adj* Wärme suchend.

heatstroke ['hi:tstrəuk] *n* Hitzschlag *m*.

heat wave *n* Hitzewelle *f*.

heave [hi:v] *vt* (*pull*) ziehen; (*push*) schieben; (*lift*) (hoch)heben ♦ *vi* sich heben und senken; (*retch*) sich übergeben ♦ *n* (*see vt*) Zug *m*; Stoß *m*; Heben *nt*; **to ~ a sigh** einen Seufzer ausstoßen.

▶ **heave to** (*pt, pp* hove) *vi* (*NAUT*) beidrehen.

heaven ['hɛvn] *n* Himmel *m*; **thank ~!** Gott sei Dank!; **~ forbid!** bloß nicht!; **for ~'s sake!** um Himmels *or* Gottes willen!

heavenly ['hɛvnlɪ] *adj* himmlisch.

heaven-sent [hɛvn'sɛnt] *adj* ideal.

heavily ['hɛvɪlɪ] *adv* schwer; (*drink, smoke, depend, rely*) stark; (*sleep, sigh*) tief; (*say*) mit schwerer Stimme.

heavy ['hɛvɪ] *adj* schwer; (*clothes*) dick; (*rain,*

snow, drinker, smoker) stark; (*build, frame*) kräftig; (*breathing, sleep*) tief; (*schedule, week*) anstrengend; (*weather*) drückend, schwül; **the conversation was ~ going** die Unterhaltung war mühsam; **the book was ~ going** das Buch las sich schwer.

heavy cream (*US*) *n* Sahne mit hohem Fettgehalt, ≈ Schlagsahne *f*.

heavy-duty ['hɛvɪ'djuːtɪ] *adj* strapazierfähig.

heavy goods vehicle *n* Lastkraftwagen *m*.

heavy-handed ['hɛvɪ'hændɪd] *adj* schwerfällig, ungeschickt.

heavy industry *n* Schwerindustrie *f*.

heavy metal *n* (*MUS*) Heavymetal *nt*.

heavyset ['hɛvɪ'sɛt] (*esp US*) *adj* kräftig gebaut.

heavyweight ['hɛvɪweɪt] *n* (*SPORT*) Schwergewicht *nt*.

Hebrew ['hiːbruː] *adj* hebräisch ♦ *n* (*LING*) Hebräisch *nt*.

Hebrides ['hɛbrɪdiːz] *npl*: **the ~** die Hebriden *pl*.

heck [hɛk] (*inf*) *interj*: **oh ~!** zum Kuckuck! ♦ *n*: **a ~ of a lot** irrsinnig viel.

heckle ['hɛkl] *vt* durch Zwischenrufe stören.

heckler ['hɛklə*] *n* Zwischenrufer(in) *m(f)*, Störer(in) *m(f)*.

hectare ['hɛktɑː*] (*BRIT*) *n* Hektar *nt or m*.

hectic ['hɛktɪk] *adj* hektisch.

hector ['hɛktə*] *vt* tyrannisieren.

he'd [hiːd] = **he would**; **he had**.

hedge [hɛdʒ] *n* Hecke *f* ♦ *vi* ausweichen, sich nicht festlegen ♦ *vt*: **to ~ one's bets** (*fig*) sich absichern; **as a ~ against inflation** als Absicherung *or* Schutz gegen die Inflation.

▶ **hedge in** *vt* (*person*) (in seiner Freiheit) einschränken; (*proposals etc*) behindern.

hedgehog ['hɛdʒhɔg] *n* Igel *m*.

hedgerow ['hɛdʒrəu] *n* Hecke *f*.

hedonism ['hiːdənɪzəm] *n* Hedonismus *m*.

heed [hiːd] *vt* (*also*: **take ~ of**) beachten ♦ *n*: **to pay (no) ~ to, take (no) ~ of** (nicht) beachten.

heedless ['hiːdlɪs] *adj* achtlos; **~ of sb/sth** ohne auf jdn/etw zu achten.

heel [hiːl] *n* Ferse *f*; (*of shoe*) Absatz *m* ♦ *vt* (*shoe*) mit einem neuen Absatz versehen; **to bring to ~** (*dog*) bei Fuß gehen lassen; (*fig: person*) an die Kandare nehmen; **to take to one's ~s** (*inf*) sich aus dem Staub machen.

hefty ['hɛftɪ] *adj* kräftig; (*parcel etc*) schwer; (*profit*) ansehnlich.

heifer ['hɛfə*] *n* Färse *f*.

height [haɪt] *n* Höhe *f*; (*of person*) Größe *f*; (*fig: of luxury, good taste etc*) Gipfel *m*; **what ~ are you?** wie groß bist du?; **of average ~** durchschnittlich groß; **to be afraid of ~s** nicht schwindelfrei sein; **it's the ~ of fashion** das ist die neueste Mode; **at the ~ of the tourist season** in der Hauptsaison.

heighten ['haɪtn] *vt* erhöhen.

heinous ['heɪnəs] *adj* abscheulich,

verabscheuungswürdig.

heir [ɛə*] *n* Erbe *m*; **the ~ to the throne** der Thronfolger.

heir apparent *n* gesetzlicher Erbe *m*.

heiress ['ɛəres] *n* Erbin *f*.

heirloom ['ɛəluːm] *n* Erbstück *nt*.

heist [haɪst] (*US: inf*) *n* Raubüberfall *m*.

held [hɛld] *pt, pp of* **hold**.

helicopter ['hɛlɪkɔptə*] *n* Hubschrauber *m*.

heliport ['hɛlɪpɔːt] *n* Hubschrauberflugplatz *m*, Heliport *m*.

helium ['hiːlɪəm] *n* Helium *nt*.

hell [hɛl] *n* Hölle *f*, **~!** (*inf!*) verdammt! (*inf!*); **a ~ of a lot** (*inf*) verdammt viel (*inf*); **a ~ of a mess** (*inf*) ein wahnsinniges Chaos (*inf*); **a ~ of a noise** (*inf*) ein Höllenlärm *m*; **a ~ of a nice guy** ein wahnsinnig netter Typ.

he'll [hiːl] = **he will**; **he shall**.

hellbent [hɛl'bɛnt] *adj*: **~ (on)** versessen (auf +*acc*).

hellish ['hɛlɪʃ] (*inf*) *adj* höllisch.

hello [hə'ləu] *excl* hallo; (*expressing surprise*) nanu, he.

Hell's Angels *npl* Hell's Angels *pl*.

helm [hɛlm] *n* Ruder *nt*, Steuer *nt*; **at the ~** am Ruder.

helmet ['hɛlmɪt] *n* Helm *m*.

helmsman ['hɛlmzmən] (*irreg: like* **man**) *n* Steuermann *m*.

help [hɛlp] *n* Hilfe *f*; (*charwoman*) (Haushalts)hilfe *f* ♦ *vt* helfen +*dat*; **with the ~ of** (*person*) mit (der) Hilfe +*gen*; (*tool etc*) mithilfe *or* mit Hilfe +*gen*; **to be of ~ to sb** jdm behilflich sein, jdm helfen; **can I ~ you?** (*in shop*) womit kann ich Ihnen dienen?; **~ yourself** bedienen Sie sich; **he can't ~ it** er kann nichts dafür; **I can't ~ thinking that ...** ich kann mir nicht helfen, ich glaube, dass ...

helper ['hɛlpə*] *n* Helfer(in) *m(f)*.

helpful ['hɛlpful] *adj* hilfsbereit; (*advice, suggestion*) nützlich, hilfreich.

helping ['hɛlpɪŋ] *n* Portion *f*.

helping hand *n*: **to give** *or* **lend sb a ~** jdm behilflich sein.

helpless ['hɛlplɪs] *adj* hilflos.

helplessly ['hɛlplɪslɪ] *adv* hilflos.

helpline ['hɛlplaɪn] *n* (*for emergencies*) Notruf *m*; (*for information*) Informationsdienst *m*.

Helsinki ['hɛlsɪŋkɪ] *n* Helsinki *nt*.

helter-skelter ['hɛltə'skɛltə*] (*BRIT*) *n* Rutschbahn *f*.

hem [hɛm] *n* Saum *m* ♦ *vt* säumen.

▶ **hem in** *vt* einschließen, umgeben; **to feel ~med in** (*fig*) sich eingeengt fühlen.

hematology ['hiːmə'tɔlədʒɪ] (*US*) *n* = **haematology**.

hemisphere ['hɛmɪsfɪə*] *n* Hemisphäre *f*; (*of sphere*) Halbkugel *f*.

hemlock ['hɛmlɔk] *n* Schierling *m*.

hemoglobin ['hiːmə'gləubɪn] (*US*) *n* = **haemoglobin**.

hemophilia [ˈhiːməˈfɪliə] (*US*) *n*
= **haemophilia**.

hemorrhage [ˈhɛmərɪdʒ] (*US*) *n*
= **haemorrhage**.

hemorrhoids [ˈhɛmərɔɪdz] (*US*) *npl*
= **haemorrhoids**.

hemp [hemp] *n* Hanf *m*.

hen [hɛn] *n* Henne *f*, Huhn *nt*; (*female bird*)
Weibchen *nt*.

hence [hɛns] *adv* daher; **2 years** ~ in zwei
Jahren.

henceforth [hɛnsˈfɔːθ] *adv* von nun an; (*from
that time on*) von da an.

henchman [ˈhɛntʃmən] (*irreg: like* **man**) (*pej*) *n*
Spießgeselle *m*.

hen night, **hen party** (*inf*) *n*
Damenkränzchen *nt*.

henpecked [ˈhɛnpɛkt] *adj*: **to be** ~ unter dem
Pantoffel stehen; ~ **husband** Pantoffelheld
m.

hepatitis [hɛpəˈtaɪtɪs] *n* Hepatitis *f*.

her [hɜː*] *pron* sie; (*indirect*) ihr ♦ *adj* ihr; **I see**
~ ich sehe sie; **give** ~ **a book** gib ihr ein
Buch; **after** ~ nach ihr; *see also* **me, my**.

herald [ˈhɛrəld] *n* (Vor)bote *m* ♦ *vt* ankündigen.

heraldic [hɛˈrældɪk] *adj* heraldisch, Wappen-.

heraldry [ˈhɛrəldrɪ] *n* Wappenkunde *f*,
Heraldik *f*; (*coats of arms*) Wappen *pl*.

herb [hɜːb] *n* Kraut *nt*.

herbaceous [hɜːˈbeɪʃəs] *adj*: ~ **border**
Staudenrabatte *f*; ~ **plant** Staude *f*.

herbal [ˈhɜːbl] *adj* (*tea, medicine*) Kräuter-.

herbicide [ˈhɜːbɪsaɪd] *n* Herbizid *nt*.

herd [hɜːd] *n* Herde *f*; (*of wild animals*) Rudel *nt*
♦ *vt* treiben; (*gather*) zusammentreiben; ~**ed
together** zusammengetrieben.

here [hɪə*] *adv* hier; **she left** ~ **yesterday** sie
ist gestern von hier abgereist; ~ **is/are...**
hier ist/sind...; ~ **you are** (*giving*) (hier,)
bitte; ~ **we are!** (*finding sth*) da ist es ja!;
~ **she is!** da ist sie ja!; ~ **she comes** da
kommt sie ja; **come** ~! komm hierher *or*
hierhin!; ~ **and there** hier und da; "~'s **to**
..." „auf ... *acc*".

hereabouts [ˈhɪərəˈbaʊts] *adv* hier.

hereafter [hɪərˈɑːftə*] *adv* künftig.

hereby [hɪəˈbaɪ] *adv* hiermit.

hereditary [hɪˈrɛdɪtrɪ] *adj* erblich, Erb-.

heredity [hɪˈrɛdɪtɪ] *n* Vererbung *f*.

heresy [ˈhɛrəsɪ] *n* Ketzerei *f*.

heretic [ˈhɛrətɪk] *n* Ketzer(in) *m(f)*.

heretical [hɪˈrɛtɪkl] *adj* ketzerisch.

herewith [hɪəˈwɪð] *adv* hiermit.

heritage [ˈhɛrɪtɪdʒ] *n* Erbe *nt*.

hermetically [hɜːˈmɛtɪklɪ] *adv*: ~ **sealed**
hermetisch verschlossen.

hermit [ˈhɜːmɪt] *n* Einsiedler(in) *m(f)*.

hernia [ˈhɜːnɪə] *n* Bruch *m*.

hero [ˈhɪərəʊ] (*pl* ~**es**) *n* Held *m*; (*idol*) Idol *nt*.

heroic [hɪˈrəʊɪk] *adj* heldenhaft.

heroin [ˈhɛrəʊɪn] *n* Heroin *nt*.

heroin addict *n* Heroinsüchtige(r) *f(m)*.

heroine [ˈhɛrəʊɪn] *n* Heldin *f*; (*idol*) Idol *nt*.

heroism [ˈhɛrəʊɪzəm] *n* Heldentum *nt*.

heron [ˈhɛrən] *n* Reiher *m*.

hero worship *n* Heldenverehrung *f*.

herring [ˈhɛrɪŋ] *n* Hering *m*.

hers [hɜːz] *pron* ihre(r, s); **a friend of** ~ ein
Freund von ihr; **this is** ~ das gehört ihr; *see
also* **mine**.

herself [hɜːˈsɛlf] *pron* sich; (*emphatic*) (sie)
selbst; *see also* **oneself**.

Herts [hɑːts] (*BRIT*) *abbr* (= Hertfordshire).

he's [hiːz] = **he is**; = **he has**.

hesitant [ˈhɛzɪtənt] *adj* zögernd; **to be** ~ **about
doing sth** zögern, etw zu tun.

hesitate [ˈhɛzɪteɪt] *vi* zögern; (*be unwilling*)
Bedenken haben; **to** ~ **about** Bedenken
haben wegen; **don't** ~ **to see a doctor if you
are worried** gehen Sie ruhig zum Arzt, wenn
Sie sich Sorgen machen.

hesitation [hɛzɪˈteɪʃən] *n* Zögern *nt*;
Bedenken *pl*; **to have no** ~ **in saying sth** etw
ohne weiteres sagen können.

hessian [ˈhɛsɪən] *n* Sackleinwand *f*, Rupfen *m*.

heterogenous [hɛtəˈrɒdʒɪnəs] *adj* heterogen.

heterosexual [ˈhɛtərəʊˈsɛksjʊəl] *adj*
heterosexuell ♦ *n* Heterosexuelle(r) *f(m)*.

het up [hɛt-] (*inf*) *adj*: **to get** ~ (**about**) sich
aufregen (über +*acc*).

HEW (*US*) *n abbr* (= Department of Health,
Education and Welfare) Ministerium für
Gesundheit, Erziehung und Sozialfürsorge.

hew [hjuː] (*pt, pp* **hewed** *or* **hewn**) *vt* (*stone*)
behauen; (*wood*) hacken.

hex [hɛks] (*US*) *n* Fluch *m* ♦ *vt* verhexen.

hexagon [ˈhɛksəgən] *n* Sechseck *nt*.

hexagonal [hɛkˈsægənl] *adj* sechseckig.

hey [heɪ] *excl* he; (*to attract attention*) he du/Sie.

heyday [ˈheɪdeɪ] *n*: **the** ~ **of** (*person*) die
Glanzzeit +*gen*; (*nation, group etc*) die
Blütezeit +*gen*.

HF *n abbr* (= high frequency) HF.

HGV (*BRIT*) *n abbr* (= heavy goods vehicle) LKW
m.

HI (*US*) *abbr* (= Hawaii).

hi [haɪ] *excl* hallo.

hiatus [haɪˈeɪtəs] *n* Unterbrechung *f*.

hibernate [ˈhaɪbəneɪt] *vi* Winterschlaf halten.

hibernation [haɪbəˈneɪʃən] *n* Winterschlaf *m*.

hiccough, hiccup [ˈhɪkʌp] *vi* hicksen.

hiccough, hiccups [ˈhɪkʌps] *npl* Schluckauf
m; **to have (the)** ~ den Schluckauf haben.

hick [hɪk] (*US: inf*) *n* Hinterwäldler *m*.

hid [hɪd] *pt of* **hide**.

hidden ['hɪdn] *pp of* **hide** ♦ *adj* (*advantage, danger*) unsichtbar; (*place*) versteckt; **there are no ~ extras** es gibt keine versteckten Extrakosten.

hide [haɪd] (*pt* **hid**, *pp* **hidden**) *n* Haut *f*, Fell *nt*; (*of birdwatcher etc*) Versteck *nt* ♦ *vt* verstecken; (*feeling, information*) verbergen; (*obscure*) verdecken ♦ *vi*: **to ~ (from sb)** sich (vor jdm) verstecken; **to ~ sth (from sb)** etw (vor jdm) verstecken.

hide-and-seek ['haɪdən'siːk] *n* Versteckspiel *nt*; **to play ~** Verstecken spielen.

hideaway ['haɪdəweɪ] *n* Zufluchtsort *m*.

hideous ['hɪdɪəs] *adj* scheußlich; (*conditions*) furchtbar.

hideously ['hɪdɪəslɪ] *adv* furchtbar.

hide-out ['haɪdaut] *n* Versteck *nt*.

hiding ['haɪdɪŋ] *n* Tracht *f* Prügel; **to be in ~** (*concealed*) sich versteckt halten.

hiding place *n* Versteck *nt*.

hierarchy ['haɪərɑːkɪ] *n* Hierarchie *f*.

hieroglyphics [haɪərə'glɪfɪks] *npl* Hieroglyphen *pl*.

hi-fi ['haɪfaɪ] *n abbr* (= *high fidelity*) Hi-Fi *nt* ♦ *adj* (*equipment etc*) Hi-Fi-.

higgledy-piggledy ['hɪgldɪ'pɪgldɪ] *adj* durcheinander.

high [haɪ] *adj* hoch; (*wind*) stark; (*risk*) groß; (*quality*) gut; (*inf: on drugs*) high; (: *on drink*) blau; (*BRIT: food*) schlecht; (: *game*) anbrüchig ♦ *adv* hoch ♦ *n*: **exports have reached a new ~** der Export hat einen neuen Höchststand erreicht; **to pay a ~ price for sth** etw teuer bezahlen; **it's ~ time you did it** es ist höchste Zeit, dass du es machst; **~ in the air** hoch oben in der Luft.

highboy ['haɪbɔɪ] (*US*) *n* hohe Kommode *f*.

highbrow ['haɪbrau] *adj* intellektuell; (*book, discussion etc*) anspruchsvoll.

highchair ['haɪtʃɛə*] *n* Hochstuhl *m*.

high-class ['haɪ'klɑːs] *adj* erstklassig; (*neighbourhood*) vornehm.

HIGH COURT

High Court ist in England und Wales die Kurzform für „*High Court of Justice*" und bildet zusammen mit dem Berufsgericht den Obersten Gerichtshof. In Schottland ist es die Kurzform für „*High Court of Justiciary*", das höchste Strafgericht in Schottland, das in Edinburgh und anderen Großstädten (immer mit Richter und Geschworenen) zusammentritt und für Verbrechen wie Mord, Vergewaltigung und Hochverrat zuständig ist. Weniger schwere Verbrechen werden vor dem „*sheriff court*" verhandelt und leichtere Vergehen vor dem „*district court*".

---

high-energy ['haɪ'ɛnədʒɪ] *adj* (*particle, food*) energiereich.

higher ['haɪə*] *adj* (*form of study, life etc*) höher (entwickelt) ♦ *adv* höher ♦ *n* (*SCOT: SCOL*): **H~** mit "Higher" wird die Fortgeschrittenenstufe des "Scottish certificate of education" und auch der Abschluss dieses Ausbildungsjahrs bezeichnet.

higher education *n* Hochschulbildung *f*.

highfalutin [haɪfə'luːtɪn] (*inf*) *adj* hochtrabend.

high-flier, high-flyer [haɪ'flaɪə*] *n* Senkrechtstarter(in) *m(f)*.

high-flying [haɪ'flaɪɪŋ] *adj* (*person*) erfolgreich; (*lifestyle*) exklusiv.

high-handed [haɪ'hændɪd] *adj* eigenmächtig.

high-heeled [haɪ'hiːld] *adj* hochhackig.

high heels *npl* hochhackige Schuhe *pl*.

high jump *n* Hochsprung *m*.

Highlands ['haɪləndz] *npl*: **the ~** das Hochland.

high-level ['haɪlɛvl] *adj* (*talks etc*) auf höchster Ebene; **~ language** (*COMPUT*) höhere Programmiersprache *f*; **~ official** Spitzenfunktionär(in).

highlight ['haɪlaɪt] *n* (*of event*) Höhepunkt *m*; (*in hair*) Strähnchen *nt* ♦ *vt* (*problem, need*) ein Schlaglicht werfen auf +*acc*; **this ~s the fact that ...** das verdeutlicht die Tatsache, dass ...

highlighter ['haɪlaɪtə*] *n* Textmarker *m*.

highly ['haɪlɪ] *adv* hoch-; **to speak ~ of** sich sehr positiv äußern über +*acc*; **to think ~ of** eine hohe Meinung haben von; **~ recommended** sehr empfehlenswert; **~ unlikely** äußerst *or* höchst unwahrscheinlich.

highly strung *adj* nervös.

High Mass [haɪ'mæs] *n* Hochamt *nt*.

highness ['haɪnɪs] *n*: **Her/His/Your H~** Ihre/Seine/Eure Hoheit *f*.

high-pitched [haɪ'pɪtʃt] *adj* hoch.

high point *n* Höhepunkt *m*.

high-powered ['haɪ'pauəd] *adj* (*engine*) Hochleistungs-; (*job*) Spitzen-; (*businessman*) dynamisch; (*person*) äußerst fähig; (*course*) anspruchsvoll.

high-pressure ['haɪprɛʃə*] *adj* (*area, system*) Hochdruck-; (*inf: sales technique*) aggressiv.

high-rise ['haɪraɪz] *adj* (*apartment, block*) Hochhaus-; **~ building/flats** Hochhaus *nt*.

high school *n* ≈ Oberschule *f*.

HIGH SCHOOL

High school ist eine weiterführende Schule in den USA. Man unterscheidet zwischen „*junior high school*" (im Anschluss an die Grundschule, umfasst das 7., 8. und 9. Schuljahr) und „*senior high school*" (10., 11. und 12. Schuljahr, mit akademischen und berufsbezogenen Fächern). Weiterführende Schulen in Großbritannien werden manchmal auch als **high school** bezeichnet. Siehe auch **elementary school**.

high season (*BRIT*) *n* Hochsaison *f*.
high spirits *npl* Hochstimmung *f*.
high street (*BRIT*) *n* Hauptstraße *f*.
high strung (*US*) *adj* = **highly strung**.
high tide *n* Flut *f*.
highway ['haɪweɪ] (*US*) *n* Straße *f*; (*between towns, states*) Landstraße *f*; **information ~** Datenautobahn *f*.
Highway Code (*BRIT*) *n* Straßenverkehrsordnung *f*.
highwayman ['haɪweɪmən] (*irreg: like* **man**) *n* Räuber *m*, Wegelagerer *m*.
hijack ['haɪdʒæk] *vt* entführen ♦ *n* (*also:* ~**ing**) Entführung *f*.
hijacker ['haɪdʒækə*] *n* Entführer(in) *m(f)*.
hike [haɪk] *vi* wandern ♦ *n* Wanderung *f*; (*inf: in prices etc*) Erhöhung *f* ♦ *vt* (*inf*) erhöhen.
hiker ['haɪkə*] *n* Wanderer *m*, Wanderin *f*.
hiking ['haɪkɪŋ] *n* Wandern *nt*.
hilarious [hɪ'lɛərɪəs] *adj* urkomisch.
hilarity [hɪ'lærɪtɪ] *n* übermütige Ausgelassenheit *f*.
hill [hɪl] *n* Hügel *m*; (*fairly high*) Berg *m*; (*slope*) Hang *m*; (*on road*) Steigung *f*.
hillbilly ['hɪlbɪlɪ] (*US*) *n* Hillbilly *m*; (*pej*) Hinterwäldler(in) *m(f)*, Landpomeranze *f*.
hillock ['hɪlək] *n* Hügel *m*, Anhöhe *f*.
hillside ['hɪlsaɪd] *n* Hang *m*.
hill start *n* (*AUT*) Anfahren *nt* am Berg.
hilltop ['hɪltɔp] *n* Gipfel *m*.
hill walking *n* Bergwandern *nt*.
hilly ['hɪlɪ] *adj* hügelig.
hilt [hɪlt] *n* (*of sword, knife*) Heft *nt*; **to the ~** voll und ganz.
him [hɪm] *pron* ihn; (*indirect*) ihm; *see also* **me**.
Himalayas [hɪmə'leɪəz] *npl*: **the ~** der Himalaja.
himself [hɪm'sɛlf] *pron* sich; (*emphatic*) (er) selbst; *see also* **oneself**.
hind [haɪnd] *adj* (*legs*) Hinter- ♦ *n* (*female deer*) Hirschkuh *f*.
hinder ['hɪndə*] *vt* behindern; **to ~ sb from doing sth** jdn daran hindern, etw zu tun.
hindquarters ['haɪnd'kwɔːtəz] *npl* Hinterteil *nt*.
hindrance ['hɪndrəns] *n* Behinderung *f*.
hindsight ['haɪndsaɪt] *n*: **with ~** im nachhinein.
Hindu ['hɪnduː] *adj* hinduistisch, Hindu-.
hinge [hɪndʒ] *n* (*on door*) Angel *f* ♦ *vi*: **to ~ on** anhängen von.
hint [hɪnt] *n* Andeutung *f*; (*advice*) Tipp *m*; (*sign, glimmer*) Spur *f* ♦ *vt*: **to ~ that** andeuten, dass ♦ *vi*: **to ~ at** andeuten; **to drop a ~** eine Andeutung machen; **give me a ~** geben Sie mir einen Hinweis; **white with a ~ of pink** weiß mit einem Hauch von Rosa.
hip [hɪp] *n* Hüfte *f*.
hip flask *n* Taschenflasche *f*, Flachmann *m* (*inf*).

hip-hop ['hɪphɔp] *n* Hip-Hop *nt*.
hippie ['hɪpɪ] *n* Hippie *m*.
hippo ['hɪpəʊ] *n* Nilpferd *nt*.
hip pocket *n* Gesäßtasche *f*.
hippopotamus [hɪpə'pɔtəməs] (*pl* ~**es** *or* **hippopotami**) *n* Nilpferd *nt*.
hippy ['hɪpɪ] *n* = **hippie**.
hire ['haɪə*] *vt* (*BRIT*) mieten; (*worker*) einstellen ♦ *n* (*BRIT*) Mieten *nt*; **for ~** (*taxi*) frei; (*boat*) zu vermieten; **on ~** gemietet.
▶ **hire out** *vt* vermieten.
hire(d) car (*BRIT*) *n* Mietwagen *m*, Leihwagen *m*.
hire-purchase [haɪə'pɜːtʃɪs] (*BRIT*) *n* Ratenkauf *m*; **to buy sth on ~** etw auf Raten kaufen.
his [hɪz] *pron* seine(r, s) ♦ *adj* sein; *see also* **my**, **mine²**.
hiss [hɪs] *vi* zischen; (*cat*) fauchen ♦ *n* Zischen *nt*; (*of cat*) Fauchen *nt*.
histogram ['hɪstəgræm] *n* Histogramm *nt*.
historian [hɪ'stɔːrɪən] *n* Historiker(in) *m(f)*.
historic [hɪ'stɔrɪk] *adj* historisch.
historical [hɪ'stɔrɪkl] *adj* historisch.
history ['hɪstərɪ] *n* Geschichte *f*; **there's a ~ of heart disease in his family** Herzleiden liegen bei ihm in der Familie; **medical ~** Krankengeschichte *f*.
hit [hɪt] (*pt, pp* **hit**) *vt* schlagen; (*reach, affect*) treffen; (*vehicle: another vehicle*) zusammenstoßen mit; (*: wall, tree*) fahren gegen; (*: more violently*) prallen gegen; (*: person*) anfahren ♦ *n* Schlag *m*; (*success*) Erfolg *m*; (*song*) Hit *m*; **to ~ it off with sb** sich gut mit jdm verstehen; **to ~ the headlines** Schlagzeilen machen; **to ~ the road** (*inf*) sich auf den Weg *or* die Socken (*inf*) machen; **to ~ the roof** (*inf*) an die Decke *or* in die Luft gehen.
▶ **hit back** *vi*: **to ~ back at sb** jdn zurückschlagen; (*fig*) jdm Kontra geben.
▶ **hit out at** *vt fus* auf jdn losschlagen; (*fig*) jdn scharf angreifen.
▶ **hit (up)on** *vt fus* stoßen auf +*acc*, finden.
hit-and-miss ['hɪtən'mɪs] *adj* = **hit-or-miss**.
hit-and-run driver ['hɪtən'rʌn-] *n* unfallflüchtiger Fahrer *m*, unfallflüchtige Fahrerin *f*.
hitch [hɪtʃ] *vt* festmachen, anbinden; (*also:* ~ **up**: *trousers, skirt*) hochziehen ♦ *n* Schwierigkeit *f*, Problem *nt*; **to ~ a lift** trampen, per Anhalter fahren; **technical ~** technische Panne *f*.
▶ **hitch up** *vt* anspannen; *see also* **hitch**.
hitchhike ['hɪtʃhaɪk] *vi* trampen, per Anhalter fahren.
hitchhiker ['hɪtʃhaɪkə*] *n* Tramper(in) *m(f)*, Anhalter(in) *m(f)*.
hi-tech ['haɪ'tɛk] *adj* Hightech-, hoch technisiert ♦ *n* Hightech *nt*, Hochtechnologie *f*.

hitherto [hɪðə'tuː] *adv* bisher, bis jetzt.

hit list *n* Abschussliste *f*.

hit man (*inf*) *n* Killer *m*.

hit-or-miss ['hɪtə'mɪs] *adj* ungeplant; **to be a** ~ **affair** eine unsichere Sache sein; **it's** ~ **whether ...** es ist nicht zu sagen, ob ...

hit parade *n* Hitparade *f*.

HIV *n abbr* (= *human immunodeficiency virus*) HIV; ~**-negative** HIV-negativ; ~**-positive** HIV-positiv.

hive [haɪv] *n* Bienenkorb *m*; **to be a** ~ **of activity** einem Bienenhaus gleichen.
▶ **hive off** (*inf*) *vt* ausgliedern, abspalten.

hl *abbr* (= *hectolitre*) hl.

HM *abbr* (= *His/Her Majesty*) S./I.M.

HMG (*BRIT*) *abbr* (= *His/Her Majesty's Government*) die Regierung Seiner/Ihrer Majestät.

HMI (*BRIT*) *n abbr* (*SCOL*: = *His/Her Majesty's Inspector*) *regierungsamtlicher Schulaufsichtsbeauftragter.*

HMO (*US*) *n abbr* (= *health maintenance organization*) *Organisation zur Gesundheitsfürsorge.*

HMS (*BRIT*) *abbr* (= *His (or Her) Majesty's Ship*) *Namensteil von Schiffen der Kriegsmarine.*

HMSO (*BRIT*) *n abbr* (= *His (or Her) Majesty's Stationery Office*) *regierungsamtliche Druckerei.*

HNC (*BRIT*) *n abbr* (= *Higher National Certificate*) *Berufsschulabschluss.*

HND (*BRIT*) *n abbr* (= *Higher National Diploma*) *Qualifikationsnachweis in technischen Fächern.*

hoard [hɔːd] *n* (*of food*) Vorrat *m*; (*of money, treasure*) Schatz *m* ♦ *vt* (*food*) hamstern; (*money*) horten.

hoarding ['hɔːdɪŋ] (*BRIT*) *n* Plakatwand *f*.

hoarfrost ['hɔːfrɒst] *n* (Rau)reif *m*.

hoarse [hɔːs] *adj* heiser.

hoax [həʊks] *n* (*false alarm*) blinder Alarm *m*.

hob [hɒb] *n* Kochmulde *f*.

hobble ['hɒbl] *vi* humpeln.

hobby ['hɒbɪ] *n* Hobby *nt*, Steckenpferd *nt*.

hobbyhorse ['hɒbɪhɔːs] *n* (*fig*) Lieblingsthema *nt*.

hobnail boot ['hɒbneɪl-] *n* Nagelschuh *m*.

hobnob ['hɒbnɒb] *vi*: **to** ~ **with** auf Du und Du stehen mit.

hobo ['həʊbəʊ] (*US*) *n* Penner *m* (*inf*).

hock [hɒk] *n* (*BRIT*) weißer Rheinwein *m*; (*of animal*) Sprunggelenk *nt*; (*US: CULIN*) Gelenkstück *nt*; (*inf*): **to be in** ~ (*person: in debt*) in Schulden stecken; (*object*) verpfändet *or* im Leihhaus sein.

hockey ['hɒkɪ] *n* Hockey *nt*.

hocus-pocus ['həʊkəs'pəʊkəs] *n* Hokuspokus *m*; (*trickery*) faule Tricks *pl*; (*jargon*) Jargon *m*.

hod [hɒd] *n* (*for bricks etc*) Tragemulde *f*.

hodgepodge ['hɒdʒpɒdʒ] (*US*) *n* = **hotchpotch**.

hoe [həʊ] *n* Hacke *f* ♦ *vt* hacken.

hog [hɒg] *n* (Mast)schwein *nt* ♦ *vt* (*road*) für sich beanspruchen; (*telephone etc*) in Beschlag nehmen; **to go the whole** ~ Nägel mit Köpfen machen.

Hogmanay [hɒgmə'neɪ] (*SCOT*) *n* Silvester *nt*.

hogwash ['hɒgwɒʃ] (*inf*) *n* (*nonsense*) Quatsch *m*.

ho hum ['həʊ'hʌm] *interj* na gut.

hoist [hɔɪst] *n* Hebevorrichtung *f* ♦ *vt* hochheben; (*flag, sail*) hissen.

hoity-toity [hɔɪtɪ'tɔɪtɪ] (*inf: pej*) *adj* hochnäsig.

hold [həʊld] (*pt, pp* **held**) *vt* halten; (*contain*) enthalten; (*power, qualification*) haben; (*opinion*) vertreten; (*meeting*) abhalten; (*conversation*) führen; (*prisoner, hostage*) festhalten ♦ *vi* halten; (*be valid*) gelten; (*weather*) sich halten ♦ *n* (*grasp*) Griff *m*; (*of ship, plane*) Laderaum *m*; **to** ~ **one's head up** den Kopf hochhalten; **to** ~ **sb responsible/ liable** *etc* jdn verantwortlich/haftbar *etc* machen; ~ **the line!** (*TEL*) bleiben Sie am Apparat!; ~ **it!** Moment mal!; **to** ~ **one's own** sich behaupten; **he** ~s **the view that ...** er ist der Meinung *or* er vertritt die Ansicht, dass ...; **to** ~ **firm** *or* **fast** halten; ~ **still!**, ~ **steady!** stillhalten!; **his luck held** das Glück blieb ihm treu; **I don't** ~ **with ...** ich bin gegen ...; **to catch** *or* **get (a)** ~ **of** sich festhalten an +*dat*; **to get** ~ **of** (*fig*) finden, auftreiben; **to get** ~ **of o.s.** sich in den Griff bekommen; **to have a** ~ **over** in der Hand haben.
▶ **hold back** *vt* zurückhalten; (*tears, laughter*) unterdrücken; (*secret*) verbergen; (*information*) geheim halten.
▶ **hold down** *vt* niederhalten; (*job*) sich halten in +*dat*.
▶ **hold forth** *vi*: **to** ~ **forth (about)** sich ergehen *or* sich auslassen (über +*acc*).
▶ **hold off** *vt* abwehren ♦ *vi*: **if the rain** ~s **off** wenn es nicht regnet.
▶ **hold on** *vi* sich festhalten; (*wait*) warten; ~ **on!** (*TEL*) einen Moment bitte!
▶ **hold on to** *vt fus* sich festhalten an; (*keep*) behalten.
▶ **hold out** *vt* (*hand*) ausstrecken; (*hope*) haben; (*prospect*) bieten ♦ *vi* nicht nachgeben.
▶ **hold over** *vt* vertagen.
▶ **hold up** *vt* hochheben; (*support*) stützen; (*delay*) aufhalten; (*rob*) überfallen.

holdall ['həʊldɔːl] (*BRIT*) *n* Tasche *f*; (*for clothes*) Reisetasche *f*.

holder ['həʊldə*] *n* Halter *m*; (*of ticket, record, office, title etc*) Inhaber(in) *m(f)*.

holding ['həʊldɪŋ] *n* (*share*) Anteil *m*; (*small farm*) Gut *nt* ♦ *adj* (*operation, tactic*) zur Schadensbegrenzung.

holding company *n* Dachgesellschaft *f*, Holdinggesellschaft *f*.

hold-up ['həʊldʌp] *n* bewaffneter

Raubüberfall *m*; (*delay*) Verzögerung *f*;
(*BRIT: in traffic*) Stockung *f*.
hole [həul] *n* Loch *nt*; (*unpleasant town*) Kaff *nt*
(*inf*) ♦ *vt* (*ship*) leck schlagen; (*building etc*)
durchlöchern; ~ **in the heart** Loch im
Herz(en); **to pick** ~**s** (*fig*) (über)kritisch
sein; **to pick** ~**s in sth** (*fig*) an etw *dat*
herumkritisieren.
▶ **hole up** *vi* sich verkriechen.
holiday ['hɔlɪdeɪ] *n* (*BRIT*) Urlaub *m*; (*SCOL*)
Ferien *pl*; (*day off*) freier Tag *m*; (*public* ~)
Feiertag *m*; **on** ~ im Urlaub, in den Ferien.
holiday camp (*BRIT*) *n* (*also*: **holiday centre**)
Feriendorf *nt*.
holiday-maker ['hɔlɪdɪmeɪkə'] (*BRIT*) *n*
Urlauber(in) *m(f)*.
holiday pay *n* Lohn-/Gehaltsfortzahlung
während des Urlaubs.
holiday resort *n* Ferienort *m*.
holiday season *n* Urlaubszeit *f*.
holiness ['həulɪnɪs] *n* Heiligkeit *f*.
holistic [həu'lɪstɪk] *adj* holistisch.
Holland ['hɔlənd] *n* Holland *nt*.
holler ['hɔlə'] (*inf*) *vi* brüllen ♦ *n* Schrei *m*.
hollow ['hɔləu] *adj* hohl; (*eyes*) tief liegend;
(*laugh*) unecht; (*sound*) dumpf; (*fig*) leer;
(: *victory, opinion*) wertlos ♦ *n* Vertiefung *f*
♦ *vt*: **to** ~ **out** aushöhlen.
holly ['hɔlɪ] *n* Stechpalme *f*, Ilex *m*; (*leaves*)
Stechpalmenzweige *pl*.
hollyhock ['hɔlɪhɔk] *n* Malve *f*.
holocaust ['hɔləkɔːst] *n* Inferno *nt*; (*in Third
Reich*) Holocaust *m*.
hologram ['hɔləgræm] *n* Hologramm *nt*.
hols [hɔlz] (*inf*) *npl* Ferien *pl*.
holster ['həulstə'] *n* Pistolenhalfter *m or nt*.
holy ['həulɪ] *adj* heilig.
Holy Communion *n* heilige Kommunion *f*.
Holy Father *n* Heiliger Vater *m*.
Holy Ghost *n* Heiliger Geist *m*.
Holy Land *n*: **the** ~ das Heilige Land.
holy orders *npl* Priesterweihe *f*.
Holy Spirit *n* Heiliger Geist *m*.
homage ['hɔmɪdʒ] *n* Huldigung *f*; **to pay** ~ **to**
huldigen +*dat*.
home [həum] *n* Heim *nt*; (*house, flat*) Zuhause
nt; (*area, country*) Heimat *f*; (*institution*)
Anstalt *f* ♦ *cpd* Heim-; (*ECON, POL*) Innen-
♦ *adv* (*go etc*) nach Hause, heim; **at** ~ zu Hause,
zuhause (*ÖSTERR, SCHWEIZ*); (*in country*) im
Inland; **to be** *or* **feel at** ~ (*fig*) sich wohl
fühlen; **make yourself at** ~ machen Sie es
sich *dat* gemütlich *or* bequem; **to make one's**
~ **somewhere** sich irgendwo niederlassen;
the ~ **of free enterprise/jazz** *etc* die Heimat
des freien Unternehmertums/Jazz *etc*;
when will you be ~? wann bist du wieder zu
Hause?; **a** ~ **from** ~ ein zweites Zuhause *nt*;
~ **and dry** aus dem Schneider; **to drive a nail**
~ einen Nagel einschlagen; **to bring sth**
~ **to sb** jdm etw klarmachen.

▶ **home in on** *vt fus* (*missiles*) sich ausrichten
auf +*acc*.
home address *n* Heimatanschrift *f*.
home-brew [həum'bruː] *n* selbst gebrautes
Bier *nt*.
homecoming ['həumkʌmɪŋ] *n* Heimkehr *f*.
home computer *n* Heimcomputer *m*.
Home Counties (*BRIT*) *npl*: **the** ~ *die
Grafschaften, die an London angrenzen*.
home economics *n* Hauswirtschaft *f*.
home ground *n* (*SPORT*) eigener Platz *m*; **to
be on** ~ (*fig*) sich auf vertrautem Terrain
bewegen.
home-grown ['həumgrəun] *adj* (*not foreign*)
einheimisch; (*from garden*) selbst gezogen.
home help *n* Haushaltshilfe *f*.
homeland ['həumlænd] *n* Heimat(land *nt*) *f*.
homeless ['həumlɪs] *adj* obdachlos; (*refugee*)
heimatlos.
home loan *n* Hypothek *f*.
homely ['həumlɪ] *adj* einfach; (*US: plain*)
unscheinbar.
home-made [həum'meɪd] *adj* selbst gemacht.
Home Office (*BRIT*) *n* Innenministerium *nt*.
homeopath ['həumɪəupæθ] (*US*) *n*
= **homoeopath**.
homeopathy [həumɪ'ɔpəθɪ] (*US*) *n*
= **homoeopathy**.
home page *n* (*COMPUT*) Homepage *f*.
home rule *n* Selbstbestimmung *f*,
Selbstverwaltung *f*.
Home Secretary (*BRIT*) *n* Innenminister *m*.
homesick ['həumsɪk] *adj* heimwehkrank; **to be**
~ Heimweh haben.
homestead ['həumstɛd] *n* Heimstätte *f*; (*farm*)
Gehöft *nt*.
home town *n* Heimatstadt *f*.
home truth *n* bittere Wahrheit *f*; **to tell sb
some** ~**s** jdm deutlich die Meinung sagen.
homeward ['həumwəd] *adj* (*journey*) Heim-
♦ *adv* = **homewards**.
homewards ['həumwədz] *adv* nach Hause,
nachhause (*ÖSTERR, SCHWEIZ*), heim.
homework ['həumwəːk] *n* Hausaufgaben *pl*.
homicidal [hɔmɪ'saɪdl] *adj* gemeingefährlich.
homicide ['hɔmɪsaɪd] (*US*) *n* Mord *m*.
homily ['hɔmɪlɪ] *n* Predigt *f*.
homing ['həumɪŋ] *adj* (*device, missile*) mit
Zielsucheinrichtung; ~ **pigeon** Brieftaube *f*.
homoeopath, (*US*) **homeopath**
['həumɪəupæθ] *n* Homöopath(in) *m(f)*.
homoeopathy, (*US*) **homeopathy**
[həumɪ'ɔpəθɪ] *n* Homöopathie *f*.
homogeneous [hɔməu'dʒiːnɪəs] *adj* homogen.
homogenize [hə'mɔdʒənaɪz] *vt*
homogenisieren.
homosexual [hɔməu'sɛksjuəl] *adj*
homosexuell ♦ *n* Homosexuelle(r) *f(m)*.
Hon. *abbr* = **honourable**; **honorary**.
Honduras [hɔn'djuərəs] *n* Honduras *nt*.
hone [həun] *n* Schleifstein *m* ♦ *vt* schleifen;
(*fig: groom*) erziehen.

honest ['ɒnɪst] *adj* ehrlich; (*trustworthy*) redlich; (*sincere*) aufrichtig; **to be quite ~ with you ...** um ehrlich zu sein, ...

honestly ['ɒnɪstlɪ] *adv* (*see adj*) ehrlich; redlich; aufrichtig.

honesty ['ɒnɪstɪ] *n* (*see adj*) Ehrlichkeit *f*; Redlichkeit *f*; Aufrichtigkeit *f*.

honey ['hʌnɪ] *n* Honig *m*; (*US: inf*) Schätzchen *nt*.

honeycomb ['hʌnɪkəʊm] *n* Bienenwabe *f*; (*pattern*) Wabe *f* ♦ *vt*: **to ~ with** durchlöchern mit.

honeymoon ['hʌnɪmuːn] *n* Flitterwochen *pl*; (*trip*) Hochzeitsreise *f*.

honeysuckle ['hʌnɪsʌkl] *n* Geißblatt *nt*.

Hong Kong ['hɒŋ'kɒŋ] *n* Hongkong *nt*.

honk [hɒŋk] *vi* (*AUT*) hupen.

Honolulu [hɒnə'luːluː] *n* Honolulu *nt*.

honor *etc* ['ɒnə*] (*US*) = **honour** *etc*.

honorary ['ɒnərərɪ] *adj* ehrenamtlich; (*title, degree*) Ehren-.

honour, (*US*) **honor** ['ɒnə*] *vt* ehren; (*commitment, promise*) stehen zu ♦ *n* Ehre *f*; (*tribute*) Auszeichnung *f*; **in ~ of** zu Ehren von *or* +*gen*.

honourable ['ɒnərəbl] *adj* (*person*) ehrenwert; (*action, defeat*) ehrenvoll.

honour-bound ['ɒnə'baʊnd] *adj*: **to be ~ to do sth** moralisch verpflichtet sein, etw zu tun.

honours degree ['ɒnəz-] *n akademischer Grad mit Prüfung im Spezialfach*.

HONOURS DEGREE

Honours Degree *ist ein Universitätsabschluss mit einer guten Note, also der Note I (first class), II:1 (upper second class), II:2 (lower second class), oder III (third class). Wer ein honours degree erhalten hat, darf die Abkürzung Hons nach seinem Namen und Titel führen, z. B. Mary Smith MA Hons. Heute sind fast alle Universitätsabschlüsse in Großbritannien honours degrees. Siehe auch ordinary degree.*

---

honours list *n Liste verliehener/zu verleihender Ehrentitel*.

HONOURS LIST

Honours list *ist eine Liste von Adelstiteln und Orden, die der britische Monarch zweimal jährlich (zu Neujahr und am offiziellen Geburtstag des Monarchen) an Bürger in Großbritannien und im Commonwealth verleiht. Die Liste wird vom Premierminister zusammengestellt, aber drei Orden (der Hosenbandorden, der Verdienstorden und der Victoria-Orden) werden vom Monarchen persönlich vergeben. Erfolgreiche Geschäftsleute, Militärangehörige, Sportler und andere Prominente, aber auch im sozialen Bereich besonders aktive Bürger werden auf diese Weise geehrt.*

Hons. *abbr* (*UNIV*) = **honours degree**.

hood [hʊd] *n* (*of coat etc*) Kapuze *f*; (*of cooker*) Abzugshaube *f*; (*AUT: BRIT: folding roof*) Verdeck *nt*; (: *US: bonnet*) (Motor)haube *f*.

hooded ['hʊdɪd] *adj* maskiert; (*jacket etc*) mit Kapuze.

hoodlum ['huːdləm] *n* Gangster *m*.

hoodwink ['hʊdwɪŋk] *vt* (he)reinlegen.

hoof [huːf] (*pl* **hooves**) *n* Huf *m*.

hook [hʊk] *n* Haken *m* ♦ *vt* festhaken; (*fish*) an die Angel bekommen; **by ~ or by crook** auf Biegen und Brechen; **to be ~ed on** (*inf: film, exhibition, etc*) fasziniert sein von; (: *drugs*) abhängig sein von; (: *person*) stehen auf +*acc*.

▶ **hook up** *vt* (*RADIO, TV etc*) anschließen; **to ~ with sb** sich jdm anschließen.

hook and eye (*pl* **hooks and eyes**) *n* Haken und Öse *pl*.

hooligan ['huːlɪgən] *n* Rowdy *m*.

hooliganism ['huːlɪgənɪzəm] *n* Rowdytum *nt*.

hoop [huːp] *n* Reifen *m*; (*for croquet: arch*) Tor *nt*.

hooray [huː'reɪ] *excl* = **hurrah**.

hoot [huːt] *vi* hupen; (*siren*) heulen; (*owl*) schreien, rufen; (*person*) johlen ♦ *vt* (*horn*) drücken auf +*acc* ♦ *n* (*see vi*) Hupen *nt*; Heulen *nt*; Schreien *nt*, Rufen *nt*; Johlen *nt*; **to ~ with laughter** in johlendes Gelächter ausbrechen.

hooter ['huːtə*] *n* (*BRIT: AUT*) Hupe *f*; (*NAUT, factory*) Sirene *f*.

Hoover ® ['huːvə*] (*BRIT*) *n* Staubsauger *m* ♦ *vt* **hoover** (*carpet*) saugen.

hooves [huːvz] *npl of* **hoof**.

hop [hɒp] *vi* hüpfen ♦ *n* Hüpfer *m*; *see also* **hops**.

hope [həʊp] *vi* hoffen ♦ *n* Hoffnung *f* ♦ *vt*: **to ~ that** hoffen, dass; **I ~ so** ich hoffe es, hoffentlich; **I ~ not** ich hoffe nicht, hoffentlich nicht; **to ~ for the best** das Beste hoffen; **to have no ~ of sth/doing sth** keine Hoffnung auf etw +*acc* haben/darauf haben, etw zu tun; **in the ~ of/that** in der Hoffnung auf/, dass; **to ~ to do sth** hoffen, etw zu tun.

hopeful ['həʊpfʊl] *adj* hoffnungsvoll; (*situation*) viel versprechend; **I'm ~ that she'll manage** ich hoffe, dass sie es schafft.

hopefully ['həʊpfʊlɪ] *adv* hoffnungsvoll; (*one hopes*) hoffentlich; **~, he'll come back** hoffentlich kommt er wieder.

hopeless ['həʊplɪs] *adj* hoffnungslos; (*situation*) aussichtslos; (*useless*): **to be ~ at sth** etw überhaupt nicht können.

hopper ['hɒpə*] *n* Einfülltrichter *m*.

hops [hɒps] *npl* Hopfen *m*.

horde [hɔːd] *n* Horde *f*.

horizon [hə'raɪzn] *n* Horizont *m*.

horizontal [hɒrɪ'zɒntl] *adj* horizontal.

hormone ['hɔːməʊn] *n* Hormon *nt*.

hormone replacement therapy n Hormonersatztherapie f.

horn [hɔːn] n Horn nt; (AUT) Hupe f.

horned [hɔːnd] adj (animal) mit Hörnern.

hornet ['hɔːnɪt] n Hornisse f.

horn-rimmed ['hɔːn'rɪmd] adj (spectacles) Horn-.

horny ['hɔːnɪ] (inf) adj (aroused) scharf, geil.

horoscope ['hɔrəskəup] n Horoskop nt.

horrendous [hə'rɛndəs] adj abscheulich, entsetzlich.

horrible ['hɔrɪbl] adj fürchterlich, schrecklich; (scream, dream) furchtbar.

horrid ['hɔrɪd] adj entsetzlich, schrecklich.

horrific [hə'rɪfɪk] adj entsetzlich, schrecklich.

horrify ['hɔrɪfaɪ] vt entsetzen.

horrifying ['hɔrɪfaɪɪŋ] adj schrecklich, fürchterlich, entsetzlich.

horror ['hɔrə*] n Entsetzen nt, Grauen nt; ~ (of sth) (abhorrence) Abscheu m (vor etw dat); **the ~s of war** die Schrecken pl des Krieges.

horror film n Horrorfilm m.

horror-stricken ['hɔrəstrɪkn] adj = **horror-struck**.

horror-struck ['hɔrəstrʌk] adj von Entsetzen or Grauen gepackt.

hors d'oeuvre [ɔː'dəːvrə] n Hors d'oeuvre nt, Vorspeise f.

horse [hɔːs] n Pferd nt.

horseback ['hɔːsbæk] n: **on ~** adj, adv zu Pferd.

horsebox ['hɔːsbɔks] n Pferdetransporter m.

horse chestnut n Rosskastanie f.

horse-drawn ['hɔːsdrɔːn] adj von Pferden gezogen.

horsefly ['hɔːsflaɪ] n (Pferde)bremse f.

horseman ['hɔːsmən] (irreg: like man) n Reiter m.

horsemanship ['hɔːsmənʃɪp] n Reitkunst f.

horseplay ['hɔːspleɪ] n Alberei f, Balgerei f.

horsepower ['hɔːspauə*] n Pferdestärke f.

horse racing n Pferderennen nt.

horseradish ['hɔːsrædɪʃ] n Meerrettich m.

horseshoe ['hɔːsʃuː] n Hufeisen nt.

horse show n Reitturnier nt.

horse trading n Kuhhandel m.

horse trials npl = **horse show**.

horsewhip ['hɔːswɪp] n Reitpeitsche f ♦ vt auspeitschen.

horsewoman ['hɔːswumən] (irreg: like **woman**) n Reiterin f.

horsey ['hɔːsɪ] adj pferdenärrisch; (appearance) pferdeähnlich.

horticulture ['hɔːtɪkʌltʃə*] n Gartenbau m.

hose [həuz] n (also: ~ **pipe**) Schlauch m.
▶ **hose down** vt abspritzen.

hosiery ['həuzɪərɪ] n Strumpfwaren pl.

hospice ['hɔspɪs] n Pflegeheim nt (für unheilbar Kranke).

hospitable ['hɔspɪtəbl] adj gastfreundlich; (climate) freundlich.

hospital ['hɔspɪtl] n Krankenhaus nt; **in ~**, (US) **in the ~** im Krankenhaus.

hospitality [hɔspɪ'tælɪtɪ] n Gastfreundschaft f.

hospitalize ['hɔspɪtəlaɪz] vt ins Krankenhaus einweisen.

host [həust] n Gastgeber m; (REL) Hostie f ♦ adj Gast- ♦ vt Gastgeber sein bei; **a ~ of** eine Menge.

hostage ['hɔstɪdʒ] n Geisel f; **to be taken/held ~** als Geisel genommen/festgehalten werden.

hostel ['hɔstl] n (Wohn)heim nt; (also: **youth ~**) Jugendherberge f.

hostelling ['hɔstlɪŋ] n: **to go (youth) ~** in Jugendherbergen übernachten.

hostess ['həustɪs] n Gastgeberin f; (BRIT: air hostess) Stewardess f; (in night-club) Hostess f.

hostile ['hɔstaɪl] adj (conditions) ungünstig; (environment) unwirtlich; (person): ~ **(to or towards)** feindselig (gegenüber +dat).

hostility [hə'stɪlɪtɪ] n Feindseligkeit f; **hostilities** npl (fighting) Feindseligkeiten pl.

hot [hɔt] adj heiß; (moderately hot) warm; (spicy) scharf; (temper) hitzig; **I am** or **feel ~** mir ist heiß; **to be ~ on sth** (knowledgeable etc) sich gut mit etw auskennen; (strict) sehr auf etw acc achten.
▶ **hot up** (BRIT: inf) vi (situation) sich verschärfen or zuspitzen; (party) in Schwung kommen ♦ vt (pace) steigern; (engine) frisieren.

hot air n leeres Gerede nt.

hot-air balloon [hɔt'ɛə*-] n Heißluftballon m.

hotbed ['hɔtbɛd] n (fig) Brutstätte f.

hot-blooded [hɔt'blʌdɪd] adj heißblütig.

hotchpotch ['hɔtʃpɔtʃ] (BRIT) n Durcheinander nt, Mischmasch m.

hot dog n Hotdog m or nt, Hot Dog m or nt.

hotel [həu'tɛl] n Hotel nt.

hotelier [həu'tɛlɪə*] n Hotelier(in) m(f).

hotel industry n Hotelgewerbe nt.

hotel room n Hotelzimmer nt.

hot flash (US) n = **hot flush**.

hot flush n (MED) Hitzewallung f.

hotfoot ['hɔtfut] adv eilends.

hothead ['hɔthɛd] n Hitzkopf m.

hot-headed [hɔt'hɛdɪd] adj hitzköpfig.

hothouse ['hɔthaus] n Treibhaus nt.

hot line n (POL) heißer Draht m.

hotly ['hɔtlɪ] adv (contest) heiß; (speak, deny) heftig.

hotplate ['hɔtpleɪt] n Kochplatte f.

hotpot ['hɔtpɔt] (BRIT) n Fleischeintopf m.

hot potato (fig: inf) n heißes Eisen nt; **to drop sb like a ~** jdn wie eine heiße Kartoffel fallen lassen.

hot seat n: **to be in the ~** auf dem Schleudersitz sitzen.

hot spot n (fig) Krisenherd m.

hot spring n heiße Quelle f, Thermalquelle f.

hot stuff n große Klasse f.

hot-tempered ['hɔt'tɛmpəd] adj leicht

aufbrausend, jähzornig.

hot-water bottle [hɔt'wɔːtə⁻-] *n* Wärmflasche *f*.

hot-wire (*inf*) *vt* (*car*) kurzschließen.

hound [haund] *vt* hetzen, jagen ♦ *n* Jagdhund *m*; **the ~s** die Meute.

hour ['auə⁻] *n* Stunde *f*; (*time*) Zeit *f*; **at 60 miles an** ~ mit 60 Meilen in der Stunde; **lunch** ~ Mittagspause *f*; **to pay sb by the** ~ jdn stundenweise bezahlen.

hourly ['auəlɪ] *adj* stündlich; (*rate*) Stunden- ♦ *adv* stündlich; (*soon*) jederzeit.

house [haus] *n* Haus *nt*; (*household*) Haushalt *m*; (*dynasty*) Geschlecht *nt*, Haus *nt*; (*THEAT: performance*) Vorstellung *f* ♦ *vt* unterbringen; **at my** ~ bei mir (zu Hause); **to my** ~ zu mir (nach Hause); **on the** ~ (*fig*) auf Kosten des Hauses; **the H**~ (**of Commons**) (*BRIT*) das Unterhaus; **the H**~ (**of Lords**) (*BRIT*) das Oberhaus; **the H**~ (**of Representatives**) (*US*) das Repräsentantenhaus.

house arrest *n* Hausarrest *m*.

houseboat ['hausbəut] *n* Hausboot *nt*.

housebound ['hausbaund] *adj* ans Haus gefesselt.

housebreaking ['hausbreɪkɪŋ] *n* Einbruch *m*.

house-broken ['hausbrəukn] (*US*) *adj* = **house-trained**.

housecoat ['hauskəut] *n* Morgenrock *m*.

household ['haushəuld] *n* Haushalt *m*; **to be a** ~ **name** ein Begriff sein.

householder ['haushəuldə⁻] *n* Hausinhaber(in) *m(f)*; (*of flat*) Wohnungsinhaber(in) *m(f)*.

house-hunting ['haushʌntɪŋ] *n*: **to go** ~ nach einem Haus suchen.

housekeeper ['hauskiːpə⁻] *n* Haushälterin *f*.

housekeeping ['hauskiːpɪŋ] *n* Hauswirtschaft *f*; (*money*) Haushaltsgeld *nt*.

houseman ['hausmən] (*BRIT: irreg like* **man**) *n* (*MED*) Assistenzarzt *m*, Assistenzärztin *f*.

house owner *n* Hausbesitzer(in) *m(f)*.

house party *n* mehrtägige Einladung *f*; (*people*) Gesellschaft *f*.

house plant *n* Zimmerpflanze *f*.

house-proud ['hauspraud] *adj* auf Ordnung und Sauberkeit im Haushalt bedacht.

house-to-house ['haustə'haus] *adj* von Haus zu Haus.

house-trained ['haustreɪnd] (*BRIT*) *adj* (*animal*) stubenrein.

house-warming (party) ['hauswɔːmɪŋ-] *n* Einzugsparty *f*.

housewife ['hauswaɪf] *n* Hausfrau *f*.

housework ['hauswɔːk] *n* Hausarbeit *f*.

housing ['hauzɪŋ] *n* Wohnungen *pl*; (*provision*) Wohnungsbeschaffung *f* ♦ *cpd* Wohnungs-.

housing association *n* Wohnungsbaugesellschaft *f*.

housing benefit *n* ≈ Wohngeld *nt*.

housing conditions *npl* Wohnbedingungen *pl*, Wohnverhältnisse *pl*.

housing development *n* (Wohn)siedlung *f*.

housing estate *n* (Wohn)siedlung *f*.

hovel ['hɔvl] *n* (armselige) Hütte *f*.

hover ['hɔvə⁻] *vi* schweben; (*person*) herumstehen; **to** ~ **round sb** jdm nicht von der Seite weichen.

hovercraft ['hɔvəkrɑːft] *n* Hovercraft *nt*, Luftkissenfahrzeug *nt*.

hoverport ['hɔvəpɔːt] *n* Anlegestelle *f* für Hovercrafts.

═══════════════════════════════ *KEYWORD*

how [hau] *adv* **1** (*in what way*) wie; ~ **was the film?** wie war der Film?; ~ **is school?** was macht die Schule?; ~ **are you?** wie geht es Ihnen?; ~**'s life?** wie gehts?; ~ **come?** (*inf*) wieso (denn das)?
2 (*to what degree*): ~ **much milk?** wie viel Milch?; ~ **many people?** wie viele Leute?; ~ **long have you been here?** wie lange sind Sie schon hier?; ~ **old are you?** wie alt bist du?; ~ **lovely/awful!** wie schön/furchtbar!; ~ **nice!** wie nett!

however [hau'ɛvə⁻] *conj* jedoch, aber ♦ *adv* wie ... auch; (*in questions*) wie ... bloß *or* nur.

howl [haul] *vi* heulen; (*animal*) jaulen; (*baby, person*) schreien ♦ *n* (*see vb*) Heulen *nt*;

Jaulen *nt*; Schreien *nt*.

howler ['haʊlə*] (*inf*) *n* (*mistake*) Schnitzer *m*.

howling ['haʊlɪŋ] *adj* (*wind, gale*) heulend.

HP (*BRIT*) *n abbr* = **hire-purchase**.

h.p. *abbr* (*AUT*: = *horsepower*) PS.

HQ *abbr* = **headquarters**.

HR (*US*) *n abbr* (*POL*: = *House of Representatives*) Repräsentantenhaus *nt*.

hr *abbr* (= *hour*) Std.

HRH (*BRIT*) *abbr* (= *His/Her Royal Highness*) Seine/Ihre Königliche Hoheit.

hrs *abbr* (= *hours*) Std.

HST (*US*) *abbr* (= *Hawaiian Standard Time*) *Normalzeit in Hawaii*.

HTML (*COMPUT*) *abbr* (= *hypertext markup language*) HTML *f*.

hub [hʌb] *n* (Rad)nabe *f*; (*fig: centre*) Mittelpunkt *m*, Zentrum *nt*.

hubbub ['hʌbʌb] *n* Lärm *m*; (*commotion*) Tumult *m*.

hubcap ['hʌbkæp] *n* Radkappe *f*.

HUD (*US*) *n abbr* (= *Department of Housing and Urban Development*) *Ministerium für Wohnungsbau und Stadtentwicklung*.

huddle ['hʌdl] *vi*: **to ~ together** sich zusammendrängen ♦ *n*: **in a ~** dicht zusammengedrängt.

hue [hjuː] *n* Farbton *m*.

hue and cry *n* großes Geschrei *nt*.

huff [hʌf] *n*: **in a ~** beleidigt, eingeschnappt ♦ *vi*: **to ~ and puff** sich aufregen.

huffy ['hʌfɪ] (*inf*) *adj* beleidigt.

hug [hʌg] *vt* umarmen; (*thing*) umklammern ♦ *n* Umarmung *f*; **to give sb a ~** jdn umarmen.

huge [hjuːdʒ] *adj* riesig.

hugely ['hjuːdʒlɪ] *adv* ungeheuer.

hulk [hʌlk] *n* (*wrecked ship*) Wrack *nt*; (*person, building etc*) Klotz *m*.

hulking ['hʌlkɪŋ] *adj*: **~ great** massig.

hull [hʌl] *n* Schiffsrumpf *m*; (*of nuts*) Schale *f*; (*of fruit*) Blättchen *nt* ♦ *vt* (*fruit*) entstielen.

hullaballoo [hʌləbə'luː] (*inf*) *n* Spektakel *m*.

hullo [hə'ləʊ] *excl* = **hello**.

hum [hʌm] *vt* summen ♦ *vi* summen; (*machine*) brummen ♦ *n* Summen *nt*; (*of traffic*) Brausen *nt*; (*of machines*) Brummen *nt*; (*of voices*) Gemurmel *nt*.

human ['hjuːmən] *adj* menschlich ♦ *n* (*also*: **~ being**) Mensch *m*.

humane [hjuː'meɪn] *adj* human.

humanism ['hjuːmənɪzəm] *n* Humanismus *m*.

humanitarian [hjuːmænɪ'tɛərɪən] *adj* humanitär.

humanity [hjuː'mænɪtɪ] *n* Menschlichkeit *f*; (*mankind*) Menschheit *f*; (*humaneness*) Humanität *f*; **humanities** *npl* (*SCOL*): **the humanities** die Geisteswissenschaften *pl*.

humanly ['hjuːmənlɪ] *adv* menschlich; **if (at all) ~ possible** wenn es irgend möglich ist.

humanoid ['hjuːmənɔɪd] *adj* menschenähnlich ♦ *n* menschenähnliches Wesen *nt*.

human rights *npl* Menschenrechte *pl*.

humble ['hʌmbl] *adj* bescheiden ♦ *vt* demütigen.

humbly ['hʌmblɪ] *adv* bescheiden.

humbug ['hʌmbʌg] *n* Humbug *m*, Mumpitz *m*; (*BRIT: sweet*) Pfefferminzbonbon *m or nt*.

humdrum ['hʌmdrʌm] *adj* eintönig, langweilig.

humid ['hjuːmɪd] *adj* feucht.

humidifier [hjuː'mɪdɪfaɪə*] *n* Luftbefeuchter *m*.

humidity [hjuː'mɪdɪtɪ] *n* Feuchtigkeit *f*.

humiliate [hjuː'mɪlɪeɪt] *vt* demütigen.

humiliating [hjuː'mɪlɪeɪtɪŋ] *adj* demütigend.

humiliation [hjuːmɪlɪ'eɪʃən] *n* Demütigung *f*.

humility [hjuː'mɪlɪtɪ] *n* Bescheidenheit *f*.

humor *etc* (*US*) = **humour** *etc*.

humorist ['hjuːmərɪst] *n* Humorist(in) *m(f)*.

humorous ['hjuːmərəs] *adj* (*remark*) witzig; (*book*) lustig; (*person*) humorvoll.

humour, (*US*) **humor** ['hjuːmə*] *n* Humor *m*; (*mood*) Stimmung *f* ♦ *vt* seinen Willen lassen +*dat*; **sense of ~** (Sinn *m* für) Humor; **to be in good/bad ~** gute/schlechte Laune haben.

humourless ['hjuːməlɪs] *adj* humorlos.

hump [hʌmp] *n* Hügel *m*; (*of camel*) Höcker *m*; (*deformity*) Buckel *m*.

humpbacked ['hʌmpbækt] *adj*: **~ bridge** gewölbte Brücke *f*.

humus ['hjuːməs] *n* Humus *m*.

hunch [hʌntʃ] *n* Gefühl *nt*, Ahnung *f*; **I have a ~ that ...** ich habe den (leisen) Verdacht, dass ...

hunchback ['hʌntʃbæk] *n* Bucklige(r) *f(m)*.

hunched [hʌntʃt] *adj* gebeugt; (*shoulders*) hochgezogen; (*back*) krumm.

hundred ['hʌndrəd] *num* hundert; **a or one ~ books/people/dollars** (ein)hundert Bücher/Personen/Dollar; **~s of** hunderte *or* Hunderte von; **I'm a ~ per cent sure** ich bin absolut sicher.

hundredth ['hʌndrədθ] *num* hundertste(r, s).

hundredweight ['hʌndrɪdweɪt] *n Gewichtseinheit* (*BRIT* = *50,8 kg*; *US* = *45,3 kg*), ≈ Zentner *m*.

hung [hʌŋ] *pt*, *pp of* **hang**.

Hungarian [hʌŋ'gɛərɪən] *adj* ungarisch ♦ *n* Ungar(in) *m(f)*; (*LING*) Ungarisch *nt*.

Hungary ['hʌŋgərɪ] *n* Ungarn *nt*.

hunger ['hʌŋgə*] *n* Hunger *m* ♦ *vi*: **to ~ for** hungern nach.

hunger strike *n* Hungerstreik *m*.

hung over (*inf*) *adj* verkatert.

hungrily ['hʌŋgrəlɪ] *adv* hungrig.

hungry ['hʌŋgrɪ] *adj* hungrig; **to be ~** Hunger haben; **to be ~ for** hungern nach; (*news*) sehnsüchtig warten auf; **to go ~** hungern.

hung up (*inf*) *adj*: **to be ~ on** (*person*) ein gestörtes Verhältnis haben zu; **to be ~ about** nervös sein wegen.

hunk [hʌŋk] *n* großes Stück *nt*; (*inf: man*) (großer, gut aussehender) Mann *m*.

hunt [hʌnt] vt jagen; (*criminal, fugitive*) fahnden nach ♦ vi (*SPORT*) jagen ♦ n (*see vb*) Jagd f; Fahndung f; (*search*) Suche f; **to ~ for** (*search*) suchen (nach).

▶ **hunt down** vt Jagd machen auf +acc.

hunter ['hʌntə*] n Jäger(in) m(f).

hunting ['hʌntɪŋ] n Jagd f, Jagen nt.

hurdle ['hɜːdl] n Hürde f.

hurl [hɜːl] vt schleudern; **to ~ sth at sb** (*also fig*) jdm etw entgegenschleudern.

hurling ['hɜːlɪŋ] n (*SPORT*) Hurling nt, *irische Hockeyart.*

hurly-burly ['hɜːlɪ'bɜːlɪ] n Rummel m.

hurrah [hu'rɑː] n Hurra nt ♦ excl hurra.

hurray [hu'reɪ] n = **hurrah**.

hurricane ['hʌrɪkən] n Orkan m.

hurried ['hʌrɪd] adj eilig; (*departure*) überstürzt.

hurriedly ['hʌrɪdlɪ] adv eilig.

hurry ['hʌrɪ] n Eile f ♦ vi eilen; (*to do sth*) sich beeilen ♦ vt (zur Eile) antreiben; (*work*) beschleunigen; **to be in a ~** es eilig haben; **to do sth in a ~** etw schnell tun; **there's no ~** es eilt nicht; **what's the ~?** warum so eilig?; **they hurried to help him** sie eilten ihm zu Hilfe; **to ~ home** nach Hause eilen.

▶ **hurry along** vi sich beeilen.

▶ **hurry away** vi schnell weggehen, forteilen.

▶ **hurry off** vi = **hurry away**.

▶ **hurry up** vt (zur Eile) antreiben ♦ vi sich beeilen.

hurt [hɜːt] (*pt, pp* **hurt**) vt wehtun +dat; (*injure, fig*) verletzen ♦ vi weh tun ♦ adj verletzt; **I've ~ my arm** ich habe mir am Arm wehgetan; (*injured*) ich habe mir den Arm verletzt; **where does it ~?** wo tut es weh?

hurtful ['hɜːtful] adj verletzend.

hurtle ['hɜːtl] vi: **to ~ past** vorbeisausen; **to ~ down** (*fall*) hinunterfallen.

husband ['hʌzbənd] n (Ehe)mann m.

hush [hʌʃ] n Stille f ♦ vt zum Schweigen bringen; **~! pst!**

▶ **hush up** vt vertuschen.

hushed [hʌʃt] adj still; (*voice*) gedämpft.

hush-hush [hʌʃ'hʌʃ] (*inf*) adj streng geheim.

husk [hʌsk] n Schale f; (*of wheat*) Spelze f; (*of maize*) Hüllblatt nt.

husky ['hʌskɪ] adj (*voice*) rau ♦ n Schlittenhund m.

hustings ['hʌstɪŋz] (*BRIT*) npl (*POL*) Wahlkampf m.

hustle ['hʌsl] vt drängen ♦ n: **~ and bustle** Geschäftigkeit f.

hut [hʌt] n Hütte f.

hutch [hʌtʃ] n (Kaninchen)stall m.

hyacinth ['haɪəsɪnθ] n Hyazinthe f.

hybrid ['haɪbrɪd] n (*plant, animal*) Kreuzung f; (*mixture*) Mischung f ♦ adj Misch-.

hydrant ['haɪdrənt] n (*also*: **fire ~**) Hydrant m.

hydraulic [haɪ'drɔːlɪk] adj hydraulisch.

hydraulics [haɪ'drɔːlɪks] n Hydraulik f.

hydrochloric acid ['haɪdrəu'klɔrɪk-] n Salzsäure f.

hydroelectric ['haɪdrəuɪ'lɛktrɪk] adj hydroelektrisch.

hydrofoil ['haɪdrəfɔɪl] n Tragflächenboot nt, Tragflügelboot nt.

hydrogen ['haɪdrədʒən] n Wasserstoff m.

hydrogen bomb n Wasserstoffbombe f.

hydrophobia ['haɪdrə'fəubɪə] n Hydrophobie f, Wasserscheu f.

hydroplane ['haɪdrəpleɪn] n Gleitboot nt; (*plane*) Wasserflugzeug nt ♦ vi (*boat*) abheben.

hyena [haɪ'iːnə] n Hyäne f.

hygiene ['haɪdʒiːn] n Hygiene f.

hygienic [haɪ'dʒiːnɪk] adj hygienisch.

hymn [hɪm] n Kirchenlied nt.

hype [haɪp] (*inf*) n Rummel m.

hyperactive ['haɪpər'æktɪv] adj überaktiv.

hyperinflation ['haɪpərɪn'fleɪʃən] n galoppierende Inflation f.

hypermarket ['haɪpəmɑːkɪt] (*BRIT*) n Verbrauchermarkt m.

hypertension ['haɪpə'tɛnʃən] n Hypertonie f, Bluthochdruck m.

hypertext ['haɪpətɛkst] n (*COMPUT*) Hypertext m.

hyphen ['haɪfn] n Bindestrich m; (*at end of line*) Trennungsstrich m.

hyphenated ['haɪfəneɪtɪd] adj mit Bindestrich (geschrieben).

hypnosis [hɪp'nəusɪs] n Hypnose f.

hypnotic [hɪp'nɔtɪk] adj hypnotisierend; (*trance*) hypnotisch.

hypnotism ['hɪpnətɪzəm] n Hypnotismus m.

hypnotist ['hɪpnətɪst] n Hypnotiseur m, Hypnotiseuse f.

hypnotize ['hɪpnətaɪz] vt hypnotisieren.

hypoallergenic ['haɪpəuælə'dʒɛnɪk] adj für äußerst empfindliche Haut.

hypochondriac [haɪpə'kɒndrɪæk] n Hypochonder m.

hypocrisy [hɪ'pɒkrɪsɪ] n Heuchelei f.

hypocrite ['hɪpəkrɪt] n Heuchler(in) m(f).

hypocritical [hɪpə'krɪtɪkl] adj heuchlerisch.

hypodermic [haɪpə'dɜːmɪk] adj (*injection*) subkutan ♦ n (Injektions)spritze f.

hypotenuse [haɪ'pɒtɪnjuːz] n Hypotenuse f.

hypothermia [haɪpə'θɜːmɪə] n Unterkühlung f.

hypothesis [haɪ'pɒθɪsɪs] (*pl* **hypotheses**) n Hypothese f.

hypothesize [haɪ'pɒθɪsaɪz] vi Hypothesen aufstellen ♦ vt annehmen.

hypothetic(al) [haɪpəu'θɛtɪk(l)] adj hypothetisch.

hysterectomy [hɪstə'rɛktəmɪ] n Hysterektomie f.

hysteria [hɪ'stɪərɪə] n Hysterie f.

hysterical [hɪ'stɛrɪkl] adj hysterisch; (*situation*) wahnsinnig komisch; **to become ~** hysterisch werden.

hysterically [hɪ'stɛrɪklɪ] *adv* hysterisch;
~ **funny** wahnsinnig komisch.
hysterics [hɪ'stɛrɪks] *npl*: **to be in** *or* **to have** ~
einen hysterischen Anfall haben; (*laughter*)
einen Lachanfall haben.
Hz *abbr* (= *hertz*) Hz.

I, i

I[1], i [aɪ] *n* (*letter*) I *nt*, i *nt*; ~ **for Isaac**, *(US)* ~ **for
Item** ≈ I wie Ida.
I[2] [aɪ] *pron* ich.
I. *abbr* = **island**; **isle**.
IA *(US) abbr (POST*: = *Iowa).*
IAEA *n abbr* = **International Atomic Energy
Agency.**
ib *abbr* (= *ibidem*) ib(id).
Iberian [aɪ'bɪərɪən] *adj*: **the** ~ **Peninsula** die
Iberische Halbinsel.
ibid *abbr* (= *ibidem*) ib(id).
i/c *(BRIT) abbr* (= *in charge (of)) see* **charge.**
ICBM *n abbr* (= *intercontinental ballistic missile*)
Interkontinentalrakete *f.*
ICC *n abbr* = **International Chamber of
Commerce**; (*US*: = *Interstate Commerce
Commission*) *Kommission zur Regelung des
Warenverkehrs zwischen den US-
Bundesstaaten.*
ice [aɪs] *n* Eis *nt*; (*on road*) Glatteis *nt* ♦ *vt* (*cake*)
mit Zuckerguss überziehen, glasieren ♦ *vi*
(*also*: ~ **over**, ~ **up**) vereisen; (*puddle etc*)
zufrieren; **to put sth on** ~ (*fig*) etw auf Eis
legen.
Ice Age *n* Eiszeit *f.*
ice axe *n* Eispickel *m.*
iceberg ['aɪsbəːg] *n* Eisberg *m*; **the tip of the** ~
(*fig*) die Spitze des Eisbergs.
icebox ['aɪsbɔks] *n* (*US: fridge*) Kühlschrank *m*;
(*BRIT: compartment*) Eisfach *nt*; (*insulated
box*) Kühltasche *f.*
icebreaker ['aɪsbreɪkə'] *n* Eisbrecher *m.*
ice bucket *n* Eiskühler *m.*
icecap ['aɪskæp] *n* Eisdecke *f*; (*polar*) Eiskappe
f.
ice-cold ['aɪs'kəʊld] *adj* eiskalt.
ice cream *n* Eis *nt.*
ice-cream soda ['aɪskriːm-] *n* Eisbecher mit
Sirup und Sodawasser.
ice cube *n* Eiswürfel *m.*
iced [aɪst] *adj* (*cake*) mit Zuckerguss
überzogen, glasiert; (*beer etc*) eisgekühlt;
(*tea, coffee*) Eis-.
ice hockey *n* Eishockey *nt.*
Iceland ['aɪslənd] *n* Island *nt.*
Icelander ['aɪsləndə'] *n* Isländer(in) *m(f).*

Icelandic [aɪs'lændɪk] *adj* isländisch ♦ *n* (*LING*)
Isländisch *nt.*
ice lolly (*BRIT*) *n* Eis *nt* am Stiel.
ice pick *n* Eispickel *m.*
ice rink *n* (*Kunst*)eisbahn *f*, Schlittschuhbahn
f.
ice skate *n* Schlittschuh *m.*
ice-skate ['aɪsskeɪt] *vi* Schlittschuh laufen.
ice-skating ['aɪsskeɪtɪŋ] *n* Eislauf *m*,
Schlittschuhlaufen *nt.*
icicle ['aɪsɪkl] *n* Eiszapfen *m.*
icing ['aɪsɪŋ] *n* (*CULIN*) Zuckerguss *m*; (*AVIAT
etc*) Vereisung *f.*
icing sugar (*BRIT*) *n* Puderzucker *m.*
ICJ *n abbr* = **International Court of Justice.**
icon ['aɪkɔn] *n* Ikone *f*; (*COMPUT*) Ikon *nt.*
ICR (*US*) *n abbr* (= *Institute for Cancer Research*)
Krebsforschungsinstitut.
ICRC *n abbr* (= *International Committee of the
Red Cross*) IKRK *nt.*
ICT (*BRIT*) *n abbr* (*SCOL*) = *information and
communication(s) technology.*
ICU *n abbr* (*MED*) = **intensive care unit.**
icy ['aɪsɪ] *adj* eisig; (*road*) vereist.
ID, Ida. (*US*) *abbr* (*POST*: = *Idaho).*
I'd [aɪd] = **I would**; = **I had.**
ID card *n* = **identity card.**
IDD (*BRIT*) *n abbr* (*TEL*: = *international direct
dialling*) *Selbstwählferndienst ins Ausland.*
idea [aɪ'dɪə] *n* Idee *f*; (*opinion*) Ansicht *f*;
(*notion*) Vorstellung *f*; (*objective*) Ziel *nt*;
good ~! gute Idee!; **to have a good** ~ **that**
sich *dat* ziemlich sicher sein, dass; **I haven't
the least** ~ ich habe nicht die leiseste
Ahnung.
ideal [aɪ'dɪəl] *n* Ideal *nt* ♦ *adj* ideal.
idealist [aɪ'dɪəlɪst] *n* Idealist(in) *m(f).*
ideally [aɪ'dɪəlɪ] *adv* ideal; ~ **the book should**
... idealerweise *or* im Idealfall sollte das
Buch ...; **she's** ~ **suited for** ... sie eignet sich
hervorragend für ...
identical [aɪ'dɛntɪkl] *adj* identisch; (*twins*)
eineiig.
identification [aɪdɛntɪfɪ'keɪʃən] *n*
Identifizierung *f*; (**means of**) ~
Ausweispapiere *pl.*
identify [aɪ'dɛntɪfaɪ] *vt* (*recognize*) erkennen;
(*distinguish*) identifizieren; **to** ~ **sb/sth with**
jdn/etw identifizieren mit.
Identikit ® [aɪ'dɛntɪkɪt] *n*: ~ (**picture**)
Phantombild *nt.*
identity [aɪ'dɛntɪtɪ] *n* Identität *f.*
identity card *n* (*Personal*)ausweis *m.*
identity papers *npl* Ausweispapiere *pl.*
identity parade (*BRIT*) *n* Gegenüberstellung
f.
ideological [aɪdɪə'lɔdʒɪkl] *adj* ideologisch,
weltanschaulich.
ideology [aɪdɪ'ɔlədʒɪ] *n* Ideologie *f*,
Weltanschauung *f.*
idiocy ['ɪdɪəsɪ] *n* Idiotie *f*, Dummheit *f.*
idiom ['ɪdɪəm] *n* (*style*) Ausdrucksweise *f*;

(*phrase*) Redewendung f.
idiomatic [ɪdɪəˈmætɪk] adj idiomatisch.
idiosyncrasy [ɪdɪəuˈsɪŋkrəsɪ] n Eigenheit f,
Eigenart f.
idiosyncratic [ɪdɪəusɪŋˈkrætɪk] adj eigenartig;
(*way, method, style*) eigen.
idiot [ˈɪdɪət] n Idiot(in) m(f), Dummkopf m.
idiotic [ɪdɪˈɔtɪk] adj idiotisch, blöd(sinnig).
idle [ˈaɪdl] adj untätig; (*lazy*) faul; (*unemployed*)
unbeschäftigt; (*machinery, factory*)
stillstehend; (*question*) müßig; (*conversation,
pleasure*) leer ♦ vi leer laufen, im Leerlauf
sein; **to lie ~** (*machinery*) außer Betrieb sein;
(*factory*) die Arbeit eingestellt haben.
▶ **idle away** vt (*time*) vertrödeln,
verbummeln.
idleness [ˈaɪdlnɪs] n Untätigkeit f; (*laziness*)
Faulheit f.
idler [ˈaɪdlə*] n Faulenzer(in) m(f).
idle time n (*COMM*) Leerlaufzeit f.
idly [ˈaɪdlɪ] adv untätig; (*glance*) abwesend.
idol [ˈaɪdl] n Idol nt; (*REL*) Götzenbild nt.
idolize [ˈaɪdəlaɪz] vt vergöttern.
idyllic [ɪˈdɪlɪk] adj idyllisch.
i.e. abbr (= *id est*) d. h.

============== KEYWORD ==============

if [ɪf] conj **1** (*given that, providing that etc*) wenn,
falls; **~ anyone comes in** wenn *or* falls
jemand hereinkommt; **~ necessary** wenn *or*
falls nötig; **~ I were you** wenn ich Sie wäre,
an Ihrer Stelle.
2 (*whenever*) wenn.
3 (*although*): **(even) ~** auch *or* selbst wenn; **I
like it, (even) ~ you don't** mir gefällt es,
auch wenn du es nicht magst.
4 (*whether*) ob; **ask him ~ he can come** frag
ihn, ob er kommen kann.
5: **~ so/not** falls ja/nein; **~ only** wenn nur;
see also **as**.

iffy [ˈɪfɪ] (*inf*) adj (*uncertain*) unsicher; (*plan,
proposal*) fragwürdig; **he was a bit ~ about
it** er hat sich sehr vage ausgedrückt.
igloo [ˈɪɡluː] n Iglu m *or* nt.
ignite [ɪɡˈnaɪt] vt entzünden ♦ vi sich
entzünden.
ignition [ɪɡˈnɪʃən] n (*AUT*) Zündung f.
ignition key n (*AUT*) Zündschlüssel m.
ignoble [ɪɡˈnəubl] adj schändlich,
unehrenhaft.
ignominious [ɪɡnəˈmɪnɪəs] adj schmachvoll.
ignoramus [ɪɡnəˈreɪməs] n Ignorant(in) m(f).
ignorance [ˈɪɡnərəns] n Unwissenheit f,
Ignoranz f; **to keep sb in ~ of sth** jdn in
Unkenntnis über etw acc lassen.
ignorant [ˈɪɡnərənt] adj unwissend, ignorant;
to be ~ of (*subject*) sich nicht auskennen in
+dat; (*events*) nicht informiert sein über +acc.
ignore [ɪɡˈnɔː*] vt ignorieren; (*fact*) außer
Acht lassen.
ikon [ˈaɪkɔn] n = **icon**.

IL (*US*) abbr (*POST*: = *Illinois*).
ILA (*US*) n abbr (= *International Longshoremen's
Association*) Hafenarbeitergewerkschaft.
I'll [aɪl] = **I will**; = **I shall**.
ill [ɪl] adj krank; (*effects*) schädlich ♦ n Übel nt;
(*trouble*) Schlechte(s) nt ♦ adv: **to speak ~ of
sb** Schlechtes über jdn sagen; **to be taken ~**
krank werden; **to think ~ of sb** schlecht von
jdm denken.
ill-advised [ɪləd'vaɪzd] adj unklug; (*person*)
schlecht beraten.
ill at ease adj unbehaglich.
ill-considered [ɪlkən'sɪdəd] adj unüberlegt.
ill-disposed [ɪldɪs'pəuzd] adj: **to be ~ toward
sb/sth** jdm/etw nicht wohlgesinnt sein.
illegal [ɪˈliːɡl] adj illegal.
illegally [ɪˈliːɡəlɪ] adv illegal.
illegible [ɪˈledʒɪbl] adj unleserlich.
illegitimate [ɪlɪˈdʒɪtɪmət] adj (*child*) unehelich;
(*activity, treaty*) unzulässig.
ill-fated [ɪlˈfeɪtɪd] adj unglückselig.
ill-favoured, (*US*) **ill-favored** [ɪlˈfeɪvəd] adj
ungestalt (*liter*), hässlich.
ill feeling n Verstimmung f.
ill-gotten [ˈɪlɡɔtn] adj: **~ gains** unrechtmäßig
erworbener Gewinn m.
ill health n schlechter Gesundheitszustand
m.
illicit [ɪˈlɪsɪt] adj verboten.
ill-informed [ɪlɪnˈfɔːmd] adj (*judgement*) wenig
sachkundig; (*person*) schlecht informiert *or*
unterrichtet.
illiterate [ɪˈlɪtərət] adj (*person*) des Lesens und
Schreibens unkundig; (*letter*) voller Fehler.
ill-mannered [ɪlˈmænəd] adj unhöflich.
illness [ˈɪlnɪs] n Krankheit f.
illogical [ɪˈlɔdʒɪkl] adj unlogisch.
ill-suited [ɪlˈsuːtɪd] adj nicht
zusammenpassend; **he is ~ to the job** er ist
für die Stelle ungeeignet.
ill-timed [ɪlˈtaɪmd] adj ungelegen, unpassend.
ill-treat [ɪlˈtriːt] vt misshandeln.
ill-treatment [ɪlˈtriːtmənt] n Misshandlung f.
illuminate [ɪˈluːmɪneɪt] vt beleuchten.
illuminated sign [ɪˈluːmɪneɪtɪd-] n
Leuchtzeichen nt.
illuminating [ɪˈluːmɪneɪtɪŋ] adj
aufschlussreich.
illumination [ɪluːmɪˈneɪʃən] n Beleuchtung f;
illuminations npl (*decorative lights*) festliche
Beleuchtung f, Illumination f.
illusion [ɪˈluːʒən] n Illusion f; (*trick*)
(Zauber)trick m; **to be under the ~ that ...**
sich dat einbilden, dass ...
illusive [ɪˈluːsɪv] adj = **illusory**.
illusory [ɪˈluːsərɪ] adj illusorisch, trügerisch.
illustrate [ˈɪləstreɪt] vt veranschaulichen;
(*book*) illustrieren.
illustration [ɪləˈstreɪʃən] n Illustration f;
(*example*) Veranschaulichung f.
illustrator [ˈɪləstreɪtə*] n Illustrator(in) m(f).
illustrious [ɪˈlʌstrɪəs] adj (*career*) glanzvoll;

(*predecessor*) berühmt.

ill will *n* böses Blut *nt*.

ILO *n abbr* = **International Labour Organization**.

I'm [aɪm] = **I am**.

image ['ɪmɪdʒ] *n* Bild *nt*; (*public face*) Image *nt*; (*reflection*) Abbild *nt*.

imagery ['ɪmɪdʒərɪ] *n* (*in writing*) Metaphorik *f*; (*in painting etc*) Symbolik *f*.

imaginable [ɪ'mædʒɪnəbl] *adj* vorstellbar, denkbar; **we've tried every ~ solution** wir haben jede denkbare Lösung ausprobiert; **she had the prettiest hair ~** sie hatte das schönste Haar, das man sich vorstellen kann.

imaginary [ɪ'mædʒɪnərɪ] *adj* erfunden; (*being*) Fantasie-; (*danger*) eingebildet.

imagination [ɪmædʒɪ'neɪʃən] *n* Fantasie *f*; (*illusion*) Einbildung *f*; **it's just your ~** das bildest du dir nur ein.

imaginative [ɪ'mædʒɪnətɪv] *adj* fantasievoll; (*solution*) einfallsreich.

imagine [ɪ'mædʒɪn] *vt* sich *dat* vorstellen; (*dream*) sich *dat* träumen lassen; (*suppose*) vermuten.

imbalance [ɪm'bæləns] *n* Unausgeglichenheit *f*.

imbecile ['ɪmbəsiːl] *n* Schwachkopf *m*, Idiot *m*.

imbue [ɪm'bjuː] *vt*: **to ~ sb/sth with** jdn/etw durchdringen mit.

IMF *n abbr* (= *International Monetary Fund*) IWF *m*.

imitate ['ɪmɪteɪt] *vt* imitieren; (*mimic*) nachahmen.

imitation [ɪmɪ'teɪʃən] *n* Imitation *f*, Nachahmung *f*.

imitator ['ɪmɪteɪtə*] *n* Imitator(in) *m(f)*, Nachahmer(in) *m(f)*.

immaculate [ɪ'mækjulət] *adj* makellos; (*appearance, piece of work*) tadellos; (*REL*) unbefleckt.

immaterial [ɪmə'tɪərɪəl] *adj* unwichtig, unwesentlich.

immature [ɪmə'tjuə*] *adj* unreif; (*organism*) noch nicht voll entwickelt.

immaturity [ɪmə'tjuərɪtɪ] *n* Unreife *f*.

immeasurable [ɪ'mɛʒrəbl] *adj* unermesslich groß.

immediacy [ɪ'miːdɪəsɪ] *n* Unmittelbarkeit *f*, Direktheit *f*; (*of needs*) Dringlichkeit *f*.

immediate [ɪ'miːdɪət] *adj* sofortig; (*need*) dringend; (*neighbourhood, family*) nächste(r, s).

immediately [ɪ'miːdɪətlɪ] *adv* sofort; (*directly*) unmittelbar; **~ next to** direkt neben.

immense [ɪ'mɛns] *adj* riesig, enorm.

immensely [ɪ'mɛnslɪ] *adv* unheimlich; (*grateful, complex etc*) äußerst.

immensity [ɪ'mɛnsɪtɪ] *n* ungeheure Größe *f*, Unermesslichkeit *f*; (*of problems etc*) gewaltiges Ausmaß *nt*.

immerse [ɪ'məːs] *vt* eintauchen; **to ~ sth in** etw tauchen in +*acc*; **to be ~d in** (*fig*) vertieft

sein in +*acc*.

immersion heater [ɪ'məːʃən-] (*BRIT*) *n* elektrischer Heißwasserboiler *m*.

immigrant ['ɪmɪgrənt] *n* Einwanderer *m*, Einwanderin *f*.

immigration [ɪmɪ'greɪʃən] *n* Einwanderung *f*; (*at airport etc*) Einwanderungsstelle *f* ♦ *cpd* Einwanderungs-.

imminent ['ɪmɪnənt] *adj* bevorstehend.

immobile [ɪ'məubaɪl] *adj* unbeweglich.

immobilize [ɪ'məubɪlaɪz] *vt* (*person*) handlungsunfähig machen; (*machine*) zum Stillstand bringen.

immobilizer [ɪməubɪlaɪzə*] *n* (*AUT*) Wegfahrsperre *f*.

immoderate [ɪ'mɔdərət] *adj* unmäßig; (*opinion, reaction*) extrem; (*demand*) maßlos.

immodest [ɪ'mɔdɪst] *adj* unanständig; (*boasting*) unbescheiden.

immoral [ɪ'mɔrl] *adj* unmoralisch; (*behaviour*) unsittlich.

immorality [ɪmə'rælɪtɪ] *n* (*see adj*) Unmoral *f*; Unsittlichkeit *f*.

immortal [ɪ'mɔːtl] *adj* unsterblich.

immortality [ɪmɔː'tælɪtɪ] *n* Unsterblichkeit *f*.

immortalize [ɪ'mɔːtlaɪz] *vt* unsterblich machen.

immovable [ɪ'muːvəbl] *adj* unbeweglich; (*person, opinion*) fest.

immune [ɪ'mjuːn] *adj*: **~ (to)** (*disease*) immun (gegen); (*flattery*) unempfänglich (für); (*criticism*) unempfindlich (gegen); (*attack*) sicher (vor +*dat*).

immune system *n* Immunsystem *nt*.

immunity [ɪ'mjuːnɪtɪ] *n* (*see adj*) Immunität *f*; Unempfänglichkeit *f*; Unempfindlichkeit *f*; Sicherheit *f*; (*of diplomat, from prosecution*) Immunität *f*.

immunization [ɪmjunaɪ'zeɪʃən] *n* Immunisierung *f*.

immunize ['ɪmjunaɪz] *vt*: **to ~ (against)** immunisieren (gegen).

imp [ɪmp] *n* Kobold *m*; (*child*) Racker *m* (*inf*).

impact ['ɪmpækt] *n* Aufprall *m*; (*of crash*) Wucht *f*; (*of law, measure*) (Aus)wirkung *f*.

impair [ɪm'pɛə*] *vt* beeinträchtigen.

impaired [ɪm'pɛəd] *adj* beeinträchtigt; (*hearing*) schlecht; **~ vision** schlechte Augen *pl*.

impale [ɪm'peɪl] *vt*: **to ~ sth (on)** etw aufspießen (auf +*dat*).

impart [ɪm'pɑːt] *vt*: **to ~ (to)** (*information*) mitteilen +*dat*; (*flavour*) verleihen +*dat*.

impartial [ɪm'pɑːʃl] *adj* unparteiisch.

impartiality [ɪmpɑːʃɪ'ælɪtɪ] *n* Unparteilichkeit *f*.

impassable [ɪm'pɑːsəbl] *adj* unpassierbar.

impasse [æm'pɑːs] *n* Sackgasse *f*.

impassive [ɪm'pæsɪv] *adj* gelassen.

impatience [ɪm'peɪʃəns] *n* Ungeduld *f*.

impatient [ɪm'peɪʃənt] *adj* ungeduldig; **to get**

or **grow** ~ ungeduldig werden; **to be** ~ **to do sth** es nicht erwarten können, etw zu tun.

impatiently [ɪm'peɪʃəntlɪ] adv ungeduldig.

impeach [ɪm'piːtʃ] vt anklagen; (public official) eines Amtsvergehens anklagen.

impeachment [ɪm'piːtʃmənt] n Anklage f wegen eines Amtsvergehens, Impeachment nt.

impeccable [ɪm'pekəbl] adj (dress) untadelig; (manners) tadellos.

impecunious [ɪmpɪ'kjuːnɪəs] adj mittellos.

impede [ɪm'piːd] vt behindern.

impediment [ɪm'pedɪmənt] n Hindernis nt; (also: **speech** ~) Sprachfehler m.

impel [ɪm'pel] vt: **to** ~ **sb to do sth** jdn (dazu) nötigen, etw zu tun.

impending [ɪm'pendɪŋ] adj bevorstehend; (catastrophe) drohend.

impenetrable [ɪm'penɪtrəbl] adj undurchdringlich; (fig) unergründlich.

imperative [ɪm'perətɪv] adj dringend; (tone) Befehls- ♦ n (LING) Imperativ m, Befehlsform f.

imperceptible [ɪmpə'septɪbl] adj nicht wahrnehmbar, unmerklich.

imperfect [ɪm'pəːfɪkt] adj mangelhaft; (goods) fehlerhaft ♦ n (LING: also: ~ **tense**) Imperfekt nt, Vergangenheit f.

imperfection [ɪmpə'fekʃən] n Fehler m.

imperial [ɪm'pɪərɪəl] adj kaiserlich; (BRIT: measure) britisch.

imperialism [ɪm'pɪərɪəlɪzəm] n Imperialismus m.

imperil [ɪm'perɪl] vt gefährden.

imperious [ɪm'pɪərɪəs] adj herrisch, gebieterisch.

impersonal [ɪm'pəːsənl] adj unpersönlich.

impersonate [ɪm'pəːsəneɪt] vt sich ausgeben als; (THEAT) imitieren.

impersonation [ɪmpəːsə'neɪʃən] n (THEAT) Imitation f; ~ **of** (LAW) Auftreten nt als.

impertinent [ɪm'pəːtɪnənt] adj unverschämt.

imperturbable [ɪmpə'təːbəbl] adj unerschütterlich.

impervious [ɪm'pəːvɪəs] adj: ~ **to** (criticism, pressure) unberührt von; (charm, influence) unempfänglich für.

impetuous [ɪm'petjuəs] adj ungestüm, stürmisch; (act) impulsiv.

impetus ['ɪmpətəs] n Schwung m; (fig: driving force) treibende Kraft f.

impinge [ɪm'pɪndʒ]: **to** ~ **on** vt fus sich auswirken auf +acc; (rights) einschränken.

impish ['ɪmpɪʃ] adj schelmisch.

implacable [ɪm'plækəbl] adj unerbittlich, erbittert.

implant [ɪm'plɑːnt] vt (MED) einpflanzen; (fig: idea, principle) einimpfen.

implausible [ɪm'plɔːzɪbl] adj unglaubwürdig.

implement [n 'ɪmplɪmənt, vt 'ɪmplɪment] n Gerät nt, Werkzeug nt ♦ vt durchführen.

implicate ['ɪmplɪkeɪt] vt verwickeln.

implication [ɪmplɪ'keɪʃən] n Auswirkung f; (involvement) Verwicklung f; **by** ~ implizit.

implicit [ɪm'plɪsɪt] adj (inferred) implizit, unausgesprochen; (unquestioning) absolut.

implicitly [ɪm'plɪsɪtlɪ] adv (see adj) implizit; absolut.

implore [ɪm'plɔː'] vt anflehen.

imply [ɪm'plaɪ] vt andeuten; (mean) bedeuten.

impolite [ɪmpə'laɪt] adj unhöflich.

imponderable [ɪm'pɒndərəbl] adj unberechenbar ♦ n unberechenbare Größe f.

import [vt ɪm'pɔːt, n 'ɪmpɔːt] vt importieren, einführen ♦ n Import m, Einfuhr f; (article) Importgut nt ♦ cpd Import-, Einfuhr-.

importance [ɪm'pɔːtns] n (see adj) Wichtigkeit f; Bedeutung f; **to be of little/great** ~ nicht besonders wichtig/sehr wichtig sein.

important [ɪm'pɔːtənt] adj wichtig; (influential) bedeutend; **it's not** ~ es ist unwichtig.

importantly [ɪm'pɔːtəntlɪ] adv wichtigtuerisch; **but more** ~ ... aber was noch wichtiger ist, ...

importation [ɪmpɔː'teɪʃən] n Import m, Einfuhr f.

imported [ɪm'pɔːtɪd] adj importiert, eingeführt.

importer [ɪm'pɔːtə'] n Importeur m.

impose [ɪm'pəʊz] vt auferlegen; (sanctions) verhängen ♦ vi: **to** ~ **on sb** jdm zur Last fallen.

imposing [ɪm'pəʊzɪŋ] adj eindrucksvoll.

imposition [ɪmpə'zɪʃən] n (of tax etc) Auferlegung f; **to be an** ~ **on** eine Zumutung sein für.

impossibility [ɪmpɒsə'bɪlɪtɪ] n Unmöglichkeit f.

impossible [ɪm'pɒsɪbl] adj unmöglich; **it's** ~ **for me to leave now** ich kann jetzt unmöglich gehen.

impossibly [ɪm'pɒsɪblɪ] adv unmöglich.

imposter [ɪm'pɒstə'] n = **impostor**.

impostor [ɪm'pɒstə'] n Hochstapler(in) m(f).

impotence ['ɪmpətns] n (see adj) Machtlosigkeit f; Impotenz f.

impotent ['ɪmpətnt] adj machtlos; (MED) impotent.

impound [ɪm'paʊnd] vt beschlagnahmen.

impoverished [ɪm'pɒvərɪʃt] adj verarmt.

impracticable [ɪm'præktɪkəbl] adj (idea) undurchführbar; (solution) unbrauchbar.

impractical [ɪm'præktɪkl] adj (plan) undurchführbar; (person) unpraktisch.

imprecise [ɪmprɪ'saɪs] adj ungenau.

impregnable [ɪm'pregnəbl] adj uneinnehmbar; (fig) unerschütterlich.

impregnate ['ɪmpregneɪt] vt tränken.

impresario [ɪmprɪ'sɑːrɪəʊ] n (THEAT) Impresario m.

impress [ɪm'pres] vt beeindrucken; (mark) aufdrücken; **to** ~ **sth on sb** jdm etw einschärfen.

impression [ɪmˈprɛʃən] *n* Eindruck *m*; (*of stamp, seal*) Abdruck *m*; (*imitation*) Nachahmung *f*, Imitation *f*; **to make a good/bad ~ on sb** einen guten/schlechten Eindruck auf jdn machen; **to be under the ~ that** ... den Eindruck haben, dass ...

impressionable [ɪmˈprɛʃnəbl] *adj* leicht zu beeindrucken.

impressionist [ɪmˈprɛʃənɪst] *n* Impressionist(in) *m(f)*; (*entertainer*) Imitator(in) *m(f)*.

impressive [ɪmˈprɛsɪv] *adj* beeindruckend.

imprint [ˈɪmprɪnt] *n* (*of hand etc*) Abdruck *m*; (*PUBLISHING*) Impressum *nt*.

imprinted [ɪmˈprɪntɪd] *adj*: **it is ~ on my memory/mind** es hat sich mir eingeprägt.

imprison [ɪmˈprɪzn] *vt* inhaftieren, einsperren.

imprisonment [ɪmˈprɪznmənt] *n* Gefangenschaft *f*; **three years' ~** drei Jahre Gefängnis *or* Freiheitsstrafe.

improbable [ɪmˈprɒbəbl] *adj* unwahrscheinlich.

impromptu [ɪmˈprɒmptjuː] *adj* improvisiert.

improper [ɪmˈprɒpə*] *adj* ungehörig; (*procedure*) unrichtig; (*dishonest*) unlauter.

impropriety [ɪmprəˈpraɪətɪ] *n* (*see adj*) Ungehörigkeit *f*; Unrichtigkeit *f*; Unlauterkeit *f*.

improve [ɪmˈpruːv] *vt* verbessern ♦ *vi* sich bessern; **the patient is improving** dem Patienten geht es besser.

▶ **improve (up)on** *vt fus* verbessern.

improvement [ɪmˈpruːvmənt] *n*: **~ (in)** Verbesserung (+*gen*); **to make ~s to** Verbesserungen durchführen an +*dat*.

improvisation [ɪmprəvaɪˈzeɪʃən] *n* Improvisation *f*.

improvise [ˈɪmprəvaɪz] *vt, vi* improvisieren.

imprudence [ɪmˈpruːdns] *n* Unklugheit *f*.

imprudent [ɪmˈpruːdnt] *adj* unklug.

impudent [ˈɪmpjudnt] *adj* unverschämt.

impugn [ɪmˈpjuːn] *vt* angreifen; (*sincerity, motives, reputation*) in Zweifel ziehen.

impulse [ˈɪmpʌls] *n* Impuls *m*; (*urge*) Drang *m*; **to act on ~** aus einem Impuls heraus handeln.

impulse buy *n* Impulsivkauf *m*.

impulsive [ɪmˈpʌlsɪv] *adj* impulsiv, spontan; (*purchase*) Impulsiv-.

impunity [ɪmˈpjuːnɪtɪ] *n*: **with ~** ungestraft.

impure [ɪmˈpjuə*] *adj* unrein; (*adulterated*) verunreinigt.

impurity [ɪmˈpjuərɪtɪ] *n* Verunreinigung *f*.

IN (*US*) *abbr* (*POST*: = *Indiana*).

═══════════════════ *KEYWORD*

in [ɪn] *prep* **1** (*indicating place, position*) in +*dat*; (*with motion*) in +*acc*; **~ the house/garden** im Haus/Garten; **~ town** in der Stadt; **~ the country** auf dem Land; **~ here** hierin; **~ there** darin.

2 (*with place names: of town, region, country*) in +*dat*; **~ London/Bavaria** in London/Bayern.

3 (*indicating time*) in +*dat*; **~ spring/summer/May** im Frühling/Sommer/Mai; **~ 1994** 1994; **~ the afternoon** am Nachmittag; **at 4 o'clock ~ the afternoon** um 4 Uhr nachmittags; **I did it ~ 3 hours/days** ich habe es in 3 Stunden/Tagen gemacht; **~ 2 weeks** *or* **2 weeks' time** in 2 Wochen.

4 (*indicating manner, circumstances, state*) in +*dat*; **~ a loud/soft voice** mit lauter/weicher Stimme; **~ English/German** auf Englisch/Deutsch; **~ the sun** in der Sonne; **~ the rain** im Regen; **~ good condition** in guter Verfassung.

5 (*with ratios, numbers*): **1 ~ 10** eine(r, s) von 10; **20 pence ~ the pound** 20 Pence pro Pfund; **they lined up ~ twos** sie stellten sich in Zweierreihen auf.

6 (*referring to people, works*): **the disease is common ~ children** die Krankheit ist bei Kindern verbreitet; **~ (the works of) Dickens** bei Dickens; **they have a good leader ~ him** in ihm haben sie einen guten Führer.

7 (*indicating profession etc*) **to be ~ teaching/the army** Lehrer(in)/beim Militär sein.

8 (*with present participle*): **~ saying this, I ...** wenn ich das sage, ...

♦ *adv*: **to be ~** (*person: at home, work*) da sein; (*train, ship, plane*) angekommen sein; (*in fashion*) in sein; **to ask sb ~** jdn hereinbitten; **to run/limp etc ~** hereinlaufen/-humpeln *etc*

♦ *n*: **the ~s and outs** (*of proposal, situation etc*) die Einzelheiten *pl*.

in. *abbr* = **inch**.

inability [ɪnəˈbɪlɪtɪ] *n* Unfähigkeit *f*.

inaccessible [ɪnəkˈsɛsɪbl] *adj* unzugänglich.

inaccuracy [ɪnˈækjurəsɪ] *n* (*see adj*) Ungenauigkeit *f*; Unrichtigkeit *f*; (*mistake*) Fehler *m*.

inaccurate [ɪnˈækjurət] *adj* ungenau; (*not correct*) unrichtig.

inaction [ɪnˈækʃən] *n* Untätigkeit *f*.

inactive [ɪnˈæktɪv] *adj* untätig.

inactivity [ɪnækˈtɪvɪtɪ] *n* Untätigkeit *f*.

inadequacy [ɪnˈædɪkwəsɪ] *n* Unzulänglichkeit *f*.

inadequate [ɪnˈædɪkwət] *adj* unzulänglich.

inadmissible [ɪnədˈmɪsəbl] *adj* unzulässig.

inadvertently [ɪnədˈvɔːtntlɪ] *adv* ungewollt.

inadvisable [ɪnədˈvaɪzəbl] *adj* unratsam; **it is ~ to** ... es ist nicht ratsam, zu ...

inane [ɪˈneɪn] *adj* dumm.

inanimate [ɪnˈænɪmət] *adj* unbelebt.

inapplicable [ɪnˈæplɪkəbl] *adj* unzutreffend.

inappropriate [ɪnəˈprəuprɪət] *adj* unpassend; (*word, expression*) unangebracht.

inapt [ɪnˈæpt] *adj* unpassend.

inarticulate [ɪnɑːˈtɪkjulət] *adj* (*speech*) unverständlich; **he is** ~ er kann sich nur schlecht ausdrücken.

inasmuch as [ɪnəzˈmʌtʃ-] *adv* da, weil; (*in so far as*) insofern als.

inattention [ɪnəˈtɛnʃən] *n* Unaufmerksamkeit *f*.

inattentive [ɪnəˈtɛntɪv] *adj* unaufmerksam.

inaudible [ɪnˈɔːdɪbl] *adj* unhörbar.

inaugural [ɪˈnɔːgjurəl] *adj* (*speech, meeting*) Eröffnungs-.

inaugurate [ɪˈnɔːgjureɪt] *vt* einführen; (*president, official*) (feierlich) in sein/ihr Amt einführen.

inauguration [ɪnɔːgjuˈreɪʃən] *n* (*see vb*) Einführung *f*; (feierliche) Amtseinführung *f*.

inauspicious [ɪnɔːsˈpɪʃəs] *adj* Unheil verheißend.

in-between [ɪnbɪˈtwiːn] *adj* Mittel-, Zwischen-.

inborn [ɪnˈbɔːn] *adj* angeboren.

inbred [ɪnˈbrɛd] *adj* angeboren; **an** ~ **family** eine Familie, in der Inzucht herrscht.

inbreeding [ɪnˈbriːdɪŋ] *n* Inzucht *f*.

in-built [ˈɪnbɪlt] *adj* (*quality*) ihm/ihr *etc* eigen; (*feeling etc*) angeboren.

Inc. *abbr* = **incorporated company**.

Inca [ˈɪŋkə] *adj* (*also:* ~**n**) Inka-, inkaisch ♦ *n* Inka *mf*.

incalculable [ɪnˈkælkjuləbl] *adj* (*effect*) unabsehbar; (*loss*) unermesslich.

incapable [ɪnˈkeɪpəbl] *adj* hilflos; **to be** ~ **of sth** unfähig zu etw sein; **to be** ~ **of doing sth** unfähig sein, etw zu tun.

incapacitate [ɪnkəˈpæsɪteɪt] *vt*: **to** ~ **sb** jdn unfähig machen.

incapacitated [ɪnkəˈpæsɪteɪtɪd] *adj* (*LAW*) entmündigt.

incapacity [ɪnkəˈpæsɪtɪ] *n* Hilflosigkeit *f*; (*inability*) Unfähigkeit *f*.

incarcerate [ɪnˈkɑːsəreɪt] *vt* einkerkern.

incarnate [ɪnˈkɑːnɪt] *adj* leibhaftig, in Person; **evil** ~ das leibhaftige Böse.

incarnation [ɪnkɑːˈneɪʃən] *n* Inbegriff *m*; (*REL*) Menschwerdung *f*.

incendiary [ɪnˈsɛndɪərɪ] *adj* (*bomb*) Brand-; ~ **device** Brandsatz *m*.

incense [*n* ˈɪnsɛns, *vt* ɪnˈsɛns] *n* Weihrauch *m*; (*perfume*) Duft *m* ♦ *vt* wütend machen.

incense burner *n* Weihrauchschwenker *m*.

incentive [ɪnˈsɛntɪv] *n* Anreiz *m*.

inception [ɪnˈsɛpʃən] *n* Beginn *m*, Anfang *m*.

incessant [ɪnˈsɛsnt] *adj* unablässig.

incessantly [ɪnˈsɛsntlɪ] *adv* unablässig.

incest [ˈɪnsɛst] *n* Inzest *m*.

inch [ɪntʃ] *n* Zoll *m*; **to be within an** ~ **of sth** kurz vor etw *dat* stehen; **he didn't give an** ~ (*fig*) er gab keinen Fingerbreit nach.

▶ **inch forward** *vi* sich millimeterweise vorwärts schieben.

incidence [ˈɪnsɪdns] *n* Häufigkeit *f*.

incident [ˈɪnsɪdnt] *n* Vorfall *m*; (*diplomatic etc*) Zwischenfall *m*.

incidental [ɪnsɪˈdɛntl] *adj* zusätzlich; (*unimportant*) nebensächlich; ~ **to** verbunden mit; ~ **expenses** Nebenkosten *pl*.

incidentally [ɪnsɪˈdɛntəlɪ] *adv* übrigens.

incidental music *n* Begleitmusik *f*.

incident room *n* Einsatzzentrale *f*.

incinerate [ɪnˈsɪnəreɪt] *vt* verbrennen.

incinerator [ɪnˈsɪnəreɪtə*] *n* (*for waste, refuse*) (Müll)verbrennungsanlage *f*.

incipient [ɪnˈsɪpɪənt] *adj* einsetzend.

incision [ɪnˈsɪʒən] *n* Einschnitt *m*.

incisive [ɪnˈsaɪsɪv] *adj* treffend.

incisor [ɪnˈsaɪzə*] *n* Schneidezahn *m*.

incite [ɪnˈsaɪt] *vt* (*rioters*) aufhetzen; (*violence, hatred*) schüren.

incl. *abbr* = **including; inclusive (of)**.

inclement [ɪnˈklɛmənt] *adj* (*weather*) rauh, unfreundlich.

inclination [ɪnklɪˈneɪʃən] *n* Neigung *f*.

incline [*n* ˈɪnklaɪn, *vb* ɪnˈklaɪn] *n* Abhang *m* ♦ *vt* neigen ♦ *vi* sich neigen; **to be** ~**d to** neigen zu; **to be well** ~**d towards sb** jdm geneigt *or* gewogen sein.

include [ɪnˈkluːd] *vt* einbeziehen; (*in price*) einschließen; **the tip is not** ~**d in the price** Trinkgeld ist im Preis nicht inbegriffen.

including [ɪnˈkluːdɪŋ] *prep* einschließlich; ~ **service charge** inklusive Bedienung.

inclusion [ɪnˈkluːʒən] *n* (*see vb*) Einbeziehung *f*; Einschluss *m*.

inclusive [ɪnˈkluːsɪv] *adj* (*terms*) inklusive; (*price*) Inklusiv-, Pauschal-; ~ **of** einschließlich *+gen*.

incognito [ɪnkɒgˈniːtəu] *adv* inkognito.

incoherent [ɪnkəuˈhɪərənt] *adj* zusammenhanglos; (*speech*) wirr; (*person*) sich unklar *or* undeutlich ausdrückend.

income [ˈɪnkʌm] *n* Einkommen *nt*; (*from property, investment, pension*) Einkünfte *pl*; **gross/net** ~ Brutto-/Nettoeinkommen *nt*; ~ **and expenditure account** Gewinn- und Verlustrechnung *f*; ~ **bracket** Einkommensklasse *f*.

income support *n* ≈ Sozialhilfe *f*.

income tax *n* Einkommenssteuer *f* ♦ *cpd* Steuer-.

incoming [ˈɪnkʌmɪŋ] *adj* (*passenger*) ankommend; (*flight*) landend; (*call, mail*) eingehend; (*government, official*) neu; (*wave*) hereinbrechend; ~ **tide** Flut *f*.

incommunicado [ˈɪnkəmjunɪˈkɑːdəu] *adj*: **to hold sb** ~ jdn ohne jede Verbindung zur Außenwelt halten.

incomparable [ɪnˈkɒmpərəbl] *adj* unvergleichlich.

incompatible [ɪnkəmˈpætɪbl] *adj* unvereinbar.

incompetence [ɪnˈkɒmpɪtns] *n* Unfähigkeit *f*.

incompetent [ɪnˈkɒmpɪtnt] *adj* unfähig; (*job*) unzulänglich.

incomplete [ɪnkəm'pliːt] *adj* unfertig; (*partial*) unvollständig.

incomprehensible [ɪnkɒmprɪ'hensɪbl] *adj* unverständlich.

inconceivable [ɪnkən'siːvəbl] *adj*: **it is ~ (that ...)** es ist unvorstellbar *or* undenkbar(, dass ...).

inconclusive [ɪnkən'kluːsɪv] *adj* (*experiment, discussion*) ergebnislos; (*evidence, argument*) nicht überzeugend; (*result*) unbestimmt.

incongruous [ɪn'kɒŋgruəs] *adj* (*strange*) absurd; (*inappropriate*) unpassend.

inconsequential [ɪnkɒnsɪ'kwenʃl] *adj* unbedeutend, unwichtig.

inconsiderable [ɪnkən'sɪdərəbl] *adj*: **not ~** beachtlich; (*sum*) nicht unerheblich.

inconsiderate [ɪnkən'sɪdərət] *adj* rücksichtslos.

inconsistency [ɪnkən'sɪstənsɪ] *n* (*see adj*) Widersprüchlichkeit *f*; Inkonsequenz *f*; Unbeständigkeit *f*.

inconsistent [ɪnkən'sɪstnt] *adj* widersprüchlich; (*person*) inkonsequent; (*work*) unbeständig; **to be ~ with** im Widerspruch stehen zu.

inconsolable [ɪnkən'səuləbl] *adj* untröstlich.

inconspicuous [ɪnkən'spɪkjuəs] *adj* unauffällig; **to make o.s. ~** sich unauffällig benehmen.

incontinence [ɪn'kɒntɪnəns] *n* (*MED*) Unfähigkeit *f*, Stuhl und/oder Harn zurückzuhalten; Inkontinenz *f*.

incontinent [ɪn'kɒntɪnənt] *adj* (*MED*) unfähig, Stuhl und/oder Harn zurückzuhalten, inkontinent.

inconvenience [ɪnkən'viːnjəns] *n* Unannehmlichkeit *f*; (*trouble*) Umstände *pl* ♦ *vt* Umstände bereiten +*dat*; **don't ~ yourself** machen Sie sich keine Umstände.

inconvenient [ɪnkən'viːnjənt] *adj* (*time, place*) ungünstig; (*house*) unbequem, unpraktisch; (*visitor*) ungelegen.

incorporate [ɪn'kɔːpəreɪt] *vt* aufnehmen; (*contain*) enthalten; **safety features have been ~d in the design** in der Konstruktion sind auch Sicherheitsvorkehrungen enthalten.

incorporated company [ɪn'kɔːpəreɪtɪd-] (*US*) *n* eingetragene Gesellschaft *f*.

incorrect [ɪnkə'rɛkt] *adj* falsch.

incorrigible [ɪn'kɒrɪdʒɪbl] *adj* unverbesserlich.

incorruptible [ɪnkə'rʌptɪbl] *adj* unbestechlich.

increase [*vb* ɪn'kriːs, *n* 'ɪnkriːs] *vi* (*level etc*) zunehmen; (*price*) steigen; (*in size*) sich vergrößern; (*in number, quantity*) sich vermehren ♦ *vt* vergrößern; (*price*) erhöhen ♦ *n*: ~ **(in)** Zunahme *f* (+*gen*); (*in wages, spending etc*) Erhöhung *f* (+*gen*); **an ~ of 5%** eine Erhöhung von 5%, eine Zunahme um 5%; **to be on the ~** zunehmen.

increasing [ɪn'kriːsɪŋ] *adj* zunehmend.

increasingly [ɪn'kriːsɪŋlɪ] *adv* zunehmend.

incredible [ɪn'kredɪbl] *adj* unglaublich; (*amazing, wonderful*) unwahrscheinlich (*inf*), sagenhaft (*inf*).

incredulity [ɪnkrɪ'djuːlɪtɪ] *n* Ungläubigkeit *f*.

incredulous [ɪn'kredjuləs] *adj* ungläubig.

increment ['ɪnkrɪmənt] *n* (*in salary*) Erhöhung *f*, Zulage *f*.

incriminate [ɪn'krɪmɪneɪt] *vt* belasten.

incriminating [ɪn'krɪmɪneɪtɪŋ] *adj* belastend.

incrusted [ɪn'krʌstɪd] *adj* = **encrusted**.

incubate ['ɪnkjubeɪt] *vt* ausbrüten ♦ *vi* ausgebrütet werden; (*disease*) zum Ausbruch kommen.

incubation [ɪnkju'beɪʃən] *n* Ausbrüten *nt*; (*of illness*) Inkubation *f*.

incubation period *n* Inkubationszeit *f*.

incubator ['ɪnkjubeɪtə*] *n* (*for babies*) Brutkasten *m*, Inkubator *m*.

inculcate ['ɪnkʌlkeɪt] *vt*: **to ~ sth in(to) sb** jdm etw einprägen.

incumbent [ɪn'kʌmbənt] *n* Amtsinhaber(in) *m(f)* ♦ *adj*: **it is ~ on him to ...** es obliegt ihm *or* es ist seine Pflicht, zu ...

incur [ɪn'kəː*] *vt* (*expenses, debt*) machen; (*loss*) erleiden; (*disapproval, anger*) sich *dat* zuziehen.

incurable [ɪn'kjuərəbl] *adj* unheilbar.

incursion [ɪn'kəːʃən] *n* (*MIL*) Einfall *m*.

Ind. (*US*) *abbr* (*POST*: = Indiana).

indebted [ɪn'dɛtɪd] *adj*: **to be ~ to sb** jdm (zu Dank) verpflichtet sein.

indecency [ɪn'diːsnsɪ] *n* Unanständigkeit *f*, Anstößigkeit *f*.

indecent [ɪn'diːsnt] *adj* unanständig, anstößig; (*haste*) ungebührlich.

indecent assault (*BRIT*) *n* Sexualverbrechen *nt*.

indecent exposure *n* Erregung *f* öffentlichen Ärgernisses.

indecipherable [ɪndɪ'saɪfərəbl] *adj* unleserlich; (*expression, glance etc*) unergründlich.

indecision [ɪndɪ'sɪʒən] *n* Unentschlossenheit *f*.

indecisive [ɪndɪ'saɪsɪv] *adj* unentschlossen.

indeed [ɪn'diːd] *adv* aber sicher; (*in fact*) tatsächlich, in der Tat; (*furthermore*) sogar; **yes ~!** oh ja!, das kann man wohl sagen!

indefatigable [ɪndɪ'fætɪgəbl] *adj* unermüdlich.

indefensible [ɪndɪ'fensɪbl] *adj* (*conduct*) unentschuldbar.

indefinable [ɪndɪ'faɪnəbl] *adj* undefinierbar.

indefinite [ɪn'defɪnɪt] *adj* unklar, vage; (*period, number*) unbestimmt.

indefinite article *n* (*LING*) unbestimmter Artikel *m*.

indefinitely [ɪn'defɪnɪtlɪ] *adv* (*continue*) endlos; (*wait*) unbegrenzt (lange); (*postpone*) auf unbestimmte Zeit.

indelible [ɪn'delɪbl] *adj* (*mark, stain*) nicht zu entfernen; ~ **pen** Tintenstift *m*; ~ **ink** Wäschetinte *f*.

indelicate [ɪn'dɛlɪkɪt] *adj* taktlos; (*not polite*) ungehörig.

indemnify [ɪn'dɛmnɪfaɪ] *vt* entschädigen.

indemnity [ɪn'dɛmnɪtɪ] *n* (*insurance*) Versicherung *f*; (*compensation*) Entschädigung *f*.

indent [ɪn'dɛnt] *vt* (*text*) einrücken, einziehen.

indentation [ɪndɛn'teɪʃən] *n* Einkerbung *f*; (*TYP*) Einrückung *f*, Einzug *m*; (*on metal*) Delle *f*.

indenture [ɪn'dɛntʃə*] *n* Ausbildungsvertrag *m*, Lehrvertrag *m*.

independence [ɪndɪ'pɛndns] *n* Unabhängigkeit *f*.

independent [ɪndɪ'pɛndnt] *adj* unabhängig.

independently [ɪndɪ'pɛndntlɪ] *adv* unabhängig.

in-depth ['ɪndɛpθ] *adj* eingehend.

indescribable [ɪndɪs'kraɪbəbl] *adj* unbeschreiblich.

indestructible [ɪndɪs'trʌktəbl] *adj* unzerstörbar.

indeterminate [ɪndɪ'tə:mɪnɪt] *adj* unbestimmt.

index ['ɪndɛks] (*pl* ~**es**) *n* (*in book*) Register *nt*; (*in library etc*) Katalog *m*; (*card index*) Kartei *f*; (*pl* **indices**) (*ratio*) Index *m*; (: *sign*) (An)zeichen *nt*.

index card *n* Karteikarte *f*.

indexed ['ɪndɛkst] (*US*) *adj* = **index-linked**.

index finger *n* Zeigefinger *m*.

index-linked ['ɪndɛks'lɪŋkt] *adj* der Inflationsrate *dat* angeglichen.

India ['ɪndɪə] *n* Indien *nt*.

Indian ['ɪndɪən] *adj* indisch; (*American Indian*) indianisch ♦ *n* Inder(in) *m(f)*; **American ~** Indianer(in) *m(f)*.

Indian Ocean *n*: **the ~** der Indische Ozean.

Indian summer *n* Altweibersommer *m*.

India paper *n* Dünndruckpapier *nt*.

India rubber *n* Gummi *m*, Kautschuk *m*.

indicate ['ɪndɪkeɪt] *vt* (an)zeigen; (*point to*) deuten auf +*acc*; (*mention*) andeuten ♦ *vi* (*BRIT: AUT*): **to ~ left/right** links/rechts blinken.

indication [ɪndɪ'keɪʃən] *n* (An)zeichen *nt*.

indicative [ɪn'dɪkətɪv] *n* (*LING*) Indikativ *m*, Wirklichkeitsform *f* ♦ *adj*: **to be ~ of sth** auf etw *acc* schließen lassen.

indicator ['ɪndɪkeɪtə*] *n* (*instrument, gauge*) Anzeiger *m*; (*fig*) (An)zeichen *nt*; (*AUT*) Richtungsanzeiger *m*, Blinker *m*.

indices ['ɪndɪsi:z] *npl of* **index**.

indict [ɪn'daɪt] *vt* anklagen.

indictable [ɪn'daɪtəbl] *adj* (*person*) strafrechtlich verfolgbar; **~ offence** strafbare Handlung *f*.

indictment [ɪn'daɪtmənt] *n* Anklage *f*; **to be an ~ of sth** (*fig*) ein Armutszeugnis *nt* für etw sein.

indifference [ɪn'dɪfrəns] *n* Gleichgültigkeit *f*.

indifferent [ɪn'dɪfrənt] *adj* gleichgültig; (*mediocre*) mittelmäßig.

indigenous [ɪn'dɪdʒɪnəs] *adj* einheimisch.

indigestible [ɪndɪ'dʒɛstɪbl] *adj* unverdaulich.

indigestion [ɪndɪ'dʒɛstʃən] *n* Magenverstimmung *f*.

indignant [ɪn'dɪɡnənt] *adj*: **to be ~ at sth/with sb** entrüstet über etw/jdn sein.

indignation [ɪndɪɡ'neɪʃən] *n* Entrüstung *f*.

indignity [ɪn'dɪɡnɪtɪ] *n* Demütigung *f*.

indigo ['ɪndɪɡəʊ] *n* Indigo *nt or m*.

indirect [ɪndɪ'rɛkt] *adj* indirekt; **~ way or route** Umweg *m*.

indirectly [ɪndɪ'rɛktlɪ] *adv* indirekt.

indiscreet [ɪndɪs'kri:t] *adj* indiskret.

indiscretion [ɪndɪs'krɛʃən] *n* Indiskretion *f*.

indiscriminate [ɪndɪs'krɪmɪnət] *adj* wahllos; (*taste*) unkritisch.

indispensable [ɪndɪs'pɛnsəbl] *adj* unentbehrlich.

indisposed [ɪndɪs'pəʊzd] *adj* unpässlich.

indisputable [ɪndɪs'pju:təbl] *adj* unbestreitbar.

indistinct [ɪndɪs'tɪŋkt] *adj* undeutlich; (*image*) verschwommen; (*noise*) schwach.

indistinguishable [ɪndɪs'tɪŋɡwɪʃəbl] *adj*: **~ from** nicht zu unterscheiden von.

individual [ɪndɪ'vɪdjʊəl] *n* Individuum *nt*, Einzelne(r) *f(m)* ♦ *adj* eigen; (*single*) einzeln; (*case, portion*) Einzel-; (*particular*) individuell.

individualist [ɪndɪ'vɪdjʊəlɪst] *n* Individualist(in) *m(f)*.

individuality [ɪndɪvɪdjuˈælɪtɪ] *n* Individualität *f*.

individually [ɪndɪ'vɪdjʊəlɪ] *adv* einzeln, individuell.

indivisible [ɪndɪ'vɪzɪbl] *adj* unteilbar.

Indochina [ɪndəʊ'tʃaɪnə] *n* Indochina *nt*.

indoctrinate [ɪn'dɔktrɪneɪt] *vt* indoktrinieren.

indoctrination [ɪndɔktrɪ'neɪʃən] *n* Indoktrination *f*.

indolence ['ɪndələns] *n* Trägheit *f*.

indolent ['ɪndələnt] *adj* träge.

Indonesia [ɪndə'ni:zɪə] *n* Indonesien *nt*.

Indonesian [ɪndə'ni:zɪən] *adj* indonesisch ♦ *n* Indonesier(in) *m(f)*; (*LING*) Indonesisch *nt*.

indoor ['ɪndɔ:*] *adj* (*plant, aerial*) Zimmer-; (*clothes, shoes*) Haus-; (*swimming pool, sport*) Hallen-; (*games*) im Haus.

indoors [ɪn'dɔ:z] *adv* drinnen; **to go ~** hineingehen.

indubitable [ɪn'dju:bɪtəbl] *adj* unzweifelhaft.

indubitably [ɪn'dju:bɪtəblɪ] *adv* zweifellos.

induce [ɪn'dju:s] *vt* herbeiführen; (*persuade*)

dazu bringen; (*MED: birth*) einleiten; **to ~ sb
to do sth** jdn dazu bewegen *or* bringen, etw
zu tun.

inducement [ɪn'djuːsmənt] *n* Anreiz *m*; (*pej:
bribe*) Bestechung *f*.

induct [ɪn'dʌkt] *vt* (in sein/ihr *etc* Amt)
einführen.

induction [ɪn'dʌkʃən] *n* (*MED: of birth*)
Einleitung *f*.

induction course (*BRIT*) *n* Einführungskurs
m.

indulge [ɪn'dʌldʒ] *vt* nachgeben +*dat*; (*person,
child*) verwöhnen ♦ *vi*: **to ~ in** sich hingeben
+*dat*.

indulgence [ɪn'dʌldʒəns] *n* (*pleasure*) Luxus *m*;
(*leniency*) Nachgiebigkeit *f*.

indulgent [ɪn'dʌldʒənt] *adj* nachsichtig.

industrial [ɪn'dʌstrɪəl] *adj* industriell;
(*accident*) Arbeits-; (*city*) Industrie-.

industrial action *n*
Arbeitskampfmaßnahmen *pl*.

industrial design *n* Industriedesign *nt*.

industrial estate (*BRIT*) *n* Industriegebiet *nt*.

industrialist [ɪn'dʌstrɪəlɪst] *n* Industrielle(r)
f(m).

industrialize [ɪn'dʌstrɪəlaɪz] *vt*
industrialisieren.

industrial park (*US*) *n* = **industrial estate**.

industrial relations *npl* Beziehungen
*zwischen Arbeitgebern, Arbeitnehmern und
Gewerkschaften.*

industrial tribunal (*BRIT*) *n* Arbeitsgericht
nt.

industrial unrest (*BRIT*) *n* Arbeitsunruhen *pl*.

industrious [ɪn'dʌstrɪəs] *adj* fleißig.

industry ['ɪndəstrɪ] *n* Industrie *f*; (*diligence*)
Fleiß *m*.

inebriated [ɪ'niːbrɪeɪtɪd] *adj* betrunken.

inedible [ɪn'edɪbl] *adj* ungenießbar.

ineffective [ɪnɪ'fektɪv] *adj* wirkungslos;
(*government*) unfähig.

ineffectual [ɪnɪ'fektʃuəl] *adj* = **ineffective**.

inefficiency [ɪnɪ'fɪʃənsɪ] *n* (*see adj*) Ineffizienz
f; Leistungsunfähigkeit *f*.

inefficient [ɪnɪ'fɪʃənt] *adj* ineffizient; (*machine*)
leistungsunfähig.

inelegant [ɪn'elɪgənt] *adj* unelegant.

ineligible [ɪn'elɪdʒɪbl] *adj* (*candidate*) nicht
wählbar; **to be ~ for sth** zu etw nicht
berechtigt sein.

inept [ɪ'nept] *adj* (*politician*) unfähig;
(*management*) stümperhaft.

ineptitude [ɪ'neptɪtjuːd] *n* (*see adj*)
Unfähigkeit *f*; Stümperhaftigkeit *f*.

inequality [ɪnɪ'kwɒlɪtɪ] *n* Ungleichheit *f*.

inequitable [ɪn'ekwɪtəbl] *adj* ungerecht.

inert [ɪ'nɜːt] *adj* unbeweglich; **~ gas** Edelgas
nt.

inertia [ɪ'nɜːʃə] *n* Trägheit *f*.

inertia-reel seat belt [ɪ'nɜːʃə'riːl-] *n*
Automatikgurt *m*.

inescapable [ɪnɪ'skeɪpəbl] *adj* unvermeidlich;

(*conclusion*) zwangsläufig.

inessential [ɪnɪ'senʃl] *adj* unwesentlich;
(*furniture etc*) entbehrlich.

inessentials [ɪnɪ'senʃlz] *npl*
Nebensächlichkeiten *pl*.

inestimable [ɪn'estɪməbl] *adj* unschätzbar.

inevitability [ɪnevɪtə'bɪlɪtɪ] *n*
Unvermeidlichkeit *f*; **it is an ~** es ist nicht
zu vermeiden.

inevitable [ɪn'evɪtəbl] *adj* unvermeidlich;
(*result*) zwangsläufig.

inevitably [ɪn'evɪtəblɪ] *adv* zwangsläufig; **~, he
was late** es konnte ja nicht ausbleiben, dass
er zu spät kam; **as ~ happens** ... wie es
immer so ist ...

inexact [ɪnɪg'zækt] *adj* ungenau.

inexcusable [ɪnɪks'kjuːzəbl] *adj*
unentschuldbar, unverzeihlich.

inexhaustible [ɪnɪg'zɔːstɪbl] *adj*
unerschöpflich.

inexorable [ɪn'eksərəbl] *adj* unaufhaltsam.

inexpensive [ɪnɪk'spensɪv] *adj* preisgünstig.

inexperience [ɪnɪk'spɪərɪəns] *n*
Unerfahrenheit *f*.

inexperienced [ɪnɪk'spɪərɪənst] *adj*
unerfahren; (*swimmer etc*) ungeübt; **to be
~ in sth** wenig Erfahrung mit etw haben.

inexplicable [ɪnɪk'splɪkəbl] *adj* unerklärlich.

inexpressible [ɪnɪk'spresɪbl] *adj*
unbeschreiblich.

inextricable [ɪnɪk'strɪkəbl] *adj* unentwirrbar;
(*dilemma*) unlösbar.

inextricably [ɪnɪk'strɪkəblɪ] *adv* unentwirrbar;
(*linked*) untrennbar.

infallibility [ɪnfælə'bɪlɪtɪ] *n* Unfehlbarkeit *f*.

infallible [ɪn'fælɪbl] *adj* unfehlbar.

infamous ['ɪnfəməs] *adj* niederträchtig.

infamy ['ɪnfəmɪ] *n* Verrufenheit *f*.

infancy ['ɪnfənsɪ] *n* frühe Kindheit *f*; (*of
movement, firm*) Anfangsstadium *nt*.

infant ['ɪnfənt] *n* Säugling *m*; (*young child*)
Kleinkind *nt* ♦ *cpd* Säuglings-.

infantile ['ɪnfəntaɪl] *adj* kindisch, infantil;
(*disease*) Kinder-.

infantry ['ɪnfəntrɪ] *n* Infanterie *f*.

infantryman ['ɪnfəntrɪmən] (*irreg: like* **man**) *n*
Infanterist *m*.

infant school (*BRIT*) *n* Grundschule *f* (*für die
ersten beiden Jahrgänge*).

infatuated [ɪn'fætjueɪtɪd] *adj*: **~ with** vernarrt
in +*acc*; **to become ~ with** sich vernarren in
+*acc*.

infatuation [ɪnfætju'eɪʃən] *n* Vernarrtheit *f*.

infect [ɪn'fekt] *vt* anstecken (*also fig*),
infizieren; (*food*) verseuchen; **to become
~ed** (*wound*) sich entzünden.

infection [ɪn'fekʃən] *n* Infektion *f*,
Entzündung *f*; (*contagion*) Ansteckung *f*.

infectious [ɪn'fekʃəs] *adj* ansteckend.

infer [ɪn'fɜː*] *vt* schließen; (*imply*) andeuten.

inference ['ɪnfərəns] *n* (*see vb*) Schluss *m*;
Andeutung *f*.

inferior [ɪnˈfɪərɪəʳ] *adj* (*in rank*) untergeordnet, niedriger; (*in quality*) minderwertig; (*in quantity, number*) geringer ♦ *n* Untergebene(r) *f(m)*; **to feel ~ (to sb)** sich (jdm) unterlegen fühlen.

inferiority [ɪnfɪərɪˈɒrɪtɪ] *n* (*see adj*) untergeordnete Stellung *f*, niedriger Rang *m*; Minderwertigkeit *f*; geringere Zahl *f*.

inferiority complex *n* Minderwertigkeitskomplex *m*.

infernal [ɪnˈfəːnl] *adj* höllisch; (*temper*) schrecklich.

inferno [ɪnˈfəːnəʊ] *n* (*blaze*) Flammenmeer *nt*.

infertile [ɪnˈfəːtaɪl] *adj* unfruchtbar.

infertility [ɪnfəːˈtɪlɪtɪ] *n* Unfruchtbarkeit *f*.

infested [ɪnˈfestɪd] *adj*: **~ (with)** verseucht (mit).

infidelity [ɪnfɪˈdɛlɪtɪ] *n* Untreue *f*.

infighting [ˈɪnfaɪtɪŋ] *n* interne Machtkämpfe *pl*.

infiltrate [ˈɪnfɪltreɪt] *vt* (*organization etc*) infiltrieren, unterwandern; (: *to spy*) einschleusen.

infinite [ˈɪnfɪnɪt] *adj* unendlich; (*time, money*) unendlich viel.

infinitely [ˈɪnfɪnɪtlɪ] *adv* unendlich viel.

infinitesimal [ɪnfɪnɪˈtɛsɪməl] *adj* unendlich klein, winzig.

infinitive [ɪnˈfɪnɪtɪv] *n* (*LING*) Infinitiv *m*, Grundform *f*.

infinity [ɪnˈfɪnɪtɪ] *n* Unendlichkeit *f*; (*MATH, PHOT*) Unendliche *nt*; **an ~ of** ... unendlich viel(e) ...

infirm [ɪnˈfəːm] *adj* schwach, gebrechlich.

infirmary [ɪnˈfəːmərɪ] *n* Krankenhaus *nt*.

infirmity [ɪnˈfəːmɪtɪ] *n* Schwäche *f*, Gebrechlichkeit *f*.

inflame [ɪnˈfleɪm] *vt* aufbringen.

inflamed [ɪnˈfleɪmd] *adj* entzündet.

inflammable [ɪnˈflæməbl] *adj* feuergefährlich.

inflammation [ɪnfləˈmeɪʃən] *n* Entzündung *f*.

inflammatory [ɪnˈflæmətərɪ] *adj* (*speech*) aufrührerisch, Hetz-.

inflatable [ɪnˈfleɪtəbl] *adj* aufblasbar; (*dinghy*) Schlauch-.

inflate [ɪnˈfleɪt] *vt* aufpumpen; (*balloon*) aufblasen; (*price*) hochtreiben; (*expectation*) steigern; (*position, ideas etc*) hochspielen.

inflated [ɪnˈfleɪtɪd] *adj* (*value, price*) überhöht.

inflation [ɪnˈfleɪʃən] *n* Inflation *f*.

inflationary [ɪnˈfleɪʃənərɪ] *adj* inflationär; (*spiral*) Inflations-.

inflexible [ɪnˈflɛksɪbl] *adj* inflexibel; (*rule*) starr.

inflict [ɪnˈflɪkt] *vt*: **to ~ sth on sb** (*damage, suffering, wound*) jdm etw zufügen; (*punishment*) jdm etw auferlegen; (*fig: problems*) jdn mit etw belasten.

infliction [ɪnˈflɪkʃən] *n* (*see vb*) Zufügen *nt*; Auferlegung *f*, Belastung *f*.

in-flight [ˈɪnflaɪt] *adj* während des Fluges.

inflow [ˈɪnfləʊ] *n* Zustrom *m*.

influence [ˈɪnfluəns] *n* Einfluss *m* ♦ *vt* beeinflussen; **under the ~ of alcohol** unter Alkoholeinfluss.

influential [ɪnfluˈɛnʃl] *adj* einflussreich.

influenza [ɪnfluˈɛnzə] *n* (*MED*) Grippe *f*.

influx [ˈɪnflʌks] *n* (*of refugees*) Zustrom *m*; (*of funds*) Zufuhr *f*.

inform [ɪnˈfɔːm] *vt*: **to ~ sb of sth** jdn von etw unterrichten, jdn über etw *acc* informieren ♦ *vi*: **to ~ on sb** jdn denunzieren.

informal [ɪnˈfɔːml] *adj* ungezwungen; (*manner, clothes*) leger; (*unofficial*) inoffiziell; (*announcement, invitation*) informell.

informality [ɪnfɔːˈmælɪtɪ] *n* (*see adj*) Ungezwungenheit *f*; legere Art *f*; inoffizieller Charakter *m*; informeller Charakter *m*.

informally [ɪnˈfɔːməlɪ] *adv* (*see adj*) ungezwungen; leger; inoffiziell; informell.

informant [ɪnˈfɔːmənt] *n* Informant(in) *m(f)*.

information [ɪnfəˈmeɪʃən] *n* Informationen *pl*, Auskunft *f*; (*knowledge*) Wissen *nt*; **to get ~ on** sich informieren über *+acc*; **a piece of ~** eine Auskunft *or* Information; **for your ~** zu Ihrer Information.

information and communication technology (*BRIT*) *n* (*SCOL*) ≈ Informations- und Kommunikationstechnologie.

information bureau *n* Auskunftsbüro *nt*.

information desk *n* Auskunftsschalter *m*.

information office *n* Auskunftsbüro *nt*.

information processing *n* Informationsverarbeitung *f*.

information retrieval *n* Informationsabruf *m*, Datenabruf *m*.

information science *n* Informatik *f*.

information superhighway *n* (*COMPUT*) Datenautobahn *f*.

information technology *n* Informationstechnik *f*.

informative [ɪnˈfɔːmətɪv] *adj* aufschlussreich.

informed [ɪnˈfɔːmd] *adj* informiert; (*guess, opinion*) wohl begründet; **to be well/better ~** gut/besser informiert sein.

informer [ɪnˈfɔːməʳ] *n* Informant(in) *m(f)*; (*also: police ~*) Polizeispitzel *m*.

infra dig [ˈɪnfrəˈdɪg] (*inf*) *adj abbr* (= *infra dignitatem*) unter meiner/seiner *etc* Würde.

infrared [ɪnfrəˈrɛd] *adj* infrarot.

infrastructure [ˈɪnfrəstrʌktʃəʳ] *n* Infrastruktur *f*.

infrequent [ɪnˈfriːkwənt] *adj* selten.

infringe [ɪnˈfrɪndʒ] *vt* (*law*) verstoßen gegen, übertreten ♦ *vi*: **to ~ on** (*rights*) verletzen.

infringement [ɪnˈfrɪndʒmənt] *n* (*see vb*) Verstoß *m*, Übertretung *f*; Verletzung *f*.

infuriate [ɪnˈfjʊərɪeɪt] *vt* wütend machen.

infuriating [ɪnˈfjʊərɪeɪtɪŋ] *adj* äußerst ärgerlich.

infuse [ɪnˈfjuːz] *vt* (*tea etc*) aufgießen; **to ~ sb with sth** (*fig*) jdm etw einflößen.

infusion [ɪnˈfjuːʒən] *n* (*tea etc*) Aufguss *m*.

ingenious [ɪnˈdʒiːnjəs] *adj* genial.

ingenuity [ɪndʒɪ'njuːɪtɪ] *n* Einfallsreichtum *m*; (*skill*) Geschicklichkeit *f*.

ingenuous [ɪn'dʒɛnjuəs] *adj* offen, aufrichtig; (*innocent*) naiv.

ingot ['ɪŋgət] *n* Barren *m*.

ingrained [ɪn'greɪnd] *adj* (*habit*) fest; (*belief*) unerschütterlich.

ingratiate [ɪn'greɪʃɪeɪt] *vt*: **to ~ o.s. with sb** sich bei jdm einschmeicheln.

ingratiating [ɪn'greɪʃɪeɪtɪŋ] *adj* schmeichlerisch.

ingratitude [ɪn'grætɪtjuːd] *n* Undank *m*.

ingredient [ɪn'griːdɪənt] *n* (*of cake etc*) Zutat *f*; (*of situation*) Bestandteil *m*.

ingrowing ['ɪngrəʊɪŋ] *adj*: **~ toenail** eingewachsener Zehennagel *m*.

inhabit [ɪn'hæbɪt] *vt* bewohnen, wohnen in +*dat*.

inhabitant [ɪn'hæbɪtnt] *n* Einwohner(in) *m(f)*; (*of street, house*) Bewohner(in) *m(f)*.

inhale [ɪn'heɪl] *vt* einatmen ♦ *vi* einatmen; (*when smoking*) inhalieren.

inhaler [ɪn'heɪlə*] *n* Inhalationsapparat *m*.

inherent [ɪn'hɪərənt] *adj*: **~ in** *or* **to** eigen +*dat*.

inherently [ɪn'hɪərəntlɪ] *adv* von Natur aus.

inherit [ɪn'herɪt] *vt* erben.

inheritance [ɪn'herɪtəns] *n* Erbe *nt*.

inhibit [ɪn'hɪbɪt] *vt* hemmen.

inhibited [ɪn'hɪbɪtɪd] *adj* gehemmt.

inhibiting [ɪn'hɪbɪtɪŋ] *adj* hemmend; **~ factor** Hemmnis *nt*.

inhibition [ɪnhɪ'bɪʃən] *n* Hemmung *f*.

inhospitable [ɪnhɒs'pɪtəbl] *adj* ungastlich; (*place, climate*) unwirtlich.

in-house ['ɪn'haus] *adj, adv* hausintern.

inhuman [ɪn'hjuːmən] *adj* (*behaviour*) unmenschlich; (*appearance*) nicht menschlich.

inhumane [ɪnhjuː'meɪn] *adj* inhuman; (*treatment*) menschenunwürdig.

inimitable [ɪ'nɪmɪtəbl] *adj* unnachahmlich.

iniquitous [ɪ'nɪkwɪtəs] *adj* (*unfair*) ungerecht.

iniquity [ɪ'nɪkwɪtɪ] *n* Ungerechtigkeit *f*; (*wickedness*) Ungeheuerlichkeit *f*.

initial [ɪ'nɪʃl] *adj* anfänglich; (*stage*) Anfangs- ♦ *n* Initiale *f*, Anfangsbuchstabe *m* ♦ *vt* (*document*) abzeichnen; **initials** *npl* Initialen *pl*; (*as signature*) Namenszeichen *nt*.

initialize [ɪ'nɪʃəlaɪz] *vt* initialisieren.

initially [ɪ'nɪʃəlɪ] *adv* zu Anfang; (*first*) zuerst.

initiate [ɪ'nɪʃɪeɪt] *vt* (*talks*) eröffnen; (*process*) einleiten; (*new member*) feierlich aufnehmen; **to ~ sb into a secret** jdn in ein Geheimnis einweihen; **to ~ proceedings against sb** (*LAW*) einen Prozess gegen jdn anstrengen.

initiation [ɪnɪʃɪ'eɪʃən] *n* (*beginning*) Einführung *f*; (*into secret etc*) Einweihung *f*.

initiative [ɪ'nɪʃətɪv] *n* Initiative *f*; **to take the ~** die Initiative ergreifen.

inject [ɪn'dʒɛkt] *vt* (ein)spritzen; (*fig: funds*) hineinpumpen; **to ~ sb with sth** jdm etw spritzen *or* injizieren; **to ~ money into sth** (*fig*) Geld in etw *acc* pumpen.

injection [ɪn'dʒɛkʃən] *n* Spritze *f*, Injektion *f*; **to give/have an ~** eine Spritze *or* Injektion geben/bekommen; **an ~ of money/funds** (*fig*) eine Finanzspritze.

injudicious [ɪndʒu'dɪʃəs] *adj* unklug.

injunction [ɪn'dʒʌŋkʃən] *n* (*LAW*) gerichtliche Verfügung *f*.

injure ['ɪndʒə*] *vt* verletzen; (*reputation*) schaden +*dat*; **to ~ o.s.** sich verletzen.

injured ['ɪndʒəd] *adj* verletzt; (*tone*) gekränkt; **~ party** (*LAW*) Geschädigte(r) *f(m)*.

injurious [ɪn'dʒuərɪəs] *adj*: **to be ~ to** schaden +*dat*, schädlich sein +*dat*.

injury ['ɪndʒərɪ] *n* Verletzung *f*; **to escape without ~** unverletzt davonkommen.

injury time *n* (*SPORT*) Nachspielzeit *f*; **to play ~** nachspielen.

injustice [ɪn'dʒʌstɪs] *n* Ungerechtigkeit *f*; **you do me an ~** Sie tun mir unrecht.

ink [ɪŋk] *n* Tinte *f*; (*in printing*) Druckfarbe *f*.

ink-jet printer ['ɪŋkdʒɛt-] *n* Tintenstrahldrucker *m*.

inkling ['ɪŋklɪŋ] *n* (dunkle) Ahnung *f*; **to have an ~ of** ahnen.

ink pad *n* Stempelkissen *nt*.

inky ['ɪŋkɪ] *adj* tintenschwarz; (*fingers*) tintenbeschmiert.

inlaid ['ɪnleɪd] *adj* eingelegt.

inland ['ɪnlənd] *adj* (*port, sea, waterway*) Binnen- ♦ *adv* (*travel*) landeinwärts.

Inland Revenue (*BRIT*) *n* ≈ Finanzamt *nt*.

in-laws ['ɪnlɔːz] *npl* (*parents-in-law*) Schwiegereltern *pl*; (*other relatives*) angeheiratete Verwandte *pl*.

inlet ['ɪnlɛt] *n* (schmale) Bucht *f*.

inlet pipe *n* Zuleitung *f*, Zuleitungsrohr *nt*.

inmate ['ɪnmeɪt] *n* Insasse *m*, Insassin *f*.

inmost ['ɪnməʊst] *adj* innerst.

inn [ɪn] *n* Gasthaus *nt*.

innards ['ɪnədz] (*inf*) *npl* Innereien *pl*.

innate [ɪ'neɪt] *adj* angeboren.

inner ['ɪnə*] *adj* innere(r, s); (*courtyard*) Innen-.

inner city *n* Innenstadt *f*.

innermost ['ɪnəməʊst] *adj* = **inmost**.

inner tube *n* (*of tyre*) Schlauch *m*.

innings ['ɪnɪŋz] *n* (*CRICKET*) Innenrunde *f*; **he's had a good ~** (*fig*) er kann auf ein langes, ausgefülltes Leben zurückblicken.

innocence ['ɪnəsns] *n* Unschuld *f*.

innocent ['ɪnəsnt] *adj* unschuldig.

innocuous [ɪ'nɒkjuəs] *adj* harmlos.

innovation [ɪnəʊ'veɪʃən] *n* Neuerung *f*.

innuendo [ɪnju'endəʊ] (*pl* ~**es**) *n* versteckte Andeutung *f*.

innumerable [ɪ'njuːmrəbl] *adj* unzählig.

inoculate [ɪ'nɒkjuleɪt] *vt*: **to ~ sb against sth** jdn gegen etw impfen; **to ~ sb with sth** jdm etw einimpfen.

inoculation [ɪnɒkju'leɪʃən] *n* Impfung *f*.

inoffensive [ɪnə'fɛnsɪv] *adj* harmlos.

inopportune [ɪnˈɒpətjuːn] *adj* unangebracht; (*moment*) ungelegen.

inordinate [ɪˈnɔːdɪnət] *adj* (*thirst etc*) unmäßig; (*amount, pleasure*) ungeheuer.

inordinately [ɪˈnɔːdɪnətlɪ] *adv* (*proud*) unmäßig; (*long, large etc*) ungeheuer.

inorganic [ɪnɔːˈgænɪk] *adj* anorganisch.

inpatient [ˈɪnpeɪʃənt] *n* stationär behandelter Patient *m*, stationär behandelte Patientin *f*.

input [ˈɪnput] *n* (*of capital, manpower*) Investition *f*; (*of energy*) Zufuhr *f*; (*COMPUT*) Eingabe *f*, Input *m or nt* ♦ *vt* (*COMPUT*) eingeben.

inquest [ˈɪnkwɛst] *n* gerichtliche Untersuchung *f* der Todesursache.

inquire [ɪnˈkwaɪəʳ] *vi*: **to ~ about** sich erkundigen nach, fragen nach ♦ *vt* sich erkundigen nach, fragen nach; **to ~ when/ where/whether** fragen *or* sich erkundigen, wann/wo/ob.
▶ **inquire after** *vt fus* sich erkundigen nach.
▶ **inquire into** *vt fus* untersuchen.

inquiring [ɪnˈkwaɪərɪŋ] *adj* wissensdurstig.

inquiry [ɪnˈkwaɪərɪ] *n* Untersuchung *f*; (*question*) Anfrage *f*; **to hold an ~ into sth** eine Untersuchung +*gen* durchführen.

inquiry desk (*BRIT*) *n* Auskunft *f*, Auskunftsschalter *m*.

inquiry office (*BRIT*) *n* Auskunft *f*, Auskunftsbüro *nt*.

inquisition [ɪnkwɪˈzɪʃən] *n* Untersuchung *f*; (*REL*): **the I~** die Inquisition.

inquisitive [ɪnˈkwɪzɪtɪv] *adj* neugierig.

inroads [ˈɪnrəʊdz] *npl*: **to make ~ into** (*savings, supplies*) angreifen.

ins *abbr* (= *inches*) see **inch**.

insane [ɪnˈseɪn] *adj* wahnsinnig; (*MED*) geisteskrank.

insanitary [ɪnˈsænɪtərɪ] *adj* unhygienisch.

insanity [ɪnˈsænɪtɪ] *n* Wahnsinn *m*; (*MED*) Geisteskrankheit *f*.

insatiable [ɪnˈseɪʃəbl] *adj* unersättlich.

inscribe [ɪnˈskraɪb] *vt* (*on ring*) eingravieren; (*on stone*) einmeißeln; (*on banner*) schreiben; **to ~ a ring/stone/banner with sth** etw in einen Ring eingravieren/in einen Stein einmeißeln/auf ein Spruchband schreiben; **to ~ a book** eine Widmung in ein Buch schreiben.

inscription [ɪnˈskrɪpʃən] *n* Inschrift *f*, (*in book*) Widmung *f*.

inscrutable [ɪnˈskruːtəbl] *adj* (*comment*) unergründlich; (*expression*) undurchdringlich.

inseam measurement [ˈɪnsiːm-] (*US*) *n* innere Beinlänge *f*.

insect [ˈɪnsɛkt] *n* Insekt *nt*.

insect bite *n* Insektenstich *m*.

insecticide [ɪnˈsɛktɪsaɪd] *n* Insektizid *nt*, Insektengift *nt*.

insect repellent *n* Insektenbekämpfungsmittel *nt*.

insecure [ɪnsɪˈkjʊəʳ] *adj* unsicher.

insecurity [ɪnsɪˈkjʊərɪtɪ] *n* Unsicherheit *f*.

insemination [ɪnsɛmɪˈneɪʃən] *n*: **artificial ~** künstliche Besamung *f*.

insensible [ɪnˈsɛnsɪbl] *adj* bewusstlos; **~ to** unempfindlich gegen; **~ of** nicht bewusst +*gen*.

insensitive [ɪnˈsɛnsɪtɪv] *adj* gefühllos.

insensitivity [ɪnsɛnsɪˈtɪvɪtɪ] *n* Gefühllosigkeit *f*.

inseparable [ɪnˈsɛprəbl] *adj* untrennbar; (*friends*) unzertrennlich.

insert [*vt* ɪnˈsɔːt, *n* ˈɪnsɔːt] *vt* einfügen; (*into sth*) hineinstecken ♦ *n* (*in newspaper etc*) Beilage *f*; (*in shoe*) Einlage *f*.

insertion [ɪnˈsɔːʃən] *n* Hineinstecken *nt*; (*of needle*) Einstechen *nt*; (*of comment*) Einfügen *nt*.

in-service [ˈɪnˈsɔːvɪs] *adj*: **~ training** (berufsbegleitende) Fortbildung *f*; **~ course** Fortbildungslehrgang *m*.

inshore [ˈɪnˈʃɔːʳ] *adj* (*fishing, waters*) Küsten- ♦ *adv* in Küstennähe; (*move*) auf die Küste zu.

inside [ˈɪnˈsaɪd] *n* Innere(s) *nt*, Innenseite *f*; (*of road*: *BRIT*) linke Spur *f*; (: *US, Europe etc*) rechte Spur *f* ♦ *adj* innere(r, s); (*pocket, cabin, light*) Innen- ♦ *adv* (*go*) nach innen, hinein; (*be*) drinnen ♦ *prep* (*location*) in +*dat*; (*motion*) in +*acc*; **~ 10 minutes** innerhalb von 10 Minuten; **insides** *npl* (*inf*) Bauch *m*; (*innards*) Eingeweide *pl*.

inside forward *n* (*SPORT*) Halbstürmer *m*.

inside information *n* interne Informationen *pl*.

inside lane *n* (*BRIT*) linke Spur *f*; (*US, Europe etc*) rechte Spur *f*.

inside leg measurement (*BRIT*) *n* innere Beinlänge *f*.

inside out *adv* (*know*) in- und auswendig; (*piece of clothing*: *be*) links *or* verkehrt herum; (: *turn*) nach links.

insider [ɪnˈsaɪdəʳ] *n* Insider *m*, Eingeweihte(r) *f(m)*.

insider dealing *n* (*STOCK EXCHANGE*) Insiderhandel *m*.

insider trading *n* = **insider dealing**.

inside story *n* Insidestory *f*, Inside Story *f*.

insidious [ɪnˈsɪdɪəs] *adj* heimtückisch.

insight [ˈɪnsaɪt] *n* Verständnis *nt*; **to gain (an) ~ into** einen Einblick gewinnen in +*acc*.

insignia [ɪnˈsɪgnɪə] *npl* Insignien *pl*.

insignificant [ɪnsɪgˈnɪfɪknt] *adj* belanglos.

insincere [ɪnsɪnˈsɪəʳ] *adj* unaufrichtig, falsch.

insincerity [ɪnsɪnˈsɛrɪtɪ] *n* Unaufrichtigkeit *f*, Falschheit *f*.

insinuate [ɪnˈsɪnjʊeɪt] *vt* anspielen auf +*acc*.

insinuation [ɪnsɪnjuˈeɪʃən] *n* Anspielung *f*.

insipid [ɪnˈsɪpɪd] *adj* fad(e); (*person*) geistlos; (*colour*) langweilig.

insist [ɪnˈsɪst] *vi* bestehen; **to ~ on** bestehen auf +*dat*; **to ~ that** darauf bestehen, dass;

(*claim*) behaupten, dass.
insistence [ɪn'sɪstəns] *n* (*determination*)
Bestehen *nt*.
insistent [ɪn'sɪstənt] *adj* (*determined*)
hartnäckig; (*continual*) andauernd,
penetrant (*pej*).
in so far as *adv* insofern als.
insole ['ɪnsəʊl] *n* Einlegesohle *f*.
insolence ['ɪnsələns] *n* Frechheit *f*,
Unverschämtheit *f*.
insolent ['ɪnsələnt] *adj* frech, unverschämt.
insoluble [ɪn'sɔljubl] *adj* unlösbar.
insolvency [ɪn'sɔlvənsɪ] *n*
Zahlungsunfähigkeit *f*.
insolvent [ɪn'sɔlvənt] *adj* zahlungsunfähig.
insomnia [ɪn'sɔmnɪə] *n* Schlaflosigkeit *f*.
insomniac [ɪn'sɔmnɪæk] *n*: **to be an ~** an
Schlaflosigkeit leiden.
inspect [ɪn'spɛkt] *vt* kontrollieren; (*examine*)
prüfen; (*troops*) inspizieren.
inspection [ɪn'spɛkʃən] *n* (*see vb*) Kontrolle *f*;
Prüfung *f*; Inspektion *f*.
inspector [ɪn'spɛktə*] *n* Inspektor(in) *m(f)*;
(*BRIT: on buses, trains*) Kontrolleur(in) *m(f)*;
(: *POLICE*) Kommissar(in) *m(f)*.
inspiration [ɪnspə'reɪʃən] *n* Inspiration *f*;
(*idea*) Eingebung *f*.
inspire [ɪn'spaɪə*] *vt* inspirieren; (*confidence,
hope etc*) (er)wecken.
inspired [ɪn'spaɪəd] *adj* genial; **in an
~ moment** in einem Augenblick der
Inspiration.
inspiring [ɪn'spaɪərɪŋ] *adj* inspirierend.
inst. (*BRIT*) *abbr* (*COMM*: = *instant*): **of the 16th
~** vom 16. d. M.
instability [ɪnstə'bɪlɪtɪ] *n* Instabilität *f*; (*of
person*) Labilität *f*.
install [ɪn'stɔːl] *vt* installieren; (*telephone*)
anschließen; (*official*) einsetzen; **to ~ o.s.**
sich niederlassen.
installation [ɪnstə'leɪʃən] *n* Installation *f*; (*of
telephone*) Anschluss *m*; (*INDUSTRY, MIL:
plant*) Anlage *f*.
installment plan (*US*) *n* Ratenzahlung *f*.
installment, (*US*) **installment** [ɪn'stɔːlmənt] *n*
Rate *f*; (*of story*) Fortsetzung *f*; (*of TV serial
etc*) (Sende)folge *f*; **in ~s** in Raten.
instance ['ɪnstəns] *n* Beispiel *nt*; **for ~** zum
Beispiel; **in that ~** in diesem Fall; **in many
~s** in vielen Fällen; **in the first ~** zuerst *or*
zunächst (einmal).
instant ['ɪnstənt] *n* Augenblick *m* ♦ *adj*
(*reaction*) unmittelbar; (*success*) sofortig;
~ food Schnellgerichte *pl*; **~ coffee**
Instantkaffee *m*; **the 10th ~** (*COMM, ADMIN*)
der 10. dieses Monats.
instantaneous [ɪnstən'teɪnɪəs] *adj*
unmittelbar.
instantly ['ɪnstəntlɪ] *adv* sofort.
instant replay *n* (*TV*) Wiederholung *f*.
instead [ɪn'stɛd] *adv* stattdessen; **~ of** statt
+*gen*; **~ of sb** an jds Stelle *dat*; **~ of doing sth**

anstatt *or* anstelle *or* an Stelle etw zu tun.
instep ['ɪnstɛp] *n* (*of foot*) Spann *m*; (*of shoe*)
Blatt *nt*.
instigate ['ɪnstɪgeɪt] *vt* anstiften, anzetteln;
(*talks etc*) initiieren.
instigation [ɪnstɪ'geɪʃən] *n* (*see vb*) Anstiftung
f, Anzettelung *f*; Initiierung *f*; **at sb's ~** auf
jds Betreiben *acc*.
instil [ɪn'stɪl] *vt*: **to ~ sth into sb** (*confidence,
fear etc*) jdm etw einflößen.
instinct ['ɪnstɪŋkt] *n* Instinkt *m*; (*reaction,
inclination*) instinktive Reaktion *f*.
instinctive [ɪn'stɪŋktɪv] *adj* instinktiv.
instinctively [ɪn'stɪŋktɪvlɪ] *adv* instinktiv.
institute ['ɪnstɪtjuːt] *n* Institut *nt*; (*for teaching*)
Hochschule *f*; (*professional body*) Bund *m*,
Verband *m* ♦ *vt* einführen; (*inquiry, course of
action*) einleiten; (*proceedings*) anstrengen.
institution [ɪnstɪ'tjuːʃən] *n* Einführung *f*;
(*organization*) Institution *f*, Einrichtung *f*;
(*hospital, mental home*) Anstalt *f*, Heim *nt*.
institutional [ɪnstɪ'tjuːʃənl] *adj* (*education*)
institutionell; (*value, quality etc*)
institutionalisiert; **~ care** Unterbringung *f*
in einem Heim *or* einer Anstalt; **to be in
~ care** in einem Heim *or* einer Anstalt sein.
instruct [ɪn'strʌkt] *vt*: **to ~ sb in sth** jdn in etw
dat unterrichten; **to ~ sb to do sth** jdn
anweisen, etw zu tun.
instruction [ɪn'strʌkʃən] *n* Unterricht *m*;
instructions *npl* (*orders*) Anweisungen *pl*; **~s
(for use)** Gebrauchsanweisung *f*,
Gebrauchsanleitung *f*; **~ book/manual/
leaflet** *etc* Bedienungsanleitung *f*.
instructive [ɪn'strʌktɪv] *adj* lehrreich;
(*response*) aufschlussreich.
instructor [ɪn'strʌktə*] *n* Lehrer(in) *m(f)*.
instrument ['ɪnstrumənt] *n* Instrument *nt*;
(*MUS*) (Musik)instrument *nt*.
instrumental [ɪnstru'mɛntl] *adj* (*MUS: music,
accompaniment*) Instrumental-; **to be ~ in**
eine bedeutende Rolle spielen bei.
instrumentalist [ɪnstru'mɛntəlɪst] *n*
Instrumentalist(in) *m(f)*.
instrument panel *n* Armaturenbrett *nt*.
insubordination [ɪnsəbɔːdɪ'neɪʃən] *n*
Gehorsamsverweigerung *f*.
insufferable [ɪn'sʌfrəbl] *adj* unerträglich.
insufficient [ɪnsə'fɪʃənt] *adj* unzureichend.
insufficiently [ɪnsə'fɪʃəntlɪ] *adv* unzureichend.
insular ['ɪnsjulə*] *adj* engstirnig.
insulate ['ɪnsjuleɪt] *vt* isolieren; (*person,
group*) abschirmen.
insulating tape ['ɪnsjuleɪtɪŋ-] *n* Isolierband
nt.
insulation [ɪnsju'leɪʃən] *n* (*see vb*) Isolierung *f*;
Abschirmung *f*.
insulator ['ɪnsjuleɪtə*] *n* Isolierstoff *m*.
insulin ['ɪnsjulɪn] *n* Insulin *nt*.
insult [*n* 'ɪnsʌlt, *vt* ɪn'sʌlt] *n* Beleidigung *f* ♦ *vt*
beleidigen.
insulting [ɪn'sʌltɪŋ] *adj* beleidigend.

insuperable [ɪn'sjuːprəbl] *adj* unüberwindlich.

insurance [ɪn'ʃuərəns] *n* Versicherung *f*; **fire/ life** ~ Brand-/Lebensversicherung *f*; **to take out** ~ **(against)** eine Versicherung abschließen (gegen).

insurance agent *n* Versicherungsvertreter(in) *m(f)*.

insurance broker *n* Versicherungsmakler(in) *m(f)*.

insurance policy *n* Versicherungspolice *f*.

insurance premium *n* Versicherungsprämie *f*.

insure [ɪn'ʃuə*] *vt* versichern; **to** ~ **o.s./sth against sth** sich/etw gegen etw versichern; **to** ~ **o.s. or one's life** eine Lebensversicherung abschließen; **to** ~ **(o.s.) against sth** *(fig)* sich gegen etw absichern; **to be** ~**d for £5,000** für £5000 versichert sein.

insured [ɪn'ʃuəd] *n*: **the** ~ der/die Versicherte.

insurer [ɪn'ʃuərə*] *n* Versicherer *m*.

insurgent [ɪn'sɜːdʒənt] *adj* aufständisch ♦ *n* Aufständische(r) *f(m)*.

insurmountable [ɪnsə'mauntəbl] *adj* unüberwindlich.

insurrection [ɪnsə'rekʃən] *n* Aufstand *m*.

intact [ɪn'tækt] *adj* intakt; *(whole)* ganz; *(unharmed)* unversehrt.

intake ['ɪnteɪk] *n (of food)* Aufnahme *f*; *(of air)* Zufuhr *f*; *(BRIT: SCOL)*: **an** ~ **of 200 a year** 200 neue Schüler pro Jahr.

intangible [ɪn'tændʒɪbl] *adj* unbestimmbar; *(idea)* vage; *(benefit)* immateriell.

integer ['ɪntɪdʒə*] *n (MATH)* ganze Zahl *f*.

integral ['ɪntɪgrəl] *adj* wesentlich.

integrate ['ɪntɪgreɪt] *vt* integrieren ♦ *vi* sich integrieren.

integrated circuit ['ɪntɪgreɪtɪd-] *n (COMPUT)* integrierter Schaltkreis *m*.

integration [ɪntɪ'greɪʃən] *n* Integration *f*; **racial** ~ Rassenintegration *f*.

integrity [ɪn'tegrɪtɪ] *n* Integrität *f*; *(of group)* Einheit *f*; *(of culture, text)* Unversehrtheit *f*.

intellect ['ɪntəlekt] *n* Intellekt *m*.

intellectual [ɪntə'lektjuəl] *adj* intellektuell, geistig ♦ *n* Intellektuelle(r) *f(m)*.

intelligence [ɪn'telɪdʒəns] *n* Intelligenz *f*; *(information)* Informationen *pl*.

intelligence quotient *n* Intelligenzquotient *m*.

intelligence service *n* Nachrichtendienst *m*, Geheimdienst *m*.

intelligence test *n* Intelligenztest *m*.

intelligent [ɪn'telɪdʒənt] *adj* intelligent; *(decision)* klug.

intelligently [ɪn'telɪdʒəntlɪ] *adv* intelligent.

intelligentsia [ɪntelɪ'dʒentsɪə] *n*: **the** ~ die Intelligenz.

intelligible [ɪn'telɪdʒɪbl] *adj* verständlich.

intemperate [ɪn'tempərət] *adj* unmäßig; *(remark)* überzogen.

intend [ɪn'tend] *vt*: **to be** ~**ed for sb** für jdn gedacht sein; **to** ~ **to do sth** beabsichtigen, etw zu tun.

intended [ɪn'tendɪd] *adj (effect, victim)* beabsichtigt; *(journey)* geplant; *(insult)* absichtlich.

intense [ɪn'tens] *adj* intensiv; *(anger, joy)* äußerst groß; *(person)* ernsthaft.

intensely [ɪn'tenslɪ] *adv* äußerst; **I dislike him** ~ ich verabscheue ihn.

intensify [ɪn'tensɪfaɪ] *vt* intensivieren, verstärken.

intensity [ɪn'tensɪtɪ] *n* Intensität *f*; *(of anger)* Heftigkeit *f*.

intensive [ɪn'tensɪv] *adj* intensiv.

intensive care *n*: **to be in** ~ auf der Intensivstation sein.

intensive care unit *n* Intensivstation *f*.

intent [ɪn'tent] *n* Absicht *f* ♦ *adj (attentive)* aufmerksam; *(absorbed)*: ~ **(on)** versunken (in +*acc*); **to all** ~**s and purposes** im Grunde; **to be** ~ **on doing sth** entschlossen sein, etw zu tun.

intention [ɪn'tenʃən] *n* Absicht *f*.

intentional [ɪn'tenʃənl] *adj* absichtlich.

intentionally [ɪn'tenʃnəlɪ] *adv* absichtlich.

intently [ɪn'tentlɪ] *adv* konzentriert.

inter [ɪn'tɜː*] *vt* bestatten.

interact [ɪntər'ækt] *vi (people)* interagieren; *(things)* aufeinander einwirken; *(ideas)* sich gegenseitig beeinflussen; **to** ~ **with** interagieren mit; einwirken auf +*acc*; beeinflussen.

interaction [ɪntər'ækʃən] *n (see vb)* Interaktion *f*; gegenseitige Einwirkung *f*; gegenseitige Beeinflussung *f*.

interactive [ɪntər'æktɪv] *adj (also COMPUT)* interaktiv.

intercede [ɪntə'siːd] *vi*: **to** ~ **(with sb/on behalf of sb)** sich (bei jdm/für jdn) einsetzen.

intercept [ɪntə'sept] *vt* abfangen.

interception [ɪntə'sepʃən] *n* Abfangen *nt*.

interchange ['ɪntətʃeɪndʒ] *n* Austausch *m*; *(on motorway)* (Autobahn)kreuz *nt*.

interchangeable [ɪntə'tʃeɪndʒəbl] *adj* austauschbar.

intercity [ɪntə'sɪtɪ] *adj*: ~ **train** Intercityzug *m*.

intercom ['ɪntəkɔm] *n* (Gegen)sprechanlage *f*.

interconnect [ɪntəkə'nekt] *vi (rooms)* miteinander verbunden sein.

intercontinental ['ɪntəkɔntɪ'nentl] *adj (flight, missile)* Interkontinental-.

intercourse ['ɪntəkɔːs] *n (sexual)* (Geschlechts)verkehr *m*; *(social, verbal)* Verkehr *m*.

interdependence [ɪntədɪ'pendəns] *n* gegenseitige Abhängigkeit *f*.

interdependent [ɪntədɪ'pendənt] *adj* voneinander abhängig.

interest ['ɪntrɪst] *n* Interesse *nt*; *(COMM: in company)* Anteil *m*; *(: sum of money)* Zinsen *pl* ♦ *vt* interessieren; **compound ~** Zinseszins *m*; **simple ~** einfache Zinsen; **British ~s in the Middle East** britische Interessen im Nahen Osten; **his main ~ is ...** er interessiert sich hauptsächlich für ...

interested ['ɪntrɪstɪd] *adj* interessiert; *(party, body etc)* beteiligt; **to be ~ in sth** sich für etw interessieren; **to be ~ in doing sth** daran interessiert sein, etw zu tun.

interest-free ['ɪntrɪst'friː] *adj, adv* zinslos.

interesting ['ɪntrɪstɪŋ] *adj* interessant.

interest rate *n* Zinssatz *m*.

interface ['ɪntəfeɪs] *n* Verbindung *f*; (*COMPUT*) Schnittstelle *f*.

interfere [ɪntə'fɪə*] *vi:* **to ~ in** sich einmischen in *+acc*; **to ~ with** *(object)* sich zu schaffen machen an *+dat*; *(plans)* durchkreuzen; *(career, duty, decision)* beeinträchtigen; **don't ~** misch dich nicht ein.

interference [ɪntə'fɪərəns] *n* Einmischung *f*; *(RADIO, TV)* Störung *f*.

interfering [ɪntə'fɪərɪŋ] *adj (person)* sich ständig einmischend.

interim ['ɪntərɪm] *adj (agreement, government etc)* Übergangs- ♦ *n:* **in the ~** in der Zwischenzeit.

interim dividend *n (COMM)* Abschlagsdividende *f*.

interior [ɪn'tɪərɪə*] *n* Innere(s) *nt*; *(decor etc)* Innenausstattung *f* ♦ *adj* Innen-.

interior decorator *n* Innenausstatter(in) *m(f)*.

interior designer *n* Innenarchitekt(in) *m(f)*.

interjection [ɪntə'dʒɛkʃən] *n* Einwurf *m*; *(LING)* Interjektion *f*.

interlock [ɪntə'lɔk] *vi* ineinander greifen.

interloper ['ɪntələupə*] *n* Eindringling *m*.

interlude ['ɪntəluːd] *n* Unterbrechung *f*, Pause *f*, *(THEAT)* Zwischenspiel *nt*.

intermarry [ɪntə'mærɪ] *vi* untereinander heiraten.

intermediary [ɪntə'miːdɪərɪ] *n* Vermittler(in) *m(f)*.

intermediate [ɪntə'miːdɪət] *adj (stage)* Zwischen-; **an ~ student** ein fortgeschrittener Anfänger.

interment [ɪn'təːmənt] *n* Bestattung *f*.

interminable [ɪn'təːmɪnəbl] *adj* endlos.

intermission [ɪntə'mɪʃən] *n* Pause *f*.

intermittent [ɪntə'mɪtnt] *adj (noise)* periodisch auftretend; *(publication)* in unregelmäßigen Abständen veröffentlicht.

intermittently [ɪntə'mɪtntlɪ] *adv (see adj)* periodisch; in unregelmäßigen Abständen.

intern [*vt* ɪn'təːn, *n* 'ɪntəːn] *vt* internieren ♦ *n* *(US)* Assistenzarzt *m*, Assistenzärztin *f*.

internal [ɪn'təːnl] *adj* innere(r, s); *(pipes)* im Haus; *(politics)* Innen-; *(dispute, reform, memo, structure etc)* intern.

internally [ɪn'təːnəlɪ] *adv:* **"not to be taken ~"** „nicht zum Einnehmen".

Internal Revenue Service *(US) n* ≈ Finanzamt *nt*.

international [ɪntə'næʃənl] *adj* international ♦ *n (BRIT: SPORT)* Länderspiel *nt*.

International Atomic Energy Agency *n* *Internationale Atomenergiebehörde.*

International Chamber of Commerce *n* Internationale Handelskammer *f*.

International Court of Justice *n* Internationaler Gerichtshof *m*.

international date line *n* Datumsgrenze *f*.

International Labour Organization *n* Internationale Arbeitsorganisation *f*.

internationally [ɪntə'næʃnəlɪ] *adv* international.

International Monetary Fund *n* Internationaler Währungsfonds *m*.

international relations *npl* zwischenstaatliche Beziehungen *pl*.

internecine [ɪntə'niːsaɪn] *adj* mörderisch; *(war)* Vernichtungs-.

internee [ɪntəː'niː] *n* Internierte(r) *f(m)*.

Internet ['ɪntənɛt] *n* Internet *nt*.

Internet café *n* Internet-Café *nt*.

internment [ɪn'təːnmənt] *n* Internierung *f*.

interplay ['ɪntəpleɪ] *n:* **~ (of** *or* **between)** Zusammenspiel *nt* (von).

Interpol ['ɪntəpɔl] *n* Interpol *f*.

interpret [ɪn'təːprɪt] *vt* auslegen, interpretieren; *(translate)* dolmetschen ♦ *vi* dolmetschen.

interpretation [ɪntəːprɪ'teɪʃən] *n (see vb)* Auslegung *f*, Interpretation *f*; Dolmetschen *nt*.

interpreter [ɪn'təːprɪtə*] *n* Dolmetscher(in) *m(f)*.

interpreting [ɪn'təːprɪtɪŋ] *n* Dolmetschen *nt*.

interrelated [ɪntərɪ'leɪtɪd] *adj* zusammenhängend.

interrogate [ɪn'tɛrəugeɪt] *vt* verhören; *(witness)* vernehmen.

interrogation [ɪntɛrəu'geɪʃən] *n (see vb)* Verhör *nt*; Vernehmung *f*.

interrogative [ɪntə'rɔgətɪv] *adj (LING: pronoun)* Interrogativ-, Frage-.

interrogator [ɪn'tɛrəgeɪtə*] *n (POLICE)* Vernehmungsbeamte(r) *m*; **the hostage's ~** derjenige, der die Geisel verhörte.

interrupt [ɪntə'rʌpt] *vt, vi* unterbrechen.

interruption [ɪntə'rʌpʃən] *n* Unterbrechung *f*.

intersect [ɪntə'sɛkt] *vi* sich kreuzen ♦ *vt* durchziehen; *(MATH)* schneiden.

intersection [ɪntə'sɛkʃən] *n* Kreuzung *f*; *(MATH)* Schnittpunkt *m*.

intersperse [ɪntə'spəːs] *vt:* **to be ~d with** durchsetzt sein mit; **he ~d his lecture with ...** er spickte seine Rede mit ...

intertwine [ɪntə'twaɪn] *vi* sich ineinander verschlingen.

interval ['ɪntəvl] *n* Pause *f*; *(MUS)* Intervall *nt*; **bright ~s** *(in weather)* Aufheiterungen *pl*; **at ~s** in Abständen.

intervene [ɪntə'viːn] *vi* eingreifen; *(event)* dazwischenkommen; *(time)* dazwischenliegen.

intervening [ɪntə'viːnɪŋ] *adj (period, years)* dazwischenliegend.

intervention [ɪntə'venʃən] *n* Eingreifen *nt*.

interview ['ɪntəvjuː] *n (for job)* Vorstellungsgespräch *nt*; *(for place at college etc)* Auswahlgespräch *nt*; *(RADIO, TV etc)* Interview *nt* ♦ *vt (see n)* ein Vorstellungsgespräch/Auswahlgespräch führen mit; interviewen.

interviewee [ɪntəvjuː'iː] *n (for job)* Stellenbewerber(in) *m(f)*; *(TV etc)* Interviewgast *m*.

interviewer ['ɪntəvjuə*] *n* Leiter(in) *m(f)* des Vorstellungsgesprächs/Auswahlgesprächs; *(RADIO, TV etc)* Interviewer(in) *m(f)*.

intestate [ɪn'testeɪt] *adv*: **to die** ~ ohne Testament sterben.

intestinal [ɪn'testɪnl] *adj (infection etc)* Darm-.

intestine [ɪn'testɪn] *n* Darm *m*.

intimacy ['ɪntɪməsɪ] *n* Vertrautheit *f*.

intimate [*adj* 'ɪntɪmət, *vt* 'ɪntɪmeɪt] *adj* eng; *(sexual, also restaurant, dinner, atmosphere)* intim; *(conversation, matter, detail)* vertraulich; *(knowledge)* gründlich ♦ *vt* andeuten; *(make known)* zu verstehen geben.

intimately ['ɪntɪmətlɪ] *adv (see adj)* eng; intim; vertraulich; gründlich.

intimation [ɪntɪ'meɪʃən] *n* Andeutung *f*.

intimidate [ɪn'tɪmɪdeɪt] *vt* einschüchtern.

intimidation [ɪntɪmɪ'deɪʃən] *n* Einschüchterung *f*.

=================== *KEYWORD*

into ['ɪntu] *prep* **1** *(indicating motion or direction)* in +*acc*; **to go** ~ **town** in die Stadt gehen; **he worked late** ~ **the night** er arbeitete bis spät in die Nacht; **the car bumped** ~ **the wall** der Wagen fuhr gegen die Mauer. **2** *(indicating change of condition, result)*: **it broke** ~ **pieces** es zerbrach in Stücke; **she translated** ~ **English** sie übersetzte ins Englische; **to change pounds** ~ **dollars** Pfund in Dollar wechseln; **5** ~ **25** 25 durch 5.

intolerable [ɪn'tɔlərəbl] *adj* unerträglich.

intolerance [ɪn'tɔlərns] *n* Intoleranz *f*.

intolerant [ɪn'tɔlərnt] *adj*: ~ **(of)** intolerant (gegenüber).

intonation [ɪntəʊ'neɪʃən] *n* Intonation *f*.

intoxicated [ɪn'tɔksɪkeɪtɪd] *adj* betrunken; *(fig)* berauscht.

intoxication [ɪntɔksɪ'keɪʃən] *n* (Be)trunkenheit *f*, *(fig)* Rausch *m*.

intractable [ɪn'træktəbl] *adj* hartnäckig; *(child)* widerspenstig; *(temper)* unbeugsam.

intranet ['ɪntrənət] *n (COMPUT)* Intranet *nt*.

intransigence [ɪn'trænsɪdʒəns] *n* Unnachgiebigkeit *f*.

intransigent [ɪn'trænsɪdʒənt] *adj* unnachgiebig.

intransitive [ɪn'trænsɪtɪv] *adj (LING)* intransitiv.

intrauterine device ['ɪntrə'juːtəraɪn-] *n (MED)* Intrauterinpessar *nt*, Spirale *f (inf)*.

intravenous [ɪntrə'viːnəs] *adj* intravenös.

in-tray ['ɪntreɪ] *n* Ablage *f* für Eingänge.

intrepid [ɪn'trepɪd] *adj* unerschrocken.

intricacy ['ɪntrɪkəsɪ] *n* Kompliziertheit *f*.

intricate ['ɪntrɪkət] *adj* kompliziert.

intrigue [ɪn'triːg] *n* Intrigen *pl* ♦ *vt* faszinieren.

intriguing [ɪn'triːgɪŋ] *adj* faszinierend.

intrinsic [ɪn'trɪnsɪk] *adj* wesentlich.

introduce [ɪntrə'djuːs] *vt (sth new)* einführen; *(speaker, TV show etc)* ankündigen; **to** ~ **sb (to sb)** jdn (jdm) vorstellen; **to** ~ **sb to** *(pastime, technique)* jdn einführen in +*acc*; **may I** ~ **...?** darf ich ... vorstellen?

introduction [ɪntrə'dʌkʃən] *n* Einführung *f*; *(of person)* Vorstellung *f*; *(to book)* Einleitung *f*; **a letter of** ~ ein Einführungsschreiben *nt*.

introductory [ɪntrə'dʌktərɪ] *adj* Einführungs-; ~ **remarks** einführende Bemerkungen *pl*; ~ **offer** Einführungsangebot *nt*.

introspection [ɪntrəʊ'spekʃən] *n* Selbstbeobachtung *f*, Introspektion *f*.

introspective [ɪntrəʊ'spektɪv] *adj* in sich gekehrt.

introvert ['ɪntrəʊvɜːt] *n* Introvertierte(r) *f(m)* ♦ *adj (also:* ~**ed)** introvertiert.

intrude [ɪn'truːd] *vi* eindringen; **to** ~ **on** stören; *(conversation)* sich einmischen in +*acc*; **am I intruding?** störe ich?

intruder [ɪn'truːdə*] *n* Eindringling *m*.

intrusion [ɪn'truːʒən] *n* Eindringen *nt*.

intrusive [ɪn'truːsɪv] *adj* aufdringlich.

intuition [ɪntjuː'ɪʃən] *n* Intuition *f*.

intuitive [ɪn'tjuːɪtɪv] *adj* intuitiv; *(feeling)* instinktiv.

inundate ['ɪnʌndeɪt] *vt*: **to** ~ **with** überschwemmen mit.

inure [ɪn'juə*] *vt*: **to** ~ **o.s. to** sich gewöhnen an +*acc*.

invade [ɪn'veɪd] *vt* einfallen in +*acc*; *(fig)* heimsuchen.

invader [ɪn'veɪdə*] *n* Invasor *m*.

invalid [*n* 'ɪnvəlɪd, *adj* ɪn'vælɪd] *n* Kranke(r) *f(m)*; *(disabled)* Invalide *m* ♦ *adj* ungültig.

invalidate [ɪn'vælɪdeɪt] *vt* entkräften; *(law, marriage, election)* ungültig machen.

invaluable [ɪn'væljuəbl] *adj* unschätzbar.

invariable [ɪn'vɛərɪəbl] *adj* unveränderlich.

invariably [ɪn'vɛərɪəblɪ] *adv* ständig, unweigerlich; **she is** ~ **late** sie kommt immer zu spät.

invasion [ɪn'veɪʒən] *n* Invasion *f*; **an** ~ **of privacy** ein Eingriff *m* in die Privatsphäre.

invective [ɪn'vektɪv] *n* Beschimpfungen *pl*.

inveigle [ɪn'viːgl] *vt*: **to** ~ **sb into sth/doing sth** jdn zu etw verleiten/dazu verleiten, etw zu tun.

invent [ɪn'vɛnt] *vt* erfinden.
invention [ɪn'vɛnʃən] *n* Erfindung *f.*
inventive [ɪn'vɛntɪv] *adj* erfinderisch.
inventiveness [ɪn'vɛntɪvnɪs] *n* Einfallsreichtum *m.*
inventor [ɪn'vɛntə*] *n* Erfinder(in) *m(f).*
inventory ['ɪnvəntrɪ] *n* Inventar *nt.*
inventory control *n* (COMM) Bestandskontrolle *f.*
inverse [ɪn'vəːs] *adj* umgekehrt; **in ~ proportion (to)** im umgekehrten Verhältnis (zu).
invert [ɪn'vəːt] *vt* umdrehen.
invertebrate [ɪn'vəːtɪbrət] *n* wirbelloses Tier *nt.*
inverted commas [ɪn'vəːtɪd-] (BRIT) *npl* Anführungszeichen *pl.*
invest [ɪn'vɛst] *vt* investieren ♦ *vi:* **~ in** investieren in +*acc*; (fig) sich *dat* anschaffen; **to ~ sb with sth** jdm etw verleihen.
investigate [ɪn'vɛstɪgeɪt] *vt* untersuchen.
investigation [ɪnvɛstɪ'geɪʃən] *n* Untersuchung *f.*
investigative [ɪn'vɛstɪgeɪtɪv] *adj:* **~ journalism** Enthüllungsjournalismus *m.*
investigator [ɪn'vɛstɪgeɪtə*] *n* Ermittler(in) *m(f);* **private ~** Privatdetektiv(in) *m(f).*
investiture [ɪn'vɛstɪtʃə*] *n* (of chancellor) Amtseinführung *f;* (of prince) Investitur *f.*
investment [ɪn'vɛstmənt] *n* Investition *f.*
investment income *n* Kapitalerträge *pl.*
investment trust *n* Investmenttrust *m.*
investor [ɪn'vɛstə*] *n* (Kapital)anleger(in) *m(f).*
inveterate [ɪn'vɛtərət] *adj* unverbesserlich.
invidious [ɪn'vɪdɪəs] *adj* (task, job) unangenehm; (comparison, decision) ungerecht.
invigilator [ɪn'vɪdʒɪleɪtə*] *n* Aufsicht *f.*
invigorating [ɪn'vɪgəreɪtɪŋ] *adj* belebend; (experience etc) anregend.
invincible [ɪn'vɪnsɪbl] *adj* unbesiegbar; (belief, conviction) unerschütterlich.
inviolate [ɪn'vaɪələt] *adj* sicher; (truth) unantastbar.
invisible [ɪn'vɪzɪbl] *adj* unsichtbar.
invisible mending *n* Kunststopfen *nt.*
invitation [ɪnvɪ'teɪʃən] *n* Einladung *f;* **by ~ only** nur auf Einladung; **at sb's ~** auf jds Aufforderung *acc* (hin).
invite [ɪn'vaɪt] *vt* einladen; (discussion) auffordern zu; (criticism) herausfordern; **to ~ sb to do sth** jdn auffordern, etw zu tun; **to ~ sb to dinner** jdn zum Abendessen einladen.
  ▶ **invite out** *vt* einladen.
inviting [ɪn'vaɪtɪŋ] *adj* einladend; (desirable) verlockend.
invoice ['ɪnvɔɪs] *n* Rechnung *f* ♦ *vt* in Rechnung stellen; **to ~ sb for goods** jdm für Waren eine Rechnung ausstellen.
invoke [ɪn'vəuk] *vt* anrufen; (feelings, memories etc) heraufbeschwören.

involuntary [ɪn'vɔləntrɪ] *adj* unbeabsichtigt; (reflex) unwillkürlich.
involve [ɪn'vɔlv] *vt* (person) beteiligen; (thing) verbunden sein mit; (concern, affect) betreffen; **to ~ sb in sth** jdn in etw *acc* verwickeln.
involved [ɪn'vɔlvd] *adj* kompliziert; **the work/ problems ~** die damit verbundene Arbeit/ verbundenen Schwierigkeiten; **to be ~ in** beteiligt sein an +*dat;* (be engrossed) engagiert sein in +*dat;* **to become ~ with sb** Umgang mit jdm haben; (emotionally) mit jdm eine Beziehung anfangen.
involvement [ɪn'vɔlvmənt] *n* Engagement *nt;* (participation) Beteiligung *f.*
invulnerable [ɪn'vʌlnərəbl] *adj* unverwundbar; (ship, building etc) uneinnehmbar.
inward ['ɪnwəd] *adj* innerste(r, s); (movement) nach innen ♦ *adv* nach innen.
inwardly ['ɪnwədlɪ] *adv* innerlich.
inwards ['ɪnwədz] *adv* nach innen.
I/O *abbr* (COMPUT: = input/output) E/A.
IOC *n abbr* (= International Olympic Committee) IOC *nt,* IOK *nt.*
iodine ['aɪəudiːn] *n* Jod *nt.*
IOM (BRIT) *abbr* (POST: = Isle of Man).
ion ['aɪən] *n* Ion *nt.*
Ionian Sea [aɪ'əunɪən-] *n:* **the ~** das Ionische Meer.
ionizer ['aɪənaɪzə*] *n* Ionisator *m.*
iota [aɪ'əutə] *n* Jota *nt.*
IOU *n abbr* (= I owe you) Schuldschein *m.*
IOW (BRIT) *abbr* (POST: = Isle of Wight).
IP *abbr* (COMPUT: = Internet Protocol) IP.
IPA *n abbr* (= International Phonetic Alphabet) internationale Lautschrift *f.*
IQ *n abbr* (= intelligence quotient) IQ *m.*
IRA *n abbr* (= Irish Republican Army) IRA *f;* (US: = individual retirement account) privates Rentensparkonto *nt.*
Iran [ɪ'rɑːn] *n* (der) Iran.
Iranian [ɪ'reɪnɪən] *adj* iranisch ♦ *n* Iraner(in) *m(f);* (LING) Iranisch *nt.*
Iraq [ɪ'rɑːk] *n* (der) Irak.
Iraqi [ɪ'rɑːkɪ] *adj* irakisch ♦ *n* Iraker(in) *m(f).*
irascible [ɪ'ræsɪbl] *adj* jähzornig.
irate [aɪ'reɪt] *adj* zornig.
Ireland ['aɪələnd] *n* Irland *nt;* **the Republic of ~** die Republik Irland.
iris ['aɪrɪs] (pl ~es) *n* (ANAT) Iris *f,* Regenbogenhaut *f;* (BOT) Iris, Schwertlilie *f.*
Irish ['aɪrɪʃ] *adj* irisch ♦ *npl:* **the ~** die Iren *pl,* die Irländer *pl.*
Irishman ['aɪrɪʃmən] (irreg: like **man**) *n* Ire *m,* Irländer *m.*
Irish Sea *n:* **the ~** die Irische See.
Irishwoman ['aɪrɪʃwumən] (irreg: like **woman**) *n* Irin *f,* Irländerin *f.*
irk [əːk] *vt* ärgern.
irksome ['əːksəm] *adj* lästig.
IRN *n abbr* (= Independent Radio News) *Nachrichtendienst des kommerziellen*

Rundfunks.

iron ['aɪən] *n* Eisen *nt*; (*for clothes*) Bügeleisen *nt* ♦ *cpd* Eisen-; (*will, discipline etc*) eisern ♦ *vt* bügeln.

▶ **iron out** *vt* (*fig*) aus dem Weg räumen.

Iron Curtain *n* **the ~** der Eiserne Vorhang.

ironic(al) [aɪ'rɔnɪk(l)] *adj* ironisch; (*situation*) paradox, witzig.

ironically [aɪ'rɔnɪklɪ] *adv* ironisch; **~, the intelligence chief was the last to find out** witzigerweise war der Geheimdienstchef der Letzte, der es erfuhr.

ironing ['aɪənɪŋ] *n* Bügeln *nt*; (*clothes*) Bügelwäsche *f*.

ironing board *n* Bügelbrett *nt*.

iron lung *n* (*MED*) eiserne Lunge *f*.

ironmonger ['aɪənmʌŋɡə'] (*BRIT*) *n* Eisen- und Haushaltswarenhändler(in) *m(f)*.

ironmonger's (shop) ['aɪənmʌŋɡəz-] (*BRIT*) *n* Eisen- und Haushaltswarenhandlung *f*.

iron ore *n* Eisenerz *nt*.

irons ['aɪənz] *npl* Hand- und Fußschellen *pl*; **to clap sb in ~** jdn in Eisen legen.

irony ['aɪrənɪ] *n* Ironie *f*; **the ~ of it is that ...** das Ironische daran ist, dass ...

irrational [ɪ'ræʃənl] *adj* irrational.

irreconcilable [ɪrekən'saɪləbl] *adj* unvereinbar.

irredeemable [ɪrɪ'diːməbl] *adj* (*COMM*) nicht einlösbar; (*loan*) unkündbar; (*fault, character*) unverbesserlich.

irrefutable [ɪrɪ'fjuːtəbl] *adj* unwiderlegbar.

irregular [ɪ'reɡjulə'] *adj* unregelmäßig; (*surface*) uneben; (*behaviour*) ungehörig.

irregularity [ɪreɡju'lærɪtɪ] *n* (*see adj*) Unregelmäßigkeit *f*; Unebenheit *f*; Ungehörigkeit *f*.

irrelevance [ɪ'reləvəns] *n* Irrelevanz *f*.

irrelevant [ɪ'reləvənt] *adj* unwesentlich, irrelevant.

irreligious [ɪrɪ'lɪdʒəs] *adj* unreligiös.

irreparable [ɪ'reprəbl] *adj* nicht wieder gutzumachen.

irreplaceable [ɪrɪ'pleɪsəbl] *adj* unersetzlich.

irrepressible [ɪrɪ'presəbl] *adj* (*good humour*) unerschütterlich; (*enthusiasm etc*) unbändig; (*person*) nicht unterzukriegen.

irreproachable [ɪrɪ'prəutʃəbl] *adj* untadelig.

irresistible [ɪrɪ'zɪstɪbl] *adj* unwiderstehlich.

irresolute [ɪ'rezəluːt] *adj* unentschlossen.

irrespective [ɪrɪ'spektɪv]: **~ of** *prep* ungeachtet +*gen*.

irresponsible [ɪrɪ'spɔnsɪbl] *adj* verantwortungslos; (*action*) unverantwortlich.

irretrievable [ɪrɪ'triːvəbl] *adj* (*object*) nicht mehr wiederzubekommen; (*loss*) unersetzlich; (*damage*) nicht wieder gutzumachen.

irreverent [ɪ'revərənt] *adj* respektlos.

irrevocable [ɪ'revəkəbl] *adj* unwiderruflich.

irrigate ['ɪrɪɡeɪt] *vt* bewässern.

irrigation [ɪrɪ'ɡeɪʃən] *n* Bewässerung *f*.

irritable ['ɪrɪtəbl] *adj* reizbar.

irritant ['ɪrɪtənt] *n* Reizerreger *m*; (*situation etc*) Ärgernis *nt*.

irritate ['ɪrɪteɪt] *vt* ärgern, irritieren; (*MED*) reizen.

irritating ['ɪrɪteɪtɪŋ] *adj* ärgerlich, irritierend; **he is ~** er kann einem auf die Nerven gehen.

irritation [ɪrɪ'teɪʃən] *n* Ärger *m*; (*MED*) Reizung *f*; (*annoying thing*) Ärgernis *nt*.

IRS (*US*) *n abbr* (= *Internal Revenue Service*) Steuereinzugsbehörde.

is [ɪz] *vb see* **be**.

ISA ['aɪsə] *n abbr* (= *individual savings account*) steuerfreies Sparsystem mit begrenzter Einlagenhöhe.

ISBN *n abbr* (= *International Standard Book Number*) ISBN *f*.

ISDN *n abbr* (= *Integrated Services Digital Network*) ISDN *nt*.

Islam ['ɪzlɑːm] *n* der Islam; (*Islamic countries*) die islamischen Länder *pl*.

Islamic [ɪz'læmɪk] *adj* islamisch.

island ['aɪlənd] *n* Insel *f*; (*also:* **traffic ~**) Verkehrsinsel *f*.

islander ['aɪləndə'] *n* Inselbewohner(in) *m(f)*.

isle [aɪl] *n* Insel *f*.

isn't ['ɪznt] = **is not**.

isobar ['aɪsəubɑː'] *n* Isobare *f*.

isolate ['aɪsəleɪt] *vt* isolieren.

isolated ['aɪsəleɪtɪd] *adj* isoliert; (*place*) abgelegen; **~ incident** Einzelfall *m*.

isolation [aɪsə'leɪʃən] *n* Isolierung *f*.

isolationism [aɪsə'leɪʃənɪzəm] *n* Isolationismus *m*.

isotope ['aɪsəutəup] *n* Isotop *nt*.

ISP (*COMPUT*) *n abbr* (= *Internet Service Provider*) Provider *m*.

Israel ['ɪzreɪl] *n* Israel *nt*.

Israeli [ɪz'reɪlɪ] *adj* israelisch ♦ *n* Israeli *mf*.

issue ['ɪʃjuː] *n* Frage *f*; (*subject*) Thema *nt*; (*problem*) Problem *nt*; (*of book, stamps etc*) Ausgabe *f*; (*offspring*) Nachkommenschaft *f* ♦ *vt* ausgeben; (*statement*) herausgeben; (*documents*) ausstellen ♦ *vi*: **to ~ (from)** dringen (aus); (*liquid*) austreten (aus); **the point at ~** der Punkt, um den es geht; **to avoid the ~** ausweichen; **to confuse** *or* **obscure the ~** es unnötig kompliziert machen; **to ~ sth to sb** *or* **~ sb with sth** jdm etw geben; (*documents*) jdm etw ausstellen; (*gun etc*) jdn mit etw ausstatten; **to take ~ with sb (over)** jdm widersprechen (in +*dat*); **to make an ~ of sth** etw aufbauschen.

Istanbul [ɪstæn'buːl] *n* Istanbul *nt*.

isthmus ['ɪsməs] *n* Landenge *f*, Isthmus *m*.

IT *n abbr* = **information technology**.

═══════════════ *KEYWORD*

it [ɪt] *pron* **1** (*specific: subject*) er/sie/es; (*: direct object*) ihn/sie/es; (*: indirect object*) ihm/ihr/ihm; **it's on the table** es ist auf dem Tisch; **I**

can't find ~ ich kann es nicht finden; **give
~ to me** gib es mir; **about** ~ darüber; **from**
~ davon; **in** ~ darin; **of** ~ davon; **what did
you learn from** ~? was hast du daraus
gelernt?; **I'm proud of** ~ ich bin stolz
darauf.
2 (*impersonal*) es; **it's raining** es regnet; **it's
Friday tomorrow** morgen ist Freitag; **who is
~?** - **it's me** wer ist da? - ich bins.

ITA, (*BRIT*) **i.t.a.** *n abbr* (= *initial teaching
alphabet*) *Alphabet zum Lesenlernen*.
Italian [ɪˈtæljən] *adj* italienisch ♦ *n*
Italiener(in) *m(f)*; (*LING*) Italienisch *nt*; **the
~s** die Italiener *pl*.
italics [ɪˈtælɪks] *npl* Kursivschrift *f*.
Italy [ˈɪtəlɪ] *n* Italien *nt*.
ITC (*BRIT*) *n abbr* (= *Independent Television
Commission*) *Fernseh-Aufsichtsgremium*.
itch [ɪtʃ] *n* Juckreiz *m* ♦ *vi* jucken; **I am ~ing
all over** mich juckt es überall; **to ~ to do sth**
darauf brennen, etw zu tun.
itchy [ˈɪtʃɪ] *adj* juckend; **my back is ~** mein
Rücken juckt.
it'd [ɪtd] = **it would**; **it had**.
item [ˈaɪtəm] *n* Punkt *m*; (*of collection*) Stück *nt*;
(*also:* **news ~**) Meldung *f*; (: *in newspaper*)
Zeitungsnotiz *f*; **~s of clothing**
Kleidungsstücke *pl*.
itemize [ˈaɪtəmaɪz] *vt* einzeln aufführen.
itemized bill [ˈaɪtəmaɪzd-] *n* Rechnung, auf
der die Posten einzeln aufgeführt sind.
itinerant [ɪˈtɪnərənt] *adj* (*labourer, priest etc*)
Wander-; (*salesman*) reisend.
itinerary [aɪˈtɪnərərɪ] *n* Reiseroute *f*.
it'll [ɪtl] = **it will**; **it shall**.
ITN (*BRIT*) *n abbr* (*TV:* = *Independent Television
News*) *Nachrichtendienst des
kommerziellen Fernsehens*.
its [ɪts] *adj* sein(e), ihr(e) ♦ *pron* seine(r, s),
ihre(r, s).
it's [ɪts] = **it is**; **it has**.
itself [ɪtˈsɛlf] *pron* sich; (*emphatic*) selbst.
ITV (*BRIT*) *n abbr* (*TV:* = *Independent Television*)
kommerzieller Fernsehsender.

ITV

*ITV steht für „Independent Television" und ist ein
landesweiter privater Fernsehsender in
Großbritannien. Unter der Oberaufsicht einer
unabhängigen Rundfunkbehörde produzieren
Privatfirmen die Programme für die verschiedenen
Sendegebiete. ITV, das seit 1955 Programme
ausstrahlt, wird ganz durch Werbung finanziert
und bietet etwa ein Drittel Informationssendungen
(Nachrichten, Dokumentarfilme, Aktuelles) und
ansonsten Unterhaltung (Sport, Komödien,
Drama, Spielshows, Filme).*

IUD *n abbr* = **intrauterine device**.
I've [aɪv] = **I have**.

ivory [ˈaɪvərɪ] *n* Elfenbein *nt*.
Ivory Coast *n* Elfenbeinküste *f*.
ivory tower *n* (*fig*) Elfenbeinturm *m*.
ivy [ˈaɪvɪ] *n* Efeu *m*.
Ivy League (*US*) *n* Eliteuniversitäten der
USA.

IVY LEAGUE

*Als **Ivy League** bezeichnet man die acht
renommiertesten Universitäten im Nordosten der
Vereinigten Staaten (Brown, Columbia, Cornell,
Dartmouth College, Harvard, Princeton, University
of Pennsylvania, Yale), die untereinander
Sportwettkämpfe austragen. Der Name bezieht
sich auf die efeubewachsenen Mauern der
Universitätsgebäude.*

J, j

J, j [dʒeɪ] *n* (*letter*) J *nt*, j *nt*; ~ **for Jack**, (*US*)
~ **for Jig** ≈ J wie Julius.
JA *n abbr* = **judge advocate**, **joint account**.
J/A *abbr* = **joint account**.
jab [dʒæb] *vt* stoßen; (*with finger, needle*)
stechen ♦ *n* (*inf*) Spritze *f* ♦ *vi:* **to ~ at**
einstechen auf +*acc*; **to ~ sth into sth** etw in
etw *acc* stoßen/stechen.
jack [dʒæk] *n* (*AUT*) Wagenheber *m*; (*BOWLS*)
Zielkugel *f*; (*CARDS*) Bube *m*.
▶ **jack in** (*inf*) *vt* aufgeben.
▶ **jack up** *vt* (*AUT*) aufbocken.
jackal [ˈdʒækl] *n* Schakal *m*.
jackass [ˈdʒækæs] (*inf*) *n* (*person*) Esel *m*.
jackdaw [ˈdʒækdɔː] *n* Dohle *f*.
jacket [ˈdʒækɪt] *n* Jackett *nt*; (*of book*)
Schutzumschlag *m*; **potatoes in their ~s,
~ potatoes** in der Schale gebackene
Kartoffeln *pl*.
jack-in-the-box [ˈdʒækɪnðəbɔks] *n*
Schachtelteufel *m*, Kastenteufel *m*.
jack-knife [ˈdʒæknaɪf] *n* Klappmesser *nt* ♦ *vi:*
the lorry ~d der Anhänger (des
Lastwagens) hat sich quer gestellt.
jack-of-all-trades [ˈdʒækəvˈɔːltreɪdz] *n*
Alleskönner *m*.
jack plug *n* Bananenstecker *m*.
jackpot [ˈdʒækpɔt] *n* Hauptgewinn *m*; **to hit
the ~** (*fig*) das große Los ziehen.
jacuzzi [dʒəˈkuːzɪ] *n* Whirlpool *m*.
jade [dʒeɪd] *n* Jade *m or f*.
jaded [ˈdʒeɪdɪd] *adj* abgespannt; **to get ~** die
Nase voll haben.
JAG *n abbr* = **Judge Advocate General**.

jagged ['dʒægɪd] adj gezackt.
jaguar ['dʒægjuaʳ] n Jaguar m.
jail [dʒeɪl] n Gefängnis nt ♦ vt einsperren.
jailbird ['dʒeɪlbɜːd] n Knastbruder m (inf).
jailbreak ['dʒeɪlbreɪk] n (Gefängnis)ausbruch m.
jalopy [dʒə'lɔpɪ] (inf) n alte (Klapper)kiste f or Mühle f.
jam [dʒæm] n Marmelade f, Konfitüre f; (also: **traffic ~**) Stau m; (inf: difficulty) Klemme f ♦ vt blockieren; (mechanism, drawer etc) verklemmen; (RADIO) stören ♦ vi klemmen; (gun) Ladehemmung haben; **I'm in a real ~** (inf) ich stecke wirklich in der Klemme; **to get sb out of a ~** (inf) jdm aus der Klemme helfen; **to ~ sth into sth** etw in etw acc stopfen; **the telephone lines are ~med** die Leitungen sind belegt.
Jamaica [dʒə'meɪkə] n Jamaika nt.
Jamaican [dʒə'meɪkən] adj jamaikanisch ♦ n Jamaikaner(in) m(f).
jamb [dʒæm] n (of door) (Tür)pfosten m; (of window) (Fenster)pfosten m.
jamboree [dʒæmbə'riː] n Fest nt.
jam-packed [dʒæm'pækt] adj: **~ (with)** voll gestopft (mit).
jam session n (MUS) Jamsession f.
Jan. abbr (= January) Jan.
jangle ['dʒæŋgl] vi klimpern.
janitor ['dʒænɪtəʳ] n Hausmeister(in) m(f).
January ['dʒænjuərɪ] n Januar m; see also **July**.
Japan [dʒə'pæn] n Japan nt.
Japanese [dʒæpə'niːz] adj japanisch ♦ n inv Japaner(in) m(f); (LING) Japanisch nt.
jar [dʒɑːʳ] n Topf m, Gefäß nt; (glass) Glas nt ♦ vi (sound) gellen; (colours) nicht harmonieren, sich beißen ♦ vt erschüttern; **to ~ on sb** jdm auf die Nerven gehen.
jargon ['dʒɑːgən] n Jargon m.
jarring ['dʒɑːrɪŋ] adj (sound) gellend, schrill; (colour) schreiend.
Jas. abbr (= James).
jasmine ['dʒæzmɪn] n Jasmin m.
jaundice ['dʒɔːndɪs] n Gelbsucht f.
jaundiced ['dʒɔːndɪst] adj (view, attitude) zynisch.
jaunt [dʒɔːnt] n Spritztour f.
jaunty ['dʒɔːntɪ] adj munter; (step) schwungvoll.
Java ['dʒɑːvə] n Java nt.
javelin ['dʒævlɪn] n Speer m.
jaw [dʒɔː] n Kiefer m.
jawbone ['dʒɔːbəun] n Kieferknochen m.
jay [dʒeɪ] n Eichelhäher m.
jaywalker ['dʒeɪwɔːkəʳ] n unachtsamer Fußgänger m, unachtsame Fußgängerin f.
jazz [dʒæz] n Jazz m.
▶ **jazz up** vt aufpeppen (inf).
jazz band n Jazzband f.
JCB ® n Erdräummaschine f.
JCS (US) n abbr (= Joint Chiefs of Staff) Stabschefs pl.

JD (US) n abbr (= Doctor of Laws) ≈ Dr. jur.; (= Justice Department) ≈ Justizministerium nt.
jealous ['dʒeləs] adj eifersüchtig; (envious) neidisch.
jealously ['dʒeləslɪ] adv eifersüchtig; (enviously) neidisch; (watchfully) sorgsam.
jealousy ['dʒeləsɪ] n Eifersucht f; (envy) Neid m.
jeans [dʒiːnz] npl Jeans pl.
Jeep ® [dʒiːp] n Jeep ® m.
jeer [dʒɪəʳ] vi höhnische Bemerkungen machen; **to ~ at** verhöhnen.
jeering ['dʒɪərɪŋ] adj höhnisch; (crowd) johlend ♦ n Johlen nt.
jeers [dʒɪəz] npl Buhrufe pl.
jelly ['dʒelɪ] n Götterspeise f; (jam) Gelee m or nt.
jelly baby (BRIT) n Gummibärchen nt.
jellyfish ['dʒelɪfɪʃ] n Qualle f.
jeopardize ['dʒepədaɪz] vt gefährden.
jeopardy ['dʒepədɪ] n: **to be in ~** gefährdet sein.
jerk [dʒɜːk] n Ruck m; (inf: idiot) Trottel m ♦ vt reißen ♦ vi (vehicle) ruckeln.
jerkin ['dʒɜːkɪn] n Wams nt.
jerky ['dʒɜːkɪ] adj ruckartig.
jerry-built ['dʒerɪbɪlt] adj schlampig gebaut.
jerry can ['dʒerɪ-] n großer Blechkanister m.
Jersey ['dʒɜːzɪ] n Jersey nt.
jersey ['dʒɜːzɪ] n Pullover m; (fabric) Jersey m.
Jerusalem [dʒə'ruːsləm] n Jerusalem nt.
jest [dʒest] n Scherz m.
jester ['dʒestəʳ] n Narr m.
Jesus ['dʒiːzəs] n Jesus m; **~ Christ** Jesus Christus m.
jet [dʒet] n Strahl m; (AVIAT) Düsenflugzeug nt; (MINERALOGY, JEWELLERY) Jett m or nt, Gagat m.
jet-black ['dʒet'blæk] adj pechschwarz.
jet engine n Düsentriebwerk nt.
jet lag n Jetlag nt.
jet-propelled ['dʒetprə'peld] adj Düsen-, mit Düsenantrieb.
jetsam ['dʒetsəm] n Strandgut nt; (floating) Treibgut nt.
jet-setter ['dʒetsetəʳ] n: **to be a ~** zum Jetset gehören.
jettison ['dʒetɪsn] vt abwerfen; (from ship) über Bord werfen.
jetty ['dʒetɪ] n Landesteg m, Pier m.
Jew [dʒuː] n Jude m, Jüdin f.
jewel ['dʒuːəl] n Edelstein m, Juwel nt (also fig); (in watch) Stein m.
jeweller, (US) **jeweler** ['dʒuːələʳ] n Juwelier m.
jeweller's (shop) n Juwelier m, Juweliergeschäft nt.
jewellery, (US) **jewelry** ['dʒuːəlrɪ] n Schmuck m.
Jewess ['dʒuːɪs] n Jüdin f.
Jewish ['dʒuːɪʃ] adj jüdisch.

JFK (*US*) *n abbr* (= *John Fitzgerald Kennedy International Airport*) John-F.-Kennedy-Flughafen *m*.

jib [dʒɪb] *n* (*NAUT*) Klüver *m*; (*of crane*) Ausleger *m* ♦ *vi* (*horse*) scheuen, bocken; **to ~ at doing sth** sich dagegen sträuben, etw zu tun.

jibe [dʒaɪb] *n* = **gibe**.

jiffy ['dʒɪfɪ] (*inf*) *n*: **in a ~** sofort.

jig [dʒɪg] *n lebhafter Volkstanz*.

jigsaw ['dʒɪgsɔː] *n* (*also*: **~ puzzle**) Puzzle(spiel) *nt*; (*tool*) Stichsäge *f*.

jilt [dʒɪlt] *vt* sitzen lassen.

jingle ['dʒɪŋgl] *n* (*tune*) Jingle *m* ♦ *vi* (*bracelets*) klimpern; (*bells*) bimmeln.

jingoism ['dʒɪŋgəʊɪzəm] *n* Hurrapatriotismus *m*.

jinx [dʒɪŋks] (*inf*) *n* Fluch *m*; **there's a ~ on it** es ist verhext.

jitters ['dʒɪtəz] (*inf*) *npl*: **to get the ~** das große Zittern bekommen.

jittery ['dʒɪtərɪ] (*inf*) *adj* nervös, rappelig.

jiujitsu ['dʒuːdʒɪtsuː] *n* Jiu-Jitsu *nt*.

job [dʒɔb] *n* Arbeit *f*; (*post, employment*) Stelle *f*, Job *m*; **it's not my ~** es ist nicht meine Aufgabe; **a part-time ~** eine Teilzeitbeschäftigung; **a full-time ~** eine Ganztagsstelle; **he's only doing his ~** er tut nur seine Pflicht; **it's a good ~ that ...** nur gut, dass ...; **just the ~!** genau das Richtige!

jobber ['dʒɔbə'] (*BRIT*) *n* Börsenhändler *m*.

jobbing ['dʒɔbɪŋ] (*BRIT*) *adj* Gelegenheits-.

job centre (*BRIT*) *n* Arbeitsamt *nt*.

job creation scheme *n* Arbeitsbeschaffungsmaßnahmen *pl*.

job description *n* Tätigkeitsbeschreibung *f*.

jobless ['dʒɔblɪs] *adj* arbeitslos ♦ *npl*: **the ~** die Arbeitslosen *pl*.

job lot *n* (Waren)posten *m*.

job satisfaction *n* Zufriedenheit *f* am Arbeitsplatz.

job security *n* Sicherheit *f* des Arbeitsplatzes.

job sharing *n* Jobsharing *nt*, Arbeitsplatzteilung *f*.

job specification *n* Tätigkeitsbeschreibung *f*.

Jock [dʒɔk] (*inf*) *n* Schotte *m*.

jockey ['dʒɔkɪ] *n* Jockei *m* ♦ *vi*: **to ~ for position** um eine gute Position rangeln.

jockey box (*US*) *n* (*AUT*) Handschuhfach *nt*.

jocular ['dʒɔkjʊlə'] *adj* spaßig, witzig.

jog [dʒɔg] *vt* (an)stoßen ♦ *vi* joggen, Dauerlauf machen; **to ~ sb's memory** jds Gedächtnis *dat* nachhelfen.

▶ **jog along** *vi* entlangzuckeln (*inf*).

jogger ['dʒɔgə'] *n* Jogger(in) *m(f)*.

jogging ['dʒɔgɪŋ] *n* Jogging *nt*, Joggen *nt*.

john [dʒɔn] (*US: inf*) *n* (*toilet*) Klo *nt*.

join [dʒɔɪn] *vt* (*club, party*) beitreten +*dat*; (*queue*) sich stellen in +*acc*; (*things, places*) verbinden; (*group of people*) sich anschließen +*dat* ♦ *vi* (*roads*) sich treffen; (*rivers*) zusammenfließen ♦ *n* Verbindungsstelle *f*; **to ~ forces (with)** (*fig*) sich zusammentun (mit); **will you ~ us for dinner?** wollen Sie mit uns zu Abend essen?; **I'll ~ you later** ich komme später.

▶ **join in** *vi* mitmachen ♦ *vt fus* sich beteiligen an +*dat*.

▶ **join up** *vi* sich treffen; (*MIL*) zum Militär gehen.

joiner ['dʒɔɪnə'] (*BRIT*) *n* Schreiner(in) *m(f)*.

joinery ['dʒɔɪnərɪ] (*BRIT*) *n* Schreinerei *f*.

joint [dʒɔɪnt] *n* (*in woodwork*) Fuge *f*; (*in pipe etc*) Verbindungsstelle *f*; (*ANAT*) Gelenk *nt*; (*BRIT: CULIN*) Braten *m*; (*inf: place*) Laden *m*; (: *of cannabis*) Joint *m* ♦ *adj* gemeinsam; (*combined*) vereint.

joint account *n* gemeinsames Konto *nt*.

jointly ['dʒɔɪntlɪ] *adv* gemeinsam.

joint ownership *n* Miteigentum *nt*.

joint-stock company ['dʒɔɪnt'stɔk-] *n* Aktiengesellschaft *f*.

joint venture *n* Gemeinschaftsunternehmen *nt*, Jointventure *nt*, Joint Venture *nt*.

joist [dʒɔɪst] *n* Balken *m*, Träger *m*.

joke [dʒəʊk] *n* Witz *m*; (*also*: **practical ~**) Streich *m* ♦ *vi* Witze machen; **to play a ~ on sb** jdm einen Streich spielen.

joker ['dʒəʊkə'] *n* (*CARDS*) Joker *m*.

joking ['dʒəʊkɪŋ] *adj* scherzhaft.

jokingly ['dʒəʊkɪŋlɪ] *adv* scherzhaft, im Spaß.

jollity ['dʒɔlɪtɪ] *n* Fröhlichkeit *f*.

jolly ['dʒɔlɪ] *adj* fröhlich; (*enjoyable*) lustig ♦ *adv* (*BRIT: inf: very*) ganz (schön) ♦ *vt* (*BRIT*): **to ~ sb along** jdm aufmunternd zureden; **~ good!** prima!

jolt [dʒəʊlt] *n* Ruck *m*; (*shock*) Schock *m* ♦ *vt* schütteln; (*subj: bus etc*) durchschütteln; (*emotionally*) aufrütteln.

Jordan ['dʒɔːdən] *n* Jordanien *nt*; (*river*) Jordan *m*.

Jordanian [dʒɔːˈdeɪnɪən] *adj* jordanisch ♦ *n* Jordanier(in) *m(f)*.

joss stick [dʒɔs-] *n* Räucherstäbchen *nt*.

jostle ['dʒɔsl] *vt* anrempeln ♦ *vi* drängeln.

jot [dʒɔt] *n*: **not one ~** kein bisschen.

▶ **jot down** *vt* notieren.

jotter ['dʒɔtə'] (*BRIT*) *n* Notizbuch *nt*; (*pad*) Notizblock *m*.

journal ['dʒɜːnl] *n* Zeitschrift *f*; (*diary*) Tagebuch *nt*.

journalese [dʒɜːnəˈliːz] (*pej*) *n* Pressejargon *m*.

journalism ['dʒɜːnəlɪzəm] *n* Journalismus *m*.

journalist ['dʒɜːnəlɪst] *n* Journalist(in) *m(f)*.

journey ['dʒɜːnɪ] *n* Reise *f* ♦ *vi* reisen; **a 5-hour ~** eine Fahrt von 5 Stunden; **return ~** Rückreise *f*; (*both ways*) Hin- und Rückreise *f*.

jovial ['dʒəʊvɪəl] *adj* fröhlich; (*atmosphere*) freundlich, herzlich.

jowl [dʒaʊl] *n* Backe *f*.

joy [dʒɔɪ] n Freude f.

joyful ['dʒɔɪful] adj freudig.

joyride ['dʒɔɪraɪd] n Spritztour in einem gestohlenen Auto.

joyrider ['dʒɔɪraɪdə'] n Autodieb, der den Wagen nur für eine Spritztour benutzt.

joystick ['dʒɔɪstɪk] n (AVIAT) Steuerknüppel m; (COMPUT) Joystick m.

JP n abbr = **Justice of the Peace**.

Jr abbr (in names: = junior) jun.

JTPA (US) n abbr (= Job Training Partnership Act) Arbeitsbeschaffungsprogramm für benachteiligte Bevölkerungsteile und Minderheiten.

jubilant ['dʒuːbɪlnt] adj überglücklich.

jubilation [dʒuːbɪ'leɪʃən] n Jubel m.

jubilee ['dʒuːbɪliː] n Jubiläum nt; **silver** ~ 25-jähriges Jubiläum; **golden** ~ 50-jähriges Jubiläum.

judge [dʒʌdʒ] n Richter(in) m(f); (in competition) Preisrichter(in) m(f); (fig: expert) Kenner(in) m(f) ♦ vt (LAW: person) die Verhandlung führen über +acc; (: case) verhandeln; (competition) Preisrichter(in) sein bei; (person etc) beurteilen; (consider) halten für; (estimate) einschätzen ♦ vi: **judging by** or **to** ~ **by his expression** seinem Gesichtsausdruck nach zu urteilen; **she's a good** ~ **of character** sie ist ein guter Menschenkenner; **I'll be the** ~ **of that** das müssen Sie mich schon selbst beurteilen lassen; **as far as I can** ~ soweit ich es beurteilen kann; **I** ~**d it necessary to inform him** ich hielt es für nötig, ihn zu informieren.

judge advocate n (MIL) Beisitzer(in) m(f) bei einem Kriegsgericht.

Judge Advocate General n (MIL) Vorsitzender des obersten Militärgerichts.

judg(e)ment ['dʒʌdʒmənt] n Urteil nt; (REL) Gericht nt; (view, opinion) Meinung f; (discernment) Urteilsvermögen nt; **in my** ~ meiner Meinung nach; **to pass** ~ **(on)** (LAW) das Urteil sprechen (über +acc); (fig) ein Urteil fällen (über +acc).

judicial [dʒuː'dɪʃl] adj gerichtlich, Justiz-; (fig) kritisch; ~ **review** gerichtliche Überprüfung f.

judiciary [dʒuː'dɪʃɪərɪ] n: **the** ~ die Gerichtsbehörden pl.

judicious [dʒuː'dɪʃəs] adj klug.

judo ['dʒuːdəu] n Judo nt.

jug [dʒʌg] n Krug m.

jugged hare ['dʒʌgd-] (BRIT) n ≈ Hasenpfeffer m.

juggernaut ['dʒʌgənɔːt] (BRIT) n Fernlastwagen m.

juggle ['dʒʌgl] vi jonglieren.

juggler ['dʒʌglə'] n Jongleur m.

Jugoslav etc ['juːgəu'slɑːv] = **Yugoslav** etc.

jugular ['dʒʌgjulə'] adj: ~ **(vein)** Drosselvene f.

juice [dʒuːs] n Saft m; (inf: petrol): **we've run out of** ~ wir haben keinen Sprit mehr.

juicy ['dʒuːsɪ] adj saftig.

jukebox ['dʒuːkbɔks] n Musikbox f.

Jul. abbr = **July**.

July [dʒuː'laɪ] n Juli m; **the first of** ~ der erste Juli; **on the eleventh of** ~ am elften Juli; **in the month of** ~ im (Monat) Juli; **at the beginning/end of** ~ Anfang/Ende Juli; **in the middle of** ~ Mitte Juli; **during** ~ im Juli; **in** ~ **of next year** im Juli nächsten Jahres; **each** or **every** ~ jedes Jahr im Juli; ~ **was wet this year** der Juli war dieses Jahr ein nasser Monat.

jumble ['dʒʌmbl] n Durcheinander nt; (items for sale) gebrauchte Sachen pl ♦ vt (also: ~ **up**) durcheinander bringen.

JUMBLE SALE

Jumble sale ist ein Wohltätigkeitsbasar, meist in einer Aula oder einem Gemeindehaus abgehalten, bei dem alle möglichen Gebrauchtwaren (vor allem Kleidung, Spielzeug, Bücher, Geschirr und Möbel) verkauft werden. Der Erlös fließt entweder einer Wohltätigkeitsorganisation zu oder wird für örtliche Zwecke verwendet, z. B. die Pfadfinder, die Grundschule, Reparatur der Kirche usw.

---

jumbo (jet) ['dʒʌmbəu-] n Jumbo(jet) m.

jumbo-size ['dʒʌmbəusaɪz] adj (packet etc) Riesen-.

jump [dʒʌmp] vi springen; (with fear, surprise) zusammenzucken; (increase) sprunghaft ansteigen ♦ vt springen über +acc ♦ n (see vb) Sprung m; Zusammenzucken nt; sprunghafter Anstieg m; **to** ~ **the queue** (BRIT) sich vordrängeln.

▶ **jump about** vi herumspringen.

▶ **jump at** vt fus (idea) sofort aufgreifen; (chance) sofort ergreifen; **he** ~**ed at the offer** er griff bei dem Angebot sofort zu.

▶ **jump down** vi herunterspringen.

▶ **jump up** vi hochspringen; (from seat) aufspringen.

jumped-up ['dʒʌmptʌp] (BRIT: pej) adj eingebildet.

jumper ['dʒʌmpə'] n (BRIT) Pullover m; (US: dress) Trägerkleid nt; (SPORT) Springer(in) m(f).

jumper cables (US) npl = **jump leads**.

jumping jack n Knallfrosch m.

jump jet n Senkrechtstarter m.

jump leads (BRIT) npl Starthilfekabel nt.

jump-start ['dʒʌmpstɑːt] vt (AUT: engine) durch Anschieben des Wagens in Gang bringen.

jump suit n Overall m.

jumpy ['dʒʌmpɪ] adj nervös.

Jun. abbr = **June**.

junction ['dʒʌŋkʃən] (BRIT) n Kreuzung f; (RAIL) Gleisanschluss m.

juncture ['dʒʌŋktʃə*] n: **at this** ~ zu diesem Zeitpunkt.

June [dʒuːn] n Juni m; *see also* **July.**

jungle ['dʒʌŋgl] n Urwald m, Dschungel m (*also fig*).

junior ['dʒuːnɪə*] adj jünger; (*subordinate*) untergeordnet ♦ n Jüngere(r) f(m); (*young person*) Junior m; **he's** ~ **to me (by 2 years)**, **he's my** ~ **(by 2 years)** (*younger*) er ist (2 Jahre) jünger als ich; **he's** ~ **to me** (*subordinate*) er steht unter mir.

junior executive n zweiter Geschäftsführer m, zweite Geschäftsführerin f.

junior high school (*US*) n ≈ Mittelschule f.

junior minister (*BRIT*) n Staatssekretär(in) m(f).

junior partner n Juniorpartner(in) m(f).

junior school (*BRIT*) n ≈ Grundschule f.

junior sizes npl (*COMM*) Kindergrößen pl.

juniper ['dʒuːnɪpə*] n: ~ **berry** Wacholderbeere f.

junk [dʒʌŋk] n (*rubbish*) Gerümpel nt; (*cheap goods*) Ramsch m; (*ship*) Dschunke f ♦ vt (*inf*) ausrangieren.

junk bond n (*FIN*) niedrig eingestuftes Wertpapier mit hohen Ertragschancen bei erhöhtem Risiko.

junket ['dʒʌŋkɪt] n Dickmilch f; (*inf. pej: free trip*): **to go on a** ~ eine Reise auf Kosten des Steuerzahlers machen.

junk food n ungesundes Essen nt.

junkie ['dʒʌŋkɪ] (*inf*) n Fixer(in) m(f).

junk mail n (Post)wurfsendungen pl.

junk room n Rumpelkammer f.

junk shop n Trödelladen m.

Junr abbr (in names: = junior) jun.

junta ['dʒʌntə] n Junta f.

Jupiter ['dʒuːpɪtə*] n Jupiter m.

jurisdiction [dʒuərɪs'dɪkʃən] n Gerichtsbarkeit f, (*ADMIN*) Zuständigkeit f, Zuständigkeitsbereich m; **it falls** or **comes within/outside my** ~ dafür bin ich zuständig/nicht zuständig.

jurisprudence [dʒuərɪs'pruːdəns] n Jura no art, Rechtswissenschaft f.

juror ['dʒuərə*] n Schöffe m, Schöffin f; (*for capital crimes*) Geschworene(r) f(m); (*in competition*) Preisrichter(in) m(f).

jury ['dʒuərɪ] n: **the** ~ die Schöffen pl; (*for capital crimes*) die Geschworenen pl; (*for competition*) die Jury, das Preisgericht.

jury box n Schöffenbank f; Geschworenenbank f.

juryman ['dʒuərɪmən] (*irreg: like* **man**) n = **juror**.

just [dʒʌst] adj gerecht ♦ adv (*exactly*) genau; (*only*) nur; **he's** ~ **done it/left** er hat es gerade getan/ist gerade gegangen; ~ **as I expected** genau wie ich erwartet habe; ~ **right** genau richtig; ~ **two o'clock** erst zwei Uhr; **we were** ~ **going** wir wollten gerade gehen; **I was** ~ **about to phone** ich wollte gerade anrufen; **she's** ~ **as clever as you** sie ist genauso klug wie du; **it's** ~ **as well (that ...)** nur gut, dass ...; ~ **as he was leaving** gerade als er gehen wollte; ~ **before** gerade noch; ~ **enough** gerade genug; ~ **here** genau hier, genau an dieser Stelle; **he** ~ **missed** er hat genau danebengetroffen; **it's** ~ **me** ich bins nur; **it's** ~ **a mistake** es ist nur ein Fehler; ~ **listen** hör mal; ~ **ask someone the way** frage doch einfach jemanden nach dem Weg; **not** ~ **now** nicht gerade jetzt; ~ **a minute!,** ~ **one moment!** einen Moment, bitte!

justice ['dʒʌstɪs] n Justiz f; (*of cause, complaint*) Berechtigung f; (*fairness*) Gerechtigkeit f; (*US: judge*) Richter(in) m(f); **Lord Chief J~** (*BRIT*) *oberster Richter in Großbritannien*; **to do** ~ **to** (*fig*) gerecht werden +dat.

Justice of the Peace n Friedensrichter(in) m(f).

justifiable [dʒʌstɪ'faɪəbl] adj gerechtfertigt, berechtigt.

justifiably [dʒʌstɪ'faɪəblɪ] adv zu Recht, berechtigterweise.

justification [dʒʌstɪfɪ'keɪʃən] n Rechtfertigung f; (*TYP*) Justierung f.

justify ['dʒʌstɪfaɪ] vt rechtfertigen; (*text*) justieren; **to be justified in doing sth** etw zu or mit Recht tun.

justly ['dʒʌstlɪ] adv zu or mit Recht; (*deservedly*) gerecht.

jut [dʒʌt] vi (*also:* ~ **out**) vorstehen.

jute [dʒuːt] n Jute f.

juvenile ['dʒuːvənaɪl] adj (*crime, offenders*) Jugend-; (*humour, mentality*) kindisch, unreif ♦ n Jugendliche(r) f(m).

juvenile delinquency n Jugendkriminalität f.

juvenile delinquent n jugendlicher Straftäter m, jugendliche Straftäterin f.

juxtapose ['dʒʌkstəpəuz] vt nebeneinander stellen.

juxtaposition ['dʒʌkstəpə'zɪʃən] n Nebeneinanderstellung f.

K, k

K¹, k [keɪ] n (*letter*) K nt, k nt; ~ **for King** ≈ K wie Kaufmann.

K² [keɪ] abbr (= one thousand) K; (*COMPUT*: = kilobyte) KB; (*BRIT: in titles*) = **knight**.

kaftan ['kæftæn] n Kaftan m.

Kalahari Desert [kælə'hɑːrɪ-] n: **the** ~ die Kalahari.

kale [keɪl] n Grünkohl m.

kaleidoscope [kə'laɪdəskəʊp] n Kaleidoskop nt.

kamikaze ['kæmɪ'kɑːzɪ] adj (mission etc) Kamikaze-, Selbstmord-.

Kampala [kæm'pɑːlə] n Kampala nt.

Kampuchea [kæmpu'tʃɪə] n Kampuchea nt.

Kampuchean [kæmpu'tʃɪən] adj kampucheanisch.

kangaroo [kæŋgə'ruː] n Känguru nt.

Kans. (US) abbr (POST: = Kansas).

kaput [kə'put] (inf) adj: **to be ~** kaputt sein.

karaoke [kɑːrə'əʊkɪ] n Karaoke nt.

karate [kə'rɑːtɪ] n Karate nt.

Kashmir [kæʃ'mɪə*] n Kaschmir nt.

kayak ['kaɪæk] n Kajak m or nt.

Kazakhstan [kæzæk'stɑːn] n Kasachstan nt.

KC (BRIT) n abbr (LAW: = King's Counsel) Kronanwalt m.

kd (US) abbr (COMM: = knocked down) (in Einzelteile) zerlegt.

kebab [kə'bæb] n Kebab m.

keel [kiːl] n Kiel m; **on an even ~** (fig) stabil.
► **keel over** vi kentern; (person) umkippen.

keen [kiːn] adj begeistert, eifrig; (interest) groß; (desire) heftig; (eye, intelligence, competition, edge) scharf; **to be ~ to do** or **on doing sth** scharf darauf sein, etw zu tun (inf); **to be ~ on sth** an etw dat sehr interessiert sein; **to be ~ on sb** von jdm sehr angetan sein; **I'm not ~ on going** ich brenne nicht gerade darauf, zu gehen.

keenly ['kiːnlɪ] adv (enthusiastically) begeistert; (feel) leidenschaftlich; (look) aufmerksam.

keenness ['kiːnnɪs] n Begeisterung f, Eifer m; **his ~ to go is suspicious** dass er so unbedingt gehen will, ist verdächtig.

keep [kiːp] (pt, pp **kept**) vt behalten; (preserve, store) aufbewahren; (house, shop, accounts, diary) führen; (garden etc) pflegen; (chickens, bees, fig: promise) halten; (family etc) versorgen, unterhalten; (detain) aufhalten; (prevent) abhalten ♦ vi (remain) bleiben; (food) sich halten ♦ n (food etc) Unterhalt m; (of castle) Bergfried m; **to ~ doing sth** etw immer wieder tun; **to ~ sb happy** jdn zufrieden stellen; **to ~ a room tidy** ein Zimmer in Ordnung halten; **to ~ sb waiting** jdn warten lassen; **to ~ an appointment** eine Verabredung einhalten; **to ~ a record of sth** über etw acc Buch führen; **to ~ sth to o.s.** etw für sich behalten; **to ~ sth (back) from sb** etw vor jdm geheim halten; **to ~ sb from doing sth** jdn davon abhalten, etw zu tun; **to ~ sth from happening** etw verhindern; **to ~ time** (clock) genau gehen; **enough for his ~** genug für seinen Unterhalt.
► **keep away** vt fern halten ♦ vi: **to ~ away (from)** wegbleiben (von).
► **keep back** vt zurückhalten; (tears) unterdrücken; (money) einbehalten ♦ vi zurückbleiben.
► **keep down** vt (prices) niedrig halten; (spending) einschränken; (food) bei sich behalten ♦ vi unten bleiben.
► **keep in** vt im Haus behalten; (at school) nachsitzen lassen ♦ vi (inf): **to ~ in with sb** sich mit jdm gut stellen.
► **keep off** vt fernhalten ♦ vi wegbleiben; **"~ off the grass"** „Betreten des Rasens verboten"; **~ your hands off** Hände weg.
► **keep on** vi: **to ~ on doing sth** (continue) etw weiter tun; **to ~ on (about sth)** unaufhörlich (von etw) reden.
► **keep out** vt fern halten; **"~ out"** „Zutritt verboten".
► **keep up** vt (payments) weiterbezahlen; (standards etc) aufrechterhalten ♦ vi: **to ~ up (with)** mithalten können (mit).

keeper ['kiːpə*] n Wärter(in) m(f).

keep fit n Fitnesstraining nt.

keeping ['kiːpɪŋ] n (care) Obhut f; **in ~ with** in Übereinstimmung mit; **out of ~ with** nicht im Einklang mit; **I'll leave this in your ~** ich vertraue dies deiner Obhut an.

keeps [kiːps] n: **for ~** (inf) für immer.

keepsake ['kiːpseɪk] n Andenken nt.

keg [kɛg] n Fässchen nt; **~ beer** Bier nt vom Fass.

Ken. (US) abbr (POST: = Kentucky).

kennel ['kɛnl] n Hundehütte f.

kennels ['kɛnlz] n Hundeheim nt; **we had to leave our dog in ~ over Christmas** wir mussten unseren Hund über Weihnachten in ein Heim geben.

Kenya ['kɛnjə] n Kenia nt.

Kenyan ['kɛnjən] adj kenianisch ♦ n Kenianer(in) m(f).

kept [kɛpt] pt, pp of **keep**.

kerb [kəːb] (BRIT) n Bordstein m.

kerb crawler [-'krɔːlə*] (inf) n Freier m im Autostrich.

kernel ['kəːnl] n Kern m.

kerosene ['kɛrəsiːn] n Kerosin nt.

kestrel ['kɛstrəl] n Turmfalke m.

ketchup ['kɛtʃəp] n Ket(s)chup m or nt.

kettle ['kɛtl] n Kessel m.

kettledrum ['kɛtldrʌm] n (Kessel)pauke f.

key [kiː] n Schlüssel m; (MUS) Tonart f; (of piano, computer, typewriter) Taste f ♦ cpd (issue etc) Schlüssel- ♦ vt (also: ~ **in**) eingeben.

keyboard ['kiːbɔːd] n Tastatur f.

keyboarder ['kiːbɔːdə*] n Datentypist(in) m(f).

keyed up [kiːd-] adj: **to be (all) ~** (ganz) aufgedreht sein (inf).

keyhole ['kiːhəʊl] n Schlüsselloch nt.

keyhole surgery n Schlüssellochchirurgie f, minimal invasive Chirurgie f.

keynote ['kiːnəʊt] n Grundton m; (of speech) Leitgedanke m.

keypad ['kiːpæd] n Tastenfeld nt.

key ring n Schlüsselring m.

keystroke ['ki:strəuk] *n* Anschlag *m*.
kg *abbr* (= *kilogram*) kg.
KGB *n abbr* (*POL: formerly*) KGB *m*.
khaki ['kɑ:kı] *n* K(h)aki *nt*.
kHz *abbr* (= *kilohertz*) kHz.
kibbutz [kı'buts] *n* Kibbuz *m*.
kick [kık] *vt* treten; (*table, ball*) treten gegen +*acc*; (*inf: habit*) ablegen; (: *addiction*) wegkommen von ♦ *vi* (*horse*) ausschlagen ♦ *n* Tritt *m*; (*to ball*) Schuss *m*; (*of rifle*) Rückstoß *m*; (*thrill*): **he does it for ~s** er macht es zum Spaß.
► **kick around** (*inf*) *vi* (*person*) rumhängen; (*thing*) rumliegen.
► **kick off** *vi* (*SPORT*) anstoßen.
kickoff ['kıkɔf] *n* (*SPORT*) Anstoß *m*.
kick start *n* (*AUT: also: ~er*) Kickstarter *m*.
kid [kıd] *n* (*inf: child*) Kind *nt*; (*animal*) Kitz *nt*; (*leather*) Ziegenleder *nt*, Glacéleder *nt*, Glaceeleder *nt* ♦ *vi* (*inf*) Witze machen; **~ brother** kleiner Bruder *m*; **~ sister** kleine Schwester *f*.
kid gloves *npl*: **to treat sb with ~** (*fig*) jdn mit Samthandschuhen anfassen.
kidnap ['kıdnæp] *vt* entführen, kidnappen.
kidnapper ['kıdnæpə'] *n* Entführer(in) *m(f)*, Kidnapper(in) *m(f)*.
kidnapping ['kıdnæpıŋ] *n* Entführung *f*, Kidnapping *nt*.
kidney ['kıdnı] *n* Niere *f*.
kidney bean *n* Gartenbohne *f*.
kidney machine *n* (*MED*) künstliche Niere *f*.
Kilimanjaro [kılımən'dʒɑ:rəu] *n*: **Mount ~** der Kilimandscharo.
kill [kıl] *vt* töten; (*murder*) ermorden, umbringen; (*plant*) eingehen lassen; (*proposal*) zu Fall bringen; (*rumour*) ein Ende machen +*dat* ♦ *n* Abschuss *m*; **to ~ time** die Zeit totschlagen; **to ~ o.s. to do sth** (*fig*) sich fast umbringen, um etw zu tun; **to ~ o.s. (laughing)** (*fig*) sich totlachen.
► **kill off** *vt* abtöten; (*fig: romance*) beenden.
killer ['kılə'] *n* Mörder(in) *m(f)*.
killer instinct *n* (*fig*) Tötungsinstinkt *m*.
killing ['kılıŋ] *n* Töten *nt*; (*instance*) Mord *m*; **to make a ~** (*inf*) einen Riesengewinn machen.
killjoy ['kıldʒɔı] *n* Spielverderber(in) *m(f)*.
kiln [kıln] *n* Brennofen *m*.
kilo ['ki:ləu] *n* Kilo *nt*.
kilobyte ['ki:ləubaıt] *n* Kilobyte *nt*.
kilogram(me) ['kıləugræm] *n* Kilogramm *nt*.
kilohertz ['kıləuhə:ts] *n inv* Kilohertz *nt*.
kilometre, (*US*) **kilometer** ['kıləmi:tə'] *n* Kilometer *m*.
kilowatt ['kıləuwɔt] *n* Kilowatt *nt*.
kilt [kılt] *n* Kilt *m*, Schottenrock *m*.
kilter ['kıltə'] *n*: **out of ~** nicht in Ordnung.
kimono [kı'məunəu] *n* Kimono *m*.
kin [kın] *n see* **kith, next**.
kind [kaınd] *adj* freundlich ♦ *n* Art *f*, (*sort*) Sorte *f*; **would you be ~ enough to ...?, would you be so ~ as to ...?** wären Sie

(vielleicht) so nett und ...?; **it's very ~ of you (to do ...)** es ist wirklich nett von Ihnen(, ... zu tun); **in ~** (*COMM*) in Naturalien; **a ~ of ... eine Art ...; they are two of a ~** sie sind beide von der gleichen Art; (*people*) sie sind vom gleichen Schlag.
kindergarten ['kındəgɑ:tn] *n* Kindergarten *m*.
kind-hearted [kaınd'hɑ:tıd] *adj* gutherzig.
kindle ['kındl] *vt* anzünden; (*emotion*) wecken.
kindling ['kındəm] *n* Anzündholz *nt*.
kindly ['kaındlı] *adj, adv* freundlich, nett; **will you ~ ...** würden Sie bitte ...; **he didn't take it ~** er konnte sich damit nicht anfreunden.
kindness ['kaındnıs] *n* Freundlichkeit *f*.
kindred ['kındrıd] *adj*: **~ spirit** Gleichgesinnte(r) *f(m)*.
kinetic [kı'nɛtık] *adj* kinetisch.
king [kıŋ] *n* (*also fig*) König *m*.
kingdom ['kıŋdəm] *n* Königreich *nt*.
kingfisher ['kıŋfıʃə'] *n* Eisvogel *m*.
kingpin ['kıŋpın] *n* (*TECH*) Bolzen *m*; (*AUT*) Achsschenkelbolzen *m*; (*fig*) wichtigste Stütze *f*.
king-size(d) ['kıŋsaız(d)] *adj* extragroß; (*cigarette*) Kingsize-.
kink [kıŋk] *n* Knick *m*; (*in hair*) Welle *f*; (*fig*) Schrulle *f*.
kinky ['kıŋkı] (*pej*) *adj* schrullig; (*sexually*) abartig.
kinship ['kınʃıp] *n* Verwandtschaft *f*.
kinsman ['kınzmən] (*irreg: like* **man**) *n* Verwandte(r) *m*.
kinswoman ['kınzwumən] (*irreg: like* **woman**) *n* Verwandte *f*.
kiosk ['ki:ɔsk] *n* Kiosk *m*; (*BRIT*) (Telefon)zelle *f*; (*also:* **newspaper ~**) (Zeitungs)kiosk *m*.
kipper ['kıpə'] *n* Räucherhering *m*.
Kirghizia [kə:'gızıə] *n* Kirgistan *nt*.
kiss [kıs] *n* Kuß *m* ♦ *vt* küssen ♦ *vi* sich küssen; **to ~ (each other)** sich küssen; **to ~ sb goodbye** jdm einen Abschiedskuss geben.
kissagram ['kısəgræm] *n durch eine(n) Angestellte(n) einer Agentur persönlich übermittelter Kuss.*
kiss of life (*BRIT*) *n*: **the ~** Mund-zu-Mund-Beatmung *f*.
kit [kıt] *n* Zeug *nt*, Sachen *pl*; (*equipment: also MIL*) Ausrüstung *f*; (*set of tools*) Werkzeug *nt*; (*for assembly*) Bausatz *m*.
► **kit out** (*BRIT*) *vt* ausrüsten, ausstatten.
kitbag ['kıtbæg] *n* Seesack *m*.
kitchen ['kıtʃın] *n* Küche *f*.
kitchen garden *n* Küchengarten *m*.
kitchen sink *n* Spüle *f*.
kitchen unit (*BRIT*) *n* Küchenschrank *m*.
kitchenware ['kıtʃınwɛə'] *n* Küchengeräte *pl*.
kite [kaıt] *n* Drachen *m*; (*ZOOL*) Milan *m*.
kith [kıθ] *n*: **~ and kin** Freunde und Verwandte *pl*.
kitten ['kıtn] *n* Kätzchen *nt*.
kitty ['kıtı] *n* (gemeinsame) Kasse *f*.
kiwi (fruit) ['ki:wi:-] *n* Kiwi(frucht) *f*.

KKK (*US*) *n abbr* (= *Ku Klux Klan*) Ku-Klux-Klan *m*.

Kleenex ® ['kli:nɛks] *n* Tempo(taschentuch) ® *nt*.

kleptomaniac [klɛptəʊ'meɪnɪæk] *n* Kleptomane *m*, Kleptomanin *f*.

km *abbr* (= *kilometre*) km.

km/h *abbr* (= *kilometres per hour*) km/h.

knack [næk] *n*: **to have the** ~ **of doing sth** es herausheben, wie man etw macht; **there's a** ~ **to doing this** da ist ein Trick *or* Kniff dabei.

knackered ['nækəd] (*BRIT: inf*) *adj* kaputt.

knapsack ['næpsæk] *n* Rucksack *m*.

knead [ni:d] *vt* kneten.

knee [ni:] *n* Knie *nt*.

kneecap ['ni:kæp] *n* Kniescheibe *f*.

kneecapping ['ni:kæpɪŋ] *n* Durchschießen *nt* der Kniescheibe.

knee-deep ['ni:'di:p] *adj*, *adv*: **the water was** ~ das Wasser ging mir *etc* bis zum Knie; ~ **in mud** knietief *or* bis zu den Knien im Schlamm.

kneejerk reaction ['ni:dʒə:k-] *n* (*fig*) instinktive Reaktion *f*.

kneel [ni:l] (*pt*, *pp* **knelt**) *vi* knien; (*also*: ~ **down**) niederknien.

kneepad ['ni:pæd] *n* Knieschützer *m*.

knell [nɛl] *n* Totengeläut(e) *nt*; (*fig*) Ende *nt*.

knelt [nɛlt] *pt*, *pp of* **kneel**.

knew [nju:] *pt of* **know**.

knickers ['nɪkəz] (*BRIT*) *npl* Schlüpfer *m*.

knick-knacks ['nɪknæks] *npl* Nippsachen *pl*.

knife [naɪf] (*pl* **knives**) *n* Messer *nt* ♦ *vt* (*injure, attack*) einstechen auf +acc; ~, **fork and spoon** Messer, Gabel und Löffel.

knife edge *n*: **to be balanced on a** ~ (*fig*) auf Messers Schneide stehen.

knight [naɪt] *n* (*BRIT*) Ritter *m*; (*CHESS*) Springer *m*, Pferd *nt*.

knighthood ['naɪthʊd] (*BRIT*) *n*: **to get a** ~ in den Adelsstand erhoben werden.

knit [nɪt] *vt* stricken ♦ *vi* stricken; (*bones*) zusammenwachsen; **to** ~ **one's brows** die Stirn runzeln.

knitted ['nɪtɪd] *adj* gestrickt, Strick-.

knitting ['nɪtɪŋ] *n* Stricken *nt*; (*garment being made*) Strickzeug *nt*.

knitting machine *n* Strickmaschine *f*.

knitting needle *n* Stricknadel *f*.

knitting pattern *n* Strickmuster *nt*.

knitwear ['nɪtwɛə*] *n* Strickwaren *pl*.

knives [naɪvz] *npl of* **knife**.

knob [nɔb] *n* Griff *m*; (*of stick*) Knauf *m*; (*on radio, TV etc*) Knopf *m*; **a** ~ **of butter** (*BRIT*) ein Stückchen *nt* Butter.

knobbly ['nɔblɪ], **knobby** ['nɔbɪ] (*US*) *adj* (*wood*) knorrig; (*surface*) uneben; ~ **knees** Knubbelknie *pl* (*inf*).

knock [nɔk] *vt* schlagen; (*bump into*) stoßen gegen +acc; (*inf: criticize*) runtermachen ♦ *vi* klopfen ♦ *n* Schlag *m*; (*bump*) Stoß *m*; (*on*

door) Klopfen *nt*; **to** ~ **a nail into sth** einen Nagel in etw *acc* schlagen; **to** ~ **some sense into sb** jdn zur Vernunft bringen; **to** ~ **at/ on** klopfen an/auf +acc; **he** ~**ed at the door** er klopfte an, er klopfte an die Tür.

► **knock about** (*inf*) *vt* schlagen, verprügeln ♦ *vi* rumziehen; ~ **about with** sich rumtreiben mit.

► **knock around** *vt*, *vi* = **knock about**.

► **knock back** (*inf*) *vt* (*drink*) sich *dat* hinter die Binde kippen.

► **knock down** *vt* anfahren; (*fatally*) überfahren; (*building etc*) abreißen; (*price: buyer*) herunterhandeln; (: *seller*) heruntergehen mit.

► **knock off** *vi* (*inf*) Feierabend machen ♦ *vt* (*from price*) nachlassen; (*inf: steal*) klauen; **to** ~ **off £10** £10 nachlassen.

► **knock out** *vt* bewusstlos schlagen; (*subj: drug*) bewusstlos werden lassen; (*BOXING*) k. o. schlagen; (*in game, competition*) besiegen.

► **knock over** *vt* umstoßen; (*with car*) anfahren.

knockdown ['nɔkdaʊn] *adj*: ~ **price** Schleuderpreis *m*.

knocker ['nɔkə*] *n* Türklopfer *m*.

knock-for-knock ['nɔkfə'nɔk] (*BRIT*) *adj*: ~ **agreement** Vereinbarung, bei der jede Versicherungsgesellschaft den Schaden am von ihr versicherten Fahrzeug übernimmt.

knocking ['nɔkɪŋ] *n* Klopfen *nt*.

knock-kneed [nɔk'ni:d] *adj* x-beinig, X-beinig; **to be** ~ X-Beine haben.

knockout ['nɔkaʊt] *n* (*BOXING*) K.-o.-Schlag *m*, Ko.-Schlag *m* ♦ *cpd* (*competition etc*) Ausscheidungs-.

knock-up ['nɔkʌp] *n* (*TENNIS*): **to have a** ~ ein paar Bälle schlagen.

knot [nɔt] *n* Knoten *m*; (*in wood*) Ast *m* ♦ *vt* einen Knoten machen in +acc; (*knot together*) verknoten; **to tie a** ~ einen Knoten machen.

knotty ['nɔtɪ] *adj* (*fig: problem*) verwickelt.

know [nəʊ] (*pt* **knew**, *pp* **known**) *vt* kennen; (*facts*) wissen; (*language*) können ♦ *vi*: **to** ~ **about** *or* **of sth/sb** von etw/jdm gehört haben; **to** ~ **how to swim** schwimmen können; **to get to** ~ **sth** etw erfahren; (*place*) etw kennen lernen; **I don't** ~ **him** ich kenne ihn nicht; **to** ~ **right from wrong** Gut und Böse unterscheiden können; **as far as I** ~ soviel ich weiß; **yes, I** ~ ja, ich weiß; **I don't** ~ ich weiß (es) nicht.

know-all ['nəʊɔ:l] (*BRIT: pej*) *n* Alleswisser *m*.

know-how ['nəʊhaʊ] *n* Know-how *nt*, Sachkenntnis *f*.

knowing ['nəʊɪŋ] *adj* wissend.

knowingly ['nəʊɪŋlɪ] *adv* (*purposely*) bewusst; (*smile, look*) wissend.

know-it-all ['nəʊɪtɔ:l] (*US*) *n* = **know-all**.

knowledge ['nɔlɪdʒ] *n* Wissen *nt*, Kenntnis *f*; (*learning, things learnt*) Kenntnisse *pl*; **to have**

no ~ of nichts wissen von; **not to my** ~ nicht, dass ich wüsste; **without my** ~ ohne mein Wissen; **it is common** ~ **that** ... es ist allgemein bekannt, dass ...; **it has come to my** ~ **that** ... ich habe erfahren, dass ...; **to have a working** ~ **of French** Grundkenntnisse in Französisch haben.

knowledgeable ['nɔlɪdʒəbl] adj informiert.

known [nəun] pp of **know** ♦ adj bekannt; (expert) anerkannt.

knuckle ['nʌkl] n (Finger)knöchel m.

▶ **knuckle down** (inf) vi sich dahinter klemmen; **to** ~ **down to work** sich an die Arbeit machen.

▶ **knuckle under** (inf) vi sich fügen, spuren.

knuckle-duster ['nʌkl'dʌstə*] n Schlagring m.

KO n abbr (= knockout) K. o. m ♦ vt k. o. schlagen.

koala [kəu'ɑːlə] n (also: ~ **bear**) Koala(bär) m.

kook [kuːk] (US: inf) n Spinner m.

Koran [kɔ'rɑːn] n: **the** ~ der Koran.

Korea [kə'rɪə] n Korea nt; **North** ~ Nordkorea nt; **South** ~ Südkorea nt.

Korean [kə'rɪən] adj koreanisch ♦ n Koreaner(in) m(f).

kosher ['kəuʃə*] adj koscher.

kowtow ['kau'tau] vi: **to** ~ **to sb** vor jdm dienern or einen Kotau machen.

Kremlin ['krɛmlɪn] n: **the** ~ der Kreml.

KS (US) abbr (POST: = Kansas).

Kt (BRIT) abbr (in titles) = knight.

Kuala Lumpur ['kwɑːlə'lumpuə*] n Kuala Lumpur nt.

kudos ['kjuːdɔs] n Ansehen nt, Ehre f.

Kurd [kəːd] n Kurde m, Kurdin f.

Kuwait [ku'weɪt] n Kuwait nt.

Kuwaiti [ku'weɪtɪ] adj kuwaitisch ♦ n Kuwaiter(in) m(f).

kW abbr (= kilowatt) kW.

KY (US) abbr (POST: = Kentucky).

L, l

L¹, l¹ [ɛl] n (letter) L nt, l nt; ~ **for Lucy,** (US) ~ **for Love** ≈ L wie Ludwig.

L² [ɛl] abbr (BRIT: AUT: = learner) am Auto angebrachtes Kennzeichen für Fahrschüler; = **lake** (= large) gr.; (= left) l.

l² abbr (= litre) l.

LA (US) n abbr (= Los Angeles) ♦ abbr (POST: = Louisiana).

La. (US) abbr (POST: = Louisiana).

lab [læb] n abbr = **laboratory**.

label ['leɪbl] n Etikett nt; (brand: of record) Label nt ♦ vt etikettieren; (fig: person) abstempeln.

labor etc ['leɪbə*] (US) n = **labour** etc.

laboratory [lə'bɔrətərɪ] n Labor nt.

> ### LABOR DAY
>
> **Labor Day** ist in den USA und Kanada der Name für den Tag der Arbeit. Er wird dort als gesetzlicher Feiertag am ersten Montag im September begangen.

laborious [lə'bɔːrɪəs] adj mühsam.

labor union (US) n Gewerkschaft f.

labour, (US) **labor** ['leɪbə*] n Arbeit f; (work force) Arbeitskräfte pl; (MED): **to be in** ~ in den Wehen liegen ♦ vi: **to** ~ **(at sth)** sich (mit etw) abmühen ♦ vt: **to** ~ **a point** auf einem Thema herumreiten; **L~, the L~ Party** (BRIT) die Labour Party; **hard** ~ Zwangsarbeit f.

labour camp n Arbeitslager nt.

labour cost n Lohnkosten pl.

labour dispute n Arbeitskampf m.

laboured ['leɪbəd] adj (breathing) schwer; (movement, style) schwerfällig.

labourer ['leɪbərə*] n Arbeiter(in) m(f); **farm** ~ Landarbeiter(in) m(f).

labour force n Arbeiterschaft f.

labour intensive adj arbeitsintensiv.

labour market n Arbeitsmarkt m.

labour pains npl Wehen pl.

labour relations npl Beziehungen pl zwischen Arbeitnehmern, Arbeitgebern und Gewerkschaften.

labour-saving ['leɪbəseɪvɪŋ] adj arbeitssparend.

laburnum [lə'bəːnəm] n (BOT) Goldregen m.

labyrinth ['læbɪrɪnθ] n Labyrinth nt.

lace [leɪs] n (fabric) Spitze f; (of shoe etc) (Schuh)band nt, Schnürsenkel m ♦ vt (also: ~ **up**) (zu)schnüren; **to** ~ **a drink** einen Schuss Alkohol in ein Getränk geben.

lacemaking ['leɪsmeɪkɪŋ] n Klöppelei f.

lacerate ['læsəreɪt] vt zerschneiden.

laceration [læsə'reɪʃən] n Schnittwunde f.

lace-up ['leɪsʌp] adj (shoes etc) Schnür-.

lack [læk] n Mangel m ♦ vt, vi: **sb** ~**s sth, sb is** ~**ing in sth** jdm fehlt es an etw dat; **through** or **for** ~ **of** aus Mangel an +dat; **to be** ~**ing** fehlen.

lackadaisical [lækə'deɪzɪkl] adj lustlos.

lackey ['lækɪ] (pej) n Lakai m.

lacklustre, (US) **lackluster** ['læklʌstə*] adj farblos, langweilig.

laconic [lə'kɔnɪk] adj lakonisch.

lacquer ['lækə*] n Lack m; (also: **hair** ~) Haarspray nt.

lacrosse [lə'krɔs] n Lacrosse nt.

lacy ['leɪsɪ] adj Spitzen-; (like lace) spitzenartig.

lad [læd] n Junge m.

ladder ['lædə*] n (also fig) Leiter f; (BRIT: in tights) Laufmasche f ♦ vt (BRIT) Laufmaschen bekommen in +dat ♦ vi (BRIT)

Laufmaschen bekommen.

laden ['leɪdl] *adj:* ~ **(with)** beladen (mit); **fully** ~ **voll** beladen.

ladle ['leɪdl] *n* Schöpflöffel *m*, (Schöpf)kelle *f* ♦ *vt* schöpfen.

▶ **ladle out** *vt (fig)* austeilen.

lady ['leɪdɪ] *n (woman)* Frau *f*; (: *dignified, graceful etc)* Dame *f*; (*BRIT: title)* Lady *f*; **ladies and gentlemen** ... meine Damen und Herren ...; **young** ~ junge Dame; **the ladies' (room)** die Damentoilette.

ladybird ['leɪdɪbəːd], **ladybug** ['leɪdɪbʌg] *(US) n* Marienkäfer *m*.

lady-in-waiting ['leɪdɪɪn'weɪtɪŋ] *n* Hofdame *f*.

lady-killer ['leɪdɪkɪləʳ] *n* Herzensbrecher *m*.

ladylike ['leɪdɪlaɪk] *adj* damenhaft.

ladyship ['leɪdɪʃɪp] *n:* **your L~** Ihre Ladyschaft.

lag [læg] *n (period of time)* Zeitabstand *m* ♦ *vi (also:* ~ **behind)** zurückbleiben; (*trade, investment etc)* zurückgehen ♦ *vt (pipes etc)* isolieren; **old** ~ (*inf: prisoner)* (ehemaliger) Knacki *m*.

lager ['lɑːgəʳ] *n* helles Bier *nt*.

lager lout *(BRIT: inf) n* betrunkener Rowdy *m*.

lagging ['lægɪŋ] *n* Isoliermaterial *nt*.

lagoon [lə'guːn] *n* Lagune *f*.

Lagos ['leɪgɔs] *n* Lagos *nt*.

laid [leɪd] *pt, pp of* **lay**.

laid-back [leɪd'bæk] *(inf) adj* locker.

laid up *adj:* **to be** ~ **(with)** im Bett liegen (mit).

lain [leɪn] *pp of* **lie**.

lair [lɛəʳ] *n* Lager *nt*; (*cave)* Höhle *f*; (*den)* Bau *m*.

laissez faire [lɛseɪ'fɛəʳ] *n* Laisser-faire *nt*.

laity ['leɪətɪ] *n or npl* Laien *pl*.

lake [leɪk] *n* See *m*.

Lake District *(BRIT) n:* **the** ~ der Lake Distrikt, *Seengebiet im NW Englands*.

lamb [læm] *n* Lamm *nt*; (*meat)* Lammfleisch *nt*.

lamb chop *n* Lammkotelett *nt*.

lambskin ['læmskɪn] *n* Lammfell *nt*.

lamb's wool *n* Lammwolle *f*.

lame [leɪm] *adj* lahm; (*argument, answer)* schwach.

lame duck *n (person)* Niete *f*; (*business)* unwirtschaftliche Firma *f*.

lamely ['leɪmlɪ] *adv* lahm.

lament [lə'ment] *n* Klage *f* ♦ *vt* beklagen.

lamentable ['læməntəbl] *adj* beklagenswert.

laminated ['læmɪneɪtɪd] *adj* laminiert; (*metal)* geschichtet; ~ **glass** Verbundglas *nt*; ~ **wood** Sperrholz *nt*.

lamp [læmp] *n* Lampe *f*.

lamplight ['læmplaɪt] *n:* **by** ~ bei Lampenlicht.

lampoon [læm'puːn] *n* Schmähschrift *f* ♦ *vt* verspotten.

lamppost ['læmppəust] *(BRIT) n* Laternenpfahl *m*.

lampshade ['læmpʃeɪd] *n* Lampenschirm *m*.

lance [lɑːns] *n* Lanze *f* ♦ *vt (MED)* aufschneiden.

lance corporal *(BRIT) n* Obergefreite(r) *m*.

lancet ['lɑːnsɪt] *n (MED)* Lanzette *f*.

Lancs [læŋks] *(BRIT) abbr (POST:* = *Lancashire)*.

land [lænd] *n* Land *nt*; (*as property)* Grund und Boden *m* ♦ *vi (AVIAT, fig)* landen; (*from ship)* an Land gehen ♦ *vt (passengers)* absetzen; (*goods)* an Land bringen; **to own** ~ Land besitzen; **to go** *or* **travel by** ~ auf dem Landweg reisen; **to** ~ **on one's feet** *(fig)* auf die Füße fallen; **to** ~ **sb with sth** *(inf)* jdm etw aufhalsen.

▶ **land up** *vi:* **to** ~ **up in/at** landen in +*dat*.

landed gentry ['lændɪd-] *n* Landadel *m*.

landfill site ['lændfɪl-] *n* ≈ Mülldeponie *f*.

landing ['lændɪŋ] *n (of house)* Flur *m*; (*outside flat door)* Treppenabsatz *m*; (*AVIAT)* Landung *f*.

landing card *n* Einreisekarte *f*.

landing craft *n inv* Landungsboot *nt*.

landing gear *n (AVIAT)* Fahrgestell *nt*.

landing stage *n* Landesteg *m*.

landing strip *n* Landebahn *f*.

landlady ['lændleɪdɪ] *n* Vermieterin *f*; (*of pub)* Wirtin *f*.

landlocked ['lændlɔkt] *adj* von Land eingeschlossen; ~ **country** Binnenstaat *m*.

landlord ['lændlɔːd] *n* Vermieter *m*; (*of pub)* Wirt *m*.

landlubber ['lændlʌbəʳ] *(old) n* Landratte *f*.

landmark ['lændmɑːk] *n* Orientierungspunkt *m*; (*famous building)* Wahrzeichen *nt*; (*fig)* Meilenstein *m*.

landowner ['lændəunəʳ] *n* Grundbesitzer(in) *m(f)*.

landscape ['lændskeɪp] *n* Landschaft *f* ♦ *vt* landschaftlich *or* gärtnerisch gestalten.

landscape architect *n* Landschaftsarchitekt(in) *m(f)*.

landscape gardener *n* Landschaftsgärtner(in) *m(f)*.

landscape painting *n* Landschaftsmalerei *f*.

landslide ['lændslaɪd] *n* Erdrutsch *m*; (*fig: electoral)* Erdrutschsieg *m*.

lane [leɪn] *n (in country)* Weg *m*; (*in town)* Gasse *f*; (*of carriageway)* Spur *f*; (*of race course, swimming pool)* Bahn *f*; **shipping** ~ Schifffahrtsweg *m*.

language ['læŋgwɪdʒ] *n* Sprache *f*; **bad** ~ Kraftausdrücke *pl*.

language laboratory *n* Sprachlabor *nt*.

languid ['læŋgwɪd] *adj* träge, matt.

languish ['læŋgwɪʃ] *vi* schmachten; (*project, case)* erfolglos bleiben.

lank [læŋk] *adj (hair)* strähnig.

lanky ['læŋkɪ] *adj* schlaksig.

lanolin(e) ['lænəlɪn] *n* Lanolin *nt*.

lantern ['læntən] *n* Laterne *f*.

Laos [laus] *n* Laos *nt*.

lap [læp] *n* Schoß *m*; (*in race)* Runde *f* ♦ *vt (also:* ~ **up)** aufschlecken ♦ *vi (water)* plätschern.

lapdog – latter

▶ **lap up** vt (fig) genießen.

lapdog ['læpdɔg] (pej) n (fig) Schoßhund m.

lapel [lə'pɛl] n Aufschlag m, Revers nt or m.

Lapland ['læplænd] n Lappland nt.

Lapp [læp] adj lappländisch ♦ n Lappe m, Lappin f; (LING) Lappländisch nt.

lapse [læps] n (bad behaviour) Fehltritt m; (of memory etc) Schwäche f; (of time) Zeitspanne f ♦ vi ablaufen; (law) ungültig werden; **to ~ into bad habits** in schlechte Gewohnheiten verfallen.

laptop ['læptɔp] (COMPUT) n Laptop m ♦ cpd Laptop-.

larceny ['lɑːsənɪ] n Diebstahl m.

larch [lɑːtʃ] n Lärche f.

lard [lɑːd] n Schweineschmalz nt.

larder ['lɑːdə*] n Speisekammer f; (cupboard) Speiseschrank m.

large [lɑːdʒ] adj groß; (person) korpulent; **to make ~r** vergrößern; **a ~ number of people** eine große Anzahl von Menschen; **on a ~ scale** im großen Rahmen; (extensive) weitreichend, weit reichend; **at ~** (as a whole) im Allgemeinen; (at liberty) auf freiem Fuß; **by and ~** im Großen und Ganzen.

large goods vehicle n Lastkraftwagen m.

largely ['lɑːdʒlɪ] adv (mostly) zum größten Teil; (mainly) hauptsächlich.

large-scale ['lɑːdʒ'skeɪl] adj im großen Rahmen; (extensive) weitreichend, weit reichend; (map, diagram) in einem großen Maßstab.

largesse [lɑː'ʒɛs] n Großzügigkeit f.

lark [lɑːk] n (bird) Lerche f; (joke) Spaß m, Jux m.

▶ **lark about** vi herumalbern.

larva ['lɑːvə] (pl ~e) n Larve f.

larvae ['lɑːviː] npl of **larva**.

laryngitis [lærɪn'dʒaɪtɪs] n Kehlkopfentzündung f.

larynx ['lærɪŋks] n Kehlkopf m.

lasagne [lə'zænjə] n Lasagne pl.

lascivious [lə'sɪvɪəs] adj lüstern.

laser ['leɪzə*] n Laser m.

laser beam n Laserstrahl m.

laser printer n Laserdrucker m.

lash [læʃ] n (also: **eyelash**) Wimper f; (blow with whip) Peitschenhieb m ♦ vt peitschen; (rain, wind) peitschen gegen; (tie): **to ~ to** festbinden an +dat; **to ~ together** zusammenbinden.

▶ **lash down** vt festbinden ♦ vi (rain) niederprasseln.

▶ **lash out** vi um sich schlagen; **to ~ out at sb** auf jdn losschlagen; **to ~ out at or against sb** (criticize) gegen jdn wettern.

lashing ['læʃɪŋ] n: **~s of** (BRIT: inf) massenhaft.

lass [læs] (BRIT) n Mädchen nt.

lasso [læ'suː] n Lasso nt ♦ vt mit dem Lasso einfangen.

last [lɑːst] adj letzte(r, s) ♦ adv (most recently) zuletzt, das letzte Mal; (finally) als Letztes ♦ vi (continue) dauern; (: in good condition) sich halten; (money, commodity) reichen; **~ week** letzte Woche; **~ night** gestern Abend; **~ but one** vorletzte(r, s); **the ~ time** das letzte Mal; **at ~** endlich; **it ~s (for) 2 hours** es dauert 2 Stunden.

last-ditch ['lɑːst'dɪtʃ] adj (attempt) allerletzte(r, s).

lasting ['lɑːstɪŋ] adj dauerhaft.

lastly ['lɑːstlɪ] adv (finally) schließlich; (last of all) zum Schluss.

last-minute ['lɑːstmɪnɪt] adj in letzter Minute.

latch [lætʃ] n Riegel m; **to be on the ~** nur eingeklinkt sein.

▶ **latch on to** vt fus (person) sich anschließen +dat; (idea) abfahren auf +acc (inf).

latchkey ['lætʃkiː] n Hausschlüssel m.

latchkey child n Schlüsselkind nt.

late [leɪt] adj spät; (not on time) verspätet ♦ adv spät; (behind time) zu spät; (recently): **~ of Dechmont** bis vor kurzem in Dechmont wohnhaft; **the ~ Mr X** (deceased) der verstorbene Herr X; **in ~ May** Ende Mai; **to be (10 minutes) ~** (10 Minuten) zu spät kommen; (train etc) (10 Minuten) Verspätung haben; **to work ~** länger arbeiten; **~ in life** relativ spät (im Leben); **of ~** in letzter Zeit.

latecomer ['leɪtkʌmə*] n Nachzügler(in) m(f).

lately ['leɪtlɪ] adv in letzter Zeit.

lateness ['leɪtnɪs] n (of person) Zuspätkommen nt; (of train, event) Verspätung f.

latent ['leɪtnt] adj (energy) ungenutzt; (skill, ability) verborgen.

later ['leɪtə*] adj, adv später; **~ on** nachher.

lateral ['lætərəl] adj seitlich; **~ thinking** kreatives Denken nt.

latest ['leɪtɪst] adj neueste(r, s) ♦ n: **at the ~** spätestens.

latex ['leɪtɛks] n Latex m.

lathe [leɪð] n Drehbank f.

lather ['lɑːðə*] n (Seifen)schaum m ♦ vt einschäumen.

Latin ['lætɪn] n Latein nt; (person) Südländer(in) m(f) ♦ adj lateinisch; (temperament etc) südländisch.

Latin America n Lateinamerika nt.

Latin American adj lateinamerikanisch ♦ n Lateinamerikaner(in) m(f).

Latino [læ'tiːnəu] (US) adj aus Lateinamerika stammend ♦ n Latino mf, in den USA lebende(r) Lateinamerikaner(in).

latitude ['lætɪtjuːd] n (GEOG) Breite f; (fig: freedom) Freiheit f.

latrine [lə'triːn] n Latrine f.

latter ['lætə*] adj (of two) letztere(r, s); (later) spätere(r, s); (second part of period) zweite(r, s); (recent) letzte(r, s) ♦ n: **the ~** der/die/das Letztere, die Letzteren.

latter-day ['lætədeɪ] *adj* modern.
latterly ['lætəlɪ] *adv* in letzter Zeit.
lattice ['lætɪs] *n* Gitter *nt*.
lattice window *n* Gitterfenster *nt*.
Latvia ['lætvɪə] *n* Lettland *nt*.
Latvian ['lætvɪən] *adj* lettisch ♦ *n* Lette *m*, Lettin *f*; (*LING*) Lettisch *nt*.
laudable ['lɔːdəbl] *adj* lobenswert.
laudatory ['lɔːdətrɪ] *adj* (*comments*) lobend; (*speech*) Lob-.
laugh [lɑːf] *n* Lachen *nt* ♦ *vi* lachen; **(to do sth) for a ~** (etw) aus Spaß (tun).
▶ **laugh at** *vt fus* lachen über +*acc*.
▶ **laugh off** *vt* mit einem Lachen abtun.
laughable ['lɑːfəbl] *adj* lächerlich, lachhaft.
laughing gas ['lɑːfɪŋ-] *n* Lachgas *nt*.
laughing matter *n*: **this is no ~** das ist nicht zum Lachen.
laughing stock *n*: **to be the ~ of** zum Gespött +*gen* werden.
laughter ['lɑːftə*] *n* Lachen *nt*, Gelächter *nt*.
launch [lɔːntʃ] *n* (*of rocket, missile*) Abschuss *m*; (*of satellite*) Start *m*; (*COMM: of product*) Einführung *f*; (: *with publicity*) Lancierung *f*; (*motorboat*) Barkasse *f* ♦ *vt* (*ship*) vom Stapel lassen; (*rocket, missile*) abschießen; (*satellite*) starten; (*fig: start*) beginnen mit; (*COMM*) auf den Markt bringen; (: *with publicity*) lancieren.
▶ **launch into** *vt fus* (*speech*) vom Stapel lassen; (*activity*) in Angriff nehmen.
▶ **launch out** *vi*: **to ~ out (into)** beginnen (mit).
launching ['lɔːntʃɪŋ] *n* (*of ship*) Stapellauf *m*; (*of rocket, missile*) Abschuss *m*; (*of satellite*) Start *m*; (*fig: start*) Beginn *m*; (*COMM: of product*) Einführung *f*; (: *with publicity*) Lancierung *f*.
launch(ing) pad *n* Startrampe *f*, Abschussrampe *f*.
launder ['lɔːndə*] *vt* waschen und bügeln; (*pej: money*) waschen.
Launderette [lɔːn'drɛt] (*BRIT*) *n* Waschsalon *m*.
Laundromat ® ['lɔːndrəmæt] (*US*) *n* Waschsalon *m*.
laundry ['lɔːndrɪ] *n* Wäsche *f*; (*dirty*) (schmutzige) Wäsche; (*business*) Wäscherei *f*; (*room*) Waschküche *f*; **to do the ~** (Wäsche) waschen.
laureate ['lɔːrɪət] *adj see* **poet laureate**.
laurel ['lɔrl] *n* (*tree*) Lorbeer(baum) *m*; **to rest on one's ~s** sich auf seinen Lorbeeren ausruhen.
Lausanne [ləu'zæn] *n* Lausanne *nt*.
lava ['lɑːvə] *n* Lava *f*.
lavatory ['lævətərɪ] *n* Toilette *f*.
lavatory paper *n* Toilettenpapier *nt*.
lavender ['lævəndə*] *n* Lavendel *m*.
lavish ['lævɪʃ] *adj* großzügig; (*meal*) üppig; (*surroundings*) feudal; (*wasteful*) verschwenderisch ♦ *vt*: **to ~ sth on sb** jdn mit etw überhäufen.

lavishly ['lævɪʃlɪ] *adv* (*generously*) großzügig; (*sumptuously*) aufwändig, aufwendig.
law [lɔː] *n* Recht *nt*; (*a rule: also of nature, science*) Gesetz *nt*; (*professions connected with law*) Rechtswesen *nt*; (*SCOL*) Jura *no art*; **against the ~** rechtswidrig; **to study ~** Jura or Recht (swissenschaft) studieren; **to go to ~** vor Gericht gehen; **to break the ~** gegen das Gesetz verstoßen.
law-abiding ['lɔːəbaɪdɪŋ] *adj* gesetzestreu.
law and order *n* Ruhe und Ordnung *f*.
lawbreaker ['lɔːbreɪkə*] *n* Rechtsbrecher(in) *m(f)*.
law court *n* Gerichtshof *m*, Gericht *nt*.
lawful ['lɔːful] *adj* rechtmäßig.
lawfully ['lɔːfəlɪ] *adv* rechtmäßig.
lawless ['lɔːlɪs] *adj* gesetzwidrig.
Law Lord (*BRIT*) *n* Mitglied des Oberhauses mit besonderem Verantwortungsbereich in Rechtsfragen.
lawn [lɔːn] *n* Rasen *m*.
lawn mower *n* Rasenmäher *m*.
lawn tennis *n* Rasentennis *nt*.
law school (*US*) *n* juristische Hochschule *f*.
law student *n* Jurastudent(in) *m(f)*.
lawsuit ['lɔːsuːt] *n* Prozess *m*.
lawyer ['lɔːjə*] *n* (Rechts)anwalt *m*, (Rechts)anwältin *f*.
lax [læks] *adj* lax.
laxative ['læksətɪv] *n* Abführmittel *nt*.
laxity ['læksɪtɪ] *n* Laxheit *f*; **moral ~** lockere or laxe Moral *f*.
lay [leɪ] (*pt, pp* **laid**) *pt* of **lie** ♦ *adj* (*REL: preacher etc*) Laien- ♦ *vt* legen; (*table*) decken; (*carpet, cable etc*) verlegen; (*plans*) schmieden; (*trap*) stellen; **the ~ person** (*not expert*) der Laie; **to ~ facts/proposals before sb** jdm Tatsachen vorlegen/Vorschläge unterbreiten; **to ~ one's hands on sth** (*fig*) etw in die Finger bekommen; **to get laid** (*inf!*) bumsen (!).
▶ **lay aside** *vt* weglegen, zur Seite legen.
▶ **lay by** *vt* beiseite or auf die Seite legen.
▶ **lay down** *vt* hinlegen; (*rules, laws etc*) festlegen; **to ~ down the law** Vorschriften machen; **to ~ down one's life** sein Leben geben.
▶ **lay in** *vt* (*supply*) anlegen.
▶ **lay into** *vt fus* losgehen auf +*acc*; (*criticize*) herunterputzen.
▶ **lay off** *vt* (*workers*) entlassen.
▶ **lay on** *vt* (*meal*) auftischen; (*entertainment etc*) sorgen für; (*water, gas*) anschließen; (*paint*) auftragen.
▶ **lay out** *vt* ausbreiten; (*inf: spend*) ausgeben.
▶ **lay up** *vt* (*illness*) außer Gefecht setzen; *see also* **lay by**.
layabout ['leɪəbaut] (*inf: pej*) *n* Faulenzer *m*.
lay-by ['leɪbaɪ] (*BRIT*) *n* Parkbucht *f*.
lay days *npl* Liegezeit *f*.
layer ['leɪə*] *n* Schicht *f*.
layette [leɪ'ɛt] *n* Babyausstattung *f*.

layman ['leɪmən] (*irreg: like* **man**) *n* Laie *m*.
lay-off ['leɪɔf] *n* Entlassung *f*.
layout ['leɪaut] *n* (*of garden*) Anlage *f*; (*of building*) Aufteilung *f*; (*TYP*) Lay-out *nt*, Layout *nt*.
laze [leɪz] *vi* (*also:* ~ **about**) (herum)faulenzen.
laziness ['leɪzɪnɪs] *n* Faulheit *f*.
lazy ['leɪzɪ] *adj* faul; (*movement, action*) langsam, träge.
LB (*CANADA*) *abbr* (= *Labrador*).
lb *abbr* (= *pound (weight)*) britisches Pfund *(0,45 kg)*, ≈ Pfd.
lbw *abbr* (*CRICKET*: = *leg before wicket*) *Regelverletzung beim Kricket*.
LC (*US*) *n abbr* (= *Library of Congress*) *Bibliothek des US-Parlaments*.
L/C *abbr* = **letter of credit**.
lc *abbr* (*TYP*: = *lower case*) *see* **case**.
LCD *n abbr* (= *liquid-crystal display*) LCD *nt*.
Ld (*BRIT*) *abbr* (*in titles*) = **lord**.
LDS *n abbr* (*BRIT*: = *Licentiate in Dental Surgery*) ≈ Dr. med. dent. ♦ *n abbr* (= *Latter-day Saints*) Heilige *pl* der Letzten Tage.
LEA (*BRIT*) *n abbr* (= *Local Education Authority*) *örtliche Schulbehörde*.
lead¹ [liːd] (*pt, pp* **led**) *n* (*SPORT, fig*) Führung *f*; (*clue*) Spur *f*; (*in play, film*) Hauptrolle *f*; (*for dog*) Leine *f*; (*ELEC*) Kabel *nt* ♦ *vt* anführen; (*guide*) führen; (*organization, BRIT: orchestra*) leiten ♦ *vi* führen; **to be in the** ~ (*SPORT, fig*) in Führung liegen; **to take the** ~ (*SPORT*) in Führung gehen; **to** ~ **the way** vorangehen; **to** ~ **sb astray** jdn vom rechten Weg abführen; (*mislead*) jdn irreführen; **to** ~ **sb to believe that** ... jdm den Eindruck vermitteln, dass ...; **to** ~ **sb to do sth** jdn dazu bringen, etw zu tun.
▶ **lead away** *vt* wegführen; (*prisoner etc*) abführen.
▶ **lead back** *vt* zurückführen.
▶ **lead off** *vi* (*in conversation etc*) den Anfang machen; (*room, road*) abgehen ♦ *vt fus* abgehen von.
▶ **lead on** *vt* (*tease*) aufziehen.
▶ **lead to** *vt fus* führen zu.
▶ **lead up to** *vt fus* (*events*) vorangehen +*dat*; (*in conversation*) hinauswollen auf +*acc*.
lead² [lɛd] *n* Blei *nt*; (*in pencil*) Mine *f*.
leaded ['lɛdɪd] *adj* (*window*) bleiverglast; (*petrol*) verbleit.
leaden ['lɛdn] *adj* (*sky, sea*) bleiern; (*movements*) bleischwer.
leader ['liːdə*] *n* Führer(in) *m(f)*; (*SPORT*) Erste(r) *f(m)*; (*in newspaper*) Leitartikel *m*; **the L**~ **of the House (of Commons/of Lords)** (*BRIT*) der Führer des Unterhauses/des Oberhauses.
leadership ['liːdəʃɪp] *n* Führung *f*; (*position*) Vorsitz *m*; (*quality*) Führungsqualitäten *pl*.
lead-free ['lɛdfriː] (*old*) *adj* bleifrei.
leading ['liːdɪŋ] *adj* führend; (*role*) Haupt-; (*first, front*) vorderste(r, s).

leading lady *n* (*THEAT*) Hauptdarstellerin *f*.
leading light *n* führende Persönlichkeit *f*.
leading man *n* (*THEAT*) Hauptdarsteller *m*.
leading question *n* Suggestivfrage *f*.
lead pencil [lɛd-] *n* Bleistift *m*.
lead poisoning [lɛd-] *n* Bleivergiftung *f*.
lead singer [liːd-] *n* Leadsänger(in) *m(f)*.
lead time [liːd-] *n* (*COMM: for production*) Produktionszeit *f*; (: *for delivery*) Lieferzeit *f*.
lead-up ['liːdʌp] *n*: **the** ~ **to sth** die Zeit vor etw *dat*.
leaf [liːf] (*pl* **leaves**) *n* Blatt *nt*; (*of table*) Ausziehplatte *f*; **to turn over a new** ~ einen neuen Anfang machen; **to take a** ~ **out of sb's book** sich *dat* von jdm eine Scheibe abschneiden.
▶ **leaf through** *vt fus* durchblättern.
leaflet ['liːflɪt] *n* Informationsblatt *nt*.
leafy ['liːfɪ] *adj* (*tree, branch*) belaubt; (*lane, suburb*) grün.
league [liːg] *n* (*of people, clubs*) Verband *m*; (*of countries*) Bund *m*; (*FOOTBALL*) Liga *f*; **to be in** ~ **with sb** mit jdm gemeinsame Sache machen.
league table *n* Tabelle *f*.
leak [liːk] *n* Leck *nt*; (*in roof, pipe etc*) undichte Stelle *f*; (*piece of information*) zugespielte Information *f* ♦ *vi* (*shoes, roof, pipe*) undicht sein; (*ship*) lecken; (*liquid*) auslaufen; (*gas*) ausströmen ♦ *vt* (*information*) durchsickern lassen; **to** ~ **sth to sb** jdm etw zuspielen.
▶ **leak out** *vi* (*liquid*) auslaufen; (*news, information*) durchsickern.
leakage ['liːkɪdʒ] *n* (*of liquid*) Auslaufen *nt*; (*of gas*) Ausströmen *nt*.
leaky ['liːkɪ] *adj* (*roof, container*) undicht.
lean [liːn] (*pt, pp* **leaned** *or* **leant**) *adj* (*person*) schlank; (*meat, fig: time*) mager ♦ *vt*: **to** ~ **sth on sth** etw an etw *acc* lehnen; (*rest*) etw auf etw *acc* stützen ♦ *vi* (*slope*) sich neigen; **to** ~ **against** sich lehnen gegen; **to** ~ **on** sich stützen auf +*acc*; **to** ~ **forward/back** sich vorbeugen/zurücklehnen; **to** ~ **towards** tendieren zu.
▶ **lean out** *vi* sich hinauslehnen.
▶ **lean over** *vi* sich vorbeugen.
leaning ['liːnɪŋ] *n* Hang *m*, Neigung *f*.
leant [lɛnt] *pt, pp of* **lean**.
lean-to ['liːntuː] *n* Anbau *m*.
leap [liːp] (*pt, pp* **leaped** *or* **leapt**) *n* Sprung *m*; (*in price, number etc*) sprunghafter Anstieg *m* ♦ *vi* springen; (*price, number etc*) sprunghaft (an)steigen.
▶ **leap at** *vt fus* (*offer*) sich stürzen auf +*acc*; (*opportunity*) beim Schopf ergreifen.
▶ **leap up** *vi* aufspringen.
leapfrog ['liːpfrɒg] *n* Bockspringen *nt*.
leapt [lɛpt] *pt, pp of* **leap**.
leap year *n* Schaltjahr *nt*.
learn [ləːn] (*pt, pp* **learned** *or* **learnt**) *vt* lernen; (*facts*) erfahren ♦ *vi* lernen; **to** ~ **about** *or* **of sth** von etw erfahren; **to** ~ **about sth** (*study*)

etw lernen; **to ~ that** ... (*hear, read*)
erfahren, dass ...; **to ~ to do sth** etw lernen.
learned ['lɜːnɪd] *adj* gelehrt; (*book, paper*)
wissenschaftlich.
learner ['lɜːnə*] (*BRIT*) *n* (*also:* ~ **driver**)
Fahrschüler(in) *m(f)*.
learning ['lɜːnɪŋ] *n* Gelehrsamkeit *f*.
learnt [lɜːnt] *pt, pp of* **learn**.
lease [liːs] *n* Pachtvertrag *m* ♦ *vt*: **to ~ sth (to
sb)** etw (an jdn) verpachten; **on ~ (to)**
verpachtet (an +*acc*); **to ~ sth (from sb)** etw
(von jdm) pachten.
▶ **lease back** *vt* rückmieten.
leaseback ['liːsbæk] *n* Verkauf und
Rückmiete *pl*.
leasehold ['liːshəʊld] *n* Pachtbesitz *m* ♦ *adj*
gepachtet.
leash [liːʃ] *n* Leine *f*.
least [liːst] *adv* am wenigsten ♦ *adj*: **the ~** (+
noun) der/die/das wenigste; (: *slightest*) der/
die/das geringste; **the ~ expensive car** das
billigste Auto; **at ~** mindestens; (*still, rather*)
wenigstens; **you could at ~ have written** du
hättest wenigstens schreiben können; **not in
the ~** nicht im Geringsten; **it was the ~ I
could do** das war das wenigste, was ich tun
konnte.
leather ['lɛðə*] *n* Leder *nt*.
leave [liːv] (*pt, pp* **left**) *vt* verlassen; (*leave
behind*) zurücklassen; (*mark, stain*)
hinterlassen; (*object: accidentally*) liegen
lassen, stehen lassen; (*food*) übrig lassen;
(*space, time etc*) lassen ♦ *vi* (*go away*)
(weg)gehen; (*bus, train*) abfahren ♦ *n* Urlaub
m; **to ~ sth to sb** (*money etc*) jdm etw
hinterlassen; **to ~ sb with sth** (*impose*) jdm
etw aufhalsen; (*possession*) jdm etw lassen;
they were left with nothing ihnen blieb
nichts; **to be left** übrig sein; **to be left over**
(*remain*) übrig (geblieben) sein; **to ~ for**
gehen/fahren nach; **to take one's ~ of sb**
sich von jdm verabschieden; **on ~** auf
Urlaub.
▶ **leave behind** *vt* zurücklassen; (*object:
accidentally*) liegen lassen, stehen lassen.
▶ **leave off** *vt* (*cover, lid*) ablassen; (*heating,
light*) auslassen ♦ *vi* (*inf: stop*) aufhören.
▶ **leave on** *vt* (*light, heating*) anlassen.
▶ **leave out** *vt* auslassen.
leave of absence *n* Beurlaubung *f*.
leaves [liːvz] *npl of* **leaf**.
Lebanese [lɛbə'niːz] *adj* libanesisch ♦ *n inv*
Libanese *m*, Libanesin *f*.
Lebanon ['lɛbənən] *n* Libanon *m*.
lecherous ['lɛtʃərəs] (*pej*) *adj* lüstern.
lectern ['lɛktəːn] *n* Rednerpult *nt*.
lecture ['lɛktʃə*] *n* Vortrag *m*; (*UNIV*)
Vorlesung *f* ♦ *vi* Vorträge/Vorlesungen
halten ♦ *vt* (*scold*): **to ~ sb on** or **about sth**
jdm wegen etw eine Strafpredigt halten; **to
give a ~ on** einen Vortrag/eine Vorlesung
halten über +*acc*.

lecture hall *n* Hörsaal *m*.
lecturer ['lɛktʃərə*] (*BRIT*) *n* Dozent(in) *m(f)*;
(*speaker*) Redner(in) *m(f)*.
LED *n abbr* (*ELEC: = light-emitting diode*) LED *f*.
led [lɛd] *pt, pp of* **lead¹**.
ledge [lɛdʒ] *n* (*of mountain*) (Fels)vorsprung
m; (*of window*) Fensterbrett *nt*; (*on wall*)
Leiste *f*.
ledger ['lɛdʒə*] *n* (*COMM*) Hauptbuch *nt*.
lee [liː] *n* Windschatten *m*; (*NAUT*) Lee *f*.
leech [liːtʃ] *n* Blutegel *m*; (*fig*) Blutsauger *m*.
leek [liːk] *n* Porree *m*, Lauch *m*.
leer [lɪə*] *vi*: **to ~ at sb** jdm lüsterne Blicke
zuwerfen.
leeward ['liːwəd] (*NAUT*) *adj* (*side etc*) Lee-
♦ *adv* leewärts ♦ *n*: **to ~** an der Leeseite;
(*direction*) nach der Leeseite.
leeway ['liːweɪ] *n* (*fig*): **to have some ~** etwas
Spielraum haben; **there's a lot of ~ to make
up** ein großer Rückstand muss aufgeholt
werden.
left [lɛft] *pt, pp of* **leave** ♦ *adj* (*remaining*) übrig;
(*of position*) links; (*of direction*) nach links ♦ *n*
linke Seite *f* ♦ *adv* links; nach links; **on the ~,
to the ~** links; **the L~** (*POL*) die Linke.
left-click ['lɛftklɪk] (*COMPUT*) *vi* links klicken
♦ *vt* links klicken auf (+*acc*).
left-hand drive ['lɛfthænd-] *adj* mit
Linkssteuerung.
left-handed [lɛft'hændɪd] *adj* linkshändig.
left-hand side ['lɛfthænd-] *n* linke Seite *f*.
leftie ['lɛftɪ] (*inf*) *n* Linke(r) *f(m)*.
leftist ['lɛftɪst] (*POL*) *n* Linke(r) *f(m)* ♦ *adj*
linke(r, s).
left-luggage (office) [lɛft'lʌgɪdʒ(-)] (*BRIT*) *n*
Gepäckaufbewahrung *f*.
leftovers ['lɛftəʊvəz] *npl* Reste *pl*.
left-wing ['lɛft'wɪŋ] *adj* (*POL*) linke(r, s).
left-winger ['lɛft'wɪŋə*] *n* (*POL*) Linke(r) *f(m)*.
lefty ['lɛftɪ] *n* = **leftie**.
leg [lɛg] *n* Bein *nt*; (*CULIN*) Keule *f*; (*SPORT*)
Runde *f*; (: *of relay race*) Teilstrecke *f*; (*of
journey etc*) Etappe *f*; **to stretch one's ~s** sich
dat die Beine vertreten; **to get one's ~ over**
(*inf*) bumsen.
legacy ['lɛgəsɪ] *n* Erbschaft *f*; (*fig*) Erbe *nt*.
legal ['liːgl] *adj* (*requirement*) rechtlich,
gesetzlich; (*system*) Rechts-; (*allowed by law*)
legal, rechtlich zulässig; **to take ~ action** or
proceedings against sb jdn verklagen.
legal adviser *n* juristischer Berater *m*.
legal holiday (*US*) *n* gesetzlicher Feiertag *m*.
legality [lɪ'gælɪtɪ] *n* Legalität *f*.
legalize ['liːgəlaɪz] *vt* legalisieren.
legally ['liːgəlɪ] *adv* rechtlich, gesetzlich; (*in
accordance with the law*) rechtmäßig;
~ binding rechtsverbindlich.
legal tender *n* gesetzliches Zahlungsmittel
nt.
legation [lɪ'geɪʃən] *n* Gesandtschaft *f*.
legend ['lɛdʒənd] *n* Legende *f*, Sage *f*; (*fig:
person*) Legende *f*.

legendary ['lɛdʒəndərɪ] *adj* legendär; (*very famous*) berühmt.

-legged ['lɛgɪd] *suff* -beinig.

leggings ['lɛgɪŋz] *npl* Leggings *pl*, Leggins *pl*.

leggy ['lɛgɪ] *adj* langbeinig.

legibility [lɛdʒɪ'bɪlɪtɪ] *n* Lesbarkeit *f*.

legible ['lɛdʒəbl] *adj* leserlich.

legibly ['lɛdʒəblɪ] *adv* leserlich.

legion ['liːdʒən] *n* Legion *f* ♦ *adj* zahlreich.

legionnaire [liːdʒə'nɛəʳ] *n* Legionär *m*.

legionnaire's disease *n* Legionärskrankheit *f*.

legislate ['lɛdʒɪsleɪt] *vi* Gesetze/ein Gesetz erlassen.

legislation [lɛdʒɪs'leɪʃən] *n* Gesetzgebung *f*; (*laws*) Gesetze *pl*.

legislative ['lɛdʒɪslətɪv] *adj* gesetzgebend; ~ **reforms** Gesetzesreformen *pl*.

legislator ['lɛdʒɪsleɪtəʳ] *n* Gesetzgeber *m*.

legislature ['lɛdʒɪslətʃəʳ] *n* Legislative *f*.

legitimacy [lɪ'dʒɪtɪməsɪ] *n* (*validity*) Berechtigung *f*; (*legality*) Rechtmäßigkeit *f*.

legitimate [lɪ'dʒɪtɪmət] *adj* (*reasonable*) berechtigt; (*excuse*) begründet; (*legal*) rechtmäßig.

legitimize [lɪ'dʒɪtɪmaɪz] *vt* legitimieren.

legless ['lɛglɪs] (*inf*) *adj* (*drunk*) sternhagelvoll.

legroom ['lɛgruːm] *n* Beinfreiheit *f*.

Leics (*BRIT*) *abbr* (*POST*: = *Leicestershire*).

leisure ['lɛʒəʳ] *n* Freizeit *f*, **at** ~ in Ruhe.

leisure centre *n* Freizeitzentrum *nt*.

leisurely ['lɛʒəlɪ] *adj* geruhsam.

leisure suit *n* Freizeitanzug *m*.

lemon ['lɛmən] *n* Zitrone *f*; (*colour*) Zitronengelb *nt*.

lemonade [lɛmə'neɪd] *n* Limonade *f*.

lemon cheese *n* = **lemon curd**.

lemon curd *n* zähflüssiger Brotaufstrich mit Zitronengeschmack.

lemon juice *n* Zitronensaft *m*.

lemon squeezer *n* Zitronenpresse *f*.

lemon tea *n* Zitronentee *m*.

lend [lɛnd] (*pt, pp* **lent**) *vt*: **to** ~ **sth to sb** jdm etw leihen; **to** ~ **sb a hand (with sth)** jdm (bei etw) helfen; **it** ~**s itself to ...** es eignet sich für ...

lender ['lɛndəʳ] *n* Verleiher(in) *m(f)*.

lending library ['lɛndɪŋ-] *n* Leihbücherei *f*.

length [lɛŋθ] *n* Länge *f*; (*piece*) Stück *nt*; (*amount of time*) Dauer *f*; **the** ~ **of the island** (*all along*) die ganze Insel entlang; **2 metres in** ~ 2 Meter lang; **at** ~ (*at last*) schließlich; (*for a long time*) lange; **to go to great** ~**s to do sth** sich *dat* sehr viel Mühe geben, etw zu tun; **to fall full-**~ lang hinfallen; **to lie full-**~ in voller Länge daliegen.

lengthen ['lɛŋθn] *vt* verlängern ♦ *vi* länger werden.

lengthways ['lɛŋθweɪz] *adv* der Länge nach.

lengthy ['lɛŋθɪ] *adj* lang.

leniency ['liːnɪənsɪ] *n* Nachsicht *f*.

lenient ['liːnɪənt] *adj* nachsichtig.

leniently ['liːnɪəntlɪ] *adv* nachsichtig.

lens [lɛnz] *n* (*of spectacles*) Glas *nt*; (*of camera*) Objektiv *nt*; (*of telescope*) Linse *f*.

Lent [lɛnt] *n* Fastenzeit *f*.

lent [lɛnt] *pt, pp of* **lend**.

lentil ['lɛntɪl] *n* Linse *f*.

Leo ['liːəu] *n* Löwe *m*; **to be** ~ Löwe sein.

leopard ['lɛpəd] *n* Leopard *m*.

leotard ['liːətɑːd] *n* Gymnastikanzug *m*.

leper ['lɛpəʳ] *n* Leprakranke(r) *f(m)*.

leper colony *n* Leprasiedlung *f*.

leprosy ['lɛprəsɪ] *n* Lepra *f*.

lesbian ['lɛzbɪən] *adj* lesbisch ♦ *n* Lesbierin *f*.

lesion ['liːʒən] *n* Verletzung *f*.

Lesotho [lɪ'suːtuː] *n* Lesotho *nt*.

less [lɛs] *adj, pron, adv* weniger ♦ *prep*: ~ **tax/10% discount** abzüglich Steuer/10% Rabatt; ~ **than half** weniger als die Hälfte; ~ **than ever** weniger denn je; ~ **and** ~ immer weniger; **the** ~ **he works** ... je weniger er arbeitet ...; **the Prime Minister, no** ~ kein Geringerer als der Premierminister.

lessee [lɛ'siː] *n* Pächter(in) *m(f)*.

lessen ['lɛsn] *vi* nachlassen, abnehmen ♦ *vt* verringern.

lesser ['lɛsəʳ] *adj* geringer; **to a** ~ **extent** in geringerem Maße.

lesson ['lɛsn] *n* (*class*) Stunde *f*; (*example, warning*) Lehre *f*; **to teach sb a** ~ (*fig*) jdm eine Lektion erteilen.

lessor ['lɛsɔːʳ] *n* Verpächter(in) *m(f)*.

lest [lɛst] *conj* damit ... nicht.

let [lɛt] (*pt, pp* **let**) *vt* (*allow*) lassen; (*BRIT: lease*) vermieten; **to** ~ **sb do sth** jdn etw tun lassen, jdm erlauben, etw zu tun; **to** ~ **sb know sth** jdn etw wissen lassen; ~**'s go** gehen wir!; ~ **him come** lassen Sie ihn kommen; **"to** ~**"** „zu vermieten".

▶ **let down** *vt* (*tyre etc*) die Luft herauslassen aus; (*person*) im Stich lassen; (*dress etc*) länger machen; (*hem*) auslassen; **to** ~ **one's hair down** (*fig*) aus sich herausgehen.

▶ **let go** *vi* loslassen ♦ *vt* (*release*) freilassen; **to** ~ **go of** loslassen; **to** ~ **o.s. go** aus sich herausgehen; (*neglect o.s.*) sich gehen lassen.

▶ **let in** *vt* hereinlassen; (*water*) durchlassen.

▶ **let off** *vt* (*culprit*) laufen lassen; (*firework, bomb*) hochgehen lassen; (*gun*) abfeuern; **to** ~ **sb off sth** (*excuse*) jdm etw erlassen; **to** ~ **off steam** (*inf, fig*) sich abreagieren.

▶ **let on** *vi* verraten.

▶ **let out** *vt* herauslassen; (*sound*) ausstoßen; (*house, room*) vermieten.

▶ **let up** *vi* (*cease*) aufhören; (*diminish*) nachlassen.

letdown ['lɛtdaun] *n* Enttäuschung *f*.

lethal ['liːθl] *adj* tödlich.

lethargic [lɛ'θɑːdʒɪk] *adj* träge, lethargisch.

lethargy ['lɛθədʒɪ] *n* Trägheit *f*, Lethargie *f*.

letter ['lɛtəʳ] *n* Brief *m*; (*of alphabet*) Buchstabe *m*; **small/capital** ~ Klein-/

Großbuchstabe m.

letter bomb n Briefbombe f.

letter box (BRIT) n Briefkasten m.

letterhead ['lɛtəhɛd] n Briefkopf m.

lettering ['lɛtərɪŋ] n Beschriftung f.

letter of credit n Akkreditiv nt.

letter opener n Brieföffner m.

letterpress ['lɛtəprɛs] n Hochdruck m.

letter-quality printer ['lɛtəkwɔlɪtɪ-] n Schönschreibdrucker m.

letters patent npl Patent nt, Patenturkunde f.

lettuce ['lɛtɪs] n Kopfsalat m.

let-up ['lɛtʌp] n Nachlassen nt; **there was no ~** es ließ nicht nach.

leukaemia, (US) **leukemia** [luːˈkiːmɪə] n Leukämie f.

level ['lɛvl] adj eben ♦ n (on scale, of liquid) Stand m; (of lake, river) Wasserstand m; (height) Höhe f; (fig: standard) Niveau nt; (also: **spirit ~**) Wasserwaage f ♦ vt (building) abreißen; (forest etc) einebnen ♦ vi: **to ~ with sb** (inf) ehrlich mit jdm sein ♦ adv: **to draw ~ with** einholen; **to be ~ with** auf gleicher Höhe sein mit; **to do one's ~ best** sein Möglichstes tun; **"A" ~s** (BRIT) ≈ Abitur nt; **"O" ~s** (BRIT) ≈ mittlere Reife f; **on the ~** (fig: honest) ehrlich, reell; **to ~ a gun at sb** ein Gewehr auf jdn richten; **to ~ an accusation at** or **against sb** eine Anschuldigung gegen jdn erheben; **to ~ a criticism at** or **against sb** Kritik an jdm üben.

▶ **level off** vi (prices etc) sich beruhigen.

▶ **level out** vi = **level off**.

level crossing (BRIT) n (beschrankter) Bahnübergang m.

level-headed [lɛvlˈhɛdɪd] adj (calm) ausgeglichen.

levelling ['lɛvlɪŋ] n Nivellierung f.

level playing field n Chancengleichheit f; **to compete on a ~** unter gleichen Bedingungen antreten.

lever ['liːvə*] n Hebel m; (bar) Brechstange f; (fig) Druckmittel nt ♦ vt: **to ~ up** hochhieven; **to ~ out** heraushieven.

leverage ['liːvərɪdʒ] n Hebelkraft f; (fig: influence) Einfluss m.

levity ['lɛvɪtɪ] n Leichtfertigkeit f.

levy ['lɛvɪ] n (tax) Steuer f; (charge) Gebühr f ♦ vt erheben.

lewd [luːd] adj (look etc) lüstern; (remark) anzüglich.

lexicographer [lɛksɪˈkɔɡrəfə*] n Lexikograf(in) m(f).

lexicography [lɛksɪˈkɔɡrəfɪ] n Lexikografie f.

LGV (BRIT) n abbr (= large goods vehicle) LKW m.

LI (US) abbr (= Long Island).

liability [laɪəˈbɪlətɪ] n Belastung f; (LAW) Haftung f; **liabilities** npl (COMM) Verbindlichkeiten pl.

liable ['laɪəbl] adj: **to be ~ to** (subject to) unterliegen +dat; (prone to) anfällig sein für; **~ for** (responsible) haftbar für; **to be ~ to do sth** dazu neigen, etw zu tun.

liaise [liːˈeɪz] vi: **to ~ (with)** sich in Verbindung setzen (mit).

liaison [liːˈeɪzɔn] n Zusammenarbeit f; (sexual relationship) Liaison f.

liar ['laɪə*] n Lügner(in) m(f).

libel ['laɪbl] n Verleumdung f ♦ vt verleumden.

libellous, (US) **libelous** ['laɪbləs] adj verleumderisch.

liberal ['lɪbərl] adj (POL) liberal; (tolerant) aufgeschlossen; (generous: offer) großzügig; (: amount etc) reichlich ♦ n (tolerant person) liberal eingestellter Mensch m; (POL): **L~** Liberale(r) f(m); **~ with** großzügig mit.

Liberal Democrat n Liberaldemokrat(in) m(f).

liberalize ['lɪbərəlaɪz] vt liberalisieren.

liberally ['lɪbərəlɪ] adv großzügig.

liberal-minded ['lɪbəlˈmaɪndɪd] adj liberal (eingestellt).

liberate ['lɪbəreɪt] vt befreien.

liberation [lɪbəˈreɪʃən] n Befreiung f.

liberation theology n Befreiungstheologie f.

Liberia [laɪˈbɪərɪə] n Liberia nt.

Liberian [laɪˈbɪərɪən] adj liberianisch ♦ n Liberianer(in) m(f).

liberty ['lɪbətɪ] n Freiheit f; **to be at ~** (criminal) auf freiem Fuß sein; **to be at ~ to do sth** etw tun dürfen; **to take the ~ of doing sth** sich dat erlauben, etw zu tun.

libido [lɪˈbiːdəu] n Libido f.

Libra ['liːbrə] n Waage f; **to be ~** Waage sein.

librarian [laɪˈbrɛərɪən] n Bibliothekar(in) m(f).

library ['laɪbrərɪ] n Bibliothek f; (institution) Bücherei f.

library book n Buch nt aus der Bücherei.

libretto [lɪˈbrɛtəu] n Libretto nt.

Libya ['lɪbɪə] n Libyen nt.

Libyan ['lɪbɪən] adj libysch ♦ n Libyer(in) m(f).

lice [laɪs] npl of **louse**.

licence, (US) **license** ['laɪsns] n (document) Genehmigung f; (also: **driving ~**) Führerschein m; (COMM) Lizenz f; (excessive freedom) Zügellosigkeit f; **to get a TV ~** ≈ Fernsehgebühren bezahlen; **under ~** (COMM) in Lizenz.

license ['laɪsns] n (US) = **licence** ♦ vt (person, organization) eine Lizenz vergeben an +acc; (activity) eine Genehmigung erteilen für.

licensed ['laɪsnst] adj: **the car is ~** die Kfz-Steuer für das Auto ist bezahlt; **~ hotel/ restaurant** Hotel/Restaurant mit Schankerlaubnis.

licensee [laɪsənˈsiː] n (of bar) Inhaber(in) m(f) einer Schankerlaubnis.

license plate (US) n Nummernschild nt.

licensing hours ['laɪsnsɪŋ-] (BRIT) npl Ausschankzeiten pl.

licentious [laɪˈsɛnʃəs] adj ausschweifend, zügellos.

lichen ['laɪkən] *n* Flechte *f*.

lick [lɪk] *vt* lecken; (*stamp etc*) lecken an +*dat*; (*inf: defeat*) in die Pfanne hauen ♦ *n* Lecken *nt*; **to ~ one's lips** sich *dat* die Lippen lecken; (*fig*) sich *dat* die Finger lecken; **a ~ of paint** ein Anstrich *m*.

licorice ['lɪkərɪs] (*US*) *n* = **liquorice**.

lid [lɪd] *n* Deckel *m*; (*eyelid*) Lid *nt*; **to take the ~ off sth** (*fig*) etw enthüllen *or* aufdecken.

lido ['laɪdəu] (*BRIT*) *n* Freibad *nt*.

lie[1] [laɪ] (*pt, pp* **lied**) *vi* lügen ♦ *n* Lüge *f*; **to tell ~s** lügen.

lie[2] [laɪ] (*pt* **lay**, *pp* **lain**) *vi* (*lit, fig*) liegen; **to ~ low** (*fig*) untertauchen.

▶ **lie about** *vi* herumliegen.

▶ **lie around** *vi* = **lie about**.

▶ **lie back** *vi* sich zurücklehnen; (*fig: accept the inevitable*) sich fügen.

▶ **lie down** *vi* sich hinlegen.

▶ **lie up** *vi* (*hide*) untertauchen; (*rest*) im Bett bleiben.

Liechtenstein ['lɪktənstaɪn] *n* Liechtenstein *nt*.

lie detector *n* Lügendetektor *m*.

lie-down ['laɪdaun] (*BRIT*) *n*: **to have a ~** ein Schläfchen machen.

lie-in ['laɪɪn] (*BRIT*) *n*: **to have a ~** (sich) ausschlafen.

lieu [luː]: **in ~ of** *prep* anstelle *or* an Stelle von, anstatt +*gen*.

Lieut. *abbr* (*MIL*: = *lieutenant*) Lt.

lieutenant [lɛf'tɛnəntɡ, ɢ(USG) luː'tɛnənt] *n* Leutnant *m*.

lieutenant colonel *n* Oberstleutnant *m*.

life [laɪf] (*pl* **lives**) *n* Leben *nt*; (*of machine etc*) Lebensdauer *f*; **true to ~** lebensecht; **painted from ~** aus dem Leben gegriffen; **to be sent to prison for ~** zu einer lebenslänglichen Freiheitsstrafe verurteilt werden; **such is ~** so ist das Leben; **to come to ~** (*fig: person*) munter werden; (*: party etc*) in Schwung kommen.

life annuity *n* Leibrente *f*.

life assurance (*BRIT*) *n* = **life insurance**.

life belt (*BRIT*) *n* Rettungsgürtel *m*.

lifeblood ['laɪfblʌd] *n* (*fig*) Lebensnerv *m*.

lifeboat ['laɪfbəut] *n* Rettungsboot *nt*.

life buoy *n* Rettungsring *m*.

life expectancy *n* Lebenserwartung *f*.

lifeguard ['laɪfɡɑːd] *n* (*at beach*) Rettungsschwimmer(in) *m(f)*; (*at swimming pool*) Bademeister(in) *m(f)*.

life imprisonment *n* lebenslängliche Freiheitsstrafe *f*.

life insurance *n* Lebensversicherung *f*.

life jacket *n* Schwimmweste *f*.

lifeless ['laɪflɪs] *adj* leblos; (*fig: person, party etc*) langweilig.

lifelike ['laɪflaɪk] *adj* lebensecht; (*painting*) naturgetreu.

lifeline ['laɪflaɪn] *n* (*fig*) Rettungsanker *m*; (*rope*) Rettungsleine *f*.

lifelong ['laɪflɒŋ] *adj* lebenslang.

life preserver (*US*) *n* = **life belt**, **life jacket**.

lifer ['laɪfə] (*inf*) *n* Lebenslängliche(r) *f(m)*.

life raft *n* Rettungsfloß *nt*.

life-saver ['laɪfseɪvə] *n* Lebensretter(in) *m(f)*.

life sciences *npl* Biowissenschaften *pl*.

life sentence *n* lebenslängliche Freiheitsstrafe *f*.

life-size(d) ['laɪfsaɪz(d)] *adj* in Lebensgröße.

life span *n* Lebensdauer *f*; (*of person*) Lebenszeit *f*.

life style ['laɪfstaɪl] *n* Lebensstil *m*.

life-support system ['laɪfsəpɔːt-] *n* (*MED*) Lebenserhaltungssystem *nt*.

lifetime ['laɪftaɪm] *n* Lebenszeit *f*; (*of thing*) Lebensdauer *f*; (*of parliament*) Legislaturperiode *f*; **in my ~** während meines Lebens; **the chance of a ~** eine einmalige Chance.

lift [lɪft] *vt* (*raise*) heben; (*end: ban etc*) aufheben; (*plagiarize*) abschreiben; (*inf: steal*) mitgehen lassen, klauen ♦ *vi* (*fog*) sich auflösen ♦ *n* (*BRIT*) Aufzug *m*, Fahrstuhl *m*; **to take the ~** mit dem Aufzug *or* Fahrstuhl fahren; **to give sb a ~** (*BRIT*) jdn (im Auto) mitnehmen.

▶ **lift off** *vi* abheben.

▶ **lift up** *vt* hochheben.

liftoff ['lɪftɔf] *n* Abheben *nt*.

ligament ['lɪɡəmənt] *n* (*ANAT*) Band *nt*.

light [laɪt] (*pt, pp* **lit**) *n* Licht *nt* ♦ *vt* (*candle, cigarette, fire*) anzünden; (*room*) beleuchten ♦ *adj* leicht; (*pale, bright*) hell; (*traffic etc*) gering; (*music*) Unterhaltungs- ♦ *adv*: **to travel ~** mit leichtem Gepäck reisen; **lights** *npl* (*AUT: also*: **traffic ~s**) Ampel *f*; **the ~s** (*of car*) die Beleuchtung; **have you got a ~?** haben Sie Feuer?; **to turn the ~ on/off** das Licht an-/ausmachen; **to come to ~** ans Tageslicht kommen; **to cast** *or* **shed** *or* **throw ~ on** (*fig*) Licht bringen in +*acc*; **in the ~ of** angesichts +*gen*; **to make ~ of sth** (*fig*) etw auf die leichte Schulter nehmen; **~ blue/green** *etc* hellblau/-grün *etc*.

▶ **light up** *vi* (*face*) sich erhellen ♦ *vt* (*illuminate*) beleuchten, erhellen.

light bulb *n* Glühbirne *f*.

lighten ['laɪtn] *vt* (*make less heavy*) leichter machen ♦ *vi* (*become less dark*) sich aufhellen.

lighter ['laɪtə] *n* (*also*: **cigarette ~**) Feuerzeug *nt*.

light-fingered [laɪt'fɪŋɡəd] (*inf*) *adj* langfingerig.

light-headed [laɪt'hɛdɪd] *adj* (*dizzy*) benommen; (*excited*) ausgelassen.

light-hearted [laɪt'hɑːtɪd] *adj* unbeschwert; (*question, remark etc*) scherzhaft.

lighthouse ['laɪthaus] *n* Leuchtturm *m*.

lighting ['laɪtɪŋ] *n* Beleuchtung *f*.

lighting-up time [laɪtɪŋ'ʌp-] *n* *Zeitpunkt, zu dem die Fahrzeugbeleuchtung* *eingeschaltet werden muss.*

lightly ['laɪtlɪ] *adv* leicht; (*not seriously*) leichthin; **to get off** ~ glimpflich davonkommen.

light meter *n* Belichtungsmesser *m*.

lightness ['laɪtnɪs] *n* (*in weight*) Leichtigkeit *f*.

lightning ['laɪtnɪŋ] *n* Blitz *m* ♦ *adj* (*attack etc*) Blitz-; **with** ~ **speed** blitzschnell.

lightning conductor *n* Blitzableiter *m*.

lightning rod (*US*) *n* = **lightning conductor**.

light pen *n* Lichtstift *m*, Lichtgriffel *m*.

lightship ['laɪtʃɪp] *n* Feuerschiff *nt*.

lightweight ['laɪtweɪt] *adj* leicht ♦ *n* (*BOXING*) Leichtgewichtler *m*.

light year *n* Lichtjahr *nt*.

like [laɪk] *vt* mögen ♦ *prep* wie; (*such as*) wie (zum Beispiel) ♦ *n*: **and the** ~ und dergleichen; **I would** ~, **I'd** ~ ich hätte *or* möchte gern; **would you** ~ **a coffee?** möchten Sie einen Kaffee?; **if you** ~ wenn Sie wollen; **to be/look** ~ **sb/sth** jdm/etw ähnlich sein/sehen; **something** ~ **that** so etwas Ähnliches; **what does it look/taste/sound** ~**?** wie sieht es aus/schmeckt es/hört es sich an?; **what's he/the weather** ~**?** wie ist er/das Wetter?; **I feel** ~ **a drink** ich möchte gerne etwas trinken; **there's nothing** ~ ... es geht nichts über +*acc*; **that's just** ~ **him** das sieht ihm ähnlich; **do it** ~ **this** mach es so; **it is nothing** ~ (+*noun*) es ist ganz anders als; (+*adj*) es ist alles andere als; **it is nothing** ~ **as** ... es ist bei weitem nicht so ...; **his** ~**s and dislikes** seine Vorlieben und Abneigungen.

likeable ['laɪkəbl] *adj* sympathisch.

likelihood ['laɪklɪhʊd] *n* Wahrscheinlichkeit *f*; **there is every** ~ **that** ... es ist sehr wahrscheinlich, dass ...; **in all** ~ aller Wahrscheinlichkeit nach.

likely ['laɪklɪ] *adj* wahrscheinlich; **to be** ~ **to do sth** wahrscheinlich etw tun; **not** ~**!** (*inf*) wohl kaum!

like-minded ['laɪk'maɪndɪd] *adj* gleich gesinnt.

liken ['laɪkən] *vt*: **to** ~ **sth to sth** etw mit etw vergleichen.

likeness ['laɪknɪs] *n* Ähnlichkeit *f*; **that's a good** ~ (*photo, portrait*) das ist ein gutes Bild von ihm/ihr *etc*.

likewise ['laɪkwaɪz] *adv* ebenso; **to do** ~ das Gleiche tun.

liking ['laɪkɪŋ] *n*: ~ (**for**) (*person*) Zuneigung *f* (zu); (*thing*) Vorliebe *f* (für); **to be to sb's** ~ nach jds Geschmack sein; **to take a** ~ **to sb** an jdm Gefallen finden.

lilac ['laɪlək] *n* (*BOT*) Flieder *m* ♦ *adj* fliederfarben, (zart)lila.

Lilo ® ['laɪləʊ] *n* Luftmatratze *f*.

lilt [lɪlt] *n* singender Tonfall *m*.

lilting ['lɪltɪŋ] *adj* singend.

lily ['lɪlɪ] *n* Lilie *f*.

lily of the valley *n* Maiglöckchen *nt*.

Lima ['liːmə] *n* Lima *nt*.

limb [lɪm] *n* Glied *nt*; (*of tree*) Ast *m*; **to be out on a** ~ (*fig*) (ganz) allein (da)stehen.

limber up ['lɪmbə-] *vi* Lockerungsübungen machen.

limbo ['lɪmbəʊ] *n*: **to be in** ~ (*fig: plans etc*) in der Schwebe sein; (: *person*) in der Luft hängen (*inf*).

lime [laɪm] *n* (*fruit*) Limone *f*; (*tree*) Linde *f*; (*also*: ~ **juice**) Limonensaft *m*; (*for soil*) Kalk *m*; (*rock*) Kalkstein *m*.

limelight ['laɪmlaɪt] *n*: **to be in the** ~ im Rampenlicht stehen.

limerick ['lɪmərɪk] *n* Limerick *m*.

limestone ['laɪmstəʊn] *n* Kalkstein *m*.

limit ['lɪmɪt] *n* Grenze *f*; (*restriction*) Beschränkung *f* ♦ *vt* begrenzen, einschränken; **within** ~**s** innerhalb gewisser Grenzen.

limitation [lɪmɪ'teɪʃən] *n* Einschränkung *f*; **limitations** *npl* (*shortcomings*) Grenzen *pl*.

limited ['lɪmɪtɪd] *adj* begrenzt, beschränkt; **to be** ~ **to** beschränkt sein auf +*acc*.

limited edition *n* beschränkte Ausgabe *f*.

limited (liability) company (*BRIT*) *n* ≈ Gesellschaft *f* mit beschränkter Haftung.

limitless ['lɪmɪtlɪs] *adj* grenzenlos.

limousine ['lɪməziːn] *n* Limousine *f*.

limp [lɪmp] *adj* schlaff; (*material etc*) weich ♦ *vi* hinken ♦ *n*: **to have a** ~ hinken.

limpet ['lɪmpɪt] *n* Napfschnecke *f*.

limpid ['lɪmpɪd] *adj* klar.

limply ['lɪmplɪ] *adv* schlaff.

linchpin ['lɪntʃpɪn] *n* (*fig*) wichtigste Stütze *f*.

Lincs [lɪŋks] (*BRIT*) *abbr* (*POST*: = *Lincolnshire*).

line [laɪn] *n* Linie *f*; (*written, printed*) Zeile *f*; (*wrinkle*) Falte *f*; (*row: of people*) Schlange *f*; (: *of things*) Reihe *f*; (*for fishing, washing*) Leine *f*; (*wire, TEL*) Leitung *f*; (*railway track*) Gleise *pl*; (*fig: attitude*) Standpunkt *m*; (: *of product(s)*) Branche *f*; (*COMM: of product(s)*) Art *f* ♦ *vt* (*road*) säumen; (*container*) auskleiden; (*clothing*) füttern; **hold the** ~ **please!** (*TEL*) bleiben Sie am Apparat!; **to cut in** ~ (*US*) sich vordrängeln; **in** ~ in einer Reihe; **in** ~ **with** im Einklang mit, in Übereinstimmung mit; **to be in** ~ **for sth** mit etw an der Reihe sein; **to bring sth into** ~ **with sth** etw auf die gleiche Linie wie etw *acc* bringen; **on the right** ~**s** auf dem richtigen Weg; **I draw the** ~ **at that** da mache ich nicht mehr mit; **to** ~ **sth with sth** etw mit etw auskleiden; (*drawers etc*) etw mit etw auslegen; **to** ~ **the streets** die Straßen säumen.

▶ **line up** *vi* sich aufstellen ♦ *vt* (*in a row*) aufstellen; (*engage*) verpflichten; (*prepare*) arrangieren; **to have sb** ~**d up** jdn verpflichtet haben; **to have sth** ~**d up** etw geplant haben.

linear ['lɪnɪə-] *adj* linear; (*shape, form*) gerade.

lined [laɪnd] *adj* (*face*) faltig; (*paper*) liniert; (*skirt, jacket*) gefüttert.

line editing n (*COMPUT*) zeilenweise Aufbereitung f.

line feed n (*COMPUT*) Zeilenvorschub m.

lineman ['laɪnmən] (*US: irreg: like* **man**) n (*FOOTBALL*) Stürmer m.

linen ['lɪnɪn] n (*cloth*) Leinen nt; (*tablecloths, sheets etc*) Wäsche f.

line printer n (*COMPUT*) Zeilendrucker m.

liner ['laɪnə*] n (*ship*) Passagierschiff nt; (*also:* **bin** ~) Müllbeutel m.

linesman ['laɪnzmən] (*irreg: like* **man**) n (*SPORT*) Linienrichter m.

line-up ['laɪnʌp] n (*US: queue*) Schlange f; (*SPORT*) Aufstellung f; (*at concert etc*) Künstleraufgebot nt; (*identity parade*) Gegenüberstellung f.

linger ['lɪŋgə*] vi (*smell*) sich halten; (*tradition etc*) fortbestehen; (*person*) sich aufhalten.

lingerie ['læŋʒəriː] n (Damen)unterwäsche f.

lingering ['lɪŋgərɪŋ] adj bleibend.

lingo ['lɪŋgəu] (*pl* **~es**) (*inf*) n Sprache f.

linguist ['lɪŋgwɪst] n (*person who speaks several languages*) Sprachkundige(r) f(m).

linguistic [lɪŋ'gwɪstɪk] adj sprachlich.

linguistics [lɪŋ'gwɪstɪks] n Sprachwissenschaft f.

liniment ['lɪnɪmənt] n Einreibemittel nt.

lining ['laɪnɪŋ] n (*cloth*) Futter nt; (*ANAT: of stomach*) Magenschleimhaut f; (*TECH*) Auskleidung f; (*of brakes*) (Brems)belag m.

link [lɪŋk] n Verbindung f, Beziehung f; (*communications link*) Verbindung f; (*of a chain*) Glied nt; (*COMPUT*) Link m ♦ vi (*COMPUT*): **to ~ to a site** einen Link zu einer Website haben ♦ vt (*join*) verbinden; (*COMPUT*) per Link verbinden; **links** npl (*GOLF*) Golfplatz m; **rail ~** Bahnverbindung f.

▶ **link up** vt verbinden ♦ vi verbunden werden.

linkup ['lɪŋkʌp] n Verbindung f; (*of spaceships*) Koppelung f.

lino ['laɪnəu] n = **linoleum**.

linoleum [lɪ'nəulɪəm] n Linoleum nt.

linseed oil ['lɪnsiːd-] n Leinöl nt.

lint [lɪnt] n Mull m.

lintel ['lɪntl] n (*ARCHIT*) Sturz m.

lion ['laɪən] n Löwe m.

lion cub n Löwenjunge(s) nt.

lioness ['laɪənɪs] n Löwin f.

lip [lɪp] n (*ANAT*) Lippe f; (*of cup etc*) Rand m; (*inf: insolence*) Frechheiten pl.

liposuction ['lɪpəusʌkʃən] n Liposuktion f.

lip-read ['lɪpriːd] vi von den Lippen ablesen.

lip salve n Fettstift m.

lip service (*pej*) n: **to pay ~ to sth** ein Lippenbekenntnis nt zu etw ablegen.

lipstick ['lɪpstɪk] n Lippenstift m.

liquefy ['lɪkwɪfaɪ] vt verflüssigen ♦ vi sich verflüssigen.

liqueur [lɪ'kjuə*] n Likör m.

liquid ['lɪkwɪd] adj flüssig ♦ n Flüssigkeit f.

liquid assets npl flüssige Vermögenswerte pl.

liquidate ['lɪkwɪdeɪt] vt liquidieren.

liquidation [lɪkwɪ'deɪʃən] n Liquidation f.

liquidation sale (*US*) n Verkauf m wegen Geschäftsaufgabe.

liquidator ['lɪkwɪdeɪtə*] n Liquidator m.

liquid-crystal display ['lɪkwɪd'krɪstl-] n Flüssigkristallanzeige f.

liquidity [lɪ'kwɪdɪtɪ] n Liquidität f.

liquidize ['lɪkwɪdaɪz] vt (im Mixer) pürieren.

liquidizer ['lɪkwɪdaɪzə*] n Mixer m.

liquor ['lɪkə*] n Spirituosen pl, Alkohol m; **hard ~** harte Drinks pl.

liquorice ['lɪkərɪs] (*BRIT*) n Lakritze f.

liquor store (*US*) n Spirituosengeschäft nt.

Lisbon ['lɪzbən] n Lissabon nt.

lisp [lɪsp] n Lispeln nt ♦ vi lispeln.

list [lɪst] n Liste f ♦ vt aufführen; (*COMPUT*) auflisten; (*write down*) aufschreiben ♦ vi (*ship*) Schlagseite haben.

listed building ['lɪstɪd-] (*BRIT*) n unter Denkmalschutz stehendes Gebäude nt.

listed company n börsennotierte Firma f.

listen ['lɪsn] vi hören; **to ~ (out) for** horchen auf +acc; **to ~ to sb** jdm zuhören; **to ~ to sth** etw hören; **~! hör zu!**

listener ['lɪsnə*] n Zuhörer(in) m(f); (*RADIO*) Hörer(in) m(f).

listeria [lɪs'tɪərɪə] n Listeriose f.

listing ['lɪstɪŋ] n Auflistung f; (*entry*) Eintrag m.

listless ['lɪstlɪs] adj lustlos.

listlessly ['lɪstlɪslɪ] adv lustlos.

list price n Listenpreis m.

lit [lɪt] pt, pp of **light**.

litany ['lɪtənɪ] n Litanei f.

liter ['liːtə*] (*US*) n = **litre**.

literacy ['lɪtərəsɪ] n die Fähigkeit, lesen und schreiben zu können.

literacy campaign n Kampagne f gegen das Analphabetentum.

literal ['lɪtərəl] adj wörtlich, eigentlich; (*translation*) (wort)wörtlich.

literally ['lɪtrəlɪ] adv buchstäblich.

literary ['lɪtərərɪ] adj literarisch.

literate ['lɪtərət] adj (*educated*) gebildet; **to be ~** lesen und schreiben können.

literature ['lɪtrɪtʃə*] n Literatur f; (*printed information*) Informationsmaterial nt.

lithe [laɪð] adj gelenkig; (*animal*) geschmeidig.

lithography [lɪ'θɔgrəfɪ] n Lithografie f.

Lithuania [lɪθju'eɪnɪə] n Litauen nt.

Lithuanian [lɪθju'eɪnɪən] adj litauisch ♦ n Litauer(in) m(f); (*LING*) Litauisch nt.

litigation [lɪtɪ'geɪʃən] n Prozess m.

litmus paper ['lɪtməs-] n Lackmuspapier nt.

litre, (*US*) **liter** ['liːtə*] n Liter m or nt.

litter ['lɪtə*] n (*rubbish*) Abfall m; (*young animals*) Wurf m.

litter bin (*BRIT*) n Abfalleimer m.

litterbug ['lɪtəbʌg] n Dreckspatz m.

littered ['lɪtəd] adj: **~ with** (*scattered*) übersät mit.

litter lout n Dreckspatz m.

little ['lɪtl] adj klein; (short) kurz ♦ adv wenig; **a ~** ein wenig, ein bisschen; **a ~ bit** ein kleines bisschen; **to have ~ time/money** wenig Zeit/Geld haben; **~ by ~** nach und nach.

little finger n kleiner Finger m.

little-known ['lɪtl'nəun] adj wenig bekannt.

liturgy ['lɪtədʒɪ] n Liturgie f.

live [vi lɪv, adj laɪv] vi leben; (in house, town) wohnen ♦ adj lebend; (TV, RADIO) live; (performance, pictures etc) Live-; (ELEC) Strom führend; (bullet, bomb etc) scharf; **to ~ with sb** mit jdm zusammenleben.

▶ **live down** vt hinwegkommen über +acc.

▶ **live for** vt leben für.

▶ **live in** vi (student/servant) im Wohnheim/ Haus wohnen.

▶ **live off** vt fus leben von; (parents etc) auf Kosten +gen leben.

▶ **live on** vt fus leben von.

▶ **live out** vi (BRIT: student/servant) außerhalb (des Wohnheims/Hauses) wohnen ♦ vt: **to ~ out one's days** or **life** sein Leben verbringen.

▶ **live together** vi zusammenleben.

▶ **live up** vt: **to ~ it up** einen draufmachen (inf).

▶ **live up to** vt fus erfüllen, entsprechen +dat.

live-in ['lɪvɪn] adj (cook, maid) im Haus wohnend; **her ~ lover** ihr Freund, der bei ihr wohnt.

livelihood ['laɪvlɪhud] n Lebensunterhalt m.

liveliness ['laɪvlɪnɪs] n (see adj) Lebhaftigkeit f; Lebendigkeit f.

lively ['laɪvlɪ] adj lebhaft; (place, event, book etc) lebendig.

liven up ['laɪvn-] vt beleben, Leben bringen in +acc; (person) aufmuntern ♦ vi (person) aufleben; (discussion, evening etc) in Schwung kommen.

liver ['lɪvə*] n (ANAT, CULIN) Leber f.

liverish ['lɪvərɪʃ] adj: **to be ~** sich unwohl fühlen.

Liverpudlian [lɪvə'pʌdlɪən] adj Liverpooler ♦ n Liverpooler(in) m(f).

livery ['lɪvərɪ] n Livree f.

lives [laɪvz] npl of **life**.

livestock ['laɪvstɔk] n Vieh nt.

live wire (inf) n (person) Energiebündel nt.

livid ['lɪvɪd] adj (colour) bleifarben; (inf: furious) fuchsteufelswild.

living ['lɪvɪŋ] adj lebend ♦ n: **to earn** or **make a ~** sich dat seinen Lebensunterhalt verdienen; **within ~ memory** seit Menschengedenken; **the cost of ~** die Lebenshaltungskosten pl.

living conditions npl Wohnverhältnisse pl.

living expenses npl Lebenshaltungskosten pl.

living room n Wohnzimmer nt.

living standards npl Lebensstandard m.

living wage n ausreichender Lohn m.

lizard ['lɪzəd] n Eidechse f.

llama ['lɑːmə] n Lama nt.

LLB n abbr (= Bachelor of Laws) akademischer Grad für Juristen.

LLD n abbr (= Doctor of Laws) ≈ Dr. jur.

LMT (US) abbr (= Local Mean Time) Ortszeit.

load [ləud] n Last f; (of vehicle) Ladung f; (weight, ELEC) Belastung f ♦ vt (also: ~ up) beladen; (gun, COMPUT: program, data) laden; (fig) ~s of, a ~ of (inf) das ist alles Blödsinn; ~s of, a ~ of (fig) jede Menge; **to ~ a camera** einen Film einlegen.

loaded ['ləudɪd] adj (inf: rich) steinreich; (dice) präpariert; (vehicle): **to be ~** with beladen sein mit; **a ~ question** eine Fangfrage.

loading bay ['ləudɪŋ-] n Ladeplatz m.

loaf [ləuf] (pl loaves) n Brot nt, Laib m ♦ vi (also: ~ about, ~ around) faulenzen; **use your ~!** (inf) streng deinen Grips an!

loam [ləum] n Lehmerde f.

loan [ləun] n Darlehen nt ♦ vt: **to ~ sth to sb** jdm etw leihen; **on ~** geliehen.

loan account n Darlehenskonto nt.

loan capital n Anleihekapital nt.

loan shark (inf) n Kredithai m.

loath [ləuθ] adj: **to be ~ to do sth** etw ungern tun.

loathe [ləuð] vt verabscheuen.

loathing ['ləuðɪŋ] n Abscheu m.

loathsome ['ləuðsəm] adj abscheulich.

loaves [ləuvz] npl of **loaf**.

lob [lɔb] vt (ball) lobben.

lobby ['lɔbɪ] n (of building) Eingangshalle f; (POL: pressure group) Interessenverband m ♦ vt Einfluss nehmen auf +acc.

lobbyist ['lɔbɪɪst] n Lobbyist(in) m(f).

lobe [ləub] n Ohrläppchen nt.

lobster ['lɔbstə*] n Hummer m.

lobster pot n Hummer(fang)korb m.

local ['ləukl] adj örtlich; (council) Stadt-, Gemeinde-; (paper) Lokal- ♦ n (pub) Stammkneipe f; **the locals** npl (local inhabitants) die Einheimischen pl.

local anaesthetic n örtliche Betäubung f.

local authority n Gemeindeverwaltung f, Stadtverwaltung f.

local call n Ortsgespräch nt.

locale [ləu'kɑːl] n Umgebung f.

local government n Kommunalverwaltung f.

locality [ləu'kælɪtɪ] n Gegend f.

localize ['ləukəlaɪz] vt lokalisieren.

locally ['ləukəlɪ] adv am Ort.

locate [ləu'keɪt] vt (find) ausfindig machen; **to be ~d in** sich befinden in +dat.

location [ləu'keɪʃən] n Ort m; (position) Lage f; (CINE) Drehort m; **he's on ~ in Mexico** er ist bei Außenaufnahmen in Mexiko; **to be filmed on ~** als Außenaufnahme gedreht werden.

loch [lɔx] (SCOT) n See m.

lock [lɔk] n (of door etc) Schloss nt; (on canal) Schleuse f; (also: ~ **of hair**) Locke f ♦ vt (door etc) abschließen; (steering wheel) sperren; (COMPUT: keyboard) verriegeln ♦ vi (door etc) sich abschließen lassen; (wheels, mechanism etc) blockieren; **on full** ~ (AUT) voll eingeschlagen; ~, **stock and barrel** mit allem Drum und Dran; **his jaw** ~**ed** er hatte Mundsperre.

▶ **lock away** vt wegschließen; (criminal) einsperren.

▶ **lock in** vt einschließen.

▶ **lock out** vt aussperren.

▶ **lock up** vt (criminal etc) einsperren; (house) abschließen ♦ vi abschließen.

locker ['lɔkə*] n Schließfach nt.

locker room n Umkleideraum m.

locket ['lɔkɪt] n Medaillon nt.

lockjaw ['lɔkdʒɔː] n Wundstarrkrampf m.

lockout ['lɔkaut] n Aussperrung f.

locksmith ['lɔksmɪθ] n Schlosser m.

lockup ['lɔkʌp] n (US: inf: jail) Gefängnis nt; (also: **lock-up garage**) Garage f.

locomotive [lauka'məutɪv] n Lokomotive f.

locum ['laukəm] n (MED) Vertreter(in) m(f).

locust ['laukəst] n Heuschrecke f.

lodge [lɔdʒ] n Pförtnerhaus nt; (hunting lodge) Hütte f; (FREEMASONRY) Loge f ♦ vt (complaint, protest etc) einlegen ♦ vi (bullet) stecken bleiben; (person): **to** ~ (**with**) zur Untermiete wohnen (bei).

lodger ['lɔdʒə*] n Untermieter(in) m(f).

lodging ['lɔdʒɪŋ] n Unterkunft f.

lodging house n Pension f.

lodgings ['lɔdʒɪŋz] npl möbliertes Zimmer nt; (several rooms) Wohnung f.

loft [lɔft] n Boden m, Speicher m.

lofty ['lɔftɪ] adj (noble) hoch(fliegend); (self-important) hochmütig; (high) hoch.

log [lɔg] n (of wood) Holzblock m, Holzklotz m; (written account) Log nt ♦ n abbr (MATH: = logarithm) log ♦ vt (ins Logbuch) eintragen.

▶ **log in** vi (COMPUT) sich anmelden.

▶ **log into** vt fus (COMPUT) sich anmelden bei.

▶ **log off** vi (COMPUT) sich abmelden.

▶ **log on** vi (COMPUT) = log in.

▶ **log out** vi (COMPUT) = log off.

logarithm ['lɔgərɪðm] n Logarithmus m.

logbook ['lɔgbuk] n (NAUT) Logbuch nt; (AVIAT) Bordbuch nt; (of car) Kraftfahrzeugbrief m; (of lorry driver) Fahrtenbuch nt; (of events) Tagebuch nt; (of movement of goods etc) Dienstbuch nt.

log fire n Holzfeuer nt.

logger ['lɔgə*] n (lumberjack) Holzfäller m.

loggerheads ['lɔgəhɛdz] npl: **to be at** ~ Streit haben.

logic ['lɔdʒɪk] n Logik f.

logical ['lɔdʒɪkl] adj logisch.

logically ['lɔdʒɪkəlɪ] adv logisch; (reasonably) logischerweise.

logistics [lɔ'dʒɪstɪks] n Logistik f.

log jam n (fig) Blockierung f; **to break the** ~ freie Bahn schaffen.

logo ['laugau] n Logo nt.

loin [lɔɪn] n Lende f.

loincloth ['lɔɪnklɔθ] n Lendenschurz m.

loiter ['lɔɪtə*] vi sich aufhalten.

loll [lɔl] vi (also: ~ **about**: person) herumhängen; (head) herunterhängen; (tongue) heraushängen.

lollipop ['lɔlɪpɔp] n Lutscher m.

lollipop lady (BRIT) n ≈ Schülerlotsin f.

lollipop man (BRIT) n ≈ Schülerlotse m.

LOLLIPOP MAN/LADY

Lollipop man/lady heißen in Großbritannien die Männer bzw. Frauen, die mithilfe eines runden Stoppschildes den Verkehr anhalten, damit Schulkinder die Straße gefahrlos überqueren können. Der Name bezieht sich auf die Form des Schildes, die an einen Lutscher erinnert.

---

lollop ['lɔləp] vi zockeln.

lolly ['lɔlɪ] (inf) n (lollipop) Lutscher m; (money) Mäuse pl.

London ['lʌndən] n London nt.

Londoner ['lʌndənə*] n Londoner(in) m(f).

lone [ləun] adj einzeln, einsam; (only) einzig.

loneliness ['ləunlɪnɪs] n Einsamkeit f.

lonely ['ləunlɪ] adj einsam.

lonely hearts adj: ~ **ad** Kontaktanzeige f; **the** ~ **column** die Kontaktanzeigen pl.

lone parent n Alleinerziehende(r) f(m), allein Erziehende(r) f(m).

loner ['ləunə*] n Einzelgänger(in) m(f).

long [lɔŋ] adj lang ♦ adv lang(e) ♦ vi: **to** ~ **for sth** sich nach etw sehnen; **in the** ~ **run** auf die Dauer; **how** ~ **is the lesson?** wie lange dauert die Stunde?; **6 metres/months** ~ 6 Meter/Monate lang; **so** or **as** ~ **as** (on condition that) solange; (while) während; **don't be** ~! bleib nicht so lange!; **all night** ~ die ganze Nacht; **he no** ~**er comes** er kommt nicht mehr; ~ **ago** vor langer Zeit; ~ **before/after** lange vorher/danach; **before** ~ bald; **at** ~ **last** schließlich und endlich; **the** ~ **and the short of it is that** ... kurz gesagt, ...

long-distance [lɔŋ'dɪstəns] adj (travel, phone call) Fern-; (race) Langstrecken-.

longevity [lɔn'dʒɛvɪtɪ] n Langlebigkeit f.

long-haired [lɔŋ'hɛəd] adj langhaarig; (animal) Langhaar-.

longhand ['lɔŋhænd] n Langschrift f.

longing ['lɔŋɪŋ] n Sehnsucht f.

longingly ['lɔŋɪŋlɪ] adv sehnsüchtig.

longitude ['lɔŋgɪtjuːd] n Länge f.

long johns [-dʒɔnz] npl lange Unterhose f.

long jump n Weitsprung m.

long-life ['lɔŋlaɪf] adj (batteries etc) mit langer Lebensdauer; ~ **milk** H-Milch f.

long-lost ['lɒŋlɒst] adj verloren geglaubt.
long-playing record ['lɒŋpleɪŋ-] n Langspielplatte f.
long-range ['lɒŋ'reɪndʒ] adj (plan, forecast) langfristig; (missile, plane etc) Langstrecken-.
longshoreman ['lɒŋʃɔːmən] (US: irreg: like man) n Hafenarbeiter m.
long-sighted ['lɒŋ'saɪtɪd] adj weitsichtig.
long-standing ['lɒŋ'stændɪŋ] adj langjährig.
long-suffering [lɒŋ'sʌfərɪŋ] adj schwer geprüft.
long-term ['lɒŋtəːm] adj langfristig.
long wave n Langwelle f.
long-winded [lɒŋ'wɪndɪd] adj umständlich, langatmig.
loo [luː] (BRIT: inf) n Klo nt.
loofah ['luːfə] n Luffa(schwamm) m.
look [luk] vi sehen, schauen, gucken (inf); (seem, appear) aussehen ♦ n (glance) Blick m; (appearance) Aussehen nt; (expression) Miene f; (FASHION) Look m; **looks** npl (good looks) (gutes) Aussehen; **to ~ (out) onto the sea/south** (building etc) Blick aufs Meer/nach Süden haben; **~ (here)!** (expressing annoyance) hör (mal) zu!; **~!** (expressing surprise) sieh mal!; **to ~ like sb/sth** wie jd/etw aussehen; **it ~s like him** es sieht ihm ähnlich; **it ~s about 4 metres long** es scheint etwa 4 Meter lang zu sein; **it ~s all right to me** es scheint mir in Ordnung zu sein; **to ~ ahead** vorausschauen; **to have a ~ at sth** sich dat etw ansehen; **let me have a ~** lass mich mal sehen; **to have a ~ for sth** nach etw suchen.
▸ **look after** vt fus sich kümmern um.
▸ **look at** vt fus ansehen; (read quickly) durchsehen; (study, consider) betrachten.
▸ **look back** vi: **to ~ back (on)** zurückblicken (auf +acc); **to ~ back at sth/sb** sich nach jdm/etw umsehen.
▸ **look down on** vt fus (fig) herabsehen auf +acc.
▸ **look for** vt fus suchen.
▸ **look forward to** vt fus sich freuen auf +acc; **we ~ forward to hearing from you** (in letters) wir hoffen, bald von Ihnen zu hören.
▸ **look in** vi: **to ~ in on sb** bei jdm vorbeikommen.
▸ **look into** vt fus (investigate) untersuchen.
▸ **look on** vi (watch) zusehen.
▸ **look out** vi (beware) aufpassen.
▸ **look out for** vt fus Ausschau halten nach.
▸ **look over** vt (essay etc) durchsehen; (house, town etc) sich dat ansehen; (person) mustern.
▸ **look round** vi sich umsehen.
▸ **look through** vt fus durchsehen.
▸ **look to** vt fus (rely on) sich verlassen auf +acc.
▸ **look up** vi aufsehen; (situation) sich bessern ♦ vt (word etc) nachschlagen; **things are ~ing up** es geht bergauf.

▸ **look up to** vt fus aufsehen zu.
lookalike ['lukəlaɪk] n Doppelgänger(in) m(f).
look-in ['lukɪn] n: **to get a ~** (inf) eine Chance haben.
lookout ['lukaut] n (tower etc) Ausguck m; (person) Wachtposten m; **to be on the ~ for sth** nach etw Ausschau halten.
loom [luːm] vi (also: ~ up: object, shape) sich abzeichnen; (event) näher rücken ♦ n Webstuhl m.
loony ['luːnɪ] (inf) adj verrückt ♦ n Verrückte(r) f(m).
loop [luːp] n Schlaufe f; (COMPUT) Schleife f ♦ vt: **to ~ sth around sth** etw um etw schlingen.
loophole ['luːphəul] n Hintertürchen nt; **a ~ in the law** eine Lücke im Gesetz.
loose [luːs] adj lose, locker; (clothes etc) weit; (long hair) offen; (not strictly controlled, promiscuous) locker; (definition) ungenau; (translation) frei ♦ vt (animal) loslassen; (prisoner) freilassen; (set off, unleash) entfesseln ♦ n: **to be on the ~** frei herumlaufen.
loose change n Kleingeld nt.
loose chippings npl Schotter m.
loose end n: **to be at a ~** or (US) **at ~s** nichts mit sich dat anzufangen wissen; **to tie up ~s** die offen stehenden Probleme lösen.
loose-fitting ['luːsfɪtɪŋ] adj weit.
loose-leaf ['luːsliːf] adj Loseblatt-; **~ binder** Ringbuch nt.
loose-limbed [luːs'lɪmd] adj gelenkig, beweglich.
loosely ['luːslɪ] adv lose, locker.
loosely-knit ['luːslɪ'nɪt] adj (fig) locker.
loosen ['luːsn] vt lösen, losmachen; (clothing, belt etc) lockern.
loosen up vi (before game) sich auflockern; (relax) auftauen.
loot [luːt] n (inf) Beute f ♦ vt plündern.
looter ['luːtə*] n Plünderer m.
looting ['luːtɪŋ] n Plünderung f.
lop off [lɒp-] vt abhacken.
lopsided ['lɒp'saɪdɪd] adj schief.
lord [lɔːd] n (BRIT) Lord m; **L~ Smith** Lord Smith; **the L~** (REL) der Herr; **my ~** (to bishop) Exzellenz; (to noble) Mylord; (to judge) Euer Ehren; **good L~!** ach, du lieber Himmel!; **the (House of) L~s** (BRIT) das Oberhaus.
lordly ['lɔːdlɪ] adj hochmütig.
lordship ['lɔːdʃɪp] n: **your L~** Eure Lordschaft.
lore [lɔː*] n Überlieferungen pl.
lorry ['lɒrɪ] (BRIT) n Lastwagen m, Lkw m.
lorry driver (BRIT) n Lastwagenfahrer m.
lose [luːz] (pt, pp lost) vt verlieren; (opportunity) verpassen; (pursuers) abschütteln ♦ vi verlieren; **to ~ (time)** (clock) nachgehen; **to ~ weight** abnehmen; **to ~ 5 pounds** 5 Pfund abnehmen; **to**

~ **sight of sth** (*also fig*) etw aus den Augen verlieren.

loser ['luːzə*] *n* Verlierer(in) *m(f)*; (*inf: failure*) Versager *m*; **to be a good/bad** ~ ein guter/ schlechter Verlierer sein.

loss [lɔs] *n* Verlust *m*; **to make a** ~ **(of £1,000)** (1000 Pfund) Verlust machen; **to sell sth at a** ~ etw mit Verlust verkaufen; **heavy** ~**es** schwere Verluste *pl*; **to cut one's** ~**es** aufgeben, bevor es noch schlimmer wird; **to be at a** ~ nicht mehr weiterwissen.

loss adjuster *n* Schadenssachverständige(r) *f(m)*.

loss leader *n* (*COMM*) Lockvogelangebot *nt*.

lost [lɔst] *pt, pp of* **lose** ♦ *adj* (*person, animal*) vermisst; (*object*) verloren; **to be** ~ sich verlaufen/verfahren haben; **to get** ~ sich verlaufen/verfahren; **get** ~! (*inf*) verschwinde!; ~ **in thought** in Gedanken verloren.

lost and found (*US*) *n* = **lost property**.

lost cause *n* aussichtslose Sache *f*.

lost property (*BRIT*) *n* Fundsachen *pl*; (*also:* ~ **office**) Fundbüro *nt*.

lot [lɔt] *n* (*kind*) Art *f*; (*group*) Gruppe *f*; (*at auctions, destiny*) Los *nt*; **to draw** ~**s** losen, Lose ziehen; **the** ~ alles; **a** ~ **(of)** (*a large number of*) viele; (*a great deal (of)*) viel; ~**s of** viele; **I read a** ~ ich lese viel; **this happens a** ~ das kommt oft vor.

loth [ləʊθ] *adj* = **loath**.

lotion ['ləʊʃən] *n* Lotion *f*.

lottery ['lɔtərɪ] *n* Lotterie *f*.

loud [laʊd] *adj* laut; (*clothes*) schreiend ♦ *adv* laut; **to be** ~ **in one's support of sb/sth** jdn/ etw lautstark unterstützen; **out** ~ (*read, laugh etc*) laut.

loud-hailer [laʊdˈheɪlə*] (*BRIT*) *n* Megafon *nt*, Megaphon *nt*.

loudly ['laʊdlɪ] *adv* laut.

loudmouthed ['laʊdmaʊθt] *adj* großmäulig.

loudspeaker [laʊdˈspiːkə*] *n* Lautsprecher *m*.

lounge [laʊndʒ] *n* (*in house*) Wohnzimmer *nt*; (*in hotel*) Lounge *f*; (*at airport, station*) Wartehalle *f*; (*BRIT: also:* ~ **bar**) Salon *m* ♦ *vi* faulenzen.

▶ **lounge about** *vi* herumliegen, herumsitzen, herumstehen.

▶ **lounge around** *vi* = **lounge about**.

lounge suit (*BRIT*) *n* Straßenanzug *m*.

louse [laʊs] (*pl* **lice**) *n* Laus *f*.

▶ **louse up** (*inf*) *vt* vermasseln.

lousy ['laʊzɪ] (*inf*) *adj* (*bad-quality*) lausig, mies; (*despicable*) fies, gemein; (*ill*): **to feel** ~ sich miserabel *or* elend fühlen.

lout [laʊt] *n* Lümmel *m*, Flegel *m*.

louvre, (US) louver ['luːvə*] *adj* (*door, window*) Lamellen-.

lovable ['lʌvəbl] *adj* liebenswert.

love [lʌv] *n* Liebe *f* ♦ *vt* lieben; (*thing, activity etc*) gern mögen; "~ **(from) Anne**" (*on letter*) „mit herzlichen Grüßen, Anne"; **to be in**

~ **with** verliebt sein in +*acc*; **to fall in** ~ **with** sich verlieben in +*acc*; **to make** ~ sich lieben; ~ **at first sight** Liebe auf den ersten Blick; **to send one's** ~ **to sb** jdn grüßen lassen; "**fifteen** ~" (*TENNIS*) „fünfzehn null"; **to** ~ **doing sth** etw gern tun; **I'd** ~ **to come** ich würde sehr gerne kommen; **I** ~ **chocolate** ich esse Schokolade liebend gern.

love affair *n* Verhältnis *nt*, Liebschaft *f*.

love child *n* uneheliches Kind *nt*, Kind *nt* der Liebe.

loved ones ['lʌvdwʌnz] *npl* enge Freunde und Verwandte *pl*.

love-hate relationship ['lʌvheɪt-] *n* Hassliebe *f*.

love letter *n* Liebesbrief *m*.

love life *n* Liebesleben *nt*.

lovely ['lʌvlɪ] *adj* (*beautiful*) schön; (*delightful*) herrlich; (*person*) sehr nett.

lover ['lʌvə*] *n* Geliebte(r) *f(m)*; (*person in love*) Liebende(r) *f(m)*; ~ **of art/music** Kunst-/ Musikliebhaber(in) *m(f)*; **to be** ~**s** ein Liebespaar sein.

lovesick ['lʌvsɪk] *adj* liebeskrank.

love song *n* Liebeslied *nt*.

loving ['lʌvɪŋ] *adj* liebend; (*actions*) liebevoll.

low [ləʊ] *adj* niedrig; (*bow, curtsey*) tief; (*quality*) schlecht; (*sound: deep*) tief; (: *quiet*) leise; (*depressed*) niedergeschlagen, bedrückt ♦ *adv* (*sing*) leise; (*fly*) tief ♦ *n* (*MET*) Tief *nt*; **to be/run** ~ knapp sein/ werden; **sb is running** ~ **on sth** jdm wird etw knapp; **to reach a new** *or* **an all-time** ~ einen neuen Tiefstand erreichen.

low-alcohol ['ləʊˈælkəhɔl] *adj* alkoholarm.

lowbrow ['ləʊbraʊ] *adj* (*geistig*) anspruchslos.

low-calorie ['ləʊˈkælərɪ] *adj* kalorienarm.

low-cut ['ləʊkʌt] *adj* (*dress*) tief ausgeschnitten.

lowdown ['ləʊdaʊn] (*inf*) *n*: **he gave me the** ~ **on it** er hat mich darüber informiert.

lower ['ləʊə*] *adj* untere(r, s); (*lip, jaw, arm*) Unter- ♦ *vt* senken.

low-fat ['ləʊˈfæt] *adj* fettarm.

low-key ['ləʊˈkiː] *adj* zurückhaltend; (*not obvious*) unaufdringlich.

lowlands ['ləʊləndz] *npl* Flachland *nt*.

low-level language ['ləʊlɛvl-] *n* (*COMPUT*) niedere Programmiersprache *f*.

low-loader ['ləʊˈləʊdə*] *n* Tieflader *m*.

lowly ['ləʊlɪ] *adj* (*position*) niedrig; (*origin*) bescheiden.

low-lying [ləʊˈlaɪɪŋ] *adj* tief gelegen.

low-paid [ləʊˈpeɪd] *adj* schlecht bezahlt.

low-rise ['ləʊraɪz] *adj* niedrig (gebaut).

low-tech ['ləʊtɛk] *adj* nicht mit Hightech ausgestattet.

loyal ['lɔɪəl] *adj* treu; (*support*) loyal.

loyalist ['lɔɪəlɪst] *n* Loyalist(in) *m(f)*.

loyalty ['lɔɪəltɪ] *n* (*see adj*) Treue *f*; Loyalität *f*.

loyalty card (*BRIT*) n (*COMM*) Kundenkarte f.
lozenge ['lɒzɪndʒ] n Pastille f; (*shape*) Raute f.
LP n abbr (= *long player*) LP f; *see also* **long-playing record**.
LPG abbr (= *liquefied petroleum gas*) Flüssiggas nt.

> ### L-PLATES
>
> Als **L-plates** werden in Großbritannien die weißen Schilder mit einem roten „L" bezeichnet, die vorne und hinten an jedem von einem Fahrschüler geführten Fahrzeug befestigt werden müssen. Fahrschüler müssen einen vorläufigen Führerschein beantragen und dürfen damit unter der Aufsicht eines erfahrenen Autofahrers auf allen Straßen außer Autobahnen fahren.

LPN (*US*) n abbr (= *Licensed Practical Nurse*) staatlich anerkannte Krankenschwester f, staatlich anerkannter Krankenpfleger m.
LRAM (*BRIT*) n abbr (= *Licentiate of the Royal Academy of Music*) Qualifikationsnachweis in Musik.
LSAT (*US*) n abbr (= *Law School Admission Test*) Zulassungsprüfung für juristische Hochschulen.
LSD n abbr (= *lysergic acid diethylamide*) LSD nt; (*BRIT*: also: **L.S.D.**) (= *pounds, shillings and pence*) früheres britisches Währungssystem.
LSE (*BRIT*) n abbr (= *London School of Economics*) Londoner Wirtschaftshochschule.
Lt abbr (*MIL*: = *lieutenant*) Lt.
Ltd abbr (*COMM*: = *limited (liability)*) ≈ GmbH f.
lubricant ['lu:brɪkənt] n Schmiermittel nt.
lubricate ['lu:brɪkeɪt] vt schmieren, ölen.
lucid ['lu:sɪd] adj klar; (*person*) bei klarem Verstand.
lucidity [lu:'sɪdɪtɪ] n Klarheit f.
luck [lʌk] n (*esp good luck*) Glück nt; **bad ~** Unglück nt; **good ~!** viel Glück!; **bad or hard or tough ~!** so ein Pech!; **hard or tough ~!** (*showing no sympathy*) Pech gehabt!; **to be in ~** Glück haben; **to be out of ~** kein Glück haben.
luckily ['lʌkɪlɪ] adv glücklicherweise.
luckless ['lʌklɪs] adj glücklos.
lucky ['lʌkɪ] adj (*situation, event*) glücklich; (*object*) Glück bringend; (*person*): **to be ~** Glück haben; **to have a ~ escape** noch einmal davonkommen; **~ charm** Glücksbringer m.
lucrative ['lu:krətɪv] adj einträglich.
ludicrous ['lu:dɪkrəs] adj grotesk.
ludo ['lu:dəʊ] n Mensch, ärgere dich nicht nt.
lug [lʌg] (*inf*) vt schleppen.
luggage ['lʌgɪdʒ] n Gepäck nt.
luggage car (*US*) n = **luggage van**.
luggage rack n Gepäckträger m; (*in train*) Gepäckablage f.
luggage van (*BRIT*) n (*RAIL*) Gepäckwagen m.

lugubrious [lu'gu:brɪəs] adj schwermütig.
lukewarm ['lu:kwɔ:m] adj lauwarm; (*fig*: *person, reaction etc*) lau.
lull [lʌl] n Pause f ♦ vt: **to ~ sb to sleep** jdn einlullen or einschläfern; **to be ~ed into a false sense of security** in trügerische Sicherheit gewiegt werden.
lullaby ['lʌləbaɪ] n Schlaflied nt.
lumbago [lʌm'beɪgəʊ] n Hexenschuss m.
lumber ['lʌmbə*] n (*wood*) Holz nt; (*junk*) Gerümpel nt ♦ vi: **to ~ about/along** herum-/entlangtapsen.
► **lumber with** vt: **to be/get ~ed with sth** etw am Hals haben/aufgehalst bekommen.
lumberjack ['lʌmbədʒæk] n Holzfäller m.
lumber room (*BRIT*) n Rumpelkammer f.
lumberyard ['lʌmbəjɑːd] (*US*) n Holzlager nt.
luminous ['lu:mɪnəs] adj leuchtend, Leucht-.
lump [lʌmp] n Klumpen m; (*on body*) Beule f; (*in breast*) Knoten m; (*also*: **sugar ~**) Stück nt (Zucker) ♦ vt: **to ~ together** in einen Topf werfen; **a ~ sum** eine Pauschalsumme.
lumpy ['lʌmpɪ] adj klumpig.
lunacy ['lu:nəsɪ] n Wahnsinn m.
lunar ['lu:nə*] adj Mond-.
lunatic ['lu:nətɪk] adj wahnsinnig ♦ n Wahnsinnige(r) f(m), Irre(r) f(m).
lunatic asylum n Irrenanstalt f.
lunatic fringe n: **the ~** die Extremisten pl.
lunch [lʌntʃ] n Mittagessen nt; (*time*) Mittagszeit f ♦ vi zu Mittag essen.
lunch break n Mittagspause f.
luncheon ['lʌntʃən] n Mittagessen nt.
luncheon meat n Frühstücksfleisch nt.
luncheon voucher (*BRIT*) n Essensmarke f.
lunch hour n Mittagspause f.
lunch time n Mittagszeit f.
lung [lʌŋ] n Lunge f.
lunge [lʌndʒ] vi (*also*: **~ forward**) sich nach vorne stürzen; **to ~ at** sich stürzen auf +*acc*.
lupin ['lu:pɪn] n Lupine f.
lurch [lɜːtʃ] vi ruckeln; (*person*) taumeln ♦ n Ruck m; (*of person*) Taumeln nt; **to leave sb in the ~** jdn im Stich lassen.
lure [lʊə*] n Verlockung f ♦ vt locken.
lurid ['lʊərɪd] adj (*story etc*) reißerisch; (*pej*: *brightly coloured*) grell, in grellen Farben.
lurk [lɜːk] vi (*also fig*) lauern.
luscious ['lʌʃəs] adj (*attractive*) fantastisch; (*food*) köstlich, lecker.
lush [lʌʃ] adj (*fields*) saftig; (*gardens*) üppig; (*luxurious*) luxuriös.
lust [lʌst] n (*pej*) n (*sexual*) (sinnliche) Begierde f; (*for money, power etc*) Gier f.
► **lust after** vt fus (*sexually*) begehren; (*crave*) gieren nach.
► **lust for** vt fus = **lust after**.
lustful ['lʌstfʊl] adj lüstern.
lustre, (*US*) **luster** ['lʌstə*] n Schimmer m, Glanz m.
lusty ['lʌstɪ] adj gesund und munter.
lute [lu:t] n Laute f.

luvvie, luvvy ['lʌvɪ] (*inf*) n Schätzchen nt.
Luxembourg ['lʌksəmbɔːg] n Luxemburg nt.
luxuriant [lʌg'zjuərɪənt] adj üppig.
luxuriate [lʌg'zjuərɪeɪt] vi: **to ~ in sth** sich in etw dat aalen.
luxurious [lʌg'zjuərɪəs] adj luxuriös.
luxury ['lʌkʃərɪ] n Luxus m (no pl) ♦ cpd (*hotel, car etc*) Luxus-; **little luxuries** kleine Genüsse.
LV n abbr = **luncheon voucher**.
LW abbr (RADIO: = long wave) LW.
Lycra ® ['laɪkrə] n Lycra nt.
lying ['laɪɪŋ] n Lügen nt ♦ adj verlogen.
lynch [lɪntʃ] vt lynchen.
lynx [lɪŋks] n Luchs m.
lyric ['lɪrɪk] adj lyrisch.
lyrical ['lɪrɪkl] adj lyrisch; (*fig: praise etc*) schwärmerisch.
lyricism ['lɪrɪsɪzəm] n Lyrik f.
lyrics ['lɪrɪks] npl (*of song*) Text m.

M, m

M¹, m¹ [ɛm] n (*letter*) M nt, m nt; **~ for Mary,** (US) **~ for Mike** ≈ M wie Martha.
M² [ɛm] n abbr (BRIT: = motorway): **the M8** ≈ **die A8** ♦ abbr = **medium**.
m² abbr (= metre) m; = **mile** (= million) Mio.
MA n abbr (= Master of Arts) akademischer Grad für Geisteswissenschaftler; (= military academy) Militärakademie f ♦ abbr (US: POST: = Massachusetts).
mac [mæk] (BRIT) n Regenmantel m.
macabre [mə'kɑːbrə] adj makaber.
macaroni [mækə'rəʊnɪ] n Makkaroni pl.
macaroon [mækə'ruːn] n Makrone f.
mace [meɪs] n (*weapon*) Keule f; (*ceremonial*) Amtsstab m; (*spice*) Muskatblüte f.
Macedonia [mæsɪ'dəʊnɪə] n Makedonien nt.
Macedonian [mæsɪ'dəʊnɪən] adj makedonisch ♦ n Makedonier(in) m(f); (LING) Makedonisch nt.
machinations [mækɪ'neɪʃənz] npl Machenschaften pl.
machine [mə'ʃiːn] n Maschine f; (*fig: party machine etc*) Apparat m ♦ vt (TECH) maschinell herstellen or bearbeiten; (*dress etc*) mit der Maschine nähen.
machine code n Maschinenkode m.
machine gun n Maschinengewehr nt.
machine language n Maschinensprache f.
machine-readable [mə'ʃiːnriːdəbl] adj maschinenlesbar.
machinery [mə'ʃiːnərɪ] n Maschinen pl; (*fig: of government*) Apparat m.

machine shop n Maschinensaal m.
machine tool n Werkzeugmaschine f.
machine washable adj waschmaschinenfest.
machinist [mə'ʃiːnɪst] n Maschinist(in) m(f).
macho ['mætʃəʊ] adj Macho-; **a ~ man** ein Macho m.
mackerel ['mækrl] n inv Makrele f.
mackintosh ['mækɪntɔʃ] (BRIT) n Regenmantel m.
macro... ['mækrəʊ] pref Makro-, makro-.
macroeconomics ['mækrəʊiːkə'nɔmɪks] npl Makroökonomie f.
mad [mæd] adj wahnsinnig, verrückt; (*angry*) böse, sauer (*inf*); **to be ~ about** verrückt sein auf +acc; **to be ~ at sb** böse or sauer auf jdn sein; **to go ~** (*insane*) verrückt or wahnsinnig werden; (*angry*) böse or sauer werden.
madam ['mædəm] n gnädige Frau f; **yes, ~** ja(wohl); **M~ Chairman** Frau Vorsitzende.
madcap ['mædkæp] adj (*idea*) versponnen; (*tricks*) toll.
mad cow disease n Rinderwahn m.
madden ['mædn] vt ärgern, fuchsen (*inf*).
maddening ['mædnɪŋ] adj unerträglich.
made [meɪd] pt, pp of **make**.
Madeira [mə'dɪərə] n Madeira nt; (*wine*) Madeira m.
made-to-measure ['meɪdtə'mɛʒə*] (BRIT) adj maßgeschneidert.
madhouse ['mædhaʊs] n (*also fig*) Irrenhaus nt.
madly ['mædlɪ] adv wie verrückt; **~ in love** bis über beide Ohren verliebt.
madman ['mædmən] (*irreg: like* **man**) n Verrückte(r) m, Irre(r) m.
madness ['mædnɪs] n Wahnsinn m.
Madrid [mə'drɪd] n Madrid nt.
Mafia ['mæfɪə] n Mafia f.
mag [mæg] (BRIT: inf) n abbr = **magazine**.
magazine [mægə'ziːn] n Zeitschrift f; (RADIO, TV, of firearm) Magazin nt; (MIL: store) Depot nt.
maggot ['mægət] n Made f.
magic ['mædʒɪk] n Magie f; (*conjuring*) Zauberei f ♦ adj magisch; (*formula*) Zauber-; (*fig: place, moment etc*) zauberhaft.
magical ['mædʒɪkl] adj magisch; (*experience, evening*) zauberhaft.
magician [mə'dʒɪʃən] n (*wizard*) Magier m; (*conjurer*) Zauberer m.
magistrate ['mædʒɪstreɪt] n Friedensrichter(in) m(f).
magnanimous [mæg'nænɪməs] adj großmütig.
magnate ['mægneɪt] n Magnat m.
magnesium [mæg'niːzɪəm] n Magnesium nt.
magnet ['mægnɪt] n Magnet m.
magnetic [mæg'nɛtɪk] adj magnetisch; (*field, compass, pole etc*) Magnet-; (*personality*) anziehend.
magnetic disk n (COMPUT) Magnetplatte f.
magnetic tape n Magnetband nt.

magnetism ['mægnɪtɪzəm] n Magnetismus m; (of person) Anziehungskraft f.

magnetize ['mægnɪtaɪz] vt magnetisieren.

magnification [mægnɪfɪ'keɪʃən] n Vergrößerung f.

magnificence [mæg'nɪfɪsns] n Großartigkeit f; (of robes) Pracht f.

magnificent [mæg'nɪfɪsnt] adj großartig; (robes) prachtvoll.

magnify ['mægnɪfaɪ] vt vergrößern; (sound) verstärken; (fig: exaggerate) aufbauschen.

magnifying glass ['mægnɪfaɪɪŋ-] n Vergrößerungsglas nt, Lupe f.

magnitude ['mægnɪtjuːd] n (size) Ausmaß nt, Größe f; (importance) Bedeutung f.

magnolia [mæg'nəʊlɪə] n Magnolie f.

magpie ['mægpaɪ] n Elster f.

mahogany [mə'hɒgənɪ] n Mahagoni nt ♦ cpd Mahagoni-.

maid [meɪd] n Dienstmädchen nt; old ~ (pej) alte Jungfer.

maiden ['meɪdn] n (liter) Mädchen n ♦ adj unverheiratet; (speech, voyage) Jungfern-.

maiden name n Mädchenname m.

mail [meɪl] n Post f ♦ vt aufgeben; by ~ mit der Post.

mailbox ['meɪlbɒks] n (US) Briefkasten m; (COMPUT) Mailbox f, elektronischer Briefkasten m.

mailing list ['meɪlɪŋ-] n Anschriftenliste f.

mailman ['meɪlmæn] (US: irreg: like man) n Briefträger m, Postbote m.

mail order n (system) Versand m ♦ cpd: **mail-order firm** or **business** Versandhaus nt; **mail-order catalogue** Versandhauskatalog m; **by** ~ durch Bestellung per Post.

mailshot ['meɪlʃɒt] (BRIT) n Werbebrief m.

mail train n Postzug m.

mail truck (US) n Postauto nt.

mail van (BRIT) n (AUT) Postauto nt; (RAIL) Postwagen m.

maim [meɪm] vt verstümmeln.

main [meɪn] adj Haupt-, wichtigste(r, s); (door, entrance, meal) Haupt- ♦ n Hauptleitung f; the mains npl (ELEC) das Stromnetz; (gas, water) die Hauptleitung; in the ~ im Großen und Ganzen.

main course n (CULIN) Hauptgericht nt.

mainframe ['meɪnfreɪm] n (COMPUT) Großrechner m.

mainland ['meɪnlənd] n Festland nt.

mainline ['meɪnlaɪn] adj: ~ **station** Fernbahnhof m ♦ vt (drugs slang) spritzen ♦ vi (drugs slang) fixen.

main line n Hauptstrecke f.

mainly ['meɪnlɪ] adv hauptsächlich.

main road n Hauptstraße f.

mainstay ['meɪnsteɪ] n (foundation) (wichtigste) Stütze f; (chief constituent) Hauptbestandteil m.

mainstream ['meɪnstriːm] n Hauptrichtung f ♦ adj (cinema etc) populär; (politics) der Mitte.

maintain [meɪn'teɪn] vt (preserve) aufrechterhalten; (keep up) beibehalten; (provide for) unterhalten; (look after: building) instand or in Stand halten; (: equipment) warten; (affirm: opinion) vertreten; (: innocence) beteuern; **to** ~ **that** ... behaupten, dass ...

maintenance ['meɪntənəns] n (of building) Instandhaltung f; (of equipment) Wartung f; (preservation) Aufrechterhaltung f; (LAW: alimony) Unterhalt m.

maintenance contract n Wartungsvertrag m.

maintenance order n (LAW) Unterhaltsurteil nt.

maisonette [meɪzə'nɛt] (BRIT) n Maisonettewohnung f.

maize [meɪz] n Mais m.

Maj. abbr (MIL) = major.

majestic [mə'dʒɛstɪk] adj erhaben.

majesty ['mædʒɪstɪ] n (title): **Your M**~ Eure Majestät; (splendour) Erhabenheit f.

major ['meɪdʒə*] n Major m ♦ adj bedeutend; (MUS) Dur ♦ vi (US): **to** ~ **in French** Französisch als Hauptfach belegen; **a** ~ **operation** eine größere Operation.

Majorca [mə'jɔːkə] n Mallorca nt.

major general n Generalmajor m.

majority [mə'dʒɒrɪtɪ] n Mehrheit f ♦ cpd (verdict, holding) Mehrheits-.

make [meɪk] (pt, pp **made**) vt machen; (clothes) nähen; (cake) backen; (speech) halten; (manufacture) herstellen; (earn) verdienen; (cause to be): **to** ~ **sb sad** jdn traurig machen; (force): **to** ~ **sb do sth** jdn zwingen, etw zu tun; (cause) jdn dazu bringen, etw zu tun; (equal): **2 and 2** ~ **4** 2 und 2 ist or macht 4 ♦ n Marke f, Fabrikat nt; **to** ~ **a fool of sb** jdn lächerlich machen; **to** ~ **a profit/loss** Gewinn/Verlust machen; **to** ~ **it** (arrive) es schaffen; (succeed) Erfolg haben; **what time do you** ~ **it?** wie spät hast du?; **to** ~ **good** erfolgreich sein; (threat) wahr machen; (promise) einlösen; (damage) wieder gutmachen; (loss) ersetzen; **to** ~ **do with** auskommen mit.

▶ **make for** vt fus (place) zuhalten auf +acc.

▶ **make off** vi sich davonmachen.

▶ **make out** vt (decipher) entziffern; (understand) verstehen; (see) ausmachen; (write: cheque) ausstellen; (claim, imply) behaupten; (pretend) so tun, als ob; **to** ~ **out a case for sth** für etw argumentieren.

▶ **make over** vt: **to** ~ **over (to)** überschreiben (+dat).

▶ **make up** vt (constitute) bilden; (invent) erfinden; (prepare: bed) zurechtmachen; (: parcel) zusammenpacken ♦ vi (after quarrel) sich versöhnen; (with cosmetics) sich schminken; **to** ~ **up one's mind** sich entscheiden; **to be made up of** bestehen aus.

▶ **make up for** *vt fus* (*loss*) ersetzen; (*disappointment etc*) ausgleichen.

make-believe ['meɪkbɪliːv] *n* Fantasie *f*; **a world of** ~ eine Fantasiewelt; **it's just** ~ es ist nicht wirklich.

maker ['meɪkə*] *n* Hersteller *m*; **film** ~ Filmemacher(in) *m(f)*.

makeshift ['meɪkʃɪft] *adj* behelfsmäßig.

make-up ['meɪkʌp] *n* Make-up *nt*, Schminke *f*.

make-up bag *n* Kosmetiktasche *f*.

make-up remover *n* Make-up-Entferner *m*.

making ['meɪkɪŋ] *n* (*fig*): **in the** ~ im Entstehen; **to have the** ~**s of** das Zeug haben zu.

maladjusted [mælə'dʒʌstɪd] *adj* verhaltensgestört.

maladroit [mælə'drɔɪt] *adj* ungeschickt.

malaise [mæ'leɪz] *n* Unbehagen *nt*.

malaria [mə'leərɪə] *n* Malaria *f*.

Malawi [mə'lɑːwɪ] *n* Malawi *nt*.

Malay [mə'leɪ] *adj* malaiisch ♦ *n* Malaie *m*, Malaiin *f*; (*LING*) Malaiisch *nt*.

Malaya [mə'leɪə] *n* Malaya *nt*.

Malayan [mə'leɪən] *adj*, *n* = **Malay**.

Malaysia [mə'leɪzɪə] *n* Malaysia *nt*.

Malaysian [mə'leɪzɪən] *adj* malaysisch ♦ *n* Malaysier(in) *m(f)*.

Maldives ['mɔːldaɪvz] *npl* Malediven *pl*.

male [meɪl] *n* (*animal*) Männchen *nt*; (*man*) Mann *m* ♦ *adj* männlich; (*ELEC*): ~ **plug** Stecker *m*; **because he is** ~ weil er ein Mann/Junge ist; ~ **and female students** Studenten und Studentinnen; **a** ~ **child** ein Junge.

male chauvinist *n* Chauvinist *m*.

male nurse *n* Krankenpfleger *m*.

malevolence [mə'levələns] *n* Boshaftigkeit *f*; (*of action*) Böswilligkeit *f*.

malevolent [mə'levələnt] *adj* boshaft; (*intention*) böswillig.

malfunction [mæl'fʌŋkʃən] *n* (*of computer*) Funktionsstörung *f*; (*of machine*) Defekt *m* ♦ *vi* (*computer*) eine Funktionsstörung haben; (*machine*) defekt sein.

malice ['mælɪs] *n* Bosheit *f*.

malicious [mə'lɪʃəs] *adj* boshaft; (*LAW*) böswillig.

malign [mə'laɪn] *vt* verleumden ♦ *adj* (*influence*) schlecht; (*interpretation*) böswillig.

malignant [mə'lɪgnənt] *adj* bösartig; (*intention*) böswillig.

malingerer [mə'lɪŋgərə*] *n* Simulant(in) *m(f)*.

mall [mɔːl] *n* (*also:* **shopping** ~) Einkaufszentrum *nt*.

malleable ['mælɪəbl] *adj* (*lit, fig*) formbar.

mallet ['mælɪt] *n* Holzhammer *m*.

malnutrition [mælnjuː'trɪʃən] *n* Unterernährung *f*.

malpractice [mæl'præktɪs] *n* Berufsvergehen *nt*.

malt [mɔːlt] *n* Malz *nt*; (*also:* ~ **whisky**) Malt

Whisky *m*.

Malta ['mɔːltə] *n* Malta *nt*.

Maltese [mɔːl'tiːz] *adj* maltesisch ♦ *n inv* Malteser(in) *m(f)*; (*LING*) Maltesisch *nt*.

maltreat [mæl'triːt] *vt* schlecht behandeln; (*violently*) misshandeln.

mammal ['mæml] *n* Säugetier *nt*.

mammoth ['mæməθ] *n* Mammut *nt* ♦ *adj* (*task*) Mammut-.

man [mæn] (*pl* **men**) *n* Mann *m*; (*mankind*) der Mensch, die Menschen *pl*; (*CHESS*) Figur *f* ♦ *vt* (*ship*) bemannen; (*gun, machine*) bedienen; (*post*) besetzen; ~ **and wife** Mann und Frau.

manage ['mænɪdʒ] *vi*: **to** ~ **to do sth** es schaffen, etw zu tun; (*get by financially*) zurechtkommen ♦ *vt* (*business, organization*) leiten; (*control*) zurechtkommen mit; **to** ~ **without sb/sth** ohne jdn/etw auskommen; **well** ~**d** (*business, shop etc*) gut geführt.

manageable ['mænɪdʒəbl] *adj* (*task*) zu bewältigen; (*number*) überschaubar.

management ['mænɪdʒmənt] *n* Leitung *f*, Führung *f*; (*persons*) Unternehmensleitung *f*; "**under new** ~" „unter neuer Leitung".

management accounting *n* Kosten- und Leistungsrechnung *f*.

management consultant *n* Unternehmensberater(in) *m(f)*.

manager ['mænɪdʒə*] *n* (*of business*) Geschäftsführer(in) *m(f)*; (*of institution etc*) Direktor(in) *m(f)*; (*of department*) Leiter(in) *m(f)*; (*of pop star*) Manager(in) *m(f)*; (*SPORT*) Trainer(in) *m(f)*; **sales** ~ Verkaufsleiter(in) *m(f)*.

manageress [mænɪdʒə'res] *n* (*of shop, business*) Geschäftsführerin *f*; (*of office, department etc*) Leiterin *f*.

managerial [mænɪ'dʒɪərɪəl] *adj* (*role, post*) leitend; (*decisions*) geschäftlich; ~ **staff/ skills** Führungskräfte *pl*/-qualitäten *pl*.

managing director ['mænɪdʒɪŋ-] *n* Geschäftsführer(in) *m(f)*.

Mancunian [mæŋ'kjuːnɪən] *n* Bewohner(in) *m(f)* Manchesters.

mandarin ['mændərɪn] *n* (*also:* ~ **orange**) Mandarine *f*; (*official: Chinese*) Mandarin *m*; (: *gen*) Funktionär *m*.

mandate ['mændeɪt] *n* Mandat *nt*; (*task*) Auftrag *m*.

mandatory ['mændətərɪ] *adj* obligatorisch.

mandolin(e) ['mændəlɪn] *n* Mandoline *f*.

mane [meɪn] *n* Mähne *f*.

maneuver *etc* [mə'nuːvə*] (*US*) = **manoeuvre** *etc*.

manfully ['mænfəlɪ] *adv* mannhaft, beherzt.

manganese [mæŋgə'niːz] *n* Mangan *nt*.

mangetout ['mɔnʒ'tuː] (*BRIT*) *n* Zuckererbse *f*.

mangle ['mæŋgl] *vt* (übel) zurichten ♦ *n* Mangel *f*.

mango ['mæŋgəu] (*pl* ~**es**) *n* Mango *f*.

mangrove ['mæŋgrəuv] n Mangrove(n)baum m.

mangy ['meɪndʒɪ] adj (animal) räudig.

manhandle ['mænhændl] vt (mistreat) grob behandeln; (move by hand) (von Hand) befördern.

manhole ['mænhəul] n Kanalschacht m.

manhood ['mænhud] n Mannesalter nt.

man-hour ['mænauə•] n Arbeitsstunde f.

manhunt ['mænhʌnt] n Fahndung f.

mania ['meɪnɪə] n Manie f; (craze) Sucht f; **persecution** ~ Verfolgungswahn m.

maniac ['meɪnɪæk] n Wahnsinnige(r) f(m), Verrückte(r) f(m); (fig) Fanatiker(in) m(f).

manic ['mænɪk] adj (behaviour) manisch; (activity) rasend.

manic-depressive ['mænɪkdɪ'presɪv] n Manisch-Depressive(r) f(m) ♦ adj manisch-depressiv.

manicure ['mænɪkjuə•] n Maniküre f ♦ vt maniküren.

manicure set n Nageletui nt, Maniküreetui nt.

manifest ['mænɪfest] vt zeigen, bekunden ♦ adj offenkundig ♦ n Manifest nt.

manifestation [mænɪfes'teɪʃən] n Anzeichen nt.

manifesto [mænɪ'festəu] n Manifest nt.

manifold ['mænɪfəuld] adj vielfältig ♦ n: **exhaust** ~ Auspuffkrümmer m.

Manila [mə'nɪlə] n Manila nt.

manila [mə'nɪlə] adj: ~ **envelope** brauner Briefumschlag m.

manipulate [mə'nɪpjuleɪt] vt manipulieren.

manipulation [mənɪpju'leɪʃən] n Manipulation f.

mankind [mæn'kaɪnd] n Menschheit f.

manliness ['mænlɪnɪs] n Männlichkeit f.

manly ['mænlɪ] adj männlich.

man-made ['mæn'meɪd] adj künstlich; (fibre) synthetisch.

manna ['mænə] n Manna nt.

mannequin ['mænɪkɪn] n (dummy) Schaufensterpuppe f; (fashion model) Mannequin n.

manner ['mænə•] n (way) Art f, Weise f; (behaviour) Art f, (type, sort): **all** ~ **of things** die verschiedensten Dinge; **manners** npl (conduct) Manieren pl, Umgangsformen pl; **bad** ~s schlechte Manieren; **that's bad** ~s das gehört sich nicht.

mannerism ['mænərɪzəm] n Eigenheit f.

mannerly ['mænəlɪ] adj wohlerzogen.

manning ['mænɪŋ] n Besatzung f.

manoeuvrable, (US) **maneuverable** [mə'nu:vrəbl] adj manövrierfähig.

manoeuvre, (US) **maneuver** [mə'nu:və•] vt manövrieren; (situation) manipulieren ♦ vi manövrieren ♦ n (skilful move) Manöver nt; **manoeuvres** npl (MIL) Manöver nt, Truppenübungen pl; **to** ~ **sb into doing sth** jdn dazu bringen, etw zu tun.

manor ['mænə•] n (also: ~ **house**) Herrenhaus nt.

manpower ['mænpauə•] n Personal nt, Arbeitskräfte pl.

Manpower Services Commission (BRIT) n Behörde für Arbeitsbeschaffung, Arbeitsvermittlung und Berufsausbildung.

manservant ['mænsə:vənt] (pl **menservants**) n Diener m.

mansion ['mænʃən] n Villa f.

manslaughter ['mænslɔ:tə•] n Totschlag m.

mantelpiece ['mæntlpi:s] n Kaminsims nt or m.

mantle ['mæntl] n Decke f; (fig) Deckmantel m.

man-to-man ['mæntə'mæn] adj, adv von Mann zu Mann.

manual ['mænjuəl] adj manuell, Hand-; (controls) von Hand ♦ n Handbuch nt.

manufacture [mænju'fæktʃə•] vt herstellen ♦ n Herstellung f.

manufactured goods npl Fertigerzeugnisse pl.

manufacturer [mænju'fæktʃərə•] n Hersteller m.

manufacturing [mænju'fæktʃərɪŋ] n Herstellung f.

manure [mə'njuə•] n Dung m.

manuscript ['mænjuskrɪpt] n Manuskript nt; (old document) Handschrift f.

many ['menɪ] adj, pron viele; **a great** ~ eine ganze Reihe; **how** ~? wie viele?; **too** ~ **difficulties** zu viele Schwierigkeiten; **twice as** ~ doppelt so viele; ~ **a time** so manches Mal.

Maori ['maurɪ] adj maorisch ♦ n Maori mf.

map [mæp] n (Land)karte f, (of town) Stadtplan m ♦ vt eine Karte anfertigen von.

▶ **map out** vt planen; (plan) entwerfen; (essay) anlegen.

maple ['meɪpl] n (tree, wood) Ahorn m.

Mar. abbr = **March**.

mar [ma:•] vt (appearance) verunstalten; (day) verderben; (event) stören.

marathon ['mærəθən] n Marathon m ♦ adj: **a** ~ **session** eine Marathonsitzung.

marathon runner n Marathonläufer(in) m(f).

marauder [mə'rɔ:də•] n (robber) Plünderer m; (killer) Mörder m.

marble ['ma:bl] n Marmor m; (toy) Murmel f.

marbles ['ma:blz] n (game) Murmeln pl.

March [ma:tʃ] n März m; see also **July**.

march [ma:tʃ] vi marschieren; (protesters) ziehen ♦ n Marsch m; (demonstration) Demonstration f; **to** ~ **out of/into** (heraus)marschieren aus +dat/ (herein)marschieren in +acc.

marcher ['ma:tʃə•] n Demonstrant(in) m(f).

marching orders ['ma:tʃɪŋ-] npl: **to give sb his/her** ~ (employee) jdn entlassen; (lover) jdm den Laufpass geben.

march past n Vorbeimarsch m.

mare [meə•] n Stute f.

margarine [ma:dʒə'ri:n] n Margarine f.

marge [mɑːdʒ] (*BRIT: inf*) *n abbr* = **margarine**.

margin ['mɑːdʒɪn] *n* Rand *m*; (*of votes*) Mehrheit *f*; (*for safety, error etc*) Spielraum *m*; (*COMM*) Gewinnspanne *f*.

marginal ['mɑːdʒɪnl] *adj* geringfügig; (*note*) Rand-.

marginally ['mɑːdʒɪnəlɪ] *adv* nur wenig, geringfügig.

marginal (seat) *n* (*POL*) mit knapper Mehrheit gewonnener Wahlkreis.

marigold ['mærɪɡəʊld] *n* Ringelblume *f*.

marijuana [mærɪ'wɑːnə] *n* Marihuana *nt*.

marina [mə'riːnə] *n* Jachthafen *m*.

marinade [mærɪ'neɪd] *n* Marinade *f* ♦ *vt* = **marinate**.

marinate ['mærɪneɪt] *vt* marinieren.

marine [mə'riːn] *adj* (*plant, biology*) Meeres- ♦ *n* (*BRIT: soldier*) Marineinfanterist *m*; (*US: sailor*) Marinesoldat *m*; ~ **engineer** Schiff(s)bauingenieur *m*; ~ **engineering** Schiff(s)bau *m*.

marine insurance *n* Seeversicherung *f*.

marital ['mærɪtl] *adj* ehelich; (*problem*) Ehe-; ~ **status** Familienstand *m*.

maritime ['mærɪtaɪm] *adj* (*nation*) Seefahrer-; (*museum*) Seefahrts-; (*law*) See-.

marjoram ['mɑːdʒərəm] *n* Majoran *m*.

mark [mɑːk] *n* Zeichen *nt*; (*stain*) Fleck *m*; (*in snow, mud etc*) Spur *f*; (*BRIT: SCOL*) Note *f*; (*level, point*): **the halfway** ~ die Hälfte *f*; (*currency*) Mark *f*; (*BRIT: TECH*): **M**~ **2/3** Version *f* 2/3 ♦ *vt* (*with pen*) beschriften; (*with shoes etc*) schmutzig machen; (*with tyres etc*) Spuren hinterlassen auf +*dat*; (*damage*) beschädigen; (*stain*) Flecken machen auf +*dat*; (*indicate*) markieren; (: *price*) auszeichnen; (*commemorate*) begehen; (*characterize*) kennzeichnen; (*BRIT: SCOL*) korrigieren (und benoten); (*SPORT: player*) decken; **punctuation** ~**s** Satzzeichen *pl*; **to be quick off the** ~ **(in doing sth)** (*fig*) blitzschnell reagieren (und etw tun); **to be up to the** ~ den Anforderungen entsprechen; **to** ~ **time** auf der Stelle treten.

► **mark down** *vt* (*prices, goods*) herabsetzen, heruntersetzen.

► **mark off** *vt* (*tick off*) abhaken.

► **mark out** *vt* markieren; (*person*) auszeichnen.

► **mark up** *vt* (*price*) heraufsetzen.

marked [mɑːkt] *adj* deutlich.

markedly ['mɑːkɪdlɪ] *adv* deutlich.

marker ['mɑːkə] *n* Markierung *f*; (*bookmark*) Lesezeichen *nt*.

market ['mɑːkɪt] *n* Markt *m* ♦ *vt* (*sell*) vertreiben; (*new product*) auf den Markt bringen; **to be on the** ~ auf dem Markt sein; **on the open** ~ auf dem freien Markt; **to play the** ~ (*STOCK EXCHANGE*) an der Börse spekulieren.

marketable ['mɑːkɪtəbl] *adj* marktfähig.

market analysis *n* Marktanalyse *f*.

market day *n* Markttag *m*.

market demand *n* Marktbedarf *m*.

market economy *n* Marktwirtschaft *f*.

market forces *npl* Marktkräfte *pl*.

market garden (*BRIT*) *n* Gemüseanbaubetrieb *m*.

marketing ['mɑːkɪtɪŋ] *n* Marketing *nt*.

marketing manager *n* Marketingmanager(in) *m(f)*.

marketplace ['mɑːkɪtpleɪs] *n* Marktplatz *m*; (*COMM*) Markt *m*.

market price *n* Marktpreis *m*.

market research *n* Marktforschung *f*.

market value *n* Marktwert *m*.

marking ['mɑːkɪŋ] *n* (*on animal*) Zeichnung *f*; (*on road*) Markierung *f*.

marksman ['mɑːksmən] (*irreg: like* **man**) *n* Scharfschütze *m*.

marksmanship ['mɑːksmənʃɪp] *n* Treffsicherheit *f*.

mark-up ['mɑːkʌp] *n* (*COMM: margin*) Handelsspanne *f*; (: *increase*) (Preis)aufschlag *m*.

marmalade ['mɑːməleɪd] *n* Orangenmarmelade *f*.

maroon [mə'ruːn] *vt*: **to be** ~**ed** festsitzen ♦ *adj* kastanienbraun.

marquee [mɑː'kiː] *n* Festzelt *nt*.

marquess, marquis ['mɑːkwɪs] *n* Marquis *m*.

Marrakech, Marrakesh [mærə'keʃ] *n* Marrakesch *nt*.

marriage ['mærɪdʒ] *n* Ehe *f*; (*institution*) die Ehe; (*wedding*) Hochzeit *f*; ~ **of convenience** Vernunftehe *f*.

marriage bureau *n* Ehevermittlung *f*.

marriage certificate *n* Heiratsurkunde *f*.

marriage guidance, (*US*) **marriage counseling** *n* Eheberatung *f*.

married ['mærɪd] *adj* verheiratet; (*life*) Ehe-; (*love*) ehelich; **to get** ~ heiraten.

marrow ['mærəʊ] *n* (*vegetable*) Kürbis *m*; (*bone marrow*) (Knochen)mark *nt*.

marry ['mærɪ] *vt* heiraten; (*father*) verheiraten; (*priest*) trauen ♦ *vi* heiraten.

Mars [mɑːz] *n* Mars *m*.

Marseilles [mɑː'seɪlz] *n* Marseilles *nt*.

marsh [mɑːʃ] *n* Sumpf *m*; (*salt marsh*) Salzsumpf *m*.

marshal ['mɑːʃl] *n* (*MIL: also:* **field** ~) (Feld)marschall *m*; (*official*) Ordner *m*; (*US: of police*) Bezirkspolizeichef *m* ♦ *vt* (*thoughts*) ordnen; (*support*) auftreiben; (*soldiers*) aufstellen.

marshalling yard ['mɑːʃlɪŋ-] *n* (*RAIL*) Rangierbahnhof *m*.

marshmallow [mɑːʃ'mæləʊ] *n* (*BOT*) Eibisch *m*; (*sweet*) Marshmallow *nt*.

marshy ['mɑːʃɪ] *adj* sumpfig.

marsupial [mɑː'suːpɪəl] *n* Beuteltier *nt*.

martial ['mɑːʃl] *adj* kriegerisch.

martial arts *npl* Kampfsport *m*; **the** ~ die

Kampfkunst *sing.*

martial law *n* Kriegsrecht *nt.*

Martian ['mɑːʃən] *n* Marsmensch *m.*

martin ['mɑːtɪn] *n* (*also:* **house** ~) Schwalbe *f.*

martyr ['mɑːtə*] *n* Märtyrer(in) *m(f)* ♦ *vt* martern.

martyrdom ['mɑːtədəm] *n* Martyrium *nt.*

marvel ['mɑːvl] *n* Wunder *nt* ♦ *vi:* **to ~ (at)** staunen (über +*acc*).

marvellous, (*US*) **marvelous** ['mɑːvləs] *adj* wunderbar.

Marxism ['mɑːksɪzəm] *n* Marxismus *m.*

Marxist ['mɑːksɪst] *adj* marxistisch ♦ *n* Marxist(in) *m(f).*

marzipan ['mɑːzɪpæn] *n* Marzipan *nt.*

mascara [mæs'kɑːrə] *n* Wimperntusche *f.*

mascot ['mæskət] *n* Maskottchen *nt.*

masculine ['mæskjulɪn] *adj* männlich; (*atmosphere, woman*) maskulin; (*LING*) männlich, maskulin.

masculinity [mæskju'lɪnɪtɪ] *n* Männlichkeit *f.*

MASH [mæʃ] (*US*) *n abbr* (= *mobile army surgical hospital*) mobiles Lazarett *nt.*

mash [mæʃ] *vt* zerstampfen.

mashed potatoes [mæʃt-] *npl* Kartoffelpüree *nt,* Kartoffelbrei *m.*

mask [mɑːsk] *n* Maske *f* ♦ *vt* (*cover*) verdecken; (*hide*) verbergen; **surgical** ~ Mundschutz *m.*

masking tape ['mɑːskɪŋ-] *n* Abdeckband *nt.*

masochism ['mæsəukɪzəm] *n* Masochismus *m.*

masochist ['mæsəukɪst] *n* Masochist(in) *m(f).*

mason ['meɪsn] *n* (*also:* **stone** ~) Steinmetz *m;* (*also:* **freemason**) Freimaurer *m.*

masonic [mə'sɔnɪk] *adj* (*lodge etc*) Freimaurer-.

masonry ['meɪsnrɪ] *n* Mauerwerk *nt.*

masquerade [mæskə'reɪd] *vi:* **to ~ as** sich ausgeben als ♦ *n* Maskerade *f.*

Mass. (*US*) *abbr* (*POST:* = *Massachusetts*).

mass [mæs] *n* Masse *f;* (*of people*) Menge *f;* (*large amount*) Fülle *f;* (*REL*): **M~** Messe *f* ♦ *cpd* Massen- ♦ *vi* (*troops*) sich massieren; (*protesters*) sich versammeln; **the masses** *npl* (*ordinary people*) die Masse, die Massen *pl;* **to go to M~** zur Messe gehen; **~es of** (*inf*) massenhaft, jede Menge.

massacre ['mæsəkə*] *n* Massaker *nt* ♦ *vt* massakrieren.

massage ['mæsɑːʒ] *n* Massage *f* ♦ *vt* massieren.

masseur [mæ'sɜː*] *n* Masseur *m.*

masseuse [mæ'sɜːz] *n* Masseurin *f.*

massive ['mæsɪv] *adj* (*furniture, person*) wuchtig; (*support*) massiv; (*changes, increase*) enorm.

mass market *n* Massenmarkt *m.*

mass media *npl* Massenmedien *pl.*

mass meeting *n* Massenveranstaltung *f;* (*of everyone concerned*) Vollversammlung *f;* (*POL*) Massenkundgebung *f.*

mass-produce ['mæsprə'djuːs] *vt* in

Massenproduktion herstellen.

mass-production ['mæsprə'dʌkʃən] *n* Massenproduktion *f.*

mast [mɑːst] *n* (*NAUT*) Mast *m;* (*RADIO etc*) Sendeturm *m.*

mastectomy [mæs'tɛktəmɪ] *n* Brustamputation *f.*

master ['mɑːstə*] *n* Herr *m;* (*teacher*) Lehrer *m;* (*title*): **M~ X** (der junge) Herr X; (*ART, MUS, of craft etc*) Meister *m* ♦ *cpd:* ~ **baker/ plumber** *etc* Bäcker-/Klempnermeister *etc m* ♦ *vt* meistern; (*feeling*) unter Kontrolle bringen; (*skill, language*) beherrschen.

master disk *n* (*COMPUT*) Stammdiskette *f.*

masterful ['mɑːstəful] *adj* gebieterisch; (*skilful*) meisterhaft.

master key *n* Hauptschlüssel *m.*

masterly ['mɑːstəlɪ] *adj* meisterhaft.

mastermind ['mɑːstəmaɪnd] *n* (führender) Kopf *m* ♦ *vt* planen und ausführen.

Master of Arts *n* Magister *m* der philosophischen Fakultät.

Master of Ceremonies *n* Zeremonienmeister *m;* (*for variety show etc*) Conférencier *m.*

Master of Science *n* Magister *m* der naturwissenschaftlichen Fakultät.

masterpiece ['mɑːstəpiːs] *n* Meisterwerk *nt.*

master plan *n* kluger Plan *m.*

MASTER'S DEGREE

Master's Degree *ist ein höherer akademischer Grad, den man in der Regel nach dem* **bachelor's degree** *erwerben kann. Je nach Universität erhält man ein* **master's degree** *nach einem entsprechenden Studium und/oder einer Dissertation. Die am häufigsten verliehenen Grade sind* **MA** (= *Master of Arts*) *und* **MSc** (= *Master of Science*), *die beide Studium und Dissertation erfordern, während für* **MLitt** (= *Master of Letters*) *und* **MPhil** (= *Master of Philosophy*) *meist nur eine Dissertation nötig ist. Siehe auch* **bachelor's degree, doctorate.**

---

masterstroke ['mɑːstəstrəuk] *n* Meisterstück *nt.*

mastery ['mɑːstərɪ] *n* (*of language etc*) Beherrschung *f;* (*skill*) (meisterhaftes) Können *nt.*

mastiff ['mæstɪf] *n* Dogge *f.*

masturbate ['mæstəbeɪt] *vi* masturbieren, onanieren.

masturbation [mæstə'beɪʃən] *n* Masturbation *f,* Onanie *f.*

mat [mæt] *n* Matte *f;* (*also:* **doormat**) Fußmatte *f;* (*also:* **table** ~) Untersetzer *m;* (: *of cloth*) Deckchen *nt* ♦ *adj* = **matt.**

match [mætʃ] *n* Wettkampf *m;* (*team game*) Spiel *nt;* (*TENNIS*) Match *nt;* (*for lighting fire etc*) Streichholz *nt;* (*equivalent*): **to be a good/perfect** ~ gut/perfekt

zusammenpassen ♦ *vt* (*go well with*) passen zu; (*equal*) gleichkommen +*dat*; (*correspond to*) entsprechen +*dat*; (*suit*) sich anpassen +*dat*; (*also:* ~ **up**: *pair*) passend zusammenbringen ♦ *vi* zusammenpassen; **to be a good** ~ gut zusammenpassen; **to be no** ~ **for** sich nicht messen können mit; **with shoes to** ~ mit (dazu) passenden Schuhen.
► **match up** *vi* zusammenpassen.

matchbox ['mætʃbɒks] *n* Streichholzschachtel *f*.

matching ['mætʃɪŋ] *adj* (dazu) passend.

matchless ['mætʃlɪs] *adj* unvergleichlich.

mate [meɪt] *n* (*inf: friend*) Freund(in) *m(f)*, Kumpel *m*; (*animal*) Männchen *nt*, Weibchen *nt*; (*assistant*) Gehilfe *m*, Gehilfin *f*; (*in merchant navy*) Maat *m* ♦ *vi* (*animals*) sich paaren.

material [mə'tɪərɪəl] *n* Material *nt*; (*cloth*) Stoff *m* ♦ *adj* (*possessions, existence*) materiell; (*relevant*) wesentlich; **materials** *npl* (*equipment*) Material *nt*.

materialistic [mətɪərɪə'lɪstɪk] *adj* materialistisch.

materialize [mə'tɪərɪəlaɪz] *vi* (*event*) zustande kommen; (*plan*) verwirklicht werden; (*hope*) sich verwirklichen; (*problem*) auftreten; (*crisis, difficulty*) eintreten.

maternal [mə'tɜːnl] *adj* mütterlich, Mutter-.

maternity [mə'tɜːnɪtɪ] *n* Mutterschaft *f* ♦ *cpd* (*ward etc*) Entbindungs-; (*care*) für werdende und junge Mütter.

maternity benefit *n* Mutterschaftsgeld *nt*.

maternity dress *n* Umstandskleid *nt*.

maternity hospital *n* Entbindungsheim *nt*.

maternity leave *n* Mutterschaftsurlaub *m*.

matey ['meɪtɪ] (*BRIT: inf*) *adj* kumpelhaft.

math [mæθ] (*US*) *n abbr* = **maths**.

mathematical [mæθə'mætɪkl] *adj* mathematisch.

mathematician [mæθəmə'tɪʃən] *n* Mathematiker(in) *m(f)*.

mathematics [mæθə'mætɪks] *n* Mathematik *f*.

maths [mæθs], (*US*) **math** [mæθ] *n abbr* Mathe *f*.

matinée ['mætɪneɪ] *n* Nachmittagsvorstellung *f*.

mating ['meɪtɪŋ] *n* Paarung *f*.

mating call *n* Lockruf *m*.

mating season *n* Paarungszeit *f*.

matriarchal [meɪtrɪ'ɑːkl] *adj* matriarchalisch.

matrices ['meɪtrɪsiːz] *npl of* **matrix**.

matriculation [mətrɪkju'leɪʃən] *n* Immatrikulation *f*.

matrimonial [mætrɪ'məʊnɪəl] *adj* Ehe-.

matrimony ['mætrɪmənɪ] *n* Ehe *f*.

matrix ['meɪtrɪks] (*pl* **matrices**) *n* (*MATH*) Matrix *f*; (*framework*) Gefüge *nt*.

matron ['meɪtrən] *n* (*in hospital*) Oberschwester *f*; (*in school*) Schwester *f*.

matronly ['meɪtrənlɪ] *adj* matronenhaft.

matt [mæt] *adj* matt; (*paint*) Matt-.

matted ['mætɪd] *adj* verfilzt.

matter ['mætə*] *n* (*event, situation*) Sache *f*,

Angelegenheit *f*; (*PHYS*) Materie *f*; (*substance, material*) Stoff *m*; (*MED: pus*) Eiter *m* ♦ *vi* (*be important*) wichtig sein; **matters** *npl* (*affairs*) Angelegenheiten *pl*, Dinge *pl*; (*situation*) Lage *f*; **what's the** ~? was ist los?; **no** ~ **what** egal was (passiert); **that's another** ~ das ist etwas anderes; **as a** ~ **of course** selbstverständlich; **as a** ~ **of fact** eigentlich; **it's a** ~ **of habit** es ist eine Gewohnheitssache; **vegetable** ~ pflanzliche Stoffe *pl*; **printed** ~ Drucksachen *pl*; **reading** ~ (*BRIT*) Lesestoff *m*; **it doesn't** ~ es macht nichts.

matter-of-fact ['mætərəv'fækt] *adj* sachlich.

matting ['mætɪŋ] *n* Matten *pl*; **rush** ~ Binsenmatten *pl*.

mattress ['mætrɪs] *n* Matratze *f*.

mature [mə'tjʊə*] *adj* reif; (*wine*) ausgereift ♦ *vi* reifen; (*COMM*) fällig werden.

mature student *n* älterer Student *m*, ältere Studentin *f*.

maturity [mə'tjʊərɪtɪ] *n* Reife *f*; **to have reached** ~ (*person*) erwachsen sein; (*animal*) ausgewachsen sein.

maudlin ['mɔːdlɪn] *adj* gefühlselig.

maul [mɔːl] *vt* (anfallen und) übel zurichten.

Mauritania [mɔːrɪ'teɪnɪə] *n* Mauritanien *nt*.

Mauritius [mə'rɪʃəs] *n* Mauritius *nt*.

mausoleum [mɔːsə'lɪəm] *n* Mausoleum *nt*.

mauve [məʊv] *adj* mauve.

maverick ['mævrɪk] *n* (*dissenter*) Abtrünnige(r) *m*; (*independent thinker*) Querdenker *m*.

mawkish ['mɔːkɪʃ] *adj* rührselig.

max. *abbr* = **maximum**.

maxim ['mæksɪm] *n* Maxime *f*.

maxima ['mæksɪmə] *npl of* **maximum**.

maximize ['mæksɪmaɪz] *vt* maximieren.

maximum ['mæksɪməm] (*pl* **maxima** *or* ~**s**) *adj* (*amount, speed etc*) Höchst-; (*efficiency*) maximal ♦ *n* Maximum *nt*.

May [meɪ] *n* Mai *m*; *see also* **July**.

may [meɪ] (*conditional* **might**) *vi* (*be possible*) können; (*have permission*) dürfen; **he** ~ **come** vielleicht kommt er; ~ **I smoke?** darf ich rauchen?; ~ **God bless you!** (*wish*) Gott segne dich!; ~ **I sit here?** kann ich mich hier hinsetzen?; **he might be there** er könnte da sein; **you might like to try** vielleicht möchten Sie es mal versuchen; **you** ~ **as well go** Sie können ruhig gehen.

maybe ['meɪbiː] *adv* vielleicht; ~ **he'll ...** es kann sein, dass er ...; ~ **not** vielleicht nicht.

Mayday ['meɪdeɪ] *n* Maydaysignal *nt*, ≈ SOS-Ruf *m*.

May Day *n* der 1. Mai.

mayhem ['meɪhem] *n* Chaos *nt*.

mayonnaise [meɪə'neɪz] *n* Majonäse *f*, Mayonnaise *f*.

mayor [mɛə*] *n* Bürgermeister *m*.

mayoress ['mɛərɛs] *n* Bürgermeisterin *f*; (*partner*) Frau *f* des Bürgermeisters.

maypole ['meɪpəul] n Maibaum m.
maze [meɪz] n Irrgarten m; (fig) Wirrwarr m.
MB abbr (COMPUT: = megabyte) MB; (CANADA: = Manitoba).
MBA n abbr (= Master of Business Administration) akademischer Grad in Betriebswirtschaft.
MBE (BRIT) n abbr (= Member of (the Order of) the British Empire) britischer Ordenstitel.
MC n abbr = **Master of Ceremonies**.
MCAT (US) n abbr (= Medical College Admissions Test) Zulassungsprüfung für medizinische Fachschulen.
MCP (BRIT: inf) n abbr (= male chauvinist pig) Chauvinistenschwein nt.
MD n abbr (= Doctor of Medicine) ≈ Dr. med.; (COMM) = **managing director** ♦ abbr (US: POST: = Maryland).
MDT (US) abbr (= Mountain Daylight Time) amerikanische Sommerzeitzone.
ME n abbr (US) = **medical examiner**; (MED: = myalgic encephalomyelitis) krankhafter Energiemangel (oft nach Viruserkrankungen) ♦ abbr (US: POST: = Maine).

=========================== KEYWORD

me [miː] pron **1** (direct) mich; **can you hear ~?** können Sie mich hören?; **it's ~** ich bins.
2 (indirect) mir; **he gave ~ the money, he gave the money to ~** er gab mir das Geld.
3 (after prep): **it's for ~** es ist für mich; **with ~** mit mir; **give them to ~** gib sie mir; **without ~** ohne mich.

===========================

meadow ['medəu] n Wiese f.
meagre, (US) **meager** ['miːgə*] adj (amount) kläglich; (meal) dürftig.
meal [miːl] n Mahlzeit f; (food) Essen nt; (flour) Schrotmehl nt; **to go out for a ~** essen gehen; **to make a ~ of sth** (fig) etw auf sehr umständliche Art machen.
meals on wheels n sing Essen nt auf Rädern.
mealtime ['miːltaɪm] n Essenszeit f.
mealy-mouthed ['miːlɪmauðd] adj unaufrichtig; (politician) schönfärberisch.
mean [miːn] (pt, pp **meant**) adj (with money) geizig; (unkind) gemein; (US: inf: animal) bösartig; (shabby) schäbig; (average) Durchschnitts-, mittlere(r, s) ♦ vt (signify) bedeuten; (refer to) meinen; (intend) beabsichtigen ♦ n (average) Durchschnitt m; **means** npl (way) Möglichkeit f; (money) Mittel pl; **by ~s of** durch; **by all ~s!** aber natürlich or selbstverständlich!; **do you ~ it?** meinst du das ernst?; **what do you ~?** was willst du damit sagen?; **to be meant for sb/sth** für jdn/etw bestimmt sein; **to ~ to do sth** etw tun wollen.
meander [mɪ'ændə*] vi (river) sich schlängeln; (person: walking) schlendern; (: talking) abschweifen.

meaning ['miːnɪŋ] n Sinn m; (of word, gesture) Bedeutung f.
meaningful ['miːnɪŋful] adj sinnvoll; (glance, remark) viel sagend, bedeutsam; (relationship) tiefer gehend.
meaningless ['miːnɪŋlɪs] adj sinnlos; (word, song) bedeutungslos.
meanness ['miːnnɪs] n (with money) Geiz m; (unkindness) Gemeinheit f; (shabbiness) Schäbigkeit f.
means test [miːnz-] n Überprüfung f der Einkommens- und Vermögensverhältnisse.
means-tested ['miːnztestɪd] adj von den Einkommens- und Vermögensverhältnissen abhängig.
meant [ment] pt, pp of **mean**.
meantime ['miːntaɪm] adv (also: **in the ~**) inzwischen.
meanwhile ['miːnwaɪl] adv = **meantime**.
measles ['miːzlz] n Masern pl.
measly ['miːzlɪ] (inf) adj mick(e)rig.
measurable ['meʒərəbl] adj messbar.
measure ['meʒə*] vt, vi messen ♦ n (amount) Menge f; (ruler) Messstab m; (action) Maßnahme f; **a litre ~** ein Messbecher m, der einen Liter fasst; **a/ some ~ of** ein gewisses Maß an +dat; **to take ~s to do sth** Maßnahmen ergreifen, um etw zu tun.
▶ **measure up** vi: **to ~ up to** herankommen an +acc.
measured ['meʒəd] adj (tone) bedächtig; (step) gemessen.
measurement ['meʒəmənt] n (measure) Maß nt; (act) Messung f; **chest/hip ~** Brust-/ Hüftumfang m.
measurements ['meʒəmənts] npl Maße pl; **to take sb's ~** bei jdm Maß nehmen.
meat [miːt] n Fleisch nt; **cold ~s** (BRIT) Aufschnitt m; **crab ~** Krabbenfleisch nt.
meatball ['miːtbɔːl] n Fleischkloß m.
meat pie n Fleischpastete f.
meaty ['miːtɪ] adj (meal, dish) mit viel Fleisch; (fig: satisfying: book etc) gehaltvoll; (: brawny: person) kräftig (gebaut).
Mecca ['mekə] n (GEOG, fig) Mekka nt.
mechanic [mɪ'kænɪk] n Mechaniker(in) m(f).
mechanical [mɪ'kænɪkl] adj mechanisch.
mechanical engineering n Maschinenbau m.
mechanics [mɪ'kænɪks] n (PHYS) Mechanik f ♦ npl (of reading etc) Technik f; (of government etc) Mechanismus m.
mechanism ['mekənɪzəm] n Mechanismus m.
mechanization [mekənaɪ'zeɪʃən] n Mechanisierung f.
mechanize ['mekənaɪz] vt, vi mechanisieren.
MEd n abbr (= Master of Education) akademischer Grad für Lehrer.
medal ['medl] n Medaille f; (decoration) Orden m.
medallion [mɪ'dælɪən] n Medaillon nt.

medallist, (*US*) **medalist** ['mɛdlɪst] *n*
Medaillengewinner(in) *m(f)*.
meddle ['mɛdl] *vi*: **to ~ (in)** sich einmischen
(in +*acc*); **to ~ with sb** sich mit jdm
einlassen; **to ~ with sth** (*tamper*) sich *dat* an
etw *dat* zu schaffen machen.
meddlesome ['mɛdlsəm], **meddling** ['mɛdlɪŋ]
adj sich ständig einmischend.
media ['miːdɪə] *npl* Medien *pl*.
media circus *n* Medienrummel *m*.
mediaeval [mɛdɪ'iːvl] *adj* = **medieval**.
median ['miːdɪən] (*US*) *n* (*also*: ~ **strip**)
Mittelstreifen *m*.
mediate ['miːdɪeɪt] *vi* vermitteln.
mediation [miːdɪ'eɪʃən] *n* Vermittlung *f*.
mediator ['miːdɪeɪtə*] *n* Vermittler(in) *m(f)*.
Medicaid ['mɛdɪkeɪd] (*US*) *n* staatliche
Krankenversicherung und
Gesundheitsfürsorge für
Einkommensschwache.
medical ['mɛdɪkl] *adj* (*care*) medizinisch;
(*treatment*) ärztlich ♦ *n* (ärztliche)
Untersuchung *f*.
medical certificate *n* (*confirming health*)
ärztliches Gesundheitszeugnis *nt*;
(*confirming illness*) ärztliches Attest *nt*.
medical examiner (*US*) *n* ≈
Gerichtsmediziner(in) *m(f)*; (*performing*
autopsy) Leichenbeschauer *m*.
medical student *n* Medizinstudent(in) *m(f)*.
Medicare ['mɛdɪkeə*] (*US*) *n* staatliche
Krankenversicherung und
Gesundheitsfürsorge für ältere Bürger.
medicated ['mɛdɪkeɪtɪd] *adj* medizinisch.
medication [mɛdɪ'keɪʃən] *n* Medikamente *pl*.
medicinal [mɛ'dɪsɪnl] *adj* (*substance*) Heil-;
(*qualities*) heilend; (*purposes*) medizinisch.
medicine ['mɛdsɪn] *n* Medizin *f*; (*drug*) Arznei
f.
medicine ball *n* Medizinball *m*.
medicine chest *n* Hausapotheke *f*.
medicine man *n* Medizinmann *m*.
medieval [mɛdɪ'iːvl] *adj* mittelalterlich.
mediocre [miːdɪ'əukə*] *adj* mittelmäßig.
mediocrity [miːdɪ'ɔkrɪtɪ] *n* Mittelmäßigkeit *f*.
meditate ['mɛdɪteɪt] *vi* nachdenken; (*REL*)
meditieren.
meditation [mɛdɪ'teɪʃən] *n* Nachdenken *nt*;
(*REL*) Meditation *f*.
Mediterranean [mɛdɪtə'reɪnɪən] *adj* (*country,*
climate etc) Mittelmeer-; **the ~ (Sea)** das
Mittelmeer.
medium ['miːdɪəm] (*pl* **media** *or* ~**s**) *adj*
mittlere(r, s) ♦ *n* (*means*) Mittel *nt*;
(*substance, material*) Medium *nt*; (*pl* ~**s**)
(*person*) Medium *nt*; **of ~ height** mittelgroß;
to strike a happy ~ den goldenen Mittelweg
finden.
medium-dry ['miːdɪəm'draɪ] *adj* (*wine, sherry*)
halbtrocken.
medium-sized ['miːdɪəm'saɪzd] *adj*
mittelgroß.

medium wave *n* (*RADIO*) Mittelwelle *f*.
medley ['mɛdlɪ] *n* Gemisch *nt*; (*MUS*) Medley
nt.
meek [miːk] *adj* sanft(mütig), duldsam.
meet [miːt] (*pt, pp* **met**) *vt* (*encounter*) treffen;
(*by arrangement*) sich treffen mit; (*for the*
first time) kennen lernen; (*go and fetch*)
abholen; (*opponent*) treffen auf +*acc*;
(*condition, standard*) erfüllen; (*need,*
expenses) decken; (*problem*) stoßen auf +*acc*;
(*challenge*) begegnen +*dat*; (*bill*) begleichen;
(*join: line*) sich schneiden mit; (: *road etc*)
treffen auf +*acc* ♦ *vi* (*encounter*) sich
begegnen; (*by arrangement*) sich treffen; (*for*
the first time) sich kennen lernen; (*for talks*
etc) zusammenkommen; (*committee*) tagen;
(*join: lines*) sich schneiden; (: *roads etc*)
aufeinander treffen ♦ *n* (*BRIT: HUNTING*)
Jagd *f*; (*US: SPORT*) Sportfest *nt*; **pleased to**
~ you! (sehr) angenehm!
▶ **meet up** *vi*: **to ~ up with sb** sich mit jdm
treffen.
▶ **meet with** *vt fus* (*difficulty, success*) haben.
meeting ['miːtɪŋ] *n* (*assembly, people*
assembling) Versammlung *f*; (*COMM, of*
committee etc) Sitzung *f*; (*also*: **business ~**)
Besprechung *f*; (*encounter*) Begegnung *f*;
(: *arranged*) Treffen *nt*; (*POL*) Versammlung *f*;
(*SPORT*) Veranstaltung *f*; **she's at** *or* **in a ~**
(*COMM*) sie ist bei einer Besprechung; **to**
call a ~ eine Sitzung/Versammlung
einberufen.
meeting-place ['miːtɪŋpleɪs] *n* Treffpunkt *m*.
megabyte ['mɛgəbaɪt] *n* Megabyte *nt*.
megalomaniac [mɛgələ'meɪnɪæk] *n*
Größenwahnsinnige(r) *f(m)*.
megaphone ['mɛgəfəun] *n* Megafon *nt*,
Megaphon *nt*.
megawatt ['mɛgəwɔt] *n* Megawatt *nt*.
melancholy ['mɛlənkəlɪ] *n* Melancholie *f*,
Schwermut *f* ♦ *adj* melancholisch,
schwermütig.
mellow ['mɛləu] *adj* (*sound*) voll, weich; (*light,*
colour, stone) warm; (*weathered*) verwittert;
(*person*) gesetzt; (*wine*) ausgereift ♦ *vi*
(*person*) gesetzter werden.
melodious [mɪ'ləudɪəs] *adj* melodisch.
melodrama ['mɛləudrɑːmə] *n* Melodrama *nt*.
melodramatic [mɛlədrə'mætɪk] *adj*
melodramatisch.
melody ['mɛlədɪ] *n* Melodie *f*.
melon ['mɛlən] *n* Melone *f*.
melt [mɛlt] *vi* (*lit, fig*) schmelzen ♦ *vt*
schmelzen; (*butter*) zerlassen.
▶ **melt down** *vt* einschmelzen.
meltdown ['mɛltdaun] *n* (*in nuclear reactor*)
Kernschmelze *f*.
melting point ['mɛltɪŋ-] *n* Schmelzpunkt *m*.
melting pot *n* (*lit, fig*) Schmelztiegel *m*; **to be**
in the ~ in der Schwebe sein.
member ['mɛmbə*] *n* Mitglied *nt*; (*ANAT*)
Glied *nt* ♦ *cpd*: ~ **country** Mitgliedsland *nt*;

~ **state** Mitgliedsstaat *m*; **M~ of Parliament** (*BRIT*) Abgeordnete(r) *f(m)* (des Unterhauses); **M~ of the European Parliament** (*BRIT*) Abgeordnete(r) *f(m)* des Europaparlaments.

membership ['mɛmbəʃɪp] *n* Mitgliedschaft *f*; (*members*) Mitglieder *pl*; (*number of members*) Mitgliederzahl *f*.

membership card *n* Mitgliedsausweis *m*.

membrane ['mɛmbreɪn] *n* Membran(e) *f*.

memento [mə'mɛntəu] *n* Andenken *nt*.

memo ['mɛməu] *n* Memo *nt*, Mitteilung *f*.

memoir ['mɛmwɑ:'] *n* Kurzbiografie *f*.

memoirs ['mɛmwɑ:z] *npl* Memoiren *pl*.

memo pad *n* Notizblock *m*.

memorable ['mɛmərəbl] *adj* denkwürdig; (*unforgettable*) unvergesslich.

memorandum [mɛmə'rændəm] (*pl* **memoranda**) *n* Mitteilung *f*.

memorial [mɪ'mɔ:rɪəl] *n* Denkmal *nt* ♦ *adj* (*service, prize*) Gedenk-.

Memorial Day (*US*) *n* ≈ Volkstrauertag *m*.

MEMORIAL DAY

Memorial Day *ist in den USA ein gesetzlicher Feiertag am letzten Montag im Mai zum Gedenken an die in allen Kriegen gefallenen amerikanischen Soldaten. Siehe auch* **Remembrance Sunday**

---

memorize ['mɛməraɪz] *vt* sich *dat* einprägen.

memory ['mɛmərɪ] *n* Gedächtnis *nt*; (*sth remembered*) Erinnerung *f*; (*COMPUT*) Speicher *m*; **in ~ of** zur Erinnerung an +*acc*; **to have a good/bad ~** ein gutes/schlechtes Gedächtnis haben; **loss of ~** Gedächtnisschwund *m*.

men [mɛn] *npl of* **man**.

menace ['mɛnɪs] *n* Bedrohung *f*; (*nuisance*) (Land)plage *f* ♦ *vt* bedrohen; **a public ~** eine Gefahr für die Öffentlichkeit.

menacing ['mɛnɪsɪŋ] *adj* drohend.

menagerie [mɪ'nædʒərɪ] *n* Menagerie *f*.

mend [mɛnd] *vt* reparieren; (*darn*) flicken ♦ *n*: **to be on the ~** auf dem Wege der Besserung sein; **to ~ one's ways** sich bessern.

mending ['mɛndɪŋ] *n* Reparaturen *pl*; (*clothes*) Flickarbeiten *pl*.

menial ['mi:nɪəl] (*often pej*) *adj* niedrig, untergeordnet.

meningitis [mɛnɪn'dʒaɪtɪs] *n* Hirnhautentzündung *f*.

menopause ['mɛnəupɔ:z] *n*: **the ~** die Wechseljahre *pl*.

menservants ['mɛnsə:vənts] *npl of* **manservant**.

men's room (*US*) *n* Herrentoilette *f*.

menstrual ['mɛnstruəl] *adj* (*BIOL: cycle etc*) Menstruations-; **~ period** Monatsblutung *f*.

menstruate ['mɛnstrueɪt] *vi* die Menstruation haben.

menstruation [mɛnstru'eɪʃən] *n* Menstruation *f*.

menswear ['mɛnzweə'] *n* Herren(be)kleidung *f*.

mental ['mɛntl] *adj* geistig; (*illness*) Geistes-; **~ arithmetic** Kopfrechnen *nt*.

mental hospital *n* psychiatrische Klinik *f*.

mentality [mɛn'tælɪtɪ] *n* Mentalität *f*.

mentally ['mɛntlɪ] *adv*: **to be ~ handicapped** geistig behindert sein.

menthol ['mɛnθɒl] *n* Menthol *nt*.

mention ['mɛnʃən] *n* Erwähnung *f* ♦ *vt* erwähnen; **don't ~ it!** (bitte,) gern geschehen!; **not to ~ ...** von ... ganz zu schweigen.

mentor ['mɛntɔ:'] *n* Mentor *m*.

menu ['mɛnju:] *n* Menü *nt*; (*printed*) Speisekarte *f*.

menu-driven ['mɛnju:drɪvn] *adj* (*COMPUT*) menügesteuert.

MEP (*BRIT*) *n abbr* (= *Member of the European Parliament*) Abgeordnete(r) *f(m)* des Europaparlaments.

mercantile ['mə:kəntaɪl] *adj* (*class, society*) Handel treibend; (*law*) Handels-.

mercenary ['mə:sɪnərɪ] *adj* (*person*) geldgierig ♦ *n* Söldner *m*.

merchandise ['mə:tʃəndaɪz] *n* Ware *f*.

merchandiser ['mə:tʃəndaɪzə'] *n* Verkaufsförderungsexperte *m*.

merchant ['mə:tʃənt] *n* Kaufmann *m*; **timber/wine ~** Holz-/Weinhändler *m*.

merchant bank (*BRIT*) *n* Handelsbank *f*.

merchantman ['mə:tʃəntmən] (*irreg: like* **man**) *n* Handelsschiff *nt*.

merchant navy, (*US*) **merchant marine** *n* Handelsmarine *f*.

merciful ['mə:sɪful] *adj* gnädig; **a ~ release** eine Erlösung.

mercifully ['mə:sɪflɪ] *adv* glücklicherweise.

merciless ['mə:sɪlɪs] *adj* erbarmungslos.

mercurial [mə:'kjuərɪəl] *adj* (*unpredictable*) sprunghaft, wechselhaft; (*lively*) quecksilbrig.

mercury ['mə:kjurɪ] *n* Quecksilber *nt*.

mercy ['mə:sɪ] *n* Gnade *f*; **to have ~ on sb** Erbarmen mit jdm haben; **at the ~ of** ausgeliefert +*dat*.

mercy killing *n* Euthanasie *f*.

mere [mɪə'] *adj* bloß; **his ~ presence irritates her** schon *or* allein seine Anwesenheit ärgert sie; **she is a ~ child** sie ist noch ein Kind; **it's a ~ trifle** es ist eine Lappalie; **by ~ chance** rein durch Zufall.

merely ['mɪəlɪ] *adv* lediglich, bloß.

merge [mə:dʒ] *vt* (*combine*) vereinen; (*COMPUT: files*) mischen ♦ *vi* (*COMM*) fusionieren; (*colours, sounds, shapes*) ineinander übergehen; (*roads*) zusammenlaufen.

merger ['mə:dʒə'] *n* (*COMM*) Fusion *f*.

meridian [mə'rɪdɪən] *n* Meridian *m*.
meringue [mə'ræŋ] *n* Baiser *nt*.
merit ['mɛrɪt] *n* (*worth, value*) Wert *m*; (*advantage*) Vorzug *m*; (*achievement*) Verdienst *nt* ♦ *vt* verdienen.
meritocracy [mɛrɪ'tɔkrəsɪ] *n* Leistungsgesellschaft *f*.
mermaid ['mɜːmeɪd] *n* Seejungfrau *f*, Meerjungfrau *f*.
merrily ['mɛrɪlɪ] *adv* vergnügt.
merriment ['mɛrɪmənt] *n* Heiterkeit *f*.
merry ['mɛrɪ] *adj* vergnügt; (*music*) fröhlich; **M~ Christmas!** fröhliche *or* frohe Weihnachten!
merry-go-round ['mɛrɪɡəuraund] *n* Karussell *nt*.
mesh [mɛʃ] *n* Geflecht *nt*; **wire ~** Maschendraht *m*.
mesmerize ['mɛzməraɪz] *vt* (*fig*) faszinieren.
mess [mɛs] *n* Durcheinander *nt*; (*dirt*) Dreck *m*; (*MIL*) Kasino *nt*; **to be in a ~** (*untidy*) unordentlich sein; (*in difficulty*) in Schwierigkeiten stecken; **to be a ~** (*fig: life*) verkorkst sein; **to get o.s. in a ~** in Schwierigkeiten geraten.
▶ **mess about** (*inf*) *vi* (*fool around*) herumalbern.
▶ **mess about with** (*inf*) *vt fus* (*play around with*) herumfummeln an +*dat*.
▶ **mess around** (*inf*) *vi* = **mess about**.
▶ **mess around with** (*inf*) *vt fus* = **mess about with**.
▶ **mess up** *vt* durcheinander bringen; (*dirty*) verdrecken.
message ['mɛsɪdʒ] *n* Mitteilung *f*, Nachricht *f*; (*meaning*) Aussage *f*; **to get the ~** (*inf, fig*) kapieren.
message switching [-'swɪtʃɪŋ] *n* (*COMPUT*) Speichervermittlung *f*.
messenger ['mɛsɪndʒə'] *n* Bote *m*.
Messiah [mɪ'saɪə] *n* Messias *m*.
Messrs ['mɛsəz] *abbr* (*on letters:* = *messieurs*) An (die Herren).
messy ['mɛsɪ] *adj* (*dirty*) dreckig; (*untidy*) unordentlich.
Met [mɛt] (*US*) *n abbr* (= *Metropolitan Opera*) Met *f*.
met [mɛt] *pt, pp of* **meet**.
met. *adj abbr* (= *meteorological*): **the M~ Office** das Wetteramt.
metabolism [mɛ'tæbəlɪzəm] *n* Stoffwechsel *m*.
metal ['mɛtl] *n* Metall *nt*.
metal fatigue *n* Metallermüdung *f*.
metalled ['mɛtld] *adj* (*road*) asphaltiert.
metallic [mɪ'tælɪk] *adj* metallisch; (*made of metal*) aus Metall.
metallurgy [mɛ'tælədʒɪ] *n* Metallurgie *f*.
metalwork ['mɛtlwɜːk] *n* Metallarbeit *f*.
metamorphosis [mɛtə'mɔːfəsɪs] (*pl* **metamorphoses**) *n* Verwandlung *f*.
metaphor ['mɛtəfə'] *n* Metapher *f*.

metaphorical [mɛtə'fɔrɪkl] *adj* metaphorisch.
metaphysics [mɛtə'fɪzɪks] *n* Metaphysik *f*.
meteor ['miːtɪə'] *n* Meteor *m*.
meteoric [miːtɪ'ɔrɪk] *adj* (*fig*) kometenhaft.
meteorite ['miːtɪəraɪt] *n* Meteorit *m*.
meteorological [miːtɪərə'lɔdʒɪkl] *adj* (*conditions, office etc*) Wetter-.
meteorology [miːtɪə'rɔlədʒɪ] *n* Wetterkunde *f*, Meteorologie *f*.
mete out [miːt-] *vt* austeilen; **to ~ justice** Recht sprechen.
meter ['miːtə'] *n* Zähler *m*; (*water meter*) Wasseruhr *f*; (*parking meter*) Parkuhr *f*; (*US: unit*) = **metre**.
methane ['miːθeɪn] *n* Methan *nt*.
method ['mɛθəd] *n* Methode *f*; **~ of payment** Zahlungsweise *f*.
methodical [mɪ'θɔdɪkl] *adj* methodisch.
Methodist ['mɛθədɪst] *n* Methodist(in) *m(f)*.
methodology [mɛθə'dɔlədʒɪ] *n* Methodik *f*.
meths [mɛθs] (*BRIT*) *n* = **methylated spirit**.
methylated spirit ['mɛθɪleɪtɪd-] (*BRIT*) *n* (Brenn)spiritus *m*.
meticulous [mɪ'tɪkjuləs] *adj* sorgfältig; (*detail*) genau.
metre, (*US*) **meter** ['miːtə'] *n* Meter *m or nt*.
metric ['mɛtrɪk] *adj* metrisch; **to go ~** auf das metrische Maßsystem umstellen.
metrical ['mɛtrɪkl] *adj* metrisch.
metrication [mɛtrɪ'keɪʃən] *n* Umstellung *f* auf das metrische Maßsystem.
metric system *n* metrisches Maßsystem *nt*.
metric ton *n* Metertonne *f*.
metronome ['mɛtrənəum] *n* Metronom *nt*.
metropolis [mɪ'trɔpəlɪs] *n* Metropole *f*.
metropolitan [mɛtrə'pɔlɪtn] *adj* großstädtisch.
Metropolitan Police (*BRIT*) *n*: **the ~** die Londoner Polizei.
mettle ['mɛtl] *n*: **to be on one's ~** auf dem Posten sein.
mew [mjuː] *vi* miauen.
mews [mjuːz] (*BRIT*) *n* Gasse *f* mit ehemaligen Kutscherhäuschen.
Mexican ['mɛksɪkən] *adj* mexikanisch ♦ *n* Mexikaner(in) *m(f)*.
Mexico ['mɛksɪkəu] *n* Mexiko *nt*.
Mexico City *n* Mexico City *f*.
mezzanine ['mɛtsəniːn] *n* Mezzanin *nt*.
MFA (*US*) *n abbr* (= *Master of Fine Arts*) *akademischer Grad in Kunst*.
mfr *abbr* = **manufacture; manufacturer**.
mg *abbr* (= *milligram(me)*) mg.
Mgr *abbr* (= *Monseigneur, Monsignor*) Mgr.; (*COMM*) = **manager**.
MHR (*US, AUSTRALIA*) *n abbr* (= *Member of the House of Representatives*) Abgeordnete(r) *f(m)* des Repräsentantenhauses.
MHz *abbr* (= *megahertz*) MHz.
MI (*US*) *abbr* (*POST:* = *Michigan*).
MI5 (*BRIT*) *n abbr* (= *Military Intelligence 5*) *britischer Spionageabwehrdienst*.

MI6 (*BRIT*) *n abbr* (= *Military Intelligence 6*) britischer Geheimdienst.

MIA *abbr* (*MIL*: = *missing in action*) vermisst.

miaow [miːˈau] *vi* miauen.

mice [maɪs] *npl of* **mouse**.

Mich. (*US*) *abbr* (*POST*: = *Michigan*).

micro... [ˈmaɪkrəu] *pref* mikro-, Mikro-.

microbe [ˈmaɪkrəub] *n* Mikrobe *f*.

microbiology [maɪkrəubaɪˈɔlədʒɪ] *n* Mikrobiologie *f*.

microchip [ˈmaɪkrəutʃɪp] *n* Mikrochip *m*.

micro(computer) [ˈmaɪkrəu(kəmˈpjuːtəˣ)] *n* Mikrocomputer *m*.

microcosm [ˈmaɪkrəukɔzəm] *n* Mikrokosmos *m*.

microeconomics [ˈmaɪkrəuiːkəˈnɔmɪks] *n* Mikroökonomie *f*.

microelectronics [ˈmaɪkrəuɪlɛkˈtrɔnɪks] *n* Mikroelektronik *f*.

microfiche [ˈmaɪkrəufiːʃ] *n* Mikrofiche *m or nt*.

microfilm [ˈmaɪkrəufɪlm] *n* Mikrofilm *m*.

microlight [ˈmaɪkrəulaɪt] *n* Ultraleichtflugzeug *nt*.

micrometer [maɪˈkrɔmɪtəˣ] *n* Messschraube *f*.

microphone [ˈmaɪkrəfəun] *n* Mikrofon *nt*, Mikrophon *nt*.

microprocessor [ˈmaɪkrəuˈprəusɛsəˣ] *n* Mikroprozessor *m*.

microscope [ˈmaɪkrəskəup] *n* Mikroskop *nt*; **under the ~** unter dem Mikroskop.

microscopic [maɪkrəˈskɔpɪk] *adj* mikroskopisch; (*creature*) mikroskopisch klein.

microwave [ˈmaɪkrəuweɪv] *n* Mikrowelle *f*; (*also:* **~ oven**) Mikrowellenherd *m*.

mid- [mɪd] *adj*: **in ~-May** Mitte Mai; **in ~-afternoon** (mitten) am Nachmittag; **in ~-air** (mitten) in der Luft; **he's in his ~-thirties** er ist Mitte dreißig.

midday [mɪdˈdeɪ] *n* Mittag *m*.

middle [ˈmɪdl] *n* Mitte *f* ♦ *adj* mittlere(r, s); **in the ~ of the night** mitten in der Nacht; **I'm in the ~ of reading it** ich bin mittendrin; **a ~ course** ein Mittelweg *m*.

middle age *n* mittleres Lebensalter *nt*.

middle-aged [mɪdlˈeɪdʒd] *adj* mittleren Alters.

Middle Ages *npl* Mittelalter *nt*.

middle-class [mɪdlˈklɑːs] *adj* mittelständisch.

middle class(es) *n(pl)* Mittelstand *m*.

Middle East *n* Naher Osten *m*.

middleman [ˈmɪdlmæn] (*irreg: like* **man**) *n* Zwischenhändler *m*.

middle management *n* mittleres Management *nt*.

middle name *n* zweiter Vorname *m*.

middle-of-the-road [ˈmɪdləvðəˈrəud] *adj* gemäßigt; (*politician*) der Mitte; (*MUS*) leicht.

middleweight [ˈmɪdlweɪt] *n* (*BOXING*) Mittelgewicht *nt*.

middling [ˈmɪdlɪŋ] *adj* mittelmäßig.

Middx (*BRIT*) *abbr* (*POST*: = *Middlesex*).

midge [mɪdʒ] *n* Mücke *f*.

midget [ˈmɪdʒɪt] *n* Liliputaner(in) *m(f)*.

midi system [ˈmɪdɪ-] *n* Midi-System *nt*.

Midlands [ˈmɪdləndz] (*BRIT*) *npl*: **the ~** Mittelengland *nt*.

midnight [ˈmɪdnaɪt] *n* Mitternacht *f* ♦ *cpd* Mitternachts-; **at ~** um Mitternacht.

midriff [ˈmɪdrɪf] *n* Taille *f*.

midst [mɪdst] *n*: **in the ~ of** mitten in +*dat*; **to be in the ~ of doing sth** mitten dabei sein, etw zu tun.

midsummer [mɪdˈsʌməˣ] *n* Hochsommer *m*; **M~('s) Day** Sommersonnenwende *f*.

midway [mɪdˈweɪ] *adj*: **we have reached the ~ point** wir haben die Hälfte hinter uns *dat* ♦ *adv* auf halbem Weg; **~ between** (*in space*) auf halbem Weg zwischen; **~ through** (*in time*) mitten in +*dat*.

midweek [mɪdˈwiːk] *adv* mitten in der Woche ♦ *adj* Mitte der Woche.

midwife [ˈmɪdwaɪf] (*pl* **midwives**) *n* Hebamme *f*.

midwifery [ˈmɪdwɪfərɪ] *n* Geburtshilfe *f*.

midwinter [mɪdˈwɪntəˣ] *n*: **in ~** im tiefsten Winter.

miffed [mɪft] (*inf*) *adj*: **to be ~** eingeschnappt sein.

might [maɪt] *vb see* **may** ♦ *n* Macht *f*; **with all one's ~** mit aller Kraft.

mighty [ˈmaɪtɪ] *adj* mächtig.

migraine [ˈmiːgreɪn] *n* Migräne *f*.

migrant [ˈmaɪgrənt] *adj* (*bird*) Zug-; (*worker*) Wander- ♦ *n* (*bird*) Zugvogel *m*; (*worker*) Wanderarbeiter(in) *m(f)*.

migrate [maɪˈgreɪt] *vi* (*bird*) ziehen; (*person*) abwandern.

migration [maɪˈgreɪʃən] *n* Wanderung *f*; (*to cities*) Abwanderung *f*; (*of birds*) (Vogel)zug *m*.

mike [maɪk] *n abbr* = **microphone**.

Milan [mɪˈlæn] *n* Mailand *nt*.

mild [maɪld] *adj* mild; (*gentle*) sanft; (*slight: infection etc*) leicht; (: *interest*) gering.

mildew [ˈmɪldjuː] *n* Schimmel *m*.

mildly [ˈmaɪldlɪ] *adv* (*say*) sanft; (*slight*) leicht; **to put it ~** gelinde gesagt.

mildness [ˈmaɪldnɪs] *n* Milde *f*; (*gentleness*) Sanftheit *f*; (*of infection etc*) Leichtigkeit *f*.

mile [maɪl] *n* Meile *f*; **to do 30 ~s per gallon** ≈ 9 Liter auf 100 km verbrauchen.

mileage [ˈmaɪlɪdʒ] *n* Meilenzahl *f*; (*fig*) Nutzen *m*; **to get a lot of ~ out of sth** etw gründlich ausnutzen; **there is a lot of ~ in the idea** aus der Idee lässt sich viel machen.

mileage allowance *n* ≈ Kilometergeld *nt*.

mileometer [maɪˈlɔmɪtəˣ] *n* ≈ Kilometerzähler *m*.

milestone [ˈmaɪlstəun] *n* (*lit, fig*) Meilenstein *m*.

milieu [ˈmiːljəː] *n* Milieu *nt*.

militant [ˈmɪlɪtnt] *adj* militant ♦ *n* Militante(r)

f(m).

militarism ['mɪlɪtərɪzəm] *n* Militarismus *m*.

militaristic [mɪlɪtə'rɪstɪk] *adj* militaristisch.

military ['mɪlɪtərɪ] *adj* (*history, leader etc*) Militär- ♦ *n*: **the ~** das Militär.

military police *n* Militärpolizei *f*.

military service *n* Militärdienst *m*.

militate ['mɪlɪteɪt] *vi*: **to ~ against** negative Auswirkungen haben auf +*acc*.

militia [mɪ'lɪʃə] *n* Miliz *f*.

milk [mɪlk] *n* Milch *f* ♦ *vt* (*lit, fig*) melken.

milk chocolate *n* Vollmilchschokolade *f*.

milk float (*BRIT*) *n* Milchwagen *m*.

milking ['mɪlkɪŋ] *n* Melken *nt*.

milkman ['mɪlkmən] (*irreg: like* man) *n* Milchmann *m*.

milk shake *n* Milchmixgetränk *nt*.

milk tooth *n* Milchzahn *m*.

milk truck (*US*) *n* = **milk float**.

milky ['mɪlkɪ] *adj* milchig; (*drink*) mit viel Milch; **~ coffee** Milchkaffee *m*.

Milky Way *n* Milchstraße *f*.

mill [mɪl] *n* Mühle *f*; (*factory*) Fabrik *f*; (*woollen mill*) Spinnerei *f* ♦ *vt* mahlen ♦ *vi* (*also:* **~ about**) umherlaufen.

millennium [mɪ'lɛnɪəm] (*pl* **~s** *or* **millennia**) *n* Jahrtausend *nt*.

millennium bug *n* (*COMPUT*) Jahrtausendfehler *m*.

miller ['mɪlə'] *n* Müller *m*.

millet ['mɪlɪt] *n* Hirse *f*.

milli... ['mɪlɪ] *pref* Milli-.

milligram(me) ['mɪlɪgræm] *n* Milligramm *nt*.

millilitre, (*US*) **milliliter** ['mɪlɪliːtə'] *n* Milliliter *m or nt*.

millimetre, (*US*) **millimeter** ['mɪlɪmiːtə'] *n* Millimeter *m or nt*.

millinery ['mɪlɪnərɪ] *n* Hüte *pl*.

million ['mɪljən] *n* Million *f*, **a ~ times** (*fig*) tausendmal, x-mal.

millionaire [mɪljə'nɛə'] *n* Millionär *m*.

millipede ['mɪlɪpiːd] *n* Tausendfüßler *m*.

millstone ['mɪlstəʊn] *n* (*fig*): **it's a ~ round his neck** es ist für ihn ein Klotz am Bein.

millwheel ['mɪlwiːl] *n* Mühlrad *nt*.

milometer [maɪ'lɒmɪtə'] *n* = **mileometer**.

mime [maɪm] *n* Pantomime *f*; (*actor*) Pantomime *m* ♦ *vt* pantomimisch darstellen.

mimic ['mɪmɪk] *n* Imitator *m* ♦ *vt* (*for amusement*) parodieren; (*animal, person*) imitieren, nachahmen.

mimicry ['mɪmɪkrɪ] *n* Nachahmung *f*.

Min. (*BRIT*) *abbr* (*POL*) = **ministry**.

min. *abbr* (= *minute*) Min.; = **minimum**.

minaret [mɪnə'rɛt] *n* Minarett *nt*.

mince [mɪns] *vt* (*meat*) durch den Fleischwolf drehen ♦ *vi* (*in walking*) trippeln ♦ *n* (*BRIT: meat*) Hackfleisch *nt*; **he does not ~ (his) words** er nimmt kein Blatt vor den Mund.

mincemeat ['mɪnsmiːt] *n* süße Gebäckfüllung aus Dörrobst und Sirup; (*US: meat*) Hackfleisch *nt*; **to make ~ of sb** (*inf*) Hackfleisch aus jdm machen.

mince pie *n* mit *Mincemeat gefülltes Gebäck.*

mincer ['mɪnsə'] *n* Fleischwolf *m*.

mincing ['mɪnsɪŋ] *adj* (*walk*) trippelnd; (*voice*) geziert.

mind [maɪnd] *n* Geist *m*, Verstand *m*; (*thoughts*) Gedanken *pl*; (*memory*) Gedächtnis *nt* ♦ *vt* aufpassen auf +*acc*; (*office etc*) nach dem Rechten sehen in +*dat*; (*object to*) etwas haben gegen; **to my ~** meiner Meinung nach; **to be out of one's ~** verrückt sein; **it is on my ~** es beschäftigt mich; **to keep** *or* **bear sth in ~** etw nicht vergessen, an etw denken; **to make up one's ~** sich entscheiden; **to change one's ~** sich *dat* anders überlegen; **to be in two ~s about sth** sich *dat* über etw *acc* nicht im Klaren sein; **to have it in ~ to do sth** die Absicht haben, etw zu tun; **to have sb/sth in ~** an jdn/etw denken; **it slipped my ~** ich habe es vergessen; **to bring** *or* **call sth to ~** etw in Erinnerung rufen; **I can't get it out of my ~** es geht mir nicht aus dem Kopf; **his ~ was on other things** er war mit den Gedanken woanders; **"~ the step"** „Vorsicht Stufe"; **do you ~ if ...?** macht es Ihnen etwas aus, wenn ...?; **I don't ~** es ist mir egal; **~ you, ...** allerdings ...; **never ~!** (*it makes no odds*) ist doch egal!; (*don't worry*) macht nichts!

mind-boggling ['maɪndbɒglɪŋ] (*inf*) *adj* atemberaubend.

-minded ['maɪndɪd] *adj*: **fair-~** gerecht; **an industrially-~ nation** ein auf Industrie ausgerichtetes Land.

minder ['maɪndə'] *n* Betreuer(in) *m(f)*; (*inf: bodyguard*) Aufpasser(in) *m(f)*.

mindful ['maɪndfʊl] *adj*: **~ of** unter Berücksichtigung +*gen*.

mindless ['maɪndlɪs] *adj* (*violence*) sinnlos; (*work*) geistlos.

mine[1] [maɪn] *n* (*coal mine, gold mine*) Bergwerk *nt*; (*bomb*) Mine *f* ♦ *vt* (*coal*) abbauen; (*beach etc*) verminen; (*ship*) eine Mine befestigen an +*dat*.

mine[2] [maɪn] *pron* meine(r, s); **that book is ~** das Buch ist mein(e)s, das Buch gehört mir; **this is ~** das ist meins; **a friend of ~** ein Freund/eine Freundin von mir.

mine detector *n* Minensuchgerät *nt*.

minefield ['maɪnfiːld] *n* Minenfeld *nt*; (*fig*) brisante Situation *f*.

miner ['maɪnə'] *n* Bergmann *m*, Bergarbeiter *m*.

mineral ['mɪnərəl] *adj* (*deposit, resources*) Mineral- ♦ *n* Mineral *nt*; **minerals** *npl* (*BRIT: soft drinks*) Erfrischungsgetränke *pl*.

mineralogy [mɪnə'rælədʒɪ] *n* Mineralogie *f*.

mineral water *n* Mineralwasser *nt*.

minesweeper ['maɪnswiːpə'] *n* Minensuchboot *nt*.

mingle ['mɪŋgl] *vi*: **to ~ (with)** sich vermischen (mit); **to ~ with** (*people*) Umgang haben mit; (*at party etc*) sich unterhalten mit; **you should ~ a bit** du solltest dich unter die Leute mischen.

mingy ['mɪndʒɪ] (*inf*) *adj* knick(e)rig; (*amount*) mick(e)rig.

mini... ['mɪnɪ] *pref* Mini-.

miniature ['mɪnətʃə*] *adj* winzig; (*version etc*) Miniatur- ♦ *n* Miniatur *f*; **in ~** im Kleinen, im Kleinformat.

minibus ['mɪnɪbʌs] *n* Kleinbus *m*.

minicab ['mɪnɪkæb] *n* Kleintaxi *nt*.

minicomputer ['mɪnɪkəm'pjuːtə*] *n* Minicomputer *m*.

minim ['mɪnɪm] *n* (*MUS*) halbe Note *f*.

minima ['mɪnɪmə] *npl of* **minimum**.

minimal ['mɪnɪml] *adj* minimal.

minimalist ['mɪnɪməlɪst] *adj* minimalistisch.

minimize ['mɪnɪmaɪz] *vt* auf ein Minimum reduzieren; (*play down*) herunterspielen.

minimum ['mɪnɪməm] (*pl* **minima**) *n* Minimum *nt* ♦ *adj* (*income, speed*) Mindest-; **to reduce to a ~** auf ein Mindestmaß reduzieren; **~ wage** Mindestlohn *m*.

minimum lending rate *n* Diskontsatz *m*.

mining ['maɪnɪŋ] *n* Bergbau *m* ♦ *cpd* Bergbau-.

minion ['mɪnjən] (*pej*) *n* Untergebene(r) *f(m)*.

miniseries ['mɪnɪsɪərɪːz] *n* Miniserie *f*.

miniskirt ['mɪnɪskəːt] *n* Minirock *m*.

minister ['mɪnɪstə*] *n* (*BRIT: POL*) Minister(in) *m(f)*; (*REL*) Pfarrer *m* ♦ *vi*: **to ~ to** sich kümmern um; (*needs*) befriedigen.

ministerial [mɪnɪs'tɪərɪəl] (*BRIT*) *adj* (*POL*) ministeriell.

ministry ['mɪnɪstrɪ] *n* (*BRIT: POL*) Ministerium *nt*; **to join the ~** (*REL*) Geistliche(r) werden.

Ministry of Defence (*BRIT*) *n* Verteidigungsministerium *nt*.

mink [mɪŋk] (*pl* **~s** *or* **~**) *n* Nerz *m*.

mink coat *n* Nerzmantel *m*.

Minn. (*US*) *abbr* (*POST*: = *Minnesota*).

minnow ['mɪnəu] *n* Elritze *f*.

minor ['maɪnə*] *adj* kleinere(r, s); (*poet*) unbedeutend; (*planet*) klein; (*MUS*) Moll ♦ *n* Minderjährige(r) *f(m)*.

Minorca [mɪ'nɔːkə] *n* Menorca *nt*.

minority [maɪ'nɔrɪtɪ] *n* Minderheit *f*; **to be in a ~** in der Minderheit sein.

minster ['mɪnstə*] *n* Münster *nt*.

minstrel ['mɪnstrəl] *n* Spielmann *m*.

mint [mɪnt] *n* Minze *f*; (*sweet*) Pfefferminz(bonbon) *nt*; (*place*): **the M~** die Münzanstalt ♦ *vt* (*coins*) prägen; **in ~ condition** neuwertig.

mint sauce *n* Minzsoße *f*.

minuet [mɪnju'ɛt] *n* Menuett *nt*.

minus ['maɪnəs] *n* (*also*: **~ sign**) Minuszeichen *nt* ♦ *prep* minus, weniger; **~ 24°C** 24 Grad unter null.

minuscule ['mɪnəskjuːl] *adj* winzig.

minute¹ [maɪ'njuːt] *adj* winzig; (*search*)

peinlich genau; (*detail*) kleinste(r, s); **in ~ detail** in allen Einzelheiten.

minute² ['mɪnɪt] *n* Minute *f*; (*fig*) Augenblick *m*, Moment *m*; **minutes** *npl* (*of meeting*) Protokoll *nt*; **it is 5 ~s past 3** es ist 5 Minuten nach 3; **wait a ~!** einen Augenblick *or* Moment!; **up-to-the-~** (*news*) hochaktuell; (*technology*) allerneueste(r, s); **at the last ~** in letzter Minute.

minute book *n* Protokollbuch *nt*.

minute hand *n* Minutenzeiger *m*.

minutely [maɪ'njuːtlɪ] *adv* (*in detail*) genauestens; (*by a small amount*) ganz geringfügig.

minutiae [mɪ'njuːʃiː] *npl* Einzelheiten *pl*.

miracle ['mɪrəkl] *n* (*REL, fig*) Wunder *nt*.

miraculous [mɪ'rækjuləs] *adj* wunderbar; (*powers, effect, cure*) Wunder-; (*success, change*) unglaublich; **to have a ~ escape** wie durch ein Wunder entkommen.

mirage ['mɪrɑːʒ] *n* Fata Morgana *f*; (*fig*) Trugbild *nt*.

mire ['maɪə*] *n* Morast *m*.

mirror ['mɪrə*] *n* Spiegel *m* ♦ *vt* (*lit, fig*) widerspiegeln.

mirror image *n* Spiegelbild *nt*.

mirth [məːθ] *n* Heiterkeit *f*.

misadventure [mɪsəd'ventʃə*] *n* Missgeschick *nt*; **death by ~** (*BRIT*) Tod *m* durch Unfall.

misanthropist [mɪ'zænθrəpɪst] *n* Misanthrop *m*, Menschenfeind *m*.

misapply [mɪsə'plaɪ] *vt* (*term*) falsch verwenden; (*rule*) falsch anwenden.

misapprehension ['mɪsæprɪ'hɛnʃən] *n* Missverständnis *nt*; **you are under a ~** Sie befinden sich im Irrtum.

misappropriate [mɪsə'prəuprɪeɪt] *vt* veruntreuen.

misappropriation ['mɪsəprəuprɪ'eɪʃən] *n* Veruntreuung *f*.

misbehave [mɪsbɪ'heɪv] *vi* sich schlecht benehmen.

misbehaviour, (*US*) **misbehavior** [mɪsbɪ'heɪvjə*] *n* schlechtes Benehmen *nt*.

misc. *abbr* = **miscellaneous**.

miscalculate [mɪs'kælkjuleɪt] *vt* falsch berechnen; (*misjudge*) falsch einschätzen.

miscalculation ['mɪskælkju'leɪʃən] *n* Rechenfehler *m*; (*misjudgement*) Fehleinschätzung *f*.

miscarriage ['mɪskærɪdʒ] *n* (*MED*) Fehlgeburt *f*; **~ of justice** (*LAW*) Justizirrtum *m*.

miscarry [mɪs'kærɪ] *vi* (*MED*) eine Fehlgeburt haben; (*fail: plans*) fehlschlagen.

miscellaneous [mɪsɪ'leɪnɪəs] *adj* verschieden; (*subjects, items*) divers; **~ expenses** sonstige Unkosten *pl*.

mischance [mɪs'tʃɑːns] *n* unglücklicher Zufall *m*.

mischief ['mɪstʃɪf] *n* (*bad behaviour*) Unfug *m*; (*playfulness*) Verschmitztheit *f*; (*harm*)

Schaden *m*; (*pranks*) Streiche *pl*; **to get into** ~ etwas anstellen; **to do sb a** ~ jdm etwas antun.

mischievous ['mɪstʃɪvəs] *adj* (*naughty*) ungezogen; (*playful*) verschmitzt.

misconception ['mɪskən'sɛpʃən] *n* fälschliche Annahme *f*.

misconduct [mɪs'kɒndʌkt] *n* Fehlverhalten *nt*; **professional** ~ Berufsvergehen *nt*.

misconstrue [mɪskən'struː] *vt* missverstehen.

miscount [mɪs'kaunt] *vt* falsch zählen ♦ *vi* sich verzählen.

misdemeanour, (*US*) **misdemeanor** [mɪsdɪ'miːnə*] *n* Vergehen *nt*.

misdirect [mɪsdɪ'rɛkt] *vt* (*person*) in die falsche Richtung schicken; (*talent*) vergeuden.

miser ['maɪzə*] *n* Geizhals *m*.

miserable ['mɪzərəbl] *adj* (*unhappy*) unglücklich; (*wretched*) erbärmlich, elend; (*unpleasant: weather*) trostlos; (: *person*) gemein; (*contemptible: offer, donation*) armselig; (: *failure*) kläglich; **to feel** ~ sich elend fühlen.

miserably ['mɪzərəblɪ] *adv* (*fail*) kläglich; (*live*) elend; (*smile, speak*) unglücklich; (*small*) jämmerlich.

miserly ['maɪzəlɪ] *adj* geizig; (*amount*) armselig.

misery ['mɪzərɪ] *n* (*unhappiness*) Kummer *m*; (*wretchedness*) Elend *nt*; (*inf: person*) Miesepeter *m*.

misfire [mɪs'faɪə*] *vi* (*plan*) fehlschlagen; (*car engine*) fehlzünden.

misfit ['mɪsfɪt] *n* Außenseiter(in) *m(f)*.

misfortune [mɪs'fɔːtʃən] *n* Pech *nt*, Unglück *nt*.

misgiving [mɪs'gɪvɪŋ] *n* Bedenken *pl*; **to have** ~**s about sth** sich bei etw nicht wohl fühlen.

misguided [mɪs'gaɪdɪd] *adj* töricht; (*opinion, view*) irrig; (*misplaced*) unangebracht.

mishandle [mɪs'hændl] *vt* falsch handhaben.

mishap ['mɪshæp] *n* Missgeschick *nt*.

mishear [mɪs'hɪə*] (*irreg: like* **hear**) *vt* falsch hören ♦ *vi* sich verhören.

misheard [mɪs'həːd] *pt, pp of* **mishear**.

mishmash ['mɪʃmæʃ] (*inf*) *n* Mischmasch *m*.

misinform [mɪsɪn'fɔːm] *vt* falsch informieren.

misinterpret [mɪsɪn'təːprɪt] *vt* (*gesture, situation*) falsch auslegen; (*comment*) falsch auffassen.

misinterpretation ['mɪsɪntə:prɪ'teɪʃən] *n* falsche Auslegung *f*.

misjudge [mɪs'dʒʌdʒ] *vt* falsch einschätzen.

mislay [mɪs'leɪ] (*irreg: like* **lay**) *vt* verlegen.

mislead [mɪs'liːd] (*irreg: like* **lead**) *vt* irreführen.

misleading [mɪs'liːdɪŋ] *adj* irreführend.

misled [mɪs'lɛd] *pt, pp of* **mislead**.

mismanage [mɪs'mænɪdʒ] *vt* (*business*) herunterwirtschaften; (*institution*) schlecht führen.

mismanagement [mɪs'mænɪdʒmənt] *n* Misswirtschaft *f*.

misnomer [mɪs'nəumə*] *n* unzutreffende Bezeichnung *f*.

misogynist [mɪ'sɒdʒɪnɪst] *n* Frauenfeind *m*.

misplaced [mɪs'pleɪst] *adj* (*misguided*) unangebracht; (*wrongly positioned*) an der falschen Stelle.

misprint ['mɪsprɪnt] *n* Druckfehler *m*.

mispronounce [mɪsprə'nauns] *vt* falsch aussprechen.

misquote ['mɪs'kwəut] *vt* falsch zitieren.

misread [mɪs'riːd] (*irreg: like* **read**) *vt* falsch lesen; (*misinterpret*) falsch verstehen.

misrepresent [mɪsrɛprɪ'zɛnt] *vt* falsch darstellen; **he was** ~**ed** seine Worte wurden verfälscht wiedergegeben.

Miss [mɪs] *n* Fräulein *nt*; **Dear** ~ **Smith** Liebe Frau Smith.

miss [mɪs] *vt* (*train etc, chance, opportunity*) verpassen; (*target*) verfehlen; (*notice loss of, regret absence of*) vermissen; (*class, meeting*) fehlen bei ♦ *vi* danebentreffen; (*missile, object*) danebengehen ♦ *n* Fehltreffer *m*; **you can't** ~ **it** du kannst es nicht verfehlen; **the bus just** ~**ed the wall** der Bus wäre um ein Haar gegen die Mauer gefahren; **you're** ~**ing the point** das geht an der Sache vorbei.

▶ **miss out** (*BRIT*) *vt* auslassen.

▶ **miss out on** *vt fus* (*party*) verpassen; (*fun*) zu kurz kommen bei.

missal ['mɪsl] *n* Messbuch *nt*.

misshapen [mɪs'ʃeɪpən] *adj* missgebildet.

missile ['mɪsaɪl] *n* (*MIL*) Rakete *f*; (*object thrown*) (Wurf)geschoss *nt*, (Wurf)geschoß *nt* (*ÖSTERR*).

missile base *n* Raketenbasis *f*.

missile launcher [-'lɔːntʃə*] *n* Startrampe *f*.

missing ['mɪsɪŋ] *adj* (*lost: person*) vermisst; (: *object*) verschwunden; (*absent, removed*) fehlend; **to be** ~ fehlen; **to go** ~ verschwinden; ~ **person** Vermisste(r) *f(m)*.

mission ['mɪʃən] *n* (*task*) Mission *f*, Auftrag *m*; (*representatives*) Gesandtschaft *f*; (*MIL*) Einsatz *m*; (*REL*) Mission *f*; **on a** ~ **to ...** (*to place/people*) im Einsatz in +*dat*/bei ...

missionary ['mɪʃənrɪ] *n* Missionar(in) *m(f)*.

missive ['mɪsɪv] (*form*) *n* Schreiben *nt*.

misspell ['mɪs'spɛl] (*irreg: like* **spell**) *vt* falsch schreiben.

misspent ['mɪs'spɛnt] *adj* (*youth*) vergeudet.

mist [mɪst] *n* Nebel *m*; (*light*) Dunst *m* ♦ *vi* (*also:* ~ **over**: *eyes*) sich verschleiern; (*BRIT: also:* ~ **over,** ~ **up**) (*windows*) beschlagen.

mistake [mɪs'teɪk] (*irreg: like* **take**) *n* Fehler *m* ♦ *vt* sich irren in +*dat*; (*intentions*) falsch verstehen; **by** ~ aus Versehen; **to make a** ~ (*in writing, calculation*) sich vertun; **to make a** ~ (**about sb/sth**) sich (in jdm/etw) irren; **to** ~ **A for B** A mit B verwechseln.

mistaken [mɪs'teɪkən] *pp of* **mistake** ♦ *adj*

falsch; **to be** ~ sich irren.

mistaken identity n Verwechslung f.

mistakenly [mɪs'teɪkənlɪ] adv irrtümlicherweise.

mister ['mɪstə*] (inf) n (sir) not translated; see **Mr**.

mistletoe ['mɪsltəʊ] n Mistel f.

mistook [mɪs'tʊk] pt of **mistake**.

mistranslation [mɪstræns'leɪʃən] n falsche Übersetzung f.

mistreat [mɪs'triːt] vt schlecht behandeln.

mistress ['mɪstrɪs] n (lover) Geliebte f; (of house, servant, situation) Herrin f; (BRIT: teacher) Lehrerin f.

mistrust [mɪs'trʌst] vt misstrauen +dat ♦ n: ~ **(of)** Misstrauen nt (gegenüber).

mistrustful [mɪs'trʌstful] adj: ~ **(of)** misstrauisch (gegenüber).

misty ['mɪstɪ] adj (day etc) neblig; (glasses, windows) beschlagen.

misty-eyed ['mɪstɪ'aɪd] adj mit verschleiertem Blick.

misunderstand [mɪsʌndə'stænd] (irreg: like **understand**) vt missverstehen, falsch verstehen ♦ vi es falsch verstehen.

misunderstanding ['mɪsʌndə'stændɪŋ] n Missverständnis nt; (disagreement) Meinungsverschiedenheit f.

misunderstood [mɪsʌndə'stʊd] pt, pp of **misunderstand**.

misuse [n mɪs'juːs, vt mɪs'juːz] n Missbrauch m ♦ vt missbrauchen; (word) falsch gebrauchen.

MIT (US) n abbr (= Massachusetts Institute of Technology) private technische Fachhochschule.

mite [maɪt] n (small quantity) bisschen nt; (BRIT: small child) Würmchen nt.

miter ['maɪtə*] (US) n = **mitre**.

mitigate ['mɪtɪgeɪt] vt mildern; **mitigating circumstances** mildernde Umstände pl.

mitigation [mɪtɪ'geɪʃən] n Milderung f.

mitre, (US) **miter** ['maɪtə*] n (of bishop) Mitra f; (CARPENTRY) Gehrung f.

mitt(en) ['mɪt(n)] n Fausthandschuh m.

mix [mɪks] vt mischen; (drink) mixen; (sauce, cake) zubereiten; (ingredients) verrühren ♦ vi: **to** ~ **(with)** verkehren (mit) ♦ n Mischung f; **to** ~ **sth with sth** etw mit etw vermischen; **to** ~ **business with pleasure** das Angenehme mit dem Nützlichen verbinden; **cake** ~ Backmischung f.

► **mix in** vt (eggs etc) unterrühren.

► **mix up** vt (people) verwechseln; (things) durcheinander bringen; **to be ~ed up in sth** in etw acc verwickelt sein.

mixed [mɪkst] adj gemischt; ~ **marriage** Mischehe f.

mixed-ability ['mɪkstə'bɪlɪtɪ] adj (group etc) mit unterschiedlichen Fähigkeiten.

mixed bag n (of things, problems) Sammelsurium nt; (of people) gemischter

Haufen m.

mixed blessing n: **it's a** ~ das ist ein zweischneidiges Schwert.

mixed doubles npl gemischtes Doppel nt.

mixed economy n gemischte Wirtschaftsform f.

mixed grill (BRIT) n Grillteller m.

mixed-up [mɪkst'ʌp] adj durcheinander.

mixer ['mɪksə*] n (for food) Mixer m; (drink) Tonic etc zum Auffüllen von alkoholischen Mixgetränken; **to be a good** ~ (sociable person) kontaktfreudig sein.

mixer tap n Mischbatterie f.

mixture ['mɪkstʃə*] n Mischung f; (CULIN) Gemisch nt; (: for cake) Teig m; (MED) Mixtur f.

mix-up ['mɪksʌp] n Durcheinander nt.

MK (BRIT) abbr (TECH) = **mark**.

mkt abbr = **market**.

MLA (BRIT) n abbr (POL: = Member of the Legislative Assembly) Abgeordnete(r) f(m) der gesetzgebenden Versammlung.

MLitt n abbr (= Master of Literature, Master of Letters) akademischer Grad in Literaturwissenschaft.

MLR (BRIT) n abbr = **minimum lending rate**.

mm abbr (= millimetre) mm.

MN abbr (BRIT) = **merchant navy**; (US: POST: = Minnesota).

MO n abbr (= medical officer) Sanitätsoffizier m; (US: inf) = **modus operandi**.

moan [məʊn] n Stöhnen nt ♦ vi stöhnen; (inf: complain): **to** ~ **(about)** meckern (über +acc).

moaner ['məʊnə*] (inf) n Miesmacher(in) m(f).

moat [məʊt] n Wassergraben m.

mob [mɔb] n Mob m; (organized) Bande f ♦ vt herfallen über +acc.

mobile ['məʊbaɪl] adj beweglich; (workforce, society) mobil ♦ n (decoration) Mobile nt; **applicants must be** ~ Bewerber müssen motorisiert sein.

mobile home n Wohnwagen m.

mobile phone n Funktelefon nt.

mobility [məʊ'bɪlɪtɪ] n Beweglichkeit f; (of workforce etc) Mobilität f.

mobility allowance n Beihilfe für Gehbehinderte.

mobilize ['məʊbɪlaɪz] vt mobilisieren; (MIL) mobil machen ♦ vi (MIL) mobil machen.

moccasin ['mɔkəsɪn] n Mokassin m.

mock [mɔk] vt sich lustig machen über +acc ♦ adj (fake: Elizabethan etc) Pseudo-; (exam) Probe-; (battle) Schein-.

mockery ['mɔkərɪ] n Spott m; **to make a** ~ **of sb** jdn zum Gespött machen; **to make a** ~ **of sth** etw zur Farce machen.

mocking ['mɔkɪŋ] adj spöttisch.

mockingbird ['mɔkɪŋbəːd] n Spottdrossel f.

mock-up ['mɔkʌp] n Modell nt.

MOD (BRIT) n abbr = **Ministry of Defence**.

mod cons ['mɔd'kɔnz] (BRIT) npl abbr (= modern conveniences) Komfort m.

mode [məud] n Form f; (COMPUT, TECH) Betriebsart f; ~ **of life** Lebensweise f; ~ **of transport** Transportmittel nt.

model ['mɔdl] n Modell nt; (fashion model) Mannequin nt; (example) Muster nt ♦ adj (excellent) vorbildlich; (small scale: railway etc) Modell- ♦ vt (clothes) vorführen; (with clay etc) modellieren, formen ♦ vi (for designer, photographer etc) als Modell arbeiten; **to ~ o.s. on sb** sich dat jdn zum Vorbild nehmen.

modeller, (US) **modeler** ['mɔdlə*] n Modellbauer m.

model railway n Modelleisenbahn f.

modem ['məudem] n Modem nt.

moderate [adj 'mɔdərət, vb 'mɔdəreɪt] adj gemäßigt; (amount) nicht allzu groß; (change) leicht ♦ n Gemäßigte(r) f(m) ♦ vi (storm, wind etc) nachlassen ♦ vt (tone, demands) mäßigen.

moderately ['mɔdərətlɪ] adv mäßig; (expensive, difficult) nicht allzu; (pleased, happy) einigermaßen; ~ **priced** nicht allzu teuer.

moderation [mɔdə'reɪʃən] n Mäßigung f; **in ~** in or mit Maßen.

moderator ['mɔdəreɪtə*] n (ECCL) Synodalpräsident m.

modern ['mɔdən] adj modern; ~ **languages** moderne Fremdsprachen pl.

modernization [mɔdənaɪ'zeɪʃən] n Modernisierung f.

modernize ['mɔdənaɪz] vt modernisieren.

modest ['mɔdɪst] adj bescheiden; (chaste) schamhaft.

modestly ['mɔdɪstlɪ] adv bescheiden; (behave) schamhaft; (to a moderate extent) mäßig.

modesty ['mɔdɪstɪ] n Bescheidenheit f; (chastity) Schamgefühl nt.

modicum ['mɔdɪkəm] n: **a ~ of** ein wenig or bisschen.

modification [mɔdɪfɪ'keɪʃən] n Änderung f; (to policy etc) Modifizierung f; **to make ~s to** (Ver)änderungen vornehmen an +dat, modifizieren.

modify ['mɔdɪfaɪ] vt (ver)ändern; (policy etc) modifizieren.

modish ['məudɪʃ] adj (fashionable) modisch.

Mods [mɔdz] (BRIT) n abbr (SCOL: = (Honour) Moderations) akademische Prüfung an der Universität Oxford.

modular ['mɔdjulə*] adj (unit, furniture) aus Bauelementen (zusammengesetzt); (COMPUT) modular.

modulate ['mɔdjuleɪt] vt modulieren; (process, activity) umwandeln.

modulation [mɔdju'leɪʃən] n Modulation f; (modification) Veränderung f.

module ['mɔdjuːl] n (Bau)element nt; (SPACE) Raumkapsel f; (SCOL) Kurs m.

modus operandi ['məudəsɔpə'rændiː] n Modus Operandi m.

Mogadishu [mɔgə'dɪʃuː] n Mogadischu nt.

mogul ['məugl] n (fig) Mogul m.

MOH (BRIT) n abbr (= Medical Officer of Health) Amtsarzt m, Amtsärztin f.

mohair ['məuheə*] n Mohair m, Mohär m.

Mohammed [mə'hæmed] n Mohammed m.

moist [mɔɪst] adj feucht.

moisten ['mɔɪsn] vt anfeuchten.

moisture ['mɔɪstʃə*] n Feuchtigkeit f.

moisturize ['mɔɪstʃəraɪz] vt (skin) mit einer Feuchtigkeitscreme behandeln.

moisturizer ['mɔɪstʃəraɪzə*] n Feuchtigkeitscreme f.

molar ['məulə*] n Backenzahn m.

molasses [mə'læsɪz] n Melasse f.

mold etc [məuld] (US) n, vt = **mould** etc.

Moldavia [mɔl'deɪvɪə] n Moldawien nt.

Moldavian [mɔl'deɪvɪən] adj moldawisch.

Moldova [mɔl'dəuvə] n Moldawien nt.

Moldovan adj moldawisch.

mole [məul] n (on skin) Leberfleck m; (ZOOL) Maulwurf m; (fig: spy) Spion(in) m(f).

molecular [məu'lekjulə*] adj molekular; (biology) Molekular-.

molecule ['mɔlɪkjuːl] n Molekül nt.

molehill ['məulhɪl] n Maulwurfshaufen m.

molest [mə'lest] vt (assault sexually) sich vergehen an +dat; (harass) belästigen.

mollusc ['mɔləsk] n Weichtier nt.

mollycoddle ['mɔlɪkɔdl] vt verhätscheln.

Molotov cocktail ['mɔlətɔf-] n Molotowcocktail m.

molt [məult] (US) vi = **moult**.

molten ['məultən] adj geschmolzen, flüssig.

mom [mɔm] (US) n = **mum**.

moment ['məumənt] n Moment m, Augenblick m; (importance) Bedeutung f; **for a ~** (für) einen Moment or Augenblick; **at that ~** in diesem Moment or Augenblick; **at the ~** momentan; **for the ~** vorläufig; **in a ~** gleich; **"one ~ please"** (TEL) „bleiben Sie am Apparat".

momentarily ['məuməntrɪlɪ] adv für einen Augenblick or Moment; (US: very soon) jeden Augenblick or Moment.

momentary ['məuməntərɪ] adj (brief) kurz.

momentous [məu'mentəs] adj (occasion) bedeutsam; (decision) von großer Tragweite.

momentum [məu'mentəm] n (PHYS) Impuls m; (fig: of movement) Schwung m; (: of events, change) Dynamik f; **to gather ~** schneller werden; (fig) richtig in Gang kommen.

mommy ['mɔmɪ] (US) n = **mummy**.

Mon. abbr (= Monday) Mo.

Monaco ['mɔnəkəu] n Monaco nt.

monarch ['mɔnək] n Monarch(in) m(f).

monarchist ['mɔnəkɪst] n Monarchist(in) m(f).

monarchy ['mɔnəkɪ] n Monarchie f; **the M~** (royal family) die königliche Familie.

monastery ['mɔnəstərɪ] n Kloster nt.

monastic [mə'næstɪk] adj Kloster-,

klösterlich; (*fig*) mönchisch, klösterlich einfach.

Monday ['mʌndɪ] *n* Montag *m*; *see also* **Tuesday**.

Monegasque [mɔnə'gæsk] *adj* monegassisch ♦ *n* Monegasse *m*, Monegassin *f*.

monetarist ['mʌnɪtərɪst] *n* Monetarist(in) *m(f)* ♦ *adj* monetaristisch.

monetary ['mʌnɪtərɪ] *adj* (*system, union*) Währungs-.

money ['mʌnɪ] *n* Geld *nt*; **to make ~** (*person*) Geld verdienen; (*business*) etwas einbringen; **danger ~** (*BRIT*) Gefahrenzulage *f*; **I've got no ~ left** ich habe kein Geld mehr.

moneyed ['mʌnɪd] (*form*) *adj* begütert.

moneylender ['mʌnɪlendə*] *n* Geldverleiher(in) *m(f)*.

moneymaker ['mʌnɪmeɪkə*] *n* (*person*) Finanzgenie *nt*; (*idea*) einträgliche Sache *f*; (*product*) Verkaufserfolg *m*.

moneymaking ['mʌnɪmeɪkɪŋ] *adj* einträglich.

money market *n* Geldmarkt *m*.

money order *n* Zahlungsanweisung *f*.

money-spinner ['mʌnɪspɪnə*] (*inf*) *n* Verkaufsschlager *m*; (*person, business*) Goldgrube *f*.

money supply *n* Geldvolumen *nt*.

Mongol ['mɔŋgəl] *n* Mongole *m*, Mongolin *f*; (*LING*) Mongolisch *nt*.

mongol ['mɔŋgəl] (*offensive*) *n* Mongoloide(r) *f(m)*.

Mongolia [mɔŋ'gəʊlɪə] *n* die Mongolei.

Mongolian [mɔŋ'gəʊlɪən] *adj* mongolisch ♦ *n* Mongole *m*, Mongolin *f*; (*LING*) Mongolisch *nt*.

mongoose ['mɔŋguːs] *n* Mungo *m*.

mongrel ['mʌŋgrəl] *n* Promenadenmischung *f*.

monitor ['mɔnɪtə*] *n* Monitor *m* ♦ *vt* überwachen; (*broadcasts*) mithören.

monk [mʌŋk] *n* Mönch *m*.

monkey ['mʌŋkɪ] *n* Affe *m*.

monkey business (*inf*) *n* faule Sachen *pl*.

monkey nut (*BRIT*) *n* Erdnuss *f*.

monkey tricks *npl* = **monkey business**.

monkey wrench *n* verstellbarer Schraubenschlüssel *m*.

mono ['mɔnəʊ] *adj* (*recording etc*) Mono-.

monochrome ['mɔnəkrəʊm] *adj* (*photograph, television*) Schwarzweiß-; (*COMPUT: screen*) Monochrom-.

monogamous [mə'nɔgəməs] *adj* monogam.

monogamy [mə'nɔgəmɪ] *n* Monogamie *f*.

monogram ['mɔnəgræm] *n* Monogramm *nt*.

monolith ['mɔnəlɪθ] *n* Monolith *m*.

monolithic [mɔnə'lɪθɪk] *adj* monolithisch.

monologue ['mɔnəlɔg] *n* Monolog *m*.

monoplane ['mɔnəpleɪn] *n* Eindecker *m*.

monopolize [mə'nɔpəlaɪz] *vt* beherrschen; (*person*) mit Beschlag belegen; (*conversation*) an sich *acc* reißen.

monopoly [mə'nɔpəlɪ] *n* Monopol *nt*; **to have a**

~ on *or* **of sth** (*fig: domination*) etw für sich gepachtet haben; **Monopolies and Mergers Commission** (*BRIT*) ≈ Kartellamt *nt*.

monorail ['mɔnəʊreɪl] *n* Einschienenbahn *f*.

monosodium glutamate [mɔnə'səʊdɪəm'gluːtəmeɪt] *n* Glutamat *nt*.

monosyllabic [mɔnəsɪ'læbɪk] *adj* einsilbig.

monosyllable ['mɔnəsɪləbl] *n* einsilbiges Wort *nt*.

monotone ['mɔnətəʊn] *n*: **in a ~** monoton.

monotonous [mə'nɔtənəs] *adj* monoton, eintönig.

monotony [mə'nɔtənɪ] *n* Monotonie *f*, Eintönigkeit *f*.

monsoon [mɔn'suːn] *n* Monsun *m*.

monster ['mɔnstə*] *n* Ungetüm *nt*, Monstrum *nt*; (*imaginary creature*) Ungeheuer *nt*, Monster *nt*; (*person*) Unmensch *m*.

monstrosity [mɔn'strɔsɪtɪ] *n* Ungetüm *nt*, Monstrum *nt*.

monstrous ['mɔnstrəs] *adj* (*huge*) riesig; (*ugly*) abscheulich; (*atrocious*) ungeheuerlich.

Mont. (*US*) *abbr* (*POST*: = *Montana*).

montage [mɔn'tɑːʒ] *n* Montage *f*.

Mont Blanc [mɔ̃ blɑ̃] *n* Montblanc *m*.

month [mʌnθ] *n* Monat *m*; **every ~** jeden Monat; **300 dollars a ~** 300 Dollar im Monat.

monthly ['mʌnθlɪ] *adj* monatlich; (*ticket, magazine*) Monats- ♦ *adv* monatlich; **twice ~** zweimal im Monat.

Montreal [mɔntrɪ'ɔːl] *n* Montreal *nt*.

monument ['mɔnjumənt] *n* Denkmal *nt*.

monumental [mɔnju'mentl] *adj* (*building, statue*) gewaltig, monumental; (*book, piece of work*) unsterblich; (*storm, row*) ungeheuer.

moo [muː] *vi* muhen.

mood [muːd] *n* Stimmung *f*; (*of person*) Laune *f*, Stimmung *f*; **to be in a good/bad ~** gut/schlecht gelaunt sein; **to be in the ~ for** aufgelegt sein zu.

moodily ['muːdɪlɪ] *adv* launisch; (*sullenly*) schlecht gelaunt.

moody ['muːdɪ] *adj* launisch; (*sullen*) schlecht gelaunt.

moon [muːn] *n* Mond *m*.

moonlight ['muːnlaɪt] *n* Mondschein *m* ♦ *vi* (*inf*) schwarzarbeiten.

moonlighting ['muːnlaɪtɪŋ] (*inf*) *n* Schwarzarbeit *f*.

moonlit ['muːnlɪt] *adj* (*night*) mondhell.

moonshot ['muːnʃɔt] *n* Mondflug *m*.

moor [muə*] *n* (Hoch)moor *nt*, Heide *f* ♦ *vt* vertäuen ♦ *vi* anlegen.

mooring ['muərɪŋ] *n* Anlegeplatz *m*; **moorings** *npl* (*chains*) Verankerung *f*.

Moorish ['muərɪʃ] *adj* maurisch.

moorland ['muələnd] *n* Moorlandschaft *f*, Heidelandschaft *f*.

moose [muːs] *n inv* Elch *m*.

moot [muːt] *vt*: **to be ~ed** vorgeschlagen werden ♦ *adj*: **it's a ~ point** das ist fraglich.

mop [mɔp] *n* (*for floor*) Mop *m*; (*for dishes*)

Spülbürste *f*; (*of hair*) Mähne *f* ♦ *vt* (*floor*) wischen; (*face*) abwischen; (*eyes*) sich *dat* wischen; **to ~ the sweat from one's brow** sich *dat* den Schweiß von der Stirn wischen.

▶ **mop up** *vt* aufwischen.

mope [məup] *vi* Trübsal blasen.

▶ **mope about** *vi* mit einer Jammermiene herumlaufen.

▶ **mope around** *vi* = mope about.

moped ['məupɛd] *n* Moped *nt*.

moquette [mɔ'kɛt] *n* Mokett *m*.

MOR *adj abbr* (*MUS*) = **middle-of-the-road**.

moral ['mɔrl] *adj* moralisch; (*welfare, values*) sittlich; (*behaviour*) moralisch einwandfrei ♦ *n* Moral *f*; **morals** *npl* (*principles, values*) Moralvorstellungen *pl*; **~ support** moralische Unterstützung *f*.

morale [mɔ'rɑːl] *n* Moral *f*.

morality [mə'rælɪtɪ] *n* Sittlichkeit *f*; (*system of morals*) Moral *f*, Ethik *f*; (*correctness*) moralische Richtigkeit *f*.

moralize ['mɔrəlaɪz] *vi* moralisieren; **to ~ about** sich moralisch entrüsten über +*acc*.

morally ['mɔrəlɪ] *adv* moralisch; (*live, behave*) moralisch einwandfrei.

moral victory *n* moralischer Sieg *m*.

morass [mə'ræs] *n* Morast *m*, Sumpf *m* (*also fig*).

moratorium [mɔrə'tɔːrɪəm] *n* Stopp *m*; Moratorium *nt*.

morbid ['mɔːbɪd] *adj* (*imagination*) krankhaft; (*interest*) unnatürlich; (*comments, behaviour*) makaber.

═══════════════════ *KEYWORD*

more [mɔː*] *adj* **1** (*greater in number etc*) mehr; **~ people/work/letters than we expected** mehr Leute/Arbeit/Briefe, als wir erwarteten; **I have ~ wine/money than you** ich habe mehr Wein/Geld als du.

2 (*additional*): **do you want (some) ~ tea?** möchten Sie noch mehr Tee?; **is there any ~ wine?** ist noch Wein da?; **I have no ~ money, I don't have any ~ money** ich habe kein Geld mehr

♦ *pron* **1** (*greater amount*) mehr; **~ than 10** mehr als 10; **it cost ~ than we expected** es kostete mehr, als wir erwarteten.

2 (*further or additional amount*): **is there any ~?** gibt es noch mehr?; **there's no ~** es ist nichts mehr da; **many/much ~** viel mehr

♦ *adv* mehr; **~ dangerous/difficult/easily** *etc* (**than**) gefährlicher/schwerer/leichter *etc* (als); **~ and ~** mehr und mehr, immer mehr; **~ and ~ excited/expensive** immer aufgeregter/teurer; **~ or less** mehr oder weniger; **~ than ever** mehr denn je, mehr als jemals zuvor; **~ beautiful than ever** schöner denn je; **no ~, not any ~** nicht mehr.

moreover [mɔː'rəuvə*] *adv* außerdem, zudem.

morgue [mɔːg] *n* Leichenschauhaus *nt*.

MORI ['mɔːrɪ] (*BRIT*) *n abbr* (= *Market and Opinion Research Institute*) Markt- und Meinungsforschungsinstitut.

moribund ['mɔrɪbʌnd] *adj* dem Untergang geweiht.

Mormon ['mɔːmən] *n* Mormone *m*, Mormonin *f*.

morning ['mɔːnɪŋ] *n* Morgen *m*; (*as opposed to afternoon*) Vormittag *m* ♦ *cpd* Morgen-; **in the ~** morgens; vormittags; (*tomorrow*) morgen früh; **7 o'clock in the ~** 7 Uhr morgens; **this ~** heute Morgen.

morning-after pill ['mɔːnɪŋ'ɑːftə-] *n* Pille *f* danach.

morning sickness *n* (Schwangerschafts)- übelkeit *f*.

Moroccan [mə'rɔkən] *adj* marokkanisch ♦ *n* Marokkaner(in) *m(f)*.

Morocco [mə'rɔkəu] *n* Marokko *nt*.

moron ['mɔːrɔn] (*inf*) *n* Schwachkopf *m*.

moronic [mə'rɔnɪk] (*inf*) *adj* schwachsinnig.

morose [mə'rəus] *adj* missmutig.

morphine ['mɔːfiːn] *n* Morphium *nt*.

morris dancing ['mɔrɪs-] *n* Moriskentanz *m*, *alter englischer Volkstanz.*

Morse [mɔːs] *n* (*also:* **~ code**) Morsealphabet *nt*.

morsel ['mɔːsl] *n* Stückchen *nt*.

mortal ['mɔːtl] *adj* sterblich; (*wound, combat*) tödlich; (*danger*) Todes-; (*sin, enemy*) Tod- ♦ *n* (*human being*) Sterbliche(r) *f(m)*.

mortality [mɔː'tælɪtɪ] *n* Sterblichkeit *f*; (*number of deaths*) Todesfälle *pl*.

mortality rate *n* Sterblichkeitsziffer *f*.

mortar ['mɔːtə*] *n* (*MIL*) Minenwerfer *m*; (*CONSTR*) Mörtel *m*; (*CULIN*) Mörser *m*.

mortgage ['mɔːgɪdʒ] *n* Hypothek *f* ♦ *vt* mit einer Hypothek belasten; **to take out a ~** eine Hypothek aufnehmen.

mortgage company (*US*) *n* Hypotheken- bank *f*.

mortgagee [mɔːgə'dʒiː] *n* Hypotheken- gläubiger *m*.

mortgagor ['mɔːgədʒə*] *n* Hypotheken- schuldner *m*.

mortician [mɔː'tɪʃən] (*US*) *n* Bestattungs- unternehmer *m*.

mortified ['mɔːtɪfaɪd] *adj*: **he was ~** er empfand das als beschämend; (*embarrassed*) es war ihm schrecklich peinlich.

mortify ['mɔːtɪfaɪ] *vt* beschämen.

mortise lock ['mɔːtɪs-] *n* Einsteckschloss *nt*.

mortuary ['mɔːtjuərɪ] *n* Leichenhalle *f*.

mosaic [məu'zeɪɪk] *n* Mosaik *nt*.

Moscow ['mɔskəu] *n* Moskau *nt*.

Moslem ['mɔzləm] *adj*, *n* = **Muslim**.

mosque [mɔsk] *n* Moschee *f*.

mosquito [mɔs'kiːtəu] (*pl* **~es**) *n* Stechmücke *f*; (*in tropics*) Moskito *m*.

mosquito net *n* Moskitonetz *nt*.

moss [mɔs] *n* Moos *nt*.

mossy ['mɒsɪ] adj bemoost.

====================================== KEYWORD

most [məust] adj **1** (almost all: people, things etc) meiste(r, s); ~ **people** die meisten Leute.

2 (largest, greatest: interest, money etc) meiste(r, s); **who has (the) ~ money?** wer hat das meiste Geld?

♦ pron (greatest quantity, number) der/die/das meiste; ~ **of it** das meiste (davon); ~ **of them** die meisten von ihnen; ~ **of the time/ work** die meiste Zeit/Arbeit; ~ **of the time** he's very helpful er ist meistens sehr hilfsbereit; **to make the ~ of sth** das Beste aus etw machen; **at the (very) ~** (aller)höchstens

♦ adv (+ vb: spend, eat, work etc) am meisten; (+ adj): **the ~ intelligent/expensive** etc der/ die/das intelligenteste/teuerste ... etc; (+ adv: carefully, easily etc) äußerst; (very: polite, interesting etc) höchst; **a ~ interesting book** ein höchst interessantes Buch.

mostly ['məustlɪ] adv (chiefly) hauptsächlich; (usually) meistens.

MOT (BRIT) n abbr (= Ministry of Transport): ~ **(test)** ≈ TÜV m; **the car failed its** ~ das Auto ist nicht durch den TÜV gekommen.

motel [məu'tɛl] n Motel nt.

moth [mɒθ] n Nachtfalter m; (clothes moth) Motte f.

mothball ['mɒθbɔːl] n Mottenkugel f.

moth-eaten ['mɒθiːtn] (pej) adj mottenzerfressen.

mother ['mʌðə*] n Mutter f ♦ adj (country) Heimat-; (company) Mutter- ♦ vt großziehen; (pamper, protect) bemuttern.

motherboard ['mʌðəbɔːd] n (COMPUT) Hauptplatine f.

motherhood ['mʌðəhud] n Mutterschaft f.

mother-in-law ['mʌðərɪnlɔː] n Schwiegermutter f.

motherly ['mʌðəlɪ] adj mütterlich.

mother-of-pearl ['mʌðərəv'pɜːl] n Perlmutt nt.

mother's help n Haushaltshilfe f.

mother-to-be ['mʌðətə'biː] n werdende Mutter f.

mother tongue n Muttersprache f.

mothproof ['mɒθpruːf] adj mottenfest.

motif [məu'tiːf] n Motiv nt.

motion ['məuʃən] n Bewegung f; (proposal) Antrag m; (BRIT: also: **bowel** ~) Stuhlgang m ♦ vt, vi: **to** ~ **(to) sb to do sth** jdm ein Zeichen geben, dass er/sie etw tun solle; **to be in** ~ (vehicle) fahren; **to set in** ~ in Gang bringen; **to go through the** ~**s (of doing sth)** (fig) etw der Form halber tun; (pretend) so tun, als ob (man etw täte).

motionless ['məuʃənlɪs] adj reg(ungs)los.

motion picture n Film m.

motivate ['məutɪveɪt] vt motivieren.

motivated ['məutɪveɪtɪd] adj motiviert; ~ **by** getrieben von.

motivation [məutɪ'veɪʃən] n Motivation f.

motive ['məutɪv] n Motiv nt, Beweggrund m ♦ adj (power, force) Antriebs-; **from the best (of)** ~**s** mit den besten Absichten.

motley ['mɒtlɪ] adj bunt (gemischt).

motor ['məutə*] n Motor m; (BRIT: inf: car) Auto nt ♦ cpd (industry, trade) Auto(mobil)-.

motorbike ['məutəbaɪk] n Motorrad nt.

motorboat ['məutəbəut] n Motorboot nt.

motorcade ['məutəkeɪd] n Fahrzeugkolonne f.

motorcar ['məutəkɑː] (BRIT) n (Personenkraft)wagen m.

motorcoach ['məutəkəutʃ] (BRIT) n Reisebus m.

motorcycle ['məutəsaɪkl] n Motorrad nt.

motorcycle racing n Motorradrennen nt.

motorcyclist ['məutəsaɪklɪst] n Motorradfahrer(in) m(f).

motoring ['məutərɪŋ] (BRIT) n Autofahren nt ♦ cpd Auto-; (offence, accident) Verkehrs-.

motorist ['məutərɪst] n Autofahrer(in) m(f).

motorized ['məutəraɪzd] adj motorisiert.

motor oil n Motorenöl nt.

motor racing (BRIT) n Autorennen nt.

motor scooter n Motorroller m.

motor vehicle n Kraftfahrzeug nt.

motorway ['məutəweɪ] (BRIT) n Autobahn f.

mottled ['mɒtld] adj gesprenkelt.

motto ['mɒtəu] (pl ~**es**) n Motto nt.

mould, (US) **mold** [məuld] n (cast) Form f; (: for metal) Gussform f; (mildew) Schimmel m ♦ vt (lit, fig) formen.

moulder ['məuldə*] vi (decay) vermodern.

moulding ['məuldɪŋ] n (ARCHIT) Zierleiste f.

mouldy ['məuldɪ] adj schimmelig; (smell) moderig.

moult, (US) **molt** [məult] vi (animal) sich haaren; (bird) sich mausern.

mound [maund] n (of earth) Hügel m; (heap) Haufen m.

mount [maunt] n (in proper names): **M~ Carmel** der Berg Karmel; (horse) Pferd nt; (for picture) Passepartout nt ♦ vt (horse) besteigen; (exhibition etc) vorbereiten; (jewel) (ein)fassen; (picture) mit einem Passepartout versehen; (staircase) hochgehen; (stamp) aufkleben; (attack, campaign) organisieren ♦ vi (increase) steigen; (: problems) sich häufen; (on horse) aufsitzen.

▶ **mount up** vi (costs, savings) sich summieren, sich zusammenläppern (inf).

mountain ['mauntɪn] n Berg m ♦ cpd (road, stream) Gebirgs-; **to make a** ~ **out of a molehill** aus einer Mücke einen Elefanten machen.

mountain bike n Mountainbike nt.

mountaineer [mauntɪ'nɪə*] n Bergsteiger(in) m(f).

mountaineering [mauntɪ'nɪərɪŋ] *n*
Bergsteigen *nt*; **to go ~ bergsteigen gehen.**

mountainous ['mauntɪnəs] *adj* gebirgig.

mountain range *n* Gebirgskette *f*.

mountain rescue team *n* Bergwacht *f*.

mountainside ['mauntɪnsaɪd] *n* (Berg)hang *m*.

mounted ['mauntɪd] *adj* (*police etc*) beritten.

Mount Everest *n* Mount Everest *m*.

mourn [mɔːn] *vt* betrauern ♦ *vi*: **to ~ (for)** trauern (um).

mourner ['mɔːnə*] *n* Trauernde(r) *f(m)*.

mournful ['mɔːnful] *adj* traurig.

mourning ['mɔːnɪŋ] *n* Trauer *f*; **to be in ~** trauern; (*wear special clothes*) Trauer tragen.

mouse [maus] (*pl* **mice**) *n* (ZOOL, COMPUT) Maus *f*; (*fig: person*) schüchternes Mäuschen *nt*.

mousetrap ['maustræp] *n* Mausefalle *f*.

moussaka [mu'sɑːkə] *n* Moussaka *f*.

mousse [muːs] *n* (CULIN) Mousse *f*; (*cosmetic*) Schaumfestiger *m*.

moustache, (*US*) **mustache** [məs'tɑːʃ] *n* Schnurrbart *m*.

mousy ['mausɪ] *adj* (*hair*) mausgrau.

mouth [mauθ] (*pl* ~**s**) *n* Mund *m*; (*of cave, hole, bottle*) Öffnung *f*; (*of river*) Mündung *f*.

mouthful ['mauθful] *n* (*of food*) Bissen *m*; (*of drink*) Schluck *m*.

mouth organ *n* Mundharmonika *f*.

mouthpiece ['mauθpiːs] *n* Mundstück *nt*; (*spokesman*) Sprachrohr *nt*.

mouth-to-mouth ['mauθtə'mauθ] *adj*: **~ resuscitation** Mund-zu-Mund-Beatmung *f*.

mouthwash ['mauθwɔʃ] *n* Mundwasser *nt*.

mouth-watering ['mauθwɔːtərɪŋ] *adj* appetitlich.

movable ['muːvəbl] *adj* beweglich; **~ feast** beweglicher Feiertag *m*.

move [muːv] *n* (*movement*) Bewegung *f*; (*in game*) Zug *m*; (*change: of house*) Umzug *m*; (: *of job*) Stellenwechsel *m* ♦ *vt* bewegen; (*furniture*) (ver)rücken; (*car*) umstellen; (*in game*) ziehen mit; (*emotionally*) bewegen, ergreifen; (*POL: resolution etc*) beantragen ♦ *vi* sich bewegen; (*traffic*) vorankommen; (*in game*) ziehen; (*also: ~ house*) umziehen; (*develop*) sich entwickeln; **it's my ~** ich bin am Zug; **to get a ~ on** sich beeilen; **to ~ sb to do sth** jdn (dazu) veranlassen, etw zu tun; **to ~ towards** sich nähern +*dat*.

▶ **move about** *vi* sich (hin- und her)bewegen; (*travel*) unterwegs sein; (*from place to place*) umherziehen; (*change residence*) umziehen; (*change job*) die Stelle wechseln; **I can hear him moving about** ich höre ihn herumlaufen.

▶ **move along** *vi* weitergehen.

▶ **move around** *vi* = **move about.**

▶ **move away** *vi* (*from town, area*) wegziehen.

▶ **move back** *vi* (*return*) zurückkommen.

▶ **move forward** *vi* (*advance*) vorrücken.

▶ **move in** *vi* (*to house*) einziehen; (*police,*

soldiers) anrücken.

▶ **move off** *vi* (*car*) abfahren.

▶ **move on** *vi* (*travel*) weitergehen; (*travel*) weiterfahren ♦ *vt* (*onlookers*) zum Weitergehen auffordern.

▶ **move out** *vi* (*of house*) ausziehen.

▶ **move over** *vi* (*to make room*) (zur Seite) rücken.

▶ **move up** *vi* (*employee*) befördert werden; (*pupil*) versetzt werden; (*deputy*) aufrücken.

moveable ['muːvəbl] *adj* = **movable.**

movement ['muːvmənt] *n* (*action, group*) Bewegung *f*; (*freedom to move*) Bewegungsfreiheit *f*; (*transportation*) Beförderung *f*; (*shift*) Trend *m*; (*MUS*) Satz *m*; (*MED: also:* **bowel ~**) Stuhlgang *m*.

mover ['muːvə*] *n* (*of proposal*) Antragsteller(in) *m(f)*.

movie ['muːvɪ] *n* Film *m*; **to go to the ~s** ins Kino gehen.

movie camera *n* Filmkamera *f*.

moviegoer ['muːvɪɡəuə*] (*US*) *n* Kinogänger(in) *m(f)*.

moving ['muːvɪŋ] *adj* beweglich; (*emotional*) ergreifend; (*instigating*): **the ~ spirit/force** die treibende Kraft.

mow [məu] (*pt* **mowed**, *pp* **mowed** *or* **mown**) *vt* mähen.

▶ **mow down** *vt* (*kill*) niedermähen.

mower ['məuə*] *n* (*also:* **lawnmower**) Rasenmäher *m*.

Mozambique [məuzəm'biːk] *n* Mosambik *nt*.

MP *n abbr* (= *Member of Parliament*) ≈ MdB; = **military police;** (*CANADA:* = *Mounted Police*) berittene Polizei *f*.

MP3 *abbr* (*COMPUT*) MP3.

mpg *n abbr* (= *miles per gallon*) *see* **mile.**

mph *abbr* (= *miles per hour*) Meilen pro Stunde.

MPhil *n abbr* (= *Master of Philosophy*) ≈ M.A.

MPS (*BRIT*) *n abbr* (= *Member of the Pharmaceutical Society*) *Qualifikationsnachweis für Pharmazeuten*.

Mr, (*US*) **Mr.** ['mɪstə*] *n*: **~ Smith** Herr Smith.

MRC (*BRIT*) *n abbr* (= *Medical Research Council*) *medizinischer Forschungsausschuss*.

MRCP (*BRIT*) *n abbr* (= *Member of the Royal College of Physicians*) *höchster akademischer Grad in Medizin*.

MRCS (*BRIT*) *n abbr* (= *Member of the Royal College of Surgeons*) *höchster akademischer Grad für Chirurgen*.

MRCVS (*BRIT*) *n abbr* (= *Member of the Royal College of Veterinary Surgeons*) *höchster akademischer Grad für Tiermediziner*.

Mrs, (*US*) **Mrs.** ['mɪsɪz] *n*: **~ Smith** Frau Smith.

MS *n abbr* (= *multiple sclerosis*) MS *f*; (*US:* = *Master of Science*) *akademischer Grad in Naturwissenschaften* ♦ *abbr* (*US: POST:* = *Mississippi*).

MS. (*pl* **MSS.**) *n abbr* (= *manuscript*) Ms.

Ms, (US) **Ms.** [mɪz] n (= Miss or Mrs): ~ **Smith** Frau Smith.

MSA (US) n abbr (= Master of Science in Agriculture) akademischer Grad in Agronomie.

MSc n abbr (= Master of Science) akademischer Grad in Naturwissenschaften.

MSG n abbr = **monosodium glutamate.**

MSP (BRIT) n abbr (POL: = Member of the Scottish Parliament) Abgeordnete(r) f(m) des schottischen Parlaments.

MST (US) n abbr (= Mountain Standard Time) amerikanische Standardzeitzone.

MSW (US) n abbr (= Master of Social Work) akademischer Grad in Sozialwissenschaft.

MT n abbr (COMPUT, LING: = machine translation) maschinelle Übersetzung f.

Mt abbr (GEOG) = **mount.**

MTV (esp US) n abbr (= music television) MTV nt.

═══════════════ KEYWORD

much [mʌtʃ] adj (time, money, effort) viel; **how ~ money/time do you need?** wie viel Geld/Zeit brauchen Sie?; **he's done so ~ work for us** er hat so viel für uns gearbeitet; **as ~ as** so viel wie; **I have as ~ money/intelligence as you** ich besitze genauso viel Geld/Intelligenz wie du
♦ pron viel; **how ~ is it?** was kostet es?
♦ adv **1** (greatly, a great deal) sehr; **thank you very ~** vielen Dank, danke sehr; **I read as ~ as I can** ich lese so viel wie ich kann.
2 (by far) viel; **I'm ~ better now** mir geht es jetzt viel besser.
3 (almost) fast; **how are you feeling? - ~ the same** wie fühlst du dich? - fast genauso; **the two books are ~ the same** die zwei Bücher sind sich sehr ähnlich.

─────────────────────────────

muck [mʌk] n (dirt) Dreck m.
▶ **muck about** (inf) vi (fool about) herumalbern ♦ vt: **to ~ sb about** mit jdm beliebig umspringen.
▶ **muck around** vi = **muck about.**
▶ **muck in** (BRIT: inf) vi mit anpacken.
▶ **muck out** vt (stable) ausmisten.
▶ **muck up** (inf) vt (exam etc) verpfuschen.
muckraking ['mʌkreɪkɪŋ] (fig: inf) n Sensationsmache f ♦ adj sensationslüstern.
mucky ['mʌkɪ] adj (dirty) dreckig; (field) matschig.
mucus ['mjuːkəs] n Schleim m.
mud [mʌd] n Schlamm m.
muddle ['mʌdl] n (mess) Durcheinander nt; (confusion) Verwirrung f ♦ vt (person) verwirren; (also: ~ **up**) durcheinander bringen; **to be in a ~** völlig durcheinander sein; **to get in a ~** (person) konfus werden; (things) durcheinander geraten.
▶ **muddle along** vi vor sich acc hin wursteln.
▶ **muddle through** vi (get by) sich durchschlagen.
muddle-headed [mʌdl'hedɪd] adj zerstreut.
muddy ['mʌdɪ] adj (floor) schmutzig; (field) schlammig.
mud flats npl Watt(enmeer) nt.
mudguard ['mʌdgɑːd] (BRIT) n Schutzblech nt.
mudpack ['mʌdpæk] n Schlammpackung f.
mud-slinging ['mʌdslɪŋɪŋ] n (fig) Schlechtmacherei f.
muesli ['mjuːzlɪ] n Müsli nt.
muffin ['mʌfɪn] n (BRIT) weiches, flaches Milchbrötchen, meist warm gegessen; (US) kleiner runder Rührkuchen.
muffle ['mʌfl] vt (sound) dämpfen; (against cold) einmummeln.
muffled ['mʌfld] adj (see vt) gedämpft; eingemummelt.
muffler ['mʌflə*] n (US: AUT) Auspufftopf m; (scarf) dicker Schal m.
mufti ['mʌftɪ] n: **in ~** in Zivil.
mug [mʌg] n (cup) Becher m; (for beer) Krug m; (inf: face) Visage f; (: fool) Trottel m ♦ vt (auf der Straße) überfallen; **it's a ~'s game** (BRIT) das ist doch Schwachsinn.
▶ **mug up** (BRIT: inf) vt (also: ~ **up on**) pauken.
mugger ['mʌgə*] n Straßenräuber m.
mugging ['mʌgɪŋ] n Straßenraub m.
muggins ['mʌgɪnz] (BRIT: inf) n Dummkopf m; **... and ~ does all the work** ... und ich bin mal wieder der/die Dumme und mache die ganze Arbeit.
muggy ['mʌgɪ] adj (weather, day) schwül.
mug shot (inf) n (of criminal) Verbrecherfoto nt; (for passport) Passbild nt.
mulatto [mjuː'lætəu] (pl ~**es**) n Mulatte m, Mulattin f.
mulberry ['mʌlbrɪ] n (fruit) Maulbeere f; (tree) Maulbeerbaum m.
mule [mjuːl] n Maultier nt.
mulled [mʌld] adj: ~ **wine** Glühwein m.
mullioned ['mʌlɪənd] adj (windows) längs unterteilt.
mull over [mʌl-] vt sich dat durch den Kopf gehen lassen.
multi... ['mʌltɪ] pref multi-, Multi-.
multi-access ['mʌltɪ'ækses] adj (COMPUT: system etc) Mehrplatz-.
multicoloured, (US) **multicolored** ['mʌltɪkʌləd] adj mehrfarbig.
multifarious [mʌltɪ'feərɪəs] adj vielfältig.
multilateral [mʌltɪ'lætərl] adj multilateral.
multi-level ['mʌltɪlevl] (US) adj = **multistorey.**
multimillionaire [mʌltɪmɪljə'neə*] n Multimillionär m.
multinational [mʌltɪ'næʃənl] adj multinational ♦ n multinationaler Konzern m, Multi m (inf).
multiple ['mʌltɪpl] adj (interests, causes) vielfältig; (injuries) mehrfach; ♦ n Vielfache(s) nt; ~ **collision** Massenkarambolage f.
multiple-choice ['mʌltɪpltʃɔɪs] adj (question etc) Multiplechoice-, Multiple-Choice-.
multiple sclerosis n multiple Sklerose f.

multiplex ['mʌltɪplɛks] *n*: ~ **transmitter**
Multiplex-Sender *m*; ~ **cinema** Kinocenter
nt.

multiplication [mʌltɪplɪ'keɪʃən] *n*
Multiplikation *f*; (*increase*) Vervielfachung *f*.

multiplication table *n*
Multiplikationstabelle *f*.

multiplicity [mʌltɪ'plɪsɪtɪ] *n*: **a** ~ **of** eine
Vielzahl von.

multiply ['mʌltɪplaɪ] *vt* multiplizieren ♦ *vi*
(*increase: problems*) stark zunehmen;
(: *number*) sich vervielfachen; (*breed*) sich
vermehren.

multiracial [mʌltɪ'reɪʃl] *adj* gemischtrassig;
(*school*) ohne Rassentrennung; ~ **policy**
Politik *f* der Rassenintegration.

multistorey [mʌltɪ'stɔːrɪ] (*BRIT*) *adj* (*building,
car park*) mehrstöckig.

multitude ['mʌltɪtjuːd] *n* Menge *f*; **a** ~ **of** eine
Vielzahl von, eine Menge.

mum [mʌm] (*BRIT: inf*) *n* Mutti *f*, Mama *f* ♦ *adj*:
to keep ~ den Mund halten; ~**'s the word**
nichts verraten!

mumble ['mʌmbl] *vt, vi* (*indistinctly*) nuscheln;
(*quietly*) murmeln.

mumbo jumbo ['mʌmbəʊ-] *n* (*nonsense*)
Geschwafel *nt.*

mummify ['mʌmɪfaɪ] *vt* mumifizieren.

mummy ['mʌmɪ] *n* (*BRIT: mother*) Mami *f*;
(*embalmed body*) Mumie *f*.

mumps [mʌmps] *n* Mumps *m or f*.

munch [mʌntʃ] *vt, vi* mampfen.

mundane [mʌn'deɪn] *adj* (*life*) banal; (*task*)
stumpfsinnig.

Munich ['mjuːnɪk] *n* München *nt.*

municipal [mjuː'nɪsɪpl] *adj* städtisch, Stadt-;
(*elections, administration*) Kommunal-.

municipality [mjuːnɪsɪ'pælɪtɪ] *n* Gemeinde *f*,
Stadt *f*.

munitions [mjuː'nɪʃənz] *npl* Munition *f*.

mural ['mjuərl] *n* Wandgemälde *nt.*

murder ['mɜːdə*] *n* Mord *m* ♦ *vt* ermorden;
(*spoil: piece of music, language*) verhunzen; **to
commit** ~ einen Mord begehen.

murderer ['mɜːdərə*] *n* Mörder *m.*

murderess ['mɜːdərɪs] *n* Mörderin *f.*

murderous ['mɜːdərəs] *adj* blutrünstig;
(*attack*) Mord-; (*fig: look, attack*) vernichtend;
(: *pace, heat*) mörderisch.

murk [mɜːk] *n* Düsternis *f.*

murky ['mɜːkɪ] *adj* düster; (*water*) trübe.

murmur ['mɜːmə*] *n* (*of voices*) Murmeln *nt*;
(*of wind, waves*) Rauschen *nt* ♦ *vt, vi*
murmeln; **heart** ~ Herzgeräusche *pl.*

MusB(ac) *n abbr* (= *Bachelor of Music*)
akademischer Grad in Musikwissenschaft.

muscle ['mʌsl] *n* Muskel *m*; (*fig: strength*)
Macht *f.*

▶ **muscle in** *vi*: **to** ~ **in (on sth)** (bei etw)
mitmischen.

muscular ['mʌskjulə*] *adj* (*pain, dystrophy*)
Muskel-; (*person, build*) muskulös.

muscular dystrophy *n* Muskeldystrophie *f.*

MusD(oc) *n abbr* (= *Doctor of Music*) *Doktorat
in Musikwissenschaft.*

muse [mjuːz] *vi* nachgrübeln ♦ *n* Muse *f.*

museum [mjuː'zɪəm] *n* Museum *nt.*

mush [mʌʃ] *n* Brei *m*; (*pej*) Schmalz *m.*

mushroom ['mʌʃrum] *n* (*edible*) (essbarer)
Pilz *m*; (*poisonous*) Giftpilz *m*; (*button
mushroom*) Champignon *m* ♦ *vi* (*fig: buildings
etc*) aus dem Boden schießen; (: *town,
organization*) explosionsartig wachsen.

mushroom cloud *n* Atompilz *m.*

mushy ['mʌʃɪ] *adj* matschig; (*consistency*)
breiig; (*inf: sentimental*) rührselig; ~ **peas**
Erbsenbrei *m.*

music ['mjuːzɪk] *n* Musik *f*; (*written music,
score*) Noten *pl.*

musical ['mjuːzɪkl] *adj* musikalisch; (*sound,
tune*) melodisch ♦ *n* Musical *nt.*

music(al) box *n* Spieldose *f.*

musical chairs *n* die Reise *f* nach Jerusalem.

musical instrument *n* Musikinstrument *nt.*

music centre *n* Musik-Center *nt.*

music hall *n* Varietee *nt*, Varieté *nt.*

musician [mjuː'zɪʃən] *n* Musiker(in) *m(f).*

music stand *n* Notenständer *m.*

musk [mʌsk] *n* Moschus *m.*

musket ['mʌskɪt] *n* Muskete *f.*

muskrat ['mʌskræt] *n* Bisamratte *f.*

musk rose *n* Moschusrose *f.*

Muslim ['mʌzlɪm] *adj* moslemisch ♦ *n* Moslem
m, Moslime *f.*

muslin ['mʌzlɪn] *n* Musselin *m.*

musquash ['mʌskwɒʃ] *n* Bisamratte *f*; (*fur*)
Bisam *m.*

mussel ['mʌsl] *n* (Mies)muschel *f.*

must [mʌst] *aux vb* müssen; (*in negative*)
dürfen ♦ *n* Muss *nt*; **I** ~ **do it** ich muss es tun;
you ~ **not do that** das darfst du nicht tun;
he ~ **be there by now** jetzt müsste er schon
dort sein; **you** ~ **come and see me soon** Sie
müssen mich bald besuchen; **why** ~ **he
behave so badly?** warum muss er sich so
schlecht benehmen?; **I** ~ **have made a
mistake** ich muss mich geirrt haben; **the
film is a** ~ den Film muss man unbedingt
gesehen haben.

mustache ['mʌstæʃ] (*US*) *n* = **moustache**.

mustard ['mʌstəd] *n* Senf *m.*

mustard gas *n* (*MIL*) Senfgas *nt.*

muster ['mʌstə*] *vt* (*support*)
zusammenbekommen; (*also*: ~ **up**: *energy,
strength, courage*) aufbringen; (*troops,
members*) antreten lassen ♦ *n*: **to pass** ~ den
Anforderungen genügen.

mustiness ['mʌstɪnɪs] *n* Muffigkeit *f.*

mustn't ['mʌsnt] = **must not**.

musty ['mʌstɪ] *adj* muffig; (*building*) moderig.

mutant ['mjuːtənt] *n* Mutante *f.*

mutate [mjuː'teɪt] *vi* (*BIOL*) mutieren.

mutation [mjuː'teɪʃən] *n* (*BIOL*) Mutation *f*;
(*alteration*) Veränderung *f.*

mute [mju:t] *adj* stumm.

muted ['mju:tɪd] *adj* (*colour*) gedeckt; (*reaction, criticism*) verhalten; (*sound, trumpet, MUS*) gedämpft.

mutilate ['mju:tɪleɪt] *vt* verstümmeln.

mutilation [mju:tɪ'leɪʃən] *n* Verstümmelung *f*.

mutinous ['mju:tɪnəs] *adj* meuterisch; (*attitude*) rebellisch.

mutiny ['mju:tɪnɪ] *n* Meuterei *f* ♦ *vi* meutern.

mutter ['mʌtə*] *vt, vi* murmeln.

mutton ['mʌtn] *n* Hammelfleisch *nt*.

mutual ['mju:tʃuəl] *adj* (*feeling, attraction*) gegenseitig; (*benefit*) beiderseitig; (*interest, friend*) gemeinsam; **the feeling was ~ das** beruhte auf Gegenseitigkeit.

mutually ['mju:tʃuəlɪ] *adv* (*beneficial, satisfactory*) für beide Seiten; (*accepted*) von beiden Seiten; **to be ~ exclusive** einander ausschließen; **~ incompatible** nicht miteinander vereinbar.

Muzak ® ['mju:zæk] *n* Berieselungsmusik *f* (*inf*).

muzzle ['mʌzl] *n* (*of dog*) Maul *nt*; (*of gun*) Mündung *f*; (*guard: for dog*) Maulkorb *m* ♦ *vt* (*dog*) einen Maulkorb anlegen +*dat*; (*fig: press, person*) mundtot machen.

MV *abbr* (= *motor vessel*) MS.

MVP (*US*) *n abbr* (*SPORT:* = *most valuable player*) wertvollster Spieler *m*, wertvollste Spielerin *f*.

MW *abbr* (*RADIO:* = *medium wave*) MW.

═══════════════════ *KEYWORD*

my [maɪ] *adj* mein(e); **this is ~ brother/sister/ house** das ist mein Bruder/meine Schwester/mein Haus; **I've washed ~ hair/ cut ~ finger** ich habe mir die Haare gewaschen/mir *or* mich in den Finger geschnitten; **is this ~ pen or yours?** ist das mein Stift oder deiner?

Myanmar ['maɪænmɑ:] *n* Myanmar *nt*.

myopic [maɪ'ɒpɪk] *adj* (*MED, fig*) kurzsichtig.

myriad ['mɪrɪəd] *n* Unzahl *f*.

myrrh [mɜ:*] *n* Myrr(h)e *f*.

myself [maɪ'sɛlf] *pron* (*acc*) mich; (*dat*) mir; (*emphatic*) selbst; *see also* **oneself**.

mysterious [mɪs'tɪərɪəs] *adj* geheimnisvoll, mysteriös.

mysteriously [mɪs'tɪərɪəslɪ] *adv* auf mysteriöse Weise; (*smile*) geheimnisvoll.

mystery ['mɪstərɪ] *n* (*puzzle*) Rätsel *nt*; (*strangeness*) Rätselhaftigkeit *f* ♦ *cpd* (*guest, voice*) mysteriös; **~ tour** Fahrt *f* ins Blaue.

mystery story *n* Kriminalgeschichte *f*.

mystic ['mɪstɪk] *n* Mystiker(in) *m(f)*.

mystic(al) ['mɪstɪk(l)] *adj* mystisch.

mystify ['mɪstɪfaɪ] *vt* vor ein Rätsel stellen.

mystique [mɪs'ti:k] *n* geheimnisvoller Nimbus *m*.

myth [mɪθ] *n* Mythos *m*; (*fallacy*) Märchen *nt*.

mythical ['mɪθɪkl] *adj* mythisch; (*jobs, opportunities etc*) fiktiv.

mythological [mɪθə'lɒdʒɪkl] *adj* mythologisch.

mythology [mɪ'θɒlədʒɪ] *n* Mythologie *f*.

N, n

N¹, n [ɛn] *n* (*letter*) N *nt*, n *nt*; **~ for Nellie**, (*US*) **~ for Nan** ≈ N wie Nordpol.

N² [ɛn] *abbr* (= *north*) N.

NA (*US*) *n abbr* (= *Narcotics Anonymous*) *Hilfsorganisation für Drogensüchtige*; (= *National Academy*) *Dachverband verschiedener Forschungsunternehmen*.

n/a *abbr* (= *not applicable*) entf.; (*COMM etc:* = *no account*) kein Konto.

NAACP (*US*) *n abbr* (= *National Association for the Advancement of Colored People*) *Vereinigung zur Förderung Farbiger*.

NAAFI ['næfɪ] (*BRIT*) *n abbr* (= *Navy, Army and Air Force Institutes*) *Laden für britische Armeeangehörige*.

NACU (*US*) *n abbr* (= *National Association of Colleges and Universities*) *Fachhochschul- und Universitätsverband*.

nadir ['neɪdɪə*] *n* (*fig*) Tiefpunkt *m*; (*ASTRON*) Nadir *m*.

NAFTA *n abbr* (= *North Atlantic Free Trade Agreement*) *amerikanische Freihandelszone*.

nag [næg] *vt* herumnörgeln an +*dat* ♦ *vi* nörgeln ♦ *n* (*pej: horse*) Gaul *m*; (: *person*) Nörgler(in) *m(f)*; **to ~ at sb** jdn plagen, jdm keine Ruhe lassen.

nagging ['nægɪŋ] *adj* (*doubt, suspicion*) quälend; (*pain*) dumpf.

nail [neɪl] *n* Nagel *m* ♦ *vt* (*inf: thief etc*) drankriegen; (: *fraud*) aufdecken; **to ~ sth to sth** etw an etw *acc* nageln; **to ~ sb down (to sth)** jdn (auf etw *acc*) festnageln.

nailbrush ['neɪlbrʌʃ] *n* Nagelbürste *f*.

nailfile ['neɪlfaɪl] *n* Nagelfeile *f*.

nail polish *n* Nagellack *m*.

nail polish remover *n* Nagellackentferner *m*.

nail scissors *npl* Nagelschere *f*.

nail varnish (*BRIT*) *n* = **nail polish**.

Nairobi [naɪ'rəubɪ] *n* Nairobi *nt*.

naive [nɑ:'i:v] *adj* naiv.

naiveté [nɑ:i:v'teɪ] *n* = **naivety**.

naivety [naɪ'i:vtɪ] *n* Naivität *f*.

naked ['neɪkɪd] *adj* nackt; (*flame, light*) offen; **with the ~ eye** mit bloßem Auge; **to the ~ eye** für das bloße Auge.

nakedness ['neɪkɪdnɪs] *n* Nacktheit *f*.

NAM (*US*) *n abbr* (= *National Association of*

Manufacturers) nationaler Verband der verarbeitenden Industrie.

name [neɪm] *n* Name *m* ♦ *vt* nennen; *(ship)* taufen; *(identify)* (beim Namen) nennen; *(date etc)* bestimmen, festlegen; **what's your ~?** wie heißen Sie?; **my ~ is Peter** ich heiße Peter; **by ~** mit Namen; **in the ~ of** im Namen +*gen*; **to give one's ~ and address** Namen und Adresse angeben; **to make a ~ for o.s.** sich *dat* einen Namen machen; **to give sb a bad ~** jdn in Verruf bringen; **to call sb ~s** jdn beschimpfen; **to be ~d after sb/sth** nach jdm/etw benannt werden.

name-dropping ['neɪmdrɔpɪŋ] *n* Angeberei *f* mit berühmten Namen.

nameless ['neɪmlɪs] *adj* namenlos; **who/which shall remain ~** der/die/das ungenannt bleiben soll.

namely ['neɪmlɪ] *adv* nämlich.

nameplate ['neɪmpleɪt] *n* Namensschild *nt*.

namesake ['neɪmseɪk] *n* Namensvetter(in) *m(f)*.

nan bread [nɑːn-] *n* Nan-Brot *nt*, *fladenförmiges Weißbrot als Beilage zu indischen Gerichten.*

nanny ['nænɪ] *n* Kindermädchen *nt*.

nanny-goat ['nænɪgəut] *n* Geiß *f*.

nap [næp] *n* Schläfchen *nt*; *(of fabric)* Strich *m* ♦ *vi*: **to be caught ~ping** *(fig)* überrumpelt werden; **to have a ~** ein Schläfchen *or* ein Nickerchen *(inf)* machen.

NAPA *(US) n abbr* (= *National Association of Performing Artists)* Künstlergewerkschaft.

napalm ['neɪpɑːm] *n* Napalm *nt*.

nape [neɪp] *n*: **the ~ of the neck** der Nacken.

napkin ['næpkɪn] *n* (*also*: **table ~**) Serviette *f*.

Naples ['neɪplz] *n* Neapel *nt*.

Napoleonic [nəpəʊlɪ'ɔnɪk] *adj* napoleonisch.

nappy ['næpɪ] *(BRIT) n* Windel *f*.

nappy liner *(BRIT) n* Windeleinlage *f*.

nappy rash *n* Wundsein *nt*.

narcissistic [nɑːsɪ'sɪstɪk] *adj* narzisstisch.

narcissus [nɑː'sɪsəs] (*pl* **narcissi**) *n* Narzisse *f*.

narcotic [nɑː'kɔtɪk] *adj* narkotisch ♦ *n* Narkotikum *n*; **narcotics** *npl (drugs)* Drogen *pl*; **~ drug** Rauschgift *nt*.

nark [nɑːk] *(BRIT: inf) vt*: **to be ~ed at sth** sauer über etw *acc* sein.

narrate [nə'reɪt] *vt* erzählen; *(film, programme)* kommentieren.

narration [nə'reɪʃən] *n* Kommentar *m*.

narrative ['nærətɪv] *n* Erzählung *f*; *(of journey etc)* Schilderung *f*.

narrator [nə'reɪtə*] *n* Erzähler(in) *m(f)*; *(in film etc)* Kommentator(in) *m(f)*.

narrow ['nærəu] *adj* eng; *(ledge etc)* schmal; *(majority, advantage, victory, defeat)* knapp; *(ideas, view)* engstirnig ♦ *vi* sich verengen; *(gap, difference)* sich verringern ♦ *vt* (*gap, difference)* verringern; *(eyes)* zusammenkneifen; **to have a ~ escape** mit knapper Not davonkommen; **to ~ sth down**

(to sth) etw (auf etw *acc*) beschränken.

narrow gauge ['nærəugeɪdʒ] *adj (RAIL)* Schmalspur-.

narrowly ['nærəulɪ] *adv* knapp; *(escape)* mit knapper Not.

narrow-minded [nærəu'maɪndɪd] *adj* engstirnig.

NAS *(US) n abbr* (= *National Academy of Sciences)* Akademie der Wissenschaften.

NASA *(US) n abbr* (= *National Aeronautics and Space Administration)* NASA *f*.

nasal ['neɪzl] *adj* Nasen-; *(voice)* näselnd.

Nassau ['næsɔː] *n* Nassau *nt*.

nastily ['nɑːstɪlɪ] *adv* gemein; *(say)* gehässig.

nastiness ['nɑːstɪnɪs] *n* Gemeinheit *f*; *(of remark)* Gehässigkeit *f*; *(of smell, taste etc)* Ekelhaftigkeit *f*.

nasturtium [nəs'tɜːʃəm] *n* Kapuzinerkresse *f*.

nasty ['nɑːstɪ] *adj (remark)* gehässig; *(person)* gemein; *(taste, smell)* ekelhaft; *(wound, disease, accident, shock)* schlimm; *(problem, question)* schwierig; *(weather, temper)* abscheulich; **to turn ~** unangenehm werden; **it's a ~ business** es ist schrecklich; **he's got a ~ temper** mit ihm ist nicht gut Kirschen essen.

NAS/UWT *(BRIT) n abbr* (= *National Association of Schoolmasters/Union of Women Teachers)* Lehrergewerkschaft.

nation ['neɪʃən] *n* Nation *f*; *(people)* Volk *nt*.

national ['næʃənl] *adj (character, flag)* National-; *(interests)* Staats-; *(newspaper)* überregional ♦ *n* Staatsbürger(in) *m(f)*; **foreign ~** Ausländer(in) *m(f)*.

national anthem *n* Nationalhymne *f*.

National Curriculum *n* zentraler Lehrplan *für Schulen in England und Wales.*

national debt *n* Staatsverschuldung *f*.

national dress *n* Nationaltracht *f*.

National Guard *(US) n* Nationalgarde *f*.

National Health Service *(BRIT) n* Staatlicher Gesundheitsdienst *m*.

National Insurance *(BRIT) n* Sozialversicherung *f*.

nationalism ['næʃnəlɪzəm] *n* Nationalismus *m*.

nationalist ['næʃnəlɪst] *adj* nationalistisch ♦ *n* Nationalist(in) *m(f)*.

nationality [næʃə'nælɪtɪ] *n* Staatsangehörigkeit *f*, Nationalität *f*.

nationalization [næʃnəlaɪ'zeɪʃən] *n* Verstaatlichung *f*.

nationalize ['næʃnəlaɪz] *vt* verstaatlichen.

National Lottery *n* ≈ Lotto *nt*.

nationally ['næʃnəlɪ] *adv* landesweit.

national park *n* Nationalpark *m*.

national press *n* überregionale Presse *f*.

National Security Council *(US) n* Nationaler Sicherheitsrat *m*.

national service *n* Wehrdienst *m*.

National Trust *(BRIT) n* Organisation zum *Schutz historischer Bauten und Denkmäler sowie zum Landschaftsschutz.*

Freikörperkultur.

naught [nɔːt] *n* = **nought**.

naughtiness ['nɔːtɪnɪs] *n* (*see adj*) Unartigkeit *f*, Ungezogenheit *f*; Unanständigkeit *f*.

naughty ['nɔːtɪ] *adj* (*child*) unartig, ungezogen; (*story, film, words*) unanständig.

nausea ['nɔːsɪə] *n* Übelkeit *f*.

nauseate ['nɔːsɪeɪt] *vt* Übelkeit verursachen +*dat*; (*fig*) anwidern.

nauseating ['nɔːsɪeɪtɪŋ] *adj* Ekel erregend; (*fig*) widerlich.

nauseous ['nɔːsɪəs] *adj* ekelhaft; **I feel** ~ mir ist übel.

nautical ['nɔːtɪkl] *adj* (*chart*) See-; (*uniform*) Seemanns-.

nautical mile *n* Seemeile *f*.

naval ['neɪvl] *adj* Marine-; (*battle, forces*) See-.

naval officer *n* Marineoffizier *m*.

nave [neɪv] *n* Hauptschiff *nt*, Mittelschiff *nt*.

navel ['neɪvl] *n* Nabel *m*.

navigable ['nævɪgəbl] *adj* schiffbar.

navigate ['nævɪgeɪt] *vt* (*river*) befahren; (*path*) begehen ♦ *vi* navigieren; (*AUT*) den Fahrer dirigieren.

navigation [nævɪ'geɪʃən] *n* Navigation *f*.

navigator ['nævɪgeɪtəʳ] *n* (*NAUT*) Steuermann *m*; (*AVIAT*) Navigator(in) *m(f)*; (*AUT*) Beifahrer(in) *m(f)*.

navvy ['nævɪ] (*BRIT*) *n* Straßenarbeiter *m*.

navy ['neɪvɪ] *n* (*Kriegs)marine *f*; (*ships*) (Kriegs)flotte *f*; **Department of the N~** (*US*) Marineministerium *nt*.

navy(-blue) ['neɪvɪ('bluː)] *adj* marineblau.

Nazareth ['næzərɪθ] *n* Nazareth *nt*.

Nazi ['nɑːtsɪ] *n* Nazi *m*.

NB *abbr* (= *nota bene*) NB; (*CANADA*: = *New Brunswick*).

NBA (*US*) *n abbr* (= *National Basketball Association*) Basketball-Dachverband; (= *National Boxing Association*) Boxsport-Dachverband.

NBC (*US*) *n abbr* (= *National Broadcasting Company*) Fernsehsender.

NBS (*US*) *n abbr* (= *National Bureau of Standards*) amerikanischer Normenausschuss.

NC *abbr* (*COMM etc*: = *no charge*) frei; (*US*: *POST*: = *North Carolina*).

NCC *n abbr* (*BRIT*: = *Nature Conservancy Council*) Naturschutzverband; (*US*: = *National Council of Churches*) Zusammenschluss protestantischer und orthodoxer Kirchen.

NCCL (*BRIT*) *n abbr* (= *National Council for Civil Liberties*) Organisation zum Schutz von Freiheitsrechten.

NCO *n abbr* (*MIL*: = *noncommissioned officer*) Uffz.

ND (*US*) *abbr* (*POST*: = *North Dakota*).

N.Dak. (*US*) *abbr* (*POST*: = *North Dakota*).

NE *abbr* = **north-east**; (*US*: *POST*: = *New England*; *Nebraska*).

NEA (*US*) *n abbr* (= *National Education*

---

nationwide ['neɪʃənwaɪd] *adj, adv* landesweit.

native ['neɪtɪv] *n* Einheimische(r) *f(m)* ♦ *adj* einheimisch; (*country*) Heimat-; (*language*) Mutter-; (*innate*) angeboren; **a** ~ **of Germany, a** ~ **German** ein gebürtiger Deutscher, eine gebürtige Deutsche; ~ **to** beheimatet in +*dat*.

Native American *adj* indianisch, der Ureinwohner Amerikas ♦ *n* Ureinwohner(in) *m(f)* Amerikas.

native speaker *n* Muttersprachler(in) *m(f)*.

Nativity [nə'tɪvɪtɪ] *n*: **the** ~ Christi Geburt *f*.

nativity play *n* Krippenspiel *nt*.

NATO ['neɪtəu] *n abbr* (= *North Atlantic Treaty Organization*) NATO *f*.

natter ['nætəʳ] (*BRIT*) *vi* quatschen (*inf*) ♦ *n*: **to have a** ~ einen Schwatz halten.

natural ['nætʃrəl] *adj* natürlich; (*disaster*) Natur-; (*innate*) angeboren; (*born*) geboren; (*MUS*) ohne Vorzeichen; **to die of** ~ **causes** eines natürlichen Todes sterben; ~ **foods** Naturkost *f*; **she played F** ~ **not F sharp** sie spielte f statt fis.

natural childbirth *n* natürliche Geburt *f*.

natural gas *n* Erdgas *nt*.

natural history *n* Naturkunde *f*; **the** ~ **of England** die Naturgeschichte Englands.

naturalist ['nætʃrəlɪst] *n* Naturforscher(in) *m(f)*.

naturalize ['nætʃrəlaɪz] *vt*: **to become** ~**d** eingebürgert werden.

naturally ['nætʃrəlɪ] *adv* natürlich; (*happen*) auf natürlichem Wege; (*die*) eines natürlichen Todes; (*occur. cheerful, talented, blonde*) von Natur aus.

naturalness ['nætʃrəlnɪs] *n* Natürlichkeit *f*.

natural resources *npl* Naturschätze *pl*.

natural selection *n* natürliche Auslese *f*.

natural wastage *n* natürliche Personalreduzierung *f*.

nature ['neɪtʃəʳ] *n* (*also*: **Nature**) Natur *f*; (*kind, sort*) Art *f*; (*character*) Wesen *nt*; **by** ~ von Natur aus; **by its (very)** ~ naturgemäß; **documents of a confidential** ~ Unterlagen vertraulicher Art.

-natured ['neɪtʃəd] *suff*: **good-**~ gutmütig; **ill-**~ bösartig.

nature reserve (*BRIT*) *n* Naturschutzgebiet *nt*.

nature trail *n* Naturlehrpfad *m*.

naturist ['neɪtʃərɪst] *n* Anhänger(in) *m(f)* der

Association) Verband für das Erziehungswesen.

neap [niːp] *n (also:* ~ **tide**) Nippflut *f.*

Neapolitan [nɪə'pɒlɪtən] *adj* neapolitanisch ♦ *n* Neapolitaner(in) *m(f).*

near [nɪə*] *adj* nahe ♦ *adv* nahe; (*almost*) fast, beinahe ♦ *prep (also:* ~ **to:** *in space*) nahe an +*dat;* (: *in time*) um *acc* ... herum; (: *in situation, in intimacy*) nahe +*dat* ♦ *vt* sich nähern +*dat;* (*state, situation*) kurz vor +*dat* stehen; **Christmas is** ~ bald ist Weihnachten; **£25,000 or** ~**est offer** (*BRIT*) £25.000 oder das nächstbeste Angebot; **in the** ~ **future** in naher Zukunft, bald; **in** ~ **darkness** fast im Dunkeln; **a** ~ **tragedy** beinahe eine Tragödie; ~ **here/there** hier/dort in der Nähe; **to be** ~ **(to) doing sth** nahe daran sein, etw zu tun; **the building is** ~**ing completion** der Bau steht kurz vor dem Abschluss.

nearby [nɪə'baɪ] *adj* nahe gelegen ♦ *adv* in der Nähe.

Near East *n:* **the** ~ der Nahe Osten.

nearer ['nɪərə*] *adj, adv comp of* **near.**

nearest ['nɪərəst] *adj, adv superl of* **near.**

nearly ['nɪəlɪ] *adv* fast; **I** ~ **fell** ich wäre beinahe gefallen; **it's not** ~ **big enough** es ist bei weitem nicht groß genug; **she was** ~ **crying** sie war den Tränen nahe.

near miss *n* Beinahezusammenstoß *m;* **that was a** ~ (*shot*) das war knapp daneben.

nearness ['nɪənɪs] *n* Nähe *f.*

nearside ['nɪəsaɪd] (*AUT*) *adj (when driving on left*) linksseitig; (*when driving on right*) rechtsseitig ♦ *n:* **the** ~ (*when driving on left*) die linke Seite; (*when driving on right*) die rechte Seite.

near-sighted [nɪə'saɪtɪd] *adj* kurzsichtig.

neat [niːt] *adj* ordentlich; (*handwriting*) sauber; (*plan, solution*) elegant; (*description*) prägnant; (*spirits*) pur; **I drink it** ~ ich trinke es pur.

neatly ['niːtlɪ] *adv* ordentlich; (*conveniently*) sauber.

neatness ['niːtnɪs] *n* Ordentlichkeit *f;* (*of solution, plan*) Sauberkeit *f.*

Nebr. (*US*) *abbr* (*POST:* = *Nebraska*).

nebulous ['nɛbjʊləs] *adj* vage, unklar.

necessarily ['nɛsɪsrɪlɪ] *adv* notwendigerweise; **not** ~ nicht unbedingt.

necessary ['nɛsɪsrɪ] *adj* notwendig, nötig; (*inevitable*) unausweichlich; **if** ~ wenn nötig, nötigenfalls; **it is** ~ **to** ... man muss ...

necessitate [nɪ'sɛsɪteɪt] *vt* erforderlich machen.

necessity [nɪ'sɛsɪtɪ] *n* Notwendigkeit *f;* **of** ~ notgedrungen; **out of** ~ aus Not; **the necessities (of life)** das Notwendigste (zum Leben).

neck [nɛk] *n* Hals *m;* (*of shirt, dress, jumper*) Ausschnitt *m* ♦ *vi (inf)* knutschen; ~ **and** ~ Kopf an Kopf; **to stick one's** ~ **out** (*inf*)

seinen Kopf riskieren.

necklace ['nɛklɪs] *n* (Hals)kette *f.*

neckline ['nɛklaɪn] *n* Ausschnitt *m.*

necktie ['nɛktaɪ] (*esp US*) *n* Krawatte *f.*

nectar ['nɛktə*] *n* Nektar *m.*

nectarine ['nɛktərɪn] *n* Nektarine *f.*

NEDC (*BRIT*) *n abbr* (= *National Economic Development Council*) Rat für Wirtschaftsentwicklung.

Neddy ['nɛdɪ] (*BRIT: inf*) *n abbr* = **NEDC.**

née [neɪ] *prep:* ~ **Scott** geborene Scott.

need [niːd] *n* Bedarf *m;* (*necessity*) Notwendigkeit *f;* (*requirement*) Bedürfnis *nt;* (*poverty*) Not *f* ♦ *vt* brauchen; (*could do with*) nötig haben; **in** ~ bedürftig; **to be in** ~ **of sth** etw nötig haben; **£10 will meet my immediate** ~**s** mit £ 10 komme ich erst einmal aus; **(there's) no** ~ (das ist) nicht nötig; **there's no** ~ **to get so worked up about it** du brauchst dich darüber nicht so aufzuregen; **he had no** ~ **to work** er hatte es nicht nötig zu arbeiten; **I** ~ **to do it** ich muss es tun; **you don't** ~ **to go, you** ~**n't go** du brauchst nicht zu gehen; **a signature is** ~**ed** das bedarf einer Unterschrift *gen.*

needle ['niːdl] *n* Nadel *f* ♦ *vt (fig: inf: goad)* ärgern, piesacken.

needless ['niːdlɪs] *adj* unnötig; ~ **to say** natürlich.

needlessly ['niːdlɪslɪ] *adv* unnötig.

needlework ['niːdlwəːk] *n* Handarbeit *f.*

needn't ['niːdnt] = **need not.**

needy ['niːdɪ] *adj* bedürftig ♦ *npl:* **the** ~ die Bedürftigen *pl.*

negation [nɪ'geɪʃən] *n* Verweigerung *f.*

negative ['nɛgətɪv] *adj* negativ; (*answer*) abschlägig ♦ *n* (*PHOT*) Negativ *nt;* (*LING*) Verneinungswort *nt,* Negation *f;* **to answer in the** ~ eine verneinende Antwort geben.

negative equity *n* Differenz zwischen gefallenem Wert und hypothekarischer Belastung eines Wohnungseigentums.

neglect [nɪ'glɛkt] *vt* vernachlässigen; (*writer, artist*) unterschätzen ♦ *n* Vernachlässigung *f.*

neglected [nɪ'glɛktɪd] *adj* vernachlässigt; (*writer, artist*) unterschätzt.

neglectful [nɪ'glɛktful] *adj* nachlässig; (*father*) pflichtvergessen; **to be** ~ **of sth** etw vernachlässigen.

negligee ['nɛglɪʒeɪ] *n* Negligee *nt,* Negligé *nt.*

negligence ['nɛglɪdʒəns] *n* Nachlässigkeit *f;* (*LAW*) Fahrlässigkeit *f.*

negligent ['nɛglɪdʒənt] *adj* nachlässig; (*LAW*) fahrlässig; (*casual*) lässig.

negligently ['nɛglɪdʒəntlɪ] *adv (see adj)* nachlässig; fahrlässig; lässig.

negligible ['nɛglɪdʒɪbl] *adj* geringfügig.

negotiable [nɪ'gəʊʃɪəbl] *adj* verhandlungsfähig; (*path, river*) passierbar; **not** ~ (*on cheque etc*) nicht übertragbar.

negotiate [nɪ'gəʊʃɪeɪt] *vi* verhandeln ♦ *vt* aushandeln; (*obstacle, hill*) überwinden;

(*bend*) nehmen; **to ~ with sb (for sth)** mit jdm (über etw *acc*) verhandeln.

negotiating table [nɪ'gəʊʃɪeɪtɪŋ-] *n* Verhandlungstisch *m*.

negotiation [nɪgəʊʃɪ'eɪʃən] *n* Verhandlung *f*; **the matter is still under ~** über die Sache wird noch verhandelt.

negotiator [nɪ'gəʊʃɪeɪtə*] *n* Unterhändler(in) *m(f)*.

Negress ['niːgrɪs] *n* Negerin *f*.

Negro ['niːgrəʊ] (*pl ~*es) *adj* (*boy, slave*) Neger-
♦ *n* Neger *m*.

neigh [neɪ] *vi* wiehern.

neighbour, (*US*) **neighbor** ['neɪbə*] *n* Nachbar(in) *m(f)*.

neighbourhood ['neɪbəhud] *n* (*place*) Gegend *f*; (*people*) Nachbarschaft *f*, **in the ~ of ...** in der Nähe von ...; (*sum of money*) so um die ...

neighbourhood watch *n* Vereinigung von Bürgern, die Straßenwachen etc zur Unterstützung der Polizei bei der Verbrechensbekämpfung organisiert.

neighbouring ['neɪbərɪŋ] *adj* benachbart, Nachbar-.

neighbourly ['neɪbəlɪ] *adj* nachbarlich.

neither ['naɪðə*] *conj*: **I didn't move and ~ did John** ich bewegte mich nicht und John auch nicht ♦ *pron* keine(r, s) (von beiden) ♦ *adv*:
~ ... nor ... weder ... noch ...; **~ story is true** keine der beiden Geschichten stimmt; **~ is true** beides stimmt nicht; **~ do I/have I** ich auch nicht.

neo... ['niːəʊ] *pref* neo-, Neo-.

neolithic [niə'lɪθɪk] *adv* jungsteinzeitlich, neolithisch.

neologism [nɪ'ɒlədʒɪzəm] *n* (Wort)neubildung *f*, Neologismus *m*.

neon ['niːɒn] *n* Neon *nt*.

neon light *n* Neonlampe *f*.

neon sign *n* Neonreklame *f*.

Nepal [nɪ'pɔːl] *n* Nepal *nt*.

nephew ['nevjuː] *n* Neffe *m*.

nepotism ['nepətɪzəm] *n* Vetternwirtschaft *f*.

nerd [nɜːd] (*inf*) *n* Schwachkopf *m*.

nerve [nɜːv] *n* (*ANAT*) Nerv *m*; (*courage*) Mut *m*; (*impudence*) Frechheit *f*, **nerves** *npl* (*anxiety*) Nervosität *f*; (*emotional strength*) Nerven *pl*; **he gets on my ~s** er geht mir auf die Nerven; **to lose one's ~** die Nerven verlieren.

nerve-centre, (*US*) **nerve-center** ['nɜːvsentə*] *n* (*fig*) Schaltzentrale *f*.

nerve gas *n* Nervengas *nt*.

nerve-racking ['nɜːvrækɪŋ] *adj* nervenaufreibend.

nervous ['nɜːvəs] *adj* Nerven-, nervlich; (*anxious*) nervös; **to be ~ of/about** Angst haben vor +*dat*.

nervous breakdown *n* Nervenzusammenbruch *m*.

nervously ['nɜːvəslɪ] *adv* nervös.

nervousness ['nɜːvəsnɪs] *n* Nervosität *f*.

nervous system *n* Nervensystem *nt*.

nervous wreck (*inf*) *n* Nervenbündel *nt*; **to be a ~** mit den Nerven völlig am Ende sein.

nervy ['nɜːvɪ] (*inf*) *adj* (*BRIT: tense*) nervös; (*US: cheeky*) dreist.

nest [nest] *n* Nest *nt* ♦ *vi* nisten; **a ~ of tables** ein Satz Tische *or* von Tischen.

nest egg *n* Notgroschen *m*.

nestle ['nesl] *vi* sich kuscheln; (*house*) eingebettet sein.

nestling ['nestlɪŋ] *n* Nestling *m*.

Net [net] *n*: **the ~** (*COMPUT*) das Internet.

net [net] *n* Netz *nt*; (*fabric*) Tüll *m* ♦ *adj* (*COMM*) Netto-; (*final: result, effect*) End- ♦ *vt* (mit einem Netz) fangen; (*profit*) einbringen; (*deal, sale, fortune*) an Land ziehen; **~ of tax** steuerfrei; **he earns £10,000 ~ per year** er verdient £ 10.000 netto im Jahr; **it weighs 250g** ~ es wiegt 250 g netto.

netball ['netbɔːl] *n* Netzball *m*.

net curtains *npl* Gardinen *pl*, Stores *pl*.

Netherlands ['neðələndz] *npl*: **the ~** die Niederlande *pl*.

nett [net] *adj* = **net**.

netting ['netɪŋ] *n* (*for fence etc*) Maschendraht *m*; (*fabric*) Netzgewebe *nt*, Tüll *m*.

nettle ['netl] *n* Nessel *f*; **to grasp the ~** (*fig*) in den sauren Apfel beißen.

network ['netwɜːk] *n* Netz *nt*; (*TV, RADIO*) Sendenetz *nt* ♦ *vt* (*RADIO, TV*) im ganzen Netzbereich ausstrahlen; (*computers*) in einem Netzwerk zusammenschließen.

neuralgia [njuə'rældʒə] *n* Neuralgie *f*, Nervenschmerzen *pl*.

neurological [njuərə'lɒdʒɪkl] *adj* neurologisch.

neurotic [njuə'rɒtɪk] *adj* neurotisch ♦ *n* Neurotiker(in) *m(f)*.

neuter ['njuːtə*] *adj* (*LING*) sächlich ♦ *vt* kastrieren; (*female*) sterilisieren.

neutral ['njuːtrəl] *adj* neutral ♦ *n* (*AUT*) Leerlauf *m*.

neutrality [njuː'trælɪtɪ] *n* Neutralität *f*.

neutralize ['njuːtrəlaɪz] *vt* neutralisieren, aufheben.

neutron ['njuːtrɒn] *n* Neutron *nt*.

neutron bomb *n* Neutronenbombe *f*.

Nev. (*US*) *abbr* (*POST: = Nevada*).

never ['nevə*] *adv* nie; (*not*) nicht; **~ in my life** noch nie; **~ again** nie wieder; **well I ~!** nein, so was!; *see also* **mind**.

never-ending [nevər'endɪŋ] *adj* endlos.

nevertheless [nevəðə'les] *adv* trotzdem, dennoch.

new [njuː] *adj* neu; (*mother*) jung; **as good as ~** so gut wie neu; **to be ~ to sb** jdm neu sein.

New Age *n* Newage *nt*, New Age *nt*.

newborn ['njuːbɔːn] *adj* neugeboren.

newcomer ['njuːkʌmə*] *n* Neuankömmling *m*; (*in job*) Neuling *m*.

new-fangled ['njuː'fæŋgld] (*pej*) *adj* neumodisch.

new-found ['nju:faund] *adj* neu entdeckt; (*confidence*) neu geschöpft.

Newfoundland ['nju:fənlənd] *n* Neufundland *nt*.

New Guinea *n* Neuguinea *nt*.

newly ['nju:li] *adv* neu.

newly-weds ['nju:liwɛdz] *npl* Neuvermählte *pl*, Frischvermählte *pl*.

new moon *n* Neumond *m*.

newness ['nju:nis] *n* Neuheit *f*; (*of cheese, bread etc*) Frische *f*.

New Orleans [-'ɔ:li:ənz] *n* New Orleans *nt*.

news [nju:z] *n* Nachricht *f*; **a piece of** ~ eine Neuigkeit; **the** ~ (*RADIO, TV*) die Nachrichten *pl*; **good/bad** ~ gute/schlechte Nachrichten.

news agency *n* Nachrichtenagentur *f*.

newsagent ['nju:zeidʒənt] (*BRIT*) *n* Zeitungshändler(in) *m(f)*.

news bulletin *n* Bulletin *nt*.

newscaster ['nju:zka:stə°] *n* Nachrichtensprecher(in) *m(f)*.

newsdealer ['nju:zdi:lə°] (*US*) *n* = **newsagent**.

newsflash ['nju:zflæʃ] *n* Kurzmeldung *f*.

newsletter ['nju:zlɛtə°] *n* Rundschreiben *nt*, Mitteilungsblatt *nt*.

newspaper ['nju:zpeipə°] *n* Zeitung *f*; **daily/ weekly** ~ Tages-/Wochenzeitung *f*.

newsprint ['nju:zprint] *n* Zeitungspapier *nt*.

newsreader ['nju:zri:də°] *n* = **newscaster**.

newsreel ['nju:zri:l] *n* Wochenschau *f*.

newsroom ['nju:zru:m] *n* Nachrichtenredaktion *f*; (*RADIO, TV*) Nachrichtenstudio *nt*.

newsstand ['nju:zstænd] *n* Zeitungsstand *m*.

newsworthy ['nju:zwə:ðı] *adj*: **to be** ~ Neuigkeitswert haben.

newt [nju:t] *n* Wassermolch *m*.

new town (*BRIT*) *n* neue, teilweise mit Regierungsgeldern errichtete städtische Siedlung.

New Year *n* neues Jahr *nt*; (*New Year's Day*) Neujahr *nt*; **Happy** ~! (ein) glückliches *or* frohes neues Jahr!

New Year's Day *n* Neujahr *nt*, Neujahrstag *m*.

New Year's Eve *n* Silvester *nt*.

New York [-'jɔ:k] *n* New York *nt*; (*also*: ~ **State**) der Staat New York.

New Zealand [-'zi:lənd] *n* Neuseeland *nt* ♦ *adj* neuseeländisch.

New Zealander [-'zi:ləndə°] *n* Neuseeländer(in) *m(f)*.

next [nɛkst] *adj* nächste(r, s); (*room*) Neben- ♦ *adv* dann; (*do, happen*) als Nächstes; (*afterwards*) danach; **the** ~ **day** am nächsten *or* folgenden Tag; ~ **time** das nächste Mal; ~ **year** nächstes Jahr; ~ **please!** der Nächste bitte!; **who's** ~? wer ist der Nächste?; **"turn to the** ~ **page"** „bitte umblättern"; **the week after** ~ übernächste Woche; **the** ~ **on the right/left** der/die/das Nächste rechts/links; **the** ~ **thing I knew** das Nächste, woran ich mich erinnern konnte; ~ **to** neben +*dat*; ~ **to nothing** so gut wie nichts; **when do we meet** ~? wann treffen wir uns wieder *or* das nächste Mal?; **the** ~ **best** der/die/das Nächstbeste.

next door *adv* nebenan ♦ *adj*: **next-door** nebenan; **the house** ~ das Nebenhaus; **to go** ~ nach nebenan gehen; **my next-door neighbour** mein direkter Nachbar.

next-of-kin ['nɛkstəv'kın] *n* nächster Verwandter *m*, nächste Verwandte *f*.

NF *n abbr* (*BRIT: POL: = National Front*) rechtsradikale Partei ♦ *abbr* (*CANADA: = Newfoundland*).

NFL (*US*) *n abbr* (*= National Football League*) *Fußball-Nationalliga*.

NG (*US*) *abbr* = **National Guard**.

NGO *n abbr* (*= nongovernmental organization*) *nichtstaatliche Organisation*.

NH (*US*) *abbr* (*POST: = New Hampshire*).

NHL (*US*) *n abbr* (*= National Hockey League*) *Hockey-Nationalliga*.

NHS (*BRIT*) *n abbr* = **National Health Service**.

NI *abbr* = **Northern Ireland**; (*BRIT*) = **National Insurance**.

Niagara Falls [naɪ'ægərə-] *npl* Niagarafälle *pl*.

nib [nɪb] *n* Feder *f*.

nibble ['nɪbl] *vt* knabbern; (*bite*) knabbern an +*dat* ♦ *vi*: **to** ~ **at** knabbern an +*dat*.

Nicaragua [nɪkə'ræɡjuə] *n* Nicaragua *nt*.

Nicaraguan [nɪkə'ræɡjuən] *adj* nicaraguanisch ♦ *n* Nicaraguaner(in) *m(f)*.

Nice [ni:s] *n* Nizza *nt*.

nice [naɪs] *adj* nett; (*holiday, weather, picture etc*) schön; (*taste*) gut; (*person, clothes etc*) hübsch.

nicely ['naɪslı] *adv* (*attractively*) hübsch; (*politely*) nett; (*satisfactorily*) gut; **that will do** ~ das reicht (vollauf).

niceties ['naɪsıtız] *npl*: **the** ~ die Feinheiten *pl*.

niche [ni:ʃ] *n* Nische *f*; (*job, position*) Plätzchen *nt*.

nick [nɪk] *n* Kratzer *m*; (*in metal, wood etc*) Kerbe *f* ♦ *vt* (*BRIT: inf: steal*) klauen; (: *arrest*) einsperren, einlochen; (*cut*): **to** ~ **o.s.** sich schneiden; **in good** ~ (*BRIT: inf*) gut in Schuss; **in the** ~ (*BRIT: inf: in prison*) im Knast; **in the** ~ **of time** gerade noch rechtzeitig.

nickel ['nɪkl] *n* Nickel *nt*; (*US*) Fünfcentstück *nt*.

nickname ['nɪkneɪm] *n* Spitzname *m* ♦ *vt* betiteln, taufen (*inf*).

Nicosia [nɪkə'si:ə] *n* Nikosia *nt*.

nicotine ['nɪkəti:n] *n* Nikotin *nt*.

nicotine patch *n* Nikotinpflaster *nt*.

niece [ni:s] *n* Nichte *f*.

nifty ['nɪftı] (*inf*) *adj* flott; (*gadget, tool*) schlau.

Niger ['naɪdʒə°] *n* Niger *m*.

Nigeria [naɪ'dʒɪərɪə] *n* Nigeria *nt*.

Nigerian [naɪ'dʒɪərɪən] *adj* nigerianisch ♦ *n*

Nigerianer(in) *m(f)*.

niggardly ['nɪgədlɪ] *adj* knauserig; (*allowance, amount*) armselig.

nigger [nɪgə*] (*inf*) *n* Nigger *m* (*inf!*).

niggle ['nɪgl] *vt* plagen, zu schaffen machen +*dat* ♦ *vi* herumkritisieren.

niggling ['nɪglɪŋ] *adj* quälend; (*pain, ache*) bohrend.

night [naɪt] *n* Nacht *f*; (*evening*) Abend *m*; **the ~ before last** vorletzte Nacht, vorgestern Abend; **at ~, by ~** nachts, abends; **nine o'clock at ~** neun Uhr abends; **in the ~, during the ~** in der Nacht; **~ and day** Tag und Nacht.

nightcap ['naɪtkæp] *n* Schlaftrunk *m*.

nightclub ['naɪtklʌb] *n* Nachtlokal *nt*.

nightdress ['naɪtdrɛs] *n* Nachthemd *nt*.

nightfall ['naɪtfɔːl] *n* Einbruch *m* der Dunkelheit.

nightgown ['naɪtgaun] *n* = **nightdress**.

nightie ['naɪtɪ] *n* = **nightdress**.

nightingale ['naɪtɪŋgeɪl] *n* Nachtigall *f*.

nightlife ['naɪtlaɪf] *n* Nachtleben *nt*.

nightly ['naɪtlɪ] *adj* (all)nächtlich, Nacht-; (*every evening*) (all)abendlich, Abend- ♦ *adv* jede Nacht; (*every evening*) jeden Abend.

nightmare ['naɪtmɛə*] *n* Albtraum *m*, Alptraum *m*.

night porter *n* Nachtportier *m*.

night safe *n* Nachtsafe *m*.

night school *n* Abendschule *f*.

nightshade ['naɪtʃeɪd] *n*: **deadly ~** Tollkirsche *f*.

night shift *n* Nachtschicht *f*.

night-time ['naɪttaɪm] *n* Nacht *f*.

night watchman *n* Nachtwächter *m*.

nihilism ['naɪɪlɪzəm] *n* Nihilismus *m*.

nil [nɪl] *n* Nichts *nt*; (*BRIT: SPORT*) Null *f*.

Nile [naɪl] *n*: **the ~** der Nil.

nimble ['nɪmbl] *adj* flink; (*mind*) beweglich.

nine [naɪn] *num* neun.

nineteen ['naɪn'tiːn] *num* neunzehn.

nineteenth [naɪn'tiːnθ] *num* neunzehnte(r, s).

ninety ['naɪntɪ] *num* neunzig.

ninth [naɪnθ] *num* neunte(r, s) ♦ *n* Neuntel *nt*.

nip [nɪp] *vt* zwicken ♦ *n* Biss *m*; (*drink*) Schlückchen *nt* ♦ *vi* (*BRIT: inf*): **to ~ out/down/up** kurz raus-/runter-/raufgehen; **to ~ into a shop** (*BRIT: inf*) kurz in einen Laden gehen.

nipple ['nɪpl] *n* (*ANAT*) Brustwarze *f*.

nippy ['nɪpɪ] (*BRIT*) *adj* (*quick: person*) flott; (: *car*) spritzig; (*cold*) frisch.

nit [nɪt] *n* Nisse *f*; (*inf: idiot*) Dummkopf *m*.

nitpicking ['nɪtpɪkɪŋ] (*inf*) *n* Kleinigkeitskrämerei *f*.

nitrogen ['naɪtrədʒən] *n* Stickstoff *m*.

nitroglycerin(e) ['naɪtrəu'glɪsəriːn] *n* Nitroglyzerin *nt*.

nitty-gritty ['nɪtɪ'grɪtɪ] (*inf*) *n*: **to get down to the ~** zur Sache kommen.

nitwit ['nɪtwɪt] (*inf*) *n* Dummkopf *m*.

NJ (*US*) *abbr* (*POST*: = *New Jersey*).

NLF *n abbr* (= *National Liberation Front*) vietnamesische Befreiungsbewegung während des Vietnamkrieges.

NLQ *abbr* (*COMPUT, TYP*: = *near letter quality*) NLQ.

NLRB (*US*) *n abbr* (= *National Labor Relations Board*) Ausschuss zur Regelung der Beziehungen zwischen Arbeitgebern und Arbeitnehmern.

NM, N.Mex. (*US*) *abbr* (*POST*: = *New Mexico*).

═══════════════════════ KEYWORD

no [nəu] (*pl* **noes**) *adv* (*opposite of "yes"*) nein; **~ thank you** nein danke
♦ *adj* (*not any*) kein(e); **I have ~ money/time/books** ich habe kein Geld/keine Zeit/keine Bücher; "**~ entry**" „kein Zutritt"; "**~ smoking**" „Rauchen verboten"
♦ *n* Nein *nt*; **there were 20 noes and one abstention** es gab 20 Neinstimmen und eine Enthaltung; **I won't take ~ for an answer** ich bestehe darauf.

no. *abbr* (= *number*) Nr.

nobble [nɔbl] (*BRIT: inf*) *vt* (*bribe*) (sich *dat*) kaufen; (*grab*) sich *dat* schnappen; (*RACING: horse, dog*) lahmlegen.

Nobel Prize [nəu'bɛl-] *n* Nobelpreis *m*.

nobility [nəu'bɪlɪtɪ] *n* Adel *m*; (*quality*) Edelmut *m*.

noble ['nəubl] *adj* edel, nobel; (*aristocratic*) ad(e)lig; (*impressive*) prächtig.

nobleman ['nəublmən] (*irreg: like* **man**) *n* Ad(e)lige(r) *f(m)*.

nobly ['nəublɪ] *adv* edel.

nobody ['nəubədɪ] *pron* niemand, keiner ♦ *n*: **he's a ~** er ist ein Niemand *m*.

no-claims bonus [nəu'kleɪmz-] *n* Schadenfreiheitsrabatt *m*.

nocturnal [nɔk'təːnl] *adj* nächtlich; (*animal*) Nacht-.

nod [nɔd] *vi* nicken; (*fig: flowers etc*) wippen
♦ *vt*: **to ~ one's head** mit dem Kopf nicken
♦ *n* Nicken *nt*; **they ~ded their agreement** sie nickten zustimmend.

▶ **nod off** *vi* einnicken.

no-fly zone [nəu'flaɪ-] *n* Sperrzone *f* für den Flugverkehr.

noise [nɔɪz] *n* Geräusch *nt*; (*din*) Lärm *m*.

noiseless ['nɔɪzlɪs] *adj* geräuschlos.

noisily ['nɔɪzɪlɪ] *adv* laut.

noisy ['nɔɪzɪ] *adj* laut.

nomad ['nəumæd] *n* Nomade *m*, Nomadin *f*.

nomadic [nəu'mædɪk] *adj* Nomaden-, nomadisch.

no-man's-land ['nəumænzlænd] *n* Niemandsland *nt*.

nominal ['nɔmɪnl] *adj* nominell.

nominate ['nɔmɪneɪt] *vt* nominieren; (*appoint*) ernennen.

nomination [nɔmɪ'neɪʃən] *n* Nominierung *f*;

(*appointment*) Ernennung f.

nominee [nɔmɪ'niː] n Kandidat(in) m(f).

non- [nɔn] pref nicht-, Nicht-.

non-alcoholic [nɔnælkə'hɔlɪk] adj alkoholfrei.

non-aligned [nɔnə'laɪnd] adj blockfrei.

non-breakable [nɔn'breɪkəbl] adj unzerbrechlich.

nonce word ['nɔns-] n Ad-hoc-Bildung f.

nonchalant ['nɔnʃələnt] adj lässig, nonchalant.

noncommissioned officer [nɔnkə'mɪʃənd-] n Unteroffizier m.

non-committal [nɔnkə'mɪtl] adj zurückhaltend; (*answer*) unverbindlich.

nonconformist [nɔnkən'fɔːmɪst] n Nonkonformist(in) m(f) ♦ adj nonkonformistisch.

non-cooperation ['nɔnkəuɔpə'reɪʃən] n unkooperative Haltung f.

nondescript ['nɔndɪskrɪpt] adj unauffällig; (*colour*) unbestimmbar.

none [nʌn] pron (*not one*) kein(e, er, es); (*not any*) nichts; ~ **of us** keiner von uns; **I've ~ left** (*not any*) ich habe nichts übrig; (*not one*) ich habe kein(e, en, es) übrig; ~ **at all** (*not any*) überhaupt nicht; (*not one*) überhaupt kein(e, er, es); **I was ~ the wiser** ich war auch nicht klüger; **she would have ~ of it** sie wollte nichts davon hören; **it was ~ other than X** es war kein anderer als X.

nonentity [nɔ'nentɪtɪ] n (*person*) Nichts nt, unbedeutende Figur f.

non-essential [nɔnɪ'senʃl] adj unnötig ♦ n: ~s nicht (lebens)notwendige Dinge pl.

nonetheless ['nʌnðə'les] adv nichtsdestoweniger, trotzdem.

nonevent [nɔnɪ'vent] n Reinfall m.

non-existent [nɔnɪg'zɪstənt] adj nicht vorhanden.

non-fiction [nɔn'fɪkʃən] n Sachbücher pl ♦ adj (*book*) Sach-; (*prize*) Sachbuch-.

non-flammable [nɔn'flæməbl] adj nicht entzündbar.

non-intervention ['nɔnɪntə'venʃən] n Nichteinmischung f, Nichteingreifen nt.

no-no ['nəunəu] n: **it's a ~** (*inf*) das kommt nicht infrage or in Frage.

non obst. abbr (= *non obstante*) dennoch.

no-nonsense [nəu'nɔnsəns] adj (*approach, look*) nüchtern.

non-payment [nɔn'peɪmənt] n Nichtzahlung f, Zahlungsverweigerung f.

nonplussed [nɔn'plʌst] adj verdutzt, verblüfft.

non-profit making ['nɔn'prɔfɪt-] adj (*organization*) gemeinnützig.

nonreturnable [nɔnrə'təːnəbl] adj: ~ **bottle** Einwegflasche f.

nonsense ['nɔnsəns] n Unsinn m; ~! Unsinn!, Quatsch!; **it is ~ to say that ...** es ist dummes Gerede zu sagen, dass ...; **to make (a) ~ of sth** etw ad absurdum führen.

nonsensical [nɔn'sensɪkl] adj (*idea, action etc*) unsinnig.

non-shrink [nɔn'ʃrɪŋk] (*BRIT*) adj nicht einlaufend.

non-smoker ['nɔn'sməukə*] n Nichtraucher(in) m(f).

nonstarter [nɔn'stɑːtə*] n (*fig*): **it's a ~** (*idea etc*) es hat keine Erfolgschance.

non-stick ['nɔn'stɪk] adj kunststoffbeschichtet, Teflon-®.

non-stop ['nɔn'stɔp] adj ununterbrochen; (*flight*) Nonstop-, Non-Stop- ♦ adv ununterbrochen; (*fly*) nonstop.

non-taxable [nɔn'tæksəbl] adj nichtsteuerpflichtig.

non-U [nɔn'juː] (*BRIT: inf*) adj abbr (= *non-upper class*) nicht vornehm.

non-white ['nɔn'waɪt] adj farbig ♦ n Farbige(r) f(m).

noodles ['nuːdlz] npl Nudeln pl.

nook [nuk] n: **every ~ and cranny** jeder Winkel.

noon [nuːn] n Mittag m.

no-one ['nəuwʌn] pron = **nobody**.

noose [nuːs] n Schlinge f.

nor [nɔː*] conj, adv = **neither**.

Norf (*BRIT*) abbr (*POST:* = *Norfolk*).

norm [nɔːm] n Norm f.

normal ['nɔːməl] adj normal ♦ n: **to return to ~** sich wieder normalisieren.

normality [nɔː'mælɪtɪ] n Normalität f.

normally ['nɔːməlɪ] adv normalerweise; (*act, behave*) normal.

Normandy ['nɔːməndɪ] n Normandie f.

north [nɔːθ] n Norden m ♦ adj nördlich, Nord- ♦ adv nach Norden; ~ **of** nördlich von.

North Africa n Nordafrika nt.

North African adj nordafrikanisch ♦ n Nordafrikaner(in) m(f).

North America n Nordamerika nt.

North American adj nordamerikanisch ♦ n Nordamerikaner(in) m(f).

Northants [nɔː'θænts] (*BRIT*) abbr (*POST:* = *Northamptonshire*).

northbound ['nɔːθbaund] adj in Richtung Norden; (*carriageway*) nach Norden (führend).

Northd (*BRIT*) abbr (*POST:* = *Northumberland*).

north-east [nɔːθ'iːst] n Nordosten m ♦ adj nordöstlich, Nordost- ♦ adv nach Nordosten; ~ **of** nordöstlich von.

northerly ['nɔːðəlɪ] adj nördlich.

northern ['nɔːðən] adj nördlich, Nord-.

Northern Ireland n Nordirland nt.

North Korea n Nordkorea nt.

North Pole n: **the ~** der Nordpol.

North Sea n: **the ~** die Nordsee f.

North Sea oil n Nordseeöl nt.

northward(s) ['nɔːθwəd(z)] adv nach Norden, nordwärts.

north-west [nɔːθ'west] n Nordwesten m ♦ adj nordwestlich, Nordwest- ♦ adv nach

Nordwesten; ~ **of** nordwestlich von.
Norway ['nɔːweɪ] n Norwegen nt.
Norwegian [nɔː'wiːdʒən] adj norwegisch ♦ n
Norweger(in) m(f); (LING) Norwegisch nt.
nos. abbr (= numbers) Nrn.
nose [nəuz] n Nase f; (of car) Schnauze f ♦ vi
(also: ~ **one's way**) sich schieben; **to follow
one's** ~ immer der Nase nach gehen; **to get
up one's** ~ (inf) auf die Nerven gehen +dat;
to have a (good) ~ **for sth** eine (gute) Nase
für etw haben; **to keep one's** ~ **clean** (inf)
eine saubere Weste behalten; **to look down
one's** ~ **at sb/sth** (inf) auf jdn/etw
herabsehen; **to pay through the** ~ **(for sth)**
(inf) (für etw) viel blechen; **to rub sb's** ~ **in
sth** (inf) jdm etw unter die Nase reiben; **to
turn one's** ~ **up at sth** (inf) die Nase über
etw acc rümpfen; **under sb's** ~ vor jds
Augen.
▶ **nose about** vi herumschnüffeln.
▶ **nose around** vi = nose about.
nosebleed ['nəuzbliːd] n Nasenbluten nt.
nose-dive ['nəuzdaɪv] n (of plane) Sturzflug m
♦ vi (plane) im Sturzflug herabgehen.
nose drops npl Nasentropfen pl.
nosey ['nəuzɪ] (inf) adj = nosy.
nostalgia [nɔs'tældʒɪə] n Nostalgie f.
nostalgic [nɔs'tældʒɪk] adj nostalgisch.
nostril ['nɔstrɪl] n Nasenloch nt; (of animal)
Nüster f.
nosy ['nəuzɪ] (inf) adj neugierig.

=============== KEYWORD

not [nɔt] adv nicht; **he is** ~ or **isn't here** er ist
nicht hier; **you must** ~ or **you mustn't do
that** das darfst du nicht tun; **it's too late,
isn't it?** es ist zu spät, nicht wahr?; ~ **that I
don't like him** nicht, dass ich ihn nicht mag;
~ **yet** noch nicht; ~ **now** nicht jetzt; see also
all, only.

notable ['nəutəbl] adj bemerkenswert.
notably ['nəutəblɪ] adv hauptsächlich;
(markedly) bemerkenswert.
notary ['nəutərɪ] n (also: ~ **public**) Notar(in)
m(f).
notation [nəu'teɪʃən] n Notation f; (MUS)
Notenschrift f.
notch [nɔtʃ] n Kerbe f; (in blade, saw) Scharte
f; (fig) Klasse f.
▶ **notch up** vt erzielen; (victory) erringen.
note [nəut] n Notiz f; (of lecturer) Manuskript
nt; (of student etc) Aufzeichnung f; (in book
etc) Anmerkung f; (letter) paar Zeilen pl;
(banknote) Note f, Schein m; (MUS: sound)
Ton m; (: symbol) Note f; (tone) Ton m, Klang
m ♦ vt beachten; (point out) anmerken; (also:
~ **down**) notieren; **of** ~ bedeutend; **to make
a** ~ **of sth** sich dat etw notieren; **to take** ~**s**
Notizen machen, mitschreiben; **to take** ~ **of
sth** etw zur Kenntnis nehmen.
notebook ['nəutbuk] n Notizbuch nt; (for

shorthand) Stenoblock m.
notecase ['nəutkeɪs] (BRIT) n Brieftasche f.
noted ['nəutɪd] adj bekannt.
notepad ['nəutpæd] n Notizblock m.
notepaper ['nəutpeɪpəʳ] n Briefpapier nt.
noteworthy ['nəutwəːðɪ] adj beachtenswert.
nothing ['nʌθɪŋ] n nichts; ~ **new/worse** etc
nichts Neues/Schlimmeres etc; ~ **much**
nicht viel; ~ **else** sonst nichts; **for** ~
umsonst; ~ **at all** überhaupt nichts.
notice ['nəutɪs] n Bekanntmachung f; (sign)
Schild nt; (warning) Ankündigung f;
(dismissal) Kündigung f; (BRIT: review) Kritik
f, Rezension f ♦ vt bemerken; **to bring sth to
sb's** ~ jdn auf etw acc aufmerksam machen;
to take no ~ **of** ignorieren, nicht beachten;
to escape sb's ~ jdm entgehen; **it has come
to my** ~ **that ...** es ist mir zu Ohren
gekommen, dass ...; **to give sb** ~ **of sth** jdm
von etw Bescheid geben; **without** ~ ohne
Ankündigung; **advance** ~ Vorankündigung
f; **at short/a moment's** ~ kurzfristig/
innerhalb kürzester Zeit; **until further** ~ bis
auf weiteres; **to hand in one's** ~ kündigen;
to be given one's ~ gekündigt werden +dat.
noticeable ['nəutɪsəbl] adj deutlich.
noticeboard ['nəutɪsbɔːd] (BRIT) n
Anschlagbrett nt.
notification [nəutɪfɪ'keɪʃən] n
Benachrichtigung f.
notify ['nəutɪfaɪ] vt: **to** ~ **sb (of sth)** jdn (von
etw) benachrichtigen.
notion ['nəuʃən] n Vorstellung f; **notions** (US)
npl (haberdashery) Kurzwaren pl.
notoriety [nəutə'raɪətɪ] n traurige
Berühmtheit f.
notorious [nəu'tɔːrɪəs] adj berüchtigt.
notoriously [nəu'tɔːrɪəslɪ] adv notorisch.
Notts [nɔts] (BRIT) abbr (POST:
= Nottinghamshire).
notwithstanding [nɔtwɪθ'stændɪŋ] adv
trotzdem ♦ prep trotz +dat.
nougat ['nuːgaː] n Nugat m, Nougat m.
nought [nɔːt] n Null f.
noun [naun] n Hauptwort nt, Substantiv nt.
nourish ['nʌrɪʃ] vt nähren.
nourishing ['nʌrɪʃɪŋ] adj nahrhaft.
nourishment ['nʌrɪʃmənt] n Nahrung f.
Nov. abbr (= November) Nov.
Nova Scotia ['nəuvə'skəuʃə] n Neuschottland
nt.
novel ['nɔvl] n Roman m ♦ adj neu(artig).
novelist ['nɔvəlɪst] n Romanschriftsteller(in)
m(f).
novelty ['nɔvəltɪ] n Neuheit f; (object)
Kleinigkeit f.
November [nəu'vɛmbəʳ] n November m; see
also **July.**
novice ['nɔvɪs] n Neuling m, Anfänger(in) m(f);
(REL) Novize m, Novizin f.
NOW [nau] (US) n abbr (= National Organization
for Women) Frauenvereinigung.

now [nau] adv jetzt; (these days) heute ♦ conj:
~ **(that)** jetzt, wo; **right** ~ gleich, sofort; **by**
~ inzwischen, mittlerweile; **that's the**
fashion just ~ das ist gerade modern; **I saw**
her just ~ ich habe sie gerade gesehen;
(every) ~ **and then, (every)** ~ **and again** ab
und zu, gelegentlich; **from** ~ **on** von nun an;
in 3 days from ~ (heute) in 3 Tagen;
between ~ **and Monday** bis Montag; **that's**
all for ~ das ist erst einmal alles; **any day** ~
jederzeit; ~ **then** also.

nowadays ['nauədeɪz] adv heute.

nowhere ['nəuwɛə'] adv (be) nirgends,
nirgendwo; (go) nirgendwohin; ~ **else**
nirgendwo anders.

no-win situation [nəu'wɪn-] n aussichtslose
Lage f.

noxious ['nɔkʃəs] adj (gas, fumes) schädlich;
(smell) übel.

nozzle ['nɔzl] n Düse f.

NP n abbr (LAW) = **notary public.**

NS (CANADA) abbr (= Nova Scotia).

NSC (US) n abbr = **National Security Council.**

NSF (US) n abbr (= National Science Foundation)
Organisation zur Förderung der
Wissenschaft.

NSPCC (BRIT) n abbr (= National Society for the
Prevention of Cruelty to Children)
Kinderschutzbund m.

NSW (AUSTRALIA) abbr (POST: = New South
Wales).

NT n abbr (BIBLE: = New Testament) NT.

nth [ɛnθ] (inf) adj: **to the** ~ **degree** in der n-ten
Potenz.

nuance ['njuːɑ̃ːns] n Nuance f.

nubile ['njuːbaɪl] adj gut entwickelt.

nuclear ['njuːklɪə'] adj (bomb, industry etc)
Atom-; ~ **physics** Kernphysik f; ~ **war**
Atomkrieg m.

nuclear disarmament n nukleare or
atomare Abrüstung f.

nuclear family n Kleinfamilie f, Kernfamilie
f.

nuclear-free zone ['njuːklɪə'friː-] n
atomwaffenfreie Zone f.

nuclei ['njuːklɪaɪ] npl of **nucleus.**

nucleus ['njuːklɪəs] (pl **nuclei**) n Kern m.

NUCPS (BRIT) n abbr (= National Union of Civil
and Public Servants) Gewerkschaft für
Beschäftigte im öffentlichen Dienst.

nude [njuːd] adj nackt ♦ n (ART) Akt m; **in the**
~ nackt.

nudge [nʌdʒ] vt anstoßen.

nudist ['njuːdɪst] n Nudist(in) m(f).

nudist colony n FKK-Kolonie f.

nudity ['njuːdɪtɪ] n Nacktheit f.

nugget ['nʌgɪt] n (of gold) Klumpen m; (fig: of
information) Brocken m.

nuisance ['njuːsns] n: **to be a** ~ lästig sein;
(situation) ärgerlich sein; **he's a** ~ er geht
einem auf die Nerven; **what a** ~! wie
ärgerlich/lästig!

NUJ (BRIT) n abbr (= National Union of
Journalists) Journalistengewerkschaft.

null [nʌl] adj: ~ **and void** null und nichtig.

nullify ['nʌlɪfaɪ] vt zunichte machen; (claim,
law) für null und nichtig erklären.

NUM (BRIT) n abbr (= National Union of
Mineworkers) Bergarbeitergewerkschaft.

numb [nʌm] adj taub, gefühllos; (fig: with fear
etc) wie betäubt ♦ vt taub or gefühllos
machen; (pain, fig: mind) betäuben.

number ['nʌmbə'] n Zahl f; (quantity) (An)zahl
f; (of house, bank account, bus etc) Nummer f
♦ vt (pages etc) nummerieren; (amount to)
zählen; **a** ~ **of** einige; **any** ~ **of** beliebig
viele; (reasons) alle möglichen; **wrong** ~
(TEL) falsch verbunden; **to be** ~**ed among**
zählen zu.

number plate (BRIT) n (AUT)
Nummernschild nt.

Number Ten (BRIT) n (POL: = 10 Downing
Street) Nummer zehn f (Downing Street).

numbness ['nʌmnɪs] n Taubheit f, Starre f;
(fig) Benommenheit f, Betäubung f.

numbskull ['nʌmskʌl] n = **numskull.**

numeral ['njuːmərəl] n Ziffer f.

numerate ['njuːmərɪt] (BRIT) adj: **to be** ~
rechnen können.

numerical [njuː'mɛrɪkl] adj numerisch.

numerous ['njuːmərəs] adj zahlreich.

numskull ['nʌmskʌl] (inf) n Holzkopf m.

nun [nʌn] n Nonne f.

nunnery ['nʌnərɪ] n (Nonnen)kloster nt.

nuptial ['nʌpʃəl] adj (feast, celebration)
Hochzeits-; ~ **bliss** Eheglück nt.

nurse [nəːs] n Krankenschwester f; (also:
~**maid**) Kindermädchen nt ♦ vt pflegen;
(cold, toothache etc) auskurieren; (baby)
stillen; (fig: desire, grudge) hegen.

nursery ['nəːsərɪ] n Kindergarten m; (room)
Kinderzimmer nt; (for plants) Gärtnerei f.

nursery rhyme n Kinderreim m.

nursery school n Kindergarten m.

nursery slope (BRIT) n (SKI) Anfängerhügel
m.

nursing ['nəːsɪŋ] n Krankenpflege f; (care)
Pflege f.

nursing home n Pflegeheim nt.

nursing mother n stillende Mutter f.

nurture ['nəːtʃə'] vt hegen und pflegen; (fig:
ideas, creativity) fördern.

NUS (BRIT) n abbr (= National Union of
Students) Studentengewerkschaft.

NUT (BRIT) n abbr (= National Union of
Teachers) Lehrergewerkschaft.

nut [nʌt] n (TECH) (Schrauben)mutter f; (BOT)
Nuss f; (inf: lunatic) Spinner(in) m(f).

nutcase ['nʌtkeɪs] (inf) n Spinner(in) m(f).

nutcrackers ['nʌtkrækəz] npl Nussknacker m.

nutmeg ['nʌtmɛg] n Muskat m, Muskatnuss f.

nutrient ['njuːtrɪənt] n Nährstoff m.

nutrition [njuː'trɪʃən] n Ernährung f;
(nourishment) Nahrung f.

nutritionist [njuːˈtrɪʃənɪst] n
Ernährungswissenschaftler(in) m(f).
nutritious [njuːˈtrɪʃəs] adj nahrhaft.
nuts [nʌts] (inf) adj verrückt; **he's** ~ er spinnt.
nutshell [ˈnʌtʃɛl] n Nussschale f; **in a** ~ (fig)
kurz gesagt.
nutty [ˈnʌtɪ] adj (flavour) Nuss-; (inf: idea etc)
bekloppt.
nuzzle [ˈnʌzl] vi: **to** ~ **up to** sich drücken or
schmiegen an +acc.
NV (US) abbr (POST: = Nevada).
NVQ n abbr (= National Vocational Qualification)
Qualifikation für berufsbegleitende
Ausbildungsinhalte.
NW abbr = **north-west**.
NY (US) abbr (POST: = New York).
nylon [ˈnaɪlɒn] n Nylon nt ♦ adj Nylon-; **nylons**
npl (stockings) Nylonstrümpfe pl.
nymph [nɪmf] n Nymphe f.
nymphomaniac [ˈnɪmfəʊˈmeɪnɪæk] n
Nymphomanin f.
NYSE (US) n abbr (= New York Stock Exchange)
New Yorker Börse.
NZ abbr = **New Zealand**.

O, o

O, o [əu] n (letter) O nt, o nt; (US: SCOL:
outstanding) ≈ Eins f; (TEL etc) Null f; ~ **for
Olive**, (US) ~ **for Oboe** ≈ O wie Otto.
oaf [əuf] n Trottel m.
oak [əuk] n (tree, wood) Eiche f ♦ adj (furniture,
door) Eichen-.
O & M n abbr (= organization and method)
Organisation und Arbeitsweise pl.
OAP (BRIT) n abbr = **old age pensioner**.
oar [ɔː] n Ruder nt; **to put** or **shove one's** ~ **in**
(inf, fig) mitmischen, sich einmischen.
oarsman [ˈɔːzmən] (irreg: like **man**) n Ruderer
m.
oarswoman [ˈɔːzwumən] (irreg: like **woman**) n
Ruderin f.
OAS n abbr (= Organization of American States)
OAS f.
oasis [əuˈeɪsɪs] (pl **oases**) n (lit, fig) Oase f.
oath [əuθ] n (promise) Eid m, Schwur m; (swear
word) Fluch m; **on** (BRIT) or **under** ~ unter
Eid; **to take the** ~ (LAW) vereidigt werden.
oatmeal [ˈəutmiːl] n Haferschrot m; (colour)
Hellbeige nt.
oats [əuts] npl Hafer m; **he's getting his** ~
(BRIT: inf, fig) er kommt im Bett auf seine
Kosten.
OAU n abbr (= Organization of African Unity)
OAU f.

obdurate [ˈɒbdjurɪt] adj unnachgiebig.
OBE (BRIT) n abbr (= Officer of (the order of) the
British Empire) britischer Ordenstitel.
obedience [əˈbiːdɪəns] n Gehorsam m; **in** ~ **to**
gemäß +dat.
obedient [əˈbiːdɪənt] adj gehorsam; **to be** ~ **to
sb** jdm gehorchen.
obelisk [ˈɒbɪlɪsk] n Obelisk m.
obese [əuˈbiːs] adj fettleibig.
obesity [əuˈbiːsɪtɪ] n Fettleibigkeit f.
obey [əˈbeɪ] vt (person) gehorchen +dat, folgen
+dat; (orders, law) befolgen ♦ vi gehorchen.
obituary [əˈbɪtjuərɪ] n Nachruf m.
object [n ˈɒbdʒɪkt, vi əbˈdʒɛkt] n (also LING)
Objekt nt; (aim, purpose) Ziel nt, Zweck m ♦ vi
dagegen sein; **to be an** ~ **of ridicule** (person)
sich lächerlich machen; (thing) lächerlich
wirken; **money is no** ~ Geld spielt keine
Rolle; **he** ~**ed that** ... er wandte ein, dass ...;
I ~! ich protestiere!; **do you** ~ **to my
smoking?** haben Sie etwas dagegen, wenn
ich rauche?
objection [əbˈdʒɛkʃən] n (argument) Einwand
m; **I have no** ~ **to** ... ich habe nichts
dagegen, dass ...; **if you have no** ~ wenn Sie
nichts dagegen haben; **to raise** or **voice an** ~
einen Einwand erheben or vorbringen.
objectionable [əbˈdʒɛkʃənəbl] adj (language,
conduct) anstößig; (person) unausstehlich.
objective [əbˈdʒɛktɪv] adj objektiv ♦ n Ziel nt.
objectively [əbˈdʒɛktɪvlɪ] adv objektiv.
objectivity [ɒbdʒɪkˈtɪvɪtɪ] n Objektivität f.
object lesson n: **an** ~ **in** ein Paradebeispiel
nt für.
objector [əbˈdʒɛktə] n Gegner(in) m(f).
obligation [ɒblɪˈgeɪʃən] n Pflicht f; **to be under
an** ~ **to do sth** verpflichtet sein, etw zu tun;
to be under an ~ **to sb** jdm verpflichtet
sein; "**no** ~ **to buy**" (COMM) „kein
Kaufzwang".
obligatory [əˈblɪgətərɪ] adj obligatorisch.
oblige [əˈblaɪdʒ] vt (compel) zwingen; (do a
favour for) einen Gefallen tun +dat; **I felt** ~**d
to invite him in** ich fühlte mich verpflichtet,
ihn hereinzubitten; **to be** ~**d to sb for sth**
(grateful) jdm für etw dankbar sein;
anything to ~! (inf) stets zu Diensten!
obliging [əˈblaɪdʒɪŋ] adj entgegenkommend.
oblique [əˈbliːk] adj (line, angle) schief;
(reference, compliment) indirekt, versteckt
♦ n (BRIT: also: ~ **stroke**) Schrägstrich m.
obliterate [əˈblɪtəreɪt] vt (village etc)
vernichten; (fig: memory, error) auslöschen.
oblivion [əˈblɪvɪən] n (unconsciousness)
Bewusstlosigkeit f; (being forgotten)
Vergessenheit f; **to sink into** ~ (event etc) in
Vergessenheit geraten.
oblivious [əˈblɪvɪəs] adj: **he was** ~ **of** or **to it** er
war sich dessen nicht bewusst.
oblong [ˈɒblɒŋ] adj rechteckig ♦ n Rechteck nt.
obnoxious [əbˈnɒkʃəs] adj widerwärtig,
widerlich.

o.b.o. (*US*) *abbr* (*in classified ads:* = *or best offer*) bzw. Höchstgebot.

oboe ['əʊbəʊ] *n* Oboe *f*.

obscene [əb'siːn] *adj* obszön; (*fig: wealth*) unanständig; (*income etc*) unverschämt.

obscenity [əb'sɛnɪtɪ] *n* Obszönität *f*.

obscure [əb'skjʊə°] *adj* (*little known*) unbekannt, obskur; (*difficult to understand*) unklar ♦ *vt* (*obstruct, conceal*) verdecken.

obscurity [əb'skjʊərɪtɪ] *n* (*of person, book*) Unbekanntheit *f*; (*of remark etc*) Unklarheit *f*.

obsequious [əb'siːkwɪəs] *adj* unterwürfig.

observable [əb'zɔːvəbl] *adj* wahrnehmbar; (*noticeable*) erkennbar.

observance [əb'zɔːvəns] *n* (*of law etc*) Befolgung *f*; **religious ~s** religiöse Feste *pl*.

observant [əb'zɔːvənt] *adj* aufmerksam.

observation [ɔbzə'veɪʃən] *n* (*remark*) Bemerkung *f*; (*act of observing, MED*) Beobachtung *f*; **she's in hospital under ~** sie ist zur Beobachtung im Krankenhaus.

observation post *n* Beobachtungsposten *m*.

observatory [əb'zɔːvətrɪ] *n* Observatorium *nt*.

observe [əb'zɔːv] *vt* (*watch*) beobachten; (*notice, comment*) bemerken; (*abide by: rule etc*) einhalten.

observer [əb'zɔːvə°] *n* Beobachter(in) *m(f)*.

obsess [əb'sɛs] *vt* verfolgen; **to be ~ed by** *or* **with sb/sth** von jdm/etw besessen sein.

obsession [əb'sɛʃən] *n* Besessenheit *f*.

obsessive [əb'sɛsɪv] *adj* (*person*) zwanghaft; (*interest, hatred, tidiness*) krankhaft; **to be ~ about cleaning/tidying up** einen Putz-/Ordnungsfimmel haben (*inf*).

obsolescence [ɔbsə'lɛsns] *n* Veralten *nt*; **built-in** *or* **planned ~** (*COMM*) geplanter Verschleiß *m*.

obsolete ['ɔbsəliːt] *adj* veraltet.

obstacle ['ɔbstəkl] *n* (*lit, fig*) Hindernis *nt*.

obstacle race *n* Hindernisrennen *nt*.

obstetrician [ɔbstə'trɪʃən] *n* Geburtshelfer(in) *m(f)*.

obstetrics [əb'stɛtrɪks] *n* Geburtshilfe *f*.

obstinacy ['ɔbstɪnəsɪ] *n* (*of person*) Starrsinn *m*.

obstinate ['ɔbstɪnɪt] *adj* (*person*) starrsinnig, stur; (*refusal, cough etc*) hartnäckig.

obstruct [əb'strʌkt] *vt* (*road, path*) blockieren; (*traffic, fig*) behindern.

obstruction [əb'strʌkʃən] *n* (*object*) Hindernis *nt*; (*of plan, law*) Behinderung *f*.

obstructive [əb'strʌktɪv] *adj* hinderlich, obstruktiv (*esp POL*); **she's being ~** sie macht Schwierigkeiten.

obtain [əb'teɪn] *vt* erhalten, bekommen ♦ *vi* (*form: exist, be the case*) gelten.

obtainable [əb'teɪnəbl] *adj* erhältlich.

obtrusive [əb'truːsɪv] *adj* aufdringlich; (*conspicuous*) auffällig.

obtuse [əb'tjuːs] *adj* (*person, remark*) einfältig; (*MATH*) stumpf.

obverse ['ɔbvɔːs] *n* (*of situation, argument*) Kehrseite *f*.

obviate ['ɔbvɪeɪt] *vt* (*need, problem etc*) vorbeugen +*dat*.

obvious ['ɔbvɪəs] *adj* offensichtlich; (*lie*) klar; (*predictable*) nahe liegend.

obviously ['ɔbvɪəslɪ] *adv* (*clearly*) offensichtlich; (*of course*) natürlich; **~!** selbstverständlich!; **~ not** offensichtlich nicht; **he was ~ not drunk** er war natürlich nicht betrunken; **he was not ~ drunk** offenbar war er nicht betrunken.

OCAS *n abbr* (= *Organization of Central American States*) *mittelamerikanischer Staatenbund*.

occasion [ə'keɪʒən] *n* Gelegenheit *f*; (*celebration etc*) Ereignis *nt* ♦ *vt* (*form: cause*) verursachen; **on ~** (*sometimes*) gelegentlich; **on that ~** bei der Gelegenheit; **to rise to the ~** sich der Lage gewachsen zeigen.

occasional [ə'keɪʒənl] *adj* gelegentlich; **he likes the ~ cigar** er raucht gelegentlich gern eine Zigarre.

occasionally [ə'keɪʒənəlɪ] *adv* gelegentlich; **very ~** sehr selten.

occasional table *n* Beistelltisch *m*.

occult [ɔ'kʌlt] *n*: **the ~** der Okkultismus ♦ *adj* okkult.

occupancy ['ɔkjʊpənsɪ] *n* (*of room etc*) Bewohnen *nt*.

occupant ['ɔkjʊpənt] *n* (*of house etc*) Bewohner(in) *m(f)*; (*temporary: of car*) Insasse *m*, Insassin *f*; **the ~ of this table/office** derjenige, der an diesem Tisch sitzt/in diesem Büro arbeitet.

occupation [ɔkjʊ'peɪʃən] *n* (*job*) Beruf *m*; (*pastime*) Beschäftigung *f*; (*of building, country etc*) Besetzung *f*.

occupational guidance [ɔkjʊ'peɪʃənl-] (*BRIT*) *n* Berufsberatung *f*.

occupational hazard *n* Berufsrisiko *nt*.

occupational pension scheme *n* betriebliche Altersversorgung *f*.

occupational therapy *n* Beschäftigungstherapie *f*.

occupier ['ɔkjʊpaɪə°] *n* Bewohner(in) *m(f)*.

occupy ['ɔkjʊpaɪ] *vt* (*house, office*) bewohnen; (*place etc*) belegen; (*building, country etc*) besetzen; (*time, attention*) beanspruchen; (*position, space*) einnehmen; **to ~ o.s. (in** *or* **with sth)** sich (mit etw) beschäftigen; **to ~ o.s. in** *or* **with doing sth** sich damit beschäftigen, etw zu tun; **to be occupied in** *or* **with sth** mit etw beschäftigt sein; **to be occupied in** *or* **with doing sth** damit beschäftigt sein, etw zu tun.

occur [ə'kɔː°] *vi* (*take place*) geschehen, sich ereignen; (*exist*) vorkommen; **to ~ to sb** jdm einfallen.

occurrence [ə'kʌrəns] *n* (*event*) Ereignis *nt*; (*incidence*) Auftreten *nt*.

ocean ['əʊʃən] *n* Ozean *m*, Meer *nt*; **~s of** (*inf*) jede Menge.

ocean bed *n* Meeresgrund *m*.
ocean-going ['əʊʃəngəʊɪŋ] *adj* (*ship, vessel*) Hochsee-.
Oceania [əʊʃɪ'eɪnɪə] *n* Ozeanien *nt*.
ocean liner *n* Ozeandampfer *m*.
ochre, (*US*) **ocher** ['əʊkə*] *adj* ockerfarben.
o'clock [ə'klɔk] *adv*: **it is 5** ~ es ist 5 Uhr.
OCR *n abbr* (*COMPUT*) = **optical character reader; optical character recogniton.**
Oct. *abbr* (= *October*) Okt.
octagonal [ɔk'tægənl] *adj* achteckig.
octane ['ɔkteɪn] *n* Oktan *nt*; **high-**~ **petrol** *or* (*US*) **gas** Benzin *nt* mit hoher Oktanzahl.
octave ['ɔktɪv] *n* Oktave *f*.
October [ɔk'təʊbə*] *n* Oktober *m*; *see also* **July**.
octogenarian ['ɔktəʊdʒɪ'nɛərɪən] *n* Achtzigjährige(r) *f(m)*.
octopus ['ɔktəpəs] *n* Tintenfisch *m*.
odd [ɔd] *adj* (*person*) sonderbar, komisch; (*behaviour, shape*) seltsam; (*number*) ungerade; (*sock, shoe etc*) einzeln; (*occasional*) gelegentlich; **60-**~ etwa 60; **at** ~ **times** ab und zu; **to be the** ~ **one out** der Außenseiter/die Außenseiterin sein; **add meat or the** ~ **vegetable to the soup** fügen Sie der Suppe Fleisch oder auch etwas Gemüse bei.
oddball ['ɔdbɔ:l] (*inf*) *n* komischer Kauz *m*.
oddity ['ɔdɪtɪ] *n* (*person*) Sonderling *m*; (*thing*) Merkwürdigkeit *f*.
odd-job man [ɔd'dʒɔb-] *n* Mädchen *nt* für alles.
odd jobs *npl* Gelegenheitsarbeiten *pl*.
oddly ['ɔdlɪ] *adv* (*behave, dress*) seltsam; *see also* **enough**.
oddments ['ɔdmənts] *npl* (*COMM*) Restposten *m*.
odds [ɔdz] *npl* (*in betting*) Gewinnquote *f*; (*fig*) Chancen *pl*; **the** ~ **are in favour of/against his coming** es sieht so aus, als ob er kommt/nicht kommt; **to succeed against all the** ~ allen Erwartungen zum Trotz erfolgreich sein; **it makes no** ~ es spielt keine Rolle; **to be at** ~ (**with**) (*in disagreement*) uneinig sein (mit); (*at variance*) sich nicht vertragen (mit).
odds and ends *npl* Kleinigkeiten *pl*.
odds-on [ɔdz'ɔn] *adj*: **the** ~ **favourite** der klare Favorit ♦ *adv*: **it's** ~ **that she'll win** es ist so gut wie sicher, dass sie gewinnt.
ode [əʊd] *n* Ode *f*.
odious ['əʊdɪəs] *adj* widerwärtig.
odometer [ɔ'dɔmɪtə*] (*US*) *n* Tacho(meter) *m*.
odor *etc* (*US*) = **odour** *etc*.
odour, (*US*) **odor** ['əʊdə*] *n* Geruch *m*.
odourless ['əʊdəlɪs] *adj* geruchlos.
OECD *n abbr* (= *Organization for Economic Cooperation and Development*) OECD *f*.
oesophagus, (*US*) **esophagus** [i:'sɔfəgəs] *n* Speiseröhre *f*.
oestrogen, (*US*) **estrogen** ['i:strəʊdʒən] *n* Östrogen *nt*.

KEYWORD

of [ɔv] *prep* **1** von; **the history** ~ **Germany** die Geschichte Deutschlands; **a friend** ~ **ours** ein Freund von uns; **a boy** ~ **ten** ein Junge von zehn Jahren, ein zehnjähriger Junge; **that was kind** ~ **you** das war nett von Ihnen; **the city** ~ **New York** die Stadt New York.
2 (*expressing quantity, amount, dates etc*): **a kilo** ~ **flour** ein Kilo Mehl; **how much** ~ **this do you need?** wie viel brauchen Sie davon?; **3** ~ **them** (*people*) 3 von ihnen; (*objects*) 3 davon; **a cup** ~ **tea** eine Tasse Tee; **a vase** ~ **flowers** eine Vase mit Blumen; **the 5th** ~ **July** der 5. Juli.
3 (*from, out of*) aus; **a bracelet** ~ **solid gold** ein Armband aus massivem Gold; **made** ~ **wood** aus Holz (gemacht).

Ofcom ['ɒfkɒm] (*BRIT*) *n abbr* (= *Office of Communications Regulation*) *Regulierungsbehörde für die Kommunikationsindustrie.*

KEYWORD

off [ɔf] *adv* **1** (*referring to distance, time*): **it's a long way** ~ es ist sehr weit weg; **the game is 3 days** ~ es sind noch 3 Tage bis zum Spiel.
2 (*departure*): **to go** ~ **to Paris/Italy** nach Paris/Italien fahren; **I must be** ~ ich muss gehen.
3 (*removal*): **to take** ~ **one's coat/clothes** seinen Mantel/sich ausziehen; **the button came** ~ der Knopf ging ab; **10 %** ~ (*COMM*) 10% Nachlass.
4: **to be** ~ (*on holiday*) im Urlaub sein; (*due to sickness*) krank sein; **I'm** ~ **on Fridays** freitags habe ich frei; **he was** ~ **on Friday** Freitag war er nicht da; **to have a day** ~ (*from work*) einen Tag freihaben; **to be** ~ **sick** wegen Krankheit fehlen
♦ *adj* **1** (*not turned on: machine, light, engine etc*) aus; (: *water, gas*) abgedreht; (: *tap*) zu.
2: **to be** ~ (*meeting, match*) ausfallen; (*agreement*) nicht mehr gelten.
3 (*BRIT: not fresh*) verdorben, schlecht.
4: **on the** ~ **chance that ...** für den Fall, dass ...; **to have an** ~ **day** (*not as good as usual*) nicht in Form sein; **to be badly** ~ sich schlecht stehen
♦ *prep* **1** (*indicating motion, removal etc*) von +*dat*; **to fall** ~ **a cliff** von einer Klippe fallen; **to take a picture** ~ **the wall** ein Bild von der Wand nehmen.
2 (*distant from*): **5 km** ~ **the main road** 5 km von der Hauptstraße entfernt; **an island** ~ **the coast** eine Insel vor der Küste.
3: **I'm** ~ **meat/beer** (*no longer eat/drink it*) ich esse kein Fleisch/trinke kein Bier mehr; (*no longer like it*) ich kann kein Fleisch/Bier *etc* mehr sehen.

offal ['ɔfl] *n* (*CULIN*) Innereien *pl*.

off-beat ['ɔfbiːt] *adj* ausgefallen.

off-centre, *(US)* **off-center** [ɔf'sɛntəʳ] *adj* nicht genau in der Mitte, links/rechts von der Mitte ♦ *adv* asymmetrisch.

off-colour ['ɔf'kʌləʳ] *(BRIT) adj (ill)* unpässlich; **to feel** ~ sich unwohl fühlen.

offence, *(US)* **offense** [ə'fɛns] *n (crime)* Vergehen *nt*; *(insult)* Beleidigung *f*, Kränkung *f*; **to commit an** ~ eine Straftat begehen; **to take** ~ **(at)** Anstoß nehmen (an *+dat*); **to give** ~ **(to)** Anstoß erregen (bei); "**no** ~" „nichts für ungut".

offend [ə'fɛnd] *vt (upset)* kränken; **to** ~ **against** *(law, rule)* verstoßen gegen.

offender [ə'fɛndəʳ] *n* Straftäter(in) *m(f)*.

offending [ə'fɛndɪŋ] *adj (item etc)* Anstoß erregend.

offense [ə'fɛns] *(US) n* = **offence**.

offensive [ə'fɛnsɪv] *adj (remark, behaviour)* verletzend; *(smell etc)* übel; *(weapon)* Angriffs- ♦ *n (MIL)* Offensive *f*.

offer ['ɔfəʳ] *n* Angebot *nt* ♦ *vt* anbieten; *(money, opportunity, service)* bieten; *(reward)* aussetzen; **to make an** ~ **for sth** ein Angebot für etw machen; **on** ~ *(COMM: available)* erhältlich; *(: cheaper)* im Angebot; **to** ~ **sth to sb** jdm etw anbieten; **to** ~ **to do sth** anbieten, etw zu tun.

offering ['ɔfərɪŋ] *n* Darbietung *f*; *(REL)* Opfergabe *f*.

off-hand [ɔf'hænd] *adj (casual)* lässig; *(impolite)* kurz angebunden ♦ *adv* auf Anhieb; **I can't tell you** ~ das kann ich Ihnen auf Anhieb nicht sagen.

office ['ɔfɪs] *n* Büro *nt*; *(position)* Amt *nt*; **doctor's** ~ *(US)* Praxis *f*; **to take** ~ das Amt antreten; **in** ~ *(minister etc)* im Amt; **through his good** ~**s** durch seine guten Dienste; **O**~ **of Fair Trading** *(BRIT)* Behörde *f* gegen unlauteren Wettbewerb.

office block, *(US)* **office building** *n* Bürogebäude *nt*.

office boy *n* Bürogehilfe *m*.

office holder *n* Amtsinhaber(in) *m(f)*.

office hours *npl (COMM)* Bürostunden *pl*; *(US: MED)* Sprechstunde *f*.

office manager *n* Büroleiter(in) *m(f)*.

officer ['ɔfɪsəʳ] *n (MIL etc)* Offizier *m*; *(also:* **police** ~*)* Polizeibeamte(r) *m*, Polizeibeamtin *f*; *(of organization)* Funktionär *m*.

office work *n* Büroarbeit *f*.

office worker *n* Büroangestellte(r) *f(m)*.

official [ə'fɪʃl] *adj* offiziell ♦ *n (in government)* Beamte(r) *m*, Beamtin *f*; *(in trade union etc)* Funktionär *m*.

officialdom [ə'fɪʃldəm] *(pej) n* Bürokratie *f*.

officially [ə'fɪʃəlɪ] *adv* offiziell.

official receiver *n* Konkursverwalter *m*.

officiate [ə'fɪʃɪeɪt] *vi* amtieren; **to** ~ **at a marriage** eine Trauung vornehmen.

officious [ə'fɪʃəs] *adj* übereifrig.

offing ['ɔfɪŋ] *n*: **in the** ~ in Sicht.

off-key [ɔf'kiː] *adj (MUS: sing, play)* falsch; *(instrument)* verstimmt.

off-licence ['ɔflaɪsns] *(BRIT) n* ≈ Wein- und Spirituosenhandlung *f*.

OFF-LICENCE

Off-licence *ist ein Geschäft (oder eine Theke in einer Gaststätte), wo man alkoholische Getränke kaufen kann, die aber anderswo konsumiert werden müssen. In solchen Geschäften, die oft von landesweiten Ketten betrieben werden, kann man auch andere Getränke, Süßigkeiten, Zigaretten und Knabbereien kaufen.*

---

off-limits [ɔf'lɪmɪts] *adj* verboten.

off-line [ɔf'laɪn] *(COMPUT) adj* Offline- ♦ *adv* offline; *(switched off)* abgetrennt.

off-load ['ɔfləʊd] *vt* abladen.

off-peak ['ɔf'piːk] *adj (heating)* Nachtspeicher-; *(electricity)* Nacht-; *(train)* außerhalb der Stoßzeit; ~ **ticket** Fahrkarte *f* zur Fahrt außerhalb der Stoßzeit.

off-putting ['ɔfpʊtɪŋ] *(BRIT) adj (remark, behaviour)* abstoßend.

off-season ['ɔf'siːzn] *adj, adv* außerhalb der Saison.

offset ['ɔfsɛt] *(irreg: like* **set***) vt (counteract)* ausgleichen.

offshoot ['ɔfʃuːt] *n (BOT, fig)* Ableger *m*.

offshore [ɔf'ʃɔːʳ] *adj (breeze)* ablandig; *(oil rig, fishing)* küstennah.

offside ['ɔf'saɪd] *adj (SPORT)* im Abseits; *(AUT: when driving on left)* rechtsseitig; *(: when driving on right)* linksseitig ♦ *n*: **the** ~ *(AUT: when driving on left)* die rechte Seite; *(: when driving on right)* die linke Seite.

offspring ['ɔfsprɪŋ] *n inv* Nachwuchs *m*.

offstage [ɔf'steɪdʒ] *adv* hinter den Kulissen.

off-the-cuff [ɔfðə'kʌf] *adj (remark)* aus dem Stegreif.

off-the-job ['ɔfðə'dʒɔb] *adj*: ~ **training** außerbetriebliche Weiterbildung *f*.

off-the-peg ['ɔfðə'pɛg], *(US)* **off-the-rack** ['ɔfðə'ræk] *adv* von der Stange.

off-the-record ['ɔfðə'rɛkɔːd] *adj (conversation, briefing)* inoffiziell; **that's strictly** ~ das ist ganz im Vertrauen.

off-white ['ɔfwaɪt] *adj* gebrochen weiß.

Ofgas ['ɔfgæs] *n Überwachungsgremium zum Verbraucherschutz nach Privatisierung der Gasindustrie.*

Oftel ['ɔftɛl] *n Überwachungsgremium zum Verbraucherschutz nach Privatisierung der Telekommunikationsindustrie.*

often ['ɔfn] *adv* oft; **how** ~**?** wie oft?; **more** ~ **than not** meistens; **as** ~ **as not** ziemlich oft; **every so** ~ ab und zu.

Ofwat ['ɔfwɔt] *n Überwachungsgremium zum Verbraucherschutz nach Privatisierung der Wasserindustrie.*

ogle ['əʊgl] *vt* schielen nach, begaffen *(pej)*.

ogre ['əugə*] n (monster) Menschenfresser m.
OH (US) abbr (POST: = Ohio).
oh [əu] excl oh.
ohm [əum] n Ohm nt.
OHMS (BRIT) abbr (= On His/Her Majesty's Service) Aufdruck auf amtlichen Postsendungen.
oil [ɔɪl] n Öl nt; (petroleum) (Erd)öl nt ♦ vt ölen.
oilcan ['ɔɪlkæn] n Ölkanne f.
oil change n Ölwechsel m.
oilcloth ['ɔɪlklɒθ] n Wachstuch nt.
oilfield ['ɔɪfiːld] n Ölfeld nt.
oil filter n Ölfilter m.
oil-fired ['ɔɪlfaɪəd] adj (boiler, central heating) Öl-.
oil gauge n Ölstandsmesser m.
oil painting n Ölgemälde nt.
oil refinery n Ölraffinerie f.
oil rig n Ölförderturm m; (at sea) Bohrinsel f.
oilskins ['ɔɪlskɪnz] npl Ölzeug nt.
oil slick n Ölteppich m.
oil tanker n (ship) (Öl)tanker m; (truck) Tankwagen m.
oil well n Ölquelle f.
oily ['ɔɪlɪ] adj (substance) ölig; (rag) öldurchtränkt; (food) fettig.
ointment ['ɔɪntmənt] n Salbe f.
OK (US) abbr (POST: = Oklahoma).
O.K. ['əu'keɪ] (inf) excl okay; (granted) gut ♦ adj (average) einigermaßen; (acceptable) in Ordnung ♦ vt genehmigen ♦ n: **to give sb/sth the ~** jdm/etw seine Zustimmung geben; **is it ~?** ist es in Ordnung?; **are you ~?** bist du in Ordnung?; **are you ~ for money?** hast du (noch) genug Geld?; **it's ~ with** or **by me** mir ist es recht.
okay ['əu'keɪ] excl = **O.K.**
Okla. (US) abbr (POST: = Oklahoma).
old [əuld] adj alt; **how ~ are you?** wie alt bist du?; **he's 10 years ~** er ist 10 Jahre alt; **~er brother** ältere(r) Bruder m; **any ~ thing will do for him** ihm ist alles recht.
old age n Alter nt.
old age pension n Rente f.
old age pensioner (BRIT) n Rentner(in) m(f).
old-fashioned ['əuld'fæʃnd] adj altmodisch.
old hand n alter Hase m.
old hat adj: **to be ~** ein alter Hut sein.
old maid n alte Jungfer f.
old people's home n Altersheim nt.
old-style ['əuldstaɪl] adj im alten Stil.
old-time dancing ['əuldtaɪm-] n Tänze pl im alten Stil.
old-timer [əuld'taɪmə*] (esp US) n Veteran m.
old wives' tale n Ammenmärchen nt.
oleander [əulɪ'ændə*] n Oleander m.
O level (BRIT) n (formerly) ≈ Abschluss m der Sekundarstufe 1, mittlere Reife f.
olive ['ɒlɪv] n Olive f; (tree) Olivenbaum m ♦ adj (also: **~-green**) olivgrün; **to offer an ~ branch to sb** (fig) jdm ein Friedensangebot machen.
olive oil n Olivenöl nt.

Olympic [əu'lɪmpɪk] adj olympisch.
Olympic Games npl: **the ~** (also: **the Olympics**) die Olympischen Spiele pl.
OM (BRIT) n abbr (= Order of Merit) britischer Verdienstorden.
Oman [əu'mɑːn] n Oman nt.
OMB (US) n abbr (= Office of Management and Budget) Regierungsbehörde für Verwaltung und Etat.
ombudsman ['ɒmbudzmən] n Ombudsmann m.
omelette, (US) **omelet** ['ɒmlɪt] n Omelett nt; **ham/cheese omelet(te)** Schinken-/Käseomelett nt.
omen ['əumən] n Omen nt.
ominous ['ɒmɪnəs] adj (silence, warning) ominös; (clouds, smoke) bedrohlich.
omission [əu'mɪʃən] n (thing omitted) Auslassung f; (act of omitting) Auslassen nt.
omit [əu'mɪt] vt (deliberately) unterlassen; (by mistake) auslassen ♦ vi: **to ~ to do sth** es unterlassen, etw zu tun.
omnivorous [ɒm'nɪvrəs] adj: **to be ~** Allesfresser sein.
ON (CANADA) abbr (= Ontario).

═══════════════════════════════ *KEYWORD*

on [ɒn] prep **1** (indicating position) auf +dat; (with vb of motion) auf +acc; **it's ~ the table** es ist auf dem Tisch; **she put the book ~ the table** sie legte das Buch auf den Tisch; **~ the left** links; **~ the right** rechts; **the house is ~ the main road** das Haus liegt an der Hauptstraße.
2 (indicating means, method, condition etc) **~ foot** (go, be) zu Fuß; **to be ~ the train/plane** im Zug/Flugzeug sein; **to go ~ the train/plane** mit dem Zug/Flugzeug reisen; **(to be wanted) ~ the telephone** am Telefon (verlangt werden); **~ the radio/television** im Radio/Fernsehen; **to be ~ drugs** Drogen nehmen; **to be ~ holiday** im Urlaub sein; **I'm here ~ business** ich bin geschäftlich hier.
3 (referring to time): **~ Friday** am Freitag; **~ Fridays** freitags; **~ June 20th** am 20. Juni; **~ Friday, June 20th** am Freitag, dem 20. Juni; **a week ~ Friday** Freitag in einer Woche; **~ (his) arrival he** went straight to his hotel bei seiner Ankunft ging er direkt in sein Hotel; **~ seeing this he ...** als er das sah, ... er ...
4 (about, concerning) über +acc; **a book ~ physics** ein Buch über Physik
♦ adv **1** (referring to dress): **to have one's coat ~** seinen Mantel anhaben; **what's she got ~?** was hat sie an?
2 (referring to covering) **screw the lid ~ tightly** dreh den Deckel fest zu.
3 (further, continuously): **to walk/drive/read ~** weitergehen/-fahren/-lesen
♦ adj **1** (functioning, in operation: machine, radio, TV, light) an; (: tap) auf; (: handbrake)

angezogen; **there's a good film** ~ **at the cinema** im Kino läuft ein guter Film. **2: that's not** ~! (*inf: of behaviour*) das ist nicht drin!

ONC (*BRIT*) *n abbr* (= *Ordinary National Certificate*) höherer Schulabschluss.

once [wʌns] *adv* (*on one occasion*) einmal; (*formerly*) früher; (*a long time ago*) früher einmal ♦ *conj* (*as soon as*) sobald; **at** ~ (*immediately*) sofort; (*simultaneously*) gleichzeitig; ~ **a week** einmal pro Woche; ~ **more** *or* **again** noch einmal; ~ **and for all** ein für alle Mal; ~ **upon a time** es war einmal; ~ **in a while** ab und zu; **all at** ~ (*suddenly*) plötzlich; **for** ~ ausnahmsweise (einmal); ~ **or twice** ein paar Mal; ~ **he had left** sobald er gegangen war; ~ **it was done** nachdem es getan war.

oncoming ['ɔnkʌmɪŋ] *adj* (*traffic etc*) entgegenkommend; (*danger*) nahend, drohend.

OND (*BRIT*) *n abbr* (= *Ordinary National Diploma*) technisches Diplom.

========================= *KEYWORD*

one [wʌn] *num* ein(e); (*counting*) eins; ~ **hundred and fifty** (ein)hundert(und)fünfzig; ~ **day there was a sudden knock at the door** eines Tages klopfte es plötzlich an der Tür; ~ **by** ~ einzeln
♦ *adj* **1** (*sole*) einzige(r, s); **the** ~ **book which ...** das einzige Buch, das ... **2** (*same*): **they came in the** ~ **car** sie kamen in demselben Wagen; **they all belong to the** ~ **family** sie alle gehören zu ein und derselben Familie
♦ *pron* **1**: **this** ~ diese(r, s); **that** ~ der/die/das (da); **which** ~? welcher/welche/welches?; **he is** ~ **of us** er ist einer von uns; **I've already got** ~/**a red** ~ ich habe schon eins/ein rotes. **2**: ~ **another** einander; **do you two ever see** ~ **another?** seht ihr zwei euch jemals? **3** (*impersonal*) man; ~ **never knows** man weiß nie; **to cut** ~**'s finger** sich *dat* in den Finger schneiden.

one-day excursion ['wʌndeɪ-] (*US*) *n* (*day return*) Tagesrückfahrkarte *f*.

one-man ['wʌn'mæn] *adj* (*business, show*) Einmann-.

one-man band *n* Einmannkapelle *f*.

one-off [wʌn'ɔf] (*BRIT: inf*) *n* einmaliges Ereignis *nt*.

one-parent family ['wʌnpɛərənt-] *n* Familie *f* mit nur einem Elternteil, Einelternteilfamilie *nt*.

one-piece ['wʌnpiːs] *adj*: ~ **swimsuit** einteiliger Badeanzug *m*.

onerous ['ɔnərəs] *adj* (*duty etc*) schwer.

========================= *KEYWORD*

oneself [wʌn'sɛlf] *pron* (*reflexive: after prep*) sich; (*emphatic*) selbst; **to hurt** ~ sich *dat* wehtun; **to keep sth for** ~ etw für sich behalten; **to talk to** ~ Selbstgespräche führen.

one-shot ['wʌnʃɔt] (*US*) *n* = **one-off**.
one-sided [wʌn'saɪdɪd] *adj* einseitig.
one-time ['wʌntaɪm] *adj* ehemalig.
one-to-one ['wʌntəwʌn] *adj* (*relationship, tuition*) Einzel-.
one-upmanship [wʌn'ʌpmənʃɪp] *n*: **the art of** ~ die Kunst, anderen um einen Schritt voraus zu sein.
one-way ['wʌnweɪ] *adj* (*street, traffic*) Einbahn-; (*ticket*) Einzel-.
ongoing ['ɔngəʊɪŋ] *adj* (*project*) laufend; (*situation etc*) andauernd.
onion ['ʌnjən] *n* Zwiebel *f*.
on-line ['ɔnlaɪn] (*COMPUT*) *adj* (*printer, database*) Online-; (*switched on*) gekoppelt ♦ *adv* online.
onlooker ['ɔnlʊkə*] *n* Zuschauer(in) *m(f)*.
only ['əʊnlɪ] *adv* nur ♦ *adj* einzige(r, s) ♦ *conj* nur, bloß; I ~ **took one** ich nahm nur eins; I **saw her** ~ **yesterday** ich habe sie erst gestern gesehen; **I'd be** ~ **too pleased to help** ich würde allzu gern helfen; **not** ~ ... **but (also)** ... nicht nur ..., sondern auch ...; **an** ~ **child** ein Einzelkind *nt*; **I would come,** ~ **I'm too busy** ich würde kommen, wenn ich nicht so viel zu tun hätte.
ono (*BRIT*) *abbr* (*in classified ads*: = *or near(est) offer*) *see* **near**.
onset ['ɔnsɛt] *n* Beginn *m*.
onshore ['ɔnʃɔː*] *adj* (*wind*) auflandig, See-.
onslaught ['ɔnslɔːt] *n* Attacke *f*.
on-the-job ['ɔnðə'dʒɔb] *adj*: ~ **training** Ausbildung *f* am Arbeitsplatz.
onto ['ɔntu] *prep* = **on to**.
onus ['əʊnəs] *n* Last *f*, Pflicht *f*; **the** ~ **is on him to prove it** er trägt die Beweislast.
onward(s) ['ɔnwəd(z)] *adv* weiter; **from that time** ~ von der Zeit an ♦ *adj* fortschreitend.
onyx ['ɔnɪks] *n* Onyx *m*.
ooze [uːz] *vi* (*mud, water etc*) triefen.
opacity [əʊ'pæsɪtɪ] *n* (*of substance*) Undurchsichtigkeit *f*.
opal ['əʊpl] *n* Opal *m*.
opaque [əʊ'peɪk] *adj* (*substance*) undurchsichtig, trüb.
OPEC ['əʊpɛk] *n abbr* (= *Organization of Petroleum-Exporting Countries*) OPEC *f*.
open ['əʊpn] *adj* offen; (*packet, shop, museum*) geöffnet; (*view*) frei; (*meeting, debate*) öffentlich; (*ticket, return*) unbeschränkt; (*vacancy*) verfügbar ♦ *vt* öffnen, aufmachen; (*book, paper etc*) aufschlagen; (*account*) eröffnen; (*blocked road*) frei machen ♦ *vi* (*door, eyes, mouth*) sich öffnen; (*shop, bank*)

etc) aufmachen; (commence) beginnen; (film, play) Premiere haben; (flower) aufgehen; **in the ~ (air)** im Freien; **the ~ sea** das offene Meer; **to have an ~ mind on sth** etw dat aufgeschlossen gegenüberstehen; **to be ~ to** (ideas etc) offen sein für; **to be ~ to criticism** der Kritik ausgesetzt sein; **to be ~ to the public** für die Öffentlichkeit zugänglich sein; **to ~ one's mouth** (speak) den Mund aufmachen.

▶ **open on to** vt fus (room, door) führen auf +acc.

▶ **open up** vi (unlock) aufmachen; (confide) sich äußern.

open-air [əupn'ɛə*] adj im Freien; **~ concert** Openairkonzert nt, Open-Air-Konzert nt; **~ swimming pool** Freibad nt.

open-and-shut ['əupnən'ʃʌt] adj: **~ case** klarer Fall m.

open day n Tag m der offenen Tür.

open-ended [əupn'ɛndɪd] adj (question etc) mit offenem Ausgang; (contract) unbefristet.

opener ['əupnə*] n (also: **tin ~, can ~**) Dosenöffner m.

open-heart [əupn'hɑːt] adj: **~ surgery** Eingriff m am offenen Herzen.

opening ['əupnɪŋ] adj (commencing: stages, scene) erste(r, s); (remarks, ceremony etc) Eröffnungs- ♦ n (gap, hole) Öffnung f; (of play etc) Anfang m; (of new building etc) Eröffnung f; (opportunity) Gelegenheit f.

opening hours npl Öffnungszeiten pl.

opening night n Eröffnungsabend m.

open learning n Weiterbildungssystem auf Teilzeitbasis.

openly ['əupnlɪ] adv offen.

open-minded [əupn'maɪndɪd] adj aufgeschlossen.

open-necked ['əupnnɛkt] adj (shirt) mit offenem Kragen.

openness ['əupnnɪs] n (frankness) Offenheit f.

open-plan ['əupn'plæn] adj (office) Großraum-.

open prison n offenes Gefängnis nt.

open sandwich n belegtes Brot nt.

open shop n Unternehmen ohne Gewerkschaftszwang.

Open University (BRIT) n ≈ Fernuniversität f.

open verdict n (LAW) Todesfeststellung ohne

Angabe der Todesursache.

opera ['ɔpərə] n Oper f.

opera glasses npl Opernglas nt.

opera house n Opernhaus nt.

opera singer n Opernsänger(in) m(f).

operate ['ɔpəreɪt] vt (machine etc) bedienen ♦ vi (machine etc) funktionieren; (company) arbeiten; (laws, forces) wirken; (MED) operieren; **to ~ on sb** jdn operieren.

operatic [ɔpə'rætɪk] adj (singer etc) Opern-.

operating room ['ɔpəreɪtɪŋ-] (US) n Operationssaal m.

operating system n (COMPUT) Betriebssystem nt.

operating table n (MED) Operationstisch m.

operating theatre n (MED) Operationssaal m.

operation [ɔpə'reɪʃən] n (activity) Unternehmung f; (of machine etc) Betrieb m; (MIL, MED) Operation f; (COMM) Geschäft nt; **to be in ~** (law, scheme) in Kraft sein; **to have an ~** (MED) operiert werden; **to perform an ~** (MED) eine Operation vornehmen.

operational [ɔpə'reɪʃənl] adj (machine etc) einsatzfähig.

operative ['ɔpərətɪv] adj (measure, system) wirksam; (law) gültig ♦ n (in factory) Maschinenarbeiter(in) m(f); **the ~ word** das entscheidende Wort.

operator ['ɔpəreɪtə*] n (TEL) Vermittlung f; (of machine) Bediener(in) m(f).

operetta [ɔpə'rɛtə] n Operette f.

ophthalmic [ɔf'θælmɪk] adj (department) Augen-.

ophthalmic optician n Augenoptiker(in) m(f).

ophthalmologist [ɔfθæl'mɔlədʒɪst] n Augenarzt m, Augenärztin f.

opinion [ə'pɪnjən] n Meinung f; **in my ~** meiner Meinung nach; **to have a good/high ~ of sb/o.s.** eine gute/hohe Meinung von jdm/sich haben; **to be of the ~ that ...** der Ansicht or Meinung sein, dass ...; **to get a second ~** (MED etc) ein zweites Gutachten einholen.

opinionated [ə'pɪnjəneɪtɪd] (pej) adj rechthaberisch.

opinion poll n Meinungsumfrage f.

opium ['əupɪəm] n Opium nt.

opponent [ə'pəunənt] n Gegner(in) m(f).

opportune ['ɔpətjuːn] adj (moment) günstig.

opportunism [ɔpə'tjuːnɪsəm] (pej) n Opportunismus m.

opportunist [ɔpə'tjuːnɪst] (pej) n Opportunist(in) m(f).

opportunity [ɔpə'tjuːnɪtɪ] n Gelegenheit f, Möglichkeit f; (prospects) Chance f; **to take the ~ of doing sth** die Gelegenheit ergreifen, etw zu tun.

oppose [ə'pəuz] vt (opinion, plan) ablehnen; **to**

be ~d to sth gegen etw sein; **as ~d to** im Gegensatz zu.

opposing [əˈpəʊzɪŋ] *adj* (*side, team*) gegnerisch; (*ideas, tendencies*) entgegengesetzt.

opposite [ˈɔpəzɪt] *adj* (*house, door*) gegenüberliegend; (*end, direction*) entgegengesetzt; (*point of view, effect*) gegenteilig ♦ *adv* gegenüber ♦ *prep* (*in front of*) gegenüber; (*next to: on list, form etc*) neben ♦ *n*: **the ~** das Gegenteil; **the ~ sex** das andere Geschlecht; **"see ~ page"** „siehe gegenüber".

opposite number *n* Gegenspieler(in) *m(f)*.

opposition [ɔpəˈzɪʃən] *n* (*resistance*) Widerstand *m*; (*SPORT*) Gegner *pl*; **the O~** (*POL*) die Opposition.

oppress [əˈprɛs] *vt* unterdrücken.

oppressed [əˈprɛst] *adj* unterdrückt.

oppression [əˈprɛʃən] *n* Unterdrückung *f*.

oppressive [əˈprɛsɪv] *adj* (*weather, heat*) bedrückend; (*political regime*) repressiv.

opprobrium [əˈprəʊbrɪəm] *n* (*form*) Schande *f*, Schmach *f*.

opt [ɔpt] *vi*: **to ~ for** sich entscheiden für; **to ~ to do sth** sich entscheiden, etw zu tun.

▶ **opt out (of)** *vi* (*not participate*) sich nicht beteiligen (an +*dat*); (*of insurance scheme etc*) kündigen; **to ~ out (of local authority control)** (*POL: hospital, school*) aus der Kontrolle der Gemeindeverwaltung austreten.

optical [ˈɔptɪkl] *adj* optisch.

optical character reader *n* optischer Klarschriftleser *m*.

optical character recognition *n* optische Zeichenerkennung *f*.

optical illusion *n* optische Täuschung *f*.

optician [ɔpˈtɪʃən] *n* Optiker(in) *m(f)*.

optics [ˈɔptɪks] *n* Optik *f*.

optimism [ˈɔptɪmɪzəm] *n* Optimismus *m*.

optimist [ˈɔptɪmɪst] *n* Optimist(in) *m(f)*.

optimistic [ɔptɪˈmɪstɪk] *adj* optimistisch.

optimum [ˈɔptɪməm] *adj* optimal.

option [ˈɔpʃən] *n* (*choice*) Möglichkeit *f*; (*SCOL*) Wahlfach *nt*; (*COMM*) Option *f*; **to keep one's ~s open** sich *dat* alle Möglichkeiten offen halten; **to have no ~** keine (andere) Wahl haben.

optional [ˈɔpʃənl] *adj* freiwillig; **~ extras** (*COMM*) Extras *pl*.

opulence [ˈɔpjʊləns] *n* Reichtum *m*.

opulent [ˈɔpjʊlənt] *adj* (*very wealthy*) reich, wohlhabend.

OR (*US*) *abbr* (*POST*: = *Oregon*).

or [ɔːʳ] *conj* oder; **he hasn't seen ~ heard anything** er hat weder etwas gesehen noch gehört; **~ else** (*otherwise*) sonst; **fifty ~ sixty people** fünfzig bis sechzig Leute.

oracle [ˈɔrəkl] *n* Orakel *nt*.

oral [ˈɔːrəl] *adj* (*test, report*) mündlich; (*MED*:

vaccine, contraceptive) zum Einnehmen ♦ *n* (*exam*) mündliche Prüfung *f*.

orange [ˈɔrɪndʒ] *n* Orange *f*, Apfelsine *f* ♦ *adj* (*colour*) orange.

orangeade [ɔrɪndʒˈeɪd] *n* Orangenlimonade *f*.

oration [ɔːˈreɪʃən] *n* Ansprache *f*.

orator [ˈɔrətəʳ] *n* Redner(in) *m(f)*.

oratorio [ɔrəˈtɔːrɪəʊ] *n* (*MUS*) Oratorium *nt*.

orb [ɔːb] *n* Kugel *f*.

orbit [ˈɔːbɪt] *n* (*of planet etc*) Umlaufbahn *f* ♦ *vt* umkreisen.

orbital motorway [ˈɔːbɪtəl-] *n* Ringautobahn *f*.

orchard [ˈɔːtʃəd] *n* Obstgarten *m*; **apple ~** Obstgarten mit Apfelbäumen.

orchestra [ˈɔːkɪstrə] *n* Orchester *nt*; (*US*: *stalls*) Parkett *nt*.

orchestral [ɔːˈkɛstrəl] *adj* (*piece, musicians*) Orchester-.

orchestrate [ˈɔːkɪstreɪt] *vt* orchestrieren.

orchid [ˈɔːkɪd] *n* Orchidee *f*.

ordain [ɔːˈdeɪn] *vt* (*REL*) ordinieren; (*decree*) verfügen.

ordeal [ɔːˈdiːl] *n* Qual *f*.

order [ˈɔːdəʳ] *n* (*command*) Befehl *m*; (*COMM, in restaurant*) Bestellung *f*; (*sequence*) Reihenfolge *f*; (*discipline, organization*) Ordnung *f*; (*REL*) Orden *m* ♦ *vt* (*command*) befehlen; (*COMM, in restaurant*) bestellen; (*also*: **put in ~**) ordnen; **in ~** (*permitted*) in Ordnung, in (*working*) ~ betriebsfähig; **in ~ to do sth** um etw zu tun; **in ~ of size** nach Größe (geordnet); **on ~** (*COMM*) bestellt; **out of ~** (*not working*) außer Betrieb; (*in the wrong sequence*) durcheinander; (*motion, proposal*) nicht zulässig; **to place an ~ for sth with sb** eine Bestellung für etw bei jdm aufgeben; **made to ~** (*COMM*) auf Bestellung (gemacht); **to be under ~s to do sth** die Anweisung haben, etw zu tun; **to take ~s** Befehle entgegennehmen; **a point of ~** (*in debate etc*) eine Verfahrensfrage; **"pay to the ~ of ..."** „zahlbar an +*dat* ..."; **of** *or* **in the ~ of** in der Größenordnung von; **to ~ sb to do sth** jdn anweisen, etw zu tun.

▶ **order around** *vt* (*also*: **order about**) herumkommandieren.

order book *n* (*COMM*) Auftragsbuch *nt*.

order form *n* Bestellschein *m*.

orderly [ˈɔːdəlɪ] *n* (*MIL*) Offiziersbursche *m*; (*MED*) Pfleger(in) *m(f)* ♦ *adj* (*manner*) ordentlich; (*sequence, system*) geordnet.

order number *n* (*COMM*) Bestellnummer *f*.

ordinal [ˈɔːdɪnl] *adj*: **~ number** Ordinalzahl *f*.

ordinarily [ˈɔːdnrɪlɪ] *adv* normalerweise.

ordinary [ˈɔːdnrɪ] *adj* (*everyday*) gewöhnlich, normal; (*pej: mediocre*) mittelmäßig; **out of the ~** außergewöhnlich.

ORDINARY DEGREE

Ordinary degree *ist ein Universitätsabschluss, der an Studenten vergeben wird, die entweder die für ein* **honours degree** *nötige Note nicht erreicht haben, aber trotzdem nicht durchgefallen sind, oder die sich nur für ein* **ordinary degree** *eingeschrieben haben, wobei das Studium meist kürzer ist.*

---

ordinary seaman (*BRIT*) *n* Leichtmatrose *m*.
ordinary shares *npl* Stammaktien *pl*.
ordination [ɔːdɪˈneɪʃən] *n* (*REL*) Ordination *f*.
ordnance [ˈɔːdnəns] *n* (*unit*) Technische Truppe *f* ♦ *adj* (*factory, supplies*) Munitions-.
Ordnance Survey (*BRIT*) *n* Landesvermessung *f*.
ore [ɔːʳ] *n* Erz *nt*.
Ore. (*US*) *abbr* (*POST:* = *Oregon*).
organ [ˈɔːgən] *n* (*ANAT*) Organ *nt*; (*MUS*) Orgel *f*.
organic [ɔːˈgænɪk] *adj* organisch.
organism [ˈɔːgənɪzəm] *n* Organismus *m*.
organist [ˈɔːgənɪst] *n* Organist(in) *m(f)*.
organization [ɔːgənaɪˈzeɪʃən] *n* Organisation *f*.
organization chart *n* Organisationsplan *m*.
organize [ˈɔːgənaɪz] *vt* organisieren; **to get ~d** sich fertig machen.
organized crime *n* organisiertes Verbrechen *nt*.
organized labour *n* organisierte Arbeiterschaft *f*.
organizer [ˈɔːgənaɪzəʳ] *n* (*of conference etc*) Organisator *m*, Veranstalter *m*.
orgasm [ˈɔːgæzəm] *n* Orgasmus *m*.
orgy [ˈɔːdʒɪ] *n* Orgie *f*; **an ~ of destruction** eine Zerstörungsorgie.
Orient [ˈɔːrɪənt] *n*: **the ~** der Orient.
orient [ˈɔːrɪənt] *vt*: **to ~ o.s. (to)** sich orientieren (in +*dat*); **to be ~ed towards** ausgerichtet sein auf +*acc*.
oriental [ɔːrɪˈentl] *adj* orientalisch.
orientate [ˈɔːrɪənteɪt] *vt*: **to ~ o.s.** sich orientieren; (*fig*) sich zurechtfinden; **to be ~d towards** ausgerichtet sein auf +*acc*.
orifice [ˈɔːrɪfɪs] *n* (*ANAT*) Öffnung *f*.
origin [ˈɔːrɪdʒɪn] *n* Ursprung *m*; (*of person*) Herkunft *f*; **country of ~** Herkunftsland *nt*.
original [əˈrɪdʒɪnl] *adj* (*first*) ursprünglich; (*genuine*) original; (*imaginative*) originell ♦ *n* Original *nt*.
originality [ərɪdʒɪˈnælɪtɪ] *n* Originalität *f*.
originally [əˈrɪdʒɪnəlɪ] *adv* (*at first*) ursprünglich.
originate [əˈrɪdʒɪneɪt] *vi*: **to ~ in** (*idea, custom etc*) entstanden sein in +*dat*; **to ~ with** *or* **from** stammen von.
originator [əˈrɪdʒɪneɪtəʳ] *n* (*of idea, custom*) Urheber(in) *m(f)*.
Orkneys [ˈɔːknɪz] *npl*: **the ~** (*also:* **the Orkney**

Islands) die Orkneyinseln *pl*.
ornament [ˈɔːnəmənt] *n* (*object*) Ziergegenstand *m*; (*decoration*) Verzierungen *pl*.
ornamental [ɔːnəˈmentl] *adj* (*garden, pond*) Zier-.
ornamentation [ɔːnəmenˈteɪʃən] *n* Verzierungen *pl*.
ornate [ɔːˈneɪt] *adj* (*necklace, design*) kunstvoll.
ornithologist [ɔːnɪˈθɒlədʒɪst] *n* Ornithologe *m*, Ornithologin *f*.
ornithology [ɔːnɪˈθɒlədʒɪ] *n* Ornithologie *f*.
orphan [ˈɔːfn] *n* Waise *f*, Waisenkind *nt* ♦ *vt*: **to be ~ed** zur Waise werden.
orphanage [ˈɔːfənɪdʒ] *n* Waisenhaus *nt*.
orthodox [ˈɔːθədɒks] *adj* orthodox; **~ medicine** die konventionelle Medizin.
orthodoxy [ˈɔːθədɒksɪ] *n* Orthodoxie *f*.
orthopaedic, (*US*) **orthopedic** [ɔːθəˈpiːdɪk] *adj* orthopädisch.
OS *abbr* (*BRIT*) = **Ordnance Survey**; (*NAUT*) = **ordinary seaman**; (*DRESS*) = **outsize**.
O/S *abbr* (*COMM*: = *out of stock*) nicht auf Lager.
Oscar [ˈɔskəʳ] *n* Oscar *m*.
oscillate [ˈɒsɪleɪt] *vi* (*ELEC, PHYS*) schwingen, oszillieren; (*fig*) schwanken.
OSHA (*US*) *n abbr* (= *Occupational Safety and Health Administration*) Regierungsstelle für Arbeitsschutzvorschriften.
OST *n abbr* (= *Office of Science and Technology*) Ministerium für Wissenschaft und Technologie.
ostensible [ɒsˈtɛnsɪbl] *adj* angeblich.
ostensibly [ɒsˈtɛnsɪblɪ] *adv* angeblich.
ostentation [ɒstɛnˈteɪʃən] *n* Pomp *m*, Protz *m*.
ostentatious [ɒstɛnˈteɪʃəs] *adj* (*building, car etc*) pompös; (*person*) protzig.
osteopath [ˈɒstɪəpæθ] *n* Osteopath(in) *m(f)*.
ostracize [ˈɒstrəsaɪz] *vt* ächten.
ostrich [ˈɒstrɪtʃ] *n* Strauß *m*.
OT *abbr* (*BIBLE:* = *Old Testament*) AT.
OTB (*US*) *n abbr* (= *offtrack betting*) Wetten außerhalb des Rennbahngeländes.
OTE *abbr* (*COMM*: = *on-target earnings*) Einkommensziel *nt*.
other [ˈʌðəʳ] *adj* andere(r, s) ♦ *pron*: **the ~ (one)** der/die/das andere; **~s** andere *pl*; **the ~s** die anderen *pl*; **~ than** (*apart from*) außer; **the ~ day** (*recently*) neulich; **some actor or ~** irgendein Schauspieler; **somebody or ~** irgendjemand; **the car was none ~ than Robert's** das Auto gehörte keinem anderen als Robert.
otherwise [ˈʌðəwaɪz] *adv* (*differently*) anders; (*apart from that, if not*) ansonsten; **an ~ good piece of work** eine im Übrigen gute Arbeit.
OTT (*inf*) *abbr* (= *over the top*) *see* **top**.
otter [ˈɒtəʳ] *n* Otter *m*.
OU (*BRIT*) *n abbr* = **Open University**.
ouch [autʃ] *excl* autsch.
ought [ɔːt] (*pt* **ought**) *aux vb*: **I ~ to do it** ich

sollte es tun; **this ~ to have been corrected**
das hätte korrigiert werden müssen; **he
~ to win** (*he probably will win*) er dürfte
wohl gewinnen; **you ~ to go and see it** das
solltest du dir ansehen.

ounce [auns] *n* Unze *f*; (*fig: small amount*)
bisschen *nt*.

our ['auə⁺] *adj* unsere(r, s); *see also* **my**.

ours [auəz] *pron* unsere(r, s); *see also* **mine¹**.

ourselves [auə'sɛlvz] *pron pl* uns (selbst);
(*emphatic*) selbst; **we did it (all) by ~** wir
haben alles selbst gemacht; *see also* **oneself**.

oust [aust] *vt* (*forcibly remove*) verdrängen.

════════════════════════ *KEYWORD*

out¹ [aut] *adv* **1** (*not in*) draußen; **~ in the
rain/snow** draußen im Regen/Schnee;
~ here hier; **~ there** dort; **to go/come etc ~**
hinausgehen/-kommen *etc*; **to speak ~ loud**
laut sprechen.
2 (*not at home, absent*) nicht da.
3 (*indicating distance*): **the boat was 10 km ~**
das Schiff war 10 km weit draußen; **3 days
~ from Plymouth** 3 Tage nach dem
Auslaufen von Plymouth.
4 (*SPORT*) aus; **the ball is ~/has gone ~** der
Ball ist aus
♦ *adj* **1**: **to be ~** (*person: unconscious*)
bewusstlos sein; (: *out of game*)
ausgeschieden sein; (*out of fashion: style,
singer*) out sein.
2 (*have appeared: flowers*) da; (: *news, secret*)
heraus.
3 (*extinguished, finished: fire, light, gas*) aus;
before the week was ~ ehe die Woche zu
Ende war.
4: **to be ~ to do sth** (*intend*) etw tun wollen.
5 (*wrong*): **to be ~ in one's calculations** sich
in seinen Berechnungen irren.

out² [aut] *vt* (*inf: expose as homosexual*) outen.

outage ['autɪdʒ] (*esp US*) *n* (*power failure*)
Stromausfall *m*.

out-and-out ['autəndaut] *adj* (*liar, thief etc*)
ausgemacht.

outback ['autbæk] *n* (*in Australia*): **the ~** das
Hinterland.

outbid [aut'bɪd] *vt* überbieten.

outboard ['autbɔːd] *n* (*also:* **~ motor**)
Außenbordmotor *m*.

outbound ['autbaund] *adj* (*ship*) auslaufend.

outbreak ['autbreɪk] *n* (*of war, disease etc*)
Ausbruch *m*.

outbuilding ['autbɪldɪŋ] *n* Nebengebäude *nt*.

outburst ['autbɜːst] *n* (*of anger etc*)
Gefühlsausbruch *m*.

outcast ['autkɑːst] *n* Ausgestoßene(r) *f(m)*.

outclass [aut'klɑːs] *vt* deklassieren.

outcome ['autkʌm] *n* Ergebnis *nt*, Resultat *nt*.

outcrop ['autkrɔp] *n* (*of rock*) Block *m*.

outcry ['autkraɪ] *n* Aufschrei *m*.

outdated [aut'deɪtɪd] *adj* (*custom, idea*)

veraltet.

outdo [aut'duː] (*irreg: like* do) *vt* übertreffen.

outdoor [aut'dɔː⁺] *adj* (*activities*) im Freien;
(*clothes*) für draußen; **~ swimming pool**
Freibad *nt*; **she's an ~ person** sie liebt die
freie Natur.

outdoors [aut'dɔːz] *adv* (*play, sleep*) draußen,
im Freien.

outer ['autə⁺] *adj* äußere(r, s); **~ suburbs**
(äußere) Vorstädte *pl*; **the ~ office** das
Vorzimmer.

outer space *n* der Weltraum.

outfit ['autfɪt] *n* (*clothes*) Kleidung *f*; (*inf: team*)
Verein *m*.

outfitter's ['autfɪtəz] (*BRIT*) *n* (*shop*)
Herrenausstatter *m*.

outgoing ['autgəuɪŋ] *adj* (*extrovert*)
kontaktfreudig; (*retiring: president etc*)
scheidend; (*mail etc*) ausgehend.

outgoings ['autgəuɪŋz] (*BRIT*) *npl* Ausgaben *pl*.

outgrow [aut'grəu] (*irreg: like* grow) *vt* (*clothes*)
herauswachsen aus; (*habits etc*) ablegen.

outhouse ['authaus] *n* Nebengebäude *nt*.

outing ['autɪŋ] *n* Ausflug *m*.

outlandish [aut'lændɪʃ] *adj* eigenartig,
seltsam.

outlast [aut'lɑːst] *vt* überleben.

outlaw ['autlɔː] *n* Geächtete(r) *f(m)* ♦ *vt*
verbieten.

outlay ['autleɪ] *n* Auslagen *pl*.

outlet ['autlet] *n* (*hole, pipe*) Abfluss *m*; (*US:
ELEC*) Steckdose *f*; (*COMM: also:* **retail ~**)
Verkaufsstelle *f*; (*fig: for grief, anger etc*)
Ventil *nt*.

outline ['autlaɪn] *n* (*shape*) Umriss *m*; (*brief
explanation*) Abriss *m*; (*rough sketch*) Skizze *f*
♦ *vt* (*fig: theory, plan etc*) umreißen,
skizzieren.

outlive [aut'lɪv] *vt* (*survive*) überleben.

outlook ['autluk] *n* (*attitude*) Einstellung *f*;
(*prospects*) Aussichten *pl*; (*for weather*)
Vorhersage *f*.

outlying ['autlaɪɪŋ] *adj* (*area, town etc*)
entlegen.

outmanoeuvre, (*US*) **outmaneuver**
[autmə'nuːvə⁺] *vt* ausmanövrieren.

outmoded [aut'məudɪd] *adj* veraltet.

outnumber [aut'nʌmbə⁺] *vt* zahlenmäßig
überlegen sein +*dat*; **to be ~ed (by) 5 to 1** im
Verhältnis 5 zu 1 in der Minderheit sein.

════════════════════════ *KEYWORD*

out of *prep* **1** (*outside, beyond: position*) nicht in
+*dat*; (: *motion*) aus +*dat*; **to look ~ the
window** aus dem Fenster blicken; **to be
~ danger** außer Gefahr sein.
2 (*cause, origin*) aus +*dat*; **~ curiosity/fear/
greed** aus Neugier/Angst/Habgier; **to drink
sth ~ a cup** etw aus einer Tasse trinken.
3 (*from among*) von +*dat*; **one ~ every three
smokers** einer von drei Rauchern.
4 (*without*): **to be ~ sugar/milk/petrol** *etc*

keinen Zucker/keine Milch/kein Benzin *etc* mehr haben.

out of bounds *adj*: **to be ~** verboten sein.
out-of-court [autəv'kɔːt] *adj* (*settlement*) außergerichtlich; *see also* **court**.
out-of-date [autəv'deɪt] *adj* (*passport, ticket etc*) abgelaufen; (*clothes, idea*) veraltet.
out-of-doors [autəv'dɔːz] *adv* (*play, stay etc*) im Freien.
out-of-the-way ['autəvðə'weɪ] *adj* (*place*) entlegen; (*pub, restaurant etc*) kaum bekannt.
out-of-work ['autəvwɜːk] *adj* arbeitslos.
outpatient ['autpeɪʃənt] *n* ambulanter Patient *m*, ambulante Patientin *f*.
outpost ['autpəust] *n* (*MIL, COMM*) Vorposten *m*.
outpouring ['autpɔːrɪŋ] *n* (*of emotion etc*) Erguss *m*.
output ['autput] *n* (*production: of factory, writer etc*) Produktion *f*; (*COMPUT*) Output *m*, Ausgabe *f* ♦ *vt* (*COMPUT*) ausgeben.
outrage ['autreɪdʒ] *n* (*scandal*) Skandal *m*; (*atrocity*) Verbrechen *nt*, Ausschreitung *f*; (*anger*) Empörung *f* ♦ *vt* (*shock, anger*) empören.
outrageous [aut'reɪdʒəs] *adj* (*remark etc*) empörend; (*clothes*) unmöglich; (*scandalous*) skandalös.
outrider ['autraɪdə*] *n* (*on motorcycle*) Kradbegleiter *m*.
outright [aut'raɪt] *adv* (*kill*) auf der Stelle; (*win*) überlegen; (*buy*) auf einen Schlag; (*ask, refuse*) ohne Umschweife ♦ *adj* (*winner, victory*) unbestritten; (*refusal, hostility*) total.
outrun [aut'rʌn] (*irreg: like* run) *vt* schneller laufen als.
outset ['autset] *n* Anfang *m*, Beginn *m*; **from the ~** von Anfang an; **at the ~** am Anfang.
outshine [aut'ʃaɪn] (*irreg: like* shine) *vt* (*fig*) in den Schatten stellen.
outside [aut'saɪd] *n* (*of building etc*) Außenseite *f* ♦ *adj* (*wall, lavatory*) Außen-♦ *adv* (*be, wait*) draußen; (*go*) nach draußen ♦ *prep* außerhalb *+gen*; (*door etc*) vor *+dat*; **at the ~** (*at the most*) höchstens; (*at the latest*) spätestens; **an ~ chance** eine geringe Chance.
outside broadcast *n* außerhalb des Studios produzierte Sendung *f*.
outside lane *n* Überholspur *f*.
outside line *n* (*TEL*) Amtsanschluss *m*.
outsider [aut'saɪdə*] *n* (*stranger*) Außenstehende(r) *f(m)*; (*odd one out, in race etc*) Außenseiter(in) *m(f)*.
outsize ['autsaɪz] *adj* (*clothes*) übergroß.
outskirts ['autskɜːts] *npl* (*of town*) Stadtrand *m*.
outsmart [aut'smɑːt] *vt* austricksen (*inf*).
outspoken [aut'spəukən] *adj* offen.
outspread [aut'spred] *adj* (*wings, arms etc*) ausgebreitet.

outstanding [aut'stændɪŋ] *adj* (*exceptional*) hervorragend; (*remaining*) ausstehend; **your account is still ~** Ihr Konto weist noch Außenstände auf.
outstay [aut'steɪ] *vt*: **to ~ one's welcome** länger bleiben als erwünscht.
outstretched [aut'stretʃt] *adj* ausgestreckt.
outstrip [aut'strɪp] *vt* (*competitors, supply*): **to ~ (in)** übertreffen (an *+dat*).
out tray *n* Ablage *f* für Ausgänge.
outvote [aut'vəut] *vt* überstimmen.
outward ['autwəd] *adj* (*sign, appearances*) äußere(r, s); **~ journey** Hinreise *f*.
outwardly ['autwədlɪ] *adv* (*on the surface*) äußerlich.
outward(s) ['autwəd(z)] *adv* (*move, face*) nach außen.
outweigh [aut'weɪ] *vt* schwerer wiegen als.
outwit [aut'wɪt] *vt* überlisten.
ova ['əuvə] *npl of* **ovum**.
oval ['əuvl] *adj* oval ♦ *n* Oval *nt*.

OVAL OFFICE

Oval Office, *ein großer ovaler Raum im Weißen Haus, ist das private Büro des amerikanischen Präsidenten. Im weiteren Sinne bezieht sich dieser Begriff oft auf die Präsidentschaft selbst.*

---

ovarian [əu'veərɪən] *adj* (*ANAT*) des Eierstocks/der Eierstöcke; **~ cyst** Zyste *f* im Eierstock.
ovary ['əuvərɪ] *n* (*ANAT, MED*) Eierstock *m*.
ovation [əu'veɪʃən] *n* Ovation *f*.
oven ['ʌvn] *n* (*CULIN*) Backofen *m*.
ovenproof ['ʌvnpruːf] *adj* (*dish etc*) feuerfest.
oven-ready ['ʌvnredɪ] *adj* backfertig.
ovenware ['ʌvnweə*] *n* feuerfestes Geschirr *nt*.

=========================== *KEYWORD*

over ['əuvə*] *adv* **1** (*across: walk, jump, fly etc*) hinüber; **~ here** hier; **~ there** dort (drüben); **to ask sb ~** (*to one's house*) jdn zu sich einladen.
2 (*indicating movement*): **to fall ~** (*person*) hinfallen; (*object*) umfallen; **to knock sth ~** etw umstoßen; **to turn ~** (*in bed*) sich umdrehen; **to bend ~** sich bücken.
3 (*finished*): **to be ~** (*game, life, relationship etc*) vorbei sein, zu Ende sein.
4 (*excessively: clever, rich, fat etc*) übermäßig.
5 (*remaining: money, food etc*) übrig; **is there any cake (left) ~?** ist noch Kuchen übrig?
6: all ~ (*everywhere*) überall.
7 (*repeatedly*): **~ and ~ (again)** immer (und immer) wieder; **five times ~** fünfmal
♦ *prep* **1** (*on top of, above*) über *+dat*; (*with vb of motion*) über *+acc*; **to spread a sheet ~ sth** ein Laken über etw *acc* breiten.
2 (*on the other side of*): **the pub ~ the road** die Kneipe gegenüber; **he jumped ~ the**

wall er sprang über die Mauer.
3 (*more than*) über +acc; ~ **200 people** über
200 Leute; ~ **and above my normal duties**
über meine normalen Pflichten hinaus;
~ **and above that** darüber hinaus.
4 (*during*) während; **let's discuss it ~ dinner**
wir sollten es beim Abendessen
besprechen.

over... ['əuvə˒] *pref* über-.
overact [əuvər'ækt] *vi* übertreiben.
overall ['əuvərɔːl] *adj* (*length, cost etc*)
Gesamt-; (*impression, view*) allgemein ♦ *adv*
(*measure, cost*) insgesamt; (*generally*) im
Allgemeinen ♦ *n* (*BRIT*) Kittel *m*; **overalls** *npl*
Overall *m*.
overall majority *n* absolute Mehrheit *f*.
overanxious [əuvər'æŋkʃəs] *adj*
überängstlich.
overawe [əuvər'ɔː] *vt*: **to be ~d (by)**
überwältigt sein (von).
overbalance [əuvə'bæləns] *vi* das
Gleichgewicht verlieren.
overbearing [əuvə'bɛərɪŋ] *adj* (*person, manner*)
aufdringlich.
overboard ['əuvəbɔːd] *adv* (*NAUT*) über Bord;
to go ~ (*fig*) es übertreiben, zu weit gehen.
overbook [əuvə'buk] *vt* überbuchen.
overcame [əuvə'keɪm] *pt of* **overcome**.
overcapitalize [əuvə'kæpɪtəlaɪz] *vt*
überkapitalisieren.
overcast ['əuvəkɑːst] *adj* (*day, sky*) bedeckt.
overcharge [əuvə'tʃɑːdʒ] *vt* zu viel berechnen
+*dat*.
overcoat ['əuvəkəut] *n* Mantel *m*.
overcome [əuvə'kʌm] (*irreg: like* **come**) *vt*
(*problem, fear*) überwinden ♦ *adj*
überwältigt; **she was ~ with grief** der
Schmerz übermannte sie.
overconfident [əuvə'kɔnfɪdənt] *adj* zu
selbstsicher.
overcrowded [əuvə'kraudɪd] *adj* überfüllt.
overcrowding [əuvə'kraudɪŋ] *n* Überfüllung *f*.
overdo [əuvə'duː] (*irreg: like* **do**) *vt* übertreiben;
to ~ it es übertreiben.
overdose ['əuvədəus] *n* Überdosis *f*.
overdraft ['əuvədrɑːft] *n* Kontoüberziehung *f*;
to have an ~ sein Konto überziehen.
overdrawn [əuvə'drɔːn] *adj* (*account*)
überzogen; **I am ~** ich habe mein Konto
überzogen.
overdrive ['əuvədraɪv] *n* (*AUT*) Schongang *m*.
overdue [əuvə'djuː] *adj* überfällig; **that
change was long ~** diese Änderung war
schon lange fällig.
overemphasis [əuvər'ɛmfəsɪs] *n*: ~ **on**
Überbetonung +*gen*.
overestimate [əuvər'ɛstɪmeɪt] *vt*
überschätzen.
overexcited [əuvərɪk'saɪtɪd] *adj* ganz
aufgeregt.
overexertion [əuvərɪg'zəːʃən] *n*
Überanstrengung *f*.
overexpose [əuvərɪk'spəuz] *vt* (*PHOT*)
überbelichten.
overflow [əuvə'fləu] *vi* (*river*) über die Ufer
treten; (*bath, jar etc*) überlaufen ♦ *n* (*also:*
~ **pipe**) Überlaufrohr *nt*.
overgenerous [əuvə'dʒɛnərəs] *adj* allzu
großzügig.
overgrown [əuvə'grəun] *adj* (*garden*)
verwildert; **he's just an ~ schoolboy** er ist
nur ein großes Kind.
overhang ['əuvə'hæŋ] (*irreg: like* **hang**) *vt*
herausragen über +*acc* ♦ *vi* überhängen ♦ *n*
Überhang *m*.
overhaul [əuvə'hɔːl] *vt* (*equipment, car etc*)
überholen ♦ *n* Überholung *f*.
overhead [əuvə'hɛd] *adv* (*above*) oben; (*in the
sky*) in der Luft ♦ *adj* (*lighting*) Decken-;
(*cables, wires*) Überland- ♦ *n* (*US*)
= **overheads**; **overheads** *npl* allgemeine
Unkosten *pl*.
overhear [əuvə'hɪə˒] (*irreg: like* **hear**) *vt*
(zufällig) mit anhören.
overheat [əuvə'hiːt] *vi* (*engine*) heißlaufen.
overjoyed [əuvə'dʒɔɪd] *adj* überglücklich; **to
be ~ (at)** überglücklich sein (über +*acc*).
overkill ['əuvəkɪl] *n* (*fig*): **it would be ~** das
wäre zu viel des Guten.
overland ['əuvəlænd] *adj* (*journey*) Überland-
♦ *adv* (*travel*) über Land.
overlap [əuvə'læp] *vi* (*figures, ideas etc*) sich
überschneiden.
overleaf [əuvə'liːf] *adv* umseitig, auf der
Rückseite.
overload [əuvə'ləud] *vt* (*vehicle*) überladen;
(*ELEC*) überlasten; (*fig: with work etc*)
überlasten.
overlook [əuvə'luk] *vt* (*have view over*)
überblicken; (*fail to notice*) übersehen;
(*excuse, forgive*) hinwegsehen über +*acc*.
overlord ['əuvəlɔːd] *n* oberster Herr *m*.
overmanning [əuvə'mænɪŋ] *n* Überbesetzung
f.
overnight [əuvə'naɪt] *adv* über Nacht ♦ *adj*
(*bag, clothes*) Reise-; (*accommodation, stop*)
für die Nacht; **to travel ~** nachts reisen;
he'll be away ~ (*tonight*) er kommt erst
morgen zurück; **to stay ~** über Nacht
bleiben; ~ **stay** Übernachtung *f*.
overpass ['əuvəpɑːs] *n* (*esp US*) Überführung
f.
overpay [əuvə'peɪ] *vt*: **to ~ sb by £50** jdm £ 50
zu viel bezahlen.
overplay [əuvə'pleɪ] *vt* (*overact*) übertrieben
darstellen; **to ~ one's hand** den Bogen
überspannen.
overpower [əuvə'pauə˒] *vt* überwältigen.
overpowering [əuvə'pauərɪŋ] *adj* (*heat*)
unerträglich; (*stench*) durchdringend;
(*feeling, desire*) überwältigend.
overproduction ['əuvəprə'dʌkʃən] *n*
Überproduktion *f*.

overrate [əuvə'reɪt] vt überschätzen.
overreach [əuvə'riːtʃ] vt: **to ~ o.s.** sich übernehmen.
overreact [əuvəriː'ækt] vi übertrieben reagieren.
override [əuvə'raɪd] (irreg: like **ride**) vt (order etc) sich hinwegsetzen über +acc.
overriding [əuvə'raɪdɪŋ] adj vorrangig.
overrule [əuvə'ruːl] vt (claim, person) zurückweisen; (decision) aufheben.
overrun [əuvə'rʌn] (irreg: like **run**) vt (country, continent) einfallen in +acc ♦ vi (meeting etc) zu lange dauern; **the town is ~ with tourists** die Stadt ist von Touristen überlaufen.
overseas [əuvə'siːz] adv (live, work) im Ausland; (travel) ins Ausland ♦ adj (market, trade) Übersee-; (student, visitor) aus dem Ausland.
oversee [əuvə'siː] vt (supervise) beaufsichtigen, überwachen.
overseer ['əuvəsɪə*] n Aufseher(in) m(f).
overshadow [əuvə'ʃædəu] vt (place, building etc) überschatten; (fig) in den Schatten stellen.
overshoot [əuvə'ʃuːt] (irreg: like **shoot**) vt (target, runway) hinausschießen über +acc.
oversight ['əuvəsaɪt] n Versehen nt; **due to an ~** aus Versehen.
oversimplify [əuvə'sɪmplɪfaɪ] vt zu stark vereinfachen.
oversleep [əuvə'sliːp] (irreg: like **sleep**) vi verschlafen.
overspend [əuvə'spɛnd] (irreg: like **spend**) vi zu viel ausgeben; **we have overspent by 5,000 dollars** wir haben 5000 Dollar zu viel ausgegeben.
overspill ['əuvəspɪl] n (excess population) Bevölkerungsüberschuss m.
overstaffed [əuvə'stɑːft] adj: **to be ~** überbesetzt sein.
overstate [əuvə'steɪt] vt (exaggerate) zu sehr betonen.
overstatement [əuvə'steɪtmənt] n Übertreibung f.
overstay [əuvə'steɪ] vt see **outstay**
overstep [əuvə'stɛp] vt: **to ~ the mark** zu weit gehen.
overstock [əuvə'stɔk] vt zu große Bestände anlegen in +dat.
overstretched [əuvə'strɛtʃt] adj (person, resources) überfordert.
overstrike ['əuvəstraɪk] (irreg: like **strike**) n (on printer) Mehrfachdruck m ♦ vt mehrfachdrucken.
oversubscribed [əuvəsəb'skraɪbd] adj (COMM etc) überzeichnet.
overt [əu'vɜːt] adj offen.
overtake [əuvə'teɪk] (irreg: like **take**) vt (AUT) überholen; (event, change) hereinbrechen über +acc; (emotion) befallen ♦ vi (AUT) überholen.
overtaking [əuvə'teɪkɪŋ] n (AUT) Überholen

nt.
overtax [əuvə'tæks] vt (ECON) zu hoch besteuern; (strength, patience) überfordern; **to ~ o.s.** sich übernehmen.
overthrow [əuvə'θrəu] (irreg: like **throw**) vt (government etc) stürzen.
overtime ['əuvətaɪm] n Überstunden pl; **to do** or **work ~** Überstunden machen.
overtime ban n Überstundenverbot nt.
overtone ['əuvətəun] n (fig: also: ~s): **~s of** Untertöne pl von.
overture ['əuvətʃuə*] n (MUS) Ouvertüre f; (fig) Annäherungsversuch m.
overturn [əuvə'tɜːn] vt (car, chair) umkippen; (fig: decision) aufheben; (: government) stürzen ♦ vi (train etc) umkippen; (car) sich überschlagen; (boat) kentern.
overview ['əuvəvjuː] n Überblick m.
overweight [əuvə'weɪt] adj (person) übergewichtig.
overwhelm [əuvə'wɛlm] vt überwältigen.
overwhelming [əuvə'wɛlmɪŋ] adj überwältigend; **one's ~ impression is of heat/noise** man bemerkt vor allem die Hitze/den Lärm.
overwhelmingly [əuvə'wɛlmɪŋlɪ] adv (vote, reject) mit überwältigender Mehrheit; (appreciative, generous etc) über alle Maßen; (opposed etc) überwiegend.
overwork [əuvə'wɜːk] n Überarbeitung f ♦ vt (person) (mit Arbeit) überlasten; (cliché etc) überstrapazieren ♦ vi sich überarbeiten.
overwrite [əuvə'raɪt] vt (COMPUT) überschreiben.
overwrought [əuvə'rɔːt] adj (person) überreizt.
ovulate ['ɔvjuleɪt] vi ovulieren.
ovulation [ɔvju'leɪʃən] n Eisprung m, Ovulation f.
ovum ['əuvəm] (pl **ova**) n Eizelle f.
owe [əu] vt: **to ~ sb sth, to ~ sth to sb** (lit, fig) jdm etw schulden; (life, talent, good looks etc) jdm etw verdanken.
owing to ['əuɪŋ-] prep (because of) wegen +gen, aufgrund or auf Grund +gen.
owl [aul] n Eule f.
own [əun] vt (possess) besitzen ♦ vi (BRIT: form): **to ~ up to sth** etw zugeben ♦ adj eigen; **a room of my ~** mein eigenes Zimmer; **to get one's ~ back** (take revenge) sich rächen; **on one's ~** allein; **to come into one's ~** sich entfalten.
▶ **own up** vi gestehen, es zugeben.
own brand n (COMM) Hausmarke f.
owner ['əunə*] n Besitzer(in) m(f), Eigentümer(in) m(f).
owner-occupier [əunər'ɔkjupaɪə*] n (ADMIN, LAW) Bewohner(in) m(f) im eigenen Haus.
ownership ['əunəʃɪp] n Besitz m; **under new ~** (shop etc) unter neuer Leitung.
own goal n (also fig) Eigentor nt.
ox [ɔks] (pl **~en**) n Ochse m.

OXFAM (*BRIT*) *n abbr* (= *Oxford Committee for Famine Relief*) karitative Vereinigung zur Hungerhilfe.

oxide ['ɔksaɪd] *n* Oxid *nt*, Oxyd *nt*.

oxidize ['ɔksɪdaɪz] *vi* oxidieren, oxydieren.

Oxon. ['ɔksn] (*BRIT*) *abbr* (*POST*: = *Oxfordshire*) (*in degree titles*: = *Oxoniensis*) der Universität Oxford.

oxtail ['ɔksteɪl] *n*: ~ **soup** Ochsenschwanzsuppe *f*.

oxyacetylene ['ɔksɪə'setɪliːn] *adj* (*flame*) Azetylensauerstoff-; ~ **burner** Schweißbrenner *m*; ~ **welding** Autogenschweißen *nt*.

oxygen ['ɔksɪdʒən] *n* Sauerstoff *m*.

oxygen mask *n* Sauerstoffmaske *f*.

oxygen tent *n* Sauerstoffzelt *nt*.

oyster ['ɔɪstə*] *n* Auster *f*.

oz *abbr* = **ounce**.

ozone ['əuzəun] *n* Ozon *nt*.

ozone hole *n* Ozonloch *nt*.

ozone layer *n*: **the** ~ die Ozonschicht.

P, p

P, p¹ [piː] *n* (*letter*) P *nt*, p *nt*; ~ **for Peter** ≈ P wie Paula.

P. *abbr* = **president; prince.**

p² (*BRIT*) *abbr* = **penny; pence.**

p. *abbr* (= *page*) S.

PA *n abbr* = **personal assistant; public-address system** ♦ *abbr* (*US*: *POST*: = *Pennsylvania*).

pa [pɑː] (*inf*) *n* Papa *m*.

p.a. *abbr* (= *per annum*) p.a.

PAC (*US*) *n abbr* (= *political action committee*) politisches Aktionskomitee.

pace [peɪs] *n* (*step*) Schritt *m*; (*speed*) Tempo *nt* ♦ *vi*: **to** ~ **up and down** auf und ab gehen; **to keep** ~ **with** Schritt halten mit; **to set the** ~ das Tempo angeben; **to put sb through his/her** ~s (*fig*) jdn auf Herz und Nieren prüfen.

pacemaker ['peɪsmeɪkə*] *n* (*MED*) (Herz)schrittmacher *m*; (*SPORT*: *also*: pacesetter) Schrittmacher *m*.

pacesetter ['peɪssetə*] *n* (*SPORT*) = **pacemaker.**

Pacific [pə'sɪfɪk] *n* (*GEOG*): **the** ~ (**Ocean**) der Pazifik, der Pazifische Ozean.

pacific [pə'sɪfɪk] *adj* (*intentions etc*) friedlich.

pacifier ['pæsɪfaɪə*] (*US*) *n* (*dummy*) Schnuller *m*.

pacifist ['pæsɪfɪst] *n* Pazifist(in) *m(f)*.

pacify ['pæsɪfaɪ] *vt* (*person, fears*) beruhigen.

pack [pæk] *n* (*packet*) Packung *f*; (*US*: *of cigarettes*) Schachtel *f*; (*of people, hounds*) Meute *f*; (*back pack*) Rucksack *m*; (*of cards*) (Karten)spiel *nt* ♦ *vt* (*clothes etc*) einpacken; (*suitcase etc, COMPUT*) packen; (*press down*) pressen ♦ *vi* packen; **to** ~ **one's bags** (*fig*) die Koffer packen; **to** ~ **into** (*cram: people, objects*) hineinstopfen in +*acc*; **to send sb** ~**ing** (*inf*) jdn kurz abfertigen.

▶ **pack in** (*BRIT*: *inf*) *vt* (*job*) hinschmeißen; ~ **it in!** hör auf!

▶ **pack off** *vt* schicken.

▶ **pack up** *vi* (*BRIT*: *inf*: *machine*) den Geist aufgeben; (: *person*) Feierabend machen ♦ *vt* (*belongings*) zusammenpacken.

package ['pækɪdʒ] *n* (*parcel, COMPUT*) Paket *nt*; (*also*: ~ **deal**) Pauschalangebot *nt* ♦ *vt* verpacken.

package holiday (*BRIT*), **package tour** (*US*) *n* Pauschalreise *f*.

packaging ['pækɪdʒɪŋ] *n* Verpackung *f*.

packed [pækt] *adj* (*crowded*) randvoll.

packed lunch (*BRIT*) *n* Lunchpaket *nt*.

packer ['pækə*] *n* Packer(in) *m(f)*.

packet ['pækɪt] *n* Packung *f*; (*of cigarettes*) Schachtel *m*; **to make a** ~ (*BRIT*: *inf*) einen Haufen Geld verdienen.

packet switching *n* (*COMPUT*) Paketvermittlung *f*.

pack ice ['pækaɪs] *n* Packeis *nt*.

packing ['pækɪŋ] *n* (*act*) Packen *nt*; (*material*) Verpackung *f*.

packing case *n* Kiste *f*.

pact [pækt] *n* Pakt *m*.

pad [pæd] *n* (*paper*) Block *m*; (*to prevent damage*) Polster *nt*; (*inf*: *home*) Bude *f* ♦ *vt* (*upholstery etc*) polstern ♦ *vi*: **to** ~ **about/in** herum-/hereintrotten.

padded cell ['pædɪd-] *n* Gummizelle *f*.

padding ['pædɪŋ] *n* (*material*) Polsterung *f*; (*fig*) Füllwerk *nt*.

paddle ['pædl] *n* (*oar*) Paddel *nt*; (*US*: *for table tennis*) Schläger *m* ♦ *vt* paddeln ♦ *vi* (*at seaside*) plan(t)schen.

paddle steamer *n* Raddampfer *m*.

paddling pool ['pædlɪŋ-] (*BRIT*) *n* Plan(t)schbecken *nt*.

paddock ['pædək] *n* (*small field*) Koppel *f*; (*at race course*) Sattelplatz *m*.

paddy field ['pædɪ-] *n* Reisfeld *nt*.

padlock ['pædlɔk] *n* Vorhängeschloss *nt* ♦ *vt* (mit einem Vorhängeschloss) verschließen.

padre ['pɑːdrɪ] n (*REL*) Feldgeistliche(r) m.
paediatrician [piːdɪə'trɪʃən] n Kinderarzt m, Kinderärztin f.
paediatrics, (*US*) **pediatrics** [piːdɪ'ætrɪks] n Kinderheilkunde f, Pädiatrie f.
paedophile ['piːdəʊfaɪl] n Pädophile(r) f(m) ♦ adj pädophil.
paedophilia [piːdəʊ'fɪlɪə] n Pädophilie f.
pagan ['peɪɡən] adj heidnisch ♦ n Heide m, Heidin f.
page [peɪdʒ] n (*of book etc*) Seite f; (*also:* ~**boy**: *in hotel*) Page m ♦ vt (*in hotel etc*) ausrufen lassen.
pageant ['pædʒənt] n (*historical procession*) Festzug m; (*show*) Historienspiel nt.
pageantry ['pædʒəntrɪ] n Prunk m.
pageboy ['peɪdʒbɔɪ] n *see* **page**.
pager ['peɪdʒəʳ] n Funkrufempfänger m, Piepser m (*inf*).
paginate ['pædʒɪneɪt] vt paginieren.
pagination [pædʒɪ'neɪʃən] n Paginierung f.
pagoda [pə'ɡəʊdə] n Pagode f.
paid [peɪd] pt, pp *of* **pay** ♦ adj bezahlt; **to put** ~ **to** (*BRIT*) zunichte machen.
paid-in ['peɪdɪn] (*US*) adj = **paid-up**.
paid-up ['peɪdʌp], **paid-in** ['peɪdɪn] (*US*) adj (*member*) zahlend; (*COMM: shares*) eingezahlt; ~ **capital** eingezahltes Kapital nt.
pail [peɪl] n Eimer m.
pain [peɪn] n Schmerz m; (*also:* ~ **in the neck**: *inf: nuisance*) Plage f; **to have a** ~ **in the chest/arm** Schmerzen in der Brust/im Arm haben; **to be in** ~ Schmerzen haben; **to take** ~**s to do sth** (*make an effort*) sich *dat* Mühe geben, etw zu tun; **on** ~ **of death** bei Todesstrafe; **he is/it is a right** ~ (**in the neck**) (*inf*) er/das geht einem auf den Wecker.
pained [peɪnd] adj (*expression*) gequält.
painful ['peɪnful] adj (*back, injury etc*) schmerzhaft; (*sight, decision etc*) schmerzlich; (*laborious*) mühsam; (*embarrassing*) peinlich.
painfully ['peɪnfəlɪ] adv (*fig: extremely*) furchtbar.
painkiller ['peɪnkɪləʳ] n schmerzstillendes Mittel nt.
painless ['peɪnlɪs] adj schmerzlos.
painstaking ['peɪnzteɪkɪŋ] adj (*work, person*) gewissenhaft.
paint [peɪnt] n Farbe f ♦ vt (*door, house etc*) anstreichen; (*person, picture*) malen; (*fig*) zeichnen; **a tin of** ~ eine Dose Farbe; **to** ~ **the door blue** die Tür blau streichen; **to** ~ **in oils** in Öl malen.
paintbox ['peɪntbɔks] n Farbkasten m, Malkasten m.
paintbrush ['peɪntbrʌʃ] n Pinsel m.
painter ['peɪntəʳ] n (*artist*) Maler(in) m(f); (*decorator*) Anstreicher(in) m(f).
painting ['peɪntɪŋ] n (*activity: of artist*) Malerei

f; (: *of decorator*) Anstreichen nt; (*picture*) Bild nt, Gemälde nt.
paint stripper n Abbeizmittel nt.
paintwork ['peɪntwɜːk] n (*of wall etc*) Anstrich m; (*of car*) Lack m.
pair [pɛəʳ] n Paar nt; **a** ~ **of scissors** eine Schere; **a** ~ **of trousers** eine Hose.
► **pair off** vi: **to** ~ **off with sb** sich jdm anschließen.
pajamas [pə'dʒɑːməz] (*US*) npl Schlafanzug m, Pyjama m.
Pakistan [pɑːkɪ'stɑːn] n Pakistan nt.
Pakistani [pɑːkɪ'stɑːnɪ] adj pakistanisch ♦ n Pakistani m, Pakistaner(in) m(f).
PAL n abbr (*TV:* = *phase alternation line*) PAL nt.
pal [pæl] (*inf*) n (*friend*) Kumpel m, Freund(in) m(f).
palace ['pæləs] n Palast m.
palaeontology [pælɪɒn'tɔlədʒɪ] n Paläontologie f.
palatable ['pælɪtəbl] adj (*food, drink*) genießbar; (*fig: idea, fact etc*) angenehm.
palate ['pælɪt] n (*ANAT*) Gaumen m; (*sense of taste*) Geschmackssinn m.
palatial [pə'leɪʃəl] adj (*residence etc*) prunkvoll.
palaver [pə'lɑːvəʳ] (*inf*) n (*fuss*) Theater nt.
pale [peɪl] adj blass; (*light*) fahl ♦ vi erblassen ♦ n: **beyond the** ~ (*unacceptable: behaviour*) indiskutabel; **to grow** *or* **turn** ~ erblassen, blass werden; ~ **blue** zartblau; **to** ~ **into insignificance (beside)** zur Bedeutungslosigkeit herabsinken (gegenüber +*dat*).
paleness ['peɪlnɪs] n Blässe f.
Palestine ['pælɪstaɪn] n Palästina nt.
Palestinian [pælɪs'tɪnɪən] adj palästinensisch ♦ n Palästinenser(in) m(f).
palette ['pælɪt] n Palette f.
palings ['peɪlɪŋz] npl (*fence*) Lattenzaun m.
palisade [pælɪ'seɪd] n Palisade f.
pall [pɔːl] n (*cloud of smoke*) (Rauch)wolke f ♦ vi an Reiz verlieren.
pallet ['pælɪt] n (*for goods*) Palette f.
palliative ['pælɪətɪv] n (*MED*) Linderungsmittel nt; (*fig*) Beschönigung f.
pallid ['pælɪd] adj bleich.
pallor ['pæləʳ] n Bleichheit f.
pally ['pælɪ] (*inf*) adj: **they're very** ~ sie sind dicke Freunde.
palm [pɑːm] n (*also:* ~ **tree**) Palme f; (*of hand*) Handteller m ♦ vt: **to** ~ **sth off on sb** (*inf*) jdm etw andrehen.
palmistry ['pɑːmɪstrɪ] n Handlesekunst f.
Palm Sunday n Palmsonntag m.
palpable ['pælpəbl] adj (*obvious*) offensichtlich.
palpitations [pælpɪ'teɪʃənz] npl (*MED*) Herzklopfen nt.
paltry ['pɔːltrɪ] adj (*amount, wage*) armselig.
pamper ['pæmpəʳ] vt verwöhnen.
pamphlet ['pæmflət] n Broschüre f; (*political*) Flugschrift f.

pan [pæn] *n* (*also:* **saucepan**) Topf *m*; (*also:* frying ~) Pfanne *f* ♦ *vi* (*CINE, TV*) schwenken ♦ *vt* (*inf: book, film*) verreißen; **to ~ for gold** Gold waschen.

panacea [pænə'sɪə] *n* Allheilmittel *nt*.

panache [pə'næʃ] *n* Elan *m*, Schwung *m*.

Panama ['pænəmɑː] *n* Panama *nt*.

panama [pænə'mɑː] *n* (*also:* ~ **hat**) Panamahut *m*.

Panama Canal *n*: **the ~** der Panamakanal.

Panamanian [pænə'meɪnɪən] *adj* panamaisch ♦ *n* Panamaer(in) *m(f)*.

pancake ['pænkeɪk] *n* Pfannkuchen *m*.

Pancake Day (*BRIT*) *n* Fastnachtsdienstag *m*.

pancake roll *n gefüllte Pfannkuchenrolle.*

pancreas ['pæŋkrɪəs] *n* Bauchspeicheldrüse *f*.

panda ['pændə] *n* Panda *m*.

panda car (*BRIT*) *n* Streifenwagen *m*.

pandemonium [pændɪ'məʊnɪəm] *n* Chaos *nt*.

pander ['pændə*] *vi*: **to ~ to** (*person, desire etc*) sich richten nach, entgegenkommen +*dat*.

p & h (*US*) *abbr* (= *postage and handling*) Porto und Bearbeitungsgebühr.

P & L *abbr* (= *profit and loss*) Gewinn und Verlust; *see also* **profit**.

p & p (*BRIT*) *abbr* (= *postage and packing*) Porto und Verpackung.

pane [peɪn] *n* (*of glass*) Scheibe *f*.

panel ['pænl] *n* (*wood, metal, glass etc*) Platte *f*, Tafel *f*; (*group of experts etc*) Diskussionsrunde *f*; **~ of judges** Jury *f*.

panel game (*BRIT*) *n* Ratespiel *nt*.

panelling, (*US*) **paneling** ['pænəlɪŋ] *n* Täfelung *f*.

panellist, (*US*) **panelist** ['pænəlɪst] *n* Diskussionsteilnehmer(in) *m(f)*.

pang [pæŋ] *n*: **to have** *or* **feel a ~ of regret** Reue empfinden; **hunger ~s** quälender Hunger *m*; **~s of conscience** Gewissensbisse *pl*.

panhandler ['pænhændlə*] (*US: inf*) *n* Bettler(in) *m(f)*.

panic ['pænɪk] *n* Panik *f* ♦ *vi* in Panik geraten.

panic buying [-baɪɪŋ] *n* Panikkäufe *pl*.

panicky ['pænɪkɪ] *adj* (*person*) überängstlich; (*feeling*) Angst-; (*reaction*) Kurzschluss-.

panic-stricken ['pænɪkstrɪkən] *adj* (*person, face*) von Panik erfasst.

pannier ['pænɪə*] *n* (*on bicycle*) Satteltasche *f*; (*on animal*) (Trage)korb *m*.

panorama [pænə'rɑːmə] *n* (*view*) Panorama *nt*.

panoramic [pænə'ræmɪk] *adj* (*view*) Panorama-.

pansy ['pænzɪ] *n* (*BOT*) Stiefmütterchen *nt*; (*inf. pej: sissy*) Tunte *f*.

pant [pænt] *vi* (*person*) keuchen; (*animal*) hecheln.

pantechnicon [pæn'teknɪkən] (*BRIT*) *n* Möbelwagen *m*.

panther ['pænθə*] *n* Pant(h)er *m*.

panties ['pæntɪz] *npl* Höschen *nt*.

panto ['pæntəʊ] *n see* **pantomime**

PANTOMIME

Pantomime *oder umgangssprächlich* **panto** *ist in Großbritannien ein zur Weihnachtszeit aufgeführtes Märchenspiel mit possenhaften Elementen, Musik, Standardrollen (ein als Frau verkleideter Mann, ein Junge, ein Bösewicht) und aktuellen Witzen. Publikumsbeteiligung wird gern gesehen (z. B. warnen die Kinder den Helden mit dem Ruf „He's behind you" vor einer drohenden Gefahr), und viele der Witze sprechen vor allem Erwachsene an, sodass* **pantomimes** *Unterhaltung für die ganze Familie bieten.*

---

pantry ['pæntrɪ] *n* (*cupboard*) Vorratsschrank *m*; (*room*) Speisekammer *f*.

pants [pænts] *npl* (*BRIT: woman's*) Höschen *nt*; (: *man's*) Unterhose *f*; (*US: trousers*) Hose *f*.

panty hose (*US*) *npl* Strumpfhose *f*.

papacy ['peɪpəsɪ] *n* Papsttum *nt*; **during the ~ of Paul VI** während der Amtszeit von Papst Paul VI.

papal ['peɪpəl] *adj* päpstlich.

paparazzi [pæpə'rætsiː] *npl* Pressefotografen *pl*, Paparazzi *pl*.

paper ['peɪpə*] *n* Papier *nt*; (*also:* **newspaper**) Zeitung *f*; (*exam*) Arbeit *f*; (*academic essay*) Referat *nt*; (*document*) Dokument *nt*, Papier; (*wallpaper*) Tapete *f* ♦ *adj* (*made from paper: hat, plane etc*) Papier-, aus Papier ♦ *vt* (*room*) tapezieren; **papers** *npl* (*also:* **identity ~s**) Papiere *pl*; **a piece of ~** (*odd bit*) ein Stück *nt* Papier, ein Zettel *m*; (*sheet*) ein Blatt *nt* Papier; **to put sth down on ~** etw schriftlich festhalten.

paper advance *n* (*on printer*) Papiervorschub *m*.

paperback ['peɪpəbæk] *n* Taschenbuch *nt*, Paperback *nt* ♦ *adj*: **~ edition** Taschenbuchausgabe *f*.

paper bag *n* Tüte *f*.

paperboy ['peɪpəbɔɪ] *n* Zeitungsjunge *m*.

paperclip ['peɪpəklɪp] *n* Büroklammer *f*.

paper hankie *n* Tempotaschentuch ® *nt*.

paper mill *n* Papierfabrik *f*.

paper money *n* Papiergeld *nt*.

paper shop *n* Zeitungsladen *m*.

paperweight ['peɪpəweɪt] *n* Briefbeschwerer *m*.

paperwork ['peɪpəwɔːk] *n* Schreibarbeit *f*.

papier-mâché [pæpjeɪ'mæʃeɪ] *n* Papiermaché *nt*, Papiermaschee *nt*.

paprika ['pæprɪkə] *n* Paprika *m*.

Pap Smear, Pap Test *n* (*MED*) Abstrich *m*.

par [pɑː*] *n* (*GOLF*) Par *nt*; **to be on a ~ with** sich messen können mit; **at ~** (*COMM*) zum Nennwert; **above/below ~** (*COMM*) über/unter dem Nennwert; **above** *or* **over ~** (*GOLF*) über dem Par; **below** *or* **under ~** (*GOLF*) unter dem Par; **to feel below** *or* **under ~** sich nicht auf der Höhe fühlen; **to**

be ~ **for the course** (*fig*) zu erwarten sein.
parable ['pærəbl] *n* Gleichnis *nt*.
parabola [pə'ræbələ] *n* (*MATH*) Parabel *f*.
parachute ['pærəʃuːt] *n* Fallschirm *m*.
parachute jump *n* Fallschirmabsprung *m*.
parachutist ['pærəʃuːtɪst] *n*
   Fallschirmspringer(in) *m(f)*.
parade [pə'reɪd] *n* (*procession*) Parade *f*;
  (*ceremony*) Zeremonie *f* ♦ *vt* (*people*)
  aufmarschieren lassen; (*wealth, knowledge*
  etc) zur Schau stellen ♦ *vi* (*MIL*)
  aufmarschieren; **fashion ~** Modenschau *f*.
parade ground *n* Truppenübungsplatz *m*,
  Exerzierplatz *m*.
paradise ['pærədaɪs] *n* (*also fig*) Paradies *nt*.
paradox ['pærədɔks] *n* Paradox *nt*.
paradoxical [pærə'dɔksɪkl] *adj* (*situation*)
  paradox.
paradoxically [pærə'dɔksɪklɪ] *adv*
  paradoxerweise.
paraffin ['pærəfɪn] (*BRIT*) *n* (*also*: ~ **oil**)
  Petroleum *nt*; **liquid ~** Paraffinöl *nt*.
paraffin heater (*BRIT*) *n* Petroleumofen *m*.
paraffin lamp (*BRIT*) *n* Petroleumlampe *f*.
paragon ['pærəgən] *n*: **a ~ of** (*honesty, virtue*
  etc) ein Muster *nt* an +*dat*.
paragraph ['pærəgrɑːf] *n* Absatz *m*, Paragraf
  m; **to begin a new ~** einen neuen Absatz
  beginnen.
parallel ['pærəlɛl] *adj* (*also COMPUT*) parallel;
  (*fig: similar*) vergleichbar ♦ *n* Parallele *f*;
  (*GEOG*) Breitenkreis *m*; **to run ~** (**with** *or* **to**)
  (*lit, fig*) parallel verlaufen (zu); **to draw ~s**
  between/with Parallelen ziehen zwischen/
  mit; **in ~** (*ELEC*) parallel.
paralyse ['pærəlaɪz] (*BRIT*) *vt* (*also fig*) lähmen.
paralysis [pə'rælɪsɪs] (*pl* **paralyses**) *n* Lähmung
  f.
paralytic [pærə'lɪtɪk] *adj* paralytisch,
  Lähmungs-; (*BRIT: inf: drunk*) sternhagelvoll.
paralyze ['pærəlaɪz] (*US*) *vt* = **paralyse**.
paramedic [pærə'mɛdɪk] *n* Sanitäter(in) *m(f)*;
  (*in hospital*) medizinisch-technischer
  Assistent *m*, medizinisch-technische
  Assistentin *f*.
parameter [pə'ræmɪtə*] *n* (*MATH*) Parameter
  m; (*fig: factor*) Faktor *m*; (: *limit*) Rahmen *m*.
paramilitary [pærə'mɪlɪtərɪ] *adj*
  paramilitärisch.
paramount ['pærəmaunt] *adj* vorherrschend;
  of ~ importance von höchster *or* größter
  Wichtigkeit.
paranoia [pærə'nɔɪə] *n* Paranoia *f*.
paranoid ['pærənɔɪd] *adj* paranoid.
paranormal [pærə'nɔːml] *adj* übersinnlich,
  paranormal ♦ *n*: **the ~** das Übersinnliche.
parapet ['pærəpɪt] *n* Brüstung *f*.
paraphernalia [pærəfə'neɪlɪə] *n* Utensilien
  pl.
paraphrase ['pærəfreɪz] *vt* umschreiben.
paraplegic [pærə'pliːdʒɪk] *n* Paraplegiker(in)

m(f), doppelseitig Gelähmte(r) *f(m)*.
parapsychology [pærəsaɪ'kɔlədʒɪ] *n*
  Parapsychologie *f*.
parasite ['pærəsaɪt] *n* (*also fig*) Parasit *m*.
parasol ['pærəsɔl] *n* Sonnenschirm *m*.
paratrooper ['pærətruːpə*] *n* Fallschirmjäger
  m.
parcel ['pɑːsl] *n* Paket *nt* ♦ *vt* (*also*: ~ **up**)
  verpacken.
▶ **parcel out** *vt* aufteilen.
parcel bomb (*BRIT*) *n* Paketbombe *f*.
parcel post *n* Paketpost *f*.
parch [pɑːtʃ] *vt* ausdörren, austrocknen.
parched [pɑːtʃt] *adj* ausgetrocknet; **I'm ~** (*inf:*
  thirsty) ich bin am Verdursten.
parchment ['pɑːtʃmənt] *n* Pergament *nt*.
pardon ['pɑːdn] *n* (*LAW*) Begnadigung *f*
  ♦ *vt* (*forgive*) verzeihen +*dat*, vergeben
  +*dat*; (*LAW*) begnadigen; ~ **me!, I beg your**
  ~**!** (*I'm sorry!*) verzeihen Sie bitte!; (**I beg**
  your) ~**?**, (*US*) ~ **me?** (*what did you say?*)
  bitte?
pare [pɛə*] *vt* (*BRIT: nails*) schneiden; (*fruit etc*)
  schälen; (*fig: costs etc*) reduzieren.
parent ['pɛərənt] *n* (*mother*) Mutter *f*; (*father*)
  Vater *m*; ~**s** *npl* (*mother and father*) Eltern *pl*.
parentage ['pɛərəntɪdʒ] *n* Herkunft *f*; **of**
  unknown ~ unbekannter Herkunft.
parental [pə'rɛntl] *adj* (*love, control etc*)
  elterlich.
parent company *n* Mutterunternehmen *nt*.
parentheses [pə'rɛnθisiːz] *npl of* **parenthesis**.
parenthesis [pə'rɛnθɪsɪs] (*pl* **parentheses**) *n*
  Klammer *f*; **in ~** in Klammern.
parenthood ['pɛərənthud] *n* Elternschaft *f*.
parenting ['pɛərəntɪŋ] *n* elterliche Pflege *f*.
parish ['pærɪʃ] *n* Gemeinde *f*.
parish council (*BRIT*) *n* Gemeinderat *m*.
parishioner [pə'rɪʃənə*] *n* Gemeindemitglied
  nt.
Parisian [pə'rɪzɪən] *adj* Pariser *inv*,
  paris(er)isch ♦ *n* Pariser(in) *m(f)*.
parity ['pærɪtɪ] *n* (*equality*) Gleichstellung *f*.
park [pɑːk] *n* Park *m* ♦ *vt, vi* (*AUT*) parken.
parka ['pɑːkə] *n* Parka *m*.
parking ['pɑːkɪŋ] *n* Parken *nt*; "**no ~**"
  „Parken verboten".
parking lights *npl* Parklicht *nt*.
parking lot (*US*) *n* Parkplatz *m*.
parking meter *n* Parkuhr *f*.
parking offence (*BRIT*) *n* Parkvergehen
  nt.
parking place *n* Parkplatz *m*.
parking ticket *n* Strafzettel *m*.
parking violation (*US*) *n* = **parking offence**.
Parkinson's (disease) ['pɑːkɪnsənz-] *n*
  parkinsonsche Krankheit *f*.
parkway ['pɑːkweɪ] (*US*) *n* Allee *f*.
parlance ['pɑːləns] *n*: **in common/modern ~**
  im allgemeinen/modernen Sprach-
  gebrauch.
parliament ['pɑːləmənt] *n* Parlament *nt*.

PARLIAMENT

Parliament *ist die höchste gesetzgebende Versammlung in Großbritannien und tritt im Parlamentsgebäude in London zusammen. Die Legislaturperiode beträgt normalerweise 5 Jahre von einer Wahl zur nächsten. Das Parlament besteht aus zwei Kammern, dem Oberhaus (siehe* **House of Lords** *und dem Unterhaus (siehe* **House of Commons***).*

---

parliamentary [pɑːlə'mɛntərɪ] *adj* parlamentarisch.

parlour, (*US*) **parlor** ['pɑːlə*] *n* Salon *m*.

parlous ['pɑːləs] *adj* (*state*) prekär.

Parmesan [pɑːmɪ'zæn] *n* (*also:* ~ **cheese**) Parmesan(käse) *m*.

parochial [pə'rəukɪəl] (*pej*) *adj* (*person, attitude*) engstirnig.

parody ['pærədɪ] *n* Parodie *f* ♦ *vt* parodieren.

parole [pə'rəul] *n* (*LAW*) Bewährung *f*; **on** ~ auf Bewährung.

paroxysm ['pærəksɪzəm] *n* (*also MED*) Anfall *m*.

parquet ['pɑːkeɪ] *n* (*also:* ~ **floor(ing)**) Parkettboden *m*.

parrot ['pærət] *n* Papagei *m*.

parrot-fashion ['pærətfæʃən] *adv* (*say, learn*) mechanisch; (*repeat*) wie ein Papagei.

parry ['pærɪ] *vt* (*blow, argument*) parieren.

parsimonious [pɑːsɪ'məunɪəs] *adj* geizig.

parsley ['pɑːslɪ] *n* Petersilie *f*.

parsnip ['pɑːsnɪp] *n* Pastinake *f*.

parson ['pɑːsn] *n* Pfarrer *m*.

part [pɑːt] *n* Teil *m, nt*; (*TECH*) Teil *nt*; (*THEAT, CINE etc: role*) Rolle *f*; (*US: in hair*) Scheitel *m*; (*MUS*) Stimme *f* ♦ *adv* = **partly** ♦ *vt* (*separate*) trennen; (*hair*) scheiteln ♦ *vi* (*roads, fig: people*) sich trennen; (*crowd*) sich teilen; **to take** ~ **in** teilnehmen an +*dat*; **to take sth in good** ~ etw nicht übel nehmen; **to take sb's** ~ (*support*) sich auf jds Seite *acc* stellen; **on his** ~ seinerseits; **for my** ~ für meinen Teil; **for the most** ~ (*generally*) zumeist; **for the better** *or* **best** ~ **of the day** die meiste Zeit des Tages; **to be** ~ **and parcel of** dazugehören zu; ~ **of speech** (*LING*) Wortart *f*.
▶ **part with** *vt fus* sich trennen von.

partake [pɑː'teɪk] (*irreg: like* **take**) *vi* (*form*): **to** ~ **of sth** etw zu sich nehmen.

part exchange (*BRIT*) *n*: **to give/take sth in** ~ etw in Zahlung geben/nehmen.

partial ['pɑːʃl] *adj* (*victory, solution*) Teil-; (*support*) teilweise; (*biassed*) parteiisch; **to be** ~ **to** (*person, drink etc*) eine Vorliebe haben für.

partially ['pɑːʃəlɪ] *adv* (*to some extent*) teilweise, zum Teil.

participant [pɑː'tɪsɪpənt] *n* Teilnehmer(in) *m(f)*.

participate [pɑː'tɪsɪpeɪt] *vi* sich beteiligen; **to**

~ **in** teilnehmen an +*dat*.

participation [pɑːtɪsɪ'peɪʃən] *n* Teilnahme *f*.

participle ['pɑːtɪsɪpl] *n* Partizip *nt*.

particle ['pɑːtɪkl] *n* Teilchen *nt*, Partikel *f*.

particular [pə'tɪkjulə*] *adj* (*distinct: person, time, place etc*) bestimmt, speziell; (*special*) speziell, besondere(r, s) ♦ *n*: **in** ~ im Besonderen, besonders; **particulars** *npl* Einzelheiten *pl*; (*name, address etc*) Personalien *pl*; **to be very** ~ **about sth** (*fussy*) in Bezug auf etw *acc* sehr eigen sein.

particularly [pə'tɪkjulələɪ] *adv* besonders.

parting ['pɑːtɪŋ] *n* (*action*) Teilung *f*; (*farewell*) Abschied *m*; (*BRIT: in hair*) Scheitel *m* ♦ *adj* (*words, gift etc*) Abschieds-; **his** ~ **shot was** ... (*fig*) seine Bemerkung zum Abschied war ...

partisan [pɑːtɪ'zæn] *adj* (*politics, views*) voreingenommen ♦ *n* (*supporter*) Anhänger(in) *m(f)*; (*fighter*) Partisan *m*.

partition [pɑː'tɪʃən] *n* (*wall, screen*) Trennwand *f*; (*of country*) Teilung *f* ♦ *vt* (*room, office*) aufteilen; (*country*) teilen.

partly ['pɑːtlɪ] *adv* teilweise, zum Teil.

partner ['pɑːtnə*] *n* Partner(in) *m(f)*; (*COMM*) Partner(in), Teilhaber(in) *m(f)* ♦ *vt* (*at dance, cards etc*) als Partner(in) haben.

partnership ['pɑːtnəʃɪp] *n* (*POL etc*) Partnerschaft *f*; (*COMM*) Teilhaberschaft *f*; **to go into** ~ (**with sb**), **form a** ~ (**with sb**) (mit jdm) eine Partnerschaft eingehen.

part payment *n* Anzahlung *f*.

partridge ['pɑːtrɪdʒ] *n* Rebhuhn *nt*.

part-time ['pɑːt'taɪm] *adj* (*work, staff*) Teilzeit-, Halbtags- ♦ *adv*: **to work** ~ Teilzeit arbeiten; **to study** ~ Teilzeitstudent(in) *m(f)* sein.

part-timer [pɑːt'taɪmə*] *n* (*also:* **part-time worker**) Teilzeitbeschäftigte(r) *f(m)*.

party ['pɑːtɪ] *n* (*POL, LAW*) Partei *f*; (*celebration, social event*) Party *f*, Fete *f*; (*group of people*) Gruppe *f*, Gesellschaft *f* ♦ *cpd* (*POL*) Partei-; **dinner** ~ Abendgesellschaft *f*; **to give** *or* **throw a** ~ eine Party geben, eine Fete machen; **we're having a** ~ **next Saturday** bei uns ist nächsten Samstag eine Party; **our son's birthday** ~ die Geburtstagsfeier unseres Sohnes; **to be a** ~ **to a crime** an einem Verbrechen beteiligt sein.

party dress *n* Partykleid *nt*.

party line *n* (*TEL*) Gemeinschaftsanschluss *m*; (*POL*) Parteilinie *f*.

party piece (*inf*) *n*: **to do one's** ~ auf einer Party etwas zum Besten geben.

party political *adj* parteipolitisch.

party political broadcast *n* parteipolitische Sendung *f*.

par value *n* (*COMM: of share etc*) Nennwert *m*.

pass [pɑːs] *vt* (*spend: time*) verbringen; (*hand over*) reichen, geben; (*go past*) vorbeikommen an +*dat*; (*: in car*) vorbeifahren an +*dat*; (*overtake*) überholen;

(*fig: exceed*) übersteigen; (*exam*) bestehen; (*law, proposal*) genehmigen ♦ *vi* (*go past*) vorbeigehen; (: *in car*) vorbeifahren; (*in exam*) bestehen ♦ *n* (*permit*) Ausweis *m*; (*in mountains, SPORT*) Pass *m*; **to ~ sth through sth** etw durch etw führen; **to ~ the ball to** den Ball zuspielen +*dat*; **could you ~ the vegetables round?** könnten Sie das Gemüse herumreichen?; **to get a ~ in ...** (*SCOL*) die Prüfung in ... bestehen; **things have come to a pretty ~ when ...** (*BRIT: inf*) so weit ist es schon gekommen, dass ...; **to make a ~ at sb** (*inf*) jdn anmachen.
► **pass away** *vi* (*die*) dahinscheiden.
► **pass by** *vi* (*go past*) vorbeigehen; (: *in car*) vorbeifahren ♦ *vt* (*ignore*) vorbeigehen an +*dat*.
► **pass down** *vt* (*customs, inheritance*) weitergeben.
► **pass for** *vt*: **she could ~ for 25** sie könnte für 25 durchgehen.
► **pass on** *vi* (*die*) verscheiden ♦ *vt*: **to ~ on (to)** weitergeben (an +*acc*).
► **pass out** *vi* (*faint*) ohnmächtig werden; (*BRIT: MIL*) die Ausbildung beenden.
► **pass over** *vt* (*ignore*) übergehen ♦ *vi* (*die*) entschlafen.
► **pass up** *vt* (*opportunity*) sich *dat* entgehen lassen.
passable ['pɑːsəbl] *adj* (*road*) passierbar; (*acceptable*) passabel.
passage ['pæsɪdʒ] *n* Gang *m*; (*in book*) Passage *f*; (*way through crowd etc, ANAT*) Weg *m*; (*act of passing: of train etc*) Durchfahrt *f*; (*journey: on boat*) Überfahrt *f*.
passageway ['pæsɪdʒweɪ] *n* Gang *m*.
passenger ['pæsɪndʒəʳ] *n* (*in boat, plane*) Passagier *m*; (*in car*) Fahrgast *m*.
passer-by [pɑːsə'baɪ] (*pl* **~s-~**) *n* Passant(in) *m(f)*.
passing ['pɑːsɪŋ] *adj* (*moment, thought etc*) flüchtig; **in ~** (*incidentally*) beiläufig, nebenbei; **to mention sth in ~** etw beiläufig *or* nebenbei erwähnen.
passing place *n* (*AUT*) Ausweichstelle *f*.
passion ['pæʃən] *n* Leidenschaft *f*; **to have a ~ for sth** eine Leidenschaft für etw haben.
passionate ['pæʃənɪt] *adj* leidenschaftlich.
passion fruit *n* Passionsfrucht *f*, Maracuja *f*.
Passion play *n* Passionsspiel *nt*.
passive ['pæsɪv] *adj* passiv; (*LING*) Passiv- ♦ *n* (*LING*) Passiv *nt*.
passive smoking *n* passives Rauchen, Passivrauchen *nt*.
passkey ['pɑːskiː] *n* Hauptschlüssel *m*.
Passover ['pɑːsəʊvəʳ] *n* Passah(fest) *nt*.
passport ['pɑːspɔːt] *n* Pass *m*; (*fig: to success etc*) Schlüssel *m*.
passport control *n* Passkontrolle *f*.
passport office *n* Passamt *nt*.
password ['pɑːswɜːd] *n* Kennwort *nt*; (*COMPUT*) Passwort *nt*.

past [pɑːst] *prep* (*in front of*) vorbei an +*dat*; (*beyond*) hinter +*dat*; (*later than*) nach ♦ *adj* (*government etc*) früher, ehemalig; (*week, month etc*) vergangen ♦ *n* Vergangenheit *f* ♦ *adv*: **to run ~** vorbeilaufen; **he's ~ 40** er ist über 40; **it's ~ midnight** es ist nach Mitternacht; **ten/quarter ~ eight** zehn/ Viertel nach acht; **he ran ~ me** er lief an mir vorbei; **I'm ~ caring** es kümmert mich nicht mehr; **to be ~ it** (*BRIT: inf: person*) es nicht mehr bringen; **for the ~ few/3 days** während der letzten Tage/3 Tage; **in the ~** (*also LING*) in der Vergangenheit.
pasta ['pæstə] *n* Nudeln *pl*.
paste [peɪst] *n* (*wet mixture*) Teig *m*; (*glue*) Kleister *m*; (*jewellery*) Strass *m*; (*fish, tomato etc paste*) Paste *f* ♦ *vt* (*stick*) kleben.
pastel ['pæstl] *adj* (*colour*) Pastell-.
pasteurized ['pæstʃəraɪzd] *adj* pasteurisiert.
pastille ['pæstɪl] *n* Pastille *f*.
pastime ['pɑːstaɪm] *n* Zeitvertreib *m*, Hobby *nt*.
past master (*BRIT*) *n*: **to be a ~ at sth** ein Experte *m* in etw *dat* sein.
pastor ['pɑːstəʳ] *n* Pastor(in) *m(f)*.
pastoral ['pɑːstərl] *adj* (*REL: duties etc*) als Pastor.
pastry ['peɪstrɪ] *n* (*dough*) Teig *m*; (*cake*) Gebäckstück *nt*.
pasture ['pɑːstʃəʳ] *n* Weide *f*.
pasty [*n* 'pæstɪ, *adj* 'peɪstɪ] *n* (*pie*) Pastete *f* ♦ *adj* (*complexion*) blässlich.
pat [pæt] *vt* (*with hand*) tätscheln ♦ *adj* (*answer, remark*) glatt ♦ *n*: **to give sb/o.s. a ~ on the back** (*fig*) jdm/sich auf die Schulter klopfen; **he knows it off ~, (US) he has it down ~** er kennt das in- und auswendig.
patch [pætʃ] *n* (*piece of material*) Flicken *m*; (*also:* **eye ~**) Augenklappe *f*; (*damp, bald etc*) Fleck *m*; (*of land*) Stück *nt*; (: *for growing vegetables*) Beet *nt* ♦ *vt* (*clothes*) flicken; **(to go through) a bad ~** eine schwierige Zeit (durchmachen).
► **patch up** *vt* (*clothes etc*) flicken; (*quarrel*) beilegen.
patchwork ['pætʃwɜːk] *n* (*SEWING*) Patchwork *nt*.
patchy ['pætʃɪ] *adj* (*colour*) ungleichmäßig; (*information, knowledge etc*) lückenhaft.
pate [peɪt] *n*: **a bald ~** eine Glatze.
pâté ['pæteɪ] *n* Pastete *f*.
patent ['peɪtnt] *n* Patent *nt* ♦ *vt* patentieren lassen ♦ *adj* (*obvious*) offensichtlich.
patent leather *n* Lackleder *nt*.
patently ['peɪtntlɪ] *adv* (*obvious, wrong*) vollkommen.
patent medicine *n* patentrechtlich geschütztes Arzneimittel *nt*.
Patent Office *n* Patentamt *nt*.
paternal [pə'tɜːnl] *adj* väterlich; **my ~ grandmother** meine Großmutter väterlicherseits.

paternalistic [pətə:nə'lɪstɪk] *adj*
patriarchalisch.

paternity [pə'tɜːnɪtɪ] *n* Vaterschaft *f*.

paternity leave *n* Vaterschaftsurlaub *m*.

paternity suit *n* Vaterschaftsprozess *m*.

path [pɑːθ] *n (also fig)* Weg *m*; *(trail, track)* Pfad
m; *(trajectory: of bullet, aircraft, planet)* Bahn *f*.

pathetic [pə'θetɪk] *adj (pitiful)*
mitleiderregend; *(very bad)* erbärmlich.

pathological [pæθə'lɒdʒɪkl] *adj (liar, hatred)*
krankhaft; *(MED)* pathologisch.

pathologist [pə'θɒlədʒɪst] *n* Pathologe *m*,
Pathologin *f*.

pathology [pə'θɒlədʒɪ] *n* Pathologie *f*.

pathos ['peɪθɒs] *n* Pathos *nt*.

pathway ['pɑːθweɪ] *n* Pfad *m*, Weg *m*; *(fig)*
Weg.

patience ['peɪʃns] *n* Geduld *f*; *(BRIT: CARDS)*
Patience *f*; **to lose (one's)** ~ die Geduld
verlieren.

patient ['peɪʃnt] *n* Patient(in) *m(f)* ♦ *adj*
geduldig; **to be** ~ **with sb** Geduld mit jdm
haben.

patiently ['peɪʃntlɪ] *adv* geduldig.

patio ['pætɪəʊ] *n* Terrasse *f*.

patriot ['peɪtrɪət] *n* Patriot(in) *m(f)*.

patriotic [pætrɪ'ɒtɪk] *adj* patriotisch.

patriotism ['pætrɪətɪzəm] *n* Patriotismus *m*.

patrol [pə'trəʊl] *n (MIL)* Patrouille *f*; *(POLICE)*
Streife *f* ♦ *vt (MIL, POLICE: city, streets etc)*
patrouillieren; **to be on** ~ *(MIL)* auf
Patrouille sein; *(POLICE)* auf Streife sein.

patrol boat *n* Patrouillenboot *nt*.

patrol car *n* Streifenwagen *m*.

patrolman [pə'trəʊlmən] *(US: irreg: like* **man***) n*
(POLICE) (Streifen)polizist *m*.

patron ['peɪtrən] *n (customer)* Kunde *m*,
Kundin *f*; *(benefactor)* Förderer *m*; ~ **of the**
arts Kunstmäzen *m*.

patronage ['pætrənɪdʒ] *n (of artist, charity etc)*
Förderung *f*.

patronize ['pætrənaɪz] *vt (pej: look down on)*
von oben herab behandeln; *(artist etc)*
fördern; *(shop, club)* besuchen.

patronizing ['pætrənaɪzɪŋ] *adj* herablassend.

patron saint *n* Schutzheilige(r) *f(m)*.

patter ['pætə*] *n (of feet)* Trappeln *nt*; *(of rain)*
Prasseln *nt*; *(sales talk etc)* Sprüche *pl* ♦ *vi*
(footsteps) trappeln; *(rain)* prasseln.

pattern ['pætən] *n* Muster *nt*; *(SEWING)*
Schnittmuster *nt*; **behaviour** ~**s**
Verhaltensmuster *pl*.

patterned ['pætənd] *adj* gemustert; ~ **with**
flowers mit Blumenmuster.

paucity ['pɔːsɪtɪ] *n*: **a** ~ **of** ein Mangel *m* an
+*dat*.

paunch [pɔːntʃ] *n* Bauch *m*, Wanst *m*.

pauper ['pɔːpə*] *n* Arme(r) *f(m)*; ~**'s grave**
Armengrab *nt*.

pause [pɔːz] *n* Pause *f* ♦ *vi* eine Pause machen;
(hesitate) innehalten; **to** ~ **for breath** eine
Verschnaufpause einlegen.

pave [peɪv] *vt (street, yard etc)* pflastern; **to**
~ **the way for** *(fig)* den Weg bereiten *or*
bahnen für.

pavement ['peɪvmənt] *n (BRIT)* Bürgersteig *m*;
(US: roadway) Straße *f*.

pavilion [pə'vɪlɪən] *n (SPORT)* Klubhaus *nt*.

paving ['peɪvɪŋ] *n (material)* Straßenbelag *m*.

paving stone *n* Pflasterstein *m*.

paw [pɔː] *n (of cat, dog etc)* Pfote *f*; *(of lion, bear*
etc) Tatze *f*, Pranke *f* ♦ *vt (pej: touch)*
betatschen; **to** ~ **the ground** *(animal)*
scharren.

pawn [pɔːn] *n (CHESS)* Bauer *m*; *(fig)*
Schachfigur *f* ♦ *vt* versetzen.

pawnbroker ['pɔːnbrəʊkə*] *n* Pfandleiher *m*.

pawnshop ['pɔːnʃɒp] *n* Pfandhaus *nt*.

pay [peɪ] *(pt, pp* **paid***) n (wage)* Lohn *m*; *(salary)*
Gehalt *nt* ♦ *vt (sum of money, wage)* zahlen;
(bill, person) bezahlen ♦ *vi (be profitable)* sich
bezahlt machen; *(fig)* sich lohnen; **how much**
did you ~ **for it?** wie viel hast du dafür
bezahlt?; **I paid 10 pounds for that book** ich
habe 10 Pfund für das Buch bezahlt, das
Buch hat mich 10 Pfund gekostet; **to**
~ **one's way** seinen Beitrag leisten; **to**
~ **dividends** *(fig)* sich bezahlt machen; **to**
~ **the price/penalty for sth** *(fig)* den Preis/die
Strafe für etw zahlen; **to** ~ **sb a compliment**
jdm ein Kompliment machen; **to**
~ **attention (to)** Acht geben (auf +*acc*); **to**
~ **sb a visit** jdn besuchen; **to** ~ **one's**
respects to sb jdm seine Aufwartung
machen.

▶ **pay back** *vt* zurückzahlen; **I'll** ~ **you back**
next week ich gebe dir das Geld nächste
Woche zurück.

▶ **pay for** *vt fus (also fig)* (be)zahlen für.

▶ **pay in** *vt* einzahlen.

▶ **pay off** *vt (debt)* abbezahlen; *(person)*
auszahlen; *(creditor)* befriedigen; *(mortgage)*
tilgen ♦ *vi* sich auszahlen; **to** ~ **sth off in**
instalments etw in Raten (ab)zahlen.

▶ **pay out** *vt (money)* ausgeben; *(rope)*
ablaufen lassen.

▶ **pay up** *vi* zahlen.

payable ['peɪəbl] *adj* zahlbar; **to make a**
cheque ~ **to sb** einen Scheck auf jdn
ausstellen.

pay award *n* Lohn-/Gehaltserhöhung *f*.

payday ['peɪdeɪ] *n* Zahltag *m*.

PAYE *(BRIT) n abbr (= pay as you earn)*
Lohnsteuerabzugsverfahren.

payee [peɪ'iː] *n* Zahlungsempfänger *m*.

pay envelope *(US) n* = **pay packet**.

paying guest ['peɪɪŋ-] *n* zahlender Gast *m*.

payload ['peɪləʊd] *n* Nutzlast *f*.

payment ['peɪmənt] *n (act)* Zahlung *f*,
Bezahlung *f*; *(of bill)* Begleichung *f*; *(sum of*
money) Zahlung *f*; **advance** ~ *(part sum)*
Anzahlung *f*; *(total sum)* Vorauszahlung *f*;
deferred ~, ~ **by instalments** Ratenzahlung
f; **monthly** ~ *(sum of money)* Monatsrate *f*;

on ~ of gegen Zahlung von.
pay packet (*BRIT*) *n* Lohntüte *f*.
pay-per-click ['peɪpəʳ'klɪk] *n* (*COMPUT*) Pay-per-Click *nt*.
payphone ['peɪfəʊn] *n* Münztelefon *nt*; (*card phone*) Kartentelefon *nt*.
payroll ['peɪrəʊl] *n* Lohnliste *f*; **to be on a firm's** ~ bei einer Firma beschäftigt sein.
pay slip (*BRIT*) *n see* **pay** Lohnstreifen *m*; Gehaltsstreifen *m*.
pay station (*US*) *n* = **payphone**.
PBS (*US*) *n abbr* (= *Public Broadcasting Service*) öffentliche Rundfunkanstalt.
PC *n abbr* (= *personal computer*) PC *m*; (*BRIT*) = **police constable** ♦ *adj abbr* = **politically correct** ♦ *abbr* (*BRIT*) = **Privy Councillor**.
pc *abbr* = **per cent**; **postcard**.
p/c *abbr* = **petty cash**.
PCB *n abbr* (*ELEC, COMPUT*) = **printed circuit board**; (= *polychlorinated biphenyl*) PCB *nt*.
pcm *abbr* (= *per calendar month*) pro Monat.
PD (*US*) *n abbr* = **police department**.
pd *abbr* (= *paid*) bez.
PDA *abbr* (*COMPUT*: = *personal digital assistant*) PDA *m*.
pdq (*inf*) *adv abbr* (= *pretty damn quick*) verdammt schnell.
PDSA (*BRIT*) *n abbr* (= *People's Dispensary for Sick Animals*) *kostenloses Behandlungszentrum für Haustiere.*
PDT (*US*) *abbr* (= *Pacific Daylight Time*) *pazifische Sommerzeit.*
PE *n abbr* (*SCOL*) = **physical education**.
pea [piː] *n* Erbse *f*.
peace [piːs] *n* Frieden *m*; **to be at ~ with sb/ sth** mit jdm/etw in Frieden leben; **to keep the ~** (*policeman*) die öffentliche Ordnung aufrechterhalten; (*citizen*) den Frieden wahren.
peaceable ['piːsəbl] *adj* friedlich.
peaceful ['piːsful] *adj* friedlich.
peacekeeper ['piːskiːpəʳ] *n* Friedenswächter(in) *m(f)*.
peacekeeping force ['piːskiːpɪŋ-] *n* Friedenstruppen *pl*.
peace offering *n* Friedensangebot *nt*.
peach [piːtʃ] *n* Pfirsich *m*.
peacock ['piːkɔk] *n* Pfau *m*.
peak [piːk] *n* (*of mountain*) Spitze *f*, Gipfel *m*; (*of cap*) Schirm *m*; (*fig*) Höhepunkt *m*.
peak hours *npl* Stoßzeit *f*.
peak period *n* Spitzenzeit *f*, Stoßzeit *f*.
peak rate *n* Höchstrate *f*.
peaky ['piːkɪ] (*BRIT*: *inf*) *adj* blass.
peal [piːl] *n* (*of bells*) Läuten *nt*; ~**s of laughter** schallendes Gelächter *nt*.
peanut ['piːnʌt] *n* Erdnuss *f*.
peanut butter *n* Erdnussbutter *f*.
pear [pɛəʳ] *n* Birne *f*.
pearl [pəːl] *n* Perle *f*.
peasant ['pɛznt] *n* Bauer *m*.
peat [piːt] *n* Torf *m*.

pebble ['pɛbl] *n* Kieselstein *m*.
peck [pɛk] *vt* (*bird*) picken; (*also*: ~ **at**) picken an +*dat* ♦ *n* (*of bird*) Schnabelhieb *m*; (*kiss*) Küsschen *nt*.
pecking order ['pɛkɪŋ-] *n* (*fig*) Hackordnung *f*.
peckish ['pɛkɪʃ] (*BRIT*: *inf*) *adj* (*hungry*) leicht hungrig; **I'm feeling** ~ ich könnte was zu essen gebrauchen.
peculiar [pɪ'kjuːlɪəʳ] *adj* (*strange*) seltsam; ~ **to** (*exclusive to*) charakteristisch für.
peculiarity [pɪkjuːlɪ'ærɪtɪ] *n* (*strange habit*) Eigenart *f*; (*distinctive feature*) Besonderheit *f*, Eigentümlichkeit *f*.
peculiarly [pɪ'kjuːlɪəlɪ] *adv* (*oddly*) seltsam; (*distinctively*) unverkennbar.
pecuniary [pɪ'kjuːnɪərɪ] *adj* finanziell.
pedal ['pɛdl] *n* Pedal *nt* ♦ *vi* in die Pedale treten.
pedal bin (*BRIT*) *n* Treteimer *m*.
pedant ['pɛdənt] *n* Pedant(in) *m(f)*.
pedantic [pɪ'dæntɪk] *adj* pedantisch.
peddle ['pɛdl] *vt* (*goods*) feilbieten, verkaufen; (*drugs*) handeln mit; (*gossip*) verbreiten.
peddler ['pɛdləʳ] *n* (*also*: **drug** ~) Pusher *m*.
pedestal ['pɛdəstl] *n* Sockel *m*.
pedestrian [pɪ'dɛstrɪən] *n* Fußgänger(in) *m(f)* ♦ *adj* Fußgänger-; (*fig*) langweilig.
pedestrian crossing (*BRIT*) *n* Fußgängerüberweg *m*.
pedestrian mall (*US*) *n* Fußgängerzone *f*.
pedestrian precinct (*BRIT*) *n* Fußgängerzone *f*.
pediatrics [piːdɪ'ætrɪks] (*US*) *n* = **paediatrics**.
pedigree ['pɛdɪgriː] *n* (*of animal*) Stammbaum *m*; (*fig*: *background*) Vorgeschichte *f* ♦ *cpd* (*dog*) Rasse-, reinrassig.
pee [piː] (*inf*) *vi* pinkeln.
peek [piːk] *vi*: **to** ~ **at/over/into** *etc* gucken nach/über +*acc*/in +*acc etc* ♦ *n*: **to have** *or* **take a** ~ (**at**) einen (kurzen) Blick werfen (auf +*acc*).
peel [piːl] *n* Schale *f* ♦ *vt* schälen ♦ *vi* (*paint*) abblättern; (*wallpaper*) sich lösen; (*skin, back etc*) sich schälen.
▶ **peel back** *vt* abziehen.
peeler ['piːləʳ] *n* (*potato peeler etc*) Schälmesser *nt*.
peelings ['piːlɪŋz] *npl* Schalen *pl*.
peep [piːp] *n* (*look*) kurzer Blick *m*; (*sound*) Pieps *m* ♦ *vi* (*look*) gucken; **to have** *or* **take a** ~ (**at**) einen kurzen Blick werfen (auf +*acc*).
▶ **peep out** *vi* (*be visible*) hervorgucken.
peephole ['piːphəʊl] *n* Guckloch *nt*.
peer [pɪəʳ] *n* (*noble*) Peer *m*; (*equal*) Gleichrangige(r) *f(m)*; (*contemporary*) Gleichaltrige(r) *f(m)* ♦ *vi*: **to** ~ **at** starren auf +*acc*.
peerage ['pɪərɪdʒ] *n* (*title*) Adelswürde *f*; (*position*) Adelsstand *m*; **the** ~ (*all the peers*) der Adel.
peerless ['pɪəlɪs] *adj* unvergleichlich.
peeved [piːvd] *adj* verärgert, sauer (*inf*).

peevish ['piːvɪʃ] *adj* (*bad-tempered*) mürrisch.
peg [pɛg] *n* (*hook, knob*) Haken *m*; (*BRIT: also:*
 clothes ~) Wäscheklammer *f*; (*also:* **tent** ~)
 Hering *m* ♦ *vt* (*washing*) festklammern;
 (*prices*) festsetzen; **off the** ~ von der Stange.
pejorative [pɪ'dʒɔrətɪv] *adj* abwertend.
Pekin [piː'kɪn] *n* = **Peking**.
Pekinese [piːkɪ'niːz] *n* = **Pekingese**.
Peking [piː'kɪŋ] *n* Peking *nt*.
Pekingese [piːkɪ'niːz] *n* (*dog*) Pekinese *m*.
pelican ['pɛlɪkən] *n* Pelikan *m*.
pelican crossing (*BRIT*) *n* (*AUT*)
 Fußgängerüberweg *m* mit Ampel.
pellet ['pɛlɪt] *n* (*of paper etc*) Kügelchen *nt*; (*of
 mud etc*) Klümpchen *nt*; (*for shotgun*)
 Schrotkugel *f*.
pell-mell ['pɛl'mɛl] *adv* in heillosem
 Durcheinander.
pelmet ['pɛlmɪt] *n* (*wooden*) Blende *f*; (*fabric*)
 Querbehang *m*.
pelt [pɛlt] *vi* (*rain: also:* ~ **down**)
 niederprasseln; (*inf: run*) rasen ♦ *n* (*animal
 skin*) Pelz *m*, Fell *nt* ♦ *vt*: **to** ~ **sb with sth** jdn
 mit etw bewerfen.
pelvis ['pɛlvɪs] *n* Becken *nt*.
pen [pɛn] *n* (*also:* **fountain** ~) Füller *m*; (*also:*
 ballpoint ~) Kugelschreiber *m*; (*also:* **felt-tip**
 ~) Filzstift *m*; (*enclosure: for sheep, pigs etc*)
 Pferch *m*; (*US: inf: prison*) Knast *m*; **to put**
 ~ **to paper** zur Feder greifen.
penal ['piːnl] *adj* (*LAW: colony, institution*)
 Straf-; (: *system, reform*) Strafrechts-;
 ~ **code** Strafgesetzbuch *nt*.
penalize ['piːnəlaɪz] *vt* (*punish*) bestrafen; (*fig*)
 benachteiligen.
penal servitude [-'səːvɪtjuːd] *n* Zwangsarbeit
 f.
penalty ['pɛnltɪ] *n* Strafe *f*, (*SPORT*) Strafstoß
 m; (: *FOOTBALL*) Elfmeter *m*.
penalty area (*BRIT*) *n* (*SPORT*) Strafraum *m*.
penalty clause *n* Strafklausel *f*.
penalty kick *n* (*RUGBY*) Strafstoß *m*;
 (*FOOTBALL*) Elfmeter *m*.
penalty shoot-out [-'ʃuːtaut] *n* (*FOOTBALL*)
 Elfmeterschießen *nt*.
penance ['pɛnəns] *n* (*REL*): **to do** ~ **for one's
 sins** für seine Sünden Buße tun.
pence [pɛns] *npl of* **penny**.
penchant ['pɑ̃ːʃɑ̃ːŋ] *n* Vorliebe *f*, Schwäche *f*;
 to have a ~ **for** eine Schwäche haben für.
pencil ['pɛnsl] *n* Bleistift *m* ♦ *vt*: **to** ~ **sb/sth in**
 jdn/etw vormerken.
pencil case *n* Federmäppchen *nt*.
pencil sharpener *n* Bleistiftspitzer *m*.
pendant ['pɛndnt] *n* Anhänger *m*.
pending ['pɛndɪŋ] *adj* anstehend ♦ *prep*: ~ **his
 return** bis zu seiner Rückkehr; ~ **a decision**
 bis eine Entscheidung getroffen ist.
pendulum ['pɛndjuləm] *n* Pendel *nt*.
penetrate ['pɛnɪtreɪt] *vt* (*person: territory etc*)
 durchdringen; (*light, water, sound*)
 eindringen in +*acc*.

penetrating ['pɛnɪtreɪtɪŋ] *adj* (*sound, gaze*)
 durchdringend; (*mind, observation*) scharf.
penetration [pɛnɪ'treɪʃən] *n* Durchdringen *nt*.
pen friend (*BRIT*) *n* Brieffreund(in) *m(f)*.
penguin ['pɛŋgwɪn] *n* Pinguin *m*.
penicillin [pɛnɪ'sɪlɪn] *n* Penizillin *nt*.
peninsula [pə'nɪnsjulə] *n* Halbinsel *f*.
penis ['piːnɪs] *n* Penis *m*.
penitence ['pɛnɪtns] *n* Reue *f*.
penitent ['pɛnɪtnt] *adj* reuig.
penitentiary [pɛnɪ'tɛnʃərɪ] (*US*) *n* Gefängnis
 nt.
penknife ['pɛnnaɪf] *n* Taschenmesser *nt*.
Penn. (*US*) *abbr* (*POST*: = *Pennsylvania*).
pen name *n* Pseudonym *nt*.
penniless ['pɛnɪlɪs] *adj* mittellos.
Pennines ['pɛnaɪnz] *npl*: **the** ~ die Pennines *pl*.
penny ['pɛnɪ] (*pl* **pennies** *or* (*BRIT*) **pence**) *n*
 Penny *m*; (*US*) Cent *m*; **it was worth every** ~
 es war jeden Pfennig wert; **it won't cost
 you a** ~ es kostet dich keinen Pfennig.
pen pal *n* Brieffreund(in) *m(f)*.
penpusher ['pɛnpuʃəʳ] *n* Schreiberling *m*.
pension ['pɛnʃən] *n* Rente *f*.
 ▶ **pension off** *vt* (*vorzeitig*) pensionieren.
pensionable ['pɛnʃnəbl] *adj* (*age*) Pensions-;
 (*job*) mit Pensionsberechtigung.
pensioner ['pɛnʃənəʳ] (*BRIT*) *n* Rentner(in)
 m(f).
pension scheme *n* Rentenversicherung *f*.
pensive ['pɛnsɪv] *adj* nachdenklich.
pentagon ['pɛntəgən] (*US*) *n*: **the P**~ das
 Pentagon.

PENTAGON

Pentagon *heißt das fünfeckige Gebäude in
Arlington, Virginia, in dem das amerikanische
Verteidigungsministerium untergebracht ist. Im
weiteren Sinne bezieht sich dieses Wort auf die
amerikanische Militärführung.*

Pentecost ['pɛntɪkɔst] *n* (*in Judaism*)
 Erntefest *nt*; (*in Christianity*) Pfingsten *nt*.
penthouse ['pɛnthaus] *n* Penthouse *nt*.
pent-up ['pɛntʌp] *adj* (*feelings*) aufgestaut.
penultimate [pɛ'nʌltɪmət] *adj* vorletzte(r, s).
penury ['pɛnjurɪ] *n* Armut *f*, Not *f*.
people ['piːpl] *npl* (*persons*) Leute *pl*;
 (*inhabitants*) Bevölkerung *f* ♦ *n* (*nation, race*)
 Volk *nt*; **old** ~ alte Menschen *or* Leute;
 young ~ junge Leute; **the room was full of**
 ~ das Zimmer war voller Leute *or*
 Menschen; **several** ~ **came** mehrere (Leute)
 kamen; ~ **say that ...** man sagt, dass ...; **the**
 ~ (*POL*) das Volk; **a man of the** ~ ein Mann
 des Volkes.
PEP *n abbr* (= *personal equity plan*)
 steuerbegünstigte Kapitalinvestition.
pep [pɛp] (*inf*) *n* Schwung *m*, Pep *m*.
 ▶ **pep up** *vt* (*person*) aufmöbeln; (*food*)
 pikanter machen.

pepper ['pɛpəʳ] n (spice) Pfeffer m; (vegetable) Paprika m ♦ vt: **to ~ with** (fig) übersäen mit; **two ~s** zwei Paprikaschoten.

peppercorn ['pɛpəkɔːn] n Pfefferkorn nt.

pepper mill n Pfeffermühle f.

peppermint ['pɛpəmɪnt] n (sweet) Pfefferminz nt; (plant) Pfefferminze f.

pepperoni [pɛpə'rəʊnɪ] n ≈ Pfeffersalami f.

pepper pot n Pfefferstreuer m.

pep talk (inf) n aufmunternde Worte pl.

per [pɜːʳ] prep (for each) pro; ~ **day/person/ kilo** pro Tag/Person/Kilo; ~ **annum** pro Jahr; **as ~ your instructions** gemäß Ihren Anweisungen.

per capita [-'kæpɪtə] adj (income) Pro-Kopf- ♦ adv pro Kopf.

perceive [pə'siːv] vt (see) wahrnehmen; (view, understand) verstehen.

per cent n Prozent nt; **a 20 ~ discount** 20 Prozent Rabatt.

percentage [pə'sɛntɪdʒ] n Prozentsatz m; **on a ~ basis** auf Prozentbasis.

percentage point n Prozent nt.

perceptible [pə'sɛptɪbl] adj (difference, change) wahrnehmbar, merklich.

perception [pə'sɛpʃən] n (insight) Einsicht f; (opinion, understanding) Erkenntnis f; (faculty) Wahrnehmung f.

perceptive [pə'sɛptɪv] adj (person) aufmerksam; (analysis etc) erkenntnisreich.

perch [pɜːtʃ] n (for bird) Stange f; (fish) Flussbarsch m ♦ vi: **to ~ (on)** (bird) sitzen (auf +dat); (person) hocken (auf +dat).

percolate ['pɜːkəleɪt] vt (coffee) (mit einer Kaffeemaschine) zubereiten ♦ vi (coffee) durchlaufen; **to ~ through/into** (idea, light etc) durchsickern durch/in +acc.

percolator ['pɜːkəleɪtəʳ] n (also: **coffee ~**) Kaffeemaschine f.

percussion [pə'kʌʃən] n (MUS) Schlagzeug nt.

peremptory [pə'rɛmptərɪ] (pej) adj (person) herrisch; (order) kategorisch.

perennial [pə'rɛnɪəl] adj (plant) mehrjährig; (fig: problem, feature etc) immer wiederkehrend ♦ n (BOT) mehrjährige Pflanze f.

perfect [adj, n 'pɜːfɪkt, vt pə'fɛkt] adj perfekt; (nonsense, idiot etc) ausgemacht ♦ vt (technique) perfektionieren ♦ n: **the ~** (also: **the ~ tense**) das Perfekt; **he's a ~ stranger to me** er ist mir vollkommen fremd.

perfection [pə'fɛkʃən] n Perfektion f, Vollkommenheit f.

perfectionist [pə'fɛkʃənɪst] n Perfektionist(in) m(f).

perfectly ['pɜːfɪktlɪ] adv vollkommen; (faultlessly) perfekt; **I'm ~ happy with the situation** ich bin mit der Lage vollkommen zufrieden; **you know ~ well that ...** Sie wissen ganz genau, dass ...

perforate ['pɜːfəreɪt] vt perforieren.

perforated ulcer ['pɜːfəreɪtəd-] n durchgebrochenes Geschwür nt.

perforation [pɜːfə'reɪʃən] n (small hole) Loch nt; (line of holes) Perforation f.

perform [pə'fɔːm] vt (operation, ceremony etc) durchführen; (task) erfüllen; (piece of music, play etc) aufführen ♦ vi auftreten; **to ~ well/badly** eine gute/schlechte Leistung zeigen.

performance [pə'fɔːməns] n Leistung f; (of play, show) Vorstellung f; **the team put up a good ~** die Mannschaft zeigte eine gute Leistung.

performer [pə'fɔːməʳ] n Künstler(in) m(f).

performing [pə'fɔːmɪŋ] adj (animal) dressiert.

performing arts npl: **the ~** die darstellenden Künste pl.

perfume ['pɜːfjuːm] n Parfüm nt; (fragrance) Duft m ♦ vt parfümieren.

perfunctory [pə'fʌŋktərɪ] adj flüchtig.

perhaps [pə'hæps] adv vielleicht; ~ **he'll come** er kommt vielleicht; ~ **not** vielleicht nicht.

peril ['pɛrɪl] n Gefahr f.

perilous ['pɛrɪləs] adj gefährlich.

perilously ['pɛrɪləslɪ] adv: **they came ~ close to being caught** sie wären um ein Haar gefangen worden.

perimeter [pə'rɪmɪtəʳ] n Umfang m.

perimeter fence n Umzäunung f.

period ['pɪərɪəd] n (length of time) Zeitraum m, Periode f; (era) Zeitalter nt; (SCOL) Stunde f; (esp US: full stop) Punkt m; (MED: also: **menstrual ~**) Periode f ♦ adj (costume etc) zeitgenössisch; **for a ~ of 3 weeks** für eine Dauer or einen Zeitraum von 3 Wochen; **the holiday ~** (BRIT) die Urlaubszeit; **I won't do it. P~.** ich mache das nicht, und damit basta!

periodic [pɪərɪ'ɔdɪk] adj periodisch.

periodical [pɪərɪ'ɔdɪkl] n Zeitschrift f ♦ adj periodisch.

periodically [pɪərɪ'ɔdɪklɪ] adv periodisch.

period pains (BRIT) npl Menstruationsschmerzen pl.

peripatetic [pɛrɪpə'tɛtɪk] adj (BRIT: teacher) an mehreren Schulen tätig; ~ **life** Wanderleben nt.

peripheral [pə'rɪfərəl] adj (feature, issue) Rand-, nebensächlich; (vision) peripher ♦ n (COMPUT) Peripheriegerät nt.

periphery [pə'rɪfərɪ] n Peripherie f.

periscope ['pɛrɪskəʊp] n Periskop nt.

perish ['pɛrɪʃ] vi (die) umkommen; (rubber, leather etc) verschleißen.

perishable ['pɛrɪʃəbl] adj (food) leicht verderblich.

perishables ['pɛrɪʃəblz] npl leicht verderbliche Waren pl.

perishing ['pɛrɪʃɪŋ] (BRIT: inf) adj: **it's ~ (cold)** es ist eisig kalt.

peritonitis [pɛrɪtə'naɪtɪs] n Bauchfellentzündung f.

perjure ['pɜːdʒəʳ] vt: **to ~ o.s.** einen Meineid

leisten.

perjury ['pɜːdʒərɪ] n (in court) Meineid m; (breach of oath) Eidesverletzung f.

perks [pɜːks] (inf) npl (extras) Vergünstigungen pl.

perk up vi (cheer up) munter werden.

perky ['pɜːkɪ] adj (cheerful) munter.

perm [pɜːm] n Dauerwelle f ♦ vt: **to have one's hair** ~ed sich dat eine Dauerwelle machen lassen.

permanence ['pɜːmənəns] n Dauerhaftigkeit f.

permanent ['pɜːmənənt] adj dauerhaft; (job, position) fest; ~ **address** ständiger Wohnsitz m; **I'm not** ~ **here** ich bin hier nicht fest angestellt.

permanently ['pɜːmənəntlɪ] adv (damage) dauerhaft; (stay, live) ständig; (locked, open, frozen etc) dauernd.

permeable ['pɜːmɪəbl] adj durchlässig.

permeate ['pɜːmɪeɪt] vt durchdringen ♦ vi: **to** ~ **through** dringen durch.

permissible [pə'mɪsɪbl] adj zulässig.

permission [pə'mɪʃən] n Erlaubnis f, Genehmigung f; **to give sb** ~ **to do sth** jdm die Erlaubnis geben, etw zu tun.

permissive [pə'mɪsɪv] adj permissiv.

permit [n 'pɜːmɪt, vt pə'mɪt] n Genehmigung f ♦ vt (allow) gestatten; (make possible) gestatten; **fishing** ~ Angelschein m; **to** ~ **sb to do sth** jdm erlauben, etw zu tun; **weather** ~ting wenn das Wetter es zulässt.

permutation [pɜːmju'teɪʃən] n Permutation f; (fig) Variation f.

pernicious [pɜː'nɪʃəs] adj (lie, nonsense) bösartig; (effect) schädlich.

pernickety [pə'nɪkɪtɪ] (inf) adj pingelig.

perpendicular [pɜːpən'dɪkjulə³] adj senkrecht ♦ n: **the** ~ die Senkrechte; ~ **to** senkrecht zu.

perpetrate ['pɜːpɪtreɪt] vt (crime) begehen.

perpetual [pə'pɛtjuəl] adj ständig, dauernd.

perpetuate [pə'pɛtjueɪt] vt (custom, belief etc) bewahren; (situation) aufrechterhalten.

perpetuity [pɜːpɪ'tjuːɪtɪ] n: **in** ~ auf ewig.

perplex [pə'plɛks] vt verblüffen.

perplexing [pə'plɛksɪŋ] adj verblüffend.

perquisites ['pɜːkwɪzɪts] (form) npl Vergünstigungen pl.

per se [-seɪ] adv an sich.

persecute ['pɜːsɪkjuːt] vt verfolgen.

persecution [pɜːsɪ'kjuːʃən] n Verfolgung f.

perseverance [pɜːsɪ'vɪərns] n Beharrlichkeit f, Ausdauer f.

persevere [pɜːsɪ'vɪə³] vi durchhalten, beharren.

Persia ['pɜːʃə] n Persien nt.

Persian ['pɜːʃən] adj persisch ♦ n (LING) Persisch nt; **the (**~**) Gulf** der (Persische) Golf.

Persian cat n Perserkatze f.

persist [pə'sɪst] vi: **to** ~ **(with** or **in)** beharren (auf +dat), festhalten (an +dat); **to** ~ **in doing**

sth darauf beharren, etw zu tun.

persistence [pə'sɪstəns] n Beharrlichkeit f.

persistent [pə'sɪstənt] adj (person, noise) beharrlich; (smell, cough etc) hartnäckig; (lateness, rain) andauernd; ~ **offender** Wiederholungstäter(in) m(f).

persnickety [pə'snɪkɪtɪ] (US: inf) adj = **pernickety**.

person ['pɜːsn] n Person f, Mensch m; **in** ~ persönlich; **on** or **about one's** ~ bei sich; ~ **to** ~ **call** (TEL) Gespräch nt mit Voranmeldung.

personable ['pɜːsnəbl] adj von angenehmer Erscheinung.

personal ['pɜːsnl] adj persönlich; (life) Privat-; **nothing** ~! nehmen Sie es nicht persönlich!

personal allowance n (TAX) persönlicher Steuerfreibetrag m.

personal assistant n persönlicher Referent m, persönliche Referentin f.

personal column n private Kleinanzeigen pl.

personal computer n Personalcomputer m.

personal details npl Personalien pl.

personal hygiene n Körperhygiene f.

personal identification number n Geheimnummer f, PIN-Nummer f.

personality [pɜːsə'nælɪtɪ] n (character, person) Persönlichkeit f.

personal loan n Personaldarlehen nt.

personally ['pɜːsnəlɪ] adv persönlich; **to take sth** ~ etw persönlich nehmen.

personal organizer n Terminplaner m.

personal, social and health education (BRIT) n (SCOL) ≈ Persönlichkeits-, gesellschafts- und gesundheitsbezogene Erziehung.

personal stereo n Walkman ® m.

personify [pɜː'sɒnɪfaɪ] vt personifizieren; (embody) verkörpern.

personnel [pɜːsə'nɛl] n Personal nt.

personnel department n Personalabteilung f.

personnel manager n Personalleiter(in) m(f).

perspective [pə'spɛktɪv] n (also fig) Perspektive f; **to get sth into** ~ (fig) etw in Relation zu anderen Dingen sehen.

Perspex ® ['pɜːspɛks] n Acrylglas nt.

perspicacity [pɜːspɪ'kæsɪt] n Scharfsinn m.

perspiration [pɜːspɪ'reɪʃən] n Transpiration f.

perspire [pə'spaɪə³] vi transpirieren.

persuade [pə'sweɪd] vt: **to** ~ **sb to do sth** jdn dazu überreden, etw zu tun; **to** ~ **sb that** jdn davon überzeugen, dass; **to be** ~d **of sth** von etw überzeugt sein.

persuasion [pə'sweɪʒən] n (act) Überredung f; (creed) Überzeugung f.

persuasive [pə'sweɪsɪv] adj (person, argument) überzeugend.

pert [pɜːt] adj (person) frech; (nose, buttocks) keck; (hat) kess.

pertaining [pə'teɪnɪŋ]: ~ **to** prep betreffend

+acc.

pertinent ['pɜːtɪnənt] adj relevant.

perturb [pə'tɜːb] vt beunruhigen.

Peru [pə'ruː] n Peru nt.

perusal [pə'ruːzl] n Durchsicht f.

peruse [pə'ruːz] vt durchsehen.

Peruvian [pə'ruːvjən] adj peruanisch ♦ n Peruaner(in) m(f).

pervade [pə'veɪd] vt (smell, feeling) erfüllen.

pervasive [pə'veɪzɪv] adj (smell) durchdringend; (influence) weitreichend; (mood, atmosphere) allumfassend.

perverse [pə'vɜːs] adj (person) borniert; (behaviour) widernatürlich, pervers.

perversion [pə'vɜːʃən] n (sexual) Perversion f; (of truth, justice) Verzerrung f, Pervertierung f.

perversity [pə'vɜːsɪtɪ] n Widernatürlichkeit f.

pervert [n 'pɜːvɜːt, vt pə'vɜːt] n (sexual deviant) perverser Mensch m ♦ vt (person, mind) verderben; (distort: truth, custom) verfälschen.

pessimism ['pɛsɪmɪzəm] n Pessimismus m.

pessimist ['pɛsɪmɪst] n Pessimist(in) m(f).

pessimistic [pɛsɪ'mɪstɪk] adj pessimistisch.

pest [pɛst] n (insect) Schädling m; (fig: nuisance) Plage f.

pest control n Schädlingsbekämpfung f.

pester ['pɛstə*] vt belästigen.

pesticide ['pɛstɪsaɪd] n Schädlingsbekämpfungsmittel nt, Pestizid nt.

pestilence ['pɛstɪləns] n Pest f.

pestle ['pɛsl] n Stößel m.

pet [pɛt] n (animal) Haustier nt ♦ adj (theory etc) Lieblings- ♦ vt (stroke) streicheln ♦ vi (inf: sexually) herumknutschen; **teacher's ~** (favourite) Lehrers Liebling m; **a ~ rabbit/ snake** etc ein Kaninchen/eine Schlange etc (als Haustier); **that's my ~ hate** das hasse ich besonders.

petal ['pɛtl] n Blütenblatt nt.

peter out ['piːtə-] vi (road etc) allmählich aufhören, zu Ende gehen; (conversation, meeting) sich totlaufen.

petite [pə'tiːt] adj (woman) zierlich.

petition [pə'tɪʃən] n (signed document) Petition f; (LAW) Klage f ♦ vt ersuchen ♦ vi: **to ~ for divorce** die Scheidung einreichen.

pet name (BRIT) n Kosename m.

petrified ['pɛtrɪfaɪd] adj (fig: terrified) starr vor Angst.

petrify ['pɛtrɪfaɪ] vt (fig: terrify) vor Angst erstarren lassen.

petrochemical [pɛtrə'kɛmɪkl] adj petrochemisch.

petrodollars ['pɛtrəudɔləz] npl Petrodollar pl.

petrol ['pɛtrəl] (BRIT) n Benzin nt; **two-star ~** Normalbenzin nt; **four-star ~** Super(benzin) nt; **unleaded ~** bleifreies or unverbleites Benzin.

petrol bomb n Benzinbombe f.

petrol can (BRIT) n Benzinkanister m.

petrol engine (BRIT) n Benzinmotor m.

petroleum [pə'trəulɪəm] n Petroleum nt.

petroleum jelly n Vaseline f.

petrol pump (BRIT) n (in garage) Zapfsäule f; (in engine) Benzinpumpe f.

petrol station (BRIT) n Tankstelle f.

petrol tank (BRIT) n Benzintank m.

petticoat ['pɛtɪkəut] n (underskirt: full-length) Unterkleid nt; (: waist) Unterrock m.

pettifogging ['pɛtɪfɔgɪŋ] adj kleinlich.

pettiness ['pɛtɪnɪs] n Kleinlichkeit f.

petty ['pɛtɪ] adj (trivial) unbedeutend; (small-minded) kleinlich; (crime) geringfügig; (official) untergeordnet; (excuse) billig; (remark) spitz.

petty cash n (in office) Portokasse f.

petty officer n Maat m.

petulant ['pɛtjulənt] adj (person, expression) gereizt.

pew [pjuː] n (in church) Kirchenbank f.

pewter ['pjuːtə*] n Zinn nt.

PG n abbr (CINE: = parental guidance) Klassifikation für Filme, die Kinder nur in Begleitung Erwachsener sehen dürfen.

PG 13 (US) abbr (CINE: = Parental Guidance 13) n Klassifikation für Kinofilme, welche Kinder unter 13 Jahren nur in Begleitung Erwachsener sehen dürfen.

PGA n abbr (= Professional Golfers' Association) Golf-Profiverband.

pH n abbr (= potential of hydrogen) pH.

PHA (US) n abbr (= Public Housing Administration) Regierungsbehörde für sozialen Wohnungsbau.

phallic ['fælɪk] adj phallisch; (symbol) Phallus-.

phantom ['fæntəm] n Phantom nt ♦ adj (fig) Phantom-.

Pharaoh ['fɛərəu] n Pharao m.

pharmaceutical [fɑːmə'sjuːtɪkl] adj pharmazeutisch.

pharmaceuticals [fɑːmə'sjuːtɪklz] npl Arzneimittel pl, Pharmaka pl.

pharmacist ['fɑːməsɪst] n Apotheker(in) m(f).

pharmacy ['fɑːməsɪ] n (shop) Apotheke f; (science) Pharmazie f.

phase [feɪz] n Phase f ♦ vt: **to ~ sth in/out** etw stufenweise einführen/abschaffen.

PhD n abbr (= Doctor of Philosophy) ≈ Dr. phil.

pheasant ['fɛznt] n Fasan m.

phenomena [fə'nɔmɪnə] npl of **phenomenon**.

phenomenal [fə'nɔmɪnl] adj phänomenal.

phenomenon [fə'nɔmɪnən] (pl **phenomena**) n Phänomen nt.

phew [fjuː] excl puh!

phial ['faɪəl] n Fläschchen nt.

philanderer [fɪ'lændərə*] n Schwerenöter m.

philanthropic [fɪlən'θrɔpɪk] adj philanthropisch.

philanthropist [fɪ'lænθrəpɪst] n Philanthrop(in) m(f).

philatelist [fɪˈlætəlɪst] *n* Philatelist(in) *m(f)*.
philately [fɪˈlætəlɪ] *n* Philatelie *f*.
Philippines [ˈfɪlɪpiːnz] *npl:* **the ~** die Philippinen *pl*.
Philistine [ˈfɪlɪstaɪn] *n* (*boor*) Banause *m*.
philosopher [fɪˈlɒsəfəʳ] *n* Philosoph(in) *m(f)*.
philosophical [fɪləˈsɒfɪkl] *adj* philosophisch; (*fig: calm, resigned*) gelassen.
philosophize [fɪˈlɒsəfaɪz] *vi* philosophieren.
philosophy [fɪˈlɒsəfɪ] *n* Philosophie *f*.
phlegm [flem] *n* (*MED*) Schleim *m*.
phlegmatic [flegˈmætɪk] *adj* phlegmatisch.
phobia [ˈfəʊbjə] *n* Phobie *f*.
phone [fəʊn] *n* Telefon *nt* ♦ *vt* anrufen ♦ *vi* anrufen, telefonieren; **to be on the ~** (*possess a phone*) Telefon haben; (*be calling*) telefonieren.
▶ **phone back** *vt, vi* zurückrufen.
▶ **phone up** *vt, vi* anrufen.
phone book *n* Telefonbuch *nt*.
phone booth *n* Telefonzelle *f*.
phone box (*BRIT*) *n* Telefonzelle *f*.
phone call *n* Anruf *m*.
phonecard [ˈfəʊnkɑːd] *n* Telefonkarte *f*.
phone-in [ˈfəʊnɪn] (*BRIT*) *n* (*RADIO, TV*) Radio-/Fernsehsendung mit Hörer-/ Zuschauerbeteiligung per Telefon, Phone-in *nt* ♦ *adj* mit Hörer-/Zuschaueranrufen.
phone tapping [-tæpɪŋ] *n* Abhören *nt* von Telefonleitungen.
phonetics [fəˈnetɪks] *n* Phonetik *f*.
phoney [ˈfəʊnɪ] *adj* (*address*) falsch; (*accent*) unecht; (*person*) unaufrichtig.
phonograph [ˈfəʊnəɡrɑːf] (*US*) *n* Grammofon *nt*, Grammophon *nt*.
phony [ˈfəʊnɪ] *adj* = **phoney**.
phosphate [ˈfɒsfeɪt] *n* Phosphat *nt*.
phosphorus [ˈfɒsfərəs] *n* Phosphor *m*.
photo [ˈfəʊtəʊ] *n* Foto *nt*.
photo... [ˈfəʊtəʊ] *pref* Foto-.
photocopier [ˈfəʊtəʊkɒpɪəʳ] *n* Fotokopierer *m*.
photocopy [ˈfəʊtəʊkɒpɪ] *n* Fotokopie *f* ♦ *vt* fotokopieren.
photoelectric [fəʊtəʊɪˈlektrɪk] *adj* (*effect*) photoelektrisch; (*cell*) Photo-.
photo finish *n* Fotofinish *nt*.
Photofit ® [ˈfəʊtəʊfɪt] *n* (*also:* **~ picture**) Phantombild *nt*.
photogenic [fəʊtəʊˈdʒenɪk] *adj* fotogen.
photograph [ˈfəʊtəɡræf] *n* Fotografie *f* ♦ *vt* fotografieren; **to take a ~ of sb** jdn fotografieren.
photographer [fəˈtɒɡrəfəʳ] *n* Fotograf(in) *m(f)*.
photographic [fəʊtəˈɡræfɪk] *adj* (*equipment etc*) fotografisch, Foto-.
photography [fəˈtɒɡrəfɪ] *n* Fotografie *f*.
photo opportunity *n* Fototermin *m*; (*accidental*) Fotogelegenheit *f*.
photostat [ˈfəʊtəʊstæt] *n* Fotokopie *f*.
photosynthesis [fəʊtəʊˈsɪnθəsɪs] *n* Photosynthese *f*.

phrase [freɪz] *n* Satz *m*; (*LING*) Redewendung *f*; (*MUS*) Phrase *f* ♦ *vt* ausdrücken; (*letter*) formulieren.
phrase book *n* Sprachführer *m*.
physical [ˈfɪzɪkl] *adj* (*bodily*) körperlich; (*geography, properties*) physikalisch; (*law, explanation*) natürlich; **~ examination** ärztliche Untersuchung *f*; **the ~ sciences** die Naturwissenschaften.
physical education *n* Sportunterricht *m*.
physically [ˈfɪzɪklɪ] *adv* (*fit, attractive*) körperlich.
physician [fɪˈzɪʃən] *n* Arzt *m*, Ärztin *f*.
physicist [ˈfɪzɪsɪst] *n* Physiker(in) *m(f)*.
physics [ˈfɪzɪks] *n* Physik *f*.
physiological [ˈfɪzɪəˈlɒdʒɪkl] *adj* physiologisch.
physiology [fɪzɪˈɒlədʒɪ] *n* Physiologie *f*.
physiotherapist [fɪzɪəʊˈθerəpɪst] *n* Physiotherapeut(in) *m(f)*.
physiotherapy [fɪzɪəʊˈθerəpɪ] *n* Physiotherapie *f*.
physique [fɪˈziːk] *n* Körperbau *m*.
pianist [ˈpiːənɪst] *n* Pianist(in) *m(f)*.
piano [pɪˈænəʊ] *n* Klavier *nt*, Piano *nt*.
piano accordion (*BRIT*) *n* Akkordeon *nt*.
piccolo [ˈpɪkələʊ] *n* Pikkoloflöte *f*.
pick [pɪk] *n* (*also:* **~axe**) Spitzhacke *f* ♦ *vt* (*select*) aussuchen; (*gather: fruit, mushrooms*) sammeln; (: *flowers*) pflücken; (*remove, take out*) herausnehmen; (*lock*) knacken; (*scab, spot*) kratzen an +*dat*; **take your ~** (*choose*) Sie haben die Wahl; **the ~ of** (*best*) das Beste +*gen*; **to ~ one's nose** in der Nase bohren; **to ~ one's teeth** in den Zähnen stochern; **to ~ sb's brains** jdn als Informationsquelle nutzen; **to ~ sb's pocket** jdn bestehlen; **to ~ a quarrel (with sb)** einen Streit (mit jdm) anfangen.
▶ **pick at** *vt fus* (*food*) herumstochern in +*dat*.
▶ **pick off** *vt* (*shoot*) abschießen.
▶ **pick on** *vt fus* (*criticize*) herumhacken auf +*dat*.
▶ **pick out** *vt* (*distinguish*) ausmachen; (*select*) aussuchen.
▶ **pick up** *vi* (*health*) sich verbessern; (*economy*) sich erholen ♦ *vt* (*from floor etc*) aufheben; (*arrest*) festnehmen; (*collect: person, parcel etc*) abholen; (*hitchhiker*) mitnehmen; (*for sexual encounter*) aufreißen; (*learn: skill etc*) mitbekommen; (*RADIO*) empfangen; **to ~ up where one left off** da weitermachen, wo man aufgehört hat; **to ~ up speed** schneller werden; **to ~ o.s. up** (*after falling etc*) sich aufrappeln.
pickaxe, (*US*) **pickax** [ˈpɪkæks] *n* Spitzhacke *f*.
picket [ˈpɪkɪt] *n* (*in strike*) Streikposten *m* ♦ *vt* (*factory etc*) Streikposten aufstellen vor +*dat*.
picketing [ˈpɪkɪtɪŋ] *n* Aufstellen *nt* von Streikposten.
picket line *n* Streikpostenkette *f*.
pickings [ˈpɪkɪŋz] *npl:* **there are rich ~ to be**

had **here** hier ist die Ausbeute gut.

pickle ['pɪkl] n (also: ~s: as condiment) Pickles pl ♦ vt einlegen; **to be in a** ~ in der Klemme sitzen; **to get in a** ~ in eine Klemme geraten.

pick-me-up ['pɪkmiːʌp] n Muntermacher m.

pickpocket ['pɪkpɔkɪt] n Taschendieb(in) m(f).

pick-up ['pɪkʌp] n (also: ~ **truck**) offener Kleintransporter m; (BRIT: on record player) Tonabnehmer m.

picnic ['pɪknɪk] n Picknick nt ♦ vi picknicken.

picnicker ['pɪknɪkə*] n Picknicker(in) m(f).

pictorial [pɪk'tɔːrɪəl] adj (record, coverage etc) bildlich.

picture ['pɪktʃə*] n (also TV, fig) Bild nt; (film) Film m ♦ vt (imagine) sich dat vorstellen; **the ~s** (BRIT: inf: the cinema) das Kino; **to take a** ~ **of sb** ein Bild von jdm machen; **to put sb in the** ~ jdn ins Bild setzen.

picture book n Bilderbuch nt.

picture messaging n (TEL) Picture Messaging nt.

picturesque [pɪktʃə'rɛsk] adj malerisch.

picture window n Aussichtsfenster nt.

piddling ['pɪdlɪŋ] (inf) adj lächerlich.

pidgin ['pɪdʒɪn] adj: ~ **English** Pidgin-Englisch nt.

pie [paɪ] n (vegetable, meat) Pastete f; (fruit) Torte f.

piebald ['paɪbɔːld] adj (horse) scheckig.

piece [piːs] n Stück nt; (DRAUGHTS etc) Stein m; (CHESS) Figur f; **in ~s** (broken) kaputt; (taken apart) auseinander genommen, in Einzelteilen; **a** ~ **of clothing/furniture/music** ein Kleidungs-/Möbel-/Musikstück nt; **a** ~ **of machinery** eine Maschine; **a** ~ **of research** eine Forschungsarbeit; **a** ~ **of advice** ein Rat m; **to take sth to ~s** etw auseinander nehmen; **in one** ~ (object) unbeschädigt; (person) wohlbehalten; **a 10p** ~ (BRIT) ein 10-Pence-Stück nt; ~ **by** ~ Stück für Stück; **a six-**~ **band** eine sechsköpfige Band; **let her say her** ~ lass sie ausreden.

▶ **piece together** vt zusammenfügen.

piecemeal ['piːsmiːl] adv stückweise, Stück für Stück.

piecework ['piːswɜːk] n Akkordarbeit f.

pie chart n Tortendiagramm nt.

pier [pɪə*] n Pier m.

pierce [pɪəs] vt durchstechen; **to have one's ears ~d** sich dat die Ohrläppchen durchstechen lassen.

piercing ['pɪəsɪŋ] adj (fig: cry, eyes, stare) durchdringend; (wind) schneidend.

piety ['paɪətɪ] n Frömmigkeit f.

piffling ['pɪflɪŋ] (inf) adj lächerlich.

pig [pɪg] n (also pej) Schwein nt; (greedy person) Vielfraß m.

pigeon ['pɪdʒən] n Taube f.

pigeonhole ['pɪdʒənhəʊl] n (for letters etc) Fach nt; (fig) Schublade f ♦ vt (fig: person) in eine Schublade stecken.

pigeon-toed ['pɪdʒəntəʊd] adj mit einwärts gerichteten Zehen.

piggy bank ['pɪgɪ-] n Sparschwein nt.

pig-headed ['pɪg'hɛdɪd] (pej) adj dickköpfig.

piglet ['pɪglɪt] n Schweinchen nt, Ferkel nt.

pigment ['pɪgmənt] n Pigment nt.

pigmentation [pɪgmən'teɪʃən] n Pigmentierung f, Färbung f.

pigmy ['pɪgmɪ] n = **pygmy**.

pigskin ['pɪgskɪn] n Schweinsleder nt.

pigsty ['pɪgstaɪ] n (also fig) Schweinestall m.

pigtail ['pɪgteɪl] n Zopf m.

pike [paɪk] n (fish) Hecht m; (spear) Spieß m.

pilchard ['pɪltʃəd] n Sardine f.

pile [paɪl] n (heap) Haufen m; (stack) Stapel m; (of carpet, velvet) Flor m; (pillar) Pfahl m ♦ vt (also: ~ **up**) (auf)stapeln; **in a** ~ in einem Haufen; **to** ~ **into/out of** (vehicle) sich drängen in +acc/aus.

▶ **pile on** vt: **to** ~ **it on** (inf) zu dick auftragen.

▶ **pile up** vi sich stapeln.

piles [paɪlz] npl (MED) Hämorr(ho)iden pl.

pile-up ['paɪlʌp] n (AUT) Massenkarambolage f.

pilfer ['pɪlfə*] vt, vi stehlen.

pilfering ['pɪlfərɪŋ] n Diebstahl m.

pilgrim ['pɪlgrɪm] n Pilger(in) m(f).

pilgrimage ['pɪlgrɪmɪdʒ] n Pilgerfahrt f, Wallfahrt f.

pill [pɪl] n Tablette f, Pille f; **the** ~ (contraceptive) die Pille; **to be on the** ~ die Pille nehmen.

pillage ['pɪlɪdʒ] n Plünderung f ♦ vt plündern.

pillar ['pɪlə*] n Säule f; **a** ~ **of society** (fig) eine Säule or Stütze der Gesellschaft.

pillar box (BRIT) n Briefkasten m.

pillion ['pɪljən] n: **to ride** ~ (on motorcycle) auf dem Soziussitz mitfahren; (on horse) hinten auf dem Pferd mitreiten.

pillory ['pɪlɔrɪ] vt (criticize) anprangern ♦ n Pranger m.

pillow ['pɪləʊ] n (Kopf)kissen nt.

pillowcase ['pɪləʊkeɪs] n (Kopf)kissenbezug m.

pillowslip ['pɪləʊslɪp] n = **pillowcase**.

pilot ['paɪlət] n (AVIAT) Pilot(in) m(f); (NAUT) Lotse m ♦ adj (scheme, study etc) Pilot- ♦ vt (aircraft) steuern; (fig: new law, scheme) sich zum Fürsprecher machen +gen.

pilot boat n Lotsenboot nt.

pilot light n (on cooker, boiler) Zündflamme f.

pimento [pɪ'mɛntəʊ] n (spice) Piment nt.

pimp [pɪmp] n Zuhälter m.

pimple ['pɪmpl] n Pickel m.

pimply ['pɪmplɪ] adj pick(e)lig.

PIN n abbr (= personal identification number) PIN; ~ **number** PIN-Nummer f.

pin [pɪn] n (metal: for clothes, papers) Stecknadel f; (TECH) Stift m; (BRIT: also: **drawing** ~) Heftzwecke f; (in grenade) Sicherungsstift m; (BRIT: ELEC) Pol m ♦ vt (fasten with pin) feststecken; ~**s and needles**

(*in arms, legs etc*) Kribbeln *nt*; **to ~ sb against/to sth** jdn gegen/an etw *acc* pressen; **to ~ sth on sb** (*fig*) jdm etw anhängen.
▶ **pin down** *vt* (*fig: person*) festnageln; **there's something strange here but I can't quite ~ it down** hier stimmt etwas nicht, aber ich weiß nicht genau was.

pinafore ['pɪnəfɔːʳ] (*BRIT*) *n* (*also:* ~ **dress**) Trägerkleid *nt*.

pinball ['pɪnbɔːl] *n* (*game*) Flippern *nt*; (*machine*) Flipper *m*.

pincers ['pɪnsəz] *npl* (*tool*) Kneifzange *f*; (*of crab, lobster etc*) Schere *f*.

pinch [pɪntʃ] *n* (*of salt etc*) Prise *f* ♦ *vt* (*with finger and thumb*) zwicken, kneifen; (*inf: steal*) klauen ♦ *vi* (*shoe*) drücken; **at a ~** zur Not; **to feel the ~** (*fig*) die schlechte Lage zu spüren bekommen.

pinched [pɪntʃt] *adj* (*face*) erschöpft; **~ with cold** verfroren.

pincushion ['pɪnkuʃən] *n* Nadelkissen *nt*.

pine [paɪn] *n* (*also:* ~ **tree**) Kiefer *f*; (*wood*) Kiefernholz *nt* ♦ *vi*: **to ~ for** sich sehnen nach.
▶ **pine away** *vi* sich (vor Kummer) verzehren.

pineapple ['paɪnæpl] *n* Ananas *f*.

pine cone *n* Kiefernzapfen *m*.

pine needles *npl* Kiefernnadeln *pl*.

ping [pɪŋ] *n* (*noise*) Klingeln *nt*.

Ping-Pong ® ['pɪŋpɔŋ] *n* Pingpong *nt*.

pink [pɪŋk] *adj* rosa *inv* ♦ *n* (*colour*) Rosa *nt*; (*BOT*) Gartennelke *f*.

pinking shears *npl* Zickzackschere *f*.

pin money (*BRIT: inf*) *n* Nadelgeld *nt*.

pinnacle ['pɪnəkl] *n* (*of building, mountain*) Spitze *f*; (*fig*) Gipfel *m*.

pinpoint ['pɪnpɔɪnt] *vt* (*identify*) genau festlegen, identifizieren; (*position of sth*) genau aufzeigen.

pinstripe ['pɪnstraɪp] *adj*: **~ suit** Nadelstreifenanzug *m*.

pint [paɪnt] *n* (*BRIT: = 568 cc*) (britisches) Pint *nt*; (*US: = 473 cc*) (amerikanisches) Pint; **a ~** (*BRIT: inf: of beer*) = eine Halbe.

pin-up ['pɪnʌp] *n* (*picture*) Pin-up-Foto *nt*.

pioneer [paɪə'nɪəʳ] *n* (*lit, fig*) Pionier *m* ♦ *vt* (*invention etc*) Pionierarbeit leisten für.

pious ['paɪəs] *adj* fromm.

pip [pɪp] *n* (*of apple, orange*) Kern *m* ♦ *vt*: **to be ~ped at the post** (*BRIT, fig*) um Haaresbreite geschlagen werden; **the pips** *npl* (*BRIT: RADIO*) das Zeitzeichen.

pipe [paɪp] *n* (*for water, gas*) Rohr *nt*; (*for smoking*) Pfeife *f*; (*MUS*) Flöte *f* ♦ *vt* (*water, gas, oil*) (durch Rohre) leiten; **pipes** *npl* (*also: bagpipes*) Dudelsack *m*.
▶ **pipe down** (*inf*) *vi* (*be quiet*) ruhig sein.

pipe cleaner *n* Pfeifenreiniger *m*.

piped music [paɪpt-] *n* Berieselungsmusik *f*.

pipe dream *n* Hirngespinst *nt*.

pipeline ['paɪplaɪn] *n* Pipeline *f*; **it's in the ~**

(*fig*) es ist in Vorbereitung.

piper ['paɪpəʳ] *n* (*bagpipe player*) Dudelsackspieler(in) *m(f)*.

pipe tobacco *n* Pfeifentabak *m*.

piping ['paɪpɪŋ] *adv*: **~ hot** kochend heiß.

piquant ['piːkənt] *adj* (*also fig*) pikant.

pique ['piːk] *n*: **in a fit of ~** eingeschnappt, pikiert.

piracy ['paɪərəsɪ] *n* Piraterie *f*, Seeräuberei *f*; (*COMM*): **to commit ~** ein Plagiat *nt* begehen.

pirate ['paɪərət] *n* Pirat *m*, Seeräuber *m* ♦ *vt* (*COMM: video tape, cassette etc*) illegal herstellen.

pirate radio station (*BRIT*) *n* Piratensender *m*.

pirouette [pɪru'ɛt] *n* Pirouette *f* ♦ *vi* Pirouetten drehen.

Pisces ['paɪsiːz] *n* Fische *pl*; **to be ~** Fische *or* (ein) Fisch sein.

piss [pɪs] (*inf!*) *vi* pissen ♦ *n* Pisse *f*; **~ off!** verpiss dich!; **to be ~ed off (with sb/sth)** (von jdm/etw) die Schnauze voll haben; **it's ~ing down** (*BRIT: raining*) es schifft; **to take the ~ out of sb** (*BRIT*) jdn verarschen.

pissed [pɪst] (*inf!*) *adj* (*drunk*) besoffen.

pistol ['pɪstl] *n* Pistole *f*.

piston ['pɪstən] *n* Kolben *m*.

pit [pɪt] *n* Grube *f*; (*in surface of road*) Schlagloch *nt*; (*coal mine*) Zeche *f*; (*also: orchestra* ~) Orchestergraben *m* ♦ *vt*: **to ~ one's wits against sb** seinen Verstand mit jdm messen; **the pits** *npl* (*AUT*) die Box; **to ~ o.s. against sth** den Kampf gegen etw aufnehmen; **to ~ sb against sb** jdn gegen jdn antreten lassen; **the ~ of one's stomach** die Magengrube.

pitapat ['pɪtə'pæt] (*BRIT*) *adv*: **to go ~** (*heart*) pochen, klopfen; (*rain*) prasseln.

pitch [pɪtʃ] *n* (*BRIT: SPORT: field*) Spielfeld *nt*; (*MUS*) Tonhöhe *f*; (*fig: level, degree*) Grad *m*; (*tar*) Pech *nt*; (*also: sales* ~) Verkaufsmasche *f*; (*NAUT*) Stampfen *nt* ♦ *vt* (*throw*) werfen, schleudern; (*set: price, message*) ansetzen ♦ *vi* (*fall forwards*) hinschlagen; (*NAUT*) stampfen; **to ~ a tent** ein Zelt aufschlagen; **to be ~ed forward** vornüber geworfen werden.

pitch-black ['pɪtʃ'blæk] *adj* pechschwarz.

pitched battle [pɪtʃt-] *n* offene Schlacht *f*.

pitcher ['pɪtʃəʳ] *n* (*jug*) Krug *m*; (*US: BASEBALL*) Werfer *m*.

pitchfork ['pɪtʃfɔːk] *n* Heugabel *f*.

piteous ['pɪtɪəs] *adj* kläglich, erbärmlich.

pitfall ['pɪtfɔːl] *n* Falle *f*.

pith [pɪθ] *n* (*of orange etc*) weiße Haut *f*; (*of plant*) Mark *nt*; (*fig*) Kern *m*.

pithead ['pɪthɛd] *n* Schachtanlagen *pl* über Tage.

pithy ['pɪθɪ] *adj* (*comment etc*) prägnant.

pitiable ['pɪtɪəbl] *adj* Mitleid erregend.

pitiful ['pɪtɪful] *adj* (*sight etc*) Mitleid

erregend; (*excuse, attempt*) jämmerlich, kläglich.

pitifully ['pɪtɪfəlɪ] *adv* (*thin, frail*) jämmerlich; (*inadequate, ill-equipped*) fürchterlich.

pitiless ['pɪtɪlɪs] *adj* mitleidlos.

pittance ['pɪtns] *n* Hungerlohn *m*.

pitted ['pɪtɪd] *adj*: ~ **with** übersät mit; ~ **with rust** voller Rost.

pity ['pɪtɪ] *n* Mitleid *nt* ♦ *vt* bemitleiden, bedauern; **what a** ~! wie schade!; **it is a** ~ **that you can't come** schade, dass du nicht kommen kannst; **to take** ~ **on sb** Mitleid mit jdm haben.

pitying ['pɪtɪɪŋ] *adj* mitleidig.

pivot ['pɪvət] *n* (*TECH*) Drehpunkt *m*; (*fig*) Dreh- und Angelpunkt *m* ♦ *vi* sich drehen.

▶ **pivot on** (*depend on*) abhängen von.

pixel ['pɪksl] *n* (*COMPUT*) Pixel *nt*.

pixie ['pɪksɪ] *n* Elf *m*, Elfe *f*.

pizza ['piːtsə] *n* Pizza *f*.

placard ['plækɑːd] *n* Plakat *nt*, Aushang *m*; (*in march etc*) Transparent *nt*.

placate [plə'keɪt] *vt* beschwichtigen, besänftigen.

placatory [plə'keɪtərɪ] *adj* beschwichtigend, besänftigend.

place [pleɪs] *n* Platz *m*; (*position*) Stelle *f*, Ort *m*; (*seat: on committee etc*) Sitz *m*; (*home*) Wohnung *f*; (*in street names*) ≈ Straße *f* ♦ *vt* (*put: object*) stellen, legen; (*identify: person*) unterbringen; ~ **of birth** Geburtsort *m*; **to take** ~ (*happen*) geschehen, passieren; **at/to his** ~ (*home*) bei/zu ihm; **from** ~ **to** ~ von Ort zu Ort; **all over the** ~ überall; **in** ~**s** stellenweise; **in sb's/sth's** ~ anstelle *or* an Stelle von jdm/etw; **to take sb's/sth's** ~ an die Stelle von jdm/etw treten, jdn/etw ersetzen; **out of** ~ (*inappropriate*) unangebracht; **I feel out of** ~ **here** ich fühle mich hier fehl am Platze; **in the first** ~ (*first of all*) erstens; **to change** ~**s with sb** mit jdm den Platz tauschen; **to put sb in his** ~ (*fig*) jdn in seine Schranken weisen; **he's going** ~**s** er bringt es noch mal weit; **it's not my** ~ **to do it** es ist nicht an mir, das zu tun; **to be** ~**d** (*in race, exam*) platziert sein; **to be** ~**d third** den dritten Platz belegen; **to** ~ **an order with sb (for sth)** eine Bestellung bei jdm (für etw) aufgeben; **how are you** ~**d next week?** wie sieht es bei Ihnen nächste Woche aus?

placebo [plə'siːbəʊ] *n* Placebo *nt*; (*fig*) Beruhigungsmittel *nt*.

place mat *n* Set *nt or m*.

placement ['pleɪsmənt] *n* Platzierung *f*.

place name *n* Ortsname *m*.

placenta [plə'sɛntə] *n* Plazenta *f*.

place setting *n* Gedeck *nt*.

placid ['plæsɪd] *adj* (*person*) ruhig, gelassen; (*place, river etc*) friedvoll.

plagiarism ['pleɪdʒərɪzəm] *n* Plagiat *nt*.

plagiarist ['pleɪdʒərɪst] *n* Plagiator(in) *m(f)*.

plagiarize ['pleɪdʒəraɪz] *vt* (*idea, work*) kopieren, plagiieren.

plague [pleɪg] *n* (*MED*) Seuche *f*; (*fig: of locusts etc*) Plage *f* ♦ *vt* (*fig: problems etc*) plagen; **to** ~ **sb with questions** jdn mit Fragen quälen.

plaice [pleɪs] *n inv* Scholle *f*.

plaid [plæd] *n* Plaid *nt*.

plain [pleɪn] *adj* (*unpatterned*) einfarbig; (*simple*) einfach, schlicht; (*clear, easily understood*) klar; (*not beautiful*) unattraktiv; (*frank*) offen ♦ *adv* (*wrong, stupid etc*) einfach ♦ *n* (*area of land*) Ebene *f*; (*KNITTING*) rechte Masche *f*; **to make sth** ~ **to sb** jdm etw klarmachen.

plain chocolate *n* Bitterschokolade *f*.

plain-clothes ['pleɪnkləʊðz] *adj* (*police officer*) in Zivil.

plainly ['pleɪnlɪ] *adv* (*obviously*) eindeutig; (*clearly*) deutlich, klar.

plainness ['pleɪnnɪs] *n* (*of person*) Reizlosigkeit *f*.

plain speaking *n* Offenheit *f*; **a bit of** ~ ein paar offene Worte.

plain-spoken ['pleɪn'spəʊkn] *adj* offen.

plaintiff ['pleɪntɪf] *n* Kläger(in) *m(f)*.

plaintive ['pleɪntɪv] *adj* (*cry, voice*) klagend; (*song*) schwermütig; (*look*) traurig.

plait [plæt] *n* (*of hair*) Zopf *m*; (*of rope, leather*) Geflecht *nt* ♦ *vt* flechten.

plan [plæn] *n* Plan *m* ♦ *vt* planen; (*building, schedule*) entwerfen ♦ *vi* planen; **to** ~ **to do sth** planen *or* vorhaben, etw zu tun; **how long do you** ~ **to stay?** wie lange haben Sie vor, zu bleiben?; **to** ~ **for** *or* **on** (*expect*) sich einstellen auf +*acc*; **to** ~ **on doing sth** vorhaben, etw zu tun.

plane [pleɪn] *n* (*AVIAT*) Flugzeug *nt*; (*MATH*) Ebene *f*; (*fig: level*) Niveau *nt*; (*tool*) Hobel *m*; (*also:* ~ **tree**) Platane *f* ♦ *vt* (*wood*) hobeln ♦ *vi* (*NAUT, AUT*) gleiten.

planet ['plænɪt] *n* Planet *m*.

planetarium [plænɪ'tɛərɪəm] *n* Planetarium *nt*.

plank [plæŋk] *n* (*of wood*) Brett *nt*; (*fig: of policy etc*) Schwerpunkt *m*.

plankton ['plæŋktən] *n* Plankton *nt*.

planned economy ['plænd-] *n* Planwirtschaft *f*.

planner ['plænə*] *n* Planer(in) *m(f)*.

planning ['plænɪŋ] *n* Planung *f*.

planning permission (*BRIT*) *n* Baugenehmigung *f*.

plant [plɑːnt] *n* (*BOT*) Pflanze *f*; (*machinery*) Maschinen *pl*; (*factory*) Anlage *f* ♦ *vt* (*seed, plant, crops*) pflanzen; (*field, garden*) bepflanzen; (*microphone, bomb etc*) anbringen; (*incriminating evidence*) schleusen; (*fig: object*) stellen; (*: kiss*) drücken.

plantation [plæn'teɪʃən] *n* Plantage *f*; (*wood*) Anpflanzung *f*.

plant pot (*BRIT*) *n* Blumentopf *m*.

plaque [plæk] *n* (*on building etc*) Tafel *f*,

Plakette *f*; (*on teeth*) Zahnbelag *m*.

plasma ['plæzmə] *n* Plasma *nt*.

plaster ['plɑːstə*] *n* (*for walls*) Putz *m*; (*also:* ~ **of Paris**) Gips *m*; (*BRIT: also:* **sticking** ~) Pflaster *nt* ♦ *vt* (*wall, ceiling*) verputzen; **in** ~ (*BRIT*) in Gips; **to** ~ **with** (*cover*) bepflastern mit.

plasterboard ['plɑːstəbɔːd] *n* Gipskarton *m*.

plaster cast *n* (*MED*) Gipsverband *m*; (*model, statue*) Gipsform *f*.

plastered ['plɑːstəd] (*inf*) *adj* (*drunk*) sturzbesoffen.

plasterer ['plɑːstərə*] *n* Gipser *m*.

plastic ['plæstɪk] *n* Plastik *nt* ♦ *adj* (*bucket, cup etc*) Plastik-; (*flexible*) formbar; **the** ~ **arts** die bildende Kunst.

plastic bag *n* Plastiktüte *f*.

plastic bullet *n* Plastikgeschoss *nt*.

plastic explosive *n* Plastiksprengstoff *m*.

Plasticine ® ['plæstɪsiːn] *n* Plastilin *nt*.

plastic surgery *n* plastische Chirurgie *f*.

plate [pleɪt] *n* Teller *m*; (*metal cover*) Platte *f*; (*TYP*) Druckplatte *f*; (*AUT*) Nummernschild *nt*; (*in book: picture*) Tafel *f*; (*dental plate*) Gaumenplatte *f*; (*on door*) Schild *nt*; (*gold/ silver plate*) vergoldeter/versilberter Artikel *m*; **that necklace is just** ~ die Halskette ist nur vergoldet/versilbert.

plateau ['plætəu] (*pl* ~**s** *or* ~**x**) *n* (*GEOG*) Plateau *nt*, Hochebene *f*; (*fig*) stabiler Zustand *m*.

plateful ['pleɪtful] *n* Teller *m*.

plate glass *n* Tafelglas *nt*.

platen ['plætən] *n* (*on typewriter, printer*) (Schreib)walze *f*.

plate rack *n* Geschirrständer *m*.

platform ['plætfɔːm] *n* (*stage*) Podium *nt*; (*for landing, loading on etc, BRIT: of bus*) Plattform *f*; (*RAIL*) Bahnsteig *m*; (*POL*) Programm *nt*; **the train leaves from** ~ **7** der Zug fährt von Gleis 7 ab.

platform ticket (*BRIT*) *n* (*RAIL*) Bahnsteigkarte *f*.

platinum ['plætɪnəm] *n* Platin *nt*.

platitude ['plætɪtjuːd] *n* Plattitüde *f*, Gemeinplatz *m*.

platonic [plə'tɔnɪk] *adj* (*relationship*) platonisch.

platoon [plə'tuːn] *n* Zug *m*.

platter ['plætə*] *n* Platte *f*.

plaudits ['plɔːdɪts] *npl* Ovationen *pl*.

plausible ['plɔːzɪbl] *adj* (*theory, excuse*) plausibel; (*liar etc*) glaubwürdig.

play [pleɪ] *n* (*THEAT*) (Theater)stück *nt*; (*TV*) Fernsehspiel *nt*; (*RADIO*) Hörspiel *nt*; (*activity*) Spiel *nt* ♦ *vt* spielen; (*team, opponent*) spielen gegen ♦ *vi* spielen; **to bring into** ~ ins Spiel bringen; **a** ~ **on words** ein Wortspiel *nt*; **to** ~ **a trick on sb** jdn hereinlegen; **to** ~ **a part** *or* **role in sth** (*fig*) eine Rolle bei etw spielen; **to** ~ **for time** (*fig*) auf Zeit spielen, Zeit gewinnen wollen; **to**

~ **safe** auf Nummer sicher *or* Sicher gehen; **to** ~ **into sb's hands** jdm in die Hände spielen.

▶ **play about with** *vt fus* = **play around with**.

▶ **play along with** *vt fus* (*person*) sich richten nach; (*plan, idea*) eingehen auf +*acc*.

▶ **play around with** *vt fus* (*fiddle with*) herumspielen mit.

▶ **play at** *vt fus* (*do casually*) spielen mit; **to** ~ **at being sb/sth** jdn/etw spielen.

▶ **play back** *vt* (*recording*) abspielen.

▶ **play down** *vt* herunterspielen.

▶ **play on** *vt fus* (*sb's feelings etc*) ausnutzen; **to** ~ **on sb's mind** jdm im Kopf herumgehen.

▶ **play up** *vi* (*machine, knee etc*) Schwierigkeiten machen; (*children*) frech werden.

play-act ['pleɪækt] *vi* Theater spielen.

playboy ['pleɪbɔɪ] *n* Playboy *m*.

player ['pleɪə*] *n* (*SPORT, MUS*) Spieler(in) *m(f)*; (*THEAT*) Schauspieler(in) *m(f)*.

playful ['pleɪful] *adj* (*person, gesture*) spielerisch; (*animal*) verspielt.

playgoer ['pleɪɡəuə*] *n* Theaterbesucher(in) *m(f)*.

playground ['pleɪɡraund] *n* (*in park*) Spielplatz *m*; (*in school*) Schulhof *m*.

playgroup ['pleɪɡruːp] *n* Spielgruppe *f*.

playing card ['pleɪɪŋ-] *n* Spielkarte *f*.

playing field *n* Sportplatz *m*.

playmaker ['pleɪmeɪkə*] *n* (*SPORT*) Spielmacher(in) *m(f)*.

playmate ['pleɪmeɪt] *n* Spielkamerad(in) *m(f)*.

play-off ['pleɪɔf] *n* Entscheidungsspiel *nt*.

playpen ['pleɪpɛn] *n* Laufstall *m*.

playroom ['pleɪruːm] *n* Spielzimmer *nt*.

playschool ['pleɪskuːl] *n* = **playgroup**.

plaything ['pleɪθɪŋ] *n* (*also fig*) Spielzeug *nt*.

playtime ['pleɪtaɪm] *n* (kleine) Pause *f*.

playwright ['pleɪraɪt] *n* Dramatiker(in) *m(f)*.

plc (*BRIT*) *n abbr* (= *public limited company*) ≈ AG *f*.

plea [pliː] *n* (*request*) Bitte *f*; (*LAW*): **to enter a** ~ **of guilty/not guilty** sich schuldig/ unschuldig erklären; (*excuse*) Vorwand *m*.

plea bargaining *n* Verhandlungen zwischen Anklage und Verteidigung mit dem Ziel, bestimmte Anklagepunkte fallen zu lassen, wenn der Angeklagte sich in anderen Punkten schuldig bekennt.

plead [pliːd] *vi* (*LAW*) vor Gericht eine Schuld-/Unschuldserklärung abgeben ♦ *vt* (*LAW*): **to** ~ **sb's case** jdn vertreten; (*give as excuse: ignorance, ill health etc*) vorgeben, sich berufen auf +*acc*; **to** ~ **with sb** (*beg*) jdn inständig bitten; **to** ~ **for sth** um etw nachsuchen; **to** ~ **guilty/not guilty** sich schuldig/nicht schuldig bekennen.

pleasant ['plɛznt] *adj* angenehm; (*smile*) freundlich.

pleasantly ['plɛzntlɪ] *adv* (*surprised*) angenehm; (*say, behave*) freundlich.

pleasantries ['plɛzntrɪz] *npl* Höflichkeiten *pl*, Nettigkeiten *pl*.

please [pliːz] *excl* bitte ♦ *vt* (*satisfy*) zufrieden stellen ♦ *vi* (*give pleasure*) gefällig sein; ~ **Miss/Sir!** (*to attract teacher's attention*) ≈ Frau/Herr X!; **yes,** ~ ja, bitte; **my bill,** ~ die Rechnung, bitte; ~ **don't cry!** bitte wein doch nicht!; ~ **yourself!** (*inf*) wie du willst!; **do as you** ~ machen Sie, was Sie für richtig halten.

pleased [pliːzd] *adj* (*happy*) erfreut; (*satisfied*) zufrieden; ~ **to meet you** freut mich(, Sie kennen zu lernen); ~ **with** zufrieden mit; **we are** ~ **to inform you that ...** wir freuen uns, Ihnen mitzuteilen, dass ...

pleasing ['pliːzɪŋ] *adj* (*remark, picture etc*) erfreulich; (*person*) sympathisch.

pleasurable ['plɛʒərəbl] *adj* angenehm.

pleasure ['plɛʒəʳ] *n* (*happiness, satisfaction*) Freude *f*; (*fun, enjoyable experience*) Vergnügen *nt*; **it's a** ~, **my** ~ gern geschehen; **with** ~ gern, mit Vergnügen; **is this trip for business or** ~? ist diese Reise geschäftlich oder zum Vergnügen?

pleasure boat *n* Vergnügungsschiff *nt*.

pleasure cruise *n* Vergnügungsfahrt *f*.

pleat [pliːt] *n* Falte *f*.

pleb [plɛb] (*inf: pej*) *n* Prolet *m*.

plebiscite ['plɛbɪsɪt] *n* Volksentscheid *m*, Plebiszit *nt*.

plectrum ['plɛktrəm] *n* Plektron *nt*, Plektrum *nt*.

pledge [plɛdʒ] *n* (*promise*) Versprechen *nt* ♦ *vt* (*promise*) versprechen; **to** ~ **sb to secrecy** jdn zum Schweigen verpflichten.

plenary ['pliːnərɪ] *adj* (*powers*) unbeschränkt; ~ **session** Plenarsitzung *f*; ~ **meeting** Vollversammlung *f*.

plentiful ['plɛntɪful] *adj* reichlich.

plenty ['plɛntɪ] *n* (*lots*) eine Menge; (*sufficient*) reichlich; ~ **of** eine Menge; **we've got** ~ **of time to get there** wir haben jede Menge Zeit, dorthin zu kommen.

plethora ['plɛθərə] *n*: **a** ~ **of** eine Fülle von, eine Unmenge an +*dat*.

pleurisy ['pluərɪsɪ] *n* Rippenfellentzündung *f*.

Plexiglas ® ['plɛksɪglɑːs] (*US*) *n* Plexiglas ® *nt*.

pliable ['plaɪəbl] *adj* (*material*) biegsam; (*fig: person*) leicht beeinflussbar.

pliant ['plaɪənt] *adj* = **pliable**.

pliers ['plaɪəz] *npl* Zange *f*.

plight [plaɪt] *n* (*of person, country*) Not *f*.

plimsolls ['plɪmsəlz] (*BRIT*) *npl* Turnschuhe *pl*.

plinth [plɪnθ] *n* Sockel *m*.

PLO *n abbr* (= *Palestine Liberation Organization*) PLO *f*.

plod [plɒd] *vi* (*walk*) trotten; (*fig*) sich abplagen.

plodder ['plɒdəʳ] (*pej*) *n* (*slow worker*) zäher Arbeiter *m*, zähe Arbeiterin *f*.

plonk [plɒŋk] (*inf*) *n* (*BRIT: wine*) (billiger) Wein *m* ♦ *vt*: **to** ~ **sth down** etw hinknallen.

plot [plɒt] *n* (*secret plan*) Komplott *nt*, Verschwörung *f*; (*of story, play, film*) Handlung *f* ♦ *vt* (*sb's downfall etc*) planen; (*on chart, graph*) markieren ♦ *vi* (*conspire*) sich verschwören; **a** ~ **of land** ein Grundstück *nt*; **a vegetable** ~ (*BRIT*) ein Gemüsebeet *nt*.

plotter ['plɒtəʳ] *n* (*instrument, also COMPUT*) Plotter *m*.

plough, (*US*) **plow** [plau] *n* Pflug *m* ♦ *vt* pflügen; **to** ~ **money into sth** (*project etc*) Geld in etw *acc* stecken.
► **plough back** *vt* (*COMM*) reinvestieren.
► **plough into** *vt fus* (*crowd*) rasen in +*acc*.

ploughman, (*US*) **plowman** ['plaumən] (*irreg: like* **man**) *n* Pflüger *m*.

ploughman's lunch ['plaumənz-] (*BRIT*) *n* Imbiss aus Brot, Käse und Pickles.

plow *etc* (*US*) = **plough** *etc*.

ploy [plɔɪ] *n* Trick *m*.

pls *abbr* (= *please*) b.

pluck [plʌk] *vt* (*fruit, flower, leaf*) pflücken; (*musical instrument, eyebrows*) zupfen; (*bird*) rupfen ♦ *n* (*courage*) Mut *m*; **to** ~ **up courage** allen Mut zusammennehmen.

plucky ['plʌkɪ] (*inf*) *adj* (*person*) tapfer.

plug [plʌg] *n* (*ELEC*) Stecker *m*; (*stopper*) Stöpsel *m*; (*AUT: also*: **spark(ing)** ~) Zündkerze *f* ♦ *vt* (*hole*) zustopfen; (*inf: advertise*) Reklame machen für; **to give sb/ sth a** ~ für jdn/etw Reklame machen.
► **plug in** *vt* (*ELEC*) einstöpseln, anschließen ♦ *vi* angeschlossen werden.

plughole ['plʌghəul] (*BRIT*) *n* Abfluss *m*.

plum [plʌm] *n* (*fruit*) Pflaume *f* ♦ *adj* (*inf*): **a** ~ **job** ein Traumjob *m*.

plumage ['pluːmɪdʒ] *n* Gefieder *nt*.

plumb [plʌm] *vt*: **to** ~ **the depths of despair/ humiliation** die tiefste Verzweiflung/ Erniedrigung erleben.
► **plumb in** *vt* anschließen, installieren.

plumber ['plʌməʳ] *n* Installateur *m*, Klempner *m*.

plumbing ['plʌmɪŋ] *n* (*piping*) Installationen *pl*, Rohrleitungen *pl*; (*trade*) Klempnerei *f*; (*work*) Installationsarbeiten *pl*.

plumb line *n* Lot *nt*, Senkblei *nt*.

plume [pluːm] *n* (*of bird*) Feder *f*; (*on helmet, horse's head*) Federbusch *m*; ~ **of smoke** Rauchfahne *f*.

plummet ['plʌmɪt] *vi* (*bird, aircraft*) (hinunter)stürzen; (*price, rate*) rapide absacken.

plump [plʌmp] *adj* (*person*) füllig, mollig.
► **plump for** (*inf*) *vt fus* sich entscheiden für.
► **plump up** *vt* (*cushion*) aufschütteln.

plunder ['plʌndəʳ] *n* (*activity*) Plünderung *f*; (*stolen things*) Beute *f* ♦ *vt* (*city, tomb*) plündern.

plunge [plʌndʒ] *n* (*of bird, person*) Sprung *m*; (*fig: of prices, rates etc*) Sturz *m* ♦ *vt* (*hand, knife*) stoßen ♦ *vi* (*thing*) stürzen; (*bird,* *person*) sich stürzen; (*fig: prices, rates etc*) abfallen, stürzen; **to take the ~** (*fig*) den Sprung wagen; **the room was ~d into darkness** das Zimmer war in Dunkelheit getaucht.

plunger ['plʌndʒə*] n (*for sink*) Sauger m.

plunging ['plʌndʒɪŋ] adj: **~ neckline** tiefer Ausschnitt m.

pluperfect [pluːˈpəːfɪkt] n: **the ~** das Plusquamperfekt.

plural ['pluərl] adj Plural- ♦ n Plural m, Mehrzahl f.

plus [plʌs] n (*also: ~ sign*) Pluszeichen nt ♦ prep, adj plus; **it's a ~** (*fig*) es ist ein Vorteil or ein Pluspunkt; **ten/twenty ~** (*more than*) über zehn/zwanzig; **B ~** (*SCOL*) ≈ Zwei plus.

plus fours npl Überfallhose f.

plush [plʌʃ] adj (*car, hotel etc*) feudal ♦ n (*fabric*) Plüsch m.

plutonium [pluːˈtəʊnɪəm] n Plutonium nt.

ply [plaɪ] vt (*a trade*) ausüben, nachgehen +dat; (*tool*) gebrauchen, anwenden ♦ vi (*ship*) verkehren ♦ n (*of wool, rope*) Stärke f; (*also: ~wood*) Sperrholz nt; **to ~ sb with drink** jdn ausgiebig bewirten; **to ~ sb with questions** jdm viele Fragen stellen; **two-/three-~ wool** zwei-/dreifädige Wolle.

plywood ['plaɪwud] n Sperrholz nt.

PM (*BRIT*) abbr = Prime Minister.

p.m. adv abbr (= post meridiem) nachmittags; (*later*) abends.

PMT abbr = premenstrual tension.

pneumatic [njuːˈmætɪk] adj pneumatisch.

pneumatic drill n Pressluftbohrer m.

pneumonia [njuːˈməʊnɪə] n Lungenentzündung f.

PO n abbr = Post Office; (*MIL*) = petty officer.

p.o. abbr = postal order.

POA (*BRIT*) n abbr (= Prison Officers' Association) Gewerkschaft der Gefängnisbeamten.

poach [pəʊtʃ] vt (*steal: fish, animals, birds*) illegal erbeuten, wildern; (*CULIN: egg*) pochieren; (: *fish*) dünsten ♦ vi (*steal*) wildern.

poached [pəʊtʃt] adj: **~ eggs** verlorene Eier.

poacher ['pəʊtʃə*] n Wilderer m.

PO Box n abbr (= Post Office Box) Postf.

pocket ['pɔkɪt] n Tasche f; (*fig: small area*) vereinzelter Bereich m ♦ vt (*put in one's pocket, steal*) einstecken; **to be out of ~** (*BRIT*) Verlust machen; **~ of resistance** Widerstandsnest nt.

pocketbook ['pɔkɪtbuk] n (*notebook*) Notizbuch nt; (*US: wallet*) Brieftasche f; (: *handbag*) Handtasche f.

pocket calculator n Taschenrechner m.

pocketknife ['pɔkɪtnaɪf] n Taschenmesser nt.

pocket money n Taschengeld nt.

pocket-sized ['pɔkɪtsaɪzd] adj im Taschenformat.

pockmarked ['pɔkmɑːkt] adj (*face*) pockennarbig.

pod [pɔd] n Hülse f.

podgy ['pɔdʒɪ] (*inf*) adj rundlich, pummelig.

podiatrist [pɔˈdiːətrɪst] (*US*) n Fußspezialist(in) m(f).

podiatry [pɔˈdiːətrɪ] (*US*) n Fußpflege f.

podium ['pəʊdɪəm] n Podium nt.

POE n abbr (= port of embarkation) Ausgangshafen m; (= port of entry) Eingangshafen m.

poem ['pəʊɪm] n Gedicht nt.

poet ['pəʊɪt] n Dichter(in) m(f).

poetic [pəʊˈetɪk] adj poetisch, dichterisch; (*fig*) malerisch.

poetic justice n ausgleichende Gerechtigkeit f.

poetic licence n dichterische Freiheit f.

poet laureate n Hofdichter m.

POET LAUREATE

Poet laureate ist in Großbritannien ein Dichter, der ein Gehalt als Hofdichter bezieht und kraft seines Amtes ein lebenslanges Mitglied des britischen Königshofes ist. Der **poet laureate** schrieb traditionellerweise ausführliche Gedichte zu Staatsanlässen; ein Brauch, der heute kaum noch befolgt wird. Der erste **poet laureate** 1616 war Ben Jonson.

---

poetry ['pəʊɪtrɪ] n (*poems*) Gedichte pl; (*writing*) Poesie f.

poignant ['pɔɪnjənt] adj ergreifend; (*situation*) herzzerreißend.

point [pɔɪnt] n Punkt m; (*of needle, knife etc*) Spitze f; (*purpose*) Sinn m, Zweck m; (*significant part*) Entscheidende(s) nt; (*moment*) Zeitpunkt m; (*ELEC: also: power ~*) Steckdose f; (*also: decimal ~*) ≈ Komma nt ♦ vt (*show, mark*) deuten auf +acc ♦ vi (*with finger, stick etc*) zeigen, deuten; **points** npl (*AUT*) (Unterbrecher)kontakte pl; (*RAIL*) Weichen pl; **two ~ five** (= 2.5) zwei Komma fünf; **good/bad ~s** (*of person*) gute/ schlechte Seiten or Eigenschaften; **the train stops at Carlisle and all ~s south** der Zug hält in Carlisle und allen Orten weiter südlich; **to be on the ~ of doing sth** im Begriff sein, etw zu tun; **to make a ~ of doing sth** besonders darauf achten, etw zu tun; (*make a habit of*) Wert darauf legen, etw zu tun; **to get/miss the ~** verstehen/nicht verstehen, worum es geht; **to come or get to the ~** zur Sache kommen; **to make one's ~** seinen Standpunkt klarmachen; **that's the whole ~!** darum geht es ja gerade!; **what's the ~?** was solls?; **to be beside the ~** unwichtig or irrelevant sein; **there's no ~ talking to you** es ist sinnlos, mit dir zu reden; **you've got a ~ there!** da könnten Sie Recht haben!; **in ~ of fact** in Wirklichkeit; **~ of sale** (*COMM*) Verkaufsstelle f; **to ~ sth**

at sb (*gun etc*) etw auf jdn richten; (*finger*) mit etw auf jdn *acc* zeigen; **to ~ at** zeigen auf *+acc*; **to ~ to** zu zeigen auf *+acc*; (*fig*) hinweisen auf *+acc*.

▶ **point out** *vt* hinweisen auf *+acc*.

▶ **point to** *vt fus* hindeuten auf *+acc*.

point-blank ['pɔɪnt'blæŋk] *adv* (*say, ask*) direkt; (*refuse*) glatt; (*also:* **at ~ range**) aus unmittelbarer Entfernung.

point duty (*BRIT*) *n:* **to be on ~** Verkehrsdienst haben.

pointed ['pɔɪntɪd] *adj* spitz; (*fig: remark*) spitz, scharf.

pointedly ['pɔɪntɪdlɪ] *adv* (*ask, reply etc*) spitz, scharf.

pointer ['pɔɪntə*] *n* (*on chart, machine*) Zeiger *m*; (*fig: piece of information or advice*) Hinweis *m*; (*stick*) Zeigestock *m*; (*dog*) Pointer *m*.

pointing ['pɔɪntɪŋ] *n* (*CONSTR*) Ausfugung *f*.

pointless ['pɔɪntlɪs] *adj* sinnlos, zwecklos.

point of view *n* Ansicht *f*, Standpunkt *m*; **from a practical ~** von einem praktischen Standpunkt aus.

poise [pɔɪz] *n* (*composure*) Selbstsicherheit *f*; (*balance*) Haltung *f* ♦ *vt:* **to be ~d for sth** (*fig*) bereit zu etw sein.

poison ['pɔɪzn] *n* Gift *nt* ♦ *vt* vergiften.

poisoning ['pɔɪznɪŋ] *n* Vergiftung *f*.

poisonous ['pɔɪznəs] *adj* (*animal, plant*) Gift-; (*fumes, chemicals etc*) giftig; (*fig: rumours etc*) zersetzend.

poison-pen letter [pɔɪzn'pen] *n* anonymer Brief *m* (*mit Indiskretionen*).

poke [pəuk] *vt* (*with finger, stick etc*) stoßen; (*fire*) schüren ♦ *n* (*jab*) Stoß *m*, Schubs *m* (*inf*); **to ~ sth in(to)** (*put*) etw stecken in *+acc*; **to ~ one's head out of the window** seinen Kopf aus dem Fenster strecken; **to ~ fun at sb** sich über jdn lustig machen.

▶ **poke about** *vi* (*search*) herumstochern.

▶ **poke out** *vi* (*stick out*) vorstehen.

poker ['pəukə*] *n* (*metal bar*) Schürhaken *m*; (*CARDS*) Poker *nt*.

poker-faced ['pəukə'feɪst] *adj* mit unbewegter Miene, mit Pokergesicht.

poky ['pəukɪ] (*pej*) *adj* (*room, house*) winzig.

Poland ['pəulənd] *n* Polen *nt*.

polar ['pəulə*] *adj* (*icecap*) polar; (*region*) Polar-.

polar bear *n* Eisbär *m*.

polarize ['pəuləraɪz] *vt* polarisieren.

Pole [pəul] *n* Pole *m*, Polin *f*.

pole [pəul] *n* (*post, stick*) Stange *f*; (*flag pole, telegraph pole etc*) Mast *m*; (*GEOG, ELEC*) Pol *m*; **to be ~s apart** (*fig*) durch Welten (voneinander) getrennt sein.

poleaxe, (*US*) **poleax** ['pəulæks] *vt* (*fig*) umhauen.

pole bean (*US*) *n* (*runner bean*) Stangenbohne *f*.

polecat ['pəulkæt] *n* Iltis *m*.

Pol. Econ. ['pɔlɪkɒn] *n abbr* (= *political*

economy) Volkswirtschaft *f*.

polemic [pə'lemɪk] *n* Polemik *f*.

Pole Star *n* Polarstern *m*.

pole vault ['pəulvɔːlt] *n* Stabhochsprung *m*.

police [pə'liːs] *npl* (*organization*) Polizei *f*; (*members*) Polizisten *pl*, Polizeikräfte *pl* ♦ *vt* (*street, area, town*) kontrollieren; **a large number of ~ were hurt** viele Polizeikräfte wurden verletzt.

police car *n* Polizeiauto *nt*.

police constable (*BRIT*) *n* Polizist(in) *m(f)*, Polizeibeamte(r) *m*, Polizeibeamtin *f*.

police department (*US*) *n* Polizei *f*.

police force *n* Polizei *f*.

policeman [pə'liːsmən] (*irreg: like* **man**) *n* Polizist *m*.

police officer *n* = **police constable**.

police record *n:* **to have a ~** vorbestraft sein.

police state *n* (*POL*) Polizeistaat *m*.

police station *n* Polizeiwache *f*.

policewoman [pə'liːswumən] (*irreg: like* **woman**) *n* Polizistin *f*.

policy ['pɔlɪsɪ] *n* (*POL, ECON*) Politik *f*; (*also:* **insurance ~**) (Versicherungs)police *f*; (*of newspaper*) Grundsatz *m*; **to take out a ~** (*INSURANCE*) eine Versicherung abschließen.

policyholder ['pɔlɪsɪ'həuldə*] *n* (*INSURANCE*) Versicherungsnehmer(in) *m(f)*.

policy making *n* Strategieplanung *f*.

polio ['pəulɪəu] *n* Kinderlähmung *f*, Polio *f*.

Polish ['pəulɪʃ] *adj* polnisch ♦ *n* (*LING*) Polnisch *nt*.

polish ['pɔlɪʃ] *n* (*for shoes*) Creme *f*; (*for furniture*) Politur *f*; (*for floors*) Bohnerwachs *nt*; (*shine: on shoes, floor etc*) Glanz *m*; (*fig: refinement*) Schliff *m* ♦ *vt* (*shoes*) putzen; (*floor, furniture etc*) polieren.

▶ **polish off** *vt* (*work*) erledigen; (*food*) verputzen.

polished ['pɔlɪʃt] *adj* (*fig: person*) mit Schliff; (: *style*) geschliffen.

polite [pə'laɪt] *adj* höflich; (*company, society*) fein; **it's not ~ to do that** es gehört sich nicht, das zu tun.

politely [pə'laɪtlɪ] *adv* höflich.

politeness [pə'laɪtnɪs] *n* Höflichkeit *f*.

politic ['pɔlɪtɪk] *adj* klug, vernünftig.

political [pə'lɪtɪkl] *adj* politisch.

political asylum *n* politisches Asyl *nt*.

politically [pə'lɪtɪklɪ] *adv* politisch; **~ correct** politisch korrekt.

politician [pɔlɪ'tɪʃən] *n* Politiker(in) *m(f)*.

politics ['pɔlɪtɪks] *n* Politik *f* ♦ *npl* (*beliefs, opinions*) politische Ansichten *pl*.

polka ['pɔlkə] *n* Polka *f*.

poll [pəul] *n* (*also:* **opinion ~**) (Meinungs)umfrage *f*; (*election*) Wahl *f* ♦ *vt* (*in opinion poll*) befragen; (*number of votes*) erhalten; **to go to the ~s** (*voters*) zur Wahl gehen; (*government*) sich den Wählern stellen.

pollen ['pɔlən] *n* Pollen *m*, Blütenstaub *m*.

pollen count *n* Pollenkonzentration *f*.

pollinate ['pɔlɪneɪt] *vt* bestäuben.

polling booth ['pəʊlɪŋ-] (*BRIT*) *n* Wahlkabine *f*.

polling day (*BRIT*) *n* Wahltag *m*.

polling station (*BRIT*) *n* Wahllokal *nt*.

pollster ['pəʊlstə*] *n* Meinungsforscher(in) *m(f)*.

poll tax *n* Kopfsteuer *f*.

pollutant [pə'luːtənt] *n* Schadstoff *m*.

pollute [pə'luːt] *vt* verschmutzen.

pollution [pə'luːʃən] *n* (*process*) Verschmutzung *f*; (*substances*) Schmutz *m*.

polo ['pəʊləʊ] *n* Polo *nt*.

polo neck *n* (*jumper*) Rollkragenpullover *m*.

polo-necked ['pəʊləʊnekt] *adj* (*jumper, sweater*) Rollkragen-.

poltergeist ['pɔːltəgaɪst] *n* Poltergeist *m*.

poly ['pɔlɪ] (*BRIT*) *n abbr* = **polytechnic**.

poly bag (*inf*) *n* Plastiktüte *f*.

polyester [pɔlɪ'estə*] *n* Polyester *m*.

polygamy [pə'lɪgəmɪ] *n* Polygamie *f*.

polygraph ['pɔlɪgrɑːf] (*US*) *n* (*lie detector*) Lügendetektor *m*.

Polynesia [pɔlɪ'niːzɪə] *n* Polynesien *nt*.

Polynesian [pɔlɪ'niːzɪən] *adj* polynesisch ♦ *n* Polynesier(in) *m(f)*.

polyp ['pɔlɪp] *n* Polyp *m*.

polystyrene [pɔlɪ'staɪriːn] *n* ≈ Styropor ® *nt*.

polytechnic [pɔlɪ'teknɪk] *n* technische Hochschule *f*.

polythene ['pɔlɪθiːn] *n* Polyäthylen *nt*.

polythene bag *n* Plastiktüte *f*.

polyurethane [pɔlɪ'juərɪθeɪn] *n* Polyurethan *nt*.

pomegranate ['pɔmɪgrænɪt] *n* Granatapfel *m*.

pommel ['pɔml] *n* (*on saddle*) Sattelknopf *m* ♦ *vt* (*US*) = **pummel**.

pomp [pɔmp] *n* Pomp *m*, Prunk *m*.

pompom ['pɔmpɔm] *n* Troddel *f*.

pompous ['pɔmpəs] (*pej*) *adj* (*person*) aufgeblasen; (*piece of writing*) geschwollen.

pond [pɔnd] *n* Teich *m*.

ponder ['pɔndə*] *vt* nachdenken über +*acc* ♦ *vi* nachdenken.

ponderous ['pɔndərəs] *adj* (*style, language*) schwerfällig.

pong [pɔŋ] (*BRIT*: *inf*) *n* Gestank *m* ♦ *vi* stinken.

pontiff ['pɔntɪf] *n* Papst *m*.

pontificate [pɔn'tɪfɪkeɪt] *vi* dozieren.

pontoon [pɔn'tuːn] *n* (*floating platform*) Ponton *m*; (*CARDS*) Siebzehnundvier *nt*.

pony ['pəʊnɪ] *n* Pony *nt*.

ponytail ['pəʊnɪteɪl] *n* Pferdeschwanz *m*; **to have one's hair in a ~** einen Pferdeschwanz tragen.

pony trekking (*BRIT*) *n* Ponytrecken *nt*.

poodle ['puːdl] *n* Pudel *m*.

pooh-pooh ['puː'puː] *vt* verächtlich abtun.

pool [puːl] *n* (*pond*) Teich *m*; (*also*: **swimming ~**) Schwimmbad *nt*; (*of blood*) Lache *f*; (*SPORT*) Poolbillard *nt*; (*of cash, workers*) Bestand *m*; (*CARDS*: *kitty*) Kasse *f*; (*COMM*: *consortium*) Interessengemeinschaft *f* ♦ *vt* (*money*) zusammenlegen; (*knowledge, resources*) vereinigen; **pools** *npl* (*football pools*) ≈ Fußballtoto *nt*; **a ~ of sunlight/ shade** eine sonnige/schattige Stelle; **car ~** Fahrgemeinschaft *f*; **typing ~**, (*US*) **secretary ~** Schreibzentrale *f*; **to do the (football) ~s** ≈ im Fußballtoto spielen.

poor [puə*] *adj* arm; (*bad*) schlecht ♦ *npl*: **the ~** die Armen *pl*; **~ in** (*resources etc*) arm an +*dat*; **~ Bob** der arme Bob.

poorly ['puəlɪ] *adj* (*ill*) elend, krank ♦ *adv* (*badly*: *designed, furnished*) schlecht.

pop [pɔp] *n* (*MUS*) Pop *m*; (*fizzy drink*) Limonade *f*; (*US*: *inf*: *father*) Papa *m*; (*sound*) Knall *m* ♦ *vi* (*balloon*) platzen; (*cork*) knallen ♦ *vt*: **to ~ sth into/onto sth** etw schnell in etw *acc* stecken/auf etw *acc* legen; **his eyes ~ped out of his head** (*inf*) ihm fielen fast die Augen aus dem Kopf; **she ~ped her head out of the window** sie streckte den Kopf aus dem Fenster.

▶ **pop in** *vi* vorbeikommen.

▶ **pop out** *vi* kurz weggehen.

▶ **pop up** *vi* auftauchen.

popcorn ['pɔpkɔːn] *n* Popcorn *nt*.

pope [pəʊp] *n* Papst *m*.

poplar ['pɔplə*] *n* Pappel *f*.

poplin ['pɔplɪn] *n* Popeline *f*.

popper ['pɔpə*] (*BRIT*: *inf*) *n* (*for fastening*) Druckknopf *m*.

poppy ['pɔpɪ] *n* Mohn *m*.

poppycock ['pɔpɪkɔk] (*inf*) *n* Humbug *m*, dummes Zeug *nt*.

Popsicle ® ['pɔpsɪkl] (*US*) *n* Eis *nt* am Stiel.

pop star *n* Popstar *m*.

populace ['pɔpjʊləs] *n*: **the ~** die Bevölkerung, das Volk.

popular ['pɔpjʊlə*] *adj* (*well-liked, fashionable*) beliebt, populär; (*general, non-specialist*) allgemein; (*idea*) weitverbreitet, weit verbreitet; (*POL*: *movement*) Volks-; (: *cause*) des Volkes; **to be ~ with** beliebt sein bei; **the ~ press** die Boulevardpresse.

popularity [pɔpjʊ'lærɪtɪ] *n* Beliebtheit *f*, Popularität *f*.

popularize ['pɔpjʊləraɪz] *vt* (*sport, music, fashion*) populär machen; (*science, ideas*) popularisieren.

popularly ['pɔpjʊləlɪ] *adv* (*commonly*) allgemein.

population [pɔpjʊ'leɪʃən] *n* Bevölkerung *f*; (*of a species*) Zahl *f*, Population *f*; **a prison ~ of 44,000** (eine Zahl von) 44.000 Gefängnisinsassen; **the civilian ~** die Zivilbevölkerung.

population explosion *n* Bevölkerungsexplosion *f*.

populous ['pɔpjʊləs] *adj* dicht besiedelt.

porcelain ['pɔːslɪn] n Porzellan nt.

porch [pɔːtʃ] n (entrance) Vorbau m; (US) Veranda f.

porcupine ['pɔːkjupaɪn] n Stachelschwein nt.

pore [pɔː*] n Pore f ♦ vi: **to ~ over** (book etc) gründlich studieren.

pork [pɔːk] n Schweinefleisch nt.

pork chop n Schweinekotelett nt.

porn [pɔːn] (inf) n Porno m; **~ channel/ magazine/shop** Pornokanal m/-magazin nt/-laden m.

pornographic [pɔːnə'græfɪk] adj pornografisch.

pornography [pɔː'nɒgrəfɪ] n Pornografie f.

porous ['pɔːrəs] adj porös.

porpoise ['pɔːpəs] n Tümmler m.

porridge ['pɒrɪdʒ] n Haferbrei m, Porridge nt.

port [pɔːt] n (harbour) Hafen m; (NAUT: left side) Backbord nt; (wine) Portwein m; (COMPUT) Port m ♦ adj (NAUT) Backbord-; **to ~** (NAUT) an Backbord; **~ of call** (NAUT) Anlaufhafen nt.

portable ['pɔːtəbl] adj (television, typewriter etc) tragbar, portabel.

portal ['pɔːtl] n Portal nt.

portcullis [pɔːt'kʌlɪs] n Fallgitter nt.

portend [pɔː'tend] vt hindeuten auf +acc.

portent ['pɔːtent] n Vorzeichen nt.

porter ['pɔːtə*] n (for luggage) Gepäckträger m; (doorkeeper) Pförtner m; (US: RAIL) Schlafwagenschaffner(in) m(f).

portfolio [pɔːt'fəulɪəu] n (case) Aktenmappe f; (POL) Geschäftsbereich m; (FIN) Portefeuille nt; (of artist) Kollektion f.

porthole ['pɔːthəul] n Bullauge nt.

portico ['pɔːtɪkəu] n Säulenhalle f.

portion ['pɔːʃən] n (part) Teil m; (helping of food) Portion f.

portly ['pɔːtlɪ] adj beleibt, korpulent.

portrait ['pɔːtreɪt] n Porträt nt.

portray [pɔː'treɪ] vt darstellen.

portrayal [pɔː'treɪəl] n Darstellung f.

Portugal ['pɔːtjugl] n Portugal nt.

Portuguese [pɔːtju'giːz] adj portugiesisch ♦ n inv (person) Portugiese m, Portugiesin f; (LING) Portugiesisch nt.

Portuguese man-of-war [-mænəv'wɔː*] n (ZOOL) Röhrenqualle f, Portugiesische Galeere f.

pose [pəuz] n Pose f ♦ vt (question, problem) aufwerfen; (danger) mit sich bringen ♦ vi: **to ~ as** (pretend) sich ausgeben als; **to strike a ~** sich in Positur werfen; **to ~ for** (painting etc) Modell sitzen für, posieren für.

poser ['pəuzə*] n (problem, puzzle) harte Nuss f (inf); (person) = **poseur**.

poseur [pəu'zɜː*] (pej) n Angeber(in) m(f).

posh [pɒʃ] (inf) adj vornehm; **to talk ~** vornehm daherreden.

position [pə'zɪʃən] n (place: of thing, person) Position f, Lage f; (of person's body) Stellung f; (job) Stelle f; (in race etc) Platz m; (attitude) Haltung f, Standpunkt m; (situation) Lage ♦ vt (person, thing) stellen; **to be in a ~ to do sth** in der Lage sein, etw zu tun.

positive ['pɒzɪtɪv] adj positiv; (certain) sicher; (decisive: action, policy) konstruktiv.

positively ['pɒzɪtɪvlɪ] adv (emphatic: rude, stupid etc) eindeutig; (encouragingly, also ELEC) positiv; **the body has been ~ identified** die Leiche ist eindeutig identifiziert worden.

posse ['pɒsɪ] (US) n (Polizei)truppe f.

possess [pə'zɛs] vt besitzen; (subj: feeling, belief) Besitz ergreifen von; **like a man ~ed** wie besessen; **whatever ~ed you to do it?** was ist in dich gefahren, das zu tun?

possession [pə'zɛʃən] n Besitz m; **possessions** npl (belongings) Besitz m; **to take ~ of** Besitz ergreifen von.

possessive [pə'zɛsɪv] adj (nature etc) besitzergreifend; (LING: pronoun) Possessiv-; (: adjective) besitzanzeigend; **to be ~ about sb/sth** Besitzansprüche an jdn/etw acc stellen.

possessiveness [pə'zɛsɪvnɪs] n besitzergreifende Art f.

possessor [pə'zɛsə*] n Besitzer(in) m(f).

possibility [pɒsɪ'bɪlɪtɪ] n Möglichkeit f.

possible ['pɒsɪbl] adj möglich; **it's ~** (may be true) es ist möglich, es kann sein; **it's ~ to do it** es ist machbar or zu machen; **as far as ~** so weit wie möglich; **if ~** falls or wenn möglich; **as soon as ~** so bald wie möglich.

possibly ['pɒsɪblɪ] adv (perhaps) möglicherweise, vielleicht; (conceivably) überhaupt; **if you ~ can** falls überhaupt möglich; **what could they ~ want?** was um alles in der Welt wollen sie?; **I cannot ~ come** ich kann auf keinen Fall kommen.

post [pəust] n (BRIT) Post f; (pole, goal post) Pfosten m; (job) Stelle f; (MIL) Posten m; (also: **trading ~**) Handelsniederlassung f ♦ vt (BRIT: letter) aufgeben; (MIL) aufstellen; **by ~** (BRIT) per Post; **by return of ~** (BRIT) postwendend, umgehend; **to keep sb ~ed** (informed) jdn auf dem Laufenden halten; **to ~ sb to** (town, country) jdn versetzen nach; (embassy, office) jdn versetzen zu; (MIL) jdn abkommandieren nach.

▶ **post up** vt anschlagen.

post... [pəust] pref Post-, post-; **~-1990** nach 1990.

postage ['pəustɪdʒ] n Porto nt.

postage stamp n Briefmarke f.

postal ['pəustl] adj (charges, service) Post-.

postal order (BRIT) n Postanweisung f.

postbag ['pəustbæg] (BRIT) n Postsack m; (letters) Posteingang m.

postbox ['pəustbɒks] n Briefkasten m.

postcard ['pəustkɑːd] n Postkarte f.

postcode ['pəustkəud] (BRIT) n Postleitzahl f.

postdate ['pəust'deɪt] vt (cheque) vordatieren.

poster ['pəustə*] n Poster nt, Plakat nt.

poste restante [pəust'restɑ̃:nt] (*BRIT*) *n* Stelle *f* für postlagernde Sendungen ♦ *adv* postlagernd.

posterior [pɔs'tɪərɪə*] (*hum*) *n* Allerwerteste(r) *m*.

posterity [pɔs'terɪtɪ] *n* die Nachwelt.

poster paint *n* Plakatfarbe *f*.

post exchange (*US*) *n* (*MIL*) *Laden für US-Militärpersonal*.

post-free [pəust'fri:] (*BRIT*) *adj, adv* portofrei.

postgraduate ['pəust'grædjuət] *n* Graduierte(r) *f(m)* (*im Weiterstudium*).

posthumous ['pɔstjuməs] *adj* posthum.

posthumously ['pɔstjuməslɪ] *adv* posthum.

posting ['pəustɪŋ] *n* (*job*) Stelle *f*.

postman ['pəustmən] (*irreg: like* **man**) *n* Briefträger *m*, Postbote *m*.

postmark ['pəustmɑ:k] *n* Poststempel *m*.

postmaster ['pəustmɑ:stə*] *n* Postmeister *m*.

Postmaster General *n* ≈ Postminister(in) *m(f)*.

postmistress ['pəustmɪstrɪs] *n* Postmeisterin *f*.

postmortem [pəust'mɔ:təm] *n* (*MED*) Obduktion *f*; (*fig*) nachträgliche Erörterung *f*.

postnatal ['pəust'neɪtl] *adj* nach der Geburt, postnatal.

post office *n* (*building*) Post *f*, Postamt *nt*; **the Post Office** (*organization*) die Post.

Post Office Box *n* Postfach *nt*.

post-paid ['pəust'peɪd] *adj, adv* = **post-free**.

postpone [pəus'pəun] *vt* verschieben.

postponement [pəus'pəunmənt] *n* Aufschub *m*.

postscript ['pəustskrɪpt] *n* (*to letter*) Nachschrift *f*, PS *nt*.

postulate ['pɔstjuleɪt] *vt* ausgehen von, postulieren.

posture ['pɔstʃə*] *n* (*also fig*) Haltung *f* ♦ *vi* (*pej*) posieren.

postwar ['pəust'wɔ:*] *adj* Nachkriegs-.

posy ['pəuzɪ] *n* Blumensträußchen *nt*.

pot [pɔt] *n* Topf *m*; (*teapot, coffee pot, potful*) Kanne *f*; (*inf: marijuana*) Pot *nt* ♦ *vt* (*plant*) eintopfen; **to go to ~** (*inf*) auf den Hund kommen; **~s of** (*BRIT: inf*) jede Menge.

potash ['pɔtæʃ] *n* Pottasche *f*.

potassium [pə'tæsɪəm] *n* Kalium *nt*.

potato [pə'teɪtəu] (*pl* **~es**) *n* Kartoffel *f*.

potato chips (*US*) *npl* = **potato crisps**.

potato crisps *npl* Kartoffelchips *pl*.

potato flour *n* Kartoffelmehl *nt*.

potato peeler *n* Kartoffelschäler *m*.

potbellied ['pɔtbelɪd] *adj* (*from overeating*) dickbäuchig; (*from malnutrition*) blähbäuchig.

potency ['pəutnsɪ] *n* (*sexual*) Potenz *f*; (*of drink, drug*) Stärke *f*.

potent ['pəutnt] *adj* (*powerful*) stark; (*sexually*) potent.

potentate ['pəutnteɪt] *n* Machthaber *m*,

Potentat *m*.

potential [pə'tenʃl] *adj* potenziell ♦ *n* Potenzial *nt*; **to have ~** (*person, machine*) Fähigkeiten *or* Potenzial haben; (*idea, plan*) ausbaufähig sein.

potentially [pə'tenʃəlɪ] *adv* potenziell; **it's ~ dangerous** es könnte gefährlich sein.

pothole ['pɔthəul] *n* (*in road*) Schlagloch *nt*; (*cave*) Höhle *f*.

potholing ['pɔthəulɪŋ] (*BRIT*) *n*: **to go ~** Höhlenforschung betreiben.

potion ['pəuʃən] *n* Elixier *nt*.

potluck [pɔt'lʌk] *n*: **to take ~** sich überraschen lassen.

potpourri [pəu'puri:] *n* (*dried petals*) Duftsträußchen *nt*; (*fig*) Sammelsurium *nt*.

pot roast *n* Schmorbraten *m*.

pot shot *n*: **to take a ~ at** aufs Geratewohl schießen auf +*acc*.

potted ['pɔtɪd] *adj* (*food*) eingemacht; (*plant*) Topf-; (*abbreviated: history etc*) Kurz-, kurz gefasst.

potter ['pɔtə*] *n* Töpfer(in) *m(f)* ♦ *vi*: **to ~ around, ~ about** (*BRIT*) herumhantieren; **to ~ around the house** im Haus herumwerkeln.

potter's wheel *n* Töpferscheibe *f*.

pottery ['pɔtərɪ] *n* (*pots, dishes etc*) Keramik *f*, Töpferwaren *pl*; (*work, hobby*) Töpfern *nt*; (*factory, workshop*) Töpferei *f*; **a piece of ~** ein Töpferstück *nt*.

potty ['pɔtɪ] *adj* (*inf: mad*) verrückt ♦ *n* (*for child*) Töpfchen *nt*.

potty-training ['pɔtɪtreɪnɪŋ] *n* Entwöhnung *f* vom Windeltragen.

pouch [pautʃ] *n* Beutel *m* (*also ZOOL*).

pouf(fe) [pu:f] *n* (*stool*) gepolsterter Hocker *m*.

poultice ['pəultɪs] *n* Umschlag *m*.

poultry ['pəultrɪ] *n* Geflügel *nt*.

poultry farm *n* Geflügelfarm *f*.

poultry farmer *n* Geflügelzüchter(in) *m(f)*.

pounce [pauns] *vi*: **to ~ on** (*also fig*) sich stürzen auf +*acc*.

pound [paund] *n* (*unit of money*) Pfund *nt*; (*unit of weight*) (*britisches*) Pfund (= 453,6g); (*for dogs*) Zwinger *m*; (*for cars*) Abholstelle *f* (*für abgeschleppte Fahrzeuge*) ♦ *vt* (*beat: table, wall etc*) herumhämmern auf +*dat*; (*crush: grain, spice etc*) zerstoßen; (*bombard*) beschießen ♦ *vi* (*heart*) klopfen, pochen; (*head*) dröhnen; **half a ~ of butter** ein halbes Pfund Butter; **a five-~ note** ein Fünfpfundschein *m*.

pounding ['paundɪŋ] *n*: **to take a ~** (*fig*) schwer angegriffen werden; (*team*) eine Schlappe einstecken müssen.

pound sterling *n* Pfund *nt* Sterling.

pour [pɔ:*] *vt* (*tea, wine etc*) gießen; (*cereal etc*) schütten ♦ *vi* strömen; **to ~ sb a glass of wine/a cup of tea** jdm ein Glas Wein/eine Tasse Tee einschenken; **to ~ with rain** in Strömen gießen.

▶ **pour away** vt wegschütten.

▶ **pour in** vi (*people*) hereinströmen; (*letters etc*) massenweise eintreffen.

▶ **pour out** vi (*people*) herausströmen ♦ vt (*tea, wine etc*) eingießen; (*fig: thoughts, feelings, etc*) freien Lauf lassen +dat.

pouring ['pɔːrɪŋ] adj: ~ **rain** strömender Regen m.

pout [paut] vi einen Schmollmund ziehen.

poverty ['pɔvətɪ] n Armut f.

poverty line n Armutsgrenze f.

poverty-stricken ['pɔvətɪstrɪkn] adj verarmt, Not leidend.

poverty trap (*BRIT*) n gleich bleibend schlechte wirtschaftliche Situation aufgrund des Wegfalls von Sozialleistungen bei verbessertem Einkommen, Armutsfalle f.

POW n abbr = **prisoner of war**.

powder ['paudə*] n Pulver nt ♦ vt: **to ~ one's face** sich dat das Gesicht pudern; **to ~ one's nose** (*euph*) kurz mal verschwinden.

powder compact n Puderdose f.

powdered milk ['paudəd-] n Milchpulver nt.

powder keg n (*also fig*) Pulverfass nt.

powder puff n Puderquaste f.

powder room (*euph*) n Damentoilette f.

power ['pauə*] n (*control, legal right*) Macht f; (*ability*) Fähigkeit f; (*of muscles, ideas, words*) Kraft f; (*of explosion, engine*) Gewalt f; (*electricity*) Strom m; **2 to the ~ (of) 3** (*MATH*) 2 hoch 3; **to do everything in one's ~ to help** alles in seiner Macht Stehende tun, um zu helfen; **a world ~** eine Weltmacht; **the ~s that be** (*authority*) diejenigen, die das Sagen haben; **~ of attorney** Vollmacht f; **to be in ~** (*POL etc*) an der Macht sein.

powerboat ['pauəbəut] n schnelles Motorboot nt, Rennboot nt.

power cut n Stromausfall m.

powered ['pauəd] adj: ~ **by** angetrieben von; **nuclear-~ submarine** atomgetriebenes U-Boot.

power failure n Stromausfall m.

powerful ['pauəful] adj (*person, organization*) mächtig; (*body, voice, blow etc*) kräftig; (*engine*) stark; (*unpleasant: smell*) streng; (*emotion*) überwältigend; (*argument, evidence*) massiv.

powerhouse ['pauəhaus] n: **he is a ~ of ideas** er hat ständig neue Ideen.

powerless ['pauəlɪs] adj machtlos; **to be ~ to do sth** nicht die Macht haben, etw zu tun.

power line n Stromkabel nt.

power point (*BRIT*) n Steckdose f.

power station n Kraftwerk nt.

power steering n (*AUT*) Servolenkung f.

powwow ['pauwau] n Besprechung f.

pp abbr (= per procurationem) ppa.

pp. abbr (= pages) S.

PPE (*BRIT*) n abbr (*UNIV*: = philosophy, politics and economics*) Studiengang bestehend aus Philosophie, Politologie und Volkswirtschaft.

PPS n abbr (= post postscriptum) PPS; (*BRIT*: = parliamentary private secretary) Privatsekretär eines Ministers.

PQ (*CANADA*) abbr (= Province of Quebec).

PR n abbr = **public relations**; (*POL*) = **proportional representation** ♦ abbr (*US*: POST: = Puerto Rico).

Pr. abbr = **prince**.

practicability [præktɪkə'bɪlɪtɪ] n Durchführbarkeit f.

practicable ['præktɪkəbl] adj (*scheme, idea*) durchführbar.

practical ['præktɪkl] adj praktisch; (*person: good with hands*) praktisch veranlagt; (*ideas, methods*) praktikabel.

practicality [præktɪ'kælɪtɪ] n (*of person*) praktische Veranlagung f; **practicalities** npl (*of situation etc*) praktische Einzelheiten pl.

practical joke n Streich m.

practically ['præktɪklɪ] adv praktisch.

practice ['præktɪs] n (*also MED, LAW*) Praxis f; (*custom*) Brauch m; (*exercise*) Übung f ♦ vt, vi (*US*) = **practise in ~** in der Praxis; **out of ~** aus der Übung; **2 hours' piano ~** 2 Stunden Klavierübungen; **it's common or standard ~** es ist allgemein üblich; **to put sth into ~** etw in die Praxis umsetzen; **target ~** Zielschießen nt.

practice match n Übungsspiel nt.

practise, (*US*) **practice** ['præktɪs] vt (*train at*) üben; (*carry out: custom*) pflegen; (: *activity etc*) ausüben; (*profession*) praktizieren ♦ vi (*train*) üben; (*lawyer, doctor etc*) praktizieren.

practised ['præktɪst] (*BRIT*) adj (*person, liar*) geübt; (*performance*) gekonnt; **with a ~ eye** mit geschultem Auge.

practising ['præktɪsɪŋ] adj praktizierend.

practitioner [præk'tɪʃənə*] n: **medical ~** praktischer Arzt m, praktische Ärztin f; **legal ~** Rechtsanwalt m, Rechtsanwältin f.

pragmatic [præg'mætɪk] adj pragmatisch.

pragmatism ['prægmətɪzəm] n Pragmatismus m.

Prague [prɑːg] n Prag nt.

prairie ['preərɪ] n (Gras)steppe f; **the ~s** (*US*) die Prärien.

praise [preɪz] n Lob nt ♦ vt loben, preisen; (*REL*) loben, preisen.

praiseworthy ['preɪzwɜːðɪ] adj lobenswert.

pram [præm] (*BRIT*) n Kinderwagen m.

prance [prɑːns] vi (*horse*) tänzeln; **to ~ about/in/out** (*person*) herum-/hinein-/hinausstolzieren.

prank [præŋk] n Streich m.

prat [præt] (*BRIT*: inf) n (*idiot*) Trottel m.

prattle ['prætl] vi: **to ~ on (about)** pausenlos plappern (über +acc).

prawn [prɔːn] n (*CULIN, ZOOL*) Garnele f, Krabbe f; ~ **cocktail** Krabbencocktail m.

pray [preɪ] vi beten; **to ~ for sb/sth** (*REL, fig*)

für jdn/um etw beten.

prayer [preə'] _n_ Gebet _nt;_ **to say one's ~s** beten.

prayer book _n_ Gebetbuch _nt._

pre... [pri:] _pref_ Prä-, prä-; **~-1970** vor 1970.

preach [pri:tʃ] _vi (REL)_ predigen; _(pej: moralize)_ Predigten halten ♦ _vt (sermon)_ direkt halten; _(fig: advocate)_ predigen, verkünden; **to ~ at sb** _(fig)_ jdm Moralpredigten halten; **to ~ to the converted** _(fig)_ offene Türen einrennen.

preacher ['pri:tʃə'] _n_ Prediger(in) _m(f)._

preamble [prɪ'æmbl] _n_ Vorbemerkung _f._

prearranged [pri:ə'reɪndʒd] _adj_ (vorher) vereinbart.

precarious [prɪ'kɛərɪəs] _adj_ prekär.

precaution [prɪ'kɔ:ʃən] _n_ Vorsichtsmaßnahme _f;_ **to take ~s** Vorsichtsmaßnahmen treffen.

precautionary [prɪ'kɔ:ʃənrɪ] _adj (measure)_ vorbeugend, Vorsichts-.

precede [prɪ'si:d] _vt (event)_ vorausgehen +_dat;_ _(person)_ vorangehen +_dat;_ _(words, sentences)_ vorangestellt sein +_dat._

precedence ['prɛsɪdəns] _n (priority)_ Vorrang _m;_ **to take ~ over** Vorrang haben vor +_dat._

precedent ['prɛsɪdənt] _n (LAW)_ Präzedenzfall _m;_ **without ~** noch nie da gewesen; **to establish** _or_ **set a ~** einen Präzedenzfall schaffen.

preceding [prɪ'si:dɪŋ] _adj_ vorhergehend.

precept ['pri:sɛpt] _n_ Grundsatz _m,_ Regel _f._

precinct ['pri:sɪŋkt] _n (US: part of city)_ Bezirk _m;_ **precincts** _npl (of cathedral, palace)_ Gelände _nt;_ **shopping ~** _(BRIT)_ Einkaufsviertel _nt;_ _(under cover)_ Einkaufscenter _nt._

precious ['prɛʃəs] _adj_ wertvoll, kostbar; _(pej: person, writing)_ geziert; _(ironic: damned)_ heiß geliebt, wundervoll ♦ _adv (inf):_ **~ little/few** herzlich wenig/wenige.

precious stone _n_ Edelstein _m._

precipice ['prɛsɪpɪs] _n (also fig)_ Abgrund _m._

precipitate [_vt_ prɪ'sɪpɪteɪt, _adj_ prɪ'sɪpɪtɪt] _vt (event)_ heraufbeschwören ♦ _adj (hasty)_ überstürzt, übereilt.

precipitation [prɪsɪpɪ'teɪʃən] _n (rain)_ Niederschlag _m._

precipitous [prɪ'sɪpɪtəs] _adj (steep)_ steil; _(hasty)_ übereilt.

précis ['preɪsi:] _n inv_ Zusammenfassung _f._

precise [prɪ'saɪs] _adj_ genau, präzise; **at 4 o'clock to be ~** um 4 Uhr, um genau zu sein.

precisely [prɪ'saɪslɪ] _adv_ genau, exakt; _(emphatic)_ ganz genau; **~! genau!**

precision [prɪ'sɪʒən] _n_ Genauigkeit _f,_ Präzision _f._

preclude [prɪ'klu:d] _vt_ ausschließen; **to ~ sb from doing sth** jdn daran hindern, etw zu tun.

precocious [prɪ'kəʊʃəs] _adj (child, behaviour)_ frühreif.

preconceived [pri:kən'si:vd] _adj (idea)_ vorgefasst.

preconception ['pri:kən'sɛpʃən] _n_ vorgefasste Meinung _f._

precondition ['pri:kən'dɪʃən] _n_ Vorbedingung _f._

precursor [pri:'kə:sə'] _n_ Vorläufer _m._

predate ['pri:'deɪt] _vt (precede)_ vorausgehen +_dat._

predator ['prɛdətə'] _n (ZOOL)_ Raubtier _nt;_ _(fig)_ Eindringling _m._

predatory ['prɛdətərɪ] _adj (animal)_ Raub-; _(person, organization)_ auf Beute lauernd.

predecessor ['pri:dɪsɛsə'] _n_ Vorgänger(in) _m(f)._

predestination [pri:dɛstɪ'neɪʃən] _n_ Vorherbestimmung _f._

predetermine [pri:dɪ'tə:mɪn] _vt_ vorherbestimmen.

predicament [prɪ'dɪkəmənt] _n_ Notlage _f,_ Dilemma _nt;_ **to be in a ~** in einer Notlage _or_ einem Dilemma stecken.

predicate ['prɛdɪkɪt] _n (LING)_ Prädikat _nt._

predict [prɪ'dɪkt] _vt_ vorhersagen.

predictable [prɪ'dɪktəbl] _adj_ vorhersagbar.

predictably [prɪ'dɪktəblɪ] _adv (behave, react)_ wie vorherzusehen; **~ she didn't come** wie vorherzusehen war, kam sie nicht.

prediction [prɪ'dɪkʃən] _n_ Voraussage _f._

predispose ['pri:dɪs'pəʊz] _vt:_ **to ~ sb to sth** jdn zu etw veranlassen; **to be ~d to do sth** geneigt sein, etw zu tun.

predominance [prɪ'dɒmɪnəns] _n_ Vorherrschaft _f._

predominant [prɪ'dɒmɪnənt] _adj_ vorherrschend; **to become ~** vorherrschend werden.

predominantly [prɪ'dɒmɪnəntlɪ] _adv_ überwiegend.

predominate [prɪ'dɒmɪneɪt] _vi (in number, size)_ vorherrschen; _(in strength, influence)_ überwiegen.

pre-eminent [pri:'ɛmɪnənt] _adj_ herausragend.

pre-empt [pri:'ɛmt] _vt_ zuvorkommen +_dat._

pre-emptive [pri:'ɛmtɪv] _adj:_ **~ strike** Präventivschlag _m._

preen [pri:n] _vt:_ **to ~ itself** _(bird)_ sich putzen; **to ~ o.s.** sich herausputzen.

prefab ['pri:fæb] _n_ Fertighaus _nt._

prefabricated [pri:'fæbrɪkeɪtɪd] _adj_ vorgefertigt.

preface ['prɛfəs] _n_ Vorwort _nt_ ♦ _vt:_ **to ~ with/ by** _(speech, action)_ einleiten mit/durch.

prefect ['pri:fɛkt] _(BRIT) n (in school)_ Aufsichtsschüler(in) _m(f)._

prefer [prɪ'fə:'] _vt (like better)_ vorziehen; **to ~ charges** _(LAW)_ Anklage erheben; **to ~ doing** _or_ **to do sth** (es) vorziehen, etw zu tun; **I ~ tea to coffee** ich mag lieber Tee als Kaffee.

preferable ['prɛfrəbl] _adj:_ **to be ~ (to)** vorzuziehen sein (+_dat_).

preferably ['prɛfrəblɪ] _adv_ vorzugsweise, am

besten.

preference ['prɛfrəns] n: **to have a ~ for** (liking) eine Vorliebe haben für; **I drink beer in ~ to wine** ich trinke lieber Bier als Wein; **to give ~ to** (priority) vorziehen, Vorrang einräumen +dat.

preference shares (BRIT) npl (COMM) Vorzugsaktien pl.

preferential [prɛfə'rɛnʃəl] adj: **~ treatment** bevorzugte Behandlung f; **to give sb ~ treatment** jdn bevorzugt behandeln.

preferred stock [prɪ'fəd-] (US) npl = **preference shares**.

prefix ['pri:fɪks] n (LING) Präfix nt.

pregnancy ['prɛgnənsɪ] n (of woman) Schwangerschaft f; (of female animal) Trächtigkeit f.

pregnancy test n Schwangerschaftstest m.

pregnant ['prɛgnənt] adj (woman) schwanger; (female animal) trächtig; (fig: pause, remark) bedeutungsschwer; **3 months ~** im vierten Monat (schwanger).

prehistoric ['pri:hɪs'tɔrɪk] adj prähistorisch, vorgeschichtlich.

prehistory [pri:'hɪstərɪ] n Vorgeschichte f.

prejudge [pri:'dʒʌdʒ] vt vorschnell beurteilen.

prejudice ['prɛdʒudɪs] n (bias against) Vorurteil nt; (bias in favour) Voreingenommenheit f ♦ vt beeinträchtigen; **without ~ to** (form) unbeschadet +gen, ohne Beeinträchtigung +gen; **to ~ sb in favour of/ against sth** jdn für/gegen etw einnehmen.

prejudiced ['prɛdʒudɪst] adj (person, view) voreingenommen.

prelate ['prɛlət] n Prälat m.

preliminaries [prɪ'lɪmɪnərɪz] npl Vorbereitungen pl; (of competition) Vorrunde f.

preliminary [prɪ'lɪmɪnərɪ] adj (step, arrangements) vorbereitend; (remarks) einleitend.

prelude ['prɛljuːd] n (MUS) Präludium nt; (: as introduction) Vorspiel nt; **a ~ to** (fig) ein Vorspiel or ein Auftakt zu.

premarital ['priː'mærɪtl] adj vorehelich.

premature ['prɛmətʃuə*] adj (earlier than expected) vorzeitig; (too early) verfrüht; **you are being a little ~** Sie sind etwas voreilig; **~ baby** Frühgeburt f.

premeditated [priː'mɛdɪteɪtɪd] adj vorsätzlich.

premeditation [priːmɛdɪ'teɪʃən] n Vorsatz m.

premenstrual tension [priː'mɛnstruəl-] n prämenstruelles Syndrom nt.

premier ['prɛmɪə*] adj (best) beste(r, s), bedeutendste(r, s) ♦ n (POL) Premierminister(in) m(f).

premiere ['prɛmɪɛə*] n Premiere f.

premise ['prɛmɪs] n (of argument) Voraussetzung f; **premises** npl (of business etc) Räumlichkeiten pl; **on the ~s** im Hause.

premium ['priːmɪəm] n (COMM, INSURANCE) Prämie f; **to be at a ~** (expensive) zum Höchstpreis gehandelt werden; (hard to get) Mangelware sein.

premium bond (BRIT) n Prämienanleihe f.

PREMIUM BONDS

Premium bonds, eigentlich **premium savings bonds**, sind Lotterieaktien, die seit 1956 vom britischen Finanzministerium ausgegeben werden und keine Zinsen bringen, sondern stattdessen an einer monatlichen Auslosung teilnehmen. Die Gewinnnummern für die verschiedenen Geldpreise werden in Blackpool von einem Computer namens „ERNIE" (Electronic Random Number Indicator Equipment) ermittelt.

---

premium gasoline (US) n Super(benzin) nt.

premonition [prɛmə'nɪʃən] n Vorahnung f.

preoccupation [priːɔkju'peɪʃən] n: **~ with** (vorrangige) Beschäftigung mit.

preoccupied [priː'ɔkjupaɪd] adj (thoughtful) gedankenverloren; (with work, family) beschäftigt.

prep [prɛp] (SCOL) adj abbr (= preparatory) see **preparatory school** ♦ n abbr (= preparation) Hausaufgaben pl.

prepaid [priː'peɪd] adj (paid in advance) im Voraus bezahlt; (envelope) frankiert.

preparation [prɛpə'reɪʃən] n Vorbereitung f; (food, medicine, cosmetic) Zubereitung f; **preparations** npl Vorbereitungen pl; **in ~ for sth** als Vorbereitung für etw.

preparatory [prɪ'pærətərɪ] adj vorbereitend; **~ to sth/to doing sth** als Vorbereitung für etw/, um etw zu tun.

PREP(ATORY) SCHOOL

Prep(aratory) school ist in Großbritannien eine meist private Schule für Kinder im Alter von 7 bis 13 Jahren, die auf eine weiterführende Privatschule vorbereiten soll.

---

prepare [prɪ'pɛə*] vt vorbereiten; (food, meal) zubereiten ♦ vi: **to ~ for** sich vorbereiten auf +acc.

prepared [prɪ'pɛəd] adj: **to be ~ to do sth** (willing) bereit sein, etw zu tun; **to be ~ for sth** (ready) auf etw acc vorbereitet sein.

preponderance [prɪ'pɔndərns] n Übergewicht nt.

preposition [prɛpə'zɪʃən] n Präposition f.

prepossessing [priːpə'zɛsɪŋ] adj von angenehmer Erscheinung.

preposterous [prɪ'pɔstərəs] adj grotesk, widersinnig.

prep school n = **preparatory school**

prerecorded ['priːrɪ'kɔːdɪd] adj (broadcast) aufgezeichnet; (cassette, video) bespielt.

prerequisite [priː'rɛkwɪzɪt] n Vorbedingung f,

Grundvoraussetzung *f*.

prerogative [prɪˈrɒɡətɪv] *n* Vorrecht *nt*, Privileg *nt*.

Presbyterian [prɛzbɪˈtɪərɪən] *adj* presbyterianisch ♦ *n* Presbyterianer(in) *m(f)*.

presbytery [ˈprɛzbɪtərɪ] *n* Pfarrhaus *nt*.

preschool [ˈpriːˈskuːl] *adj* (*age, child, education*) Vorschul-.

prescribe [prɪˈskraɪb] *vt* (*MED*) verschreiben; (*demand*) anordnen, vorschreiben.

prescribed *adj* (*duties, period*) vorgeschrieben.

prescription [prɪˈskrɪpʃən] *n* (*MED: slip of paper*) Rezept *nt*; (: *medicine*) Medikament *nt*; **to make up** *or* (*US*) **fill a ~** ein Medikament zubereiten; **"only available on ~"** „rezeptpflichtig".

prescription charges (*BRIT*) *npl* Rezeptgebühr *f*.

prescriptive [prɪˈskrɪptɪv] *adj* normativ.

presence [ˈprɛzns] *n* Gegenwart *f*, Anwesenheit *f*; (*fig: personality*) Ausstrahlung *f*; (*spirit, invisible influence*) Erscheinung *f*; **in sb's ~** in jds *dat* Gegenwart *or* Beisein; **~ of mind** Geistesgegenwart *f*.

present [*adj, n* ˈprɛznt, *vt* prɪˈzɛnt] *adj* (*current*) gegenwärtig, derzeitig; (*in attendance*) anwesend ♦ *n* (*gift*) Geschenk *nt*; (*LING: also:* **~ tense**) Präsens *nt*, Gegenwart *f* ♦ *vt* (*give: prize etc*) überreichen; (*plan, report*) vorlegen; (*cause, provide, portray*) darstellen; (*information, view*) darlegen; (*RADIO, TV*) leiten; **to be ~ at** anwesend *or* zugegen sein bei; **those ~** die Anwesenden; **to give sb a ~** jdm ein Geschenk geben; **the ~** (*actuality*) die Gegenwart; **at ~** gegenwärtig, im Augenblick; **to ~ sth to sb, ~ sb with sth** jdm etw übergeben *or* überreichen; **to ~ sb (to)** (*formally: introduce*) jdn vorstellen +*dat*; **to ~ itself** (*opportunity*) sich bieten.

presentable [prɪˈzɛntəbl] *adj* (*person*) präsentabel, ansehnlich.

presentation [prɛznˈteɪʃən] *n* (*of prize*) Überreichung *f*; (*of plan, report etc*) Vorlage *f*; (*appearance*) Erscheinungsbild *nt*; (*talk*) Vortrag *m*; **on ~ of** (*voucher etc*) gegen Vorlage +*gen*.

present-day [ˈprɛzntdeɪ] *adj* heutig, gegenwärtig.

presenter [prɪˈzɛntə*] *n* (*on radio, TV*) Moderator(in) *m(f)*.

presently [ˈprɛzntlɪ] *adv* (*soon after*) gleich darauf; (*soon*) bald, in Kürze; (*currently*) derzeit, gegenwärtig.

present participle *n* Partizip *nt* Präsens.

preservation [prɛzəˈveɪʃən] *n* (*of peace, standards etc*) Erhaltung *f*; (*of furniture, building*) Konservierung *f*.

preservative [prɪˈzɜːvətɪv] *n* Konservierungsmittel *nt*.

preserve [prɪˈzɜːv] *vt* erhalten; (*peace*) wahren; (*wood*) schützen; (*food*) konservieren ♦ *n* (*often pl:* jam, chutney etc) Eingemachte(s) *nt*; (*for game, fish*) Revier *nt*; **a male ~** (*fig*) eine männliche Domäne; **a working class ~** (*fig*) eine Domäne der Arbeiterklasse.

preshrunk [ˈpriːˈʃrʌŋk] *adj* (*jeans etc*) vorgewaschen.

preside [prɪˈzaɪd] *vi:* **to ~ over** (*meeting etc*) vorsitzen +*dat*, den Vorsitz haben bei.

presidency [ˈprɛzɪdənsɪ] *n* (*POL*) Präsidentschaft *f*; (*US: of company*) Vorsitz *m*.

president [ˈprɛzɪdənt] *n* (*POL*) Präsident(in) *m(f)*; (*of organization*) Vorsitzende(r) *f(m)*.

presidential [prɛzɪˈdɛnʃl] *adj* (*election, campaign etc*) Präsidentschafts-; (*adviser, representative etc*) des Präsidenten.

press [prɛs] *n* (*printing press*) Presse *f*; (*of switch, bell*) Druck *m*; (*for wine*) Kelter *f* ♦ *vt* drücken, pressen; (*button, sb's hand etc*) drücken; (*iron: clothes*) bügeln; (*put pressure on: person*) drängen; (*pursue: idea, claim*) vertreten ♦ *vi* (*squeeze*) drücken, pressen; **the P~** (*newspapers, journalists*) die Presse; **to go to ~** (*newspaper*) in Druck gehen; **to be in ~** (*at the printer's*) im Druck sein; **to be in the ~** (*in the newspapers*) in der Zeitung stehen; **at the ~ of a button** auf Knopfdruck; **to ~ sth (up)on sb** (*force*) jdm etw aufdrängen; **we are ~ed for time/money** wir sind in Geldnot/Zeitnot; **to ~ sb for an answer** auf jds *acc* Antwort drängen; **to ~ sb to do** *or* **into doing sth** jdn drängen, etw zu tun; **to ~ charges (against sb)** (*LAW*) Klage (gegen jdn) erheben; **to ~ for** (*changes etc*) drängen auf +*acc*.

▶ **press ahead** *vi* weitermachen; **to ~ ahead with sth** etw durchziehen.

▶ **press on** *vi* weitermachen.

press agency *n* Presseagentur *f*.

press clipping *n* Zeitungsausschnitt *m*.

press conference *n* Pressekonferenz *f*.

press cutting *n* = **press clipping**.

press-gang [ˈprɛsgæŋ] *vt:* **to ~ sb into doing sth** jdn bedrängen, etw zu tun.

pressing [ˈprɛsɪŋ] *adj* (*urgent*) dringend.

press officer *n* Pressesprecher(in) *m(f)*.

press release *n* Pressemitteilung *f*.

press stud (*BRIT*) *n* Druckknopf *m*.

press-up [ˈprɛsʌp] (*BRIT*) *n* Liegestütz *m*.

pressure [ˈprɛʃə*] *n* (*also fig*) Druck *m* ♦ *vt:* **to ~ sb to do sth** jdn dazu drängen, etw zu tun; **to put ~ on sb (to do sth)** Druck auf jdn ausüben(, etw zu tun); **high/low ~** (*TECH, MET*) Hoch-/Tiefdruck *m*.

pressure cooker *n* Schnellkochtopf *m*.

pressure gauge *n* Druckmesser *m*, Manometer *nt*.

pressure group *n* Interessenverband *m*, Pressuregroup *f*.

pressurize ['prɛʃəraɪz] vt: **to ~ sb (to do sth** or **into doing sth)** jdn unter Druck setzen(, etw zu tun).

pressurized ['prɛʃəraɪzd] adj (cabin, container etc) Druck-.

Prestel ® ['prɛstɛl] n ≈ Bildschirmtext m, Btx nt.

prestige [prɛsˈtiːʒ] n Prestige nt.

prestigious [prɛsˈtɪdʒəs] adj (institution, appointment) mit hohem Prestigewert.

presumably [prɪˈzjuːməblɪ] adv vermutlich; **~ he did it** vermutlich or wahrscheinlich hat er es getan.

presume [prɪˈzjuːm] vt: **to ~ (that)** (assume) annehmen(, dass); **to ~ to do sth** (dare) sich anmaßen, etw zu tun; **I ~ so** das nehme ich an.

presumption [prɪˈzʌmpʃən] n (supposition) Annahme f; (audacity) Anmaßung f.

presumptuous [prɪˈzʌmpʃəs] adj anmaßend.

presuppose [priːsəˈpəʊz] vt voraussetzen.

presupposition [priːsʌpəˈzɪʃən] n Voraussetzung f.

pretax [priːˈtæks] adj (profit) vor (Abzug der) Steuern.

pretence, (US) pretense [prɪˈtɛns] n (false appearance) Vortäuschung f; **under false ~s** unter Vorspiegelung falscher Tatsachen; **she is devoid of all ~** sie ist völlig natürlich; **to make a ~ of doing sth** vortäuschen, etw zu tun.

pretend [prɪˈtɛnd] vt (feign) vorgeben ♦ vi (feign) sich verstellen, so tun, als ob; **I don't ~ to understand it** (claim) ich erhebe nicht den Anspruch, es zu verstehen.

pretense [prɪˈtɛns] (US) n = pretence.

pretentious [prɪˈtɛnʃəs] adj anmaßend.

preterite ['prɛtərɪt] n Imperfekt nt, Präteritum nt.

pretext ['priːtɛkst] n Vorwand m; **on** or **under the ~ of doing sth** unter dem Vorwand, etw zu tun.

pretty ['prɪtɪ] adj hübsch, nett ♦ adv: **~ clever** ganz schön schlau; **~ good** ganz gut.

prevail [prɪˈveɪl] vi (be current) vorherrschen; (triumph) siegen; **to ~ (up)on sb to do sth** (persuade) jdn dazu bewegen or überreden, etw zu tun.

prevailing [prɪˈveɪlɪŋ] adj (wind, fashion etc) vorherrschend.

prevalent ['prɛvələnt] adj (belief, custom) vorherrschend.

prevaricate [prɪˈværɪkeɪt] vi (by saying sth) Ausflüchte machen; (by doing sth) Ausweichmanöver machen.

prevarication [prɪværɪˈkeɪʃən] n (see vi) Ausflucht f; Ausweichmanöver nt.

prevent [prɪˈvɛnt] vt verhindern; **to ~ sb from doing sth** jdn daran hindern, etw zu tun; **to ~ sth from happening** verhindern, dass etw geschieht.

preventable [prɪˈvɛntəbl] adj verhütbar, vermeidbar.

preventative [prɪˈvɛntətɪv] adj = preventive.

prevention [prɪˈvɛnʃən] n Verhütung f.

preventive [prɪˈvɛntɪv] adj (measures, medicine) vorbeugend.

preview ['priːvjuː] n (of film) Vorpremiere f; (of exhibition) Vernissage f.

previous ['priːvɪəs] adj (earlier) früher; (preceding) vorhergehend; **~ to** vor +dat.

previously ['priːvɪəslɪ] adv (before) zuvor; (formerly) früher.

prewar [priːˈwɔːʳ] adj (period) Vorkriegs-.

prey [preɪ] n Beute f; **to fall ~ to** (fig) zum Opfer fallen +dat.
► **prey on** vt fus (animal) Jagd machen auf +acc; **it was ~ing on his mind** es ließ ihn nicht los.

price [praɪs] n (also fig) Preis m ♦ vt (goods) auszeichnen; **what is the ~ of ...?** was kostet ...?; **to go up** or **rise in ~** im Preis steigen, teurer werden; **to put a ~ on sth** (also fig) einen Preis für etw festsetzen; **what ~ his promises now?** wie steht es jetzt mit seinen Versprechungen?; **he regained his freedom, but at a ~** er hat seine Freiheit wieder, aber zu welchem Preis!; **to be ~d at £30** £30 kosten; **to ~ o.s. out of the market** durch zu hohe Preise konkurrenzunfähig werden.

price control n Preiskontrolle f.

price-cutting ['praɪskʌtɪŋ] n Preissenkungen pl.

priceless ['praɪslɪs] adj (diamond, painting) von unschätzbarem Wert; (inf: amusing) unbezahlbar, köstlich.

price list n Preisliste f.

price range n Preisklasse f; **it's within my ~** ich kann es mir leisten.

price tag n Preisschild nt; (fig) Preis m.

price war n Preiskrieg m.

pricey ['praɪsɪ] (inf) adj kostspielig.

prick [prɪk] n (sting) Stich m; (inf!: penis) Schwanz m; (: idiot) Arsch m ♦ vt stechen; (sausage, balloon) einstechen; **to ~ up one's ears** die Ohren spitzen.

prickle ['prɪkl] n (of plant) Dorn m, Stachel m; (sensation) Prickeln nt.

prickly ['prɪklɪ] adj (plant) stachelig; (fabric) kratzig.

prickly heat n Hitzebläschen pl.

prickly pear n Feigenkaktus m.

pride [praɪd] n Stolz m; (pej: arrogance) Hochmut m ♦ vt: **to ~ o.s. on sth** sich stolz sein auf +acc; **to take a ~ in doing sth** etw mit Stolz tun; **to have** or **take ~ of place** (BRIT) die Krönung sein.

priest [priːst] n Priester m.

priestess ['priːstɪs] n Priesterin f.

priesthood ['priːsthʊd] n Priestertum nt.

prig [prɪg] n: **he's a ~** er hält sich für ein Tugendlamm.

prim [prɪm] (pej) adj (person) etepetete.

primacy ['praɪməsɪ] n (*supremacy*) Vorrang m; (*position*) Vorrangstellung f.
prima-facie ['praɪmə'feɪʃɪ] adj: **to have a ~ case** (*LAW*) eine gute Beweisgrundlage haben.
primal ['praɪməl] adj ursprünglich; **~ scream** Urschrei m.
primarily ['praɪmərɪlɪ] adv in erster Linie, hauptsächlich.
primary ['praɪmərɪ] adj (*principal*) Haupt-, hauptsächlich; (*education, teacher*) Grundschul- ♦ n (*US: election*) Vorwahl f.

PRIMARY

Als **primary** *wird im amerikanischen Präsidentschaftswahlkampf eine Vorwahl bezeichnet, die mitentscheidet, welche Präsidentschaftskandidaten die beiden großen Parteien aufstellen. Vorwahlen werden nach komplizierten Regeln von Februar (New Hampshire) bis Juni in etwa 35 Staaten abgehalten. Der von den Kandidaten in den* **primaries** *erzielte Stimmenanteil bestimmt, wie viele Abgeordnete bei der endgültigen Auswahl der demokratischen bzw. republikanischen Kandidaten auf den nationalen Parteitagen im Juli/August für sie stimmen.*

---

primary colour n Primärfarbe f.
primary school (*BRIT*) n Grundschule f.

PRIMARY SCHOOL

Primary school *ist in Großbritannien eine Grundschule für Kinder im Alter von 5 bis 11 Jahren. Oft wird sie aufgeteilt in „infant school" (5 bis 7 Jahre) und „junior school" (7 bis 11 Jahre). Siehe auch* **secondary school**.

---

primate ['praɪmɪt] n (*ZOOL*) Primat m; (*REL*) Primas m.
prime [praɪm] adj (*most important*) oberste(r, s); (*best quality*) erstklassig ♦ n (*of person's life*) die besten Jahre pl ♦ vt (*wood*) grundieren; (*fig: person*) informieren; (*gun*) schussbereit machen; (*pump*) auffüllen; **~ example** erstklassiges Beispiel; **in the ~ of life** im besten Alter.
Prime Minister n Premierminister(in) m(f).
primer ['praɪmə*] n (*paint*) Grundierung f; (*book*) Einführung f.
prime time n (*RADIO, TV*) Hauptsendezeit f.
primeval [praɪ'miːvl] adj (*beast*) urzeitlich; (*fig: feelings*) instinktiv; **~ forest** Urwald m.
primitive ['prɪmɪtɪv] adj (*tribe, tool, conditions etc*) primitiv; (*life form, machine etc*) frühzeitlich; (*man*) der Urzeit.
primrose ['prɪmrəʊz] n Primel f, gelbe Schlüsselblume f.
primula ['prɪmjʊlə] n Primel f.
Primus (stove) ® (*BRIT*) n Primuskocher m.
prince [prɪns] n Prinz m.

Prince Charming (*hum*) n Märchenprinz m.
princess [prɪn'ses] n Prinzessin f.
principal ['prɪnsɪpl] adj (*most important*) Haupt-, wichtigste(r, s) ♦ n (*of school, college*) Rektor(in) m(f); (*THEAT*) Hauptdarsteller(in) m(f); (*FIN*) Kapitalsumme f.
principality [prɪnsɪ'pælɪtɪ] n Fürstentum nt.
principally ['prɪnsɪplɪ] adv vornehmlich.
principle ['prɪnsɪpl] n Prinzip nt; **in ~** im Prinzip, prinzipiell; **on ~** aus Prinzip.
print [prɪnt] n (*type, ART*) Druck m; (*PHOT*) Abzug m; (*fabric*) bedruckter Stoff m ♦ vt (*produce*) drucken; (*publish*) veröffentlichen; (*cloth, pattern*) bedrucken; (*write in capitals*) in Druckschrift schreiben; **prints** npl (*fingerprints etc*) Abdrücke pl; **out of ~** vergriffen; **in ~** erhältlich; **the fine or small ~** das Kleingedruckte or klein Gedruckte.
▶ **print out** vt (*COMPUT*) ausdrucken.
printed circuit ['prɪntɪd-] n gedruckte Schaltung f.
printed circuit board n Leiterplatte f.
printed matter n Drucksache f.
printer ['prɪntə*] n (*person*) Drucker(in) m(f); (*firm*) Druckerei f; (*machine*) Drucker m.
printhead ['prɪnthed] n Druckkopf m.
printing ['prɪntɪŋ] n (*activity*) Drucken nt.
printing press n Druckerpresse f.
print-out ['prɪntaʊt] (*COMPUT*) n Ausdruck m.
print run n Auflage f.
printwheel ['prɪntwiːl] n (*COMPUT*) Typenrad nt.
prior ['praɪə*] adj (*previous: knowledge, warning*) vorherig; (*: engagement*) früher; (*more important: claim, duty*) vorrangig ♦ n (*REL*) Prior m; **without ~ notice** ohne vorherige Ankündigung; **to have a ~ claim on sth** ein Vorrecht auf etw acc haben; **~ to** vor +dat.
priority [praɪ'ɒrɪtɪ] n vorrangige Angelegenheit f; **priorities** npl Prioritäten pl; **to take or have ~ (over sth)** Vorrang (vor etw dat) haben; **to give ~ to sb/sth** jdm/etw Vorrang einräumen.
priory ['praɪərɪ] n Kloster nt.
prise [praɪz] (*BRIT*) vt: **to ~ open** aufbrechen.
prism ['prɪzəm] n Prisma nt.
prison ['prɪzn] n Gefängnis nt ♦ cpd (*officer, food, cell etc*) Gefängnis-.
prison camp n Gefangenenlager nt.
prisoner ['prɪznə*] n Gefangene(r) f(m); **the ~ at the bar** (*LAW*) der/die Angeklagte; **to take sb ~** jdn gefangen nehmen.
prisoner of war n Kriegsgefangene(r) f(m).
prissy ['prɪsɪ] (*pej*) adj zimperlich.
pristine ['prɪstiːn] adj makellos; **in ~ condition** in makellosem Zustand.
privacy ['prɪvəsɪ] n Privatsphäre f.
private ['praɪvɪt] adj privat; (*life*) Privat-; (*thoughts, plans etc*) persönlich; (*place*) abgelegen; (*secretive: person*) verschlossen

♦ *n* (*MIL*) Gefreite(r) *m*; "~" (*on envelope*)
„vertraulich"; (*on door*) „privat"; **in ~**
privat; **in** (his) **~ life** in seinem Privatleben;
to be in ~ practice (*MED*) Privatpatienten
haben; **~ hearing** (*LAW*) nichtöffentliche *or*
nicht öffentliche Verhandlung *f*.
private enterprise *n* Privatunternehmen *nt*.
private eye *n* Privatdetektiv *m*.
private limited company (*BRIT*) *n* (*COMM*)
≈ Aktiengesellschaft *f*.
privately ['praɪvɪtlɪ] *adv* privat; (*secretly*)
insgeheim; **a ~ owned company** eine Firma
im Privatbesitz.
private parts *npl* (*ANAT*) Geschlechtsteile *pl*.
private property *n* Privatbesitz *m*.
private school *n* (*fee-paying*) Privatschule *f*.
privation [praɪ'veɪʃən] *n* Not *f*.
privatize ['praɪvɪtaɪz] *vt* privatisieren.
privet ['prɪvɪt] *n* Liguster *m*.
privilege ['prɪvɪlɪdʒ] *n* (*advantage*) Privileg *nt*;
(*honour*) Ehre *f*.
privileged ['prɪvɪlɪdʒd] *adj* privilegiert; **to be
~ to do sth** das Privileg *or* die Ehre haben,
etw zu tun.
privy ['prɪvɪ] *adj*: **to be ~ to** eingeweiht sein in
+*acc*.

PRIVY COUNCIL

Privy Council *ist eine Gruppe von königlichen
Beratern, die ihren Ursprung im normannischen
England hat. Heute hat dieser Rat eine rein
formale Funktion. Kabinettsmitglieder und andere
bedeutende politische, kirchliche oder juristische
Persönlichkeiten sind automatisch Mitglieder.*

Privy Councillor (*BRIT*) *n* Geheimer Rat *m*.
prize [praɪz] *n* Preis *m* ♦ *adj* (*prize-winning*)
preisgekrönt; (*classic: example*) erstklassig
♦ *vt* schätzen; **~ idiot** (*inf*) Vollidiot *m*.
prizefighter ['praɪzfaɪtə*] *n* Preisboxer *m*.
prizegiving ['praɪzgɪvɪŋ] *n* Preisverleihung *f*.
prize money *n* Geldpreis *m*.
prizewinner ['praɪzwɪnə*] *n* Preisträger(in)
m(f).
prizewinning ['praɪzwɪnɪŋ] *adj* preisgekrönt.
PRO *n abbr* = **public relations officer**.
pro [prəʊ] *n* (*SPORT*) Profi *m* ♦ *prep* (*in favour of*)
pro +*acc*, für +*acc*; **the ~s and cons** das Für
und Wider.
pro- [prəʊ] *pref* (*in favour of*) Pro-, pro-; **~-
disarmament campaign** Kampagne *f* für
Abrüstung.
proactive [prəʊ'æktɪv] *adj* proaktiv.
probability [prɒbə'bɪlɪtɪ] *n*
Wahrscheinlichkeit *f*; **in all ~** aller
Wahrscheinlichkeit nach.
probable ['prɒbəbl] *adj* wahrscheinlich; **it
seems ~ that ...** es ist wahrscheinlich, dass
...
probably ['prɒbəblɪ] *adv* wahrscheinlich.
probate ['prəʊbɪt] *n* gerichtliche

Testamentsbestätigung *f*.
probation [prə'beɪʃən] *n*: **on ~** (*lawbreaker*)
auf Bewährung; (*employee*) auf Probe.
probationary [prə'beɪʃənrɪ] *adj* (*period*)
Probe-.
probationer [prə'beɪʃənə*] *n* (*nurse: female*)
Lernschwester *f*; (: *male*) Lernpfleger *m*.
probation officer *n* Bewährungshelfer(in)
m(f).
probe [prəʊb] *n* (*MED, SPACE*) Sonde *f*;
(*enquiry*) Untersuchung *f* ♦ *vt* (*investigate*)
untersuchen; (*poke*) bohren in +*dat*.
probity ['prəʊbɪtɪ] *n* Rechtschaffenheit *f*.
problem ['prɒbləm] *n* Problem *nt*; **to have ~s
with the car** Probleme *or* Schwierigkeiten
mit dem Auto haben; **what's the ~?** wo
fehlts?; **I had no ~ finding her** ich habe sie
ohne Schwierigkeiten gefunden; **no ~!** kein
Problem!
problematic(al) [prɒblə'mætɪk(l)] *adj*
problematisch.
problem-solving ['prɒbləmsɒlvɪŋ] *adj* (*skills,
ability*) zur Problemlösung ♦ *n*
Problemlösung *f*.
procedural [prə'siːdjʊrəl] *adj* (*agreement,
problem*) verfahrensmäßig.
procedure [prə'siːdʒə*] *n* Verfahren *nt*.
proceed [prə'siːd] *vi* (*carry on*) fortfahren;
(*person: go*) sich bewegen; **to ~ to do sth**
etw tun; **to ~ with** fortfahren mit; **I am not
sure how to ~** ich bin nicht sicher über die
weitere Vorgehensweise; **to ~ against sb**
(*LAW*) gegen jdn gerichtlich vorgehen.
proceedings [prə'siːdɪŋz] *npl* (*organized
events*) Vorgänge *pl*; (*LAW*) Verfahren *nt*;
(*records*) Protokoll *nt*.
proceeds ['prəʊsiːdz] *npl* Erlös *m*.
process ['prəʊsɛs] *n* (*series of actions*)
Verfahren *nt*; (*BIOL, CHEM*) Prozess *m* ♦ *vt*
(*raw materials, food, COMPUT: data*)
verarbeiten; (*application*) bearbeiten; (*PHOT*)
entwickeln; **in the ~** dabei; **to be in the ~ of
doing sth** (gerade) dabei sein, etw zu tun.
processed cheese ['prəʊsɛst-], (*US*) **process
cheese** *n* Schmelzkäse *m*.
processing ['prəʊsɛsɪŋ] *n* (*PHOT*) Entwickeln
nt.
procession [prə'sɛʃən] *n* Umzug *m*,
Prozession *f*; **wedding/funeral ~** Hochzeits-
/Trauerzug *m*.
proclaim [prə'kleɪm] *vt* verkünden,
proklamieren.
proclamation [prɒklə'meɪʃən] *n* Proklamation
f.
proclivity [prə'klɪvɪtɪ] (*form*) *n* Vorliebe *f*.
procrastinate [prəʊ'kræstɪneɪt] *vi* zögern,
zaudern.
procrastination [prəʊkræstɪ'neɪʃən] *n* Zögern
nt, Zaudern *nt*.
procreation [prəʊkrɪ'eɪʃən] *n* Fortpflanzung *f*.
procurator fiscal ['prɒkjʊreɪtə-] *n* (*pl
procurators fiscal*) (*SCOT*) ≈ Staatsanwalt *m*,

Staatsanwältin *f.*

procure [prə'kjʊə'] *vt* (*obtain*) beschaffen.

procurement [prə'kjʊəmənt] *n* (*COMM*)
Beschaffung *f.*

prod [prɔd] *vt* (*push: with finger, stick etc*)
stoßen, stupsen (*inf*); (*fig: urge*) anspornen
♦ *n* (*with finger, stick etc*) Stoß *m*, Stups *m* (*inf*);
(*fig: reminder*) mahnender Hinweis *m.*

prodigal ['prɔdɪgl] *adj:* ~ **son** verlorener Sohn
m.

prodigious [prə'dɪdʒəs] *adj* (*cost, memory*)
ungeheuer.

prodigy ['prɔdɪdʒɪ] *n* (*person*) Naturtalent *nt*;
child ~ Wunderkind *nt.*

produce [*n* 'prɔdjuːs, *vt* prə'djuːs] *n* (*AGR*)
(Boden)produkte *pl* ♦ *vt* (*result etc*)
hervorbringen; (*goods, commodity*)
produzieren, herstellen; (*BIOL, CHEM*)
erzeugen; (*fig: evidence etc*) liefern;
(: *passport etc*) vorlegen; (*play, film,
programme*) produzieren.

producer [prə'djuːsə'] *n* (*person*)
Produzent(in) *m(f)*; (*country, company*)
Produzent *m*, Hersteller *m.*

product ['prɔdʌkt] *n* Produkt *nt.*

production [prə'dʌkʃən] *n* Produktion *f*;
(*THEAT*) Inszenierung *f*; **to go into** ~ (*goods*)
in Produktion gehen; **on** ~ **of** gegen Vorlage
+*gen.*

production agreement (*US*) *n*
Produktivitätsabkommen *nt.*

production line *n* Fließband *nt*,
Fertigungsstraße *f.*

production manager *n*
Produktionsleiter(in) *m(f)*.

productive [prə'dʌktɪv] *adj* produktiv.

productivity [prɔdʌk'tɪvɪtɪ] *n* Produktivität *f.*

productivity agreement (*BRIT*) *n*
Produktivitätsabkommen *nt.*

productivity bonus *n* Leistungszulage *f.*

Prof. *n abbr* (= *professor*) Prof.

profane [prə'feɪn] *adj* (*language etc*) profan;
(*secular*) weltlich.

profess [prə'fɛs] *vt* (*claim*) vorgeben; (*express:
feeling, opinion*) zeigen, bekunden; **I do not**
~ **to be an expert** ich behaupte nicht, ein
Experte zu sein.

professed [prə'fɛst] *adj* (*self-declared*) erklärt.

profession [prə'fɛʃən] *n* Beruf *m*; (*people*)
Berufsstand *m*; **the** ~**s** die gehobenen
Berufe.

professional [prə'fɛʃənl] *adj* (*organization,
musician etc*) Berufs-; (*misconduct, advice*)
beruflich; (*skilful*) professionell ♦ *n* (*doctor,
lawyer, teacher etc*) Fachmann *m*, Fachfrau *f*;
(*SPORT*) Profi *m*; (*skilled person*) Experte *m*,
Expertin *f*; **to seek** ~ **advice**
fachmännischen Rat einholen.

professionalism [prə'fɛʃnəlɪzəm] *n* fachliches
Können *nt.*

professionally [prə'fɛʃnəlɪ] *adv* beruflich; (*for
a living*) berufsmäßig; **I only know him** ~ ich

kenne ihn nur beruflich.

professor [prə'fɛsə'] *n* (*BRIT*) Professor(in)
m(f); (*US, CANADA*) Dozent(in) *m(f)*.

professorship [prə'fɛsəʃɪp] *n* Professur *f.*

proffer ['prɔfə'] *vt* (*advice, drink, one's hand*)
anbieten; (*apologies*) aussprechen; (*plate etc*)
hinhalten.

proficiency [prə'fɪʃənsɪ] *n* Können *nt*,
Fertigkeiten *pl.*

proficient [prə'fɪʃənt] *adj* fähig; **to be** ~ **at** *or*
in gut sein in +*dat.*

profile ['prəʊfaɪl] *n* (*of person's face*) Profil *nt*;
(*fig: biography*) Porträt *nt*; **to keep a low** ~
(*fig*) sich zurückhalten; **to have a high** ~ (*fig*)
eine große Rolle spielen.

profit ['prɔfɪt] *n* (*COMM*) Gewinn *m*, Profit *m*
♦ *vi:* **to** ~ **by** *or* **from** (*fig*) profitieren von;
~ **and loss account** Gewinn-und-Verlust-
Rechnung; **to make a** ~ einen Gewinn
machen; **to sell (sth) at a** ~ (etw) mit
Gewinn verkaufen.

profitability [prɔfɪtə'bɪlɪtɪ] *n* Rentabilität *f.*

profitable ['prɔfɪtəbl] *adj* (*business, deal*)
rentabel, einträglich; (*fig: useful*) nützlich.

profit centre *n* Bilanzabteilung *f.*

profiteering [prɔfɪ'tɪərɪŋ] (*pej*) *n*
Profitmacherei *f.*

profit-making ['prɔfɪtmeɪkɪŋ] *adj*
(*organization*) gewinnorientiert.

profit margin *n* Gewinnspanne *f.*

profit-sharing ['prɔfɪtʃɛərɪŋ] *n*
Gewinnbeteiligung *f.*

profits tax (*BRIT*) *n* Ertragssteuer *f.*

profligate ['prɔflɪgɪt] *adj* (*person, spending*)
verschwenderisch; (*waste*) sinnlos; ~ **with**
(*extravagant*) verschwenderisch mit.

pro forma ['prəʊ'fɔːmə] *adj:* ~ **invoice** Pro-
forma-Rechnung *f.*

profound [prə'faʊnd] *adj* (*shock*) schwer, tief;
(*effect, differences*) weitreichend, weit
reichend; (*idea, book*) tief schürfend.

profuse [prə'fjuːs] *adj* (*apologies*)
überschwänglich.

profusely [prə'fjuːslɪ] *adv* (*apologise, thank*)
vielmals; (*sweat, bleed*) stark.

profusion [prə'fjuːʒən] *n* Überfülle *f.*

progeny ['prɔdʒɪnɪ] *n* Nachkommenschaft *f.*

prognoses [prɔg'nəʊsiːz] *npl of* **prognosis**.

prognosis [prɔg'nəʊsɪs] (*pl* **prognoses**) *n* (*MED,
fig*) Prognose *f.*

program ['prəʊɡræm] (*COMPUT*) *n* Programm
nt ♦ *vt* programmieren.

programme, (*US*) **program** ['prəʊɡræm] *n*
Programm *nt* ♦ *vt* (*machine, system*)
programmieren.

programmer ['prəʊɡræmə'] *n*
Programmierer(in) *m(f)*.

programming, (*US*) **programing**
['prəʊɡræmɪŋ] *n* Programmierung *f.*

programming language *n*
Programmiersprache *f.*

progress [*n* 'prəʊɡrɛs, *vi* prə'ɡrɛs] *n* Fortschritt

m; (*improvement*) Fortschritte *pl* ♦ *vi* (*advance*) vorankommen; (*become higher in rank*) aufsteigen; (*continue*) sich fortsetzen; **in ~** (*meeting, battle, match*) im Gange; **to make ~** Fortschritte machen.

progression [prə'grɛʃən] *n* (*development*) Fortschritt *m*; (*series*) Folge *f*.

progressive [prə'grɛsɪv] *adj* (*enlightened*) fortschrittlich; (*gradual*) fortschreitend.

progressively [prə'grɛsɪvlɪ] *adv* (*gradually*) zunehmend.

progress report *n* (*MED*) Fortschrittsbericht *m*; (*ADMIN*) Tätigkeitsbericht *m*.

prohibit [prə'hɪbɪt] *vt* (*ban*) verbieten; **to ~ sb from doing sth** jdm verbieten *or* untersagen, etw zu tun; **"smoking ~ed"** „Rauchen verboten".

prohibition [prəʊɪ'bɪʃən] *n* Verbot *nt*; **P~** (*US*) Prohibition *f*.

prohibitive [prə'hɪbɪtɪv] *adj* (*cost etc*) untragbar.

project [*n* 'prɒdʒɛkt, *vt, vi* prə'dʒɛkt] *n* (*plan, scheme*) Projekt *nt*; (*SCOL*) Referat *nt* ♦ *vt* (*plan*) planen; (*estimate*) schätzen, voraussagen; (*light, film, picture*) projizieren ♦ *vi* (*stick out*) hervorragen.

projectile [prə'dʒɛktaɪl] *n* Projektil *nt*, Geschoss *nt*, Geschoß *nt* (*ÖSTERR*).

projection [prə'dʒɛkʃən] *n* (*estimate*) Schätzung *f*, Voraussage *f*; (*overhang*) Vorsprung *m*; (*CINE*) Projektion *f*.

projectionist [prə'dʒɛkʃənɪst] *n* Filmvorführer(in) *m(f)*.

projection room *n* Vorführraum *m*.

projector [prə'dʒɛktə*] *n* Projektor *m*.

proletarian [prəʊlɪ'tɛərɪən] *adj* proletarisch.

proletariat [prəʊlɪ'tɛərɪət] *n*: **the ~** das Proletariat.

proliferate [prə'lɪfəreɪt] *vi* sich vermehren.

proliferation [prəlɪfə'reɪʃən] *n* Verbreitung *f*.

prolific [prə'lɪfɪk] *adj* (*artist, writer*) produktiv.

prologue, (*US*) **prolog** ['prəʊlɒg] *n* (*of play, book*) Prolog *m*.

prolong [prə'lɒŋ] *vt* verlängern.

prom [prɒm] *n abbr* = **promenade**; (*MUS*) = **promenade concert**; (*US: college ball*) Studentenball *m*.

PROM

Prom (*promenade concert*) ist in Großbritannien ein Konzert, bei dem ein Teil der Zuhörer steht (ursprünglich spazieren ging). Die seit 1895 alljährlich stattfindenden **proms** (seit 1941 immer in der Londoner Royal Albert Hall) zählen zu den bedeutendsten Musikereignissen in England. Der letzte Abend der **proms** steht ganz im Zeichen des Patriotismus und gipfelt im Singen des Lieds „Land of Hope and Glory". In den USA und Kanada steht das Wort für **promenade**, ein Ball an einer **high school** oder einem **college**.

---

promenade [prɒmə'nɑːd] *n* Promenade *f*.

promenade concert (*BRIT*) *n* Promenadenkonzert *nt*.

promenade deck *n* Promenadendeck *nt*.

prominence ['prɒmɪnəns] *n* (*importance*) Bedeutung *f*; **to rise to ~** bekannt werden.

prominent ['prɒmɪnənt] *adj* (*person*) prominent; (*thing*) bedeutend; (*very noticeable*) herausragend; **he is ~ in the field of science** er ist eine führende Persönlichkeit im naturwissenschaftlichen Bereich.

prominently ['prɒmɪnəntlɪ] *adv* (*display, set*) deutlich sichtbar; **he figured ~ in the case** er spielte in dem Fall eine bedeutende Rolle.

promiscuity [prɒmɪs'kjuːɪtɪ] *n* Promiskuität *f*.

promiscuous [prə'mɪskjuəs] *adj* promisk.

promise ['prɒmɪs] *n* (*vow*) Versprechen *nt*; (*potential, hope*) Hoffnung *f* ♦ *vi* versprechen ♦ *vt*: **to ~ sb sth, ~ sth to sb** jdm etw versprechen; **to make/break/keep a ~** ein Versprechen geben/brechen/halten; **a young man of ~** ein viel versprechender junger Mann; **she shows ~** sie gibt zu Hoffnungen Anlass; **it ~s to be lively** es verspricht lebhaft zu werden; **to ~ (sb) to do sth** (jdm) versprechen, etw zu tun.

promising ['prɒmɪsɪŋ] *adj* viel versprechend.

promissory note ['prɒmɪsərɪ-] *n* Schuldschein *m*.

promontory ['prɒməntrɪ] *n* Felsvorsprung *m*.

promote [prə'məʊt] *vt* (*employee*) befördern; (*advertise*) werben für; (*encourage: peace etc*) fördern; **the team was ~d to the first division** (*BRIT: FOOTBALL*) die Mannschaft stieg in die erste Division auf.

promoter [prə'məʊtə*] *n* (*of concert, event*) Veranstalter(in) *m(f)*; (*of cause, idea*) Förderer *m*, Förderin *f*.

promotion [prə'məʊʃən] *n* (*at work*) Beförderung *f*; (*of product, event*) Werbung *f*; (*of idea*) Förderung *f*; (*publicity campaign*) Werbekampagne *f*.

prompt [prɒmpt] *adj* prompt, sofortig ♦ *adv* (*exactly*) pünktlich ♦ *n* (*COMPUT*) Prompt *m* ♦ *vt* (*cause*) veranlassen; (*when talking*) auf die Sprünge helfen +*dat*; (*THEAT*) soufflieren +*dat*; **they're very ~** (*punctual*) sie sind sehr pünktlich; **he was ~ to accept** er nahm unverzüglich an; **at 8 o'clock ~** (um) Punkt 8 Uhr; **to ~ sb to do sth** jdn dazu veranlassen, etw zu tun.

prompter ['prɒmptə*] *n* (*THEAT*) Souffleur *m*, Souffleuse *f*.

promptly ['prɒmptlɪ] *adv* (*immediately*) sofort; (*exactly*) pünktlich.

promptness ['prɒmptnɪs] *n* Promptheit *f*.

promulgate ['prɒməlgeɪt] *vt* (*policy*) bekannt

machen, verkünden; (*idea*) verbreiten.

prone [prəun] *adj* (*face down*) in Bauchlage; **to be ~ to sth** zu etw neigen; **she is ~ to burst into tears if** ... sie neigt dazu, in Tränen auszubrechen, wenn ...

prong [prɔŋ] *n* (*of fork*) Zinke *f*.

pronoun ['prəunaun] *n* Pronomen *nt*, Fürwort *nt*.

pronounce [prə'nauns] *vt* (*word*) aussprechen; (*give verdict, opinion*) erklären ♦ *vi*: **to ~ (up)on** sich äußern zu etw; **they ~d him dead/unfit to drive** sie erklärten ihn für tot/ fahruntüchtig.

pronounced [prə'naunst] *adj* (*noticeable*) ausgeprägt, deutlich.

pronouncement [prə'naunsmənt] *n* Erklärung *f*.

pronto ['prɔntəu] (*inf*) *adv* fix.

pronunciation [prənʌnsɪ'eɪʃən] *n* Aussprache *f*.

proof [pru:f] *n* (*evidence*) Beweis *m*; (*TYP*) (Korrektur)fahne *f* ♦ *adj*: **~ against** sicher vor +*dat*; **to be 70 %** ~ (*alcohol*) ≈ einen Alkoholgehalt von 40% haben.

proofreader ['pru:fri:də*] *n* Korrektor(in) *m(f)*.

Prop. *abbr* (*COMM*: = *proprietor*) Inh.

prop [prɔp] *n* (*support, also fig*) Stütze *f* ♦ *vt* (*lean*): **to ~ sth against sth** etw an etw *acc* lehnen.

▶ **prop up** *vt sep* (*thing*) (ab)stützen; (*fig: government, industry*) unterstützen.

propaganda [prɔpə'gændə] *n* Propaganda *f*.

propagate ['prɔpəgeɪt] *vt* (*plants*) züchten; (*ideas etc*) propagieren ♦ *vi* (*plants, animals*) sich fortpflanzen.

propagation [prɔpə'geɪʃən] *n* (*of ideas etc*) Propagierung *f*; (*of plants, animals*) Fortpflanzung *f*.

propel [prə'pɛl] *vt* (*vehicle, machine*) antreiben; (*person*) schubsen; (*fig: person*) treiben.

propeller [prə'pɛlə*] *n* Propeller *m*.

propelling pencil [prə'pɛlɪŋ-] (*BRIT*) *n* Drehbleistift *m*.

propensity [prə'pɛnsɪtɪ] *n*: **a ~ for** or **to sth** ein Hang *m* or eine Neigung zu etw; **to have a ~ to do sth** dazu neigen, etw zu tun.

proper ['prɔpə*] *adj* (*genuine, correct*) richtig; (*socially acceptable*) schicklich; (*inf: real*) echt; **the town/city** ~ die Stadt selbst; **to go through the ~ channels** den Dienstweg einhalten.

properly ['prɔpəlɪ] *adv* (*eat, work*) richtig; (*behave*) anständig.

proper noun *n* Eigenname *m*.

property ['prɔpətɪ] *n* (*possessions*) Eigentum *nt*; (*building and its land*) Grundstück *nt*; (*quality*) Eigenschaft *f*; **it's their ~** es gehört ihnen.

property developer *n* ≈ Grundstücksmakler(in) *m(f)*.

property market *n* Immobilienmarkt *m*.

property owner *n* Grundbesitzer(in) *m(f)*.

property tax *n* Vermögenssteuer *f*.

prophecy ['prɔfɪsɪ] *n* Prophezeiung *f*.

prophesy ['prɔfɪsaɪ] *vt* prophezeien ♦ *vi* Prophezeiungen machen.

prophet ['prɔfɪt] *n* Prophet *m*; **~ of doom** Unheilsprophet(in) *m(f)*.

prophetic [prə'fɛtɪk] *adj* prophetisch.

proportion [prə'pɔːʃən] *n* (*part*) Teil *m*; (*number: of people, things*) Anteil *m*; (*ratio*) Verhältnis *nt*; **in ~ to** im Verhältnis zu; **to be out of all ~ to sth** in keinem Verhältnis zu etw stehen; **to get sth in/out of ~** etw im richtigen/falschen Verhältnis sehen; **a sense of ~** (*fig*) ein Sinn für das Wesentliche.

proportional [prə'pɔːʃnl] *adj*: **~ to** proportional zu.

proportional representation *n* Verhältniswahlrecht *nt*.

proportionate [prə'pɔːʃənɪt] *adj* = **proportional**.

proposal [prə'pəuzl] *n* (*plan*) Vorschlag *m*; **~ (of marriage)** Heiratsantrag *m*.

propose [prə'pəuz] *vt* (*plan, idea*) vorschlagen; (*motion*) einbringen; (*toast*) ausbringen ♦ *vi* (*offer marriage*) einen Heiratsantrag machen; **to ~ to do sth** or **doing sth** (*intend*) die Absicht haben, etw zu tun.

proposer [prə'pəuzə*] *n* (*of motion etc*) Antragsteller(in) *m(f)*.

proposition [prɔpə'zɪʃən] *n* (*statement*) These *f*; (*offer*) Angebot *nt*; **to make sb a ~** jdm ein Angebot machen.

propound [prə'paund] *vt* (*idea etc*) darlegen.

proprietary [prə'praɪətərɪ] *adj* (*brand, medicine*) Marken-; (*tone, manner*) besitzergreifend.

proprietor [prə'praɪətə*] *n* (*of hotel, shop etc*) Inhaber(in) *m(f)*; (*of newspaper*) Besitzer(in) *m(f)*.

propriety [prə'praɪətɪ] *n* (*seemliness*) Schicklichkeit *f*.

props [prɔps] *npl* (*THEAT*) Requisiten *pl*.

propulsion [prə'pʌlʃən] *n* Antrieb *m*.

pro rata [prəu'rɑːtə] *adj, adv* anteilmäßig; **on a ~ basis** anteilmäßig.

prosaic [prəu'zeɪɪk] *adj* prosaisch, nüchtern.

Pros. Atty. (*US*) *abbr* = **prosecuting attorney**.

proscribe [prə'skraɪb] (*form*) *vt* verbieten, untersagen.

prose [prəuz] *n* (*not poetry*) Prosa *f*; (*BRIT: SCOL: translation*) Übersetzung *f* in die Fremdsprache.

prosecute ['prɔsɪkjuːt] *vt* (*LAW: person*) strafrechtlich verfolgen; (: *case*) die Anklage vertreten in +*dat*.

prosecuting attorney ['prɔsɪkjuːtɪŋ-] (*US*) *n* Staatsanwalt *m*, Staatsanwältin *f*.

prosecution [prɔsɪ'kjuːʃən] *n* (*LAW: action*) strafrechtliche Verfolgung *f*; (: *accusing side*) Anklage(vertretung) *f*.

prosecutor ['prɔsɪkjuːtə*] *n* Anklagevertreter(in) *m(f)*; (*also:* **public ~**)

Staatsanwalt *m*, Staatsanwältin *f*.

prospect [*n* 'prɔspɛkt, *vi* prə'spɛkt] *n* Aussicht *f* ♦ *vi*: **to ~ (for) suchen** (nach); **prospects** *npl* (*for work etc*) Aussichten *pl*, Chancen *pl*; **we are faced with the ~ of higher unemployment** wir müssen mit der Möglichkeit rechnen, dass die Arbeitslosigkeit steigt.

prospecting ['prɔspɛktɪŋ] *n* (*for gold, oil etc*) Suche *f*.

prospective [prə'spɛktɪv] *adj* (*son-in-law*) zukünftig; (*customer, candidate*) voraussichtlich.

prospectus [prə'spɛktəs] *n* (*of college, company*) Prospekt *m*.

prosper ['prɔspə*] *vi* (*person*) Erfolg haben; (*business, city etc*) gedeihen, florieren.

prosperity [prɔ'spɛrɪtɪ] *n* Wohlstand *m*.

prosperous ['prɔspərəs] *adj* (*person*) wohlhabend; (*business, city etc*) blühend.

prostate ['prɔsteɪt] *n* (*also:* **~ gland**) Prostata *f*.

prostitute ['prɔstɪtjuːt] *n* (*female*) Prostituierte *f*; (*male*) männliche(r) Prostituierte(r) *m*, Strichjunge *m* (*inf*) ♦ *vt*: **to ~ o.s.** (*fig*) sich prostituieren, sich unter Wert verkaufen.

prostitution [prɔstɪ'tjuːʃən] *n* Prostitution *f*.

prostrate ['prɔstreɪt] *adj* (*face down*) ausgestreckt (liegend); (*fig*) niedergeschmettert ♦ *vt*: **to ~ o.s. before** sich zu Boden werfen vor +*dat*.

protagonist [prə'tægənɪst] *n* (*of idea, movement*) Verfechter(in) *m(f)*; (*THEAT, LITER*) Protagonist(in) *m(f)*.

protect [prə'tɛkt] *vt* schützen.

protection [prə'tɛkʃən] *n* Schutz *m*; **police ~** Polizeischutz *m*.

protectionism [prə'tɛkʃənɪzəm] *n* Protektionismus *m*.

protection racket *n* Organisation *f* zur Erpressung von Schutzgeld.

protective [prə'tɛktɪv] *adj* (*clothing, layer etc*) Schutz-; (*person*) fürsorglich; **~ custody** Schutzhaft *f*.

protector [prə'tɛktə*] *n* (*person*) Beschützer(in) *m(f)*; (*device*) Schutz *m*.

protégé(e) ['prəʊtɪʒeɪ] *n* Schützling *m*.

protein ['prəʊtiːn] *n* Protein *nt*, Eiweiß *nt*.

pro tem [prəʊ'tɛm] *adv abbr* (= *pro tempore*) vorläufig.

protest [*n* 'prəʊtɛst, *vi*, *vt* prə'tɛst] *n* Protest *m* ♦ *vi*: **to ~ about** *or* **against** *or* **at sth** gegen etw protestieren ♦ *vt*: **to ~ (that)** (*insist*) beteuern(, dass).

Protestant ['prɔtɪstənt] *adj* protestantisch ♦ *n* Protestant(in) *m(f)*.

protester [prə'tɛstə*] *n* (*in demonstration*) Demonstrant(in) *m(f)*.

protest march *n* Protestmarsch *m*.

protestor [prə'tɛstə*] *n* = **protester**.

protocol ['prəʊtəkɔl] *n* Protokoll *nt*.

prototype ['prəʊtətaɪp] *n* Prototyp *m*.

protracted [prə'træktɪd] *adj* (*meeting etc*) langwierig, sich hinziehend; (*absence*) länger.

protractor [prə'træktə*] *n* (*GEOM*) Winkelmesser *m*.

protrude [prə'truːd] *vi* (*rock, ledge, teeth*) vorstehen.

protuberance [prə'tjuːbərəns] *n* Auswuchs *m*.

proud [praʊd] *adj* stolz; (*arrogant*) hochmütig; **~ of sb/sth** stolz auf jdn/etw; **to be ~ to do sth** stolz (darauf) sein, etw zu tun; **to do sb/o.s. ~** (*inf*) jdn/sich verwöhnen.

proudly ['praʊdlɪ] *adv* stolz.

prove [pruːv] *vt* beweisen ♦ *vi*: **to ~ (to be) correct** sich als richtig herausstellen *or* erweisen; **to ~ (o.s./itself) (to be) useful** sich als nützlich erweisen; **he was ~d right in the end** er hat schließlich Recht behalten.

proverb ['prɔvəːb] *n* Sprichwort *nt*.

proverbial [prə'vəːbɪəl] *adj* sprichwörtlich.

provide [prə'vaɪd] *vt* (*food, money, shelter etc*) zur Verfügung stellen; (*answer, example etc*) liefern; **to ~ sb with sth** jdm etw zur Verfügung stellen.

▶ **provide for** *vt fus* (*person*) sorgen für; (*future event*) vorsorgen für.

provided [prə'vaɪdɪd] *conj*: **~ (that)** vorausgesetzt(, dass).

Providence ['prɔvɪdəns] *n* die Vorsehung.

providing [prə'vaɪdɪŋ] *conj*: **~ (that)** vorausgesetzt(, dass).

province ['prɔvɪns] *n* (*of country*) Provinz *f*; (*responsibility etc*) Bereich *m*, Gebiet *nt*; **provinces** *npl*: **the ~s** *außerhalb der Hauptstadt liegende Landesteile*, Provinz *f*.

provincial [prə'vɪnʃəl] *adj* (*town, newspaper etc*) Provinz-; (*pej: parochial*) provinziell.

provision [prə'vɪʒən] *n* (*supplying*) Bereitstellung *f*; (*preparation*) Vorsorge *f*, Vorkehrungen *pl*; (*stipulation, clause*) Bestimmung *f*; **provisions** *npl* (*food*) Proviant *m*; **to make ~ for** vorsorgen für; (*for people*) sorgen für; **there's no ~ for this in the contract** dies ist im Vertrag nicht vorgesehen.

provisional [prə'vɪʒənl] *adj* vorläufig, provisorisch ♦ *n*: **P~** (*IRISH: POL*) Mitglied *der provisorischen Irisch-Republikanischen Armee*.

provisional licence (*BRIT*) *n* (*AUT*) vorläufige Fahrerlaubnis *f*.

provisionally [prə'vɪʒnəlɪ] *adv* vorläufig.

proviso [prə'vaɪzəʊ] *n* Vorbehalt *m*; **with the ~ that ...** unter dem Vorbehalt, dass ...

Provo ['prɔvəʊ] (*IRISH: inf*) *n abbr* (*POL*) = **Provisional**.

provocation [prɔvə'keɪʃən] *n* Provokation *f*, Herausforderung *f*; **to be under ~** provoziert werden.

provocative [prə'vɔkətɪv] *adj* provozierend, herausfordernd; (*sexually stimulating*) aufreizend.

provoke [prə'vəuk] vt (person) provozieren, herausfordern; (fight) herbeiführen; (reaction etc) hervorrufen; **to ~ sb to do or into doing sth** jdn dazu provozieren, etw zu tun.

provost ['prɔvəst] n (BRIT: of university) Dekan m; (SCOT) Bürgermeister(in) m(f).

prow [prau] n (of boat) Bug m.

prowess ['prauɪs] n Können nt, Fähigkeiten pl; **his ~ as a footballer** sein fußballerisches Können.

prowl [praul] vi (also: ~ **about**, ~ **around**) schleichen ♦ n: **on the ~** auf Streifzug.

prowler ['praulə°] n Herumtreiber m.

proximity [prɔk'sɪmɪtɪ] n Nähe f.

proxy ['prɔksɪ] n: **by ~** durch einen Stellvertreter.

prude [pru:d] n: **to be a ~** prüde sein.

prudence ['pru:dns] n Klugheit f, Umsicht f.

prudent ['pru:dnt] adj (sensible) klug.

prudish ['pru:dɪʃ] adj prüde.

prune [pru:n] n Backpflaume f ♦ vt (plant) stutzen, beschneiden.

pry [praɪ] vi: **to ~ (into)** seine Nase hineinstecken (in +acc), herumschnüffeln (in +dat).

PS abbr (= postscript) PS.

psalm [sɑ:m] n Psalm m.

PSAT (US) n abbr (= Preliminary Scholastic Aptitude Test) Schuleignungstest.

PSBR (BRIT) n abbr (ECON: = public sector borrowing requirement) staatlicher Kreditbedarf m.

pseud [sju:d] (BRIT: inf: pej) n Angeber(in) m(f).

pseudo- ['sju:dəu] pref Pseudo-.

pseudonym ['sju:dənɪm] n Pseudonym nt.

PSHE (BRIT) n abbr (SCOL) = personal, social and health education.

PST (US) abbr (= Pacific Standard Time) pazifische Standardzeit.

psyche ['saɪkɪ] n Psyche f.

psychedelic [saɪkə'dɛlɪk] adj (drug) psychedelisch; (clothes, colours) in psychedelischen Farben.

psychiatric [saɪkɪ'ætrɪk] adj psychiatrisch.

psychiatrist [saɪ'kaɪətrɪst] n Psychiater(in) m(f).

psychiatry [saɪ'kaɪətrɪ] n Psychiatrie f.

psychic ['saɪkɪk] adj (person) übersinnlich begabt; (damage, disorder) psychisch ♦ n Mensch m mit übersinnlichen Fähigkeiten.

psycho ['saɪkəu] (US: inf) n Verrückte(r) f(m).

psychoanalyse [saɪkəu'ænəlaɪz] vt psychoanalytisch behandeln, psychoanalysieren.

psychoanalysis [saɪkəuə'næləsɪs] n Psychoanalyse f.

psychoanalyst [saɪkəu'ænəlɪst] n Psychoanalytiker(in) m(f).

psychological [saɪkə'lɔdʒɪkl] adj psychologisch.

psychologist [saɪ'kɔlədʒɪst] n Psychologe m, Psychologin f.

psychology [saɪ'kɔlədʒɪ] n (science) Psychologie f; (character) Psyche f.

psychopath ['saɪkəupæθ] n Psychopath(in) m(f).

psychoses [saɪ'kəusi:z] npl of **psychosis**.

psychosis [saɪ'kəusɪs] (pl **psychoses**) n Psychose f.

psychosomatic ['saɪkəusə'mætɪk] adj psychosomatisch.

psychotherapy [saɪkəu'θɛrəpɪ] n Psychotherapie f.

psychotic [saɪ'kɔtɪk] adj psychotisch.

PT (BRIT) n abbr (SCOL: = physical training) Turnen nt.

Pt abbr (in place names: = Point) Pt.

pt abbr = **pint**; **point**.

PTA n abbr (= Parent-Teacher Association) Lehrer- und Elternverband.

Pte (BRIT) abbr (MIL) = **private**.

PTO abbr (= please turn over) b. w.

PTV (US) n abbr (= pay television) Pay-TV nt; (= public television) öffentliches Fernsehen nt.

pub [pʌb] n = **public house**

PUB

Pub ist ein Gasthaus mit einer Lizenz zum Ausschank von alkoholischen Getränken. Ein **pub** besteht meist aus verschiedenen gemütlichen (lounge, snug) oder einfacheren Räumen (public bar), in der oft auch Spiele wie Darts, Domino und Poolbilliard zur Verfügung stehen. In **pubs** werden vor allem mittags oft auch Mahlzeiten angeboten. **Pubs** sind normalerweise von 11 bis 23 Uhr geöffnet, aber manchmal nachmittags geschlossen.

---

pub-crawl ['pʌbkrɔ:l] (inf) n: **to go on a ~** eine Kneipentour machen.

pub lunch n in Pubs servierter Imbiss.

puberty ['pju:bətɪ] n Pubertät f.

pubic ['pju:bɪk] adj (hair) Scham-; ~ **bone** Schambein nt.

public ['pʌblɪk] adj öffentlich ♦ n: **the ~** (in general) die Öffentlichkeit; (particular set of people) das Publikum; **to be ~ knowledge** allgemein bekannt sein; **to make sth ~** etw bekannt machen; **to go ~** (COMM) in eine Aktiengesellschaft umgewandelt werden; **in ~** in aller Öffentlichkeit; **the general ~** die Allgemeinheit.

public-address system [pʌblɪkə'drɛs-] n Lautsprecheranlage f.

publican ['pʌblɪkən] n Gastwirt(in) m(f).

publication [pʌblɪ'keɪʃən] n Veröffentlichung f.

public company n Aktiengesellschaft f.

public convenience (BRIT) n öffentliche Toilette f.

public holiday n gesetzlicher Feiertag m.

public house (*BRIT*) *n* Gaststätte *f*.
publicity [pʌb'lɪsɪtɪ] *n* (*information*) Werbung *f*;
(*attention*) Publicity *f*.
publicize ['pʌblɪsaɪz] *vt* (*fact*) bekannt
machen; (*event*) Publicity machen für.
public limited company *n* ≈
Aktiengesellschaft *f*.
publicly ['pʌblɪklɪ] *adv* öffentlich; **to be**
~ **owned** (*COMM*) in Staatsbesitz sein.
public opinion *n* die öffentliche Meinung.
public ownership *n*: **to be taken into** ~
verstaatlicht werden.
Public Prosecutor *n* Staatsanwalt *m*,
Staatsanwältin *f*.
public relations *pl* Publicrelations *pl*, Public
Relations *pl*, Öffentlichkeitsarbeit *f*.
public relations officer *n* Beauftragte(r) *f(m)*
für Öffentlichkeitsarbeit.
public school *n* (*BRIT*) Privatschule *f*; (*US*)
staatliche Schule *f*.

PUBLIC SCHOOL

Public school *bezeichnet vor allem in England
eine weiterführende Privatschule, meist eine
Internatsschule mit hohem Prestige, an die oft
auch eine* **preparatory school** *angeschlossen
ist.* **Public schools** *werden von einem
Schulbeirat verwaltet und durch Stiftungen und
Schulgelder, die an den bekanntesten Schulen wie
Eton, Harrow und Westminster sehr hoch sein
können, finanziert. Die meisten Schüler einer*
public school *gehen zur Universität, oft nach
Oxford oder Cambridge. Viele Industrielle,
Abgeordnete und hohe Beamte haben eine* **public
school** *besucht. In Schottland und den USA
bedeutet* **public school** *eine öffentliche, vom
Steuerzahler finanzierte Schule.*

---

public sector *n*: **the** ~ der öffentliche Sektor.
public-service vehicle [pʌblɪk'sɜːvɪs-] (*BRIT*)
n öffentliches Verkehrsmittel *nt*.
public-spirited [pʌblɪk'spɪrɪtɪd] *adj*
gemeinsinnig.
public transport *n* öffentliche
Verkehrsmittel *pl*.
public utility *n* öffentlicher
Versorgungsbetrieb *m*.
public works *npl* öffentliche Bauprojekte *pl*.
publish ['pʌblɪʃ] *vt* veröffentlichen.
publisher ['pʌblɪʃə*] *n* (*person*) Verleger(in)
m(f); (*company*) Verlag *m*.
publishing ['pʌblɪʃɪŋ] *n* (*profession*) das
Verlagswesen.
publishing company *n* Verlag *m*,
Verlagshaus *nt*.
puce [pjuːs] *adj* (*face*) hochrot.
puck [pʌk] *n* (*ICE HOCKEY*) Puck *m*.
pucker ['pʌkə*] *vi* (*lips, face*) sich verziehen;
(*fabric etc*) Falten werfen ♦ *vt* (*lips, face*)
verziehen; (*fabric etc*) Falten machen in +*acc*.
pudding ['pudɪŋ] *n* (*cooked sweet food*)

Süßspeise *f*; (*BRIT*: *dessert*) Nachtisch *m*; **rice**
~ Milchreis *m*; **black** ~, (*US*) **blood** ~ ≈
Blutwurst *f*.
puddle ['pʌdl] *n* (*of rain*) Pfütze *f*; (*of blood*)
Lache *f*.
puerile ['pjuəraɪl] *adj* kindisch.
Puerto Rico ['pwɜːtəu'riːkəu] *n* Puerto Rico *nt*.
puff [pʌf] *n* (*of cigarette, pipe*) Zug *m*; (*gasp*)
Schnaufer *m*; (*of air*) Stoß *m*; (*of smoke*)
Wolke *f* ♦ *vt* (*also*: ~ **on**, ~ **at**: *cigarette, pipe*)
ziehen an +*dat* ♦ *vi* (*gasp*) keuchen,
schnaufen.
▶ **puff out** *vt* (*one's chest*) herausdrücken;
(*one's cheeks*) aufblasen.
puffed [pʌft] (*inf*) *adj* außer Puste.
puffin ['pʌfɪn] *n* Papageientaucher *m*.
puff pastry, (*US*) **puff paste** *n* Blätterteig *m*.
puffy ['pʌfɪ] *adj* (*eye*) geschwollen; (*face*)
aufgedunsen.
pugnacious [pʌg'neɪʃəs] *adj* (*person*)
streitsüchtig.
pull [pul] *vt* (*rope, handle etc*) ziehen an +*dat*;
(*cart etc*) ziehen; (*close: curtain*) zuziehen;
(*: blind*) herunterlassen; (*inf: attract: people*)
anlocken; (*: sexual partner*) aufreißen; (*pint of
beer*) zapfen ♦ *vi* ziehen ♦ *n* (*also fig: attraction*)
Anziehungskraft *f*; **to** ~ **the trigger**
abdrücken; **to** ~ **a face** ein Gesicht
schneiden; **to** ~ **a muscle** sich *dat* einen
Muskel zerren; **not to** ~ **one's** *or* **any
punches** (*fig*) sich *dat* keine Zurückhaltung
auferlegen; **to** ~ **to pieces** (*fig*) zerreißen; **to**
~ **one's weight** (*fig*) sich ins Zeug legen; **to**
~ **o.s. together** sich zusammenreißen; **to**
~ **sb's leg** (*fig*) jdn auf den Arm nehmen; **to**
~ **strings (for sb)** seine Beziehungen (für
jdn) spielen lassen; **to give sth a** ~ an etw
dat ziehen.
▶ **pull apart** *vt* (*separate*) trennen.
▶ **pull away** *vi* (*AUT*) losfahren.
▶ **pull back** *vi* (*retreat*) sich zurückziehen; (*fig*)
einen Rückzieher machen (*inf*).
▶ **pull down** *vt* (*building*) abreißen.
▶ **pull in** *vi* (*AUT*: *at kerb*) anhalten; (*RAIL*)
einfahren ♦ *vt* (*inf: money*) einsacken;
(*crowds, people*) anlocken; (*police: suspect*)
sich *dat* schnappen (*inf*).
▶ **pull off** *vt* (*clothes etc*) ausziehen; (*fig:
difficult thing*) schaffen, bringen (*inf*).
▶ **pull out** *vi* (*AUT*: *from kerb*) losfahren;
(*: when overtaking*) ausscheren; (*RAIL*)
ausfahren; (*withdraw*) sich zurückziehen
♦ *vt* (*extract*) herausziehen.
▶ **pull over** *vi* (*AUT*) an den Straßenrand
fahren.
▶ **pull through** *vi* (*MED*) durchkommen.
▶ **pull up** *vi* (*AUT, RAIL*: *stop*) anhalten ♦ *vt*
(*raise*) hochziehen; (*uproot*) herausreißen;
(*chair*) heranrücken.
pullback ['pulbæk] *n* (*retreat*) Rückzug *m*.
pulley ['pulɪ] *n* Flaschenzug *m*.
pull-out ['pulaut] *n* (*in magazine*) Beilage *f* (*zum*

Heraustrennen).
pullover ['puləuvə*] n Pullover m.
pulp [pʌlp] n (of fruit) Fruchtfleisch nt; (for paper) (Papier)brei m; (LITER: pej) Schund m ♦ adj (pej: magazine, novel) Schund-; **to reduce sth to a ~** etw zu Brei machen.
pulpit ['pulpɪt] n Kanzel f.
pulsate [pʌl'seɪt] vi (heart) klopfen; (music) pulsieren.
pulse [pʌls] n (ANAT) Puls m; (rhythm) Rhythmus m; **pulses** npl (BOT) Hülsenfrüchte pl; (TECH) Impuls m ♦ vi pulsieren; **to take** or **feel sb's ~** jdm den Puls fühlen; **to have one's finger on the ~ (of sth)** (fig) den Finger am Puls (einer Sache gen) haben.
pulverize ['pʌlvəraɪz] vt pulverisieren; (fig: destroy) vernichten.
puma ['pjuːmə] n Puma m.
pumice ['pʌmɪs] n (also: ~ stone) Bimsstein m.
pummel ['pʌml] vt mit Faustschlägen bearbeiten.
pump [pʌmp] n Pumpe f; (petrol pump) Zapfsäule f; (shoe) Turnschuh m ♦ vt pumpen; **to ~ sb for information** jdn aushorchen; **she had her stomach ~ed** ihr wurde der Magen ausgepumpt.
▶ **pump up** vt (inflate) aufpumpen.
pumpkin ['pʌmpkɪn] n Kürbis m.
pun [pʌn] n Wortspiel nt.
punch [pʌntʃ] n (blow) Schlag m; (fig: force) Schlagkraft f; (tool) Locher m; (drink) Bowle f, Punsch m ♦ vt (hit) schlagen; (make a hole in) lochen; **to ~ a hole in sth** ein Loch in etw acc stanzen.
▶ **punch in** (US) vi (bei Arbeitsbeginn) stempeln.
▶ **punch out** (US) vi (bei Arbeitsende) stempeln.
Punch and Judy show n ≈ Kasper(le)theater nt.
punch card, (US) **punched card** [pʌntʃt-] n Lochkarte f.
punch-drunk ['pʌntʃdrʌŋk] (BRIT) adj (boxer) angeschlagen.
punch line n Pointe f.
punch-up ['pʌntʃʌp] (BRIT: inf) n Schlägerei f.
punctual ['pʌŋktjuəl] adj pünktlich.
punctuality [pʌŋktju'ælɪtɪ] n Pünktlichkeit f.
punctually ['pʌŋktjuəlɪ] adv pünktlich; **it will start ~ at 6** es beginnt um Punkt 6 or pünktlich um 6.
punctuation [pʌŋktju'eɪʃən] n Zeichensetzung f.
punctuation mark n Satzzeichen nt.
puncture ['pʌŋktʃə*] n (AUT) Reifenpanne f ♦ vt durchbohren; **I have a ~** ich habe eine Reifenpanne.
pundit ['pʌndɪt] n Experte m, Expertin f.
pungent ['pʌndʒənt] adj (smell, taste) scharf; (fig: speech, article etc) spitz, scharf.
punish ['pʌnɪʃ] vt bestrafen; **to ~ sb for sth**

jdn für etw bestrafen; **to ~ sb for doing sth** jdn dafür bestrafen, dass er etw getan hat.
punishable ['pʌnɪʃəbl] adj strafbar.
punishing ['pʌnɪʃɪŋ] adj (fig: exercise, ordeal) hart.
punishment ['pʌnɪʃmənt] n (act) Bestrafung f; (way of punishing) Strafe f; **to take a lot of ~** (fig: car, person etc) viel abbekommen.
punitive ['pjuːnɪtɪv] adj (action) Straf-, zur Strafe; (measure) (extrem) hart.
punk [pʌŋk] n (also: ~ rocker) Punker(in) m(f); (also: ~ rock) Punk m; (US: inf: hoodlum) Gangster m.
punnet ['pʌnɪt] n (of raspberries etc) Körbchen nt.
punt¹ [pʌnt] n (boat) Stechkahn m ♦ vi mit dem Stechkahn fahren.
punt² [pʌnt] (IRISH) n (currency) irisches Pfund nt.
punter ['pʌntə*] (BRIT) n (gambler) Wetter(in) m(f); **the ~s** (inf: customers) die Leute; **the average ~** (inf) Otto Normalverbraucher.
puny ['pjuːnɪ] adj (person, arms etc) schwächlich; (efforts) kläglich, kümmerlich.
pup [pʌp] n (young dog) Welpe m, junger Hund m; **seal ~** Welpenjunge(s) nt.
pupil ['pjuːpl] n (SCOL) Schüler(in) m(f); (of eye) Pupille f.
puppet ['pʌpɪt] n Handpuppe f; (with strings, fig: person) Marionette f.
puppet government n Marionettenregierung f.
puppy ['pʌpɪ] n (young dog) Welpe m, junger Hund m.
purchase ['pəːtʃɪs] n Kauf m; (grip) Halt m ♦ vt kaufen; **to get** or **gain (a) ~ on** (grip) Halt finden an +dat.
purchase order n Bestellung f.
purchase price n Kaufpreis m.
purchaser ['pəːtʃɪsə*] n Käufer(in) m(f).
purchase tax n Kaufsteuer f.
purchasing power ['pəːtʃɪsɪŋ-] n Kaufkraft f.
pure [pjuə*] adj rein; **a ~ wool jumper** ein Pullover aus reiner Wolle; **it's laziness ~ and simple** es ist nichts als reine Faulheit.
purebred ['pjuəbred] adj reinrassig.
puree ['pjuəreɪ] n Püree nt.
purely ['pjuəlɪ] adv rein.
purgatory ['pəːgətərɪ] n (REL) das Fegefeuer; (fig) die Hölle.
purge [pəːdʒ] n (POL) Säuberung f ♦ vt (POL: organization) säubern; (: extremists etc) entfernen; (fig: thoughts, mind etc) befreien.
purification [pjuərɪfɪ'keɪʃən] n Reinigung f.
purify ['pjuərɪfaɪ] vt reinigen.
purist ['pjuərɪst] n Purist(in) m(f).
puritan ['pjuərɪtən] n Puritaner(in) m(f).
puritanical [pjuərɪ'tænɪkl] adj puritanisch.
purity ['pjuərɪtɪ] n Reinheit f.
purl [pəːl] (KNITTING) n linke Masche f ♦ vt links stricken.

purloin [pəˈlɔɪn] *(form)* vt entwenden.
purple [ˈpəːpl] adj violett.
purport [pəːˈpɔːt] vi: **to ~ to be/do sth**
vorgeben, etw zu sein/tun.
purpose [ˈpəːpəs] n *(reason)* Zweck m; *(aim)*
Ziel nt, Absicht f; **on ~** absichtlich; **for**
illustrative ~s zu Illustrationszwecken; **for**
all practical ~s praktisch (gesehen); **for the**
~s of this meeting zum Zweck dieses
Treffens; **to little ~** mit wenig Erfolg; **to no**
~ ohne Erfolg; **a sense of ~** ein
Zielbewusstsein nt.
purpose-built [ˈpəːpəsˈbɪlt] *(BRIT)* adj speziell
angefertigt, Spezial-.
purposeful [ˈpəːpəsful] adj entschlossen.
purposely [ˈpəːpəslɪ] adv absichtlich, bewusst.
purr [pəː] vi *(cat)* schnurren.
purse [pəːs] n *(BRIT: for money)* Geldbörse f,
Portemonnaie nt, Portemonee nt; *(US:*
handbag) Handtasche f ♦ vt *(lips)* kräuseln.
purser [ˈpəːsə] n *(NAUT)* Zahlmeister m.
purse-snatcher [ˈpəːssnætʃə] *(US)* n
Handtaschendieb m.
pursue [pəˈsjuː] vt *(person, vehicle, plan, aim)*
verfolgen; *(fig: interest etc)* nachgehen +dat.
pursuer [pəˈsjuːə] n Verfolger(in) m(f).
pursuit [pəˈsjuːt] n *(chase)* Verfolgung f;
(pastime) Beschäftigung f; *(fig)*: **~ of** *(of*
happiness etc) Streben nt nach; **in ~ of**
(person, car etc) auf der Jagd nach; *(fig:*
happiness etc) im Streben nach.
purveyor [pəˈveɪə] *(form)* n *(of goods etc)*
Lieferant m.
pus [pʌs] n Eiter m.
push [puʃ] n Stoß m, Schub m ♦ vt *(press)*
drücken; *(shove)* schieben; *(fig: put pressure*
on: person) bedrängen; *(: promote: product)*
werben für; *(inf: sell: drugs)* pushen ♦ vi
(press) drücken; *(shove)* schieben; **at the**
~ of a button auf Knopfdruck; **at a ~** *(BRIT:*
inf) notfalls; **to ~ a door open/shut** eine Tür
auf-/zudrücken; **"~"** *(on door)* „drücken";
(on bell) „klingeln"; **to be ~ed for time/**
money *(inf)* in Zeitnot/Geldnot sein; **she is**
~ing fifty *(inf)* sie geht auf die fünfzig zu; **to**
~ for *(demand)* drängen auf +acc.
▶ **push around** vt *(bully)* herumschubsen.
▶ **push aside** vt beiseite schieben.
▶ **push in** vi sich dazwischendrängeln.
▶ **push off** *(inf)* vi abhauen.
▶ **push on** vi *(continue)* weitermachen.
▶ **push over** vt umstoßen.
▶ **push through** vt *(measure etc)*
durchdrücken.
▶ **push up** vt *(total, prices)* hochtreiben.
push-bike [ˈpuʃbaɪk] *(BRIT)* n Fahrrad nt.
push-button [ˈpuʃbʌtn] adj *(machine,*
calculator) Drucktasten-.
pushchair [ˈpuʃtʃɛə] *(BRIT)* n Sportwagen m.
pusher [ˈpuʃə] n *(drug dealer)* Pusher m.
pushover [ˈpuʃəuvə] *(inf)* n: **it's a ~** das ist
ein Kinderspiel.

push-up [ˈpuʃʌp] *(US)* n Liegestütz m.
pushy [ˈpuʃɪ] *(pej)* adj aufdringlich.
puss [pus] *(inf)* n Mieze f.
pussy(cat) [ˈpusɪ(kæt)] *(inf)* n Mieze(katze) f.
put [put] *(pt, pp put)* vt *(thing)* tun; *(: upright)*
stellen; *(: flat)* legen; *(person: in room,*
institution etc) stecken; *(: in state, situation)*
versetzen; *(express: idea etc)* ausdrücken;
(present: case, view) vorbringen; *(ask:*
question) stellen; *(classify)* einschätzen;
(write, type) schreiben; **to ~ sb in a good/**
bad mood jdn gut/schlecht stimmen; **to**
~ sb to bed jdn ins Bett bringen; **to ~ sb to**
a lot of trouble jdm viele Umstände
machen; **how shall I ~ it?** wie soll ich es
sagen or ausdrücken?; **to ~ a lot of time into**
sth viel Zeit auf etw acc verwenden; **to**
~ money on a horse Geld auf ein Pferd
setzen; **the cost is now ~ at 2 million**
pounds die Kosten werden jetzt auf 2
Millionen Pfund geschätzt; **I ~ it to you that**
... *(BRIT)* ich behaupte, dass ...; **to stay ~** (an
Ort und Stelle) bleiben.
▶ **put about** vi *(NAUT)* den Kurs ändern ♦ vt
(rumour) verbreiten.
▶ **put across** vt *(ideas etc)* verständlich
machen.
▶ **put around** vt = **put about**.
▶ **put aside** vt *(work)* zur Seite legen; *(idea,*
problem) unbeachtet lassen; *(sum of money)*
zurücklegen.
▶ **put away** vt *(store)* wegräumen; *(inf:*
consume) verdrücken; *(save: money)*
zurücklegen; *(imprison)* einsperren.
▶ **put back** vt *(replace)* zurücktun; *(: upright)*
zurückstellen; *(: flat)* zurücklegen;
(postpone) verschieben; *(delay)*
zurückwerfen.
▶ **put by** vt *(money, supplies etc)* zurücklegen.
▶ **put down** vt *(upright)* hinstellen; *(flat)*
hinlegen; *(cup, glass)* absetzen; *(in writing)*
aufschreiben; *(riot, rebellion)*
niederschlagen; *(humiliate)* demütigen; *(kill)*
töten.
▶ **put down to** vt *(attribute)* zurückführen
auf +acc.
▶ **put forward** vt *(ideas etc)* vorbringen;
(watch, clock) vorstellen; *(date, meeting)*
vorverlegen.
▶ **put in** vt *(application, complaint)* einreichen;
(time, effort) investieren; *(gas, electricity etc)*
installieren ♦ vi *(NAUT)* einlaufen.
▶ **put in for** vt fus *(promotion)* sich bewerben
um; *(leave)* beantragen.
▶ **put off** vt *(delay)* verschieben; *(distract)*
ablenken; **to ~ sb off sth** *(discourage)* jdn
von etw abbringen.
▶ **put on** vt *(clothes, brake)* anziehen; *(glasses,*
kettle) aufsetzen; *(make-up, ointment etc)*
auftragen; *(light, TV)* anmachen; *(play etc)*
aufführen; *(record, tape, video)* auflegen;
(dinner etc) aufsetzen; *(assume: look,*

behaviour etc) annehmen; (*inf: tease*) auf den
Arm nehmen; (*extra bus, train etc*) einsetzen;
to ~ on airs sich zieren; **to ~ on weight**
zunehmen.

▶ **put on to** *vt* (*tell about*) vermitteln.

▶ **put out** *vt* (*fire, light*) ausmachen; (*take out:
rubbish*) herausbringen; (*: cat etc*) vor die
Tür setzen; (*one's hand*) ausstrecken; (*story,
announcement*) verbreiten; (*BRIT: dislocate:
shoulder etc*) verrenken; (*inf: inconvenience*)
Umstände machen *+dat* ♦ *vi* (*NAUT*): **to ~ out
to sea** in See stechen; **to ~ out from
Plymouth** von Plymouth auslaufen.

▶ **put through** *vt* (*TEL: person*) verbinden;
(*: call*) durchstellen; (*plan, agreement*)
durchbringen; **~ me through to Ms Blair**
verbinden Sie mich mit Frau Blair.

▶ **put together** *vt* (*furniture etc*)
zusammenbauen; (*plan, campaign*)
ausarbeiten; **more than the rest of them
~ together** mehr als alle anderen
zusammen.

▶ **put up** *vt* (*fence, building*) errichten; (*tent*)
aufstellen; (*umbrella*) aufspannen; (*hood*)
hochschlagen; (*poster, sign etc*) anbringen;
(*price, cost*) erhöhen; (*accommodate*)
unterbringen; **to ~ up resistance**
Widerstand leisten; **to ~ up a fight** sich zur
Wehr setzen; **to ~ sb up to sth** jdn zu etw
anstiften; **to ~ sb up to doing sth** jdn dazu
anstiften, etw zu tun; **to ~ sth up for sale**
etw zum Verkauf anbieten.

▶ **put upon** *vt fus*: **to be ~ upon** (*imposed on*)
ausgenutzt werden.

▶ **put up with** *vt fus* sich abfinden mit.

putative ['pju:tətɪv] *adj* mutmaßlich.

putrid ['pju:trɪd] *adj* (*mess, meat*) faul.

putt [pʌt] *n* Putt *m*.

putter ['pʌtə*] *n* (*GOLF*) Putter *m* ♦ *vi* (*US*)
= **potter**.

putting green ['pʌtɪŋ-] *n* kleiner Golfplatz *m*
zum Putten.

putty ['pʌtɪ] *n* Kitt *m*.

put-up ['putʌp] *adj*: **a ~ job** ein abgekartetes
Spiel *nt*.

puzzle ['pʌzl] *n* (*game, toy*)
Geschicklichkeitsspiel *nt*; (*mystery*) Rätsel
nt ♦ *vt* verwirren ♦ *vi*: **to ~ over sth** sich *dat*
über etw *acc* den Kopf zerbrechen; **to be ~d
as to why** ... vor einem Rätsel stehen,
warum ...

puzzling ['pʌzlɪŋ] *adj* verwirrend; (*mysterious*)
rätselhaft.

PVC *n abbr* (= *polyvinyl chloride*) PVC *nt*.

Pvt. (*US*) *abbr* (*MIL*) = **private**.

p.w. *abbr* (= *per week*) pro Woche.

pygmy ['pɪgmɪ] *n* Pygmäe *m*.

pyjamas, (*US*) **pajamas** [pə'dʒɑːməz] *npl*
Pyjama *m*, Schlafanzug *m*; **a pair of ~** ein
Schlafanzug.

pylon ['paɪlən] *n* Mast *m*.

pyramid ['pɪrəmɪd] *n* Pyramide *f*.

Pyrenean [pɪrə'niːən] *adj* pyrenäisch.

Pyrenees [pɪrə'niːz] *npl*: **the ~** die Pyrenäen *pl*.

Pyrex ® ['paɪreks] *n* ≈ Jenaer Glas ® *nt* ♦ *adj*
(*dish, bowl*) aus Jenaer Glas ®.

python ['paɪθən] *n* Pythonschlange *f*.

Q, q

Q, q [kju:] *n* (*letter*) Q *nt*, q *nt*; **~ for Queen** ≈ Q
wie Quelle.

Qatar [kæ'tɑː*] *n* Katar *nt*.

QC (*BRIT*) *n abbr* (*LAW*: = *Queen's Counsel*)
Kronanwalt *m*.

QC

QC (*kurz für Queen's Counsel, bzw. KC für King's
Counsel*) ist in Großbritannien ein hoch gestellter
barrister, *der auf Empfehlung des Lordkanzlers
ernannt wird und zum Zeichen seines Amtes einen
seidenen Umhang trägt und daher auch als* **silk**
bezeichnet wird. Ein **QC** *muss vor Gericht in
Begleitung eines rangniedrigeren Anwaltes
erscheinen.*

QCA (*BRIT*) *n abbr* (= *Qualifications and Curriculum
Authority*) *Behörde, die in England für die
Entwicklung von Lehrplänen und deren
Beachtung zuständig ist.*

QED *abbr* (= *quod erat demonstrandum*) q. e. d.

QM *n abbr* (*MIL*) = **quartermaster**.

q.t. (*inf*) *n abbr* (= *quiet*): **on the ~** heimlich.

quack [kwæk] *n* (*of duck*) Schnattern *nt*,
Quaken *nt*; (*inf: pej: doctor*) Quacksalber *m*
♦ *vi* schnattern, quaken.

quad [kwɒd] *abbr* = **quadrangle**; (= *quadruplet*)
Vierling *m*.

quadrangle ['kwɒdræŋgl] *n* (*courtyard*)
Innenhof *m*.

quadrilateral [kwɒdrɪ'lætərəl] *n* Viereck *nt*.

quadruped ['kwɒdruped] *n* Vierfüßer *m*.

quadruple [kwɒ'druːpl] *vt* vervierfachen ♦ *vi*
sich vervierfachen.

quadruplets [kwɒ'druːplɪts] *npl* Vierlinge *pl*.

quagmire ['kwægmaɪə*] *n* (*also fig*) Sumpf *m*.

quail [kweɪl] *n* Wachtel *f* ♦ *vi*: **he ~ed at the
thought/before her anger** ihm schauderte
bei dem Gedanken/vor ihrem Zorn.

quaint [kweɪnt] *adj* (*house, village*) malerisch;
(*ideas, customs*) urig, kurios.

quake [kweɪk] *vi* beben, zittern ♦ *n*
= **earthquake**.

Quaker ['kweɪkə*] *n* Quäker(in) *m(f)*.

qualification [kwɒlɪfɪ'keɪʃən] *n* (*often pl:
degree etc*) Qualifikation *f*; (*attribute*)

Voraussetzung f; (*reservation*) Vorbehalt m; **what are your ~s?** welche Qualifikationen haben Sie?

qualified ['kwɔlɪfaɪd] adj (*trained: doctor etc*) qualifiziert, ausgebildet; (*limited: agreement, praise*) bedingt; **to be/feel ~ to do sth** (*fit, competent*) qualifiziert sein/sich qualifiziert fühlen, etw zu tun; **it was a ~ success** es war kein voller Erfolg; **he's not ~ for the job** ihm fehlen die Qualifikationen für die Stelle.

qualify ['kwɔlɪfaɪ] vt (*entitle*) qualifizieren; (*modify: statement*) einschränken ♦ vi (*pass examination*) sich qualifizieren; **to ~ for** (*be eligible*) die Berechtigung erlangen für; (*in competition*) sich qualifizieren für; **to ~ as an engineer** die Ausbildung zum Ingenieur abschließen.

qualifying ['kwɔlɪfaɪɪŋ] adj: **~ exam** Auswahlprüfung f; **~ round** Qualifikationsrunde f.

qualitative ['kwɔlɪtətɪv] adj qualitativ.

quality ['kwɔlɪtɪ] n Qualität f; (*characteristic*) Eigenschaft f ♦ cpd Qualitäts-; **of good/poor ~** von guter/schlechter Qualität; **~ of life** Lebensqualität f.

quality control n Qualitätskontrolle f.

quality papers (*BRIT*) npl: **the ~** die seriösen Zeitungen pl.

QUALITY PRESS

Quality press *bezeichnet die seriösen Tages- und Wochenzeitungen im Gegensatz zu den Massenblättern. Diese Zeitungen sind fast alle großformatig und wenden sich an den anspruchsvolleren Leser, der voll informiert sein möchte und bereit ist, für die Zeitungslektüre viel Zeit aufzuwenden. Siehe auch* **tabloid press**.

qualm [kwɑːm] n Bedenken pl; **to have ~s about sth** Bedenken wegen etw haben.

quandary ['kwɔndrɪ] n: **to be in a ~** in einem Dilemma sein.

quango ['kwæŋgəu] (*BRIT*) n abbr (= *quasi- autonomous nongovernmental organization*) ≈ (regierungsunabhängige) Kommission f.

quantifiable ['kwɔntɪfaɪəbl] adj quantifizierbar.

quantitative ['kwɔntɪtətɪv] adj quantitativ.

quantity ['kwɔntɪtɪ] n (*amount*) Menge f; **in large/small quantities** in großen/kleinen Mengen; **in ~** (*in bulk*) in großen Mengen; **an unknown ~** (*fig*) eine unbekannte Größe.

quantity surveyor n Baukostenkalkulator(in) m(f).

quantum leap ['kwɔntəm-] n (*PHYS*) Quantensprung m; (*fig*) Riesenschritt m.

quarantine ['kwɔrntiːn] n Quarantäne f; **in ~** in Quarantäne.

quark [kwɑːk] n (*cheese*) Quark m; (*PHYS*) Quark nt.

quarrel ['kwɔrl] n (*argument*) Streit m ♦ vi sich streiten; **to have a ~ with sb** sich mit jdm streiten; **I've no ~ with him** ich habe nichts gegen ihn; **I can't ~ with that** dagegen kann ich nichts einwenden.

quarrelsome ['kwɔrəlsəm] adj streitsüchtig.

quarry ['kwɔrɪ] n (*for stone*) Steinbruch m; (*prey*) Beute f ♦ vt (*marble etc*) brechen.

quart [kwɔːt] n Quart nt.

quarter ['kwɔːtə*] n Viertel nt; (*US: coin*) 25- Cent-Stück nt; (*of year*) Quartal nt; (*district*) Viertel nt ♦ vt (*divide*) vierteln; (*MIL: lodge*) einquartieren; **quarters** npl (*MIL*) Quartier nt; (*also:* **living ~s**) Unterkünfte pl; **a ~ of an hour** eine Viertelstunde; **it's a ~ to three,** *(US)* **it's a ~ of three** es ist Viertel vor drei; **it's a ~ past three,** *(US)* **it's a ~ after three** es ist Viertel nach drei; **from all ~s** aus allen Richtungen; **at close ~s** aus unmittelbarer Nähe.

quarterback ['kwɔːtəbæk] n (*AMERICAN FOOTBALL*) Quarterback m.

quarterdeck ['kwɔːtədek] n (*NAUT*) Quarterdeck nt.

quarterfinal ['kwɔːtə'faɪnl] n Viertelfinale nt.

quarterly ['kwɔːtəlɪ] adj, adv vierteljährlich ♦ n Vierteljahresschrift f.

quartermaster ['kwɔːtəmɑːstə*] n (*MIL*) Quartiermeister m.

quartet [kwɔː'tɛt] n (*MUS*) Quartett nt.

quarto ['kwɔːtəu] n (*size of paper*) Quartformat nt; (*book*) im Quartformat.

quartz [kwɔːts] n Quarz m ♦ cpd (*watch, clock*) Quarz-.

quash [kwɔʃ] vt (*verdict*) aufheben.

quasi- ['kweɪzaɪ] pref quasi-.

quaver ['kweɪvə*] n (*BRIT: MUS*) Achtelnote f ♦ vi (*voice*) beben, zittern.

quay [kiː] n Kai m.

quayside ['kiːsaɪd] n Kai m.

queasiness ['kwiːzɪnɪs] n Übelkeit f.

queasy ['kwiːzɪ] adj (*nauseous*) übel; **I feel ~** mir ist übel *or* schlecht.

Quebec [kwɪ'bek] n Quebec nt.

queen [kwiːn] n (*also ZOOL*) Königin f; (*CARDS, CHESS*) Dame f.

queen mother n Königinmutter f.

Queen's speech (*BRIT*) n ≈ Regierungserklärung f.

QUEEN'S SPEECH

Queen's Speech *(bzw.* **King's Speech***) ist eine vom britischen Monarchen bei der alljährlichen feierlichen Parlamentseröffnung im Oberhaus vor dem versammelten Ober- und Unterhaus verlesene Rede. Sie wird vom Premierminister in Zusammenarbeit mit dem Kabinett verfasst und enthält die Regierungserklärung.*

queer [kwɪə*] adj (*odd*) sonderbar, seltsam ♦ n (*infl: pej: male homosexual*) Schwule(r) m; **I**

feel ~ (*BRIT: unwell*) mir ist ganz komisch.

quell [kwɛl] *vt* (*riot*) niederschlagen; (*fears*) überwinden.

quench [kwɛntʃ] *vt*: **to** ~ **one's thirst** seinen Durst stillen.

querulous ['kwɛruləs] *adj* nörglerisch.

query ['kwɪərɪ] *n* Anfrage *f* ♦ *vt* (*check*) nachfragen bezüglich +*gen*; (*express doubt about*) bezweifeln.

quest [kwɛst] *n* Suche *f*.

question ['kwɛstʃən] *n* Frage *f* ♦ *vt* (*interrogate*) befragen; (*doubt*) bezweifeln; **to ask sb a** ~, **put a** ~ **to sb** jdm eine Frage stellen; **to bring** *or* **call sth into** ~ etw infrage *or* in Frage stellen; **the** ~ **is ...** die Frage ist ...; **there's no** ~ **of him playing for England** es ist ausgeschlossen, dass er für England spielt; **the person/night in** ~ die fragliche Person/Nacht; **to be beyond** ~ außer Frage stehen; **to be out of the** ~ nicht infrage *or* in Frage kommen.

questionable ['kwɛstʃənəbl] *adj* fraglich.

questioner ['kwɛstʃənə*] *n* Fragesteller(in) *m(f)*.

questioning ['kwɛstʃənɪŋ] *adj* (*look*) fragend; (*mind*) forschend ♦ *n* (*POLICE*) Vernehmung *f*.

question mark *n* Fragezeichen *nt*.

questionnaire [kwɛstʃə'nɛə*] *n* Fragebogen *m*.

queue [kjuː] (*BRIT*) *n* Schlange *f* ♦ *vi* (*also*: ~ **up**) Schlange stehen.

quibble ['kwɪbl] *vi*: **to** ~ **about** *or* **over** sich streiten über +*acc*; **to** ~ **with** herumnörgeln an +*dat* ♦ *n* Krittelei *f*.

quiche [kiːʃ] *n* Quiche *f*.

quick [kwɪk] *adj* schnell; (*mind, wit*) wach; (*look, visit*) flüchtig ♦ *adv* schnell ♦ *n*: **to cut sb to the** ~ (*fig*) jdn tief verletzen; **be** ~! mach schnell!; **to be** ~ **to act** schnell handeln; **she was** ~ **to see that ...** sie begriff schnell, dass ...; **she has a** ~ **temper** sie wird leicht hitzig.

quicken ['kwɪkən] *vt* beschleunigen ♦ *vi* schneller werden, sich beschleunigen.

quick-fire ['kwɪkfaɪə*] *adj* (*questions*) wie aus der Pistole.

quick fix *n* Sofortlösung *f*.

quicklime ['kwɪklaɪm] *n* ungelöschter Kalk *m*.

quickly ['kwɪklɪ] *adv* schnell.

quickness ['kwɪknɪs] *n* Schnelligkeit *f*; ~ **of mind** Scharfsinn *m*.

quicksand ['kwɪksænd] *n* Treibsand *m*.

quickstep ['kwɪkstɛp] *n* Quickstepp *m*.

quick-tempered [kwɪk'tɛmpəd] *adj* hitzig, leicht erregbar.

quick-witted [kwɪk'wɪtɪd] *adj* schlagfertig.

quid [kwɪd] (*BRIT: inf*) *n inv* Pfund *nt*.

quid pro quo ['kwɪdprəu'kwəu] *n* Gegenleistung *f*.

quiet ['kwaɪət] *adj* leise; (*place*) ruhig, still; (*silent, reserved*) still; (*business, day*) ruhig;

(*without fuss etc: wedding*) in kleinem Rahmen ♦ *n* (*peacefulness*) Stille *f*, Ruhe *f*; (*silence*) Ruhe *f* ♦ *vt, vi* (*US*) = **quieten keep** *or* **be** ~! sei still!; **I'll have a** ~ **word with him** ich werde mal unter vier Augen mit ihm reden; **on the** ~ (*in secret*) heimlich.

quieten ['kwaɪətn] (*BRIT: also*: ~ **down**) *vi* ruhiger werden ♦ *vt* (*person, animal*) beruhigen.

quietly ['kwaɪətlɪ] *adv* leise; (*silently*) still; (*calmly*) ruhig; ~ **confident** insgeheim sicher.

quietness ['kwaɪətnɪs] *n* (*peacefulness*) Ruhe *f*; (*silence*) Stille *f*.

quill [kwɪl] *n* (*pen*) Feder *f*; (*of porcupine*) Stachel *m*.

quilt [kwɪlt] *n* Decke *f*; (*also*: **continental** ~) Federbett *nt*.

quin [kwɪn] (*BRIT*) *n abbr* (= **quintuplet**) Fünfling *m*.

quince [kwɪns] *n* Quitte *f*.

quinine [kwɪ'niːn] *n* Chinin *nt*.

quintet [kwɪn'tɛt] *n* (*MUS*) Quintett *nt*.

quintuplets [kwɪn'tjuːplɪts] *npl* Fünflinge *pl*.

quip [kwɪp] *n* witzige *or* geistreiche Bemerkung *f* ♦ *vt* witzeln.

quire ['kwaɪə*] *n* (*of paper*) 24 Bogen Papier.

quirk [kwəːk] *n* Marotte *f*; **a** ~ **of fate** eine Laune des Schicksals.

quit [kwɪt] (*pt, pp* **quit** *or* **quitted**) *vt* (*smoking*) aufgeben; (*job*) kündigen; (*premises*) verlassen ♦ *vi* (*give up*) aufgeben; (*resign*) kündigen; **to** ~ **doing sth** aufhören, etw zu tun; ~ **stalling!** (*US: inf*) weichen Sie nicht ständig aus!; **notice to** ~ (*BRIT*) Kündigung *f*.

quite [kwaɪt] *adv* (*rather*) ziemlich; (*entirely*) ganz; **not** ~ nicht ganz; **I** ~ **like it** ich mag es ganz gern; **I** ~ **understand** ich verstehe; **I don't** ~ **remember** ich erinnere mich nicht genau; **not** ~ **as many as the last time** nicht ganz so viele wie das letzte Mal; **that meal was** ~ **something!** das Essen konnte sich sehen lassen!; **it was** ~ **a sight** das war vielleicht ein Anblick; ~ **a few of them** eine ganze Reihe von Ihnen; ~ **(so)!** ganz recht!

quits [kwɪts] *adj*: **we're** ~ wir sind quitt; **let's call it** ~ lassen wirs dabei.

quiver ['kwɪvə*] *vi* zittern.

quiz [kwɪz] *n* (*game*) Quiz *nt* ♦ *vt* (*question*) befragen.

quizzical ['kwɪzɪkl] *adj* (*look, smile*) wissend.

quoits [kwɔɪts] *npl* (*game*) Wurfspiel mit Ringen.

quorum ['kwɔːrəm] *n* Quorum *nt*.

quota ['kwəutə] *n* (*allowance*) Quote *f*.

quotation [kwəu'teɪʃən] *n* (*from book etc*) Zitat *nt*; (*estimate*) Preisangabe *f*; (*COMM*) Kostenvoranschlag *m*.

quotation marks *npl* Anführungszeichen *pl*.

quote [kwəut] *n* (*from book etc*) Zitat *nt*; (*estimate*) Kostenvoranschlag *m* ♦ *vt* zitieren; (*fact, example*) anführen; (*price*) nennen; **quotes** *npl* (*quotation marks*) Anführungszeichen *pl*; **in** ~**s** in Anführungszeichen; **the figure** ~**d for the repairs** die für die Reparatur genannte Summe; ~ ... unquote Zitat Anfang ... Zitat Ende.

quotient ['kwəʊʃənt] *n* Quotient *m*.

qv *abbr* (= *quod vide*) s.d.

qwerty keyboard ['kwɜːtɪ-] *n* Qwerty-Tastatur *f*.

R, r

R¹, r [aː*] *n* (*letter*) R *nt*, r *nt*; ~ **for Robert,** *(US)* ~ **for Roger** ≈ R wie Richard.

R² [aː*] *abbr* (= *Réaumur* (*scale*)) R; (*US: CINE:* = *restricted*) *Klassifikation für nicht jugendfreie Filme.*

R. *abbr* (= *right*) r.; = *river*; (*US: POL*) = **republican**; (*BRIT:* = *Rex*) König; (= *Regina*) Königin.

RA *abbr* (*MIL*) = **rear admiral** ♦ *n abbr* (*BRIT:* = *Royal Academy*) *Gesellschaft zur Förderung der Künste*; (= *Royal Academician*) *Mitglied der Royal Academy.*

RAAF *n abbr* (*MIL:* = *Royal Australian Air Force*) australische Luftwaffe *f*.

Rabat [rə'baːt] *n* Rabat *nt*.

rabbi ['ræbaɪ] *n* Rabbi *m*.

rabbit ['ræbɪt] *n* Kaninchen *nt* ♦ *vi* (*BRIT: inf: also:* **to ~ on**) quatschen, schwafeln.

rabbit hole *n* Kaninchenbau *m*.

rabbit hutch *n* Kaninchenstall *m*.

rabble ['ræbl] (*pej*) *n* Pöbel *m*.

rabid ['ræbɪd] *adj* (*animal*) tollwütig; (*fig: fanatical*) fanatisch.

rabies ['reɪbiːz] *n* Tollwut *f*.

RAC (*BRIT*) *n abbr* (= *Royal Automobile Club*) *Autofahrerorganisation,* ≈ ADAC *m*.

raccoon [rə'kuːn] *n* Waschbär *m*.

race [reɪs] *n* (*species*) Rasse *f*; (*competition*) Rennen *nt*; (*for power, control*) Wettlauf *m* ♦ *vt* (*horse, pigeon*) an Wettbewerben teilnehmen lassen; (*car etc*) ins Rennen schicken; (*person*) um die Wette laufen mit ♦ *vi* (*compete*) antreten; (*hurry*) rennen; (*pulse, heart*) rasen; (*engine*) durchdrehen; **the human** ~ die Menschheit; **a** ~ **against time** ein Wettlauf mit der Zeit; **he** ~**d across the road** er raste über die Straße; **to** ~ **in/out** hinein-/hinausstürzen.

race car (*US*) *n* = **racing car.**

race car driver (*US*) *n* = **racing driver.**

racecourse ['reɪskɔːs] *n* Rennbahn *f*.

racehorse ['reɪshɔːs] *n* Rennpferd *nt*.

race meeting *n* Rennveranstaltung *f*.

race relations *npl* Beziehungen *pl* zwischen den Rassen.

racetrack ['reɪstræk] *n* Rennbahn *f*; (*US*) = **racecourse.**

racial ['reɪʃl] *adj* Rassen-.

racialism ['reɪʃlɪzəm] *n* Rassismus *m*.

racialist ['reɪʃlɪst] *adj* rassistisch ♦ *n* (*pej*) Rassist(in) *m(f)*.

racing ['reɪsɪŋ] *n* (*horse racing*) Pferderennen *nt*; (*motor racing*) Rennsport *m*.

racing car (*BRIT*) *n* Rennwagen *m*.

racing driver (*BRIT*) *n* Rennfahrer *m*.

racism ['reɪsɪzəm] *n* Rassismus *m*.

racist ['reɪsɪst] *adj* rassistisch ♦ *n* (*pej*) Rassist(in) *m(f)*.

rack [ræk] *n* (*also:* **luggage** ~) Gepäckablage *f*; (*also:* **roof** ~) Dachgepäckträger *m*; (*for dresses etc*) Ständer *m*; (*for dishes*) Gestell *nt* ♦ *vt*: ~**ed by** (*pain etc*) gemartert von; **magazine/toast** ~ Zeitungs-/Toastständer *m*; **to** ~ **one's brains** sich *dat* den Kopf zerbrechen; **to go to** ~ **and ruin** (*building*) zerfallen; (*business, country*) herunterkommen.

racket ['rækɪt] *n* (*for tennis etc*) Schläger *m*; (*noise*) Radau *m*; (*swindle*) Schwindel *m*.

racketeer [rækɪ'tɪə*] (*esp US*) *n* Gangster *m*.

racoon [rə'kuːn] *n* = **raccoon.**

racquet ['rækɪt] *n* (*for tennis etc*) Schläger *m*.

racy ['reɪsɪ] *adj* (*book, story*) rasant.

RADA [raːdə] (*BRIT*) *n abbr* (= *Royal Academy of Dramatic Art*) *Schauspielschule.*

radar ['reɪdaː*] *n* Radar *m or nt* ♦ *cpd* Radar-.

radar trap *n* Radarfalle *f*.

radial ['reɪdɪəl] *adj* (*roads*) strahlenförmig verlaufend; (*pattern*) strahlenförmig ♦ *n* (*also:* ~ **tyre**) Gürtelreifen *m*.

radiance ['reɪdɪəns] *n* Glanz *m*.

radiant ['reɪdɪənt] *adj* strahlend; (*PHYS: heat*) Strahlungs-.

radiate ['reɪdɪeɪt] *vt* (*lit, fig*) ausstrahlen ♦ *vi* (*lines, roads*) strahlenförmig verlaufen.

radiation [reɪdɪ'eɪʃən] *n* (*radioactivity*) radioaktive Strahlung *f*; (*from sun etc*) Strahlung *f*.

radiation sickness *n* Strahlenkrankheit *f*.

radiator ['reɪdɪeɪtə*] *n* (*heater*) Heizkörper *m*; (*AUT*) Kühler *m*.

radiator cap *n* (*AUT*) Kühlerdeckel *m*.

radiator grill *n* (*AUT*) Kühlergrill *m*.

radical ['rædɪkl] *adj* radikal ♦ *n* (*person*) Radikale(r) *f(m)*.

radii ['reɪdɪaɪ] *npl of* **radius.**

radio ['reɪdɪəʊ] *n* (*broadcasting*) Radio *nt*, Rundfunk *m*; (*device: for receiving broadcasts*) Radio *nt*; (*: for transmitting and receiving*) Funkgerät *nt* ♦ *vi*: **to** ~ **to sb** mit jdm per Funk sprechen ♦ *vt* (*person*) per Funk verständigen; (*message, position*) per Funk durchgeben; **on the** ~ im Radio.

radio... ['reɪdɪəʊ] *pref* Radio..., radio...

radioactive ['reɪdɪəʊ'æktɪv] *adj* radioaktiv.

radioactivity ['reɪdɪəʊæk'tɪvɪtɪ] *n*

Radioaktivität *f*.
radio announcer *n* Rundfunksprecher(in) *m(f)*.
radio-controlled ['reɪdɪəʊkən'trəʊld] *adj* ferngesteuert.
radiographer [reɪdɪ'ɒɡrəfəʳ] *n* Röntgenologe *m*, Röntgenologin *f*.
radiography [reɪdɪ'ɒɡrəfɪ] *n* Röntgenografie *f*.
radiologist [reɪdɪ'ɒlədʒɪst] *n* Radiologe *m*, Radiologin *f*.
radiology [reɪdɪ'ɒlədʒɪ] *n* Radiologie *f*.
radio station *n* Radiosender *m*.
radio taxi *n* Funktaxi *nt*.
radiotelephone ['reɪdɪəʊ'tɛlɪfəʊn] *n* Funksprechgerät *nt*.
radio telescope *n* Radioteleskop *nt*.
radiotherapist ['reɪdɪəʊ'θɛrəpɪst] *n* Strahlentherapeut(in) *m(f)*.
radiotherapy ['reɪdɪəʊ'θɛrəpɪ] *n* Strahlentherapie *f*.
radish ['rædɪʃ] *n* Radieschen *nt*; (*long white variety*) Rettich *m*.
radium ['reɪdɪəm] *n* Radium *nt*.
radius ['reɪdɪəs] (*pl* **radii**) *n* Radius *m*; (*area*) Umkreis *m*; **within a ~ of 50 miles** in einem Umkreis von 50 Meilen.
RAF (*BRIT*) *n abbr* = **Royal Air Force**.
raffia ['ræfɪə] *n* Bast *m*.
raffish ['ræfɪʃ] *adj* (*person*) verwegen; (*place*) verkommen.
raffle ['ræfl] *n* Verlosung *f*, Tombola *f* ♦ *vt* (*prize*) verlosen; **~ ticket** Los *nt*.
raft [rɑːft] *n* Floß *nt*; (*also*: **life ~**) Rettungsfloß *nt*.
rafter ['rɑːftəʳ] *n* Dachsparren *m*.
rag [ræɡ] *n* (*piece of cloth*) Lappen *m*; (*torn cloth*) Fetzen *pl*; (*pej: newspaper*) Käseblatt *nt*; (*BRIT: UNIV*) *studentische Wohltätigkeitsveranstaltung* ♦ *vt* (*BRIT: tease*) aufziehen; **rags** *npl* (*torn clothes*) Lumpen *pl*; **in ~s** (*person*) zerlumpt; **his was a ~s-to-riches story** er brachte es vom Tellerwäscher zum Millionär.
rag-and-bone man [ræɡən'bəʊn-] (*BRIT*) *n* Lumpensammler *m*.
ragbag ['ræɡbæɡ] *n* (*assortment*) Sammelsurium *nt*.

RAG DAY/WEEK

Rag Day/Week *heißt der Tag bzw. die Woche, wenn Studenten Geld für wohltätige Zwecke sammeln. Diverse gesponserte Aktionen wie Volksläufe, Straßentheater und Kneipentouren werden zur Unterhaltung der Studenten und der Bevölkerung organisiert. Studentenzeitschriften mit schlüpfrigen Witzen werden auf der Straße verkauft, und fast alle Universitäten und Colleges halten einen Ball ab. Der Erlös aller Veranstaltungen fließt Wohltätigkeitsorganisationen zu.*

---

rag doll *n* Stoffpuppe *f*.
rage [reɪdʒ] *n* (*fury*) Wut *f*, Zorn *m* ♦ *vi* toben, wüten; **it's all the ~** (*fashionable*) es ist der letzte Schrei; **to fly into a ~** einen Wutanfall bekommen.
ragged ['ræɡɪd] *adj* (*jagged*) zackig; (*clothes, person*) (*beard*) ausgefranst.
raging ['reɪdʒɪŋ] *adj* (*sea, storm, torrent*) tobend, tosend; (*fever*) heftig; (*thirst*) brennend; (*toothache*) rasend.
rag trade (*inf*) *n*: **the ~** die Modebranche *f*.
raid [reɪd] *n* (*MIL*) Angriff *m*, Überfall *m*; (*by police*) Razzia *f*; (*by criminal: forcefully*) Überfall *m*; (*: secretly*) Einbruch *m* ♦ *vt* (*MIL*) angreifen, überfallen; (*police*) stürmen; (*criminal: forcefully*) überfallen; (*: secretly*) einbrechen in +*acc*.
rail [reɪl] *n* Geländer *nt*; (*on deck of ship*) Reling *f*; **rails** *npl* (*for train*) Schienen *pl*; **by ~** mit der Bahn.
railcard ['reɪlkɑːd] (*BRIT*) *n* (*for young people*) ≈ Juniorenpass *m*; (*for pensioners*) ≈ Seniorenpass *m*.
railing(s) ['reɪlɪŋ(z)] *n(pl)* (*fence*) Zaun *m*.
railroad ['reɪlrəʊd] (*US*) *n* = **railway**.
railway ['reɪlweɪ] (*BRIT*) *n* Eisenbahn *f*; (*track*) Gleis *nt*; (*company*) Bahn *f*.
railway engine (*BRIT*) *n* Lokomotive *f*.
railway line (*BRIT*) *n* Bahnlinie *f*; (*track*) Gleis *nt*.
railwayman ['reɪlweɪmən] (*irreg: like* **man**) (*BRIT*) *n* Eisenbahner *m*.
railway station (*BRIT*) *n* Bahnhof *m*.
rain [reɪn] *n* Regen *m* ♦ *vi* regnen; **in the ~** im Regen; **as right as ~** voll auf der Höhe; **it's ~ing** es regnet; **it's ~ing cats and dogs** es regnet in Strömen.
rainbow ['reɪnbəʊ] *n* Regenbogen *m*.
rain check (*US*) *n*: **to take a ~ on sth** sich *dat* etw noch einmal überlegen.
raincoat ['reɪnkəʊt] *n* Regenmantel *m*.
raindrop ['reɪndrɒp] *n* Regentropfen *m*.
rainfall ['reɪnfɔːl] *n* Niederschlag *m*.
rainforest ['reɪnfɒrɪst] *n* Regenwald *m*.
rainproof ['reɪnpruːf] *adj* wasserfest.
rainstorm ['reɪnstɔːm] *n* schwere Regenfälle *pl*.
rainwater ['reɪnwɔːtəʳ] *n* Regenwasser *nt*.
rainy ['reɪnɪ] *adj* (*day*) regnerisch, verregnet; (*area*) regenreich; **~ season** Regenzeit *f*; **to save sth for a ~ day** etw für schlechte Zeiten aufheben.
raise [reɪz] *n* (*pay rise*) Gehaltserhöhung *f* ♦ *vt* (*lift: hand*) hochheben; (*: window*) hochziehen; (*siege*) beenden; (*embargo*) aufheben; (*increase*) erhöhen; (*improve*) verbessern; (*question etc*) zur Sprache bringen; (*doubts etc*) vorbringen; (*child, cattle*) aufziehen; (*crop*) anbauen; (*army*) aufstellen; (*funds*) aufbringen; (*loan*) aufnehmen; **to ~ a glass to sb/sth** das Glas auf jdn/etw erheben; **to ~ one's voice** die

Stimme erheben; **to ~ sb's hopes** jdm
Hoffnungen machen; **to ~ a laugh/smile**
Gelächter/ein Lächeln hervorrufen;
this ~s the question... das wirft die Frage
auf...

raisin ['reɪzn] *n* Rosine *f*.

Raj [rɑːdʒ] *n*: **the ~** *britische Regierung in
Indien vor 1947*.

rajah ['rɑːdʒə] *n* Radscha *m*.

rake [reɪk] *n* Harke *f*; (*old: person*)
Schwerenöter *m* ♦ *vt* harken; (*light, gun: area*)
bestreichen; **he's raking it in** (*inf*) er
scheffelt das Geld nur so.

rake-off ['reɪkɔf] (*inf*) *n* Anteil *m*.

rally ['rælɪ] *n* (*POL etc*) Kundgebung *f*; (*AUT*)
Rallye *f*; (*TENNIS etc*) Ballwechsel *m* ♦ *vt*
(*support*) sammeln ♦ *vi* (*sick person, Stock
Exchange*) sich erholen; **to ~ one's strength**
seine Kräfte sammeln *or* zusammentun.
► **rally round** *vi* sich zusammentun ♦ *vt fus* zu
Hilfe kommen +*dat*.

rallying point ['rælɪŋ-] *n* Sammelstelle *f*.

RAM [ræm] *n abbr* (*COMPUT: = random access
memory*) RAM.

ram [ræm] *n* Widder *m* ♦ *vt* rammen.

ramble ['ræmbl] *n* Wanderung *f* ♦ *vi* wandern;
(*also: ~ on: talk*) schwafeln.

rambler ['ræmblə*] *n* Wanderer *m*, Wanderin *f*;
(*BOT*) Kletterrose *f*.

rambling ['ræmblɪŋ] *adj* (*speech, letter*)
weitschweifig; (*house*) weitläufig; (*BOT*)
rankend, Kletter-.

rambunctious [ræm'bʌŋkʃəs] (*US*) *adj*
= **rumbustious**.

RAMC (*BRIT*) *n abbr* (= *Royal Army Medical
Corps*) *Verband zur Versorgung der
Armee mit Stabsärzten und
Sanitätern*.

ramifications [ræmɪfɪ'keɪʃənz] *npl*
Auswirkungen *pl*.

ramp [ræmp] *n* Rampe *f*; (*in garage*)
Hebebühne *f*; **on ~** (*US: AUT*) Auffahrt *f*; **off
~** (*US: AUT*) Ausfahrt *f*.

rampage [ræm'peɪdʒ] *n*: **to be/go on the ~**
randalieren ♦ *vi*: **they went rampaging
through the town** sie zogen randalierend
durch die Stadt.

rampant ['ræmpənt] *adj*: **to be ~** (*crime,
disease etc*) wild wuchern.

rampart ['ræmpɑːt] *n* Schutzwall *m*.

ram raiding [-reɪdɪŋ] *n Einbruchdiebstahl,
wobei die Diebe mit einem Wagen in die
Schaufensterfront eines Ladens
eindringen*.

ramshackle ['ræmʃækl] *adj* (*house*) baufällig;
(*cart*) klapprig; (*table*) altersschwach.

RAN *n abbr* (= *Royal Australian Navy*)
australische Marine *f*.

ran [ræn] *pt of* **run**.

ranch [rɑːntʃ] *n* Ranch *f*.

rancher ['rɑːntʃə*] *n* Rancher(in) *m(f)*; (*worker*)
Farmhelfer(in) *m(f)*.

rancid ['rænsɪd] *adj* ranzig.

rancidity ['rænsɪdɪtɪ] *n* Ranzigkeit *f*.

rancour, (*US*) **rancor** ['ræŋkə*] *n*
Verbitterung *f*.

R & B *n abbr* (= *rhythm and blues*) R & B.

R & D *n abbr* = **research and development**.

random ['rændəm] *adj* (*arrangement*)
willkürlich; (*selection*) zufällig; (*COMPUT*)
wahlfrei; (*MATH*) Zufalls- ♦ *n*: **at ~** aufs
Geratewohl.

random access *n* (*COMPUT*) wahlfreier
Zugriff *m*.

random access memory *n* (*COMPUT*)
Schreib-Lese-Speicher *m*.

R & R (*US*) *n abbr* (*MIL: = rest and recreation*)
Urlaub *m*.

randy ['rændɪ] (*BRIT: inf*) *adj* geil, scharf.

rang [ræŋ] *pt of* **ring**.

range [reɪndʒ] *n* (*of mountains*) Kette *f*; (*of
missile*) Reichweite *f*; (*of voice*) Umfang *m*;
(*series*) Reihe *f*; (*of products*) Auswahl *f*; (*MIL:
also:* **rifle ~**) Schießstand *m*; (*also:* **kitchen ~**)
Herd *m* ♦ *vt* (*place in a line*) anordnen ♦ *vi*: **to
~ over** (*extend*) sich erstrecken über +*acc*;
price ~ Preisspanne *f*; **do you have
anything else in this price ~?** haben Sie noch
etwas anderes in dieser Preisklasse?;
within (*firing*) **~** in Schussweite; **at
close ~** aus unmittelbarer Entfernung;
~d left/right (*text*) links-/rechtsbündig;
to ~ from ... to ... sich zwischen ... und ...
bewegen.

ranger ['reɪndʒə*] *n* Förster(in) *m(f)*.

Rangoon [ræŋ'guːn] *n* Rangun *nt*.

rank [ræŋk] *n* (*row*) Reihe *f*; (*MIL*) Rang *m*;
(*social class*) Schicht *f*; (*BRIT: also:* **taxi ~**)
Taxistand *m* ♦ *vi*: **to ~ as/among** zählen zu
♦ *vt*: **he is ~ed third in the world** er steht
weltweit an dritter Stelle ♦ *adj* (*stinking*)
stinkend; (*sheer: hypocrisy etc*) rein; **the
ranks** *npl* (*MIL*) die Mannschaften *pl*; **the
~ and file** (*ordinary members*) die Basis
f; **to close ~s** (*fig, MIL*) die Reihen
schließen.

rankle ['ræŋkl] *vi* (*insult*) nachwirken; **to
~ with sb** jdn wurmen.

rank outsider *n* totaler Außenseiter *m*, totale
Außenseiterin *f*.

ransack ['rænsæk] *vt* (*search*) durchwühlen;
(*plunder*) plündern.

ransom ['rænsəm] *n* (*money*) Lösegeld *nt*; **to
hold sb to ~** (*hostage*) jdn als Geisel halten;
(*fig*) jdn erpressen.

rant [rænt] *vi* schimpfen, wettern; **to ~ and
rave** herumwettern.

ranting ['ræntɪŋ] *n* Geschimpfe *nt*.

rap [ræp] *vi* klopfen ♦ *vt*: **to ~ sb's knuckles**
jdm auf die Finger klopfen ♦ *n* (*at door*)
Klopfen *nt*; (*also:* **~ music**) Rap *m*.

rape [reɪp] *n* Vergewaltigung *f*; (*BOT*) Raps *m*
♦ *vt* vergewaltigen.

rape(seed) oil ['reɪp(siːd)-] *n* Rapsöl *nt*.

rapid ['ræpɪd] *adj* schnell; (*growth, change*) schnell, rapide.

rapidity [rə'pɪdɪtɪ] *n* Schnelligkeit *f*.

rapidly ['ræpɪdlɪ] *adv* schnell; (*grow, change*) schnell, rapide.

rapids ['ræpɪdz] *npl* Stromschnellen *pl*.

rapist ['reɪpɪst] *n* Vergewaltiger *m*.

rapport [ræ'pɔː*] *n* enges Verhältnis *nt*.

rapprochement [ræ'prɔʃmāːŋ] *n* Annäherung *f*.

rapt [ræpt] *adj* (*attention*) gespannt; **to be ~ in thought** in Gedanken versunken sein.

rapture ['ræptʃə*] *n* Entzücken *nt*; **to go into ~s over** ins Schwärmen geraten über +*acc*.

rapturous ['ræptʃərəs] *adj* (*applause, welcome*) stürmisch.

rare [rɛə*] *adj* selten; (*steak*) nur angebraten, englisch (gebraten); **it is ~ to find that ...** es kommt nur selten vor, dass ...

rarebit ['rɛəbɪt] *n see* **Welsh rarebit.**

rarefied ['rɛərɪfaɪd] *adj* (*air, atmosphere*) dünn; (*fig*) exklusiv.

rarely ['rɛəlɪ] *adv* selten.

raring ['rɛərɪŋ] *adj*: **~ to go** (*inf*) in den Startlöchern.

rarity ['rɛərɪtɪ] *n* Seltenheit *f*.

rascal ['rɑːskl] *n* (*child*) Frechdachs *m*; (*rogue*) Schurke *m*.

rash [ræʃ] *adj* (*person*) unbesonnen; (*promise, act*) übereilt ♦ *n* (*MED*) Ausschlag *m*; (*of events etc*) Flut *f*; **to come out in a ~** einen Ausschlag bekommen.

rasher ['ræʃə*] *n* (*of bacon*) Scheibe *f*.

rashly ['ræʃlɪ] *adv* (*promise etc*) voreilig.

rasp [rɑːsp] *n* (*tool*) Raspel *f*; (*sound*) Kratzen *nt* ♦ *vt, vi* krächzen.

raspberry ['rɑːzbərɪ] *n* Himbeere *f*; **~ bush** Himbeerstrauch *m*; **to blow a ~** (*inf*) verächtlich schnauben.

rasping ['rɑːspɪŋ] *adj*: **a ~ noise** ein kratzendes Geräusch *nt*.

Rastafarian *n* Rastafarier *m*.

rat [ræt] *n* Ratte *f*.

ratable ['reɪtəbl] *adj* = **rateable.**

ratchet ['rætʃɪt] *n* Sperrklinke *f*; **~ wheel** Sperrrad *nt*.

rate [reɪt] *n* (*speed: of change etc*) Tempo *nt*; (*of inflation, unemployment etc*) Rate *f*; (*of interest, taxation*) Satz *m*; (*price*) Preis *m* ♦ *vt* einschätzen; **rates** *npl* (*BRIT: property tax*) Kommunalabgaben *pl*; **at a ~ of 60 kph** mit einem Tempo von 60 km/h; **~ of growth** (*ECON*) Wachstumsrate *f*; **~ of return** (*FIN*) Rendite *f*; **pulse ~** Pulszahl *f*; **at this/that ~** wenn es so weitergeht; **at any ~** auf jeden Fall; **to ~ sb/sth as** jdn/etw einschätzen als; **to ~ sb/sth among** jdn/etw zählen zu; **to ~ sb/sth highly** jdn/etw hoch einschätzen.

rateable ['reɪtəbl] *adj*: **~ value** (*BRIT*) ♦ *n* steuerbarer Wert *m*.

ratepayer ['reɪtpeɪə*] (*BRIT*) *n* Steuerzahler(in) *m(f)*.

rather ['rɑːðə*] *adv* (*somewhat*) etwas; (*very*) ziemlich; **~ a lot** ziemlich *or* recht viel; **I would ~ go** ich würde lieber gehen; **~ than** (*instead of*) anstelle *or* an Stelle von; **or ~** (*more accurately*) oder vielmehr; **I'd ~ not say** das möchte ich lieber nicht sagen; **I ~ think he won't come** ich glaube eher, dass er nicht kommt.

ratification [rætɪfɪ'keɪʃən] *n* Ratifikation *f*.

ratify ['rætɪfaɪ] *vt* (*treaty etc*) ratifizieren.

rating ['reɪtɪŋ] *n* (*score*) Rate *f*; (*assessment*) Beurteilung *f*; (*NAUT: BRIT: sailor*) Matrose *m*; **ratings** *npl* (*RADIO, TV*) Einschaltquote *f*.

ratio ['reɪʃɪəu] *n* Verhältnis *nt*; **a ~ of 5 to 1** ein Verhältnis von 5 zu 1.

ration ['ræʃən] *n* Ration *f* ♦ *vt* rationieren; **rations** *npl* (*MIL*) Rationen *pl*.

rational ['ræʃənl] *adj* rational, vernünftig.

rationale [ræʃə'nɑːl] *n* Grundlage *f*.

rationalization [ræʃnəlaɪ'zeɪʃən] *n* (*justification*) Rechtfertigung *f*; (*of company, system*) Rationalisierung *f*.

rationalize ['ræʃnəlaɪz] *vt* (*see n*) rechtfertigen, rationalisieren.

rationally ['ræʃnəlɪ] *adv* vernünftig, rational.

rationing ['ræʃnɪŋ] *n* Rationierung *f*.

ratpack (*BRIT: inf*) *n* (*reporters*) Pressemeute *f*.

rat poison *n* Rattengift *nt*.

rat race *n*: **the ~** der ständige *or* tägliche Konkurrenzkampf *m*.

rattan [ræ'tæn] *n* Rattan *nt*, Peddigrohr *nt*.

rattle ['rætl] *n* (*of door, window, snake*) Klappern *nt*; (*of train, car etc*) Rattern *nt*; (*of chain*) Rasseln *nt*; (*toy*) Rassel *f* ♦ *vi* (*chains*) rasseln; (*windows*) klappern; (*bottles*) klirren ♦ *vt* (*shake noisily*) rütteln an +*dat*; (*fig: unsettle*) nervös machen; **to ~ along** (*car, bus*) dahinrattern.

rattlesnake ['rætlsneɪk] *n* Klapperschlange *f*.

ratty ['rætɪ] (*inf*) *adj* gereizt.

raucous ['rɔːkəs] *adj* (*voice etc*) rau.

raucously ['rɔːkəslɪ] *adv* rau.

raunchy ['rɔːntʃɪ] *adj* (*voice, song*) lüstern, geil.

ravage ['rævɪdʒ] *vt* verwüsten.

ravages ['rævɪdʒɪz] *npl* (*of war*) Verwüstungen *pl*; (*of weather*) zerstörende Auswirkungen *pl*; (*of time*) Spuren *pl*.

rave [reɪv] *vi* (*in anger*) toben ♦ *adj* (*inf: review*) glänzend; (*scene, culture*) Rave- ♦ *n* (*BRIT: inf: party*) Rave *m*, Fete *f*.

▶ **rave about** schwärmen von.

raven ['reɪvən] *n* Rabe *m*.

ravenous ['rævənəs] *adj* (*person*) ausgehungert; (*appetite*) unersättlich.

ravine [rə'viːn] *n* Schlucht *f*.

raving ['reɪvɪŋ] *adj*: **a ~ lunatic** ein total verrückter Typ.

ravings ['reɪvɪŋz] *npl* Fantastereien *pl*.

ravioli [rævɪ'əulɪ] *n* Ravioli *pl*.

ravishing ['rævɪʃɪŋ] *adj* hinreißend.

raw [rɔː] *adj* roh; (*sore*) wund; (*inexperienced*)

unerfahren; (*weather, day*) rau; **to get a ~ deal** ungerecht behandelt werden.

Rawalpindi [rɔːl'pɪndɪ] *n* Rawalpindi *nt*.

raw material *n* Rohmaterial *nt*.

ray [reɪ] *n* Strahl *m*; **~ of hope** Hoffnungsschimmer *m*.

rayon ['reɪɔn] *n* Reyon *nt*.

raze [reɪz] *vt* (*also*: **to ~ to the ground**) dem Erdboden gleichmachen.

razor ['reɪzə*] *n* Rasierapparat *m*; (*open* ~) Rasiermesser *nt*.

razor blade *n* Rasierklinge *f*.

razzle ['ræzl] (*BRIT*: *inf*) *n*: **to be/go on the ~** einen draufmachen.

razzmatazz ['ræzmə'tæz] (*inf*) *n* Trubel *m*.

RC *abbr* (= *Roman Catholic*) r.-k.

RCAF *n abbr* (= *Royal Canadian Air Force*) kanadische Luftwaffe *f*.

RCMP *n abbr* (= *Royal Canadian Mounted Police*) *kanadische berittene Polizei*.

RCN *n abbr* (= *Royal Canadian Navy*) kanadische Marine.

RD (*US*) *abbr* (*POST*: = *rural delivery*) Landpostzustellung *f*.

Rd *abbr* (= *road*) Str.

RDC (*BRIT*) *n abbr* = **rural district council**.

RE (*BRIT*) *n abbr* (*SCOL*) = **religious education**; (*MIL*: = *Royal Engineers*) *Königliches Pionierkorps*.

re [riː] *prep* (*with regard to*) bezüglich +*gen*.

reach [riːtʃ] *n* (*range*) Reichweite *f* ♦ *vt* erreichen; (*conclusion, decision*) kommen zu; (*be able to touch*) kommen an +*acc* ♦ *vi* (*stretch out one's arm*) langen; **reaches** *npl* (*of river*) Gebiete *pl*; **within/out of ~** in/außer Reichweite; **within easy ~ of the supermarket/station** ganz in der Nähe des Supermarkts/Bahnhofs; **beyond the ~ of sb/sth** außerhalb der Reichweite von jdm/ etw; **"keep out of the ~ of children"** „von Kindern fern halten"; **can I ~ you at your hotel?** kann ich Sie in Ihrem Hotel erreichen?

► **reach out** *vt* (*hand*) ausstrecken ♦ *vi* die Hand ausstrecken; **to ~ out for sth** nach etw greifen.

react [riː'ækt] *vi*: **to ~ (to)** (*also MED*) reagieren (auf +*acc*); (*CHEM*): **to ~ (with)** reagieren (mit); **to ~ (against)** (*rebel*) sich wehren (gegen).

reaction [riː'ækʃən] *n* Reaktion *f*; **reactions** *npl* (*reflexes*) Reaktionen *pl*; **a ~ against sth** Widerstand gegen etw.

reactionary [riː'ækʃənrɪ] *adj* reaktionär ♦ *n* Reaktionär(in) *m(f)*.

reactor [riː'æktə*] *n* (*also*: **nuclear ~**) Kernreaktor *m*.

read [riːd] (*pt*, *pp* **read**) [rɛd] *vi* lesen; (*piece of writing etc*) sich lesen ♦ *vt* lesen; (*meter, thermometer etc*) ablesen; (*understand: mood, thoughts*) sich versetzen in +*acc*; (*meter, thermometer etc: measurement*) anzeigen;

(*study*) studieren; **to ~ sb's lips** jdm von den Lippen ablesen; **to ~ sb's mind** jds Gedanken lesen; **to ~ between the lines** zwischen den Zeilen lesen; **to take sth as ~** (*self-evident*) etw für selbstverständlich halten; **you can take it as ~ that ...** Sie können davon ausgehen, dass ...; **do you ~ me?** (*TEL*) verstehen Sie mich?; **to ~ sth into sb's remarks** etw in jds Bemerkungen hineininterpretieren.

► **read out** *vt* vorlesen.

► **read over** *vt* durchlesen.

► **read through** *vt* durchlesen.

► **read up on** *vt fus* sich informieren über +*acc*.

readable ['riːdəbl] *adj* (*legible*) lesbar; (*book, author etc*) lesenswert.

reader ['riːdə*] *n* (*person*) Leser(in) *m(f)*; (*book*) Lesebuch *nt*; (*BRIT*: *at university*) ≈ Dozent(in) *m(f)*; **to be an avid/slow ~** eifrig/ langsam lesen.

readership ['riːdəʃɪp] *n* (*of newspaper etc*) Leserschaft *f*.

readily ['rɛdɪlɪ] *adv* (*without hesitation*) bereitwillig; (*easily*) ohne weiteres.

readiness ['rɛdɪnɪs] *n* Bereitschaft *f*; **in ~ for** bereit für.

reading ['riːdɪŋ] *n* Lesen *nt*; (*understanding*) Verständnis *nt*; (*from bible, of poetry etc*) Lesung *f*; (*on meter, thermometer etc*) Anzeige *f*.

reading lamp *n* Leselampe *f*.

reading matter *n* Lesestoff *m*.

reading room *n* Lesesaal *m*.

readjust [riːə'dʒʌst] *vt* (*position, knob, instrument etc*) neu einstellen ♦ *vi*: **to ~ (to)** sich anpassen (an +*acc*).

readjustment [riːə'dʒʌstmənt] *n* (*fig*) Neuorientierung *f*.

ready ['rɛdɪ] *adj* (*prepared*) bereit, fertig; (*willing*) bereit; (*easy*) leicht; (*available*) fertig ♦ *n*: **at the ~** (*MIL*) einsatzbereit; (*fig*) griffbereit; **~ for use** gebrauchsfertig; **to be ~ to do sth** bereit sein, etw zu tun; **to get ~** sich fertig machen; **to get sth ~** etw bereitmachen.

ready cash *n* Bargeld *nt*.

ready-cooked ['rɛdɪkukt] *adj* vorgekocht.

ready-made ['rɛdɪ'meɪd] *adj* (*clothes*) von der Stange, Konfektions-; **~ meal** Fertiggericht *nt*.

ready-mix ['rɛdɪmɪks] *n* (*for cakes etc*) Backmischung *f*; (*concrete*) Fertigbeton *m*.

ready money *n* = **ready cash**.

ready reckoner [-'rɛkənə*] (*BRIT*) *n* Rechentabelle *f*.

ready-to-wear ['rɛdɪtə'wɛə*] *adj* (*clothes*) von der Stange, Konfektions-.

reaffirm [riːə'fɜːm] *vt* bestätigen.

reagent [riː'eɪdʒənt] *n*: **chemical ~** Reagens *nt*, Reagenz *nt*.

real [rɪəl] *adj* (*reason, result etc*) wirklich;

(*leather, gold etc*) echt; (*life, feeling*) wahr; (*for emphasis*) echt ♦ *adv* (*US: inf: very*) echt; in ~ **life** im wahren *or* wirklichen Leben; in ~ **terms** effektiv.

real ale *n* Real Ale *nt*.

real estate *n* Immobilien *pl* ♦ *cpd* (*US: agent, business etc*) Immobilien-.

realign *vt* neu ausrichten.

realism ['rɪəlɪzəm] *n* (*also ART*) Realismus *m*.

realist ['rɪəlɪst] *n* Realist(in) *m(f)*.

realistic [rɪə'lɪstɪk] *adj* realistisch.

reality [riː'ælɪtɪ] *n* Wirklichkeit *f*, Realität *f*; in ~ in Wirklichkeit.

Reality TV *n* Reality-TV *nt*.

realization [rɪəlaɪ'zeɪʃən] *n* (*understanding*) Erkenntnis *f*; (*fulfilment*) Verwirklichung *f*, Realisierung *f*; (*FIN: of asset*) Realisation *f*.

realize ['rɪəlaɪz] *vt* (*understand*) verstehen; (*fulfil*) verwirklichen, realisieren; (*FIN: amount, profit*) realisieren; I ~ **that** ... es ist mir klar, dass ...

really ['rɪəlɪ] *adv* wirklich; **what ~ happened** was wirklich geschah; ~? wirklich?; ~! (*indicating annoyance*) also wirklich!

realm [rɛlm] *n* (*fig: field*) Bereich *m*; (*kingdom*) Reich *nt*.

real-time ['riːltaɪm] *adj* (*COMPUT: processing etc*) Echtzeit-.

Realtor ® ['rɪəltɔːʳ] (*US*) *n* Immobilienmakler(in) *m(f)*.

ream [riːm] *n* (*of paper*) Ries *nt*; **reams** (*inf, fig*) Bände *pl*.

reap [riːp] *vt* (*crop*) einbringen, ernten; (*fig: benefits*) ernten; (: *rewards*) bekommen.

reaper ['riːpəʳ] *n* (*machine*) Mähdrescher *m*.

reappear [riːə'pɪəʳ] *vi* wieder auftauchen.

reappearance [riːə'pɪərəns] *n* Wiederauftauchen *nt*.

reapply [riːə'plaɪ] *vi*: **to ~ for** sich erneut bewerben um.

reappoint [riːə'pɔɪnt] *vt* (*to job*) wieder einstellen.

reappraisal [riːə'preɪzl] *n* (*of idea etc*) Neubeurteilung *f*.

rear [rɪəʳ] *adj* hintere(r, s); (*wheel etc*) Hinter- ♦ *n* Rückseite *f*; (*buttocks*) Hinterteil *nt* ♦ *vt* (*family, animals*) aufziehen ♦ *vi* (*also*: ~ **up**: *horse*) sich aufbäumen.

rear admiral *n* Konteradmiral *m*.

rear-engined ['rɪər'ɛndʒɪnd] *adj* mit Heckmotor.

rearguard ['rɪəɡɑːd] *n* (*MIL*) Nachhut *f*; **to fight a ~ action** (*fig*) sich erbittert wehren.

rearm [riː'ɑːm] *vi* (*country*) wieder aufrüsten ♦ *vt* wieder bewaffnen.

rearmament [riː'ɑːməmənt] *n* Wiederaufrüstung *f*.

rearrange [riːə'reɪndʒ] *vt* (*furniture*) umstellen; (*meeting*) den Termin ändern +*gen*.

rear-view mirror ['rɪəvjuː-] *n* Rückspiegel *m*.

reason ['riːzn] *n* (*cause*) Grund *m*; (*rationality*) Verstand *m*; (*common sense*) Vernunft *f* ♦ *vi*:

to ~ with sb vernünftig mit jdm reden; **the ~ for/why** der Grund für/, warum; **we have ~ to believe that** ... wir haben Grund zu der Annahme, dass ...; **it stands to ~ that** ... es ist zu erwarten, dass ...; **she claims with good ~ that** ... sie behauptet mit gutem Grund *or* mit Recht, dass ...; **all the more ~ why** ... ein Grund mehr, warum ...; **yes, but within ~** ja, solange es sich im Rahmen hält.

reasonable ['riːznəbl] *adj* vernünftig; (*number, amount*) angemessen; (*not bad*) ganz ordentlich; **be ~!** sei doch vernünftig!

reasonably ['riːznəblɪ] *adv* (*fairly*) ziemlich; (*sensibly*) vernünftig; **one could ~ assume that** ... man könnte durchaus annehmen, dass ...

reasoned ['riːznd] *adj* (*argument*) durchdacht.

reasoning ['riːznɪŋ] *n* Argumentation *f*.

reassemble [riːə'sɛmbl] *vt* (*machine*) wieder zusammensetzen ♦ *vi* sich wieder versammeln.

reassert [riːə'sɔːt] *vt*: **to ~ one's authority** seine Autorität wieder geltend machen.

reassurance [riːə'ʃuərəns] *n* (*comfort*) Beruhigung *f*; (*guarantee*) Bestätigung *f*.

reassure [riːə'ʃuəʳ] *vt* beruhigen.

reassuring [riːə'ʃuərɪŋ] *adj* beruhigend.

reawakening [riːə'weɪknɪŋ] *n* Wiedererwachen *nt*.

rebate ['riːbeɪt] *n* (*on tax etc*) Rückerstattung *f*; (*discount*) Ermäßigung *f*.

rebel ['rɛbl] *n* Rebell(in) *m(f)* ♦ *vi* rebellieren.

rebellion [rɪ'bɛljən] *n* Rebellion *f*.

rebellious [rɪ'bɛljəs] *adj* rebellisch.

rebirth [riː'bɜːθ] *n* Wiedergeburt *f*.

rebound [rɪ'baund] *vi* (*ball*) zurückprallen ♦ *n*: **on the ~** (*fig*) als Tröstung.

rebuff [rɪ'bʌf] *n* Abfuhr *f* ♦ *vt* zurückweisen.

rebuild [riː'bɪld] (*irreg: like* **build**) *vt* wieder aufbauen; (*confidence*) wieder herstellen.

rebuke [rɪ'bjuːk] *vt* zurechtweisen, tadeln ♦ *n* Zurechtweisung *f*, Tadel *m*.

rebut [rɪ'bʌt] (*form*) *vt* widerlegen.

rebuttal [rɪ'bʌtl] (*form*) *n* Widerlegung *f*.

recalcitrant [rɪ'kælsɪtrənt] *adj* aufsässig.

recall [rɪ'kɔːl] *vt* (*remember*) sich erinnern an +*acc*; (*ambassador*) abberufen; (*product*) zurückrufen ♦ *n* (*of memories*) Erinnerung *f*; (*of ambassador*) Abberufung *f*; (*of product*) Rückruf *m*; **beyond ~** unwiederbringlich.

recant [rɪ'kænt] *vi* widerrufen.

recap ['riːkæp] *vt, vi* zusammenfassen ♦ *n* Zusammenfassung *f*.

recapitulate [riːkə'pɪtjuleɪt] *vt, vi* = **recap**.

recapture [riː'kæptʃəʳ] *vt* (*town*) wieder einnehmen; (*prisoner*) wieder ergreifen; (*atmosphere etc*) heraufbeschwören.

rec'd *abbr* (*COMM*: = *received*) erh.

recede [rɪ'siːd] *vi* (*tide*) zurückgehen; (*lights etc*) verschwinden; (*memory, hope*) schwinden; **his hair is beginning to ~** er bekommt eine Stirnglatze.

receding [rɪ'siːdɪŋ] *adj* (*hairline*) zurückweichend; (*chin*) fliehend.

receipt [rɪ'siːt] *n* (*document*) Quittung *f*; (*act of receiving*) Erhalt *m*; **receipts** *npl* (*COMM*) Einnahmen *pl*; **on** ~ **of** bei Erhalt +*gen*; **to be in** ~ **of sth** etw erhalten.

receivable [rɪ'siːvəbl] *adj* (*COMM*) zulässig; (*owing*) ausstehend.

receive [rɪ'siːv] *vt* erhalten, bekommen; (*injury*) erleiden; (*treatment*) erhalten; (*visitor, guest*) empfangen; **to be on the receiving end of sth** der/die Leidtragende von etw sein; "~d with thanks" (*COMM*) „dankend erhalten".

RECEIVED PRONUNCIATION

Received Pronunciation *oder* **RP** *ist die hochsprachliche Standardaussprache des britischen Englisch, die bis vor kurzem in der Ober- und Mittelschicht vorherrschte und auch noch großes Ansehen unter höheren Beamten genießt.*

---

receiver [rɪ'siːvə*] *n* (*TEL*) Hörer *m*; (*RADIO, TV*) Empfänger *m*; (*of stolen goods*) Hehler(in) *m(f)*; (*COMM*) Empfänger(in) *m(f)*.

receivership [rɪ'siːvəʃɪp] *n*: **to go into** ~ in Konkurs gehen.

recent ['riːsnt] *adj* (*event*) kürzlich; (*times*) letzte(r, s); **in** ~ **years** in den letzten Jahren.

recently ['riːsntlɪ] *adv* (*not long ago*) kürzlich; (*lately*) in letzter Zeit; **as** ~ **as** erst; **until** ~ bis vor kurzem.

receptacle [rɪ'septɪkl] *n* Behälter *m*.

reception [rɪ'sepʃən] *n* (*in hotel, office etc*) Rezeption *f*; (*party, RADIO, TV*) Empfang *m*; (*welcome*) Aufnahme *f*.

reception centre (*BRIT*) *n* Aufnahmelager *nt*.

reception desk *n* Rezeption *f*.

receptionist [rɪ'sepʃənɪst] *n* (*in hotel*) Empfangschef *m*, Empfangsdame *f*; (*in doctor's surgery*) Sprechstundenhilfe *f*.

receptive [rɪ'septɪv] *adj* aufnahmebereit.

recess [rɪ'ses] *n* (*in room*) Nische *f*; (*secret place*) Winkel *m*; (*POL etc: holiday*) Ferien *pl*; (*US: LAW: short break*) Pause *f*; (*esp US: SCOL*) Pause *f*.

recession [rɪ'seʃən] *n* (*ECON*) Rezession *f*.

recharge [riː'tʃɑːdʒ] *vt* (*battery*) aufladen.

rechargeable [riː'tʃɑːdʒəbl] *adj* (*battery*) aufladbar.

recipe ['resɪpɪ] *n* Rezept *nt*; **a** ~ **for success** ein Erfolgsrezept *nt*; **to be a** ~ **for disaster** in die Katastrophe führen.

recipient [rɪ'sɪpɪənt] *n* Empfänger(in) *m(f)*.

reciprocal [rɪ'sɪprəkl] *adj* gegenseitig.

reciprocate [rɪ'sɪprəkeɪt] *vt* (*invitation, feeling*) erwidern ♦ *vi* sich revanchieren.

recital [rɪ'saɪtl] *n* (*concert*) Konzert *nt*.

recitation [resɪ'teɪʃən] *n* (*of poem etc*) Vortrag *m*.

recite [rɪ'saɪt] *vt* (*poem*) vortragen; (*complaints etc*) aufzählen.

reckless ['rekləs] *adj* (*driving, driver*) rücksichtslos; (*spending*) leichtsinnig.

recklessly ['rekləslɪ] *adv* (*drive*) rücksichtslos; (*spend, gamble*) leichtsinnig.

reckon ['rekən] *vt* (*consider*) halten für; (*calculate*) berechnen ♦ *vi*: **he is somebody to be** ~**ed with** mit ihm muss man rechnen; **I** ~ **that** ... (*think*) ich schätze, dass ...; **to** ~ **without sb/sth** nicht mit jdm/etw rechnen.

▶ **reckon on** *vt fus* rechnen mit.

reckoning ['rekənɪŋ] *n* (*calculation*) Berechnung *f*; **the day of** ~ der Tag der Abrechnung.

reclaim [rɪ'kleɪm] *vt* (*luggage*) abholen; (*tax etc*) zurückfordern; (*land*) gewinnen; (*waste materials*) zur Wiederverwertung sammeln.

reclamation [reklə'meɪʃən] *n* (*of land*) Gewinnung *f*.

recline [rɪ'klaɪn] *vi* (*sit or lie back*) zurückgelehnt sitzen.

reclining [rɪ'klaɪnɪŋ] *adj* (*seat*) Liege-.

recluse [rɪ'kluːs] *n* Einsiedler(in) *m(f)*.

recognition [rekəg'nɪʃən] *n* (*of person, place*) Erkennen *nt*; (*of problem, fact*) Erkenntnis *f*; (*of achievement*) Anerkennung *f*; **in** ~ **of** in Anerkennung +*gen*; **to gain** ~ Anerkennung finden; **she had changed beyond** ~ sie war nicht wieder zu erkennen.

recognizable ['rekəgnaɪzəbl] *adj* erkennbar.

recognize ['rekəgnaɪz] *vt* (*person, place, voice*) wieder erkennen; (*sign, problem*) erkennen; (*qualifications, government, achievement*) anerkennen; **to** ~ **sb by/as** jdn erkennen an +*dat*/als.

recoil [rɪ'kɔɪl] *vi* (*person*): **to** ~ **from** zurückweichen vor +*dat*; (*fig*) zurückschrecken vor +*dat* ♦ *n* (*of gun*) Rückstoß *m*.

recollect [rekə'lekt] *vt* (*remember*) sich erinnern an +*acc*.

recollection [rekə'lekʃən] *n* Erinnerung *f*; **to the best of my** ~ soweit ich mich erinnern or entsinnen kann.

recommend [rekə'mend] *vt* empfehlen; **she has a lot to** ~ **her** es spricht sehr viel für sie.

recommendation [rekəmen'deɪʃən] *n* Empfehlung *f*; **on the** ~ **of** auf Empfehlung +*gen*.

recommended retail price (*BRIT*) *n* (*COMM*) unverbindlicher Richtpreis *m*.

recompense ['rekəmpens] *n* (*reward*) Belohnung *f*; (*compensation*) Entschädigung *f*.

reconcilable ['rekənsaɪləbl] *adj* (*ideas*) (miteinander) vereinbar.

reconcile ['rekənsaɪl] *vt* (*people*) versöhnen; (*facts, beliefs*) (miteinander) vereinbaren, in Einklang bringen; **to** ~ **o.s. to sth** sich mit etw abfinden.

reconciliation [rɛkənsɪlɪˈeɪʃən] *n* (*of people*) Versöhnung *f*; (*of facts, beliefs*) Vereinbarung *f*.

recondite [rɪˈkɒndaɪt] *adj* obskur.

recondition [riːkənˈdɪʃən] *vt* (*machine*) überholen.

reconditioned [riːkənˈdɪʃənd] *adj* (*engine, TV*) generalüberholt.

reconnaissance [rɪˈkɒnɪsns] *n* (*MIL*) Aufklärung *f*.

reconnoitre, (*US*) **reconnoiter** [rɛkəˈnɔɪtəʳ] *vt* (*MIL*) erkunden.

reconsider [riːkənˈsɪdəʳ] *vt* (*noch einmal*) überdenken ♦ *vi* es sich *dat* noch einmal überlegen.

reconstitute [riːˈkɒnstɪtjuːt] *vt* (*organization*) neu bilden; (*food*) wiederherstellen.

reconstruct [riːkənˈstrʌkt] *vt* (*building*) wieder aufbauen; (*policy, system*) neu organisieren; (*event, crime*) rekonstruieren.

reconstruction [riːkənˈstrʌkʃən] *n* Wiederaufbau *m*; (*of crime*) Rekonstruktion *f*.

reconvene [riːkənˈviːn] *vi* (*meet again*) wieder zusammenkommen ♦ *vt* (*meeting etc*) wieder einberufen.

record [ˈrɛkɔːd] *n* (*written account*) Aufzeichnung *f*; (*of meeting*) Protokoll *nt*; (*of decision*) Beleg *m*; (*COMPUT*) Datensatz *m*; (*file*) Akte *f*; (*MUS: disc*) Schallplatte *f*; (*history*) Vorgeschichte *f*; (*also:* **criminal ~**) Vorstrafen *pl*; (*SPORT*) Rekord *m* ♦ *vt* aufzeichnen; (*song etc*) aufnehmen; (*temperature, speed etc*) registrieren ♦ *adj* (*sales, profits*) Rekord-; **~ of attendance** Anwesenheitsliste *f*; **public ~s** Urkunden *pl* des Nationalarchivs; **to keep a ~ of sth** etw schriftlich festhalten; **to have a good/poor ~** gute/schlechte Leistungen vorzuweisen haben; **to have a (criminal) ~** vorbestraft sein; **to set** *or* **put the ~ straight** (*fig*) Klarheit schaffen; **he is on ~ as saying that ...** er hat nachweislich gesagt, dass ...; **off the ~** (*remark*) inoffiziell ♦ *adv* (*speak*) im Vertrauen; **in ~ time** in Rekordzeit.

recorded delivery [rɪˈkɔːdɪd-] (*BRIT*) *n* (*POST*) Einschreiben *nt*; **to send sth (by) ~** etw per Einschreiben senden.

recorder [rɪˈkɔːdəʳ] *n* (*MUS*) Blockflöte *f*; (*LAW*) nebenamtlich als Richter tätiger Rechtsanwalt.

record holder *n* (*SPORT*) Rekordinhaber(in) *m(f)*.

recording [rɪˈkɔːdɪŋ] *n* Aufnahme *f*.

recording studio *n* Aufnahmestudio *nt*.

record library *n* Schallplattenverleih *m*.

record player *n* Plattenspieler *m*.

recount [rɪˈkaunt] *vt* (*story etc*) erzählen, wiedergeben.

re-count [ˈriːkaunt] *n* (*of votes*) Nachzählung *f*

♦ *vt* (*votes*) nachzählen.

recoup [rɪˈkuːp] *vt*: **to ~ one's losses** seine Verluste ausgleichen.

recourse [rɪˈkɔːs] *n*: **to have ~ to sth** Zuflucht zu etw nehmen.

recover [rɪˈkʌvəʳ] *vt* (*get back*) zurückbekommen; (*stolen goods*) sicherstellen; (*wreck, body*) bergen; (*financial loss*) ausgleichen ♦ *vi* sich erholen; (*regain consciousness*) wieder zu sich kommen.

re-cover [riːˈkʌvəʳ] *vt* (*chair etc*) neu beziehen.

recovery [rɪˈkʌvərɪ] *n* (*from illness etc*) Erholung *f*; (*in economy*) Aufschwung *m*; (*of lost items*) Wiederfinden *nt*; (*of stolen goods*) Sicherstellung *f*; (*of wreck, body*) Bergung *f*; (*of financial loss*) Ausgleich *m*.

re-create [riːkrɪˈeɪt] *vt* (*atmosphere, situation*) wieder herstellen.

recreation [rɛkrɪˈeɪʃən] *n* (*leisure*) Erholung *f*, Entspannung *f*.

recreational [rɛkrɪˈeɪʃənl] *adj* (*facilities etc*) Freizeit-.

recreational drug *n* Freizeitdroge *f*.

recreational sport *n* Freizeitsport *m*.

recreational vehicle (*US*) *n* Caravan *m*.

recrimination [rɪkrɪmɪˈneɪʃən] *n* gegenseitige Anschuldigungen *pl*.

recruit [rɪˈkruːt] *n* (*MIL*) Rekrut *m*; (*in company*) neuer Mitarbeiter *m*, neue Mitarbeiterin *f* ♦ *vt* (*MIL*) rekrutieren; (*staff, new members*) anwerben.

recruiting office [rɪˈkruːtɪŋ-] *n* (*MIL*) Rekrutierungsbüro *nt*.

recruitment [rɪˈkruːtmənt] *n* (*of staff*) Anwerbung *f*.

rectangle [ˈrɛktæŋgl] *n* Rechteck *nt*.

rectangular [rɛkˈtæŋgjuləʳ] *adj* (*shape*) rechteckig.

rectify [ˈrɛktɪfaɪ] *vt* (*mistake etc*) korrigieren.

rector [ˈrɛktəʳ] *n* (*REL*) Pfarrer(in) *m(f)*.

rectory [ˈrɛktərɪ] *n* Pfarrhaus *nt*.

rectum [ˈrɛktəm] *n* Rektum *nt*, Mastdarm *m*.

recuperate [rɪˈkjuːpəreɪt] *vi* (*recover*) sich erholen.

recur [rɪˈkəːʳ] *vi* (*error, event*) sich wiederholen; (*pain etc*) wiederholt auftreten.

recurrence [rɪˈkəːrns] *n* (*see vi*) Wiederholung *f*; wiederholtes Auftreten *nt*.

recurrent [rɪˈkəːrnt] *adj* (*see vi*) sich wiederholend; wiederholt auftretend.

recurring [rɪˈkəːrɪŋ] *adj* (*problem, dream*) sich wiederholend; (*MATH*): **six point five four ~** sechs Komma fünf vier Periode vier.

recycle [riːˈsaɪkl] *vt* (*waste, paper etc*) recyceln, wieder verwerten.

red [rɛd] *n* Rot *nt*; (*pej: POL*) Rote(r) *f(m)* ♦ *adj* rot; **to be in the ~** (*business etc*) in den roten Zahlen sein.

red alert *n*: **to be on ~** in höchster Alarmbereitschaft sein.

red-blooded [ˈrɛdˈblʌdɪd] *adj* heißblütig.

REDBRICK UNIVERSITY

Als **redbrick university** werden die jüngeren britischen Universitäten bezeichnet, die im späten 19. und Anfang des 20. Jh. in Städten wie Manchester, Liverpool und Bristol gegründet wurden. Der Name steht im Gegensatz zu Oxford und Cambridge und bezieht sich auf die roten Backsteinmauern der Universitätsgebäude.

---

red carpet treatment n: **to give sb the ~** den roten Teppich für jdn ausrollen.

Red Cross n Rotes Kreuz nt.

redcurrant ['rɛdkʌrənt] n rote Johannisbeere f.

redden ['rɛdn] vt röten ♦ vi (blush) erröten.

reddish ['rɛdɪʃ] adj rötlich.

redecorate [riː'dɛkəreɪt] vt, vi renovieren.

redecoration [riːdɛkə'reɪʃən] n Renovierung f.

redeem [rɪ'diːm] vt (situation etc) retten; (voucher, sth in pawn) einlösen; (loan) abzahlen; (REL) erlösen; **to ~ oneself for sth** etw wieder gutmachen.

redeemable [rɪ'diːməbl] adj (voucher etc) einlösbar.

redeeming [rɪ'diːmɪŋ] adj (feature, quality) versöhnend.

redefine [riːdɪ'faɪn] vt neu definieren.

redemption [rɪ'dɛmʃən] n (REL) Erlösung f; **past** or **beyond ~** nicht mehr zu retten.

redeploy [riːdɪ'plɔɪ] vt (resources, staff) umverteilen; (MIL) verlegen.

redeployment [riːdɪ'plɔɪmənt] n (see vt) Umverteilung f; Verlegung f.

redevelop [riːdɪ'vɛləp] vt (area) sanieren.

redevelopment [riːdɪ'vɛləpmənt] n Sanierung f.

red-handed [rɛd'hændɪd] adj: **to be caught ~** auf frischer Tat ertappt werden.

redhead ['rɛdhɛd] n Rotschopf m.

red herring n (fig) falsche Spur f.

red-hot [rɛd'hɔt] adj (metal) rot glühend.

redirect [riːdaɪ'rɛkt] vt (mail) nachsenden; (traffic) umleiten.

rediscover [riːdɪs'kʌvə*] vt wieder entdecken.

redistribute [riːdɪs'trɪbjuːt] vt umverteilen.

red-letter day ['rɛdlɛtə-] n besonderer Tag m.

red light n (AUT): **to go through a ~** eine Ampel bei Rot überfahren.

red-light district ['rɛdlaɪt-] n Rotlichtviertel nt.

red meat n Rind- und Lammfleisch.

redness ['rɛdnɪs] n Röte f.

redo [riː'duː] (irreg: like do) vt noch einmal machen.

redolent ['rɛdələnt] adj: **to be ~ of sth** nach etw riechen; (fig) an etw erinnern.

redouble [riː'dʌbl] vt: **to ~ one's efforts** seine Anstrengungen verdoppeln.

redraft [riː'drɑːft] vt (agreement) neu abfassen.

redraw [riː'drɔː] vt neu zeichnen.

redress [rɪ'drɛs] n (compensation) Wiedergutmachung f ♦ vt (error etc) wieder gutmachen; **to ~ the balance** das Gleichgewicht wieder herstellen.

Red Sea n: **the ~** das Rote Meer.

redskin ['rɛdskɪn] (old: offensive) n Rothaut f.

red tape n (fig) Bürokratie f.

reduce [rɪ'djuːs] vt (spending, numbers, risk etc) vermindern, reduzieren; **to ~ sth by/to 5%** etw um/auf 5% acc reduzieren; **to ~ sb to tears/silence** jdn zum Weinen/Schweigen bringen; **to ~ sb to begging/stealing** jdn zur Bettelei/zum Diebstahl zwingen; "**~ speed now**" (AUT) „langsam fahren".

reduced [rɪ'djuːst] adj (goods, ticket etc) ermäßigt; "**greatly ~ prices**" „Preise stark reduziert".

reduction [rɪ'dʌkʃən] n (in price etc) Ermäßigung f; (in numbers) Verminderung f.

redundancy [rɪ'dʌndənsɪ] (BRIT) n (dismissal) Entlassung f; (unemployment) Arbeitslosigkeit f; **compulsory ~** Entlassung f; **voluntary ~** freiwilliger Verzicht m auf den Arbeitsplatz.

redundancy payment (BRIT) n Abfindung f.

redundant [rɪ'dʌndnt] adj (BRIT: worker) arbeitslos; (word, object) überflüssig; **to be made ~** (worker) den Arbeitsplatz verlieren.

reed [riːd] n (BOT) Schilf nt; (MUS: of clarinet etc) Rohrblatt nt.

re-educate [riː'ɛdjukeɪt] vt umerziehen.

reedy ['riːdɪ] adj (voice) Fistel-.

reef [riːf] n (at sea) Riff nt.

reek [riːk] vi: **to ~ (of)** (lit, fig) stinken (nach).

reel [riːl] n (of thread etc, on fishing-rod) Rolle f; (CINE: scene) Szene f; (of film, tape) Spule f; (dance) Reel m ♦ vi (sway) taumeln; **my head is ~ing** mir dreht sich der Kopf.

► **reel in** vt (fish, line) einholen.

► **reel off** vt (say) herunterrasseln.

re-election [riːɪ'lɛkʃən] n Wiederwahl f.

re-enter [riː'ɛntə*] vt (country) wieder einreisen in +acc; (SPACE) wieder eintreten in +acc.

re-entry [riː'ɛntrɪ] n Wiedereinreise f; (SPACE) Wiedereintritt m.

re-examine [riːɪg'zæmɪn] vt (proposal etc) nochmals prüfen; (witness) nochmals vernehmen.

re-export ['riːɪks'pɔːt] vt wieder ausführen ♦ n Wiederausfuhr f; (commodity) wieder ausgeführte Ware f.

ref [rɛf] (inf) n abbr (SPORT) = referee.

ref. abbr (COMM: = with reference to) betr.; **your ~** Ihr Zeichen:.

refectory [rɪ'fɛktərɪ] n (in university) Mensa f.

refer [rɪ'fə:*] vt: **to ~ sb to** (book etc) jdn verweisen auf +acc; (doctor, hospital) jdn überweisen zu; **to ~ sth to** (task, problem) etw übergeben an +acc; **he ~red me to the manager** er verwies mich an den Geschäftsführer.

► **refer to** vt fus (mention) erwähnen; (relate to)

sich beziehen auf +acc; (consult)
hinzuziehen.

referee [rɛfə'riː] n (SPORT) Schiedsrichter(in)
m(f); (BRIT: for job application) Referenz f ♦ vt
als Schiedsrichter(in) leiten.

reference ['rɛfrəns] n (mention) Hinweis m; (in
book, article) Quellenangabe f; (for job
application, person) Referenz f; with ~ to mit
Bezug auf +acc; "please quote this ~"
(COMM) „bitte dieses Zeichen angeben".

reference book n Nachschlagewerk nt.

reference library n Präsenzbibliothek f.

reference number n Aktenzeichen nt.

referenda [rɛfə'rɛndə] npl of **referendum**.

referendum [rɛfə'rɛndəm] (pl referenda) n
Referendum nt, Volksentscheid m.

referral [rɪ'fəːrəl] n (of matter, problem)
Weiterleitung f; (to doctor, specialist)
Überweisung f.

refill [riː'fɪl] vt nachfüllen ♦ n (for pen etc)
Nachfüllmine f; (drink) Nachfüllung f.

refine [rɪ'faɪn] vt (sugar, oil) raffinieren;
(theory, idea) verfeinern.

refined [rɪ'faɪnd] adj (person) kultiviert; (taste)
fein, vornehm; (sugar, oil) raffiniert.

refinement [rɪ'faɪnmənt] n (of person)
Kultiviertheit f; (of system, ideas)
Verfeinerung f.

refinery [rɪ'faɪnərɪ] n (for oil etc) Raffinerie f.

refit [riː'fɪt] (NAUT) n Überholung f ♦ vt (ship)
überholen.

reflate [riː'fleɪt] vt (economy) ankurbeln.

reflation [riː'fleɪʃən] n (ECON) Reflation f.

reflationary [riː'fleɪʃənrɪ] adj (ECON)
reflationär.

reflect [rɪ'flɛkt] vt reflektieren; (fig)
widerspiegeln ♦ vi (think) nachdenken.

▶ **reflect on** vt fus (discredit) ein schlechtes
Licht werfen auf +acc.

reflection [rɪ'flɛkʃən] n (image) Spiegelbild nt;
(of light, heat) Reflexion f; (fig)
Widerspiegelung f; (: thought) Gedanke m;
on ~ nach genauerer Überlegung; this is a
~ on ... (criticism) das sagt einiges über ...

reflector [rɪ'flɛktə*] n (AUT etc) Rückstrahler
m; (for light, heat) Reflektor m.

reflex ['riːflɛks] adj Reflex-; **reflexes** npl
(PHYSIOL, PSYCH) Reflexe pl.

reflexive [rɪ'flɛksɪv] adj (LING) reflexiv.

reform [rɪ'fɔːm] n Reform f ♦ vt reformieren
♦ vi (criminal etc) sich bessern.

reformat [riː'fɔːmæt] vt (COMPUT) neu
formatieren.

Reformation [rɛfə'meɪʃən] n: the ~ die
Reformation.

reformatory [rɪ'fɔːmətərɪ] (US) n
Besserungsanstalt f.

reformed [rɪ'fɔːmd] adj (character, alcoholic)
gewandelt.

refrain [rɪ'freɪn] vi: to ~ from doing sth etw
unterlassen ♦ n (of song) Refrain m.

refresh [rɪ'frɛʃ] vt erfrischen; to ~ one's

memory sein Gedächtnis auffrischen.

refresher course [rɪ'frɛʃə-] n
Auffrischungskurs m.

refreshing [rɪ'frɛʃɪŋ] adj erfrischend; (sleep)
wohltuend; (idea etc) angenehm.

refreshment [rɪ'frɛʃmənt] n Erfrischung f.

refreshments [rɪ'frɛʃmənts] npl (food and
drink) Erfrischungen pl.

refrigeration [rɪfrɪdʒə'reɪʃən] n Kühlung f.

refrigerator [rɪ'frɪdʒəreɪtə*] n Kühlschrank m.

refuel [riː'fjʊəl] vt, vi auftanken.

refuelling [riː'fjʊəlɪŋ] n Auftanken nt.

refuge ['rɛfjuːdʒ] n Zuflucht f; to seek/take
~ in Zuflucht suchen/nehmen in +dat.

refugee [rɛfjuː'dʒiː] n Flüchtling m; a political
~ ein politischer Flüchtling.

refugee camp n Flüchtlingslager nt.

refund ['riːfʌnd] n Rückerstattung f ♦ vt
(money) zurückerstatten.

refurbish [riː'fəːbɪʃ] vt (shop etc) renovieren.

refurbishment [riː'fəːbɪʃmənt] n (of shop etc)
Renovierung f.

refurnish [riː'fəːnɪʃ] vt neu möblieren.

refusal [rɪ'fjuːzəl] n Ablehnung f; a ~ to do sth
eine Weigerung, etw zu tun; to give sb first
~ on sth jdm etw zuerst anbieten.

refuse¹ [rɪ'fjuːz] vt (request, offer etc)
ablehnen; (gift) zurückweisen; (permission)
verweigern ♦ vi ablehnen; (horse) verweigern; to ~ to do sth sich weigern, etw zu tun.

refuse² ['rɛfjuːs] n (rubbish) Abfall m, Müll m.

refuse collection n Müllabfuhr f.

refuse disposal n Müllbeseitigung f.

refusenik [rɪ'fjuːznɪk] n (inf) Verweigerer(in)
m(f); (in former USSR) sowjetischer Jude,
dem die Emigration nach Israel verweigert
wurde.

refute [rɪ'fjuːt] vt (argument) widerlegen.

regain [rɪ'geɪn] vt wiedererlangen.

regal ['riːgl] adj königlich.

regale [rɪ'geɪl] vt: to ~ sb with sth jdn mit etw
verwöhnen.

regard [rɪ'gɑːd] n (esteem) Achtung f ♦ vt
(consider) ansehen, betrachten; (view)
betrachten; to give one's ~s to sb jdm
Grüße bestellen; "with kindest ~s" „mit
freundlichen Grüßen"; as ~s, with ~ to
bezüglich +gen.

regarding [rɪ'gɑːdɪŋ] prep bezüglich +gen.

regardless [rɪ'gɑːdlɪs] adv trotzdem ♦ adj: ~ of
ohne Rücksicht auf +acc.

regatta [rɪ'gætə] n Regatta f.

regency ['riːdʒənsɪ] n Regentschaft f ♦ adj: R~
(furniture etc) Regency-.

regenerate [rɪ'dʒɛnəreɪt] vt (inner cities, arts)
erneuern; (person, feelings) beleben ♦ vi
(BIOL) sich regenerieren.

regent ['riːdʒənt] n Regent(in) m(f).

reggae ['rɛgeɪ] n Reggae m.

regime [reɪ'ʒiːm] n (government) Regime nt;
(diet etc) Kur f.

regiment ['rɛdʒɪmənt] n (MIL) Regiment nt ♦ vt

reglementieren.

regimental [rɛdʒɪ'mɛntl] *adj* Regiments-.

regimentation [rɛdʒɪmɛn'teɪʃən] *n* Reglementierung *f*.

region ['riːdʒən] *n* (*of land*) Gebiet *nt*; (*of body*) Bereich *m*; (*administrative division of country*) Region *f*; **in the ~ of** (*approximately*) im Bereich von.

regional ['riːdʒənl] *adj* regional.

regional development *n* regionale Entwicklung *f*.

register ['rɛdʒɪstə*] *n* (*list, MUS*) Register *nt*; (*also:* **electoral ~**) Wählerverzeichnis *nt*; (*SCOL*) Klassenbuch *nt* ♦ *vt* registrieren; (*car*) anmelden; (*letter*) als Einschreiben senden; (*amount, measurement*) verzeichnen ♦ *vi* (*person*) sich anmelden; (*: at doctor's*) sich (als Patient) eintragen; (*amount etc*) registriert werden; (*make impression*) (einen) Eindruck machen; **to ~ a protest** Protest anmelden.

registered ['rɛdʒɪstəd] *adj* (*letter, parcel*) eingeschrieben; (*drug addict, childminder etc*) (offiziell) eingetragen.

registered company *n* eingetragene Gesellschaft *f*.

registered nurse (*US*) *n* staatlich geprüfte Krankenschwester *f*, staatlich geprüfter Krankenpfleger *m*.

registered trademark *n* eingetragenes Warenzeichen *nt*.

register office *n* = registry office.

registrar ['rɛdʒɪstrɑː*] *n* (*in registry office*) Standesbeamte(r) *m*, Standesbeamtin *f*; (*in college etc*) Kanzler *m*; (*BRIT: in hospital*) Krankenhausarzt *m*, Krankenhausärztin *f*.

registration [rɛdʒɪs'treɪʃən] *n* Registrierung *f*; (*of students, unemployed etc*) Anmeldung *f*.

registration number (*BRIT*) *n* (*AUT*) polizeiliches Kennzeichen *nt*.

registry ['rɛdʒɪstrɪ] *n* Registratur *f*.

registry office (*BRIT*) *n* Standesamt *nt*; **to get married in a ~** standesamtlich heiraten.

regret [rɪ'grɛt] *n* Bedauern *nt* ♦ *vt* bedauern; **with ~** mit Bedauern; **to have no ~s** nichts bereuen; **we ~ to inform you that ...** wir müssen Ihnen leider mitteilen, dass ...

regretfully [rɪ'grɛtfəlɪ] *adv* mit Bedauern.

regrettable [rɪ'grɛtəbl] *adj* bedauerlich.

regrettably [rɪ'grɛtəblɪ] *adv* bedauerlicherweise; **~, he said ...** bedauerlicherweise sagte er ...

Regt *abbr* (*MIL:* = regiment) Rgt.

regular ['rɛgjulə*] *adj* (*also LING*) regelmäßig; (*usual: time, doctor*) üblich; (*: customer*) Stamm-; (*soldier*) Berufs-; (*COMM: size*) normal ♦ *n* (*client*) Stammkunde *m*, Stammkundin *f*.

regularity [rɛgju'lærɪtɪ] *n* Regelmäßigkeit *f*.

regularly ['rɛgjuləlɪ] *adv* regelmäßig; (*breathe, beat: evenly*) gleichmäßig.

regulate ['rɛgjuleɪt] *vt* regulieren.

regulation [rɛgju'leɪʃən] *n* Regulierung *f*; (*rule*) Vorschrift *f*.

regulatory [rɛgju'leɪtrɪ] *adj* (*system*) Regulierungs-; (*body, agency*) Überwachungs-.

rehabilitate [riːə'bɪlɪteɪt] *vt* (*criminal, drug addict*) (in die Gesellschaft) wieder eingliedern; (*invalid*) rehabilitieren.

rehabilitation ['riːəbɪlɪ'teɪʃən] *n* (*see vt*) Wiedereingliederung *f* (in die Gesellschaft); Rehabilitation *f*.

rehash [riː'hæʃ] (*inf*) *vt* (*idea etc*) aufwärmen.

rehearsal [rɪ'həːsəl] *n* (*THEAT*) Probe *f*; **dress ~** Generalprobe *f*.

rehearse [rɪ'həːs] *vt* (*play, speech etc*) proben.

rehouse [riː'hauz] *vt* neu unterbringen.

reign [reɪn] *n* (*lit, fig*) Herrschaft *f* ♦ *vi* (*lit, fig*) herrschen.

reigning ['reɪnɪŋ] *adj* regierend; (*champion*) amtierend.

reimburse [riːɪm'bəːs] *vt* die Kosten erstatten +*dat*.

rein [reɪn] *n* Zügel *m*; **to give sb free ~** (*fig*) jdm freie Hand lassen; **to keep a tight ~ on sth** (*fig*) bei etw die Zügel kurz halten.

reincarnation [riːɪnkɑː'neɪʃən] *n* (*belief*) die Wiedergeburt *f*; (*person*) Reinkarnation *f*.

reindeer ['reɪndɪə*] *n inv* Ren(tier) *nt*.

reinforce [riːɪn'fɔːs] *vt* (*strengthen*) verstärken; (*support: idea etc*) stützen; (*: prejudice*) stärken.

reinforced concrete *n* Stahlbeton *m*.

reinforcement [riːɪn'fɔːsmənt] *n* (*strengthening*) Verstärkung *f*; (*of attitude etc*) Stärkung *f*; **reinforcements** *npl* (*MIL*) Verstärkung *f*.

reinstate [riːɪn'steɪt] *vt* (*employee*) wieder einstellen; (*tax, law*) wieder einführen; (*text*) wieder einfügen.

reinstatement [riːɪn'steɪtmənt] *n* (*of employee*) Wiedereinstellung *f*.

reissue [riː'ɪʃjuː] *vt* neu herausgeben.

reiterate [riː'ɪtəreɪt] *vt* wiederholen.

reject ['riːdʒɛkt] *n* (*COMM*) Ausschuss *m no pl* ♦ *vt* ablehnen; (*admirer*) abweisen; (*goods*) zurückweisen; (*machine: coin*) nicht annehmen; (*MED: heart, kidney*) abstoßen.

rejection [rɪ'dʒɛkʃən] *n* Ablehnung *f*; (*of admirer*) Abweisung *f*; (*MED*) Abstoßung *f*.

rejoice [rɪ'dʒɔɪs] *vi*: **to ~ at** *or* **over** jubeln über +*acc*.

rejoinder [rɪ'dʒɔɪndə*] *n* Erwiderung *f*.

rejuvenate [rɪ'dʒuːvəneɪt] *vt* (*person*) verjüngen; (*organization etc*) beleben.

rekindle [riː'kɪndl] *vt* (*interest, emotion etc*) wieder erwecken.

relapse [rɪ'læps] *n* (*MED*) Rückfall *m* ♦ *vi*: **to ~ into** zurückfallen in +*acc*.

relate [rɪ'leɪt] *vt* (*tell*) berichten; (*connect*) in Verbindung bringen ♦ *vi*: **to ~ to** (*empathize with: person, subject*) eine Beziehung finden zu; (*connect with*) zusammenhängen mit.

related [rɪ'leɪtɪd] *adj:* **to be ~** (miteinander) verwandt sein; (*issues etc*) zusammenhängen.

relating to [rɪ'leɪtɪŋ-] *prep* bezüglich *+gen*, mit Bezug auf *+acc.*

relation [rɪ'leɪʃən] *n* (*member of family*) Verwandte(r) *f(m)*; (*connection*) Beziehung *f*; **relations** *npl* (*contact*) Beziehungen *pl*; **diplomatic/international ~s** diplomatische/ internationale Beziehungen; **in ~ to** im Verhältnis zu; **to bear no ~ to** in keinem Verhältnis stehen zu.

relationship [rɪ'leɪʃənʃɪp] *n* Beziehung *f*; (*between countries*) Beziehungen *pl*; (*affair*) Verhältnis *nt*; **they have a good ~** sie haben ein gutes Verhältnis zueinander.

relative ['rɛlətɪv] *n* Verwandte(r) *f(m)* ♦ *adj* relativ; **all her ~s** ihre ganze Verwandtschaft; **~ to** im Vergleich zu; **it's all ~** es ist alles relativ.

relatively ['rɛlətɪvlɪ] *adv* relativ.

relative pronoun *n* Relativpronomen *nt*.

relax [rɪ'læks] *vi* (*person, muscle*) sich entspannen; (*calm down*) sich beruhigen ♦ *vt* (*one's grip*) lockern; (*mind, person*) entspannen; (*control etc*) lockern.

relaxation [riːlæk'seɪʃən] *n* Entspannung *f*; (*of control etc*) Lockern *nt*.

relaxed [rɪ'lækst] *adj* (*person, atmosphere*) entspannt; (*discussion*) locker.

relaxing [rɪ'læksɪŋ] *adj* entspannend.

relay ['riːleɪ] *n* (*race*) Staffel *f*, Staffellauf *m* ♦ *vt* (*message etc*) übermitteln; (*broadcast*) übertragen.

release [rɪ'liːs] *n* (*from prison*) Entlassung *f*; (*from obligation, situation*) Befreiung *f*; (*of documents, funds etc*) Freigabe *f*; (*of gas etc*) Freisetzung *f*; (*of film, book, record*) Herausgabe *f*; (*record, film*) Veröffentlichung *f*; (*TECH: device*) Auslöser *m* ♦ *vt* (*from prison*) entlassen; (*person: from obligation, from wreckage*) befreien; (*gas etc*) freisetzen; (*TECH, AUT: catch, brake etc*) lösen; (*record, film*) herausbringen; (*news, figures*) bekannt geben; **on general ~** (*film*) überall in den Kinos; *see also* **press release**.

relegate ['rɛləgeɪt] *vt* (*downgrade*) herunterstufen; (*BRIT: SPORT*): **to be ~d** absteigen.

relent [rɪ'lɛnt] *vi* (*give in*) nachgeben.

relentless [rɪ'lɛntlɪs] *adj* (*heat, noise*) erbarmungslos; (*enemy etc*) unerbittlich.

relevance ['rɛləvəns] *n* Relevanz *f*, Bedeutung *f*; **the ~ of religion to society** die Relevanz or Bedeutung der Religion für die Gesellschaft.

relevant ['rɛləvənt] *adj* relevant; (*chapter, area*) entsprechend; **~ to** relevant für.

reliability [rɪlaɪə'bɪlɪtɪ] *n* Zuverlässigkeit *f*.

reliable [rɪ'laɪəbl] *adj* zuverlässig.

reliably [rɪ'laɪəblɪ] *adv:* **to be ~ informed that** ... zuverlässige Informationen darüber haben, dass ...

reliance [rɪ'laɪəns] *n:* **~ (on)** (*person*) Angewiesenheit *f* (auf *+acc*); (*drugs, financial support*) Abhängigkeit *f* (von).

reliant [rɪ'laɪənt] *adj:* **to be ~ on sth/sb** auf etw/jdn angewiesen sein.

relic ['rɛlɪk] *n* (*REL*) Reliquie *f*; (*of the past*) Relikt *nt*.

relief [rɪ'liːf] *n* (*from pain etc*) Erleichterung *f*; (*aid*) Hilfe *f*; (*ART, GEOG*) Relief *nt* ♦ *cpd* (*bus*) Entlastungs-; (*driver*) zur Ablösung; **light ~** leichte Abwechslung *f*.

relief map *n* Reliefkarte *f*.

relief road (*BRIT*) *n* Entlastungsstraße *f*.

relieve [rɪ'liːv] *vt* (*pain*) lindern; (*fear, worry*) mildern; (*take over from*) ablösen; **to ~ sb of sth** (*load*) jdm etw abnehmen; (*duties, post*) jdn einer Sache *gen* entheben; **to ~ o.s.** (*euphemism*) sich erleichtern.

relieved [rɪ'liːvd] *adj* erleichtert; **I'm ~ to hear it** es erleichtert mich, das zu hören.

religion [rɪ'lɪdʒən] *n* Religion *f*.

religious [rɪ'lɪdʒəs] *adj* religiös.

religious education *n* Religionsunterricht *m*.

religiously [rɪ'lɪdʒəslɪ] *adv* (*regularly, thoroughly*) gewissenhaft.

relinquish [rɪ'lɪŋkwɪʃ] *vt* (*control etc*) aufgeben; (*claim*) verzichten auf *+acc.*

relish ['rɛlɪʃ] *n* (*CULIN*) würzige Soße *f*, Relish *nt*; (*enjoyment*) Genuss *m* ♦ *vt* (*enjoy*) genießen; **to ~ doing sth** etw mit Genuss tun.

relive [riː'lɪv] *vt* noch einmal durchleben.

reload [riː'ləud] *vt* (*gun*) neu laden.

relocate [riːləu'keɪt] *vt* verlegen ♦ *vi* den Standort wechseln; **to ~ in** seinen Standort verlegen nach.

reluctance [rɪ'lʌktəns] *n* Widerwille *m*.

reluctant [rɪ'lʌktənt] *adj* unwillig, widerwillig; **I'm ~ to do that** es widerstrebt mir, das zu tun.

reluctantly [rɪ'lʌktəntlɪ] *adv* widerwillig, nur ungern.

rely on [rɪ'laɪ-] *vt fus* (*be dependent on*) abhängig sein von; (*trust*) sich verlassen auf *+acc.*

remain [rɪ'meɪn] *vi* bleiben; (*survive*) übrig bleiben; **to ~ silent** weiterhin schweigen; **to ~ in control** die Kontrolle behalten; **much ~s to be done** es ist noch viel zu tun; **the fact ~s that ...** Tatsache ist und bleibt, dass ...; **it ~s to be seen whether ...** es bleibt abzuwarten, ob ...

remainder [rɪ'meɪndə*] *n* Rest *m* ♦ *vt* (*COMM*) zu ermäßigtem Preis anbieten.

remaining [rɪ'meɪnɪŋ] *adj* übrig.

remains [rɪ'meɪnz] *npl* (*of meal*) Überreste *pl*; (*of building etc*) Ruinen *pl*; (*of body*) sterbliche Überreste *pl*.

remand [rɪ'mɑːnd] *n:* **to be on ~** in Untersuchungshaft sein ♦ *vt:* **to be ~ed in**

custody in Untersuchungshaft bleiben müssen.

remand home (*formerly: BRIT*) *n* Untersuchungsgefängnis *nt* für Jugendliche.

remark [rɪˈmɑːk] *n* Bemerkung *f* ♦ *vt* bemerken ♦ *vi*: **to ~ on sth** Bemerkungen über etw *acc* machen; **to ~ that** die Bemerkung machen, dass.

remarkable [rɪˈmɑːkəbl] *adj* bemerkenswert.

remarry [riːˈmærɪ] *vi* wieder heiraten.

remedial [rɪˈmiːdɪəl] *adj* (*tuition, classes*) Förder-; **~ exercise** Heilgymnastik *f*.

remedy [ˈremədɪ] *n* (*lit, fig*) (Heil)mittel *nt* ♦ *vt* (*mistake, situation*) abhelfen +*dat*.

remember [rɪˈmembəˈ] *vt* (*call back to mind*) sich erinnern an +*acc*; (*bear in mind*) denken an +*acc*; **~ me to him** (*send greetings*) grüße ihn von mir; **I ~ seeing it, I ~ having seen it** ich erinnere mich (daran), es gesehen zu haben; **she ~ed to do it** sie hat daran gedacht, es zu tun.

remembrance [rɪˈmembrəns] *n* Erinnerung *f*; **in ~ of sb/sth** im Gedenken an +*acc*.

Remembrance Sunday (*BRIT*) *n* ≈ Volkstrauertag *m*.

REMEMBRANCE SUNDAY

Remembrance Sunday oder **Remembrance Day** ist der britische Gedenktag für die Gefallenen der beiden Weltkriege und anderer Konflikte. Er fällt auf einen Sonntag vor oder nach dem 11. November (am 11. November 1918 endete der erste Weltkrieg) und wird mit einer Schweigeminute, Kranzniederlegungen an Kriegerdenkmälern und dem Tragen von Anstecknadeln in Form einer Mohnblume begangen.

---

remind [rɪˈmaɪnd] *vt*: **to ~ sb to do sth** jdn daran erinnern, etw zu tun; **to ~ sb of sth** jdn an etw *acc* erinnern; **to ~ sb that ...** jdn daran erinnern, dass ...; **she ~s me of her mother** sie erinnert mich an ihre Mutter; **that ~s me!** dabei fällt mir etwas ein!

reminder [rɪˈmaɪndəˈ] *n* (*of person, place etc*) Erinnerung *f*; (*letter*) Mahnung *f*.

reminisce [remɪˈnɪs] *vi*: **to ~ (about)** sich in Erinnerungen ergehen (über +*acc*).

reminiscences [remɪˈnɪsnsɪz] *npl* Erinnerungen *pl*.

reminiscent [remɪˈnɪsnt] *adj*: **to be ~ of sth** an etw *acc* erinnern.

remiss [rɪˈmɪs] *adj* nachlässig; **it was ~ of him** es war nachlässig von ihm.

remission [rɪˈmɪʃən] *n* (*of sentence*) Straferlass *m*; (*MED*) Remission *f*; (*REL*) Erlass *m*.

remit [rɪˈmɪt] *vt* (*money*) überweisen ♦ *n* (*of official etc*) Aufgabenbereich *m*.

remittance [rɪˈmɪtns] *n* Überweisung *f*.

remnant [ˈremnənt] *n* Überrest *m*; (*COMM: of cloth*) Rest *m*.

remonstrate [ˈremənstreɪt] *vi*: **to ~ (with sb about sth)** sich beschweren (bei jdm wegen etw).

remorse [rɪˈmɔːs] *n* Reue *f*.

remorseful [rɪˈmɔːsful] *adj* reumütig.

remorseless [rɪˈmɔːslɪs] *adj* (*noise, pain*) unbarmherzig.

remote [rɪˈməut] *adj* (*distant: place, time*) weit entfernt; (*aloof*) distanziert; (*slight: chance etc*) entfernt; **there is a ~ possibility that ...** es besteht eventuell die Möglichkeit, dass ...

remote control *n* Fernsteuerung *f*; (*TV etc*) Fernbedienung *f*.

remote-controlled [rɪˈməutkənˈtrəuld] *adj* ferngesteuert.

remotely [rɪˈməutlɪ] *adv* (*slightly*) entfernt.

remoteness [rɪˈməutnɪs] *n* (*of place*) Entlegenheit *f*; (*of person*) Distanziertheit *f*.

remould [ˈriːməuld] (*BRIT*) *n* (*AUT*) runderneuerter Reifen *m*.

removable [rɪˈmuːvəbl] *adj* (*detachable*) abnehmbar.

removal [rɪˈmuːvəl] *n* (*of object etc*) Entfernung *f*; (*of threat etc*) Beseitigung *f*; (*BRIT: from house*) Umzug *m*; (*dismissal*) Entlassung *f*; (*MED: of kidney etc*) Entfernung *f*.

removal man (*BRIT*) *n* Möbelpacker *m*.

removal van (*BRIT*) *n* Möbelwagen *m*.

remove [rɪˈmuːv] *vt* entfernen; (*clothing*) ausziehen; (*bandage etc*) abnehmen; (*employee*) entlassen; (*name: from list*) streichen; (*doubt, threat, obstacle*) beseitigen; **my first cousin once ~d** mein Vetter ersten Grades.

remover [rɪˈmuːvəˈ] *n* (*for paint, varnish*) Entferner *m*; **stain ~** Fleckentferner *m*; **make-up ~** Make-up-Entferner *m*.

remunerate [rɪˈmjuːnəreɪt] *vt* vergüten.

remuneration [rɪmjuːnəˈreɪʃən] *n* Vergütung *f*.

Renaissance [rɪˈneɪsɑːs] *n*: **the ~** die Renaissance.

renal [ˈriːnl] *adj* (*MED*) Nieren-.

renal failure *n* Nierenversagen *nt*.

rename [riːˈneɪm] *vt* umbenennen.

rend [rend] (*pt, pp* **rent**) *vt* (*air, silence*) zerreißen.

render [ˈrendəˈ] *vt* (*give: assistance, aid*) leisten; (*cause to become: unconscious, harmless, useless*) machen; (*submit*) vorlegen.

rendering [ˈrendərɪŋ] (*BRIT*) *n* = **rendition**.

rendezvous [ˈrɒndɪvuː] *n* (*meeting*) Rendezvous *nt*; (*place*) Treffpunkt *m* ♦ *vi* (*people*) sich treffen; (*spacecraft*) ein Rendezvousmanöver durchführen; **to ~ with sb** sich mit jdm treffen.

rendition [renˈdɪʃən] *n* (*of song etc*) Vortrag *m*.

renegade [ˈrenɪgeɪd] *n* Renegat(in) *m(f)*, Überläufer(in) *m(f)*.

renew [rɪ'njuː] vt erneuern; (*attack, negotiations*) wieder aufnehmen; (*loan, contract etc*) verlängern; (*relationship etc*) wieder aufleben lassen.

renewables npl erneuerbare Energien pl.

renewal [rɪ'njuːəl] n Erneuerung f; (*of conflict*) Wiederaufnahme f; (*of contract etc*) Verlängerung f.

renounce [rɪ'nauns] vt verzichten auf +acc; (*belief*) aufgeben.

renovate ['rɛnəveɪt] vt (*building*) restaurieren; (*machine*) überholen.

renovation [rɛnə'veɪʃən] n (*see vb*) Restaurierung f; Überholung f.

renown [rɪ'naun] n Ruf m.

renowned [rɪ'naund] adj berühmt.

rent [rɛnt] pt, pp of **rend** ♦ n (*for house*) Miete f ♦ vt mieten; (*also:* ~ **out**) vermieten.

rental ['rɛntl] n (*for television, car*) Mietgebühr f.

rent boy (*inf*) n Strichjunge m.

rent strike n Mietstreik m.

renunciation [rɪnʌnsɪ'eɪʃən] n Verzicht m; (*of belief*) Aufgabe f; (*self-denial*) Selbstverleugnung f.

reopen [riː'əupən] vt (*shop etc*) wieder eröffnen; (*negotiations, legal case etc*) wieder aufnehmen.

reopening [riː'əupnɪŋ] n (*see vt*) Wiedereröffnung f; Wiederaufnahme f.

reorder [riː'ɔːdə*] vt (*rearrange*) umordnen.

reorganization ['riːɔːgənaɪ'zeɪʃən] n Umorganisation f.

reorganize [riː'ɔːgənaɪz] vt umorganisieren.

Rep. (*US*) abbr (*POL*) = **representative**; **republican**.

rep [rɛp] n abbr (*COMM*) = **representative**; (*THEAT*) = **repertory**.

repair [rɪ'pɛə*] n Reparatur f ♦ vt reparieren; (*clothes, road*) ausbessern; **in good/bad** ~ in gutem/schlechtem Zustand; **beyond** ~ nicht mehr zu reparieren; **to be under** ~ (*road*) ausgebessert werden.

repair kit n (*for bicycle*) Flickzeug nt.

repair man n Handwerker m.

repair shop n Reparaturwerkstatt f.

repartee [rɛpɑː'tiː] n (*exchange*) Schlagabtausch m; (*reply*) schlagfertige Bemerkung f.

repast [rɪ'pɑːst] (*form*) n Mahl nt.

repatriate [riː'pætrɪeɪt] vt repatriieren.

repay [riː'peɪ] (*irreg: like* **pay**) vt zurückzahlen; (*sb's efforts, attention*) belohnen; (*favour*) erwidern; **I'll** ~ **you next week** ich zahle es dir nächste Woche zurück.

repayment [riː'peɪmənt] n Rückzahlung f.

repeal [rɪ'piːl] n (*of law*) Aufhebung f ♦ vt (*law*) aufheben.

repeat [rɪ'piːt] n (*RADIO, TV*) Wiederholung f ♦ vt, vi wiederholen ♦ cpd (*performance*) Wiederholungs-; (*order*) Nach-; **to** ~ **o.s./itself** sich wiederholen; **to** ~ **an order for sth** etw nachbestellen.

repeatedly [rɪ'piːtɪdlɪ] adv wiederholt.

repel [rɪ'pɛl] vt (*drive away*) zurückschlagen; (*disgust*) abstoßen.

repellent [rɪ'pɛlənt] adj abstoßend ♦ n: **insect** ~ Insekten(schutz)mittel nt.

repent [rɪ'pɛnt] vi: **to** ~ **of sth** etw bereuen.

repentance [rɪ'pɛntəns] n Reue f.

repercussions [riːpə'kʌʃənz] npl Auswirkungen pl.

repertoire ['rɛpətwɑː*] n (*MUS, THEAT*) Repertoire nt; (*fig*) Spektrum nt.

repertory ['rɛpətərɪ] n (*also:* ~ **theatre**) Repertoiretheater nt.

repertory company n Repertoire-Ensemble nt.

repetition [rɛpɪ'tɪʃən] n (*repeat*) Wiederholung f.

repetitious [rɛpɪ'tɪʃəs] adj (*speech etc*) voller Wiederholungen.

repetitive [rɪ'pɛtɪtɪv] adj eintönig, monoton.

replace [rɪ'pleɪs] vt (*put back: upright*) zurückstellen; (: *flat*) zurücklegen; (*take the place of*) ersetzen; **to** ~ **X with Y** X durch Y ersetzen; "~ **the receiver**" (*TEL*) „Hörer auflegen".

replacement [rɪ'pleɪsmənt] n Ersatz m.

replacement part n Ersatzteil nt.

replay ['riːpleɪ] n (*of match*) Wiederholungsspiel nt ♦ vt (*match*) wiederholen; (*track, song: on tape*) nochmals abspielen.

replenish [rɪ'plɛnɪʃ] vt (*glass, stock etc*) auffüllen.

replete [rɪ'pliːt] adj (*after meal*) gesättigt; ~ **with** reichlich ausgestattet mit.

replica ['rɛplɪkə] n (*of object*) Nachbildung f.

reply [rɪ'plaɪ] n Antwort f ♦ vi: **to** ~ **(to sb/sth)** (jdm/auf etw acc) antworten; **in** ~ als Antwort auf +acc; **there's no** ~ (*TEL*) es meldet sich niemand.

reply coupon n Antwortschein m.

report [rɪ'pɔːt] n Bericht m; (*BRIT: also:* **school** ~) Zeugnis nt; (*of gun*) Knall m ♦ vt berichten; (*casualties, damage, theft etc*) melden; (*person: to police*) anzeigen ♦ vi (*make a report*) Bericht erstatten; **to** ~ **to sb** (*present o.s. to*) sich bei jdm melden; (*be responsible to*) jdm unterstellt sein; **to** ~ **on sth** über etw acc Bericht erstatten; **to** ~ **sick** sich krankmelden; **it is** ~**ed that** es wird berichtet or gemeldet, dass ...

report card n (*US, SCOT*) n Zeugnis nt.

reportedly [rɪ'pɔːtɪdlɪ] adv: **she is** ~ **living in Spain** sie lebt angeblich in Spanien.

reported speech n (*LING*) indirekte Rede f.

reporter [rɪ'pɔːtə*] n Reporter(in) m(f).

repose [rɪ'pəuz] n: **in** ~ in Ruhestellung.

repository [rɪ'pɒzɪtərɪ] n (*person: of knowledge*) Quelle f; (*place: of collection etc*) Lager nt.

repossess ['riːpə'zɛs] vt (wieder) in Besitz

nehmen.

repossession order [riːpəˈzɛʃən-] *n* Beschlagnahmungsverfügung *f*.

reprehensible [rɛprɪˈhɛnsɪbl] *adj* verwerflich.

represent [rɛprɪˈzɛnt] *vt* (*person, nation*) vertreten; (*show: view, opinion*) darstellen; (*symbolize: idea*) symbolisieren, verkörpern; **to ~ sth as** (*describe*) etw darstellen als.

representation [rɛprɪzɛnˈteɪʃən] *n* (*state of being represented*) Vertretung *f*; (*picture etc*) Darstellung *f*; **representations** *npl* (*protest*) Proteste *pl*.

representative [rɛprɪˈzɛntətɪv] *n* (*also COMM*) Vertreter(in) *m(f)*; (*US: POL*) Abgeordnete(r) *f(m)* des Repräsentantenhauses ♦ *adj* repräsentativ; **~ of** repräsentativ für.

repress [rɪˈprɛs] *vt* unterdrücken.

repression [rɪˈprɛʃən] *n* Unterdrückung *f*.

repressive [rɪˈprɛsɪv] *adj* repressiv.

reprieve [rɪˈpriːv] *n* (*cancellation*) Begnadigung *f*; (*postponement*) Strafaufschub *m*; (*fig*) Gnadenfrist *f* ♦ *vt*: **he was ~d** (*see n*) er wurde begnadigt; ihm wurde Strafaufschub gewährt.

reprimand [ˈrɛprɪmɑːnd] *n* Tadel *m* ♦ *vt* tadeln.

reprint [ˈriːprɪnt] *n* Nachdruck *m* ♦ *vt* nachdrucken.

reprisal [rɪˈpraɪzl] *n* Vergeltung *f*; **reprisals** *npl* Repressalien *pl*; (*in war*) Vergeltungsaktionen *pl*; **to take ~s** zu Repressalien greifen; (*in war*) Vergeltungsaktionen durchführen.

reproach [rɪˈprəutʃ] *n* (*rebuke*) Vorwurf *m* ♦ *vt*: **to ~ sb for sth** jdm etw zum Vorwurf machen; **beyond ~** über jeden Vorwurf erhaben; **to ~ sb with sth** jdm etw vorwerfen.

reproachful [rɪˈprəutʃful] *adj* vorwurfsvoll.

reproduce [riːprəˈdjuːs] *vt* reproduzieren ♦ *vi* (*BIOL*) sich vermehren.

reproduction [riːprəˈdʌkʃən] *n* Reproduktion *f*; (*BIOL*) Fortpflanzung *f*.

reproductive [riːprəˈdʌktɪv] *adj* (*system, organs*) Fortpflanzungs-.

reproof [rɪˈpruːf] *n* (*rebuke*) Tadel *m*; **with ~** tadelnd.

reprove [rɪˈpruːv] *vt* tadeln; **to ~ sb for sth** jdn wegen etw tadeln.

reproving [rɪˈpruːvɪŋ] *adj* tadelnd.

reptile [ˈrɛptaɪl] *n* Reptil *nt*.

Repub. (*US*) *abbr* (*POL*) = **republican**.

republic [rɪˈpʌblɪk] *n* Republik *f*.

republican [rɪˈpʌblɪkən] *adj* republikanisch ♦ *n* Republikaner(in) *m(f)*; **the R~s** (*US: POL*) die Republikaner.

repudiate [rɪˈpjuːdɪeɪt] *vt* (*accusation*) zurückweisen; (*violence*) ablehnen; (*old: friend, wife etc*) verstoßen.

repugnance [rɪˈpʌgnəns] *n* Abscheu *m*.

repugnant [rɪˈpʌgnənt] *adj* abstoßend.

repulse [rɪˈpʌls] *vt* (*attack etc*) zurückschlagen; (*sight, picture etc*) abstoßen.

repulsion [rɪˈpʌlʃən] *n* Abscheu *m*.

repulsive [rɪˈpʌlsɪv] *adj* widerwärtig, abstoßend.

reputable [ˈrɛpjutəbl] *adj* (*make, company etc*) angesehen.

reputation [rɛpjuˈteɪʃən] *n* Ruf *m*; **to have a ~ for** einen Ruf haben für; **he has a ~ for being awkward** er gilt als schwierig.

repute [rɪˈpjuːt] *n*: **of ~** angesehen; **to be held in high ~** in hohem Ansehen stehen.

reputed [rɪˈpjuːtɪd] *adj* angeblich; **he is ~ to be rich** er ist angeblich reich.

reputedly [rɪˈpjuːtɪdlɪ] *adv* angeblich.

request [rɪˈkwɛst] *n* (*polite*) Bitte *f*; (*formal*) Ersuchen *nt*; (*RADIO*) Musikwunsch *m* ♦ *vt* (*politely*) bitten um; (*formally*) ersuchen; **at the ~ of** auf Wunsch von; **"you are ~ed not to smoke"** „bitte nicht rauchen".

request stop (*BRIT*) *n* Bedarfshaltestelle *f*.

requiem [ˈrɛkwɪəm] *n* (*REL: also:* **~ mass**) Totenmesse *f*; (*MUS*) Requiem *nt*.

require [rɪˈkwaɪə*] *vt* (*need*) benötigen; (*: situation*) erfordern; (*demand*) verlangen; **to ~ sb to do sth** von jdm verlangen, etw zu tun; **if ~d** falls nötig; **what qualifications are ~d?** welche Qualifikationen werden verlangt?; **~d by law** gesetzlich vorgeschrieben.

required [rɪˈkwaɪəd] *adj* erforderlich.

requirement [rɪˈkwaɪəmənt] *n* (*need*) Bedarf *m*; (*condition*) Anforderung *f*; **to meet sb's ~s** jds Anforderungen erfüllen.

requisite [ˈrɛkwɪzɪt] *adj* erforderlich; **requisites** *npl*: **toilet/travel ~s** Toiletten-/Reiseartikel *pl*.

requisition [rɛkwɪˈzɪʃən] *n*: **~ (for)** (*demand*) Anforderung *f* (von) ♦ *vt* (*MIL*) beschlagnahmen.

reroute [riːˈruːt] *vt* (*train etc*) umleiten.

resale [riːˈseɪl] *n* Weiterverkauf *m*; **"not for ~"** „nicht zum Weiterverkauf bestimmt".

resale price maintenance *n* Preisbindung *f*.

rescind [rɪˈsɪnd] *vt* (*law, order*) aufheben; (*decision*) rückgängig machen; (*agreement*) widerrufen.

rescue [ˈrɛskjuː] *n* Rettung *f* ♦ *vt* retten; **to come to sb's ~** jdm zu Hilfe kommen.

rescue party *n* Rettungsmannschaft *f*.

rescuer [ˈrɛskjuə*] *n* Retter(in) *m(f)*.

research [rɪˈsəːtʃ] *n* Forschung *f* ♦ *vt* erforschen ♦ *vi*: **to ~ into sth** etw erforschen; **to do ~** Forschung betreiben; **a piece of ~** eine Forschungsarbeit; **~ and development** Forschung und Entwicklung.

researcher [rɪˈsəːtʃə*] *n* Forscher(in) *m(f)*.

research work *n* Forschungsarbeit *f*.

research worker *n* = **researcher**.

resell [riːˈsɛl] (*irreg: like* **sell**) *vt* weiterverkaufen.

resemblance [rɪˈzɛmbləns] *n* Ähnlichkeit *f*; **to bear a strong ~ to** starke Ähnlichkeit haben mit; **it bears no ~ to ...** es hat keine

Ähnlichkeit mit ...

resemble [rɪ'zɛmbl] vt ähneln +dat, gleichen +dat.

resent [rɪ'zɛnt] vt (attitude, treatment) missbilligen; (person) ablehnen.

resentful [rɪ'zɛntful] adj (person) gekränkt; (attitude) missbilligend.

resentment [rɪ'zɛntmənt] n Verbitterung f.

reservation [rɛzə'veɪʃən] n (booking) Reservierung f; (doubt) Vorbehalt m; (land) Reservat nt; **to make a ~** (in hotel etc) eine Reservierung vornehmen; **with ~(s)** (doubts) unter Vorbehalt.

reservation desk n Reservierungsschalter m.

reserve [rɪ'zɜːv] n Reserve f, Vorrat m; (fig: of talent etc) Reserve f; (SPORT) Reservespieler(in) m(f); (also: **nature ~**) Naturschutzgebiet nt; (restraint) Zurückhaltung f ♦ vt reservieren; (table, ticket) reservieren lassen; **reserves** npl (MIL) Reserve f; **in ~** in Reserve.

reserve currency n Reservewährung f.

reserved [rɪ'zɜːvd] adj (restrained) zurückhaltend; (seat) reserviert.

reserve price (BRIT) n Mindestpreis m.

reserve team (BRIT) n Reservemannschaft f.

reservist [rɪ'zɜːvɪst] n (MIL) Reservist m.

reservoir ['rɛzəvwɑː'] n (lit, fig) Reservoir nt.

reset [riː'sɛt] (irreg: like **set**) vt (watch) neu stellen; (broken bone) wieder einrichten; (COMPUT) zurückstellen.

reshape [riː'ʃeɪp] vt (policy, view) umgestalten.

reshuffle [riː'ʃʌfl] n: **cabinet ~** Kabinettsumbildung f.

reside [rɪ'zaɪd] vi (live: person) seinen/ihren Wohnsitz haben.

▶ **reside in** vt fus (exist) liegen in +dat.

residence ['rɛzɪdəns] n (form: home) Wohnsitz m; (length of stay) Aufenthalt m; **to take up ~** sich niederlassen; **in ~** (queen etc) anwesend; **writer/artist in ~** Schriftsteller/ Künstler, der in einer Ausbildungsstätte bei freier Unterkunft lehrt und arbeitet.

residence permit (BRIT) n Aufenthaltserlaubnis f.

resident ['rɛzɪdənt] n (of country, town) Einwohner(in) m(f); (in hotel) Gast m ♦ adj (in country, town) wohnhaft; (population) ansässig; (doctor) hauseigen; (landlord) im Hause wohnend.

residential [rɛzɪ'dɛnʃəl] adj (area) Wohn-; (course) mit Wohnung am Ort; (staff) im Hause wohnend.

residue ['rɛzɪdjuː] n (CHEM) Rückstand m; (fig) Überrest m.

resign [rɪ'zaɪn] vt (one's post) zurücktreten von ♦ vi (from post) zurücktreten; **to ~ o.s. to** (situation etc) sich abfinden mit.

resignation [rɛzɪg'neɪʃən] n (from post) Rücktritt m; (state of mind) Resignation f; **to tender one's ~** seine Kündigung einreichen.

resigned [rɪ'zaɪnd] adj: **to be ~ to sth** sich mit etw abgefunden haben.

resilience [rɪ'zɪlɪəns] n (of material) Widerstandsfähigkeit f; (of person) Unverwüstlichkeit f.

resilient [rɪ'zɪlɪənt] adj (see n) widerstandsfähig; unverwüstlich.

resin ['rɛzɪn] n Harz nt.

resist [rɪ'zɪst] vt (change, demand) sich widersetzen +dat; (attack etc) Widerstand leisten +dat; (urge etc) widerstehen +dat; **I couldn't ~ (doing) it** ich konnte nicht widerstehen(, es zu tun).

resistance [rɪ'zɪstəns] n (also ELEC) Widerstand m; (to illness) Widerstandsfähigkeit f.

resistant [rɪ'zɪstənt] adj: **~ (to)** (to change etc) widerstandsfähig (gegenüber); (to antibiotics etc) resistent (gegen).

resolute ['rɛzəluːt] adj (person) entschlossen, resolut; (refusal) entschieden.

resolution [rɛzə'luːʃən] n (decision) Beschluss m; (determination) Entschlossenheit f; (of problem) Lösung f; **to make a ~** einen Entschluss fassen.

resolve [rɪ'zɔlv] n (determination) Entschlossenheit f ♦ vt (problem) lösen; (difficulty) beseitigen ♦ vi: **to ~ to do sth** beschließen, etw zu tun.

resolved [rɪ'zɔlvd] adj (determined) entschlossen.

resonance ['rɛzənəns] n Resonanz f.

resonant ['rɛzənənt] adj (sound, voice) volltönend; (place) widerhallend.

resort [rɪ'zɔːt] n (town) Urlaubsort m; (recourse) Zuflucht f ♦ vi: **to ~ to** Zuflucht nehmen zu; **seaside ~** Seebad nt; **winter sports ~** Wintersportort m; **as a last ~** als letzter Ausweg; **in the last ~** schlimmstenfalls.

resound [rɪ'zaund] vi: **to ~ (with)** widerhallen (von).

resounding [rɪ'zaundɪŋ] adj (noise) widerhallend; (voice) schallend; (fig: success) durchschlagend; (: victory) überlegen.

resource [rɪ'sɔːs] n (raw material) Bodenschatz m; **resources** npl (coal, oil etc) Energiequellen pl; (money) Mittel pl, Ressourcen pl; **natural ~s** Naturschätze pl.

resourceful [rɪ'sɔːsful] adj einfallsreich.

resourcefulness [rɪ'sɔːsfulnɪs] n Einfallsreichtum m.

respect [rɪs'pɛkt] n (consideration, esteem) Respekt m ♦ vt respektieren; **respects** npl (greetings) Grüße pl; **to have ~ for sb/sth** Respekt vor jdm/etw haben; **to show sb/sth ~** Respekt vor jdm/etw zeigen; **out of ~ for** aus Rücksicht auf +acc; **with ~ to in ~ of** in Bezug auf +acc; **in this ~** in dieser Hinsicht; **in some/many ~s** in gewisser/vielfacher Hinsicht; **with (all due) ~** bei allem Respekt.

respectability [rɪspɛktə'bɪlɪtɪ] n
Anständigkeit f.
respectable [rɪs'pɛktəbl] adj anständig;
(amount, income) ansehnlich; (standard, mark
etc) ordentlich.
respected [rɪs'pɛktɪd] adj angesehen.
respectful [rɪs'pɛktful] adj respektvoll.
respectfully [rɪs'pɛktfəlɪ] adv (behave)
respektvoll.
respective [rɪs'pɛktɪv] adj jeweilig.
respectively [rɪs'pɛktɪvlɪ] adv
beziehungsweise; **Germany and Britain were
3rd and 4th ~** Deutschland und
Großbritannien belegten den 3.
beziehungsweise 4. Platz.
respiration [rɛspɪ'reɪʃən] n see **artificial**.
respirator ['rɛspɪreɪtə'] n Respirator m,
Beatmungsgerät nt.
respiratory ['rɛspərətərɪ] adj (system, failure)
Atmungs-.
respite ['rɛspaɪt] n (rest) Ruhepause f.
resplendent [rɪs'plɛndənt] adj (clothes)
prächtig.
respond [rɪs'pɔnd] vi (answer) antworten;
(react) reagieren.
respondent [rɪs'pɔndənt] n (LAW) Beklagte(r)
f(m).
response [rɪs'pɔns] n (to question) Antwort f;
(to event etc) Reaktion f; **in ~ to** als
Antwort/Reaktion auf +acc.
responsibility [rɪspɔnsɪ'bɪlɪtɪ] n
Verantwortung f; **to take ~ for sth/sb** die
Verantwortung für etw/jdn übernehmen.
responsible [rɪs'pɔnsɪbl] adj verantwortlich;
(reliable, important) verantwortungsvoll; **to
be ~ for sth** für etw verantwortlich sein; **to
be ~ for doing sth** dafür verantwortlich
sein, etw zu tun; **to be ~ to sb** jdm
gegenüber verantwortlich sein.
responsibly [rɪs'pɔnsɪblɪ] adv
verantwortungsvoll.
responsive [rɪs'pɔnsɪv] adj (person)
ansprechbar.
rest [rɛst] n (relaxation) Ruhe f; (pause)
Ruhepause f; (remainder) Rest m; (support)
Stütze f; (MUS) Pause f ♦ vi (relax) sich
ausruhen ♦ vt (eyes, legs etc) ausruhen; **the
~ of them** die Übrigen; **to put** or **set sb's
mind at ~** jdn beruhigen; **to come to ~**
(object) zum Stillstand kommen; **to lay sb to
~** jdn zur letzten Ruhe betten; **to ~ on sth**
(lit, fig) sich auf etw acc stützen; **to let the
matter ~** die Sache auf sich beruhen lassen;
~ assured that ... seien Sie versichert, dass
...; **I won't ~ until ...** ich werde nicht ruhen,
bis ...; **may he/she ~ in peace** möge er/sie in
Frieden ruhen; **to ~ sth on/against sth**
(lean) etw an acc/gegen etw lehnen; **to
~ one's eyes** or **gaze on sth** den Blick auf
etw heften; **I ~ my case** mehr brauche ich
dazu wohl nicht zu sagen.
restart [riː'stɑːt] vt (engine) wieder anlassen;

(work) wieder aufnehmen.
restaurant ['rɛstərɔŋ] n Restaurant nt.
restaurant car (BRIT) n (RAIL) Speisewagen
m.
rest cure n Erholung f.
restful ['rɛstful] adj (music) ruhig; (lighting)
beruhigend; (atmosphere) friedlich.
rest home n Pflegeheim nt.
restitution [rɛstɪ'tjuːʃən] n: **to make ~ to sb
of sth** jdm etw zurückerstatten; (as
compensation) jdn für etw entschädigen.
restive ['rɛstɪv] adj (person, crew) unruhig;
(horse) störrisch.
restless ['rɛstlɪs] adj rastlos; (audience)
unruhig; **to get ~** unruhig werden.
restlessly ['rɛstlɪslɪ] adv (walk around) rastlos;
(turn over) unruhig.
restock [riː'stɔk] vt (shop, freezer) wieder
auffüllen; (lake, river: with fish) wieder
besetzen.
restoration [rɛstə'reɪʃən] n (of painting etc)
Restauration f; (of law and order, health, sight
etc) Wiederherstellung f; (of land, rights)
Rückgabe f; (HIST): **the R~** die Restauration.
restorative [rɪ'stɔrətɪv] adj (power, treatment)
stärkend ♦ n (old: drink) Stärkungsmittel nt.
restore [rɪ'stɔː'] vt (painting etc) restaurieren;
(law and order, faith etc) wieder herstellen;
(health) wiederherstellen; (property)
zurückgeben; **to ~ sth to** (to former state)
etw zurückverwandeln in +acc; **to ~ sb to
power** jdn wieder an die Macht bringen.
restorer [rɪ'stɔːrə'] n (ART etc) Restaurator(in)
m(f).
restrain [rɪs'treɪn] vt (person) zurückhalten;
(feeling) unterdrücken; (growth, inflation)
dämpfen; **to ~ sb from doing sth** jdn davon
abhalten, etw zu tun; **to ~ o.s. from doing
sth** sich beherrschen, etw nicht zu tun.
restrained [rɪs'treɪnd] adj (person) beherrscht;
(style etc) zurückhaltend.
restraint [rɪs'treɪnt] n (restriction)
Einschränkung f; (moderation)
Zurückhaltung f; **wage ~** Zurückhaltung f
bei Lohnforderungen.
restrict [rɪs'trɪkt] vt beschränken.
restricted area (BRIT) n (AUT) Bereich m mit
Geschwindigkeitsbeschränkung.
restriction [rɪs'trɪkʃən] n Beschränkung f.
restrictive [rɪs'trɪktɪv] adj (law, measure)
restriktiv; (clothing) beengend.
restrictive practices (BRIT) npl (INDUSTRY)
wettbewerbshemmende
Geschäftspraktiken pl.
rest room (US) n Toilette f.
restructure [riː'strʌktʃə'] vt umstrukturieren.
result [rɪ'zʌlt] n Resultat nt; (of match, election,
exam etc) Ergebnis nt ♦ vi: **to ~ in** führen zu;
as a ~ of the accident als Folge des Unfalls;
he missed the train as a ~ of sleeping in er
verpasste den Zug, weil er verschlafen
hatte; **to ~ from** resultieren or sich ergeben

aus; **as a ~ it is too expensive** folglich ist es zu teuer.

resultant [rɪ'zʌltənt] *adj* resultierend, sich ergebend.

resume [rɪ'zju:m] *vt* (*work, journey*) wieder aufnehmen; (*seat*) wieder einnehmen ♦ *vi* (*start again*) von neuem beginnen.

résumé ['reɪsju:meɪ] *n* Zusammenfassung *f*; (*US: curriculum vitae*) Lebenslauf *m*.

resumption [rɪ'zʌmpʃən] *n* (*of work etc*) Wiederaufnahme *f*.

resurgence [rɪ'sɜ:dʒəns] *n* Wiederaufleben *nt*.

resurrection [rɛzə'rɛkʃən] *n* (*of hopes, fears*) Wiederaufleben *nt*; (*of custom etc*) Wiederbelebung *f*; (*REL*): **the R~** die Auferstehung *f*.

resuscitate [rɪ'sʌsɪteɪt] *vt* (*MED, fig*) wieder beleben.

resuscitation [rɪsʌsɪ'teɪʃən] *n* Wiederbelebung *f*.

retail ['ri:teɪl] *adj* (*trade, department*) Verkaufs-; (*shop, goods*) Einzelhandels- ♦ *adv* im Einzelhandel ♦ *vt* (*sell*) (im Einzelhandel) verkaufen ♦ *vi*: **to ~ at** (im Einzelhandel) kosten; **this product ~s at £25** dieses Produkt kostet im Laden £25.

retailer ['ri:teɪlə*] *n* Einzelhändler(in) *m(f)*.

retail outlet *n* Einzelhandelsverkaufsstelle *f*.

retail price *n* Einzelhandelspreis *m*.

retail price index *n* Einzelhandelspreisindex *m*.

retain [rɪ'teɪn] *vt* (*keep*) behalten; (: *heat, moisture*) zurückhalten.

retainer [rɪ'teɪnə*] *n* (*fee*) Vorauszahlung *f*.

retaliate [rɪ'tælɪeɪt] *vi* Vergeltung üben.

retaliation [rɪtælɪ'eɪʃən] *n* Vergeltung *f*; **in ~ for** als Vergeltung für.

retaliatory [rɪ'tælɪətərɪ] *adj* (*move, attack*) Vergeltungs-.

retarded [rɪ'tɑ:dɪd] *adj* zurückgeblieben; **mentally ~** geistig zurückgeblieben.

retch [rɛtʃ] *vi* würgen.

retention [rɪ'tɛnʃən] *n* (*of tradition etc*) Beibehaltung *f*; (*of land, memories*) Behalten *nt*; (*of heat, fluid etc*) Zurückhalten *nt*.

retentive [rɪ'tɛntɪv] *adj* (*memory*) merkfähig.

rethink ['ri:'θɪŋk] *vt* noch einmal überdenken.

reticence ['rɛtɪsns] *n* Zurückhaltung *f*.

reticent ['rɛtɪsnt] *adj* zurückhaltend.

retina ['rɛtɪnə] *n* Netzhaut *f*.

retinue ['rɛtɪnju:] *n* Gefolge *nt*.

retire [rɪ'taɪə*] *vi* (*give up work*) in den Ruhestand treten; (*withdraw, go to bed*) sich zurückziehen.

retired [rɪ'taɪəd] *adj* (*person*) im Ruhestand.

retirement [rɪ'taɪəmənt] *n* (*state*) Ruhestand *m*; (*act*) Pensionierung *f*.

retirement age *n* Rentenalter *nt*.

retiring [rɪ'taɪərɪŋ] *adj* (*leaving*) ausscheidend; (*shy*) zurückhaltend.

retort [rɪ'tɔ:t] *vi* erwidern ♦ *n* (*reply*) Erwiderung *f*.

retrace [ri:'treɪs] *vt*: **to ~ one's steps** (*lit, fig*) seine Schritte zurückverfolgen.

retract [rɪ'trækt] *vt* (*promise*) zurücknehmen; (*confession*) zurückziehen; (*claws, undercarriage*) einziehen.

retractable [rɪ'træktəbl] *adj* (*undercarriage, aerial*) einziehbar.

retrain [ri:'treɪn] *vt* umschulen ♦ *vi* umgeschult werden.

retraining [ri:'treɪnɪŋ] *n* Umschulung *f*.

retread ['ri:trɛd] *n* (*tyre*) runderneuerter Reifen *m*.

retreat [rɪ'tri:t] *n* (*place*) Zufluchtsort *m*; (*withdrawal: also MIL*) Rückzug *m* ♦ *vi* sich zurückziehen; **to beat a hasty ~** schleunigst den Rückzug antreten.

retrial [ri:'traɪəl] *n* erneute Verhandlung *f*.

retribution [rɛtrɪ'bju:ʃən] *n* Strafe *f*.

retrieval [rɪ'tri:vəl] *n* (*of object*) Zurückholen *nt*; (*COMPUT*) Abruf *m*.

retrieve [rɪ'tri:v] *vt* (*object*) zurückholen; (*situation*) retten; (*error*) wieder gutmachen; (*dog*) apportieren; (*COMPUT*) abrufen.

retriever [rɪ'tri:və*] *n* (*dog*) Apportierhund *m*.

retroactive [rɛtrəu'æktɪv] *adj* rückwirkend.

retrograde ['rɛtrəgreɪd] *adj* (*step*) Rück-.

retrospect ['rɛtrəspɛkt] *n*: **in ~** rückblickend, im Rückblick.

retrospective [rɛtrə'spɛktɪv] *adj* (*opinion etc*) im Nachhinein; (*law, tax*) rückwirkend ♦ *n* (*ART*) Retrospektive *f*.

return [rɪ'tɜ:n] *n* (*going or coming back*) Rückkehr *f*; (*of sth stolen etc*) Rückgabe *f*; (*also: ~ ticket: BRIT*) Rückfahrkarte *f*; (*FIN: from investment etc*) Ertrag *m*; (*of merchandise*) Rücksendung *f*; (*official report*) Erklärung *f* ♦ *cpd* (*journey*) Rück- ♦ *vi* (*person etc: come or go back*) zurückkehren; (*feelings, symptoms etc*) wiederkehren ♦ *vt* (*favour, greetings etc*) erwidern; (*sth stolen etc*) zurückgeben; (*LAW: verdict*) fällen; (*POL: candidate*) wählen; (*ball*) zurückspielen; **returns** *npl* (*COMM*) Gewinne *pl*; **in ~ (for)** als Gegenleistung (für); **by ~ of post** postwendend; **many happy ~s (of the day)!** herzlichen Glückwunsch zum Geburtstag!; **~ match** Rückspiel *nt*.

▶ **return to** *vt fus* (*regain: consciousness, power*) wiedererlangen.

returnable [rɪ'tɜ:nəbl] *adj* (*bottle etc*) Mehrweg-.

returner *n* jd, der nach längerer Abwesenheit wieder in die Arbeitswelt zurückkehrt.

returning officer [rɪ'tɜ:nɪŋ-] (*BRIT*) *n* Wahlleiter(in) *m(f)*.

return key *n* (*COMPUT*) Return-Taste *f*.

reunion [ri:'ju:nɪən] *n* Treffen *nt*; (*after long separation*) Wiedervereinigung *f*.

reunite [ri:ju:'naɪt] *vt* wieder vereinigen.

Rev. *abbr* (*REL*) = **Reverend**.

rev [rɛv] *n abbr* (*AUT*: = *revolution per minute*) Umdrehung *f* pro Minute, U/min. ♦ *vt* (*also*:

~ **up:** *engine*) aufheulen lassen.

revaluation [riːvælju'eɪʃən] *n* (*of property*) Neuschätzung *f*; (*of currency*) Aufwertung *f*; (*of attitudes*) Neubewertung *f*.

revamp [riː'væmp] *vt* (*company, system*) auf Vordermann bringen.

rev counter (*BRIT*) *n* (*AUT*) Drehzahlmesser *m*.

Revd. *abbr* (*REL*) = **Reverend**.

reveal [rɪ'viːl] *vt* (*make known*) enthüllen; (*make visible*) zum Vorschein bringen.

revealing [rɪ'viːlɪŋ] *adj* (*comment, action*) aufschlussreich; (*dress*) tief ausgeschnitten.

reveille [rɪ'vælɪ] *n* (*MIL*) Wecksignal *nt*.

revel ['rɛvl] *vi*: **to ~ in sth** in etw schwelgen; **to ~ in doing sth** es genießen, etw zu tun.

revelation [rɛvə'leɪʃən] *n* (*disclosure*) Enthüllung *f*.

reveller ['rɛvlə*] *n* Zecher(in) *m(f)*.

revelry ['rɛvlrɪ] *n* Gelage *nt*.

revenge [rɪ'vɛndʒ] *n* (*for insult etc*) Rache *f* ♦ *vt* rächen; **to get one's ~ (for sth)** seine Rache (für etw) bekommen; **to ~ o.s.** *or* **take one's ~ (on sb)** sich (an jdm) rächen.

revengeful [rɪ'vɛndʒful] *adj* rachsüchtig.

revenue ['rɛvənjuː] *n* (*of person, company*) Einnahmen *pl*; (*of government*) Staatseinkünfte *pl*.

reverberate [rɪ'vəːbəreɪt] *vi* (*sound etc*) widerhallen; (*fig: shock etc*) Nachwirkungen haben.

reverberation [rɪvəːbə'reɪʃən] *n* (*of sound*) Widerhall *m*; (*fig: of event etc*) Nachwirkungen *pl*.

revere [rɪ'vɪə*] *vt* verehren.

reverence ['rɛvərəns] *n* Ehrfurcht *f*.

Reverend ['rɛvərənd] *adj* (*in titles*) Pfarrer; **the ~ John Smith** Pfarrer John Smith.

reverent ['rɛvərənt] *adj* ehrfürchtig.

reverie ['rɛvərɪ] *n* Träumerei *f*.

reversal [rɪ'vəːsl] *n* (*of policy, trend*) Umkehr *f*; **a ~ of roles** ein Rollentausch *m*.

reverse [rɪ'vəːs] *n* (*opposite*) Gegenteil *nt*; (*back: of cloth*) linke Seite *f*; (: *of coin, paper*) Rückseite *f*; (*AUT: also: ~ gear*) Rückwärtsgang *m*; (*setback*) Rückschlag *m* ♦ *adj* (*side*) Rück-; (*process*) umgekehrt ♦ *vt* (*position, trend etc*) umkehren; (*LAW: verdict*) revidieren; (*roles*) vertauschen; (*car*) zurücksetzen ♦ *vi* (*BRIT: AUT*) zurücksetzen; **in ~** umgekehrt; **to go into ~** den Rückwärtsgang einlegen; **in ~ order** in umgekehrter Reihenfolge; **to ~ direction** sich um 180 Grad drehen.

reverse-charge call [rɪ'vəːstʃɑːdʒ-] (*BRIT*) *n* R-Gespräch *nt*.

reverse video *n* (*COMPUT*) invertierte Darstellung *f*.

reversible [rɪ'vəːsəbl] *adj* (*garment*) auf beiden Seiten tragbar; (*decision, operation*) umkehrbar.

reversing lights [rɪ'vəːsɪŋ-] (*BRIT*) *npl* Rückfahrscheinwerfer *m*.

reversion [rɪ'vəːʃən] *n*: ~ **to** Rückfall in +*acc*; (*ZOOL*) Rückentwicklung *f*.

revert [rɪ'vəːt] *vi*: **to ~ to** (*former state*) zurückkehren zu, zurückfallen in +*acc*; (*LAW: money, property*) zurückfallen an +*acc*.

review [rɪ'vjuː] *n* (*magazine*) Zeitschrift *f*; (*MIL*) Inspektion *f*; (*of book, film etc*) Kritik *f*, Besprechung *f*, Rezension *f*; (*of policy etc*) Überprüfung *f* ♦ *vt* (*MIL: troops*) inspizieren; (*book, film etc*) besprechen, rezensieren; (*policy etc*) überprüfen; **to be/come under ~** überprüft werden.

reviewer [rɪ'vjuːə*] *n* Kritiker(in) *m(f)*, Rezensent(in) *m(f)*.

revile [rɪ'vaɪl] *vt* schmähen.

revise [rɪ'vaɪz] *vt* (*manuscript*) überarbeiten, revidieren; (*opinion etc*) ändern; (*price, procedure*) revidieren ♦ *vi* (*study*) wiederholen; **~d edition** überarbeitete Ausgabe.

revision [rɪ'vɪʒən] *n* (*of manuscript, law etc*) Überarbeitung *f*, Revision *f*; (*for exam*) Wiederholung *f*.

revitalize [riː'vaɪtəlaɪz] *vt* neu beleben.

revival [rɪ'vaɪvəl] *n* (*recovery*) Aufschwung *m*; (*of interest, faith*) Wiederaufleben *nt*; (*THEAT*) Wiederaufnahme *f*.

revive [rɪ'vaɪv] *vt* (*person*) wieder beleben; (*economy etc*) Auftrieb geben +*dat*; (*custom*) wieder aufleben lassen; (*hope, interest etc*) neu beleben; (*play*) wieder aufnehmen ♦ *vi* (*person*) wieder zu sich kommen; (*activity, economy etc*) wieder aufblühen; (*hope, interest etc*) wieder erweckt werden.

revoke [rɪ'vəuk] *vt* (*law etc*) aufheben; (*title, licence*) entziehen +*dat*; (*promise, decision*) widerrufen.

revolt [rɪ'vəult] *n* Revolte *f*, Aufstand *m* ♦ *vi* rebellieren ♦ *vt* abstoßen; **to ~ against sb/ sth** gegen jdn/etw rebellieren.

revolting [rɪ'vəultɪŋ] *adj* (*disgusting*) abscheulich, ekelhaft.

revolution [rɛvə'luːʃən] *n* (*POL etc*) Revolution *f*; (*rotation*) Umdrehung *f*.

revolutionary [rɛvə'luːʃənrɪ] *adj* revolutionär; (*leader, army*) Revolutions- ♦ *n* Revolutionär(in) *m(f)*.

revolutionize [rɛvə'luːʃənaɪz] *vt* revolutionieren.

revolve [rɪ'vɔlv] *vi* sich drehen; **to ~ (a)round** sich drehen um.

revolver [rɪ'vɔlvə*] *n* Revolver *m*.

revolving [rɪ'vɔlvɪŋ] *adj* (*chair*) Dreh-; (*sprinkler etc*) drehbar.

revolving door *n* Drehtür *f*.

revue [rɪ'vjuː] *n* (*THEAT*) Revue *f*.

revulsion [rɪ'vʌlʃən] *n* (*disgust*) Abscheu *m*, Ekel *m*.

reward [rɪ'wɔːd] *n* Belohnung *f*; (*satisfaction*) Befriedigung *f* ♦ *vt* belohnen.

rewarding [rɪ'wɔːdɪŋ] *adj* lohnend; **financially**

rewind [riː'waɪnd] (*irreg: like* **wind**) *vt* (*tape etc*) zurückspulen.

rewire [riː'waɪə^r] *vt* neu verkabeln.

reword [riː'wɜːd] *vt* (*message, note*) umformulieren.

rework [riː'wɜːk] *vt* (*use again: theme etc*) wieder verarbeiten; (*revise*) neu fassen.

rewrite [riː'raɪt] (*irreg: like* **write**) *vt* neu schreiben.

Reykjavik ['reɪkjəviːk] *n* Reykjavik *nt*.

RFD (*US*) *abbr* (*POST*: = *rural free delivery*) *freie Landpostzustellung*.

RGN (*BRIT*) *n abbr* (= *Registered General Nurse*) staatlich geprüfte Krankenschwester *f*, staatlich geprüfter Krankenpfleger *m*.

Rh *abbr* (*MED*: = *rhesus*) Rh.

rhapsody ['ræpsədɪ] *n* (*MUS*) Rhapsodie *f*.

rhesus negative *adj* Rhesus negativ.

rhesus positive *adj* Rhesus positiv.

rhetoric ['retərɪk] *n* Rhetorik *f*.

rhetorical [rɪ'tɔrɪkl] *adj* rhetorisch.

rheumatic [ruː'mætɪk] *adj* rheumatisch.

rheumatism ['ruːmətɪzəm] *n* Rheuma *nt*, Rheumatismus *m*.

rheumatoid arthritis ['ruːmətɔɪd-] *n* Gelenkrheumatismus *m*.

Rhine [raɪn] *n*: **the** ~ der Rhein.

rhinestone ['raɪnstəʊn] *n* Rheinkiesel *m*.

rhinoceros [raɪ'nɔsərəs] *n* Rhinozeros *nt*.

Rhodes [rəʊdz] *n* Rhodos *nt*.

Rhodesia [rəʊ'diːʒə] (*formerly*) *n* (*GEOG*) Rhodesien *nt*.

rhododendron [rəʊdə'dendrən] *n* Rhododendron *m or nt*.

Rhone [rəʊn] *n*: **the** ~ die Rhone.

rhubarb ['ruːbɑːb] *n* Rhabarber *m*.

rhyme [raɪm] *n* Reim *m*; (*verse*) Verse *pl* ♦ *vi*: **to** ~ **(with)** sich reimen (mit); **without** ~ **or reason** ohne Sinn und Verstand.

rhythm ['rɪðm] *n* Rhythmus *m*.

rhythmic(al) ['rɪðmɪk(l)] *adj* rhythmisch.

rhythmically ['rɪðmɪklɪ] *adv* (*move, beat*) rhythmisch, im Rhythmus.

rhythm method *n* Knaus-Ogino-Methode *f*.

RI *n abbr* (*BRIT: SCOL*: = *religious instruction*) Religionsunterricht *m* ♦ *abbr* (*US: POST*: = *Rhode Island*).

rib [rɪb] *n* Rippe *f* ♦ *vt* (*mock*) aufziehen.

ribald ['rɪbəld] *adj* (*laughter, joke*) rüde; (*person*) anzüglich.

ribbed [rɪbd] *adj* (*socks, sweater*) gerippt.

ribbon ['rɪbən] *n* (*for hair, decoration*) Band *nt*; (*of typewriter*) Farbband *nt*; **in** ~**s** (*torn*) in Fetzen.

rice [raɪs] *n* Reis *m*.

ricefield ['raɪsfiːld] *n* Reisfeld *nt*.

rice pudding *n* Milchreis *m*.

rich [rɪtʃ] *adj* reich; (*soil*) fruchtbar; (*food*) schwer; (*diet*) reichhaltig; (*colour*) satt; (*voice*) volltönend; (*tapestries, silks*) prächtig ♦ *npl*: **the** ~ die Reichen; ~ **in** reich an +*dat*.

riches ['rɪtʃɪz] *npl* Reichtum *m*.

richly ['rɪtʃlɪ] *adv* (*decorated, carved*) reich; (*reward, benefit*) reichlich; ~ **deserved/ earned** wohlverdient.

richness ['rɪtʃnɪs] *n* (*wealth*) Reichtum *m*; (*of life, culture, food*) Reichhaltigkeit *f*; (*of soil*) Fruchtbarkeit *f*; (*of costumes, furnishings*) Pracht *f*.

rickets ['rɪkɪts] *n* Rachitis *f*.

rickety ['rɪkɪtɪ] *adj* (*chair etc*) wackelig.

rickshaw ['rɪkʃɔː] *n* Rikscha *f*.

ricochet ['rɪkəʃeɪ] *vi* abprallen ♦ *n* Abpraller *m*.

rid [rɪd] (*pt, pp* **rid**) *vt*: **to** ~ **sb/sth of** jdn/etw befreien von; **to get** ~ **of** loswerden; (*inhibitions, illusions etc*) sich befreien von.

riddance ['rɪdns] *n*: **good** ~**!** gut, dass wir den/die/das los sind!

ridden ['rɪdn] *pp of* **ride**.

riddle ['rɪdl] *n* Rätsel *nt* ♦ *vt*: **to be** ~**d with** (*guilt, doubts*) geplagt sein von; (*holes, corruption*) durchsetzt sein von.

ride [raɪd] (*pt* **rode**, *pp* **ridden**) *n* (*in car, on bicycle*) Fahrt *f*; (*on horse*) Ritt *m*; (*path*) Reitweg *m* ♦ *vi* (*on horse*) reiten; (*on bicycle, bus etc*) fahren ♦ *vt* (*see vi*) reiten; fahren; **car** ~ Autofahrt *f*; **to go for a** ~ eine Fahrt/ einen Ausritt machen; **to take sb for a** ~ (*fig*) jdn hereinlegen; **we rode all day/all the way** wir sind den ganzen Tag/den ganzen Weg geritten/gefahren; **to** ~ **at anchor** (*NAUT*) vor Anker liegen; **can you** ~ **a bike?** kannst du Fahrrad fahren?

▶ **ride out** *vt*: **to** ~ **out the storm** (*fig*) den Sturm überstehen.

rider ['raɪdə^r] *n* (*on horse*) Reiter(in) *m(f)*; (*on bicycle etc*) Fahrer(in) *m(f)*; (*in document etc*) Zusatz *m*.

ridge [rɪdʒ] *n* (*of hill*) Grat *m*; (*of roof*) First *m*; (*in sand etc*) Rippelmarke *f*.

ridicule ['rɪdɪkjuːl] *n* Spott *m* ♦ *vt* (*person*) verspotten; (*proposal, system etc*) lächerlich machen; **she was the object of** ~ alle machten sich über sie lustig.

ridiculous [rɪ'dɪkjʊləs] *adj* lächerlich.

riding ['raɪdɪŋ] *n* Reiten *nt*.

riding school *n* Reitschule *f*.

rife [raɪf] *adj*: **to be** ~ (*corruption, disease etc*) grassieren; **to be** ~ **with** (*rumours etc*) durchsetzt sein von.

riffraff ['rɪfræf] *n* Gesindel *nt*.

rifle ['raɪfl] *n* (*gun*) Gewehr *nt* ♦ *vt* (*wallet etc*) plündern.

▶ **rifle through** *vt fus* (*papers etc*) durchwühlen.

rifle range *n* Schießstand *m*.

rift [rɪft] *n* Spalt *m*; (*fig*) Kluft *f*.

rig [rɪg] *n* (*also*: **oil** ~: *at sea*) Bohrinsel *f*; (: *on land*) Bohrturm *m* ♦ *vt* (*election, game etc*) manipulieren.

▶ **rig out** (*BRIT*) *vt*: **to** ~ **sb out as/in** jdn ausstaffieren als/in +*dat*.

▶ **rig up** vt (device) montieren.

rigging ['rɪgɪŋ] n (NAUT) Takelage f.

right [raɪt] adj (correct) richtig; (not left) rechte(r, s) ♦ n Recht nt ♦ adv (correctly, properly) richtig; (directly, exactly) genau; (not on the left) rechts ♦ vt (ship, car etc) aufrichten; (fault, situation) korrigieren, berichtigen ♦ excl okay; **the ~ time** (exact) die genaue Zeit; (most suitable) die richtige Zeit; **to be ~** (person) Recht haben; (answer, fact) richtig sein; (clock) genau gehen; (reading etc) korrekt sein; **to get sth ~** etw richtig machen; **let's get it ~ this time!** diesmal machen wir es richtig!; **you did the ~ thing** du hast das Richtige getan; **to put sth ~** (mistake etc) etw berichtigen; **on/to the ~** rechts; **the R~** (POL) die Rechte; **by ~s** richtig genommen; **to be in the ~** im Recht sein; **you're within your ~s (to do that)** es ist dein gutes Recht(, das zu tun); **he is a well-known author in his own ~** er ist selbst auch ein bekannter Autor; **film ~s** Filmrechte pl; **~ now** im Moment; **~ before/after the party** gleich vor/nach der Party; **~ against the wall** unmittelbar an der Wand; **~ ahead** geradeaus; **~ away** (immediately) sofort; **~ in the middle** genau in der Mitte; **he went ~ to the end of the road** er ging bis ganz ans Ende der Straße.

right angle n rechter Winkel m.

right-click ['raɪtklɪk] (COMPUT) vi rechts klicken ♦ vt rechts klicken auf (+acc).

righteous ['raɪtʃəs] adj (person) rechtschaffen; (indignation) gerecht.

righteousness ['raɪtʃəsnɪs] n Rechtschaffenheit f.

rightful ['raɪtful] adj rechtmäßig.

rightfully ['raɪtfəlɪ] adv von Rechts wegen.

right-hand drive adj (vehicle) mit Rechtssteuerung.

right-handed [raɪt'hændɪd] adj rechtshändig.

right-hand man n rechte Hand f.

right-hand side n rechte Seite f.

rightly ['raɪtlɪ] adv (with reason) zu Recht; **if I remember ~** (BRIT) wenn ich mich recht entsinne.

right-minded [raɪt'maɪndɪd] adj vernünftig.

right of way n (on path etc) Durchgangsrecht f; (AUT) Vorfahrt f.

rights issue n (STOCK EXCHANGE) Bezugsrechtsemission f.

right wing n (POL, SPORT) rechter Flügel m.

right-wing [raɪt'wɪŋ] adj (POL) rechtsgerichtet.

right-winger [raɪt'wɪŋə*] n (POL) Rechte(r) f(m); (SPORT) Rechtsaußen m.

rigid ['rɪdʒɪd] adj (structure, views) starr; (principle, control etc) streng.

rigidity [rɪ'dʒɪdɪtɪ] n (of structure etc) Starrheit f; (of attitude, views etc) Strenge f.

rigidly ['rɪdʒɪdlɪ] adv (hold, fix etc) starr; (control, interpret) streng.

rigmarole ['rɪgmərəʊl] n Gedöns nt (inf).

rigor ['rɪgə*] (US) n = rigour.

rigor mortis ['rɪgə'mɔːtɪs] n Totenstarre f.

rigorous ['rɪgərəs] adj (control etc) streng; (training) gründlich.

rigorously ['rɪgərəslɪ] adv (test, assess etc) streng.

rigour, (US) **rigor** ['rɪgə*] n (of argument, law) Strenge f; (of research) Gründlichkeit f; **the ~s of life/winter** die Härten des Lebens/des Winters.

rig-out ['rɪgaʊt] (BRIT: inf) n Aufzug m.

rile [raɪl] vt ärgern.

rim [rɪm] n (of glass, spectacles) Rand m; (of wheel) Felge f, Radkranz m.

rimless ['rɪmlɪs] adj (spectacles) randlos.

rimmed [rɪmd] adj: **~ with** umrandet von; **gold-~ spectacles** Brille f mit Goldfassung or Goldrand.

rind [raɪnd] n (of bacon) Schwarte f; (of lemon, melon) Schale f; (of cheese) Rinde f.

ring [rɪŋ] (pt **rang**, pp **rung**) n Ring m; (of people, objects) Kreis m; (of circus) Manege f; (bullring) Arena f; (sound of telephone) Klingeln nt; (sound of bell) Läuten nt; (on cooker) Kochstelle m ♦ vi (TEL: person) anrufen; (telephone, doorbell) klingeln; (bell) läuten; (also: ~ out) ertönen ♦ vt (BRIT: TEL) anrufen; (bell etc) läuten; (encircle) einen Kreis machen um; **to give sb a ~** (BRIT: TEL) jdn anrufen; **that has a ~ of truth about it** das könnte stimmen; **to run ~s round sb** (inf, fig) jdn in die Tasche stecken; **to ~ true/false** wahr/falsch klingen; **my ears are ~ing** mir klingen die Ohren; **to ~ the doorbell** klingeln; **the name doesn't ~ a bell (with me)** der Name sagt mir nichts.

▶ **ring back** (BRIT) vt, vi (TEL) zurückrufen.

▶ **ring off** (BRIT) vi (TEL) (den Hörer) auflegen.

▶ **ring up** (BRIT) vt (TEL) anrufen.

ring binder n Ringbuch nt.

ring finger n Ringfinger m.

ringing ['rɪŋɪŋ] n (of telephone) Klingeln nt; (of bell) Läuten nt; (in ears) Klingen nt.

ringing tone (BRIT) n (TEL) Rufzeichen nt.

ringleader ['rɪŋliːdə*] n Rädelsführer(in) m(f).

ringlets ['rɪŋlɪts] npl Ringellocken pl; **in ~** in Ringellocken.

ring road (BRIT) n Ringstraße f.

rink [rɪŋk] n (also: **ice ~**) Eisbahn f; (also: **roller skating ~**) Rollschuhbahn f.

rinse [rɪns] n Spülen nt; (of hands) Abspülen nt; (hair dye) Tönung f ♦ vt spülen; (hands) abspülen; (also: ~ out: clothes) auswaschen; (: mouth) ausspülen; **to give sth a ~** etw spülen; (dishes) etw abspülen.

Rio (de Janeiro) ['riːəʊ(dədʒə'nɪərəʊ)] n Rio (de Janeiro) nt.

riot ['raɪət] n (disturbance) Aufruhr m ♦ vi randalieren; **a ~ of colours** ein Farbenmeer nt; **to run ~** randalieren.

rioter ['raɪətə*] *n* Randalierer *m*.

riot gear *n* Schutzausrüstung *f*.

riotous ['raɪətəs] *adj* (*crowd*) randalierend; (*nights, party*) ausschweifend; (*welcome etc*) tumultartig.

riotously ['raɪətəslɪ] *adv*: ~ **funny** *or* **comic** urkomisch.

riot police *n* Bereitschaftspolizei *f*; **hundreds of** ~ hunderte *or* Hunderte von Bereitschaftspolizisten.

RIP *abbr* (= *rest in peace*) R.I.P.

rip [rɪp] *n* (*tear*) Riss *m* ♦ *vt* zerreißen ♦ *vi* reißen.

▶ **rip off** *vt* (*clothes*) herunterreißen; (*inf: swindle*) sich übers Ohr hauen.

▶ **rip up** *vt* zerreißen.

ripcord ['rɪpkɔːd] *n* Reißleine *f*.

ripe [raɪp] *adj* reif; **to be** ~ **for sth** (*fig*) reif für etw sein; **he lived to a** ~ **old age** er erreichte ein stolzes Alter.

ripen ['raɪpn] *vt* reifen lassen ♦ *vi* reifen.

ripeness ['raɪpnɪs] *n* Reife *f*.

rip-off ['rɪpɔf] (*inf*) *n*: **it's a** ~! das ist Wucher!

riposte [rɪ'pɔst] *n* scharfe Entgegnung *f*.

ripple ['rɪpl] *n* (*wave*) kleine Welle *f*; (*of laughter, applause*) Welle *f* ♦ *vi* (*water*) sich kräuseln; (*muscles*) spielen ♦ *vt* (*surface*) kräuseln.

rise [raɪz] (*pt* **rose**, *pp* **risen**) *n* (*incline*) Steigung *f*; (*BRIT: salary increase*) Gehaltserhöhung *f*; (*in prices, temperature etc*) Anstieg *m*; (*fig: to fame etc*) Aufstieg *m* ♦ *vi* (*prices, water*) steigen; (*sun, moon*) aufgehen; (*wind*) aufkommen; (*from bed, chair*) aufstehen; (*sound, voice*) ansteigen; (*also*: ~ **up**: *tower, rebel*) sich erheben; (*in rank*) aufsteigen; **to give** ~ **to** Anlass geben zu; **to** ~ **to power** an die Macht kommen.

risen [rɪzn] *pp of* **rise**.

rising ['raɪzɪŋ] *adj* (*increasing*) steigend; (*up-and-coming*) aufstrebend.

rising damp *n* aufsteigende Feuchtigkeit *f*.

rising star *n* (*fig: person*) Aufsteiger(in) *m(f)*.

risk [rɪsk] *n* (*danger, chance*) Gefahr *f*; (*deliberate*) Risiko *nt* ♦ *vt* riskieren; **to take a** ~ ein Risiko eingehen; **to run the** ~ **of sth** etw zu fürchten haben; **to run the** ~ **of doing sth** Gefahr laufen, etw zu tun; **at** ~ in Gefahr; **at one's own** ~ auf eigene Gefahr; **at the** ~ **of sounding rude** ... auf die Gefahr hin, unhöflich zu klingen, ...; **it's a fire/health** ~ es ist ein Feuer-/Gesundheitsrisiko; **I'll** ~ **it** ich riskiere es.

risk capital *n* Risikokapital *nt*.

risky ['rɪskɪ] *adj* riskant.

risqué ['riːskeɪ] *adj* (*joke*) gewagt.

rissole ['rɪsəul] *n* (*of meat, fish etc*) Frikadelle *f*.

rite [raɪt] *n* Ritus *m*; **last** ~**s** (*REL*) Letzte Ölung *f*.

ritual ['rɪtjuəl] *adj* (*law, murder*) Ritual-; (*dance*) rituell ♦ *n* Ritual *nt*.

rival ['raɪvl] *n* Rivale *m*, Rivalin *f* ♦ *adj* (*firm, newspaper etc*) Konkurrenz-; (*teams, groups etc*) rivalisierend ♦ *vt* (*match*) sich messen können mit; **to** ~ **sth/sb in sth** sich mit etw/jdm in Bezug auf etw messen können.

rivalry ['raɪvlrɪ] *n* Rivalität *f*.

river ['rɪvə*] *n* Fluss *m*; (*fig: of blood etc*) Strom *m* ♦ *cpd* (*port, traffic*) Fluss-; **up/down** ~ flussaufwärts/-abwärts.

river bank *n* Flussufer *nt*.

river bed *n* Flussbett *nt*.

riverside ['rɪvəsaɪd] *n* = **river bank**.

rivet ['rɪvɪt] *n* Niete *f* ♦ *vt* (*fig: attention*) fesseln; (: *eyes*) heften.

riveting ['rɪvɪtɪŋ] *adj* (*fig*) fesselnd.

Riviera [rɪvɪ'ɛərə] *n*: **the (French)** ~ die (französische) Riviera; **the Italian** ~ die italienische Riviera.

Riyadh [rɪ'jɑːd] *n* Riad *nt*.

RMT *n abbr* (= *National Union of Rail, Maritime and Transport Workers*) *Gewerkschaft der Eisenbahner, Seeleute und Transportarbeiter*.

RN *n abbr* (*BRIT*) = **Royal Navy**; (*US*) = **registered nurse**.

RNA *n abbr* (= *ribonucleic acid*) RNS *f*.

RNLI (*BRIT*) *n abbr* (= *Royal National Lifeboat Institution*) *durch Spenden finanzierter Seenot-Rettungsdienst*, ≈ DLRG *f*.

RNZAF *n abbr* (= *Royal New Zealand Air Force*) *neuseeländische Luftwaffe f*.

RNZN *n abbr* (= *Royal New Zealand Navy*) *neuseeländische Marine f*.

road [rəud] *n* Straße *f*; (*fig*) Weg *m* ♦ *cpd* (*accident, sense*) Verkehrs-; **main** ~ Hauptstraße *f*; **it takes four hours by** ~ man braucht vier Stunden mit dem Auto; **let's hit the** ~ machen wir uns auf den Weg!; **to be on the** ~ (*salesman etc*) unterwegs sein; (*pop group etc*) auf Tournee sein; **on the** ~ **to success** auf dem Weg zum Erfolg; **major/minor** ~ Haupt-/Nebenstraße *f*.

road accident *n* Verkehrsunfall *m*.

roadblock ['rəudblɔk] *n* Straßensperre *f*.

road haulage *n* Spedition *f*.

roadhog ['rəudhɔg] *n* Verkehrsrowdy *m*.

road map *n* Straßenkarte *f*.

road rage *n* Aggressivität *f* im Straßenverkehr.

road safety *n* Verkehrssicherheit *f*.

roadside ['rəudsaɪd] *n* Straßenrand *m* ♦ *cpd* (*building, sign etc*) am Straßenrand; **by the** ~ am Straßenrand.

road sign *n* Verkehrszeichen *nt*.

roadsweeper ['rəudswiːpə*] (*BRIT*) *n* (*person*) Straßenkehrer(in) *m(f)*; (*vehicle*) Straßenkehrmaschine *f*.

road user *n* Verkehrsteilnehmer(in) *m(f)*.

roadway ['rəudweɪ] *n* Fahrbahn *f*.

road works *npl* Straßenbauarbeiten *pl*.

roadworthy ['rəudwəːðɪ] *adj* verkehrstüchtig.

roam [rəum] *vi* wandern, streifen ♦ *vt* (*streets, countryside*) durchstreifen.

roar [rɔːʳ] n (of animal, crowd) Brüllen nt; (of vehicle) Getöse nt; (of storm) Heulen nt ♦ vi (animal, person) brüllen; (engine, wind etc) heulen; ~s of laughter brüllendes Gelächter; to ~ with laughter vor Lachen brüllen.

roaring ['rɔːrɪŋ] adj: a ~ fire ein prasselndes Feuer; a ~ success ein Bombenerfolg m; to do a ~ trade (in sth) ein Riesengeschäft (mit etw) machen.

roast [rəʊst] n Braten m ♦ vt (meat, potatoes) braten; (coffee) rösten.

roast beef n Roastbeef nt.

roasting ['rəʊstɪŋ] (inf) adj (hot) knallheiß ♦ n (criticism) Verriss m; (telling-off) Standpauke f; to give sb a ~ (criticize) jdn verreißen; (scold) jdm eine Standpauke halten.

rob [rɔb] vt (person) bestehlen; (house, bank) ausrauben; to ~ sb of sth jdm etw rauben; (fig: deprive) jdm etw vorenthalten.

robber ['rɔbəʳ] n Räuber(in) m(f).

robbery ['rɔbərɪ] n Raub m.

robe [rəʊb] n (for ceremony etc) Gewand nt; (also: bath ~) Bademantel m; (US) Morgenrock m ♦ vt: to be ~d in (form) (festlich) in etw acc gekleidet sein.

robin ['rɔbɪn] n Rotkehlchen nt.

robot ['rəʊbɔt] n Roboter m.

robotics [rə'bɔtɪks] n Robotik f.

robust [rəʊ'bʌst] adj robust; (appetite) gesund.

rock [rɔk] n (substance) Stein m; (boulder) Felsen m; (US: small stone) Stein m; (BRIT: sweet) ≈ Zuckerstange f; (MUS: also: ~ music) Rock m, Rockmusik f ♦ vt (swing gently: cradle) schaukeln; (: child) wiegen; (shake: also fig) erschüttern ♦ vi (object) schwanken; (person) schaukeln; on the ~s (drink) mit Eis; (ship) (auf Felsen) aufgelaufen; (marriage etc) gescheitert; to ~ the boat (fig) Unruhe stiften.

rock and roll n Rock and Roll m.

rock bottom ['rɔk'bɔtəm] adj (prices) Tiefst- ♦ n: to reach or touch or hit rock bottom (person, prices) den Tiefpunkt erreichen.

rock cake n ≈ Rosinenbrötchen nt.

rock climber n Felsenkletterer(in) m(f).

rock climbing n Felsenklettern nt.

rockery ['rɔkərɪ] n Steingarten m.

rocket ['rɔkɪt] n Rakete f ♦ vi (prices) in die Höhe schießen.

rocket launcher n Raketenwerfer m.

rock face n Felswand f.

rock fall n Steinschlag m.

rocking chair ['rɔkɪŋ-] n Schaukelstuhl m.

rocking horse n Schaukelpferd nt.

rocky ['rɔkɪ] adj (path, ground) felsig; (fig: business, marriage) wackelig.

Rocky Mountains npl: the ~ die Rocky Mountains pl.

rod [rɔd] n (also TECH) Stange f; (also: fishing ~) Angelrute f.

rode [rəʊd] pt of ride.

rodent ['rəʊdnt] n Nagetier nt.

rodeo ['rəʊdɪəʊ] (US) n Rodeo nt.

roe [rəʊ] n (CULIN): hard ~ Rogen m; soft ~ Milch f.

roe deer n inv Reh nt.

rogue [rəʊg] n Gauner m.

roguish ['rəʊgɪʃ] adj schelmisch.

role [rəʊl] n Rolle f.

role model n Rollenmodell nt.

role play n Rollenspiel nt.

roll [rəʊl] n (of paper) Rolle f; (of cloth) Ballen m; (of banknotes) Bündel nt; (also: bread ~) Brötchen nt; (register, list) Verzeichnis nt; (of drums etc) Wirbel m ♦ vt rollen; (also: ~ up: string) aufrollen; (: sleeves) aufkrempeln; (cigarette) drehen; (also: ~ out: pastry) ausrollen; (flatten: lawn, road) walzen ♦ vi rollen; (drum) wirbeln; (thunder) grollen; (ship) schlingern; (tears, sweat) fließen; (camera, printing press) laufen; cheese/ham ~ Käse-/Schinkenbrötchen nt; he's ~ing in it (inf: rich) er schwimmt im Geld.

► **roll about** vi sich wälzen.

► **roll around** vi = roll about.

► **roll in** vi (money, invitations) hereinströmen.

► **roll over** vi sich umdrehen.

► **roll up** vi (inf: arrive) aufkreuzen ♦ vt (carpet, umbrella etc) aufrollen; to ~ o.s. up into a ball sich zusammenrollen.

roll call n namentlicher Aufruf m.

rolled gold [rəʊld-] n Dubleegold nt, Doublégold nt.

roller ['rəʊləʳ] n Rolle f; (for lawn, road) Walze f; (for hair) Lockenwickler m.

rollerblades npl Rollerblades pl.

roller blind n Rollo nt.

roller coaster n Achterbahn f.

roller skates npl Rollschuhe pl.

rollicking ['rɔlɪkɪŋ] adj toll, Mords-; to have a ~ time sich ganz toll amüsieren.

rolling ['rəʊlɪŋ] adj (hills) wellig.

rolling mill n Walzwerk nt.

rolling pin n Nudelholz nt.

rolling stock n (RAIL) Fahrzeuge pl.

roll-on-roll-off ['rəʊlɔn'rəʊlɔf] (BRIT) adj (ferry) Roll-on-roll-off-.

roly-poly ['rəʊlɪ'pəʊlɪ] (BRIT) n ≈ Strudel m.

ROM [rɔm] n abbr (COMPUT: = read only memory) ROM.

Roman ['rəʊmən] adj römisch ♦ n (person) Römer(in) m(f).

Roman Catholic adj römisch-katholisch ♦ n Katholik(in) m(f).

romance [rə'mæns] n (love affair) Romanze f; (romanticism) Romantik f; (novel) fantastische Erzählung f.

Romanesque [rəʊmə'nɛsk] adj romanisch.

Romania [rəʊ'meɪnɪə] n Rumänien nt.

Romanian [rəʊ'meɪnɪən] adj rumänisch ♦ n (person) Rumäne m, Rumänin f; (LING) Rumänisch nt.

Roman numeral n römische Ziffer f.

romantic [rə'mæntɪk] *adj* romantisch.
romanticism [rə'mæntɪsɪzəm] *n* (*also ART, LITER*) Romantik *f*.
Romany ['rɔmənɪ] *adj* Roma- ♦ *n* (*person*) Roma *mf*; (*LING*) Romani *nt*.
Rome [rəum] *n* Rom *nt*.
romp [rɔmp] *n* Klamauk *m* ♦ *vi* (*also*: ~ **about**) herumtollen; **to ~ home** (*horse*) spielend gewinnen.
rompers ['rɔmpəz] *npl* (*clothing*) einteiliger Spielanzug *für* Babys.
rondo ['rɔndəu] *n* (*MUS*) Rondo *nt*.
roof [ru:f] (*pl* ~**s**) *n* Dach *nt* ♦ *vt* (*house etc*) überdachen; **the ~ of the mouth** der Gaumen.
roof garden *n* Dachgarten *m*.
roofing ['ru:fɪŋ] *n* Deckung *f*; ~ **felt** Dachpappe *f*.
roof rack *n* Dachgepäckträger *m*.
rook [ruk] *n* (*bird*) Saatkrähe *f*; (*CHESS*) Turm *m*.
rookie ['rukɪ:] (*inf*) *n* (*esp MIL*) Grünschnabel *m*.
room [ru:m] *n* (*in house, hotel*) Zimmer *nt*; (*space*) Raum *m*, Platz *m*; (*scope: for change etc*) Raum *m* ♦ *vi*: **to ~ with sb** (*esp US*) ein Zimmer mit jdm teilen; **rooms** *npl* (*lodging*) Zimmer *pl*; "~**s to let**", (*US*) "~**s for rent**" „Zimmer zu vermieten"; **single/double ~** Einzel-/Doppelzimmer *nt*; **is there ~ for this?** ist dafür Platz vorhanden?; **to make ~ for sb** für jdn Platz machen; **there is ~ for improvement** es gibt Möglichkeiten zur Verbesserung.
rooming house ['ru:mɪŋ-] (*US*) *n* Mietshaus *nt*.
roommate ['ru:mmeɪt] *n* Zimmergenosse *m*, Zimmergenossin *f*.
room service *n* Zimmerservice *m*.
room temperature *n* Zimmertemperatur *f*.
roomy ['ru:mɪ] *adj* (*building, car*) geräumig.
roost [ru:st] *vi* (*birds*) sich niederlassen.
rooster ['ru:stə⁎] (*esp US*) *n* Hahn *m*.
root [ru:t] *n* (*also MATH*) Wurzel *f* ♦ *vi* (*plant*) Wurzeln schlagen ♦ *vt*: **to be ~ed in** verwurzelt sein in +*dat*; **roots** *npl* (*family origins*) Wurzeln *pl*; **to take ~** (*plant, idea*) Wurzeln schlagen; **the ~ cause of the problem** die Wurzel des Problems.
▶ **root about** *vi* (*search*) herumwühlen.
▶ **root for** *vt fus* (*support*) anfeuern.
▶ **root out** *vt* ausrotten.
root beer (*US*) *n* kohlensäurehaltiges Getränk aus Wurzel- und Kräuterextrakten.
rope [rəup] *n* Seil *nt*; (*NAUT*) Tau *nt* ♦ *vt* (*tie*) festbinden; (*also*: ~ **together**) zusammenbinden; **to know the ~s** (*fig*) sich auskennen.
▶ **rope in** *vt* (*fig: person*) einspannen.
▶ **rope off** *vt* (*area*) mit einem Seil absperren.
rope ladder *n* Strickleiter *f*.
rop(e)y (*inf*) *adj* (*ill, poor quality*) miserabel.

rosary ['rəuzərɪ] *n* Rosenkranz *m*.
rose [rəuz] *pt of* **rise** ♦ *n* (*flower*) Rose *f*; (*also*: ~**bush**) Rosenstrauch *m*; (*on watering can*) Brause *f* ♦ *adj* rosarot.
rosé ['rəuzeɪ] *n* (*wine*) Rosé *m*.
rosebed ['rəuzbed] *n* Rosenbeet *nt*.
rosebud ['rəuzbʌd] *n* Rosenknospe *f*.
rosebush ['rəuzbuʃ] *n* Rosenstrauch *m*.
rosemary ['rəuzmərɪ] *n* Rosmarin *m*.
rosette [rəu'zɛt] *n* Rosette *f*.
ROSPA ['rɔspə] (*BRIT*) *n abbr* (= *Royal Society for the Prevention of Accidents*) *Verband, der Maßnahmen zur Unfallverhütung propagiert.*
roster ['rɔstə⁎] *n*: **duty ~** Dienstplan *m*.
rostrum ['rɔstrəm] *n* Rednerpult *nt*.
rosy ['rəuzɪ] *adj* (*colour*) rosarot; (*face, situation*) rosig; **a ~ future** eine rosige Zukunft.
rot [rɔt] *n* (*decay*) Fäulnis *f*; (*fig: rubbish*) Quatsch *m* ♦ *vt* verfaulen lassen ♦ *vi* (*teeth, wood, fruit etc*) verfaulen; **to stop the ~** (*BRIT, fig*) den Verfall stoppen; **dry ~** Holzschwamm *m*; **wet ~** Nassfäule *f*.
rota ['rəutə] *n* Dienstplan *m*; **on a ~ basis** reihum nach Plan.
rotary ['rəutərɪ] *adj* (*cutter*) rotierend; (*motion*) Dreh-.
rotate [rəu'teɪt] *vt* (*spin*) drehen, rotieren lassen; (*crops*) im Wechsel anbauen; (*jobs*) turnusmäßig wechseln ♦ *vi* (*revolve*) rotieren, sich drehen.
rotating [rəu'teɪtɪŋ] *adj* (*revolving*) rotierend; (*drum, mirror*) Dreh-.
rotation [rəu'teɪʃən] *n* (*of planet, drum etc*) Rotation *f*, Drehung *f*; (*of crops*) Wechsel *m*; (*of jobs*) turnusmäßiger Wechsel; **in ~** der Reihe nach.
rote [rəut] *n*: **by ~** auswendig.
rotor ['rəutə⁎] *n* (*also*: ~ **blade**) Rotor *m*.
rotten ['rɔtn] *adj* (*decayed*) faul, verfault; (*inf: person, situation*) gemein; (: *film, weather, driver etc*) mies; **to feel ~** sich elend fühlen.
rotund [rəu'tʌnd] *adj* (*person*) rundlich.
rouble, (*US*) **ruble** ['ru:bl] *n* Rubel *m*.
rouge [ru:ʒ] *n* Rouge *nt*.
rough [rʌf] *adj* rau; (*terrain, road*) uneben; (*person, plan, drawing, guess*) grob; (*life, conditions, journey*) hart; (*sea, crossing*) stürmisch ♦ *n* (*GOLF*): **in the ~** im Rough ♦ *vt*: **to ~ it** primitiv *or* ohne Komfort leben; **the sea is ~ today** die See ist heute stürmisch; **to have a ~ time** eine harte Zeit durchmachen; **can you give me a ~ idea of the cost?** können Sie mir eine ungefähre Vorstellung von den Kosten geben?; **to feel ~** (*BRIT*) sich elend fühlen; **to sleep ~** (*BRIT*) im Freien übernachten; **to play ~** (*fig*) auf die grobe Tour kommen.
▶ **rough out** *vt* (*drawing, idea etc*) skizzieren.
roughage ['rʌfɪdʒ] *n* Ballaststoffe *pl*.
rough-and-ready ['rʌfən'rɛdɪ] *adj*

provisorisch.

rough-and-tumble ['rʌfən'tʌmbl] *n* (*fighting*) Balgerei *f*; (*fig*) Schlachtfeld *nt*.

roughcast ['rʌfkɑːst] *n* Rauputz *m*.

rough copy *n* Entwurf *m*.

rough draft *n* = **rough copy**.

rough justice *n* Justizwillkür *f*.

roughly ['rʌflɪ] *adv* grob; (*approximately*) ungefähr; ~ **speaking** grob gesagt.

roughness ['rʌfnɪs] *n* Rauheit *f*; (*of manner*) Grobheit *f*.

roughshod ['rʌfʃɔd] *adv*: **to ride** ~ **over** sich rücksichtslos hinwegsetzen über +*acc*.

roulette [ruːˈlɛt] *n* Roulette *nt*.

Roumania *etc* [ruːˈmeɪnɪə] *n* = **Romania** *etc*.

round [raund] *adj* rund ♦ *n* Runde *f*; (*of ammunition*) Ladung *f* ♦ *vt* (*corner*) biegen um; (*cape*) umrunden ♦ *prep* um ♦ *adv*: **all** ~ rundherum; **in** ~ **figures** rund gerechnet; **the daily** ~ (*fig*) der tägliche Trott; **a** ~ **of applause** Beifall *m*; **a** ~ (**of drinks**) eine Runde; **a** ~ **of sandwiches** ein Butterbrot; **a** ~ **of toast** (*BRIT*) eine Scheibe Toast; **it's just** ~ **the corner** (*fig*) es steht vor der Tür; **to go** ~ **the back** hinten herum gehen; **to go** ~ (**an obstacle**) (um ein Hindernis) herumgehen; ~ **the clock** rund um die Uhr; ~ **his neck/ the table** um seinen Hals/den Tisch; **to sail** ~ **the world** die Welt umsegeln; **to walk** ~ **the room/park** im Zimmer/Park herumgehen; ~ **about 300** (*approximately*) ungefähr 300; **the long way** ~ auf Umwegen; **all (the) year** ~ das ganze Jahr über; **the wrong way** ~ falsch herum; **to ask sb** ~ jdn zu sich einladen; **I'll be** ~ **at 6 o'clock** ich komme um 6 Uhr; **to go** ~ (*rotate*) sich drehen; **to go** ~ **to sb's (house)** jdn (zu Hause) besuchen; **enough to go** ~ genug für alle.
▶ **round off** *vt* abrunden.
▶ **round up** *vt* (*cattle etc*) zusammentreiben; (*people*) versammeln; (*figure*) aufrunden.

roundabout ['raundəbaut] (*BRIT*) *n* (*AUT*) Kreisverkehr *m*; (*at fair*) Karussell *nt* ♦ *adj*: **by a** ~ **route** auf Umwegen; **in a** ~ **way** auf Umwegen.

rounded ['raundɪd] *adj* (*hill, figure etc*) rundlich.

rounders ['raundəz] *n* ≈ Schlagball *m*.

roundly ['raundlɪ] *adv* (*fig: criticize etc*) nachdrücklich.

round robin (*esp US*) *n* (*SPORT*) Wettkampf, *bei dem jeder gegen jeden spielt*.

round-shouldered ['raund'ʃəuldəd] *adj* mit runden Schultern.

round trip *n* Rundreise *f*.

roundup ['raundʌp] *n* (*of news etc*) Zusammenfassung *f*; (*of animals*) Zusammentreiben *nt*; (*of criminals*) Aufgreifen *nt*; **a** ~ **of the latest news** ein Nachrichtenüberblick *m*.

rouse [rauz] *vt* (*wake up*) aufwecken; (*stir up*) reizen.

rousing ['rauzɪŋ] *adj* (*speech*) mitreißend; (*welcome*) stürmisch.

rout [raut] (*MIL*) *n* totale Niederlage *f* ♦ *vt* (*defeat*) vernichtend schlagen.

route [ruːt] *n* Strecke *f*; (*of bus, train, shipping*) Linie *f*; (*of procession, fig*) Weg *m*; **"all ~s"** (*AUT*) „alle Richtungen"; **the best** ~ **to London** der beste Weg nach London.

route map *n* Streckenkarte *f*.

routine [ruːˈtiːn] *adj* (*work, check etc*) Routine- ♦ *n* (*habits*) Routine *f*; (*drudgery*) Stumpfsinn *m*; (*THEAT*) Nummer *f*; ~ **procedure** Routinesache *f*.

rove [rəuv] *vt* (*area, streets*) ziehen durch.

roving reporter ['rəuvɪŋ-] *n* Reporter(in) *m(f)* im Außendienst.

row¹ [rəu] *n* (*line*) Reihe *f* ♦ *vi* (*in boat*) rudern ♦ *vt* (*boat*) rudern; **three times in a** ~ dreimal hintereinander.

row² [rau] *n* (*din*) Krach *m*, Lärm *m*; (*dispute*) Streit *m* ♦ *vi* (*argue*) sich streiten; **to have a** ~ sich streiten.

rowboat ['rəubəut] (*US*) *n* = **rowing boat**.

rowdiness ['raudɪnɪs] *n* Rowdytum *nt*.

rowdy ['raudɪ] *adj* (*person*) rüpelhaft; (*party etc*) lärmend.

rowdyism ['raudɪɪzəm] *n* = **rowdiness**.

rowing ['rəuɪŋ] *n* (*sport*) Rudern *nt*.

rowing boat (*BRIT*) *n* Ruderboot *nt*.

rowlock ['rɔlək] (*BRIT*) *n* Dolle *f*.

royal ['rɔɪəl] *adj* königlich; **the** ~ **family** die königliche Familie.

ROYAL ACADEMY

*Die **Royal Academy** oder **Royal Academy of Arts**, eine Akademie zur Förderung der Malerei, Bildhauerei und Architektur, wurde 1768 unter der Schirmherrschaft von George II. gegründet und befindet sich seit 1869 in Burlington House, Piccadilly, London. Jeden Sommer findet dort eine Ausstellung mit Werken zeitgenössischer Künstler statt. Die **Royal Academy** unterhält auch Schulen, an denen Malerei, Bildhauerei und Architektur unterrichtet wird.*

Royal Air Force (*BRIT*) *n*: **the** ~ die Königliche Luftwaffe.

royal blue *adj* königsblau.

royalist ['rɔɪəlɪst] *n* Royalist(in) *m(f)* ♦ *adj* royalistisch.

Royal Navy (*BRIT*) *n*: **the** ~ die Königliche Marine.

royalty ['rɔɪəltɪ] *n* (*royal persons*) die königliche Familie; **royalties** *npl* (*to author*) Tantiemen *pl*; (*to inventor*) Honorar *nt*.

RP (*BRIT*) *n abbr* (= *received pronunciation*) *Standardaussprache des Englischen*; *see also* **receive**.

rpm *abbr* (= *revolutions per minute*) U/min.

RR (*US*) *abbr* = **railroad**.

RRP (*BRIT*) *n abbr* = **recommended retail price**.
RSA (*BRIT*) *n abbr* (= *Royal Society of Arts*)
akademischer Verband zur Vergabe von
Diplomen; (= *Royal Scottish Academy*)
Kunstakademie.
RSI *n abbr* (*MED*: = *repetitive strain injury*) RSI
nt, Schmerzempfindung durch ständige
Wiederholung bestimmter Bewegungen.
RSPB (*BRIT*) *n abbr* (= *Royal Society for the
Protection of Birds*) Vogelschutzorganisation.
RSPCA (*BRIT*) *n abbr* (= *Royal Society for the
Prevention of Cruelty to Animals*)
Tierschutzverein *m*.
RSVP *abbr* (= *répondez s'il vous plaît*) u. A. w. g.
RTA *n abbr* (= *road traffic accident*)
Verkehrsunfall *m*.
Rt Hon. (*BRIT*) *abbr* (= *Right Honourable*) Titel
für Abgeordnete des Unterhauses.
Rt Rev. *abbr* (*REL*: = *Right Reverend*) Titel für
Bischöfe.
rub [rʌb] *vt* reiben ♦ *n*: **to give sth a** ~ (*polish*)
etw polieren; **he** ~**bed his hands together** er
rieb sich *dat* die Hände; **to** ~ **sb up** *or* (*US*)
~ **sb the wrong way** bei jdm anecken.
▶ **rub down** *vt* (*body, horse*) abreiben.
▶ **rub in** *vt* (*ointment*) einreiben; **don't** ~ **it in!**
(*fig*) reite nicht so darauf herum!
▶ **rub off** *vi* (*paint*) abfärben.
▶ **rub off on** *vt fus* abfärben auf *+acc*.
▶ **rub out** *vt* (*with eraser*) ausradieren.
rubber ['rʌbə*] *n* (*also inf*: *condom*) Gummi *nt*
or m; (*BRIT*: *eraser*) Radiergummi *m*.
rubber band *n* Gummiband *nt*.
rubber bullet *n* Gummigeschoss *nt*.
rubber plant *n* Gummibaum *m*.
rubber ring *n* (*for swimming*) Schwimmreifen
m.
rubber stamp *n* Stempel *m*.
rubber-stamp [rʌbə'stæmp] *vt* (*fig*: *decision*)
genehmigen.
rubbery ['rʌbərɪ] *adj* (*material*) gummiartig;
(*meat, food*) wie Gummi.
rubbish ['rʌbɪʃ] (*BRIT*) *n* (*waste*) Abfall *m*; (*fig*:
junk) Schrott *m*; (: *pej*: *nonsense*) Quatsch *m*
♦ *vt* (*inf*) heruntermachen; ~! Quatsch!
rubbish bin (*BRIT*) *n* Abfalleimer *m*.
rubbish dump (*BRIT*) *n* Müllabladeplatz *m*.
rubbishy ['rʌbɪʃɪ] (*BRIT*: *inf*) *adj* miserabel,
mies.
rubble ['rʌbl] *n* (*debris*) Trümmer *pl*; (*CONSTR*)
Schutt *m*.
ruble ['ruːbl] (*US*) *n* = **rouble**.
ruby ['ruːbɪ] *n* (*gem*) Rubin *m* ♦ *adj* (*red*)
rubinrot.
RUC (*BRIT*) *n abbr* (= *Royal Ulster Constabulary*)
nordirische Polizeibehörde.
rucksack ['rʌksæk] *n* Rucksack *m*.
ructions ['rʌkʃənz] (*inf*) *npl* Krach *m*, Ärger *m*.
rudder ['rʌdə*] *n* (*of ship, plane*) Ruder *nt*.
ruddy ['rʌdɪ] *adj* (*complexion etc*) rötlich; (*inf*:
damned) verdammt.
rude [ruːd] *adj* (*impolite*) unhöflich; (*naughty*)

unanständig; (*unexpected*: *shock etc*) böse;
(*crude*: *table, shelter etc*) primitiv; **to be** ~ **to
sb** unhöflich zu jdm sein; **a** ~ **awakening** ein
böses Erwachen.
rudely ['ruːdlɪ] *adv* (*interrupt*) unhöflich; (*say,
push*) grob.
rudeness ['ruːdnɪs] *n* (*impoliteness*)
Unhöflichkeit *f*.
rudimentary [ruːdɪ'mɛntərɪ] *adj* (*equipment*)
primitiv; (*knowledge*) Grund-.
rudiments ['ruːdɪmənts] *npl* Grundlagen *pl*.
rue [ruː] *vt* bereuen.
rueful ['ruːful] *adj* (*expression, person*)
reuevoll.
ruff [rʌf] *n* (*collar*) Halskrause *f*.
ruffian ['rʌfɪən] *n* Rüpel *m*.
ruffle ['rʌfl] *vt* (*hair, feathers*) zerzausen;
(*water*) kräuseln; (*fig*: *person*) aus der
Fassung bringen.
rug [rʌg] *n* (*on floor*) Läufer *m*; (*BRIT*: *blanket*)
Decke *f*.
rugby ['rʌgbɪ] *n* (*also*: ~ **football**) Rugby *nt*.
rugged ['rʌgɪd] *adj* (*landscape*) rauh; (*man*)
robust; (*features, face*) markig;
(*determination, independence*) wild.
rugger ['rʌgə*] (*BRIT*: *inf*) *n* Rugby *nt*.
ruin [ruːɪn] *n* (*destruction, downfall*) Ruin *m*;
(*remains*) Ruine *f* ♦ *vt* ruinieren; (*building*)
zerstören; (*clothes, carpet etc*) verderben;
ruins *npl* (*of castle*) Ruinen *pl*; (*of building*)
Trümmer *pl*; **in** ~**s** (*lit, fig*) in Trümmern.
ruination [ruːɪ'neɪʃən] *n* (*of building etc*)
Zerstörung *f*; (*of person, life*) Ruinierung *f*.
ruinous ['ruːɪnəs] *adj* (*expense, interest*) ruinös.
rule [ruːl] *n* (*norm*) Regel *f*; (*regulation*)
Vorschrift *f*; (*government*) Herrschaft *f*;
(*also*: **ruler**) Lineal *nt* ♦ *vt* (*country, people*)
herrschen über *+acc* ♦ *vi* (*monarch etc*)
herrschen; **it's against the** ~**s** das ist nicht
gestattet; **as a** ~ **of thumb** als Faustregel;
under British ~ unter britischer Herrschaft;
as a ~ in der Regel; **to** ~ **in favour of/
against/on sth** (*LAW*) für/gegen/über etw *acc*
entscheiden; **to** ~ **that ...** (*umpire, judge etc*)
entscheiden, dass ...
▶ **rule out** *vt* (*possibility etc*) ausschließen;
murder cannot be ~**d out** Mord ist nicht
auszuschließen.
ruled [ruːld] *adj* (*paper*) liniert.
ruler ['ruːlə*] *n* (*sovereign*) Herrscher(in) *m(f)*;
(*for measuring*) Lineal *nt*.
ruling ['ruːlɪŋ] *adj* (*party*) Regierungs-; (*body*)
maßgebend ♦ *n* (*LAW*) Entscheidung *f*; **the**
~ **class** die herrschende Klasse.
rum [rʌm] *n* Rum *m* ♦ *adj* (*BRIT*: *inf*: *peculiar*)
komisch.
Rumania *etc n* = **Romania** *etc*.
rumble ['rʌmbl] *n* (*of thunder*) Grollen *nt*; (*of
traffic*) Rumpeln *nt*; (*of guns*) Donnern *nt*; (*of
voices*) Gemurmel *nt* ♦ *vi* (*stomach*) knurren;
(*thunder*) grollen; (*traffic*) rumpeln; (*guns*)
donnern.

rumbustious [rʌm'bʌstʃəs] *adj* (*person*) ungebärdig.

ruminate ['ru:mɪneɪt] *vi* (*person*) grübeln; (*cow, sheep etc*) wiederkäuen.

rummage ['rʌmɪdʒ] *vi* herumstöbern.

rummage sale (*US*) *n* Trödelmarkt *m*.

rumour, (*US*) **rumor** ['ru:mə*] *n* Gerücht *nt* ♦ *vt*: **it is ~ed that ...** man sagt, dass ...

rump [rʌmp] *n* (*of animal*) Hinterteil *nt*; (*of group etc*) Rumpf *m*.

rumple ['rʌmpl] *vt* (*clothes etc*) zerknittern; (*hair*) zerzausen.

rump steak *n* Rumpsteak *nt*.

rumpus ['rʌmpəs] *n* Krach *m*; **to kick up a ~** Krach schlagen.

run [rʌn] (*pt* **ran**, *pp* **run**) *n* (*as exercise, sport*) Lauf *m*; (*in car, train etc*) Fahrt *f*; (*series*) Serie *f*; (*SKI*) Abfahrt *f*; (*CRICKET, BASEBALL*) Run *m*; (*THEAT*) Spielzeit *f*; (*in tights etc*) Laufmasche *f* ♦ *vt* (*race, distance*) laufen, rennen; (*operate: business*) leiten; (*: hotel, shop*) führen; (*: competition, course*) durchführen; (*COMPUT: program*) laufen lassen; (*hand, fingers*) streichen mit; (*water, bath*) einlaufen lassen; (*PRESS: feature, article*) bringen ♦ *vi* laufen, rennen; (*flee*) weglaufen; (*bus, train*) fahren; (*river, tears*) fließen; (*colours*) auslaufen; (*jumper*) färben; (*in election*) antreten; (*road, railway etc*) verlaufen; **to go for a ~** (*as exercise*) einen Dauerlauf machen; **to break into a ~** zu laufen *or* rennen beginnen; **a ~ of good/bad luck** eine Glücks-/Pechsträhne; **to have the ~ of sb's house** jds Haus zur freien Verfügung haben; **there was a ~ on ...** (*meat, tickets*) es gab einen Ansturm auf +*acc*; **in the long ~** langfristig; **in the short ~** kurzfristig; **to make a ~ for it** die Beine in die Hand nehmen; **on the ~** (*fugitive*) auf der Flucht; **I'll ~ you to the station** ich fahre dich zum Bahnhof; **to ~ the risk of doing sth** Gefahr laufen, etw zu tun; **she ran her finger down the list** sie ging die Liste mit dem Finger durch; **it's very cheap to ~** (*car, machine*) es ist sehr billig im Verbrauch; **to ~ a bath** das Badewasser einlaufen lassen; **to be ~ off one's feet** (*BRIT*) ständig auf Trab sein; **the baby's nose was ~ning** dem Baby lief die Nase; **the train ~s between Gatwick and Victoria** der Zug verkehrt zwischen Gatwick und Victoria; **the bus ~s every 20 minutes** der Bus fährt alle 20 Minuten; **to ~ on petrol/off batteries** mit Benzin/auf Batterie laufen; **to ~ for president** für das Amt des Präsidenten kandidieren; **to ~ dry** (*well etc*) austrocknen; **tempers were ~ning high** alle waren sehr erregt; **unemployment is ~ning at 20 per cent** die Arbeitslosigkeit beträgt 20 Prozent; **blonde hair ~s in the family** blonde Haare liegen in der Familie.

► **run across** *vt fus* (*find*) stoßen auf +*acc*.

► **run after** *vt fus* nachlaufen +*dat*.

► **run away** *vi* weglaufen.

► **run down** *vt* (*production*) verringern; (*factory*) allmählich stilllegen; (*AUT: person*) überfahren; (*criticize*) schlecht machen ♦ *vi* (*battery*) leer werden.

► **run in** (*BRIT*) *vt* (*car*) einfahren.

► **run into** *vt fus* (*meet: person*) begegnen +*dat*; (*: trouble etc*) bekommen; (*collide with*) laufen/fahren gegen; **to ~ into debt** in Schulden geraten; **their losses ran into millions** ihre Schulden gingen in die Millionen.

► **run off** *vt* (*liquid*) ablassen; (*copies*) machen ♦ *vi* weglaufen.

► **run out** *vi* (*time, passport*) ablaufen; (*money*) ausgehen; (*luck*) zu Ende gehen.

► **run out of** *vt fus*: **we're ~ning out of money/petrol** uns geht das Geld/das Benzin aus; **we're ~ning out of time** wir haben keine Zeit mehr.

► **run over** *vt* (*AUT*) überfahren ♦ *vt fus* (*repeat*) durchgehen ♦ *vi* (*bath, water*) überlaufen.

► **run through** *vt fus* (*instructions, lines*) durchgehen.

► **run up** *vt* (*debt*) anhäufen.

► **run up against** *vt fus* (*difficulties*) stoßen auf +*acc*.

runabout ['rʌnəbaut] *n* (*AUT*) Flitzer *m*.

run-around ['rʌnəraund] (*inf*) *n*: **to give sb the ~** jdn an der Nase herumführen.

runaway ['rʌnəweɪ] *adj* (*horse*) ausgerissen; (*truck, train*) außer Kontrolle geraten; (*child, slave*) entlaufen; (*fig: inflation*) unkontrollierbar; (*: success*) überwältigend.

rundown ['rʌndaun] *n* (*of industry etc*) allmähliche Stillegung *f* ♦ *adj*: **to be run-down** (*person*) total erschöpft sein; (*building, area*) heruntergekommen.

rung [rʌŋ] *pp of* **ring** ♦ *n* (*also fig*) Sprosse *f*.

run-in ['rʌnɪn] (*inf*) *n* Auseinandersetzung *f*.

runner ['rʌnə*] *n* Läufer(in) *m(f)*; (*horse*) Rennpferd *nt*; (*on sledge, drawer etc*) Kufe *f*.

runner bean (*BRIT*) *n* Stangenbohne *f*.

runner-up [rʌnər'ʌp] *n* Zweitplatzierte(r) *f(m)*.

running ['rʌnɪŋ] *n* (*sport*) Laufen *nt*; (*of business etc*) Leitung *f*; (*of machine etc*) Betrieb *m* ♦ *adj* (*water, stream*) laufend; **to be in/out of the ~ for sth** bei etw im Rennen liegen/aus dem Rennen sein; **to make the ~** (*in race, fig*) das Rennen machen; **6 days ~** 6 Tage hintereinander; **to have a ~ battle with sb** ständig im Streit mit jdm liegen; **to give a ~ commentary on sth** etw fortlaufend kommentieren; **a ~ sore** eine nässende Wunde.

running costs *npl* (*of car, machine*) Unterhaltskosten *pl*.

running head *n* (*TYP, COMPUT*) Kolumnentitel *m*.

running mate (*US*) *n* (*POL*)

Vizepräsidentschaftskandidat *m*.
runny ['rʌnɪ] *adj* (*egg, butter*) dünnflüssig; (*nose, eyes*) triefend.
run-off ['rʌnɔf] *n* (*in contest, election*) Entscheidungsrunde *f*; (*extra race*) Entscheidungsrennen *nt*.
run-of-the-mill ['rʌnəvðə'mɪl] *adj* gewöhnlich.
runt [rʌnt] *n* (*animal*) kleinstes und *schwächstes Tier eines Wurfs*; (*pej: person*) Zwerg *m*.
run-through ['rʌnθruː] *n* (*rehearsal*) Probe *f*.
run-up ['rʌnʌp] *n*: **the ~ to** (*election etc*) die Zeit vor +*dat*.
runway ['rʌnweɪ] *n* (*AVIAT*) Start- und Landebahn *f*.
rupee [ruː'piː] *n* Rupie *f*.
rupture ['rʌptʃə] *n* (*MED*) Bruch *m*; (*conflict*) Spaltung *f* ♦ *vt*: **to ~ o.s.** (*MED*) sich *dat* einen Bruch zuziehen.
rural ['ruərl] *adj* ländlich; (*crime*) auf dem Lande.
rural district council (*BRIT*) *n* Landbezirksverwaltung *f*.
ruse [ruːz] *n* List *f*.
rush [rʌʃ] *n* (*hurry*) Eile *f*, Hetze *f*; (*COMM: sudden demand*) starke Nachfrage *f*; (*of water, air*) Stoß *m*; (*of feeling*) Woge *f* ♦ *vt* (*lunch, job etc*) sich beeilen bei; (*person, supplies etc*) schnellstens bringen ♦ *vi* (*person*) sich beeilen; (*air, water*) strömen; **rushes** *npl* (*BOT*) Schilf *nt*; (*for chair, basket etc*) Binsen *pl*; **is there any ~ for this?** eilt das?; **we've had a ~ of orders** wir hatten einen Zustrom von Bestellungen; **I'm in a ~ (to do sth)** ich habe es eilig (, etw zu tun); **gold ~** Goldrausch *m*; **don't ~ me!** drängen Sie mich nicht!; **to ~ sth off** (*send*) etw schnellstens abschicken; **to ~ sb into doing sth** jdn dazu drängen, etw zu tun.
▶ **rush through** *vt* (*order, application*) schnellstens erledigen.
rush hour *n* Hauptverkehrszeit *f*, Rushhour *f*.
rush job *n* Eilauftrag *m*.
rush matting *n* Binsenmatte *f*.
rusk [rʌsk] *n* Zwieback *m*.
Russia ['rʌʃə] *n* Russland *nt*.
Russian ['rʌʃən] *adj* russisch ♦ *n* (*person*) Russe *m*, Russin *f*; (*LING*) Russisch *nt*.
rust [rʌst] *n* Rost *m* ♦ *vi* rosten.
rustic ['rʌstɪk] *adj* (*style, furniture*) rustikal ♦ *n* (*pej: person*) Bauer *m*.
rustle ['rʌsl] *vi* (*paper, leaves*) rascheln ♦ *vt* (*paper*) rascheln mit; (*US: cattle*) stehlen.
rustproof ['rʌstpruːf] *adj* nichtrostend.
rustproofing ['rʌstpruːfɪŋ] *n* Rostschutz *m*.
rusty ['rʌstɪ] *adj* (*car*) rostig; (*fig: skill etc*) eingerostet.
rut [rʌt] *n* (*in path etc*) Furche *f*; (*ZOOL: season*) Brunft *f*, Brunst *f*; **to be in a ~** (*fig*) im Trott stecken.
rutabaga [ruːtə'beɪgə] (*US*) *n* Steckrübe *f*.
ruthless ['ruːθlɪs] *adj* rücksichtslos.

ruthlessness ['ruːθlɪsnɪs] *n* Rücksichtslosigkeit *f*.
RV *abbr* (*BIBLE*: = *revised version*) *englische Bibelübersetzung von 1885* ♦ *n abbr* (*US*) = **recreational vehicle**.
Rwanda [ru'ændə] *n* Ruanda *nt*.
Rwandan [ru'ændən] *adj* ruandisch.
rye [raɪ] *n* (*cereal*) Roggen *m*.
rye bread *n* Roggenbrot *nt*.

S, s

S¹, s [ɛs] *n* (*letter*) S *nt*, s *nt*; (*US: SCOL: satisfactory*) ≈ 3; **~ for sugar** ≈ S wie Samuel.
S² [ɛs] *abbr* (= *saint*) St.; (= *small*) kl.; (= *south*) S.
SA *abbr* = **South Africa; South America**; (= *South Australia*) Südaustralien *nt*.
Sabbath ['sæbəθ] *n* (*Jewish*) Sabbat *m*; (*Christian*) Sonntag *m*.
sabbatical [sə'bætɪkl] *n* (*also: ~ year*) Forschungsjahr *nt*.
sabotage ['sæbətɑːʒ] *n* Sabotage *f* ♦ *vt* einen Sabotageakt verüben auf +*acc*; (*plan, meeting*) sabotieren.
sabre ['seɪbə] *n* Säbel *m*.
sabre-rattling ['seɪbərætlɪŋ] *n* Säbelrasseln *nt*.
saccharin(e) ['sækərɪn] *n* Sa(c)charin *nt* ♦ *adj* (*fig*) zuckersüß.
sachet ['sæʃeɪ] *n* (*of shampoo*) Beutel *m*; (*of sugar etc*) Tütchen *nt*.
sack [sæk] *n* Sack *m* ♦ *vt* (*dismiss*) entlassen; (*plunder*) plündern; **to get the ~** rausfliegen (*inf*); **to give sb the ~** jdn rausschmeißen (*inf*).
sackful ['sækful] *n*: **a ~ of** ein Sack.
sacking ['sækɪŋ] *n* (*dismissal*) Entlassung *f*; (*material*) Sackleinen *nt*.
sacrament ['sækrəmənt] *n* Sakrament *nt*.
sacred ['seɪkrɪd] *adj* heilig; (*music, history*) geistlich; (*memory*) geheiligt; (*building*) sakral.
sacred cow *n* (*lit, fig*) heilige Kuh *f*.
sacrifice ['sækrɪfaɪs] *n* Opfer *nt* ♦ *vt* opfern; **to make ~s (for sb)** (*fig*) Opfer bringen.
sacrilege ['sækrɪlɪdʒ] *n* Sakrileg *nt*; **that would be ~** das wäre ein Sakrileg.
sacrosanct ['sækrəusæŋkt] *adj* (*lit, fig*) sakrosankt.
sad [sæd] *adj* traurig; **he was ~ to see her go** er war traurig (darüber), dass sie wegging.
sadden ['sædn] *vt* betrüben.
saddle ['sædl] *n* Sattel *m* ♦ *vt* (*horse*) satteln; **to be ~d with sb/sth** (*inf*) jdn/etw am Hals

haben.

saddlebag ['sædlbæg] *n* Satteltasche *f*.

sadism ['seɪdɪzəm] *n* Sadismus *m*.

sadist ['seɪdɪst] *n* Sadist(in) *m(f)*.

sadistic [sə'dɪstɪk] *adj* sadistisch.

sadly ['sædlɪ] *adv* traurig, betrübt; (*unfortunately*) leider, bedauerlicherweise; (*seriously*) schwer; **he is ~ lacking in humour** ihm fehlt leider jeglicher Humor.

sadness ['sædnɪs] *n* Traurigkeit *f*.

sadomasochism [seɪdəʊ'mæsəkɪzəm] *n* Sadomasochismus *m*.

s.a.e. (*BRIT*) *abbr* (= *stamped addressed envelope*) *see* **stamp**.

safari [sə'fɑːrɪ] *n* Safari *f*; **to go on ~** auf Safari gehen.

safari park *n* Safaripark *m*.

safe [seɪf] *adj* sicher; (*out of danger*) in Sicherheit ♦ *n* Safe *m or nt*, Tresor *m*; **~ from** sicher vor +*dat*; **~ and sound** gesund und wohlbehalten; **(just) to be on the ~ side** (nur) um sicherzugehen; **to play ~** auf Nummer sicher *or* Sicher gehen (*inf*); **it is ~ to say that ...** man kann wohl sagen, dass ...; **~ journey!** gute Fahrt *or* Reise!

safe bet *n*: **it's a ~ that ...** es ist sicher, dass ...

safe-breaker ['seɪfbreɪkə*] (*BRIT*) *n* Safeknacker *m* (*inf*).

safe-conduct [seɪf'kɒndʌkt] *n* freies *or* sicheres Geleit *nt*.

safe-cracker ['seɪfkrækə*] *n* = **safe-breaker**.

safe-deposit ['seɪfdɪpɒzɪt] *n* (*vault*) Tresorraum *m*; (*also: ~ box*) Banksafe *m*.

safeguard ['seɪfgɑːd] *n* Schutz *m* ♦ *vt* schützen; (*interests*) wahren; (*future*) sichern; **as a ~ against** zum Schutz gegen.

safe haven *n* Zufluchtsort *m*.

safe house *n* geheimer Unterschlupf *m*.

safekeeping ['seɪf'kiːpɪŋ] *n* sichere Aufbewahrung *f*.

safely ['seɪflɪ] *adv* sicher; (*assume, say*) wohl, ruhig; (*arrive*) wohlbehalten; **I can ~ say ...** ich kann wohl sagen ...

safe passage *n* sichere Durchreise *f*.

safe sex *n* Safer Sex *m*, Safersex *m*.

safety ['seɪftɪ] *n* Sicherheit *f*; **~ first!** Sicherheit geht vor!

safety belt *n* Sicherheitsgurt *m*.

safety catch *n* (*on gun*) Sicherung *f*; (*on window, door*) Sperre *f*.

safety net *n* Sprungnetz *nt*, Sicherheitsnetz *nt*; (*fig*) Sicherheitsvorkehrung *f*.

safety pin *n* Sicherheitsnadel *f*.

safety valve *n* Sicherheitsventil *nt*.

saffron ['sæfrən] *n* Safran *m*.

sag [sæg] *vi* durchhängen; (*breasts*) hängen; (*fig: spirits, demand*) sinken.

saga ['sɑːgə] *n* Saga *f*; (*fig*) Geschichte *f*.

sage [seɪdʒ] *n* (*herb*) Salbei *m*; (*wise man*) Weise(r) *m*.

Sagittarius [sædʒɪ'tɛərɪəs] *n* Schütze *m*; **to be**

~ Schütze sein.

sago ['seɪgəʊ] *n* Sago *m*.

Sahara [sə'hɑːrə] *n*: **the ~ (Desert)** die (Wüste) Sahara.

Sahel [sæ'hɛl] *n* Sahel *m*, Sahelzone *f*.

said [sɛd] *pt, pp of* **say**.

Saigon [saɪ'gɒn] *n* Saigon *nt*.

sail [seɪl] *n* Segel *nt* ♦ *vt* segeln ♦ *vi* fahren; (*SPORT*) segeln; (*begin voyage: ship*) auslaufen; (: *passenger*) abfahren; (*fig: ball etc*) fliegen, segeln; **to go for a ~** segeln gehen; **to set ~** losfahren, abfahren.

▶ **sail through** *vt fus* (*fig: exam etc*) spielend schaffen.

sailboat ['seɪlbəʊt] (*US*) *n* = **sailing boat**.

sailing ['seɪlɪŋ] *n* (*SPORT*) Segeln *nt*; (*voyage*) Überfahrt *f*; **to go ~** segeln gehen.

sailing boat *n* Segelboot *nt*.

sailing ship *n* Segelschiff *nt*.

sailor ['seɪlə*] *n* Seemann *m*, Matrose *m*.

saint [seɪnt] *n* (*lit, fig*) Heilige(r) *f(m)*.

saintly ['seɪntlɪ] *adj* heiligmäßig; (*expression*) fromm.

sake [seɪk] *n*: **for the ~ of sb/sth, for sb's/sth's ~** um jds/einer Sache *gen* willen; (*out of consideration for*) jdm/etw zuliebe; **he enjoys talking for talking's ~** er redet gerne, nur damit etwas gesagt wird; **for the ~ of argument** rein theoretisch; **art for art's ~** Kunst um der Kunst willen; **for heaven's ~!** um Gottes willen!

salad ['sæləd] *n* Salat *m*; **tomato ~** Tomatensalat *m*; **green ~** grüner Salat *m*.

salad bowl *n* Salatschüssel *f*.

salad cream (*BRIT*) *n* ≈ Majonäse *f*, Mayonnaise *f*.

salad dressing *n* Salatsoße *f*.

salami [sə'lɑːmɪ] *n* Salami *f*.

salaried ['sælərɪd] *adj*: **~ staff** Gehaltsempfänger *pl*.

salary ['sælərɪ] *n* Gehalt *nt*.

salary scale *n* Gehaltsskala *f*.

sale [seɪl] *n* Verkauf *m*; (*at reduced prices*) Ausverkauf *m*; (*auction*) Auktion *f*; **sales** *npl* (*total amount sold*) Absatz *m* ♦ *cpd* (*campaign*) Verkaufs-; (*conference*) Vertreter-; (*figures*) Absatz-; **"for ~"** „zu verkaufen"; **on ~** im Handel; **on ~ or return** auf Kommissionsbasis; **closing-down** *or* (*US*) **liquidation ~** Räumungsverkauf *m*.

sale and lease back *n* (*COMM*) Verkauf *m* mit Rückmiete.

saleroom ['seɪlruːm] *n* Auktionsraum *m*.

sales assistant, (*US*) **sales clerk** [seɪlz-] *n* Verkäufer(in) *m(f)*.

sales force *n* Vertreterstab *m*.

salesman ['seɪlzmən] (*irreg: like* **man**) *n* Verkäufer *m*; (*representative*) Vertreter *m*.

sales manager *n* Verkaufsleiter *m*.

salesmanship ['seɪlzmənʃɪp] *n* Verkaufstechnik *f*.

sales tax (*US*) *n* Verkaufssteuer *f*.

saleswoman ['seɪlzwumən] (*irreg: like* **woman**) *n* Verkäuferin *f*; (*representative*) Vertreterin *f*.

salient ['seɪlɪənt] *adj* (*features*) hervorstechend; (*points*) Haupt-.

saline ['seɪlaɪn] *adj* (*solution etc*) Salz-.

saliva [sə'laɪvə] *n* Speichel *m*.

sallow ['sæləu] *adj* (*complexion*) fahl.

sally forth ['sælɪ-] (*old*) *vi* sich aufmachen.

sally out *vi* = **sally forth**.

salmon ['sæmən] *n inv* Lachs *m*.

salmon trout *n* Lachsforelle *f*.

salon ['sælɔn] *n* Salon *m*.

saloon [sə'lu:n] *n* (*US: bar*) Saloon *m*; (*BRIT: AUT*) Limousine *f*; (*ship's lounge*) Salon *m*.

SALT [sɔ:lt] *n abbr* (= *Strategic Arms Limitation Talks/Treaty*) SALT.

salt [sɔ:lt] *n* Salz *nt* ♦ *vt* (*preserve*) einsalzen; (*put salt on*) salzen; (*road*) mit Salz streuen ♦ *cpd* Salz-; (*pork, beef*) gepökelt; **the ~ of the earth** (*fig*) das Salz der Erde; **to take sth with a pinch** *or* **grain of ~** (*fig*) etw nicht ganz so ernst nehmen.

salt cellar *n* Salzstreuer *m*.

salt-free ['sɔ:lt'fri:] *adj* salzlos.

salt mine *n* Salzbergwerk *nt*.

saltwater ['sɔ:lt'wɔ:tə*] *adj* (*fish, plant*) Meeres-.

salty ['sɔ:ltɪ] *adj* salzig.

salubrious [sə'lu:brɪəs] *adj* (*district etc*) fein; (*air, living conditions*) gesund.

salutary ['sæljutərɪ] *adj* heilsam.

salute [sə'lu:t] *n* (*MIL, greeting*) Gruß *m*; (*MIL: with guns*) Salut *m* ♦ *vt* (*MIL*) grüßen, salutieren vor +*dat*; (*fig*) begrüßen.

salvage ['sælvɪdʒ] *n* Bergung *f*; (*things saved*) Bergungsgut *nt* ♦ *vt* bergen; (*fig*) retten.

salvage vessel *n* Bergungsschiff *nt*.

salvation [sæl'veɪʃən] *n* (*REL*) Heil *nt*; (*economic etc*) Rettung *f*.

Salvation Army *n* Heilsarmee *f*.

salver ['sælvə*] *n* Tablett *nt*.

salvo ['sælvəu] (*pl* ~**es**) *n* Salve *f*.

Samaritan [sə'mærɪtən] *n*: **the ~s** ≈ die Telefonseelsorge.

same [seɪm] *adj* (*similar*) gleiche(r, s); (*identical*) selbe(r, s) ♦ *pron*: **the ~** (*similar*) der/die/das Gleiche; (*identical*) derselbe/dieselbe/dasselbe; **the ~ book as** das gleiche Buch wie; **they are the ~ age** sie sind gleichaltrig; **they are exactly the ~** sie sind genau gleich; **on the ~ day** am gleichen *or* selben Tag; **at the ~ time** (*simultaneously*) gleichzeitig, zur gleichen Zeit; (*yet*) doch; **they're one and the ~** (*person*) das ist doch ein und derselbe/dieselbe; (*thing*) das ist doch dasselbe; **~ again** (*in bar etc*) das Gleiche noch mal; **all** *or* **just the ~** trotzdem; **to do the ~ (as sb)** das Gleiche (wie jd) tun; **the ~ to you!** (*danke*) gleichfalls!; **~ here!** ich/wir *etc* auch!; **thanks all the ~** trotzdem vielen Dank; **it's all the ~ to me** es ist mir egal.

sample ['sɑ:mpl] *n* Probe *f*; (*of merchandise*) Probe *f*, Muster *nt* ♦ *vt* probieren; **to take a ~** eine Stichprobe machen; **free ~** kostenlose Probe.

sanatorium [sænə'tɔ:rɪəm] (*pl* **sanatoria**) *n* Sanatorium *nt*.

sanctify ['sæŋktɪfaɪ] *vt* heiligen.

sanctimonious [sæŋktɪ'məunɪəs] *adj* scheinheilig.

sanction ['sæŋkʃən] *n* Zustimmung *f* ♦ *vt* sanktionieren; **sanctions** *npl* (*POL*) Sanktionen *pl*; **to impose economic ~s on** *or* **against** Wirtschaftssanktionen verhängen gegen.

sanctity ['sæŋktɪtɪ] *n* (*holiness*) Heiligkeit *f*; (*inviolability*) Unantastbarkeit *f*.

sanctuary ['sæŋktjuərɪ] *n* (*for birds/animals*) Schutzgebiet *nt*; (*place of refuge*) Zuflucht *f*; (*REL: in church*) Altarraum *m*.

sand [sænd] *n* Sand *m* ♦ *vt* (*also*: ~ **down**) abschmirgeln; *see also* **sands**.

sandal ['sændl] *n* Sandale *f*.

sandbag ['sændbæg] *n* Sandsack *m*.

sandblast ['sændblɑ:st] *vt* sandstrahlen.

sandbox ['sændbɔks] (*US*) *n* Sandkasten *m*.

sandcastle ['sændkɑ:sl] *n* Sandburg *f*.

sand dune *n* Sanddüne *f*.

sander ['sændə*] *n* (*tool*) Schleifmaschine *f*.

S & M (*US*) *n abbr* (= *sadomasochism*) S/M.

sandpaper ['sændpeɪpə*] *n* Schmirgelpapier *nt*.

sandpit ['sændpɪt] *n* Sandkasten *m*.

sands [sændz] *npl* (*beach*) Sandstrand *m*.

sandstone ['sændstəun] *n* Sandstein *m*.

sandstorm ['sændstɔ:m] *n* Sandsturm *m*.

sandwich ['sændwɪtʃ] *n* Sandwich *nt* ♦ *vt*: ~**ed between** eingequetscht zwischen; **cheese/ham ~** Käse-/Schinkenbrot *nt*.

sandwich board *n* Reklametafel *f*.

sandwich course (*BRIT*) *n* Ausbildungsgang *m*, *bei dem sich Theorie und Praxis abwechseln.*

sandwich man *n* Sandwichmann *m*, Plakatträger *m*.

sandy ['sændɪ] *adj* sandig; (*beach*) Sand-; (*hair*) rotblond.

sane [seɪn] *adj* geistig gesund; (*sensible*) vernünftig.

sang [sæŋ] *pt of* **sing**.

sanguine ['sæŋgwɪn] *adj* zuversichtlich.

sanitarium [sænɪ'tɛərɪəm] (*US*) (*pl* **sanitaria**) *n* = **sanatorium**.

sanitary ['sænɪtərɪ] *adj* hygienisch; (*facilities*) sanitär; (*inspector*) Gesundheits-.

sanitary towel, (*US*) **sanitary napkin** *n* Damenbinde *f*.

sanitation [sænɪ'teɪʃən] *n* Hygiene *f*; (*toilets etc*) sanitäre Anlagen *pl*; (*drainage*) Kanalisation *f*.

sanitation department (*US*) *n* Stadtreinigung *f*.

sanity ['sænɪtɪ] n geistige Gesundheit f; (common sense) Vernunft f.

sank [sæŋk] pt of **sink**.

Santa Claus [sæntə'klɔːz] n ≈ der Weihnachtsmann.

Santiago [sæntɪ'ɑːgəʊ] n (also: ~ **de Chile**) Santiago (de Chile) nt.

sap [sæp] n Saft m ♦ vt (strength) zehren an +dat; (confidence) untergraben.

sapling ['sæplɪŋ] n junger Baum m.

sapphire ['sæfaɪə'] n Saphir m.

sarcasm ['sɑːkæzm] n Sarkasmus m.

sarcastic [sɑː'kæstɪk] adj sarkastisch.

sarcophagus [sɑː'kɔfəgəs] n (pl **sarcophagi**) n Sarkophag m.

sardine [sɑː'diːn] n Sardine f.

Sardinia [sɑː'dɪnɪə] n Sardinien nt.

Sardinian [sɑː'dɪnɪən] adj sardinisch, sardisch ♦ n (person) Sardinier(in) m(f); (LING) Sardinisch nt.

sardonic [sɑː'dɔnɪk] adj (smile) süffisant.

sari ['sɑːrɪ] n Sari m.

SARS [sɑːz] n abbr (= severe acute respiratory syndrome) SARS nt, Sars nt.

sartorial [sɑː'tɔːrɪəl] adj: **his ~ elegance** seine elegante Art, sich zu kleiden.

SAS (BRIT) n abbr (MIL: = Special Air Service) Spezialeinheit der britischen Armee.

SASE (US) n abbr (= self-addressed stamped envelope) frankierter Rückumschlag m.

sash [sæʃ] n Schärpe f; (of window) Fensterrahmen m.

sash window n Schiebefenster nt.

SAT (US) n abbr (= Scholastic Aptitude Test) Hochschulaufnahmeprüfung.

sat [sæt] pt, pp of **sit**.

Sat. abbr (= Saturday) Sa.

Satan ['seɪtn] n Satan m.

satanic [sə'tænɪk] adj satanisch.

satanism ['seɪtnɪzəm] n Satanismus m.

satchel ['sætʃl] n (child's) Schultasche f.

sated ['seɪtɪd] adj gesättigt; **to be ~ with sth** (fig) von etw übersättigt sein.

satellite ['sætəlaɪt] n Satellit m; (also: ~ **state**) Satellitenstaat m.

satellite dish n Satellitenantenne f, Parabolantenne f.

satellite television n Satellitenfernsehen nt.

satiate ['seɪʃɪeɪt] vt (food) sättigen; (fig: pleasure etc) übersättigen.

satin ['sætɪn] n Satin m ♦ adj (dress etc) Satin-; **with a ~ finish** mit Seidenglanz.

satire ['sætaɪə'] n Satire f.

satirical [sə'tɪrɪkl] adj satirisch.

satirist ['sætɪrɪst] n Satiriker(in) m(f).

satirize ['sætɪraɪz] vt satirisch darstellen.

satisfaction [sætɪs'fækʃən] n Befriedigung f; **to get ~ from sb** (refund, apology etc) Genugtuung von jdm erhalten; **has it been done to your ~?** sind Sie damit zufrieden?

satisfactorily [sætɪs'fæktərɪlɪ] adv zufrieden stellend.

satisfactory [sætɪs'fæktərɪ] adj zufrieden stellend.

satisfied ['sætɪsfaɪd] adj zufrieden.

satisfy ['sætɪsfaɪ] vt zufrieden stellen; (needs, demand) befriedigen; (requirements, conditions) erfüllen; **to ~ sb/o.s. that ...** jdn/sich davon überzeugen, dass ...

satisfying ['sætɪsfaɪɪŋ] adj befriedigend; (meal) sättigend.

satsuma [sæt'suːmə] n Satsuma f.

saturate ['sætʃəreɪt] vt: **to ~ (with)** durchnässen (mit); (CHEM, fig: market) sättigen; (fig: area etc) überschwemmen.

saturated fat ['sætʃəreɪtɪd-] n gesättigtes Fett nt.

saturation [sætʃə'reɪʃən] n (CHEM, fig) Sättigung f; ~ **advertising** flächendeckende Werbung f; ~ **bombing** Flächenbombardierung f.

Saturday ['sætədɪ] n Samstag m; see also **Tuesday**.

sauce [sɔːs] n Soße f, Sauce f.

saucepan ['sɔːspən] n Kochtopf m.

saucer ['sɔːsə'] n Untertasse f.

saucy ['sɔːsɪ] adj frech.

Saudi ['saudi-] adj (also: ~ **Arabian**) saudisch, saudi-arabisch.

Saudi Arabia ['saudi-] n Saudi-Arabien nt.

sauna ['sɔːnə] n Sauna f.

saunter ['sɔːntə'] vi schlendern.

sausage ['sɔsɪdʒ] n Wurst f.

sausage roll n Wurst f im Schlafrock.

sauté ['səʊteɪ] vt kurz anbraten ♦ adj: ~**ed potatoes** Bratkartoffeln pl.

savage ['sævɪdʒ] adj (attack etc) brutal; (dog) gefährlich; (criticism) schonungslos ♦ n (old: pej) Wilde(r) f(m) ♦ vt (maul) zerfleischen; (fig: criticize) verreißen.

savagely ['sævɪdʒlɪ] adv (attack etc) brutal; (criticize) schonungslos.

savagery ['sævɪdʒrɪ] n (of attack) Brutalität f.

save [seɪv] vt (rescue) retten; (money, time) sparen; (food etc) aufheben; (work, trouble) (er)sparen; (keep: receipts etc) aufbewahren; (: seat etc) freihalten; (COMPUT: file) abspeichern; (SPORT: shot, ball) halten ♦ vi (also: ~ **up**) sparen ♦ n (SPORT) (Ball)abwehr f ♦ prep (form) außer +dat; **it will ~ me an hour** dadurch spare ich eine Stunde; **to ~ face** das Gesicht wahren; **God ~ the Queen!** Gott schütze die Königin!

saving ['seɪvɪŋ] n (on price etc) Ersparnis f ♦ adj: **the ~ grace of sth** das einzig Gute an etw dat; **savings** npl (money) Ersparnisse pl; **to make ~s** sparen.

savings account n Sparkonto nt.

savings bank n Sparkasse f.

saviour, (US) **savior** ['seɪvjə'] n Retter(in) m(f); (REL) Erlöser m.

savoir-faire ['sævwɑː'fɛə'] n Gewandtheit f.

savour, (US) **savor** ['seɪvə'] vt genießen ♦ n (of food) Geschmack m.

savoury, (*US*) **savory** ['seɪvərɪ] *adj* pikant.

savvy ['sævɪ] (*inf*) *n* Grips *m*; **he hasn't got much** ~ er hat keine Ahnung.

saw [sɔː] (*pt* **sawed**, *pp* **sawed** *or* **sawn**) *vt* sägen ♦ *n* Säge *f* ♦ *pt of* **see to** ~ **sth up** etw zersägen.

sawdust ['sɔːdʌst] *n* Sägemehl *nt*.

sawmill ['sɔːmɪl] *n* Sägewerk *nt*.

sawn [sɔːn] *pp of* **saw**.

sawn-off ['sɔːnɔf], (*US*) **sawed-off** ['sɔːdɔf] *adj*: ~ **shotgun** Gewehr *nt* mit abgesägtem Lauf.

saxophone ['sæksəfəun] *n* Saxofon *nt*, Saxophon *nt*.

say [seɪ] (*pt, pp* **said**) *vt* sagen ♦ *n*: **to have one's** ~ seine Meinung äußern; **could you** ~ **that again?** können Sie das wiederholen?; **my watch** ~**s 3 o'clock** auf meiner Uhr ist es 3 Uhr; **it** ~**s on the sign "No Smoking"** auf dem Schild steht „Rauchen verboten"; **shall we** ~ **Tuesday?** sagen wir Dienstag?; **come for dinner at,** ~**, 8 o'clock** kommt um, sagen wir mal 8 Uhr, zum Essen; **that doesn't** ~ **much for him** das spricht nicht gerade für ihn; **when all is said and done** letzten Endes; **there is something/a lot to be said for it** es spricht einiges/vieles dafür; **you can** ~ **that again!** das kann man wohl sagen!; **that is to** ~ das heißt; **that goes without** ~**ing** das versteht sich von selbst; **to** ~ **nothing of ...** von ... ganz zu schweigen; ~ **(that) ...** angenommen, (dass) ...; **to have a** *or* **some** ~ **in sth** ein Mitspracherecht bei etw haben.

saying ['seɪɪŋ] *n* Redensart *f*.

say-so ['seɪsəu] *n* Zustimmung *f*; **to do sth on sb's** ~ etw auf jds Anweisung *acc* hin tun.

SBA (*US*) *n abbr* (= *Small Business Administration*) *Regierungsstelle zur Unterstützung kleiner und mittelständischer Betriebe.*

SC (*US*) *n abbr* = **Supreme Court** ♦ *abbr* (*POST*: = *South Carolina*).

s/c *abbr* = **self-contained**.

scab [skæb] *n* (*on wound*) Schorf *m*; (*pej*) Streikbrecher(in) *m(f)*.

scabby ['skæbɪ] (*pej*) *adj* (*hands, skin*) schorfig.

scaffold ['skæfəld] *n* (*for execution*) Schafott *nt*.

scaffolding ['skæfəldɪŋ] *n* Gerüst *nt*.

scald [skɔːld] *n* Verbrühung *f* ♦ *vt* (*burn*) verbrühen.

scalding ['skɔːldɪŋ] *adj* (*also:* ~ **hot**) siedend heiß.

scale [skeɪl] *n* Skala *f*; (*of fish*) Schuppe *f*; (*MUS*) Tonleiter *f*; (*size, extent*) Ausmaß *nt*, Umfang *m*; (*of map, model*) Maßstab *m* ♦ *vt* (*cliff, tree*) erklettern; (*pair of*) **scales** *npl* (*for weighing*) Waage *f*; **pay** ~ Lohnskala *f*; **to draw sth to** ~ etw maßstabgetreu zeichnen; **a small-**~ **model** ein Modell in verkleinertem Maßstab; **on a large** ~ im großen Rahmen; ~ **of charges**

Gebührenordnung *f*.

▶ **scale down** *vt* verkleinern; (*fig*) verringern.

scaled-down [skeɪld'daun] *adj* verkleinert; (*project, forecast*) eingeschränkt.

scale drawing *n* maßstabgetreue Zeichnung *f*.

scallion ['skæljən] *n* Frühlingszwiebel *f*; (*US: shallot*) Schalotte *f*; (: *leek*) Lauch *m*.

scallop ['skɔləp] *n* (*ZOOL*) Kammmuschel *f*; (*SEWING*) Bogenkante *f*.

scalp [skælp] *n* Kopfhaut *f* ♦ *vt* skalpieren.

scalpel ['skælpl] *n* Skalpell *nt*.

scalper ['skælpə*] (*US: inf*) *n* (*ticket tout*) (Karten)schwarzhändler(in) *m(f)*.

scam [skæm] (*inf*) *n* Betrug *m*.

scamp [skæmp] (*inf*) *n* Frechdachs *m*.

scamper ['skæmpə*] *vi*: **to** ~ **away** *or* **off** verschwinden.

scampi ['skæmpɪ] (*BRIT*) *npl* Scampi *pl*.

scan [skæn] *vt* (*horizon*) absuchen; (*newspaper etc*) überfliegen; (*TV, RADAR*) abtasten ♦ *vi* (*poetry*) das richtige Versmaß haben ♦ *n* (*MED*) Scan *m*.

scandal ['skændl] *n* Skandal *m*; (*gossip*) Skandalgeschichten *pl*.

scandalize ['skændəlaɪz] *vt* schockieren.

scandalous ['skændələs] *adj* skandalös.

Scandinavia [skændɪ'neɪvɪə] *n* Skandinavien *nt*.

Scandinavian [skændɪ'neɪvɪən] *adj* skandinavisch ♦ *n* Skandinavier(in) *m(f)*.

scanner ['skænə*] *n* (*MED*) Scanner *m*; (*RADAR*) Richtantenne *f*.

scant [skænt] *adj* wenig.

scantily ['skæntɪlɪ] *adv*: ~ **clad** *or* **dressed** spärlich bekleidet.

scanty ['skæntɪ] *adj* (*information*) dürftig; (*meal*) kärglich; (*bikini*) knapp.

scapegoat ['skeɪpgəut] *n* Sündenbock *m*.

scar [skɑː] *n* Narbe *f*; (*fig*) Wunde *f* ♦ *vt* eine Narbe hinterlassen auf +*dat*; (*fig*) zeichnen.

scarce [skɛəs] *adj* knapp; **to make o.s.** ~ (*inf*) verschwinden.

scarcely ['skɛəslɪ] *adv* kaum; (*certainly not*) wohl kaum; ~ **anybody** kaum jemand; **I can** ~ **believe it** ich kann es kaum glauben.

scarcity ['skɛəsɪtɪ] *n* Knappheit *f*; ~ **value** Seltenheitswert *m*.

scare [skɛə*] *n* (*fright*) Schreck(en) *m*; (*public fear*) Panik *f* ♦ *vt* (*frighten*) erschrecken; (*worry*) Angst machen +*dat*; **to give sb a** ~ jdm einen Schrecken einjagen; **bomb** ~ Bombendrohung *f*.

▶ **scare away** *vt* (*animal*) verscheuchen; (*investor, buyer*) abschrecken.

▶ **scare off** *vt* = **scare away**.

scarecrow ['skɛəkrəu] *n* Vogelscheuche *f*.

scared ['skɛəd] *adj*: **to be** ~ Angst haben; **to be** ~ **stiff** fürchterliche Angst haben.

scaremonger ['skɛəmʌŋgə*] *n* Panikmacher *m*.

scarf [ska:f] (*pl* ~**s** *or* **scarves**) *n* Schal *m*; (*headscarf*) Kopftuch *nt*.

scarlet ['ska:lɪt] *adj* (scharlach)rot.

scarlet fever *n* Scharlach *m*.

scarper ['ska:pə*] (*BRIT: inf*) *vi* abhauen.

scarred [ska:d] *adj* narbig; (*fig*) gezeichnet.

SCART socket ['ska:tsɔkɪt] *n* (*COMPUT*) SCART-Büchse *f*.

scarves [ska:vz] *npl of* **scarf**.

scary ['skɛərɪ] (*inf*) *adj* unheimlich; (*film*) gruselig.

scathing ['skeɪðɪŋ] *adj* (*comments*) bissig; (*attack*) scharf; **to be ~ about sth** bissige Bemerkungen über etw *acc* machen.

scatter ['skætə*] *vt* verstreuen; (*flock of birds*) aufscheuchen; (*crowd*) zerstreuen ♦ *vi* (*crowd*) sich zerstreuen.

scatterbrained ['skætəbreɪnd] (*inf*) *adj* schusselig.

scattered ['skætəd] *adj* verstreut; ~ **showers** vereinzelte Regenschauer *pl*.

scatty ['skætɪ] (*BRIT: inf*) *adj* schusselig.

scavenge ['skævəndʒ] *vi*: **to ~ for sth** nach etw suchen.

scavenger ['skævəndʒə*] *n* (*person*) Aasgeier *m* (*inf*); (*animal, bird*) Aasfresser *m*.

SCE *n abbr* (= *Scottish Certificate of Education*) *Schulabschlusszeugnis in Schottland*.

scenario [sɪ'na:rɪəu] *n* (*THEAT, CINE*) Szenarium *nt*; (*fig*) Szenario *nt*.

scene [si:n] *n* (*lit, fig*) Szene *f*; (*of crime*) Schauplatz *m*; (*of accident*) Ort *m*; (*sight*) Anblick *m*; **behind the ~s** (*fig*) hinter den Kulissen; **to make a ~** (*inf: fuss*) eine Szene machen; **to appear on the ~** (*fig*) auftauchen, auf der Bildfläche erscheinen; **the political ~** die politische Landschaft.

scenery ['si:nərɪ] *n* (*THEAT*) Bühnenbild *nt*; (*landscape*) Landschaft *f*.

scenic ['si:nɪk] *adj* malerisch, landschaftlich schön.

scent [sɛnt] *n* (*fragrance*) Duft *m*; (*track*) Fährte *f*; (*fig*) Spur *f*; (*liquid perfume*) Parfüm *nt*; **to put** *or* **throw sb off the ~** (*fig*) jdn von der Spur abbringen.

sceptic, (*US*) **skeptic** ['skeptɪk] *n* Skeptiker(in) *m(f)*.

sceptical, (*US*) **skeptical** ['skeptɪkl] *adj* skeptisch.

scepticism, (*US*) **skepticism** ['skeptɪsɪzəm] *n* Skepsis *f*.

sceptre, (*US*) **scepter** ['septə*] *n* Zepter *nt*.

schedule ['ʃedju:l, (*US*) 'skedju:l] *n* (*of trains, buses*) Fahrplan *m*; (*of events*) Programm *nt*; (*of prices, details etc*) Liste *f* ♦ *vt* planen; (*visit, meeting etc*) ansetzen; **on** ~ wie geplant, pünktlich; **we are working to a very tight ~** wir arbeiten nach einem sehr knappen Zeitplan; **everything went according to ~** alles ist planmäßig verlaufen; **to be ahead of/behind ~** dem Zeitplan voraus sein/im Rückstand sein; **he was ~d to leave**

yesterday laut Zeitplan hätte er gestern abfahren sollen.

scheduled ['ʃedju:ld, (*US*) 'skedju:ld] *adj* (*date, time*) vorgesehen; (*visit, event*) geplant; (*train, bus, stop*) planmäßig.

scheduled flight *n* Linienflug *m*.

schematic [skɪ'mætɪk] *adj* schematisch.

scheme [ski:m] *n* (*personal plan*) Plan *m*; (*plot*) raffinierter Plan *m*, Komplott *nt*; (*formal plan*) Programm *nt* ♦ *vi* Pläne schmieden, intrigieren; **colour ~** Farbzusammenstellung *f*; **pension ~** Rentenversicherung *f*.

scheming ['ski:mɪŋ] *adj* intrigierend ♦ *n* Machenschaften *pl*.

schism ['skɪzəm] *n* Spaltung *f*.

schizophrenia [skɪtsə'fri:nɪə] *n* Schizophrenie *f*.

schizophrenic [skɪtsə'frenɪk] *adj* schizophren ♦ *n* Schizophrene(r) *f(m)*.

scholar ['skɔlə*] *n* Gelehrte(r) *f(m)*; (*pupil*) Student(in) *m(f)*, Schüler(in) *m(f)*; (*scholarship holder*) Stipendiat(in) *m(f)*.

scholarly ['skɔləlɪ] *adj* gelehrt; (*text, approach*) wissenschaftlich.

scholarship ['skɔləʃɪp] *n* Gelehrsamkeit *f*; (*grant*) Stipendium *nt*.

school [sku:l] *n* Schule *f*; (*US: inf: university*) Universität *f*; (*of whales, porpoises etc*) Schule *f*, Schwarm *m* ♦ *cpd* Schul-.

school age *n* Schulalter *nt*.

schoolbook ['sku:lbuk] *n* Schulbuch *nt*.

schoolboy ['sku:lbɔɪ] *n* Schuljunge *m*, Schüler *m*.

schoolchildren ['sku:ltʃɪldrən] *npl* Schulkinder *pl*, Schüler *pl*.

schooldays ['sku:ldeɪz] *npl* Schulzeit *f*.

schooled [sku:ld] *adj* geschult; **to be ~ in sth** über etw *acc* gut Bescheid wissen.

schoolgirl ['sku:lgə:l] *n* Schulmädchen *nt*, Schülerin *f*.

schooling ['sku:lɪŋ] *n* Schulbildung *f*.

school-leaver [sku:l'li:və*] (*BRIT*) *n* Schulabgänger(in) *m(f)*.

schoolmaster ['sku:lma:stə*] *n* Lehrer *m*.

schoolmistress ['sku:lmɪstrɪs] *n* Lehrerin *f*.

school report (*BRIT*) *n* Zeugnis *nt*.

schoolroom ['sku:lru:m] *n* Klassenzimmer *nt*.

schoolteacher ['sku:lti:tʃə*] *n* Lehrer(in) *m(f)*.

schoolyard ['sku:lja:d] *n* Schulhof *m*.

schooner ['sku:nə*] *n* (*ship*) Schoner *m*; (*BRIT: for sherry*) großes Sherryglas *nt*; (*US etc: for beer*) großes Bierglas *nt*.

sciatica [saɪ'ætɪkə] *n* Ischias *m or nt*.

science ['saɪəns] *n* Naturwissenschaft *f*; (*branch of knowledge*) Wissenschaft *f*; **the ~s** Naturwissenschaften *pl*.

science fiction *n* Sciencefiction *f*.

scientific [saɪən'tɪfɪk] *adj* wissenschaftlich.

scientist ['saɪəntɪst] *n* Wissenschaftler(in) *m(f)*.

sci-fi ['saɪfaɪ] (*inf*) *n abbr* (= *science fiction*) SF.

Scillies ['sılız] *npl* = **Scilly Isles**.
Scilly Isles ['sılı'aılz] *npl*: **the** ~ die Scillyinseln *pl*.
scintillating ['sıntıleıtıŋ] *adj* (*fig: conversation*) faszinierend; (*wit*) sprühend.
scissors ['sızəz] *npl* Schere *f*; **a pair of** ~ eine Schere.
sclerosis [sklı'rəʊsıs] *n* Sklerose *f*.
scoff [skɒf] *vt* (*BRIT: inf: eat*) futtern, verputzen ♦ *vi*: **to** ~ (**at**) (*mock*) spotten (**über** +*acc*), sich lustig machen (**über** +*acc*).
scold [skəʊld] *vt* ausschimpfen.
scolding ['skəʊldıŋ] *n* Schelte *f*; **to get a** ~ ausgeschimpft werden.
scone [skɒn] *n* brötchenartiges Teegebäck.
scoop [skuːp] *n* (*for flour etc*) Schaufel *f*; (*for ice cream etc*) Portionierer *m*; (*amount*) Kugel *f*; (*PRESS*) Knüller *m*.
▶ **scoop out** *vt* aushöhlen.
▶ **scoop up** *vt* aufschaufeln; (*liquid*) aufschöpfen.
scooter ['skuːtəʳ] *n* (*also: motor* ~) Motorroller *m*; (*toy*) (Tret)roller *m*.
scope [skəʊp] *n* (*opportunity*) Möglichkeiten *pl*; (*range*) Ausmaß *nt*, Umfang *m*; (*freedom*) Freiheit *f*; **within the** ~ **of** im Rahmen +*gen*; **there is plenty of** ~ **for improvement** (*BRIT*) es könnte noch viel verbessert werden.
scorch [skɔːtʃ] *vt* versengen; (*earth, grass*) verbrennen.
scorched earth policy *n* (*MIL*) Politik *f* der verbrannten Erde.
scorcher ['skɔːtʃəʳ] (*inf*) *n* heißer Tag *m*.
scorching ['skɔːtʃıŋ] *adj* (*day, weather*) brütend heiß.
score [skɔːʳ] *n* (*number of points*) (Punkte)stand *m*; (*of game*) Spielstand *m*; (*MUS*) Partitur *f*; (*twenty*) zwanzig ♦ *vt* (*goal*) schießen; (*point, success*) erzielen; (*mark*) einkerben; (*cut*) einritzen ♦ *vi* (*in game*) einen Punkt/Punkte erzielen; (*FOOTBALL etc*) ein Tor schießen; (*keep score*) (Punkte) zählen; **to settle an old** ~ **with sb** (*fig*) eine alte Rechnung mit jdm begleichen; **what's the** ~? (*SPORT*) wie stehts?; ~**s of** hunderte *or* Hunderte von; **on that** ~ in dieser Hinsicht; **to** ~ **well** gut abschneiden; **to** ~ **6 out of 10** 6 von 10 Punkten erzielen; **to** ~ (**a point**) **over sb** (*fig*) jdn ausstechen.
▶ **score out** *vt* ausstreichen.
scoreboard ['skɔːbɔːd] *n* Anzeigetafel *f*.
scorecard ['skɔːkɑːd] *n* (*SPORT*) Spielprotokoll *nt*.
score line *n* (*SPORT*) Spielstand *m*; (: *final score*) Endergebnis *nt*.
scorer ['skɔːrəʳ] *n* (*FOOTBALL etc*) Torschütze *m*, Torschützin *f*; (*person keeping score*) Anschreiber(in) *m(f)*.
scorn [skɔːn] *n* Verachtung *f* ♦ *vt* verachten; (*reject*) verschmähen.
scornful ['skɔːnful] *adj* verächtlich, höhnisch.
Scorpio ['skɔːpıəʊ] *n* Skorpion *m*; **to be** ~

Skorpion sein.
scorpion ['skɔːpıən] *n* Skorpion *m*.
Scot [skɒt] *n* Schotte *m*, Schottin *f*.
Scotch [skɒtʃ] *n* Scotch *m*.
scotch [skɒtʃ] *vt* (*rumour*) aus der Welt schaffen; (*plan, idea*) unterbinden.
Scotch tape ® *n* ≈ Tesafilm ® *m*.
scot-free ['skɒt'friː] *adv*: **to get off** ~ ungeschoren davonkommen.
Scotland ['skɒtlənd] *n* Schottland *nt*.
Scots [skɒts] *adj* schottisch.
Scotsman ['skɒtsmən] (*irreg: like* **man**) *n* Schotte *m*.
Scotswoman ['skɒtswʊmən] (*irreg: like* **woman**) *n* Schottin *f*.
Scottish ['skɒtıʃ] *adj* schottisch.
Scottish National Party *n* Partei, *die für die Unabhängigkeit Schottlands eintritt*.
scoundrel ['skaʊndrl] *n* Schurke *m*.
scour ['skaʊəʳ] *vt* (*search*) absuchen; (*clean*) scheuern.
scourer ['skaʊərəʳ] *n* Topfkratzer *m*.
scourge [skəːdʒ] *n* (*lit, fig*) Geißel *f*.
scout [skaʊt] *n* (*MIL*) Kundschafter *m*, Späher *m*; (*also: boy* ~) Pfadfinder *m*; **girl** ~ (*US*) Pfadfinderin *f*.
▶ **scout around** *vi* sich umsehen.
scowl [skaʊl] *vi* ein böses Gesicht machen ♦ *n* böses Gesicht *nt*; **to** ~ **at sb** jdn böse ansehen.
scrabble ['skræbl] *vi* (*also:* ~ **around**) herumtasten ♦ *n*: **S**~ ® Scrabble ® *nt*; **to** ~ **at sth** nach etw krallen; **to** ~ **about** *or* **around for sth** nach etw herumsuchen.
scraggy ['skrægı] *adj* (*animal*) mager; (*body, neck etc*) dürr.
scram [skræm] (*inf*) *vi* abhauen, verschwinden.
scramble ['skræmbl] *n* (*climb*) Kletterpartie *f*; (*rush*) Hetze *f*; (*struggle*) Gerangel *nt* ♦ *vi*: **to** ~ **up/over** klettern auf/über +*acc*; **to** ~ **for** sich drängeln um; **to go scrambling** (*SPORT*) Querfeldeinrennen fahren.
scrambled eggs ['skræmbld-] *n* Rührei *nt*.
scrap [skræp] *n* (*bit*) Stückchen *nt*; (*fig: of truth, evidence*) Spur *f*; (*fight*) Balgerei *f*; (*also:* ~ **metal**) Altmetall *nt*, Schrott *m* ♦ *vt* (*machines etc*) verschrotten; (*fig: plans etc*) fallen lassen ♦ *vi* (*fight*) sich balgen; **scraps** *npl* (*leftovers*) Reste *pl*; **to sell sth for** ~ etw als Schrott *or* zum Verschrotten verkaufen.
scrapbook ['skræpbʊk] *n* Sammelalbum *nt*.
scrap dealer *n* Schrotthändler(in) *m(f)*.
scrape [skreıp] *vt* abkratzen; (*hand etc*) abschürfen; (*car*) verschrammen ♦ *n*: **to get into a** ~ (*difficult situation*) in Schwulitäten *pl* kommen (*inf*).
▶ **scrape through** *vt* (*exam etc*) durchrutschen durch (*inf*).
▶ **scrape together** *vt* (*money*) zusammenkratzen.
scraper ['skreıpəʳ] *n* Kratzer *m*.

scrap heap *n*: **to be on the ~** (*fig*) zum alten Eisen gehören.

scrap merchant (*BRIT*) *n* Schrotthändler(in) *m(f)*.

scrap metal *n* Altmetall *nt*, Schrott *m*.

scrap paper *n* Schmierpapier *nt*.

scrappy ['skræpɪ] *adj* zusammengestoppelt (*inf*).

scrap yard *n* Schrottplatz *m*.

scratch [skrætʃ] *n* Kratzer *m* ♦ *vt* kratzen; (*one's nose etc*) sich kratzen an +*dat*; (*paint, car, record*) verkratzen; (*COMPUT*) löschen ♦ *vi* sich kratzen ♦ *cpd* (*team, side*) zusammengewürfelt; **to start from ~** ganz von vorne anfangen; **to be up to ~** den Anforderungen entsprechen; **to ~ the surface** (*fig*) an der Oberfläche bleiben.

scratch pad (*US*) *n* Notizblock *m*.

scrawl [skrɔːl] *n* Gekritzel *nt*; (*handwriting*) Klaue *f* (*inf*) ♦ *vt* hinkritzeln.

scrawny ['skrɔːnɪ] *adj* dürr.

scream [skriːm] *n* Schrei *m* ♦ *vi* schreien; **to be a ~** (*inf*) zum Schreien sein; **to ~ at sb (to do sth)** jdn anschreien(, etw zu tun).

scree [skriː] *n* Geröll *nt*.

screech [skriːtʃ] *vi* kreischen; (*tyres, brakes*) quietschen ♦ *n* Kreischen *nt*; (*of tyres, brakes*) Quietschen *nt*.

screen [skriːn] *n* (*CINE*) Leinwand *f*; (*TV, COMPUT*) Bildschirm *m*; (*movable barrier*) Wandschirm *m*; (*fig: cover*) Tarnung *f*; (*also*: **windscreen**) Windschutzscheibe *f* ♦ *vt* (*protect*) abschirmen; (*from the wind etc*) schützen; (*conceal*) verdecken; (*film*) zeigen, vorführen; (*programme*) senden; (*candidates etc*) überprüfen; (*for illness*): **to ~ sb for sth** jdn auf etw *acc* (hin) untersuchen.

screen editing *n* (*COMPUT*) Bildschirmaufbereitung *f*.

screening ['skriːnɪŋ] *n* (*MED*) Untersuchung *f*; (*of film*) Vorführung *f*; (*TV*) Sendung *f*; (*for security*) Überprüfung *f*.

screen memory *n* (*COMPUT*) Bildschirmspeicher *m*.

screenplay ['skriːnpleɪ] *n* Drehbuch *nt*.

screen saver *n* (*COMPUT*) Bildschirmschoner *m*.

screen test *n* Probeaufnahmen *pl*.

screw [skruː] *n* Schraube *f* ♦ *vt* schrauben; (*inf!*) bumsen (*!*); **to ~ sth in** etw einschrauben; **to ~ sth to the wall** etw an der Wand festschrauben; **to have one's head ~ed on** (*fig*) ein vernünftiger Mensch sein.

► **screw up** *vt* (*paper etc*) zusammenknüllen; (*inf*: *ruin*) vermasseln; **to ~ up one's eyes** die Augen zusammenkneifen.

screwdriver ['skruːdraɪvə*] *n* Schraubenzieher *m*.

screwed-up ['skruːd'ʌp] (*inf*) *adj*: **to be/get ~ about sth** sich wegen etw ganz verrückt machen.

screwy ['skruːɪ] (*inf*) *adj* verrückt.

scribble ['skrɪbl] *n* Gekritzel *nt* ♦ *vt*, *vi* kritzeln; **to ~ sth** etw hinkritzeln.

scribe [skraɪb] *n* Schreiber *m*.

script [skrɪpt] *n* (*CINE*) Drehbuch *nt*; (*of speech, play etc*) Text *m*; (*alphabet*) Schrift *f*; (*in exam*) schriftliche Arbeit *f*.

scripted ['skrɪptɪd] *adj* vorbereitet.

scripture(s) ['skrɪptʃə(z)] *n(pl)* (heilige) Schrift *f*; **the S~(s)** (*the Bible*) die Heilige Schrift *f*.

scriptwriter ['skrɪptraɪtə*] *n* (*RADIO*, *TV*) Autor(in) *m(f)*; (*CINE*) Drehbuchautor(in) *m(f)*.

scroll [skrəʊl] *n* Schriftrolle *f* ♦ *vi* (*COMPUT*) scrollen.

scroll bar *n* (*COMPUT*) Bildlaufleiste *f*.

scrotum ['skrəʊtəm] *n* Hodensack *m*.

scrounge [skraʊndʒ] (*inf*) *vt*: **to ~ sth off sb** etw bei jdm schnorren ♦ *vi* schnorren ♦ *n*: **on the ~** am Schnorren.

scrounger ['skraʊndʒə*] (*inf*) *n* Schnorrer(in) *m(f)*.

scrub [skrʌb] *n* Gestrüpp *nt* ♦ *vt* (*floor etc*) schrubben; (*inf*: *idea, plan*) fallen lassen.

scrubbing brush ['skrʌbɪŋ-] *n* Scheuerbürste *f*.

scruff [skrʌf] *n*: **by the ~ of the neck** am Genick.

scruffy ['skrʌfɪ] *adj* gammelig, verwahrlost.

scrum(mage) ['skrʌm(ɪdʒ)] *n* (*RUGBY*) Gedränge *nt*.

scruple ['skruːpl] *n* (*gen pl*) Skrupel *m*, Bedenken *nt*; **to have no ~s about doing sth** keine Skrupel *or* Bedenken haben, etw zu tun.

scrupulous ['skruːpjʊləs] *adj* gewissenhaft; (*honesty*) unbedingt.

scrupulously ['skruːpjʊləslɪ] *adv* gewissenhaft; (*honest, fair*) äußerst; (*clean*) peinlich.

scrutinize ['skruːtɪnaɪz] *vt* prüfend ansehen; (*data, records etc*) genau prüfen *or* untersuchen.

scrutiny ['skruːtɪnɪ] *n* genaue Untersuchung *f*; **under the ~ of sb** unter jds prüfendem Blick.

scuba ['skuːbə] *n* (Schwimm)tauchgerät *nt*.

scuba diving *n* Sporttauchen *nt*.

scuff [skʌf] *vt* (*shoes, floor*) abwetzen.

scuffle ['skʌfl] *n* Handgemenge *nt*.

scull [skʌl] *n* Skull *nt*.

scullery ['skʌlərɪ] *n* (*old*) Spülküche *f*.

sculptor ['skʌlptə*] *n* Bildhauer(in) *m(f)*.

sculpture ['skʌlptʃə*] *n* (*art*) Bildhauerei *f*; (*object*) Skulptur *f*.

scum [skʌm] *n* (*on liquid*) Schmutzschicht *f*; (*pej*) Abschaum *m*.

scupper ['skʌpə*] (*BRIT*: *inf*) *vt* (*plan, idea*) zerschlagen.

scurrilous ['skʌrɪləs] *adj* verleumderisch.

scurry ['skʌrɪ] *vi* huschen.

▶ **scurry off** *vi* forthasten.

scurvy ['skɜːvɪ] *n* Skorbut *m*.

scuttle ['skʌtl] *n* (*also*: **coal** ~) Kohleneimer *m*
♦ *vt* (*ship*) versenken ♦ *vi*: **to** ~ **away** *or* **off**
verschwinden.

scythe [saɪð] *n* Sense *f*.

SD, S.Dak. (*US*) *abbr* (*POST*: = *South Dakota*).

SDI (*US*) *n abbr* (*MIL*: = *Strategic Defense
Initiative*) SDI *f*.

SDLP (*BRIT*) *n abbr* (*POL*: = *Social Democratic
and Labour Party*) sozialdemokratische
Partei in Nordirland.

SDP (*BRIT*) *n abbr* (*POL*: *formerly*: = *Social
Democratic Party*) sozialdemokratische
Partei.

SE *abbr* (= *south-east*) SO.

sea [siː] *n* Meer *nt*, See *f*; (*fig*) Meer *nt* ♦ *cpd*
See-; **by** ~ (*travel*) mit dem Schiff; **beside** *or*
by the ~ (*holiday*) am Meer, an der See;
(*village*) am Meer; **on the** ~ (*boat*) auf See;
at ~ auf See; **to be all at** ~ (*fig*) nicht
durchblicken (*inf*); **out to** ~ aufs Meer
(hinaus); **to look out to** ~ aufs Meer
hinausblicken; **heavy/rough** ~**(s)** schwere/
raue See *f*.

sea anemone *n* Seeanemone *f*.

sea bed *n* Meeresboden *m*.

seaboard ['siːbɔːd] *n* Küste *f*.

seafarer ['siːfɛərə*] *n* Seefahrer *m*.

seafaring ['siːfɛərɪŋ] *adj* (*life, nation*)
Seefahrer-.

seafood ['siːfuːd] *n* Meeresfrüchte *pl*.

seafront ['siːfrʌnt] *n* Strandpromenade *f*.

seagoing ['siːgəʊɪŋ] *adj* hochseetüchtig.

seagull ['siːgʌl] *n* Möwe *f*.

seal [siːl] *n* (*animal*) Seehund *m*; (*official stamp*)
Siegel *nt*; (*in machine etc*) Dichtung *f*; (*on
bottle etc*) Verschluss *m* ♦ *vt* (*envelope*)
zukleben; (*crack, opening*) abdichten; (*with
seal*) versiegeln; (*agreement, sb's fate*)
besiegeln; **to give sth one's** ~ **of approval**
einer Sache *dat* seine offizielle Zustimmung
geben.

▶ **seal off** *vt* (*place*) abriegeln.

sea level *n* Meeresspiegel *m*; **2,000 ft above/
below** ~ 2000 Fuß über/unter dem
Meeresspiegel.

sealing wax ['siːlɪŋ-] *n* Siegelwachs *nt*.

sea lion *n* Seelöwe *m*.

sealskin ['siːlskɪn] *n* Seehundfell *nt*.

seam [siːm] *n* Naht *f*; (*lit, fig*: *where edges join*)
Übergang *m*; (*of coal etc*) Flöz *nt*; **the hall
was bursting at the** ~**s** der Saal platzte aus
allen Nähten.

seaman ['siːmən] (*irreg*: *like* **man**) *n* Seemann
m.

seamanship ['siːmənʃɪp] *n* Seemannschaft *f*.

seamless ['siːmlɪs] *adj* (*lit, fig*) nahtlos.

seamy ['siːmɪ] *adj* zwielichtig; **the** ~ **side of
life** die Schattenseite des Lebens.

séance ['seɪɒns] *n* spiritistische Sitzung *f*.

seaplane ['siːpleɪn] *n* Wasserflugzeug *nt*.

seaport ['siːpɔːt] *n* Seehafen *m*.

search [sɜːtʃ] *n* Suche *f*; (*inspection*)
Durchsuchung *f*; (*COMPUT*) Suchlauf *m* ♦ *vt*
durchsuchen; (*mind, memory*)
durchforschen ♦ *vi*: **to** ~ **for** suchen nach;
"~ **and replace**" (*COMPUT*) „suchen und
ersetzen"; **in** ~ **of** auf der Suche nach.

▶ **search through** *vt fus* durchsuchen.

searcher ['sɜːtʃə*] *n* Suchende(r) *f(m)*.

searching ['sɜːtʃɪŋ] *adj* (*question*) bohrend;
(*look*) prüfend; (*examination*) eingehend.

searchlight ['sɜːtʃlaɪt] *n* Suchscheinwerfer *m*.

search party *n* Suchtrupp *m*; **to send out a** ~
einen Suchtrupp ausschicken.

search warrant *n* Durchsuchungsbefehl *m*.

searing ['sɪərɪŋ] *adj* (*heat*) glühend; (*pain*)
scharf.

seashore ['siːʃɔː*] *n* Strand *m*; **on the** ~ am
Strand.

seasick ['siːsɪk] *adj* seekrank.

seasickness ['siːsɪknɪs] *n* Seekrankheit *f*.

seaside ['siːsaɪd] *n* Meer *nt*, See *f*; **to go to the**
~ ans Meer *or* an die See fahren; **at the** ~
am Meer, an der See.

seaside resort *n* Badeort *m*.

season ['siːzn] *n* Jahreszeit *f*; (*AGR*) Zeit *f*;
(*SPORT, of films etc*) Saison *f*; (*THEAT*)
Spielzeit *f* ♦ *vt* (*food*) würzen; **strawberries
are in** ~/**out of** ~ für Erdbeeren ist jetzt die
richtige Zeit/nicht die richtige Zeit; **the
busy** ~ die Hochsaison *f*; **the open** ~
(*HUNTING*) die Jagdzeit *f*.

seasonal ['siːznl] *adj* (*work*) Saison-.

seasoned ['siːznd] *adj* (*fig*: *traveller*) erfahren;
(*wood*) abgelagert; **she's a** ~ **campaigner** sie
ist eine alte Kämpferin.

seasoning ['siːznɪŋ] *n* Gewürz *nt*.

season ticket *n* (*RAIL*) Zeitkarte *f*; (*SPORT*)
Dauerkarte *f*; (*THEAT*) Abonnement *nt*.

seat [siːt] *n* (*chair, of government, POL*) Sitz *m*;
(*place*) Platz *m*; (*buttocks*) Gesäß *nt*; (*of
trousers*) Hosenboden *m*; (*of learning*) Stätte *f*
♦ *vt* setzen; (*have room for*) Sitzplätze bieten
für; **are there any** ~**s left?** sind noch Plätze
frei?; **to take one's** ~ sich setzen; **please be
** ~**ed** bitte nehmen Sie Platz; **to be** ~**ed**
sitzen.

seat belt *n* Sicherheitsgurt *m*.

seating arrangements ['siːtɪŋ-] *npl*
Sitzordnung *f*.

seating capacity *n* Sitzplätze *pl*.

SEATO ['siːtəʊ] *n abbr* (= *Southeast Asia Treaty
Organization*) SEATO *f*.

sea urchin *n* Seeigel *m*.

sea water *n* Meerwasser *nt*.

seaweed ['siːwiːd] *n* Seetang *m*.

seaworthy ['siːwɜːðɪ] *adj* seetüchtig.

SEC (*US*) *n abbr* (= *Securities and Exchange
Commission*) amerikanische
Börsenaufsichtsbehörde.

sec. *abbr* (= *second*) Sek.

secateurs [sɛkə'tɜːz] *npl* Gartenschere *f*.

secede [sɪ'siːd] *vi* (*POL*): **to ~ (from)** sich abspalten (von).

secluded [sɪ'kluːdɪd] *adj* (*place*) abgelegen; (*life*) zurückgezogen.

seclusion [sɪ'kluːʒən] *n* Abgeschiedenheit *f*; **in ~** zurückgezogen.

second¹ [sɪ'kɔnd] (*BRIT*) *vt* (*employee*) abordnen.

second² ['sɛkənd] *adj* zweite(r, s) ♦ *adv* (*come, be placed*) Zweite(r, s); (*when listing*) zweitens ♦ *n* (*time*) Sekunde *f*; (*AUT: also*: **~ gear**) der zweite Gang; (*person*) Zweite(r) *f(m)*; (*COMM: imperfect*) zweite Wahl *f* ♦ *vt* (*motion*) unterstützen; **upper/lower ~** (*BRIT: UNIV*) ≈ Zwei plus/minus; **Charles the S~** Karl der Zweite; **just a ~!** einen Augenblick!; **~ floor** (*BRIT*) zweiter Stock *m*; (*US*) erster Stock *m*; **to ask for a ~ opinion** ein zweites Gutachten einholen.

secondary ['sɛkəndərɪ] *adj* weniger wichtig.

secondary education *n* höhere Schulbildung *f*.

secondary picketing *n Aufstellung von Streikposten bei nur indirekt beteiligten Firmen.*

secondary school *n* höhere Schule *f*.

SECONDARY SCHOOL

Secondary school *ist in Großbritannien eine weiterführende Schule für Kinder von 11 bis 18 Jahren. Manche Schüler gehen schon mit 16 Jahren, wenn die allgemeine Schulpflicht endet, von der Schule ab. Die meisten secondary schools sind heute Gesamtschulen, obwohl es auch noch selektive Schulen gibt. Siehe auch* **comprehensive school, primary school.**

---

second-best [sɛkənd'bɛst] *adj* zweitbeste(r, s) ♦ *n*: **as a ~** als Ausweichlösung; **don't settle for ~** gib dich nur mit dem Besten zufrieden.

second-class ['sɛkənd'klɑːs] *adj* zweitklassig; (*citizen*) zweiter Klasse; (*RAIL, POST*) Zweite-Klasse- ♦ *adv* (*RAIL, POST*) zweiter Klasse; **to send sth ~** etw zweiter Klasse schicken; **to travel ~** zweiter Klasse reisen.

second cousin *n* Cousin *m*/Cousine *f or* Kusine *f* zweiten Grades.

seconder ['sɛkəndə*] *n* Befürworter(in) *m(f)*.

second-guess ['sɛkənd'gɛs] *vt* vorhersagen; **to ~ sb** vorhersagen, was jd machen wird.

secondhand ['sɛkənd'hænd] *adj* gebraucht; (*clothing*) getragen ♦ *adv* (*buy*) gebraucht; **to hear sth ~** etw aus zweiter Hand haben; **~ car** Gebrauchtwagen *m*.

second hand *n* (*on clock*) Sekundenzeiger *m*.

second-in-command ['sɛkəndɪnkə'mɑːnd] *n* (*MIL*) stellvertretender Kommandeur *m*; (*ADMIN*) stellvertretender Leiter *m*.

secondly ['sɛkəndlɪ] *adv* zweitens.

secondment [sɪ'kɔndmənt] (*BRIT*) *n*

Abordnung *f*; **to be on ~** abgeordnet sein.

second-rate ['sɛkənd'reɪt] *adj* zweitklassig.

second thoughts *npl*: **on ~** *or* (*US*) **thought** wenn ich es mir (recht) überlege; **to have ~ (about doing sth)** es sich *dat* anders überlegen (und etw doch nicht tun).

Second World War *n*: **the ~** der Zweite Weltkrieg.

secrecy ['siːkrəsɪ] *n* Geheimhaltung *f*; (*of person*) Verschwiegenheit *f*; **in ~** heimlich.

secret ['siːkrɪt] *adj* geheim; (*admirer*) heimlich ♦ *n* Geheimnis *nt*; **in ~** heimlich; **~ passage** Geheimgang *m*; **to keep sth ~ from sb** etw vor jdm geheim halten; **can you keep a ~?** kannst du schweigen?; **to make no ~ of sth** kein Geheimnis *or* keinen Hehl aus etw machen.

secret agent *n* Geheimagent(in) *m(f)*.

secretarial [sɛkrɪ'tɛərɪəl] *adj* (*work*) Büro-; (*course*) Sekretärinnen-; (*staff*) Sekretariats-.

secretariat [sɛkrɪ'tɛərɪət] *n* (*POL, ADMIN*) Sekretariat *nt*.

secretary ['sɛkrətərɪ] *n* (*COMM*) Sekretär(in) *m(f)*; (*of club*) Schriftführer(in) *m(f)*; **S~ of State (for)** (*BRIT: POL*) Minister(in) *m(f)* (für); **S~ of State** (*US: POL*) Außenminister(in) *m(f)*.

secretary-general ['sɛkrətərɪ'dʒɛnərl] (*pl* **secretaries-general**) *n* Generalsekretär(in) *m(f)*.

secrete [sɪ'kriːt] *vt* (*ANAT, BIOL, MED*) absondern; (*hide*) verbergen.

secretion [sɪ'kriːʃən] *n* (*substance*) Sekret *nt*.

secretive ['siːkrətɪv] *adj* verschlossen; (*pej*) geheimnistuerisch.

secretly ['siːkrɪtlɪ] *adv* heimlich; (*hope*) insgeheim.

secret police *n* Geheimpolizei *f*.

secret service *n* Geheimdienst *m*.

sect [sɛkt] *n* Sekte *f*.

sectarian [sɛk'tɛərɪən] *adj* (*killing etc*) konfessionell motiviert; **~ violence** gewalttätige Konfessionsstreitigkeiten *pl*.

section ['sɛkʃən] *n* (*part*) Teil *m*; (*department*) Abteilung *f*; (*of document*) Absatz *m*; (*cross-section*) Schnitt *m* ♦ *vt* (*divide*) teilen; **the business/sport ~** (*PRESS*) der Wirtschafts-/Sportteil.

sectional ['sɛkʃnl] *adj*: **~ drawing** Darstellung *f* im Schnitt.

sector ['sɛktə*] *n* Sektor *m*.

secular ['sɛkjulə*] *adj* weltlich.

secure [sɪ'kjuə*] *adj* sicher; (*firmly fixed*) fest ♦ *vt* (*fix*) festmachen; (*votes etc*) erhalten; (*contract etc*) (sich *dat*) sichern; (*COMM: loan*) (ab)sichern; **to make sth ~** etw sichern; **to ~ sth for sb** jdm etw sichern.

secured creditor [sɪ'kjuəd-] *n* (*COMM*) abgesicherter Gläubiger *m*.

securely [sɪ'kjuəlɪ] *adv* (*firmly*) fest; (*safely*) sicher.

security [sɪˈkjuərɪtɪ] n Sicherheit f; (*freedom from anxiety*) Geborgenheit f; **securities** npl (*STOCK EXCHANGE*) Effekten pl, Wertpapiere pl; **to increase/tighten** ~ die Sicherheitsvorkehrungen verschärfen; ~ **of tenure** Kündigungsschutz m.

Security Council n Sicherheitsrat m.

security forces npl Sicherheitskräfte pl.

security guard n Sicherheitsbeamte(r) m; (*transporting money*) Wachmann m.

security risk n Sicherheitsrisiko nt.

secy. abbr = **secretary**.

sedan [səˈdæn] (*US*) n (*AUT*) Limousine f.

sedate [sɪˈdeɪt] adj (*person*) ruhig, gesetzt; (*life*) geruhsam; (*pace*) gemächlich ♦ vt (*MED*) Beruhigungsmittel geben +dat.

sedation [sɪˈdeɪʃən] n (*MED*) Beruhigungsmittel pl; **to be under** ~ unter dem Einfluss von Beruhigungsmitteln stehen.

sedative [ˈsɛdɪtɪv] n (*MED*) Beruhigungsmittel nt.

sedentary [ˈsɛdntrɪ] adj (*occupation, work*) sitzend.

sediment [ˈsɛdɪmənt] n (*in bottle*) (Boden)satz m; (*in lake etc*) Ablagerung f.

sedimentary [sɛdɪˈmɛntərɪ] adj (*GEOG*) sedimentär; ~ **rock** Sedimentgestein nt.

sedition [sɪˈdɪʃən] n Aufwiegelung f.

seduce [sɪˈdjuːs] vt verführen; **to** ~ **sb into doing sth** jdn dazu verleiten, etw zu tun.

seduction [sɪˈdʌkʃən] n (*attraction*) Verlockung f; (*act of seducing*) Verführung f.

seductive [sɪˈdʌktɪv] adj verführerisch; (*fig: offer*) verlockend.

see [siː] (*pt* **saw**, *pp* **seen**) vt sehen; (*look at*) sich dat ansehen; (*understand*) verstehen, (ein)sehen; (*doctor etc*) aufsuchen ♦ vi sehen ♦ n (*REL*) Bistum nt; **to** ~ **that** (*ensure*) dafür sorgen, dass; **to** ~ **sb to the door** jdn zur Tür bringen; **there was nobody to be** ~**n** es war niemand zu sehen; **to go and** ~ **sb** jdn besuchen (gehen); **to** ~ **a doctor** zum Arzt gehen; ~ **you!** tschüss! (*inf*); ~ **you soon!** bis bald!; **let me** ~ (*show me*) lass mich mal sehen; (*let me think*) lass mich mal überlegen; **I** ~ ich verstehe, aha; (*annoyed*) ach so; **you** ~ weißt du, siehst du; ~ **for yourself** überzeug dich doch selbst; **I don't know what she** ~**s in him** ich weiß nicht, was sie an ihm findet; **as far as I can** ~ so wie ich das sehe.

▶ **see about** vt fus sich kümmern um +acc.

▶ **see off** vt verabschieden.

▶ **see through** vt fus durchschauen ♦ vt: **to** ~ **sb through sth** jdm in etw dat beistehen; **to** ~ **sth through to the end** etw zu Ende bringen; **this should** ~ **you through** das müsste dir reichen.

▶ **see to** vt fus sich kümmern um +acc.

seed [siːd] n Samen m; (*of fruit*) Kern m; (*fig: usu pl*) Keim m; (*TENNIS*) gesetzter Spieler

m, gesetzte Spielerin f; **to go to** ~ (*plant*) Samen bilden; (*lettuce etc*) schießen; (*fig: person*) herunterkommen.

seedless [ˈsiːdlɪs] adj kernlos.

seedling [ˈsiːdlɪŋ] n (*BOT*) Sämling m.

seedy [ˈsiːdɪ] adj (*person, place*) zwielichtig, zweifelhaft.

seeing [ˈsiːɪŋ] conj: ~ **as** or **that** da.

seek [siːk] (*pt, pp* **sought**) vt suchen; **to** ~ **advice from sb** jdn um Rat fragen; **to** ~ **help from sb** jdn um Hilfe bitten.

▶ **seek out** vt ausfindig machen.

seem [siːm] vi scheinen; **there** ~**s to be a mistake** da scheint ein Fehler zu sein; **it** ~**s (that)** es scheint(, dass); **it** ~**s to me that ...** mir scheint, dass ...; **what** ~**s to be the trouble?** worum geht es denn?; (*doctor*) was fehlt Ihnen denn?

seemingly [ˈsiːmɪŋlɪ] adv anscheinend.

seemly [ˈsiːmlɪ] adj schicklich.

seen [siːn] pp of **see**.

seep [siːp] vi sickern.

seersucker [ˈsɪəsʌkəʳ] n Krepp m, Seersucker m.

seesaw [ˈsiːsɔː] n Wippe f.

seethe [siːð] vi: **to** ~ **with** (*place*) wimmeln von; **to** ~ **with anger** vor Wut kochen.

see-through [ˈsiːθruː] adj durchsichtig.

segment [ˈsɛgmənt] n Teil m; (*of orange*) Stück nt.

segregate [ˈsɛgrɪgeɪt] vt trennen, absondern.

segregation [sɛgrɪˈgeɪʃən] n Trennung f.

Seine [seɪn] n: **the** ~ die Seine f.

seismic shock n Erdstoß m.

seize [siːz] vt packen, ergreifen; (*fig: opportunity*) ergreifen; (*power, control*) an sich acc reißen; (*territory, airfield*) besetzen; (*hostage*) nehmen; (*LAW*) beschlagnahmen.

▶ **seize up** vi (*engine*) sich festfressen.

▶ **seize (up)on** vt fus sich stürzen auf +acc.

seizure [ˈsiːʒəʳ] n (*MED*) Anfall m; (*of power*) Ergreifung f; (*LAW*) Beschlagnahmung f.

seldom [ˈsɛldəm] adv selten.

select [sɪˈlɛkt] adj exklusiv ♦ vt (aus)wählen; (*SPORT*) aufstellen; **a** ~ **few** wenige Auserwählte pl.

selection [sɪˈlɛkʃən] n (*being chosen*) Wahl f; (*range*) Auswahl f.

selection committee n Auswahlkomitee nt.

selective [sɪˈlɛktɪv] adj wählerisch; (*not general*) selektiv.

selector [sɪˈlɛktəʳ] n (*SPORT*) Mannschaftsaufsteller(in) m(f); (*TECH*) Wählschalter m; (: *button*) Taste f.

self [sɛlf] (*pl* **selves**) n Selbst nt, Ich nt; **she was her normal** ~ **again** sie war wieder ganz die Alte.

self... [sɛlf] pref selbst-, Selbst-.

self-addressed [ˈsɛlfəˈdrɛst] adj: ~ **envelope** addressierter Rückumschlag m.

self-adhesive [sɛlfədˈhiːzɪv] adj selbstklebend.

self-appointed [sɛlfə'pɔɪntɪd] *adj* selbst ernannt.

self-assertive [sɛlfə'sɔːtɪv] *adj* selbstbewusst.

self-assurance [sɛlfə'ʃuərəns] *n* Selbstsicherheit *f*.

self-assured [sɛlfə'ʃuəd] *adj* selbstsicher.

self-catering [sɛlf'keɪtərɪŋ] (*BRIT*) *adj* (*holiday, flat*) für Selbstversorger.

self-centred, (*US*) **self-centered** [sɛlf'sɛntəd] *adj* egozentrisch, ichbezogen.

self-cleaning [sɛlf'kliːnɪŋ] *adj* selbstreinigend.

self-confessed [sɛlfkən'fɛst] *adj* erklärt.

self-confidence [sɛlf'kɒnfɪdns] *n* Selbstbewusstsein *nt*, Selbstvertrauen *nt*.

self-confident [sɛlf'kɒnfɪdənt] *adj* selbstbewusst, selbstsicher.

self-conscious [sɛlf'kɒnʃəs] *adj* befangen, gehemmt.

self-contained [sɛlfkən'teɪnd] (*BRIT*) *adj* (*flat*) abgeschlossen; (*person*) selb(st)ständig.

self-control [sɛlfkən'trəul] *n* Selbstbeherrschung *f*.

self-defeating [sɛlfdɪ'fiːtɪŋ] *adj* unsinnig.

self-defence, (*US*) **self-defense** [sɛlfdɪ'fɛns] *n* Selbstverteidigung *f*; (*LAW*) Notwehr *f*; **in ~** zu seiner/ihrer *etc* Verteidigung; (*LAW*) in Notwehr.

self-discipline [sɛlf'dɪsɪplɪn] *n* Selbstdisziplin *f*.

self-employed [sɛlfɪm'plɔɪd] *adj* selbstständig.

self-esteem [sɛlfɪs'tiːm] *n* Selbstachtung *f*.

self-evident [sɛlf'ɛvɪdnt] *adj* offensichtlich.

self-explanatory [sɛlfɪks'plænətrɪ] *adj* unmittelbar verständlich.

self-financing [sɛlffaɪ'nænsɪŋ] *adj* selbstfinanzierend.

self-governing [sɛlf'ɡʌvənɪŋ] *adj* selbst verwaltet.

self-help [sɛlf'hɛlp] *n* Selbsthilfe *f*.

self-importance [sɛlfɪm'pɔːtns] *n* Aufgeblasenheit *f*.

self-indulgent [sɛlfɪn'dʌldʒənt] *adj* genießerisch; **to be ~** sich verwöhnen.

self-inflicted [sɛlfɪn'flɪktɪd] *adj* selbst zugefügt.

self-interest [sɛlf'ɪntrɪst] *n* Eigennutz *m*.

selfish ['sɛlfɪʃ] *adj* egoistisch, selbstsüchtig.

selfishly ['sɛlfɪʃlɪ] *adv* egoistisch, selbstsüchtig.

selfishness ['sɛlfɪʃnɪs] *n* Egoismus *m*, Selbstsucht *f*.

selfless ['sɛlflɪs] *adj* selbstlos.

selflessly ['sɛlflɪslɪ] *adv* selbstlos.

selflessness ['sɛlflɪsnɪs] *n* Selbstlosigkeit *f*.

self-made ['sɛlfmeɪd] *adj*: **~ man** Selfmademan *m*.

self-pity [sɛlf'pɪtɪ] *n* Selbstmitleid *nt*.

self-portrait [sɛlf'pɔːtreɪt] *n* Selbstporträt *nt*, Selbstbildnis *nt*.

self-possessed [sɛlfpə'zɛst] *adj* selbstbeherrscht.

self-preservation ['sɛlfprɛzə'veɪʃən] *n* Selbsterhaltung *f*.

self-raising ['sɛlf'reɪzɪŋ], (*US*) **self-rising** ['sɛlf'raɪzɪŋ] *adj*: **~ flour** Mehl *mit bereits beigemischtem Backpulver*.

self-reliant [sɛlfrɪ'laɪənt] *adj* selb(st)ständig.

self-respect [sɛlfrɪs'pɛkt] *n* Selbstachtung *f*.

self-respecting [sɛlfrɪs'pɛktɪŋ] *adj* mit Selbstachtung; (*genuine*) der/die/das etwas auf sich hält.

self-righteous [sɛlf'raɪtʃəs] *adj* selbstgerecht.

self-rising [sɛlf'raɪzɪŋ] (*US*) *adj* = **self-raising**.

self-sacrifice [sɛlf'sækrɪfaɪs] *n* Selbstaufopferung *f*.

self-same ['sɛlfseɪm] *adj*: **the ~** genau derselbe/dieselbe/dasselbe.

self-satisfied [sɛlf'sætɪsfaɪd] *adj* selbstzufrieden.

self-sealing [sɛlf'siːlɪŋ] *adj* selbstklebend.

self-service [sɛlf'sɔːvɪs] *adj* (*shop, restaurant etc*) Selbstbedienungs-.

self-styled ['sɛlfstaɪld] *adj* selbst ernannt.

self-sufficient [sɛlfsə'fɪʃənt] *adj* (*country*) autark; (*person*) selb(st)ständig, unabhängig; **to be ~ in coal** seinen Kohlebedarf selbst decken können.

self-supporting [sɛlfsə'pɔːtɪŋ] *adj* (*business*) sich selbst tragend.

self-taught [sɛlf'tɔːt] *adj*: **to be ~** Autodidakt sein; **he is a ~ pianist** er hat sich das Klavierspielen selbst beigebracht.

self-test [sɛlftɛst] *n* (*COMPUT*) Selbsttest *m*.

sell [sɛl] (*pt, pp* **sold**) *vt* verkaufen; (*shop: goods*) führen, haben (*inf*); (*fig: idea*) schmackhaft machen +*dat*, verkaufen (*inf*) ♦ *vi* sich verkaufen (lassen); **to ~ at** *or* **for 10 pounds** für 10 Pfund verkauft werden; **to ~ sb sth** jdm etw verkaufen; **to ~ o.s.** sich verkaufen.

▶ **sell off** *vt* verkaufen.

▶ **sell out** *vi*: **we/the tickets are sold out** wir/die Karten sind ausverkauft; **we have sold out of ...** wir haben kein ... mehr, ... ist ausverkauft.

▶ **sell up** *vi* sein Haus/seine Firma *etc* verkaufen.

sell-by date ['sɛlbaɪ-] *n* ≈ Haltbarkeitsdatum *nt*.

seller ['sɛlə*] *n* Verkäufer(in) *m(f)*; **~'s market** Verkäufermarkt *m*.

selling price ['sɛlɪŋ-] *n* Verkaufspreis *m*.

sellotape ® ['sɛləuteɪp] (*BRIT*) *n* Klebeband *nt*, ≈ Tesafilm ® *m*.

sellout ['sɛlaut] *n* (*inf: betrayal*) Verrat *m*; **the match was a ~** das Spiel war ausverkauft.

selves [sɛlvz] *pl of* **self**.

semantic [sɪ'mæntɪk] *adj* semantisch.

semantics [sɪ'mæntɪks] *n* (*LING*) Semantik *f*.

semaphore ['sɛməfɔː*] *n* Flaggenalphabet *nt*.

semblance ['sɛmblns] *n* Anschein *m*.

semen ['siːmən] *n* Samenflüssigkeit *f*, Sperma *nt*.

semester [sɪ'mɛstə*] (*esp US*) *n* Semester *nt*.

semi ['sɛmɪ] n = **semidetached (house)**.

semi... ['sɛmɪ] pref halb-, Halb-.

semibreve ['sɛmɪbriːv] (*BRIT*) n (*MUS*) ganze Note f.

semicircle ['sɛmɪsɔːkl] n Halbkreis m.

semicircular ['sɛmɪ'sɔːkjulə*] adj halbkreisförmig.

semicolon [sɛmɪ'kəʊlən] n Strichpunkt m, Semikolon nt.

semiconductor [sɛmɪkən'dʌktə*] n Halbleiter m.

semiconscious [sɛmɪ'kɒnʃəs] adj halb bewusstlos.

semidetached (house) (*BRIT*) n Doppelhaushälfte f.

semifinal [sɛmɪ'faɪnl] n Halbfinale nt.

seminar ['sɛmɪnɑː*] n Seminar nt.

seminary ['sɛmɪnərɪ] n (*REL*) Priesterseminar nt.

semi-precious stone n Halbedelstein m.

semiquaver ['sɛmɪkweɪvə*] (*BRIT*) n (*MUS*) Sechzehntelnote f.

semiskilled [sɛmɪ'skɪld] adj (*work*) Anlern-; (*worker*) angelernt.

semi-skimmed [sɛmɪ'skɪmd] adj (*milk*) teilentrahmt, Halbfett-.

semitone ['sɛmɪtəun] n (*MUS*) Halbton m.

semolina [sɛmə'liːnə] n Grieß m.

SEN (*BRIT*) n abbr (*formerly:* = *State Enrolled Nurse*) staatlich anerkannte Krankenschwester f, staatlich anerkannter Krankenpfleger m.

Sen., sen. abbr (*US*) = **senator**; (*in names:* = *senior*) sen.

senate ['sɛnɪt] n Senat m.

SENATE

Senate ist das Oberhaus des amerikanischen Kongresses (das Unterhaus ist das **House of Representatives**). Der Senat besteht aus 100 Senatoren, zwei für jeden Bundesstaat, die für sechs Jahre gewählt werden, wobei ein Drittel alle zwei Jahre neu gewählt wird. Die Senatoren werden in direkter Wahl vom Volk gewählt. Siehe auch **congress**.

---

senator ['sɛnɪtə*] n Senator(in) m(f).

send [sɛnd] (pt, pp **sent**) vt schicken; (*transmit*) senden; **to ~ sth by post** or (*US*) **mail** etw mit der Post schicken; **to ~ sb for sth** (*for check-up etc*) jdn zu etw schicken; **to ~ word that ...** Nachricht geben, dass ...; **she ~s (you) her love** sie lässt dich grüßen; **to ~ sb to Coventry** (*BRIT*) jdn schneiden (*inf*); **to ~ sb to sleep** jdn einschläfern; **to ~ sth flying** etw umwerfen.

▶ **send away** vt wegschicken.

▶ **send away for** vt fus (per Post) anfordern.

▶ **send back** vt zurückschicken.

▶ **send for** vt fus (per Post) anfordern; (*doctor, police*) rufen.

▶ **send in** vt einsenden, einschicken.

▶ **send off** vt abschicken; (*BRIT: player*) vom Platz weisen.

▶ **send on** vt (*BRIT: letter*) nachsenden; (*luggage etc*) vorausschicken.

▶ **send out** vt verschicken; (*light, heat*) abgeben; (*signal*) aussenden.

▶ **send round** vt schicken; (*circulate*) zirkulieren lassen.

▶ **send up** vt (*astronaut*) hochschießen; (*price, blood pressure*) hochtreiben; (*BRIT: parody*) verulken (*inf*).

sender ['sɛndə*] n Absender(in) m(f).

sending-off ['sɛndɪŋɒf] n (*SPORT*) Platzverweis m.

send-off ['sɛndɒf] n: **a good ~** eine große Verabschiedung.

send-up ['sɛndʌp] n Verulkung f (*inf*).

Senegal [sɛnɪ'gɔːl] n Senegal nt.

Senegalese [sɛnɪgə'liːz] adj senegalesisch ♦ n inv Senegalese m, Senegalesin f.

senile ['siːnaɪl] adj senil.

senility [sɪ'nɪlɪtɪ] n Senilität f.

senior ['siːnɪə*] adj (*staff, manager*) leitend; (*officer*) höher; (*post, position*) leitend ♦ n (*SCOL*): **the ~s** die Oberstufenschüler pl; **to be ~ to sb** jdm übergeordnet sein; **she is 15 years his ~** sie ist 15 Jahre älter als er; **P. Jones ~** P. Jones senior.

senior citizen n Senior(in) m(f).

senior high school (*US*) n Oberstufe f.

seniority [siːnɪ'ɒrɪtɪ] n (*in service*) (längere) Betriebszugehörigkeit f; (*in rank*) (höhere) Position f.

sensation [sɛn'seɪʃən] n (*feeling*) Gefühl nt; (*great success*) Sensation f; **to cause a ~** großes Aufsehen erregen.

sensational [sɛn'seɪʃənl] adj (*wonderful*) wunderbar; (*result*) sensationell; (*headlines etc*) reißerisch.

sense [sɛns] n Sinn m; (*feeling*) Gefühl nt; (*good sense*) Verstand m, gesunder Menschenverstand m; (*meaning*) Bedeutung f, Sinn m ♦ vt spüren; **~ of smell** Geruchssinn m; **it makes ~** (*can be understood*) es ergibt einen Sinn; (*is sensible*) es ist vernünftig or sinnvoll; **there's no ~ in that** das hat keinen Sinn; **there is no ~ in doing that** es hat keinen Sinn, das zu tun; **to come to one's ~s** Vernunft annehmen; **to take leave of one's ~s** den Verstand verlieren.

senseless ['sɛnslɪs] adj (*pointless*) sinnlos; (*unconscious*) besinnungslos, bewusstlos.

sense of humour n Sinn m für Humor.

sensibility [sɛnsɪ'bɪlɪtɪ] n Empfindsamkeit f; (*sensitivity*) Empfindlichkeit f; **to offend sb's sensibilities** jds Zartgefühl verletzen.

sensible ['sɛnsɪbl] adj vernünftig; (*shoes, clothes*) praktisch.

sensitive ['sɛnsɪtɪv] adj empfindlich; (*understanding*) einfühlsam; (*touchy: person*) sensibel; (: *issue*) heikel; **to be ~ to sth** in Bezug auf etw *acc* empfindlich sein; **he is very ~ about it/to criticism** er reagiert sehr empfindlich darauf/auf Kritik.

sensitivity [sɛnsɪ'tɪvɪtɪ] *n* Empfindlichkeit *f*; (*understanding*) Einfühlungsvermögen *nt*; (*of issue etc*) heikle Natur *f*; **an issue of great ~** ein sehr heikles Thema.

sensual ['sɛnsjuəl] *adj* sinnlich; (*person, life*) sinnenfroh.

sensuous ['sɛnsjuəs] *adj* sinnlich.

sent [sɛnt] *pt, pp of* **send**.

sentence ['sɛntns] *n* (*LING*) Satz *m*; (*LAW: judgement*) Urteil *nt*; (: *punishment*) Strafe *f* ♦ *vt*: **to ~ sb to death/to 5 years in prison** jdn zum Tode/zu 5 Jahren Haft verurteilen; **to pass ~ on sb** das Urteil über jdn verkünden; (*fig*) jdn verurteilen; **to serve a life ~** eine lebenslängliche Freiheitsstrafe verbüßen.

sentiment ['sɛntɪmənt] *n* Sentimentalität *f*; (*also pl: opinion*) Ansicht *f*.

sentimental [sɛntɪ'mɛntl] *adj* sentimental.

sentimentality [sɛntɪmɛn'tælɪtɪ] *n* Sentimentalität *f*.

sentry ['sɛntrɪ] *n* Wachtposten *m*.

sentry duty *n*: **to be on ~** auf Wache sein.

Seoul [səul] *n* Seoul *nt*.

separable ['sɛprəbl] *adj*: **to be ~ from** trennbar sein von.

separate ['sɛprɪt] *adj* getrennt; (*occasions*) verschieden; (*rooms*) separat ♦ *vt* trennen ♦ *vi* sich trennen; **~ from** getrennt von; **to go ~ ways** getrennte Wege gehen; **under ~ cover** (*COMM*) mit getrennter Post; **to ~ into** aufteilen in +*acc; see also* **separates**.

separately ['sɛprɪtlɪ] *adv* getrennt.

separates ['sɛprɪts] *npl* (*clothes*) kombinierbare Einzelteile *pl*.

separation [sɛpə'reɪʃən] *n* Trennung *f*.

sepia ['siːpjə] *adj* sepiafarben.

Sept. *abbr* (= *September*) Sept.

September [sɛp'tɛmbə*] *n* September *m; see also* **July**.

septic ['sɛptɪk] *adj* vereitert, septisch; **to go ~** eitern.

septicaemia, (*US*) **septicemia** [sɛptɪ'siːmɪə] *n* Blutvergiftung *f*.

septic tank *n* Faulbehälter *m*.

sequel ['siːkwl] *n* (*follow-up*) Nachspiel *nt*; (*of film, story*) Fortsetzung *f*.

sequence ['siːkwəns] *n* Folge *f*; (*dance/film sequence*) Sequenz *f*; **in ~** der Reihe nach.

sequential [sɪ'kwɛnʃəl] *adj* aufeinander folgend; **~ access** (*COMPUT*) sequenzieller Zugriff *m*.

sequestrate [sɪ'kwɛstreɪt] *vt* (*LAW, COMM*) sequestrieren, beschlagnahmen.

sequin ['siːkwɪn] *n* Paillette *f*.

Serbia ['səːbɪə] *n* Serbien *nt*.

Serbian ['səːbɪən] *adj* serbisch ♦ *n* Serbier(in) *m(f)*; (*LING*) Serbisch *nt*.

Serbo-Croat ['səːbəu'krəuæt] *n* (*LING*) Serbokroatisch *nt*.

serenade [sɛrə'neɪd] *n* Serenade *f* ♦ *vt* ein Ständchen *nt* bringen +*dat*.

serene [sɪ'riːn] *adj* (*landscape etc*) friedlich; (*expression*) heiter; (*person*) gelassen.

serenity [sə'rɛnɪtɪ] *n* (*of landscape*) Friedlichkeit *f*; (*of expression*) Gelassenheit *f*.

sergeant ['saːdʒənt] *n* (*MIL etc*) Feldwebel *m*; (*POLICE*) Polizeimeister *m*.

sergeant-major ['saːdʒənt'meɪdʒə*] *n* Oberfeldwebel *m*.

serial ['sɪərɪəl] *n* (*TV*) Serie *f*; (*RADIO*) Sendereihe *f*; (*in magazine*) Fortsetzungsroman *m* ♦ *adj* (*COMPUT*) seriell.

serialize ['sɪərɪəlaɪz] *vt* in Fortsetzungen veröffentlichen; (*TV, RADIO*) in Fortsetzungen senden.

serial killer *n* Serienmörder(in) *m(f)*.

serial number *n* Seriennummer *f*.

series ['sɪərɪz] *n inv* (*group*) Serie *f*, Reihe *f*; (*of books*) Reihe *f*; (*TV*) Serie *f*.

serious ['sɪərɪəs] *adj* ernst; (*important*) wichtig; (: *illness*) schwer; (: *condition*) bedenklich; **are you ~ (about it)?** meinst du das ernst?

seriously ['sɪərɪəslɪ] *adv* ernst; (*talk, interested*) ernsthaft; (*ill, hurt, damaged*) schwer; (*not jokingly*) im Ernst; **to take sb/sth ~** jdn/etw ernst nehmen; **do you ~ believe that ...** glauben Sie ernsthaft *or* im Ernst, dass ...

seriousness ['sɪərɪəsnɪs] *n* Ernst *m*, Ernsthaftigkeit *f*; (*of problem*) Bedenklichkeit *f*.

sermon ['səːmən] *n* Predigt *f*; (*fig*) Moralpredigt *f*.

serrated [sɪ'reɪtɪd] *adj* gezackt; **~ knife** Sägemesser *nt*.

serum ['sɪərəm] *n* Serum *nt*.

servant ['səːvənt] *n* (*lit, fig*) Diener(in) *m(f)*; (*domestic*) Hausangestellte(r) *f(m)*.

serve [səːv] *vt* dienen +*dat*; (*in shop, with food/drink*) bedienen; (*food, meal*) servieren; (*purpose*) haben; (*apprenticeship*) durchmachen; (*prison term*) verbüßen ♦ *vi* (*at table*) auftragen, servieren; (*TENNIS*) aufschlagen; (*soldier*) dienen; (*be useful*): **to ~ as/for** dienen als ♦ *n* (*TENNIS*) Aufschlag *m*; **are you being ~d?** werden Sie schon bedient?; **to ~ its purpose** seinen Zweck erfüllen; **to ~ sb's purpose** jds Zwecken dienen; **it ~s him right** das geschieht ihm recht; **to ~ on a committee** einem Ausschuss angehören; **to ~ on a jury** Geschworene(r) *f(m)* sein; **it's my turn to ~** (*TENNIS*) ich habe Aufschlag; **it ~s to show/explain ...** das zeigt/erklärt ...

▶ **serve out** *vt* (*food*) auftragen, servieren.

▶ **serve up** *vt* = **serve out**.

service ['səːvɪs] *n* Dienst *m*; (*commercial*) Dienstleistung *f*; (*in hotel, restaurant*)

Bedienung *f*, Service *m*; (*also:* **train** ~) Bahnverbindung *f*; (: *generally*) Zugverkehr *m*; (*REL*) Gottesdienst *m*; (*AUT*) Inspektion *f*; (*TENNIS*) Aufschlag *m*; (*plates etc*) Service *nt* ♦ *vt* (*car, machine*) warten; **the Services** *npl* (*army, navy etc*) die Streitkräfte *pl*; **military/ national** ~ Militärdienst *m*; **to be of** ~ **to sb** jdm nützen; **to do sb a** ~ jdm einen Dienst erweisen; **to put one's car in for a** ~ sein Auto zur Inspektion geben; **dinner** ~ Essservice *nt*, Ess-Service *nt*.

serviceable ['səːvɪsəbl] *adj* zweckmäßig.

service area *n* (*on motorway*) Raststätte *f*.

service charge (*BRIT*) *n* Bedienungsgeld *nt*.

service industry *n* Dienstleistungsbranche *f*.

serviceman ['səːvɪsmən] (*irreg: like* **man**) *n* Militärangehörige(r) *m*.

service station *n* Tankstelle *f*.

serviette [səːvɪ'ɛt] (*BRIT*) *n* Serviette *f*.

servile ['səːvaɪl] *adj* unterwürfig.

session ['sɛʃən] *n* Sitzung *f*; (*US, SCOT: SCOL*) Studienjahr *nt*; (: *term*) Semester *nt*; **recording** ~ Aufnahme *f*; **to be in** ~ tagen.

session musician *n* Session-Musiker(in) *m(f)*.

set [sɛt] (*pt, pp* **set**) *n* (*of saucepans, books, keys etc*) Satz *m*; (*group*) Reihe *f*; (*of cutlery*) Garnitur *f*; (*also:* **radio** ~) Radio(gerät) *nt*; (*also:* **TV** ~) Fernsehgerät *nt*; (*TENNIS*) Satz *m*; (*group of people*) Kreis *m*; (*MATH*) Menge *f*; (*THEAT: stage*) Bühne *f*; (: *scenery*) Bühnenbild *nt*; (*CINE*) Drehort *m*; (*HAIRDRESSING*) (Ein)legen *nt* ♦ *adj* (*fixed*) fest; (*ready*) fertig, bereit ♦ *vt* (*table*) decken; (*place*) auflegen; (*time, price, rules etc*) festsetzen; (*record*) aufstellen; (*alarm, watch, task*) stellen; (*exam*) zusammenstellen; (*TYP*) setzen ♦ *vi* (*sun*) untergehen; (*jam, jelly, concrete*) fest werden; (*bone*) zusammenwachsen; **a** ~ **of false teeth** ein Gebiss *nt*; **a** ~ **of dining-room furniture** eine Esszimmergarnitur; **a chess** ~ ein Schachspiel *nt*; **to be** ~ **on doing sth** etw unbedingt tun wollen; **to be all** ~ **to do sth** bereit sein, etw zu tun; **he's** ~ **in his ways** er ist in seinen Gewohnheiten festgefahren; **a** ~ **phrase** eine feste Redewendung; **a novel** ~ **in Rome** ein Roman, der in Rom spielt; **to** ~ **to music** vertonen; **to** ~ **on fire** anstecken; **to** ~ **free** freilassen; **to** ~ **sail** losfahren.

▶ **set about** *vt fus* (*task*) anpacken; **to** ~ **about doing sth** sich daranmachen, etw zu tun.

▶ **set aside** *vt* (*money etc*) beiseite legen; (*time*) einplanen.

▶ **set back** *vt*: **to** ~ **sb back 5 pounds** jdn 5 Pfund kosten; **to** ~ **sb back (by)** (*in time*) jdn zurückwerfen (um); **a house** ~ **back from the road** ein Haus, das etwas von der Straße abliegt.

▶ **set in** *vi* (*bad weather*) einsetzen; (*infection*) sich einstellen; **the rain has** ~ **in for the day** es hat sich für heute eingeregnet.

▶ **set off** *vi* (*depart*) aufbrechen ♦ *vt* (*bomb*) losgehen lassen; (*alarm, chain of events*) auslösen; (*show up well*) hervorheben.

▶ **set out** *vi* (*depart*) aufbrechen ♦ *vt* (*goods etc*) ausbreiten; (*chairs etc*) aufstellen; (*arguments etc*) darlegen; **to** ~ **out to do sth** sich *dat* vornehmen, etw zu tun; **to** ~ **out from home** zu Hause aufbrechen.

▶ **set up** *vt* (*organization*) gründen; (*monument*) errichten; **to** ~ **up shop** ein Geschäft eröffnen; (*fig*) sich selb(st)ständig machen.

setback ['sɛtbæk] *n* Rückschlag *m*.

set menu *n* Menü *nt*.

set square *n* Zeichendreieck *nt*.

settee [sɛ'tiː] *n* Sofa *nt*.

setting ['sɛtɪŋ] *n* (*background*) Rahmen *m*; (*position*) Einstellung *f*; (*of jewel*) Fassung *f*.

setting lotion *n* (Haar)festiger *m*.

settle ['sɛtl] *vt* (*matter*) regeln; (*argument*) beilegen; (*accounts*) begleichen; (*affairs, business*) in Ordnung bringen; (*colonize: land*) besiedeln ♦ *vi* (*also:* ~ **down**) sich niederlassen; (*sand, dust etc*) sich legen; (*sediment*) sich setzen; (*calm down*) sich beruhigen; **to** ~ **one's stomach** den Magen beruhigen; **that's** ~ **d then!** das ist also abgemacht!; **to** ~ **down to work** sich an die Arbeit setzen; **to** ~ **down to watch TV** es sich *dat* vor dem Fernseher gemütlich machen.

▶ **settle for** *vt fus* sich zufrieden geben mit.

▶ **settle in** *vi* sich einleben; (*in job etc*) sich eingewöhnen.

▶ **settle on** *vt fus* sich entscheiden für.

▶ **settle up** *vi*: **to** ~ **up with sb** mit jdm abrechnen.

settlement ['sɛtlmənt] *n* (*payment*) Begleichung *f*; (*LAW*) Vergleich *m*; (*agreement*) Übereinkunft *f*; (*of conflict*) Beilegung *f*; (*village etc*) Siedlung *f*, Niederlassung *f*; (*colonization*) Besiedelung *f*; **in** ~ **of our account** (*COMM*) zum Ausgleich unseres Kontos.

settler ['sɛtlə*] *n* Siedler(in) *m(f)*.

setup, set-up ['sɛtʌp] *n* (*organization*) Organisation *f*; (*system*) System *nt*; (*COMPUT*) Setup *nt*.

seven ['sɛvn] *num* sieben.

seventeen [sɛvn'tiːn] *num* siebzehn.

seventh ['sɛvnθ] *num* siebte(r, s).

seventy ['sɛvntɪ] *num* siebzig.

sever ['sɛvə*] *vt* durchtrennen; (*fig: relations*) abbrechen; (: *ties*) lösen.

several ['sɛvərl] *adj* einige, mehrere ♦ *pron* einige; ~ **of us** einige von uns; ~ **times** einige Male, mehrmals.

severance ['sɛvərəns] *n* (*of relations*) Abbruch *m*.

severance pay *n* Abfindung *f*.

severe [sɪ'vɪə*] *adj* (*damage, shortage*) schwer; (*pain*) stark; (*person, expression, dress, winter*) streng; (*punishment*) hart; (*climate*) rauh.

severely [sɪ'vɪəlɪ] *adv* (*damage*) stark; (*punish*) hart; (*wounded, ill*) schwer.

severity [sɪ'vɛrɪtɪ] *n* (*gravity: of punishment*) Härte *f*; (: *of manner, voice, winter*) Strenge *f*; (: *of weather*) Rauheit *f*; (*austerity*) Strenge *f*.

sew [səu] (*pt* **sewed**, *pp* **sewn**) *vt, vi* nähen.
▶ **sew up** *vt* (zusammen)nähen; **it is all ~n up** (*fig*) es ist unter Dach und Fach.

sewage ['suːɪdʒ] *n* Abwasser *nt*.

sewage works *n* Kläranlage *f*.

sewer ['suːə*] *n* Abwasserkanal *m*.

sewing ['səuɪŋ] *n* Nähen *nt*; (*items*) Näharbeit *f*.

sewing machine *n* Nähmaschine *f*.

sewn [səun] *pp of* **sew**.

sex [sɛks] *n* (*gender*) Geschlecht *nt*; (*lovemaking*) Sex *m*; **to have ~ with sb** (Geschlechts)verkehr mit jdm haben.

sex act *n* Geschlechtsakt *m*.

sex appeal *n* Sexappeal *m*.

sex education *n* Sexualerziehung *f*.

sexism ['sɛksɪzəm] *n* Sexismus *m*.

sexist ['sɛksɪst] *adj* sexistisch.

sex life *n* Sexualleben *nt*.

sex object *n* Sexualobjekt *nt*.

sextet [sɛks'tɛt] *n* Sextett *nt*.

sexual ['sɛksjuəl] *adj* sexuell; (*reproduction*) geschlechtlich; (*equality*) der Geschlechter.

sexual assault *n* Vergewaltigung *f*.

sexual harassment *n* sexuelle Belästigung *f*.

sexual intercourse *n* Geschlechtsverkehr *m*.

sexually ['sɛksjuəlɪ] *adv* sexuell; (*segregate*) nach Geschlechtern; (*discriminate*) aufgrund *or* auf Grund des Geschlechts; (*reproduce*) geschlechtlich.

sexual orientation *n* sexuelle Orientierung *f*.

sexy ['sɛksɪ] *adj* sexy; (*pictures, underwear*) sexy, aufreizend.

Seychelles [seɪ'ʃɛl(z)] *npl*: **the ~** die Seychellen *pl*.

SF *n abbr* (= *science fiction*) SF.

SG (*US*) *n abbr* (*MIL, MED*) = **Surgeon General**.

Sgt *abbr* (*POLICE, MIL*) = **sergeant**.

shabbiness ['ʃæbɪnɪs] *n* Schäbigkeit *f*.

shabby ['ʃæbɪ] *adj* schäbig.

shack [ʃæk] *n* Hütte *f*.
▶ **shack up** (*inf*) *vi*: **to ~ up (with sb)** (mit jdm) zusammenziehen.

shackles ['ʃæklz] *npl* Ketten *pl*; (*fig*) Fesseln *pl*.

shade [ʃeɪd] *n* Schatten *m*; (*for lamp*) (Lampen)schirm *m*; (*of colour*) (Farb)ton *m*; (*US: also:* **window ~**) Jalousie *f*, Rollo *nt* ♦ *vt* beschatten; (*eyes*) abschirmen; **shades** *npl* (*inf: sunglasses*) Sonnenbrille *f*; **in the ~** im Schatten; **a ~ of blue** ein Blauton; **a ~ (more/too large)** (*small quantity*) etwas *or* eine Spur (mehr/zu groß).

shadow ['ʃædəu] *n* Schatten *m* ♦ *vt* (*follow*) beschatten; **without** *or* **beyond a ~ of a doubt** ohne den geringsten Zweifel.

shadow cabinet (*BRIT*) *n* Schattenkabinett *nt*.

shadowy ['ʃædəuɪ] *adj* schattig; (*figure, shape*) schattenhaft.

shady ['ʃeɪdɪ] *adj* schattig; (*fig: dishonest*) zwielichtig; **~ deals** dunkle Geschäfte.

shaft [ʃɑːft] *n* (*of arrow, spear*) Schaft *m*; (*AUT, TECH*) Welle *f*; (*of mine, lift*) Schacht *m*; (*of light*) Strahl *m*; **ventilation ~** Luftschacht *m*.

shaggy ['ʃægɪ] *adj* zottelig; (*dog, sheep*) struppig.

shake [ʃeɪk] (*pt* **shook**, *pp* **shaken**) *vt* schütteln; (*weaken, upset, surprise*) erschüttern; (*weaken: resolve*) ins Wanken bringen ♦ *vi* zittern, beben; (*building, table*) wackeln; (*earth*) beben ♦ *n* Schütteln *nt*; **to ~ one's head** den Kopf schütteln; **to ~ hands with sb** jdm die Hand schütteln; **to ~ one's fist (at sb)** (jdm) mit der Faust drohen; **give it a good ~** schütteln Sie es gut durch; **a ~ of the head** ein Kopfschütteln.
▶ **shake off** *vt* (*lit, fig*) abschütteln.
▶ **shake up** *vt* schütteln; (*fig: upset*) erschüttern.

shake-out ['ʃeɪkaut] *n* Freisetzung *f* von Arbeitskräften.

shake-up ['ʃeɪkʌp] *n* (radikale) Veränderung *f*.

shakily ['ʃeɪkɪlɪ] *adv* (*reply*) mit zittriger Stimme; (*walk, stand*) unsicher, wackelig.

shaky ['ʃeɪkɪ] *adj* (*hand, voice*) zittrig; (*memory*) schwach; (*knowledge, prospects, future, start*) unsicher.

shale [ʃeɪl] *n* Schiefer *m*.

shall [ʃæl] *aux vb*: **I ~ go** ich werde gehen; **~ I open the door?** soll ich die Tür öffnen?; **I'll go, ~ I?** soll ich gehen?

shallot [ʃə'lɔt] (*BRIT*) *n* Schalotte *f*.

shallow ['ʃæləu] *adj* flach; (*fig*) oberflächlich; **the shallows** *npl* die Untiefen *pl*.

sham [ʃæm] *n* Heuchelei *f*; (*person*) Heuchler(in) *m(f)*; (*object*) Attrappe *f* ♦ *adj* unecht; (*fight*) Schein- ♦ *vt* vortäuschen.

shambles ['ʃæmblz] *n* heilloses Durcheinander *nt*; **the economy is (in) a complete ~** die Wirtschaft befindet sich in einem totalen Chaos.

shambolic [ʃæm'bɔlɪk] (*inf*) *adj* chaotisch.

shame [ʃeɪm] *n* Scham *f*; (*disgrace*) Schande *f* ♦ *vt* beschämen; **it is a ~ that ...** es ist eine Schande, dass ...; **what a ~!** wie schade!; **bring ~ on** Schande bringen über +*acc*; **to put sb/sth to ~** jdn/etw in den Schatten stellen.

shamefaced ['ʃeɪmfeɪst] *adj* betreten.

shameful ['ʃeɪmful] *adj* schändlich.

shameless ['ʃeɪmlɪs] *adj* schamlos.

shampoo [ʃæm'puː] *n* Shampoo(n) *nt* ♦ *vt* waschen.

shampoo and set *n* Waschen und Legen *nt*.

shamrock ['ʃæmrɔk] *n* (*plant*) Klee *m*; (*leaf*) Kleeblatt *nt*.

shandy ['ʃændɪ] *n* Bier *nt* mit Limonade,

Radler *m*.

shan't [ʃɑːnt] = **shall not**.

shantytown ['ʃæntɪtaun] *n* Elendsviertel *nt*.

SHAPE [ʃeɪp] *n abbr* (*MIL*: = *Supreme Headquarters Allied Powers, Europe*) Hauptquartier der alliierten Streitkräfte in Europa während des 2. Weltkriegs.

shape [ʃeɪp] *n* Form *f* ♦ *vt* gestalten; (*form*) formen; (*sb's ideas*) prägen; (*sb's life*) bestimmen; **to take** ~ Gestalt annehmen; **in the** ~ **of a heart** in Herzform; **I can't bear gardening in any** ~ **or form** ich kann Gartenarbeit absolut nicht ausstehen; **to get (o.s.) into** ~ in Form kommen.
▸ **shape up** *vi* sich entwickeln.

-shaped [ʃeɪpt] *suff*: **heart-**~ herzförmig.

shapeless ['ʃeɪplɪs] *adj* formlos.

shapely ['ʃeɪplɪ] *adj* (*woman*) wohlproportioniert; (*legs*) wohlgeformt, wohl geformt.

share [ʃɛə*] *n* (*part*) Anteil *m*; (*contribution*) Teil *m*; (*COMM*) Aktie *f* ♦ *vt* teilen; (*room, bed, taxi*) sich *dat* teilen; (*have in common*) gemeinsam haben; **to** ~ **in** (*joy, sorrow*) teilen; (*profits*) beteiligt sein an +*dat*; (*work*) sich beteiligen an +*dat*.
▸ **share out** *vt* aufteilen.

share capital *n* Aktienkapital *nt*.

share certificate *n* Aktienurkunde *f*.

shareholder ['ʃɛəhəuldə*] *n* Aktionär(in) *m(f)*.

share index *n* Aktienindex *m*; **the 100 Share Index** *Aktienindex der Financial Times*.

share issue *n* Aktienemission *f*.

shark [ʃɑːk] *n* Hai(fisch) *m*.

sharp [ʃɑːp] *adj* scharf; (*point, nose, chin*) spitz; (*pain*) heftig; (*cold*) schneidend; (*MUS*) zu hoch; (*increase*) stark; (*person: quick-witted*) clever; (: *dishonest*) gerissen ♦ *n* (*MUS*) Kreuz *nt* ♦ *adv*: **at 2 o'clock** ~ um Punkt 2 Uhr; **turn** ~ **left** biegen Sie scharf nach links ab; **to be** ~ **with sb** schroff mit jdm sein; ~ **practices** (*COMM*) unsaubere Geschäfte *pl*; **C** ~ (*MUS*) Cis *nt*; **look** ~! (ein bisschen) dalli! (*inf*).

sharpen ['ʃɑːpn] *vt* schleifen, schärfen; (*pencil, stick etc*) (an)spitzen; (*fig: appetite*) anregen.

sharpener ['ʃɑːpnə*] *n* (*also*: **pencil** ~) (Bleistift)spitzer *m*; (*also*: **knife** ~) Schleifgerät *nt*.

sharp-eyed [ʃɑːp'aɪd] *adj* scharfsichtig.

sharpish ['ʃɑːpɪʃ] (*inf*) *adj* (*instantly*) auf der Stelle.

sharply ['ʃɑːplɪ] *adv* scharf; (*stop*) plötzlich; (*retort*) schroff.

sharp-tempered [ʃɑːp'tɛmpəd] *adj* jähzornig.

sharp-witted [ʃɑːp'wɪtɪd] *adj* scharfsinnig.

shatter ['ʃætə*] *vt* zertrümmern; (*fig: hopes, dreams*) zunichte machen; (: *confidence*) zerstören ♦ *vi* zerbrechen, zerspringen.

shattered ['ʃætəd] *adj* erschüttert; (*inf: exhausted*) fertig, kaputt.

shattering ['ʃætərɪŋ] *adj* erschütternd, niederschmetternd; (*exhausting*) äußerst anstrengend.

shatterproof ['ʃætəpruːf] *adj* splitterfest, splitterfrei.

shave [ʃeɪv] *vt* rasieren ♦ *vi* sich rasieren ♦ *n*: **to have a** ~ sich rasieren.

shaven ['ʃeɪvn] *adj* (*head*) kahl geschoren.

shaver ['ʃeɪvə*] *n* (*also*: **electric** ~) Rasierapparat *m*.

shaving ['ʃeɪvɪŋ] *n* Rasieren *nt*; **shavings** *npl* (*of wood etc*) Späne *pl*.

shaving brush *n* Rasierpinsel *m*.

shaving cream *n* Rasiercreme *f*.

shaving foam *n* Rasierschaum *m*.

shaving point *n* Steckdose *f* für Rasierapparate.

shaving soap *n* Rasierseife *f*.

shawl [ʃɔːl] *n* (Woll)tuch *nt*.

she [ʃiː] *pron* sie ♦ *pref* weiblich; ~-**bear** Bärin *f*; **there** ~ **is** da ist sie.

sheaf [ʃiːf] (*pl* **sheaves**) *n* (*of corn*) Garbe *f*; (*of papers*) Bündel *nt*.

shear [ʃɪə*] (*pt* **sheared**, *pp* **shorn**) *vt* scheren.
▸ **shear off** *vi* abbrechen.

shears ['ʃɪəz] *npl* (*for hedge*) Heckenschere *f*.

sheath [ʃiːθ] *n* (*of knife*) Scheide *f*; (*contraceptive*) Kondom *nt*.

sheathe [ʃiːð] *vt* ummanteln; (*sword*) in die Scheide stecken.

sheath knife *n* Fahrtenmesser *nt*.

sheaves [ʃiːvz] *npl of* **sheaf**.

shed [ʃɛd] (*pt, pp* **shed**) *n* Schuppen *m*; (*INDUSTRY, RAIL*) Halle *f* ♦ *vt* (*tears, blood*) vergießen; (*load*) verlieren; (*workers*) entlassen; **to** ~ **its skin** sich häuten; **to** ~ **light on** (*problem*) erhellen.

she'd [ʃiːd] = **she had, she would**.

sheen [ʃiːn] *n* Glanz *m*.

sheep [ʃiːp] *n inv* Schaf *nt*.

sheepdog ['ʃiːpdɔg] *n* Hütehund *m*.

sheep farmer *n* Schaffarmer *m*.

sheepish ['ʃiːpɪʃ] *adj* verlegen.

sheepskin ['ʃiːpskɪn] *n* Schaffell *nt* ♦ *cpd* Schaffell-.

sheer [ʃɪə*] *adj* (*utter*) rein; (*steep*) steil; (*almost transparent*) (hauch)dünn ♦ *adv* (*straight up*) senkrecht; **by** ~ **chance** rein zufällig.

sheet [ʃiːt] *n* (*on bed*) (Bett)laken *nt*; (*of paper*) Blatt *nt*; (*of glass, metal*) Platte *f*; (*of ice*) Fläche *f*.

sheet feed *n* (*on printer*) Papiereinzug *m*.

sheet lightning *n* Wetterleuchten *nt*.

sheet metal *n* Walzblech *nt*.

sheet music *n* Notenblätter *pl*.

sheik(h) [ʃeɪk] *n* Scheich *m*.

shelf [ʃɛlf] (*pl* **shelves**) *n* Brett *nt*, Bord *nt*; **set of shelves** Regal *nt*.

shelf life *n* Lagerfähigkeit *f*.

shell [ʃɛl] *n* (*on beach*) Muschel *f*; (*of egg, nut etc*) Schale *f*; (*explosive*) Granate *f*; (*of*

building) Mauern *pl* ♦ *vt* (*peas*) enthülsen;
(*MIL: fire on*) (mit Granaten) beschießen.
► **shell out** (*inf*) *vt*: **to ~ out (for)** blechen
(für).

she'll [ʃiːl] = **she will; she shall**.

shellfish ['ʃɛlfɪʃ] *n inv* Schalentier *nt*; (*scallop
etc*) Muschel *f*; (*as food*) Meeresfrüchte *pl*.

shelter ['ʃɛltə*] *n* (*building*) Unterstand *m*;
(*refuge*) Schutz *m*; (*also:* **bus ~**)
Wartehäuschen *nt*; (*also:* **night ~**)
Obdachlosenasyl *nt* ♦ *vt* (*protect*) schützen;
(*homeless, refugees*) aufnehmen; (*wanted
man*) Unterschlupf gewähren +*dat* ♦ *vi* sich
unterstellen; (*from storm*) Schutz suchen; **to
take ~ (from)** (*from danger*) sich in
Sicherheit bringen (vor +*dat*); (*from storm
etc*) Schutz suchen (vor +*dat*).

sheltered ['ʃɛltəd] *adj* (*life*) behütet; (*spot*)
geschützt; **~ housing** (*for old people*)
Altenwohnungen *pl*; (*for handicapped people*)
Behindertenwohnungen *pl*.

shelve [ʃɛlv] *vt* (*fig: plan*) ad acta legen.

shelves [ʃɛlvz] *npl of* **shelf**.

shelving ['ʃɛlvɪŋ] *n* Regale *pl*.

shepherd ['ʃɛpəd] *n* Schäfer *m* ♦ *vt* (*guide*)
führen.

shepherdess ['ʃɛpədɪs] *n* Schäferin *f*.

shepherd's pie (*BRIT*) *n* *Auflauf aus
Hackfleisch und Kartoffelbrei*.

sherbet ['ʃɔːbət] *n* (*BRIT: powder*)
Brausepulver *nt*; (*US: water ice*) Fruchteis *nt*.

sheriff ['ʃɛrɪf] (*US*) *n* Sheriff *m*.

sherry ['ʃɛrɪ] *n* Sherry *m*.

she's [ʃiːz] = **she is; she has**.

Shetland ['ʃɛtlənd] *n* (*also:* **the ~ Islands**) die
Shetlandinseln *pl*.

Shetland pony *n* Shetlandpony *nt*.

shield [ʃiːld] *n* (*MIL*) Schild *m*; (*trophy*)
Trophäe *f*; (*fig: protection*) Schutz *m* ♦ *vt*: **to
~ (from)** schützen (vor +*dat*).

shift [ʃɪft] *n* (*change*) Änderung *f*; (*work-period,
workers*) Schicht *f* ♦ *vt* (*move*) bewegen;
(*furniture*) (ver)rücken; (*stain*)
herausbekommen ♦ *vi* (*move*) sich bewegen;
(*wind*) drehen; **a ~ in demand** (*COMM*) eine
Nachfrageverschiebung.

shift key *n* Umschalttaste *f*.

shiftless ['ʃɪftlɪs] *adj* träge.

shift work *n* Schichtarbeit *f*; **to do ~** Schicht
arbeiten.

shifty ['ʃɪftɪ] *adj* verschlagen.

Shiite ['ʃiːaɪt] *adj* schiitisch ♦ *n* Schiit(in) *m(f)*.

shilling ['ʃɪlɪŋ] (*BRIT: old*) *n* Shilling *m*.

shilly-shally ['ʃɪlɪʃælɪ] *vi* unschlüssig sein.

shimmer ['ʃɪmə*] *vi* schimmern.

shimmering ['ʃɪmərɪŋ] *adj* schimmernd.

shin [ʃɪn] *n* Schienbein *nt* ♦ *vi*: **to ~ up a tree**
einen Baum hinaufklettern.

shindig ['ʃɪndɪg] (*inf*) *n* Remmidemmi *nt*.

shine [ʃaɪn] (*pt, pp* **shone**) *n* Glanz *m* ♦ *vi* (*sun,
light*) scheinen; (*eyes*) leuchten; (*hair, fig:
person*) glänzen ♦ *vt* (*polish: pt, pp* shined)

polieren; **to ~ a torch on sth** etw mit einer
Taschenlampe anleuchten.

shingle ['ʃɪŋgl] *n* (*on beach*) Kiesel(steine) *pl*;
(*on roof*) Schindel *f*.

shingles ['ʃɪŋglz] *npl* (*MED*) Gürtelrose *f*.

shining ['ʃaɪnɪŋ] *adj* glänzend; (*example*)
leuchtend.

shiny ['ʃaɪnɪ] *adj* glänzend.

ship [ʃɪp] *n* Schiff *nt* ♦ *vt* verschiffen; (*send*)
versenden; (*water*) übernehmen; **on board ~**
an Bord.

shipbuilder ['ʃɪpbɪldə*] *n* Schiffbauer *m*.

shipbuilding ['ʃɪpbɪldɪŋ] *n* Schiffbau *m*.

ship canal *n* Seekanal *m*.

ship chandler [-'tʃɑːndlə*] *n* Schiffsausrüster
m.

shipment ['ʃɪpmənt] *n* (*of goods*) Versand *m*;
(*amount*) Sendung *f*.

shipowner ['ʃɪpəunə*] *n* Schiffseigner *m*; (*of
many ships*) Reeder *m*.

shipper ['ʃɪpə*] *n* (*person*) Spediteur *m*;
(*company*) Spedition *f*.

shipping ['ʃɪpɪŋ] *n* (*transport*) Versand *m*;
(*ships*) Schiffe *pl*.

shipping agent *n* Reeder *m*.

shipping company *n* Schifffahrtslinie *f*,
Reederei *f*.

shipping lane *n* Schifffahrtsstraße *f*.

shipping line *n* = **shipping company**.

shipshape ['ʃɪpʃeɪp] *adj* tipptopp (*inf*).

shipwreck ['ʃɪprɛk] *n* Schiffbruch *m*; (*ship*)
Wrack *nt* ♦ *vt*: **to be ~ed** schiffbrüchig sein.

shipyard ['ʃɪpjɑːd] *n* Werft *f*.

shire ['ʃaɪə*] (*BRIT*) *n* Grafschaft *f*.

shirk [ʃɔːk] *vt* sich drücken vor +*dat*.

shirt [ʃɔːt] *n* (*Ober*)hemd *nt*; (*woman's*)
(Hemd)bluse *f*; **in (one's) ~ sleeves** in
Hemdsärmeln.

shirty ['ʃɔːtɪ] (*BRIT: inf*) *adj* sauer (*inf*).

shit [ʃɪt] (*inf!*) *excl* Scheiße (!).

shiver ['ʃɪvə*] *n* Schauer *m* ♦ *vi* zittern; **to
~ with cold** vor Kälte zittern.

shoal [ʃəʊl] *n* (*of fish*) Schwarm *m*; (*also:* **~s**,
fig) Scharen *pl*.

shock [ʃɔk] *n* Schock *m*; (*impact*)
Erschütterung *f*; (*also:* **electric ~**) Schlag *m*
♦ *vt* (*upset*) erschüttern; (*offend*)
schockieren; **to be suffering from ~** (*MED*)
einen Schock haben; **to be in ~** unter
Schock stehen; **it gave us a ~** es hat uns
erschreckt; **it came as a ~ to hear that ...**
wir hörten mit Bestürzung, dass ...

shock absorber *n* (*AUT*) Stoßdämpfer *m*.

shocker ['ʃɔkə*] (*inf*) *n* (*film etc*) Schocker *m*,
Reißer *m*; **that's a real ~** (*event etc*) das haut
einen echt um.

shocking ['ʃɔkɪŋ] *adj* schrecklich,
fürchterlich; (*outrageous*) schockierend.

shockproof ['ʃɔkpruːf] *adj* stoßfest.

shock therapy *n* Schocktherapie *f*.

shock treatment *n* = **shock therapy**.

shock wave *n* (*lit*) Druckwelle *f*; (*fig*)

Schockwelle f.

shod [ʃɔd] pt, pp of **shoe**.

shoddy ['ʃɔdɪ] adj minderwertig.

shoe [ʃuː] (pt, pp shod) n Schuh m; (for horse) Hufeisen nt; (also: **brake ~**) Bremsbacke f ♦ vt (horse) beschlagen.

shoebrush ['ʃuːbrʌʃ] n Schuhbürste f.

shoehorn ['ʃuːhɔːn] n Schuhanzieher m.

shoelace ['ʃuːleɪs] n Schnürsenkel m.

shoemaker ['ʃuːmeɪkə*] n Schuhmacher m, Schuster m.

shoe polish n Schuhcreme f.

shoe shop n Schuhgeschäft nt.

shoestring ['ʃuːstrɪŋ] n (fig): **on a ~** mit ganz wenig Geld.

shoetree ['ʃuːtriː] n Schuhspanner m.

shone [ʃɔn] pt, pp of **shine**.

shoo [ʃuː] excl (to dog etc) pfui ♦ vt (also: **~ away, ~ off**, etc) verscheuchen; (somewhere) scheuchen.

shook [ʃuk] pt of **shake**.

shoot [ʃuːt] (pt, pp **shot**) n (on branch) Trieb m; (seedling) Sämling m; (SPORT) Jagd f ♦ vt (gun) abfeuern; (arrow, goal) schießen; (kill, execute) erschießen; (wound) anschießen; (BRIT: game birds) schießen; (film) drehen ♦ vi: **to ~ (at)** schießen (auf +acc); **to ~ past (sb/sth)** (an jdm/etw) vorbeischießen.

▶ **shoot down** vt abschießen.

▶ **shoot in** vi hereingeschossen kommen.

▶ **shoot out (of)** vi herausgeschossen kommen (aus +dat).

▶ **shoot up** vi (fig: increase) in die Höhe schnellen.

shooting ['ʃuːtɪŋ] n Schießen nt, Schüsse pl; (attack) Schießerei f; (murder) Erschießung f; (CINE) Drehen nt; (HUNTING) Jagen nt.

shooting range n Schießplatz m.

shooting star n Sternschnuppe f.

shop [ʃɔp] n Geschäft nt, Laden m; (workshop) Werkstatt f ♦ vi (also: **go ~ping**) einkaufen (gehen); **repair ~** Reparaturwerkstatt f; **to talk ~** (fig) über die Arbeit reden.

▶ **shop around** vi Preise vergleichen; (fig) sich umsehen.

shopaholic ['ʃɔpə'hɔlɪk] (inf) n: **to be a ~** einen Einkaufsfimmel haben.

shop assistant (BRIT) n Verkäufer(in) m(f).

shop floor (BRIT) n (workers) Arbeiter pl; **on the ~** bei or unter den Arbeitern.

shopkeeper ['ʃɔpkiːpə*] n Geschäftsinhaber(in) m(f), Ladenbesitzer(in) m(f).

shoplifter ['ʃɔplɪftə*] n Ladendieb(in) m(f).

shoplifting ['ʃɔplɪftɪŋ] n Ladendiebstahl m.

shopper ['ʃɔpə*] n Käufer(in) m(f).

shopping ['ʃɔpɪŋ] n (goods) Einkäufe pl.

shopping bag n Einkaufstasche f.

shopping centre, (US) **shopping center** n Einkaufszentrum nt.

shopping mall n Shoppingcenter nt.

shop-soiled ['ʃɔpsɔɪld] adj angeschmutzt.

shop steward (BRIT) n gewerkschaftlicher Vertrauensmann m.

shop window n Schaufenster nt.

shore [ʃɔː*] n Ufer nt; (beach) Strand m ♦ vt: **to ~ (up)** abstützen; **on ~** an Land.

shore leave n (NAUT) Landurlaub m.

shorn [ʃɔːn] pp of **shear to be ~ of** (power etc) entkleidet sein +gen.

short [ʃɔːt] adj kurz; (person) klein; (curt) schroff, kurz angebunden (inf); (scarce) knapp ♦ n (also: **~ film**) Kurzfilm m; **to be ~ of ...** zu wenig ... haben; **I'm 3 ~** ich habe 3 zu wenig, mir fehlen 3; **in ~** kurz gesagt; **to be in ~ supply** knapp sein; **it is ~ for ...** es ist die Kurzform von ...; **a ~ time ago** vor kurzem; **in the ~ term** auf kurze Sicht; **~ of doing sth** außer etw zu tun; **to cut ~** abbrechen; **everything ~ of ...** alles außer ... +dat; **to fall ~ of sth** etw nicht erreichen; (expectations) etw nicht erfüllen; **to run ~ of** ... nicht mehr viel ... haben; **to stop ~** plötzlich innehalten; **to stop ~ of** Halt machen vor +dat; see also **shorts**.

shortage ['ʃɔːtɪdʒ] n: **a ~ of** ein Mangel m an +dat.

shortbread ['ʃɔːtbred] n Mürbegebäck nt.

short-change [ʃɔːt'tʃeɪndʒ] vt: **to ~ sb** jdm zu wenig Wechselgeld geben.

short circuit n Kurzschluss m.

shortcoming ['ʃɔːtkʌmɪŋ] n Fehler m, Mangel m.

shortcrust pastry (BRIT) n Mürbeteig m.

short cut n Abkürzung f; (fig) Schnellverfahren nt.

shorten ['ʃɔːtn] vt verkürzen.

shortening ['ʃɔːtnɪŋ] n (Back)fett nt.

shortfall ['ʃɔːtfɔːl] n Defizit nt.

shorthand ['ʃɔːthænd] n Kurzschrift f, Stenografie f; (fig) Kurzform f; **to take sth down in ~** etw stenografieren.

shorthand notebook (BRIT) n Stenoblock m.

shorthand typist (BRIT) n Stenotypist(in) m(f).

short list (BRIT) n Auswahlliste f; **to be on the ~** in der engeren Wahl sein.

short-list ['ʃɔːtlɪst] (BRIT) vt in die engere Wahl ziehen; **to be ~ed** in die engere Wahl kommen.

short-lived ['ʃɔːt'lɪvd] adj kurzlebig; **to be ~** nicht von Dauer sein.

shortly ['ʃɔːtlɪ] adv bald.

shorts [ʃɔːts] npl: **(a pair of) ~** Shorts pl.

short-sighted [ʃɔːt'saɪtɪd] (BRIT) adj (lit, fig) kurzsichtig.

short-sightedness [ʃɔːt'saɪtɪdnɪs] n Kurzsichtigkeit f.

short-staffed [ʃɔːt'stɑːft] adj: **to be ~** zu wenig Personal haben.

short story n Kurzgeschichte f.

short-tempered [ʃɔːt'tempəd] adj gereizt.

short-term ['ʃɔːttɜːm] adj kurzfristig.

short time n: **to work ~, to be on ~**

kurzarbeiten, Kurzarbeit haben.

short-wave ['ʃɔːtweɪv] (*RADIO*) *adj* auf Kurzwelle ♦ *n* Kurzwelle *f*.

shot [ʃɔt] *pt, pp of* **shoot** ♦ *n* Schuss *m*; (*shotgun pellets*) Schrot *m*; (*injection*) Spritze *f*; (*PHOT*) Aufnahme *f*; **to fire a ~ at sb/sth** einen Schuss auf jdn/etw abgeben; **to have a ~ at (doing) sth** etw mal versuchen; **to get ~ of sb/sth** (*inf*) jdn/etw loswerden; **a big ~** (*inf*) ein hohes Tier; **a good/poor ~** (*person*) ein guter/schlechter Schütze *m*; **like a ~** sofort.

shotgun ['ʃɔtɡʌn] *n* Schrotflinte *f*.

should [ʃud] *aux vb*: **I ~ go now** ich sollte jetzt gehen; **he ~ be there now** er müsste eigentlich schon da sein; **I ~ go if I were you** an deiner Stelle würde ich gehen; **I ~ like to** ich möchte gerne, ich würde gerne; **~ he phone ...** falls er anruft ...

shoulder ['ʃəuldə*] *n* Schulter *f* ♦ *vt* (*fig*) auf sich *acc* nehmen; **to rub ~s with sb** (*fig*) mit jdm in Berührung kommen; **to give sb the cold ~** (*fig*) jdm die kalte Schulter zeigen.

shoulder bag *n* Umhängetasche *f*.

shoulder blade *n* Schulterblatt *nt*.

shoulder strap *n* (*on clothing*) Träger *m*; (*on bag*) Schulterriemen *m*.

shouldn't ['ʃudnt] = **should not**.

shout [ʃaut] *n* Schrei *m*, Ruf *m* ♦ *vt* schreien, rufen ♦ *vi* (*also*: **~ out**) aufschreien; **to give sb a ~** jdn rufen.

▸ **shout down** *vt* niederbrüllen.

shouting ['ʃautɪŋ] *n* Geschrei *nt*.

shouting match (*inf*) *n*: **to have a ~** sich gegenseitig anschreien.

shove [ʃʌv] *vt* schieben; (*with one push*) stoßen, schubsen (*inf*) ♦ *n*: **to give sb a ~** jdn stoßen *or* schubsen (*inf*); **to give sth a ~** etw verrücken; (*door*) gegen etw stoßen; **to ~ sth in sth** (*inf*: *put*) etw in etw *acc* stecken; **he ~d me out of the way** er stieß mich zur Seite.

▸ **shove off** (*inf*) *vi* abschieben.

shovel ['ʃʌvl] *n* Schaufel *f*; (*mechanical*) Bagger *m* ♦ *vt* schaufeln.

show [ʃəu] (*pt* **showed**, *pp* **shown**) *n* (*exhibition*) Ausstellung *f*, Schau *f*; (*THEAT*) Aufführung *f*; (*TV*) Show *f*; (*CINE*) Vorstellung *f* ♦ *vt* zeigen; (*exhibit*) ausstellen ♦ *vi*: **it ~s** man sieht es; (*is evident*) man merkt es; **to ask for a ~ of hands** um Handzeichen bitten; **without any ~ of emotion** ohne jede Gefühlsregung; **it's just for ~** es ist nur zur Schau; **on ~** ausgestellt, zu sehen; **who's running the ~ here?** (*inf*) wer ist hier verantwortlich?; **to ~ sb to his seat/to the door** jdn an seinen Platz/zur Tür bringen; **to ~ a profit/loss** Gewinn/Verlust aufweisen; **it just goes to ~ that ...** da sieht mans mal wieder, dass.

▸ **show in** *vt* hereinführen.

▸ **show off** (*pej*) *vi* angeben ♦ *vt* vorführen.

▸ **show out** *vt* hinausbegleiten.

▸ **show up** *vi* (*stand out*) sich abheben; (*inf*: *turn up*) auftauchen ♦ *vt* (*uncover*) deutlich erkennen lassen; (*shame*) blamieren.

showbiz *n* = **show business**.

show business *n* Showgeschäft *nt*.

showcase ['ʃəukeɪs] *n* Schaukasten *m*; (*fig*) Werbung *f*.

showdown ['ʃəudaun] *n* Kraftprobe *f*.

shower ['ʃauə*] *n* (*of rain*) Schauer *m*; (*of stones etc*) Hagel *m*; (*for bathing in*) Dusche *f*; (*US*: *party*) Party, bei der jeder ein Geschenk für den Ehrengast mitbringt ♦ *vi* duschen ♦ *vt*: **to ~ sb with** (*gifts etc*) jdn überschütten mit; (*missiles, abuse etc*) auf jdn niederhageln lassen; **to have** *or* **take a ~** duschen; **a ~ of sparks** ein Funkenregen *m*.

showercap ['ʃauəkæp] *n* Duschhaube *f*.

showerproof ['ʃauəpruːf] *adj* regenfest.

showery ['ʃauərɪ] *adj* regnerisch.

showground ['ʃəugraund] *n* Ausstellungsgelände *nt*.

showing ['ʃəuɪŋ] *n* (*of film*) Vorführung *f*.

show jumping *n* Springreiten *nt*.

showman ['ʃəumən] (*irreg*: *like* **man**) *n* (*at fair*) Schausteller *m*; (*at circus*) Artist *m*; (*fig*) Schauspieler *m*.

showmanship ['ʃəumənʃɪp] *n* Talent *nt* für effektvolle Darbietung.

shown [ʃəun] *pp of* **show**.

show-off ['ʃəuɔf] (*inf*) *n* Angeber(in) *m(f)*.

showpiece ['ʃəupiːs] *n* (*of exhibition etc*) Schaustück *nt*; (*best example*) Paradestück *nt*; (*prime example*) Musterbeispiel *nt*.

showroom ['ʃəurum] *n* Ausstellungsraum *m*.

show trial *n* Schauprozess *m*.

showy ['ʃəuɪ] *adj* auffallend.

shrank [ʃræŋk] *pt of* **shrink**.

shrapnel ['ʃræpnl] *n* Schrapnell *nt*.

shred [ʃrɛd] *n* (*gen pl*) Fetzen *m*; (*fig*): **not a ~ of truth** kein Fünkchen Wahrheit; **not a ~ of evidence** keine Spur eines Beweises ♦ *vt* zerfetzen; (*CULIN*) raspeln.

shredder ['ʃrɛdə*] *n* (*vegetable shredder*) Raspel *f*; (*document shredder*) Reißwolf *m*; (*garden shredder*) Häcksler *m*.

shrew [ʃruː] *n* (*ZOOL*) Spitzmaus *f*; (*pej*: *woman*) Xanthippe *f*.

shrewd [ʃruːd] *adj* klug.

shrewdness ['ʃruːdnɪs] *n* Klugheit *f*.

shriek [ʃriːk] *n* schriller Schrei *m* ♦ *vi* schreien; **to ~ with laughter** vor Lachen quietschen.

shrift [ʃrɪft] *n*: **to give sb short ~** jdn kurz abfertigen.

shrill [ʃrɪl] *adj* schrill.

shrimp [ʃrɪmp] *n* Garnele *f*.

shrine [ʃraɪn] *n* Schrein *m*; (*fig*) Gedenkstätte *f*.

shrink [ʃrɪŋk] (*pt* **shrank**, *pp* **shrunk**) *vi* (*cloth*) einlaufen; (*profits, audiences*) schrumpfen; (*forests*) schwinden; (*also*: **~ away**) zurückweichen ♦ *vt* (*cloth*) einlaufen lassen ♦ *n* (*inf*: *pej*) Klapsdoktor *m*; **to ~ from sth**

vor etw dat zurückschrecken; **to ~ from doing sth** davor zurückschrecken, etw zu tun.

shrinkage ['ʃrɪŋkɪdʒ] n (of clothes) Einlaufen nt.

shrink-wrap ['ʃrɪŋkræp] vt einschweißen.

shrivel ['ʃrɪvl] (also: ~ **up**) vt austrocknen ♦ vi austrocknen, verschrumpeln.

shroud [ʃraud] n Leichentuch nt ♦ vt: **~ed in mystery** von einem Geheimnis umgeben.

Shrove Tuesday ['ʃrəuv-] n Fastnachtsdienstag m.

shrub [ʃrʌb] n Strauch m, Busch m.

shrubbery ['ʃrʌbərɪ] n Gebüsch nt.

shrug [ʃrʌg] n: ~ (**of the shoulders**) Achselzucken nt ♦ vi, vt: **to ~ (one's shoulders)** mit den Achseln zucken.

▶ **shrug off** vt (criticism) auf die leichte Schulter nehmen; (illness) abschütteln.

shrunk [ʃrʌŋk] pp of **shrink**.

shrunken ['ʃrʌŋkn] adj (ein)geschrumpft.

shudder ['ʃʌdə'] n Schauder m ♦ vi schaudern; **I ~ to think of it** (fig) mir graut, wenn ich nur daran denke.

shuffle ['ʃʌfl] vt (cards) mischen ♦ vi schlurfen; **to ~ (one's feet)** mit den Füßen scharren.

shun [ʃʌn] vt meiden; (publicity) scheuen.

shunt [ʃʌnt] vt rangieren.

shunting yard ['ʃʌntɪŋ-] n Rangierbahnhof m.

shush [ʃuʃ] excl pst!, sch!

shut [ʃʌt] (pt, pp shut) vt schließen, zumachen (inf) ♦ vi sich schließen, zugehen; (shop) schließen, zumachen (inf).

▶ **shut down** vt (factory etc) schließen; (machine) abschalten ♦ vi schließen, zumachen (inf).

▶ **shut off** vt (gas, electricity) abstellen; (oil supplies etc) abschneiden.

▶ **shut out** vt (person) aussperren; (cold, noise) nicht hereinlassen; (view) versperren; (memory, thought) verdrängen.

▶ **shut up** vi (inf: keep quiet) den Mund halten ♦ vt (silence) zum Schweigen bringen.

shutdown ['ʃʌtdaun] n Schließung f.

shutter ['ʃʌtə'] n Fensterladen m; (PHOT) Verschluss m.

shuttle ['ʃʌtl] n (plane) Pendelflugzeug nt; (train) Pendelzug m; (space shuttle) Raumtransporter m; (also: ~ **service**) Pendelverkehr m; (for weaving) Schiffchen nt ♦ vi: **to ~ to and fro** pendeln; **to ~ between** pendeln zwischen ♦ vt (passengers) transportieren.

shuttlecock ['ʃʌtlkɔk] n Federball m.

shuttle diplomacy n Reisediplomatie f.

shy [ʃaɪ] adj schüchtern; (animal) scheu ♦ vi: **to ~ away from doing sth** (fig) davor zurückschrecken, etw zu tun; **to fight ~ of** aus dem Weg gehen +dat; **to be ~ of doing sth** Hemmungen haben, etw zu tun.

shyly ['ʃaɪlɪ] adv schüchtern, scheu.

shyness ['ʃaɪnɪs] n Schüchternheit f, Scheu f.

Siam [saɪ'æm] n Siam nt.

Siamese [saɪə'miːz] adj: ~ **cat** Siamkatze f; ~ **twins** siamesische Zwillinge pl.

Siberia [saɪ'bɪərɪə] n Sibirien nt.

sibling ['sɪblɪŋ] n Geschwister nt.

Sicilian [sɪ'sɪlɪən] adj sizilianisch ♦ n Sizilianer(in) m(f).

Sicily ['sɪsɪlɪ] n Sizilien nt.

sick [sɪk] adj krank; (humour, joke) makaber; **to be ~** (vomit) brechen, sich übergeben; **I feel ~** mir ist schlecht; **to fall ~** krank werden; **to be (off)** ~ wegen Krankheit fehlen; **a ~ person** ein Kranker, eine Kranke; **to be ~ of** (fig) satt haben +acc.

sickbag ['sɪkbæg] n Spucktüte f.

sickbay ['sɪkbeɪ] n Krankenrevier nt.

sickbed ['sɪkbɛd] n Krankenbett nt.

sick building syndrome n Kopfschmerzen, Allergien etc, die in modernen, vollklimatisierten Bürogebäuden entstehen.

sicken ['sɪkn] vt (disgust) anwidern ♦ vi: **to be ~ing for a cold/flu** eine Erkältung/Grippe bekommen.

sickening ['sɪknɪŋ] adj (fig) widerlich, ekelhaft.

sickle ['sɪkl] n Sichel f.

sick leave n: **to be on** ~ krankgeschrieben sein.

sickle-cell anaemia n Sichelzellenanämie f.

sick list n: **to be on the** ~ auf der Krankenliste stehen.

sickly ['sɪklɪ] adj kränklich; (causing nausea) widerlich, ekelhaft.

sickness ['sɪknɪs] n Krankheit f; (vomiting) Erbrechen nt.

sickness benefit n Krankengeld nt.

sick note n Krankmeldung f.

sick pay n Lohnfortzahlung f im Krankheitsfall; (paid by insurance) Krankengeld nt.

sickroom ['sɪkruːm] n Krankenzimmer nt.

side [saɪd] n Seite f; (team) Mannschaft f; (in conflict etc) Partei f, Seite f; (of hill) Seite f ♦ adj (door, entrance) Seiten-, Neben- ♦ vi: **to ~ with sb** jds Partei ergreifen; **by the ~ of** neben +dat; ~ **by** ~ Seite an Seite; **the right/wrong** ~ (of cloth) die rechte/linke Seite; **they are on our** ~ sie stehen auf unserer Seite; **she never left my** ~ sie wich mir nicht von der Seite; **to put sth to one** ~ etw beiseite legen; **from** ~ **to** ~ von einer Seite zur anderen; **to take ~s (with)** Partei ergreifen (für); **a ~ of beef** ein halbes Rind; **a ~ of bacon** eine Speckseite.

sideboard ['saɪdbɔːd] n Sideboard nt; **sideboards** (BRIT) npl = sideburns.

sideburns ['saɪdbəːnz] npl Koteletten pl.

sidecar ['saɪdkɑː'] n Beiwagen m.

side dish n Beilage f.

side drum n kleine Trommel f.

side effect n (MED, fig) Nebenwirkung f.

sidekick ['saɪdkɪk] (*inf*) *n* Handlanger *m*.
sidelight ['saɪdlaɪt] *n* (*AUT*)
Begrenzungsleuchte *f*.
sideline ['saɪdlaɪn] *n* (*SPORT*) Seitenlinie *f*; (*fig: job*) Nebenerwerb *m*; **to stand on the ~s** (*fig*) unbeteiligter Zuschauer sein; **to wait on the ~s** (*fig*) in den Kulissen warten.
sidelong ['saɪdlɔŋ] *adj* (*glance*) Seiten-; (*: surreptitious*) verstohlen; **to give sb a ~ glance** jdn kurz aus den Augenwinkeln ansehen.
side plate *n* kleiner Teller *m*.
side road *n* Nebenstraße *f*.
side-saddle ['saɪdsædl] *adv* (*ride*) im Damensitz.
sideshow ['saɪdʃəu] *n* Nebenattraktion *f*.
sidestep ['saɪdstɛp] *vt* (*problem*) umgehen; (*question*) ausweichen +*dat* ♦ *vi* (*BOXING etc*) seitwärts ausweichen.
side street *n* Seitenstraße *f*.
sidetrack ['saɪdtræk] *vt* (*fig*) ablenken.
sidewalk ['saɪdwɔːk] (*US*) *n* Bürgersteig *m*.
sideways ['saɪdweɪz] *adv* seitwärts; (*lean, look*) zur Seite.
siding ['saɪdɪŋ] *n* Abstellgleis *nt*.
sidle ['saɪdl] *vi*: **to ~ up (to)** sich heranschleichen (+*acc*).
SIDS *n abbr* (*MED*: = *sudden infant death syndrome*) plötzlicher Kindstod *m*.
siege [siːdʒ] *n* Belagerung *f*; **to be under ~** belagert sein; **to lay ~ to** belagern.
siege economy *n* Belagerungswirtschaft *f*.
siege mentality *n* Belagerungsmentalität *f*.
Sierra Leone [sɪˈɛrəlɪˈəun] *n* Sierra Leone *f*.
siesta [sɪˈɛstə] *n* Siesta *f*.
sieve [sɪv] *n* Sieb *nt* ♦ *vt* sieben.
sift [sɪft] *vt* sieben; (*also: ~ through*) durchgehen.
sigh [saɪ] *n* Seufzer *m* ♦ *vi* seufzen; **to breathe a ~ of relief** erleichtert aufseufzen.
sight [saɪt] *n* (*faculty*) Sehvermögen *nt*, Augenlicht *nt*; (*spectacle*) Anblick *m*; (*on gun*) Visier *nt* ♦ *vt* sichten; **in ~** in Sicht; **on ~** (*shoot*) sofort; **out of ~** außer Sicht; **at ~** (*COMM*) bei Sicht; **at first ~** auf den ersten Blick; **I know her by ~** ich kenne sie vom Sehen; **to catch ~ of sb/sth** jdn/etw sehen; **to lose ~ of sth** (*fig*) etw aus den Augen verlieren; **to set one's ~s on sth** ein Auge auf etw werfen.
sighted ['saɪtɪd] *adj* sehend; **partially ~** sehbehindert.
sightseeing ['saɪtsiːɪŋ] *n* Besichtigungen *pl*; **to go ~** auf Besichtigungstour gehen.
sightseer ['saɪtsiːə*] *n* Tourist(in) *m(f)*.
sign [saɪn] *n* Zeichen *nt*; (*notice*) Schild *nt*; (*evidence*) Anzeichen *nt*; (*also*: **road ~**) Verkehrsschild *nt* ♦ *vt* unterschreiben; (*player*) verpflichten; **a ~ of the times** ein Zeichen unserer Zeit; **it's a good/bad ~** es ist ein gutes/schlechtes Zeichen; **plus/minus ~** Plus-/Minuszeichen *nt*; **there's no**

~ of her changing her mind nichts deutet darauf hin, dass sie es sich anders überlegen wird; **he was showing ~s of improvement** er ließ Anzeichen einer Verbesserung erkennen; **to ~ one's name** unterschreiben; **to ~ sth over to sb** jdm etw überschreiben.
▶ **sign away** *vt* (*rights etc*) verzichten auf +*acc*.
▶ **sign in** *vi* sich eintragen.
▶ **sign off** *vi* (*RADIO, TV*) sich verabschieden; (*in letter*) Schluss machen.
▶ **sign on** *vi* (*MIL*) sich verpflichten; (*BRIT: as unemployed*) sich arbeitslos melden; (*for course*) sich einschreiben ♦ *vt* (*MIL*) verpflichten; (*employee*) anstellen.
▶ **sign out** *vi* (*from hotel etc*) sich (aus dem Hotelgästebuch *etc*) austragen.
▶ **sign up** *vi* (*MIL*) sich verpflichten; (*for course*) sich einschreiben ♦ *vt* (*player, recruit*) verpflichten.
signal ['sɪgnl] *n* Zeichen *nt*; (*RAIL*) Signal *nt* ♦ *vi* (*AUT*) Zeichen/ein Zeichen geben ♦ *vt* ein Zeichen geben +*dat*; **to ~ a right/left turn** (*AUT*) rechts/links blinken.
signal box *n* Stellwerk *nt*.
signalman ['sɪgnlmən] (*irreg: like* **man**) *n* Stellwerkswärter *m*.
signatory ['sɪgnətərɪ] *n* Unterzeichner *m*; (*state*) Signatarstaat *m*.
signature ['sɪgnətʃə*] *n* Unterschrift *f*; (*ZOOL, BIOL*) Kennzeichen *nt*.
signature tune *n* Erkennungsmelodie *f*.
signet ring ['sɪgnət-] *n* Siegelring *m*.
significance [sɪgˈnɪfɪkəns] *n* Bedeutung *f*; **that is of no ~** das ist belanglos *or* bedeutungslos.
significant [sɪgˈnɪfɪkənt] *adj* bedeutend, wichtig; (*look, smile*) viel sagend, bedeutsam; **it is ~ that ...** es ist bezeichnend, dass ...
significantly [sɪgˈnɪfɪkəntlɪ] *adv* bedeutend; (*smile*) viel sagend, bedeutsam.
signify ['sɪgnɪfaɪ] *vt* bedeuten; (*person*) zu erkennen geben.
sign language *n* Zeichensprache *f*.
signpost ['saɪnpəust] *n* (*lit, fig*) Wegweiser *m*.
Sikh [siːk] *n* Sikh *m*f ♦ *adj* (*province etc*) Sikh-.
silage ['saɪlɪdʒ] *n* Silage *f*, Silofutter *nt*.
silence ['saɪləns] *n* Stille *f*; (*of person*) Schweigen *nt* ♦ *vt* zum Schweigen bringen; **in ~** still; (*not talking*) schweigend.
silencer ['saɪlənsə*] *n* (*on gun*) Schalldämpfer *m*; (*BRIT: AUT*) Auspufftopf *m*.
silent ['saɪlənt] *adj* still; (*machine*) ruhig; **~ film** Stummfilm *m*; **to remain ~** still bleiben; (*about sth*) sich nicht äußern.
silently ['saɪləntlɪ] *adv* lautlos; (*not talking*) schweigend.
silent partner *n* stiller Teilhaber *m*.
silhouette [sɪluːˈɛt] *n* Silhouette *f*, Umriss *m* ♦ *vt*: **to be ~d against sth** sich als Silhouette

gegen etw abheben.
silicon ['sɪlɪkən] n Silizium nt.
silicon chip n Silikonchip m.
silicone ['sɪlɪkəʊn] n Silikon nt.
silk [sɪlk] n Seide f ♦ adj (dress etc) Seiden-.
silky ['sɪlkɪ] adj seidig.
sill [sɪl] n (also: **window** ~) (Fenster)sims m or
nt; (of door) Schwelle f; (AUT) Türleiste f.
silly ['sɪlɪ] adj (person) dumm; **to do something**
~ etwas Dummes tun.
silo ['saɪləʊ] n Silo nt; (for missile) Raketensilo
nt.
silt [sɪlt] n Schlamm m, Schlick m.
▶ **silt up** vi verschlammen ♦ vt
verschlämmen.
silver ['sɪlvə*] n Silber nt; (coins) Silbergeld nt
♦ adj silbern.
silver foil (BRIT) n Alufolie f.
silver paper (BRIT) n Silberpapier nt.
silver-plated [sɪlvə'pleɪtɪd] adj versilbert.
silversmith ['sɪlvəsmɪθ] n Silberschmied(in)
m(f).
silverware ['sɪlvəwɛə*] n Silber nt.
silver wedding (anniversary) n
Silberhochzeit f.
silvery ['sɪlvrɪ] adj silbern; (sound) silberhell.
SIM card ['sɪmkɑːd] n (TEL: = Subscriber
Identity Module card) SIM-Karte f.
similar ['sɪmɪlə*] adj: ~ **(to)** ähnlich (wie or
+dat).
similarity [sɪmɪ'lærɪtɪ] n Ähnlichkeit f.
similarly ['sɪmɪləlɪ] adv ähnlich; (likewise)
genauso.
simile ['sɪmɪlɪ] n (LING) Vergleich m.
simmer ['sɪmə*] vi auf kleiner Flamme
kochen.
▶ **simmer down** (inf) vi (fig) sich abregen.
simper ['sɪmpə*] vi geziert lächeln.
simpering ['sɪmprɪŋ] adj geziert.
simple ['sɪmpl] adj einfach; (dress) einfach,
schlicht; (foolish) einfältig; **the ~ truth is
that ...** es ist einfach so, dass ...
simple interest n Kapitalzinsen pl.
simple-minded [sɪmpl'maɪndɪd] (pej) adj
einfältig.
simpleton ['sɪmpltən] (pej) n Einfaltspinsel m.
simplicity [sɪm'plɪsɪtɪ] n Einfachheit f; (of
dress) Schlichtheit f.
simplification [sɪmplɪfɪ'keɪʃən] n
Vereinfachung f.
simplify ['sɪmplɪfaɪ] vt vereinfachen.
simply ['sɪmplɪ] adv (just, merely) nur, bloß; (in
a simple way) einfach.
simulate ['sɪmjʊleɪt] vt vortäuschen, spielen;
(illness) simulieren.
simulated ['sɪmjʊleɪtɪd] adj (hair, fur) imitiert;
(TECH) simuliert.
simulation [sɪmjʊ'leɪʃən] n Vortäuschung f;
(simulated object) Imitation f; (TECH)
Simulation f.
simultaneous [sɪməl'teɪnɪəs] adj gleichzeitig;
(translation, interpreting) Simultan-.

simultaneously [sɪməl'teɪnɪəslɪ] adv
gleichzeitig.
sin [sɪn] n Sünde f ♦ vi sündigen.
since [sɪns] adv inzwischen, seitdem ♦ prep seit
♦ conj (time) seit(dem); (because) da; ~ **then,
ever** ~ seitdem.
sincere [sɪn'sɪə*] adj aufrichtig, offen;
(apology, belief) aufrichtig.
sincerely [sɪn'sɪəlɪ] adv aufrichtig, offen;
yours ~ (in letter) mit freundlichen Grüßen.
sincerity [sɪn'sɛrɪtɪ] n Aufrichtigkeit f.
sine [saɪn] n Sinus m.
sine qua non [sɪnɪkwɑː'nɒn] n unerlässliche
Voraussetzung f.
sinew ['sɪnjuː] n Sehne f.
sinful ['sɪnful] adj sündig, sündhaft.
sing [sɪŋ] (pt **sang**, pp **sung**) vt, vi singen.
Singapore [sɪŋgə'pɔː*] n Singapur nt.
singe [sɪndʒ] vt versengen; (lightly) ansengen.
singer ['sɪŋə*] n Sänger(in) m(f).
Singhalese [sɪŋə'liːz] adj = **Sinhalese**.
singing ['sɪŋɪŋ] n Singen nt, Gesang m; **a ~ in
the ears** das Dröhnen in den Ohren.
single ['sɪŋgl] adj (solitary) einzige(r, s);
(individual) einzeln; (unmarried) ledig,
unverheiratet; (not double) einfach ♦ n (BRIT:
also: ~ **ticket**) Einzelfahrschein m; (record)
Single f; **not a ~ one was left** es war kein
Einziges mehr übrig; **every ~ day** jeden
Tag; ~ **spacing** einfacher Zeilenabstand m.
▶ **single out** vt auswählen; **to ~ out for
praise** lobend erwähnen.
single bed n Einzelbett nt.
single-breasted ['sɪŋglbrɛstɪd] adj einreihig.
Single European Market n: **the** ~ der
Europäische Binnenmarkt.
single file n: **in** ~ im Gänsemarsch.
single-handed [sɪŋgl'hændɪd] adv ganz allein.
single-minded [sɪŋgl'maɪndɪd] adj zielstrebig.
single parent n Alleinerziehende(r) f(m),
allein Erziehende(r) f(m).
single parent family n Einelternfamilie f.
single room n Einzelzimmer nt.
singles ['sɪŋglz] npl (TENNIS) Einzel nt.
singles bar n Singles-Bar f.
single-sex school n reine Jungen-/
Mädchenschule f; **education in** ~s nach
Geschlechtern getrennte Schulerziehung.
singly ['sɪŋglɪ] adv einzeln.
singsong ['sɪŋsɒŋ] adj (tone) singend ♦ n: **to
have a** ~ zusammen singen.
singular ['sɪŋgjʊlə*] adj (odd) eigenartig;
(outstanding) einzigartig; (LING: form etc)
Singular- ♦ n (LING) Singular m, Einzahl f; **in
the** ~ im Singular.
singularly ['sɪŋgjʊləlɪ] adv außerordentlich.
Sinhalese [sɪnhə'liːz] adj singhalesisch.
sinister ['sɪnɪstə*] adj unheimlich.
sink [sɪŋk] (pt **sank**, pp **sunk**) n Spülbecken nt
♦ vt (ship) versenken; (well) bohren;
(foundations) absenken ♦ vi (ship) sinken,
untergehen; (ground) sich senken; (person)

sinken; **to ~ one's teeth/claws into sth** die
Zähne/seine Klauen in etw acc schlagen; **his
heart/spirits sank at the thought** bei dem
Gedanken verließ ihn der Mut; **he sank into
the mud/a chair** er sank in den Schlamm
ein/in einen Sessel.
▶ **sink back** vi (zurück)sinken.
▶ **sink down** vi (nieder)sinken.
▶ **sink in** vi (fig) verstanden werden; **it's only
just sunk in** ich begreife es erst jetzt.
sinking ['sɪŋkɪŋ] n (of ship) Untergang m;
(: deliberate) Versenkung f ♦ adj: ~ **feeling**
flaues Gefühl nt (im Magen).
sinking fund n Tilgungsfonds m.
sink unit n Spüle f.
sinner ['sɪnə*] n Sünder(in) m(f).
Sinn Féin [ʃɪn'feɪn] n republikanisch-
nationalistische irische Partei.
Sino- ['saɪnəʊ] pref chinesisch-.
sinuous ['sɪnjʊəs] adj (snake) gewunden;
(dance) geschmeidig.
sinus ['saɪnəs] n (Nasen)nebenhöhle f.
sip [sɪp] n Schlückchen nt ♦ vt nippen an +dat.
siphon ['saɪfən] n Heber m; (also: **soda** ~)
Siphon m.
▶ **siphon off** vt absaugen; (petrol) abzapfen.
SIPS n abbr (= side impact protection system)
Seitenaufprallschutz m.
sir [sə*] n mein Herr, Herr X; **S~ John Smith**
Sir John Smith; **yes, ~** ja(, Herr X); **Dear
S~ (or Madam)** (in letter) Sehr geehrte
(Damen und) Herren!
siren ['saɪərn] n Sirene f.
sirloin ['sə:lɔɪn] n (also: ~ **steak**) Filetsteak nt.
sirocco [sɪ'rɔkəʊ] n Schirokko m.
sisal ['saɪsəl] n Sisal m.
sissy ['sɪsɪ] (inf: pej) n Waschlappen m ♦ adj
weichlich.
sister ['sɪstə*] n Schwester f; (nun)
(Ordens)schwester f; (BRIT: nurse)
Oberschwester f ♦ cpd: ~ **organization**
Schwesterorganisation f; ~ **ship**
Schwesterschiff nt.
sister-in-law ['sɪstərɪnlɔː] n Schwägerin f.
sit [sɪt] (pt, pp **sat**) vi (sit down) sich setzen; (be
sitting) sitzen; (assembly) tagen; (for painter)
Modell sitzen ♦ vt (exam) machen; **to ~ on a
committee** in einem Ausschuss sitzen; **to ~
tight** abwarten.
▶ **sit about** vi herumsitzen.
▶ **sit around** vi = **sit about**.
▶ **sit back** vi sich zurücklehnen.
▶ **sit down** vi sich (hin)setzen; **to be ~ting
down** sitzen.
▶ **sit in on** vt fus dabei sein bei.
▶ **sit up** vi sich aufsetzen; (straight) sich
gerade hinsetzen; (not go to bed) aufbleiben.
sitcom ['sɪtkɔm] n abbr (TV) = **situation
comedy**.
sit-down ['sɪtdaʊn] adj: **a ~ strike** ein
Sitzstreik m; **a ~ meal** eine richtige
Mahlzeit.

site [saɪt] n (place) Platz m; (of crime) Ort m;
(also: **building** ~) Baustelle f; (COMPUT) Site f
♦ vt (factory) legen; (missiles) stationieren.
sit-in ['sɪtɪn] n Sit-in nt.
siting ['saɪtɪŋ] n (location) Lage f.
sitter ['sɪtə*] n (for painter) Modell nt; (also:
baby-~) Babysitter m.
sitting ['sɪtɪŋ] n Sitzung f; **we have two ~s for
lunch** bei uns wird das Mittagessen in zwei
Schüben serviert; **at a single ~** auf einmal.
sitting member n (POL) (derzeitiger)
Abgeordnete(r) m, (derzeitige)
Abgeordnete f.
sitting room n Wohnzimmer nt.
sitting tenant (BRIT) n (derzeitiger) Mieter
m.
situate ['sɪtjʊeɪt] vt legen.
situated ['sɪtjʊeɪtɪd] adj gelegen; **to be ~**
liegen.
situation [sɪtjʊ'eɪʃən] n Situation f, Lage f;
(job) Stelle f; (location) Lage f; "**~s vacant**"
(BRIT) „Stellenangebote".
situation comedy n (TV) Situationskomödie
f.
six [sɪks] num sechs.
six-pack ['sɪkspæk] n Sechserpack m.
sixteen [sɪks'tiːn] num sechzehn.
sixth [sɪksθ] num sechste(r, s); **the upper/
lower ~** (BRIT: SCOL) ≈ die Ober-/
Unterprima.
sixty ['sɪkstɪ] num sechzig.
size [saɪz] n Größe f; (extent) Ausmaß nt; **I take
~ 14** ich habe Größe 14; **the small/large ~**
(of soap powder etc) die kleine/große
Packung; **it's the ~ of ...** es ist so groß wie
...; **cut to ~** auf die richtige Größe
zurechtgeschnitten.
▶ **size up** vt einschätzen.
sizeable ['saɪzəbl] adj ziemlich groß; (income
etc) ansehnlich.
sizzle ['sɪzl] vi brutzeln.
SK (CANADA) abbr (= Saskatchewan).
skate [skeɪt] n (ice skate) Schlittschuh m;
(roller skate) Rollschuh m; (fish: pl inv)
Rochen m ♦ vi Schlittschuh laufen.
▶ **skate around** vt fus (problem, issue) einfach
übergehen.
▶ **skate over** vt fus = **skate around**.
skateboard ['skeɪtbɔːd] n Skateboard nt.
skater ['skeɪtə*] n Schlittschuhläufer(in) m(f).
skating ['skeɪtɪŋ] n Eislauf m.
skating rink n Eisbahn f.
skeleton ['skelɪtn] n Skelett nt ♦ attrib (plan,
outline) skizzenhaft.
skeleton key n Dietrich m; Nachschlüssel m.
skeleton staff n Minimalbesetzung f.
skeptic etc ['skeptɪk] (US) = **sceptic** etc.
sketch [sketʃ] n Skizze f; (THEAT, TV) Sketch m
♦ vt skizzieren; (also: ~ **out**: ideas) umreißen.
sketchbook ['sketʃbʊk] n Skizzenbuch nt.
sketchpad ['sketʃpæd] n Skizzenblock m.
sketchy ['sketʃɪ] adj (coverage) oberflächlich;

(*notes etc*) bruchstückhaft.

skew [skjuː] *adj* schief.

skewed [skjuːd] *adj* (*distorted*) verzerrt.

skewer ['skjuːə*] *n* Spieß *m*.

ski [skiː] *n* Ski *m*, Schi *m* ♦ *vi* Ski laufen *or* fahren.

ski boot *n* Skistiefel *m*.

skid [skɪd] *n* (*AUT*) Schleudern *nt* ♦ *vi* rutschen; (*AUT*) schleudern; **to go into a ~** ins Schleudern geraten *or* kommen.

skid marks *npl* Reifenspuren *pl*; (*from braking*) Bremsspuren *pl*.

skier ['skiːə*] *n* Skiläufer(in) *m(f)*, Skifahrer(in) *m(f)*.

skiing ['skiːɪŋ] *n* Skilaufen *nt*, Skifahren *nt*; **to go ~** Ski laufen *or* Ski fahren gehen.

ski instructor *n* Skilehrer(in) *m(f)*.

ski jump *n* (*event*) Skispringen *nt*; (*ramp*) Sprungschanze *f*.

skilful, (*US*) **skillful** ['skɪlful] *adj* geschickt.

skilfully *adv* geschickt.

ski lift *n* Skilift *m*.

skill [skɪl] *n* (*ability*) Können *nt*; (*dexterity*) Geschicklichkeit *f*; **skills** (*acquired abilities*) Fähigkeiten *pl*; **computer/language ~s** Computer-/Sprachkenntnisse *pl*; **to learn a new ~** etwas Neues lernen.

skilled [skɪld] *adj* (*skilful*) geschickt; (*trained*) ausgebildet; (*work*) qualifiziert.

skillet ['skɪlɪt] *n* Bratpfanne *f*.

skillful *etc* ['skɪlful] (*US*) = **skilful** *etc*.

skim [skɪm] *vt* (*also*: **~ off**: *cream, fat*) abschöpfen; (*glide over*) gleiten über +*acc* ♦ *vi*: **to ~ through** (*book etc*) überfliegen.

skimmed milk [skɪmd-] *n* Magermilch *f*.

skimp [skɪmp] (*also*: **~ on**) *vt* (*work etc*) nachlässig machen; (*cloth etc*) sparen an +*dat*.

skimpy ['skɪmpɪ] *adj* (*meagre*) dürftig; (*too small*) knapp.

skin [skɪn] *n* Haut *f*; (*fur*) Fell *nt*; (*of fruit*) Schale *f* ♦ *vt* (*animal*) häuten; **wet** *or* **soaked to the ~** nass bis auf die Haut.

skin cancer *n* Hautkrebs *m*.

skin-deep ['skɪn'diːp] *adj* oberflächlich.

skin diver *n* Sporttaucher(in) *m(f)*.

skin diving *n* Sporttauchen *nt*.

skinflint ['skɪnflɪnt] *n* Geizkragen *m*.

skin graft *n* Hautverpflanzung *f*.

skinhead ['skɪnhed] *n* Skinhead *m*.

skinny ['skɪnɪ] *adj* dünn.

skin test *n* Hauttest *m*.

skintight ['skɪntaɪt] *adj* hauteng.

skip [skɪp] *n* Sprung *m*, Hüpfer *m*; (*BRIT*: *container*) (Müll)container *m* ♦ *vi* springen, hüpfen; (*with rope*) seilspringen ♦ *vt* überspringen; (*miss*: *lunch, lecture*) ausfallen lassen; **to ~ school** (*esp US*) die Schule schwänzen.

ski pants *npl* Skihose *f*.

ski pass *n* Skipass *nt*.

ski pole *n* Skistock *m*.

skipper ['skɪpə*] *n* (*NAUT*) Kapitän *m*; (*inf*: *SPORT*) Mannschaftskapitän *m* ♦ *vt*: **to ~ a boat/team** Kapitän eines Schiffes/einer Mannschaft sein.

skipping rope ['skɪpɪŋ-] (*BRIT*) *n* Sprungseil *nt*.

ski resort *n* Wintersportort *m*.

skirmish ['skɜːmɪʃ] *n* (*MIL*) Geplänkel *nt*; (*political etc*) Zusammenstoß *m*.

skirt [skɜːt] *n* Rock *m* ♦ *vt* (*fig*) umgehen.

skirting board ['skɜːtɪŋ-] (*BRIT*) *n* Fußleiste *f*.

ski run *n* Skipiste *f*.

ski slope *n* Skipiste *f*.

ski suit *n* Skianzug *m*.

skit [skɪt] *n* Parodie *f*.

ski tow *n* Schlepplift *m*.

skittle ['skɪtl] *n* Kegel *m*.

skittles ['skɪtlz] *n* (*game*) Kegeln *nt*.

skive [skaɪv] (*BRIT*: *inf*) *vi* blaumachen; (*from school*) schwänzen.

skulk [skʌlk] *vi* sich herumdrücken.

skull [skʌl] *n* Schädel *m*.

skullcap ['skʌlkæp] *n* Scheitelkäppchen *nt*.

skunk [skʌŋk] *n* Skunk *m*, Stinktier *nt*; (*fur*) Skunk *m*.

sky [skaɪ] *n* Himmel *m*; **to praise sb to the skies** jdn in den Himmel heben.

sky-blue [skaɪ'bluː] *adj* himmelblau.

skydiving ['skaɪdaɪvɪŋ] *n* Fallschirmspringen *nt*.

sky-high ['skaɪ'haɪ] *adj* (*prices, confidence*) himmelhoch ♦ *adv*: **to blow a bridge ~** eine Brücke in die Luft sprengen.

skylark ['skaɪlɑːk] *n* Feldlerche *f*.

skylight ['skaɪlaɪt] *n* Dachfenster *nt*.

skyline ['skaɪlaɪn] *n* (*horizon*) Horizont *m*; (*of city*) Skyline *f*, Silhouette *f*.

skyscraper ['skaɪskreɪpə*] *n* Wolkenkratzer *m*.

slab [slæb] *n* (*stone*) Platte *f*; (*of wood*) Tafel *f*; (*of cake, cheese*) großes Stück *nt*.

slack [slæk] *adj* (*loose*) locker; (*rope*) durchhängend; (*skin*) schlaff; (*careless*) nachlässig; (*COMM*: *market*) flau; (: *demand*) schwach; (*period*) ruhig ♦ *n* (*in rope etc*) durchhängendes Teil *m*; **slacks** *npl* (*trousers*) Hose *f*; **business is ~** das Geschäft geht schlecht.

slacken ['slækn] *vi* (*also*: **~ off**: *speed, rain*) nachlassen; (: *pace*) langsamer werden; (: *demand*) zurückgehen ♦ *vt* (*grip*) lockern; (*speed*) verringern; (*pace*) verlangsamen.

slag heap [slæg-] *n* Schlackenhalde *f*.

slag off (*BRIT*: *inf*) *vt* (*criticize*) (he)runtermachen.

slain [sleɪn] *pp* of **slay**.

slake [sleɪk] *vt* (*thirst*) stillen.

slalom ['slɑːləm] *n* Slalom *m*.

slam [slæm] *vt* (*door*) zuschlagen, zuknallen (*inf*); (*throw*) knallen (*inf*); (*criticize*) verreißen ♦ *vi* (*door*) zuschlagen, zuknallen (*inf*); **to ~ on the brakes** (*AUT*) auf die Bremse steigen (*inf*).

slammer ['slæmə*] (inf) n (prison) Knast m.
slander ['slɑ:ndə*] n (LAW) Verleumdung f; (insult) Beleidigung f ♦ vt verleumden.
slanderous ['slɑ:ndrəs] adj verleumderisch.
slang [slæŋ] n Slang m; (jargon) Jargon m.
slanging match ['slæŋɪŋ-] n gegenseitige Beschimpfungen pl.
slant [slɑ:nt] n Neigung f, Schräge f; (fig: approach) Perspektive f ♦ vi (floor) sich neigen; (ceiling) schräg sein.
slanted ['slɑ:ntɪd] adj (roof) schräg; (eyes) schräg gestellt.
slanting ['slɑ:ntɪŋ] adj = **slanted**.
slap [slæp] n Schlag m, Klaps m ♦ vt schlagen ♦ adv (inf: directly) direkt; **to ~ sth on sth** etw auf etw acc klatschen; **it fell ~(-bang) in the middle** es fiel genau in die Mitte.
slapdash ['slæpdæʃ] adj nachlässig, schludrig (inf).
slapstick ['slæpstɪk] n Klamauk m.
slap-up ['slæpʌp] adj: **a ~ meal** (BRIT) ein Essen mit allem Drum und Dran.
slash [slæʃ] vt aufschlitzen; (fig: prices) radikal senken; **to ~ one's wrists** sich dat die Pulsadern aufschneiden.
slat [slæt] n Leiste f, Latte f.
slate [sleɪt] n Schiefer m; (piece) Schieferplatte f ♦ vt (criticize) verreißen.
slaughter ['slɔ:tə*] n (of animals) Schlachten nt; (of people) Gemetzel nt ♦ vt (animals) schlachten; (people) abschlachten.
slaughterhouse ['slɔ:təhaus] n Schlachthof m.
Slav [slɑ:v] adj slawisch ♦ n Slawe m, Slawin f.
slave [sleɪv] n Sklave m, Sklavin f ♦ vi (also: ~ away) sich abplagen, schuften (inf); **to ~ (away) at sth** sich mit etw herumschlagen.
slave-driver ['sleɪvdraɪvə*] n Sklaventreiber(in) m(f).
slave labour n Sklavenarbeit f; **it's just ~** (fig) es ist die reinste Sklavenarbeit.
slaver ['slævə*] vi (dribble) geifern.
slavery ['sleɪvərɪ] n Sklaverei f.
Slavic ['slævɪk] adj slawisch.
slavish ['sleɪvɪʃ] adj sklavisch.
slavishly ['sleɪvɪʃlɪ] adv sklavisch.
Slavonic [slə'vɒnɪk] adj slawisch.
slay [sleɪ] (pt **slew**, pp **slain**) vt (liter) erschlagen.
SLD (BRIT) n abbr (POL: = Social and Liberal Democratic Party) sozialliberale Partei.
sleazy ['sli:zɪ] adj schäbig.
sledge [slɛdʒ] n Schlitten m.
sledgehammer ['slɛdʒhæmə*] n Vorschlaghammer m.
sleek [sli:k] adj glatt, glänzend; (car, boat etc) schnittig.
sleep [sli:p] (pt, pp **slept**) n Schlaf m ♦ vi schlafen ♦ vt: **we can ~ 4** bei uns können 4 Leute schlafen; **to go to ~** einschlafen; **to have a good night's ~** sich richtig

ausschlafen; **to put to ~** (euph: kill)
einschläfern; **to ~ lightly** einen leichten Schlaf haben; **to ~ with sb** (euph: have sex) mit jdm schlafen.
▶ **sleep around** vi mit jedem/jeder schlafen.
▶ **sleep in** vi (oversleep) verschlafen; (rise late) lange schlafen.
sleeper ['sli:pə*] n (train) Schlafwagenzug m; (berth) Platz m im Schlafwagen; (BRIT: on track) Schwelle f; (person) Schläfer(in) m(f).
sleepily ['sli:pɪlɪ] adv müde, schläfrig.
sleeping accommodation n (beds etc) Schlafgelegenheiten pl.
sleeping arrangements npl Bettenverteilung f.
sleeping bag n Schlafsack m.
sleeping car n Schlafwagen m.
sleeping partner (BRIT) = **silent partner**.
sleeping pill n Schlaftablette f.
sleeping sickness n Schlafkrankheit f.
sleepless ['sli:plɪs] adj (night) schlaflos.
sleeplessness ['sli:plɪsnɪs] n Schlaflosigkeit f.
sleepwalk ['sli:pwɔ:k] vi schlafwandeln.
sleepwalker ['sli:pwɔ:kə*] n Schlafwandler(in) m(f).
sleepy ['sli:pɪ] adj müde, schläfrig; (fig: village etc) verschlafen; **to be** or **feel ~** müde sein.
sleet [sli:t] n Schneeregen m.
sleeve [sli:v] n Ärmel m; (of record) Hülle f; **to have sth up one's ~** (fig) etw in petto haben.
sleeveless ['sli:vlɪs] adj (garment) ärmellos.
sleigh [sleɪ] n (Pferde)schlitten m.
sleight [slaɪt] n: **~ of hand** Fingerfertigkeit f.
slender ['slɛndə*] adj schlank, schmal; (small) knapp.
slept [slɛpt] pt, pp of **sleep**.
sleuth [slu:θ] n Detektiv m.
slew [slu:] vi (BRIT: also: ~ round) herumschwenken; **the bus ~ed across the road** der Bus rutschte über die Straße ♦ pt of **slay**.
slice [slaɪs] n Scheibe f; (utensil) Wender m ♦ vt (in Scheiben) schneiden; **~d bread** aufgeschnittenes Brot nt; **the best thing since ~d bread** der/die/das Allerbeste.
slick [slɪk] adj professionell; (pej) glatt ♦ n (also: oil ~) Ölteppich m.
slid [slɪd] pt, pp of **slide**.
slide [slaɪd] (pt, pp **slid**) n (on ice etc) Rutschen nt; (fig: to ruin etc) Abgleiten nt; (in playground) Rutschbahn f; (PHOT) Dia nt; (BRIT: also: hair ~) Spange f; (microscope slide) Objektträger m; (in prices) Preisrutsch m ♦ vt schieben ♦ vi (slip) rutschen; (glide) gleiten; **to let things ~** (fig) die Dinge schleifen lassen.
slide projector n Diaprojektor m.
slide rule n Rechenschieber m.
sliding ['slaɪdɪŋ] adj (door, window etc) Schiebe-.
sliding roof n (AUT) Schiebedach nt.
sliding scale n gleitende Skala f.

slight – slowly

slight [slaɪt] *adj* zierlich; (*small*) gering; (*error, accent, pain etc*) leicht; (*trivial*) leicht ♦ *n*: **a ~ (on sb/sth)** ein Affront *m* (gegen jdn/etw); **the ~est noise** der geringste Lärm; **the ~est problem** das kleinste Problem; **I haven't the ~est idea** ich habe nicht die geringste Ahnung; **not in the ~est** nicht im Geringsten.

slightly ['slaɪtlɪ] *adv* etwas, ein bisschen; **~ built** zierlich.

slim [slɪm] *adj* schlank; (*chance*) gering ♦ *vi* eine Schlankheitskur machen, abnehmen.

slime [slaɪm] *n* Schleim *m*.

slimming ['slɪmɪŋ] *n* Abnehmen *nt*.

slimy ['slaɪmɪ] *adj* (*lit, fig*) schleimig.

sling [slɪŋ] (*pt, pp* **slung**) *n* Schlinge *f*; (*for baby*) Tragetuch *nt*; (*weapon*) Schleuder *f* ♦ *vt* schleudern; **to have one's arm in a ~** den Arm in der Schlinge tragen.

slingshot ['slɪŋʃɒt] *n* Steinschleuder *f*.

slink [slɪŋk] (*pt, pp* **slunk**) *vi*: **to ~ away** or **off** sich davonschleichen.

slinky ['slɪŋkɪ] *adj* (*dress*) eng anliegend.

slip [slɪp] *n* (*fall*) Ausrutschen *nt*; (*mistake*) Fehler *m*, Schnitzer *m*; (*underskirt*) Unterrock *m*; (*also*: **~ of paper**) Zettel *m* ♦ *vt* (*slide*) stecken ♦ *vi* ausrutschen; (*decline*) fallen; **he had a nasty ~** er ist ausgerutscht und böse gefallen; **to give sb the ~** jdm entwischen; **a ~ of the tongue** ein Versprecher *m*; **to ~ into/out of sth, to ~ sth on/off** in etw *acc*/aus etw schlüpfen; **to let a chance ~ by** eine Gelegenheit ungenutzt lassen; **it ~ped from her hand** es rutschte ihr aus der Hand.

▶ **slip away** *vi* sich davonschleichen.

▶ **slip in** *vt* stecken in *+acc*.

▶ **slip out** *vi* kurz weggehen.

▶ **slip up** *vi* sich vertun (*inf*).

slip-on ['slɪpɒn] *adj* zum Überziehen; **~ shoes** Slipper *pl*.

slipped disc [slɪpt-] *n* Bandscheibenschaden *m*.

slipper ['slɪpə*] *n* Pantoffel *m*, Hausschuh *m*.

slippery ['slɪpərɪ] *adj* (*lit, fig*) glatt; (*fish etc*) schlüpfrig.

slippy ['slɪpɪ] *adj* (*slippery*) glatt.

slip road (*BRIT*) *n* (*to motorway etc*) Auffahrt *f*; (*from motorway etc*) Ausfahrt *f*.

slipshod ['slɪpʃɒd] *adj* schludrig (*inf*).

slipstream ['slɪpstriːm] *n* (*TECH*) Sog *m*; (*AUT*) Windschatten *m*.

slip-up ['slɪpʌp] *n* Fehler *m*, Schnitzer *m*.

slipway ['slɪpweɪ] *n* (*NAUT*) Ablaufbahn *f*.

slit [slɪt] (*pt, pp* **slit**) *n* Schlitz *m*; (*tear*) Riss *m* ♦ *vt* aufschlitzen; **to ~ sb's throat** jdm die Kehle aufschlitzen.

slither ['slɪðə*] *vi* rutschen; (*snake etc*) gleiten.

sliver ['slɪvə*] *n* (*of glass, wood*) Splitter *m*; (*of cheese etc*) Scheibchen *nt*.

slob [slɒb] (*inf*) *n* Drecksau *f* (!).

slog [slɒg] (*BRIT*) *vi* (*work hard*) schuften ♦ *n*: **it**

was a hard ~ es war eine ganz schöne Schufterei; **to ~ away at sth** sich mit etw abrackern.

slogan ['sləʊgən] *n* Slogan *m*.

slop [slɒp] *vi* schwappen ♦ *vt* verschütten.

▶ **slop out** *vi* (*in prison etc*) den Toiletteneimer ausleeren.

slope [sləʊp] *n* Hügel *m*; (*side of mountain*) Hang *m*; (*ski slope*) Piste *f*; (*slant*) Neigung *f* ♦ *vi*: **to ~ down** abfallen; **to ~ up** ansteigen.

sloping ['sləʊpɪŋ] *adj* (*upwards*) ansteigend; (*downwards*) abfallend; (*roof, handwriting*) schräg.

sloppy ['slɒpɪ] *adj* (*work*) nachlässig; (*appearance*) schlampig; (*sentimental*) rührselig.

slops [slɒps] *npl* Abfallbrühe *f*.

slosh [slɒʃ] (*inf*) *vi*: **to ~ around** or **about** (*person*) herumplan(t)schen; (*liquid*) herumschwappen.

sloshed [slɒʃt] (*inf*) *adj* (*drunk*) blau.

slot [slɒt] *n* Schlitz *m*; (*fig: in timetable*) Termin *m*; (: *RADIO, TV*) Sendezeit *f* ♦ *vt*: **to ~ sth in** etw hineinstecken ♦ *vi*: **to ~ into** sich einfügen lassen in *+acc*.

sloth [sləʊθ] *n* (*laziness*) Trägheit *f*, Faulheit *f*; (*ZOOL*) Faultier *m*.

slot machine *n* (*BRIT*) Münzautomat *m*; (*for gambling*) Spielautomat *m*.

slot meter (*BRIT*) *n* Münzzähler *m*.

slouch [slaʊtʃ] *vi* eine krumme Haltung haben; (*when walking*) krumm gehen ♦ *n*: **he's no ~** er hat etwas los (*inf*); **she was ~ed in a chair** sie hing auf einem Stuhl.

Slovak ['sləʊvæk] *adj* slowakisch ♦ *n* Slowake *m*, Slowakin *f*; (*LING*) Slowakisch *nt*; **the ~ Republic** die Slowakische Republik.

Slovakia [sləʊ'vækɪə] *n* die Slowakei.

Slovakian [sləʊ'vækɪən] *adj, n* = **Slovak**.

Slovene [sləʊ'viːn] *n* Slowene *m*, Slowenin *f*; (*LING*) Slowenisch *nt* ♦ *adj* slowenisch.

Slovenia [sləʊ'viːnɪə] *n* Slowenien *nt*.

Slovenian [sləʊ'viːnɪən] *adj, n* = **Slovene**.

slovenly ['slʌvənlɪ] *adj* schlampig; (*careless*) nachlässig, schludrig (*inf*).

slow [sləʊ] *adj* langsam; (*not clever*) langsam, begriffsstutzig ♦ *adv* langsam ♦ *vt* (*also*: **~ down, ~ up**) verlangsamen; (*business*) verschlechtern ♦ *vi* (*also*: **~ down, ~ up**) sich verlangsamen; (*business*) schlechter gehen; **to be ~** (*watch, clock*) nachgehen; **"~"** „langsam fahren"; **at a ~ speed** langsam; **to be ~ to act** sich *dat* Zeit lassen; **to be ~ to decide** lange brauchen, um sich zu entscheiden; **my watch is 20 minutes ~** meine Uhr geht 20 Minuten nach; **business is ~** das Geschäft geht schlecht; **to go ~** (*driver*) langsam fahren; (*BRIT: in industrial dispute*) einen Bummelstreik machen.

slow-acting [sləʊ'æktɪŋ] *adj* mit Langzeitwirkung.

slowly ['sləʊlɪ] *adv* langsam.

slow motion n: in ~ in Zeitlupe.
slow-moving [sləu'mu:vɪŋ] adj langsam; (traffic) kriechend.
slowness ['sləunɪs] n Langsamkeit f.
sludge [slʌdʒ] n Schlamm m.
slue [slu:] (US) vi = **slew**.
slug [slʌg] n Nacktschnecke f; (US: inf: bullet) Kugel f.
sluggish ['slʌgɪʃ] adj träge; (engine) lahm; (COMM) flau.
sluice [slu:s] n Schleuse f; (channel) (Wasch)rinne f ♦ vt: to ~ **down** or **out** abspritzen.
slum [slʌm] n Slum m, Elendsviertel nt.
slumber ['slʌmbə*] n Schlaf m.
slump [slʌmp] n Rezession f ♦ vi fallen; ~ **in sales** Absatzflaute f; ~ **in prices** Preissturz m; **he was ~ed over the wheel** er war über dem Steuer zusammengesackt.
slung [slʌŋ] pt, pp of **sling**.
slunk [slʌŋk] pt, pp of **slink**.
slur [slə:*] n (fig): ~ **(on)** Beleidigung f (für) ♦ vt (words) undeutlich aussprechen; **to cast a ~ on** verunglimpfen.
slurp [slə:p] (inf) vt, vi schlürfen.
slurred [slə:d] adj (speech, voice) undeutlich.
slush [slʌʃ] n (melted snow) Schneematsch m.
slush fund n Schmiergelder pl, Schmiergeldfonds m.
slushy ['slʌʃɪ] adj matschig; (BRIT: fig) schmalzig.
slut [slʌt] (pej) n Schlampe f.
sly [slaɪ] adj (smile, expression) wissend; (remark) viel sagend; (person) schlau, gerissen; **on the** ~ heimlich.
S/M n abbr (= sadomasochism) S/M.
smack [smæk] n Klaps m; (on face) Ohrfeige f ♦ vt (hit) schlagen; (: child) einen Klaps geben +dat; (: on face) ohrfeigen ♦ vi: **to** ~ **of** riechen nach ♦ adv: **it fell** ~ **in the middle** (inf) es fiel genau in die Mitte; **to** ~ **one's lips** schmatzen.
smacker ['smækə*] (inf) n (kiss) Schmatzer m.
small [smɔ:l] adj klein ♦ n: **the** ~ **of the back** das Kreuz; **to get** or **grow** ~**er** (thing) kleiner werden; (numbers) zurückgehen; **to make** ~**er** (amount, income) kürzen; (object, garment) kleiner machen; **a** ~ **shopkeeper** der Inhaber eines kleinen Geschäfts; **a** ~ **business** ein Kleinunternehmen nt.
small ads (BRIT) npl Kleinanzeigen pl.
small arms npl Handfeuerwaffen pl.
small business n Kleinunternehmen nt.
small change n Kleingeld nt.
small fry npl (unimportant people) kleine Fische pl.
smallholder ['smɔ:lhəuldə*] (BRIT) n Kleinbauer m.
smallholding ['smɔ:lhəuldɪŋ] (BRIT) n kleiner Landbesitz m.
small hours npl: **in the** ~ in den frühen Morgenstunden.

smallish ['smɔ:lɪʃ] adj ziemlich klein.
small-minded [smɔ:l'maɪndɪd] adj engstirnig.
smallpox ['smɔ:lpɒks] n Pocken pl.
small print n: **the** ~ das Kleingedruckte or klein Gedruckte.
small-scale ['smɔ:lskeɪl] adj (map, model) in verkleinertem Maßstab; (business, farming) klein angelegt.
small talk n (oberflächliche) Konversation f.
small-time ['smɔ:ltaɪm] adj (farmer etc) klein; **a** ~ **thief** ein kleiner Ganove.
small-town ['smɔ:ltaun] adj kleinstädtisch.
smarmy ['smɑ:mɪ] (BRIT: pej) adj schmierig.
smart [smɑ:t] adj (neat) ordentlich, gepflegt; (fashionable) schick, elegant; (clever) intelligent, clever (inf); (quick) schnell ♦ vi (sting) brennen; (suffer) leiden; **the** ~ **set** die Schickeria (inf); **and look** ~ **(about it)**! und zwar ein bisschen plötzlich! (inf).
smart card n Chipkarte f.
smarten up ['smɑ:tn-] vi sich fein machen ♦ vt verschönern.
smash [smæʃ] n (also: ~-**up**) Unfall m; (sound) Krachen nt; (song, play, film) Superhit m; (TENNIS) Schmetterball m ♦ vt (break) zerbrechen; (car etc) kaputtfahren; (hopes) zerschlagen; (SPORT: record) haushoch schlagen ♦ vi (break) zerbrechen; (against wall, into sth etc) krachen.
▶ **smash up** vt (car) kaputtfahren; (room) kurz und klein schlagen (inf).
smash hit n Superhit m.
smashing ['smæʃɪŋ] (inf) adj super, toll.
smattering ['smætərɪŋ] n: **a** ~ **of Greek** etc ein paar Brocken Griechisch etc.
smear [smɪə*] n (trace) verschmierter Fleck m; (insult) Verleumdung f; (MED) Abstrich m ♦ vt (spread) verschmieren; (make dirty) beschmieren; **his hands were** ~**ed with oil/ink** seine Hände waren mit Öl/Tinte beschmiert.
smear campaign n Verleumdungskampagne f.
smear test n Abstrich m.
smell [smɛl] (pt, pp **smelt** or **smelled**) n Geruch m; (sense) Geruchssinn m ♦ vt riechen ♦ vi riechen; (pej) stinken; (pleasantly) duften; **to** ~ **of** riechen nach.
smelly ['smɛlɪ] (pej) adj stinkend.
smelt [smɛlt] pt, pp of **smell** ♦ vt schmelzen.
smile [smaɪl] n Lächeln nt ♦ vi lächeln.
smiling ['smaɪlɪŋ] adj lächelnd.
smirk [smə:k] (pej) n Grinsen nt.
smithy ['smɪðɪ] n Schmiede f.
smitten ['smɪtn] adj: ~ **with** vernarrt in +acc.
smock [smɒk] n Kittel m; (US: overall) Overall m.
smog [smɒg] n Smog m.
smoke [sməuk] n Rauch m ♦ vi, vt rauchen; **to have a** ~ eine rauchen; **to go up in** ~ in Rauch (und Flammen) aufgehen; (fig) sich in Rauch auflösen; **do you** ~**?** rauchen Sie?

smoked [sməukt] *adj* geräuchert, Räucher-; ~ **glass** Rauchglas *nt*.

smokeless fuel ['sməuklɪs-] *n* rauchlose Kohle *f*.

smokeless zone (*BRIT*) *n* rauchfreie Zone *f*.

smoker ['sməukə'] *n* Raucher(in) *m(f)*; (*RAIL*) Raucherabteil *nt*.

smoke screen *n* Rauchvorhang *m*; (*fig*) Deckmantel *m*.

smoke shop (*US*) *n* Tabakladen *m*.

smoking ['sməukɪŋ] *n* Rauchen *nt*; "**no ~**" „Rauchen verboten".

smoking compartment, (*US*) **smoking car** *n* Raucherabteil *nt*.

smoking room *n* Raucherzimmer *nt*.

smoky ['sməukɪ] *adj* verraucht; (*taste*) rauchig.

smolder ['sməuldə'] (*US*) *vi* = **smoulder**.

smoochy ['smuːtʃɪ] *adj* (*music, tape*) zum Schmusen.

smooth [smuːð] *adj* (*lit, fig: pej*) glatt; (*flavour, whisky*) weich; (*movement*) geschmeidig; (*flight*) ruhig.

▶ **smooth out** *vt* glätten; (*fig: difficulties*) aus dem Weg räumen.

▶ **smooth over** *vt*: **to ~ things over** (*fig*) die Sache bereinigen.

smoothly ['smuːðlɪ] *adv* reibungslos, glatt; **everything went ~** alles ging glatt über die Bühne.

smoothness ['smuːðnɪs] *n* Glätte *f*; (*of flight*) Ruhe *f*.

smother ['smʌðə'] *vt* (*fire, person*) ersticken; (*repress*) unterdrücken.

smoulder, (*US*) **smolder** ['sməuldə'] *vi* (*lit, fig*) glimmen, schwelen.

smudge [smʌdʒ] *n* Schmutzfleck *m* ♦ *vt* verwischen.

smug [smʌg] (*pej*) *adj* selbstgefällig.

smuggle ['smʌgl] *vt* schmuggeln; **to ~ in/out** einschmuggeln/herausschmuggeln.

smuggler ['smʌglə'] *n* Schmuggler(in) *m(f)*.

smuggling ['smʌglɪŋ] *n* Schmuggel *m*.

smut [smʌt] *n* (*grain of soot*) Rußflocke *f*; (*in conversation etc*) Schmutz *m*.

smutty ['smʌtɪ] *adj* (*fig: joke, book*) schmutzig.

snack [snæk] *n* Kleinigkeit *f* (zu essen); **to have a ~** eine Kleinigkeit essen.

snack bar *n* Imbissstube *f*.

snag [snæg] *n* Haken *m*, Schwierigkeit *f*.

snail [sneɪl] *n* Schnecke *f*.

snake [sneɪk] *n* Schlange *f*.

snap [snæp] *n* Knacken *nt*; (*photograph*) Schnappschuss *m*; (*card game*) ≈ Schnippschnapp *nt* ♦ *adj* (*decision*) plötzlich, spontan ♦ *vt* (*break*) (zer)brechen ♦ *vi* (*break*) (zer)brechen; (*rope, thread etc*) reißen; **a cold ~** ein Kälteeinbruch *m*; **his patience ~ped** ihm riss der Geduldsfaden; **his temper ~ped** er verlor die Beherrschung; **to ~ one's fingers** mit den Fingern schnipsen *or* schnalzen; **to ~ open/shut** auf-/

zuschnappen.

▶ **snap at** *vt fus* (*dog*) schnappen nach; (*fig: person*) anschnauzen (*inf*).

▶ **snap off** *vt* (*break*) abbrechen.

▶ **snap up** *vt* (*bargains*) wegschnappen.

snap fastener *n* Druckknopf *m*.

snappy ['snæpɪ] (*inf*) *adj* (*answer*) kurz und treffend; (*slogan*) zündend; **make it ~** ein bisschen dalli!; **he is a ~ dresser** er zieht sich flott an.

snapshot ['snæpʃɒt] *n* Schnappschuss *m*.

snare [snɛə'] *n* Falle *f* ♦ *vt* (*lit, fig*) fangen.

snarl [snɑːl] *vi* knurren ♦ *vt*: **to get ~ed up** (*plans*) durcheinander kommen; (*traffic*) stocken.

snarl-up ['snɑːlʌp] *n* Verkehrschaos *nt*.

snatch [snætʃ] *n* (*of conversation*) Fetzen *m*; (*of song*) paar Takte *pl* ♦ *vt* (*grab*) greifen; (*steal*) stehlen, klauen (*inf*); (*child*) entführen; (*fig: opportunity*) ergreifen; (*: look*) werfen ♦ *vi*: **don't ~!** nicht grapschen!; **to ~ a sandwich** schnell ein Butterbrot essen; **to ~ some sleep** etwas Schlaf ergattern.

▶ **snatch up** *vt* schnappen.

snazzy ['snæzɪ] (*inf*) *adj* flott.

sneak [sniːk] (*pt* (*US*) *also* **snuck**) *vi*: **to ~ in/out** sich einschleichen/sich hinausschleichen ♦ *vt*: **to ~ a look at sth** heimlich auf etw *acc* schielen ♦ *n* (*inf: pej*) Petze *f*.

▶ **sneak up** *vi*: **to ~ up on sb** sich an jdn heranschleichen.

sneakers ['sniːkəz] *npl* Freizeitschuhe *pl*.

sneaking ['sniːkɪŋ] *adj*: **to have a ~ feeling/suspicion that ...** das ungute Gefühl/den leisen Verdacht haben, dass ...

sneaky ['sniːkɪ] (*pej*) *adj* raffiniert.

sneer [snɪə'] *vi* (*smile nastily*) spöttisch lächeln; (*mock*): **to ~ at** verspotten ♦ *n* (*smile*) spöttisches Lächeln *nt*; (*remark*) spöttische Bemerkung *f*.

sneeze [sniːz] *n* Niesen *nt* ♦ *vi* niesen.

▶ **sneeze at** *vt fus*: **it's not to be ~d at** es ist nicht zu verachten.

snicker ['snɪkə'] *vi* see **snigger**.

snide [snaɪd] (*pej*) *adj* abfällig.

sniff [snɪf] *n* Schniefen *nt*; (*smell*) Schnüffeln *nt* ♦ *vi* schniefen ♦ *vt* riechen, schnuppern an +*dat*; (*glue*) schnüffeln.

sniffer dog ['snɪfə-] *n* Spürhund *m*.

snigger ['snɪgə'] *vi* kichern.

snip [snɪp] *n* Schnitt *m*; (*BRIT: inf: bargain*) Schnäppchen *nt* ♦ *vt* schnippeln; **to ~ sth off/through sth** etw abschnippeln/durchschnippeln.

sniper ['snaɪpə'] *n* Heckenschütze *m*.

snippet ['snɪpɪt] *n* (*of information*) Bruchstück *nt*; (*of conversation*) Fetzen *m*.

snivelling, (*US*) **sniveling** ['snɪvlɪŋ] *adj* heulend.

snob [snɒb] *n* Snob *m*.

snobbery ['snɒbərɪ] *n* Snobismus *m*.

snobbish ['snɒbɪʃ] *adj* snobistisch, versnobt

(inf).

snog [snɔg] *(BRIT: inf)* n Knutscherei f; **to have a ~ with sb** mit jdm (rum)knutschen ♦ vi (rum)knutschen.

snooker ['snu:kə*] n Snooker nt ♦ vt *(BRIT: inf)*: **to be ~ed** festsitzen.

snoop [snu:p] vi: **to ~ about** herumschnüffeln; **to ~ on sb** jdm nachschnüffeln.

snooper ['snu:pə*] n Schnüffler(in) m(f).

snooty ['snu:tɪ] adj hochnäsig.

snooze [snu:z] n Schläfchen nt ♦ vi ein Schläfchen machen.

snore [snɔ:*] n Schnarchen nt ♦ vi schnarchen.

snoring ['snɔ:rɪŋ] n Schnarchen nt.

snorkel ['snɔ:kl] n Schnorchel m.

snort [snɔ:t] n Schnauben nt ♦ vi *(animal)* schnauben; *(person)* prusten ♦ vt *(inf: cocaine)* schnüffeln.

snotty ['snɔtɪ] *(inf)* adj *(handkerchief, nose)* Rotz-; *(pej: snobbish)* hochnäsig.

snout [snaut] n Schnauze f.

snow [snəu] n Schnee m ♦ vi schneien ♦ vt: **to be ~ed under with work** mit Arbeit reichlich eingedeckt sein; **it's ~ing** es schneit.

snowball ['snəubɔ:l] n Schneeball m ♦ vi *(fig: problem)* eskalieren; *(: campaign)* ins Rollen kommen.

snowbound ['snəubaund] adj eingeschneit.

snow-capped ['snəukæpt] adj schneebedeckt.

snowdrift ['snəudrɪft] n Schneewehe f.

snowdrop ['snəudrɔp] n Schneeglöckchen nt.

snowfall ['snəufɔ:l] n Schneefall m.

snowflake ['snəufleɪk] n Schneeflocke f.

snowline ['snəulaɪn] n Schneegrenze f.

snowman ['snəumæn] *(irreg: like man)* n Schneemann m.

snowplough, *(US)* **snowplow** ['snəuplau] n Schneepflug m.

snowshoe ['snəuʃu:] n Schneeschuh m.

snowstorm ['snəustɔ:m] n Schneesturm m.

snowy ['snəuɪ] adj schneeweiß; *(covered with snow)* verschneit.

SNP *(BRIT)* n abbr *(POL)* = **Scottish National Party**.

snub [snʌb] vt *(person)* vor den Kopf stoßen ♦ n Abfuhr f.

snub-nosed [snʌb'nəuzd] adj stupsnasig.

snuff [snʌf] n Schnupftabak m ♦ vt *(also: ~ out: candle)* auslöschen.

snuff movie n Pornofilm, in dem jemand tatsächlich stirbt.

snug [snʌg] adj behaglich, gemütlich; *(well-fitting)* gut sitzend; **it's a ~ fit** es passt genau.

snuggle ['snʌgl] vi: **to ~ up to sb** sich an jdn kuscheln; **to ~ down in bed** sich ins Bett kuscheln.

snugly ['snʌglɪ] adv behaglich; **it fits ~** *(object in pocket etc)* es passt genau hinein; *(garment)* es passt wie angegossen.

SO n abbr *(BANKING)* = **standing order**.

═══════════════════ *KEYWORD*

so [səu] adv **1** *(thus, likewise)* so; **~ saying he walked away** mit diesen Worten ging er weg; **if ~** falls ja; **I didn't do it - you did ~!** ich hab es nicht getan - hast du wohl!; **~ do I, ~ am I** etc ich auch; **it's 5 o'clock - ~ it is!** es ist 5 Uhr - tatsächlich!; **I hope/think ~** ich hoffe/glaube ja; **~ far** bis jetzt.

2 *(in comparisons etc: to such a degree)* so; **~ big/quickly (that)** so groß/schnell(, dass); **I'm ~ glad to see you** ich bin ja so froh, dich zu sehen.

3: ~ much so viel; **I've got ~ much work** ich habe so viel Arbeit; **I love you ~ much** ich liebe dich so sehr; **~ many** so viele.

4 *(phrases)*: **10 or ~** 10 oder so; **~ long!** *(inf: goodbye)* tschüss!

♦ conj **1** *(expressing purpose)*: **~ as to do sth** um etw zu tun; **~ (that)** damit.

2 *(expressing result)* also; **~ I was right after all** ich hatte also doch Recht; **~ you see, I could have gone** wie Sie sehen, hätte ich gehen können; **~ (what)?** na und?

soak [səuk] vt *(drench)* durchnässen; *(steep)* einweichen ♦ vi einweichen; **to be ~ed through** völlig durchnässt sein.

▶ **soak in** vi einziehen.

▶ **soak up** vt aufsaugen.

soaking ['səukɪŋ] adj *(also: ~ wet)* patschnass.

so-and-so ['səuənsəu] n *(somebody)* Soundso no art; **Mr/Mrs ~** Herr/Frau Soundso; **the little ~!** *(pej)* das Biest!

soap [səup] n Seife f; *(TV: also: ~ opera)* Fernsehserie f, Seifenoper f *(inf)*.

soapbox ['səupbɔks] n *(lit)* Seifenkiste f; *(fig: platform)* Apfelsinenkiste f.

soapflakes ['səupfleɪks] npl Seifenflocken pl.

soap opera n *(TV)* Fernsehserie f, Seifenoper f *(inf)*.

soap powder n Seifenpulver nt.

soapsuds ['səupsʌds] npl Seifenschaum m.

soapy ['səupɪ] adj seifig; **~ water** Seifenwasser nt.

soar [sɔ:*] vi aufsteigen; *(price, temperature)* hochschnellen; *(building etc)* aufragen.

soaring ['sɔ:rɪŋ] adj *(prices)* in die Höhe schnellend; *(inflation)* unaufhaltsam.

sob [sɔb] n Schluchzer m ♦ vi schluchzen.

s.o.b. *(US: inf!)* n abbr *(= son of a bitch)* Scheißkerl m.

sober ['səubə*] adj nüchtern; *(serious)* ernst; *(colour)* gedeckt; *(style)* schlicht.

▶ **sober up** vt nüchtern machen ♦ vi nüchtern werden.

sobriety [sə'braɪətɪ] n Nüchternheit f; *(seriousness)* Ernst m.

sobriquet ['səubrɪkeɪ] n Spitzname m.

sob story n rührselige Geschichte f.

Soc. abbr *(= society)* Ges.

so-called ['səʊ'kɔːld] *adj* so genannt.
soccer ['sɒkə'] *n* Fußball *m*.
soccer pitch *n* Fußballplatz *m*.
soccer player *n* Fußballspieler(in) *m(f)*.
sociable ['səʊʃəbl] *adj* gesellig.
social ['səʊʃl] *adj* sozial; (*history*) Sozial-; (*structure*) Gesellschafts-; (*event, contact*) gesellschaftlich; (*person*) gesellig; (*animal*) gesellig lebend ♦ *n* (*party*) geselliger Abend *m*; ~ **life** gesellschaftliches Leben *nt*; **to have no** ~ **life** nicht mit anderen Leuten zusammenkommen.
social class *n* Gesellschaftsklasse *f*.
social climber (*pej*) *n* Emporkömmling *m*, sozialer Aufsteiger *m*.
social club *n* Klub *m* für geselliges Beisammensein.
Social Democrat *n* Sozialdemokrat(in) *m(f)*.
social insurance (*US*) *n* Sozialversicherung *f*.
socialism ['səʊʃəlɪzəm] *n* Sozialismus *m*.
socialist ['səʊʃəlɪst] *adj* sozialistisch ♦ *n* Sozialist(in) *m(f)*.
socialite ['səʊʃəlaɪt] *n* Angehörige(r) *f(m)* der Schickeria.
socialize ['səʊʃəlaɪz] *vi* unter die Leute kommen; **to** ~ **with** (*meet socially*) gesellschaftlich verkehren mit; (*chat to*) sich unterhalten mit.
socially ['səʊʃəlɪ] *adv* (*visit*) privat; (*acceptable*) in Gesellschaft.
social science *n* Sozialwissenschaft *f*.
social security (*BRIT*) *n* Sozialhilfe *f*; **Department of Social Security** Ministerium *nt* für Soziales.
social services *npl* soziale Einrichtungen *pl*.
social welfare *n* soziales Wohl *nt*.
social work *n* Sozialarbeit *f*.
social worker *n* Sozialarbeiter(in) *m(f)*.
society [sə'saɪətɪ] *n* Gesellschaft *f*; (*people, their lifestyle*) die Gesellschaft; (*club*) Verein *m*; (*also*: **high** ~) Highsociety *f* ♦ *cpd* (*party, lady*) Gesellschafts-.
socioeconomic ['səʊsɪəʊiːkə'nɒmɪk] *adj* sozioökonomisch.
sociological [səʊsɪə'lɒdʒɪkl] *adj* soziologisch.
sociologist [səʊsɪ'ɒlədʒɪst] *n* Soziologe *m*, Soziologin *f*.
sociology [səʊsɪ'ɒlədʒɪ] *n* Soziologie *f*.
sock [sɒk] *n* Socke *f* ♦ *vt* (*inf: hit*) hauen; **to pull one's** ~**s up** (*fig*) sich am Riemen reißen.
socket ['sɒkɪt] *n* (*of eye*) Augenhöhle *f*; (*of joint*) Gelenkpfanne *f*; (*BRIT: ELEC: wall socket*) Steckdose *f*; (: *for light bulb*) Fassung *f*.
sod [sɒd] *n* (*earth*) Sode *f*; (*BRIT: inf!*) Sau *f* (!); **the poor** ~ das arme Schwein.
► **sod off** (*BRIT: inf!*) *vi*: **sod off!** verpiss dich!
soda ['səʊdə] *n* Soda *nt*; (*also*: ~ **water**) Soda(wasser) *nt*; (*US: also*: ~ **pop**) Brause *f*.
sodden ['sɒdn] *adj* durchnässt.
sodium ['səʊdɪəm] *n* Natrium *nt*.

sodium chloride *n* Natriumchlorid *nt*, Kochsalz *nt*.
sofa ['səʊfə] *n* Sofa *nt*.
Sofia ['səʊfɪə] *n* Sofia *nt*.
soft [sɒft] *adj* weich; (*not rough*) zart; (*voice, music, light, colour*) gedämpft; (*lenient*) nachsichtig; ~ **in the head** (*inf*) nicht ganz richtig im Kopf.
soft-boiled ['sɒftbɔɪld] *adj* (*egg*) weich (gekocht).
soft drink *n* alkoholfreies Getränk *nt*.
soft drugs *npl* weiche Drogen *pl*.
soften ['sɒfn] *vt* weich machen; (*effect, blow*) mildern ♦ *vi* weich werden; (*voice, expression*) sanfter werden.
softener ['sɒfnə'] *n* (*water softener*) Enthärtungsmittel *nt*; (*fabric softener*) Weichspüler *m*.
soft fruit (*BRIT*) *n* Beerenobst *nt*.
soft furnishings *npl* Raumtextilien *pl*.
soft-hearted [sɒft'hɑːtɪd] *adj* weichherzig.
softly ['sɒftlɪ] *adv* (*gently*) sanft; (*quietly*) leise.
softness ['sɒftnɪs] *n* Weichheit *f*; (*gentleness*) Sanftheit *f*.
soft option *n* Weg *m* des geringsten Widerstandes.
soft sell *n* weiche Verkaufstaktik *f*.
soft spot *n*: **to have a** ~ **for sb** eine Schwäche für jdn haben.
soft target *n* leicht verwundbares Ziel *nt*.
soft toy *n* Stofftier *nt*.
software ['sɒftwɛə'] *n* (*COMPUT*) Software *f*.
software package *n* (*COMPUT*) Softwarepaket *nt*.
soft water *n* weiches Wasser *nt*.
soggy ['sɒgɪ] *adj* (*ground*) durchweicht; (*sandwiches etc*) matschig.
soil [sɔɪl] *n* Erde *f*, Boden *m* ♦ *vt* beschmutzen.
soiled [sɔɪld] *adj* schmutzig.
sojourn ['sɒdʒɜːn] (*form*) *n* Aufenthalt *m*.
solace ['sɒlɪs] *n* Trost *m*.
solar ['səʊlə'] *adj* (*eclipse, power station etc*) Sonnen-.
solarium [sə'lɛərɪəm] (*pl* **solaria**) *n* Solarium *nt*.
solar panel *n* Sonnenkollektor *m*.
solar plexus [-'plɛksəs] *n* (*ANAT*) Solarplexus *m*, Magengrube *f*.
solar power *n* Sonnenenergie *f*.
solar system *n* Sonnensystem *nt*.
solar wind *n* Sonnenwind *m*.
sold [səʊld] *pt, pp of* **sell**.
solder ['səʊldə'] *vt* löten ♦ *n* Lötmittel *nt*.
soldier ['səʊldʒə'] *n* Soldat *m* ♦ *vi*: **to** ~ **on** unermüdlich weitermachen; **toy** ~ Spielzeugsoldat *m*.
sold out *adj* ausverkauft.
sole [səʊl] *n* Sohle *f*; (*fish: pl inv*) Seezunge *f* ♦ *adj* einzig, Allein-; (*exclusive*) alleinig; **the** ~ **reason** der einzige Grund.
solely ['səʊllɪ] *adv* nur, ausschließlich; **I will hold you** ~ **responsible** ich mache Sie allein dafür verantwortlich.

solemn ['sɔləm] *adj* feierlich; (*person*) ernst.
sole trader *n* (*COMM*) Einzelunternehmer *m*.
solicit [sə'lɪsɪt] *vt* (*request*) erbitten, bitten um ♦ *vi* (*prostitute*) Kunden anwerben.
solicitor [sə'lɪsɪtə*] (*BRIT*) *n* Rechtsanwalt *m*, Rechtsanwältin *f*.
solid ['sɔlɪd] *adj* (*not hollow, pure*) massiv; (*not liquid*) fest; (*reliable*) zuverlässig; (*strong: structure*) stabil; (: *foundations*) solide; (*substantial: advice*) gut; (: *experience*) solide; (*unbroken*) ununterbrochen ♦ *n* (*solid object*) Festkörper *m*; **solids** *npl* (*food*) feste Nahrung *f*; **to be on ~ ground** (*fig*) sich auf festem Boden befinden; **I read for 2 hours ~** ich habe 2 Stunden ununterbrochen gelesen.
solidarity [sɔlɪ'dærɪtɪ] *n* Solidarität *f*.
solid fuel *n* fester Brennstoff *m*.
solidify [sə'lɪdɪfaɪ] *vi* fest werden ♦ *vt* fest werden lassen.
solidity [sə'lɪdɪtɪ] *n* (*of structure*) Stabilität *f*; (*of foundations*) Solidität *f*; (*of support*) Geschlossenheit *f*.
solidly ['sɔlɪdlɪ] *adv* (*built*) solide; (*in favour*) geschlossen, einmütig; **a ~ respectable family** eine durch und durch respektable Familie.
solid-state ['sɔlɪdsteɪt] *adj* (*ELEC: equipment*) Halbleiter-.
soliloquy [sə'lɪləkwɪ] *n* Monolog *m*.
solitaire [sɔlɪ'tɛə*] *n* (*gem*) Solitär *m*; (*game*) Patience *f*.
solitary ['sɔlɪtərɪ] *adj* einsam; (*single*) einzeln.
solitary confinement *n* Einzelhaft *f*.
solitude ['sɔlɪtjuːd] *n* Einsamkeit *f*; **to live in ~** einsam leben.
solo ['səuləu] *n* Solo *nt* ♦ *adv* (*fly*) allein; (*play, perform*) solo; **~ flight** Alleinflug *m*.
soloist ['səuləuɪst] *n* Solist(in) *m(f)*.
Solomon ['sɔləmən] *n* Salomo(n) *m*.
Solomon Islands ['sɔləmən-] *npl*: **the ~** die Salomoninseln *pl*.
solstice ['sɔlstɪs] *n* Sonnenwende *f*.
soluble ['sɔljubl] *adj* löslich.
solution [sə'luːʃən] *n* (*answer, liquid*) Lösung *f*; (*to crossword*) Auflösung *f*; (*of crime*) Aufklärung *f*.
solve [sɔlv] *vt* lösen; (*mystery*) enträtseln.
solvency ['sɔlvənsɪ] *n* (*COMM*) Zahlungsfähigkeit *f*.
solvent ['sɔlvənt] *adj* (*COMM*) zahlungsfähig ♦ *n* (*CHEM*) Lösungsmittel *nt*.
solvent abuse *n* Lösungsmittelmissbrauch *m*.
Som. (*BRIT*) *abbr* (*POST*: = *Somerset*).
Somali [sə'mɑːlɪ] *adj* somalisch ♦ *n* Somalier(in) *m(f)*.
Somalia [sə'mɑːlɪə] *n* Somalia *nt*.
Somaliland *n* (*formerly*) Somaliland *nt*.
sombre, (*US*) **somber** ['sɔmbə*] *adj* (*dark*) dunkel, düster; (*serious*) finster.

some [sʌm] *adj* **1** (*a certain amount or number of*) einige; **~ tea/water/money** etwas Tee/Wasser/Geld; **~ biscuits** ein paar Plätzchen; **~ children came** einige Kinder kamen; **he asked me ~ questions** er stellte mir ein paar Fragen.
2 (*certain: in contrasts*) manche(r, s); **~ people say that ...** manche Leute sagen, dass ...; **~ films were excellent** einige *or* manche Filme waren ausgezeichnet.
3 (*unspecified*) irgendein(e); **~ woman was asking for you** eine Frau hat nach Ihnen gefragt; **~ day** eines Tages; **~ day next week** irgendwann nächste Woche; **that's ~ house!** das ist vielleicht ein Haus!
♦ *pron* **1** (*a certain number*) einige; **I've got ~** (*books etc*) ich habe welche.
2 (*a certain amount*) etwas; **I've got ~** (*money, milk*) ich habe welche(s); **I've read ~ of the book** ich habe das Buch teilweise gelesen.
♦ *adv*: **~ 10 people** etwa 10 Leute.

somebody ['sʌmbədɪ] *pron* = **someone**.
someday ['sʌmdeɪ] *adv* irgendwann.
somehow ['sʌmhau] *adv* irgendwie.
someone ['sʌmwʌn] *pron* (irgend)jemand; **there's ~ coming** es kommt jemand; **I saw ~ in the garden** ich habe jemanden im Garten gesehen.
someplace ['sʌmpleɪs] (*US*) *adv* = **somewhere**.
somersault ['sʌməsɔːlt] *n* Salto *m* ♦ *vi* einen Salto machen; (*vehicle*) sich überschlagen.
something ['sʌmθɪŋ] *pron* etwas; **~ nice** etwas Schönes; **there's ~ wrong** da stimmt etwas nicht; **would you like ~ to eat/drink?** möchten Sie etwas zu essen/trinken?
sometime ['sʌmtaɪm] *adv* irgendwann; **~ last month** irgendwann letzten Monat; **I'll finish it ~** ich werde es irgendwann fertig machen.
sometimes ['sʌmtaɪmz] *adv* manchmal.
somewhat ['sʌmwɔt] *adv* etwas, ein wenig; **~ to my surprise** ziemlich zu meiner Überraschung.
somewhere ['sʌmwɛə*] *adv* (*be*) irgendwo; (*go*) irgendwohin; **~ (or other) in Scotland** irgendwo in Schottland; **~ else** (*be*) woanders; (*go*) woandershin.
son [sʌn] *n* Sohn *m*.
sonar ['səunɑː*] *n* Sonar(gerät) *nt*, Echolot *nt*.
sonata [sə'nɑːtə] *n* Sonate *f*.
song [sɔŋ] *n* Lied *nt*; (*of bird*) Gesang *m*.
songbook ['sɔŋbuk] *n* Liederbuch *nt*.
songwriter ['sɔŋraɪtə*] *n* Liedermacher *m*.
sonic ['sɔnɪk] *adj* (*speed*) Schall-; **~ boom** Überschallknall *m*.
son-in-law ['sʌnɪnlɔː] *n* Schwiegersohn *m*.
sonnet ['sɔnɪt] *n* Sonett *nt*.
sonny ['sʌnɪ] (*inf*) *n* Junge *m*.
soon [suːn] *adv* bald; (*a short time after*) bald,

schnell; (*early*) früh; ~ **afterwards** kurz *or* bald danach; **quite** ~ ziemlich bald; **how ~ can you finish it?** bis wann haben Sie es fertig?; **how ~ can you come back?** wann können Sie frühestens wiederkommen?; **see you ~!** bis bald!; *see also* **as**.

sooner ['suːnəʳ] *adv* (*time*) früher, eher; (*preference*) lieber; **I would ~ do that** das würde ich lieber tun; ~ **or later** früher oder später; **the ~ the better** je eher, desto besser; **no ~ said than done** gesagt, getan; **no ~ had we left than ...** wir waren gerade gegangen, da ...

soot [sut] *n* Ruß *m*.

soothe [suːð] *vt* beruhigen; (*pain*) lindern.

soothing ['suːðɪŋ] *adj* beruhigend; (*ointment etc*) schmerzlindernd; (*drink*) wohltuend; (*bath*) entspannend.

SOP *n abbr* (= *standard operating procedure*) normale Vorgehensweise *f*.

sop [sɔp] *n*: **that's only a ~** das soll nur zur Beschwichtigung dienen.

sophisticated [sə'fɪstɪkeɪtɪd] *adj* (*woman, lifestyle*) kultiviert; (*audience*) anspruchsvoll; (*machinery*) hoch entwickelt; (*arguments*) differenziert.

sophistication [səfɪstɪ'keɪʃən] *n* (*of person*) Kultiviertheit *f*; (*of machine*) hoher Entwicklungsstand *m*; (*of argument etc*) Differenziertheit *f*.

sophomore ['sɔfəmɔːʳ] (*US*) *n* Student(in) im 2. Studienjahr.

soporific [sɔpə'rɪfɪk] *adj* einschläfernd ♦ *n* Schlafmittel *nt*.

sopping ['sɔpɪŋ] *adj*: ~ **(wet)** völlig durchnässt.

soppy ['sɔpɪ] (*pej*) *adj* (*person*) sentimental; (*film*) schmalzig.

soprano [sə'prɑːnəu] *n* Sopranist(in) *m(f)*.

sorbet ['sɔːbeɪ] *n* Sorbet *nt or m*, Fruchteis *nt*.

sorcerer ['sɔːsərəʳ] *n* Hexenmeister *m*.

sordid ['sɔːdɪd] *adj* (*dirty*) verkommen; (*wretched*) elend.

sore [sɔːʳ] *adj* wund; (*esp US*: *offended*) verärgert, sauer (*inf*) ♦ *n* wunde Stelle *f*; **to have a ~ throat** Halsschmerzen haben; **it's a ~ point** (*fig*) es ist ein wunder Punkt.

sorely ['sɔːlɪ] *adv*: **I am ~ tempted (to)** ich bin sehr in Versuchung(, zu).

soreness ['sɔːnɪs] *n* (*pain*) Schmerz *m*.

sorrel ['sɔrəl] *n* (*BOT*) (großer) Sauerampfer *m*.

sorrow ['sɔrəu] *n* Trauer *f*; **sorrows** *npl* (*troubles*) Sorgen und Nöte *pl*.

sorrowful ['sɔrəuful] *adj* traurig.

sorry ['sɔrɪ] *adj* traurig; (*excuse*) faul; (*sight*) jämmerlich; ~! Entschuldigung!, Verzeihung!; ~? wie bitte?; **I feel ~ for him** er tut mir Leid; **I'm ~ to hear that ...** es tut mir Leid, dass ...; **I'm ~ about ...** es tut mir Leid wegen ...

sort [sɔːt] *n* Sorte *f*; (*make: of car etc*) Marke *f*

♦ *vt* (*also*: ~ **out**) sortieren; (: *problems*) ins Reine bringen; (*COMPUT*) sortieren; **all ~s of reasons** alle möglichen Gründe; **what ~ do you want?** welche Sorte möchten Sie?; **what ~ of car?** was für ein Auto?; **I'll do nothing of the ~!** das kommt überhaupt nicht infrage *or* in Frage!; **it's ~ of awkward** (*inf*) es ist irgendwie schwierig; **to ~ sth out** etw in Ordnung bringen.

sort code *n* Bankleitzahl *f*.

sortie ['sɔːtɪ] *n* (*MIL*) Ausfall *m*; (*fig*) Ausflug *m*.

sorting office ['sɔːtɪŋ-] *n* Postverteilstelle *f*.

SOS *n abbr* (= *save our souls*) SOS *nt*.

so-so ['səusəu] *adv, adj* so lala.

soufflé ['suːfleɪ] *n* Soufflé *nt*, Soufflee *nt*.

sought [sɔːt] *pt, pp of* **seek**.

sought-after ['sɔːtɑːftəʳ] *adj* begehrt, gesucht; **a much ~ item** ein viel begehrtes Stück.

soul [səul] *n* Seele *f*; (*MUS*) Soul *m*; **the poor ~ had nowhere to sleep** der Ärmste hatte keine Unterkunft; **I didn't see a ~** ich habe keine Menschenseele gesehen.

soul-destroying ['səuldɪstrɔɪɪŋ] *adj* geisttötend.

soulful ['səulful] *adj* (*eyes*) seelenvoll; (*music*) gefühlvoll.

soulless ['səullɪs] *adj* (*place*) seelenlos; (*job*) eintönig.

soul mate *n* Seelenfreund(in) *m(f)*.

soul-searching ['səulsɑːtʃɪŋ] *n*: **after much ~** nach reiflicher Überlegung.

sound [saund] *adj* (*healthy*) gesund; (*safe, secure*) sicher; (*not damaged*) einwandfrei; (*reliable*) solide; (*thorough*) gründlich; (*sensible, valid*) vernünftig ♦ *adv*: **to be ~ asleep** tief und fest schlafen ♦ *n* Geräusch *nt*; (*MUS*) Klang *m*; (*on TV etc*) Ton *m*; (*GEOG*) Meerenge *f*, Sund *m* ♦ *vt*: **to ~ the alarm** Alarm schlagen ♦ *vi* (*alarm, horn*) ertönen; (*fig: seem*) sich anhören, klingen; **to be of ~ mind** bei klarem Verstand sein; **I don't like the ~ of it** das klingt gar nicht gut; **to ~ one's horn** (*AUT*) hupen; **to ~ like** sich anhören wie; **that ~s like them arriving** das hört sich so an, als ob sie ankommen; **it ~s as if ...** es klingt *or* es hört sich so an, als ob ...

▶ **sound off** (*inf*) *vi*: **to ~ off (about)** sich auslassen (über +*acc*).

▶ **sound out** *vt* (*person*) aushorchen; (*opinion*) herausbekommen.

sound barrier *n* Schallmauer *f*.

sound bite *n* prägnantes Zitat *nt*.

sound effects *npl* Toneffekte *pl*.

sound engineer *n* Toningenieur(in) *m(f)*.

sounding ['saundɪŋ] *n* (*NAUT*) Loten *nt*, Peilung *f*.

sounding board *n* (*MUS*) Resonanzboden *m*; (*fig*): **to use sb as a ~ for one's ideas** seine Ideen an jdm testen.

soundly ['saundlɪ] *adv* (*sleep*) tief und fest;

(beat) tüchtig.

soundproof ['saundpru:f] adj schalldicht ♦ vt schalldicht machen.

sound system n Verstärkersystem nt.

soundtrack ['saundtræk] n Filmmusik f.

sound wave n Schallwelle f.

soup [su:p] n Suppe f; **to be in the ~** (fig) in der Tinte sitzen.

soup kitchen n Suppenküche f.

soup plate n Suppenteller m.

soupspoon ['su:pspu:n] n Suppenlöffel m.

sour ['sauə*] adj sauer; (fig: bad-tempered) säuerlich; **to go** or **turn ~** (milk, wine) sauer werden; (fig: relationship) sich trüben; **it's ~ grapes** (fig) die Trauben hängen zu hoch.

source [sɔ:s] n Quelle f; (fig: of problem, anxiety) Ursache f; **I have it from a reliable ~ that** ... ich habe es aus sicherer Quelle, dass ...

south [sauθ] n Süden m ♦ adj südlich, Süd- ♦ adv nach Süden; **(to the) ~ of** im Süden or südlich von; **to travel ~** nach Süden fahren; **the S~ of France** Südfrankreich nt.

South Africa n Südafrika nt.

South African adj südafrikanisch ♦ n Südafrikaner(in) m(f).

South America n Südamerika nt.

South American adj südamerikanisch ♦ n Südamerikaner(in) m(f).

southbound ['sauθbaund] adj in Richtung Süden; (carriageway) Richtung Süden.

south-east [sauθ'i:st] n Südosten m.

South-East Asia n Südostasien nt.

southerly ['sʌðəlɪ] adj südlich; (wind) aus südlicher Richtung.

southern ['sʌðən] adj südlich, Süd-; **the ~ hemisphere** die südliche Halbkugel or Hemisphäre.

South Korea n Südkorea nt.

South Pole n Südpol m.

South Sea Islands npl Südseeinseln pl.

South Seas npl Südsee f.

southward(s) ['sauθwəd(z)] adv nach Süden, in Richtung Süden.

south-west [sauθ'wɛst] n Südwesten m.

souvenir [su:və'nɪə*] n Andenken nt, Souvenir nt.

sovereign ['sɔvrɪn] n Herrscher(in) m(f).

sovereignty ['sɔvrɪntɪ] n Oberhoheit f, Souveränität f.

soviet ['səuvɪət] (formerly) adj sowjetisch ♦ n Sowjetbürger(in) m(f); **the S~ Union** die Sowjetunion f.

sow¹ [sau] n Sau f.

sow² [səu] (pt sowed, pp sown) vt (lit, fig) säen.

soya ['sɔɪə], **soy** [sɔɪ] (US) n: **~ bean** Sojabohne f; **~ sauce** Sojasoße f.

sozzled ['sɔzld] (BRIT: inf) adj besoffen.

spa [spa:] n (town) Heilbad nt; (US: also: **health ~**) Fitnesszentrum nt.

space [speɪs] n Platz m, Raum m; (gap) Lücke f; (beyond Earth) der Weltraum; (interval, period) Zeitraum m ♦ cpd Raum- ♦ vt (also: **~ out**) verteilen; **to clear a ~ for sth** für etw Platz schaffen; **in a confined ~** auf engem Raum; **in a short ~ of time** in kurzer Zeit; **(with)in the ~ of an hour** innerhalb einer Stunde.

space bar n (on keyboard) Leertaste f.

spacecraft ['speɪskra:ft] n Raumfahrzeug nt.

spaceman ['speɪsmæn] (irreg: like **man**) n Raumfahrer m.

spaceship ['speɪsʃɪp] n Raumschiff nt.

space shuttle n Raumtransporter m.

spacesuit ['speɪssu:t] n Raumanzug m.

spacewoman ['speɪswumən] (irreg: like **woman**) n Raumfahrerin f.

spacing ['speɪsɪŋ] n Abstand m; **single/double ~** einfacher/doppelter Zeilenabstand.

spacious ['speɪʃəs] adj geräumig.

spade [speɪd] n Spaten m; (child's) Schaufel f; **spades** npl (CARDS) Pik nt.

spadework ['speɪdwə:k] n (fig) Vorarbeit f.

spaghetti [spə'gɛtɪ] n Spag(h)etti pl.

Spain [speɪn] n Spanien nt.

spam [spæm] (COMPUT) n Spam m ♦ vt mit Werbung bombardieren.

span [spæn] n (of bird, plane, arch) Spannweite f; (in time) Zeitspanne f ♦ vt überspannen; (fig: time) sich erstrecken über +acc.

Spaniard ['spænjəd] n Spanier(in) m(f).

spaniel ['spænjəl] n Spaniel m.

Spanish ['spænɪʃ] adj spanisch ♦ n (LING) Spanisch nt; **the Spanish** npl die Spanier pl; **~ omelette** Omelett mit Paprikaschoten, Zwiebeln, Tomaten etc.

spank [spæŋk] vt: **to ~ sb's bottom** jdm den Hintern versohlen (inf).

spanner ['spænə*] (BRIT) n Schraubenschlüssel m.

spar [spa:*] n (NAUT) Sparren m ♦ vi (BOXING) ein Sparring nt machen.

spare [spɛə*] adj (free) frei; (extra: part, fuse etc) Ersatz- ♦ n = **spare part** ♦ vt (save: trouble etc) (er)sparen; (make available) erübrigen; (afford to give) (übrig) haben; (refrain from hurting) verschonen; **these 2 are going ~** diese beiden sind noch übrig; **to ~** (surplus) übrig; **to ~ no expense** keine Kosten scheuen, an nichts sparen; **can you ~ the time?** haben Sie Zeit?; **I've a few minutes to ~** ich habe ein paar Minuten Zeit; **there is no time to ~** es ist keine Zeit; **~ me the details** verschone mich mit den Einzelheiten.

spare part n Ersatzteil nt.

spare room n Gästezimmer nt.

spare time n Freizeit f.

spare tyre n Reservereifen m.

spare wheel n Reserverad nt.

sparing ['spɛərɪŋ] adj: **to be ~ with** sparsam umgehen mit.

sparingly ['spɛərɪŋlɪ] adv sparsam.

spark [spa:k] n (lit, fig) Funke m.

spark(ing) plug ['spɑːk(ɪŋ)-] *n* Zündkerze *f*.
sparkle ['spɑːkl] *n* Funkeln *nt*, Glitzern *nt* ♦ *vi* funkeln, glitzern.
sparkler ['spɑːklə*] *n* (*firework*) Wunderkerze *f*.
sparkling ['spɑːklɪŋ] *adj* (*water*) mit Kohlensäure; (*conversation*) vor Geist sprühend; (*performance*) glänzend; ~ **wine** Schaumwein *m*.
sparring partner ['spɑːrɪŋ-] *n* (*also fig*) Sparringspartner *m*.
sparrow ['spærəu] *n* Spatz *m*.
sparse [spɑːs] *adj* spärlich; (*population*) dünn.
spartan ['spɑːtən] *adj* (*fig*) spartanisch.
spasm ['spæzəm] *n* (*MED*) Krampf *m*; (*fig: of anger etc*) Anfall *m*.
spasmodic [spæz'mɔdɪk] *adj* (*fig*) sporadisch.
spastic ['spæstɪk] (*old*) *n* Spastiker(in) *m(f)* ♦ *adj* spastisch.
spat [spæt] *pt, pp of* **spit** ♦ *n* (*US: quarrel*) Krach *m*.
spate [speɪt] *n* (*fig*): **a** ~ **of** eine Flut von; **to be in full** ~ (*river*) Hochwasser führen.
spatial ['speɪʃl] *adj* räumlich.
spatter ['spætə*] *vt* (*liquid*) verspritzen; (*surface*) bespritzen ♦ *vi* spritzen.
spatula ['spætjulə] *n* (*CULIN*) Spachtel *m*; (*MED*) Spatel *m*.
spawn [spɔːn] *vi* laichen ♦ *vt* hervorbringen, erzeugen ♦ *n* Laich *m*.
SPCA (*US*) *n abbr* (= *Society for the Prevention of Cruelty to Animals*) Tierschutzverein *m*.
SPCC (*US*) *n abbr* (= *Society for the Prevention of Cruelty to Children*) Kinderschutzbund *m*.
speak [spiːk] (*pt* **spoke**, *pp* **spoken**) *vt* (*say*) sagen; (*language*) sprechen ♦ *vi* sprechen, reden; (*make a speech*) sprechen; **to** ~ **one's mind** seine Meinung sagen; **to** ~ **to sb/of** *or* **about sth** mit jdm/über etw *acc* sprechen *or* reden; ~ **up!** sprich lauter!; **to** ~ **at a conference** bei einer Tagung einen Vortrag halten; **to** ~ **in a debate** in einer Debatte sprechen; **he has no money to** ~ **of** er hat so gut wie kein Geld; **so to** ~ sozusagen.
▸ **speak for** *vt fus*: **to** ~ **for sb** (*on behalf of*) in jds Namen *dat or* für jdn sprechen; **that picture is already spoken for** (*in shop*) das Bild ist schon verkauft *or* vergeben; ~ **for yourself!** das meinst auch nur du!
speaker ['spiːkə*] *n* (*in public*) Redner(in) *m(f)*; (*also*: **loudspeaker**) Lautsprecher *m*; (*POL*): **the S**~ (*BRIT, US*) der Sprecher, die Sprecherin; **are you a Welsh** ~? sprechen Sie Walisisch?
speaking ['spiːkɪŋ] *adj* sprechend; **Italian-** ~ **people** Italienisch Sprechende *pl*; **to be on** ~ **terms** miteinander reden *or* sprechen; ~ **clock** telefonische Zeitansage.
spear [spɪə*] *n* Speer *m* ♦ *vt* aufspießen.
spearhead ['spɪəhɛd] *vt* (*MIL, fig*) anführen.
spearmint ['spɪəmɪnt] *n* Grüne Minze *f*.
spec [spɛk] (*inf*) *n*: **on** ~ auf Verdacht, auf gut Glück; **to buy/go on** ~ auf gut Glück

kaufen/hingehen.
spec. *n abbr* (*TECH*) = **specification**.
special ['spɛʃl] *adj* besondere(r, s); (*service, performance, adviser, permission, school*) Sonder- ♦ *n* (*train*) Sonderzug *m*; **take** ~ **care** pass besonders gut auf; **nothing** ~ nichts Besonderes; **today's** ~ (*at restaurant*) Tagesgericht *nt*.
special agent *n* Agent(in) *m(f)*.
special correspondent *n* Sonderberichterstatter(in) *m(f)*.
special delivery *n* (*POST*): **by** ~ durch Eilzustellung.
special effects *npl* Spezialeffekte *pl*.
specialist ['spɛʃəlɪst] *n* Spezialist(in) *m(f)*; (*MED*) Facharzt *m*, Fachärztin *f*; **heart** ~ Facharzt *m*/Fachärztin *f* für Herzkrankheiten.
speciality [spɛʃɪ'ælɪtɪ] *n* Spezialität *f*; (*study*) Spezialgebiet *nt*.
specialize ['spɛʃəlaɪz] *vi*: **to** ~ **(in)** sich spezialisieren (auf *+acc*).
specially ['spɛʃlɪ] *adv* besonders, extra.
special offer *n* Sonderangebot *nt*.
specialty ['spɛʃəltɪ] (*esp US*) = **speciality**.
species ['spiːʃiːz] *n inv* Art *f*.
specific [spə'sɪfɪk] *adj* (*fixed*) bestimmt; (*exact*) genau; **to be** ~ **to** eigentümlich sein für.
specifically [spə'sɪfɪklɪ] *adv* (*specially*) speziell; (*exactly*) genau; **more** ~ und zwar.
specification [spɛsɪfɪ'keɪʃən] *n* genaue Angabe *f*; (*requirement*) Bedingung *f*; **specifications** *npl* (*TECH*) technische Daten *pl*.
specify ['spɛsɪfaɪ] *vt* angeben; **unless otherwise specified** wenn nicht anders angegeben.
specimen ['spɛsɪmən] *n* Exemplar *nt*; (*MED*) Probe *f*.
specimen copy *n* Belegexemplar *nt*, Probeexemplar *nt*.
specimen signature *n* Unterschriftsprobe *f*.
speck [spɛk] *n* Fleckchen *nt*; (*of dust*) Körnchen *nt*.
speckled ['spɛkld] *adj* gesprenkelt.
specs [spɛks] (*inf*) *npl* Brille *f*.
spectacle ['spɛktəkl] *n* (*scene*) Schauspiel *nt*; (*sight*) Anblick *m*; (*grand event*) Spektakel *nt*; **spectacles** *npl* (*glasses*) Brille *f*.
spectacle case (*BRIT*) *n* Brillenetui *nt*.
spectacular [spɛk'tækjulə*] *adj* sensationell; (*success*) spektakulär ♦ *n* (*THEAT etc*) Show *f*.
spectator [spɛk'teɪtə*] *n* Zuschauer(in) *m(f)*; ~ **sport** Publikumssport *m*.
spectra ['spɛktrə] *npl of* **spectrum**.
spectre, (*US*) **specter** ['spɛktə*] *n* Gespenst *nt*; (*fig*) (Schreck)gespenst *nt*.
spectrum ['spɛktrəm] (*pl* **spectra**) *n* (*lit, fig*) Spektrum *nt*.
speculate ['spɛkjuleɪt] *vi* (*FIN*) spekulieren; **to** ~ **about** spekulieren *or* Vermutungen anstellen über *+acc*.

speculation [spɛkju'leɪʃən] n Spekulation f.
speculative ['spɛkjulətɪv] adj spekulativ.
speculator ['spɛkjuleɪtə*] n Spekulant(in) m(f).
sped [spɛd] pt, pp of **speed**.
speech [spiːtʃ] n Sprache f; (manner of speaking) Sprechweise f; (enunciation) (Aus)sprache f; (formal talk: THEAT) Rede f.
speech day (BRIT) n (SCOL) ≈ Schulfeier f.
speech impediment n Sprachfehler m.
speechless ['spiːtʃlɪs] adj sprachlos.
speech therapist n Logopäde m, Logopädin f, Sprachtherapeut(in) m(f).
speech therapy n Logopädie f, Sprachtherapie f.
speed [spiːd] (pt, pp **sped**) n Geschwindigkeit f, Schnelligkeit f ♦ vi (exceed speed limit) zu schnell fahren; **to ~ along** dahinsausen; **to ~ by** (car etc) vorbeischießen; (years) verfliegen; **at ~** (BRIT) mit hoher Geschwindigkeit; **at full** or **top ~** mit Höchstgeschwindigkeit; **at a ~ of 70km/h** mit (einer Geschwindigkeit or einem Tempo von) 70 km/h; **shorthand/typing ~s** Silben/Anschläge pro Minute; **a five-~ gearbox** ein Fünfganggetriebe nt.
▶ **speed up** (pt, pp **speeded up**) vi beschleunigen; (fig) sich beschleunigen ♦ vt beschleunigen.
speedboat ['spiːdbəut] n Rennboot nt.
speedily ['spiːdɪlɪ] adv schnell.
speeding ['spiːdɪŋ] n Geschwindigkeitsüberschreitung f.
speed limit n Tempolimit nt, Geschwindigkeitsbegrenzung f.
speedometer [spɪ'dɔmɪtə*] n Tachometer m.
speed trap n Radarfalle f.
speedway ['spiːdweɪ] n (also: ~ racing) Speedwayrennen nt.
speedy ['spiːdɪ] adj schnell; (reply, settlement) prompt.
speleologist [spɛlɪ'ɔlədʒɪst] n Höhlenkundler(in) m(f).
spell [spɛl] (pt, pp **spelt** (BRIT) or **spelled**) n (also: magic ~) Zauber m; (incantation) Zauberspruch m; (period of time) Zeit f, Weile f ♦ vt schreiben; (also: ~ out: aloud) buchstabieren; (signify) bedeuten; **to cast a ~ on sb** jdn verzaubern; **cold ~** Kältewelle f; **how do you ~ your name?** wie schreibt sich Ihr Name?; **can you ~ it for me?** können Sie das bitte buchstabieren?; **he can't ~** er kann keine Rechtschreibung.
spellbound ['spɛlbaund] adj gebannt.
spelling ['spɛlɪŋ] n Schreibweise f; (ability) Rechtschreibung f; ~ **mistake** Rechtschreibfehler m.
spelt [spɛlt] pt, pp of **spell**.
spend [spɛnd] (pt, pp **spent**) vt (money) ausgeben; (time, life) verbringen; **to ~ time/money/effort on sth** Zeit/Geld/Mühe für etw aufbringen.
spending ['spɛndɪŋ] n Ausgaben pl;

government ~ öffentliche Ausgaben pl.
spending money n Taschengeld nt.
spending power n Kaufkraft f.
spendthrift ['spɛndθrɪft] n Verschwender(in) m(f).
spent [spɛnt] pt, pp of **spend** ♦ adj (patience) erschöpft; (cartridge, bullets) verbraucht; (match) abgebrannt.
sperm [spəːm] n Samenzelle f, Spermium nt.
sperm bank n Samenbank f.
sperm whale n Pottwal m.
spew [spjuː] vt (also: ~ **up**) erbrechen; (fig) ausspucken.
sphere [sfɪə*] n Kugel f; (area) Gebiet nt, Bereich m.
spherical ['sfɛrɪkl] adj kugelförmig.
sphinx [sfɪŋks] n Sphinx f.
spice [spaɪs] n Gewürz nt ♦ vt würzen.
spick-and-span ['spɪkən'spæn] adj blitzsauber.
spicy ['spaɪsɪ] adj stark gewürzt.
spider ['spaɪdə*] n Spinne f; ~'s **web** Spinnengewebe nt, Spinnennetz nt.
spidery ['spaɪdərɪ] adj (handwriting) krakelig.
spiel [spiːl] (inf) n Sermon m.
spike [spaɪk] n (point) Spitze f; (BOT) Ähre f; (ELEC) Spannungsspitze f; **spikes** npl (SPORT) Spikes pl.
spike heel (US) n Pfennigabsatz m.
spiky ['spaɪkɪ] adj stachelig; (branch) dornig.
spill [spɪl] (pt, pp **spilt** or **spilled**) vt verschütten ♦ vi verschüttet werden; **to ~ the beans** (inf, fig) alles ausplaudern.
▶ **spill out** vi (people) herausströmen.
▶ **spill over** vi überlaufen; (fig: spread) sich ausbreiten; **to ~ over into** sich auswirken auf +acc.
spillage ['spɪlɪdʒ] n (act) Verschütten nt; (quantity) verschüttete Menge f.
spin [spɪn] (pt **spun**, **span**, pp **spun**) n (trip) Spritztour f; (revolution) Drehung f; (AVIAT) Trudeln nt; (on ball) Drall m ♦ vt (wool etc) spinnen; (ball, coin) (hoch)werfen; (wheel) drehen; (BRIT: also: ~-dry) schleudern ♦ vi (make thread) spinnen; (person) sich drehen; (car etc) schleudern; **to ~ a yarn** Seemannsgarn spinnen; **to ~ a coin** (BRIT) eine Münze werfen; **my head is ~ning** mir dreht sich alles.
▶ **spin out** vt (talk) ausspinnen; (job, holiday) in die Länge ziehen; (money) strecken.
spina bifida ['spaɪnə'bɪfɪdə] n offene Wirbelsäule f, Spina bifida f.
spinach ['spɪnɪtʃ] n Spinat m.
spinal ['spaɪnl] adj (injury etc) Rückgrat-.
spinal column n Wirbelsäule f.
spinal cord n Rückenmark nt.
spindly ['spɪndlɪ] adj spindeldürr.
spin doctor n PR-Fachmann m, PR-Fachfrau f.
spin-dry ['spɪn'draɪ] vt schleudern.
spin-dryer [spɪn'draɪə*] (BRIT) n

(Wäsche)schleuder *f*.

spine [spaɪn] *n* (*ANAT*) Rückgrat *nt*; (*thorn*) Stachel *m*.

spine-chilling ['spaɪntʃɪlɪŋ] *adj* schaurig, gruselig.

spineless ['spaɪnlɪs] *adj* (*fig*) rückgratlos.

spinner ['spɪnə*] *n* (*of thread*) Spinner(in) *m(f)*.

spinning ['spɪnɪŋ] *n* (*art*) Spinnen *nt*.

spinning top *n* Kreisel *m*.

spinning wheel *n* Spinnrad *nt*.

spin-off ['spɪnɔf] *n* (*fig*) Nebenprodukt *nt*.

spinster ['spɪnstə*] *n* unverheiratete Frau; (*pej*) alte Jungfer.

spiral ['spaɪərl] *n* Spirale *f* ♦ *vi* (*fig: prices etc*) in die Höhe klettern; **the inflationary ~** die Inflationsspirale.

spiral staircase *n* Wendeltreppe *f*.

spire ['spaɪə*] *n* Turmspitze *f*.

spirit ['spɪrɪt] *n* Geist *m*; (*soul*) Seele *f*; (*energy*) Elan *m*, Schwung *m*; (*courage*) Mut *m*; (*sense*) Geist *m*, Sinn *m*; (*frame of mind*) Stimmung *f*; **spirits** *npl* (*drink*) Spirituosen *pl*; **in good ~s** guter Laune; **community ~** Gemeinschaftssinn *m*.

spirited ['spɪrɪtɪd] *adj* (*resistance, defence*) mutig; (*performance*) lebendig.

spirit level *n* Wasserwaage *f*.

spiritual ['spɪrɪtjuəl] *adj* geistig, seelisch; (*religious*) geistlich ♦ *n* (*also:* **Negro ~**) Spiritual *nt*.

spiritualism ['spɪrɪtjuəlɪzəm] *n* Spiritismus *m*.

spit [spɪt] *n* (*pt, pp* **spat**) *n* (*for roasting*) Spieß *m*; (*saliva*) Spucke *f* ♦ *vi* spucken; (*fire*) Funken sprühen; (*cooking*) spritzen; (*inf: rain*) tröpfeln.

spite [spaɪt] *n* Boshaftigkeit *f* ♦ *vt* ärgern; **in ~ of** trotz +*gen*.

spiteful ['spaɪtful] *adj* boshaft, gemein.

spitroast ['spɪtrəʊst] *n* Spießbraten *m*.

spitting ['spɪtɪŋ] *n*: **"~ prohibited"** „Spucken verboten" ♦ *adj*: **to be the ~ image of sb** jdm wie aus dem Gesicht geschnitten sein.

spittle ['spɪtl] *n* Speichel *m*, Spucke *f*.

spiv [spɪv] (*BRIT: inf: pej*) *n* schmieriger Typ *m*.

splash [splæʃ] *n* (*sound*) Platschen *nt*; (*of colour*) Tupfer *m* ♦ *excl* platsch! ♦ *vt* bespritzen ♦ *vi* (*also:* **~ about**) herumplan(t)schen; (*water, rain*) spritzen; **to ~ paint on the floor** den Fußboden mit Farbe bespritzen.

splashdown ['splæʃdaun] *n* (*SPACE*) Wasserung *f*.

splayfooted ['spleɪfutɪd] *adj* mit nach außen gestellten Füßen.

spleen [spliːn] *n* Milz *f*.

splendid ['splɛndɪd] *adj* hervorragend, ausgezeichnet; (*impressive*) prächtig.

splendour, (*US*) **splendor** ['splɛndə*] *n* Pracht *f*; **splendours** *npl* Pracht *f*.

splice [splaɪs] *vt* spleißen, kleben.

splint [splɪnt] *n* Schiene *f*.

splinter ['splɪntə*] *n* Splitter *m* ♦ *vi* (zer)splittern.

splinter group *n* Splittergruppe *f*.

split [splɪt] (*pt, pp* **split**) *n* (*tear*) Riss *m*; (*fig: division*) Aufteilung *f*; (*: difference*) Kluft *f*; (*POL*) Spaltung *f* ♦ *vt* (*divide*) aufteilen; (*party*) spalten; (*share equally*) teilen ♦ *vi* (*divide*) sich aufteilen; (*tear*) reißen; **to do the ~s** (einen) Spagat machen; **let's ~ the difference** teilen wir uns die Differenz.

▶ **split up** *vi* sich trennen; (*meeting*) sich auflösen.

split-level ['splɪtlɛvl] *adj* mit versetzten Geschossen.

split peas *npl* getrocknete (halbe) Erbsen *pl*.

split personality *n* gespaltene Persönlichkeit *f*.

split second *n* Bruchteil *m* einer Sekunde.

splitting ['splɪtɪŋ] *adj*: **a ~ headache** rasende Kopfschmerzen *pl*.

splutter ['splʌtə*] *vi* (*engine etc*) stottern; (*person*) prusten.

spoil [spɔɪl] (*pt, pp* **spoilt** *or* **spoiled**) *vt* verderben; (*child*) verwöhnen; (*ballot paper, vote*) ungültig machen ♦ *vi*: **to be ~ing for a fight** Streit suchen.

spoils [spɔɪlz] *npl* Beute *f*; (*fig*) Gewinn *m*.

spoilsport ['spɔɪlspɔːt] (*pej*) *n* Spielverderber *m*.

spoilt [spɔɪlt] *pt, pp of* **spoil** ♦ *adj* (*child*) verwöhnt; (*ballot paper*) ungültig.

spoke [spəʊk] *pt of* **speak** ♦ *n* Speiche *f*.

spoken ['spəʊkn] *pp of* **speak**.

spokesman ['spəʊksmən] (*irreg: like* **man**) *n* Sprecher *m*.

spokesperson ['spəʊkspəːsn] *n* Sprecher(in) *m(f)*.

spokeswoman ['spəʊkswumən] (*irreg: like* **woman**) *n* Sprecherin *f*.

sponge [spʌndʒ] *n* Schwamm *m*; (*also:* **~ cake**) Biskuit(kuchen) *m* ♦ *vt* mit einem Schwamm waschen ♦ *vi*: **to ~ off** *or* **on sb** jdm auf der Tasche liegen.

sponge bag (*BRIT*) *n* Waschbeutel *m*, Kulturbeutel *m*.

sponger ['spʌndʒə*] (*pej*) *n* Schmarotzer *m*.

spongy ['spʌndʒɪ] *adj* schwammig.

sponsor ['spɔnsə*] *n* Sponsor(in) *m(f)*, Geldgeber(in) *m(f)*; (*BRIT: for charitable event*) Sponsor(in) *m(f)*; (*for application, bill etc*) Befürworter(in) *m(f)* ♦ *vt* sponsern, finanziell unterstützen; (*fund-raiser*) sponsern; (*applicant*) unterstützen; (*proposal, bill etc*) befürworten; **I ~ed him at 3p a mile** (*in fund-raising race*) ich habe mich verpflichtet, ihm 3 Pence pro Meile zu geben.

sponsorship ['spɔnsəʃɪp] *n* finanzielle Unterstützung *f*.

spontaneity [spɔntə'neɪɪtɪ] *n* Spontaneität *f*.

spontaneous [spɔn'teɪnɪəs] *adj* spontan; **~ combustion** Selbstentzündung *f*.

spoof [spuːf] *n* (*parody*) Parodie *f*; (*hoax*) Ulk *m*.

spooky ['spuːkɪ] (*inf*) *adj* gruselig.
spool [spuːl] *n* Spule *f*.
spoon [spuːn] *n* Löffel *m*.
spoon-feed ['spuːnfiːd] *vt* (mit dem Löffel) füttern; (*fig*) gängeln.
spoonful ['spuːnful] *n* Löffel *m*.
sporadic [spə'rædɪk] *adj* sporadisch, vereinzelt.
sport [spɔːt] *n* Sport *m*; (*type*) Sportart *f*; (*also:* **good ~**: *person*) feiner Kerl *m* ♦ *vt* (*wear*) tragen; **indoor ~s** Hallensport *m*; **outdoor ~s** Sport *m* im Freien.
sporting ['spɔːtɪŋ] *adj* (*event etc*) Sport-; (*generous*) großzügig; **to give sb a ~ chance** jdm eine faire Chance geben.
sport jacket (*US*) *n* = sports jacket.
sports car *n* Sportwagen *m*.
sports centre *n* Sportzentrum *nt*.
sports ground *n* Sportplatz *m*.
sports jacket (*BRIT*) *n* Sakko *m*.
sportsman ['spɔːtsmən] (*irreg: like* **man**) *n* Sportler *m*.
sportsmanship ['spɔːtsmənʃɪp] *n* Sportlichkeit *f*.
sports page *n* Sportseite *f*.
sportswear ['spɔːtsweə*] *n* Sportkleidung *f*.
sportswoman ['spɔːtswumən] (*irreg: like* **woman**) *n* Sportlerin *f*.
sporty ['spɔːtɪ] *adj* sportlich.
spot [spɔt] *n* (*mark*) Fleck *m*; (*dot*) Punkt *m*; (*on skin*) Pickel *m*; (*place*) Stelle *f*, Platz *m*; (*RADIO, TV*) Nummer *f*, Auftritt *m*; (*also:* **~ advertisement**) Werbespot *m*; (*small amount*): **a ~ of** ein bisschen ♦ *vt* entdecken; **on the ~** (*in that place*) an Ort und Stelle; (*immediately*) auf der Stelle; **to be in a ~** in der Klemme sitzen; **to put sb on the ~** jdn in Verlegenheit bringen; **to come out in ~s** Pickel bekommen.
spot check *n* Stichprobe *f*.
spotless ['spɔtlɪs] *adj* makellos sauber.
spotlight ['spɔtlaɪt] *n* Scheinwerfer *m*; (*in room*) Strahler *m*.
spot-on [spɔt'ɔn] (*BRIT: inf*) *adj* genau richtig.
spot price *n* Kassapreis *m*.
spotted ['spɔtɪd] *adj* gepunktet.
spotty ['spɔtɪ] *adj* pickelig.
spouse [spaʊs] *n* (*male*) Gatte *m*; (*female*) Gattin *f*.
spout [spaʊt] *n* (*of jug, teapot*) Tülle *f*; (*of pipe*) Ausfluss *m*; (*of liquid*) Strahl *m* ♦ *vi* spritzen; (*flames*) sprühen.
sprain [spreɪn] *n* Verstauchung *f* ♦ *vt*: **to ~ one's ankle/wrist** sich *dat* den Knöchel/das Handgelenk verstauchen.
sprang [spræŋ] *pt of* spring.
sprawl [sprɔːl] *vi* (*person*) sich ausstrecken; (*place*) wild wuchern ♦ *n*: **urban ~** wild wuchernde Ausbreitung des Stadtgebietes; **to send sb ~ing** jdn zu Boden werfen.
spray [spreɪ] *n* (*small drops*) Sprühnebel *m*; (*sea spray*) Gischt *m or f*; (*container*)

Sprühdose *f*; (*garden spray*) Sprühgerät *nt*; (*of flowers*) Strauß *m* ♦ *vt* sprühen, spritzen; (*crops*) spritzen ♦ *cpd* (*deodorant*) Sprüh-; **~ can** Sprühdose *f*.
spread [spred] (*pt, pp* spread) *n* (*range*) Spektrum *nt*; (*selection*) Auswahl *f*; (*distribution*) Verteilung *f*; (*for bread*) (Brot)aufstrich *m*; (*inf: food*) Festessen *nt*; (*PRESS, TYP: two pages*) Doppelseite *f* ♦ *vt* ausbreiten; (*butter*) streichen; (*workload, wealth, repayments etc*) verteilen; (*scatter*) verstreuen; (*rumour, disease*) verbreiten ♦ *vi* (*disease, news*) sich verbreiten; (*also:* **~ out**: *stain*) sich ausbreiten; **to get a middle-age ~** in den mittleren Jahren Speck ansetzen.
▶ **spread out** *vi* (*move apart*) sich verteilen.
spread-eagled ['spredɪːgld] *adj* mit ausgestreckten Armen und Beinen; **to be** *or* **lie ~** mit ausgestreckten Armen und Beinen daliegen.
spreadsheet ['spredʃiːt] *n* (*COMPUT*) Tabellenkalkulation *f*.
spree [spriː] *n*: **to go on a ~** (*drinking*) eine Zechtour machen; (*spending*) groß einkaufen gehen.
sprig [sprɪg] *n* Zweig *m*.
sprightly ['spraɪtlɪ] *adj* rüstig.
spring [sprɪŋ] (*pt* sprang, *pp* sprung) *n* (*coiled metal*) Sprungfeder *f*; (*season*) Frühling *m*, Frühjahr *nt*; (*of water*) Quelle *f* ♦ *vi* (*leap*) springen ♦ *vt*: **to ~ a leak** (*pipe etc*) undicht werden; **in ~** im Frühling *or* Frühjahr; **to walk with a ~ in one's step** mit federnden Schritten gehen; **to ~ from** (*result*) herrühren von; **to ~ into action** aktiv werden; **he sprang the news on me** er hat mich mit der Nachricht überrascht.
▶ **spring up** *vi* (*building, plant*) aus dem Boden schießen.
springboard ['sprɪŋbɔːd] *n* (*SPORT, fig*) Sprungbrett *nt*.
spring-clean(ing) [sprɪŋ'kliːn(ɪŋ)] *n* Frühjahrsputz *m*.
spring onion (*BRIT*) *n* Frühlingszwiebel *f*.
spring roll *n* Frühlingsrolle *f*.
springtime ['sprɪŋtaɪm] *n* Frühling *m*.
springy ['sprɪŋɪ] *adj* federnd; (*mattress*) weich gefedert.
sprinkle ['sprɪŋkl] *vt* (*liquid*) sprenkeln; (*salt, sugar*) streuen; **to ~ water on, ~ with water** mit Wasser besprengen; **to ~ sugar etc on, ~ with sugar etc** mit Zucker etc bestreuen.
sprinkler ['sprɪŋklə*] *n* (*for lawn*) Rasensprenger *m*; (*to put out fire*) Sprinkler *m*.
sprinkling ['sprɪŋklɪŋ] *n*: **a ~ of** (*water*) ein paar Tropfen; (*salt, sugar*) eine Prise; (*fig*) ein paar ...
sprint [sprɪnt] *n* Sprint *m* ♦ *vi* rennen; (*SPORT*) sprinten; **the 200 metres ~** der 200-Meter-Lauf.
sprinter ['sprɪntə*] *n* Sprinter(in) *m(f)*.

sprite [spraɪt] n Kobold m.
spritzer ['sprɪtsəʳ] n Schorle f.
sprocket ['sprɔkɪt] n Kettenzahnrad nt.
sprout [spraut] vi sprießen; (vegetable) keimen.
sprouts [sprauts] npl (also: **Brussels ~**) Rosenkohl m.
spruce [spruːs] n inv Fichte f ♦ adj gepflegt, adrett.
▶ **spruce up** vt auf Vordermann bringen (inf); **to ~ o.s. up** sein Äußeres pflegen.
sprung [sprʌŋ] pp of **spring**.
spry [spraɪ] adj rüstig.
SPUC n abbr (= Society for the Protection of the Unborn Child) Gesellschaft zum Schutz des ungeborenen Lebens.
spud [spʌd] (inf) n Kartoffel f.
spun [spʌn] pt, pp of **spin**.
spur [spəːʳ] n Sporn m; (fig) Ansporn m ♦ vt (also: ~ **on**, fig) anspornen; **on the ~ of the moment** ganz spontan.
spurious ['spjuərɪəs] adj falsch.
spurn [spəːn] vt verschmähen.
spurt [spəːt] n (of blood etc) Strahl m; (of energy) Anwandlung f ♦ vi (blood) (heraus)spritzen; **to put on a ~** (lit, fig) einen Spurt einlegen.
sputter ['spʌtəʳ] vi = **splutter**.
spy [spaɪ] n Spion(in) m(f) ♦ vi: **to ~ on** nachspionieren +dat ♦ vt sehen ♦ cpd (film, story) Spionage-.
spying ['spaɪɪŋ] n Spionage f.
Sq. abbr (in address: = square) ≈ Pl.
sq. abbr = **square**.
squabble ['skwɔbl] vi (sich) zanken ♦ n Streit m.
squad [skwɔd] n (MIL) Trupp m; (POLICE) Kommando nt; (: drug/fraud squad) Dezernat nt; (SPORT) Mannschaft f; **flying ~** (POLICE) Überfallkommando nt.
squad car (BRIT) n (POLICE) Streifenwagen m.
squaddie ['skwɔdɪ] (BRIT) n (private soldier) Gefreite(r) m.
squadron ['skwɔdrn] n (MIL) Schwadron f; (AVIAT) Staffel f; (NAUT) Geschwader nt.
squalid ['skwɔlɪd] adj verkommen; (conditions) elend; (sordid) erbärmlich.
squall [skwɔːl] n Bö(e) f.
squalor ['skwɔləʳ] n Elend nt.
squander ['skwɔndəʳ] vt verschwenden; (chances) vertun.
square [skwɛəʳ] n Quadrat nt; (in town) Platz m; (US: block of houses) Block m; (also: **set ~**) Zeichendreieck nt; (inf: person) Spießer m ♦ adj quadratisch; (inf: ideas, person) spießig ♦ vt (arrange) ausrichten; (MATH) quadrieren; (reconcile) in Einklang bringen ♦ vi (accord) übereinstimmen; **we're back to ~ one** jetzt sind wir wieder da, wo wir angefangen haben; **all ~** (SPORT) unentschieden; (fig) quitt; **a ~ meal** eine ordentliche Mahlzeit; **2 metres ~** 2 Meter

im Quadrat; **2 ~ metres** 2 Quadratmeter; **I'll ~ it with him** (inf) ich mache das mit ihm ab; **can you ~ it with your conscience?** können Sie das mit Ihrem Gewissen vereinbaren?
▶ **square up** (BRIT) vi abrechnen.
square bracket n eckige Klammer f.
squarely ['skwɛəlɪ] adv (directly) direkt, genau; (firmly) fest; (honestly) ehrlich; (fairly) gerecht, fair.
square root n Quadratwurzel f.
squash [skwɔʃ] n (BRIT): **lemon/orange ~** Zitronen-/Orangensaftgetränk nt; (US: marrow etc) Kürbis m; (SPORT) Squash nt ♦ vt zerquetschen.
squat [skwɔt] adj gedrungen ♦ vi (also: ~ **down**) sich (hin)hocken; (on property): **to ~ (in a house)** ein Haus besetzen.
squatter ['skwɔtəʳ] n Hausbesetzer(in) m(f).
squawk [skwɔːk] vi kreischen.
squeak [skwiːk] vi quietschen; (mouse etc) piepsen ♦ n Quietschen nt; (of mouse etc) Piepsen nt.
squeaky-clean [skwiːkɪ'kliːn] (inf) adj blitzsauber.
squeal [skwiːl] vi quietschen.
squeamish ['skwiːmɪʃ] adj empfindlich.
squeeze [skwiːz] n Drücken nt; (ECON) Beschränkung f; (also: **credit ~**) Kreditbeschränkung f ♦ vt drücken; (lemon etc) auspressen ♦ vi: **to ~ past sth** sich an etw dat vorbeidrücken; **to ~ under sth** sich unter etw dat durchzwängen; **to give sth a ~** etw drücken; **a ~ of lemon** ein Spritzer m Zitronensaft.
▶ **squeeze out** vt (juice etc) (her)auspressen; (fig: exclude) hinausdrängen.
squelch [skwɛltʃ] vi (mud etc) quatschen.
squib [skwɪb] n Knallfrosch m.
squid [skwɪd] n Tintenfisch m.
squiggle ['skwɪgl] n Schnörkel m.
squint [skwɪnt] vi (in the sunlight) blinzeln ♦ n (MED) Schielen nt; **he has a ~** er schielt.
squire ['skwaɪəʳ] (BRIT) n Gutsherr m; (inf) Chef m.
squirm [skwəːm] vi (lit, fig) sich winden.
squirrel ['skwɪrəl] n Eichhörnchen nt.
squirt [skwəːt] vi, vt spritzen.
Sr abbr (in names: = senior) sen.; (REL) = **sister**.
SRC (BRIT) n abbr (= Students' Representative Council) studentische Vertretung.
Sri Lanka [srɪ'læŋkə] n Sri Lanka nt.
SRN (BRIT) n abbr (formerly: = State Registered Nurse) staatlich geprüfte Krankenschwester f, staatlich geprüfter Krankenpfleger m.
SRO (US) abbr (= standing room only) nur Stehplätze.
SS abbr = **steamship**.
SSA (US) n abbr (= Social Security Administration) Sozialversicherungsbehörde.
SST (US) n abbr (= supersonic transport)

Überschallverkehr *m*.

ST (*US*) *abbr* = **standard time**.

St *abbr* (= *saint*) St.; (= *street*) Str.

stab [stæb] *n* Stich *m*, Stoß *m*; (*inf*: *try*): **to have a ~ at sth** etw probieren ♦ *vt* (*person*) niederstechen; (*body*) einstechen auf +*acc*; **a ~ of pain** ein stechender Schmerz; **to ~ sb to death** jdn erstechen.

stabbing ['stæbɪŋ] *n* Messerstecherei *f* ♦ *adj* (*pain*) stechend.

stability [stə'bɪlɪtɪ] *n* Stabilität *f*.

stabilization [steɪbəlaɪ'zeɪʃən] *n* Stabilisierung *f*.

stabilize ['steɪbəlaɪz] *vt* stabilisieren ♦ *vi* sich stabilisieren.

stabilizer ['steɪbəlaɪzə*] *n* (*AVIAT*) Stabilisierungsfläche *f*; (*NAUT, food additive*) Stabilisator *m*.

stable ['steɪbl] *adj* stabil; (*marriage*) dauerhaft ♦ *n* Stall *m*; **riding ~s** Reitstall *m*.

staccato [stə'kɑːtəu] *adv* (*MUS*) stakkato ♦ *adj* abgehackt.

stack [stæk] *n* Stapel *m*; (*of books etc*) Stoß *m* ♦ *vt* (*also*: ~ **up**) aufstapeln; **~s of time** (*BRIT*: *inf*) jede Menge Zeit; **to ~ with** voll stapeln mit.

stadia ['steɪdɪə] *npl of* **stadium**.

stadium ['steɪdɪəm] (*pl* **stadia** *or* **~s**) *n* Stadion *nt*.

staff [stɑːf] *n* (*workforce, servants*) Personal *nt*; (*BRIT*: *also*: **teaching ~**) (Lehrer)kollegium *nt*; (*stick*: *MIL*) Stab *m* ♦ *vt* (*with Personal*) besetzen; **one of his ~** einer seiner Mitarbeiter; **a member of ~** ein(e) Mitarbeiter(in) *m(f)*; (*SCOL*) ein(e) Lehrer(in) *m(f)*.

staffroom ['stɑːfruːm] *n* (*SCOL*) Lehrerzimmer *nt*.

Staffs (*BRIT*) *abbr* (*POST*: = *Staffordshire*).

stag [stæg] *n* Hirsch *m*; (*BRIT*: *STOCK EXCHANGE*) Spekulant *m* (*der junge Aktien aufkauft*); **~ market** (*BRIT*: *STOCK EXCHANGE*) Spekulantenmarkt *m*.

stage [steɪdʒ] *n* Bühne *f*; (*platform*) Podium *nt*; (*point, period*) Stadium *nt* ♦ *vt* (*play*) aufführen; (*demonstration*) organisieren; (*perform: recovery etc*) schaffen; **the ~** das Theater, die Bühne; **in ~s** etappenweise; **to go through a difficult ~** eine schwierige Phase durchmachen; **in the early/final ~s** im Anfangs-/Endstadium.

stagecoach ['steɪdʒkəutʃ] *n* Postkutsche *f*.

stage door *n* Bühneneingang *m*.

stage fright *n* Lampenfieber *nt*.

stagehand ['steɪdʒhænd] *n* Bühnenarbeiter(in) *m(f)*.

stage-manage ['steɪdʒmænɪdʒ] *vt* (*fig*) inszenieren.

stage manager *n* Inspizient(in) *m(f)*.

stagger ['stægə*] *vi* schwanken, taumeln ♦ *vt* (*amaze*) die Sprache verschlagen +*dat*; (*hours, holidays*) staffeln.

staggering ['stægərɪŋ] *adj* (*amazing*) atemberaubend.

staging post ['steɪdʒɪŋ-] *n* Zwischenstation *f*.

stagnant ['stægnənt] *adj* (*water*) stehend; (*economy etc*) stagnierend.

stagnate [stæg'neɪt] *vi* (*economy etc*) stagnieren; (*person*) verdummen.

stagnation [stæg'neɪʃən] *n* Stagnation *f*.

stag night, stag party *n* Herrenabend *m*.

staid [steɪd] *adj* gesetzt.

stain [steɪn] *n* Fleck *m*; (*colouring*) Beize *f* ♦ *vt* beflecken; (*wood*) beizen.

stained glass window [steɪnd-] *n* buntes Glasfenster *nt*.

stainless steel ['steɪnlɪs-] *n* (rostfreier) Edelstahl *m*.

stain remover *n* Fleckentferner *m*.

stair [steə*] *n* (*step*) Stufe *f*; **stairs** *npl* (*flight of steps*) Treppe *f*; **on the ~s** auf der Treppe.

staircase ['steəkeɪs] *n* Treppe *f*.

stairway ['steəweɪ] *n* = **staircase**.

stairwell ['steəwɛl] *n* Treppenhaus *nt*.

stake [steɪk] *n* (*post*) Pfahl *m*, Pfosten *m*; (*COMM*) Anteil *m*; (*BETTING*: *gen pl*) Einsatz *m* ♦ *vt* (*money*) setzen; (*also*: ~ **out**: *area*) abstecken; **to be at ~** auf dem Spiel stehen; **to have a ~ in sth** einen Anteil an etw *dat* haben; **to ~ a claim (to sth)** sich *dat* ein Anrecht (auf etw *acc*) sichern; **to ~ one's life on sth** seinen Kopf auf etw *acc* wetten; **to ~ one's reputation on sth** sich für etw verbürgen.

stakeout ['steɪkaut] *n* (*surveillance*) Überwachung *f*.

stalactite ['stæləktaɪt] *n* Stalaktit *m*.

stalagmite ['stæləgmaɪt] *n* Stalagmit *m*.

stale [steɪl] *adj* (*bread*) altbacken; (*food*) alt; (*smell*) muffig; (*air*) verbraucht; (*beer*) schal.

stalemate ['steɪlmeɪt] *n* (*CHESS*) Patt *nt*; (*fig*) Sackgasse *f*.

stalk [stɔːk] *n* Stiel *m* ♦ *vt* sich heranpirschen an +*acc* ♦ *vi*: **to ~ out/off** hinaus-/davonstolzieren.

stall [stɔːl] *n* (*BRIT*: *in market etc*) Stand *m*; (*in stable*) Box *f* ♦ *vt* (*engine, car*) abwürgen; (*fig*: *person*) hinhalten; (: *decision etc*) hinauszögern ♦ *vi* (*engine*) absterben; (*car*) stehen bleiben; (*fig*: *person*) ausweichen; **stalls** *npl* (*BRIT*: *in cinema, theatre*) Parkett *nt*; **a seat in the ~s** ein Platz im Parkett; **a**

clothes/flower ~ ein Kleidungs-/ Blumenstand; **to ~ for time** versuchen, Zeit zu gewinnen.

stallholder ['stɔːlhəʊldə*] (*BRIT*) *n* Standbesitzer(in) *m(f)*.

stallion ['stæljən] *n* Hengst *m*.

stalwart ['stɔːlwət] *adj* treu.

stamen ['steɪmɛn] *n* Staubgefäß *nt*.

stamina ['stæmɪnə] *n* Ausdauer *f*.

stammer ['stæmə*] *n* Stottern *nt* ♦ *vi* stottern; **to have a ~** stottern.

stamp [stæmp] *n* (*lit, fig*) Stempel *m*; (*postage stamp*) Briefmarke *f* ♦ *vi* stampfen; (*also:* **~ one's foot**) (mit dem Fuß) aufstampfen ♦ *vt* stempeln; (*with postage stamp*) frankieren; **~ed addressed envelope** frankierter Rückumschlag.

► **stamp out** *vt* (*fire*) austreten; (*fig: crime*) ausrotten; (*: opposition*) unterdrücken.

stamp album *n* Briefmarkenalbum *nt*.

stamp collecting *n* Briefmarkensammeln *nt*.

stamp duty (*BRIT*) *n* (Stempel)gebühr *f*.

stampede [stæm'piːd] *n* (*of animals*) wilde Flucht *f*; (*fig*) Massenandrang *m*.

stamp machine *n* Briefmarkenautomat *m*.

stance [stæns] *n* Haltung *f*; (*fig*) Einstellung *f*.

stand [stænd] (*pt, pp* **stood**) *n* (*COMM*) Stand *m*; (*SPORT*) Tribüne *f*; (*piece of furniture*) Ständer *m* ♦ *vi* stehen; (*rise*) aufstehen; (*remain*) bestehen bleiben; (*in election etc*) kandidieren ♦ *vt* stellen; (*tolerate, withstand*) ertragen; **to make a ~ against sth** Widerstand gegen etw leisten; **to take a ~ on sth** einen Standpunkt zu etw vertreten; **to take the ~** (*US: LAW*) in den Zeugenstand treten; **to ~ at** (*value, score etc*) betragen; (*level*) liegen bei; **to ~ for parliament** (*BRIT*) in den Parlamentswahlen kandidieren; **to ~ to gain/lose sth** etw gewinnen/verlieren können; **it ~s to reason** es ist einleuchtend; **as things ~** nach Lage der Dinge; **to ~ sb a drink/meal** jdm einen Drink/ein Essen spendieren; **I can't ~ him** ich kann ihn nicht leiden *or* ausstehen; **we don't ~ a chance** wir haben keine Chance; **to ~ trial** vor Gericht stehen.

► **stand by** *vi* (*be ready*) sich bereithalten; (*fail to help*) (unbeteiligt) danebenstehen ♦ *vt fus* (*opinion, decision*) stehen zu; (*person*) halten zu.

► **stand down** *vi* zurücktreten.

► **stand for** *vt fus* (*signify*) bedeuten; (*represent*) stehen für; (*tolerate*) sich *dat* gefallen lassen.

► **stand in for** *vt fus* vertreten.

► **stand out** *vi* hervorstechen.

► **stand up** *vi* aufstehen.

► **stand up for** *vt fus* eintreten für.

► **stand up to** *vt fus* standhalten +*dat*; (*person*) sich behaupten gegenüber +*dat*.

stand-alone ['stændələʊn] *adj* (*COMPUT*) selb(st)ständig.

standard ['stændəd] *n* (*level*) Niveau *nt*; (*norm*) Norm *f*; (*criterion*) Maßstab *m*; (*flag*) Standarte *f* ♦ *adj* (*size, model, value etc*) Standard-; (*normal*) normal; **standards** *npl* (*morals*) (sittliche) Maßstäbe *pl*; **to be** *or* **to come up to ~** den Anforderungen genügen; **to apply a double ~** mit zweierlei Maß messen.

Standard Grade *n* (*SCOT SCOL*) *Schulabschlusszeugnis*, ≈ mittlere Reife *f*.

standardization [stændədaɪˈzeɪʃən] *n* Vereinheitlichung *f*.

standardize ['stændədaɪz] *vt* vereinheitlichen.

standard lamp (*BRIT*) *n* Stehlampe *f*.

standard of living *n* Lebensstandard *m*.

standard time *n* Normalzeit *f*.

stand-by, standby ['stændbaɪ] *n* Reserve *f*; (*also:* **standby ticket**) Stand-by-Ticket *nt* ♦ *adj* (*generator*) Reserve-, Ersatz-; **to be on ~** (*doctor*) Bereitschaftsdienst haben; (*crew, firemen etc*) in Bereitschaft sein, einsatzbereit sein.

stand-by ticket *n* Stand-by-Ticket *nt*.

stand-in ['stændɪn] *n* Ersatz *m*.

standing ['stændɪŋ] *adj* (*permanent*) ständig; (*army*) stehend ♦ *n* (*status*) Rang *m*, Stellung *f*; **a ~ ovation** stürmischer Beifall; **of many years' ~** von langjähriger Dauer; **a relationship of 6 months' ~** eine seit 6 Monaten bestehende Beziehung; **a man of some ~** ein angesehener Mann.

standing joke *n* Standardwitz *m*.

standing order (*BRIT*) *n* (*at bank*) Dauerauftrag *m*.

standing room *n* Stehplätze *pl*.

standoff *n* (*situation*) ausweglose *or* verfahrene Situation *f*.

stand-offish [stænd'ɔfɪʃ] *adj* distanziert.

standpat ['stændpæt] (*US*) *adj* konservativ.

standpipe ['stændpaɪp] *n* Steigrohr *nt*.

standpoint ['stændpɔɪnt] *n* Standpunkt *m*.

standstill ['stændstɪl] *n*: **to be at a ~** stillstehen; (*fig: negotiations*) in eine Sackgasse geraten sein; **to come to a ~** (*traffic*) zum Stillstand kommen.

stank [stæŋk] *pt of* **stink**.

stanza ['stænzə] *n* Strophe *f*.

staple ['steɪpl] *n* (*for papers*) Heftklammer *f*; (*chief product*) Hauptartikel *m* ♦ *adj* (*food, diet*) Grund-, Haupt- ♦ *vt* heften.

stapler ['steɪplə*] *n* Hefter *m*.

star [staː*] *n* Stern *m*; (*celebrity*) Star *m* ♦ *vt* (*THEAT, CINE*) in der Hauptrolle zeigen ♦ *vi*: **to ~ in** die Hauptrolle haben in; **the stars** *npl* (*horoscope*) das Horoskop; **4-~ hotel** 4-Sterne-Hotel *nt*; **2-~ petrol** (*BRIT*) Normal(benzin) *nt*; **4-~ petrol** (*BRIT*) Super(benzin) *nt*.

star attraction *n* Hauptattraktion *f*.

starboard ['staːbɔːd] *adj* (*side*) Steuerbord-; **to ~** (nach) Steuerbord.

starch [staːtʃ] *n* Stärke *f*.

starched [stɑːtʃt] *adj* gestärkt.

starchy ['stɑːtʃɪ] *adj* (*food*) stärkehaltig; (*pej: person*) steif.

stardom ['stɑːdəm] *n* Berühmtheit *f.*

stare [stɛəʳ] *n* starrer Blick *m* ♦ *vi:* **to ~ at** anstarren.

starfish ['stɑːfɪʃ] *n* Seestern *m.*

stark [stɑːk] *adj* (*bleak*) kahl; (*simplicity*) schlicht; (*colour*) eintönig; (*reality, poverty*) nackt ♦ *adv:* **~ naked** splitternackt.

starkers ['stɑːkəz] (*inf*) *adj* splitter(faser)nackt.

starlet ['stɑːlɪt] *n* (Film)sternchen *nt*, Starlet *nt.*

starlight ['stɑːlaɪt] *n* Sternenlicht *nt.*

starling ['stɑːlɪŋ] *n* Star *m.*

starlit ['stɑːlɪt] *adj* sternklar.

starry ['stɑːrɪ] *adj* sternklar; **~ sky** Sternenhimmel *m.*

starry-eyed [stɑːrɪ'aɪd] *adj* (*innocent*) arglos, blauäugig; (*from wonder*) verzückt.

Stars and Stripes *n sing* Sternenbanner *nt.*

star sign *n* Sternzeichen *nt.*

star-studded ['stɑːstʌdɪd] *adj:* **a ~ cast** eine Starbesetzung *f.*

START *n abbr* (MIL: = Strategic Arms Reduction Talks) START.

start [stɑːt] *n* Beginn *m*, Anfang *m*; (*departure*) Aufbruch *m*; (*advantage*) Vorsprung *m* ♦ *vt* anfangen mit; (*panic*) auslösen; (*fire*) anzünden; (*found*) gründen; (*: restaurant etc*) eröffnen; (*engine*) anlassen; (*car*) starten ♦ *vi* anfangen; (*with fright*) zusammenfahren; (*engine etc*) anspringen; **at the ~** am Anfang, zu Beginn; **for a ~** erstens; **to make an early ~** frühzeitig aufbrechen; **to give a ~** zusammenfahren; **to wake up with a ~** aus dem Schlaf hochschrecken; **to ~ doing** *or* **to do sth** anfangen, etw zu tun; **to ~ (off) with ...** (*firstly*) erstens; (*at the beginning*) zunächst.

▶ **start off** *vi* (*begin*) anfangen; (*begin moving*) losgehen/-fahren.

▶ **start out** *vi* (*leave*) sich aufmachen.

▶ **start over** (*US*) *vi* noch einmal von vorn anfangen.

▶ **start up** *vt* (*business*) gründen; (*restaurant etc*) eröffnen; (*car*) starten; (*engine*) anlassen.

starter ['stɑːtəʳ] *n* (AUT) Anlasser *m*; (SPORT: official, runner, horse) Starter *m*; (BRIT: CULIN) Vorspeise *f*; **for ~s** (*inf*) für den Anfang.

starting point ['stɑːtɪŋ-] *n* (*lit, fig*) Ausgangspunkt *m.*

starting price *n* (*at auction*) Ausgangsangebot *nt.*

startle ['stɑːtl] *vt* erschrecken.

startling ['stɑːtlɪŋ] *adj* (*news etc*) überraschend.

star turn (BRIT) *n* Sensation *f*, Hauptattraktion *f.*

starvation [stɑː'veɪʃən] *n* Hunger *m*; **to die**

of/from ~ verhungern.

starve [stɑːv] *vi* hungern; (*to death*) verhungern ♦ *vt* hungern lassen; (*fig: deprive*): **to ~ sb of sth** jdm etw vorenthalten; **I'm starving** ich sterbe vor Hunger.

Star Wars *n* Krieg *m* der Sterne.

stash [stæʃ] *vt* (*also:* **~ away**) beiseite schaffen ♦ *n* (*secret store*) geheimes Lager *nt.*

state [steɪt] *n* (*condition*) Zustand *m*; (POL) Staat *m* ♦ *vt* (*say*) feststellen; (*declare*) erklären; **the States** *npl* (GEOG) die (Vereinigten) Staaten *pl*; **to be in a ~** aufgeregt sein; (*on edge*) nervös sein; (*in a mess*) in einem schrecklichen Zustand sein; **to get into a ~** durchdrehen (*inf*); **in ~** feierlich; **to lie in ~** (feierlich) aufgebahrt sein; **~ of emergency** Notstand *m*; **~ of mind** Verfassung *f.*

state control *n* staatliche Kontrolle *f.*

stated ['steɪtɪd] *adj* erklärt.

State Department (US) *n* Außenministerium *nt.*

state education (BRIT) *n* staatliche Erziehung *f*; (*system*) staatliches Bildungswesen *nt.*

stateless ['steɪtlɪs] *adj* staatenlos.

stately ['steɪtlɪ] *adj* würdevoll; (*walk*) gemessen; **~ home** Schloss *nt.*

statement ['steɪtmənt] *n* (*thing said*) Feststellung *f*; (*declaration*) Erklärung *f*; (FIN) (Konto)auszug *m*; **official ~** (amtliche) Erklärung *f*; **bank ~** Kontoauszug *m.*

state of the art *n:* **the ~** der neueste Stand der Technik ♦ *adj:* **state-of-the-art** auf dem neuesten Stand der Technik; (*technology*) Spitzen-.

state-owned ['steɪtəʊnd] *adj* staatseigen.

state school *n* öffentliche Schule *f.*

state secret *n* Staatsgeheimnis *nt.*

statesman ['steɪtsmən] (*irreg: like* **man**) *n* Staatsmann *m.*

statesmanship ['steɪtsmənʃɪp] *n* Staatskunst *f.*

static ['stætɪk] *n* (RADIO, TV) atmosphärische Störungen *pl* ♦ *adj* (*not moving*) konstant.

static electricity *n* Reibungselektrizität *f.*

station ['steɪʃən] *n* (RAIL) Bahnhof *m*; (*also:* **bus ~**) Busbahnhof *m*; (*also:* **police ~**) (Polizei)wache *f*; (RADIO) Sender *m* ♦ *vt* (*guards etc*) postieren; (*soldiers etc*) stationieren; **action ~s** (MIL) Stellung *f*; **above one's ~** über seinem Stand.

stationary ['steɪʃnərɪ] *adj* (*vehicle*) haltend; **to be ~** stehen.

stationer ['steɪʃnəʳ] *n* Schreibwarenhändler(in) *m(f).*

stationer's (shop) *n* Schreibwarenhandlung *f.*

stationery ['steɪʃnərɪ] *n* Schreibwaren *pl*; (*writing paper*) Briefpapier *nt.*

stationmaster ['steɪʃənmɑːstə*] n Bahnhofsvorsteher m.

station wagon (US) n Kombi(wagen) m.

statistic [stə'tɪstɪk] n Statistik f.

statistical [stə'tɪstɪkl] adj statistisch.

statistics [stə'tɪstɪks] n (science) Statistik f.

statue ['stætjuː] n Statue f.

statuesque [stætju'ɛsk] adj stattlich.

statuette [stætju'ɛt] n Statuette f.

stature ['stætʃə*] n Wuchs m, Statur f; (fig: reputation) Format nt.

status ['steɪtəs] n Status m; (position) Stellung f; **the ~ quo** der Status quo.

status line n (COMPUT) Statuszeile f.

status symbol n Statussymbol nt.

statute ['stætjuːt] n Gesetz nt; **statutes** npl (of club etc) Satzung f.

statute book n: **to be on the ~** geltendes Recht sein.

statutory ['stætjutrɪ] adj gesetzlich; **~ declaration** eidesstattliche Erklärung f.

staunch [stɔːntʃ] adj treu ♦ vt (flow) stauen; (blood) stillen.

stave [steɪv] n (MUS) Notensystem nt.

▶ **stave off** vt (attack) abwehren; (threat) abwenden.

stay [steɪ] n Aufenthalt m ♦ vi bleiben; (with sb, as guest) wohnen; (in hotel) übernachten; **~ of execution** (LAW) Aussetzung f; **to ~ put** bleiben; **to ~ with friends** bei Freunden untergebracht sein; **to ~ the night** übernachten.

▶ **stay behind** vi zurückbleiben.

▶ **stay in** vi (at home) zu Hause bleiben.

▶ **stay on** vi bleiben.

▶ **stay out** vi (of house) wegbleiben; (remain on strike) weiterstreiken.

▶ **stay up** vi (at night) aufbleiben.

staying power ['steɪɪŋ-] n Stehvermögen nt, Durchhaltevermögen nt.

STD n abbr (BRIT: TEL: = subscriber trunk dialling) Selbstwählferndienst m; (MED: = sexually transmitted disease) durch Geschlechtsverkehr übertragene Krankheit f.

stead [stɛd] n: **in sb's ~** an jds Stelle; **to stand sb in good ~** jdm zugute or zustatten kommen.

steadfast ['stɛdfɑːst] adj standhaft.

steadily ['stɛdɪlɪ] adv (regularly) regelmäßig; (constantly) stetig; (fixedly) fest, unverwandt.

steady ['stɛdɪ] adj (job, boyfriend, girlfriend, look) fest; (income) regelmäßig; (speed) gleichmäßig; (rise) stetig; (person, character) zuverlässig, solide; (voice, hand etc) ruhig ♦ vt (stabilize) ruhig halten; (nerves) beruhigen; **to ~ o.s. on sth** sich auf etw acc stützen; **to ~ o.s. against sth** sich an etw dat abstützen.

steak [steɪk] n Steak nt; (fish) Filet nt.

steakhouse ['steɪkhaus] n Steakrestaurant nt.

steal [stiːl] (pt **stole**, pp **stolen**) vt stehlen ♦ vi stehlen; (move secretly) sich stehlen, schleichen.

▶ **steal away** vi sich davonschleichen.

stealth [stɛlθ] n: **by ~** heimlich.

stealthy ['stɛlθɪ] adj heimlich, verstohlen.

steam [stiːm] n Dampf m ♦ vt (CULIN) dämpfen, dünsten ♦ vi dampfen; **covered with ~** (window etc) beschlagen; **under one's own ~** (fig) allein, ohne Hilfe; **to run out of ~** (fig) den Schwung verlieren; **to let off ~** (inf, fig) Dampf ablassen.

▶ **steam up** vi (window) beschlagen; **to get ~ed up about sth** (inf, fig) sich über etw acc aufregen.

steam engine n (RAIL) Dampflok(omotive) f.

steamer ['stiːmə*] n Dampfer m; (CULIN) Dämpfer m.

steam iron n Dampfbügeleisen nt.

steamroller ['stiːmrəulə*] n Dampfwalze f.

steamship ['stiːmʃɪp] n = **steamer**.

steamy ['stiːmɪ] adj (room) dampfig; (window) beschlagen; (book, film) heiß.

steed [stiːd] (liter) n Ross nt.

steel [stiːl] n Stahl m ♦ adj (girder, wool etc) Stahl-.

steel band n (MUS) Steelband f.

steel industry n Stahlindustrie f.

steel mill n Stahlwalzwerk nt.

steelworks ['stiːlwəːks] n Stahlwerk nt.

steely ['stiːlɪ] adj (determination) eisern; (eyes, gaze) hart, stählern.

steep [stiːp] adj steil; (increase, rise) stark; (price, fees) gepfeffert ♦ vt einweichen; **to be ~ed in history** geschichtsträchtig sein.

steeple ['stiːpl] n Kirchturm m.

steeplechase ['stiːpltʃeɪs] n (for horses) Hindernisrennen nt; (for runners) Hindernislauf m.

steeplejack ['stiːpldʒæk] n Turmarbeiter m.

steeply ['stiːplɪ] adv steil.

steer [stɪə*] vt steuern; (car etc) lenken; (person) lotsen ♦ vi steuern; (in car etc) lenken; **to ~ for** zusteuern auf +acc; **to ~ clear of sb** (fig) jdm aus dem Weg gehen; **to ~ clear of sth** (fig) etw meiden.

steering ['stɪərɪŋ] n (AUT) Lenkung f.

steering column n (AUT) Lenksäule f.

steering committee n Lenkungsausschuss m.

steering wheel n (AUT) Lenkrad nt, Steuer nt.

stellar ['stɛlə*] adj stellar.

stem [stɛm] n Stiel m; (of pipe) Hals m ♦ vt aufhalten; (flow) eindämmen; (bleeding) zum Stillstand bringen.

▶ **stem from** vt fus zurückgehen auf +acc.

stench [stɛntʃ] (pej) n Gestank m.

stencil ['stɛnsl] n Schablone f ♦ vt mit Schablone zeichnen.

stenographer [stɛ'nɔgrəfə*] (US) n Stenograf(in) m(f).

stenography [stɛˈnɔgrəfɪ] (US) n Stenografie f.

step [stɛp] n (lit, fig) Schritt m; (of stairs) Stufe f ♦ vi: **to ~ forward/back** vor-/zurücktreten; **steps** npl (BRIT) = **stepladder** ~ **by** ~ (fig) Schritt für Schritt; **in/out of** ~ **(with)** im/nicht im Tritt (mit); (fig) im/nicht im Gleichklang (mit).

▶ **step down** vi (fig: resign) zurücktreten.
▶ **step in** vi (fig) eingreifen.
▶ **step off** vt fus aussteigen aus +dat.
▶ **step on** vt fus treten auf +acc.
▶ **step over** vt fus steigen über +acc.
▶ **step up** vt (efforts) steigern; (pace etc) beschleunigen.

stepbrother [ˈstɛpbrʌðəʳ] n Stiefbruder m.
stepchild [ˈstɛptʃaɪld] n Stiefkind nt.
stepdaughter [ˈstɛpdɔːtəʳ] n Stieftochter f.
stepfather [ˈstɛpfɑːðəʳ] n Stiefvater m.
stepladder [ˈstɛplædəʳ] (BRIT) n Trittleiter f.
stepmother [ˈstɛpmʌðəʳ] n Stiefmutter f.
stepping stone [ˈstɛpɪŋ-] n Trittstein m; (fig) Sprungbrett nt.
stepsister [ˈstɛpsɪstəʳ] n Stiefschwester f.
stepson [ˈstɛpsʌn] n Stiefsohn m.
stereo [ˈstɛrɪəu] n (system) Stereoanlage f ♦ adj (sound etc) Stereo-; **in** ~ in Stereo.
stereotype [ˈstɪərɪətaɪp] n Klischee nt, Klischeevorstellung f ♦ vt in ein Klischee zwängen; ~**d** stereotyp.
sterile [ˈstɛraɪl] adj steril, keimfrei; (barren) unfruchtbar; (fig: debate) fruchtlos.
sterility [stɛˈrɪlɪtɪ] n Unfruchtbarkeit f.
sterilization [stɛrɪlaɪˈzeɪʃən] n Sterilisation f, Sterilisierung f.
sterilize [ˈstɛrɪlaɪz] vt sterilisieren.
sterling [ˈstəːlɪŋ] adj (silver) Sterling-; (fig) gediegen ♦ n (ECON) das Pfund Sterling, das englische Pfund; **one pound** ~ ein Pfund Sterling.
sterling area n (ECON) Sterlingländer pl.
stern [stəːn] adj streng ♦ n Heck nt.
sternum [ˈstəːnəm] n Brustbein nt.
steroid [ˈstɪərɔɪd] n Steroid nt.
stethoscope [ˈstɛθəskəup] n Stethoskop nt.
stevedore [ˈstiːvədɔːʳ] n Stauer m, Schauermann m.
stew [stjuː] n Eintopf m ♦ vt schmoren; (fruit, vegetables) dünsten ♦ vi schmoren; ~**ed tea** bitterer Tee m; ~**ed fruit** (Obst)kompott nt.
steward [ˈstjuːəd] n Steward m; (at public event) Ordner(in) m(f); (also: **shop** ~) gewerkschaftliche Vertrauensperson f.
stewardess [ˈstjuːədɛs] n Stewardess f.
stewardship [ˈstjuːədʃɪp] n Verwaltung f.
stewing steak, (US) **stew meat** [ˈstjuːɪŋ-] n (Rinder)schmorfleisch nt.
St. Ex. abbr = **stock exchange**.
stg abbr = **sterling**.
stick [stɪk] (pt, pp **stuck**) n Zweig m; (of dynamite) Stange f; (of chalk etc) Stück nt; (as weapon) Stock m; (also: **walking** ~)
(Spazier)stock m ♦ vt (with glue etc) kleben; (inf: put) tun, stecken; (: tolerate) aushalten; (thrust) stoßen ♦ vi: **to** ~ **(to)** kleben (an +dat); (remain) (hängen) bleiben; (door etc) klemmen; (lift) stecken bleiben; **to get hold of the wrong end of the** ~ (BRIT, fig) es falsch verstehen; **to** ~ **in sb's mind** jdm im Gedächtnis (haften) bleiben.

▶ **stick around** (inf) vi hier-/dableiben.
▶ **stick out** vi (ears etc) abstehen ♦ vt: **to** ~ **it out** (inf) durchhalten.
▶ **stick to** vt fus (one's word, promise) halten; (agreement, rules) sich halten an +acc; (the truth, facts) bleiben bei.
▶ **stick up** vi hochstehen.
▶ **stick up for** vt fus eintreten für.

sticker [ˈstɪkəʳ] n Aufkleber m.
sticking plaster [ˈstɪkɪŋ-] n Heftpflaster nt.
sticking point n Hindernis nt; (in discussion etc) strittiger Punkt m.
stickleback [ˈstɪklbæk] n Stichling m.
stickler [ˈstɪkləʳ] n: **to be a** ~ **for sth** es mit etw peinlich genau nehmen.
stick shift (US) n Schaltknüppel m; (car) Wagen m mit Handschaltung.
stick-up [ˈstɪkʌp] (inf) n Überfall m.
sticky [ˈstɪkɪ] adj klebrig; (label, tape) Klebe-; (weather, day) schwül.
stiff [stɪf] adj steif; (hard, firm) hart; (paste, egg-white) fest; (door, zip etc) schwer gehend; (competition) hart; (sentence) schwer; (drink) stark ♦ adv (bored, worried, scared) zu Tode; **to be** or **feel** ~ steif sein; **to have a** ~ **neck** einen steifen Hals haben; **to keep a** ~ **upper lip** (BRIT, fig) die Haltung bewahren.
stiffen [ˈstɪfn] vi steif werden; (body) erstarren.
stiffness [ˈstɪfnɪs] n Steifheit f.
stifle [ˈstaɪfl] vt unterdrücken; (heat) erdrücken.
stifling [ˈstaɪflɪŋ] adj (heat) drückend.
stigma [ˈstɪgmə] n Stigma nt; (BOT) Narbe f, Stigma nt; **stigmata** npl (MED) Wundmal nt.
stile [staɪl] n Zaunübertritt m.
stiletto [stɪˈlɛtəu] (BRIT) n (also: ~ **heel**) Bleistiftabsatz m.
still [stɪl] adj (motionless) bewegungslos; (tranquil) ruhig; (air, water) still; (BRIT: drink) ohne Kohlensäure ♦ adv (yet) noch; (nonetheless) trotzdem ♦ n (CINE) Standfoto nt; **to stand** ~ (machine, motor) stillstehen; (motionless) still stehen; **keep** ~! halte still!; **he** ~ **hasn't arrived** er ist immer noch nicht angekommen.
stillborn [ˈstɪlbɔːn] adj tot geboren.
still life n Stillleben nt.
stilt [stɪlt] n (pile) Pfahl m; (for walking on) Stelze f.
stilted [ˈstɪltɪd] adj gestelzt.
stimulant [ˈstɪmjulənt] n Anregungsmittel nt.
stimulate [ˈstɪmjuleɪt] vt anregen,

stimulieren; (*demand*) ankurbeln.

stimulating ['stɪmjuleɪtɪŋ] *adj* anregend, stimulierend.

stimulation [stɪmju'leɪʃən] *n* Anregung *f*, Stimulation *f*.

stimuli ['stɪmjulaɪ] *npl of* **stimulus**.

stimulus ['stɪmjuləs] (*pl* **stimuli**) *n* (*incentive*) Anreiz *m*; (*BIOL*) Reiz *m*; (*PSYCH*) Stimulus *m*.

sting [stɪŋ] (*pt*, *pp* **stung**) *n* Stich *m*; (*pain*) Stechen *nt*; (*organ: of insect*) Stachel *m*; (*inf: confidence trick*) Ding *nt* ♦ *vt* stechen; (*fig*) treffen, verletzen ♦ *vi* stechen; (*eyes, ointment, plant etc*) brennen; **my eyes are ~ing** mir brennen die Augen.

stingy ['stɪndʒɪ] (*pej*) *adj* geizig, knauserig.

stink [stɪŋk] (*pt* **stank**, *pp* **stunk**) *n* Gestank *m* ♦ *vi* stinken.

stinker ['stɪŋkə*] (*inf*) *n* (*problem*) harter Brocken *m*; (*person*) Ekel *nt*.

stinking ['stɪŋkɪŋ] (*inf*) *adj* (*fig*) beschissen (!); **a ~ cold** eine scheußliche Erkältung; **~ rich** stinkreich.

stint [stɪnt] *n* (*period*) Zeit *f*; (*batch of work*) Pensum *nt*; (*share*) Teil *m* ♦ *vi*: **to ~ on** sparen mit.

stipend ['staɪpɛnd] *n* Gehalt *nt*.

stipendiary [staɪ'pɛndɪərɪ] *adj*: **~ magistrate** bezahlter Friedensrichter *m*.

stipulate ['stɪpjuleɪt] *vt* festsetzen; (*condition*) stellen.

stipulation [stɪpju'leɪʃən] *n* Bedingung *f*, Auflage *f*.

stir [stə:*] *n* (*fig*) Aufsehen *nt* ♦ *vt* umrühren; (*fig: emotions*) aufwühlen; (: *person*) bewegen ♦ *vi* sich bewegen; **to give sth a ~** etw umrühren; **to cause a ~** Aufsehen erregen.

► **stir up** *vt*: **to ~ up trouble** Unruhe stiften; **to ~ things up** stänkern.

stir-fry ['stə:'fraɪ] *vt* unter Rühren kurz anbraten ♦ *n* Pfannengericht *nt* (*das unter Rühren kurz angebraten wurde*).

stirring ['stə:rɪŋ] *adj* bewegend.

stirrup ['stɪrəp] *n* Steigbügel *m*.

stitch [stɪtʃ] *n* (*SEWING*) Stich *m*; (*KNITTING*) Masche *f*; (*MED*) Faden *m*; (*pain*) Seitenstiche *pl* ♦ *vt* nähen; **he had to have ~es** er musste genäht werden.

stoat [stəut] *n* Wiesel *nt*.

stock [stɔk] *n* Vorrat *m*; (*COMM*) Bestand *m*; (*AGR*) Vieh *nt*; (*CULIN*) Brühe *f*; (*descent, origin*) Abstammung *f*, Herkunft *f*; (*FIN*) Wertpapiere *pl*; (*RAIL: also:* **rolling ~**) rollendes Material *nt* ♦ *adj* (*reply, excuse etc*) Standard- ♦ *vt* (*in shop*) führen; **in/out of ~** vorrätig/nicht vorrätig; **~s and shares** (Aktien und) Wertpapiere *pl*; **government ~** Staatsanleihe *f*; **to take ~ of** (*fig*) Bilanz ziehen über +*acc*; **well-~ed** (*shop*) mit gutem Sortiment.

► **stock up** *vi*: **to ~ up (with)** sich eindecken (mit).

stockade [stɔ'keɪd] *n* Palisade *f*.

stockbroker ['stɔkbrəukə*] *n* Börsenmakler *m*.

stock control *n* Bestandsüberwachung *f*.

stock cube (*BRIT*) *n* Brühwürfel *m*.

stock exchange *n* Börse *f*.

stockholder ['stɔkhəuldə*] (*esp US*) *n* Aktionär(in) *m(f)*.

Stockholm ['stɔkhəum] *n* Stockholm *nt*.

stocking ['stɔkɪŋ] *n* Strumpf *m*.

stock-in-trade ['stɔkɪn'treɪd] *n* (*fig*): **it's his ~** es gehört zu seinem festen Repertoire.

stockist ['stɔkɪst] (*BRIT*) *n* Händler *m*.

stock market (*BRIT*) *n* Börse *f*.

stock phrase *n* Standardsatz *m*.

stockpile ['stɔkpaɪl] *n* Vorrat *m*; (*of weapons*) Lager *nt* ♦ *vt* horten.

stockroom ['stɔkruːm] *n* Lager *nt*, Lagerraum *m*.

stocktaking ['stɔkteɪkɪŋ] (*BRIT*) *n* Inventur *f*.

stocky ['stɔkɪ] *adj* stämmig.

stodgy ['stɔdʒɪ] *adj* (*food*) pampig (*inf*), schwer.

stoic ['stəuɪk] *n* Stoiker(in) *m(f)*.

stoic(al) ['stəuɪk(l)] *adj* stoisch.

stoke [stəuk] *vt* (*fire*) schüren; (*furnace, boiler*) heizen.

stoker ['stəukə*] *n* Heizer *m*.

stole [stəul] *pt of* **steal** ♦ *n* Stola *f*.

stolen ['stəuln] *pp of* **steal**.

stolid ['stɔlɪd] *adj* phlegmatisch, stur (*inf*).

stomach ['stʌmək] *n* Magen *m*; (*belly*) Bauch *m* ♦ *vt* (*fig*) vertragen.

stomach ache *n* Magenschmerzen *pl*.

stomach pump *n* Magenpumpe *f*.

stomach ulcer *n* Magengeschwür *nt*.

stomp [stɔmp] *vi* stapfen.

stone [stəun] *n* Stein *m*; (*BRIT: weight*) Gewichtseinheit (= 6,35 kg) ♦ *adj* (*wall, jar etc*) Stein-, steinern ♦ *vt* (*person*) mit Steinen bewerfen; (*fruit*) entkernen, entsteinen; **within a ~'s throw of the station** nur einen Katzensprung vom Bahnhof entfernt.

Stone Age *n* Steinzeit *f*.

stone-cold ['stəun'kəuld] *adj* eiskalt.

stoned [stəund] (*inf*) *adj* (*on drugs*) stoned; (*drunk*) total zu.

stone-deaf ['stəun'dɛf] *adj* stocktaub.

stonemason ['stəunmeɪsn] *n* Steinmetz *m*.

stonewall [stəun'wɔːl] *vi* mauern; (*in answering questions*) ausweichen.

stonework ['stəunwɜːk] *n* Mauerwerk *nt*.

stony ['stəunɪ] *adj* steinig; (*fig: silence etc*) steinern.

stood [stud] *pt*, *pp of* **stand**.

stooge [stuːdʒ] *n* (*inf*) Handlanger(in) *m(f)*; (*THEAT*) Stichwortgeber(in) *m(f)*.

stool [stuːl] *n* Hocker *m*.

stoop [stuːp] *vi* (*also:* **~ down**) sich bücken; (*walk*) gebeugt gehen; **to ~ to sth** (*fig*) sich zu etw herablassen; **to ~ to doing sth** sich dazu herablassen, etw zu tun.

stop [stɔp] *n* Halt *m*; (*short stay*) Aufenthalt *m*;

(*in punctuation: also:* **full** ~) Punkt *m*; (*bus stop etc*) Haltestelle *f* ♦ *vt* stoppen; (*car etc*) anhalten; (*block*) sperren; (*prevent*) verhindern ♦ *vi* (*car etc*) anhalten; (*train*) halten; (*pedestrian, watch, clock*) stehen bleiben; (*end*) aufhören; **to come to a** ~ anhalten; **to put a** ~ **to** einen Riegel vorschieben +*dat*; **to** ~ **doing sth** aufhören, etw zu tun; **to** ~ **sb (from) doing sth** jdn davon abhalten, etw zu tun; ~ **it!** lass das!, hör auf!

▶ **stop by** *vi* kurz vorbeikommen.

▶ **stop off** *vi* kurz Halt machen, Zwischenstation machen.

▶ **stop up** *vt* (*hole*) zustopfen.

stopcock ['stɔpkɔk] *n* Absperrhahn *m*.

stopgap ['stɔpgæp] *n* (*person*) Lückenbüßer *m*; (*thing*) Notbehelf *m*; ~ **measure** Überbrückungsmaßnahme *f*.

stop-go [stɔp'gəu] *adj* (*economic cycle etc*) mit ständigem Auf und Ab.

stoplights ['stɔplaɪts] *npl* (*AUT*) Bremslichter *pl*.

stopover ['stɔpəuvə°] *n* Zwischenaufenthalt *m*; (*AVIAT*) Zwischenlandung *f*.

stoppage ['stɔpɪdʒ] *n* (*strike*) Streik *m*; (*blockage*) Unterbrechung *f*; (*of pay, cheque*) Sperrung *f*; (*deduction*) Abzug *m*.

stopper ['stɔpə°] *n* Stöpsel *m*.

stop press *n* letzte Meldungen *pl*.

stopwatch ['stɔpwɔtʃ] *n* Stoppuhr *f*.

storage ['stɔːrɪdʒ] *n* Lagerung *f*; (*also:* ~ **space**) Stauraum *m*; (*COMPUT*) Speicherung *f*.

storage capacity *n* (*COMPUT*) Speicherkapazität *f*.

storage heater (*BRIT*) *n* (Nacht)speicherofen *m*.

store [stɔː°] *n* Vorrat *m*; (*depot*) Lager *nt*; (*BRIT: large shop*) Geschäft *nt*, Kaufhaus *nt*; (*US: shop*) Laden *m*; (*fig*): **a** ~ **of** eine Fülle an +*dat* ♦ *vt* lagern; (*information etc, COMPUT*) speichern; (*food, medicines etc*) aufbewahren; (*in filing system*) ablegen; **stores** *npl* (*provisions*) Vorräte *pl*; **in** ~ eingelagert; **who knows what's in** ~ **for us?** wer weiß, was uns bevorsteht?; **to set great/little** ~ **by sth** viel/wenig von etw halten.

▶ **store up** *vt* einen Vorrat anlegen von; (*memories*) im Gedächtnis bewahren.

storehouse ['stɔːhaus] *n* (*US: COMM*) Lager(haus) *nt*; (*fig*) Fundgrube *f*.

storekeeper ['stɔːkiːpə°] (*US*) *n* Ladenbesitzer(in) *m(f)*.

storeroom ['stɔːruːm] *n* Lagerraum *m*.

storey, (*US*) **story** ['stɔːrɪ] *n* Stock *m*, Stockwerk *nt*.

stork [stɔːk] *n* Storch *m*.

storm [stɔːm] *n* (*lit, fig*) Sturm *m*; (*bad weather*) Unwetter *nt*; (*also:* **electrical** ~) Gewitter *nt* ♦ *vi* (*fig*) toben ♦ *vt* (*attack*) stürmen.

storm cloud *n* Gewitterwolke *f*.

storm door *n* äußere Windfangtür *f*.

stormy ['stɔːmɪ] *adj* (*lit, fig*) stürmisch.

story ['stɔːrɪ] *n* Geschichte *f*; (*PRESS*) Artikel *m*; (*lie*) Märchen *nt*; (*US*) = **storey**.

storybook ['stɔːrɪbuk] *n* Geschichtenbuch *nt*.

storyteller ['stɔːrɪtɛlə°] *n* Geschichtenerzähler(in) *m(f)*.

stout [staut] *adj* (*strong*) stark; (*fat*) untersetzt; (*resolute*) energisch ♦ *n* Starkbier *nt*.

stove [stəuv] *n* Herd *m*; (*small*) Kocher *m*; (*for heating*) (Heiz)ofen *m*; **gas** ~ Gasherd *m*.

stow [stəu] *vt* (*also:* ~ **away**) verstauen.

stowaway ['stəuəweɪ] *n* blinder Passagier *m*.

straddle ['strædl] *vt* (*sitting*) rittlings sitzen auf +*dat*; (*standing*) breitbeinig stehen über +*dat*; (*jumping*) grätschen über +*acc*; (*fig*) überspannen.

strafe [strɑːf] *vt* beschießen.

straggle ['strægl] *vi* (*houses etc*) verstreut liegen; (*people etc*) zurückbleiben.

straggler ['stræglə°] *n* Nachzügler *m*.

straggly ['stræglɪ] *adj* (*hair*) unordentlich.

straight [streɪt] *adj* gerade; (*hair*) glatt; (*honest*) offen, direkt; (*simple*) einfach; (: *fight*) direkt; (*THEAT*) ernst; (*inf: heterosexual*) hetero; (*whisky etc*) pur ♦ *adv* (*in time*) sofort; (*in direction*) direkt; (*drink*) pur ♦ *n* (*SPORT*) Gerade *f*; **to put** *or* **get sth** ~ (*make clear*) etw klären; (*make tidy*) etw in Ordnung bringen; **let's get this** ~ das wollen wir mal klarstellen; **10** ~ **wins** 10 Siege hintereinander; **to win in** ~ **sets** (*TENNIS*) ohne Satzverlust gewinnen; **to go** ~ **home** direkt nach Hause gehen; ~ **out** rundheraus; ~ **away**, ~ **off** sofort, gleich.

straighten ['streɪtn] *vt* (*skirt, sheet etc*) geradeziehen.

▶ **straighten out** *vt* (*fig*) klären.

straight-faced [streɪt'feɪst] *adj*: **to be/remain** ~ ernst bleiben ♦ *adv* ohne zu lachen.

straightforward [streɪt'fɔːwəd] *adj* (*simple*) einfach; (*honest*) offen.

straight sets *npl* (*TENNIS*): **to win in** ~ ohne Satzverlust gewinnen.

strain [streɪn] *n* Belastung *f*; (*MED: also:* **back** ~) überanstrengter Rücken *m*; (: *tension*) Überlastung *f*; (*of virus*) Art *f*; (*breed*) Sorte *f* ♦ *vt* (*back etc*) überanstrengen; (*resources*) belasten; (*CULIN*) abgießen ♦ *vi*: **to** ~ **to do sth** sich anstrengen, etw zu tun; **strains** *npl* (*MUS*) Klänge *pl*; **he's been under a lot of** ~ er hat unter großem Stress gestanden.

strained [streɪnd] *adj* (*back*) überanstrengt; (*muscle*) gezerrt; (*forced*) gezwungen; (*relations*) gespannt.

strainer ['streɪnə°] *n* Sieb *nt*.

strait [streɪt] *n* Meerenge *f*, Straße *f*; **straits** *npl* (*fig*): **to be in dire** ~**s** in großen Nöten sein.

straitjacket ['streɪtdʒækɪt] *n* Zwangsjacke *f*.

strait-laced [streɪt'leɪst] *adj* prüde,

puritanisch.

strand [strænd] *n* (*lit, fig*) Faden *m*; (*of wire*) Litze *f*; (*of hair*) Strähne *f*.

stranded ['strændɪd] *adj*: **to be ~** (*traveller*) festsitzen; (*ship, sea creature*) gestrandet.

strange [streɪndʒ] *adj* fremd; (*odd*) seltsam, merkwürdig.

strangely ['streɪndʒlɪ] *adv* seltsam, merkwürdig; *see also* **enough**.

stranger ['streɪndʒəʳ] *n* Fremde(r) *f(m)*; **I'm a ~ here** ich bin hier fremd.

strangle ['stræŋgl] *vt* erwürgen, erdrosseln; (*fig: economy etc*) ersticken.

stranglehold ['stræŋglhəʊld] *n* (*fig*) absolute Machtposition *f*.

strangulation [stræŋgjuˈleɪʃən] *n* Erwürgen *nt*, Erdrosseln *nt*.

strap [stræp] *n* Riemen *m*; (*of dress etc*) Träger *m* ♦ *vt* (*also:* **~ in**) anschnallen; (*also:* **~ on**) umschnallen.

straphanging ['stræphæŋɪŋ] *n* Pendeln *nt* (als stehender Fahrgast).

strapless ['stræplɪs] *adj* trägerlos, schulterfrei.

strapped [stræpt] (*inf*) *adj*: **~ (for cash)** pleite.

strapping ['stræpɪŋ] *adj* stramm.

Strasbourg ['stræzbɜːg] *n* Straßburg *nt*.

strata ['strɑːtə] *npl of* **stratum**.

stratagem ['strætɪdʒəm] *n* List *f*.

strategic [strəˈtiːdʒɪk] *adj* strategisch; (*error*) taktisch.

strategist ['strætɪdʒɪst] *n* Stratege *m*, Strategin *f*.

strategy ['strætɪdʒɪ] *n* Strategie *f*.

stratosphere ['strætəsfɪəʳ] *n* Stratosphäre *f*.

stratum ['strɑːtəm] (*pl* **strata**) *n* Schicht *f*.

straw [strɔː] *n* Stroh *nt*; (*drinking straw*) Strohhalm *m*; **that's the last ~!** das ist der Gipfel!

strawberry ['strɔːbərɪ] *n* Erdbeere *f*.

stray [streɪ] *adj* (*animal*) streunend; (*bullet*) verirrt; (*scattered*) einzeln, vereinzelt ♦ *vi* (*children*) sich verirren; (*animals*) streunen; (*thoughts*) abschweifen.

streak [striːk] *n* Streifen *m*; (*in hair*) Strähne *f*; (*fig: of madness etc*) Zug *m* ♦ *vt* streifen ♦ *vi*: **to ~ past** vorbeiflitzen; **a winning/losing ~** eine Glücks-/Pechsträhne *f*.

streaker ['striːkəʳ] (*inf*) *n* Blitzer(in) *m(f)*.

streaky ['striːkɪ] *adj* (*bacon*) durchwachsen.

stream [striːm] *n* (*small river*) Bach *m*; (*current*) Strömung *f*; (*of people, vehicles*) Strom *m*; (*of questions, insults etc*) Flut *f*, Schwall *m*; (*of smoke*) Schwaden *m*; (*SCOL*) Leistungsgruppe *f* ♦ *vt* (*SCOL*) in Leistungsgruppen einteilen ♦ *vi* strömen; **against the ~** gegen den Strom; **to come on ~** (*new power plant etc*) in Betrieb genommen werden.

streamer ['striːməʳ] *n* Luftschlange *f*.

stream feed *n* automatischer Papiereinzug *m*.

streamline ['striːmlaɪn] *vt* Stromlinienform geben +*dat*; (*fig*) rationalisieren.

streamlined ['striːmlaɪnd] *adj* stromlinienförmig; (*AVIAT, AUT*) windschlüpfrig; (*fig*) rationalisiert.

street [striːt] *n* Straße *f*; **the back ~s** die Seitensträßchen *pl*; **to be on the ~s** (*homeless*) obdachlos sein; (*as prostitute*) auf den Strich gehen.

streetcar ['striːtkɑːʳ] (*US*) *n* Straßenbahn *f*.

street cred [-krɛd] (*inf*) *n* Glaubwürdigkeit *f*.

street lamp *n* Straßenlaterne *f*.

street lighting *n* Straßenbeleuchtung *f*.

street map *n* Stadtplan *m*.

street market *n* Straßenmarkt *m*.

street plan *n* Stadtplan *m*.

streetwise ['striːtwaɪz] (*inf*) *adj*: **to be ~** wissen, wos langgeht.

strength [strɛŋθ] *n* (*lit, fig*) Stärke *f*; (*physical*) Kraft *f*, Stärke *f*; (*of girder etc*) Stabilität *f*; (*of knot etc*) Festigkeit *f*; (*of chemical solution*) Konzentration *f*; (*of wine*) Schwere *f*; **on the ~ of** aufgrund *or* auf Grund +*gen*; **at full ~** vollzählig; **to be below ~** nicht die volle Stärke haben.

strengthen ['strɛŋθn] *vt* (*lit, fig*) verstärken; (*muscle*) kräftigen; (*economy, currency, relationship*) festigen.

strenuous ['strɛnjuəs] *adj* anstrengend; (*determined*) unermüdlich.

strenuously ['strɛnjuəslɪ] *adv* energisch; **she ~ denied the rumour** sie leugnete das Gerücht hartnäckig.

stress [strɛs] *n* Druck *m*; (*mental*) Belastung *f*, Stress *m*; (*LING*) Betonung *f*; (*emphasis*) Akzent *m*, Gewicht *nt* ♦ *vt* betonen; **to lay great ~ on sth** großen Wert auf etw *acc* legen; **to be under ~** großen Belastungen ausgesetzt sein, unter Stress stehen.

stressful ['strɛsful] *adj* anstrengend, stressig; (*situation*) angespannt.

stretch [strɛtʃ] *n* (*of sand, water etc*) Stück *nt*; (*of time*) Zeit *f* ♦ *vi* (*person, animal*) sich strecken; (*land, area*) sich erstrecken ♦ *vt* (*pull*) spannen; (*fig: job, task*) fordern; **at a ~** an einem Stück, ohne Unterbrechung; **by no ~ of the imagination** beim besten Willen nicht; **to ~ to** *or* **as far as the frontier** (*extend*) sich bis zur Grenze erstrecken; **to ~ one's legs** sich *dat* die Beine vertreten.
► **stretch out** *vi* sich ausstrecken ♦ *vt* ausstrecken.
► **stretch to** *vt fus* (*be enough*) reichen für.

stretcher ['strɛtʃəʳ] *n* (Trag)bahre *f*.

stretcher-bearer ['strɛtʃəbɛərəʳ] *n* Krankenträger *m*.

stretch marks *npl* Dehnungsstreifen *pl*; (*through pregnancy*) Schwangerschaftsstreifen *pl*.

strewn [struːn] *adj*: **~ with** übersät mit.

stricken ['strɪkən] *adj* (*person*) leidend; (*city, industry etc*) Not leidend; **~ with** (*disease*) geschlagen mit; (*fear etc*) erfüllt von.

strict [strɪkt] *adj* streng; (*precise*) genau; **in the ~ confidence** streng vertraulich; **in the ~ sense of the word** streng genommen.

strictly ['strɪktlɪ] *adv* streng; (*exactly*) genau; (*solely*) ausschließlich; **~ confidential** streng vertraulich; **~ speaking** genau genommen; **not ~ true** nicht ganz richtig; **~ between ourselves** ganz unter uns.

strictness ['strɪktnɪs] *n* Strenge *f*.

stridden ['strɪdn] *pp of* **stride**.

stride [straɪd] (*pt* **strode**, *pp* **stridden**) *n* Schritt *m* ♦ *vi* schreiten; **to take sth in one's ~** (*fig*) mit etw spielend fertig werden.

strident ['straɪdnt] *adj* schrill, durchdringend; (*demands*) lautstark.

strife [straɪf] *n* Streit *m*, Zwietracht *f*.

strike [straɪk] (*pt, pp* **struck**) *n* Streik *m*, Ausstand *m*; (*MIL*) Angriff *m* ♦ *vt* (*hit*) schlagen; (*fig: idea, thought*) in den Sinn kommen +*dat*; (*oil etc*) finden, stoßen auf +*acc*; (*bargain, deal*) aushandeln; (*coin, medal*) prägen ♦ *vi* streiken; (*illness, killer*) zuschlagen; (*disaster*) hereinbrechen; (*clock*) schlagen; **on ~** streikend; **to be on ~** streiken; **to ~ a balance** einen Mittelweg finden; **to be struck by lightning** vom Blitz getroffen werden; **to ~ a match** ein Streichholz anzünden.

▶ **strike back** *vi* (*MIL*) zurückschlagen; (*fig*) sich wehren.

▶ **strike down** *vt* niederschlagen.

▶ **strike off** *vt* (*from list*) (aus)streichen; (*doctor etc*) die Zulassung entziehen +*dat*.

▶ **strike out** *vi* losziehen, sich aufmachen ♦ *vt* (*word, sentence*) (aus)streichen.

▶ **strike up** *vt* (*MUS*) anstimmen; (*conversation*) anknüpfen; (*friendship*) schließen.

strikebreaker ['straɪkbreɪkə*] *n* Streikbrecher *m*.

strike pay *n* Streikgeld *nt*.

striker ['straɪkə*] *n* Streikende(r) *f(m)*; (*SPORT*) Stürmer *m*.

striking ['straɪkɪŋ] *adj* auffallend; (*attractive*) attraktiv.

strimmer ['strɪmə*] *n* Rasentrimmer *m*.

string [strɪŋ] (*pt, pp* **strung**) *n* Schnur *f*; (*of islands*) Kette *f*; (*of people, cars*) Schlange *f*; (*series*) Serie *f*; (*COMPUT*) Zeichenfolge *f*; (*MUS*) Saite *f* ♦ *vt*: **to ~ together** aneinander reihen; **the strings** *npl* (*MUS*) die Streichinstrumente *pl*; **to pull ~s** (*fig*) Beziehungen spielen lassen; **with no ~s attached** (*fig*) ohne Bedingungen; **to ~ sth out** etw verteilen.

string bean *n* grüne Bohne *f*.

stringed instrument *n* Saiteninstrument *nt*.

stringent ['strɪndʒənt] *adj* streng; (*measures*) drastisch.

string quartet *n* Streichquartett *nt*.

strip [strɪp] *n* Streifen *m*; (*of metal*) Band *nt*; (*SPORT*) Trikot *nt*, Dress *m* ♦ *vt* (*undress*) ausziehen; (*paint*) abbeizen; (*also: ~* **down**: *machine etc*) auseinander nehmen ♦ *vi* (*undress*) sich ausziehen.

strip cartoon *n* Comic(strip) *m*.

stripe [straɪp] *n* Streifen *m*; **stripes** *npl* (*MIL, POLICE*) (Ärmel)streifen *pl*.

striped [straɪpt] *adj* gestreift.

strip lighting (*BRIT*) *n* Neonlicht *nt*.

stripper ['strɪpə*] *n* Stripper(in) *m(f)*, Stripteasetänzer(in) *m(f)*.

strip-search ['strɪpsɜːtʃ] *n* Leibesvisitation *f* (*bei der man sich ausziehen muss*) ♦ *vt*: **to be ~ed** sich ausziehen müssen und durchsucht werden.

striptease ['strɪptiːz] *n* Striptease *m or nt*.

strive [straɪv] (*pt* **strove**, *pp* **striven**) *vi*: **to ~ for sth** nach etw streben; **to ~ to do sth** danach streben, etw zu tun.

striven ['strɪvn] *pp of* **strive**.

strobe [strəub] *n* (*also: ~* **lights**) Stroboskoplicht *nt*.

strode [strəud] *pt of* **stride**.

stroke [strəuk] *n* Schlag *m*, Hieb *m*; (*SWIMMING: style*) Stil *m*; (*MED*) Schlaganfall *m*; (*of clock*) Schlag *m*; (*of paintbrush*) Strich *m* ♦ *vt* (*caress*) streicheln; **at a ~** mit einem Schlag; **on the ~ of 5** Punkt 5 (Uhr); **a ~ of luck** ein Glücksfall *m*; **a 2-~ engine** ein Zweitaktmotor *m*.

stroll [strəul] *n* Spaziergang *m* ♦ *vi* spazieren; **to go for a ~, have** *or* **take a ~** einen Spaziergang machen.

stroller ['strəulə*] (*US*) *n* (*pushchair*) Sportwagen *m*.

strong [strɒŋ] *adj* stark; (*person, arms, grip*) stark, kräftig; (*healthy*) kräftig; (*object, material*) solide, stabil; (*letter*) geharnischt; (*measure*) drastisch; (*language*) derb; (*nerves*) gut; (*taste, smell*) streng ♦ *adv*: **to be going ~** (*company*) sehr erfolgreich sein; (*person*) gut in Schuss sein; **I have no ~ feelings about it** es ist mir ziemlich egal; **they are 50 ~** sie sind insgesamt 50.

strong-arm ['strɒŋɑːm] *adj* brutal.

strongbox ['strɒŋbɒks] *n* (Geld)kassette *f*.

stronghold ['strɒŋhəuld] *n* Festung *f*; (*fig*) Hochburg *f*.

strongly ['strɒŋlɪ] *adv* (*solidly*) stabil; (*forcefully*) entschieden; (*deeply*) fest; **to feel ~ that ...** fest davon überzeugt sein, dass ...; **I feel ~ about it** mir liegt sehr viel daran; (*negatively*) ich bin sehr dagegen.

strongman ['strɒŋmæn] (*irreg: like* **man**) *n* (*lit, fig*) starker Mann *m*.

strongroom ['strɒŋruːm] *n* Tresorraum *m*.

stroppy ['strɒpɪ] (*BRIT: inf*) *adj* pampig; (*obstinate*) stur.

strove [strəuv] *pt of* **strive**.

struck [strʌk] *pt, pp of* **strike**.

structural ['strʌktʃrəl] *adj* strukturell; (*damage*) baulich; (*defect*) Konstruktions-.

structurally ['strʌktʃrəlɪ] *adv:* ~ **sound** mit guter Bausubstanz.

structure ['strʌktʃə'] *n* Struktur *f*, Aufbau *m*; (*building*) Gebäude *nt*.

struggle ['strʌgl] *n* Kampf *m*; (*difficulty*) Anstrengung *f* ♦ *vi* (*try hard*) sich abmühen; (*fight*) kämpfen; (*in self-defence*) sich wehren; **to have a** ~ **to do sth** Mühe haben, etw zu tun; **to be a** ~ **for sb** jdm große Schwierigkeiten bereiten.

strum [strʌm] *vt* (*guitar*) klimpern auf +*dat*.

strung [strʌŋ] *pt, pp of* string.

strut [strʌt] *n* Strebe *f*, Stütze *f* ♦ *vi* stolzieren.

strychnine ['strɪkniːn] *n* Strychnin *nt*.

stub [stʌb] *n* (*of cheque, ticket etc*) Abschnitt *m*; (*of cigarette*) Kippe *f* ♦ *vt:* **to** ~ **one's toe** sich *dat* den Zeh stoßen.

▶ **stub out** *vt* (*cigarette*) ausdrücken.

stubble ['stʌbl] *n* Stoppeln *pl*.

stubborn ['stʌbən] *adj* hartnäckig; (*child*) störrisch.

stubby ['stʌbɪ] *adj* kurz und dick.

stucco ['stʌkəu] *n* Stuck *m*.

stuck [stʌk] *pt, pp of* stick ♦ *adj:* **to be** ~ (*jammed*) klemmen; (*unable to answer*) nicht klarkommen; **to get** ~ stecken bleiben; (*fig*) nicht weiterkommen.

stuck-up [stʌk'ʌp] (*inf*) *adj* hochnäsig.

stud [stʌd] *n* (*on clothing etc*) Niete *f*; (*on collar*) Kragenknopf *m*; (*earring*) Ohrstecker *m*; (*on boot*) Stollen *m*; (*also:* ~ **farm**) Gestüt *nt*; (*also:* ~ **horse**) Zuchthengst *m* ♦ *vt* (*fig*): ~**ded with** übersät mit; (*with jewels*) dicht besetzt mit.

student ['stjuːdənt] *n* Student(in) *m(f)*; (*at school*) Schüler(in) *m(f)* ♦ *cpd* Studenten-; **law/medical** ~ Jura-/Medizinstudent(in) *m(f)*; ~ **nurse** Krankenpflegeschüler(in) *m(f)*; ~ **teacher** Referendar(in) *m(f)*.

student driver (*US*) *n* Fahrschüler(in) *m(f)*.

students' union ['stjuːdənts-] (*BRIT*) *n* Studentenvereinigung *f*, ≈ AStA *m*; (*building*) Gebäude *nt* der Studentenvereinigung.

studied ['stʌdɪd] *adj* (*expression*) einstudiert; (*attitude*) berechnet.

studio ['stjuːdɪəu] *n* Studio *nt*; (*sculptor's etc*) Atelier *nt*.

studio flat, (*US*) **studio apartment** *n* Einzimmerwohnung *f*.

studious ['stjuːdɪəs] *adj* lernbegierig.

studiously ['stjuːdɪəslɪ] *adv* (*carefully*) sorgsam.

study ['stʌdɪ] *n* Studium *nt*, Lernen *nt*; (*room*) Arbeitszimmer *nt* ♦ *vt* studieren; (*face*) prüfend ansehen; (*evidence*) prüfen ♦ *vi* studieren, lernen; **studies** *npl* (*studying*) Studien *pl*; **to make a** ~ **of sth** etw untersuchen; (*academic*) etw studieren; **to** ~ **for an exam** sich auf eine Prüfung vorbereiten.

stuff [stʌf] *n* Zeug *nt* ♦ *vt* ausstopfen; (*CULIN*) füllen; (*inf: push*) stopfen; **my nose is** ~**ed**

up ich habe eine verstopfte Nase; **get** ~**ed!** (*inf!*) du kannst mich mal!

stuffed toy [stʌft-] *n* Stofftier *nt*.

stuffing ['stʌfɪŋ] *n* Füllung *f*; (*in sofa etc*) Polstermaterial *nt*.

stuffy ['stʌfɪ] *adj* (*room*) stickig; (*person, ideas*) spießig.

stumble ['stʌmbl] *vi* stolpern; **to** ~ **across** *or* **on** (*fig*) (zufällig) stoßen auf +*acc*.

stumbling block ['stʌmblɪŋ-] *n* Hürde *f*, Hindernis *nt*.

stump [stʌmp] *n* Stumpf *m* ♦ *vt:* **to be** ~**ed** überfragt sein.

stun [stʌn] *vt* betäuben; (*news*) fassungslos machen.

stung [stʌŋ] *pt, pp of* sting.

stunk [stʌŋk] *pp of* stink.

stunning ['stʌnɪŋ] *adj* (*news, event*) sensationell; (*girl, dress*) hinreißend.

stunt [stʌnt] *n* (*in film*) Stunt *m*; (*publicity stunt*) (Werbe)gag *m*.

stunted ['stʌntɪd] *adj* verkümmert.

stuntman ['stʌntmæn] (*irreg: like* man) *n* Stuntman *m*.

stupefaction [stjuːpɪ'fækʃən] *n* Verblüffung *f*.

stupefy ['stjuːpɪfaɪ] *vt* benommen machen; (*fig*) verblüffen.

stupendous [stjuː'pɛndəs] *adj* enorm.

stupid ['stjuːpɪd] *adj* dumm.

stupidity [stjuː'pɪdɪtɪ] *n* Dummheit *f*.

stupidly ['stjuːpɪdlɪ] *adv* dumm.

stupor ['stjuːpə'] *n* Benommenheit *f*; **in a** ~ benommen.

sturdily ['stəːdɪlɪ] *adv:* ~ **built** (*person*) kräftig gebaut; (*thing*) stabil gebaut.

sturdy ['stəːdɪ] *adj* (*person*) kräftig; (*thing*) stabil.

sturgeon ['stəːdʒən] *n* Stör *m*.

stutter ['stʌtə'] *n* Stottern *nt* ♦ *vi* stottern; **to have a** ~ stottern.

Stuttgart ['stutgɑːt] *n* Stuttgart *nt*.

sty [staɪ] *n* Schweinestall *m*.

stye [staɪ] *n* Gerstenkorn *nt*.

style [staɪl] *n* Stil *m*; (*design*) Modell *nt*; **in the latest** ~ nach der neuesten Mode; **hair** ~ Frisur *f*.

styli ['staɪlaɪ] *npl of* stylus.

stylish ['staɪlɪʃ] *adj* elegant.

stylist ['staɪlɪst] *n* (*hair stylist*) Friseur *m*, Friseuse *f*; (*literary stylist*) Stilist(in) *m(f)*.

stylized ['staɪlaɪzd] *adj* stilisiert.

stylus ['staɪləs] (*pl* **styli** *or* ~**es**) *n* Nadel *f*.

Styrofoam ® ['staɪrəfəum] *n* ≈ Styropor *nt* ®.

suave [swɑːv] *adj* zuvorkommend.

sub [sʌb] *n abbr* (*NAUT*) = submarine; (*ADMIN*) = subscription; (*BRIT: PRESS*) = subeditor.

sub... [sʌb] *pref* Unter-, unter-.

subcommittee ['sʌbkəmɪtɪ] *n* Unterausschuss *m*.

subconscious [sʌb'kɒnʃəs] *adj* unterbewusst.

subcontinent [sʌb'kɒntɪnənt] *n:* **the (Indian)** ~ der (indische) Subkontinent.

subcontract [vt 'sʌbkən'trækt, n 'sʌb'kɔntrækt] vt (vertraglich) weitervergeben ♦ n Nebenvertrag m.

subcontractor ['sʌbkən'træktə*] n Subunternehmer m.

subdivide [sʌbdɪ'vaɪd] vt unterteilen.

subdivision ['sʌbdɪvɪʒən] n Unterteilung f.

subdue [səb'djuː] vt unterwerfen; (emotions) dämpfen.

subdued [səb'djuːd] adj (light) gedämpft; (person) bedrückt.

subeditor [sʌb'ɛdɪtə*] (BRIT) n Redakteur(in) m(f).

subject [n 'sʌbdʒɪkt, vt sʌb'dʒɛkt] n (matter) Thema nt; (SCOL) Fach nt; (of country) Staatsbürger(in) m(f); (GRAM) Subjekt nt ♦ vt: to ~ sb to sth jdn einer Sache dat unterziehen; (expose) jdn einer Sache dat aussetzen; to change the ~ das Thema wechseln; to be ~ to (law, tax) unterworfen sein +dat; (heart attacks etc) anfällig sein für; ~ to confirmation in writing vorausgesetzt, es wird schriftlich bestätigt.

subjection [səb'dʒɛkʃən] n Unterwerfung f.

subjective [səb'dʒɛktɪv] adj subjektiv.

subject matter n Stoff m; (content) Inhalt m.

sub judice [sʌb'djuːdɪsɪ] adj (LAW): to be ~ verhandelt werden.

subjugate ['sʌbdʒugeɪt] vt unterwerfen.

subjunctive [səb'dʒʌŋktɪv] n Konjunktiv m; in the ~ im Konjunktiv.

sublet [sʌb'lɛt] vt untervermieten.

sublime [sə'blaɪm] adj erhaben, vollendet; that's going from the ~ to the ridiculous das ist ein Abstieg ins Profane.

subliminal [sʌb'lɪmɪnl] adj unterschwellig.

submachine gun ['sʌbmə'ʃiːn-] n Maschinenpistole f.

submarine [sʌbmə'riːn] n Unterseeboot nt, U-Boot nt.

submerge [səb'məːdʒ] vt untertauchen; (flood) überschwemmen ♦ vi tauchen; ~d unter Wasser.

submersion [səb'məːʃən] n Untertauchen nt; (of submarine) Tauchen nt; (by flood) Überschwemmung f.

submission [səb'mɪʃən] n (subjection) Unterwerfung f; (of plan, application etc) Einreichung f; (proposal) Vorlage f.

submissive [səb'mɪsɪv] adj gehorsam; (gesture) demütig.

submit [səb'mɪt] vt (proposal) vorlegen; (application etc) einreichen ♦ vi: to ~ to sth sich einer Sache dat unterwerfen.

subnormal [sʌb'nɔːml] adj (below average) unterdurchschnittlich; (old: child etc) minderbegabt; **educationally** ~ lernbehindert.

subordinate [sə'bɔːdɪnət] n Untergebene(r) f(m); (LING): ~ clause Nebensatz m ♦ adj untergeordnet; to be ~ to sb jdm untergeordnet sein.

subpoena [səb'piːnə] n (LAW) Vorladung f ♦ vt vorladen.

subroutine [sʌbruː'tiːn] n (COMPUT) Unterprogramm nt.

subscribe [səb'skraɪb] vi spenden; to ~ to (opinion, theory) sich anschließen +dat; (fund, charity) regelmäßig spenden an +acc; (magazine etc) abonnieren.

subscriber [səb'skraɪbə*] n (to magazine) Abonnent(in) m(f); (TEL) Teilnehmer(in) m(f).

subscript ['sʌbskrɪpt] n tiefgestelltes Zeichen nt.

subscription [səb'skrɪpʃən] n (to magazine etc) Abonnement nt; (membership dues) (Mitglieds)beitrag m; **to take out a ~ to** (magazine etc) abonnieren.

subsequent ['sʌbsɪkwənt] adj später, nachfolgend; (further) weiter; ~ to im Anschluss an +acc.

subsequently ['sʌbsɪkwəntlɪ] adv später.

subservient [səb'səːvɪənt] adj unterwürfig; (less important) untergeordnet; to be ~ to untergeordnet sein +dat.

subside [səb'saɪd] vi (feeling, pain) nachlassen; (flood) sinken; (earth) sich senken.

subsidence [səb'saɪdns] n Senkung f.

subsidiarity [səbsɪdɪ'ærɪtɪ] n Subsidiarität f.

subsidiary [səb'sɪdɪərɪ] adj (question, role, BRIT SCOL: subject) Neben- ♦ n (also: ~ company) Tochtergesellschaft f.

subsidize ['sʌbsɪdaɪz] vt subventionieren.

subsidy ['sʌbsɪdɪ] n Subvention f.

subsist [səb'sɪst] vi: to ~ on sth sich von etw ernähren.

subsistence [səb'sɪstəns] n Existenz f; **enough for ~** genug zum (Über)leben.

subsistence allowance n Unterhaltszuschuss m.

subsistence level n Existenzminimum nt.

substance ['sʌbstəns] n Substanz f, Stoff m; (fig: essence) Kern m; **a man of ~** ein vermögender Mann; **to lack ~** (book) keine Substanz haben; (argument) keine Durchschlagskraft haben.

substance abuse n Missbrauch von Alkohol, Drogen, Arzneimitteln etc.

substandard [sʌb'stændəd] adj minderwertig; (housing) unzulänglich.

substantial [səb'stænʃl] adj (solid) solide; (considerable) beträchtlich, größere(r, s); (meal) kräftig.

substantially [səb'stænʃəlɪ] adv erheblich; (in essence) im Wesentlichen.

substantiate [səb'stænʃɪeɪt] vt erhärten, untermauern.

substitute ['sʌbstɪtjuːt] n Ersatz m ♦ vt: to ~ A for B durch A ersetzen.

substitute teacher (US) n Vertretung f.

substitution [sʌbstɪ'tjuːʃən] n Ersetzen nt; (FOOTBALL) Auswechseln nt.

subterfuge ['sʌbtəfjuːdʒ] n Tricks pl; (trickery) Täuschung f.

subterranean [sʌbtə'reɪnɪən] *adj* unterirdisch.
subtitle ['sʌbtaɪtl] *n* Untertitel *m*.
subtle ['sʌtl] *adj* fein; (*indirect*) raffiniert.
subtlety ['sʌtltɪ] *n* Feinheit *f*; (*art of being subtle*) Finesse *f*.
subtly ['sʌtlɪ] *adv* (*change, vary*) leicht; (*different*) auf subtile Weise; (*persuade*) raffiniert.
subtotal [sʌb'təʊtl] *n* Zwischensumme *f*.
subtract [səb'trækt] *vt* abziehen, subtrahieren.
subtraction [səb'trækʃən] *n* Abziehen *nt*, Subtraktion *f*.
subtropical [sʌb'trɒpɪkl] *adj* subtropisch.
suburb ['sʌbɜːb] *n* Vorort *m*.
suburban [sə'bɜːbən] *adj* (*train etc*) Vorort-; (*lifestyle etc*) spießig, kleinbürgerlich.
suburbia [sə'bɜːbɪə] *n* die Vororte *pl*.
subvention [səb'vɛnʃən] *n* Subvention *f*.
subversion [səb'vɜːʃən] *n* Subversion *f*.
subversive [səb'vɜːsɪv] *adj* subversiv.
subway ['sʌbweɪ] *n* (*US*) Untergrundbahn *f*, U-Bahn *f*; (*BRIT: underpass*) Unterführung *f*.
sub-zero [sʌb'zɪərəʊ] *adj*: ~ **temperatures** Temperaturen unter null.
succeed [sək'siːd] *vi* (*plan etc*) gelingen, erfolgreich sein; (*person*) erfolgreich sein, Erfolg haben ♦ *vt* (*in job*) Nachfolger werden +*gen*; (*in order*) folgen +*dat*; **sb ~s in doing sth** es gelingt jdm, etw zu tun.
succeeding [sək'siːdɪŋ] *adj* folgend; ~ **generations** spätere *or* nachfolgende Generationen *pl*.
success [sək'sɛs] *n* Erfolg *m*; **without** ~ ohne Erfolg, erfolglos.
successful [sək'sɛsful] *adj* erfolgreich; **to be** ~ erfolgreich sein, Erfolg haben; **sb is** ~ **in doing sth** es gelingt jdm, etw zu tun.
successfully [sək'sɛsfəlɪ] *adv* erfolgreich, mit Erfolg.
succession [sək'sɛʃən] *n* Folge *f*, Serie *f*; (*to throne etc*) Nachfolge *f*; **3 years in** ~ 3 Jahre nacheinander *or* hintereinander.
successive [sək'sɛsɪv] *adj* aufeinander folgend; **on 3** ~ **days** 3 Tage nacheinander *or* hintereinander.
successor [sək'sɛsə*] *n* Nachfolger(in) *m(f)*.
succinct [sək'sɪŋkt] *adj* knapp, prägnant.
succulent ['sʌkjulənt] *adj* saftig ♦ *n* Fettpflanze *f*, Sukkulente *f*.
succumb [sə'kʌm] *vi*: **to** ~ **to** (*temptation*) erliegen +*dat*; (*illness: become affected by*) bekommen; (: *die of*) erliegen +*dat*.
such [sʌtʃ] *adj* (*of that kind*): ~ **a book** so ein Buch; (*so much*): ~ **courage** so viel Mut; (*emphasizing similarity*): **or some** ~ **place/ name** *etc* oder so ähnlich ♦ *adv* so; ~ **books** solche Bücher; ~ **a lot of** so viel; **she made** ~ **a noise that** ... sie machte so einen Lärm, dass ...; ~ **books as I have** was ich an Büchern habe; **I said no** ~ **thing** das habe ich nie gesagt; ~ **a long trip** so eine lange

Reise; ~ **as** wie (zum Beispiel); **as** ~ **an** sich.
such-and-such ['sʌtʃənsʌtʃ] *adj* die und die, der und der, das und das.
suchlike ['sʌtʃlaɪk] (*inf*) *pron*: **and** ~ und dergleichen.
suck [sʌk] *vt* (*sweet etc*) lutschen; (*ice-lolly*) lutschen an +*dat*; (*baby*) saugen an +*dat*; (*pump, machine*) saugen.
sucker ['sʌkə*] *n* (*ZOOL*) Saugnapf *m*; (*TECH*) Saugfuß *m*; (*BOT*) unterirdischer Ausläufer *m*; (*inf*) Dummkopf *m*.
suckle ['sʌkl] *vt* (*baby*) stillen; (*animal*) säugen.
sucrose ['suːkrəuz] *n* (pflanzlicher) Zucker *m*.
suction ['sʌkʃən] *n* Saugwirkung *f*.
suction pump *n* Saugpumpe *f*.
Sudan [su'dɑːn] *n* der Sudan.
Sudanese [suːdə'niːz] *adj* sudanesisch ♦ *n* Sudanese *m*, Sudanesin *f*.
sudden ['sʌdn] *adj* plötzlich; **all of a** ~ ganz plötzlich.
sudden death *n* (*also*: **sudden-death play-off**) Stichkampf *m*.
suddenly ['sʌdnlɪ] *adv* plötzlich.
suds [sʌdz] *npl* Seifenschaum *m*.
sue [suː] *vt* verklagen ♦ *vi* klagen, vor Gericht gehen; **to** ~ **sb for damages** jdn auf Schadenersatz verklagen; **to** ~ **for divorce** die Scheidung einreichen.
suede [sweɪd] *n* Wildleder *nt* ♦ *cpd* Wildleder-.
suet ['suɪt] *n* Nierenfett *nt*.
Suez ['suːɪz] *n*: **the** ~ **Canal** der Suezkanal.
Suff. (*BRIT*) *abbr* (*POST*: = *Suffolk*).
suffer ['sʌfə*] *vt* erleiden; (*rudeness etc*) ertragen ♦ *vi* leiden; **to** ~ **from** leiden an +*dat*; **to** ~ **the effects of sth** an den Folgen von etw leiden.
sufferance ['sʌfərns] *n*: **he was only there on** ~ er wurde dort nur geduldet.
sufferer ['sʌfərə*] *n* Leidende(r) *f(m)*.
suffering ['sʌfərɪŋ] *n* Leid *nt*.
suffice [sə'faɪs] *vi* genügen.
sufficient [sə'fɪʃənt] *adj* ausreichend; ~ **money** genug Geld.
sufficiently [sə'fɪʃəntlɪ] *adv* genug, ausreichend; ~ **powerful/enthusiastic** mächtig/begeistert genug.
suffix ['sʌfɪks] *n* Suffix *nt*, Nachsilbe *f*.
suffocate ['sʌfəkeɪt] *vi* (*lit, fig*) ersticken.
suffocation [sʌfə'keɪʃən] *n* Ersticken *nt*.
suffrage ['sʌfrɪdʒ] *n* Wahlrecht *nt*.
suffragette [sʌfrə'dʒɛt] *n* Suffragette *f*.
suffused [sə'fjuːzd] *adj*: ~ **with** erfüllt von; ~ **with light** lichtdurchflutet.
sugar ['ʃugə*] *n* Zucker *m* ♦ *vt* zuckern.
sugar beet *n* Zuckerrübe *f*.
sugar bowl *n* Zuckerdose *f*.
sugar cane *n* Zuckerrohr *nt*.
sugar-coated ['ʃugə'kəutɪd] *adj* mit Zucker überzogen.
sugar lump *n* Zuckerstück *nt*.

sugar refinery n Zuckerraffinerie f.

sugary ['ʃʊgərɪ] adj süß; (fig: smile, phrase) süßlich.

suggest [sə'dʒɛst] vt vorschlagen; (indicate) andeuten, hindeuten auf +acc; **what do you ~ I do?** was schlagen Sie vor?

suggestion [sə'dʒɛstʃən] n Vorschlag m; (indication) Anflug m; (trace) Spur f.

suggestive [sə'dʒɛstɪv] (pej) adj anzüglich.

suicidal [suɪ'saɪdl] adj selbstmörderisch; (person) selbstmordgefährdet; **to be** or **feel ~** Selbstmordgedanken haben.

suicide ['suɪsaɪd] n (lit, fig) Selbstmord m; (person) Selbstmörder(in) m(f); see also **commit**.

suicide attempt, suicide bid n Selbstmordversuch m.

suit [suːt] n (man's) Anzug m; (woman's) Kostüm nt; (LAW) Prozess m, Verfahren nt; (CARDS) Farbe f ♦ vt passen +dat; (colour, clothes) stehen +dat; **to bring a ~ against sb** (LAW) gegen jdn Klage erheben or einen Prozess anstrengen; **to follow ~** (fig) das Gleiche tun; **to ~ sth to** etw anpassen an +acc; **to be ~ed to do sth** sich dafür eignen, etw zu tun; **~ yourself!** wie du willst!; **well ~ed** (couple) gut zusammenpassend.

suitability [suːtə'bɪlɪtɪ] n Eignung f.

suitable ['suːtəbl] adj (convenient) passend; (appropriate) geeignet; **would tomorrow be ~?** würde Ihnen morgen passen?; **Monday isn't ~** Montag passt nicht; **we found somebody ~** wir haben jemand Passenden gefunden.

suitably ['suːtəblɪ] adv passend; (impressed) gebührend.

suitcase ['suːtkeɪs] n Koffer m.

suite [swiːt] n (of rooms) Suite f, Zimmerflucht f; (MUS) Suite f; **bedroom/dining room ~** Schlafzimmer-/Esszimmereinrichtung f; **a three-piece ~** eine dreiteilige Polstergarnitur.

suitor ['suːtə*] n Kläger(in) m(f).

sulfate ['sʌlfeɪt] (US) n = sulphate.

sulfur ['sʌlfə*] (US) n = sulphur.

sulfuric [sʌl'fjuərɪk] (US) adj = sulphuric.

sulk [sʌlk] vi schmollen.

sulky ['sʌlkɪ] adj schmollend.

sullen ['sʌlən] adj mürrisch, verdrossen.

sulphate, (US) **sulfate** ['sʌlfeɪt] n Sulfat nt, schwefelsaures Salz nt.

sulphur, (US) **sulfur** ['sʌlfə*] n Schwefel m.

sulphur dioxide n Schwefeldioxid nt.

sulphuric, (US) **sulfuric** [sʌl'fjuərɪk] adj: **~ acid** Schwefelsäure f.

sultan ['sʌltən] n Sultan m.

sultana [sʌl'tɑːnə] n Sultanine f.

sultry ['sʌltrɪ] adj schwül.

sum [sʌm] n (calculation) Rechenaufgabe f; (amount) Summe f, Betrag m.

▶ **sum up** vt zusammenfassen; (evaluate rapidly) einschätzen ♦ vi zusammenfassen.

Sumatra [su'mɑːtrə] n Sumatra nt.

summarize ['sʌməraɪz] vt zusammenfassen.

summary ['sʌmərɪ] n Zusammenfassung f ♦ adj (justice, executions) im Schnellverfahren.

summer ['sʌmə*] n Sommer m ♦ cpd Sommer-; **in ~** im Sommer.

summer camp (US) n Ferienlager nt.

summer holidays npl Sommerferien pl.

summerhouse ['sʌməhaus] n (in garden) Gartenhaus nt, Gartenlaube f.

summertime ['sʌmətaɪm] n Sommer m, Sommerszeit f.

summer time n Sommerzeit f.

summery ['sʌmərɪ] adj sommerlich.

summing-up [sʌmɪŋ'ʌp] n (LAW) Resümee nt.

summit ['sʌmɪt] n Gipfel m; (also: **~ conference/meeting**) Gipfelkonferenz f/-treffen nt.

summon ['sʌmən] vt rufen, kommen lassen; (help) holen; (meeting) einberufen; (LAW: witness) vorladen.

▶ **summon up** vt aufbringen.

summons ['sʌmənz] n (LAW) Vorladung f; (fig) Aufruf m ♦ vt (LAW) vorladen; **to serve a ~ on sb** jdn vor Gericht laden.

sumo (wrestling) ['suːməu] n Sumo(-Ringen) nt.

sump [sʌmp] (BRIT) n Ölwanne f.

sumptuous ['sʌmptjuəs] adj (meal) üppig; (costume) aufwändig, aufwendig.

Sun. abbr (= Sunday) So.

sun [sʌn] n Sonne f; **to catch the ~** einen Sonnenbrand bekommen; **everything under the ~** alles Mögliche.

sunbathe ['sʌnbeɪð] vi sich sonnen.

sunbeam ['sʌnbiːm] n Sonnenstrahl m.

sunbed ['sʌnbed] n (with sun lamp) Sonnenbank f.

sunblock ['sʌnblɔk] n Sonnenschutzcreme f.

sunburn ['sʌnbəːn] n Sonnenbrand m.

sunburned ['sʌnbəːnd] adj = sunburnt.

sunburnt ['sʌnbəːnt] adj sonnenverbrannt, sonnengebräunt; **to be ~** (painfully) einen Sonnenbrand haben.

sun-cream ['sʌnkriːm] n Sonnencreme f.

sundae ['sʌndeɪ] n Eisbecher m.

Sunday ['sʌndɪ] n Sonntag m; see also **Tuesday**.

Sunday paper n Sonntagszeitung f.

SUNDAY PAPERS

*Die **Sunday papers** umfassen sowohl Massenblätter als auch seriöse Zeitungen. „The Observer" ist die älteste überregionale Sonntagszeitung der Welt. Die Sonntagszeitungen sind alle sehr umfangreich mit vielen Farb- und Sonderbeilagen. Zu den meisten Tageszeitungen gibt es parallele Sonntagsblätter, die aber separate Redaktionen haben.*

Sunday school n Sonntagsschule f.

sundial ['sʌndaɪəl] *n* Sonnenuhr *f*.

sundown ['sʌndaun] (*esp US*) *n* Sonnenuntergang *m*.

sundries ['sʌndrɪz] *npl* Verschiedenes *nt*.

sundry ['sʌndrɪ] *adj* verschiedene; **all and ~** jedermann.

sunflower ['sʌnflauə*] *n* Sonnenblume *f*.

sunflower oil *n* Sonnenblumenöl *nt*.

sung [sʌŋ] *pp of* **sing**.

sunglasses ['sʌnglɑ:sɪz] *npl* Sonnenbrille *f*.

sunk [sʌŋk] *pp of* **sink**.

sunken ['sʌŋkn] *adj* versunken; (*eyes*) tief liegend; (*cheeks*) eingefallen; (*bath*) eingelassen.

sunlamp ['sʌnlæmp] *n* Höhensonne *f*.

sunlight ['sʌnlaɪt] *n* Sonnenlicht *nt*.

sunlit ['sʌnlɪt] *adj* sonnig, sonnenbeschienen.

sunny ['sʌnɪ] *adj* sonnig; (*fig*) heiter.

sunrise ['sʌnraɪz] *n* Sonnenaufgang *m*.

sun roof *n* (*AUT*) Schiebedach *nt*; (*on building*) Sonnenterrasse *f*.

sun screen *n* Sonnenschutzmittel *nt*.

sunset ['sʌnsɛt] *n* Sonnenuntergang *m*.

sunshade ['sʌnʃeɪd] *n* Sonnenschirm *m*.

sunshine ['sʌnʃaɪn] *n* Sonnenschein *m*.

sunspot ['sʌnspɒt] *n* Sonnenfleck *m*.

sunstroke ['sʌnstrəuk] *n* Sonnenstich *m*.

suntan ['sʌntæn] *n* (Sonnen)bräune *f*; **to get a ~** braun werden.

suntan lotion *n* Sonnenmilch *f*.

suntanned ['sʌntænd] *adj* braun (gebrannt).

suntan oil *n* Sonnenöl *nt*.

suntrap ['sʌntræp] *n* sonniges Eckchen *nt*.

super ['su:pə*] (*inf*) *adj* fantastisch, toll.

superannuation [su:pərænju'eɪʃən] *n* Beitrag *m* zur Rentenversicherung.

superb [su:'pə:b] *adj* ausgezeichnet, großartig; (*meal*) vorzüglich.

Super Bowl *n* Superbowl *m*, Super Bowl *m*, *American-Football-Turnier zwischen den Spitzenreitern der Nationalligen.*

supercilious [su:pə'sɪlɪəs] *adj* herablassend.

superconductor [su:pəkən'dʌktə*] *n* (*PHYS*) Superleiter *m*.

superficial [su:pə'fɪʃəl] *adj* oberflächlich.

superficially [su:pə'fɪʃəlɪ] *adv* oberflächlich; (*from a superficial point of view*) oberflächlich gesehen.

superfluous [su:'pə:fluəs] *adj* überflüssig.

superglue ['su:pəglu:] *n* Sekundenkleber *m*.

superhighway (*US*) *n* ≈ Autobahn *f*; **information ~** Datenautobahn *f*.

superhuman [su:pə'hju:mən] *adj* übermenschlich.

superimpose ['su:pərɪm'pəuz] *vt* (*two things*) übereinander legen; **to ~ on** legen auf +*acc*; **to ~ with** überlagern mit.

superintend [su:pərɪn'tɛnd] *vt* beaufsichtigen, überwachen.

superintendent [su:pərɪn'tɛndənt] *n* Aufseher(in) *m(f)*; (*POLICE*) Kommissar(in) *m(f)*.

superior [su'pɪərɪə*] *adj* besser, überlegen +*dat*; (*more senior*) höher gestellt; (*smug*) überheblich; (: *smile*) überlegen ♦ *n* Vorgesetzte(r) *f(m)*; **Mother S~** (*REL*) Mutter Oberin.

superiority [supɪərɪ'ɔrɪtɪ] *n* Überlegenheit *f*.

superlative [su'pə:lətɪv] *n* Superlativ *m* ♦ *adj* überragend.

superman ['su:pəmæn] (*irreg: like* **man**) *n* Übermensch *m*.

supermarket ['su:pəmɑ:kɪt] *n* Supermarkt *m*.

supermodel ['su:pəmɒdl] *n* Supermodell *nt*.

supernatural [su:pə'nætʃərəl] *adj* übernatürlich ♦ *n*: **the ~** das Übernatürliche.

supernova [su:pə'nəuvə] *n* Supernova *f*.

superpower ['su:pəpauə*] *n* Supermacht *f*.

superscript ['su:pəskrɪpt] *n* hochgestelltes Zeichen *nt*.

supersede [su:pə'si:d] *vt* ablösen, ersetzen.

supersonic ['su:pə'sɒnɪk] *adj* (*aircraft etc*) Überschall-.

superstar ['su:pəstɑ:*] *n* Superstar *m*.

superstition [su:pə'stɪʃən] *n* Aberglaube *m*.

superstitious [su:pə'stɪʃəs] *adj* abergläubisch.

superstore ['su:pəstɔ:*] (*BRIT*) *n* Großmarkt *m*.

supertanker ['su:pətæŋkə*] *n* Supertanker *m*.

supertax ['su:pətæks] *n* Höchststeuer *f*.

supervise ['su:pəvaɪz] *vt* beaufsichtigen.

supervision [su:pə'vɪʒən] *n* Beaufsichtigung *f*; **under medical ~** unter ärztlicher Aufsicht.

supervisor ['su:pəvaɪzə*] *n* Aufseher(in) *m(f)*; (*of students*) Tutor(in) *m(f)*.

supervisory ['su:pəvaɪzərɪ] *adj* beaufsichtigend, Aufsichts-.

supine ['su:paɪn] *adj*: **to be ~** auf dem Rücken liegen ♦ *adv* auf dem Rücken.

supper ['sʌpə*] *n* Abendessen *nt*; **to have ~** zu Abend essen.

supplant [sə'plɑ:nt] *vt* ablösen, ersetzen.

supple ['sʌpl] *adj* geschmeidig; (*person*) gelenkig.

supplement ['sʌplɪmənt] *n* Zusatz *m*; (*of book*) Ergänzungsband *m*; (*of newspaper etc*) Beilage *f* ♦ *vt* ergänzen.

supplementary [sʌplɪ'mɛntərɪ] *adj* zusätzlich, ergänzend.

supplementary benefit (*BRIT*: *old*) *n* ≈ Sozialhilfe *f*.

supplier [sə'plaɪə*] *n* Lieferant(in) *m(f)*.

supply [sə'plaɪ] *vt* liefern; (*provide*) sorgen für; (*a need*) befriedigen ♦ *n* Vorrat *m*; (*supplying*) Lieferung *f*; **supplies** *npl* (*food*) Vorräte *pl*; (*MIL*) Nachschub *m*; **to ~ sth to sb** jdm etw liefern; **to ~ sth with sth** etw mit etw versorgen; **it comes supplied with an adaptor** es wird mit einem Adapter geliefert; **office supplies** Bürobedarf *m*; **to be in short ~** knapp sein; **the electricity/ water/gas ~** die Strom-/Wasser-/ Gasversorgung *f*; **~ and demand** Angebot *nt*

und Nachfrage.
supply teacher (BRIT) n Vertretung f.
support [sə'pɔːt] n Unterstützung f; (TECH)
Stütze f ♦ vt unterstützen, eintreten für;
(financially: family etc) unterhalten; (: party
etc) finanziell unterstützen; (TECH)
(ab)stützen; (theory etc) untermauern; **they
stopped work in** ~ **of** ... sie sind in den
Streik getreten, um für ... einzutreten; **to**
~ **o.s.** (financially) finanziell unabhängig
sein; **to** ~ **Arsenal** Arsenal-Fan sein.
supporter [sə'pɔːtə*] n (POL etc) Anhänger(in)
m(f); (SPORT) Fan m.
supporting [sə'pɔːtɪŋ] adj: ~ **role** Nebenrolle
f; ~ **actor** Schauspieler m in einer
Nebenrolle; ~ **film** Vorfilm m.
supportive [sə'pɔːtɪv] adj hilfreich; **to be** ~ **of**
sb/sth jdn/etw unterstützen.
suppose [sə'pəʊz] vt annehmen, glauben;
(imagine) sich dat vorstellen; **to be** ~**d to do**
sth etw tun sollen; **it was worse than she'd**
~**d** es war schlimmer, als sie es sich
vorgestellt hatte; **I don't** ~ **she'll come** ich
glaube kaum, dass sie kommt; **he's about
sixty, I** ~ er muss wohl so um die Sechzig
sein; **he's** ~**d to be an expert** er ist
angeblich ein Experte; **I** ~ **so/not** ich
glaube schon/nicht.
supposedly [sə'pəʊzɪdlɪ] adv angeblich.
supposing [sə'pəʊzɪŋ] conj angenommen.
supposition [sʌpə'zɪʃən] n Annahme f.
suppository [sə'pɒzɪtrɪ] n Zäpfchen nt.
suppress [sə'prɛs] vt unterdrücken;
(publication) verbieten.
suppression [sə'prɛʃən] n Unterdrückung f.
suppressor [sə'prɛsə*] n (ELEC etc)
Entstörungselement nt.
supremacy [su'prɛməsɪ] n Vormachtstellung
f.
supreme [su'priːm] adj Ober-, oberste(r, s);
(effort) äußerste(r, s); (achievement)
höchste(r, s).
Supreme Court (US) n Oberster Gerichtshof
m.
supremo [su'priːməʊ] (BRIT: inf) n Boss m.
Supt abbr (POLICE) = **superintendent**.
surcharge ['sɜːtʃɑːdʒ] n Zuschlag m.
sure [ʃʊə*] adj sicher; (reliable) zuverlässig,
sicher ♦ adv (inf. esp US): **that** ~ **is pretty,
that's** ~ **pretty** das ist aber schön; **to make**
~ **of sth** sich einer Sache gen vergewissern;
to make ~ **that** sich vergewissern, dass; **I'm**
~ **of it** ich bin mir da sicher; **I'm not**
~ **how/why/when** ich bin mir nicht sicher
or ich weiß nicht genau, wie/warum/wann;
to be ~ **of o.s.** selbstsicher sein; ~**!** klar!;
~ **enough** tatsächlich.
sure-fire ['ʃʊəfaɪə*] (inf) adj todsicher.
sure-footed [ʃʊə'fʊtɪd] adj trittsicher.
surely ['ʃʊəlɪ] adv sicher, bestimmt; ~ **you
don't mean that!** das meinen Sie doch
bestimmt or sicher nicht (so)!

surety ['ʃʊərətɪ] n Bürgschaft f, Sicherheit f;
to go or **stand** ~ **for sb** für jdn bürgen.
surf [sɜːf] n Brandung f.
surface ['sɜːfɪs] n Oberfläche f ♦ vt (road) mit
einem Belag versehen ♦ vi (lit, fig)
auftauchen; (feeling) hochkommen; (rise
from bed) hochkommen; **on the** ~ (fig)
oberflächlich betrachtet.
surface area n Fläche f.
surface mail n Post f auf dem Land-/Seeweg.
surface-to-surface ['sɜːfɪstə'sɜːfɪs] adj
(missile) Boden-Boden-.
surfboard ['sɜːfbɔːd] n Surfbrett nt.
surfeit ['sɜːfɪt] n: **a** ~ **of** ein Übermaß an +dat.
surfer ['sɜːfə*] n Surfer(in) m(f).
surfing ['sɜːfɪŋ] n Surfen nt; **to go** ~ surfen
gehen.
surge [sɜːdʒ] n Anstieg m; (fig: of emotion)
Woge f; (ELEC) Spannungsstoß m ♦ vi (water)
branden; (people) sich drängen; (vehicles)
sich wälzen; (emotion) aufwallen; (ELEC:
power) ansteigen; **to** ~ **forward** nach vorne
drängen.
surgeon ['sɜːdʒən] n Chirurg(in) m(f).
Surgeon General (US) n (MED) ≈
Gesundheitsminister(in) m(f); (MIL)
Sanitätsinspekteur(in) m(f).
surgery ['sɜːdʒərɪ] n Chirurgie f; (BRIT: room)
Sprechzimmer nt; (: building) Praxis f; (also:
~ **hours**: of doctor, MP etc) Sprechstunde f; **to
have** ~ operiert werden; **to need** ~ operiert
werden müssen.
surgical ['sɜːdʒɪkl] adj chirurgisch; (treatment)
operativ.
surgical spirit (BRIT) n Wundbenzin nt.
surly ['sɜːlɪ] adj verdrießlich, mürrisch.
surmise [sɜː'maɪz] vt vermuten, mutmaßen.
surmount [sɜː'maʊnt] vt (fig) überwinden.
surname ['sɜːneɪm] n Nachname m.
surpass [sɜː'pɑːs] vt übertreffen.
surplus ['sɜːpləs] n Überschuss m ♦ adj
überschüssig; **it is** ~ **to our requirements**
das benötigen wir nicht.
surprise [sə'praɪz] n Überraschung f ♦ vt
überraschen; (astonish) erstaunen; (army)
überrumpeln; (thief) ertappen; **to take sb by**
~ jdn überraschen.
surprising [sə'praɪzɪŋ] adj überraschend;
(situation) erstaunlich; **it is** ~ **how/that** es
ist erstaunlich, wie/dass.
surprisingly [sə'praɪzɪŋlɪ] adv überraschend,
erstaunlich; (somewhat) ~, **he agreed**
erstaunlicherweise war er damit
einverstanden.
surrealism [sə'rɪəlɪzəm] n Surrealismus m.
surrealist [sə'rɪəlɪst] adj surrealistisch.
surrender [sə'rɛndə*] n Kapitulation f ♦ vi sich
ergeben ♦ vt aufgeben.
surrender value n Rückkaufswert m.
surreptitious [sʌrəp'tɪʃəs] adj heimlich,
verstohlen.
surrogate ['sʌrəgɪt] n Ersatz m ♦ adj (parents)

Ersatz-.

surrogate mother *n* Leihmutter *f*.

surround [sə'raʊnd] *vt* umgeben; (*MIL, POLICE etc*) umstellen.

surrounding [sə'raʊndɪŋ] *adj* umliegend; **the ~ area** die Umgebung.

surroundings [sə'raʊndɪŋz] *npl* Umgebung *f*.

surtax ['sɜːtæks] *n* Steuerzuschlag *m*.

surveillance [sɜː'veɪləns] *n* Überwachung *f*; **to be under ~** überwacht werden.

survey ['sɜːveɪ] *n* (*of land*) Vermessung *f*; (*of house*) Begutachtung *f*; (*investigation*) Untersuchung *f*; (*report*) Gutachten *nt*; (*comprehensive view*) Überblick *m* ♦ *vt* (*land*) vermessen; (*house*) inspizieren; (*look at*) betrachten.

surveying [sə'veɪɪŋ] *n* (*of land*) Vermessung *f*.

surveyor [sə'veɪə*] *n* (*of land*) Landvermesser(in) *m(f)*; (*of house*) Baugutachter(in) *m(f)*.

survival [sə'vaɪvl] *n* Überleben *nt*; (*relic*) Überbleibsel *nt*; **~ course/kit** Überlebenstraining *nt*/-ausrüstung *f*; **~ bag** Expeditionsschlafsack *m*.

survive [sə'vaɪv] *vi* überleben; (*custom etc*) weiterbestehen ♦ *vt* überleben.

survivor [sə'vaɪvə*] *n* Überlebende(r) *f(m)*.

susceptible [sə'sɛptəbl] *adj*: **~ (to)** anfällig (für); (*influenced by*) empfänglich (für).

suspect ['sʌspɛkt] *adj* verdächtig ♦ *n* Verdächtige(r) *f(m)* ♦ *vt*: **to ~ sb of** jdn verdächtigen +*gen*; (*think*) vermuten; (*doubt*) bezweifeln.

suspected [səs'pɛktɪd] *adj* (*terrorist etc*) mutmaßlich; **he is a ~ member of this organization** er steht im Verdacht, Mitglied dieser Organisation zu sein.

suspend [səs'pɛnd] *vt* (*hang*) (auf)hängen; (*delay, stop*) einstellen; (*from employment*) suspendieren; **to be ~ed (from)** (*hang*) hängen (an +*dat*).

suspended animation [səs'pɛndɪd-] *n* vorübergehender Stillstand aller Körperfunktionen.

suspended sentence *n* (*LAW*) zur Bewährung ausgesetzte Strafe *f*.

suspender belt [səs'pɛndə*-] *n* Strumpfhaltergürtel *m*.

suspenders [səs'pɛndəz] *npl* (*BRIT*) Strumpfhalter *pl*; (*US*) Hosenträger *pl*.

suspense [səs'pɛns] *n* Spannung *f*; (*uncertainty*) Ungewissheit *f*; **to keep sb in ~** jdn auf die Folter spannen.

suspension [səs'pɛnʃən] *n* (*from job*) Suspendierung *f*; (*from team*) Sperrung *f*; (*AUT*) Federung *f*; (*of driving licence*) zeitweiliger Entzug *m*; (*of payment*) zeitweilige Einstellung *f*.

suspension bridge *n* Hängebrücke *f*.

suspicion [səs'pɪʃən] *n* Verdacht *m*; (*distrust*) Misstrauen *nt*; (*trace*) Spur *f*; **to be under ~** unter Verdacht stehen; **arrested on ~ of**

murder wegen Mordverdacht(s) festgenommen.

suspicious [səs'pɪʃəs] *adj* (*suspecting*) misstrauisch; (*causing suspicion*) verdächtig; **to be ~ of** *or* **about sb/sth** jdn/etw mit Misstrauen betrachten.

suss out [sʌs-] (*BRIT: inf*) *vt* (*discover*) rauskriegen; (*understand*) durchschauen.

sustain [səs'teɪn] *vt* (*continue*) aufrechterhalten; (*food, drink*) bei Kräften halten; (*suffer: injury*) erleiden.

sustainable [səs'teɪnəbl] *adj*: **to be ~** aufrechtzuerhalten sein; **~ growth** stetiges Wachstum *nt*.

sustained [səs'teɪnd] *adj* (*effort*) ausdauernd; (*attack*) anhaltend.

sustenance ['sʌstɪnəns] *n* Nahrung *f*.

suture ['suːtʃə*] *n* Naht *f*.

SVQ *n abbr* (= *Scottish Vocational Qualification*) *Qualifikation für berufsbegleitende Ausbildungsinhalte in Schottland.*

SW *abbr* (= *south-west*) SW; (*RADIO*: = *short-wave*) KW.

swab [swɔb] *n* (*MED*) Tupfer *m* ♦ *vt* (*NAUT*: *also*: **~ down**) wischen.

swagger ['swægə*] *vi* stolzieren.

swallow ['swɒləʊ] *n* (*bird*) Schwalbe *f*; (*of food, drink etc*) Schluck *m* ♦ *vt* (herunter)schlucken; (*fig: story, insult, one's pride*) schlucken; **to ~ one's words** (*speak indistinctly*) seine Worte verschlucken; (*retract*) alles zurücknehmen.

▶ **swallow up** *vt* verschlingen.

swam [swæm] *pt of* **swim**.

swamp [swɒmp] *n* Sumpf *m* ♦ *vt* (*lit, fig*) überschwemmen.

swampy ['swɒmpɪ] *adj* sumpfig.

swan [swɒn] *n* Schwan *m*.

swank [swæŋk] (*inf*) *vi* angeben.

swan song *n* (*fig*) Schwanengesang *m*.

swap [swɒp] *n* Tausch *m* ♦ *vt*: **to ~ (for)** (ein)tauschen (gegen).

SWAPO ['swaːpəʊ] *n abbr* (= *South-West Africa People's Organization*) SWAPO *f*.

swarm [swɔːm] *n* Schwarm *m*; (*of people*) Schar *f* ♦ *vi* (*bees, people*) schwärmen; **to be ~ing with** wimmeln von.

swarthy ['swɔːðɪ] *adj* (*person, face*) dunkelhäutig; (*complexion*) dunkel.

swastika ['swɒstɪkə] *n* Hakenkreuz *nt*.

SWAT (*US*) *n abbr* (= *Special Weapons and Tactics*): **~ team** ≈ schnelle Eingreiftruppe *f*.

swat [swɒt] *vt* totschlagen ♦ *n* (*BRIT: also*: **fly ~**) Fliegenklatsche *f*.

swathe [sweɪð] *vt*: **to ~ in** wickeln in +*acc*.

swatter ['swɒtə*] *n* (*also*: **fly ~**) Fliegenklatsche *f*.

sway [sweɪ] *vi* schwanken ♦ *vt* (*influence*) beeinflussen ♦ *n*: **to hold ~** herrschen; **to hold ~ over sb** jdn beherrschen *or* in seiner Macht haben.

swear [swɛə^r] (*pt* **swore**, *pp* **sworn**) *vi* (*curse*) fluchen ♦ *vt* (*promise*) schwören; **to ~ an oath** einen Eid ablegen.
► **swear in** *vt* vereidigen.
swearword ['swɛəwɔːd] *n* Fluch *m*, Kraftausdruck *m*.
sweat [swɛt] *n* Schweiß *m* ♦ *vi* schwitzen; **to be in a ~** schwitzen.
sweatband ['swɛtbænd] *n* Schweißband *nt*.
sweater ['swɛtə^r] *n* Pullover *m*.
sweatshirt ['swɛtʃɜːt] *n* Sweatshirt *nt*.
sweatshop ['swɛtʃɔp] (*pej*) *n* Ausbeuterbetrieb *m*.
sweaty ['swɛtɪ] *adj* verschwitzt; (*hands*) schweißig.
Swede [swiːd] *n* Schwede *m*, Schwedin *f*.
swede [swiːd] (*BRIT*) *n* Steckrübe *f*.
Sweden ['swiːdn] *n* Schweden *nt*.
Swedish ['swiːdɪʃ] *adj* schwedisch ♦ *n* Schwedisch *nt*.
sweep [swiːp] (*pt, pp* **swept**) *n*: **to give sth a ~** etw fegen *or* kehren; (*curve*) Bogen *m*; (*range*) Bereich *m*; (*also*: **chimney ~**) Kaminkehrer *m*, Schornsteinfeger *m* ♦ *vt* fegen, kehren; (*current*) reißen ♦ *vi* (*through air*) gleiten; (*wind*) fegen.
► **sweep away** *vt* hinwegfegen.
► **sweep past** *vi* vorbeirauschen.
► **sweep up** *vi* zusammenfegen, zusammenkehren.
sweeper ['swiːpə^r] *n* (*FOOTBALL*) Ausputzer *m*.
sweeping ['swiːpɪŋ] *adj* (*gesture*) weit ausholend; (*changes, reforms*) weitreichend, weit reichend; (*statement*) verallgemeinernd.
sweepstake ['swiːpsteɪk] *n* Pferdewette, bei der der Preis aus der Summe der Einsätze besteht.
sweet [swiːt] *n* (*candy*) Bonbon *nt or m*; (*BRIT: CULIN*) Nachtisch *m* ♦ *adj* süß; (*air, water*) frisch; (*kind*) lieb ♦ *adv*: **to smell/taste ~** süß duften/schmecken; **~ and sour** süß-sauer.
sweetbread ['swiːtbrɛd] *n* Bries *nt*.
sweetcorn ['swiːtkɔːn] *n* Mais *m*.
sweeten ['swiːtn] *vt* süßen; (*temper*) bessern; (*person*) gnädig stimmen.
sweetener ['swiːtnə^r] *n* Süßstoff *m*; (*fig*) Anreiz *m*.
sweetheart ['swiːthɑːt] *n* Freund(in) *m(f)*; (*in speech, writing*) Schatz *m*, Liebling *m*.
sweetness ['swiːtnɪs] *n* Süße *f*; (*kindness*) Liebenswürdigkeit *f*.
sweet pea *n* (*Garten*)wicke *f*.
sweet potato *n* Süßkartoffel *f*, Batate *f*.
sweet shop (*BRIT*) *n* Süßwarengeschäft *nt*.
sweet tooth *n*: **to have a ~** gern Süßes essen.
swell [swɛl] (*pt* **swelled**, *pp* **swollen** *or* **swelled**) *n* Seegang *m* ♦ *adj* (*US: inf*) toll, prima ♦ *vi* (*increase*) anwachsen; (*sound*) anschwellen; (*feeling*) stärker werden; (*also*: ~ **up**) anschwellen.

swelling ['swɛlɪŋ] *n* Schwellung *f*.
sweltering ['swɛltərɪŋ] *adj* (*heat*) glühend; (*weather, day*) glühend heiß.
swept [swɛpt] *pt, pp of* **sweep**.
swerve [swɜːv] *vi* (*animal*) ausbrechen; (*driver, vehicle*) ausschwenken; **to ~ off the road** ausschwenken und von der Straße abkommen.
swift [swɪft] *n* Mauersegler *m* ♦ *adj* schnell.
swiftly ['swɪftlɪ] *adv* schnell.
swiftness ['swɪftnɪs] *n* Schnelligkeit *f*.
swig [swɪg] (*inf*) *n* Schluck *m* ♦ *vt* herunterkippen.
swill [swɪl] *vt* (*also*: ~ **out**) ausspülen; (*also*: ~ **down**) abspülen ♦ *n* (*for pigs*) Schweinefutter *nt*.
swim [swɪm] (*pt* **swam**, *pp* **swum**) *vi* schwimmen; (*before one's eyes*) verschwimmen ♦ *vt* (*the Channel etc*) durchschwimmen; (*a length*) schwimmen ♦ *n*: **to go for a ~** schwimmen gehen; **to go ~ming** schwimmen gehen; **my head is ~ming** mir dreht sich der Kopf.
swimmer ['swɪmə^r] *n* Schwimmer(in) *m(f)*.
swimming ['swɪmɪŋ] *n* Schwimmen *nt*.
swimming baths (*BRIT*) *npl* Schwimmbad *nt*.
swimming cap *n* Badekappe *f*, Bademütze *f*.
swimming costume (*BRIT*) *n* Badeanzug *m*.
swimmingly ['swɪmɪŋlɪ] (*inf*) *adv* glänzend.
swimming pool *n* Schwimmbad *nt*.
swimming trunks *npl* Badehose *f*.
swimsuit ['swɪmsuːt] *n* Badeanzug *m*.
swindle ['swɪndl] *n* Schwindel *m*, Betrug *m* ♦ *vt*: **to ~ sb (out of sth)** jdn (um etw) betrügen *or* beschwindeln.
swindler ['swɪndlə^r] *n* Schwindler(in) *m(f)*.
swine [swaɪn] (*inf!*) *n* Schwein *nt*.
swing [swɪŋ] (*pt, pp* **swung**) *n* (*in playground*) Schaukel *f*; (*movement*) Schwung *m*; (*change*) Umschwung *m*; (*MUS*) Swing *m* ♦ *vt* (*arms, legs*) schwingen (mit); (*also*: ~ **round**) herumschwenken ♦ *vi* schwingen; (*also*: ~ **round**) sich umdrehen; (*vehicle*) herumschwenken; **a ~ to the left** (*POL*) ein Linksruck *m*; **to get into the ~ of things** richtig reinkommen; **to be in full ~** (*party etc*) in vollem Gang sein.
swing bridge *n* Drehbrücke *f*.
swing door, (*US*) **swinging door** *n* Pendeltür *f*.
swingeing ['swɪndʒɪŋ] (*BRIT*) *adj* (*blow*) hart; (*attack*) scharf; (*cuts, increases*) extrem.
swinging ['swɪŋɪŋ] *adj* (*music*) schwungvoll; (*movement*) schaukelnd.
swipe [swaɪp] *vt* (*also*: ~ **at**) schlagen nach; (*inf: steal*) klauen ♦ *n* Schlag *m*.
swirl [swɜːl] *vi* wirbeln ♦ *n* Wirbeln *nt*.
swish [swɪʃ] *vi* rauschen; (*tail*) schlagen ♦ *n* Rauschen *nt*; (*of tail*) Schlagen *nt* ♦ *adj* (*inf*) schick.
Swiss [swɪs] *adj* schweizerisch, Schweizer ♦ *n inv* Schweizer(in) *m(f)*.

Swiss French – synthetic

Swiss French *adj* französischschweizerisch.
Swiss German *adj* deutschschweizerisch.
Swiss roll *n* Biskuitrolle *f*.
switch [swɪtʃ] *n* Schalter *m*; (*change*)
Änderung *f* ♦ *vt* (*change*) ändern; (*exchange*)
tauschen, wechseln; **to ~ (round** *or* **over)**
vertauschen.
▶ **switch off** *vt* abschalten; (*light*)
ausschalten ♦ *vi* (*fig*) abschalten.
▶ **switch on** *vt* einschalten; (*radio*) anstellen;
(*engine*) anlassen.
switchback ['swɪtʃbæk] (*BRIT*) *n* (*road*) auf
und ab führende Straße *f*; (*roller-coaster*)
Achterbahn *f*.
switchblade ['swɪtʃbleɪd] *n* Schnappmesser
nt.
switchboard ['swɪtʃbɔːd] *n* Vermittlung *f*,
Zentrale *f*.
switchboard operator *n* Telefonist(in) *m(f)*.
Switzerland ['swɪtsələnd] *n* die Schweiz *f*.
swivel ['swɪvl] *vi* (*also:* **~ round**) sich
(herum)drehen.
swollen ['swəʊlən] *pp* of **swell** ♦ *adj*
geschwollen; (*lake etc*) angeschwollen.
swoon [swuːn] *vi* beinahe ohnmächtig
werden ♦ *n* Ohnmacht *f*.
swoop [swuːp] *n* (*by police etc*) Razzia *f*; (*of
bird etc*) Sturzflug *m* ♦ *vi* (*also:* **~ down**: *bird*)
herabstoßen; (*plane*) einen Sturzflug
machen.
swop [swɒp] = **swap**.
sword [sɔːd] *n* Schwert *nt*.
swordfish ['sɔːdfɪʃ] *n* Schwertfisch *m*.
swore [swɔːˌ] *pt* of **swear**.
sworn [swɔːn] *pp* of **swear** ♦ *adj* (*statement*)
eidlich; (*evidence*) unter Eid; (*enemy*)
geschworen.
swot [swɒt] *vi* pauken ♦ *n* (*pej*) Streber(in)
m(f).
▶ **swot up** *vt*: **to ~ up (on)** pauken (+*acc*).
swum [swʌm] *pp* of **swim**.
swung [swʌŋ] *pt, pp* of **swing**.
sycamore ['sɪkəmɔːˌ] *n* Bergahorn *m*.
sycophant ['sɪkəfænt] *n* Kriecher *m*,
Speichellecker *m*.
sycophantic [sɪkə'fæntɪk] *adj* kriecherisch.
Sydney ['sɪdnɪ] *n* Sydney *nt*.
syllable ['sɪləbl] *n* Silbe *f*.
syllabus ['sɪləbəs] *n* Lehrplan *m*; **on the ~** im
Lehrplan.
symbol ['sɪmbl] *n* Symbol *nt*.
symbolic(al) [sɪm'bɒlɪk(l)] *adj* symbolisch; **to
be ~ of sth** etw symbolisieren, ein Symbol
für etw sein.
symbolism ['sɪmbəlɪzəm] *n* Symbolismus
m.
symbolize ['sɪmbəlaɪz] *vt* symbolisieren.
symmetrical [sɪ'mɛtrɪkl] *adj* symmetrisch.
symmetry ['sɪmɪtrɪ] *n* Symmetrie *f*.
sympathetic [sɪmpə'θɛtɪk] *adj* (*understanding*)
verständnisvoll; (*showing pity*) mitfühlend;
(*likeable*) sympathisch; (*supportive*)

wohlwollend; **to be ~ to a cause** (*well-
disposed*) einer Sache wohlwollend
gegenüberstehen.
sympathetically [sɪmpə'θɛtɪklɪ] *adv* (*showing
understanding*) verständnisvoll; (*showing
support*) wohlwollend.
sympathize ['sɪmpəθaɪz] *vi*: **to ~ with** (*person*)
Mitleid haben mit; (*feelings*) Verständnis
haben für; (*cause*) sympathisieren mit.
sympathizer ['sɪmpəθaɪzəˌ] *n* (*POL*)
Sympathisant(in) *m(f)*.
sympathy ['sɪmpəθɪ] *n* Mitgefühl *nt*;
sympathies *npl* (*support, tendencies*)
Sympathien *pl*; **with our deepest ~** mit
aufrichtigem *or* herzlichem Beileid; **to
come out in ~** (*workers*) in einen
Sympathiestreik treten.
symphonic [sɪm'fɒnɪk] *adj* sinfonisch.
symphony ['sɪmfənɪ] *n* Sinfonie *f*.
symphony orchestra *n* Sinfonieorchester
nt.
symposia [sɪm'pəʊzɪə] *npl* of **symposium**.
symposium [sɪm'pəʊzɪəm] (*pl* **~s** *or*
symposia) *n* Symposium *nt*.
symptom ['sɪmptəm] *n* (*MED, fig*) Symptom *nt*,
Anzeichen *nt*.
symptomatic [sɪmptə'mætɪk] *adj*: **~ of**
symptomatisch für.
synagogue ['sɪnəgɒg] *n* Synagoge *f*.
sync [sɪŋk] *n abbr* (= *synchronization*): **in ~**
synchron; **out of ~** nicht synchron.
synchromesh [sɪŋkrəʊ'mɛʃ] *n*
Synchrongetriebe *nt*.
synchronize ['sɪŋkrənaɪz] *vt* (*watches*)
gleichstellen; (*movements*) aufeinander
abstimmen; (*sound*) synchronisieren
♦ *vi*: **to ~ with** (*sound*) synchron sein
mit.
synchronized swimming ['sɪŋkrənaɪzd-] *n*
Synchronschwimmen *nt*.
syncopated ['sɪŋkəpeɪtɪd] *adj* synkopiert.
syndicate ['sɪndɪkɪt] *n*
Interessengemeinschaft *f*; (*of businesses*)
Verband *m*; (*of newspapers*) Pressezentrale
f.
syndrome ['sɪndrəʊm] *n* Syndrom *nt*; (*fig*)
Phänomen *nt*.
synonym ['sɪnənɪm] *n* Synonym *nt*.
synonymous [sɪ'nɒnɪməs] *adj* (*fig*): **~ (with)**
gleichbedeutend (mit).
synopses [sɪ'nɒpsiːz] *npl* of **synopsis**.
synopsis [sɪ'nɒpsɪs] (*pl* **synopses**) *n* Abriss *m*,
Zusammenfassung *f*.
syntactic [sɪn'tæktɪk] *adj* syntaktisch.
syntax ['sɪntæks] *n* Syntax *f*.
syntax error *n* (*COMPUT*) Syntaxfehler *m*.
syntheses ['sɪnθəsiːz] *npl* of **synthesis**.
synthesis ['sɪnθəsɪs] (*pl* **syntheses**) *n* Synthese
f.
synthesizer ['sɪnθəsaɪzəˌ] *n* Synthesizer *m*.
synthetic [sɪn'θɛtɪk] *adj* synthetisch; (*speech*)
künstlich; **synthetics** *npl* (*man-made fabrics*)

Synthetik f.

syphilis ['sıfılıs] n Syphilis f.

syphon ['saifən] = **siphon**.

Syria ['sırıə] n Syrien nt.

Syrian ['sırıən] adj syrisch ♦ n Syrer(in) m(f).

syringe [sı'rındʒ] n Spritze f.

syrup ['sırəp] n Sirup m; (also: **golden ~**) (gelber) Sirup m.

syrupy ['sırəpı] adj sirupartig; (pej, fig: sentimental) schmalzig.

system ['sıstəm] n System nt; (body) Körper m; (ANAT) Apparat m, System nt; **it was a shock to his ~** er hatte schwer damit zu schaffen.

systematic [sıstə'mætık] adj systematisch.

system disk n (COMPUT) Systemdiskette f.

systems analyst ['sıstəmz-] n Systemanalytiker(in) m(f).

T, t

T, t [tiː] n (letter) T nt, t nt; **~ for Tommy** ≈ T wie Theodor.

TA (BRIT) n abbr = **Territorial Army**.

ta [tɑː] (BRIT: inf) interj danke.

tab [tæb] n abbr = **tabulator** ♦ n (on drinks can) Ring m; (on garment) Etikett nt; **to keep ~s on sb/sth** (fig) jdn/etw im Auge behalten.

tabby ['tæbı] n (also: **~ cat**) getigerte Katze f.

tabernacle ['tæbənækl] n Tabernakel nt.

table ['teıbl] n Tisch m; (MATH, CHEM etc) Tabelle f ♦ vt (BRIT: PARL: motion etc) einbringen; **to lay** or **set the ~** den Tisch decken; **to clear the ~** den Tisch abräumen; **league ~** (BRIT: SPORT) Tabelle f.

tablecloth ['teıblklɔθ] n Tischdecke f.

table d'hôte [tɑːbl'dəut] adj (menu, meal) Tagesmenü nt.

table lamp n Tischlampe f.

tablemat ['teıblmæt] n (of cloth) Set nt or m; (for hot dish) Untersatz m.

table of contents n Inhaltsverzeichnis nt.

table salt n Tafelsalz nt.

tablespoon ['teıblspuːn] n Esslöffel m; (also: **~ful**) Esslöffel m (voll).

tablet ['tæblıt] n (MED) Tablette f; (HIST: for writing) Tafel f; (plaque) Plakette f; **~ of soap** (BRIT) Stück nt Seife.

table tennis n Tischtennis nt.

table wine n Tafelwein m.

tabloid ['tæblɔıd] n (newspaper) Boulevardzeitung f; **the ~s** die Boulevardpresse.

taboo [tə'buː] n Tabu nt ♦ adj tabu; **a ~ subject/word** ein Tabuthema/Tabuwort.

tabulate ['tæbjuleıt] vt tabellarisieren.

tabulator ['tæbjuleıtə*] n Tabulator m.

tachograph ['tækəgrɑːf] n Fahrtenschreiber m.

tachometer [tæ'kɔmıtə*] n Tachometer m.

tacit ['tæsıt] adj stillschweigend.

taciturn ['tæsıtəːn] adj schweigsam.

tack [tæk] n (nail) Stift m ♦ vt (nail) anheften; (stitch) heften ♦ vi (NAUT) kreuzen; **to change ~** (fig) den Kurs ändern; **to ~ sth on to (the end of) sth** etw (hinten) an etw acc anheften.

tackle ['tækl] n (for fishing) Ausrüstung f; (for lifting) Flaschenzug m; (FOOTBALL, RUGBY) Angriff m ♦ vt (deal with: difficulty) in Angriff nehmen; (challenge: person) zur Rede stellen; (physically, also SPORT) angreifen.

tacky ['tækı] adj (sticky) klebrig; (pej: cheap-looking) schäbig.

tact [tækt] n Takt m.

tactful ['tæktful] adj taktvoll; **to be ~** taktvoll sein.

tactfully ['tæktfəlı] adv taktvoll.

tactical ['tæktıkl] adj taktisch; **~ error** taktischer Fehler; **~ voting** taktische Stimmabgabe.

tactician [tæk'tıʃən] n Taktiker(in) m(f).

tactics ['tæktıks] npl Taktik f.

tactless ['tæktlıs] adj taktlos.

tactlessly ['tæktlıslı] adv taktlos.

tadpole ['tædpəul] n Kaulquappe f.

taffy ['tæfı] (US) n (toffee) Toffee nt.

tag [tæg] n (label) Anhänger m; **price/name ~** Preis-/Namensschild nt.

▶ **tag along** vi sich anschließen.

Tahiti [tɑː'hiːtı] n Tahiti nt.

tail [teıl] n (of animal) Schwanz m; (of plane) Heck nt; (of shirt, coat) Schoß m ♦ vt (follow) folgen +dat; **tails** npl (formal suit) Frack m; **to turn ~** die Flucht ergreifen; see also **head**.

▶ **tail off** vi (in size etc) abnehmen; (voice) schwächer werden.

tailback ['teılbæk] (BRIT) n (AUT) Stau m.

tail coat n = **tails**.

tail end n Ende nt.

tailgate ['teılgeıt] n (AUT) Heckklappe f.

taillight ['teıllaıt] n (AUT) Rücklicht nt.

tailor ['teılə*] n Schneider(in) m(f) ♦ vt: **to ~ sth (to)** etw abstimmen (auf +acc); **~'s**

shop Schneiderei *f*.
tailoring ['teɪlərɪŋ] *n* (*craft*) Schneiderei *f*; (*cut*) Verarbeitung *f*.
tailor-made ['teɪlə'meɪd] *adj* (*also fig*) maßgeschneidert.
tailwind ['teɪlwɪnd] *n* Rückenwind *m*.
taint [teɪnt] *vt* (*meat, food*) verderben; (*fig: reputation etc*) beschmutzen.
tainted ['teɪntɪd] *adj* (*food, water, air*) verdorben; (*fig: profits, reputation etc*): ~ **with** behaftet mit.
Taiwan ['taɪ'wɑːn] *n* Taiwan *nt*.
Tajikistan [tɑːdʒɪkɪ'stɑːn] *n* Tadschikistan *nt*.
take [teɪk] (*pt* **took**, *pp* **taken**) *vt* nehmen; (*photo, notes*) machen; (*decision*) fällen; (*require: courage, time*) erfordern; (*tolerate: pain etc*) ertragen; (*hold: passengers etc*) fassen; (*accompany: person*) begleiten; (*carry, bring*) mitnehmen; (*exam, test*) machen; (*conduct: meeting*) leiten; (*: class*) unterrichten ♦ *vi* (*have effect: drug*) wirken; (*: dye*) angenommen werden ♦ *n* (*CINE*) Aufnahme *f*; **to ~ sth from** (*drawer etc*) etw nehmen aus +*dat*; **I ~ it** (**that**) ich nehme an(, dass); **I took him for a doctor** (*mistake*) ich hielt ihn für einen Arzt; **to ~ sb's hand** jds Hand nehmen; **to ~ sb for a walk** mit jdm spazieren gehen; **to be ~n ill** krank werden; **to ~ it upon o.s. to do sth** es auf sich nehmen, etw zu tun; ~ **the first (street) on the left** nehmen Sie die erste Straße links; **to ~ Russian at university** Russisch studieren; **it won't ~ long** es dauert nicht lange; **I was quite ~n with her/it** (*attracted to*) ich war von ihr/davon recht angetan.
▶ **take after** *vt fus* (*resemble*) ähneln +*dat*.
▶ **take apart** *vt* auseinander nehmen.
▶ **take away** *vt* wegnehmen; (*carry off*) wegbringen; (*MATH*) abziehen ♦ *vi*: **to ~ away from** (*detract from*) schmälern, beeinträchtigen.
▶ **take back** *vt* (*return*) zurückbringen; (*one's words*) zurücknehmen.
▶ **take down** *vt* (*write down*) aufschreiben; (*dismantle*) abreißen.
▶ **take in** *vt* (*deceive: person*) hereinlegen, täuschen; (*understand*) begreifen; (*include*) einschließen; (*lodger*) aufnehmen; (*orphan, stray dog*) zu sich nehmen; (*dress, waistband*) enger machen.
▶ **take off** *vi* (*AVIAT*) starten; (*go away*) sich absetzen ♦ *vt* (*clothes*) ausziehen; (*glasses*) abnehmen; (*make-up*) entfernen; (*time*) frei nehmen; (*imitate: person*) nachmachen.
▶ **take on** *vt* (*work, responsibility*) übernehmen; (*employee*) einstellen; (*compete against*) antreten gegen.
▶ **take out** *vt* (*invite*) ausgehen mit; (*remove: tooth*) herausnehmen; (*licence*) erwerben; **to ~ sth out of sth** (*drawer, pocket etc*) etw aus etw nehmen; **don't ~ it out on me!** lass es nicht an mir aus!

▶ **take over** *vt* (*business*) übernehmen; (*country*) Besitz ergreifen von ♦ *vi* (*replace*): **to ~ over from sb** jdn ablösen.
▶ **take to** *vt fus* (*person, thing*) mögen; (*activity*) Gefallen finden an +*dat*; (*form habit of*): **to ~ to doing sth** sich *dat* angewöhnen, etw zu tun.
▶ **take up** *vt* (*hobby, sport*) anfangen mit; (*job*) antreten; (*idea etc*) annehmen; (*time, space*) beanspruchen; (*continue: task, story*) fortfahren mit; (*shorten: hem, garment*) kürzer machen ♦ *vi* (*befriend*): **to ~ up with sb** sich mit jdm anfreunden; **to ~ sb up on an offer/a suggestion** auf jds Angebot/Vorschlag eingehen.
takeaway ['teɪkəweɪ] (*BRIT*) *n* (*shop, restaurant*) ≈ Schnellimbiss *m*; (*food*) Imbiss *m* (*zum Mitnehmen*).
take-home pay ['teɪkhəum-] *n* Nettolohn *m*.
taken ['teɪkən] *pp of* **take**.
takeoff ['teɪkɔf] *n* (*AVIAT*) Start *m*.
takeout ['teɪkaut] (*US*) *n* = **takeaway**.
takeover ['teɪkəuvə*] *n* (*COMM*) Übernahme *f*; (*of country*) Inbesitznahme *f*.
takeover bid *n* Übernahmeangebot *nt*.
takings ['teɪkɪŋz] *npl* Einnahmen *pl*.
talc [tælk] *n* (*also*: **talcum powder**) Talkumpuder *m*.
tale [teɪl] *n* Geschichte *f*; **to tell ~s (to sb)** (*child*) (jdm) Geschichten erzählen.
talent ['tælnt] *n* Talent *nt*.
talented ['tæləntɪd] *adj* talentiert, begabt.
talent scout *n* Talentsucher(in) *m(f)*.
talisman ['tælɪzmən] *n* Talisman *m*.
talk [tɔːk] *n* (*speech*) Vortrag *m*; (*conversation, discussion*) Gespräch *nt*; (*gossip*) Gerede *nt* ♦ *vi* (*speak*) sprechen; (*chat*) reden; (*gossip*) klatschen; **talks** *npl* (*POL etc*) Gespräche *pl*; **to give a ~** einen Vortrag halten; **to ~ about** (*discuss*) sprechen *or* reden über; **~ing of films, have you seen ...?** da wir gerade von Filmen sprechen: hast du ... gesehen?; **to ~ sb into doing sth** jdn zu etw überreden; **to ~ sb out of doing sth** jdm etw ausreden.
▶ **talk over** *vt* (*problem etc*) besprechen.
talkative ['tɔːkətɪv] *adj* gesprächig.
talker ['tɔːkə*] *n*: **to be a good/fast** *etc* ~ gut/ amüsant/schnell *etc* reden können.
talking point ['tɔːkɪŋ-] *n* Gesprächsthema *nt*.
talking-to ['tɔːkɪŋtu] *n*: **to give sb a (good)** ~ jdm eine (ordentliche) Standpauke halten (*inf*).
talk show *n* Talkshow *f*.
tall [tɔːl] *adj* (*person*) groß; (*glass, bookcase, tree, building*) hoch; (*ladder*) lang; **to be 6 feet ~** (*person*) ≈ 1,80m groß sein; **how ~ are you?** wie groß bist du?
tallboy ['tɔːlbɔɪ] (*BRIT*) *n* Kommode *f*.
tallness ['tɔːlnɪs] *n* (*of person*) Größe *f*; (*of tree, building etc*) Höhe *f*.
tall story *n* unglaubliche Geschichte *f*.
tally ['tælɪ] *n* (*of marks, amounts etc*) aktueller

Stand *m* ♦ *vi*: **to ~ (with)** (*figures, stories etc*) übereinstimmen mit; **to keep a ~ of sth** über etw *acc* Buch führen.

talon ['tælən] *n* Kralle *f*.

tambourine [tæmbə'ri:n] *n* Tamburin *nt*.

tame [teɪm] *adj* (*animal, bird*) zahm; (*fig: story, party, performance*) lustlos, lahm (*inf*).

Tamil ['tæmɪl] *adj* tamilisch ♦ *n* Tamile *m*, Tamilin *f*, (*LING*) Tamil *nt*.

tamper ['tæmpə*] *vi*: **to ~ with sth** an etw *dat* herumpfuschen (*inf*).

tampon ['tæmpɔn] *n* Tampon *m*.

tan [tæn] *n* (*also*: **suntan**) (Sonnen)bräune *f* ♦ *vi* (*person, skin*) braun werden ♦ *vt* (*hide*) gerben; (*skin*) bräunen ♦ *adj* (*colour*) hellbraun; **to get a ~** braun werden.

tandem ['tændəm] *n* Tandem *nt*; (*together*): **in ~** (*fig*) zusammen.

tandoori [tæn'duərɪ] *n*: **~ oven** Tandoori-Ofen *m*; **~ chicken** *im Tandoori-Ofen gebratenes Huhn.*

tang [tæŋ] *n* (*smell*) Geruch *m*; (*taste*) Geschmack *m*.

tangent ['tændʒənt] *n* (*MATH*) Tangente *f*; **to go off at a ~** (*fig*) vom Thema abschweifen.

tangerine [tændʒə'ri:n] *n* (*fruit*) Mandarine *f*; (*colour*) Orangerot *nt*.

tangible ['tændʒəbl] *adj* greifbar; **~ assets** (*COMM*) Sachanlagevermögen *nt*.

Tangier [tæn'dʒɪə*] *n* Tanger *nt*.

tangle ['tæŋgl] *n* (*of branches, wire etc*) Gewirr *nt*; **to be in a ~** verheddert sein; (*fig*) durcheinander sein; **to get in a ~** sich verheddern; (*fig*) durcheinander geraten.

tango ['tæŋgəu] *n* Tango *m*.

tank [tæŋk] *n* Tank *m*; (*for photographic processing*) Wanne *f*; (*also*: **fish ~**) Aquarium *nt*; (*MIL*) Panzer *m*.

tankard ['tæŋkəd] *n* Bierkrug *m*.

tanker ['tæŋkə*] *n* (*ship*) Tanker *m*; (*truck*) Tankwagen *m*.

tanned [tænd] *adj* (*person*) braun gebrannt; (*hide*) gegerbt.

tannin ['tænɪn] *n* Tannin *nt*.

tanning ['tænɪŋ] *n* (*of leather*) Gerben *nt*.

Tannoy ® ['tænɔɪ] (*BRIT*) *n* Lautsprechersystem *nt*; **over the ~** über Lautsprecher.

tantalizing ['tæntəlaɪzɪŋ] *adj* (*smell*) verführerisch; (*possibility*) verlockend.

tantamount ['tæntəmaunt] *adj*: **~ to** gleichbedeutend mit.

tantrum ['tæntrəm] *n* Wutanfall *m*; **to throw a ~** einen Wutanfall bekommen.

Tanzania [tænzə'nɪə] *n* Tansania *nt*.

Tanzanian [tænzə'nɪən] *adj* tansanisch ♦ *n* (*person*) Tansanier(in) *m(f)*.

tap [tæp] *n* (*on sink, gas tap*) Hahn *m*; (*gentle blow*) leichter Schlag *m*, Klaps *m* ♦ *vt* (*hit gently*) klopfen; (*exploit: resources, energy*) nutzen; (*telephone*) abhören, anzapfen; **on ~** (*fig: resources, information*) zur Verfügung;

(*beer*) vom Fass.

tap-dancing ['tæpdɑ:nsɪŋ] *n* Stepptanz *m*.

tape [teɪp] *n* (*also*: **magnetic ~**) Tonband *nt*; (*cassette*) Kassette *f*; (*also*: **sticky ~**) Klebeband *nt*; (*for tying*) Band *nt* ♦ *vt* (*record, conversation*) aufnehmen, aufzeichnen; (*stick with tape*) mit Klebeband befestigen; **on ~** (*song etc*) auf Band.

tape deck *n* Tapedeck *nt*.

tape measure *n* Bandmaß *nt*.

taper ['teɪpə*] *n* (*candle*) lange, dünne Kerze ♦ *vi* sich verjüngen.

tape recorder *n* Tonband(gerät) *nt*.

tape recording *n* Tonbandaufnahme *f*.

tapered ['teɪpəd] *adj* (*skirt, jacket*) nach unten enger werdend.

tapering ['teɪpərɪŋ] *adj* spitz zulaufend.

tapestry ['tæpɪstrɪ] *n* (*on wall*) Wandteppich *m*; (*fig*) Kaleidoskop *nt*.

tapeworm ['teɪpwɔ:m] *n* Bandwurm *m*.

tapioca [tæpɪ'əukə] *n* Tapioka *f*.

tappet ['tæpɪt] *n* (*AUT*) Stößel *m*.

tar [tɑ:] *n* Teer *m*; **low/middle ~ cigarettes** Zigaretten mit niedrigem/mittlerem Teergehalt.

tarantula [tə'ræntjulə] *n* Tarantel *f*.

tardy ['tɑ:dɪ] *adj* (*reply, letter*) verspätet; (*progress*) langsam.

target ['tɑ:gɪt] *n* Ziel *nt*; (*fig: of joke, criticism etc*) Zielscheibe *f*; **to be on ~** (*project, work*) nach Plan verlaufen.

target practice *n* Zielschießen *nt*.

tariff ['tærɪf] *n* (*tax on goods*) Zoll *m*; (*BRIT: in hotels etc*) Preisliste *f*.

tariff barrier *n* Zollschranke *f*.

tarmac ® ['tɑ:mæk] *n* (*BRIT: on road*) Asphalt *m*; (*AVIAT*): **on the ~** auf dem Rollfeld ♦ *vt* (*BRIT: road etc*) asphaltieren.

tarn [tɑ:n] *n* Bergsee *m*.

tarnish ['tɑ:nɪʃ] *vt* (*silver, brass etc*) stumpf werden lassen; (*fig: reputation etc*) beflecken, in Mitleidenschaft ziehen.

tarot ['tærəu] *n* Tarot *nt or m*.

tarpaulin [tɑ:'pɔ:lɪn] *n* Plane *f*.

tarragon ['tærəgən] *n* Estragon *m*.

tart [tɑ:t] *n* (*CULIN*) Torte *f*; (: *small*) Törtchen *nt*; (*BRIT: inf: prostitute*) Nutte *f* ♦ *adj* (*apple, grapefruit etc*) säuerlich.

► **tart up** (*BRIT: inf*) *vt* (*room, building*) aufmotzen; **to ~ o.s. up** sich fein machen; (*pej*) sich auftakeln.

tartan ['tɑ:tn] *n* Tartan *m*, Schottenstoff *m* ♦ *adj* (*scarf etc*) mit Schottenmuster.

tartar ['tɑ:tə*] *n* (*on teeth*) Zahnstein *m*; (*pej: person*) Tyrann(in) *m(f)*.

tartar(e) sauce ['tɑ:tə-] *n* Remouladensoße *f*.

task [tɑ:sk] *n* Aufgabe *f*; **to take sb to ~** jdn ins Gebet nehmen.

task force *n* (*MIL*) Sonderkommando *nt*; (*POLICE*) Spezialeinheit *f*.

taskmaster ['tɑ:skmɑ:stə*] *n*: **a hard ~** ein strenger Lehrmeister.

Tasmania [tæz'meɪnɪə] *n* Tasmanien *nt*.

tassel ['tæsl] *n* Quaste *f*.

taste [teɪst] *n* Geschmack *m*; (*sample*) Kostprobe *f*; (*fig: of suffering, freedom etc*) Vorgeschmack *m* ♦ *vt* (*get flavour of*) schmecken; (*test*) probieren, versuchen ♦ *vi*: **to ~ of/like sth** nach/wie etw schmecken; **sense of ~** Geschmackssinn *m*; **to have a ~ of sth** (*sample*) etw probieren; **to acquire a ~ for sth** (*liking*) Geschmack an etw *dat* finden; **to be in good/bad ~** (*joke etc*) geschmackvoll/geschmacklos sein; **you can ~ the garlic (in it)** (*detect*) man schmeckt den Knoblauch durch; **what does it ~ like?** wie schmeckt es?

taste buds *npl* Geschmacksknospen *pl*.

tasteful ['teɪstful] *adj* geschmackvoll.

tastefully ['teɪstfəlɪ] *adv* geschmackvoll.

tasteless ['teɪstlɪs] *adj* geschmacklos.

tasty ['teɪstɪ] *adj* schmackhaft.

tattered ['tætəd] *adj* (*clothes, paper etc*) zerrissen; (*fig: hopes etc*) angeschlagen.

tatters ['tætəz] *npl*: **to be in ~** (*clothes*) in Fetzen sein.

tattoo [tə'tuː] *n* (*on skin*) Tätowierung *f*; (*spectacle*) Zapfenstreich *m* ♦ *vt*: **to ~ sth on sth** etw auf etw *acc* tätowieren.

tatty ['tætɪ] (*BRIT: inf*) *adj* schäbig.

taught [tɔːt] *pt, pp of* **teach**.

taunt [tɔːnt] *n* höhnische Bemerkung *f* ♦ *vt* (*person*) verhöhnen.

Taurus ['tɔːrəs] *n* Stier *m*; **to be ~** (ein) Stier sein.

taut [tɔːt] *adj* (*skin, thread etc*) straff.

tavern ['tævən] *n* Taverne *f*.

tawdry ['tɔːdrɪ] *adj* billig.

tawny ['tɔːnɪ] *adj* gelbbraun.

tawny owl *n* Waldkauz *m*.

tax [tæks] *n* Steuer *f* ♦ *vt* (*earnings, goods etc*) besteuern; (*fig: memory, knowledge*) strapazieren; (: *patience etc*) auf die Probe stellen; **before/after ~** vor/nach Abzug der Steuern; **free of ~** steuerfrei.

taxable ['tæksəbl] *adj* steuerpflichtig; (*income*) steuerbar.

tax allowance *n* Steuerfreibetrag *m*.

taxation [tæk'seɪʃən] *n* (*system*) Besteuerung *f*; (*money paid*) Steuern *pl*.

tax avoidance *n* Steuerumgehung *f*.

tax collector *n* Steuerbeamte(r) *m*, Steuerbeamtin *f*.

tax disc (*BRIT*) *n* (*AUT*) Steuerplakette *f*.

tax evasion *n* Steuerhinterziehung *f*.

tax exemption *n* Steuerbefreiung *f*.

tax exile (*person*) *n* Steuerflüchtling *m*.

tax-free ['tæksfriː] *adj* steuerfrei.

tax haven *n* Steuerparadies *nt*.

taxi ['tæksɪ] *n* Taxi *nt* ♦ *vi* (*AVIAT: plane*) rollen.

taxidermist ['tæksɪdəːmɪst] *n* Taxidermist(in) *m(f)*, Tierpräparator(in) *m(f)*.

taxi driver *n* Taxifahrer(in) *m(f)*.

tax inspector (*BRIT*) *n* Steuerinspektor(in) *m(f)*.

taxi rank (*BRIT*) *n* Taxistand *m*.

taxi stand *n* = **taxi rank**.

taxpayer ['tækspeɪə*] *n* Steuerzahler(in) *m(f)*.

tax rebate *n* Steuerrückvergütung *f*.

tax relief *n* Steuernachlass *m*.

tax return *n* Steuererklärung *f*.

tax shelter *n* (*COMM*) System zur Verhinderung von Steuerbelastung.

tax year *n* Steuerjahr *nt*.

TB *n abbr* (= *tuberculosis*) Tb *f*, Tbc *f*.

tbc *abbr* (= *to be confirmed*) noch zu bestätigen.

TD (*US*) *n abbr* = **Treasury Department**; (*FOOTBALL*) = **touchdown**.

tea [tiː] *n* (*drink*) Tee *m*; (*BRIT: evening meal*) Abendessen *nt*; **afternoon ~** (*BRIT*) Nachmittagstee *m*.

tea bag *n* Teebeutel *m*.

tea break (*BRIT*) *n* Teepause *f*.

teacake ['tiːkeɪk] (*BRIT*) *n* Rosinenbrötchen *nt*.

teach [tiːtʃ] (*pt, pp* **taught**) *vt*: **to ~ sb sth, ~ sth to sb** (*instruct*) jdm etw beibringen; (*in school*) jdn in etw *dat* unterrichten ♦ *vi* unterrichten; **it taught him a lesson** (*fig*) er hat seine Lektion gelernt.

teacher ['tiːtʃə*] *n* Lehrer(in) *m(f)*; **German ~** Deutschlehrer(in) *m(f)*.

teacher training college *n* (*for primary schools*) ≈ pädagogische Hochschule *f*; (*for secondary schools*) ≈ Studienseminar *nt*.

teaching ['tiːtʃɪŋ] *n* (*work of teacher*) Unterricht *m*.

teaching aids *npl* Lehrmittel *pl*.

teaching hospital (*BRIT*) *n* Ausbildungskrankenhaus *nt*.

teaching staff (*BRIT*) *n* Lehrerkollegium *nt*.

tea cosy *n* Teewärmer *m*.

teacup ['tiːkʌp] *n* Teetasse *f*.

teak [tiːk] *n* Teak *nt*.

tea leaves *npl* Teeblätter *pl*.

team [tiːm] *n* (*of experts etc*) Team *nt*; (*SPORT*) Mannschaft *f*, Team *nt*; (*of horses, oxen*) Gespann *nt*.

▶ **team up** *vi*: **to ~ up (with)** sich zusammentun (mit).

team game *n* Mannschaftsspiel *nt*.

team spirit *n* Teamgeist *m*.

teamwork ['tiːmwəːk] *n* Teamwork *nt*, Teamarbeit *f*.

tea party *n* Teegesellschaft *f*.

teapot ['tiːpɔt] *n* Teekanne *f*.

tear¹ [tɛə*] (*pt* **tore**, *pp* **torn**) *n* (*hole*) Riss *m* ♦ *vt* (*rip*) zerreißen ♦ *vi* (*become torn*) reißen; **to ~ sth to pieces** *or* **bits** *or* **shreds** (*lit, fig*) etw in Stücke reißen; **to ~ sb to pieces** jdn fertig machen.

▶ **tear along** *vi* (*rush*) entlangrasen.

▶ **tear apart** *vt* (*book, clothes, people*) auseinander reißen; (*upset: person*) hin- und herreißen.

▶ **tear away** *vt*: **to ~ o.s. away (from sth)** (*fig*)

sich (von etw) losreißen.

▶ **tear out** vt (sheet of paper etc) herausreißen.

▶ **tear up** vt (sheet of paper etc) zerreißen.

tear² [tɪə˟] n (in eye) Träne f; **in** ~**s** in Tränen; **to burst into** ~**s** in Tränen ausbrechen.

tearaway ['tɛərəweɪ] (BRIT: inf) n Rabauke m.

teardrop ['tɪədrɔp] n Träne f.

tearful ['tɪəful] adj (person) weinend; (face) tränenüberströmt.

tear gas n Tränengas nt.

tearing ['tɛərɪŋ] adj: **to be in a** ~ **hurry** es unheimlich eilig haben.

tearoom ['tiːruːm] n = teashop.

tease [tiːz] vt necken; (unkindly) aufziehen ♦ n: **she's a real** ~ sie zieht einen ständig auf.

tea set n Teeservice nt.

teashop ['tiːʃɔp] (BRIT) n Teestube f.

Teasmade ® ['tiːzmeɪd] n Teemaschine f (mit Zeiteinstellung).

teaspoon ['tiːspuːn] n Teelöffel m; (also: ~**ful**: measure) Teelöffel m (voll).

tea strainer n Teesieb nt.

teat [tiːt] n (on bottle) Sauger m.

teatime ['tiːtaɪm] n Teestunde f.

tea towel (BRIT) n Geschirrtuch nt.

tea urn n Teespender m.

tech [tɛk] (inf) n abbr = technical college, technology.

technical ['tɛknɪkl] adj technisch; (terms, language) Fach-.

technical college (BRIT) n technische Fachschule f.

technicality [tɛknɪ'kælɪtɪ] n (point of law) Formalität f; (detail) technische Einzelheit f; **on a (legal)** ~ aufgrund or auf Grund einer (juristischen) Formalität.

technically ['tɛknɪklɪ] adv (strictly speaking) genau genommen; (regarding technique) technisch (gesehen).

technician [tɛk'nɪʃən] n Techniker(in) m(f).

technique [tɛk'niːk] n Technik f.

techno ['tɛknəu] n (MUS) Techno nt.

technocrat ['tɛknəkræt] n Technokrat(in) m(f).

technological [tɛknə'lɔdʒɪkl] adj technologisch.

technologist [tɛk'nɔlədʒɪst] n Technologe m, Technologin f.

technology [tɛk'nɔlədʒɪ] n Technologie f.

technology college n Oberstufenkolleg mit technischem Schwerpunkt.

teddy (bear) ['tɛdɪ(-)] n Teddy(bär) m.

tedious ['tiːdɪəs] adj langweilig.

tedium ['tiːdɪəm] n Langeweile f.

tee [tiː] n (GOLF) Tee nt.

▶ **tee off** vi (vom Tee) abschlagen.

teem [tiːm] vi: **to** ~ **with** (tourists etc) wimmeln von; **it is** ~**ing down** es gießt in Strömen.

teenage ['tiːneɪdʒ] adj (fashions etc) Jugend-; (children) im Teenageralter.

teenager ['tiːneɪdʒə˟] n Teenager m,

Jugendliche(r) f(m).

teens [tiːnz] npl: **to be in one's** ~ im Teenageralter sein.

tee shirt n = T-shirt.

teeter ['tiːtə˟] vi (also fig) schwanken, taumeln.

teeth [tiːθ] npl of tooth.

teethe [tiːð] vi Zähne bekommen, zahnen.

teething ring ['tiːðɪŋ-] n Beißring m.

teething troubles npl (fig) Kinderkrankheiten pl.

teetotal ['tiː'təutl] adj (person) abstinent.

teetotaller, (US) **teetotaler** ['tiː'təutlə˟] n Abstinenzler(in) m(f), Antialkoholiker(in) m(f).

TEFL ['tɛfl] n abbr (= Teaching of English as a Foreign Language) Unterricht in Englisch als Fremdsprache.

Teflon ® ['tɛflɔn] n Teflon ® nt.

Teheran [tɛə'rɑːn] n Teheran nt.

tel. abbr (= telephone) Tel.

Tel Aviv ['tɛlə'viːv] n Tel Aviv nt.

telecast ['tɛlɪkɑːst] n Fernsehsendung f.

telecommunications ['tɛlɪkəmjuːnɪ'keɪʃənz] n Nachrichtentechnik f.

teleconferencing [tɛlɪ'kɔnfərənsɪŋ] n Telekonferenzen pl.

telegram ['tɛlɪɡræm] n Telegramm nt.

telegraph ['tɛlɪɡrɑːf] n (system) Telegraf m.

telegraphic [tɛlɪ'ɡræfɪk] adj (equipment) telegrafisch.

telegraph pole n Telegrafenmast m.

telegraph wire n Telegrafenleitung f.

telepathic [tɛlɪ'pæθɪk] adj telepathisch.

telepathy [tə'lɛpəθɪ] n Telepathie f.

telephone ['tɛlɪfəun] n Telefon nt ♦ vt (person) anrufen ♦ vi anrufen, telefonieren; **to be on the** ~ (talking) telefonieren; (possessing phone) ein Telefon haben.

telephone box, (US) **telephone booth** n Telefonzelle f.

telephone call n Anruf m.

telephone directory n Telefonbuch nt.

telephone exchange n Telefonzentrale f.

telephone number n Telefonnummer f.

telephone operator n Telefonist(in) m(f).

telephone tapping n Abhören nt von Telefonleitungen.

telephonist [tə'lɛfənɪst] (BRIT) n Telefonist(in) m(f).

telephoto ['tɛlɪ'fəutəu] adj: ~ **lens** Teleobjektiv nt.

teleprinter ['tɛlɪprɪntə˟] n Fernschreiber m.

Teleprompter ® ['tɛlɪprɔmptə˟] (US) n Teleprompter m.

telesales ['tɛlɪseɪlz] n Verkauf m per Telefon.

telescope ['tɛlɪskəup] n Teleskop nt ♦ vi (fig: bus, lorry) sich ineinander schieben ♦ vt (make shorter) zusammenschieben.

telescopic [tɛlɪ'skɔpɪk] adj (legs, aerial) ausziehbar; ~ **lens** Fernrohrlinse f.

Teletext ® ['tɛlɪtɛkst] n Videotext m.

telethon ['tɛlɪθɔn] n Spendenaktion für

wohltätige Zwecke in Form einer vielstündigen Fernsehsendung.

televise ['tɛlɪvaɪz] *vt* (im Fernsehen) übertragen.

television ['tɛlɪvɪʒən] *n* Fernsehen *nt*; (*set*) Fernseher *m*, Fernsehapparat *m*; **to be on ~** im Fernsehen sein.

television licence (*BRIT*) *n* Fernsehgenehmigung *f*.

television programme *n* Fernsehprogramm *nt*.

television set *n* Fernseher *m*, Fernsehapparat *m*.

teleworking ['tɛlɪwɜːkɪŋ] *n* Telearbeit *f*.

telex ['tɛlɛks] *n* (*system, machine, message*) Telex *nt* ♦ *vt* (*message*) telexen; (*person*) ein Telex schicken +*dat* ♦ *vi* telexen.

tell [tɛl] (*pt, pp* **told**) *vt* (*say*) sagen; (*relate: story*) erzählen; (*distinguish*): **to ~ sth from** etw unterscheiden von; (*be sure*) wissen ♦ *vi* (*have an effect*) sich auswirken; **to ~ sb to do sth** jdm sagen, etw zu tun; **to ~ sb of** *or* **about sth** jdm von etw erzählen; **to be able to ~ the time** (*know how to*) die Uhr kennen; **can you ~ me the time?** können Sie mir sagen, wie spät es ist?; (**I**) **~ you what, let's go to the cinema** weißt du was? Lass uns ins Kino gehen!; **I can't ~ them apart** ich kann sie nicht unterscheiden.

▸ **tell off** *vt*: **to ~ sb off** jdn ausschimpfen.

▸ **tell on** *vt fus* (*inform against*) verpetzen.

teller ['tɛlə'] *n* (*in bank*) Kassierer(in) *m(f)*.

telling ['tɛlɪŋ] *adj* (*remark etc*) verräterisch.

telltale ['tɛlteɪl] *adj* verräterisch ♦ *n* (*pej*) Petzer *m*, Petze *f*.

telly ['tɛlɪ] (*BRIT: inf*) *n abbr* = **television**.

temerity [tə'mɛrɪtɪ] *n* Unverschämtheit *f*.

temp [tɛmp] (*BRIT: inf*) *n abbr* (= *temporary office worker*) Zeitarbeitskraft *f* ♦ *vi* als Zeitarbeitskraft arbeiten.

temper ['tɛmpə'] *n* (*nature*) Naturell *nt*; (*mood*) Laune *f* ♦ *vt* (*moderate*) mildern; **a (fit of) ~** ein Wutanfall *m*; **to be in a ~** gereizt sein; **to lose one's ~** die Beherrschung verlieren.

temperament ['tɛmprəmənt] *n* Temperament *nt*.

temperamental [tɛmprə'mɛntl] *adj* (*person, car*) launisch.

temperate ['tɛmprət] *adj* gemäßigt.

temperature ['tɛmprətʃə'] *n* Temperatur *f*; **to have** *or* **run a ~** Fieber haben; **to take sb's ~** bei jdm Fieber messen.

temperature chart *n* (*MED*) Fiebertabelle *f*.

tempered ['tɛmpəd] *adj* (*steel*) gehärtet.

tempest ['tɛmpɪst] *n* Sturm *m*.

tempestuous [tɛm'pɛstjuəs] *adj* (*also fig*) stürmisch; (*person*) leidenschaftlich.

tempi ['tɛmpiː] *npl of* **tempo**.

template ['tɛmplɪt] *n* Schablone *f*.

temple ['tɛmpl] *n* (*building*) Tempel *m*; (*ANAT*) Schläfe *f*.

tempo ['tɛmpəʊ] (*pl* **~s** *or* **tempi**) *n* (*MUS, fig*)

Tempo *nt*.

temporal ['tɛmpərl] *adj* (*non-religious*) weltlich; (*relating to time*) zeitlich.

temporarily ['tɛmpərərɪlɪ] *adv* vorübergehend; (*unavailable, alone etc*) zeitweilig.

temporary ['tɛmpərərɪ] *adj* (*arrangement*) provisorisch; (*worker, job*) Aushilfs-; **~ secretary** Sekretärin zur Aushilfe; **~ teacher** Aushilfslehrer(in) *m(f)*.

temporize ['tɛmpəraɪz] *vi* ausweichen.

tempt [tɛmpt] *vt* in Versuchung führen; **to ~ sb into doing sth** jdn dazu verleiten, etw zu tun; **to be ~ed to do sth** versucht sein, etw zu tun.

temptation [tɛmp'teɪʃən] *n* Versuchung *f*.

tempting ['tɛmptɪŋ] *adj* (*offer*) verlockend; (*food*) verführerisch.

ten [tɛn] *num* zehn ♦ *n*: **~s of thousands** zehntausende *pl*, Zehntausende *pl*.

tenable ['tɛnəbl] *adj* (*argument, position*) haltbar.

tenacious [tə'neɪʃəs] *adj* zäh, hartnäckig.

tenacity [tə'næsɪtɪ] *n* Zähigkeit *f*, Hartnäckigkeit *f*.

tenancy ['tɛnənsɪ] *n* (*of room*) Mietverhältnis *nt*; (*of land*) Pachtverhältnis *nt*.

tenant ['tɛnənt] *n* (*of room*) Mieter(in) *m(f)*; (*of land*) Pächter(in) *m(f)*.

tend [tɛnd] *vt* (*crops, sick person*) sich kümmern um ♦ *vi*: **to ~ to do sth** dazu neigen *or* tendieren, etw zu tun.

tendency ['tɛndənsɪ] *n* (*of person*) Neigung *f*; (*of thing*) Tendenz *f*.

tender ['tɛndə'] *adj* (*person, care*) zärtlich; (*heart*) gut; (*sore*) empfindlich; (*meat, age*) zart ♦ *n* (*COMM*) Angebot *nt*; (*money*): **legal ~** gesetzliches Zahlungsmittel *nt* ♦ *vt* (*offer*) vorlegen; (*resignation*) einreichen; (*apology*) anbieten; **to put in a ~ (for)** ein Angebot vorlegen (für); **to put work out to ~** (*BRIT*) Arbeiten ausschreiben.

tenderize ['tɛndəraɪz] *vt* (*meat*) zart machen.

tenderly ['tɛndəlɪ] *adv* zärtlich, liebevoll.

tenderness ['tɛndənɪs] *n* (*affection*) Zärtlichkeit *f*; (*of meat*) Zartheit *f*.

tendon ['tɛndən] *n* Sehne *f*.

tendril ['tɛndrɪl] *n* (*BOT*) Ranke *f*; (*of hair etc*) Strähne *f*.

tenement ['tɛnəmənt] *n* Mietshaus *nt*.

Tenerife [tɛnə'riːf] *n* Teneriffa *nt*.

tenet ['tɛnət] *n* Prinzip *nt*.

Tenn. (*US*) *abbr* (*POST*: = *Tennessee*).

tenner ['tɛnə'] (*BRIT: inf*) *n* Zehner *m*.

tennis ['tɛnɪs] *n* Tennis *nt*.

tennis ball *n* Tennisball *m*.

tennis club *n* Tennisklub *m*.

tennis court *n* Tennisplatz *m*.

tennis elbow *n* (*MED*) Tennisell(en)bogen *m*.

tennis match *n* Tennismatch *nt*.

tennis player *n* Tennisspieler(in) *m(f)*.

tennis racket *n* Tennisschläger *m*.

tennis shoes *npl* Tennisschuhe *pl*.

tenor ['tɛnə'] n (MUS) Tenor m; (of speech etc) wesentlicher Gehalt m.

tenpin bowling ['tɛnpɪn-] (BRIT) n Bowling nt.

tense [tɛns] adj (person, muscle) angespannt; (smile) verkrampft; (period, situation) gespannt ♦ n (LING) Zeit f, Tempus nt ♦ vt (muscles) anspannen.

tenseness ['tɛnsnɪs] n Gespanntheit f.

tension ['tɛnʃən] n (nervousness) Angespanntheit f; (between ropes etc) Spannung f.

tent [tɛnt] n Zelt nt.

tentacle ['tɛntəkl] n (ZOOL) Fangarm m; (fig) Klaue f.

tentative ['tɛntətɪv] adj (person, smile) zögernd; (step) unsicher; (conclusion, plans) vorläufig.

tentatively ['tɛntətɪvlɪ] adv (suggest) versuchsweise; (wave etc) zögernd.

tenterhooks ['tɛntəhuks] npl: **to be on ~** wie auf glühenden Kohlen sitzen.

tenth [tɛnθ] num zehnte(r, s) ♦ n Zehntel nt.

tent peg n Hering m.

tent pole n Zeltstange f.

tenuous ['tɛnjuəs] adj (hold, links etc) schwach.

tenure ['tɛnjuə'] n (of land etc) Nutzungsrecht nt; (of office) Amtszeit f; (UNIV): **to have ~** eine Dauerstellung haben.

tepid ['tɛpɪd] adj (also fig) lauwarm.

Ter. abbr (in street names: = terrace) ≈ Str.

term [tɜːm] n (word) Ausdruck m; (period in power etc) Amtszeit f; (SCOL: three per year) Trimester nt ♦ vt (call) nennen; **terms** npl (also COMM) Bedingungen pl; **in economic ~s** wirtschaftlich gesehen; **in ~s of business** was das Geschäft angeht or betrifft; **~ of imprisonment** Gefängnisstrafe f; **"easy ~s"** (COMM) „günstige Bedingungen"; **in the short/long ~** auf kurze/lange Sicht; **to be on good ~s with sb** sich mit jdm gut verstehen; **to come to ~s with** (problem) sich abfinden mit.

terminal ['tɜːmɪnl] adj (disease, patient) unheilbar ♦ n (AVIAT, COMM, COMPUT) Terminal nt; (ELEC) Anschluss m; (BRIT: also: **bus ~**) Endstation f.

terminate ['tɜːmɪneɪt] vt beenden ♦ vi: **to ~ in** enden in +dat.

termination [tɜːmɪ'neɪʃən] n Beendigung f; (expiry: of contract) Ablauf m; (MED: of pregnancy) Abbruch m.

termini ['tɜːmɪnaɪ] npl of **terminus**.

terminology [tɜːmɪ'nɔlədʒɪ] n Terminologie f.

terminus ['tɜːmɪnəs] (pl **termini**) n (for buses, trains) Endstation f.

termite ['tɜːmaɪt] n Termite f.

term paper (US) n (UNIV) ≈ Semesterarbeit f.

Terr. abbr (in street names: = terrace) ≈ Str.

terrace ['tɛrəs] n (BRIT: row of houses) Häuserreihe f; (AGR, patio) Terrasse f; **the terraces** npl (BRIT: SPORT) die Ränge pl.

terraced ['tɛrəst] adj (house) Reihen-; (garden) terrassenförmig angelegt.

terracotta ['tɛrə'kɔtə] n (clay) Terrakotta f; (colour) Braunrot nt ♦ adj (pot, roof etc) Terrakotta-.

terrain [tɛ'reɪn] n Gelände nt, Terrain nt.

terrible ['tɛrɪbl] adj schrecklich, furchtbar.

terribly ['tɛrɪblɪ] adv (very) furchtbar; (very badly) entsetzlich.

terrier ['tɛrɪə'] n Terrier m.

terrific [tə'rɪfɪk] adj (very great: thunderstorm, speed) unheimlich; (time, party) sagenhaft.

terrify ['tɛrɪfaɪ] vt erschrecken; **to be terrified** schreckliche Angst haben.

terrifying ['tɛrɪfaɪɪŋ] adj entsetzlich, grauenvoll.

territorial [tɛrɪ'tɔːrɪəl] adj (boundaries, dispute) territorial, Gebiets-; (waters) Hoheits- ♦ n (MIL) Soldat m der Territorialarmee.

Territorial Army (BRIT) n (MIL): **the ~** die Territorialarmee.

territorial waters npl Hoheitsgewässer pl.

territory ['tɛrɪtərɪ] n (also fig) Gebiet nt.

terror ['tɛrə'] n (great fear) panische Angst f.

terror attack n Terrorangriff m.

terrorism ['tɛrərɪzəm] n Terrorismus m.

terrorist ['tɛrərɪst] n Terrorist(in) m(f).

terrorize ['tɛrəraɪz] vt terrorisieren.

terse [tɜːs] adj knapp.

tertiary ['tɜːʃərɪ] adj tertiär; **~ education** (BRIT) Universitätsausbildung f.

Terylene ® ['tɛrɪliːn] n Terylen ® nt ♦ adj Terylen-.

TESL ['tɛsl] n abbr (= Teaching of English as a Second Language) Unterricht in Englisch als Zweitsprache.

TESSA ['tɛsə] (BRIT) n abbr (= Tax Exempt Special Savings Account) steuerfreies Sparsystem mit begrenzter Einlagehöhe.

test [tɛst] n Test m; (of courage etc) Probe f; (SCOL) Prüfung f; (also: driving ~) Fahrprüfung f ♦ vt testen; (check, SCOL) prüfen; **to put sth to the ~** etw auf die Probe stellen; **to ~ sth for sth** etw auf etw acc prüfen.

testament ['tɛstəmənt] n Zeugnis nt; **the Old/New T~** das Alte/Neue Testament; **last will and ~** Testament nt.

test ban n (also: **nuclear ~**) Teststopp m.

test card n (TV) Testbild nt.

test case n (LAW) Musterfall m; (fig) Musterbeispiel nt.

testes ['tɛstiːz] npl Testikel pl, Hoden pl.

test flight n Testflug m.

testicle ['tɛstɪkl] n Hoden m.

testify ['tɛstɪfaɪ] vi (LAW) aussagen; **to ~ to sth** (LAW, fig) etw bezeugen.

testimonial [tɛstɪ'məunɪəl] n (BRIT: reference) Referenz f; (SPORT: also: **~ match**) Benefizspiel, dessen Erlös einem verdienten Spieler zugute kommt.

testimony ['tɛstɪmənɪ] n (statement) Aussage

f; (*clear proof*): **to be (a)** ~ **to** ein Zeugnis *nt* sein für.

testing ['tɛstɪŋ] *adj* schwierig.

test match *n* (*CRICKET, RUGBY*) Testmatch *nt*, Test Match *nt*, Länderspiel *nt*.

testosterone [tɛs'tɔstərəʊn] *n* Testosteron *nt*.

test paper *n* (*SCOL*) Klassenarbeit *f*.

test pilot *n* Testpilot(in) *m(f)*.

test tube *n* Reagenzglas *nt*.

test-tube baby ['tɛsttjuːb-] *n* Retortenbaby *nt*.

testy ['tɛstɪ] *adj* gereizt.

tetanus ['tɛtənəs] *n* Tetanus *m*.

tetchy ['tɛtʃɪ] *adj* gereizt.

tether ['tɛðə*] *vt* (*animal*) festbinden ♦ *n*: **to be at the end of one's** ~ völlig am Ende sein.

text [tɛkst] *n* Text *m* ♦ *vt* (*on mobile phone*) eine SMS schreiben (+*dat*).

textbook ['tɛkstbʊk] *n* Lehrbuch *nt*.

textiles ['tɛkstaɪlz] *npl* Textilien *pl*.

text message *n* (*TEL*) SMS *f*.

text messaging ['tɛkst,mɛsədʒɪŋ] *n* (*TEL*) Textnachrichten *pl*.

textual ['tɛkstjʊəl] *adj* (*analysis etc*) Text-.

texture ['tɛkstʃə*] *n* Beschaffenheit *f*, Struktur *f*.

TGWU (*BRIT*) *n abbr* (= *Transport and General Workers' Union*) Transportarbeitergewerkschaft.

Thai [taɪ] *adj* thailändisch ♦ *n* Thailänder(in) *m(f)*.

Thailand ['taɪlænd] *n* Thailand *nt*.

thalidomide® [θə'lɪdəmaɪd] *n* Contergan® *nt*.

Thames [tɛmz] *n*: **the** ~ die Themse.

than [ðæn] *conj* (*in comparisons*) als; **more** ~ **10** mehr als 10; **she is older** ~ **you think** sie ist älter, als Sie denken; **more** ~ **once** mehr als einmal.

thank [θæŋk] *vt* danken +*dat*; ~ **you** danke; ~ **you very much** vielen Dank; ~ **God!** Gott sei Dank!

thankful ['θæŋkfʊl] *adj*: ~ (**for/that**) dankbar (für/, dass).

thankfully ['θæŋkfəlɪ] *adv* dankbar; ~ **there were few victims** zum Glück gab es nur wenige Opfer.

thankless ['θæŋklɪs] *adj* undankbar.

thanks [θæŋks] *npl* Dank *m* ♦ *excl* (*also*: **many** ~, ~ **a lot**) danke, vielen Dank; ~ **to** dank +*gen*.

Thanksgiving (Day) ['θæŋksgɪvɪŋ(-)] (*US*) *n* Thanksgiving Day *m*.

THANKSGIVING (DAY)

Thanksgiving (Day) *ist ein Feiertag in den USA, der auf den vierten Donnerstag im November fällt. Er soll daran erinnern, wie die Pilgerväter die gute Ernte im Jahre 1621 feierten. In Kanada gibt es einen ähnlichen Erntedanktag (der aber nichts mit den Pilgervätern zu tun hat) am zweiten Montag im Oktober.*

―――――――――――――――――― *KEYWORD*

that [ðæt, ðət] (*pl* **those**) *adj* (*demonstrative*) der/die/das; ~ **man** der Mann; ~ **woman** die Frau; ~ **book** das Buch; ~ **one** der/die/das da; **I want this one, not** ~ **one** ich will dieses (hier), nicht das (da)

♦ *pron* **1** (*demonstrative*) das; **who's/what's** ~? wer/was ist das?; **is** ~ **you?** bist du das?; **will you eat all** ~? isst du das alles?; **that's what he said** das hat er gesagt; **what happened after** ~? was geschah danach?; ~ **is (to say)** das heißt; **and that's that!** und damit Schluss!

2 (*relative: subject*) der/die/das; (: *pl*) die; (: *direct object*) den/die/das; (: *pl*) die; (: *indirect object*) dem/der/dem; (: *pl*) denen; **the man** ~ **I saw** der Mann, den ich gesehen habe; **all** ~ **I have** alles was ich habe; **the people** ~ **I spoke to** die Leute, mit denen ich geredet habe.

3 (*relative: of time*) **the day** ~ **he came** der Tag, an dem er kam; **the winter** ~ **he came to see us** der Winter, in dem er uns besuchte

♦ *conj* dass; **he thought** ~ **I was ill** er dachte, dass ich krank sei, er dachte, ich sei krank

♦ *adv* (*demonstrative*) so; **I can't work** ~ **much** ich kann nicht so viel arbeiten; ~ **high** so hoch.

---

thatched [θætʃt] *adj* (*roof, cottage*) strohgedeckt.

Thatcherism ['θætʃərɪzəm] *n* Thatcherismus *m*.

Thatcherite ['θætʃəraɪt] *adj* thatcheristisch ♦ *n* Thatcher Anhänger(in) *m(f)*.

thaw [θɔː] *n* Tauwetter *nt* ♦ *vi* (*ice*) tauen; (*food*) auftauen ♦ *vt* (*also*: ~ **out**) auftauen; **it's** ~**ing** es taut.

―――――――――――――――――― *KEYWORD*

the [ðiː, ðə] *def art* **1** (*before masculine noun*) der; (*before feminine noun*) die; (*before neuter noun*) das; (*before plural noun*) die; **to play** ~ **piano/violin** Klavier/Geige spielen; **I'm going to** ~ **butcher's/the cinema** ich gehe zum Metzger/ins Kino.

2 (+ *adj to form noun*): ~ **rich and** ~ **poor** die Reichen und die Armen; **to attempt** ~ **impossible** das Unmögliche versuchen.

3 (*in titles*): **Elizabeth** ~ **First** Elisabeth die Erste; **Peter** ~ **Great** Peter der Große.

4 (*in comparisons*): ~ **more he works** ~ **more he earns** je mehr er arbeitet, desto mehr verdient er; ~ **sooner** ~ **better** je eher, desto besser.

---

theatre, (*US*) **theater** ['θɪətə*] *n* Theater *nt*; (*also*: **lecture** ~) Hörsaal *m*; (*also*: **operating** ~) Operationsaal *m*.

theatre-goer ['θɪətəgəʊə*] *n*

Theaterbesucher(in) *m(f)*.

theatrical [θɪˈætrɪkl] *adj* (*event, production*) Theater-; (*gestures etc*) theatralisch.

theft [θeft] *n* Diebstahl *m*.

their [ðɛəˈ] *adj* ihr.

theirs [ðɛəz] *pron* ihre(r, s); **it is ~** es gehört ihnen; **a friend of ~** ein Freund/eine Freundin von ihnen; *see also* **my, mine¹**.

them [ðem] *pron* (*direct*) sie; (*indirect*) ihnen; **I see ~** ich sehe sie; **give ~ the book** gib ihnen das Buch; **give me a few of ~** geben Sie mir ein paar davon; **with ~** mit ihnen; **without ~** ohne sie; *see also* **me**.

theme [θiːm] *n* (*also MUS*) Thema *nt*.

theme park *n* Themenpark *m*.

theme song *n* Titelmusik *f*.

theme tune *n* Titelmelodie *f*.

themselves [ðəmˈselvz] *pl pron* (*reflexive, after prep*) sich; (*emphatic, alone*) selbst; **between ~** unter sich.

then [ðen] *adv* (*at that time*) damals; (*next, later*) dann ♦ *conj* (*therefore*) also ♦ *adj*: **the ~ president** der damalige Präsident; **by ~** (*past*) bis dahin; (*future*) bis dann; **from ~ on** von da an; **before ~** davor; **until ~** bis dann; **and ~ what?** und was dann?; **what do you want me to do ~?** was soll ich dann machen?; **... but ~ (again) he's the boss ...** aber er ist ja der Chef.

theologian [θɪəˈləʊdʒən] *n* Theologe *m*, Theologin *f*.

theological [θɪəˈlɒdʒɪkl] *adj* theologisch.

theology [θɪˈɒlədʒɪ] *n* Theologie *f*.

theorem [ˈθɪərəm] *n* Lehrsatz *m*.

theoretical [θɪəˈretɪkl] *adj* theoretisch.

theorize [ˈθɪəraɪz] *vi* theoretisieren.

theory [ˈθɪərɪ] *n* Theorie *f*; **in ~** theoretisch.

therapeutic [θerəˈpjuːtɪk] *adj* therapeutisch.

therapist [ˈθerəpɪst] *n* Therapeut(in) *m(f)*.

therapy [ˈθerəpɪ] *n* Therapie *f*.

━━━━━━━━━━━━━━━━━━━━━━━ *KEYWORD*

there [ðɛəˈ] *adv* **1**: **~ is/are** da ist/sind; (*there exist(s)*) es gibt; **~ are 3 of them** es gibt 3 davon; **~ has been an accident** da war ein Unfall; **~ will be a meeting tomorrow** morgen findet ein Treffen statt.

2 (*referring to place*) da, dort; **down/over ~** da unten/drüben; **put it in/on ~** leg es dorthinein/-hinauf; **I want that book ~** ich möchte das Buch da; **~ he is!** da ist er ja!

3: **~, ~** (*esp to child*) ist ja gut.

━━━━━━━━━━━━━━━━━━━━━━━

thereabouts [ˈðɛərəˈbaʊts] *adv*: **or ~** (*place*) oder dortherum; (*amount, time*) oder so.

thereafter [ðɛərˈɑːftəˈ] *adv* danach.

thereby [ˈðɛəbaɪ] *adv* dadurch.

therefore [ˈðɛəfɔːˈ] *adv* daher, deshalb.

there's [ˈðɛəz] = **there is; there has**.

thereupon [ðɛərəˈpɒn] *adv* (*at that point*) darauf(hin).

thermal [ˈθəːml] *adj* (*springs*) Thermal-;

(*underwear, paper, printer*) Thermo-.

thermodynamics [ˈθəːmədaɪˈnæmɪks] *n* Thermodynamik *f*.

thermometer [θəˈmɒmɪtəˈ] *n* Thermometer *nt*.

thermonuclear [ˈθəːməʊˈnjuːklɪəˈ] *adj* thermonuklear.

Thermos ® [ˈθəːməs] *n* (*also:* **~ flask**) Thermosflasche ® *f*.

thermostat [ˈθəːməʊstæt] *n* Thermostat *m*.

thesaurus [θɪˈsɔːrəs] *n* Synonymwörterbuch *nt*.

these [ðiːz] *pl adj, pl pron* diese.

theses [ˈθiːsiːz] *npl of* **thesis**.

thesis [ˈθiːsɪs] (*pl* **theses**) *n* These *f*; (*for doctorate etc*) Dissertation *f*, Doktorarbeit *f*.

they [[ðeɪ]] *pl pron* sie; **~ say that ...** (*it is said that*) man sagt, dass ...

they'd [ðeɪd] = **they had; they would**.

they'll [ðeɪl] = **they shall; they will**.

they're [ðɛəˈ] = **they are**.

they've [ðeɪv] = **they have**.

thick [θɪk] *adj* dick; (*sauce etc*) dickflüssig; (*fog, forest, hair etc*) dicht; (*inf: stupid*) blöd ♦ *n*: **in the ~ of the battle** mitten im Gefecht; **it's 20 cm ~** es ist 20 cm dick.

thicken [ˈθɪkn] *vi* (*fog etc*) sich verdichten ♦ *vt* (*sauce etc*) eindicken; **the plot ~s** die Sache wird immer verwickelter.

thicket [ˈθɪkɪt] *n* Dickicht *nt*.

thickly [ˈθɪklɪ] *adv* (*spread, cut*) dick; **~ populated** dicht bevölkert.

thickness [ˈθɪknɪs] *n* (*of rope, wire*) Dicke *f*; (*layer*) Lage *f*.

thickset [θɪkˈset] *adj* (*person, body*) gedrungen.

thick-skinned [θɪkˈskɪnd] *adj* (*also fig*) dickhäutig.

thief [θiːf] (*pl* **thieves**) *n* Dieb(in) *m(f)*.

thieves [θiːvz] *npl of* **thief**.

thieving [ˈθiːvɪŋ] *n* Stehlen *nt*.

thigh [θaɪ] *n* Oberschenkel *m*.

thighbone [ˈθaɪbəʊn] *n* Oberschenkelknochen *m*.

thimble [ˈθɪmbl] *n* Fingerhut *m*.

thin [θɪn] *adj* dünn; (*fog*) leicht; (*hair, crowd*) spärlich ♦ *vt*: **to ~ (down)** (*sauce, paint*) verdünnen ♦ *vi* (*fog, crowd*) sich lichten; **his hair is ~ning** sein Haar lichtet sich.

thing [θɪŋ] *n* Ding *nt*; (*matter*) Sache *f*; (*inf*): **to have a ~ about sth** (*be fascinated by*) wie besessen sein von etw; (*hate*) etw nicht ausstehen können; **things** *npl* (*belongings*) Sachen *pl*; **to do sth first ~** (*every morning/tomorrow morning*) etw (morgens/morgen früh) als Erstes tun; **I look awful first ~ in the morning** ich sehe frühmorgens immer furchtbar aus; **to do sth last ~** (*at night*) etw als Letztes (am Abend) tun; **the ~ is ...** die Sache ist die: ...; **for one ~** zunächst mal; **don't worry about a ~** du brauchst dir überhaupt keine Sorgen zu machen; **you'll do no such** ~**!** das lässt du schön bleiben!; **poor** ~ armes Ding; **the best** ~ **would be to** ... das Beste wäre, zu ...; **how are** ~**s?** wie gehts?

think [θɪŋk] (*pt, pp* **thought**) *vi* (*reflect*) nachdenken; (*reason*) denken ♦ *vt* (*be of the opinion*) denken; (*believe*) glauben; **to** ~ **of** denken an +*acc*; (*recall*) sich erinnern an +*acc*; **what did you** ~ **of them?** was hielten Sie von ihnen?; **to** ~ **about sth/sb** (*ponder*) über etw/jdn nachdenken; **I'll** ~ **about it** ich werde es mir überlegen; **to** ~ **of doing sth** daran denken, etw zu tun; **to** ~ **highly of sb** viel von jdm halten; **to** ~ **aloud** laut nachdenken; ~ **again!** denk noch mal nach!; **I** ~ **so/not** ich glaube ja/nein.

▶ **think over** *vt* (*offer, suggestion*) überdenken; **I'd like to** ~ **things over** ich möchte mir die Sache noch einmal überlegen.

▶ **think through** *vt* durchdenken.

▶ **think up** *vt* sich *dat* ausdenken.

thinking ['θɪŋkɪŋ] *n* Denken *nt*; **to my (way of)** ~ meiner Meinung *or* Ansicht nach.

think-tank ['θɪŋktæŋk] *n* Expertengremium *nt*.

thinly ['θɪnlɪ] *adv* dünn; (*disguised, veiled*) kaum.

thinness ['θɪnnɪs] *n* Dünne *f*.

third [θəːd] *num* dritte(r, s) ♦ *n* (*fraction*) Drittel *nt*; (*AUT: also:* ~ **gear**) dritter Gang *m*; (*BRIT: SCOL: degree*) ≈ Ausreichend *nt*; **a** ~ **of** ein Drittel +*gen*.

third-degree burns ['θəː'dɪgriː-] *npl* Verbrennungen *pl* dritten Grades.

thirdly ['θəːdlɪ] *adv* drittens.

third party insurance (*BRIT*) *n* ≈ Haftpflichtversicherung *f*.

third-rate ['θəːd'reɪt] (*pej*) *adj* drittklassig.

Third World *n:* **the** ~ die Dritte Welt ♦ *adj* der Dritten Welt.

thirst [θəːst] *n* Durst *m*.

thirsty ['θəːstɪ] *adj* durstig; **to be** ~ Durst haben; **gardening is** ~ **work** Gartenarbeit macht durstig.

thirteen [θəː'tiːn] *num* dreizehn.

thirteenth ['θəː'tiːnθ] *num* dreizehnte(r, s).

thirtieth ['θəːtɪɪθ] *num* dreißigste(r, s).

thirty ['θəːtɪ] *num* dreißig.

this [ðɪs] (*pl* **these**) *adj* (*demonstrative*) diese(r, s); ~ **man** dieser Mann; ~ **woman** diese Frau; ~ **book** dieses Buch; ~ **one** diese(r, s) (hier)

♦ *pron* (*demonstrative*) dies, das; **who/what is** ~**?** wer/was ist das?; ~ **is where I live** hier wohne ich; ~ **is what he said** das hat er gesagt; ~ **is Mr Brown** (*in introductions, photo*) das ist Herr Brown; (*on telephone*) hier ist Herr Brown

♦ *adv* (*demonstrative*): ~ **high/long** *etc* so hoch/lang *etc*.

thistle ['θɪsl] *n* Distel *f*.

thong [θɒŋ] *n* Riemen *m*.

thorn [θɔːn] *n* Dorn *m*.

thorny ['θɔːnɪ] *adj* dornig; (*fig: problem*) heikel.

thorough ['θʌrə] *adj* gründlich.

thoroughbred ['θʌrəbred] *n* Vollblüter *m*.

thoroughfare ['θʌrəfɛə*] *n* (*road*) Durchgangsstraße *f*; **"no** ~**"** (*BRIT*) „Durchfahrt verboten".

thoroughgoing ['θʌrəgəʊɪŋ] *adj* (*changes, reform*) grundlegend; (*investigation*) gründlich.

thoroughly ['θʌrəlɪ] *adv* gründlich; (*very*) äußerst; **I** ~ **agree** ich stimme vollkommen zu.

thoroughness ['θʌrənɪs] *n* Gründlichkeit *f*.

those [ðəʊz] *pl adj, pl pron* die (da); ~ **(of you) who** ... diejenigen (von Ihnen), die ...

though [ðəʊ] *conj* obwohl ♦ *adv* aber; **even** ~ obwohl; **it's not easy,** ~ es ist aber nicht einfach.

thought [θɔːt] *pt, pp of* **think** ♦ *n* Gedanke *m*; **thoughts** *npl* (*opinion*) Gedanken *pl*; **after much** ~ nach langer Überlegung; **I've just had a** ~ mir ist gerade etwas eingefallen; **to give sth some** ~ sich *dat* Gedanken über etw *acc* machen.

thoughtful ['θɔːtful] *adj* (*deep in thought*) nachdenklich; (*considerate*) aufmerksam.

thoughtfully ['θɔːtfəlɪ] *adv* (*look etc*) nachdenklich; (*behave etc*) rücksichtsvoll; (*provide*) rücksichtsvollerweise.

thoughtless ['θɔːtlɪs] *adj* gedankenlos.

thoughtlessly ['θɔːtlɪslɪ] *adv* gedankenlos.

thoughtlessness ['θɔːtlɪsnɪs] *n* Gedankenlosigkeit *f*.

thought-out [θɔːt'aut] *adj* durchdacht.

thought-provoking ['θɔːtprəvəukɪŋ] *adj:* **to be** ~ Denkanstöße geben.

thousand ['θauzənd] *num* (ein)tausend; **two** ~ zweitausend; ~**s of** tausende *or* Tausende von.

thousandth ['θauzəntθ] *num* tausendste(r, s).

thrash [θræʃ] *vt* (*beat*) verprügeln; (*defeat*) (vernichtend) schlagen.

▶ **thrash about** *vi* um sich schlagen.

▶ **thrash around** *vi* = **thrash about**.

▶ **thrash out** *vt* (*problem*) ausdiskutieren.

thrashing ['θræʃɪŋ] *n:* **to give sb a** ~ jdn verprügeln.

thread [θrɛd] *n* (*yarn*) Faden *m*; (*of screw*) Gewinde *nt* ♦ *vt* (*needle*) einfädeln; **to** ~ **one's way between** sich hindurchschlängeln zwischen.

threadbare ['θrɛdbɛə*] *adj* (*clothes*) abgetragen; (*carpet*) abgelaufen.

threat [θrɛt] *n* Drohung *f*; (*fig*): ~ **(to)** Gefahr *f* (für); **to be under** ~ **of** (*closure etc*) bedroht sein von.

threaten ['θrɛtn] *vi* bedrohen ♦ *vt*: **to ~ sb with sth** jdm mit etw drohen; **to ~ to do sth** (damit) drohen, etw zu tun.

threatening ['θrɛtnɪŋ] *adj* drohend, bedrohlich.

three [θriː] *num* drei.

three-dimensional [θriːdɪ'mɛnʃənl] *adj* dreidimensional.

threefold ['θriːfəʊld] *adv*: **to increase ~** dreifach *or* um das Dreifache ansteigen.

three-piece suit ['θriːpiːs-] *n* dreiteiliger Anzug *m*.

three-piece suite *n* dreiteilige Polstergarnitur *f*.

three-ply [θriː'plaɪ] *adj* (*wool*) dreifädig; (*wood*) dreilagig.

three-quarters [θriː'kwɔːtəz] *npl* drei Viertel *pl*; **~ full** drei viertel voll.

three-wheeler ['θriː'wiːlə*] *n* (*car*) Dreiradwagen *m*.

thresh [θrɛʃ] *vt* dreschen.

threshing machine ['θrɛʃɪŋ-] *n* Dreschmaschine *f*.

threshold ['θrɛʃhəʊld] *n* Schwelle *f*; **to be on the ~ of sth** (*fig*) an der Schwelle zu etw sein *or* stehen.

threshold agreement *n* (*ECON*) *Tarifvereinbarung über der Inflationsrate angeglichene Lohnerhöhungen.*

threw [θruː] *pt of* **throw**.

thrift [θrɪft] *n* Sparsamkeit *f*.

thrifty ['θrɪftɪ] *adj* sparsam.

thrill [θrɪl] *n* (*excitement*) Aufregung *f*; (*shudder*) Erregung *f* ♦ *vi* zittern ♦ *vt* (*person, audience*) erregen; **to be ~ed** (*with gift etc*) sich riesig freuen.

thriller ['θrɪlə*] *n* Thriller *m*.

thrilling ['θrɪlɪŋ] *adj* (*ride, performance etc*) erregend; (*news*) aufregend.

thrive [θraɪv] (*pt* **thrived** *or* **throve**, *pp* **thrived**) *vi* gedeihen; **to ~ on sth** von etw leben.

thriving ['θraɪvɪŋ] *adj* (*business, community*) blühend, florierend.

throat [θrəʊt] *n* Kehle *f*; **to have a sore ~** Halsschmerzen haben.

throb [θrɒb] *n* (*of heart*) Klopfen *nt*; (*pain*) Pochen *nt*; (*of engine*) Dröhnen *nt* ♦ *vi* (*heart*) klopfen; (*pain*) pochen; (*machine*) dröhnen; **my head is ~bing** ich habe rasende Kopfschmerzen.

throes [θrəʊz] *npl*: **in the ~ of** (*war, moving house etc*) mitten in *+dat*; **death ~** Todeskampf *m*.

thrombosis [θrɒm'bəʊsɪs] *n* Thrombose *f*.

throne [θrəʊn] *n* Thron *m*; **on the ~** auf dem Thron.

throng ['θrɒŋ] *n* Masse *f* ♦ *vt* (*streets etc*) sich drängen in *+dat* ♦ *vi*: **to ~ to** strömen zu; **a ~ of people** eine Menschenmenge; **to be ~ed with** wimmeln von.

throttle ['θrɒtl] *n* (*in car*) Gaspedal *nt*; (*on motorcycle*) Gashebel *m* ♦ *vt* (*strangle*) erdrosseln.

through [θruː] *prep* durch; (*time*) während; (*owing to*) infolge *+gen* ♦ *adj* (*ticket, train*) durchgehend ♦ *adv* durch; **(from) Monday ~ Friday** (*US*) von Montag bis Freitag; **to be ~** (*TEL*) verbunden sein; **to be ~ with sb/sth** mit jdm/etw fertig sein; **we're ~!** es ist aus zwischen uns!; **"no ~ road** *or* (*US*) **traffic"** „keine Durchfahrt"; **to let sb ~** jdn durchlassen; **to put sb ~ to sb** (*TEL*) jdn mit jdm verbinden.

throughout [θruː'aʊt] *adv* (*everywhere*) überall; (*the whole time*) die ganze Zeit über ♦ *prep* (*place*) überall in *+dat*; (*time*): **~ the morning/afternoon** während des ganzen Morgens/Nachmittags; **~ her life** ihr ganzes Leben lang.

throughput ['θruːpʊt] *n* (*also COMPUT*) Durchsatz *m*.

throve [θrəʊv] *pt of* **thrive**.

throw [θrəʊ] (*pt* **threw**, *pp* **thrown**) *n* Wurf *m* ♦ *vt* werfen; (*rider*) abwerfen; (*fig: confuse*) aus der Fassung bringen; (*pottery*) töpfern; **to ~ a party** eine Party geben; **to ~ open** (*doors, windows*) aufreißen; (*debate*) öffnen.

▶ **throw about** *vt* (*money*) herumwerfen mit.

▶ **throw around** *vt* = **throw about**.

▶ **throw away** *vt* wegwerfen; (*waste*) verschwenden.

▶ **throw off** *vt* (*get rid of: burden*) abwerfen.

▶ **throw out** *vt* (*rubbish*) wegwerfen; (*idea*) verwerfen; (*person*) hinauswerfen.

▶ **throw together** *vt* (*meal*) hinhauen; (*clothes*) zusammenpacken.

▶ **throw up** *vi* (*vomit*) sich übergeben.

throwaway ['θrəʊəweɪ] *adj* (*cutlery etc*) Einweg-; (*line, remark*) beiläufig.

throwback ['θrəʊbæk] *n*: **it's a ~ to** (*reminder*) es erinnert an *+acc*.

throw-in ['θrəʊɪn] *n* (*FOOTBALL*) Einwurf *m*.

thrown [θrəʊn] *pp of* **throw**.

thru [θruː] (*US*) *prep, adj, adv* = **through**.

thrush [θrʌʃ] *n* (*bird*) Drossel *f*; (*MED: esp in children*) Soor *m*; (: *BRIT: in women*) vaginale Pilzerkrankung *f*.

thrust [θrʌst] (*pt, pp* **thrust**) *n* (*TECH*) Schubkraft *f*; (*push*) Stoß *m*; (*fig: impetus*) Stoßkraft *f* ♦ *vt* stoßen.

thud [θʌd] *n* dumpfes Geräusch *nt*.

thug [θʌg] *n* Schlägertyp *m*.

thumb [θʌm] *n* Daumen *m* ♦ *vt*: **to ~ a lift** per Anhalter fahren; **to give sb/sth the ~s up** (*approve*) jdm/etw *dat* grünes Licht geben; **to give sb/sth the ~s down** (*disapprove*) jdn/etw ablehnen.

▶ **thumb through** *vt fus* (*book*) durchblättern.

thumb index *n* Daumenregister *nt*.

thumbnail ['θʌmneɪl] *n* Daumennagel *m*.

thumbnail sketch *n* kurze Darstellung *f*.

thumbtack ['θʌmtæk] (*US*) *n* Heftzwecke *f*.

thump [θʌmp] *n* (*blow*) Schlag *m*; (*sound*)

dumpfer Schlag m ♦ vt schlagen auf +acc ♦ vi
(heart etc) heftig pochen.

thumping ['θʌmpɪŋ] adj (majority, victory etc)
Riesen-; (headache, cold) fürchterlich.

thunder ['θʌndə*] n Donner m ♦ vi donnern;
(shout angrily) brüllen; **to ~ past** (train etc)
vorbeidonnern.

thunderbolt ['θʌndəbəult] n Blitzschlag m.

thunderclap ['θʌndəklæp] n Donnerschlag m.

thunderous ['θʌndrəs] adj donnernd.

thunderstorm ['θʌndəstɔːm] n Gewitter nt.

thunderstruck ['θʌndəstrʌk] adj: **to be ~**
(shocked) wie von Donner gerührt sein.

thundery ['θʌndərɪ] adj (weather) gewitterig.

Thur(s). abbr (= Thursday) Do.

Thursday ['θəːzdɪ] n Donnerstag m; see also
Tuesday.

thus [ðʌs] adv (in this way) so; (consequently)
somit.

thwart [θwɔːt] vt (person) einen Strich durch
die Rechnung machen +dat; (plans)
vereiteln.

thyme [taɪm] n Thymian m.

thyroid ['θaɪrɔɪd] n (also: ~ **gland**) Schilddrüse
f.

tiara [tɪ'ɑːrə] n Diadem nt.

Tiber ['taɪbə*] n: **the ~** der Tiber.

Tibet [tɪ'bɛt] n Tibet nt.

Tibetan [tɪ'bɛtən] adj tibetanisch ♦ n (person)
Tibetaner(in) m(f); (LING) Tibetisch nt.

tibia ['tɪbɪə] n Schienbein nt.

tic [tɪk] n nervöse Zuckung f, Tic m, Tick m.

tick [tɪk] n (sound) Ticken nt; (mark) Häkchen
nt; (ZOOL) Zecke f; (BRIT: inf: moment)
Augenblick m; (: credit): **to buy sth on ~** etw
auf Pump kaufen ♦ vi (clock, watch) ticken
♦ vt (item on list) abhaken; **to put a ~ against
sth** etw abhaken; **what makes him ~?** was
ist er für ein Mensch?

▶ **tick off** vt (item on list) abhaken; (person)
rüffeln.

▶ **tick over** vi (engine) im Leerlauf sein; (fig:
business etc) sich über Wasser halten.

ticker tape ['tɪkəteɪp] n Lochstreifen m; (US:
in celebrations) ≈ Luftschlangen pl.

ticket ['tɪkɪt] n (for public transport) Fahrkarte
f; (for theatre etc) Eintrittskarte f; (in shop: on
goods) Preisschild nt; (: from cash register)
Kassenbon m; (for raffle) Los nt; (for library)
Ausweis m; (also: **parking ~**: fine) Strafzettel
m; (US: POL) Wahlliste f; **to get a (parking) ~**
(AUT) einen Strafzettel bekommen.

ticket agency n (THEAT) Vorverkaufsstelle f.

ticket collector n (RAIL: at station)
Fahrkartenkontrolleur(in) m(f); (on train)
Schaffner(in) m(f).

ticket holder n Karteninhaber(in) m(f).

ticket inspector n Fahrkartenkontrolleur(in)
m(f).

ticket office n (RAIL) Fahrkartenschalter m;
(THEAT) Theaterkasse f.

tickle ['tɪkl] vt kitzeln; (fig: amuse) amüsieren

♦ vi kitzeln; **it ~s!** das kitzelt!

ticklish ['tɪklɪʃ] adj (person, situation) kitzlig.

tidal ['taɪdl] adj (force) Gezeiten-, der
Gezeiten; (river) Tide-.

tidal wave n Flutwelle f.

tidbit ['tɪdbɪt] (US) n = **titbit**.

tiddlywinks ['tɪdlɪwɪŋks] n Flohhüpfen nt.

tide [taɪd] n (in sea) Gezeiten pl; (fig: of events,
opinion etc) Trend m; **high ~** Flut f; **low ~**
Ebbe f; **the ~ is in/out** es ist Flut/Ebbe; **the
~ is coming in** die Flut kommt.

▶ **tide over** vt über die Runden helfen +dat.

tidily ['taɪdɪlɪ] adv ordentlich.

tidiness ['taɪdɪnɪs] n Ordentlichkeit f.

tidy ['taɪdɪ] adj (room, desk) ordentlich,
aufgeräumt; (person) ordnungsliebend;
(sum, income) ordentlich ♦ vt (also: ~ **up**)
aufräumen.

tie [taɪ] n (BRIT: also: **necktie**) Krawatte f;
(string etc) Band nt; (fig: link) Verbindung f;
(SPORT: match) Spiel nt; (in competition: draw)
Unentschieden nt ♦ vt (parcel) verschnüren;
(shoelaces) zubinden; (ribbon) binden ♦ vi
(SPORT etc): **to ~ with sb for first place** sich
mit jdm den ersten Platz teilen; **"black ~"**
„Abendanzug"; **"white ~"** „Frackzwang";
family ~s familiäre Bindungen; **to ~ sth in
a bow** etw zu einer Schleife binden; **to ~ a
knot in sth** einen Knoten in etw acc machen.

▶ **tie down** vt (fig: restrict) binden; (: to date,
price etc) festlegen.

▶ **tie in** vi: **to ~ in with** zusammenpassen mit.

▶ **tie on** vt (BRIT) anbinden.

▶ **tie up** vt (parcel) verschnüren; (dog)
anbinden; (boat) festmachen; (person)
fesseln; (arrangements) unter Dach und
Fach bringen; **to be ~d up** (busy) zu tun
haben, beschäftigt sein.

tie-break(er) ['taɪbreɪk(ə*)] n (TENNIS)
Tiebreak m, Tie-Break m; (in quiz)
Entscheidungsfrage f.

tie-on ['taɪɔn] (BRIT) adj (label) Anhänge-.

tiepin ['taɪpɪn] (BRIT) n Krawattennadel f.

tier [tɪə*] n (of stadium etc) Rang m; (of cake)
Lage f.

tie-tack ['taɪtæk] (US) n = **tiepin**.

tiff [tɪf] n Krach m.

tiger ['taɪgə*] n Tiger m.

tight [taɪt] adj (screw, knot, grip) fest; (shoes,
clothes, bend) eng; (security) streng; (budget,
money) knapp; (schedule) gedrängt; (inf:
drunk) voll; (: stingy) knickerig ♦ adv fest; **to
be packed ~** (suitcase) prallvoll sein; (room)
gerammelt voll sein; **everybody hold ~!** alle
festhalten!

tighten ['taɪtn] vt (rope, strap) straffen; (screw,
bolt) anziehen; (grip) festigen; (security)
verschärfen ♦ vi (grip) sich festigen; (rope
etc) sich spannen.

tightfisted [taɪt'fɪstɪd] adj knickerig (inf).

tight-lipped ['taɪt'lɪpt] adj (fig: silence) eisern;
to be ~ about sth über etw acc schweigen.

tightly ['taɪtlɪ] adv fest.

tightrope ['taɪtrəup] n Seil nt; **to be on** or **walking a ~** (fig) einen Balanceakt vollführen.

tightrope walker n Seiltänzer(in) m(f).

tights [taɪts] (BRIT) npl Strumpfhose f.

tigress ['taɪgrɪs] n Tigerin f.

tilde ['tɪldə] n Tilde f.

tile [taɪl] n (on roof) Ziegel m; (on floor) Fliese f; (on wall) Kachel f ♦ vt (floor) mit Fliesen auslegen; (bathroom) kacheln.

tiled [taɪld] adj (floor) mit Fliesen ausgelegt; (wall) gekachelt.

till [tɪl] n (in shop etc) Kasse f ♦ vt (land) bestellen ♦ prep, conj = **until**.

tiller ['tɪlə] n (NAUT) Ruderpinne f.

tilt [tɪlt] vt neigen ♦ vi sich neigen ♦ n (slope) Neigung f; **to wear one's hat at a ~** den Hut schief aufhaben; **(at) full ~** mit Volldampf.

timber ['tɪmbə] n (material) Holz nt; (trees) Nutzholz nt.

time [taɪm] n Zeit f; (occasion) Gelegenheit f, Mal nt; (MUS) Takt m ♦ vt (measure time of) die Zeit messen bei; (runner) stoppen; (fix moment for. visit etc) den Zeitpunkt festlegen für; **a long ~** eine lange Zeit; **for the ~ being** vorläufig; **4 at a ~** 4 auf einmal; **from ~ to ~** von Zeit zu Zeit; **~ after ~**, **~ and again** immer (und immer) wieder; **at ~s** manchmal, zuweilen; **in ~** (soon enough) rechtzeitig; (eventually) mit der Zeit; (MUS) im Takt; **in a week's ~** in einer Woche; **in no ~** im Handumdrehen; **any ~** jederzeit; **on ~** rechtzeitig; **to be 30 minutes behind/ahead of ~** 30 Minuten zurück/voraus sein; **by the ~ he arrived** als er ankam; **5 ~s 5** 5 mal 5; **what ~ is it?** wie spät ist es?; **to have a good ~** sich amüsieren; **we/they etc had a hard ~** wir/sie etc hatten es schwer; **~'s up!** die Zeit ist um!; **I've no ~ for it** (fig) dafür habe ich nichts übrig; **he'll do it in his own (good) ~** (without being hurried) er macht es, ohne sich hetzen zu lassen; **he'll do it in** or (US) **on his own ~** (out of working hours) er macht es in seiner Freizeit; **to be behind the ~s** rückständig sein; **to ~ sth well/badly** den richtigen/falschen Zeitpunkt für etw wählen; **the bomb was ~d to go off 5 minutes later** die Bombe war so eingestellt, dass sie 5 Minuten später explodieren sollte.

time-and-motion study ['taɪmənd'məuʃən-] n Arbeitsstudie f.

time bomb n (also fig) Zeitbombe f.

time card n Stechkarte f.

time clock n (in factory etc) Stechuhr f.

time-consuming ['taɪmkənsjuːmɪŋ] adj Zeit raubend.

time difference n Zeitunterschied m.

time frame n zeitlicher Rahmen m.

time-honoured, (US) **time-honored** ['taɪmɒnəd] adj althergebracht.

timekeeper ['taɪmkiːpə] n: **she's a good ~** sie erfüllt ihr Zeitsoll.

time-lag ['taɪmlæg] n Verzögerung f.

timeless ['taɪmlɪs] adj zeitlos.

time limit n zeitliche Grenze f.

timely ['taɪmlɪ] adj (arrival) rechtzeitig; (reminder) zur rechten Zeit.

time off n: **to take ~** sich dat freinehmen.

timer ['taɪmə] n (time switch) Schaltuhr f; (on cooker) Zeitmesser m; (on video) Timer m.

time-saving ['taɪmseɪvɪŋ] adj Zeit sparend.

timescale ['taɪmskeɪl] (BRIT) n Zeitspanne f.

time-share ['taɪmʃɛə] n Ferienwohnung f auf Timesharingbasis.

time-sharing ['taɪmʃɛərɪŋ] n (of property, COMPUT) Timesharing nt.

time sheet n = **time card**.

time signal n (RADIO) Zeitzeichen nt.

time switch n Zeitschalter m.

timetable ['taɪmteɪbl] n (RAIL etc) Fahrplan m; (SCOL) Stundenplan m; (programme of events) Programm nt.

time zone n Zeitzone f.

timid ['tɪmɪd] adj (person) schüchtern; (animal) scheu.

timidity [tɪ'mɪdɪtɪ] n (shyness) Schüchternheit f.

timing ['taɪmɪŋ] n (SPORT) Timing nt; **the ~ of his resignation** der Zeitpunkt seines Rücktritts.

timing device n (on bomb) Zeitzünder m.

timpani ['tɪmpənɪ] npl Kesselpauken pl.

tin [tɪn] n (metal) Blech nt; (container) Dose f; (: for baking) Form f; (: BRIT: can) Büchse f, Dose f; **two ~s of paint** zwei Dosen Farbe.

tinfoil ['tɪnfɔɪl] n Alufolie f.

tinge [tɪndʒ] n (of colour) Färbung f; (fig: of emotion etc) Anflug m, Anstrich m ♦ vt: **~d with blue/red** leicht blau/rot gefärbt; **to be ~d with sth** (fig: emotion etc) einen Anstrich von etw haben.

tingle ['tɪŋgl] vi prickeln; (from cold) kribbeln; **I was tingling with excitement** ich zitterte vor Aufregung.

tinker ['tɪŋkə] n (gipsy) Kesselflicker m.
  ► **tinker with** vt fus herumbasteln an +dat.

tinkle ['tɪŋkl] vi klingeln ♦ n (inf): **to give sb a ~** (TEL) bei jdm anklingeln.

tin mine n Zinnbergwerk nt.

tinned [tɪnd] (BRIT) adj (food, peas) Dosen-, in Dosen.

tinnitus ['tɪnɪtəs] n Tinnitus m, Ohrensummen nt.

tinny ['tɪnɪ] (pej) adj (sound) blechern; (car etc) Schrott-.

tin-opener ['tɪnəupnə] (BRIT) n Dosenöffner m.

tinsel ['tɪnsl] n Rauschgoldgirlanden pl.

tint [tɪnt] n (colour) Ton m; (for hair) Tönung f ♦ vt (hair) tönen.

tinted ['tɪntɪd] adj getönt.

tiny ['taɪnɪ] adj winzig.

tip – tobacconist

tip – tobacconist

m(f).

tobacconist's (shop) [tə'bækənɪsts-] *n* Tabakwarenladen *m*.

Tobago [tə'beɪgəu] *n see* **Trinidad**.

toboggan [tə'bɔgən] *n* Schlitten *m*.

today [tə'deɪ] *adv, n* heute; **what day is it ~?** welcher Tag ist heute?; **what date is it ~?** der Wievielte ist heute?; **~ is the 4th of March** heute ist der 4. März; **a week ago ~** heute vor einer Woche; **~'s paper** die Zeitung von heute.

toddle [tɔdl] (*inf*) *vi*: **to ~ in/off/along** herein-/davon-/entlangwatscheln.

toddler ['tɔdlə*] *n* Kleinkind *nt*.

to-do [tə'du:] *n* Aufregung *f*, Theater *nt*.

toe [təu] *n* Zehe *f*, Zeh *m*; (*of shoe, sock*) Spitze *f*; **to ~ the line** (*fig*) auf Linie bleiben; **big/ little ~** großer/kleiner Zeh.

toehold ['təuhəuld] *n* (*in climbing*) Halt *m* für die Fußspitzen; (*fig*): **to get/gain a ~ (in)** einen Einstieg bekommen/sich *dat* einen Einstieg verschaffen (in +*dat*).

toenail ['təuneɪl] *n* Zehennagel *m*.

toffee ['tɔfɪ] *n* Toffee *m*.

toffee apple (*BRIT*) *n* ≈ kandierter Apfel *m*.

tofu ['təufu:] *n* Tofu *m*.

toga ['təugə] *n* Toga *f*.

together [tə'gɛðə*] *adv* zusammen; (*at the same time*) gleichzeitig; **~ with** gemeinsam mit.

togetherness [tə'gɛðənɪs] *n* Beisammensein *nt*.

toggle switch ['tɔgl-] *n* (*COMPUT*) Toggle-Schalter *m*.

Togo ['təugəu] *n* Togo *nt*.

togs [tɔgz] (*inf*) *npl* Klamotten *pl*.

toil [tɔɪl] *n* Mühe *f* ♦ *vi* sich abmühen.

toilet ['tɔɪlət] *n* Toilette *f* ♦ *cpd* (*kit, accessories etc*) Toiletten-; **to go to the ~** auf die Toilette gehen.

toilet bag (*BRIT*) *n* Kulturbeutel *m*.

toilet bowl *n* Toilettenbecken *nt*.

toilet paper *n* Toilettenpapier *nt*.

toiletries ['tɔɪlətrɪz] *npl* Toilettenartikel *pl*.

toilet roll *n* Rolle *f* Toilettenpapier.

toilet soap *n* Toilettenseife *f*.

toilet water *n* Toilettenwasser *nt*.

to-ing and fro-ing ['tu:ɪŋən'frəuɪŋ] (*BRIT*) *n* Hin und Her *nt*.

token ['təukən] *n* (*sign, souvenir*) Zeichen *nt*; (*substitute coin*) Wertmarke *f* ♦ *adj* (*strike, payment etc*) symbolisch; **by the same ~** (*fig*) in gleicher Weise; **book/record/gift ~** (*BRIT*) Bücher-/Platten-/Geschenkgutschein *m*.

tokenism ['təukənɪzəm] *n*: **to be (pure) ~** (nur) eine Alibifunktion haben.

Tokyo ['təukjəu] *n* Tokio *nt*.

told [təuld] *pt, pp of* **tell**.

tolerable ['tɔlərəbl] *adj* (*bearable*) erträglich; (*fairly good*) passabel.

tolerably ['tɔlərəblɪ] *adv*: **~ good** ganz annehmbar *or* passabel.

tolerance ['tɔlərns] *n* Toleranz *f*.

tolerant ['tɔlərnt] *adj* tolerant; **to be ~ of sth** tolerant gegenüber etw sein.

tolerate ['tɔləreɪt] *vt* (*pain, noise*) erdulden, ertragen; (*injustice*) tolerieren.

toleration [tɔlə'reɪʃən] *n* (*of person, pain etc*) Duldung *f*; (*REL, POL*) Toleranz *f*.

toll [təul] *n* (*of casualties, deaths*) (Gesamt)zahl *f*; (*tax, charge*) Gebühr *f* ♦ *vi* (*bell*) läuten; **the work took its ~ on us** die Arbeit blieb nicht ohne Auswirkungen auf uns.

tollbridge ['təulbrɪdʒ] *n* gebührenpflichtige Brücke *f*, Mautbrücke *f*.

toll call (*US*) *n* Ferngespräch *nt*.

toll-free ['təulfri:] (*US*) *adj* gebührenfrei.

toll road *n* gebührenpflichtige Straße *f*, Mautstraße *f*.

tomato [tə'mɑːtəu] (*pl* **~es**) *n* Tomate *f*.

tomato purée *n* Tomatenmark *nt*.

tomb [tu:m] *n* Grab *nt*.

tombola [tɔm'bəulə] *n* Tombola *f*.

tomboy ['tɔmbɔɪ] *n* Wildfang *m*.

tombstone ['tu:mstəun] *n* Grabstein *m*.

tomcat ['tɔmkæt] *n* Kater *m*.

tome [təum] *n* (*form*) Band *m*.

tomorrow [tə'mɔrəu] *adv* morgen ♦ *n* morgen; (*future*) Zukunft *f*; **the day after ~** übermorgen; **a week ~** morgen in einer Woche; **~ morning** morgen früh.

ton [tʌn] *n* (*BRIT*) (britische) Tonne *f*; (*US: also:* **short ~**) (US-)Tonne *f* (*ca. 907 kg*); (*metric ton*) (metrische) Tonne *f*; **~s of** (*inf*) Unmengen von.

tonal ['təunl] *adj* (*MUS*) klanglich, tonal.

tone [təun] *n* Ton *m* ♦ *vi* (*also:* **~ in**: *colours*) (farblich) passen.

► **tone down** *vt* (*also fig*) abschwächen.

► **tone up** *vt* (*muscles*) kräftigen.

tone-deaf [təun'dɛf] *adj* ohne Gefühl für Tonhöhen.

toner ['təunə*] *n* (*for photocopier*) Toner *m*.

Tonga [tɔŋə] *n* Tonga *nt*.

tongs [tɔŋz] *npl* Zange *f*; (*also:* **curling ~**) Lockenstab *m*.

tongue [tʌŋ] *n* Zunge *f*; (*form: language*) Sprache *f*; **~-in-cheek** (*speak, say*) ironisch.

tongue-tied ['tʌŋtaɪd] *adj* (*fig*) sprachlos.

tongue-twister ['tʌŋtwɪstə*] *n* Zungenbrecher *m*.

tonic ['tɔnɪk] *n* (*MED*) Tonikum *nt*; (*fig*) Wohltat *f*; (*also:* **~ water**) Tonic *nt*; (*MUS*) Tonika *f*, Grundton *m*.

tonight [tə'naɪt] *adv* (*this evening*) heute Abend; (*this night*) heute Nacht ♦ *n* (*this evening*) der heutige Abend; (*this night*) die kommende Nacht; **(I'll) see you ~!** bis heute Abend!

tonnage ['tʌnɪdʒ] *n* Tonnage *f*.

tonne [tʌn] (*BRIT*) *n* (*metric ton*) Tonne *f*.

tonsil ['tɔnsl] *n* Mandel *f*; **to have one's ~s out** sich *dat* die Mandeln herausnehmen lassen.

tonsillitis [tɔnsɪ'laɪtɪs] *n* Mandelentzündung *f*.

too [tuː] *adv* (*excessively*) zu; (*also*) auch; **it's**
  ~ **sweet** es ist zu süß; **I went** ~ ich bin auch
  mitgegangen; ~ **much** (*adj*) zu viel; (*adv*) zu
  sehr; ~ **many** zu viele; ~ **bad!** das ist eben
  Pech!

took [tuk] *pt of* **take**.

tool [tuːl] *n* (*also fig*) Werkzeug *nt*.

tool box *n* Werkzeugkasten *m*.

tool kit *n* Werkzeugsatz *m*.

toot [tuːt] *n* (*of horn*) Hupton *m*; (*of whistle*)
  Pfeifton *m* ♦ *vi* (*with car-horn*) hupen.

tooth [tuːθ] (*pl* **teeth**) *n* (*also TECH*) Zahn *m*; **to
  have a** ~ **out** *or* (*US*) **pulled** sich *dat* einen
  Zahn ziehen lassen; **to brush one's teeth**
  sich *dat* die Zähne putzen; **by the skin of
  one's teeth** (*fig*) mit knapper Not.

toothache ['tuːθeɪk] *n* Zahnschmerzen *pl*; **to
  have** ~ Zahnschmerzen haben.

toothbrush ['tuːθbrʌʃ] *n* Zahnbürste *f*.

toothpaste ['tuːθpeɪst] *n* Zahnpasta *f*.

toothpick ['tuːθpɪk] *n* Zahnstocher *m*.

tooth powder *n* Zahnpulver *nt*.

top [tɒp] *n* (*of mountain, tree, ladder*) Spitze *f*;
  (*of cupboard, table, box*) Oberseite *f*; (*of
  street*) Ende *nt*; (*lid*) Verschluss *m*; (*AUT: also:*
  ~ **gear**) höchster Gang *m*; (*also:* **spinning** ~:
  toy) Kreisel *m*; (*blouse etc*) Oberteil *nt*; (*of
  pyjamas*) Jacke *f* ♦ *adj* höchste(r, s); (*highest
  in rank*) oberste(r, s); (: *golfer etc*) Top- ♦ *vt*
  (*poll, vote, list*) anführen; (*estimate etc*)
  übersteigen; **at the** ~ **of the stairs/page**
  oben auf der Treppe/Seite; **at the** ~ **of the
  street** am Ende der Straße; **on** ~ **of** (*above*)
  auf +*dat*; (*in addition to*) zusätzlich zu; **from**
  ~ **to bottom** von oben bis unten; **from** ~ **to
  toe** (*BRIT*) von Kopf bis Fuß; **at the** ~ **of the
  list** oben auf der Liste; **at the** ~ **of his voice**
  so laut er konnte; **over the** ~ (*inf: behaviour
  etc*) übertrieben; **to go over the** ~ (*inf*)
  übertreiben; **at** ~ **speed** bei
  Höchstgeschwindigkeit.

▶ **top up**, (*US*) **top off** *vt* (*drink*) nachfüllen;
  (*salary*) aufbessern.

topaz ['təupæz] *n* Topas *m*.

top-class ['tɒp'klɑːs] *adj* erstklassig; (*hotel,
  player etc*) Spitzen-.

topcoat ['tɒpkəut] *n* (*overcoat*) Mantel *m*; (*of
  paint*) Deckanstrich *m*.

top floor *n* oberster Stock *m*.

top hat *n* Zylinder *m*.

top-heavy [tɒp'hɛvɪ] *adj* (*also fig*) kopflastig.

topic ['tɒpɪk] *n* Thema *nt*.

topical ['tɒpɪkl] *adj* (*issue etc*) aktuell.

topless ['tɒplɪs] *adj* (*waitress*) Oben-ohne-;
  (*bather*) barbusig ♦ *adv* oben ohne.

top-level ['tɒplɛvl] *adj* auf höchster Ebene.

topmost ['tɒpməust] *adj* oberste(r, s).

top-notch ['tɒp'nɒtʃ] *adj* erstklassig.

topography [tə'pɒgrəfɪ] *n* Topografie *f*.

topping ['tɒpɪŋ] *n* (*CULIN*) Überzug *m*.

topple ['tɒpl] *vt* (*government etc*) stürzen ♦ *vi*
  (*person*) stürzen; (*object*) fallen.

top-ranking ['tɒpræŋkɪŋ] *adj* (*official*) hoch
  gestellt.

top-secret ['tɒp'siːkrɪt] *adj* streng geheim.

top-security ['tɒpsə'kjuərɪtɪ] (*BRIT*) *adj* (*prison,
  wing*) Hochsicherheits-.

topsy-turvy ['tɒpsɪ'tɜːvɪ] *adj* auf den Kopf
  gestellt ♦ *adv* durcheinander; (*fall, land*)
  verkehrt herum.

top-up ['tɒpʌp] *n*: **would you like a** ~**?** darf
  ich Ihnen nachschenken?

top-up loan *n* Ergänzungsdarlehen *nt*.

torch [tɔːtʃ] *n* Fackel *f*; (*BRIT: electric*)
  Taschenlampe *f*.

tore [tɔː*] *pt of* **tear**.

torment [*n* 'tɔːmɛnt, *vt* tɔː'mɛnt] *n* Qual *f* ♦ *vt*
  quälen; (*annoy*) ärgern.

torn [tɔːn] *pp of* **tear¹** ♦ *adj*: ~ **between** (*fig*)
  hin- und hergerissen zwischen.

tornado [tɔː'neɪdəu] (*pl* ~**es**) *n* (*storm*)
  Tornado *m*.

torpedo [tɔː'piːdəu] (*pl* ~**es**) *n* Torpedo *m*.

torpedo boat *n* Torpedoboot *nt*.

torpor ['tɔːpə*] *n* Trägheit *f*.

torrent ['tɒrnt] *n* (*flood*) Strom *m*; (*fig*) Flut *f*.

torrential [tɒ'rɛnʃl] *adj* (*rain*)
  wolkenbruchartig.

torrid ['tɒrɪd] *adj* (*weather, love affair*) heiß.

torso ['tɔːsəu] *n* Torso *m*.

tortoise ['tɔːtəs] *n* Schildkröte *f*.

tortoiseshell ['tɔːtəʃɛl] *adj* (*jewellery,
  ornaments*) aus Schildpatt; (*cat*)
  braungelbschwarz, braun-gelb-schwarz.

tortuous ['tɔːtjuəs] *adj* (*path*) gewunden;
  (*argument, mind*) umständlich.

torture ['tɔːtʃə*] *n* Folter *f*; (*fig*) Qual *f* ♦ *vt*
  foltern; (*fig: torment*) quälen; **it was** ~ (*fig*) es
  war eine Qual.

torturer ['tɔːtʃərə*] *n* Folterer *m*.

Tory ['tɔːrɪ] (*BRIT: POL*) *adj* konservativ ♦ *n*
  Tory *m*, Konservative(r) *f(m)*.

toss [tɒs] *vt* (*throw*) werfen; (*salad*) anmachen; (*pancake*)
  wenden ♦ *n*: **with a** ~ **of her head** mit einer
  Kopfbewegung; **to** ~ **a coin** eine Münze
  werfen; **to win/lose the** ~ die Entscheidung
  per Münzwurf gewinnen/verlieren; **to** ~ **up
  for sth** etw per Münzwurf entscheiden; **to**
  ~ **and turn** (*in bed*) sich hin und her wälzen.

tot [tɒt] *n* (*BRIT: drink*) Schluck *m*; (*child*)
  Knirps *m*.

▶ **tot up** (*BRIT*) *vt* (*figures*) zusammenzählen.

total ['təutl] *adj* (*number etc*) gesamt; (*failure,
  wreck etc*) völlig, total ♦ *n* Gesamtzahl *f* ♦ *vt*
  (*add up*) zusammenzählen; (*add up to*) sich
  belaufen auf; **in** ~ insgesamt.

totalitarian [təutælɪ'tɛərɪən] *adj* totalitär.

totality [təu'tælɪtɪ] *n* Gesamtheit *f*.

totally ['təutəlɪ] *adv* völlig.

totem pole ['təutəm-] *n* Totempfahl *m*.

totter ['tɒtə*] *vi* (*person*) wanken, taumeln; (*fig:
  government*) im Wanken sein.

touch [tʌtʃ] *n* (*sense of touch*) Gefühl *nt*;

(*contact*) Berührung *f*; (*skill: of pianist etc*) Hand *f* ♦ *vt* berühren; (*tamper with*) anrühren; (*emotionally*) rühren ♦ *vi* (*make contact*) sich berühren; **the personal ~** die persönliche Note; **to put the finishing ~es to sth** letzte Hand an etw *acc* legen; **a ~ of** (*fig: frost etc*) etwas, ein Hauch von; **in ~ with** (*person, group*) in Verbindung mit; **to get in ~ with sb** mit jdm in Verbindung treten; **I'll be in ~** ich melde mich; **to lose ~** (*friends*) den Kontakt verlieren; **to be out of ~ with sb** keine Verbindung mehr zu jdm haben; **to be out of ~ with events** nicht auf dem Laufenden sein; **~ wood!** hoffen wir das Beste!

▶ **touch on** *vt fus* (*topic*) berühren.

▶ **touch up** *vt* (*car etc*) ausbessern.

touch-and-go ['tʌtʃən'gəu] *adj* (*situation*) auf der Kippe; **it was ~ whether we'd succeed** es war völlig offen, ob wir Erfolg haben würden.

touchdown ['tʌtʃdaun] *n* (*of rocket, plane*) Landung *f*; (*US: FOOTBALL*) Touch-down *m*, Touchdown *m*.

touched [tʌtʃt] *adj* (*moved*) gerührt; (*inf: mad*) plemplem.

touching ['tʌtʃɪŋ] *adj* rührend.

touchline ['tʌtʃlaɪn] *n* (*SPORT*) Seitenlinie *f*.

touch-sensitive ['tʌtʃ'sɛnsɪtɪv] *adj* berührungsempfindlich; (*switch*) Kontakt-.

touch-type ['tʌtʃtaɪp] *vi* blind schreiben.

touchy ['tʌtʃɪ] *adj* (*person, subject*) empfindlich.

tough [tʌf] *adj* (*strong, firm, difficult*) hart; (*resistant*) widerstandsfähig; (*meat, animal, person*) zäh; (*rough*) rauh; **~ luck!** Pech!

toughen ['tʌfn] *vt* (*sb's character*) hart machen; (*glass etc*) härten.

toughness ['tʌfnɪs] *n* Härte *f*.

toupee ['tu:peɪ] *n* Toupet *nt*.

tour ['tuə*] *n* (*journey*) Reise *f*, Tour *f*; (*of factory, museum etc*) Rundgang *m*; () (*also:* **guided ~**) Führung *f*; (*by pop group etc*) Tournee *f* ♦ *vt* (*country, factory etc: on foot*) ziehen durch; (: *in car*) fahren durch; **to go on a ~ of a museum/castle** an einer Museums-/Schlossführung teilnehmen; **to go on a ~ of the Highlands** die Highlands bereisen; **to go/be on ~** (*pop group, theatre company etc*) auf Tournee gehen/sein.

tour guide *n* Reiseleiter(in) *m(f)*.

touring ['tuərɪŋ] *n* Umherreisen *nt*.

tourism ['tuərɪzm] *n* Tourismus *m*.

tourist ['tuərɪst] *n* Tourist(in) *m(f)* ♦ *cpd* (*attractions, season*) Touristen-; **the ~ trade** die Tourismusbranche.

tourist class *n* Touristenklasse *f*.

tourist information centre (*BRIT*) *n* Touristen-Informationszentrum *nt*.

tourist office *n* Verkehrsamt *nt*.

tournament ['tuənəmənt] *n* Turnier *nt*.

tourniquet ['tuənɪkeɪ] *n* Aderpresse *f*.

tour operator (*BRIT*) *n* Reiseveranstalter *m*.

tousled ['tauzld] *adj* (*hair*) zerzaust.

tout [taut] *vi*: **to ~ for business** die Reklametrommel schlagen; **to ~ for custom** auf Kundenfang gehen ♦ *n* (*also:* **ticket ~**) Schwarzhändler, der Eintrittskarten zu überhöhten Preisen verkauft.

tow [tau] *vt* (*vehicle*) abschleppen; (*caravan, trailer*) ziehen ♦ *n*: **to give sb a ~** (*AUT*) jdn abschleppen; **"on** *or* (*US*) **in ~"** „Fahrzeug wird abgeschleppt".

▶ **tow away** *vt* (*vehicle*) abschleppen.

toward(s) [tə'wɔ:d(z)] *prep* (*direction*) zu; (*attitude*) gegenüber +*dat*; (*purpose*) für; (*in time*) gegen; **~ noon/the end of the year** gegen Mittag/Ende des Jahres; **to feel friendly ~ sb** jdm freundlich gesinnt sein.

towel ['tauəl] *n* Handtuch *nt*; **to throw in the ~** (*fig*) das Handtuch werfen.

towelling ['tauəlɪŋ] *n* Frottee *nt or m*.

towel rail, (*US*) **towel rack** *n* Handtuchstange *f*.

tower ['tauə*] *n* Turm *m* ♦ *vi* aufragen; **to ~ above** *or* **over sb/sth** über jdm/etw aufragen.

tower block (*BRIT*) *n* Hochhaus *nt*.

towering ['tauərɪŋ] *adj* hoch aufragend.

towline ['təulaɪn] *n* Abschleppseil *nt*.

town [taun] *n* Stadt *f*; **to go (in)to ~** in die Stadt gehen; **to go to ~ on sth** (*fig*) sich bei etw ins Zeug legen; **in ~** in der Stadt; **to be out of ~** (*person*) nicht in der Stadt sein.

town centre *n* Stadtzentrum *nt*.

town clerk *n* Stadtdirektor(in) *m(f)*.

town council *n* Stadtrat *m*.

town crier [-'kraɪə*] *n* Ausrufer *m*.

town hall *n* Rathaus *nt*.

town house *n* (*städtisches*) Wohnhaus *nt*; (*US: in a complex*) Reihenhaus *nt*.

townie ['taunɪ] (*inf*) *n* (*town-dweller*) Städter(in) *m(f)*.

town plan *n* Stadtplan *m*.

town planner *n* Stadtplaner(in) *m(f)*.

town planning *n* Stadtplanung *f*.

township ['taunʃɪp] *n* Stadt(gemeinde) *f*; (*formerly: in South Africa*) Township *f*.

townspeople ['taunzpi:pl] *npl* Stadtbewohner *pl*.

towpath ['təupɑ:θ] *n* Leinpfad *m*.

towrope ['təurəup] *n* Abschleppseil *nt*.

tow truck (*US*) *n* Abschleppwagen *m*.

toxic ['tɔksɪk] *adj* giftig, toxisch.

toxin ['tɔksɪn] *n* Gift *nt*, Giftstoff *m*.

toy [tɔɪ] *n* Spielzeug *nt*.

▶ **toy with** *vt fus* (*object, idea*) spielen mit.

toyshop ['tɔɪʃɔp] *n* Spielzeugladen *m*.

trace [treɪs] *n* (*sign, small amount*) Spur *f* ♦ *vt* (*draw*) nachzeichnen; (*follow*) verfolgen; (*locate*) aufspüren; **without ~** (*disappear*) spurlos; **there was no ~ of it** es war spurlos verschwunden.

trace element *n* Spurenelement *nt*.

tracer ['treɪsə'] n (MIL: also: ~ **bullet**) Leuchtspurgeschoss nt; (MED) Indikator m.

trachea [trə'kiə] n Luftröhre f.

tracing paper ['treɪsɪŋ-] n Pauspapier nt.

track [træk] n Weg m; (of comet, SPORT) Bahn f; (of suspect, animal) Spur f; (RAIL) Gleis nt; (on tape, record) Stück nt, Track m ♦ vt (follow) verfolgen; **to keep ~ of sb/sth** (fig) jdn/etw im Auge behalten; **to be on the right ~** (fig) auf der richtigen Spur sein.

▶ **track down** vt aufspüren.

tracker dog ['trækə-] (BRIT) n Spürhund m.

track events npl Laufwettbewerbe f.

tracking station ['trækɪŋ-] n Bodenstation f.

track meet (US) n (SPORT) Leichtathletikwettkampf m.

track record n: **to have a good ~** (fig) gute Leistungen vorzuweisen haben.

tracksuit ['træksuːt] n Trainingsanzug m.

tract [trækt] n (GEOG) Gebiet nt; (pamphlet) Traktat m or nt; **respiratory ~** Atemwege pl.

traction ['trækʃən] n (power) Zugkraft f; (AUT: grip) Bodenhaftung f; (MED): **in ~** im Streckverband.

traction engine n Zugmaschine f.

tractor ['træktə-] n Traktor m.

trade [treɪd] n (activity) Handel m; (skill, job) Handwerk nt ♦ vi (do business) handeln ♦ vt: **to ~ sth (for sth)** etw (gegen etw) eintauschen; **foreign ~** Außenhandel m; **Department of T~ and Industry** (BRIT) ≈ Wirtschaftsministerium nt; **to ~ with** Handel treiben mit; **to ~ in** (merchandise) handeln in +dat.

▶ **trade in** vt in Zahlung geben.

trade barrier n Handelsschranke f.

trade deficit n Handelsdefizit nt.

Trade Descriptions Act (BRIT) n Gesetz über korrekte Warenbeschreibungen.

trade discount n Händlerrabatt m.

trade fair n Handelsmesse f.

trade figures npl Handelsziffern pl.

trade-in ['treɪdɪn] n: **to take sth as a ~** etw in Zahlung nehmen.

trade-in value n Gebrauchtwert m.

trademark ['treɪdmɑːk] n Warenzeichen nt.

trade mission n Handelsmission f.

trade name n Handelsname m.

trade-off ['treɪdɔf] n Handel m; **there's bound to be a ~ between speed and quality** es gibt entweder Einbußen bei der Schnelligkeit oder bei der Qualität.

trader ['treɪdə'] n Händler(in) m(f).

trade secret n (also fig) Betriebsgeheimnis nt.

tradesman ['treɪdzmən] (irreg: like **man**) n (shopkeeper) Händler m.

trade union n Gewerkschaft f.

trade unionist [-'juːnjənɪst] n Gewerkschaftler(in) m(f).

trade wind n Passat m.

trading ['treɪdɪŋ] n Handel m.

trading estate (BRIT) n Industriegelände nt.

trading stamp n Rabattmarke f.

tradition [trə'dɪʃən] n Tradition f.

traditional [trə'dɪʃənl] adj traditionell.

traditionally [trə'dɪʃnəlɪ] adv traditionell.

traffic ['træfɪk] n Verkehr m; (in drugs etc) Handel m ♦ vi: **to ~ in** handeln mit.

traffic calming n Verkehrsberuhigung f.

traffic circle (US) n Kreisverkehr m.

traffic island n Verkehrsinsel f.

traffic jam n Verkehrsstauung f, Stau m.

trafficker ['træfɪkə'] n Händler(in) m(f).

traffic lights npl Ampel f.

traffic offence (BRIT) n Verkehrsdelikt nt.

traffic sign n Verkehrszeichen nt.

traffic violation (US) n = **traffic offence**.

traffic warden n Verkehrspolizist für Parkvergehen; (woman) ≈ Politesse f.

tragedy ['trædʒədɪ] n Tragödie f.

tragic ['trædʒɪk] adj tragisch.

tragically ['trædʒɪkəlɪ] adv tragisch.

trail [treɪl] n (path) Weg m; (track) Spur f; (of smoke, dust) Wolke f ♦ vt (drag) schleifen; (follow) folgen +dat ♦ vi (hang loosely) schleifen; (in game, contest) zurückliegen; **to be on sb's ~** jdm auf der Spur sein.

▶ **trail away** vi (sound, voice) sich verlieren.

▶ **trail behind** vi hinterhertrotten.

▶ **trail off** vi = **trail away**.

trailer ['treɪlə'] n (AUT) Anhänger m; (US: caravan) Caravan m, Wohnwagen m; (CINE, TV) Trailer m.

trailer truck (US) n Sattelschlepper m.

train [treɪn] n (RAIL) Zug m; (of dress) Schleppe f ♦ vt (apprentice etc) ausbilden; (dog) abrichten; (athlete) trainieren; (mind) schulen; (plant) ziehen; (point: camera, gun etc): **to ~ on** richten auf +acc ♦ vi (learn a skill) ausgebildet werden; (SPORT) trainieren; **~ of thought** Gedankengang m; **to go by ~** mit dem Zug fahren; **~ of events** Ereignisfolge f; **to ~ sb to do sth** jdn dazu ausbilden, etw zu tun.

train attendant (US) n Schlafwagenschaffner m.

trained [treɪnd] adj (worker) gelernt; (teacher) ausgebildet; (animal) dressiert; (eye) geschult.

trainee [treɪ'niː] n Auszubildende(r) f(m).

trainer ['treɪnə'] n (SPORT: coach) Trainer(in) m(f); (: shoe) Trainingsschuh m; (of animals) Dresseur(in) m(f).

training ['treɪnɪŋ] n (for occupation) Ausbildung f; (SPORT) Training nt; **in ~** (SPORT) im Training.

training college n (for teachers) ≈ pädagogische Hochschule f.

training course n Ausbildungskurs m.

traipse [treɪps] vi: **to ~ in/out** hinein-/herauslatschen.

trait [treɪt] n Zug m, Eigenschaft f.

traitor ['treɪtə'] n Verräter(in) m(f).

trajectory [trə'dʒɛktərɪ] n Flugbahn f.

tram [træm] (*BRIT*) *n* (*also:* ~**car**) Straßenbahn *f*.

tramline ['træmlaɪn] *n* Straßenbahnschiene *f*.

tramp [træmp] *n* Landstreicher *m*; (*pej: woman*) Flittchen *nt* ♦ *vi* stapfen ♦ *vt* (*walk through: town, streets*) latschen durch.

trample ['træmpl] *vt*: **to ~ (underfoot)** niedertrampeln ♦ *vi* (*also fig*): **to ~ on** herumtrampeln auf +*dat*.

trampoline ['træmpəliːn] *n* Trampolin *nt*.

trance [trɑːns] *n* Trance *f*; **to go into a ~** in Trance verfallen.

tranquil ['træŋkwɪl] *adj* ruhig, friedlich.

tranquillity, (*US*) **tranquility** [træŋ'kwɪlɪtɪ] *n* Ruhe *f*.

tranquillizer, (*US*) **tranquilizer** ['træŋkwɪlaɪzə*] *n* Beruhigungsmittel *nt*.

transact [træn'zækt] *vt* (*business*) abwickeln.

transaction [træn'zækʃən] *n* Geschäft *nt*; **cash ~** Bargeldtransaktion *f*.

transatlantic ['trænzət'læntɪk] *adj* transatlantisch; (*phone-call*) über den Atlantik.

transcend [træn'send] *vt* überschreiten.

transcendental [trænsen'dentl] *adj*: **~ meditation** transzendentale Meditation *f*.

transcribe [træn'skraɪb] *vt* transkribieren.

transcript ['trænskrɪpt] *n* Niederschrift *f*, Transkription *f*.

transcription [træn'skrɪpʃən] *n* Transkription *f*.

transept ['trænsept] *n* Querschiff *nt*.

transfer ['trænsfə*] *n* (*of employees*) Versetzung *f*; (*of money*) Überweisung *f*; (*of power*) Übertragung *f*; (*SPORT*) Transfer *m*; (*picture, design*) Abziehbild *nt* ♦ *vt* (*employees*) versetzen; (*money*) überweisen; (*power, ownership*) übertragen; **by bank ~** per Banküberweisung; **to ~ the charges** (*BRIT: TEL*) ein R-Gespräch führen.

transferable [træns'fəːrəbl] *adj* übertragbar; **"not ~"** „nicht übertragbar".

transfix [træns'fɪks] *vt* aufspießen; **~ed with fear** (*fig*) starr vor Angst.

transform [træns'fɔːm] *vt* umwandeln.

transformation [trænsfə'meɪʃən] *n* Umwandlung *f*.

transformer [træns'fɔːmə*] *n* (*ELEC*) Transformator *m*.

transfusion [træns'fjuːʒən] *n* (*also:* **blood ~**) Bluttransfusion *f*.

transgress [træns'gres] *vt* (*go beyond*) überschreiten; (*violate: rules, law*) verletzen.

transient ['trænzɪənt] *adj* vorübergehend.

transistor [træn'zɪstə*] *n* (*ELEC*) Transistor *m*; (*also:* **~ radio**) Transistorradio *nt*.

transit ['trænzɪt] *n*: **in ~** unterwegs.

transit camp *n* Durchgangslager *nt*.

transition [træn'zɪʃən] *n* Übergang *m*.

transitional [træn'zɪʃənl] *adj* (*period, stage*) Übergangs-.

transitive ['trænzɪtɪv] *adj* (*verb*) transitiv.

transit lounge *n* Transithalle *f*.

transitory ['trænzɪtərɪ] *adj* (*emotion, arrangement etc*) vorübergehend.

transit visa *n* Transitvisum *nt*.

translate [trænz'leɪt] *vt* übersetzen; **to ~ (from/into)** übersetzen (aus/in +*acc*).

translation [trænz'leɪʃən] *n* Übersetzung *f*; **in ~** als Übersetzung.

translator [trænz'leɪtə*] *n* Übersetzer(in) *m(f)*.

translucent [trænz'luːsnt] *adj* (*object*) lichtdurchlässig.

transmission [trænz'mɪʃən] *n* (*also TV*) Übertragung *f*; (*of information*) Übermittlung *f*; (*AUT*) Getriebe *nt*.

transmit [trænz'mɪt] *vt* (*also TV*) übertragen; (*message, signal*) übermitteln.

transmitter [trænz'mɪtə*] *n* (*TV, RADIO*) Sender *m*.

transparency [træns'peərnsɪ] *n* (*of glass etc*) Durchsichtigkeit *f*; (*BRIT: PHOT*) Dia *nt*.

transparent [træns'pærnt] *adj* durchsichtig; (*fig: obvious*) offensichtlich.

transpire [træns'paɪə*] *vi* (*turn out*) bekannt werden; (*happen*) passieren; **it finally ~d that ...** schließlich sickerte durch, dass ...

transplant [*vt* træns'plɑːnt, *n* 'trɑːnsplɑːnt] *vt* (*organ, seedlings*) verpflanzen ♦ *n* (*MED*) Transplantation *f*; **to have a heart ~** sich einer Herztransplantation unterziehen.

transport ['trænspɔːt] *n* Transport *m*, Beförderung *f* ♦ *vt* transportieren; **do you have your own ~?** haben Sie ein Auto?; **public ~** öffentliche Verkehrsmittel *pl*; **Department of T~** (*BRIT*) Verkehrsministerium *nt*.

transportation ['trænspɔː'teɪʃən] *n* Transport *m*, Beförderung *f*; (*means of transport*) Beförderungsmittel *nt*; **Department of T~** (*US*) Verkehrsministerium *nt*.

transport café (*BRIT*) *n* Fernfahrerlokal *nt*.

transpose [træns'pəuz] *vt* versetzen.

transsexual [trænz'seksuəl] *adj* transsexuell ♦ *n* Transsexuelle(r) *f(m)*.

transverse ['trænzvɜːs] *adj* (*beam etc*) Quer-.

transvestite [trænz'vestaɪt] *n* Transvestit *m*.

trap [træp] *n* (*also fig*) Falle *f*; (*carriage*) zweirädriger Pferdewagen *m* ♦ *vt* (*animal*) (mit einer Falle) fangen; (*person: trick*) in die Falle locken; (: *confine*) gefangen halten; (*immobilize*) festsetzen; (*capture: energy*) stauen; **to set** *or* **lay a ~ (for sb)** (jdm) eine Falle stellen; **to shut one's ~** (*inf*) die Klappe halten; **to ~ one's finger in the door** sich *dat* den Finger in der Tür einklemmen.

trap door *n* Falltür *f*.

trapeze [trə'piːz] *n* Trapez *nt*.

trapper ['træpə*] *n* Fallensteller *m*, Trapper *m*.

trappings ['træpɪŋz] *npl* äußere Zeichen *pl*; (*of power*) Insignien *pl*.

trash [træʃ] *n* (*rubbish*) Abfall *m*, Müll *m*; (*pej: nonsense*) Schund *m*, Mist *m*.

trash can (*US*) *n* Mülleimer *m*.

trashy ['træʃɪ] *adj* (*goods*) minderwertig, wertlos; (*novel etc*) Schund-.

trauma ['trɔːmə] *n* Trauma *nt*.

traumatic [trɔːˈmætɪk] *adj* traumatisch.

traumatize ['trɔːmətaɪz] *vt* traumatisieren.

travel ['trævl] *n* (*travelling*) Reisen *nt* ♦ *vi* reisen; (*short distance*) fahren; (*move: car, aeroplane*) sich bewegen; (*sound etc*) sich fortpflanzen; (*news*) sich verbreiten ♦ *vt* (*distance*) zurücklegen; **travels** *npl* (*journeys*) Reisen *pl*; **this wine does not ~ well** dieser Wein verträgt den Transport nicht.

travel agency *n* Reisebüro *nt*.

travel agent *n* Reisebürokaufmann *m*, Reisebürokauffrau *f*.

travel brochure *n* Reiseprospekt *m*.

traveling *etc* (*US*) = **travelling** *etc*.

traveller, (*US*) **traveler** ['trævlə°] *n* Reisende(r) *f(m)*; (*COMM*) Vertreter(in) *m(f)*.

traveller's cheque, (*US*) **traveler's check** *n* Reisescheck *m*.

travelling, (*US*) **traveling** ['trævlɪŋ] *n* Reisen *nt* ♦ *cpd* (*circus, exhibition*) Wander-; (*bag, clock*) Reise-; ~ **expenses** Reisespesen *pl*.

travelling salesman *n* Vertreter *m*.

travelogue ['trævəlɒg] *n* Reisebericht *m*.

travel sickness *n* Reisekrankheit *f*.

traverse ['trævəs] *vt* durchqueren.

travesty ['trævəstɪ] *n* Travestie *f*.

trawler ['trɔːlə°] *n* Fischdampfer *m*.

tray [treɪ] *n* (*for carrying*) Tablett *nt*; (*also:* **in-**~/**out-**~: *on desk*) Ablage *f* für Eingänge/ Ausgänge.

treacherous ['trɛtʃərəs] *adj* (*person, look*) verräterisch; (*ground, tide*) tückisch; **road conditions are** ~ die Straßen sind in gefährlichem Zustand.

treachery ['trɛtʃərɪ] *n* Verrat *m*.

treacle ['triːkl] *n* Sirup *m*.

tread [trɛd] (*pt* **trod**, *pp* **trodden**) *n* (*of tyre*) Profil *nt*; (*footstep*) Schritt *m*; (*of stair*) Stufe *f* ♦ *vi* gehen.

▶ **tread on** *vt fus* treten auf +*acc*.

treadle ['trɛdl] *n* Pedal *nt*.

treas. *abbr* = **treasurer**.

treason ['triːzn] *n* Verrat *m*.

treasure ['trɛʒə°] *n* (*also fig*) Schatz *m* ♦ *vt* schätzen; **treasures** *npl* (*art treasures etc*) Schätze *pl*, Kostbarkeiten *pl*.

treasure hunt *n* Schatzsuche *f*.

treasurer ['trɛʒərə°] *n* Schatzmeister(in) *m(f)*.

treasury ['trɛʒərɪ] *n*: **the T~**, (*US*) **the T~ Department** das Finanzministerium.

treasury bill *n* kurzfristiger Schatzwechsel *m*.

treat [triːt] *n* (*present*) (besonderes) Vergnügen *nt* ♦ *vt* (*also* MED, TECH) behandeln; **it came as a** ~ es war eine besondere Freude; **to** ~ **sth as a joke** etw als Witz ansehen; **to** ~ **sb to sth** jdm etw spendieren.

treatment ['triːtmənt] *n* Behandlung *f*; **to have**

~ **for sth** wegen etw in Behandlung sein.

treaty ['triːtɪ] *n* Vertrag *m*.

treble ['trɛbl] *adj* (*triple*) dreifach; (*MUS: voice, part*) (Knaben)sopran-; (*instrument*) Diskant- ♦ *n* (*singer*) (Knaben)sopran *m*; (*on hi-fi, radio etc*) Höhen *pl* ♦ *vt* verdreifachen ♦ *vi* sich verdreifachen; **to be** ~ **the amount/size of sth** dreimal so viel/so groß wie etw sein.

treble clef *n* Violinschlüssel *m*.

tree [triː] *n* Baum *m*.

tree-lined ['triːlaɪnd] *adj* baumbestanden.

treetop ['triːtɒp] *n* Baumkrone *f*.

tree trunk *n* Baumstamm *m*.

trek [trɛk] *n* Treck *m*; (*tiring walk*) Marsch *m* ♦ *vi* trecken.

trellis ['trɛlɪs] *n* Gitter *nt*.

tremble ['trɛmbl] *vi* (*voice, body, trees*) zittern; (*ground*) beben.

trembling ['trɛmblɪŋ] *n* (*of ground*) Beben *nt*, Erschütterung *f*; (*of trees*) Zittern *nt* ♦ *adj* (*hand, voice etc*) zitternd.

tremendous [trɪˈmɛndəs] *adj* (*amount, success etc*) gewaltig, enorm; (*holiday, view etc*) fantastisch.

tremendously [trɪˈmɛndəslɪ] *adv* (*difficult, exciting*) ungeheuer; **he enjoyed it** ~ es hat ihm ausgezeichnet gefallen.

tremor ['trɛmə°] *n* Zittern *nt*; (*also:* **earth** ~) Beben *nt*, Erschütterung *f*.

trench [trɛntʃ] *n* Graben *m*.

trench coat *n* Trenchcoat *m*.

trench warfare *n* Stellungskrieg *m*.

trend [trɛnd] *n* Tendenz *f*; (*fashion*) Trend *m*; **a** ~ **towards/away from sth** eine Tendenz zu/ weg von etw; **to set a/the** ~ richtungsweisend sein.

trendy ['trɛndɪ] *adj* modisch.

trepidation [trɛpɪˈdeɪʃən] *n* (*apprehension*) Beklommenheit *f*; **in** ~ beklommen.

trespass ['trɛspəs] *vi*: **to** ~ **on** (*private property*) unbefugt betreten; **"no ~ing"** „Betreten verboten".

trespasser ['trɛspəsə°] *n* Unbefugte(r) *f(m)*; **"~s will be prosecuted"** „widerrechtliches Betreten wird strafrechtlich verfolgt".

tress [trɛs] *n* (*of hair*) Locke *f*.

trestle ['trɛsl] *n* Bock *m*.

trestle table *n* Klapptisch *m*.

trial ['traɪəl] *n* (LAW) Prozess *m*; (*test: of machine, drug etc*) Versuch *m*; (*worry*) Plage *f*; **trials** *npl* (*unpleasant experiences*) Schwierigkeiten *pl*; ~ **by jury** Schwurgerichtsverfahren *nt*; **to be sent for** ~ vor Gericht gestellt werden; **to be/go on** ~ (LAW) angeklagt sein/werden; **by** ~ **and error** durch Ausprobieren.

trial balance *n* Probebilanz *f*.

trial basis *n*: **on a** ~ probeweise.

trial period *n* Probezeit *f*.

trial run *n* Versuch *m*.

triangle ['traɪæŋgl] *n* Dreieck *nt*; (*US: set square*) (Zeichen)dreieck *nt*; (MUS) Triangel f.

triangular [traɪ'æŋgjulə*] adj dreieckig.

triathlon [traɪ'æθlən] n Triathlon nt.

tribal ['traɪbl] adj (warrior, warfare, dance) Stammes-.

tribe [traɪb] n Stamm m.

tribesman ['traɪbzmən] (irreg: like **man**) n Stammesangehörige(r) m.

tribulations [trɪbju'leɪʃənz] npl Kümmernisse pl.

tribunal [traɪ'bjuːnl] n Gericht nt.

tributary ['trɪbjutərɪ] n (of river) Nebenfluss m.

tribute ['trɪbjuːt] n Tribut m; **to pay ~ to** Tribut zollen +dat.

trice [traɪs] n: **in a ~** im Handumdrehen.

trick [trɪk] n Trick m; (CARDS) Stich m ♦ vt hereinlegen; **to play a ~ on sb** jdm einen Streich spielen; **it's a ~ of the light** das Licht täuscht; **that should do the ~** das müsste hinhauen; **to ~ sb into doing sth** jdn (mit einem Trick) dazu bringen, etw zu tun; **to ~ sb out of sth** jdn um etw prellen.

trickery ['trɪkərɪ] n Tricks pl, Betrügerei f.

trickle ['trɪkl] n (of water etc) Rinnsal nt ♦ vi (water, rain etc) rinnen; (people) sich langsam bewegen.

trick photography n Trickfotografie f.

trick question n Fangfrage f.

trickster ['trɪkstə*] n Betrüger(in) m(f).

tricky ['trɪkɪ] adj (job, problem) schwierig.

tricycle ['traɪsɪkl] n Dreirad nt.

trifle ['traɪfl] n (detail) Kleinigkeit f; (CULIN) Trifle nt ♦ adv: **a ~ long** ein bisschen lang ♦ vi: **to ~ with sb/sth** jdn/etw nicht ernst nehmen; **he is not (someone) to be ~d with** mit ihm ist nicht zu spaßen.

trifling ['traɪflɪŋ] adj (detail) unbedeutend.

trigger ['trɪgə*] n Abzug m.

▶ **trigger off** vt fus auslösen.

trigonometry [trɪgə'nɔmətrɪ] n Trigonometrie f.

trilby ['trɪlbɪ] (BRIT) n (also: **~ hat**) Filzhut m.

trill [trɪl] n (MUS) Triller m; (of birds) Trillern nt.

trilogy ['trɪlədʒɪ] n Trilogie f.

trim [trɪm] adj (house, garden) gepflegt; (figure, person) schlank ♦ n (haircut etc): **to have a ~** sich dat die Haare nachschneiden lassen; (on clothes, car) Besatz m ♦ vt (hair, beard) nachschneiden; (decorate): **to ~ (with)** besetzen (mit); (NAUT: a sail) trimmen mit; **to keep o.s. in (good) ~** (gut) in Form bleiben.

trimmings ['trɪmɪŋz] npl (CULIN): **with all the ~** mit allem Drum und Dran; (cuttings: of pastry etc) Reste pl.

Trinidad and Tobago ['trɪnɪdæd-] n Trinidad und Tobago nt.

trinity ['trɪnɪtɪ] n (REL) Dreieinigkeit f.

trinket ['trɪŋkɪt] n (ornament) Schmuckgegenstand m; (piece of jewellery) Schmuckstück nt.

trio ['triːəu] n Trio nt.

trip [trɪp] n (journey) Reise f; (outing) Ausflug m ♦ vi (stumble) stolpern; (go lightly) trippeln; **on a ~** auf Reisen.

▶ **trip over** vt fus stolpern über +acc.

▶ **trip up** vi stolpern ♦ vt (person) zu Fall bringen.

tripartite [traɪ'pɑːtaɪt] adj (agreement, talks) dreiseitig.

tripe [traɪp] n (CULIN) Kaldaunen pl; (pej: rubbish) Stuss m.

triple ['trɪpl] adj dreifach ♦ adv: **~ the distance/the speed** dreimal so weit/schnell; **~ the amount** dreimal so viel.

triple jump n Dreisprung m.

triplets ['trɪplɪts] npl Drillinge pl.

triplicate ['trɪplɪkət] n: **in ~** in dreifacher Ausfertigung.

tripod ['traɪpɔd] n (PHOT) Stativ nt.

Tripoli ['trɪpəlɪ] n Tripolis nt.

tripper ['trɪpə*] (BRIT) n Ausflügler(in) m(f).

tripwire ['trɪpwaɪə*] n Stolperdraht m.

trite [traɪt] (pej) adj (comment, idea etc) banal.

triumph ['traɪʌmf] n Triumph m ♦ vi: **to ~ (over)** triumphieren (über +acc).

triumphal [traɪ'ʌmfl] adj (return) triumphal.

triumphant [traɪ'ʌmfənt] adj triumphal; (victorious) siegreich.

triumphantly [traɪ'ʌmfəntlɪ] adv triumphierend.

trivia ['trɪvɪə] (pej) npl Trivialitäten pl.

trivial ['trɪvɪəl] adj trivial.

triviality [trɪvɪ'ælɪtɪ] n Trivialität f.

trivialize ['trɪvɪəlaɪz] vt trivialisieren.

trod [trɔd] pt of **tread**.

trodden ['trɔdn] pp of **tread**.

trolley ['trɔlɪ] n (for luggage) Kofferkuli m; (for shopping) Einkaufswagen m; (table on wheels) Teewagen m; (also: **~ bus**) Oberleitungsomnibus m, Obus m.

trollop ['trɔləp] (pej) n (woman) Schlampe f.

trombone [trɔm'bəun] n Posaune f.

troop [truːp] n (of people, monkeys etc) Gruppe f ♦ vi: **to ~ in/out** hinein-/hinausströmen; **troops** npl (MIL) Truppen pl.

troop carrier n Truppentransporter m; (NAUT: also: **troopship**) Truppentransportschiff nt.

trooper ['truːpə*] n (MIL) Kavallerist m; (US: policeman) Polizist m.

trooping the colour ['truːpɪŋ-] (BRIT) n (ceremony) Fahnenparade f.

troopship ['truːpʃɪp] n Truppentransportschiff nt.

trophy ['trəufɪ] n Trophäe f.

tropic ['trɔpɪk] n Wendekreis m; **the tropics** npl die Tropen pl; **T~ of Cancer/Capricorn** Wendekreis des Krebses/Steinbocks.

tropical ['trɔpɪkl] adj tropisch.

trot [trɔt] n (fast pace) Trott m; (of horse) Trab m ♦ vi (horse) traben; (person) trotten; **on the ~** (BRIT, fig) hintereinander.

▶ **trot out** *vt* (*facts, excuse etc*) vorbringen.

trouble ['trʌbl] *n* Schwierigkeiten *pl*; (*bother, effort*) Umstände *pl*; (*unrest*) Unruhen *pl* ♦ *vt* (*worry*) beunruhigen; (*disturb: person*) belästigen ♦ *vi*: **to ~ to do sth** sich *dat* die Mühe machen, etw zu tun; **troubles** *npl* (*personal*) Probleme *pl*; (*POL etc*) Unruhen *pl*; **to be in ~** in Schwierigkeiten sein; **to have ~ doing sth** Schwierigkeiten *or* Probleme haben, etw zu tun; **to go to the ~ of doing sth** sich *dat* die Mühe machen, etw zu tun; **it's no ~!** das macht mir nichts aus!; **the ~ is ...** das Problem ist ...; **what's the ~?** wo fehlts?; **stomach** *etc* **~** Probleme mit dem Magen *etc*; **please don't ~ yourself** bitte bemühen Sie sich nicht.

troubled [trʌbld] *adj* (*person*) besorgt; (*country, life, era*) von Problemen geschüttelt.

trouble-free ['trʌblfriː] *adj* problemlos.

troublemaker ['trʌblmeɪkəʳ] *n* Unruhestifter(in) *m(f)*.

troubleshooter ['trʌblʃuːtəʳ] *n* Vermittler(in) *m(f)*.

troublesome ['trʌblsəm] *adj* (*child*) schwierig; (*cough etc*) lästig.

trouble spot *n* (*MIL*) Unruheherd *m*.

troubling ['trʌblɪŋ] *adj* (*question etc*) beunruhigend.

trough [trɒf] *n* (*also*: **drinking ~**) Wassertrog *m*; (*also*: **feeding ~**) Futtertrog *m*; (*channel*) Rinne *f*; (*low point*) Tief *nt*; **a ~ of low pressure** ein Tiefdruckkeil *m*.

trounce [trauns] *vt* (*defeat*) vernichtend schlagen.

troupe [truːp] *n* Truppe *f*.

trouser press ['trauzə-] *n* Hosenpresse *f*.

trousers ['trauzəz] *npl* Hose *f*; **short ~** kurze Hose; **a pair of ~** eine Hose.

trouser suit (*BRIT*) *n* Hosenanzug *m*.

trousseau ['truːsəu] (*pl* **~x** *or* **~s**) *n* Aussteuer *f*.

trout [traut] *n inv* Forelle *f*.

trowel ['trauəl] *n* (*garden tool*) Pflanzkelle *f*; (*builder's tool*) (Maurer)kelle *f*.

truant ['truənt] (*BRIT*) *n*: **to play ~** die Schule schwänzen.

truce [truːs] *n* Waffenstillstand *m*.

truck [trʌk] *n* (*lorry*) Lastwagen *m*; (*RAIL*) Güterwagen *m*; (*for luggage*) Gepäckwagen *m*; **to have no ~ with sb** nichts mit jdm zu tun haben.

truck driver *n* Lkw-Fahrer(in) *m(f)*.

trucker ['trʌkəʳ] (*US*) *n* Lkw-Fahrer(in) *m(f)*.

truck farm (*US*) *n* Gemüsefarm *f*.

trucking ['trʌkɪŋ] (*US*) *n* Transport *m*.

trucking company (*US*) *n* Spedition *f*.

truculent ['trʌkjulənt] *adj* aufsässig.

trudge [trʌdʒ] *vi* (*also*: **~ along**) sich dahinschleppen.

true [truː] *adj* wahr; (*accurate*) genau; (*genuine*) echt; (*faithful: friend*) treu; (*wall, beam*) gerade; (*circle*) rund; **to come ~** wahr werden; **~ to life** lebensecht.

truffle ['trʌfl] *n* (*fungus, sweet*) Trüffel *f*.

truly ['truːlɪ] *adv* wahrhaft, wirklich; (*truthfully*) wirklich; **yours ~** (*in letter*) mit freundlichen Grüßen.

trump [trʌmp] *n* (*also*: **~ card**, *also fig*) Trumpf *m*; **to turn up ~s** (*fig*) sich als Retter in der Not erweisen.

trumped-up *adj*: **a ~ charge** eine erfundene Anschuldigung.

trumpet ['trʌmpɪt] *n* Trompete *f*.

truncated [trʌŋ'keɪtɪd] *adj* (*message, object*) verstümmelt.

truncheon ['trʌntʃən] (*BRIT*) *n* Gummiknüppel *m*.

trundle ['trʌndl] *vt* (*trolley etc*) rollen ♦ *vi*: **to ~ along** (*person*) dahinschlendern; (*vehicle*) dahinrollen.

trunk [trʌŋk] *n* (*of tree*) Stamm *m*; (*of person*) Rumpf *m*; (*of elephant*) Rüssel *m*; (*case*) Schrankkoffer *m*; (*US: AUT*) Kofferraum *m*; **trunks** *npl* (*also*: **swimming ~s**) Badehose *f*.

trunk call (*BRIT*) *n* Ferngespräch *nt*.

trunk road (*BRIT*) *n* Fernstraße *f*.

truss [trʌs] *n* (*MED*) Bruchband *nt*.

▶ **truss (up)** *vt* (*CULIN*) dressieren; (*person*) fesseln.

trust [trʌst] *n* Vertrauen *nt*; (*COMM: for charity etc*) Stiftung *f* ♦ *vt* vertrauen +*dat*; **to take sth on ~** (*advice etc*) etw einfach glauben; **to be in ~** (*LAW*) treuhänderisch verwaltet werden; **to ~ (that)** (*hope*) hoffen(, dass).

trust company *n* Trust *m*.

trusted ['trʌstɪd] *adj* (*friend, servant*) treu.

trustee [trʌs'tiː] *n* (*LAW*) Treuhänder(in) *m(f)*; (*of school etc*) Aufsichtsratsmitglied *nt*.

trustful ['trʌstful] *adj* vertrauensvoll.

trust fund *n* Treuhandvermögen *nt*.

trusting ['trʌstɪŋ] *adj* vertrauensvoll.

trustworthy ['trʌstwəːðɪ] *adj* (*person*) vertrauenswürdig.

trusty ['trʌstɪ] *adj* getreu.

truth [truːθ] *n* (*pl* **~s**) *n*: **the ~** die Wahrheit *f*.

truthful ['truːθful] *adj* (*person*) ehrlich; (*answer etc*) wahrheitsgemäß.

truthfully ['truːθfəlɪ] *adv* (*answer*) wahrheitsgemäß.

truthfulness ['truːθfəlnɪs] *n* Ehrlichkeit *f*.

try [traɪ] *n* (*also RUGBY*) Versuch *m* ♦ *vt* (*attempt*) versuchen; (*test*) probieren; (*LAW*) vor Gericht stellen; (*strain: patience*) auf die Probe stellen ♦ *vi* es versuchen; **to have a ~** es versuchen, einen Versuch machen; **to ~ to do sth** versuchen, etw zu tun; **to ~ one's (very) best** *or* **hardest** sein Bestes versuchen *or* tun.

▶ **try on** *vt* (*clothes*) anprobieren; **she's ~ing it on** (*fig*) sie probiert, wie weit sie gehen kann.

▶ **try out** *vt* ausprobieren.

trying ['traɪɪŋ] *adj* (*person*) schwierig;

(*experience*) schwer.

tsar [zɑː] *n* Zar *m*.

T-shirt ['tiːʃəːt] *n* T-Shirt *nt*.

T-square ['tiːskwɛəʳ] *n* (*TECH*) Reißschiene *f*.

TT *adj abbr* (*BRIT*: *inf*) = **teetotal** ♦ *abbr* (*US*: *POST*: = *Trust Territories*) der US-Verwaltungshoheit unterstellte Gebiete.

tub [tʌb] *n* (*container*) Kübel *m*; (*bath*) Wanne *f*.

tuba ['tjuːbə] *n* Tuba *f*.

tubby ['tʌbɪ] *adj* rundlich.

tube [tjuːb] *n* (*pipe*) Rohr *nt*; (*container*) Tube *f*; (*BRIT*: *underground*) U-Bahn *f*; (*US*: *inf*): **the ~** (*television*) die Röhre.

tubeless ['tjuːblɪs] *adj* (*tyre*) schlauchlos.

tuber ['tjuːbəʳ] *n* (*BOT*) Knolle *f*.

tuberculosis [tjubəːkjuˈləusɪs] *n* Tuberkulose *f*.

tube station (*BRIT*) *n* U-Bahn-Station *f*.

tubing ['tjuːbɪŋ] *n* Schlauch *m*; **a piece of ~** ein Schlauch.

tubular ['tjuːbjuləʳ] *adj* röhrenförmig.

TUC (*BRIT*) *n abbr* (= *Trades Union Congress*) britischer Gewerkschafts-Dachverband.

tuck [tʌk] *vt* (*put*) stecken ♦ *n* (*SEWING*) Biese *f*.

▶ **tuck away** *vt* (*money*) wegstecken; **to be ~ed away** (*building*) versteckt liegen.

▶ **tuck in** *vt* (*clothing*) feststecken; (*child*) zudecken ♦ *vi* (*eat*) zulangen.

▶ **tuck up** *vt* (*invalid, child*) zudecken.

tuck shop *n* Süßwarenladen *m*.

Tue(s). *abbr* (= *Tuesday*) Di.

Tuesday ['tjuːzdɪ] *n* Dienstag *m*; **it is ~ 23rd March** heute ist Dienstag, der 23. März; **on ~** am Dienstag; **on ~s** dienstags; **every ~** jeden Dienstag; **every other ~** jeden zweiten Dienstag; **last/next ~** letzten/nächsten Dienstag; **the following ~** am Dienstag darauf; **~'s newspaper** die Zeitung von Dienstag; **a week/fortnight on ~** Dienstag in einer Woche/in vierzehn Tagen; **the ~ before last** der vorletzte Dienstag; **the ~ after next** der übernächste Dienstag; **~ morning/lunchtime/afternoon/evening** Dienstag Morgen/Mittag/Nachmittag/Abend; **~ night** (*overnight*) Dienstag Nacht.

tuft [tʌft] *n* Büschel *nt*.

tug [tʌg] *n* (*ship*) Schlepper *m* ♦ *vt* zerren.

tug of love *n* Tauziehen *nt* (*um das Sorgerecht für Kinder*).

tug-of-war [tʌgəvˈwɔːʳ] *n* (*also fig*) Tauziehen *nt*.

tuition [tjuːˈɪʃən] *n* (*BRIT*) Unterricht *m*; (*US*: *school fees*) Schulgeld *nt*.

tulip ['tjuːlɪp] *n* Tulpe *f*.

tumble ['tʌmbl] *n* (*fall*) Sturz *m* ♦ *vi* (*fall*) stürzen.

▶ **tumble to** (*inf*) *vt fus* kapieren.

tumbledown ['tʌmbldaun] *adj* (*building*) baufällig.

tumble dryer (*BRIT*) *n* Wäschetrockner *m*.

tumbler ['tʌmbləʳ] *n* (*glass*) Trinkglas *nt*.

tummy ['tʌmɪ] (*inf*) *n* Bauch *m*.

tumour, (*US*) **tumor** ['tjuːməʳ] *n* (*MED*) Tumor *m*, Geschwulst *f*.

tumult ['tjuːmʌlt] *n* Tumult *m*.

tumultuous [tjuːˈmʌltjuəs] *adj* (*welcome, applause etc*) stürmisch.

tuna ['tjuːnə] *n inv* (*also:* ~ **fish**) T(h)unfisch *m*.

tune [tjuːn] *n* (*melody*) Melodie *f* ♦ *vt* (*MUS*) stimmen; (*RADIO, TV, AUT*) einstellen; **to be in/out of ~** (*instrument*) richtig gestimmt/verstimmt sein; (*singer*) richtig/falsch singen; **to be in/out of ~ with** (*fig*) in Einklang/nicht in Einklang stehen mit; **she was robbed to the ~ of 10,000 pounds** sie wurde um einen Betrag in Höhe von 10.000 Pfund beraubt.

▶ **tune in** *vi* (*RADIO, TV*) einschalten; **to ~ in to BBC1** BBC1 einschalten.

▶ **tune up** *vi* (*MUS*) (das Instrument/die Instrumente) stimmen.

tuneful ['tjuːnful] *adj* melodisch.

tuner ['tjuːnəʳ] *n*: **piano ~** Klavierstimmer(in) *m(f)*; (*radio set*) Tuner *m*.

tuner amplifier *n* Steuergerät *nt*.

tungsten ['tʌŋstən] *n* Wolfram *nt*.

tunic ['tjuːnɪk] *n* Hemdbluse *f*.

tuning fork ['tjuːnɪŋ-] *n* Stimmgabel *f*.

Tunis ['tjuːnɪs] *n* Tunis *nt*.

Tunisia [tjuːˈnɪzɪə] *n* Tunesien *nt*.

Tunisian [tjuːˈnɪzɪən] *adj* tunesisch ♦ *n* (*person*) Tunesier(in) *m(f)*.

tunnel ['tʌnl] *n* Tunnel *m*; (*in mine*) Stollen *m* ♦ *vi* einen Tunnel bauen.

tunnel vision *n* (*MED*) Gesichtsfeldeinengung *f*; (*fig*) Engstirnigkeit *f*.

tunny ['tʌnɪ] *n* T(h)unfisch *m*.

turban ['təːbən] *n* Turban *m*.

turbid ['təːbɪd] *adj* (*water*) trüb; (*air*) schmutzig.

turbine ['təːbaɪn] *n* Turbine *f*.

turbo ['təːbəu] *n* Turbo *m*; **~ engine** Turbomotor *m*.

turbojet [təːbəuˈdʒɛt] *n* Düsenflugzeug *nt*.

turboprop [təːbəuˈprɔp] *n* (*engine*) Turbo-Prop-Turbine *f*.

turbot ['təːbət] *n inv* Steinbutt *m*.

turbulence ['təːbjuləns] *n* (*AVIAT*) Turbulenz *f*.

turbulent ['təːbjulənt] *adj* (*water, seas*) stürmisch; (*fig*: *career, period*) turbulent.

tureen [təˈriːn] *n* Terrine *f*.

turf [təːf] *n* (*grass*) Rasen *m*; (*clod*) Sode *f* ♦ *vt* (*area*) mit Grassoden bedecken; **the T~** (*horse-racing*) der Pferderennsport.

▶ **turf out** (*inf*) *vt* (*person*) rausschmeißen.

turf accountant (*BRIT*) *n* Buchmacher *m*.

turgid ['təːdʒɪd] *adj* geschwollen.

Turin ['tjuəˈrɪn] *n* Turin *nt*.

Turk [təːk] *n* Türke *m*, Türkin *f*.

Turkey ['təːkɪ] *n* die Türkei *f*.

turkey ['təːkɪ] *n* (*bird*) Truthahn *m*, Truthenne

f; (*meat*) Puter *m*.

Turkish ['tə:kɪʃ] *adj* türkisch ♦ *n* (*LING*) Türkisch *nt*.

Turkish bath *n* türkisches Bad *nt*.

Turkish delight *n* geleeartige Süßigkeit, mit Puderzucker oder Schokolade überzogen.

turmeric ['tə:mərɪk] *n* Kurkuma *f*.

turmoil ['tə:mɔɪl] *n* Aufruhr *m*; **in** ~ in Aufruhr.

turn [tə:n] *n* (*change*) Wende *f*; (*in road*) Kurve *f*, (*rotation*) Drehung *f*; (*performance*) Nummer *f*; (*inf: MED*) Anfall *m* ♦ *vt* (*handle, key*) drehen; (*collar, steak*) wenden; (*page*) umblättern; (*shape: wood*) drechseln; (*: metal*) drehen ♦ *vi* (*object*) sich drehen; (*person*) sich umdrehen; (*change direction*) abbiegen; (*milk*) sauer werden; **to do sb a good** ~ jdm einen guten Dienst erweisen; **a** ~ **of events** eine Wendung der Dinge; **it gave me quite a** ~ (*inf*) das hat mir einen schönen Schrecken eingejagt; **"no left** ~**"** (*AUT*) „Linksabbiegen verboten"; **it's your** ~ du bist dran; **in** ~ der Reihe nach; **to take** ~**s (at)** sich abwechseln (bei); **at the** ~ **of the century/year** zur Jahrhundertwende/ Jahreswende; **to take a** ~ **for the worse** (*events*) sich zum Schlechten wenden; **his health** *or* **he has taken a** ~ **for the worse** sein Befinden *or* hat sich verschlechtert; **to** ~ **nasty/forty/grey** unangenehm/vierzig/ grau werden.

▶ **turn against** *vt fus* sich wenden gegen.

▶ **turn around** *vi* sich umdrehen; (*in car*) wenden.

▶ **turn away** *vi* sich abwenden ♦ *vt* (*applicants*) abweisen; (*business*) zurückweisen.

▶ **turn back** *vi* umkehren ♦ *vt* (*person, vehicle*) zurückweisen.

▶ **turn down** *vt* (*request*) ablehnen; (*heating*) kleiner stellen; (*radio etc*) leiser stellen; (*bedclothes*) aufschlagen.

▶ **turn in** *vi* (*inf: go to bed*) sich hinhauen ♦ *vt* (*to police*) anzeigen; **to** ~ **o.s. in** sich stellen.

▶ **turn into** *vt fus* (*change*) sich verwandeln in +*acc* ♦ *vt* machen zu.

▶ **turn off** *vi* (*from road*) abbiegen ♦ *vt* (*light, radio etc*) ausmachen; (*tap*) zudrehen; (*engine*) abstellen.

▶ **turn on** *vt* (*light, radio etc*) anmachen; (*tap*) aufdrehen; (*engine*) anstellen.

▶ **turn out** *vt* (*light*) ausmachen; (*gas*) abstellen ♦ *vi* (*appear, attend*) erscheinen; **to** ~ **out to be** (*prove to be*) sich erweisen als; **to** ~ **out well/badly** (*situation*) gut/schlecht enden.

▶ **turn over** *vi* (*person*) sich umdrehen ♦ *vt* (*object*) umdrehen, wenden; (*page*) umblättern; **to** ~ **sth over to** (*to sb*) etw übertragen +*dat*; (*to sth*) etw verlagern zu.

▶ **turn round** *vi* sich umdrehen; (*vehicle*) wenden.

▶ **turn up** *vi* (*person*) erscheinen; (*lost object*) wieder auftauchen ♦ *vt* (*collar*) hochklappen; (*heater*) höher stellen; (*radio etc*) lauter stellen.

turnabout ['tə:nəbaut] *n* (*fig*) Kehrtwendung *f*.

turnaround ['tə:nəraund] *n* = **turnabout**.

turncoat ['tə:nkəut] *n* Überläufer(in) *m(f)*.

turned-up ['tə:ndʌp] *adj*: ~ **nose** Stupsnase *f*.

turning ['tə:nɪŋ] *n* (*in road*) Abzweigung *f*; **the first** ~ **on the right** die erste Straße rechts.

turning circle (*BRIT*) *n* (*AUT*) Wendekreis *m*.

turning point *n* (*fig*) Wendepunkt *m*.

turning radius (*US*) *n* = **turning circle**.

turnip ['tə:nɪp] *n* Rübe *f*.

turnout ['tə:naut] *n* (*of voters etc*) Beteiligung *f*.

turnover ['tə:nəuvə`] *n* (*COMM: amount of money*) Umsatz *m*; (*: of staff*) Fluktuation *f*; (*CULIN*): **apple** ~ Apfeltasche *f*; **there is a rapid** ~ **in staff** der Personalbestand wechselt ständig.

turnpike ['tə:npaɪk] (*US*) *n* gebührenpflichtige Autobahn *f*.

turnstile ['tə:nstaɪl] *n* Drehkreuz *nt*.

turntable ['tə:nteɪbl] *n* (*on record player*) Plattenteller *m*.

turn-up ['tə:nʌp] (*BRIT*) *n* (*on trousers*) Aufschlag *m*; **that's a** ~ **for the books!** (*inf*) das ist eine echte Überraschung!

turpentine ['tə:pəntaɪn] *n* (*also*: **turps**) Terpentin *nt*.

turquoise ['tə:kwɔɪz] *n* (*stone*) Türkis *m* ♦ *adj* (*colour*) türkis.

turret ['tʌrɪt] *n* Turm *m*.

turtle ['tə:tl] *n* Schildkröte *f*.

turtleneck (sweater) ['tə:tlnɛk(-)] *n* Pullover *m* mit rundem Kragen.

Tuscan ['tʌskən] *adj* toskanisch ♦ *n* (*person*) Toskaner(in) *m(f)*.

Tuscany ['tʌskənɪ] *n* die Toskana.

tusk [tʌsk] *n* (*of elephant*) Stoßzahn *m*.

tussle ['tʌsl] *n* Gerangel *nt*.

tutor ['tju:tə`] *n* Tutor(in) *m(f)*; (*private tutor*) Privatlehrer(in) *m(f)*.

tutorial [tju:'tɔ:rɪəl] *n* Kolloquium *nt*.

tuxedo [tʌk'si:dəu] (*US*) *n* Smoking *m*.

TV [ti:'vi:] *n* *abbr* (= *television*) TV *nt*.

TV dinner *n* Fertiggericht *nt*.

twaddle ['twɔdl] (*inf*) *n* dummes Zeug *nt*.

twang [twæŋ] *n* (*of instrument*) singender Ton *m*; (*of voice*) näselnder Ton *m* ♦ *vi* einen singenden Ton von sich geben ♦ *vt* (*guitar*) zupfen.

tweak [twi:k] *vt* kneifen.

tweed [twi:d] *n* Tweed *m* ♦ *adj* (*jacket, skirt*) Tweed-.

tweezers ['twi:zəz] *npl* Pinzette *f*.

twelfth [twɛlfθ] *num* zwölfte(r, s) ♦ *n* Zwölftel *nt*.

Twelfth Night *n* ≈ Dreikönige *nt*.

twelve [twɛlv] *num* zwölf; **at** ~ (**o'clock**) (*midday*) um zwölf Uhr (mittags); (*midnight*) um zwölf Uhr nachts.

twentieth ['twɛntɪɪθ] *num* zwanzigste(r, s).

twenty ['twɛntɪ] *num* zwanzig.

twerp [twɜːp] (*inf*) *n* Schwachkopf *m*.

twice [twaɪs] *adv* zweimal; ~ **as much** zweimal so viel; ~ **a week** zweimal die Woche; **she is** ~ **your age** sie ist doppelt so alt wie du.

twiddle ['twɪdl] *vt* drehen an +*dat* ♦ *vi*: **to** ~ (**with**) herumdrehen (an +*dat*); **to** ~ **one's thumbs** (*fig*) Däumchen drehen.

twig [twɪg] *n* Zweig *m* ♦ *vi, vt* (*BRIT: inf: realize*) kapieren.

twilight ['twaɪlaɪt] *n* Dämmerung *f*; **in the** ~ in der Dämmerung.

twill [twɪl] *n* (*cloth*) Köper *m*.

twin [twɪn] *adj* (*sister, brother*) Zwillings-; (*towers*) Doppel- ♦ *n* Zwilling *m*; (*room in hotel etc*) Zweibettzimmer *nt* ♦ *vt* (*towns etc*): **to be** ~**ned with ... ...** als Partnerstadt haben.

twin-bedded room ['twɪn'bɛdɪd-] *n* Zweibettzimmer *nt*.

twin beds *npl* zwei (gleiche) Einzelbetten *pl*.

twin-carburettor ['twɪnkɑːbju'rɛtə*] *adj* Doppelvergaser-.

twine [twaɪn] *n* Bindfaden *m* ♦ *vi* sich winden.

twin-engined [twɪn'ɛndʒɪnd] *adj* zweimotorig.

twinge [twɪndʒ] *n* (*of pain*) Stechen *nt*; **a** ~ **of conscience** Gewissensbisse *pl*; **a** ~ **of fear/ guilt** ein Angst-/Schuldgefühl *nt*.

twinkle ['twɪŋkl] *vi* funkeln ♦ *n* Funkeln *nt*.

twin town *n* Partnerstadt *f*.

twirl [twɜːl] *vt* herumwirbeln ♦ *vi* wirbeln ♦ *n* Wirbel *m*.

twist [twɪst] *n* (*action*) Drehung *f*; (*in road*) Kurve; (*in coil, flex*) Biegung *f*; (*in story*) Wendung *f* ♦ *vt* (*turn*) drehen; (*injure: ankle etc*) verrenken; (*twine*) wickeln; (*fig: meaning etc*) verdrehen ♦ *vi* (*road, river*) sich winden; ~ **my arm!** (*inf*) überreden Sie mich einfach!

twisted ['twɪstɪd] *adj* (*wire, rope*) gedreht; (*ankle*) verrenkt; (*fig: logic, mind*) verdreht.

twit [twɪt] (*inf*) *n* Trottel *m*.

twitch [twɪtʃ] *n* (*jerky movement*) Zucken *nt* ♦ *vi* zucken.

two [tuː] *num* zwei; ~ **by** ~, **in** ~**s** zu zweit; **to put** ~ **and** ~ **together** (*fig*) zwei und zwei zusammenzählen.

two-bit [tuː'bɪt] (*inf*) *adj* (*worthless*) mies.

two-door [tuː'dɔː*] *adj* zweitürig.

two-faced [tuː'feɪst] (*pej*) *adj* scheinheilig.

twofold ['tuːfəʊld] *adv*: **to increase** ~ um das Doppelte ansteigen ♦ *adj* (*increase*) um das Doppelte; (*aim, value etc*) zweifach.

two-piece (suit) ['tuːpiːs-] *n* Zweiteiler *m*.

two-piece (swimsuit) *n* zweiteiliger Badeanzug *m*.

two-ply ['tuːplaɪ] *adj* (*wool*) zweifädig; (*tissues*) zweilagig.

two-seater ['tuː'siːtə*] *n* (*car*) Zweisitzer *m*.

twosome ['tuːsəm] *n* (*people*) Paar *nt*.

two-stroke ['tuːstrəʊk] *n* (*also*: ~ **engine**) Zweitakter *m* ♦ *adj* (*engine*) Zweitakt-.

two-tone ['tuːtəʊn] *adj* (*in colour*) zweifarbig.

two-way ['tuːweɪ] *adj*: ~ **traffic** Verkehr *m* in beiden Richtungen; ~ **radio** Funksprechgerät *nt*.

TX (*US*) *abbr* (*POST*: = *Texas*).

tycoon [taɪ'kuːn] *n* Magnat *m*.

type [taɪp] *n* (*category, model, example*) Typ *m*; (*TYP*) Schrift *f* ♦ *vt* (*letter etc*) tippen, (mit der) Maschine schreiben; **a** ~ **of** eine Art von; **what** ~ **do you want?** welche Sorte möchten Sie?; **in bold/italic** ~ in Fett-/ Kursivdruck.

typecast ['taɪpkɑːst] (*irreg: like* **cast**) *vt* (*actor*) (auf eine Rolle) festlegen.

typeface ['taɪpfeɪs] *n* Schrift *f*, Schriftbild *nt*.

typescript ['taɪpskrɪpt] *n* (maschinengeschriebenes) Manuskript *nt*.

typeset ['taɪpsɛt] (*irreg: like* **set**) *vt* setzen.

typesetter ['taɪpsɛtə*] *n* Setzer(in) *m(f)*.

typewriter ['taɪpraɪtə*] *n* Schreibmaschine *f*.

typewritten ['taɪprɪtn] *adj* maschine(n)geschrieben.

typhoid ['taɪfɔɪd] *n* Typhus *m*.

typhoon [taɪ'fuːn] *n* Taifun *m*.

typhus ['taɪfəs] *n* Fleckfieber *nt*.

typical ['tɪpɪkl] *adj* typisch; ~ (**of**) typisch (für); **that's** ~! das ist typisch!

typify ['tɪpɪfaɪ] *vt* typisch sein für.

typing ['taɪpɪŋ] *n* Maschine(n)schreiben *nt*.

typing error *n* Tippfehler *m*.

typing pool *n* Schreibzentrale *f*.

typist ['taɪpɪst] *n* Schreibkraft *f*.

typo ['taɪpəʊ] (*inf*) *n abbr* (= *typographical error*) Druckfehler *m*.

typography [tɪ'pɒgrəfɪ] *n* Typografie *f*.

tyranny ['tɪrənɪ] *n* Tyrannei *f*.

tyrant ['taɪərnt] *n* Tyrann(in) *m(f)*.

tyre, (*US*) **tire** ['taɪə*] *n* Reifen *m*.

tyre pressure *n* Reifendruck *m*.

Tyrol [tɪ'rəʊl] *n* Tirol *nt*.

Tyrolean [tɪrə'liːən] *adj* Tiroler ♦ *n* (*person*) Tiroler(in) *m(f)*.

Tyrolese [tɪrə'liːz] = **Tyrolean**.

Tyrrhenian Sea [tɪ'riːnɪən-] *n*: **the** ~ das Tyrrhenische Meer.

tzar [zɑː*] *n* = **tsar**.

U, u

U¹, u [juː] *n (letter)* U *nt,* u *nt;* ~ **for Uncle** ≈ U wie Ulrich.

U² [juː] *(BRIT) n abbr (CINE: = universal) Klassifikation für jugendfreie Filme.*

UAW *(US) n abbr (= United Automobile Workers) Automobilarbeitergewerkschaft.*

UB40 *(BRIT) n abbr (= unemployment benefit form 40)* Arbeitslosenausweis *m.*

U-bend ['juːbend] *n (in pipe)* U-Krümmung *f.*

ubiquitous [juːˈbɪkwɪtəs] *adj* allgegenwärtig.

UCCA [ˈʌkə] *(BRIT) n abbr (= Universities Central Council on Admissions) akademische Zulassungsstelle,* ≈ ZVS *f.*

UDA *(BRIT) n abbr (= Ulster Defence Association) paramilitärische protestantische Organisation in Nordirland.*

UDC *(BRIT) n abbr (= Urban District Council)* Stadtverwaltung *f.*

udder [ˈʌdə*] *n* Euter *nt.*

UDI *(BRIT) n abbr (POL: = unilateral declaration of independence)* einseitige Unabhängigkeitserklärung *f.*

UDR *(BRIT) n abbr (= Ulster Defence Regiment) Regiment aus Teilzeitsoldaten zur Unterstützung der britischen Armee und Polizei in Nordirland.*

UEFA [juːˈeɪfə] *n abbr (= Union of European Football Associations)* UEFA *f.*

UFO [ˈjuːfəu] *n abbr (= unidentified flying object)* Ufo *nt.*

Uganda [juːˈɡændə] *n* Uganda *nt.*

Ugandan [juːˈɡændən] *adj* ugandisch ♦ *n* Ugander(in) *m(f).*

UGC *(BRIT) n abbr (= University Grants Committee)* Ausschuss zur Verteilung von Geldern an Universitäten.

ugh [əːh] *excl* igitt.

ugliness [ˈʌɡlɪnɪs] *n* Hässlichkeit *f.*

ugly [ˈʌɡlɪ] *adj* hässlich; *(nasty)* schlimm.

UHF *abbr (= ultrahigh frequency)* UHF.

UHT *abbr (= ultra heat treated):* ~ **milk** H-Milch *f.*

UK *n abbr =* **United Kingdom.**

Ukraine [juːˈkreɪn] *n* Ukraine *f.*

Ukrainian [juːˈkreɪnɪən] *adj* ukrainisch ♦ *n* Ukrainer(in) *m(f); (LING)* Ukrainisch *nt.*

ulcer [ˈʌlsə*] *n (stomach ulcer etc)* Geschwür *nt; (also:* **mouth** ~) Abszess *m* im Mund.

Ulster [ˈʌlstə*] *n* Ulster *nt.*

ulterior [ʌlˈtɪərɪə*] *adj:* ~ **motive** Hintergedanke *m.*

ultima [ʌltɪˈmeɪtə] *npl of* **ultimatum.**

ultimate [ˈʌltɪmət] *adj (final)* letztendlich; *(greatest)* größte(r, s); *(: deterrent)* äußerste(r, s); *(: authority)* höchste(r, s) ♦ *n:* **the** ~ **in luxury** das Äußerste *or* Höchste an Luxus.

ultimately [ˈʌltɪmətlɪ] *adv (in the end)* schließlich, letzten Endes; *(basically)* im Grunde (genommen).

ultimatum [ʌltɪˈmeɪtəm] *(pl* ~**s** *or* **ultimata**) *n* Ultimatum *nt.*

ultrasonic [ʌltrəˈsɒnɪk] *adj (sound)* Ultraschall-.

ultrasound [ˈʌltrəsaund] *n* Ultraschall *m.*

ultraviolet [ˈʌltrəˈvaɪəlɪt] *adj* ultraviolett.

umbilical cord [ʌmˈbɪlɪkl-] *n* Nabelschnur *f.*

umbrage [ˈʌmbrɪdʒ] *n:* **to take** ~ **at** Anstoß nehmen an +*dat.*

umbrella [ʌmˈbrelə] *n (for rain)* (Regen)schirm *m; (for sun)* Sonnenschirm *m; (fig):* **under the** ~ **of** unter der Leitung von.

umlaut [ˈumlaut] *n* Umlaut *m; (mark)* Umlautzeichen *nt.*

umpire [ˈʌmpaɪə*] *n* Schiedsrichter(in) *m(f)* ♦ *vt (game)* als Schiedsrichter leiten.

umpteen [ʌmpˈtiːn] *adj* zig.

umpteenth [ʌmpˈtiːnθ] *adj:* **for the** ~ **time** zum x-ten Mal.

UMWA *n abbr (= United Mineworkers of America) amerikanische Bergarbeitergewerkschaft.*

UN *n abbr (= United Nations)* UNO *f.*

unabashed [ʌnəˈbæʃt] *adj:* **to be/seem** ~ unbeeindruckt sein/scheinen.

unabated [ʌnəˈbeɪtɪd] *adj* unvermindert ♦ *adv:* **to continue** ~ nicht nachlassen.

unable [ʌnˈeɪbl] *adj:* **to be** ~ **to do sth** etw nicht tun können.

unabridged [ʌnəˈbrɪdʒd] *adj* ungekürzt.

unacceptable [ʌnəkˈseptəbl] *adj* unannehmbar, nicht akzeptabel.

unaccompanied [ʌnəˈkʌmpənɪd] *adj (child, song)* ohne Begleitung; *(luggage)* unbegleitet.

unaccountably [ʌnəˈkauntəblɪ] *adv* unerklärlich.

unaccounted [ʌnəˈkauntɪd] *adj:* **to be** ~ **for** *(passengers, money etc)* (noch) fehlen.

unaccustomed [ʌnəˈkʌstəmd] *adj:* **to be** ~ **to** nicht gewöhnt sein an +*acc.*

unacquainted [ʌnəˈkweɪntɪd] *adj:* **to be** ~ **with** nicht vertraut sein mit.

unadulterated [ʌnəˈdʌltəreɪtɪd] *adj* rein.

unaffected [ʌnəˈfektɪd] *adj (person, behaviour)* natürlich, ungekünstelt; **to be** ~ **by sth** von etw nicht berührt werden.

unafraid [ʌnəˈfreɪd] *adj:* **to be** ~ keine Angst haben.

unaided [ʌnˈeɪdɪd] *adv* ohne fremde Hilfe.

unanimity [juːnəˈnɪmɪtɪ] *n* Einstimmigkeit *f.*

unanimous [juːˈnænɪməs] *adj* einstimmig.

unanimously [juːˈnænɪməslɪ] *adv* einstimmig.

unanswered [ʌnˈɑːnsəd] *adj* unbeantwortet.

unappetizing [ʌnˈæpɪtaɪzɪŋ] adj (food) unappetitlich.

unappreciative [ʌnəˈpriːʃɪətɪv] adj (person) undankbar; (audience) verständnislos.

unarmed [ʌnˈɑːmd] adj unbewaffnet; ~ **combat** Nahkampf m ohne Waffen.

unashamed [ʌnəˈʃeɪmd] adj (pleasure, greed etc) unverhohlen.

unassisted [ʌnəˈsɪstɪd] adv ohne fremde Hilfe.

unassuming [ʌnəˈsjuːmɪŋ] adj bescheiden.

unattached [ʌnəˈtætʃt] adj (single: person) ungebunden; (unconnected) ohne Verbindung.

unattended [ʌnəˈtɛndɪd] adj (car, luggage, child) unbeaufsichtigt.

unattractive [ʌnəˈtræktɪv] adj unattraktiv.

unauthorized [ʌnˈɔːθəraɪzd] adj (visit, use) unbefugt; (version) nicht unautorisiert.

unavailable [ʌnəˈveɪləbl] adj (article, room) nicht verfügbar; (person) nicht zu erreichen; ~ **for comment** nicht zu sprechen.

unavoidable [ʌnəˈvɔɪdəbl] adj unvermeidlich.

unavoidably [ʌnəˈvɔɪdəblɪ] adv (delayed etc) auf unvermeidliche Weise.

unaware [ʌnəˈwɛəʳ] adj: **he was** ~ **of it** er war sich dat dessen nicht bewusst.

unawares [ʌnəˈwɛəz] adv (catch, take) unerwartet.

unbalanced [ʌnˈbælənst] adj (report) unausgewogen; (mentally) ~ geistig gestört.

unbearable [ʌnˈbɛərəbl] adj unerträglich.

unbeatable [ʌnˈbiːtəbl] adj unschlagbar.

unbeaten [ʌnˈbiːtn] adj ungeschlagen.

unbecoming [ʌnbɪˈkʌmɪŋ] adj (language, behaviour) unpassend; (garment) unvorteilhaft.

unbeknown(st) [ʌnbɪˈnəun(st)] adv: ~ **to me/ Peter** ohne mein/Peters Wissen.

unbelief [ʌnbɪˈliːf] n Ungläubigkeit f.

unbelievable [ʌnbɪˈliːvəbl] adj unglaublich.

unbelievably [ʌnbɪˈliːvəblɪ] adv unglaublich.

unbend [ʌnˈbɛnd] (irreg: like **bend**) vi (relax) aus sich herausgehen ♦ vt (wire etc) gerade biegen.

unbending [ʌnˈbɛndɪŋ] adj (person, attitude) unnachgiebig.

unbias(s)ed [ʌnˈbaɪəst] adj unvoreingenommen.

unblemished [ʌnˈblɛmɪʃt] adj (also fig) makellos.

unblock [ʌnˈblɔk] vt (pipe) frei machen.

unborn [ʌnˈbɔːn] adj ungeboren.

unbounded [ʌnˈbaundɪd] adj grenzenlos.

unbreakable [ʌnˈbreɪkəbl] adj (object) unzerbrechlich.

unbridled [ʌnˈbraɪdld] adj ungezügelt.

unbroken [ʌnˈbrəukən] adj (seal) unversehrt; (silence) ununterbrochen; (record, series) ungebrochen.

unbuckle [ʌnˈbʌkl] vt aufschnallen.

unburden [ʌnˈbəːdn] vt: **to** ~ **o.s. (to sb)** (jdm) sein Herz ausschütten.

unbusinesslike [ʌnˈbɪznɪslaɪk] adj ungeschäftsmäßig.

unbutton [ʌnˈbʌtn] vt aufknöpfen.

uncalled-for [ʌnˈkɔːldfɔːʳ] adj (remark etc) unnötig.

uncanny [ʌnˈkænɪ] adj unheimlich.

unceasing [ʌnˈsiːsɪŋ] adj (search, flow etc) unaufhörlich; (loyalty) unermüdlich.

unceremonious [ʌnsɛrɪˈməunɪəs] adj (abrupt, rude) brüsk, barsch.

uncertain [ʌnˈsəːtn] adj (person) unsicher; (future, outcome) ungewiss; **to be** ~ **about sth** unsicher über etw acc sein; **in no** ~ **terms** unzweideutig.

uncertainty [ʌnˈsəːtntɪ] n Ungewissheit f; **uncertainties** npl (doubts) Unsicherheiten pl.

unchallenged [ʌnˈtʃælɪndʒd] adj unbestritten ♦ adv (walk, enter) ungehindert; **to go** ~ unangefochten bleiben.

unchanged [ʌnˈtʃeɪndʒd] adj unverändert.

uncharitable [ʌnˈtʃærɪtəbl] adj (remark, behaviour etc) unfreundlich.

uncharted [ʌnˈtʃɑːtɪd] adj (land, sea) unverzeichnet.

unchecked [ʌnˈtʃɛkt] adv (grow, continue) ungehindert.

uncivil [ʌnˈsɪvɪl] adj (person) grob.

uncivilized [ʌnˈsɪvɪlaɪzd] adj unzivilisiert.

uncle [ˈʌŋkl] n Onkel m.

unclear [ʌnˈklɪəʳ] adj unklar; **I'm still** ~ **about what I'm supposed to do** mir ist immer noch nicht klar, was ich tun soll.

uncoil [ʌnˈkɔɪl] vt (rope, wire) abwickeln ♦ vi (snake) sich strecken.

uncomfortable [ʌnˈkʌmfətəbl] adj (person, chair) unbequem; (room) ungemütlich; (nervous) unbehaglich; (unpleasant: situation, fact) unerfreulich.

uncomfortably [ʌnˈkʌmfətəblɪ] adv (sit) unbequem; (smile) unbehaglich.

uncommitted [ʌnkəˈmɪtɪd] adj nicht engagiert; ~ **to** nicht festgelegt auf +acc.

uncommon [ʌnˈkɔmən] adj ungewöhnlich.

uncommunicative [ʌnkəˈmjuːnɪkətɪv] adj (person) schweigsam.

uncomplicated [ʌnˈkɔmplɪkeɪtɪd] adj unkompliziert.

uncompromising [ʌnˈkɔmprəmaɪzɪŋ] adj (person, belief) kompromisslos.

unconcerned [ʌnkənˈsəːnd] adj (person) unbekümmert; **to be** ~ **about sth** sich nicht um etw kümmern.

unconditional [ʌnkənˈdɪʃənl] adj bedingungslos; (acceptance) vorbehaltlos.

uncongenial [ʌnkənˈdʒiːnɪəl] adj (surroundings) unangenehm.

unconnected [ʌnkəˈnɛktɪd] adj (unrelated) ohne Verbindung; **to be** ~ **with sth** nicht mit etw in Beziehung stehen.

unconscious [ʌnˈkɔnʃəs] adj (in faint)

bewusstlos; (*unaware*): ~ **of** nicht bewusst +*gen* ♦ *n*: **the** ~ das Unbewusste; **to knock sb** ~ jdn bewusstlos schlagen.

unconsciously [ʌnˈkɒnʃəslɪ] *adv* unbewusst.

unconsciousness [ʌnˈkɒnʃəsnɪs] *n* Bewusstlosigkeit *f*.

unconstitutional [ˈʌnkɒnstɪˈtjuːʃənl] *adj* verfassungswidrig.

uncontested [ʌnkənˈtɛstɪd] *adj* (*POL: seat, election*) ohne Gegenkandidat; (*divorce*) ohne Einwände der Gegenseite.

uncontrollable [ʌnkənˈtrəʊləbl] *adj* unkontrollierbar; (*laughter*) unbändig.

uncontrolled [ʌnkənˈtrəʊld] *adj* (*behaviour*) ungezähmt; (*price rises etc*) ungehindert.

unconventional [ʌnkənˈvɛnʃənl] *adj* unkonventionell.

unconvinced [ʌnkənˈvɪnst] *adj*: **to be/remain** ~ nicht überzeugt sein/bleiben.

unconvincing [ʌnkənˈvɪnsɪŋ] *adj* nicht überzeugend.

uncork [ʌnˈkɔːk] *vt* (*bottle*) entkorken.

uncorroborated [ʌnkəˈrɒbəreɪtɪd] *adj* (*evidence*) unbestätigt.

uncouth [ʌnˈkuːθ] *adj* (*person, behaviour*) ungehobelt.

uncover [ʌnˈkʌvə*] *vt* aufdecken.

unctuous [ˈʌŋktjuəs] (*form*) *adj* (*person, behaviour*) salbungsvoll.

undamaged [ʌnˈdæmɪdʒd] *adj* unbeschädigt.

undaunted [ʌnˈdɔːntɪd] *adj* (*person*) unverzagt; ~, **she struggled on** sie kämpfte unverzagt weiter.

undecided [ʌndɪˈsaɪdɪd] *adj* (*person*) unentschlossen; (*question*) unentschieden.

undelivered [ʌndɪˈlɪvəd] *adj* (*goods*) nicht geliefert; (*letters*) nicht zugestellt; **if** ~ **return to sender** (*on envelope*) falls unzustellbar, zurück an Absender.

undeniable [ʌndɪˈnaɪəbl] *adj* unbestreitbar.

undeniably [ʌndɪˈnaɪəblɪ] *adv* (*true*) zweifellos; (*handsome*) unbestreitbar.

under [ˈʌndə*] *prep* (*position*) unter +*dat*; (*motion*) unter +*acc*; (*according to: law etc*) nach, gemäß +*dat* ♦ *adv* (*go, fly etc*) darunter; **to come from** ~ **sth** unter etw *dat* hervorkommen; ~ **there** darunter; **in** ~ **2 hours** in weniger als 2 Stunden; ~ **anaesthetic** unter Narkose; **to be** ~ **discussion** diskutiert werden; ~ **repair** in Reparatur; ~ **the circumstances** unter den Umständen.

under... [ˈʌndə*] *pref* Unter-, unter-.

underage [ʌndərˈeɪdʒ] *adj* (*person*) minderjährig; ~ **drinking** Alkoholgenuss *m* von Minderjährigen.

underarm [ˈʌndərɑːm] *adv* (*bowl, throw*) von unten ♦ *adj* (*throw, shot*) von unten; (*deodorant*) Achselhöhlen-.

undercapitalized [ˈʌndəˈkæpɪtəlaɪzd] *adj* unterkapitalisiert.

undercarriage [ˈʌndəkærɪdʒ] *n* (*AVIAT*) Fahrgestell *nt*.

undercharge [ʌndəˈtʃɑːdʒ] *vt* zu wenig berechnen +*dat*.

underclass [ˈʌndəklɑːs] *n* Unterklasse *f*.

underclothes [ˈʌndəkləʊðz] *npl* Unterwäsche *f*.

undercoat [ˈʌndəkəʊt] *n* (*paint*) Grundierung *f*.

undercover [ʌndəˈkʌvə*] *adj* (*duty, agent*) Geheim- ♦ *adv* (*work*) insgeheim.

undercurrent [ˈʌndəkʌrnt] *n* (*also fig*) Unterströmung *f*.

undercut [ʌndəˈkʌt] (*irreg: like* **cut**) *vt* (*person, prices*) unterbieten.

underdeveloped [ˈʌndədɪˈvɛləpt] *adj* unterentwickelt.

underdog [ˈʌndədɒg] *n*: **the** ~ der/die Benachteiligte.

underdone [ʌndəˈdʌn] *adj* (*food*) nicht gar; (: *meat*) nicht durchgebraten.

underemployment [ˈʌndərɪmˈplɔɪmənt] *n* Unterbeschäftigung *f*.

underestimate [ˈʌndərˈɛstɪmeɪt] *vt* unterschätzen.

underexposed [ˈʌndərɪksˈpəʊzd] *adj* (*PHOT*) unterbelichtet.

underfed [ʌndəˈfɛd] *adj* unterernährt.

underfoot [ʌndəˈfut] *adv*: **to crush sth** ~ **etw** am Boden zerdrücken; **to trample sth** ~ auf etw *dat* herumtrampeln.

underfunded [ˈʌndəˈfʌndɪd] *adj* unterfinanziert.

undergo [ʌndəˈgəʊ] (*irreg: like* **go**) *vt* (*change*) durchmachen; (*test, operation*) sich unterziehen; **the car is** ~**ing repairs** das Auto wird gerade repariert.

undergraduate [ʌndəˈgrædjuɪt] *n* Student(in) *m(f)* ♦ *cpd*: ~ **courses** Kurse *pl* für nichtgraduierte Studenten.

underground [ˈʌndəgraund] *adj* unterirdisch; (*POL: newspaper, activities*) Untergrund- ♦ *adv* (*work*) unterirdisch; (: *miners*) unter Tage; (*POL*): **to go** ~ untertauchen ♦ *n*: **the** ~ (*BRIT*) die U-Bahn; (*POL*) die Untergrundbewegung; ~ **car park** Tiefgarage *f*.

undergrowth [ˈʌndəgrəʊθ] *n* Unterholz *nt*.

underhand(ed) [ʌndəˈhænd(ɪd)] *adj* (*fig: behaviour, person*) hinterhältig.

underinsured [ˈʌndərɪnˈʃʊəd] *adj* unterversichert.

underlay [ʌndəˈleɪ] *n* Unterlage *f*.

underlie [ʌndəˈlaɪ] (*irreg: like* **lie**) *vt* (*fig: be basis of*) zugrunde *or* zu Grunde liegen +*dat*; **the underlying cause** der eigentliche Grund.

underline [ʌndəˈlaɪn] *vt* unterstreichen; (*fig: emphasize*) betonen.

underling [ˈʌndəlɪŋ] (*pej*) *n* Befehlsempfänger(in) *m(f)*.

undermanning [ʌndəˈmænɪŋ] *n* Personalmangel *m*.

undermentioned [ʌndəˈmɛnʃənd] *adj* unten

genannt.

undermine [ʌndə'maɪn] *vt* unterminieren, unterhöhlen.

underneath [ʌndə'ni:θ] *adv* darunter ♦ *prep* (*position*) unter +*dat*; (*motion*) unter +*acc*.

undernourished [ʌndə'nʌrɪʃt] *adj* unterernährt.

underpaid [ʌndə'peɪd] *adj* unterbezahlt.

underpants ['ʌndəpænts] *npl* Unterhose *f*.

underpass ['ʌndəpɑ:s] (*BRIT*) *n* Unterführung *f*.

underpin [ʌndə'pɪn] *vt* (*argument*) untermauern.

underplay [ʌndə'pleɪ] (*BRIT*) *vt* herunterspielen.

underpopulated [ʌndə'pɔpjuleɪtɪd] *adj* unterbevölkert.

underprice [ʌndə'praɪs] *vt* (*goods*) zu billig anbieten.

underprivileged [ʌndə'prɪvɪlɪdʒd] *adj* unterprivilegiert.

underrate [ʌndə'reɪt] *vt* unterschätzen.

underscore [ʌndə'skɔ:*] *vt* unterstreichen.

underseal [ʌndə'si:l] (*BRIT*) *vt* (*car*) mit Unterbodenschutz versehen ♦ *n* (*of car*) Unterbodenschutz *m*.

undersecretary ['ʌndə'sekrətərɪ] *n* (*POL*) Staatssekretär(in) *m(f)*.

undersell [ʌndə'sɛl] (*irreg: like* **sell**) *vt* (*competitors*) unterbieten.

undershirt ['ʌndəʃɔ:t] (*US*) *n* Unterhemd *nt*.

undershorts ['ʌndəʃɔ:ts] (*US*) *npl* Unterhose *f*.

underside ['ʌndəsaɪd] *n* Unterseite *f*.

undersigned ['ʌndə'saɪnd] *adj* unterzeichnet ♦ *n*: **the ~** der/die Unterzeichnete; **we the ~ agree that ...** wir, die Unterzeichneten, kommen überein, dass ...

underskirt ['ʌndəskɔ:t] (*BRIT*) *n* Unterrock *m*.

understaffed [ʌndə'stɑ:ft] *adj* unterbesetzt.

understand [ʌndə'stænd] (*irreg: like* **stand**) *vt*, *vi* verstehen; **I ~ (that) you have ...** (*believe*) soweit ich weiß, haben Sie ...; **to make o.s. understood** sich verständlich machen.

understandable [ʌndə'stændəbl] *adj* verständlich.

understanding [ʌndə'stændɪŋ] *adj* verständnisvoll ♦ *n* Verständnis *nt*; **to come to an ~ with sb** mit jdm übereinkommen; **on the ~ that ...** unter der Voraussetzung, dass ...

understate [ʌndə'steɪt] *vt* herunterspielen.

understatement ['ʌndəsteɪtmənt] *n* Understatement *nt*, Untertreibung *f*; **that's an ~!** das ist untertrieben!

understood [ʌndə'stud] *pt*, *pp of* **understand** ♦ *adj* (*agreed*) abgemacht; (*implied*) impliziert.

understudy ['ʌndəstʌdɪ] *n* zweite Besetzung *f*.

undertake [ʌndə'teɪk] (*irreg: like* **take**) *vt* (*task*) übernehmen ♦ *vi*: **to ~ to do sth** es übernehmen, etw zu tun.

undertaker ['ʌndəteɪkə*] *n* (Leichen)bestatter

m.

undertaking ['ʌndəteɪkɪŋ] *n* (*job*) Unternehmen *nt*; (*promise*) Zusicherung *f*.

undertone ['ʌndətəʊn] *n* (*of criticism etc*) Unterton *m*; **in an ~** mit gedämpfter Stimme.

undervalue [ʌndə'vælju:] *vt* (*person, work etc*) unterbewerten.

underwater ['ʌndə'wɔ:tə*] *adv* (*swim etc*) unter Wasser ♦ *adj* (*exploration, camera etc*) Unterwasser-.

underwear ['ʌndəwɛə*] *n* Unterwäsche *f*.

underweight [ʌndə'weɪt] *adj*: **to be ~** Untergewicht haben.

underworld ['ʌndəwə:ld] *n* Unterwelt *f*.

underwrite [ʌndə'raɪt] *vt* (*FIN*) garantieren; (*INSURANCE*) versichern.

underwriter ['ʌndəraɪtə*] *n* (*INSURANCE*) Versicherer(in) *m(f)*.

undeserved [ʌndɪ'zə:vd] *adj* unverdient.

undesirable [ʌndɪ'zaɪərəbl] *adj* unerwünscht.

undeveloped [ʌndɪ'vɛləpt] *adj* (*land*) unentwickelt; (*resources*) ungenutzt.

undies ['ʌndɪz] (*inf*) *npl* Unterwäsche *f*.

undiluted ['ʌndaɪ'lu:tɪd] *adj* (*substance*) unverdünnt; (*emotion*) unverfälscht.

undiplomatic ['ʌndɪplə'mætɪk] *adj* undiplomatisch.

undischarged ['ʌndɪs'tʃɑ:dʒd] *adj*: **~ bankrupt** nicht entlasteter Konkursschuldner *m*, nicht entlastete Konkursschuldnerin *f*.

undisciplined [ʌn'dɪsɪplɪnd] *adj* undiszipliniert.

undiscovered ['ʌndɪs'kʌvəd] *adj* unentdeckt.

undisguised ['ʌndɪs'gaɪzd] *adj* (*dislike, amusement etc*) unverhohlen.

undisputed ['ʌndɪs'pju:tɪd] *adj* unbestritten.

undistinguished ['ʌndɪs'tɪŋgwɪʃt] *adj* (*career, person*) mittelmäßig; (*appearance*) durchschnittlich.

undisturbed [ʌndɪs'tə:bd] *adj* ungestört; **to leave sth ~** etw unberührt lassen.

undivided [ʌndɪ'vaɪdɪd] *adj*: **you have my ~ attention** Sie haben meine ungeteilte Aufmerksamkeit.

undo [ʌn'du:] (*irreg: like* **do**) *vt* (*unfasten*) aufmachen; (*spoil*) zunichte machen.

undoing [ʌn'du:ɪŋ] *n* Verderben *nt*.

undone [ʌn'dʌn] *pp of* **undo** ♦ *adj*: **to come ~** (*shoelaces etc*) aufgehen.

undoubted [ʌn'daʊtɪd] *adj* unzweifelhaft.

undoubtedly [ʌn'daʊtɪdlɪ] *adv* zweifellos.

undress [ʌn'drɛs] *vi* sich ausziehen ♦ *vt* ausziehen.

undrinkable [ʌn'drɪŋkəbl] *adj* (*unpalatable*) ungenießbar; (*poisonous*) nicht trinkbar.

undue [ʌn'dju:] *adj* (*excessive*) übertrieben.

undulating ['ʌndjuleɪtɪŋ] *adj* (*movement*) Wellen-; (*hills*) sanft.

unduly [ʌn'dju:lɪ] *adv* (*excessively*) übermäßig.

undying [ʌn'daɪɪŋ] *adj* (*love, loyalty etc*) ewig.

unearned [ʌn'ə:nd] *adj* (*praise*) unverdient;

~ **income** Kapitaleinkommen *nt*.

unearth [ʌn'ɜːθ] *vt* (*skeleton etc*) ausgraben; (*fig: secrets etc*) ausfindig machen.

unearthly [ʌn'ɜːθlɪ] *adj* (*eerie*) unheimlich; **at some ~ hour** zu nachtschlafender Zeit.

unease [ʌn'iːz] *n* Unbehagen *nt*.

uneasy [ʌn'iːzɪ] *adj* (*person*) unruhig; (*feeling*) unbehaglich; (*peace, truce*) unsicher; **to feel ~ about doing sth** ein ungutes Gefühl dabei haben, etw zu tun.

uneconomic ['ʌniːkə'nɒmɪk] *adj* unwirtschaftlich.

uneconomical ['ʌniːkə'nɒmɪkl] *adj* unwirtschaftlich.

uneducated [ʌn'ɛdjukeɪtɪd] *adj* ungebildet.

unemployed [ʌnɪm'plɔɪd] *adj* arbeitslos ♦ *npl*: **the ~** die Arbeitslosen *pl*.

unemployment [ʌnɪm'plɔɪmənt] *n* Arbeitslosigkeit *f*.

unemployment benefit (*BRIT*) *n* Arbeitslosenunterstützung *f*.

unemployment compensation (*US*) *n* = **unemployment benefit**.

unending [ʌn'ɛndɪŋ] *adj* endlos.

unenviable [ʌn'ɛnvɪəbl] *adj* (*task, conditions etc*) wenig beneidenswert.

unequal [ʌn'iːkwəl] *adj* ungleich; **to feel ~ to** sich nicht gewachsen fühlen +*dat*.

unequalled, (*US*) **unequaled** [ʌn'iːkwəld] *adj* unübertroffen.

unequivocal [ʌnɪ'kwɪvəkl] *adj* (*answer*) unzweideutig; **to be ~ about sth** eine klare Haltung zu etw haben.

unerring [ʌn'ɜːrɪŋ] *adj* unfehlbar.

UNESCO [juː'nɛskəu] *n abbr* (= *United Nations Educational, Scientific and Cultural Organization*) UNESCO *f*.

unethical [ʌn'ɛθɪkl] *adj* (*methods*) unlauter; (*doctor's behaviour*) unethisch.

uneven [ʌn'iːvn] *adj* (*teeth, road etc*) uneben; (*performance*) ungleichmäßig.

uneventful [ʌnɪ'vɛntful] *adj* ereignislos.

unexceptional [ʌnɪk'sɛpʃənl] *adj* durchschnittlich.

unexciting [ʌnɪk'saɪtɪŋ] *adj* (*film, news*) wenig aufregend.

unexpected [ʌnɪks'pɛktɪd] *adj* unerwartet.

unexpectedly [ʌnɪks'pɛktɪdlɪ] *adv* unerwartet.

unexplained [ʌnɪks'pleɪnd] *adj* (*mystery, failure*) ungeklärt.

unexploded [ʌnɪks'pləudɪd] *adj* nicht explodiert.

unfailing [ʌn'feɪlɪŋ] *adj* (*support, energy*) unerschöpflich.

unfair [ʌn'fɛəʳ] *adj* unfair, ungerecht; (*advantage*) ungerechtfertigt; **~ to** unfair *or* ungerecht zu.

unfair dismissal *n* ungerechtfertigte Entlassung *f*.

unfairly [ʌn'fɛəlɪ] *adv* (*treat*) unfair, ungerecht; (*dismiss*) ungerechtfertigt.

unfaithful [ʌn'feɪθful] *adj* (*lover, spouse*) untreu.

unfamiliar [ʌnfə'mɪlɪəʳ] *adj* ungewohnt; (*person*) fremd; **to be ~ with sth** mit etw nicht vertraut sein.

unfashionable [ʌn'fæʃnəbl] *adj* (*clothes, ideas*) unmodern; (*place*) unbeliebt.

unfasten [ʌn'fɑːsn] *vt* (*seat belt, strap*) lösen.

unfathomable [ʌn'fæðəməbl] *adj* unergründlich.

unfavourable, (*US*) **unfavorable** [ʌn'feɪvrəbl] *adj* (*circumstances, weather*) ungünstig; (*opinion, report*) negativ.

unfavourably, (*US*) **unfavorably** [ʌn'feɪvrəblɪ] *adv*: **to compare ~ (with sth)** im Vergleich (mit etw) ungünstig sein; **to compare ~ (with sb)** im Vergleich (mit jdm) schlechter abschneiden; **to look ~ on** (*suggestion etc*) ablehnend gegenüberstehen +*dat*.

unfeeling [ʌn'fiːlɪŋ] *adj* gefühllos.

unfinished [ʌn'fɪnɪʃt] *adj* unvollendet.

unfit [ʌn'fɪt] *adj* (*physically*) nicht fit; (*incompetent*) unfähig; **~ for work** arbeitsunfähig; **~ for human consumption** zum Verzehr ungeeignet.

unflagging [ʌn'flægɪŋ] *adj* (*attention, energy*) unermüdlich.

unflappable [ʌn'flæpəbl] *adj* unerschütterlich.

unflattering [ʌn'flætərɪŋ] *adj* (*dress, hairstyle*) unvorteilhaft; (*remark*) wenig schmeichelhaft.

unflinching [ʌn'flɪntʃɪŋ] *adj* unerschrocken.

unfold [ʌn'fəuld] *vt* (*sheets, map*) auseinander falten ♦ *vi* (*situation, story*) sich entfalten.

unforeseeable [ʌnfɔː'siːəbl] *adj* unvorhersehbar.

unforeseen ['ʌnfɔː'siːn] *adj* unvorhergesehen.

unforgettable [ʌnfə'gɛtəbl] *adj* unvergesslich.

unforgivable [ʌnfə'gɪvəbl] *adj* unverzeihlich.

unformatted [ʌn'fɔːmætɪd] *adj* (*disk, text*) unformatiert.

unfortunate [ʌn'fɔːtʃənət] *adj* (*unlucky*) unglücklich; (*regrettable*) bedauerlich; **it is ~ that ...** es ist bedauerlich, dass ...

unfortunately [ʌn'fɔːtʃənətlɪ] *adv* leider.

unfounded [ʌn'faundɪd] *adj* (*allegations, fears*) unbegründet.

unfriendly [ʌn'frɛndlɪ] *adj* unfreundlich.

unfulfilled [ʌnful'fɪld] *adj* (*ambition, prophecy*) unerfüllt; (*person*) unausgefüllt.

unfurl [ʌn'fɜːl] *vt* (*flag etc*) entrollen.

unfurnished [ʌn'fɜːnɪʃt] *adj* unmöbliert.

ungainly [ʌn'geɪnlɪ] *adj* (*person*) unbeholfen.

ungodly [ʌn'gɒdlɪ] *adj* (*annoying*) heillos; **at some ~ hour** zu nachtschlafender Zeit.

ungrateful [ʌn'greɪtful] *adj* undankbar.

unguarded [ʌn'gɑːdɪd] *adj*: **in an ~ moment** in einem unbedachten Augenblick.

unhappily [ʌn'hæpɪlɪ] *adv* (*miserably*) unglücklich; (*unfortunately*) leider.

unhappiness [ʌn'hæpɪnɪs] *n* Traurigkeit *f*.

unhappy [ʌn'hæpɪ] *adj* unglücklich; ~ **about/ with** (*dissatisfied*) unzufrieden über $/ mit;+*acc*.

unharmed [ʌn'hɑːmd] *adj* (*person, animal*) unversehrt.

UNHCR *n abbr* (= *United Nations High Commission for Refugees*) *Flüchtlingskommission der Vereinten Nationen*.

unhealthy [ʌn'hɛlθɪ] *adj* (*person*) nicht gesund; (*place*) ungesund; (*fig: interest*) krankhaft.

unheard-of [ʌn'hɜːdɒv] *adj* (*unknown*) unbekannt; (*outrageous*) unerhört.

unhelpful [ʌn'hɛlpful] *adj* (*person*) nicht hilfreich; (*advice*) nutzlos.

unhesitating [ʌn'hɛzɪteɪtɪŋ] *adj* (*loyalty*) bereitwillig; (*reply, offer*) prompt.

unholy [ʌn'həʊlɪ] (*inf*) *adj* (*fig: alliance*) übel; (: *mess*) heillos; (: *row*) furchtbar.

unhook [ʌn'hʊk] *vt* (*unfasten*) losmachen.

unhurt [ʌn'hɜːt] *adj* unverletzt.

unhygienic [ʌnhaɪ'dʒiːnɪk] *adj* unhygienisch.

UNICEF ['juːnɪsɛf] *n abbr* (= *United Nations International Children's Emergency Fund*) UNICEF *f*.

unicorn ['juːnɪkɔːn] *n* Einhorn *nt*.

unidentified [ʌnaɪ'dɛntɪfaɪd] *adj* (*unknown*) unbekannt; (*unnamed*) ungenannt; *see also* UFO.

unification [juːnɪfɪ'keɪʃən] *n* Vereinigung *f*.

uniform ['juːnɪfɔːm] *n* Uniform *f* ♦ *adj* (*length, width etc*) einheitlich.

uniformity [juːnɪ'fɔːmɪtɪ] *n* Einheitlichkeit *f*.

unify ['juːnɪfaɪ] *vt* vereinigen.

unilateral [juːnɪ'lætərəl] *adj* einseitig.

unimaginable [ʌnɪ'mædʒɪnəbl] *adj* unvorstellbar.

unimaginative [ʌnɪ'mædʒɪnətɪv] *adj* fantasielos.

unimpaired [ʌnɪm'pɛəd] *adj* unbeeinträchtigt.

unimportant [ʌnɪm'pɔːtənt] *adj* unwichtig.

unimpressed [ʌnɪm'prɛst] *adj* unbeeindruckt.

uninhabited [ʌnɪn'hæbɪtɪd] *adj* unbewohnt.

uninhibited [ʌnɪn'hɪbɪtɪd] *adj* (*person*) ohne Hemmungen; (*behaviour*) hemmungslos.

uninjured [ʌn'ɪndʒəd] *adj* unverletzt.

uninspiring [ʌnɪn'spaɪərɪŋ] *adj* wenig aufregend; (*person*) trocken, nüchtern.

unintelligent [ʌnɪn'tɛlɪdʒənt] *adj* unintelligent.

unintentional [ʌnɪn'tɛnʃənəl] *adj* unbeabsichtigt.

unintentionally [ʌnɪn'tɛnʃnəlɪ] *adv* unabsichtlich.

uninvited [ʌnɪn'vaɪtɪd] *adj* (*guest*) ungeladen.

uninviting [ʌnɪn'vaɪtɪŋ] *adj* (*food*) unappetitlich; (*place*) wenig einladend.

union ['juːnjən] *n* (*unification*) Vereinigung *f*; (*also*: **trade** ~) Gewerkschaft *f* ♦ *cpd* (*activities, leader etc*) Gewerkschafts-; **the U~** (*US*) die Vereinigten Staaten.

unionize ['juːnjənaɪz] *vt* (*employees*) gewerkschaftlich organisieren.

Union Jack *n* Union Jack *m*.

union shop *n* gewerkschaftspflichtiger Betrieb *m*.

unique [juː'niːk] *adj* (*object etc*) einmalig; (*ability, skill*) einzigartig; **to be ~ to** charakteristisch sein für.

unisex ['juːnɪsɛks] *adj* (*clothes*) Unisex-; (*hairdresser*) für Damen und Herren.

UNISON ['juːnɪsn] *n Gewerkschaft der Angestellten im öffentlichen Dienst*.

unison ['juːnɪsn] *n*: **in ~** (*say, sing*) einstimmig; (*act*) in Übereinstimmung.

unit ['juːnɪt] *n* Einheit *f*; **production ~** Produktionsabteilung *f*; **kitchen ~** Küchen-Einbauelement *nt*.

unitary ['juːnɪtrɪ] *adj* (*state, system etc*) einheitlich.

unit cost *n* (*COMM*) Stückkosten *pl*.

unite [juː'naɪt] *vt* vereinigen ♦ *vi* sich zusammenschließen.

united [juː'naɪtɪd] *adj* (*agreed*) einig; (*country, party*) vereinigt.

United Arab Emirates *npl*: **the ~** die Vereinigten Arabischen Emirate *pl*.

United Kingdom *n*: **the ~** das Vereinigte Königreich.

United Nations *npl*: **the ~** die Vereinten Nationen *pl*.

United States (of America) *n*: **the ~** die Vereinigten Staaten *pl* (von Amerika).

unit price *n* (*COMM*) Einzelpreis *m*.

unit trust (*BRIT*) *n* (*COMM*) Investmenttrust *m*.

unity ['juːnɪtɪ] *n* Einheit *f*.

Univ. *abbr* = **university**.

universal [juːnɪ'vɜːsl] *adj* allgemein.

universe ['juːnɪvɜːs] *n* Universum *nt*.

university [juːnɪ'vɜːsɪtɪ] *n* Universität *f* ♦ *cpd* (*student, professor*) Universitäts-; (*education, year*) akademisch.

university degree *n* Universitätsabschluss *m*.

unjust [ʌn'dʒʌst] *adj* ungerecht; (*society*) unfair.

unjustifiable ['ʌndʒʌstɪ'faɪəbl] *adj* nicht zu rechtfertigen.

unjustified [ʌn'dʒʌstɪfaɪd] *adj* (*belief, action*) ungerechtfertigt; (*text*) nicht bündig.

unkempt [ʌn'kɛmpt] *adj* ungepflegt.

unkind [ʌn'kaɪnd] *adj* (*person, comment etc*) unfreundlich.

unkindly [ʌn'kaɪndlɪ] *adv* unfreundlich.

unknown [ʌn'nəʊn] *adj* unbekannt; ~ **to me,** ... ohne dass ich es wusste, ...; ~ **quantity** (*fig*) unbekannte Größe.

unladen [ʌn'leɪdn] *adj* (*ship*) ohne Ladung; (*weight*) Leer-.

unlawful [ʌn'lɔːful] *adj* gesetzwidrig.

unleaded [ʌn'lɛdɪd] *adj* (*petrol*) bleifrei, unverbleit; **I use ~** ich fahre bleifrei.

unleash [ʌn'liːʃ] *vt* (*fig: feeling, forces etc*) entfesseln.

unleavened [ʌn'lɛvnd] *adj* (*bread*) ungesäuert.

unless [ʌn'lɛs] *conj* es sei denn; ~ **he comes** wenn er nicht kommt; ~ **otherwise stated** wenn nicht anders angegeben; ~ **I am mistaken** wenn ich mich nicht irre; **there will be a strike** ~ ... es wird zum Streik kommen, es sei denn, ...

unlicensed [ʌn'laɪsnst] (*BRIT*) *adj* (*restaurant*) ohne Schankkonzession.

unlike [ʌn'laɪk] *adj* (*not alike*) unähnlich ♦ *prep* (*different from*) verschieden von; ~ **me, she is very tidy** im Gegensatz zu mir ist sie sehr ordentlich.

unlikelihood [ʌn'laɪklɪhud] *n* Unwahrscheinlichkeit *f*.

unlikely [ʌn'laɪklɪ] *adj* unwahrscheinlich; (*combination etc*) merkwürdig; **in the** ~ **event of/that** ... im unwahrscheinlichen Fall *+gen*/dass ...

unlimited [ʌn'lɪmɪtɪd] *adj* unbeschränkt.

unlisted ['ʌn'lɪstɪd] *adj* (*STOCK EXCHANGE*) nicht notiert; (*US: TEL*): **to be** ~ nicht im Telefonbuch stehen.

unlit [ʌn'lɪt] *adj* (*room etc*) unbeleuchtet.

unload [ʌn'ləud] *vt* (*box etc*) ausladen; (*car etc*) entladen.

unlock [ʌn'lɔk] *vt* aufschließen.

unlucky [ʌn'lʌkɪ] *adj* (*object*) Unglück bringend; (*number*) Unglücks-; **to be** ~ (*person*) Pech haben.

unmanageable [ʌn'mænɪdʒəbl] *adj* (*tool, vehicle*) kaum zu handhaben; (*person, hair*) widerspenstig; (*situation*) unkontrollierbar.

unmanned [ʌn'mænd] *adj* (*station, spacecraft etc*) unbemannt.

unmarked [ʌn'maːkt] *adj* (*unstained*) fleckenlos; (*unscarred*) nicht gezeichnet; (*unblemished*) makellos; ~ **police car** nicht gekennzeichneter Streifenwagen *m*.

unmarried [ʌn'mærɪd] *adj* unverheiratet.

unmarried mother *n* ledige Mutter *f*.

unmask [ʌn'maːsk] *vt* (*reveal*) enthüllen.

unmatched [ʌn'mætʃt] *adj* unübertroffen.

unmentionable [ʌn'mɛnʃnəbl] *adj* (*topic, word*) Tabu-; **to be** ~ tabu sein.

unmerciful [ʌn'məːsɪful] *adj* erbarmungslos.

unmistak(e)able [ʌnmɪs'teɪkəbl] *adj* unverkennbar.

unmistak(e)ably [ʌnmɪs'teɪkəblɪ] *adv* unverkennbar.

unmitigated [ʌn'mɪtɪgeɪtɪd] *adj* (*disaster etc*) total.

unnamed [ʌn'neɪmd] *adj* (*nameless*) namenlos; (*anonymous*) ungenannt.

unnatural [ʌn'nætʃrəl] *adj* unnatürlich; (*against nature: habit*) widernatürlich.

unnecessarily [ʌn'nɛsəsərɪlɪ] *adv* (*worry etc*) unnötigerweise; (*severe etc*) übertrieben.

unnecessary [ʌn'nɛsəsərɪ] *adj* unnötig.

unnerve [ʌn'nəːv] *vt* entnerven.

unnoticed [ʌn'nəutɪst] *adj*: **to go** *or* **pass** ~ unbemerkt bleiben.

UNO ['juːnəu] *n abbr* (= *United Nations Organization*) UNO *f*.

unobservant [ʌnəb'zəːvənt] *adj* unaufmerksam.

unobtainable [ʌnəb'teɪnəbl] *adj* (*item*) nicht erhältlich; **this number is** ~ (*TEL*) kein Anschluss unter dieser Nummer.

unobtrusive [ʌnəb'truːsɪv] *adj* unauffällig.

unoccupied [ʌn'ɔkjupaɪd] *adj* (*seat*) frei; (*house*) leer (stehend).

unofficial [ʌnə'fɪʃl] *adj* inoffiziell.

unopened [ʌn'əupənd] *adj* ungeöffnet.

unopposed [ʌnə'pəuzd] *adj*: **to be** ~ (*suggestion*) nicht auf Widerstand treffen; (*motion, bill*) ohne Gegenstimmen angenommen werden.

unorthodox [ʌn'ɔːθədɔks] *adj* (*also REL*) unorthodox.

unpack [ʌn'pæk] *vt, vi* auspacken.

unpaid [ʌn'peɪd] *adj* unbezahlt.

unpalatable [ʌn'pælətəbl] *adj* (*meal*) ungenießbar; (*truth*) bitter.

unparalleled [ʌn'pærəleld] *adj* beispiellos.

unpatriotic ['ʌnpætrɪ'ɔtɪk] *adj* unpatriotisch.

unplanned [ʌn'plænd] *adj* ungeplant.

unpleasant [ʌn'plɛznt] *adj* unangenehm; (*person, manner*) unfreundlich.

unplug [ʌn'plʌg] *vt* (*iron, record player etc*) den Stecker herausziehen *+gen*.

unpolluted [ʌnpə'luːtɪd] *adj* unverschmutzt.

unpopular [ʌn'pɔpjuləʳ] *adj* unpopulär; **to make o.s.** ~ (**with**) sich unbeliebt machen (bei).

unprecedented [ʌn'prɛsɪdɛntɪd] *adj* noch nie da gewesen; (*decision*) einmalig.

unpredictable [ʌnprɪ'dɪktəbl] *adj* (*person, weather*) unberechenbar; (*reaction*) unvorhersehbar.

unprejudiced [ʌn'prɛdʒudɪst] *adj* unvoreingenommen.

unprepared [ʌnprɪ'pɛəd] *adj* unvorbereitet.

unprepossessing ['ʌnpriːpə'zɛsɪŋ] *adj* (*person, place*) unattraktiv.

unpretentious [ʌnprɪ'tɛnʃəs] *adj* (*building, person*) schlicht.

unprincipled [ʌn'prɪnsɪpld] *adj* (*person*) charakterlos.

unproductive [ʌnprə'dʌktɪv] *adj* (*land*) unfruchtbar, ertragsarm; (*discussion*) unproduktiv.

unprofessional [ʌnprə'fɛʃənl] *adj* unprofessionell.

unprofitable [ʌn'prɔfɪtəbl] *adj* nicht profitabel, unrentabel.

UNPROFOR *n abbr* (= *United Nations Protection Force*) UNPROFOR *f*; ~ **troops** UNPROFOR-Truppen, UNO-Schutztruppen.

unprotected ['ʌnprə'tɛktɪd] *adj* ungeschützt.

unprovoked [ʌnprə'vəukt] *adj* (*attack*) grundlos.

unpunished [ʌnˈpʌnɪʃt] *adj*: **to go** ~ straflos bleiben.

unqualified [ʌnˈkwɔlɪfaɪd] *adj* unqualifiziert; (*disaster, success*) vollkommen.

unquestionably [ʌnˈkwɛstʃənəblɪ] *adv* fraglos.

unquestioning [ʌnˈkwɛstʃənɪŋ] *adj* bedingungslos.

unravel [ʌnˈrævl] *vt* (*also fig*) entwirren.

unreal [ʌnˈrɪəl] *adj* (*artificial*) unecht; (*peculiar*) unwirklich.

unrealistic [ˈʌnrɪəˈlɪstɪk] *adj* unrealistisch.

unreasonable [ʌnˈriːznəbl] *adj* (*person, attitude*) unvernünftig; (*demand, length of time*) unzumutbar.

unrecognizable [ʌnˈrɛkəgnaɪzəbl] *adj* nicht zu erkennen.

unrecognized [ʌnˈrɛkəgnaɪzd] *adj* (*talent etc*) unerkannt; (*POL: regime*) nicht anerkannt.

unreconstructed [ˈʌnriːkənˈstrʌktɪd] (*esp US*) *adj* (*unwilling to accept change*) unverbesserlich.

unrecorded [ʌnrəˈkɔːdɪd] *adj* (*piece of music etc*) nicht aufgenommen; (*incident, statement*) nicht schriftlich festgehalten.

unrefined [ʌnrəˈfaɪnd] *adj* (*sugar, petroleum*) nicht raffiniert.

unrehearsed [ʌnrɪˈhəːst] *adj* (*THEAT etc*) nicht geprobt; (*spontaneous*) spontan.

unrelated [ʌnrɪˈleɪtɪd] *adj* (*incidents*) ohne Beziehung; (*people*) nicht verwandt.

unrelenting [ʌnrɪˈlɛntɪŋ] *adj* (*person, behaviour etc*) unnachgiebig.

unreliable [ʌnrɪˈlaɪəbl] *adj* unzuverlässig.

unrelieved [ʌnrɪˈliːvd] *adj* ungemindert.

unremitting [ʌnrɪˈmɪtɪŋ] *adj* (*efforts, attempts*) unermüdlich.

unrepeatable [ʌnrɪˈpiːtəbl] *adj* (*offer*) einmalig; (*comment*) nicht wiederholbar.

unrepentant [ʌnrɪˈpɛntənt] *adj*: **to be** ~ **about sth** etw nicht bereuen; **he's an** ~ **Marxist** er bereut es nicht, nach wie vor Marxist zu sein.

unrepresentative [ˈʌnrɛprɪˈzɛntətɪv] *adj*: ~ **(of)** nicht repräsentativ (für).

unrepresented [ˈʌnrɛprɪˈzɛntɪd] *adj* nicht vertreten.

unreserved [ʌnrɪˈzəːvd] *adj* (*seat*) unreserviert; (*approval etc*) uneingeschränkt, vorbehaltlos.

unreservedly [ʌnrɪˈzəːvɪdlɪ] *adv* ohne Vorbehalt.

unresponsive [ʌnrɪsˈpɔnsɪv] *adj* unempfänglich.

unrest [ʌnˈrɛst] *n* Unruhen *pl*.

unrestricted [ʌnrɪˈstrɪktɪd] *adj* unbeschränkt; **to have** ~ **access to** ungehinderten Zugang haben zu.

unrewarded [ʌnrɪˈwɔːdɪd] *adj* unbelohnt.

unripe [ʌnˈraɪp] *adj* unreif.

unrivalled, (*US*) **unrivaled** [ʌnˈraɪvəld] *adj* unübertroffen.

unroll [ʌnˈrəʊl] *vt* entrollen ♦ *vi* sich entrollen.

unruffled [ʌnˈrʌfld] *adj* unbewegt; (*hair*) unzerzaust.

unruly [ʌnˈruːlɪ] *adj* (*child, behaviour*) ungebärdig; (*hair*) widerspenstig.

unsafe [ʌnˈseɪf] *adj* unsicher; (*machine, bridge, car etc*) gefährlich; ~ **to eat/drink** ungenießbar.

unsaid [ʌnˈsɛd] *adj*: **to leave sth** ~ etw ungesagt lassen.

unsaleable, (*US*) **unsalable** [ʌnˈseɪləbl] *adj* unverkäuflich.

unsatisfactory [ˈʌnsætɪsˈfæktərɪ] *adj* unbefriedigend.

unsatisfied [ʌnˈsætɪsfaɪd] *adj* unzufrieden.

unsavoury, (*US*) **unsavory** [ʌnˈseɪvərɪ] *adj* (*fig: person, place*) widerwärtig.

unscathed [ʌnˈskeɪðd] *adj* unversehrt.

unscientific [ˈʌnsaɪənˈtɪfɪk] *adj* unwissenschaftlich.

unscrew [ʌnˈskruː] *vt* losschrauben.

unscrupulous [ʌnˈskruːpjʊləs] *adj* skrupellos.

unseat [ʌnˈsiːt] *vt* (*rider*) abwerfen; (*from office*) aus dem Amt drängen.

unsecured [ˈʌnsɪˈkjʊəd] *adj*: ~ **creditor** nicht gesicherter Gläubiger *m*; ~ **loan** Blankokredit *m*.

unseeded [ʌnˈsiːdɪd] *adj* (*player*) nicht gesetzt.

unseemly [ʌnˈsiːmlɪ] *adj* unschicklich.

unseen [ʌnˈsiːn] *adj* (*person, danger*) unsichtbar.

unselfish [ʌnˈsɛlfɪʃ] *adj* selbstlos.

unsettled [ʌnˈsɛtld] *adj* (*person*) unruhig; (*future*) unsicher; (*question*) ungeklärt; (*weather*) unbeständig.

unsettling [ʌnˈsɛtlɪŋ] *adj* beunruhigend.

unshak(e)able [ʌnˈʃeɪkəbl] *adj* unerschütterlich.

unshaven [ʌnˈʃeɪvn] *adj* unrasiert.

unsightly [ʌnˈsaɪtlɪ] *adj* unansehnlich.

unskilled [ʌnˈskɪld] *adj* (*work, worker*) ungelernt.

unsociable [ʌnˈsəʊʃəbl] *adj* ungesellig.

unsocial [ʌnˈsəʊʃl] *adj*: **to work** ~ **hours** außerhalb der normalen Arbeitszeit arbeiten.

unsold [ʌnˈsəʊld] *adj* unverkauft.

unsolicited [ʌnsəˈlɪsɪtɪd] *adj* unerbeten.

unsophisticated [ʌnsəˈfɪstɪkeɪtɪd] *adj* (*person*) anspruchslos; (*method, device*) simpel.

unsound [ʌnˈsaʊnd] *adj* (*floor, foundations*) unsicher; (*policy, advice*) unklug; **of** ~ **mind** unzurechnungsfähig.

unspeakable [ʌnˈspiːkəbl] *adj* (*indescribable*) unsagbar; (*awful*) abscheulich.

unspoken [ʌnˈspəʊkn] *adj* (*word*) unausgesprochen; (*agreement etc*) stillschweigend.

unstable [ʌnˈsteɪbl] *adj* (*piece of furniture*) nicht stabil; (*government*) instabil; (*person: mentally*) labil.

unsteady [ʌnˈstɛdɪ] *adj* (*step, voice, legs*)

unsicher; (*ladder*) wack(e)lig.
unstinting [ʌn'stɪntɪŋ] *adj* (*support*)
vorbehaltlos; (*generosity*) unbegrenzt.
unstuck [ʌn'stʌk] *adj*: **to come ~** (*label etc*)
sich lösen; (*fig: plan, idea etc*) versagen.
unsubstantiated ['ʌnsəb'stænʃɪeɪtɪd] *adj*
(*rumour*) unbestätigt; (*accusation*)
unbegründet.
unsuccessful [ʌnsək'sɛsful] *adj* erfolglos;
(*marriage*) gescheitert; **to be ~** keinen
Erfolg haben.
unsuccessfully [ʌnsək'sɛsfəlɪ] *adv* ohne
Erfolg, vergeblich.
unsuitable [ʌn'suːtəbl] *adj* (*time*) unpassend;
(*clothes, person*) ungeeignet.
unsuited [ʌn'suːtɪd] *adj*: **to be ~ for** *or* **to sth**
für etw ungeeignet sein.
unsung ['ʌnsʌŋ] *adj*: **an ~ hero** ein
unbesungener Held.
unsure [ʌn'ʃuə*] *adj* unsicher; **to be ~ of o.s.**
unsicher sein.
unsuspecting [ʌnsəs'pɛktɪŋ] *adj* ahnungslos.
unsweetened [ʌn'swiːtnd] *adj* ungesüßt.
unswerving [ʌn'swəːvɪŋ] *adj*
unerschütterlich.
unsympathetic ['ʌnsɪmpə'θɛtɪk] *adj* (*showing
little understanding*) abweisend; (*unlikeable*)
unsympathisch; **to be ~ to(wards) sth** einer
Sache *dat* ablehnend gegenüberstehen.
untangle [ʌn'tæŋgl] *vt* entwirren.
untapped [ʌn'tæpt] *adj* (*resources*) ungenutzt.
untaxed [ʌn'tækst] *adj* (*goods, income*)
steuerfrei.
unthinkable [ʌn'θɪŋkəbl] *adj* undenkbar.
unthinking [ʌn'θɪŋkɪŋ] *adj* (*uncritical*)
bedenkenlos; (*thoughtless*) gedankenlos.
untidy [ʌn'taɪdɪ] *adj* unordentlich.
untie [ʌn'taɪ] *vt* (*knot, parcel*) aufschnüren;
(*prisoner, dog*) losbinden.
until [ən'tɪl] *prep* bis +*acc*; (*after negative*) vor
+*dat* ♦ *conj* bis; (*after negative*) bevor; **~ now**
bis jetzt; **~ then** bis dann; **from morning
~ night** von morgens bis abends; **~ he
comes** bis er kommt.
untimely [ʌn'taɪmlɪ] *adj* (*moment*) unpassend;
(*arrival*) ungelegen; (*death*) vorzeitig.
untold [ʌn'təuld] *adj* (*joy, suffering, wealth*)
unermesslich; **the ~ story** die
Hintergründe.
untouched [ʌn'tʌtʃt] *adj* unberührt;
(*undamaged*) unversehrt; **~ by** (*unaffected*)
unberührt von.
untoward [ʌntə'wɔːd] *adj* (*events, effects etc*)
ungünstig.
untrained ['ʌn'treɪnd] *adj* unausgebildet; (*eye,
hands*) ungeschult.
untrammelled [ʌn'træmld] *adj* (*person*)
ungebunden; (*behaviour*) unbeschränkt.
untranslatable [ʌntrænz'leɪtəbl] *adj*
unübersetzbar.
untried [ʌn'traɪd] *adj* (*policy, remedy*)
unerprobt; (*prisoner*) noch nicht vor Gericht

gestellt.
untrue [ʌn'truː] *adj* unwahr.
untrustworthy [ʌn'trʌstwəːðɪ] *adj*
unzuverlässig.
unusable [ʌn'juːzəbl] *adj* (*object*)
unbrauchbar; (*room*) nicht benutzbar.
unused¹ [ʌn'juːzd] *adj* (*new*) unbenutzt.
unused² [ʌn'juːst] *adj*: **to be ~ to sth** an etw
acc nicht gewöhnt sein; **to be ~ to doing sth**
nicht daran gewöhnt sein, etw zu tun.
unusual [ʌn'juːʒuəl] *adj* ungewöhnlich;
(*exceptional*) außergewöhnlich.
unusually [ʌn'juːʒuəlɪ] *adv* (*large, high etc*)
ungewöhnlich.
unveil [ʌn'veɪl] *vt* (*also fig*) enthüllen.
unwanted [ʌn'wɒntɪd] *adj* unerwünscht.
unwarranted [ʌn'wɒrəntɪd] *adj*
ungerechtfertigt.
unwary [ʌn'wɛərɪ] *adj* unachtsam.
unwavering [ʌn'weɪvərɪŋ] *adj* (*faith, support*)
unerschütterlich; (*gaze*) fest.
unwelcome [ʌn'wɛlkəm] *adj* (*guest*)
unwillkommen; (*news*) unerfreulich; **to feel
~** sich nicht willkommen fühlen.
unwell [ʌn'wɛl] *adj*: **to be ~, to feel ~** sich
nicht wohl fühlen.
unwieldy [ʌn'wiːldɪ] *adj* (*object*) unhandlich;
(*system*) schwerfällig.
unwilling [ʌn'wɪlɪŋ] *adj*: **to be ~ to do sth** etw
nicht tun wollen.
unwillingly [ʌn'wɪlɪŋlɪ] *adv* widerwillig.
unwind [ʌn'waɪnd] (*irreg: like* wind) *vt*
abwickeln ♦ *vi* sich abwickeln; (*relax*) sich
entspannen.
unwise [ʌn'waɪz] *adj* unklug.
unwitting [ʌn'wɪtɪŋ] *adj* (*accomplice*)
unwissentlich; (*victim*) ahnungslos.
unworkable [ʌn'wəːkəbl] *adj* (*plan*)
undurchführbar.
unworthy [ʌn'wəːðɪ] *adj* unwürdig; **to be ~ of
sth** einer Sache *gen* nicht wert *or* würdig
sein; **to be ~ to do sth** es nicht wert sein,
etw zu tun; **that remark is ~ of you** diese
Bemerkung ist unter deiner Würde.
unwrap [ʌn'ræp] *vt* auspacken.
unwritten [ʌn'rɪtn] *adj* (*law*) ungeschrieben;
(*agreement*) stillschweigend.
unzip [ʌn'zɪp] *vt* aufmachen.

═══════════════════════════ *KEYWORD*

up [ʌp] *prep*: **to be ~ sth** (oben) auf etw *dat*
sein; **to go ~ sth** (auf) etw *acc* hinaufgehen;
go ~ that road and turn left gehen Sie die
Straße hinauf und biegen Sie links ab
♦ *adv* **1** (*upwards, higher*) oben; **put it a bit
higher ~** stelle es etwas höher; **~ there** dort
oben; **~ above** hoch oben.
2: **to be ~** (*out of bed*) auf sein; (*prices, level*)
gestiegen sein; (*building, tent*) stehen; **time's
~** die Zeit ist um *or* vorbei.
3: **~ to** (*as far as*) bis; **~ to now** bis jetzt.
4: **to be ~ to** (*depending on*) abhängen von;

it's ~ **to you** das hängt von dir ab; **it's not ~ to me to decide** es liegt nicht bei mir, das zu entscheiden.

5: to be ~ to (*equal to*) gewachsen sein +*dat*; **he's not ~ to it** (*job, task etc*) er ist dem nicht gewachsen; **his work is not ~ to the required standard** seine Arbeit entspricht nicht dem gewünschten Niveau.

6: to be ~ to (*inf: be doing*) vorhaben; **what is he ~ to?** (*showing disapproval, suspicion*) was führt er im Schilde?

♦ *n*: **~s and downs** (*in life, career*) Höhen und Tiefen *pl*

♦ *vi* (*inf*): **she ~ped and left** sie sprang auf und rannte davon

♦ *vt* (*inf: price*) heraufsetzen.

up-and-coming [ʌpənd'kʌmɪŋ] *adj* (*actor, company etc*) kommend.

upbeat ['ʌpbiːt] *n* (*MUS*) Auftakt *m*; (*in economy etc*) Aufschwung *m* ♦ *adj* (*optimistic*) optimistisch.

upbraid [ʌp'breɪd] *vt* tadeln.

upbringing ['ʌpbrɪŋɪŋ] *n* Erziehung *f*.

upcoming ['ʌpkʌmɪŋ] (*esp US*) *adj* kommend.

update [ʌp'deɪt] *vt* aktualisieren.

upend [ʌp'ɛnd] *vt* auf den Kopf stellen.

upfront [ʌp'frʌnt] *adj* (*person*) offen ♦ *adv*: **20% ~** 20% (als) Vorschuss, 20% im Voraus.

upgrade [ʌp'greɪd] *vt* (*house*) Verbesserungen durchführen in +*dat*; (*job*) verbessern; (*employee*) befördern; (*COMPUT*) nachrüsten.

upheaval [ʌp'hiːvl] *n* Unruhe *f*.

uphill ['ʌp'hɪl] *adj* bergaufwärts (führend); (*fig: task*) mühsam ♦ *adv* (*push, move*) bergaufwärts; (*go*) bergauf.

uphold [ʌp'həʊld] (*irreg: like* hold) *vt* (*law, principle*) wahren; (*decision*) unterstützen.

upholstery [ʌp'həʊlstərɪ] *n* Polsterung *f*.

upkeep ['ʌpkiːp] *n* (*maintenance*) Instandhaltung *f*.

up-market [ʌp'mɑːkɪt] *adj* anspruchsvoll.

upon [ə'pɒn] *prep* (*position*) auf +*dat*; (*motion*) auf +*acc*.

upper ['ʌpə'] *adj* obere(r, s) ♦ *n* (*of shoe*) Oberleder *nt*.

upper class *n*: **the ~** die Oberschicht.

upper-class ['ʌpə'klɑːs] *adj* vornehm.

uppercut ['ʌpəkʌt] *n* Uppercut *m*.

upper hand *n*: **to have the ~** die Oberhand haben.

Upper House *n* (*POL*) Oberhaus *nt*.

uppermost ['ʌpəməʊst] *adj* oberste(r, s); **what was ~ in my mind** woran ich in erster Linie dachte.

Upper Volta [-'vɒltə] *n* (*formerly*) Obervolta *nt*.

upright ['ʌpraɪt] *adj* (*vertical*) vertikal; (*fig: honest*) rechtschaffen ♦ *adv* (*sit, stand*) aufrecht ♦ *n* (*CONSTR*) Pfosten *m*.

uprising ['ʌpraɪzɪŋ] *n* Aufstand *m*.

uproar ['ʌprɔː'] *n* Aufruhr *m*.

uproarious [ʌp'rɔːrɪəs] *adj* (*laughter*) brüllend; (*joke*) brüllend komisch; (*mirth*) überwältigend.

uproot [ʌp'ruːt] *vt* (*tree*) entwurzeln; (*fig: people*) aus der gewohnten Umgebung reißen; (*: in war etc*) entwurzeln.

upset [*vt, adj* ʌp'sɛt, *n* 'ʌpsɛt] (*irreg: like* set) *vt* (*knock over*) umstoßen; (*person: offend, make unhappy*) verletzen; (*routine, plan*) durcheinander bringen ♦ *adj* (*unhappy*) aufgebracht; (*stomach*) verstimmt ♦ *n*: **to have/get a stomach ~** (*BRIT*) eine Magenverstimmung haben/bekommen; **to get ~** sich aufregen.

upset price ['ʌpsɛt-] (*US, SCOT*) *n* Mindestpreis *m*.

upsetting [ʌp'sɛtɪŋ] *adj* (*distressing*) erschütternd.

upshot ['ʌpʃɒt] *n* Ergebnis *nt*; **the ~ of it all was that ...** es lief schließlich darauf hinaus, dass ...

upside down ['ʌpsaɪd-] *adv* verkehrt herum; **to turn a room ~** (*fig*) ein Zimmer auf den Kopf stellen.

upstage ['ʌp'steɪdʒ] *adv* (*THEAT*) im Bühnenhintergrund ♦ *vt*: **to ~ sb** (*fig*) jdn ausstechen; jdm die Schau stehlen (*inf*).

upstairs [ʌp'stɛəz] *adv* (*be*) oben; (*go*) nach oben ♦ *adj* (*room*) obere(r, s); (*window*) im oberen Stock ♦ *n* oberes Stockwerk *nt*; **there's no ~** das Haus hat kein Obergeschoss.

upstart ['ʌpstɑːt] (*pej*) *n* Emporkömmling *m*.

upstream [ʌp'striːm] *adv, adj* flussaufwärts.

upsurge ['ʌpsəːdʒ] *n* (*of enthusiasm etc*) Schwall *m*.

uptake ['ʌpteɪk] *n*: **to be quick on the ~** schnell kapieren; **to be slow on the ~** schwer von Begriff sein.

uptight [ʌp'taɪt] (*inf*) *adj* nervös.

up-to-date ['ʌptə'deɪt] *adj* (*modern*) modern; (*person*) up to date.

upturn ['ʌptəːn] *n* (*in economy*) Aufschwung *m*.

upturned ['ʌptəːnd] *adj*: **~ nose** Stupsnase *f*.

upward ['ʌpwəd] *adj* (*movement*) Aufwärts-; (*glance*) nach oben gerichtet.

upwardly mobile ['ʌpwədlɪ-] *adj*: **to be ~** ein Aufsteigertyp *m* sein.

upwards ['ʌpwədz] *adv* (*move*) aufwärts; (*glance*) nach oben; **upward(s) of** (*more than*) über +*acc*.

URA (*US*) *n abbr* (= *Urban Renewal Administration*) Stadtsanierungsbehörde.

Ural Mountains ['juərəl-] *npl*: **the ~** (*also*: **the Urals**) der Ural.

uranium [juə'reɪnɪəm] *n* Uran *nt*.

Uranus [juə'reɪnəs] *n* Uranus *m*.

urban ['əːbən] *adj* städtisch; (*unemployment*) in den Städten.

urbane [əː'beɪn] *adj* weltgewandt.

urbanization ['ɔːbənaɪ'zeɪʃən] *n*
Urbanisierung *f*, Verstädterung *f*.
urchin ['ɔːtʃɪn] (*pej*) *n* Gassenkind *nt*.
Urdu ['uədu:] *n* Urdu *nt*.
urge [ɔːdʒ] *n* (*need, desire*) Verlangen *nt* ♦ *vt*:
to ~ sb to do sth jdn eindringlich bitten,
etw zu tun; **to ~ caution** zur Vorsicht
mahnen.
▶ **urge on** *vt* antreiben.
urgency ['ɔːdʒənsɪ] *n* Dringlichkeit *f*.
urgent ['ɔːdʒənt] *adj* dringend; (*voice*)
eindringend.
urgently ['ɔːdʒəntlɪ] *adv* dringend.
urinal ['juərɪnl] *n* (*building*) Pissoir *nt*; (*vessel*)
Urinal *nt*.
urinate ['juərɪneɪt] *vi* urinieren.
urine ['juərɪn] *n* Urin *m*.
urn [ɔːn] *n* Urne *f*; (*also:* **tea** ~) Teekessel *m*.
Uruguay ['juərəgwaɪ] *n* Uruguay *nt*.
Uruguayan [juərə'gwaɪən] *adj* uruguayisch
♦ *n* (*person*) Uruguayer(in) *m(f)*.
US *n abbr* (= *United States*) USA *pl*.
us [ʌs] *pl pron* uns; (*emphatic*) wir; *see also* **me**.
USA *n abbr* (= *United States of America*) USA *f*;
(*MIL:* = *United States Army*) US-Armee *f*.
usable ['juːzəbl] *adj* brauchbar.
USAF *n abbr* (= *United States Air Force*) US-
Luftwaffe *f*.
usage ['juːzɪdʒ] *n* (*LING*) (Sprach)gebrauch *m*.
USB *abbr* (= *universal serial bus*) USB.
USCG *n abbr* (= *United States Coast Guard*)
Küstenwache der USA.
USDA *n abbr* (= *United States Department of
Agriculture*) US-
Landwirtschaftsministerium.
USDAW ['ʌzdɔː] (*BRIT*) *n abbr* (= *Union of Shop,
Distributive and Allied Workers*)
Einzelhandelsgewerkschaft.
USDI *n abbr* (= *United States Department of the
Interior*) US-Innenministerium.
use [*n* juːs, *vt* juːz] *n* (*using*) Gebrauch *m*,
Verwendung *f*; (*usefulness, purpose*) Nutzen
m ♦ *vt* benutzen, gebrauchen; (*phrase*)
verwenden; **in** ~ in Gebrauch; **out of** ~
außer Gebrauch; **to be of** ~ nützlich *or* von
Nutzen sein; **to make** ~ **of sth** Gebrauch
von etw machen; **it's no** ~ es hat keinen
Zweck; **to have the** ~ **of sth** über etw *acc*
verfügen können; **what's this** ~d **for?** wofür
wird das gebraucht?; **to be** ~d **to sth** etw
gewohnt sein; **to get** ~d **to sth** sich an etw
acc gewöhnen; **she** ~d **to do it** sie hat es
früher gemacht.
▶ **use up** *vt* (*food, leftovers*) aufbrauchen;
(*money*) verbrauchen.
used [juːzd] *adj* gebraucht; (*car*) Gebraucht-.
useful ['juːsful] *adj* nützlich; **to come in** ~ sich
als nützlich erweisen.
usefulness ['juːsfəlnɪs] *n* Nützlichkeit *f*.
useless ['juːslɪs] *adj* nutzlos; (*person: hopeless*)
hoffnungslos.
user ['juːzə˟] *n* Benutzer(in) *m(f)*; (*of petrol, gas*
etc) Verbraucher(in) *m(f)*.
user-friendly ['juːzə'frendlɪ] *adj*
benutzerfreundlich.
usher ['ʌʃə˟] *n* (*at wedding*) Platzanweiser *m*
♦ *vt*: **to** ~ **sb in** jdn hineinführen.
usherette [ʌʃə'ret] *n* Platzanweiserin *f*.
USIA *n abbr* (= *United States Information
Agency*) US-Informations- und
Kulturinstitut.
USM *n abbr* (= *United States Mint*) US-
Münzanstalt; (= *United States Mail*) US-
Postbehörde.
USN *n abbr* (= *United States Navy*) US-Marine *f*.
USPHS *n abbr* (= *United States Public Health
Service*) US-Gesundheitsbehörde.
USPO *n abbr* (= *United States Post Office*) US-
Postbehörde.
USS *n abbr* (= *United States Ship*) Namensteil
von Schiffen der Kriegsmarine.
USSR *n abbr* (*formerly:* = *Union of Soviet
Socialist Republics*) UdSSR *f*.
usu. *abbr* = **usually**.
usual ['juːʒuəl] *adj* üblich, gewöhnlich; **as** ~
wie gewöhnlich.
usually ['juːʒuəlɪ] *adv* gewöhnlich.
usurer ['juːʒərə˟] *n* Wucherer *m*.
usurp [juː'zɔːp] *vt* (*title, position*) an sich *acc*
reißen.
usury ['juːʒurɪ] *n* Wucher *m*.
UT (*US*) *abbr* (*POST:* = *Utah*).
utensil [juː'tensl] *n* Gerät *nt*; **kitchen** ~**s**
Küchengeräte *pl*.
uterus ['juːtərəs] *n* Gebärmutter *f*, Uterus *m*.
utilitarian [juːtɪlɪ'teərɪən] *adj* (*building, object*)
praktisch; (*PHILOSOPHY*) utilitaristisch.
utility [juː'tɪlɪtɪ] *n* (*usefulness*) Nützlichkeit *f*;
(*public utility*) Versorgungsbetrieb *m*.
utility room *n* ≈ Hauswirtschaftsraum *m*.
utilization [juːtɪlaɪ'zeɪʃən] *n* Verwendung *f*.
utilize ['juːtɪlaɪz] *vt* verwenden.
utmost ['ʌtməust] *adj* äußerste(r, s) ♦ *n*: **to do
one's** ~ sein Möglichstes tun; **of the**
~ **importance** von äußerster Wichtigkeit.
utter ['ʌtə˟] *adj* (*amazement*) äußerste(r, s);
(*rubbish, fool*) total ♦ *vt* (*sounds, words*)
äußern.
utterance ['ʌtərəns] *n* Äußerung *f*.
utterly ['ʌtəlɪ] *adv* (*totally*) vollkommen.
U-turn ['juː'tɔːn] *n* (*also fig*) Kehrtwendung *f*.
Uzbekistan [ʌzbekɪ'staːn] *n* Usbekistan *nt*.

V, v

V¹, v [vi:] n (letter) V nt, v nt; ~ **for Victor** ≈ V wie Viktor.

V² abbr (= volt) V.

v. abbr = **verse** (= versus) vs.; (= vide) s.

VA (US) abbr (POST: = Virginia).

vac [væk] (BRIT: inf) n abbr = **vacation**.

vacancy ['veɪkənsɪ] n (BRIT: job) freie Stelle f; (room in hotel etc) freies Zimmer nt; "**no vacancies**" „belegt"; **have you any vacancies?** (hotel) haben Sie Zimmer frei?; (office) haben Sie freie Stellen?

vacant ['veɪkənt] adj (room, seat, job) frei; (look) leer.

vacant lot (US) n unbebautes Grundstück nt.

vacate [və'keɪt] vt (house) räumen; (one's seat) frei machen; (job) aufgeben.

vacation [və'keɪʃən] n (esp US) (holiday) Urlaub m; (SCOL) Ferien pl; **to take a** ~ Urlaub machen; **on** ~ im Urlaub.

vacation course n Ferienkurs m.

vaccinate ['væksɪneɪt] vt: **to** ~ **sb (against sth)** jdn (gegen etw) impfen.

vaccination [væksɪ'neɪʃən] n Impfung f.

vaccine ['væksiːn] n Impfstoff m.

vacuum ['vækjʊm] n (empty space) Vakuum nt.

vacuum cleaner n Staubsauger m.

vacuum flask (BRIT) n Thermosflasche ® f.

vacuum-packed ['vækjʊm'pækt] adj vakuumverpackt.

vagabond ['vægəbɒnd] n Vagabund m.

vagary ['veɪɡərɪ] n: **the vagaries of** die Launen +gen.

vagina [və'dʒaɪnə] n Scheide f, Vagina f.

vagrancy ['veɪɡrənsɪ] n Landstreicherei f; (in towns, cities) Stadtstreicherei f.

vagrant ['veɪɡrənt] n Landstreicher(in) m(f); (in town, city) Stadtstreicher(in) m(f).

vague [veɪɡ] adj (memory) vage; (outline) undeutlich; (look, idea, instructions) unbestimmt; (person: not precise) unsicher; (: evasive) unbestimmt; **to look** ~ (absent-minded) zerstreut aussehen; **I haven't the** ~**st idea** ich habe nicht die leiseste Ahnung.

vaguely ['veɪɡlɪ] adv (unclearly) vage, unbestimmt; (slightly) in etwa.

vagueness ['veɪɡnɪs] n Unbestimmtheit f.

vain [veɪn] adj (person) eitel; (attempt, action) vergeblich; **in** ~ vergebens; **to die in** ~ umsonst sterben.

vainly ['veɪnlɪ] adv vergebens.

valance ['væləns] n (of bed) Volant m.

valedictorian [vælɪdɪk'tɔːrɪən] (US) n (SCOL) Abschiedsredner(in) bei der Schulentlassungsfeier.

valedictory [vælɪ'dɪktərɪ] adj (speech) Abschieds-; (remarks) zum Abschied.

valentine ['væləntaɪn] n (also: ~ **card**) Valentinsgruß m; (person) Freund/Freundin, dem/der man am Valentinstag einen Gruß schickt.

valet ['vælɪt] n Kammerdiener m.

valet parking n Einparken nt (durch Hotelangestellte etc).

valet service n Reinigungsdienst m.

valiant ['vælɪənt] adj (effort) tapfer.

valid ['vælɪd] adj (ticket, document) gültig; (argument, reason) stichhaltig.

validate ['vælɪdeɪt] vt (contract, document) für gültig erklären; (argument, claim) bestätigen.

validity [və'lɪdɪtɪ] n (soundness) Gültigkeit f.

valise [və'liːz] n kleiner Koffer m.

valley ['vælɪ] n Tal nt.

valour, (US) **valor** ['vælə*] n Tapferkeit f.

valuable ['væljʊəbl] adj wertvoll; (time) kostbar.

valuables ['væljʊəblz] npl Wertsachen pl.

valuation [vælju'eɪʃən] n (of house etc) Schätzung f; (judgement of quality) Einschätzung f.

value ['væljuː] n Wert m; (usefulness) Nutzen m ♦ vt schätzen; **values** npl (principles, beliefs) Werte pl; **you get good** ~ **(for money) in that shop** in dem Laden bekommt man etwas für sein Geld; **to lose (in)** ~ an Wert verlieren; **to gain (in)** ~ im Wert steigen; **to be of great** ~ **(to sb)** (fig) von großem Wert (für jdn) sein.

value-added tax [vælju:'ædɪd-] (BRIT) n Mehrwertsteuer f.

valued ['vælju:d] adj (customer, advice) geschätzt.

valuer ['vælju:ə*] n Schätzer(in) m(f).

valve [vælv] n Ventil nt; (MED) Klappe f.

vampire ['væmpaɪə*] n Vampir m.

van [væn] n (AUT) Lieferwagen m; (BRIT: RAIL) Wa(g)gon m.

V and A (BRIT) n abbr (= Victoria and Albert Museum) Londoner Museum.

vandal ['vændl] n Rowdy m.

vandalism ['vændəlɪzəm] n Vandalismus m.

vandalize ['vændəlaɪz] vt mutwillig zerstören.

vanguard ['vænɡɑːd] n (fig): **in the** ~ **of** an der Spitze +gen.

vanilla [və'nɪlə] n Vanille f.

vanilla ice cream n Vanilleeis nt.

vanish ['vænɪʃ] vi verschwinden.

vanity ['vænɪtɪ] n (of person) Eitelkeit f.

vanity case n Kosmetikkoffer m.

vantage point ['vɑːntɪdʒ-] n Aussichtspunkt m; (fig): **from our** ~ aus unserer Sicht.

vaporize ['veɪpəraɪz] vt verdampfen ♦ vi verdunsten.

vapour, (US) **vapor** ['veɪpə*] n (gas, steam)

Dampf *m*; (*mist*) Dunst *m*.

vapour trail *n* (*AVIAT*) Kondensstreifen *m*.

variable ['vɛərɪəbl] *adj* (*likely to change: mood, quality, weather*) veränderlich, wechselhaft; (*able to be changed: temperature, height, speed*) variabel ♦ *n* veränderlicher Faktor *m*; (*MATH*) Variable *f*.

variance ['vɛərɪəns] *n*: **to be at ~ (with)** nicht übereinstimmen (mit).

variant ['vɛərɪənt] *n* Variante *f*.

variation [vɛərɪ'eɪʃən] *n* (*change*) Veränderung *f*; (*different form: of plot, theme etc*) Variation *f*.

varicose ['værɪkəus] *adj*: **~ veins** Krampfadern *pl*.

varied ['vɛərɪd] *adj* (*diverse*) unterschiedlich; (*full of changes*) abwechslungsreich.

variety [və'raɪətɪ] *n* (*diversity*) Vielfalt *f*; (*varied collection*) Auswahl *f*; (*type*) Sorte *f*; **a wide ~ of ...** eine Vielfalt an *+acc* ...; **for a ~ of reasons** aus verschiedenen Gründen.

variety show *n* Varietee- *or* Varietévorführung *f*.

various ['vɛərɪəs] *adj* (*reasons, people*) verschiedene; **at ~ times** (*different*) zu verschiedenen Zeiten; (*several*) mehrmals, mehrfach.

varnish ['vɑːnɪʃ] *n* Lack *m* ♦ *vt* (*wood, one's nails*) lackieren.

vary ['vɛərɪ] *vt* verändern ♦ *vi* (*be different*) variieren; **to ~ with** (*weather, season etc*) sich ändern mit.

varying ['vɛərɪŋ] *adj* unterschiedlich.

vase [vɑːz] *n* Vase *f*.

vasectomy [væ'sɛktəmɪ] *n* Vasektomie *f*.

Vaseline ® ['væsɪliːn] *n* Vaseline *f*.

vast [vɑːst] *adj* (*knowledge*) enorm; (*expense, area*) riesig.

vastly ['vɑːstlɪ] *adv* (*superior, improved*) erheblich.

vastness ['vɑːstnɪs] *n* ungeheure Größe *f*.

VAT [væt] *n abbr* (*BRIT*) (= *value-added tax*) MWSt *f*.

vat [væt] *n* Fass *nt*.

Vatican ['vætɪkən] *n*: **the ~** der Vatikan.

vatman ['vætmæn] (*inf: irreg: like* **man**) *n* ≈ Fiskus *m* (*bezüglich Einbehaltung der Mehrwertsteuer*).

vaudeville ['vɔːdəvɪl] *n* Varietee *nt*, Varieté *nt*.

vault [vɔːlt] *n* (*of roof*) Gewölbe *nt*; (*tomb*) Gruft *f*; (*in bank*) Tresorraum *m*; (*jump*) Sprung *m* ♦ *vt* (*also:* **~ over**) überspringen.

vaunted ['vɔːntɪd] *adj*: **much-~** viel gepriesen.

VC *n abbr* = **vice-chairman**; (*BRIT:* = *Victoria Cross*) Viktoriakreuz *nt*, höchste britische Tapferkeitsauszeichnung *f*.

VCR *n abbr* = **video cassette recorder**.

VD *n abbr* = **venereal disease**.

VDU *n abbr* (*COMPUT*) = **visual display unit**.

veal [viːl] *n* Kalbfleisch *nt*.

veer [vɪə*] *vi* (*wind*) sich drehen; (*vehicle*) ausscheren.

veg (*BRIT: inf*) *n abbr* = **vegetable(s)**.

vegan ['viːgən] *n* Veganer(in) *m(f)* ♦ *adj* radikal vegetarisch.

vegeburger ['vɛdʒɪbəːgə*] *n* vegetarischer Hamburger *m*.

vegetable ['vɛdʒtəbl] *n* (*plant*) Gemüse *nt*; (*plant life*) Pflanzen *pl* ♦ *cpd* (*oil etc*) Pflanzen-; (*garden, plot*) Gemüse-.

vegetarian [vɛdʒɪ'tɛərɪən] *n* Vegetarier(in) *m(f)* ♦ *adj* vegetarisch.

vegetate ['vɛdʒɪteɪt] *vi* (*fig: person*) dahinvegetieren.

vegetation [vɛdʒɪ'teɪʃən] *n* (*plants*) Vegetation *f*.

vegetative ['vɛdʒɪtətɪv] *adj* vegetativ.

veggieburger ['vɛdʒɪbəːgə*] *n* = **vegeburger**.

vehemence ['viːɪməns] *n* Vehemenz *f*, Heftigkeit *f*.

vehement ['viːɪmənt] *adj* heftig.

vehicle ['viːɪkl] *n* (*machine*) Fahrzeug *nt*; (*fig: means*) Mittel *nt*.

vehicular [vɪ'hɪkjulə*] *adj*: **"no ~ traffic"** „kein Fahrzeugverkehr".

veil [veɪl] *n* Schleier *m* ♦ *vt* (*also fig*) verschleiern; **under a ~ of secrecy** unter einem Schleier von Geheimnissen.

veiled [veɪld] *adj* (*also fig: threat*) verschleiert.

vein [veɪn] *n* Ader *f*; (*fig: mood, style*) Stimmung *f*.

Velcro ® ['vɛlkrəu] *n* (*also:* **~ fastener** *or* **fastening**) Klettverschluss *m*.

vellum ['vɛləm] *n* (*writing paper*) Pergament *nt*.

velocity [vɪ'lɔsɪtɪ] *n* Geschwindigkeit *f*.

velours *n* Velours *m*.

velvet ['vɛlvɪt] *n* Samt *m* ♦ *adj* (*skirt, jacket*) Samt-.

vendetta [vɛn'dɛtə] *n* Vendetta *f*; (*between families*) Blutrache *f*.

vending machine ['vɛndɪŋ-] *n* Automat *m*.

vendor ['vɛndə*] *n* Verkäufer(in) *m(f)*; **street ~** Straßenhändler(in) *m(f)*.

veneer [və'nɪə*] *n* (*on furniture*) Furnier *nt*; (*fig*) Anstrich *m*.

venerable ['vɛnərəbl] *adj* ehrwürdig; (*REL*) hochwürdig.

venereal [vɪ'nɪərɪəl] *adj*: **~ disease** Geschlechtskrankheit *f*.

Venetian [vɪ'niːʃən] *adj* (*GEOG*) venezianisch ♦ *n* (*person*) Venezianer(in) *m(f)*.

Venetian blind *n* Jalousie *f*.

Venezuela [vɛnɛ'zweɪlə] *n* Venezuela *nt*.

Venezuelan [vɛnɛ'zweɪlən] *adj* venezolanisch ♦ *n* (*person*) Venezolaner(in) *m(f)*.

vengeance ['vɛndʒəns] *n* Rache *f*; **with a ~** (*fig: fiercely*) gewaltig; **he broke the rules with a ~** er verstieß die Regeln - und nicht zu knapp.

vengeful ['vɛndʒful] *adj* rachsüchtig.

Venice ['vɛnɪs] *n* Venedig *nt*.

venison ['vɛnɪsn] *n* Rehfleisch *nt*.

venom ['vɛnəm] n (poison) Gift nt; (bitterness, anger) Gehässigkeit f.

venomous ['vɛnəməs] adj (snake, insect) giftig; (look) gehässig.

vent [vɛnt] n (also: air ~) Abzug m; (in jacket) Schlitz m ♦ vt (fig: feelings) abreagieren.

ventilate ['vɛntɪleɪt] vt (building) belüften; (room) lüften.

ventilation [vɛntɪ'leɪʃən] n Belüftung f.

ventilation shaft n Luftschacht m.

ventilator ['vɛntɪleɪtə*] n (TECH) Ventilator m; (MED) Beatmungsgerät nt.

ventriloquist [vɛn'trɪləkwɪst] n Bauchredner(in) m(f).

venture ['vɛntʃə*] n Unternehmung f ♦ vt (opinion) zu äußern wagen ♦ vi (dare to go) sich wagen; **a business ~** ein geschäftliches Unternehmen; **to ~ to do sth** es wagen, etw zu tun.

venture capital n Risikokapital nt.

venue ['vɛnjuː] n (for meeting) Treffpunkt m; (for big events) Austragungsort m.

Venus ['viːnəs] n Venus f.

veracity [və'ræsɪtɪ] n (of person) Aufrichtigkeit f; (of evidence etc) Richtigkeit f.

veranda(h) [və'rændə] n Veranda f.

verb [vɜːb] n Verb nt.

verbal ['vɜːbl] adj verbal; (skills) sprachlich; (translation) wörtlich.

verbally ['vɜːbəlɪ] adv (communicate etc) mündlich, verbal.

verbatim [vɜː'beɪtɪm] adj wörtlich ♦ adv Wort für Wort.

verbose [vɜː'bəʊs] adj (person) wortreich; (writing) weitschweifig.

verdict ['vɜːdɪkt] n (LAW, fig) Urteil nt; **~ of guilty/not guilty** Schuld-/Freispruch m.

verge [vɜːdʒ] (BRIT) n (of road) Rand m, Bankett nt; **"soft ~s"** (BRIT: AUT) „Seitenstreifen nicht befahrbar"; **to be on the ~ of doing sth** im Begriff sein, etw zu tun.

► **verge on** vt fus grenzen an +acc.

verger ['vɜːdʒə*] n (REL) Küster m.

verification [vɛrɪfɪ'keɪʃən] n (see vt) Bestätigung f; Überprüfung f.

verify ['vɛrɪfaɪ] vt (confirm) bestätigen; (check) überprüfen.

veritable ['vɛrɪtəbl] adj (real) wahr.

vermin ['vɜːmɪn] npl Ungeziefer nt.

vermouth ['vɜːməθ] n Wermut m.

vernacular [və'nækjulə*] n (of country) Landessprache f; (of region) Dialekt m.

versatile ['vɜːsətaɪl] adj vielseitig.

versatility [vɜːsə'tɪlɪtɪ] n Vielseitigkeit f.

verse [vɜːs] n (poetry) Poesie f; (stanza) Strophe f; (in bible) Vers m; **in ~** in Versform.

versed [vɜːst] adj: **(well-)~ in** (gut) bewandert in +dat.

version ['vɜːʃən] n Version f.

versus ['vɜːsəs] prep gegen.

vertebra ['vɜːtɪbrə] (pl ~e) n Rückenwirbel m.

vertebrae ['vɜːtɪbriː] npl of **vertebra**.

vertebrate ['vɜːtɪbrɪt] n Wirbeltier nt.

vertical ['vɜːtɪkl] adj vertikal, senkrecht ♦ n Vertikale f.

vertically ['vɜːtɪklɪ] adv vertikal.

vertigo ['vɜːtɪgəʊ] n Schwindelgefühle pl; **to suffer from ~** leicht schwindlig werden.

verve [vɜːv] n Schwung m.

very ['vɛrɪ] adv sehr ♦ adj: **the ~ book which** ... genau das Buch, das ...; **the ~ last** der/die/das Allerletzte; **at the ~ least** allerwenigstens; **~ much** sehr viel; (like, hope) sehr; **the ~ thought (of it) alarms me** der bloße Gedanke (daran) beunruhigt mich; **at the ~ end** ganz am Ende.

vespers ['vɛspəz] npl (REL) Vesper f.

vessel ['vɛsl] n Gefäß nt; (NAUT) Schiff nt; see **blood**.

vest [vɛst] n (BRIT: underwear) Unterhemd nt; (US: waistcoat) Weste f ♦ vt: **to ~ sb with sth, ~ sth in sb** jdm etw verleihen.

vested interest ['vɛstɪd-] n (COMM) finanzielles Interesse nt; **to have a ~ in doing sth** ein besonderes Interesse daran haben, etw zu tun.

vestibule ['vɛstɪbjuːl] n Vorhalle f.

vestige ['vɛstɪdʒ] n Spur f.

vestment ['vɛstmənt] n (REL) Ornat nt.

vestry ['vɛstrɪ] n Sakristei f.

Vesuvius [vɪ'suːvɪəs] n Vesuv m.

vet [vɛt] (BRIT) n abbr = **veterinary surgeon** ♦ vt (examine) überprüfen.

veteran ['vɛtərn] n Veteran(in) m(f) ♦ adj: **she's a ~ campaigner for** ... sie ist eine altgediente Kämpferin für ...

veteran car n Oldtimer m (vor 1919 gebaut).

veterinarian [vɛtrɪ'nɛərɪən] (US) n = **veterinary surgeon**.

veterinary ['vɛtrɪnərɪ] adj (practice, medicine) Veterinär-; (care, training) tierärztlich.

veterinary surgeon (BRIT) n Tierarzt m, Tierärztin f.

veto ['viːtəʊ] (pl ~es) n Veto nt ♦ vt ein Veto einlegen gegen; **to put a ~ on sth** gegen etw ein Veto einlegen.

vetting ['vɛtɪŋ] n Überprüfung f.

vex [vɛks] vt (irritate, upset) ärgern.

vexed [vɛkst] adj (upset) verärgert; (question) umstritten.

VFD (US) n abbr (= volunteer fire department) ≈ freiwillige Feuerwehr f.

VG (BRIT) n abbr (SCOL etc: = very good) ≈ „sehr gut".

VHF abbr (RADIO: = very high frequency) VHF.

VI (US) abbr (POST: = Virgin Islands).

via ['vaɪə] prep über +acc.

viability [vaɪə'bɪlɪtɪ] n (see adj) Durchführbarkeit f; Rentabilität f.

viable ['vaɪəbl] adj (project) durchführbar;

viaduct – vine

(*company*) rentabel.

viaduct ['vaɪədʌkt] n Viadukt m.

vial ['vaɪəl] n Fläschchen nt.

vibes [vaɪbz] npl (*MUS*) see **vibraphone** (*inf: vibrations*): **I get good/bad ~ from it/him** das/er macht mich an/nicht an.

vibrant ['vaɪbrnt] adj (*lively*) dynamisch; (*bright*) lebendig; (*full of emotion: voice*) volltönend.

vibraphone ['vaɪbrəfəun] n Vibrafon nt, Vibraphon m.

vibrate [vaɪ'breɪt] vi (*house*) zittern, beben; (*machine, sound etc*) vibrieren.

vibration [vaɪ'breɪʃən] n (*act of vibrating*) Vibrieren nt; (*instance*) Vibration f.

vibrator [vaɪ'breɪtə*] n Vibrator m.

vicar ['vɪkə*] n Pfarrer m.

vicarage ['vɪkərɪdʒ] n Pfarrhaus nt.

vicarious [vɪ'kɛərɪəs] adj (*pleasure, experience*) indirekt.

vice [vaɪs] n (*moral fault*) Laster nt; (*TECH*) Schraubstock m.

vice- [vaɪs] pref Vize-.

vice-chairman [vaɪs'tʃɛəmən] n stellvertretender Vorsitzender m.

vice chancellor (*BRIT*) n (*of university*) ≈ Rektor m.

vice president n Vizepräsident(in) m(f).

viceroy ['vaɪsrɔɪ] n Vizekönig m.

vice squad n (*POLICE*) Sittendezernat nt.

vice versa ['vaɪsɪ'vɜːsə] adv umgekehrt.

vicinity [vɪ'sɪnɪtɪ] n: **in the ~ (of)** in der Nähe or Umgebung (+gen).

vicious ['vɪʃəs] adj (*attack, blow*) brutal; (*words, look*) gemein; (*horse, dog*) bösartig.

vicious circle n Teufelskreis m.

viciousness ['vɪʃəsnɪs] n Bösartigkeit f, Gemeinheit f.

vicissitudes [vɪ'sɪsɪtjuːdz] npl Wechselfälle pl.

victim ['vɪktɪm] n Opfer nt; **to be the ~ of an attack** einem Angriff zum Opfer fallen.

victimization ['vɪktɪmaɪ'zeɪʃən] n Schikanierung f.

victimize ['vɪktɪmaɪz] vt schikanieren.

victor ['vɪktə*] n Sieger(in) m(f).

Victorian [vɪk'tɔːrɪən] adj viktorianisch.

victorious [vɪk'tɔːrɪəs] adj (*team*) siegreich; (*shout*) triumphierend.

victory ['vɪktərɪ] n Sieg m; **to win a ~ over sb** einen Sieg über jdn erringen.

video ['vɪdɪəu] n (*film, cassette, recorder*) Video nt ♦ vt auf Video aufnehmen ♦ cpd Video-.

video camera n Videokamera f.

video cassette n Videokassette f.

video cassette recorder n Videorekorder m.

videodisc, videodisk ['vɪdɪəudɪsk] n Bildplatte f.

video game n Videospiel nt, Telespiel nt.

video nasty n Video mit übertriebenen Gewaltszenen und/oder pornografischem Inhalt.

videophone ['vɪdɪəufəun] n Bildtelefon nt.

video recorder n Videorekorder m.

video recording n Videoaufnahme f.

video tape n Videoband nt.

vie [vaɪ] vi: **to ~ with sb/for sth** mit jdm/um etw wetteifern.

Vienna [vɪ'enə] n Wien nt.

Viennese [vɪə'niːz] adj Wiener.

Vietnam ['vjɛt'næm] n Vietnam nt.

Viet Nam ['vjɛt'næm] n = **Vietnam**.

Vietnamese [vjɛtnə'miːz] adj vietnamesisch ♦ n inv (*person*) Vietnamese m, Vietnamesin f; (*LING*) Vietnamesisch nt.

view [vjuː] n (*from window etc*) Aussicht f; (*sight*) Blick m; (*outlook*) Sicht f; (*opinion*) Ansicht f ♦ vt betrachten; (*house*) besichtigen; **to be on ~** (*in museum etc*) ausgestellt sein; **in full ~ of** vor den Augen +gen; **to take the ~ that** ... der Ansicht sein, dass ...; **in ~ of the weather/the fact that** in Anbetracht des Wetters/der Tatsache, dass ...; **in my ~** meiner Ansicht nach; **an overall ~ of the situation** ein allgemeiner Überblick über die Lage; **with a ~ to doing sth** mit der Absicht, etw zu tun.

viewdata ® ['vjuːdeɪtə] (*BRIT*) n Bildschirmtext m.

viewer ['vjuːə*] n (*person*) Zuschauer(in) m(f); (*viewfinder*) Sucher m.

viewfinder ['vjuːfaɪndə*] n Sucher m.

viewpoint ['vjuːpɔɪnt] n (*attitude*) Standpunkt m; (*place*) Aussichtspunkt m.

vigil ['vɪdʒɪl] n Wache f; **to keep ~** Wache halten.

vigilance ['vɪdʒɪləns] n Wachsamkeit f.

vigilance committee (*US*) n Bürgerwehr f.

vigilant ['vɪdʒɪlənt] adj wachsam.

vigilante [vɪdʒɪ'læntɪ] n Mitglied einer Selbstschutzorganisation oder Bürgerwehr ♦ adj (*group, patrol*) Bürgerwehr-, Selbstschutz-.

vigorous ['vɪgərəs] adj (*action, campaign*) energisch, dynamisch; (*plant*) kräftig.

vigour, (US) vigor ['vɪgə*] n (*of person, campaign*) Energie f, Dynamik f.

vile [vaɪl] adj abscheulich.

vilify ['vɪlɪfaɪ] vt diffamieren.

villa ['vɪlə] n Villa f.

village ['vɪlɪdʒ] n Dorf nt.

villager ['vɪlɪdʒə*] n Dorfbewohner(in) m(f).

villain ['vɪlən] n (*scoundrel*) Schurke m; (*in novel etc*) Bösewicht m; (*BRIT: criminal*) Verbrecher(in) m(f).

VIN (*US*) n abbr (= vehicle identification number) amtliches Kennzeichen nt.

vinaigrette [vɪneɪ'grɛt] n Vinaigrette f.

vindicate ['vɪndɪkeɪt] vt (*person*) rehabilitieren; (*action*) rechtfertigen.

vindication [vɪndɪ'keɪʃən] n Rechtfertigung f.

vindictive [vɪn'dɪktɪv] adj (*person*) nachtragend; (*action*) aus Rache.

vine [vaɪn] n (*BOT: producing grapes*) Weinrebe f; (: *in jungle*) Rebengewächs nt.

vinegar ['vɪnɪgə'] n Essig m.

vine grower n Weinbauer m.

vine-growing ['vaɪngrəʊɪŋ] adj (region) Weinbau- ♦ n Weinbau m.

vineyard ['vɪnjɑːd] n Weinberg m.

vintage ['vɪntɪdʒ] n (of wine) Jahrgang m ♦ cpd (classic) klassisch; **the 1980 ~** (of wine) der Jahrgang 1980.

vintage car n Oldtimer m (zwischen 1919 und 1930 gebaut).

vintage wine n erlesener Wein m.

vinyl ['vaɪnl] n Vinyl nt; (records) Schallplatten pl.

viola [vɪ'əʊlə] n Bratsche f.

violate ['vaɪəleɪt] vt (agreement) verletzen; (peace) stören; (graveyard) schänden.

violation [vaɪə'leɪʃən] n (of agreement etc) Verletzung f; **in ~ of** (rule, law) unter Verletzung +gen.

violence ['vaɪələns] n Gewalt f; (strength) Heftigkeit f.

violent ['vaɪələnt] adj (behaviour) gewalttätig; (death) gewaltsam; (explosion, criticism, emotion) heftig; **a ~ dislike of sb/sth** eine heftige Abneigung gegen jdn/etw.

violently ['vaɪələntlɪ] adv heftig; (ill) schwer; (angry) äußerst.

violet ['vaɪələt] adj violett ♦ n (colour) Violett nt; (plant) Veilchen nt.

violin [vaɪə'lɪn] n Geige f, Violine f.

violinist [vaɪə'lɪnɪst] n Violinist(in) m(f), Geiger(in) m(f).

VIP n abbr (= very important person) VIP m.

viper ['vaɪpə'] n Viper f.

viral ['vaɪərəl] adj (disease, infection) Virus-.

virgin ['vɜːdʒɪn] n Jungfrau f ♦ adj (snow, forest etc) unberührt; **she is a ~** sie ist Jungfrau; **the Blessed V~** die Heilige Jungfrau.

virgin birth n unbefleckte Empfängnis f; (BIOL) Jungfernzeugung f.

virginity [vɜː'dʒɪnɪtɪ] n (of person) Jungfräulichkeit f.

Virgo ['vɜːgəʊ] n (sign) Jungfrau f; **to be ~** Jungfrau sein.

virile ['vɪraɪl] adj (person) männlich.

virility [vɪ'rɪlɪtɪ] n (masculine qualities) Männlichkeit f.

virtual ['vɜːtjʊəl] adj (COMPUT, PHYS) virtuell; **it's a ~ impossibility** es ist so gut wie unmöglich; **to be the ~ leader** eigentlich or praktisch der Führer sein.

virtually ['vɜːtjʊəlɪ] adv praktisch, nahezu; **it is ~ impossible** es ist so gut wie unmöglich.

virtual reality n virtuelle Realität f.

virtue ['vɜːtjuː] n Tugend f; (advantage) Vorzug m; **by ~ of** aufgrund or auf Grund +gen or von.

virtuosi [vɜːtjʊ'əʊzɪ] npl of virtuoso.

virtuosity [vɜːtjʊ'ɒsɪtɪ] n Virtuosität f.

virtuoso [vɜːtjʊ'əʊzəʊ] (pl ~s or virtuosi) n Virtuose m.

virtuous ['vɜːtjʊəs] adj tugendhaft.

virulence ['vɪrʊləns] n (of disease) Bösartigkeit f; (hatred) Feindseligkeit f.

virulent ['vɪrʊlənt] adj (disease) bösartig; (actions, feelings) feindselig.

virus ['vaɪərəs] n (MED, COMPUT) Virus m or nt.

visa ['viːzə] n Visum nt.

vis-à-vis [viːzə'viː] prep gegenüber.

viscose ['vɪskəʊs] n (also CHEM) Viskose f.

viscount ['vaɪkaunt] n Viscount m.

viscous ['vɪskəs] adj zähflüssig.

vise [vaɪs] (US) n (TECH) = **vice**.

visibility [vɪzɪ'bɪlɪtɪ] n (range of vision) Sicht(weite) f.

visible ['vɪzəbl] adj sichtbar; **~ exports/imports** sichtbare Ausfuhren/Einfuhren.

visibly ['vɪzəblɪ] adv sichtlich.

vision ['vɪʒən] n (sight) Sicht f; (foresight) Weitblick m; (in dream) Vision f.

visionary ['vɪʒənrɪ] adj (with foresight) vorausblickend.

visit ['vɪzɪt] n Besuch m ♦ vt besuchen; **a private/official ~** ein privater/offizieller Besuch.

visiting ['vɪzɪtɪŋ] adj (speaker, team) Gast-.

visiting card n Visitenkarte f.

visiting hours npl Besuchszeiten pl.

visiting professor n Gastprofessor(in) m(f).

visitor ['vɪzɪtə'] n Besucher(in) m(f).

visitors' book ['vɪzɪtəz-] n Gästebuch nt.

visor ['vaɪzə'] n (of helmet etc) Visier nt.

VISTA ['vɪstə] (US) n abbr (= Volunteers in Service to America) staatliches Förderprogramm für strukturschwache Gebiete.

vista ['vɪstə] n Aussicht f.

visual ['vɪzjʊəl] adj (image etc) visuell; **the ~ arts** die darstellenden Künste.

visual aid n Anschauungsmaterial nt.

visual display unit n (Daten)sichtgerät nt.

visualize ['vɪzjʊəlaɪz] vt sich dat vorstellen.

visually ['vɪzjʊəlɪ] adv visuell; **~ appealing** optisch ansprechend; **~ handicapped** sehbehindert.

vital ['vaɪtl] adj (essential) unerlässlich; (organ) lebenswichtig; (full of life) vital; **of ~ importance (to sb/sth)** von größter Wichtigkeit (für jdn/etw).

vitality [vaɪ'tælɪtɪ] n (liveliness) Vitalität f.

vitally ['vaɪtəlɪ] adv: **~ important** äußerst wichtig.

vital statistics npl (fig: of woman) Körpermaße pl; (of population) Bevölkerungsstatistik f.

vitamin ['vɪtəmɪn] n Vitamin nt ♦ cpd (pill, deficiencies) Vitamin-.

vitiate ['vɪʃɪeɪt] vt (spoil) verunreinigen.

vitreous ['vɪtrɪəs] adj: **~ china** Porzellanemail nt; **~ enamel** Glasemail nt.

vitriolic [vɪtrɪ'ɒlɪk] adj (fig: language, behaviour) hasserfüllt.

viva ['vaɪvə] n (SCOL: also: **~ voce**) [-'vəʊtʃɪ] mündliche Prüfung f.

vivacious [vɪ'veɪʃəs] adj lebhaft.

vivacity [vɪ'væsɪtɪ] n Lebendigkeit f.

vivid ['vɪvɪd] adj (description) lebendig; (memory, imagination) lebhaft; (colour) leuchtend; (light) hell.

vividly ['vɪvɪdlɪ] adv (describe) lebendig; (remember) lebhaft.

vivisection [vɪvɪ'sɛkʃən] n Vivisektion f.

vixen ['vɪksn] n (ZOOL) Füchsin f; (pej: woman) Drachen m.

viz [vɪz] abbr (= videlicet) nämlich.

VLF abbr (RADIO: = very low frequency) VLF.

V-neck ['viːnɛk] n (also: ~ jumper or pullover) Pullover m mit V-Ausschnitt.

VOA n abbr (= Voice of America) Stimme f Amerikas.

vocabulary [vəu'kæbjulərɪ] n (words known) Vokabular nt, Wortschatz m.

vocal ['vəukl] adj (of the voice) stimmlich; (articulate) lautstark.

vocal cords npl Stimmbänder pl.

vocalist ['vəukəlɪst] n Sänger(in) m(f).

vocals ['vəuklz] npl (MUS) Gesang m.

vocation [vəu'keɪʃən] n (calling) Berufung f; (profession) Beruf m.

vocational [vəu'keɪʃənl] adj (training, guidance etc) Berufs-.

vociferous [və'sɪfərəs] adj (protesters, demands) lautstark.

vodka ['vɔdkə] n Wodka m.

vogue [vəug] n (fashion) Mode f; (popularity) Popularität f; **in** ~ in Mode.

voice [vɔɪs] n (also fig) Stimme f ♦ vt (opinion) zum Ausdruck bringen; **in a loud/soft** ~ mit lauter/leiser Stimme; **to give** ~ **to** Ausdruck verleihen +dat.

voice mail n (COMPUT) Voicemail f.

voice-over ['vɔɪsəuvə*] n (Film)kommentar m.

void [vɔɪd] n (hole) Loch nt; (fig: emptiness) Leere f ♦ adj (invalid) ungültig; ~ **of** (empty) ohne.

voile [vɔɪl] n Voile m.

vol. abbr (= volume) Bd.

volatile ['vɔlətaɪl] adj (person) impulsiv; (situation) unsicher; (liquid etc) flüchtig.

volcanic [vɔl'kænɪk] adj (rock, eruption) vulkanisch, Vulkan-.

volcano [vɔl'keɪnəu] (pl ~**es**) n Vulkan m.

volition [və'lɪʃən] n: **of one's own** ~ aus freiem Willen.

volley ['vɔlɪ] n (of gunfire) Salve f; (of stones, questions) Hagel m; (TENNIS etc) Volley m.

volleyball ['vɔlɪbɔːl] n Volleyball m.

volt [vəult] n Volt nt.

voltage ['vəultɪdʒ] n Spannung f; **high/low** ~ Hoch-/Niederspannung f.

volte-face ['vɔlt'fɑːs] n Kehrtwendung f.

voluble ['vɔljubl] adj (person) redselig; (speech) wortreich.

volume ['vɔljuːm] n (space) Volumen nt; (amount) Umfang m, Ausmaß nt; (book) Band m; (sound level) Lautstärke f; ~ **one/two** (of

book) Band eins/zwei; **his expression spoke** ~**s** sein Gesichtsausdruck sprach Bände.

volume control n (RADIO, TV) Lautstärkeregler m.

volume discount n (COMM) Mengenrabatt m.

voluminous [və'luːmɪnəs] adj (clothes) sehr weit; (correspondence, notes) umfangreich.

voluntarily ['vɔləntrɪlɪ] adv freiwillig.

voluntary ['vɔləntərɪ] adj freiwillig.

voluntary liquidation n freiwillige Liquidation f.

volunteer [vɔlən'tɪə*] n Freiwillige(r) f(m) ♦ vt (information) vorbringen ♦ vi (for army etc) sich freiwillig melden; **to** ~ **to do sth** sich anbieten, etw zu tun.

voluptuous [və'lʌptjuəs] adj sinnlich, wollüstig.

vomit ['vɔmɪt] n Erbrochene(s) nt ♦ vt erbrechen ♦ vi sich übergeben.

voracious [və'reɪʃəs] adj (person) gefräßig; ~ **appetite** Riesenappetit m.

vortal ['vɔːtl] n (COMPUT) Vortal nt.

vote [vəut] n Stimme f; (votes cast) Stimmen pl; (right to vote) Wahlrecht nt; (ballot) Abstimmung f ♦ vt (elect): **to be** ~**d chairman** etc zum Vorsitzenden etc gewählt werden; (propose): **to** ~ **that** vorschlagen, dass ♦ vi (in election etc) wählen; **to put sth to the** ~, **(take a)** ~ **on sth** über etw acc abstimmen; ~ **of censure** Tadelsantrag m; **to pass a** ~ **of confidence/no confidence** ein Vertrauens-/ Misstrauensvotum annehmen; **to** ~ **to do sth** dafür stimmen, etw zu tun; **to** ~ **yes/no** mit Ja/Nein stimmen; **to** ~ **Labour/Green** etc Labour/die Grünen etc wählen; **to** ~ **for or in favour of sth/against sth** für/gegen etw stimmen.

vote of thanks n Danksagung f.

voter ['vəutə*] n Wähler(in) m(f).

voting ['vəutɪŋ] n Wahl f.

voting paper (BRIT) n Stimmzettel m.

voting right n Stimmrecht nt.

vouch [vautʃ]: ~ **for** vt fus bürgen für.

voucher ['vautʃə*] n Gutschein m; (receipt) Beleg m; **gift** ~ Geschenkgutschein m; **luncheon** ~ Essensmarke f; **travel** ~ Reisegutschein m.

vow [vau] n Versprechen nt ♦ vt: **to** ~ **to do sth/that** geloben, etw zu tun/dass; **to take** or **make a** ~ **to do sth** geloben, etw zu tun.

vowel ['vauəl] n Vokal m.

voyage ['vɔɪɪdʒ] n Reise f.

voyeur [vwɑː'jəː*] n Voyeur(in) m(f).

voyeurism [vwɑː'jəːrɪzəm] n Voyeurismus m.

VP n abbr = **vice president**.

vs abbr (= versus) vs.

V-sign ['viːsaɪn] (BRIT) n: **to give sb the** ~ ≈ jdm den Vogel zeigen.

VSO (BRIT) n abbr (= Voluntary Service Overseas) britischer Entwicklungsdienst.

VT (US) abbr (POST: = Vermont).

vulgar ['vʌlgə*] *adj* (*remarks, gestures*) vulgär; (*decor, ostentation*) geschmacklos.

vulgarity [vʌl'gærɪtɪ] *n* (*see adj*) Vulgarität *f*; Geschmacklosigkeit *f*.

vulnerability [vʌlnərə'bɪlɪtɪ] *n* Verletzlichkeit *f*.

vulnerable ['vʌlnərəbl] *adj* (*person, position*) verletzlich.

vulture ['vʌltʃə*] *n* (*also fig*) Geier *m*.

vulva ['vʌlvə] *n* Vulva *f*.

W, w

W¹, w ['dʌblju:] *n* (*letter*) W *nt*, w *nt*; ~ **for William** ≈ W wie Wilhelm.

W² ['dʌblju:] *abbr* (*ELEC*: = *watt*) W; (= *west*) W.

WA *abbr* (*US: POST*: = *Washington*) (*AUSTRALIA*: = *Western Australia*).

wad [wɔd] *n* (*of cotton wool*) Bausch *m*; (*of paper, banknotes*) Bündel *nt*.

wadding ['wɔdɪŋ] *n* Füllmaterial *nt*.

waddle ['wɔdl] *vi* watscheln.

wade [weɪd] *vi*: **to ~ across** (*a river, stream*) waten durch; **to ~ through** (*fig: a book*) sich durchkämpfen durch.

wafer ['weɪfə*] *n* (*biscuit*) Waffel *f*.

wafer-thin ['weɪfə'θɪn] *adj* hauchdünn.

waffle ['wɔfl] *n* (*CULIN*) Waffel *f*; (*inf: empty talk*) Geschwafel *nt* ♦ *vi* (*in speech etc*) schwafeln.

waffle iron *n* Waffeleisen *nt*.

waft [wɔft] *vt*, *vi* wehen.

wag [wæg] *vt* (*tail*) wedeln mit; (*finger*) drohen mit ♦ *vi* (*tail*) wedeln; **the dog ~ged its tail** der Hund wedelte mit dem Schwanz.

wage [weɪdʒ] *n* (*also*: ~**s**) Lohn *m* ♦ *vt*: **to ~ war** Krieg führen; **a day's ~s** ein Tageslohn.

wage claim *n* Lohnforderung *f*.

wage differential *n* Lohnunterschied *m*.

wage earner [-ɜ:nə*] *n* Lohnempfänger(in) *m(f)*.

wage freeze *n* Lohnstopp *m*.

wage packet *n* Lohntüte *f*.

wager ['weɪdʒə*] *n* Wette *f* ♦ *vt* wetten.

waggle ['wægl] *vt* (*ears etc*) wackeln mit ♦ *vi* wackeln.

wag(g)on ['wægən] *n* (*horse-drawn*) Fuhrwerk *nt*; (*BRIT: RAIL*) Wa(g)gon *m*.

wail [weɪl] *n* (*of person*) Jammern *nt*; (*of siren*) Heulen *nt* ♦ *vi* (*person*) jammern; (*siren*) heulen.

waist [weɪst] *n* (*ANAT, of clothing*) Taille *f*.

waistcoat ['weɪskəut] (*BRIT*) *n* Weste *f*.

waistline ['weɪstlaɪn] *n* Taille *f*.

wait [weɪt] *n* Wartezeit *f* ♦ *vi* warten; **to lie in ~ for sb** jdm auflauern; **to keep sb ~ing** jdn warten lassen; **I can't ~ to ...** (*fig*) ich kann es kaum erwarten, zu ...; **to ~ for sb/sth** auf jdn/etw warten; **~ a minute!** Moment mal!; **"repairs while you ~"** „Reparaturen sofort".

▶ **wait behind** *vi* zurückbleiben.

▶ **wait on** *vt fus* (*serve*) bedienen.

▶ **wait up** *vi* aufbleiben; **don't ~ up for me** warte nicht auf mich.

waiter ['weɪtə*] *n* Kellner *m*.

waiting ['weɪtɪŋ] *n*: **"no ~"** (*BRIT: AUT*) „Halten verboten".

waiting list *n* Warteliste *f*.

waiting room *n* (*in surgery*) Wartezimmer *nt*; (*in railway station*) Wartesaal *m*.

waitress ['weɪtrɪs] *n* Kellnerin *f*.

waive [weɪv] *vt* (*rule*) verzichten auf +*acc*.

waiver ['weɪvə*] *n* Verzicht *m*.

wake [weɪk] (*pt* **woke, waked**, *pp* **woken, waked**) *vt* (*also*: ~ **up**) wecken ♦ *vi* (*also*: ~ **up**) aufwachen ♦ *n* (*for dead person*) Totenwache *f*; (*NAUT*) Kielwasser *nt*; **to ~ up to** (*fig*) sich *dat* bewusst werden +*gen*; **in the ~ of** (*fig*) unmittelbar nach, im Gefolge +*gen*; **to follow in sb's ~** (*fig*) hinter jdm herziehen.

waken ['weɪkn] *vt* = **wake**.

Wales [weɪlz] *n* Wales *nt*; **the Prince of ~** der Prinz von Wales.

walk [wɔ:k] *n* (*hike*) Wanderung *f*; (*shorter*) Spaziergang *m*; (*gait*) Gang *m*; (*path*) Weg *m*; (*in park, along coast etc*) (Spazier)weg *m* ♦ *vi* gehen; (*instead of driving*) zu Fuß gehen; (*for pleasure, exercise*) spazieren gehen ♦ *vt* (*distance*) gehen, laufen; (*dog*) ausführen; **it's 10 minutes' ~ from here** es ist 10 Minuten zu Fuß von hier; **to go for a ~** spazieren gehen; **to slow to a ~** im Schritttempo weitergehen; **people from all ~s of life** Leute aus allen Gesellschaftsschichten; **to ~ in one's sleep** schlafwandeln; **I'd rather ~ than take the bus** ich gehe lieber zu Fuß als mit dem Bus zu fahren; **I'll ~ you home** ich bringe dich nach Hause.

▶ **walk out** *vi* (*audience*) den Saal verlassen; (*workers*) in Streik treten.

▶ **walk out on** (*inf*) *vt fus* (*family etc*) verlassen.

walkabout ['wɔ:kəbaut] *n*: **the Queen/president went on a ~** die Königin/der Präsident mischte sich unters Volk *or* nahm ein Bad in der Menge.

walker ['wɔ:kə*] *n* (*person*) Spaziergänger(in) *m(f)*.

walkie-talkie ['wɔ:kɪ'tɔ:kɪ] *n* Walkie-Talkie *nt*.

walking ['wɔ:kɪŋ] *n* Wandern *nt*; **it's within ~ distance** es ist zu Fuß erreichbar.

walking holiday *n* Wanderurlaub *m*.

walking shoes *npl* Wanderschuhe *pl*.

walking stick *n* Spazierstock *m*.

Walkman ® ['wɔːkmən] n Walkman ® m.

walk-on ['wɔːkɔn] adj (THEAT): ~ **part** Statistenrolle f.

walkout ['wɔːkaut] n (of workers) Streik m.

walkover ['wɔːkəuvə'] (inf) n (competition, exam etc) Kinderspiel nt.

walkway ['wɔːkweɪ] n Fußweg m.

wall [wɔːl] n Wand f; (exterior, city wall etc) Mauer f; **to go to the** ~ (fig: firm etc) kaputtgehen.

▶ **wall in** vt (enclose) ummauern.

wall cupboard n Wandschrank m.

walled [wɔːld] adj von Mauern umgeben.

wallet ['wɔlɪt] n Brieftasche f.

wallflower ['wɔːlflauə'] n (BOT) Goldlack m; **to be a** ~ (fig) ein Mauerblümchen sein.

wall hanging n Wandbehang m.

wallop ['wɔləp] (BRIT: inf) vt verprügeln.

wallow ['wɔləu] vi (in mud, water) sich wälzen; (in guilt, grief) schwelgen.

wallpaper ['wɔːlpeɪpə'] n Tapete f ♦ vt tapezieren.

wall-to-wall ['wɔːltə'wɔːl] adj: ~ **carpeting** Teppichboden m.

wally [wɔlɪ] (inf) n Trottel m.

walnut ['wɔːlnʌt] n (nut) Walnuss f; (tree) Walnussbaum m; (wood) Nussbaumholz nt.

walrus ['wɔːlrəs] (pl ~ or ~es) n Walross nt.

waltz [wɔːlts] n Walzer m ♦ vi Walzer tanzen.

wan [wɔn] adj bleich; (smile) matt.

wand [wɔnd] n (also: **magic** ~) Zauberstab m.

wander ['wɔndə'] vi (person) herumlaufen; (mind, thoughts) wandern ♦ vt (the streets, the hills etc) durchstreifen.

wanderer ['wɔndərə'] n Wandervogel m.

wandering ['wɔndrɪŋ] adj (tribe) umherziehend; (minstrel, actor) fahrend.

wane [weɪn] vi (moon) abnehmen; (influence etc) schwinden.

wangle ['wæŋgl] (BRIT: inf) vt sich dat verschaffen.

wanker ['wæŋkə'] (inf!) n Wichser m.

wannabe(e) ['wɔnəbiː] (inf) n Möchtegern m; **James Bond** ~ Möchtegern-James-Bond m.

want [wɔnt] vt (wish for) wollen; (need) brauchen ♦ n (lack): **for** ~ **of** aus Mangel an +dat; **wants** npl (needs) Bedürfnisse pl; **to** ~ **to do sth** etw tun wollen; **to** ~ **sb to do sth** wollen, dass jd etw tut; **to** ~ **in/out** herein-/hinauswollen; **you're** ~**ed on the phone** Sie werden am Telefon verlangt; **he is** ~**ed by the police** er wird von der Polizei gesucht; **a** ~ **of foresight** ein Mangel m an Voraussicht.

want ads (US) npl Kaufgesuche pl.

wanted ['wɔntɪd] adj (criminal etc) gesucht; **"cook** ~**"** „Koch/Köchin gesucht".

wanting ['wɔntɪŋ] adj: **to be found** ~ sich als unzulänglich erweisen.

wanton ['wɔntn] adj (violence) mutwillig; (promiscuous: woman) schamlos.

WAP [wæp] n abbr (COMPUT: = wireless application protocol) WAP nt.

war [wɔː'] n Krieg m; **to go to** ~ (start) einen Krieg anfangen; **to be at** ~ **(with)** sich im Kriegszustand befinden (mit); **to make** ~ (on) Krieg führen (gegen); **a** ~ **on drugs/crime** ein Feldzug gegen Drogen/das Verbrechen.

warble ['wɔːbl] n Trällern nt ♦ vi trällern.

war cry n Kriegsruf m; (fig: slogan) Schlachtruf m.

ward [wɔːd] n (in hospital) Station f; (POL) Wahlbezirk m; (LAW: also: ~ **of court**) Mündel nt unter Amtsvormundschaft.

▶ **ward off** vt (attack, enemy, illness) abwehren.

warden ['wɔːdn] n (of park etc) Aufseher(in) m(f); (of jail) Wärter(in) m(f); (BRIT: of youth hostel) Herbergsvater m, Herbergsmutter f; (: in university) Wohnheimleiter(in) m(f); (: also: **traffic** ~) Verkehrspolizist(in) m(f).

warder ['wɔːdə'] (BRIT) n Gefängniswärter(in) m(f).

wardrobe ['wɔːdrəub] n (for clothes) Kleiderschrank m; (collection of clothes) Garderobe f; (CINE, THEAT) Kostüme pl.

warehouse ['wɛəhaus] n Lager nt.

wares [wɛəz] npl Waren pl.

warfare ['wɔːfɛə'] n Krieg m.

war game n Kriegsspiel nt.

warhead ['wɔːhɛd] n Sprengkopf m.

warily ['wɛərɪlɪ] adv vorsichtig.

Warks (BRIT) abbr (POST: = Warwickshire).

warlike ['wɔːlaɪk] adj kriegerisch.

warm [wɔːm] adj warm; (thanks, applause, welcome, person) herzlich; **it's** ~ es ist warm; **I'm** ~ mir ist warm; **to keep sth** ~ etw warm halten; **with my** ~**est thanks/congratulations** mit meinem herzlichsten Dank/meinen herzlichsten Glückwünschen.

▶ **warm up** vi warm werden; (athlete) sich aufwärmen ♦ vt aufwärmen.

warm-blooded ['wɔːm'blʌdɪd] adj warmblütig.

war memorial n Kriegerdenkmal nt.

warm-hearted [wɔːm'hɑːtɪd] adj warmherzig.

warmly ['wɔːmlɪ] adv (applaud, welcome) herzlich; (dress) warm.

warmonger ['wɔːmʌŋgə'] (pej) n Kriegshetzer m.

warmongering ['wɔːmʌŋgrɪŋ] (pej) n Kriegshetze f.

warmth [wɔːmθ] n Wärme f; (friendliness) Herzlichkeit f.

warm-up ['wɔːmʌp] n Aufwärmen nt; ~ **exercise** Aufwärmübung f.

warn [wɔːn] vt: **to** ~ **sb that ...** jdn warnen, dass ...; **to** ~ **sb of sth** jdn vor etw dat warnen; **to** ~ **sb not to do sth** or **against doing sth** jdn davor warnen, etw zu tun.

warning ['wɔːnɪŋ] n Warnung f; **without (any)** ~ (suddenly) unerwartet; (without notifying) ohne Vorwarnung; **gale** ~ Sturmwarnung f.

warning light n Warnlicht nt.

warning triangle n (AUT) Warndreieck nt.

warp [wɔ:p] vi (wood etc) sich verziehen ♦ vt (fig: character) entstellen ♦ n (TEXTILES) Kette f.

warpath ['wɔ:pɑ:θ] n: **to be on the** ~ auf dem Kriegspfad sein.

warped [wɔ:pt] adj (wood) verzogen; (fig: character, sense of humour etc) abartig.

warrant ['wɔrnt] n (LAW: for arrest) Haftbefehl m; (: also: **search** ~) Durchsuchungsbefehl m ♦ vt (justify, merit) rechtfertigen.

warrant officer n (MIL) Dienstgrad zwischen Offizier und Unteroffizier.

warranty ['wɔrəntɪ] n Garantie f; **under** ~ (COMM) unter Garantie.

warren ['wɔrən] n (of rabbits) Bau m; (fig: of passages, streets) Labyrinth nt.

warring ['wɔ:rɪŋ] adj (nations) Krieg führend; (interests) gegensätzlich; (factions) verfeindet.

warrior ['wɔrɪə*] n Krieger m.

Warsaw ['wɔ:sɔ:] n Warschau nt.

warship ['wɔ:ʃɪp] n Kriegsschiff nt.

wart [wɔ:t] n Warze f.

wartime ['wɔ:taɪm] n: **in** ~ im Krieg.

wary ['wɛərɪ] adj (person) vorsichtig; **to be** ~ **about** or **of doing sth** Bedenken haben, etw zu tun.

was [wɔz] pt of **be**.

wash [wɔʃ] vt waschen; (dishes) spülen, abwaschen; (remove grease, paint etc) ausspülen ♦ vi (person) sich waschen ♦ n (clothes etc) Wäsche f; (washing programme) Waschgang m; (of ship) Kielwasser nt; **he was** ~**ed overboard** er wurde über Bord gespült; **to** ~ **over/against sth** (sea etc) über/gegen etw acc spülen; **to have a** ~ sich waschen; **to give sth a** ~ etw waschen.

▶ **wash away** vt wegspülen.

▶ **wash down** vt (wall, car) abwaschen; (food: with wine etc) hinunterspülen.

▶ **wash off** vi sich herauswaschen ♦ vt abwaschen.

▶ **wash out** vt (stain) herauswaschen.

▶ **wash up** vi (BRIT: wash dishes) spülen, abwaschen; (US: have a wash) sich waschen.

Wash. (US) abbr (POST: = Washington).

washable ['wɔʃəbl] adj (fabric) waschbar; (wallpaper) abwaschbar.

washbasin ['wɔʃbeɪsn], (US) **washbowl** ['wɔʃbəʊl] n Waschbecken nt.

washcloth ['wɔʃklɒθ] (US) n Waschlappen m.

washer ['wɔʃə*] n (on tap etc) Dichtungsring m.

washing ['wɔʃɪŋ] n Wäsche f.

washing line (BRIT) n Wäscheleine f.

washing machine n Waschmaschine f.

washing powder (BRIT) n Waschpulver nt.

Washington ['wɔʃɪŋtən] n Washington nt.

washing-up [wɔʃɪŋ'ʌp] n Abwasch m; **to do the** ~ spülen, abwaschen.

washing-up liquid (BRIT) n (Geschirr)spülmittel nt.

wash-out ['wɔʃaʊt] (inf) n (failed event) Reinfall m.

washroom ['wɔʃrum] (US) n Waschraum m.

wasn't ['wɔznt] = **was not**.

WASP, Wasp [wɔsp] (US: inf) n abbr (= White Anglo-Saxon Protestant) weißer angelsächsischer Protestant m.

wasp [wɔsp] n Wespe f.

waspish ['wɔspɪʃ] adj giftig.

wastage ['weɪstɪdʒ] n Verlust m; **natural** ~ natürliche Personalreduzierung.

waste [weɪst] n Verschwendung f; (rubbish) Abfall m ♦ adj (material) Abfall-; (left over: paper etc) ungenutzt ♦ vt verschwenden; (opportunity) vertun; **wastes** npl (area of land) Wildnis f; **it's a** ~ **of money** das ist Geldverschwendung; **to go to** ~ umkommen; **to lay** ~ (area, town) verwüsten.

▶ **waste away** vi verkümmern.

wastebasket ['weɪstbɑ:skɪt] (US) n = **wastepaper basket**.

waste disposal unit (BRIT) n Müllschlucker m.

wasteful ['weɪstful] adj (person) verschwenderisch; (process) aufwändig, aufwendig.

waste ground (BRIT) n unbebautes Grundstück nt.

wasteland ['weɪstlənd] n Ödland nt; (in town) ödes Gebiet nt; (fig) Einöde f.

wastepaper basket ['weɪstpeɪpə-] (BRIT) n Papierkorb m.

waste pipe n Abflussrohr nt.

waste products npl Abfallprodukte pl.

waster ['weɪstə*] n Verschwender(in) m(f); (good-for-nothing) Taugenichts m.

watch [wɔtʃ] n (also: **wristwatch**) (Armband)uhr f; (surveillance) Bewachung f; (MIL, NAUT: group of guards) Wachmannschaft f; (NAUT: spell of duty) Wache f ♦ vt (look at) betrachten; (: match, programme) sich dat ansehen; (spy on, guard) beobachten; (be careful of) aufpassen auf +acc ♦ vi (look) zusehen; **to be on** ~ Wache halten; **to keep a close** ~ **on sb/sth** jdn/etw genau im Auge behalten; **to** ~ **TV** fernsehen; ~ **what you're doing!** pass auf!; ~ **how you drive!** fahr vorsichtig!

▶ **watch out** vi aufpassen; ~ **out!** Vorsicht!

watchband ['wɔtʃbænd] (US) n = **watchstrap**.

watchdog ['wɔtʃdɒg] n (dog) Wachhund m; (fig) Aufpasser(in) m(f).

watchful ['wɔtʃful] adj wachsam.

watchmaker ['wɔtʃmeɪkə*] n Uhrmacher m.

watchman ['wɔtʃmən] (irreg: like **man**) n see **night watchman**.

watch stem (US) n (winder) Krone f, Aufziehrädchen nt.

watchstrap ['wɔtʃstræp] n Uhrarmband nt.

watchword ['wɔtʃwɔ:d] n Parole f.

water ['wɔːtə'] *n* Wasser *nt* ♦ *vt* (*plant*) gießen; (*garden*) bewässern ♦ *vi* (*eyes*) tränen; **a drink of** ~ ein Schluck Wasser; **in British** ~**s** in britischen (Hoheits)gewässern; **to pass** ~ (*urinate*) Wasser lassen; **my mouth is** ~**ing** mir läuft das Wasser im Mund zusammen; **to make sb's mouth** ~ jdm den Mund wässrig machen.

▶ **water down** *vt* (*also fig*) verwässern.
water biscuit *n* Kräcker *m*.
water cannon *n* Wasserwerfer *m*.
water closet (*BRIT: old*) *n* Wasserklosett *nt*.
watercolour, (*US*) **watercolor** ['wɔːtəkʌlə'] *n* (*picture*) Aquarell *nt*; **watercolours** *npl* (*paints*) Wasserfarben *pl*.
water-cooled ['wɔːtəkuːld] *adj* wassergekühlt.
watercress ['wɔːtəkrɛs] *n* Brunnenkresse *f*.
waterfall ['wɔːtəfɔːl] *n* Wasserfall *m*.
waterfront ['wɔːtəfrʌnt] *n* (*at seaside*) Ufer *nt*; (*at docks*) Hafengegend *f*.
water heater *n* Heißwassergerät *nt*.
water hole *n* Wasserloch *nt*.
water ice *n* Fruchteis *nt* (*auf Wasserbasis*).
watering can ['wɔːtərɪŋ-] *n* Gießkanne *f*.
water level *n* Wasserstand *m*; (*of flood*) Pegelstand *m*.
water lily *n* Seerose *f*.
water line *n* Wasserlinie *f*.
waterlogged ['wɔːtəlɔgd] *adj* (*ground*) unter Wasser.
water main *n* Hauptwasserleitung *f*.
watermark ['wɔːtəmaːk] *n* (*on paper*) Wasserzeichen *nt*.
watermelon ['wɔːtəmɛlən] *n* Wassermelone *f*.
waterproof ['wɔːtəpruːf] *adj* (*trousers, jacket etc*) wasserdicht.
water-repellent ['wɔːtərɪ'pɛlnt] *adj* Wasser abstoßend.
watershed ['wɔːtəʃɛd] *n* (*GEOG*) Wasserscheide *f*; (*fig*) Wendepunkt *m*.
water-skiing ['wɔːtəskiːɪŋ] *n* Wasserski *nt*.
water softener *n* Wasserenthärter *m*.
water tank *n* Wassertank *m*.
watertight ['wɔːtətaɪt] *adj* wasserdicht; (*fig: excuse, case, agreement etc*) hieb- und stichfest.
water vapour *n* Wasserdampf *m*.
waterway ['wɔːtəweɪ] *n* Wasserstraße *f*.
waterworks ['wɔːtəwɔːks] *n* Wasserwerk *nt*; (*inf, fig: bladder*) Blase *f*.
watery ['wɔːtərɪ] *adj* (*coffee, soup etc*) wässrig; (*eyes*) tränend.
watt [wɔt] *n* Watt *nt*.
wattage ['wɔtɪdʒ] *n* Wattleistung *f*.
wattle ['wɔtl] *n* Flechtwerk *nt*.
wattle and daub *n* Lehmgeflecht *nt*.
wave [weɪv] *n* (*also fig*) Welle *f*; (*of hand*) Winken *nt* ♦ *vi* (*signal*) winken; (*branches*) sich hin und her bewegen; (*grass*) wogen; (*flag*) wehen ♦ *vt* (*hand, flag etc*) winken mit; (*gun, stick*) schwenken; (*hair*) wellen; **short/**

medium/long ~ (*RADIO*) Kurz-/Mittel-/Langwelle *f*; **the new** ~ (*CINE, MUS*) die neue Welle *f*; **he** ~**d us over to his table** er winkte uns zu seinem Tisch hinüber; **to** ~ **goodbye to sb** jdm zum Abschied winken.

▶ **wave aside** *vt* (*fig: suggestion etc*) zurückweisen.
waveband ['weɪvbænd] *n* (*RADIO*) Wellenbereich *m*.
wavelength ['weɪvlɛŋθ] *n* (*RADIO*) Wellenlänge *f*; **on the same** ~ (*fig*) auf derselben Wellenlänge.
waver ['weɪvə'] *vi* (*voice*) schwanken; (*eyes*) zucken; (*love, person*) wanken.
wavy ['weɪvɪ] *adj* (*line*) wellenförmig; (*hair*) wellig.
wax [wæks] *n* Wachs *nt*; (*for sealing*) Siegellack *m*; (*in ear*) Ohrenschmalz *nt* ♦ *vt* (*floor*) bohnern; (*car, skis*) wachsen ♦ *vi* (*moon*) zunehmen.
waxed [wækst] *adj* (*jacket*) gewachst.
waxen [wæksn] *adj* (*face*) wachsbleich.
waxworks ['wækswɔːks] *npl* (*models*) Wachsfiguren *pl* ♦ *n* (*place*) Wachsfigurenkabinett *nt*.
way [weɪ] *n* Weg *m*; (*distance*) Strecke *f*; (*direction*) Richtung *f*, (*manner*) Art *f*; (*method*) Art und Weise *f*; (*habit*) Gewohnheit *f*, **which** ~ **to ...?** wo geht es zu ...?; **this** ~**, please** hier entlang, bitte; **on the** ~ (*en route*) auf dem Weg, unterwegs; **to be on one's** ~ auf dem Weg sein; **to fight one's** ~ **through a crowd** sich *acc* durch die Menge kämpfen; **to lie one's** ~ **out of sth** sich aus etw herauslügen; **to keep out of sb's** ~ jdm aus dem Weg gehen; **it's a long** ~ **away** es ist weit entfernt; (*event*) das ist noch lange hin; **the village is rather out of the** ~ das Dorf ist recht abgelegen; **to go out of one's** ~ **to do sth** sich sehr bemühen, etw zu tun; **to be in the** ~ im Weg sein; **to lose one's** ~ sich verirren; **under** ~ (*project etc*) im Gang; **the** ~ **back** der Rückweg; **to make** ~ **(for sb/sth)** (für jdn/etw) Platz machen; **to get one's own** ~ seinen Willen bekommen; **put it the right** ~ **up** (*BRIT*) stell es richtig herum hin; **to be the wrong** ~ **round** verkehrt herum sein; **he's in a bad** ~ ihm geht es schlecht; **in a** ~ in gewisser Weise; **in some** ~**s** in mancher Hinsicht; **no** ~! (*inf*) kommt nicht infrage *or* in Frage!; **by the** ~ ... übrigens ...; **"** ~ **in"** (*BRIT*) „Eingang"; **"** ~ **out"** (*BRIT*) „Ausgang"; **"give** ~**"** (*BRIT: AUT*) „Vorfahrt beachten"; ~ **of life** Lebensstil *m*.
waybill ['weɪbɪl] *n* Frachtbrief *m*.
waylay [weɪ'leɪ] (*irreg: like* lay) *vt* auflauern +*dat*; **to get waylaid** (*fig*) abgefangen werden.
wayside ['weɪsaɪd] *adj* am Straßenrand ♦ *n* Straßenrand *m*; **to fall by the** ~ (*fig*) auf der Strecke bleiben.

way station (*US*) *n* (*RAIL*) kleiner Bahnhof *m*; (*fig*) Zwischenstation *f*.

wayward ['weɪwəd] *adj* (*behaviour*) eigenwillig; (*child*) eigensinnig.

WC (*BRIT*) *n abbr* (= *water closet*) WC *nt*.

WCC *n abbr* (= *World Council of Churches*) Weltkirchenrat *m*.

we [wiː] *pl pron* wir; **here ~ are** (*arriving*) da sind wir; (*finding sth*) na bitte.

weak [wiːk] *adj* schwach; (*tea, coffee*) dünn; **to grow ~(er)** schwächer werden.

weaken ['wiːkn] *vi* (*resolve, person*) schwächer werden; (*influence, power*) nachlassen ♦ *vt* schwächen.

weak-kneed ['wiːk'niːd] *adj* (*fig*) schwächlich.

weakling ['wiːklɪŋ] *n* Schwächling *m*.

weakly ['wiːklɪ] *adv* schwach.

weakness ['wiːknɪs] *n* Schwäche *f*; **to have a ~ for** eine Schwäche haben für.

wealth [welθ] *n* Reichtum *m*; (*of details, knowledge etc*) Fülle *f*.

wealth tax *n* Vermögenssteuer *f*.

wealthy ['welθɪ] *adj* wohlhabend, reich.

wean [wiːn] *vt* (*also fig*) entwöhnen.

weapon ['wepən] *n* Waffe *f*; **~s of mass destruction** Massenvernichtungswaffen *pl*.

wear [weə*] (*pt* **wore**, *pp* **worn**) *vt* (*clothes, shoes, beard*) tragen; (*put on*) anziehen ♦ *vi* (*last*) halten; (*become old: carpet, jeans*) sich abnutzen ♦ *n* (*damage*) Verschleiß *m*; (*use*): **I got a lot of/very little ~ out of the coat** der Mantel hat lange/nicht sehr lange gehalten; **baby~** Babykleidung *f*; **sports~** Sportkleidung *f*; **evening ~** Kleidung für den Abend; **to ~ a hole in sth** (*coat etc*) etw durchwetzen.

▶ **wear away** *vt* verschleißen ♦ *vi* (*inscription etc*) verwittern.

▶ **wear down** *vt* (*heels*) abnutzen; (*person, strength*) zermürben.

▶ **wear off** *vi* (*pain etc*) nachlassen.

▶ **wear on** *vi* sich hinziehen.

▶ **wear out** *vt* (*shoes, clothing*) verschleißen; (*person, strength*) erschöpfen.

wearable ['weərəbl] *adj* tragbar.

wear and tear [-tɛə*] *n* Verschleiß *m*.

wearer ['weərə*] *n* Träger(in) *m(f)*.

wearily ['wɪərɪlɪ] *adv* (*say, sit*) lustlos, müde.

weariness ['wɪərɪnɪs] *n* (*tiredness*) Müdigkeit *f*.

wearisome ['wɪərɪsəm] *adj* (*boring*) langweilig; (*tiring*) ermüdend.

weary ['wɪərɪ] *adj* (*tired*) müde; (*dispirited*) lustlos ♦ *vi*: **to ~ of sb/sth** jds/etw *gen* überdrüssig werden.

weasel ['wiːzl] *n* Wiesel *nt*.

weather ['weðə*] *n* Wetter *nt* ♦ *vt* (*storm, crisis*) überstehen; (*rock, wood*) verwittern; **what's the ~ like?** wie ist das Wetter?; **under the ~** (*fig: ill*) angeschlagen.

weather-beaten ['weðəbiːtn] *adj* (*face*) vom Wetter gegerbt; (*building, stone*) verwittert.

weathercock ['weðəkɒk] *n* Wetterhahn *m*.

weather forecast *n* Wettervorhersage *f*.

weatherman ['weðəmæn] (*irreg: like* **man**) *n* Mann *m* vom Wetteramt, Wetterfrosch *m* (*hum inf*).

weatherproof ['weðəpruːf] *adj* wetterfest.

weather report *n* Wetterbericht *m*.

weather vane [-veɪn] *n* = **weathercock**.

weave [wiːv] (*pt* **wove**, *pp* **woven**) *vt* (*cloth*) weben; (*basket*) flechten ♦ *vi* (*fig: pt, pp* **weaved**: *move in and out*) sich schlängeln.

weaver ['wiːvə*] *n* Weber(in) *m(f)*.

weaving ['wiːvɪŋ] *n* Weberei *f*.

web [web] *n* (*also fig*) Netz *nt*; (*on duck's foot*) Schwimmhaut *f*.

webbed [webd] *adj* (*foot*) Schwimm-.

webbing ['webɪŋ] *n* (*on chair*) Gewebe *nt*.

website ['websaɪt] *n* (*COMPUT*) Website *f*, Webseite *f*.

wed [wed] (*pt, pp* **wedded**) *vt, vi* heiraten ♦ *n*: **the newly-~s** die Jungvermählten *pl*.

Wed. *abbr* (= *Wednesday*) Mi.

we'd [wiːd] = **we had**; = **we would**.

wedded ['wedɪd] *pt, pp of* **wed** ♦ *adj*: **to be ~ to sth** (*idea etc*) mit etw eng verbunden sein.

wedding ['wedɪŋ] *n* Hochzeit *f*; **silver/golden ~** silberne/goldene Hochzeit.

wedding day *n* Hochzeitstag *m*.

wedding dress *n* Hochzeitskleid *nt*.

wedding present *n* Hochzeitsgeschenk *nt*.

wedding ring *n* Trauring *m*.

wedge [wedʒ] *n* Keil *m*; (*of cake*) Stück *nt* ♦ *vt* (*fasten*) festklemmen; (*pack tightly*) einkeilen.

wedge-heeled shoes ['wedʒhiːld-] *npl* Schuhe *pl* mit Keilabsätzen.

wedlock ['wedlɒk] *n* Ehe *f*.

Wednesday ['wednzdɪ] *n* Mittwoch *m*; *see also* **Tuesday**.

wee [wiː] (*SCOT*) *adj* klein.

weed [wiːd] *n* (*BOT*) Unkraut *nt*; (*pej: person*) Schwächling *m* ♦ *vt* (*garden*) jäten.

▶ **weed out** *vt* (*fig*) aussondern.

weedkiller ['wiːdkɪlə*] *n* Unkrautvertilger *m*.

weedy ['wiːdɪ] *adj* (*person*) schwächlich.

week [wiːk] *n* Woche *f*; **once/twice a ~** einmal/zweimal die Woche; **in two ~s' time** in zwei Wochen; **a ~ today/on Friday** heute/Freitag in einer Woche.

weekday ['wiːkdeɪ] *n* Wochentag *m*; (*COMM: Monday to Saturday*) Werktag *m*; **on ~s** an Wochentagen/Werktagen.

weekend [wiːk'end] *n* Wochenende *nt*; **this/next/last ~** an diesem/am nächsten/am letzten Wochenende; **what are you doing at the ~?** was machen Sie am Wochenende?; **open at ~s** an Wochenenden geöffnet.

weekly ['wiːklɪ] *adv* wöchentlich ♦ *adj* (*newspaper*) Wochen- ♦ *n* (*newspaper*) Wochenzeitung *f*; (*magazine*) Wochenzeitschrift *f*.

weep [wiːp] (*pt, pp* **wept**) *vi* (*person*) weinen; (*wound*) nässen.

weeping willow ['wi:pɪŋ-] n (*tree*) Trauerweide f.

weepy ['wi:pɪ] adj (*person*) weinerlich; (*film*) rührselig ♦ n (*film etc*) Schmachtfetzen m.

weft [wɛft] n Schussfaden m.

weigh [weɪ] vt wiegen; (*fig: evidence, risks*) abwägen ♦ vi wiegen; **to ~ anchor** den Anker lichten.

▶ **weigh down** vt niederdrücken.

▶ **weigh out** vt (*goods*) auswiegen.

▶ **weigh up** vt (*person, offer, risk*) abschätzen.

weighbridge ['weɪbrɪdʒ] n Brückenwaage f.

weighing machine ['weɪɪŋ-] n Waage f.

weight [weɪt] n Gewicht nt ♦ vt (*fig*): **to be ~ed in favour of sb/sth** jdn/etw begünstigen; **to be sold by ~** nach Gewicht verkauft werden; **to lose ~** abnehmen; **to put on ~** zunehmen; **~s and measures** Maße und Gewichte.

weighting ['weɪtɪŋ] n (*allowance*) Zulage f.

weightlessness ['weɪtlɪsnɪs] n Schwerelosigkeit f.

weightlifter ['weɪtlɪftə*] n Gewichtheber m.

weight limit n Gewichtsbeschränkung f.

weight training n Krafttraining nt.

weighty ['weɪtɪ] adj schwer; (*fig: important*) gewichtig.

weir [wɪə*] n (*in river*) Wehr nt.

weird [wɪəd] adj (*object, situation, effect*) komisch; (*person*) seltsam.

weirdo ['wɪədəʊ] (*inf*) n verrückter Typ m.

welcome ['wɛlkəm] adj willkommen ♦ n Willkommen nt ♦ vt begrüßen, willkommen heißen; **~ to London!** willkommen in London!; **to make sb ~** jdn freundlich aufnehmen; **you're ~ to try** du kannst es gern versuchen; **thank you - you're ~!** danke - nichts zu danken!

welcoming ['wɛlkəmɪŋ] adj (*smile, room*) einladend; (*person*) willkommen.

weld [wɛld] n Schweißnaht f ♦ vt schweißen.

welder ['wɛldə*] n (*person*) Schweißer(in) m(f).

welding ['wɛldɪŋ] n Schweißen nt.

welfare ['wɛlfɛə*] n (*well-being*) Wohl nt; (*social aid*) Sozialhilfe f.

welfare state n Wohlfahrtsstaat m.

welfare work n Fürsorgearbeit f.

well [wɛl] n (*for water*) Brunnen m; (*oil well*) Quelle f ♦ adv gut; (*for emphasis with adj*) durchaus ♦ adj: **to be ~** (*person*) gesund sein ♦ excl nun!, na!; **as ~** (*in addition*) ebenfalls; **you might as ~ tell me** sag es mir ruhig; **he did as ~ as he could** er machte es so gut er konnte; **pretty as ~ as rich** sowohl hübsch als auch reich; **~ done!** gut gemacht!; **to do ~** (*person*) gut vorankommen; (*business*) gut gehen; **~ before dawn** lange vor Tagesanbruch; **~ over 40** weit über 40; **I don't feel ~** ich fühle mich nicht gut or wohl; **get ~ soon!** gute Besserung!; **~, as I was saying ...** also, wie ich bereits sagte, ...

▶ **well up** vi (*tears, emotions*) aufsteigen.

we'll [wi:l] = **we will**, **we shall**.

well-behaved ['wɛlbɪ'heɪvd] adj wohlerzogen, wohl erzogen.

well-being ['wɛl'bi:ɪŋ] n Wohl(ergehen) nt.

well-bred ['wɛl'brɛd] adj (*person*) gut erzogen.

well-built ['wɛl'bɪlt] adj gut gebaut.

well-chosen ['wɛl'tʃəʊzn] adj gut gewählt.

well-deserved ['wɛldɪ'zɜːvd] adj wohlverdient.

well-developed ['wɛldɪ'vɛləpt] adj gut entwickelt.

well-disposed ['wɛl'dɪspəʊzd] adj: **~ to(wards)** freundlich gesonnen +dat.

well-dressed ['wɛl'drɛst] adj gut gekleidet.

well-earned ['wɛl'ɜːnd] adj (*rest*) wohlverdient.

well-groomed ['wɛl'gruːmd] adj gepflegt.

well-heeled ['wɛl'hiːld] (*inf*) adj betucht.

well-informed ['wɛlɪn'fɔːmd] adj gut informiert.

Wellington ['wɛlɪŋtən] n (*GEOG*) Wellington nt.

wellingtons ['wɛlɪŋtənz] npl (*also:* **wellington boots**) Gummistiefel pl.

well-kept ['wɛl'kɛpt] adj (*house, grounds*) gepflegt; (*secret*) gut gehütet.

well-known ['wɛl'nəʊn] adj wohlbekannt, wohl bekannt.

well-mannered ['wɛl'mænəd] adj wohlerzogen, wohl erzogen.

well-meaning ['wɛl'miːnɪŋ] adj (*person*) wohlmeinend; (*offer etc*) gut gemeint.

well-nigh ['wɛl'naɪ] adv: **~ impossible** geradezu unmöglich.

well-off ['wɛl'ɔf] adj (*rich*) begütert.

well-read ['wɛl'rɛd] adj belesen.

well-spoken ['wɛl'spəʊkn] adj: **to be ~** sich gut or gewandt ausdrücken.

well-stocked ['wɛl'stɔkt] adj gut bestückt.

well-timed ['wɛl'taɪmd] adj gut abgepasst.

well-to-do ['wɛltə'duː] adj wohlhabend.

well-wisher ['wɛlwɪʃə*] n (*friend, admirer*) wohlmeinender Mensch m; **scores of ~s had gathered** eine große Gefolgschaft hatte sich versammelt; **letters from ~s** Briefe von Leuten, die es gut meinen.

well-woman clinic ['wɛlwʊmən-] n ≈ Frauensprechstunde f.

Welsh [wɛlʃ] adj walisisch ♦ n (*LING*) Walisisch nt; **the Welsh** npl die Waliser pl.

Welshman ['wɛlʃmən] (*irreg: like* **man**) n Waliser m.

Welsh rarebit n überbackenes Käsebrot nt.

Welshwoman ['wɛlʃwʊmən] (*irreg: like* **woman**) n Waliserin f.

welter ['wɛltə*] n: **a ~ of** eine Flut von.

went [wɛnt] pt of **go**.

wept [wɛpt] pt, pp of **weep**.

were [wɜː*] pt of **be**.

we're [wɪə*] = **we are**.

weren't [wɜːnt] = **were not**.

werewolf ['wɪəwʊlf] (*pl* **werewolves**) n

Werwolf m.

werewolves ['wɪəwulvz] npl of **werewolf**.

west [wɛst] n Westen m ♦ adj (wind, side, coast) West-, westlich ♦ adv (to or towards the west) westwärts; the **W~** (POL) der Westen.

westbound ['wɛstbaund] adj (traffic, carriageway) in Richtung Westen.

West Country (BRIT) n: the **~** Südwestengland nt.

westerly ['wɛstəlɪ] adj westlich.

western ['wɛstən] adj westlich ♦ n (CINE) Western m.

westerner ['wɛstənə*] n Abendländer(in) m(f).

westernized ['wɛstənaɪzd] adj (society etc) verwestlicht.

West German adj westdeutsch ♦ n (person) Westdeutsche(r) f(m).

West Germany n (formerly) Bundesrepublik f Deutschland.

West Indian adj westindisch ♦ n (person) Westinder(in) m(f).

West Indies [-'ɪndɪz] npl: the **~** Westindien nt.

Westminster ['wɛstmɪnstə*] n Westminster nt; (parliament) das britische Parlament.

westward(s) ['wɛstwəd(z)] adv westwärts.

wet [wɛt] adj nass ♦ n (BRIT: POL) Gemäßigte(r) f(m), Waschlappen m (pej); to get **~** nass werden; "**~ paint**" „frisch gestrichen"; to be a **~ blanket** (fig: pej: person) ein(e) Spielverderber(in) m(f) sein; to **~ one's pants/o.s.** sich dat in die Hosen machen.

wetness ['wɛtnɪs] n Nässe f; (of climate) Feuchtigkeit f.

wet suit n Taucheranzug m.

we've [wiːv] = **we have**.

whack [wæk] vt schlagen.

whacked [wækt] (BRIT: inf) adj (exhausted) erschlagen.

whale [weɪl] n Wal m.

whaler ['weɪlə*] n Walfänger m.

whaling ['weɪlɪŋ] n Walfang m.

wharf [wɔːf] (pl **wharves**) n Kai m.

wharves [wɔːvz] npl of **wharf**.

================================ KEYWORD

what [wɔt] adj 1 (in direct/indirect questions) welche(r, s); **~ colour/shape is it?** welche Farbe/Form hat es?; **for ~ reason?** aus welchem Grund?

2 (in exclamations) was für ein(e); **~ a mess!** was für ein Durcheinander!; **~ a fool I am!** was bin ich doch (für) ein Idiot!

♦ pron (interrogative, relative) was; **~ are you doing?** was machst du?; **~ are you talking about?** wovon redest du?; **~ is it called?** wie heißt das?; **~ about me?** und ich?; **~ about a cup of tea?** wie wärs mit einer Tasse Tee?; **~ about going to the cinema?** sollen wir ins Kino gehen?; **I saw ~ you did/what was on the table** ich habe gesehen, was du getan hast/was auf dem Tisch war; **tell me**

~ you're thinking about sag mir, woran du denkst

♦ excl (disbelieving) was, wie; **~, no coffee!** was or wie, kein Kaffee?

whatever [wɔt'ɛvə*] adj: **~ book** welches Buch auch immer ♦ pron: **do ~ is necessary/you want** tun Sie, was nötig ist/was immer Sie wollen; **~ happens** was auch passiert; **no reason ~ or whatsoever** überhaupt kein Grund; **nothing ~ or whatsoever** überhaupt nichts.

whatsoever [wɔtsəu'ɛvə*] adj = **whatever**.

wheat [wiːt] n Weizen m.

wheatgerm ['wiːtdʒɜːm] n Weizenkeim m.

wheatmeal ['wiːtmiːl] n Weizenmehl nt.

wheedle ['wiːdl] vt: to **~ sb into doing sth** jdn beschwatzen, etw zu tun; to **~ sth out of sb** jdm etw abluchsen.

wheel [wiːl] n Rad nt; (also: steering **~**) Lenkrad nt; (NAUT) Steuer nt ♦ vt (pram etc) schieben ♦ vi (birds) kreisen; (also: **~ round**: person) sich herumdrehen.

wheelbarrow ['wiːlbærəu] n Schubkarre f.

wheelbase ['wiːlbeɪs] n Radstand m.

wheelchair ['wiːltʃɛə*] n Rollstuhl m.

wheel clamp n Parkkralle f.

wheeler-dealer ['wiːlə'diːlə*] (pej) n Geschäftemacher(in) m(f).

wheelie-bin ['wiːlɪbɪn] n Mülltonne f auf Rädern.

wheeling ['wiːlɪŋ] n: **~ and dealing** (pej) Geschäftemacherei f.

wheeze [wiːz] vi (person) keuchen ♦ n (idea, joke etc) Scherz m.

wheezy ['wiːzɪ] adj (person) mit pfeifendem Atem; (cough) keuchend; (breath) pfeifend; (laugh) asthmatisch.

================================ KEYWORD

when [wɛn] adv wann

♦ conj 1 (at, during, after the time that) wenn; **she was reading ~ I came in** als ich hereinkam, las sie gerade; **be careful ~ you cross the road** sei vorsichtig, wenn du die Straße überquerst.

2 (on, at which) als; **on the day ~ I met him** am Tag, als ich ihn traf.

3 (whereas) wo ... doch, obwohl; **why did you buy that ~ you can't afford it?** warum hast du das gekauft, obwohl du es dir nicht leisten kannst?

whenever [wɛn'ɛvə*] adv, conj (any time that) wann immer; (every time that) (jedes Mal,) wenn; **I go ~ I can** ich gehe, wann immer ich kann.

where [wɛə*] adv, conj wo; **this is ~ ...** hier ...; **~ possible** so weit möglich; **~ are you from?** woher kommen Sie?

whereabouts [wɛərə'bauts] adv wo ♦ n: **nobody knows his ~** keiner weiß, wo er ist.

whereas [wɛər'æz] *conj* während.
whereby [wɛə'baɪ] (*form*) *adv* wonach.
whereupon [wɛərə'pɒn] *conj* worauf.
wherever [wɛər'ɛvəʳ] *conj* (*position*) wo (auch) immer; (*motion*) wohin (auch) immer ♦ *adv* (*surprise*) wo (um alles in der Welt); **sit ~ you like** nehmen Sie Platz, wo immer Sie wollen.
wherewithal ['wɛəwɪðɔ:l] *n*: **the ~ (to do sth)** (*money*) das nötige Kleingeld(, um etw zu tun).
whet [wɛt] *vt* (*appetite*) anregen; (*tool*) schleifen.
whether ['wɛðəʳ] *conj* ob; **I don't know ~ to accept or not** ich weiß nicht, ob ich annehmen soll oder nicht; **~ you go or not** ob du gehst oder nicht; **it's doubtful ~ ...** es ist zweifelhaft, ob ...
whey ['weɪ] *n* Molke *f*.

===================== *KEYWORD*

which [wɪtʃ] *adj* **1** (*interrogative: direct, indirect*) welche(r, s); **~ picture?** welches Bild?; **~ books?** welche Bücher?; **~ one?** welche(r, s)?
2: **in ~ case** in diesem Fall; **by ~ time** zu dieser Zeit
♦ *pron* **1** (*interrogative*) welche(r, s); **~ of you are coming?** wer von Ihnen kommt?; **I don't mind ~** mir ist gleich, welche(r, s).
2 (*relative*) der/die/das; **the apple ~ you ate/ which is on the table** der Apfel, den du gegessen hast/der auf dem Tisch liegt; **the chair on ~ you are sitting** der Stuhl, auf dem Sie sitzen; **the book of ~ you spoke** das Buch, wovon *or* von dem Sie sprachen; **he said he saw her, ~ is true** er sagte, er habe sie gesehen, was auch stimmt; **after ~** wonach.

whichever [wɪtʃ'ɛvəʳ] *adj*: **take ~ book you want** nehmen Sie irgendein *or* ein beliebiges Buch; **~ book you take** welches Buch Sie auch nehmen.
whiff [wɪf] *n* (*of perfume*) Hauch *m*; (*of petrol, smoke*) Geruch *m*; **to catch a ~ of sth** den Geruch von etw wahrnehmen.
while [waɪl] *n* Weile *f* ♦ *conj* während; **for a ~** eine Weile (lang); **in a ~** gleich; **all the ~** die ganze Zeit (über); **I'll/we'll** *etc* **make it worth your ~** es wird sich für Sie lohnen.
▸ **while away** *vt* (*time*) sich *dat* vertreiben.
whilst [waɪlst] *conj* = **while**.
whim [wɪm] *n* Laune *f*.
whimper ['wɪmpəʳ] *n* (*cry, moan*) Wimmern *nt* ♦ *vi* wimmern.
whimsical ['wɪmzɪkəl] *adj* wunderlich, seltsam; (*story*) kurios.
whine [waɪn] *n* (*of pain*) Jammern *nt*; (*of engine, siren*) Heulen *nt* ♦ *vi* (*person*) jammern; (*dog*) jaulen; (*engine, siren*) heulen.
whip [wɪp] *n* Peitsche *f*; (*POL*) ≈

Fraktionsführer *m* ♦ *vt* (*person, animal*) peitschen; (*cream, eggs*) schlagen; (*move quickly*): **to ~ sth out/off** etw blitzschnell hervorholen/wegbringen.

WHIP

Der Ausdruck **whip** *bezieht sich in der Politik auf einen Abgeordneten, der für die Einhaltung der Parteidisziplin zuständig ist, besonders für die Anwesenheit und das Wahlverhalten der Abgeordneten im Unterhaus. Die* **whips** *fordern die Abgeordneten ihrer Partei schriftlich zur Anwesenheit auf und deuten die Wichtigkeit der Abstimmungen durch ein-, zwei-, oder dreimaliges Unterstreichen an, wobei dreimaliges Unterstreichen (3-line whip) strengsten Fraktionszwang bedeutet.*

▸ **whip up** *vt* (*cream*) schlagen; (*inf: meal*) hinzaubern; (*arouse: support*) anheizen; (*: people*) mitreißen.
whiplash ['wɪplæʃ] *n* Peitschenhieb *m*; (*MED: also:* **~ injury**) Schleudertrauma *nt*.
whipped cream [wɪpt-] *n* Schlagsahne *f*.
whipping boy ['wɪpɪŋ-] *n* (*fig*) Prügelknabe *m*.
whip-round ['wɪpraund] (*BRIT: inf*) *n* (Geld)sammlung *f*.
whirl [wə:l] *vt* (*arms, sword etc*) herumwirbeln ♦ *vi* wirbeln ♦ *n* (*of activity, pleasure*) Wirbel *m*; **to be in a ~** (*mind, person*) völlig verwirrt sein.
whirlpool ['wə:lpu:l] *n* (*lit*) Strudel *m*.
whirlwind ['wə:lwɪnd] *n* (*lit*) Wirbelwind *m*.
whirr [wə:ʳ] *vi* (*motor etc*) surren.
whisk [wɪsk] *n* (*CULIN*) Schneebesen *m* ♦ *vt* (*cream, eggs*) schlagen; **to ~ sb away** *or* **off** jdn in Windeseile wegbringen.
whiskers ['wɪskəz] *npl* (*of animal*) Barthaare *pl*; (*of man*) Backenbart *m*.
whisky, (*US, Ireland*) **whiskey** ['wɪskɪ] *n* Whisky *m*.
whisper ['wɪspəʳ] *n* Flüstern *nt*; (*fig: of wind*) Wispern *nt* ♦ *vt, vi* flüstern; **to ~ sth to sb** jdm etw zuflüstern.
whispering ['wɪspərɪŋ] *n* Geflüster *nt*.
whist [wɪst] (*BRIT*) *n* Whist *nt*.
whistle ['wɪsl] *n* (*sound*) Pfiff *m*; (*object*) Pfeife *f* ♦ *vi* pfeifen ♦ *vt* **to ~ a tune** eine Melodie pfeifen.
whistle-stop ['wɪslstɒp] *adj*: **to make a ~ tour of** (*fig*) eine Rundreise machen durch; (*POL*) eine Wahlkampfreise machen durch.
Whit [wɪt] *n* = **Whitsun**.
white [waɪt] *adj* weiß ♦ *n* (*colour*) Weiß *nt*; (*person*) Weiße(r) *f(m)*; (*of egg, eye*) Weiße(s) *nt*; **to turn** *or* **go ~** (*person: with fear*) weiß *or* bleich werden; (*: with age*) weiße Haare bekommen; (*hair*) weiß werden; **the ~s** (*washing*) die Weißwäsche *f*; **tennis/cricket ~s** weiße Tennis-/Krickettrikots.
whitebait ['waɪtbeɪt] *n* essbare *Jungfische*

(Heringe, Sprotten etc).

white coffee (*BRIT*) n Kaffee m mit Milch.

white-collar worker ['waɪtkɒlə-] n
Schreibtischarbeiter(in) m(f).

white elephant n (fig: venture)
Fehlinvestition f.

white goods npl (appliances) große
Haushaltsgeräte pl; (linen etc) Weißwaren pl.

white-hot [waɪt'hɒt] adj (metal) weiß glühend.

> ### WHITE HOUSE
>
> **White House,** eine weiß gestrichene Villa in
> Washington, der offizielle Wohnsitz des
> amerikanischen Präsidenten. Im weiteren Sinne
> bezieht sich dieser Begriff auf die Exekutive der
> amerikanischen Regierung.

white lie n Notlüge f.

whiteness ['waɪtnɪs] n Weiß nt.

white noise n weißes Rauschen nt.

whiteout ['waɪtaut] n starkes Schneegestöber
nt.

white paper n (POL) Weißbuch nt.

whitewash ['waɪtwɒʃ] n (paint) Tünche f; (inf:
SPORT) totale Niederlage f ♦ vt (building)
tünchen; (fig: incident, reputation)
reinwaschen.

white water n: **white-water rafting**
Wildwasserflößen nt.

whiting ['waɪtɪŋ] n inv (fish) Weißling m.

Whit Monday n Pfingstmontag m.

Whitsun ['wɪtsn] n Pfingsten nt.

whittle ['wɪtl] vt: **to ~ away** or **down** (costs
etc) verringern.

whizz [wɪz] vi: **to ~ past** or **by** vorbeisausen.

whizz kid (inf) n Senkrechtstarter(in) m(f).

WHO n abbr (= World Health Organization)
Weltgesundheitsorganisation f, WHO f.

======================= *KEYWORD*

who [huː] pron **1** (interrogative) wer; (: acc)
wen; (: dat) wem; **~ is it?, who's there?** wer
ist da?; **~ did you give it to?** wem hast du es
gegeben?

2 (relative) der/die/das; **the man/woman
~ spoke to me** der Mann, der/die Frau, die
mit mir gesprochen hat.

whodunit, whodunnit [huː'dʌnɪt] (inf) n
Krimi m.

whoever [huː'ɛvə·] pron: **~ finds it** wer (auch
immer) es findet; **ask ~ you like** fragen Sie,
wen Sie wollen; **~ he marries** ganz gleich or
egal, wen er heiratet; **~ told you that?** wer
um alles in der Welt hat dir das erzählt?

whole [həul] adj (entire) ganz; (not broken) heil
♦ n Ganze(s) nt; **the ~ lot (of it)** alles; **the
~ lot (of them)** alle; **the ~ (of the) time** die
ganze Zeit; **~ villages were destroyed** ganze
Dörfer wurden zerstört; **the ~ of** der/die/
das ganze; **the ~ of Glasgow/Europe** ganz

Glasgow/Europa; **the ~ of the town** die
ganze Stadt; **on the ~** im Ganzen (gesehen).

wholefood(s) ['həulfuːd(z)] n(pl) Vollwertkost
f.

wholefood shop n ≈ Reformhaus nt.

wholehearted [həul'hɑːtɪd] adj (agreement etc)
rückhaltlos.

wholeheartedly [həul'hɑːtɪdlɪ] adv (agree etc)
rückhaltlos.

wholemeal ['həulmiːl] (BRIT) adj (bread, flour)
Vollkorn-.

whole note (US) n ganze Note f.

wholesale ['həulseɪl] n (business) Großhandel
m ♦ adj (price) Großhandels-; (destruction etc)
umfassend ♦ adv (buy, sell) im Großhandel.

wholesaler ['həulseɪlə·] n Großhändler m.

wholesome ['həulsəm] adj (food) gesund;
(effect) zuträglich; (attitude) positiv.

wholewheat ['həulwiːt] adj = **wholemeal**.

wholly ['həulɪ] adv ganz und gar.

======================= *KEYWORD*

whom [huːm] pron **1** (interrogative: acc) wen;
(: dat) wem; **~ did you see?** wen hast du
gesehen?; **to ~ did you give it?** wem hast du
es gegeben?

2 (relative: acc) den/die/das; (: dat) dem/der/
dem; **the man ~ I saw/to ~ I spoke** der
Mann, den ich gesehen habe/mit dem ich
gesprochen habe.

whooping cough ['huːpɪŋ-] n Keuchhusten
m.

whoosh [wuʃ] vi: **to ~ along/past/down**
entlang-/vorbei-/hinuntersausen ♦ n Sausen
nt; **the skiers ~ed past, skiers came by with
a ~** die Skifahrer sausten vorbei.

whopper ['wɒpə·] (inf) n (lie) faustdicke Lüge
f; (large thing) Mordsding nt.

whopping ['wɒpɪŋ] (inf) adj Riesen-, riesig.

whore [hɔː·] (inf: pej) n Hure f.

======================= *KEYWORD*

whose [huːz] adj **1** (possessive: interrogative)
wessen; **~ book is this?, ~ is this book?**
wessen Buch ist das?, wem gehört das
Buch?; **I don't know ~ it is** ich weiß nicht,
wem es gehört.

2 (possessive: relative) dessen/deren/dessen;
the man ~ son you rescued der Mann,
dessen Sohn du gerettet hast; **the woman
~ car was stolen** die Frau, deren Auto
gestohlen worden war
♦ pron **~ is this?** wem gehört das?; **I know
~ it is** ich weiß, wem es gehört.

Who's Who ['huːz'huː] n (book) Who's who nt.

======================= *KEYWORD*

why [waɪ] adv warum; **~ not?** warum nicht?
♦ conj warum; **I wonder ~ he said that** ich
frage mich, warum er das gesagt hat; **that's**

not ~ I'm here ich bin nicht deswegen hier; **the reason ~** der Grund, warum or weshalb ♦ *excl* (*expressing surprise, shock*) na so was; (*expressing annoyance*) ach; **~, yes (of course)** aber ja doch; **~, it's you!** na so was, du bists!

WI *n abbr* (*BRIT:* = *Women's Institute*) britischer Frauenverband ♦ *abbr* = **West Indies**; (*US: POST:* = *Wisconsin*).

wick [wɪk] *n* Docht *m*; **he gets on my ~** (*BRIT: inf*) er geht mir auf den Geist.

wicked ['wɪkɪd] *adj* (*crime, person*) böse; (*smile, wit*) frech; (*inf: prices*) unverschämt; (*: weather*) schrecklich.

wicker ['wɪkə*] *adj* (*chair etc*) Korb-; (*basket*) Weiden-.

wickerwork ['wɪkə*wə:k] *adj* (*chair etc*) Korb-; (*basket*) Weiden- ♦ *n* (*objects*) Korbwaren *pl*.

wicket ['wɪkɪt] *n* (*CRICKET: stumps*) Tor *nt*, Wicket *nt*; (*: grass area*) Spielbahn *f*.

wicket-keeper ['wɪkɪtki:pə*] *n* Torwächter *m*.

wide [waɪd] *adj* breit; (*area*) weit; (*publicity*) umfassend ♦ *adv*: **to open sth ~** etw weit öffnen; **it is 3 metres ~** es ist 3 Meter breit; **to go ~** vorbeigehen.

wide-angle lens ['waɪdæŋgl-] *n* Weitwinkelobjektiv *nt*.

wide-awake [waɪdə'weɪk] *adj* hellwach.

wide-eyed [waɪd'aɪd] *adj* mit großen Augen; (*fig*) unschuldig, naiv.

widely ['waɪdlɪ] *adv* (*differ, vary*) erheblich; (*travel*) ausgiebig, viel; (*spaced*) weit; (*believed, known*) allgemein; **to be ~ read** (*reader*) sehr belesen sein.

widen ['waɪdn] *vt* (*road, river*) verbreitern; (*one's experience*) erweitern ♦ *vi* sich verbreitern.

wideness ['waɪdnɪs] *n* (*of road, river, gap*) Breite *f*.

wide open *adj* (*window, eyes, mouth*) weit geöffnet.

wide-ranging [waɪd'reɪndʒɪŋ] *adj* (*effects*) weitreichend, weit reichend; (*interview, survey*) umfassend.

widespread ['waɪdspred] *adj* weitverbreitet, weit verbreitet.

widow ['wɪdəu] *n* Witwe *f*.

widowed ['wɪdəud] *adj* verwitwet.

widower ['wɪdəuə*] *n* Witwer *m*.

width [wɪdθ] *n* Breite *f*; (*in swimming pool*) (Quer)bahn *f*; **it's 7 metres in ~** es ist 7 Meter breit.

widthways ['wɪdθweɪz] *adv* der Breite nach.

wield [wi:ld] *vt* (*sword*) schwingen; (*power*) ausüben.

wife [waɪf] (*pl* **wives**) *n* Frau *f*.

wig [wɪg] *n* Perücke *f*.

wigging ['wɪgɪŋ] (*BRIT: inf*) *n* Standpauke *f*.

wiggle ['wɪgl] *vt* wackeln mit.

wiggly ['wɪglɪ] *adj*: **~ line** Schlangenlinie *f*.

wigwam ['wɪgwæm] *n* Wigwam *m*.

wild [waɪld] *adj* wild; (*weather*) rau, stürmisch; (*person, behaviour*) ungestüm; (*idea*) weit hergeholt; (*applause*) stürmisch ♦ *n*: **the ~** (*natural surroundings*) die freie Natur *f*; **the wilds** *npl* die Wildnis; **I'm not ~ about it** ich bin nicht versessen or scharf darauf.

wild card *n* (*COMPUT*) Wildcard *f*, Ersatzzeichen *nt*.

wildcat ['waɪldkæt] *n* Wildkatze *f*.

wildcat strike *n* wilder Streik *m*.

wilderness ['wɪldənɪs] *n* Wildnis *f*.

wildfire ['waɪldfaɪə*] *n*: **to spread like ~** sich wie ein Lauffeuer ausbreiten.

wild-goose chase [waɪld'gu:s-] *n* aussichtslose Suche *f*.

wildlife ['waɪldlaɪf] *n* (*animals*) die Tierwelt *f*.

wildly ['waɪldlɪ] *adv* wild; (*very: romantic*) wild-; (*: inefficient*) furchtbar.

wiles [waɪlz] *npl* List *f*.

wilful, (*US*) **willful** ['wɪlful] *adj* (*obstinate*) eigensinnig; (*deliberate*) vorsätzlich.

=============================== *KEYWORD*

will [wɪl] (*vt: pt, pp* **willed**) *aux vb* **1** (*forming future tense*): **I ~ finish it tomorrow** ich werde es morgen fertig machen, ich mache es morgen fertig; **~ you do it? - yes I ~/no I won't** machst du es? - ja/nein.
2 (*in conjectures, predictions*): **that ~ be the postman** das ist bestimmt der Briefträger.
3 (*in commands, requests, offers*): **~ you sit down** (*politely*) bitte nehmen Sie Platz; (*angrily*) nun setz dich doch; **~ you be quiet!** seid jetzt still!; **~ you help me?** hilfst du mir?; **~ you have a cup of tea?** möchten Sie eine Tasse Tee?; **I won't put up with it!** das lasse ich mir nicht gefallen!
♦ *vt*: **to ~ sb to do sth** jdn durch Willenskraft dazu bewegen, etw zu tun; **he ~ed himself to go on** er zwang sich dazu, weiterzumachen
♦ *n* (*volition*) Wille *m*; (*testament*) Testament *nt*; **he did it against his ~** er tat es gegen seinen Willen.

willful ['wɪlful] (*US*) *adj* = **wilful**.

willing ['wɪlɪŋ] *adj* (*having no objection*) gewillt; (*enthusiastic*) bereitwillig; **he's ~ to do it** er ist bereit, es zu tun; **to show ~** guten Willen zeigen.

willingly ['wɪlɪŋlɪ] *adv* bereitwillig.

willingness ['wɪlɪŋnɪs] *n* (*readiness*) Bereitschaft *f*; (*enthusiasm*) Bereitwilligkeit *f*.

will-o'-the-wisp ['wɪlədə'wɪsp] *n* Irrlicht *nt*; (*fig*) Trugbild *nt*.

willow ['wɪləu] *n* (*tree*) Weide *f*; (*wood*) Weidenholz *nt*.

willpower ['wɪl'pauə*] *n* Willenskraft *f*.

willy-nilly ['wɪlɪ'nɪlɪ] *adv* (*willingly or not*) wohl oder übel.

wilt [wɪlt] *vi* (*plant*) welken.

Wilts [wɪlts] (*BRIT*) *abbr* (*POST:* = Wiltshire).

wily ['waɪlɪ] *adj* listig, raffiniert.

wimp [wɪmp] (*inf: pej*) *n* Waschlappen *m*.

wimpish ['wɪmpɪʃ] (*inf*) *adj* weichlich.

win [wɪn] (*pt, pp* **won**) *n* Sieg *m* ♦ *vt* gewinnen ♦ *vi* siegen, gewinnen.

► **win over** *vt* (*persuade*) gewinnen.

► **win round** (*BRIT*) *vt* = **win over**.

wince [wɪns] *vi* zusammenzucken.

winch [wɪntʃ] *n* Winde *f*.

Winchester disk ['wɪntʃɪstə-] *n* Winchesterplatte *f*.

wind¹ [wɪnd] *n* (*air*) Wind *m*; (*MED*) Blähungen *pl*; (*breath*) Atem *m* ♦ *vt* (*take breath away from*) den Atem nehmen +*dat*; **the winds** *npl* (*MUS*) die Bläser *pl*; **into** or **against the** ~ gegen den Wind; **to get** ~ **of sth** (*fig*) von etw Wind bekommen; **to break** ~ Darmwind entweichen lassen.

wind² [waɪnd] (*pt, pp* **wound**) *vt* (*thread, rope, bandage*) wickeln; (*clock, toy*) aufziehen ♦ *vi* (*road, river*) sich winden.

► **wind down** *vt* (*car window*) herunterdrehen; (*fig: production*) zurückschrauben.

► **wind up** *vt* (*clock, toy*) aufziehen; (*debate*) abschließen.

windbreak ['wɪndbreɪk] *n* Windschutz *m*.

windbreaker ['wɪndbreɪkə'] (*US*) *n* = **windcheater**.

windcheater ['wɪndtʃiːtə'] *n* Windjacke *f*.

winder ['waɪndə'] (*BRIT*) *n* (*on watch*) Krone *f*, Aufziehrädchen *nt*.

windfall ['wɪndfɔːl] *n* (*money*) unverhoffter Glücksfall *m*; (*apple*) Fallobst *nt*.

winding ['waɪndɪŋ] *adj* gewunden.

wind instrument ['wɪnd-] *n* Blasinstrument *nt*.

windmill ['wɪndmɪl] *n* Windmühle *f*.

window ['wɪndəu] *n* (*also COMPUT*) Fenster *nt*; (*in shop*) Schaufenster *nt*.

window box *n* Blumenkasten *m*.

window cleaner *n* Fensterputzer(in) *m(f)*.

window dresser *n* Schaufensterdekorateur(in) *m(f)*.

window envelope *n* Fensterumschlag *m*.

window frame *n* Fensterrahmen *m*.

window ledge *n* Fenstersims *m*.

window pane *n* Fensterscheibe *f*.

window-shopping ['wɪndəuʃɔpɪŋ] *n* Schaufensterbummel *m*; **to go** ~ einen Schaufensterbummel machen.

windowsill ['wɪndəusɪl] *n* Fensterbank *f*.

windpipe ['wɪndpaɪp] *n* Luftröhre *f*.

wind power ['wɪnd-] *n* Windkraft *f*, Windenergie *f*.

windscreen ['wɪndskriːn] *n* Windschutzscheibe *f*.

windscreen washer *n* Scheibenwaschanlage *f*.

windscreen wiper [-waɪpə'] *n* Scheibenwischer *m*.

windshield ['wɪndʃiːld] (*US*) *n* = **windscreen**.

windsurfing ['wɪndsə:fɪŋ] *n* Windsurfen *nt*.

windswept ['wɪndswɛpt] *adj* (*place*) vom Wind gepeitscht; (*person*) vom Wind zerzaust.

wind tunnel ['wɪnd-] *n* Windkanal *m*.

windy ['wɪndɪ] *adj* windig; **it's** ~ es ist windig.

wine [waɪn] *n* Wein *m* ♦ *vt*: **to** ~ **and dine sb** jdm zu einem guten Essen ausführen.

wine bar *n* Weinlokal *nt*.

wine cellar *n* Weinkeller *m*.

wine glass *n* Weinglas *nt*.

wine list *n* Weinkarte *f*.

wine merchant *n* Weinhändler(in) *m(f)*.

wine tasting [-teɪstɪŋ] *n* Weinprobe *f*.

wine waiter *n* Weinkellner *m*.

wing [wɪŋ] *n* (*of bird, insect, plane*) Flügel *m*; (*of building*) Trakt *m*; (*of car*) Kotflügel *m*; **the wings** *npl* (*THEAT*) die Kulissen *pl*.

winger ['wɪŋə'] *n* (*SPORT*) Flügelspieler(in) *m(f)*.

wing mirror (*BRIT*) *n* Seitenspiegel *m*.

wing nut *n* Flügelmutter *f*.

wingspan ['wɪŋspæn] *n* Flügelspannweite *f*.

wingspread ['wɪŋsprɛd] *n* = **wingspan**.

wink [wɪŋk] *n* (*of eye*) Zwinkern *m* ♦ *vi* (*with eye*) zwinkern; (*light etc*) blinken.

winkle [wɪŋkl] *n* Strandschnecke *f*.

winner ['wɪnə'] *n* (*of race, competition*) Sieger(in) *m(f)*; (*of prize*) Gewinner(in) *m(f)*.

winning ['wɪnɪŋ] *adj* (*team, entry*) siegreich; (*shot, goal*) entscheidend; (*smile*) einnehmend; *see also* **winnings**.

winning post *n* (*lit*) Zielpfosten *m*; (*fig*) Ziel *nt*.

winnings ['wɪnɪŋz] *npl* Gewinn *m*.

winsome ['wɪnsəm] *adj* (*expression*) gewinnend; (*person*) reizend.

winter ['wɪntə'] *n* Winter *m* ♦ *vi* (*birds*) überwintern; **in** ~ im Winter.

winter sports *npl* Wintersport *m*.

wintry ['wɪntrɪ] *adj* (*weather, day*) winterlich, Winter-.

wipe [waɪp] *vt* wischen; (*dry*) abtrocknen; (*clean*) abwischen; (*erase: tape*) löschen; **to** ~ **one's nose** sich *dat* die Nase putzen ♦ *n*: **to give sth a** ~ etw abwischen.

► **wipe off** *vt* abwischen.

► **wipe out** *vt* (*destroy: city etc*) auslöschen.

► **wipe up** *vt* (*mess*) aufwischen.

wire ['waɪə'] *n* Draht *m*; (*US: telegram*) Telegramm *nt* ♦ *vt* (*US*): **to** ~ **sb** jdm telegrafieren; (*also:* ~ **up**: *electrical fitting*) anschließen.

wire brush *n* Drahtbürste *f*.

wire cutters *npl* Drahtschere *f*.

wireless ['waɪəlɪs] (*BRIT: old*) *n* Funk *m*; (*set*) Rundfunkgerät *nt*.

wire netting *n* Maschendraht *m*.

wire service (*US*) *n* Nachrichtenagentur *f*.

wire-tapping ['waɪə'tæpɪŋ] *n* Anzapfen *nt* von Leitungen.

wiring ['waɪərɪŋ] *n* elektrische Leitungen *pl*.

wiry ['waɪərɪ] *adj* (*person*) drahtig; (*hair*) borstig.

Wis. (*US*) *abbr* (*POST*: = Wisconsin).

wisdom ['wɪzdəm] *n* (*of person*) Weisheit *f*; (*of action, remark*) Klugheit *f*.

wisdom tooth *n* Weisheitszahn *m*.

wise *adj* (*person*) weise; (*action, remark*) klug; **I'm none the ~r** ich bin genauso klug wie vorher.

▶ **wise up** (*inf*) *vi*: **to ~ up to sth** hinter etw *acc* kommen.

...wise [waɪz] *suff*: **timewise/moneywise** *etc* zeitmäßig/geldmäßig *etc*.

wisecrack ['waɪzkræk] *n* Witzelei *f*.

wisely ['waɪzlɪ] *adv* klug, weise.

wish [wɪʃ] *n* Wunsch *m* ♦ *vt* wünschen; **best ~es** (*for birthday etc*) herzliche Grüße, alle guten Wünsche; **with best ~es** (*in letter*) mit den besten Wünschen *or* Grüßen; **give her my best ~es** grüßen Sie sie herzlich von mir; **to make a ~** sich *dat* etw wünschen; **to ~ sb goodbye** jdm auf *or* Auf Wiedersehen sagen; **he ~ed me well** er wünschte mir alles Gute; **to ~ to do sth** etw tun wollen; **to ~ sth on sb** jdm etw wünschen; **to ~ for sth** sich *dat* etw wünschen.

wishbone ['wɪʃbəʊn] *n* Gabelbein *nt*.

wishful ['wɪʃful] *adj*: **it's ~ thinking** das ist reines Wunschdenken.

wishy-washy ['wɪʃɪ'wɒʃɪ] (*inf*) *adj* (*colour*) verwaschen; (*person*) farblos; (*ideas*) nichts sagend.

wisp [wɪsp] *n* (*of grass*) Büschel *nt*; (*of hair*) Strähne *f*; (*of smoke*) Fahne *f*.

wistful ['wɪstful] *adj* wehmütig.

wit [wɪt] *n* (*wittiness*) geistreiche Art *f*; (*person*) geistreicher Mensch *m*; (*presence of mind*) Verstand *m*; **wits** *npl* (*intelligence*) Verstand *m*; **to be at one's ~s' end** mit seinem Latein am Ende sein; **to have one's ~s about one** einen klaren Kopf haben; **to ~** (*namely*) und zwar.

witch [wɪtʃ] *n* Hexe *f*.

witchcraft ['wɪtʃkrɑːft] *n* Hexerei *f*.

witch doctor *n* Medizinmann *m*.

witch-hunt ['wɪtʃhʌnt] *n* (*fig*) Hexenjagd *f*.

━━━━━━━━━━━━━━━━━━ *KEYWORD*

with [wɪð] *prep* **1** (*accompanying, in the company of*) mit; **we stayed ~ friends** wir wohnten bei Freunden; **I'll be ~ you in a minute** einen Augenblick, ich bin sofort da; **I'm ~ you** (*I understand*) ich verstehe; **to be ~ it** (*inf: up-to-date*) auf dem Laufenden sein; (: *alert*) da sein.

2 (*descriptive, indicating manner*) mit; **the man ~ the grey hat/blue eyes** der Mann mit dem grauen Hut/den blauen Augen; **~ tears in her eyes** mit Tränen in den Augen; **red ~ anger** rot vor Wut.

withdraw [wɪð'drɔː] (*irreg: like draw*) *vt* (*object,* *offer*) zurückziehen; (*remark*) zurücknehmen ♦ *vi* (*troops*) abziehen; (*person*) sich zurückziehen; **to ~ money** (*from bank*) Geld abheben; **to ~ into o.s.** sich in sich *acc* selbst zurückziehen.

withdrawal [wɪð'drɔːəl] *n* (*of offer, remark*) Zurücknahme *f*; (*of troops*) Abzug *m*; (*of participation*) Ausstieg *m*; (*of services*) Streichung *f*; (*of money*) Abhebung *f*.

withdrawal symptoms *npl* Entzugserscheinungen *pl*.

withdrawn [wɪð'drɔːn] *pp of* **withdraw** ♦ *adj* (*person*) verschlossen.

wither ['wɪðə*] *vi* (*plant*) verwelken.

withered ['wɪðəd] *adj* (*plant*) verwelkt; (*limb*) verkümmert.

withhold [wɪð'həʊld] (*irreg: like hold*) *vt* vorenthalten.

within [wɪð'ɪn] *prep* (*place*) innerhalb *+gen*; (*time, distance*) innerhalb von ♦ *adv* innen; **~ reach** in Reichweite; **~ sight (of)** in Sichtweite (+gen); **~ the week** vor Ende der Woche; **~ a mile of** weniger als eine Meile entfernt von; **~ an hour** innerhalb einer Stunde; **~ the law** im Rahmen des Gesetzes.

without [wɪð'aʊt] *prep* ohne; **~ a coat** ohne Mantel; **~ speaking** ohne zu sprechen; **it goes ~ saying** das versteht sich von selbst; **~ anyone knowing** ohne dass jemand davon wusste.

withstand [wɪð'stænd] (*irreg: like stand*) *vt* widerstehen *+dat*.

witness ['wɪtnɪs] *n* Zeuge *m*, Zeugin *f* ♦ *vt* (*event*) sehen, Zeuge/Zeugin sein *+gen*; (*fig*) miterleben; **to bear ~ to sth** Zeugnis für etw ablegen; **~ for the prosecution/defence** Zeuge/Zeugin der Anklage/Verteidigung; **to ~ to sth** etw bezeugen; **to ~ having seen sth** bezeugen, etw gesehen zu haben.

witness box *n* Zeugenstand *m*.

witness stand (*US*) *n* = **witness box**.

witticism ['wɪtɪsɪzəm] *n* geistreiche Bemerkung *f*.

witty ['wɪtɪ] *adj* geistreich.

wives [waɪvz] *npl of* **wife**.

wizard ['wɪzəd] *n* Zauberer *m*.

wizened ['wɪznd] *adj* (*person*) verhutzelt; (*fruit, vegetable*) verschrumpelt.

wk *abbr* = **week**.

Wm. *abbr* (= William).

WO *n abbr* (*MIL*) = **warrant officer**.

wobble ['wɒbl] *vi* wackeln; (*legs*) zittern.

wobbly ['wɒblɪ] *adj* (*hand, voice*) zitt(e)rig; (*table, chair*) wack(e)lig; **to feel ~** sich wack(e)lig fühlen.

woe [wəʊ] *n* (*sorrow*) Jammer *m*; (*misfortune*) Kummer *m*.

woeful ['wəʊful] *adj* traurig.

wok [wɒk] *n* Wok *m*.

woke [wəʊk] *pt of* **wake**.

woken ['wəʊkn] *pp of* **wake**.

wolf [wulf] (*pl* **wolves**) *n* Wolf *m*.

wolves [wulvz] *npl of* **wolf**.

woman ['wumən] (*pl* **women**) *n* Frau *f*; ~ **friend** Freundin *f*; ~ **teacher** Lehrerin *f*; **young** ~ junge Frau; **women's page** Frauenseite *f*.

woman doctor *n* Ärztin *f*.

womanize ['wumənaɪz] (*pej*) *vi* hinter Frauen her sein.

womanly ['wumənlɪ] *adj* (*virtues etc*) weiblich.

womb [wuːm] *n* Mutterleib *m*; (*MED*) Gebärmutter *f*.

women ['wɪmɪn] *npl of* **woman**.

women's lib ['wɪmɪnz-] (*inf*) *n* Frauenbefreiung *f*.

Women's (Liberation) Movement *n* Frauenbewegung *f*.

won [wʌn] *pt, pp of* **win**.

wonder ['wʌndə*] *n* (*miracle*) Wunder *nt*; (*awe*) Verwunderung *f* ♦ *vi*: **to** ~ **whether/why** *etc* sich fragen, ob/warum *etc*; **it's no** ~ **(that)** es ist kein Wunder(, dass); **to** ~ **at** (*marvel at*) staunen über +*acc*; **to** ~ **about** sich *dat* Gedanken machen über +*acc*; **I** ~ **if you could help me** könnten Sie mir vielleicht helfen.

wonderful ['wʌndəful] *adj* wunderbar.

wonderfully ['wʌndəfəlɪ] *adv* wunderbar.

wonky ['wɒŋkɪ] (*BRIT: inf*) *adj* wack(e)lig.

wont [wəunt] *n*: **as is his** ~ wie er zu tun pflegt.

won't [wəunt] = **will not**.

woo [wuː] *vt* (*woman, audience*) umwerben.

wood [wud] *n* (*timber*) Holz *nt*; (*forest*) Wald *m* ♦ *cpd* Holz-.

woodcarving ['wudkɑːvɪŋ] *n* (*act, object*) Holzschnitzerei *f*.

wooded ['wudɪd] *adj* bewaldet.

wooden ['wudn] *adj* (*also fig*) hölzern.

woodland ['wudlənd] *n* Waldland *nt*.

woodpecker ['wudpɛkə*] *n* Specht *m*.

wood pigeon *n* Ringeltaube *f*.

woodwind ['wudwɪnd] *adj* (*instrument*) Holzblasinstrument *nt*; **the** ~ die Holzbläser *pl*.

woodwork ['wudwəːk] *n* (*skill*) Holzarbeiten *pl*.

woodworm ['wudwəːm] *n* Holzwurm *m*.

woof [wuf] *n* (*of dog*) Wau *nt* ♦ *vi* kläffen; ~, ~! wau, wau!

wool [wul] *n* Wolle *f*; **to pull the** ~ **over sb's eyes** (*fig*) jdn hinters Licht führen.

woollen, (*US*) **woolen** ['wulən] *adj* (*hat*) Woll-, wollen.

woollens ['wulənz] *npl* Wollsachen *pl*.

woolly, (*US*) **wooly** ['wulɪ] *adj* (*socks, hat etc*) Woll-; (*fig: ideas*) schwammig; (*person*) verworren ♦ *n* (*pullover*) Wollpullover *m*.

woozy ['wuːzɪ] (*inf*) *adj* duselig.

Worcs (*BRIT*) *abbr* (*POST:* = *Worcestershire*).

word [wəːd] *n* Wort *nt*; (*news*) Nachricht *f* ♦ *vt* (*letter, message*) formulieren; ~ **for** ~ Wort für Wort, (wort)wörtlich; **what's the** ~ **for "pen" in German?** was heißt „pen" auf Deutsch?; **to put sth into** ~**s** etw in Worte fassen; **in other** ~**s** mit anderen Worten; **to break/keep one's** ~ sein Wort brechen/halten; **to have** ~**s with sb** eine Auseinandersetzung mit jdm haben; **to have a** ~ **with sb** mit jdm sprechen; **I'll take your** ~ **for it** ich verlasse mich auf Sie; **to send** ~ **of sth** etw verlauten lassen; **to leave** ~ **(with sb/for sb) that** ... (bei jdm/für jdn) die Nachricht hinterlassen, dass ...; **by** ~ **of mouth** durch mündliche Überlieferung.

wording ['wəːdɪŋ] *n* (*of message, contract etc*) Wortlaut *m*, Formulierung *f*.

word-perfect ['wəːd'pəːfɪkt] *adj*: **to be** ~ den Text perfekt beherrschen.

word processing *n* Textverarbeitung *f*.

word processor [-prəusɛsə*] *n* Textverarbeitungssystem *nt*.

wordwrap ['wəːdræp] *n* (*COMPUT*) (automatischer) Zeilenumbruch *m*.

wordy ['wəːdɪ] *adj* (*book*) langatmig; (*person*) wortreich.

wore [wɔː*] *pt of* **wear**.

work [wəːk] *n* Arbeit *f*; (*ART, LITER*) Werk *nt* ♦ *vi* arbeiten; (*mechanism*) funktionieren; (*be successful: medicine etc*) wirken ♦ *vt* (*clay, wood, land*) bearbeiten; (*mine*) arbeiten in; (*machine*) bedienen; (*create: effect, miracle*) bewirken; **to go to** ~ zur Arbeit gehen; **to set to** ~, **to start** ~ sich an die Arbeit machen; **to be at** ~ **(on sth)** (an etw *dat*) arbeiten; **to be out of** ~ arbeitslos sein; **to be in** ~ eine Stelle haben; **to** ~ **hard** hart arbeiten; **to** ~ **loose** (*part, knot*) sich lösen; **to** ~ **on the assumption that** ... von der Annahme ausgehen, dass ...

▶ **work on** *vt fus* (*task*) arbeiten an +*dat*; (*person: influence*) bearbeiten; **he's** ~**ing on his car** er arbeitet an seinem Auto.

▶ **work out** *vi* (*plans etc*) klappen; (*SPORT*) trainieren ♦ *vt* (*problem*) lösen; (*plan*) ausarbeiten; **it** ~**s out at 100 pounds** es ergibt 100 Pfund.

▶ **work up** *vt*: **to get** ~**ed up** sich aufregen.

workable ['wəːkəbl] *adj* (*system*) durchführbar; (*solution*) brauchbar.

workaholic [wəːkə'hɒlɪk] *n* Arbeitstier *nt*.

workbench ['wəːkbɛntʃ] *n* Werkbank *f*.

worker ['wəːkə*] *n* Arbeiter(in) *m(f)*; **office** ~ Büroarbeiter(in) *m(f)*.

workforce ['wəːkfɔːs] *n* Arbeiterschaft *f*.

work-in ['wəːkɪn] (*BRIT*) *n* Fabrikbesetzung *f*.

working ['wəːkɪŋ] *adj* (*day, conditions*) Arbeits-; (*population*) arbeitend; (*mother*) berufstätig; **a** ~ **knowledge of English** (*adequate*) Grundkenntnisse in Englisch.

working capital *n* Betriebskapital *nt*.

working class *n* Arbeiterklasse *f*.

working-class ['wəːkɪŋ'klɑːs] *adj* (*family, town*) Arbeiter-.

working man *n* Arbeiter *m*.

working order *n*: **in** ~ in betriebsfähigem Zustand.

working party (*BRIT*) *n* Ausschuss *m*.

working relationship *n* Arbeitsbeziehung *f*.

working week *n* Arbeitswoche *f*.

work-in-progress ['wɜːkɪnprəʊgrɛs] *n* laufende Arbeiten *pl*.

workload ['wɜːkləʊd] *n* Arbeitsbelastung *f*.

workman ['wɜːkmən] (*irreg: like* **man**) *n* Arbeiter *m*.

workmanship ['wɜːkmənʃɪp] *n* Arbeitsqualität *f*.

workmate ['wɜːkmeɪt] *n* Arbeitskollege *m*, Arbeitskollegin *f*.

workout ['wɜːkaʊt] *n* Fitnesstraining *nt*.

work permit *n* Arbeitserlaubnis *f*.

works [wɜːks] (*BRIT*) *n* (*factory*) Fabrik *f*, Werk *nt* ♦ *npl* (*of clock*) Uhrwerk *nt*; (*of machine*) Getriebe *nt*.

work sheet *n* Arbeitsblatt *nt*.

workshop ['wɜːkʃɔp] *n* (*building*) Werkstatt *f*; (*practical session*) Workshop *nt*.

work station *n* Arbeitsplatz *m*; (*COMPUT*) Workstation *f*.

work-study ['wɜːkstʌdɪ] *n* Arbeitsstudie *f*.

worktop ['wɜːktɔp] *n* Arbeitsfläche *f*.

work-to-rule ['wɜːktəˈruːl] (*BRIT*) *n* Dienst *m* nach Vorschrift.

world [wɜːld] *n* Welt *f* ♦ *cpd* (*champion, power, war*) Welt-; **all over the** ~ auf der ganzen Welt; **to think the** ~ **of sb** große Stücke auf jdn halten; **what in the** ~ **is he doing?** was um alles in der Welt macht er?; **to do sb a** *or* **the** ~ **of good** jdm unwahrscheinlich gut tun; **W**~ **War One/Two** der Erste/Zweite Weltkrieg; **out of this** ~ fantastisch.

World Cup *n*: **the** ~ (*FOOTBALL*) die Fußballweltmeisterschaft *f*.

world-famous [wɜːldˈfeɪməs] *adj* weltberühmt.

worldly ['wɜːldlɪ] *adj* weltlich; (*knowledgeable*) weltgewandt.

world music *n* World Music *f*, Richtung der Popmusik, die musikalische Stilelemente der Dritten Welt verwendet.

World Series (*US*) *n* Endrunde der Baseball-Weltmeisterschaft zwischen den Tabellenführern der Spitzenligen.

worldwide ['wɜːldˈwaɪd] *adj, adv* weltweit.

worm [wɜːm] *n* Wurm *m*.

▶ **worm out** *vt*: **to** ~ **sth out of sb** jdm etw entlocken.

worn [wɔːn] *pp of* **wear** ♦ *adj* (*carpet*) abgenutzt; (*shoe*) abgetragen.

worn-out ['wɔːnaʊt] *adj* (*object*) abgenutzt; (*person*) erschöpft.

worried ['wʌrɪd] *adj* besorgt; **to be** ~ **about sth** sich wegen etw Sorgen machen.

worrier ['wʌrɪə*] *n*: **to be a** ~ sich ständig Sorgen machen.

worrisome ['wʌrɪsəm] *adj* Besorgnis erregend.

worry ['wʌrɪ] *n* Sorge *f* ♦ *vt* beunruhigen ♦ *vi* sich *dat* Sorgen machen; **to** ~ **about** *or* **over sth/sb** sich um etw/jdn Sorgen machen.

worrying ['wʌrɪɪŋ] *adj* beunruhigend.

worse [wɜːs] *adj* schlechter, schlimmer ♦ *adv* schlechter ♦ *n* Schlechtere(s) *nt*, Schlimmere(s) *nt*; **to get** ~ (*situation etc*) sich verschlechtern *or* verschlimmern; **he is none the** ~ **for it** er hat keinen Schaden dabei erlitten; **so much the** ~ **for you!** um so schlimmer für dich!; **a change for the** ~ eine Wendung zum Schlechten.

worsen ['wɜːsn] *vt* verschlimmern ♦ *vi* sich verschlechtern.

worse off *adj* (*also fig*) schlechter dran; **he is now** ~ **than before** er ist jetzt schlechter dran als zuvor.

worship ['wɜːʃɪp] *n* (*act*) Verehrung *f* ♦ *vt* (*god*) anbeten; (*person, thing*) verehren; **Your W**~ (*BRIT: to mayor*) verehrter Herr Bürgermeister; (: *to judge*) Euer Ehren.

worshipper ['wɜːʃɪpə*] *n* (*in church etc*) Kirchgänger(in) *m(f)*; (*fig*) Anbeter(in) *m(f)*, Verehrer(in) *m(f)*.

worst [wɜːst] *adj* schlechteste(r, s), schlimmste(r, s) ♦ *adv* am schlimmsten ♦ *n* Schlimmste(s) *nt*; **at** ~ schlimmstenfalls; **if the** ~ **comes to the** ~ wenn alle Stricke reißen.

worst-case scenario ['wɜːstkeɪs-] *n* Schlimmstfallszenario *nt*.

worsted ['wʊstɪd] *n* Kammgarn *nt*.

worth [wɜːθ] *n* Wert *m* ♦ *adj*: **to be** ~ wert sein; **£2** ~ **of apples** Äpfel für £ 2; **how much is it** ~? was *or* wie viel ist es wert?; **it's** ~ **it** (*effort, time*) es lohnt sich; **it's** ~ **every penny** es ist sein Geld wert.

worthless ['wɜːθlɪs] *adj* wertlos.

worthwhile ['wɜːθ'waɪl] *adj* lohnend.

worthy [wɜːðɪ] *adj* (*person*) würdig; (*motive*) ehrenwert; ~ **of** wert +*gen*.

═══════════════════════════ *KEYWORD*

would [wʊd] *aux vb* **1** (*conditional tense*): **if you asked him he** ~ **do it** wenn du ihn fragtest, würde er es tun; **if you had asked him he** ~ **have done it** wenn du ihn gefragt hättest, hätte er es getan.

2 (*in offers, invitations, requests*): ~ **you like a biscuit?** möchten Sie ein Plätzchen?; ~ **you ask him to come in?** würden Sie ihn bitten hereinzukommen?

3 (*in indirect speech*): **I said I** ~ **do it** ich sagte, ich würde es tun.

4 (*emphatic*): **it WOULD have to snow today!** ausgerechnet heute musste es schneien!

5 (*insistence*): **she** ~**n't behave** sie wollte sich partout nicht benehmen.

6 (*conjecture*): **it** ~ **have been midnight** es mochte etwa Mitternacht gewesen sein; **it** ~ **seem so** so scheint es wohl.

7 (*indicating habit*): **he** ~ **go there on**

Mondays er ging montags immer dorthin;
he ~ spend every day on the beach er
verbrachte jeden Tag am Strand.

would-be ['wudbiː] *adj (singer, writer)*
Möchtegern-.

wouldn't ['wudnt] = **would not**.

wound¹ [waund] *pt, pp of* **wind²**.

wound² [wuːnd] *n* Wunde *f* ♦ *vt* verwunden;
~ed in the leg am Bein verletzt.

wove [wəuv] *pt of* **weave**.

woven ['wəuvn] *pp of* **weave**.

WP *n abbr* = **word processing, word processor**
♦ *abbr (BRIT: inf. = weather permitting)* bei
günstiger Witterung.

WPC *(BRIT) n abbr (= woman police constable)*
Polizistin *f*.

wpm *abbr (= words per minute)* Worte pro
Minute *(beim Maschineschreiben)*.

WRAC *(BRIT) n abbr (= Women's Royal Army
Corps)* Frauenkorps der Armee.

WRAF *(BRIT) n abbr (= Women's Royal Air
Force)* Frauenkorps der Luftwaffe.

wrangle ['ræŋgl] *n* Gerangel *nt* ♦ *vi*: to ~ with
sb over sth sich mit jdm um etw zanken.

wrap [ræp] *n (shawl)* Umhang *m*; *(cape)* Cape
nt ♦ *vt* einwickeln; *(also: ~ up: pack)*
einpacken; *(wind: tape etc)* wickeln; under
~s *(fig: plan)* geheim.

wrapper ['ræpə*] *n (on chocolate)* Papier *nt*;
(BRIT: of book) Umschlag *m*.

wrapping paper ['ræpɪŋ-] *n (brown)*
Packpapier *nt*; *(fancy)* Geschenkpapier *nt*.

wrath [rɒθ] *n* Zorn *m*.

wreak [riːk] *vt*: to ~ havoc (on) verheerenden
Schaden anrichten (bei); to ~ vengeance or
revenge on sb Rache an jdm üben.

wreath [riːθ] *(pl ~s) n* Kranz *m*.

wreck [rɛk] *n* Wrack *nt*; *(vehicle)*
Schrotthaufen *m* ♦ *vt* kaputtmachen; *(car)* zu
Schrott fahren; *(chances)* zerstören.

wreckage ['rɛkɪdʒ] *n (of car, plane, building)*
Trümmer *pl*; *(of ship)* Wrackteile *pl*.

wrecker ['rɛkə*] *n (US) (breakdown van)*
Abschleppwagen *m*.

Wren *(BRIT) n abbr* weibliches Mitglied der
britischen Marine.

wren [rɛn] *n (ZOOL)* Zaunkönig *m*.

wrench [rɛntʃ] *n (TECH)* Schraubenschlüssel
m; *(tug)* Ruck *m*; *(fig)* schmerzhaftes
Erlebnis *nt* ♦ *vt (pull)* reißen; *(injure: arm,
back)* verrenken; to ~ sth from sb jdm etw
entreißen.

wrest [rɛst] *vt*: to ~ sth from sb jdm etw
abringen.

wrestle ['rɛsl] *vi*: to ~ (with sb) (mit jdm)
ringen; to ~ with a problem mit einem
Problem kämpfen.

wrestler ['rɛslə*] *n* Ringer(in) *m(f)*.

wrestling ['rɛslɪŋ] *n* Ringen *nt*; *(also: all-in ~)*
Freistilringen *nt*.

wrestling match *n* Ringkampf *m*.

wretch [rɛtʃ] *n*: poor ~ *(man)* armer
Schlucker *m*; *(woman)* armes Ding *nt*; little
~! *(often humorous)* kleiner Schlingel!

wretched ['rɛtʃɪd] *adj (poor)* erbärmlich;
(unhappy) unglücklich; *(inf. damned)* elend.

wriggle ['rɪgl] *vi (also: ~ about: person)*
zappeln; *(fish)* sich winden; *(snake etc)* sich
schlängeln ♦ *n* Zappeln *nt*.

wring [rɪŋ] *(pt, pp* **wrung**) *vt (wet clothes)*
auswringen; *(hands)* wringen; *(neck)*
umdrehen; to ~ sth out of sth/sb *(fig)* etw/
jdm etw abringen.

wringer ['rɪŋə*] *n* Mangel *f*.

wringing ['rɪŋɪŋ] *adj (also: ~ wet)* tropfnass.

wrinkle ['rɪŋkl] *n* Falte *f* ♦ *vt (nose, forehead
etc)* runzeln ♦ *vi (skin, paint etc)* sich runzeln.

wrinkled ['rɪŋkld] *adj (fabric, paper)*
zerknittert; *(surface)* gekräuselt; *(skin)*
runzlig.

wrinkly ['rɪŋklɪ] *adj* = **wrinkled**.

wrist [rɪst] *n* Handgelenk *nt*.

wristband ['rɪstbænd] *(BRIT) n (of shirt)*
Manschette *f*; *(of watch)* Armband *nt*.

wristwatch ['rɪstwɒtʃ] *n* Armbanduhr *f*.

writ [rɪt] *n (LAW)* (gerichtliche) Verfügung *f*;
to issue a ~ against sb, serve a ~ on sb eine
Verfügung gegen jdn erlassen.

write [raɪt] *(pt* **wrote**, *pp* **written**) *vt* schreiben;
(cheque) ausstellen ♦ *vi* schreiben; to ~ to
sb jdm schreiben.

► **write away** *vi*: to ~ away for sth etw
anfordern.

► **write down** *vt* aufschreiben.

► **write off** *vt (debt, project)* abschreiben;
(wreck: car etc) zu Schrott fahren ♦ *vi* = **write
away**.

► **write out** *vt (put in writing)* schreiben;
(cheque, receipt etc) ausstellen.

► **write up** *vt (report etc)* schreiben.

write-off ['raɪtɒf] *n (AUT)* Totalschaden *m*.

write-protected ['raɪtprə'tɛktɪd] *adj*
(COMPUT) schreibgeschützt.

writer ['raɪtə*] *n (author)* Schriftsteller(in)
m(f); *(of report, document etc)* Verfasser(in)
m(f).

write-up ['raɪtʌp] *n (review)* Kritik *f*.

writhe [raɪð] *vi* sich krümmen.

writing ['raɪtɪŋ] *n* Schrift *f*; *(of author)*
Arbeiten *pl*; *(activity)* Schreiben *nt*; in ~
schriftlich; in my own ~ in meiner eigenen
Handschrift.

writing case *n* Schreibmappe *f*.

writing desk *n* Schreibtisch *m*.

writing paper *n* Schreibpapier *nt*.

written ['rɪtn] *pp of* **write**.

WRNS *(BRIT) n abbr (= Women's Royal Naval
Service)* Frauenkorps der Marine.

wrong [rɒŋ] *adj* falsch; *(morally bad)* unrecht;
(unfair) ungerecht ♦ *adv* falsch ♦ *n (injustice)*
Unrecht *nt*; *(evil)*: right and ~ Gut und Böse
♦ *vt (treat unfairly)* unrecht or (ein) Unrecht
tun +*dat*; to be ~ *(answer)* falsch sein; *(in*

doing, saying sth) Unrecht haben; **you are
~ to do it** es ist ein Fehler von dir, das zu
tun; **it's ~ to steal, stealing is ~** Stehlen ist
unrecht; **you are ~ about that, you've got it
~** da hast du Unrecht; **what's ~?** wo fehlts?;
there's nothing ~ es ist alles in Ordnung; **to
go ~** (*person*) einen Fehler machen; (*plan*)
schief gehen; (*machine*) versagen; **to be in
the ~** im Unrecht sein.
wrongdoer ['rɔŋduːɪə'] *n* Übeltäter(in) *m(f)*.
wrong-foot [rɔŋ'fut] *vt*: **to ~ sb** (*SPORT*) jdn
auf dem falschen Fuß erwischen; (*fig*) jdn
im falschen Moment erwischen.
wrongful ['rɔŋful] *adj* unrechtmäßig.
wrongly ['rɔŋlɪ] *adv* falsch; (*unjustly*) zu
Unrecht.
wrong number *n* (*TEL*): **you've got the ~** Sie
sind falsch verbunden.
wrong side *n*: **the ~** (*of material*) die linke
Seite.
wrote [rəut] *pt of* **write**.
wrought [rɔːt] *adj*: **~ iron** Schmiedeeisen *nt*.
wrung [rʌŋ] *pt, pp of* **wring**.
WRVS (*BRIT*) *n abbr* (= *Women's Royal
Voluntary Service*) *karitativer
Frauenverband*.
wry [raɪ] *adj* (*smile, humour*) trocken.
wt. *abbr* = **weight**.
WV (*US*) *abbr* (*POST*: = *West Virginia*).
W.Va. (*US*) *abbr* (*POST*: = *West Virginia*).
WWW *n abbr* (= *World Wide Web*) WWW *nt*.
WY, Wyo. (*US*) *abbr* (*POST*: = *Wyoming*).
WYSIWYG ['wɪzɪwɪg] *abbr* (*COMPUT*: = *what
you see is what you get*) WYSIWYG *nt*.

X, x

X, x [ɛks] *n* (*letter*) X *nt*, x *nt*; (*BRIT: CINE:
formerly*) *Klassifikation für nicht jugendfreie
Filme*; **~ for Xmas** ≈ X wie Xanthippe.
Xerox ® ['zɪərɔks] *n* (*also: ~ machine*)
Xerokopierer *m*; (*photocopy*) Xerokopie *f*
♦ *vt* xerokopieren.
XL *abbr* (= *extra large*) XL.
Xmas ['ɛksməs] *n abbr* = **Christmas**.
XML *abbr* (*COMPUT*: = *extensible markup
language*) XML.
X-rated ['ɛks'reɪtɪd] (*US*) *adj* (*film*) nicht
jugendfrei.
X-ray ['ɛksreɪ] *n* Röntgenstrahl *m*; (*photo*)
Röntgenbild *nt* ♦ *vt* röntgen; **to have an ~**
sich röntgen lassen.
xylophone ['zaɪləfəun] *n* Xylofon *nt*,
Xylophon *nt*.

Y, y

Y, y [waɪ] *n* (*letter*) Y *nt*, y *nt*; **~ for Yellow**, (*US*)
~ for Yoke ≈ Y wie Ypsilon.
yacht [jɔt] *n* Jacht *f*.
yachting ['jɔtɪŋ] *n* Segeln *nt*.
yachtsman ['jɔtsmən] (*irreg: like* **man**) *n* Segler
m.
yam [jæm] *n* Jamswurzel *f*, Yamswurzel *f*.
Yank [jæŋk] (*pej*) *n* Ami *m*.
yank [jæŋk] *vt* reißen ♦ *n* Ruck *m*; **to give sth a
~** mit einem Ruck an etw *dat* ziehen.
Yankee ['jæŋkɪ] (*pej*) *n* = **Yank**.
yap [jæp] *vi* (*dog*) kläffen.
yard [jɑːd] *n* (*of house etc*) Hof *m*; (*US: garden*)
Garten *m*; (*measure*) Yard *nt* (= *0,91 m*);
builder's ~ Bauhof *m*.
yardstick ['jɑːdstɪk] *n* (*fig*) Maßstab *m*.
yarn [jɑːn] *n* (*thread*) Garn *nt*; (*tale*)
Geschichte *f*.
yawn [jɔːn] *n* Gähnen *nt* ♦ *vi* gähnen.
yawning ['jɔːnɪŋ] *adj* (*gap*) gähnend.
yd *abbr* = **yard**.
yeah [jɛə] (*inf*) *adv* ja.
year [jɪə'] *n* Jahr *nt*; (*referring to wine*)
Jahrgang *m*; **every ~** jedes Jahr; **this ~**
dieses Jahr; **a** *or* **per ~** pro Jahr; **~ in, ~ out**
jahrein, jahraus; **to be 8 ~s old** 8 Jahre alt
sein; **an eight-~-old child** ein achtjähriges
Kind.
yearbook ['jɪəbuk] *n* Jahrbuch *nt*.
yearling ['jɪəlɪŋ] *n* (*horse*) Jährling *m*.
yearly ['jɪəlɪ] *adj, adv* (*once a year*) jährlich;
twice ~ zweimal jährlich *or* im Jahr.
yearn [jɜːn] *vi*: **to ~ for sth** sich nach etwas
sehnen; **to ~ to do sth** sich danach sehnen,
etw zu tun.
yearning ['jɜːnɪŋ] *n*: **to have a ~ for sth** ein
Verlangen nach etw haben; **to have a ~ to
do sth** ein Verlangen danach haben, etw zu
tun.
yeast [jiːst] *n* Hefe *f*.
yell [jɛl] *n* Schrei *m* ♦ *vi* schreien.
yellow ['jɛləu] *adj* gelb ♦ *n* Gelb *nt*.
yellow fever *n* Gelbfieber *nt*.
yellowish ['jɛləuɪʃ] *adj* gelblich.
Yellow Pages ® *npl*: **the ~** die gelben Seiten
pl, das Branchenverzeichnis.
Yellow Sea *n*: **the ~** das Gelbe Meer.
yelp [jɛlp] *n* Jaulen *nt* ♦ *vi* jaulen.
Yemen ['jɛmən] *n*: **(the) ~** (der) Jemen.
Yemeni ['jɛmənɪ] *adj* jemenitisch ♦ *n*
Jemenit(in) *m(f)*.
yen [jɛn] *n* (*currency*) Yen *m*; (*craving*): **to have**

a ~ **for** Lust auf etw haben; **to have a ~ to do sth** Lust darauf haben, etw zu tun.
yeoman ['jəumən] (*irreg: like* **man**) *n*: **Y~ of the Guard** (königlicher) Leibgardist *m*.
yes [jɛs] *adv* ja; (*in reply to negative*) doch ♦ *n* Ja *nt*; **to say ~** ja *or* Ja sagen; **to answer ~** mit Ja antworten.
yes-man ['jɛsmæn] (*irreg: like* **man**) (*pej*) *n* Jasager *m*.
yesterday ['jɛstədɪ] *adv* gestern ♦ *n* Gestern *nt*; ~ **morning/evening** gestern Morgen/Abend; ~'s **paper** die Zeitung von gestern; **the day before ~** vorgestern; **all day ~** gestern den ganzen Tag (lang).
yet [jɛt] *adv* noch ♦ *conj* jedoch; **it is not finished ~** es ist noch nicht fertig; **must you go just ~?** musst du schon gehen?; **the best ~** der/die/das bisher Beste; **as ~** bisher; **it'll be a few days ~** es wird noch ein paar Tage dauern; **not for a few days ~** nicht in den nächsten paar Tagen; ~ **again** wiederum.
yew [ju:] *n* (*tree*) Eibe *f*; (*wood*) Eibenholz *nt*.
Y-fronts ® ['waɪfrʌnts] *npl* (Herren-)Slip *m* (*mit Y-förmiger Vorderseite*).
YHA (*BRIT*) *n abbr* (= *Youth Hostels Association*) *britischer Jugendherbergsverband.*
Yiddish ['jɪdɪʃ] *n* Jiddisch *nt*.
yield [ji:ld] *n* (*AGR*) Ertrag *m*; (*COMM*) Gewinn *m* ♦ *vt* (*surrender: control etc*) abtreten; (*produce: results, profit*) hervorbringen ♦ *vi* (*surrender, give way*) nachgeben; (*US: AUT*) die Vorfahrt achten; **a ~ of 5%** ein Ertrag *or* Gewinn von 5%.
YMCA *n abbr* (*organization*: = *Young Men's Christian Association*) CVJM *m*.
yob(bo) ['jɔb(əu)] (*BRIT: inf: pej*) *n* Rowdy *m*.
yodel ['jəudl] *vi* jodeln.
yoga ['jəugə] *n* Yoga *m or nt*.
yog(h)ourt ['jəugət] *n* Jog(h)urt *m or nt*.
yog(h)urt ['jəugət] *n* = **yog(h)ourt**.
yoke [jəuk] *n* (*also fig*) Joch *nt* ♦ *vt* (*also*: ~ **together**: *oxen*) einspannen.
yolk [jəuk] *n* (*of egg*) Dotter *m*, Eigelb *nt*.
yonder ['jɔndə*] *adv*: (**over**) ~ dort drüben ♦ *adj*: **from ~ house** von dem Haus dort drüben.
yonks [jɔŋks] (*inf*) *n*: **for ~** seit einer Ewigkeit.
Yorks [jɔ:ks] (*BRIT*) *abbr* (*POST*: = *Yorkshire*).

━━━━━━━━━━━━━━━━━━━━━━━━ *KEYWORD*

you [ju:] *pron* **1** (*subject: familiar: singular*) du; (: *plural*) ihr; (: *polite*) Sie; ~ **Germans enjoy your food** ihr Deutschen esst gern gut.
2 (*object: direct: familiar: singular*) dich; (: *plural*) euch; (: *polite*) Sie; (: *indirect: familiar: singular*) dir; (: *plural*) euch; (: *polite*) Ihnen; **I know ~** ich kenne dich/euch/Sie; **I gave it to ~** ich habe es dir/euch/Ihnen gegeben; **if I were ~ I would ...** an deiner/eurer/Ihrer Stelle würde ich ...

3 (*after prep, in comparisons*): **it's for ~** es ist für dich/euch/Sie; **she's younger than ~** sie ist jünger als du/ihr/Sie.
4 (*impersonal: one*) man; ~ **never know** man weiß nie.

you'd [ju:d] = **you had**; **you would**.
you'll [ju:l] = **you will**; **you shall**.
young [jʌŋ] *adj* jung; **the young** *npl* (*of animal*) die Jungen *pl*; (*people*) die jungen Leute *pl*; **a ~ man** ein junger Mann; **a ~ lady** eine junge Dame.
younger [jʌŋgə*] *adj* jünger; **the ~ generation** die jüngere Generation.
youngish ['jʌŋɪʃ] *adj* recht jung.
youngster ['jʌŋstə*] *n* Kind *nt*.
your [jɔː*] *adj* (*familiar: sing*) dein/deine/dein; (: *pl*) euer/eure/euer; (*polite*) Ihr/Ihre/Ihr; (*one's*) sein; **you mustn't eat with ~ fingers** man darf nicht mit den Fingern essen; *see also* **my**.
you're [juə*] = **you are**.
yours [jɔːz] *pron* (*familiar: sing*) deiner/deine/dein(e)s; (: *pl*) eurer/eure/eures; (*polite*) Ihrer/Ihre/Ihres; **a friend of ~** ein Freund von dir/Ihnen; **is it ~?** gehört es dir/Ihnen?; ~ **sincerely/faithfully** mit freundlichen Grüßen; *see also* **mine**[1].
yourself [jɔː'sɛlf] *pron* (*reflexive: familiar: sing: acc*) dich; (: *dat*) dir; (: *pl*) euch; (: *polite*) sich; (*emphatic*) selbst; **you ~ told me** das haben Sie mir selbst gesagt.
yourselves [jɔː'sɛlvz] *pl pron* (*reflexive: familiar*) euch; (: *polite*) sich; (*emphatic*) selbst; *see also* **oneself**.
youth [ju:θ] *n* Jugend *f*; (*young man: pl* youths) Jugendliche(r) *m*; **in my ~** in meiner Jugend.
youth club *n* Jugendklub *m*.
youthful ['ju:θful] *adj* jugendlich.
youthfulness ['ju:θfəlnɪs] *n* Jugendlichkeit *f*.
youth hostel *n* Jugendherberge *f*.
youth movement *n* Jugendbewegung *f*.
you've [ju:v] = **you have**.
yowl [jaul] *n* (*of animal*) Jaulen *nt*; (*of person*) Heulen *nt*.
yr *abbr* (= *year*) J.
YT (*CANADA*) *abbr* (= *Yukon Territory*).
Yugoslav ['ju:gəuslɑːv] (*formerly*) *adj* jugoslawisch ♦ *n* Jugoslawe *m*, Jugoslawin *f*.
Yugoslavia ['ju:gəu'slɑːvɪə] (*formerly*) *n* Jugoslawien *nt*.
Yugoslavian ['ju:gəu'slɑːvɪən] (*formerly*) *adj* jugoslawisch.
Yule log [ju:l-] *n* Biskuitrolle mit Überzug, die zu Weihnachten gegessen wird.
yuppie ['jʌpɪ] (*inf*) *n* Yuppie *m* ♦ *adj* yuppiehaft; (*job, car*) Yuppie-.
YWCA *n abbr* (*organization*: = *Young Women's Christian Association*) CVJF *m*.

Z, z

Z, z [zɛdɡ, ɡ(USG) zi:] n (letter) Z nt, z nt; ~ **for Zebra** ≈ Z wie Zacharias.

Zaire [zɑː'iːə*] n Zaire nt.

Zambia ['zæmbɪə] n Sambia nt.

Zambian ['zæmbɪən] adj sambisch ♦ n Sambier(in) m(f).

zany ['zeɪnɪ] adj verrückt.

zap [zæp] vt (COMPUT: delete) löschen.

zeal [ziːl] n Eifer m.

zealot ['zɛlət] n Fanatiker(in) m(f).

zealous ['zɛləs] adj eifrig.

zebra ['ziːbrə] n Zebra nt.

zebra crossing (BRIT) n Zebrastreifen m.

zenith ['zɛnɪθ] n (also fig) Zenit m.

zero ['zɪərəʊ] n (number) Null f ♦ vi: **to ~ in on sth** (target) etw einkreisen; **5 degrees below ~** 5 Grad unter null.

zero hour n die Stunde X.

zero option n (esp POL) Nulllösung f.

zero-rated ['ziːrəʊreɪtɪd] (BRIT) adj (TAX) mehrwertsteuerfrei.

zest [zɛst] n (for life) Begeisterung f; (of orange) Orangenschale f.

zigzag ['zɪgzæg] n Zickzack m ♦ vi sich im Zickzack bewegen.

Zimbabwe [zɪm'bɑːbwɪ] n Zimbabwe nt.

Zimbabwean [zɪm'bɑːbwɪən] adj zimbabwisch.

zimmer ® ['zɪmə*] n (also: ~ **frame**) Laufgestell nt.

zinc [zɪŋk] n Zink nt.

Zionism ['zaɪənɪzəm] n Zionismus m.

Zionist ['zaɪənɪst] adj zionistisch ♦ n Zionist(in) m(f).

zip [zɪp] n (also: ~ **fastener**) Reißverschluss m ♦ vt (also: ~ **up**: dress etc) den Reißverschluss zumachen an +dat.

zip code (US) n Postleitzahl f.

zipper ['zɪpə*] (US) n = **zip**.

zither ['zɪðə*] n Zither f.

zodiac ['zəʊdɪæk] n Tierkreis m.

zombie ['zɒmbɪ] n (fig) Schwachkopf m.

zone [zəʊn] n (also MIL) Zone f, Gebiet nt; (in town) Bezirk m.

zonked [zɒŋkt] (inf) adj (tired) total geschafft; (high on drugs) high; (drunk) voll.

zoo [zuː] n Zoo m.

zoological [zuə'lɒdʒɪkl] adj zoologisch.

zoologist [zu'ɒlədʒɪst] n Zoologe m, Zoologin f.

zoology [zu'ɒlədʒɪ] n Zoologie f.

zoom [zuːm] vi: **to ~ past** vorbeisausen; **to ~ in (on sth/sb)** (PHOT, CINE) (etw/jdn) näher heranholen.

zoom lens n Zoomobjektiv nt.

zucchini [zuː'kiːnɪ] (US) n(pl) Zucchini pl.

Zulu ['zuːluː] adj (tribe, culture) Zulu- ♦ n (person) Zulu m/f; (LING) Zulu nt.

Zürich ['zjʊərɪk] n Zürich nt.

Grammar
Grammatik

USING THE GRAMMAR

The Grammar section deals systematically and comprehensively with all the information you will need in order to communicate accurately in German. The user-friendly layout explains the grammar point on a left-hand page, leaving the facing page free for illustrative examples. The boxed numbers (→ 1) direct you to the relevant example in every case.

The Grammar section also provides invaluable guidance on the dangers of translating English structures by identical structures in German. Important sections, explaining the use of Numbers and Punctuation are covered towards the end of this section. Finally, the index lists the main words and grammatical terms in both English and German.

ABBREVIATIONS

acc	accusative	*gen*	genitive
ctd	continued	*masc*	masculine
dat	dative	*neut*	neuter
fem	feminine	*nom*	nominative
ff	and following pages	*p(p)*	page(s)

CONTENTS

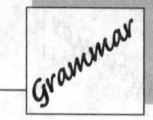

VERBS

❏ Tense Formation

Tenses are either **simple** or **compound**. Once you know how to form the past participle, compound tenses are similar for all verbs (see pp 22 to 29). To form simple tenses you need to know whether a verb is **weak**, **strong** or **mixed**.

Simple tenses

In German these are:

> Present indicative → **1**
> Imperfect indicative → **2**
> Present subjunctive → **3**
> Imperfect subjunctive → **4**

Subjunctive forms are widely used in German, especially for indirect or reported speech (see pp 66 and 67).

The simple tenses are formed by adding endings to a verb **stem**. The endings show the number, person and tense of the subject of the verb → **5**

The types of verb you need to know to form simple tenses are:

- **Strong verbs** (pp 12 to 15), those whose vowel usually changes in forming the imperfect indicative → **6**

- **Weak verbs** (pp 8 to 11), which are usually completely regular and have no vowel changes. Their endings differ from those of strong verbs → **7**

- **Mixed verbs** (pp 16 and 17), which have a vowel change like strong verbs, but the endings of weak verbs → **8**

Examples

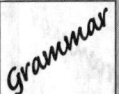

1	**ich hole**	I fetch
		I am fetching
		I do fetch
2	**ich holte**	I fetched
		I was fetching
		I used to fetch
3	**(dass) ich hole**	(that) I fetch/I fetched
4	**(dass) ich holte**	(that) I fetched
5	**ich hole**	I fetch
	wir holen	we fetch
	du holtest	you fetched
6	**singen**	to sing
	er singt	he sings
	er sang	he sang
7	**holen**	to fetch
	er holt	he fetches
	er holte	he fetched
8	**nennen**	to name
	er nennt	he names
	er nannte	he named

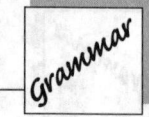

❐ Weak Verbs

Weak verbs are usually **regular** in conjugation. Their simple tenses are formed as follows:

◆ **Present** and **imperfect** tenses are formed by adding the endings shown below to the verb **stem**. This stem is formed by removing the **–en** ending of the infinitive (the form found in the dictionary) → **1**

◆ Where the infinitive of a weak verb ends in **–eln** or **–ern**, only the **–n** is removed to form the verb stem → **2**

◆ The endings are as follows:

	PRESENT INDICATIVE	PRESENT SUBJUNCTIVE	
1st singular	**-e**	**-e**	
2nd	**-st**	**-est**	
3rd	**-t**	**-e**	→ **3**
1st plural	**-en**	**-en**	
2nd	**-t**	**-et**	
3rd	**-en**	**-en**	

	IMPERFECT INDICATIVE	IMPERFECT SUBJUNCTIVE	
1st singular	**-te**	**-te**	
2nd	**-test**	**-test**	
3rd	**-te**	**-te**	→ **3**
1st plural	**-ten**	**-ten**	
2nd	**-tet**	**-tet**	
3rd	**-ten**	**-ten**	

Examples

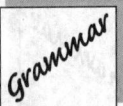
Grammar

1

INFINITIVE		STEM
holen	*to fetch*	**hol-**
machen	*to make*	**mach-**
kauen	*to chew*	**kau-**

2

INFINITIVE		STEM
wandern	*to roam*	**wander-**
handeln	*to trade,*	**handel-**
	to act	

3

holen   *to fetch*

PRESENT   PRESENT
INDICATIVE   SUBJUNCTIVE

ich hol**e**	ich hol**e**	I fetch
du hol**st**	du hol**est**	you fetch
er/sie/es hol**t**	er/sie/es hol**e**	he/she/it fetches
wir hol**en**	wir hol**en**	we fetch
ihr hol**t**	ihr hol**et**	you (*plural*) fetch
sie/Sie hol**en**	sie/Sie hol**en**	they/you (*polite*) fetch

IMPERFECT INDICATIVE AND SUBJUNCTIVE
(*These tenses are identical for weak verbs*)

ich hol**te**	I fetched
du hol**test**	you fetched
er/sie/es hol**te**	he/she/it fetched
wir hol**ten**	we fetched
ihr hol**tet**	you (*plural*) fetched
sie/Sie hol**ten**	they/you (*polite*) fetched

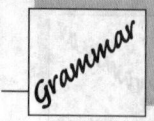

☐ **Weak Verbs** (Continued)

◆ Where the stem of a weak verb ends in **-d** or **-t**, an extra **-e-** is inserted before those endings where this will ease pronunciation → 1

◆ Weak verbs whose stems end in **-m** or **-n** may take this extra **-e-**, or not, depending on whether its addition is necessary for pronunciation. If the **-m** or **-n** is preceded by a consonant *other than* **l**, **r** or **h**, the **-e-** is inserted → 2

◆ Weak (and strong) verbs whose stem ends in a sibilant sound (**-s**, **-z**, **-ss**, **-ß**) normally lose the **-s-** of the second person singular ending (the **du** form) in the present indicative → 3

⚠ NOTE: When this sibilant is **-sch**, the **-s-** of the ending remains → 4

Examples

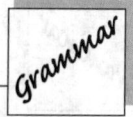

1 **reden** *to speak*

PRESENT	IMPERFECT
ich rede	ich redete
du redest	du redetest
er redet	er redete
wir reden	wir redeten
ihr redet	ihr redetet
sie reden	sie redeten

arbeiten *to work*

PRESENT	IMPERFECT
ich arbeite	ich arbeitete
du arbeitest	du arbeitetest
er arbeitet	er arbeitete
wir arbeiten	wir arbeiteten
ihr arbeitet	ihr arbeitetet
sie arbeiten	sie arbeiteten

2 **atmen** *to breathe*

PRESENT	IMPERFECT
ich atme	ich atmete
du atmest	du atmetest
er atmet	er atmete
wir atmen	wir atmeten
ihr atmet	ihr atmetet
sie atmen	sie atmeten

segnen *to bless*

PRESENT	IMPERFECT
ich segne	ich segnete
du segnest	du segnetest
er segnet	er segnete
wir segnen	wir segneten
ihr segnet	ihr segnetet
sie segnen	sie segneten

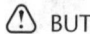 BUT:

umarmen *to embrace*

PRESENT	IMPERFECT
ich umarme	ich umarmte
du umarmst	du umarmtest
er umarmt	er umarmte
wir umarmen	wir umarmten
ihr umarmt	ihr umarmtet
sie umarmen	sie umarmten

lernen *to learn*

PRESENT	IMPERFECT
ich lerne	ich lernte
du lernst	du lerntest
er lernt	er lernte
wir lernen	wir lernten
ihr lernt	ihr lerntet
sie lernen	sie lernten

3 **grüßen** *to greet*

PRESENT
ich grüße
du **grüßt**
er grüßt
wir grüßen
ihr grüßt
sie grüßen

4 **löschen** *to extinguish*

PRESENT
ich lösche
du löschst
er löscht
wir löschen
ihr löscht
sie löschen

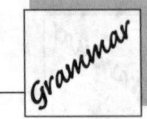

❏ Strong Verbs

A table of the most useful strong verbs is given on pp 86 to 97.

- What differentiates strong verbs from weak ones is that when forming their **imperfect indicative** tense, strong verbs undergo a vowel change and have a different set of endings → 1

  Their past participles are also formed differently (see p 24).

- To form the **imperfect subjunctive** of strong verbs, the endings from the appropriate table below are added to the stem of the imperfect indicative, but the vowel is modified by an umlaut where this is possible, i.e. **a → ä, o → ö, u → ü**. Exceptions to this are clearly shown in the table of strong verbs → 2

- The endings for the simple tenses of strong verbs are as follows:

	PRESENT INDICATIVE	PRESENT SUBJUNCTIVE	
1st singular	**-e**	**-e**	
2nd	**-st**	**-est**	
3rd	**-t**	**-e**	→ 3
1st plural	**-en**	**-en**	
2nd	**-t**	**-et**	
3rd	**-en**	**-en**	

	IMPERFECT INDICATIVE	IMPERFECT SUBJUNCTIVE	
1st singular	—	**-e**	
2nd	**-st**	**-(e)st**	
3rd	—	**-e**	→ 3
1st plural	**-en**	**-en**	
2nd	**-t**	**-(e)t**	
3rd	**-en**	**-en**	

Examples

---

1 Compare:

	INFINITIVE	PRESENT	IMPERFECT
WEAK	**sagen** to say	**er sagt**	**er sagte**
STRONG	**rufen** to shout	**er ruft**	**er rief**

2

	IMPERFECT INDICATIVE	IMPERFECT SUBJUNCTIVE
⚠ BUT:	**er gab** he gave	**er gäbe** (umlaut added)
	er rief he shouted	**er riefe** (no umlaut possible)

---

3 **singen** to sing

PRESENT INDICATIVE

ich sing**e**
du sing**st**
er sing**t**
wir sing**en**
ihr sing**t**
sie sing**en**
Sie sing**en**

PRESENT SUBJUNCTIVE

ich sing**e**
du sing**est**
er sing**e**
wir sing**en**
ihr sing**et**
sie sing**en**
Sie sing**en**

IMPERFECT INDICATIVE

ich sang
du sang**st**
er sang
wir sang**en**
ihr sang**t**
sie sang**en**
Sie sang**en**

IMPERFECT SUBJUNCTIVE

ich säng**e**
du säng**(e)st**
er säng**e**
wir säng**en**
ihr säng**(e)t**
sie säng**en**
Sie säng**en**

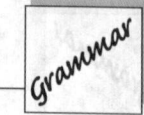
☐ **Strong Verbs** (Continued)

◆ In the present tense of strong verbs, the vowel also often changes for the second and third persons singular (the **du** and **er/sie/es** forms). The pattern of possible changes is as follows:

long **e** ➤ **ie**

short **e** ➤ **i**

a ➤ **ä**

au ➤ **äu**

o ➤ **ö**

Verbs which undergo these changes are clearly shown in the table on p 86 ➤ **1**

◆ Strong (and weak) verbs whose stem ends with a sibilant sound (**-s**, **-z**, **-ss**, **-ß**) normally lose the **-s-** of the second person singular ending (the **du** form) in the *present indicative*, unless the sibilant is **-sch**, when it remains ➤ **2**

◆ In the second person singular of the *imperfect* tense of strong verbs whose stem ends in a sibilant sound (including **-sch**) the sibilant remains, and an **-e-** is inserted between it and the appropriate ending ➤ **3**

Examples

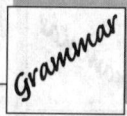

1

sehen *to see*	**helfen** *to help*	**fahren** *to drive*
ich sehe	ich helfe	ich fahre
du siehst	du hilfst	du fährst
er/sie/es sieht	er/sie/es hilft	er fährt
wir sehen	wir helfen	wir fahren
ihr seht	ihr helft	ihr fahrt
sie sehen	sie helfen	sie fahren

saufen *to booze*	**stoßen** *to push*
ich saufe	ich stoße
du säufst	du stößt
er säuft	er stößt
wir saufen	wir stoßen
ihr sauft	ihr stoßt
sie saufen	sie stoßen

2

wachsen *to grow*	**waschen** *to wash*
ich wachse	ich wasche
du wächst	du wäschst
er wächst	er wäscht
wir wachsen	wir waschen
ihr wachst	ihr wascht
sie wachsen	sie waschen

3

lesen *to read*	**schließen** *to close*	**waschen** *to wash*
ich las	ich schloss	ich wusch
du lasest	du schlossest	du wuschest
er las	er schloss	er wusch
wir lasen	wir schlossen	wir wuschen
ihr last	ihr schlosst	ihr wuscht
sie lasen	sie schlossen	sie wuschen

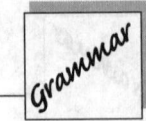
❏ Mixed Verbs

There are nine **mixed** verbs in German, and, as their name implies, they are formed according to a mixture of the rules already outlined for weak and strong verbs.

The mixed verbs are:

brennen *to burn*	**kennen** *to know*	**senden** *to send*
bringen *to bring*	**nennen** *to name*	**wenden** *to turn*
denken *to think*	**rennen** *to run*	**wissen** *to know*

Full details of their principal parts are given in the verb table beginning on p 86.

◆ Mixed verbs form their **imperfect** tense by adding the weak verb endings to a stem whose vowel has been changed as for a strong verb → 1

⚠ NOTE: **Bringen** and **denken** have a consonant change too in their imperfect forms → 2

◆ The **imperfect subjunctive** forms of mixed verbs are unusual and should be noted → 3

◆ Other tenses of mixed verbs are formed as for strong verbs.

◆ The past participle of mixed verbs has characteristics of both weak and strong verbs, as shown on p 24.

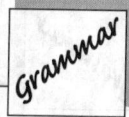

---

1   IMPERFECT INDICATIVE

kennen *to know*	**senden** *to send*	**wissen** *to know*
ich k**a**nn**te**	ich s**a**nd**te**	ich w**u**ss**te**
du k**a**nn**test**	du s**a**nd**test**	du w**u**ss**test**
er k**a**nn**te**	er s**a**nd**te**	er w**u**ss**te**
wir k**a**nn**ten**	wir s**a**nd**ten**	wir w**u**ss**ten**
ihr k**a**nn**tet**	ihr s**a**nd**tet**	ihr w**u**ss**tet**
sie k**a**nn**ten**	sie s**a**nd**ten**	sie w**u**ss**ten**

---

2   IMPERFECT INDICATIVE

bringen *to bring*	**denken** *to think*
ich **brachte**	ich **dachte**
du **brachtest**	du **dachtest**
er **brachte**	er **dachte**
wir **brachten**	wir **dachten**
ihr **brachtet**	ihr **dachtet**
sie **brachten**	sie **dachten**

---

3   IMPERFECT SUBJUNCTIVE

brennen	**kennen**	**senden**
ich brennte	ich kennte	ich sendete
du brenntest	du kenntest	du sendetest
er brennte *etc*	er kennte *etc*	er sendete *etc*

bringen	**nennen**	**wenden**
ich brächte	ich nennte	ich wendete
du brächtest	du nenntest	du wendetest
er brächte *etc*	er nennte *etc*	er wendete *etc*

denken	**rennen**	**wissen**
ich dächte	ich rennte	ich wüsste
du dächtest	du renntest	du wüsstest
er dächte *etc*	er rennte *etc*	er wüsste *etc*

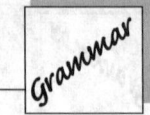

❏ The Imperative

Ths is the form of a verb used to give an order or a command, or to make a request:

Come here/stand up/please bring me a beer → **1**

◆ German has three main imperative forms. These go with the three ways of addressing people - **Sie**, **du** and **ihr** (see p 160)

	FORMATION	EXAMPLES	
SINGULAR	stem (+ **e**)	**hol(e)!**	*fetch!*
PLURAL	stem + **t**	**holt**	*fetch!*
POLITE (*sing* and *pl*)	stem + **en Sie**	**holen Sie!**	*fetch!*

◆ The **-e** of the singular form is often dropped, ⚠ BUT not where the verb stem ends in **-chn**, **-ckn**, **-dn**, **-fn**, **-gn** or **-tm** → **2**

◆ **Weak verbs** ending in **-eln** or **-ern** take the **-e** ending in the singular form, but the additional **-e-** within the stem may be dropped → **3**

◆ Any vowel change in the present tense of a **strong verb** (see p 14) occurs also in its singular imperative form and no **-e** is added → **4**

⚠ BUT: If the vowel modification in the present tense of a **strong verb** is the addition of an umlaut, this is not added in the singular form of the imperative → **5**

◆ In the imperative form of a **reflexive verb** (see p 30) the pronoun is placed immediately after the verb → **6**

◆ **Separable prefixes** (see p 72) are placed at the end of an imperative statement → **7**

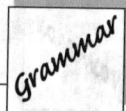

1	SINGULAR	**Komm mal her!**	Come here!
	PLURAL	**Steht auf!**	Stand up!
	POLITE	**Kommen Sie herein!**	Do come in

2 **Hör zu!**   Listen!
   Hol es!   Fetch it!

⚠ BUT:

Öffne die Tür!   Open the door!

3 <u>**wandern**</u>   to walk   <u>**handeln**</u>   to act
   wand(e)re!   walk!   **hand(e)le!**   act!

4 <u>**nehmen**</u>   to take   <u>**helfen**</u>   to help
   du nimmst   you take   **du hilfst**   you help
   nimm!   take!   **hilf!**   help!

⚠ BUT:

<u>**sehen**</u>   to see
sieh(e)!   see!

5 <u>**laufen**</u>   to run   <u>**stoßen**</u>   to push
   du läufst   you run   **du stößt**   you push
   lauf(e)!   run!   **stoß(e)!**   push!

6 <u>**sich setzen**</u>   to sit down
   Setz dich!   Sit down!
   Setzt euch!   Sit down!
   Setzen Sie sich!   Do sit down!

7 <u>**zumachen**</u>   to close   <u>**aufhören**</u>   to stop
   Mach die Tür zu!   **Hör aber endlich auf!**
   Close the door!   Do stop it!

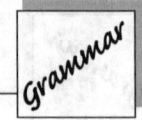

☐ **The Imperative** (Continued)

◆ Imperatives are followed in German by an exclamation mark, unless the imperative is not intended as a command → 1

◆ **Du** and **ihr**, though not normally present in imperative forms, may be included for emphasis → 2

◆ An imperative form also exists for the **wir** form of the verb. It consists of the normal present tense form, but with the pronoun **wir** *following* the verb. It is used for making suggestions → 3

◆ The imperative forms of **sein** (*to be*) are irregular → 4

◆ The particles **auch**, **nur**, **mal**, **doch** are frequently used with imperatives. They heighten or soften the imperative effect, or add a note of encouragement to a request or command. Often they have no direct equivalent in English and are therefore not always translated → 5

Some alternatives to the imperative in German

◆ Infinitives are often used instead of the imperative in written instructions or public announcements → 6

◆ The impersonal passive (see p 34) may be used → 7

◆ Nouns, adjectives or adverbs can also be used with imperative effect → 8
Some of these have become set expressions → 9

Examples

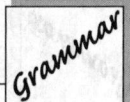

---

1   **Lass ihn in Ruhe!**
Leave him alone
Sagen Sie mir bitte, wie spät es ist
What's the time please?

2   **Geht ihr voran!**   You go on ahead
Sag du ihm, was los ist   You tell him what's wrong

3   **Nehmen wir an, dass ...**
Let's assume that ...
Sagen wir mal, es habe 2.000 Euros gekostet
Let's just say it cost 2,000 euros

4   <u>sein</u>   to be
sei!
seid!
seien wir!
Seien Sie!

5   **Geh doch!**   Go on!/Get going!
Sag mal, ...   Tell me ...
Versuchen Sie es mal!   Do give it a try!
Komm schon!   Do come/Please come
Mach es auch richtig!   Be sure to do it properly

6   **Einsteigen!**
All aboard!
Zwiebeln abziehen und in Ringe schneiden
Peel the onions and slice them

7   **Jetzt wird aufgeräumt!**
You're going to clear up now!

8   **Ruhe!**   Be quiet!/Silence!
Vorsicht!   Careful!/Look out!

9   **Achtung!**   Listen!/Attention!
Rauchen verboten!   No smoking

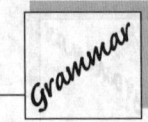

❏ **Compound Tenses**

The present and imperfect tenses in German are **simple** tenses, as described on pp 6 to 17.

All other tenses, called **compound tenses**, are formed for all types of verb by using the appropriate tense of an **auxiliary verb** plus a part of the main verb.

There are three auxiliary verbs:

> **haben**   for past tenses
> **sein**   also for past tenses
> **werden**   for future and conditional tenses

The **compound past tenses** in German are:

> Perfect indicative ➜ ☐1
> Perfect subjunctive ➜ ☐2
> Pluperfect indicative ➜ ☐3
> Pluperfect subjunctive ➜ ☐4

These are dealt with on p 26 ff.

The **future** and **conditional tenses** in German are all compound tenses. They are:

> Future indicative ➜ ☐5
> Future subjunctive ➜ ☐6
> Future perfect ➜ ☐7
> Conditional ➜ ☐8
> Conditional perfect ➜ ☐9

These are dealt with on p 28 ff.

Examples

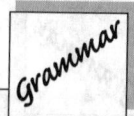

	WITH **haben**	WITH **sein**
1	**er hat geholt** he (has) fetched	**er ist gereist** he (has) travelled
2	**er habe geholt** he (has) fetched	**er sei gereist** he (has) travelled
3	**er hatte geholt** he had fetched	**er war gereist** he had travelled
4	**er hätte geholt** he had fetched	**er wäre gereist** he had travelled
5	**er wird holen** he will fetch	**er wird reisen** he will travel
6	**er werde holen** he will fetch	**er werde reisen** he will travel
7	**er wird geholt haben** he will have fetched	**er wird gereist sein** he will have travelled
8	**er würde holen** he would fetch	**er würde reisen** he would travel
9	**er würde geholt haben** he would have fetched	**er würde gereist sein** he would have travelled

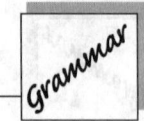

◻ Compound Past Tenses: Formation

◆ Compound past tenses are normally formed by using the auxiliary verb **haben**, plus the past participle of the main verb (see below) → 1

◆ Certain types of verb take **sein** instead of **haben**, and this is clearly indicated in the verb table starting on p 86. They fall into three main types:

   1 intransitive verbs (those that take no direct object, often showing a change of state or place) → 2
   2 certain verbs meaning "to happen" → 3
   3 miscellaneous others, including:
      begegnen to meet, **bleiben** to remain,
      gelingen to succeed, **sein** to be, **werden** to become → 4

◆ In some cases the verb can be conjugated with either **haben** or **sein**, depending on whether it is used transitively (with a direct object) or intransitively (where no direct object is possible) → 5

The past participle: formation (see also p 50)

◆ **Weak** verbs add the prefix **ge-** and suffix **-t** to the verb stem → 6
Verbs ending in **-ieren** or **-eien** omit the **ge-** → 7

◆ **Strong** verbs add the prefix **ge-** and the suffix **-en** to the verb stem → 8
The vowel of the stem may be modified (see verb table, p 86) → 9

◆ **Mixed** verbs add the prefix **ge-** and the "weak" suffix **-t** to the stem.
The stem vowel is modified as for many strong verbs → 10

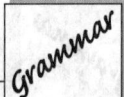

1 **Haben Sie gut geschlafen?**
Did you sleep well?
Die Kinder hatten fleißig gearbeitet
The children had worked hard

2 **Wir sind nach Bonn gefahren**
We went to Bonn
Er ist schnell eingeschlafen
He quickly fell asleep

3 **Was ist geschehen?**
What happened?

4 **Er ist zu Hause geblieben**   **Er ist krank gewesen**
He stayed at home   He has been ill
Es ist uns nicht gelungen   **Sie ist krank geworden**
We did not succeed   She became ill
Er ist einem Freund begegnet
He met a friend

5 **Er hat den Wagen nach Köln gefahren**
He drove the car to Cologne
Er ist nach Köln gefahren
He went to Cologne

6 **holen** to fetch   9 **singen** to sing
geholt fetched   **gesungen** sung

7 **studieren** to study   10 **senden** to send
studiert studied   **gesandt** sent
prophezeien to prophesy   **bringen** to bring
prophezeit prophesied   **gebracht** brought

8 **laufen** to run
gelaufen run

For a full list of strong and mixed verbs see p 86.

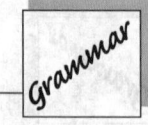

❑ **Compound Past Tenses: Formation** (Continued)

The formation of past participles for weak, strong and mixed verbs is described on p 24, and a comprehensive list of the principal parts of the most commonly used strong and mixed verbs is provided for reference on pp 86 to 97.

How to form the compound past tenses:

Perfect indicative	the present tense of **haben** or **sein** plus the past participle of the verb → **1**
Perfect subjunctive	(used in indirect or reported speech) the present subjunctive of **haben** or **sein** plus the past participle → **2**
Pluperfect indicative	imperfect indicative of **haben** or **sein** plus the past participle → **3**
Pluperfect subjunctive	(for indirect or reported speech) imperfect subjunctive of **haben** or **sein** plus the past participle → **4**

⚠ NOTE: The pluperfect subjunctive is a frequently used tense in German, since it can replace the much clumsier conditional perfect tense shown on p 28

Examples

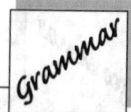

	WITH **haben**	WITH **sein**

1 PERFECT INDICATIVE

ich habe geholt	ich bin gereist
du hast geholt	du bist gereist
er/sie/es hat geholt	er/sie/es ist gereist
wir haben geholt	wir sind gereist
ihr habt geholt	ihr seid gereist
sie/Sie haben geholt	sie/Sie sind gereist

2 PERFECT SUBJUNCTIVE

ich habe geholt	ich sei gereist
du habest geholt	du sei(e)st gereist
er/sie/es habe geholt	er/sie/es sei gereist
wir haben geholt	wir seien gereist
ihr habet geholt	ihr seiet gereist
sie/Sie haben geholt	sie/Sie seien gereist

3 PLUPERFECT INDICATIVE

ich hatte geholt	ich war gereist
du hattest geholt	du warst gereist
er/sie/es hatte geholt	er/sie/es war gereist
wir hatten geholt	wir waren gereist
ihr hattet geholt	ihr wart gereist
sie/Sie hatten geholt	sie/Sie waren gereist

4 PLUPERFECT SUBJUNCTIVE

ich hätte geholt	ich wäre gereist
du hättest geholt	du wär(e)st gereist
er/sie/es hätte geholt	er/sie/es wäre gereist
wir hätten geholt	wir wären gereist
ihr hättet geholt	ihr wär(e)t gereist
sie/Sie hätten geholt	sie/Sie wären gereist

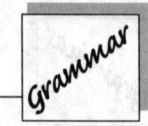
Grammar

❐ **Future and Conditional Tenses: Formation**

- ◆ The **future** and **conditional** tenses are formed in the same way for all verbs, whether weak, strong or mixed.

- ◆ The auxiliary **werden** is used for all verbs together with the infinitive of the main verb.

- ◆ The infinitive is usually placed at the end of the clause (see p 224).

How to form the future and conditional tenses:

Future indicative	present tense of **werden** plus the infinitive of the verb → 1
Future subjunctive	present subjunctive of **werden** plus the infinitive → 2
Future perfect	present indicative of **werden** plus the **perfect infinitive** (see below) → 3
Conditional imperfect	subjunctive of **werden** plus the infinitive → 4
Conditional perfect	imperfect subjunctive of **werden** plus the **perfect infinitive** (see below) → 5

⚠ NOTE: The conditional perfect is often replaced by the pluperfect subjunctive.

- ◆ The **perfect infinitive** consists of the infinitive of **haben**/**sein** plus the past participle of the verb.

Examples

Grammar

---

1 FUTURE INDICATIVE

ich werde holen	wir werden holen
du wirst holen	ihr werdet holen
er/sie/es wird holen	sie/Sie werden holen

2 FUTURE SUBJUNCTIVE

ich werde holen	wir werden holen
du werdest holen	ihr werdet holen
er/sie/es werde holen	sie/Sie werden holen

3 FUTURE PERFECT

ich werde geholt haben	wir werden geholt haben
du wirst geholt haben	ihr werdet geholt haben
er wird geholt haben	sie/Sie werden geholt haben

4 CONDITIONAL IMPERFECT

ich würde holen	wir würden holen
du würdest holen	ihr würdet holen
er/sie/es würde holen	sie/Sie würden holen

5 CONDITIONAL PERFECT [1]

ich würde geholt haben	wir würden geholt haben
du würdest geholt haben	ihr würdet geholt haben
er würde geholt haben	sie/Sie würden geholt haben

---

[1] ⚠ NOTE: The conditional perfect is often replaced by the pluperfect subjunctive (see p 26).

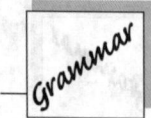

❐ **Reflexive Verbs**

A verb whose action is reflected back to its subject may be termed reflexive:

she washes *herself*

Reflexive verbs in German are recognized in the infinitive by the preceding reflexive pronoun **sich** → 1

German has many reflexive verbs, a great number of which are not reflexive in English → 1

♦ Reflexive verbs are composed of the verb and a reflexive pronoun (see p 170). This pronoun may be either the direct object (and therefore in the accusative case) or the indirect object (and therefore in the dative case) → 2

♦ Many verbs in German which are not essentially reflexive may become reflexive by the addition of a reflexive pronoun → 3
When a verb with an indirect object is made reflexive (see p 170) the pronoun is usually dative → 4

♦ A direct object reflexive pronoun changes to the dative if another direct object is present → 5

♦ In a main clause the reflexive pronoun follows the verb → 6
After inversion (see p 226), or in a subordinate clause, the reflexive pronoun must come after the subject if the subject is a personal pronoun → 7
It may precede or follow a noun subject → 8

♦ Reflexive verbs are always conjugated with **haben** *except* where the pronoun is used to mean *each other*. Then the verb is normally conjugated with **sein**.

♦ The imperative forms are shown on p 19.

Examples

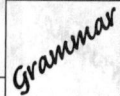

---

1   **sich beeilen**   **wir beeilen uns**
to hurry   we are hurrying

2   <u>**sich** (*accusative*) **erinnern**</u>   to remember
ich erinnere mich   **wir erinnern uns**
du erinnerst dich   **ihr erinnert euch**
er/sie/es erinnert sich   **sie/Sie erinnern sich**

     <u>**sich** (*dative*) **erlauben**</u>   to allow oneself
     ich erlaube mir   **wir erlauben uns**
     du erlaubst dir   **ihr erlaubt euch**
     er/sie/es erlaubt sich   **sie/Sie erlauben sich**

3   <u>**etwas melden**</u>   to report something
sich melden   **Ich habe mich gemeldet**
to report/to volunteer   I volunteered

4   <u>**wehtun**</u>   to hurt
sich wehtun   **Hast du dir wehgetan?**
to get hurt   Have you hurt yourself?

     <u>**kaufen**</u>   to buy
Er kaufte ihr einen Mantel   **Er kaufte sich** (*dative*)
He bought her a coat   **einen neuen Mantel**
                            He bought himself a new coat

5   **Ich wasche mich**   **Ich wasche mir die Hände**
I am having a wash   I am washing my hands

6   **Er wird sich darüber freuen**
He'll be pleased about that

7   **Darüber wird er sich freuen**
He'll be pleased about that
Ich frage mich, ob er sich darüber freuen wird
I wonder if he'll be pleased about that

8   **Langsam drehten sich die Kinder um** OR:
Langsam drehten die Kinder sich um
The children slowly turned round

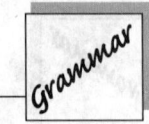

☐ **Reflexive Verbs** (Continued)

Some examples of verbs which can be used with a reflexive pronoun in the accusative case:

sich anziehen to get dressed → 1
sich aufregen to get excited → 2
sich beeilen to hurry → 3
sich beschäftigen mit[1] to be occupied with → 4
sich bewerben um[1] to apply for → 5
sich erinnern an[1] to remember → 6
sich freuen auf[1] to look forward to → 7
sich interessieren für[1] to be interested in → 8
sich irren to be wrong → 9
sich melden to report (for duty *etc*)/to volunteer
sich rasieren to shave
sich (hin)setzen to sit down → 10
sich trauen[2] to trust oneself
sich umsehen to look around → 11

Some examples of verbs which can be used with a reflexive pronoun in the dative case:

sich abgewöhnen to give up (something) → 12
sich aneignen to appropriate
sich ansehen to have a look at
sich einbilden to imagine (wrongly) → 13
sich erlauben to allow oneself → 14
sich leisten to treat oneself → 15
sich nähern to get close to
sich vornehmen to plan to do → 16
sich vorstellen to imagine → 17
sich wünschen to want → 18

[1] For verbs normally followed by a preposition, see p 76 ff.
[2] **trauen** when non-reflexive takes the dative case.

Examples

1. **Du sollst dich sofort anziehen**
   You are to get dressed immediately

2. **Reg dich doch nicht so auf!**
   Calm down!

3. **Wir müssen uns beeilen**
   We must hurry

4. **Sie beschäftigen sich sehr mit den Kindern**
   They spend a lot of time with the children

5. **Hast du dich um diese Stelle beworben?**
   Have you applied for this post?

6. **Ich erinnere mich nicht daran**
   I can't remember it

7. **Ich freue mich auf die Fahrt**
   I am looking forward to the journey

8. **Interessierst du dich für Musik?**
   Are you interested in music?

9. **Er hat sich geirrt**
   He was wrong

10. **Bitte, setzt euch hin!**
    Please sit down

11. **Die Kinder sahen sich erstaunt um**
    The children looked around in amazement

12. **Eigentlich müsste man sich das Rauchen abgewöhnen**
    One really ought to give up smoking

13. **Bilde dir doch nichts ein!**
    Don't kid yourself!

14. **Eins könntest du dir doch erlauben**
    You could surely allow yourself one

15. **Wenn ich mir nur einen Mercedes leisten könnte!**
    If only I could afford a Mercedes!

16. **Du hast dir wieder zu viel vorgenommen!**
    You've taken on too much again!

17. **So hatte ich es mir oft vorgestellt**
    I had often imagined it like this

18. **Was wünscht ihr euch zu Weihnachten?**
    What do you want for Christmas?

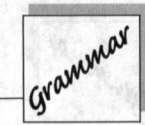

❒ The Passive

In active tenses, the subject of a verb carries out the action of the verb, but in passive tenses the subject of the verb has something done to it.

Compare the following:

> *Peter kicked the cat* (subject: *Peter*)
> *The cat was kicked by Peter* (subject: *the cat*)

◆ English uses the verb "to be" to form its passive tenses. German uses **werden** → ☐ 1

A sample verb is conjugated in the passive on pp 39 to 41.

◆ In English, the word "by" usually introduces the agent through which the action of a passive tense is performed. In German this agent is introduced by:
> **von** for the performer of the action
> **durch** for an inanimate cause → ☐ 2

◆ The passive can be used to add impersonality or distance to an event → ☐ 3

It may also be used where the identity of the cause of the deed is unknown or not important → ☐ 4

◆ In general, however, the passive is used less in German than in English. The following are common replacements for the passive:

1 an active tense with the impersonal pronoun **man** as subject (meaning *they/one*). This resembles the use of *on* in French, and **man** is not always translated as *one* or *they* → ☐ 5

2 **sich lassen** plus a verb in the infinitive → ☐ 6

---

1 **Das Auto wurde gekauft**
The car was bought

2 **Das ist von seinem Onkel geschickt worden**
It was sent by his uncle

Das Kind wurde von einem Hund gebissen
The child was bitten by a dog

Seine Bewerbung ist von der Firma abgelehnt worden
(*the firm is viewed as a human agent*)
His application was turned down by the firm

Die Tür wurde durch den Wind geöffnet
The door was opened by the wind

Das Getreide wurde durch den Sturm niedergeschlagen
The crop was flattened by the storm

3 **Die Praxis ist von Dr. Disselkamp übernommen worden**
The practice has been taken over by Dr Disselkamp

Anfang 1993 wurde ein weiterer Anschlag auf sein Leben verübt
Another attempt was made on his life early in 1993

4 **In letzter Zeit sind neue Gesetze eingeführt worden**
New laws have recently been introduced

5 **Man hatte es schon verkauft**
It had already been sold

Man wird es verkauft haben
It will have been sold

6 **Das lässt sich schnell herausfinden**
We'll/You'll/One will be able to find that out quickly

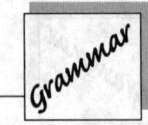

☐ **The Passive** (Continued)

◆ In English the indirect object of an active tense can become the subject of a passive statement e.g.

> Peter gave *him* a car (*him* = to him)
> *He* was given a car by Peter

This is not possible in German, where the indirect object (*him*) must remain in the dative case (see p 110). There are two ways of handling this in German:

1 with the direct object (*car*) as the subject of a passive verb → 1
2 by means of an impersonal passive construction, with or without the impersonal subject **es** → 1

These constructions would however normally be avoided in favour of an active tense, when the agent of the action is known → 2

◆ Verbs which are normally followed by the dative case in German and so have only an indirect object (see p 80) should therefore be especially noted, as they can only adopt the impersonal or **man**-forms of the passive → 3

◆ Some passive tenses are avoided in German, as they are inelegant (and difficult to use!). For instance, the future perfect passives should be replaced by an active tense or a construction using **man** → 4

The conditional perfect passives are also rarely used, past conditional being shown by the pluperfect subjunctives, either passive or active → 5

◆ English passive constructions such as

> *he was heard whistling/they were thought to be dying*

are not possible in German → 6

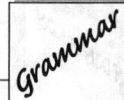

Grammar

---

1. **Ein Auto wurde ihm von Peter geschenkt**
OR:
Es wurde ihm von Peter ein Auto geschenkt
OR:
Ihm wurde von Peter ein Auto geschenkt
He was given a car by Peter

2. **Peter schenkte ihm ein Auto**
Peter gave him a car

3. <u>**helfen**</u> (+ *dative*)   to help
   Sie half mir   **Mir wurde von ihr geholfen**
   She helped me   OR:
                            Es wurde mir von ihr geholfen
                            I was helped by her

4. **Er meint, es werde schon gesehen worden sein**
He thinks that it will already have been seen

   ✔ BETTER: **Er meint, man werde es schon gesehen haben**

5. **Es würde geholt worden sein / Man würde es geholt haben**
It would have been fetched

   ✔ BETTER: **Es wäre geholt worden / Man hätte es geholt**

6. **Man hörte ihn singen**
He was heard singing
Man sah sie ankommen
She was seen arriving
Man glaubte, er sei betrunken
He was thought to be drunk

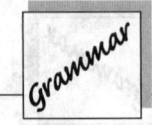

❒ Passive Tenses: Conjugation

Simple tenses

Present passive indicative
e.g. *it is seen*

present indicative of **werden** +
past participle of the verb → 1

Present passive subjunctive

present subjunctive of **werden** +
past participle of the verb → 2

Imperfect passive indicative
e.g. *it was seen*

imperfect indicative of **werden** +
past participle of the verb → 3

Imperfect passive subjunctive

imperfect subjunctive of **werden**
+ past participle of the verb → 4

Compound tenses

Perfect passive indicative
e.g. *it has been seen*

present indicative of **sein** + past
participle of the verb + **worden**
→ 5

Perfect passive subjunctive

present subjunctive of **sein** + past
participle of the verb + **worden**
→ 6

Pluperfect passive indicative
e.g. *it had been seen*

imperfect indicative of **sein** + past
participle of the verb + **worden**
→ 7

---

1 PRESENT PASSIVE INDICATIVE

ich werde gesehen	**wir werden gesehen**
du wirst gesehen	**ihr werdet gesehen**
er/sie/es wird gesehen	**sie/Sie werden gesehen**

OR: **man sieht mich/man sieht dich** *etc*

2 PRESENT PASSIVE SUBJUNCTIVE

ich werde gesehen	**wir werden gesehen**
du werdest gesehen	**ihr werdet gesehen**
er/sie/es werde gesehen	**sie/Sie werden gesehen**

OR: **man sehe mich/man sehe dich** *etc*

3 IMPERFECT PASSIVE INDICATIVE

ich wurde gesehen/wir wurden gesehen *etc*
OR: **man sah mich/man sah uns** *etc*

4 IMPERFECT PASSIVE SUBJUNCTIVE

ich würde gesehen/wir würden gesehen *etc*
OR: **man sähe mich/man sähe uns** *etc*

5 PERFECT PASSIVE INDICATIVE

ich bin gesehen worden/wir sind gesehen worden *etc*
OR: **man hat mich/uns gesehen** *etc*

6 PERFECT PASSIVE SUBJUNCTIVE

ich sei gesehen worden/wir seien gesehen worden *etc*
OR: **man habe mich/uns gesehen** *etc*

7 PLUPERFECT PASSIVE INDICATIVE

ich war gesehen worden/wir waren gesehen worden *etc*
OR: **man hatte mich/uns gesehen** *etc*

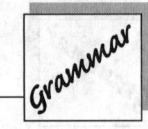

❑ **Passive Tenses: Conjugation** (Continued)

Pluperfect passive subjunctive
imperfect subjunctive of **sein** + past participle of the verb + **worden** → **1**

Present passive infinitive
e.g. *to be seen*
infinitive of **werden** + past participle of the verb → **2**

Future passive indicative
e.g. *it will be seen*
present indicative of **werden** + present passive infinitive of the verb → **3**

Future passive subjunctive
present subjunctive of **werden** + present passive infinitive of the verb → **4**

Perfect passive infinitive
e.g. *to have been seen*
past participle of the verb + **worden sein** → **5**

Future perfect passive
e.g. *it will have been seen*
present indicative of **werden** + perfect passive infinitive of the verb → **6**

Conditional passive
e.g. *it would be seen*
imperfect subjunctive of **werden** + present passive infinitive of the verb → **7**

Conditional perfect passive
e.g. *it would have been seen*
imperfect subjunctive of **werden** + perfect passive infinitive of the verb → **8**

☐1 PLUPERFECT PASSIVE SUBJUNCTIVE

ich wäre gesehen worden/wir wären gesehen worden *etc*
OR: **man hätte mich/uns gesehen** *etc*

☐2 PRESENT PASSIVE INFINITIVE

gesehen werden

☐3 FUTURE PASSIVE INDICATIVE

ich werde gesehen werden/wir werden gesehen werden *etc*
OR: **man wird mich/uns sehen** *etc*

☐4 FUTURE PASSIVE SUBJUNCTIVE

ich werde gesehen werden/wir werden gesehen werden *etc*
OR: **man werde mich/uns sehen** *etc*

☐5 PERFECT PASSIVE INFINITIVE

gesehen worden sein

☐6 FUTURE PERFECT PASSIVE

ich werde/wir werden gesehen worden sein *etc*
OR: **man wird mich/uns gesehen haben** *etc*

☐7 CONDITIONAL PASSIVE

ich würde gesehen werden/wir würden gesehen werden
OR: **man würde mich/uns sehen** *etc*

☐8 CONDITIONAL PERFECT PASSIVE

ich würde/wir würden gesehen worden sein *etc*
OR: **man würde mich/uns gesehen haben** *etc*
OR: pluperfect subjunctive: **man hätte mich/uns gesehen** *etc*

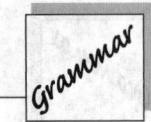

❐ Impersonal Verbs

These verbs are used only in the third person singular, usually with the subject **es** meaning *it* → ☐1

♦ Intransitive verbs (verbs with no direct object) are often made impersonal in the passive to describe activity of a general nature → ☐2

When the verb and subject are inverted (see p 226), the **es** is omitted → ☐3

Impersonal verbs in the passive can also be used as an imperative form (see p 20) → ☐4

♦ In certain expressions in the active, the impersonal pronoun **es** can be omitted. In this case, a personal pronoun object begins the clause → ☐5

In the following lists * indicates that **es** may be omitted in this way:

Some common impersonal verbs and expressions

es donnert	it's thundering
es fällt mir ein, dass/zu*	it occurs to me that/to → ☐6
es fragt sich, ob	one wonders whether → ☐7
es freut mich, dass/zu	I am glad that/to → ☐8
es friert	it is freezing → ☐9
es gefällt mir	I like it → ☐10
es geht mir gut/schlecht	I'm fine/not too good
es geht nicht	it's not possible
es geht um	it's about
es gelingt mir (zu)	I succeed (in) → ☐11
es geschieht	it happens → ☐12
es gießt	it's pouring
es handelt sich um	it's a question of

Examples

Grammar

1	**Es regnet**	It's raining

2 **Es wurde viel gegessen und getrunken**
There was a lot of eating and drinking

3 **Auf der Hochzeit wurde viel gegessen und getrunken**
There was a lot of eating and drinking at the wedding

4 **Jetzt wird gearbeitet!** Now you're/we're going to work

5 **Mir ist warm** I'm warm

6 **Nachher fiel (es) mir ein, dass der Mann ziemlich komisch angezogen war**
Afterwards it occurred to me that the man was rather oddly dressed

7 **Es fragt sich, ob es sich lohnt, das zu machen**
One wonders if that's worth doing

8 **Es freut mich sehr, dass du gekommen bist**
I'm so pleased that you have come

9 **Heute Nacht hat es gefroren**
It was below freezing last night

10 **Ihm hat es gar nicht gefallen**
He didn't like it at all

11 **Es war ihnen gelungen, die letzten Karten zu kriegen**
They had succeeded in getting the last tickets

12 **Und so geschah es, dass ...**
And so it came about that ...

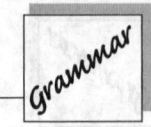

❐ **Impersonal Verbs and Expressions** (Continued)

es hängt davon ab	it depends
es hat keinen Zweck (zu)	there's no point (in) → 1
es interessiert mich, dass/zu*	I am interested that/to
es ist mir egal (ob)*	it's all the same to me (if) → 2
es ist möglich(, dass)	it's possible (that) → 3
es ist nötig	it's necessary → 4
es ist mir, als ob*	I feel as if
es ist mir gut/schlecht *etc* zumute *or* zu Mute*	I feel good/bad *etc* → 5
es ist schade(, dass)	it's a pity (that)
es ist (mir) wichtig*	it's important (to me)
es ist mir warm/kalt*	I'm warm/cold
es ist warm/kalt	it's *or* the weather is warm/cold
es ist zu hoffen/bedauern *etc*	it is to be hoped/regretted *etc*
es klingelt	someone's ringing the bell → 6
es klopft	someone's knocking
es kommt darauf an(, ob)	it all depends (whether)
es kommt mir vor(, als ob)	it seems to me (as if)
es läutet	the bell is ringing → 7
es liegt an	it is because of → 8
es lohnt sich (nicht)	it's (not) worth it → 9
es macht nichts	it doesn't matter
es macht nichts aus	it makes no difference → 10
es macht mir (keinen) Spaß(, zu)	it's (no) fun (to) → 11
es passiert	it happens → 12
es regnet	it's raining → 13
es scheint mir, dass/als ob*	it seems to me that/as if
es schneit	it's snowing
es stellt sich heraus, dass	it turns out that
es stimmt (nicht), dass	it's (not) true that
es tut mir Leid(, dass)	I'm sorry (that)
wie geht es (dir)?	how are you? → 14
mir wird schlecht	I feel sick

1 **Es hat keinen Zweck, weiter darüber zu diskutieren**
There's no point in discussing this any further

2 **Es ist mir egal, ob du kommst oder nicht**
I don't care if you come or not

3 **Es ist doch möglich, dass der Zug Verspätung hat**
It's always possible the train has been delayed

4 **Es wird nicht nötig sein, uns darüber zu informieren**
It won't be necessary to inform us of it

5 **Mir ist heute seltsam zumute** *or* **zu Mute**
I feel strange today

6 **Es hat gerade geklingelt**
The bell just went/The phone just rang

7 **Es hat schon geläutet**
The bell has gone

8 **Woran liegt es?**
Why is that?

9 **Ich weiß nicht, ob es sich lohnt oder nicht**
I don't know if it's worth it or not

10 **Mir macht es nichts aus**
It makes no difference to me
Macht es Ihnen etwas aus, wenn ...
Would you mind if ...

11 **Hauptsache, es macht Spaß**
The main thing is to enjoy yourself

12 **Ihm ist bestimmt etwas passiert**
Something must have happened to him

13 **Es hat den ganzen Tag geregnet**
It rained the whole day

14 **Wie gehts denn? — Danke, es geht**
How are things? — All right, thank you

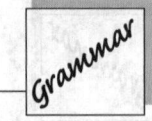

☐ The Infinitive

Forms

There are four forms of the infinitive → **1**. These forms are used in certain compound tenses (see p 28). The present active infinitive is the most widely used and is the form found in dictionaries.

Uses

◆ Preceded by **zu** (*to*)

    1 as in English, after other verbs ("I tried *to come*") → **2**
    2 as in English, after adjectives ("it was easy *to see*") → **3**
    3 where the English equivalent is not always an infinitive:
      - after nouns, where English may use an "-ing" form → **4**
      - after **sein**, where the English equivalent may be a passive tense → **5**

◆ Without **zu**, the infinitive is used after the following:

    modal verbs → **6**
    lassen → **7**
    heißen → **8**
    bleiben → **9**
    gehen → **10**
    verbs of perception → **11**

    ⚠ NOTE: Verbs of perception can also be followed by a subordinate clause beginning with **wie** or **dass**, especially if the sentence is long or involved → **12**

---

1   INFINITIVES:

PRESENT ACTIVE   PERFECT ACTIVE
holen   **geholt haben**
to fetch   to have fetched

PRESENT PASSIVE   PERFECT PASSIVE
geholt werden   **geholt worden sein**
to be fetched   to have been fetched

2   **Ich versuchte zu kommen**   I tried to come

3   **Es war leicht zu sehen**   It was easy to see

4   **Ich habe nur wenig Gelegenheit, Musik zu hören**
I have little opportunity to listen to music

5   **Er ist zu bedauern**   He is to be pitied

6   **Er kann schwimmen**   He can swim

7   **Sie ließen uns warten**   They kept us waiting

8   **Er hieß ihn kommen**   He bade him come

9   **Er blieb sitzen**   He remained seated

10   **Sie ging einkaufen**   She went shopping

11   **Ich sah ihn kommen**   I saw him coming
         Er hörte sie singen   He heard her singing

12   **Er sah, wie sie langsam auf und ab schlenderte**
He watched her strolling slowly up and down

Grammar

VERBS

❏ The Infinitive (Continued)

Used as an imperative

◆ The infinitive can be used as an imperative (see p 20) ➞ 1

Used as a noun

◆ The infinitive can be made into a noun by giving it a capital letter. Its gender is always neuter ➞ 2

Used with modal verbs (see p 52)

◆ An infinitive used with a modal verb is always placed at the end of a clause (see p 56) ➞ 3

◆ If the modal verb is in a compound tense, its auxiliary will follow the subject in a main clause in the normal way, and the modal participle comes after the infinitive.

  ⚠ BUT: In a subordinate clause, the auxiliary immediately precedes the infinitive and the modal participle, instead of coming at the end ➞ 4

◆ An infinitive expressing change of place may be omitted entirely after a modal verb (see p 56) ➞ 5

Used in infinitive phrases

Infinitive phrases can be formed with:

zu	**ohne ... zu**
um ... zu	**anstatt ... zu**

➞ 6

◆ The infinitive comes at the end of its phrase ➞ 7

◆ In separable verbs, **zu** is inserted *between* the verb and its prefix in the present infinitive ➞ 8

◆ A reflexive pronoun comes first, immediately following an introductory word if there is one ➞ 9

1 **Einsteigen und Türen schließen!**
All aboard! Close the doors!

2 **rauchen** to smoke
Er hat das Rauchen aufgegeben
He's given up smoking

3 **Wir müssen morgen einkaufen gehen**
We have to go shopping tomorrow

4 **Sie haben gestern aufräumen müssen**
They had to tidy up yesterday
⚠ BUT:
Da sie gestern haben aufräumen müssen, durften sie nicht kommen
They couldn't come as they had to tidy up yesterday

5 **Er will jetzt nach Hause**
He wants to go home now

6 **es zu tun** to do it

es getan zu haben	to have done it
um es zu tun	in order to do it
um es getan zu haben	in order to have done it
ohne es zu tun	without doing it
ohne es getan zu haben	without having done it
anstatt es zu tun	instead of doing it
anstatt es getan zu haben	instead of having done it

7 **Ohne ein Wort zu sagen, verließ er das Haus**
He left the house without saying a word
Er ging nach Hause, ohne mit ihr gesprochen zu haben
He went home without having spoken to her

8 **aufgeben** to give up
um es aufzugeben in order to give it up

9 **Sie gingen weg, ohne sich zu verabschieden**
They left without saying goodbye

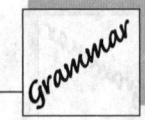

☐ **The Present Participle**

◆ The present participle for all verbs is formed by adding **-d** to the infinitive form → 1

◆ The present participle may be used as an adjective. As with all adjectives, it is declined if used attributively (see p 140) → 2

◆ The present participle may also be used as an adjectival noun (see p 148) → 3

The past participle

◆ For weak verbs, the past participle is formed by prefixing **ge-** and adding **-t** to the verb stem → 4

◆ For strong verbs, the past participle is formed by adding the prefix **ge-** and the ending **-en** to the verb stem → 5
The vowel is often modified too → 6
(See table of strong and mixed verbs beginning on p 86)

◆ Mixed verbs form their past participle by adding the **ge-** and **-t** of weak verbs, but they change their vowel as for strong verbs. (See table on p 86) → 7

◆ The past participles of *separable* verbs are formed according to the above rules and are joined on to the separable prefix → 8

◆ For *inseparable* verbs, past participles are formed without the **ge-** prefix → 9

◆ Many past participles can also be used as adjectives and adjectival nouns → 10

Examples

1 **lachen**   to laugh   **singen**   to sing
     lachend   laughing   **singend**   singing

2 **ein lachendes Kind**   a laughing child
     mit klopfendem Herzen   with beating heart

3 **der Vorsitzende/ein Vorsitzender**   the/a chairman

4 **machen**   to do/make
     gemacht   done/made

5 **sehen**   to see
     gesehen   seen

6 **singen**   to sing
     gesungen   sung

7 **wissen**   to know
     gewusst   known

8 **aufstehen**   to get up   **nachmachen**   to copy/imitate
     aufgestanden   got up   **nachgemacht**   copied/imitated

9 **bestellen**   to order   **entscheiden**   to decide
     bestellt   ordered   **entschieden**   decided

10 **seine verlorene Brille**   his lost spectacles
     Wir aßen Gebratenes   We ate fried food

☐ Modal Auxiliary Verbs

Modal verbs, sometimes called modal auxiliaries, are used to *modify* other verbs (to show e.g. possibility, ability, willingness, permission, necessity) much as in English:

> he *can* swim
> *may* I come?
> we *shouldn't* go

- In German the modal auxiliary verbs are: **dürfen**, **können**, **mögen**, **müssen**, **sollen** and **wollen**.

- Modal verbs have some important differences in their uses and in their conjugation from other verbs, and these are clearly shown in the verb tables on pp 86 to 97.

- Modal verbs have the following meanings:

dürfen	*to be allowed to/may* → 1
	used negatively: *must not/may not* → 2
	to show probability → 3
	also used in some polite expressions → 4
können	*to be able to/can* → 5
	in its subjunctive forms:
	would be able to/could → 6
	as an informal alternative to **dürfen** with the meaning: *to be allowed to/can* → 7
	to show possibility → 8
mögen	*to like/to like to* → 9
	most common in its imperfect subjunctive form which expresses polite inquiry or request: *should like to/would like to* → 10
	to show possibility or probability → 11

Examples

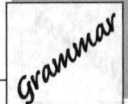

Grammar

1 **Darfst du mit ins Kino kommen?**
Are you allowed to/can you come with us to the cinema?
Darf ich bitte mitkommen?
May I come with you please?
Ich dürfte schon, aber ich will nicht
I could/would be allowed to, but I don't want to

2 **Hier darf man nicht rauchen**
Smoking is prohibited here

3 **Das dürfte wohl das Beste sein**
That's probably the best thing

4 **Was darf es sein?**
Can I help you?/What would you like?

5 **Wir konnten es nicht schaffen**
We couldn't/weren't able to do it

6 **Er könnte noch früher kommen**
He could/would be able to come even earlier
Er meinte, er könne noch früher kommen
He though he could come earlier
Wir könnten vielleicht morgen hinfahren?
Perhaps we could go there tomorrow?

7 **Kann ich/darf ich ein Eis haben?**
Can I/may I have an ice cream?

8 **Wer könnte es gewesen sein?**   **Das kann sein**
Who could it have been?   That may be so

⚠ BUT: **Das kann nicht sein**
That cannot be so

9 **Magst du Butter?**
Do you like butter?

10 **Wir möchten bitte etwas trinken**
We should like something to drink
Möchtest du sie besuchen?
Would you like to visit her?

11 **Wie alt mag sie sein?**
How old might she be?

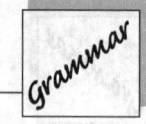

❒ **Modal Auxiliary Verbs** (Continued)

müssen   *to have to/must/need to* → **1**

certain idiomatic uses → **2**

⚠ NOTE: For *must have ...*, use the relevant tense of **müssen** + past participle of main verb + the auxiliary **haben** or **sein** → **3**

For *don't have to/need not*, a negative form of **brauchen** (*to need*) may be used instead of **müssen** → **4**

sollen   *ought to/should* → **5**

to be (supposed) to where the demand is not self-imposed → **6**

to be said to be → **7**

as a command, either direct or indirect → **8**

wollen   *to want/want to* → **9**

used as a less formal version of **mögen** to mean: *to want/wish* → **10**

to be willing to → **11**

to show previous intention → **12**

to claim or pretend → **13**

1. **Er hatte jeden Tag um sechs aufstehen müssen**
   He had to get up at six o'clock every day
   Man musste lachen
   One had to laugh/One couldn't help laughing

2. **Muss das sein?**   Is that really necessary?
   Ein Millionär müsste man sein!   Oh to be a millionaire!
   Den Film muss man gesehen haben
   That film is worth seeing

3. **Es muss geregnet haben**   It must have been raining
   Er meinte, es müsse am vorigen Abend passiert sein
   He thought it must have happened the previous evening

4. **Das brauchtest du nicht zu sagen**
   You didn't have to say that

5. **Man sollte immer die Wahrheit sagen**
   One should always tell the truth
   Er wusste nicht, was er tun sollte
   He didn't know what to do (*what he should do*)

6. **Ich soll dir helfen**
   I am to help you (*I have been told to help you*)
   Du sollst sofort deine Frau anrufen
   You are to phone your wife at once (*She has left a message asking you to ring*)

7. **Er soll sehr reich sein**
   I've heard he's very rich/He is said to be very rich

8. **Es soll niemand sagen, dass die Schotten geizig sind!**
   Let no-one say the Scots are mean!
   Sie sagte mir, ich solle damit aufhören
   She told me to stop it

9. **Das Kind will LKW-Fahrer werden**
   The child wants to become a lorry driver

10. **Willst du eins?**   Do you want one?
    Willst du/möchtest du etwas trinken?
    Do you want/would you like something to drink?

11. **Er wollte nichts sagen**   He refused to say anything

12. **Ich wollte gerade anrufen**   I was just about to phone

13. **Keiner will es gewesen sein**   No-one admits to doing it

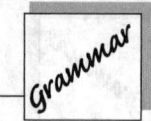

❐ **Modal Auxiliary Verbs** (Continued)

Conjugation and use

◆ Modal verbs have unusual present tenses → 1️⃣

Their principal parts are given in the verb tables on pp 86 to 97.

◆ Each modal verb has two past participles.

The first, which is the more common, is the same as the infinitive form and is used where the modal is modifying a verb → 2️⃣

The second resembles a normal weak past participle and is used only where no verb is being modified (see the verb tables on p 86) → 3️⃣

◆ The verb modified by the modal is placed in its infinitive form at the end of a clause → 4️⃣

◆ Where the modal is used in a compound tense, its past participle in the form of the infinitive is also placed at the end of a clause, immediately after the modified verb → 5️⃣

◆ If the modal verb is modifying a verb, and if the modal is used in a compound tense in a subordinate clause, then the normal word order for subordinate clauses (see p 228) does not apply. The auxiliary used to form the compound tense of the modal is not placed right at the end of the subordinate clause, but instead comes before both infinitives → 6️⃣

Such constructions are usually avoided in German, by using a simple tense in place of a compound. (For notes on the use of tenses in German, see p 58 ff) → 7️⃣

◆ A modified verb which expresses motion may be omitted entirely if an adverb or adverbial phrase is present to indicate the movement or destination → 8️⃣

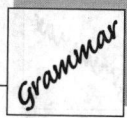

1   **dürfen**   **können**
ich/er/sie/es darf   ich/er/sie/es kann
du darfst   du kannst
wir/sie/Sie dürfen   wir/sie/Sie können
ihr dürft   ihr könnt

    mögen   **müssen**
ich/er/sie/es mag   ich/er/sie/es muss
du magst   du musst
wir/sie/Sie mögen   wir/sie/Sie müssen
ihr mögt   ihr müsst

    sollen   **wollen**
ich/er/sie/es soll   ich/er/sie/es will
du sollst   du willst
wir/sie/Sie sollen   wir/sie/Sie wollen
ihr sollt   ihr wollt

2   <u>**wollen**</u>: Past participle **wollen**
    Er hat kommen wollen
    He wanted to come

3   <u>**wollen**</u>: Past participle **gewollt**
    Hast du es gewollt?
    Did you want it?

4   **Er kann gut schwimmen**
    He can swim well

5   **Wir haben das Haus nicht kaufen wollen**
    We didn't want to buy the house
    Sie wird dich bald sehen wollen
    She will want to see you soon

6   COMPARE:
    Obwohl wir das Haus gekauft haben, ...
    Although we bought the house ...
    Obwohl wir das Haus haben kaufen wollen, ...
    Although we wanted to buy the house ...

7   **Obwohl wir das Haus kaufen wollten ...**
    Although we wanted to buy the house ...

8   **Ich muss nach Hause**
    I must go home
    Die Kinder sollen jetzt ins Bett
    The children have to go to bed now

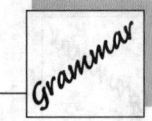

❏ Use of Tenses

Continuous forms

◆ Unlike English, the German verb does not distinguish between its simple and continuous forms → ⬜1

◆ To emphasize continuity, the following may be used:

    simple tense plus an adverb or adverbial phrase → ⬜2

    am or **beim** plus an infinitive used as a noun → ⬜3

    eben/gerade dabei sein zu plus an infinitive → ⬜4

The present

◆ The present tense is used in German with **seit** or **seitdem** where English uses a past tense to show an action which began in the past and still continues → ⬜5

    If the action is finished, or does not continue, a past tense is used → ⬜6

◆ The present is commonly used with future meaning → ⬜7

The future

◆ The present is often used as a future tense → ⬜7

◆ The future tense is used however to:

    emphasize the future → ⬜8

    express doubt or supposition about the future → ⬜9

    express future intention → ⬜10

The future perfect

◆ The future perfect is used as in English to mean *shall/will have done* → ⬜11

◆ It is used in German to express a supposition → ⬜12

◆ In conversation it is replaced by the perfect → ⬜13

The conditional

◆ The conditional may be used in place of the imperfect subjunctive to express improbable condition (see p 62) → ⬜14

◆ It is used in indirect statements or questions to replace the future subjunctive in conversation or where the subjunctive form is not distinctive → ⬜15

1 **ich tue** I do (*simple form*) OR: I am doing (*continuous*)
   er rauchte he smoked OR: he was smoking
   sie hat gelesen she has read OR: she has been reading
   es ist geschickt worden it is sent OR: it is being sent

2 **Er kochte gerade das Abendessen**
   He was cooking the supper
   Nun spricht sie mit ihm Now she's talking to him

3 **Ich bin am Bügeln** I am ironing

4 **Wir waren eben dabei, einige Briefe zu schreiben**
   We were just writing a few letters

5 **Ich wohne seit drei Jahren hier**
   I have been living here for three years

6 **Seit er krank ist, hat er uns nicht besucht**
   He hasn't visited us since he's been ill
   Seit seiner Verlobung habe ich ihn nicht geshen
   I haven't seen him since his engagement

7 **Wir fahren nächstes Jahr nach Griechenland**
   We're going to Greece next year

8 **Das werde ich erst nächstes Jahr machen können**
   I won't be able to do that until next year

9 **Wenn er zurückkommt, wird er mir bestimmt helfen**
   He's sure to help me when he returns

10 **Ich werde ihm helfen**
   I'm going to help him

11 **Bis Sonntag wird er es gelesen haben**
   He will have read it by Sunday

12 **Das wird Herr Keute gewesen sein**
   That must have been Herr Keute

13 **Bis du zurückkommst, haben wir alles aufgeräumt**
   We'll have tidied up by the time you get back

14 **Wenn ich eins hätte, würde ich es dir geben**
   If I had one I would give it to you
   Wenn er jetzt bloß kommen würde!
   If only he would get here!

15 **Er fragte, ob wir fahren würden**
   He asked if we were going to go

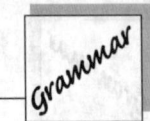

☐ Use of Tenses (Continued)

The conditional perfect

- May be used in place of the pluperfect subjunctive in a sentence containing a **wenn**-clause → ①
- But the pluperfect subjunctive is preferred → ②

The imperfect

- Is used in German with **seit** or **seitdem** where the pluperfect is used in English to show an action which began in the remote past and continued to a point in the more recent past → ③
  For discontinued actions the pluperfect is used → ④
- Is used to describe past actions which have no link with the present as far as the speaker is concerned → ⑤
  Is used for narrative purposes → ⑥
  Is used for repeated, habitual or prolonged past action → ⑦
  See also the ⚠ NOTE on **The Perfect** (below).

The perfect

- Is used to translate the English perfect tense, eg:
  I have spoken, he has been reading → ⑧
- Describes past actions or events which still have a link with the present or the speaker → ⑨
- Is used in conversation and similar communication → ⑩

  ⚠ NOTE: In practice however the perfect and imperfect are often interchangeable in German usage, and in spoken German a mixture of both is common.

The pluperfect

- Is used to translate *had done/had been doing*, except in conjunction with **seit/seitdem** (see **The Imperfect**) → ⑪

The subjunctive

- For uses of the subjunctive tenses, see pp 62 to 67.

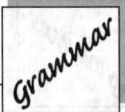

1 **Wenn du es gesehen hättest, würdest dus geglaubt haben**
You would have believed it if you'd seen it

2 **Hättest du es gesehen, so hättest du es geglaubt**
If you had seen it, you'd have believed it
Wenn ich das nur nicht gemacht hätte!
If only I hadn't done it!
Wäre ich nur da gewesen!
If I'd only been there

3 **Sie war seit ihrer Heirat als Lehrerin beschäftigt**
She had been working as a teacher since her marriage

4 **Ihren Sohn hatten sie seit zwölf Jahren nicht gesehen**
They hadn't seen their son for twelve years

5 **Er kam zu spät, um teilnehmen zu können**
He arrived too late to take part

6 **Das Mädchen stand auf, wusch sich das Gesicht und verließ das Haus**
The girl got up, washed her face and went out

7 **Wir machten jeden Tag einen kleinen Spaziergang**
We went/We used to go for a little walk every day

8 **Ich habe ihn heute nicht gesehen**
I haven't seen him today

9 **Ich habe ihr nichts davon erzählt**
I didn't tell her anything about it
Gestern sind wir in die Stadt gefahren und haben uns ein paar Sachen gekauft
Yesterday we went into town and bought ourselves a few things

10 **Hast du den Krimi gestern Abend im Fernsehen gesehen?**
Did you see the thriller on television last night?

11 **Sie waren schon weggefahren**
They had already left
Diese Bücher hatten sie schon gelesen
They had already read these books

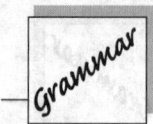
❑ The Subjunctive: when to use it

The subjunctive form in English has almost died out, leaving only a few examples such as:

> if I *were* rich
> if only he *were* to come
> so *be* it

German however makes much wider use of subjunctive forms, especially in formal, educated or literary contexts. Although there is a growing tendency to use indicatives in spoken German, subjunctives are still very common.

♦ The indicative tenses in German display fact or certainty. The subjunctives show unreality, uncertainty, speculation about a situation or any doubt in the speaker's mind → ☐ 1

 Subjunctives are also used in indirect speech, as shown on pp 66 and 67.

♦ For how to form all tenses of the subjunctive, the reader is referred to the relevant sections on Simple Tenses (pp 6 to 17) and Compound Tenses (pp 22 to 29). See also the Subjunctive in Reported Speech (p 66).

♦ The **imperfect subjunctive** is very common. It is important to note that the imperfect subjunctive form does not always represent actions performed in the past → ☐ 2

Uses of the subjunctive in German

♦ To show improbable condition (e.g. if he *came*, he would ...).
 The *if*-clause (**wenn** in German) has a verb in the imperfect subjunctive and the main clause can have either an imperfect subjunctive or a conditional → ☐ 3

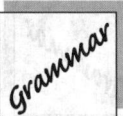

Grammar

1 INDICATIVE

Das stimmt   **Es ist eine Unverschämtheit**
That's true   It's a scandal

SUBJUNCTIVE

Es könnte doch war sein
It could well be true
Sie meint, es sei eine Unverschämtheit
She thinks it's a scandal
(*speaker not necessarily in agreement with her*)

2 *imperfect subjunctive expressing the future:*
Wenn ich morgen nur da sein könnte!
If only I could be there tomorrow!

expressing the present/immediate future:
Wenn er jetzt nur käme!
If only he would come now!

speaker's opinion, referring to present or future:
Sie wäre die Beste
She's the best

3 **Wenn du kämest, wäre ich froh**

OR:

Wenn du kämest, würde ich froh sein
I should be happy if you came

Wenn es mir nicht gefiele, würde ich es nicht bezahlen

OR:

Wenn es mir nicht gefiele, bezahlte ich es nicht
If I wasn't happy with it, I wouldn't pay for it
(*The second form is less likely, as the imperfect subjunctive and
imperfect indicative forms of* **bezahlen** *are identical*)

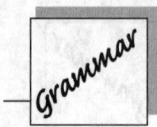

☐ **The Subjunctive: when to use it** (Continued)

◆ The imperfect of **sollen** or **wollen**, or a conditional tense might be used in the **wenn**-clause to replace an uncommon imperfect subjunctive, or a subjunctive which is not distinct from the same tense of the indicative → 1

◆ To show unfulfilled condition (if he *had come*, he would have ...)

The **wenn**-clause requires a pluperfect subjunctive, the main clause a pluperfect subjunctive or conditional perfect → 2

⚠ NOTE: The indicative is used to express a *probable* condition, as in English → 3

◆ **Wenn** can be omitted from conditional clauses. The verb must then follow the subject and **dann** or **so** usually begins the main clause → 4

◆ With **selbst wenn** (*even if/even though*) → 5

◆ With **wenn ... nur** (*if only ...*) → 6

◆ To speculate or make assumptions → 7

◆ After **als** (*as if/as though*) → 8

◆ Where there is uncertainty or doubt → 9

◆ To make a polite enquiry → 10

◆ To indicate theoretical possibility or unreality → 11

◆ As an alternative to the conditional perfect → 12

1. **Wenn er mich so sehen würde, würde er mich für verrückt halten!** OR:
   Wenn er mich so sehen würde, hielte er mich für verrückt! OR:
   Wenn er mich so sehen sollte, würde er mich für verrückt halten!
   If he saw me like this, he would think I was mad!
   (**Wenn er mich so sähe** *would sound rather stilted*)

2. **Wenn du pünktlich gekommen wärest, hättest du ihn gesehen** OR:
   Wenn du pünktlich gekommen wärest, würdest du ihn gesehen haben
   If you had been on time, you would have seen him

3. **Wenn ich ihn sehe, gebe ich es ihm**
   If I see him I'll give him it

4. **Hättest du mich nicht gesehen, so wäre ich schon weg**
   If you hadn't seen me, I would have been gone by now

5. **Selbst wenn er etwas wüsste, würde er nichts sagen**
   Even if he knew about it, he wouldn't say anything

6. **Wenn wir nur erfolgreich wären!**
   If only we were successful!

7. **Und wenn er Recht hätte?** What if he were right?
   Eine Frau, die das sagen würde (OR: **die das sagte**), **müsste Feministin sein!**
   Any woman who would say that must be a feminist!

8. **Er sah aus, als sei er krank**
   He looked as if he were ill

9. **Er wusste nicht, wie es ihr jetzt ginge**
   He didn't know how she was

10. **Wäre da sonst noch etwas?** Will there be anything else?

11. **Er stellte sich vor, wie gut er in dem Anzug aussähe**
    He imagined how good he would look in the suit

12. **Ich hätte ihn gesehen** OR: **Ich würde ihn gesehen haben**
    I would have seen him

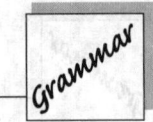

☐ The Subjunctive in Indirect Speech

What a person asks or thinks can be reported in one of two ways, either **directly**:

Tom said, "I have been on holiday"

OR **indirectly**:

Tom said (that) he had been on holiday

◆ In English, indirect (or reported) speech can be indicated by a change in tense of what has been reported:

He said, "*I know* your sister"
He said (that) *he knew* my sister

In German the change is not in tense, but from indicative to subjunctive
→ ①

◆ There are two ways of introducing indirect speech in German, similar to the parallel English constructions:

1. The clause which reports what is said may be introduced by **dass** (*that*). The finite verb or auxiliary comes at the end of the clause → ②

2. **dass** may be omitted. The verb in this case must stand in second position in the clause, instead of being placed at the end → ③

Forms of the subjunctive in indirect speech

For conjugation of verbs in the subjunctive, see pp 8 to 15 and 26 to 31. In indirect (or reported) speech, wherever the present subjunctive is identical to the present indicative form, the imperfect subjunctive is used instead → ④

1. **Er sagte: „Sie kennt deine Schwester"**
   He said, "She knows your sister"

   Er sagte, sie kenne meine Schwester
   He said she knew my sister

   „Habe ich zu viel gesagt?", fragte er
   "Have I said too much?", he asked

   Er fragte, ob er zu viel gesagt habe
   He asked if he had said too much

2. **Er hat uns gesagt, dass er Italienisch spreche**
   He told us that he spoke Italian

3. **Er hat uns gesagt, er spreche Italienisch**
   He told us he spoke Italian

4. PRESENT SUBJUNCTIVE IN INDIRECT SPEECH

   WEAK VERBS

   <u>**holen**</u> to fetch

ich holte	**wir holten**
du holest	ihr holet
er hole	**sie holten**

   STRONG VERBS

   <u>**singen**</u> to sing

ich sänge	**wir sängen**
du singest	ihr singet
er singe	**sie sängen**

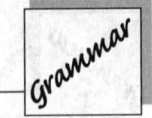

❐ Verbs with Prefixes

Many verbs in German begin with a prefix. A prefix is a word or part of a word which precedes the verb stem → 1

◆ Often the addition of a prefix changes the meaning of the basic verb → 2

◆ Prefixes may be found in strong, weak or mixed verbs. Adding a prefix may occasionally change the verb conjugation → 3

There are four kinds of prefix and each behaves in a slightly different way, as shown on the following pages. Prefixes may be inseparable, separable, double or variable (i.e. either separable or inseparable depending on the verb).

Inseparable prefixes

◆ The eight inseparable prefixes are:

be-	ent-	ge-	ver-	→ 4
emp-	er-	miss-	zer-	

◆ These exist only as prefixes, and cannot be words in their own right.

◆ They are never separated from the verb stem, whatever tense of the verb is used → 5

◆ Inseparable prefixes are always unstressed → 6

Examples

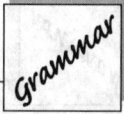

---

1 zu + geben = **zugeben**
   an + ziehen = **anziehen**

2 **nehmen**   to take
   zunehmen   to put on weight/to increase
   sich benehmen   to behave

3 WEAK   STRONG
   suchen   to look for   **stehen**   to stand
   versuchen   to try   **verstehen**   to understand
   besuchen   to visit   **aufstehen**   to get up

   WEAK   WEAK
   löschen   to extinguish   **fehlen**   to be missing

   STRONG   STRONG
   erlöschen   to go out   **empfehlen**   to recommend

4 **beschreiben**   to describe
   empfangen   to receive
   enttäuschen   to disappoint
   erhalten   to contain
   gehören   to belong
   misstrauen   to mistrust
   verlieren   to lose
   zerlegen   to dismantle

5 **besuchen**   to visit
   Er besucht uns regelmäßig   He visits us regularly
   Er besuchte uns jeden Tag   He used to visit us every day
   Er hat uns jeden Tag besucht   He visited us every day
   Er wird uns morgen besuchen   He will visit us tomorrow
   Besuche sofort deine Tante!   Visit your aunt at once

6 er**lau**ben, ver**steh**en, emp**fang**en, ver**gess**en

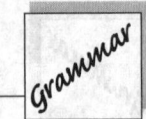

☐ **Verbs with Prefixes** (Continued)

Separable prefixes

Some common examples are:

ab	**fest**	**herunter**	**mit**
an	**frei**	**hervor**	**nach**
auf	**her**	**hin**	**nieder**
aus	**herab**	**hinab**	**vor**
bei	**heran**	**hinauf**	**vorbei**
da(r)	**herauf**	**hinaus**	**vorüber**
davon	**heraus**	**hindurch**	**weg**
dazu	**herbei**	**hinein**	**zu**
ein	**herein**	**hinüber**	**zurecht**
empor	**herüber**	**hinunter**	**zurück**
entgegen	**herum**	**los**	**zusammen**

◆ Unlike inseparable prefixes, separable prefixes may be words in their own right. Indeed, nouns, adjectives and adverbs are often used as separable prefixes ➞ 1

◆ The past participle of a verb with a separable prefix is formed with **ge-**. It comes between the verb and the prefix ➞ 2

◆ In main clauses, the prefix is placed at the end of the clause if the verb is in a simple tense (i.e. present, imperfect or imperative form) ➞ 3

◆ In subordinate clauses, whatever the tense of the verb, the prefix is attached to the verb and the resulting whole placed at the end of the clause ➞ 4

◆ Where an infinitive construction requiring **zu** is used (see p 48), the **zu** is placed between the infinitive and prefix to form one word ➞ 5

1	*noun + verb*: **teilnehmen**	to take part
	adjective + verb: **loswerden**	to get free of
	adverb + verb: **niederlegen**	to lay down

2 **Er hat nicht teilgenommen**
He did not participate
Wir sind an der Grenze zurückgewiesen worden
We were turned back at the border

3 **wegbringen**   to take for repair/to take away

PRESENT
Wir bringen das Auto weg
IMPERFECT
Wir brachten das Auto weg
IMPERATIVE
Bringt das Auto weg!
FUTURE
Wir werden das Auto wegbringen
CONDITIONAL
Wir würden das Auto wegbringen
PERFECT
Wir haben das Auto weggebracht
PERFECT PASSIVE
Das Auto ist weggebracht worden
PLUPERFECT SUBJUNCTIVE
Wir hätten das Auto weggebracht

4 PRESENT
Weil wir das Auto wegbringen, ...
IMPERFECT
Dass wir das Auto wegbrachten, ...
PERFECT
Nachdem wir das Auto weggebracht haben, ...
PLUPERFECT SUBJUNCTIVE
Wenn wir das Auto weggebracht hätten, ...
FUTURE
Obwohl wir das Auto wegbringen werden, ...

5 **Um das Auto rechtzeitig wegzubringen, müssen wir
morgen früh aufstehen**
In order to take the car in on time we shall have to get up early
tomorrow

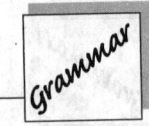
☐ Verbs with Prefixes (Continued)

Variable prefixes

These are:

durch	über	unter	wider
hinter	um	voll	wieder

- These can be separable or inseparable → 1

- Often they are used separably and inseparably with the same verb. In such cases the verb and prefix will tend to retain their basic meanings if the prefix is used separably, but adopt figurative meanings when the prefix is used inseparably → 2

- Variable prefixes behave as separable prefixes when used separably, and as inseparable prefixes when used inseparably → 3

Double prefixes

These occur where a verb with an inseparable prefix is preceded by a separable prefix → 4

- The separable prefix behaves as described on p 70, the verb plus inseparable prefix representing the basic verb to which the separable prefix is attached → 5

- Unlike other separable verbs, however, verbs with double prefixes have no **ge-** in their past participles → 6

1. **unternehmen** (*inseparable*)   to undertake, take on
   Wir haben in den Ferien vieles unternommen
   We did a great deal in the holidays
   Du unternimmst zu viel
   You take on too much

   untergehen (*separable*)   to sink, go down
   Die Sonne geht unter
   The sun is going down/is setting
   Die Sonne ist untergangen
   The sun has gone down/has set

2. **etwas wiederholen** (*separable*)   to retrieve something
   etwas wiederholen (*inseparable*)   to repeat something

3. **Er holte ihr die Tasche wieder**
   He brought her back her bag
   Er wiederholte den Satz
   He repeated the sentence

4. **ausverkaufen**   to sell off

5. **Er verkauft alles aus**
   He's selling everything off
   Um alles auszuverkaufen ...
   In order to sell everything off ...
   Er wird alles ausverkaufen
   He'll be selling everything off

6. **Aber er hat doch alles ausverkauft**
   But he's sold everything off

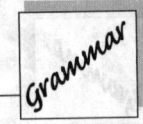

□ **Verb Combinations**

- *Noun + verb* combinations are written separately → ☐1

  ⚠ BUT: Compound verbs which are almost exclusively used in the infinitive or as participles are written as one word → ☐2

- *Infinitive + verb* combinations are written separately → ☐3

- *Participle + verb* combinations are written separately → ☐4

- *Adjective/adverb + verb* combinations are written as one word if the first component of the compound is not a word in its own right → ☐5

  Or if the first component of the compound cannot be qualified or compared → ☐6

- *Adjective + verb* combinations are written separately if the adjective can be qualified or compared (in this case, negation counts as a qualification) → ☐7

- *Adverb + verb* combinations are written separately if the adverb is a compound word → ☐8

- Verb combinations with **-ander** are written separately → ☐9

- Verb combinations with **-seits** and **-wärts** are written separately → ☐10

- Verb combinations with **sein** are written separately → ☐11

Examples

1. **Ski fahren, Eis laufen, Halt machen**

2. **bergsteigen, brustschwimmen, kopfrechnen, sonnenbaden**

3. **kennen lernen, sitzen bleiben, spazieren gehen**

4. **gefangen nehmen, verloren gehen**

5. **fehlschlagen, kundgeben, weismachen**

6. **bereithalten, fernsehen, totschlagen**

7. **bekannt machen, genau nehmen, kurz treten, nahe bringen**

8. **abhanden kommen, beiseite legen, überhand nehmen, zunichte machen**

9. **aneinander legen, auseinander laufen, durcheinander reden**

10. **abseits stehen, abwärts gehen**

11. **auf sein, zu sein**

☐ **Verbs followed by Prepositions**

◆ Some verbs in English usage require a preposition (*for/with/by* etc) for their completion.
This also happens in German, though the prepositions used with German verbs may not be those expected from their English counterparts → 1

◆ The preposition used may significantly alter the meaning of a verb in German → 2

◆ Occasionally German verbs use a preposition where their English equivalents do not → 3

◆ Prepositions used with verbs behave as normal prepositions and affect the *case* of the following noun (see p198).

◆ A verb plus preposition may be followed by a clause containing another verb rather than by a noun or pronoun. This often corresponds to an *-ing* construction in English:

Thank you for *coming*

In German, this is dealt with in two ways:

1 Where the "verb-plus-preposition" construction has the same subject as the following verb, the preposition is preceded by **da-** or **dar-** and the following verb becomes an infinitive used with **zu** → 4

2 Where the subject of the "verb-plus-preposition" is not the same as for the following verb, a **dass** clause is used → 5

◆ Following clauses may also be introduced by interrogatives (**ob**, **wie** etc) if the meaning demands them → 6

1. COMPARE:
sich sehnen *nach*	to long *for*
warten *auf*	to wait *for*
bitten *um*	to ask *for*

2. | | |
   |---|---|
   | **bestehen** | to pass (an examination/a test *etc*) |
   | **bestehen aus** | to consist of |
   | **bestehen auf** | to insist on |
   | **sich freuen auf** | to look forward to |
   | **sich freuen über** | to be pleased about |

3. **diskutieren über** to discuss

4. **Ich freue mich sehr darauf, mal wieder mit ihm zu arbeiten**

   I am looking forward to working with him again

5. **Ich freue mich sehr darauf, dass du morgen kommst**

   I am looking forward to your coming tomorrow

   Er sorgte dafür, dass die Kinder immer gut gepflegt waren

   He saw to it that the children were always well cared for

6. **Er dachte lange darüber nach, ob er es wirklich kaufen wollte**

   He thought for ages about whether he really wanted to buy it

   Sie freut sich darüber, wie schnell ihre Schüler gelernt haben

   She is pleased at how quickly her students have learned

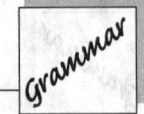
☐ **Verbs followed by Prepositions** (Continued)

COMMON VERBS FOLLOWED BY PREPOSITION <u>PLUS ACCUSATIVE CASE</u>:

achten auf	to pay attention to, keep an eye on → **1**
sich amüsieren über	to laugh at, smile about
sich ärgern über	to get annoyed about/with
sich bewerben um	to apply for → **2**
bitten um	to ask for → **3**
denken an	to be thinking of → **4**
denken über	to hold an opinion of, think about → **5**
sich erinnern an	to remember
sich freuen auf	to look forward to
sich freuen über	to be pleased about → **6**
sich gewöhnen an	to get used to → **7**
sich interessieren für	to be interested in → **8**
kämpfen um	to fight for
sich kümmern um	to take care of, see to
nachdenken über	to ponder, reflect on → **9**
sich unterhalten über	to talk about
sich verlassen auf	to rely on, depend on → **10**
warten auf	to wait for

COMMON VERBS FOLLOWED BY PREPOSITION <u>PLUS DATIVE CASE</u>:

abhängen von	to be dependent on → **11**
sich beschäftigen mit	to occupy oneself with → **12**
bestehen aus	to consist of → **13**
leiden an/unter	to suffer from → **14**
neigen zu	to be inclined to
riechen nach	to smell of → **15**
schmecken nach	to taste of
sich sehnen nach	to long for
sterben an	to die of
teilnehmen an	to take part in → **16**
träumen von	to dream of → **17**
sich verabschieden von	to say goodbye to
sich verstehen mit	to get along with, get on with
zittern vor	to tremble with → **18**

Examples

Grammar

1. **Er musste auf die Kinder achten**
   He had to keep an eye on the children

2. **Sie hat sich um die Stelle als Sekretärin beworben**
   She applied for the post of secretary

3. **Die Kinder baten ihre Mutter um Plätzchen**
   The children asked their mother for some biscuits

4. **Woran denkst du?** What are you thinking about?
   Daran habe ich gar nicht mehr gedacht
   I'd forgotten about that

5. **Wie denkt ihr darüber?** What do you think about it?

6. **Ich freute mich sehr darüber, Johannes besucht zu haben**
   I was very glad I had visited Johannes

7. **Man gewöhnt sich an alles** One gets used to anything

8. **Sie interessiert sich sehr für Politik**
   She is very interested in politics

9. **Er hatte schon lange darüber nachgedacht**
   He had been thinking about it for a long time

10. **Er verlässt sich darauf, dass seine Frau alles tut**
    He relies on his wife to do everything

11. **Das hängt davon ab** It all depends

12. **Sie sind im Moment sehr damit beschäftigt, ihr neues
    Haus in Ordnung zu bringen**
    They are very busy sorting out their new house at the moment

13. **Dieser Kuchen besteht aus Eiern, Mehl und Zucker**
    This cake consists of eggs, flour and sugar

14. **Sie hat lange an dieser Krankheit gelitten**
    She suffered from this illness for a long time
    Alte Leute können sehr unter der Einsomkeit leiden
    Old people can suffer dreadful loneliness

15. **Der Kuchen roch nach Zimt**
    The cake smelled of cinnamon

16. **Sie hat an der Bonner Tagung teilnehmen müssen**
    She had to attend the Bonn conference

17. **Er hat von seinem Urlaub geträumt**
    He dreamt of his holiday

18. **Er zitterte vor Freude** He was trembling with joy

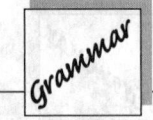
☐ Verbs followed by the Dative

Some verbs have a direct object and an indirect object. In the English sentence "*He gave me a book*", *a book* is the direct object of *gave* and would be in the accusative and *me* (= *to me*) is the indirect object and would appear in the dative case in German → 1

♦ In German, as in English, this type of verb is usually concerned with giving or telling something to someone, or with performing an action for someone → 2

♦ The normal word order after such verbs is for the direct object to follow the indirect, *except* where the direct object is a personal pronoun (see p 224) → 2
This order may be reversed for emphasis → 3

♦ Some examples of verbs followed by the dative in this way:

anbieten	gönnen	schicken
bringen	kaufen	schreiben
beweisen	leihen	schulden → 4
erzählen	mitteilen	verkaufen
geben	schenken	zeigen

♦ Certain verbs in German however can be followed *only* by an indirect object in the dative case. These should be noted especially, since most of them are quite different from their English equivalents:

begegnen	gratulieren	schmeicheln
danken	helfen	trauen
fehlen	imponieren	trotzen
gefallen	misstrauen	vorangehen → 5
gehören	nachgehen	wehtun
gelingen	schaden	widersprechen
gleichen	schmecken	widerstehen

♦ For how to form the passive of such verbs, see p 36.

Examples

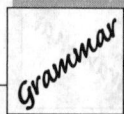

---

1 **Er gab mir ein Buch** He gave me a book

2 **Er wusch dem Kind** (*indirect*) **das Gesicht** (*direct*)
He washed the child's face
Er erzählte ihm (*indirect*) **eine Geschichte** (*direct*)
He told him a story
⚠ BUT:
Er hat sie (*direct*) **meiner Mutter** (*indirect*) **gezeigt**
He showed it to my mother
Kaufst du es (*direct*) **mir** (*indirect*)?
Will you buy it for me?

3 **Er wollte das Buch** (*direct*) **seiner Mutter** (*indirect*) **geben**
(*This emphasises* **seiner Mutter**)
He wanted to give the book to his mother

4 **Er bot ihr die Arbeitsstelle an** He offered her the job
Bringst du mir eins? Will you bring me one?
Ich gönne dir das neue Kleid
I want you to have the new dress
Er hat ihr mitgeteilt, dass ... He told her that ...
Ich schenke meiner Mutter Parfüm zum Geburtstag
I am giving my mother perfume for her birthday
Das schulde ich ihm I owe him that
Zeig es mir! Show me it!

5 **Er ist seinem Freund in der Stadt begegnet**
He bumped into his friend in town
Mir fehlt der Mut dazu I don't have the courage
Es ist ihnen gelungen They succeeded
Wem gehört dieses Buch? Whose book is this?
Er wollte ihr nicht helfen He refused to help her
Ich gratuliere dir! Congratulations!
Rauchen schadet der Gesundheit
Smoking is bad for your health
Das Essen hat ihnen gut geschmeckt
They enjoyed the meal

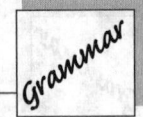

❐ **There is/There are**

There are three ways of expressing this in German:

Es gibt

- This is always used in the singular form, and is followed by an accusative object which may be either singular or plural → 1

- **Es gibt** is used to refer to things of a general nature or location → 2

- It also has some idiomatic usages → 3

Es ist/es sind

- The **es** here merely introduces the real subject. The verb therefore becomes plural where the real subject is plural. The real subject is in the nominative case → 4

- The **es** is not required and is therefore omitted when the verb and real subject come together. This happens when inversion of subject and verb occurs (see p 226) and in subordinate clauses → 5

- **Es ist** or **es sind** are used to refer to:
  1. subjects with a specific and confined location.
     This location must always be mentioned either by name or by **da, darauf, darin** etc → 6
  2. temporary existence → 7
  3. as a beginning to a story → 8

The passive voice

Often *there is/there are* in English will be rendered by a verb in the passive voice in German → 9

Grammar

1   **Es gibt zu viele Probleme dabei**
There are too many problems involved
Es gibt kein besseres Bier
There's no better beer

2   **Es gibt bestimmt Regen**
It's definitely going to rain
Ruhe hat es bei uns nie gegeben
There has never been any peace here

3   **Was gibts (= gibt es) zum Essen?**   What is there to eat?
Was gibts?   What's wrong?, What's up?
So was gibts doch nicht!   That's impossible!

4   **Es waren zwei ältere Leute unten im Hof**
There were two elderly people down in the yard
Es sind so viele Touristen da
There are so many tourists there

5   **Unten im Hof waren zwei ältere Leute**
Down in the yard were two elderly people
Wenn so viele Touristen da sind, ...
If there are so many tourists there, ...

6   **Es waren viele Flaschen Sekt im Keller**
There were a lot of bottles of champagne in the cellar
**Ein Brief lag auf dem Tisch. Es waren auch zwei
Bücher darauf**
A letter lay on the table. There were also two books on it

7   **Es war niemand da**
There was no-one there

8   **Es war einmal ein König ...**
Once upon a time there was a king ...

9   **Es wurde auf der Party viel getrunken**
There was a lot of drinking at the party

❏ Use of "es" as an Anticipatory Object

Many verbs can have as their object a **dass** clause or an infinitive with **zu**
→ 1

◆ With some verbs **es** is used as an object to anticipate this clause or infinitive phrase → 2

◆ When the clause or infinitive phrase begins the sentence, **es** is not used in the main clause but its place may be taken by an optional **das** → 3

COMMON VERBS WHICH <u>USUALLY HAVE THE "ES" OBJECT</u>:

es ablehnen, zu	to refuse to
es aushalten, zu tun/dass	to stand doing → 4
es ertragen, zu tun/dass	to endure doing
es leicht haben, zu	to find it easy to → 5
es nötig haben, zu	to need to → 6
es satt haben, zu	to have had enough of (doing)
es verstehen, zu	to know how to → 7

COMMON VERBS WHICH <u>OFTEN HAVE THE "ES" OBJECT</u>:

es jemandem anhören/ansehen, dass	to tell by listening to/looking at someone that → 8
es begreifen, dass/warum/wie	to understand that/why/how
es bereuen, zu tun/dass	to regret having done/that
es leugnen, dass	to deny that → 9
es unternehmen, zu	to undertake to
es jemandem verbieten, zu	to forbid someone to
es jemandem vergeben, dass	to forgive someone for (doing)
es jemandem verschweigen, dass	not to tell someone that
es jemandem verzeihen, dass	to forgive someone for (doing)
es wagen zu	to dare to

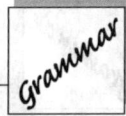
Grammar

1. **Er wusste, dass wir pünktlich kommen würden**
   He knew that we would come on time
   Sie fing an zu lachen
   She began to laugh

2. **Er hatte es abgelehnt mitzufahren**
   He had refused to come

3. **Dass es Wolfgang war, das haben wir ihr verschwiegen**
   OR:
   Dass es Wolfgang war, haben wir ihr verschwiegen
   We didn't tell her that it was Wolfgang

4. **Ich halte es nicht mehr aus, bei ihnen zu arbeiten**
   I can't stand working for them any longer

5. **Er hatte es nicht leicht, sie zu überreden**
   He didn't have an easy job persuading them

6. **Ich habe es nicht nötig, mit dir darüber zu reden**
   I don't have to talk to you about it

7. **Er versteht es, Autos zu reparieren**
   He knows about repairing cars

8. **Man hörte es ihm sofort an, dass er kein Deutscher war**
   OR:
   Dass er kein Deutscher war, (das) hörte man ihm sofort an
   One could tell immediately (from the way he spoke) that he wasn't German

   Man sieht es ihm sofort an, dass er dein Bruder ist
   OR:
   Dass er dein Bruder ist, (das) sieht man ihm sofort an
   One can tell at a glance that he's your brother

9. **Er hat es nie geleugnet, das Geld genommen zu haben**
   He has never denied taking the money

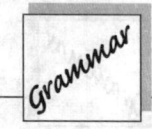

☐ Strong and Mixed Verbs - Principal Parts

INFINITIVE	TRANSLATION	3RD PERSON PRESENT
backen	to bake	**er bäckt**
befehlen	to command	**er befiehlt**
beginnen	to begin	**er beginnt**
beißen	to bite	**er beißt**
bergen	to rescue	**er birgt**
bersten	to burst *intr*	**er birst**
betrügen	to deceive	**er betrügt**
biegen	to bend *tr*/to turn *intr*	**er biegt**
bieten	to offer	**er bietet**
binden	to tie	**er bindet**
bitten	to ask for	**er bittet**
blasen	to blow	**er bläst**
bleiben	to remain	**er bleibt**
braten	to fry	**er brät**
brechen	to break	**er bricht**
brennen	to burn	**er brennt**
bringen	to bring	**er bringt**
denken	to think	**er denkt**
dreschen	to thresh	**er drischt**
dringen	to penetrate	**er dringt**
dürfen	to be allowed to	**er darf**
empfehlen	to recommend	**er empfiehlt**
erlöschen	to go out (*fire, light*)	**er erlischt**
erschallen	to resound	**er erschallt**
erschrecken[1]	to be startled	**er erschrickt**
erwägen	to weigh up	**er erwägt**
essen	to eat	**er isst**
fahren	to travel	**er fährt**

[1]**erschrecken** meaning "to frighten" is weak:
  erschrecken, erschreckt, erschreckte, hat erschreckt

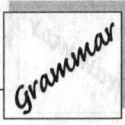

3RD PERSON IMPERFECT	PERFECT	IMPERFECT SUBJUNCTIVE
er backte	er hat gebacken	er backte
er befahl	er hat befohlen	er befähle
er begann	er hat begonnen	er begänne
er biss	er hat gebissen	er bisse
er barg	er hat geborgen	er bärge
er barst	er ist geborsten	er bärste
er betrog	er hat betrogen	er betröge
er bog	er hat/ist gebogen	er böge
er bot	er hat geboten	er böte
er band	er hat gebunden	er bände
er bat	er hat gebeten	er bäte
er blies	er hat geblasen	er bliese
er blieb	er ist geblieben	er bliebe
er briet	er hat gebraten	er briete
er brach	er hat/ist gebrochen	er bräche
er brannte	er hat gebrannt	er brennte
er brachte	er hat gebracht	er brächte
er dachte	er hat gedacht	er dächte
er drosch	er hat gedroschen	er drösche
er drang	er ist gedrungen	er dränge
er durfte	er hat gedurft/dürfen[1]	er dürfte
er empfahl	er hat empfohlen	er empfähle
er erlosch	er ist erloschen	er erlösche
er erschallte	er ist erschollen	er erschölle
er erschrak	er ist erschrocken	er erschräke
er erwog	er hat erwogen	er erwöge
er aß	er hat gegessen	er äße
er fuhr	er ist gefahren	er führe

[1] The second (infinitive) form is used when combined with an infinitive construction (see p 56).

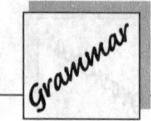

☐ **Strong and Mixed Verbs** (Continued)

INFINITIVE	TRANSLATION	3RD PERSON PRESENT ⟹
fallen	to fall	**er fällt**
fangen	to catch	**er fängt**
fechten	to fight	**er ficht**
finden	to find	**er findet**
fliegen	to fly	**er fliegt**
fliehen	to flee *tr/intr*	**er flieht**
fließen	to flow	**er fließt**
fressen	to eat (*of animals*)	**er frisst**
frieren	to be cold/to freeze over	**er friert**
gebären	to give birth to	**sie gebärt**
geben	to give	**er gibt**
gedeihen	to thrive	**er gedeiht**
gehen	to go	**er geht**
gelingen	to succeed	**es gelingt**
gelten	to be valid	**er gilt**
genesen	to get well	**er genest**
genießen	to enjoy	**er genießt**
geraten	to get into (*a state etc*)	**er gerät**
geschehen	to happen	**es geschieht**
gewinnen	to win	**er gewinnt**
gießen	to pour	**er gießt**
gleichen	to resemble/to equal	**er gleicht**
gleiten	to glide	**er gleitet**
glimmen	to glimmer	**er glimmt**
graben	to dig	**er gräbt**
greifen	to grip	**er greift**
haben	to have	**er hat**
halten	to hold/to stop	**er hält**
hängen[1]	to hang *intr*	**er hängt**
heben	to lift	**er hebt**
heißen	to be called	**er heißt**

[1] **hängen** is weak when used transitively.

VERB TABLE

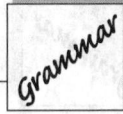

3RD PERSON IMPERFECT	PERFECT	IMPERFECT SUBJUNCTIVE
er fiel	er ist gefallen	er fiele
er fing	er hat gefangen	er finge
er focht	er hat gefochten	er föchte
er fand	er hat gefunden	er fände
er flog	er hat/ist geflogen	er flöge
er floh	er hat/ist geflohen	er flöhe
er floss	er ist geflossen	er flösse
er fraß	er hat gefressen	er fräße
er fror	er hat/ist gefroren	er fröre
sie gebar	sie hat geboren	sie gebäre
er gab	er hat gegeben	er gäbe
er gedieh	er ist gediehen	er gediehe
er ging	er ist gegangen	er ginge
es gelang	es ist gelungen	es gelänge
er galt	er hat gegolten	er gälte
er genas	er ist genesen	er genäse
er genoss	er hat genossen	er genösse
er geriet	er ist geraten	er geriete
es geschah	es ist geschehen	es geschähe
er gewann	er hat gewonnen	er gewönne
er goss	er hat gegossen	er gösse
er glich	er hat geglichen	er gliche
er glitt	er ist geglitten	er glitte
er glomm	er hat geglommen	er glömme
er grub	er hat gegraben	er grübe
er griff	er hat gegriffen	er griffe
er hatte	er hat gehabt	er hätte
er hielt	er hat gehalten	er hielte
er hing	er hat gehangen	er hinge
er hob	er hat gehoben	er höbe
er hieß	er hat geheißen	er hieße

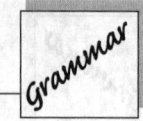

❐ **Strong and Mixed Verbs** (Continued)

INFINITIVE	TRANSLATION	3RD PERSON PRESENT ⟱
helfen	to help	**er hilft**
kennen	to know (*someone etc*)	**er kennt**
klingen	to sound	**er klingt**
kommen	to come	**er kommt**
kneifen	to pinch	**er kneift**
können	to be able to	**er kann**
kriechen	to crawl	**er kriecht**
laden	to load	**er lädt**
lassen	to allow	**er lässt**
laufen	to walk/to run	**er läuft**
leiden	to suffer	**er leidet**
leihen	to lend	**er leiht**
lesen	to read	**er liest**
liegen	to lie	**er liegt**
lügen	to tell a lie	**er lügt**
mahlen	to grind	**er mahlt**
messen	to measure	**er misst**
misslingen	to fail	**es misslingt**
mögen	to like to	**er mag**
müssen	to have to	**er muss**
nehmen	to take	**er nimmt**
nennen	to call	**er nennt**
pfeifen	to whistle	**er pfeift**
preisen	to praise	**er preist**
quellen	to gush	**er quillt**
raten	to advise/to guess	**er rät**
reiben	to rub	**er reibt**
reißen	to tear *tr*/*intr*	**er reißt**
reiten	to ride *tr*/*intr*	**er reitet**

VERB TABLE

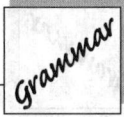

3RD PERSON IMPERFECT	PERFECT	IMPERFECT SUBJUNCTIVE
er half	er hat geholfen	er hülfe
er kannte	er hat gekannt	er kennte
er klang	er hat geklungen	er klänge
er kam	er ist gekommen	er käme
er kniff	er hat gekniffen	er kniffe
er konnte	er hat gekonnt/können[1]	er könnte
er kroch	er ist gekrochen	er kröche
er lud	er hat geladen	er lüde
er ließ	er hat gelassen	er ließe
er lief	er ist gelaufen	er liefe
er litt	er hat gelitten	er litte
er lieh	er hat geliehen	er liehe
er las	er hat gelesen	er läse
er lag	er hat gelegen	er läge
er log	er hat gelogen	er löge
er mahlte	er hat gemahlen	er mahlte
er maß	er hat gemessen	er mäße
es misslang	es ist misslungen	es misslänge
er mochte	er hat gemocht/mögen[1]	er möchte
er musste	er hat gemusst/müssen[1]	er müsste
er nahm	er hat genommen	er nähme
er nannte	er hat genannt	er nennte
er pfiff	er hat gepfiffen	er pfiffe
er pries	er hat gepriesen	er priese
er quoll	er ist gequollen	er quölle
er riet	er hat geraten	er riete
er rieb	er hat gerieben	er riebe
er riss	er hat/ist gerissen	er risse
er ritt	er hat/ist geritten	er ritte

[1] The second (infinitive) form is used when combined with an infinitive construction (see p 56).

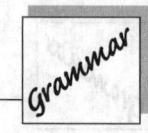

☐ **Strong and Mixed Verbs** (Continued)

INFINITIVE	TRANSLATION	3RD PERSON PRESENT
rennen	to run	**er rennt**
riechen	to smell	**er riecht**
ringen	to wrestle	**er ringt**
rinnen	to flow	**er rinnt**
rufen	to shout	**er ruft**
salzen	to salt	**er salzt**
saufen	to booze/to drink	**er säuft**
saugen	to suck	**er saugt**
schaffen[1]	to create	**er schafft**
scheiden	to separate *tr/intr*	**er scheidet**
scheinen	to seem/to shine	**er scheint**
schelten	to scold	**er schilt**
scheren	to shear	**er schert**
schieben	to shove	**er schiebt**
schießen	to shoot	**er schießt**
schlafen	to sleep	**er schläft**
schlagen	to hit	**er schlägt**
schleichen	to creep	**er schleicht**
schleifen	to grind	**er schleift**
schließen	to close	**er schließt**
schlingen	to wind	**er schlingt**
schmeißen	to fling	**er schmeißt**
schmelzen	to melt *tr/intr*	**er schmilzt**
schneiden	to cut	**er schneidet**
schreiben	to write	**er schreibt**
schreien	to shout	**er schreit**
schreiten	to stride	**er schreitet**
schweigen	to be silent	**er schweigt**

[1] **schaffen** meaning "to work hard/to manage" is weak:
  schaffen, schafft, schaffte, hat geschafft

VERB TABLE

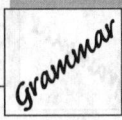

3RD PERSON IMPERFECT	PERFECT	IMPERFECT SUBJUNCTIVE
er rannte	er ist gerannt	er rennte
er roch	er hat gerochen	er röche
er rang	er hat gerungen	er ränge
er rann	er ist geronnen	er ränne
er rief	er hat gerufen	er riefe
er salzte	er hat gesalzen	er salzte
er soff	er hat gesoffen	er söffe
er sog	er hat gesogen	er söge
er schuf	er hat geschaffen	er schüfe
er schied	er hat/ist geschieden	er schiede
er schien	er hat geschienen	er schiene
er schalt	er hat gescholten	er schölte
er schor	er hat geschoren	er schöre
er schob	er hat geschoben	er schöbe
er schoss	er hat geschossen	er schösse
er schlief	er hat geschlafen	er schliefe
er schlug	er hat geschlagen	er schlüge
er schlich	er ist geschlichen	er schliche
er schliff	er hat geschliffen	er schliffe
er schloss	er hat geschlossen	er schlösse
er schlang	er hat geschlungen	er schlänge
er schmiss	er hat geschmissen	er schmisse
er schmolz	er hat/ist geschmolzen	er schmölze
er schnitt	er hat geschnitten	er schnitte
er schrieb	er hat geschrieben	er schriebe
er schrie	er hat geschrie(e)n	er schriee
er schritt	er ist geschritten	er schritte
er schwieg	er hat geschwiegen	er schwiege

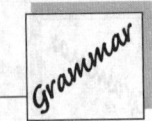

☐ **Strong and Mixed Verbs** (Continued)

INFINITIVE	TRANSLATION	3RD PERSON PRESENT ⫸
schwellen[1]	to swell *intr*	**er schwillt**
schwimmen	to swim	**er schwimmt**
schwingen	to swing	**er schwingt**
schwören	to vow	**er schwört**
sehen	to see	**er sieht**
sein	to be	**er ist**
senden[2]	to send	**er sendet**
singen	to sing	**er singt**
sinken	to sink	**er sinkt**
sinnen	to ponder	**er sinnt**
sitzen	to sit	**er sitzt**
sollen	to be supposed to be	**er soll**
spalten	to split *tr/intr*	**er spaltet**
speien	to spew	**er speit**
spinnen	to spin	**er spinnt**
sprechen	to speak	**er spricht**
sprießen	to sprout	**er sprießt**
springen	to jump	**er springt**
stechen	to sting/to prick	**er sticht**
stehen	to stand	**er steht**
stehlen	to steal	**er stiehlt**
steigen	to climb	**er steigt**
sterben	to die	**er stirbt**
stinken	to stink	**er stinkt**
stoßen	to push	**er stößt**
streichen	to stroke/to wander	**er streicht**
streiten	to quarrel	**er streitet**

[1] **schwellen** is weak when used transitively:
schwellen, schwellt, schwellte, hat geschwellt

[2] **senden** meaning "to broadcast" is weak:
senden, sendet, sendete, hat gesendet

VERB TABLE

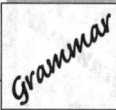

3RD PERSON IMPERFECT	PERFECT	IMPERFECT SUBJUNCTIVE
er schwoll	er ist geschwollen	er schwölle
er schwamm	er ist geschwommen	er schwömme
er schwang	er hat geschwungen	er schwänge
er schwor	er hat geschworen	er schwüre
er sah	er hat gesehen	er sähe
er war	er ist gewesen	er wäre
er sandte	er hat gesandt	er sendete
er sang	er hat gesungen	er sänge
er sank	er ist gesunken	er sänke
er sann	er hat gesonnen	er sänne
er saß	er hat gesessen	er säße
er sollte	er hat gesollt/sollen[1]	er sollte
er spaltete	er hat/ist gespalten	er spaltete
er spie	er hat gespie(e)n	er spiee
er spann	er hat gesponnen	er spönne
er sprach	er hat gesprochen	er spräche
er spross	er ist gesprossen	er sprösse
er sprang	er ist gesprungen	er spränge
er stach	er hat gestochen	er stäche
er stand	er hat gestanden	er stünde
er stahl	er hat gestohlen	er stähle
er stieg	er ist gestiegen	er stiege
er starb	er ist gestorben	er stürbe
er stank	er hat gestunken	er stänke
er stieß	er hat/ist gestoßen	er stieße
er strich	er hat/ist gestrichen	er striche
er stritt	er hat gestritten	er stritte

[1] The second (infinitive) form is used when combined with an infinitive construction (see p 56).

☐ **Strong and Mixed Verbs** (Continued)

INFINITIVE	TRANSLATION	3RD PERSON PRESENT ⏵
tragen	to carry/to wear	**er trägt**
treffen	to meet	**er trifft**
treiben	to drive/to engage in	**er treibt**
treten	to kick/step	**er tritt**
trinken	to drink	**er trinkt**
tun	to do	**er tut**
verderben	to spoil/to go bad	**er verdirbt**
verdrießen	to irritate	**er verdrießt**
vergessen	to forget	**er vergisst**
verlieren	to lose	**er verliert**
vermeiden	to avoid	**er vermeidet**
verschwinden	to disappear	**er verschwindet**
verzeihen	to pardon	**er verzeiht**
wachsen	to grow	**er wächst**
waschen	to wash	**er wäscht**
weichen	to yield	**er weicht**
weisen	to point	**er weist**
wenden	to turn	**er wendet**
werben	to recruit	**er wirbt**
werden	to become	**er wird**
werfen	to throw	**er wirft**
wiegen[1]	to weigh	**er wiegt**
winden	to wind	**er windet**
wissen	to know	**er weiß**
wollen	to want to	**er will**
ziehen	to pull	**er zieht**
zwingen	to force	**er zwingt**

[1]**wiegen** meaning "to rock" is weak.

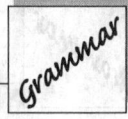

3RD PERSON IMPERFECT	PERFECT	IMPERFECT SUBJUNCTIVE
er trug	er hat getragen	er trüge
er traf	er hat getroffen	er träfe
er trieb	er hat getrieben	er triebe
er trat	er hat/ist getreten	er träte
er trank	er hat getrunken	er tränke
er tat	er hat getan	er täte
er verdarb	er hat/ist verdorben	er verdürbe
er verdross	er hat verdrossen	er verdrösse
er vergaß	er hat vergessen	er vergäße
er verlor	er hat verloren	er verlöre
er vermied	er hat vermieden	er vermiede
er verschwand	er ist verschwunden	er verschwände
er verzieh	er hat verziehen	er verziehe
er wuchs	er ist gewachsen	er wüchse
er wusch	er hat gewaschen	er wüsche
er wich	er ist gewichen	er wiche
er wies	er hat gewiesen	er wiese
er wandte	er hat gewandt	er wendete
er warb	er hat geworben	er würbe
er wurde	er ist geworden	er würde
er warf	er hat geworfen	er würfe
er wog	er hat gewogen	er wöge
er wand	er hat gewunden	er wände
er wusste	er hat gewusst	er wüsste
er wollte	er hat gewollt/wollen[1]	er wollte
er zog	er hat gezogen	er zöge
er zwang	er hat gezwungen	er zwänge

[1] The second (infinitive) form is used when combined with an infinitive construction (see p 56).

☐ The Declension of Nouns

In German, all nouns may be declined. This means that they may change their form according to their:

> *gender* (i.e. masculine, feminine or neuter) → 1
>
> *case* (i.e. their function in the sentence) → 2
>
> *number* (i.e. singular or plural) → 3

◆ Nearly all *feminine* nouns change in the *plural* form by adding **-n** or **-en**. Many *masculine* and *neuter* nouns also change → 4

◆ *Masculine* and *neuter* nouns, with a few exceptions, add **-s** (**-s** or **-es** for nouns of one syllable) in the *genitive singular* (but see p 110) → 5

◆ All nouns end in **-n** or **-en** in the *dative plural*. This is added to the nominative plural form, where this does not already end in **-n** → 6

◆ A good dictionary will provide guidance on how to decline a noun:

The nominative singular form is given in full, followed by the gender of the noun, then the genitive singular and nominative plural endings are shown where appropriate → 7

◆ Adjectives used as nouns are declined as adjectives rather than nouns. Their declension endings are therefore dictated by the preceding article, as well as by number, case and gender (see p 140) → 8

Examples

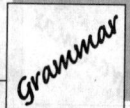

1	**der Tisch** (*masculine*)	the table
	die Gabel (*feminine*)	the fork
	das Mädchen (*neuter*)	the girl
2	**des Tisches**	of the table
	auf den Tischen	on the tables
3	**die Tische**	the tables
	die Gabeln	the forks
	die Mädchen	the girls

4

	NOM SING	NOM PLURAL
MASC	**der Apfel**	**die Äpfel**
FEM	**die Schule**	**die Schulen**
NEUT	**das Kind**	**die Kinder**

5

	NOM SING	GEN SING
MASC	**der Apfel**	**des Apfels**
FEM	**die Schule**	**der Schule**
NEUT	**das Kind**	**des Kind(e)s**

6

	DAT PLURAL
MASC	**den Äpfeln**
FEM	**den Schulen**
NEUT	**den Kindern**

7 <u>**Tiger** *m* -s, -</u>

NOM SING	**der Tiger**	the tiger
GEN SING	**des Tigers**	of the tiger, the tiger's
NOM PLURAL	**die Tiger**	the tigers

8	**der Angestellte**	the employee
	ein Angestellter	an employee
	(die) Angestellten	(the) employees

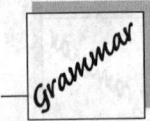

❑ **The Gender of Nouns**

In German a noun may be masculine, feminine or neuter. Gender is relatively unpredictable and has to be learned for each noun. This is best done by learning each noun with its definite article, i.e.

> **der Teppich**
> **die Zeit**
> **das Bild**

The following are intended therefore only as guidelines in helping decide the gender of a word:

- ◆ Nouns denoting male people and animals are masculine → ☐1

- ◆ Nouns denoting the female of the species, as shown on p 104, are feminine → ☐2

- ◆ But nouns denoting an entire species can be of any gender → ☐3

- ◆ Makes of cars identify with **der Wagen** and so are usually masculine → ☐4

- ◆ Makes of aeroplane identify with **die Maschine** and so are usually feminine → ☐5

- ◆ Seasons, months, days of the week, weather features and points of the compass are masculine → ☐6

- ◆ Names of objects that perform an action are usually masculine → ☐7

- ◆ Foreign nouns ending in **-ant**, **-ast**, **-ismus**, **-or** are masculine → ☐8

- ◆ Nouns ending in **-ich**, **-ig**, **-ing**, **-ling** are masculine → ☐9

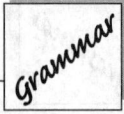

1	**der Hörer**	(male) listener
	der Löwe	(male) lion
	der Onkel	uncle
	der Vetter	(male) cousin

2	**die Hörerin**	(female) listener
	die Löwin	lioness
	die Tante	aunt
	die Kusine	(female) cousin

3	**der Hund**	dog
	die Schlange	snake
	das Vieh	cattle

4	**der Mercedes**	Mercedes
	der VW	VW, Volkswagen

5	**die Boeing**	Boeing
	die Concorde	Concorde

6	**der Sommer**	summer
	der Winter	winter
	der August	August
	der Freitag	Friday
	der Wind	wind
	der Schnee	snow
	der Norden	north
	der Osten	east

7	**der Wecker**	alarm clock
	der Computer	computer

8	**der Ballast**	ballast
	der Chauvinismus	chauvinism

9	**der Essig**	vinegar
	der Schmetterling	butterfly

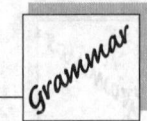

NOUNS

❏ **The Gender of Nouns** (Continued)

◆ Cardinal numbers are mostly feminine, but fractions are neuter ➝ 1

◆ Most nouns ending in **-e** are feminine ➝ 2

⚠ BUT: Male people or animals are masculine ➝ 3
Nouns beginning with **Ge-** are normally neuter (*see below*)

◆ Nouns ending in **-heit**, **-keit**, **-schaft**, **-ung**, **-ei** are feminine ➝ 4

◆ Foreign nouns ending in **-anz**, **-enz**, **-ie**, **-ik**, **-ion**, **-tät**, **-ur** are generally feminine ➝ 5

◆ Nouns denoting the young of a species are neuter ➝ 6

◆ Infinitives used as nouns are neuter ➝ 7

◆ Most nouns beginning with **Ge-** are neuter ➝ 8

◆ **-chen** or **-lein** may be added to many words to give a diminutive form. These words are then neuter ➝ 9

⚠ NOTE: The vowel adds an umlaut where possible (i.e. on **a**, **o**, **u** or **au**) and a final **-e** is dropped before these endings ➝ 10

◆ Nouns ending in **-nis** or **-tum** are neuter ➝ 11

◆ Foreign nouns ending in **-at**, **-ett**, **-fon**, **-ma**, **-ment**, **-um**, **-ium** are mainly neuter ➝ 12

◆ Adjectives and participles may be used as masculine, feminine or neuter nouns (see p 148) ➝ 13

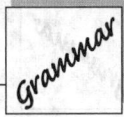

1	**Er hat eine Drei gekriegt**	He got a three (*mark*)
	ein Drittel davon	a third of it
2	**die Falte**	crease, wrinkle
	die Brücke	bridge
3	**der Löwe**	lion
	der Matrose	sailor
4	**die Eitelkeit**	vanity
	die Gewerkschaft	trade union
	die Scheidung	divorce
	die Druckerei	printing works
5	**die Distanz**	distance
	die Konkurrenz	rivalry
	die Theorie	theory
	die Panik	panic
	die Union	union
	die Elektrizität	electricity
	die Partitur	score (*musical*)
6	**das Baby**	baby
	das Kind	child
7	**das Schwimmen**	swimming
8	**das Geschirr**	crockery, dishes
	das Geschöpf	creature
	das Getreide	crop
9	**das Kindlein**	child
10	**das Bächlein** (*from* **der Bach**)	(small) stream
	das Kätzchen (*from* **die Katze**)	kitten
11	**das Ereignis**	event
	das Altertum	antiquity
12	**das Tablett**	tray
	das Telefon	telephone
	das Testament	will
	das Podium	platform, podium
13	**der Verwandte**	(male) relative
	die Verwandte	(female) relative
	das Gehackte	minced meat

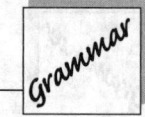

❐ **The Gender of Nouns** (Continued)

The following are some common exceptions to the gender guidelines shown on pp 100 to 103:

das Weib	woman, wife
die Person	person
die Waise	orphan
das Mitglied	member
das Genie	genius
die Wache	sentry, guard
das Restaurant	restaurant

The formation of feminine nouns

As in English, male and female forms are sometimes shown by two completely different words e.g.

mother/father
uncle/aunt etc → 1

Where such separate forms do not exist, however, German often differentiates between male and female forms in one of two ways:

◆ The masculine form may sometimes be made feminine by the addition of **-in** in the singular and **-innen** in the plural → 2

◆ An adjective may be used as a feminine noun (see p 148). It has feminine adjective endings which change according to the article which precedes it (see p 140) → 3

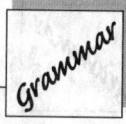

1   **der Vater**   **die Mutter**
father   mother

     der Bulle   **die Kuh**
bull   cow

     der Mann   **die Frau**
man   woman

2   **der Lehrer**   **die Lehrerin**
(male) teacher   (female) teacher

     der König   **die Königin**
king   queen

     der Hörer   **die Hörerin**
(male) listener   (female) listener

     Liebe Hörer und Hörerinnen!
Dear listeners!

     unsere Leser und Leserinnen
our readers

3   **eine Deutsche**
a German woman
     Er ist mit einer Deutschen verheiratet
He is married to a German

     die Abgeordnete
the female MP
     Nur Abgeordnete durften dabei sein
Only MPs were allowed in

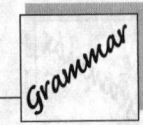

☐ The Gender of Nouns: Miscellaneous Points

Compound nouns

Compound nouns, i.e. nouns composed of two or more nouns put together, are a regular feature of German.

◆ They normally take their gender and declension from the last noun of the compound word → 1

◆ Exceptions to this are compounds ending in -**mut**, -**scheu** and -**wort**, which do not always have the same gender as the last word when it stands alone → 2

Nouns with more than one gender

◆ A few nouns have two genders, one of which may only be used in certain regions → 3

◆ Other nouns have two genders, each of which gives the noun a different meaning → 4

Abbreviations

◆ These take the gender of their principal noun → 5

Examples

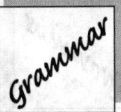

1   **die Armbanduhr**   wristwatch
(*from* **die Uhr**)

     der Tomatensalat   tomato salad
(*from* **der Salat**)

     der Fußballspieler   footballer
(*from* **der Spieler**)

2   **der Mut**   courage
     die Armut   poverty
     die Demut   humility

     die Scheu   fear, shyness, timidity
     der Abscheu   repugnance, abhorrence

     das Wort   word
     die Antwort   reply

3   **das/der Marzipan**   marzipan
     das/der Keks   biscuit

4   **der Band**   volume, book
     das Band   ribbon, band, tape, bond
     der See   lake
     die See   sea
     der Leiter   leader, manager
     die Leiter   ladder
     der Tau   dew
     das Tau   rope, hawser

5   **der DGB**   the Federation of German Trade Unions
(*from* **der Deutsche Gewerkschaftsbund**)

     die EG   the EC
(*from* **die Europäische Gemeinschaft**)

     das AKW   nuclear power station
(*from* **das Atomkraftwerk**)

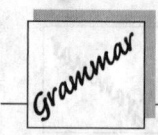

☐ **The Cases**

There are four grammatical *cases* - nominative, accusative, genitive and dative - which are generally shown by the form of the article used before the noun (see p 118).

The nominative case

◆ The nominative singular is the form shown in full in dictionary entries.

   The nominative plural is formed as described on p 98.

◆ The nominative case is used for:

   - the subject of a verb ➔ 1

   - the complement of **sein** or **werden** ➔ 2

The accusative case

◆ The noun in the accusative case usually has the same form as in the nominative ➔ 3

   Exceptions to this are "weak" masculine nouns (see p 115) and adjectives used as nouns (see p 148).

◆ It is used:

   - for the direct object of the verb ➔ 4

   - after those prepositions which always take the accusative case (see p 206 ff) ➔ 5

   - to show change of location after prepositions of place (see p 210) ➔ 6

   - in many expressions of time and place which do not contain a preposition ➔ 7

   - in certain fixed expressions ➔ 8

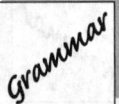

1	**Das Mädchen singt**	The girl is singing
2	**Er ist ein guter Lehrer**	He's a good teacher
	Das wird ein Pullover	It's going to be a jumper
3	**das Lied** the song	(*nominative*)
	das Lied the song	(*accusative*)
	der Wagen the car	(*nominative*)
	den Wagen the car	(*accusative*)
	die Dose the tin	(*nominative*)
	die Dose the tin	(*accusative*)
4	**Er hat ein Lied gesungen**	He sang a song
5	**für seine Freundin**	for his girlfriend
	ohne diesen Wagen	without this car
	durch das Rauchen	through smoking
6	**in die Stadt** (*accusative*)	into town
	⚠ BUT:	
	in der Stadt (*dative*)	in town
7	**Das macht sie jeden Donnerstag**	
	She does that every Thursday	
	Die Schule ist einen Kilometer entfernt	
	The school is a kilometre away	
8	**Guten Abend!** Good evening!	
	Vielen Dank! Thank you very much!	

☐ **The Cases** (Continued)

The genitive case

♦ In the genitive singular, *masculine* and *neuter* nouns take endings as follows:

    1 **-s** is added to nouns ending in **-en**, **-el**, **-er** → ⟦1⟧

    2 **-es** is added to nouns ending in **-tz**, **-sch**, **-st**, **-ss** or **-ß** → ⟦2⟧

    3 For nouns of one syllable, either **-s** or **-es** may be added → ⟦3⟧

♦ *Feminine singular* and all *plural* nouns have the same form as their nominative.

♦ The genitive is used:

  - to show possession → ⟦3⟧

  - after prepositions taking the genitive (see p 212) → ⟦4⟧

  - in expressions of time when the exact occasion is not specified → ⟦5⟧

The dative case

♦ Singular nouns in the dative have the same form as in the nominative → ⟦6⟧

♦ **-e** may be added to the dative singular of *masculine* and *neuter* nouns if the sentence rhythm needs it → ⟦7⟧

  This **-e** is always used in certain set phrases → ⟦8⟧

♦ Dative plural forms for all genders end in **-n** → ⟦9⟧

  The only exceptions to this are some nouns of foreign origin that end in **-s** in all plural forms, including the dative plural (see p 114) → ⟦10⟧

♦ The dative is used:

  - as the indirect object → ⟦11⟧

  - after verbs taking the dative (see p 80) → ⟦12⟧

  - after prepositions taking the dative (see p 202) → ⟦13⟧

  - in certain idiomatic expressions → ⟦14⟧

  - instead of the possessive adjective to refer to parts of the body and items of clothing (see p 122) → ⟦15⟧

Examples

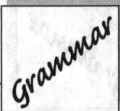
Grammar

1	**der Wagen** car	➞	**des Wagens** of the car
	das Rauchen smoking	➞	**des Rauchens** of smoking
	der Computer computer	➞	**des Computers** of the computer
	der Reiter rider	➞	**des Reiters** of the rider
2	**der Sitz** seat; residence	➞	**des Sitzes** of the seat/residence
	der Arzt doctor	➞	**des Arztes** of the doctor
	das Schloss castle	➞	**des Schlosses** of the castle

3 das Kind   the child

Die Zähne des Kindes waren faul geworden
The child's teeth had decayed

Der Name des Kinds war ihm unbekannt
The child's name was not known to him

4 **wegen seiner Krankheit**   because of his illness

trotz ihrer Bemühungen   despite her efforts

5 **eines Tages**   one day

6 **dem Wagen**   to the car

der Frau   to the woman

dem Mädchen   to the girl

7 **zu welchem Zwecke?**   to what purpose?

8 **nach Hause**   home

sich zu Tode trinken/arbeiten
to drink/work oneself to death

9 **mit den Anwälten**   with the lawyers

nach den Kindern   after the children

10 SINGULAR   PLURAL

das Auto	**die Autos**
das Auto	**die Autos**
des Autos	**der Autos**
dem Auto	**den Autos**

11 **Er gab dem Mann das Buch**
He gave the man the book

12 **Sie half ihrer Mutter**   She helped her mother

13 **Nach dem Essen ...**   After eating ...

14 **Mir ist kalt**   I'm cold

15 **Ich habe mir die Hände gewaschen**
I've washed my hands

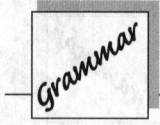

NOUNS

☐ The Formation of Plurals

The following pages show full noun declensions in all their singular and plural forms.

Those nouns shown represent the most common types of plural.

◆ Most feminine nouns add **-n**, **-en** or **-nen** to form their plurals:

	SINGULAR	PLURAL
NOM	**die Frau**	**die Frauen**
ACC	**die Frau**	**die Frauen**
GEN	**der Frau**	**der Frauen**
DAT	**der Frau**	**den Frauen**

◆ Many nouns have no plural ending.

These are mainly masculine or neuter nouns ending in **-en**, **-er**, **-el**.

An umlaut is sometimes added to the vowel in the plural forms:

	SINGULAR	PLURAL
NOM	**der Onkel**	**die Onkel**
ACC	**den Onkel**	**die Onkel**
GEN	**des Onkels**	**der Onkel**
DAT	**dem Onkel**	**den Onkeln**

	SINGULAR	PLURAL
NOM	**der Apfel**	**die Äpfel**
ACC	**den Apfel**	**die Äpfel**
GEN	**des Apfels**	**der Äpfel**
DAT	**dem Apfel**	**die Äpfeln**

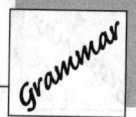

❏ **The Formation of Plurals** (Continued)

◆ Many nouns form their plurals by adding ⸚**e**:

	SINGULAR	PLURAL
NOM	**der Stuhl**	**die Stühle**
ACC	**den Stuhl**	**die Stühle**
GEN	**des Stuhl(e)s**	**der Stühle**
DAT	**dem Stuhl**	**den Stühlen**

	SINGULAR	PLURAL
NOM	**die Angst**	**die Ängste**
ACC	**die Angst**	**die Ängste**
GEN	**der Angst**	**der Ängste**
DAT	**der Angst**	**den Ängsten**

◆ Masculine and neuter nouns often add **-e** in the plural:

	SINGULAR	PLURAL
NOM	**das Schicksal**	**die Schicksale**
ACC	**das Schicksal**	**die Schicksale**
GEN	**des Schicksals**	**der Schicksale**
DAT	**dem Schicksal**	**den Schicksalen**

◆ Masculine and neuter nouns sometimes add ⸚**er** or **-er**:

	SINGULAR	PLURAL
NOM	**das Dach**	**die Dächer**
ACC	**das Dach**	**die Dächer**
GEN	**des Dach(e)s**	**der Dächer**
DAT	**dem Dach**	**den Dächern**

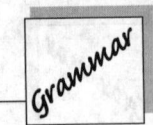

☐ **The Formation of Plurals** (Continued)

Some unusual plurals

SINGULAR	TRANSLATION	PLURAL
das Ministerium	department	**die Ministerien**
das Prinzip	principle	**die Prinzipien**
das Thema	theme, topic, subject	**die Themen**
das Drama	drama	**die Dramen**
der Firma	firm	**die Firmen**
das Konto	bank account	**die Konten**
das Risiko	risk	**die Risiken**
das Komma	comma/decimal point	**die Kommas**
		or **Kommata**
das Baby	baby	**die Babys**
der Klub	club	**die Klubs**
der Streik	strike	**die Streiks**
der Park	park	**die Parks**
der Chef	boss, chief, head	**die Chefs**
der Israeli	Israeli	**die Israelis**
das Restaurant	restaurant	**die Restaurants**
das Bonbon	sweet	**die Bonbons**
das Hotel	hotel	**die Hotels**
das Niveau	standard, level	**die Niveaus**

German singular/English plural nouns

Some nouns are always plural in English, but singular in German.

◆   Some of the most common examples are:

eine Brille	glasses, spectacles
eine Schere	scissors
eine Hose	trousers

◆   They are only used in the plural in German to mean more than one pair, e.g. **zwei Hosen** *two pairs of trousers*

NOUNS

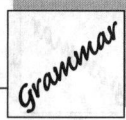

❐ The Declension of Nouns

"Weak" masculine nouns

Some masculine nouns have a weak declension, which means that in all cases apart from the nominative singular, they end in **-en** or, if the word ends in a vowel, in **-n**.

- The dictionary will often show such nouns as:
    Junge *m* **-n**, **-n** boy
    Held *m* **-en**, **-en** hero

- Weak masculine nouns are declined as follows:

	SINGULAR	PLURAL
NOM	der Junge	die Jungen
ACC	den Jungen	die Jungen
GEN	des Jungen	der Jungen
DAT	dem Jungen	den Jungen

- Masculine nouns falling into this category include:
  - those ending in **-og(e)** referring to males:
    der Psychologe, der Geologe, der Astrologe
  - those ending in **-aph** (*in many cases now spelt* **-af**) or **-oph**:
    der Graph, der Paragraf, der Philosoph
  - those ending in **-nom** referring to males:
    der Astronom, der Gastronom
  - those ending in **-ant**:
    der Elefant, der Diamant
  - those ending in **-t** referring to males:
    der Astronaut, der Komponist, der Architekt
  - miscellaneous others:
    der Bauer, der Chirurg, der Franzose, der Katholik, der Kollege, der Mensch, der Ochse, der Spatz

- **der Name** (*name*) has a different ending in the genitive singular, **-ns**: **des Namens**. Otherwise it is the same as **der Junge** shown above. Others in this category are: **der Buchstabe, der Funke, der Gedanke, der Glaube, der Haufe**.

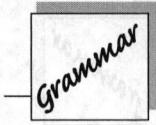

☐ The Declension of Proper Nouns

◆ Names of people and places add **-s** in the genitive singular unless they are preceded by the definite article or a demonstrative ➞ 1

◆ Where proper names end in a sibilant (**-s**, **-sch**, **-ss**, **-ß**, **-x**, **-z**, **-tz**) and this makes the genitive form with **-s** almost impossible to pronounce, they are best avoided altogether by using **von** followed by the dative case ➞ 2

◆ Personal names can be given diminutive forms if desired. These may be used as a sign of affection as well as with diminutive meaning ➞ 3

◆ **Herr** (*Mr*) is always declined where it occurs as part of a proper name ➞ 4

◆ When articles or adjectives form part of a proper name (e.g. in the names of books, plays, hotels, restaurants etc), these are declined in the normal way (see p 118 and 140) ➞ 5

◆ Surnames usually form their plurals by adding **-s**, unless they end in a sibilant, in which case they sometimes add **-ens**. They are often preceded by the definite article ➞ 6

Nouns of measurement and quantity

◆ These usually remain singular, even if preceded by a plural number ➞ 7

◆ The substance which they measure follows in the same case as the noun of quantity, and not in the genitive case as in English ➞ 8

Examples

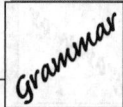

---

1   **Annas Buch**   Anna's book
     Klaras Mantel   Klara's coat
     die Werke Goethes   Goethe's works
     ⚠ BUT: **die Versenkung der Bismarck**
             the sinking of the Bismarck

2   **das Buch von Hans**   Hans' book
     die Werke von Marx   the works of Marx
     die Freundin von Klaus   Klaus's girlfriend

3   **von deinem Sabinchen**   from your Sabine
     Das kleine Kläuschen hat uns dann ein Lied gesungen
     Then little Klaus sang us a song

4   **an Herrn Schmidt**   to Mr Schmidt
     Sehr geehrte Herren   Dear Sirs

5   **im Weißen Schwan**   in the White Swan
     Er hat den „Zauberberg" schon gelesen
     He has already read "The Magic Mountain"
     nach Karl dem Großen   after Charlemagne

6   **Die Schmidts haben uns eingeladen**
     The Schmidts have invited us
     Die Zeißens haben uns eingeladen
     Mr and Mrs Zeiß have invited us

7   **Möchten Sie zwei Stück?**
     Would you like two?

8   **Er wollte zwei Kilo Kartoffeln**
     He wanted two kilos of potatoes
     Sie hat drei Tassen Kaffee getrunken
     She drank three cups of coffee
     Drei Glas Weißwein, bitte!
     Three glasses of white wine please

◻ **The Definite Article**

In English the definite article *the* always keeps the same form:

> *the* book
> *the* books
> with *the* books

In German, however, the definite article has many forms:

- In its singular form it changes for masculine, feminine and neuter nouns → ①

- In its plural forms it is the same for all genders → ②

- The definite article is also used to show the function of the noun in the sentence by showing which case it is.

  There are four cases, as explained more fully on p 108:

  1   *nominative* for the subject or complement of the verb → ③
  2   *accusative* for the object of the verb and after some prepositions → ④
  3   *genitive* to show possession and after some prepositions → ⑤
  4   *dative* for an indirect object (*to* or *for*) and after some prepositions and certain verbs → ⑥

- The forms of the definite article are as follows:

	SINGULAR			PLURAL
	MASC	FEM	NEUT	ALL GENDERS
NOM	**der**	**die**	**das**	**die**
ACC	**den**	**die**	**das**	**die** → ⑦
GEN	**des**	**der**	**des**	**der**
DAT	**dem**	**der**	**dem**	**den**

Examples

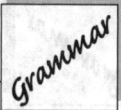

1	MASCULINE:	**der Mann**	the man
		der Wagen	the car
	FEMININE:	**die Frau**	the wife/woman
		die Blume	the flower
	NEUTER:	**das Ding**	the thing
		das Mädchen	the girl

2 **die Männer** the men

die Frauen the women

die Dinge the things

3 **Der Mann ist jung** The man is young

Die Frau/das Kind ist jung The woman/the child is young

4 **Ich kenne den Mann/die Frau/das Kind**

I know the man/the woman/the child

5 **der Kopf des Mannes/der Frau/des Kindes**

the man's/woman's/child's head

wegen des Mannes/der Frau/des Kindes

because of the man/the woman/the child

6 **Ich gab es dem Mann/der Frau/dem Kind**

I gave it to the man/to the woman/to the child

7

SINGULAR

	MASC	FEM	NEUT
NOM	**der Mann**	**die Frau**	**das Kind**
ACC	**den Mann**	**die Frau**	**das Kind**
GEN	**des Mann(e)s**	**der Frau**	**des Kind(e)s**
DAT	**dem Mann**	**der Frau**	**dem Kind**

PLURAL

	MASC	FEM	NEUT
NOM	**die Männer**	**die Frauen**	**die Kinder**
ACC	**die Männer**	**die Frauen**	**die Kinder**
GEN	**der Männer**	**der Frauen**	**der Kinder**
DAT	**den Männern**	**den Frauen**	**den Kindern**

❐ **Uses of the Definite Article**

When to use and when not to use the definite article in German is one of the most difficult areas for the learner. The following guidelines show where German practice varies from English.

The definite article is used with:

◆ abstract and other nouns where something is being referred to as a whole or as a general idea → **1**

 Where these nouns are quantified or modified, the article is not used → **2**

◆ the genitive, unless the noun is a proper name or is acting as a proper name → **3**

◆ occasionally with proper names to make the sex or case clearer → **4**

◆ always with proper names preceded by an adjective → **5**

◆ sometimes with proper names in familiar contexts or for slight emphasis → **6**

◆ with masculine and feminine countries and districts → **7**

◆ with geographical names preceded by an adjective → **8**

◆ with names of seasons → **9**

◆ often with meals → **10**

◆ with the names of roads → **11**

Examples

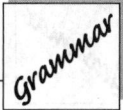

1	**Das Leben ist schön**	Life is wonderful
2	**Es braucht Mut**	It needs (some) courage
	Gibt es dort Leben?	Is there (any) life there?
3	**das Auto des Lehrers**	the teacher's car
	Günters Auto	Günter's car
	Muttis Auto	Mummy's car
4	**Er hat es Frau Lehmann gegeben**	
	Er hat es der Frau Lehmann gegeben	
	He gave it to Frau Lehmann	
5	**Der alte Herr Brockhaus ist gestorben**	
	Old Mr Brockhaus has died	
6	**Ich habe heute den Christoph gesehen**	
	I saw Christoph today	
	Du hast es aber nicht der Petra geschenkt!	
	You haven't given it to *Petra*!	
7	**Deutschland is sehr schön**	Germany is very beautiful
	Die Schweiz ist auch schön	Switzerland is also lovely
8	**im (= in dem) heutigen Deutschland**	
	in today's Germany	
9	**Im (= in dem) Sommer gehen wir schwimmen**	
	We go swimming in summer	
	Der Winter kommt bald	
	Soon it will be winter	
10	**Das Abendessen wird ab acht Uhr serviert**	
	Dinner is served from eight o'clock	
	Was gibts zum (= zu dem) Mittagessen?	
	What's for lunch?	
	⚠ BUT:	
	Um acht Uhr ist Frühstück	
	Breakfast is at eight o'clock	
11	**Sie wohnt jetzt in der Geisener Straße**	
	She lives in Geisener Road now	

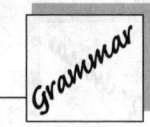

☐ **Uses of the Definite Article** (Continued)

◆ with months of the year except after **seit/nach/vor** → ① 1

◆ instead of the possessive adjective to refer to parts of the body and items of clothing → ② 2
A reflexive pronoun or noun in the dative case is used if it is necessary to clarify to whom the parts of the body belong → ③ 3

◆ in expressions of price, to mean *each/per/a* → ④ 4

◆ with certain common expressions → ⑤ 5

Other uses

◆ The definite article can be used with demonstrative meaning → ⑥ 6

◆ After certain prepositions, forms of the definite article can be shortened (see p 198 ff).
Some of these forms are best used in informal situations → ⑦ 7
Others are commonly and correctly used in formal contexts → ① 1
→ ⑤ 5
→ ⑧ 8

Omitting the definite article

The definite article may be omitted in German:

◆ in certain set expressions → ⑨ 9

◆ in *preposition + adjective + noun* combinations → ⑩ 10
For the declension of adjectives without the article see p 142.

1 **Wir fahren im (= in dem) September weg**
We are going away in September
Wir sind seit September hier
We have been here since September

2 **Er legte den Hut auf den Tisch**
He laid his hat on the table
Ich drücke Ihnen die Daumen
I'm keeping my fingers crossed for you

3 **Er hat sich die Hände schon gewaschen**
He has already washed his hands
Er hat dem Kind schon die Hände gewaschen
He has already washed the child's hands

4 **Die kosten ...**   They cost ...
... fünf Mark das Pfund ... five marks a pound
... sechs Mark das Stück ... six marks each

5 **in die Stadt fahren** to go into town
zur (= zu der) Schule gehen to go to school
mit der Post by post
mit dem Zug/Bus/Auto by train/bus/car
im (= in dem) Gefängnis in prison

6 **Du willst *das* Buch lesen!**
You want to read *that* book!

7 **für das→ fürs** **vor dem→ vorm** **um das→ ums** *etc*

8 **an dem→ am** **zu dem→ zum** **zu der→ zur** *etc*

9 **von Beruf** by profession
nach Wunsch as desired
Nachrichten hören to listen to the news

10 **Mit gebeugtem Rücken ...** Bending his back, ...

❏ The Indefinite Article

Like the definite article, the form of the indefinite article varies depending on the gender and case of the noun ➝ ⟦1⟧

It has no plural forms ➝ ⟦2⟧

The indefinite article is declined as follows:

	MASC	FEM	NEUT	
NOM	**ein**	**eine**	**ein**	
ACC	**einen**	**eine**	**ein**	➝ ⟦3⟧
GEN	**eines**	**einer**	**eines**	
DAT	**einem**	**einer**	**einem**	

◆ The indefinite article is omitted in the following:

- descriptions of people by profession, religion, nationality etc ➝ ⟦4⟧

- ⚠ BUT: Note that the article is included when an adjective precedes the noun ➝ ⟦5⟧

- in certain fixed expressions ➝ ⟦6⟧

- after **als** (*as a*) ➝ ⟦7⟧

Grammar

---

1. **Da ist ein Auto** — There's a car
   Er hat eine Wohnung — He has a flat
   Sie gab es einem Kind — She gave it to a child

2. **Autos sind in letzter Zeit teurer geworden**
   Cars have become more expensive recently

3.
	SINGULAR		
	MASC	FEM	NEUT
NOM	**ein Mann**	**eine Frau**	**ein Kind**
ACC	**einen Mann**	**eine Frau**	**ein Kind**
GEN	**eines Mann(e)s**	**einer Frau**	**eines Kind(e)s**
DAT	**einem Mann**	**einer Frau**	**einem Kind**

4. **Sie ist Kinderärztin** — She's a paediatrician
   Sie ist Deutsche — She's (a) German

5. **Sie ist eine sehr geschickte Kinderärztin**
   She's a very clever paediatrician

6. **Es ist Geschmacksache** — It's a question of taste
   Tatsache ist ... — It's a fact ...

7. **Als Ausländer ist er hier nicht wahlberechtigt**
   As a foreigner he doesn't have the vote here

   ... und ich rede nun als Vater von vier Kindern
   ... and I'm talking now as a father of four

❏ **The Indefinite Article** (Continued)

In German, a separate negative form of the indefinite article exists. It is declined exactly like **ein** in the singular, and also has plural forms:

	SINGULAR			PLURAL
	MASC	FEM	NEUT	ALL GENDERS
NOM	**kein**	**keine**	**kein**	**keine**
ACC	**keinen**	**keine**	**kein**	**keine** → 1
GEN	**keines**	**keiner**	**keines**	**keiner**
DAT	**keinem**	**keiner**	**keinem**	**keinen**

♦ It has the meaning *no/not a/not one/not any* → 2

♦ It is used even where the equivalent *positive* phrase has no article → 3

♦ It is also used in many idiomatic expressions → 4

♦ **Nicht ein** may be used instead of **kein** where the **ein** is to be emphasized → 5

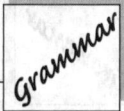

1

	SINGULAR		
	MASC	FEM	NEUT
NOM	**kein Mann**	**keine Frau**	**kein Kind**
ACC	**keinen Mann**	**keine Frau**	**kein Kind**
GEN	**keines Mann(e)s**	**keiner Frau**	**keines Kind(e)s**
DAT	**keinem Mann**	**keiner Frau**	**keinem Kind**

	PLURAL		
	MASC	FEM	NEUT
NOM	**keine Männer**	**keine Frauen**	**keine Kinder**
ACC	**keine Männer**	**keine Frauen**	**keine Kinder**
GEN	**keiner Männer**	**keiner Frauen**	**keiner Kinder**
DAT	**keinen Männern**	**keinen Frauen**	**keinen Kindern**

2

Er hatte keine Geschwister	He had no brothers or sisters
Ich sehe keinen Unterschied	I don't see any difference
Das ist keine richtige Antwort	That's no answer
Kein Mensch hat es gesehen	Not one person has seen it

3

Er hatte Angst davor	He was frightened
Er hatte keine Angst davor	He wasn't frightened

4

Er hatte kein Geld mehr   All his money was gone

Es waren keine drei Monate vergangen, als …

It was less than three months later that …

Es hat mich keine zehn Euro gekostet

It cost me less than ten Euro

5

Nicht ein Kind hat es singen können

Not *one* child could sing it

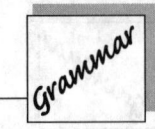

❐ Words declined like the Definite Article

The following have endings similar to those of the definite article shown on p 118:

aller, alle, alles	all, all of them
beide	both (*plural only*)
dieser, diese, dieses	this, this one, these
einiger, einige, einiges	some, a few, a little
irgendwelcher, -e, -es	some or other
jeder, jede, jedes	each, each one, every
jener, jene, jenes	that, that one, those
mancher, manche, manches	many a/some
sämtliche	all, entire (*usually plural*)
solcher, solche, solches	such/such a
welcher, welche, welches	which, which one

◆ These words can be used as:
- articles → **1**
- pronouns → **2**

◆ They have the following endings:

	SINGULAR			PLURAL
	MASC	FEM	NEUT	ALL GENDERS
NOM	**-er**	**-e**	**-es**	**-e**
ACC	**-en**	**-e**	**-es**	**-e**
GEN	**-es/-en**	**-er**	**-es/-en**	**-er**
DAT	**-em**	**-er**	**-em**	**-en**

Example declensions are shown on p 134 ff.

◆ **einiger** and **irgendwelcher** use the **-en** genitive ending before masculine or neuter nouns ending in **-s** → **3**
jeder, welcher, mancher and **solcher** may also do so → **4**

Examples

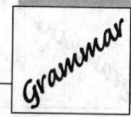

1 **Dieser Mann kommt aus Südamerika**
This man comes from South America

Er geht jeden Tag ins Büro
He goes to the office every day

Manche Leute können das nicht
A good many people can't do it

2 **Willst du diesen?**
Do you want this one?

In manchem hat er Recht
He's right about some things

Man kann ja nicht alles wissen
You can't know everything

Es gibt manche, die keinen Alkohol mögen
There are some people who don't like alcohol

3 **wegen irgendwelchen Geredes**
on account of some gossip

4 **der Besitz solchen Reichtums**
the possession of such wealth

trotz jeden Versuchs
despite all attempts

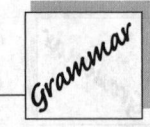

❐ **Words declined like the Definite Article** (Continued)

♦ Adjectives following these words have the weak declension (see p 140) ➞ 1

   Exceptions are the plural forms of **einige**, which are followed by the strong declension (see p 142) ➞ 2

Further points

♦ **Solcher, beide, sämtliche** may be used after another article or possessive adjective. They then take weak (see p 140) or mixed (see p 142) adjectival endings, as appropriate ➞ 3

♦ Although **beide** generally has plural forms only, one singular form does exist. This is in the neuter nominative and accusative: **beides** ➞ 4

♦ **Dies** often replaces the nominative and accusative **dieses** and **diese** when used as a pronoun ➞ 5

♦ A fixed form **all** exists which is used together with other articles or possessive pronouns ➞ 6

♦ **Ganz** can also be used to replace both the inflected form **aller/alle/alles** and the uninflected **all das/dieses/sein** etc.

   It is declined as a normal adjective (see p 140) ➞ 7

   It must be used with collective nouns, in time phrases and geographical references ➞ 8

Examples

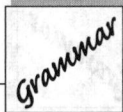

Grammar

| 1 | **dieses alte Auto**
this old car
aus irgendwelchem dummen Grund
for some stupid reason or other
welche neuen Waren?
which new goods? |
| 2 | **Dies sind einige gute Freunde von mir**
These are some good friends of mine |
| 3 | **Ein solches Kleid habe ich früher auch getragen**
I used to wear a dress like that too
Diese beiden Männer haben es gesehen
Both of these men have seen it |
| 4 | **Beides ist richtig**
Both are right
Sie hat beides genommen
She took both |
| 5 | **Hast du dies schon gelesen?**
Have you already read this?
Dies sind meine neuen Sachen
These are my new things |
| 6 | **All sein Mut war verschwunden**
All his courage had vanished
mit all diesem Geld
with all this money |
| 7 | **mit dem ganzen Geld**
with all the money |
| 8 | **die ganze Gesellschaft**
the entire company
Es hat den ganzen Tag geschneit
It snowed the whole day long
Im ganzen Land gab es keinen besseren Wein
There wasn't a better wine in the whole country |

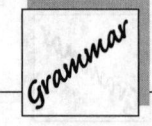

❏ **Words declined like the Definite Article** (Continued)

◆ **derjenige/diejenige/dasjenige** (*the one*, *those*) is declined exactly as the definite article plus an adjective in the weak declension (see p 140) → 1

◆ **derselbe/dieselbe/dasselbe** (*the same*, *the same one*) is declined in the same way as **derjenige** → 2

After prepositions, however, the normal contracted forms of the definite article are used for the appropriate parts of **derselbe** → 3

Examples

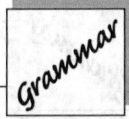

---

1   SINGULAR

MASC   FEM   NEUT
derjenig**e** Mann   **die**jenig**e** Frau   **das**jenig**e** Kind
denjenig**en** Mann   **die**jenig**e** Frau   **das**jenig**e** Kind
desjenig**en** Mann(e)s **der**jenig**en** Frau   **des**jenig**en** Kind(e)s
demjenig**en** Mann   **der**jenig**en** Frau   **dem**jenig**en** Kind

PLURAL

MASC   FEM   NEUT
diejenig**en** Männer   **die**jenig**en** Frauen   **die**jenig**en** Kinder
diejenig**en** Männer   **die**jenig**en** Frauen   **die**jenig**en** Kinder
derjenig**en** Männer   **der**jenig**en** Frauen   **der**jenig**en** Kinder
denjenig**en** Männern   **den**jenig**en** Frauen   **den**jenig**en** Kindern

2   SINGULAR

MASC   FEM   NEUT
derselb**e** Mann   **die**selb**e** Frau   **das**selb**e** Kind
denselb**en** Mann   **die**selb**e** Frau   **das**selb**e** Kind
desselb**en** Mann(e)s   **der**selb**en** Frau   **des**selb**en** Kind(e)s
demselb**en** Mann   **der**selb**en** Frau   **dem**selb**en** Kind

PLURAL

MASC   FEM   NEUT
dieselb**en** Männer   **die**selb**en** Frauen   **die**selb**en** Kinder
dieselb**en** Männer   **die**selb**en** Frauen   **die**selb**en** Kinder
derselb**en** Männer   **der**selb**en** Frauen   **der**selb**en** Kinder
denselb**en** Männern   **den**selb**en** Frauen   **den**selb**en** Kindern

3   **zur selben** (= **zu derselben**) **Zeit**   at the same time
         im selben (= **in demselben**) **Zimmer**   in the same room

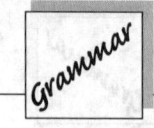

❐ **Words declined like the Definite Article** (Continued)

Sample declensions in full

◆ **dieser, diese, dieses** this, this one:

	MASC	SINGULAR FEM	NEUT
NOM	dies**er** Mann	dies**e** Frau	dies**es** Kind
ACC	dies**en** Mann	dies**e** Frau	dies**es** Kind
GEN	dies**es** Mann(e)s	dies**er** Frau	dies**es** Kind(e)s
DAT	dies**em** Mann	dies**er** Frau	dies**em** Kind

	MASC	PLURAL FEM	NEUT
NOM	dies**e** Männer	dies**e** Frauen	dies**e** Kinder
ACC	dies**e** Männer	dies**e** Frauen	dies**e** Kinder
GEN	dies**er** Männer	dies**er** Frauen	dies**er** Kinder
DAT	dies**en** Männern	dies**en** Frauen	dies**en** Kindern

◆ **jener, jene, jenes** that, that one:

	MASC	SINGULAR FEM	NEUT
NOM	jen**er** Mann	jen**e** Frau	jen**es** Kind
ACC	jen**en** Mann	jen**e** Frau	jen**es** Kind
GEN	jen**es** Mann(e)s	jen**er** Frau	jen**es** Kind(e)s
DAT	jen**em** Mann	jen**er** Frau	jen**em** Kind

	MASC	PLURAL FEM	NEUT
NOM	jen**e** Männer	jen**e** Frauen	jen**e** Kinder
ACC	jen**e** Männer	jen**e** Frauen	jen**e** Kinder
GEN	jen**er** Männer	jen**er** Frauen	jen**er** Kinder
DAT	jen**en** Männern	jen**en** Frauen	jen**en** Kindern

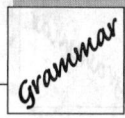

- **jeder, jede, jedes** each, every, everybody:

	SINGULAR		
	MASC	FEM	NEUT
NOM	jed**er** Wagen	jed**e** Minute	jed**es** Bild
ACC	jed**en** Wagen	jed**e** Minute	jed**es** Bild
GEN	jed**es** Wagens	jed**er** Minute	jed**es** Bild(e)s
	(jed**en** Wagens)		(jed**en** Bild(e)s)
DAT	jed**em** Wagen	jed**er** Minute	jed**em** Bild

- **welcher, welche, welches** which?, which:

	SINGULAR		
	MASC	FEM	NEUT
NOM	welch**er** Preis	welch**e** Sorte	welch**es** Mädchen
ACC	welch**en** Preis	welch**e** Sorte	welch**es** Mädchen
GEN	welch**es** Preises	welch**er** Sorte	welch**es** Mädchens
	(welch**en** Preises)		(welch**en** Mädchens)
DAT	welch**em** Preis	welch**er** Sorte	welch**em** Mädchen

	PLURAL		
	MASC	FEM	NEUT
NOM	welch**e** Preise	welch**e** Sorten	welch**e** Mädchen
ACC	welch**e** Preise	welch**e** Sorten	welch**e** Mädchen
GEN	welch**er** Preise	welch**er** Sorten	welch**er** Mädchen
DAT	welch**en** Preisen	welch**en** Sorten	welch**en** Mädchen

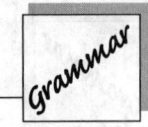

❐ Words declined like the Indefinite Article

The following have the same declension pattern as the indefinite articles **ein** and **kein** (see pp 124 and 126):

The possessive adjectives

mein	my	→ 1
dein	your (*singular familiar*)	
sein	his/its	
ihr	her/its	→ 2
unser	our	
euer	your (*plural familiar*)	
ihr	their	→ 2
Ihr	your (*polite singular and plural*)	

These words are declined as follows:

	SINGULAR			PLURAL
	MASC	FEM	NEUT	ALL GENDERS
NOM	—	-e	—	-e
ACC	-en	-e	—	-e
GEN	-es	-er	-es	-er
DAT	-em	-er	-em	-en

◆ Adjectives following these determiners have the mixed declension forms (see p 142), e.g.

  sein altes Auto his old car

◆ **irgendein** (*some ... or other*) also follows this declension pattern in the singular.

  Its plural form is **irgendwelche** (see p 128).

Examples

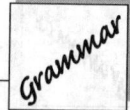

1 **mein, meine, mein** my:

	MASC	FEM	NEUT
	SINGULAR		
NOM	mein Bruder	meine Schwester	mein Kind
ACC	meinen Bruder	meine Schwester	mein Kind
GEN	meines Bruders	meiner Schwester	meines Kind(e)s
DAT	meinem Bruder	meiner Schwester	meinem Kind

	MASC	FEM	NEUT
	PLURAL		
NOM	meine Brüder	meine Schwestern	meine Kinder
ACC	meine Brüder	meine Schwestern	meine Kinder
GEN	meiner Brüder	meiner Schwestern	meiner Kinder
DAT	meinen Brüdern	meinen Schwestern	meinen Kindern

2 **ihr, ihre, ihr** her/its/their:

	MASC	FEM	NEUT
	SINGULAR		
NOM	ihr Bruder	ihre Schwester	ihr Kind
ACC	ihren Bruder	ihre Schwester	ihr Kind
GEN	ihres Bruders	ihrer Schwester	ihres Kind(e)s
DAT	ihrem Bruder	ihrer Schwester	ihrem Kind

	MASC	FEM	NEUT
	PLURAL		
NOM	ihre Brüder	ihre Schwestern	ihre Kinder
ACC	ihre Brüder	ihre Schwestern	ihre Kinder
GEN	ihrer Brüder	ihrer Schwestern	ihrer Kinder
DAT	ihren Brüdern	ihren Schwestern	ihren Kindern

❐ Indefinite Adjectives

These are adjectives used in place of, or together with, an article:

ander	other, different
mehrere (*plural only*)	several
viel	much, a lot, many
wenig	little, a little, few

◆ After the definite article and words declined like it (see p 128) these adjectives have weak declension endings → ⟦1⟧
Adjectives following the indefinite adjectives are also weak → ⟦2⟧

◆ After **ein**, **kein**, **irgendein** or the possessive adjectives they have mixed declension endings → ⟦3⟧
Adjectives following the indefinite adjectives are also mixed in declension → ⟦4⟧

◆ When used without a preceding article, **ander** and **mehrere** have strong declension endings → ⟦5⟧

◆ When used without a preceding article, **viel** and **wenig** may be declined as follows, though in the singular they are usually undeclined → ⟦6⟧

	SINGULAR			PLURAL
	MASC	FEM	NEUT	ALL GENDERS
NOM	**viel**	**viel**	**viel**	**viele**
ACC	**viel**	**viel**	**viel**	**viele**
GEN	**vielen**	**vieler**	**vielen**	**vieler**
DAT	**viel(em)**	**vieler**	**viel(em)**	**vielen**

◆ Any adjective following **viel** or **wenig** has strong endings → ⟦7⟧

1 **Die wenigen Kuchen, die übrig geblieben waren ...**
The few cakes which were left over ...

2 **Die vielen interessanten Ideen, die ans Licht kamen**
The many interesting ideas which came to light

3 **Ihr anderes Auto ist in der Werkstatt**
Their other car is in for repair

4 **Mehrere gute Freunde waren gekommen**
Several good friends had come

5 **Mehrere prominente Gäste sind eingeladen**
Various prominent guests are invited

Er war anderer Meinung
He was of a different opinion

6 **Es wurde viel Bier getrunken**
They drank a lot of beer

Sie essen nur wenig Obst
They don't eat a lot of fruit

7 **Er kaufte viele billige Sachen**
He bought a lot of cheap things

Es wurde viel gutes Bier getrunken
They drank a lot of good beer

Sie essen wenig frisches Obst
They don't eat a lot of fresh fruit

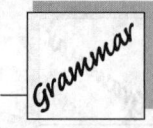

❏ **The Declension of Adjectives**

There are two ways of using adjectives:

1 They can be used **attributively**, where the adjective comes before the noun: *the new book*

2 They can be used **non-attributively**, where the adjective comes after the verb: *the book is new*

◆ In English the adjective does not change its form no matter how it is used.

In German, however, adjectives remain unchanged only when used non-attributively → 1

Used attributively, adjectives change to show the number, gender and case of the noun they precede → 2

The endings also depend on the nature of the article which precedes them → 3

There are three sets of endings:

1) **The weak declension**

These are the endings used after **der** and those words declined like it as shown on p 128 → 4

	SINGULAR			PLURAL
	MASC	FEM	NEUT	ALL GENDERS
NOM	**-e**	**-e**	**-e**	**-en**
ACC	**-en**	**-e**	**-e**	**-en**
GEN	**-en**	**-en**	**-en**	**-en**
DAT	**-en**	**-en**	**-en**	**-en**

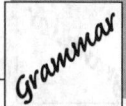

1 **Das Buch ist neu**
The book is new
Der Vortrag war sehr langweilig
The lecture was very boring

2 **Das neue Buch ist da**
The new book has arrived
Während des langweiligen Vortrags sind wir alle eingeschlafen
We all fell asleep during the boring lecture

3 **der junge Rechtsanwalt**
the young lawyer
ein junger Rechtsanwalt
a young lawyer
manch junger Rechtsanwalt
many a young lawyer

4

	SINGULAR		
	MASC	FEM	NEUT
NOM	der alt**e** Mann	die alt**e** Frau	das alt**e** Haus
ACC	den alt**en** Mann	die alt**e** Frau	das alt**e** Haus
GEN	des alt**en** Mann(e)s	der alt**en** Frau	des alt**en** Hauses
DAT	dem alt**en** Mann	der alt**en** Frau	dem alt**en** Haus

	PLURAL		
	MASC	FEM	NEUT
NOM	die alt**en** Männer	die alt**en** Frauen	die alt**en** Häuser
ACC	die alt**en** Männer	die alt**en** Frauen	die alt**en** Häuser
GEN	der alt**en** Männer	der alt**en** Frauen	der alt**en** Häuser
DAT	den alt**en** Männern	den alt**en** Frauen	den alt**en** Häusern

☐ **The Declension of Adjectives** (Continued)

2) The mixed declension

These are the endings used after **ein**, **kein**, **irgendein** and the possessive adjectives (see p 136) → ⬜1

	SINGULAR			PLURAL
	MASC	FEM	NEUT	ALL GENDERS
NOM	-er	-e	-es	-en
ACC	-en	-e	-es	-en
GEN	-en	-en	-en	-en
DAT	-en	-en	-en	-en

→ ⬜2

3) The strong declension

Strong declension endings:

	SINGULAR			PLURAL
	MASC	FEM	NEUT	ALL GENDERS
NOM	-er	-e	-es	-e
ACC	-en	-e	-es	-e
GEN	-en	-er	-en	-er
DAT	-em	-er	-em	-en

→ ⬜3

These endings are used where there is no preceding article. The article is omitted more frequently in German than in English, especially in *preposition + adjective + noun* combinations (see p 122).

These endings enable the adjective to do the work of the missing article by showing case, number and gender → ⬜4

Examples

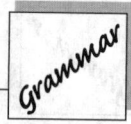

---

1 **Meine neue Stelle ist bei einer großen Druckerei**
My new job is with a large printing works
Ihre frühere Theorie ist jetzt bestätigt worden
Her earlier theory has now been proved true

2

SINGULAR

	MASC	FEM	NEUT
NOM	ein lang**er** Weg	eine lang**e** Reise	ein lang**es** Spiel
ACC	einen lang**en** Weg	eine lang**e** Reise	ein lang**es** Spiel
GEN	eines lang**en** Weg(e)s	einer lang**en** Reise	eines lang**en** Spiel(e)s
DAT	einem lang**en** Weg	einer lang**en** Reise	einem lang**en** Spiel

PLURAL

ALL GENDERS

NOM	ihre lang**en** Wege/Reisen/Spiele
ACC	ihre lang**en** Wege/Reisen/Spiele
GEN	ihrer lang**en** Wege/Reisen/Spiele
DAT	ihren lang**en** Wegen/Reisen/Spielen

3

SINGULAR

	MASC	FEM	NEUT
NOM	gut**er** Käse	gut**e** Marmelade	gut**es** Bier
ACC	gut**en** Käse	gut**e** Marmelade	gut**es** Bier
GEN	gut**en** Käses	gut**er** Marmelade	gut**en** Biers
DAT	gut**em** Käse	gut**er** Marmelade	gut**em** Bier

PLURAL

ALL GENDERS

NOM	gut**e** Käse/Marmeladen/Biere
ACC	gut**e** Käse/Marmeladen/Biere
GEN	gut**er** Käse/Marmeladen/Biere
DAT	gut**en** Käsen/Marmeladen/Bieren

4 **nach kurzer Fahrt**   after a short journey
mit gleichem Gehalt   with the same salary

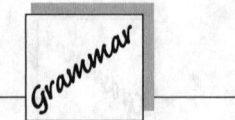
❏ **The Declension of Adjectives** (Continued)

◆ Strong declension endings are also used after any of the following where they are not preceded by an article or other determiner:

ein bisschen	a little, a bit of
ein wenig	a little
ein paar	a few, a couple → 1
weniger	fewer, less
einige (*plural forms only*)	some
allerlei/allerhand	all kinds of, all sorts of
keinerlei	no ... whatsoever, no ... at all
mancherlei	various, a number of
etwas	some, any (*singular*) → 2
mehr	more
lauter	nothing but, sheer, pure
solch	such
vielerlei	various, all sorts of, many different
mehrerlei	several kinds of
was für	what, what kind of
(⚠ NOTE: **Was für ein** takes the mixed declension)	
welcherlei	what kind of, what sort of
viel	much, many, a lot of
wievielerlei	how many kinds of
welch ...!	what ...! what a ...! → 3
manch	many a
wenig	little, few, not much → 4
zweierlei/dreierlei *etc*	two/three *etc* kinds of
zwei, **drei** *etc*	two, three *etc* → 5
(⚠ NOTE: The mixed declension is used after **ein**)	

◆ The strong declension is also required after possessives where no other word indicates the case, gender and number → 6

Examples

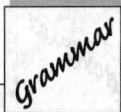

1. **ein paar gute Tipps** (*strong declension*)
   a couple of good tips

2. **Etwas starken Pfeffer zugeben** (*strong*)
   Add a little strong pepper

3. **Welch herrliches Wetter!** (*strong*)
   What splendid weather!

4. **Es gab damals nur wenig frisches Obst** (*strong*)
   At that time there was little fresh fruit

   ⚠ BUT:

   Das wenige frische Obst, das es damals gab ... (*weak*)
   The little fresh fruit that was then available ...

5. **Zwei große Jungen waren gekommen** (*strong*)
   Two big boys had come along

   ⚠ BUT:

   Die zwei großen Jungen, die gekommen waren (*weak*)
   The two big boys who had come along

   meine zwei großen Jungen (*mixed*)
   my two big sons

6. **Herberts altes Buch** (*strong*)
   Herbert's old book

   Muttis neues Auto (*strong*)
   Mum's new car

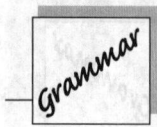

❒ **The Declension of Adjectives** (Continued)

Some spelling changes when adjectives are declined

◆ When the adjective **hoch** (*high*) is declined, its stem changes to **hoh-**
   → ①

◆ Adjectives ending in **-el** lose the **-e-** when inflected, i.e. when endings
   are added → ②

◆ Adjectives with an **-er** ending often lose the **-e-** when inflected → ③

The participles as adjectives

◆ The present participle can be used as an adjective with normal
   adjectival endings (pp 140 to 143) → ④

   The present participles of **sein** and **haben** cannot be used in this way.

◆ The past participle can also be used as an adjective → ⑤

Adjectives followed by the dative case

The *dative case* is required after many adjectives e.g.

ähnlich	similar to	
bekannt	familiar to	
dankbar	grateful to	
fremd	alien to	
gleich	all the same to/like	→ ⑥
leicht	easy for	
nah	close to	
peinlich	painful for	
unbekannt	unknown to	

Examples

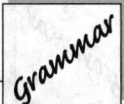

---

1 **Das Gebäude ist hoch** ⚠ BUT: **ein hohes Gebäude**
The building is high   a high building

2 **Das Zimmer ist dunkel** ⚠ BUT: **in dem dunklen Zimmer**
The room is dark   in the dark room

3 **Das Auto war teuer** ⚠ BUT: **Er kaufte ein teures Auto**
The car was expensive   He bought an expensive car

4 **die werdende Mutter**
the mother-to-be

ein lachendes Kind
a laughing child

5 **meine verlorene Sachen**
my lost things

die ausgebeuteten Arbeiter
the exploited workers

6 **Ist dir das bekannt?**
Do you know about it?

Ich wäre Ihnen dankbar, wenn ...
I should be grateful to you if ...

Diese Sache ist mir etwas peinlich
This matter is somewhat embarrassing for me

Solche Gedanken waren ihm fremd
Such thoughts were alien to him

☐ Adjectives used as Nouns

All adjectives in German, and those participles used as adjectives, can also be used as nouns. These are often called **adjectival nouns**.

- ◆ Adjectives and participles used as nouns have:

  - a capital letter like other nouns → $\boxed{1}$

  - declension endings like other adjectives, depending on the preceding article, if any (see below) → $\boxed{2}$

Declension endings for adjectives used as nouns

- ◆ After **der**, **dieser** and words like it shown on p 128, the normal *weak* adjective endings apply (see p 140) → $\boxed{3}$
  Der Junge (*the boy*) is an exception, and is declined like a weak masculine noun, as shown on p 115.

- ◆ After **ein**, **kein**, **irgendein** and the possessive adjectives shown on p 136, the *mixed* adjective endings apply (see p 142) → $\boxed{4}$

- ◆ Where no article is present, or after those words shown on p 144, the *strong* adjective endings are used (see p 142) → $\boxed{5}$

  When another adjective precedes the adjectival noun, the *strong* endings become *weak* in two instances:

  - in the *dative singular* → $\boxed{6}$

  - in the *nominative and accusative plural* after a possessive, where the strong endings might cause confusion with the singular feminine form → $\boxed{7}$

1 **der Angestellte**
the employee

2 **die Angestellte**
the (female) employee
das Neue daran ist ...
the new thing about it is ...
Es bleibt beim Alten
Things remain as they were
Er hat den ersten Besten genommen
He took the first that came to hand

3 **für den Angeklagten**
for the accused
mit dieser Bekannten
with this (*female*) friend

4 **Kein Angestellter darf hier rauchen**
No employee may smoke here
Sie machten einen Ausflug mit ihren Bekannten zusammen
They went on a trip with their friends

5 **Etwas Besonderes ist geschehen**
Something special has happened

6 **Ich hatte es Rudis jüngerem Verwandten versprochen**
I had promised it to Rudi's young relative

7 **Rudis jüngere Verwandten wollten es haben**
Rudi's young relatives wanted to have it

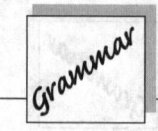

☐ Miscellaneous Points

Adjectives of nationality

◆ These are not spelt with a capital letter in German except in public or official names → 1

◆ However, when used as a noun to refer to the language, a capital letter is used → 2

◆ In German, for expressions like *he is English/he is German* etc a noun or adjectival noun is used instead of an adjective → 3

Adjectives derived from place names

◆ These are formed by adding **-er** to names of towns → 4

◆ They are never inflected → 5

◆ Adjectives from **die Schweiz** and from certain regions can also be formed in this way → 6

◆ Such adjectives may be used as nouns denoting the inhabitants of a town.
They are then declined as normal nouns (see p 98 ff) → 7
The feminine form is made by adding **-in** in the singular and **-innen** in the plural → 8

◆ Certain names ending in **-en** drop the **-e-** or the **-en** of their ending before adding **-er** → 9

◆ A second type of adjective formed from place names exists, ending in **-isch** and spelt with a small letter. It is inflected as a normal adjective (see p 140).
It is used mainly where the speaker is referring to the mood of, or something typical of, that place → 10

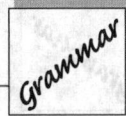

1 **die deutsche Sprache**   **das französische Volk**
the German language   the French people
⚠ BUT:
die Deutsche Bahn
the German railways

2 **Sie sprechen kein Englisch**
They don't speak English

3 **Er ist Deutscher**   **Sie ist Deutsche**
He is German   She is German

4 **Kölner, Frankfurter, Leipziger** *etc*

5 **der Kölner Dom**   **ein Frankfurter Würstchen**
Cologne cathedral   a frankfurter sausage

6 **Schweizer Käse**
Swiss cheese

7 **Die Sprache des Kölners heißt Kölsch**
von den Frankfurtern

8 **die Kölnerin, die Kölnerinnen**
die Londonerin, die Londonerinnen

9 **München → der Münchner**
Bremen → der Bremer
Göttingen → der Göttinger

10 **ein echt frankfurterischer Ausdruck**
a real Frankfurt expression
Er spricht etwas münchnerisch
He has something of a Munich accent

☐ **The Comparison of Adjectives**

Adjectives have three basic forms of comparison:

1) **A simple form used to describe something or someone**

> e.g. a *little* house
> the house is *little*

◆ This form is fully dealt with on pp 140 to 147.

◆ Simple forms are used in *as ... as / not as ... as* comparisons → **1**

2) **A comparative form used to compare two things or persons**

> e.g. he is *bigger* than his brother

◆ In German, comparatives are formed by adding **-er** to the simple form → **2**

◆ *Than* in comparative statements is translated by **als** → **3**

◆ Unlike English, the vast majority of German adjectives, including those of several syllables, form their comparatives in this way → **4**

◆ Many adjectives modify the stem vowel when forming their comparatives → **5**

1   **so ... wie**   as ... as
    Er ist so gut wie sein Bruder
    He is as good as his brother

    ebenso ... wie   just as ... as
    Er war ebenso glücklich wie ich
    He was just as happy as I was

    zwei-/dreimal *etc*   twice/three times etc
    so ... wie   as ... as

    Er war zweimal so groß wie sein Bruder
    He was twice as big as his brother

    nicht so ... wie   not as ... as
    Er ist nicht so alt wie du
    He is not as old as you

2   **klein/kleiner**   small/smaller
    schön/schöner   lovely/lovelier

3   **Er ist kleiner als seine Schwester**
    He is smaller than his sister

4   **bequem/bequemer**   comfortable/more comfortable
    gebildet/gebildeter educated/more educated
    effektiv/effektiver effective/more effective

5   **alt/älter**   old/older
    stark/stärker   strong/stronger
    schwach/schwächer   weak/weaker
    scharf/schärfer   sharp/sharper
    lang/länger   long/longer
    kurz/kürzer   short/shorter
    warm/wärmer   warm/warmer
    kalt/kälter   cold/colder
    hart/härter   hard/harder
    groß/größer   big/bigger

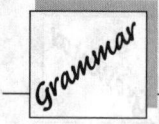

❐ **The Comparison of Adjectives** (Continued)

◆ Adjectives whose simple form ends in **-el** lose the **-e-** before adding the comparative ending **-er** → ①

◆ Adjectives with a diphthong followed by **-er** in their simple forms also drop the **-e-** before adding **-er** → ②

◆ Adjectives whose simple form ends in **-en** or **-er** may drop the **-e-** of the simple form when adjectival endings are added to their comparative forms → ③

◆ With a few adjectives, comparative forms may be used not only for comparison, but also to render the idea of "-ish" or "rather ..." Some common examples are:

älter	elderly	**jünger**	youngish	
dünner	thinnish	**kleiner**	smallish	→ ④
dicker	fattish	**kürzer**	shortish	
größer	largish	**neuer**	newish	

◆ When used attributively (*before* the noun), comparative forms are declined in exactly the same way as simple adjectives (see pp 140 to 147)
→ ④
→ ⑤

3) A superlative form used to compare three or more persons or things

e.g. he is *the biggest/the best*

◆ Superlatives are formed by adding **-st** to the simple adjective. The vowel is modified, as for comparative forms, where applicable. Superlative forms are generally used with an article and take endings accordingly (see p 140) → ⑥

Examples

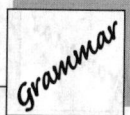

---

1 **eitel/eitler** vain/vainer
   dunkel/dunkler dark/darker

2 **sauer/saurer** sour/more sour
   die saurere Zitrone
   the sourer lemon
   Der Wein ist saurer geworden
   The wine has grown more sour

   teuer/teurer expensive/more expensive
   Das ist eine teurere Sorte
   That is a more expensive kind
   Die Neuen sind teurer
   The new ones are more expensive

3 **finster/finsterer** dark/darker
   ein finstreres Gesicht
   OR:
   ein finstereres Gesicht
   a grimmer face

4 **ein älterer Herr**
   an elderly gentleman
   eine größere Summe
   a rather large sum
   von jüngerem Aussehen
   of youngish appearance

5 **Die jüngere Schwester ist größer als die ältere**
   The younger sister is bigger than the older one
   Mein kleinerer Bruder geht jetzt zur Schule
   My younger brother goes to school now

6 **Er ist der Jüngste**
   He is the youngest
   Ihr erfolgreichster Versuch war im Herbst 1998
   Her most successful attempt was in the autumn of 1998

☐ The Comparison of Adjectives (Continued)

◆ Many adjectives form their superlative forms by adding **-est** instead of
  -st where pronunciation would otherwise be difficult or unaesthetic
  → 1

◆ The English superlative "*most*" meaning "*very*" can be shown in
  German by any of the following → 2

> **äußerst**
>
> **sehr**
>
> **besonders**
>
> **außerordentlich**
>
> **höchst** (*not with monosyllabic words*)
>
> **furchtbar** (*conversational only*)
>
> **richtig** (*conversational only*)

Some irregular comparative and superlative forms

SIMPLE FORM	COMPARATIVE	SUPERLATIVE
gut	besser	der beste
hoch	höher	der höchste
viel	mehr	der meiste
nah	näher	der nächste

Examples

Grammar

1. **der/die/das schlechteste**
   the worst

   der/die/das schmerzhafteste
   the most painful

   der/die/das süßeste
   the sweetest

   der/die/das neueste
   the newest

   der/die/das stolzeste
   the proudest

   der/die/das frischeste
   the freshest

2. **Er ist ein äußerst begabter Mensch**
   He is a most gifted person

   Das Essen war besonders schlecht
   The food was really/most dreadful

   Der Wein war furchtbar teuer!
   The wine was dreadfully/most expensive!

   Das sieht richtig komisch aus
   That looks really/most funny

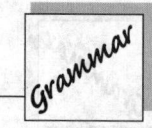
❐ Personal Pronouns

As in English, personal pronouns change their form depending on their function in the sentence:

> *I* saw *him*
> *He* saw *me*   → 1
> *We* saw *her*

The personal pronouns are declined as follows:

NOMINATIVE		ACCUSATIVE		DATIVE	
ich	I	**mich**	me	**mir**	to/for me
du	you (*familiar*)	**dich**	you	**dir**	to/for you
er	he/it	**ihn**	him/it	**ihm**	to/for him/it
sie	she/it	**sie**	her/it	**ihr**	to/for her/it
es	it/he/she	**es**	it/him/her	**ihm**	to/for it/him/her
wir	we	**uns**	us	**uns**	to/for us
ihr	you (*plural*)	**euch**	you	**euch**	to/for you
sie	they	**sie**	them	**ihnen**	to/for them
Sie	you (*polite*)	**Sie**	you	**Ihnen**	to/for you
man	one	**einen**	one	**einem**	to/for one

→ 2

◆ As can be seen from the above table, there are three ways of addressing people in German, by **du**, **ihr** or **Sie**.

All three forms are illustrated on p 160.

◆ Personal pronouns in the dative require no preposition when acting as indirect object, i.e. *to* me, *to* him *etc* → 3

1 **Ich sah ihn**
I saw him

Er sah mich
He saw me

Wir sahen sie
We saw her

2 **Wir sind mit ihnen spazieren gegangen**
We went for a walk with them

Sie haben uns eine tolle Geschichte erzählt
They told us a great story

Soll ich Ihnen etwas mitbringen?
Shall I bring something back for you?

3 **Er hat es ihr gegeben**
He gave it to her

Ich habe ihm ein neues Buch gekauft
I bought a new book for him

OR:

I bought him a new book

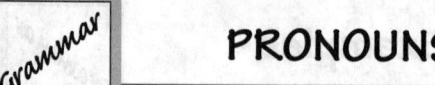

❐ **Personal Pronouns** (Continued)

◆ **Du** is a singular form, used only when speaking to one person. It is used to talk to children, close friends and relatives, animals and objects of affection such as a toy, one's car etc.

When in doubt it is always best to use the more formal **Sie** form.

◆ **Ihr** is simply the plural form of **du** and is used in exactly the same situations wherever more than one person is to be addressed → 1

◆ The familiar forms and their possessives are written with a small letter → 2

◆ **Sie** is the polite, or formal, way of addressing people. It is written in all its declined forms with a capital letter, including the possessive → 3

Sie is used:

1 by children talking to adults outside their immediate family.

2 by adults talking to older children from mid-teens onwards. Teachers use it to their senior classes and bosses to their trainees etc.

3 among adult strangers meeting for the first time.

4 among colleagues, friends and acquaintances unless a suggestion has been formally made by one party and accepted by the other that the familiar forms should be used. Familiar forms must then continue to be used at all times, as a reversion to the formal might be considered insulting.

Examples

1 **Kinder, was wollt ihr essen?**

Children, what do you want to eat?

2 **Er hat mir gesagt, du sollst deine Frau mitbringen**

He told me you were to bring your wife

Gestern bin ich deinem Bruder begegnet

I met your brother yesterday

3 **Was haben Sie gesagt?**

What did you say?

Ich habe es Ihnen schon gegeben

I have already given it to you

Ja, Ihre Sachen sind jetzt fertig

Yes, your things are ready now

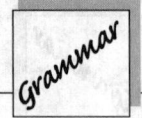

❐ **Personal Pronouns** (Continued)

Er/sie/es

- All German nouns are masculine, feminine or neuter → [1]

- The personal pronoun must agree in number and in gender with the noun which it represents.

   Es is used only for neuter nouns, and not for all inanimate objects → [2]

   Inanimate objects which are masculine use the pronoun **er** → [3]

   Feminine inanimate objects use the pronoun **sie** → [4]

   Neuter nouns referring to people have the neuter pronoun **es** → [5]

   ⚠ NOTE: A common error for English speakers is to call all objects **es**.

Man

- This is used in much the same way as the pronoun **one** in English, but it is much more commonly used in German → [6]

- It is also used to make an alternative passive form (see p 34) → [7]

The genitive personal pronoun

- Genitive forms of the personal pronouns do exist → [8]

- In practice, however, these are rarely used. Wherever possible, alternative expressions are found which do not require the genitive personal pronoun.

- Special genitive forms exist for use with the prepositions **wegen** and **willen** → [9]

Examples

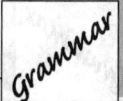

---

[1] **der Tisch** the table (*masculine*)
die Gardine the curtain (*feminine*)
das Baby the baby (*neuter*)

[2] **Das Bild ist schön** → **Es ist schön**
The picture is beautiful → It is beautiful

[3] **Der Tisch ist groß** → **Er ist groß**
The table is large → It is large

[4] **Die Gardine ist weiß** → **Sie ist weiß**
The curtain is white → It is white

[5] **Das Kind stand auf** → **Es stand auf**
The child stood up → He/she stood up

[6] **Es tut einem gut**
It does one good

[7] **Man holt mich um sieben ab**
I am being picked up at seven

[8] **meiner** of me **unser** of us
deiner of you **euer** of you (*plural*)
seiner of him/it **ihrer** of them
ihrer of her/it **Ihrer** of you (*polite*)

[9] **meinetwegen** because of me, on my account
deinetwegen because of you, on your account *etc*
seinetwegen
ihretwegen
unsertwegen
euretwegen
Ihretwegen

meinetwillen for my sake, for me *etc*
deinetwillen
ihretwillen *etc*

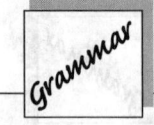

PRONOUNS

❐ **Personal Pronouns** (Continued)

The use of pronouns after prepositions

◆ Personal pronouns used after prepositions and referring to a person are in the *case* required by the preposition in question (see p 198 ff) → 1

◆ When, however, a *thing* rather than a person is referred to, the construction

    preposition + pronoun

becomes

    da- + *preposition* → 2

Before a preposition beginning with a vowel, the form **dar**- + *preposition* is used → 3

This affects the following prepositions:

an	**bei**	**in**	**neben**	
auf	**durch**	**mit**	**über**	**zwischen**
aus	**für**	**nach**	**unter**	

◆ These contracted forms are used after verbs followed by a preposition (see p 76 ff) → 4

◆ After prepositions used to express motion the form with **da(r)**- is not felt to be sufficiently strong. Forms with **hin** and **her** are used as follows:

    aus: heraus/hinaus
    auf: herauf/hinauf → 5
    in: herein/hinein

1. **Ich bin mit ihm spazieren gegangen**
I went for a walk with him

2. **Klaus hatte ein Messer geholt und wollte damit den Kuchen schneiden**
Klaus had brought a knife and was about to cut the cake with it

3. **Lege es bitte darauf**
Put it there please

4. **Der Unterschied liegt darin, dass ...**
The difference is that ...

   Ich erinnere mich nicht daran
I don't remember (it)

5. **Er sah eine Treppe und ging leise hinauf**
He saw some stairs and went up them quietly

   Endlich fand er unser Zelt und kam herein
He finally found our tent and came in

   Er öffnete den Koffer und legte das Hemd hinein
He opened his suitcase and put in his shirt

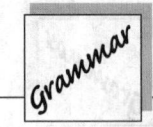

☐ Possessive Pronouns

meiner	mine
deiner	yours (*familiar*)
seiner	his/its
ihrer	hers/its
uns(e)rer	ours
eu(e)rer	yours (*plural*)
ihrer	theirs
Ihrer	yours (*polite*)

These have the same endings as **dieser**. Their declension is therefore the same as for possessive adjectives (see p 136) except in the masculine nominative singular and the neuter nominative and accusative singular:

		SINGULAR		PLURAL
	MASC	FEM	NEUT	ALL GENDERS
NOM	-er	-e	-(e)s	-e
ACC	-en	-e	-(e)s	-e
GEN	-es	-er	-es	-er
DAT	-em	-er	-em	-en

♦ The bracketed **(e)** is often omitted, especially in spoken German.

♦ Possessive pronouns must agree in number, gender and case with the noun they replace ➞ **1**

♦ Note the translation of *of mine, of yours* etc ➞ **2**

♦ **meiner** is declined in full opposite ➞ **3**
Deiner, **seiner** and **ihrer** are declined like **meiner**.
Unserer and **euerer** are shown in full, since they have slightly different forms with an optional **-e-** ➞ **4**

Examples

1. **Der Wagen da drüben ist meiner. Er ist kleiner als deiner**
   The car over there is mine. It is smaller than yours

2. **Er ist ein Bekannter von mir**
   He is an acquaintance of mine

3. **meiner** mine

	SINGULAR			PLURAL
	MASC	FEM	NEUT	ALL GENDERS
NOM	meiner	meine	mein(e)s	meine
ACC	meinen	meine	mein(e)s	meine
GEN	meines	meiner	meines	meiner
DAT	meinem	meiner	meinem	meinen

4. **uns(e)rer** ours

	SINGULAR			PLURAL
	MASC	FEM	NEUT	ALL GENDERS
NOM	uns(e)rer	uns(e)re	uns(e)res	uns(e)re
ACC	uns(e)ren	uns(e)re	uns(e)res	uns(e)re
GEN	uns(e)res	uns(e)rer	uns(e)res	uns(e)rer
DAT	uns(e)rem	uns(e)rer	uns(e)rem	uns(e)ren

eu(e)rer yours (*plural*)

	SINGULAR			PLURAL
	MASC	FEM	NEUT	ALL GENDERS
NOM	eu(e)rer	eu(e)re	eu(e)res	eu(e)re
ACC	eu(e)ren	eu(e)re	eu(e)res	eu(e)re
GEN	eu(e)res	eu(e)rer	eu(e)res	eu(e)rer
DAT	eu(e)rem	eu(e)rer	eu(e)rem	eu(e)ren

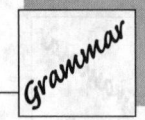

❏ Possessive Pronouns (Continued)

Alternative forms

There are two alternatives to the **meiner/deiner** *etc* forms shown on p 167:

der, die, das meinige *or* **Meinige**	mine
der, die, das deinige *or* **Deinige**	yours (*familiar*)
der, die, das seinige *or* **Seinige**	his/its
der, die, das ihrige *or* **Ihrige**	hers/its
der, die, das uns(e)rige *or* **Uns(e)rige**	ours
der, die, das eu(e)rige *or* **Eu(e)rige**	yours (*plural*)
der, die, das ihrige *or* **Ihrige**	theirs
der, die, das Ihrige	yours (*polite*)

◆ These are not as common as the **meiner/deiner** *etc* forms → 1

◆ These forms are declined as the definite article followed by a weak adjective (see p 140) → 2

◆ The bracketed **(e)** of the first and second person plural is often omitted in spoken German.

der, die, das meine *or* **Meine**	mine
der, die, das deine *or* **Deine**	yours (*familiar*)
der, die, das seine *or* **Seine**	his/its
der, die, das ihre *or* **Ihre**	hers/its
der, die, das uns(e)re *or* **Uns(e)re**	ours
der, die, das eu(e)re *or* **Eu(e)re**	yours (*plural*)
der, die, das ihre *or* **Ihre**	theirs
der, die, das Ihre	yours (*polite*)

◆ These forms are also less common than the **meiner/deiner** *etc* forms. They are declined as the definite article followed by a weak adjective (see p 140) → 3

1 **Ihr Auto ist aber neuer als das meinige** *or* **Meinige**
Your car is newer than mine

Paul hat seiner Freundin Blumen gekauft. Ich habe der meinigen *or* **Meinigen Parfüm geschenkt**
Paul bought his girlfriend some flowers. I bought mine perfume

2

	SINGULAR		
	MASC	FEM	NEUT
NOM	**der meinige**	**die meinige**	**das meinige**
ACC	**den meinigen**	**die meinige**	**das meinige**
GEN	**des meinigen**	**der meinigen**	**des meinigen**
DAT	**dem meinigen**	**der meinigen**	**dem meinigen**

PLURAL	
ALL GENDERS	
NOM	**die meinigen**
ACC	**die meinigen**
GEN	**der meinigen**
DAT	**den meinigen**

3

	SINGULAR		
	MASC	FEM	NEUT
NOM	**der meine**	**die meine**	**das meine**
ACC	**den meinen**	**die meine**	**das meine**
GEN	**des meinen**	**der meinen**	**des meinen**
DAT	**dem meinen**	**der meinen**	**dem meinen**

PLURAL	
ALL GENDERS	
NOM	**die meinen**
ACC	**die meinen**
GEN	**der meinen**
DAT	**den meinen**

⚠ NOTE: **Der/die/das meinige** *etc* can also be spelt
der/die/das Meinige *etc* and **der/die/das meine** *etc* can also
be spelt **der/die/das Meine** *etc*

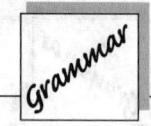

❐ **Reflexive Pronouns**

Reflexive pronouns, used to form reflexive verbs, have two forms, accusative and dative, as follows → 1

ACCUSATIVE	DATIVE	
mich	**mir**	myself
dich	**dir**	yourself (*familiar*)
sich	**sich**	himself/herself/itself/themselves
uns	**uns**	ourselves
euch	**euch**	yourselves (*plural*)
sich	**sich**	yourself/yourselves (*polite*)

◆ Unlike personal pronouns and possessives, the polite forms have no capital letter → 2

◆ For the position of reflexive pronouns within a sentence see p 30 (reflexive verbs) and pp 224 to 235 (sentence structure).

◆ Reflexive pronouns are also used after prepositions when the pronoun has the function of "reflecting back" to the subject of the sentence → 3

◆ A further use of reflexive pronouns in German is with transitive verbs where the action is performed for the benefit of the subject, as in the English phrase:

I bought *myself* a new hat

The pronoun is not always translated in English → 4

---

1 **Er hat sich rasiert**

He had a shave

Du hast dich gebadet

You had a bath

Ich will es mir zuerst überlegen

I'll have to think about it first

2 **Setzen Sie sich bitte**

Please take a seat

3 **Er hatte nicht genug Geld bei sich (⚠ NOT: bei ihm)**

He didn't have enough money on him

4 **Ich hole mir ein Bier**

I'm going to get a beer (for myself)

Er hat sich einen neuen Anzug gekauft

He bought (himself) a new suit

⬚ Reflexive Pronouns (Continued)

◆   Reflexive pronouns may be used for *reciprocal* actions, usually rendered by "each other" in English → [1]

Reciprocal actions may also be expressed by **einander**. This does not change in form → [2]

Einander is always used in place of the reflexive pronoun after prepositions. Note that the preposition and **einander** come together to form one word → [3]

Emphatic reflexive pronouns

In English, these have the same forms as the normal reflexive pronouns:

The queen *herself* had given the order

I haven't read it *myself*, but …

In German, this idea is expressed not by the reflexive pronouns, but by **selbst** or (in colloquial speech) **selber** placed at some point in the sentence after the noun or pronoun to which they refer → [4]

◆   **selbst/selber** do not change their form, regardless of number and gender of the noun to which they refer → [4]

◆   They are always stressed, regardless of their position in the sentence.

Examples

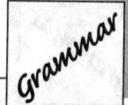

1. **Wir sind uns letzte Woche begegnet**

   We met (each other) last week

   Sie hatten sich auf einer Tagung kennen gelernt

   They had got to know each other at a conference

2. **Wir kennen uns schon**

   OR:

   Wir kennen einander schon

   We already know each other

   Sie kennen sich schon

   OR:

   Sie kennen einander schon

   They already know each other

3. **Sie redeten miteinander**

   They were talking to each other

4. **Die Königin selbst hat es befohlen**

   The queen herself has given the order

   Ich selbst habe es nicht gelesen, aber ...

   I haven't read it myself, but ...

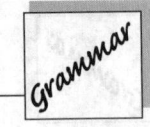

❑ **Relative Pronouns**

These have the same forms as the definite article, except in the dative plural and genitive cases.

They are declined as follows:

		SINGULAR		PLURAL
	MASC	FEM	NEUT	ALL GENDERS
NOM	**der**	**die**	**das**	**die**
ACC	**den**	**die**	**das**	**die**
GEN	**dessen**	**deren**	**dessen**	**deren**
DAT	**dem**	**der**	**dem**	**denen**

- ◆ Relative pronouns must agree in gender and number with the noun to which they refer. They take their case however from the function they have in their own relative clause → 1

- ◆ The relative pronoun cannot be omitted in German as it sometimes is in English → 2

- ◆ The genitive forms are used in relative clauses in much the same way as in English → 3

    ⚠ NOTE, however, the translation of certain phrases → 4

- ◆ When a preposition introduces the relative clause, the relative pronoun may be replaced by **wo-** or **wor-** if the noun or pronoun it stands for refers to an inanimate object or abstract concept → 5
    The full form of relative pronoun plus preposition is however stylistically better.

- ◆ Relative clauses are always divided off by commas from the rest of the sentence → 1 - 5

Examples

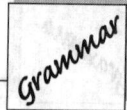

---

1. **Der Mann, den ich gestern gesehen habe, kommt aus Hamburg**

   The man whom I saw yesterday comes from Hamburg

2. **Die Frau, mit der ich gestern gesprochen habe, kennt deine Mutter**

   The woman I spoke to yesterday knows your mother

3. **Das Kind, dessen Fahrrad gestohlen worden war, ...**

   The child whose bicycle had been stolen ...

4. **Die Kinder, von denen einige schon lesen konnten, ...**

   The children, some of whom could read, ...

   Meine Freunde, von denen einer ...

   My friends, one of whom ...

5. **Das Buch, woraus ich vorgelesen habe, ...**
   OR:

   Das Buch, aus dem ich vorgelesen habe, ...

   The book I read aloud from ...

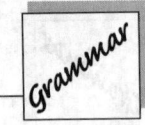

❏ **Relative Pronouns** (Continued)

Welcher

A second relative pronoun exists. This has the same forms as the interrogative adjective **welcher** without the genitive forms:

| | | SINGULAR | | PLURAL |
	MASC	FEM	NEUT	ALL GENDERS
NOM	**welcher**	**welche**	**welches**	**welche**
ACC	**welchen**	**welche**	**welches**	**welche**
GEN	—	—	—	—
DAT	**welchem**	**welcher**	**welchem**	**welchen**

♦ These forms are used only infrequently as relative pronouns, where sentence rhythm might benefit.

♦ They are also useful used as articles or adjectives to connect a noun in the relative clause with the contents of the main clause → 1

Wer, was

These are normally used as interrogative pronouns meaning *who?*, *what?* and are declined as such on p 178.

♦ They may, however, also be used without interrogative meaning to replace both subject and relative pronoun in English:

> *he who*
> *a woman who* → 2
> *anyone who*
> *those who* etc

♦ **Was** is the relative pronoun used in set expressions with certain neuter forms → 3

Examples

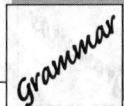

1 **Er glaubte, mit der Hausarbeit nicht helfen zu brauchen, mit welcher Idee seine Mutter nicht einverstanden war!**
He thought he didn't have to help in the house, an idea with which his mother was not in agreement!

2 **Wer das glaubt, ist verrückt**
Anyone who believes that is mad

Was mich angeht, ...
For my part, ...

Was du gestern gekauft hast, steht dir ganz gut
The things you bought yesterday suit you very well

3

alles, was ...	everything which
allerlei, was ...	all kinds of things that
das, was ...	that which
dasjenige, was ...	that which
dasselbe, was ...	the same one that
einiges, was ...	some that
Folgendes, was ...	the following which
manches, was ...	some which
nichts, was ...	nothing that
vieles, was ...	a lot that
wenig, was ...	little that

Nichts, was er sagte, hat gestimmt
Nothing that he said was right

Das, was du jetzt machst, ist reiner Unsinn!
What you are doing now is sheer nonsense!

Mit allem, was du gesagt hast, sind wir einverstanden
We agree with everything you said

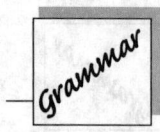

❐ **Interrogative Pronouns**

These are the pronouns used to ask questions.

As in English, they have few forms, singular and plural being the same.

They are declined as follows:

	PERSONS	THINGS
NOM	**wer?**	**was?**
ACC	**wen?**	**was?**
GEN	**wessen?**	**wessen?**
DAT	**wem?**	—

- They are used in direct questions → 1

    or in indirect questions → 2

- When used as the subject of a sentence, they are always followed by a singular verb → 3

    ⚠ BUT: When followed by a verb and taking a noun complement, the verb may be plural if the sense demands it → 4

- The interrogative pronouns can be used in rhetorical questions or in exclamations → 5

Examples

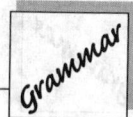

---

1. **Wer hat es gemacht?**

   Who did it?

   Mit wem bist du gekommen?

   Who did you come with?

2. **Ich weiß nicht, wer es gemacht hat**

   I don't know who did it

   Er wollte wissen, mit wem er fahren sollte

   He wanted to know who he was to travel with

3. **Wer kommt heute?**

   Who's coming today?

4. **Wer sind diese Leute?**

   Who are these people?

5. **Was haben wir gelacht!**

   How we laughed!

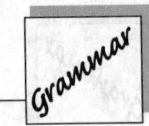
☐ Interrogative Pronouns (Continued)

♦ When used with prepositions, **was** usually becomes **wo-** and is placed in front of the preposition to form one word → 1

Where the preposition begins with a vowel, **wor-** is used instead → 2

This construction is similar to **da(r)-** + *preposition* shown on p 164.

As with **da(r)-** + *preposition*, this construction is not used when the preposition is intended to convey movement.

Wohin (*where to*) and **woher** (*where from*) are used instead → 3

Was für ein?, welcher?

♦ These are used to mean *what kind of one?* and *which one?*

♦ They are declined as shown on pp 124 and 128.

♦ They are used to form either direct or indirect questions → 4

♦ They may refer either to persons or to things with the appropriate declension endings → 5

---

1 **Wonach sehnst du dich?**

What do you long for?

Wodurch ist es zerstört worden?

How was it destroyed?

2 **Worauf kann man sich heutzutage noch verlassen?**

What is there left to rely on these days?

3 **Wohin fährst du?**

Where are you going?

Woher kommt das?

Where has this come from?/How has this come about?

4 **Was für eins hat er?**

What kind (of one) does he have?

Welches hast du gewollt?

Which one did you want?

5 **Für welchen hat sie sich entschieden?**

Which one (*man/hat etc*) did she choose?

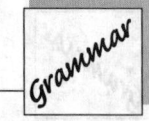

☐ Indefinite Pronouns

(Irgend)jemand someone, somebody

NOM	**(irgend)jemand**
ACC	**(irgend)jemanden, (irgend)jemand**
GEN	**(irgend)jemand(e)s**
DAT	**(irgend)jemandem, (irgend)jemand**

→ ①

Niemand no-one, nobody

NOM	**niemand**
ACC	**niemanden, niemand**
GEN	**niemand(e)s**
DAT	**niemandem, niemand**

→ ②

◆ The forms without endings are used in conversational German, but the inflected forms are preferred in literary and written styles.

◆ When **niemand** and **(irgend)jemand** are used with a following adjective, they are usually not declined, but the adjective takes a capital letter and is declined as follows:

NOM	**(irgend)jemand/niemand Neues**
ACC	**(irgend)jemand/niemand Neues**
GEN	—
DAT	**(irgend)jemand/niemand Neuem**

→ ③

◆ When **(irgend)jemand** and **niemand** are followed by **ander(e)s**, this is written with a small letter, e.g. **(irgend)jemand/niemand ander(e)s**.

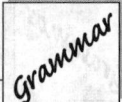

1   **Ich habe es (irgend)jemandem** (*dat*) **gegeben**

I gave it to someone

     (Irgend)jemand (*nom*) **hat es genommen**

Someone has stolen it

2   **Er hat niemanden** (*acc*) **gesehen**

He didn't see anyone

     Er ist unterwegs niemandem (*dat*) **begegnet**

He encountered no-one on the way

3   **Diese Aufgabe erfordert (irgend)jemand Intelligentes**

Someone intelligent is needed for this task

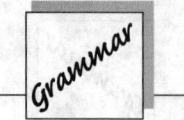

☐ **Indefinite Pronouns** (Continued)

Keiner none

	SINGULAR			PLURAL
	MASC	FEM	NEUT	ALL GENDERS
NOM	**keiner**	**keine**	**keins**	**keine**
ACC	**keinen**	**keine**	**keins**	**keine**
GEN	**keines**	**keiner**	**keines**	**keiner**
DAT	**keinem**	**keiner**	**keinem**	**keinen**

◆ It is declined like the article **kein**, **keine**, **kein** (see p 126) except in the nominative masculine and nominative and accusative neuter forms → 1

◆ It may be used to refer to people or things → 1

Einer one

	SINGULAR		
	MASC	FEM	NEUT
NOM	**einer**	**eine**	**ein(e)s**
ACC	**einen**	**eine**	**ein(e)s**
GEN	**eines**	**einer**	**eines**
DAT	**einem**	**einer**	**einem**

◆ This pronoun may be used to refer to either people or things → 2

◆ It exists only in the singular forms.

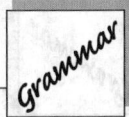

---

1. **Keiner von ihnen hat es tun können**

   Not one of them was able to do it

   Gibst du mir eine Zigarette? — Tut mir Leid, ich habe keine

   Will you give me a cigarette? — Sorry, I haven't got any

2. **Sie ist mit einem meiner Verwandten verlobt**

   She is engaged to one of my relatives

   Wo sind die anderen Kinder? Ich sehe hier nur eins

   Where are the rest of the children? I can only see one here

   Gibst du mir einen? (e.g. *einen Whisky, einen Zehner* etc) OR:
   Gibst du mir eine? (e.g. *eine Zigarette, eine Blume* etc) OR:
   Gibst du mir eins? (e.g. *ein Buch, ein Butterbrot* etc)

   Will you give me one?

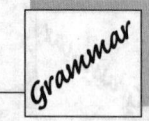

☐ **Indefinite Pronouns** (Continued)

◆ Certain adjectives and articles can be used as pronouns.

◆ The following are all declined to agree in gender and number with the noun or pronoun they represent → ①

aller	all
ander	other
beide	both
derjenige	that one
derselbe	the same one
dieser	this one
einiger	some
irgendwelcher	someone or other/something or other
jeder	each (one), every one
jener	that one
mancher	some, quite a few
mehrere	several
sämtliche	all, the lot
solcher	such as that, such a one
welcher	which one

◆ The following do not change whatever the gender or number of the noun or pronoun they represent → ②

ein bisschen	a bit, a little
ein paar	a few
ein wenig	a little, a few
(irgend)etwas	some, something
mehr	more
nichts	nothing, none

◆ When an adjective follows **etwas** or **nichts**, it takes a capital letter and declension endings, e.g. **etwas/nichts Gutes**

1. **Andere machen es besser** (e.g. *Leute, Waschmaschinen* etc)
Others do it better

   Mit einem solchen kommst du nicht bis nach Hause
   (e.g. *Wagen* etc)
   You won't make it home in one like that

   Alles, was er ihr schenkte, schickte sie sofort zurück
   Everything that he gave her she sent back at once

   Er war mit beiden zufrieden (e.g. *Computern, Autos* etc)
   He was satisfied with both

2. **Ich muss dir etwas sagen**
I must tell you something

   (Irgend)etwas ist herausgefallen
   Something fell out

   Nichts ist geschehen
   Nothing happened

   Er ist mit nichts zufrieden
   Nothing ever satisfies him

   Gibst du mir bitte ein paar?
   Will you give me a few?

   Er hatte ein wenig bei sich
   He had a little with him

   Er braucht immer mehr um zu überleben
   He needs more and more to survive

❏ Use of Adverbs

◆ Adverbs, or phrases which are used as adverbs, may:

1 modify a verb → **1**

2 modify an adjective → **2**

3 modify another adverb → **3**

4 modify a conjunction → **4**

5 ask a question → **5**

6 form verb prefixes (see p 72) → **6**

◆ Adverbs are also used, in much the same way as in English, to make the meaning of certain tenses more precise e.g.

1 with continuous tenses → **7**

2 to show a future meaning where the tense used is not future → **8**

Examples

Grammar

1 **Er ging langsam über die Brücke**
He walked slowly over the bridge

2 **Er ist ein ziemlich großer Kerl**
He's quite a big chap

3 **Sie arbeitet heute besonders tüchtig**
She's working exceptionally well today

4 **Wenn er es nur aufgeben wollte!**
If only he would give it up!

5 **Wann kommt er an?**
When does he arrive?

6 **falsch spielen**
to cheat (*at cards*)

hintragen
to carry (*to a place*)

7 **Er liest gerade die Zeitung**
He's just reading the paper

8 **Er wollte gerade aufstehen, als ...**
He was just about to get up when ...

Wir fahren morgen nach Köln
We're driving to Cologne tomorrow

☐ **The Formation of Adverbs**

◆   Many German adverbs are simply adjectives used as adverbs. Used in this way, unlike adjectives, they are not declined → **1**

◆   Some adverbs are formed by adding **-weise** or **-sweise** to a noun → **2**

◆   Some adverbs are also formed by adding **-erweise** to an uninflected adjective.

   Such adverbs are used mainly to show the speaker's opinion → **3**

◆   There is also a class of adverbs which are not formed from other parts of speech e.g. **unten**, **oben**, **leider** → **4**

   and those shown in the paragraphs below.

◆   For the position of adverbs within a clause or sentence, see the section on sentence structure, pp 224 to 235.

◆   The following are some common adverbs of time:

endlich	finally
heute	today
immer	always
morgen	tomorrow
morgens	in the mornings
sofort	at once

→ **5**

◆   The following are some common adverbs of degree:

äußerst	extremely
besonders	especially
beträchtlich	considerably
ziemlich	fairly

→ **6**

Examples

Grammar

---

1 **Habe ich das richtig gehört?**
   Is it true what I've heard?

   Sie war modern angezogen
   She was fashionably dressed

2 **beispielsweise**   for example
   beziehungsweise   or/or rather/that is to say
   schrittweise   step by step
   zeitweise   at times
   zwangsweise   compulsorily

3 **erstaunlicherweise**   astonishingly enough
   glücklicherweise   fortunately
   komischerweise   strangely enough

4 **Unten wohnte Frau Schmidt**
   Mrs Schmidt lived downstairs

   Leider können wir nicht kommen
   Unfortunately we cannot come

5 **Ich kann erst morgen kommen**
   I can't come till tomorrow

   Das Kind hat immer Hunger
   The child is always hungry

6 **Das Paket war besonders schwer**
   The parcel was unusually heavy

   Diese Übung ist ziemlich leicht
   This exercise is quite easy

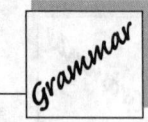

◻ **Adverbs of place**

In certain respects German adverbs of place behave very differently from their English counterparts:

◆   Where no movement, or merely a movement within the same place, is involved, the adverb is used in its simple dictionary form → 1

◆   Movement *away from the speaker* is shown by the presence of **hin** → 2

The following compound adverbs are therefore often used when movement away from the original position is concerned, even though a simple adverb would be used in English:

dahin	(to) there	
dorthin	there	
hierhin	here	→ 3
irgendwohin	(to) somewhere or other	
überallhin	everywhere	
wohin?	where (to)?	

◆   Movement *towards the speaker* or central person is shown by the presence of **her**.

The following compound adverbs are therefore often used to show movement towards a person:

daher	from there	
hierher	here	
irgendwoher	from somewhere or other	→ 4
überallher	from all over	
woher?	where from?	

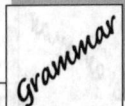
---

1. **Wo ist er?**

   Where is he?

   Er ist nicht da

   He isn't there

   Hier darf man nicht parken

   You can't park here

2. **Klaus und Ulli geben heute eine Party. Gehen wir hin?**

   Klaus and Ulli are having a party today. Shall we go?

3. **Wohin fährst du?**

   Where are you going?

   Sie liefen überallhin

   They ran everywhere

4. **Woher kommst du?**

   Where do you come from?

   Woher hast du das?

   Where did you get that from?

   Das habe ich irgendwoher gekriegt

   I got that from somewhere or other

☐ **Comparison of Adverbs**

◆ The **comparative** form of the adverb is obtained in exactly the same way as that of adjectives, i.e. by adding **-er** → 1

◆ The **superlative** form is produced as follows:

am + *adverb* + **-sten/-esten**

It is not declined → 2

◆ Note the use of the comparative adverb with **immer** to show progression → 3

◆ *the more ... the more ...* is expressed in German by:

je ... desto ... or **je ... umso ...** → 4

◆ Some adverbial superlatives are used to show the extent of a quality rather than a comparison with others. These are as follows:

bestens	very well/very warmly
höchstens	at the most/at best
meistens	mostly/most often
spätestens	at the latest
strengstens	strictly, absolutely
wenigstens	at least

→ 5

◆ Two irregular comparatives and superlatives:

gern ➤ lieber ➤ am liebsten (used with **haben**)
well → better → best

→ 6

bald ➤ eher ➤ am ehesten
soon ➤ sooner ➤ soonest

1. **Er läuft schneller als seine Schwester**
He runs faster than his sister

   Ich sehe ihn seltener als früher
I see him less often than before

2. **Wer von ihnen arbeitet am schnellsten?**
Which of them works fastest?

   Er isst am meisten
He eats most

3. **Die Mädchen sprachen immer lauter**
The girls were talking more and more loudly

   Er fuhr immer langsamer
He drove more and more slowly

4. **Je eher, desto besser**
The sooner the better

5. **Er kommt meistens zu spät an**
He usually arrives late

   Rauchen strengstens verboten!
Smoking strictly prohibited

6. **Welches hast du am liebsten?**
Which do you like best?

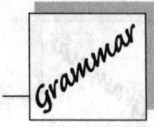

☐ **Emphasizers**

These are words commonly used in German, as indeed in English, especially in the spoken language, to emphasize or modify in some way the meaning of the sentence. The following are some of the most common:

Aber

Used to lend emphasis to a statement → **1**

Denn

As well as its uses as a conjunction (see p 214), **denn** is widely used to emphasize the meaning. It often cannot be directly translated → **2**

Doch

Used as a positive reply in order to correct negative assumptions or impressions → **3**

It can strengthen an imperative → **4**

It can make a question out of a statement → **5**

Mal

May be used with imperatives → **6**

It also has several idiomatic uses → **7**

Ja

Strengthens a statement → **8**

It also has several idiomatic uses → **9**

Schon

Is used familiarly with an imperative → **10**

It is also used in various idiomatic ways → **11**

| 1 | **Das ist aber schön!** | **Aber ja!** |
| | Oh that's pretty! | Yes indeed! |

| 2 | **Was ist denn hier los?** | **Wo denn?** |
| | What's going on here then? | Where? |

| 3 | **Hat es dir nicht gefallen? — Doch!** | |
| | Didn't you like it? — Oh yes, I did! | |

| 4 | **Lass ihn doch!** | |
| | Just leave him | |

| 5 | **Das schaffst du doch?** | |
| | You'll manage it, won't you? | |

| 6 | **Komm mal her!** | **Moment mal!** |
| | Come here! | Just a minute! |

7	**Mal sehen**	**Hören Sie mal …**
	We'll see	Look here now …
	Er soll es nur mal versuchen!	
	Just let him try it!	

8	**Er sieht ja wie seine Mutter aus**	
	He looks like his mother	
	Das kann ja sein	
	That may well be	

9	**Ja und?**	**Das ist ja lächerlich**
	So what?/What then?	That's ridiculous
	Das ist es ja	
	That's just it	

| 10 | **Mach schon!** | |
| | Get on with it! | |

| 11 | **schon wieder** | **Schon gut** |
| | again | Okay/Very well |

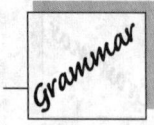

In English, a preposition does not affect the word or phrase which it introduces, e.g.

the women	a large meal	these events
with the women	*after* a large meal	*before* these events

In German, however, the noun following a preposition must be put in a certain *case*:

accusative	→	1
dative	→	2
genitive	→	3

It is therefore important to learn each preposition with the case, or cases, it governs.

The following guidelines will help you:

◆ Prepositions which take the accusative or dative cases are much more common than those taking the genitive case.

◆ Certain prepositions may take a dative or accusative case, depending on whether *movement* is involved or not. This is explained further on p 202 ff → 4

◆ Prepositions are often used to complete the sense of certain verbs, as shown on p 76 ff → 5

◆ After many prepositions, a shortened or *contracted* form of the definite article may be merged with the preposition to form one word, e.g.

auf + **das**	→	**aufs**
bei + **dem**	→	**beim**
zu + **der**	→	**zur**

Examples

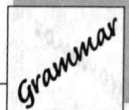

---

1   **Es ist für dich**

It's for you

Wir sind durch die ganze Welt gereist

We travelled all over the world

2   **Er ist mit seiner Frau gekommen**

He came with his wife

3   **Es ist ihm trotz seiner Bemühungen nicht gelungen**

Despite his efforts, he still didn't succeed

4   **Es liegt auf dem Tisch**

It's on the table

(*dative*: no movement implied)

Lege es bitte auf den Tisch

Please put it on the table

(*accusative*: movement *onto* the table)

5   **Ich warte auf meinen Mann**

I'm waiting for my husband

☐ **Contracted forms**

Contractions are possible with the following prepositions:

PREPOSITION	+ **das**	+ **den**	+ **dem**	+ **der**
an	ans		am	
auf	aufs*			
bei			beim	
durch	durchs*			
für	fürs*			
hinter	hinters*	hintern*	hinterm*	
in	ins		im	
über	übers*	übern*	überm*	
um	ums*			
unter	unters*	untern*	unterm*	
vor	vors*		vorm*	
von			vom	
zu			zum	zur

* ⚠ NOTE: Those forms marked with an asterisk are suitable only for use in colloquial, spoken German.
All other forms (not marked with an asterisk) may be safely used in any context, formal or informal → **1**

- Contracted forms are not used where the article is to be stressed → **2**

- Other contracted forms involving prepositions, as shown on pp 164 and 174, occur:

  1 in the introduction to relative clauses → **3**

  2 with personal pronouns representing inanimate objects → **4**

1   **Wir gehen heute Abend ins Theater**

We are going to the theatre this evening

Er geht zur Schule

He goes to school

Das kommt vom Trinken

That comes from drinking

2   **In dem Anzug kann ich mich nicht sehen lassen!**

I can't go out in that suit!

3   **Die Bank, worauf wir saßen, war etwas wackelig**

The bench we were sitting on was rather wobbly

4   **Er war damit zufrieden**

He was satisfied with that

Er hat es darauf gesetzt

He put it on it

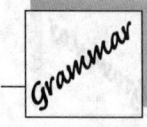

◻ Prepositions followed by the Dative Case

Some of the most common prepositions taking the dative case are:

aus	gegenüber	seit
außer	mit	von
bei	nach	zu

Aus

- ◆ as a preposition meaning: *out of/from* → **1**

- ◆ as a separable verbal prefix (see p 72) → **2**

Außer

- ◆ as a preposition meaning: *out of* → **3**
  except → **4**

Bei

- ◆ as a preposition meaning: *at the home/shop/work* etc *of* → **5**
  near → **6**
  in the course of/during → **7**

- ◆ as a separable verbal prefix (see p 72) → **8**

Gegenüber

- ◆ as a preposition meaning: *opposite* → **9**
  to(wards) → **10**

  ⚠ NOTE: When used as a preposition, **gegenüber** is placed *after a pronoun*, but may be placed *before or after a noun*.

- ◆ as a separable verbal prefix → **11**

Examples

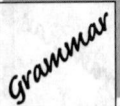

1. **Er trinkt aus der Flasche**
   He is drinking out of the bottle
   Er kommt aus Essen
   He comes from Essen

2. **aushalten** to endure
   Ich halte es nicht mehr aus
   I can't stand it any longer

3. **außer Gefahr/Betrieb**
   out of danger/order

4. **alle außer mir**
   all except me

5. **bei uns in Schottland**
   at home in Scotland
   Er wohnt immer noch bei seinen Eltern
   He still lives with his parents

6. **Er saß bei mir**
   He was sitting next to me

7. **Ich singe immer beim Arbeiten**
   I always sing when I'm working
   Bei unserer Ankunft ...
   On our arrival ...

8. **Er stand seinem Freund bei**
   He stood by his friend

9. **Er wohnt uns gegenüber**
   He lives opposite us

10. **Er ist mir gegenüber immer sehr freundlich gewesen**
    He has always been very friendly towards me

11. **gegenüberstehen** to face/to have an attitude towards
    Er steht ihnen kritisch gegenüber
    He takes a critical view of them

❏ **Prepositions followed by the Dative Case** (Continued)

Mit

- as a preposition meaning: *with* → [1]

- as a separable verbal prefix (see p 72) → [2]

Nach

- as a preposition meaning: *after* → [3]
  to → [4]
  according to (it can be placed after the noun with this meaning) → [5]

- as a separable verbal prefix (see p 72) → [6]

Seit

- as a preposition meaning: *since* → [7]
  for (of time) → [8]
  ⚠ NOTE: Beware of the tense!

Von

- as a preposition meaning: *from* → [9]
  about → [10]

- as an alternative, often preferred, to the genitive case → [11]

- as a preposition meaning: *by* (to introduce the agent of a passive action, see p 34) → [12]

Zu

- as a preposition meaning: *to* → [13]
  for → [14]

- as a separable verbal prefix (see p 72) → [15]

Examples

Grammar

1	**Er ging mit seinen Freunden spazieren** He went walking with his friends
2	<u>**jemanden mitnehmen**</u> to give someone a lift **Nimmst du mich bitte mit?** Will you give me a lift please?
3	**Nach zwei Stunden kam er wieder** He returned two hours later
4	**Er ist nach London gereist** He went to London
5	**Ihrer Sprache nach ist sie Süddeutsche** From the way she spoke I would say she is from southern Germany
6	<u>**nachmachen**</u> to copy **Sie macht mir alles nach** She copies everything I do
7	**Seit der Zeit ...** Since then …
8	**Ich wohne seit zwei Jahren in Frankfurt** I've been living in Frankfurt for two years
9	**Von Frankfurt sind wir weiter nach München gefahren** From Frankfurt we went on to Munich
10	**Ich weiß nichts von ihm** I know nothing about him
11	**Die Mutter von diesen Mädchen ...** The mother of these girls … **Sie ist eine Freundin von Horst** She is a friend of Horst's
12	**Er ist von unseren Argumenten überzeugt worden** He was convinced by our arguments
13	**Er ging zum Arzt** He went to the doctor's
14	**Wir sind zum Essen eingeladen** We're invited for dinner
15	<u>**zumachen**</u> to shut **Mach die Tür zu!** Shut the door!

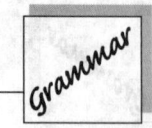

☐ Prepositions followed by the Accusative Case

The most common of these are:

durch	**für**	**ohne**	**wider**
entlang	**gegen**	**um**	

Durch

- as a preposition meaning: *through* → **1**

- preceding the inanimate agent of a passive action (see p 34) → **2**

- as a separable verbal prefix

Entlang

- as a preposition meaning: *along* (it follows the noun with this meaning) → **3**

- as a separable verbal prefix → **4**

Für

- as a preposition meaning: *for* → **5**
  to → **6**

- in **was für/was für ein** *what kind of/what* (see p 144 and p 180) → **7**

Gegen

- as a preposition meaning: *against* → **8**
  towards/getting on for → **9**

- as a separable verbal prefix

Grammar

1 **durch das Fenster blicken**
to look through the window

2 **Durch seine Bemühungen wurden alle gerettet**
Everyone was saved through his efforts

3 **die Straße entlang**
along the street

4 **Wir gingen die Straße entlang**
We went along the street

5 **Ich habe es für dich getan**
I did it for you

6 **Das ist für ihn sehr wichtig**
That is very important to him

7 **Was für Äpfel sind das?**
What kind of apples are they?

8 **Stelle es gegen die Mauer**
Put it against the wall

Haben Sie ein Mittel gegen Schnupfen?
Have you something for colds?

Ich habe nichts dagegen
I've got nothing against it

9 **Wir sind gegen vier angekommen**
We arrived at getting on for/around four o'clock

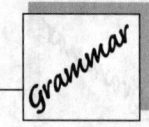

PREPOSITIONS

☐ **Prepositions followed by the Accusative Case**
(Continued)

Ohne

♦ as a preposition meaning: *without* → 1

Um

♦ as a preposition meaning: *(a)round/round about* → 2

                                        at (in time expressions) → 3

                                        for (after certain verbs) → 4

                                        about (after certain verbs) → 5

                                        by (in expressions of quantity) → 6

♦ as a variable verbal prefix (see p 74) → 7

Wider

♦ as a preposition meaning: *contrary to/against* → 8

♦ as a variable verbal prefix (see p 74) → 9

1 **Ohne ihn gehts nicht**
It won't work without him

2 **um die Ecke**
(a)round the corner

3 **Es fängt um neun Uhr an**
It begins at nine

4 **Sie baten ihre Mutter um Kekse**
They asked their mother for some biscuits

5 **Es handelt sich um dein Benehmen**
It's a question of your behaviour

6 **Es ist um zehn Euro billiger**
It is cheaper by ten euros

7 **umarmen** to embrace (*inseparable*)
Er hat sie umarmt
He gave her a hug

umfallen to fall over (*separable*)
Er ist umgefallen
He fell over

8 **Das geht mir wider die Natur**
That's against my nature

9 **widersprechen** to go against (*inseparable*)
Das hat meinen Wünschen widersprochen
That went against my wishes

(sich) widerspiegeln to reflect (*separable*)
Der Baum spiegelt sich im Wasser wider
The tree is reflected in the water

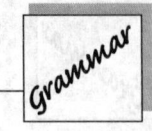

❑ Prepositions followed by the Accusative or the Dative Case

These prepositions are followed by:

    1 the **accusative** when *movement towards* a different place is involved.

    2 the **dative** when *position* is described as opposed to movement, or when the movement is *within* the same place.

♦ The most common prepositions in this category are:

an	*on/at/to*
auf	*on/in/to/at*
hinter	*behind*
in	*in/into/to* → 1
neben	*next to/beside*
über	*over/across/above*
unter	*under/among* → 2
vor	*in front of/before*
zwischen	*between* → 3

♦ These prepositions may also be used with figurative meanings as part of a *verb + preposition* construction (see p 76).

The case following **auf** or **an** is then not the same after all verbs → 4

It is therefore best to learn such constructions together with the case which follows them.

♦ Many of these prepositions are also used as verbal prefixes in the same way as the prepositions described on pp 202 to 209 → 5

Examples

Grammar

[1] **Er ging ins Zimmer** (*acc*)
He entered the room

Im Zimmer (*dat*) **warteten viele Leute auf ihn**
A lot of people were waiting for him in the room

[2] **Er stellte sich unter den Baum** (*acc*)
He (came and) stood under the tree

Er lebte dort unter Freunden (*dat*)
There he lived among friends

[3] **Er legte es zwischen die beiden Teller** (*acc*)
He put it between the two plates

Das Dorf liegt zwischen den Bergen (*dat*)
The village lies between the mountains

[4] **sich verlassen auf** (*+acc*)   to depend on
bestehen auf (*+dat*)   to insist on

glauben an (*+acc*)   to believe in
leiden an (*+dat*)   to suffer from

[5] <u>**anrechnen**</u>   to charge for (*separable*)
Das wird Ihnen später angerechnet
You'll be charged for that later

<u>**aufsetzen**</u>   to put on (*separable*)
Sie setzte sich den Hut auf
She put her hat on

<u>**überqueren**</u>   to cross (*inseparable*)
Sie hat die Straße überquert
She crossed the street

☐ Prepositions followed by the Genitive Case

The following are some of the more common prepositions which take the genitive case:

außerhalb	outside
beiderseits	on both sides of
diesseits	on this side of
... halber	for ... sake/because of ...
hinsichtlich	with regard to
infolge	as a result of
innerhalb	within/inside → 1
jenseits	on the other side of → 2
statt*	instead of
trotz*	in spite of → 3
um ... willen	for ... sake/because of ...
während*	during → 4
wegen*	on account of → 5

* ⚠ NOTE: Those prepositions marked with an asterisk may also be followed by the dative case → 6

⚠ NOTE: Special forms of the possessive and relative pronouns are used with **wegen**, **halber** and **willen** → 7

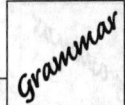

1. **innerhalb dieses Zeitraums**
   within this period of time

2. **jenseits der Grenze**
   on the other side of the frontier

3. **trotz seiner Befürchtungen**
   despite his fears

4. **während der Vorstellung**
   during the performance

5. **wegen der neuen Stelle**
   because of the new job

6. **trotz allem**
   in spite of everything

   wegen mir
   because of me

7. | | |
   |---|---|
   | **meinetwegen** | on my account, because of me |
   | **deinetwegen** | on your account, because of you *(familiar)* |
   | **seinetwegen** | on his account, because of him |
   | **ihretwegen** | on her/their account, because of her/them |
   | **unsertwegen** | on our account, because of us |
   | **euertwegen** | on your account, because of you *(plural)* |
   | **Ihretwegen** | on your account, because of you *(polite)* |
   | **derentwegen** | for whose sake, for her/their/its sake |
   | **dessentwegen** | for whose sake, for his/its sake |
   | | |
   | **meinethalben** *etc* | on my *etc* account |
   | **derenthalben** | on whose account, on her/their/its account |
   | **dessenthalben** | on whose account, on his/its account |
   | | |
   | **meinetwillen** *etc* | for my *etc* sake |
   | **derentwillen** | for whose sake, for her/its/their sake |
   | **dessentwillen** | for whose sake, for his/its sake |

☐ Co-ordinating Conjunctions

These are used to link words, phrases or clauses.

◆ These are the main co-ordinating conjunctions:

aber   *but* → ☐1

          however (with this meaning, **aber** is placed within the clause) → ☐2

denn   *for* → ☐3

oder   *or* → ☐4

sondern   *but* (after a negative construction) → ☐5

und   *and* → ☐6

◆ These do not cause the inversion of subject and verb, i.e. the verb follows the subject in the normal way (see p 224) → ☐1 - ☐6

◆ Inversion may however be caused by something other than the co-ordinating conjunction, e.g. **dann**, **trotzdem**, **montags** in the examples opposite → ☐7

Examples

Grammar

1 **Wir wollten ins Kino, aber wir hatten kein Geld**
We wanted to go to the cinema but we had no money

2 **Ich wollte ins Theater; er aber wollte nicht mit**
I wanted to go to the theatre; however he wouldn't come

3 **Wir wollten heute fahren, denn montags ist weniger Verkehr**
We wanted to travel today because the traffic is lighter on Mondays

4 **Er hatte noch nie Whisky oder Schnaps getrunken**
He had never drunk whisky or schnapps

Willst du eins oder hast du vielleicht keinen Hunger?
Do you want one or aren't you hungry?

5 **Er ist nicht alt, sondern jung**
He isn't old, but young

6 **Horst und Veronika**
Horst und Veronika

Er ging in die Stadt und kaufte sich ein neues Hemd
He went into town and bought himself a new shirt

7 **Er hat sie besucht und dann ist er wieder nach Hause gegangen**
He paid her a visit and then went home again

Wir wollten doch ins Kino, aber trotzdem sind wir zu Hause geblieben
We wanted to go to the cinema, but even so we stayed at home

Wir wollten heute fahren, denn montags ist der Verkehr geringer
We wanted to travel today because there is less traffic on Mondays

❑ Double Co-ordinating Conjunctions

These conjunctions consist of two separate elements, like their English counterparts, e.g.

> *not only ... but also ...*

The following are widely used:

> **sowohl .. als (auch)**
> *both ... and*

◆ This may link words or phrases → **1**

◆ The verb is usually plural, whether the subjects are singular or plural → **1**

> **weder ... noch**
> *neither ... nor*

◆ This may link words or phrases → **2**

◆ It may also link clauses, and inversion of subject and verb then takes place in both clauses → **3**

◆ The verb is plural unless both subjects are singular → **4**

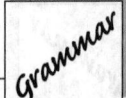

1 **Sowohl sein Vater als auch seine Mutter haben sich darüber gefreut**

Both his father and his mother were pleased about it

Sowohl unser Lehrkörper also auch unsere Schüler haben teilgenommen

Both our staff and our pupils took part

2 **Weder Georg noch sein Bruder kannte das Mädchen**

Neither Georg nor his brother knew the girl

3 **Weder mag ich ihn noch respektiere ich ihn**

I neither like nor respect him

4 **Weder die Befürworter noch die Gegner haben Recht**

Neither the supporters nor the opponents are right

Weder du noch ich würde es schaffen

Neither you nor I would be able to do it

☐ **Double Co-ordinating Conjunctions** (Continued)

> **nicht nur ... sondern auch**
> *not only ... but also*

- This is used to link clauses as well as words and phrases → ①

- The word order is: inversion of subject and verb in the first clause, and normal order in the second → ②

  However, if **nicht nur** does not begin the clause, normal order prevails → ③

- The verb agrees in number with the subject nearest to it → ④

> **entweder ... oder**
> *either ... or*

- The verb agrees with the subject nearest it → ⑤

- The normal word order is: inversion in the first clause, and normal order in the second → ⑥

  However, it is possible to use normal order in the first clause, and this may lend a more threatening tone to the statement → ⑦

> **teils ... teils**
> *partly ... partly*

- The verb is normally plural unless both subjects are singular → ⑧

- Inversion of subject and verb takes place in both clauses → ⑨

Examples

Grammar

1 **Er ist nicht nur geschickt, sondern auch intelligent** OR:
Nicht nur ist er geschickt, sondern er ist auch intelligent
He is not only skilful but also intelligent

2 **Nicht nur hat es die ganze Zeit geregnet, sondern ich habe mir auch noch das Bein gebrochen**
Not only did it rain the whole time, but I also broke my leg

3 **Es hat nicht nur die ganze Zeit geregnet, sondern ich habe mir auch noch das Bein gebrochen**
Not only did it rain the whole time, but I also broke my leg

4 **Nicht nur ich, sondern auch die Mädchen sind dafür verantwortlich**
Not just me, but the girls are also responsible

Nicht nur sie, sondern auch ich habe es gehört
They weren't the only ones to hear it — I heard it too

5 **Entweder du oder Georg muss es getan haben**
It must have been either you or Georg who did it

6 **Entweder komme ich morgen vorbei, oder ich rufe dich an**
I'll either drop in tomorrow or I'll give you a ring

7 **Entweder du gibst das sofort auf, oder du kriegst kein Taschengeld mehr**
Either you stop that immediately, or you get no more pocket money

8 **Die Studenten waren teils Deutsche, teils Ausländer**
The students were partly German and partly from abroad

9 **Teils bin ich überzeugt, teils bleibe ich skeptisch**
Part of me is convinced, and part remains sceptical

❐ Subordinating Conjunctions

These are used to link clauses in such a way as to make one clause dependent on another for its meaning. The dependent clause is called a **subordinate clause** and the other a **main clause**.

◆ The subordinate clause is always separated from the rest of the sentence by commas → 1

◆ The subordinate clause may precede the main clause. When this happens, the verb and subject of the main clause are inverted, i.e. they swap places, as shown on p 226 → 2

◆ The finite part of the verb (i.e. the conjugated part) is always at the end of a subordinate clause (see p 228) → 3

◆ For compound tenses in subordinate clauses, it is the **auxiliary** (the main part of the verb) which comes last, after the participle or infinitive used to form the compound tense (see p 22 ff) → 4

◆ Any **modal verb** (**mögen**, **können** etc, see p 52 ff) used in a subordinate clause is placed last in the clause → 5

⚠ BUT: When the modal verb is in a compound tense, the order is as shown → 6

1 MAIN CLAUSE   SUBORDINATE CLAUSE

Er ist zu Fuß gekommen, weil der Bus zu teuer ist
He came on foot because the bus is too dear

Ich trinke viel Bier, obwohl es nicht gesund ist
I drink a lot of beer although it isn't good for me

Wir haben weitergefeiert, nachdem sie gegangen waren
We carried on with the party after they went

2 SUBORDINATE CLAUSE   MAIN CLAUSE

Weil der Bus zu teuer ist, ist er zu Fuß gekommen

Obwohl es nicht gesund ist, trinke ich viel Bier

Nachdem sie gegangen waren, haben wir weitergefeiert

3 **Als er uns sah, ist er davongelaufen** OR:
Er ist davongelaufen, als er uns sah
He ran away when he saw us

4 **Nachdem er gegessen hatte, ging er hinaus**
He went out after he had eaten

5 **Da er nicht mit uns sprechen wollte, ist er davongelaufen**
Since he didn't want to speak to us he ran away

6 **Da er nicht mit uns hat sprechen wollen, ist er davongelaufen**
Since he didn't want to speak to us he ran away

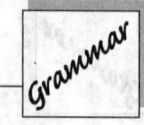

☐ **Subordinating conjunctions** (Continued)

◆ Here are some common examples of subordinating conjunctions and their uses:

als	when → ①
als ob	as if, as though
bevor	before
bis	until → ②
da	as, since → ③
damit	so (that)
indem	while
inwiefern	to what extent
nachdem	after → ④
ob	whether, if
obwohl	although
wann	when (*interrogative*) → ⑤
während	while → ⑥
weil	because → ⑦
wenn	when, whenever/if → ⑧
wie	as, like
wo	where
wohin	to where
worauf	whereupon/on which
worin	in which
seitdem	since
so dass, sodass	such that, so that
sobald	as soon as
soweit	as far as

Examples

1. **Es regnete, als ich in Köln ankam** OR:
   Als ich in Köln ankam, regnete es
   It was raining when I arrived in Cologne

2. **Ich warte, bis du zurückkommst**
   I'll wait till you get back

3. **Da er nicht kommen wollte, ...**
   Since he didn't want to come ...

4. **Er wird uns Bescheid sagen können, nachdem er angerufen hat** OR:
   Nachdem er angerufen hat, wird er uns Bescheid sagen können
   He will be able to let us know for certain once he has phoned

5. **Er möchte wissen, wann der Zug ankommt**
   He would like to know when the train is due to arrive

6. **Während seine Frau die Koffer auspackte, machte er das Abendessen** OR:
   Er machte das Abendessen, während seine Frau die Koffer auspackte
   He made the supper while his wife unpacked the cases

7. **Wir haben den Hund nicht mitgenommen, weil im Auto nicht genug Platz war** OR:
   Weil im Auto nicht genug Platz war, haben wir den Hund nicht mitgenommen
   We didn't take the dog because there wasn't enough room in the car

8. **Wenn ich ins Kino gehe ...**
   When(ever) I go to the cinema ...

   Ich komme, wenn du willst
   I'll come if you like

☐ **Word Order: Main Clauses**

◆   In a main clause the subject comes first and is followed by the verb, as in English:

> His mother (*subject*) drinks (*verb*) whisky → 1

◆   If the verb is in a compound or passive tense, the auxiliary follows the subject and the past participle or infinitive goes to the end of the clause → 2

◆   The verb is the second concept in a main clause. The first concept may be a word, phrase or clause (see p 226) → 3

◆   Any reflexive pronoun follows the main verb in simple tenses and the auxiliary in compound tenses → 4

◆   The order for articles, adjectives and nouns is as in English: *article + adjective(s) + noun* → 5

◆   A direct object usually follows an indirect, except where the direct object is a personal pronoun.

> ⚠ BUT: The indirect object can be placed last for emphasis, providing it is not a pronoun → 6

◆   The position of adverbial expressions (see p 188) is not fixed. As a general rule they are placed close to the words to which they refer.

> Adverbial items of *time* often come first in the clause, but this is flexible → 7

> Adverbial items of *place* can be placed at the beginning of a clause when emphasis is required → 8

> Adverbial items of *manner* are more likely to be within the clause, close to the word to which they refer → 9

◆   Where there is more than one adverb, a useful rule of thumb is: "time, manner, place" → 10

Examples

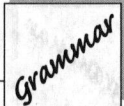

---

1 **Seine Mutter trinkt Whisky**
His mother drinks whisky

2 **Sie wird dir etwas sagen**   **Sie hat mir nichts gesagt**
She will tell you something   She told me nothing
Es ist für ihn gekauft worden
It was bought for him

3

1ST CONCEPT	2ND CONCEPT	
Die neuen Waren	**kommen**	**morgen**
(The new goods are coming tomorrow)		
Was du gesagt hast,	**stimmt**	**nicht**
(What you said isn't true)		

4 **Er rasierte sich**   **Er hat sich rasiert**
He shaved   He (has) shaved

5 **ein alter Mann**   **diese alten Sachen**
an old man   these old things

6 **Ich gab dem Mann das Geld**
I gave the man the money
Ich gab ihm das Geld   **Ich gab es ihm**
I gave him the money   I gave him it/I gave it to him
Er gab das Geld seiner Schwester
He gave the money to his sister (*not his brother*)

7 **Gestern gingen wir ins Theater** OR:
Wir gingen gestern ins Theater
We went to the theatre yesterday

8 **Dort haben sie Fußball gespielt** OR:
Sie haben dort Fußball gespielt
They played football there

9 **Sie spielen gut Fußball**
They play football well
Das war furchtbar teuer
It was terribly expensive

10 **Wir haben gestern gut hierhin gefunden**
We found our way here all right yesterday

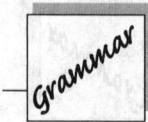

☐ **Word Order: Main Clauses** (Continued)

♦ A pronoun object precedes all adverbs → 1

♦ While the main verb must normally remain the second concept, the first concept need not always be the subject. Main clauses can begin with many things, including:

> an adverb → 2
> a direct or indirect object → 3
> an infinitive phrase → 4
> a complement → 5
> a past participle → 6
> a prepositional phrase → 7
> a clause acting as the object of the verb → 8
> a subordinate clause → 9

♦ If the subject does not begin a main clause, the verb and subject must be turned around or "inverted" → 2 - 9

♦ Beginning a sentence with something other than the subject is frequent in German.
It may however also be used for special effect to:

> *highlight* whatever is placed first in the clause → 10
> *emphasize* the subject of the clause by forcing it from its initial position to the end of the clause → 11

♦ After inversion, any reflexive pronoun precedes the subject, unless the subject is a pronoun → 12

♦ The following do not cause inversion when placed at the beginning of a main clause, although inversion may be caused by something else placed after them:

> **allein, denn, oder, sondern, und** → 13
> **ja** and **nein** → 14
> certain exclamations: **ach, also, nun** *etc* → 15
> words or phrases qualifying the subject: **auch, nur, sogar,** *etc*
> → 16

1. **Sie haben es gestern sehr billig gekauft**
   They bought it very cheaply yesterday

2. **Gestern sind wir ins Theater gegangen**
   We went to the theatre yesterday

3. **So ein Kind habe ich noch nie gesehen!**
   I've never seen such a child!
   Seinen Freunden wollte er es nicht zeigen
   He wouldn't show it to his friends

4. **Seinen Freunden zu helfen, hat er nicht versucht**
   He didn't try to help his friends

5. **Deine Schwester war es**   It was your sister

6. **Geraucht hatte er nie**   He had never smoked

7. **In diesem Haus ist Mozart auf die Welt gekommen**
   Mozart was born in this house

8. **Was mit ihm los war, haben wir nicht herausgefunden**
   We never discovered what was wrong with him

9. **Nachdem ich ihn gesehen hatte, ging ich nach Hause**
   I went home after seeing him

10. **Dem würde ich nichts sagen!**
    I wouldn't tell *him* anything!

11. **An der Ecke stand eine riesengroße Fabrik**
    A huge factory stood on the corner

12. **Daran erinnerten sich die Zeugen nicht**
    The witnesses didn't remember that
    Daran erinnerten sie sich nicht
    They didn't remember that

13. **Peter ging nach Hause und Elsa blieb auf der Party**
    Peter went home and Elsa stayed at the party
    ⚠ BUT: **Peter ging nach Hause und unterwegs sah er Kurt**
    Peter went home and on the way he saw Kurt

14. **Nein, ich will nicht**   No, I don't want to
    ⚠ BUT: **Nein, das tue ich nicht**   No, I won't do that

15. **Also, wir fahren nach Hamburg**
    So we'll go to Hamburg
    ⚠ BUT: **Also, nach Hamburg wollt ihr fahren**
    So you want to go to Hamburg

16. **Sogar seine Mutter wollte es ihm nicht glauben**
    Even his mother wouldn't believe him
    ⚠ BUT: **Sogar mit dem Zug ginge es nicht schneller**
    It would be no faster even by train

❏ **Word Order: Subordinate Clauses**

◆ A subordinate clause may be introduced by:

1 a relative pronoun (see p 174) → **1**

2 a subordinating conjunction (see p 222) → **2** - **3**

◆ The subject follows the opening conjunction or relative pronoun - see **wir** and **er** → **1** - **3**

◆ The main verb almost always goes to the end of a subordinate clause → **1** - **3**

The exceptions to this are:

1 in a **wenn** clause where **wenn** is omitted (see p 64) → **4**

2 in an indirect statement without **dass** (see p 64) → **5**

◆ The order for articles, nouns, adjectives, adverbs, direct and indirect objects is the same as for main clauses (see p 224), but they are all placed between the subject of the clause and the verb → **6**

◆ If the subject of a reflexive verb in a subordinate clause is a pronoun, the order is *subject pronoun + reflexive pronoun* → **7**

If the subject is a noun, the reflexive pronoun may follow or precede it → **8**

◆ Where one subordinate clause lies inside another, both still obey the order rule for subordinate clauses → **9**

Examples

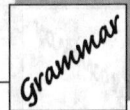

---

1. **Die Kinder, die wir gesehen haben …**
   The children whom we saw …

2. **Da er nicht schwimmen wollte, ist er nicht mitgekommen**
   As he didn't want to swim he didn't come

3. **Ich weiß, dass er zur Zeit in London wohnt**
   I know he's living in London at the moment
   Ich weiß nicht, ob er kommt
   I don't know if he's coming

4. **Findest du meine Uhr, so ruf mich bitte an**
   (= Wenn du meine Uhr findest, ruf mich bitte an)
   If you find my watch, please give me a ring

5. **Er meint, er werde es innerhalb einer Stunde schaffen**
   (= Er meint, dass er es innerhalb einer Stunde schaffen werde)
   He thinks (that) he will manage it inside an hour

6. MAIN CLAUSE
   Er ist gestern mit seiner Mutter in die Stadt gefahren
   He went to town with his mother yesterday
   SUBORDINATE CLAUSES
   Da er gestern mit seiner Mutter in die Stadt gefahren ist, …
   Since he went to town with his mother yesterday …
   Der Junge, der gestern mit seiner Mutter in die Stadt gefahren ist, …
   The boy who went to town with his mother yesterday …
   Ich weiß, dass er gestern mit seiner Mutter in die Stadt gefahren ist
   I know that he went to town with his mother yesterday

7. **Weil er sich nicht setzen wollte, …**
   Because he wouldn't sit down …

8. **Weil das Kind sich nicht setzen wollte, …** OR:
   Weil sich das Kind nicht setzen wollte, …
   Because the child wouldn't sit down …

9. **Er wusste, dass der Mann, mit dem er gesprochen hatte, bei einer Baufirma arbeitete**
   He knew that the man he had been speaking to worked for a construction company

❒ Word Order

In the imperative

1   normal order → ☐1

2   with reflexive verbs → ☐2

3   with separable verbs → ☐3

4   with separable reflexive verbs → ☐4

In direct and indirect speech

◆   the verb of saying ("he replied/he said") must be inverted if it is placed within a quotation → ☐5

◆   the position of the verb in indirect speech depends on whether or not **dass** (see p 66) is used → ☐6

Verbs with separable prefixes (see pp 72 to 75)

◆   in main clauses the verb and prefix are separated in simple tenses and imperative forms → ☐7

◆   for compound tenses of main clauses and all tenses of subordinate clauses, the verb and its prefix are united at the end of the clause → ☐8

◆   in a present infinitive phrase (see p 46), the verb and prefix are joined together by **zu** and placed at the end of the phrase → ☐9

Examples

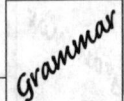

Grammar

1	**Hol mir das Buch!** (*singular*)	
	Holt mir das Buch! (*plural*)	Fetch me that book!
	Holen Sie mir das Buch! (*polite*)	
2	**Wasch dich sofort!** (*singular*)	
	Wascht euch sofort! (*plural*)	Wash yourself/yourselves
	Waschen Sie sich sofort! (*polite*)	at once!
3	**Hör jetzt auf!** (*singular*)	
	Hört jetzt auf! (*plural*)	Stop it!
	Hören Sie jetzt auf! (*polite*)	
4	**Dreh dich um!** (*singular*)	
	Dreht euch um! (*plural*)	Turn round!
	Drehen Sie sich um! (*polite*)	

5 „Meine Mutter" sagte er, „kommt erst morgen an"
"My mother", he said, "won't arrive till tomorrow"

6 Er sagte, dass sie erst am nächsten Tag ankomme
He said that she would not arrive until the next day
Er sagte, sie komme erst am nächsten Tag an
He said she would not arrive until the next day

7 Er machte die Tür zu
He closed the door
Ich räume zuerst auf
I'll clean up first
Hol mich um 7 ab!
Pick me up at 7!

8 Er hat die Tür zugemacht
He closed the door
Ich werde zuerst aufräumen
I'll clean up first
Er wurde um 7 abgeholt
He was picked up at 7
Wenn du mich um 7 abholst, ...
If you pick me up at 7 ...
Nachdem du mich abgeholt hast, ...
After you've picked me up ...

9 Um frühzeitig anzukommen, fuhren wir sofort ab
In order to arrive early we left immediately

☐ Question Forms

Direct questions

- In German, a direct question is formed by simply inverting the verb and subject → 1

- In compound tenses (see p 22 ff) the past participle or infinitive goes to the end of the clause → 2

- A statement can be made into a question by the addition of **nicht**, **nicht wahr** or **doch**, as with "isn't it" in English → 3

  Questions formed in this way normally expect the answer to be "yes".

- When a question is put in the negative, **doch** can be used to answer it more positively than **ja** → 4

Questions formed using interrogative words

- When questions are formed with **interrogative adverbs**, the subject and verb are inverted → 5

- When questions are formed with **interrogative pronouns** and **adjectives** (see pp 144 and 176 to 178), the word order is that of direct statements:

  1 as the subject of the verb at the beginning of the clause they do not cause inversion → 6
  2 if *not* the subject of the verb *and* at the beginning of the clause they do cause inversion → 7

Indirect questions

These are questions following verbs of asking and wondering etc. The verb comes at the end of an indirect question → 8

Examples

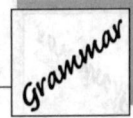

1. **Magst du ihn?**
Do you like him?

   Gehst du ins Kino?
Do you go to the cinema? OR: Are you going to the cinema?

2. **Hast du ihn gesehen?**
Did you see him? OR: Have you seen him?

   Wird sie mit ihm kommen?
Will she come with him?

3. **Das stimmt, nicht (wahr)?**
That's true, isn't it?

   Das schaffst du doch?
You'll manage, won't you?

4. **Glaubst du mir nicht? — Doch!**
Don't you believe me? — Yes I do!

5. **Wann ist er gekommen?**
When did he come?

   Wo willst du hin?
Where are you off to?

6. **Wer hat das gemacht?**
Who did this?

7. **Wem hast du es geschenkt?**
Who did you give it to?

8. **Er fragte, ob du mitkommen wolltest**
He asked if you wanted to come

   Er möchte wissen, warum du nicht gekommen bist
He would like to know why you didn't come

☐ **Negatives**

A statement or question is made negative by adding:

>   **nicht** (*not*) or **nie** (*never*)

◆   The negative may be placed next to the phrase or word to which it refers. The negative meaning can be shifted from one element of the sentence to another in this way → 1

◆   **nie** can be placed at the beginning of a sentence for added emphasis, in which case the subject and verb are inverted → 2

◆   **nicht** comes at the end of a negative imperative, except when the verb is separable, in which case **nicht** *precedes* the separable prefix → 3

◆   The combination **nicht ein** is usually replaced by forms of **kein** (see p 126) → 4

◆   **doch** (see p 196) is used in place of **ja** to contradict a negative statement → 5

◆   Negative comparison is made with **nicht ... sondern** (*not ... but*).

    This construction is used to correct a previous false impression or idea → 6

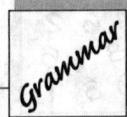

1   **Mit ihr wollte er nicht sprechen**
He didn't want to speak to *her*
Er wollte nicht mit ihr sprechen
He didn't *want* to speak to her

      Er will nicht morgen nach Hause
OR: **Morgen will er nicht nach Hause**
He doesn't want to go home *tomorrow*
Er will morgen nicht nach Hause
He doesn't want to go *home* tomorrow

      Wohnen Sie nicht in Dortmund?
Don't you live in Dortmund?
Warum ist er nicht mitgekommen?
Why didn't he come with you?
Waren Sie nie in Dortmund?
Have you never been to Dortmund?

2   **Nie war sie glücklicher gewesen**
She had never been happier

3   **Iss das nicht!**
Don't eat that!
Beeilen Sie sich nicht!
Don't hurry!
   ⚠ BUT: **Geh nicht weg!**
         Don't go away!

4   **Gibt es keine Plätzchen?**
Aren't there any biscuits?
Kein einziges Kind hatte die Arbeit geschrieben
Not a single child had done the work

5   **Du kommst nicht mit — Doch, ich komme mit**
You're not coming — Yes I am

6   **Nicht Joachim, sondern sein Bruder war es**
It wasn't Joachim, but his brother

Cardinal		**Ordinal**	
(one, two etc)		*(first, second etc)*	
null	0		
eins	1	der erste [2]	1.
zwei [1]	2	der zweite [1]	2.
drei	3	der dritte	3.
vier	4	der vierte	4.
fünf	5	der fünfte	5.
sechs	6	der sechste	6.
sieben	7	der siebte	7.
acht	8	der achte	8.
neun	9	der neunte	9.
zehn	10	der zehnte	10.
elf	11	der elfte	11.
zwölf	12	der zwölfte	12.
dreizehn	13	der dreizehnte	13.
vierzehn	14	der vierzehnte	14.
fünfzehn	15	der fünfzehnte	15.
sechzehn	16	der sechzehnte	16.
siebzehn	17	der siebzehnte	17.
achtzehn	18	der achtzehnte	18.
neunzehn	19	der neunzehnte	19.
zwanzig	20	der zwanzigste	20.
einundzwanzig	21	der einundzwanzigste	21.
zweiundzwanzig [1]	22	der zweiundzwanzigste [1]	22.
dreißig	30	der dreißigste	30.
vierzig	40	der vierzigste	40.
fünfzig	50	der fünfzigste	50.
sechzig	60	der sechzigste	60.

[1] **zwo** often replaces **zwei** in speech, to distinguish it clearly from **drei**:
zwo, zwoundzwanzig *etc.*

[2] The ordinal number and the preceding definite article (and adjective if
there is one) are declined, e.g.:
    bei seinem dritten Versuch *at his third attempt*

siebzig	70	der siebzigste	70.
achtzig	80	der achtzigste	80.
neunzig	90	der neunzigste	90.
hundert	*a hundred*	der hundertste	100.
einhundert	*one hundred*		
hunderteins	101	der hunderterste	101.
hundertzwei	102	der hundertzweite	102.
hunderteinundzwanzig	121	der hunderteinundzwanzigste	121.
zweihundert	200	der zweihundertste	200.
tausend	*a thousand*	der tausendste	1000.
eintausend	*one thousand*		
tausendeins	1001	der tausenderste	1001.
zweitausend	2000	der zweitausendste	2000.
hunderttausend	100 000	der hunderttausendste	100 000.
eine Million	1 000 000	der millionste	1 000 000.

- With large numbers, spaces or full stops are used where English uses a comma, e.g.:
  1.000.000 or 1 000 000 for 1,000,000 (*a million*)

- Decimals are written with a comma instead of a full stop, e.g.:
  7,5 (**sieben Komma fünf**) for 7.5 (*seven point five*)

- When ordinal numbers are used as nouns, they are written with a capital letter, e.g.:
  sie ist die Zehnte *she's the tenth*

Fractions

halb	**die Hälfte**	**eine halbe Stunde**
half (a)	half (the)	half an hour
das Drittel	**zwei Drittel**	**das Viertel**
third	two thirds	quarter
drei Viertel	**anderthalb, eineinhalb**	**zweieinhalb**
three quarters	one and a half	two and a half

Wie spät ist es? / Wie viel Uhr ist es?
What time is it?

Es ist ...
It's ...

00.00	**Mitternacht / null Uhr / vierundzwanzig Uhr / zwölf Uhr**
00.10	**zehn (Minuten) nach zwölf / null Uhr zehn**
00.15	**Viertel nach zwölf / null Uhr fünfzehn**
00.30	**halb eins / null Uhr dreißig**
00.40	**zwanzig (Minuten) vor eins / null Uhr vierzig**
00.45	**Viertel vor eins / drei viertel eins /** **null Uhr fünfundvierzig**
01.00	**ein Uhr**
01.10	**zehn (Minuten) nach eins / ein Uhr zehn**
01.15	**Viertel nach eins / ein Uhr fünfzehn**
01.30	**halb zwei /ein Uhr dreißig**
01.40	**zwanzig (Minuten) vor zwei / ein Uhr vierzig**
01.45	**Viertel vor zwei / drei viertel zwei /** **ein Uhr fünfundvierzig**
01.50	**zehn (Minuten) vor zwei / ein Uhr fünfzig**
12.00	**zwölf Uhr**
12.30	**halb eins / zwölf Uhr dreißig**
13.00	**ein Uhr / dreizehn Uhr**
16.30	**halb fünf / sechzehn Uhr dreißig**
22.00	**zehn Uhr / zweiundzwanzig Uhr / zwoundzwanzig Uhr**

morgen um halb drei
at half past two tomorrow

um drei Uhr (nachmittags)
at three (pm)

kurz vor zehn Uhr
just before ten o'clock

gegen vier Uhr (nachmittags)
towards four o'clock (in the afternoon)

erst um halb neun
not until half past eight

ab neun Uhr
from nine o'clock onwards

morgen früh/Abend
tomorrow morning/evening

Dates

Der Wievielte ist heute? / Welches Datum haben wir heute?
What's the date today?

Heute ist ...	It's ...
der zwanzigste März	the twentieth of March
der Zwanzigste	the twentieth

Heute haben wir ...	It's ...
den zwanzigsten März	the twentieth of March
den Zwanzigsten	the twentieth

Am Wievielten findet es statt?   When does it take place?

Es findet am ersten April statt ...   ... on the first of April

Es findet am Ersten statt   ... on the first

Es findet (am) Montag, den ersten April statt   OR:
Es findet Montag, den 1. April statt
It takes place on Monday, the first of April / April 1st

Years

Er wurde 1970 geboren
He was born in 1970

(im Jahre) 1994
in 1994

Other expressions

im Dezember/Januar *etc*
in December/January *etc*

im Winter/Sommer/Herbst/Frühling
in winter/summer/autumn/spring

nächstes Jahr
next year

Anfang September
at the beginning of September

❑ Punctuation

German punctuation differs from English in the following cases:

Commas

◆ Decimal places are always shown by a comma → ①

◆ Large numbers are separated off by means of a space or a full stop → ②

◆ Subordinate clauses are always marked off from the rest of the sentence by a comma → ③

   This applies to all types of subordinate clause, e.g.:

   1 clauses with an adverbial function → ③

   2 relative clauses → ④

   3 clauses containing indirect speech → ⑤

◆ A comma is not required between two main clauses linked by **und** or **oder** → ⑥

Exclamation marks

◆ Exclamation marks are used after imperative forms unless these are not intended as commands → ⑦

◆ An exclamation mark is occasionally used after the name at the beginning of a letter, but this tends to be rather old-fashioned → ⑧

1 **3,4 (drei Komma vier)**
3.4 (three point four)

2 **20 000**
OR: **20.000 (zwanzigtausend)**
20,000 (twenty thousand)

3 **Als er nach Hause kam, war sie schon weg**
She had already gone when he came home

Er bleibt gesund, obwohl er zu viel trinkt
He stays healthy, even though he drinks too much

4 **Der Mann, mit dem sie verheiratet ist, soll sehr reich sein**
The man she is married to is said to be very rich

5 **Er sagt, es gefällt ihm nicht**
He says he doesn't like it

6 **Wir gehen ins Kino oder wir bleiben zu Hause**
We'll go to the cinema or stay at home

7 **Steh auf!**
Get up!

Bitte nehmen Sie doch Platz
Do please sit down

8 **Liebe Elke! ...**
Dear Elke, ...

Sehr geehrter Herr Braun!...
Dear Mr Braun, ...

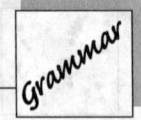

INDEX

242

The following index lists comprehensively both grammatical terms and *key words* in **German** and English contained in this book.

INDEX

248

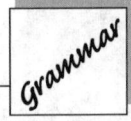